Walz/Eichen/Sohm
Soldatengesetz

Soldatengesetz

Kommentar

von

Dr. Dieter Walz
Klaus Eichen
Stefan Sohm

Ministerialräte im
Bundesministerium der Verteidigung

unter Mitarbeit von

Stefan Hucul

Regierungsdirektor im
Bundesministerium der Verteidigung

und

Jürgen Ewald

Oberamtsrat im
Bundesministerium der Verteidigung

C. F. Müller Verlag · Heidelberg

Bibliografische Information Der Deutschen Bibliothek

Die Deutsche Bibliothek verzeichnet diese Publikation in der Deutschen Nationalbibliografie; detaillierte bibliografische Daten sind im Internet über ‹http://dnb.ddb.de› abrufbar.

ISBN 13: 978-3-8114-1853-0
ISBN 10: 3-8114-1853-X

© 2006 C.F. Müller, Verlagsgruppe Hüthig Jehle Rehm GmbH,
Heidelberg, München, Landsberg, Berlin

Jede Verwertung außerhalb der engen Grenzen des Urheberrechtsgesetzes ist ohne Zustimmung des Verlages unzulässig und strafbar. Das gilt insbesondere für Vervielfältigungen, Übersetzungen, Mikroverfilmungen und die Einspeicherung und Bearbeitung in elektronischen Systemen.

Printed in Germany
Satz: Gottemeyer, Rot
Druck: J. P. Himmer, Augsburg

Vorwort

Am 1. April 2006 wird das Gesetz über die Rechtsstellung der Soldaten (Soldatengesetz – SG) 50 Jahre alt. Aus diesem Anlass haben sich die Autoren, Referatsleiter im Bundesministerium der Verteidigung, entschlossen, einen neuen Kommentar zu erarbeiten und diesen allen Soldatinnen und Soldaten sowie der juristischen Fachwelt zu präsentieren.

Erstmals wird zu jeder Einzelvorschrift deren Entstehung skizziert; wesentliche gesetzliche Änderungen seit 1956 werden unter Angabe des Änderungsgesetzes ebenso dargestellt wie Bezüge zum Beamtenrecht und zu anderen rechtlichen Vorschriften sowie ausführenden Erlassen und Dienstvorschriften. Die Erläuterungen im Einzelnen folgen grundsätzlich dem Aufbau der jeweiligen Norm.

Die Rechtsprechung, insbesondere des Bundesverwaltungsgerichts, und die Fachliteratur wurden bis Ende 2005 ausgewertet und eingearbeitet.

Hinweise an den Gesetzgeber sollen diesem aufzeigen, welcher Änderungsbedarf bei den Novellierungen der nächsten Jahre berücksichtigt werden sollte.

Wir hoffen, dass das Buch eine freundliche Aufnahme finden wird. Jeder Autor verantwortet seinen Teil als persönliche Auffassung selbst. Für Berichtigungen und Verbesserungsvorschläge sind die Autoren dankbar.

Bonn und Berlin, im März 2006 *Dieter Walz*
Klaus Eichen
Stefan Sohm

Zitiervorschlag

Walz in: Walz/Eichen/Sohm, SG § 1 Rn. 5

Bearbeiterverzeichnis

Walz: § 1 Abs. 1 und 2, §§ 2, 4a, 6 bis 9, § 10 Abs. 3 und 6, §§ 11 bis 19, 22 bis 24, 26, 30, 31 bis 36, 48, 49, 51 bis 53, 57 bis 98

Eichen: §§ 3, 5, 20 bis 21, 25, 27 bis 29, 30a, 30b, 44 bis 45a, 50

Sohm: § 4, § 10 Abs. 4, §§ 37 bis 43, 46, 47, 54 bis 56

Hucul: § 1 Abs. 3, § 10 Abs. 1, 2 und 5; VorgV

Ewald: Verzeichnis der Änderungsgesetze

Walz/Eichen: Sachregister

Inhaltsverzeichnis

Vorwort V
Bearbeiterverzeichnis VI
Abkürzungs- und Literaturverzeichnis XI

Gesetz über die Rechtsstellung der Soldaten (Soldatengesetz – SG)

Übersicht über die Erstfassung, Änderungsgesetze, Neufassungen und Neubekanntmachungen des Soldatengesetzes 3

Erster Abschnitt
Gemeinsame Vorschriften

1. Allgemeines 13
§ 1   Begriffsbestimmungen 13
Nach § 1 Vorgesetztenverordnung 31
§ 2   Dauer des Wehrdienstverhältnisses; Dienstzeitberechnung 40
§ 3   Ernennungs- und Verwendungsgrundsätze 47
§ 4   Ernennung, Dienstgradbezeichnungen, Uniform 84
§ 4a   Berechtigung zum Tragen der Uniform außerhalb eines Wehrdienstverhältnisses 96
§ 5   Gnadenrecht 100

2. Pflichten und Rechte der Soldaten 109
§ 6   Staatsbürgerliche Rechte des Soldaten 109
§ 7   Grundpflicht des Soldaten 114
§ 8   Eintreten für die demokratische Grundordnung 125
§ 9   Eid und feierliches Gelöbnis 133
§ 10   Pflichten des Vorgesetzten 147
§ 11   Gehorsam 174
§ 12   Kameradschaft 183
§ 13   Wahrheit 191
§ 14   Verschwiegenheit 199
§ 15   Politische Betätigung 207
§ 16   Verhalten in anderen Staaten 221
§ 17   Verhalten im und außer Dienst 225
§ 18   Gemeinschaftsunterkunft und Gemeinschaftsverpflegung 244
§ 19   Annahme von Belohnungen oder Geschenken 250
§ 20   Nebentätigkeit 255
§ 20a Tätigkeit nach dem Ausscheiden aus dem Wehrdienst 301
§ 21   Vormundschaft und Ehrenämter 311
§ 22   Verbot der Ausübung des Dienstes 316
§ 23   Dienstvergehen 322
§ 24   Haftung 330
§ 25   Wahlrecht; Amtsverhältnisse 339

Inhaltsverzeichnis

§ 26	Verlust des Dienstgrades	355
§ 27	Laufbahnvorschriften	359
§ 28	Urlaub	374
§ 28a	Urlaub bis zum Beginn des Ruhestandes	394
§ 29	Personalakten	401
§ 30	Geld- und Sachbezüge, Versorgung	440
§ 30a	Teilzeitbeschäftigung	446
§ 30b	Zusammentreffen von Urlaub und Teilzeitbeschäftigung	460
§ 31	Fürsorge	461
§ 32	Dienstzeitbescheinigung und Dienstzeugnis	467
§ 33	Staatsbürgerlicher und völkerrechtlicher Unterricht	472
§ 34	Beschwerde	477
§ 35	Beteiligungsrechte der Soldaten	480
§ 35a	Beteiligung an der Gestaltung des Dienstrechts	485
§ 36	Seelsorge	490

Zweiter Abschnitt
Rechtsstellung der Berufssoldaten und der Soldaten auf Zeit

1. Begründung des Dienstverhältnisses ... 499

§ 37	Voraussetzung der Berufung	499
§ 38	Hindernisse der Berufung	518
§ 39	Begründung des Dienstverhältnisses eines Berufssoldaten	524
§ 40	Begründung des Dienstverhältnisses eines Soldaten auf Zeit	534
§ 41	Form der Begründung und der Umwandlung	548

2. Beförderung ... 553

§ 42	Form der Beförderung	553

3. Beendigung des Dienstverhältnisses ... 558

a) Beendigung des Dienstverhältnisses eines Berufssoldaten ... 558

§ 43	Beendigungsgründe	558
§ 44	Eintritt oder Versetzung in den Ruhestand	560
§ 45	Altersgrenzen	582
§ 45a	Umwandlung	592
§ 46	Entlassung	599
§ 47	Zuständigkeit, Anhörungspflicht und Fristen bei der Entlassung	629
§ 48	Verlust der Rechtsstellung eines Berufssoldaten	633
§ 49	Folgen der Entlassung und des Verlustes der Rechtsstellung eines Berufssoldaten	638
§ 50	Versetzung in den einstweiligen Ruhestand	647
§ 51	Wiederverwendung	660
§ 52	Wiederaufnahme des Verfahrens	669
§ 53	Verurteilung nach Beendigung des Dienstverhältnisses	673

b) Beendigung des Dienstverhältnisses eines Soldaten auf Zeit ... 678

§ 54	Beendigungsgründe	678
§ 55	Entlassung	681
§ 56	Folgen der Entlassung und des Verlustes der Rechtsstellung eines Soldaten auf Zeit	705
§ 57	Wiederaufnahme des Verfahrens, Verurteilungen nach Beendigung des Dienstverhältnisses	712

Inhaltsverzeichnis

Dritter Abschnitt
Rechtsstellung der Soldaten, die nach Maßgabe des Wehrpflichtgesetzes Wehrdienst leisten

§ 58 Regelung durch Gesetz; Form der Beförderung 715

Vierter Abschnitt
Dienstleistungspflicht

1. Umfang und Arten der Dienstleistungen 719
- § 59 Personenkreis 719
- § 60 Arten der Dienstleistungen 726
- § 61 Übungen 730
- § 62 Besondere Auslandsverwendungen 734
- § 63 Hilfeleistungen im Innern 739

2. Dienstleistungsausnahmen 743
- § 64 Dienstunfähigkeit 743
- § 65 Ausschluss von Dienstleistungen 748
- § 66 Befreiung von Dienstleistungen 750
- § 67 Zurückstellung von Dienstleistungen 754
- § 68 Unabkömmlichstellung 759

3. Heranziehungsverfahren 766
- § 69 Zuständigkeit 766
- § 70 Verfahren 768
- § 71 Ärztliche Untersuchung, Anhörung 773
- § 72 Heranziehung von ungedienten Dienstleistungspflichtigen 776
- § 73 Heranziehung von gedienten Dienstleistungspflichtigen 780

4. Beendigung der Dienstleistungen und Verlust des Dienstgrades 781
- § 74 Beendigung der Dienstleistungen 781
- § 75 Entlassung aus den Dienstleistungen 783
- § 76 Ausschluss von Dienstleistungen und Verlust des Dienstgrades 789

5. Überwachung und Durchsetzung der Dienstleistungspflicht 791
- § 77 Dienstleistungsüberwachung; Haftung 791
- § 78 Aufenthaltsfeststellungsverfahren 798
- § 79 Vorführung und Zuführung 801

6. Verhältnis zur Wehrpflicht 804
- § 80 Konkurrenzregelung 804

Fünfter Abschnitt
Dienstliche Veranstaltungen

§ 81 Zuziehung zu dienstlichen Veranstaltungen 807

Sechster Abschnitt
Rechtsschutz

1. Rechtsweg 813
- § 82 Zuständigkeiten 813

Inhaltsverzeichnis

2. Rechtsbehelfe und Rechtsmittel gegen Verwaltungsakte nach dem Vierten Abschnitt 822
§ 83 Besondere Vorschriften für das Vorverfahren 822
§ 84 Rechtsmittel gegen Entscheidungen des Verwaltungsgerichts 826
§ 85 Besondere Vorschriften für die Anfechtungsklage 830

Siebter Abschnitt
Bußgeldvorschriften; Übergangs- und Schlussvorschriften

§ 86 Bußgeldvorschriften 833
§ 87 Einstellung von anderen Bewerbern 836
§ 88 Entlassung von anderen Bewerbern 842
§ 89 Mitteilungen in Strafsachen 847
§ 90 Organisationsgesetz 851
§ 91 Personalvertretung der Beamten, Angestellten und Arbeiter 857
§ 92 Übergangsvorschrift für die Laufbahnen 863
§ 93 Zuständigkeit für den Erlass der Rechtsverordnungen 865
§ 94 Übergangsvorschrift aus Anlass des Änderungsgesetzes
vom 24. Februar 1983 (BGBl. I S. 179) 871
§ 95 Übergangsvorschrift aus Anlass des Änderungsgesetzes
vom 6. Dezember 1990 (BGBl. I S. 2588) 872
§ 96 *) 873
§ 97 Übergangsvorschrift aus Anlass des Änderungsgesetzes
vom 19. Dezember 2000 (BGBl. I S. 1815) 874
§ 98 Übergangsvorschrift aus Anlass des Änderungsgesetzes
vom 22. April 2005 (BGBl. I S. 1106) 876

Sachregister 879

---

*) Gemäß Artikel 4 Nr. 1 in Verbindungmit Artikel 24 Abs. 2 Nr. 7 des Gesetzes vom 29. Juni 1998 (BGBl. I S. 1666, 3128) in der durch Artikel 9 des Gesetzes vom 29. April 2005 (BGBl. I S. 1106) geänderten Fassung wird in der Inhaltsübersicht am 1. Januar 2007 die Angabe „§ 96 Übergangsvorschrift aus Anlass des Versorgungsreformgesetzes 1998" eingefügt.

Abkürzungs- und Literaturverzeichnis

a.A.	anderer Ansicht
a.a.O.	am angegebenen Ort
Abg.	Abgeordneter
AbgG	Abgeordnetengesetz
Abs.	Absatz/Absätze
abw.	abweichend
a.D.	außer Dienst
a.E.	am Ende
a.F.	alte Fassung
AG	Aktiengesellschaft
a.M.	anderer Meinung
allg.	allgemein
Alt.	Alternative
amtl.	amtlich
Änd.	Änderung
ÄndG	Änderungsgesetz
Ang.	Angestellter
Anl.	Anlage
Anm.	Anmerkung
AÖR	Archiv des öffentlichen Rechts (Jahr und Seite)
AP	Arbeitsrechtliche Praxis (Nachschlagewerk des BAG)
ArbPlSchG	Arbeitsplatzschutzgesetz
arg.	argumentum
Art.	Artikel
Aufl.	Auflage
AusfBest	Ausführungsbestimmungen
AusfBestEltZSoldV	Ausführungsbestimmungen zur Verordnung über die Elternzeit für Soldaten
AusfBestSUV	Ausführungsbestimmungen zur Soldatenurlaubsverordnung
AVV	Allg. Verwaltungsvorschrift
Az	Aktenzeichen
Bader, VwGO	*Bader, Johann/Funke-Kaiser, Michael/Kuntze, Stefan/v. Albedyll, Jörg*, Verwaltungsgerichtsordnung, Kommentar, 3. Aufl. 2005
BAG	Bundesarbeitsgericht
BAGE	Entscheidungen des Bundesarbeitsgerichts (Band und Seite)
BA-MA	Bundesarchiv – Militärarchiv
BAT	Bundesangestelltentarif
Battis, BBG	*Battis, Ulrich*, Bundesbeamtengesetz, Kommentar, 3. Aufl. 2004
BAWV	Bundesamt für Wehrverwaltung
BayObLG	Bayerisches Oberstes Landesgericht
BayVBl.	Bayerische Verwaltungsblätter (Jahr und Seite)
BayVGH	Bayerischer Verwaltungsgerichtshof
BAZ	Bundesamt für den Zivildienst
BBesG	Bundesbesoldungsgesetz
BBG	Bundesbeamtengesetz
BDG	Bundesdisziplinargesetz
BDH	Bundesdisziplinarhof

XI

Abkürzungs- und Literaturverzeichnis

BDHE	Entscheidungen des Bundesdisziplinarhofes (Band und Seite)
BDSG	Bundesdatenschutzgesetz
BeamtVG	Beamtenversorgungsgesetz
Bearb.	Bearbeiter
Begr.	Begründung
ber.	berichtigt
Ber.	Bericht
BErzGG	Bundeserziehungsgeldgesetz
Beschl.	Beschluss
Best.	Bestimmung
betr.	betreffend, betreffen, betrifft
BGB	Bürgerliches Gesetzbuch
BGBl.	Bundesgesetzblatt
BGH	Bundesgerichtshof
BGHZ	Entscheidungen des Bundesgerichtshofs in Zivilsachen (Band und Seite)
BGS	Bundesgrenzschutz
BHO	Bundeshaushaltsordnung
BK	Bundeskanzler
BLV	Bundeslaufbahnverordnung
BMF	Bundesminister/Bundesministerium der Finanzen
BMI	Bundesminister/Bundesministerium des Innern
BMinG	Bundesministergesetz
BMJ	Bundesminister/Bundesministerium der Justiz
BMVg	Bundesminister/Bundesministerium der Verteidigung
BMVtg	Bundesministerium der Verteidigung (frühere Abkürzung)
BND	Bundesnachrichtendienst
BNV	Bundesnebentätigkeitsverordnung
Boehm-Tettelbach, WPflG	*Boehm-Tettelbach, Wolfgang*, Wehrpflichtgesetz, Kommentar, Stand: Oktober 2005
Böttcher/Dau, WBO	*Böttcher, Viktor/Dau, Klaus*, Wehrbeschwerdeordnung, Kommentar, 4. Aufl. 1997
Bornemann, RuP	*Bornemann, Peter*, Rechte und Pflichten des Soldaten, 1989
BPA	Bundespersonalausschuss
BPersVG	Bundespersonalvertretungsgesetz
BPolG	Bundespolizeigesetz
BPräs	Bundespräsident
BR	Bundesrat
BRAO	Bundesrechtsanwaltsordnung
BR-Drs.	Bundesratsdrucksache
Brecht, ZDG	*Brecht, Hans-Theo*, Kriegsdienstverweigerung und Zivildienst, 5. Aufl. 2004
BReg	Bundesregierung
BrigKdr	Brigadekommandeur
BRKG	Bundesreisekostengesetz
BRRG	Beamtenrechtsrahmengesetz
BS	Berufssoldat/Berufssoldaten/Berufssoldatinnen
BSG	Bundessozialgericht
BT	Bundestag
BT-Drs.	Bundestagsdrucksache
BtlKdr	Bataillonskommandeur
Buchholz	Entscheidungssammlung des Bundesverwaltungsgerichts (zit. nach Gliederungsnummer, Gesetzesstelle, fortlaufender Nummer)

Abkürzungs- und Literaturverzeichnis

Buchst.	Buchstabe
BVerfG	Bundesverfassungsgericht
BVerfGE	Entscheidungen des Bundesverfassungsgerichts (Band und Seite)
BVerfGG	Gesetz über das Bundesverfassungsgericht
BVerfSchG	Bundesverfassungsschutzgesetz vom 20.12.1990 (BGBl. I S. 2954, 2970), zuletzt geä. durch Art. 2 des G vom 21.6.2005 (BGBl. I S. 1818)
BVerwG	Bundesverwaltungsgericht
BVerwGE	Entscheidungen des Bundesverwaltungsgerichts (Band und Seite)
Bw	Bundeswehr
BWDA	Bundeswehrdisziplinaranwalt
BWG	Bundeswahlgesetz
BwKrhs	Bundeswehrkrankenhaus
BwNeuAusrG	Gesetz zur Neuausrichtung der Bundeswehr (Bundeswehrneuausrichtungsgesetz) vom 20.12.2001 (BGBl. I S. 4013)
BwSW	Bundeswehr-Sozialwerk e.V.
BWV	Bundeswehrverwaltung (Jahr und Seite)
BwVollzO	Bundeswehrvollzugsordnung
bzgl.	bezüglich
BZRG	Bundeszentralregistergesetz
bzw.	beziehungsweise
Dau, WDO	*Dau, Klaus*, Wehrdisziplinarordnung, Kommentar, 4. Aufl. 2002
DBB	Deutscher Beamtenbund
DBest.	Durchführungsbestimmung
DBwV	Deutscher Bundeswehr-Verband e.V.
DDR	Deutsche Demokratische Republik
ders.	derselbe
DGB	Deutscher Gewerkschaftsbund
d.h.	das heißt
dienstl.	dienstlich
dies.	dieselbe
DiszVorg.	Disziplinarvorgesetzter
DivKdr	Divisionskommandeur
DöD	Der öffentliche Dienst (Jahr und Seite)
DokBer	Dokumentarische Berichte aus dem BVerwG (Jahr und Seite)
DÖV	Die Öffentliche Verwaltung (Jahr und Seite)
d.R.	der Reserve
Dreier	*Dreier, Horst* (Hrsg.), Grundgesetz, Kommentar,
I	Band 1, 2. Aufl. 2004;
II	Band 2, 1998
DRiG	Deutsches Richtergesetz
Drs.	Drucksache
DVag	Dienstliche Veranstaltung
DVBl.	Deutsches Verwaltungsblatt (Jahr und Seite)
ebd.	ebenda
EG	Einführungsgesetz
EGV	Vertrag zur Gründung der Europäischen Gemeinschaft vom 25.3.1957 (BGBl. II S. 766) i.d.F. des Vertrages über die Europäische Union vom 7.2.1992 (BGBl. II S. 2022)
ehem.	ehemalig

XIII

Abkürzungs- und Literaturverzeichnis

Einf.	Einführung
einschl.	einschließlich
EKD	Evangelische Kirche in Deutschland
EltZSoldV	Elternzeitverordnung für Soldatinnen und Soldaten
EMRK	Europäische Konvention zum Schutze der Menschenrechte und Grundfreiheiten
Entsch.	(gerichtliche) Entscheidung
entspr.	entsprechend
Entw.	Entwurf
Erl.	Erlass/Erläuterung
ES	Entscheidungssammlung
EStG	Einkommensteuergesetz
ESVGH	Entscheidungssammlung der VGH (Jahrgang und Seite)
EU	Europäische Union
EuAbgG	Europaabgeordnetengesetz
EUF	Eignungsuntersuchung und -feststellung
EÜG	Eignungsübungsgesetz
EuGH	Europäischer Gerichtshof
EuGRZ	Europäische Grundrechte-Zeitschrift (Jahr und Seite)
EUrlV	Erholungsurlaubsverordnung
europ.	europäisch
e.V.	eingetragener Verein
EVG	Europäische Verteidigungsgemeinschaft
evtl.	eventuell
f.	folgende Seite, Paragraph
FA	Feldwebelanwärter
FdGO	Freiheitliche demokratische Grundordnung
ff.	folgende Seiten, Paragraphen
Fn.	Fußnote
Fs	Festschrift
FüAkBw	Führungsakademie der Bundeswehr
Fw	Feldwebel
FWDL	Freiwilligen zusätzlichen Wehrdienst leistender Soldat
G	Gesetz
GA	Genfer Abkommen
Gareis/Klein, HdBMilSoWi	*Gareis, Sven Bernhard/Klein, Paul* (Hrsg.), Handbuch Militär und Sozialwissenschaft, 1. Aufl. 2004
geä.	geändert
Gefr	Gefreiter
gem.	gemäß
GenInsp	Generalinspekteur der Bundeswehr
GewO	Gewerbeordnung
GG	Grundgesetz für die Bundesrepublik Deutschland
ggf.	gegebenenfalls
GGO	Gemeinsame Geschäftsordnung der Bundesministerien
GiP	Gleichstellung in der Praxis (Jahr und Seite)
GKÖD I	*Fürst, Walther* (Hrsg.), Gesamtkommentar Öffentliches Dienstrecht, Band I (Beamtenrecht des Bundes und der Länder, Richterrecht und Wehrrecht) 1973 ff. (Stand: 11/2005) Teil 2a und 2b (Allgemeines Beamtenrecht) Kennzahl K, verschiedene Bearb.; Teil 5 (Wehrrecht, Soldatengesetz) Kennzahl Yk, Bearb.: *Fürst/Arndt/Vogelgesang*

Abkürzungs- und Literaturverzeichnis

GmbH	Gesellschaft mit beschränkter Haftung
GMBl.	Gemeinsames Ministerialblatt
GO	Geschäftsordnung
GOBReg	Geschäftsordnung der Bundesregierung
GOBT	Geschäftsordnung des Deutschen Bundestages
Grds.	Grundsatz
grds.	grundsätzlich
GVG	Gerichtsverfassungsgesetz
GVPA	Gesamtvertrauenspersonenausschuss
GWD	Grundwehrdienst
GWDL	Grundwehrdienst leistender Soldat
h.A.	herrschende Ansicht
Halbs.	Halbsatz
HFw	Hauptfeldwebel
HGB	Handelsgesetzbuch
hins.	hinsichtlich
Hinw.	Hinweis
h.L.	herrschende Lehre
h.M.	herrschende Meinung
Hptm	Hauptmann
Hrsg.	Herausgeber
HStR II (III)	*Isensee, Josef/Kirchhof, Paul* (Hrsg.), Handbuch des Staatsrechts der Bundesrepublik Deutschland, Band II, 2. Aufl. 1998; Band III, 2. Aufl. 1996
HUrlV	Heimaturlaubsverordnung
i.d.F.	in der Fassung
i.d.R.	in der Regel
i.d.S.	in diesem Sinne
IfdT	Information für die Truppe (Jahr, Heft und Seite)
insbes.	insbesondere
Insp	Inspekteur
IÖD	Informationsdienst Öffentliches Dienstrecht
i.S.	im Sinne
i.S.d.	im Sinne des/der
i.S.v.	im Sinne von
i.V.m.	in Verbindung mit
JA	Juristische Ausbildung (Jahr und Seite)
Jarass/Pieroth, GG	*Jarass, Hans D./Pieroth, Bodo*, Grundgesetz für die Bundesrepublik Deutschland, Kommentar, 7. Aufl. 2004
JB	Jahresbericht
jew.	jeweils; jeweilig
JGG	Jugendgerichtsgesetz
JuMiG	Justizmitteilungsgesetz
JuS	Juristische Schulung (Jahr und Seite)
JZ	Juristenzeitung (Jahr und Seite)
Kap.	Kapitel
Kdr	Kommandeur
KDV	Kriegsdienstverweigerung, Kriegsdienstverweigerer
KDVG	Kriegsdienstverweigerungsgesetz
Komm.	Kommentierung

Abkürzungs- und Literaturverzeichnis

Kopp/Ramsauer, VwVfG	Kopp, Ferdinand O./Ramsauer, Ulrich, Verwaltungsverfahrensgesetz, 9. Aufl. 2005
Kopp/Schenke, VwGO	Kopp, Ferdinand O./Schenke, Wolf-Rüdiger, Verwaltungsgerichtsordnung, 13. Aufl. 2003
KpChef	Kompaniechef
krit.	kritisch
KWEA	Kreiswehrersatzamt
LBG	Landesbeamtengesetz
Lit.	Literatur
Ls	Leitsatz
Lt	Leutnant
LuftSiG	Luftsicherheitsgesetz
MAD	Militärischer Abschirmdienst
MADG	Gesetz über den Militärischen Abschirmdienst vom 20.12.1990 (BGBl. I S. 2954, 2977), zuletzt geä. durch Art. 8 des G vom 22.4.2005 (BGBl. I S. 1106)
Maunz/Dürig, GG	Maunz, Theodor/Dürig, Günter/Herzog, Roman/Scholz, Rupert u.a., Grundgesetz, Kommentar, 1958 ff.
MdB	Mitglied des Deutschen Bundestages
MfS	Ministerium für Staatssicherheit (der ehem. DDR)
mil.	militärisch
Milseels	Militärseelsorge
Min.	Minister/Ministerium
MiStra	Anordnung über Mitteilungen in Strafsachen
vM/K/S, GG II	von Mangoldt, Hermann/Klein, Friedrich/Starck, Christian, Das Bonner Grundgesetz, Kommentar, Band 2: Artikel 20 bis 78, 4. Aufl. 2000
MSV	Militärseelsorgevertrag
v. Münch/Kunig,	von Münch, Ingo/Kunig, Philip, Grundgesetz-Kommentar
GGK I	Band 1: 5. Aufl. 2000 (mit Nachtrag 2003)
GGK II	Band 2: 5. Aufl. 2001 (mit Nachtrag 2003)
GGK III	Band 3: 5. Aufl. 2003
MuSchSoldV	Mutterschutzverordnung für Soldatinnen
m.w.N.	mit weiteren Nachweisen
NATO	Nordatlantische Verteidigungsorganisation
n.F.	neue Fassung
NJ	Neue Justiz (Jahr und Seite)
NJW	Neue Juristische Wochenschrift (Jahr und Seite)
NPD	Nationaldemokratische Partei Deutschlands
Nr.	Nummer
NRW	Nordrhein-Westfalen
NStZ	Neue Zeitschrift für Strafrecht (Jahr und Seite)
NStZ-RR	Neue Zeitschrift für Strafrecht – Rechtsprechungsreport (Jahr und Seite)
NTS	NATO-Truppenstatut
NVA	Nationale Volksarmee
NVwZ	Neue Zeitschrift für Verwaltungsrecht (Jahr und Seite)
NVwZ-RR	Neue Zeitschrift für Verwaltungsrecht – Rechtsprechungsreport (Jahr und Seite)
NZWehrr	Neue Zeitschrift für Wehrrecht (Jahr und Seite)

Abkürzungs- und Literaturverzeichnis

o.	oder; oben
OA	Offizieranwärter
o.Ä.	oder Ähnliches
öff.	öffentlich
Offz	Offizier
OFw	Oberfeldwebel
o.g.	oben genannte
OGefr	Obergefreiter
OHG	Offizierheimgesellschaft
OLG	Oberlandesgericht
OLt	Oberleutnant
OrgG	Organisationsgesetz
OStFw	Oberstabsfeldwebel
OTL	Oberstleutnant
OVG	Oberverwaltungsgericht
OWiG	Gesetz über Ordnungswidrigkeiten
PA	Personalakte
Palandt, BGB	Palandt, Otto, Bürgerliches Gesetzbuch, Kommentar, 64. Aufl. 2005
ParlSts	Parlamentarischer Staatssekretär
PersAnpassG	Personalanpassungsgesetz
PersR	Der Personalrat (Jahr und Seite)
PersStärkeG	Personalstärkegesetz
PersStruktG-SK	Gesetz zur Verbesserung der Personalstruktur in den Streitkräften
PersV	Die Personalvertretung (Jahr und Seite)
Pieroth/Schlink, GR II	Pieroth, Bodo/Schlink, Bernhard, Grundrechte Staatsrecht II, 21. Aufl. 2005
Plog/Wiedow/Lemhöfer, BeamtVG *Bayer*, BBG	Plog, Ernst/Wiedow, Alexander/Lemhöfer, Bernt/Bayer, Detlef, Kommentar zum Bundesbeamtengesetz mit Beamtenversorgungsgesetz, 1986 (Stand: 11/2005), Bearb. BBG: Lemhöfer; Bearb. BeamtVG: Bayer
PlProt.	Plenarprotokoll
Prot.	Protokoll
PZU	Postzustellungsurkunde
R./Res	Reserve/Reservist
RdA	Recht der Arbeit (Jahr und Seite)
RdSchr.	Rundschreiben
REntw.	Regierungsentwurf „Entwurf eines Gesetzes über die Rechtsstellung der Soldaten (Soldatengesetz)", BT-Drs. II/1700 vom 23.9.1955
RGBl.	Reichsgesetzblatt
RgtKdr	Regimentskommandeur
Riehl, Meinungsäußerung	Riehl, Klaus, Freie Meinungsäußerung in der Bundeswehr, 1987
RiA	Recht im Amt (Jahr und Seite)
Rittau, SG	Rittau, Martin, Soldatengesetz, Kommentar, 1957, mit Nachtrag I 1959, Nachtrag II 1960
RK	Reichskonkordat
RMG	Reichsmilitärgericht
Rn.	Randnummer
Rspr.	Rechtsprechung
RVO	Rechtsverordnung

Abkürzungs- und Literaturverzeichnis

s.	siehe
S.	Seite/Siehe
s.a.	siehe auch
Sachs, GG	*Sachs, Michael* (Hrsg.), Grundgesetz, Kommentar, 3. Aufl. 2003
San	Sanitäts-
SanOA	Sanitätsoffizieranwärter
SanOAAusbgV	Verordnung über das Ausbildungsgeld der SanOA
SanOffz	Sanitätsoffizier
SanSold	Sanitätssoldat
SaZ	Soldat/Soldatin auf Zeit, Soldatinnen/Soldaten auf Zeit
SB	Schadensbestimmungen
SBG	Soldatenbeteiligungsgesetz
Schenke, VwPR	*Schenke, Wolf-Rüdiger*, Verwaltungsprozessrecht, 10. Aufl. 2005
Scherer/Alff, SG	*Scherer, Werner/Alff, Richard*, Soldatengesetz, Kommentar, 7. Aufl. 2003
Schölz/Lingens, WStG	*Schölz, Joachim/Lingens, Eric*, Wehrstrafgesetz, 4. Aufl. 2000
schriftl.	schriftlich
Schwenck	*Schwenck, Hans-Günter*, Rechtsordnung und Bundeswehr, 1978
SDGleiG	Gesetz zur Durchsetzung der Gleichstellung von Soldatinnen und Soldaten der Bundeswehr (Soldatinnen- und Soldatengleichstellungsdurchsetzungsgesetz – SDGleiG) vom 27.12.2004 (BGBl. I S. 3822)
SG	Gesetz über die Rechtsstellung der Soldaten (Soldatengesetz)
SGÄndG	Gesetz zur Änderung des Soldatengesetzes und anderer Vorschriften vom 19.12.2000 (BGBl. I S. 1815)
SGB	Sozialgesetzbuch
SGleibWV	Gleichstellungsbeauftragten-Wahlverordnung Soldatinnen vom 12.5.2005 (BGBl. I S. 1394)
SGleiG	Gesetz zur Gleichstellung der Soldatinnen und Soldaten der Bundeswehr (Soldatinnen- und Soldatengleichstellungsgesetz – SGleiG) vom 27.12.2004 (BGBl. I S. 3822 = Artikel 1 des SDGleiG)
SJubV	Soldatenjubiläumsverordnung
SK	Streitkräfte
SkResNOG	Gesetz über die Neuordnung der Reserve der Streitkräfte und zur Rechtsbereinigung des Wehrpflichtgesetzes (Streitkräftereserve-Neuordnungsgesetz) vom 22.4.2005 (BGBl. I S. 1106)
SLV	Verordnung über die Laufbahnen der Soldatinnen und Soldaten (Soldatenlaufbahnverordnung – SLV) i.d.F. der Bekanntmachung vom 4.5.2005 (BGBl. I S. 1244) mit Änderungen
s.o.	siehe oben
sog.	sogenannter
SPersAFüBest	Bestimmungen über die Führung der Personalakten der Soldaten und der Personalunterlagen mit Personalaktenqualität
SPersAV	Verordnung über die Führung der Personakten der Soldaten und der ehemaligen Soldaten
SRP	Sozialistische Reichspartei
StAG	Staatsangehörigkeitsgesetz
STAN	Stärke- und Ausrüstungsnachweisung
Stauf I	*Stauf, Wolfgang*, Wehrrecht I, SG/PersAnpassG/SBG/WSG, 1. Aufl. 2002
Stauf II	*Stauf, Wolfgang*, Wehrrecht II, WBO/WDO/WStG/UZwGBw, 1. Aufl. 2002
Stauf III	*Stauf, Wolfgang*, Wehrrecht III, WPflG/SVG, 1. Aufl. 2002

Abkürzungs- und Literaturverzeichnis

Steinlechner/Walz, WPflG	*Steinlechner, Wolfgang/Walz, Dieter*, Wehrpflichtgesetz, Kommentar, 6. Aufl. 2003
Stelkens/Bonk/Sachs, VwVfG	*Stelkens, Paul/Bonk, Heinz Joachim/Sachs, Michael*, Verwaltungsverfahrensgesetz, Kommentar, 6. Aufl. 2001
StGB	Strafgesetzbuch
StPO	Strafprozessordnung
str.	streitig
st.Rspr.	ständige Rechtsprechung
Sts('in)	Staatssekretär
StUffz	Stabsunteroffizier
StUG	Stasiunterlagengesetz
STzV	Soldatinnen- und Soldatenteilzeitbeschäftigungsverordnung
s.u.	siehe unten
SÜG	Sicherheitsüberprüfungsgesetz
SUrlV	Sonderurlaubsverordnung
SUV	Soldatenurlaubsverordnung
SVG	Soldatenversorgungsgesetz
TDG	Truppendienstgericht
TSK	Teilstreitkraft/Teilstreitkräfte
u.	und; unten
u.a.	unter anderem; und andere
UA	Unteroffizieranwärter
UBwV	Unterrichtsblätter für die Bundeswehrverwaltung (Jahr und Seite)
Uffz	Unteroffizier
UHG	Unteroffizierheimgesellschaft
Uk-/uk-	Unabkömmlich-/unabkömmlich-
UkV/Uk-VO	Verordnung über die Zuständigkeit und das Verfahren bei der Unabkömmlichstellung (Unabkömmlichstellungsverordnung)
umstr.	umstritten
UNO	Vereinte Nationen
unstr.	unstreitig
unzutr.	unzutreffend
Urt.	Urteil
USG	Unterhaltssicherungsgesetz
usw.	und so weiter
u.U.	unter Umständen
UZwGBw	Gesetz über die Anwendung unmittelbaren Zwanges und die Ausübung besonderer Befugnisse durch Soldaten der Bundeswehr und verbündeter Streitkräfte sowie zivile Wachpersonen
v.	vom, von
VA	Verwaltungsakt
VB	Verfassungsbeschwerde
VdRBw	Verband der Reservisten der Deutschen Bundeswehr e.V.
VertA	Verteidigungsausschuss
VerwArch	Verwaltungsarchiv (Jahr und Seite)
VerwRdsch.	Verwaltungsrundschau (Jahr und Seite)
V-Fall	Verteidigungsfall
VG	Verwaltungsgericht
VGH	Verwaltungsgerichtshof
vgl.	vergleiche

Abkürzungs- und Literaturverzeichnis

VMBl.	Ministerialblatt des Bundesministers der Verteidigung
VMWG	Vertrauensmänner-Wahlgesetz
VN	Vereinte Nationen
VO	Verordnung
Vorb.	Vorbemerkung
Vorg.	Vorgesetzter
VorgV	Verordnung über die Regelung des militärischen Vorgesetztenverhältnisses (Vorgesetztenverordnung)
VP	Vertrauensperson
VStGB	Völkerstrafgesetzbuch
VV	Verwaltungsvorschrift
VwGO	Verwaltungsgerichtsordnung
VwVfG	Verwaltungsverfahrensgesetz
VwVG	Verwaltungsvollstreckungsgesetz
VwZG	Verwaltungszustellungsgesetz
WBeauftr	Wehrbeauftragter des Deutschen Bundestages
WBeauftrG	Gesetz über den Wehrbeauftragten des Bundestages
WBO	Wehrbeschwerdeordnung
WBV	Wehrbereichsverwaltung
WDA	Wehrdisziplinaranwalt
WDB	Wehrdienstbeschädigung
WDErstattV	Wehrdiensterstattungsverordnung
WDO	Wehrdisziplinarordnung
WDS	Wehrdienstsenat
Weber/Banse	Weber, Gerhard/Banse, Jürgen, Das Urlaubsrecht des öffentlichen Dienstes, München 1978 ff. (Stand: 08/2005)
WEU	Westeuropäische Union
WG 1921	Wehrgesetz 1921 vom 23.3.1921/15.6.1921 (RGBl. 329, 787)
WG 1935	Wehrgesetz 1935 vom 21.5.1935 (RGBl. I S. 609)
Wipfelder, Wehrrecht	*Wipfelder, Hans-Jürgen,* Wehrrecht in der Bundesrepublik Deutschland, 1991
WP	Wahlperiode
WPersAV	Personalaktenverordnung Wehrpflichtige
wpfl	wehrpflichtig
WPfl	Wehrpflicht/Wehrpflichtiger
WPflG	Wehrpflichtgesetz
WPflV	Wehrpflichtverordnung
WRV	Weimarer Reichsverfassung
WSG	Wehrsoldgesetz
WStG	Wehrstrafgesetz
ZA	Zusatzabkommen zum NTS
z.B.	zum Beispiel
ZBR	Zeitschrift für Beamtenrecht (Jahr und Seite)
zbV	zur besonderen Verwendung
ZDG	Zivildienstgesetz
ZDL	Zivildienstleistender
ZDv	Zentrale Dienstvorschrift
ZDVG	Zivildienstvertrauensmann-Gesetz
Ziff.	Ziffer
zit.	zitiert

Abkürzungs- und Literaturverzeichnis

ZP I	Zusatzprotokoll I zu den Genfer Abkommen vom 12.8.1949 über den Schutz der Opfer internationaler bewaffneter Konflikte vom 10.6.1977
ZPO	Zivilprozessordnung
ZRP	Zeitschrift für Rechtspolitik (Jahr und Seite)
z.T.	zum Teil
ZTR	Zeitschrift für Tarifrecht (Jahr und Seite)
zust.	zustimmend
zutr.	zutreffend
zw.	zweifelnd/zweifelhaft
2. ZDGÄndG	Zweites Gesetz zur Änderung des Zivildienstgesetzes und anderer Vorschriften (Zweites Zivildienstgesetzänderungsgesetz) vom 27.9.2004 (BGBl. I S. 2358)
zzt.	zurzeit

Die wichtigsten im folgenden Kommentar zit. wehrrechtl. Dienstvorschriften und Erlasse sind abgedruckt bei *Schnell, Karl Helmut* (Hrsg.): Deutscher Bundeswehr-Kalender, Loseblattausgabe, Grundwerk 2006/I

Gesetz über die Rechtsstellung der Soldaten (Soldatengesetz – SG)

vom 13. März 1956 (BGBl. I S. 114),
neugefasst durch Bek. vom 30. Mai 2005 (BGBl. I S. 1482)

Übersicht über die Erstfassung, Änderungsgesetze, Neufassungen und Neubekanntmachungen des Soldatengesetzes

Nr.	Titel / In-Kraft-Treten	Fundstelle	geänderte/eingefügte Vorschriften/ wesentliche Inhalte der Änderungen
1	Gesetz über die Rechtsstellung der Soldaten (Soldatengesetz) vom 19. März 1956 In-Kraft-Treten: 1. April 1956	BGBl. I S. 114	Erstfassung
2	**Gesetz zur Änderung des Soldatengesetzes** und des Besoldungsangleichungsgesetzes für den Bundesgrenzschutz vom 20. Dezember 1956 In-Kraft-Treten: 1. April 1956	BGBl. I S. 925	§§ 62 und 72 Änderung hinsichtlich der Zuordnung der Soldaten zu Besoldungsgruppen und Dienstalterstufen
3	Gesetz über die Versorgung für die ehemaligen Soldaten der Bundeswehr und ihre Hinterbliebenen (Soldatenversorgungsgesetz – SVG) vom 26. Juli 1957 In-Kraft-Treten: 1. April 1956	BGBl. I S. 785	§ 63 Außerkraftsetzung
4	§ 62 des Bundesbesoldungsgesetzes (BBesG) vom 27. Juli 1957 In-Kraft-Treten: 1. April 1957	BGBl. I S. 993	§ 30 Änderung eines Verweises
5	**Zweites Gesetz zur Änderung des Soldatengesetzes** vom 5. Dezember 1958 In-Kraft-Treten: 11. Dezember 1958	BGBl. I S. 898	§ 27 Einfügung der Mindestanforderungen für die Laufbahnen der Sanitätsoffiziere
6	**Drittes Gesetz zur Änderung des Soldatengesetzes** vom 28. März 1960 In-Kraft-Treten: 1. April 1960	BGBl. I S. 206	§§ 24, 30, 40, 41, 42, 46, 47, 55, 59, 60, 61, 62, 64, 65, 71 und 72 Vereinfachung der Rechtsförmlichkeiten bei der Berufung in das Dienstverhältnis eines BS und SaZ und bei der Beförderung. Einige andere Änderungen dienen der Klarstellung oder der Verbesserung der bisherigen Regelung. Einführung einer Mindeststehzeit für Berufsoffiziere.
7	§ 2 des Gesetzes über die Zuständigkeit auf dem Gebiet des Rechts des öffentlichen Dienstes vom 20. August 1960 In-Kraft-Treten: 26. August 1960	BGBl. I S. 705	§ 27 Einfügung von Vorschriften zur Zusammensetzung des Bundespersonalausschusses, Übergang Zuständigkeiten BMF auf BMI
8	Artikel 3 des Gesetzes zur Änderung des Wehrpflichtgesetzes vom 28. November 1960 In-Kraft-Treten: 3. Dezember 1960	BGBl. I S. 853	§ 56 Aufnahme einer Regelung, wie lange der im Falle einer Entlassung aus dem Dienstverhältnis eines SaZ noch zu leistende Grundwehrdienst dauert
9	Artikel 1 des Gesetzes über die Altersgrenzen der Berufssoldaten vom 9. Juni 1961 In-Kraft-Treten: 16. Juni 1961	BGBl. I S. 723	§§ 44, 45, 46, 51 und 55 Nach § 45 waren die Altersgrenzen für BS innerhalb von fünf Jahren nach In-Kraft-Treten des SG gesetzlich zu bestimmen – das ist erfolgt

Übersicht

Nr.	Titel / In-Kraft-Treten	Fundstelle	geänderte/eingefügte Vorschriften/ wesentliche Inhalte der Änderungen
10	§ 81 des Gesetzes zur Verhütung und Bekämpfung übertragbarer Krankheiten beim Menschen (Bundes-Seuchengesetz) vom 18. Juli 1961 In-Kraft-Treten: 1. Januar 1962	BGBl. I S. 1012, 1300	§ 17 Änderung der Regelung zur Pflicht der Duldung von Eingriffen in die körperliche Unversehrtheit im Hinblick auf die Regelungen des Bundes-Seuchengesetzes
11	Artikel V des Zweiten Gesetzes zur Änderung des Wehrpflichtgesetzes vom 22. März 1962 In-Kraft-Treten: 29. März 1962	BGBl. I S. 169	§ 56 Änderung der Regelung, wie lange der im Falle einer Entlassung aus dem Dienstverhältnis eines SaZ noch zu leistende Grundwehrdienst dauert
12	**Viertes Gesetz zur Änderung des Soldatengesetzes** vom 9. Juli 1962 In-Kraft-Treten: 1. März 1962 (Nr. 1 und 3) 1. Oktober 1961 (Nr. 2 und 4)	BGBl. I S. 447	§ 25 (Nr. 1), § 30 (Nr. 2), § 46 (Nr. 3) und § 72 (Nr. 4) Änderung der Vorschrift zur Wahl eines Soldaten in den Bundestag, Landtag oder eine kommunale Vertretungskörperschaft, Ermächtigungsgrundlage für Jubiläumsverordnung und Zuständigkeit hierfür
13	**Fünftes Gesetz zur Änderung des Soldatengesetzes** vom 6. April 1965 In-Kraft-Treten: 22. April 1965	BGBl. I S. 305	§§ 40, 42, 51 und 71 Verlängerung der zulässigen Gesamtdienstzeit auf 15 Jahre, Vereinfachung der Rechtsförmlichkeiten bei der Beförderung der Offizieranwärter
14	Artikel 2 des Gesetzes zur Aufhebung des Personalgutachterausschuß-Gesetzes vom 4. September 1967 In-Kraft-Treten: 13. September 1967	BGBl. I S. 965	Aufhebung § 67 (Personalgutachterausschuss)
15	**Sechstes Gesetz zur Änderung des Soldatengesetzes** vom 10. Januar 1968 In-Kraft-Treten: 14. Januar 1968	BGBl. I S. 56	§ 46 Normierung einer Kostenerstattungspflicht für BS, die vor Ablauf einer bestimmten Stehzeit die Bundeswehr verlassen
16	Artikel 6 des Achten Strafrechtsänderungsgesetzes vom 25. Juni 1968 In-Kraft-Treten: 1. August 1968	BGBl. I S. 741	§§ 38, 53 Übernahme neuer Straftatbezeichnungen
17	Artikel IV des Ersten Abschnitts des Fünften Gesetzes zur Änderung beamtenrechtlicher und besoldungsrechtlicher Vorschriften vom 19. Juli 1968 In-Kraft-Treten: 1. Juli 1968	BGBl. I S. 848	§ 30 Änderung eines Verweises
18	**Siebentes Gesetz zur Änderung des Soldatengesetzes** vom 24. März 1969 In-Kraft-Treten: 28. März 1969	BGBl. I S. 221	§§ 44, 45 Einführung einer Altersgrenze für Strahlflugzeugführer
19	**Achtes Gesetz zur Änderung des Soldatengesetzes** vom 1. April 1969 In-Kraft-Treten: 4. April 1969	BGBl. I S. 277	§§ 35, 45 Einführung einer Altersgrenze für die neue Laufbahn der Offiziere des militärfachlichen Dienstes

Nr.	Titel / In-Kraft-Treten	Fund-stelle	geänderte/eingefügte Vorschriften/ wesentliche Inhalte der Änderungen
20	Bekanntmachung der Neufassung des Gesetzes über die Rechtsstellung der Soldaten (Soldatengesetz) vom 22. April 1969	BGBl. I S. 313, 429	Neufassung
21	Artikel 61 des Ersten Gesetzes zur Reform des Strafrechts (1. StrRG) vom 25. Juni 1969 In-Kraft-Treten: 1. April 1970	BGBl. I S. 645	§§ 38, 48 und 53 Anpassung der Begriffe (Zuchthaus, Gefängnis)
22	Artikel 2 des Eingliederungsgesetzes für Soldaten auf Zeit (EinglG) vom 25. August 1969 In-Kraft-Treten: 1. Januar 1970	BGBl. I S. 1347	§§ 40, 54, 55 Aufnahme von Vorschriften im Hinblick auf die Erteilung eines Eingliederungsscheines
23	**Neuntes Gesetz zur Änderung des Soldatengesetzes** vom 21. Juli 1970 In-Kraft-Treten: 1. Juli 1969	BGBl. I S. 1120	§§ 27, 30, 39, 46, 55, 56 und 72 Schaffung der gesetzlichen Voraussetzungen für die Neuordnung der Laufbahn der Sanitätsoffiziere
24	**Zehntes Gesetz zur Änderung des Soldatengesetzes** vom 21. Dezember 1970 In-Kraft-Treten: 25. Dezember 1970	BGBl. I S. 1778	§ 71 Aufrechterhaltung einer Übergangsregelung, nach der ein Offizier des Truppendienstes vor Ablauf einer Dienstzeit von drei Jahren zum Leutnant ernannt werden kann (bis 31. Dezember 1974)
25	Artikel IV des Gesetzes zur Neuordnung des Wehrdisziplinarrechts vom 21. August 1972 In-Kraft-Treten: 24. November 1972	BGBl. I S. 1481	§§ 17, 23 Aufnahme der Pflicht, sich außer Dienst und außerhalb dienstlicher Unterkünfte so zu verhalten, dass Ansehen, Achtung und Vertrauen nicht geschädigt werden, Anpassung der Begriffe (Bestrafung bei Dienstvergehen)
26	Artikel 154 des Einführungsgesetzes zum Strafgesetzbuch (EGStGB) vom 2. März 1974 In-Kraft-Treten: 1. Januar 1975	BGBl. I S. 469	§§ 11, 14, 38 und 46 Anpassung an neue strafrechtliche Begriffe, Bildung von Oberbegriffen (Straftaten statt Verbrechen, Vergehen, strafbare Handlungen). Nach Artikel 326 Abs. 5 Nr. 8 EGStGB war § 38 Abs. 1 Nr. 3 SG für die Zeit vom 1.1.1975 bis 31. 12.1977 in der dort genannten Fassung anzuwenden
27	§ 1 des Gesetzes zur Bereinigung von Verfahrensmängeln beim Erlaß einiger Gesetze vom 25. März 1974 In-Kraft-Treten: 28. März 1974	BGBl. I S. 769	Das SG gilt als am Tag nach dem In-Kraft-Treten des Gesetzes zur Ergänzung des Grundgesetzes vom 19. März 1956 (BGBl. I S. 111) erlassen (SG gilt also als am 23. März 1956 erlassen)
28	**Elftes Gesetz zur Änderung des Soldatengesetzes** vom 20. Dezember 1974 In-Kraft-Treten: 25. Dezember 1974	BGBl. I S. 3649	§§ 1, 71 Änderung des Begriffs Disziplinarstrafgewalt und Verlängerung der Übergangsregelung, nach der ein Offizier des Truppendienstes vor Ab-

Übersicht

Nr.	Titel / In-Kraft-Treten	Fundstelle	geänderte/eingefügte Vorschriften/ wesentliche Inhalte der Änderungen
			lauf einer Dienstzeit von drei Jahren zum Leutnant ernannt werden kann (bis 31.12.1977)
29	Artikel 1 des Gesetzes zur Änderung des Soldatengesetzes und des Vertrauensmänner-Wahlgesetzes vom 25. April 1975 In-Kraft-Treten: 1. Mai 1975	BGBl. I S. 1005	§§ 35, 35a, 35b und 70 Aufnahme vertretungsrechtlicher Vorschriften im Hinblick auf den Erlass des Bundespersonalvertretungsgesetzes
30	Artikel 2 des Neunten Gesetzes zur Änderung des Wehrpflichtgesetzes vom 2. Mai 1975 In-Kraft-Treten: 8. Mai 1975	BGBl. I S. 1046	§§ 54, 56 Anpassungen auf Grund der Einführung des Wehrdienstes in der Verfügungsbereitschaft
31	Artikel 1 des Gesetzes zur Änderung des Soldatengesetzes, des Soldatenversorgungsgesetzes und der Wehrdisziplinarordnung vom 6. August 1975 In-Kraft-Treten: 10. August 1975	BGBl. I S. 2113	§§ 1, 3, 28, 30, 51, 54, und 72 Anpassungen im Hinblick auf die Einstellung von Frauen in der Laufbahn der Offiziere des Sanitätsdienstes
32	Bekanntmachung der Neufassung des Gesetzes über die Rechtsstellung der Soldaten (Soldatengesetz) vom 19. August 1975	BGBl. I S. 2273	**Neufassung** in der ab 10. August 1975 geltenden Fassung
33	Artikel 9 des Gesetzes zur Verbesserung der Haushaltsstruktur (Haushaltsstrukturgesetz – HStruktG) vom 18. Dezember 1975 In-Kraft-Treten: 1. Januar 1976	BGBl. I S. 3091	§ 45 Anhebung der besonderen Altersgrenzen
34	§ 98 des Gesetzes über die Versorgung der Beamten und Richter im Bund und Ländern (Beamtenversorgungsgesetz – BeamtVG) vom 24. August 1976 In-Kraft-Treten: 1. Januar 1977	BGBl. I S. 2485	§§ 30, 44, 48, 50 und 53 Anpassungen an die neuen beamtenversorgungsrechtlichen Regelungen
35	Artikel VI des Gesetzes zur Neuregelung der Rechtsverhältnisse der Mitglieder des Deutschen Bundestages vom 18. Februar 1977 In-Kraft-Treten: 1. April 1977	BGBl. I S. 297	§§ 4, 25 und 28 Beförderungsverbot für in den Bundestag gewählte Soldaten und Einfügung einer Vorschrift über Urlaub zur Wahlvorbereitung
36	§ 2 des Gesetzes über das In-KraftTreten der Vorschriften über die Unterbringung in einer sozialtherapeutischen Anstalt vom 22. Dezember 1977 In-Kraft-Treten: 31. Dezember 1977	BGBl. I S. 3104	In Artikel 326 Abs. 5 des Einführungsgesetzes zum Strafgesetzbuch wird die Jahreszahl „1977" durch die Jahreszahl „1984" ersetzt
37	**Zwölftes Gesetz zur Änderung des Soldatengesetzes** vom 23. Dezember 1977 In-Kraft-Treten: 1. Januar 1978	BGBl. I S. 3114	§§ 46, 56 Einführung einer Mindestabdienzeit für alle BS mit Studium oder Fachausbildung
38	Artikel 6 des Zweiten Gesetzes zur Änderung dienstrechtlicher Vorschriften (Angehörige des öffentlichen Dienstes in Landesparlamenten) vom 30. Juli 1979 In-Kraft-Treten: 1. Oktober 1979	BGBl. I S. 1301	§§ 4, 25 Nähere Ausgestaltung der die Rechtsstellung eines in ein Landesparlament gewählten BS oder SaZ regelnden Vorschriften (entsprechende Anwendung des Abgeordnetengesetzes)

Übersicht

Nr.	Titel / In-Kraft-Treten	Fundstelle	geänderte/eingefügte Vorschriften/ wesentliche Inhalte der Änderungen
39	**Dreizehntes Gesetz zur Änderung des Soldatengesetzes** vom 22. Mai 1980 In-Kraft-Treten: 1. Juni 1980	BGBl. I S. 581	§§ 4, 27, 35b, 40, 44, 45, 47, 51, 54 und 72 Einbeziehung Kampfbeobachter in die Altersgrenze für Strahlflugzeugführer, Einführung einer Möglichkeit, die Dienstzeit bei Sanitätsoffizieren auf 20 Jahre festzusetzen, sowie terminologische und redaktionelle Änderungen
40	Artikel 4 des Siebenten Gesetzes zur Änderung des Soldatenversorgungsgesetzes vom 7. Juli 1980 In-Kraft-Treten: 1. August 1980	BGBl. I S. 851	§ 54 Anpassung eines Verweises auf Vorschriften des Soldatenversorgungsgesetzes (§ 9 Abs. 3 Satz 2 Nr. 1 bis 3)
41	§ 30 des Staatshaftungsgesetzes vom 26. Juni 1981 In-Kraft-Treten: 1. Januar 1982	BGBl. I S. 553	§ 24 Anpassung der Haftungsvorschriften an die Vorschriften des Staatshaftungsgesetzes
42	Entscheidung des Bundesverfassungsgerichts vom 19. Oktober 1982	BGBl. I S. 1493	Das Staatshaftungsgesetz ist nichtig
43	Artikel 2 des Gesetzes zur Änderung des Wehrrechts und des Zivildienstrechts vom 24. Februar 1983 In-Kraft-Treten: 2. März 1983	BGBl. I S. 179	§§ 17, 25, 35c, 46, 49, 55, 56 und 73 Normierung einer Pflicht zur Erstattung von Ausbildungskosten und des als Sanitätsoffizier-Anwärter gewährten Ausbildungsgelds für alle BS und SaZ, die vor Ablauf einer bestimmten Dienstzeit entlassen werden. Änderung der Vorschrift über die Entlassung wegen besonderer Härte (Anspruch auf Entlassung) und Regelungen für den Fall, dass ein BS oder SaZ zum Mitglied der Bundesregierung, Landesregierung oder zum Parlamentarischen Staatssekretär ernannt wird.
44	Artikel 4 des Vierten Gesetzes zur Änderung dienstrechtlicher Vorschriften vom 12. Juli 1984 In-Kraft-Treten: 15. Juli 1984	BGBl. I S. 875	§ 28 Änderung der Vorschriften über den Betreuungsurlaub
45	Artikel 4 des Fünften Gesetzes zur Änderung dienstrechtlicher Vorschriften vom 25. Juli 1984 In-Kraft-Treten: 1. August 1984	BGBl. I S. 998	§§ 28, 28a Einführung eines Urlaubs bis zum Beginn des Ruhestandes
46	Artikel 3 Nr. 9 des Gesetzes zur Änderung des Strafvollzugsgesetzes (StVollzÄndG) vom 20. Dezember 1984 In-Kraft-Treten: 1. Januar 1985	BGBl. I S. 1654	Änderung des Einführungsgesetzes zum Strafgesetzbuch, in Artikel 154 – SG – Nummer 3 wird in § 38 Abs. 1 Nr. 3 die Verweisung „§§ 64, 65 Abs. 1, 2 oder § 66 des Strafgesetzbuches" durch die Verweisung „§§ 64 oder 66 des Strafgesetzbuches" ersetzt

Ewald

Übersicht

Nr.	Titel / In-Kraft-Treten	Fund-stelle	geänderte/eingefügte Vorschriften/ wesentliche Inhalte der Änderungen
47	Artikel 3 des Sechsten Gesetzes zur Änderung dienstrechtlicher Vorschriften (Nebentätigkeitsbegrenzungsgesetz) vom 21. Februar 1985 In-Kraft-Treten: 1. März 1985	BGBl. I S. 371	Inhaltsübersicht, §§ 20, 20a, 21 und 23 Erweiterung der Vorschriften über die Ausübung von Nebentätigkeiten im Hinblick auf eine Begrenzung der Ausübung solcher Tätigkeiten
48	§ 31 des Gesetzes über die Gewährung von Erziehungsgeld und Erziehungs-urlaub (Bundeserziehungsgeldgesetz – BErzGG) vom 6. Dezember 1985 In-Kraft-Treten: 1. Januar 1986	BGBl. I S. 2154	§§ 28a, 30 und 72 Aufnahme einer Ermächtigung zum Erlass einer Rechtsverordnung über den Erziehungsurlaub für Frauen in der Laufbahn der Offiziere des Sanitätsdienstes
49	Artikel 2 des Gesetzes zur Verbesserung der Wehrgerechtigkeit und Verlängerung der Dauer des Grundwehrdienstes vom 13. Juni 1986 In-Kraft-Treten: 1. Juli 1986	BGBl. I S. 873	Inhaltsübersicht, §§ 4a, 46, 49, 55, 56 und 72 Aufnahme einer Vorschrift über das Tragen der Uniform nach Ausscheiden aus dem Wehrdienst, Aufnahme einer Entlassungsnorm für anerkannte Kriegsdienstverweigerer und Rege-lung der Rechtsfolgen
50	Artikel 4 des Achten Gesetzes zur Änderung dienstrechtlicher Vorschriften vom 30. Juni 1989 In-Kraft-Treten: 1. August 1989	BGBl. I S. 1282	§§ 28, 28a, 46, 49, 55 und 56 Änderungen in den Vorschriften über Betreuungsurlaub für Frauen in der Laufbahn der Sanitätsoffiziere und in den Vorschriften über Wohnsitz-nahme im Ausland
51	Artikel 3 des Gesetzes zur Änderung des Beamtenversorgungsgesetzes und sonstiger dienst- und versorgungsrecht-licher Vorschriften (BeamtVGÄndG) vom 18. Dezember 1989 In-Kraft-Treten: 1. Januar 1992/ 1. Januar 2002	BGBl. I S. 2218	§ 44 (ab 1. Januar 1992) Aufnahme von Vorschriften zum Verbleiben im Dienst über die Alters-grenzen hinaus auf Antrag des Solda-ten, Verkürzung der Hinausschiebens-zeit von fünf auf vier Jahre § 45 (ab 1. Januar 2002) Heraufsetzung der Altersgrenzen für BS
52	Artikel 7 § 37 des Gesetzes zur Reform des Rechts der Vormundschaft und Pflegschaft für Volljährige (Betreuungs-gesetz – BtG) vom 12. September 1990 In-Kraft-Treten: 1. Januar 1992	BGBl. I S. 2002	§§ 20, 21 Anpassung der Begriffe
53	**Vierzehntes Gesetz zur Änderung des Soldatengesetzes** vom 6. Dezember 1990 In-Kraft-Treten: 13. Dezember 1990	BGBl. I S. 2588	Inhaltsübersicht, §§ 1, 2, 28, 28a, 30, 37, 39, 40, 43, 45, 46, 51, 51a, 54, 55, 58, 60, 61, 72 und 74 Aufnahme von Vorschriften zur Ein-stellung von Frauen in allen Laufbah-nen im Sanitätsdienst und im Militär-musikdienst und von Vorschriften zur Heranziehung nicht wehrpflichtiger früherer BS und SaZ, Erweiterung des Anspruchs auf Erziehungsurlaub für alle Soldaten sowie Klarstellungen (z.B. Beginn des Wehrdienstverhält-nisses)

Übersicht

Nr.	Titel / In-Kraft-Treten	Fundstelle	geänderte/eingefügte Vorschriften/ wesentliche Inhalte der Änderungen
			Durch Artikel 5 Nr. 2 des Vierzehnten Gesetzes zur Änderung des SG wird Artikel 20 Abs. 2 des Gesetzes zur Änderung des Beamtenversorgungsgesetzes und sonstiger dienst- und versorgungsrechtlicher Vorschriften (siehe Nr. 51) mit der Folge geändert, dass das In-Kraft-Treten der in Artikel 3 Abs. 1 Nr. 1 Buchstabe a Doppelbuchstabe aa dieses Gesetzes normierten Verkürzung der Hinausschiebensszeit auf den 1. Januar 2002 verschoben wird
54	Artikel 3 Nr. 1 des Gesetzes über die Beteiligung der Soldaten und der Zivildienstleistenden (Beteiligungsgesetz – BG) vom 16. Januar 1991 In-Kraft-Treten: 22. Januar 1991	BGBl. I S. 47	§§ 35, 35a, 35b, 35c und 72 Folgeänderungen im Hinblick auf die Neuregelung des Beteiligungsrechts
55	Artikel 6 des Zweiten Gesetzes zur Änderung des Bundeserziehungsgeldgesetzes und anderer Vorschriften vom 6. Dezember 1991 In-Kraft-Treten: 1. Januar 1992	BGBl. I S. 2142	§§ 28, 72 Normierung eines Anspruchs auf Erziehungsurlaub unabhängig von den Regelungen des BErzGG
56	Artikel 9 Nr. 2 des Gesetzes über die Anpassung von Dienst- und Versorgungsbezügen in Bund und Ländern 1991 (Bundesbesoldungs- und -versorgungsanpassungsgesetz 1991 – BBVAnpG 91) vom 21. Februar 1992 In-Kraft-Treten: 1. Januar 1992	BGBl. I S. 266	Änderung des Gesetzes zur Änderung des Beamtenversorgungsgesetzes und sonstiger dienst- und versorgungsrechtlicher Vorschriften (siehe Nr. 51 und 54) Ersatz der Wörter „Soweit dienstliche Belange nicht entgegenstehen" durch die Wörter „Wenn es im dienstlichen Interesse liegt" in § 44 SG
57	Artikel 5 des Neunten Gesetzes zur Änderung dienstrechtlicher Vorschriften vom 11. Juni 1992 In-Kraft-Treten: 1. Januar 1993	BGBl. I S. 1030	§§ 24, 28, 29 und 72 Änderung der Haftungsvorschriften und Aufnahme umfangreicher Bestimmungen zum Personalaktenrecht
58	Artikel 5 des Zehnten Gesetzes zur Änderung dienstrechtlicher Vorschriften vom 20. Dezember 1993 In-Kraft-Treten: 24. Dezember 1993	BGBl. I S. 2136	§ 28a Verlängerung der Möglichkeit, Urlaub bis zum Beginn des Ruhestandes in Anspruch zu nehmen
59	Artikel 5 des Elften Gesetzes zur Änderung dienstrechtlicher Vorschriften vom 20. Mai 1994 In-Kraft-Treten: 1. Juni 1994	BGBl. I S. 1078	§ 28a Normierung einer zeitlich unbefristeten Möglichkeit zur Inanspruchnahme von Urlaub bis zum Beginn des Ruhestandes
60	Artikel 4 des Gesetzes zur Vereinheitlichung und Flexibilisierung des Arbeitszeitrechts (Arbeitszeitrechtsgesetz – ArbZRG) vom 6. Juni 1994 In-Kraft-Treten: 1. Juli 1994	BGBl. I S. 1170	§ 69 Aufhebung

Übersicht

Nr.	Titel / In-Kraft-Treten	Fundstelle	geänderte/eingefügte Vorschriften/ wesentliche Inhalte der Änderungen
61	Artikel 2 des Gesetzes zur Änderung wehrpflichtrechtlicher, soldatenrechtlicher, beamtenrechtlicher und anderer Vorschriften vom 24. Juli 1995 In-Kraft-Treten: 29. Juli 1995	BGBl. I S. 962	§§ 1, 17, 40, 44, 51 und 51a Aufnahme soldatenrechtlicher Vorschriften im Hinblick auf die Teilnahme an besonderen Auslandsverwendungen („LL" lesson learnt)
62	Artikel 3 des Gesetzes zur Änderung wehrrechtlicher Vorschriften vom 15. Dezember 1995 In-Kraft-Treten: 1. Januar 1996	BGBl. I S. 1726	§ 40 Erweiterung der Gesamtverpflichtungszeit auf 20 Jahre für Soldaten aller Laufbahnen („KLL" Umsetzung Konzeptionelle Leitlinie)
63	Bekanntmachung der Neufassung des Soldatengesetzes vom 15. Dezember 1995	BGBl. I S. 1737	**Neufassung** in der ab 1. Januar 1996 geltenden Fassung
64	Artikel 2 Abs. 1 des Ersten Gesetzes zur Änderung des Soldatenbeteiligungsgesetzes vom 20. Februar 1997 In-Kraft-Treten: 28. Februar 1997	BGBl. I S. 298	§ 70 Änderung eines Verweises
65	Artikel 20 des Justizmitteilungsgesetzes und Gesetzes zur Änderung kostenrechtlicher Vorschriften und anderer Gesetze (JuMiG) vom 18. Juni 1997 In-Kraft-Treten: 1. Juni 1998	BGBl. I S. 1430	§ 62 Einfügung von Vorschriften über Mitteilungen in Strafsachen
66	Artikel 12 des Gesetzes zur Bekämpfung der Korruption vom 13. August 1997 In-Kraft-Treten: 20. August 1997	BGBl. I S. 2038	§ 19 Neufassung, grundsätzliches Verbot der Annahme von Belohnungen und Geschenken
67	Artikel 3 des Dreizehnten Gesetzes zur Änderung dienstrechtlicher Vorschriften (Zweites Nebentätigkeitsbegrenzungsgesetz) vom 9. September 1997 In-Kraft-Treten: 18. September 1997	BGBl. I S. 2294	§ 20 Änderung der Vorschriften über die Ausübung von Nebentätigkeiten
68	Artikel 5 § 4 des Gesetzes zur Abschaffung der gesetzlichen Amtspflegschaft und Neuordnung des Rechts der Beistandschaft (Beistandschaftsgesetz) vom 4. Dezember 1997 In-Kraft-Treten: 1. Juli 1998	BGBl. I S. 2846	§ 21 Streichung der Wörter „Beistandes oder"
69	Artikel 4 des Gesetzes zur Umsetzung des Versorgungsberichts (Versorgungsreformgesetz 1998 – VReformG) vom 29. Juni 1998 In-Kraft-Treten: 1. Januar 1999/ 1. Januar 2007	BGBl. I S. 1666, 3128	§ 44 (ab 1. Januar 1999) Änderung eines Verweises §§ 44, 45 und 75 (ab 1. Januar 2007) Verkürzung der Hinausschiebenszeit, Erhöhung der Altersgrenzen, Übergangsvorschriften
70	Artikel 2 § 20 des Gesetzes zur Neuordnung seuchenrechtlicher Vorschriften (Seuchenrechtsneuordnungsgesetz – SeuchRNeuG) vom 20. Juli 2000 In-Kraft-Treten: 1. Januar 2001	BGBl. I S. 1045	§ 17 (Folgeänderung zu einem Verweis)

Übersicht

Nr.	Titel / In-Kraft-Treten	Fundstelle	geänderte/eingefügte Vorschriften/ wesentliche Inhalte der Änderungen
71	Artikel 8 des Gesetzes zur Änderung des Begriffs „Erziehungsurlaub" vom 30. November 2000 In-Kraft-Treten: 2. Januar 2001	BGBl. I S. 1638	§§ 28, 40, 46, 72 und 74 Ersetzung des Begriffs „Erziehungsurlaub" durch den Begriff „Elternzeit"
72	Artikel 1 des Gesetzes zur Änderung des Soldatengesetzes und anderer Vorschriften (SGÄndG) vom 19. Dezember 2000 In-Kraft-Treten: 24. Dezember 2000	BGBl. I S. 1815	Inhaltsübersicht, §§ 1, 2, 4, 5, 13, 17, 18, 19, 20a, 23, 25, 26, 28, 28a, 29, 30, 32, 33, 34, 37, 38, 40, 41, 42, 43, 44, 45, 45a, 46, 47, 48, 49, 50, 51, 51a, 54, 55, 56, 58, 58a, 59, 60, 71, 72, 76 Öffnung aller Laufbahnen für Frauen, monatliche Zurruhesetzung, Probezeit für alle SaZ in den ersten vier Dienstjahren, Erweiterung und Vereinheitlichung der Vorschriften zur Erstattung von Ausbildungskosten, Änderung der Vorschrift zur Beurlaubung kommunaler Mandatsträger, grundlegende redaktionelle Überarbeitung
73	Bekanntmachung der Neufassung des Soldatengesetzes vom 14. Februar 2001	BGBl. I S. 232	**Neufassung** in der ab 24. Dezember 2000 geltenden Fassung
74	Berichtigung der Bekanntmachung der Neufassung vom 29. März 2001	BGBl. I S. 478	**Berichtigung**
75	Artikel 8c des Gesetzes zur Änderung des Bundesdatenschutzgesetzes und anderer Gesetze vom 18. Mai 2001 In-Kraft-Treten: 23. Mai 2001	BGBl. I S. 904	§ 29 Änderung einer Verweisung auf Vorschriften des Bundesdatenschutzgesetzes (Folgeänderung)
76	Artikel 4 des Zweiten Gesetzes zur Neuordnung des Wehrdisziplinarrechts und zur Änderung anderer Vorschriften (2. WehrDiszNOG) vom 16. August 2001 In-Kraft-Treten: 1. Januar 2002	BGBl. I S. 2093	§§ 53, 57 Wegfall des automatischen Dienstgradverlustes bei früheren BS und SaZ (Unteroffiziere und Offiziere) bei Verurteilungen nach Beendigung des Dienstverhältnisses zu einem und weniger als zwei Jahren
77	Artikel 2 des Gesetzes zur Neuausrichtung der Bundeswehr (Bundeswehrneuausrichtungsgesetz – BwNeuAusrG) vom 20. Dezember 2001 In-Kraft-Treten: 1. Januar 2002 / 1. März 2002	BGBl. I S. 4013, 2002 S. 1542	§§ 1, 3, 27, 45, 47, 55 Schaffung einfachgesetzlicher Grundlagen für die Neuordnung der Laufbahnen, Sonderregelung für bestimmte wehrdienstbeschädigte Soldaten und redaktionelle Änderungen
78	Artikel 65 des Dritten Gesetzes zur Änderung verwaltungsverfahrensrechtlicher Vorschriften vom 21. August 2002 In-Kraft-Treten: 1. Februar 2003	BGBl. I S. 3322	§§ 4, 41, 44, 46, 47, 49 und 55 Folgeänderungen im Rahmen der Eröffnung der rechtsverbindlichen elektronischen Kommunikation zwischen Bürger und Verwaltung; redaktionelle Änderungen in § 46
79	Artikel 3 des Gesetzes zur Regelung der Versorgung bei besonderen Auslandsverwendungen (Einsatzversorgungsgesetz – EinsatzVG) vom 21. Dezember 2004 In-Kraft-Treten: rückwirkend zum 1. Dezember 2002	BGBl. I S. 3592	§ 3 Folgeänderung zur Neuregelung des Einsatzversorgungsrechts

Übersicht

Nr.	Titel / In-Kraft-Treten	Fund-stelle	geänderte/eingefügte Vorschriften/ wesentliche Inhalte der Änderungen
80	Artikel 2 des Gesetzes zur Durchsetzung der Gleichstellung von Soldatinnen und Soldaten der Bundeswehr (Soldatinnen- und Soldatengleichstellungsdurchsetzungsgesetz – SDGleiG) vom 27. Dezember 2004 In-Kraft-Treten: 1. Januar 2005	BGBl. I S. 3822	Inhaltsübersicht, §§ 28a, 30a, 30b, 40, 46 und 72 Schaffung einer Möglichkeit zur Teilzeitbeschäftigung; Folgeänderung in Form von möglichen Dienstzeitverlängerungen für SaZ und BS
81	Artikel 2 des Gesetzes über die Neuordnung der Reserve der Streitkräfte und zur Rechtsbereinigung des Wehrpflichtgesetzes (Streitkräftereserve-Neuordnungsgesetz – SkResNOG) vom 22. April 2005 In-Kraft-Treten: 30. April 2005	BGBl. I S. 1106	Inhaltsübersicht, §§ 1, 2, 4, 9, 17, 20, 22, 25, 27, 28, 31, 40, 43, 44, 49, 51, 51a, 54, 56, 57, 58, 58a, 59, 60, 61, 62, 63, 64, 65, 66, 67, 68, 69, 70, 71, 72, 73, 74, 75, 76, 77, 78, 79, 80, 81, 82, 83, 84, 85, 86, 87, 88, 89, 90, 91, 92, 93, 94, 95, 96, 97, 98 Gesetzessystematische Bereinigung des SG. Einfügung von an das Wehrpflichtgesetz angelehnten Vorschriften zu den Dienstleistungsarten, den Dienstleistungspflichten und deren Durchsetzung, den Dienstleistungsausnahmen, dem Heranziehungsverfahren, der Beendigung der Dienstleistung und zum Rechtsschutz (Vierter bis Sechster Abschnitt). Vielfältige weitere Änderungen [beispielsweise: Definition, welche Maßnahmen nicht als Eingriff in die körperliche Unversehrtheit gelten (§ 17), Ermächtigungsgrundlage für Laufbahnprüfungsordnung (§ 27), SaZ 25 für Sanitätsoffiziere (§ 40)].
82	Bekanntmachung der Neufassung des Soldatengesetzes vom 30. Mai 2005	BGBl. I S. 1482	**Neufassung** in der ab dem 30. April 2005 geltenden Fassung

Erster Abschnitt
Gemeinsame Vorschriften

1. Allgemeines

§ 1 Begriffsbestimmungen

(1) ¹Soldat ist, wer auf Grund der Wehrpflicht oder freiwilliger Verpflichtung in einem Wehrdienstverhältnis steht. ²Staat und Soldaten sind durch gegenseitige Treue miteinander verbunden.

(2) ¹In das Dienstverhältnis eines Berufssoldaten kann berufen werden, wer sich freiwillig verpflichtet, auf Lebenszeit Wehrdienst zu leisten. ²In das Dienstverhältnis eines Soldaten auf Zeit kann berufen werden, wer sich freiwillig verpflichtet, für begrenzte Zeit Wehrdienst zu leisten. ³Zu einem Wehrdienst kann auch herangezogen werden, wer sich, ohne der Wehrpflicht (§§ 1 bis 3 des Wehrpflichtgesetzes) zu unterliegen, freiwillig zu Dienstleistungen verpflichtet.

(3) ¹Vorgesetzter ist, wer befugt ist, einem Soldaten Befehle zu erteilen. ²Durch Rechtsverordnung wird bestimmt, wer auf Grund seiner Dienststellung, seines Dienstgrades, besonderer Anordnung oder eigener Erklärung befehlen kann. ³Auf Grund des Dienstgrades allein besteht keine Befehlsbefugnis außerhalb des Dienstes. ⁴Durch eigene Erklärung darf eine Befehlsbefugnis nur zur Hilfeleistung in Notfällen, zur Aufrechterhaltung der Disziplin oder Sicherheit oder zur Herstellung einer einheitlichen Befehlsbefugnis in kritischer Lage begründet werden.

(4) ¹Disziplinarvorgesetzter ist, wer Disziplinarbefugnis über Soldaten seines Befehlsbereichs hat. ²Das Nähere regelt die Wehrdisziplinarordnung.

§ 1 WPflG

(1) Wehrpflichtig sind alle Männer vom vollendeten 18. Lebensjahr an, die Deutsche im Sinne des Grundgesetzes sind und
1. ihren ständigen Aufenthalt in der Bundesrepublik Deutschland haben oder
2. ihren ständigen Aufenthalt außerhalb der Bundesrepublik Deutschland haben und entweder
   a) ihren früheren ständigen Aufenthalt in der Bundesrepublik Deutschland hatten oder
   b) einen Pass oder eine Staatsangehörigkeitsurkunde der Bundesrepublik Deutschland besitzen oder sich auf andere Weise ihrem Schutz unterstellt haben.

(2) Die Wehrpflicht ruht, solange Wehrpflichtige ihren ständigen Aufenthalt und ihre Lebensgrundlage außerhalb der Bundesrepublik Deutschland haben, wenn Tatsachen die Annahme rechtfertigen, dass sie beabsichtigen, ihren ständigen Aufenthalt im Ausland beizubehalten.

(3) Die Wehrpflicht ruht nicht, wenn Wehrpflichtige ihren ständigen Aufenthalt
1. während des Wehrdienstes aus der Bundesrepublik Deutschland hinausverlegen,
2. ohne die nach § 3 Abs. 2 erforderliche Genehmigung aus der Bundesrepublik Deutschland hinausverlegen oder
3. aus der Bundesrepublik Deutschland hinausverlegen, ohne sie zu verlassen.

§ 3 WPflG

(1) ¹Die Wehrpflicht wird durch den Wehrdienst oder im Falle des § 1 des Kriegsdienstverweigerungsgesetzes durch den Zivildienst erfüllt. ²Sie umfasst die Pflicht, sich zu melden, vorzustellen, nach Maßgabe dieses Gesetzes Auskünfte zu erteilen und Unterlagen vorzule-

gen, sich auf die geistige und körperliche Tauglichkeit und auf die Eignung für die Verwendungen in den Streitkräften untersuchen zu lassen sowie zum Gebrauch im Wehrdienst bestimmte Bekleidungs- und Ausrüstungsstücke zu übernehmen und entsprechend dem Einberufungsbescheid zum Dienstantritt mitzubringen.

(2) ¹Männliche Personen haben nach Vollendung des 17. Lebensjahres eine Genehmigung des zuständigen Kreiswehrersatzamtes einzuholen, wenn sie die Bundesrepublik Deutschland länger als drei Monate verlassen wollen, ohne dass die Voraussetzungen des § 1 Abs. 2 bereits vorliegen. ²Das Gleiche gilt, wenn sie über einen genehmigten Zeitraum hinaus außerhalb der Bundesrepublik Deutschland verbleiben wollen oder einen nicht genehmigungspflichtigen Aufenthalt außerhalb der Bundesrepublik Deutschland über drei Monate ausdehnen wollen. ³Die Genehmigung ist für den Zeitraum zu erteilen, in dem der Wehrpflichtige für eine Einberufung zum Wehrdienst nicht heransteht. ⁴Über diesen Zeitraum hinaus ist sie zu erteilen, soweit die Versagung für den Wehrpflichtigen eine besondere – im Bereitschafts-, Spannungs- oder Verteidigungsfall eine unzumutbare – Härte bedeuten würde; § 12 Abs. 6 ist entsprechend anzuwenden. ⁵Das Bundesministerium der Verteidigung kann Ausnahmen von der Genehmigungspflicht zulassen.

(3) Die Wehrpflicht endet mit Ablauf des Jahres, in dem der Wehrpflichtige das 45. Lebensjahr vollendet.

(4) ¹Bei Offizieren und Unteroffizieren endet die Wehrpflicht mit Ablauf des Jahres, in dem sie das 60. Lebensjahr vollenden. ²§ 51 des Soldatengesetzes bleibt unberührt.

(5) Im Spannungs- und Verteidigungsfall endet die Wehrpflicht mit Ablauf des Jahres, in dem der Wehrpflichtige das 60. Lebensjahr vollendet.

**Verordnung über die Regelung des militärischen Vorgesetztenverhältnisses
(Vorgesetztenverordnung – VorgV)
vom 4. Juni 1956¹**

Auf Grund des § 1 Abs. 4² in Verbindung mit § 72 Abs. 2³ des Soldatengesetzes vom 19. März 1956 (Bundesgesetzbl. I S. 114)⁴ wird verordnet⁵:

I. Vorgesetztenverhältnis auf Grund der Dienststellung

§ 1 Unmittelbare Vorgesetzte

(1) Ein Soldat, der einen militärischen Verband, eine militärische Einheit oder Teileinheit führt oder der eine militärische Dienststelle leitet, hat die allgemeine Befugnis, den ihm unterstellten Soldaten in und außer Dienst Befehle zu erteilen.

(2) In den Fachdienst der Untergebenen, die der Leitung und Dienstaufsicht von Fachvorgesetzten unterstehen, soll der unmittelbare Vorgesetzte nicht eingreifen.

§ 2 Fachvorgesetzte

Ein Soldat, dem nach seiner Dienststellung die Leitung des Fachdiensts von Soldaten obliegt, hat die Befugnis, ihnen im Dienst zu fachdienstlichen Zwecken Befehle zu erteilen.

§ 3 Vorgesetzte mit besonderem Aufgabenbereich

Ein Soldat, dem nach seiner Dienststellung ein besonderer Aufgabenbereich zugewiesen ist, hat im Dienst die Befugnis, anderen Soldaten Befehle zu erteilen, die zur Erfüllung seiner Aufgaben notwendig sind. Wenn sich dies aus seinem Aufgabenbereich ergibt, hat er Befehlsbefugnis auch gegenüber Soldaten, die sich nicht im Dienst befinden.

---

1 BGBl. I S. 459, zuletzt geä. durch VO v. 7.10.1981 (BGBl. I S. 1129).
2 Jetzt: § 1 Abs. 3.
3 Jetzt: § 93 Abs. 2 Nr. 1.
4 Jetzt: I.d.F. der Bekanntmachung v. 30.5.2005 (BGBl. I S. 1482).
5 Jetzt: verordnet das Bundesministerium der Verteidigung.

Begriffsbestimmungen § 1

II. Vorgesetztenverhältnis auf Grund des Dienstgrades

§ 4

(1) In den Kompanien und in den entsprechenden Einheiten sowie innerhalb der Besatzung eines Schiffes steht die Befugnis, im Dienst Befehle zu erteilen, zu
1. den Offizieren gegenüber allen Unteroffizieren und Mannschaften,
2. den Unteroffizieren vom Feldwebel an aufwärts gegenüber allen Stabsunteroffizieren, Unteroffizieren und Mannschaften,
3. den Stabsunteroffizieren und den Unteroffizieren gegenüber allen Mannschaften.

An Bord von Schiffen haben die Angehörigen der Besatzung und deren unmittelbare Vorgesetzte in und außer Dienst Befehlsbefugnis nach Satz 1 auch gegenüber Soldaten, die sich nicht im Dienst befinden oder nicht zu bestimmtem Dienst eingeteilt sind, und gegenüber Soldaten, die nicht zur Besatzung gehören.

(2) In Stäben und anderen militärischen Dienststellen gilt Absatz 1 Satz 1 entsprechend, jedoch kann der Kommandeur oder der Leiter der Dienststelle die Befehlsbefugnis auf Untergliederungen des Stabes oder der Dienststelle beschränken.

(3) Innerhalb umschlossener militärischer Anlagen können Soldaten einer höheren Dienstgradgruppe den Soldaten einer niedrigeren Dienstgradgruppe in und außer Dienst Befehle erteilen.

III. Vorgesetztenverhältnis auf Grund besonderer Anordnung

§ 5

(1) Ein Vorgesetzter kann innerhalb seiner Befehlsbefugnis Untergebene einem Soldaten für eine bestimmte Aufgabe vorübergehend unterstellen. Dabei soll ein im Dienstgrad niedrigerer Soldat einem im Dienstgrad höheren Soldaten nur vorgesetzt werden, wenn besondere dienstliche Gründe dies erfordern.

(2) Durch die Anordnung der Unterstellung, die den Untergebenen dienstlich bekanntzugeben ist, erhält der Soldat die Befugnis, den unterstellten Soldaten Befehle zu erteilen, die zur Erfüllung seiner Aufgabe notwendig sind.

IV. Vorgesetztenverhältnis auf Grund eigener Erklärung

§ 6

(1) Ein Offizier oder Unteroffizier kann sich in und außer Dienst über andere Soldaten, die im Dienstgrad nicht über ihm stehen, zum Vorgesetzten erklären, wenn er dies für notwendig hält, weil
1. eine Notlage sofortige Hilfe erfordert,
2. zur Aufrechterhaltung der Disziplin oder Sicherheit ein sofortiges Eingreifen unerläßlich ist oder
3. eine einheitliche Befehlsgebung an Ort und Stelle unabhängig von der gliederungsmäßigen Zusammengehörigkeit der Soldaten zur Behebung einer kritischen Lage hergestellt werden muß.

(2) Niemand kann sich zum Vorgesetzten von Soldaten erklären, die auf Grund der §§ 1 bis 3 und 5 Befehlsbefugnis über ihn haben.

(3) Mit der Erklärung erhält der Offizier oder Unteroffizier die Befugnis, den Soldaten, an die er die Erklärung gerichtet hat, Befehle zu erteilen, die nach der Lage erforderlich sind. In eine fachliche Tätigkeit soll nur ein facherfahrener Offizier oder Unteroffizier eingreifen.

V. In-Kraft-Treten

§ 7

Diese Verordnung tritt am Tage nach ihrer Verkündung in Kraft.

§ 1 Gemeinsame Vorschriften

Literatur: Zu Veröffentlichungen insbes. aus den 60er und 70er Jahren des letzten Jh. vgl. GKÖD I Yk, § 1; *Scherer/Alff*, SG, 74.

Aktuellere Literatur zu den Abs. 1 und 2: *Burmester, Gabriele*: Verfassungsrechtliche Grundlagen beim Einsatz der Bundeswehr zur Verteidigung, NZWehrr 1993, 133; *Eichen, Klaus*: Erosion der deutschen Wehrverfassung durch sekundäres Gemeinschaftsrecht? NZWehrr 2000, 45; *ders.*: Das „Gesetz zur Änderung des Soldatengesetzes und anderer Vorschriften (SGÄndG)" vom 19. Dezember 2000, NZWehrr 2001, 45; *Mutschler, Bernd*: Die Grundrechte der „Staatsbürger in Uniform", NZWehrr 1998, 1; *Laubinger, Hans-Werner/Repkewitz, Ulrich*: Freiwilliger Waffendienst von Frauen in der Bundeswehr, VerwArch 2000, 297; *Lingens, Eric*: Befehlsbefugnis und Vorgesetzteneigenschaft, NZWehrr 1993, 19; *Spranger, Tade Matthias*: Die Entscheidungen „Sidar" und „Kreil" des EuGH – Diskriminierung oder Gleichberechtigung de luxe? NZWehrr 2000, 117; *Walz, Dieter*: Der „neue Auftrag" der deutschen Streitkräfte und das Prinzip der allgemeinen Wehrpflicht, NZWehrr 1993, 89; *ders.*: Der minderjährige Wehrpflichtige, NZWehrr 1995, 106; *ders.*: Wehrpflicht und „Landes"verteidigung, NZWehrr 1998, 110; *ders.*: Die Besonderheiten des gesetzlichen Status des Soldaten, in: *Gareis/Klein*, HdBMilSoWi, 440.

Literatur zu den Abs. 3 und 4: *Burmester, Wilhelm*: Das militärische Vorgesetzten-Untergebenen-Verhältnis, NZWehrr 1990, 89; *Dau, Klaus*: Der Parlamentarische Staatssekretär – Stellvertreter im Oberbefehl? Zugleich ein Beitrag zur Ressortkompetenz des Bundesministers der Verteidigung, in: FS für Fleck, 81; *Erbs/Kohlhaas*: Strafrechtliche Nebengesetze (Komm. der VorgV unter W 50a – Bearb.: *Dau, Klaus*); *Franke, Peter*: Zur Stellvertretung des Bundesministers der Verteidigung in der Befehls- und Kommandogewalt, NZWehrr 1977, 45; *Hahnenfeld, Günter*: Die Befehls- und Kommandogewalt im Verteidigungsfall, BWV 1965, 73; *Hennings, Jürgen*: Zur Vorgesetzteneigenschaft im Sinne der VorgV, NZWehrr 1977, 114; *ders.*: Gibt es im Wehrrecht zwei verschiedene Vorgesetztenbegriffe: § 41 WStG und § 10 SG?, NZWehrr 1962, 50; *Kirchhof, Ferdinand*: Deutsche Verfassungsvorgaben zur Befehlsgewalt und Wehrverwaltung in multinationalen Verbänden, NZWehrr 1998, 152; *Klein, Hans*: Ministerielle Weisungsbefugnis und Stellvertretung in der Befehls- und Kommandogewalt, JuS 1974, 362 *Lingens, Eric*: Zur Befehlsbefugnis militärischer Dienststellen, NZWehrr 1997, 248; *ders.*: Befehlsbefugnis und Vorgesetzteneigenschaft, NZWehrr 1993, 19; *ders.*: Wann entscheidet der Vertreter, NZWehrr 1985, 92; *ders.*: Die Befugnis des Wachsoldaten zur vorläufigen Festnahme nach § 17 WDO, NZWehrr 1985, 18; *ders.*: Zur Vorgesetzteneigenschaft des Leiters einer Stabsabteilung, NZWehrr 1984, 114; *ders.*: Wie ist der Begriff „Dienst" in der Vorgesetztenverordnung zu verstehen? NZWehrr 1982,. 82; *ders.*: Können Vertreter und Vertretener Vorgesetzte nach § 1 VorgVO sein? NZWehrr 1980, 133; *ders.*: Die Überschreitung der Befehlsbefugnis und ihre Auswirkung auf die Vorgesetzteneigenschaft, NZWehrr 1978, 55; *Lingens/Marignoni*: Vorgesetzter und Untergebener. Ein Grundriß zum Befehlsrecht, 3. Aufl. 1987; *Peterson, Detlef P.*: Das Problem der gleichzeitigen wechselseitigen Vorgesetzten-Untergebenen-Verhältnisse, NZWehrr 1983,161; *Peterson, Volker P.*: Wann entscheidet der Vertreter?, NZWehrr 1986, 243; *Poretschkin, Alexander*: Befehlsgewalt internationaler Kommandeure, NZWehrr 2005, 247; *Scherer, Werner*: Zur Änderung der Vorgesetztenverordnung, NZWehrr 1959, 92; *Scherübl/Dürig/von der Heydte/Böckenförde*: Stellvertretung im Oberbefehl, Referate auf einer Arbeitstagung der Hochschule für Politik (Hrsg.), 1966; *Schreiber, Jürgen*: Vorläufige Dienstgrade, NZWehrr 1974, 23; *ders.*: Das Problem überschneidender Vorgesetztenverhältnisse, NZWehrr 1964, 156; *ders.*: Die Rechtsstellung des verantwortlichen Flugzeugführers in militärischen Luftfahrzeugen, NZWehrr 1961, 149; *Schwaiger, Konrad*: Zur zweiten Änderung der Vorgesetztenverordnung, NZWehrr 1961, 11; *Stein, Torsten*: Rechtsformen multinationaler Verbände, NZWehrr 1998, 143; *Wieland, Joachim*: Ausländische Vorgesetzte deutscher Soldaten in multinationalen Verbänden, NZWehrr 1999, 133.

Begriffsbestimmungen   § 1

Übersicht

	Rn.		Rn.
A. Allgemeines	1 – 23	c) Befehls- und Kommandogewalt des BMVg und dessen Vertretung	58 – 58
1. Entstehung der Vorschrift	1 – 8		
2. Änderungen der Vorschrift	9 – 17	d) Vorgesetzteneigenschaft der Festnehmenden (§ 21 WDO)	59 – 61
3. Bezüge zum Beamtenrecht bzw. zu sonstigen rechtl. Vorschriften; ergänzende Dienstvorschriften	18 – 23	e) Vorgesetztenverhältnisse zwischen Soldaten und Nichtsoldaten	62 – 63
B. Erläuterungen im Einzelnen	24 – 72	f) Vorgesetztenverhältnis einen Soldaten gegenüber Beamten	64 – 65
1. Absatz 1	24 – 30		
2. Absatz 2	31 – 45	g) Vorgesetztenverhältnis eines Soldaten gegenüber Arbeitnehmern	66
a) Satz 1	31		
b) Satz 2	32 – 33		
c) Satz 3	34 – 35	h) Vorgesetztenverhältnis eines Nichtsoldaten gegenüber Soldaten	67 – 69
d) Faktisches Dienstverhältnis	36 – 45		
3. Absatz 3	46 – 69	i) Befehlsbefugnisse und Vorgesetzteneigenschaft	70 – 72
a) Satz 1	46 – 49		
b) Sätze 2 bis 4	50 – 55	4. Absatz 4	73 – 75

A. Allgemeines

1. Entstehung der Vorschrift

Der REntw.[6] sah folgende Fassung des § 1 vor: 1

„(1) Soldat ist, wer auf Grund der Wehrpflicht oder freiwilliger Verpflichtung Wehrdienst leistet.

(2) Auf Grund freiwilliger Verpflichtung kann der Soldat in das Dienstverhältnis eines Berufssoldaten oder eines Soldaten auf Zeit berufen werden.

(3) Vorgesetzter ist, wer einem Soldaten auf Grund seiner Dienststellung, seines Dienstgrades, besonderer Anordnung oder eigener Erklärung befehlen kann. Das Nähere regelt eine Rechtsverordnung.

(4) Disziplinarvorgesetzter ist, wer Disziplinarstrafgewalt über Soldaten seines Befehlsbereichs hat. Das Nähere regelt ein Gesetz."

Die **Begr.**[7] wiederholt im Wesentlichen den Gesetzestext in Prosaform. Erwähnenswert 2 ist die Ausgangsprämisse der BReg: „Die Streitkräfte haben die allgemeine Wehrpflicht zur Grundlage."[8] Nur „Ausbilder, Fachleute und die militärischen Führer" sollten länger dienende Soldaten sein. Der Versuch der BReg – vor dem Hintergrund, dass das WPflG zum damaligen Zeitpunkt noch nicht beraten war –, „vier ganz verschiedene Personengruppen in einem Gesetz zusammenzufassen", BS, SaZ, WPfl und „Zivilangestellte" der SK, löste während der 1. Lesung des Entw. im BT **Kritik** aus.[9] Das mit dem REntw. angelegte **konzeptionelle Problem**, „die Rechtsverhältnisse von Menschen in *einem* Gesetz zu regeln, die zwar ziemlich gleichartige Pflichten, aber ganz verschiedene Rechte haben"[10], besteht grds. bis heute fort.[11]

In seiner Stellungnahme zum REntw. schlug der **BR**[12] vor, **Abs. 1** wie folgt „klarer zu 3 fassen":

---

6 BT-Drs. II/1700, 4.
7 BT-Drs. II/1700, 17.
8 Ebenso der VertA in seinem Ber. über den Entw. des SG, BT-Drs. II/2140, 3.
9 Vgl. den Redebeitrag des Abg. *Merten* (SPD), Sten. Ber. 5785 (C).
10 Abg. *Merten*, Sten. Ber. 5785.
11 Vgl. die Komm. zu §§ 58 u. 91.
12 BT-Drs. II/1700, 37.

„Soldat ist, wer auf Grund der Wehrpflicht oder freiwilliger Verpflichtung in einem Wehrdienstverhältnis steht."

4 In ihrer Gegenäußerung stimmte die **BReg**[13] diesem Änderungsvorschlag zu.

5 Im **Rechtsausschuss** des BT wiesen mehrere Redner darauf hin, dass die Fassung des **Abs. 3** mit Art. 80 GG nicht zu vereinbaren sei.[14] Diese Bedenken wurden bei Stimmengleichheit von 7 : 7 zurückgewiesen.[15]

6 Auch im **Ausschuss für Beamtenrecht** des BT löste **Abs. 3** eine kontroverse Debatte aus.[16] Die BReg wurde aufgefordert, eine **andere Fassung** vorzulegen.[17] Hieraus entstand folgende Ergänzung des Abs. 3:

„Der Dienstgrad verleiht keine allgemeine Befehlsbefugnis. Durch eigene Erklärung wird eine Befehlsbefugnis nur zur Hilfeleistung in Notfällen, zur Aufrechterhaltung der Disziplin oder der Sicherheit oder zur Herstellung einheitlicher Befehlsgebung in kritischer Lage begründet."[18]

Diesem Vorschlag stimmte der Ausschuss für Beamtenrecht zu, verbunden mit der Ergänzung des ersten Satzes um die Wörter „außerhalb des Dienstes".[19] Außerdem fügte der Ausschuss einen **neuen Abs. 1a**, den späteren Abs. 2, ein.

7 Der **VertA** übernahm die Änderungsvorschläge des BR und des Ausschusses für Beamtenrecht. Darüber hinaus fügte er in Abs. 1 einen **neuen Satz 2** ein („Staat und Soldaten sind durch gegenseitige Treue miteinander verbunden").[20] Diesen Einschub begründete der VertA mit der sich aus einer evtl. Verminderung der Planstellen für Soldaten ergebenden Problematik. Die Betonung des Treueverhältnisses sollte den Soldaten „Sicherheiten für die wirtschaftlichen Grundlagen ihrer Existenz geben".[21]

8 In der **Erstfassung** des SG bestimmte § 1 demnach:

„(1) Soldat ist, wer auf Grund der Wehrpflicht oder freiwilliger Verpflichtung in einem Wehrdienstverhältnis steht. Staat und Soldaten sind durch gegenseitige Treue miteinander verbunden.

(2) Auf Grund der Wehrpflicht stehen auch noch die Angehörigen der Reserve, die zu einem Dienstgrad befördert sind, in einem Wehrdienstverhältnis, solange sie zum Wehrdienst einberufen sind.

(3) Der Soldat kann
1. auf Grund freiwilliger Verpflichtung, auf Lebenszeit Wehrdienst zu leisten, in das Dienstverhältnis eines Berufssoldaten oder
2. auf Grund freiwilliger Verpflichtung, für begrenzte Zeit Wehrdienst zu leisten, in das Dienstverhältnis eines Soldaten auf Zeit
berufen werden.

---

13 BT-Drs. II/1700, 43.
14 Prot. Nr. 86 der 86. Sitzung v. 18.11.1955, 7 ff.
15 Prot. Nr. 86 der 86. Sitzung v. 18.11.1955, 10.
16 Vgl. Prot. Nr. 37 der 37. Sitzung v. 28.11.1955, 3 f.
17 Vgl. Fn. 15; Drs. 21 des Ausschusses für Beamtenrecht v. 4.1.1956, 2.
18 Formulierungsvorschlag des Referatsleiters VIII A 1 des BMVg v. 1.12.1955.
19 Prot. Nr. 45 der 45. Sitzung v. 16.1.1956, 7. Historische Reminiszenz am Rande: In der gleichen Sitzung fragte der Abg. *Kühn* (FDP), wie sich das BMVg verhalten werde, wenn sich eine Frau unter Berufung auf Art. 3 GG als Freiwillige melden werde. Der Vertreter des BMVg, *Barth*, erwiderte, Art. 73 GG spreche nur von einer Wehrpflicht (!) für Männer. Ob es allerdings „tunlich sei, in dieser Sache einen Musterprozeß durchführen zu lassen, erscheine fraglich" (Prot. Nr. 45, 8).
20 BT-Drs. II/2140, 28 f.
21 BT-Drs. II/2140, 3.

Begriffsbestimmungen § 1

(4) Vorgesetzter ist, wer befugt ist, einem Soldaten Befehle zu erteilen. Durch Rechtsverordnung wird bestimmt, wer auf Grund seiner Dienststellung, seines Dienstgrades, besonderer Anordnung oder eigener Erklärung befehlen kann. Auf Grund des Dienstgrades allein besteht keine Befehlsbefugnis außerhalb des Dienstes. Durch eigene Erklärung darf eine Befehlsbefugnis nur zur Hilfeleistung in Notfällen, zur Aufrechterhaltung der Disziplin oder Sicherheit oder zur Herstellung einer einheitlichen Befehlsbefugnis in kritischer Lage begründet werden.

(5) Disziplinarvorgesetzter ist, wer Disziplinarstrafgewalt über Soldaten seines Befehlsbereichs hat. Das Nähere regelt ein Gesetz."

2. Änderungen der Vorschrift

Durch Art. 1 Nr. 1 des G vom **20.12.1974**[22] wurde in Abs. 5 der Begriff „Disziplinarstrafgewalt" durch „Disziplinargewalt" ersetzt, eine Folge der grundlegenden Novellierung des Wehrdisziplinarrechts des Jahres 1972.[23]   9

Die erstmalige **Zulassung von Frauen** zur (freiwilligen) Dienstleistung als Soldatinnen (in der Laufbahn der Offz des SanDienstes) wurde durch die mit Art. 1 Nr. 1 des G vom **6.8.1975**[24] verfügte Ergänzung des Abs. 3 um die Wörter „Frauen jedoch nur für die Laufbahn der Offiziere des Sanitätsdienstes" ermöglicht.   10

Mit Art. 1 Nr. 2 des G vom **6.12.1990**[25] wurde der bisherige Abs. 2 gestrichen, da dieser ohnehin keinen Regelungscharakter hatte[26] und mehr Fragen als Antworten aufwarf.[27] Mit dem Ziel, die gesetzl. Voraussetzungen für die Einstellung von **Frauen** für den freiwilligen Dienst als Soldatinnen in **allen Laufbahnen des San- und Militärmusikdienstes** zu schaffen[28], wurde Abs. 3 als Abs. 2 (neu) wie folgt gefasst: 11

„In das Dienstverhältnis eines Berufssoldaten kann berufen werden, wer sich freiwillig verpflichtet, auf Lebenszeit Wehrdienst zu leisten. In das Dienstverhältnis eines Soldaten auf Zeit kann berufen werden, wer sich freiwillig verpflichtet, für begrenzte Zeit Wehrdienst zu leisten. In ein Wehrdienstverhältnis nach Satz 1 und 2 können auch Frauen für Verwendungen im Sanitäts- und Militärmusikdienst berufen werden."

Für nicht wpfl Personen[29] wurde mit dem neuen Abs. 3 eine „klarstellende" Regelung bzgl. der nachwirkenden Dienstleistungspflichten wie folgt geschaffen:

„Bei Soldaten, die nicht der Wehrpflicht unterliegen (§ 1 Abs. 1 des Wehrpflichtgesetzes), umfasst die freiwillig eingegangene Verpflichtung die im folgenden Absatz 4, in § 51 Abs. 1 Nr. 1, § 51a sowie in § 54 Abs. 5 aufgeführten weiteren Dienstleistungen."

Als Abs. 4 (neu) schließlich wurden die vorher in § 4 Abs. 4 a.F. WPflG geregelten DVag übernommen:

„Angehörige der Reserve im Sinne des § 4 Abs. 2 Satz 2 und Satz 3 des Wehrpflichtgesetzes, ehemalige Angehörige der Reserve sowie frühere nicht wehrpflichtige Soldaten auf Zeit und Berufssoldaten, die wehrdienstfähig sind und das fünfundsechzigste Lebensjahr noch nicht vollendet haben, können mit ihrem Einverständnis zu dienstlichen Veranstaltungen durch den Bundesminister der Verteidigung oder die von ihm bestimmte Stelle zugezogen werden. Während der Dienstleistung sind sie Soldat. Absatz 2 Satz 3 gilt entsprechend."

---

22 BGBl. I S. 3649.
23 G v. 21.8.1972 (BGBl. I S. 1481).
24 BGBl. I S. 2113.
25 BGBl. I S. 2588.
26 BT-Drs. 11/6906, 13.
27 *Rittau*, SG, 64, bezeichnete Abs. 2 als „völlig missglückt".
28 BT-Drs. 11/6906, 12.
29 Die amtl. Begr. (BT-Drs. 11/6906, 14) nennt Ausländer, Staatenlose u. Frauen.

§ 1 Gemeinsame Vorschriften

12 Durch Art. 2 Nr. 1 des G vom **24.7.1995**[30] erhielt Abs. 3 folgende Neufassung:
„Bei Soldaten, die nicht der Wehrpflicht unterliegen (§§ 1 bis 3 des Wehrpflichtgesetzes), umfasst die freiwillig eingegangene Verpflichtung die im Absatz 4, in § 51 Abs. 1 Nr. 1, § 51a sowie in § 54 Abs. 5 aufgeführten weiteren Dienstleistungen nach Maßgabe der Sätze 2 bis 6. Zu Verwendungen, die auf Grund eines Übereinkommens, eines Vertrages oder einer Vereinbarung mit einer über- oder zwischenstaatlichen Einrichtung oder mit einem auswärtigen Staat auf Beschluß der Bundesregierung im Ausland oder außerhalb des deutschen Hoheitsgebietes auf Schiffen oder in Luftfahrzeugen stattfinden (besondere Auslandsverwendung), werden nicht wehrpflichtige frühere Soldaten nur herangezogen, wenn sie sich dazu schriftlich bereiterklärt haben. Vor Bestandskraft des Heranziehungsbescheides kann der nicht wehrpflichtige frühere Soldat seine Erklärung zur Teilnahme an einer besonderen Auslandsverwendung allgemein oder für den Einzelfall jederzeit und ohne Angabe von Gründen widerrufen. Der Widerruf ist schriftlich gegenüber der für die Heranziehung zuständigen Stelle zu erklären. Nach Bestandskraft des Heranziehungsbescheides ist der Widerruf ausgeschlossen. Auf seinen Antrag ist der nicht wehrpflichtige frühere Soldat von der Teilnahme an besonderen Auslandsverwendungen zu entpflichten, wenn wichtige persönliche Gründe dies rechtfertigen."

13 Durch das **SGÄndG** erfolgten – neben einigen redaktionellen Änd. in Abs. 4 und 6 – die **weitere Öffnung aller Laufbahnen für Frauen** als Soldatinnen auf freiwilliger Grundlage[31] und die Einfügung einer gesetzl. Regelung für die freiwillige Dienstleistung ungedienter Frauen (§ 58a a.F.). Hierzu erhielt Abs. 2 Satz 3 folgende Fassung:
„Zu einem Wehrdienst kann auch herangezogen werden, wer sich, ohne der Wehrpflicht (§§ 1 bis 3 des Wehrpflichtgesetzes) zu unterliegen, freiwillig zu Dienstleistungen verpflichtet."
In Abs. 3 Satz 1 wurde die Angabe „§ 51 Abs. 1 Nr. 1, § 51a sowie in § 54 Abs. 5" durch die Angabe „§ 51 Abs. 2, §§ 51a, 54 Abs. 5 sowie § 58a Abs. 2" ersetzt. Der erste Satzteil von Abs. 4 Satz 1 wurde umformuliert in „Frühere Soldaten der Bundeswehr sowie Angehörige der Reserve i.S.d. § 4 Abs. 2 Satz 3 des Wehrpflichtgesetzes".

14 Mit Art. 2 Nr. 1 des **BwNeuAusrG** wurden Abs. 4 Satz 3 aufgehoben und in Abs. 6 der Begriff „Disziplinargewalt" durch „Disziplinarbefugnis" ersetzt.

15 Durch Art. 2 Nr. 2 des **SkResNOG** wurden die Abs. 3 und 4 aufgehoben. Ihr Inhalt wurde in die neu gefassten Abschnitte IV und V verlagert. Die Abs. 5 und 6 wurden die Abs. 3 und 4.

16 **Zusammenfassend** lässt sich feststellen:
Die **geltende Fassung** des § 1 entspricht wieder fast der **Erstfassung** von 1956: Abs. 1 und Abs. 4 (jetzt Abs. 3) wurden seit 1956 überhaupt nicht geändert. Die Streichung des Abs. 2 der Erstfassung war materiell bedeutungslos. Abs. 3 der Erstfassung und der heutige Abs. 2 sind sprachlich nahezu identisch. Betrachtet man den Begriff „Soldat" als geschlechtsneutral, hätten sich – abhängig von der Verfassungsrechtslage – bereits 1956 Frauen freiwillig als BS oder SaZ verpflichten können. Abs. 2 Satz 3 der geltenden Fassung hat lediglich klarstellende Funktion. Abs. 5 der Erstfassung und der heutige Abs. 4 sind inhaltsgleich.

17 **Änderungsbedarf** besteht zzt. noch wie folgt:
Im Hinblick auf § 59 Abs. 3 soll Abs. 2 Satz 3 klarstellend folgende Fassung erhalten[32]:

---

30 BGBl. I S. 962. Im internen Sprachgebrauch als „LL" (lessons learnt) bezeichnet. Dahinter verbargen sich die Erfahrungen aus den ersten Auslandseinsätzen der deutschen SK.
31 BT-Drs. 14/4062, 18.
32 Im Entw. eines Strukturreformgesetzes so vorgesehen.

Begriffsbestimmungen § 1

„Zu einem Wehrdienst in Form von Dienstleistungen kann neben Personen, die in einem Wehrdienstverhältnis nach den Sätzen 1 oder 2 gestanden haben, auch herangezogen werden, wer sich freiwillig zu Dienstleistungen verpflichtet."
Mit dieser Änd. wird zugleich die seit dem SkResNOG ohnehin nicht mehr korrekte Verweisung auf die §§ 1 bis 3 WPflG[33] wegfallen.
In Abs. 1 Satz 2 ist das Wort „miteinander" zu streichen. Die in den Wörtern „miteinander verbunden" enthaltene Tautologie dient nicht der sprachlichen Klarheit.

3. Bezüge zum Beamtenrecht bzw. zu sonstigen rechtl. Vorschriften; ergänzende Dienstvorschriften

Der **Beamte** steht zu seinem Dienstherrn in einem „öffentlich-rechtlichen Dienst- und Treueverhältnis" (**§ 2 Abs. 1 BRRG**, **§ 2 Abs. 1 BBG**). Diese Legaldefinition des „Beamtenverhältnisses" entspricht inhaltlich der Regelung des § 1 Abs. 1 Satz 2 SG; auch das Beamtenverhältnis ist durch gegenseitige Treue gekennzeichnet. 18

§ 1 Abs. 2 Satz 1 und 2 entsprechen **§ 3 Abs. 1 Satz 1 Nr. 1 und 2 BRRG**, **§ 5 Abs. 1 Nr. 1, Abs. 4 BBG**. 19

Abs. 3 enthält Spezialbest., die sich in ihrem Detaillierungsgrad wesentlich von den Regelungen des § 3 Abs. 2 Satz 2 und 3 BBG unterscheiden. Eine mit der VorgV vergleichbare **RVO** kennt das **Bundesbeamtenrecht nicht**. Wer Vorg. eines Beamten ist, bestimmt sich lediglich nach dem „Aufbau der öffentlichen Verwaltung" (§ 3 Abs. 2 Satz 3 BBG).[34] Der Dienstvorgesetzte des Beamten, i.d.R. der Leiter einer Dienststelle, entspricht in etwa dem DiszVorg. des Soldaten; der Vorg. des Beamten ist grds. mit dem Vorg. des Soldaten vergleichbar. 20

Die Begriffsbestimmung in Abs. 3 ist über das Dienstrecht hinaus insbes. von tatbestandsbegründender **(wehr-)strafrechtl. Bedeutung**. Einerseits hat der Gesetzgeber durch besondere Straftatbestände zum Schutz der Vorg. und der mil. Ordnung der besonderen Bedeutung des mil. Vorg.-Untergebenenverhältnisses Rechnung getragen (vgl. die Strafbarkeit der Nötigung eines Vorg. nach § 24 WStG, des tätlichen Angriffs gegen einen Vorg. nach § 25 WStG und der sog. Verabredung zur Unbotmäßigkeit nach § 28 WStG). Andererseits korrespondiert die starke Stellung der mil. Vorg. mit besonderen Strafandrohungen zum Schutz der untergebenen Soldaten und der Rechtsordnung (vgl. die Straftatbestände der Misshandlung nach § 30 WStG, der entwürdigenden Behandlung nach § 31 WStG, des Missbrauchs der Befehlsbefugnis zu unzulässigen Zwecken nach § 32 WStG, des Verleitens zu einer rechtswidrigen Tat nach §§ 33 und 34 WStG, des Unterdrückens von Beschwerden nach § 35, der Beeinflussung der Rechtspflege nach § 37, des Anmaßens von Befehlsbefugnissen nach § 38 WStG, der unterlassenen Mitwirkung bei Strafverfahren nach § 40 WStG und der mangelhaften Dienstaufsicht nach § 41 WStG; hinzu kommt für DiszVorg. nach Abs. 4 i.V.m. den Regelungen der WDO die Strafbarkeit des Missbrauchs der Disziplinarbefugnis gem. § 39 WStG).

Abs. 4 entspricht **§ 3 Abs. 2 Satz 1 BBG**. An die Stelle des BDG tritt die WDO. 21

---

33 § 2 WPflG wurde mit dem SkResNOG gestrichen. Die Verweisung müsste daher lauten: „§§ 1 und 3 des Wehrpflichtgesetzes".
34 Gem. § 3 Abs. 3 Satz 2 BBG Entw. n.F. soll sich die Vorgesetzteneigenschaft künftig nach dem „Aufbau der Behörde" bestimmen. Präziser u. konkreter als die geltende Fassung ist diese Festlegung auf ein Strukturelement nicht.

§ 1 Gemeinsame Vorschriften

22 Für **ZDL** bestimmt § **30 Abs. 1 Satz 1 ZDG** diejenigen Personen, die Vorg. eines ZDL sind. Der ZDL hat deren dienstl. Anordnungen zu befolgen.[35] § **61 ZDG** definiert die DiszVorg. eines ZDL.

23 Bzgl. der Behandlung sog. de-facto-Soldaten ist ergänzend der Erl. des BMVg **ZDv 14/5 B 129** zu beachten.

B. Erläuterungen im Einzelnen

1. Absatz 1

24 Das in Satz 1 als „Wehrdienstverhältnis" bezeichnete Rechtsverhältnis des Soldaten zu seinem Dienstherrn, dem Staat, d.h. der Bundesrepublik Deutschland, ist ebenso ein **öff.-rechtl. Sonderrechtsverhältnis**[36] wie das des Bundesbeamten.

25 **Alle Soldaten** befinden sich in einem Wehrdienstverhältnis, unabhängig von ihrem jew. Status. Dies bedeutet, dass alle Soldaten „Wehrdienst" leisten. Es ist daher verfehlt, z.B. nur die GWDL als die „Wehrdienst Leistenden" zu bezeichnen.

26 Das Wehrdienstverhältnis muss in jedem Fall durch **VA** und nicht etwa durch Vertrag[37] begründet werden. Dieser VA heißt bei BS und SaZ **„Berufung"** (§ 4 Abs. 1 Satz 1 Nr. 1), bei WPfl und Eignungsübenden **„Einberufung"** (§§ 21, 23 WPflG; § 87 SG), bei Dienstleistungspflichtigen **„Heranziehung"** (§§ 72, 73) und bei Teilnehmern an einer DVag **„Zuziehung"**[38] (§ 81).

27 Für diese VA gelten die Best. des **VwVfG**, soweit das SG oder das WPflG nicht Sonderregelungen enthält (§ 1 Abs. 1 VwVfG).[39] Diese VA sind **empfangsbedürftig** und, soweit es sich um eine freiwillige Dienstleistung handelt, entweder **antrags- oder zustimmungsbedürftig**. Die Einberufung zu einem Wehrdienst nach Maßgabe des WPflG setzt darüber hinaus das **Bestehen der WPfl** voraus.[40]

28 **Beginn** und **Ende** des Wehrdienstverhältnisses bestimmen sich nach § 2.

29 Der **Inhalt** des Wehrdienstverhältnisses folgt aus den verfassungsrechtl. den SK zugewiesenen Aufgaben (Art. 24 Abs. 2, Art. 35, Art. 87a GG). Eine **Differenzierung** zwischen den verschiedenen Statusgruppen ist dabei verfassungsrechtl. **nicht geboten**.[41] Die primäre Aufgabe des Soldaten wird allg. als **„Waffendienst"** bezeichnet.[42]

30 Das Wehrdienstverhältnis ist ein auf Gegenseitigkeit beruhendes **Treueverhältnis**. Der Soldat erfüllt seine Treuepflicht insbes. durch § 7; der Staat kommt ihr über § 31 und die Erfüllung seiner Alimentationspflicht nach.

---

35 Es ist begrifflich verfehlt, das Zivildienstverhältnis ebenso wie das Wehrdienstverhältnis als „durch Befehl und Gehorsam geprägt" zu bezeichnen. So ist die Versetzungsverfügung eines ZDL kein „Dienstbefehl", sondern ein VA. Die von *Brecht*, ZDG, 147, zit. Entsch. des BVerwG (NJW 1977, 1165) ist vor dem Inkrafttreten des VwVfG ergangen u. verkennt die nicht unwesentlichen Unterschiede zwischen dienstl. Anordnung u. Befehl.
36 *Stauf* I, § 1 SG Rn. 2.
37 Ein solches Missverständnis unterläuft selbst so profilierten Kennern der Bw wie *Rolf Clement* (vgl. Europäische Sicherheit 8/2005, 41).
38 Bzgl. der Rechtsqualität der Zuziehung vgl. jedoch die Komm. zu § 81 Rn. 32. Das Einladungsschreiben selbst ist noch kein VA. Mit der freiwilligen Meldung des Teilnehmers der DVag bei der Truppe wird aus diesem Schreiben ein VA.
39 Vgl. *Scherer/Alff*, SG, Vorb. Rn. 9 m.w.N.
40 BayObLG NZWehrr 1984, 78 (79).
41 Vgl. *Walz*, NZWehrr 1998, 110.
42 *Scherer/Alff*, SG, § 1 Rn. 4; *Wipfelder*, Wehrrecht, 42.

2. Absatz 2

a) Satz 1

Der **BS** leistet Wehrdienst „auf Lebenszeit". Dies bedeutet, dass der BS bis zur allg. Altersgrenze des **61.** Lebensjahres verpflichtet ist, Dienst zu leisten (§ 44 Abs. 1 Satz 1, § 45 Abs. 1), sofern er nicht vorher mit dem Überschreiten der besonderen Altersgrenze (§ 45 Abs. 2) in den Ruhestand versetzt wird (§ 44 Abs. 2 Satz 1). Darüber hinaus ist er verpflichtet, einer Wiederverwendung bis zum **65.** Lebensjahr (§ 51 Abs. 1) und der Heranziehung zu Dienstleistungen (§ 59 Abs. 1 und 2) bis zum **65.** bzw. **60.** Lebensjahr Folge zu leisten. Ein **„lebenslanger Dienst"**[43] wird von ihm **nicht** verlangt. Vor Vollendung dieser Altersgrenzen kann er seine Entlassung verlangen (§ 46 Abs. 3); Dienstleistungspflichtige können beantragen, entweder entpflichtet (§ 59 Abs. 5 Satz 2) oder entlassen zu werden (§ 75 Abs. 2 Nr. 1). Lebenslang unterliegt der ehem. BS lediglich den **nachwirkenden Pflichten** gem. § 23 Abs. 2 Nr. 1 und Nr. 2, 1. Alt.

31

b) Satz 2

Der **SaZ** leistet zeitlich begrenzt Wehrdienst (mindestens ein Jahr gem. § 32 Abs. 1 Nr. 2 SLV, höchstens 25 Jahre gem. § 40 Abs. 1 Nr. 2). Ab einer Verpflichtungsdauer von drei Jahren geht der Gesetzgeber davon aus, dass der Soldat damit eine (neue) Berufsentscheidung getroffen hat. Aus diesem Grund gilt das ArbPlSchG nur für SaZ bis zu einer Dienstzeit von zwei Jahren (§ 16a Abs. 1 Nr. 2 ArbPlSchG).

32

Der SaZ ist auf Antrag gem. § 55 Abs. 3 zu entlassen. Darüber hinaus kann seine Dienstzeit gem. § 40 Abs. 7 auf Antrag verkürzt werden.

Ein „rechtlicher Zwitter" ist der **FWDL**: Der FWDL leistet Wehrdienst gem. § 6b WPflG auf freiwilliger Grundlage nach Abschluss des GWD nach Maßgabe des WPflG. Statusrechtl. steht er dem SaZ i.S.v. § 1 Abs. 2 Satz 2 näher als dem WPfl. Der FWDL wurde im WPflG verankert, weil eine Einfügung in das SG zusätzliche Haushaltsstellen für SaZ blockiert hätte.[44] **Rechtssystematisch** ist diese Lösung als **verfehlt** zu bewerten.

33

c) Satz 3

Mit Satz 3 werden, wenn auch in verklausulierter Form, **Frauen** zu allen Laufbahnen der SK zugelassen. Frauen können sich als BS, SaZ oder zu Dienstleistungen verpflichten.

34

Die Debatten des ausgehenden 20. Jh. bzgl. der Öffnung der „Männerdomäne" des Soldatenberufs für Frauen, die auch juristisch sehr kontrovers geführt wurden[45], sind verebbt. Spätestens nach der Änd. des Art. 12a Abs. 4 Satz 2 GG und dem Erlass des SGÄndG und des SDGleiG war die **Rechtslage klar** gestellt. Inzwischen machen Soldatinnen einen **Anteil von ca. 6 %** der Uniformträger aus; ihre Zahl wird weiter wachsen.

35

d) Faktisches Dienstverhältnis

Leistet jemand auf Grund eines **rechtswidrigen Einberufungs- oder Heranziehungsbescheides** Wehrdienst, ist er de facto und de iure **Soldat** geworden. Er bleibt Soldat, bis der Bescheid aufgehoben wird.

36

Hat jemand auf Grund eines Einberufungsbescheides, der gem. § 44 Abs. 2 VwVfG **nichtig** ist, den Wehrdienst angetreten, ist er nicht de iure Soldat geworden. Ist jemand nach der Beendigung seines Wehrdienstverhältnisses in der Truppe belassen worden, ist er de iure nicht mehr Soldat. In beiden Fällen spricht man von einem **de-facto-Soldaten**.

37

---

43 *Scherer/Alff*, SG, § 1 Rn. 15.
44 Vgl. *Steinlechner/Walz*, WPflG, § 6b Rn. 1.
45 Vgl. *Eichen*, NZWehrr 2000, 45; GKÖD I Yk, § 1 Rn. 5; *Scherer/Alff*, SG, § 1 Rn. 17, jew. m.w.N.

Dasselbe gilt für den Fall, dass die **Ernennung** eines BS oder SaZ **rechtsfehlerhaft** ist. Als Beispiel nennt der Erl. ZDv 14/5 B 129 die Ernennung eines Minderjährigen ohne die Zustimmung des gesetzl. Vertreters.

38 Liegt überhaupt **kein Statusakt** vor, d.h. ist jemand in die Truppe eingegliedert worden, ohne dass ein entspr. VA ergangen ist, handelt es sich um einen **Nicht-Soldaten** („Hauptmann von Köpenick"). Meldet sich z.B. ein Angehöriger d.R. bei der Truppe zur Dienstleistung, ohne dass das KWEA einen Einberufungsbescheid erlassen hat, wird kein Soldatenverhältnis begründet, auch kein faktisches. Dasselbe gilt, wenn sich jemand vor dem Diensteintrittstermin bei der Truppe meldet.[46] Für den Nicht-Soldaten werden keinerlei Pflichten oder Rechte begründet.

39 Die für einen faktischen Soldaten eintretenden **Rechtsfolgen** sind **ambivalent** und entbehren der Logik.

40 Der de-facto-Soldat soll **nicht** den **soldatischen Dienstpflichten** und dem WStG unterliegen.[47] Gleichwohl soll er wegen eines Dienstvergehens gem. § 23 Abs. 2 gemaßregelt werden können.[48]

41 Die **Beförderung** eines faktischen Soldaten soll wirksam sein.[49]

42 Der von dem faktischen Soldaten geleistete Dienst soll auf den GWD **angerechnet** werden.[50]

43 Hat der faktische Soldat seine Eingliederung in die SK nicht erschlichen, soll er Anspruch auf geldliche Abfindung in Höhe der **Bezüge** oder des **Wehrsoldes**[51] sowie auf **Urlaub** und **Versorgung**[52] haben.

44 **Befehle** eines faktischen Soldaten sollen, bei Vorliegen der sonstigen Voraussetzungen, rechtswirksam sein.[53] Zur Begründung wird auf § 14 BBG verwiesen.[54]

45 **Rechte und Pflichten** des Soldaten **bedingen** einander; hierauf beruht die Gesamtkonzeption des SG. Wer alle Rechte für sich in Anspruch nehmen darf, ohne sich in einem rechtswirksam begründeten Wehrdienstverhältnis zu befinden, muss die soldatischen Pflichten befolgen und bei schuldhaften Pflichtverletzungen dafür einstehen – und umgekehrt! Die von der h.M. vertretene **differenzierende Auffassung** ist daher **abzulehnen**. Der faktische Soldat ist Soldat wie jeder andere Soldat.

3. Absatz 3

a) Satz 1

46 Satz 1 enthält die Legaldefinition des Begriffs „**Vorgesetzter**". Die Regelung ist über die diesen Begriff enthaltenden Normen des SG (§§ 10, 11, 15, 17, 23, 33) hinaus insbes.

---

46 Vgl. die Komm. zu § 2 Rn. 10.
47 BVerwGE 43, 200; ZDv 14/5 B 129, Nr. 12; GKÖD I Yk, § 1 Rn. 13; *Stauf* I, § 1 SG Rn. 5.
48 BDHE 7, 153; BVerwGE 43, 200; ZDv 14/5 B 129 Nr. 12; *Scherer/Alff*, SG, § 1 Rn. 21. Ein Dienstvergehen gem. § 23 Abs. 2 ist bei Vorliegen der dortigen Tatbestandsvoraussetzungen gegeben, unabhängig davon, ob der Betreffende zur Tatzeit de-facto-Soldat o. Nicht-Soldat war.
49 BDHE 7, 153; *Scherer/Alff*, SG, § 1 Rn. 22; ZDv 14/5 B 129 Nr. 13. Der BDH hatte seine Auffassung seinerzeit mit § 39 WPflG a.F. begründet. Danach hätte auch ein WPfl außerhalb des Wehrdienstverhältnisses befördert werden können. Diese Auslegung des § 39 WPflG a.F. war zu keiner Zeit zutr. Eine Beförderung setzt immer ein bereits bestehendes Wehrdienstverhältnis voraus (vgl. § 42 Abs. 1 Satz 1 SG).
50 *Scherer/Alff*, SG, § 1 Rn. 25.
51 GKÖD I Yk, § 1 Rn. 15; *Scherer/Alff*, SG, § 1 Rn. 26.
52 GKÖD I Yk, § 1 Rn. 15.
53 *Scherer/Alff*, SG, § 1 Rn. 50.
54 GKÖD I Yk, § 1 Rn. 16; *Stauf* I, § 1 SG Rn. 5.

Begriffsbestimmungen　　　　　　　　　　　　　　　　　　　　　　　　§ 1

für das Wehrstrafrecht von Bedeutung. Die Vorgesetzteneigenschaft wird durch Satz 1 mit der **Befehlsbefugnis** gleichgesetzt. Regelungsgegenstand ist somit nur der Vorg., der Soldaten mil. Befehle[55] erteilen kann, ohne das Bestehen sonstiger Vorgesetztenverhältnisse auszuschließen.[56]

Befehlsbefugt kann nach dem Wortlaut der Norm nur eine **natürliche Person** sein. Mangels entspr. Regelung an anderer Stelle können juristische Personen ebenso wenig wie Behörden/Dienststellen „Vorgesetzte" sein und somit keine Befehle erteilen.[57] Die Vorgesetzteneigenschaft ist **nicht delegierbar**. Allenfalls kann ein Vorg. im Rahmen der rechtl. Best. Befehlsbefugnis übertragen, sofern er dies zur Wahrnehmung bestimmter Aufgaben als hilfreich oder sogar geboten ansieht (vgl. §§ 3 und 5 VorgV). Soweit Vorg., die einen umfangreichen Verantwortungsbereich abzudecken haben, durch die Angehörigen ihrer Dienststelle (im mil. Bereich regelmäßig ein Stab) unterstützt werden, sind Anordnungen durch **unterschriftsberechtigte Angehörige der Dienststelle** – auch „Im Auftrag" unterzeichnete – dem Vorg. nur dann persönlich zuzurechnen, wenn hinreichend klar wird, dass es sich trotz Ausarbeitung durch eine andere Person um eine unmittelbar geltende Anordnung des Vorg. selbst handelt. Denn ein Befehl ist i.d.R. dem zuzurechnen, der ihn ausspricht.[58] Dienststellenzugehörigkeit und Unterschriftsbefugnis können nicht contra legem mit der Dienststellung des Dienststellenleiters gleichgesetzt werden. Die Entscheidung eines unterschriftsberechtigten Stabsangehörigen kann daher die Entscheidung des Vorg. nicht ersetzen. Ein Dienststellenangehöriger kann somit nur als Bote handeln, wenn er nicht ausnahmsweise selbst, z.B. nach §§ 3 oder 5 VorgV, Vorgesetzteneigenschaft gegenüber dem Befehlsempfänger hat. Insbes. im Hinblick auf weitgehende Unterschriftsbefugnisse im jew. Aufgabenbereich können daher auch ministerielle Erl. nicht ohne Weiteres dem Min. in seiner Eigenschaft als Inhaber der Befehls- und Kommandogewalt über die SK und somit mil. Vorg. zugerechnet werden.[59] Soweit die getroffene Anordnung ausnahmsweise dem Min. oder einem sonstigen Vorg. selbst zuzurechnen ist, ist der Status (Soldat, Beamter oder Arbeitnehmer) des im Auftrag Unterzeichnenden unerheblich, da er nicht seinen eigenen Befehl unterschreibt, sondern mit der Unterschrift nur die Verantwortung für die richtige Weitergabe des Befehls eines Vorg. übernimmt.[60]

47

Befehlsbefugnis begründet, gelöst von ihrer tatsächlichen Ausübung, ein Vorgesetztenverhältnis. Das Gesetz stellt an diese Rechtsposition anknüpfend in § 10 Abs. 2, 3 und 6, § 15 Abs. 4, § 17 Abs. 1, § 23 Abs. 2 sowie in § 33 Abs. 1 Verhaltensregeln für Vorg. und Untergebene auf. Deshalb kann zwischen abstrakten und konkreten Vorgesetztenverhältnissen unterschieden werden. Schließlich geht das Gesetz in § 10 Abs. 6 für alle Offz und Uffz von einem abstrakten Vorgesetztenverhältnis aus, zumal die Zurückhaltungspflicht nicht auf Äußerungen gegenüber konkret Befehlsunterworfenen beschränkt ist.

48

55　Auch die beamtenrechtl. Lit. u. Rspr. verwenden gelegentlich den Begriff „Befehl"; gemeint ist jedoch die beamtenrechtl. Anordnung.
56　Insofern war die urspr. Formulierung des REntw. „*Vorgesetzter ist, wer einem Soldaten ... befehlen kann.*" prägnanter u. zweckorientierter.
57　Vgl. BVerwG 2 WD 54/80; BVerwG 2 WD 9/81; *Stauf* I, § 1 SG Rn. 22; *Lingens*, NZWehr 1997, 248 f., der jedoch Personalverfügungen einer Personal bearbeitenden Dienststelle als Befehl ansieht, soweit Anordnungen truppendienstl. Natur getroffen werden (ebenso *Walz*, Truppenpraxis 1977, 573).
58　Vgl. BVerwG 1 WB 97/78.
59　A.A. *Stauf* I, § 1 SG Rn. 23 unter Hinw. auf BVerwG 1 WB 114/82; *Schölz/Lingens*, WStG, § 1 Rn. 24; *Lingens* NZWehr 1997, 248 f., der sich auf BVerwG 1 WB 111/82 beruft, obwohl diese Entsch. lediglich belastbare Aussagen zur Unterschriftsbefugnis für Schriftsätze an das Gericht enthält; *Scherer/Alff*, SG, § 1 Rn 37.
60　Vgl. auch *Dau*, WBO, § 1 Rn. 126; *Stauf* I, § 1 SG Rn. 23.

Hucul　　　　　　　　　　　　　　　　　　　　　　　　　　　　　　　25

49 Eine Legaldefinition des Begriffs „**Befehl**" enthält das SG nicht. Die Definition des § 2 Nr. 2 WStG ist in ihrem Geltungsbereich zwar ausdrücklich auf das WStG beschränkt („Im Sinne dieses Gesetzes ..."). Es wäre jedoch abwegig, anzunehmen, für das Dienstrecht solle ein anderer Befehlsbegriff maßgeblich sein als für das Wehrstrafrecht. Das SG setzt den Begriff des Befehls vielmehr mit dem gleichen Inhalt voraus.[61] Somit ist ein Befehl eine **Anweisung zu einem bestimmten Verhalten**, die ein mil. Vorg. (**Befehlsbefugter**) einem Untergebenen schriftl., mündlich oder in anderer Weise, allg. oder für den Einzelfall (also egal wie) **mit dem Anspruch auf Gehorsam** erteilt.[62]

b) Sätze 2 bis 4

50 Satz 2 i.V.m. § 93 Abs. 2 Nr. 1 ermächtigt das BMVg zum Erl. einer **RVO** zur Regelung des Vorgesetztenverhältnisses und somit der Übertragung von Befehlsbefugnissen über Soldaten.[63] Danach darf der Verordnungsgeber **Vorgesetztenverhältnisse** (Befehlsbefugnisse) auf Grund

- einer **Dienststellung**,
- des **Dienstgrades**,
- **besonderer Anordnung** oder
- **eigener Erklärung** regeln.

51 Die gerade noch dem Mindestmaß an die Bestimmtheit einer Verordnungsermächtigung i.S.v. Art. 80 Abs. 1 Satz 2 GG genügende Regelung schließt nicht aus, dass die darauf basierende RVO ihrerseits einen gewissen Spielraum für eine administrative Begründung von Vorgesetztenverhältnissen eröffnet.

52 Die Sätze 3 und 4 enthalten **Beschränkungen der Ermächtigung** hins. der Vorgesetztenverhältnisse auf Grund des Dienstgrades und eigener Erklärung.

53 Eine Regelung, nach der allein ein höherer **Dienstgrad** Befehlsbefugnis außerhalb des Dienstes verleiht, ist nach Satz 3 unzulässig. Ohne konkrete Vorgaben ist der Verordnungsgeber daher gehalten, Befehlsbefugnisse neben dem Dienstgrad an weitere Voraussetzungen zu knüpfen, sofern Befehle auch außerhalb des Dienstes möglich sein sollen, egal ob Vorg. und Untergebener oder nur einer von beiden sich außerhalb des Dienstes befinden.[64]

54 Satz 4 selbst regelt kein Vorgesetztenverhältnis. Er enthält eine abschließende Aufzählung der Fälle, für die der Verordnungsgeber neben der gesetzl. Sonderregelung des § 21 Abs. 2 Satz 1 Nr. 2b) WDO die Begründung einer Befehlsbefugnis durch **eigene Erklärung** regeln darf (zur Hilfeleistung in Notfällen, zur Aufrechterhaltung der Disziplin oder Sicherheit oder zur Herstellung einer einheitlichen Befehlsbefugnis in kritischer Lage). Der Verordnungsgeber hat mit § 6 VorgV umfänglich von dieser Möglichkeit Gebrauch gemacht.

55 Der Gesetzgeber wollte mit der Verordnungsermächtigung des Abs. 3 grds. auch die Übertragung von Befehlsbefugnissen über Soldaten auf **Nichtsoldaten** ermöglichen. Nichtsoldaten i.d.S. sind insbes. **Soldaten verbündeter SK**, da sie nicht in einem Wehrdienstverhältnis mit der Bundesrepublik Deutschland stehen und somit keine Soldaten i.S.d. hierfür maßgeblichen Begriffsbestimmung des Abs. 1 sind. Eine dienstrechtl.

---

61 So auch *Scherer/Alff*, SG, § 10 Rn. 40 unter Hinw. auf BVerwGE 86, 349; *Lingens*, NZWehrr 1993, 19 ff.; a.A. *Burmester*, NZWehrr 1990, 89 ff. u. *Stauf* I, § 10 SG Rn. 18.
62 Zu Einzelheiten vgl. die Komm. zu §§ 10 u. 11.
63 *Scherer/Alff*, SG, § 1 Rn. 45, führt aus, die Befehlsbefugnis werde durch die Vorschriften der VorgV „beschränkt". Das Vorliegen ihrer Tatbestandsvoraussetzungen ist jedoch Bedingung für das Vorliegen einer wie auch immer beschränkten Befehlsbefugnis.
64 Zum Begriff „Dienst" in der VorgV *Lingens*, NZWehrr 1982, 82.

Übertragung deutscher Befehls- und somit Hoheitsbefugnisse[65] auf Soldaten verbündeter Nationen im Verordnungswege wäre zwar verfassungsrechtl. nicht ausgeschlossen.[66] Dabei müssten jedoch die umfassende Befehls- und Kommandogewalt des BMVg nach Art. 65a GG durch Eingliederung der ausländischen Soldaten in die deutsche Befehlskette uneingeschränkt bleiben und diese Soldaten auch ansonsten dem deutschen Recht unterworfen werden.[67]

c) Befehls- und Kommandogewalt des Bundesministers der Verteidigung und dessen Vertretung[68]

Der BMVg hat nach Art 65a GG die uneingeschränkte **Befehls- und Kommandogewalt über die SK**. Durch das Begriffspaar „Befehls- und Kommandogewalt" ist der Min. mit vollumfänglicher Befehlsbefugnis über die SK ausgestattet worden.[69] Als Befehlsbefugter ist er Vorg. i.S.v. Abs. 3 und – obwohl selbst kein Soldat[70] – **höchster „mil. Vorg."**[71] i.S.d. § 1 Abs. 2 und § 2 Nr. 2 WStG. Auf Grund der Regelung durch den Verfassungsgesetzgeber bedarf es hierfür außerhalb des V-Falles keiner weiteren Regelung durch Gesetz oder RVO. Lediglich die Stellung als **oberster DiszVorg.** musste durch § 27 Abs. 1 Satz 2 WDO einfachgesetzl. geregelt werden. 56

Die Verfassung enthält keine unmittelbare Beschränkung der Befehlsbefugnis des Min. Als Teil der vollziehenden Gewalt binden ihn jedoch die Grundrechte (Art. 1 Abs. 3 GG) sowie Recht und Gesetz (Art. 20 Abs. 3 GG) bei der Ausübung seiner Befehlsbefugnis. Mithin hat der Min. bei seiner Befehlsgebung die einschlägigen Normen des Befehlsrechts (insbes. § 10 Abs. 4) zu befolgen. Dabei unterliegt er im Falle eines Fehlgebrauchs seiner Befugnisse den gleichen strafrechtl. Sanktionen wie andere, ihm nachgeordnete Vorg. (vgl. § 1 Abs. 2 WStG). 57

Bei der **Vertretung** des Min. ist zu unterscheiden, ob er als **Mitglied der BReg** oder als Ressortchef vertreten wird. Als dem Parlament verantwortliches Mitglied der BReg kann er nur von einem anderen Mitglied der BReg – zzt. durch den BM des Auswärtigen – vertreten werden (§ 14 Abs. 1 GOBReg). Regierungsaufgaben i.d.S. sind insbes. die Stimmabgabe bei Entscheidungen des Bundeskabinetts, die Vorlage eines Gesetzentw. und die Gegenzeichnung von Gesetzen (Art. 58 Satz 1 GG). Da Art. 65a GG an 58

---

65 Ein Beispiel für die Übertragung deutscher Hoheitsbefugnisse auf Soldaten verbündeter SK enthält § 1 Abs. 2 UZwGBw. Diese können im Einzelfall mit der Wahrnehmung mil. Wach- o. Sicherheitsaufgaben betraut werden u. die Rechte nach dem UZwGBw ausüben. Trotz Wahrnehmung mil. Wach- u. Sicherheitsaufgaben sind sie nur anordnungs- u. nicht befehlsbefugt gegenüber deutschen Soldaten.
66 So auch *Kirchhof*, NZWehr 1998, 152; vgl. hierzu *Stein*, NZWehr 1998, 143.
67 Angesichts der hierfür erforderlich erscheinenden einfachrechtl. u. völkerrechtl. Begleitregelungen (schon aus Gründen der Gleichbehandlung müsste auch das Sanktionssystem für fehlerhafte Ausübung o. Überschreitung von Befugnissen auf die ausländischen Soldaten erstreckt werden) dürfte die Ausstattung ausländischer Soldaten mit Befehlsbefugnis trotz aller Probleme, die das Fehlen einer Befehlsbefugnis im mil. Alltag integrierter Verbände verursachen mag, auf absehbare Zeit ausgeschlossen sein.
68 Vgl. hierzu die Komm. zu § 90.
69 Wenn man annehmen wollte, dass die deutsche Rechtsordnung neben der Befehlsgewalt auch eine Kommandogewalt kennen würde, sind durch den Verfassungsgesetzgeber jegliche Zweifel hins. der Stellung des Min. ausgeräumt worden; vgl. hierzu *Schmidt-Bleibtreu-Klein*, GG, Art. 65a Rn. 5 m.w.N.
70 Das öff.-rechtl. Amtsverhältnis des BMVg ergibt sich aus dem BMinG. Nach Art. 66 GG u. § 5 BMinG darf neben dem Ministeramt kein anderes besoldetes Amt ausgeübt werden. Es ist daher ausgeschlossen, dass der Min. zugleich als Soldat in einem Wehrdienstverhältnis steht o. umgekehrt ein Soldat das Amt des Min. bekleidet.
71 Nicht „oberster Dienstherr"; die Soldaten der Bw haben nur einen Dienstherrn, den Bund.

die Funktion des Min. auch die Befehls- und Kommandogewalt knüpft und die Vertretung in der BReg der umfänglichen Wahrnehmung der Funktion eines BM dient, schließt die Vertretung des Min. die Befehls- und Kommandogewalt ein. Dies gilt auch, soweit der Min. als **Ressortchef** durch einen Sts vertreten wird (§ 14 Abs. 3 i.V.m. § 14a GOBReg), da die alleinige und uneingeschränkte Weisungsbefugnis eines Min. gegenüber allen Angehörigen seines Ressorts ein zwingendes Gebot des Grundgesetzes ist und Art. 65a GG lediglich klarstellt, dass dies auch für die SK gilt. Mithin ist die Befehls- und Kommandogewalt nichts anderes als ein ressorttypischer Bestandteil des Weisungsrechts des BMVg.[72]

d) Vorgesetzteneigenschaft der Festnehmenden (§ 21 WDO)

59 § 21 WDO regelt, wer Soldaten unter welchen Voraussetzungen zur Aufrechterhaltung der Disziplin festnehmen kann. Wenn in einer solchen Situation zunächst kein Vorgesetztenverhältnis vorliegt, können sich Offz und Uffz nach § 6 Abs. 1 VorgV in und außer Dienst über andere dienstgradniedrigere und dienstgradgleiche Soldaten zum Vorg. erklären, wenn sie zur Aufrechterhaltung der Disziplin ein sofortiges Eingreifen für unerlässlich halten. Nach § 21 Abs. 2 Satz 1 Nr. 2a) WDO können sie die Soldaten, die daraufhin ihrer Befehlsbefugnis unterstehen, wegen eines Dienstvergehens **vorläufig festnehmen**, wenn die Aufrechterhaltung der Disziplin dies gebietet und die zuständigen DiszVorg. oder Angehörige des mil. Ordnungsdienstes einschl. der mil. Wachen nicht auf der Stelle erreichbar sind. Gegenüber Soldaten, die im Dienstgrad unter ihnen stehen (also nur gegenüber Dienstgradniedrigeren) haben alle Offz und Uffz auch auf der Grundlage des § 21 Abs. 2 Satz 1 Nr. 2b) WDO diese Festnahmebefugnis, ohne sich vorher zum Vorg. erklären zu müssen. Die Festnehmenden werden allein durch die Erklärung der Festnahme Vorg. der Festgenommenen und können in der Folge sachdienliche Befehle zur Aufrechterhaltung bzw. Wiederherstellung der Disziplin erteilen.

60 Die Befehlsbefugnis der Festnehmenden nach § 21 Abs. 2 Satz 1 Nr. 2b) WDO **beschränkt** sich auf Maßnahmen zur Durchführung der Festnahme. Sie endet, sobald die Festhaltung nicht mehr erforderlich oder wegen Fristablaufs zulässig ist (vgl. § 21 Abs. 4 WDO) und der Festgenommene deshalb auf freien Fuß zu setzen ist. Eine mangels Erfüllung der Festnahmevoraussetzungen illegale Festnahme ist nicht geeignet, ein mil. Vorgesetztenverhältnis zu begründen oder aufrecht zu erhalten.

61 Mit § 21 Abs. 2 Satz 1 Nr. 2b) WDO hat der Gesetzgeber außerhalb der VorgV selbst eine Norm zur Begründung eines Vorgesetztenverhältnisses auf Grund eigener Erklärung geschaffen. Da § 6 VorgV einen weitergehenden Anwendungsbereich hat, kommt § 21 Abs. 2 Satz 1 Nr. 2b) WDO zwar keine praktische, wohl aber erhebliche rechtspolitische Bedeutung zu. Der Gesetzgeber hat durch diese (Mindest-)Regelung die Bedeutung der Aufrechterhaltung der Disziplin unterstrichen.

e) Vorgesetztenverhältnisse zwischen Soldaten und Nichtsoldaten[73]

62 § 1 Abs. 3 betrifft nur die Befehlsbefugnis **gegenüber Soldaten** („.... einem Soldaten Befehle zu erteilen"). Wollte man eine derartige Befehlsbefugnis gegenüber Nichtsoldaten konstituieren, so bedürfte dies einer speziellen gesetzl. Regelung. Allerdings ist im Rahmen der bestehenden beamtenrechtl.- und tariflichen Best. die Herstellung eines allg. Vorgesetztenverhältnisses eines Soldaten gegenüber Nichtsoldaten möglich.

63 Die Übertragung von Befehlsbefugnissen über Soldaten auf Nichtsoldaten hat der Gesetzgeber zutr. im Rahmen der geschaffenen Verordnungsermächtigung als möglich an-

---

72 Vgl. BVerwGE 46, 55.
73 Vgl. hierzu den Erl. des BMVg VMBl 1959 S. 239.

gesehen. [74]Allerdings hat der Verordnungsgeber davon bislang keinen Gebrauch gemacht. Im Wehrstrafrecht wurden entspr. Vorkehrungen getroffen. § 1 Abs. 2 WStG erstreckt den Geltungsbereich des WStG auch auf mil. Vorg., die nicht Soldaten sind. Dies trifft zzt. nur auf den Min. und den als dessen alter ego handelnden Sts zu.

f) Vorgesetztenverhältnis eines Soldaten gegenüber Beamten
Ein Bedürfnis für eine mil. Befehlsbefugnis ist bei funktionsbezogener Betrachtung der jew. wahrzunehmenden Aufgaben selbst in gemischten Dienststellen nicht gegeben. Der mil. Befehlsbefugnis entspricht im Beamtenrecht die **Anordnungsbefugnis**. Völlig ausreichend können daher Soldaten Vorg. von Beamten nach § 3 Abs. 2 Satz 2 BBG mit entspr. **Anordnungsbefugnis** für deren dienstl. Tätigkeit sein. Wer Vorg. i.d.S. ist, bestimmt sich gem. § 3 Abs. 2 Satz 3 BBG nach dem Aufbau der öff. Verwaltung und wird somit regelmäßig im Verwaltungswege festgesetzt. Mit der Übertragung von Anordnungsbefugnissen auf Soldaten ist die beamtenrechtl. Gehorsamspflicht (§§ 55, 56 BBG) verbunden, die im Wesentlichen der soldatischen Gehorsamspflicht aus § 11 entspricht. Auch die **Dienstvorgesetzteneigenschaft** nach § 3 Abs. 2 Satz 1 BBG und damit die Zuständigkeit für beamtenrechtl. Entscheidungen über die persönlichen Angelegenheiten nachgeordneter Beamter kann Soldaten übertragen werden.

64

Bei der Übertragung von Anordnungsbefugnissen gegenüber Beamten ist das Verfassungsgebot zur organisatorischen Trennung zwischen SK (Art. 87a GG) und Bundeswehrverwaltung (Art. 87b GG) zu beachten. Dies schließt es jedenfalls aus, die Leitung ziviler Dienststellen, die Aufgaben des Art. 87b GG wahrnehmen, Soldaten zu übertragen. Im Einzelfall kann es unerlässlich sein, solche Aufgaben der Bundeswehrverwaltung durch die SK wahrnehmen zu lassen und hierfür Beamte in mil. Dienststellen zu verwenden (ziv. STAN-Personal). Soweit dieses Personal dem Art. 87b GG zuzurechnende Aufgaben wahrzunehmen hat (z.B. Truppenverwaltungen), ist einer sachfremden Einflussnahme durch die mil. Vorg. vergleichbar mit der Regelung für den Fachdienst von Soldaten i.S.v. § 1 Abs. 2 VorgV i.V.m. § 2 VorgV entgegenzuwirken.

65

g) Vorgesetztenverhältnis eines Soldaten gegenüber Arbeitnehmern
Auch gegenüber Arbeitnehmern hat der Gesetzgeber keine Befehlsbefugnis geschaffen. Die einschlägigen Tarifverträge sehen jedoch die Anordnungsbefugnis „Vorgesetzter" vor, die insoweit das **arbeitsrechtl. Direktionsrecht des Arbeitgebers** wahrnehmen. Die Verantwortung beim Vollzug einer solchen dienstl. Anordnung trifft die Anordnenden. Anordnungen, deren Ausführung Strafgesetzen zuwiderlaufen würden, dürfen nicht befolgt werden. Im Übrigen gelten die obigen Ausführungen zur Unterstellung von Beamten entspr.

66

h) Vorgesetztenverhältnis eines Nichtsoldaten gegenüber Soldaten
Die Verwendung von Soldaten ist nicht auf mil. Einheiten, Verbände und Dienststellen der SK beschränkt. Ihr mil. Sachverstand wird in ziv. Behörden (z.B. im BMVg, im BND[75], im Bundesamt für Informationsmanagement und -technik der Bw oder in Botschaften[76]), in internationalen Einrichtungen und Verbänden (z.B. in Stäben der NATO, im Eurocorps, im NATO-E-3A-Verband mit international zusammengesetzten Besat-

67

---

74 Vgl. hierzu BT-Drs. II/2140, 3.
75 Vgl. zur Unterstellung unter dessen ziv. Präsidenten z.B. BVerwGE 106, S. 60; BVerwG NZWehr 1998, 29.
76 Für den Dienst im Militärattachéstab einer deutschen Auslandsvertretung gilt das Gesetz über den Auswärtigen Dienst. Dieser Dienst unterliegt keiner truppendienstl. Führung durch einen mil. Vorg. nach § 1 Abs. 3. Vgl. Fn. 10 zu § 1 VorgV.

zungen von AWACS-Flugzeugen oder bei internationalen Friedenstruppen in Auslandseinsätzen) sowie in privatrechtl. organisierten Unternehmen genutzt. Der hierarchische Aufbau staatlicher Einrichtungen und die organisatorische Ausgestaltung nichtstaatlicher Einrichtungen bedingen und bewirken gleichermaßen die Unterstellung eingegliederter Soldaten unter nichtmil. Vorg., auch wenn diese keine Befehlsbefugnis nach § 1 Abs. 3 besitzen. Mithin folgt aus einer dienstl. begründeten Eingliederung in eine Einrichtung außerhalb der SK bzw. in ein ziv. geführtes Organisationselement in den SK ein Weisungs-/Anordnungsrecht der dort in übergeordneter Funktion befindlichen Nichtsoldaten.[77]

68 Die Gehorsamspflicht und deren Reichweite folgen aus der Pflicht zum treuen Dienen (§ 7).[78] Da kein strafbewehrter Befehl vorliegt und im Falle des Ungehorsams kein Verstoß gegen § 11 möglich ist, können sich untergebene Soldaten im Falle einer abverlangten rechtswidrigen Handlung andererseits nicht ohne Weiteres auf ein „Handeln auf Befehl" berufen und auf die Verantwortung des Vorg. (§ 10 Abs. 5) verweisen. Für die Gehorsamspflicht gegenüber einem nicht Befehlsbefugten sind die Regelungen des Beamtenrechts einschl. der „Pflicht zur Gegenvorstellung" sinngemäß anzuwenden.[79]

69 Werden Soldaten ohne Eingliederung in eine privatrechtl. organisierte Gesellschaft im Rahmen eines Kooperationsvorhabens mit der Wirtschaft oder zur Unterstützung eines privaten Auftragnehmers der Bw lediglich „beigestellt", um einen amtl. Beitrag zu leisten, liegen nur im amtl. Bereich allg. oder mil. Vorgesetztenverhältnisse vor. Im Regelfall wird die Pflicht zum treuen Dienen es gleichwohl erfordern, der Anweisung eines Firmenvertreters zu folgen, dessen Unterstützung die Beistellung dient.

i) Befehlsbefugnisse und Vorgesetzteneigenschaft

70 Jeder Vorg. ist nur befugt, rechtmäßige Befehle zu erteilen (vgl. hierzu insbes. § 10 Abs. 4). Nicht jede Überschreitung gesetzl. Vorgaben für die Befehlsgebung führt jedoch dazu, dass mangels Befehlsbefugnis das gesetzl. Vorgesetztenverhältnis entfällt und somit die Befehlseigenschaft einer hinreichend bestimmten und mit Anspruch auf Gehorsam erteilten Anweisung in Frage gestellt werden müsste.

71 Im Umkehrschluss gilt, dass keine Befehle erteilen kann, wer zur Befehlsgebung nicht befugt ist. Die Befehlsbefugnis ist somit unabdingbare Voraussetzung für das Vorliegen eines Befehls. Es ist zu unterscheiden zwischen der (Nicht-)Erfüllung der Tatbestandsvoraussetzungen der Normen der VorgV, welche die **Befugnis zur Befehlserteilung** (ein Vorgesetztenverhältnis) begründen, und der Verletzung gesetzl. und untergesetzl. Regelungen, welche die **Ausübung der (bestehenden) Befehlsbefugnis** inhaltlich beschränken. Nicht ausreichend ist, lediglich den zeitlichen und örtlichen Grenzen der VorgV (vgl. insbes. § 4 VorgV) konstitutive Bedeutung für das Vorliegen eines Vorgesetztenverhältnisses beizumessen.[80] Genauso müssen die inhaltlichen **Begrenzungen der Befehlsbefugnis** (vgl. §§ 2, 3 und 5 VorgV) beachtet werden. So ist z.B. ein Kompaniefeld-

---

77 Vgl. VMBl 1959 S. 239.
78 So auch *Scherer/Alff*, SG, § 1 Rn. 54 u. § 7 Rn 16 sowie zur Unterstellung unter ausländische Soldaten *Dau*, NZWehrr 1989, 177; *Poretschkin*, NZWehrr 2005, 247; *Wieland*, NZWehrr 1999, 133.
79 Vgl. BVerwG 2 B 15.05, wonach Soldaten, die in die zivile Bundeswehrverwaltung eingegliedert sind (im konkreten Fall das Zentrum für Informationstechnik der Bw), keinen Dienst nach dem Befehl eines mil. Vorg. leisten, sondern wie die zivilen Beschäftigten tätig werden u. somit für die Anerkennung von Reisezeiten als Dienstzeit der Rechtsweg zu den VG gegeben ist. Aus der Entsch. muss wohl geschlossen werden, dass für Anordnungen im „Verwaltungsdienst" der Bundeswehrverwaltung selbst ein vorg. Soldat keine Befehlsbefugnis i.S.d. § 1 Abs. 3 hätte.
80 So jedoch *Schölz/Lingens*, WStG, § 2 Rn. 14.

webel gegenüber einem ihm nach § 3 VorgV nur für Fragen des Innendienstes unterstellten Fw nicht befugt, Befehle zur Durchführung von Instandsetzungsarbeiten an einem Kampfpanzer zu erteilen. Obwohl zwischen beiden Soldaten ein abstraktes Vorg.-Untergebenenverhältnis nach § 3 VorgV besteht, stellt eine solche Anweisung mangels konkreter Befehlsbefugnis und somit mangels konkreten Vorgesetztenverhältnisses keinen Befehl dar, der die Gehorsamspflicht nach § 11 auslöst. Verstößt hingegen eine Innendienstanweisung des Kompaniefeldwebels gegen Regelungen zur **Begrenzung der Ausübung** der grds. bestehenden Befehlsbefugnis, handelt er gleichwohl als Vorg., der einen rechtwidrigen Befehl erteilt hat, dessen Verbindlichkeit befehlsrechtlich zu prüfen ist.[81]

Die Überschreitung der durch die VorgV gesetzten Grenzen lässt die Vorgesetzteneigenschaft und somit die Qualität einer Anweisung als Befehl nicht unberührt. Andere Auffassungen[82] beruhen auf einem falschen Verständnis des Begriffs der Befehlsbefugnis. 72

4. Absatz 4

Abs. 4 definiert den Begriff des **„Disziplinarvorgesetzten"**. Weitere Einzelheiten regeln die §§ 27 ff. WDO und Erl. des BMVg. 73

Gem. § 27 Abs. 1 Satz 1 WDO haben Disziplinarbefugnis „die Offiziere, denen sie nach diesem Gesetz zusteht, und deren truppendienstliche Vorgesetzte, sowie die Vorgesetzten in vergleichbaren Dienststellungen ..." 74

Ergänzend ist § 1 Abs. 4 Satz 1 zu entnehmen, dass der DiszVorg. stets einen **„Befehlsbereich"** haben muss; die Disziplinarbefugnis folgt letztlich aus der Befehls- und Kommandogewalt des BMVg i.S.v. Art. 65a GG. Dies bedeutet, dass DiszVorg. nur ein (deutscher[83]) **Offz** sein kann, der i.d.R. die Dienststellung eines **unmittelbaren** Vorg. gem. § 1 Abs. 1 VorgV hat.[84] Offz, die entgegen Art. 87b GG keine mil. Dienststelle leiten, sondern z.B. eine Dienststelle der Bundeswehrverwaltung i.S.v. Art. 87b GG, können folglich nicht DiszVorg. der dort tätigen Soldaten sein. 75

---

81 Vgl. die Komm. zu § 11.
82 Vgl. *Scherer/Alff*, SG, § 1 Rn. 45, § 10 Rn. 43; *Stauf* I, § 10 SG Rn. 18.
83 *Dau*, WDO, § 27 Rn. 2a.
84 *Dau*, WDO, § 27 Rn. 2; *Scherer/Alff*, SG, § 1 Rn. 96; *Stauf* I, § 1 SG Rn. 24. Ausnahmsweise können auch Vorg. gem. § 3 VorgV DiszVorg. sein (§ 31 WDO).

Nach § 1
Vorgesetztenverordnung

Mit der ursprünglich auf Grund des § 1 Abs. 4 i.V.m. § 72 Abs. 2 erlassenen „Verordnung zur Regelung des militärischen Vorgesetztenverhältnisses" vom 4.6.1956[1] hat das BMVg von der Ermächtigung Gebrauch gemacht, mil. Vorgesetztenverhältnisse durch RVO zu regeln. Die RVO ist **geändert** worden durch die 1

- VO zur Änd. der VO zur Regelung des militärischen Vorgesetztenverhältnisses vom **31.1.1959**[2], durch die § 4 Abs. 1 neu gefasst wurde

---

1 BGBl. I S. 459.
2 BGBl. I S. 34.

Nach § 1   Gemeinsame Vorschriften

- Zweite VO zur Änd. der VO zur Regelung des militärischen Vorgesetztenverhältnisses vom **6.8.1960**[3], durch die § 1 Abs. 1 neu gefasst und dem § 4 ein Abs. 3 angefügt wurden
- Dritte VO zur Änd. der VO zur Regelung des militärischen Vorgesetztenverhältnisses vom **7.10.1981**[4], durch welche die Überschrift den Zusatz „(Vorgesetztenverordnung – VorgV)" erhalten hat und § 4 Abs. 1 Satz 2 neu gefasst wurde.

Der systematischen Unterscheidung des Gesetzgebers folgend, regelt die RVO mil. Vorgesetztenverhältnisse auf Grund der Dienststellung (Abschnitt I), des Dienstgrades (Abschnitt II), besonderer Anordnung (Abschnitt III) oder eigener Erklärung (Abschnitt IV).

1. § 1

2   Das Vorgesetztenverhältnis eines Soldaten nach **Abs. 1** ist umfassend, denn die VorgV nimmt keine örtliche, zeitliche oder sachliche Beschränkung vor. Unmittelbare Vorg. können im Rahmen des gesetzl. Zulässigen unbeschränkt das Führungsmittel des mil. Befehls einsetzen (**allg. Befehlsbefugnis**).

3   Mit dem Begriff des unmittelbaren Vorg. korrespondiert die **truppendienstl. Unterstellung** (ZDv 1/50 Nr. 201). Sie ist das typische Unterstellungsverhältnis in den SK. Sie umfasst alle Aufgaben eines Vorg., deren Erledigung der Herstellung und Erhaltung der Einsatzbereitschaft des ihm anvertrauten Personals und Materials dient. Hierzu gehören die persönlichen, insbes. die disziplinaren Angelegenheiten, die Ausbildung, die Versorgung sowie fachl. Angelegenheiten der Dienststelle. Obwohl grds. umfassend ausgelegt, kann die truppendienstl. Unterstellung von spezielleren Unterstellungsformen **überlagert** werden, z.B. von der auf § 2 beruhenden fachdienstl. Unterstellung (ZDv 1/50 Nr. 205) sowie den auf § 3 beruhenden Unterstellungen für den Einsatz (ZDv 1/50 Nr. 203) und im besonderen Aufgabenbereich (ZDv 1/50 Nr. 204).

4   Wer unmittelbarer bzw. truppendienstl. Vorg. ist, ergibt sich aus dem organisatorischen Aufbau der SK und der Übertragung einer der in Abs. 1 genannten **Dienststellungen** (Führer eines mil. Verbandes, einer mil. Einheit oder Teileinheit oder Leiter einer mil. Dienststelle). § 1 enthält keine Regelung, in welcher **Form** einem Soldaten die entspr. Dienststellung zu übertragen ist; ein förmlicher Organisationsakt ist nicht erforderlich.[5] Dem institutionellen Unterstellungsverhältnis einer mil. Dienststelle folgend werden persönliche Unterstellungsverhältnisse begründet, die eine durchgängige Befehlskette vom Min. bis zum letzten Soldaten sicherstellen. Die notwendige organisatorische Zugehörigkeit zu einer Dienststelle wird durch Versetzung oder Kommandierung bewirkt. Ein Soldat hat also, abhängig von seiner so verfügten organisatorischen Einbindung, eine Vielzahl unmittelbarer (truppendienstl.) Vorgesetzter.[6]

5   Die Regelung berücksichtigt die Organisationsgewalt des Min., der nach Art. 65 Satz 2 GG seinen Geschäftsbereich unter eigener Verantwortung leitet (Ressortprinzip). Neben dem Min. selbst gehören zum Geschäftsbereich des BMVg die auf der Grundlage des Art. 87a GG aufgestellten SK mit zzt. fünf mil. OrgBereichen (Heer, Luftwaffe, Marine, Streitkräftebasis und Zentraler SanDienst der Bw), die auf Art. 87b GG beru-

---

3   BGBl. S. 684.
4   BGBl. I S. 1129.
5   BVerwG DÖD 2003, 204.
6   So reicht das truppendienstl. Unterstellungsverhältnis eines Soldaten in einer Kampfeinheit des Heeres z.B. über den Gruppenführer, Zugführer, KpChef, BtlKdr, BrigKdr, DivKdr, u. Befehlshaber des Heeresführungskommandos bis zum Insp des Heeres, der immer noch sein „unmittelbarer" Vorg. gem. § 1 Abs. 1 ist u. seinerseits „truppendienstl." nur noch dem BMVg untersteht.

hende Bundeswehrverwaltung mit ihren beiden OrgBereichen Territoriale Bundeswehrverwaltung und Rüstungsbereich sowie zwei weitere zivile OrgBereiche Rechtspflege und Milseels. Mil. Verbände, Einheiten und Teileinheiten sowie (sonstige) mil. Dienststellen sind im Hinblick auf die Verfassungsrechtslage nur im Bereich der SK vorstellbar. Zur Regelung der Grundbegriffe der mil. Organisation hat das BMVg die **ZDv 1/50** erlassen. Ihr Geltungsbereich ist auf die SK beschränkt.

Eine **Einheit** ist danach die unterste mil. Gliederungsform, deren Führer grds. Disziplinarbefugnis hat (ZDv 1/50 Nr. 109). Die Grundform der Einheit ist die Kompanie. Dienststellung i.S.d. Abs. 1 ist somit die des KpChef. Vergleichbare Dienststellungen sind Staffel-, Batterie-, Inspektions- und Sektorchef sowie Staffelkapitän („Chef" einer fliegenden Staffel) und Bootskommandant. Eine **Teileinheit** ist jede Gliederungsform unterhalb der Einheit, deren Führer grds. keine Disziplinarbefugnis hat (ZDv 1/50 Nr. 110). Entspr. Dienststellungen i.S.d. Abs. 1 sind insbes. Zugführer, Gruppenführer und Truppführer. 6

Ein **Verband** ist die gliederungsmäßige und/oder zeitlich begrenzte Zusammenfassung mehrerer Einheiten in der Stärke eines Bataillons oder Regiments (ZDv 1/50 Nr. 111). Einem Bataillon vergleichbare Gliederungsformen sind die Gruppe (z.B. Fliegerhorstgruppe), Abteilung, Lehrgruppe, das Lazarett und das Schiff. Einem Regiment vergleichbar ist ein Geschwader. Gliederungsmäßig und/oder zeitlich begrenzt zusammenfasste Truppenteile (allg. Bezeichnung für Einheiten, Verbände und Großverbände) von der Stärke einer Brigade (in der Marine Flottille) an aufwärts werden als Großverband (ZDv 1/50 Nr. 112) bezeichnet. Dienststellungen i.S.d. Abs. 1 sind Kdr, Kommodore, Kommandierender General, Befehlshaber. 7

Mil. Dienststelle ist nach der ZDv 1/50 Nr. 105 „ein durch Organisationsbefehl oder -weisung aufgestelltes selbständiges organisatorisches Element im Geschäftsbereich des BMVg, das einen zugewiesenen Aufgabenbereich im Rahmen erteilter Befugnisse eigenverantwortlich wahrnimmt."[7] Diese Voraussetzungen sind erfüllt, wenn ein Mindestmaß an Selbständigkeit besteht und in Abgrenzung zu **zivilen Dienststellen der Bw** allenfalls untergeordnete zivile Aufgaben (z.B. durch eine eingegliederte Truppenverwaltung) erfüllt werden. Die bloß formale Vergabe einer Dienststellennummer in den mil. Organisationsgrundlagen (STAN) reicht nicht aus. Offz und Uffz, die unselbständige Teile einer mil. Dienststelle leiten, sind im Gegensatz zu Teileinheitsführern keine unmittelbaren Vorg. Dienststellung i.S.d. Abs. 1 ist z.B. der Amtschef Streitkräfteamt. 8

Die Verwendung von Soldaten in **zivilen Dienststellen,** z.B. dem Bundesamt für Informationstechnik und -management der Bw (IT-AmtBw), führt nicht dazu, dass diese Dienststellen zugleich mil. Dienststellen i.S.d. § 1 werden. Um eine lückenlose Eingliederung in die nationale mil. Hierarchie und in die Regelungen für personalrechtl. Angelegenheiten, für deren Erledigung die truppendienstl. Vorg. zuständig sind, zu gewährleisten, werden diese Soldaten einem mil. Vorg. unterstellt.[8] Die Soldaten des IT-AmtBw werden aus diesem Grund zu der mil. Dienststelle „Dienstältester Offizier/ Militärischer Anteil IT-AmtBw" versetzt. Sie leisten Dienst unter der Leitung des zivilen Präsidenten. Innerhalb der zivilen Dienststelle sind die aus dem Behördenaufbau resultierenden Anordnungsbefugnisse in fachl. Angelegenheiten zu beachten.[9] Eigenständiger Raum für truppendienstl. Maßnahmen zur Regelung des „Verwaltungsdiens- 9

---

7 Z.B. das Personalamt der Bw, das Streitkräfteamt o. die Lehrgruppe einer Truppenschule (ein Bataillonsäquivalent, das von einem Kdr geführt wird).
8 Bei nichtmil. Dienststellen im Inland ist dies der „Dienstälteste Offizier".
9 Vgl. hierzu BVerwG 2 B 15.05.

Hucul

tes" besteht nicht. Ob die mil. „Schattendienststelle" über das notwendige Maß eigenverantwortlich wahrzunehmender Aufgaben verfügt, muss wohl verneint werden.

10 Das Gleiche gilt für Soldaten, die in **internationalen mil. Einrichtungen** verwendet werden. Die **Militärattachéstäbe** im Ausland sind Organisationselemente der Auslandsvertretungen und damit des Geschäftsbereichs des Auswärtigen Amtes.[10] Mit gleicher Bezeichnung werden Dienststellen im OrgBereich SKB eingerichtet, auf denen das mil. Personal geführt wird (also auf Dienstposten einer „mil. Dienststelle"). Der Dienst wird in der Dienststelle des Auswärtigen Amtes (im Militärattachéstab der Botschaft) geleistet. Da die truppendienstl. Unterstellung das grundlegende Unterstellungsverhältnis in den SK ist (vgl. ZDv 1/50 Nr. 202), kann der (fachl.) Auswärtige Dienst im Militärattachéstab einer Auslandsvertretung nicht Gegenstand truppendienstl. Führung sein.

11 Das **Min.** selbst gehört ebenfalls zum Geschäftsbereich des BMVg. Als oberste Bundesbehörde dient es in erster Linie der unmittelbaren Unterstützung des Min. als Regierungsmitglied; es ist somit trotz Integration der mil. Spitzen der SK kein Verband, keine Einheit und keine mil. Dienststelle i.S.d. Abs. 1. Mangels organisatorischer Selbständigkeit gilt dies auch für die mil. Führungsstäbe. Sie entsprechen einer ministeriellen Abteilung. Unmittelbare Vorgesetztenverhältnisse innerhalb des Min. sind damit ausgeschlossen. Durch Ministerweisung vom 21.1.2005[11] wurde allerdings die seit 1970 bestehende truppendienstl. Unterstellung der mil. OrgBereiche (ohne die Führungsstäbe des Min.) unter **Insp** bestätigt. Sie sind damit – unterhalb des Min. und dessen Stellvertreter, die ihre Befehlsbefugnis unmittelbar aus Art. 65a GG ableiten – die höchsten unmittelbaren Vorg. nach Abs. 1 gegenüber den Soldaten des jew. OrgBereichs, der seinerseits aus mil. Verbänden, Einheiten und Dienststellen besteht. Trotz seiner Stellung als ranghöchster Soldat ist der **GenInsp** mangels truppendienstl. unterstellten Bereichs kein unmittelbarer Vorg.

12 Nach **Abs. 2** sollen unmittelbare Vorg. nicht in den „Fachdienst" Untergebener eingreifen, die der Leitung und Dienstaufsicht von „Fachvorgesetzten" unterstehen. Nach Wortlaut und Systematik der Norm sind die Begriffe „Fachdienst" und „Fachvorgesetzte" mit denen des § 2 identisch.

13 Durch den Verzicht auf ein ausdrückliches Eingriffsverbot hat der Verordnungsgeber bestätigt, dass die allg. Befehlsbefugnis der unmittelbaren Vorg. umfassend ist und grds. jeden Dienst – auch den Fachdienst – einschließt. Andererseits soll der Fachdienst, der besonderen Umständen unterworfen ist und dessen Leitung besonderer Kenntnisse/Fähigkeiten bedarf, vor einer fachfremden Einflussnahme durch den truppendienstl. Führer (der selbst keinen Fachdienst versieht) geschützt werden. Der Gesetzgeber hat darüber hinaus mit § **27 Abs. 3** WDO hins. des SanDienstes und mit § **10 Abs. 2** WBO den Besonderheiten des Fachdienstes Rechnung getragen.

14 Der Ausdruck „soll nicht" stellt eine **Verhaltensvorgabe für Zweifelsfälle** auf. Es ist grds. verboten, in den Fachdienst einzugreifen, sofern nicht ein besonderer Ausnahmefall vorliegt.[12] I.d.R. ist daher der in den Fachdienst eingreifende Befehl eines unmittelbaren Vorg. rechtswidrig.

---

10 Nach § 2 des Gesetzes über den Auswärtigen Dienst besteht dieser aus dem Auswärtigen Amt (Zentrale) u. den Auslandsvertretungen, die zusammen eine einheitliche Bundesbehörde unter Leitung des BMin. des Auswärtigen bilden. Das Personal der Militärattachéstäbe wird nach § 13 dieses G zeitlich befristet in den Auswärtigen Dienst übernommen.
11 Sog. Berliner Erlass.
12 BVerwG ZBR 2005, 256 unter Hinw. auf *Scherer/Alff*, SG, § 1 Rn. 63; zu weitgehend *Erbs/Kohlhaas*, Strafrechtl. Nebengesetze, Bd. IV, § 1 VorgV Rn. 9, der eine Verbotsnorm annimmt.

Nicht jede **mittelbare Auswirkung** auf einen Fachdienst kann als **Eingriff** gewertet werden. Anderenfalls wären Dienststellen, die fachdienstl. Aufgaben zu erfüllen haben, der truppendienstl. Führung in nicht vertretbarer Weise entzogen. Würde man bei jeder mittelbaren Auswirkung einen Eingriff annehmen, bedürfte es auch für die anderen Vorgesetztenverhältnisse einer dem Abs. 2 entspr. Regelung. Aus Sicht des Befehlsempfängers macht es keinen Unterschied, ob eine Beeinträchtigung des Fachdienstes zu truppendienstl. Zwecken oder für einen besonderen Aufgabenbereich (§ 3) erfolgt. 15

Der Befehl des Verbandsführers an den Leiter eines ihm unterstellten Standortsanitätszentrums, an einer abendlichen Informationsveranstaltung teilzunehmen, ist daher grds. kein Eingriff in seinen Fachdienst.[13] Zudem wird es für die Frage eines zulässigen Eingriffs auf Art und Gewicht des beeinträchtigten Fachdienstes ankommen. Beim Befehl an einen Militärmusiker, für eine allgemeindienstl. Maßnahme das Üben eines Musikstücks zu unterbrechen, ist schon der Eingriff in den Fachdienst zweifelhaft. Anders wird der Befehl an einen SanSold, für die gleiche Maßnahme eine ärztliche Behandlung zu unterbrechen, zu beurteilen sein. 16

2. § 2

Fachvorg. können nur **Soldaten** sein. Ihre Dienststellung muss mit der Leitung eines Fachdienstes verbunden sein.[14] Die Befehlsbefugnis der Fachvorg. ist **zeitlich** auf den Dienst[15] (Vorg. und Untergebener müssen im Dienst sein) und **inhaltlich** auf fachdienstl. Zwecke **beschränkt**. 17

Die **fachdienstl. Unterstellung** i.S.d. § 2 (vgl. ZDv 1/50 Nr. 205) ist zu unterscheiden von der **fachl. Unterstellung im besonderen Aufgabenbereich** gem. § 3 (vgl. ZDv 1/50 Nr. 204). **Fachdienst** wird daher nicht allein durch die Zuordnung von Fachaufgaben bestimmt. Ob und welche Fachdienste als solche i.S.d. § 2 eingerichtet werden, obliegt der Organisationsentscheidung des BMVg. 18

Zzt. sind drei Fachdienste eingerichtet: **SanDienst, Militärmusikdienst und Geoinformationsdienst der Bw**. Aus § 3 SLV darf nicht geschlossen werden, dass Truppendienst, militärfachlicher Dienst und allg. Fachdienst Fachdienste i.S.d. § 2 seien. 19

Die fachdienstl. Unterstellung besteht unabhängig und neben der truppendienstl. Unterstellung. Soldaten, die eine für fachdienstl. Aufgaben aufgestellte mil. Dienststelle, Einheit oder Teileinheit führen, sind, soweit sie den Fachdienst leiten, neben ihrer Eigenschaft als Fachvorg. unmittelbare Vorg. nach § 1, z.B. der Leiter eines Standortsanitätszentrums.[16] Sie unterliegen nicht den zeitlichen und inhaltlichen Beschränkungen des § 2. 20

3. § 3

Auch § 3 eröffnet eine Befehlsbefugnis (hier im besonderen Aufgabenbereich) nur für **Soldaten**. Die Formulierung „**nach seiner Dienststellung**" stellt klar, dass die Übertragung eines besonderen Aufgabenbereichs für sich allein keine Befehlsbefugnis bewirkt. Die Übertragung eines besonderen Aufgabenbereichs folgt schon aus der Übertragung eines Dienstpostens. 21

---

13 Offen gelassen durch BVerwG ZBR 2005, 256.
14 Der ranghöchste Fachvorg. ist der Insp des SanDienstes der Bw; er ist zugleich höchster unmittelbarer Vorg. aller ihm im zentralen SanDienst der Bw truppendienstl. unterstellten Soldaten. Den mil. SanDienst in den den anderen Insp truppendienstl. unterstellten Organisationsbereichen kann er in seiner Eigenschaft als Fachvorg. durch Befehle regeln.
15 Zum Begriff „Dienst" vgl. *Lingens*, NZWehrr 1982, 82.
16 BVerwG NZWehrr 2004, 169; *Scherer/Alff*, SG, § 1 Rn. 65, verneint ohne Begr. die Fachvorgesetzteneigenschaft.

Nach § 1 Gemeinsame Vorschriften

22 Zur organisatorischen, auf Dauer oder auf ständige Wiederkehr angelegten, Einrichtung/Übertragung eines bestimmten mil. Pflichtenkreises[17] muss die ausdrückliche oder konkludente **Übertragung von Befehlsbefugnissen** hinzutreten. Die Befehlsbefugnis ergibt sich nicht allein aus der Notwendigkeit, zur Erfüllung der übertragenen Aufgaben befehlen zu können. Sie muss übertragen werden und ist nach der ZDv 1/50 Nr. 204 anzuordnen, wenn die Unterstellung nicht nur vorübergehend (i.S.d. § 5) in fachl. Angelegenheiten von der truppendienstl. Unterstellung abweicht. Dabei ist das Unterstellungsverhältnis nach dem Inhalt der Aufgaben zu bezeichnen (einschl. der Bezeichnung des Kreises der Unterstellten).

23 Um eine solche Dienststellung begründen und übertragen zu können, bedarf es hinreichender Organisationskompetenz, die über die Anordnungsbefugnis des § 5 hinausgeht. Anderenfalls könnte jeder Vorg. in seinem Befehlsbereich eine Vielzahl von Vorgesetztenverhältnissen schaffen, obwohl die Regelung des § 5 ausdrücklich nur eine zeitlich („vorübergehend") und inhaltlich („für eine bestimmte Aufgabe") beschränkte Übertragung von Befehlsbefugnissen durch nachgeordnete Vorg. zulässt. Mit Befehlsbefugnis versehene Dienststellungen i.S.d. § 3 sind z.B.: **Kompaniefeldwebel** (ZDv 1/50 Nr. 207)[18], **Feldwebel/Bootsmann vom Wochendienst** (ZDv 1/50 Nr. 225), **Unteroffizier vom Dienst** (ZDv 1/50 Nr. 225)[19], **Feldjäger** (ZDv 75/100 Nr. 201), **Kommandeur im Verteidigungsbezirk** (ZDv 40/1 Nr. 218), **Standortältester** (ZDv 40/1 Nr. 211), **Kasernenkommandant** (ZDv 40/1 Nr. 513), **Wachvorgesetzte** (ZDv 10/6 Nr. 218), d.h. Kasernenkommandant[20] und dessen truppendienstl. Vorg., Offz vom Wachdienst, stellvertretender Offz vom Wachdienst, Wachhabender und stellvertretender Wachhabender, **Truppenstreifen, Vollzugsleiter** und **Vollzugshelfer** (ZDv 14/10 Nr. 108 ff.), **Kommandant** eines gepanzerten Fahrzeuges oder eines Flugzeuges (ZDv 1/50 Nr. 133).

24 Auf Grund des Berliner Erlasses[21] soll der **GenInsp** in seinem Aufgabenbereich ministerielle Anordnungsbefugnis und Befehlsbefugnis nach § 3 gegenüber den Insp haben. Er und die **Insp** sollen ferner Vorg. mit besonderem Aufgabenbereich gegenüber dem mil. Personal ihrer Führungsstäbe sein. Auch wenn diese eine Unterstützungsleistung erbringen, die einer Kommandobehörde vergleichbar ist, handelt es sich doch um unselbständige Teile der einheitlichen obersten Bundesbehörde BMVg, die nicht Teil der SK ist und in der Ministerialdienst geleistet wird. Dienst außerhalb der SK ist de lege lata nicht von § 3 erfasst, da diese Vorschrift nur zum Tragen kommt, soweit fachl. Gründe ein Abweichen vom umfassenden truppendienstl. Unterstellungsverhältnis erfordern. Im Min. besteht kein Raum für ein truppendienstl. Unterstellungsverhältnis, von dem abgewichen werden könnte.[22] Dies schließt nicht aus, dem GenInsp mil. Dienststellen des nachgeordneten Bereichs, die ihm grds. truppendienstl. unterstellt werden könnten, „im besonderen Aufgabenbereich" (der konkret zu bestimmen wäre) zu unterstellen (z.B. das Zentrum für Transformation der Bw).

25 Mit der „Führungsweisung" vom 2.7.2003 hat der BMVg den Befehlshaber des Einsatzführungskommandos der Bw dem GenInsp „für den Einsatz" unterstellt, gleichzeitig dessen truppendienstl. Unterstellung unter den Insp der SKB unberührt gelassen. Nach der ZDv 1/50 Nr. 203 ist die **Unterstellung für den Einsatz** die Vorbereitung und Durch-

---

17 *Erbs/Kohlhaas*, § 3 Rn. 1; *Scherer/Alff*, SG, § 1 Rn. 68.
18 Innerhalb seiner Teileinheit ist der Kompaniefeldwebel unmittelbarer Vorg. nach § 1.
19 Nicht jedoch der ihn unterstützende Gefreite/Matrose v. Dienst (ZDv 1/50 Nr. 225).
20 Kommandeur eines Schiffes u. Kommandeur eines Bootsgeschwaders sind dem Kasernenkommandanten vergleichbare Wachvorg. (ZDv 10/6 Nr. 215).
21 Vgl. die Komm. zu § 90.
22 Vgl. hierzu BVerwG 2 B 15.05. *Lingens*, NZWehr 1984, 114, nimmt an, dass auch die mil. Stabsabteilungsleiter im Min. Vorg. nach § 3 sind.

führung von Einsatzaufgaben; sie ist damit eine besondere Form der Unterstellung nach § 3.

Satz 1 enthält eine **inhaltliche Beschränkung**. Befehlsbefugnis besteht nur, soweit sie „zur Erfüllung seiner Aufgaben notwendig" ist. Für die Frage, ob dies der Fall ist, muss dem Vorg. ein großer **Ermessensspielraum** eingeräumt werden; dieser kann gerichtl. überprüft werden. Es kann jedoch nicht dem Vorg. überlassen werden, selbst über den Umfang seiner Befehlsbefugnis und über seine Vorgesetzteneigenschaft zu urteilen.[23] Wenn eine solche nicht besteht, kann sie kraft eigener Entscheidung nur nach § 6 begründet werden. 26

Satz 1 und 2 enthalten **eine zeitliche Beschränkung**. Nach Satz 1 muss der Vorg. im Dienst[24] sein. Dies gilt nach Satz 2 grds. auch für den Untergebenen. Nur wenn die Dienststellung ausdrücklich oder konkludent Aufgaben gegenüber nicht im Dienst befindlicher Soldaten einschließt (z.b. im Wachdienst), kann diesen befohlen werden. 27

Sofern der Vorg. und seine Dienststellung dem Untergebenen nicht bekannt sind, ist der Vorg. gehalten, sich zu **legitimieren** (insbes. bevor er Maßnahmen zur Durchsetzung seiner Befehle ergreift)[25], da der Untergebene sich sonst auf einen Verbotsirrtum berufen kann und sich erfolgreich gegen die Durchsetzung wehren könnte. 28

4. § 4

Nach § 1 Abs. 3 Satz 2 SG kann die Befehlsbefugnis an den **Dienstgrad** geknüpft werden. § 1 Abs. 3 Satz 2 SG stellt jedoch klar, dass allein auf Grund des (höheren) Dienstgrades keine Befehlsbefugnis übertragen werden darf. Daher knüpft § 4 die Befehlsbefugnis an weitere Voraussetzungen. Ob die weitreichende **Befehlsbefugnis für Uffz** angesichts bei geringer ziviler Qualifikation erfolgenden Einstellung mit diesem Dienstgrad noch dem Willen des Gesetzgebers entspricht und rechtspolitisch vertretbar ist, erscheint fraglich. 29

Die Aufgabenverteilung in Kompanien und vergleichbaren Einheiten sowie innerhalb der Besatzungen von Schiffen und Booten mit überschaubaren Personalumfängen rechtfertigt es, Vorgesetztenverhältnisse an den Dienstgrad zu knüpfen. 30

Abs. 1 Satz 1 nimmt eine Aufteilung in folgende **vier Stufen** vor: 31
a) Offiziere,
b) Unteroffiziere vom Feldwebel an aufwärts (Unteroffiziere mit Portepee)
c) Stabsunteroffiziere und Unteroffiziere
d) Mannschaften.

Innerhalb der jew. Stufe besteht keine Befehlsbefugnis. **Innerhalb der Einheit/Schiffsbesatzung** können die Angehörigen der jew. höheren Stufe **im Dienst** (Vorg. und Untergebener) den Angehörigen der niedrigeren Stufe Befehle erteilen.

Den Besonderheiten des **Dienstes an Bord** trägt Abs. 1 **Satz 2** Rechnung. Er erweitert die Befehlsbefugnis der Besatzungsangehörigen und deren unmittelbarer Vorg. nach § 1 unter Beibehaltung der Stufeneinteilung des Satzes 1 **gegenüber nichtbesatzungsangehörigen Soldaten**.[26] Letztere haben umgekehrt auch als Angehörige einer höheren Stufe keine Befehlsbefugnis gegenüber Besatzungsangehörigen oder deren ebenfalls nicht zur Besatzung gehörenden unmittelbaren Vorgesetzten. Diese Sonderregelung 32

---

23 So jedoch *Scherer/Alff*, SG, § 1 Rn. 67.
24 Zum Begriff „Dienst" vgl. *Lingens*, NZWehr 1982, 82.
25 Zu weitgehend verneint *Scherer/Alff*, SG, § 1, Rn. 71, anderenfalls die Durchsetzbarkeit.
26 Ein Bootsmann kann also z.B. einem OLt des Heeres keine Befehle erteilen; wohl aber ein Lt z.S. einem OStFw, der nicht zur Besatzung gehört.

Nach § 1   Gemeinsame Vorschriften

unterliegt weder im Innenverhältnis der Besatzung noch im Verhältnis zu Nichtbesatzungsangehörigen der zeitlichen Beschränkung auf den Dienst („in und außer Dienst ... auch gegenüber Soldaten, die sich nicht im Dienst befinden oder nicht zu bestimmten Diensten eingeteilt sind").

33 **Abs. 2** erstreckt die Vorschrift des Abs. 1 auf Stäbe und andere mil. Dienststellen. In einem Stab (vgl. ZDv 1/50 Nr. 116) werden die Unterstützungselemente des mil. Führers zur Führung von unterstellten Einheiten, Verbänden, Großverbänden oder sonstigen Dienststellen der SK zusammengefasst. Die Führungsstäbe des Min. sind keine Stäbe i.d.S.

34 Der Kdr oder Leiter der Dienststelle kann die innerhalb des gesamten Stabes oder der gesamten Dienststelle geltende Regelung auf Untergliederungen (z.B. Abteilungen, Dezernate) beschränken.

35 **Abs. 3** schafft **innerhalb umschlossener mil. Anlagen** eine **zeitlich und inhaltlich nicht beschränkte** Befehlsbefugnis (wie bei unmittelbaren Vorg. nach § 1). Dienstgradgruppenhöhere sind im und außer Dienst gegenüber Dienstgradgruppenniedrigeren befehlsbefugt. Soweit die VorgV nicht selbst Dienstgrade bestimmt, ist dies nicht zu beanstanden.

36 Durch Erl.[27] sind **sieben Dienstgradgruppen** bestimmt worden (Generale, Stabsoffiziere, Hauptleute, Leutnante, Unteroffiziere mit Portepee, Unteroffiziere ohne Portepee und Mannschaften). Die Rspr. hat die substantielle Ausgestaltung der Dienstgradgruppen entgegen der Vorgabe des § 1 Abs. 3 Satz 3 SG nur durch Erl. und nicht durch eine RVO bisher nicht gerügt.

37 Eine **mil. Anlage** (dies ist eine Zusammenfassung bodenständiger Objekte zu einem mil. Zweck) ist **umschlossen**, wenn ihre (Außen-)Abgrenzung hinreichend gekennzeichnet ist und Schutzvorkehrungen gegen unbefugtes Eindringen getroffen sind, deren Überwindung Kraft oder Geschicklichkeit erfordert.[28] Im Regelfall wird hierfür ein Zaun und nicht nur eine Beschilderung verlangt. Ausnahmsweise genügt bei einem kleinen Objekt eine „dichte" Absicherung durch Posten, sofern die Begrenzung visuell wahrnehmbar ist (z.B. durch Trassierband).

38 Beispiele für umschlossene mil. Anlagen sind umzäunte oder ummauerte **Kasernen, Fliegerhorste, Truppenübungsplätze und mil. Hafenanlagen**, mangels Bodenständigkeit jedoch nicht Schiffe.[29] Auch entspr. abgesicherte Dienststellen der Bundeswehrverwaltung können umschlossene mil. Anlagen sein. Obwohl selbst keine mil. Dienststelle i.S.d. § 1 dient das **BMVg** auch mil. Zwecken, die eine Absicherung erfordern und das umschlossene Areal des BMVg zur mil. Anlage machen. Die grds. umfassende Befehlsbefugnis des Abs. 3 ist jedoch auf ihren **streitkräftefunktionalen Bezug** (also die Aufrechterhaltung der mil. Ordnung) beschränkt. Eine Einflussnahme auf ministerielle Vorgänge durch die mil. Befehlsgebung ist ausgeschlossen.

5. § 5

39 **Abs. 1 Satz 1** gibt einem Vorg. die Möglichkeit, Soldaten – wenn und soweit sie seiner Befehlsbefugnis unterliegen („**innerhalb seiner Befehlsbefugnis**") – einem anderen Soldaten zu unterstellen. Er kann also eigene Befehlsbefugnis unter gewissen Voraussetzungen delegieren. Der Soldat, dem unterstellt werden soll, muss weder selbst Vorgesetzteneigenschaft besitzen noch dem Unterstellenden unterstehen. Soweit er dem

---

27 ZDv 14/5 B 185.
28 *Scherer/Alff*, SG, § 1 Rn. 81.
29 LG Flensburg NZWehr 1999, 126.

Unterstellenden nicht untersteht, können ihm auf Grund der damit verbundenen Verantwortung gegen seine Willen keine Untergeben „aufgedrängt" werden, es sei denn, dies wird ihm durch seinen Vorg. befohlen.

Die Begründung eines Unterstellungsverhältnisses, das nicht nur im Dienst wirksam sein soll, ist insoweit zulässig, als auch der Unterstellende den zu Unterstellenden außerhalb des Dienstes Befehle erteilen könnte. Die Unterstellung ist nur für eine **bestimmte Aufgabe** (also eine inhaltlich abgegrenzte und zu benennende Aufgabe) zulässig, die von der Befehlsbefugnis des Unterstellenden umfasst sein muss. 40

Die Aufgabe kann durchaus mil. **Kreativität** erfordern. In Frage kommen z.b. die Durchführung eines Erkundungsauftrages, ein Angriff auf ein bestimmtes Objekt, die Durchführung bestimmter Instandsetzungsarbeiten oder eines (Verlege-)Marsches. Unzulässig wäre eine pauschalierte Unterstellung, z.B. „für die Grundausbildung" oder „für den Tagesdienst". 41

Die Regelung des § 5 soll eine **Ausnahme** vom grds. Unterstellungsgefüge der §§ 1 bis 4 ermöglich. Um eine dauerhafte Veränderung/Konstituierung nicht vorgesehener Befehlsbefugnisse auszuschließen, darf die Unterstellung nur **vorübergehend** angeordnet werden. Was „vorübergehend" ist, muss im Einzelfall und bezogen auf die konkrete Aufgabe beurteilt werden. Ausbildungsabschnitte oder Übungen werden i.d.R. für eine Dauer angesetzt, die es rechtfertigt, „für die Dauer der Übung" zu unterstellen. Andererseits es ist auch denkbar, die Dauer zunächst offen zu lassen (z.b. „bis zur Rückkehr des Vorg."), wenn und soweit sichergestellt ist, dass das Unterstellungsverhältnis danach beendet wird. Eine Unterstellung „bis auf Weiteres" wäre unzulässig.[30] 42

Die Stellung eines Soldaten drückt sich äußerlich in seinem **Dienstgrad** aus. Deshalb sollen nach **Abs. 1 Satz 2** dienstgradniedrigere Soldaten nur vorgesetzt werden, wenn **besondere dienstl. Gründe** dies erfordern. Bloße Zweckmäßigkeitsüberlegungen reichen hierfür nicht aus. Die meisten dienstl. Aufgaben lassen sich ohne die Begründung eines Vorgesetztenverhältnisses und ohne Gefährdung des dienstl. Zweckes erfüllen (z.B. durch Anweisung oder Zusammenarbeit). Besondere dienstl. Gründe bestehen, wenn ausnahmsweise Erkenntnisse (z.B. über Disziplinlosigkeiten, mangelnde Dienstauffassung oder Unzuverlässigkeit des Dienstgradhöheren) vorliegen, die eine abw. Regelung der Befehlsbefugnis geboten erscheinen lassen.[31] 43

Voraussetzung für die Wirksamkeit des Unterstellungsaktes ist dessen **dienstl. Bekanntgabe** an die Untergebenen (**Abs. 2**). Eine bestimmte Form der Bekanntgabe ist nicht vorgeschrieben. Der Verordnungsgeber wollte keinen formalistischen Akt statuieren. Die zu Unterstellenden und der Vorg., dem sie unterstellt werden, müssen indes genau bezeichnet werden. Ferner müssen die Aufgabe und die Dauer der Unterstellung bekannt gegeben werden. 44

6. § 6

Mit § 6 hat der Verordnungsgeber den vom Gesetzgeber zugelassenen Spielraum voll ausgeschöpft. Es handelt sich um ein Notvorgesetztenverhältnis für **krit. Lagen**, wenn 45
1. eine Notlage sofortige Hilfe erfordert
2. ein sofortiges Eingreifen zur Aufrechterhaltung der Disziplin oder Sicherheit unerlässlich ist oder

---

30 *Erbs/Kohlhaas*, § 5 VorgV Rn. 3.
31 Das Beispiel des Spitzensportlers mit Trainerlizenz, dem Offz für das Training unterstellt werden (*Erbs/Kohlhaas*, § 5 VorgV Rn. 3), überzeugt daher nicht. Ein ziviler Sportlehrer kann das Training auch ohne Befehlsbefugnis leiten.

3. eine einheitliche Befehlsgebung an Ort und Stelle unabhängig von der gliederungsmäßigen Zusammengehörigkeit der Soldaten zur Behebung einer krit. Lage hergestellt werden muss.

Um sich rechtmäßig zum Vorg. erklären zu können, muss keine der vorgenannten Notlagen auch tatsächlich gegeben sein. Bei der Erklärung muss der Soldat es subjektiv für notwendig erachten, so zu handeln. Objektiv müssen Umstände gegeben sein, die für ihn den Anschein erwecken können, dass eine der geschilderten Notsituationen vorliegt.[32]

46 **Offz** und **Uffz** können sich zum Vorg. erklären, aber nur gegenüber Soldaten, die **höchstens den gleichen Dienstgrad (nicht Dienstgradgruppe) wie sie selbst** haben und **nicht ihre Vorg.** nach §§ 1, 2, 3 oder 5 sind (**Abs. 2**). § 4 hat der Verordnungsgeber bewusst nicht aufgeführt, da in der Situation des § 4 in jedem Fall ein höherer Dienstgrad gegeben sein muss.

47 Sofern ein dienstgradhöherer Offz oder Uffz anwesend ist, der nicht handelt, kann die Erklärung zum Vorg. auch gezielt an dienstgradgleiche und dienstgradniedrigere Soldaten gerichtet werden, unabhängig davon, ob sie **im Dienst oder außer Dienst** sind (gilt auch für den Handelnden). Die Frage, ob die Soldaten im Dienst sind, kann jedoch für die Beurteilung der Notwendigkeit eines Einschreitens von Bedeutung sein.

48 Die Inanspruchnahme der Befehlsbefugnis muss **unzweideutig** zum Ausdruck kommen. Der Gebrauch einer bestimmten Formel ist nicht erforderlich: Es genügt, dass sich die Inanspruchnahme der Befehlsbefugnis aus den Umständen des Falles ergibt.[33] Die typische Lehrformel lautet: „Alles hört auf mein Kommando!"

49 Die Erklärung zum Vorg. bewirkt nach Abs. 3 Satz 1 die Befugnis, den Soldaten, die Adressaten der Erklärung waren, Befehle zu erteilen. Inhaltlich sind solche Befehle zulässig, die der Bereinigung der Notlage dienen. Ist dies geschehen, entfällt die Grundlage für das Vorgesetztenverhältnis.

50 **Fachl. Tätigkeiten** sollen facherfahrenen Offz und Uffz vorbehalten sein. Dies schließt nicht aus, sich zum Vorg. zu erklären und mit der fachlichen Tätigkeit einen sodann unterstellten und hierfür besser geeigneten Soldaten (z.B. einen ausgebildeten Rettungssanitäter) zu beauftragen.

---

32 Vgl. auch *Erbs/Kohlhaas*, § 6 VorgV Rn. 3; *Scherer/Alff*, SG, § 1 Rn. 91.
33 BDHE 7, 182.

§ 2 Dauer des Wehrdienstverhältnisses; Dienstzeitberechnung

(1) Das Wehrdienstverhältnis beginnt
1. bei einem Soldaten, der auf Grund des Wehrpflichtgesetzes zum Wehrdienst einberufen wird, mit dem Zeitpunkt, der nach Maßgabe des Wehrpflichtgesetzes für den Diensteintritt festgesetzt wird,
2. bei einem Soldaten, der nach dem Vierten Abschnitt zur Dienstleistung herangezogen wird, mit dem Zeitpunkt, der im Dienstleistungsbescheid für den Diensteintritt festgesetzt wird,
3. bei einem Berufssoldaten oder Soldaten auf Zeit mit dem Zeitpunkt der Ernennung,
4. in allen übrigen Fällen mit dem Dienstantritt.

Dauer des Wehrdienstverhältnisses; Dienstzeitberechnung § 2

(2) Das Wehrdienstverhältnis endet mit dem Ablauf des Tages, an dem der Soldat aus der Bundeswehr ausscheidet.

(3) ¹Als Dienstzeit im Sinne dieses Gesetzes oder der auf Grund dieses Gesetzes erlassenen Rechtsverordnungen kann zu Gunsten des Soldaten die Zeit vom 1. oder 16. eines Monats an gerechnet werden, wenn wegen eines Wochenendes, gesetzlichen Feiertages oder eines unmittelbar vorhergehenden Werktages ein anderer Tag für den Beginn des Wehrdienstverhältnisses bestimmt worden ist und der Soldat den Dienst an diesem Tag angetreten hat. ² § 44 Abs. 5 Satz 2 bleibt unberührt.

Literatur: Spezielle Veröffentlichungen zu § 2 sind nicht vorhanden.

Übersicht

	Rn.		Rn.
A. Allgemeines	1 – 9	B. Erläuterungen im Einzelnen	10 – 16
1. Entstehung der Vorschrift	1 – 3	1. Absatz 1 Nr. 1	10 – 11
2. Änderungen der Vorschrift	4 – 6	a) „Maßgabe des Wehrpflicht-	
3. Bezüge zum Beamtenrecht bzw. zu sonstigen rechtl. Vorschriften; ergänzende Dienstvorschriften und Erlasse	7 – 9	gesetzes"	10
		b) „Diensteintritt"	11
		2. Absatz 1 Nr. 2	12
		3. Absatz 1 Nr. 3	13
		4. Absatz 1 Nr. 4	14
		5. Absatz 2	15
		6. Absatz 3	16

A. Allgemeines

1. Entstehung der Vorschrift

Die Berechnung der Dauer der Zugehörigkeit eines Mannes/einer Frau zu den SK ist von essentieller rechtl. und praktischer Bedeutung. Daher sah bereits der **REntw.**[1] in § 2 eine diesbezügliche Regelung vor:
„Der Soldat gehört von dem Zeitpunkt an, der für seinen Diensteintritt festgesetzt ist, bis zum Ablauf des Tages, an dem er aus dem Wehrdienst ausscheidet, zu den Streitkräften."
Auch die **Begr.**[2] des REntw. enthält eine bis heute wesentliche Aussage: Für den Beginn des Dienstverhältnisses ist die festgesetzte Zeit des **Diensteintritts** maßgeblich, nicht der tatsächliche Diensteintritt (heute: **Dienstantritt**).
In seiner Stellungnahme[3] zum REntw. schlug der BR vor, § 2 „klarer" wie folgt zu fassen: „Das Wehrdienstverhältnis beginnt mit dem Zeitpunkt, der für den Diensteintritt des Soldaten festgesetzt ist; es endet mit dem Ablauf des Tages, an dem der Soldat aus den Streitkräften ausscheidet." Die BReg[4] stimmte dieser Formulierung zu.

1

In den **Ausschussberatungen** erhielt § 2 eine Bedeutung, die weit über seinen eigentlichen Regelungsgehalt hinausreicht: In der Sitzung des Rechtsausschusses vom 18.11.1955[5] machte der Abg. *Dr. Kihn* (CDU/CSU) darauf aufmerksam, dass an dieser Stelle des SG erstmals das Wort **„Streitkräfte"** erscheine und dass man sich entscheiden müsse, ob man diesen Begriff verwenden wolle oder **„Wehrmacht"** oder **„Bundeswehr"**. Hierüber solle der VertA befinden. Der Ausschuss für Beamtenrecht votierte in seiner

2

---

1 BT-Drs. II/1700, 4.
2 BT-Drs. II/1700, 17.
3 BT-Drs. II/1700, 37.
4 BT-Drs. II/1700, 43.
5 Prot. Nr. 86, 10.

Sitzung vom 28.11.1955[6] dafür, die Bezeichnung den Fraktionen zu überlassen. Der VertA folgte schließlich dem Antrag des Abg. *Dr. Jaeger* (CDU/CSU) vom 31.1.1956[7], in § 2 und allen übrigen einschlägigen Stellen des SG das Wort „Streitkräfte" durch **„Bundeswehr"** zu ersetzen. Man kann daher den Abg. *Dr. Jaeger* durchaus als „Vater der Bundeswehr" bezeichnen.

3   Zu Ende gedacht war diese Terminologie nicht. Der Begriff „Bundeswehr" ist kein Verfassungs-, sondern ein bloßer Organisationsbegriff. Die wehrrechtl. Ergänzungen des GG vom 19.3.1956[8] verwendeten und verwenden z. T. bis heute in Art. 12a, 17a, 65a, 87a, 87b und 143 den Begriff „Streitkräfte". Im Übrigen stand schon damals (mit Art. 87b GG) die Gründung einer „Bundeswehrverwaltung" fest. Auch diese war und ist Teil des OrgBereiches Bw. Die Entscheidung des VertA[9] und des Plenums, dem Vorschlag des Abg. *Dr. Jaeger* zu folgen, bedachten diese Zusammenhänge nicht.[10]

Dementspr. bestimmte die Erstfassung von § 2:

„Das Wehrdienstverhältnis beginnt mit dem Zeitpunkt, der für den Diensteintritt des Soldaten festgesetzt ist; es endet mit dem Ablauf des Tages, an dem der Soldat aus der Bundeswehr ausscheidet."

2. Änderungen der Vorschrift

4   Durch Art. 1 Nr. 3 des G vom **6.12.1990**[11] erhielt § 2 folgende Fassung:

„(1) Das Wehrdienstverhältnis beginnt
1. bei einem Soldaten, der auf Grund der Wehrpflicht zum Wehrdienst einberufen wird, mit dem Zeitpunkt, der im Einberufungsbescheid für den Diensteintritt festgesetzt wird;
2. bei einem Berufssoldaten oder Soldaten auf Zeit mit dem Zeitpunkt der Ernennung;
3. in allen übrigen Fällen mit dem Dienstantritt.
(2) Das Wehrdienstverhältnis endet mit dem Ablauf des Tages, an dem der Soldat aus der Bundeswehr ausscheidet."

Mit der Neufassung sollte den unterschiedlichen Regelungen für Beginn und Ende des Wehrdienstverhältnisses der einzelnen Statusgruppen differenzierter Rechnung getragen werden.[12] Gleichzeitig wurde der **„Dienstantritt"** als Gesetzesbegriff eingeführt.

5   Art. 1 Nr. 9 des **SGÄndG** änderte die Überschrift von § 2, ersetzte in Abs. 1 Nr. 1 die Wörter „im Einberufungsbescheid" durch die Wörter „nach Maßgabe des Wehrpflichtgesetzes" und fügte Abs. 3 an. Die Änd. in Abs. 1 Nr. 1 und der neue Abs. 3 sollten der Klarstellung dienen.[13]

6   Art. 2 Nr. 3 des **SkResNOG** ersetzte in Abs. 1 Nr. 1 die Wörter „der Wehrpflicht" durch die Wörter „des Wehrpflichtgesetzes" und fügte die neue Nr. 2 ein. Die Änd. der Nr. 1 dient der Klarstellung, dass FWDL unter diese Regelung fallen.[14] In der Nr. 2 ist wegen des einheitlichen Sprachgebrauchs des Gesetzes das Wort „Dienstleistungsbescheid" durch „Heranziehungsbescheid" zu ersetzen.

---

6 Prot. Nr. 37, 4.
7 Drs. VertA Nr. 67/56. Im Plenum des BT (Sten. Ber. 5790) votierte auch der Abg. *Feller* (GB/BHE) für die Bezeichnung „Bundeswehr". Wer sich „wehre", habe allemal noch mehr Recht auf seine Seite als der, der „streite".
8 BGBl. I S. 111.
9 BT-Drs. II/2140, 3-4, 29.
10 Hierauf wies bereits *Rittau*, SG, 71, hin. Vgl. zum heutigen Diskussionsstand *Jan-Peter Fiebig*, Der Einsatz der Bundeswehr im Innern, 2004, 65.
11 BGBl. I S. 2588.
12 BT-Drs. 11/6906, 14.
13 BT-Drs. 14/4062, 18.
14 BT-Drs. 15/4485, 36.

3. Bezüge zum Beamtenrecht bzw. zu sonstigen rechtl. Vorschriften; ergänzende Dienstvorschriften und Erlasse

§ 2 Abs. 1 Nr. 1, 2 und 4 finden **keine Entsprechung** im Beamtenrecht. Dies liegt in der Natur der Sache, da es Zwangszugehörigkeiten zum Beamtenstatus nicht gibt. Auch § 2 Abs. 1 Nr. 3 ist nur bedingt mit beamtenrechtl. Regelungen vergleichbar. Aus § 5 Abs. 2 und 4 BRRG, § 6 BBG kann indes gefolgert werden, dass ein Beamtenverhältnis mit dem Tag begründet wird, an dem die **Ernennungsurkunde ausgehändigt** wird. Rückwirkende Ernennungen sind unzulässig (vgl. § 5 Abs. 4 BRRG). Die Beendigung des Beamtenverhältnisses ist in § 6 Abs. 3 und 4 BBG geregelt. 7

Mit dem Tag der Ernennung entsteht für Beamte, Richter und Soldaten der Anspruch auf **Besoldung** (§ 3 Abs. 1 Satz 1 BBesG).

Für **ZDL** bestimmt § 25 ZDG, dass das Zivildienstverhältnis mit dem Zeitpunkt beginnt, der im Einberufungsbescheid für den Diensteintritt oder im Umwandlungsbescheid für die Umwandlung festgesetzt ist. Auch hier gilt, dass es unerheblich ist, ob der Zivildienstpflichtige diesen Termin einhält.[15] 8

In der **ZDv 14/5** finden sich mehrere Erl. des BMVg, die zur weiteren Anwendung von § 2 heranzuziehen sind: 9
- Nr. 4 des Erl. **B 127** regelt die Festsetzung der Dienstzeit von SaZ.
- Weitere Einzelheiten findet man in dem Erl. **B 127a** (Berechnung der Dienstzeit von SaZ).
- Der Erl. **B 160** enthält die Best. über die Entlassung von Soldaten, die auf Grund der Wehrpflicht Wehrdienst leisten.

Die **AVV zum SVG**[16] haben bereits vor Jahren im Vorgriff auf die erst in 2000 erfolgte Änd. von § 2 (Einfügung von Abs. 3) die Wehrdienstzeit von BS und SaZ so berechnet, als ob der Soldat seinen Dienst am 1. bzw. am 16. des Monats angetreten hätte.

B. Erläuterungen im Einzelnen

1. Absatz 1 Nr. 1

a) „Maßgabe des Wehrpflichtgesetzes"

§ 21 Abs. 1 Satz 2 WPflG[17] bestimmt, dass Ort und Zeit des Diensteintritts durch **Einberufungsbescheid** bekannt gegeben werden. 10

Der Einberufungsbescheid ist ein belastender VA mit „Doppelwirkung".[18] Er ist einerseits **gestaltender VA**, soweit er unabhängig von der Mitwirkung des WPfl, nur auf Grund von § 2 Abs. 1 Nr. 1, das Wehrdienstverhältnis begründet, auch wenn der Dienst nicht angetreten wird. Andererseits ist er **befehlender VA**, soweit er durch die Bekanntgabe von Ort und Zeit des Diensteintritts das Gebot an den WPfl konkretisiert, sich an einem bestimmten Ort zu einem bestimmten Zeitpunkt einzufinden.[19] Befehlende und gestaltende Wirkung des Einberufungsbescheides können zu **verschiedenen Zeitpunkten** eintreten, wenn der WPfl beurlaubt oder der Vollzug des Einberufungsbescheides ausgesetzt[20] worden ist. In diesen Fällen sind Ort und Zeit des Dienstantritts neu fest-

---
15 *Brecht*, ZDG, 138.
16 V. 10.5.1973, VMBl. S. 207, geä. durch Erl. BMV g– S II 1 – Az 20-05-01 v. 11.8.1986.
17 Gleiches gilt für ZDL gem. § 19 Abs. 5 Satz 1 ZDG.
18 Die „Doppelwirkung" ist hier im übertragenen Sinne zu verstehen u. nicht förmlich i.S.v. § 80a VwGO.
19 BVerwGE 31, 324 = NJW 1969, 1822; BVerwG *Buchholz* 448.0 § 44 WPflG Nr. 5; BVerwGE 60, 106 = NZWehrr 1981, 67.
20 BVerwG *Buchholz* 448.5 § 15 MustV Nr. 7; *Buchholz* 448.0 § 21 WPflG Nr. 32.

zusetzen, es sei denn, diese Angaben hätten sich nicht geändert.[21] Die **Dienstantrittsanordnung** ist ebenfalls ein VA; ein wiederholender Einberufungsbescheid ist nicht erforderlich.[22]

Der Einberufungsbescheid muss **schriftl.** ergehen; eine fernmündliche Mitteilung genügt nicht.[23] Ein telefonischer Befehl eines Einheitsführers an einen Res, sich sofort bei seinem Übungstruppenteil einzufinden[24], ist rechtl. unbeachtlich, solange dem kein Einberufungsbescheid vorausgegangen ist. Der Einberufungsbescheid muss wirksam **zugestellt** sein (§ 44 Abs. 1 Satz 1 und 2 WPflG i.V.m. § 2 Abs. 1 VwZG).[25]

Erst wenn sämtliche dieser Voraussetzungen vorliegen, und der Einberufungsbescheid auch nicht aus anderen Gründen nichtig, d.h. unwirksam ist (§ 43 Abs. 3 VwVfG), treten die Rechtswirkungen von § 2 Abs. 1 Nr. 1 ein. Liegen die Voraussetzungen des § 44 VwVfG für die Nichtigkeit des Einberufungsbescheides nicht vor, ist der VA lediglich rechtswidrig. In diesem Fall ist ihm Folge zu leisten.[26]

Unter **„Zeitpunkt"** (des Diensteintritts) sind Tag, Monat, Jahr und Uhrzeit zu verstehen. Nur dann, wenn versehentlich keine Uhrzeit angegeben worden ist, lässt es sich vertreten, den fiktiven Beginn des Wehrdienstverhältnisses auf den festgelegten Tag um 24.00 Uhr (nicht 00.00 Uhr!) zu bestimmen. I.d.R. wird durch den Einberufungsbescheid für den Diensteintritt eine bestimmte **Zeitspanne** (bis spätestens ... Uhr) verfügt.[27] Damit wird noch den Erfordernissen des Begriffes „Zeitpunkt"[28] und der Bestimmtheit eines VA Rechnung getragen. Sofern in Einberufungsbescheiden noch vom „Dienstantritt" die Rede ist, ist dieser Begriff durch „Diensteintritt" zu ersetzen. Erscheint der WPfl vorher bei seinem Truppenteil, wird er im Zeitpunkt seiner persönlichen Meldung Soldat, andernfalls mit dem Ende dieser Zeitspanne.[29] Übernachtet der WPfl vor dem für ihn angeordneten Zeitpunkt seines Diensteintritts in der Kaserne, ohne sich förmlich bei seiner Einheit zu melden, wird er noch nicht Soldat.[30]

Der Einberufungsbescheid kann **nur für die Zukunft** wirken. Ein auf ein zurückliegendes Datum datierter Einberufungsbescheid ist selbst dann unwirksam[31], wenn der WPfl zugestimmt hat. Auch wenn das WPflG insoweit keine explizite Regelung enthält, folgt dies aus dem Rechtsgedanken der § 5 Abs. 4 BRRG, § 41 Abs. 2 SG, wonach statusbegründende VA nicht auf einen zurückliegenden Zeitpunkt erlassen werden dürfen.

---

21 BVerwGE 60, 106 = NZWehr 1981, 67.
22 BVerwGE 32, 243 (dort fälschlicherweise als „Diensteintrittsanordnung" bezeichnet); BVerwG Buchholz 448.0 § 44 WPflG Nr. 5; *Boehm-Tettelbach*, WPflG, § 21 Rn. 8c; *Steinlechner/Walz*, WPflG, § 21 Rn. 22.
23 BVerwGE 45, 189 = DÖV 1969, 756; BVerwG NZWehr 1984, 211.
24 Hiervon wurde etwa während des Elbe-Hochwassers im Jahre 2002 wiederholt Gebrauch gemacht.
25 BVerwG NZWehr 1984, 211.
26 Vgl. BayObLG NZWehr 1984, 78 (80); OLG Stuttgart NZWehr 1993, 39.
27 *Boehm-Tettelbach*, WPflG, § 4 Rn. 4c; *Scherer/Alff*, SG, § 2 Rn. 2; *Steinlechner/Walz*, WPflG, § 21 Rn. 20.
28 Gem. § 21 Abs. 1 Satz 2 WPflG u. § 72 Abs. 1 Satz 2 SG sind „Ort und Zeit" bekannt zu geben. „Zeitpunkt" i.S.v. § 2 Abs. 1 SG meint das Gleiche.
29 *Scherer/Alff*, SG, § 2 Rn. 2. Die plastische Formulierung von *Scherer*, Prot. Rechtsausschuss des BT v. 12.12.1955, 23, der WPfl werde Soldat, sobald er das Kasernentor durchschritten habe, ist mit der heutigen Rechtslage nicht mehr zu vereinbaren.
30 BVerwG NZWehr 1995, 79.
31 BayObLG NJW 1968, 513.

b) „Diensteintritt"

Mit dem Zeitpunkt des Diensteintritts erhält der WPfl[32] von Gesetzes wegen (§ 2 Abs. 1 Nr. 1) den **Status eines Soldaten**. Er unterliegt fortan sämtlichen Verpflichtungen nach dem SG, auch wenn er den Dienst nicht angetreten hat (**gesetzl. Fiktion**). Gleichzeitig ist für diesen Soldaten das WStG anwendbar; auch dieses stellt auf den Zeitpunkt des Diensteintritts ab. Ab diesem Zeitpunkt kann sich der Soldat gem. §§ 15, 16 WStG **strafbar** machen.[33] Der Anspruch des Soldaten auf **Geld- und Sachbezüge** nach dem WSG entsteht im Regelfall mit dem für den Diensteintritt festgesetzten Tag (§ 1 Abs. 3 WSG). Das Gleiche gilt für **Leistungen nach dem USG** (§ 18 Abs. 1 USG i.V.m. Nr. 18.1 a) der Durchführungshinw. des BMVg zum USG.[34] Mit dem Datum des Diensteintritts besteht kein Anspruch mehr auf **Kindergeld**.

11

Mit letzter Konsequenz hat der Gesetzgeber den Begriff „Diensteintritt" nicht verwendet:

Gem. § 2 Abs. 1 Satz 1 SVG ist Wehrdienstzeit nach diesem Gesetz die Zeit vom Tag des **„tatsächlichen Diensteintritts"** in die Bw an. Gemeint ist hier offensichtlich der Tag der Dienstaufnahme, also des „Dienstantritts", so wie dieser Begriff in § 2 Abs. 1 Nr. 4 gebraucht wird. § 19 Abs. 1 SBG verpflichtet den DiszVorg., alle Soldaten nach „Diensteintritt" über die Rechte und Pflichten der **VP** zu unterrichten. Auch insoweit ist vom Dienstantritt[35] auszugehen, da abwesende Soldaten logischerweise nicht unterrichtet werden können.

2. Absatz 1 Nr. 2

Mit der durch das SkResNOG erfolgten Einfügung dieser Nr. soll eine rechtl. **Gleichstellung** der wpfl Soldaten und der zu weiteren Dienstleistungen verpflichteten früheren Soldatinnen und Soldaten erzielt werden. Die für beide Personengruppen durchzuführende gemeinsame Ausbildung beginne mit dem Diensteintritt und nicht erst mit dem Dienstantritt.[36] Dies bedeutet, dass versäumte Teile der Ausbildung nachzuholen sind.

12

3. Absatz 1 Nr. 3

Das Wehrdienstverhältnis von (künftigen) **BS** und **SaZ** beginnt mit dem Zeitpunkt von deren **Ernennung**. Die Ernennung von BS und SaZ wird durch § 4 Abs. 1 Nr. 1 als „Berufung" bezeichnet. Hierfür sehen die §§ 37 ff. weitere Best. vor. Gem. § 41 Abs. 2 wird die Begründung (und Umwandlung) des Dienstverhältnisses mit dem Tag der **Aushändigung der Ernennungsurkunde** wirksam, sofern nicht in dieser ausdrücklich ein späterer Tag festgelegt ist. Eine rückwirkende Ernennung ist unwirksam. Wird bei der Berufung in das Dienstverhältnis eines SaZ ein späterer Tag als der Tag der Aushändigung der Ernennungsurkunde bestimmt, hat der Soldat seinen Dienst an diesem Tag anzutreten (§ 41 Abs. 3 Satz 1). Tritt der künftige Soldat seinen Dienst vor seiner Ernennung an, befindet er sich nicht etwa in einem **faktischen Wehrdienstverhältnis**.[37] Er ist vielmehr Nicht-Soldat. Wegen weiterer Einzelheiten vgl. die Komm. zu §§ 1, 4, 41.

13

---

32 Gem. § 2 Abs. 1 Nr. 1 beginnt das Wehrdienstverhältnis bei einem „Soldaten" mit dem Diensteintritt. Korrekterweise hätte der Gesetzgeber an Stelle des Wortes „Soldaten" das Wort „Wehrpflichtigen" verwenden müssen. Vor dem Beginn des Dienstverhältnisses ist der WPfl noch nicht Soldat.
33 *Lingens*, WStG, § 1 Rn. 2, 3; § 15 Rn. 9; § 16 Rn. 4.
34 VMBl. 1998 S. 302.
35 So zutr. § 15 Abs. 1 ZDVG.
36 BT-Drs. 15/4485, 36.
37 So jedoch *Scherer/Alff*, SG, § 2 Rn. 4.

§ 2 Gemeinsame Vorschriften

4. Absatz 1 Nr. 4

14 „**Dienstantritt**" meint im Unterschied zu „Diensteintritt" die tatsächliche **persönliche Meldung** und die Aufnahme der Dienstgeschäfte.

Unter die Nr. 4 fallen
- **Eignungsübende**: Diese haben gem. § 87 Abs. 1 Satz 5 „für die Dauer der Eignungsübung" die Rechtsstellung eines SaZ. Ihr Wehrdienstverhältnis beginnt mit ihrem Dienstantritt[38], frühestens mit dem im Einberufungsbescheid genannten Tag.[39] Tritt der Einberufene seinen Dienst nicht an, wird im Gegensatz zu WPfl kein (fiktives) Wehrdienstverhältnis begründet.
- Personen, die zu **DVag** i.S.v. § 81 Abs. 1 zugezogen werden. Diese sind nur während dieser Veranstaltung Soldat (§ 81 Abs. 2 Satz 2), d.h. ihr Wehrdienstverhältnis beginnt mit ihrem Dienstantritt, unbeschadet des in der Einladung genannten Zeitpunktes.[40]

Unterliegt ein **früherer BS der Wehrpflicht**, und wird er nach Maßgabe des WPflG einberufen (z.B. im V-Fall), gilt für ihn § 2 Abs. 1 Nr. 1. Dies folgt aus § 80.

5. Absatz 2

15 Das Wehrdienstverhältnis **endet** mit dem Ablauf des Tages, an dem der Soldat aus den SK[41] ausscheidet. „Ablauf des Tages" bedeutet **24 Uhr**[42], auch wenn der Soldat zu diesem Zeitpunkt die mil. Liegenschaft bereits verlassen hat.

Im Einzelnen ist das Ausscheiden aus dem Dienstverhältnis in folgenden Best. geregelt:
– Soldaten, die auf Grund der WPfl Wehrdienst leisten: §§ 28 ff. WPflG
– SaZ: §§ 54 ff.
– BS: §§ 43 ff.
– Eignungsübende: § 87 Abs. 1 Satz 2 bis 4; § 87 Abs. 2[43]; § 88
– Personen, die Dienstleistungen nach dem IV. Abschnitt des SG erbringen: §§ 74 ff.
– BS/SaZ bei Ernennung zum Beamten: § 125 Abs. 1 Satz 2 BRRG
– Teilnehmer an DVag: § 81 Abs. 2 Satz 2. Die Eigenschaft als Soldat endet spätestens am Schluss der Veranstaltung.[44]

Ausnahmen von § 2 Abs. 2 finden sich z.B. in § 29a und § 29b WPflG sowie in § 56 Abs. 2 Satz 3 WDO.

6. Absatz 3

16 Die im Jahre 2000 eingeführte Regelung, die nur auf Soldaten Anwendung findet, wirkt sich insbes. bei der Berechnung der Dauer des GWD sowie bei der Festsetzung der Dienstzeiten von SaZ und Beförderungsdienstzeiten aus.

Zu Abs. 3 Satz 2 vgl. die Komm. zu § 44.

---

38 *Rittau*, SG, 70; *Scherer/Alff*, SG, § 2 Rn. 5; *Stauf* I, § 2 SG Rn. 5.
39 ZDv 14/5 B 141 Nr. 5 Abs. 1.
40 GKÖD I Yk, § 2 Rn. 3; *Scherer/Alff*, SG, § 2 Rn. 5; *Stauf* I, § 2 SG Rn. 5.
41 Die Bezeichnung „Bundeswehr" in § 2 Abs. 2 ist, wie o. dargestellt, entstehungsgeschichtlich zu erklären. Richtigerweise muss es „Streitkräfte" heißen, da ein Soldat nur aus diesen, nicht aber aus der Bundeswehrverwaltung, ausscheiden kann. Noch korrekter müsste es heißen: „aus dem Bundesdienst", da der Soldat Angehöriger des Bundes ist u. nicht (nur) einer Suborganisation des Bundes.
42 GKÖD I Yk, § 2 Rn. 5; *Scherer/Alff*, SG, § 2 Rn. 4.
43 Zu Einzelheiten vgl. Erl. des BMVg– PSZ I 1 (21) – Az 16-15-00/1, Nr. 4 v. 27.11.2002.
44 *Stauf* I, § 2 SG Rn. 7.

§ 3 Ernennungs- und Verwendungsgrundsätze

(1) Der Soldat ist nach Eignung, Befähigung und Leistung ohne Rücksicht auf Geschlecht, Abstammung, Rasse, Glauben, religiöse oder politische Anschauungen, Heimat oder Herkunft zu ernennen und zu verwenden.

(2) Von einem Soldaten, der sich ohne grobes Verschulden
1. eine Wehrdienstbeschädigung durch eine Wehrdienstverrichtung oder durch einen Unfall während der Ausübung des Wehrdienstes im Sinne des § 81 Abs. 1 des Soldatenversorgungsgesetzes,
2. eine Wehrdienstbeschädigung im Sinne des § 81 Abs. 2 Nr. 1 oder 3 des Soldatenversorgungsgesetzes oder
3. eine gesundheitliche Schädigung durch einen Einsatzunfall im Sinne des § 63c Abs. 2 des Soldatenversorgungsgesetzes

zugezogen hat, deren Folge Zweifel an seiner Dienstfähigkeit begründet, kann bei der Feststellung der Dienstfähigkeit sowie bei späteren Ernennungs- und Verwendungsentscheidungen ein geringeres Maß an körperlicher Eignung verlangt werden.

§ 81 SVG

(1) Wehrdienstbeschädigung ist eine gesundheitliche Schädigung, die durch eine Wehrdienstverrichtung, durch einen während der Ausübung des Wehrdienstes erlittenen Unfall oder durch die dem Wehrdienst eigentümlichen Verhältnisse herbeigeführt worden ist.

(2) Eine Wehrdienstbeschädigung ist auch eine gesundheitliche Schädigung, die herbeigeführt worden ist durch
1. einen Angriff auf den Soldaten
    a) wegen seines pflichtgemäßen dienstlichen Verhaltens,
    b) wegen seiner Zugehörigkeit zur Bundeswehr oder
    c) bei Kriegshandlungen, Aufruhr oder Unruhen, denen er am Ort seines dienstlich angeordneten Aufenthalts im Ausland besonders ausgesetzt war,
2. ...
3. gesundheitsschädigende Verhältnisse, denen der Soldat am Ort seines dienstlich angeordneten Aufenthalts im Ausland besonders ausgesetzt war.

(3) bis (7) ...

§ 63c SVG

(1) ...

(2) Erleidet ein Soldat während einer Verwendung im Sinne von Absatz 1* in Ausübung oder infolge eines militärischen Dienstes eine gesundheitliche Schädigung auf Grund eines Unfalls oder einer Erkrankung im Sinne von § 27**, liegt ein Einsatzunfall vor. Satz 1 gilt auch, wenn eine Erkrankung oder ihre Folgen oder ein Unfall auf gesundheitsschädigende oder sonst vom Inland wesentlich abweichende Verhältnisse bei einer Verwendung im Sinne des Absatzes 1 zurückzuführen sind oder wenn eine gesundheitliche Schädigung bei dienstlicher Verwendung im Ausland auf einen Unfall oder eine Erkrankung im Zusammenhang mit einer Verschleppung oder einer Gefangenschaft zurückzuführen ist oder darauf beruht, dass der Soldat aus sonstigen mit dem Dienst zusammenhängenden Gründen dem Einflussbereich des Dienstherrn entzogen ist.

(3) bis (6) ...

---

* Gemeint sind eine besondere Auslandsverwendung und eine sonstige Verwendung im Ausland oder außerhalb des deutschen Hoheitsgebietes auf Schiffen oder in Luftfahrzeugen mit vergleichbar gesteigerter Gefährdungslage.
** Gemeint sind der Dienstunfall gem. § 27 Abs. 2 Satz 1 SVG und eine Erkrankung, an der ein Soldat erkrankt, der nach der Art seiner dienstl. Verrichtung der Gefahr der Erkrankung an bestimmten Krankheiten besonders ausgesetzt ist, § 27 Abs. 4 Satz 1 und 2 SVG.

§ 3 Gemeinsame Vorschriften

Literatur: *Bornemann, Roland:* Zur Rechtsnatur der Entziehung der Bundeswehrfahrerlaubnis, NZWehrr 1984, 32; *Dautzenberg, Volker:* Differenzierungsmöglichkeiten bei Auswahlentscheidungen, NZWehrr 1999, 221; *Demandt, Ecke:* Zur rechtlichen und systematischen Zuordnung der Versetzung von Soldaten, NZWehrr 1983, 1; *ders.:* Zur Versetzung von Soldaten, die Mitglieder eines Personalrates, Vertrauensmann oder kommunale Mandatsträger sind, NZWehrr 1984, 105; *Eichen, Klaus:* Das Gesetz zur Durchsetzung der Gleichstellung von Soldatinnen und Soldaten der Bundeswehr, UBwV 2005, 6; *Gertz, Bernhard:* Gestaltung von Auswahlverfahren für Soldaten unter besonderer Berücksichtigung des Verfassungsauftrages aus Art. 87a GG, NZWehrr 1987, 203; *Heller, Robert:* Die Berücksichtigung des allgemeinen Dienst- oder Lebensalters bei der Beförderung von Beamten und Soldaten, NZWehrr 1991, 133; *Peterson, Volker P.:* Zur Rechtsnatur der Entziehung der Bundeswehrfahrerlaubnis, NZWehrr 1983, 98; *Sass, Wolfgang:* Zur Problematik der „Körperlichen Eignung" nach § 37 Abs. 1 Satz 3 bei Dienstzeitverlängerungen, NZWehrr 1984, 89; *Schmidt-Bremme, Götz:* Der Versetzungsschutz durch das kommunalpolitische Mandat, NZWehrr 1989, 68; *ders.:* § 7 Soldatengesetz und Erklärung der Versetzbarkeit: Ermächtigungsgrundlagen für eine militärische Versetzung?, NZWehrr 1991, 242; *ders.:* Konsequenzen einer fehlenden Versetzungsermächtigung, NZWehrr 1992, 249; *ders.:* Die Wehrverfassung als hinreichende Versetzungsermächtigung für Soldaten, NVwZ 1996, 455; *Schnellenbach, Helmut:* Richtwertvorgaben bei dienstlichen Beurteilungen, DÖD 1999, 1; *Steege, Friedrich-W.:* Eignung – Befähigung – Leistung, NZWehrr 1978, 41; *Walz, Dieter:* Die Vorgesetzteneigenschaft der zentralen personalbearbeitenden Dienststellen, Truppenpraxis 1977, 573.

Übersicht

	Rn.		Rn.
A. Allgemeines	1 – 8	b) Im Rahmen des Leistungsgrundsatzes unbeachtliche Kriterien	33 – 45
1. Zweck der Vorschrift	1 – 2	c) Dienstl. Beurteilungen	46 – 50
2. Entstehung und Änderungen der Vorschrift	3 – 6	d) Bestenauslese bei Ernennungen und Verwendungen	51 – 85
3. Bezüge zum Beamtenrecht bzw. zu sonstigen rechtl. Vorschriften; ergänzende Dienstvorschriften	7 – 8	aa) Ernennung und Verwendung	51 – 58
B. Erläuterungen im Einzelnen	9 – 92	bb) Versetzung, Kommandierung, Dienstpostenwechsel	59 – 69
1. Absatz 1	9 – 85	cc) Bestenauslese	70 – 83
a) Eignung, Befähigung, Leistung	9 – 32	dd) Vom Dienst freigestellte oder entlastete Soldaten	84 – 85
		2. Absatz 2	86 – 92

A. Allgemeines

1. Zweck der Vorschrift

1 **Abs. 1** nennt in Konkretisierung des Art. 3 Abs. 2 und Abs. 3 Satz 1 GG und des Art. 33 Abs. 2 und 3 GG für Soldaten die Kriterien, die bei Ernennungen und Verwendungen berücksichtigt werden müssen oder die unbeachtlich bleiben müssen. Grds. sind die **am allg. Gleichheitssatz ausgerichteten Merkmale** in Abs. 1 bereits kraft Verfassungsrechts zu beachten. Insoweit kann Abs. 1 als eine vom Gesetzgeber bewusst vorgenommene Bekräftigung der verfassungsrechtl. Vorgaben für den rechts- und machtpolitisch bedeutsamen Bereich der mil. Personalauswahl und -führung angesehen werden.

2 **Abs. 2** schafft für Soldaten, die unter bestimmten Umständen im Einsatz verletzt worden sind, die Voraussetzungen, trotz einer Minderung der körperlichen Eignung weiterhin in den SK Dienst leisten zu können.

2. Entstehung und Änderungen der Vorschrift

Abs. 1 beruht auf § 3 des REntw., der weitgehend mit der heutigen Fassung übereinstimmte. Nach der Begr. zu § 3[1] sollte die Vorschrift die Ernennungs- und Verwendungsgrds. entspr. Art. 3 Abs. 3 GG i.V.m. § 8 Abs. 1 Satz 2 BBG bestimmen.[2] Ferner wurde darauf hingewiesen, dass damit – wie sich „aus § 4 Abs. 1 Nr. 2"[3] ergebe – zugleich Grds. für die Beförderung ausgesprochen würden. Bei den Merkmalen, die nicht bei einer Ernennung oder Verwendung berücksichtigt werden sollten, wurde auf das **Geschlecht** verzichtet, da „sich die Wehrpflicht nur auf Männer beziehe".[4]   3

In § 3 des REntw. war – wie heute in § 8 Abs. 1 Satz 2 BBG – zunächst formuliert, dass ohne Rücksicht „auf Beziehungen" zu ernennen und zu verwenden sei. Auf Kritik an dieser Wortwahl hatte die BReg darauf hingewiesen, dieser Wortlaut stehe bereits in § 8 Abs. 1 BBG.[5] Dennoch wurde in den parlamentarischen Beratungen auf diese Formulierung verzichtet.[6] Die Erstfassung des SG bestand nur aus dem heutigen Abs. 1.   4

Abs. 1 ist nur einmal geä. worden. Durch Art. 1 Nr. 2 des G vom **6.8.1975**[7], mit dem sich die SK für **weibliche Soldaten**[8] öffneten, wurde als bei Ernennungen und Verwendungen nicht zu berücksichtigendes Merkmal das **Geschlecht** aufgenommen. Zu einer in der 15. WP des BT durch den **Entwurf eines Gesetzes zur Umsetzung europäischer Antidiskriminierungsrichtlinien**[9], Art. 3 Abs. 12, beabsichtigten Ergänzung des § 3 Abs. 1 um die Berücksichtigungsverbote **sexuelle Identität**, **Weltanschauung** und **ethnische Herkunft** ist es nicht mehr gekommen.   5

Abs. 2 wurde durch Art. 2 Nr. 2 des BwNeuAusrG mit Wirkung vom 1.1.2002 angefügt. Abs. 2 Nr. 3 wurde durch das G vom 21.12.2004[10] wegen Änd. im SVG neu gefasst.   6

3. Bezüge zum Beamtenrecht bzw. zu sonstigen rechtl. Vorschriften; ergänzende Dienstvorschriften

Als Kriterien für die **Auslese** von **Beamtenbewerbern** schreibt § 8 Abs. 1 BBG (eine entspr. Best. enthält § 7 BRRG) Eignung, Befähigung und fachliche Leistung ohne   7

---

1 BT-Drs. II/1700, 17.
2 Dass, anders als § 8 Abs. 1 BBG, § 3 nach seinem Wortlaut nicht auf Bewerber Anwendung findet, ist bei den parlamentarischen Beratungen nicht zur Sprache gekommen.
3 Heute § 4 Abs. 1 Satz 1 Nr. 3.
4 Abg. *Dr. Kihn* (CDU/CSU) am 18.11.1955 im Rechtsausschuss, vgl. Prot. Nr. 86, 10.
5 Ebd. Pikanterweise hatte der Vorsitzende des Rechtsausschusses (Abg. *Hoogen* [CDU/CSU]), der die Wortwahl zunächst bemängelt hatte, die Streichung des Hinw. auf „Beziehungen" abgelehnt, weil Kommentatoren aus der Streichung folgern könnten, bei der Ernennung u. Verwendung der Soldaten dürften Beziehungen eine Rolle spielen. Warum der Hinweis später im VertA gestrichen wurde, ist den Motiven nicht zu entnehmen. Auch ohne den ausdrückliche Verbot der Berücksichtigung von Beziehungen in Abs. 1 wäre eine hierdurch motivierte Ernennung o. Verwendung jedoch unzulässig. Dies ergibt sich unmittelbar aus Art. 33 Abs. 2 GG. Die Befürchtung des Abg. *Hoogen* in Bezug auf Kommentatoren war unberechtigt. Gelegentlich entsteht aber der Eindruck, dass sie sich bei Personen und Dienststellen, die für mil. Personal verantwortlich sind, bestätigt.
6 Nach GKÖD I K, § 8 Rn. 89, sind die „Beziehungen" als verpöntes Auswahlkriterium ein Auffangtatbestand, um jede sachfremde Einflussnahme auszuschließen, die auf persönlichen Bindungen beruht. Die Auswahl kann rein leistungsbezogen zu treffen. Persönliche, bes. gesellschaftliche Kontakte, wie die Zugehörigkeit zu Vereinen (Parteien) o. sonstige Beziehungen, sollten die Auswahl nicht beeinflussen (bei Parteizugehörigkeit hilft i.d.R. bereits das verpönte Merkmal der politischen Anschauungen). Dass dies auch im mil. Bereich gilt, bedarf keiner Begr.
7 BGBl. I S. 2113.
8 Zunächst nur als SanOffz.
9 Vgl. BT-Drs. 15/4538, 15/5717 u. 15/5915 (der Entw. ist im Vermittlungsausschuss gescheitert).
10 BGBl. I S. 3592.

Eichen

Rücksicht auf Geschlecht, Abstammung, Rasse, Glauben, religiöse oder politische Anschauungen, Herkunft oder Beziehungen vor. § 23 **BBG** macht auch **Beförderungen** von der Beachtung dieser Grds. abhängig.

8   Die verfassungsrechtl. und durch das SG (in Abs. 1) vorgegebenen Kriterien für Ernennungen und Verwendungen werden auf Verordnungsebene durch die **SLV** konkretisiert. Diese legt die (insbes. alters- und bildungsmäßigen sowie zeitlichen) Voraussetzungen für die Einstellung in soldatische Laufbahnen und Laufbahngruppen und den weiteren Aufstieg fest. Das BMVg hat in zahlreichen Erl. und VV[11] die Handhabung der einschlägigen rechtl. Best. erläutert und vorgegeben, um eine einheitliche Anwendung in den SK sicherzustellen. Besonders zu nennen sind die

- **ZDv 20/6** Best. über die Beurteilung der Soldaten der Bw, welche die Beurteilung als wichtigstes Hilfsmittel zur Bewertung von Eignung, Befähigung und Leistung reglementieren, sowie die
- **ZDv 20/7** Best. für die Beförderung und für die Einstellung, Übernahme und Zulassung von Soldatinnen und Soldaten.

B. Erläuterungen im Einzelnen

1. Absatz 1

a) Eignung, Befähigung, Leistung

9   **Abs. 1** gilt nach seinem Wortlaut nur für **Soldaten**.[12] Erfasst werden auch wpfl Soldaten und Eignungsübende (vgl. § 87[13]). Nicht unter den Regelungsbereich des Abs. 1 fallen **Bewerber**[14], die sich um Übernahme in ein Wehrdienstverhältnis bemühen. Sie können ihre Rechte auf gleichen Zugang zum Soldatenberuf unmittelbar aus den in Art. 3 Abs. 2 und Abs. 3 Satz 1 GG niedergelegten Grundrechten und aus den in Art. 33 Abs. 2 und 3 GG verbrieften grundrechtsgleichen Rechten[15], notfalls nach erfolgloser Anrufung der VG im Wege der **VB** (vgl. Art. 93 Abs. 1 Nr. 4a GG), geltend machen.

10 **Zentrale Merkmale**, an denen sich nach Abs. 1 Ernennungs- und Verwendungsentscheidungen der Soldaten zu orientieren haben, sind **Eignung, Befähigung** und **Leistung.** Die soldatengesetzl. Auslegung dieser Begriffe hat sich im Rahmen der Vorgaben zu bewegen, die für die in Art. 33 Abs. 2 GG für den Ämterzugang allg. vorgegebenen Zugangskriterien maßgeblich sind. Weniger Anforderungen als in Art. 33 Abs. 2 GG festgelegt dürfen bei Ernennungs- und Verwendungsentscheidungen der Soldaten nicht gestellt werden. Wohl aber dürfen soldatenrechtl. gebotene zusätzliche Erfordernisse im Rahmen der Auswahl nach Abs. 1 verlangt werden, auch wenn sie verfassungsrechtl. nicht notwendig sind.[16]

---

11 Vgl. die Übersicht bei *Scherer/Alff*, SG, § 3 Rn. 55.
12 Wer Soldat ist, bestimmt § 1 Abs. 1 Satz 1.
13 Der in dieser Best. genannte „andere Bewerber" wird zu der Eignungsübung einberufen u. ist Soldat.
14 § 8 Abs. 1 BBG gilt vor allem nach seinem Satz 1 ausdrücklich für Bewerber um ein Beamtenverhältnis. Die amtl. Begr. zu § 3 des REntw. nahm nur Bezug auf die Grds. entspr. Art. 3 Abs. 3 GG i.V.m. § 8 Abs. 1 Satz 2 BBG (vgl. o. Rn. 3). Deshalb ist aus systematischen Gründen nicht an eine Einbeziehung von Bewerbern außerhalb eines Soldatendienstverhältnisses zu denken. Der Entstehungsgeschichte des § 3 ist nichts Gegenteiliges zu entnehmen.
15 Vgl. hins. Art. 33 Abs. 2 u. 3 GG: *Jarass*, in: *Jarass/Pieroth*, GG, Art. 33 Rn. 7 u. 22 m.w.N.
16 So allg. *Dollinger/Umbach*, in: *Umbach, Dieter C./Clemens, Thomas* (Hrsg.): Grundgesetz, Mitarbeiterkommentar, Band I, 2002, Art. 33 Rn. 42.

Die Begriffe Eignung, Befähigung und Leistung i.S.d. Art. 33 Abs. 2 GG (und entspr. **11**
des Abs. 1) können zusammengefasst als **Qualifikation**[17] für ein öff. Amt[18] bezeichnet
werden. Die Beachtung dieser Vorgaben wird als **Leistungsprinzip** und **Bestenauslese**
umschrieben.[19] Str., aber praktisch wenig bedeutsam[20] ist das Verhältnis von Eignung,
Befähigung und Leistung zueinander.[21] Hier wird entspr. der Systematik, die in § 1 BLV
zum Ausdruck kommt, davon ausgegangen, dass die Eignung als das umfassende Qualifikationsmerkmal anzusehen ist (**Eignung im weiteren Sinne**[22]), welches die Merkmale
Befähigung und Leistung als besonders hervorgehobene Teile der Eignung einschließt[23]
und darüber hinaus die gesamte Persönlichkeit des Soldaten erfasst.[24]

Der **Befähigung** sind die für die dienstl. Verwendung wesentlichen, durch schulische, **12**
universitäre, berufliche oder sonstige Vor- oder Ausbildung, auch durch berufliche Tätigkeit erworbenen fachlichen Kenntnisse, Fertigkeiten und Erfahrungen zuzurechnen.[25] Erfasst werden allg. und fachliches Wissen (Anhaltspunkte hierfür sind insbes.
Schul-, Lehrgangs- und sonstige Prüfungszeugnisse, z.B. das Ergebnis der Laufbahnoder der beruflichen Abschlussprüfung) und die Fähigkeit, dieses in die dienstl. Verwendung einzubringen (diese Fähigkeit muss im Wege einer Prognose bewertet werden, wobei es zu Überschneidungen zwischen den Kriterien Befähigung und Eignung
kommen kann). Nicht ohne Weiteres mit der Befähigung nach Art. 33 Abs. 2 GG und
Abs. 1 gleichzusetzen ist die **Laufbahnbefähigung** (vgl. z.B. § 6 Abs. 2 Satz 1 SLV). Diese betrifft nur das generelle Mindestanforderungsprofil, das der Soldat durch die Laufbahnprüfung förmlich nachweisen muss. Jene über die laufbahnbezogen geforderte fachliche Befähigung hinaus und umfasst zusätzliche Fähigkeiten oder Kenntnisse,
die individuell erworben worden sind und die für die Anforderungen eines einzelnen
Dienstpostens oder einer bestimmten Verwendung nützlich sein können (z.B. Fremdsprachenkenntnisse, berufspraktische Erfahrungen). Der Dienstherr ist grds. (es sei denn,
es geht um den Zugang zu beruflichen Ausbildungsstätten nach Art. 12 Abs. 1 Satz 1
GG, wo der Staat für eine bestimmte Ausbildung ein rechtl. oder tatsächliches Monopol
besitzt[26], z.B. im staatlichen Vorbereitungsdienst) berechtigt, ein über die laufbahnrechtl. vorgeschriebenen Anforderungen hinausgehendes Maß an Befähigung zu verlangen.[27] Es wäre z.B. erlaubt, für die Einstellung als SaZ für die Laufbahnen der Mann-

---

17 Vgl. *Sannwald*, in: *Schmidt-Bleibtreu, Bruno/Klein, Franz*: Kommentar zum GG, 10. Aufl. 2004, Art. 33 Rn. 39.
18 Der Begriff des öff. Amtes in Art. 33 Abs. 2 GG ist nach allg. Ansicht nicht nur i.S.d. Beamtenrechts, sondern weit auszulegen. Erfasst werden alle beruflichen u. ehrenamtl. Funktionen öff.-rechtl. Art bei Bund, Ländern, Gemeinden u. anderen juristischen Personen des öff. Rechts (*Jarass*, in: *Jarass/Pieroth*, GG, Art. 33 Rn. 9), auch Soldaten (vgl. *Kunig*, in: *v.Münch/Kunig*, GGK II, Art. 33 Rn. 20).
19 *Dollinger/Umbach*, a.a.O. (Fn. 16), Art. 33 Rn. 41.
20 So *Scherer/Alff*, SG, § 3 Rn. 21; *Lübbe-Wolff*, in: *Dreier* II, Art. 33 Rn. 41.
21 Vgl. *Lübbe-Wolff*, ebd. Allg. wird von einer gewissen Überschneidung der Begriffe ausgegangen, vgl. *Kunig*, in: *v.Münch/Kunig*, GGK II, Art. 33 Rn. 26. Die nachfolgend definierten Begriffe Eignung, Befähigung und Leistung stimmen z.T. nicht mit den in der ZDv 20/6 verwendeten Begriffsinhalten überein. Dies ist unschädlich, soweit Begrifflichkeiten in der Beurteilung einheitlich objektiv messbar (in Punktsummen o. Buchstaben-Wertungsstufen) ihren Ausdruck finden. Ob ein Merkmal z.B. eher der Befähigung o. der Leistung zuzurechnen ist, ist dann zweitrangig.
22 BVerwGE 47, 330 (336 f.); *Jarass*, in: *Jarass/Pieroth*, GG, Art. 33 Rn. 13.
23 *Plog/Wiedow/Lemhöfer*, BBG, § 8 Rn. 8; GKÖD I K, § 8 Rn. 36; *Battis*, BBG, § 8 Rn. 12.
24 Vgl. BVerwGE 53, 23 (Ls 4) = NZWehrr 1976, 137 (141).
25 Vgl. § 1 Abs. 3 BLV. Nach ZDv 20/6 Nr. 611a werden z.B. das Fachwissen sowie der mündliche u. schriftl. Ausdruck des Soldaten den Leistungen im Beurteilungszeitraum zugeordnet.
26 *Jarass*, in: *Jarass/Pieroth*, GG, Art. 12 Rn. 76 m.w.N.
27 Vgl. GKÖD I K, § 8 Rn. 59.

§ 3   Gemeinsame Vorschriften

schaften trotz des in § 8 Abs. 1 Nr. 2 SLV auf die Erfüllung der Vollzeitschulpflicht abgesenkten schulischen Bildungsstandes nur Soldaten mit Hauptschulabschluss zu berücksichtigen, wenn es die Bewerbungslage zulässt.

13   Die (fachliche) **Leistung** besteht in den, gemessen an den dienstl. Anforderungen bewerteten, Arbeitsergebnissen.[28] Sie ist auf Grund praktischer Tätigkeit und Bewährung in der mil. Verwendung (also in einer Rückschau) zu ermitteln. Sie hat deshalb i.d.R. für Berufsanfänger keine Bedeutung[29] und ist erst mit steigendem Dienstalter und längerer Verwendung in den SK beachtlich. Maßgeblich für die fachliche Leistung ist nicht die individuelle Anstrengung, sondern das objektive Arbeitsergebnis.[30] Auch wenn das Merkmal der fachlichen Leistung vergangenheitsorientiert ist, spielt es insbes. bei Beförderungen eine wichtige Rolle. Dabei treten die bisherigen dienstl. Leistungen als Grundlage für die künftige Leistungserwartung in den Vordergrund. Es ist zu bewerten, ob der Soldat auf Grund seiner gezeigten Leistungen auch einer ihm zu übertragenden neuen, anspruchsvolleren Aufgabe gewachsen sein wird. Diese Prognose ist vorrangiger Anlass für die Ermittlung der bisherigen dienstl. Leistungen des Soldaten bei einer förderlichen Maßnahme. Der Belohnungseffekt im Hinblick auf erbrachte Leistungen tritt dem gegenüber in den Hintergrund; wichtiger ist das öff. Interesse an einer optimalen Stellenbesetzung.

14   Zur **Eignung im engeren Sinne** nach Art. 33 Abs. 2 GG von Bewerbern um Einstellung als Soldat oder nach Abs. 1 von zu ernennenden oder zu verwendenden Soldaten gehören alle sonstigen, die gesamte Persönlichkeit betreffenden Auswahlkriterien, die nicht bereits durch die Merkmale der Befähigung und der (fachlichen) Leistung erfasst werden. Zu nennen sind hier vor allem **körperliche**, **geistige** und **charakterliche** Eigenschaften (vgl. § 37 Abs. 1 Nr. 3).[31]

15   Die Feststellung der **körperlichen Eignung** (vgl. zu Einzelheiten die Komm. zu § 37 Rn. 37 ff.), der angesichts der Forderung nach ständiger Einsatzfähigkeit der Soldaten herausragende Bedeutung zukommt[32], spielt insbes. vor der erstmaligen Begr. eines Wehrdienstverhältnisses eine Rolle. Bewerber, die als BS oder SaZ eingestellt werden wollen, müssen sich einer entspr. **medizinischen Annahmeuntersuchung** unterziehen. Dies gilt auch für wpfl Soldaten, die SaZ oder BS, sowie für SaZ, die BS werden wollen.

16   Die körperliche Eignung des Soldaten hat mindestens den Anforderungen zu genügen, die für Beamte gelten. Deshalb muss ein **Bewerber** um ein Soldatenverhältnis die körperliche Leistungsfähigkeit besitzen, die von ihm in den wesentlichen Dienststellungen der angestrebten Laufbahn und Laufbahngruppe, in den diesen zugeordneten Dienstgraden und in der konkret anzutretenden Verwendung erwartet werden muss.[33] Notwendig ist, dass sich die körperliche Eignung in einer angemessenen **gesundheitlichen Eignung** dokumentiert. Der aktuelle Gesundheitszustand[34] darf keinen Anlass zu der Prognose bieten (z.B. wegen bereits vorhandener gesundheitlicher Mängel), der Bewer-

---

28 Vgl. § 1 Abs. 4 BLV.
29 Vgl. GKÖD I K, § 8 Rn. 64; *Battis*, BBG, § 8 Rn. 17.
30 *Scherer/Alff*, SG, § 3 Rn. 20.
31 BVerfGE 92, 140 (151). Vgl. auch BVerwGE 11, 139 (142).
32 Die gegenüber dem Beamtenbereich vorgezogenen Altersgrenzen der BS nach § 45 werden insbes. mit einem Leistungsabfall der körperlichen u. geistigen Kräfte ab dem 60. Lebensjahr begründet, vgl. die Komm. zu § 45 Rn. 6.
33 Vgl. entspr. für Beamte GKÖD I K, § 8 Rn. 38.
34 Das bezieht sich auch auf den Zahnstatus. Zahnerkrankungen, insbes. auf Grund mangelhafter Mundhygiene, sind häufig Ursache dafür, dass Soldaten im Auslandseinsatz nicht verwendet werden können.

ber werde häufiger über das sozial adäquate Maß hinaus oder chronisch erkranken oder vor dem Erreichen der Altersgrenze dauernd dienstunfähig werden.[35] Auch **Soldaten**, die in die Auswahl für eine Ernennung oder Verwendung einbezogen werden, müssen nach Abs. 1 die notwendige körperliche Eignung für die neue Tätigkeit besitzen. Diese kann bereits fehlen, wenn der Soldat von seinem Aussehen her nicht den an ihn zu stellenden Anforderungen genügt (Beispiel: Ein unter Adipositas leidender Soldat wird als Kdr der Sportschule der Bw nicht in Frage kommen).

Wann körperliche Eignung gegeben ist, und welche gesundheitlichen Voraussetzungen für eine bestimmte Verwendung (z.b. als Offz des militärfachlichen Dienstes im Flugsicherungskontrolldienst oder als Offz d.R. des Truppendienstes[36]) zu fordern sind, hat das BMVg im Rahmen des ihm insoweit zustehenden **Ermessens** in Dienstvorschriften[37] und Erl. festgelegt. Welche Körperfehler für eine mil. Verwendung nicht mehr tragbar sind, unterliegt **mil. Zweckmäßigkeitserwägungen**, die gerichtl. nicht überprüft werden können.[38] 17

Zur körperlichen Eignung gehören bei Auswahlverfahren für Soldaten die **sportliche Leistungsfähigkeit** und **Belastbarkeit**.[39] Es ist grds. zulässig, an **Frauen geringere Anforderungen** an die **körperliche Leistungsfähigkeit** zu stellen als an Männer (Beispiel: Frauen haben eine geringere Zahl an Liegestützen zu absolvieren als Männer, um ihre körperliche Eignung nachzuweisen). Angesichts hochtechnisierter SK, in denen Körperkraft i.d.r. kein vorrangiges Argument für die Eignung als Soldat mehr ist (auch männliche Soldaten können körperlich schmächtig sein, ohne dass dies ein Grund gewesen ist, sie von der Wehrdienstleistung nach dem WPflG auszunehmen), erscheint es sachlich geboten, verhältnismäßig und durch Art. 3 Abs. 2 Satz 2 GG vorgegeben, die Rahmenbedingungen in diesem Fall zu Gunsten von Frauen zu verändern. Nur in Verwendungen, in denen körperliche Kraft und Ausdauer zum wesentlichen Faktor des konkreten mil. Einsatzes gehören, z.B. bei Kommandosoldaten oder Kampfschwimmern, muss von Frauen dieselbe Leistungsfähigkeit wie von Männern verlangt werden, auch auf die Gefahr hin, dass möglicherweise kaum eine Frau den Anforderungen genügen kann.[40] 18

Eine **Schwangerschaft** ist **kein Eignungsmangel** i.S.v. Art. 33 Abs. 2 GG, der es rechtfertigte, für eine Bewerberin die Begr. eines Wehrdienstverhältnisses bis zum Ablauf des absoluten Beschäftigungsverbots für Schwangere zurückzustellen.[41] Dies leitet das BVerfG aus Art. 6 Abs. 4 GG her. Entspr. diesem Schutzgedanken verbietet es **§ 7 Abs. 2 SGleiG** in Annahmegesprächen u.a. Fragen nach einer bestehenden oder geplanten Schwangerschaft; ärztliche Untersuchungen zur Feststellung der körperlichen Eignung dürfen sich ohne ausdrückliche Einwilligung der Bewerberin nach § 4a BDSG nicht gezielt auf das Bestehen einer Schwangerschaft erstrecken. Es ist aber medizinisch not- 19

---

35 Vgl. *Battis*, BBG, § 8 Rn. 15 m.w.N.; GKÖD I K, § 8 Rn. 41 u. 44.
36 Vgl. BVerwG *Buchholz* 236.1 § 10 SG Nr. 13; BVerwGE 86, 70 (Nichtzulassung zur Laufbahn der Offz d.R des Truppendienstes nach Verlust einer Niere); weitere Beispiele aus der Rspr. bei *Scherer/Alff*, SG, § 3 Rn. 16.
37 Zu nennen sind insbes. die Best. über die Feststellung der körperlichen Eignung vor der Berufung in das Dienstverhältnis eines BS oder SaZ (ZDv 14/5 B 130) und die ZDv 46/1.
38 BVerwGE 73, 235. Möglich bleibt die gerichtl. Kontrolle auf Ermessensfehler, z.B. das Zugrundelegen eines unrichtigen Sachverhalts.
39 *Steege*, NZWehrr 1978, 41 (46).
40 So entspr. für Beamte GKÖD I K, § 8 Rn. 73.
41 BVerfGE 44, 211 (215); *Plog/Wiedow/Lemhöfer*, BBG, § 8 Rn. 18 m.w.N.. Entspr. ist Schwangerschaft kein Fall der Dienstunfähigkeit, sondern der vorübergehend eingeschränkten Verwendungsfähigkeit, vgl. die Komm. zu § 44 Rn. 36.

Eichen

wendig, die Bewerberinnen darauf hinzuweisen, dass bei einer Schwangerschaft sowohl die zur Feststellung der körperlichen Eignung notwendigen Tests der sportlichen Leistungsfähigkeit als auch sonstige Untersuchungen (z.b. Röntgenaufnahmen) fruchtschädigend sein können. Zudem ist die Aufklärung der Bewerberinnen unverzichtbar, dass es im Falle einer Schwangerschaft durch schwangerschaftsbedingte Veränderungen in ihrem Organismus nicht möglich ist, die gesundheitliche Eignung zutreffend festzustellen, weil u.a. ihre Laborwerte individuell von Normwerten abweichen. Teilt eine Bewerberin eine Schwangerschaft mit oder wird diese durch die ärztliche Begutachtung während der Eignungsfeststellung bekannt, ist der Bewerberin (diese Pflicht lässt sich aus Art. 3 Abs. 2 Satz 2 GG herleiten) verbindlich (entspr. § 38 VwVfG[42]) zuzusichern, dass sie unmittelbar nach Ablauf des mutterschutzrechtl. Beschäftigungsverbots[43] erneut zur Eignungsfeststellung zugelassen wird. Hat eine Bewerberin die Eignungsfeststellung erfolgreich absolviert und stellt sich vor der Begründung des Wehrdienstverhältnisses heraus, dass sie schwanger ist, ist sie gleichwohl zum Dienstantritt aufzufordern[44] und in das Wehrdienstverhältnis zu berufen. Ausnahmsweise darf hiervon abgesehen werden, wenn die Bewerberin nach der Berufung keinen mil. Dienst leisten, sondern Elternzeit oder Betreuungsurlaub in Anspruch nehmen will.[45] Das Absehen von der Berufung ist in diesen Fällen sachgerecht, weil der Zweck der Begr. des Wehrdienstverhältnisses von vornherein vereitelt wird, wenn schon bei seiner Begr. feststeht, dass es zu einer Dienstleistung in den SK auf absehbare Zeit nicht kommen wird.[46]

Für Soldatinnen bleibt es bei der **Pflicht zur Meldung einer Schwangerschaft** nach § 1 MuSchSoldV.[47]

20 Bei der Überprüfung der gesundheitlichen Eignung trifft den **Bewerber** eine **Mitwirkungspflicht**.[48] Dies ist sachgerecht. Der Dienstherr hat ein berechtigtes Interesse, nur Bewerber auszuwählen, die über die notwendige körperliche Eignung verfügen. Die Feststellung des aktuellen Gesundheitszustands auf der Basis einer ärztlichen Untersuchung und die Abklärung möglicher Anhaltspunkte für Risiken, die auf spätere Erkrankungen hindeuten (dies ist angesichts des auf Lebenszeit angelegten Wehrdienstverhältnisses bei BS besonders wichtig), sind deshalb vorgegeben. Dabei kommt dem **Grds. der Verhältnismäßigkeit** wesentliche Bedeutung zu. Dem öff. Interesse an der Auswahl körperlich geeigneter Bewerber steht deren Interesse am Schutz der Intimsphäre und der körperlichen Unversehrtheit entgegen. Die Ermittlung einer Anamnese durch Befragung (auch zu Erkrankungen in der Verwandtschaft) und lege artis durchgeführte medizinische Untersuchungen auch in Form zusätzlicher einfacher ärztlicher Routinemaßnahmen (Blutuntersuchungen nach Blutabnahme, Röntgenbilder)[49], um Krankheiten zu diagnostizieren, sind hinzunehmen.

---

42 Auch wenn die Zusage der erneuten Einladung zum Eignungstest eher auf einen Realakt (nicht, wie in § 38 Abs. 1 Satz 1 VwVfG gefordert, auf einen VA) gerichtet ist, sollte § 38 VwVfG als Ausdruck eines allg. Rechtsgedankens hier entspr. anwendbar sein; vgl. allg. *Kopp/Ramsauer*, VwVfG, § 38 Rn. 5.
43 Vgl. entspr. § 6 des Mutterschutzgesetzes u. § 5 MuSchSoldV.
44 Grds. gilt dies auch für die Einberufung zu einer Eignungsübung.
45 So BVerwG NJW 1996, 474 = ZBR 1996, 20.
46 Vgl. entspr. für Beamte GKÖD I K, § 8 Rn. 73. Das Problem ist eher ein theoretisches, weil die Bewerberin rechtl. nicht verpflichtet werden kann, sich vor der Berufung festzulegen.
47 Vgl. den ergänzenden Erl. des BMVg Meldepflicht bei Schwangerschaft v. 23.8.2001 (VMBl. S. 187). Obwohl diese Pflicht nur § 13 Abs. 2 gestützt wird, ist sie entspr. § 5 Abs. 1 des Mutterschutzgesetzes als Sollvorschrift ausgestaltet. Eine Ausnahme ist, dass der Soldatin im Einzelfall die Meldung nicht zumutbar ist (Abs. 3 des genannten Erl.).
48 Vgl. für Beamte GKÖD I K, § 8 Rn. 52.
49 Deren Zulässigkeit für Soldaten ergibt sich aus § 17 Abs. 4 Satz 8.

Ernennungs- und Verwendungsgrundsätze § 3

In welcher Ausgestaltung und in Bezug auf welche Krankheiten die Untersuchung der Bewerber auf körperliche Eignung stattfindet, ist dem Dienstherrn auf Grund eines ihm zustehenden Entschließungsermessens überlassen.[50] Dieses ist gerichtl. nur auf Ermessensfehler, insbes. auf sachfremde Erwägungen hin überprüfbar. Das Ermessen schließt ein, gesonderte Untersuchungen auf bestimmte Krankheiten hin zu veranlassen, die zu einer gesundheitlichen Nichteignung führen könnten. Die Untersuchungsmaßnahmen dürfen allerdings nicht unverhältnismäßig, insbes. nicht willkürlich sein. Angesichts der nach heutigem Stand der Medizin negativen Prognose bei einer **HIV-Infektion** (der Krankheitsverlauf kann bisher nur verzögert, das Vollbild der Aids-Erkrankung jedoch nicht verhindert werden) und der weltweit stark zunehmenden Zahl infizierter Personen darf die ärztliche Untersuchung generell auch einen **Aids-Test** einschließen.[51] 21

Für **Soldaten** gelten bei Ermittlungen im Rahmen der körperlichen Eignung die Maßstäbe des § 17 Abs. 4 und ggf. des § 44 Abs. 4. 22

Vgl. zu den **geistigen Eigenschaften** im Rahmen der Ermittlung der Eignung im engeren Sinne die Komm. zu § 37 Rn. 36.[52] 23

Zu den **charakterlichen Eigenschaften** als Teil der Eignung im engeren Sinne vgl. die Komm. zu § 37 Rn. 32 ff. Zur charakterlichen Eignung gehört, dass der Dienstherr jederzeit von dem Soldaten die Erfüllung seiner Dienstpflichten erwarten kann. Deshalb handelt der Dienstherr nicht rechtswidrig, wenn er einem Soldaten wegen des zum **Gelöbnis** erklärten **Vorbehalts**, er fühle sich an die soldatischen Grundpflichten nur gebunden, wenn Deutschland und seine Verbündeten nicht als erste ABC-Waffen einsetzten, die Eignung für eine Beförderung zum Gefr abspricht.[53] 24

Neben den körperlichen, geistigen und charakterlichen Eigenschaften sind zur Bestimmung der Eignung im engeren Sinne **weitere Merkmale** zu berücksichtigen. 25

Beispielhaft zu nennen ist ein im Rahmen einer **Sicherheitsüberprüfung** festgestelltes **Sicherheitsrisiko**. Sicherheitsbedenken sind immer dann gegeben, wenn im Einzelfall die Besorgnis besteht, der Soldat könnte geheimhaltungsbedürftige Umstände preisgeben, namentlich, wenn er als potentielles Angriffsobjekt fremder Nachrichtendienste erscheint, insbes. weil er erpresst werden kann. Die Beurteilung des Sicherheitsrisikos, die sich zugleich als Prognose künftiger Entwicklung der Persönlichkeit des Soldaten und seiner Verhältnisse darstellt, ist durch den zuständigen Vorg. vorzunehmen. Dieser darf seine Entscheidung nicht auf eine vage Vermutung oder rein abstrakte Besorgnis stützen, sondern er muss sie auf der Grundlage tatsächlicher Anhaltspunkte treffen.[54] Im Zweifel hat das Sicherheitsinteresse Vorrang vor anderen Belangen.[55]

Vgl. zur **gleichgeschlechtlichen Orientierung** von Soldaten, die **kein negatives Eignungsmerkmal** mehr darstellt, die Komm. zu § 37 Rn. 35.

Zur Gewähr der künftigen **Verfassungstreue als Eignungskriterium** s. die Komm. zu § 37 Rn. 22 ff.

Das **Lebensalter** kann einen Bezug zur Eignung i.S.v. Art. 33 Abs. 2 GG und von Abs. 1 aufweisen. Es ist jedoch zu differenzieren. 26

---
50 Vgl. GKÖD I K, § 8 Rn. 46.
51 Vgl. *Battis*, BBG, § 8 Rn. 15; *Plog/Wiedow/Lemhöfer*, BBG, § 8 Rn. 17, jew. m.w.N.. Die Frage ist str., vgl. zum Meinungsstand GKÖD I K, § 8 Rn. 47 f.
52 Vgl. auch GKÖD I K, § 8 Rn. 37.
53 BVerwG IÖD 1993, 266 = BWV 1994, 262.
54 BVerwGE 83, 90 (94); BVerwG NZWehrr 1998, 249 m.w.N.
55 BVerwGE 103, 182 = NZWehrr 1995, 27. Vgl. *Scherer/Alff*, SG, § 3 Rn. 90.

Eichen

Höchstaltersgrenzen für **Bewerber**, die sich um Einstellung in ein Wehrdienstverhältnis bemühen[56], sind nicht durch die (körperliche) Leistungsfähigkeit motiviert. Das Alter wird hier nicht als leistungsminderndes Merkmal verstanden. Die sachgerechte und zulässige Motivation des Gesetzgebers für Höchstaltersgrenzen ist eine andere: Der Dienstherr hat wie auch sonst im öff. Dienst[57] bei der Begr. eines Wehrdienstverhältnisses aus **fiskalischen Gründen**[58] zu beachten, wie lange der Soldat bis zum Ausscheiden aus den SK Dienst leistet. Bei BS soll das begrenzte Einstellungsalter ein angemessenes Verhältnis zwischen geleisteter Dienstzeit und lebenslanger Versorgung sichern (ein angesichts der frühen Altersgrenzen der Soldaten besonders berechtigtes Interesse). Die Altersgrenze bei Einstellung als SaZ in den Laufbahnen der Mannschaften und der Uffz soll eine vertretbare Relation zwischen der dem Soldaten gewährten, u.U. erheblichen Ausbildungsdauer und der zeitlichen Verwendung in der Truppe gewährleisten (was wegen der Grenze des 40. Lebensjahres für Wehrdienstleistungen, § 40 Abs. 1 Nr. 1, angebracht ist).[59] Demselben Zweck dient das Höchstalter bei Berufung von Bewerbern in das Dienstverhältnis eines SaZ in den Laufbahnen der Offz. Diese Soldaten unterliegen zwar keinem Höchstalter, zu dem ihr Zeitdienstverhältnis beendet sein muss. Sie sollen aber in einem Alter aus den SK ausscheiden, in dem ihnen die Gründung einer neuen beruflichen Existenz noch möglich ist und mit dem die Trennung zwischen dem zeitlich befristeten Wehrdienst als SaZ und der lebenslangen Dienstleistung des BS nach außen noch deutlich wird. Soll dennoch eine angemessene Stehzeit in der Truppe erreicht werden (grds. sind längstens 20 Jahre Wehrdienst zulässig, § 40 Abs. 1 Nr. 2), ist die Festlegung eines niedrigen Höchstalters bei der Einstellung notwendig.

27 **Grds.** ist es **im öff. Dienst** unzulässig, Bewerber, die eine Höchstaltersgrenze für eine Einstellung noch nicht erreicht haben, nicht zur Eignungsfeststellung zuzulassen, weil es aus dem **Jahrgang des Bewerbers** bereits überproportional viele Bewerbungen gibt. Selbst wenn aus diesem Jahrgang besonders viele geeignete Bewerber ermittelt werden, wäre es bei Beamten unzulässig, sie wegen eines an strukturellen Überlegungen orientierten Altersaufbaus der Verwaltung gegenüber leistungsschwächeren Bewerbern aus schwach besetzten Jahrgängen nicht zu berücksichtigen. Ein Geburtsjahrgangsbedarf ist grds. nicht mit dem Leistungsgedanken des Art. 33 Abs. 2 zu vereinbaren.[60] Nur bei gleich leistungsstarken Bewerbern aus verschiedenen Jahrgängen ist es zulässig, als Hilfskriterium auf das Lebensalter abzustellen.

28 **In den SK** gilt dies nur **eingeschränkt**. Die Rspr. hat anerkannt, dass dort die **Zulassung** von **Bewerbern** grds. von deren **Lebensalter abhängig** gemacht werden darf.[61] Sie kann

---

56 Vgl. z.B. §§ 8 Abs. 1 Nr. 1, 11 Abs. 1 Nr. 1, 15 Abs. 1 Nr. 1, 23 Abs. 1 Nr. 1 SLV.
57 Vgl. zu Höchstaltersgrenzen bei Beamten BVerwG *Buchholz* 232 § 15 BBG Nr.11.
58 Vgl. §§ 48, 115 Satz 1 BHO.
59 *Klewitz* (in *Dolpp/Klewitz/Weniger*, SLV, vgl. Lit. zu § 27) meint in der Komm. zu § 8 SLV, Rn. 802, das Höchstalter zur Einstellung von SaZ für die Laufbahnen der Mannschaften sei im Hinblick auf die Einsatzfähigkeit der SK durch die bessere körperliche Belastbarkeit der Soldaten begründet. Hierfür gibt die amtl. Begr. der SLV nichts her. Aus Sicht der körperlichen Eignung wäre es verwunderlich, wenn dem 31 Jahre alten Bewerber für eine Laufbahn der Mannschaften noch die notwendige körperliche Leistungsfähigkeit bescheinigt werden dürfte, nicht aber dem 25 Jahre alten UA. Missverständlich auch *Weniger*, a.a.O., § 4 SLV, der einerseits (Rn. 413) auf die körperliche Leistungsfähigkeit, andererseits (Rn. 415) auf die Ausnutzung der Dienstzeit abstellt.
60 Dies gilt auch für Soldaten, soweit es um die Förderung innerhalb einer Laufbahn geht, vgl. BVerwGE 86, 169. S.a. BVerwGE 113, 76 = NZWehr 1997, 160.
61 Die in der Komm. zu § 39 Rn. 15 f. (Übernahme zum BS) dargelegte Begr. gilt sinngem. bereits für die Einstellung von Bewerbern.

am mil. Bedarf ausgerichtet werden, d.h. an dem sich aus Art. 87a GG ergebenden Gebot, das Gefüge der SK so zu gestalten, dass sie ihren mil. Aufgaben gewachsen sind.[62] Daraus folgt generell, dass der Dienstherr auf der Grundlage des Bedarfs und unter Berücksichtigung eines **geordneten Altersaufbaus** die Zulassung von Bewerbern beschränken kann.[63] Dieser Aufbau ist z.b. im Hinblick auf die Ausbildungsorganisation der SK erforderlich, um den Personalersatz zeitgerecht steuern und sukzessiv ausbilden zu können. Das gilt auch für Bewerber, die sich um Einstellung in ein Wehrdienstverhältnis bemühen. Bereits in diesem Stadium wird die Grundlage für einen strukturell ausgewogenen Altersaufbau gelegt. Ob eine ausschließliche Beschränkung der Eignungsfeststellung auf einen einzigen Jahrgang je Kalenderjahr zulässig wäre oder ob es in diesem Fall einer der **Erstbewerberregelung**[64] bei der Übernahme von BS vergleichbaren Regelung bedürfte (dies wäre wohl zu bejahen), kann dahinstehen. Die SK eröffnen in ihren Annahmeverfahren Bewerbern aus einem breiten Altersband die Möglichkeit, sich für die Einstellung in ein Wehrdienstverhältnis zu qualifizieren. Damit wird in einem verhältnismäßigen Rahmen auch Lebensälteren die Chance eröffnet, an einem Auswahlverfahren teilzunehmen.

Die allg. und die besonderen **Altersgrenzen der BS** sind Ausdruck der mit zunehmendem Lebensalter sich verringernden (körperlichen und geistigen) Leistungsfähigkeit.[65] Der Gesetzgeber geht davon aus, dass mit dem Erreichen dieser Altersgrenzen die körperlichen und geistigen Kräfte so weit abfallen, dass eine Ernennung oder förderliche Verwendung unter Leistungsgesichtspunkten nicht mehr zu erwarten ist, und zieht daraus die Konsequenz der Versetzung oder des Eintritts in den Ruhestand. Grds. ist es zulässig, im Rahmen einer förderlichen Verwendungsentscheidung im Vorfeld des wegen der Altersgrenze zu erwartenden Ruhestandes eine ausreichende **Restdienstzeit** zu berücksichtigen. Grund hierfür ist nicht die abnehmende körperliche und geistige Eignung, sondern die Forderung, dass der Soldat den neuen herausgehobenen und deshalb i.d.R. besonders wichtigen Dienstposten nach entspr. Einarbeitung noch angemessene Zeit ausfüllen soll.[66]

Bei sonstigen förderlichen Verwendungen und Ernennungen von Soldaten innerhalb einer Laufbahn spielt das **Lebensalter** grds. nur eine Rolle, wenn eine Funktion ausgeübt werden soll, bei der eine erfahrungsgemäß nur in einem bestimmten Altersband mögliche körperliche Eignung gefordert wird. Zu denken ist z.B. an die Stellung als KpChef oder BtlKdr.[67] In diesen Funktionen muss schon im Friedensbetrieb eine einsatznahe Tätigkeit erbracht werden, die erhebliche physische und psychische Anstrengungen fordert.

Zulässig sind wie im sonstigen öff. Dienst[68] **Höchstaltersgrenzen** für die Übernahme in ein Dienstverhältnis auf Lebenszeit, bei Soldaten als BS.[69] Dies gilt ebenso für die Berücksichtigung des Lebensalters von Soldaten bei förderlichen Ausbildungsmaßnahmen, wenn der Soldat auf Grund der Kosten-Nutzen-Relation keine ausreichende

29

30

31

---

62 BVerfG NJW 1970, 1268; BVerwGE 73, 182 (184).
63 BVerwGE 83, 262 = NZWehrr 1987, 253 exemplarisch bei der begrenzten Zulassung für die Laufbahn der Offz des militärfachlichen Dienstes.
64 S. die Komm. zu § 39 Rn. 16.
65 Vgl. die Komm. zu § 45 Rn. 6.
66 Vgl. BVerwG *Buchholz* 236.1 § 3 SG Nr. 10; BVerwGE 86, 169 (etwa drei Jahre Restdienstzeit ausreichend).
67 Zum Grenzalter der Verwendung als BtlKdr BVerwG ZBR 1980, 324.
68 Vgl. für Beamtenbewerber BVerwG *Buchholz* 232 § 15 BBG Nr. 11.
69 BVerwG ZBR 1981, 228 = BWV 1981, 162.

Restdienstzeit mehr hat.⁷⁰ Zur **jahrgangsbezogenen Übernahme**⁷¹ **zum BS** u.U. zu Lasten von leistungsstärkeren Bewerbern aus anderen Jahrgängen vgl. die Komm. zu § 39 Rn. 15 f.

32 Zur Berücksichtigung von **Dienstzeiten** im Rahmen der Bestenauslese s.u. Rn. 77 ff.

b) Im Rahmen des Leistungsgrundsatzes unbeachtliche Kriterien

33 Die nach Abs. 1 bei Ernennungen und Verwendungen unbeachtlichen Kriterien entsprechen den in Art. 3 Abs. 3 Satz 1 GG genannten. Deshalb kann zu ihren Begriffsinhalten auf die verfassungsrechtl. Definitionen zurückgegriffen werden. Auch wenn das Merkmal der **Sprache**, das in Art. 3 Abs. 3 Satz 1 GG ausdrücklich genannt wird, in Abs. 1 fehlt, ist nicht zw., dass z.B. ein Ausländer, der nach § 37 Abs. 2 ausnahmsweise in ein Wehrdienstverhältnis berufen worden ist, nicht wegen seiner Muttersprache etwa bei Beförderungen benachteiligt werden darf. Art. 3 Abs. 3 Satz 1 GG gilt nach Art. 1 Abs. 3 GG als die vollziehende Gewalt unmittelbar bindendes Recht.⁷² Deshalb schützt Art. 3 Abs. 3 Satz 1 GG über das Merkmal der Sprache Soldaten auch, wenn sie z.B. als Gastarbeiterkinder oder Flüchtlinge nur gebrochen deutsch oder in einem Dialekt sprechen.⁷³ Beherrscht ein deutscher Staatsangehöriger, der sich um Einstellung als Soldat in die SK bewirbt, die **deutsche Sprache** so **mangelhaft**, dass eine Kommunikation mit ihm nicht möglich ist, kann dies als Eignungsmangel nach Art. 33 Abs. 2 GG gelten. Diese Vorschrift geht als Spezialnorm dem Art. 3 Abs. 3 Satz 1 GG, auch bezogen auf das Merkmal der Sprache, vor.⁷⁴

34 Weitere verpönte Merkmale sind:

Geschlecht

35 Das in Art. 3 Abs. 3 Satz 1 GG genannte Diskriminierungsverbot wegen des Geschlechts wird unterstützt durch Art. 3 Abs. 2 Satz 1 GG, der die Gleichberechtigung von Männern und Frauen festlegt. Das Benachteiligungsverbot nach Abs. 1 ist unter Berücksichtigung dieser Best. auszulegen. In Bezug auf die **Wehrdienstleistung von Soldatinnen mit der Waffe** hat der EuGH⁷⁵ – gegen die nationale höchstrichterliche Rspr.⁷⁶ – entschieden, dass europ. Recht der Anwendung nationaler Vorschriften entgegensteht, die **Frauen** wegen ihres Geschlechts allg. in den SK vom Dienst mit der Waffe ausschließen und ihnen nur den Zugang zu den Laufbahnen des SanDienstes und des

---

70 BVerwG 1 WB 30.94.
71 Die geburtsjahrgangsweise Übernahme im sog. Anböschungsverfahren (der Bedarf aus einem Geburtsjahrgang wird nicht vollständig in einem Jahr gedeckt, sondern prozentual über mehrere Jahre gestreckt, so dass Soldaten aus einem Jahrgang mehrmals die Chance erhalten, sich zur Übernahme als BS zu bewerben) erscheint rechtl. zulässig, auch wenn die Gefahr nicht auszuschließen ist, dass jemand nur auf Grund der Zugehörigkeit zu einem bestimmten Jahrgang nicht berücksichtigt wird. Eine auf Einzeljahrgänge bezogene Personalplanung u. -bearbeitung muss angesichts des verfassungsrechtl. Grds. der Bestenauslese zwar ihre Notwendigkeit zur Erhaltung der verfassungsrechtl. gebotenen Einsatzfähigkeit der SK (Art. 87a Abs. 1 GG) mit stichhaltigen Argumenten belegen. Ein solches Argument ist aber, dass nur der Jahrgangsbezug sicherstellt, dass die Zahl der wegen Erreichens einer Altersgrenze aus dem Dienstverhältnis ausscheidenden Soldaten sich jährlich jew. in vergleichbaren Größenordnungen bewegt. Dies gewährleistet, dass nicht in einem Jahr durch Zurruhesetzungen ein größerer, personalmäßig nicht ausgleichbarer Aderlass eintritt.
72 Vgl. *Scherer/Alff*, SG, § 3 Rn. 1.
73 Vgl. allg. *Jarass*, in: *Jarass/Pieroth*, GG, Art. 3 Rn. 112 m.w.N.
74 So allg. BVerfGE 39, 334 (368 f.) zu den in Art. 33 GG für alle Berufe, die öff. Dienst sind, enthaltenen Sonderregelungen gegenüber Art. 3 Abs. 3 GG.
75 NJW 2000, 497 (*Fall Kreil*) = NZWehr 2000, 28; dazu *Eichen, Klaus*, Erosion der deutschen Wehrverfassung durch sekundäres Gemeinschaftsrechts?, NZWehrr 2000, 45.
76 BVerwGE 103, 301; BVerwG NZWehr 1999, 161.

Militärmusikdienstes gewähren. Nicht zulässig wäre es, Frauen allg. den Zugang zu bestimmten Verwendungen deshalb zu verweigern, weil dabei eine typischerweise von Frauen nicht erreichbare Leistungsfähigkeit als unabdingbare Voraussetzung für die Ausübung der Tätigkeit gefordert werden müsste (z.b. bei Kommandosoldaten, Kampfschwimmern[77]). Maßgeblich ist keine geschlechtsbezogene Differenzierung, sondern die objektiv messbare körperliche Leistungsfähigkeit[78], die – wenn auch möglicherweise nur in seltenen Ausnahmen – von Frauen erbracht werden kann.

Eine **an das Geschlecht anknüpfende Ungleichbehandlung** entgegen Art. 33 Abs. 2 Satz 1, Abs. 3 Satz 1 GG und entspr. entgegen Abs. 1 ist **nicht ausnahmslos unzulässig**. Das Grundrecht der Gleichbehandlung von Männern und Frauen unterliegt keinem Gesetzesvorbehalt, kann aber auf Grund kollidierenden Verfassungsrechts eingeschränkt werden.[79] Als gleichrangige Verfassungsbest., die ausdrücklich in Bezug auf die Wehrdienstleistung eine Unterscheidung nach dem Geschlecht zulässt, ist Art. 12a Abs. 1 GG zu nennen, der die Möglichkeit zur Schaffung einer Wehrpflicht auf Männer beschränkt. Nach der Rspr. des BVerfG sind außerdem unterschiedliche Regelungen für Männer und Frauen mit „objektiven biologischen Unterschieden" zu rechtfertigen, also damit, dass sie Probleme lösen, „die ihrer Natur nach nur entweder bei Männern oder Frauen auftreten".[80] Deshalb verstoßen Best. im Zusammenhang mit der Schwangerschaft, der Geburt oder dem Stillen eines Kindes[81] nicht gegen das Differenzierungsverbot wegen des Geschlechts; sie können im Übrigen direkt aus Art. 6 Abs. 4 GG begründet werden. Schließlich kann das Gebot aus Art. 33 Abs. 2 Satz 2 GG zur Förderung und Durchsetzung der Gleichberechtigung in einem verhältnismäßigen, Art. 33 Abs. 2 Satz 1 GG angemessen berücksichtigenden Rahmen[82] und auf gesetzl. Basis[83] zu Frauen bevorzugenden Regeln berechtigen.   36

Die letztgenannte Ausnahme findet Anwendung insbes. im Rahmen der **Gleichstellung** von Soldatinnen und Soldaten auf der Grundlage des SGleiG. Nach § 8 Satz 1 und 3 SGleiG sind Frauen, wenn sie in einzelnen Bereichen unterrepräsentiert[84] sind, beim beruflichen Aufstieg bei **gleicher Qualifikation** bevorzugt zu berücksichtigen, es sei denn, dass ausnahmsweise in der Person eines männlichen Mitbewerbers liegende Gründe überwiegen. Diese gesetzl. Regelung ist mit der Rspr. des **EuGH** vereinbar.[85] Dieser hatte dienstrechtl. Vorschriften, nach denen bei gleicher Qualifikation Frauen in Bereichen, in denen sie unterrepräsentiert sind, **automatisch** Vorrang eingeräumt wird, als mit **europ. Gleichbehandlungsrecht unvereinbar** angesehen[86], Regelungen aber für **zulässig** erklärt, wenn sie wie in § 8 SGleiG durch eine **Härteklausel** abgemildert werden, die notfalls in der Person des männlichen Konkurrenten liegende, überwiegende Interessen als vorrangig anerkennt.[87] Auch **verfassungsrechtl.** wird die den Leistungsgrds. nicht beeinträchtigende, die **Frauenförderung** nur als **Hilfskriterium** an-   37

---

77 Unrichtig *Dollinger/Umbach*, a.a.O. (Fn. 16), Art. 33 Rn. 53.
78 Ohne dass hier bei der Feststellung der körperlichen Leistungsfähigkeit Frauen eine günstigere Behandlung als Männer erfahren, vgl. Rn. 18.
79 *Jarass*, in: *Jarass/Pieroth*, GG, Art. 3 Rn. 92 m.w.N.
80 BVerfGE 85, 191 (207).
81 Vgl. die mutterschutzrechtl. Best., die auch für Soldatinnen gelten.
82 S. *Heun*, in: *Dreier* I, Art. 3 Rn. 112.
83 Vgl. *Jarass*, in: *Jarass/Pieroth*, GG, Art. 3 Rn. 93.
84 Die hierfür maßgeblichen Quoten legt § 4 Abs. 5 Satz 1 i.V.m. Abs. 2 SGleiG fest. Vgl. zu Einzelheiten *Eichen* UBwV 2005, 6 (9 ff.).
85 *Gubelt*, in: *v. Münch/Kunig*, GGK I, Art. 3 Rn. 93f, u. *Lübbe-Wolff*, in: *Dreier* II, Art. 33 Rn. 21, jew. m.w.N.
86 EuGH NJW 1995, 3109 (Fall *Kalanke*).
87 EuGH NJW 1997, 3429 (Fall *Marschall*).

erkennende und zudem in Härtefällen überwiegende Gründe männlicher Mitbewerber berücksichtigende Bevorzugungsregelung des § 8 SGleiG als Ausfluss des Art. 3 Abs. 2 Satz 2 GG zulässig sein.[88]

Abstammung

38   Unter dem Begriff der Abstammung ist „vornehmlich die natürliche **biologische Beziehung** eines Menschen **zu seinen Vorfahren**" gemeint.[89] Als verpöntes Kriterium erfasst es ein Anknüpfen an **Eigenschaften** der **Eltern** (z.B. die Religionszugehörigkeit oder Kriminalität); es richtet sich gegen Sippenhaft und **Vetternwirtschaft**.[90] Deshalb darf für die Übernahme in ein Wehrdienstverhältnis und die Förderung als Soldat weder die Zugehörigkeit zum Adel noch zu einer einflussreichen Familie maßgebend sein; ebenso wenig dürfen förderliche Maßnahmen daran scheitern, dass die Eltern eines Soldaten keinen guten Ruf besitzen.[91]

Rasse

39   Der Begriff der Rasse bezieht sich auf **Personengruppen** mit **bestimmten, wirklich oder vermeintlich biologisch vererbbaren Merkmalen**. Rasse ist nicht im wissenschaftlichen Sinne gemeint, sondern bestimmt sich nach dem allg. Sprachgebrauch, wie er insbes. im Nationalsozialismus angewendet worden ist.[92] Auch Differenzierungen auf Grund pseudowissenschaftlicher Rassenbegriffe sollen verhindert werden. Deshalb sind Diskriminierungen von Farbigen, Mischlingen, Juden, Sinti und Roma und anderen Gruppen verboten.[93]

Glauben und **religiöse Anschauungen**

40   Diese Begriffe überschneiden sind und sind nicht trennscharf voneinander abzugrenzen.[94] Geschützt werden auch ein areligiöser und ein antireligiöser Glauben, nicht nur ein Religionsbekenntnis, das speziell nochmals von den religiösen Anschauungen erfasst wird. Beide Begriffe sind identisch mit der **Glaubensfreiheit** und der **Freiheit des religiösen Bekenntnisses** nach Art. 4 Abs. 1 GG.[95] Die Einbeziehung von Glauben und religiöser Anschauung als unerlaubte Kriterien im Zusammenhang mit dem Zugang zu und der Förderung in öff. Ämtern in Art. 3 Abs. 3 Satz 1 GG und in Abs. 1 ist deshalb Zeichen der **staatlichen Neutralität in religiösen Fragen**, die beim Zugang zu öff. Ämtern erneut in Art. 33 Abs. 3 Satz 1 GG zum Ausdruck kommt. Allerdings wird im Hinblick auf den in § 36 verbrieften **Anspruch auf Seelsorge** die **Frage** nach der **Konfessionszugehörigkeit** der Soldaten zulässig sein; der Soldat kann, gestützt auf die negative Glaubensfreiheit des Art. 4 Abs. 1 GG[96], zu der Frage schweigen.[97]

Politische Anschauungen

41   Das Verbot der Nichtberücksichtigung politischer Anschauungen beruht auf mehreren Aspekten.

Einerseits soll das **Leistungsprinzip** entscheidendes Gewicht beim Zugang zu öff. Ämtern und bei förderlichen Maßnahmen im Dienstverhältnis haben, nicht eine Seilschaft

---

88 Vgl. *Heun*, in: *Dreier* I, Art. 3 Rn. 112 m.w.N.
89 BVerfGE 9, 124 (128).
90 Vgl. *Jarass*, in: *Jarass/Pieroth*, GG, Art. 3 Rn. 110 m.w.N.
91 Vgl. bei Beamten GKÖD I K, § 8 Rn. 81.
92 *Heun*, in: *Dreier* I, Art. 3 Rn. 128.
93 *Jarass*, in: *Jarass/Pieroth*, GG, Art. 3 Rn. 110.
94 *Heun*, in: *Dreier* I, Art. 3 Rn. 132.
95 *Gubelt*, in: *v. Münch/Kunig*, GGK I, Art. 3 Rn. 101 m.w.N.
96 So bereits *Rittau*, SG, 74.
97 *Jarass*, in *Jarass/Pieroth*, GG, Art. 4 Rn. 11.

zu Fraktionen im BT, einzelnen Abg., Parteien oder parteinahen Organisationen. Dies zielt gegen eine mit dem Schlagwort **Ämterpatronage**[98] verbundene Personalpolitik im öff. Dienst, die nicht Eignung, Befähigung und Leistung, sondern die systematische Bevorzugung „eigener Leute" sowie die Benachteiligung politisch anders denkender Personen in den Vordergrund stellt und die – wie bei jedem Regierungswechsel unschwer erkennbar – auch im mil. Bereich weit verbreitet ist. Das mag in einigen wenigen mil. Spitzenpositionen – etwa beim GenInsp als dem mil. Berater der BReg – oder bei Soldaten in Schaltzentren der Regierungsarbeit – z.B. im Bundeskanzleramt – tragbar sein. Ansonsten ist diese Praxis rechts- und verfassungswidrig. Aus § 50, wonach Berufsoffz auf der Generals-/Admiralsebene jederzeit wie politische Beamte in den einstweiligen Ruhestand versetzt werden können, kann nicht gefolgert werden, es sei legitim, die Auswahl der Angehörigen dieser Dienstgradgruppe nicht am Leistungsprinzip, sondern an politischen Zweckmäßigkeitserwägungen zu messen. Es wäre aus Gründen der Einsatzbereitschaft der SK nicht verständlich, wollte man die gesamte mil. Führungsspitze zur Disposition wechselnder Regierungsmehrheiten stellen.[99]

Andererseits soll der Ausschluss politischer Anschauungen gewährleisten, dass Soldaten ihre Funktionen **parteipolitisch neutral** ausüben. Wer durch politische Protektion in eine hohe mil. Verwendung gelangt, wird zumindest in der Gefahr sein, nicht zu Gunsten des Dienstherrn, sondern der ihn fördernden Personen und Organisationen zu agieren und wesentliche soldatische Pflichten (z.b. zur Verschwiegenheit) zu verletzen.

Bei leistungsgleichen Bewerbern um eine förderliche Verwendung dürfen politische Anschauungen als verpöntes Merkmal auch keine Rolle als Stichauswahlkriterium spielen.[100]

Ausnahmsweise können politische Anschauungen (vor allem bei Bewerbern, die verfassungsfeindliche Tendenzen vertreten) als **zulässiges Indiz für** eine **fehlende Gewähr der Verfassungstreue** und damit als Indikator für einen persönlichen Eignungsmangel gewertet werden.[101] Vgl. zur Gewähr künftiger Verfassungstreue als Eignungskriterium die Komm. zu § 37 Rn. 19 ff.

Heimat
Der Begriff „Heimat" gründet sich auf die „örtliche Herkunft eines Menschen nach Geburt oder Ansässigkeit im Sinne der emotionalen Beziehung zu einem geographisch begrenzten, einzelnen mitprägenden Raum (Ort, Landschaft)"[102]; maßgebend ist die identitätsstiftende Bedeutung der Umgebung während der Kindheit und Jugend.[103] Nach der Rspr. des BVerfG fällt Heimat nicht mit dem Wohnsitz oder gewöhnlichen Aufenthaltsort zusammen[104]; Differenzierungen nach diesen Merkmalen sind deshalb zulässig. Das Kriterium „Heimat" schützt vor allem Flüchtlinge, Vertriebene und Umsiedler gegen Diskriminierungen.[105]

42

---

98 Vgl. für den Beamtenbereich *Battis*, BBG, § 8 Rn. 4; GKÖD I K, § 8 Rn. 84 ff., jew. m.w.N.
99 Die in Teilen unterschiedliche Handhabung der Versetzung in den einstweiligen Ruhestand zeigt sich darin, dass § 50 den Kreis der Betroffenen nicht wie im Beamtenbereich von der Dienstherrn, sondern vom Dienstgrad her beschreibt u. dass Generale/Admirale auch aus strukturellen Gründen in den einstweiligen Ruhestand versetzt werden können, vgl. die Komm. zu § 50 Rn. 3 u. 21.
100 Vgl. GKÖD I K, § 8 Rn. 85.
101 Ebd., Rn. 86.
102 BVerfGE 102, 41 (53); s.a. BVerfGE 5, 17 (22).
103 *Jarass*, in: *Jarass/Pieroth*, GG, Art. 3 Rn. 111 m.w.N.
104 BVerfGE 92, 26 (50 m.w.N.); 102, 41 (53 f.).
105 *Gubelt*, in: *v. Münch/Kunig*, GGK I, Art. 3 Rn. 99.

Herkunft

43 Über den Begriff „Heimat" hinaus bezieht sich das Merkmal „Herkunft" auf die ständisch-soziale Abstammung und Verwurzelung. Das Merkmal soll die Bevorzugung oder Benachteiligung einer Person wegen ihrer Zugehörigkeit zu einer sozialen Klasse oder Schicht (z.B. Arbeiterklasse, Adel) verbieten.[106] „Herkunft" ist deshalb als soziale Herkunft zu verstehen und bezieht sich vor allem auf die soziale Stellung der Eltern, in die jemand hineingeboren wird; nicht erfasst werden soll die gegenwärtige soziale Lebenssituation.[107] Die Begriffe „Heimat" und „Herkunft" überschneiden und ergänzen einander nach dem üblichen Sprachgebrauch wechselseitig.

44 Nicht in Art. 33 Abs. 2 GG, sondern in Art. 3 Abs. 3 Satz 2 GG findet sich ein verfassungsrechtl. Verbot der Benachteiligung wegen einer **Behinderung**. Gleichwohl können sich **Bewerber** um Einstellung in ein Wehrdienstverhältnis nicht auf diese Vorschrift berufen. Wegen des ebenfalls mit Verfassungsrang ausgestatteten Gebots (Art. 87a Abs. 1 GG) für den Bund, auf einen V-Fall ausgerichtete, einsatzfähige SK aufzustellen, ist die Bw nicht verpflichtet, schwerbehinderte Bewerber für die Einstellung als Soldat zu berücksichtigen. Entspr. sieht europarechtl. z.B. Art. 3 Abs. 4 der Richtlinie 2000/78/EG[108] für die Mitgliedstaaten die Möglichkeit vor, „diese Richtlinie hinsichtlich von Diskriminierungen wegen einer Behinderung ... nicht für die Streitkräfte" umzusetzen. Hiervon wollte die BReg in Art. 2[109] § 1 des Entw. eines G zur Umsetzung europ. Antidiskriminierungsrichtlinien[110] wegen des überragenden Erfordernisses der Einsatzbereitschaft und Schlagkraft der SK Gebrauch machen.

45 In den SK werden mehrere Hundert i.S.d. § 2 Abs. 2 und 3 SGB IX schwerbehinderte Soldaten verwendet. Zu diesem Personenkreis können die Soldaten gehören, zu deren Gunsten § 3 Abs. 2 geschaffen worden ist, die ihre körperliche Beeinträchtigung vor allem im Auslandseinsatz erlitten haben. Auch wenn sich zu deren Gunsten kein Benachteiligungsverbot wegen der Behinderung in § 3 Abs. 1 findet (auch die durch Art. 3 Abs. 12 des Entw. eines G zur Umsetzung europ. Antidiskriminierungsrichtlinien in § 3 Abs. 1 vorgesehene Ergänzung wollte hieran nichts ändern[111]), besteht schon heute ein gesetzl. Verbot der Benachteiligung von Soldaten, die eine Schwerbehinderung im Wehrdienstverhältnis erlitten haben, in § 81 Abs. 2 SGB IX i.V.m. § 128 Abs. 4 SGB IX.[112]

---

106 BVerfGE 5, 17 (22). Vgl. *Jarass*, in: *Jarass/Pieroth*, GG, Art. 3 Rn. 111a; GKÖD I K, § 8 Rn. 88.
107 BVerfGE 9, 124 (128 f.).
108 Richtlinie 2000/78/EG des Rates v. 27.11.2000 zur Festlegung eines allg. Rahmens für die Verwirklichung der Gleichbehandlung in Beschäftigung und Beruf.
109 Entw. eines Soldatinnen- und Soldaten-Antidiskriminierungsgesetzes – SADG, s. BT-Drs. 15/4538, 11, 24.
110 Der Entw. des G ist im Vermittlungsausschuss gescheitert, vgl. auch BT-Drs. 15/5915.
111 Ergänzt werden sollten nur die Kriterien sexuelle Identität, Weltanschauung u. ethnische Herkunft, vgl. BT-Drs. 15/4538, 15, 25.
112 Der Regelungsgehalt aus dem SGB IX sollte unverändert in den Art. 2 (Entw. des Soldatinnen- und Soldaten-Antidiskriminierungsgesetzes – SADG) § 18 (s.a. § 1 Abs. 2 Satz 2 SADG) übernommen werden (vgl. BT-Drs. 15/5717, 19, 25, 38 f.) mit folgendem Wortlaut:
„§ 18 Schwerbehinderte Soldatinnen und Soldaten
(1) Schwerbehinderte Soldatinnen und Soldaten dürfen bei einer Maßnahme, insbesondere beim beruflichen Aufstieg oder bei einem Befehl, nicht wegen ihrer Behinderung benachteiligt werden. Eine unterschiedliche Behandlung wegen der Behinderung ist jedoch zulässig, soweit eine Maßnahme die Art der von der schwerbehinderten Soldatin oder dem schwerbehinderten Soldaten auszuübenden Tätigkeit zum Gegenstand hat und eine bestimmte körperliche Funktion, geistige Fähigkeit oder seelische Gesundheit wesentliche und entscheidende berufliche Anforderung für diese Tätigkeit ist. Macht im Streitfall die schwerbehinderte Soldatin oder der schwerbehinderte Soldat Tatsachen glaubhaft, die eine Benachteiligung wegen der Behinderung vermuten lassen, trägt der Dienstherr die Beweislast dafür, dass nicht auf die

c) Dienstl. Beurteilungen

Die bei Ernennungen und Verwendungen nach Abs. 1 nicht zu berücksichtigenden Kriterien geben i.d.r. klar umrissene Sachverhalte wieder, die relativ leicht zu ermitteln sind. Hingegen sind die Merkmale Eignung, Befähigung und Leistung **unbestimmte Rechtsbegriffe**, deren Erfassen nur im Wege einer Auslegung möglich ist. Diese Begriffe (die Eignung im weiteren Sinne) sind verfassungsrechtl. durch Art. 33 Abs. 2 GG vorgegeben. Ihre Inhalte sind teilweise objektiv (z.B. gesetzl. in § 27 und in der SLV zur Festlegung der Laufbahnbefähigung) vorgegeben. Darüber hinaus liegt es im Rahmen der Organisationsgewalt des Dienstherrn, die Verwendungsmöglichkeiten der Soldaten allg. und abstrakt in Aufgabenkatalogen festzusetzen[113] und die hierzu geforderten Eignungskriterien (Verwendungsprofile) zu bestimmen. Maßgebend sind mil. Zweckmäßigkeitserwägungen des Dienstherrn, die oft in Dienstvorschriften und Erl. zum Ausdruck kommen und allg. die fachlichen und persönlichen Anforderungen vorgeben, die generell für die Wahrnehmung mil. Tätigkeiten oder Verwendungen vorausgesetzt werden sollen. Die Zweckmäßigkeit der Festlegung solcher Verwendungsprofile ist gerichtl. nicht überprüfbar.[114] Eine gerichtl. Kontrolle ist nur nach den bei Beurteilungsspielräumen sonst zulässigen Maßstäben[115] rechtlich möglich. **46**

Bei Bewerbern um Einstellung in ein Wehrdienstverhältnis werden zur Feststellung der Eignung im weiteren Sinne nach Art. 33 Abs. 2 GG die z.B. aus Zeugnissen ableitbare Befähigung und körperliche und geistige Eigenschaften i.d.R. für die Auswahl vorrangig zu berücksichtigen sein. Auf fachliche Leistungen und auf Bewertungen zu charakterlichen Eigenschaften wird mangels dienstl. Vorverwendungen noch nicht zurückgegriffen werden können. Bei Bewerbern um eine Ernennung oder Verwendung in einem Wehrdienstverhältnis spielt zur Eignungsfeststellung die umfassende **dienstl. Beurteilung** der Soldaten die entscheidende Rolle. Sie ist die wesentliche, am Leistungsgrds. ausgerichtete Basis für Personalentscheidungen der Soldaten. **47**

Ihre ausdrückliche materiellgesetzl. Grundlage findet die dienstl. Beurteilung in § 2 SLV.[116] Der Ermächtigung nach § 2 Abs. 2 Satz 1 SLV hat das BMVg durch den Erl. der ZDv 20/6[117] entsprochen. Die Arten der Beurteilungen (insbes. planmäßige Beurteilun- **48**

Behinderung bezogene, sachliche Gründe eine unterschiedliche Behandlung rechtfertigen oder eine bestimmte körperliche Funktion, geistige Fähigkeit oder seelische Gesundheit wesentliche und entscheidende berufliche Anforderung für diese Tätigkeit ist.
(2) Wird gegen das in Absatz 1 geregelte Benachteiligungsverbot beim beruflichen Aufstieg verstoßen, können hierdurch benachteiligte schwerbehinderte Soldatinnen oder Soldaten eine angemessene Entschädigung in Geld verlangen; ein Anspruch auf den beruflichen Aufstieg besteht nicht. Ein Anspruch auf Entschädigung muss innerhalb von zwei Monaten, nachdem die schwerbehinderte Soldatin oder der schwerbehinderte Soldat von dem Nichtzustandekommen des beruflichen Aufstiegs Kenntnis erhalten hat, geltend gemacht werden."
113 S.u. Rn. 57 f.
114 Vgl. z.B. Rn. 17 zur körperlichen Eignung.
115 Allg. hierzu *Kopp/Ramsauer*, VwVfG, § 40 Rn. 71 ff.
116 „§ 2 SLV Dienstliche Beurteilung
(1) Eignung, Befähigung und Leistung der Soldatinnen und Soldaten sind regelmäßig, oder wenn es die dienstlichen oder persönlichen Verhältnisse erfordern, zu beurteilen. Die Beurteilung ist den Soldatinnen und den Soldaten in ihrem vollen Wortlaut zu eröffnen und mit ihnen zu besprechen. Die Eröffnung ist aktenkundig zu machen und mit der Beurteilung zu der Personalakte zu nehmen.
(2) Das Nähere regelt das Bundesministerium der Verteidigung durch Erlass. Es kann Ausnahmen von der regelmäßigen Beurteilung zulassen."
Vgl. hierzu die Komm. von *Weniger*, in: *Dolpp/Klewitz/Weniger*, SLV, § 2.
117 S.o. Rn. 8. Die ZDv 20/6 ist abgedruckt bei *Schnell, Karl Helmut* (Hrsg.), Deutscher Bundeswehr-Kalender, Loseblattausgabe, Grundwerk 2006/I ff., C 07a.

Eichen

gen, Sonder- und Laufbahnbeurteilungen), die Grds. und das Verfahren zum Erstellen von Beurteilungen werden in dieser Dienstvorschrift nach Maßgabe der einschlägigen Rspr. ausführlich dargelegt. Es ist deshalb nicht notwendig, diese Ausführungen zu wiederholen. Zur Möglichkeit der **Beschwerde gegen dienstl. Beurteilungen**, die entgegen dem Wortlaut des § 1 Abs. 3 WBO in Teilbereichen rechtl. möglich ist, wird auf die Komm. bei *Böttcher/Dau*[118] verwiesen.

49 Der Vorgang des Beurteilens besteht sachlich darin, dass der Beurteiler seine Erfahrungen und Bemühungen mit Bezug auf den Beurteilten zu einem wertenden Ergebnis zusammenfasst.[119] Beurteilungen sollen ein aussagefähiges, möglichst objektives Bild der **Persönlichkeit** und der dienstlichen **Eignung, Befähigung** und **Leistung** des Soldaten abgeben und Möglichkeiten für seine **Erziehung** und **Ausbildung** aufzeigen. Sie sind für die Personalführung nur auswertbar, wenn die Aussagen und Wertungen für alle Soldaten konkret und genügend differenziert sind. Die Auswirkungen von Beurteilungen auf den Werdegang des einzelnen Soldaten stellen die beurteilenden Vorg. (Beurteilungen fertigt grds. der zum Vorlagetermin zuständige Vorg. an; dies ist i.d.R. der **nächste DiszVorg.**) in eine besondere Verantwortung. Beurteilen ist eine **Führungsaufgabe**. Von den beurteilenden Vorg. wird erwartet, dass sie Eignung, Befähigung und Leistung ihrer Soldaten richtig erkennen und sachgerecht, **auch im Eignungs- und Leistungsvergleich**, bewerten.[120]

50 Wegen der überragenden Bedeutung der dienstl. Beurteilung als der wesentlichen Grundlage für Auswahlverfahren zu Ernennungen und Verwendungen und damit für das berufliche Fortkommen der Soldaten ist verständlich, dass Soldaten oftmals die **Wehrdienstgerichte**[121] anrufen, um sich gegen ihre Beurteilung zu wehren. Dabei ist zu berücksichtigen, dass Beurteilungen naturgemäß sowohl in der Gewichtung der Einzelmerkmale als auch in ihrer Zusammenfassung **subjektive Wertungen** des Leistungsvermögens und Persönlichkeitsbildes des Soldaten darstellen. **Insoweit** sind sie grds. der **gerichtl. Nachprüfung entzogen**, obwohl bei den Beurteilenden die Anwendung unterschiedlicher Maßstäbe nicht völlig ausgeschlossen werden kann.[122] Zu dienstl. Beurteilungen findet nur eine **eingeschränkte gerichtl. Prüfung** statt. Die Rechtmäßigkeitskontrolle hat sich darauf zu beschränken, ob der beurteilende Vorg. die anzuwendenden Begriffe oder den gesetzl. Rahmen, in dem er sich frei bewegen kann, verkannt hat, von einem unrichtigen Sachverhalt ausgegangen ist, allg. gültige Wertmaßstäbe nicht beachtet, sachfremde Erwägungen angestellt oder gegen Verfahrensvorschriften verstoßen hat. Mit der ZDv 20/6 hat das BMVg Richtlinien für die Abgabe dienstl. Beurteilungen der Soldaten erlassen. Daher kann das Gericht nur prüfen, ob diese Richtlinien eingehalten worden sind und ob die Beurteilung mit den gesetzl. Best. über dienstl. Beurteilungen, speziell § 2 SLV, und sonstigen Rechtsvorschriften in Einklang steht.[123] Gleichwohl haben die Gerichte zu zahlreichen, durch dienstl. Beurteilungen aufgeworfenen

---

118 WBO, § 1 Rn. 186 ff.
119 BDH NZWehr 1967, 24.
120 ZDv 20/6 Rn. 101 bis 103, 301.
121 Kritisch zum Rechtsweg bei Beschwerden gegen Beurteilungen zu den Wehrdienstgerichten GKÖD I Yk, § 3 Rn. 56 unter Hinw. auf die im Kern statusrechtliche Bedeutung der Beurteilung. Die Zuständigkeit der VG wird nur in einem Sonderfall anerkannt: gem. § 50 Abs. 1 Nr. 4 VwGO ist ein Revisionssenat des BVerwG bei Klagen gegen Beurteilungen von Soldaten, die beim BND eingesetzt sind, zuständig, vgl. BVerwGE 107, 360 = ZBR 1999, 169. Vgl. auch BVerwG DÖV 2004, 880 u. BVerwGE 83, 113 Ls 3: Die Frage, ob die Voraussetzungen für die Aufhebung einer Beurteilung im Dienstaufsichtsweg gegeben sind, unterliegt in vollem Umfang der Nachprüfung durch die Wehrdienstgerichte.
122 BVerwG NZWehr 1989, 200.
123 Vgl. BVerwG DÖV 2004, 880 m.w.N.

Rechtsfragen Stellung genommen. Die nachfolgend angeführten Problempunkte (ggf. unter Bezugnahme auf einschlägige Rspr.[124]) bedürfen einer Erwähnung:
- Die dienstl. Beurteilung eines Soldaten ist vorrangige Grundlage für am Leistungsprinzip[125] orientierte Entscheidungen über dessen Verwendung und dienstl. Fortkommen, weil und soweit sie maßgebliche und zuverlässige Aussagen zu seiner Eignung, Befähigung und Leistung enthält.[126] Daraus folgt, dass eine Beurteilungspraxis, die diesen Anforderungen nicht gerecht wird und ohne sachlichen Grund nicht hinreichend zwischen den zu Beurteilenden differenziert, den von Art. 33 Abs. 2 GG geschützten **Anspruch** des im Auswahlverfahren unterlegenen Bewerbers **auf beurteilungs- und ermessensfehlerfreie Entscheidung** über seine Bewerbung verletzt. Ist eine **große Zahl von Bewerbern** um eine Beförderungsstelle **ausnahmslos mit der Spitzennote beurteilt**, deutet dies auf eine mit Art. 33 Abs. 2 GG nicht vereinbare Beurteilungspraxis hin. In einem solchen Fall fehlt es insgesamt an einer tragfähigen, dem Gebot der Bestenauslese entspr. Grundlage für die Auswahlentscheidung.[127] Ein Ausweichen auf sonstige, nicht leistungsbezogene Hilfskriterien (Dienst- oder Lebensalter, soziale Erwägungen, Fraueneigenschaft im Rahmen des SGleiG) kann diesen Rechtsmangel nicht heilen.
- Um bei Beurteilungen **unverhältnismäßig große Vergleichsgruppen** (mit dem für die beurteilenden Vorg. verstärkten Druck zur Vergabe von Spitzennoten) zu **vermeiden**, liegt es im organisatorischen Gestaltungsspielraum des Dienstherrn, soweit sachlich vertretbar kleinere Gruppen von Soldaten einer vergleichenden Bewertung zu unterziehen und entspr. in einzelne Eignungsranglisten aufzunehmen. Eine auf die jew. **TSK** bezogene Unterteilung ist grds. zulässig. In der Praxis wird sie mit der zentralen Personalführung[128] kollidieren und mit dem Umstand, dass bestimmte Soldatengruppen (z.B. die Angehörigen des SanDienstes) verschiedenen TSK angehören, sachlich jedoch in erster Linie in den dienstl. Leistungen ihrer Laufbahn verglichen werden sollten. Sinnvoller ist es, nach **Tätigkeitsbereichen** (Ausbildungs- und Verwendungsreihen – AVR) zu unterscheiden. Dies ist sachgerecht, weil es z.B.

---

124 Auch beamtenrechtl. Gerichtsentsch., deren Grds. auch auf Soldaten anwendbar sind.
125 Bestenauslese, vgl. o. Rn. 11.
126 Vgl. entspr. BVerwGE 111, 318 (320).
127 BVerfG ZBR 2004, 45 mit Anm. von *Otte*, ebd. S. 46. Diese Entsch. lässt für die mil. Personalführung gravierenden Änderungsbedarf erkennen. Die zentrale Personalführung (durch die Stammdienststelle bzw. das Personalamt der Bw) führt wegen der großen Zahl zu berücksichtigender Soldaten zu einer erheblichen Leistungsdichte. Hinzu kommt die Neigung der beurteilenden Vorg., ihren Soldaten fast ausnahmslos Spitzennoten zu erteilen. Diese Praxis führt dazu, dass Tausende von Bewerbern eine Bewertung ihrer Fähigkeiten, Kenntnisse u. Leistungen in einer Gesamtnote mit Differenzierungen teilweise erst in der dritten Stelle hinter dem Komma erhalten. Bereits das OVG Bremen (ZBR 1993, 189 f.) stellt fest, dass eine Bewertung mit einer Gesamtnote, die nach Bruchteilen von Hundertsteln differenziert, zu einer zu feinen, in der Wirklichkeit kaum feststellbaren Unterscheidung zwischen Bewerbern führe. Eine solche Bewertungsmethode vermittele bei einer großen Bewerberzahl (im Streitfall 170 Bewerber) kein zutreffendes Leistungsbild, weil sie Leistungsunterschiede suggeriere, die tatsächlich nicht erkennbar seien o. nicht ins Gewicht fielen. Eine hieraus abgeleitete Rangfolge erscheine in ihrer Feinheit ihrer Abstufungen zufällig, unverständlich u. nicht sachgerecht. Eine Unterscheidung in Noten erscheine nur so weit plausibel, als sie sprachlich zum Ausdruck gebracht werden könne. Das BVerwG (ZBR 2003, 420 = IÖD 2003, 170) führt aus, dass ein Beurteilungssystem, das an Stelle verbaler Binnendifferenzierungen den Gesamtnoten einen Bereich jew. mehrerer Punktwerte zuordne, hierdurch nach der maßgeblichen Einschätzung des Dienstherrn **messbare** u. **beachtliche** Bewertungsunterschiede zum Ausdruck bringen sollte.
128 Die allerdings z.B. im Rahmen von Beförderungen nicht als sakrosankt angesehen werden sollte!

wegen unterschiedlicher Ausbildungsgänge systembedingt ohnehin zu einer ebenfalls unterschiedlich frühen oder späten Entfaltung von Fachwissen und -können sowie praktischer Bewährung in der Verwendung kommen wird. Die separate Bewertung z.B. technischer und nichttechnischer Verwendungen ist vor dem Hintergrund des Leistungsprinzips sogar vorrangig angebracht, weil die Beurteilung der Qualifikation im Rahmen der Bestenauslese nur vergleichbare Leistungen einbeziehen darf.[129, 130]

- Wie im Beamtenbereich[131] ist auch für planmäßige Beurteilungen der Soldaten[132] die Vorgabe von **Richtwerten** durch den Dienstherrn rechtl. zulässig, nach denen für das anteilige Verhältnis der Gesamtnoten der dienstl. Beurteilung Quoten vorgegeben werden.[133] Eine solche an Erfahrenswerten[134] ausgerichtete Quotenvorgabe ist geeignet, der inflationären Vergabe von Spitzennoten zu begegnen. Hinreichende Wirksamkeit wird nur eintreten, wenn die Quoten nicht nur (z.B. bei einer Notenskala von eins bis sieben) die Spitzennoten (z.B. eins und zwei), sondern auch die durchschnittlichen Bewertungen erfassen. Richtwerte sind nach der Rspr.[135] nur zulässig, wenn sie sich auf einen hinreichend großen Exekutivbereich beziehen, auf eine im Großen und Ganzen vergleichbare Aufgaben- und Personalstruktur (bei Soldaten wird der Dienstgrad maßgebend sein) anwendbar sind und wenn geringfügige Über- und Unterschreitungen der Prozentsätze möglich bleiben.

- Die planmäßige Beurteilung eines Soldaten erstreckt und beschränkt sich auf den **Beurteilungszeitraum**. Dieser sollte so lang bemessen sein, um **aktuelle** Leistungsvergleiche zu ermöglichen. Die Ausdehnung der Beurteilung auf eine nach dem Beurteilungsstichtag eingetretene neue Sachlage ist ausgeschlossen.[136] Der Gleichheitssatz und die dem Vorg. obliegende Fürsorgepflicht gebieten, dass ein Soldat grds. **zu den festgelegten Terminen beurteilt** wird. Es ist rechtl. nicht zu beanstanden, wenn das BMVg in besonders begründeten Fällen hiervon Ausnahmen zulässt.[137] Die Einleitung eines gerichtl. Disziplinarverfahrens rechtfertigt die Aufschiebung der Erstellung einer planmäßigen Beurteilung.[138]

- Ein Beurteilender kann bei der Erstellung der dienstl. Beurteilung u.a. Aussagen sachkundiger Mitarbeiter verwenden, die über die Arbeitsleistungen, Fähigkeiten

---

129 Bei Aufteilung der Soldaten in sachlich getrennte, durch Verwendungen geprägte Reihungslisten ist sicherzustellen, dass die in diesen aufgenommenen Soldaten anteilmäßig berücksichtigt werden. So muss z.B. bei Beförderungen die Zahl der verfügbaren Planstellen prozentual entspr. der Zahl der in den Ranglisten jew. geführten Soldaten aufgeteilt werden.
130 Aus der bei Auswahlverfahren sachlich gebotenen Unterscheidung zwischen verschiedenartigen, kaum vergleichbaren Tätigkeitsbereichen ist im Gegenschluss zu folgern, dass die Zugehörigkeit zu einer bestimmten Verwendungs- o. Tätigkeitsgruppe nicht automatisch zu einem Vorrang bei förderlichen Maßnahmen gegenüber Soldaten anderer Tätigkeitsbereiche führen darf. Dies gilt insbes. für Soldaten, die eine Ausbildung für die **Verwendung im Generalstabs-/Admiralstabsdienst** erhalten haben. Diese Ausbildung bezieht sich auf **eine** Verwendung u. begründet nicht per se einen Vorzug bei jeder Verwendungsentscheidung.
131 Vgl. *Schnellenbach*, DÖD 1999, 1. S.a. § 41a BLV.
132 Vgl. *Weniger*, in: *Dolpp/Klewitz/Weniger*, SLV, § 2 Rn. 214 m.w.N.
133 Beispiel: Höchstens 5 Prozent der zu Beurteilenden dürfen die Spitzennote, höchstens weitere 20 Prozent dürfen die zweitbeste Note erhalten.
134 Vgl. *Schnellenbach*, DÖD 1999, 1 (2 m.w.N.) mit dem zutr. Hinw., dass Durchschnittswerte am häufigsten, über- u. unterdurchschnittliche Werte weniger zahlreich u. die extremen Plus- u. Minusvarianten nur selten anzutreffen sind.
135 Vgl. zu Einzelheiten BVerwG DÖD 1980, 224 = ZBR 1981, 197; BVerwG DVBl. 1998, 638.
136 BVerwGE 118, 197 = ZBR 2004, 395.
137 BVerwG NZWehr 1983, 27.
138 BVerwG NZWehr 1997, 114.

und Eignungen des zu Beurteilenden Aufschluss geben können.[139] Feststellungen und Bewertungen in einem **Beurteilungsbeitrag** sind insoweit beachtlich, als sie bei der abschließenden Beurteilung zur Kenntnis genommen und bedacht werden müssen. Sie sind wie eigene Beobachtungen des Beurteilers unverzichtbare Grundlage der Regelbeurteilung. Dies schließt nicht aus, dass sich der Beurteilende weitere Erkenntnisse über den Beurteilten für den Zeitraum verschafft, der durch den Beurteilungsbeitrag erfasst wird, dass er die tatsächliche Entwicklung außerhalb dieses Zeitraumes besonders gewichtet oder dass er zu einer abw. Bewertung gelangt. Deshalb ist er an die im Beurteilungsbeitrag enthaltenen Werturteile nicht in der Weise gebunden, dass er sie in seiner Beurteilung fortschreibend übernehmen müsste.[140] Es steht nicht in seinem Ermessen, ob und wie er einen Beurteilungsbeitrag berücksichtigt. Erst auf der Grundlage einer Gesamtwürdigung, welche die durch den Beurteilungsbeitrag vermittelten Erkenntnisse einzubeziehen hat, trifft der Beurteiler seine Bewertungen in eigener Verantwortung.[141]

- Eine geringfügige **Verschlechterung der dienstl. Beurteilung** gegenüber der vorherigen bedarf keiner Begr. durch Anführen konkreter Umstände in der Beurteilung selbst. Diese ist nicht deshalb rechtswidrig, weil der Soldat nicht frühzeitig auf eine sich geringfügig abzeichnende Verschlechterung hingewiesen worden ist.[142] Allerdings hat der Dienstherr bei der Eröffnung und Besprechung (vgl. § 2 Abs. 1 Satz 2 SLV) dem Soldaten gegenüber die Ergebnisse der dienstl. Beurteilung sowie einzelne Werturteile und ihre Grundlagen näher zu erläutern und dadurch plausibel zu machen.[143]

- Die Bewertung der **Förderungswürdigkeit** eines Soldaten durch den nächsthöheren, zur Beurteilung Stellung nehmenden Vorg. muss sich aus dessen Stellungnahme zur Leistungs- und Eignungsbeurteilung des Soldaten entwickeln und Leistungsstand und Eignungsgrad des Beurteilten widerspiegeln. Damit ist nicht vereinbar, dass der nächsthöhere Vorg. die Förderungswürdigkeit auf eine Wertungsstufe festsetzt, die eine ganze Stufe von der Bewertung der Leistung, Eignung und Befähigung durch den Beurteilenden abweicht, der sich der nächsthöhere Vorg. angeschlossen hatte.[144] Dieser hätte zunächst qualifiziert abw. zu den Aussagen und Wertungen des Beurteilenden Stellung nehmen müssen.[145] Die Änderung von Einzelmerkmals- und Eignungswertungen ist nur dann ausreichend begründet, wenn der Stellung nehmende Vorg. plausibel und nachvollziehbar die Wertung des Erstbeurteilers, insbes. den von diesem angelegten Beurteilungsmaßstab, und ggf. dessen Eignungs- und Leistungsvergleich würdigt und zumindest in knapper Form zum Ausdruck bringt, ob, in welchem Umfang und aus welchem Grund er in seinem eigenen Eignungs- und Leistungsvergleich die Wertungen des Erstbeurteilers als nicht sachgerecht, als zu positiv oder zu kritisch bewertet.[146]

---

139 BVerwGE 93, 174 = NZWehrr 1992, 164 (Beurteilung eines Offz durch einen nächsthöheren Vorg. [DivKdr] auf der Basis eines Beurteilungsbeitrags, den der Beurteilende in veränderter Form übernommen hat).
140 BVerwGE 86, 201 (203).
141 BVerwGE 107, 360 = ZBR 1999, 169; BVerwG NZWehrr 1999, 204 = ZBR 1999, 348.
142 BVerwG ZBR 2000, 269 = DÖD 2000, 108.
143 Vgl. BVerwGE 60, 245 (251).
144 BVerwG DÖV 2004, 880; ebenso BVerwG DokBer B 2005, 91. Vgl. zur Förderungswürdigkeit auch BVerwGE 114, 80 = ZBR 2002, 280.
145 S. ZDv 20/6 Rn. 906 f.
146 BVerwG ZBR 2005, 255.

d) Bestenauslese bei Ernennungen und Verwendungen

51 **aa) Ernennung und Verwendung:** Das **Leistungsprinzip** ist nach Abs. 1 anzuwenden auf **Ernennungs-** und **Verwendungsentscheidungen**.

52 Der **Begriff der Ernennung** ist identisch mit dem in § 4 Abs. 1 Satz 1 verwendeten Terminus. Insoweit wird auf die Komm. zu § 4 Rn. 7 ff. verwiesen. Förderliche Maßnahmen im Wege von Ernennungen, bei denen der Leistungsgrds. des Abs. 1 (bei Bewerbern des Art. 33 Abs. 2 GG[147]) berücksichtigt werden muss, sind demnach insbes. die Begründung von Wehrdienstverhältnissen eines BS oder SaZ (Berufung)[148] und jede Beförderung.[149]

53 Der **Begriff der Verwendung** ist **nicht gesetzl. definiert**. Das BVerwG[150] bezeichnet als „konkrete"[151] Verwendung „die Einweisung des Soldaten in einen bestimmten soldatischen Pflichtenkreis" (besser wird hier von einem Aufgaben- oder Tätigkeitskreis gesprochen, da Pflichtenkreis auf den Pflichtenkatalog der §§ 7 ff. hindeutet, was nicht gemeint ist). Letztlich ist die soldatische Verwendung die simplifizierende, auf die besonderen Bedürfnisse der SK zugeschnittene Variante zum beamtenrechtl. **Begriff des Amtes im funktionellen Sinne**, ohne mit diesem deckungsgleich zu sein.[152]

54 Die Übertragung des vielschichtigen beamtenrechtl. Amtsbegriffs[153] auf den Bereich der Soldaten wäre mit der für die Einsatzfähigkeit der SK notwendigen personellen Flexibilität und der bei dienstl. Bedürfnis unerlässlichen Ausnutzung der vollen Verwendungsbreite eines Soldaten, gemessen an seiner Eignung und Befähigung, nicht zu vereinbaren. Deshalb gibt es nur in Teilen Überschneidungen mit dem Beamtenrecht:

55 Unter dem beamtenrechtl. **Amt im statusrechtl. Sinne** ist die Rechtsstellung des **Beamten** zu verstehen, die durch die Zugehörigkeit zu einer Laufbahn und Laufbahngruppe, durch die besoldungsrechtl. Einstufung und die Amtsbezeichnung gekennzeichnet ist.[154] Die Ämter im statusrechtl. Sinne ergeben sich aus den dem BBesG als Anl. beigefügten Besoldungsordnungen (Beispiel: das statusrechtl. Amt eines Hauptsekretärs, Anl. I zum BBesG, Besoldungsordnung A, Besoldungsgruppe A 8). Durch die Einordnung in die entspr. Besoldungsgruppe werden Inhalt, Bedeutung und Wertigkeit des Amtes zum Ausdruck gebracht.

Für den soldatischen Bereich (BS und SaZ) wird eine dem statusrechtl. Amt in Teilen vergleichbare rechtl. Stellung[155] durch den Begriff des **Dienstgrades** geprägt.[156] Aus dem

---

147 S.o. Rn. 9.
148 Nicht aber eines Wehrdienstverhältnisses auf Grund der WPfl, vgl. die Komm. zu § 4 Rn. 12.
149 Auch die der Soldaten, die nach Maßgabe des WPflG Wehrdienst leisten.
150 BVerwGE 69, 83 (86).
151 Dieses Wort darf nicht übersehen werden. Wenn *Scherer/Alff*, SG, § 3 Rn. 3 unter Berufung auf BVerwGE 69, 83 (86) die Einweisung des Soldaten in einen bestimmten soldatischen Pflichtenkreis als Verwendung bezeichnen, vernachlässigen sie, dass das Gericht diese Einweisung als konkrete Verwendung definiert. Daneben gibt es auch noch die Festlegung abstrakter Verwendungen, s. Rn. 57.
152 Dass, wie das BVerwG a.a.O. ausführt, an „die Stelle des Begriffes des ‚Amtes im konkretfunktionellen Sinn' der Begriff der ‚Verwendung' des Soldaten" trete, ist angesichts der eigenen Begriffsbestimmung des Gerichts ebenfalls eine verkürzte Formulierung. Richtig wäre gewesen, der konkreten Verwendung dem konkreten Amt gegenüber zu stellen.
153 Es geht nur um den Vergleich zum beamtenrechtl. Amtsbegriff, nicht um den staatsrechtl. Amtsbegriffs des Art. 33 Abs. 2 GG (Zugang zu einem öff. Amt) als Gesamtheit der staatlichen Kompetenzen, die ein Amtswalter für den Staat wahrnimmt; dieser Amtsbegriff erfasst auch Soldaten (vgl. *Kunig*, in: *v.Münch/Kunig*, GGK II, Art. 33 Rn. 20).
154 BVerwGE 65, 270 (272 m.w.N.); 87, 310 (313).
155 Auch wenn BVerwGE 69, 83 (85) davon spricht, dass dem Soldatenrecht der Begriff des Amtes im statusrechtl. Sinne fremd sei. Vgl. *Scherer/Alff*, SG, § 3 Rn. 3.
156 Vgl. *Battis*, BBG, § 6 Rn. 9 m.w.N.

Ernennungs- und Verwendungsgrundsätze § 3

Dienstgrad sind die Zugehörigkeit zu einer Laufbahngruppe und die besoldungsrechtl. Einstufung ableitbar. Anders als bei Beamten, denen aus ihrem Status grds.[157] ein Anspruch auf eine **amtsangemessene Tätigkeit** zusteht[158], kann der Soldat i.d.R. einer Ausweitung seiner Tätigkeit nicht unter Hinw. auf statusrechtl. Vorgaben entgegentreten. Eine nicht **dienstgradgerechte Verwendung**[159] findet ihre Grenze erst in der Unzumutbarkeit.[160]

Mit dem **beamtenrechtl. Amt im funktionellen** oder auch **funktionalen Sinne** werden zwei Amtsbegriffe zusammengefasst: Ein **Amt im abstrakt-funktionellen Sinn** kennzeichnet einen der Rechtsstellung des Beamten entspr. Aufgabenkreis in einer Behörde. Es wird dem Beamten mit der Zuweisung zu einer bestimmten Behörde übertragen (z. B. Aufgabenkreis eines Regierungsdirektors im BMVg) und ändert sich bei der Versetzung zu einer anderen Behörde. Das **Amt im konkret-funktionellen Sinn** ist ein dem Beamten nach dem Organisations- und Geschäftsverteilungsplan der Behörde speziell übertragener Aufgabenbereich (Dienstposten).[161] 56

Die Übertragung eines anderen Amtes im konkret-funktionellen Sinn, also die Zuweisung eines anderen geschäftsplanmäßigen Aufgabenbereichs (Dienstpostens) innerhalb einer Behörde, ist die **Umsetzung**.[162] Sie ändert das Amt im abstrakt-funktionellen Sinn nicht.

Soldaten wird **kein Amt im funktionellen Sinne** verliehen. Der Dienstherr hilft sich bei der Zuweisung von Aufgaben an Soldaten mit der Verwendung. Dabei hat auch der Begriff der **Verwendung einen abstrakten und einen konkreten Gehalt**. Das BVerwG[163] hat hierzu klargestellt, dass der BMVg kraft seiner Organisationsgewalt die **Verwendungsmöglichkeiten** allg. festsetzen und „dabei in Aufgabenkatalogen bestimmte soldatische Pflichtenkreise festlegen" könne. Daraus ergäben sich bestimmte, der Rechtsstellung des Soldaten entspr. „abstrakte Aufgabenkreise" im Rahmen der Organisation der Bw[164], die „dem abstrakten Amt im funktionellen Sinne im Beamtenrecht" entsprächen. Über „die konkrete **Verwendung**, d.h. die Einweisung des Soldaten in einen bestimmten soldatischen Pflichtenkreis", entscheide der zuständige Vorg. nach Maßgabe des dienstl. Bedürfnisses nach seinem Ermessen. **Aus diesen beiden Facetten ergibt sich folglich die Begriffsbestimmung der Verwendung.**[165] 57

Während bei der Abforderung von Leistungen gegenüber Beamten deren Amt vorrangig ist[166], steht für den Dienstherrn beim Einsatz von Soldaten die Erfüllung des mil. 58

---

157 Eine Ausnahme regelt § 27 Abs. 2 BBG.
158 Vgl. z.B. BVerwGE 49, 64 (67 f.); 60, 144 (150).
159 Von der dienstgradgerechten Verwendung ist der auch für Soldaten geltende **Grds. der funktionsbezogenen Besoldung** (§ 18 BBesG) zu unterscheiden. Dieser besagt, dass soldatische Funktionen nach den mit ihnen verbundenen Anforderungen sachgerecht zu bewerten u. Dienstgraden (vgl. § 16 BBesG) zuzuordnen sind. Die Dienstgrade sind nach ihrer Wertigkeit unter Berücksichtigung der gemeinsamen Belange aller Dienstherren den Besoldungsgruppen zuzuordnen. Dieser Grds. schont öff. (fiskalischen) Interessen.
160 BVerwGE 53, 115; BVerwG NZWehr 1986, 121.
161 Vgl. *Battis*, BBG, § 6 Rn. 10 m.w.N.
162 *Battis*, BBG, § 26 Rn. 6 m.w.N.
163 BVerwGE 69, 83 (86).
164 Z.B. die Tätigkeit eines KpChefs einer Instandsetzungskompanie.
165 *Vogelgesang* (GKÖD I Yk, § 3 Rn. 1) beschreibt als Verwendung zutr. den „Einsatz jeder Art von Soldaten in einem bestimmten militärischen Aufgabenbereich oder für eine bestimmte Aufgabe".
166 So ist der Dienstherr grds. verpflichtet, den Beamten „so einzusetzen, dass zwischen den Anforderungen des Amtes und der Eignung des Inhabers weitgehende Übereinstimmung besteht" (BVerwG DÖD 1965, 177); der Beamte darf grds. nur zu einer seinem Amt entspr. Tätigkeit an eine andere Dienststelle abgeordnet werden (§ 27 Abs. 1 BBG).

Eichen

Auftrags im Vordergrund. Das BVerwG[167] hat betont, wie bei der im Beamtenrecht entspr. Zuweisung eines bestimmten Dienstpostens (Amt im konkret-funktionellen Sinn) sei der Dienstherr nicht gänzlich frei, welche Funktionen er dem Aufgabenbereich des Soldaten zuordne. Das Gericht hat anerkannt, dass eine auf ständige Einsatzbereitschaft ausgerichtete hochtechnisierte Armee personelle Flexibilität verlange. Sie sei unerlässliche Voraussetzung für die Einsatzfähigkeit und Schlagkraft der Truppe. Daraus sei die Befugnis der Personalführung zu folgern, die Verwendungsbreite eines Soldaten voll auszunutzen und ihn im Rahmen der dienstl. Bedürfnisse dort einzusetzen, wo er entspr. seiner Eignung und Befähigung optimale Leistungen verspreche. Die Grenze des Ermessens sei erst überschritten, wenn die Verwendung dem Soldaten unter Berücksichtigung aller Umstände des Einzelfalls bei objektiver Beurteilung nicht mehr zumutbar und daher willkürlich sei.[168] Zu den Umständen des Einzelfalls gehören – so das BVerwG[169] – die vom BMVg auf Grund seiner Organisationsgewalt durch Erlasse festgelegten Aufgabenkreise der Soldaten. Diese bestehen nicht nur aus den Umschreibungen in der **STAN**. Diese ist nur eine planerische Grundlage für Stärke, Gliederung und Ausrüstung der Bw und eine Grundlage für die Haushaltsanforderungen und Stellenpläne. Gleichwohl stellt die STAN einen Anhaltspunkt für den Einsatz des Soldaten auf einem bestimmten Dienstposten dar. Der Personalführung, insbes. dem BMVg, steht es im Rahmen seiner Organisationsgewalt frei, die Verwendungsbreite einzelner Soldaten auf Grund ihrer besonderen Ausbildung zu vergrößern. Letztlich muss dies im Rahmen dienstl. Erfordernisse der zuständige mil. Vorg. nach pflichtgemäßem Ermessen anordnen können.[170]

59 **bb) Versetzung, Kommandierung, Dienstpostenwechsel:** Die dienstl. Anweisung zu einer bestimmten Verwendung[171] kann für den Soldaten insbes. in einer **Versetzung**, **Kommandierung** oder einem **Dienstpostenwechsel** bestehen. Gesetzl. Regelungen hierzu finden sich – anders als zur Versetzung und Abordnung für Beamte (vgl. §§ 26, 27 BBG) – auch außerhalb des SG nicht. Vielmehr ergibt sich die **Zulässigkeit** der **Versetzung** eines Soldaten **unmittelbar aus der Wehrverfassung**. Einer besonderen gesetzl. Grundlage bedarf es nicht.[172]

60 Die **Versetzung** ist der Befehl[173] zur nicht nur vorübergehenden Dienstleistung in einer anderen Einheit oder sonstigen Dienststelle oder an einem anderen Standort.[174] Charakteristisch ist der **auf Dauer angelegte Wechsel der Dienstleistung**. Jeder durch Versetzungsverfügung angeordnete Wechsel der Dienststelle hat eine Herausnahme aus der bisherigen Dienststelle (Wegversetzung) und eine Einfügung in eine andere Dienststelle (Zuversetzung) zum Inhalt.[175] Aus dem Hinw. „**oder** an einem anderen Standort" ist zu folgern, dass eine Versetzung

---

167 BVerwGE 69, 83 (86 m.w.N.).
168 BVerwGE 53, 115 (116 f.) = DÖV 1976, 287.
169 BVerwGE 69, 83 (86 f. m.w.N.).
170 Vgl. BVerwGE 53, 23 (26); GKÖD I Yk, § 3 Rn. 1; s.a. die Komm. zu § 20 Rn. 20 ff.
171 Diese kann auch eine mil. Ausbildung sein, z.B. eine Lehrgangsteilnahme, vgl. GKÖD I Yk, § 3 Rn. 1 m.w.N.
172 BVerwG NZWehr 1996, 65 = NVwZ 1996, 474; a.A. *Schmidt-Bremme*, NVwZ 1996, 455.
173 Die Rechtsnatur der Versetzung als Befehl ist umstr.; das BVerwG behandelt sie wohl weder als Befehl noch als VA, sondern als endgültige Personalmaßnahme, auf welche die allg. Grds. des Verwaltungsrechts anwendbar seien (zum Meinungsstand *Scherer/Alff*, SG, § 3 Rn. 62; GKÖD I Yk, § 3 Rn. 32, jew. m.w.N.).
174 Vgl. Nr. 1 der Best. über die Versetzung, den Dienstpostenwechsel u. die Kommandierung von Soldaten, ZDv 14/5 B 171.
175 BVerwGE 43, 342 (343).

- **ohne Wechsel des bisherigen Standorts** (Fw A wird von der 1. zur 2. Kp im selben Standort versetzt), aber auch
- **ohne Wechsel der Dienststelle** (Fw A wird auf einen Dienstposten in einem räumlich abgesetzten Zug seiner Kompanie, der in einem anderen Standort stationiert ist[176], versetzt)

möglich ist.

Die **Dienststelle**, zu der der Soldat versetzt wird, muss **nicht den SK, nicht** einmal **der Bw** zugehören. Es muss sich jedoch um eine **Dienststelle des Bundes** handeln. Anders als für Beamte (für sie gilt § 121 BRRG) ist die Dienstherrnfähigkeit bzgl. Soldaten nicht ausdrücklich gesetzl. geregelt. Aus der alleinigen Bundeskompetenz für die Aufstellung der SK in Art. 87a Abs. 1 Satz 1 GG folgt aber, dass ein (nur aus dieser Verfassungsbest. ableitbares) Wehrdienstverhältnis i.S.d. § 1 Abs. 1[177] als ein öff.-rechtl. Treueverhältnis des Soldaten nur zu dem **Dienstherrn Bundesrepublik Deutschland** rechtl. zulässig ist. Die Versetzung eines Soldaten in die Dienststelle eines Landes wäre deshalb verfassungsrechtl. nicht möglich. Hingegen ist der Versetzung eines Soldaten in ein anderes Bundesressort (z.B. das Auswärtige Amt) zulässig.

61

Eine **rückwirkende Versetzung** gibt es nicht; ein entspr. Antrag wäre auf eine **rechtl. unmögliche Leistung** gerichtet.[178]

Der Soldat darf nur versetzt werden, wenn hierfür ein **dienstl. Bedürfnis** besteht[179] oder wenn er seine Versetzung beantragt hat[180] und diese mit dienstl. Interessen in Einklang zu bringen ist. Andererseits gehört die **jederzeitige Versetzbarkeit** zu den von den BS und SaZ freiwillig übernommenen Pflichten und zum Inhalt ihres Wehrdienstverhältnisses. Grds. gilt diese Pflicht auch für Soldaten, die nach Maßgabe des WPflG Wehrdienst leisten.[181] Die jederzeitige Versetzbarkeit hat für die Erhaltung von Einsatzbereitschaft und Kampfkraft der SK besondere Bedeutung. Da die dienstl. Interessen Vorrang genießen, können i.d.R. nur schwerwiegende persönliche Gründe oder außergewöhnliche Härten eine im dienstl. Interesse notwendige Versetzung hindern.[182] Es gilt der Grds., dass der Soldat **keinen Anspruch auf eine bestimmte örtliche**[183] **oder fachliche Verwendung oder auf Verwendung auf einem bestimmten Dienstposten** hat. Ein solcher Anspruch lässt sich auch nicht aus der Fürsorgepflicht ableiten.[184]

62

Über die Versetzung[185] entscheiden die zuständigen Vorg. nach Maßgabe dienstl. Bedürfnisse (diese sind als **unbestimmter Rechtsbegriff** gerichtl. voll nachprüfbar) im Wege einer **Ermessensentscheidung**.[186] Diese kann nur auf Ermessensfehler überprüft

63

---

176 Handelte es sich um einen Dienstposten in derselben Dienststelle im selben Standort, läge ein Dienstpostenwechsel vor.
177 Vgl. die Komm. zu § 1 Rn. 24 f.
178 BVerwG RiA 1983, 77 = ZBR 1983, 167.
179 Fälle eines dienstl. Bedürfnisses für eine Versetzung sind aufgelistet in Nr. 5 der Richtlinien zur Versetzung, zum Dienstpostenwechsel u. zur Kommandierung von Soldaten (VMBl. 1988 S. 76 mit späteren Änd.).
180 Zu den Gründen hierfür siehe die vorgenannten Richtlinien, Nr. 6 u. 7. Über die Aufhebung einer auf Antrag eines Soldaten erlassenen Versetzungsverfügung entscheidet der zuständige mil. Vorg. auf der Grundlage des in § 49 Abs. 2 Nr. 3 VwVfG zum Ausdruck kommenden allg. Rechtsgedankens, vgl. BVerwG NZWehr 2001, 25.
181 BVerwG 1 WB 138/85 = NZWehrr 1986, 173 (Ls).
182 BVerwG 1 WB 27/82.
183 BVerwG 1 WB 10.96.
184 Vgl. nur BVerwGE 86, 244.
185 Dies gilt auch für eine Kommandierung.
186 BVerwGE 43, 215 (217). Die Zweistufigkeit dieser Prüfung ist häufig: Es kann durchaus ein dienstl. Bedürfnis an einer Versetzung auf einen bestimmten Dienstposten geben, gleichwohl

§ 3 Gemeinsame Vorschriften

werden (ob der Vorg. den Soldaten durch Überschreiten oder Missbrauch dienstl. Befugnisse in seinen Rechten verletzt hat [§ 17 Abs. 3 Satz 2 WBO], ob die gesetzl. Grenzen des Ermessens überschritten sind oder ob von dem Ermessen in einer dem Zweck der Ermächtigung nicht entspr. Weise Gebrauch gemacht worden ist).[187]

Wie für alle Verwendungsentscheidungen ist für die **gerichtl. Nachprüfung der Versetzung** eines Soldaten der **Rechtsweg zu den Wehrdienstgerichten** gegeben.[188]

64 Zur Zulässigkeit von Versetzungen eines Soldaten sind Entsch. insbes. zu folgenden Problempunkten ergangen:[189]
- Zulässigkeit der **Rückversetzung** aus dem **Ausland**[190]
- **Haus** oder **Wohnungseigentum** am bisherigen Dienstort oder in dessen Nähe[191]
- **Weiterführen** eines **eigenen Gewerbebetriebs** am Standort[192]
- Versetzung **aus familiären Gründen** wegen **schwerbehinderter, erwerbsgeminderter Ehefrau**[193]
- **Gesundheitszustand** der **Ehefrau**[194]
- **berufliche Situation** der **Ehefrau**[195]
- Berücksichtigung von **Pflege-/Betreuungsaktivitäten** am Standort für Eltern, Großeltern, Schwiegereltern[196]
- **Einschulung** eines Kindes, **Kindergartenplatz** eines Kindes am bisherigen Wohnort[197]
- kein Anspruch des Soldaten, nur in einem Standort verwendet zu werden, in dem eine **seinem Glaubensbekenntnis entspr. Glaubensgemeinschaft** vorhanden ist[198]
- Versetzung eines Soldaten als **Mitglied des Personalrats** ohne dessen Zustimmung[199]
- Versetzung einer **Vertrauensperson**[200]
- unterbliebene Anhörung der **Schwerbehindertenvertretung** vor Nichtversetzung eines Soldaten[201]

---

kann der Dienstherr den entspr. Versetzungsantrag eines Soldaten ohne Ermessensfehler ablehnen.
187 Vgl. BVerwGE 63, 210 (212); BVerwGE 73, 51; *Böttcher/Dau*, WBO, § 1 Rn. 109 m.w.N. aus der Rspr.; s.a. *Scherer/Alff*, SG, § 3 Rn. 63 ff.
188 *Böttcher/Dau*, WBO, § 17 Rn. 49.
189 Weitere Beispiele bei *Böttcher/Dau*, WBO, § 1 Rn. 108 ff.; GKÖD I Yk, § 3 Rn. 34; *Scherer/Alff*, SG, § 3 Rn. 64 ff.
190 BVerwGE 53, 280 = DÖV 1977, 709; NZWehrr 1994, 24.
191 BVerwGE 63, 210 (215 m.w.N.) = NZWehrr 1979, 154 (156); BVerwG 1 WB 32.89; BVerwG 1 WB 66.93.
192 BVerwG RiA 1982, 50 = ZBR 1982, 222.
193 BVerwG 1 WB 148.76.
194 BVerwG NZWehrr 1996, 253 = ZBR 1996, 395. Vgl. allerdings die Selbstbindung des BMVg in Nr. 6 der Richtlinien zur Versetzung, zum Dienstpostenwechsel u. zur Kommandierung von Soldaten v. 3.3.1988 (VMBl S. 76), wonach von einer Versetzung abgesehen werden kann, wenn schwerwiegende persönliche Gründe vorliegen u. vorrangige dienstl. Belange nicht entgegenstehen. Schwerwiegende persönliche Gründe können hiernach im Gesundheitszustand des Soldaten, seiner mit ihm in häuslicher Gemeinschaft lebenden Ehefrau und seiner Kinder, in etwa gegebenen schulischen Schwierigkeiten der Kinder o. hiermit vergleichbaren Härtefällen liegen.
195 BVerwGE 73, 51; BVerwG 1 WB 24.95; BVerwG 1 WB 10.96 m.w.N.
196 BVerwG 1 WB 1.88 m.w.N.; BVerwG 1 WB 78.90; BVerwG 1 WB 30.92; BVerwG 1 WB 81.94.
197 BVerwG 1 WB 78.95.
198 BVerwG NZWehrr 1980, 65.
199 BVerwG ZBR 1987, 248; BVerwG NZWehrr 1998, 248 (entspr. zum Dienstpostenwechsel); BVerwG NZWehrr 2000, 161; BVerwG NZWehrr 2001, 215; BVerwG NZWehrr 2005, 392. Zur Versetzbarkeit der mil. Gleichstellungsbeauftragten s. § 18 Abs. 5 Satz 3 SGleiG.
200 BVerwG NZWehrr 1999, 249. S.a. § 15 SBG.
201 BVerwGE 86, 244 = NZWehrr 1990, 252. Zur Anhörung der Schwerbehindertenvertretung erst im Beschwerdeverfahren NZWehrr 1994, 26 (Ls).

Ernennungs- und Verwendungsgrundsätze § 3

- Versetzung ohne **Gewährung rechtl. Gehörs**[202]
- Wegversetzung zur **Beseitigung von Spannungen** in der Dienststelle[203]
- Wegversetzung eines KpChefs wegen **entwürdigender Behandlung** eines Untergebenen[204]
- **Zurückstellung** einer förderlichen Versetzung während eines **gerichtl. Disziplinarverfahrens**[205]
- Wegversetzung aus dem MAD wegen **Schulden**[206]
- Wegversetzung wegen **rechtmäßiger politischer Meinungsäußerung**[207]
- Wegversetzung wegen **Ungeeignetheit** (Mitgliedschaft in der Partei **Die Republikaner)**[208]
- Wegversetzung wegen **Mitgliedschaft** in einer **rechtsextremistischen Vereinigung**[209]
- Versetzung, die mit einer **gezielten Organisationsänderung** begründet wird[210]
- Versetzung auf **höherwertigen Dienstposten** bei **kurzer Restdienstzeit**[211]
- kein Anspruch auf Rückversetzung, wenn der ursprüngliche Dienstposten durch **Änderung** in der **Besoldungsstruktur** besser dotiert wird als zum Zeitpunkt der Wegversetzung[212]
- kein Anspruch, **nur** dann **versetzt** zu werden, wenn dies für den Soldaten mit einer **Förderung** in der Laufbahn verbunden ist[213]
- **Wegversetzung** von einem **höherdotierten Dienstposten mangels ausreichender Restdienstzeit**[214]
- Nichtausübung eines **Ehrenamtes** wegen Versetzung[215]
- Berücksichtigung der Ausübung eines **kommunalen Mandats** bei Wegversetzung.[216]

Die **Kommandierung**[217] ist der Befehl zur vorübergehenden (oder vorläufigen[218]) Dienstleistung bei einer anderen Einheit oder sonstigen Dienststelle oder an einem anderen Standort (Dienstort) oder bei einer nichtamtl. Stelle, z.B. bei einem Privatunternehmen.[219] Der Befehlscharakter dieser Verwendungsentscheidung impliziert de-

65

---

202 BVerwGE 113, 112 = NZWehrr 1997, 252.
203 BVerwG 1 WB 157/88; BVerwG 1 WB 39.98. Vgl. auch *Scherer/Alff*, SG, § 3 Rn. 73.
204 BVerwG *Buchholz* 236.1 § 3 SG Nr. 8.
205 BVerwG *Buchholz* 236.1 § 10 SG Nr.18 = NZWehrr 1997, 114.
206 BVerwGE 93, 95 = ZBR 1991, 375.
207 BVerwGE 46, 175 = NZWehrr 1974, 107.
208 BVerwGE 111, 22 = NZWehrr 2000, 82 (mit Anm. *Bachmann*, ebd. S. 83)
209 BVerwG NVwZ-RR 2005, 829 = ZBR 2005, 425.
210 BVerwGE 93, 232 = RiA 1992, 306.
211 BVerwG DokBer B 1995, 33; BVerwG ZBR 2005, 391.
212 BVerwG 1 WB 75.78.
213 BVerwG 1 WB 55.96; BVerwG 1 WB 73.98.
214 BVerwG 1 WB 8.92 = NZWehrr 1993, 124 (Ls).
215 BVerwG NZWehrr 1996, 208.
216 BVerwG NZWehrr 1995, 28; BVerwGE 83, 19 (21 f.) = NZWehrr 1986, 73. Der BMVg hat sein Ermessen durch Nr. 16 c der Richtlinien zur Versetzung, zum Dienstpostenwechsel u. zur Kommandierung von Soldaten v. 3.3.1988 (VMBl S. 76) in der Weise gebunden, dass BS u. SaZ, die die Wahl zu einer kommunalen Vertretung angenommen haben, nur auf eigenen Antrag o., wenn es wegen der Versetzung nicht möglich wäre, das Mandat wahrzunehmen, aus zwingenden dienstl. Gründen versetzt werden dürfen. Diese Ermessensbindung ist rechtl. unbedenklich (vgl. BVerwGE 73, 51; BVerwGE 73, 246; BVerwGE 83, 333).
217 Sie ähnelt der Abordnung der Beamten, vgl. § 27 BBG.
218 Dieses Merkmal dürfte wie im Beamtenrecht („Abordnung mit dem Ziel der Versetzung") die Kommandierung auch als vorgeschaltete Bewährungszeit vor einer Versetzung zulassen.
219 Vgl. Nr. 9 der Best. über die Versetzung, den Dienstpostenwechsel u. die Kommandierung von Soldaten, ZDv 14/5 B 171.

Eichen

ren dienstl. Zweck; sie bedarf eines aktuellen dienstl. Bedürfnisses.[220] Hat der Soldat die Kommandierung beantragt, dürfen vorrangige dienstl. Belange nicht entgegenstehen.

66 Unter Dienststelle ist nicht nur eine solche der Bw, sondern jede deutsche oder nichtdeutsche Dienststelle zu verstehen. Dies ist rechtl. zulässig, weil der Soldat seinen Dienstherrn Bundesrepublik Deutschland nicht wechselt, sondern in dessen Auftrag (im dienstl. Interesse der SK) vorübergehend (ggf. auch außerhalb der Bundesexekutive) Dienst leistet. Die Kommandierung zu Privatunternehmen (insbes. Rüstungsfirmen) ist deshalb bedeutsam, weil so Soldaten steuernd und begleitend an verteidigungswichtigen Projekten mitarbeiten und die Interessen der SK unmittelbar einbringen können. Welchen zeitlichen Rahmen der Begriff der **vorübergehenden** Dienstleistung absteckt, ist nicht geregelt.[221] Die Festsetzung der Dauer der Kommandierung obliegt dem pflichtgemäßen Ermessen der kommandierenden Stellen. Diese haben einerseits das dienstl. Bedürfnis für die Kommandierung, andererseits die hierdurch für den Soldaten erwachsenden persönlichen und familiären Erschwernisse[222] zu berücksichtigen.

67 Von praktischer Bedeutung vor allem bei der Entsendung von Soldaten zur Dienstleistung bei Auslandskontingenten ist die **Abgrenzung** der **Kommandierung** von der **Dienstreise**. Da mit der Kommandierung ein Wechsel des Unterstellungsverhältnisses des Soldaten eintreten kann[223] (der Soldat wird Angehöriger des deutschen Auslandskontingents), entsteht ein Anspruch auf Zahlung des Auslandsverwendungszuschlags für die Zeit der Kommandierung; andernfalls steht nur eine reisekostenrechtl. Abfindung zu.

Angeordnet ist hierzu[224], dass eine Kommandierung zu verfügen sei, wenn die vorübergehende anderweitige Verwendung des Soldaten in einer allg. Dienstleistung bestehe. Bei der Kommandierung unterstehe der Soldat i.d.R. der Dienstaufsicht und Disziplinarbefugnis anderer Vorg. (bei deutschen Auslandskontingenten des nationalen Befehlshabers im Einsatzgebiet). Eine Dienstreise sei z.B. anzuordnen, wenn der Soldat einzelne, bestimmte Aufgaben auf Grund einer Dienststellung wahrnehme oder wenn er bestimmte Dienstgeschäfte im Auftrag seiner (entsendenden) Dienststelle auszuführen habe. Bei einer Dienstreise wechsele die disziplinare Unterstellung nicht.

68 Es ist nicht sachgerecht, nur darauf abzustellen, ob der zur Dienstleistung bei einem Auslandseinsatzkontingent entsandte Soldat dort Dienstgeschäfte seiner Heimatdienststelle wahrnimmt oder einsatzrelevante Aufgaben des Kontingents. Abgesehen davon, dass sich oft eine klare Grenze nicht ziehen lässt, ist es nicht i.S.d. vom BT für den jew. Auslandseinsatz erteilten Zustimmung, wenn dort ggf. über die festgelegte Kontingentstärke hinaus Soldaten im Wege von z.T. mehrwöchigen Dienstreisen eingesetzt werden. Dienstreisen sollten sich auf kurze, für Reisen noch adäquate Zeiträume (angemessen erscheinen zwei Wochen) beschränken. Darüber hinausgehende Verwendungen sollten nur Angehörigen des Kontingents zugemutet werden; durch die entspr. Kom-

---

220 *Scherer/Alff*, SG, § 3 Rn. 80.
221 Die Annahme von *Scherer/Alff*, SG, § 3 Rn. 61, die Verwendung sei endgültig, wenn der Soldat länger als ein Jahr bei der neuen Dienststelle o. am neuen Standort Dienst leiste, ist weder durch Vorschriften belegt noch entspricht sie der Praxis des BMVg. Auch beamtenrechtl. sind längere Abordnungszeiträume zulässig (vgl. § 27 Abs. 2 Satz 3, Abs. 3 Satz 2 BBG).
222 Hierbei ist darauf hinzuweisen, dass nach § 4 Abs. 1 Nr. 2 des BUKG in besonderen Fällen eine Zusage der Umzugskostenvergütung bei Kommandierungen zulässig ist. Bei der Tätigkeit von Soldaten in einem Rüstungsbetrieb kommt eine Versetzung zu einer firmennahen Dienststelle der SK mit anschließender „heimatnaher" Kommandierung in Frage.
223 Vgl. z.B. § 29 Abs. 2 Satz 2 WDO; *Dau*, WDO, § 29 Rn. 15.
224 Nr. 12 der Best. über die Versetzung, den Dienstpostenwechsel u. die Kommandierung von Soldaten, ZDv 14/5 B 171.

mandierung würde anerkannt, dass für das zur Dienstleistung entsandte Personal dieselben einsatztypischen Belastungen und Beschwernisse (mit der berechtigten Folge der Gewährung des Auslandsverwendungszuschlags) entstehen wie für „reguläre" Kontingentangehörige.

Ein **Dienstpostenwechsel** ist eine Verwendungsentscheidung, mit der die Änderung der Verwendung eines Soldaten innerhalb seiner Einheit (Dienststelle) und innerhalb seines Standortes unter Wechsel der Planstelle angeordnet wird.[225] Für diesen Wechsel ist ein dienstl. Bedürfnis erforderlich; hat der Soldat ihn beantragt oder darum gebeten, von dem Dienstpostenwechsel abzusehen, dürfen vorrangige dienstl. Interessen nicht entgegenstehen. Eine Änderung der STAN, die allein dazu dient, die Förderung eines Soldaten gezielt zu verhindern, begründet kein dienstl. Bedürfnis für einen Dienstpostenwechsel.[226] 69

cc) **Bestenauslese:** Die Notwendigkeit zu einer durch Abs. 1 und das dort verankerte Leistungsprinzip bei Ernennungs- und Verwendungsentscheidungen vorgeschriebenen Bestenauslese (Gleiches gilt für die Ermittlung von bestgeeigneten Bewerbern nach Art. 33 Abs. 2 GG[227]) beruht i.d.r. darauf, dass einer großen Zahl von um Förderung bemühten Personen eine wesentlich kleinere Anzahl von Förderungsmöglichkeiten gegenübersteht. Zwar ist es grds. vorstellbar, dass eine Bestenauslese auch stattfindet, wenn keiner der zur Auswahl stehenden Kandidaten Interesse an einer Ernennung oder Verwendung hat, insbes. bei Querversetzungen.[228] Ganz überwiegend wird es aber aus Sicht der Betroffenen um förderliche Maßnahmen gehen. 70

Für den Zugang zu den SK vermittelt der hierfür einschlägige Art. 33 Abs. 2 GG **keinen Rechtsanspruch auf Einstellung als Soldat.**[229] Besteht **kein Bedarf**[230] an Neueinstellungen oder ist aus haushaltsrechtl. Gründen eine Personalaufstockung („Einstellungsstopp") nicht möglich, kann auch ein geeigneter Bewerber nicht die Begründung eines Wehrdienstverhältnisses durchsetzen. Entspr. gilt dies für förderliche Maßnahmen von Soldaten („Beförderungsstau"[231]). 71

Die Einstellung von Bewerbern in ein Wehrdienstverhältnis und die Förderung von Soldaten stehen – ungeachtet der Best. über das Leistungsprinzip – i.d.R. im **Ermessen** der zuständigen Stelle.[232] Dieses Ermessen unterliegt allg. rechtsstaatlichen Bindungen wie dem Verbot sachwidriger Erwägungen und dem Gebot zur Gleichbehandlung (vgl. § 40 VwVfG). Im Einzelfall kann die Ermessensausübung zulässigerweise dazu führen, angesichts des Ergebnisses eines Auswahlverfahrens ein neues Verfahren einzuleiten. 72

Auch sonstige, in der Natur der Sache liegende Hinderungsgründe für förderliche Maßnahmen sind zu beachten. Selbst hierfür grds. Geeignete können in den SK Ausbildungswege nicht nach persönlichen Wünschen gestalten. Nicht der private Nutzen ist maß- 73

---

225 Nr. 6 der Best. über die Versetzung, den Dienstpostenwechsel u. die Kommandierung von Soldaten, ZDv 14/5 B 171. Der Dienstpostenwechsel entspricht der beamtenrechtl. Umsetzung (vgl. o. Rn. 56) innerhalb einer Behörde.
226 BVerwGE 93, 232 = RiA 1992, 306.
227 S.o. Rn. 9.
228 Hier muss mittels einer Bestenauslese ggf. ein Unwilliger ausgewählt werden.
229 BVerfGE 39, 334 (354).
230 Vgl. *Scherer/Alff*, SG, § 3 Rn. 7 m.w.N.
231 Das Wort „Stau" impliziert in unzulässiger Weise die Vorstellung, es gebe einen Rechtsanspruch auf Beförderung. Diese steht aber stets unter dem Primat der Bestenauslese. Nur der bestgeeignete u. leistungsstärkste Bewerber hat – eine Planstelle vorausgesetzt – einen Anspruch auf Beförderung, nicht schon der „grundsätzlich" geeignete Soldat.
232 Vgl. allg. *Kunig*, in: *v. Münch/Kunig*, GGK II, Art. 33 Rn. 33.

§ 3   Gemeinsame Vorschriften

geblich. Die **Aus- und Weiterbildung** der Soldaten ist kein Selbstzweck. Entscheidend ist, ob für sie ein **mil. Bedürfnis** besteht.[233] Sieht man diese Frage grds., müssten das generelle Hochschulstudium der Offz und das unverhältnismäßige Angebot an zivilberuflicher Aus- und Weiterbildung (ZAW) mit z.T. fragwürdiger Verwertbarkeit für militärfachliche Tätigkeiten kritisch hinterfragt werden. Maßstab müssen die Vorgaben der SLV und die Regelungen der demnächst durch das BMVg[234] auf der Basis des § 27 Abs. 7 als RVO zu erlassenden Prüfungsordnung[235] für die SK sein. Zu berücksichtigen ist auch, ob die Kosten-Nutzen-Relation in einem angemessenen Verhältnis steht (Stichwort Restdienstzeit).

74 Der Grds. der **Bestenauslese** besagt[236], dass der Dienstherr im Rahmen pflichtgemäßen Ermessens **unter mehreren Bewerbern**[237] **den geeigneteren bzw. geeignetsten auswählt**. Dabei hat er sich am Leistungsprinzip zu orientieren und im Übrigen **nur bei im Wesentlichen gleicher Eignung** im Rahmen sachgerechter Erwägungen darüber zu befinden, welchen **sonstigen sachlichen Gesichtspunkten** er für die beabsichtigte Maßnahme Gewicht beimessen will, sofern dadurch das Leistungsprinzip als solches nicht in Frage gestellt wird.[238] Da es sich um Ermessensentscheidungen handelt, sind diese nur auf Ermessensfehler gerichtl. überprüfbar. Neben maßgeblichen Wertentscheidungen des GG und gesetzl. Vorgaben sind ermessensbindende Erlasse und Dienstvorschriften zu beachten. Die Entscheidung der Personal führenden Stellen, wen sie für eine Förderungsmaßnahme unter den in Betracht kommenden Kandidaten für am besten geeignet halten, stellt ein ihnen vorbehaltenes Werturteil dar. Gerichtl. ist nur nachprüfbar, ob die Entscheidung auf sachfremden Erwägungen beruht, ob allg. gültige Wertmaßstäbe nicht beachtet sind, ob von einem unrichtigen Sachverhalt ausgegangen oder gegen Verfahrensvorschriften verstoßen worden ist.[239] Nach der Rspr. der VG[240] dienen beamtenrechtl. Vorschriften über Personalauslese und Beförderung vornehmlich dem öff. Interesse an einer bestmöglichen Stellenbesetzung im öff. Dienst. Sie berücksichtigen daneben das berechtigte Interesse des Bewerbers an einem angemessenen beruflichen Fortkommen und begründen einen **Anspruch auf rechtsfehlerfreie Anwendung** der gesetzl. Vorschriften. Dies hat ebenso für die **wehrdienstgerichtl. Kontrolle** mil. Verwendungsentscheidungen zu gelten, die der Dienstherr im mil. Unter- und Überordnungsverhältnis trifft. Solche vor den **Wehrdienstgerichten** zu entscheidenden truppendienstl. Streitigkeiten (**Konkurrentenklagen**[241]) sind von der Rspr. zugelassen.[242]

---

233 BVerwGE 53, 163 (165). Das gilt auch für die Weiterbildung der SanOffz, vgl. BVerwG ZBR 1998, 145.
234 § 93 Abs. 2 Nr. 3.
235 Diese RVO wird die bisher von der Rspr. gebilligte (vgl. BVerwG ZBR 1982, 223 [Ls]; BVerwGE 63, 15) Festlegung mil. Ausbildungsinhalte im Erlassweg u. allein nach mil. Zweckmäßigkeitserwägungen (mit z.T. in den TSK verschiedenen Anforderungen für Laufbahnausbildung und -prüfung) beenden. Vgl. die Komm. zu § 27 Rn. 30.
236 Zum Folgenden BVerwGE 86, 169.
237 Ein Leistungsvergleich ist nur erforderlich, wenn über die Bewerbung mehrerer Soldaten zu entscheiden ist. Daran fehlt es, wenn der ausgewählte Soldat sich bereits früher nach einem Leistungsvergleich mit anderen Bewerbern auf einem dem höherwertigen Dienstposten entspr. Dienstposten bewähren konnte u. damit objektiv einen Vorsprung aufzuweisen hat, vgl. BVerwG NZWehr 2001, 123 = ZBR 2001, 141.
238 BVerwG 1 WB 123.00 m.w.N.
239 BVerwG NZWehrr 1998, 248.
240 Vgl. BVerwGE 80, 123 = ZBR 1989, 172.
241 Hierzu *Scherer/Alff*, SG, § 3 Rn. 93; GKÖD I Yk, § 3 Rn. 47 ff.
242 Vgl. BVerwG NZWehrr 2001, 123 (124 m.w.N.) = ZBR 2001, 141. Vgl. die Komm. zu § 39 Rn. 22.

Ernennungs- und Verwendungsgrundsätze § 3

Die für Ernennungs- und Verwendungsentscheidungen maßgeblichen Kriterien Eignung, Befähigung und Leistung sind auf der Grundlage auch früherer[243] dienstl. Beurteilungen und sonstiger, auf die Eignung im weiteren Sinne bezogener Merkmale zu ermitteln. Sonstige Hilfskriterien (insbes. Fraueneigenschaft im Rahmen des § 8 SGleiG, soziale Kriterien[244], Dienst- oder Lebensalter) können erst entscheidend sein, wenn eine auch annähernd gleiche Eignung im weiteren Sinne festgestellt wird. Ansonsten verdient der besser geeignete Kandidat den Vorzug. 75

Der Dienstherr hat bei der Bewertung der Eignung, Befähigung und Leistung bezogen auf bestimmte Tätigkeitsbereiche einen Spielraum, wie er die einzelnen Merkmals gewichtet. Er ist nicht gezwungen, sie anteilig jew. zu einem Drittel in einer Gesamtbewertung anzurechnen. Dies wäre fragwürdig, weil sich die Kriterien überschneiden und teilweise bedingen. Außerdem besteht die dienstl. Beurteilung nicht nur aus bepunktbaren, objektiv nachzurechnenden Einzelmerkmalen, sondern auch aus freien Beschreibungen, die der Interpretation zugänglich sind. Es unterliegt daher der **Einschätzungsprärogative des Dienstherrn**, welchem Qualifikationsmerkmal er für seine Auswahlentscheidung größeres Gewicht beimisst.[245] Erst bei im Wesentlichen gleich bewerteten Personen (wie weit dieser Kreis zu ziehen ist, obliegt der sachgerechten Einschätzung des Dienstherrn) kann über die Eignung im weiteren Sinne hinaus auf Hilfskriterien zurückgegriffen werden. Als Leistungsmerkmale im Rahmen von Beförderungen sind die für eine nicht nur kurzfristige Wahrnehmung höherwertiger Tätigkeiten vergebenen sog. **HDP-Punkte** positiv zu gewichten, weil Soldaten grds. nur im Vergleich zu Dienstgradgleichen sach- und leistungsgerecht zu bewerten sind. 76

Die durch die zentrale mil. Personalführung bedingten, unverhältnismäßig großen Bewerbergruppen und die unstr. Tatsache, dass die beurteilenden Vorg. ihre Soldaten durchweg mit Spitzennoten bewerten, dürfen nicht dazu führen, dass dem Leistungsprinzip fremde Gesichtspunkte bei der Bestenauslese den Ausschlag geben. Diese Gefahr besteht durch Berücksichtigung des **Dienst- oder Lebensalters**. Die Rspr. der Wehrdienstgerichte[246] hat dazu beigetragen, diese verfassungsrechtl. bedenkliche Praxis zu 77

---

243 Das BVerwG hält es für zulässig, in die Auswahlentscheidung die beiden letzten planmäßigen Beurteilungen vor der aktuellen Beurteilung einzubeziehen (BVerwGE 117, 81 = NZWehrr 2003, 120 [121 m.w.N.]). Frühere Beurteilungen sind keine Hilfskriterien, sondern vor diesen unmittelbar leistungs- u. eignungsbezogen zu werten (BVerwG ZBR 2003, 359 = IÖD 2003, 147).
244 Missverständlich BVerwG NZWehrr 2003, 120 = ZBR 2004, 260, wonach bei einer Auswahlentscheidung unter mehreren nach Eignung, Befähigung u. Leistung im Wesentlichen gleich beurteilten Soldaten der BMVg berechtigt sei, die Häufigkeit der Standortwechsel und deren Entfernung voneinander „als zusätzliches Hilfskriterium oder zur Vermeidung von Härten bei der Bewerberauswahl heranzuziehen". Es wird verkannt, dass für das fachliche Leistung nicht die individuelle Anstrengung, sondern nur das objektive Arbeitsergebnis maßgeblich ist (vgl. *Scherer/Alff*, SG, § 3 Rn. 20). Einem wegen häufiger Standortwechsel schlechtere dienstl. Leistungen erbringenden Soldaten kann diese Ursache gegenüber einem wenig Standortwechsel ausgesetzten, bessere Leistungen zeigenden Soldaten nicht im Wege einer Kompensation bei der Bewertung seiner Eignung im Rahmen eines Auswahlverfahrens als Leistungsmerkmal zugute gehalten werden; dies muss vielmehr direkt in der Beurteilung Niederschlag finden. Häufige Standortwechsel sind nur als Hilfskriterium heranzuziehen. Dies hätte im entschiedenen Fall zu demselben Ergebnis geführt.
245 BVerwG ZBR 2001, 31 m.w.N.
246 So der 1. WDS des BVerwG (NZWehrr 1984, 214 [Ls]- zit. nach juris): „Die Festlegung eines die Lebenserfahrung würdigenden Mindestlebensalters ist angesichts der großen Zahl geeigneter HFw sachgerecht, weil nur so eine befriedigende Anzahl von ihnen rechtzeitig vor ihrem Ausscheiden aus der Bundeswehr zum Oberstabsfeldwebel befördert werden kann." Diese Rspr. verkennt, dass es keine grds. o. absolute, sondern immer nur eine relative, an der Qualifikation der Bewerber gemessene Eignung gibt.

Eichen

§ 3　　　　　　　　　　　　　　　　　　　　　　　　Gemeinsame Vorschriften

stützen. Gemessen an Art. 33 Abs. 2 GG und Abs. 1 ist es **rechtl. unzulässig, Mindestdienstzeiten** und damit implizit ein Mindestlebensalter **zur Schaffung eines altersgerechten Dienstgradgefüges, zur Verwirklichung eines** auch im politischen Raum propagierten **allg. Laufbahnziels**[247] oder **zur Erleichterung der mil. Personalführung** zu nutzen.

78　Dies bestätigt die aktuelle Rspr. des BVerwG[248] zur Unzulässigkeit der Berücksichtigung nicht im verfassungsrechtl. Leistungsgrds. verankerter Kriterien (wie **Mindestverweildauer in einem Dienstgrad** oder **Mindestdienstzeiten**) bei einer Bewerberauswahl für eine Beförderung. Diese Rspr. muss zu einer kritischen Überprüfung der in Dienstvorschriften und in der SLV enthaltenen, z.T. in vielen Jahren bemessenen Wartezeiten führen.[249] Das BVerwG hebt hervor, nur so lange eine Wartezeit geeignet und erforderlich sei, „eine zuverlässige Beurteilung des Leistungsvermögens und eine fundierte Prognose über die voraussichtliche Bewährung in einem höheren Amt zu ermöglichen"[250], lägen ihr als **Bewährungszeit** leistungsabhängige Faktoren zugrunde. Der Zweck der Bewährungszeit setze Wartezeiten Grenzen. Eine Wartezeit, die länger sei als zur Feststellung der Eignung notwendig, sei dem Ancienitätsprinzip zuzuordnen, das dem Leistungsgrds. widerspreche. Obergrenze für Bewährungszeiten ist nach Ansicht des BVerwG[251] i.d.R. der für eine Regelbeurteilung vorgesehene Zeitraum; bei Spitzendienstposten kann ein größerer Zeitrahmen angemessen sein.

79　Gravierende Auswirkungen hat diese Rspr. im Bereich der Fw-Dienstgrade. Wegen der derzeit breiten **Dienstpostenbündelung** (Fw bis StFw) finden dort grds. jew. nur Beförderungen mit besoldungsrechtl. Steigerung ohne Übertragung eines höher dotierten Dienstpostens statt. Die dienstl. Aufgaben bleiben unverändert. Die grds. Bewährung wird schon bei der erstmaligen Wahrnehmung des Dienstpostens im Dienstgrad Fw nachgewiesen. Bei weiteren Beförderungen ist, soweit die Bündelung reicht, eine erneute Bewährungszeit unnötig.

80　Eine Berufung auf das Dienst- oder Lebensalter[252] in Form von Wartezeiten bei Auswahlverfahren ist nur zulässig, wenn es sich um **echte Bewährungszeiten** handelt oder wenn eine vom Gesetzgeber nicht gewollte **Sprungbeförderung** (§ 27 Abs. 4 Satz 2)[253] **verhindert** werden soll. Als weitere Ausnahme der Bestenauslese erkennt das BVerwG[254] nicht im Leistungsgrds. verankerte Belange an, die als immanente Grundrechtsschranke bei Auswahlverfahren berücksichtigt werden können, weil ihnen **selbst Verfassungsrang zukommt**. Hier ist an die bei mil. Auswahlverfahren zu beachtende **Einsatzbereitschaft der SK** zu denken, die verfassungsrechtl. in **Art. 87a Abs. 1 Satz 1 GG** zum Ausdruck kommt. Unbeschadet der Frage, ob es zur Anerkennung einer von Verfassungs wegen zu berücksichtigenden Wartezeit bei mil. Ernennungs- und Verwendungsentscheidungen hierfür zumindest einer gesetzl. Grundlage bedarf[255], reicht die

---

247　Die aus der „Philosophie der Kameradschaft" abgeleiteten Forderungen gehen so weit, selbst die Soldaten im unteren Leistungsdrittel grds. zum „Zieldienstgrad" zu führen.
248　BVerwG IÖD 2005, 74 (75) = DÖD 2005, 162 (163 f.). Bestätigt durch BVerwG IÖD 2005, 158 = DÖV 2005, 694. Auch wenn diese Entsch. zum Beamtenrecht ergangen sind, müssen ihre Rechtsgedanken entspr. auf Soldaten Anwendung finden.
249　Die ZDv 20/7 Nr. 128 fordert z.B. für eine Beförderung zum StFw eine Wartezeit von 16 Jahren seit der Ernennung zum Fw.
250　BVerwG IÖD 2005, 74 (76).
251　Ebd.
252　Unbeschadet bleibt die Möglichkeit zur Berufung auf das Lebensalter, wenn es sich als leistungsbezogenes Kriterium darstellt, s.o. Rn. 30.
253　Vgl. die Komm. zu § 27 Rn. 26.
254　BVerwG IÖD 2005, 158 = DÖV 2005, 694.
255　Diese verlangt das BVerwG a.a.O. außer bei unmittelbar drohender Beeinträchtigung der Funktionsfähigkeit der Verwaltung (entspr. der SK).

auf Art. 87a Abs. 1 Satz 1 GG gestützte Berufung auf das personalpolitische Interesse der SK an einer ausgewogenen Altersstruktur nicht aus. Es ist sachlich nicht überzeugend begründbar, warum unter Verzicht auf den im öff. Dienst bei Beförderungen vorrangigen Leistungsgrds. im mil. Bereich dienstzeit- und lebensjüngere, leistungsstärkere Soldaten gegenüber älteren Soldaten vor förderlichen Maßnahmen lange Wartezeiten in Kauf nehmen sollen. Die **Altersstruktur in einzelnen Dienstgraden ist,** anders als eine altersgebundene Einstellung von Bewerbern und jahrgangsweise Übernahme zum BS, **für die Einsatzbereitschaft der SK nicht entscheidend.**

Nach Art. 87a Abs. 1 GG ist das innere Gefüge der SK so zu gestalten, dass diese ihren mil. Aufgaben gewachsen sind.[256] Wollte man die geforderten Mindestwartezeiten unter Zurückstellung des Leistungsgrds. mit Art. 87a GG rechtfertigen, wäre nachzuweisen, dass sie für die Funktionsfähigkeit der SK unabdingbar und für eine die Einsatzbereitschaft stützende Personalführung von ausschlaggebender Bedeutung seien. Hierfür ist **kein sachlicher Grund** ersichtlich. Wartezeiten machen im Rahmen eines Laufbahnmodells Beförderungen von einem Mindestdienst- und damit erfahrungsgemäß Lebensalter abhängig. Sie bewirken, dass in bestimmte Dienstgrade Soldaten erst ab einem bestimmten Dienstalter (damit in einem bestimmten Altersband) befördert werden können. Wer 18 oder 19 Jahre Fw-Dienstzeit benötigt, um StFw werden zu können, ist i.d.R. nicht jünger als 40 bzw. 41 Jahre. Diese altersmäßige Exklusivität ist im Hinblick auf die Einsatzbereitschaft und einen homogenen Altersaufbau der SK ohne Belang. Ob ein Zug Soldaten seine Befehle von einem 37-jährigen oder einem 43-jährigen StFw erhält, ist für die Auftragserfüllung ohne Belang. Keinem von beiden kann nur auf Grund des Alters die grds. Eignung als Vorg. mit diesem Dienstgrad abgesprochen werden. Das **Alter** ist in diesem Fall **kein Eignungskriterium.** Somit kann es die vorrangigen Leistungsmerkmale Eignung, Befähigung und Leistung nicht verdrängen. Auch die Alterspyramide der Uffz ändert sich nicht, weil eine Beförderung keinen Einfluss auf die besondere Altersgrenze für BerufsUffz (§ 45 Abs. 2 Nr. 5) hat.

Ein **längeres Dienstalter** wirkt sich **nicht per se leistungssteigernd** durch vermehrte Berufserfahrung aus. Dies **kann** (möglicherweise in der Mehrzahl der Fälle), **muss** aber **nicht** sein. Es gibt **keinen** allg. gültigen Erfahrungssatz, mit zunehmendem Alter erhöhten sich Leistungsfähigkeit und Fachwissen.[257] Sollte es im Einzelfall so sein, müsste sich dies im Ergebnis der Beurteilung des dienstälteren Soldaten widerspiegeln.[258] Ist dies nicht der Fall, kann größere Berufserfahrung auf Grund längerer Dienstzeit zwischen im Wesentlichen gleich gut beurteilten Soldaten **nur** als **Hilfskriterium** dienen.

Wartezeiten schwächen die **Motivation** insgesamt: Wer warten muss, sieht keinen Sinn darin, sich besonders anzustrengen, weil er während der Wartezeit auch durch Spitzenleistungen keine vorzeitige Förderung erreichen kann. Lebensältere werden keine besonderen Aktivitäten entfalten, weil sie früher oder später – die Wartezeit schließt die Konkurrenz aus – gleichwohl zum Zuge kommen. Nur Wettbewerb untereinander schafft Leistungsanreize und motiviert individuell. Leistungskonkurrenz führt zur bestmöglichen Besetzung von Dienstposten und gewährleistet die Schlagkraft der Streitkräfte zur möglichst effektiven Aufgabenwahrnehmung. Die Besetzung höherwertiger Dienstposten mit Leistungsschwächeren, aber Lebensälteren führt zu einer schlechteren Aufgabenerledigung.

---

256 BVerfGE 28, 36 (41).
257 In der Tendenz wohl ebenso BVerwGE 80, 123 (126 – „von einem ... dienstälteren Beamten **typischerweise** mitgebrachte umfassendere praktische Berufserfahrung").
258 Vgl. GKÖD I K, § 23 Rn. 54.

83 Reine Wartezeiten zu Gunsten älterer und zu Lasten jüngerer Soldaten sind ebenso unzulässig wie die bisher vom BMVg praktizierte „**L-Term-Regelung**"[259], mit der BerufsUffz mit dem „Laufbahnziel" StFw die Perspektive der Erreichung dieses Ziels bis zum für die Ruhegehaltfähigkeit maßgeblichen Zeitpunkt eröffnet werden sollte.[260] Beförderungen sind keine Belohnung für in der Vergangenheit erbrachte Leistungen. Sie erfolgen mit Blick darauf, dass die mit dem höheren Dienstgrad verbundenen Kompetenzen für eine weitere Verwendung in den SK benötigt werden. Sie stellen ein Äquivalent für die zu leistenden Aufgaben und Tätigkeiten dar und dienen in erster Linie dem Interesse des Dienstherrn an der bestmöglichen Besetzung von Dienstposten. Zudem verursacht die **bevorzugte Beförderung Lebensälterer** in Spitzenämter **unnötige und unberechtigte Versorgungslasten**. Das BVerwG[261] hat festgestellt, dass das Vorziehen einer leistungsmäßig nicht anstehenden Beförderung eines Lebensälteren den Zweck des Leistungsgrds. „in sachfremder Weise zu Lasten sowohl der Allgemeinheit, die für die höheren Versorgungsbezüge aufkommen muss, als auch der Mitbewerber" unterläuft.

84 dd) **Vom Dienst freigestellte oder entlastete Soldaten**: Probleme bereitet eine **Bestenauslese** unter **Einbeziehung vom Dienst freigestellter oder entlasteter Soldaten**. Hierzu gehören insbes. **Soldatenvertreter in Personalvertretungen**, die von ihrer dienstl. Tätigkeit freigestellt werden, hierdurch aber keine Beeinträchtigung ihres beruflichen Werdegangs erleiden dürfen[262] (§ 8, § 46 Abs. 3 Satz 1 und 6 BPersVG i.V.m. § 51 Abs. 3 SBG). Entspr. gilt dies für **mil. Gleichstellungsbeauftragte**, die nach § 18 Abs. 2 SGleiG von ihrer dienstl. Tätigkeit grds. ganz zu entlasten sind und nach § 18 Abs. 5 SGleiG wegen ihrer Tätigkeit in ihrer beruflichen Entwicklung nicht benachteiligt oder begünstigt werden dürfen. Ihnen ist die **fiktive Nachzeichnung** ihres beruflichen Werdegangs im Hinblick auf die Einbeziehung in Personalauswahlentscheidungen zu gewährleisten. In allen Fällen besteht die Schwierigkeit, dass diese Personen keine dienstl., einer Beurteilung zugängliche Tätigkeit ausüben und dass ihr Wirken als Interessenvertreter nicht bewertet werden darf.

85 Aus dem Benachteiligungsverbot folgt, dass ihnen weitgehend jene berufliche Entwicklung zu eröffnen ist, die sie ohne ihre Tätigkeit im Personalrat oder als Gleichstellungsbeauftragte nehmen könnten. Das gilt insbes. für die Teilnahme an Beförderungskonkurrenzen. Unberücksichtigt muss bleiben, dass diese Soldaten nach der Beförderung wegen der andauernden Freistellung oder Entlastung vom Dienst keinen mil. Dienst leisten können. Außerdem muss ihnen, sofern auf eine aktuelle Beurteilung nicht zurückgegriffen werden kann, zur Vergleichbarkeit mit den aktuellen Beurteilungen der Mitbewerber ein Ersatz bereitgestellt werden, der ihnen eine Konkurrenz ermöglicht. Das BVerwG hat klargestellt, dass das **Verfahren** zur Verwirklichung einer Vergleichbarkeit, insbes. im Hinblick auf fehlende dienstl. Beurteilungen, **im pflichtgemäßen Er-**

---

259 Auch als „Aktion Abendsonne" bekannt.
260 Vgl. den JB des WBeauftr 2003, BT-Drs. 15/2600, 10. Offensichtlich hat der WBeauftr die verfassungsrechtl. Tragweite u. die ungeheure finanzpolitische Dimension dieser Verfahrensweise nicht erkannt. Wer in dieser Weise öff. Laufbahnziele propagiert, muss sich darüber im Klaren sein, dass er sich auf Kollisionskurs mit dem verfassungsrechtl. Leistungsgrds. befindet. Es mag aus Sicht des DBwV als Soldatengewerkschaft vertretbar sein, für Thesen wie den von *Gertz* (NZWehr 1987, 203 [207]) für die „Masse gut durchschnittlich beurteilter Soldaten" entwickelten Vorschlag („Gesichtspunkte in Auswahlverfahren, die die Erhaltung der Leistungsbereitschaft der Masse der Soldaten sichern sollen, sind grundsätzlich sachgerechte Differenzierungskriterien.") zu werben. Verfassungs- u. dienstrechtl., aber auch aus Sicht junger, leistungsstarker Soldaten sind sie unakzeptabel.
261 BVerwG IÖD 1994, 74 f.
262 BVerwG ZBR 1998, 46 = DÖD 1998, 31.

messen des Dienstherrn liegt.²⁶³ Dieser darf in typisierender Weise vorgehen und den Aufwand zur Ermittlung einer fiktiven Laufbahnentwicklung in praktikablen Grenzen halten sowie die Erörterung von Personalangelegenheiten anderer Soldaten auf das unvermeidliche Maß beschränken. Die Praxis im Geschäftsbereich des BMVg geht dahin, für die Entscheidung über die Förderung eines vom Dienst freigestellten oder entlasteten Soldaten eine Laufbahnentwicklung nachzuzeichnen.²⁶⁴ Dieses Verfahren hat die Billigung der Rspr. gefunden. Es berücksichtigt sowohl die letzten planmäßigen Beurteilungen des Soldaten (das Beurteilungsbild vor der Freistellung oder Entlastung), die fortgeschrieben werden, als auch den Werdegang vergleichbarer Soldaten (z.b. durch Vergleich mit Angehörigen der gleichen Ausbildungs- und Verwendungsreihe, die im gleichen Jahr wie der freigestellte oder entlastete Soldat [dieser ggf. nur fiktiv] auf einen nach der Verwendungsebene vergleichbaren Dienstposten versetzt worden sind). Dabei haben die Personal führenden Stellen grds. ein weites Ermessen, welche Vergleichsgruppen sie für diese Betrachtung heranziehen.²⁶⁵ Sachgerecht erscheint es, über die Berücksichtigung des Werdegangs hinaus insbes. auf dienstgradgleiche Soldaten abzustellen. Einzubeziehen sind auch die allg. üblichen Beförderungslaufzeiten in der jew. Laufbahn und im jew. mil. Organisationsbereich des Soldaten.

Dieses Verfahren zum Ausgleich von Nachteilen für vom Dienst freigestellte oder entlastete Soldaten kann **keine** für alle Bewerber **gesetzlich zwingend angeordneten Vorgaben ersetzen.** So dürfen z.b. Laufbahnbefähigungen oder sonstige erforderliche Qualifikationen nicht kompensiert werden.

2. Absatz 2

Abs. 2 enthält bzgl. der von Soldaten zu erbringenden **körperlichen Eignung** eine Erleichterung für wehrdienstbeschädigte Soldaten. Er erlaubt es, von den Kriterien des Art. 33 Abs. 2 GG abzuweichen. Die Best. orientiert sich an den Regelungen über die Weiterbeschäftigung und die Beförderung der schwerbehinderten Beamten (§§ 81, 128 Abs. 1 SGB IX, § 13 Abs. 1 BLV).

Abs. 2 war einerseits notwendig, weil § 81 SGB IX mit den daraus ableitbaren Pflichten des Dienstherrn gegenüber Schwerbehinderten für Soldaten nicht ohne Weiteres gilt (vgl. § 128 Abs. 4 SGB IX). Anderseits wäre es zwar möglich gewesen, ohne ausdrückliche gesetzl. Ermächtigung über die bisher im Erlassweg²⁶⁶ vorgegebene und änderbare Interpretation des Begriffs der Dienstunfähigkeit eine generelle Lockerung der Voraussetzungen zur Belassung körperlich geschädigter Soldaten im Dienstverhältnis zu erreichen. Zur inhaltlichen Ausgestaltung der Dienst(un)fähigkeit insbes. im Hinblick auf die körperliche Eignung und die gesundheitlichen Voraussetzungen für bestimmte dienstl. Verwendungen steht dem Dienstherrn ein Beurteilungsspielraum²⁶⁷ zu. Da der Gesetzgeber aber nicht alle schädigenden Ereignisse im selben Maße als privilegierend anerkennen wollte, hat er mit Rücksicht auf Art. 33 Abs. 2 GG und § 3 Abs. 1 eine **gesetzl. Ausnahmeregelung** bevorzugt.

86

87

---

263 BVerwG a.a.O.
264 Vgl. zu Einzelheiten, auch zur (ggf. nur fiktiven) Versetzung des Soldaten auf einen höher bewerteten Dienstposten, um ihn in Auswahlentscheidungen für Beförderungen einbeziehen zu können, BMVg – PSZ I 1 – R 6/02 v. 11.7.2002 „Richtlinie für die Förderung von Dienst freigestellter Soldatinnen und Soldaten". Für den Antrag eines vom Dienst freigestellten Soldaten auf fiktive Versetzung auf einen höherwertigen Dienstposten ist der Rechtsweg zu den Wehrdienstgerichten gegeben, BVerwGE 93, 188 = NZWehrr 1994, 244.
265 Ebd.
266 Vgl. ZDv 14/5 B 153 Nr. 1 Abs. 3.
267 Vgl. die Komm. zu § 44 Rn. 30, 35 u. zu § 55 Rn. 12.

§ 3   Gemeinsame Vorschriften

88   Abs. 2 erlaubt es unter Rückgriff auf den Aufopferungsgedanken, einen durch bestimmte Ursachen wehrdienstbeschädigten Soldaten, bei dem auf Grund der Schädigung begründete Zweifel an seiner Dienstfähigkeit bestehen, so zu behandeln, dass er wegen seiner WDB keinen status- und dienstrechtl. Nachteil erleidet. Von ihm kann bei der Prüfung einer Entlassung oder Zurruhesetzung wegen Dienstunfähigkeit sowie bei späteren förderlichen Maßnahmen ein herabgesetztes Maß an **körperlicher Eignung** verlangt werden. Abs. 2 befreit den Soldaten nicht davon, sich – abgesehen von einer verringerten körperlichen Eignung – auf Grund des Leistungsprinzips einer Bestenauslese stellen zu müssen. Insgesamt besser qualifizierte Bewerber sind ihm vorzuziehen. Sein Bevorzugung besteht darin, dass er, auch wenn er in Bezug auf seinen körperlichen Zustand oder aus gesundheitlichen Gründen nicht mehr allen Anforderungen gerecht werden kann, die ihm in seiner gegenwärtigen Dienststellung **und in den wesentlichen Dienststellungen seines Dienstgrades** abverlangt werden[268], die Möglichkeit hat, im Dienst zu verbleiben. Es reicht aus, wenn er eine aus Sicht des Dienstherrn angemessen nutzbare Tätigkeit auf einem regulären Dienstposten in den SK ausüben kann. Bei der Bewertung, ob dies noch der Fall ist, hat der Dienstherr einen weiten Spielraum.[269] Dabei kann je nach Verwendung (insbes. bei Stabstätigkeiten oder in Ämtern der SK) ohne Weiteres z.B. ein arm- oder beinamputierter oder ein Soldat im Rollstuhl eingesetzt werden. Bringt der Soldat auch die notwendige geringere körperliche Eignung nicht auf, ist er dienstunfähig im Sinne der gesetzl. Vorschriften, und sein Dienstverhältnis muss beendet werden.

89   Abs. 2 gilt nur für wehrdienstbeschädigte **Soldaten.** Ist der Soldat zwischenzeitlich aus dem Wehrdienstverhältnis ausgeschieden, gibt ihm Abs. 2 keinen Anspruch auf Wiedereinstellung auf der Grundlage einer verringerten körperlichen Eignung.

90   Die Fälle der gesundheitlichen Schädigungen, die nach Abs. 2 privilegiert werden sollen, sind durch **Verweisungen auf das SVG** konkretisiert. Diese Methode führt dazu, dass die Vorschrift weder aus sich heraus verständlich noch anwenderfreundlich ist. War ursprünglich das erweiterte Aufgabenspektrum der SK, d.h. der verstärkte **Auslandseinsatz**, Anlass für die Neuregelung in Abs. 2, wurde dieser enge Ansatz bald zu Gunsten der Einbeziehung bestimmter Inlandsdienste aufgegeben. Erfasst werden folgende Fallgestaltungen:

- **Abs. 2 Nr. 1:** Der Soldat hat (auch im **Inland**) eine **WDB** durch eine **Wehrdienstverrichtung** oder durch einen **Unfall während der Ausübung des Wehrdienstes** nach § 81 Abs. 1 SVG erlitten. Nach der Rspr. des BSG sind **Wehrdienstverrichtungen** Handlungen des Soldaten, die er zur Verrichtung des Wehrdienstes auf Grund besonderer Befehle oder allg. Dienstvorschriften oder ungeschriebener soldatischer Pflichten und mil. Grds. ausführt.[270] Die WDB ist nicht schon dann **durch** die Wehrdienstverrichtung entstanden, wenn ein zeitlicher Zusammenhang zwischen der gesundheitlichen Schädigung und der Wehrdienstverrichtung besteht. Nötig ist insofern vielmehr ein **ursächlicher Zusammenhang**. Für das Erleiden eines **Unfalls** (eines auf äußerer Einwirkung beruhenden plötzlichen, örtlich und zeitlich bestimmbaren, einen Körperschaden verursachenden Ereignisses, vgl. § 27 Abs. 2 SVG) **während der Ausübung des Wehrdienstes** ist nicht erforderlich, dass die Schädigung mit dem Wehrdienst ursächlich zusammenhängt. Es reicht ein zeitlicher Zusammenhang des

---

268   Vgl. ZDv 14/5 B 153, Nr. 1 Abs. 3.
269   Um diesen weiten Spielraum nicht unnötig einzuengen, hat das BMVg bisher von der in der amtl. Begr. (BT-Drs. 14/6881, 27) vorgesehene Erlassregelung, um „die Möglichkeit zur Ausübung des Ermessens im Einzelfall" zu konkretisieren, abgesehen.
270   Vgl. zum Folgenden Urt. des Landessozialgerichts für das Saarland v. 5.10.2004, Az L 5 VS 19/01 m.w.N.

Unfalls mit der Ausübung des Wehrdienstes aus, wobei allerdings **tatsächlich** mil. **Dienst ausgeübt** worden sein muss. Es genügt nicht, dass der Unfall während der Dienstzeit oder innerhalb des mil. Dienstverhältnisses eingetreten ist.[271]
- **Abs. 2 Nr. 2:** Der Soldat erleidet eine WDB i.S.d. **§ 81 Abs. 2 Nr. 1 oder 3 SVG.**
Das sind zum einen Fälle (**Nr.** 1), in denen er die gesundheitliche Schädigung **auf Grund eines Angriffs**
a) wegen seines pflichtgemäßen dienstl. Verhaltens,
b) wegen seiner Zugehörigkeit zur Bw oder
c) bei Kriegshandlungen, Aufruhr oder Unruhen, denen er am Ort seines dienstl. angeordneten Aufenthalts **im Ausland** besonders ausgesetzt war, erlitten hat.
Zum anderen (**Nr.** 3) sind Situationen erfasst, in denen der Gesundheitsschaden durch die gesundheitsschädigenden Verhältnisse, denen der Soldat am Ort seines dienstl. angeordneten Aufenthalts **im Ausland** besonders ausgesetzt war, herbeigeführt worden ist.
Zu Nr. 1 Alt. a (Angriff auf den Soldaten wegen pflichtgemäßen dienstl. Verhaltens) sind Zweifel angebracht, ob dieser Fall bereits durch die in § 81 Abs. 1 SVG enthaltene, durch eine Wehrdienstverrichtung herbeigeführte gesundheitliche Schädigung erfasst wird, da ein ursächlicher Zusammenhang zwischen gesundheitlicher Schädigung und einer dienstl. angeordneten Verrichtung i.S.d. Rspr. des BSG wohl zu bejahen wäre. Dann läge versorgungsrechtl. eine unnötige Doppelregelung vor. Der Fall der Nr. 3 ist verständlich (Beispiel: Der Soldat erkrankt während eines Auslandseinsatzes an Malaria; diese Gesundheitsschädigung ist eine WDB), wobei diese Regelung nicht nur für besondere Auslandsverwendungen[272] und ähnlich gefährliche Verwendungen, sondern für jede Dienstleistung im Ausland, z.B. als Militärattaché, gilt.
- **Abs. 2 Nr. 3:** Der Soldat erleidet eine gesundheitliche Schädigung durch einen **Einsatzunfall** i.S.d. **§ 63c Abs. 2 SVG.**[273] Der Einsatzunfall erfasst dienstbedingte gesund-

---

271 Abs. 2 erfasst nicht die dritte Variante der WDB nach § 81 Abs. 1 SVG, d.h. eine gesundheitliche Schädigung, die durch die **dem Wehrdienst eigentümlichen Verhältnisse** herbeigeführt worden ist. Solche Verhältnisse sind nach der Rspr. (vgl. Bayerisches Landessozialgericht, Urt. v. 19.10.2004, Az L 15 VS 15/00 m.w.N.) gegeben, wenn sie der Eigenart des Wehrdienstes entsprechen u. allg. eng mit ihm verbunden sind. Es muss sich um Lebensbedingungen handeln, die sich deutlich von denen des Zivillebens abheben u. sich aus der besonderen Rechtsnatur des Wehrdienstes u. aus der Beschränkung der persönlichen Freiheit des Soldaten ergeben. Wehrdiensteigentümliche Verhältnisse können sich daher außerhalb der Ausübung des Wehrdienstes in der Freizeit, in Dienstpausen o. während privater Verrichtungen ergeben. Letzteres mag der Grund sein, warum der Gesetzgeber davon abgesehen hat, eine so entstandene WDB nach Abs. 2 zu privilegieren. Überzeugend ist dies nicht. Fällt ein Soldat während der Nachtruhe auf seiner Stube schuldlos aus dem oberen eines doppelstöckigen Bettes (ein solches Bett ist wehrdiensteigentümlich) u. erleidet eine WDB, wird diese nicht durch Abs. 2 erfasst, weil sie weder durch eine Wehrdienstverrichtung noch durch einen Unfall während der Ausübung des Dienstes entstanden ist. Fällt der Soldat, weil er durch einen Alarmruf geweckt wird u. sich in Eile marschfertig machen muss, beim Aufstehen aus demselben Bett u. erleidet eine WDB, kann er sich auf einen während der Ausübung des Wehrdienstes erlittenen Unfall berufen (mit dem Befehl zum Aufstehen und zur Herstellung der sofortigen Einsatzbereitschaft dürfte der Soldat im Dienst sein – schon das Wecken ist Teil des Dienstplans), der dem Abs. 2 unterfällt. Diese Unterscheidung zumindest ähnlicher Sachverhalte ist nicht vermittelbar. Der Gesetzgeber sollte seine unterschiedliche Regelung überdenken.
272 Vgl. § 63c Abs. 1 SVG u. § 62 SG.
273 Das ohnehin schwierige Verständnis dieser Regelung wird dadurch erschwert, dass sie ihrerseits auf zwei weitere Vorschriften verweist. Für die Soldaten in den Personal bearbeitenden Stellen, die diese versorgungsrechtl. Best über den Abs. 2. anwenden sollen, ist diese Aufgabe ohne rechtl. Beratung nicht lösbar.

Eichen

heitliche Schädigungen auf Grund eines Unfalls oder einer Erkrankung während der besonderen Auslandsverwendung[274] oder gesundheitliche Schädigungen, die auf Erkrankungen und Unfälle aufgrund der besonderen **vom Inland** wesentlich **abweichenden Verhältnisse** zurückzuführen sind. Darüber hinaus liegt ein Einsatzunfall vor bei gesundheitlichen Schädigungen bei dienstl. Verwendung im Ausland, die im Zusammenhang mit einer Verschleppung, einer Gefangenschaft o.Ä. stehen.[275]

91 Voraussetzung ist in allen Fällen, dass die gesundheitliche Schädigung **nicht** auf **grobes Verschulden** (vorsätzliches oder grob fahrlässiges Fehlverhalten) zurückzuführen sein darf.[276]

92 Die Möglichkeit in Abs. 2, den Soldaten bei verringerter körperlicher Eignung zu privilegieren, ist als **Ermessensregelung** angelegt. Dabei wird einerseits sichergestellt, dass ein Soldat, der auf Grund seiner Schädigung nicht mehr den wesentlichen Anforderungen seines Dienstgrades gerecht wird und nach bisheriger Regelung als dienstunfähig anzusehen ist, **nicht** zum Verbleiben im Dienstverhältnis **gezwungen** werden kann. Wenn sich dieser Soldat wegen seiner ihm durch die WDB zustehenden Versorgungsansprüche ausreichend finanziell abgesichert sieht, soll er – wie jeder andere Soldat auch – wegen Dienstunfähigkeit aus dem Dienstverhältnis ausscheiden können.[277] Andererseits gibt die Vorschrift dem Dienstherrn notfalls die Handhabe, aus Gründen der Ersatzbereitschaft der SK von einer Weiterverwendung von tatbestandsmäßig nach Abs. 2 zu bevorzugenden Soldaten abzusehen.

§ 4 Ernennung, Dienstgradbezeichnungen, Uniform

(1) ¹Einer Ernennung bedarf es
1. zur Begründung des Dienstverhältnisses eines Berufssoldaten oder eines Soldaten auf Zeit (Berufung),
2. zur Umwandlung des Dienstverhältnisses eines Soldaten auf Zeit in das Dienstverhältnis eines Berufssoldaten oder umgekehrt (Umwandlung),
3. zur Verleihung eines höheren Dienstgrades (Beförderung).
²Eine Ernennung in elektronischer Form ist ausgeschlossen.

(2) ¹Der Bundespräsident ernennt die Berufssoldaten, die Soldaten auf Zeit und Offiziere der Reserve. ²Die übrigen Soldaten ernennt der Bundesminister der Verteidigung. ³Die Ausübung dieser Befugnisse kann auf andere Stellen übertragen werden.

(3) ¹Der Bundespräsident setzt, soweit gesetzlich nichts anderes bestimmt ist, die Dienstgradbezeichnungen der Soldaten fest. ²Er erlässt die Bestimmungen über die Uniform der Soldaten. ³Er kann die Ausübung dieser Befugnisse auf andere Stellen übertragen.

(4) ¹Legt ein Soldat sein Mandat nieder und bewirbt er sich zu diesem Zeitpunkt erneut um einen Sitz im Deutschen Bundestag, so ist die Verleihung eines höheren Dienstgrades nicht zulässig. ²Satz 1 gilt sinngemäß für Soldaten, die in die gesetzgeben-

---

274 S. Fn. 272.
275 Vgl. BT-Drs. 15/3416, 18.
276 Dabei ist ohnehin zu berücksichtigen, dass nach § 81 Abs. 7 SVG eine vom Beschädigten absichtlich herbeigeführte gesundheitliche Schädigung nicht als WDB gelten kann.
277 BT-Drs. 14/6881, 27.

de Körperschaft eines Landes gewählt worden sind, und zwar auch für die Zeit zwischen zwei Wahlperioden. ³Die Verleihung eines höheren Dienstgrades ist auch nicht zulässig, wenn ein Berufssoldat oder Soldat auf Zeit, dessen Rechte und Pflichten auf Grund der §§ 5, 6, 8 und 36 des Abgeordnetengesetzes oder entsprechender Rechtsvorschriften ruhen, einen Dienst nach § 51 Abs. 6 oder § 54 Abs. 4 leistet.

Literatur: *Alff, Richard:* Zur Rechtsstellung der in ein Parlament gewählten Soldaten, NZWehrr 1980, 201; *Dau, Klaus:* Uniformen, Rang- und Tätigkeitsabzeichen der Bundeswehr im Schutz des § 132a StGB, NZWehrr 1987, 133; *Demandt, Ecke:* Ist es zulässig, dem Soldaten das Tragen der Uniform während des Dienstes zu verbieten? NZWehrr 1981, 182; *Dittrich, Karl-Heinz:* Der Bundespräsident und seine Bedeutung für die Streitkräfte, BWV 1999, 73; *Drescher, Alfred:* Die Neuregelung der Rechtsverhältnisse der in den Bundestag gewählten Angehörigen des öffentlichen Dienstes, RiA 1977, 51; *Schlaich, Klaus:* Die Funktion des Bundespräsidenten im Verfassungsgefüge, in: *HStR* II, § 49.

Übersicht

	Rn.		Rn.
A. Allgemeines	1 – 2	b) Begriff der Ernennung	7 – 11
B. Erläuterungen im Einzelnen	3 – 51	c) Erfordernis der Ernennung	12 – 19
1. Absatz 1	3 – 19	2. Absatz 2	20 – 25
a) Zweck der Vorschrift,		3. Absatz 3	26 – 42
Entstehung und Änderungen		a) Allgemeines	26 – 28
der Vorschrift, Bezüge zum		b) Dienstgradbezeichnungen	29 – 37
Beamtenrecht	3 – 6	c) Uniform	38 – 42
		4. Absatz 4	43 – 51

A. Allgemeines

Die Vorschrift **legt fest**, für welche Fälle im Bereich des Soldatenrechts eine Ernennung erforderlich ist. Im Zusammenhang damit werden die Begriffe der Berufung, Beförderung und Umwandlung definiert (Abs. 1). Weiterhin bestimmt § 4 die Befugnisse und Zuständigkeiten des BPräs für Ernennungen (Abs. 2) sowie für die Festlegung von Dienstgradbezeichnungen und Uniformen der Soldaten (Abs. 3). Schließlich wird eine Beförderungssperre für Soldaten im Hinblick auf eine bevorstehende Mitgliedschaft im BT oder in einer gesetzgebenden Körperschaft eines Landes sowie für Abg. während einer Wehrübung begründet (Abs. 4). 1

Die **Zusammenfassung** dieser unterschiedlichen Regelungsgegenstände in einem Paragraphen ist **keineswegs zwingend**. Hier dürften beim Gesetzgeber eher pragmatische als rechtssystematische Kriterien im Vordergrund gestanden haben. Dies zeigt der Vergleich zum Beamtenrecht.[1] Inhaltlich sind die einzelnen Abs. des § 4 zwar weitgehend an das Beamtenrecht angelehnt, folgen aber im Rahmen des SG einer anderen Regelungssystematik als in den entspr. Best. im BBG. 2

§ 4 regelt **vier verschiedene Normbereiche**. Auf die Entstehungsgeschichte, den Vergleich zu anderen Best. sowie auf ergänzende RVO und Vorschriften wird daher – abw. von der sonstigen Systematik dieses Komm. – jew. bei der Komm. der einzelnen Abs. eingegangen.

---

1 Vgl. u. Rn. 6.

B. Erläuterungen im Einzelnen

1. Absatz 1

a) Zweck der Vorschrift, Entstehung und Änderungen der Vorschrift, Bezüge zum Beamtenrecht

3 Abs. 1 bestimmt **abschließend** die statusrechtl. Maßnahmen, die einer **Ernennung** bedürfen. Damit erschöpft sich sein Regelungsgehalt. Rechtl. Maßstäbe, nach denen Ernennungen zu erfolgen haben, enthält Abs. 1 nicht, diese sind an anderen Stellen des SG normiert (vgl. § 3 Abs. 1, §§ 37, 38, 39). Allenfalls mittelbar bestimmt Abs. 1 den Anwendungsbereich des § 3 insoweit, als dieser sich auf Ernennungsentscheidungen bezieht.[2] Auch formelle Vorgaben für die Art und Weise, in der Ernennungen vorzunehmen sind, werden nicht in Abs. 1, sondern in den §§ 41 und 42 geregelt.

4 Der **REntw**.[3] sah in § 4 Abs. 1 lediglich zwei Fallgruppen der Ernennung vor: die Berufung in das Dienstverhältnis eines BS oder SaZ und die Beförderung. Erst auf Empfehlung des **Ausschusses für Beamtenrecht** des BT wurde die Umwandlung des Dienstverhältnisses eines SaZ in das eines BS oder umgekehrt gesondert als Nr. 1 a (später Nr. 2) in den Entw. aufgenommen[4], obwohl es sich dabei um Sonderfälle der Berufung handelt.[5]

5 Seit In-Kraft-Treten des SG wurde Abs. 1 nur einmal ergänzt. Durch Art. 65 Nr. 1 des G vom **21.8.2002**[6] wurde Satz 2 eingefügt. Von der Einführung der elektronischen Kommunikation im Verwaltungs- und Dienstrecht sollte die Ernennung wegen ihres hohen Symbolwertes ausgenommen bleiben. Das besondere Näheverhältnis zwischen Soldat und Dienstherrn sei in elektronischer Form nicht so zu dokumentieren und hervorzuheben, wie durch Aushändigung einer Urkunde.[7] Systematisch hätte diese Ergänzung korrekterweise bei den §§ 41, 42 erfolgen müssen, da dort die Form der Ernennung geregelt ist.

6 Abs. 1 entspricht inhaltlich den beamten- und richterrechtl. Best. der § 5 Abs. 1 BRRG, § 6 Abs. 1 BBG und § 17 Abs. 2 DRiG. Im Unterschied zum Soldatenrecht werden allerdings dort die Fälle, in denen eine Ernennung zu erfolgen hat und die Form der Ernennung jew. in einer Best. zusammengefasst (vgl. § 5 Abs. 2 BRRG, § 6 Abs. 2 BBG und § 17 Abs. 1 DRiG).

b) Begriff der Ernennung

7 Der Begriff der Ernennung wird im SG – anders als die Begriffe Berufung, Umwandlung und Beförderung – nicht definiert, sondern **vorausgesetzt**. Da bei der Schaffung des § 4 Abs. 1 ausdrücklich an die beamtenrechtl. Regelungen angeknüpft wurde[8], ist auch im Soldatenrecht der allg. dienstrechtl. Ernennungsbegriff zu Grunde zu legen.[9]

Bei einer Ernennung handelt es sich folglich um einen rechtsgestaltenden, formgebundenen, bedingungsfeindlichen und mitwirkungsbedürftigen **VA**, der die Grundlagen der Rechtsstellung des Soldaten (Status) festlegt.[10]

---

2 BVerwG NVwZ-RR 1993, 635; OVG Lüneburg DVBl. 1999, 933.
3 BT-Drs. II/1700, 4.
4 Vgl. BT-Drs. II/2140, 4.
5 So auch *Scherer/Alff*, SG, § 4 Rn. 3.
6 BGBl. I S. 3322.
7 BT-Drs. 14/9000, 39, 50 (zu Art. 63 in der Entwurfsfassung). Vgl. im Übrigen *Schmitz*, DÖV 2005, 885.
8 BT-Drs. II/1700, 18.
9 So auch BVerwG NVwZ-RR 1993, 635.
10 Vgl. für das Beamtenrecht *Battis*, BBG, § 6 Rn. 2.

Als mitwirkungsbedürftiger VA setzt die Ernennung die **Zustimmung** des zu Ernennenden im Zeitpunkt der Vollzugs der Ernennung voraus. **Fehlt** es an der Zustimmung, ist die Ernennung **unwirksam**.[11] Bei der Zustimmung handelt es sich um eine öff.-rechtl. Willenserklärung[12], die – anders als die Ernennung selbst – ihrerseits **keinen Formerfordernissen** unterliegt. So wird die Zustimmung regelmäßig in der widerspruchslosen Entgegennahme der Ernennungsurkunde zu sehen sein.[13] Beförderungen können unter bestimmten Voraussetzungen (vgl. §§ 42 Abs. 2, 58 Abs. 2) statt durch Aushändigung einer Urkunde durch dienstl. Bekanntgabe erfolgen.[14] Auch in diesen Fällen muss das Einverständnis des Betroffenen gegeben sein; es spricht nichts dagegen, dies zu unterstellen, so lange keine abw. Äußerung vorliegt.[15]

8

Die Mitwirkungsbedürftigkeit hat zur Konsequenz, dass der zu Ernennende bis zum wirksamen Vollzug der Ernennung den Eintritt der beabsichtigten Statusänderung verhindern kann. **Weigert** er sich, die Ernennungsurkunde anzunehmen oder äußert er auf sonstige Weise unmissverständlich seine Ablehnung, kommt die Ernennung nicht zu Stande. Die Zustimmung kann selbst dann **nicht fingiert** oder ersetzt werden, wenn der Betroffene kraft Gesetzes oder auf Grund eigener Erklärung verpflichtet ist, sich ernennen zu lassen.[16] Eine **Verpflichtung, sich (erneut) ernennen zu lassen,** konstituiert das SG unter bestimmten Voraussetzungen für in den einstweiligen Ruhestand versetzte Offz (§ 50 i.V.m. § 39 BBG) sowie für BS, die wegen Erreichens der Altersgrenze oder wegen Dienstunfähigkeit in den Ruhestand getreten bzw. versetzt worden sind (§ 51 Abs. 1 und Abs. 4). Gegen den Willen der ehem. Soldaten kann die erneute Berufung jedoch auch in diesen Fällen nicht vollzogen werden.[17] Wird die Verpflichtung, sich ernennen zu lassen schuldhaft nicht erfüllt, kann allein mit dem Mittel des Disziplinarrechts (vgl. § 23 Abs. 2 Nr. 3) reagiert werden. Hinzu kommt der i.d.R. schwerwiegende Verlust der Versorgungsbezüge (§ 57 SVG). Andere Möglichkeiten – insbes. die einseitige Verfügung der Statusänderung – hat der Dienstherr nicht. Hier liegt einer der wesentlichen Unterschiede zu anderen statusrechtl. VA, die keine Ernennung voraussetzen, wie z.B. die Verlängerung der Dienstzeit eines SaZ[18] oder die Heranziehung zu Dienstleistungen. Diese können gegen den Willen des Betreffenden vollzogen werden, sofern die gesetzl. Voraussetzungen erfüllt sind.

9

Für die Zustimmung zur Ernennung gelten die allg. **Grundsätze über Willenserklärungen.** Die Zustimmung eines Geschäftsunfähigen ist nichtig (§ 105 BGB)[19]; eine Ernennung kommt nicht zustande. Für beschränkt Geschäftsfähige, insbes. Minderjährige, gelten die Best. der §§ 107, 108, 113 BGB, d.h. die Zustimmung ist zunächst schwebend unwirksam, kann aber durch den gesetzl. Vertreter oder den volljährig gewordenen Soldaten nachgeholt werden.[20]

10

Die Zustimmung kann unter den Voraussetzungen der §§ 119, 123 BGB **angefochten** werden, womit die Ernennung rückwirkend unwirksam wird.[21] Die Anfechtung der Zu-

---

11 BVerwGE 34, 168 (171) = NZWehr 1981, 144; GKÖD I K, § 6 Rn. 49 ff.; *Scherer/Alff*, SG, § 4 Rn. 5; GKÖD I Yk, § 4 Rn. 4.
12 *Battis*, BBG, § 6 Rn. 6; OVG Münster NZWehr 1987, 216.
13 *Battis*, BBG, Fn. 12; GKÖD I Yk, § 4 Rn. 4.
14 ZDv 14/5 B 119.
15 *Scherer/Alff*, SG, § 4 Rn. 9; GKÖD I Yk, § 4 Rn. 4.
16 Vgl. *Scherer/Alff*, SG, § 4 Rn. 7.
17 BVerwG DVBl. 1991, 1206.
18 Vgl. die Komm. zu § 40 u. § 54 Abs. 3.
19 *Battis*, BBG, § 6 Rn. 6.
20 BVerwGE 43, 71 = NZWehr 1969, 227; BVerwG ZBR 1996, 258; GKÖD I Yk, § 4 Rn. 4.
21 OVG Münster NZWehr 1987, 216.

stimmung stellt damit neben den Entlassungstatbeständen der §§ 46, 55 bzw. den disziplinarrechtl. Vorschriften über den Dienstgradverlust (vgl. § 26) eine weitere Möglichkeit dar, eine statusrechtl. Maßnahme rückgängig zu machen. Die engen Voraussetzungen der §§ 26, 46 und 55 schließen unter Konkurrenzgesichtspunkten die Anfechtung nicht aus[22], da die Rechtsfolgen jew. unterschiedlich sind. Entlassung und Dienstgradverlust wirken immer nur in die Zukunft, während die Anfechtung die eingetretene Statusänderung rückwirkend beseitigt (§ 142 BGB).[23]

11   Im Gegensatz zum Beamtenrecht (vgl. § 11 BBG) stellt das SG keine Sonderregelungen auf, wann eine Ernennung **nichtig** ist. Eine analoge Anwendung von § 11 BBG wird angesichts der im Soldatenrecht anders geregelten Rechtsfolgen bei fehlerhaften Ernennungen nicht in Betracht kommen. Maßstab sind damit allein die allg. verwaltungsrechtl. Grundsätze des § 44 VwVfG.[24] Die Ernennung durch eine grds. zur Ernennung unzuständige Dienststelle wird danach regelmäßig nichtig sein. Wegen ihres konstitutiven Charakters ist eine rückwirkende Ernennung ausgeschlossen; ihr käme keine rechtsgestaltende Wirkung zu.[25] Nichtig ist eine Ernennung in elektronischer Form, die nach Abs. 1 Satz 2 ausdrücklich ausgeschlossen wird. Nichtigkeitsgrund ist hier § 44 Abs. 2 Nr. 2 VwVfG. Zu **Rücknahme** und **Widerruf** der Ernennung wird auf die Komm. zu § 41 und § 42 verwiesen.

c) Erfordernis der Ernennung

12   Erforderlich ist eine Ernennung bei der **Berufung**, d.h. der Begründung des Dienstverhältnisses eines **BS oder SaZ**. Damit ist klargestellt, dass die Begründung eines Wehrdienstverhältnisses auf Grund der WPfl oder in anderen Fällen (vgl. § 2 Abs. 1 Nr. 4) keine Ernennung voraussetzt. Das Wehrdienstverhältnis auf Grund der **WPfl** wird vielmehr durch einseitigen **VA** nach den Best. des WPflG begründet und beginnt mit dem im Einberufungsbescheid festgesetzten Zeitpunkt (§ 2 Abs. 1 Nr. 1).

13   **Keiner Ernennung** bedarf die Rückführung eines ehem. **Abg.** in den mil. Dienst. Da die Rechte und Pflichten aus dem Wehrdienstverhältnis während der Mitgliedschaft im Parlament lediglich ruhen, muss für die Rückführung des Abg., auf die er einen Anspruch hat, das Dienstverhältnis nicht neu begründet werden (vgl. § 25 Abs. 2 i.V.m. §§ 5, 6 AbgG).[26]

14   Die Heranziehung zu **Dienstleistungen** in den SK (§§ 59 ff.) setzt ebenfalls **keine Ernennung** voraus. Die Heranziehung hat zwar statusändernde Wirkung, da die Betroffenen Soldat werden; sie werden jedoch nicht in das Dienstverhältnis eines BS oder SaZ berufen, sondern erhalten den Status eines „früheren Berufs- oder Zeitsoldaten", was im Grunde ein Wehrdienstverhältnis sui generis bedeutet.

15   Auch bei der Heranziehung zu einer **Eignungsübung** gem. § 87 Abs. 1 handelt es sich **nicht** um eine **Ernennung**. Zwar hat der Eignungsübende für die Dauer der Eignungsübung den Status eines SaZ (§ 87 Abs. 1 Satz 5); sein Dienstverhältnis wird jedoch nicht durch Berufung, sondern durch den Heranziehungsbescheid bzw. durch den Dienstantritt (§ 2 Abs. 1 Nr. 4) begründet. Der Heranziehungsbescheid setzt zwar einen Antrag und damit die Zustimmung des Bewerbers voraus; er stellt rechtsdogmatisch jedoch keinen mitwirkungsbedürftigen VA dar.[27] Praktisch hat dies keine wesentlichen Konse-

---

22 So auch für das Beamtenrecht *Battis*, BBG, § 6 Rn. 6, der darauf abstellt, dass das Bestimmtheitserfordernis der Nichtigkeits- u. Rücknahmegründe nur zu Gunsten des Beamten gilt.
23 GKÖD I K, § 6 Rn. 51.
24 So auch *Scherer/Alff*, SG, § 4 Rn. 12.
25 BVerwG ZBR 1980, 357.
26 GKÖD I K, § 6 Rn. 10.
27 A.A. *Scherer/Alff*, SG, § 60 Rn. 3; *Walz*, Komm. zu § 87 Rn. 18.

quenzen, da der Bewerber durch den Heranziehungsbescheid nicht verpflichtet wird, die Eignungsübung anzutreten bzw. jederzeit seine Entlassung verlangen kann.

Die **Umwandlung** ist rechtsdogmatisch ein **Unterfall** der Berufung.[28] Da das SG in § 45a mittlerweile besonders gesetzl. Voraussetzungen für die Umwandlung des Dienstverhältnisses eines BS in das eines SaZ enthält, sind die früher in diesem Zusammenhang erörterten Probleme[29] obsolet.   **16**

Die **Beförderung** setzt grds. eine Ernennung voraus, auch bei Soldaten, die nach Maßgabe des WPflG Wehrdienst leisten. Die Verleihung eines vorläufigen Dienstgrades für die Dauer einer Verwendung gem. § 5 Abs. 3 SLV fällt unter den Beförderungsbegriff und bedarf daher der Ernennung mit der Folge, dass sie nur mit Zustimmung des Soldaten erfolgen kann.[30]   **17**

Keine Beförderung ist die **Einweisung in eine Planstelle**. Die Verleihung eines sog. „temporary rank", d.h. die ausnahmsweise erteilte Befugnis an einen Soldaten, aus Gründen der internationalen Akzeptanz bei Auslandseinsätzen und in integrierten Verwendungen eine höhere Dienstgradbezeichnung zu führen und die entspr. Dienstgradabzeichen anzulegen, stellt ebenfalls keine Beförderung dar, da damit keinerlei statusrechtl. Veränderungen einhergehen.[31]

Möglich und in der Praxis üblich ist es, dass verschiedene Fälle von Ernennungen parallel in einer Urkunde **zusammengefasst** werden, z.B. wenn ein SaZ unter Berufung in das Dienstverhältnis eines BS (Umwandlung) einen höheren Dienstgrad verliehen bekommt (Beförderung).[32]   **18**

Bei allen Ernennungen handelt es sich um statusrechtl. Maßnahmen. Um **Rechtsschutz** kann daher nicht bei den TDG, sondern nur bei den VG, nachgesucht werden.   **19**

2. Absatz 2

Abs. 2 **entspricht** dem **REntw.** und gilt seit der Erstfassung des SG **unverändert**. Mit der Best. sollte einerseits eine Parallelregelung zu § **10 BBG** geschaffen und andererseits die Zuständigkeit des BPräs auch für Soldaten entspr. der verfassungsrechtl. Vorgabe für Beamte in Art. 60 Abs. 1 GG geregelt werden.[33] Der BR hatte während des Gesetzgebungsverfahrens zunächst Bedenken gegen die Regelung, da sich Art. 60 Abs. 1 GG in der damaligen Fassung nur auf Beamte erstreckte.[34] Gegenüber den in § 4 Abs. 2 Satz 3 festgelegten Übertragungsbefugnissen machte er geltend, dass zu diesem Zeitpunkt für die administrativen Kompetenzen in Bezug auf die SK noch keine verfassungsrechtl. Grundlagen geschaffen worden waren.[35] Diese Einwände konnten durch den Hinw. auf die gleichzeitig zur Beratung anstehenden **Ergänzungen des GG** im Zusammenhang mit der Aufstellung der Bw entkräftet werden.[36] Dabei wurde u.a. Art. 60 Abs. 1 GG auf Offz und Uffz erweitert[37], obwohl die BReg zunächst eine Änd. des Art. 60 Abs. 1 GG nicht für erforderlich ansah und davon ausging, dem BPräs die Ernennungszuständigkeit für Soldaten durch einfaches Gesetz zuweisen zu können.[38]   **20**

---

28 *Scherer/Alff*, SG, § 40 Rn. 3.
29 Vgl. *Walz,* NZWehrr 1973, 13.
30 BVerwG NVwZ 1986, 128 zu §§ 39, 40 WPflG a.F.
31 So *Scherer/Alff*, SG, § 4 Rn. 4.
32 Vgl. GKÖD I K, § 6 Rn. 29.
33 BT-Drs. II/1700, 18.
34 BT-Drs. II/1700, 37.
35 BT-Drs. II/1700, 38.
36 Vgl. BT-Drs. II/2140, 4.
37 Gesetz zur Ergänzung des GG v. 19.3.1956 (BGBl. I S. 111).
38 BT-Drs. II/1700, 42.

21 Inhaltlich geht Abs. 2 **über Art. 60 Abs. 1 GG hinaus**, indem er dem BPräs die Zuständigkeit für die Ernennung aller BS und SaZ sowie der Offz d.R. zuweist, während Art. 60 Abs. 1 GG sich nur auf Offz und Uffz bezieht. Dies ist jedoch unproblematisch, da Art. 60 Abs. 1 GG nicht ausschließt, dem BPräs weitere Zuständigkeiten zu übertragen.[39] Ob dies rechtsdogmatisch aus dem Gesetzesvorbehalt des Art. 60 Abs. 1 GG folgt oder aus allg. Grundsätzen, kann dahinstehen. Angesichts der Übertragung einer Vielzahl von Ernennungszuständigkeiten durch den BPräs auf andere Stellen entbehrt diese Frage ohnehin der praktischen Relevanz.[40]

22 Die Ernennung ist eine Kompetenz des BPräs in seiner Funktion als Staatsoberhaupt mit der Folge, dass jeder Ernennungsakt durch den BPräs gem. Art. 58 Abs. 1 GG **gegenzeichnungspflichtig** ist.[41] Die Gegenzeichnung erfolgt durch den BMVg.[42]

Auf Grund der allg. verfassungsrechtl. Stellung des BPräs ist dieser grds. zur Vornahme einer von der BReg oder dem BMVg beantragten Ernennung **verpflichtet**. Er kann allerdings – in Anlehnung an die Grundsätze seiner bei der Ausfertigung von Gesetzen – eine Ernennung aus Rechtsgründen verweigern, z.B. wenn ein Verstoß gegen die Ernennungsgrundsätze des Art. 33 Abs. 2 GG vorliegt.[43]

23 Die Zuständigkeiten des BPräs für Versetzungen von Soldaten in den Ruhestand und Entlassungen (funktionell erstreckt sich die Kompetenz des BPräs, der nach Art. 60 Abs. 1 GG Offz und Uffz ernennt und „entlässt", auf jede Begründung und jede Beendigung dieser soldatischen Dienstverhältnisse, auch auf Ruhestandsversetzungen[44]) sind in § 44 Abs. 6 Satz 1, § 47 Abs. 1 und § 55 Abs. 6 geregelt.

24 Hat der BPräs eine Ernennungsentscheidung getroffen oder abgelehnt, ist für den verwaltungsgerichtl. **Rechtsschutz** zu beachten, dass gem. § 68 Abs. 1 Satz 2 Nr. 1 VwGO eine Beschwerde nicht zulässig ist. Vielmehr ist unmittelbar Klage beim VG zu erheben. Die Ausnahmebest. des § 23 Abs. 5 WBO gilt nur bei Entscheidungen des BMVg.[45]

25 Durch die **Anordnung des BPräs über die Ernennung und Entlassung der Soldaten** vom 10.7.1969[46] wurde von der Ermächtigung des Abs. 2 Satz 3, die Ernennungszuständigkeiten auf andere Stellen zu übertragen, Gebrauch gemacht. Danach hat sich der BPräs vorbehalten, die Offz zu ernennen (und zu entlassen), die der Besoldungsgruppe B angehören. Im Übrigen hat er seine Befugnisse auf den BMVg übertragen, der seinerseits durch die **Anordnung über die Ernennung und Entlassung der Soldatinnen und Soldaten** vom 6.12.2002[47] seine Zuständigkeiten z.T. weiter übertragen hat. Der BMVg ernennt (und entlässt) die Offz ab dem Dienstgrad Oberst, alle Offz, Uffz und Anwärter für die Laufbahn der Offz des Militärfachlichen Dienstes, die im MAD oder im Amt für Militärkunde verwendet werden. Weiterhin befördert er längerdienende OA zum Lt. In allen anderen Fällen werden die Ernennungen von nachgeordneten Dienststellen[48] vorgenommen.

---

39 *Schlaich*, § 49 Rn. 22.
40 So auch GKÖD I Yk, § 4 Rn. 7; *Scherer/Alff*, SG, § 4 Rn. 10.
41 Allg. Ansicht vgl. *Jarass*, in: *Jarass/Pieroth*, GG, Art. 60 Rn. 1.
42 Vgl. Erl. des BMVg – AL PSZ – Az 15-04-01 v. 8.11. 2002; dies reicht trotz der entgegenstehenden Best. des § 29 Abs. 1 Satz 1 GeschOBReg, wonach immer der zuständige Min. u. der BK gegenzuzeichnen haben, aus. Vgl. auch *Jarass*, in: *Jarass/Pieroth*, GG, Art. 58 Rn. 4.
43 *Jarass*, in: *Jarass/Pieroth*, GG, Art. 60 Rn. 1; *Schlaich*, § 49 Rn. 30 u. 42.
44 So *Jarass*, in: *Jarass/Pieroth*, GG, Art. 60 Rn. 2 m.w.N..
45 OVG Münster NZWehr 1992, 123; *Dau*, WBO, § 23 Rn. 56.
46 BGBl. I S. 775 = VMBl. 1969 S. 315. Aktuelle Fassung in ZDv 14/5 B 107.
47 ZDv 14/5 B 108.
48 Diese sind in der ZDv 14/5 B 108 aufgeführt.

Ernennung, Dienstgradbezeichnungen, Uniform § 4

3. Absatz 3
a) Allgemeines

Abs. 3 hat seit der Erstfassung des SG **keine Änd.** erfahren. In Anlehnung an § 81 Abs. 1 und § 76 BBG regelt er die Befugnis des BPräs, die Dienstgradbezeichnungen der Soldaten festzusetzen (Satz 1) sowie Best. über die Uniform der Soldaten zu erlassen (Satz 2). 26

Eine ausdrückliche verfassungsrechtl. Grundlage für die Zuweisung dieser Kompetenzen an den BPräs findet sich – anders als für die Ernennung (Art. 60 Abs. 1 GG) – nicht. Gleichwohl ist Abs. 3 **verfassungsrechtl. unproblematisch.** Die Festlegung von Dienstgradbezeichnungen und Uniformen kann als Teil der „Symbolsetzungsgewalt" qualifiziert werden, für die das GG keine speziellen Normen enthält, die aber traditionell dem BPräs zugestanden wird.[49] Es kommt hinzu, dass der Gesetzgeber jederzeit berechtigt ist, auch in diesem Bereich gesetzl. Vorgaben zu verabschieden und den Entscheidungsspielraum des BPräs einzuschränken bzw. ihm ganz zu entziehen. So gesteht Abs. 3 Satz 1 die Festsetzung der Dienstgradbezeichnungen dem BPräs ohnehin nur insoweit zu, als gesetzl. nichts anderes bestimmt ist. Aber auch Abs. 3 Satz 2, der nicht unter Gesetzesvorbehalt steht, würde kein Hindernis darstellen, durch Gesetz Best. über die Uniform der Soldaten festzulegen, an die dann auch der BPräs gebunden wäre. 27

Der BPräs hat mit der **Anordnung über die Dienstgradbezeichnungen und die Uniform der Soldaten** vom 14.7.1978[50] von seinen Befugnissen nach Abs. 3 Gebrauch gemacht. Von ihrer Rechtsnatur her handelt es sich dabei **nicht** um eine RVO – hierfür fehlt dem BPräs die formale Kompetenz –, sondern um eine Anordnung, die den Charakter einer VV aufweist, was für Regelungen dieser Art ausreichend ist.[51] 28

Anordnungen des BPräs nach Abs. 3 unterliegen der **Gegenzeichnungspflicht** gem. Art. 58 Abs. 1 GG.

b) Dienstgradbezeichnungen

Spezielle Titel (Dienstgrade), um Stellung und Funktion von Soldaten, insbes. von Offz, zum Ausdruck zu bringen, haben sich in allen europ. Armeen mit der Entwicklung der stehenden Heere im 17. Jh. herausgebildet.[52] Die für die Bw geltenden Dienstgradbezeichnungen beruhen weitgehend auf dieser **Tradition** und weisen somit eine gewisse Vergleichbarkeit mit den Dienstgraden ausländischer SK auf.[53] 29

Der Status des Soldaten in der mil. Hierarchie definiert sich in erster Linie aus seinem **Dienstgrad.**[54] Anders als im Beamtenrecht wird bei Soldaten nicht zwischen dem Amt im statusrechtl. und dem Amt im funktionellen Sinne unterschieden. Dies hängt mit der besonderen Personalstruktur der SK, ihrem hohen Bedürfnis nach personeller Flexibilität und dem spezifisch mil. Verwendungsaufbau von Soldaten zusammen. Der Soldat hat keinen generellen Anspruch darauf, dass seine ihm zugewiesene konkrete Aufgabe von der Bedeutung und Wertigkeit hier immer seinem Dienstgrad entsprechen muss.[55] Dennoch weist der Dienstgrad von Soldaten unter rechtl. Gesichtspunkten starke Pa- 30

---

49 *Schlaich,* § 49 Rn. 6.
50 BGBl. I S.1067 = VMBl. 1978 S. 258, zul. geä. durch Anordnung v. 31.5.1996, BGBl. I S. 746 = VMBl S. 260.
51 BVerwGE 67, 222 (227); BVerwGE 84, 287 (289).
52 *Black, Hans*: Die Grundzüge der Beförderungsordnungen, in: *Meier-Welcker* (Hrsg.): Untersuchungen zur Geschichte des Offizierkorps, 1962, 68.
53 MGFA (Hrsg.): Symbole und Zeremoniell in deutschen Streitkräften, 187.
54 Vgl. GKÖD I Yk, § 26 Rn. 1.
55 GKÖD I Yk, § 26 Rn. 1.

Sohm

rallelen zum beamtenrechtl. Amt im statusrechtl. Sinne auf. Für das Besoldungsrecht stellt § 16 BBesG klar, dass der Dienstgrad des Soldaten dem Amt des Beamten gleichsteht. Dementspr. sind die Dienstgradbezeichnungen der Soldaten als „Ämter" der Besoldungsordnungen A und B in der Anl. I zum BBesG festgelegt worden (vgl. § 20 BBesG). Auch wenn hiermit nur die besoldungsrechtl. Zuordnung der statusrechtl. Stellung innerhalb des Besoldungsgefüges erfasst ist[56], lässt sich daraus eine **allg. Vergleichbarkeit von Dienstgrad und Amt im statusrechtl. Sinne** ableiten. Damit entspricht die Dienstgradbezeichnung weitgehend der Amtsbezeichnung im Beamtenrecht, die dort an das Amt im statusrechtl. Sinne anknüpft.[57]

31 Von rechtl. Bedeutung ist, dass mit der gesetzl. Verankerung der Dienstgradbezeichnungen der Soldaten in der Anl. zum BBesG die Anordnung des BPräs vom 14.7.1978 hins. der Dienstgradbezeichnungen keine eigenständige rechtl. Bedeutung aufweist, da die gesetzl. Best. vorgehen.[58] Ob man die Festsetzungskompetenz des BPräs daher noch als eine Art **Interimskompetenz** bezeichnen kann, die so lange Bedeutung entfaltet, bis der neue Dienstgrad in das BBesG aufgenommen worden ist[59], scheint angesichts der abschließenden Regelung im BBesG zumindest fraglich. Vielmehr dürfte es dem BPräs verwehrt sein, neue mil. Dienstgradbezeichnungen einzuführen, bevor diese nicht vom Gesetzgeber anerkannt sind. Ohne eine besoldungsrechtl. Zuordnung kann jedenfalls für einen Dienstgrad keine Haushaltsstelle geschaffen werden, die Voraussetzung für die Ernennung zu dem entspr. Dienstgrad ist.[60] Da derzeit zwischen den Dienstgradbezeichnung in der Anordnung des BPräs und denjenigen in der Anl. I zum BBesG keine Unterschiede bestehen, ergeben sich aus dem Nebeneinander der Regelungen keine praktischen Probleme.

32 Eine inhaltliche gesetzl. Regelung für die Dienstgradbezeichnungen der Soldaten ist mit § 1 Abs. 3 SGleiG eingeführt worden. Danach können **Dienstgradbezeichnungen in weiblicher Form** festgesetzt werden. Sollte von dieser Möglichkeit Gebrauch gemacht werden, wären nach den oben getroffenen Feststellungen nicht allein die Anordnung des BPräs, sondern in erster Linie die Anl. I zum BBesG zu ändern bzw. zu ergänzen. Auch für Beamtinnen ist im BBesG festgelegt, dass sie ihre Amtsbezeichnung soweit möglich in weiblicher Form führen sollen.[61] Ob sich die traditionell nur in maskuliner Form gebräuchlichen mil. Dienstgradbezeichnungen durchgängig allein durch Anfügung des Wortteils „-in" feminisieren lassen, muss bezweifelt werden. Ein längerer Klärungs- und Gewöhnungsprozess dürfte in jedem Fall erforderlich sein.

33 Keine Dienstgradbezeichnungen i.S.v. Abs. 3 sind sog. **Dienstgradzusätze**, wie Offizieranwärter (OA), Reserveoffizieranwärter (ROA), Feldwebelanwärter (FA), oder **Tätigkeits- und Verwendungsbezeichnungen** wie „im Generalstabsdienst (i.G.)", die folglich auch von anderen Stellen als dem BPräs und ohne förmliches Gesetz festgelegt werden können (vgl. § 15 Abs. 3, § 23 Abs. 3 SLV). Dies ergibt sich daraus, dass das Führen des Dienstgradzusatzes nicht an eine Ernennung (Beförderung) anknüpft, sondern aus der Zugehörigkeit zu einer bestimmten Laufbahn folgt.

34 Nicht zu den Dienstgradbezeichnungen gehören die **Dienstgradabzeichen**, d.h. die Merkmale der Uniform, aus denen sich der Dienstgrad ablesen lässt (Schulterklappen/

---

56 GKÖD, BBesG, § 16 Rn. 1.
57 *Battis*, BBG, § 81 Rn. 2.
58 Zur vergleichbaren Situation im Beamtenrecht vgl. *Battis*, BBG, § 81 Rn. 6; GKÖD I K, § 81 Rn. 12.
59 So *Battis*, BBG, § 81 Rn. 2.
60 GKÖD I K, § 81 Rn. 12.
61 Vorb. Nr. 1 Abs. 1 zu den Besoldungsordnungen A u. B.

Ärmelstreifen); sie sind Bestandteil der Uniform, ihre Festlegung fällt unter Abs. 3 Satz 2.

Ohne dass es im SG ausdrücklich bestimmt ist, folgt aus der Festlegung der Dienstgradbezeichnungen, dass der Soldat berechtigt ist, diese im dienstl. wie im privaten Bereich zu **führen**. Dies ergibt sich aus § 44 Abs. 7, § 49 Abs. 5, wonach selbst in den Ruhestand getretene bzw. – nach Genehmigung – entlassene Soldaten ihren Dienstgrad mit dem Zusatz „außer Dienst (a.D.)" führen dürfen.[62] 35

Einen Anspruch auf **Anrede** mit der entspr. Dienstgradbezeichnung hat der Soldat nur im Dienst, sofern dies durch Befehl oder Vorschrift angeordnet ist. Im dienstl. Verkehr kann einem Soldaten **befohlen** werden, seinen Dienstgrad zu führen. 36

Das unbefugte Führen einer Dienstgradbezeichnung der Bw ist strafbar (§ 132a StGB). 37

c) Uniform

Gesetzl. Vorgaben für die Uniform der Soldaten bestehen nicht, so dass der **Anordnung des BPräs** vom 14.7.1978 – anders als im Bereich der Dienstgradbezeichnungen – **konstitutive Wirkung** zukommt. Der BPräs hat dabei mit Ausnahme der unmittelbar in der Anordnung festgelegten allg. Kennzeichen, Anzugarten und Dienstgradabzeichen die Befugnis zur Best. der Uniform der Soldaten dem BMVg mit der Maßgabe übertragen, dass Änd. oder Neueinführungen erst nach seiner zust. Kenntnisnahme erfolgen.[63] Auf dieser Grundlage hat der BMVg die Anzugordnung für die Bw (**ZDv 37/10**) erlassen, in der Art, Ausgestaltung und das Tragen der Uniformen geregelt sind. 38

Im Unterschied zu den Beamten, die nur in Teilbereichen oder bei bestimmten Verwendungen Amtskleidung oder Amtstracht tragen, sind Soldaten grds. uniformiert. Rechtl. folgt dies in erster Linie aus den völkerrechtl. Vorgaben über die Erkennbarkeit als **Kombattant** (vgl. Art. 44 Abs. 3 ZP I). Es entspricht dabei nationaler wie internationaler Gepflogenheit, dass Soldaten auch in Friedenszeiten ihren **Dienst in Uniform** versehen.[64] Dies bringen die unterschiedlichen Regelungen im Beamten- und Soldatenrecht zum Ausdruck. Während § 76 BBG dem BPräs nur unter der Voraussetzung die Befugnis zur Best. einer Amtskleidung einräumt, dass dies bei Ausübung des Amtes üblich oder erforderlich ist, stellt Abs. 3 Satz 2 keinerlei materielle Voraussetzungen auf. Es geht dabei nicht um das „Ob" der Uniform, sondern allein um deren Gestaltung. Dass Soldaten grds. Uniform zu tragen haben, setzt Abs. 3 Satz 2 voraus. Die Verpflichtung der Soldaten, im Dienst Uniform zu tragen, folgt aus **§ 7**.[65] 39

Welcher konkrete Anzug bei welcher Gelegenheit zu tragen ist, bestimmen die zuständigen mil. Vorg. bzw. wird in Dienstvorschriften geregelt, wobei ein sehr weitgehender Entscheidungsspielraum besteht.[66] Zuständig für eine gerichtl. Überprüfung sind die TDG, da es sich um eine truppendienstl. Angelegenheit handelt.[67]

Nach der ZDv 37/10 dürfen Soldaten auch außerhalb des Dienstes Uniform tragen. Hierbei handelt es sich nicht um ein subjektives Recht, sondern lediglich um eine Erlaubnis, die jederzeit durch Einzelweisung/Befehl eingeschränkt oder aufgehoben 40

---

62 GKÖD I Yk, § 26 Rn. 5; vgl. auch *Battis*, BBG § 81 Rn. 7 ff.
63 Art. 2 Abs. 2 der Anordnung.
64 Zur Geschichte der Uniformentwicklung vgl. *Knobel, Herbert/Sieg, Herbert*, Handbuch der Uniformkunde, 1937, 116 f.; MGFA (Hrsg.), Symbole und Zeremoniell in deutschen Streitkräften, 187 ff.
65 BVerwG NZWehr 1983, 74; BVerwGE 43, 353 (357 f.); BVerwG NZWehr 1987, 25.
66 BVerwGE 43, 353 (357 f.); BVerwG NZWehr 1987, 25.
67 BVerwG NZWehr 2001, 246.

§ 4 Gemeinsame Vorschriften

werden kann, wenn nachvollziehbare Gründe gegeben sind.[68] So kann ein Uniformtrageverbot i.V.m. dem Verbot der Ausübung des Dienstes gem. § 22 ausgesprochen werden. Im Rahmen eines gerichtl. Disziplinarverfahrens kann die Einleitungsbehörde mit dem Verbot der Ausübung des Dienstes ein Verbot, Uniform zu tragen, verbinden (§ 126 Abs. 1 Satz 2 WDO). Unmittelbar durch Gesetz besteht ein Uniformtrageverbot bei politischen Veranstaltungen (§ 15 Abs. 3).

Liegt ein entspr. Anlass vor, ist es zulässig, Soldaten während des Dienstes das Tragen der Uniform im Einzelfall oder generell (z.b. für Ermittler des MAD) zu untersagen.[69]

41 Das Tragen der Uniform außerhalb eines Wehrdienstverhältnisses regelt § 4a.

42 Das unbefugte Tragen von Uniformen der Bw ist durch § 132a StGB strafbewehrt.

4. Absatz 4

43 Abs. 4 ist durch Art. VI Abs. 1 Nr. 1 des G vom **18.2.1977**[70] parallel zu den inhaltsgleichen Best. der § 7a BRRG und § 8a BBG eingeführt worden. Seither wurde Abs. 4 wie folgt ergänzt bzw. geändert:

Durch Art. 6 Abs. 1 Nr. 1 des G vom **30.7.1979**[71] wurde Satz 2 – ebenfalls in Übereinstimmung mit Änd. des Beamtenrechts – angefügt. Damit wurde der Anwendungsbereich der Beförderungssperre auf Soldaten ausgedehnt, die in eine gesetzgebende Körperschaft eines Landes gewählt worden sind. Eine soldatenspezifische Ergänzung um Satz 3 erfolgte durch Art. 1 Nr. 1 des G vom **22.5.1980**[72], der eine Beförderungssperre auch während Wehrübungen von Abg. einführte. Satz 3 wird durch Art. 1 Nr. 6 und Nr. 10 des **SGÄndG** redaktionell geändert. Durch Art. 2 Nr. 4 des **SkResNOG** wurden in Satz 3 die Wörter „eine Übung" durch die Angabe „einen Dienst nach § 51 Abs. 6 oder § 54 Abs. 4" ersetzt.

44 Abs. 4 ist im Zusammenhang mit dem **AbgG** erlassen worden und auch nur i.V.m. diesem zu verstehen. Mit Abs. 4 sollen missbräuchliche Umgehungen des AbgG verhindert werden, die nach früherer Rechtslage möglich waren.

45 Nach § 25 Abs. 2 i.V.m. § 5 Abs. 1 AbgG **ruhen die Rechte und Pflichten** von in den BT gewählten Soldaten mit wenigen Ausnahmen vom Tag der Annahme der Wahl an. Infolge des Ruhens der Dienstpflichten kann in dieser Zeit der Soldat **nicht befördert** werden.[73] Nach der Beendigung der Mitgliedschaft im BT ist der Soldat auf Antrag in das frühere Dienstverhältnis zurückzuführen, wobei das ihm zu übertragende Amt derselben oder einer gleichwertigen Laufbahn angehören und mindestens mit demselben Endgrundgehalt ausgestattet sein muss (§ 6 Abs. 1 AbgG). Nach dem **früheren Rechtsstellungsgesetz**[74] war es möglich, dass Abg. kurz vor Ende der WP ihr Mandat niederlegten um in den aktiven Dienst als Beamter oder Soldat zurückzukehren. In dieser aktiven (Zwischen-)Phase konnten sie befördert werden, selbst wenn sie von vornherein beabsichtigten, für den kommenden BT erneut zu kandidieren und ihr aktives Dienstverhältnis mit Beginn der neuen WP wieder ruhen zu lassen. Diese Möglichkeit der Niederlegung des Mandats, allein um befördert werden zu können, wurde allg. als

---

68 BVerwGE 53, 106; BVerwGE 76, 30; GKÖD I Yk, § 15 Rn. 9; *Scherer/Alff*, SG, § 15 Rn. 16.
69 Einschränkend *Demandt*, NZWehrr 1983, 182; *Stauf* I, § 4 SG Rn. 11.
70 BGBl. I S. 297.
71 BGBl. I S. 1301.
72 BGBl. I S. 581.
73 GKÖD I K, § 8a Nr. 3; *Scherer/Alff*, SG, § 4 Rn. 15.
74 Gesetz über die Rechtsstellung der in den Deutschen Bundestag gewählten Angehörigen des öff. Dienstes v. 4.8.1953 (BGBl. I S. 777).

Umgehung betrachtet, da der Beamte/Soldat dann mit dem höheren Dienstgrad in den BT einzog und bei einem späteren endgültigen Ausscheiden aus dem Parlament in der entspr. höheren Dienststellung in den öff. Dienst zurückzuführen war.[75] Dies wird durch Abs. 4 Satz 1 verhindert.

Da gem. § 25 Abs. 2 die seit dem 1.6.1978 in die gesetzgebende **Körperschaft eines Landes** gewählten BS und SaZ ebenfalls unter das AbgG fallen, war es konsequent, mit Abs. 4 Satz 2 die Beförderungssperre auf diese auszudehnen.[76] Die Formulierung im 2. Halbs., dass dies auch für die Zeit zwischen zwei WP gilt, trägt einzelnen landesverfassungsrechtl. Besonderheiten Rechnung. Auf Bundesebene gibt es gem. Art. 39 Abs. 1 GG keine parlamentsfreie Zeit. | 46

BS und SaZ, deren Rechte und Pflichten nach dem AbgG ruhen, können auf Antrag zu **Dienstleistungen** gem. § 51 Abs. 6 oder § 54 Abs. 4 herangezogen werden. Für diesen Zeitraum leben ihre Rechte und Pflichten wieder auf. Um insoweit Umgehungsmöglichkeiten zu verhindern, war es erforderlich, auch für den Zeitraum der Dienstleistung eine Beförderungssperre festzulegen.[77] | 47

Voraussetzung der **Beförderungssperre** nach Abs. 4 Satz 1 und 2 ist, dass die Niederlegung des Mandats und die erneute Bewerbung um einen Parlamentssitz zeitlich parallel erfolgen. Steht fest, dass der Soldat den erneuten Einzug in ein Parlament verfehlt hat, **entfällt** die Beförderungssperre. Die bloße Chance, als Nachrücker auf einer Liste in das Parlament einzuziehen, begründet keine Beförderungssperre. Wird der Soldat erneut Abg., ist Abs. 4 gegenstandslos; die fehlende Beförderungsmöglichkeit ergibt sich dann daraus, dass die Pflichten und Rechte aus dem Soldatenverhältnis wieder ruhen. | 48

Abs. 4 begründet **ausschließlich** ein **Beförderungsverbot**. Andere statusrechtl. Maßnahmen, z.b. die Festsetzung einer neuen Dienstzeit bei SaZ oder die Umwandlung des Dienstverhältnisses eines SaZ in das eines BS, sind während der aktiven Dienstzeit nicht ausgeschlossen, obwohl dies dem Sinn und Zweck der Best. widerspricht. Von derartigen begünstigenden Maßnahmen sollte daher abgesehen werden. | 49

Von seinem Anwendungsbereich her bezieht sich Abs. 4 ausschließlich auf BS und SaZ. Soldaten, die auf Grund der WPfl Wehrdienst leisten, sind gem. § 29 Abs. 1 Satz 3 Nr. 7 WPflG zu entlassen, wenn sie ihrer Aufstellung für die Wahl zum BT, einem Landtag oder zum Europ. Parlament zugestimmt haben. | 50

Gem. § 8 Abs. 3 EuAbgG gelten die Best. der §§ 5 und 6 AbgG für **Mitglieder des Europ. Parlaments** entspr. BS und SaZ, die in das Europ. Parlament gewählt sind, können nicht befördert werden, da ihre Rechte und Pflichten in gleicher Weise ruhen wie die von Soldaten, die Mitglied des BT oder eines Landtages sind. Dagegen setzt die **Beförderungssperre** des Abs. 4 Satz 1 ausdrücklich die erneute Bewerbung um einen Sitz im BT voraus, so dass sie für Abg. des Europ. Parlaments **nicht** eingreift, mit der Folge, dass diese während einer aktiven Dienstphase befördert werden könnten.[78] Hier wäre der Gesetzgeber gefordert, die Rechtslage insoweit anzupassen. | 51

Bei **Wehrübungen** gilt das Beförderungsverbot allerdings auch für BS und SaZ, die Mitglieder des Europ. Parlaments sind, da es sich beim EuAbgG um eine entspr. Rechtsvorschrift i.S.v. Abs. 4 Satz 3 handelt.[79]

---

75 Vgl. BT-Drs. 7/5531, 27.
76 BT-Drs. 8/819, 8 u. 11.
77 Vgl. BT-Drs. 8/3360 u. 8/3728.
78 So auch GKÖD I Yk, § 4 Rn. 10; *Scherer/Alff*, SG, § 4 Rn. 16.
79 Vgl. o. Fn. 77.

§ 4a Berechtigung zum Tragen der Uniform außerhalb eines Wehrdienstverhältnisses

¹Soldaten der Bundeswehr kann nach ihrem Ausscheiden aus dem Wehrdienst genehmigt werden, außerhalb eines Wehrdienstverhältnisses die Uniform der Soldaten mit dem Abzeichen des Dienstgrades, den zu führen sie berechtigt sind, und mit der für ausgeschiedene Soldaten vorgesehenen Kennzeichnung zu tragen. ²Näheres regelt eine Rechtsverordnung.

Literatur: *Dau, Klaus*: Uniformen, Rang- und Tätigkeitsabzeichen der Bundeswehr im Schutz des § 132a StGB, NZWehrr 1987, 133.

Übersicht

	Rn.		Rn.
A. Allgemeines	1– 7	2. Satz 1	9 – 19
1. Entstehung der Vorschrift	1– 3	a) Halbsatz 1	9 – 13
2. Änderungen der Vorschrift	4	b) Halbsatz 2	14
3. Bezüge zum Beamtenrecht bzw. zu sonstigen rechtl. Vorschriften; ergänzende Best.	5– 7	c) Dienstrechtl. Folgen der Genehmigung	15 – 17
B. Erläuterungen im Einzelnen	8 – 20	d) Verhältnis zu § 132a StGB	18
1. Zweck der Vorschrift	8	e) Rechtsweg	19
		3. Satz 2	20

A. Allgemeines

1. Entstehung der Vorschrift

1 Die **Erstfassung** des SG enthielt **keine Regelung** für das Uniformtragen durch frühere Soldaten. Offenbar wurde hierfür zunächst kein Bedarf gesehen, obwohl bereits **frühere wehrrechtl. Best.**[1] das Tragen der Uniform durch ausgeschiedene Soldaten geregelt hatten.

2 § 4a wurde durch Art. 2 Nr. 2 des G vom **13.6.1986**[2] in das SG eingefügt. Der Gesetzgeber trug damit einer jahrelangen beharrlichen **Forderung des DBwV** und des VdRBw Rechnung. Deren Mitglieder, die sich nicht mehr in einem aktiven Wehrdienstverhältnis befanden, hatten es als „zunehmend unbefriedigend empfunden"[3], an „besonders herausgehobenen Veranstaltungen in der Familie oder in der Öffentlichkeit ... nicht in Uniform" teilnehmen zu können. In der amtl. Begr.[4] und im Ber. des VertA[5] wird zusätzlich das „erhebliche öffentliche Interesse" daran betont, dass ehem. Soldaten durch das Tragen der Uniform die Integration der SK in die Gesellschaft weiter fördern und sichtbar machen sollen.

3 In einer frühen Fassung des Entw. eines § 4a war ein Abs. 2 vorgesehen, wonach ein Verstoß gegen die danach zu erlassende RVO oder die DBest. als **Ordnungswidrigkeit** geahndet werden sollte. Hierauf wurde „zunächst" verzichtet. Erst nach einer „Erprobungsphase" von einem Jahr nach dem In-Kraft-Treten sollte geprüft werden, ob hierfür ein Bedürfnis bestand. Später ist dieser Gedanke nicht erneut aufgegriffen worden.

---

1 § 7 Abs. 2 des ReichsmilitärG v. 2.5.1874, § 30 WG 1921, § 33 WG 1935; G über die Ausübung des Rechts zum Tragen einer Wehrmachtuniform v. 26.5.1934 (RGBl. I S. 447); DVO zu diesem G v. 21.6.1934 (RGBl. I S. 517).
2 BGBl. I S. 873.
3 BT-Drs. 10/4591, 11.
4 BT-Drs. 10/4591, 11.
5 BT-Drs. 10/5299, 19.

2. Änderungen der Vorschrift

§ 4a gilt noch i.d.F. von 1986. Überlegungen im BMVg, § 4a um eine Regelung zur **Dienstgradführung** außerhalb eines Wehrdienstverhältnisses zu ergänzen, haben bisher keinen Abschluss gefunden.

3. Bezüge zum Beamtenrecht bzw. zu sonstigen rechtl. Vorschriften; ergänzende Best.

§ 133 f. Abs. 2 Satz 1 Nr. 3 BRRG und § 76 BBG bestimmen, wann und wo Beamte „Dienstkleidung" zu tragen haben und wer die hierfür maßgeblichen Vorschriften erlässt (BPräs). Gesetzl. Sonderregelungen des Bundes für das Tragen der Dienstkleidung durch ausgeschiedene Beamte bestehen nicht. Dies mag einerseits damit zu erklären sein, dass es „Beamte der Res" nicht gibt und dass andererseits Beamte, die mit Erreichen der Altersgrenze in den Ruhestand treten, kein Interesse daran haben werden, weiterhin in Dienstkleidung aufzutreten.

Die gem. § 4a Satz 2 zu erlassende RVO ist die VO über die Berechtigung zum Tragen der Uniform außerhalb eines Wehrdienstverhältnisses (**Uniformverordnung – UnifV**); sie gilt jetzt i.d.F. vom 14.12.1999.[6] Die Best. zum Tragen der Uniform außerhalb eines Wehrdienstverhältnisses (**Uniformbest.**) wurden mit Erl. des BMVg vom 2.2.2000[7] neu gefasst. Ergänzend ist die **ZDv 37/10** (Nr. 427) heranzuziehen.

Von rechtl. Relevanz sind ferner die §§ **132, 132a StGB** sowie – im weiteren Sinne – § **10 Abs. 2 VStGB**.

B. Erläuterungen im Einzelnen

1. Zweck der Vorschrift

§ 4a, dies folgt aus seiner systematischen Stellung im SG, **ergänzt § 4 Abs. 3 Satz 2.** Der oben beschriebenen amtl. Zielsetzung des § 4a (persönliches Interesse der Betroffenen, öffentl. Interesse mit Blick auf die Integration der SK in die Gesellschaft) ist hinzuzufügen, dass gem. § 132a Abs. 1 Nr. 4 StGB bestraft wird, wer „unbefugt" Uniformen trägt. Die **Befugnis** für die in § 4a genannten Personen ergibt sich aus dieser Best. unter der Voraussetzung, dass die nachfolgend komm. Durchführungsnormen eingehalten werden.

2. Satz 1

a) Halbsatz 1

Adressaten der Vorschrift sind (nur) **ausgeschiedene Soldaten**. Die Formulierung „Soldaten der Bundeswehr" ist missverständlich. Ein ausgeschiedener Soldat kann logischerweise kein „Soldat der Bundeswehr" mehr sein.

Anträge können bereits **vor Beendigung** des Wehrdienstverhältnisses gestellt werden (Nr. 5.1.1 der Uniformbest.), obwohl der Gesetzeswortlaut „nach ihrem Ausscheiden" diese Fallkonstellation nicht umfasst. Ein zwingendes praktisches Bedürfnis, aktiven Soldaten für die Zeit nach Beendigung ihres Dienstverhältnisses eine solche Genehmigung zu erteilen, besteht im Übrigen nicht.

Die Genehmigung ist **antragsabhängig** (§ 3 Satz 1 UnifV). Sie kann **generell** oder für den **Einzelfall** erteilt werden.[8]

---

6 BGBl. I 2000 S. 9 = VMBl. 2000 S. 54.
7 VMBl. S. 55, zul. geä. durch Erl. des BMVg v. 5.3.2002, VMBl. S. 164.
8 BT-Drs. 10/4591, 15.

11 Die durch das Gesetz begründete Ermessensentscheidung wird in drei Richtungen begrenzt:
- Gem. § 1 Abs. 2 UnifV darf eine Genehmigung nicht erteilt werden für **politische Veranstaltungen**, Veranstaltungen, an denen der ehem. Soldat **beruflich** oder **ehrenamtl.**[9] teilnimmt und Gelegenheiten, bei denen auch aktive Soldaten keine Uniform tragen dürfen.
- Gem. § 3 Satz 2 UnifV darf ferner keine Genehmigung erteilt werden, wenn der Antragsteller nicht die Gewähr dafür bietet, dass das **Ansehen der Bw** in der Öffentlichkeit nicht **gefährdet** oder die Trageberechtigung nicht missbraucht wird.
- Gem. Nr. 6.1.1 der DBest. schließlich darf Antragstellern, die vom Wehrdienst ausgeschlossen oder die wegen **mangelnder Eignung** vorzeitig entlassen worden sind oder deren Dienstverhältnis aus ähnlichen Gründen vorzeitig geendet hat oder die nicht mindestens die allg. Grundausbildung abgeschlossen haben, keine Genehmigung erteilt werden.

Ob sich diese Versagungsgründe noch im Rahmen einer zulässigen Ermessensausübung halten, kann wegen ihrer teilweisen **Unbestimmtheit** durchaus **zweifelhaft** sein. Dem Gesetz ist jedenfalls der Ausschließungstatbestand der nicht abgeschlossenen Grundausbildung nicht zu entnehmen. Soll der ehem. Soldat etwa vor Erhalt der Tragegenehmigung einen mil. Befähigungsnachweis erbringen?

Gerichtl. Entsch. zu diesem Komplex liegen nicht vor.

12 Der **Genehmigungsbescheid** ist während der Dauer des Uniformtragens **mitzuführen** und auf Verlangen der Polizei oder der Feldjäger **vorzuzeigen** (§ 5 UnifV). Auch diese Regelung ist **nicht unproblematisch**, da Feldjäger außerhalb mil. Sicherheitsbereiche nicht befugt sind, Personen zu überprüfen (§ 4 UZwGBw).[10] Insbes. bleibt offen, wie bei einem Verstoß zu verfahren ist. Der insoweit gem. Nr. 7 Abs. 1 Satz 2 der DBest. mögliche **Widerruf** der Genehmigung beruht auf keiner diesbezüglichen Ermächtigung des SG oder der UnifV.

13 Die **Zuständigkeiten** für die Erteilung, die Versagung und den Widerruf der Genehmigung ergeben sich aus Nr. 5, 6 und 7 der DBest. Die Genehmigung darf nur durch **mil. Stellen** ausgesprochen werden, die über hoheitliche Befugnisse verfügen. Dies ist z.B. bei Interessenvertretungen der Soldaten nicht der Fall.

b) Halbsatz 2

14 „**Uniform**" ist die jew. durch die ZDv 37/10 bestimmte Uniform der Soldaten der Bw (§ 6 UnifV).[11] Als **Kennzeichnung** sind für Heer und Luftwaffe eine schwarz-rot-goldene Kordel als Überziehschlaufe und für die Marine der Buchstabe „R" festgelegt worden (§ 6 Abs. 1 UnifV).[12]

Beide Kennzeichnungen leiden darunter, dass sie nicht ohne Weiteres erkannt werden können, so dass Missverständnisse nicht auszuschließen sind. Solche müssen jedoch insbes. in einem bewaffneten Konflikt vermieden werden. Für fremde SK ist nicht ohne

---

9 Diese in § 1 Abs. 2 Nr. 2 UnifV vorgenommene Einschränkung des Uniformtragens ist vor dem Hintergrund der Rspr. des BVerwG zu § 15 Abs. 3 (BVerwGE 76, 30 = NZWehrr 1983, 105) rechtl. zw., da (aktive u. ehem.) Soldaten an Veranstaltungen ihrer Berufsorganisationen grds. ehrenamtl. teilnehmen dürfen, soweit sie bei diesen satzungsgemäße Funktionen ausüben.
10 *Stauf* I, § 4a SG Rn. 5. Die Amtl. Begr. zu § 4a (BT-Drs. 10/4591, 15) vermag eine gesetzl. Regelung nicht zu ersetzen.
11 Gem. Nr. 8.3 der DBest. ist dies der Dienstanzug (Grundform) o. der Gesellschaftsanzug, ausnahmsweise auch der Feldanzug.
12 Zur Trageweise vgl. ZDv 37/10 Nr. 427.

Weiteres erkennbar, dass eine schwarz-rot-goldene Kordel bedeutet, dass der Uniformträger nicht zu den bewaffneten SK der Bundesrepublik gehört!
Rechtsdogmatisch ist bemerkenswert, dass die Best. über die Uniform der aktiven Soldaten vom **BPräs** erlassen werden (§ 4 Abs. 3 Satz 2)[13]; während es der – weniger bedeutsamen – Kennzeichnung der Angehörigen der Res einer **RVO** bedurfte.

c) Dienstrechtl. Folgen der Genehmigung

Die Genehmigung zum Uniformtragen begründet **kein soldatisches Dienstverhältnis**.   15

Der die Uniform tragende ehem. Soldat kann insbes. aktiven Soldaten **keine Befehle erteilen**; Soldaten müssen ihm gegenüber die soldatischen Pflichten nicht einhalten; eine **Grußpflicht besteht nicht**.[14]

Maßt sich der ehem. Soldat eine **Befehlsbefugnis an**, verstößt er nicht gegen § 38 WStG,   16
da Täter dieser Vorschrift nur ein Soldat sein kann.[15] Auch eine Bestrafung gem. § 132 StGB kommt nicht in Betracht. Der ehem. Soldat übt kein öff. Amt i.S.d. Vorschrift aus.[16]

Hält sich der ehem. Soldat nicht an die UnifV und die DBest., kann darin für frühere   17
Offz und Uffz ein **Dienstvergehen** gem. § 17 Abs. 3, § 23 Abs. 2 Nr. 2 begründet sein.[17]
Der Hinw. auf der Rückseite des Genehmigungsformulars[18], ein „entspr. Verhalten" werde „auch von Soldaten mit **Mannschaftsdienstgraden** erwartet", beruht auf keiner diesbezüglichen Rechtsgrundlage. Für diesen Personenkreis ist nur ein Widerruf der Tragegenehmigung möglich.

d) Verhältnis zu § 132a StGB

Gem. § 132a Abs. 1 Nr. 4 StGB macht sich strafbar, wer unbefugt inländische oder aus-   18
ländische Uniformen trägt.

Trägt ein ehem. Soldat die Uniform **ohne** die vorgeschriebene **Genehmigung**, begeht er eine **Straftat**.

Unterlässt der ehem. Soldat, der eine Tragegenehmigung besitzt, das Anlegen der den Reservistenstatus deutlich machenden **Kennzeichnung**, verstößt er – insoweit ohne straf- oder ordnungswidrigkeitenrechtl. Relevanz – gegen § 4a und die UnifV.[19]

Ein Verstoß gegen § 132a StGB soll in solchen Fällen ausscheiden, da niemand irgendwelche Handlungen im Vertrauen auf das Erscheinungsbild der Uniform vornehme.[20] Diese Auffassung ist nicht nachvollziehbar. Dort wo keine individuelle Personenkenntnis vorherrscht, können andere Soldaten den ehem. Soldaten ohne die vorgeschriebene Kennzeichnung nicht als solchen erkennen. Die Gefahr, dass diese in die Irre geführt werden und möglicherweise „Befehle", die im Rechtssinne keine solchen sind, ausführen, ist durchaus real vorhanden. Der Schutzzweck des § 132a StGB erfasst daher auch solche Fälle.

Zum subjektiven Tatbestand reicht es aus, dass der Träger der Uniform billigend in Kauf nimmt, dass unbefangene außenstehende Beobachter das Tragen der Uniform als

---

13 „Anordnung des BPräs über die Dienstgradbezeichnungen und die Uniform der Soldaten" v. 14.7.1978 (ZDv 14/5 B 181).
14 A.A. *Dau*, NZWehr 1987, 139.
15 *Schölz/Lingens*, WStG, § 38 Rn. 1.
16 *Dau*, NZWehr 1987, 140 Fn. 46; *Tröndle/Fischer*, StGB, 50. Aufl. 2001, § 132 Rn. 8.
17 Nr. 4 der DBest.; *Scherer/Alff*, SG, § 4a Rn. 1.
18 Anl. 1 der DBest.
19 Im bewaffneten Konflikt kann zusätzlich ein Verstoß gegen Art. 39 Abs. 2 ZP I vorliegen.
20 *Dau*, NZWehr 1987, 139.

Ausdruck der Innehabung einer bestimmten Amts-/Vorgesetztenstellung verstehen könnten.[21]

e) Rechtsweg

19 Die Verpflichtung des (aktiven) Soldaten, sich an die auf Grund von § 4 Abs. 3 ergangenen Best. zu halten, ist eine **truppendienstl. Angelegenheit**, die der Kontrolle durch die **Wehrdienstgerichte** unterliegt.[22]

Entspr. gilt grds. für die Ausführung des § 4a, der § 4 Abs. 3 nachgebildet ist. Hierbei sind jedoch zwei Fallgruppen zu unterscheiden[23]:

Wird die Tragegenehmigung **vor Beendigung** des Wehrdienstverhältnisses beantragt und wird dieser Antrag abgelehnt, kann **Beschwerde** eingelegt und abschließend die Entsch. des **TDG** beantragt werden. Der Umstand, dass der Antragsteller inzwischen aus dem Dienstverhältnis ausgeschieden ist, hindert die Fortführung des Wehrbeschwerdeverfahrens nicht (§ 15 WBO).

Wird die Tragegenehmigung **nach Beendigung** des Wehrdienstverhältnisses beantragt und abgelehnt, sind hiergegen **Widerspruch** und Klage vor dem **VG** statthaft, da der Beschwerdeanlass nicht mehr der aktiven Dienstzeit zuzurechnen ist.[24]

3. Satz 2

20 Die **Verordnungsermächtigung** des Satzes 2 ist **mit Art. 80 GG nicht vereinbar**. Gem. Art. 80 Abs. 1 Satz 2 GG müssen Inhalt, Zweck und Ausmaß der Ermächtigung im Gesetz selbst bestimmt werden. Das Wort „Näheres" entspricht dieser verfassungsrechtl. Vorgabe nicht einmal ansatzweise.[25]

Art. 80 Abs. 1 Satz 2 GG **verbietet Blanko- oder Pauschalermächtigungen**.[26] Der Gesetzgeber muss hinreichend genau bestimmen, was das Ausmaß der Ermächtigung betrifft, so dass der von der RVO Betroffene die Rechtslage aus dem Gesetz entnehmen kann. Dies gilt insbes. dann, wenn, wie oben aufgezeigt, schwierige Rechtsfragen im Raum stehen.

Der Rückgriff auf § 4a Satz 1 reicht zur Auslegung der Verordnungsermächtigung nicht aus.

21 **Zuständig** für den Erl. der RVO ist das **BMVg** (§ 93 Abs. 2 Nr. 2).

§ 5 Gnadenrecht

(1) ¹Dem Bundespräsidenten steht hinsichtlich des Verlustes der Soldatenrechte und der Rechte aus einem früheren Soldatenverhältnis das Gnadenrecht zu. ²Er kann die Ausübung anderen Stellen übertragen.

(2) Wird im Gnadenweg der Verlust der Soldatenrechte in vollem Umfang beseitigt, so gilt von diesem Zeitpunkt ab § 51 Abs. 1, 2 und 4 des Bundesbeamtengesetzes entsprechend.

---

21 BayObLG NStZ-RR 1997, 135. Vgl. auch BGH NZWehrr 1992, 169.
22 BVerwG NZWehrr 2001, 246; BVerwGE 118, 21 = NZWehrr 2003, 169.
23 A.A. *Stauf* I, § 4a SG Rn. 7, der ausnahmslos nur den Verwaltungsrechtsweg für gegeben hält.
24 Vgl. *Dau*, WBO, § 15 Rn. 9.
25 Vgl. BVerfGE 1, 14 (59).
26 *Lücke*, in: *Sachs*, GG, Art. 80 Rn. 24.

Gnadenrecht § 5

§ 51 Abs. 1, 2 und 4 BBG

(1) ¹Wird eine Entscheidung, durch die der Verlust der Beamtenrechte bewirkt worden ist, im Wiederaufnahmeverfahren durch eine Entscheidung ersetzt, die diese Wirkung nicht hat, so gilt das Beamtenverhältnis als nicht unterbrochen. ²Der Beamte hat, sofern er die Altersgrenze noch nicht erreicht hat und noch dienstfähig ist, Anspruch auf Übertragung eines Amtes derselben oder einer mindestens gleichwertigen Laufbahn wie sein bisheriges Amt und mit mindestens demselben Endgrundgehalt (§ 26 Abs. 1 Satz 2); bis zur Übertragung des neuen Amtes erhält er die Dienstbezüge, die ihm aus seinem bisherigen Amt zugestanden hätten.

(2) Ist auf Grund des im Wiederaufnahmeverfahren festgestellten Sachverhaltes oder auf Grund eines rechtskräftigen Strafurteils, das nach der früheren Entscheidung ergangen ist, ein Disziplinarverfahren mit dem Ziel der Entfernung des Beamten aus dem Beamtenverhältnis eingeleitet worden, so verliert der Beamte die ihm nach Absatz 1 zustehenden Ansprüche, wenn auf Entfernung aus dem Beamtenverhältnis erkannt wird; bis zur rechtskräftigen Entscheidung können die Ansprüche nicht geltend gemacht werden.

(4) Der Beamte muss sich auf die ihm nach Absatz 1 zustehenden Dienstbezüge ein anderes Arbeitseinkommen oder einen Unterhaltsbeitrag anrechnen lassen; er ist zur Auskunft hierüber verpflichtet.

Literatur: *Dittrich, Karl-Heinz:* Der Bundespräsident und seine Bedeutung für die Streitkräfte, BWV 1999, 73; *Schätzler, Johann-Georg:* Handbuch des Gnadenrechts, 2. Aufl. 1992.

Übersicht

	Rn.		Rn.
A. Allgemeines	1 – 6	1. Absatz 1	7 – 18
1. Zweck der Vorschrift	1	a) Verfassungsrechtl. Grundlage des Gnadenrechts in Art. 60 Abs. 2 GG	7 – 11
2. Entstehung der Vorschrift	2		
3. Änderungen der Vorschrift	3	b) Gnadenrecht nach Absatz 1 Satz 1	12 – 17
4. Bezüge zum Beamtenrecht bzw. zu sonstigen rechtl. Vorschriften; ergänzende Dienstvorschriften	4 – 6	c) Übertragung der Ausübung nach Absatz 1 Satz 2	18
B. Erläuterungen im Einzelnen	7 – 23	2. Absatz 2	19 – 23

A. Allgemeines

1. Zweck der Vorschrift

§ 5 konkretisiert einen Teilbereich des dem BPräs gem. Art. 60 Abs. 2 GG zustehenden Begnadigungsrechts, das er „im Einzelfalle für den Bund" ausübt. Generell besteht das Begnadigungsrecht des BPräs in der Befugnis, im Einzelfall eine rechtskräftig erkannte Sanktion ganz oder teilweise zu erlassen, sie umzuwandeln oder ihre Vollstreckung auszusetzen.[1]

Aus dieser umfangreichen Kompetenz greift § 5 Abs. 1 Satz 1 speziell einen Bereich heraus: Die Zuständigkeit des BPräs zur Ausübung des Gnadenrechts gegenüber Soldaten und früheren Soldaten in den Fällen, in denen sich für deren dienstrechtl. Stellung **als Folge eines Strafurteils weitere Nachteile** deshalb ergeben, weil eine **wehrgesetzl. Vorschrift an die strafgerichtl. Verurteilung dienstrechtl. relevante Konsequenzen anknüpft.**[2]

1   1

---

1   BVerfGE 25, 352, 358.
2   Den ursprünglichen Bezug auf strafgerichtl. Entsch. belegt § 5 Satz 1 des REntw. Er lautete: „Dem Bundespräsidenten steht das Gnadenrecht zu, soweit sich Strafurteile auf die Rechtsstellung der Soldaten auswirken." Vgl. BT-Drs. II/1700, 18 u. BT-Drs. II/2140, 4. Zur Frage der Anwendbarkeit des § 5 auf die Verwirkung von Grundrechten nach Art. 18 GG s.u. Rn. 15.

Beispiel: Ein BS wird durch ein deutsches Gericht wegen einer vorsätzlich begangenen Straftat zu einer Freiheitsstrafe von einem Jahr verurteilt. Dienstrechtl. gesetzl. Folge dieser Verurteilung ist nach § 48 Satz 1 Nr. 2, dass der BS seine Rechtsstellung verliert. Das Gnadenrecht des BPräs nach Abs. 1 Satz 1 bezieht sich ausschließlich auf die Beseitigung der kraft Wehrgesetzes eintretenden dienstrechtl. Folge (im Beispiel: Verlust der Rechtsstellung als BS), nicht auf die Beseitigung des Strafurt. und seiner Folgen (z.b. auf den Erlass der verhängten Freiheitsstrafe).

2. Entstehung der Vorschrift

2 Der **Rechtsausschuss des BR** hatte, um den Umfang des Gnadenrechts noch klarer zum Ausdruck zu bringen, zunächst vorgeschlagen, § 5 Satz 1 des **REntw**.[3] wie folgt zu fassen:

„Dem Bundespräsidenten steht das Gnadenrecht bezüglich der Rechtsfolgen zu, die sich aus einem Strafurteil für die Rechtsstellung des Soldaten ergeben."[4]

Diese Fassung wurde im späteren Gesetzgebungsverfahren – ebenfalls auf Vorschlag des BR – durch die heutige Formulierung des § 5 Abs. 1 Satz 1, die § 50 Abs. 1 Satz 1 BBG weitgehend entspricht, ersetzt.[5] § 5 Abs. 2, der die entspr. Geltung des § 51 Abs. 1, 2 und 4 BBG anordnet, wurde in der **2. Lesung** des SG auf Grund eines Änderungsantrags des Abg. *Merten* (SPD) vom BT angenommen.[6]

3. Änderungen der Vorschrift

3 § 5 ist seit der Erstfassung des SG im Jahr 1956 nur einmal geändert worden: Durch Art. 1 Nr. 11 des **SGÄndG** ist Abs. 2 lediglich sprachlich modifiziert worden.

4. Bezüge zum Beamtenrecht bzw. zu sonstigen rechtl. Vorschriften; ergänzende Dienstvorschriften

4 Eine dem § 5 entspr. Vorschrift für **aktive Beamte im Bundesdienst** enthält § 50 BBG. Für **Bundesbeamte im Ruhestand** erklärt § 59 Abs. 2 BeamtVG das Gnadenrecht des § 50 BBG in Bezug auf den Verlust von Rechten für entspr. anwendbar. Verstirbt der frühere Bundesbeamte vor dem Erlass eines Gnadenerweises, kann sich dieser ggf. an die versorgungsberechtigten Hinterbliebenen richten.[7] Zu beachten ist, dass sich § 61 Abs. 1 Satz 4 BeamtVG mit seiner entspr. Verweisung auf §§ 50, 51 BBG – Gnadenerweis hins. des Erlöschens des Anspruchs auf Versorgungsbezüge gegenüber Hinterbliebenen eines früheren Bundesbeamten – nicht auf eine Verurteilung des früheren Bundesbeamten bezieht, sondern auf die eigene Verurteilung eines berechtigten Hinterbliebenen selbst.[8]

Gesetzl., dem Art. 60 Abs. 2 GG entspr. Grundlagen für das Gnadenrecht in den **Bundesländern** enthalten die jew. Landesverfassungen.[9] Für die **Beamten in den Ländern** sehen die LBG dem § 50 BBG im Wesentlichen entspr. Vorschriften vor.[10]

---

3 Vgl. zu dessen Wortlaut Fn. 2.
4 Vgl. BR-Rechtsausschuss, Unterausschuss „Soldatengesetz", Prot. der Sitzung am 7.7.1955 v. 8.7.1955 (R 0055 – Nr. R 96/55), 10.
5 Vgl. BT-Drs. II/2140, 4, 30.
6 Vgl. Sten.Ber. v. 6.3.1956, 6830 f., 6884 u. BT-Drs. II/2186.
7 Vgl. *Battis*, BBG, § 50 Rn. 4.
8 Vgl. § 61 Abs. 1 Satz 1 Nr. 4 BeamtVG u. *Plog/Wiedow/Lemhöfer*, BBG, § 50 Rn. 7.
9 Z.B. Art. 59 der Verfassung vom Land NRW. Vgl. *Plog/Wiedow/Lemhöfer*, BBG, § 50 Rn. 19; s.a. die Zusammenstellung der Texte bei *Schätzler*, 289 ff.
10 So lautet z.B. § 53 Abs. 1 LBG NRW: „Dem Ministerpräsidenten steht hinsichtlich des Verlustes der Beamtenrechte (§§ 51, 52) das Gnadenrecht zu. Er kann die Befugnis auf andere Stellen übertragen."

Gnadenrecht **§ 5**

Zur Übertragbarkeit des Gnadenrechts durch den BPräs „auf andere Behörden" (Art. 60 Abs. 3 GG) ist auf die **Anordnung des BPräs über die Ausübung des Begnadigungsrechts des Bundes** vom 5.10.1965[11] zu verweisen (s.u. Rn. 18).
Dienstvorschriften zum Gnadenrecht gem. § 5 sind derzeit **nicht** erlassen.[12]

5

6

B. Erläuterungen im Einzelnen

1. Absatz 1

a) Verfassungsrechtl. Grundlage des Gnadenrechts in Art. 60 Abs. 2 GG

Konstitutive rechtl. Grundlage für ein umfassendes Gnadenrecht des **BPräs** gegenüber Soldaten und früheren Soldaten, auch soweit sich Strafurt. auf deren Rechtsstellung auswirken, ist **Art. 60 Abs. 2 GG**. Der BPräs hat hins. des Gnadenrechts die grds. Trennung von Bundes- und Landeshoheit zu beachten. Er übt dieses Recht nur „für den Bund" aus.

7

Art. 60 Abs. 2 GG wird durch § 5 Abs. 1 in einem Teilbereich konkretisiert. Diese Vorschrift enthält einen Zuständigkeitshinweis hins. des Gnadenrechts bei Verlust von Soldatenrechten und Rechten aus einem früheren Soldatenverhältnis.[13] Eine weitere gesetzl. Konkretisierung des Art. 60 Abs. 2 GG findet sich in § 19 WDO (Begnadigung wegen nach der WDO verhängter Disziplinarmaßnahmen).[14]

Die rechtl. Vorgaben und Grenzen des Art. 60 Abs. 2 GG sind auch im Rahmen des **Abs. 1** zu beachten.

8

Demnach übt der BPräs das **Begnadigungsrecht** im **Einzelfall** für den **Bund** aus.

Wie bereits angesprochen (vgl. o. Rn. 1), besteht das **Begnadigungsrecht** in der Befugnis, im Einzelfall eine rechtskräftig erkannte Sanktion ganz oder teilweise zu erlassen, sie umzuwandeln oder ihre Vollstreckung auszusetzen. Dem BPräs als dem Träger des Begnadigungsrechts ist daher im Rahmen eines weiten Gestaltungsspielraums (er kann dem Gnadenersuchen in einem von ihm zu bestimmenden Umfang entsprechen) die Möglichkeit eröffnet, auf Grund einer **Ermessensentscheidung**[15], die allerdings gem. Art. 58 Satz 1 GG gegenzeichnungsbedürftig ist[16], eine im Rechtsweg zustande gekommene und im Rechtsweg nicht mehr zu ändernde Entscheidung auf einem „anderen", „besonderen" Weg zu korrigieren.[17] Er kann so ggf. Härten des Gesetzes, Irrtümer der Entscheidungsfindung und Unbilligkeiten bei nachträglich veränderten allg. persönlichen Verhältnissen ausgleichen.[18] Eine Begnadigung ist erst nach Rechtskraft einer Entscheidung möglich. Der BPräs darf nicht in ein schwebendes Verfahren eingreifen und nicht bereits vor einer rechtskräftigen Entscheidung tätig werden. Ihm ist es nicht mög-

9

---

11 BGBl. I S. 1573, geä. am 3.11.1970 (BGBl. I S. 1513); abgedruckt bei *Schätzler*, 269-271.
12 Anders aber zum Gnadenrecht gem. § 19 WDO (zu Einzelheiten s. *Dau*, WDO, § 19), zu dem die Anordnung über das Verfahren in Disziplinargnadensachen der Soldaten (DiGnAS) ergangen ist (ZDv 14/3 B 104). Diese Anordnung findet im Rahmen des § 5 keine Anwendung.
13 *Schätzler*, S. 53.
14 Zu Einzelheiten *Dau*, WDO, Komm. zu § 19.
15 Aus dem Charakter des Gnadenerweises als Entscheidung im Einzelfall folgt, dass der BPräs die Voraussetzungen, Zwecke o. Gesichtspunkte, an denen er sich orientiert, nicht über den Einzelfall hinaus – etwa in Ermessensrichtlinien – festlegen u. sich dadurch i.S.e. gleichmäßigen Praxis binden darf, vgl. BVerwG NJW 1983, 187 f. u. *Plog/Wiedow/Lemhöfer*, BBG, § 50 Rn. 4.
16 H.M., vgl. *Hemmrich*, in: *v. Münch/Kunig*, GGK II, Art. 60 Rn. 21; *Jarass*, in: *Jarass/Pieroth*, GG, Art. 60 Rn. 4, jew. m.w.N.
17 So BVerfGE 25, 352, 358.
18 Vgl. ebd., 360.

§ 5 Gemeinsame Vorschriften

lich, ein noch nicht abgeschlossenes Strafverfahren einzustellen[19]; hierzu ist vielmehr ein Gesetz zu erlassen.

Aus dem Charakter des Gnadenaktes als ein dem Grds. der Gewaltenteilung fremder Eingriff der Exekutive in die rechtsprechende Gewalt (eine „Gestaltungsmacht besonderer Art"[20]) folgern die Rspr.[21] und ihr zust. die h.M. in der Lit.[22], dass die **Ablehnung eines Gnadengesuchs gerichtl. nicht nachprüfbar** ist.[23] Die Gewährung oder Nichtgewährung eines Gnadenerweises bedarf auch keiner Begründung.[24] Einer gerichtl. Kontrolle nach Art. 19 Abs. 4 GG[25] unterliegt erst der Widerruf eines gewährten Gnadenerweises.[26]

10 Der BPräs kann das Gnadenrecht nur **in konkreten Einzelfällen** ausüben. Eine diesem Gnadenakt vergleichbare[27] **allg.**, einen unbestimmten, abstrakt umschriebenen Personenkreis betreffende **Begünstigung** bleibt dem Gesetzgeber in Form eines **Amnestiegesetzes**[28] vorbehalten.

11 Das Gnadenrecht kann der BPräs gem. Art. 60 Abs. 2 GG **nur für den Bund** ausüben. Begnadigungen in Bezug auf Strafurt. der Gerichte der Länder, soweit es um die Beseitigung der **strafrechtl. Urteilsfolgen** (der Hauptstrafen Geld-, Vermögens- und Freiheitsstrafe, §§ 38 ff. StGB, der Nebenstrafen, z.B. Fahrverbot, § 44 StGB, und der strafrechtl. Nebenfolgen, etwa des Verlusts des aktiven und passiven Wahlrechts, § 45 StGB) geht, sind unzulässig[29], wenn in Ausübung der Gerichtsbarkeit der Länder entschieden worden ist. Für solche Strafverfahren ist das Gnadenrecht des jew. Landes maßgeblich. Eine Ausnahme bilden die in Art. 96 Abs. 5 GG genannten Strafverfahren, in denen Gerichte der Länder (OLG) in Organleihe für den Bund tätig werden. Auch wenn der BPräs in diesen seltenen Fällen einer Bundeszuständigkeit für Strafurt. das Gnadenrecht hins. der Beseitigung strafrechtl. Urteilsfolgen ausübt[30], ist § 5 Abs. 1 nicht anwendbar, da die Vorschrift nicht die Beseitigung strafrechtl. Urteilsfolgen zulässt. Die Ausübung dieses Gnadenrechts beruht vielmehr direkt auf Art. 60 Abs. 2 GG. Ansonsten kann der BPräs nur bei Strafen begnadigen, die ein Bundesgericht bereits **in erster**

---

19 Sog. **Abolition**; vgl. *Hemmrich*, in: *v. Münch/Kunig*, GGK II, Art. 60 Rn. 18; GKÖD I Yk, § 5 Rn. 1.
20 So BVerfGE 25, 361.
21 BVerfGE 25, 352, 361 ff. (die Entsch. erging bei Stimmengleichheit von 4 zu 4 Stimmen; s. *Schätzler*, 126 ff.); BVerwG NJW 1983, 187 = ZBR 1983, 156.
22 Vgl. *Hemmrich*, in: *v. Münch/Kunig*, GGK II, Art. 60 Rn. 23, u. *Jarass*, in: *Jarass/Pieroth*, GG, Art. 19 Rn. 29, jew. m.w.N..
23 Vgl. *Scherer/Alff*, SG, § 5 Rn. 6; *Stauf* I, § 5 SG Rn. 4; GKÖD I Yk, § 5 Rn. 7; *Dau*, WDO, § 19 Rn. 17; ausführlich *Schätzler*, 126 ff.
24 BVerwG NJW 1983, 187 f.; vgl. auch *Dau*, WDO, § 19 Rn. 13.
25 Str. ist, ob im Wege der VB vorzugehen ist (so *Scherer/Alff*, SG, § 5 Rn. 6; *Stauf* I, § 5 SG Rn. 5; *Dau*, WDO, § 19 Rn. 17). Das BVerfG hat die Frage des Rechtsweges offen gelassen (BVerfGE 30, 108 = NJW 1971, 795). Hier wird der Auffassung gefolgt, dass Streitigkeiten über die Ausübung des Gnadenrechts, auch soweit Handlungen des BPräs betroffen sind, keine verfassungsrechtl. Streitigkeiten sind; vielmehr wird, insbes. wenn die rückwirkende Beseitigung statusrechtl. Rechtspositionen (z.B. in Bezug auf den Verlust der Rechtsstellung als BS) in Frage steht, der Rechtsweg zu den VG offen stehen (vgl. *Kopp/Schenke*, VwGO, § 40 Rn. 36 u. *Kopp/Ramsauer*, VwVfG, § 35 Rn. 46, jew. m.w.N.).
26 BVerfGE 30, 108 = NJW 1971, 795; s.a. *Bader*, VwGO, § 40 Rn. 8.
27 Weil ebenfalls auf rechtskräftig verhängte, noch nicht o. noch nicht ganz vollstreckte Strafen bezogen.
28 Vgl. hierzu BVerfGE 2, 213, 218 ff. Vgl. *Plog/Wiedow/Lemhöfer*, BBG, § 50 Rn. 4; *Dau*, WDO, § 19 Rn. 4.
29 Vgl. z.B. *Nierhaus*, in: *Sachs*, GG, Art. 60 Rn. 14.
30 Vgl. *Pieroth*, in: *Jarass/Pieroth*, GG, Art. 96 Rn. 4.

Instanz ausgesprochen hat.[31] Art. 60 Abs. 2 GG erfasst somit keine Strafurt. des BGH in Revisionssachen.[32]

b) Gnadenrecht nach Absatz 1 Satz 1

Das **Begnadigungsrecht nach Abs. 1** ist in seinem Zusammenspiel mit Art. 60 Abs. 2 GG zu sehen. Auch soweit ein Gnadenerweis des BPräs hins. der aus einer strafgerichtl. Verurteilung erwachsenden **strafrechtl. Urteilsfolgen** (zu Einzelheiten vgl. Rn. 11) nach Art. 60 Abs. 2 GG („für den Bund") zulässig wäre, also insbes. in einem Strafverfahren nach Art. 96 Abs. 5 GG, kann Abs. 1 nicht angewendet werden. Denn der Gnadenerweis des BPräs nach Abs. 1 beschränkt sich auf die **Beseitigung der auf Grund soldatenrechtl.** (also bundesrechtl.) **Vorschriften** als Folge rechtskräftiger **strafrechtl.** Verurteilungen **eingetretenen Rechtsverluste.**

12

Die hins. dieser Verluste ausgesprochene Begnadigung durch den BPräs lässt also die strafgerichtl. Verurteilung unangetastet. Andererseits lässt eine Begnadigung wegen strafrechtl. Urteilsfolgen (durch Gnadenträger der Länder oder – falls der BPräs ausnahmsweise zuständig ist – durch diesen) den Verlust soldatenrechtl. Rechte unberührt. Es handelt sich hier um **zwei getrennte Rechtskreise**.

13

Ausnahmsweise ist ein **Junktim** zwischen der Begnadigung durch den Gnadenträger eines Landes oder den BPräs (im Falle der Bundeszuständigkeit) hins. einer strafgerichtl. Verurteilung und der Begnadigung durch den BPräs hins. der Beseitigung der auf Grund soldatenrechtl. Vorschriften als Folge rechtskräftiger strafrechtl. Verurteilungen eingetretenen Rechtsverluste – entspr. der Rechtslage im Beamtenbereich[33] – dann anzunehmen, wenn ein Soldat als strafrechtl. Nebenfolge einer Verurteilung nach §§ 45 bis 45b StGB vorübergehend die **Fähigkeit verliert, öff. Ämter zu bekleiden**. Solange diese strafrechtl. Nebenfolge wirkt, kann der hierdurch kraft Gesetzes eingetretene Verlust der Rechtsstellung eines BS oder SaZ (vgl. für BS § 48 Satz 1 i.V.m. § 38 Abs. 1, für SaZ gelten diese Vorschriften gem. § 54 Abs. 2 Nr. 2) nicht durch den BPräs im Gnadenweg gem. § 5 beseitigt werden.

14

Stellt das BVerfG (im Verfahren nach §§ 36 ff. BVerfGG) gem. **Art. 18 GG**[34], § 13 Nr. 1 BVerfGG die **Verwirkung** von **Grundrechten** fest, kann auch diese Entscheidung Gegenstand einer Begnadigung durch den BPräs. gem. Art. 60 Abs. 2 GG sein.[35] Die Frage, ob kraft Gesetzes eintretende statusrechtl. Folgen der festgestellten Grundrechtsverwirkung (z.B. der Verlust der Rechtsstellung eines BS nach § 48 Satz 2) im Wege eines Gnadenerweises nach § 5 Abs. 1 beseitigt werden können, ohne auf Art. 60 Abs. 2 GG zurückgreifen zu müssen[36], wird nicht einheitlich beantwortet.[37] Wegen der Entstehungsgeschichte des § 5 (die zunächst ausdrücklich auf Strafurt. bezogenen Entwurfstexte wurden weiter gefasst[38], so dass der Wortlaut Folgen aus Entscheidungen des

15

---

31 *Hemmrich*, in: *v. Münch/Kunig*, GGK II, Art. 60 Rn. 19; *Jarass*, in: *Jarass/Pieroth*, GG, Art. 60 Rn. 5.
32 *Pernice*, in: *Dreier* II, Art. 60 Rn. 26 m.w.N.
33 Vgl. *Plog/Wiedow/Lemhöfer*, BBG, § 50 Rn. 5 a.E.
34 Die praktische Bedeutung der Vorschrift ist bisher gering, vgl. *Jarass*, in: *Jarass/Pieroth*, GG, Art. 18 Rn. 1.
35 H.M., vgl. *Hemmrich*, in: *v. Münch/Kunig*, GGK II, Art. 60 Rn. 20; *Nierhaus*, in: *Sachs*, GG, Art. 60 Rn. 12 m.w.N.
36 Diese Vorschrift wäre ansonsten subsidiär anwendbar.
37 Ablehnend *Scherer/Alff*, SG, § 5 Rn. 1; anders wohl GKÖD I Yk, § 5 Rn. 2, der in den Anwendungsbereich des § 5 pauschal den Verlust der Rechtsstellung als BS „nach § 48" (damit auch nach dessen Satz 2) einbezieht.
38 S.o. Rn. 2.

BVerfG gem. Art. 18 GG einbezieht[39]) erscheint es zulässig, § 5 auch hier anzuwenden. Darüber hinaus gibt der Gesetzgeber, auch wenn z.b. strafrechtl. Nebenstrafen wie der Verlust der Fähigkeit zur Bekleidung öff. Ämter (§ 45 StGB) eine andere Funktion als eine Grundrechtsverwirkung besitzen[40], durch die von ihm in § 48 verfügte identische Rechtsfolge (z.b. Verlust der Rechtsstellung als BS[41]) zu erkennen, dass er von einer gewissen Gleichwertigkeit (Grundrechtsverwirkung als „strafrechtsähnliche" Sanktion) ausgeht.[42]

16   Ausgeübt werden kann das Gnadenrecht aus Abs. 1 **gegenüber Soldaten** (BS, SaZ und WPfl), die **kraft Gesetzes**[43] **Soldatenrechte** aus einem **aktiven** Soldatenverhältnis, sowie gegenüber früheren Soldaten, die Rechte aus ihrem **früheren** Soldatenverhältnis **verlieren**. Verstirbt der frühere Soldat nach Beantragung, aber vor dem Erlass eines Gnadenerweises, kann sich dieser (entspr. zum Beamtenrecht, vgl. Rn. 4) ggf. an die versorgungsberechtigten Hinterbliebenen richten. Auch diese Personen werden durch Abs. 1 erfasst. Darüber hinaus gilt § 5 **entspr.** für **Hinterbliebene** von Soldaten, die als Witwen oder Waisen Ansprüche auf Versorgungsbezüge des früheren Soldaten besitzen, diese Ansprüche jedoch wegen einer **eigenen strafgerichtl. Verurteilung** oder wegen einer **ihnen gegenüber** durch das BVerfG **ausgesprochenen Verwirkung von Grundrechten** nach Art. 18 GG verlieren (§ 59 Abs. 1 Satz 1 Nr. 4 und 5, Satz 2 SVG[44]).

17   Als Rechte aktiver und früherer Soldaten, deren Verlust im Gnadenweg nach Abs. 1 rückgängig gemacht werden kann, sind zu nennen[45]:
   • der **Verlust der Rechtsstellung eines BS** auf Grund strafgerichtl. Verurteilung nach § 48 Satz 1 und wegen Grundrechtsverwirkung nach § 48 Satz 2 sowie der damit verbundene **Verlust des Dienstgrades** (§ 49 Abs. 2),
   • der **Verlust der Rechtsstellung eines SaZ** auf Grund strafgerichtl. Verurteilung und wegen Grundrechtsverwirkung nach § 54 Abs. 2 Nr. 2 i.V.m. § 48 sowie der damit verbundene **Verlust des Dienstgrades** (§ 56 Abs. 2),
   • bei einem **BS im Ruhestand** oder einem **früheren BS** der **Verlust des Anspruchs auf Versorgung und des Dienstgrades** wegen strafgerichtl. Verurteilung oder wegen Grundrechtsverwirkung (§ 53 Abs. 1 Satz 1 und 2; vgl. § 56 Satz 1 SVG),
   • bei einem **früheren SaZ** der **Verlust des Anspruchs auf Berufsförderung und Dienstzeitversorgung sowie des Dienstgrades** wegen strafgerichtl. Verurteilung[46] (§ 57 i.V.m. § 53 Abs. 1 Satz 1; vgl. § 56 Satz 1 SVG),
   • bei einem **WPfl** der **Ausschluss aus den SK** und der **Verlust des Dienstgrades** auf Grund strafgerichtl. Verurteilung (§ 30 Abs. 1 und 2 WPflG).

   c) Übertragung der Ausübung nach Absatz 1 Satz 2
18   Die dem BPräs auch in Bezug auf das Begnadigungsrecht in Art. 60 Abs. 3 GG eingeräumte **Delegierungsmöglichkeit** wird in **Abs. 1 Satz 2** (ohne konstitutive Wirkung) wie-

---

39 *Scherer/Alff*, SG, § 5 Rn. 1.
40 Vgl. *Krüger/Pagenkopf*, in: *Sachs*, GG, Art. 18 Rn. 18.
41 S. § 48 Satz 1 Nr. 1 i.V.m. § 38 Abs. 1 Nr. 2 einerseits, § 48 Satz 2 andererseits.
42 Für den Beamtenbereich beziehen *Plog/Wiedow/Lemhöfer*, BBG, § 50 Rn. 7, Entsch. des BVerfG über die Verwirkung eines Grundrechts in den Anwendungsbereich des § 50 BBG ein.
43 Keiner Begnadigung nach § 5 Abs. 1 zugänglich sind Rechtsverluste aus einer Entlassung (§§ 46, 49 u. §§ 55, 56), vgl. GKÖD I Yk, § 5 Rn. 1 m.w.N.. Deutlicher wird dies im Beamtenrecht in § 50 BBG der Verweisung auf § 48 u. 49 BBG.
44 Die Rechtslage entspricht der nach § 61 Abs. 1 Satz 4 BeamtVG, vgl. o. Rn. 4.
45 Vgl. *Scherer/Alff*, SG, § 5 Rn. 2; *Dittrich*, BWV 1999, 73, 77; GKÖD I Yk, § 5 Rn. 2; *Stauf* I, § 5 SG Rn. 2.
46 Die Verwirkung von Grundrechten wird bei diesem Personenkreis nicht als Grund für Rechtsverluste genannt.

derholt. Der BPräs hat von der Übertragungsmöglichkeit bisher keinen Gebrauch gemacht. Vielmehr hat er sich in Art. 1 Nr. 2 seiner Anordnung über die Ausübung des Begnadigungsrechts des Bundes[47] ausnahmslos Gnadenentschließungen zur Beseitigung der dienst- und versorgungsrechtl. Folgen einer strafgerichtl. Verurteilung und damit alle Entscheidungen nach § 5 vorbehalten. Allerdings ist der BMVg nach Art. 4 der genannten Anordnung verpflichtet, die in seinem Geschäftsbereich gem. § 5 anfallenden, dem BPräs vorbehaltenen Entscheidungen in Gnadensachen vorzubereiten. Über die Gegenzeichnung[48] positiver Gnadenerweise des BPräs durch den BMVg übernimmt dieser die politische Verantwortung für die Entscheidung.[49]

2. Absatz 2

Die Vorschrift erklärt für den Fall, dass der BPräs im Gnadenweg den Verlust der Soldatenrechte **in vollem Umfang** beseitigt, § 51 Abs. 1, 2 und 4 BBG **von diesem Zeitpunkt** ab für entspr. anwendbar. 19

Kommt der BPräs dem Gnadenersuchen nur **teilweise** nach[50], findet § 51 BBG keine Anwendung. Der Gnadenerweis beschränkt sich dann auf die vom BPräs konkret festgelegten Rechtsfolgen.

Beseitigt der BPräs den **Verlust** der Soldatenrechte **völlig**, wird also insbes. ein beendetes Soldatenverhältnis wieder voll hergestellt, gilt dieser Rechtszustand **von diesem Zeitpunkt** ab. Diese Terminierung stellt auf das **Wirksamwerden des Gnadenerweises** ab. Wenn nichts Näheres bestimmt ist, ist dies der Zeitpunkt der Bekanntgabe des Gnadenerweises an den Begnadigten.[51] Die Rechtsfolge der Wiederherstellung der Soldatenrechte tritt dann mit Wirkung ex nunc (also nicht rückwirkend) ein.[52] 20

Der BPräs kann jedoch in seiner Gnadenverfügung bestimmen, dass diese Rechtsfolge erst **zu einem späteren Zeitpunkt oder rückwirkend**, bestenfalls zum Zeitpunkt der Rechtskraft des Strafurt., dessen kraft Gesetzes eingetretene statusrechtl. Folgen beseitigt werden sollen[53], wirksam werden soll.[54] 21

Nur im Fall der Rückwirkung auf den Zeitpunkt der Rechtskraft des Strafurt. wäre der Soldat entspr. § 51 Abs. 1 Satz 1 BBG so zu stellen, als sei das Soldatenverhältnis nie unterbrochen gewesen. Dies bedeutete vor allem, dass der Soldat dann einen Anspruch auf Nachzahlung von Dienstbezügen oder Wehrsold hätte. Hierauf hätte er sich entspr. § 51 Abs. 4 BBG anderweitig erzieltes Arbeitseinkommen oder einen Unterhaltsbeitrag[55] anrechnen zu lassen und müsste hierüber Auskünfte erteilen. Allerdings wäre die gesamte Zeit als Wehrdienstzeit (z.B. als Dienstzeit für Beförderungen gem. § 5 Abs. 5 SLV und als ruhegehaltfähige Dienstzeit gem. § 20 SVG) anzurechnen. Im Übrigen hätte der Soldat, sofern er die Altersgrenze noch nicht erreicht hat und noch dienstfähig ist, einen Anspruch darauf, in demselben Dienstgrad wie zuvor verwendet und mit min-

---

47 S.o. Rn. 5.
48 Vgl. o. Rn. 9.
49 So *Dau*, WDO, § 19 Rn. 2.
50 Dies liegt in seinem Gestaltungsspielraum, vgl. Rn. 9.
51 Vgl. *Plog/Wiedow/Lemhöfer*, BBG, § 50 Rn. 12.
52 Entspr. *Battis*, BBG, § 50 Rn. 4.
53 Dies bedeutete im Ergebnis eine voll rückwirkende Beseitigung, die den Soldaten so stellte, als ob die Verurteilung nicht ergangen wäre.
54 Wenig differenzierend z.B. *Stauf* I, § 5 SG Rn. 3, u. *Scherer/Alff*, SG, § 5 Rn. 5. Vgl. hingegen *Plog/Wiedow/Lemhöfer*, BBG, § 50 Rn. 12.
55 Als solcher käme nur eine v. BPräs im Gnadenwege bewilligte Zahlung in Betracht; es lägen weder die gesetzl. Voraussetzungen für einen Unterhaltsbeitrag nach § 36 SVG noch nach § 63 Abs. 2, § 65 Abs. 2, § 109 WDO vor.

destens demselben Endgrundgehalt[56] besoldet zu werden. Wäre keine Planstelle verfügbar, erhielte er zwischenzeitlich die Dienstbezüge, die ihm aus seiner bisherigen Verwendung zugestanden hätten (vgl. den entspr. anzuwendenden § 51 Abs. 1 Satz 2 BBG).

22 Wirkt der Gnadenerweis **nur ex nunc**[57], hat der Soldat weder Anspruch auf Nachzahlung von Dienstbezügen[58] noch auf Berücksichtigung der Zwischenzeit als Wehrdienstzeit. Eine entspr. Anwendung des § 51 Abs. 4 BBG wäre in diesem Fall obsolet. Es entsteht jedoch ein Anspruch auf dienstgradgerechte Wiederverwendung entspr. § 51 Abs. 1 Satz 2 BBG.

Unabhängig davon, ob der Gnadenerweis rückwirkend oder ex nunc rechtl. Folgen zeigt, erhält der Begnadigte im Falle der Beseitigung des Verlusts der soldatischen Rechte in vollem Umfang seine Rechtsstellung als BS oder SaZ direkt auf Grund des Gnadenaktes des BPräs. zurück.[59] Eine **erneute Ernennung** (Berufung in das Dienstverhältnis eines BS oder eines SaZ, vgl. § 4 Abs. 1 Satz 1 Nr. 1) ist **nicht notwendig.**[60]

23 Ausnahmsweise kann entspr. **§ 51 Abs. 2 Halbs. 1, 2. Alt.**[61] **BBG** ein Soldat die ihm wegen eines auf § 5 gestützten Gnadenerweises des BPräs. entspr. § 51 Abs. 1 BBG zukommenden Rechte nicht geltend machen, wenn im Anschluss an die Begnadigung gegen ihn auf Grund eines erneuten rechtskräftigen Strafurt. ein sachgleiches gerichtl. Disziplinarverfahren mit dem Ziel der Entfernung aus dem Dienstverhältnis eingeleitet worden ist[62] und wenn es dann zu dieser wehrdienstgerichtl. Verurteilung gekommen ist. Sie führt zum Verlust der Ansprüche aus § 51 Abs. 1 BBG, ohne dass eine gesonderte Aufhebung des Gnadenerweises notwendig ist.[63] Schon während des gerichtl. Disziplinarverfahrens können die Ansprüche aus § 51 Abs. 1 BBG nicht geltend gemacht werden.

Bei dem erneuten Strafurt. kann es sich nur um eine Entscheidung handeln, die nicht das soldatische Dienstverhältnis kraft Gesetzes (in Form des Verlusts der Rechtsstellung eines BS oder SaZ[64]) beendet, die also noch Raum für ein gerichtl. Disziplinarverfahren lässt.[65] Denn der Verlust der Rechtsstellung als Soldat wegen einer strafgerichtl. Verurteilung bildete ein Verfahrenshindernis; ein eingeleitetes oder schon anhängiges gerichtl. Disziplinarverfahren müsste eingestellt werden (§ 98 Abs. 1 Nr. 1, § 108 Abs. 3 WDO[66]). Andererseits muss sich bei dem vorgeworfenen Sachverhalt, der neben der strafgerichtl. Verurteilung noch die Einleitung eines gerichtl. Disziplinarverfahrens rechtfertigt, um ein so schweres Dienstvergehen handeln, dass voraussichtlich mit der Entfernung aus dem Dienstverhältnis gerechnet werden kann.

---

56 Stellenzulagen sind diesem nicht zuzurechnen (vgl. den in § 51 Abs. 1 Satz 2 BBG genannten § 26 Abs. 1 Satz 2 Halbs. 2 BBG), wohl aber Amtszulagen als Bestandteil des Grundgehaltes (§ 42 Abs. 2 Satz 2 BBesG).
57 S.o. Rn. 20.
58 Vgl. GKÖD I Yk, § 5 Rn. 4.
59 Dies impliziert bereits der Wortlaut des § 5 Abs. 2 („beseitigt").
60 Vgl. entspr. zum Beamtenbereich *Plog/Wiedow/Lemhöfer*, BBG, § 50 Rn. 13, u. *Battis*, BBG, § 51 Rn. 3.
61 Die 1. Alt. („Ist auf Grund des im Wiederaufnahmeverfahren festgestellten Sachverhaltes oder") hat im Rahmen der von § 5 Abs. 2 angeordneten entspr. Anwendung des § 51 Abs. 2 BBG auf Soldaten keine Bedeutung.
62 Bei einem (z.B. wegen Erreichens der Altersgrenze) bereits ausgeschiedenen Soldaten gilt Entspr. bei Einleitung eines gerichtl. Disziplinarverfahrens mit dem Ziel der Aberkennung des Ruhegehalts, vgl. GKÖD I K, § 51 Rn. 29.
63 Vgl. GKÖD I Yk, § 51 Rn. 5.
64 Für BS § 48 Satz 1 i.V.m. § 38 Abs. 1, für SaZ gelten diese Vorschriften gem. § 54 Abs. 2 Nr. 2.
65 Vgl. GKÖD I K, § 51 Rn. 26.
66 Vgl. BVerwGE 83, 379 = NZWehr 1988, 165; BVerwGE 93, 363 = NZWehr 1993, 211; *Dau*, WDO, § 1 Rn. 35.

2. Pflichten und Rechte der Soldaten

§ 6 Staatsbürgerliche Rechte des Soldaten

¹Der Soldat hat die gleichen staatsbürgerlichen Rechte wie jeder andere Staatsbürger. ²Seine Rechte werden im Rahmen der Erfordernisse des militärischen Dienstes durch seine gesetzlich begründeten Pflichten beschränkt.

Literatur: Bzgl. der Lit. bis 2000/2001 kann auf das umfangreiche Schrifttumsverzeichnis im GKÖD I Yk, § 6, sowie bei *Scherer/Alff*, SG, 166-168, verwiesen werden.

Neuere Veröffentlichungen zu § 6: *Pötz, Susanne:* Die freie Entfaltung der Persönlichkeit im Dienst – Zur Frage, wie viel Schmuck bei der Verrichtung des Dienstes in Uniform erlaubt ist, NZWehr 2003, 245; *Reeb, Hans-Joachim/Többicke, Peter:* Lexikon Innere Führung, 2. Aufl. 2003; *Wiesendahl, Elmar* (Hrsg.), Neue Bundeswehr – neue Innere Führung, 2005; *Tetzlaff, Thilo:* Das Soldatenrecht der Bundesrepublik Deutschland im Lichte neuerer Grundrechtsfunktionen, 2000, 85 ff.; *Widmaier, Ulrich:* Zum Grundrecht des Soldaten auf freie Meinungsäußerung aus disziplinarrechtlicher Sicht unter Einbeziehung allgemeiner Aspekte des Europäischen Gerichtshofs für Menschenrechte und des Gerichtshofs der Europäischen Gemeinschaften, in: Fs für Fürst, 2002, 407. Weitere Lit. wird bei der Komm. der §§ 7 ff. zit.

Übersicht

	Rn.		Rn.
A. Allgemeines	1 – 10	b) Art. 19 GG	14 – 18
1. Entstehung der Vorschrift	1 – 4	2. Rechtspolitische und forensische	
2. Änderungen der Vorschrift	5 – 6	Bedeutung des § 6; Staatsbürger	
3. Bezüge zu anderen rechtl.		in Uniform	19 – 22
Vorschriften; ergänzende		3. Satz 1	23 – 25
Dienstvorschriften	7 – 10	4. Satz 2	26 – 29
B. Erläuterungen im Einzelnen	11 – 30	a) „Erfordernisse des militä-	
1. § 6 und Grundgesetz	11 – 18	rischen Dienstes"	26 – 28
a) Art. 17a GG	11 – 13	b) „Gesetzl. begründete Pflichten"	29
		5. Einzelfälle aus der Rechtsprechung	30

A. Allgemeines

1. Entstehung der Vorschrift

Der REntw.[1] enthielt – abw. von früheren (Vor-)Entwürfen des BMVg – eine mit § 6 vergleichbare Vorschrift **nicht**. Verfassungsrechtl. Bedenken hatten wohl seinerzeit die Herausnahme dieser Best. aus den Entwürfen ausgelöst. **1**

Bei der **1. Lesung** des REntw. am 12.10.1955[2] führte der BMVg, *Theodor Blank*, aus: **2**
„Es muß im Rechtsstaat als selbstverständlicher Grundsatz gelten, daß Freiheit nur so weit eingeschränkt wird und auch die Soldaten der Befehlsgewalt nur so weit unterworfen werden, als der besondere Zweck und die Aufgabe des Soldaten es notwendig machen. Auch dieser Grundsatz wird hier zum erstenmal gesetzlich festgelegt. Wenn der Vorgesetzte Befehle nur zu dienstlichen Zwecken erteilen darf, wenn die Wahrheitspflicht des Soldaten auf die Aussage im dienstlichen verkehr beschränkt wird, wenn der Soldat von der Befolgung eines verbrecherischen Befehls befreit wird, so leuchtet hier überall jener Grundgedanke hervor. Am deutlichsten wird das aber bei den politischen Rechten und Pflichten, d.h. dort, wo die allgemeinen Staatsbürgerrechte berührt werden."

---

1 BT-Drs. II/1700.
2 Sten. Ber. 5781 (A).

§ 6 Gemeinsame Vorschriften

3   Die **BReg** wollte es also dabei belassen, die Rechtsstellung des Soldaten in der **konkreten Einzelpflicht** zu regeln und darauf verzichten, eine Generalklausel vor die Klammer zu ziehen.

4   Auf Antrag des Abg. *Dr. Kliesing* (CDU/CSU) fügte der **VertA** einen neuen § 5a, den späteren § 6, in den Gesetzentw. ein. Der VertA war der Auffassung, „daß durch die Aufnahme des § 5a in das Gesetz der Standort des Soldaten in einem demokratischen Staat noch besonders verdeutlicht werden" sollte.[3]

2. Änderungen der Vorschrift

5   § 6 gehört zu den wenigen Normen des SG, die seit ihrer Erstfassung **nie geändert** worden sind. Dabei hätte es nahe gelegen, die „staatsbürgerlichen Rechte" des Satzes 1 durch die „Grundrechte des GG" zu ersetzen, zumal auf die missverständliche Beschränkung auf die Bürgerrechte bereits frühzeitig aufmerksam gemacht worden war.[4]

6   Im Zuge einer **Rechtsbereinigung** des SG sollte die unterschiedliche und sachlich nicht begründete Verwendung von **Singularformen** („Der Soldat ..."), z.B. in §§ 6 bis 8, §§ 11, 13 bis 26, 28 bis 32 und **Pluralformen** („Berufssoldaten und Soldaten auf Zeit"; „Soldaten, die nach Maßgabe des Wehrpflichtgesetzes Wehrdienst leisten"; „alle Soldaten"; „die Soldaten") in §§ 9, 12, 33, 35, 35a weitgehend vereinheitlicht werden. Evident ist, dass die Überschrift des 2. Unterabschnitts („Pflichten und Rechte der Soldaten") mit der des § 6 („Staatsbürgerliche Rechte des Soldaten") nicht korrespondiert.

3. Bezüge zu anderen rechtl. Vorschriften; ergänzende Dienstvorschriften

7   Eine mit § 6 **vergleichbare Vorschrift** existiert im **Beamtenrecht nicht**. Dies bedeutet jedoch nicht, dass zur Auslegung einzelner Vorschriften des SG nicht – zumindest ergänzend – auf die für Beamte geltenden Best. zurückgegriffen werden könnte. Die Rechtsstellung des Soldaten ist **nicht im SG „abschließend geregelt"**.[5] Eine solche Sichtweise verkennt die Tatsache, dass zahlreiche soldatenrechtl. Normen dem Recht der Bundesbeamten entlehnt worden sind. Trotz einiger tradierterer Besonderheiten des Soldatenrechts ist nicht zu bestreiten, dass auch die meisten Änd. des SG seit dem Jahre 1956 Folgeänderungen des öff. Dienstrechts waren.[6] Zur Auslegung des SG im Übrigen sind „die für den Staatsdiener im Beamtenrecht entwickelten Grundsätze heranzuziehen".[7]

8   Für **WPfl** ist ergänzend auf § 51 **WPflG** hinzuweisen.

9   Für **ZDL** ist § 25c i.V.m. § 80 ZDG einschlägig. § 25c ZDG ist mit § 6 identisch. Hätte der Gesetzgeber in das SG eine den § 51 WPflG oder § 80 ZDG entspr. **Sammelvorschrift** der nach Maßgabe des SG eingeschränkten Grundrechte aufgenommen, hätte es des § 6 nicht bedurft; zumindest hätte sich eine Komm. des § 6 erübrigt.[8]

---

3   BT-Drs. II/2140, 4. Zur Kritik gegenüber diesen Überlegungen vgl. *Rittau*, SG, 78.
4   *Rittau*, SG, 78.
5   So jedoch BDHE 4, 171 = NZWehrr 1959, 67; *Scherer/Alff*, SG, § 6 Rn. 1.
6   Vgl. *Walz*, in: *Gareis/Klein*, HdBMilSoWi, 440.
7   So bereits die amtl. Begr. zum REntw. (BT-Drs. II/1700, 16).
8   So enthält die Komm. zu § 25c ZDG bei *Brecht*, ZDG, nur den Hinw. auf § 80 ZDG – mehr nicht. Im Zuge der Debatte über den Rechtsausschuss des BT um § 11 den REntw. (später § 17) hatte der Abg. *Dr. Lüders* (FDP) die Auffassung vertreten, es solle eine „allgemeine Bestimmung über die Einschränkung von Grundrechten am Anfang des Gesetzes" niedergelegt werden (Prot. Nr. 86 der 86. Sitzung des Rechtsausschusses v. 18.11.1955, 38). Das Versprechen des Vorsitzenden (S. 39), diese Frage nach der Beratung des ganzen Gesetzes nochmals zur Diskussion zu stellen, ist wohl nicht eingelöst worden, obwohl diese Option auch im Ausschuss für Beamtenrecht thematisiert worden war (vgl. *Dr. Anders*, BMI, in der 37. Sitzung des Ausschusses für Beamtenrecht v. 5.12.1955, Prot. Nr. 38, 6).

Wesentliche Aussagen für die Anwendung des § 6 in der mil. Praxis enthalten die   10
- ZDv 10/1 „Innere Führung", Februar 1993 (Stand: Februar 2005),
- ZDv 12/1 „Politische Bildung in der Bundeswehr", April 2001.

B. Erläuterungen im Einzelnen

1. § 6 und Grundgesetz

a) Art. 17a GG

Der Soldat ist **Grundrechtsträger** wie jede andere Person, die sich auf das GG berufen   11
darf. Die Rechtsfigur des **„besonderen Gewaltverhältnisses"**, in dem Grundrechte auch
ohne Gesetzesvorbehalt einschränkbar sein sollten, hat sich **überlebt**.[9]

Für Soldaten sind diejenigen **Grundrechte** – gem. Art. 19 Abs. 1 Satz 1 GG – durch   12
Gesetz oder auf Grund eines Gesetzes **einschränkbar**, die für **jedermann** einschränkbar
sind. Gem. Art. 17a Abs. 1 GG können „Gesetze über Wehrdienst" darüber hinaus für
Soldaten die Art. 5 Abs. 1 Satz 1, Art. 8 und Art. 17 GG einschränken. Das SG ist zweifelsohne
ein Gesetz über Wehrdienst.[10] Gem. Art. 17a Abs. 2 schließlich können „Gesetze,
die der Verteidigung dienen", die Grundrechte aus Art. 11 und Art. 13 GG einschränken.
Die Einschränkungsvorbehalte des Art. 17a GG treten kumulativ und
enumerativ[11] neben die allg. Vorbehalte, die für bestimmte Grundrechte ohnehin gelten.[12]
Für **weitergehende Grundrechtseinschränkungen** für Soldaten, etwa aus der
„Natur der Sache" oder aus dem Wehrdienstverhältnis als solchem, ist daneben **kein
Raum**.[13] Die **„Erfordernisse des militärischen Dienstes"** i.S.v. § 6 Satz 2 oder die von
der Rspr. entwickelte Formel von der **„Funktionsfähigkeit der Bundeswehr"**[14] können
als **Interpretationshilfe** bei der Anwendung des Grds. der Verhältnismäßigkeit eines
gesetzl. Grundrechtseingriffes herangezogen werden.[15] So ist auch die verbreitete These
zu verstehen, dass gesetzl. Einschränkungen der in Art. 17a GG aufgeführten Grundrechte
nur zulässig seien, „wenn sie nach Eigenart und Besonderheit des Wehrdienstverhältnisses
sachlogisch zu rechtfertigen sind".[16]

Aus § 6 selbst ist mithin **keinerlei Ermächtigung zur Einschränkung von Grundrechten**   13
des Soldaten herzuleiten.[17]

b) Art. 19 GG

Gem. Art. 19 Abs. 2 GG darf in keinem Fall ein – durch Gesetz oder auf Grund eines   14
Gesetzes – eingeschränktes Grundrecht in seinem Wesensgehalt angetastet werden.
Diese **Wesensgehaltsgarantie** gilt auch für das soldatische Dienstrecht.

---

9 Vgl. BVerfGE 33, 1. Rechtshistorisch stellt *Kokott*, in: *Sachs*, GG, Art. 17a Rn. 3, zutr. fest, dass Art. 17a GG (zunächst) eine „Relativierung der Lehre vom besonderen Gewaltverhältnis" darstellt(e).
10 BVerwGE 43, 48 (52).
11 *Kokott*, in: *Sachs*, GG, Art. 17a Rn. 6.
12 *Jarass*, in: *Jarass/Pieroth*, GG, Art. 17a Rn. 1.
13 So zutr. BVerwGE 43, 48 (53), bezogen auf Art. 5 Abs. 1 Satz 1 GG. Ebenso (allg.) *Bornemann*, RuP, 14; *Lingens*, NZWehrr 1993, 200. Im Ergebnis ebenso *Stauf* I, § 6 SG Rn. 2.
14 Vgl. z.B. BVerfGE 44, 197 (202); BVerfG NZWehrr 1992, 205 (206); BVerwG NZWehrr 1972, 221; BVerwGE 76, 267 = NZWehrr 1985, 113 (114); BVerwGE 83, 60 = NZWehrr 1986, 161 (162); BVerwG NZWehrr 1989, 80 (81); *Widmaier*, in: Fs für Fürst, 410.
15 Vgl. *Jarass*, in: *Jarass/Pieroth*, GG, Art. 17a Rn. 7; *Kokott*, in: *Sachs*, GG, Art. 17a Rn. 10.
16 GKÖD I Yk, § 6 Rn. 8.
17 *Bornemann*, RuP, 14. Missverständlich BVerwG ZBR 2004, 359: „Soldaten haben gemäß Art. 1 Abs. 3 GG i.V.m. § 6 Satz 1 SG – vorbehaltlich von Einschränkungen nach Art. 17a GG und (!) § 6 Satz 2 SG – die gleichen staatsbürgerlichen Rechte wie jeder andere Staatsbürger".

§ 6   Gemeinsame Vorschriften

15 Das einschränkende Gesetz muss gem. Art. 19 Abs. 1 Satz 2 GG das Grundrecht unter Angabe des Artikels nennen (sog. **Zitiergebot**).

16 Expressis verbis hat der Gesetzgeber **im SG** nur an drei Stellen das Zitiergebot beachtet:
- Im Rahmen der Verpflichtung zur Gesunderhaltung muss der Soldat bestimmte Eingriffe in seine körperliche Unversehrtheit dulden. Insoweit wird das Grundrecht des Art. 2 Abs. 2 Satz 1 GG eingeschränkt (**§ 17 Abs. 4 Satz 3 Halbs. 2**). Verfassungsrechtl. Grundlage hierfür war der allg. Gesetzesvorbehalt des Art. 2 Abs. 2 Satz 2 GG.
- Dienstleistungspflichtige haben sich im Rahmen der Dienstleistungsüberwachung zur Verhütung übertragbarer Krankheiten impfen zu lassen. Auch insoweit wird das Grundrecht des Art. 2 Abs. 2 Satz 1 GG eingeschränkt (**§ 77 Abs. 4 Nr. 6 Halbs. 2**).
- Die Polizei ist befugt, zum Zweck der Vorführung oder Zuführung eines Dienstleistungspflichtigen dessen Wohnung zu betreten. Das Grundrecht aus Art. 13 GG wird nach Maßgabe des § 79 Abs. 3 eingeschränkt (**§ 79 Abs. 3 Satz 3**). Die verfassungsrechtl. Ermächtigung für diese Regelung folgt aus Art. 17a Abs. 2 GG.

17 **Str.**[18] ist, ob das Zitiergebot verletzt ist, weil der Gesetzgeber ansonsten die mit den §§ 7 ff. verbundenen Einschränkungen oder Beschränkungen von Grundrechten nicht mit deren ausdrücklicher Zitierung verfügt hat. Dies gilt insbes. für die sich aus § 10 Abs. 6 und § 15 ergebenden Einschränkungen des Grundrechts aus Art. 5 Abs. 1 Satz 1 GG. Die Rspr. und ein Teil der Lit. **verneinen** die Anwendbarkeit des **Zitiergebots**, wenn dieses auch außerhalb des soldatischen Bereichs im Falle kollidierender Verfassungsrechtsgüter nicht zu beachten sei oder wenn es sich um nachkonstitutionelle Grundrechtseinschränkungen handele, die bereits vorher geltende lediglich wiederholten.[19] Dies sei u.a. der Fall bei Grundrechtsbeschränkungen für Soldaten im Rahmen des SG.

18 Auch wenn diese Auffassung mit dem **Wortlaut** von Art. 19 Abs. 1 Satz 2 GG **nicht zu vereinbaren** ist, ergibt sich aus der zit. Rspr. der obersten Gerichte[20] jedenfalls keine zwangsläufige Notwendigkeit für den einfachen Gesetzgeber, das SG entspr. zu ergänzen.

2. Rechtspolitische und forensische Bedeutung des § 6; Staatsbürger in Uniform

19 Die Vorschrift des § 6 ist primär vor dem Hintergrund der politischen Debatten um die **Wiederbewaffnung Deutschlands** und der wesentlich durch *Graf Baudissin* begründeten **Konzeption der Inneren Führung** zu begreifen. Der Soldat der Bw ist als „Staatsbürger in Uniform"[21] grds. Träger aller (Grund-)Rechte des GG. § 6 verdeutlicht somit die staatspolitische Wertentscheidung für das seinerzeit **neue soldatische Leitbild**.[22] Nach dem heutigen Verständnis fordert dieses Leitbild vom Soldaten, „eine freie Persönlichkeit zu sein, als verantwortungsbewusster Staatsbürger zu handeln, sich für den Auftrag einsatzbereit zu halten".[23] Seine Rechtsstellung gerät demgegenüber in den Hintergrund.

---

18 Vgl. zum Diskussionsstand *Kokott*, in: *Sachs*, GG, Art. 17a Rn. 12.
19 BVerfGE 28, 36 (46); 28, 282 = NZWehrr 1971, 23; BVerfG NZWehrr 1992, 205 (206); BVerwGE 43, 48 (54); GKÖD I Yk, § 6 Rn. 8; *Kokott*, in: *Sachs*, GG, Art. 17a Rn. 13; *Scherer/Alff*, SG, § 6 Rn. 7.
20 *Schmidt-de Caluwe*, NZWehrr 1992, 249, hat denn auch die Gerichte aufgefordert, ihre Position zu überprüfen.
21 Der Begriff geht auf *Beermann* zurück, der in den 50er Jahren des letzten Jh. wehrpolitischer Berater der SPD war. Vgl. Lexikon Innere Führung, 226.
22 Vgl. z.B. BVerwGE 83, 60 = NZWehrr 1986, 161 (162); GKÖD I Yk, § 6 Rn. 1; *Stauf* I, § 6 SG Rn. 1; *Widmaier*, in: Fs für Fürst, 410, jew. m.w.N.
23 ZDv 10/1 Nr. 203.

In zahlreichen Schriften zur Inneren Führung aus den Aufbaujahren der Bw ist denn auch § 6 als **gesetzl. Verankerung der Konzeption** der Inneren Führung zit. worden. In der aktuell geltenden Fassung der ZDv 10/1 findet § 6 keine Erwähnung mehr. Dies erklärt sich daraus, dass weite Teile der ursprünglichen Konzeption der Inneren Führung inzwischen **verrechtlicht** worden sind; der nicht-kodifizierte Bereich der Inneren Führung ist zunehmend verblasst.[24] Die Feststellung der ZDv 10/1[25], „Wesentliche Grundsätze der Inneren Führung sind ... im Grundgesetz, in den Wehrgesetzen sowie in Verordnungen und Erlassen verankert", unterstreicht die hier vertretene Auffassung. 20

Die rechtspolitische und mil.-praktische Bedeutung des § 6 ist heute weitgehend auf die einer **rechtshistorischen** und **wehrpolitischen Quelle** reduziert. 21

Dies gilt auch für die **Judikative**. Auffallend oft wird in Entscheidungen zwar in der jew. Kopfleiste der amtl. Veröffentlichung u.a. § 6 zit.; in den Gründen wird dieses Zitat weder wiederholt noch wird darauf näher eingegangen.[26] 22

3. Satz 1

Der Gesetzeswortlaut führt in die Irre: Der Soldat hat nicht nur „die gleichen staatsbürgerlichen Rechte wie jeder andere Staatsbürger". Ihm stehen vielmehr **alle Rechte nach dem GG** zu, insbes. die Grundrechte und die grundrechtsgleichen Rechte. Dies folgt aus der Bindung der vollziehenden Gewalt und damit der SK als Teil derselben an die Grundrechte (Art. 1 Abs. 3 GG).[27] 23

Jede andere Auslegung des Satzes 1 würde im Übrigen die **Legitimation von Art. 17a GG** in Frage stellen. Diese Best. erklärt sich aus der Erkenntnis, dass dem Soldaten grds. alle verfassungsmäßigen Rechte zustehen, es sei denn, diese wären auf einer allg. oder nur für Soldaten geltenden gesetzl. Basis eingeschränkt. 24

Auf der anderen Seite räumt Satz 1 dem Soldaten **keine zusätzlichen**, eigenständigen **Rechte** ein, die für andere Staatsbürger nicht bestehen.[28] 25

4. Satz 2

a) „Erfordernisse des militärischen Dienstes"

Wie bereits oben[29] näher ausgeführt, ist dieser unbestimmte Gesetzesbegriff als **Interpretationshilfe** für den (einfachen) Gesetzgeber zu begreifen, wenn dieser es für sachlich notwendig und gerechtfertigt erachtet, für Soldaten ein Grundrecht einzuschränken. Er ist damit eine gesetzl. Ausformung des Grds. **der Verhältnismäßigkeit** und des **Willkürverbots**.[30] 26

---

24 Vgl. *Walz*, NZWehrr 1984, 133; *ders.*, Rechtliche Grundlagen der Konzeption der Inneren Führung, in: Innere Führung im Meinungsstreit, hrsg. von H. Rümmer, 1984, 22.
25 Nr. 327.
26 Vgl. z.B. BVerwGE 76, 363 = NZWehrr 1985, 242; BVerwG NZWehrr 1987, 210; BVerwG NZWehrr 1996, 75; BVerwGE 113, 311 = NZWehrr 1999, 169.
27 Vgl. BVerwGE 43, 88 (91); *Bornemann*, RuP, 13; GKÖD I Yk, § 6 Rn. 2; *Scherer/Alff*, SG, § 6 Rn. 2; *Stauf* I, § 6 SG Rn. 1.
28 Die Feststellung des BVerwG (NZWehrr 2004, 259, 260), „nach § 6 Satz 1 SG hat jeder Soldat – ebenso wie jeder andere Staatsbürger (?) – einen Anspruch darauf, dass seine Anträge pflichtgemäß ... beschieden werden", verkennt, dass ein solcher Rechtsanspruch für jedermann aus Art. 17 GG abgeleitet wird (so bereits BVerfGE 2, 225). Der „Ehrenschutz" des Soldaten folgt ebenfalls nicht aus § 6 Satz 1 (so jedoch BVerwG NZWehrr 2005, 168, 171), sondern unmittelbar aus Art. 1 Abs. 1 GG.
29 Rn. 12.
30 Vgl. *Scherer/Alff*, SG, § 6 Rn. 10.

27 Ohne eine legislative Basis darf nicht in ein Grundrecht eingegriffen werden (Art. 19 Abs. 1 Satz 1 GG); eine bloße **Dienstvorschrift**, die nicht zumindest auf § 7 fußt, **genügt** dieser Anforderung **nicht**, und zwar unabhängig von der Schwere des Eingriffs.[31]

28 Die „Erfordernisse des militärischen Dienstes" werden durch die Rspr. i.d.R. als **Sicherung der „Funktionsfähigkeit der Bundeswehr"** und der „Erfüllung der ihr gestellten Verteidigungsaufgabe" verstanden.[32]

b) „Gesetzlich begründete Pflichten"

29 Gesetzl. Pflichten des Soldaten finden sich primär in den §§ 7 ff., aber auch in anderen (Wehr-)Gesetzen, z.B. in der WDO. Die gesetzl. begründeten Pflichten des § 6 Satz 2 korrespondieren mit den Pflichten des Soldaten, deren schuldhafte Verletzung ein **Dienstvergehen** darstellt (§ 23 Abs. 1).[33]

5. Einzelfälle aus der Rechtsprechung

30 Gesetzl. begründete Einschränkungen einzelner Grundrechte oder grundrechtsgleicher Rechte für Soldaten werden unter der jew. Überschrift „§ ... **und Grundgesetz"** bei der Komm. der nachfolgenden Einzelvorschriften referiert. Zusammenfassende Übersichten vermitteln keine zusätzlichen Erkenntnisse für die Praxis. Wer solche dennoch benötigt, dem seien die umfänglichen Darstellungen im GKÖD I[34] oder bei *Scherer/Alff*[35] empfohlen.

§ 7 Grundpflicht des Soldaten

Der Soldat hat die Pflicht, der Bundesrepublik Deutschland treu zu dienen und das Recht und die Freiheit des deutschen Volkes tapfer zu verteidigen.

Literatur: *Baldus, Manfred:* Wehrpflichtige bei Auslandseinsätzen der Bundeswehr? NJW 1995, 1134; *Dau, Klaus:* Rechtliche Rahmenbedingungen einer deutsch-französischen Brigade, NZWehrr 1989, 177; *Demandt, Ecke:* Zum Begriff „Deutsches Volk" und den Grundpflichten des Soldaten in § 7 Soldatengesetz (SG), NZWehrr 1982, 101; *Dreist, Peter:* Berufsarmee statt Wehrpflicht und zudem Einführung einer Allgemeinen Dienstpflicht? BWV 2004, 169; *Goerlich, Helmut:* Soldatische Pflichten, provokative Meinungsäußerungen und die Vereinigungsfreiheit des Soldaten, Jura 1993, 471; *Graßhof, Malte:* Einschränkungen der „freien Rede" durch das Soldatengesetz, NZWehrr 1995, 177; *Heimann, Hans Markus:* Zur Verfassungsmäßigkeit des Einsatzes Wehrpflichtiger außerhalb der Landesverteidigung, ZRP 1996, 20; *Heuer, Knud:* Das Prinzip von Befehl und Gehorsam und der Einsatz von Kernwaffen, NZWehrr 1986, 98; *Kirchhof, Ferdinand:* Deutsche Verfassungsvorgaben zur Befehlsgewalt und Wehrverwaltung in multinationalen Verbänden, NZWehrr 1998, 152; *Knoche, Sebastian:* „Zwangsweise" Dienstfüllung bei Auslandseinsätzen? NZWehrr 1996, 21; *Lingens, Eric:* Die Rechte des Soldaten auf Leben und körperliche Unversehrtheit, NZWehrr 1982, 161; *Nettersheim, Gerd J.:* Inhalt und Grenzen der Treuepflicht des § 7 Soldatengesetz, NZWehrr

---

31 Missverständlich BVerwGE 87, 25 = NZWehrr 1987, 25: „Solch geringfügige Eingriffe in seine persönliche Freiheit sind auch dann noch rechtmäßig durch die Erfordernisse des militärischen Dienstes gedeckt (§ 6 Satz 2 SG ...), wenn damit ein gewisser Verlust an Freizeit (gemeint: Freiheit) verbunden ist."
32 Vgl. z.B. BVerfG NZWehrr 1992, 205 (206).
33 Vgl. dort Rn. 24.
34 Yk, § 6 Rn. 10 ff.
35 SG, § 6 Rn. 11 ff.

1975, 89; *Schlegtendal, Axel:* Die „Geschäftsgrundlage" für den Soldaten oder Inhalt und Reichweite seiner Treuepflicht, NZWehrr 1992, 177; *Schmidt-Bremme, Götz:* Die militärische Versetzung, 1. Aufl. 1991; *ders.:* § 7 Soldatengesetz und Erklärung der Versetzbarkeit: Ermächtigungsgrundlagen für eine militärische Versetzung? NZWehrr 1991, 242; *Schreiber, Jürgen:* Treudienstpflicht, Vorgesetztenpflichten, NZWehrr 1991, 105; *Schwandt, Eberhard Ulrich:* Dienstpflichten der Soldaten, ZBR 1993, 161; *ders.:* Freiheit und Grenzen der Meinungsäußerung von Soldaten, ZBR 1999, 402; *ders.:* Einsatz der Bundeswehr „out of area", in: FS für Klaus Dau, 1999, 219; *von Unruh, Georg Christoph:* Befehls- und Kommandogewalt, in: FS für Hans J. Wolff, München 1973, 109; *Walz, Dieter:* Anm. zu BVerwG 1 WB 283/77, 1 WB 13/78, NZWehrr 1980, 26; *ders.:* Die „Reichweite" der soldatischen Tapferkeitspflicht, NZWehrr 1992, 55; *ders.:* Wehrpflicht und „Landes"verteidigung, NZWehrr 1998, 110; *ders.:* Beamtinnen und Beamte der Bundeswehr im Auslandseinsatz – Statusrechtliche Problemstellungen, in: Fs für Dieter Fleck, 2004, 659; *Wieland, Joachim:* Ausländische Vorgesetzte deutscher Soldaten in multinationalen Verbänden, NZWehrr 1999, 133.

Übersicht

	Rn.		Rn.
A. Allgemeines	1 – 11	a) Heranziehung von Wehrpflichtigen	15 – 18
1. Entstehung der Vorschrift	1 – 6	b) Die „Reichweite" der Tapferkeitspflicht	19 – 20
2. Änderungen der Vorschrift	7	4. Verhältnis von § 7 zu den §§ 8 ff.	21 – 23
3. Bezüge zum Beamtenrecht bzw. zu sonstigen rechtl. Vorschriften; ergänzende Dienstvorschriften	8 – 11	5. „Bundesrepublik Deutschland"	24 – 27
B. Erläuterungen im Einzelnen	12 – 35	6. „treu zu dienen"	28 – 30
1. Grundpflicht und Grundgesetz	12 – 13	7. „Recht und die Freiheit des deutschen Volkes"	31 – 32
2. Geltung von § 7 im Frieden und im Krieg	14	8. „tapfer zu verteidigen"	33 – 34
3. Einsätze der deutschen SK „out of area"	15 – 20	9. Einzelfälle von Verstößen gegen § 7/der Begründung von Einzelpflichten aus der Rspr.	35

A. Allgemeines

1. Entstehung der Vorschrift

§ 6 des REntw.[1] lautete: 1

„Der Soldat hat die Pflicht, treu zu dienen und Vaterland und Freiheit unter Einsatz seiner Person tapfer zu verteidigen."

Die BReg betonte in ihrer **Begr.**[2], der Einsatz der Person verlange von dem Soldaten, „seiner Aufgabe mit allen geistigen und leiblichen Kräften und – wenn es sein muß – bis zum Opfer von Leib und Leben gerecht zu werden". „Vaterland" und „Freiheit" seien keine Rechtsbegriffe, sondern Werte, die zu den Grundlagen jedes Deutschen gehörten.

Bereits bei der **1. Lesung** im BT am 12.10.1955 wurde deutlich, dass die Fassung des   2
REntw. nicht Gesetz werden würde. Der Abg. *Dr. Kliesing* (CDU/CSU) stellte die Frage, wem der Soldat die Treue zu schulden habe.[3] Auch dem Abg. *Merten* (SPD) schien die Formulierung des § 6 (und anderer Best.) nicht zu gefallen. Er forderte, diese in eine Form zu bringen, die als „Richtlinie für die Ausbildung" brauchbar sei.[4] Der Abg. *Feller* (GB/BHE) schließlich stieß sich an dem Begriff „Vaterland". In einem „gespaltenen Vaterland" sollte man nicht auf dieses schwören lassen.[5]

---

1 BT-Drs. II/1700, 4.
2 BT-Drs. II/1700, 18.
3 Sten. Ber. 5783 A.
4 Sten. Ber. 5786 B.
5 Sten. Ber. 5790 D-5791 A.

3 Im **Rechtsausschuss** des BT[6] warf der Abg. *Dr. Kihn* (CDU/CSU) die Frage auf, wem der Soldat treu zu dienen habe. Die Abg. *Schröter, Dr. Arndt* und *Rehs* (alle SPD) äußerten Bedenken bzgl. der Verwendung des Begriffes „Vaterland".[7] Nach eingehender Debatte beschloss der Rechtsausschuss mehrheitlich die vom Abg. *Dr. Arndt* vorgeschlagene folgende Formulierung:
„Der Soldat hat die Pflicht, seinem Volke treu zu dienen und mit Leib und Leben das Recht und die Freiheit seines Vaterlandes tapfer zu verteidigen."[8]

Im Hinblick auf die gegenwärtige sicherheitspolitische Vision („Verteidigung der Bundesrepublik am Hindukusch") ist die im Laufe der seinerzeitigen Diskussion im Rechtsausschuss von dessen Vors., dem Abg. *Hoogen* (CDU/CSU), getroffene Feststellung, „der Soldat verteidige sein Vaterland auch in Nordafrika"[9], bemerkenswert, zeigt sie doch die Weitsicht der seinerzeitigen Parlamentariergeneration.

4 Der **Ausschuss für Beamtenrecht** des BT folgte dem Votum des Rechtsausschusses.[10] Der Einwand des Abg. *Arnholz* (SPD), man könne vom Soldaten nicht per Gesetz ein Tapfersein fordern, „da ja besondere Tapferkeit durch Ordensverleihungen belohnt würde"[11], wurde von der Mehrheit nicht aufgegriffen.

5 Der **VertA** schließlich fand nach ebenfalls längerer kontroverser Aussprache die später vom Plenum gebilligte Fassung des jetzigen § 7.[12] Aus seiner Begr.[13] sind folgende Punkte **hervorzuheben**:
- Der Soldat habe (nur) Befehle und Anweisungen von **Organen der Bundesrepublik** entgegenzunehmen.
- Wegen der **Teilung Deutschlands** – und so war wohl die Beschränkung der Weisungsunterworfenheit auf die Bundesrepublik zu verstehen – müsse klar sein, dass die Behörden der seinerzeitigen SBZ/DDR keine Befugnisse gegenüber dem Soldaten der Bw ausüben dürften.
- Das Ziel der Erziehung des Soldaten zur **Tapferkeit** solle sein, dessen Wille zur treuen Pflichterfüllung stärker zu machen als seine Furcht.
- Die Verteidigung von Recht und Freiheit mache den **„Einsatz der ganzen Person"** erforderlich.
- Die Pflicht aus § 7 gelte nicht nur im **V-Fall**, sondern auch im **Frieden**.

6 Die gegen die gesetzl. Treuepflicht des Soldaten in der damaligen Lit. und von Soldatenverbänden vorgebrachten **Einwendungen** waren eher polemischer als rationaler Natur. So bemühte *Rittau*[14] auf mehreren Seiten seines Komm. seine persönlichen Erfahrungen aus der Zeit vor 1945, um zu dokumentieren, dass die weitgehende Abschaffung der Militärstrafgerichtsbarkeit (Art. 96 Abs. 2 GG) einen „schwerwiegenden Verstoß" des Dienstherrn gegen die dem Soldaten geschuldete Treuepflicht darstelle. Man könne den Soldaten der Bw nur bedauern. Für ihn bedeute dies, frei nach *Goethe*: „Ihr laßt den Armen schuldig werden, dann überlaßt ihr ihn der Pein."[15] Diese Kritik ist bald

---

6 Sitzung v. 18.11.1955, Prot. Nr. 86, 13.
7 Prot. Nr. 86, 14.
8 Schreiben des Vors. des Rechtsausschusses an den Vors. des VertA v. 21.11.1955; Ausschussdrs. 18 des Ausschusses für Beamtenrecht.
9 Prot. Nr. 86, 14.
10 Prot. Nr. 37 der Sitzung v. 28.11.1955, 6; Ausschussdrs. 21 v. 4.1.1956 u. 23 v. 20.1.1956.
11 Prot. Nr. 37, 6.
12 BT-Drs. II/2140, 30.
13 BT-Drs. II/2140, 4-5.
14 SG, 93-98.
15 *Rittau*, SG, 94.

verhallt, spätestens nachdem erkannt worden war, dass der Gesetzgeber nicht gewillt war, ihr nachzugeben.

2. Änderungen der Vorschrift

§ 7 gilt noch in der **Erstfassung** von 1956. Vorschläge/Forderungen mit dem Ziel einer Änd. der Eides-/Gelöbnisformel[16], hätten sich, wären sie realisiert worden, mit Sicherheit auch in einer Novellierung von § 7 nieder geschlagen. Zwischen beiden Normen besteht ein unmittelbarer Sachzusammenhang, unabhängig von der jew. Textfassung.

3. Bezüge zum Beamtenrecht bzw. zu sonstigen rechtl. Vorschriften; ergänzende Dienstvorschriften

§ 7 wird allg., zumindest was die Verpflichtung des Soldaten zur Tapferkeit betrifft, als „**spezielle**, nur den Soldaten treffende **Pflicht**"[17] kategorisiert. Seine Grundpflicht unterscheide den Soldaten von allen anderen Angehörigen des öff. Dienstes.[18]

Diese Bewertung von § 7 war mit Auslöser der sog. **sui-generis-Debatte**[19] der 60r und 70r Jahre des letzten Jh.; sie bestimmt auch heute noch den „Standort" des Soldaten in der bundesrepublikanischen Gesellschaft.[20]

Eine exaktere Analyse der Rechtslage ergibt indes ein **differenzierteres Bild**:

§ 36 Satz 1 BRRG, § 54 Satz 1 BBG verpflichten den **Beamten**, „sich mit voller Hingabe seinem Beruf zu widmen". Beamte sind zwar grds. nicht verpflichtet, tapfer zu sein und ihre körperliche Unversehrtheit oder ihr Leben für ihren Dienstherrn einzusetzen. **Beamte der Bw** müssen sich jedoch darüber im Klaren sein, dass sie einem Ressort angehören, das einem „gefahrengeneigteren" Bereich zuzurechnen ist als die meisten anderen Bundesressorts. Ihre Funktionen sind insbes. im Krieg, aber auch bei Auslandseinsätzen der SK, per se mit Gefahren, die bis zur Lebensgefahr reichen können, verbunden, so wie dies im Übrigen bei **Polizeibeamten**, Beamten der **Berufsfeuerwehren**, des **Zolls** oder des **Strafvollzugs** der Fall ist. Diese Gefahren sind berufstypisch und müssen aus der gesetzl. Hingabepflicht heraus erduldet werden[21], soweit sie abstrakt-genereller Natur sind. Der Dienstherr hat dafür Sorge zu tragen, dass diese Gefahren konkret auf ein unvermeidbares Mindestmaß beschränkt bleiben. Diese Verpflichtung des Dienstherrn folgt aus seiner Fürsorgepflicht (§ 79 BBG, § 133f Abs. 3 BRRG).

Solche Schutz- und Vorsorgemaßnahmen hat der Dienstherr auch für Soldaten bei besonders gefährlichen Einsätzen zu treffen.[22]

Weitgehend unbekannt geblieben ist die für **ZDL** geltende gesetzl. Regelung: § 27 Abs. 1 Satz 1 ZDG bestimmt zunächst, dass der ZDL seinen Dienst gewissenhaft zu erfüllen hat. Gem. § 27 Abs. 3 ZDG muss der ZDL die mit dem Dienst verbundenen Gefahren auf sich nehmen, insbes., wenn es zur Rettung anderer aus Lebensgefahr oder zur Abwendung von Schäden, die der Allgemeinheit drohen, erforderlich ist. Diese Pflicht reicht über die für alle Staatsbürger aus § 323c StGB resultierende Hilfeleistungspflicht hinaus und kann bedeuten, dass der ZDL Gefahren für Leib oder Leben

---

16 Vgl. die Komm. zu § 9, Rn. 8-12.
17 GKÖD I Yk, § 7 Rn. 1.
18 *Bornemann*, RuP, 36; *Scherer/Alff*, SG, § 7 Rn. 1.
19 Vgl. Stichwort „sui generis", in: *Reeb/Többicke*, Lexikon Innere Führung, 2003, 229.
20 Vgl. ZDv 10/1 „Innere Führung", Nr. 226.
21 *Plog/Wiedow/Lemhöfer*, BBG, § 79 Rn. 15.
22 Vgl. im Einzelnen *Lingens*, NZWehrr 1982, 166-175.

hinnehmen muss, sofern die hauptamtl. Beschäftigten seiner Beschäftigungsstelle (z.b. Rettungssanitäter) solche Gefahren auf sich nehmen müssen.[23]

11 Erl. des BMVg speziell zu § 7 sind nicht herausgegeben worden.

B. Erläuterungen im Einzelnen

1. Grundpflicht und Grundgesetz

12 § 7 schränkt insbes. die **Grundrechte** des Soldaten aus **Art. 2 Abs. 2 Satz 1** und **Art. 5 Abs. 1 Satz 1 GG** ein.[24] Dies ist verfassungsrechtl. **unbedenklich**. § 7 genügt auch den Anforderungen, die **Art. 103 Abs. 2 GG** an die gesetzl. Bestimmtheit disziplinarrechtl. „Straftatbestände"[25] stellt.[26] Dennoch sollte bei einer grundlegenden (konstitutiven) Neufassung des SG überlegt werden, weitere konkrete Einzelpflichten des Soldaten gesetzl. zu verankern, die bisher ausschließlich aus der Generalklausel des § 7 abgeleitet werden.[27]

13 Als obiter dictum hatte das BVerwG in einem Beschl. von 1978[28] im Zusammenhang mit der Pflicht des Soldaten zur Dienstleistung judiziert, die Treuepflicht unterliege **„keinen Begrenzungen rechtlicher Art"**. Sie solle und müsse von dem Vorg. des Soldaten jederzeit realisiert werden können. Diese Behauptung ist so nicht haltbar. § 7 steht nicht im rechtsfreien Raum; die für alle Eingriffe des Staates in Grundrechte maßgeblichen Schranken (z.b. das Übermaßverbot, die Wesensgehaltsgarantie) gelten auch für das soldatische Dienstverhältnis.

2. Geltung von § 7 im Frieden und im Krieg

14 Unter Hinw. auf die oben dargestellte Entstehungsgeschichte und insbes. den abschließenden Ber. des VertA zum SG wird allg.[29] die Auffassung vertreten, die Treuepflicht und die Tapferkeitspflicht des Soldaten würden sowohl im Frieden als auch im Krieg gleichermaßen gelten. Eine gesteigerte Pflicht zur Gefahrtragung im **Frieden** wird beispielsweise im Wachdienst, im Katastrophennotstand oder im Auslandseinsatz[30] gesehen.

Ob diese Interpretation, die ausschließlich historisch begründet ist, in dieser Allgemeinheit einer näheren Prüfung stand hält, muss bezweifelt werden. In jedem Fall muss zwischen der Verpflichtung aus § 7 und der jew. Tätigkeit des Soldaten ein verfassungsrechtl. begründbarer Zusammenhang bestehen. Nur dann, wenn der Soldat seinen Aufgaben aus Art. 87a Abs. 2 GG nachkommt, löst dies die Grundpflicht aus § 7 aus. Im **privaten Bereich**, auch bei Unglücksfällen, muss der Soldat keine weiter reichenden Gefahren auf sich nehmen als jeder andere Staatsbürger.[31]

---

23 *Brecht*, ZDG, 143.
24 Zum Verhältnis von § 7 u. Art. 4 Abs. 1 GG vgl. jüngst BVerwG NZWehr 2005, 254. Vgl. dazu *Schafranek*, NZWehr 2005, 234.
25 Terminologie bis zur WDO-Novelle von 1972.
26 BVerfGE 28, 51 = NZWehr 1970, 218; *Bornemann*, RuP, 37; GKÖD I Yk, § 7 Rn. 19; *Scherer/Alff*, SG, § 7 Rn. 2. Zu den Grenzen u. Schutzmaßnahmen vgl. *Lingens*, NZWehr 1982, 161; *Wipfelder*, Wehrrecht, 73.
27 Dies gilt beispielsweise für den Komplex der Versetzungen u. Kommandierungen. Vgl. hierzu *Schmidt-Bremme*, NZWehr 1991, 242, mit beachtenswerten Ausführungen.
28 BVerwGE 63, 99 = NZWehr 1979, 230 mit krit. Anm. *Walz*, NZWehr 1980, 26.
29 *Bornemann*, RuP, 42; GKÖD I Yk, § 7 Rn. 78; *Schölz/Lingens*, WStG, § 6 Rn. 9; *Stauf* I, § 7 SG Rn. 3. A.A. *v. Unruh*, 143. Weitere Nachweise bei *Walz*, NZWehr 1992, 57 Rn. 15.
30 Vgl. hierzu mehr unter Nr. 3.
31 *Scherer/Alff*, SG, § 7 Rn. 32.

3. Einsätze der deutschen Streitkräfte „out of area"

a) Heranziehung von Wehrpflichtigen

Mit der zunehmenden Bedeutung der Auslandseinsätze der deutschen SK stellte sich die Frage, welche Statusgruppen zwangsweise oder zumindest auf freiwilliger Basis hierzu herangezogen werden können.

Unbestritten sind **SaZ** und **BS** dienstrechtl. aus § 7 heraus verpflichtet, solchen Einsatzbefehlen Folge zu leisten. Zumindest die **Treuepflicht** unterliegt **keiner territorialen Begrenzung**, soweit der Einsatz als solcher materiell und formell verfassungsrechtl. legitimiert ist. 15

Mit der Einfügung von § 6a in das WPflG[32] wurde die Möglichkeit geschaffen, **gediente WPfl** zu solchen Missionen heranzuziehen, soweit sie sich dazu schriftl. bereit erklärt haben (§ 6a Abs. 1 WPflG). Diese Regelung zielt auf frühere Soldaten, WPfl, SaZ und BS bis zum Ende ihrer Wehrpflicht gem. § 3 Abs. 3 bis 5 WPflG und über diese Altersgrenzen hinaus gem. § 4 Abs. 3 WPflG. 16

Str.[33] ist, ob WPfl, GWDL ebenso wie Res, **gegen ihren Willen** verpflichtet wären, sich an Auslandseinsätzen zu beteiligen. Diese Frage bedarf einer juristischen Bewertung, unbeschadet der noch gültigen politischen Entscheidung, auf diesen Personenkreis[34] nur bei freiwilliger Meldung zurückzugreifen. 17

Das **BVerfG** hat in seinem Urt. vom 12.7.1994[35] offen gelassen, wie die Bundesrepublik ihre völkerrechtl. Verpflichtungen im Rahmen von Art. 24 Abs. 2 GG zu erfüllen hat, ob etwa nur Soldaten in einem bestimmten Statusverhältnis bei einer solchen Aufgabe verwendet werden dürfen. Zwischen den Zeilen kann dieser Entscheidung allerdings entnommen werden, dass Soldaten – statusunabhängig – zu friedenssichernden Aufgaben grds. auch gegen ihren Willen herangezogen werden dürfen. Das **BVerwG**[36] hat hieraus den Schluss gezogen, dass „jedenfalls der Einsatz von Zeit- und Berufssoldaten für friedenssichernde Aufgaben auch außerhalb des im NATO-Vertrag festgelegten territorialen Bereichs zulässig" sei.

Der verfassungsrechtl. Befund ist **eindeutig**: Die grammatikalische Interpretation der Art. 12a Abs. 1 und 87a Abs. 1 und 2 GG führt zu der Erkenntnis, dass das GG einem verpflichtenden Einsatz von WPfl außerhalb der Landesgrenzen nicht im Wege steht.[37] Die Treuepflicht des § 7 ist weder territorial noch statusabhängig begrenzt[38]; die „Reichweite" der Tapferkeitspflicht unterliegt indes – ebenfalls statusunabhängig – territorialen Schranken. 18

---

32 Durch das G v. 24.7.1995, BGBl. I S. 962.
33 Bejahend: *Dau*, Truppenpraxis/Wehrausbildung 2000, 679; GKÖD I Yk, § 7 Rn. 5, 7; *Knoche*, NZWehrr 1996, 21; *Walz*, NZWehrr 1998, 110, jew. m.w.N. Verneinend *Baldus*, NJW 1995, 1134; *Heimann*, ZRP 1996, 20; wohl auch *Tetzlaff*, SoldR, 113.
34 WPfl, die den gesetzl. GWD leisten, werden auch nicht auf freiwilliger Grundlage zu Auslandseinsätzen herangezogen. An dieser Praxis, die der seinerzeitige BM *Rühe* begründet hatte, wird bis heute trotz z.T. anders lautender Forderungen aus dem parl. Raum u. den SK festgehalten.
35 BVerfGE 90, 286 = NZWehrr 1994, 202.
36 BVerwGE 103, 361 = NZWehrr 1997, 117. Vgl. dazu *Schwandt*, in: Fs für Dau, 224.
37 *Walz*, NZWehrr 1998, 117. Vgl. zum aktuellen Diskussionsstand *Jarass*, in: *Jarass/Pieroth*, GG, Art. 12a Rn. 2.
38 *Walz*, NZWehrr 1992, 55; *ders.*, NZWehrr 1998, 117.

b) Die „Reichweite" der Tapferkeitspflicht

19 Die h.M.[39] betrachtet die Pflicht zur Tapferkeit als **Konkretisierung der Treuepflicht**, nicht als eigenständige Pflicht, und kommt damit zu dem Ergebnis, dass der deutsche Soldat von Gesetzes wegen weltweit tapfer seinen Auftrag zu erfüllen habe. Die seit Jahren sich inhaltlich und territorial permanent ändernde Aufgabenzuweisung an die deutschen SK müsse nicht zwangsläufig in einer Novellierung von § 7 nachvollzogen werden. „Recht und Freiheit des deutschen Volkes" seien **überall** (tapfer) zu verteidigen (Hindukuschphänomen), nicht nur dort, wo deutsche oder alliierte Rechtsgüter bedroht oder angegriffen seien.

20 Diese Position ist pragmatisch nachvollziehbar; rechtl. haltbar ist sie nicht.[40] Der **Wortlaut** von § 7 ist eindeutig und einer unterschiedlichen Interpretation nicht zugänglich: Die Pflicht zur Tapferkeit beschränkt sich auf deutsche und – allenfalls – alliierte Rechtsgüter. Bloße deutsche „Interessen" oder gar solche anderer Staaten oder die Aufgabenwahrnehmung internationaler Organisationen sind nicht in den Schutzbereich einbezogen, für den die Soldaten der Bw mit ihrem Leben einzutreten haben. Wer dies politisch für opportun hält, muss den **Gesetzgeber** bemühen. **Textvorschläge** für eine Ergänzung von § 7 (und ggf. § 9) liegen seit längerem auf dem Tisch.

4. Verhältnis von § 7 zu den §§ 8 ff.

21 Nach der **früheren Rspr.** des BVerwG[41] war ein Verstoß gegen die §§ 8 ff. zugleich ein solcher gegen die Treuepflicht. Die §§ 8 ff. wurden lediglich als **beispielhafte Ausprägungen** der Grundpflicht angesehen.

22 Nach und nach setzte sich die Auffassung durch, dass § 7 durch die besonderen Pflichten ausgeschlossen wird; die Grundpflicht hat lediglich eine **Auffangfunktion** i.S.e. Generalklausel.[42] Dies ist inzwischen allg. Auffassung.[43]

23 **Konsequent** ist die Rspr. des BVerwG indes **nicht**. In zahlreichen Entscheidungen zitieren beide WDS bis heute „zur Bekräftigung" neben den Einzelpflichten aus den §§ 8 ff. zusätzlich die Grundpflicht aus § 7, ohne dass immer deutlich wird, zu welchem Zweck dies geschieht.[44] Lediglich im Zusammenhang mit Verstößen gegen § 10 Abs. 3, § 31 sowie § 12 Satz 2 lässt das BVerwG[45] die Grundpflichtverletzung in den Hintergrund treten. Insbes. bei Verstößen gegen § 17 Abs. 2 Satz 1 schließen die WDS eine Verletzung der Grundpflicht nicht vollständig aus.[46]

Für die Praxis ist das Beziehungsgeflecht der Einzelpflichten zur Grundpflicht von **geringer Relevanz**.

---

39 BVerwGE 103, 361 = NZWehr 1997, 117; *Dau*, Truppenpraxis/Wehrausbildung 2000, 679; *Dreist*, BWV 2004, 172; GKÖD I Yk, § 7 Rn. 78; *Scherer/Alff*, SG, § 7 Rn. 2; *Schlegtendal*, NZWehr 1992, 177; *Schwandt*, in: Fs für Dau, 222; *Stauf* I, § 7 SG Rn. 3.
40 Vgl. im Einzelnen *Walz*, NZWehr 1992, 55; *ders.*, in: Klein/Walz (Hrsg.), Der Widerstand gegen den Nationalsozialismus und seine Bedeutung für Gesellschaft und Bundeswehr heute, 1995, 55. Vgl. im Übrigen die Komm. zu § 9, Rn. 32. Krit. jüngst *Fischer*, NZWehr 2004, 218.
41 Vgl. die Nachweise bei *Nettersheim*, NZWehr 1975, 92 Rn. 12.
42 *Schmidt-Bremme*, NZWehr 1991, 247, bezeichnet § 7 als „Metageneralklausel".
43 St. Rspr. seit BVerwGE 73, 187 = NZWehr 1982, 68; *Bornemann*, RuP, 37; GKÖD I Yk, § 7 Rn. 20; *Graßhof*, NZWehr 1995, 181; *Schwandt*, ZBR 1993, 163; *Wipfelder*, Wehrrecht, 73.
44 Vgl. z.B. BVerwGE 103, 275 = NZWehr 1996, 33.
45 BVerwGE 73, 187 = NZWehr 1982, 68; BVerwG DokBer B 1990, 275.
46 Nachweise bei GKÖD I Yk, § 7 Rn. 21 a.E.

5. „Bundesrepublik Deutschland"

Die in A. 1. zit. Feststellung des VertA, der deutsche Soldat habe nur Befehle und Anweisungen von „Organen" der Bundesrepublik entgegen zu nehmen, führt zu der Konsequenz, dass nur Vertreter dieses Staates dem deutschen Soldaten gegenüber weisungs-/befehlsbefugt sind. 24

Ausländische Soldaten, auch soweit sie Angehörige des NATO-Bündnisses sind, haben gegenüber deutschen Soldaten keine Befehlsbefugnis i.S.v. § 2 Nr. 2 WStG; sie können nicht mil. Vorg. i.S.v. § 1 Abs. 3 Satz 1 sein.[47] Die Befehlsbefugnis ist Teil der Souveränität; eine (gesetzl.) Übertragung deutscher Hoheitsrechte auf ausländische Soldaten hat bisher nicht stattgefunden. 25

Befehlsbefugnisse gegenüber den Soldaten haben auch **zivile Angehörige der Bw** nicht. Mil. Vorg. muss immer ein anderer (deutscher) Soldat sein. Einzige Ausnahme ist der BMVg als Inhaber der Befehls- und Kommandogewalt gem. Art. 65a GG. 26

Alliierte und andere **ausländische Soldaten** sowie **zivile Angehörige der Bw** sind – funktionsbezogen – gegenüber deutschen Soldaten **weisungsbefugt**. Die Verpflichtung der Soldaten, solchen Weisungen Folge zu leisten, wird allg.[48] aus der Treuepflicht des § 7 abgeleitet. Diese Auffassung lässt sich begründen, wenn ihr eine zuvor erfolgte Delegation deutscher Weisungsbefugnis zu Grunde gelegt wird. Eine solche Delegation erfolgt für alliierte Kommandobehörden oder andere internationale Stäbe usw. durch völkerrechtl. Vertrag oder Regierungsabkommen, für zivile Vorg. der Bw durch OrgErl. des BMVg. 27

6. „treu zu dienen"

Eine **Definition** des unbestimmten Rechtsbegriffes „treu zu dienen" ist bisher weder durch die Rspr. noch durch die Lit. erfolgt. Ähnlich wie bei der „Würde des Menschen" i.S.v. Art. 1 Abs. 1 Satz 1 GG begnügt man sich mit einer **Inhaltsbeschreibung** und einer **kasuistischen Aufzählung** denkbarer Verstöße. 28

Die WDS[49] und der 6. Senat des BVerwG[50] verwenden dazu folgende **Standardformel**:

„Gegenstand der in § 7 normierten Treuepflicht ist es, zur Erhaltung der Funktionsfähigkeit der Bundeswehr als eines militärischen Verbandes beizutragen und alles zu unterlassen, was die Wahrnehmung ihrer durch die Verfassung festgelegten Aufgabenstellung beeinträchtigen oder zumindest in Frage stellen könnte. Denn die Bundeswehr kann den ihr in Art. 87a Abs. 1 Sa tz 1 GG erteilten Auftrag zur Verteidigung nur dann erfüllen, wenn einerseits ihre Angehörigen, ihr Gerät und ihre Mittel jederzeit präsent und voll einsatzbereit sind und andererseits das innere Gefüge der Streitkräfte so gestaltet ist, daß sie ihren militärischen Aufgaben gewachsen sind." Dazu soll „neben den Pflichten zur Anwesenheit, zu sorgsamem Umgang mit dienstl. anvertrauten Sachgütern und einer gewissenhaften Dienstleistung vor allem die Verpflichtung zur Loyalität gegenüber dem Staat, seinen Organen und seiner Rechtsordnung" gehören.[51]

Der **weiteren Interpretation** ist damit jeder Raum geöffnet. 29

---

47 *Dau*, NZWehrr 1989, 185; *Schölz/Lingens*, WStG, § 2 Rn. 13. Vgl. auch die Komm. zu § 1 Abs. 3 u. der VorgV.
48 *Scherer/Alff*, SG, § 7 Rn. 16 m.w.N. Krit. *Wieland*, NZWehrr 1999, 133. A.A. *Kirchhof*, NZWehrr 1998, 152.
49 Vgl. etwa BVerwGE 103, 275 = NZWehrr 1996, 33 m.w.N.; BVerwG NZWehrr 2005, 254.
50 BVerwGE 69, 331 = DokBer B 1984, 281.
51 BVerwG NZWehrr 2004, 80; BVerwGE 120, 105 = NZWehrr 2004, 169.

30 Für den **Soldaten störend** ist, dass die „Bundeswehr" als „militärischer Verband" bezeichnet wird, obwohl jeder Soldat rasch lernt, dass „militärische Verbände" nach der ZDv 1/50[52] nur die Bataillone und Regimenter sind. Für den **Juristen störend** ist, dass die „Bundeswehr" und die „Streitkräfte" als Synonymbegriffe gebraucht werden, was insbes. im Zusammenhang mit der Zitierung von Art. 87a GG formal-rechtl. falsch ist.

7. „Recht und die Freiheit des deutschen Volkes"

31 „**Recht und Freiheit**" sind wegen ihrer besonderen Bedeutung beispielhaft genannte **Rechtsgüter**[53], die der Soldat zu verteidigen hat. Die gelegentlich[54] hergestellte Beziehung dieser beiden Rechtsgüter zur **FdGO** lässt sich entstehungsgeschichtlich nicht nachweisen. Sie ist auch wegen derer besonderer Nennung in § 8 im Zusammenhang mit § 7 nicht notwendig. Die gelegentlich zu hörende Behauptung, das „Recht" schließe (weltweit) jedes Recht ein, und die „Freiheit" beziehe sich nur auf das deutsche Volk, ist weder entstehungsgeschichtlich noch völkerrechtl. begründbar. Unter „Recht und Freiheit" sind Rechtsgüter des deutschen Volkes zu verstehen, mehr nicht.

32 Unter dem „**deutschen Volk**" sind alle **deutschen Staatsangehörigen** i.S.d. Präambel und Art. 116 GG zu verstehen. Die Auffassung, „deutsches Volk" seien die **Einwohner** der Bundesrepublik Deutschland[55], ist rechtl. nicht haltbar, da sie mit dem GG nicht zu vereinbaren ist. Der Pflichtenkreis des deutschen Soldaten erstreckt sich auf das deutsche Staatsvolk[56, 57]; in der Bundesrepublik Deutschland lebende fremde Staatsangehörige werden bei einem Angriff auf das Bundesgebiet, abhängig von ihrem humanitärvölkerrechtl. Status, ggf. in diesen Schutzbereich einbezogen, mehr jedoch nicht.

Die Bezeichnung „Einwohner der Bundesrepublik Deutschland" mag aus der früheren Streitfrage[58] herrühren, ob der Soldat der Bw verpflichtet sei, auch die Bewohner der früheren **DDR** zu verteidigen. Diese Problematik hat sich mit der Wiedervereinigung **erledigt**.

8. „tapfer zu verteidigen"

33 Der 2. Halbs. von § 7 definiert die Pflicht des Soldaten zur Tapferkeit. Es handelt sich dabei um eine **eigenständige Dienstpflicht** des Soldaten und nicht, wie von der h.M. angenommen, lediglich um eine „gesteigerte" Treuepflicht.[59] Wortlaut und Entstehungsgeschichte lassen eine solche Deutung nicht zu. Folge dieser selbständigen Bedeutung der Tapferkeitspflicht ist, dass diese eine **andere räumliche oder/und personelle Geltung** aufweisen kann als die Treuepflicht. Dies kann im Ergebnis dazu führen, dass der Soldat zwar aus der Treuepflicht heraus verpflichtet ist, einem bestimmten Einsatzbefehl Folge zu leisten, sich bei der Durchführung aber nicht „tapferer" als etwa ein Beamter zeigen muss.[60]

34 „Tapfer" wird gemeinhin **definiert** mit „besonnen, furchtlos, mutig, unerschrocken".[61] Mit diesen Umschreibungen allein, auch nicht mit der Forderung nach Zivilcoura-

---

52 „Grundbegriffe zur militärischen Organisation; Unterstellungsverhältnisse; Dienstliche Anweisungen", Mai 1996, Nr. 111.
53 *Scherer/Alff*, SG, § 7 Rn. 34.
54 GKÖD I Yk, § 7 Rn. 81.
55 *Bornemann*, RuP, 42; GKÖD I Yk, § 7 Rn. 81; *Scherer/Alff*, SG, § 7 Rn. 34.
56 Vgl. hierzu *Huber*, in: *Sachs*, GG, Präambel Rn. 29.
57 Zur „Reichweite" von § 7 im Übrigen vgl. o. Nr. 3b).
58 Vgl. *Demandt*, NZWehr 1982, 101 m.w.N.
59 *Bornemann*, RuP, 42; *Schlegtendal*, NZWehr 1992, 177.
60 Vgl. *Walz*, NZWehr 1992, 55.
61 Großer Brockhaus; Duden, zit. bei *Walz*, NZWehr 1992, 56.

Grundpflicht des Soldaten § 7

ge[62], nach Eintreten für die „peinliche Achtung der Menschenwürde"[63] usw. ist die gesetzl. normierte Verpflichtung des Soldaten nicht ausgeschöpft. Wenn *Kant* Tapferkeit erklärt als „gesetzmäßiger Mut, in dem, was Pflicht gebietet, selbst den Verlust des Lebens nicht zu scheuen"[64], muss dieser Gedanke in eine vollständige Interpretation des 2. Halbs. von § 7 einbezogen werden.[65] Hierüber müssen sich alle Soldaten im Klaren sein.

9. Einzelfälle von Verstößen gegen § 7 bzw. der Begründung von Einzelpflichten aus der Rechtsprechung[66]

Versuche, die Rspr. insbes. der beiden WDS des BVerwG, zu systematisieren oder zu kategorisieren, führen nur zu der Erkenntnis, dass die Gerichte fallbezogen und daher **kasuistisch** judizieren. Die nachstehende **alphabetische Auflistung** hat damit Beispielscharakter – mehr nicht: 35

- Verstoß gegen das **Alkoholverbot**/Missbrauch des Genusses von Alkohol[67]
- **Anborgen** von Untergebenen[68]
- **Ankündigung** einer **Gehorsamsverweigerung**[69]
- Pflicht zum Tragen des vorgeschriebenen **Anzugs**[70]
- **Aufruf** in Flugblättern zum Widerstand[71]
- Missbrauch der **Befehlsbefugnis**[72]
- **Betrug** zum Nachteil des Dienstherrn[73]
- **Diebstahl** von Eigentum des Bundes[74]
- Pflicht zur **Dienstleistung**/„schlechte" Dienstleistung[75]
- Abgabe falscher **dienstl. Erklärungen**[76]
- Verstoß gegen die Verpflichtung zur Einhaltung des **Dienstwegs**[77]
- **Diffamierende Äußerungen** in einem Leserbrief[78]
- **Ehebruch** (durch einen BS)[79]
- **Ehrverletzende Behandlung** eines Untergebenen[80]

---

62 GKÖD I Yk, § 7 Rn. 80.
63 *Graf v. Baudissin*, zit. bei *Walz*, NZWehrr 1992, 56.
64 Zit. nach *Oberhem*, Truppenpraxis 1987, 447.
65 Vgl. *Haas*, in: Fs für Fürst, 2002, 164. Die frühere Auffassung von *Picht*, zit. bei *Rittau*, SG, 135, der Soldat sei „ein Mensch, dem sein Leben nicht mehr zu eigen gehört. Der Soldatentod ist ... apriorischer Inhalt des soldatischen Daseins ..." hat zum Glück keine Renaissance erfahren. Sie wäre zumindest mit dem Menschenbild des GG nicht konform.
66 Vgl. auch die Übersichten bei GKÖD I Yk, § 7 Rn. 30-76; *Scherer/Alff*, SG, § 7 Rn. 7-29.
67 BVerwGE 53, 200; BVerwG 2 WD 23/84; BVerwGE 83, 295 = NZWehrr 1987, 214; BVerwGE 93, 196; BVerwG NZWehrr 1995, 211.
68 BVerwGE 43, 1; BVerwG ZBR 1982, 383.
69 BVerwGE 120, 105 = NZWehrr 2004, 169.
70 BVerwGE 43, 353; BVerwGE 118, 21 = NZWehrr 2003, 169.
71 BVerwGE 43, 9.
72 BVerwGE 76, 54 = NZWehrr 1984, 69.
73 BVerwG 2 WD 79/87; BVerwGE 86, 145 = NZWehrr 1989, 203; BVerwG 2 WD 36/94; BVerwGE 103, 280 = NZWehrr 1996, 127; BVerwGE 113, 235.
74 BVerwG DokBer B 1980, 7; BVerwGE 83, 278 = NZWehrr 1987, 168; BVerwG 2 WD 18/88; BVerwG DokBer B 1995, 289; 2004, 299.
75 BVerwG I WB 97/78; BVerwGE 83, 216 = NZWehrr 1987, 29; BVerwG DokBer B 1999, 53.
76 BVerwGE 113, 131 = NZWehrr 1998, 31.
77 BVerwGE 33, 105.
78 BVerwGE 76, 267 = NZWehrr 1985, 113.
79 BDHE 6, 139.
80 BVerwG DokBer B 1990, 275.

§ 7 Gemeinsame Vorschriften

- **Eigenmächtige Abwesenheit**[81]
- **Entwürdigende Behandlung** von Untergebenen[82]
- **Exhibitionismus**[83]
- **Fahnenflucht**[84]
- **Feierliches Gelöbnis** darf nicht mit Einschränkungen oder **Vorbehalten** versehen werden[85]
- **Widerruf des feierlichen Gelöbnisses** ist unzulässig[86]
- Missbrauch einer **Freistellung vom Dienst** gem. SVG[87]
- Pflicht zur **Gesunderhaltung**[88]
- **Homosexuelle Belästigung** von Untergebenen[89]
- **Informationspflicht** gegenüber Vorgesetzten[90]
- **Kameradenbetrug**[91]
- Leugnung/Verbreitung/Verwendung von **NS-Gedankengut**[92]
- **Privater Einsatz** von Personal/Material der Bw[93]
- **Manipulation** bei Prüfungen[94]
- Ausübung einer nicht genehmigten **Nebentätigkeit**[95]
- Genuss/Anbieten von **Rauschgift**[96]
- Einschränkungen der **Reisefreiheit** für Geheimnisträger[97]
- **Reisekostenbetrug**[98]
- **Umzugskostenbetrug**[99]

---

81 BVerwGE 76, 317 = NZWehrr 1986, 40 (Wehrübung); BVerwG DokBer B 1987, 53; BVerwG 2 WD 10/87; BVerwGE 83, 265 = NZWehrr 1987, 122; BVerwGE 86, 258 = NZWehrr 1991, 76; BVerwGE 86, 300; BVerwG DokBer B 1993, 273; BVerwGE 113, 263 = NZWehrr 1999, 77; BVerwGE 113, 317 = NZWehrr 1999, 211; BVerwG ZBR 2000, 279; BVerwG DokBer B 2001, 173; BVerwG NZWehrr 2004, 34.
82 BVerwG DokBer B 1999, 88; BVerwG NZWehrr 2001, 30.
83 BDHE 7, 202.
84 BVerwG 2 WD 18/87.
85 BVerwGE 83, 285 = NZWehrr 1987, 120 (mit Anm. *Koch*, JA 1988, 291; *Stauf*, NZWehrr 1991, 111); BVerwG DokBer B 1993, 257.
86 BVerwG NZWehrr 1990, 174.
87 BVerwGE 43, 154; 73, 222.
88 BVerwGE 63, 278 = NZWehrr 1980, 137.
89 BVerwG 2 WD 69/87; BVerwGE 103, 192 = NZWehrr 1995, 213.
90 BVerwGE 86, 18 = NZWehrr 1989, 35.
91 BVerwG DokBer B 1993, 231.
92 BVerwGE 86, 321 = NZWehrr 1991, 32; BVerwGE 113, 13 = NZWehrr 1997, 83; BVerwGE 113, 48 = NZWehrr 1997, 161; BVerwGE 111, 25 = NZWehrr 2000, 126; BVerwGE 111, 45 = NZWehrr 2000, 255; BVerwG NZWehrr 2001, 168; BVerwG NZWehrr 2001, 171; BVerwG NZWehrr 2002, 257; BVerwG NZWehrr 2003, 214.
93 BVerwG NZWehrr 1986, 249; BVerwG 2 WD 81/87; BVerwG DokBer B 1990, 13; BVerwGE 86, 218 = NZWehrr 1990, 119; BVerwG NZWehrr 1990, 366; BVerwG DokBer B 1993, 248; BVerwG NZWehrr 1994, 78; BVerwGE 103, 226 = NZWehrr 1995, 252; BVerwGE 103, 275 = NZWehrr 1996, 33; BVerwG *Buchholz* 235.0 § 34 WDO Nr. 29.
94 BDHE 4, 147; BVerwG DokBer B 2002, 119.
95 BVerwG DokBer B 2004, 333.
96 BVerwGE 73, 81; BVerwGE 93, 3 = NZWehrr 1991, 118; TDG Süd NVwZ-RR 1993, 255; OVG Koblenz NVwZ-RR 1993, 257; BVerwGE 103, 148 = NZWehrr 1995, 166; BVerwG *Buchholz* 236.1 § 7 SG Nr. 29; BVerwGE 113, 367 = NZWehrr 2000, 162.
97 BVerwGE 76, 363 = NZWehrr 1985, 242; BVerwG 1 WB 111/87.
98 BVerwG NZWehrr 1986, 74; BVerwG 2 WD 60/87; 2 WD 51/87; BVerwG DokBer B 1989, 237; BVerwG DokBer B 1991, 77; BVerwGE 103, 12 = NZWehrr 1994, 27; BVerwGE 103, 140 = NZWehrr 1995, 78; BVerwG DokBer B 1996, 303; BVerwG DokBer B 1997, 105; BVerwG NZWehrr 1997, 210; BVerwG NZWehrr 2001, 33, 79, 127; BVerwG NZWehrr 2002, 215.
99 BVerwG NZWehrr 1986, 211; BVerwGE 83, 339 = NZWehrr 1988, 167; BVerwG 2 WD 8/93.

Eintreten für die demokratische Grundordnung § 8

- **Unterschlagung** von Eigentum des Bundes[100]
- **Urkundenfälschung**[101]
- **Vermögensdelikte** zum Nachteil des Dienstherrn[102]
- **„Veruntreuung"** dienstl. Gelder/dienstl. Materials[103]
- **Versetzungen**[104]
- **„vorsorgliche Dienstverweigerung"**[105]
- **Vorteilsannahme** (§ 331 StGB)[106]
- **Wachverfehlung im Auslandseinsatz**[107]
- Leichtfertiger Umgang mit **Waffen** und Munition[108]
- Verpflichtung des Soldaten, seine **Wohnung** so zu nehmen, dass er nicht in der Wahrnehmung seiner Dienstgeschäfte beeinträchtigt wird.[109]

§ 8 Eintreten für die demokratische Grundordnung

Der Soldat muss die freiheitliche demokratische Grundordnung im Sinne des Grundgesetzes anerkennen und durch sein gesamtes Verhalten für ihre Erhaltung eintreten.

Literatur: *Cuntz, Eckart:* Verfassungstreue der Soldaten, 1985; *Graßhof, Malte:* Einschränkungen der „freien Rede" durch das Soldatengesetz, NZWehrr 1995, 177; *Hufen, Friedhelm:* Grenzen der Meinungsfreiheit für Offiziere der Bundeswehr, JuS 1992, 517; *Lingens, Eric:* Das Grundrecht des Soldaten auf freie Meinungsäußerung, UBwV 1980, 298; *Makowski, Gösta Christian:* Zur Betätigung von Soldaten in Parteien mit verfassungsfeindlichen Tendenzen, NZWehrr 2000, 194; *Münker, Matthias:* Extremistische Soldaten und die Vereinigungsfreiheit des Grundgesetzes, NZWehrr 2001, 89; *Schafranek, Frank:* Art. 21 Abs. 2 GG und die disziplinare Ahndung der Betätigung von Soldaten in verfassungsfeindlichen, aber nicht verbotenen politischen Parteien, NZWehrr 1998, 79; *Schwandt, Eberhard:* Ahndung von Dienstvergehen im Wehrdisziplinarverfahren, ZBR 2002, 297; *Spranger, Tade Matthias:* Die verfassungsrechtlich gebotene Beschränkung des Eingaberechts nach Art. 45b GG, § 7 Satz 1 WBeauftrG, NZWehrr 1998, 8.

---

100 BVerwGE 86, 341 = NZWehrr 1991, 79; BVerwGE 93, 126; BVerwGE 118, 161 = NZWehrr 2004, 31.
101 BVerwG 2 WD 59/87; BVerwGE 86, 293; BVerwG DokBer B 2001, 254; BVerwG NZWehrr 2002, 211; BVerwG NZWehrr 2003, 172.
102 BVerwG 2 WD 23/84; BVerwGE 53, 201; BVerwGE 103, 273 = NZWehrr 1996, 163; BVerwGE 103, 290 = NZWehrr 1996, 126; BVerwGE 113, 182; BVerwG DokBer B 1999, 93, 124; BVerwG 2 WD 29/02.
103 BVerwG NZWehrr 1986, 173; BVerwG 2 WD 81/87; BVerwGE 83, 273 = NZWehrr 1987, 256; BVerwGE 103, 265 = NZWehrr 1996, 164.
104 Vgl. die Komm. zu § 3.
105 BVerwGE 83, 60; 93, 323; 103, 361.
106 BVerwGE 73, 195.
107 BVerwG NZWehrr 2004, 80.
108 BVerwGE 93, 100 = NZWehrr 1992, 34; BVerwG NZWehrr 1994, 75.
109 BVerwGE 61, 241; VGH Kassel ESVGH 31, 233. Eine generelle Residenzpflicht des Soldaten lässt sich weder aus § 7 noch einer Best. des SG begründen. Der BS und SaZ hat gem. § 9 Abs. 1 BGB seinen (gesetzl.) Wohnsitz am Standort. § 9 BGB verpflichtet den Soldaten jedoch dienstrechtl. nicht zu einer Verlegung seines Wohnsitzes an den Standort. Er entscheidet selbst, wo der „Schwerpunkt seiner Lebensbeziehungen" liegt. Vgl. Erl. des BMVg „Meldepflichten der Soldaten" (VMBl. 1997 S. 42).

§ 8 Gemeinsame Vorschriften

Übersicht

	Rn.		Rn.
A. Allgemeines	1 – 9	1. § 8 und Art. 5 Abs. 1 Satz 1,	
1. Entstehung der Vorschrift	1 – 5	Art. 21 Abs. 2 GG	10 – 11
2. Änderungen der Vorschrift	6	2. „Der Soldat muss ... anerkennen"	12 – 19
3. Bezüge zum Beamtenrecht bzw. zu sonstigen rechtl. Vorschriften; ergänzende Dienstvorschriften und Erlasse	7 – 9	3. Freiheitliche demokratische Grundordnung	20 – 21
		4. „durch sein gesamtes Verhalten für ihre Erhaltung eintreten"	22 – 23
B. Erläuterungen im Einzelnen	10 – 24	5. Einzelfälle von Verstößen gegen § 8 aus der Rechtsprechung	24

A. Allgemeines

1. Entstehung der Vorschrift

1 § 7 des **REntw**.[1] sah unter der Überschrift „Bekenntnis zur demokratischen Grundordnung" folgende Fassung des späteren § 8 vor:

„Der Soldat muß sich durch sein gesamtes Verhalten zu der freiheitlichen demokratischen Grundordnung i.S.d. Grundgesetzes bekennen und für deren Erhaltung eintreten."

In der **Begr**.[2] wurde auf die Entsprechung dieser Vorschrift zu § 52 **Abs. 2 BBG** verwiesen. Die BReg hatte damit die ursprüngliche Absicht (des BMVg), diese Best. für BS anders zu fassen als für WPfl[3], wieder fallen gelassen.

In der **1. Lesung** im BT[4] unterstrich auch der damalige BMVg, *Blank*, die „Nähe" des SG zum **Beamtentum**. Als Beispiel hierfür nannte er u.a. das „Bekenntnis" zur demokratischen Grundordnung. In der gleichen Sitzung des BT[5] kritisierte der Abg. *von Manteuffel* (FDP) die Verwendung des Begriffes „bekennen" als zu schwache Formulierung. Der Soldat solle die Demokratie „schöpferisch bejahen". Dies gelte „vornehmlich" für die BS und SaZ. Nur wer diese Verpflichtung erkenne und bejahe, habe ein Recht, als BS in den SK zu dienen.

2 Gegen die rechtl. gleichlautende Verpflichtung von länger dienenden und wpfl Soldaten wurden im **Rechtsausschuss**[6] des BT Bedenken erhoben. Mit Zustimmung von Abg. der CDU/CSU wandte sich insbes. der Abg. *Dr. Arndt* (SPD) dagegen, „gezogene" und freiwillige Soldaten in einem Gesetz zu behandeln. Von einem WPfl, der vielleicht Rechtsradikaler oder Kommunist sei, könne man kein Bekenntnis zur demokratischen Grundordnung erwarten. Als Alt. zu der Formulierung „bekennen" wurden die Begriffe „wahren", „achten", „eintreten" und „anerkennen" diskutiert. Allg. wurde angenommen, dass **„anerkennen"** gegenüber **„bekennen"** als **Minus** zu qualifizieren sei.

Auf Vorschlag der Abg. *Dr. Lüders* (FDP) einigte man sich schließlich darauf, im Text das Wort „bekennen" durch „anerkennen" zu ersetzen und in der Überschrift durch „eintreten".[7] Die Absicht des Rechtsausschusses, diese Debatte bei der Beratung des § 32 (des heutigen § 37) wieder aufzunehmen, wurde nicht realisiert.[8]

---

1 BT-Drs. II/1700, 4.
2 BT-Drs. II/1700, 19.
3 So *Barth*, Prot. der 86. Sitzung des Rechtsausschusses des BT v. 18.11.1955, 22.
4 Sten.Ber. v. 12.10.1955, 5780.
5 Sten.Ber., 5793.
6 86. Sitzung v. 18.11.1955, Prot. Nr. 86.
7 Prot. Nr. 86, 23; Ausschussdrs. 18 des Rechtsausschusses.
8 Vgl. *Cuntz*, 145.

Der **Ausschuss für Beamtenrecht** übernahm wiederum die Fassung der Regierungsvorlage.[9]

Der **VertA**[10] (und anschließend das Plenum) akzeptierte den Formulierungsvorschlag des Rechtsausschusses mit der in sich widersprüchlichen Begr., § 7 (jetzt § 8) sei auf alle Soldaten, also auch die WPfl, anwendbar. Von den WPfl könne „ernstlich" kein Bekenntnis zur FdGO verlangt werden. Der Ausschuss war hingegen übereinstimmend der Auffassung, dass an BS und SaZ die Anforderungen gestellt werden müssten, die dem Bundesbeamtenrecht entsprächen.

Aus Sicht des historischen Gesetzgebers legt der BS und SaZ mit seinem freiwilligen Eintritt in das Dienstverhältnis daher ein dauerhaftes „Bekenntnis" zur FdGO ab[11]; der WPfl braucht diese nur „anzuerkennen". Das bis heute relevante **dogmatische Problem**[12] besteht darin, dass die grammatikalische Auslegung von § 8 eine derartige Differenzierung nicht zu begründen vermag.

2. Änderungen der Vorschrift

§ 8 entspricht materiellrechtl. noch der **Erstfassung** von 1956. Soweit feststellbar, wurden auch keine inhaltlichen Änderungsvorschläge formuliert. Mit der Neubekanntmachung des SG vom 14.2.2001[13] wurde, der neuen Rechtschreibung folgend, das Wort „muß" durch das Wort „muss" ersetzt.

3. Bezüge zum Beamtenrecht bzw. zu sonstigen rechtl. Vorschriften; ergänzende Dienstvorschriften und Erlasse

Ein **Beamter** muss sich durch sein gesamtes Verhalten zu der FdGO i.S.d. GG „**bekennen**" und für deren Erhaltung eintreten (§ 35 Abs. 1 Satz 2 BRRG; § 52 Abs. 2 BBG). Für **Richter** im Bundesdienst gilt dies entspr. (§ 46 DRiG).

Ein **ZDL** hat die FdGO in seinem gesamten Verhalten zu „**achten**" (§ 26 ZDG). Begründet wird dies damit, dass der Zivildienst „in gleicher Weise staatlicher Dienst in einem besonderen auf Befehl und Gehorsam aufbauenden Zwangsverhältnis" sei wie der Wehrdienst.[14] Für die Praxis ist diese Best. wohl bedeutungslos. Eine Entsch. des BVerwG ist jedenfalls hierzu bisher nicht veröff. worden.

Hinw. zu den sich aus § 8 ableitenden konkreten Maßnahmen des Dienstherrn finden sich verstreut in **Dienstvorschriften** und Einzelerl.[15] So liegt nach der **ZDv 2/30**[16] „Sicherheit in der Bundeswehr" (September 1988) statusunabhängig ein „Sicherheitsrisiko" vor, wenn u.a. tatsächliche Anhaltspunkte Zweifel am „Bekenntnis" des Betroffenen zur FdGO begründen.[17] In der **ZDv 12/1** „Politische Bildung in der Bundeswehr" (April 2001) werden die FdGO definiert[18] und ihre Inhalte als „Themenkreis 1"[19] in Form von Unterrichtsthemen vorgegeben.

---

9 Prot. Nr. 37 der Sitzung v. 28.11.1955, 7; Ausschussdrs. 21 v. 4.1.1956.
10 BT-Drs. II/2140, 5, 31.
11 *Cuntz*, 146.
12 Weitere Einzelheiten u. Rn. 12 ff.
13 BGBl. I S. 232.
14 *Brecht*, ZDG, 142.
15 Die G 1-Hinweise, Grundwerk, 2520 u. 2530, sind überholt.
16 Nr. 2414 u. Anl. C 18 Nr. 11.
17 Vgl. hierzu BVerwGE 83, 345 = NJW 1988, 2907.
18 Nr. 101.
19 Anl. 2.

B. Erläuterungen im Einzelnen

1. § 8 und Art. 5 Abs. 1 Satz 1, Art. 21 Abs. 2 GG

10 Die Meinungsäußerungsfreiheit nach **Art. 5 Abs. 1 Satz 1 GG** wird durch § 8 in verfassungsrechtl. zulässiger Weise begrenzt.[20] Das SG ist ein allgemeines Gesetz i.S.v. Art. 5 Abs. 2 GG.

11 Das Parteienprivileg nach **Art. 21 Abs. 2 GG** hindert die Anwendung von § 8 nicht.[21] Die Mitgliedschaft in einer verfassungsfeindlichen Partei kann gegen § 8 verstoßen, auch wenn das BVerfG diese Partei noch nicht verboten hat.

2. „Der Soldat muss ... anerkennen"

12 § 8 richtet sich seinem Wortlaut und seiner systematischen Stellung im SG nach an **alle Soldaten**, unabhängig von ihrem Status. Anders als in § 9 hat der Gesetzgeber, zumindest dem Normtext zufolge, keine Differenzierung zwischen BS/SaZ einerseits und WPfl andererseits[22] vorgenommen. Andere Aufschlüsse verschafft auch nicht die Heranziehung von **§ 23 Abs. 2 Nr. 2**. Danach gilt als Dienstvergehen, wenn sich ein Offz oder Uffz nach seinem Ausscheiden aus dem Wehrdienst gegen die FdGO betätigt. Rechtl. unbeachtlich ist dabei, aus welchem Status dieser ehem. Soldat entlassen worden und welchem Personenkreis er jetzt zuzuordnen ist, d.h. ob er der Wehrpflicht unterliegt oder nicht. Auch der Verweis auf § 37 Abs. 1 Nr. 2 führt nicht weiter. In das Dienstverhältnis eines BS oder SaZ darf nur berufen werden, wer Gewähr dafür bietet, jederzeit für die FdGO einzutreten. Mit dieser Formulierung wird lediglich der 2. Halbs. von § 8 wiederholt und nicht mehr.

13 Der 1. WDS des BVerwG[23] hatte zunächst – pauschal und ohne weitere Begr. oder Differenzierung – die Entsch. des BVerfG zum sog. Radikalenerl.[24] für den Bereich der Soldaten übernommen und damit Beamte und Soldaten im Wesentlichen ders. politischen Treuepflicht unterworfen. In einem zweiten Schritt hat der **2. WDS** anschließend[25] diese Treuepflicht als solche definiert, „sich mit der Idee der freiheitlichen demokratischen ... Ordnung der Bundesrepublik Deutschland ... zu identifizieren ... . Identifizieren bedeutet nicht nur, das Grundordnung dieses Staates anzuerkennen, sondern verlangt ein Mehr an staatsbürgerlicher Verpflichtung, das dem Soldaten, wie auch dem Richter und Beamten, auferlegt ist ... Die politische Treuepflicht nach § 8, die von jedem Soldaten die Bereitschaft verlangt, sich zu der Idee des Staates, dem er dient, zu bekennen und aktiv für ihn einzutreten, gehört zu den elementarsten soldatischen Pflichten ...". Nahezu **formelhaft** finden sich diese Ausführungen in allen einschlägigen Entsch. des 2. WDS bis heute wieder.[26] Der Wortlaut von § 8 tritt dabei völlig in den

---

20 BVerfGE 28, 51 = NZWehr 1970, 218; *Scherer/Alff*, SG, § 6 Rn. 32 m.w.N.
21 GKÖD I Yk, § 8 Rn. 12; *Makowski*, NZWehrr 2000, 195; *Scherer/Alff*, SG, § 8 Rn. 2; *Schafranek*, NZWehr 1998, 82, jew. m.w.N. Vgl. auch *Pieroth*, in: *Jarass/Pieroth*, GG, Art. 21 Rn. 38.
22 Wenn das BVerwG in anderem Zusammenhang ausführt, der Dienstherr könne von BS „mehr Loyalität" erwarten als von WPfl (zuletzt BVerwGE 103, 361 = NZWehrr 1997, 117), bewegt sich das Gericht auf einem schmalen Grat zwischen zulässiger Gesetzesauslegung u. verfassungswidriger (Art. 20 Abs. 3 GG) Betrachtung.
23 1 WB 81/83; BVerwGE 83, 345 = NJW 1988, 2907. In einer früheren Entsch. (BVerwGE 43, 48, 50) hatte der 1. WDS noch betont, der Gesetzgeber fordere nicht die volle Hingabe des Soldaten an den Soldatenberuf, habe diese Feststellung jedoch – ohne Begr. – auf WPfl begrenzt.
24 BVerfGE 39, 334 = NJW 1975, 1641.
25 BVerwGE 86, 321 = NZWehrr 1991, 32.
26 BVerwGE 113, 48 = NZWehrr 1997, 161; BVerwGE 111, 22 = NZWehrr 2000, 82; BVerwGE 111, 25 = NZWehrr 2000, 126; BVerwGE 111, 45 = NZWehrr 2000, 255; BVerwG NVwZ 2001, 1413 = NZWehrr 2001, 168; BVerwG DokBer B 2002, 192 = NZWehrr 2002, 257; BVerwGE 114, 258 =

Hintergrund; selbst eine nach Statusgruppen abgestufte Treueverpflichtung wird nicht mehr erkennbar.

Diese Rspr. ist von der Lit. mit Blick auf SaZ und BS im Wesentlichen ohne Einschränkungen übernommen worden: *Cuntz*[27] setzt sich zwar zunächst krit. mit dem seinerzeitigen Meinungsbild auseinander und beklagt das „Abweichen" vom „Anerkennen" des Gesetzestextes zum „Bekennen", ohne dass dies begründet werde. Unter Berufung auf die Entstehungsgeschichte der Norm votiert er dann doch für eine Gleichsetzung von BS und SaZ mit Beamten und eine „eingeschränkte" Verfassungstreuepflicht für wpfl Soldaten. *Fürst/Arndt*[28] wollten „allenfalls" BS in die beamtenrechtl. Grundsätze einbeziehen sehen. Eine am Wortlaut orientierte Auslegung von § 8 findet in der Lit. i.d.R.[29] nicht statt. 14

Gegen die insbes. vom 2. WDS aufgestellten Grundsätze sprechen folgende Argumente:

- Der **Wortlaut** von § 8 ist **eindeutig**. „Soldat" meint **alle Soldaten** gleichermaßen; eine rechtl. unterschiedliche Einstufung der Statusgruppen hätte analog § 9 vom Gesetzgeber vorgenommen werden müssen. Die vom VertA und Rechtsausschuss des BT – anders als vom Beamtenrechtsausschuss! – während der Beratungen des Gesetzentw. angestellten Überlegungen haben sich im Wortlaut des SG nicht niedergeschlagen; sie sind daher irrelevant. „Anerkennen" ist gegenüber „bekennen" ein Minus. Die Soldaten müssen die FdGO als verbindlich ansehen.[30] „Anerkennen" ist ein innerer Vorgang ohne jede Außenwirkung, eine Frage der **inneren Einstellung**[31] – mehr nicht. Eine Identifikation mit der FdGO ist durch den Begriff „anerkennen" nicht begründbar. 15

Die von den WDS des BVerwG angestellten Überlegungen sind mit der Bindung der Judikative an Gesetz und Recht (**Art. 20 Abs. 3 GG**) nicht zu vereinbaren. Es ist nicht Sache der rechtsprechenden Gewalt, ein formelles Gesetz contra legem zu interpretieren. Diese Art „richterlicher Rechtsfortbildung" ist wegen des verfassungsrechtl. Vorrangs des Gesetzes wirkungslos.[32]

- Die pauschale Übertragung der beamtenrechtl. Staatstreuepflicht und damit der Pflicht, sich zu der FdGO zu „bekennen", auf (alle) Soldaten lässt sich auch aus Art. 33 Abs. 5 GG nicht begründen. 16

Die Pflicht des Beamten zur Verfassungstreue gilt unbestritten als **hergebrachter Grds. des Berufsbeamtentums** i.S.v. Art. 33 Abs. 5 GG.[33] Auf ihr beruht letztlich die Bekenntnispflicht des § 52 Abs. 2 BBG.

NJW 2002, 980. Wenn es dort heißt: „Nach den für alle Gerichte bindenden Entscheidungen des BVerfG ... verlangt die politische Treuepflicht von dem Beamten bzw. Soldaten die Bereitschaft, sich mit ... der freiheitlichen demokratischen ... Ordnung des Staates zu identifizieren", hätte es die Redlichkeit geboten, darauf hinzuweisen, dass das BVerfG eine auf die Soldaten bezogene Entsch. dieses Inhalts bisher nicht getroffen hat.

27 146-151. Für diese „abgestufte" politische Treuepflicht votieren auch *Bornemann*, RuP, 98; *Graßhof*, NZWehr 1995, 184; *Makowski*, NZWehrr 2000, 197; *Rittau*, SG, 98; *Stauf* I, § 8 SG Rn. 1, jew. unter Hinw. auf die Entstehungsgeschichte der Norm. Unklar *Scherer/Alff*, SG, § 8 Rn. 1.
28 GKÖD I Yk, § 8 Rn. 1. Differenzierender jetzt *Vogelgesang*, in der Bearb. 2/00, § 8 Rn. 1 u. 2.
29 Ausgenommen *Nettersheim*, NZWehrr 1975, 89 (97/98).
30 *Cuntz*, 149.
31 GKÖD I Yk, § 8 Rn. 7.
32 *Sachs*, in: *Sachs*, GG, Art. 20 Rn. 120 m.w.N.
33 BVerfGE 39, 334; *Battis*, in: *Sachs*, GG, Art. 33 Rn. 32; GKÖD I Yk, § 8 Rn. 1; *Jarass*, in: *Jarass/Pieroth*, GG, Art. 33 Rn. 40; *Schafranek*, NZWehrr 1998, 80, jew. m.w.N.

Art. 33 Abs. 5 GG gilt nur für Beamte, **nicht für Soldaten**. Hergebrachte Grundsätze des Berufssoldatentums sind nicht existent.[34] Gleichwohl halten das BVerwG[35] und mit ihm ein Teil der Lit. es für zulässig, bestimmte hergebrachte Grundsätze des Berufsbeamtentums, wie etwa die politische Treuepflicht, auf (Berufs-)Soldaten zu übertragen. Dabei bleibt letztlich offen, ob von dieser Treuepflicht alle Soldaten oder nur SaZ und BS oder ausschließlich BS erfasst sein sollen. Zudem ist aus Gründen der Logik nicht einzusehen, weshalb den (Berufs-)Soldaten an sich keine hergebrachten Grundsätze i.S.v. Art. 33 Abs. 5 GG zugebilligt werden, sie aber andererseits in eine den Beamten analoge Treueverpflichtung hineingezwungen werden sollen.

17 • Einen anderen Begründungsansatz hat das BVerfG gewählt. In mehreren Entsch.[36] hat das Gericht einen Zusammenhang zwischen der „**streitbaren**" oder „**wehrhaften**" **Demokratie** und der „inneren Ordnung" der Bw hergestellt. Die Bundesrepublik sei eine Demokratie, deren Verfassung von ihren Bürgern eine Verteidigung der demokratischen Ordnung erwarte. Dies gelte in besonderem Maße für diejenigen Bürger, die in einem Dienst- und Treueverhältnis zum Staat stünden, also Beamte, Richter und Soldaten. § 8 trage diesem Gedanken deutlich Rechnung. Es sei eine „Grundpflicht" der Soldaten, durch ihr gesamtes Verhalten für die Erhaltung der FdGO einzutreten. Folgt man diesen Überlegungen, steht nur fest, dass sich die politische Treuepflicht des Soldaten (irgendwie) aus dem GG ergibt. Sie wird durch § 8 auf einfachgesetzl. Grundlage konkretisiert.[37] Für die Auslegung von § 8 ist dieser Ansatz nicht hilfreich.

18 Eine Einbeziehung wpfl Soldaten in die beamtenrechtl. Treueverpflichtung – ohne Textänderung von § 8 – würde schließlich mit Blick auf die Anwendung des WPflG zu einer nicht hinnehmbaren **Rechtsunsicherheit** führen. Gem. § 12 Abs. 5 WPflG kann ein WPfl zurückgestellt werden, wenn seine Einberufung die mil. Ordnung oder das Ansehen der Bw ernstlich gefährden würde. Gem. § 29 Abs. 1 Satz 3 Nr. 5 WPflG ist ein WPfl zu entlassen, wenn durch sein Verbleiben in der Bw die mil. Ordnung oder die Sicherheit der Truppe ernstlich gefährdet würde. Unstr. kann ein WPfl zurückgestellt werden bzw. ist ein WPfl zu entlassen, wenn er durch seine extremistische Haltung das Ansehen der Bw in der Öffentlichkeit schädigen würde.[38] Es reicht danach aus, dass der WPfl die FdGO nicht anerkennt; ein Bekenntnis zur FdGO wird nicht verlangt. Die Messlatte für die Anwendung dieser wehrpflichtrechtl. Vorschriften darf nicht zu hoch gelegt werden!

19 **Fazit**: Nach der hier vertretenen Auffassung ist auf Grund der Textexegese von § 8 eine nach Statusgruppen vorgenommene Differenzierung nicht zulässig. **§ 8 gilt für alle Soldaten** gleichermaßen. WPfl, SaZ und BS sind verpflichtet, die FdGO **anzuerkennen**. Dies meint, diese zu akzeptieren, zu achten. Ein **Bekenntnis** zur FdGO kann de lege lata von **keinem Soldaten** verlangt werden.

---

34 So bereits BVerfGE 3, 288 („Soldatenurteil"). Ebenso der 8. Senat des BVerwG (E 21, 270 (274) = NJW 1966, 364); *Battis*, in: *Sachs*, GG, Art. 33 Rn. 69 m.w.N.
35 BVerwGE 83, 136; 83, 345; *Battis*, in: *Sachs*, GG, Art. 33 Rn. 69; GKÖD I Yk, § 1 Rn. 2; *Jarass/Pieroth*, GG, Art. 33 Rn. 34 („Soldaten, einschl. der Zeitsoldaten"(!)); *Scherer/Alff*, SG, § 8 Rn. 1. Ablehnend *Cuntz*, 108.
36 BVerfGE 28, 36 = NZWehr 1970, 177; BVerfGE 28, 51 = NZWehr 1970, 218. Zust. GKÖD I Yk, § 8 Rn. 1; *Scherer/Alff*, SG, § 8 Rn. 1. Das BVerfG hat sich indes mit der hier relevanten Fragestellung nicht auseinander gesetzt.
37 *Schafranek*, NZWehr 1998, 82. Krit. *Cuntz*, 116.
38 *Steinlechner/Walz*, WPflG, § 12 Rn. 153, § 29 Rn. 20. Vgl. BVerwG NJW 2005, 85.

3. Freiheitliche demokratische Grundordnung

In einer seiner ersten Entsch. (SRP-Urt.)[39] hat das BVerfG die FdGO **definiert** als ein Prinzip, das „unter Ausschluss jeglicher Gewalt- und Willkürherrschaft eine rechtsstaatliche Herrschaftsordnung auf der Grundlage des Selbstbestimmungsrechts des Volkes nach dem Willen der jeweiligen Mehrheit und der Freiheit und Gleichheit darstellt". Als wesentliche Elemente dieser Ordnung nennt das BVerfG die Achtung vor den im GG konkretisierten Menschenrechten, vor allem vor dem Recht der Persönlichkeit auf Leben und freie Entfaltung, die Volkssouveränität, die Gewaltenteilung, die Verantwortlichkeit der Regierung, die Gesetzmäßigkeit der Verwaltung, die Unabhängigkeit der Gerichte, das Mehrparteienprinzip und die Chancengleichheit aller politischen Parteien mit dem Recht auf verfassungsmäßige Bildung und Ausübung einer Opposition. Zusammengefasst sind unter **FdGO die in Art. 1 und 20 GG enthaltenen Grundsätze**, die gem. Art. 79 Abs. 3 GG einer Verfassungsänderung entzogen sind, zu verstehen. 20

Diese Definition der FdGO gilt unangefochten bis heute.[40]

Die **SK** sind gem. Art. 12a, 87a GG Bestandteil der verfassungsmäßigen Ordnung. Sie gehören nicht zu den Institutionen, welche die FdGO konstituieren.[41] 21

4. „durch sein gesamtes Verhalten für ihre Erhaltung eintreten"

Während sich die **„Anerkennung"** der FdGO als **innerer Vorgang** darstellt, verlangt der 2. Halbs. des § 8 mehr: Das bloße Haben einer Überzeugung und die bloße Mitteilung, dass man diese habe, verstoßen nicht gegen § 8[42]. Der Soldat handelt dann pflichtwidrig, wenn er durch sein Verhalten **nach außen** zu erkennen gibt, dass er die FdGO, den Staat und seine verfassungsmäßige Grundlage, **ablehnt**[43], wenn er also aus einer politischen Einstellung Folgerungen zieht, sich beispielsweise in einer verfassungsfeindlichen Partei engagiert. Ob der Soldat darüber hinausgehend eine. § 8 verpflichtet ist, sich von Gruppen zu **distanzieren**[44], welche diese Ordnung bekämpfen, lässt sich aus § 8 nicht eindeutig entnehmen. Zu diesem Ergebnis kommt nur, wer die Rspr. des BVerfG zu § 52 Abs. 2 BBG ohne Einschränkung auf die (alle?) Soldaten überträgt. So ist die gelegentlich aufgestellte Forderung, Soldaten sollten (müssten?) Veranstaltungen, bei denen gegen die FdGO agitiert werde, „unter Protest" verlassen[45], auch unter dem Blickwinkel der Zumutbarkeit durchaus krit. zu sehen. 22

Gegen die Verpflichtung, für die FdGO einzutreten, kann der Soldat durch **aktives Tun** oder **Unterlassen** verstoßen.[46] 23

---

39 BVerfGE 2, 1 = NJW 1952, 1407.
40 Vgl. etwa *Bornemann*, RuP, 98; GKÖD I Yk, § 8 Rn. 3; *Pieroth*, in: *Jarass/Pieroth*, GG, Art. 21 Rn. 33; *Krüger/Pagenkopf*, in: *Sachs*, GG, Art. 18 Rn. 12; *Scherer/Alff*, SG, § 8 Rn. 3; *Stauf* I, § 8 SG Rn. 3. Vgl. auch die Aufzählungen in § 92 Abs. 2 StGB; § 4 Abs. 2 BVerfSchG; ZDv 12/1 Nr. 101.
41 BVerwG 2 WD 25/77; GKÖD I Yk, § 8 Rn. 4; *Scherer/Alff*, SG, § 8 Rn. 3.
42 BVerwGE 61, 176; BVerwGE 114, 258 = NJW 2002, 980.
43 BVerwGE 83, 136 = NJW 1984, 813; GKÖD I Yk, § 8 Rn. 9.
44 *Bornemann*, RuP, 99; GKÖD I Yk, § 8 Rn. 10; *Makowski*, NZWehrr 2000, 198; *Scherer/Alff*, SG, § 8 Rn. 4.
45 *Bornemann*, RuP, 99. Dieses Beispiel ist der Komm. zu § 52 Abs. 2 BBG entnommen worden (vgl. *Plog/Wiedow/Lemhöfer*, BBG, § 52 Rn. 7).
46 GKÖD I Yk, § 8 Rn. 10; *Makowski*, NZWehrr 2000, 197; *Scherer/Alff*, SG, § 8 Rn. 6.

§ 8 Gemeinsame Vorschriften

5. Einzelfälle von Verstößen gegen § 8 aus der Rechtsprechung[47]

24
- Verunglimpfung von hier lebenden **ausländischen Mitbürgern** (Türken) durch Uffz (SaZ). Verletzung der Menschenwürde; Verstoß gegen die Pflicht, die FdGO anzuerkennen[48]
- Leugnung des **Holocaust** durch KKpt (BS). Verletzung des Achtungsanspruchs der Juden und damit der Menschenwürde; Verstoß gegen die Pflicht, „aktiv" für die geltende Verfassungsordnung einzutreten[49]
- Verbreitung sog. **Judenwitze** durch OFw (SaZ). Missachtung der Menschenwürde und damit der FdGO[50]
- Mitgliedschaft und Funktionärstätigkeit durch Offz (SaZ) in der **NPD**[51]
- Propagierung der **NS-Ideologie** durch wehrübenden KLt d.R. Verstoß gegen die Menschenwürde und damit der FdGO[52]
- Einbringen von **NS-Propagandamaterial** in den dienstl. Bereich durch StUffz[53]
- Postieren vor **Hakenkreuzfahne** durch OFw. Verletzung der Pflicht zum Eintreten für die FdGO „in eklatanter Weise"[54]
- Mitgliedschaft in der Partei **DIE REPUBLIKANER** durch Offz (Hörfunkredakteur in einer Rundfunkkompanie der Bw). Zweifel am Bekenntnis zur FdGO. Dienstl. Bedürfnis für Versetzung gegeben[55]
- Mitgliedschaft und Funktionärstätigkeit durch Hptm und OFw in der Partei **DIE REPUBLIKANER** kein Verstoß gegen § 8[56]
- Aufhebung des Einberufungsbescheides Alarmreserve für einen OLt d.R., der Mitglied und Funktionär in der Partei **DIE REPUBLIKANER** ist, auch mit § 8 begründet.[57]

---

47 Vgl. auch die Übersichten bei GKÖD I Yk, § 8 Rn. 13; *Scherer/Alff*, SG, § 8 Rn. 7-9; *Stauf* I, § 8 SG Rn. 4-10.
48 BVerwG NZWehr 1984, 167.
49 BVerwGE 86, 321 = NZWehrr 1991, 32. Ähnlich BVerwGE 111, 25 = NZWehrr 2000, 126 (Leugnung des Holocausts durch OLt d.R. während einer DVag gem. § 81 Abs. 1).
50 BVerwGE 63, 69 = NZWehrr 1978, 147.
51 BVerwGE 83, 345 = NJW 1988, 2907. Zur amtl. Bezeichnung „Rechtsextremist" für einen Soldaten vgl. OVG Koblenz NVwZ 2000, 1442.
52 BVerwGE 113, 48 = NZWehrr 1997, 161. Ähnlich BVerwGE 111, 45 = NZWehrr 2000, 255 (Ausführen des Hitlergrußes u. Rufen von „Sieg Heil"); BVerwG NZWehrr 2001, 168 (Posieren vor Hitler-Bild. NS-Symbolen); BVerwG NZWehrr 2002, 257 (Zeigen des Hitlergrußes); BVerwG 2 WDB 2/03 (Einbringen von NS-Propagandamaterialien in den Unterkunftsbereich).
53 BVerwGE 119, 206.
54 BVerwG NZWehrr 2003, 214.
55 BVerwGE 111, 22 = NZWehrr 2000, 82 mit Anm. *Bachmann*, NZWehrr 2000, 83; BVerwG 1 WB 43/04.
56 BVerwGE 114, 258 = NJW 2002, 980.
57 BVerwG NVwZ-RR 2004, 269. Die hiergegen eingelegte VB wurde nicht zur Entsch. angenommen (BVerfG NVwZ-RR 2004, 862).

§ 9 Eid und feierliches Gelöbnis

(1) ¹Berufssoldaten und Soldaten auf Zeit haben folgenden Diensteid zu leisten: „Ich schwöre, der Bundesrepublik Deutschland treu zu dienen und das Recht und die Freiheit des deutschen Volkes tapfer zu verteidigen, so wahr mir Gott helfe." ²Der Eid kann auch ohne die Worte „so wahr mir Gott helfe" geleistet werden. ³Gestattet ein Bundesgesetz den Mitgliedern einer Religionsgesellschaft, an Stelle der Worte „ich schwöre" andere Beteuerungsformeln zu gebrauchen, so kann das Mitglied einer solchen Religionsgesellschaft diese Beteuerungsformel sprechen.

(2) Soldaten, die nach Maßgabe des Wehrpflichtgesetzes Wehrdienst leisten, bekennen sich zu ihren Pflichten durch das folgende feierliche Gelöbnis: „Ich gelobe, der Bundesrepublik Deutschland treu zu dienen und das Recht und die Freiheit des deutschen Volkes tapfer zu verteidigen."

Literatur: *Anonym:* Eid, Feierliches Gelöbnis und Großer Zapfenstreich, IfdT Heft 5/1981, 92; *Bahlmann, Kai:* Der Eideszwang als verfassungsrechtliches Problem, in: Fs für Adolf Arndt, 1969, 37; *Berg, Wilfried:* Soldateneid und Gelöbnis – ohne Funktion? ZRP 1971, 79; *Brammer, Uwe:* Eid auf die Fahne – Soldateneide in Deutschland und NATO-Staaten, IfdT Heft 6/1994, 58; *Bundesministerium der Verteidigung:* Eid und feierliches Gelöbnis, Reihe „Stichworte", 1993; *Busch, Eckart:* Ist die Ablegung des Feierlichen Gelöbnisses eine Dienstpflicht? NZWehr 1969, 137; *Cuntz, Eckart:* Verfassungstreue der Soldaten, 1985; *Demandt, Ecke:* Zum Begriff „Deutsches Volk" und den Grundpflichten der Soldaten in § 7 Soldatengesetz (SG), NZWehr 1982, 101; *Dittrich, Karl-Heinz:* Kann ein Verteidigungsminister vor Ableistung des Amtseides Inhaber der Befehls- und Kommandogewalt sein? BWV 2002, 169; v *Gadow, N.:* Eid und Gelöbnis von Soldaten – Internationaler Vergleich, Wissenschaftliche Dienste des Deutschen Bundestages, 1989; *Hennen, Harald:* Zur (Selbst-)Bindungswirkung des feierlichen Gelöbnisses und des Eides des Soldaten angesichts der neuen Aufträge der Streitkräfte, Lehrgangsarbeit FüAkBw, 1995; *Lange, Sven:* Der Fahneneid – Die Geschichte der Schwurverpflichtung im deutschen Militär, 2002; *v. Lepel, Oskar-Matthias:* Recht und Gehorsam im Auslandseinsatz als Legitimationsproblem, Truppenpraxis/Wehrausbildung 1996, 840; *Lücken, Claus-Joachim:* Treu und tapfer – Eid und Gelöbnis in der Bundeswehr, IfdT Heft 10/11/1995, 107; *Nagel, Ernst J.:* Der Eid – Verpflichtung und Grenzen aus ethischer Sicht, Die neue Ordnung 1993, 367; *Noack, Peter:* Der Fahneneid der Wehrmacht – ein unauflösbares Versprechen? IfdT 2/2004, 11; *Proksa, Alexander:* Treu zu dienen ..., Truppenpraxis 1992, 547; *v. Rabenau, Hans-Wendel:* Der Fahneneid als ethische Grundlage des Gehorsams, NZWehr 1984, 199; *ders.:* Der Eid in Geschichte und Gegenwart, IfdT Heft 8/9/1984, 84; *Schlegtendal, Axel:* Die „Geschäftsgrundlage" für den Soldaten oder Inhalt und Reichweite seiner Treuepflicht, NZWehr 1992, 177; *Stauf, Wolfgang:* Befohlene Teilnahme am feierlichen Gelöbnis – ein Verstoß gegen Art. 1 Abs. 1 Satz 1 GG? NZWehr 1978, 92; *ders.:* Die Verweigerung des feierlichen Gelöbnisses und seine statusrechtlichen Folgen, NZWehr 1987, 89; *ders.:* Das feierliche Gelöbnis im Spiegel der Rechtsprechung des Bundesverwaltungsgerichts, NZWehr 1991, 111; *Steinlechner, Wolfgang:* Zur Kriegsdienstverweigerung bei Ärzten, NZWehr 1986, 193; *Walz, Dieter:* Die „Reichweite" der soldatischen Tapferkeitspflicht, NZWehr 1992, 55; *ders.:* Eid und feierliches Gelöbnis des Soldaten der Bundeswehr, in: Klein/Walz: Der Widerstand gegen den Nationalsozialismus und seine Bedeutung für Gesellschaft und Bundeswehr heute, 1995, 51; *Waßmann, Konrad:* Eid und feierliches Gelöbnis heute – Inhalt und Funktion dieser Soldatenpflicht aus rechtlicher Sicht, Jahresarbeit FüAkBw, 1988; *Weißbuch 1970:* Zur Sicherheit der Bundesrepublik Deutschland und zur Lage der Bundeswehr, 1970; *Weißbuch 1971/1972:* Zur Sicherheit der Bundesrepublik Deutschland und zur Entwicklung der Bundeswehr, 1971; *Weißbuch 1973/1974:* Zur Sicherheit der Bundesrepublik Deutschland und zur Entwicklung der Bundeswehr, 1973; *Zentrum Innere Führung:* Der militärische Eid – Bedeutung und Wandel, Ausbildungshilfe für die Offizierweiterbildung, 1982.

§ 9 Gemeinsame Vorschriften

Übersicht

	Rn.		Rn.
A. Allgemeines	1 – 17	f) Einzelfragen	34 – 37
1. Entstehung der Vorschrift	1 – 7	aa) Eignungsübende	34
2. Änderungen der Vorschrift	8 – 14	bb) Eidesleistung unter Vorbehalt	35
3. Bezüge zum Beamtenrecht bzw. zu sonstigen rechtl. Vorschriften; ergänzende Dienstvorschriften	15 – 17	cc) Widerruf des Eides	36
		dd) Dokumentation	37
B. Erläuterungen im Einzelnen	18 – 45	2. Feierliches Gelöbnis (Absatz 2)	38 – 44
1. Eid (Absatz 1)	18 – 37	a) Dienstpflicht?	38
a) Funktion des Soldateneides	18 – 21	b) Durchsetzung per Befehl?	39
b) Eid und Grundgesetz	22 – 24	c) Folgen der Gelöbnisverweigerung	40 – 44
c) Rechtsnatur des Eides	25 – 28	aa) Keine Entlassung	40
d) Folgen der Eidesverweigerung	29 – 31	bb) Disziplinare Sanktionen	41
e) Inhalt der Eidesformel	32 – 33	cc) Beförderungsverbot	42
aa) „Deutsches Volk"	32	dd) Wehrübungen	43
bb) „Tapfer zu verteidigen" – out of area?	33	ee) Vorläufige Dienstgrade	44
		3. Internationaler Vergleich	45

A. Allgemeines

1. Entstehung der Vorschrift

1 Die Frage eines Eides, eines Gelöbnisses oder einer anderen Versprechensformel war seit den Anfängen einer deutschen Wiederbewaffnung nach dem 2. Weltkrieg eine der **umstrittensten** des späteren SG[1] überhaupt. Aus heutiger Sicht ist bemerkenswert, mit welcher Leidenschaft das Für und Wider einer Eidesleistung diskutiert wurden. Diese Debatte setzte bereits zu einem Zeitpunkt ein, als die ersten Konturen einer neuen „Wehrmacht", der späteren Bw, erst schattenhaft am Horizont erkennbar waren. So kamen etwa die Teilnehmer einer Tagung „Gehorsam – Verantwortung – Eid des Soldaten" des Instituts für Europäische Politik und Wirtschaft im Jahre 1952 zu dem Ergebnis, eine Eidespflicht sei nicht zweckmäßig[2], eine Auffassung, die auch während der Beratungen des EVG-Vertrages in den späteren Vertragsstaaten viele Anhänger fand. Das Militärprotokoll zum EVG-Vertrag sah in Art. 17 vor, den „europäischen Soldaten deutscher Nationalität" feierlich zu verpflichten. Die Leistung eines Eides würde, so die BReg[3], bei vielen Soldaten schwere Gewissenskonflikte hervorrufen, da nicht bei allen Angehörigen der zukünftigen europ. SK „ein persönliches Verantwortungsgefühl dem lebendigen Gott gegenüber" vorauszusetzen sei[4].

Zum Verständnis auch aktueller und künftiger Überlegungen seien hier die wichtigsten Stationen von § 9 referiert. Hieraus wird deutlich werden, dass **Vorsicht** geboten ist, wenn der historische Gesetzgeber zur Interpretation von § 9 bemüht wird. Eine klare, durchgängige Linie ist weder den amtl. Materialien noch den Debatten in den Ausschüssen oder im Plenum des BT zu entnehmen. Vielmehr war es so, dass persönlich erlebte und geprägte **Einzelmeinungen** von Parlamentariern letztlich den Ausschlag für die noch heute geltende Gesetzesfassung gaben.

---

1 *Cuntz*, 174; *Lange*, 191- 219; *Walz*, Eid und feierliches Gelöbnis, 52.
2 *Anonym*, 92.
3 Denkschrift des Bundeskanzleramtes „Der Europäische Soldat deutscher Nationalität", Juli 1954, 15 f.
4 Hieran knüpft die Kritik von *Rittau*, SG, 101, an, der es für besser gehalten hätte, alle Soldaten ein Gelöbnis ablegen zu lassen. So nehme man in Kauf, dass jemand den Soldateneid unter Anrufung Gottes leiste, der gar nicht an Gott glaube.

Eid und feierliches Gelöbnis § 9

In den **Ressortentwürfen** eines SG vom 14.3.1955[5], 21.4.1955 und 7.5.1955 war (in § 17 bzw. § 16 bzw. § 20) für **alle** Soldaten eine feierliche Verpflichtung in Form eines **Gelöbnisses** vorgesehen („Ich gelobe, als Soldat treu und tapfer zu dienen, gehorsam zu sein, Menschenwürde und Recht zu wahren und für mein Vaterland und die Freiheit mein Leben einzusetzen"). Damit sollte „klargestellt werden, dass es sich mit dem Ablegen des Gelöbnisses nicht um das Eingehen einer rechtlichen Verpflichtung handelt, sondern um ihre Bekräftigung"[6]. Offenbar auf Grund von Änderungsvorschlägen aus der anschließenden Ressortbeteiligung[7] wurde in der **Kabinettvorlage** vom 7.6.1955[8] (in § 16) erstmals zwischen längerdienenden Soldaten, die einen **Diensteid** leisten und WPfl, die ein **feierliches Gelöbnis** ablegen sollten, differenziert. Das **Kabinett** beschloss indes in seiner Sitzung vom 27.6.1995, einen **einheitlichen Diensteid** für alle Soldaten einzuführen („Ich schwöre, das Grundgesetz für die Bundesrepublik Deutschland zu wahren, treu zu dienen und Vaterland und Freiheit unter Einsatz meiner Person tapfer zu verteidigen, so wahr mir Gott helfe"). Auf Nachfrage im BR am 30.6.1955 erklärte Bundesminister *Blank*, das Kabinett habe damit zwei Kategorien von Soldaten vermeiden wollen.[9] Mit Schreiben des Präs des BR vom 22.7.1955 an den BK forderte der BR auf Antrag des Landes NRW schließlich, von **allen** Soldaten eine **„Verpflichtung"** abzuverlangen. Durch die Abnahme eines Eides werde eine Unterschiedlichkeit zwischen der Zugehörigkeit zur „Wehrmacht" und allen anderen Lebensbereichen herausgearbeitet, die nicht gerechtfertigt sei.

2

Während diese Überlegungen andauerten, musste mit Blick auf die ersten freiwilligen Soldaten (die am 10.10.1955 durch BPräs *Heuss* ernannt wurden) gehandelt werden. Das **Freiwilligengesetz** vom 23.7.1955[10] sah in § 2 Abs. 2 eine schriftl. Verpflichtung dieser Soldaten vor („Ich verpflichte mich, das Grundgesetz für die Bundesrepublik Deutschland zu wahren und meine Dienstpflichten gewissenhaft zu erfüllen."). Die inhaltliche Nähe zum Beamteneid (§ 58 Abs. 1 BBG) ist leicht erkennbar.

3

§ 16 Abs. 1 des **REntw.** zum SG[11] vom 23.9.1955 übernahm den Kabinettbeschl. vom 27.6.1955. Es entspreche der „Einheit des Soldatentums", dass **alle** Soldaten den gleichen **Eid** leisteten[12]. Der BR wiederholte in seiner Stellungnahme[13] seine Forderung nach einer „Verpflichtung" aller Soldaten, die von der BReg erneut[14] verworfen wurde.

4

Bereits bei der **1. Lesung** des Gesetzentw. im BT[15] schälten sich die gegensätzlichen Positionen der dort vertretenen politischen Parteien heraus: Während der Abg. *Dr. Kliesing* (CDU/CSU) die Einheit des Soldatentums verteidigte[16], votierten der Abg. *Merten* (SPD) gegen einen Eid für alle Soldaten[17], der Abg. *Feller* (GB/BHE) ähnlich wie der BR für eine bloße Verpflichtung der Soldaten[18] und der Abg. *von Manteuffel* (FDP) für den REntw.[19]

5

---

5   BA-MA Bw 9/161.
6   Begr. des Entw. v. 7.5.1995, 22.
7   Einzelheiten sind den zugänglichen Materialien nicht zu entnehmen.
8   BA-MA Bw 2/1320.
9   Prot. BR, Ausschuss für Fragen der europäischen Sicherheit, v. 30.6.1955, 3; ebenso *Blank*, 145. Sitzung des BR v. 22.7.1955, Prot., 234.
10 BGBl. I S. 449.
11 BT-Drs. II/1700, 6.
12 BT-Drs. II/1700, 24.
13 BT-Drs. II/1700, 39.
14 BT-Drs. II/1700, 44.
15 Sten. Ber. v. 12.10.1955, 5780.
16 Sten. Ber. 5782 D.
17 Sten. Ber. 5786 C.
18 Sten. Ber. 5791 A.
19 Sten. Ber. 5794 B.

Walz

6 Mit welcher Intensität und welchem Ernst sich die Parlamentarier gerade des Eidesthemas annahmen, spiegelt auch der **Ber. des VertA** zum Entw. des SG vom 29.2.1956[20] wider. Dieses Dokument ist ein bedeutsames Zeitzeugnis. Die ihm beigefügten[21] gutachterlichen Stellungnahmen von kirchlicher Seite[22] sind noch heute lesenswert. Der VertA beschloss schließlich mit großer Mehrheit, in § 7a ein feierliches **Gelöbnis** für **alle** Soldaten zu verankern mit dem Text[23] des heutigen § 9 („Ich gelobe, der Bundesrepublik Deutschland treu zu dienen und das Recht und die Freiheit des deutschen Volkes tapfer zu verteidigen.").

7 Die Debatte war damit noch nicht beendet. In der **2. Lesung** des SG im Plenum am 6.3.1956 brachte der Abg. *Dr. Kliesing* die dann beschlossene[24] und bis heute geltende Fassung des § 9 ein mit der Begr., sonst würde im Verteidigungsministerium „die groteske Situation entstehen, dass der Hausmeister als Beamter des einfachen Dienstes den Treueid leisten muss, während die gesamte Generalität unvereidigt bleibt".[25] Mit *Cuntz*[26] ist anzumerken, dass mit der im Plenum erzielten Lösung genau die groteske Situation erzielt wurde, die man vermeiden wollte: Der Pförtner, wenn er denn Beamter ist, wird auf das GG vereidigt, der GenInsp nicht! Von den Soldaten wird nämlich **kein Verfassungseid** abverlangt.

2. Änderungen der Vorschrift

8 In der Zeit nach dem In-Kraft-Treten des SG wurden (und werden) immer wieder Vorstöße, insbes. aus dem politischen Raum, mit dem Ziel einer **Änd. des § 9** unternommen. Einige wesentliche[27] seien hier aufgeführt:

9 Auf Anregung des BPräs *Heinemann*[28], der ein entschiedener Gegner jedweder Eidesleistung war, und nach mehreren Initiativen aus dem Bereich der Kirchen kündigte die BReg im **Weißbuch 1970**[29] an, dem BT vorschlagen zu wollen, das feierliche Gelöbnis der WPfl durch eine „förmliche Belehrung" über Rechte und Pflichten ersetzen zu wollen. Am Eid sollte dagegen grds. festgehalten werden; die Eidesformel sollte „deutlicher" gefasst werden.

In der Folgezeit wurde im BMVg ein **Entw. eines 11. G zur Änd. des SG** erarbeitet. Dieser sah mit dem Stand vom **30.7.1970** vor, in § 7 (und § 9) die Worte „des deutschen Volkes" durch die Worte „ihrer Bürger" zu ersetzen[30] und das feierliche Gelöbnis wegfallen zu lassen. Die an seine Stelle tretende Belehrung über die Rechte und Pflichten

---

20 BT-Drs. II/2140 v. 29.2.1956.
21 BT-Drs. II/2140, 16.
22 Pater *Dr. Hirschmann* für die kath. Kirche, Staatsminister *Osterloh* als persönliche Meinung, Prälat *D. Kunst* für die ev. Kirche, Staatsrat *Schäfer* für den Deutschen Volksbund für Geistesfreiheit.
23 Geistiger „Vater" dieser Textformel war der Abg. *Merten* (SPD), der an sich ein entschiedener Gegner des Soldateneides war, den er als „entscheidendes Merkmal des Söldnertums" qualifizierte (Sten. Ber. v. 6.3.1956, 6834). Vgl. auch *Lücken*, IfdT 1995, 110.
24 Vgl. BT-Drs. II/2186.
25 Sten. Ber. v. 6.3.1956, 6832. Im Übrigen kamen in der 2. u. 3. Lesung keine neuen Argumente zur Sprache.
26 175.
27 Vgl. detailliert *Lange*, 224-229.
28 Vgl. dessen Vorwort zu dem Beitrag von *Bahlmann*, in: Fs für Arndt, 37.
29 Nr. 166 (S. 127).
30 Bzgl. des „deutschen Volkes" war Kritik laut geworden, weil damit auch die Pflicht zur Verteidigung der Deutschen außerhalb des Geltungsbereiches des GG, d.h. vor allem der Bürger der DDR, hätte gemeint sein können (vgl. u. Rn. 32).

Eid und feierliches Gelöbnis § 9

bedürfe keiner gesetzl. Regelung. Wie die anschließende, z. T. öff. geführte[31], Diskussion zeigte, war diese Verquickung von Änd. der Eidesformel und Wegfall des Gelöbnisses nicht glücklich: Im Rahmen der am 20.11.1970 eingeleiteten Ressortbeteiligung erhob das BMI mit Schreiben vom 16.12.1970, das offensichtlich mit Billigung des Min. (*Genscher*) abgesandt worden war, gegen die Änd. der Eidesformel „verfassungspolitische Bedenken". Es könne, so das BMI, der Eindruck entstehen, die BReg wolle mit dieser Änd. die sich aus der Verfassung ergebenden gesamtdeutschen Verpflichtungen abbauen. Die Absicht, das feierliche Gelöbnis zu streichen, fand hingegen die Billigung des BMI.

Auf Grund der Einwendungen des BMI war danach ein Gespräch auf Ministerebene (*Schmidt/Genscher*) vorgesehen. Da dieses aus unbekannten Gründen nicht stattfand, die BReg andererseits im **Weißbuch 1971/1972**[32] ihre Absicht, das feierliche Gelöbnis durch eine Belehrung zu ersetzen, wiederholt hatte, verlangte der GenInsp (*de Maizière*) mit Schreiben vom 29.2.1972[33], (nur) § 9 Abs. 2 zu ändern („Soldaten, die auf Grund der Wehrpflicht Wehrdienst leisten, erhalten nach ihrer Einberufung eine Belehrung über ihre Pflichten und Rechte.").

An sich war geplant, dieses Thema nach der Neuwahl des BT erneut auf die Tagesordnung zu setzen.[34] Die Motivation für eine Gesetzesänd. war jedoch mittlerweile, möglicherweise wegen der langen Zeitdauer, erschöpft. Mit § 54 Abs. 2 des G über den Bundesgrenzschutz (BGSG) vom 18.8.1972[35] war zudem für die Grenzschutzdienstpflichtigen ein dem § 9 Abs. 2 SG nachgebildetes feierliches Gelöbnis eingeführt worden. Dies nahm die BReg zum Anlass, im **Weißbuch 1973/1974**[36] zu erklären, die Ankündigung des Weißbuchs 1970 werde „nicht mehr verfolgt".

Erst in den 90er Jahren des letzten Jh. erfuhr § 9 (und gelegentlich auch § 7) erneut öff. Aufmerksamkeit. Ausgangspunkt für die sog. **„Reichweite"-Debatte**[37] waren die vermehrten Auslandseinsätze der SK. Die BReg erklärte dabei stets[38], sie beabsichtige nicht, die Gelöbnis- oder Eidesformel zu verändern. Die Pflicht zur Tapferkeit sei lediglich ein besonderer „Aspekt" der Treuepflicht, und diese wiederum gelte weltweit.

10

Ein Gesetzentw. der Gruppe der **PDS** im BT vom 1.4.1998[39], Eid und Gelöbnis in § 9 durch ein für alle Soldaten geltendes „Versprechen" zu ersetzen („Ich verspreche, meinem Land treu zu dienen, das Grundgesetz und die Freiheit zu achten und zu verteidigen. Nie wieder sollen Krieg und Völkermord von Deutschland ausgehen."), löste keine feststellbaren Aktivitäten aus. Infolge der BT-Wahl im Herbst 1998 verfiel dieser Gesetzentw. dem Grds. der parlamentarischen Diskontinuität.

11

---

31 Vgl. etwa die Frage des Abg. *Dr. Klepsch* im BT am 15.10.1970, Sten. Ber. 4083; „Die Welt" v. 3.12. u. 24.12.1970.
32 Nr. 112 (S. 190).
33 Ausweislich eines Schreibens des nachfolgenden GenInsp (*Zimmermann*) v. 10.5.1972 hatte sich die politische Leitung des BMVg im sog. Kollegium zu diesem Schritt entschlossen.
34 Vgl. Verteidigungspolitische Information für Politik und Presse v. 22.11.1972, 5.
35 BGBl. I S. 1834. Vgl. hierzu die inzwischen aufgehobene VO über die Laufbahnen, das Vorgesetztenverhältnis und das Gelöbnis der Dienstleistenden im BGS v. 20.6.1969 (BGBl. I S. 640). Mit Art. 3 Abs. 2 des G zur Neuregelung der Vorschriften über den BGS v. 19.10.1994 (BGBl. I S. 2978) wurden die §§ 48 bis 61 des G von 1972 nur noch für den Fall für anwendbar erklärt, dass der BT der Anwendung zuvor durch Beschl. zugestimmt hat.
36 Nr. 18 der Anl. (S. 228).
37 Vgl. u. Rn. 33.
38 Vgl. ParlSts'in *Schulte* in der Fragestunde des BT v. 7.11.2001, Sten. Ber. 19253; Die Bundeswehr 6/2002, 19.
39 BT-Drs. 13/10352.

§ 9   Gemeinsame Vorschriften

12   Das gleiche Schicksal erlitt ein am 23.3.1999 von der Fraktion der **PDS** gestellter Antrag[40], nachdem dieser bereits im VertA mit allen Stimmen gegen die PDS abgelehnt worden war[41].

13   Durch Art. 2 Nr. 5 des **SkResNOG** wurden in Abs. 2 die Wörter „auf Grund der Wehrpflicht" durch die Wörter „nach Maßgabe des Wehrpflichtgesetzes" ersetzt. Damit sollte klar gestellt werden, dass auch FWDL ein feierliches Gelöbnis abzulegen haben.[42]

14   Abschließend ist noch auf § 59 Abs. 3 Satz 2 hinzuweisen. Danach legen Personen, die nicht BS oder SaZ gewesen sind (i.d.R. **ungediente Frauen**, die sich freiwillig zu Dienstleistungen i.S.v. § 60 verpflichten), wie wpfl Männer ein feierliches Gelöbnis entspr. § 9 Abs. 2 ab. Man wollte damit vermeiden, dass es in den SK eine Personengruppe gibt, die keine feierliche Verpflichtungsformel ausspricht.[43] Weil die freiwillige Dienstleistung gem. § 58a a. F. (jetzt: § 59 Abs. 3) „nicht durch den Berufscharakter der Wehrdienstverhältnisse der Berufssoldaten und Soldaten auf Zeit[44] geprägt ist"[45], griff der Gesetzgeber auf das feierliche Gelöbnis und nicht den Eid zurück. Ob § 9 mit der Verweisungsvorschrift in § 59 Abs. 3 Satz 2 eine rechtspolitische Bestätigung oder gar Aufwertung erfahren hat, wird die Zukunft erweisen müssen.

3. Bezüge zum Beamtenrecht bzw. zu sonstigen rechtl. Vorschriften; ergänzende Dienstvorschriften

15   Außer den BS und SaZ hat eine Vielzahl von Repräsentanten der Bundesrepublik Deutschland und Angehörigen des öff. Dienstes bei Amts-/Dienstantritt einen **(Amts-) Eid** zu leisten, u.a.:
- Der Bundespräsident gem. Art. 56 GG
- der Bundeskanzler und die Bundesminister gem. Art. 64 GG
- die Parlamentarischen Staatssekretäre gem. § 3 des Gesetzes über die Rechtsverhältnisse der Parlamentarischen Staatssekretäre
- die Richter des BVerfG gem. § 11 BVerfGG.
- der Bundesbeauftragte für den Datenschutz gem. § 22 Abs. 2 BDSG
- die Bundesbeamten gem. § 58 BBG[46]
- die Richter gem. § 38 DRiG
- die Notare gem. § 13 der Bundesnotarordnung
- die Rechtsanwälte gem. § 26 der BRAO.

Die Eidesformel ist der jew. Amts-/Berufsgruppe angepasst. Die Formulierung des § 9 Abs. 1 Satz 2 findet sich in fast allen Eidesvorschriften wieder.

---

40 „Keine feierlichen Gelöbnisse der Bundeswehr in der Öffentlichkeit", BT-Drs. 14/642. Im Zusammenhang mit diesem Antrag hatte die PDS erneut deutlich gemacht, dass sie Gelöbnisse für ein „Relikt aus vergangenen Zeiten" halte.
41 BT-Drs. 14/6276.
42 BT-Drs. 15/4485, 36.
43 Diese Zielvorstellung ist ohnehin nicht lückenlos geglückt. Eignungsübende (u. Rn. 34) leisten weder einen Eid noch legen sie ein feierliches Gelöbnis ab.
44 Ganz konsequent ist diese Argumentation nicht: Wie sich aus § 8a Abs. 5 SVG, § 16a Abs. 1 Nr. 2 ArbPlSchG ergibt, hat der Gesetzgeber an anderer Stelle WPfl u. SaZ 2 weitgehend gleichbehandelt. Eine Erweiterung dieser Best. auf SaZ 3 wurde stets mit der Begr. abgelehnt, ein SaZ 3 habe im Unterschied zu SaZ 2 u. nicht nur einen Berufsentscheidung getroffen. Zumindest das Dienstverhältnis eines SaZ 2 hat damit keinen „Berufscharakter" (vgl. zu diesem Begriff auch *Scherer/Alff*, SG, § 1 Rn. 13 m.w.N).
45 BT-Drs. 14/4062, 23.
46 Durch § 40 BRRG auch für die Landesbeamten vorgeschrieben.

Das **Gelöbnis** ist nach geltendem Recht[47] sehr viel seltener. Es ist u.a. vorgesehen für: **16**
- Nichtdeutsche, die in ein Beamtenverhältnis berufen werden sollen, gem. § 40 Abs. 2 i.V.m. § 4 Abs. 3 BRRG
- Nichtdeutsche, die zu Honorarkonsularbeamten ernannt werden sollen, gem. § 21 Abs. 2 Satz 2 des Konsulargesetzes
- Ehrenamtl. Richter, die aus Glaubens- oder Gewissensgründen keinen Eid leisten wollen, gem. § 45 Abs. 4 DRiG
- Wäger, die aus Glaubens- oder Gewissensgründen keinen Eid leisten wollen, gem. § 67 Abs. 6 der Eichordnung.

An **Erlassregelungen**, die das BMVg zu § 9 herausgegeben hat, sind zu nennen: **17**
- Fernschreiberl. des GenInsp vom 30.4.1968 „Weigerung wehrpflichtiger Soldaten, das feierliche Gelöbnis abzulegen".
- ZDv 14/5 B 193.

B. Erläuterungen im Einzelnen

1. Eid (Absatz 1)

a) Funktion des Soldateneides

Es ist hier nicht der Ort, Sinn und Zweck von Eiden ausführlich zu referieren. Insoweit kann auf die einschlägige Lit.[48] verwiesen werden. Hier mögen einige wenige Anmerkungen genügen:

In seiner ursprünglichen Bedeutung stellt der Eid eine **Anrufung Gottes** als Zeugen für **18** die Ernsthaftigkeit eines Versprechens dar. Der ohne Anrufung Gottes geleistete Eid hat nach der Vorstellung des deutschen Verfassungsgebers jedoch keinen religiösen oder in anderer Weise transzendenten Bezug.[49]

Der Eid wird vom **Eidgeber** (Soldat) gegenüber einem **Eidnehmer** (Bundesrepublik **19** Deutschland) geleistet; bei der Anrufung Gottes übernimmt dieser die Funktion des **Eidwächters**. Die Bedeutung des Eides liegt weniger im rechtl. als im ethischen Bereich.

Unterschieden wird zwischen dem **assertorischen** oder Aussageeid und dem **promisso- 20 rischen** oder Versprechenseid.[50] Der Eid des Beamten oder Soldaten ist ein promissorischer Eid, da im Gegensatz zum assertorischen Eid, der beispielsweise durch Zeugen oder Sachverständige vor Gericht geleistet wird, der Eidesbruch als solcher keine Strafbarkeit etwa wegen Meineids (§ 154 StGB) nach sich zieht. Deshalb wird der Soldateneid auch gelegentlich[51] als „politische Erklärung" bezeichnet.

Trotz der fehlenden Strafbewehrtheit des promissorischen Eides werden dem Soldaten- **21** eid fünf überwiegend psychologische Funktionen[52] unterlegt:

---

47 Auf die zzt. nicht anwendbare Best. des § 54 Abs. 2 BGSG wurde in Fn. 35 hingewiesen.
48 Immer noch aktuell u. lesenswert: *Friesenhahn*, Der politische Eid, 1928.
49 BVerfGE 33, 23; a.A. *Bahlmann*, in: Fs für Arndt, 37, 49, 53.
50 Vgl. etwa *Cuntz*, 178 f.; *Nagel*, 368.
51 *Cuntz*, 177.
52 *Berg*, ZRP 19971, 79 f.; *Bundesministerium der Verteidigung*, 3 f.; *Zentrum Innere Führung*, 39 f. Zu weitgehend *Denninger*, in: Handbuch des Verfassungsrechts, 2. Aufl. 1994, § 16 Rn. 27: „Mit dem Eid oder feierlichen Gelöbnis bekräftigen die Beamte, der Soldat und der Richter, was das Gesetz von ihnen erwartet: Treue zum Staat und zur Verfassung (Art. 33 Abs. 4, 5 GG)." Diese Aussage ist schon deswegen zw., weil die hergebrachten Grundsätze des Berufsbeamtentums i.S.v. Art. 33 Abs. 5 GG nur für Beamte gelten (vgl. BVerfGE 31, 212; BVerwGE 21, 270, 274; *Battis*, in: *Sachs*, GG, Art. 33 Rn. 69).

- Eine **Angleichungsfunktion**, d.h. die Vergleichbarkeit des Dienstverhältnisses der längerdienenden Soldaten mit dem der Beamten,
- eine **Integrationsfunktion**, mit deren Hilfe die Eingliederung des Einzelnen in die soldatische Gemeinschaft erleichtert werden soll,
- eine **Sicherungsfunktion**, die den Eidgeber auf einer emotionalen Ebene enger an die soldatischen Pflichten binde,
- eine **Bewusstmachungsfunktion** als erzieherische Wirkung auf den Soldaten i.S. seiner Funktion im Staat (nach vorheriger Unterrichtung über die Eidesthematik),
- eine **religiös-ethische Funktion** als zusätzliche individuelle Pflichtenbindung.

Ob der Soldateneid in der Praxis diese Funktionen zu erfüllen vermag, kann hier dahinstehen.[53] Dies haben in erster Linie die jew. aktiven Soldaten insbes. in Vorgesetztenstellungen zu beurteilen.

b) Eid und Grundgesetz

22 Konkrete Aussagen zum Eid findet man im **GG** nur – etwas versteckt – in Art. 140, der u.a. Art. 136 Abs. 4 WRV in das GG inkorporiert hat. Danach darf niemand zur Benutzung einer religiösen Eidesform gezwungen werden. Dieser verfassungsrechtl. Vorgabe hat der Gesetzgeber des SG mit § 9 Abs. 1 Satz 2 und 3 entsprochen.[54]

23 Das Verhältnis von Eidesvorschriften zur Glaubens- und Gewissensfreiheit nach **Art. 4 Abs. 1 GG** ist hingegen weniger klar:

Ausgehend vom religiösen oder metaphysischen Bezug des Eides plädierte *Bahlmann*[55] mit ausdrücklicher Unterstützung von *Heinemann*[56] für die Ersetzung des Eides durch eine „feierliche Beteuerung". So weit wollte das BVerfG (noch) nicht gehen. In seiner viel beachteten und oft zit. Entsch. vom 11.4.1972[57] gestand der 2. Senat dem Beschwerdeführer aus Art. 4 Abs. 1 GG das Recht zu, von der **Eidespflicht** generell **befreit** zu werden, wenn er wegen seiner Glaubensüberzeugung keinen Eid leisten könne. Das Gesetz, hier die StPO, müsse so geändert werden, dass in diesen Fällen an die Stelle des Eides eine eidesgleiche Bekräftigung treten dürfe. Der Gesetzgeber ist dem mit der Änd. des § 66d StPO[58] gefolgt.

Das VG Freiburg hat in einem Beschl. vom 21.8.1974[59] diese für die Zeugenvereidigung getroffene Entsch. des BVerfG unmittelbar auf die beamtenrechtl. Vereidigung übertragen. Die **Glaubens- und Gewissensfreiheit** eines Beamten hätte **Vorrang** vor der Eidespflicht. Das BVerfG selbst hob mit Beschl. vom 25.10.1988[60] eine Entsch. des VGH München[61] auf, mit der die in der Landkreisordnung von Bayern statuierte Eidespflicht für einen Kreisrat als vereinbar mit Art. 4 Abs. 1 GG angesehen worden war. Die Ausübung eines Kommunalmandates, so das BVerfG, dürfe nicht aus Gründen verwehrt werden, die auch unter Berücksichtigung von aus dem Amt sich ergebenden zwingenden Erfordernissen mit Art. 4 Abs. 1 GG unvereinbar seien.

---

53 Krit. *Berg*, ZRP 1971, 80 f.
54 Vgl. den G 1-Hinweis, Grundwerk, 2540, „Eidesleistung für Soldaten nichtchristlichen Glaubens".
55 In: Fs für Arndt, 53.
56 In: *Bahlmann*, 37.
57 BVerfGE 33, 23.
58 I.d.F. v. 7.4.1987, BGBl. I S. 1074.
59 DÖV 1975, 434 f. = ZBR 1974, 360.
60 BVerfGE 79, 69.
61 BayVBl. 1988, 400.

Eid und feierliches Gelöbnis § 9

Weiter ist das BVerfG bisher nicht gegangen; insbes. hat es **freiwillig** begründete Verpflichtungen (hier: in das Amt eines Verfassungsorgans)[62] nicht in seine an Art. 4 Abs. 1 GG orientierten Überlegungen einbezogen. Hieraus wird überwiegend[63] gefolgert, der Beamte und der längerdienende Soldat könnten sich nicht auf Art. 4 Abs. 1 GG berufen und an Stelle des Diensteides eine andere Form der Beteuerung oder Bekräftigung ihrer Pflichten wählen, sofern ihnen ihr Gewissen oder ihre Glaubensüberzeugung jegliche Eidesleistung verbieten würde. Die gegenteilige Auffassung von *Alff*[64] ist eine Einzelmeinung geblieben.

So lange der Gesetzgeber § 58 BBG, § 9 SG nicht analog § 66d StPO geändert hat, ist der h.M. zu folgen. Wer ohne Zwang ein Dienstverhältnis begründet, unterwirft sich den für dieses geltenden Regeln, zu denen (noch) die Leistung eines Diensteides gehört. Ein Verstoß gegen Art. 4 Abs. 1 GG ist insoweit nicht erkennbar.

Vereinzelt[65] wird die Auffassung vertreten, die Verpflichtung des längerdienenden Soldaten, einen Eid abzulegen, beschränke die negative Meinungsäußerungsfreiheit i.S.v. **Art. 5 Abs. 1 Satz 1 GG**. Dies kann man bei öff. Vereidigungen durchaus so sehen. § 9 Abs. 1 ist dann ein allg. Gesetz i.S.v. Art. 5 Abs. 2 GG und damit verfassungsrechtl. nicht zu beanstanden. Auf Art. 17a Abs. 1 GG braucht nicht zurückgegriffen zu werden[66]. 24

c) Rechtsnatur des Eides

Das Ablegen des Eides ist für den Soldaten[67] (und den Beamten[68]) eine **Dienstpflicht**. Dies folgt aus dem eindeutigen Gesetzeswortlaut in § 9 Abs. 1 Satz 1 („... haben ... zu leisten ...") und der systematischen Stellung des § 9 im 2. Unterabschnitt „Pflichten und Rechte der Soldaten". 25

Die Erfüllung dieser Dienstpflicht könnte per **Befehl** durchgesetzt werden. Hiervon wird, deutscher mil. Tradition[69] folgend, wegen des ethisch/religiösen Gehalts des Eides, abgesehen. Der Eidesverweigerer muss daher nicht mit disziplinaren[70] oder wehrstrafrechtl. Konsequenzen rechnen. Die aus § 9 Abs. 1 Satz 1 resultierende Dienstpflicht ist eine sog. lex imperfecta. 26

Dieser Bewertung folgend entfaltet der Diensteid auch **keine konstitutive**, also statusbegründende, sondern lediglich eine **deklaratorische**[71] Wirkung. Die soldatischen Pflichten entstehen auch für den Eidesverweigerer. Rechtl. betrachtet geht jede andere Bewertung des Eides fehl. Religiös/ethisch-moralische Überhöhungen des Eides, wie sie in Gesprächen mit Soldaten gelegentlich zum Ausdruck kommen, sind für die mil. und rechtl. Praxis kein Maßstab. 27

---

62 BVerfGE 33, 23 (31).
63 GKÖD I Yk, § 9 Rn. 3; *Plog/Wiedow/Lemhöfer*, BBG, § 58 Rn. 6.
64 In: *Scherer/Alff*, SG, § 9 Rn. 3.
65 *Riehl*, Meinungsäußerung, 103 f.
66 Dies würde wegen des Zitiergebots des Art. 19 Abs. 1 Satz 2 GG auch nur zusätzliche Probleme aufwerfen.
67 Allg. Meinung: *Bornemann*, RuP, 43; GKÖD I Yk, § 9 Rn. 6; *Riehl*, Meinungsäußerung, 103; *Scherer/Alff*, SG, § 9 Rn. 4.
68 *Plog/Wiedow/Lemhöfer*, BBG, § 58 Rn. 4.
69 Erl. des Preuss. Kriegsministers betr. das Verfahren gegen Rekruten bei Verweigerung der Ableistung des Soldateneides v. 27.12.1866 (zit. nach *Stauf*, NZWehr 1987, 91): „Die Anwendung von Zwangsmitteln zur Herbeiführung der Eidesleistung erscheint gesetzlich genauso unstatthaft als die etwaige Verhängung von Strafen wegen Eidesverweigerung."
70 Allg. Meinung. A.A. lediglich *Rittau*, SG, 101.
71 So bereits RMG 2, 222; 8, 235; 19, 132; *Anonym*, 4; *Bornemann*, RuP, 43; GKÖD I Yk, § 9 Rn. 1; *Koch*, JA 1988, 292; *Plog/Wiedow/Lemhöfer*, BBG, § 58 Rn. 5 (für Beamte); *Riehl*, Meinungsäußerung, 103; *Scherer/Alff*, SG, § 9 Rn. 6; TDG Süd, S7 VL 26/95; *Walz*, Eid und feierliches Gelöbnis, 51 m.w.N. in Fn. 4.

§ 9 Gemeinsame Vorschriften

Verstößt ein Soldat (schuldhaft) gegen den von ihm abgelegten Eid, begeht er **kein (isoliertes) Dienstvergehen** i.S.v. § 23 Abs. 1. Zu prüfen ist in diesen Fällen jedoch eine Dienstpflichtverletzung gem. § 7, § 23 Abs. 1.

28 Für die **Reihenfolge** der Ernennung eines Soldaten und dessen Eidesleistung gilt: Zuerst erfolgt die Aushändigung der Ernennungsurkunde gem. § 41 Abs. 1 Satz 1; danach wird der (ernannte) Soldat vereidigt.[72] Diese Abfolge ergibt sich zwingend aus der Formulierung des § 9 Abs. 1 Satz 1 („Berufssoldaten und Soldaten auf Zeit haben ..."). Handelt es sich um eine sog. Wirkungsurkunde, darf der Soldat erst nach dem Wirksamwerden des Statusaktes vereidigt werden. Wird er vorher vereidigt, ist diese Eidesleistung rechtl. unwirksam.

d) Folgen der Eidesverweigerung

29 Ein BS[73], der sich weigert, den Eid abzulegen, ist gem. § 46 Abs. 2 Satz 1 Nr. 4 zu **entlassen**; das Gleiche gilt für einen SaZ auf Grund der Verweisungsvorschrift des § 55 Abs. 1. Mit der Entlassung verliert der Soldat seinen **Dienstgrad** (§ 49 Abs. 2, § 56 Abs. 2). Gem. § 49 Abs. 3, § 56 Abs. 3 hat der entlassene Soldat keinen Anspruch auf Dienstbezüge und **Versorgung** mit Ausnahme der Beschädigtenversorgung.

30 Weigert sich ein früherer SaZ oder BS nach einer **Wiedereinstellung**, erneut den Diensteid zu leisten, ist er ebenfalls zu entlassen. Der Eid bindet nur für die Dauer eines bestehenden Dienstverhältnisses, abgesehen von nachwirkenden Dienstpflichten nicht darüber hinaus[74].

31 Erklärt ein **Bewerber** für den freiwilligen Dienst in der Bw, er werde nach seiner Ernennung den Diensteid nicht ablegen, darf er nicht gem. § 41 ernannt werden.[75]

e) Inhalt der Eidesformel

An dieser Stelle reicht es aus, auf zwei Probleme näher einzugehen, die in erster Linie im Zusammenhang mit § 9 und weniger mit § 7 diskutiert worden sind bzw. werden. Im Übrigen wird auf die Komm. zu § 7 verwiesen.

32 aa) „Deutsches Volk": Von Anfang an bereitete es Schwierigkeiten, den Soldaten zu erklären, weshalb sie sich auch über die Eidesformel verpflichten sollten, der „Bundesrepublik Deutschland" treu zu dienen und das Recht und die Freiheit des „deutschen Volkes" tapfer zu verteidigen. Die Ausführungen des VertA aus dem Jahre 1956[76] zu § 6 (dem späteren § 7) in der von ihm beschlossenen Fassung waren nicht geeignet, diese Probleme zu beheben. Der Wille, den deutschen Soldaten besonders dem Verfassungs-

---

[72] ZDv 14/5 B 193 Nr. 1.
[73] Für Beamte gilt § 28 Nr. 1 BBG. Auch für sie wird auf ein Disziplinarverfahren verzichtet (*Plog/Wiedow/Lemhöfer*, BBG, § 58 Rn. 4). Ein BMin., der sich nach Aushändigung der Ernennungsurkunde weigert, den nach Art. 64 GG vorgeschriebenen Amtseid abzulegen, kann u.U. ein Organstreitverfahren gem. Art. 93 Abs. 1 Nr. 1 GG auslösen – mehr aber auch nicht (vgl. *Dittrich*, BWV 2002, 170).
[74] BVerwG DÖD 1966, 109 f. (für Beamte); *Plog/Wiedow/Lemhöfer*, BBG, § 58 Rn. 3; ZDv 14/5 B 193 Nr. 1.
[75] *Plog/Wiedow/Lemhöfer*, BBG, § 58 Rn. 4 (für Beamte).
[76] BT-Drs. II/2140, 4 f.: „Der Ausschuß wünschte klarzustellen, daß der Soldat Befehle und Anweisungen von den Organen der Bundesrepublik entgegenzunehmen und treu zu erfüllen hat, daß er sich dabei aber für das Schicksal des gesamten deutschen Volkes, auch soweit es nicht im Geltungsbereich des Grundgesetzes lebt, verantwortlich weiß. Es mußte klar herausgestellt werden, daß Recht und Freiheit des gesamten deutschen Volkes von dem Soldaten verteidigt werden müssen, daß aber andererseits der Begriff des deutschen Volkes bei der Gehorsamspflicht zu Schwierigkeiten führen kann."

gebot der **Wiedervereinigung** zu verpflichten und dem Dienst am gesamten deutschen Volk zu verschreiben[77], war angesichts der politischen Realitäten insbes. nach der sog. Ostannäherung kaum zu vermitteln. Der Versuch in der Lit.[78], diese Verpflichtung des Soldaten bis zu einer Wiedervereinigung auf die **Bewohner der Bundesrepublik Deutschland** (und nicht auch auf die der DDR) zu begrenzen, fand keine einhellige Zustimmung.[79] Nach Abschluss der Ostverträge glaubten denn auch einige Offz, sie müssten jetzt „neu" vereidigt werden, da sie ihren Dienst unter einer anderen „Geschäftsgrundlage" angetreten hätten. Mit der Wiedervereinigung hat sich diese Debatte erledigt.

bb) „Tapfer zu verteidigen" – out of area?: Nach der Wiedereinigung „erweiterte" sich das Aufgabenspektrum der Bw. Jetzt wird im amtl. Schrifttum[80] ausgeführt, das Recht des deutschen Volkes umfasse „auch das hier geltende Völkerrecht sowie die völkerrechtlichen Verträge, die die Bundesrepublik Deutschland z.B. zum Zwecke kollektiver Sicherheitsmaßnahmen eingegangen ist". Damit soll wohl einer territorial unbegrenzten Reichweite der Grundpflicht des Soldaten und seines Eides das Wort geredet werden. So einfach sind die damit verbundenen Fragestellungen nicht zu beantworten! 33

Ausgelöst durch einen Beitrag des *Komm.*[81] wird seit 1992 die Frage kontrovers diskutiert, ob eine **„Neuvereidigung"** der Soldaten zu erfolgen habe, nachdem diese weit außerhalb der Bundesrepublik eingesetzt werden. Unstr. reicht, grammatikalisch interpretiert, die Pflicht des Soldaten, Recht und Freiheit des deutschen Volkes tapfer zu verteidigen, nicht bis Afghanistan. Es hat nicht an Versuchen gefehlt, die §§ 7 und 9 **„dynamisch"** zu interpretieren.[82] Die sog. amtl. Auffassung[83], die vom BMVg vertreten wird, lässt sich so zusammenfassen: Das in der Eidesformel zum Ausdruck kommende Bekenntnis des Soldaten umfasst **jeden Einsatz**, der im Einklang mit dem GG steht. Der oben zit. Passus aus § 9 (und § 7) beschränkt weder die Einsatzmöglichkeiten des Soldaten der Bw weder auf das Gebiet der Bundesrepublik noch auf das deutsche Volk. Die Formulierung des Gesetzes hat nur den Zweck, die Tapferkeit besonders hervorzuheben; sie ist ein Wesensmerkmal der Treuepflicht und keine selbständige Verpflichtung des Soldaten.

So eindeutig, wie dies solchen Verlautbarungen zu entnehmen ist, ist die Rechtslage[84] indes nicht. Die Entstehungsgeschichte der §§ 7 und 9 gibt für beide Positionen etwas her; der Wortlaut der Normen spricht gegen die Auffassung des BMVg. Hieran ändert sich auch nichts dadurch, dass das BVerwG in einem Beschl. vom 8.11.1993[85] ausgeführt hat, eine „zusätzliche rechtsgrundsätzliche Klärung" sei durch die seit 1990 veränderte politische Situation nicht geboten.

f) Einzelfragen

aa) Eignungsübende: Eignungsübende haben gem. § 87 Abs. 1 Satz 5 für die Dauer der Eignungsübung die Rechtsstellung eines SaZ. Da – im Gegensatz zu Personen, die zu 34

---

77 *Lücken,* IfdT 1995, 111; *ders.:* Die Deutsche Frage im Selbstverständnis der Bundeswehr – Die Nation, das vergessene Wehrmotiv? Frankfurt 1995.
78 *Berg,* ZPD 1971, 79; *Scherer/Alff,* SG, § 7 Rn. 33; *Stauf* I, § 6 SG Rn. 2.
79 *Demandt,* NZWehrr 1982, 101; vgl. auch JB 1968 des WBeauftr, BT-Drs. V/3912, 9.
80 *Bundesministerium der Verteidigung,* 5.
81 *Walz,* NZWehrr 1992, 55.
82 Vgl. die Antwort der ParlSts'in *Geiger* an den Abg. *Kolbow* v. 14.4.1993, BT-Drs. 12/4735, 26 f.; *Bundesministerium der Verteidigung,* 5.
83 Antwort der ParlSts'in *Schulte* an den Abg. *Hohmann* v. 7.11.2001, PlProt. 1/197, 19253; vgl. auch *Lange,* 229; *v. Lepel,* 843; *Walz,* in: Klein/Walz, 56 f. m.w.N..
84 Zu weiteren Einzelheiten kann auf die Komm. zu § 7 verwiesen werden.
85 NJW 1994, 603 f. Vgl. auch (zu § 7) BVerwGE 103, 361 = NZWehrr 1997, 117.

Dienstleistungen gem. § 60 herangezogen werden – im Gesetz nicht ausdrücklich vorgesehen ist, dass sie zu vereidigen sind oder ein feierliches Gelöbnis abzulegen haben, sind sie von beidem **befreit**.[86] Dies ist bemerkenswert, da eine Eignungsübung länger als vier Monate dauern kann (§ 87 Abs. 1 Satz 1 Halbs. 2), der Eignungsübende ansonsten wie ein SaZ behandelt wird (§ 87 Abs. 1 Satz 5) und infolgedessen auch der Grundpflicht des § 7 unterliegt. Eignungsübende sind – abgesehen von Rekruten in den ersten Wochen der Grundausbildung – die einzigen Soldaten der Bw, die in keinerlei Form die Einhaltung ihrer gesetzl. Pflichten (feierlich) bekräftigen müssen. Die Verfahrenspraxis des BMVg ist daher nur schwer mit dem SG in Einklang zu bringen.

Wird der Eignungsübende nach der Eignungsübung zum SaZ oder BS ernannt (§ 87 Abs. 2), ist er **nachzuvereidigen**.

35 **bb) Eidesleistung unter Vorbehalt:** Leistet der längerdienende Soldat den Eid unter einem insgeheimen Vorbehalt (reservatio mentalis), ist dies rechtl. unbeachtlich (§ 116 Satz 1 BGB). Äußert er diesen Vorbehalt offen, beispielsweise gegenüber einem Vorg., ist die Eidesleistung **nichtig** (§ 116 Satz 2 BGB).[87] Der Soldat ist dann so zu behandeln, als ob er sich geweigert hätte, den Eid überhaupt abzulegen.[88]

36 **cc) Widerruf des Eides:** Gelegentlich versuchen Soldaten, ihr Dienstverhältnis dadurch aufzulösen, dass sie den früher geleisteten Eid widerrufen oder „aufkündigen". Das SG sieht eine solche Möglichkeit nicht vor; der Widerruf ist daher **rechtl. Bedeutungslos**.[89] Der Soldat sollte auf die Entlassungsvorschriften der § 46 Abs. 3 und 6 bzw. § 55 Abs. 3 verwiesen werden. Die Bindungswirkung des Eides ruht, solange sich der Soldat nicht in einem aktiven Dienstverhältnis befindet. Dies folgt daraus, dass § 7 für Res nicht (mehr) gilt. Die Verpflichtungen aus § 7 (und 9) leben erst wieder auf, wenn der Res erneut zum Wehrdienst einberufen wird.

37 **dd) Dokumentation**: Über die Vereidigung eines BS oder SaZ ist eine **Niederschrift** aufzunehmen. Diese ist von dem DiszVorg. und dem Soldaten zu unterschreiben und zu den Personalunterlagen zu nehmen.[90] Verweigert der Soldat seine Unterschrift, gilt der Eid als nicht geleistet.

2. Feierliches Gelöbnis (Absatz 2)

Die obigen Ausführungen zum Eid gelten grds. auch für das feierliche Gelöbnis gem. Abs. 2.

a) Dienstpflicht?

38 Das BMVg vertritt seit Jahrzehnten den Standpunkt, dass auch das Ablegen des feierlichen Gelöbnisses zu den **gesetzl. Dienstpflichten** des Soldaten gehöre[91]. Weder bei den Beratungen im VertA noch im Plenum des BT sei bezweifelt worden, dass das Gelöbnis zum Pflichtenkatalog des Soldaten zu rechnen sei.

---

86 ZDv 14/5 B 193 Nr. 3 Abs. 2; GKÖD I Yk, § 9 Rn. 2; *Scherer/Alff*, SG, § 9 Rn. 2; *Stauf* I, § 9 SG Rn. 1.
87 BVerwGE 83, 285 = NZWehrr 1987, 120 (Vorbehalt von WPfl bzgl. des Einsatzes von ABC-Waffen); TDG Süd, S7 VL 26/95 (Vorbehalt eines SaZ bzgl. des Einsatzes der Bundeswehr außerhalb der NATO).
88 Vgl. o. Rn. 29 ff.
89 Die Ansicht des BVerwG (NZWehrr 1990, 174 = *Buchholz* 448.0 § 37 WPflG Nr. 1), der Widerruf eines feierlichen Gelöbnisses verstoße gegen § 7, liegt neben der Sache. Auf die allg. Treuepflicht braucht hier nicht zurückgegriffen zu werden.
90 ZDv 14/5 B 193 Nr. 5 Abs. 2. Für Beamte vgl. *Plog/Wiedow/Lemhöfer*, BBG, § 58 Rn. 7.
91 Vgl. zuletzt Antwort der BReg auf die Kleine Anfrage der Fraktion BÜNDNIS 90/DIE GRÜNEN v. 6.9.1996, BT-Drs. 13/5497, Nr. 12.

Die Lit.[92] folgt überwiegend dieser Auffassung.

Das OVG Münster[93] leitete die Dienstpflicht zur Ablegung des Gelöbnisses aus dem Wortlaut von § 9, der Stellung dieser Norm im Gesetz, aus ihrem Sinn und Zweck und ihrer Entstehungsgeschichte ab.

Die Gegenmeinung[94] argumentiert ebenfalls mit dem Wortlaut von § 9 Abs. 2. Die Formulierung „bekennen sich ..." sei nicht „imperativisch"; sie könne keine Dienstpflicht begründen.

Der h.M. ist zuzustimmen. Die zit. Gesetzespassage lässt auf eine Dienstpflicht schließen. **„Bekennen sich"** meint nichts anderes als „haben sich zu bekennen". Dies ergibt sich auch aus einem Vergleich mit der beamtenrechtl. Regelung, wenn es in § 40 Abs. 2 BRRG heißt: „... kann an Stelle des Eides ein Gelöbnis *vorgeschrieben* werden". Dem Gesetzgeber des SG kann nicht unterstellt werden, er habe es der Entscheidung des Soldaten überlassen wollen, ob dieser ein Gelöbnis ablegen wolle oder nicht. Dass der Erlass-/Befehlsgeber diese Dienstpflicht nicht wie die anderen Pflichten des Soldaten konsequent („mit der Härte des Gesetzes") umgesetzt hat[95], lässt einen Rückschluss auf den Rechtscharakter des feierlichen Gelöbnisses nicht zu.[96]

b) Durchsetzung per Befehl?

Die Einhaltung der soldatischen Pflichten kann durch Befehl erzwungen werden. Ein solcher Befehl würde dienstl. Zwecken dienen und entspräche § 10 Abs. 4[97]. Deswegen ist auch früher[98] angenommen worden, dem Soldaten könne befohlen werden, das feierliche Gelöbnis abzulegen.

39

Spätestens seit einem Erl. des **GenInsp** vom 30.4.1968[99] wird die Durchsetzung eines solchen Befehls für unvereinbar mit dem „ethischen und religiösen Gehalt (des feierlichen Gelöbnisses) sowie der unserem freiheitlich-demokratischen Rechtsstaat eigenen Rücksichtnahme auf die Gewissensfreiheit des Staatsbürgers" angesehen. Der sich weigernde Soldat ist lediglich zu belehren, dass er gleichwohl in vollem Umfang den soldatischen Pflichten unterliege. Klarer wäre allerdings gewesen, wenn in diesem Erl. nicht die Erteilung eines solchen Befehls unzulässigerweise mit dessen Durchsetzung vermischt worden wäre. Solange ein Befehl nicht entspr. § 10 Abs. 4 erteilt werden soll/darf, kommt es auf die Frage einer Durchsetzung dieses (nicht erteilten) Befehls gem. § 10 Abs. 5 Satz 2 nicht an.

c) Folgen der Gelöbnisverweigerung

aa) Keine Entlassung: Das Dienstverhältnis eines Soldaten, der nach Maßgabe des WPflG Wehrdienst leistet, bleibt von der Gelöbnisverweigerung unberührt.[100] Er wird im Regelfall **nicht entlassen**[101], es sei denn, dass eine über die bloße Gelöbnisverweigerung hinausgehende Dienstpflichtverletzung i.S.v. § 29 Abs. 1 Satz 3 Nr. 5 WPflG vor-

40

---

92 *Bornemann*, RuP, 44; GKÖD I Yk, § 9 Rn. 8; *Scherer/Alff*, SG, § 9 Rn. 9.
93 NJW 1976, 2226.
94 JB 1968 des WBeauftr, BT-Drs. V/3912, 9; *Busch*, NZWehrr 1969, 138; *Stauf*, NZWehrr 1978, 94; *ders.*, NZWehrr 1987, 90 f.; *ders.* I, § 9 SG Rn. 5.
95 Vgl. Rn. 40 ff.
96 So auch OVG Münster NJW 1976, 2228.
97 A.A. *Stauf*, NZWehrr 1978, 94; *ders.* I § 9 SG Rn. 5.
98 *Rittau*, SG, 102. Mehrdeutig *Scherer/Alff*, SG, § 9 Rn. 9.
99 Fernschreiben BMVg – Fü S I 3 – mbhu 7036. Ob dieser Erl. formal noch heute gültig ist, ist unklar. Fest steht aber, dass grds. nach wie vor danach verfahren wird.
100 ZDv 14/5 B 193 Nr. 4 Abs. 2.
101 So schon *Rittau*, SG, 102.

liegen würde.[102] Die Begr. für diese Verfahrensweise ist formal darin zu sehen, dass das WPflG im Gegensatz zum SG bei längerdienenden Soldaten keinen besonderen Entlassungstatbestand für Gelöbnisverweigerer enthält.

41 **bb) Disziplinare Sanktionen:** Heute[103] muss der Gelöbnisverweigerer **nicht** mehr mit disziplinaren (oder wehrstrafrechtl.) Konsequenzen rechnen.[104] Auch diese langjährige Praxis des BMVg wird mit dem „ethischen Gehalt" des feierlichen Gelöbnisses und damit begründet, dass dieses lediglich die wortgleiche Dienstpflicht des § 7 bekräftige.[105] Vor diesem Hintergrund muss im Hinblick auf Art. 3 Abs. 1 GG die in § 35 Abs. 1 WDO verankerte Selbständigkeit des zuständigen DiszVorg. zurücktreten.[106]

42 **cc) Beförderungsverbot:** Der Erl. des GenInsp vom 30.4.1968 bestimmte kurz und bündig: „Solange der Soldat das feierliche Gelöbnis nicht ablegt, ist er von jeglicher Beförderung auszuschließen."

Hiergegen sind schon bald von herausragender Stelle[107] rechtl. Bedenken erhoben worden. Obwohl die Lit. mehrheitlich[108] der Erlasslage gefolgt ist, und diese letztlich durch das OVG Münster[109] bestätigt wurde, änderte sich die Praxis des BMVg im Laufe der Zeit. So wurde etwa 1985[110] und 1995[111] ausgeführt, der Gelöbnisverweigerer werde „regelmäßig" nicht befördert. 1996[112] erfolgte eine weitere Lockerung in Gestalt der Formulierung: „Weigert sich ein Wehrpflichtiger, das feierliche Gelöbnis abzulegen, muß er damit rechnen, nicht befördert zu werden."

Eine solche Verfahrensweise ist rechtl. **nicht zu beanstanden.** Sie lässt eine an § 3[113] orientierte Einzelfallprüfung zu. Wenn sich bei dieser herausstellt, dass sich der Soldat aus nachvollziehbar begründeten ethisch/religiösen Motiven heraus weigert, das feierliche Gelöbnis abzulegen, kann er trotz der Gelöbnisverweigerung für den nächsthöheren Dienstgrad geeignet sein.

Legt der wpfl Soldat das Gelöbnis unter einem Vorbehalt ab, kann dies ebenfalls Anlass sein, ihn nicht zu befördern.[114]

43 **dd) Wehrübungen:** Ein Gelöbnisverweigerer unterliegt weiterhin uneingeschränkt seinen sich aus der Wehrpflicht ergebenden Pflichten. So kann er beispielsweise gem. § 6 WPflG zu Wehrübungen einberufen werden. Ob der dann für ihn zuständige DiszVorg. versucht, ihn zum Ablegen des feierlichen Gelöbnisses zu bewegen, hängt vom Einzelfall und den handelnden Personen ab.

---

102 Erl. GenInsp v. 30.4.1968.
103 Zur früheren Rechtslage vgl. *Rittau*, SG, 102; *Scherer/Alff*, SG, § 9 Rn. 10.
104 *Walz*, in: Klein/Walz, 51 m.w.N. in Fn. 5.
105 BMVg – R I 1 – Az 16-02-05/09 v. 16.2.1999.
106 Zugegebenermaßen bedürfte diese Rechtsfrage einer vertiefenden Betrachtung.
107 BPräs *Heinemann* in einem Schreiben v. 11.3.1970 an Pfarrer *Stammler*; JB 1968 des WBeauftr, BT-Drs. V/3912, 9.
108 GKÖD I Yk, § 9 Rn. 11; *Lange*, 362; *Scherer/Alff*, SG, § 9 Rn. 10; a.A. *Stauf*, NZWehr 1987, 89; *ders.* I, § 9 Rn. 8, § 58 SG Rn. 5.
109 NJW 1976, 2226.
110 Schreiben BMVg – VR I 1 – Az 16-02-05 v. 16.12.1985, zit. bei *Bornemann*, RuP, 44.
111 Schreiben BMVg – VR I 1 – Az 16-02-05/176-4 v. 2.3.1995.
112 BT-Drs. 13/5497, Nr. 12.
113 Vgl. auch ZDv 20/7 Nr. 102.
114 BVerwGE 83, 285 = NZWehr 1987, 120 mit Anm. *Koch*, JA 1988, 292; BVerwG DokBer B 1993, 257. Die hiergegen eingelegte VB hat das BVerfG nicht zur Entsch. angenommen (Beschl. v. 23.9.1993, 2 BvR 1861/93). A.A. *Stauf*, NZWehr 1991, 112.

ee) Vorläufige Dienstgrade: Ist ein ungedienter WPfl mit einem vorläufigen Dienstgrad einberufen worden, und weigert er sich, das feierliche Gelöbnis abzulegen, ist analog Rn. 40 ff. zu verfahren. Im Regelfall ist von der Verleihung des endgültigen Dienstgrades, d.h. der Ernennung, abzusehen. Der Soldat behält den vorläufigen Dienstgrad für die Dauer seines Wehrdienstes.

44

3. Internationaler Vergleich

Aktuelle Erhebungen sind nicht bekannt. Die Zusammenstellung von *Gadow* datiert von 1989, die Abhandlung von *Brammer* von 1994. Nachdem inzwischen in einigen der darin aufgeführten Staaten die allg. Wehrpflicht entweder weggefallen oder ausgesetzt worden ist, ist ein Vergleich mit der Bw nur noch bedingt möglich. Dennoch ist festzustellen, dass in nahezu allen Staaten eine besondere, **feierliche Verpflichtung** der Soldaten auf die Verfassung oder das Staatsoberhaupt stattfindet. Die jew. **Formel** weist allerdings **große Unterschiede** auf.

45

§ 10 Pflichten des Vorgesetzten

(1) Der Vorgesetzte soll in seiner Haltung und Pflichterfüllung ein Beispiel geben.

(2) Er hat die Pflicht zur Dienstaufsicht und ist für die Disziplin seiner Untergebenen verantwortlich.

(3) Er hat für seine Untergebenen zu sorgen.

(4) Er darf Befehle nur zu dienstlichen Zwecken und nur unter Beachtung der Regeln des Völkerrechts, der Gesetze und der Dienstvorschriften erteilen.

(5) ¹Er trägt für seine Befehle die Verantwortung. ²Befehle hat er in der den Umständen angemessenen Weise durchzusetzen.

(6) Offiziere und Unteroffiziere haben innerhalb und außerhalb des Dienstes bei ihren Äußerungen die Zurückhaltung zu wahren, die erforderlich ist, um das Vertrauen als Vorgesetzte zu erhalten.

Literatur: *Alff, Richard:* Zur politischen Betätigung von Soldaten in der Öffentlichkeit, NZWehrr 1978, 143; *Burmester, Wilhelm:* Das militärische Vorgesetzten-Untergebenen-Verhältnis, NZWehrr 1990, 89; *Busch, Eckart:* Zur Frage der Befehle im außerdienstlichen Bereich, NZWehrr 1969, 56; *Doehring, Karl:* Befehlsdurchsetzung und Waffengebrauch, 1968; *Goerlich, Helmut:* Soldatische Pflichten, provokative Meinungsäußerungen und die Vereinigungsfreiheit der Soldaten, Jura 1993, 471; *Graßhof, Malte:* Einschränkungen der „freien Rede" durch das Soldatengesetz, NZWehrr 1995, 177; *Heuer, Knud:* Das Prinzip von Befehl und Gehorsam und der Einsatz von Kernwaffen, NZWehrr 1986, 98; *Huber, Emil:* Die Grenzen der Gehorsamspflicht des Soldaten, 1973; *Huth, Rüdiger:* Der sogenannte „gefährliche Befehl" im geltenden Wehrrecht, NZWehrr 1988, 252; *ders.:* Möglichkeiten eines militärischen Vorgesetzten, die außerdienstliche Freizeitgestaltung seines Untergebenen durch einen Befehl einzuschränken, NZWehrr 1990, 107; *Lehleiter, Gunther:* Der rechtswidrige verbindliche Befehl, 1995; *Lingens, Eric:* Die Überschreitung der Befehlsbefugnis und ihre Auswirkung auf die Vorgesetzteneigenschaft, NZWehrr 1978, 55; *ders.:* Fürsorge- und Dienstaufsichtspflicht in Konkurrenz mit sonstigen Dienstpflichten, NZWehrr 1989, 251; *ders.:* Militärischer Befehl und Gesetzesbefehl, NZWehrr 1992, 58; *ders.:* Befehlsbefugnis und Vorgesetzteneigenschaft, NZWehrr 1993, 19; *ders.:* Verleiten zu pflichtwidrigem Verhalten und Pflicht zur Kameradschaft, BWV 2001, 130; *ders./Marignoni, Hartmut:* Vorgesetzter und Untergebener, Ein Grundriss zum Befehlsrecht, 3. Aufl. 1987; *Oetting, Dirk:* Auftragstaktik, Geschichte und Ge-

§ 10   Gemeinsame Vorschriften

genwart einer Führungskonzeption, 1993; *Peterson, Detlef P.:* Der sogenannte „gefährliche Befehl" im geltenden Recht – Eine Erwiderung auf den Beitrag von Rüdiger Huth, NZWehrr 1989, 239; *ders.:* § 10 Abs. 6 SG – Die Pflicht zur Zurückhaltung bei Äußerungen, NZWehrr 1991, 12; *Schmidt, Eberhard:* Befehlsdurchsetzung und Waffengebrauch, NZWehrr 1968, 161; *Schmidt-De Caluwe, Reimund:* Die verfassungsrechtliche Grenze der Meinungsäußerungsfreiheit der Soldaten – Art. 5 II oder Art. 17a I GG? NZWehrr 1992, 235; *Schreiber, Jürgen:* Unverbindliche Befehle – Versuch einer Systematik, NZWehrr 1965, 1; *ders.:* Treudienstpflicht, Vorgesetztenpflicht, NZWehrr 1991, 105; *Schwandt, Eberhard Ulrich:* Die unantastbare Würde des Menschen im Dienst- und Disziplinarrecht der Soldaten, in: Fs für Walther Fürst, 2002, 289; *Seifert, Herbert:* Politische Betätigung von Soldaten im Dienst oder innerhalb militärischer Anlagen, NZWehrr 1988, 234; *Sohm, Stefan:* Rechtsfragen der Nothilfe bei friedensunterstützenden Einsätzen der Bundeswehr, NZWehrr 1996, 89; *Vitt, Elmar:* Rechtsprobleme des sogenannten „gefährlichen Befehls", NZWehrr 1994, 45; *Walz, Dieter:* Das Verhältnis von innerer Führung und Recht, NZWehrr 1984, 133; *ders.:* Rechtsfragen des Erlasses „Erzieherische Maßnahmen", NZWehrr 1985, 177; *Widmaier, Ulrich:* Zum Grundrecht des Soldaten auf freie Meinungsäußerung aus disziplinarrechtlicher Sicht ..., in: Fs für Walther Fürst, 2002, 407.
Weitere Literaturhinweise bei § 11.

Übersicht

	Rn.		Rn.
A. Allgemeines	1 – 12	bb) Mit Anspruch auf Gehorsam	55
1. Entstehung der Vorschrift	1 – 9	cc) Von einem militärischen Vorgesetzten einem Untergebenen erteilt	56 – 61
2. Änderungen der Vorschrift	10		
3. Bezüge zum Beamtenrecht bzw. zu sonstigen rechtl. Vorschriften	11 – 12	c) Rechtmäßigkeit des Befehls	62 – 79
B. Erläuterungen im Einzelnen	13	aa) Allgemeines	62 – 63
1. Zweck und Reichweite der Vorschrift	13 – 14	bb) Dienstlicher Zweck	64 – 73
2. Adressatenkreis	15 – 16	cc) Beachtung der Regeln des Völkerrechts	74 – 77
3. Absatz 1	17 – 23	dd) Gesetze	78
4. Absatz 2	24 – 37	ee) Dienstvorschriften	79
a) Zweck und Inhalt	24 – 26	d) Rechtsschutz gegen Befehle	80 – 82
b) Umfang der Dienstaufsichtspflicht	27 – 35	7. Absatz 5	83 – 100
		a) Satz 1	83 – 89
c) Ergänzende Vorschriften	36	b) Satz 2	90 – 100
d) Verhältnis zu anderen Pflichten	37	aa) Allgemeines	90 – 91
		bb) Befugnisse	92 – 100
5. Absatz 3	38 – 44	8. Absatz 6	101 – 111
a) Systematische Einordnung; Pflichtenkonkurrenzen	38 – 42	a) Zweck der Vorschrift	101
		b) Absatz 6 und Grundgesetz	102
b) Grundsätze	43	c) Adressatenkreis	103 – 107
c) Einzelpflichten	44	d) Pflichtenkonkurrenzen	108
6. Absatz 4	45 – 82	e) Äußerungen	109
a) Allgemeines	45 – 47	f) Zurückhaltung zu wahren	110
b) Begriff und Rechtsnatur des Befehls	48 – 61	g) Einzelfälle von Verstößen gegen Abs. 6 aus der Rechtsprechung	111
aa) Anweisung zu einem bestimmten Verhalten	52 – 54		

Pflichten des Vorgesetzten § 10

A. Allgemeines

1. Entstehung der Vorschrift

§ 8 des REntw.[1] sah unter der Überschrift „Pflichten des Vorgesetzten" folgende Vorschrift vor: 1

„(1) Der Vorgesetzte soll in seiner Haltung und Pflichterfüllung ein Beispiel geben.

(2) Er hat die Pflicht zur Dienstaufsicht und ist für die Disziplin seiner Untergebenen verantwortlich. Befehle hat er durchzusetzen.

(3) Er hat für seine Untergebenen zu sorgen.

(4) Befehle darf er zu dienstlichen Zwecken und nur unter Beachtung der Gesetze, der Regeln des Völkerrechts und der Dienstvorschriften erteilen. Er trägt für seine Befehle die Verantwortung."

Aus der amtl. **Begr.**[2] sind – da für die heutige Interpretation weiterhin von Bedeutung – folgende Passagen erwähnenswert: 2

Abs. 1 begründe keine neuen Pflichten; aus ihm ließen sich jedoch „schärfere Maßstäbe" bei der Ahndung von Pflichtverletzungen ableiten. Die Dienstaufsichtspflicht (Abs. 2) habe auch den „Charakter der Fürsorge". Als Mittel des Vorg., seine Befehle durchzusetzen werden genannt die persönliche Überwachung der Befehlsausführung, die Meldung der Ausführung, das Disziplinar- und Strafrecht und letztlich, „im Falle der äußersten Not" (in „kritischen Lagen im Kampf") ein „Notstandsrecht", den Gehorsam mit der Waffe zu erzwingen. Die Fürsorgepflicht (Abs. 3) sei in besonderem Maße geeignet, die Gemeinschaft zusammenwachsen zu lassen. Abs. 4 solle dem Missbrauch der Befehlsbefugnis vorbeugen.

In seiner Stellungnahme forderte der **BR**[3], in Abs. 1 die Wörter „ein Beispiel geben" zu ersetzen durch die Wörter „Vorbild sein". Zu Abs. 2 Satz 2 solle sicher gestellt werden, dass der Grds. der Verhältnismäßigkeit der Mittel gewahrt werde. 3

Die **BReg** widersprach in ihrer Gegenäußerung[4] beiden Vorschlägen. Das Wort „Beispiel" in Abs. 1 lasse mehr Raum für die „Objektivität soldatischer Tugenden", während das Wort „Vorbild" irrige subjektive Vorstellungen in Richtung einer „Heroisierung" ermögliche. 4

In der **1. Lesung** des REntw. im BT am 12.10.1955 löste § 8 des Entw. keine Debatte aus. Der Abg. *Merten* (SPD) meinte lediglich, u.a. § 8 sei dahingehend zu prüfen, ob er so umformuliert werden könne, dass er als „Richtlinie für die Ausbildung" genutzt werden könne.[5] 5

Der **Rechtsausschuss des BT** widmete der Vorschrift in seiner Sitzung vom 18.11.1955[6] mehr Raum. Nach kontroverser Aussprache zu der Forderung des BR bzgl. Abs. 2 Satz 2 schlug der Vertreter des BMVg, *Dr. Barth*, folgende Fassung vor: „Befehle hat er in der durch die Umstände gebotenen Weise durchzusetzen." Diesem Vorschlag stimmte der Rechtsausschuss mit großer Mehrheit zu.[7] In Abs. 4 stellte der Rechtsausschuss die Reihenfolge der dort aufgeführten Rechtsquellen um.[8] 6

---

1 BT-Drs. II/1700, 4.
2 BT-Drs. II/1700, 19.
3 BT-Drs. II/1700, 38.
4 BT-Drs. II/1700, 43.
5 Sten. Ber. 5786 (B).
6 Prot. Nr. 86, 23 ff.
7 Prot. Nr. 86, 25a.
8 Drs. 18 des Ausschusses für Beamtenrecht, 1.

Walz

§ 10   Gemeinsame Vorschriften

7   In seiner Sitzung vom 28.11.1955 verschob der **Ausschuss für Beamtenrecht des BT** Abs. 2 Satz 2 des REntw. nach Abs. 4.[9] Außerdem schloss sich der Ausschuss einem nachgereichten Vorschlag des Rechtsausschusses[10] an, einen neuen Abs. 5 anzufügen, der im Wesentlichen dem späteren Abs. 6 entsprach.

8   Materiellrechtl. Änd. an diesen Vorschlägen nahm der **VertA**[11] nicht mehr vor. Zu Abs. 1 bis 4 wiederholte er überwiegend wörtlich die Begr. der Regierungsvorlage. Abs. 4 Satz 2 in der vom Rechtsausschuss geä. Fassung beschloss der VertA wegen der „Wichtigkeit dieser Vorschrift" als neuen Abs. 5. Der vom Rechtsausschuss vorgeschlagene Abs. 5 wurde mit einer geringfügigen Umformulierung der neue Abs. 6. Hierzu stellte der VertA fest, dass der Vorg. den „Forderungen der Toleranz und der Gerechtigkeit" entsprechen müsse. Von einem Vorg. müsse erwartet werden, dass er auch andere Meinungen gelten lasse. Im Übrigen betonte der VertA die **inhaltliche Nähe des** Abs. **6 zu den §§ 15 und 10.**[12]

9   Das Plenum beschloss die vom VertA vorgelegte Fassung als § 10 in **2. und 3. Lesung** ohne weitere Änd.

2. Änderungen der Vorschrift

10   § 10 gilt seit der Erstfassung des SG **unverändert.** Änderungsvorschläge sind nicht bekannt geworden.

3. Bezüge zum Beamtenrecht bzw. zu sonstigen rechtl. Vorschriften

11   Eine mit § 10 vergleichbare Vorschrift kennen weder das Rahmenrecht der Beamten noch das Recht der Bundesbeamten. § 3 Abs. 2 BBG bestimmt lediglich, wer Dienstvorg. bzw. Vorg. eines Beamten ist. **Besondere Pflichten** dieser Vorg. gegenüber den ihnen unterstellten Beamten hat der Gesetzgeber **nicht formuliert.**[13] Die soldatenrechtl. Sonderregelung lässt sich mit dem spezifischen mil. Prinzip von Befehl und Gehorsam, der gesetzl. normierten Pflicht zur Kameradschaft (§ 12) und der – zumindest grds. – engen räumlichen Nähe von Vorg. und Untergebenen in umschlossenen mil. Anlagen und Einrichtungen und – erst recht – im Einsatz erklären.

12   Für **ZDL** enthält § 30a ZDG in Satz 1 die Sorgepflicht des Vorg., in Satz 2 die Pflicht zur Dienstaufsicht und in Satz 3 die mit § 10 Abs. 4 vergleichbaren Grenzen der Anordnungsbefugnis des Vorgesetzten.[14]

---

9 Prot. Nr. 37, 7.
10 Prot. Nr. 38 des Ausschusses für Beamtenrecht v. 5.12.1955, 4; Drs. 19 des Ausschusses für Beamtenrecht, 2.
11 Vgl. BT-Drs. II/2140.
12 BT-Drs. II/2140, 6.
13 Eine – beschränkte – Ausnahme hiervon enthält § 62 Abs. 3 Satz 2 BBG. Danach hat der Dienstvorgesetzte einem Beamten „Schutz zu gewähren", wenn eine Aussagegenehmigung versagt worden ist.
14 § 30a ZDG wurde durch Art. 1 Nr. 26 des G v. 25.6.1973 (BGBl. I S. 669) in das ZDG eingefügt. Die amtl. Begr. für diese Änd. (BT-Drs. 7/177, 1, 13) beschränkt sich auf den Hinw., der „Eigenständigkeit des zivilen Ersatzdienstes gegenüber dem Wehrdienst" sei „verstärkt Rechnung zu tragen". Die neue Vorschrift (des § 30a) übernehme „im Wesentlichen die Regelung des § 10 Abs. 2, 3 und 4 des Soldatengesetzes."

B. Erläuterungen im Einzelnen

1. Zweck und Reichweite der Vorschrift

Die amtl. **Überschrift** „Pflichten des Vorgesetzten" **führt** z.T. **in die Irre**:[15]   13
- Abs. 1 begründet **keine spezielle Dienstpflicht** des Vorgesetzten.[16]
- Abs. **2 und 3** formulieren solche besonderen Dienstpflichten des Vorg., enthalten indes **keine abschließende Aufzählung** aller Vorgesetztenpflichten.
- Abs. **4 und 5** sind wesentliche Teile des Befehlsrechts und gehören strukturell **zu** **§ 11**.
- Abs. 6 ist im Kontext mit § 15 Abs. 4 zu sehen. Während Abs. 6 unter der insoweit unzutreffenden Normüberschrift nur Offz und Uffz anspricht und ohne eindeutig auf deren Funktion als Vorg. abzustellen[17], richtet sich § 15 Abs. 4 – unabhängig von der Zugehörigkeit zu einer Laufbahn – an alle Vorgesetzten. Beide Best. sind zusammenzufügen.[18]
- **Weitere Pflichten** des Vorg. finden sich z.B. in § 14 Abs. 2 Satz 2, § 17 Abs. 3 i.V.m. § 23 Abs. 2 Nr. 2, § 32 Abs. 1 Satz 2 und § 33 Abs. 1 Satz 2.
- Umfassender und konkreter als § 10 und die anderen o.g. Best. des SG definieren die **§§ 30 ff. WStG** die ebenfalls so bezeichneten „**Pflichten der Vorgesetzten**" und die daran geknüpften wehrstrafrechtl. Konsequenzen. Es wäre lohnenswert, die in diesen Best. enthaltenen weiteren Pflichten der Vorg. in den Pflichtenkatalog des SG aufzunehmen, soweit sie dort noch nicht unmittelbar enthalten sind. Die Auffassung, alle mil. Straftaten seien zugleich Dienstvergehen[19], trifft nur dann und insoweit zu, als diejenigen Wehrstraftaten, die im SG nicht spiegelbildlich zu finden sind, notfalls über die Generalklausel des § 7 disziplinar verfolgt werden können und Vorg. im Soldatenstatus betroffen sind.

Die Bedeutung der Vorschrift ist damit im Wesentlichen auf die in den Abs. 2 bis 6   14
enthaltenden Einzelpflichten **beschränkt**. Diese wiederum haben in der mil. und forensischen Praxis ein sehr **unterschiedliches Gewicht**.[20]

2. Adressatenkreis

„Vorgesetzter" i.S.d. § 10 ist (nur) der **(mil.) Vorg.** i.S.d. § 1 Abs. 3 und der VorgV.[21]   15
Andere Vorg. von Soldaten[22], z.B. Beamte der Bundeswehrverwaltung oder der Rechtspflege der Bw, unterliegen nicht irgendwelchen Pflichten aus dem SG, mithin auch nicht dem Pflichtenkatalog des § 10. Für sie sind z.B. die allg. Pflichten des Bundesbeamten gem. §§ 52 ff. BBG maßgeblich.

Die §§ 30 bis 41 WStG gelten auch für Straftaten, die durch **mil. Vorg.** begangen wer-   16
den, die **nicht Soldaten** sind (§ 1 Abs. 2 WStG). Dies sind zzt. der **Min.** und **sein Stellvertreter** sowie, nach der Verkündung des V-Falles (Art. 115b GG) der **BK**.[23] Andere Zivil-

---

15   Vgl. *Peterson*, NZWehrr 1991, 12 (13).
16   Vgl. u. Rn. 18.
17   Vgl. u. Rn. 104 ff.
18   Von der Logik her sind beide Best. zumindest gegeneinander zu tauschen.
19   *Lingens*, NZWehrr 1989, 252.
20   Dabei kommt es nicht auf die Anzahl der jew. gerichtl. Entsch. an. In IURIS waren Ende 2005 235 Entsch. zu Abs. 1, 23 zu Abs. 2, 190 zu Abs. 3, 44 zu Abs. 4, 7 zu Abs. 5 u. 29 zu Abs. 6 gespeichert. Gemessen an der realen Bedeutung des Abs. 1 ist die Zahl 235 zu Abs. 1 als überproportional zu bewerten.
21   GKÖD I Yk, § 10 Rn. 1; *Stauf* I, § 10 SG Rn. 1.
22   Vgl. im Einzelnen die Komm. zu § 1 Abs. 3.
23   Vgl. die Komm. zu § 1 Rn. 56.

personen sind nicht mil. Vorg., da die VorgV von einer solchen Regelung bisher Abstand genommen hat.[24]

Soweit der Min., sein Stellvertreter und der BK dem WStG unterworfen sind, bedeutet dies nicht, dass ein Verstoß gegen § 10 für sie (auch) ein Dienstvergehen wäre.[25] Einer disziplinaren Maßregelung steht bereits § 23 Abs. 1 SG entgegen, ein Dienstvergehen i.S.d. SG setzt stets voraus, dass der Täter Soldat ist oder gewesen ist. Eine mit § 1 Abs. 2 WStG vergleichbare Best. enthält das SG nicht; Politiker können nicht disziplinar verfolgt werden.[26]

3. Absatz 1

17   Vorg. sollen in ihrer Haltung und Pflichterfüllung ein **Beispiel** geben. Mit dieser Formulierung hat sich der Gesetzgeber bewusst gegen den vermeintlich nur terminologischen Verbesserungsvorschlag des BR entschieden, der die Worte „ein Beispiel geben" durch die Worte „Vorbild sein" ersetzen wollte. Vorg. sollten nicht in ihrer Person als **Vorbild** hingestellt werden. Ziel war es, die Objektivität soldatischer Tugenden hervorzuheben, um irrige subjektive Vorstellungen in Richtung einer Heroisierung von Vorg. zu vermeiden.[27]

18   Abs. 1 konstituiert trotz der Überschrift des § 10 **keine eigenständige Pflicht**. Der Gesetzgeber wollte lediglich klarstellen, dass er von Vorg. die Erfüllung ihrer soldatischen Pflichten in gesteigertem Maße erwartet, woraus schärfere Maßstäbe bei der Bewertung und Ahndung von Pflichtverletzungen abzuleiten sind.[28] Die Norm ergänzt somit § 38 und § 58 Abs. 7 WDO.

19   Für die verschärfte Haftung der Vorg. ist es nicht erforderlich, dass die zu ahndende Pflichtverletzung in einer konkreten Vorg.-Untergebenensituation begangen wird. Da schon der Dienstgrad Uffz innerhalb umschlossener mil. Anlagen Befehlsbefugnis gegenüber Mannschaften verleiht (§ 4 Abs. 3 VorgV), und Vorg. gem. Abs. 2 für die Einhaltung der Disziplin dieser Mannschaften verantwortlich sind, unterliegen **alle Uffz und Offz** der verschärften Haftung des Abs. 1.[29]

20   Je höher Dienstgrad und Dienststellung eines Vorg. sind, desto mehr Ansehen und Vertrauen werden benötigt. Je höher Vorg. also in den Dienstgradgruppen steigen, desto größere Anforderungen sind an ihre **Zuverlässigkeit**, ihr **Pflichtgefühl** und ihr **Verantwortungsbewusstsein** zu stellen, und umso schwerer wiegen folglich Pflichtverletzungen.[30] Die Wahrnehmung einer besonderen Dienststellung wie z.B. Kompaniefeldwebel oder die Zugehörigkeit zu den Feldjägern, also einer Truppe, die mil. Ordnungsaufgaben wahrzunehmen hat, wirken nur dann verschärfend, wenn ein konkreter Zusammenhang zwischen der Pflichtverletzung und der Dienststellung gegeben ist.[31]

---

24 Schölz/Lingens, WStG, § 1 Rn. 24 ff.
25 Dies übersieht Lingens, NZWehr 1989, 252, wenn er meint, jeder Verstoß gegen die §§ 30 ff. WStG stelle zugleich disziplinarrechtl. eine Verletzung der Fürsorgepflicht dar.
26 Das BVerwG (E 113, 158 = NZWehr 1998, 26) hatte in einem Fall angenommen, der Min. habe „als höchster militärischer Vorgesetzter" des Soldaten u. nicht als Mitglied der BReg gehandelt; die von Soldaten behaupteten Fürsorgepflichtverletzungen seien solche gem. § 10 Abs. 3 u. nicht solche gem. § 31. Die – materiellrechtl. – Voraussetzungen einer Pflichtverletzung hätten jedoch nicht vorgelegen. Es wäre interessant gewesen, welche disziplinare Maßregelung das BVerwG vorgenommen hätte, wäre es zu einem anderen Ergebnis gekommen.
27 Vgl. o. Rn. 3 u. 4.
28 Vgl. die Begr. zu § 8 Abs. 1 des REntw. sowie den Ber. des VertA (BT-Drs. II/2140).
29 Vgl. auch Dau, WDO, § 38 Rn. 3; Scherer/Alff, SG, § 10 Rn. 3.
30 BVerwG NZWehr 2004, 83; BVerwGE 93, 196 jew. m.w.N.
31 Vgl. auch Scherer/Alff, SG, § 10 Rn. 3; GKÖD I Yk, § 10 Rn. 2; BVerwGE 43, 282.

Pflichten des Vorgesetzten § 10

Die Anwendung des Abs. 1 ist mangels einer dem § 46 StGB entspr. Norm auch bei der 21
Verletzung von Pflichten, die eine Vorgesetztenstellung als Tatbestandsmerkmal (§ 10
Abs. 2 bis 6, § 15 Abs. 4, § 17 Abs. 3, § 23 Abs. 2 Nr. 2) voraussetzen, nicht ausgeschlossen. Es liegt jedenfalls dann keine unzulässige **Doppelverwertung**[32] vor, wenn und soweit nicht schematisch auf Grund der Stellung als Vorg. an sich eine verschärfte Haftung angenommen wird, sondern Dienstgrad und Dienststellung bzw. die Funktion des Vorg. Berücksichtigung finden. Denn Vorg. mit höherem Dienstgrad sind auch bei der Verletzung von Vorgesetztenpflichten an höheren Maßstäben zu messen. Für die materiell gebotene Binnendifferenzierung auf allg. Normen wie § 7 oder § 38 WDO ausweichen zu müssen, widerspräche dem Sinn und Zweck der Norm, Vorg. bei der Erfüllung aller Dienstpflichten zur Beispielhaftigkeit zu mahnen.

Ferner ist es möglich und geboten, bei der Bewertung eines Pflichtverstoßes dienstgrad- 22
gleicher Vorg. auf deren unterschiedliche Funktion/Dienststellung abzustellen[33] (z.B. Verstoß gegen § 15 Abs. 4 durch zwei Hauptleute, von denen nur einer als KpChef die Stellung eines unmittelbaren Vorg. gem. § 1 VorgV hat und zugleich DiszVorg. ist). Auch dies spricht gegen die Annahme eines Doppelverwertungsverbotes.

Vorg., die ihren Dienst auf Grund der **WPfl** leisten, sind grds. nach den gleichen Maß- 23
stäben wie SaZ und BS zu behandeln.[34] Nichts anderes kann bei **Dienstleistungen** gem. §§ 59 ff. oder bei einer Eignungsübung gem. § 87 gelten, da selbst die Verleihung vorläufiger Dienstgrade der Mitwirkung der Betroffenen bedarf und sie sich somit nicht darauf berufen können, gegen ihren Willen verschärften Anforderungen gerecht werden müssen.

4. Absatz 2
a) Zweck und Inhalt

Abs. 2 verpflichtet die Vorg. zur **Dienstaufsicht**. Die **Verantwortung für die Disziplin** 24
ihrer Untergebenen ist selbstverständliche Folge der Aufgabe und Dienststellung als Vorg. und der damit verbundenen Dienstaufsichtspflicht.[35] Verantwortung für die Disziplin Untergebener bedingt die Pflicht, zunächst **Selbstdisziplin** zu üben, da der für die Disziplin besonders wichtige Gehorsam das Vertrauen der Untergebenen voraussetzt.[36] Durch den Gesetzgeber besonders hervorgehobenes Instrument zur Disziplinwahrung ist die Pflicht zur Durchsetzung von Befehlen gem. Abs. 5 Satz 2.[37] Die den Vorg. zur Erfüllung ihrer Pflichten aus Abs. 2 und Abs. 5 Satz 2 zu Verfügung stehenden Mittel sind daher weitgehend identisch.

Da Funktionsfähigkeit und innerer Zustand der SK vor allem davon abhängen, wie 25
Vorg. ihre Dienstaufsicht wahrnehmen, handelt es sich um ein vom Gesetzgeber geregeltes und eingefordertes **Führungsmittel**, dem im mil. Bereich grds. Bedeutung zukommt.

Dienstaufsicht hat nicht nur eine **Beobachtungs- und Überprüfungsfunktion**, sondern 26
auch eine **Erziehungs- und Eingriffsfunktion**.[38] Neben der Wahrung der Disziplin ihrer Untergebenen durch Beobachten und Kontrolle sowie dem Anhalten zur Erfüllung

---

32 A.A. *Dau*, WDO, § 38 Rn. 4; *Scherer/Alff*, SG, § 10 Rn. 5.
33 Vgl. *Dau*, WDO, § 38 Rn. 5; *Scherer/Alff*, SG, § 10 Rn. 4.
34 *Scherer/Alff*, SG, § 10 Rn. 6; GKÖD I Yk, § 10 Rn. 2; a.A. *Dau*, WDO, § 38 Rn. 5.
35 Nach *Scherer/Alff*, SG, § 10 Rn. 7, gehören die Begriffe Dienstaufsicht u. Verantwortung für die Disziplin untrennbar zusammen.
36 Vgl. BVerwGE 113, 279 = NZWehr 1999, 78.
37 Vgl. die amtl. Begr., BT-Drs. II/1700, 19.
38 BVerwG NJW 2001, 2343.

§ 10 Gemeinsame Vorschriften

ihrer Dienstpflichten bzw. zur Verhinderung von Pflichtverletzungen dient die Dienstaufsicht auch dazu, **Untergebene vor Nachteilen zu bewahren**, insbes. drohende Gefahren eines materiellen oder immateriellen Schadens von ihnen abzuwenden. Insoweit berühren sich die Dienstaufsichtspflicht und die **Fürsorgepflicht** der Vorg. gem. Abs. 3.[39]

b) Umfang der Dienstaufsichtsichtspflicht

27 Der Umfang der Dienstaufsichtspflicht wird in erster Linie durch die **Dienststellung** der Vorg. bestimmt und setzt ein Vorg. – Untergebenenverhältnis voraus.[40]

Die Pflicht zur Ausübung der Dienstaufsicht obliegt den Vorg. allerdings gegenüber dem Dienstherrn und nicht gegenüber den Untergebenen. Soldaten haben daher **keinen subjektiven Anspruch auf Ausübung der Dienstaufsicht** zu ihren Gunsten.[41]

28 Mangelnde Dienstaufsicht kann jedoch einen Verstoß gegen die Fürsorgepflicht der Vorg. gem. Abs. 3 darstellen und als Mitursache der dienstl. Verfehlung eines Untergebenen bei der **Bemessung der Disziplinarmaßnahme** dann mildernd berücksichtigt werden, wenn Kontrollmaßnahmen durch Vorg. auf Grund besonderer Umstände unerlässlich waren und pflichtwidrig unterlassen wurden. In einem solchen Fall kann dem Soldaten eine **Minderung der Eigenverantwortung** zugebilligt werden.[42]

29 Dienstaufsicht umfasst die Pflicht, die Untergebenen zur treuen Erfüllung ihrer Pflichten anzuhalten und sie vor dem Begehen von Pflichtverletzungen sowie der Gefahr disziplinarer Maßregelung zu bewahren.[43] Es kann z.B. geboten sein, eine Untersuchung der weiteren Dienst- und Verwendungsfähigkeit zu veranlassen, wenn hinreichende Anzeichen für erhebliche persönliche und psychische Probleme vorliegen.[44]

30 Vorg. haben nicht nur die Pflicht, sich über das Verhalten ihrer Untergebenen zu unterrichten, sondern sie müssen auch die erforderlichen Konsequenzen und die notwendigen Entscheidungen und Maßnahmen treffen. Die Entscheidung, wie und wann sie tätig werden, liegt zwar in ihrem pflichtgemäßen Ermessen und richtet sich nach den Umständen des Einzelfalles. Bleiben Vorg. jedoch untätig, obwohl sie an sich handeln oder einschreiten müssten, verletzen sie ihre Dienstaufsichtspflicht, wenn und soweit diese eine zielgerichtete Reaktion verlangt, um eigenes oder fremdes Fehlverhalten zu Lasten eines Untergebenen zu unterlassen oder zu unterbinden. Dies gilt insb. für Vorg. gem. § 1 VorgV, die für das mil. relevante Verhalten ihrer Untergebenen im und außer Dienst Verantwortung tragen und dem Dienstherrn für die Aufrechterhaltung der Disziplin ihrer Untergebenen zu garantieren haben.[45] Die Pflicht zur Dienstaufsicht endet daher ebenso wenig wie die Pflicht zur Fürsorge mit dem Dienst oder an den Toren dienstl. Unterkünfte und Anlagen.[46]

31 Gegen das Ansehen der Bw schädigende Maßnahmen und Handlungen Untergebener ist mit geeigneten Mitteln einzuschreiten. Dies kann ein Verbot der Dienstausübung gem. § 22 gebieten oder rechtfertigen, wenn z.B. anderenfalls die Gefahr bestünde, dass in der Öffentlichkeit der Vorwurf erhoben werden könnte, dass z.B. nationalsozialistischen Umtrieben junger Offz nicht entschieden entgegengetreten werde. Das daraus

---

39 So schon die amtl. Begr., BT-Drs. II/1700, 19.
40 So auch *Scherer/Alff*, SG, § 10 Rn. 9; GKÖD I Yk, § 10 Rn. 3.
41 St.Rspr.; vgl. BVerwG NZWehr 1991, 211 unter Hinw. auf BVerwG 1 WB 2/87; so auch *Scherer/Alff*, SG, § 10 Rn. 14; GKÖD I Yk, § 10 Rn. 3 u. 4; *Stauf* I, § 10 SG Rn. 6.
42 BVerwG NZWehr 2005, 79 m.w.N.; BVerwG NVwZ-RR 2003, 574.
43 BVerwGE 83, 285 = NZWehr 1987, 120.
44 BVerwG NZWehr 2005, 79.
45 BVerwG NJW 2001, 2343.
46 BVerwGE 83, 285 = NZWehr 1987, 120.

resultierende Gebot sofortigen Handelns macht keine zeitaufwändige und erschöpfende Aufklärung erforderlich.[47]

Ein Vorg. kann nicht durch **aktive Verletzung eigener Dienstpflichten** zugleich der Pflicht zur Dienstaufsicht gegenüber ihm unterstellten Soldaten zuwiderhandeln.[48] Vorg., die ein entwürdigendes Aufnahmeritual leiten, verstoßen nicht dadurch gegen ihre Dienstaufsichtspflicht, dass sie selbst aktiv das tun, was sie bei Untergebenen unterbinden müssten.[49] DiszVorg., die ein entwürdigendes Aufnahmeritual nicht untersagen, sondern dulden, verstoßen als Vorg. gem. § 1 VorgV allerdings auch dann gegen ihre Aufsichtspflicht, wenn sie die Leitung dem Kompaniefeldwebel übertragen.[50] 32

Ein Verstoß gegen Abs. 2 liegt auch dann vor, wenn unterstellte Soldaten in Abwesenheit des aufsichtspflichtigen Vorg. pflichtwidrig handeln und deren Fehlverhalten – z.b. die Anwendung entwürdigender Bestrafungsrituale – durch den Vorg. institutionalisiert wurde. Insoweit müssen Vorg. auch die **Ausweitung eigenen Fehlverhaltens verantworten**.[51] 33

In **gefahrenträchtigen Bereichen** reicht ein Dienst nach Vorschrift nicht aus. Gefordert ist vielmehr ein mitdenkender Gehorsam im Vollziehen von und Handeln nach Vorschriften. Es reicht nicht aus, sich auf die Mitarbeit von Kameraden zu verlassen und auf deren korrektes Verhalten zu vertrauen.[52] 34

Die Duldung befehlswidrigen Alkoholgenusses durch einen unterstellten Uffz ist ein Verstoß gegen die Dienstaufsichtspflicht.[53] Auch ein Vorg., dem gemeldet wird, dass in seinem Zuständigkeitsbereich ein Ausbildungsprogramm unter Einschluss der Zubereitung und des Verzehrs von Regenwürmern vorgesehen ist und der nicht einschreitet, verstößt ebenso gegen Abs. 2.[54] wie ein Vorg., der es zulässt, dass ein ihm unterstellter Soldat einen Untergebenen rechtswidrig vorläufig festnimmt.[55] 35

c) Ergänzende Vorschriften

Die Dienstaufsichtspflicht gem. Abs. 2 wird bestätigt und ergänzt durch 36

- § 8 Abs. 2 WBO, der klarstellt, dass Vorg. im Rahmen ihrer Dienstaufsicht Mängel auch im Falle der Rücknahme einer Wehrbeschwerde abstellen müssen,
- § 12 Abs. 3 Satz 2 WBO, wonach verfristeten Beschwerden im Wege der Dienstaufsicht nachzugehen ist,
- § 13 Abs. 1 WBO, der dazu verpflichtet, bei begründeten Beschwerden für Abhilfe zu sorgen,
- § 14 WBO, wonach die Untersuchung im Rahmen eines Beschwerdeverfahrens stets auch darauf zu erstrecken ist, ob mangelnde Dienstaufsicht vorliegt und
- § 46 WDO, der Vorgaben für die Dienstaufsicht über DiszVorg. in der Ausübung der Disziplinarbefugnis macht.

§ 41 WStG stellt die Unterlassung pflichtgemäßer Aufsicht unter Strafe, sofern dadurch wenigstens fahrlässig eine schwerwiegende Folge i.S.d. § 2 Nr. 3 WStG verursacht wird.

---

47 BVerwGE 63, 250.
48 BVerwGE, 113, 63.
49 BVerwG NJW 2001, 162 m.w.N.; a.A. *Stauf* I, § 10 SG Rn. 8 unter Hinw. auf *Lingens*, NZWehrr 1989, 251.
50 BVerwG NJW 2001, 162.
51 BVerwGE 86, 362 = NZWehrr 1991, 77.
52 BVerwGE 93, 100 = NZWehrr 1992, 34 unter Hinw. auf BVerwG 2 WD 16.90.
53 BVerwGE 93, 196; BVerwG 2 WD 20/82; BVerwG 2 WD 23/84.
54 BVerwGE 93, 108 = NZWehrr 1991, 254.
55 BVerwG NZWehrr 1984, 74.

Hucul

d) Verhältnis zu anderen Pflichten

37 Abs. 2 verdrängt § 7, soweit Vorg. nicht selbst tun, was sie zu unterbinden hätten oder dem Dienst unerlaubt fernbleiben und deshalb keine Dienstaufsicht ausüben können.[56] Das Unterlassen der Korrektur eigener Maßnahmen, insbes. rechtsfehlerhafter Befehle, stellt keinen Verstoß gegen Abs. 2 dar. Die Pflicht, eigene Fehler zu bereinigen, ergibt sich aus anderen Pflichten (insbes. § 7 oder § 10 Abs. 3 und § 12). Disziplinare Ermittlungsmaßnahmen eines DiszVorg. ohne hinreichenden Tatverdacht stellen keinen Verstoß gegen die Pflicht zur Dienstaufsicht dar, wohl aber gegen § 10 Abs. 3 und § 12 sowie ggf. § 7.[57]

5. Absatz 3
a) Systematische Einordnung; Pflichtenkonkurrenzen

38 Die **dogmatische Zuordnung** des Abs. 3 zu anderen Einzelpflichten des Soldaten bzw. des Vorg. bzw. des Dienstherrn liegt nicht ohne Weiteres auf der Hand. Dies gilt insbes. für das Verhältnis des Abs. 3 zu § 31. **Mehrere Deutungen** sind denkbar[58]:

Abs. 3 könnte gegenüber § 31 lex specialis sein mit der Folge, dass eine Verletzung des Abs. 3 stets die Verletzung des § 31 ausschließen würde. Die Fürsorgepflicht des Vorg. könnte sich auch aus der des Dienstherrn ergeben und zwar dann, wenn der Vorg. im konkreten Fall als dessen Erfüllungsgehilfe handele.[59] Dies soll der Regelfall sein.[60] Nur dann wenn die Fürsorgepflicht dem Vorg. „bei eigenständigem truppendienstlichem Bezug persönlich obliege", handele es sich – ausschließlich – um einen Fall des Abs. 3.[61] Schließlich könnte Abs. 3 „neben" der Fürsorgepflicht des Dienstherrn nach § 31 stehen.[62]

39 Für die Praxis ist die Beantwortung dieser Problematik im Hinblick auf evtl. **Schadensersatzansprüche** und den dann einzuschlagenden **Rechtsweg** von Bedeutung. Handelt der Vorg. als Organ für den Dienstherrn, ist der Verwaltungsrechtsweg eröffnet; handelt er im mil. Über- und Unterordnungsverhältnis, muss der Soldat die Wehrdienstgerichte bemühen. Der Umstand, dass im Beamtenverhältnis mangels einer entspr. formulierten Vorgesetztenpflicht ausnahmslos nur die des Dienstherrn (gem. § 79 BGB) verletzt sein kann, lässt nicht den Schluss zu, dass die Rechtslage im soldatischen Dienstrecht die Gleiche sein muss. Wäre dies so, wäre Abs. 3 bedeutungslos.

40 Angesichts dieser Situation kann die hier relevante Frage nur im **Einzelfall** gelöst werden. Hat der Vorg. gegen **Rechtsnormen** verstoßen, die in Ausformung des § 31 erlassen worden sind, liegt eine **Verwaltungsangelegenheit** vor. Hat der Vorg. **ohne** einen derartigen **Normbezug** – z.B. im nicht-kodifizierten Bereich der Grds. der Inneren Führung[63] – gehandelt, ist allein Abs. 3 betroffen. Es liegt dann eine **truppendienstl. Angelegenheit** vor.

Die Fürsorgepflicht des Vorg. folgt in solchen Fällen unmittelbar aus Abs. 3. Eines zusätzlichen Rückgriffs auf § 7 bedarf es **nicht**. Abs. 3 ist gegenüber der allg. Treuepflicht lex specialis.[64]

---

56 Vgl. *Scherer/Alff*, SG, § 10 Rn. 15.
57 Vgl. *Scherer/Alff*, SG, § 10 Rn. 15; BVerwG NZWehr 1999, 78.
58 Vgl. zu dem Folgenden BVerwGE 44, 52 = NZWehr 1974, 73.
59 So bereits BDHE 6, 189.
60 GKÖD I Yk, § 10 Rn. 5. Das BVerwG (E 44, 52, 55 = NZWehr 1974, 73) hatte dies offen gelassen.
61 BVerwGE 63, 246; GKÖD I Yk, § 10 Rn. 5.
62 *Scherer/Alff*, SG, § 10 Rn. 17.
63 Vgl. hierzu *Walz*, NZWehr 1984, 133.
64 A.A. GKÖD I Yk, § 10 Rn. 5; *Scherer/Alff*, SG, § 10 Rn. 19 (die dort zit. Entsch. des BVerwG – E 53, 272 = NZWehr 1977, 180 – betraf den Fall, dass der Vorg. nicht nur seiner Sorgepflicht

Die Pflicht zur Fürsorge und die **Pflicht zur Kameradschaft** (§ 12) stehen **gleichrangig** 41
nebeneinander; sie schließen sich nicht gegenseitig aus.[65] Der Versuch des BVerwG[66],
eine Verletzung des Abs. 3 auszuschließen und nur eine solche des § 12 anzunehmen,
wenn der Vorg. „nicht als solcher tätig geworden ist", wirkt künstlich und ist mit der
Logik der gesetzl. Pflichten eines Vorg. und dessen Rechtsstellung als solcher nicht in
Einklang zu bringen.[67]

In Betracht kommt neben der Verletzung des Abs. 3 schließlich auch eine solche des 42
§ 17 Abs. 2 Satz 1.[68]

b) Grundsätze

In st.Rspr. entnimmt das BVerwG aus Abs. 3 die Pflicht des Vorg., von seinen Befugnis- 43
sen gegenüber dem Untergebenen „unter angemessener Berücksichtigung der persönlichen Belange des Untergebenen Gebrauch zu machen und sich bei allen Handlungen
vom **Wohlwollen** dem Soldaten gegenüber leiten zu lassen."[69] Der Vorg. muss z.b. stets
bemüht sein, den Soldaten im Rahmen des Möglichen **vor Nachteilen und Schäden zu
bewahren**. Der Vorg. hat den Untergebenen **nach Recht und Gesetz zu behandeln**.[70] In
Verwendungsentscheidungen hat der Vorg. auch die **persönlichen und familiären Belange** des Soldaten in seine Überlegungen **einzubeziehen**.[71]

c) Einzelpflichten

Aus diesen Grds. hat die **Rspr.**[72] z.B. folgende **Einzelpflichten** des Vorg. abgeleitet: 44

- Strikte **Achtung der körperlichen „Integrität"** des Untergebenen. Hinweis auf Art. 1
  Abs. 1 und Art. 2 Abs. 2 Satz 1 GG sowie §§ 30, 31 WStG. Die Achtung der Würde
  des Untergebenen gehört zu den „vornehmsten Pflichten" des Vorg. (vgl. auch die
  Stichworte „Körperverletzung" und „Ehre des Untergebenen").[73]
- Verbot, Untergebene zum Genuss von **Betäubungsmitteln** zu verleiten.[74]
- Verbot, einen **Diebstahl** zum Nachteil von Untergebenen zu begehen.[75]
- Der Vorg. darf Untergebene nicht der Gefahr **disziplinarer oder strafrechtl. Maßre-
  gelung** aussetzen; er hat den Untergebenen vor der Begehung von Dienstpflicht-
  verletzungen zu bewahren.[76]

---

unzureichend nachgekommen war, sondern darüber hinaus seine dienstl. Aufgaben schlecht
erfüllt hatte).
65 Vgl. bereits BVerwG 2 WD 98/78; Komm. zu § 12 Rn. 12; GKÖD I Yk, § 10 Rn. 5; *Scherer/Alff*,
SG, § 10 Rn. 19 jew. m.w.N.
66 Vgl. zuletzt BVerwGE 103, 148 = NZWehrr 1995, 166.
67 So zutr. *Lingens*, NZWehrr 1989, 251; *Stauf* I, § 10 SG Rn. 10, gegen die h.M.
68 Vgl. zuletzt BVerwG NZWehrr 2002, 254 (255); GKÖD I Yk, § 10 Rn. 8.
69 Vgl. zuletzt BVerwG ZBR 2005, 346 m.w.N.; *Lingens*, BWV 2001, 130; *Scherer/Alff*, SG, § 10
Rn. 21 m.w.N.
70 Vgl. zuletzt BVerwGE 120, 193 = NZWehrr 2004, 213 (217); GKÖD I Yk, § 10 Rn. 7; *Scherer/
Alff*, SG, § 10 Rn. 20 m.w.N.
71 BVerwG ZBR 2005, 346 m.w.N.; *Scherer/Alff*, SG, § 10 Rn. 24.
72 Im Mittelpunkt der nachfolgenden Übersicht steht die jüngere Rspr. des BVerwG – WDS. Zu
früheren Entsch. vgl. GKÖD I Yk, § 10 Rn. 7 ff.; *Scherer/Alff*, SG, § 10 Rn. 23 ff.; *Stauf* I, § 10 SG
Rn. 12 ff.
73 BVerwG NZWehrr 2003, 122 (123); NZWehrr 2004, 83 (85); NZWehrr 2005, 79 (80).
74 BVerwGE 93, 3 = NZWehrr 1991, 118; BVerwGE 103, 148 = NZWehrr 1995, 166; BVerwG
Buchholz 236.1 § 7 SG Nr. 329.
75 BVerwG NZWehrr 1995, 77.
76 BVerwGE 83, 285 = NZWehrr 1987, 120 (121) – Weigerung wpfl Soldaten, das feierliche Gelöbnis abzulegen; BVerwGE 93, 265 = NZWehrr 1993, 76 – Aufforderung an Untergebene, die
Unwahrheit zu sagen; BVerwG DokBer B 2000, 151 – Werbung von Untergebenen für ein
Glücksspiel; BVerwGE 120, 166 = NZWehrr 2004, 209 (211) m.w.N.; BVerwG ZBR 2005, 425.

- Verbot, Untergebene beleidigend, **ehrverletzend**, unwürdig zu behandeln.[77]
- Anspruch des Untergebenen auf „planbare **Freizeit**".[78]
- Beachtung des **Grds. der Verhältnismäßigkeit** bei allen Disziplinar- und Personalmaßnahmen.[79]
- Verbot, Untergebene **körperlich zu misshandeln**.[80]
- Verbot, Untergebene bzw. dienstl. Material zu **privaten Zwecken** einzusetzen.[81]
- Verbot, Untergebene „**anzupumpen**".[82]
- Verbot, Untergebene **sexuell zu belästigen**/intime Beziehungen zu Untergebenen aufzunehmen.[83]
- Gebot, bei **Verwendungsentscheidungen** die persönlichen/familiären Belange des Untergebenen ausreichend zu berücksichtigen.[84]
- Verbot, Untergebene durch **leichtfertigen Umgang mit Waffen und Munition** zu gefährden.[85]
- Gebot, die **Würde** des Untergebenen besonders zu achten.[86]

6. Absatz 4
a) Allgemeines

45 Abs. 4 legt die rechtl. Grenzen der Befehlsbefugnis fest. Aus der Art der Formulierung und der systematischen Stellung der Best. ergibt sich, dass der Gesetzgeber die Befehlsbefugnis mil. Vorg. im Grunde als **selbstverständlich** vorausgesetzt hat. Angesichts der militärspezifischen Hierarchie in der Organisation der SK sah er sich jedoch veranlasst, die Wahrung bestimmter rechtl. Vorgaben bei der Befehlsgebung ausdrücklich als Pflicht des mil. Vorg. zu normieren.[87] Demgegenüber findet sich im Beamtenrecht keine vergleichbare Best. über die rechtl. Grenzen der Weisungsbefugnis.

46 Dogmatisch weist Abs. 4 eine **Doppelnatur** auf. Für sich betrachtet begründet er zunächst eine **Dienstpflicht für den mil. Vorg.**, bestimmt also, was dieser bei der Erteilung von Befehlen zu beachten hat. Insoweit stellt Abs. 4 einen Maßstab für mögliche Dienstvergehen von Vorg. dar. Im Zusammenspiel mit der Gehorsamspflicht des § 11 Abs. 1 Satz 1 und 2 ist er darüber hinaus auch als **Ermächtigungsgrundlage für Befehle** zu verstehen, d.h. als allg. Rechtmäßigkeitsvoraussetzung für dieses mil. Führungsinstrument. Dabei legt Abs. 4 keine konkreten tatbestandlichen Voraussetzungen für einen Befehl fest, sondern stellt den Befehl unter den Vorbehalt allg. gehaltener Grenzen.

---

77 BVerwG NZWehrr 1989, 110 (113); BVerwGE 103, 321 = NZWehrr 1997, 205; BVerwGE 113, 158 = NZWehrr 1998, 26; BVerwG NZWehrr 2001, 171 (172); BVerwG NZWehrr 2005, 38.
78 BVerwGE 93, 163 = NZWehrr 1992, 70 (71).
79 BVerwGE 113, 148 = NZWehrr 1998, 119.
80 BVerwGE 83, 210 = NZWehrr 1987, 27; BVerwGE 86, 362 = NZWehrr 1991, 77 – „Bestrafungsritual"; BVerwGE 93, 19 = NZWehrr 1991, 163; BVerwGE 93, 140; BVerwGE 113, 70 = NZWehrr 1997, 212; BVerwGE NZWehrr 1999, 208 (Betonung des tradierten Verbots, Untergebene anzufassen); BVerwGE 113, 272 = NZWehrr 1999, 121 (122) – „Erziehungsritual"; BVerwGE 113, 311 = NZWehrr 1999, 169 – Befragung als „Gefangener".
81 BVerwGE 86, 218 = NZWehrr 1990, 119; BVerwGE 103, 275 = NZWehrr 1996, 33.
82 BVerwG NZWehrr 1992, 261.
83 BVerwG NZWehrr 1995, 79; BVerwGE 103, 257 = NZWehrr 1996, 34; BVerwGE 113, 279 = NZWehrr 1999, 78; BVerwGE 113, 296 = NZWehrr 1999, 250; BVerwG NZWehrr 2001, 30; BVerwGE 115, 174 = NZWehrr 2002, 79 (80); BVerwG NZWehrr 2002, 254 (255).
84 BVerwG NZWehrr 1993, 124; BVerwGE 103, 134 = NZWehrr 1995, 29; BVerwG NZWehrr 1995, 120; BVerwG NZWehrr 1996, 160; BVerwG NZWehrr 1998, 35; BVerwG NZWehrr 2000, 34; BVerwG NZWehrr 2000, 123; BVerwG NZWehrr 2001, 127; BVerwG ZBR 2005, 346.
85 BVerwGE 93, 100 = NZWehrr 1992, 34; BVerwG NZWehrr 1994, 75.
86 BVerwGE 113, 63; BVerwG DokBer B 2001, 162; BVerwG NZWehrr 2001, 247.
87 BT-Drs. II/1700, 10.

Diese können i.d.R. nur in dem Sinne geprüft werden, ob sie durch den Befehl im Einzelfall überschritten werden. Ist dies nicht der Fall, ist der Befehl gem. Abs. 4 grds. rechtmäßig, ohne dass er einer weiteren rechtl. Legitimation bedarf. Zwischen diesen beiden Funktionen des Abs. 4 muss differenziert werden, da der rechtl. Rahmen, innerhalb dessen die Best. anzuwenden ist, sich danach unterscheidet, ob es um die „quasi verwaltungsrechtl." Best. der Rechtmäßigkeit eines Befehls geht (z.b. im Beschwerdeverfahren) oder um die Feststellung eines Dienstvergehens.

Sind mit dem Befehl **Grundrechtseinschränkungen für den Untergebenen** verbunden, ist als materieller Maßstab für dessen Rechtmäßigkeit zusätzlich auf die im SG verankerten soldatischen Einzelpflichten abzustellen. Unter der Rechtsordnung des GG ist ein besonderes Gewaltverhältnis im klassischen Sinne nicht mehr begründbar.[88] Der Detaillierungsgrad diesbezüglicher Regelungen kann aber wesentlich geringer ausgeprägt sein als bei einer Ermächtigungsgrundlage im allg. Staat-Bürger-Verhältnis, um so der Vielfalt und Situationsoffenheit des mil. Dienstverhältnisses gerecht zu werden.[89]

b) Begriff und Rechtsnatur des Befehls

Das SG definiert den Begriff des Befehls nicht. Nach ganz h.M. ist die Definition des § 2 Nr. 2 WStG für das gesamte Wehrrecht zu Grunde zu legen.[90] Danach ist ein Befehl eine Anweisung zu einem bestimmten Verhalten, die ein mil. Vorg. einem Untergebenen schriftl., mündlich oder in anderer Weise, allg. oder für den Einzelfall und mit dem Anspruch auf Gehorsam erteilt. Bei einem Befehl handelt es sich somit um eine öff.-rechtl. Handlungsform innerhalb der SK. Vom VA unterscheidet sich der Befehl in erster Linie dadurch, dass er keine Rechtwirkungen nach außen entfaltet. Insoweit weist er starke Parallelen zur dienstl. Anweisung im Beamtenrecht (vgl. §§ 55, 56 BBG) auf. Hins. seiner rechtl. Grenzen und Folgewirkungen, insbes. was die Differenzierung zwischen Rechtswidrigkeit und Unverbindlichkeit betrifft, ist er stärker formalisiert. Das **Nichtbefolgen eines Befehls** ist unter bestimmten Voraussetzungen **strafbar** (§§ 19, 20, 21 WStG); andererseits ist die rechtl. Verantwortung eines Soldaten, der auf Befehl handelt, eingeschränkt (vgl. § 5 WStG, § 11 Abs. 2 Satz 2 SG, § 3 VStGB).

Die Definition des Befehls ist von Bedeutung, da rechtssystematisch zwischen der Frage nach dem Vorliegen eines Befehls und der Frage nach seiner Rechtswidrigkeit und Verbindlichkeit zu unterscheiden ist.[91] Nur wenn ein Befehl vorliegt, greift Abs. 4 ein. Nur ein Befehl im Rechtssinne kann unter den Voraussetzungen des § 11 unverbindlich sein. Ist schon begrifflich kein Befehl gegeben, wird – vergleichbar mit dem unverbindlichen Befehl – keine Gehorsamspflicht ausgelöst; die Rechtswirkungen des unverbindlichen Befehls gem. § 5 WStG, § 11 Abs. 2 Satz 2 SG und § 3 VStGB entfallen[92]. Ebenso kann eine Dienstpflichtverletzung gem. Abs. 4 grds. nur angenommen werden, wenn ein Befehl im Rechtssinne erteilt wurde.

Die entscheidenden **Merkmale des Befehls** sind gem. § 2 Nr. 2 WStG:

- Anweisung zu einem bestimmten Verhalten
- mit dem Anspruch auf Gehorsam
- von einem mil. Vorg. einem Untergebenen erteilt.

---

88 Grundlegend BVerfGE 33, 1 (11).
89 *Loschelder, Wolfgang:* Grundrechte im Sonderstatut, in: *Isensee/Kirchhof* (Hrsg.), HStR V, 2. Aufl. 2000, § 123 Rn. 52 ff.
90 BVerwGE 86, 349; GKÖD I Yk, § 10 Rn. 12; *Scherer/Alff,* SG, § 10 Rn. 40; a.A. *Burmester,* NZWehrr 1990, 89 (97); *Stauf* I, § 10 SG Rn. 18.
91 Unklar BVerwGE 233, 108.
92 Zur Irrtumsproblematik in dieser Konstellation vgl. *Schölz/Lingens,* WStG, § 5 Rn. 3.

Sohm

§ 10 Gemeinsame Vorschriften

51 Dagegen unterliegt der Befehl **keinen formalen Voraussetzungen**. Er kann schriftl., mündlich und auf sonstige Weise, z.b. durch Zeichen, Signale, Pfiffe u.a. unmissverständliche Ausdrucksformen erteilt werden.[93] Auch in Dienstvorschriften[94], Erlassen und allg. dienstl. Weisungen, die dem staatlichen Innenrecht zuzuordnen sind, können Befehle enthalten sein, sofern sie klare Verhaltensweisen für bestimmte Situationen oder Lagen vorgeben (sog. Dauerbefehle).[95] Demgegenüber enthalten Gesetze und RVO, auch wenn aus ihnen unmittelbare Verhaltenspflichten folgen, keine Befehle, da es sich hierbei um andere rechtl. Handlungsformen handelt. Nicht erforderlich ist, dass der Befehl als solcher bezeichnet wird.[96]

52 **aa) Anweisung zu einem bestimmten Verhalten:** Ein Befehl liegt nur dann vor, wenn dem Untergebenen ein **bestimmtes Verhalten** oder Unterlassen aufgegeben wird. Allg. Belehrungen oder Anweisungen, die weder eine Verhaltensweise noch ein zu erreichendes konkretes Ziel vorgeben, stellen keine Befehle dar. Ebenso wenig sind Verlautbarungen mil. Vorg., die keine Pflichten begründen, z.B. Tages- oder Jahresbefehle des BMVg, Befehle im Rechtssinne. Die Tatsache, dass dem Untergebenen ein großer Freiraum bei der Erfüllung des Befehls gewährt wird, schließt den Befehlscharakter nicht aus.[97] Ausreichend ist, dass ihm vorgegeben wird, was er zu erreichen hat. Bei bloßen **Zielvorgaben** (z.B. eine gegnerische Stellung einzunehmen) liegt die Handlungsanweisung darin, die nach allg. Verständnis erfolgversprechenden Maßnahmen zu treffen. Wird das Ziel nicht erreicht (z.B. der Angriff zurückgeschlagen), liegt kein Verstoß gegen den Befehl vor, sofern der Untergebene den Angriff unter Beachtung anerkannter taktischer Grundsätze geführt hat. Dies entspricht der in den deutschen SK traditionellen **Auftragstaktik**[98], die sich im Befehlsrecht niederschlagen muss. Es schadet nicht, wenn der Befehl unter einer bestimmten **Bedingung** erteilt wird.

53 Kein eigenständiger Befehl liegt vor, wenn ein **Zwischenvorg.** lediglich die Entscheidung eines höheren Vorg. bekannt gibt, ohne dabei einen eigenen Entscheidungsspielraum zu haben. Es liegt dann nur ein Befehl des höheren Vorg. vor.[99]

54 **Versetzungen** von Soldaten sind als **Befehle** zu qualifizieren. Sie verpflichten den Soldaten zur nicht nur vorübergehenden Dienstleistung in einer anderen Einheit oder an einem anderen Standort.[100] Dasselbe gilt für Kommandierungsverfügungen.[101]

55 **bb) Mit Anspruch auf Gehorsam:** Dieses Merkmal folgt im Grunde bereits aus der Anweisung zu einem bestimmten Verhalten. Es grenzt den Befehl von bloßen **Bitten**, Empfehlungen und Ratschlägen ab. Der Vorg. muss seine Erwartung deutlich machen, dass seine Anweisung befolgt wird. Ist dies eindeutig, schließen Höflichkeitsfloskeln, wie die Form einer Bitte oder Frage, den Befehlscharakter nicht aus.[102] Der Anspruch auf Gehorsam ist nicht mit der Frage zu verwechseln, ob der Befehl tatsächlich verbindlich ist, also Gehorsam begründet. Es kommt nur darauf an, dass der Vorg. subjektiv erwartet, dass seine Anweisung ausgeführt wird, und dieses Verständnis klar zum Ausdruck bringt.

---

93 *Schölz/Lingens*, WStG, § 2 Rn. 18.
94 Vgl. BVerwGE 93, 115; BVerwGE 113, 76.
95 *Dau*, WBO, § 1 Rn. 125.
96 BVerwGE 76, 122.
97 Vgl. BVerwG NZWehrr 1985, 200.
98 Hierzu umfassend *Oetting*, passim u. 210 f.
99 BVerwGE 46, 78; BVerwG 1 WB 97/78.
100 ZDv 14/5 B 171 Nr. 1.
101 BVerwG NZWehrr 1993, 71.
102 BVerwGE 73, 293; BVerwG NZWehrr 2002, 76.

cc) Von einem militärischen Vorgesetzten einem Untergebenen erteilt: Die Feststel- 56
lung der **Vorgesetzteneigenschaft** weist rechtl. Probleme auf.[103] Dies hängt mit der Definition des mil. Vorg. zusammen. Nach § 1 Abs. 3 Satz 1 ist Vorg., wer befugt ist, einem Soldaten Befehle zu erteilen. Die Befehlsbefugnis begründet somit mit die Vorgesetzteneigenschaft. Nur insoweit, als ein Soldat befugt ist, Befehle zu erteilen, ist er auch Vorgesetzter. Der Befehl wiederum setzt u.a. voraus, dass ein mil. Vorg. handelt. Der Befehl ist seinerseits Tatbestandsmerkmal des Begriffs des Vorgesetzten. Ob diese gegenseitige Gesetzl. Verweisung des § 1 Abs. 3 und des § 2 Nr. 2 WStG wirklich einen Zirkelschluss darstellt[104], ist fraglich. Schließlich bestimmt § 1 Abs. 3 Satz 2, dass die Befehlsbefugnis und damit die Vorgesetzteneigenschaft durch RVO bestimmt wird. Dem BMVg obliegt es, festzulegen, wer auf Grund seiner Rechtsstellung, seines Dienstgrades, besonderer Anordnung oder eigener Erklärung unter welchen Voraussetzungen befehlen kann. Damit wird der vordergründig vorliegende Zirkelschluss durchbrochen.[105] Rechtl. hat dies zur Konsequenz, dass das Vorliegen der Befehlsbefugnis nicht etwa ein Element der Rechtmäßigkeit des Befehls darstellt, sondern Voraussetzung dafür ist, dass überhaupt ein Befehl gegeben ist.

Bei strenger Betrachtung kommt damit jeder Anweisung, die durch einen Soldaten er- 57
teilt wird, der sich im konkreten Fall auf keine Bestimmung der VorgV berufen kann bzw. deren Grenzen überschreitet, nicht die Qualität eines Befehls zu; eine Gehorsamspflicht wird – unabhängig von den Unverbindlichkeitsgründen des § 11 – nicht begründet.[106] In der Lit. sind zu dieser Problematik unterschiedliche Auffassungen entwickelt worden. Nach einer Auffassung sollen Überschreitungen der zeitlichen, örtlichen und sachlichen Einschränkungen der VorgV den Befehlscharakter unberührt lassen. Entscheidend sei, dass ein **„abstraktes Vorgesetztenverhältnis"** zwischen den Soldaten bestehe.[107] Demgegenüber differenziert *Lingens*[108] zwischen den **zeitlichen** („im Dienst" und „außer Dienst", vgl. § 1, § 2, § 4 Abs. 1 Satz 1 VorgV) und **räumlichen** (z.B. „innerhalb umschlossener militärischer Anlagen", § 4 Abs. 3 VorgV, „an Bord von Schiffen", § 4 Abs. 1 Satz 2 VorgV) **Voraussetzungen der Befehlsbefugnis** einerseits und ihren **inhaltlichen Beschränkungen** nach der VorgV (z.B. „zur Erfüllung seiner Aufgaben notwendig", § 3 VorgV) andererseits. Ausschließlich die zeitlichen und örtlichen Voraussetzungen seien für das Vorliegen eines Befehls konstitutiv. Ein Überschreiten der inhaltlichen Beschränkungen berühre die Vorgesetzteneigenschaft nicht und mache den Befehl lediglich rechtswidrig.

Gänzlich überzeugen kann keiner der genannten Ansätze. Nach der strengen Betrach- 58
tungsweise lässt jede Abweichung von der VorgV die Gehorsamspflicht entfallen. Ein Verstoß gegen die VorgV stünde somit hins. seiner Rechtsfolge einem Verstoß gegen dienstl. Zwecke, Strafgesetze oder die Menschenwürde (vgl. § 11) gleich. Hierin liegt zumindest ein Spannungsverhältnis zu der gesetzl. Systematik des Befehlsrechts, wonach nur bei besonders schweren Rechtsverstößen von der Unverbindlichkeit eines Befehls auszugehen ist.

Andererseits ist unklar, ob ein „abstraktes Vorgesetztenverhältnis" rechtslogisch über- 59
haupt vorliegen kann bzw. wie es definiert werden soll. Ein Vorgesetztenverhältnis ist gem. § 1 Abs. 3 an die Befehlsbefugnis nach der VorgV gebunden. In der Sache kommt

---

103 Vgl. die Komm. zu § 1 Abs. 3 u. der VorgV.
104 So *Burmester*, NZWehr 1990, 89 (98).
105 So auch *Lehleiter*, 24.
106 *Lingens*, NZWehr 1993, 19 m.w.N.
107 *Scherer/Alff*, SG, § 10 Rn. 43.
108 *Schölz/Lingens*, WStG, § 2 Rn. 14 f.

die Annahme eines abstrakten Vorgesetztenverhältnisses einer von § 2 Nr. 2 WStG losgelösten eigenständigen soldatenrechtl. Definition des Befehlsbegriffs gleich.[109] Dies ist auf Grund des Stufenverhältnisses zwischen disziplinarrechtl. und wehrstrafrechtl. Reaktion auf einen Gehorsamsverstoß – die nicht an jew. unterschiedlichen Befehlsbegriffen ansetzen kann – nicht überzeugend. Die Differenzierung von *Lingens* ist mit dem Wortlaut des § 1 Abs. 3 und den Best. der VorgV nicht in Einklang zu bringen. Vorg. ist nur, wer Befehlsbefugnis hat. Voraussetzung hierfür sind nicht allein die zeitlichen und örtlichen, sondern auch die in der VorgV festgelegten inhaltlichen Vorgaben (z.B. in § 2 und § 3 VorgV).[110] Liegen diese nicht vor, besteht weder Befehlsbefugnis noch ein Vorgesetztenverhältnis. Auch die praktischen Folgen sprechen gegen diesen Ansatz. Träfe die Ansicht von *Lingens* zu, wären Vorg. mit besonderem Aufgabenbereich nach § 3 VorgV immer und theoretisch gegenüber jedem Soldaten Vorg., da ihre Befehlsbefugnis nur inhaltlichen, dagegen keinen zeitlichen und örtlichen Beschränkungen unterliegt.

60 Eine andere Möglichkeit, die zumindest mit dem Wortlaut von § 2 Nr. 2 WStG vereinbar wäre, bestünde darin, überhaupt nicht auf das Vorgesetztenverhältnis oder auf die Befehlsbefugnis abzustellen, sondern lediglich auf die Eigenschaft als Vorg. Nach § 2 Nr. 2 WStG ist nicht Voraussetzung, dass ein Vorg. „seinen" Untergebenen oder einen ihm unterstellten Untergebenen anweist, sondern lediglich „einen" Untergebenen. Es käme für das Vorliegen eines Befehls somit nicht darauf an, dass im konkreten Fall überhaupt ein Vorgesetzten-Untergebenen-Verhältnis vorliegt. Entscheidend wäre allein, dass der Befehlende wie auch der Befehlsempfänger jew. für sich eine Stellung als Vorg. und Untergebener innehaben. An Stelle des abstrakten Vorgesetztenverhältnisses könnte man von einer **abstrakten Vorgesetztenstellung** sprechen. Funktional wäre dies damit zu begründen, dass es bei der Befehlsdefinition weniger um die Rechtmäßigkeit des Befehls geht, sondern darum, den Befehl als spezifische Handlungsform auf den mil. Bereich zu beschränken. Ähnlich wie der VA schon begrifflich voraussetzt, dass eine Behörde gehandelt hat (§ 35 VwVfG), unabhängig davon, ob sie überhaupt zuständig bzw. ermächtigt war, wäre für den Befehl nur entscheidend, dass ein Soldat, der eine wie auch immer begründete Vorgesetztenstellung innehat, einen anderen Soldaten anweist, der seinerseits in irgendeinem Untergebenenverhältnis steht. Abgesehen von der verfassungsrechtl. Sonderstellung des BMVg (Art. 65a GG) dürfen **Befehle nur von Soldaten an Soldaten** erteilt werden. Dies wird mit den Merkmalen Vorg. und Untergebener erreicht. § 1 Abs. 3 Satz 3, wonach eine Befehlsbefugnis außerhalb des Dienstes allein auf Grund des Dienstgrades nicht besteht, steht einer derartigen Interpretation nicht entgegen, da sie die Befehlsbefugnis nicht erweitert, sondern sich nur auf den Befehlsbegriff bezieht. Die Befehlsbefugnis nach der VorgV würde damit von einer begrifflichen Voraussetzung des Befehls auf die Ebene der Rechtmäßigkeit des Befehls verlagert. Eine derartige Abstrahierung des Vorgesetztenbegriffs von der konkreten Befehlsbefugnis steht allerdings zumindest in einem systematischen Widerspruch zu den §§ 23 bis 28 WStG, die Straftaten gegen Vorg. regeln und dabei immer ein konkretes Vorgesetztenverhältnis voraussetzen, wie sich aus § 29 WStG ergibt. Hält man diesen Einwand für durchschlagend, bleibt nur die strenge Auffassung.[111]

61 Zu weiteren Fragen des Vorgesetztenverhältnisses vgl. die Komm. zu § 1 und der VorgV.[112]

---

109 So auch konsequent *Burmester*, NZWehrr 1990, 89; *Stauf* I, § 10 SG Rn. 18 f.
110 So auch die Komm. zu § 1 Rn. 71 f.
111 So auch die Komm. zu § 1 Rn. 71.
112 Insbes. § 1 Rn. 56 ff.

c) **Rechtmäßigkeit des Befehls**

aa) Allgemeines: Abs. 4 stellt vier Kriterien auf, die bei der Erteilung von Befehlen zu berücksichtigen sind. Ein Befehl ist rechtswidrig, wenn er gegen einen dieser Maßstäbe verstößt. Dabei kommt es allein darauf an, ob **objektiv** ein Verstoß vorliegt. Die subjektive Seite des befehlenden Vorg. kann keine Rolle spielen, wenn es um die Rechtmäßigkeit des Befehls geht. Ein Anknüpfen an den zu § 113 Abs. 3 StGB entwickelten **strafrechtl. Begriff der Rechtmäßigkeit**[113] verbietet sich in diesem Zusammenhang. Dieser Begriff kann allenfalls – angesichts struktureller Parallelen zwischen Disziplinar- und Strafrecht – dann in Betracht kommen, wenn Abs. 4 in seiner Funktion als Grundlage für einen disziplinarrechtl. Vorwurf herangezogen wird. 62

Zumindest missverständlich ist die Auffassung, dass ein Befehl, der gegen Abs. 4 verstößt, nicht rechtswidrig sei, wenn ein **Rechtfertigungsgrund** (§§ 32, 34 StGB) vorliege.[114] Als öff.-rechtl. Handlungsform ist der Befehl nicht an strafrechtl. Rechtfertigungsgründen zu messen. Rechtfertigungsgründe stellen grds. keine Ermächtigungsgrundlage für hoheitliches Handeln dar[115], sondern schließen eine individuelle Strafbarkeit bzw. ein Dienstvergehen aus. Für die Rechtmäßigkeit des Befehls kommt es allein auf die Kriterien des Abs. 4 an. Lediglich bei der Prüfung eines Dienstvergehens wegen Verstoßes gegen Abs. 4 können Rechtfertigungsgründe eine Rolle spielen. Die Rechtswidrigkeit des Befehls bleibt davon unberührt.[116] So wird z.B. ein Befehl, der nicht dienstl. Zwecken dient, nicht dadurch rechtmäßig, weil sich der erteilende Vorg. auf einen strafrechtl. Rechtfertigungsgrund berufen kann. Weicht dagegen ein Befehl von einer gesetzl. Best. oder einer Dienstvorschrift ab, und ist diese Abweichung – aus welchen Gründen auch immer – gerechtfertigt, liegt bereits kein rechtswidriger Befehl vor, dessen „Rechtswidrigkeit" durch einen Rechtfertigungsgrund entfallen könnte.[117] 63

bb) Dienstlicher Zweck: Der Befehl muss **dienstl. Zwecken** dienen. Als einziges Merkmal des Abs. 4 ist der dienstl. Zweck nicht nur Voraussetzung für die Rechtmäßigkeit eines Befehls, sondern gem. § 11 Abs. 1 Satz 2 auch für seine Verbindlichkeit. Der Begriff ist in beiden Best. identisch zu interpretieren. 64

Aus der **Entstehungsgeschichte** ergeben sich wenig Anhaltspunkte, was der Gesetzgeber konkret mit dieser Formulierung beabsichtigt hat. In der amtl. Begr. zu § 8 Abs. 4 des REntw. war allg. als Ziel der Best. genannt, dem Missbrauch der Befehlsbefugnis vorzubeugen und auszuschließen, dass der Untergebene durch rechtswidrige Befehle in seinen Rechten beeinträchtigt werde.[118] Der VertA nahm das Merkmal „dienstl. Zweck" als Unverbindlichkeitsgrund in § 9 des Entw. (heute: § 11) auf.[119] Nach Auffassung des Ausschusses sollten hiermit insbes. der schikanöse Befehl[120] und Befehle getroffen werden, die Vorg. in privaten Angelegenheiten erteilen. In Fällen, in denen Grundwerte verletzt oder Forderungen gestellt würden, die nichts mit der eigentlichen 65

---
113 So GKÖD I Yk, § 10 Rn. 17; unklar *Schölz/Lingens*, WStG, § 2 Rn. 25; zum strafrechtl. Rechtmäßigkeitsbegriff vgl. BGHSt 21, 334 (363); *Eser*, in: Schönke-Schröder, StGB, 26. Aufl., § 113 Rn. 26.
114 So aber *Schölz/Lingens*, WStG, § 2 Rn. 27; *Scherer/Alff*, SG, § 10 Rn. 51.
115 Zum diesbezüglichen Diskussionsstand insbes. im Polizeirecht s. *Amelung*, NJW 1977, 833; *Riegel*, NVwZ 1985, 639; *Heinen*, NZWehrr 1995, 138.
116 Anderenfalls entfiele durch den Rechtfertigungsgrund bereits der „Tatbestand" des Dienstvergehens, da kein rechtswidriger Befehl erteilt wurde.
117 Vgl. BVerwG 1 WB 97/78.
118 BT-Drs. II/1700, 19.
119 BT-Drs. II/2140, 31 f.
120 Bezieht sich wohl auf den ebenfalls v. VertA eingefügten Unverbindlichkeitsgrund der Verletzung der Menschenwürde.

§ 10 Gemeinsame Vorschriften

Aufgabe zu tun hätten, sollten die „menschlichen Grundrechte" wichtiger sein als das „rein mechanische Funktionieren eines Apparates".[121]

66 Nach h.M. ist ein dienstl. Zweck gegeben, wenn der Befehl im Rahmen der **verfassungsmäßigen Aufgaben der Bw** liegt.[122] Dazu gehört nicht nur der klassische Verteidigungsauftrag (Art. 87a Abs. 1 und 2 GG), sondern auch die im GG vorgesehenen sekundären Verwendungen der SK (Art. 87a Abs. 3 und 4, Art. 35 Abs. 2 und 3 GG) sowie der verfassungsrechtl. zulässige Einsatz im Rahmen internationaler Militäroperationen.[123] Alle mit der Erfüllung des Auftrages der SK zusammenhängenden Aufgaben, z.b. repräsentative Aufgaben, Öffentlichkeitsarbeit[124], die Teilnahme an dienstl. Veranstaltungen und Vorträgen[125] oder die Durchführung von Forschungsaufträgen[126], dienen ebenfalls dienstl. Zwecken.

67 Nicht dienstl. Zwecken dienen Befehle, die zu **privaten Zwecken** erteilt werden, die dienstl. Zwecken zuwiderlaufen oder nicht in den Aufgabenbereich der SK fallen.[127]

68 Indem das Merkmal des dienstl. Zwecks unter Rückgriff auf die rechtl. Befugnisse und Zuständigkeiten der SK ausgelegt wird, besteht die Gefahr, dass es zum Einfallstor für eine unbestimmte Vielzahl von **rechtl. und sachlichen Einwänden** gegen den dienstl. Zweck eines Befehls werden kann. So hat der 2. WDS des BVerwG[128] den dienstl. Zweck streng an die in der Verfassung festgelegten Aufgaben der Bw gebunden. Ein Befehl, der diesen Anforderungen nicht genüge und diesen Rahmen nicht einhalte (worunter das BVerwG u.a. die Vereinbarkeit eines Einsatzes mit der VN-Charta versteht), diene keinem dienstl. Zweck und müsse nicht befolgt werden. Die Lit. geht z.T. noch weiter. Ein Befehl, der die räumlichen, zeitlichen und gegenständlichen Beschränkungen der VorgV überschreite, soll danach keinem dienstl. Zweck dienen.[129] Dasselbe gelte für den Fall, dass ein Befehl unter Missachtung der Pflichten des Untergebenen erteilt werde.[130]

69 Diesen Ansätzen widerspricht der historische Befund, nach dem es in erster Linie darum ging, den Missbrauch der Befehlsbefugnis für private Zwecke zu verhindern. Auch aus rechtssystematischen Gründen kann der dienstl. Zweck nicht mit einem allg. Rechtmäßigkeitsvorbehalt gleichgesetzt werden. Sonst würde die Bindung des Befehls an Gesetze und Dienstvorschriften in Abs. 4 praktisch leer laufen. Daher ist ein restriktiver Umgang mit der Kategorie des nicht dienstlichen Zwecken dienenden Befehls angezeigt.

70 Ein dienstl. Zweck liegt immer vor, wenn es um Aufgaben und Pflichten geht, die Angehörige der SK in ihrer Eigenschaft als Soldaten im Rahmen der Erfüllung der den SK zugewiesenen Aufträge wahrzunehmen haben.[131] Sofern in Gesetzen, Dienstvorschriften bzw. durch die politische Führung allg. (z.B. in den Verteidigungspolitischen Richtlinien, der Konzeption der Bw oder in einem Weißbuch) oder im Einzelfall Aufträge der SK festgelegt werden, dienen diese grds. dienstl. Zwecken, unabhängig von verfassungsrechtl. Zweifeln, sofern sie nicht offenkundig gegen Best. des GG verstoßen. Die

---
121 BT-Drs. II/2140, 7.
122 *Scherer/Alff*, SG, § 10 Rn. 47; GKÖD I Yk, § 10 Rn. 18.
123 Hierzu BVerfGE 90, 286; BVerwGE 103, 361.
124 BDH NJW 1962, 1319.
125 BVerwGE 120, 105.
126 BVerwG NZWehrr 1984, 37.
127 *Lingens/Marignoni*, 39.
128 2 WD 12.04, Umdruck, 30 f. = NZWehrr 2005, 254 = NJW 2006, 77.
129 *Scherer/Alff*, SG, § 11 Rn. 15.
130 *Huber*, 76.
131 So ähnlich die Formulierung BVerwGE 76, 110.

Soldaten können und müssen darauf vertrauen, dass Befehle insoweit auf einer verantwortlichen Bewertung der komplexen Rechtslage durch die dafür zuständige, demokratisch legitimierte BReg bzw. den BT beruhen.[132] Auch ein Befehl, der etwas dienstl. Gebilligtes oder Billigenswertes nur mit falschen Mitteln oder unter Nichtbeachtung anderer Rechtsgrundsätze erstrebt, verliert dadurch nicht den dienstl. Zweck.[133] Die Rechtswidrigkeit eines Befehls wegen Verstoßes gegen Gesetze bleibt unberührt.[134]

71 Befehle, durch die Untergebene von möglichen Dienstpflichtverletzungen im außerdienstl. Bereich abgehalten werden sollen (**Präventivbefehle**), z.B. durch Untersagung einer gesundheitsgefährdenden sportlichen Betätigung oder durch das Verbot, an einer verfassungsfeindlichen Veranstaltung teilzunehmen, dienen dienstl. Zwecken. Ob sie rechtmäßig sind, hängt davon ab, ob dienstl. Pflichten in den privaten und außerdienstl. Bereich hineinwirken und die Anweisung zu einem bestimmten Verhalten in der konkreten Situation verhältnismäßig ist.

72 Weitere Beispiele für Befehle, die **dienstl. Zwecken dienen**, sind:
- Verbot, während eines Auslandseinsatzes ein bestimmtes Gebiet auch in der dienstfreien Zeit zu verlassen[135],
- Befehl zur Teilnahme an einem Fototermin zur Erstellung eines Erinnerungsfotos[136],
- Befehl an Flugzeugführer und Besatzungsmitglieder, 12 Stunden vor Flugbeginn keinen Alkohol zu konsumieren[137],
- Befehl, bei Untergebenen keine Darlehen aufzunehmen, um nicht in Abhängigkeit zu gelangen[138],
- Befehl, der dazu dient, den haushaltsrechtl. Geboten der Wirtschaftlichkeit und Sparsamkeit zu entsprechen[139],
- Befehl zur Erleichterung der Abrechnung von Reisekostenrechnungen[140],
- Befehl zur Teilnahme an Abschiedsveranstaltungen (der Befehl, hierfür einen Unkostenbeitrag zu entrichten, würde ebenfalls dienstl. Zwecken dienen, ist aber mangels Rechtsgrundlage für einen derartigen Eingriff rechtswidrig)[141].

73 Als **dienstl. Zwecken nicht entspr.** wurden von der Rspr. u.a. folgende Befehle angesehen:
- Kommandierung zu einer Diplomhauptprüfung nach bereits erfolgter Ablösung vom Studium[142],
- Grds. alle Befehle, die mit einer entwürdigenden oder abwertenden Behandlung von Untergebenen einhergehen[143],
- Befehl an eine Ordonanz, die aus Schabernack aus dem Fenster des Unteroffizierheims geworfene Mütze eines Uffz hereinzuholen.[144]

74 **cc) Beachtung der Regeln des Völkerrechts:** Hierunter sind grds. alle einschlägigen völkerrechtl. Best. und Vorgaben zu verstehen, wobei in erster Linie die Regeln des

---

132 BVerfG 2BvE 5/93, 2BvQ 11/93.
133 *Schreiber*, NZWehrr 1965, 1.
134 *Lingens/Marignoni*, 40.
135 BVerwG NZWehrr 2004, 34.
136 BVerwG NZWehrr 2002, 76.
137 BVerwG NZWehrr 1995, 211.
138 BVerwG NZWehrr 1992, 261.
139 BVerwGE 73, 293.
140 BVerwG 1 WB 230.77.
141 BVerwG DokBer B 1979, 19; hierzu auch *Lingens/Marignoni*, 40.
142 BVerwG NZWehrr 1993, 71.
143 BVerwG NVwZ-RR 2002, 514.
144 BVerwG NZWehrr 1984, 74.

§ 10 Gemeinsame Vorschriften

Humanitären Völkerrechts in bewaffneten Konflikten (früher: Kriegsvölkerrecht) von Bedeutung sind. Ein Großteil dieser Regelungen ist gem. Art. 59 Abs. 2 GG in deutsches Recht transformiert worden, weist also zusätzlich Gesetzesqualität auf. Ebenso verhält es sich mit den Regelungen des VStGB.

75 Die wichtigsten Regelungen sind:
- I. GA zur Verbesserung des Loses der Verwundeten und Kranken der Streitkräfte im Felde
- II. GA zur Verbesserung des Loses der Verwundeten, Kranken und Schiffbrüchigen der Streitkräfte zur See
- III. GA über die Behandlung der Kriegsgefangenen
- IV. GA zum Schutze der Zivilpersonen in Kriegszeiten
- ZP I und ZP II
- Abkommen, betreffend die Gesetze und Gebräuche des Landkrieges (IV. Haager Abkommen) sowie dessen Anlage, die Haager Landkriegsordnung
- Übereinkommen über das Verbot oder die Beschränkung des Einsatzes bestimmter konventioneller Waffen, die übermäßige Leiden verursachen oder unterschiedslos wirken können[145].

76 Auch **völkergewohnheitsrechtl. Grds.** sowie allg. Regeln des Völkerrechts, die über Art. 25 GG geltendes Recht sind, werden von Abs. 4 erfasst. Friedensvölkerrechtl. Regelungen, insbes. die VN-Charta, dürfte im Rahmen des mil. Befehlsrechts eine geringere praktische Relevanz zukommen.

77 Angesichts der grds. völkerrechtl. Unterscheidung zwischen **ius in bello** und **ius ad bellum**[146] könnte die Frage aufgeworfen werden, ob und inwieweit ein nach „Kriegsvölkerrecht" an sich zulässiger Befehl den Regeln des Völkerrechts i.S.v. Abs. 4 widersprechen kann, sofern er im Rahmen eines Konflikts erteilt wird, der unter Verstoß gegen das völkerrechtl. Gewaltverbot begonnen wurde. Es spricht einiges dafür, die völkerrechtl. Differenzierung für das nationale Befehlsrecht zu übernehmen und einen Verstoß gegen das Friedensvölkerrecht nicht auf den Befehl „durchschlagen" zu lassen.

78 **dd) Gesetze:** Unter Gesetzen sind **sämtliche Rechtsnormen** mit Außenwirkung zu verstehen, von RVO über einfache Gesetze bis hin zu den Bestimmungen des GG. Ob ein Befehl gegen ein Gesetz verstößt, ist nach dem jew. einschlägigen Gesetz zu bestimmen. Abs. 4 stellt insoweit keinen eigenständigen rechtl. Maßstab auf, sondern verweist auf die gesamte nationale Rechtsordnung. Inwieweit für einen Befehl eine besondere gesetzl. Eingriffsermächtigung gegeben sein muss, folgt ebenfalls aus der jew. Sach- und Rechtsmaterie und nicht aus Abs. 4. Führt der Befehl zu Grundrechtseinschränkungen der Untergebenen, dürften als formelle gesetzl. Grundlage die allg. Gehorsamspflicht sowie die im SG normierten soldatischen Einzelpflichten ausreichend sein. Materieller Prüfungsmaßstab sind das einschlägige Grundrecht und seine ausdrücklichen oder immanenten Beschränkungsmöglichkeiten.[147] Zu den Gesetzen gehört auch der aus dem Rechtsstaatsprinzip abzuleitenden Grds der Verhältnismäßigkeit. Befehle, die über das erforderliche Maß in die Freiheitssphäre des Untergebenen eingreifen, sind danach rechtswidrig[148]. Die Verhältnismäßigkeit spielt insbes. bei den Präventivbefehlen eine Rolle.[149]

---

145 V. 10.10.1980 (BGBl. 1992 II S. 958).
146 S. ZDv 15/2 Humanitäres Völkerrecht in bewaffneten Konflikten – Handbuch Nr. 207.
147 Zu den immanenten Grundrechtsschranken bei Soldaten vgl. *Sohm*, NZWehrr 2006, 1.
148 Grundlegend bereits BDE 4, 181.
149 Umfassend *Lingens/Marignoni*, 50 ff.; vgl. auch *Huth*, NZWehrr 1990, 107; BVerwG NZWehrr 1976, 20.

ee) **Dienstvorschriften:** Dienstvorschriften sind allg. Weisungen und Anordnungen des 79
BMVg. Rechtsdogmatisch gehören sie dem staatlichen Innenrecht an, entfalten also
keine Außenwirkung. Sie sind daher vergleichbar mit AVV für den mil. Bereich. Da in
Dienstvorschriften auch Befehle enthalten sein können, begründet Abs. 4 insoweit eine
Hierarchie zwischen Befehlen. Befehle, die in Dienstvorschriften enthalten sind, schränken die Befehlsbefugnis des einzelnen Vorg. ein.

d) Rechtsschutz gegen Befehle

Da Befehle keine Außenwirkung haben, kommen unmittelbare Rechtsschutzmöglich- 80
keiten nur für Soldaten in Betracht, denen ein Befehl erteilt wurde. Sind mit einem
Befehl nachteilige Wirkungen für Dritte, insbes. für Personen außerhalb der Bw, verbunden, können diese nicht gegen den Befehl selbst vorgehen; ihnen stehen vielmehr
die allg. Rechtsschutzmöglichkeiten gegenüber der ihnen nachteiligen Maßnahme zur
Verfügung (Dienstaufsichtsbeschwerde, Feststellungs- und Unterlassungsklage, Folgenbeseitigungsanspruch u.a.).

Befehle sind ausnahmslos **truppendienstl. Maßnahmen.** Fühlt sich ein Soldat durch ei- 81
nen Befehl unrichtig behandelt, kann er hiergegen Beschwerde einlegen. Im Rahmen
des Beschwerdeverfahrens wird nicht allein die Rechtmäßigkeit des Befehls, sondern
auch seine Zweckmäßigkeit geprüft, vgl. § 13 Abs. 1 Satz 2 WBO.

Bleiben die Beschwerde und die weitere Beschwerde (§ 16 WBO) erfolglos, kann An- 82
trag auf **Entsch. des TDG** gestellt werden. Das TDG ist lediglich zu einer Rechtskontrolle befugt (§ 17 Abs. 3 WBO). Dementspr. ist ein Antrag auf truppendienstgerichtl.
Entsch. nur zulässig, sofern der betroffene Soldat geltend macht, in eigenen Rechten
verletzt zu sein oder wenn seine Beschwerde eine Verletzung der Pflichten eines Vorg.
ihm gegenüber zum Gegenstand hat, die im Zweiten Unterabschnitt des Ersten Abschnitts des SG geregelt sind (§ 17 Abs. 1 WBO). Die Vorgesetztenpflichten des Abs. 4
fallen hierunter. Ob damit eine Entsch. des TDG bei jeder Verletzung des Abs. 4 beantragt werden kann, ist dennoch fraglich. Vorgesetztenpflichten bestehen zunächst
gegenüber dem Dienstherrn. Nicht jeder Verstoß eines Befehls gegen eine der Rechtmäßigkeitsvoraussetzungen des Abs. 4 muss gleichzeitig eine Pflichtverletzung gegenüber den Untergebenen darstellen. So mag der Befehl, Teilnehmer einer Mahnwache
außerhalb des Kasernengeländes zu fotografieren, rechtswidrig sein[150]. Er verletzt aber
nicht den Soldaten, dem der Befehl erteilt wird, in seinen Rechten. Vielmehr ist es gesondert zu prüfen, ob die bei der Befehlgebung missachteten Gesetze oder Dienstvorschriften ihrerseits überhaupt subjektive Rechte des Soldaten begründen oder wenigstens in
seinem Interesse ergangen sind (z.B. Sicherheitsbest.). Auch wenn Befehle verfassungsrechtl. Best. oder völkerrechtl. Grundsätzen zuwiderlaufen, begründet dies nicht zwingend eine Verletzung subjektiver Rechte des Soldaten.[151]

7. Absatz 5
a) Satz 1

Satz 1 macht Vorg. für die von ihnen erteilten Befehle verantwortlich. Für Befehle an- 83
derer, insbes. höherer Vorg. können sie nach dem eindeutigen Wortlaut („seine") nicht
verantwortlich gemacht werden.

Satz 1 konstituiert **keine Pflicht,** deren vorsätzliche oder fahrlässige Verletzung ein 84
Dienstvergehen darstellen könnte,[152] sondern hat nur **Klarstellungsfunktion.**

---
150 BVerwG NZWehrr 1998, 26.
151 Weitergehend wohl *Dau*, WBO, § 17 Rn. 21, der in § 17 Abs. 1 WBO die generelle Umwandlung der Vorgesetztenpflichten in ein subjektives öff. Recht der Untergebenen erkennt.
152 So jedoch *Scherer/Alff*, SG, § 10 Rn. 53; GKÖD I Yk, § 10 Rn. 22; *Stauf* I, § 10 SG Rn. 43.

§ 10 Gemeinsame Vorschriften

85 Die Pflicht, nur rechtmäßige Befehle zu erteilen, ergibt sich bereits umfassend aus Abs. 4. Dieser ist insoweit lex specialis und verpflichtet Vorg. hins. der **Rechtmäßigkeit der Diensthandlung** Befehl ebenso persönlich wie dies bei Beamten gem. § 56 BBG für die Rechtmäßigkeit ihrer dienstl. Handlungen gilt. Satz 1 kann dies allenfalls klarstellend ergänzen.

86 Sinn und Zweck des Satzes 1 ist es auch nicht, den Dienstherrn in die Lage zu versetzen, bloße Schlechtleistungen der Vorg. durch unzweckmäßige Befehle als Dienstvergehen zu ahnden. Selbstverständlich sind Vorg. auch für die **Zweckmäßigkeit** ihrer Befehle verantwortlich. Unzweckmäßige Befehle sind erst dann ein Pflichtverstoß, wenn auch andere, dann vorrangige Pflichten (neben § 10 Abs. 3 oder § 12 insbes. die Pflicht aus § 7, dienstl. Material und Personal zum Wohle des Dienstherrn einzusetzen) berührt sind. Fälle, in denen bei einem Verstoß gegen anderweitige Pflichten noch die Rechtmäßigkeit und lediglich eine Unzweckmäßigkeit des Befehls angenommen werden kann, sind kaum denkbar.

Nur die zu weit gehende Annahme einer eigenständigen Dienstpflicht führt dazu, dass in der Lit.[153] mit Hinw. auf die Vorg. abverlangte „Tatfreudigkeit" und Entschlusskraft ein Pflichtverstoß verneint werden muss, wenn Vorg. ihre nachträglich als falsch erkannten Entschlüsse in der Lage, in der sie sich befunden haben, für zweckmäßig halten durften. Richtigerweise müsste dann der objektive Pflichtverstoß angenommen und nur das für ein Dienstvergehen erforderliche Tatbestandsmerkmal des Vorsatzes oder der Fahrlässigkeit verneint werden. Verantwortung setzt jedoch schon tatbestandlich Vorwerfbarkeit voraus, so dass in vorgenanntem Fall und damit generell die Möglichkeit der Pflichtverletzung ausgeschlossen werden muss.

87 Satz 1 stellt klar, dass Vorg. für die ordnungsgemäße – also auch zweckmäßige – Ausübung ihres **Ermessens bei der Befehlsgebung** jedenfalls als Beurteilungskriterium persönlich einstehen müssen. Denn soweit Vorg. nicht durch G oder Befehle höherer Vorg. gebunden sind, liegt es in ihrem Ermessen, ob und in welcher Weise sowie mit welchem Inhalt sie das Führungsmittel des Befehls einsetzen.

88 Satz 1 stellt ferner klar, dass der Gehorsamspflicht der Untergebenen gem. § 11 die Verantwortung der die Anordnung erteilenden Vorg. entspricht. Schließlich wird mit der Ausführung von Befehlen bewirkt, was Vorg. mit Anspruch auf Gehorsam erreichen wollen. Die **Zurechnung der Befehlsausführung** ist die notwendige Folge. Soweit Untergebene einen rechtswidrigen Befehl erhalten, den sie nicht ausführen müssen oder nicht ausführen dürfen, können Vorg. sich hierauf nicht berufen und die Verantwortung auch nicht teilweise auf die Untergebenen abwälzen. Dies gilt auch dann, wenn die Untergebenen die Unverbindlichkeit des Befehls erkennen konnten oder erkannt haben. Insoweit sind die Vorg. wie Anstifter zu einer Straftat (vgl. § 26 StGB) als Täter für die Folgen ihrer Befehle zu belangen. Dies würde jedoch auch ohne die Regelung des Satzes 1 gelten.

89 Begehen Untergebene eine Straftat auf Befehl, handeln sie gem. § 5 WStG nur dann schuldhaft, wenn sie erkennen, dass es sich um eine rechtswidrige Tat handelt oder dies nach den ihnen bekannten Umständen offensichtlich ist. Auch unterhalb der Schwelle kriminellen Unrechts sind der Einsatz dienstl. Personals und Materials für nichtdienstl. Zwecke untersagt und Befehle hierzu gem. § 11 Abs. 1 unverbindlich. Wird ein solcher unverbindlicher Befehl erteilt, ist den ausführenden Untergebenen trotz des Abs. 5 Satz 1 eine **Berufung auf die Verantwortung des Vorg.** verwehrt, auch wenn der Vorg. ihnen versichert, er werde die **Verantwortung übernehmen**. Die Pflicht zum treuen Die-

---

153 *Scherer/Alff*, SG, § 10 Rn. 53; GKÖD I Yk, § 10 Rn. 22; *Stauf* I, § 10 SG Rn. 43.

nen gebietet, pflichtwidrige Handlungen zu unterlassen, zu denen man nicht gezwungen ist.

b) Satz 2

aa) Allgemeines: Satz 2 knüpft an § 10 Abs. 2 an. Vorg. müssen Gefährdungen der Disziplin und Verstößen von Soldaten gegen ihre Dienstpflichten durch den Einsatz ihrer Befehlsautorität begegnen. Dazu gehört zunächst, ihre eigenen Befehle in der den Umständen angemessenen Weise durchzusetzen.[154] Wäre diese Pflicht auf die eigenen Befehle beschränkt, wäre eine lückenlose Dienstaufsicht nicht gewährleistet. Schließlich müsste der Wortlaut des Satzes 2, an Satz 1 („seine Befehle") anknüpfend, mit einem bestimmten Artikel („Diese" bzw. „Die") beginnen. Deshalb erstreckt sich die Pflicht zur Durchsetzung von Befehlen auch auf solche Befehle, die andere Vorg. erteilt haben.[155] Insbes. gilt dies für Befehle, die in den die mil. Ordnung regelnden Dienstvorschriften enthalten sind. 90

Mit der Formulierung „in der den Umständen angemessenen Weise" entspricht der Gesetzgeber deklaratorisch dem aus dem Rechtsstaatsprinzip (Art. 20 Abs. 3 GG) abgeleiteten Gebot, auch bei der Befehlsdurchsetzung den **Grds. der Verhältnismäßigkeit** der Mittel zu wahren. Danach muss das einsetzte Mittel geeignet und erforderlich sein, um den angestrebten Zweck zu erreichen. Von mehreren geeigneten Mitteln ist dasjenige einzusetzen, das die Betroffenen am wenigsten beeinträchtigt. Schließlich muss die Maßnahme in einem angemessenen Verhältnis zur Bedeutung des Befehls für die Erfüllung des mil. Auftrags oder die Aufrechterhaltung der Disziplin stehen.[156] Befehlsdurchsetzung ist somit nicht in jedem Fall und um jeden Preis geboten. Auch § 6 Abs. 1 VorgV sieht die Erklärung zum Vorg. nur vor, wenn zur Aufrechterhaltung der Disziplin ein sofortiges Eingreifen für „unerlässlich" gehalten wird. Die Festnahmebefugnis gem. § 21 Abs. 2 Satz 1 Nr. 2a WDO besteht nur, wenn die Festnahme zur Aufrechterhaltung der Disziplin geboten ist. Insbes. in der Öffentlichkeit wird die Gefahr eines offenen Streits oder gar einer tätlichen Auseinandersetzung das Gegenteil gebieten. 91

bb) Befugnisse: Satz 2 stellt ein Gebot zur Befehlsdurchsetzung dar und hat daher den Charakter einer **Aufgabennorm**. Zweifelhaft ist, ob es sich darüber hinaus um eine **Befugnisnorm** handelt, die Eingriffsrechte in Grundrechte der Untergebenen vermittelt. 92

Der REntw.[157] nannte als Mittel zur Durchsetzung von Befehlen die Überwachung der Befehlsausübung („unmittelbare Dienstaufsicht"), die Möglichkeit, sich die Ausführung des Befehls melden zu lassen und, sofern der Vorg. sich anders nicht durchsetzen könne, ein Einschreiten mit Mitteln des Disziplinarrechts oder die Veranlassung einer strafrechtl. Verfolgung. Ferner wurde angenommen, Vorg. hätten in kritischen Lagen im Falle äußerster Not ein Notstandsrecht, das ihnen erlaube, den Gehorsam selbst **mit der Waffe** zu erzwingen. Inwieweit der Gesetzgeber sich diese Auffassung zu eigen gemacht hat, ist unklar, wenngleich die damals zeitliche Nähe zum 2. Weltkrieg diese Annahme nahe legen mag.[158] Die Formulierung der Begr. lässt jedoch auch die Deutung zu, dass dieses Notstandsrecht nicht durch die spätere Regelung des heutigen Satzes 2 begründet werden sollte, sondern allenfalls ein außerhalb der gesetzl. Regelung stehendes 93

---

154 BVerwGE 83, 60 (68).
155 So auch *Scherer/Alff*, SG, § 10 Rn. 55; GKÖD I Yk, § 10 Rn. 23.
156 Vgl. auch *Scherer/Alff*, SG, § 10 Rn. 58.
157 BT-Drs. II/1700, 19.
158 Vgl. hierzu *Stauf* I, § 10 SG Rn. 45, der darauf hinweist, dass keine dem § 124 des Militärstrafgesetzbuchs v. 20.6.1872 entspr. Regelung geschaffen wurde.

Hucul

§ 10 Gemeinsame Vorschriften

Notstandsrecht angenommen wurde.[159] Da es sich beim SG um nachkonstitutionelles Recht handelt, sind an die Formulierung einer Norm, die Eingriffe in Grundrechte, insbes. in Art. 2 Abs. 2 Satz 1und 2 GG, vorsieht, rechtsstaatliche Maßstäbe anzulegen. Daran gemessen hat ein solcher Wille des Gesetzgebers – selbst wenn man ihn unterstellt – keinen Niederschlag im G gefunden.[160] Er wäre verfassungskonform nicht realisierbar (vgl. insb. Art. 102 GG).

94 Eine **Befugnis zur Anwendung unmittelbaren Zwanges** durch körperliche Gewalt, ihre Hilfsmittel und durch Waffen kann Satz 2, der nicht annähernd die Eindeutigkeit im Polizeirecht als Auffangnorm bestehender Generalklauseln aufweist, nicht entnommen werden.[161] Zu beachten ist, dass der Gesetzgeber mit den §§ 10 ff. UZwGBw eine abschließende Regelung geschaffen hat, die mangels Analogiefähigkeit keine Grundlage für eine allg. Befehlsdurchsetzung darstellen kann.

95 Wollte man dem Satz 2 ein Recht zur Anwendung unmittelbaren Zwanges entnehmen, wäre die Vorschrift mangels Beachtung des **Zitiergebots** des Art. 19 Abs. 1 Satz 2 GG nichtig. Mit dem SG hat der Gesetzgeber neue Grundlagen für die SK geschaffen und nicht nur vorkonstitutionelles Recht geringfügig modifiziert in Kraft gesetzt. Dies schließt nicht aus, dass gleichwohl zur Durchsetzung eines Befehls körperliche Gewalt eingesetzt werden kann, sofern die Schwelle zum Eingriff in die körperliche Unversehrtheit nicht überschritten wird.[162] Das BVerwG vertritt in st.Rspr. einerseits, **dass Vorg. ihre Untergebenen niemals anfassen dürfen**; andererseits soll dies zulässig sein, wenn zur Durchsetzung eines Befehls kein anderes Mittel bleibt.[163]

96 Aus Satz 2 lässt sich **keine Befugnis für eine präventive Durchsuchung** durch Feldjäger zu deren Eigensicherung ableiten.[164] Mit §§ 7 und 8 UZwGBw sowie § 20 WDO hat der Gesetzgeber spezielle Normen für streitkräftebezogene Durchsuchungsrechte geschaffen, die einen Rückgriff auf eine allg. Norm zur Befehlsdurchsetzung ausschließen.

97 Den Vorg. stehen zur Durchsetzung von Befehlen z.B. die Mittel des Erl. des BMVg „**Erzieherische Maßnahmen**" (ZDv 14/3 B 151) zur Verfügung.[165] Dieser Erl. unterscheidet zwischen allg. erzieherischen Maßnahmen, zu deren Anwendung alle Vorg. berechtigt sind (Belehrung, Zurechtweisung, Warnung oder Verlängerung eines einzelnen Teilabschnitts des Dienstes/der Ausbildung), zusätzlichen erzieherischen Maßnahmen, die dort näher bestimmten Vorg. und schließlich besonderen erzieherischen Maßnahmen, die DiszVorg. vorbehalten sind (Versagen von Nachtausgang an Tagen, auf die ein Dienst für den betroffenen Soldaten folgt; diese Maßnahme ist nur gegen Mannschaften während der allg. Grundausbildung zulässig; ferner können DiszVorg. die Befugnisse eines Vorg. zur selbständigen Anwendung einzelner erzieherischer Maßnahmen einschränken).

98 Vorg. können einen Befehl wiederholen und auf die **Strafbarkeit** gem. § 20 WStG hinweisen.

---

159 *Rittau*, SG, 108, nimmt ein Recht auf Waffengebrauch gegen ungehorsame Untergebene aus § 10 Abs. Satz 2 an, solange dieser nur verhältnismäßig sei; er sieht darin im Vergleich zu § 124 des Militärstrafgesetzbuchs eine Verschlechterung zu Lasten der Untergebenen.
160 So auch GKÖD I Yk, § 10 Rn. 24; *Scherer/Alff*, SG, § 10 Rn. 57.
161 So auch GKÖD I Yk, § 10 Rn. 24; *Scherer/Alff*, SG, § 10 Rn. 58; Schmidt, NZWehr 1968, 161; a.A. *Stauf* I, § 10 SG Rn. 44.
162 A.A. *Scherer/Alff*, SG, § 10 Rn. 58, wenngleich unter Hinw. auf BVerwG 2 WD/81, wonach der Befehl, sich zum Zweck eines dienstl. Gesprächs hinzusetzen, mit körperlicher Gewalt durchgesetzt werden kann.
163 BVerwGE 113, 279 = NZWehr 1999,78; BVerwGE 103, 257; BVerwGE 93, 140; BVerwGE 86, 362 = NZWehr 1991, 77; BVerwGE 83, 300 jew. m.w.N.
164 Vgl. zu dem Problem *Dahl*, NZWehr 1999, 106; *Heinen*, NZWehr 1992, 114.
165 Vgl. hierzu *Walz*, NZWehr 1985, 177.

Androhung und Durchführung einer **vorläufigen Festnahme** gem. § 21 WDO kommen ebenfalls in Betracht, selbst wenn im Falle der tatsächlichen Festnahme die Befehlsdurchsetzung zumindest nicht unmittelbar erfolgt. Sie kann gleichwohl die Bereitschaft zur Befehlsbefolgung bewirken. In diesem Fall sind Festgenommene gem. § 21 Abs. 4 WDO auf freien Fuß zu setzen, sofern die Festnahme dann nicht mehr aus anderen Gründen zur Aufrechterhaltung der Disziplin erforderlich ist.[166]   **99**

Schließlich besteht die Möglichkeit **disziplinarer Ahndung** von Pflichtverletzungen mit den Mitteln der WDO sowie die Abgabe an die Staatsanwaltschaft zur Verfolgung krimineller Pflichtverletzungen Untergebener.   **100**

8. Absatz 6
a) Zweck der Vorschrift

Seit der Entsch. des BVerfG zur Meinungsfreiheit von Soldaten[167] begründet das BVerwG nahezu formelhaft den **Normzweck** so: **101**

„Vorgesetzte brauchen das Vertrauen der Soldaten, die sie führen. Um sich dieses Vertrauen zu erhalten, verlangt § 10 Abs. 6 SG von jedem Offizier und Unteroffizier innerhalb und außerhalb des Dienstes Zurückhaltung bei Meinungsäußerungen. Besonnenheit, Unvoreingenommenheit und Toleranz und ein sachliches, abgewogenes Urteil sind für einen Vorgesetzten unerlässlich, um seinen Untergebenen Vorbild[168] sein zu können. Eine Armee kann ohne das Prinzip von Befehl und Gehorsam, ohne Disziplin nicht bestehen ... Wer Disziplin fordert, hat aber zuerst selbst Disziplin zu üben und die militärische Ordnung zu beachten. Gehorsam wiederum setzt Vertrauen zu Vorgesetzten voraus."[169]

In einer neueren Entsch.[170] wird diese Zweckbestimmung wie folgt verkürzt:

„Diese Vorschrift soll verhindern, dass Vorgesetzte durch unzulässige Äußerungen ihre dienstliche Autorität selbst untergraben und damit die Gehorsamsbereitschaft ihrer Untergebenen beeinträchtigen. Wer Disziplin fordert, hat zuerst selbst Disziplin zu üben und sich bei seinen Äußerungen die notwendige Zurückhaltung aufzuerlegen, um seiner militärischen Führungsaufgabe als Vorgesetzter gerecht zu werden."

Zusammenfassend lässt sich feststellen, dass Abs. 6 primär dazu beitragen soll, die **Autorität** des handelnden (vorg.) Soldaten zu **erhalten**, d.h. eine Gefährdung seiner Autorität zu verhindern.[171]

b) Absatz 6 und Grundgesetz

Die Vorschrift ist mit dem **GG**, insbes. Art. 5 Abs. 1 Satz 1 Halbs. 1, Art. 103 Abs. 2, **vereinbar**.[172]   **102**

Das BVerfG hat zuletzt mit Urt. vom 10.7.1992[173] – unter Aufhebung eines Urt. des BVerwG[174] – entschieden, dass u.a. § 10 Abs. 6 ein **allg. Gesetz** i.S.v. Art. 5 Abs. 2 GG sei, das nicht eine bestimmte Meinung ihres Inhalts wegen verbiete, sondern „in Ausfüllung"[175] des Art. 17a Abs. 1 GG die Freiheit der Meinungsäußerung beschränke, um

---

166 Vgl. hierzu *Dau*, WDO, § 21.
167 BVerfGE 28, 55 = NZWehrr 1970, 177.
168 Gem. § 10 Abs. 1 soll der Vorg. ein „Beispiel" geben; er braucht nicht „Vorbild" zu sein.
169 BVerwGE 86, 188 (195); BVerwG NZWehrr 1993, 206 (210); BVerwGE 113, 48 = NZWehrr 1997, 161 (163).
170 BVerwG NZWehrr 2001, 171 (172).
171 *Peterson*, NZWehrr 1991, 12 (15).
172 *Scherer/Alff*, SG, § 10 Rn. 60.
173 NZWehrr 1992, 205 (206).
174 NVwZ-RR 1992, 558.
175 Auch diese rechtl. wenig greifbare Formulierung zeigt, dass das Verhältnis zwischen Art. 17a GG u. den Wehrgesetzen nach wie vor nicht völlig geklärt ist.

dadurch die Funktionsfähigkeit der Bw[176] und die Erfüllung der ihr gestellten Verteidigungsaufgabe zu sichern. Für allg. Gesetze i.d.S. gelte das **Zitiergebot** des Art. 19 Abs. 1 Satz 2 GG **nicht**.

Ergänzend hat das BVerwG[177] Abs. 6 dahingehend konkretisiert, dass dieser dem Schutz eines „Gemeinschaftswertes" diene, der gegenüber der Freiheit der Meinungsäußerung Vorrang habe. Dieser Gemeinschaftswert sei der „Grundsatz der Disziplin" und dieser wiederum sei ein zu schützendes Rechtsgut.[178] In einer späteren Entsch. hat das BVerwG[179], dem BVerfG folgend, dieses Rechtsgut als die Erhaltung der „Funktionsfähigkeit der Bw" bezeichnet.

c) Adressatenkreis[180]

103   Gegen Abs. 6 können nur **Offz** und **Uffz**, d.h. Soldaten ab dem Dienstgrad Lt bzw. Uffz, verstoßen. Der Wortlaut der Best. ist (nur) insoweit eindeutig. Mannschaften, auch UA oder OA, fallen nicht unter den Anwendungsbereich.

Der **Status** des Offz oder Uffz ist rechtl. **irrelevant**; es kann sich um wpfl, dienstleistungspflichtige, wiederverwendete, eignungsübende oder länger dienende Soldaten handeln.[181]

104   Der Wortlaut des Abs. 6 lässt keine eindeutige Antwort auf die Frage zu, in **welcher Funktion** die strittige Äußerung des Offz oder Uffz gefallen sein muss. So ist insbes. unklar, ob der Soldat als Vorg. aufgetreten ist, ob er für den/die Adressaten der Äußerung als Vorg. erkennbar gewesen, ob er überhaupt zum maßgeblichen Zeitpunkt Vorg. i.S.d. VorgV gewesen sein muss.

105   Die Rspr. vermeidet eine präzise Festlegung. So wird regelmäßig Abs. 6 – vom Wortlaut her einschränkend – dahingehend zitiert, dieser verpflichte „Offiziere und Unteroffiziere" zu allg. Zurückhaltung.[182] Der Kontext dieser Personengruppe zur Rechtsstellung als Vorg. wird selten[183] unmittelbar hergestellt, so z.B. wird, wenn auch ausgeführt wird, aus der Zweckbestimmung des Abs. 6 folge, dass die Vorgesetzteneigenschaft nicht nur ein Vorgesetztenverhältnis auf Grund der Dienststellung voraussetze, sondern ein jedes in der VorgV geregelte Vorgesetztenverhältnis genüge.[184] Vollends unverständlich ist die Aussage, „der Vorgesetzte als Offizier bzw. Unteroffizier" sei zur Zurückhaltung bei Äußerungen verpflichtet.[185] Wenig hilfreich ist schließlich die differenzierende Bewertung einer Meinungsäußerung je nachdem, ob der Soldat diese „als Staatsbürger[186] oder als Angehöriger der Streitkräfte" abgegeben habe.[187]

---

176   Den SK kommt die Verteidigungsaufgabe zu, nicht der Bw. Richtig dagegen BVerwGE 103, 81 = NZWehrr 2004, 249 (250).
177   NZWehrr 1993, 206 (210).
178   An dieser Stilisierung der Disziplin sind durchaus Zweifel angezeigt.
179   BVerwGE 113, 48 = NZWehrr 1997, 161 (162).
180   An dem Befund von *Peterson*, NZWehrr 1991, 12 (14, Fn. 11), es sei überraschend, dass sich in Rspr. u. Lit. wenig Konkretes zum personellen Anwendungsbereich des § 10 finden lasse, hat sich bis heute nichts geändert.
181   *Peterson*, NZWehrr 1991, 12 (14).
182   BVerwGE 83, 60 = NZWehrr 1986, 161 (165); BVerwGE 86, 188 (194 f.); BVerwG NZWehrr 1993, 206 (210).
183   Besonders evident wird dieser Mangel in der Entsch. BVerwGE 86, 188 (194). Die Vorgesetzteneigenschaft des Soldaten (Flottillenadmiral) wird nicht einmal ansatzweise begründet o. erklärt.
184   BVerwGE 83, 60 = NZWehrr 1986, 161 (165).
185   BVerwGE 113, 48 = NZWehrr 1997, 161 (163).
186   Der Soldat ist auch als Angehöriger der SK Staatsbürger (in Uniform).
187   BVerwGE 83, 60 = NZWehrr 1986, 161 (166).

Pflichten des Vorgesetzten § 10

Weitere Erkenntnisse vermittelt die Lit. nicht. *Scherer/Alff*[188] führen aus, es sei unerheblich, auf Grund welcher Best. der VorgV der Soldat Vorg. sei, unterstellen dabei wohl, dass der Soldat überhaupt als Vorg. aufgetreten ist. *Schreiber*[189] bezeichnet als „Normadressaten" alle Offz und Uffz, lässt dabei aber offen, ob diese im konkreten Fall mil. Vorg. waren. *Vogelgesang*[190] betont, dass die „Vorgesetzteneigenschaft" Voraussetzung für die Anwendbarkeit des Abs. 6 sei, ohne zu erklären, ob diese grds. oder konkret vorgelegen haben muss. **106**

Bis zu einer **gesetzl. Klarstellung** ist von Folgendem auszugehen: **107**

Der systematische Zusammenhang des Abs. 6 mit der amtl. Überschrift des § 10 und der Wortlaut des Abs. 6 führen zu dem Schluss, dass ein Offz oder Uffz nur dann den Tatbestand des Abs. 6 erfüllen kann, wenn er im Zeitpunkt der Tat die **Funktion eines mil. Vorg. i.S.v. § 1 Abs. 3 und der VorgV innehatte**. Die Art der Vorgesetzteneigenschaft ist unbeachtlich; eine solche gem. § 4 VorgV reicht aus. Wenn ein Offz oder Uffz insbes. außerhalb des Dienstes[191] (und außerhalb umschlossener mil. Anlagen) nicht Vorg. ist, kann er nicht gegen Abs. 6 verstoßen. Seine dienstrechtl. Verantwortung gem. § 17 Abs. 2 Satz 2 bleibt hiervon unberührt. Dieses Resultat folgt auch der ratio legis: Nur wer Vorg. ist, kann durch unzulässige Äußerungen seine Autorität als Vorg. beschädigen.[192]

d) Pflichtenkonkurrenzen

Unzulässige Äußerungen eines Offz oder Uffz als mil. Vorg. können sowohl gegen Abs. 6 als gegen § 7, § 8, § 12, § 15 Abs. 4 und § 17 Abs. 1 bis 3 verstoßen.[193] Dies ist bei der Bemessung des Disziplinarmaßes zu berücksichtigen. **108**

e) Äußerungen

„Äußerungen" i.S.d. Abs. 6 sind zunächst alle **Meinungsäußerungen** in Wort, Schrift und Bild i.S.v. Art. 5 Abs. 1 Satz 1 Halbs. 1 GG. Die Rspr. versteht hierunter Stellungnahmen auf allen Gebieten, die im **Meinungsstreit** stehen, bei denen eine „geistige Auseinandersetzung", ein „Kampf der Meinungen", stattfindet. Verbalbeleidigungen reichen daher für sich allein nicht aus.[194] **109**

Unzulässig sind nur solche Äußerungen, die Untergebenen „zu Gehör kommen" oder „in die **Öffentlichkeit** dringen" können. Gespräche im Kameradenkreis oder innerdienstl. Vorgänge fallen nicht hierunter.[195] Die Anwesenheit von Pressevertretern genügt.[196]

---

188 SG, § 10 Rn. 61.
189 NZWehrr 1991, 105 (109).
190 GKÖD I Yk, § 10 Rn. 26.
191 Es sind durchaus Fallkonstellationen denkbar, in denen ein Offz o. Uffz auch innerhalb des Dienstes nicht mil. Vorg. ist. So ist ein Depotkommandant, dem lediglich Arbeitnehmer u. Beamte unterstellt sind, zwar deren Vorg., aber nicht mil. Vorg.
192 Ob die Äußerung objektiv geeignet sein muss, die Autorität zu beeinträchtigen, o. ob ein tatsächlicher Autoritätsverlust eingetreten ist (vgl. *Peterson*, NZWehrr 1991, 12, 16) spielt in diesem Zusammenhang keine Rolle.
193 *Scherer/Alff*, SG, § 10 Rn. 66 m.w.N.; BVerwGE 83, 136 (152) – zu § 17 Abs. 2 Satz 2, 2. Alt. A.A. *Peterson*, NZWehrr 1991, 12 (21 f.); *Stauf* I, § 10 SG Rn. 50. Der von diesen Autoren angenommene „originäre, eigenständige Normzweck" des Abs. 6 schließt eine gleichzeitige Verletzung der anderen zit. Vorschriften nicht aus.
194 Vgl. z.B. BVerwGE 63, 37 = NZWehrr 1978, 141 (142); BVerwGE 113, 48 = NZWehrr 1997, 161 (163); TDG Nord NZWehrr 2000, 40 (41).
195 Vgl. BVerwGE 83, 60 = NZWehrr 1986, 161 (165); BVerwGE 83, 136 (149); BVerwGE 86, 188 (199) – „Flucht in die Öffentlichkeit"; BVerwGE 103, 81 = NZWehrr 1994, 249 (251; *Scherer/Alff*, SG, § 10 Rn. 62.
196 BVerwGE 83, 60 = NZWehrr 1986, 161 (165).

Walz 173

Unzulässig ist auch die Weitergabe von **Äußerungen Dritter** in Form von Zitaten, wenn nicht eindeutig zu erkennen ist, dass sich der Soldat von diesen distanziert.[197] Zulässig ist, wenn der Soldat seiner im Übrigen nicht zu beanstandenden (schriftl.) Äußerung seinen **Dienstgrad** hinzufügt und damit seine Zugehörigkeit zu den SK offenbart.[198]

f) Zurückhaltung zu wahren

110 Bereits aus der Verwendung des Begriffes „wahren" folgt, dass der Offz oder Uffz nicht gehindert ist, aktiv am öffentlichen Willensbildungsprozess teilzunehmen.[199] Er hat dabei seine Meinung „**besonnen, tolerant und sachlich**" zu vertreten.[200] Offz und Uffz haben ihren Untergebenen ein „Vorbild" (gemeint ist ein Beispiel) durch Besonnenheit, Offenheit und ein sachliches Urteil zu sein.[201] Im Einzelfall kann dies durchaus eine schmale **Gratwanderung** zwischen dem Grundrecht auf freie Meinungsäußerung und dem soldatenrechtl. Verbot aus Abs. 6 bedeuten, wobei die Rspr. eine zunehmende Tendenz in Richtung des Grds. „in dubio pro libertate" erkennen lässt.[202]

g) Einzelfälle von Verstößen gegen Abs. 6 aus der Rechtsprechung

111
- Verbale Angriffe gegen in Deutschland lebende **Ausländer** (hier: Türken)[203]
- Glorifizierung von Symbolen der **NS-Zeit**; Leugnung der Vernichtung der Juden; Bezeichnung von Widerstandskämpfern als „Verräter"[204]
- Zugehörigkeit zu einer rechtsextremistischen (**Republikaner**) bzw. einer verfassungsfeindlichen (**NPD**) Partei, differenzierend nach passiver und aktiver Mitgliedschaft[205]
- Beleidigende Äußerungen gegenüber Untergebenen; **sexuelle Belästigungen**; Verletzung der **Würde** von Mitarbeitern.[206]

§ 11 Gehorsam

(1) ¹Der Soldat muss seinen Vorgesetzten gehorchen. ²Er hat ihre Befehle nach besten Kräften vollständig, gewissenhaft und unverzüglich auszuführen. ³Ungehorsam liegt nicht vor, wenn ein Befehl nicht befolgt wird, der die Menschenwürde verletzt oder der nicht zu dienstlichen Zwecken erteilt worden ist; die irrige Annahme, es handele sich um einen solchen Befehl, befreit den Soldaten nur dann von der Verantwortung, wenn er den Irrtum nicht vermeiden konnte und ihm nach den ihm bekannten Umständen nicht zuzumuten war, sich mit Rechtsbehelfen gegen den Befehl zu wehren.

---

197 *Peterson*, NZWehrr 1991, 12 (19 f.). A.A. BVerwGE 113, 57 = NZWehrr 1997, 165 (167) – „Asylbetrüger-Gedicht".
198 BVerwGE 113, 204 = NZWehrr 1998, 166 (167).
199 *Scherer/Alff*, SG, § 10 Rn. 64 m.w.N.
200 St.Rspr. seit BVerfGE 28, 36 = NZWehrr 1970, 177. Vgl. z.B. BVerwGE 83, 60 = NZWehrr 1986, 161 (165).
201 Vgl. BVerwGE 86, 188 (195).
202 Vgl. jüngst BVerwG NZWehrr 2005, 254.
203 BVerwG NZWehrr 1984, 167.
204 BVerwGE 63, 69 = NZWehrr 1978, 147; BVerwGE 113, 13 = NZWehrr 1997, 83; BVerwGE 113, 48 = NZWehrr 1997, 161; BVerwGE 111, 25 = NZWehrr 2000, 126; BVerwG NZWehrr 2001, 171; BVerwG DokBer B 2002, 19.
205 BVerwGE 83, 136 (NPD); BVerwGE 114, 258 (Republikaner).
206 BVerwGE 103, 321 = NZWehrr 1997, 205; BVerwG NZWehrr 2000, 258; BVerwG NZWehrr 2001, 30.

§ 11

(2) ¹**Ein Befehl darf nicht befolgt werden, wenn dadurch eine Straftat begangen würde.** ²**Befolgt der Untergebene den Befehl trotzdem, so trifft ihn eine Schuld nur, wenn er erkennt oder wenn es nach den ihm bekannten Umständen offensichtlich ist, dass dadurch eine Straftat begangen wird.**

Literatur: *Alff, Richard:* Zur Frage der Verbindlichkeit eines Befehls zur kostenpflichtigen Teilnahme an einem dienstlichen Abschiedsabendessen, NZWehrr 1978, 227; *Althaus, Uwe:* Zur Verbindlichkeit von Therapiebefehlen, NZWehrr 1996, 110; *Bachmann, Hans Georg:* Der Befehl, die während einer Gefechtsübung selbst beschaffte Verpflegung abzuliefern, ist unverbindlich, NZWehrr 1982, 156; *Dillmann, Robert:* Über den Umgang mit einem Soldaten, der sich auf sein Gewissen beruft, NZWehrr 1986, 221; *Fritz, Wolfgang:* Verstößt die Bekanntgabe einer Verurteilung eines Soldaten wegen einer Wehrstraftat gegen die Menschenwürde (Art. 1 Abs. 1 GG)? NZWehrr 1977, 53; *Kirchhof, Ferdinand:* Deutsche Verfassungsvorgaben zur Befehlsgewalt und Wehrverwaltung in multinationalen Verbänden, NZWehrr 1998, 152; *Nolte, Georg/Krieger, Heike:* Vergleich Europäischer Wehrrechtssysteme, 2002, 71 ff.; *Schafranek, Frank:* Die Gewissensfreiheit des Soldaten – Anmerkung zum Urteil des Bundesverwaltungsgerichts vom 21. Juni 2005 – (WD 12.04) –, NZWehrr 2005, 234; *Schwenck, Hans-Günter:* Die Gegenvorstellung im System von Befehl und Gehorsam, in: Fs für Dreher, 1977, 495; *ders.:* Gesetzgeberische Konsequenzen aus den Verboten der Zusatzprotokolle, NZWehrr 1978, 199; *Sohm, Stefan:* Vom Primat der Politik zum Primat des Gewissens? NZWehrr 2006, 1; *Stauf, Wolfgang:* Befohlene Teilnahme am feierlichen Gelöbnis – ein Verstoß gegen Art. 1 Abs. 1 Satz 1 GG? NZWehrr 1978, 92; *Wentzek, Boris:* Zur Geltung des Strafrechts im Auslandseinsatz, NZWehrr 1997, 25; *Wolff, Heinrich Amadeus:* Gewaltmaßnahmen der Vereinten Nationen und die Grenzen der strafrechtlichen Rechtfertigung der beteiligten deutschen Soldaten, NZWehrr 1996, 9.
Weitere Literaturhinweise bei § 10.

Übersicht

	Rn.		Rn.
A. Allgemeines	1 – 17	b) Satz 2	27 – 29
1. Entstehung der Vorschrift	1 – 12	c) Satz 3	30 – 35
2. Änderungen der Vorschrift	13 – 14	aa) Halbsatz 1, 1. Alt.	31
3. Bezüge zum Beamtenrecht bzw. zu sonstigen rechtl. Vorschriften	15 – 17	bb) Halbsatz 1, 2. Alt. cc) Weitere Unverbindlichkeitsgründe	32 33 – 34
B. Erläuterungen im Einzelnen	18 – 39	dd) Halbsatz 2	35
1. § 11 und Grundgesetz	18 – 24	3. Absatz 2	36 – 39
2. Absatz 1	25 – 35	a) Satz 1	36 – 38
a) Satz 1	25 – 26	b) Satz 2	39

A. Allgemeines

1. Entstehung der Vorschrift

Mit § 11 wurde die Gehorsamspflicht des Soldaten in Deutschland **erstmals gesetzl.** geregelt.¹ Zahlreiche Entsch. des RMG vor 1945² belegen einen bereits früher existierenden gesetzgeberischen Handlungsbedarf. Auf dieser Judikatur und Erfahrungen anderer Staaten beruhten die Vorentw. des SG und der REntw. selbst. **1**

---

1 Bis 1945 galt Nr. 4 der „Pflichten des deutschen Soldaten", mithin ein Erlass. Vgl. *Rittau*, SG, 109 f.
2 Vgl. *Rittau*, SG, 111.

§ 11 Gemeinsame Vorschriften

2 Der **REntw**.[3] sah als § 9 folgende Vorschrift vor:
„(1) Der Soldat muß seinen Vorgesetzten gehorchen. Er hat ihre Befehle nach besten Kräften, gewissenhaft, vollständig und unverzüglich auszuführen.
(2) Ein Befehl darf nicht befolgt werden, wenn dadurch ein Verbrechen oder Vergehen begangen würde. Befolgt der Untergebene den Befehl dennoch, so ist seine Schuld ausgeschlossen, wenn er nicht erkennt und wenn es nach den ihm bekannten Umständen auch nicht offensichtlich ist, daß dadurch ein Verbrechen oder Vergehen begangen wird."

3 Aus der ungewöhnlich umfangreichen **Begr**.[4] sind, da für die heutige Interpretation noch von Bedeutung, folgende Aussagen erwähnenswert:
- Das „Führungsmittel" des Befehls sei das **Kennzeichen** jeder „Wehrmacht".
- Der Untergebene könne **Gegenvorstellungen** erheben, wenn er sich hierzu „aus ernsthaften Gründen" genötigt sehe. Eine solche **Pflicht** werde jedoch **nicht** begründet.
- Der Untergebene hat Befehle, die auszuführen **unmöglich** sei, zu melden.
- Eine **strafrechtl. Norm** sei stets „**stärker**" als der mil. Befehl.
- „Übertretungen" (heute – überwiegend –: **Ordnungswidrigkeiten**) seien **auszuführen**.
- Mit Abs. 2 Satz des Entw. werde – vor dem Hintergrund der Erfahrungen des 2. Weltkriegs – der Schritt von der sog. Gesinnungsethik zur sog. **Verantwortungsethik** vollzogen. Der Untergebene habe aber **keine „Prüfungspflicht"**.

4 In seiner Stellungnahme forderte der **BR**[5], Abs. 1 Satz 1 um den Zusatz „in dienstlichen Angelegenheiten" zu ergänzen. Gegen Abs. 2 Satz 2 erhob der BR Bedenken. Der dort vorgesehene Verbotsirrtum bedürfe „einer angemessenen Einigung".

5 Die **BReg** schlug in ihrer Gegenäußerung[6] vor, Abs. 1 um folgenden Satz 3 zu ergänzen: „Die irrige Annahme, der Befehl betreffe keine dienstliche Angelegenheit, befreit ihn nicht von der Verantwortung."

Zu Abs. 2 Satz 2 des Entw. hielt die BReg an ihrer Formulierung fest; eine weitere Einigung gefährde die „reibungslose Befehlsgebung".

6 Die Regelung des Abs. 2 wurde auch während der **1. Lesung** des Entw. im BT krit. angesprochen. Der Abg. *Merten* (SPD)[7] meinte, die Bedeutung des „verbrecherischen Befehls" sei in dem Entw. nicht gebührend gewürdigt worden. Konkrete Formulierungsvorschläge sind den Debattenbeiträgen nicht zu entnehmen, allenfalls ein gewisses „Unbehagen" gegenüber der vorgesehenen gesetzgeberischen Lösung dieses Grundsatzproblems.

7 Der **Rechtsausschuss** des BT folgte in seiner Sitzung vom 18.11.1955[8] zunächst der vom BMVg vorgeschlagenen Ergänzung des Abs. 1 Satz 1. Nach einer ausführlichen Aussprache zu Abs. 2 Satz 2 beschloss der Ausschuss folgende Neufassung:
„Befolgt der Untergebene den Befehl trotzdem, so trifft ihn eine Schuld nur, wenn er erkennt oder wenn es nach den ihm bekannten Umständen offensichtlich ist, daß dadurch ein Verbrechen oder Vergehen begangen wird."

8 Der **Ausschuss für Beamtenrecht** des BT[9] folgte mehrheitlich dem Votum des Abg. *Arnholz* (SPD), in Abs. 1 Satz 2 das Komma hinter „nach besten Kräften" zu streichen.

---

3 BT-Drs. II/1700, 5.
4 BT-Drs. II/1700, 19 ff.
5 BT-Drs. II/1700, 38.
6 BT-Drs. II/1700, 43.
7 Sten. Ber. 5787 (D). Vgl. ergänzend die Abg. *Feller* (GB/BHE), Sten. Ber. 5791 (B) u. *v. Manteuffel* (FDP), Sten. Ber. 5794 (A).
8 Prot. Nr. 86, 26 ff.; Drs. 18 des Ausschusses für Beamtenrecht, 2.
9 Prot. Nr. 37 der 37. Sitzung v. 28.11.1955, 8; Ausschussdrs. 21, 6.

Der **VertA** ergänzte Abs. 1 um Satz 3 mit der Begr., damit sollten der „schikanöse Befehl" und Befehle in privaten Angelegenheiten „getroffen" werden. Es seien Grenzen zu setzen, „wo Grundwerte verletzt oder Forderungen gestellt werden, die nichts mit der eigentlichen Aufgabe zu tun haben". Außerdem setzte sich der VertA eingehend mit Abs. 2 auseinander und formulierte diesen sprachlich nochmals um.[10] 9

In der **2. und 3. Lesung** des Entw. im BT am 6.3.1956 beantragte die DP, Abs. 1 Satz 3 i.d.F. des VertA zu streichen; die „Disziplinarstrafordnung" reiche aus, solche Vorkommnisse zu verhindern.[11] Dieser Antrag wurde von der Mehrheit abgelehnt.[12] 10

In der **Erstfassung** lautete der dann so bezifferte § 11 wie folgt: 11

„(1) Der Soldat muß seinen Vorgesetzten gehorchen. Er hat ihre Befehle nach besten Kräften vollständig, gewissenhaft und unverzüglich auszuführen. Ungehorsam liegt nicht vor, wenn ein Befehl nicht befolgt wird, der die Menschenwürde verletzt oder der nicht zu dienstlichen Zwecken erteilt worden ist; die irrige Annahme, es handele sich um einen solchen Befehl, befreit nicht von der Verantwortung.

(2) Ein Befehl darf nicht befolgt werden, wenn dadurch ein Verbrechen oder Vergehen begangen würde. Befolgt der Untergebene den Befehl trotzdem, so trifft ihn eine Schuld nur, wenn er erkennt oder wenn es nach den ihm bekannten Umständen offensichtlich ist, daß dadurch ein Verbrechen oder Vergehen begangen würde."

Zusammenfassend lässt sich feststellen, dass sich alle am Gesetzgebungsprozess Beteiligten sach- und rechtskundig und redlich bemüht haben, eine rechtsstaatlich einwandfreie und anwendungssichere Regelung dieser zentralen Frage des soldatischen Dienstrechts zu schaffen. Dass dieses Bemühen letztlich nicht immer zu eindeutigen Subsumtionen führen konnte bzw. geführt hat, ist unter Abschnitt B. nachzulesen. Dies ändert nichts daran, dass die **Leistung des historischen Gesetzgebers** nach wie vor anzuerkennen ist. Letztlich wird dieser Befund dadurch bestätigt, dass § 11 seit 1956 nur einmal materiellrechtl. geändert worden ist. 12

2. Änderungen der Vorschrift

Art. 154 Nr. 1 des G vom **2.3.1974**[13] fasste Abs. 1 Satz 3 Halbs. 2 neu; in Abs. 2 wurden die Begriffe „Verbrechen oder Vergehen" durch „Straftat" ersetzt.[14] Auslöser für diese Änd. waren die Reformen des StGB der 60er und 70er Jahre des letzten Jh., hier insbes. der Irrtumstatbestände (§§ 16, 17 StGB).[15] 13

Mit der Neubekanntmachung des SG v. **14.2.2001**[16] wurde die Best. an die neue Rechtschreibung angepasst. 14

3. Bezüge zum Beamtenrecht bzw. zu sonstigen rechtl. Vorschriften

Das Begriffspaar „Befehl und Gehorsam" ist allen SK[17] **systemimmanent**. Der Befehl als Führungsmittel ist kennzeichnend für jede Armee.[18] Die Gehorsamspflicht ist „unerlässlich für das Funktionieren jeder militärischen Organisation".[19] 15

---

10 BT-Drs. II/2140, 7, 31 f.
11 Sten. Ber. 6840 (D) ff.
12 Sten. Ber. 6842 (A).
13 BGBl. I S. 469.
14 Aus heutiger Sicht u. im Hinblick auf die §§ 11, 12 StGB wäre diese Änd. besser unterblieben.
15 Vgl. allg. *Tröndle/Fischer*, StGB, 50. Aufl. 2001, Einl. Rn. 5 ff. (9).
16 BGBl. I S. 232.
17 Vgl. *Nolte, Georg/Krieger, Heike*, 71 ff. m.w.N.
18 Vgl. o. Rn. 3.
19 BT-Drs. II/2140, 6.

16 Dennoch unterscheiden sich die beamtenrechtl. Weisung, die **Gehorsamspflicht des Beamten** und seine Verantwortlichkeit (§§ 37, 38 BRRG; §§ 55, 56 BBG) inhaltlich von § 11 nicht wesentlich. Die formalen Unterschiede bestehen im Kern darin, dass der Soldat für sein Handeln disziplinar und (wehr-)strafrechtl. zur Rechenschaft gezogen werden kann, der Beamte nur dienstrechtl.[20]

17 Für **ZDL** bestimmt § 30 Abs. 1 ZDG, dass diese dienstl. Anordnungen der dort aufgeführten Personen zu befolgen haben. § 30 Abs. 2 und Abs. 3 ZDG unterscheiden sich von § 11 SG im Wesentlichen dadurch, dass im Recht der ZDL Straftaten und Ordnungswidrigkeiten auf eine Stufe gestellt werden, d.h. der ZDL darf auch eine Ordnungswidrigkeit nicht befolgen. Abw. vom Beamtenrecht und in Anlehnung an das Soldatenrecht kann der ZDL auch **bestraft** werden, wenn er eine dienstl. Anordnung nicht befolgt (§ 54 ZDG). Auf dieser – rechtspolitisch verfehlten und sachlich nicht begründbaren – Vorschrift beruht die Vorstellung, das Zivildienstverhältnis sei „ebenso auf Befehl und Gehorsam aufgebaut" wie das Wehrdienstverhältnis.[21] Der gegenüber einem ZDL erteilte sog. **Dienstbefehl** ist von seiner Natur her mit einem mil. Befehl indes nicht vergleichbar.

B. Erläuterungen im Einzelnen

1. § 11 und Grundgesetz

18 Die Vorschrift weist vielfältige Bezüge zum GG, insbes. zu den Grundrechten aus Art. 1 Abs. 1, Art. 2, Art. 3, Art. 4 und Art. 5 GG sowie den Art. 17a, 19 und 65a GG auf.

19 Ein Befehl ist gem. Abs. 1 Satz 2 Halbs. 2 unverbindlich, wenn er die Menschenwürde (**Art. 1 Abs. 1 GG**) verletzt. Insoweit kann auf die nachfolgende Komm. dieser Best. verwiesen werden.

20 Befehle können das Grundrecht der freien Entfaltung der Persönlichkeit (**Art. 2 Abs. 1 GG**) berühren. Dieses Grundrecht findet seine Schranken in der verfassungsmäßigen Ordnung, zu welcher unbestr. das „Wehrwesen" gehört. Die „volle Einsatzbereitschaft der Truppe" als deren wesentlichen Element fordert z.B., dass der (männliche ?) Soldat bei der Ausübung seines Dienstes nicht in vermeidbarer Weise durch langes Haar behindert wird. Der sog. **Haarerlass** vom 5.2.1971[22] war und ist daher rechtmäßig.[23] Er verstößt nach Auffassung des BVerwG[24] auch weder gegen die **Menschenwürde** noch gegen den **Gleichheitssatz** des GG.

Beide Vorschriften des GG sind zwar ebenfalls berührt, jedoch nicht verletzt, wenn durch Dienstvorschriften[25] für Soldaten der Bw eine **generelle Grußpflicht** gegenüber allen Generalen und Admiralen der deutschen und der alliierten SK befohlen wird.[26]

---

20 Dies gilt auch für Grenzschutzdienstpflichtige gem. § 56 BGSG. Diese Best. findet nur Anwendung, wenn der BT zuvor durch Beschl. zugestimmt hat (Art. 3 Abs. 2 BGSNeuRegG v. 19.10.1994, BGBl. I S. 2978).
21 BVerwG NJW 1977, 1165; *Brecht*, ZDG, 147, 201.
22 Jetzt ZDv 10/5 Nr. 103 u. Anl. 1.
23 BVerwGE 43, 353 (355 f.). Krit. TDG Süd – 4. Kammer NZWehr 2005, 257; TDG Süd – 3. Kammer, Beschl. v. 3.8.2005. In beiden Fällen wurde der 25 bzw. 30 cm lange Pferdeschwanz eines Soldaten auch im Hinblick auf die Zulässigkeit längerer Haare bei Soldatinnen für zulässig angesehen. Befehle, diesen abschneiden zu lassen, seien rechtswidrig.
24 BVerwGE 43, 353; BVerwGE 103, 99 = NZWehr 1994, 161.
25 Früher ZDv 10/4, heute ZDv 10/8.
26 BVerwGE 43, 312.

Gehorsam   **§ 11**

Problematisch war und ist das Verhältnis der soldatischen Gehorsamspflicht zum **21**
Grundrecht der Gewissensfreiheit aus **Art. 4 Abs. 1 GG**.[27]
Art. 4 Abs. 1 GG steht nicht wie andere Grundrechte unter Gesetzesvorbehalt. Art. 4 Abs. 3 GG verdrängt Art. 4 Abs. 1 nicht; Abs. 1 soll über Abs. 3 hinausreichen und jeden Dienst des Soldaten betreffen, auch soweit dieser nicht Dienst mit der Waffe sei. Von daher seien erteilte Befehle auch an ihrer Vereinbarkeit mit diesem Grundrecht zu messen; berufe sich ein Soldat auf Art. 4 Abs. 1 GG, sei der Befehl unverbindlich; dem Soldaten sei eine **„gewissensschonende Handlungsalternative"** bereit zu stellen.[28]

Diese Bezugnahme auf Art. 4 Abs. 1 GG ist insbes. aus zwei Gründen nicht frei von **22**
Bedenken:
- Der zwingend erforderliche Kausalzusammenhang zwischen dem konkreten Befehl, der „Gewissensnot" des Soldaten, und seiner Gewissensfreiheit ist im Einzelfall nur schwer herzustellen.
- Die isolierte, d.h. ohne das Grundrecht aus Art. 1 Abs. 1 GG einbeziehende, Berufung des Soldaten auf Art. 4 Abs. 1 GG ist mit dem insoweit eindeutigen Wortlaut des § 11 Abs. 1 Satz 3 Halbs. 1 nicht zu vereinbaren.[29]

Mit seinem Urt. vom 21.6.2005 hat das BVerwG eine **Debatte angestoßen**, deren Ende **23**
und Ergebnisse zzt. noch nicht abzusehen sind.

Die Informationsfreiheit des Soldaten aus **Art. 5 Abs. 1 Satz 1 GG** steht unter dem **24**
Vorbehalt des Art. 5 Abs. 2 GG, wonach dieses Grundrecht seine Schranken u.a. in den allg. Gesetzen und dem Recht der persönlichen Ehre findet. Der in der ZDv 10/5[30] enthaltene Verbotsbefehl, **NS-Propagandamaterial** in dienstl. Einrichtungen und Unterkünfte **einzubringen**, ist mit diesen Best. vereinbar.[31]

2. Absatz 1
a) Satz 1

Satz 1 begründet die gesetzl. Verpflichtung des Soldaten zum Gehorsam. Er markiert **25**
damit eine der „zentralen Pflichten eines jeden Soldaten".[32] Fehlt dem Soldaten die Bereitschaft zum Gehorsam, kann die Funktionsfähigkeit der SK „gelähmt oder jedenfalls in Frage gestellt werden".[33]

Der vom SG geforderte Gehorsam ist nicht, wie vor 1945, „blind" oder „unbedingt"[34], **26**
sondern ein **„mitdenkender Gehorsam"**. § 11 Abs. 2 selbst definiert die Ausnahmen, unter denen ein Befehl nicht ausgeführt zu werden braucht oder nicht ausgeführt werden darf. Klarstellend ist Satz 1 daher so zu verstehen;
„Der Soldat hat grundsätzlich seinen Vorgesetzten zu gehorchen".
Gehorsam bedeutet, ein Gebot auszuführen oder ein Verbot zu beachten.[35] Formale **Voraussetzungen** für das Auslösen der Gehorsamspflicht sind:

---
27 Vgl. zuletzt BVerwG, Urt. v. 21.6.2005, 2 WD 12.04, auszugsweise veröff. in DVBl. 2005, 1455 mit Anm. *Battis*, 1462 f.; NZWehrr 2005, 254 mit Anm. *Dau*, 255; RiA 2005, 288. Ablehnend *Sohm*, NZWehrr 2006, 1, u.a. unter Hinw. auf die abschließende Regelung des § 11 Abs. 2.
28 BVerwG 2 WD 12.04, Umdruck, 29 ff., 47 ff.
29 Vgl. *Sohm*, NZWehrr 2006, 1.
30 Nr. 311.
31 BVerwGE 119, 206 (213 ff.).
32 BVerwG NZWehrr 1994, 75; BVerwG NZWehrr 2004, 34; NZWehrr 2004, 80 („zentrale Dienstpflicht eines jeden Soldaten"); BVerwG NZWehrr 2005, 83 („Kernpflicht des Soldaten").
33 BVerwG NZWehrr 1994, 75.
34 BVerwG 2 WD 12.04, Umdruck, 29.
35 GKÖD I Yk, § 11 Rn. 1; *Scherer/Alff*, SG, § 11 Rn. 2.

§ 11

- Ein **Befehl** i.S.v. § 10 Abs. 4 und 5 sowie § 11 Abs. 1 Satz 2[36],
- der durch einen **mil. Vorg.** erteilt worden ist. Die Weisung eines anderen (zivilen, alliierten) Vorg. löst die Gehorsamspflicht nicht aus. Ihr ist gem. § 7 Folge zu leisten.

b) Satz 2

27 Auszuführen hat der Soldat gem. Satz 2 „Befehle". Hierunter sind Anweisungen eines mil. Vorg. i.S.v. **§ 2 Nr. 2 WStG** zu verstehen.[37]

28 Die bloße **Ankündigung** eines Soldaten, einen Befehl nicht ausführen zu wollen, verstößt nicht gegen Satz 2, da dieser auf den Zeitpunkt der Befehlsausführung abstellt. Eine solche Ankündigung kann jedoch eine Verletzung der Treuepflicht (§ 7) darstellen.[38]

29 Satz 2 gibt dem Soldaten drei **Bedingungen** vor, unter denen er Befehle auszuführen hat:

- „Nach besten Kräften **vollständig**". Der Soldat muss – unter Anspannung all seiner Kräfte – zumindest versuchen, den Befehl auszuführen. Objektiv Unmögliches wird nicht verlangt. Erkennt der Soldat, dass er einen Befehl nicht ausführen kann, muss er dies unverzüglich seinen Vorg. melden.[39] „Vollständig" meint den Wortlaut und den Sinn des Befehls sowie das mit ihm erstrebte Ziel.[40]
- „Nach besten Kräften **gewissenhaft**": Dies bedeutet ein höchstmögliches Maß an Sorgfalt[41], an verantwortlichem Handeln i.S.d. „mitdenkenden Gehorsams". Aus dieser Verpflichtung des Befehlsempfängers (und aus § 7) wird die **Pflicht**[42] abgeleitet, ggf. eine **Meldung** zu erstatten oder **Gegenvorstellungen** zu erheben.[43] Dies soll z.B. dann gelten, wenn die Ausführung eines Befehls unmöglich ist[44], wenn ein zweiter Befehl den ersten Befehl unmöglich macht[45] oder wenn sich die Lage so geändert hat, dass die Ausführung des Befehls „sinnwidrig" wäre.[46] Richtig ist, dass die Gegenvorstellung zu den „altüberkommenen" **Rechten** des Soldaten zählt.[47] Hinzuweisen ist jedoch darauf, dass die Gegenvorstellung im SG im Gegensatz zum Beamtenrecht (§ 56 Abs. 2 BBG) keine ausdrückliche Verankerung gefunden hat. Normativ-positivistisch lässt sie sich für das soldatische Dienstrecht folglich **nicht begründen**.[48]
- „Nach besten Kräften **unverzüglich**": Entspr. der Legaldefinition in § 121 Abs. 1 BGB bedeutet „unverzüglich" zunächst „ohne schuldhaftes Zögern"[49], d.h. nicht unbedingt

---

36 Die Wiederholung einer Verpflichtung des Soldaten, die sich bereits aus einer anderen Gesetzesnorm als aus § 11 ergibt, stellt lediglich einen Verstoß gegen diese dar; handelt es sich hierbei um eine im SG festgelegte Pflicht, geht dies als lex specialis dem § 11 vor. Vgl. BVerwG ZBR 2005, 132; *Scherer/Alff*, SG, § 11 Rn. 2. A.A. *Lingens*, NZWehr 1992, 58 (61 f.).
37 BVerwG 2 WD 1.04, Umdruck, 27 m.w.N. Vgl. im Übrigen die Komm. zu § 10 Rn. 48 ff. m.w.N. A.A. *Stauf* I, § 11 SG Rn. 2.
38 BVerwGE 103, 361 = NZWehr 1997, 117; BVerwGE 120, 105 = NZWehr 2004, 169.
39 BVerwGE 86, 18 = NZWehr 1989, 35; GKÖD I Yk, § 11 Rn. 2; *Rittau*, SG, 115; *Scherer/Alff*, SG, § 11 Rn.
40 GKÖD I Yk, § 11 Rn. 2; *Rittau*, SG, 115; *Scherer/Alff*, SG, § 11 Rn. 4.
41 GKÖD I Yk, § 11 Rn. 2; *Scherer/Alff*, SG, § 11 Rn. 5.
42 *Rittau*, SG, 114, hielt nur ein Recht, nicht eine Pflicht, zur Gegenvorstellung für begründbar. So auch die amtl. Begr. (vgl. o. Rn. 3).
43 GKÖD I Yk, § 11 Rn. 3 f.; *Scherer/Alff*, SG, § 11 Rn. 7 ff.; *Stauf* I, § 11 SG Rn. 18 f.
44 BVerwGE 86, 18 = NZWehr 1989, 35.
45 Vgl. BVerwGE 46, 108 = NZWehr 1973, 228.
46 *Scherer/Alff*, SG, § 11 Rn. 10. Vgl. auch BGHSt 19, 231 = NZWehr 1964, 125.
47 *Stauf* I, § 11 SG Rn. 18.
48 Ein „Widerstandsrecht" des Soldaten gegen einen rechtswidrigen Befehl lässt sich noch weniger dogmatisch ableiten. Vgl. indes OVG Koblenz NJW 1971, 1582.
49 GKÖD I Yk, § 11 Rn. 2 a.E.; *Scherer/Alff*, SG, § 11 Rn. 6.

„sofort". In vielen Fällen, insbes. bei schriftl. erteilten Befehlen, wird dem Befehlsempfänger ein exakter Termin gesetzt. Wird dieser eingehalten, ist das Merkmal „unverzüglich" erfüllt.

c) Satz 3

§ 11 differenziert zwischen Befehlen, die befolgt werden müssen (**verbindliche Befehle**), solchen, die nicht befolgt zu werden brauchen, und solchen, die nicht befolgt werden dürfen (**unverbindliche Befehle**). Rechtmäßige Befehle i.S.v. § 10 Abs. 4 sind stets verbindlich. Dies gilt grds. auch für rechtswidrige Befehle. Diese sind unverbindlich, wenn sie die Menschenwürde verletzen, nicht zu dienstl. Zwecken erteilt worden sind oder die Begehung einer Straftat zur Folge haben. Weitere Unverbindlichkeitsgründe sind durch die Rspr. entwickelt worden. Im Einzelnen gilt Folgendes: 30

aa) Halbsatz 1, 1. Alt.: Ein Befehl ist nicht verbindlich und muss daher nicht befolgt werden, wenn er die **Menschenwürde** verletzt.[50] 31

Unter der gem. Art. 1 Abs. 1 Satz 1 GG unantastbaren Würde des Menschen werden die elementaren Bedingungen des Menschseins verstanden. Hierzu gehören inbes. die körperliche Integrität, menschengerechte Lebensgrundlagen, Rechtsgleichheit und die personale Identität.[51] Geschützt wird der **Mensch als Subjekt**; unzulässig ist, ihn zum bloßen Objekt zu degradieren.[52]

Unter „Menschenwürde" i.S.d. Best. ist sowohl die Würde des Untergebenen als auch die eines Dritten zu verstehen, der durch den Befehl betroffen ist.[53]

bb) Halbsatz 1, 2. Alt.: Ein Befehl ist ferner nicht verbindlich und braucht nicht befolgt zu werden, wenn er nicht zu **dienstl. Zwecken** erteilt worden ist. 32

Zusammengefasst dient ein Befehl dann dienstl. Zwecken, wenn ihn der mil. Dienst erfordert, um die durch das GG festgelegten Aufgaben der SK zu erfüllen.[54] Hauptanwendungsfall eines nicht-dienstl. Befehl sind private Angelegenheiten des Vorgesetzten. Eine scharfe Trennung beider Bereiche ist in der Praxis oft schwierig.[55]

cc) Weitere Unverbindlichkeitsgründe: § 22 Abs. 1 Satz 1 WStG bestimmt, dass ein Befehl nicht verbindlich ist, „insbesondere" wenn er nicht zu dienstl. Zwecken erteilt worden ist, die Menschenwürde verletzt oder durch ihn eine Straftat begangen würde. Aus dieser Formulierung wird allg.[56] gefolgert, dass die Unverbindlichkeitsgründe des § 11 **nicht erschöpfend** sind. Obwohl der Einwand von *Vogelgesang*[57], alle weiteren Unverbindlichkeitsgründe ließen sich „ohne Zwang" unter die nicht-dienstl. Zwecke einordnen, dogmatisch zutreffend ist, dienen diese doch der Klarstellung und damit der sicheren Handhabung in der Praxis. 33

---

50 Dies ist z.B. der Fall, wenn dem Soldaten befohlen wird, Regenwürmer zu essen. Vgl. BVerwGE 93, 108 = NZWehrr 1991, 254.
51 *Höfling*, in: *Sachs*, GG, Art. 1 Rn. 19.
52 St.Rspr seit BVerfGE 30, 1 (26). Vgl. BVerwG 2 WD 12.04, Umdruck, 29 f.
53 GKÖD I Yk, § 11 Rn. 7; *Scherer/Alff*, SG, § 11 Rn. 14.
54 BVerwG 2 WD 12.04, Umdruck, 30. Zu weiteren Einzelheiten vgl. die Komm. zu § 10 Rn. 64 ff.
55 Vgl. z.B. BDHE 6, 160 (Einsatz eines Musikkorps bei einer karnevalistischen Veranstaltung); BVerwG DokBer B 1979, 19 (Teilnahme an einem dienstl. Abschiedsabend); BVerwGE 76, 130 = NZWehrr 1984, 76 (Teilnahme an einer Repräsentationsveranstaltung der Bw).
56 BVerwG 2 WD 12.04, Umdruck, 33; *Scherer/Alff*, SG, § 11 Rn. 16; *Schölz/Lingens*, WStG, § 2 Rn. 34, § 22 Rn. 4; *Stauf* I, § 11 SG Rn. 10 ff.
57 GKÖD I Yk, § 11 Rn. 6.

Unverbindlich sind danach auch Befehle[58],
- deren Ausführung **objektiv unmöglich** ist,
- die sich inhaltlich **widersprechen**,
- die infolge einer grundlegenden **Änderung der Sachlage** sinnlos geworden sind,
- deren Ausführung dem Soldaten **nicht zugemutet** werden kann[59],
- die gegen **eine allg. Regel des Völkerrechts** verstoßen.

34 Der Auffassung, ein Befehl, der mit dem **Verbot des Angriffskrieges** gem. Art. 26 Abs. 1 Satz 1 GG kollidiere, sei unverbindlich, weil dieses Verbot ein (eigenständiger?) Unverbindlichkeitsgrund sei[60], kann nicht gefolgt werden. Ein derartiger Befehl würde gegen § 80 StGB verstoßen und wäre damit gem. § 11 Abs. 2 Satz 1 unverbindlich.[61]

35 **dd) Halbsatz 2: Irrt** sich der Soldat über das Vorliegen der zit. Unverbindlichkeitsgründe, handelt er nicht pflichtwidrig, wenn er trotz „Anspannung aller seiner Erkenntniskräfte und seiner sittlichen Wertvorstellungen" zu keinem anderen Ergebnis kommen konnte.[62]

Dem Soldaten ist zuzumuten, vor einer entspr. Gehorsamsverweigerung **Rechtsbehelfe einzulegen**. Hierunter sind z.B. die Beschwerde nach der WBO, die Dienstaufsichtsbeschwerde, die Gegenvorstellung und die Eingabe zu verstehen.

3. Absatz 2

a) Satz 1

36 Unverbindlich ist ferner ein Befehl, dessen Begehung eine **Straftat** bedeuten würde. Ein solcher Befehl braucht nicht nur nicht befolgt zu werden; er darf nicht befolgt werden.

„Straftaten" i.S.d. Vorschrift sind alle **Verbrechen** und **Vergehen** gem. § 12 Abs. 1 und 2 StGB und entspr. Straftatbestände der strafrechtl. Nebengesetze.

Ordnungswidrigkeiten nach dem OWiG fallen **nicht** hierunter.[63] Befehle, welche die Begehung einer Ordnungswidrigkeit bedeuten, sind unter den Voraussetzungen des Abs. 1 Satz 3 verbindlich und müssen ausgeführt werden. Für die Folgen haftet der Vorg. grds. allein gem. § 10 Abs. 5 Satz 1.

37 Ein Befehl, dessen Befolgung die Gefahr einer fahrlässigen Straftat (insbes. im Straßenverkehr) bedeuten kann (sog. gefährlicher Befehl), ist als verbindlich auszuführen, wenn ein Schaden an einem strafrechtl. geschützten Rechtsgut realistischerweise nicht eintreten kann. Hierüber soll eine Gefahrenprognose entscheiden.[64] Ob das Handeln bzw. Unterlassen des untergebenen Soldaten an einer solchen perspektivischen Betrachtung gemessen werden kann, bleibt zweifelhaft. Handelt der Vorg. entspr. § 10 Abs. 4, treten solche Fälle in der Praxis nicht auf.

38 **Völkerrechtswidrige Befehle** sind dann wie strafrechtswidrige Befehle zu betrachten, wenn ihre Befolgung gegen eine allg. Regel des Völkerrechts oder gegen einen nationa-

---

58 Vgl. BVerwG 2 WD 12.04, Umdruck, 33 ff.; *Scherer/Alff*, SG, § 11 Rn. 17 f.; *Schölz/Lingens*, WStG, § 2 Rn. 40 ff., jew. m.w.N.
59 In diesen Kontext soll z.B. die Berufung des Soldaten auf Art. 4 Abs. 1 GG eingeordnet werden. Vgl. BVerwG 2 WD 12.04, Umdruck, 37 ff.
60 Vgl. BVerwG 2 WD 12.04, Umdruck, 33 ff.
61 So wohl auch *Dau*, Anm. zum Urt. des BVerwG (vorstehende Fn.), NZWehrr 2005, 255 (257).
62 BGHSt 2, 194 (201); GKÖD I Yk, § 11 Rn. 9; *Scherer/Alff*, SG, § 11 Rn. 21; *Stauf* I, § 11 SG Rn. 16.
63 GKÖD I Yk, § 11 Rn. 10.
64 Vgl. *Vitt*, NZWehrr 1994, 45 m.w.N.

len Straftatbestand, insbes. gegen die Vorschriften der §§ 6 ff. VStGB, verstoßen würde. Seit dem In-Kraft-Treten des VStGB sind früher[65] gegen die Einbeziehung des völkerrechtswidrigen Befehls geltend gemachte Bedenken gegenstandslos geworden. Auf die Intensität der Rechtsverletzung[66] kommt es ebenfalls nicht mehr an.[67]

b) Satz 2

Befolgt der Soldat einen gem. Satz 1 unverbindlichen, strafrechtswidrigen, Befehl, ist er grds. hierfür **nicht verantwortlich**.

Ausnahmsweise haftet der Soldat in solchen Fällen für sein Handeln, wenn er in der sog. Parallelwertung in der Laiensphäre[68] weiß, dass die Befehlsausführung einen Straftatbestand erfüllt. Dasselbe gilt für den Fall, dass der Befehl offensichtlich – für jedermann – strafrechtswidrig ist. Eine **Prüfungspflicht** obliegt dem Soldaten **nicht**.[69] Er darf sich grds. auf die Rechtmäßigkeit des Befehls verlassen.

§ 12 Kameradschaft

[1]Der Zusammenhalt der Bundeswehr beruht wesentlich auf Kameradschaft. [2]Sie verpflichtet alle Soldaten, die Würde, die Ehre und die Rechte des Kameraden zu achten und ihm in Not und Gefahr beizustehen. [3]Das schließt gegenseitige Anerkennung, Rücksicht und Achtung fremder Anschauungen ein.

Literatur: *Goerlich, Helmut:* Soldatische Pflichten, provokative Meinungsäußerungen und die Vereinigungsfreiheit des Soldaten, Jura 1993, 471; *Huth, Rüdiger:* Hände weg von der Kameradenehefrau, Wehrausbildung 1993, 340; *Höges, Theodor:* Rechtsfragen der sexuellen Belästigung am Arbeitsplatz in den Streitkräften, NZWehr 2003, 221; *Küppers, Rudolf:* Wegnahme bundeswehreigener Sachen unter Soldaten, NZWehr 1964, 103; *Laabs, Harald:* Rechtsstellung und Pflichtenkreis der Rechtsberater der Bundeswehr bei Auslandseinsätzen und im Verteidigungsfall, NZWehr 1995, 61; *Lingens, Eric:* Fürsorge- und Dienstaufsichtspflicht in Konkurrenz mit sonstigen Dienstpflichten, NZWehr 1989, 251; *ders.:* Hände weg vom Ehepartner des Kameraden, Truppenpraxis/Wehrausbildung 1999, 659; *ders.:* Verleiten zu pflichtwidrigem Verhalten und Pflicht zur Kameradschaft, BWV 2001, 130; *Lutze, Christian:* Der Kameradenehebruch als Dienstvergehen, NZWehr 2000, 200; *Scherer, Werner:* Über das Rauchen in den Kasernen, NZWehr 1976, 121; *Schmidt-Radefeldt, Roman:* Streitkräfte und Homosexualität, NZWehr 2000, 141; *Schreiber, Jürgen:* Treudienstpflicht, Vorgesetztenpflichten, NZWehr 1991, 105; *Schwalm, Georg:* Die Streichung des Grundtatbestands homosexueller Handlungen und ihre Auswirkung auf das Disziplinarrecht, NZWehr 1970, 81; *Schwandt, Eberhard Ulrich:* Dienst- und Disziplinarrecht der Soldaten, ZBR 1992, 298 ff.; 1993, 161; 2002, 297; *ders.:* Die unantastbare Würde des Menschen im Dienst- und Disziplinarrecht der Soldaten, in: Fs für Walther Fürst, 2002, 289; *Weingärtner, Dieter:* Zur disziplinaren Würdigung ehrverletzender Äußerungen zum Nachteil von Kameraden in Petitionen von Soldaten, NZWehr 1987, 11; *Widmaier, Ulrich:* Zum Grundrecht des Soldaten auf freie Meinungsäußerung aus disziplinarrechtlicher Sicht unter Einbeziehung allgemeiner Aspekte des Europäischen Gerichtshofs für Menschenrechte und des Gerichtshofs der Europäischen Gemeinschaften, in: Fs für Walther Fürst, 2002, 407.

---

65 *Stauf* I, § 11 Rn. 22.
66 *Scherer/Alff*, SG, § 11 Rn. 24 m.w.N. Krit. bereits GKÖD I Yk, § 11 Rn. 11 a.E.
67 Vgl. auch *Schölz/Lingens*, WStG, § 2 Rn. 40 a.E.
68 Vgl. GKÖD I Yk, § 11 Rn. 12; *Scherer/Alff*, SG, § 11 Rn. 26.
69 Amtl. Begr. (vgl. o. Rn. 3); *Scherer/Alff*, SG, § 11 Rn. 30.

§ 12 Gemeinsame Vorschriften

Übersicht

	Rn.		Rn.
A. Allgemeines	1– 5	b) Verletzung der Kameradschaftspflicht	9–12
1. Entstehung der Vorschrift	1– 2	2. Satz 2	13–19
2. Änderungen der Vorschrift	3	a) Begriff des „Kameraden"	13–15
3. Bezüge zum Beamtenrecht bzw. zu sonstigen rechtl. Vorschriften; ergänzende Dienstvorschriften und Erlasse	4– 5	b) Würde des Kameraden	16
		c) Ehre des Kameraden	17
		d) Rechte des Kameraden	18
B. Erläuterungen im Einzelnen	6–21	e) Beistandspflicht	19
1. Satz 1 „Kameradschaft"	6–12	3. Satz 3	20
a) Begriff und Inhalt	6– 8	4. Einzelfälle von Verstößen gegen § 12 aus der Rechtsprechung	21

A. Allgemeines

1. Entstehung der Vorschrift

1 § 10 des REntw.[1] sah folgende Regelung vor:

„Die Kameradschaft verbindet alle Angehörigen der Streitkräfte. Sie verpflichtet alle Soldaten, die Würde, die Ehre und die Rechte des Kameraden zu achten und ihm in Not und Gefahr beizustehen."

Die Kameradschaft wird in der **Begr.** des REntw.[2] als „alte gute Überlieferung des Soldatentums" bezeichnet. Gemeint sei damit die **„echte"** Kameradschaft, so wie sie sich besonders in der „alten Armee" (d.h. der Armee vor 1919) und in der Kaiserlichen Marine herausgebildet habe.[3] An diese tradierte Kameradschaft, das „band of brothers"[4], die gegenseitige Hilfsbereitschaft im Kampf und bis in den Tod[5], wollte der Gesetzgeber mit ihrer Verankerung im SG offenbar anknüpfen. Ob es dazu einer expliziten Normsetzung bedurft hätte[6], ist allerdings fraglich.

2 In den **Ausschussberatungen** war § 10 des REntw. grds. unbestritten. In der Sitzung des Rechtsausschusses vom 18.11.1955[7] schlug der Abg. *Schröter* (SPD) vor, den Satz „Das schließt gegenseitige Anerkennung, Rücksicht und Achtung fremder Anschauungen ein" anzufügen. Hierdurch solle der „schon etwas abgenutzte Begriff der Kameradschaft" konkretisiert und insbes. das Toleranzgebot hervorgehoben werden. Der Rechtsausschuss[8] wie auch anschließend der VertA folgte diesem Votum. Ebenfalls der VertA ersetzte in Satz 1 das Wort „Streitkräfte" durch „Bundeswehr"[9] und formulierte diesen Satz sprachlich um.

---

1 BT-Drs. II/1700, 5.
2 BT-Drs. II/1700, 22.
3 *Rittau*, SG, 121.
4 *Rittau*, SG, 121.
5 *Rittau*, SG, 121; BT-Drs. II/1700, 22. *Rittau* meint denn auch, dass Fahnenflucht ein besonders schwerer Verstoß gegen die Kameradschaftspflicht sei. Diese Konsequenz haben die Wehrdienstgerichte allerdings bisher nicht gezogen.
6 Der Gesetzgeber war sich dieser Fragestellung durchaus bewusst: Im Ber. des VertA zum SG (BT-Drs. II/2140, 7) wird betont, dass der Begriff Kameradschaft einen ethischen Gehalt habe, der in der Sprache des Ges. nicht zu fassen sei. In die gleiche Richtung argumentierte der Abg. *Dr. Kliesing* (CDU/CSU) bei der 1. Lesung des SG im BT (Sten. Ber. S. 5783). Mit Blick u.a. auf § 12 erinnerte er an die Verpflichtung des Gesetzgebers, „darüber nachzudenken, ob und inwieweit das Hineinzwängen sittlicher Normen in die Paragraphen eines Gesetzes notwendig und damit vertretbar ist".
7 Prot. Nr. 86, 30.
8 Ausschussdrs. 18, 2.
9 Vgl. hierzu die Komm. zu § 2 Rn. 2 u. 3. Gerade in diesem Zusammenhang hätte dem VertA eigentlich auffallen müssen, dass der Begriff „Streitkräfte" der treffendere gewesen wäre. Nur

Kameradschaft § 12

2. Änderungen der Vorschrift

§ 12 ist seit der Erstfassung des SG bis heute **unverändert** geblieben. Das TDG Nord hatte in einem Urt. vom 15.2.2001[10] „bedauert", dass der Gesetzgeber bisher keine Veranlassung gesehen habe, § 12 insoweit zu ändern, als sich die Kameradschaftspflicht derzeit noch auf das Verhältnis der Soldaten der Bw untereinander beschränke. Es sei nicht einzusehen, weshalb der Marinesoldat in Flensburg und der Gebirgsjäger in Mittenwald Kameraden seien, nicht jedoch deutsche und **verbündete Soldaten**, die im gleichen Raum ihren Dienst versehen würden. Das BMVg[11] hat es seinerzeit abgelehnt, eine entspr. Gesetzesinitiative[12] zu ergreifen. Zum Wesen der Kameradschaft gehöre die Gegenseitigkeit. Es bedürfe daher einer internationalen Pflichtenordnung, die für alle Soldaten über die nationalen Grenzen hinweg gelte. Diese ist bekanntlich (noch) nicht vorhanden. 3

3. Bezüge zum Beamtenrecht bzw. zu sonstigen rechtl. Vorschriften; ergänzende Dienstvorschriften und Erlasse

Eine mit § 12 vergleichbare Best. existiert für **ZDL** nicht. Die dem ZDL gem. § 27 Abs. 1 Satz 2 ZDG obliegende Integrationspflicht bezieht sich nicht auf alle anderen ZDL, sondern auf die Angehörigen seiner Beschäftigungsstelle.[13] 4

Grenzschutzdienstpflichtige sind dann den Regelungen des § 12 unterworfen, wenn der BT zuvor der Anwendung der §§ 48 bis 61 BGSG[14] (hier: § 59 BGSG) zugestimmt hat. Es ist daher nicht zutr., dass § 12 im gesamten öff. Dienstrecht die einzige Best. sei, die zu gegenseitiger Kameradschaft verpflichte.[15] Richtig ist, dass das BBG keine explizite Verpflichtung des **Beamten** zur Kameradschaft enthält. Dennoch wird der allg. Verhaltensklausel des § 54 Satz 3 BBG entnommen, dass die Beamte gegenüber unterstellten oder gleichrangigen anderen Beamten zur „**Kameradschaftlichkeit**"[16] oder „**Kollegialität**"[17] verpflichtet sei. Bemerkenswert daran ist indes, dass sich die Kommentarlit. zu § 54 Satz 3 BBG auf *einen* Satz zu dieser Beamtenpflicht beschränkt und in der Rspr. des BVerwG keine einzige Entscheidung hierzu nachweisbar ist. Schon von daher wird erkennbar, dass zumindest in der täglichen Praxis des Umgangs miteinander wesentliche Unterschiede inhaltlicher Art zwischen § 12 und § 54 Satz 3 BBG bestehen. Ob der rechtl. und sittliche Gehalt der Begriffe „Kameradschaft" und „Kameradschaftlichkeit/ Kollegialität" tatsächlich kongruent ist[18], erscheint zweifelhaft. Möglicherweise sind die Dienst-/Arbeits- und Wohnbedingungen von Soldaten und Beamten so unterschiedlich, dass die Kameradschaft unter Soldaten eine weit größere Rolle spielt als unter Beamten.

Einzelfragen sind in der **ZDv 10/5** „Leben in der militärischen Gemeinschaft" (Dezember 1993, Neudruck September 2005) geregelt. Maßnahmen zum Schutz der **Nichtraucher** im dienstl. Bereich regelt der Erl. des BMVg vom 30.3.2000.[19] Mit Fragen des 5

---

die Soldaten (der SK) sind in Kameradschaft verbunden, nicht auch die (zivilen) Angehörigen der Bundeswehrverwaltung (vgl. u. Rn. 14).
10 N 12 VL 38/00.
11 BMVg – R I 1– Az 16-02-05/12 v. 4.10.2001.
12 Dieser bedarf es auch nicht. „Unkameradschaftliches" Verhalten gegenüber Soldaten verbündeter SK ist bereits jetzt über § 7, § 16, § 17 Abs. 2 disziplinar maßregelbar.
13 *Brecht*, ZDG, 143.
14 Vgl. hierzu o. die Komm. zu § 9 Rn. 9.
15 So jedoch GKÖD I Yk, § 12 Rn. 1.
16 *Plog/Wiedow/Lemhöfer*, BBG, § 54 Rn. 8.
17 *Battis*, BBG, § 54 Rn. 6. Für Richter gilt das Gleiche: *Geiger*, EuGRZ 1977, 479.
18 So *Laabs*, NZWehrr 1995, 65. A.A. GKÖD I Yk, § 7 Rn. 12.
19 VMBl. S. 143; 2002 S. 356.

sexuellen Verhaltens von und zwischen Soldaten befasst sich der Erl. des BMVg „Umgang mit Sexualität in der Bundeswehr" vom Juli 2004.[20]

B. Erläuterungen im Einzelnen

1. Satz 1 „Kameradschaft"

a) Begriff und Inhalt

6 Der Begriff „Kameradschaft", abgeleitet vom italienischen „camerata" = Stubengemeinschaft[21], hat trotz seiner gelegentlich auch außerhalb der SK anzutreffenden Verwendung[22] eine primär **militärspezifische Bedeutung**.

Kameradschaft ist das **Band der Zusammengehörigkeit**[23], das Soldaten untereinander zu einer Art verschworener Schicksalsgemeinschaft zusammenschweißt. Viele Berichte aus Kriegseinsätzen in jüngerer Zeit verweisen auf die sog. **kleine Kampfgemeinschaft**, die, auf der Basis der Kameradschaft, dem einzelnen Soldaten in Not und Gefahr geholfen hat, extreme Belastungen zu ertragen und durchzustehen.

Bestimmende Faktoren der Kameradschaft sind gegenseitiges Vertrauen, das Bewusstsein, sich in Krisensituationen bedingungslos aufeinander verlassen zu können[24], gegenseitige Achtung, Fairness[25] und Toleranz.[26] Ein Soldat, insbes. in Vorgesetztenstellung, der die Pflicht zur Kameradschaft verletzt, stört den Zusammenhalt der Soldaten und damit den Dienstbetrieb. Letztlich beeinträchtigt er durch ein derartiges Verhalten die **Einsatzbereitschaft der SK**.[27]

7 Die mit § 12 zum Rechtsinstitut erhobene Kameradschaftspflicht wird durch die Gesetzesvorschrift ethisch nicht voll ausgeschöpft. § 12 enthält nur die **Mindestanforderungen**, die an den Soldaten gestellt werden.[28]

8 Verpflichtung des Soldaten zur Kameradschaft und (Rechts-) Anspruch des Soldaten auf Kameradschaft entsprechen sich nicht. Die Pflicht zur Kameradschaft ist ein gerichtl. nicht durchsetzbares **Reflexrecht**.[29] Der Soldat kann sich gem. § 1 Abs. 1 Satz 1 WBO förmlich **beschweren**, wenn er glaubt, durch pflichtwidriges Verhalten von Kameraden verletzt zu sein. Nach erfolglos beschrittenem Beschwerdeweg wird ihm weiterer Rechtsschutz durch ein Wehrdienstgericht jedoch nicht gewährt.[30] Dies folgt aus Art. 19 Abs. 4 GG und den rechtspolitischen Intentionen der WBO. Eine gerichtl. Überprüfung

---

20 ZDv 14/3 B 173. Vgl. zu der Fassung 2002 TDG Süd NZWehrr 2003, 261.
21 *Laabs*, NZWehrr 1995, 65 Fn. 80.
22 So wird beispielsweise in Satzungen gemeinnütziger Vereine die „Förderung der Kameradschaft" als Vereinszweck beschrieben. Rechtsextremistische Organisationen, z.B. die „Skinheads Sächsische Schweiz", bezeichnen sich oftmals als „Kameradschaften" (vgl. Verfassungsschutzber. 2001, passim).
23 *Schwandt*, ZBR 1992, 302; *Stauf* I, § 12 SG Rn. 1.
24 St. Rspr. des BVerwG. Vgl. zuletzt NVwZ-RR 2002, 851 = NZWehrr 2003, 122.
25 *Stauf* I, § 12 SG Rn. 2.
26 Diese Inhaltsmerkmale begrenzen zugleich die Kameradschaftspflicht. So hat der Soldat „unter keinem denkbaren rechtlichen Gesichtspunkt" einen Anspruch darauf, dass anlässlich der Trauerfeier für einen verunglückten Kameraden eine Ehrenformation der Luftwaffe vorbeifliegt (BVerwG NZWehrr 2005, 252).
27 BVerwG NVwZ-RR 2002, 851 = NZWehrr 2003, 122.
28 *Bornemann*, RuP, 51; *Scherer/Alff*, SG, § 12 Rn. 2. Die dort zit. Entsch. des BVerwG (E 63, 204 = NZWehrr 1979, 179) gibt dazu allerdings nichts her.
29 *Stauf* I, § 12 SG Rn. 4.
30 Unstr. vgl. BVerwGE 63, 204 = NZWehrr 1979, 179; BVerwG 1 WB 98/91; *Dau*, WBO, Einf. Rn. 43, § 1 Rn. 161, § 17 Rn. 15; GKÖD I Yk, § 12 Rn. 5; *Scherer/Alff*, SG, § 2 Rn. 3.

Kameradschaft § 12

von Beschwerdeanlässen innerhalb der SK ist danach nur geboten, wenn es sich um Maßnahmen des mil. Über-/Unterordnungsverhältnisses handelt. Eine **Kameradenbeschwerde** ist dogmatisch die **Meldung eines Dienstvergehens**[31] – mehr nicht.[32]

b) Verletzung der Kameradschaftspflicht

Die Pflicht zur Kameradschaft kann nicht nur vorsätzlich, sondern auch **fahrlässig** verletzt werden.[33] Dies folgt bereits aus § 23 Abs. 1, wonach der Soldat ein Dienstvergehen begeht, wenn er schuldhaft seine Pflichten verletzt. „Schuldhaft" impliziert die Schuldformen Vorsatz und Fahrlässigkeit. Wenn ein Vorg. einen Flugzeugführer nicht davon abhält, entgegen dem Flugauftrag unter 100 Fuß zu fliegen, gefährdet er fahrlässig Leben und Gesundheit der anderen Besatzungsmitglieder und verstößt gegen § 12.[34]   9

§ 12 ist auch verletzt, wenn die durch Satz 2 und 3 geschützten Rechte des Kameraden lediglich **gefährdet** sind.[35] Dies kann beispielsweise dann der Fall sein, wenn ein Soldat ehewidrige Beziehungen zur Ehefrau eines anderen Soldaten unterhält.[36]   10

Rechtl. unbeachtlich ist, ob sich der in seiner Würde und Ehre missachtete Kamerad durch das Verhalten des Täters **subjektiv verletzt** gefühlt hat. Das Gebot, die Rechte des Kameraden zu achten, ist nicht um des einzelnen Soldaten willen, sondern im Interesse des mil. Zusammenhalts in das SG aufgenommen worden. Eine **objektive Pflichtverletzung** reicht aus.[37] Typisches Beispiel hierfür sind sog. Einstandsrituale.   11

Rspr.[38] und Lit.[39] sind sich weitgehend einig, dass die Pflicht zur Kameradschaft und die Pflicht des Vorg. zur **Fürsorge** gem. § 10 Abs. 3 durch ein und dieselbe Handlung verletzt werden können. Der Vorg., der einen (untergebenen) Kameraden entgegen § 12 Satz 2 behandelt, verstößt sowohl gegen § 12 als auch gegen § 10 Abs. 3. Dies gilt beispielsweise dann, wenn ein Vorg. einen Untergebenen zur Begehung von Straftaten oder Dienstvergehen verleitet[40] oder wenn ein Vorg. bei einem Untergebenen „leichtfertig" Schulden macht.   12

---

31 *Dau*, WBO, Einf. Rn. 42.
32 Auch aus diesem Grund ist die von dem *Verf.* bereits 1987 (NZWehrr, 236) aufgeworfene Frage, ob es der Kameradenbeschwerde überhaupt (noch) bedarf, stets aufs Neue zu untersuchen. Rechtspolitisch ist die Kameradenbeschwerde ein Relikt aus dem letzten Jh.
33 Unstr. Vgl. BVerwGE 53, 272 = NZWehrr 1977, 180; BVerwG NZWehrr 2004, 209; *Bornemann*, RuP, 53; GKÖD I Yk, § 12 Rn. 19; *Scherer/Alff*, SG, § 12 Rn. 10.
34 BVerwG NVwZ-RR 2002, 511.
35 St. Rspr. Vgl. BVerwG DokBer B 1980, 96; NZWehrr 1986, 246; NZWehrr 2002, 254. GKÖD I Yk, § 12 Rn. 14; *Scherer/Alff*, SG, § 12 Rn. 8.
36 BVerwG NZWehrr 2002, 254.
37 St. Rspr. Vgl. BVerwGE 73, 187; 86, 362 = NZWehrr 1991, 77; BVerwG 93, 269 = NZWehrr 1993, 72; BVerwGE 113, 272 = NZWehrr 1999, 121. GKÖD I Yk, § 12 Rn. 17; *Scherer/Alff*, SG, § 12 Rn. 9. Bemerkenswert ist, dass diese Ansicht bisher keinen Widerspruch erfahren hat. Schließlich sind gem. § 12 Satz 2 die Rechte des Kameraden geschützt u. nicht die einer Organisation (d.h. der SK).
38 BVerwGE 76, 54 = NZWehrr 1984, 69; BVerwG NZWehrr 1992, 261; BVerwGE 93, 265 = NZWehrr 1993, 76; 103, 143 = NZWehrr 1995, 32; BVerwG NZWehrr 2004, 209.
39 *Bornemann*, RuP, 51; GKÖD I Yk, § 12 Rn. 37; *Scherer/Alff*, SG, § 12 Rn. 12; *Stauf* I, § 12 SG Rn. 5. Krit. *Lingens*, NZWehrr 1989, 251.
40 Vgl. *Lingens*, BWV 2001, 130.

2. Satz 2
a) Begriff des „Kameraden"

13 Kameraden i.S.v. § 12 SG und § 1 Abs. 1 Satz 1 WBO[41] sind (nur) die **aktiven Soldaten der deutschen SK**, unabhängig von Dienstgrad und Dienststellung.[42] Kameraden im Rechtssinne sind **nicht** die zivilen Angehörigen der Bw, Soldaten anderer SK, Res[43], Soldaten im Ruhestand und ehem. Angehörige der NVA. Auch der BMVg ist nicht Kamerad i.s.v. § 12, obwohl er als Inhaber der Befehls- und Kommandogewalt gem. Art. 65a GG an der Spitze der SK steht, da er nicht den Status eines Soldaten innehat. Dasselbe gilt für den BK im V-Fall nach Art. 115b GG.

Die Beschränkung des § 12 auf Soldaten der deutschen SK leitet sich aus dem Geltungsbereich des SG, dem Wortlaut von § 12 Satz 2 und dem Sinn und Zweck der gesetzl. Regelung ab.

14 Missverständlich[44] ist die Rspr. des BVerwG, die bei Dienstvergehen/Straftaten von Soldaten zum Nachteil von **Ang.**[45] oder **Beamten**[46] der Bw die gleichen Maßstäbe zu Grunde legt wie beim Kameradendiebstahl. Die Begr. des Gerichts, im Hinblick auf den Schutz des Zusammenhalts „in der Truppe" mache es keinen gravierenden Unterschied, ob die Tat gegenüber einem Soldaten oder einem „Zivilangestellten" begangen worden sei, verkennt den verfassungsrechtl. Rahmen der Art. 87a und 87b GG. Sie schafft eine rechtl. Einheit (= die „Bundeswehr"), die so nicht existiert.

15 Richtigerweise wird dagegen eine **Rechtsgemeinschaft von Soldaten**, z.B. eine OHG oder UHG, in den Schutzbereich des § 12 einbezogen und zwar unbeschadet ihrer Rechtsform (Verein oder BGB-Gesellschaft).[47]

b) Würde des Kameraden

16 „Würde" meint die durch Art. 1 Abs. 1 GG geschützte **Menschenwürde**.[48] Das BVerfG hat bisher darauf verzichtet, eine positive Bestimmung dieses Begriffs zu formulieren. Statt dessen prüft es im konkreten Fall an Hand der von *Dürig* entwickelten sog. **Objektformel**[49], ob der konkrete Mensch zum Objekt, zu einem bloßen Mittel, zur vertretbaren Größe herabgewürdigt wird. Entspr. verfährt der 2. WDS des BVerwG.[50] Das Verfassungsgebot zur Achtung der Menschenwürde liegt auch der Wehrverfassung, dem SG (§ 6) und den Prinzipien der Inneren Führung zu Grunde.[51] Ein Verstoß hiergegen wiegt besonders schwer.

---

41 *Dau*, WBO, § 1 Rn. 64.
42 Unstr. Vgl. *Bornemann*, RuP, 51; GKÖD I Yk, § 12 Rn. 3; *Scherer/Alff*, SG, § 12 Rn. 5; *Stauf* I, § 12 SG Rn. 5; *Wipfelder*, Wehrrecht, Rn. 534. Unklar *Schwandt*, ZBR 1992, 302: „Kamerad des Soldaten ist zumindest (!) jeder andere Soldat der Bundeswehr."
43 Die Bezeichnung von Untergliederungen des VdRBw als „Reservistenkameradschaft" ist de iure irreführend.
44 Krit. auch *Stauf* I, § 12 SG Rn. 12. Noch weniger verständlich ist die v. BVerwG (E 113, 40 = NZWehr 1997, 214; NJW 1997, 1456) bei einem Diebstahl zum Nachteil der Ehefrau eines Soldaten herangezogene Rspr. zum Kameradendiebstahl.
45 BVerwGE 103, 295 = NZWehr 1996, 257; BVerwG NVwZ-RR 2001, 43 = NZWehr 2001, 30.
46 BVerwGE 86, 15 = NZWehr 1989, 108.
47 BVerwGE 103, 172 = NZWehr 1995, 125; *Stauf* I, § 12 SG Rn. 9.
48 GKÖD I Yk, § 12 Rn. 8; *Scherer/Alff*, SG, § 12 Rn. 7. Vgl. zum Ehrenschutz im Beamtenrecht (gegen Angriffe von „außen") *Haas*, in: Fs für Fürst, 2002, 159.
49 Vgl. *Höfling*, in: *Sachs*, GG, Art. 1 Rn. 13; *Jarass*, in: *Jarass/Pieroth*, GG, Art. 1 Rn. 5; *Kunig*, in: *v. Münch/Kunig*, GGK I, Art. 1 Rn. 22 m.w.N.
50 Vgl. zuletzt BVerwG NVwZ-RR 2002, 514.
51 BVerwG NVwZ-RR 2002, 514.

c) Ehre des Kameraden

Der Begriff „Ehre" ist mit dem aus § 185 StGB abgeleiteten Tatbestandsmerkmal 17
„Ehre" identisch.[52] Für die Klärung der Frage, ob eine Äußerung die Ehre verletzt, muss zunächst der „objektive Bedeutungsgehalt" der Äußerung ermittelt werden. Maßgeblich ist der in ihr zum Ausdruck kommende erklärte Wille.[53]
Verletzungen der Ehre sind im Übrigen mit Art. 2 Abs. 1 i.V.m. Art. 1 Abs. 1 GG nicht vereinbar. Hierher gehören persönliche Kränkungen, Herabwürdigungen und Missachtungen des berechtigten persönlichen Geltungsanspruchs.[54] Rechtfertigungen unter dem Blickwinkel von Art. 5 Abs. 1 GG sind im Einzelfall konkret zu untersuchen.[55] Eine exakte Abgrenzung zur „Würde" ist nicht zu ziehen und auch nicht erforderlich.

d) Rechte des Kameraden

Der Begriff „Rechte des Kameraden" ist vom Gesetzgeber bewusst so weit gefasst 18
worden, dass nahezu kein Bereich offen geblieben ist. Zu diesen Rechten gehören Leben, Gesundheit, körperliche Unversehrtheit, Freiheit, Eigentum und Besitz. Auch **Vermögensinteressen** anderer Soldaten sind durch § 12 Satz 2 geschützt.[56]

e) Beistandspflicht

Der Gesetzgeber hat mit der Verpflichtung des Soldaten, dem Kameraden in Not und 19
Gefahr beizustehen, primär an **Notsituationen** in einem bewaffneten Konflikt gedacht. Die Best. gilt indes auch für den Friedensdienstbetrieb[57]. Als Richtschnur kann der Straftatbestand der unterlassenen Hilfeleistung des § 323c StGB gelten, d.h. zumindest dann, wenn dieser verletzt ist, ist im Verhältnis zwischen Soldaten auch § 12 Satz 2 zu prüfen.

Aus der Rspr. sind zwei ältere Entsch. bekannt, die sich auf diese soldatische Beistandspflicht beziehen: In dem einen Fall[58] hatten zwei Soldaten gemeinsam gezecht. Während der Rückfahrt mit dem Dienst-Kfz. stellte der Beifahrer fest, dass der Fahrer nicht mehr verkehrstüchtig war. Er war verpflichtet, den Fahrer an der Weiterfahrt zu hindern. In dem anderen Fall[59] war ein Soldat bei einem Verkehrsunfall dadurch schwer verletzt worden, dass er einen betrunkenen Kameraden auf dem Heimweg in die Kaserne stützte und dabei von einem entgegenkommenden Kfz. erfasst wurde. Dieser Gesundheitsschaden ist vom Gericht als durch die dem Wehrdienst eigentümlichen Verhältnisse herbeigeführt (§ 81 Abs. 1 SVG) bewertet worden.

---

52 GKÖD I Yk, § 12 Rn. 9; *Scherer/Alff*, SG, § 12 Rn. 7.
53 BVerwG 1 WB 67/04 mit Anm. *Deiseroth*, jurisPR-BVerwG 14/2005 = NZWehrr 2005, 168.
54 *Murswiek*, in: *Sachs*, GG, Art. 2 Rn. 124.
55 Zum Verhältnis von § 12 Satz 2 u. § 7 Satz 2 WBeauftrG vgl. *Weingärtner*, NZWehrr 1987, 12.
56 St. Rspr. Vgl. zuletzt BVerwGE 113, 40 = NZWehrr 1997, 214; BVerwG NVwZ 2001, 1410 (Dienstvergehen eines Rechnungsführers, der Verpflegungsgelder nicht in voller Höhe ausgezahlt hat, sich aber den Betrag quittieren ließ).
57 Die Meinung des OVG Koblenz, NJW 1966, 1476, die Beistandspflicht gelte für Soldaten auch dann, wenn sich diese im Urlaub befänden, geht zu weit. Eine nach Ort u. Zeit grenzenlose Verpflichtung zur Kameradschaft würde die beteiligten Soldaten überfordern. Ein Zusammenhang mit dem Dienst u. den sich daraus ableitenden Aufgaben muss konstruierbar sein. Erholungsurlaub ist jedenfalls nicht „wehrdiensteigentümlich" i.S.v. § 81 Abs. 1 SVG. Vgl. grds. BSGE 37, 283, zit. bei *Stauf* III, § 81 SVG Rn. 5.
58 OVG Münster NZWehrr 1968, 234.
59 OVG Koblenz NJW 1966, 1475.

§ 12 Gemeinsame Vorschriften

3. Satz 3

20 Das **Toleranzgebot** des Satzes 3 folgt bereits aus Satz 2. Satz 3 hat daher lediglich deklaratorischen Charakter.[60]

Soweit der Soldat gem. § 12 Satz 2 und 3 verpflichtet ist, bei Meinungsäußerungen Zurückhaltung zu üben, wird das Grundrecht aus Art. 5 Abs. 1 GG in zulässiger Weise begrenzt.[61]

4. Einzelfälle von Verstößen gegen § 12 aus der Rechtsprechung[62]

21
- **Ausländerfeindliche Äußerungen** gegenüber Kameraden[63]
- Ausschank von **Alkohol** an Untergebene trotz Alkoholverbots[64]
- **Betäubungsmittel** – Weitergabe an Kameraden[65]
- **Betrug** zum Nachteil von Kameraden[66]
- **Ehrverletzendes/entwürdigendes Verhalten**[67]
- **Glücksspiel** – Verleiten von Kameraden (sog. Schneeballsystem)[68]
- **Homosexuelle Verhaltensweisen**[69]
- **Kameradendiebstahl**[70]
- **Kameradenehe** – Einbruch in die[71]
- **Misshandlung** von Kameraden[72]

---

60 GKÖD I Yk, § 12 Rn. 13.
61 BVerwGE 76, 267 = NZWehrr 1985, 113.
62 Vgl. auch die Übersichten bei GKÖD I Yk, § 12 Rn. 20-35; *Scherer/Alff*, SG, § 12 Rn. 11.
63 BVerwG DokBer 1997, 79; BVerwGE 113, 48 = NZWehrr 1997, 161; BVerwGE 113, 57 = NZWehrr 1997, 165 („Asylbetrüger-Gedicht").
64 BVerwG NZWehrr 1995, 211.
65 BVerwGE 103, 148 = NZWehrr 1995, 166; *Buchholz* 236.1 § 7 SG Nr. 29; BVerwGE 113, 108 = *Buchholz* 235.0 § 34 WDO Nr. 33.
66 BVerwG DokBer B 1993, 231; BVerwGE 113, 249 = NZWehrr 2000, 165 (Computerbetrug).
67 BVerwG II WD 1.77; BVerwGE 73, 187; 76, 54 = NZWehrr 1984, 69; BVerwGE 83, 300 = NZWehrr 1987, 255; BVerwG 2 WD 21/87; BVerwGE 93, 21; 1990, 275; BVerwGE 86, 305 = NVwZ-RR 1991, 204; BVerwGE 93, 19 = NZWehrr 1991, 163; BVerwGE 93, 56 = NVwZ-RR 1992, 33; BVerwGE 93, 108 = NZWehrr 1991, 254; BVerwGE 93, 196 = NVwZ-RR 1992, 366; BVerwGE 93, 269 = NZWehrr 1993, 73; BVerwG DokBer B 1992, 304; 1993, 123; BVerwGE 113, 13 = NZWehrr 1997, 83; BVerwGE 113, 19 = NJW 1997, 1520; BVerwGE 113, 63 = NVwZ-RR 1998, 118; BVerwGE 113, 182 = NVwZ-RR 1998, 763; BVerwGE 113, 187 = NZWehrr 1998, 209; BVerwG NZWehrr 1999, 208; BVerwG *Buchholz* 236.1 § 12 SG Nr. 8; BVerwG NZWehrr 2001, 168; BVerwG DokBer 2001, 158 = NZWehrr 2001, 247; BVerwG NVwZ-RR 2002, 851 = NZWehrr 2003, 122; BVerwG ZBR 2004, 207.
68 BVerwG NVwZ 2000, 1187.
69 BVerwG DokBer B 1989, 119; BVerwGE 93, 143 = NZWehrr 1992, 78; BVerwGE 93, 227 = NZWehrr 1993, 34; BVerwG NZWehrr 1995, 79; BVerwGE 103, 192 = NZWehrr 1995, 213; BVerwG *Buchholz* 236.1 § 12 SG Nr. 4; BVerwG 113, 296 = NZWehrr 1999, 250. Aus der Lit.: *Schmidt-Radefeldt*, NZWehrr 2000, 141; *Schwalm*, NZWehrr 1970, 81; *Schwandt*, in: Fs für Fürst, 2002, 289.
70 BVerwGE 53,200; BVerwG II WD 59.76; BVerwGE 73, 203; 83, 186 = NZWehrr 1986, 257; BVerwG NZWehrr 1989, 82; BVerwGE 86, 15 = NZWehrr 1989, 108; BVerwG 2 WD 5/88; BVerwG DokBer B 1989, 194; 1990, 11; BVerwGE 86, 314 = NVwZ-RR 1991, 204; BVerwGE 93, 148 = NVwZ-RR 1992, 365; BVerwG NZWehrr 1995, 77; NZWehrr 2001, 217. Aus der Lit.: *Küppers*, NZWehrr 1964, 103.
71 BVerwGE 43, 293; 46, 146; BVerwG DokBer B 1979, 245; BVerwGE 73, 15; BVerwG NZWehrr 1983, 28; 1991, 253; 1993, 73; BVerwG NZWehrr 2000, 254; TDG Süd NZWehrr 2001, 39. Aus der Lit.: *Huth*, Wehrausbildung 1993, 340; *Lingens*, Truppenpraxis/Wehrausbildung 1999, 659; *Lutze*, NZWehrr 2000, 200. Krit. *Stauf* I, § 12 SG Rn. 7.
72 BVerwG DokBer B 1980, 96; BVerwGE 83, 183 = NZWehrr 1986, 257; BVerwGE 83, 210 = NZWehrr 1987, 27; BVerwGE 83, 295 = NZWehrr 1987, 214; BVerwGE 93, 140 = NVwZ-RR

- **Private Zwecke** – Einsatz von Untergebenen zu[73]
- **Rituale** – aus Anlass von Beförderungen und dgl.[74]
- **Schuldenmachen** bei Untergebenen (und verspätete Rückzahlung)[75]
- **Sexuelle Belästigung** von Untergebenen[76]
- **Unterschlagung** von Geldern oder anderer Sachen von Kameraden[77]
- **Verleitung** von Untergebenen zu Dienstvergehen/Straftaten[78]
- **Waffe, fahrlässiger Umgang** mit W.; Gefährdung von Kameraden.[79]

Zusammenfassend lässt sich feststellen, dass in der überwiegenden Zahl der disziplinar geahndeten Fälle der Rückgriff auf § 12 von **sekundärer Bedeutung** war. Im Regelfall reichten die Best. der § 7, § 10 Abs. 3 und Abs. 6, § 17 Abs. 1 und Abs. 2 aus, das Fehlverhalten zu ahnden. Die rechtl.-disziplinare Relevanz des § 12 sollte daher nicht überschätzt werden.

§ 13 Wahrheit

(1) Der Soldat muss in dienstlichen Angelegenheiten die Wahrheit sagen.

(2) Eine Meldung darf nur gefordert werden, wenn der Dienst dies rechtfertigt.

Literatur: *Schreiber, Jürgen:* Die Wahrheits- und Aussagepflicht des Soldaten, NZWehrr 1962, 6; *Schwandt, Eberhard Ulrich:* Dienstpflichten der Soldaten, ZBR 1993, 161; *ders.:* Ahndung von Dienstvergehen im Wehrdisziplinarverfahren, ZBR 2002, 382; *Walz, Dieter:* Ton und Inhalt von Bescheiden, NZWehrr 1974, 128; *Weingärtner, Dieter:* Zur disziplinaren Würdigung ehrverletzender Äußerungen zum Nachteil von Kameraden in Petitionen von Soldaten, NZWehrr 1987, 11.

1992, 146; BVerwGE 113, 311 = NZWehrr 1999, 169; BVerwG ZBR 2000, 246; BVerwG *Buchholz* 236.1 § 10 SG Nr. 52; BVerwG NZWehrr 2005, 79.
73 BVerwGE 86, 218 = NZWehrr 1990, 119; BVerwGE 86, 366 = DokBer B 1991, 135; 1993, 248.
74 BVerwG 2 WD 17/84 („Fernmeldetaufe"); BVerwGE 86, 362 = NZWehrr 1991, 77 („Bestrafungsritual"); BVerwGE 118, 272 = NZWehrr 1999, 121 („Erziehungsritual"); BVerwG NJW 2001, 2343 („Unteroffizierprüfung").
75 BVerwG 2 WD 39/87; BVerwG NZWehrr 1992, 261; BVerwG ZBR 2002, 434.
76 BVerwGE 53, 223; BVerwGE 103, 257 = NZWehrr 1996, 34; BVerwGE 113, 279 = NZWehrr 1999, 78; BVerwG ZBR 2000, 425; BVerwG NVwZ-RR 2001, 43 = NZWehrr 2001, 30 (entwürdigende Behandlung von „Zivilang." der Bw durch StabsOffz); BVerwGE 115, 174 = NZWehrr 2002, 79 (Aufgabe der bisherigen Rspr. zu eheähnlichen Gemeinschaften); TDG Süd NZWehrr 2001, 218 (einverständlicher Geschlechtsverkehr zwischen HFw u. OG (w) als Dienstvergehen). Aus der Lit.: *Schwandt,* in: Fs für Fürst, 2002, 295.
77 BVerwG DokBer B 1979, 51; BVerwG 2 WD 19/80; BVerwGE 83, 273 = NZWehrr 1987, 256; BVerwGE 103, 172 = NZWehrr 1995, 125; BVerwGE 103, 233 = NZWehrr 1996, 165; BVerwG NVwZ 2001, 1410; BVerwG DokBer B 2002, 189; BVerwGE 119, 206; BVerwG NVwZ 2004, 884.
78 BVerwGE 83, 216; BVerwGE 93, 52 = NZWehrr 1991, 161; BVerwGE 93, 265 = NZWehrr 1993, 76; BVerwGE 103, 143 = NZWehrr 1995, 32; BVerwG *Buchholz* 236.1 § 13 SG Nr. 5; BVerwG NZWehrr 2004, 209. Aus der Lit.: *Lingens,* BWV 2001, 130.
79 BVerwGE 53, 272; BVerwG DokBer B 1989, 93; BVerwGE 85, 180 = DokBer 1990, 26; BVerwGE 93, 100 = NZWehrr 1992, 34; BVerwG NZWehrr 1994, 75.

§ 13 Gemeinsame Vorschriften

Übersicht

	Rn.		Rn.
A. Allgemeines	1–11	d) „in dienstlichen Angelegen-	
1. Entstehung der Vorschrift	1–6	heiten"	18–23
2. Änderungen der Vorschrift	7–8	e) „die Wahrheit"	24
3. Bezüge zum Beamtenrecht bzw.		f) „sagen"	25
zu sonstigen rechtl. Vorschriften;		2. Absatz 2	26–30
ergänzende Dienstvorschriften		a) Zweckbestimmung	26
und Erlasse	9–11	b) „Meldung"	27–28
B. Erläuterungen im Einzelnen	12–31	c) „der Dienst dies rechtfertigt"	29
1. Absatz 1	12–25	d) Folgen einer Verletzung der	
a) Zweckbestimmung	12	Meldepflicht	30
b) § 13 und Grundgesetz	13	3. Einzelfälle von Verstößen gegen	
c) „Der Soldat"	14–17	§ 13 aus der Rspr.	31

A. Allgemeines

1. Entstehung der Vorschrift

1 Kurz und bündig bestimmte § 12 des **REntw.**[1]:
„Der Soldat muß im dienstlichen Verkehr die Wahrheit sagen."
Die **Begr.** des REntw.[2] fiel demgegenüber – auf einer ganzen Spalte – wesentlich umfangreicher aus. Diese Pflicht sei in den REntw. aufgenommen worden, weil sie das Erfordernis jeder Gemeinschaft sei, „die für schwerste Bewährungen zusammengeschlossen" sei. Bei Vernehmungen in einem Strafverfahren brauche der Soldat sich jedoch nicht selbst zu belasten. Der „dienstliche Verkehr" umfasse nicht nur den Verkehr „von unten nach oben"; zu ihm gehörten auch Äußerungen außerhalb des Dienstes mit dienstl. Bezug. Diese Interpretationshinw. gelten bis heute fort.

2 2Der **BR** forderte in seiner Stellungnahme[3], § 12 zu **streichen**. Das moralische Verhalten von Soldaten lasse sich nicht gesetzl. regeln.

3 Die **BReg**[4] hielt demgegenüber an ihrem Entw. fest. Es gehe um die Aufstellung einer **Rechtspflicht**. Von der Wahrheit könne im mil. Bereich „Entscheidendes" abhängen.

4 In den **Ausschussberatungen** nahm die Best. breiten Raum ein. Im **Rechtsausschuss** schlug der Abg. *Dr. Kihn* (CDU/CSU)[5] vor, die Best. zu streichen. Die Mehrheit, angeführt von dem Abg. *Schröter* (SPD)[6], folgte ihm darin nicht. Der Vertreter des BMVg ergänzte die Notwendigkeit einer expliziten gesetzl. Regelung der Wahrheitspflicht dahingehend, dass der Soldat im Manöver mit Annahmen arbeite. Dies bringe ihn in Versuchung, „es nicht ganz so genau mit der Wahrheit zu nehmen". Im Krieg sei die höhere Führung völlig verraten, wenn sie sich nicht auf die Richtigkeit von Meldungen verlassen könne.[7]

Die BReg wurde gebeten, eine neue Formulierung vorzulegen, die den Einwand des Abg. *Dr. Arndt* (SPD)[8] berücksichtigten sollte, es gebe keine unbeschränkte Wahrheitspflicht.

---

1 BT-Drs. II/1700, 5.
2 BT-Drs. II/1700, 22-23.
3 BT-Drs. II/1700, 38.
4 BT-Drs. II/1700, 44.
5 Prot. Nr. 86 des Rechtsausschusses v. 18.11.1955, 41.
6 Prot. Nr. 86 des Rechtsausschusses v. 18.11.1955, 42.
7 Prot. Nr. 86 des Rechtsausschusses v. 18.11.1955, 42; zit. auch bei *Rittau*, SG, 122.
8 Prot. Nr. 86 des Rechtsausschusses v. 18.11.1955, 42, 43.

Bereits in der nächsten Sitzung des Rechtsausschusses[9] schlug der Vertreter der BReg vor, § 12 so zu fassen:
„Der Soldat muß in dienstlichen Angelegenheiten die Wahrheit sagen. Eine Meldung darf nur gefordert werden, wenn der Dienst dies rechtfertigt."
Nach längerer Debatte[10] über die Fragen, ob die Wahrheitspflicht des Untergebenen mit einem entspr. **Fragerecht des Vorg.** korrespondiere, und ob auch der **Vorg.** gegenüber dem Untergebenen **zur Wahrheit verpflichtet** sei, beschloss der Ausschuss, Satz 2 als **eigenen Abs. 2** zu platzieren. Damit sollte der Eindruck vermieden werden, dass es sich nur um eine Pflicht des Untergebenen handele. Im Anschreiben an den Sicherheitsausschuss, den späteren VertA, sollte zusätzlich hervorgehoben werden, dass der Dienst nicht etwas rechtfertigen könne, was nach dem GG nicht erlaubt sei. Unzulässige Befehle zur Abgabe einer Meldung sollten damit verhindert werden. Aus Gründen, die den Materialien nicht zu entnehmen sind, ist dieser Hinw. unterblieben.[11]

Der **Ausschuss für Beamtenrecht** folgte dem Votum des Rechtsausschusses.[12] 5

Der **VertA** und das **Plenum** des BT änderten am Text der Vorschrift nichts mehr. Der VertA[13] legte nochmals dar, weshalb es einer gesetzl. Normierung der Wahrheitspflicht bedürfe. Von dienstl. Aussagen hänge u.a. die Erteilung von Befehlen mit erheblicher Folgewirkung ab. Mit Abs. 2 sei ein unzulässiges Eindringen in die private Sphäre des Soldaten verboten. 6

2. Änderungen der Vorschrift

Materiellrechtl. entspricht der heutige § 13 noch dem seinerzeitigen § 12, so wie er vom Plenum des BT beschlossen worden war. 7

Durch Art. 1 Nr. 12 des SGÄndG wurde die **Überschrift** „Wahrheitspflicht" durch „Wahrheit" ersetzt. Dies wurde mit der „sprachlichen Anpassung" der Überschrift des § 13 an die Überschriften der §§ 11 bis 19 begründet.[14] 8

Mit der Neubekanntmachung des SG vom 14.2.2001[15] wurde, der **neuen Rechtschreibung** folgend, das Wort „muß" in Abs. 1 durch das Wort „muss" ersetzt.

3. Bezüge zum Beamtenrecht bzw. zu sonstigen rechtl. Vorschriften; ergänzende Dienstvorschriften und Erlasse

Das BRRG und das BBG kennen **keine spezielle Verpflichtung des Beamten** zur Wahrheit. Die Kommentarlit. vermittelt insoweit auch keine vertiefenden Erkenntnisse. Während der Beratungen des SG in den Ausschüssen des BT[16] wurde davon ausgegangen, die Wahrheitspflicht der Bundesbeamten ergebe sich aus ihrer Verpflichtung, die Vorg. zu beraten und zu unterstützen (§ 37 Satz 1 BRRG; § 55 Satz 1 BBG). Die Rspr. des BVerwG lässt keine klare Linie erkennen: 9

---

9 Prot. Nr. 87 v. 19.11.1955, 2.
10 Prot. Nr. 87 des Rechtsausschusses v. 19.11.1955, 2-4.
11 Schreiben des Vors. des Rechtsausschusses an den Vors. des Sicherheitsausschusses v. 21.11.1955, 2; Drs. 18 des Ausschusses für Beamtenrecht, 2.
12 Prot. Nr. 38 der 37. Sitzung des Ausschusses für Beamtenrecht v. 5.12.1955, 7; Ausschussdrs. 21 v. 4.1.1956, 9; 23 v. 20.1.1956, 13.
13 BT-Drs. II/2140, 7.
14 BT-Drs. 14/4062, 18.
15 BGBl. I S. 232.
16 Vgl. Prot. der 86. Sitzung des Rechtsausschusses v. 18.11.1955, 42; *Rittau*, SG, 122.

§ 13 Gemeinsame Vorschriften

Der 1. Disziplinarsenat bezieht sich in seinen Entsch. bzgl. der Verletzung der Wahrheitspflicht i.d.r. auf die allg. Verhaltenspflicht gem. § 54 Satz 3 BBG[17], während **der 2. Senat** des BVerwG[18] zur Begr. der Pflicht des Beamten zur „Wahrhaftigkeit" § 54 Satz 2 BBG heranzieht.

Vor diesem – heutigen – Hintergrund war es möglicherweise durchaus sinnvoll, für Soldaten als einziger Gruppe des öff. Dienstes eine konkrete gesetzl. Einzelpflicht zu **kodifizieren.**

10   Für **ZDL** bestimmt § 27 Abs. 1 Satz 1 ZDG, dass diese ihren Dienst „gewissenhaft zu erfüllen" haben. Zur Gewissenhaftigkeit gehören u.a. Gehorsam, Einhaltung der Arbeitszeit, Fleiß und Arbeitswilligkeit[19] sowie die Verpflichtung, bezogen auf das Zivildienstverhältnis, wahre Angaben zu machen.

11   Der Erl. **ZDv 14/3 B 116** enthält eine ausführliche Darstellung der „Verletzung der Wahrheitspflicht bei Vernehmungen als Beschuldigter"; der Erl. **des BMVg ZDv 14/3 B 129** regelt die „Strafrechtliche und disziplinare Würdigung von Eingaben an die/den Wehrbeauftragte(n)".

B. Erläuterungen im Einzelnen

1. Absatz 1

a) Zweckbestimmung

12   SK können nur dann rasch und sicher geführt werden, wenn die ihrer Führung vorliegenden Erkenntnisse ohne weitere – zeitaufwändige – Nachprüfung zuverlässig und sachlich richtig sind.[20] Dies gilt insbes. in einem bewaffneten Konflikt.

Der 2. WDS des BVerwG[21] bedient sich folgender **Standardformel**:

„... kommt der Wahrheitspflicht im militärischen Bereich besondere Bedeutung zu. Dies ergibt sich schon daraus, daß die Wahrheitspflicht unter allen Pflichtenregelungen des öffentlichen Dienstrechts allein im Soldatengesetz ausdrücklich normiert ist. Es ist im übrigen evident, daß eine Armee bei der Durchführung ihres Auftrags sowohl im Frieden als auch im V-Fall[22] auf wahrheitsgemäße Meldungen und Angaben nicht verzichten kann. Jede Verletzung der Wahrheitspflicht ist daher ihrer Eigenart nach eine schwere Verfehlung."

Es mag dahinstehen, ob der Umstand, dass allein für Soldaten eine ausdrückliche gesetzl. Verankerung der Wahrheitspflicht erfolgt ist, eine solche **„Normüberhöhung"** zu begründen vermag. Im Übrigen ist durchaus zweifelhaft, ob der Wahrheitspflicht im Rahmen der Friedensadministration ein derartiges Gewicht zukommt. Im Regelfall ist es Vorg. in allen Bereichen des öff. Dienstes, auch in den SK, durchaus zuzumuten, in Zweifelsfällen zurückzufragen.

b) § 13 und Grundgesetz

13   § 13 berührt das **Grundrecht der Meinungsäußerungsfreiheit** gem. Art. 5 Abs. 1 Satz 1 GG. Soweit § 13 in dieses Grundrecht eingreift, ist dies entweder über den Gesetzes-

---

17 Vgl. zuletzt BVerwG 1 D 29/97; 1 D 28/98; 1 D 48/98. Anders z.T. BDiG Frankfurt, 8. Kammer, XIII BK 9/98, das in diesem Zusammenhang neben § 54 Satz 3 BBG zusätzlich § 55 Satz 1 BBG zit.
18 DokBer B 2002, 207.
19 *Brecht*, ZDG, 143.
20 Ähnlich *Bornemann*, RuP, 53; *Dau*, WDO, § 32 Rn. 33; *Wipfelder*, Wehrrecht, 77.
21 NZWehr 1991, 161 m.w.N. Aus jüngerer Zeit vgl. z.B. BVerwG NZWehr 2001, 124, 128.
22 Das Gericht meint wohl hiermit nicht den V-Fall gem. Art. 115a GG, sondern den Einsatz der SK in einem bewaffneten Konflikt.

vorbehalt gem. Art. 5 Abs. 2 i.V.m. z.B. den §§ 185 ff. StGB oder Art. 17a Abs. 1 GG zulässig.
Oberstgerichtl. Entsch. sind hierzu bislang nicht ergangen. Dies lässt darauf schließen, dass diese Frage von geringer praktischer Relevanz ist.

c) „Der Soldat"
„Der Soldat" ist jeder Soldat, unabhängig davon, in welcher Rolle er im konkreten Fall auftritt. Die Wahrheitspflicht gilt für **Vorg. und Untergebene** grds. gleichermaßen.[23] 14

Ausnahmen sind dann vorstellbar, wenn der Vorg. dem Untergebenen gegenüber aus Gründen des Datenschutzes oder weil andere Interessen Dritter betroffen sind, zur Verschwiegenheit verpflichtet ist. In diesen Fällen kann der Vorg. sogar verpflichtet sein, den genauen Sachverhalt zu „verschleiern".[24]

Der Soldat schuldet eine wahrheitsgemäße Äußerung als Dienstpflicht **gegenüber** seinem **Dienstherrn**. Die Wahrheitspflicht besteht nicht nur gegenüber den unmittelbaren Vorg., sondern in dienstl. Angelegenheiten „schlechthin"[25], d.h. beispielsweise auch gegenüber Dienststellen der Bundeswehrverwaltung. 15

Der Untergebene kann eine Verletzung des § 13 Abs. 1 ihm gegenüber **nicht mit der Beschwerde** geltend machen. Hinzu kommen muss eine behauptete Verletzung von Individualrechten, etwa aus den §§ 185 ff. StGB.[26] 16

Auch wenn im Falle einer bloßen Verletzung der Wahrheitspflicht gegenüber einem anderen Soldaten keine Dienstpflichtverletzung gesehen werden kann, soll dies eine Amtspflichtverletzung gem. § 839 BGB nicht ausschließen (sog. **Drittbezogenheit**).[27] Diese Auffassung verkennt, dass Dienstpflicht und Amtspflicht korrespondieren. Wenn der Soldat keine Dienstpflichtverletzung begangen hat, haftet er nicht gem. § 839 BGB. 17

d) „in dienstlichen Angelegenheiten"
„Dienstliche Angelegenheiten" sind alle mit dem Dienst zusammenhängenden Vorgänge[28], die den Bereich der **Bw als Teil der Exekutive**[29] berühren. Hierzu rechnen auch Angelegenheiten privater Natur[30], sofern ihre Kenntnis dienstl. Zwecken dient, z.B. im Zusammenhang mit Personalmaßnahmen. 18

Besonderheiten gelten für folgende Verfahren:

- **Strafverfahren.** Wird der Soldat einer Straftat beschuldigt, ist er vor der Polizei, der Staatsanwaltschaft und den ordentlichen Gerichten **nicht verpflichtet**, wahrheitsgemäße Angaben zu machen, sofern er sich dadurch selbst belasten würde.[31] Dies folgt letztlich aus § 136 Abs. 1 Satz 2 StPO. 19

---

23 BVerwGE 83, 242 = NZWehrr 1987, 77; *Bornemann*, RuP, 54; *Scherer/Alff*, SG, § 13 Rn. 1 (ohne die Einschränkung „grundsätzlich").
24 GKÖD I Yk, § 13 Rn. 5.
25 BDHE 4, 147.
26 BVerwGE 83, 242 = NZWehrr 1987, 77. Unklar BVerwGE 93, 186 = NZWehrr 1992, 163.
27 BGH (3. Zivilsenat) NVwZ-RR 1996, 625.
28 Zuletzt BVerwG NZWehrr 2001, 127.
29 H.M.; vgl. etwa *Scherer/Alff*, SG, § 13 Rn. 2. Unscharf ZDv 14/3 B 116 Nr. 4 („Verteidigungsauftrag der Bundeswehr").
30 Nach Auffassung des Abg. *Feller* (GB/BHE) sollte die Wahrheitspflicht auch für den gesamten außerdienstl. Verkehr gelten. Vgl. Sten. Ber. v. 12.10.1955, 5792 B.
31 BVerwG NJW 1968, 857; ZDv 14/3 B 116 Nr. 6 d); *Bornemann*, RuP, 54; *Dau*, WDO, § 32 Rn. 38; *Rittau*, SG, 122; *Scherer/Alff*, SG, § 13 Rn. 3; *Stauf* I, § 13 SG Rn.; *Wipfelder*, Wehrrecht, 77. Krit. GKÖD I Yk, § 13 Rn. 9-10.

Sagt der Soldat als Zeuge in einem Strafverfahren über dienstl. Sachverhalte aus, ist er jedenfalls gem. § 13 Abs. 1 nicht verpflichtet, die Wahrheit zu sagen.[32] Strafverfolgungsbehörden sind keine Organe der Bw.

20 • **Gerichtl. Disziplinarverfahren.** Wie in einem Strafverfahren ist der beschuldigte Soldat in einem gegen ihn laufenden gerichtl. Disziplinarverfahren **nicht verpflichtet**, wahrheitsgemäß Angaben, die ihn selbst belasten würden, zu machen.[33] Richtig ist, dass die WDO, anders als in § 32 Abs. 4 Satz 4 für das vorgerichtl. Verfahren, für das gerichtl. Verfahren selbst keine entspr. Vorschrift enthält. Dennoch ist von einem allg. Rechtsgrundsatz auszugehen, der besagt, dass niemand gezwungen werden darf, sich selbst zu beschuldigen (**„Recht auf Lüge"**).

21 • **Vorgerichtl. Disziplinarverfahren.** Ermittelt der **DiszVorg.** in seiner eigenen Funktion, hat der Soldat das Recht, die **Aussage zu verweigern**. Eine Aussage darf ihm auch nicht befohlen werden. Macht der Soldat von seinem Aussageverweigerungsrecht keinen Gebrauch, muss er wahrheitsgemäße Angaben machen (§ 32 Abs. 4 Satz 4 WDO).[34]

Für Aussagen vor dem WDA gilt § 13 Abs. 1 nicht, da dieser als „Organ der Rechtspflege" und nicht als Exekutivorgan der Bw handelt.[35]

Problematisch ist die Situation dann, wenn der DiszVorg. **im Auftrag des WDA** Vernehmungen durchführt. Auch für diesen Fall soll nach der h.M.[36] die Wahrheitspflicht nicht gelten. Hier wird die auf Art. 96 Abs. 4 GG beruhende Konstruktion der Rechtspflege der Bw überstrapaziert. Der im Auftrag des WDA ermittelnde DiszVorg. ist kein Organ der Rechtspflege der Bw. Für alle Ermittlungen des DiszVorg. gilt § 32 WDO, auch wenn er im Auftrag des WDA tätig wird. Dem i.d.R. juristisch wenig geschulten DiszVorg. und dem zu vernehmenden Soldaten ist eine gegenüber dem DiszVorg. „gespaltene" Wahrheitspflicht nicht zu verdeutlichen.

22 • **Gerichtl. Antrags-/Beschwerdeverfahren.** Auch insoweit ist der Soldat **nicht verpflichtet**, wahrheitsgemäß vorzutragen.[37] Andererseits hat der Soldat die tatsächlichen und rechtl. Folgen einer Falschaussage zu bedenken. Ein disziplinar nicht zu ahndender Verstoß gegen § 13 Abs. 1 schließt in solchen Fällen eine disziplinare Maßregelung wegen anderer Dienstvergehen (z.B. Verletzung des § 12) nicht aus.[38]

23 • **Förmliche Beschwerden/Eingaben.** In Beschwerden nach der WBO und Eingaben/Petitionen an Dienststellen der Bw hat der Soldat **wahrheitsgemäße Angaben** zu machen. Andernfalls verstößt er zumindest gegen seine Pflicht aus § 13 Abs. 1.[39] Das Benachteiligungsverbot des § 2 WBO steht dem nicht entgegen.

Anders verhält es sich mit Eingaben an den **WBeauftr** und die **Parlamente**. Der WBeauftr und die Parlamente sind keine Organe der Bw; ihnen gegenüber ist der Soldat im Hin-

---

32 A.A. BVerwG NZWehrr 2001, 124.
33 BVerwGE 33, 168; ZDv 14/3 B 116 Nr. 6 c); *Bornemann*, RuP, 54; *Dau*, WDO, § 32 Rn. 33, 37; *Scherer/Alff*, SG, § 13 Rn. 3; *Stauf* I, § 13 SG Rn. 2; *Wipfelder*, Wehrrecht, 77. A.A. GKÖD I Yk, § 13 Rn. 11-13. Zum Verwertungsverbot von wahrheitsgemäßen Aussagen eines Soldaten in einer Flugunfalluntersuchung in einem anschließenden disziplinargerichtl. Verfahren vgl. *Dau*, WDO, § 106 Rn. 4.
34 ZDv 14/3 B 116 Nr. 6 a), 1. Anstrich; *Dau*, WDO, § 32 Rn. 37; *Scherer/Alff*, SG, § 13 Rn. 3.
35 BVerwGE 33, 168; ZDv 14/4 B 116 Nr. 6 b); *Dau*, WDO, § 32 Rn. 37; *Scherer/Alff*, SG, § 13 Rn. 3.
36 ZDv 14/3 B 116 Nr. 6 a), 3. Anstrich; *Dau*, WDO, § 32 Rn. 37; *Scherer/Alff*, SG, § 13 Rn. 3; *Wipfelder*, Wehrrecht, 77.
37 BVerwG RiA 1968, 219; ZDv 14/3 B 116 Nr. 6 c); *Dau*, WDO, § 32 Rn. 37; *Scherer/Alff*, SG, § 13 Rn. 3.
38 *Scherer/Alff*, SG, § 13 Rn. 5.
39 *Dau*, WBO, § 2 Rn. 18.

Wahrheit **§ 13**

blick auf § 13 Abs. 1 nicht zur Wahrheit verpflichtet.[40] Die gegenteilige Erlassregelung[41] ist – unbeschadet von § 7 WBeauftrG – mit § 13 Abs. 1 nicht zu vereinbaren.

e) „die Wahrheit"
Wahr ist eine Meldung, ein Bericht, eine Aussage usw., wenn der vorgetragene Sachverhalt mit der **Wirklichkeit übereinstimmt**.[42] Dies zu bewerten ist bei der Vorlage von Urkunden und anderen unbestreitbaren Tatsachen leichter als bei der Schilderung von Beobachtungen. Der DiszVorg. hat in solchen Fällen stets zu berücksichtigen, dass es eine „objektive"[43] Wahrheit nur selten gibt, insbes. dann nicht, wenn ein Zeuge Wertungen vornimmt. 24

f) „sagen"
Die Pflichtverletzung kann in einer **falschen Darstellung** eines Sachverhalts, einem **Bestreiten** eines Sachverhalts[44], einem aktiven Tun oder in der Nichtbefolgung einer Melde- oder sonstigen Mitteilungspflicht[45] bestehen. 25
Der Soldat kann gegen die Wahrheitspflicht **vorsätzlich** oder **fahrlässig** verstoßen.[46]

2. Absatz 2
a) Zweckbestimmung
Der Entstehungsgeschichte[47] folgend, ist § 13 Abs. 2 als **Schutzvorschrift** zu verstehen. Eine missbräuchliche Ausnutzung der Verpflichtung des Soldaten, die Wahrheit zu sagen, soll verhindert werden. Insbes. ist es dem Vorg. verwehrt, in die Privatsphäre des Soldaten einzudringen[48], soweit damit kein legitimer dienstl. Zweck verfolgt wird. Verstößt der Vorg. gegen diese Zweckbestimmung, macht er sich ggf. gem. **§ 32 WStG** strafbar. 26

b) „Meldung"
„Meldung" ist ein ursprünglich primär **militärtypischer Begriff**. Inzwischen finden sich Meldepflichten für Behörden und Einzelpersonen in zahllosen Bundes- und Landesgesetzen. Eine Meldung i.S.v. Abs. 2 ist eine Darstellung oder Behauptung von Tatsachen, die von dem Soldaten auf Grund von Gesetzen, Dienstvorschriften oder Einzelbefehlen zulässigerweise abverlangt werden darf.[49] Die durch eine Meldung zu bekundende Tatsache muss in irgendeiner **Beziehung zum Dienst** stehen[50]. 27
Melde-/Anzeigepflichten finden sich z.B. in § 11 Abs. 1 Satz 2 („Pflicht" zur Gegenvorstellung), § 20 Abs. 5 und 6, § 25 Abs. 1; § 43 WStG; § 30 Abs. 3 WDO; ZDv 10/13 „Besondere Vorkommnisse"; ZDv 14/3 B 118 „Meldung nachrichtendienstlicher Verdachtsfälle an den Militärischen Abschirmdienst durch den Disziplinarvorgesetzten"; Erl. des BMVg „Meldung bei Verstoß gegen Geheimhaltung von NATO-Verschluß- 28

---
40 *Weingärtner*, NZWehrr 1987, 12.
41 ZDv 14/3 B 129 Nr. 4.
42 *Stauf* I, § 13 SG Rn. 4.
43 Vgl. hierzu *Schölz/Lingens*, WStG, § 42 Rn. 11; *Wipfelder*, Wehrrecht, 77.
44 *Bornemann*, RuP, 54; *Scherer/Alff*, SG, § 13 Rn. 4.
45 BVerwG (1. Disziplinarsenat) 1 D 28/98; GKÖD I Yk, § 13 Rn. 4.
46 BVerwG (1. Disziplinarsenat) 1 D 48/98 (für Beamte); GKÖD I Yk, § 13 Rn. 18.
47 Vgl. o. Rn. 4.
48 *Rittau*, SG, 123; *Scherer/Alff*, SG, § 13 Rn. 7.
49 GKÖD I Yk, § 13 Rn. 14; *Rittau*, SG, 123; *Scherer/Alff*, SG, § 13 Rn. 8; *Schölz/Lingens*, WStG, § 42 Rn. 3.
50 Vgl. detailliert *Schölz/Lingens*, WStG, § 42 Rn. 5, 6.

Walz 197

sachen"[51]; Erl. des BMVg „Mutterschutz für Soldatinnen – Meldepflicht bei Schwangerschaft"[52].

Die Meldung kann schriftl., mündlich, durch Zeichen oder durch schlüssiges Verhalten erfolgen.[53]

c) „der Dienst dies rechtfertigt"

29 Der Dienst rechtfertigt eine Meldung, wenn es im **Interesse des Dienstherrn** unerlässlich ist, über einen Vorgang mit dienstl. Bezug die Wahrheit zu erfahren.[54] Im Einzelfall kann die Ausfüllung dieser unbestimmten Rechtsbegriffe schwierig sein. Der Vorg. hat dann eine **Güterabwägung** anzustellen. Er hat zu prüfen, ob das Auskunftsinteresse des Staates höher einzustufen ist als etwa das Persönlichkeitsrecht oder das Selbstschutzinteresse des Soldaten.[55]

Befiehlt der Vorg. die Abgabe einer Meldung ohne dienstl. Interesse, ist der Befehl wegen des Fehlens eines dienstl. Zwecks regelmäßig **unverbindlich** und braucht nicht befolgt zu werden (§ 11 Abs. 1 Satz 3).[56]

d) Folgen einer Verletzung der Meldepflicht

30 Eine unwahre dienstl. Meldung ist strafbar, sofern dadurch eine Gefahr für die Sicherheit der Bundesrepublik Deutschland, die Schlagkraft der Truppe, Leib oder Leben eines Menschen oder Sachen von bedeutendem Wert verursacht wird (§ 42 WStG i.V.m. § 2 Nr. 3 WStG).

Ebenfalls strafbar ist eine bei Meuterei oder Sabotage unterlassene unverzügliche Meldung (§ 43 WStG).

3. Einzelfälle von Verstößen gegen § 13 aus der Rspr.

31 • **Betrug** zum Nachteil des Dienstherrn[57]
• Fälschung von **Dienstplänen**[58]
• **Falschbeurkundung**/Urkundenfälschung[59]
• Falsche Eintragungen in einem **Fahrbefehl**[60]
• **Falsche Angaben** über frühere Zugehörigkeit zum MfS der ehem. DDR[61]
• Manipulationen bei einer **Prüfung**[62]
• **Meineid**[63]
• **Reisekostenbetrug**[64]

---

51 VMBl. 1972 S. 129.
52 VMBl. 2001 S. 187.
53 *Schölz/Lingens*, WStG, § 42 Rn. 8.
54 *Schölz/Lingens*, WStG, § 42 Rn. 7.
55 Vgl. GKÖD I Yk, § 13 Rn. 16; *Scherer/Alff*, SG, § 13 Rn. 11.
56 A.A. *Schölz/Lingens*, WStG, § 42 Rn. 7. Die dortige Begr. ist nicht nachvollziehbar.
57 BVerwG 2 WD 36/94; BVerwGE 103, 290 = NZWehrr 1996, 126; BVerwGE 113, 235.
58 BVerwG DokBer B 1999, 109.
59 BVerwGE 83, 182; BVerwG 2 WD 59/87; 2 WD 79/87; BVerwG DokBer B 1990, 13; BVerwGE 103, 265 = NZWehrr 1996, 164; BVerwG DokBer B 1999, 242; DokBer B 2001, 254; NZWehrr 2003, 172.
60 BVerwGE 86, 218 = NZWehrr 1990, 119; BVerwGE 93, 52 = NZWehrr 1991, 161.
61 BVerwGE 113, 131 = NZWehrr 1998, 31; BVerwG NZWehrr 1999, 255; BVerwGE 113, 376.
62 BDHE 4, 147; BVerwG DokBer B 2002, 119.
63 BVerwGE 117, 117; BVerwG ZBR 2005, 262.
64 BVerwG NZWehrr 1986, 74; BVerwG 2 WD 29/87; 2 WD 51/87; 2 WD 60/87; BVerwG DokBer B 1989, 237; DokBer B 1991, 77; BVerwGE 103, 12 = NZWehrr 1994, 27; BVerwGE 103, 140 = NZWehrr 1995, 78; BVerwG *Buchholz* 235.0 § 85 WDO Nr. 1; BVerwG DokBer B 1997, 105;

Verschwiegenheit § 14

- Falsche Eintragungen in eine **Schießkladde**/ein Schießbuch[65]
- Unterlassene/falsche **Schuldenerklärung**[66]
- Falsche Angaben in einer Erklärung im Rahmen einer **Sicherheitsüberprüfung**[67]
- **Trennungsgeldbetrug**[68]
- **Umzugskostenbetrug**[69]
- **Unterschlagung** von Eigentum des Dienstherrn[70]
- Untreue.[71]

§ 14 Verschwiegenheit

(1) ¹Der Soldat hat, auch nach seinem Ausscheiden aus dem Wehrdienst, über die ihm bei seiner dienstlichen Tätigkeit bekannt gewordenen Angelegenheiten Verschwiegenheit zu bewahren. ²Dies gilt nicht für Mitteilungen im dienstlichen Verkehr oder über Tatsachen, die offenkundig sind oder ihrer Bedeutung nach keiner Geheimhaltung bedürfen.

(2) ¹Der Soldat darf ohne Genehmigung über solche Angelegenheiten weder vor Gericht noch außergerichtlich aussagen oder Erklärungen abgeben. ²Die Genehmigung erteilt der Disziplinarvorgesetzte, nach dem Ausscheiden aus dem Wehrdienst der letzte Disziplinarvorgesetzte. ³§ 62 des Bundesbeamtengesetzes gilt entsprechend.

(3) ¹Der Soldat hat, auch nach seinem Ausscheiden aus dem Wehrdienst, auf Verlangen seines Disziplinarvorgesetzten oder des letzten Disziplinarvorgesetzten dienstliche Schriftstücke, Zeichnungen, bildliche Darstellungen und, wenn es im Einzelfall aus Gründen der Geheimhaltung erforderlich ist, Aufzeichnungen jeder Art über dienstliche Vorgänge, auch soweit es sich um Wiedergaben handelt, herauszugeben. ²Die gleiche Pflicht trifft seine Hinterbliebenen und seine Erben.

(4) Unberührt bleibt die gesetzlich begründete Pflicht des Soldaten, Straftaten anzuzeigen und bei Gefährdung der freiheitlichen demokratischen Grundordnung für ihre Erhaltung einzutreten.

§ 62 BBG

(1) Die Genehmigung, als Zeuge auszusagen, darf nur versagt werden, wenn die Aussage dem Wohle des Bundes oder eines deutschen Landes Nachteile bereiten oder die Erfüllung öffentlicher Aufgaben ernstlich gefährden oder erheblich erschweren würde.

(2) Die Genehmigung, ein Gutachten zu erstatten, kann versagt werden, wenn die Erstattung den dienstlichen Interessen Nachteile bereiten würde.

BVerwG NZWehrr 1997, 210; BVerwG DokBer B 1998, 177; BVerwG NZWehrr 2001, 33, 79; BVerwG DokBer B 2002, 40; BVerwG NZWehrr 2002, 215; BVerwGE 119, 1 = ZBR 2004, 174.
65 BVerwG NZWehrr 1994, 75; BVerwG 1 WD 4/03.
66 BDHE 4, 156; BVerwG 43, 227.
67 BVerwG *Buchholz* 402.8 § 5 SÜG Nr. 15.
68 BVerwGE 103, 104 = NZWehrr 1994, 213; BVerwGE 120, 350.
69 BVerwG NZWehrr 1986, 211; BVerwGE 83, 339 = NZWehrr 1988, 167; BVerwG 2 WD 8/93; BVerwG 103, 280 = NZWehrr 1996, 127; BVerwG *Buchholz* 262.1 § 5 ATGV Nr. 2 (kein Verstoß gegen § 13 trotz entspr. Strafbefehls).
70 BVerwG NZWehrr 1997, 256; BVerwGE 113, 99 = NZWehrr 1997, 257; BVerwG NZWehrr 1998, 252; BVerwG DokBer B 2001, 191.
71 BVerwG NZWehrr 2002, 211; BVerwG 2 WD 10/03.

(3) ¹Ist der Beamte Partei oder Beschuldigter in einem gerichtlichen Verfahren oder soll sein Vorbringen der Wahrnehmung seiner berechtigten Interessen dienen, so darf die Genehmigung auch dann, wenn die Voraussetzungen des Absatzes 1 erfüllt sind, nur versagt werden, wenn die dienstlichen Rücksichten dies unabweisbar erfordern. ²Wird sie versagt, so hat der Dienstvorgesetzte dem Beamten den Schutz zu gewähren, den die dienstlichen Rücksichten zulassen.

(4) Über die Versagung der Genehmigung entscheidet die oberste Aufsichtsbehörde.

Literatur: *Buth, Matthias:* Zur Meinungsfreiheit von Soldaten und Reservisten der Bundeswehr, NZWehrr 1981, 216; *Dau, Klaus:* Unterlassene Mitwirkung bei Strafverfahren und Abgabe an die Staatsanwaltschaft, NZWehrr 1982, 1; *Graßhof, Malte:* Einschränkungen der „freien Rede" durch das Soldatengesetz, NZWehrr 1995, 177; *Menzel, Eberhard:* Die Aussagegenehmigung für Beamte und Soldaten vor Gericht, DÖV 1965, 1; *Möhrenschlager, Manfred:* Erweiterung des strafrechtlichen Schutzes von Wehrdienstgeheimnissen, NZWehrr 1980, 81; *Nonninger, Michael:* Rechtliche Verantwortlichkeit für die Inhalte privater Seiten im Internet bzw. „World Wide Web", NZWehrr 1999, 62.

Übersicht

	Rn.		Rn.
A. Allgemeines	1 – 6	2. Zweckbestimmung	11
1. Entstehung der Vorschrift	1 – 2	3. § 14 und Grundgesetz	12
2. Änderungen der Vorschrift	3	4. Absatz 1 Satz 1	13
3. Bezüge zum Beamtenrecht bzw. zu sonstigen rechtl. Vorschriften; ergänzende Dienstvorschriften und Erlasse	4 – 6	5. Absatz 1 Satz 2	14 – 16
		6. Absatz 2 Satz 1	17
		7. Absatz 2 Satz 2	18
		8. Absatz 2 Satz 3	19
B. Erläuterungen im Einzelnen	7 – 21	9. Absatz 3	20
1. Adressatenkreis	7 – 10	10. Absatz 4	21

A. Allgemeines

1. Entstehung der Vorschrift

1 § 14 folgt einer deutschen (und internationalen) **Rechtstradition** und Staatspraxis.[1] Bereits § 25 WG 1935 verpflichtete den Soldaten zur besonderen Verschwiegenheit. So wie dieser § 11 des Reichsbeamtengesetzes (später § 8 des Deutschen Beamtengesetzes) nachgebildet war, folgt § 14 nahezu wortwörtlich den **§§ 61 und 62 BBG**. Diese Absicht ergibt sich eindeutig aus dem REntw.[2] und dem Ber. des VertA zum SG.[3]

2 § 13 des REntw. (später § 14 SG) war denn auch in den Ausschussberatungen **unstr.** Auf Vorschlag des Abg. *Arnholz* (SPD) fügte der Ausschuss für Beamtenrecht in seiner Sitzung vom 5.12.1955[4] dem REntw. lediglich § 61 Abs. 4 BBG in der damaligen Fassung als Abs. 4 an. In dieser vom VertA gebilligten Fassung[5] wurde § 14 vom Plenum des BT beschlossen.

---

1 GKÖD I Yk, § 14 Rn. 1.
2 BT-Drs. II/1700, 5, 23.
3 BT-Drs. II/2140, 7.
4 Prot. der 37. Sitzung, 7. Vgl. Ausschussdrs. 21 v. 4.1.1956, 10.
5 BT-Drs. II/2140, 33.

2. Änderungen der Vorschrift

§ 14 gilt substantiell seit 1956 bis heute **unverändert**. Durch Art. 154 Nr. 2 des G vom 2.3.1974[6] wurden aus redaktionellen Gründen die Wörter „strafbare Handlungen" in Abs. 4 durch „Straftaten" ersetzt.

3. Bezüge zum Beamtenrecht bzw. zu sonstigen rechtl. Vorschriften; ergänzende Dienstvorschriften und Erlasse

§ 14 findet seine Entsprechung in einer **Vielzahl von Rechtsvorschriften** über die Verschwiegenheitspflicht bzw. die Erteilung/Versagung von Aussagegenehmigungen.

Als Beispiele seien hier genannt:
- §§ 61 bis 63 BBG
- § 46 DRiG i.V.m. § 61 BBG
- § 44d AbgG
- § 10 WBeauftrG
- § 39 BRRG
- § 28 ZDG
- §§ 6, 7 BMinG
- § 10 BPersVG
- § 8 SBG
- § 5 ZDVG

Insbes. die zu den §§ 61 und 62 BBG in der bisherigen Fassung ergangene Rspr. des BVerwG ist auch zur Auslegung von § 14 heranzuziehen.

Bzgl. der **Strafbarkeit** der Verletzung des Dienstgeheimnisses durch Soldaten und frühere Soldaten[7] ist auf § 353b Abs. 1 StGB, § 48 WStG hinzuweisen.

Die **ZDv 2/30** „Sicherheit in der Bundeswehr" regelt u.a. die Behandlung von Verschlusssachen.

Ergänzend sind die **Erl.** des BMVg „Private Veröffentlichungen und Vorträge" (VMBl. 1982 S. 211), „Abgabe an die Staatsanwaltschaft" (ZDv 14/3 B 115) und „Erteilung einer Aussagegenehmigung nach § 14 Abs. 2 des Soldatengesetzes" (ZDv 14/3 B 166) zu beachten.

B. Erläuterungen im Einzelnen

1. Adressatenkreis

§ 14 gilt zunächst (nur) für **aktive Soldaten**. Dies folgt auch aus seiner Stellung im 2. Unterabschnitt des 1. Abschnitts des SG „Pflichten und Rechte der Soldaten". Ist der Soldat aus dem Wehrdienst[8] **ausgeschieden**, ist er nach Abs. 1 Satz 1, Abs. 2 Satz 2 weiterhin den Best. dieser beiden Abs. unterworfen. Verstößt er gegen diese, begeht er ein (fiktives) Dienstvergehen gem. § 23 Abs. 2 Nr. 1. Ob ein (ehem.) **faktischer Soldat**[9], der nicht nachträglich rechtswirksam in ein Wehrdienstverhältnis berufen worden ist[10], gegen § 23 Abs. 2 Nr. 1 verstoßen kann, muss bezweifelt werden. Die Spruchpraxis des BDH[11] zu § 23 Abs. 2 Nr. 2 ist nicht ohne Weiteres auf § 23 Abs. 2 Nr. 1 übertragbar.

---
6 BGBl. I S. 469.
7 Vgl. *Schölz/Lingens*, WStG, § 48 Rn. 17.
8 Gemeint ist das Wehrdienstverhältnis i.S.v. § 2 Abs. 2.
9 Vgl. hierzu o. § 1 Rn. 36 ff.
10 Vgl. hierzu BVerwGE 43, 200.
11 RiA 1966, 38, 80.

§ 14 Gemeinsame Vorschriften

Dieser bezieht sich nach seinem klaren Wortlaut auf (ehem.) Soldaten. Nach der Legaldefinition des § 1 Abs. 1 Satz 1 ist „Soldat" nur derjenige, der in einem Wehrdienstverhältnis steht. Der faktische Soldat steht nach der noch h.M.[12] außerhalb eines solchen Rechtsverhältnisses.

8 Gegen die Ausdehnung der Verschwiegenheitspflicht auf nicht Wehrdienst leistende **Res** oder **Soldaten im Ruhestand**, die nicht mehr der WPfl unterliegen, sind **verfassungsrechtl. Bedenken** erhoben worden.[13] Richtig ist, dass Art. 17a Abs. 1 GG als Ermächtigungsgrundlage für eine Einschränkung des Grundrechts aus **Art. 5 Abs. 1 Satz 1 GG** ausscheidet, da Art. 17a GG nur für die Zeit der aktiven Dienstleistung in den SK Anwendung findet. § 14 ist jedoch ein **allg. Gesetz** i.S.v. Art. 5 Abs. 2 GG.[14] Res u.a. ehem. Soldaten sind daher in zulässiger Weise Schranken in ihrer Meinungsäußerungsfreiheit auferlegt.[15]

9 Gem. § 14 Abs. 3 Satz 1 hat auch der **ausgeschiedene Soldat** Schriftstücke usw. herauszugeben. Soweit hierdurch das **Eigentumsrecht** tangiert ist, wirkt § 14 Abs. 3 als Schranke i.S.v. Art. 14 Abs. 1 Satz 2 GG.

10 Die Herausgabepflicht der **Hinterbliebenen** und **Erben** des Soldaten gem. § 14 Abs. 3 Satz 2 ist – ebenso wie im Beamtenrecht gem. § 61 Abs. 3 Satz 2 BBG – insoweit **problematisch** als die Pflichten des Soldaten/Beamten höchstpersönlicher Natur sind und nicht der Erbfolge unterliegen. Rechtstheoretisch ist die Herausgabepflicht allenfalls i.V.m. den Versorgungsansprüchen konstruierbar. Dann gehörten diese Best. in das jew. Versorgungsrecht. Ein allg. Herausgabeanspruch des Staates gegenüber dem Bürger hätte, so er denn verfassungsrechtl. zu legitimieren ist, im VwVfG[16] platziert werden müssen.

2. Zweckbestimmung

11 § 14 dient dem **Schutz des Staates** ebenso wie dem des **einzelnen Bürgers**.[17] Staatliche Interessen, hier die Funktionsfähigkeit der Bw[18], und persönliche Bedürfnisse des Einzelnen, beispielsweise bzgl. seiner Personalangelegenheiten, haben Verfassungsrang. Dieser Bedeutung folgend wird die Pflicht zur (Amts-)Verschwiegenheit bei Beamten zu den hergebrachten Grundsätzen des Berufsbeamtentums i.S.v. Art. 33 Abs. 5 GG[19] gerechnet.

3. § 14 und Grundgesetz

12 Soweit nicht bereits in Rn. 8-10 angesprochen, ist noch auf folgende Zusammenhänge hinzuweisen:

---

12 Vgl. o. § 1 Rn. 40 ff.
13 *Rauball*, in: *v. Münch/Kunig*, GGK I, Art. 17a Rn. 5; *Riehl*, Meinungsäußerung, 113.
14 BVerfGE 28, 282 = NJW 1970, 1837.
15 So zutr. *Buth*, 225.
16 Eine Herausgabepflicht auf Grund des ErstattungsG. v. 18.4.1937 (RGBl. I S. 461), auf die noch *Plog/Wiedow/Lemhöfer*, BBG, § 61 Rn. 13, verweisen, ist heute nicht mehr begründbar. Dieses G ist gem. Art. 10 des BesoldungsstrukturG v. 21.6.2002 (BGBl. I S. 2138) zum 30.6.2002 außer Kraft getreten.
17 *Bornemann*, RuP, 56; *Graßhof*, NZWehrr 1995, 190; *Plog/Wiedow/Lemhöfer*, BBG, § 61 Rn. 1; *Scherer/Alff*, SG, § 14 Rn. 1.
18 BVerfGE 28, 282.
19 BVerwG NJW 1983, 2343. Die Auffassung des 1. Disziplinarsenats des BVerwG (1 D 107/83; 1 D 28/97) u. ihm folgend *Plog/Wiedow/Lemhöfer*, BBG, § 61 Rn. 1, die Pflicht zur Amtsverschwiegenheit sei eine der Hauptpflichten des Beamten, stellt eine rechtl. u. praktisch nicht gebotene Überhöhung dieser Pflicht dar. Zutreffenderweise sollte die Verschwiegenheitspflicht in den Kreis der beamten- u. soldatenrechtl. Nebenpflichten eingeordnet werden.

Verschwiegenheit § 14

- **§ 14 und Art. 5 GG:** Die Pflicht zur Verschwiegenheit schränkt das Grundrecht des (aktiven) Soldaten aus Art. 5 Abs. 1 Satz 1 GG ein. Dies ist verfassungsrechtl. zulässig, da § 14 (zumindest dessen Abs. 1) als „allgemeines Gesetz" i.S.v. Art. 5 Abs. 2 GG gilt.[20] Eines Rückgriffs auf Art. 17a Abs. 1 GG bedarf es dazu nicht.[21]
- **§ 14 und Art. 19 Abs. 1 Satz 2 GG:** Das SG zit. Art. 5 Abs. 1 GG im Zusammenhang mit § 14 nicht. Hierin liegt kein Verstoß gegen das Zitiergebot des Art. 19 Abs. 1 Satz 2 GG.[22] Wird ein Grundrecht durch „allgemeine Gesetze" i.s.v. Art. 5 Abs. 2 GG eingeschränkt, gilt das Zitiergebot nicht. Allg. Gesetze zeigen die Schranken auf, innerhalb deren das GG die Meinungsäußerungsfreiheit überhaupt gewähren will. Sie stellen keinen Eingriff in das Grundrecht dar.
- **§ 14 und Art. 17 GG:** Auch das Grundrecht der Petitionsfreiheit wird durch § 14 beschränkt, soweit es sich um geheimhaltungsbedürftige Sachverhalte handelt, die auch im dienstl. Verkehr nur an die hierzu befugten Personen/Dienststellen weitergegeben werden dürfen. Ansonsten dürfen Dienstinterna in Petitionen an das Parlament, den WBeauftr oder an einzelne Abg. geschildert werden.[23] In Einzelfällen muss der Soldat zwischen seiner Verpflichtung aus § 14 und seinem Petitionsrecht abwägen. Hierzu kann er bei Vorliegen der Voraussetzungen auf § 14 Abs. 4 zurückgreifen.[24]

4. Absatz 1 Satz 1

Die Pflicht zur Verschwiegenheit besteht nicht nur in dienstl. Angelegenheiten[25], mit denen der Soldat auf Grund seiner Funktion befasst ist. Es reicht aus, dass ein **Zusammenhang mit dem Dienst** des Soldaten feststellbar ist. Informationen, die der Soldat zufällig in die Hand bekommt, etwa durch unbeabsichtigtes Mithören eines Telefongesprächs oder durch ihm versehentlich zugeleitete Schriftstücke werden durch § 14 genauso geschützt wie die Angelegenheiten, mit denen der Soldat von Amts wegen betraut ist. Unter die Verschwiegenheitspflicht fallen daher auch dienstl. Angelegenheiten, die der Soldat außerhalb des Dienstes[26], z.B. anlässlich einer als privat bezeichneten Einladung durch seinen Vorg., erfährt. Geschützt sind Personal- und Disziplinarsachen, auch die des Soldaten selbst[27], Organisationsmaßnahmen, Entwürfe von Gesetzen, Inhalte von Konferenzen usw.[28] Ein Verstoß gegen § 14 ist nicht davon abhängig, ob ein Vorgang als **Verschlusssache** nach der ZDv 2/30 bezeichnet ist.[29] Diese Klassifizierung einer Angelegenheit kann allerdings ihre strafrechtl. Relevanz inne. Sie kann darüber hinaus die Höhe des Disziplinarmaßes beeinflussen.[30] Die Verschwiegenheitspflicht besteht gegenüber jedermann, d.h. sowohl gegenüber Personen, die außerhalb der Bw stehen als auch Kameraden.[31]

13

---

20 So bereits BDH DÖV 1962, 831; BVerfGE 28, 282; *Bornemann*, RuP, 57; *Riehl*, Meinungsäußerung, 113; *Scherer/Alff*, SG, § 6 Rn. 32, § 14 Rn. 1.
21 BVerfGE 28, 282. A.A. wohl BVerwGE 43, 48.
22 BVerfGE 28, 282; BVerwGE 43, 48.
23 BMVg– R I 1 – Az 16-02-05/14 v. 5.6.1998.
24 *Rittau*, SG, 125.
25 Die Grenze zu Privatangelegenheiten, die der Soldat im Rahmen seines Dienstes erfährt, ist nicht immer leicht zu ziehen. Wird ein Soldat in Vorgesetztenstellung von einem Untergebenen darüber informiert, dass dieser sich von seiner Ehefrau getrennt hat, ist dies noch keine dienstl. Angelegenheit. Dessen ungeachtet ist sie nach § 14 schützenswert. Missverständlich daher *Scherer/Alff*, SG, § 14 Rn. 2, wonach § 14 nur für dienstl. Angelegenheiten gelten soll.
26 *Rittau*, SG, 124.
27 BDH DÖV 1962, 831.
28 *Plog/Wiedow/Lemhöfer*, BBG, § 61 Rn. 2 (für Beamte).
29 *Bornemann*, RuP, 57; *Scherer/Alff*, SG, § 14 Rn. 2; *Wipfelder*, Wehrrecht, Rn. 524.
30 BVerwG 1 D 37/97.
31 BVerwGE 73, 195.

Walz

§ 14 Gemeinsame Vorschriften

5. Absatz 1 Satz 2

In den Schutzbereich der Norm nicht einbezogen sind nach Abs. 1 Satz 2 Mitteilungen im dienstl. Verkehr, offenkundige Tatsachen und solche, die keiner Geheimhaltung bedürfen.

14 **„Mitteilungen im dienstlichen Verkehr"** sind Auskünfte, Berichte, Meldungen und Vorlagen an Vorg./vorg. Dienststellen oder andere Personen und Dienststellen, die mit der Angelegenheit unmittelbar befasst sind.[32] Bei Geheimsachen gelten die hierfür maßgeblichen Dienstvorschriften/Befehle.[33]

Gerichte stehen **außerhalb** des „dienstlichen Verkehrs".[34] Dies gilt auch für die **Wehrdienstgerichte**.[35] § 14 Abs. 2 Satz 1 unterscheidet nicht zwischen „normalen" Gerichten und der Dienstgerichtsbarkeit. Daran ändert nichts, dass das BMVg für disziplinare Vorermittlungen des WDA und in allen Verfahren vor den Wehrdienstgerichten durch Erl.[36] eine **grds. Aussagegenehmigung** erteilt hat.

Den Gerichten gleichgestellt sind die Strafverfolgungsbehörden, abgesehen von den Fällen der § 14 Abs. 4 SG, § 33 Abs. 3 WDO. „Leichtfertige" Strafanzeigen gegen andere Soldaten oder das Einschalten der Presse sind eine grds. unzulässige **„Flucht in die Öffentlichkeit"**[37], die auch gegen § 14 verstoßen kann.[38]

15 **„Offenkundige Tatsachen"** sind Angelegenheiten, die allg. bekannt sind oder die jedermann auf allg. zugänglichen Wegen[39] (z.B. Fachlit., allg. Medien, Amtsblätter, Pressekonferenzen, elektronische Datenbänke wie IURIS) erfahren kann.[40] Vermutungen, die beispielsweise in der Presse verbreitet werden, sind noch keine Tatsachen, so dass es insoweit auf das Merkmal der Offenkundigkeit nicht ankommt. Ist eine Angelegenheit unter Verletzung der Pflicht zur Verschwiegenheit offenkundig geworden, entfällt die Verschwiegenheitspflicht[41], sofern es sich um eine bestätigte Tatsache handelt und eine Weiterverbreitung nicht gegen andere Rechtsnormen verstoßen würde.

Für die Praxis von besonderer Bedeutung ist die **schriftstellerische** oder **referierende Nebenbeschäftigung** von Soldaten. Im Zusammenhang mit § 14 ist hierzu der Erl. des BMVg „Private Veröffentlichungen und Vorträge"[42] zu beachten. Hat der Soldat Zwei-

---

32 ZDv 14/3 B 166 Nr. 2 Abs. 1.
33 BVerwGE 46, 303 = NJW 1975, 104.
34 GKÖD I Yk, § 14 Rn. 3.
35 Vgl. BVerwGE 46, 303 = NJW 1975, 104; *Böttcher/Dau*, WBO, § 18 Rn. 37; *Scherer/Alff*, SG, § 14 Rn. 9. Die gegenteilige Auffassung von GKÖD I Yk, § 14 Rn. 5, die sich auf eine frühe Entsch. des BDH (BDHE 6, 173) stützt, überzeugt nicht. Sie ist auch mit § 14 Abs. 2 Satz 1 nicht zu vereinbaren.
36 ZDv 14/3 B 166 Nr. 4.
37 Vgl. hierzu BVerfGE 28, 55 (Leserbrief eines Soldaten gegen öff. Rede seines Vorg. kein Verstoß gegen § 17 Abs. 1); BVerfGE 28, 191 (Einschalten der Presse verstößt gegen die Verschwiegenheitspflicht eines Beamten, sofern nicht vorher versucht worden ist, die Sache verwaltungsintern zu klären – sog. Stufentheorie); BVerwGE 76, 76 (Schreiben eines Beamten an einen Untersuchungsführer als unzulässige Flucht in die Öffentlichkeit); BVerwGE 86, 188 = NVwZ 1990, 762 (Kritik eines FltAdm am BMVg u. BK gegenüber der Presse als Verstoß gegen § 17 Abs. 1, 1. Alt.); BVerwG 1 D 65/98 (Strafanzeigen gegen andere Beschäftigte einer Behörde nur bei „besonders schweren Missständen in der Verwaltung" zulässig).Vgl. im Übrigen *Battis*, BBG, § 54 Rn. 6 m.w.N.; *Lemhöfer*, in: Fs für Fürst, 2002, 211.
38 BVerwGE 81, 365 = NJW 1990, 335.
39 ZDv 14/3 B 166 Nr. 2 Abs. 2.
40 *Plog/Wiedow*/Lemhöfer, BBG, § 61 Rn. 6; *Scherer/Alff*, SG, § 14 Rn. 5.
41 *Plog/Wiedow/Lemhöfer*, BBG, § 61 Rn. 6.
42 VMBl. 1982 S. 211.

fel, ob er gegen § 14 verstoßen würde, soll er die Genehmigung seines DiszVorg. einholen.[43] Die Genehmigung sollte unter Beachtung des hohen Ranges des hier maßgeblichen Grundrechts aus Art. 5 Abs. 1 Satz 1 GG großzügig erteilt werden.

Vorgänge, die ihrer Bedeutung nach keiner Geheimhaltung bedürfen, sind solche, durch deren Bekannt werden keine dienstl. Interessen berührt werden.[44] Hierher gehören wahre und sachlich geschilderte Erlebnisse des Soldaten während seiner Dienstzeit bei den SK[45], etwa die in jüngster Zeit in Buchform veröff. Tagebuchaufzeichnungen aus Auslandseinsätzen, soweit diese Schilderungen auch im Übrigen mit dem SG zu vereinbaren sind.[46]

16

6. Absatz 2 Satz 1

Über „solche", d.h. die in Abs. 1 Satz 1 beschriebenen Angelegenheiten darf der Soldat nicht ohne **Genehmigung** aussagen. In welcher Eigenschaft (Zeuge, Kläger/Beklagter, Sachverständiger) oder vor welcher Stelle (Polizei, Staatsanwaltschaft, Gericht, Untersuchungsausschuss, Presseorgan) der Soldat aussagen will oder soll, ist unbeachtlich.[47]

17

Die Erteilung der Genehmigung wird durch das Gericht, die Staatsanwaltschaft oder die Polizei beantragt. Außerhalb gerichtl./behördlicher Verfahren hat der Soldat die Aussagegenehmigung selbst zu beantragen.[48] Dieser **Antrag** muss so **konkret** sein, dass der DiszVorg. und letztlich das Gericht prüfen können, ob der Soldat mit der von ihm angestrebten Aussage gegen § 14 oder andere Best. des SG verstoßen würde. Der Antrag eines Soldaten, das BMVg zu verpflichten, ihm die Genehmigung zu erteilen, „in Angelegenheiten der Dienststelle" gegenüber Parlamentariern aussagen zu dürfen, genügt diesen Anforderungen nicht.[49]

7. Absatz 2 Satz 2

Die Aussagegenehmigung erteilt der **nächste DiszVorg.** des Soldaten. Nach dem Ausscheiden aus dem Wehrdienstverhältnis ist der **letzte DiszVorg.** zuständig. Ist dessen Dienststelle aufgelöst worden, hat der Kdr im Verteidigungsbezirk zu entscheiden.[50] Hat der DiszVorg. Bedenken, ist die Entscheidung des nächsthöheren DiszVorg. einzuholen.[51] Über die **Versagung** einer Aussagegenehmigung hat ausschließlich das **BMVg** zu entscheiden.[52] Dies folgt aus § 14 Abs. 2 Satz 3 i.V.m. § 62 Abs. 4 BBG. Ist der frühere Soldat inzwischen Beamter oder Richter geworden, und soll/will er über Angelegenheiten aus dem Bereich der Bw aussagen, erteilt sein jetziger Dienstvorg. die Aussagegenehmigung.[53] Dieser hat vorher die Zustimmung des früheren DiszVorg. des Soldaten einzuholen (§ 39 Abs. 2 Satz 3 BRRG). Erteilung und Versagung der Aussagegenehmigung bedürfen der **Schriftform**.[54]

18

---

43 Nr. 4, 5 des zit. Erl.
44 BVerwGE 43, 48; ZDv 14/3 B 166 Nr. 2 Abs. 3.
45 *Bornemann*, RuP, 57.
46 *Scherer/Alff*, SG, § 14 Rn. 6.
47 *Plog/Wiedow/Lemhöfer*, BBG, § 61 Rn. 11; *Scherer/Alff*, SG, § 14 Rn. 9.
48 ZDv 14/3 B 166 Nr. 3 Abs. 2.
49 BVerwGE 93, 26 = NJW 1991, 114.
50 ZDv 14/3 B 166 Nr. 5 Abs. 1.
51 ZDv 14/3 B 166 Nr. 5 Abs. 2.
52 ZDv 14/3 B 166 Nr. 5 Abs. 3.
53 *Plog/Wiedow/Lemhöfer*, BBG, § 61 Rn. 12; *Scherer/Alff*, SG, § 14 Rn. 10.
54 ZDv 14/3 B 166 Nr. 5 Abs. 4.

§ 14 Gemeinsame Vorschriften

8. Absatz 2 Satz 3

19 Die Versagung einer Aussagegenehmigung oder Gutachtenerstattung ist gem. § 62 BBG[55] an **enge Voraussetzungen** geknüpft. Wegen der Einzelheiten kann auf diese Best. verwiesen werden.

Die Versagung ist ein **VA** i.S.v. § 35 VwVfG. Soweit von der Versagung ein Dritter, z.B. eine Prozesspartei, betroffen ist, handelt es sich um einen VA mit Drittwirkung.[56] Der von der Versagung betroffene aktive oder frühere Soldat[57] kann hiergegen unmittelbar die **Entsch. des BVerwG – WDS –** beantragen (§ 21 Abs. 1 WBO), da, wie oben ausgeführt, nur das BMVg eine Versagung aussprechen darf. Eröffnet ist gem. § 17 Abs. 1 Satz 1 WBO der **Rechtsweg zu den Wehrdienstgerichten**.[58] Fällt der Beschwerdeanlass nicht mehr in die aktive Wehrdienstzeit eines ehem. Soldaten, muss dieser zunächst Widerspruch einlegen und kann dann vor dem VG klagen. Dies folgt aus § 14 Abs. 2 Satz 3, der Verweisung auf § 62 BBG und dem sich daraus ergebenden Rechtsweg für Beamte (§ 62 Abs. 4 BBG; § 126 Abs. 3 Nr. 1 BRRG). Zum gleichen Ergebnis kommt man über § 82 Abs. 1 SG.

9. Absatz 3

20 Die in Abs. 3 beschriebenen Dokumente hat der Soldat **herauszugeben**, auch wenn sich diese in seinem Eigentum befinden. Es handelt sich um einen öff.-rechtl. Herausgabeanspruch, gegenüber dem – nach einer Güterabwägung – das Eigentumsrecht im Einzelfall zurückstehen muss.[59]

Befindet sich der Soldat noch im aktiven Dienstverhältnis, kann sein DiszVorg. die Herausgabe **befehlen**. Ist er ausgeschieden, ordnet der letzte DiszVorg. die Herausgabe durch **VA** an. Dieser ist ggf. nach dem VwVG durchzusetzen.[60] Ob parallel hierzu in einem solchen Fall eine nachwirkende Dienstpflichtverletzung gem. § 23 Abs. 2 Nr. 1 vorliegt[61], ist problematisch. Ein solches **Dienstvergehen** dürfte jedenfalls kaum konstruierbar sein.

Bzgl. der Herausgabepflicht der Hinterbliebenen und Erben vgl. oben Rn. 10.

10. Absatz 4

21 Mit Abs. 4 hat der Gesetzgeber eine Güterabwägung getroffen. Diese bedeutet, dass die Verschwiegenheitspflicht des Soldaten dann zurücktritt, wenn dieser einer gesetzl. Pflicht, Straftaten anzuzeigen, nachzukommen hat oder wenn die FdGO gefährdet ist.

Gesetzl. Anzeigepflichten für Jedermann oder nur Soldaten ergeben sich aus
- § 138 StGB (geplante besonders schwere Straftaten wie Hochvorrat, Mord, Raub usw.)
- § 43 WStG (Meuterei, Sabotage)
- § 14 VStGB (Straftaten gegen das Völkerrecht)
- § 33 Abs. 3 WDO (Abgabe von Straftaten an die Staatsanwaltschaft durch den DiszVorg.).[62]

Die Verpflichtung des Soldaten, für die Erhaltung der FdGO einzutreten, folgt aus § 8.

---

55 Text auch abgedruckt in ZDv 14/3 B 166 Nr. 7.
56 *Plog/Wiedow/Lemhöfer*, BBG, § 62 Rn. 16.
57 Sofern die Voraussetzungen des § 15 WBO vorliegen.
58 BVerwGE 46, 303 = NJW 1975, 104; 93, 26 = NJW 1991, 114; *Böttcher-Dau*, WBO, § 10 Rn. 52.
59 GKÖD I Yk, § 14 Rn. 12; *Plog/Wiedow/Lemhöfer*, BBG, § 61 Rn. 13; *Rittau*, SG, 127; *Scherer/Alff*, SG, § 14 Rn. 12.
60 GKÖD I Yk, § 14 Rn. 12; *Scherer/Alff*, SG, § 14 Rn. 12.
61 *Stauf* I, SG, § 14 Rn. 5.
62 Ergänzend ZDv 14/3 B 115.

§ 15 Politische Betätigung

(1) ¹Im Dienst darf sich der Soldat nicht zu Gunsten oder zu Ungunsten einer bestimmten politischen Richtung betätigen. ²Das Recht des Soldaten, im Gespräch mit Kameraden seine eigene Meinung zu äußern, bleibt unberührt.

(2) ¹Innerhalb der dienstlichen Unterkünfte und Anlagen findet während der Freizeit das Recht der freien Meinungsäußerung seinen Schranken an den Grundregeln der Kameradschaft. ²Der Soldat hat sich so zu verhalten, dass die Gemeinschaft des Dienstes nicht ernstlich gestört wird. ³Der Soldat darf insbes. nicht als Werber für eine politische Gruppe wirken, indem er Ansprachen hält, Schriften verteilt oder als Vertreter einer politischen Organisation arbeitet. ⁴Die gegenseitige Achtung darf nicht gefährdet werden.

(3) Der Soldat darf bei politischen Veranstaltungen keine Uniform tragen.

(4) Ein Soldat darf als Vorgesetzter seine Untergebenen nicht für oder gegen eine politische Meinung beeinflussen.

Literatur: *Apel, Hans:* Demonstration in Uniform? Deutsches Allgemeines Sonntagsblatt, 2.6.1982; *Brozat, Thomas:* Die „Atomkraft – nein danke" – Plakette und das Verbot der politischen Betätigung im Sinne des § 15 Abs. 2 SG; *Buth, Matthias:* Zur Meinungsfreiheit von Soldaten und Reservisten der Bundeswehr, NZWehrr 1981, 216; *Cuntz, Eckart:* Verfassungstreue der Soldaten, 1985; *Giesen, Hermann:* Uniformverbot bei politischen Veranstaltungen reformbedürftig, NZWehrr 1982, 201; *ders.:* Meinungsfreiheit und Militärdisziplin – sind die Schranken politischer Betätigung für Soldaten noch zeitgemäß? NZWehrr 1988, 221; *Goerlich, Helmut:* Soldatische Pflichten, provokative Meinungsäußerungen und die Vereinigungsfreiheit des Soldaten, Jura 1993, 471; *Graßhof, Malte:* Einschränkungen der „freien Rede" durch das Soldatengesetz, NZWehrr 1995, 177; *Hufen, Friedhelm:* Anm. zu BVerwGE 84, 292, JuS 1991, 1054; *Lecheler, Helmut:* Verfassungsrechtlich zulässige Einschränkung der Grundrechtsausübung von Beamten – BVerwG 84, 292 und 287, JuS 1992, 473; *Lemhöfer, Bernt:* Die Loyalität des Beamten, in: Fs für Walther Fürst, 2002, 205; *Mutschler, Bernd:* Die Grundrechte der „Staatsbürger in Uniform", NZWehrr 1998, 1; *Plander, Harro:* Verteidigungsauftrag, Meinungsfreiheit und politische Betätigung im Kasernenbereich (§ 15 Abs. 2 SoldG), DVBl. 1980, 581; *Schmidt-de Caluwe, Reimund:* Die verfassungsrechtliche Grenze der Meinungsäußerungsfreiheit der Soldaten – Art. 5 II oder Art. 17a I GG? NZWehrr 1992, 235; *Schoch, Friedrich K.:* Verfassungsrechtliche Grundlagen der Einschränkung politischer Betätigung von Soldaten, AöR 1983, 215; *Schreiber, Jürgen:* Nochmals: Zur Meinungsfreiheit von Soldaten, NZWehrr 1982, 205; *Schwabe, Jürgen:* Anm. zu BVerfGE 57, 29, DVBl. 1981, 1052; *Schwandt, Eberhard Ulrich:* Dienstpflichten der Soldaten, ZBR 1993, 161; *Seifert, Herbert:* Politische Betätigung von Soldaten im Dienst oder innerhalb militärischer Anlagen, NZWehrr 1988, 234; *Semmler, Harro:* Autoaufkleber als politische Betätigung nach § 15 Soldatengesetz, NZWehrr 1985, 102; *Spranger, Tade Matthias:* Uniformverbot und Versammlungsfreiheit, DÖD 1999, 58; *Weiß, Hans-Dietrich:* Die Pflicht zur „Mäßigung" und „Zurückhaltung" bei „politischer Betätigung" – Zur disziplinarrechtlichen Aufbereitung des objektiven Tatbestandes des § 53 BBG, ZBR 1988, 109; *Widmaier, Ulrich:* Zum Grundrecht des Soldaten auf freie Meinungsäußerung aus disziplinarrechtlicher Sicht unter Einbeziehung allgemeiner Aspekte der Europäischen Gerichtshofs für Menschenrechte und des Gerichtshofs der Europäischen Gemeinschaften, in: Fs für Walther Fürst, 2002, 407.

§ 15 Gemeinsame Vorschriften

Übersicht

	Rn.		Rn.
A. Allgemeines	1 – 12	d) „bestimmte politische Richtung"	29
1. Entstehung der Vorschrift	1 – 7	e) „betätigen"	30
2. Änderungen der Vorschrift	8	4. Absatz 1 Satz 2	31
3. Bezüge zum Beamtenrecht bzw. zu sonstigen rechtl. Vorschriften; ergänzende Dienstvorschriften und Erlasse	9 – 12	5. Absatz 2 Satz 1	32 – 33
		a) „Innerhalb der dienstlichen Unterkünfte und Anlagen"	32
B. Erläuterungen im Einzelnen	13 – 43	b) „Grundregeln der Kameradschaft"	33
1. § 15 und Grundgesetz	13 – 18	6. Absatz 2 Satz 2	34
a) § 15 Abs. 1, 2 und 4 und Art. 5 GG	13 – 16	7. Absatz 2 Satz 3	35
b) § 15 Abs. 3 und Art. 8, 9 Abs. 3 GG	17 – 18	8. Absatz 2 Satz 4	36
		9. Einzelfälle von Verhaltensweisen i.S.v. § 15 Abs. 1 und 2 aus der Rechtsprechung	37
2. Zweckbestimmung	19 – 22		
3. Absatz 1 Satz 1	23 – 30	10. Absatz 3	38 – 42
a) „Im Dienst"	23 – 24	a) „Politische Veranstaltungen"	38 – 41
b) „Soldat"	25 – 27	b) Ausnahmen	42
c) „zugunsten"/„zuungunsten"	28	11. Absatz 4	43

A. Allgemeines

1. Entstehung der Vorschrift

1 § 36 Abs. 1 WG 1921 enthielt für die Soldaten der Reichswehr ein allg. **Verbot** der politischen Betätigung. Eine „politisierende Freiwilligentruppe" bilde für „Reich und Volk keinen zuverlässigen Schutz, sondern eine stete Gefahr".[1] Politische Betätigung wurde mit „Agitation" gleichgesetzt.[2] Diese Gedankenwelt bestimmte zunächst auch den Gesetzgeber der Jahre 1955/1956. Zwar sollte der Soldat der Bw vor dem Hintergrund des § 6 das Grundrecht der freien Meinungsäußerung wahrnehmen dürfen, dies aber in sehr **engen Grenzen** und in der Annahme, dass „im Dienst keine Zeit für Zeitungslektüre und für den Austausch von Zeitungen sein wird".[3] Die Situation hat sich erfreulicherweise in eine andere Richtung entwickelt; der Gesetzestext des Jahres 1956 ist dennoch unverändert geblieben.

2 § 15 des **REntw.**[4] war folgendermaßen formuliert:

„(1) Innerhalb des Dienstbereiches darf sich der Soldat nicht zugunsten einer bestimmten politischen Richtung betätigen.

(2) Außerhalb des Dienstbereiches hat der Soldat bei politischer Betätigung diejenige Mäßigung und Zurückhaltung zu wahren, die seine Stellung als Soldat fordert. Er darf nicht als aktiver Anhänger einer politischen Organisation hervortreten. Er darf während der Teilnahme an Veranstaltungen politischer Organisationen keine Uniform tragen.

(3) Außerhalb des Geltungsbereiches dieses Gesetzes darf sich der Soldat in bezug auf den Aufenthaltsstaat nicht politisch betätigen."

3 In der **Begr.** des REntw.[5] wird § 15 als **„Grenze"** der politischen Betätigung des Soldaten bezeichnet. Diese entspreche der des Beamten gem. § 53 BBG.

---

1 Zit. nach *Rittau*, SG, 129.
2 *Rittau*, SG, 129.
3 *Rittau*, SG, 130.
4 BT-Drs. II/1700, 5.
5 BT-Drs. II/1700, 23.

Politische Betätigung   § 15

In seiner Stellungnahme⁶ zum REntw. schlug der **BR** vor, in Abs. 1 und 2 das Wort   4
„Dienstbereich" durch die Wörter „im Dienst" bzw. „außerhalb des Dienstes" zu ersetzen. Damit sollte klar gestellt werden, dass der „Dienstbereich" sowohl räumlich als auch funktionell zu verstehen sei. Die BReg⁷ schloss sich diesem Vorschlag an.

In der **1. Lesung** des REntw. im BT am 12.10.1955 unterstrich Min. *Blank* die von der   5
BReg vorgesehenen **Einschränkungen** der „parteipolitischen aktiven Betätigung" und des passiven Wahlrechts der Soldaten.⁸ Die „Notwendigkeit, Menschen der verschiedensten Berufsstände, der verschiedensten Herkunft und der verschiedensten politischen Anschauungen in Kasernen Tag und Nacht zusammenzuhalten", dürfe „nicht als Chance dafür benutzt werden, planmäßig den Andersdenkenden für eine eigene politische Richtung oder eine Partei zu gewinnen".

Kritik äußerte der Abg. *Merten* (SPD): Der Soldat werde gegenüber dem Beamten schlechter gestellt. Die in § 15 niedergelegten Regeln seien „außerordentlich unklar" und sähen Einschränkungen der politischen Betätigung vor, die in dieser Form nicht notwendig erschienen.⁹

In den **Fachausschüssen** des BT bemühten sich die Abg. redlich, zumindest konkretere   6
Textformulierungen zu finden, ohne allerdings den konzeptionellen Denkansatz, dem Grundrecht der freien Meinungsäußerung Schranken aufzuerlegen, aus dem Auge zu verlieren.

Insbes. im **Rechtsausschuss** wurde Kritik an „**unpräzisen**", „unklaren", „inhaltslosen", „abstrakten" und „schwer abgrenzbaren" Begriffen des REntw. laut.¹⁰ Die BReg wurde aufgefordert, neue Formulierungsvorschläge vorzulegen.¹¹

Vor welche Probleme sich BReg und BT gestellt sahen, ist beispielsweise daran zu erkennen, dass die mehrfach erhobene Forderung¹², auch ein Verbot politischer Betätigung **zuungunsten** einer politischen Richtung in das Gesetz aufzunehmen, mit dem Einwand beantwortet wurde, der Soldat müsse doch „eine klare Stellung gegenüber dem Kommunismus"¹³ haben.

Mit Schreiben vom 21.11.1955 teilte der Vors. des Rechtsausschusses dem Vors. des Ausschusses für Fragen der europ. Sicherheit, des späteren VertA, mit, der Rechtsausschuss habe § 15 „sehr eingehend" erörtert, aber noch keine seinen Vorstellungen entspr. Formulierung finden können.

In der Sitzung des Rechtsausschusses vom 2.12.1955¹⁴ legten sowohl der Vertreter des BMVg als auch der Abg. *Dr. Arndt* (SPD) **neue Textvorschläge** vor. Nach längerer Diskussion beschloss der Rechtsausschuss, **Abs. 1** wie folgt zu formulieren:

„Im Dienst darf sich der Soldat nicht zugunsten oder zuungunsten einer bestimmten politischen Richtung betätigen. Das Recht des Soldaten, im Gespräch mit Kameraden seine eigene Meinung zu äußern, bleibt unberührt."¹⁵

---

6 BT-Drs. II/1700, 39.
7 BT-Drs. II/1700, 44.
8 Sten. Ber. 5781 B.
9 Sten. Ber. 5786 D.
10 Prot. der 86. Sitzung des Rechtsausschusses v. 18.11.1955, Prot. Nr. 86, 43-47.
11 Prot. der 87. Sitzung des Rechtsausschusses v. 19.11.1955, Prot. Nr. 87, 6.
12 Abg. *Dr. Kihn* (CDU/CSU), 86. Sitzung des Rechtsausschusses v. 18.11.1955, Prot. Nr. 86, 43; Abg. *Hoogen* (CDU/CSU), 87. Sitzung des Rechtsausschusses v. 19.11.1955, Prot. Nr. 87, 3.
13 *Barth* (BMVg), 87. Sitzung des Rechtsausschusses v. 19.11.1955, Prot. Nr. 87, 3.
14 Prot. Nr. 89, 8, 9.
15 Prot. Nr. 89, 12.

Walz   209

Abs. 2 beschloss der Rechtsausschuss wie folgt:
„Innerhalb des Dienstbereichs findet während der Freizeit das Recht der freien Meinungsäußerung seinen Schranken an den Grundregeln der Kameradschaft: der Soldat hat sich so zu verhalten, daß nicht die Gemeinsamkeit des Dienstes ernstlich gestört oder die einander geschuldete Achtung gefährdet wird. Insbes. darf der Soldat nicht als Werber für eine politische Gruppe wirken, indem er Ansprachen hält, Schriften verteilt oder als Vertreter einer politischen Organisation arbeitet."[16]

Mit Mehrheit beschloss der Rechtsausschuss ferner folgenden **Abs. 3**:
„Außerhalb des Dienstbereichs hat der Soldat bei politischer Betätigung die Mäßigung und Zurückhaltung zu wahren, die sich aus seiner Stellung gegenüber der Gesamtheit und aus der Rücksicht auf seine soldatischen Pflichten ergeben. Er darf bei politischen Veranstaltungen keine Uniform tragen."[17]

Als (neuen) **§ 15a** schlug der Rechtsausschuss vor:
„Offiziere und Unteroffiziere dürfen als Vorgesetzte ihre Untergebenen nicht für oder gegen eine politische Meinung beeinflussen."[18]

Der Vors. des Rechtsausschusses übermittelte diese Fassung der §§ 15 und 15a mit Schreiben vom 3.12.1955 an den Vors. des Ausschusses für Fragen der europ. Sicherheit.[19]

Der **Ausschuss für Beamtenrecht**[20] schloss sich zu § 15 Abs. 1 der Formulierung des Rechtsausschusses an. In Abs. 2 und 3 wurde das Wort „Dienstbereich" durch die Wörter „innerhalb der dienstlichen Unterkünfte und Anlagen" ersetzt. Der Begriff „Dienstbereich" sei „zu ungenau"[21], auch wenn er bereits in § 36 WG 1921 verwendet worden sei.

Die anschließend durch den **VertA**[22] vorgenommenen Änd. waren redaktioneller Natur. Dasselbe gilt für die durch das Plenum in der **2. Lesung**[23] verfügte andere **Absatzfolge**.

7 **Zusammenfassend** lässt sich feststellen, dass die schließlich Gesetz gewordene Fassung des § 15 zwar gegenüber dem REntw. an **terminologischer** und **struktureller Präzision** gewonnen hat; der „große Wurf" ist dennoch ausgeblieben. Nach wie vor leidet § 15 an „begrifflichen Unschärfen"[24]; *Giesen*[25] spricht gar von einem „innovativen Fehl". So berechtigt diese Kritik auf der einen Seite ist, so sehr muss auf der anderen Seite zugegeben werden, dass jede gesetzl. Regelung der politischen Betätigung nicht nur von Soldaten eine schmale Gratwanderung zwischen einem Grundrecht von hohem Rang und der Gewährleistung der Funktionsfähigkeit einer bedeutsamen staatlichen Institution ist. Der Gesetzgeber musste und muss sich hierbei unbestimmter Gesetzesbegriffe bedienen, die – notgedrungen – der Interpretation zugänglich sind.

2. Änderungen der Vorschrift

8 § 15 wurde bis heute **nicht geändert**. Der **DBwV** hatte auf seiner 12. Hauptversammlung (1985) beschlossen:

---

16 Prot. Nr. 89, 13.
17 Prot. Nr. 89, 13, 14.
18 Prot. Nr. 89, 14.
19 Vgl. auch Drs. 18 u. 19 des Ausschusses für Beamtenrecht.
20 39. Sitzung des Ausschusses für Beamtenrecht, Prot. Nr. 39, 2; Ausschussdrs. 21 v. 4.1.1956 u. 23 v. 20.1.1956.
21 Abg. *Arnholz* (SPD), Prot. Nr. 39, 2.
22 BT-Drs. II/2140, 7, 33.
23 BT-Drs. II/2186, 2.
24 *Riehl*, Meinungsäußerung, 113.
25 NZWehr 1988, 230.

Politische Betätigung § 15

„Der DBwV fordert den Gesetzgeber auf, die vielfältigen politischen Bekenntnisse zum mündigen Staatsbürger in Uniform durch eine zeitgemäße Neuordnung der Bestimmungen über die politische Betätigung der Soldaten im Soldatengesetz in politische Wirklichkeit umzusetzen. Der § 15 des Soldatengesetzes ist deshalb zu ändern."[26]
Initiativen der BReg[27] oder des Parlaments wurden hierauf nicht ergriffen.

3. Bezüge zum Beamtenrecht bzw. zu sonstigen rechtl. Vorschriften; ergänzende Dienstvorschriften und Erlasse

Wortgleich bestimmen § 35 Abs. 2 BRRG für **alle Beamten** und § 53 BBG für die **Bundesbeamten**, dass diese bei politischer Betätigung diejenige Mäßigung und Zurückhaltung zu wahren haben, die sich aus ihrer Stellung gegenüber der Gesamtheit und aus der Rücksicht auf die Pflichten ihres Amtes ergibt. **Richter** haben sich gem. § 39 DRiG lediglich so zu verhalten, dass das Vertrauen in ihre Unabhängigkeit nicht gefährdet wird. 9

Das Beamten- und das Richterrecht beruhen auf einer **anderen konzeptionellen Idee** als das Soldatenrecht: Die politische Betätigung der Beamten und Richter erfährt Einschränkungen mit Blick auf ihre Amtsführung; der Schutzzweck der zit. Normen besteht darin, die sog. Funktionsfähigkeit des Beamten- bzw. Richtertums zu gewährleisten.[28] Im Soldatenrecht steht der innere, kameradschaftliche Zusammenhalt der SK im Vordergrund.[29] Richtig ist, dass die Detailliertheit der jew. gesetzl. Regelung differenziert ausfällt. Von einem „Zweiklassenrecht im öffentlichen Dienst"[30] in Bezug auf die politische Betätigung der Staatsdiener kann jedoch keine Rede sein. Dies folgt bereits daraus, dass die Entscheidungspraxis der obersten Bundesgerichte, Beamtensenat[31] und WDS[32] des BVerwG einerseits und BAG[33] andererseits in zentralen Fragen der politischen Betätigung von Angehörigen des öff. Dienstes[34] aufeinander abgestimmt erscheint. Bei der Auswertung der beamtenrechtl. Judikatur zeigt sich im Übrigen, dass, wie *Weiß*[35] zutr. festgestellt hat, aus § 53 BBG „mehr an rational Bestimmbaren herauszuholen ist, als es zunächst den Anschein hat". Dieses Substrat ist mit der Auslegung von § 15 durch die Rspr. vielfach identisch. 10

Die Regelung der politischen Betätigung für **ZDL** in § 29 ZDG entspricht im Wesentlichen § 15 Abs. 1 und 2. Der ZDL befindet sich in einem öff.-rechtl. Dienstverhältnis[36] und ist von daher ähnlichen Einschränkungen wie der Soldat unterworfen. Das Verbot für ZDL, innerhalb der dienstl. Unterkünfte und Anlagen das Zusammenleben in der Gemeinschaft zu stören (§ 29 Abs. 2 Satz 1 ZDG), soll sich auch auf die Beschäftigungsstelle und andere Personen, z.B. Patienten, erstrecken.[37] Für die Praxis ist § 29 11

---

26 Zit. nach *Giesen*, NZWehr 1988, 231 Fn. 41.
27 Der seinerzeitige BM *Apel* (Deutsches Allg. Sonntagsblatt v. 2.6.1982) hielt § 15 Abs. 3 weder für „antiquiert" noch für „überflüssig".
28 BVerwGE 84, 292 = NJW 1990, 2265 mit Anm. *Hufen*, JuS 1991, 1054, u. krit. Anm. *Lecheler*, JuS 1992, 473.
29 GKÖD I Yk, § 15 Rn. 1; *Lemhöfer*, in: Fs für Fürst, 211.
30 *Giesen*, NZWehr 1988, 222.
31 BVerwGE 84, 292 = NJW 1990, 2265.
32 BVerwGE 73, 237 = NZWehr 1982, 25.
33 BAGE 38, 85 = NJW 1982, 2888.
34 Hier: Tragen bzw. Aufkleben von „Atomkraft – nein danke" Zeichen im Dienst bzw. innerhalb dienstl. Unterkünfte u. Anlagen.
35 ZBR 1988, 121.
36 *Brecht*, ZDG, 146.
37 *Brecht*, ZDG, 146.

§ 15 Gemeinsame Vorschriften

ZDG offenbar von geringer Bedeutung. In JURIS ist lediglich eine gerichtl. Entsch. zu finden.[38]

12 Zu § 15 sind folgende **Erl.** des BMVg[39] herausgegeben worden:
- „Politische Betätigung von Soldaten, insbesondere bei Europa-, Bundestags-, Landtags- und Kommunalwahlen" (VMBl. 1980 S. 533; 1988 S. 25).
- „Private Veröffentlichungen und Vorträge" (VMBl. 1982 S. 211).
- „Uniformtragen bei politischen Veranstaltungen" (ZDv 37/10 Nr. 113 und Anl. 2).

B. Erläuterungen im Einzelnen

1. § 15 und Grundgesetz

a) § 15 Abs. 1, 2 und 4 und Art. 5 GG

13 Das Grundrecht auf freie Meinungsäußerung gem. Art. 5 Abs. 1 Satz 1 GG, das als Jedermannrecht auch den Soldaten zusteht, wird nach inzwischen h.M.[40] durch § 15 Abs. 1, 2 und **begrenzt**. Dies soll verfassungsrechtl. zulässig sein, da es sich bei § 15 um ein **allg.** Gesetz i.S.v. Art. 5 Abs. 2 GG handele, für welches das **Zitiergebot** des Art. 19 Abs. 1 Satz 2 GG nicht gelte.

Der wissenschaftliche Streit über diese Frage und das rechtstheoretische Verhältnis von Art. 5 zu Art. 17a GG ist indes nicht beendet.[41] Für die Praxis ist diese Debatte von geringerer Relevanz. Daher sind hier nur einige **Anmerkungen** angezeigt:

14 Das **BVerfG**[42] hatte bereits 1970 entschieden, dass der Zitierzwang dann nicht gegeben sei, wenn sich eine gesetzl. Regelung als allg. Gesetz i.S.v. Art. 5 Abs. 2 GG darstelle, selbst wenn diese Regelung „formal" auf die Einschränkungsermächtigung des Art. 17a Abs. 1 GG gestützt sei. § 15 Abs. 1 richte sich nicht gegen eine bestimmte Meinung. Schutzobjekt sei die Funktionsfähigkeit der Bw, die höheren Rang habe als das Interesse des Einzelnen an der politischen Auseinandersetzung im Dienst. Im Übrigen „berühre" § 15 Abs. 1 zwar den Schutzbereich von Art. 5 Abs. 1 Satz 1 GG, schränke diesen aber nicht ein. In einer Entsch. von 1977 hat das BVerfG[43] dieses Judiz auf § 15 Abs. 2 ausgedehnt.

15 Das **BVerwG**[44] ist der Rspr. des BVerfG gefolgt. Zweck der Abs. 1 und 2 des § 15 sei, „die Kameradschaft und gegenseitige Achtung als unerläßliche Voraussetzungen für die Sicherung der Disziplin und Schlagkraft der Truppe – auch um den Preis einer Einschränkung der Meinungsfreiheit – unbedingt zu gewährleisten". § 15 dürfe nicht allein „im Lichte des Art. 5 Abs. 1 GG" gesehen werden. Jede Auslegung und Anwendung von § 15 hätten sich damit einerseits an dem Wertgehalt des Grundrechts der freien Meinungsäußerung und andererseits an dem Interesse an der Wirksamkeit der SK zu orientieren[45].

---

38 Bundesdisziplinargericht, 7. Kammer, VII ZK 2/82 (Verstoß gegen § 29 Abs. 1 ZDG durch Tragen der Plakette „Rock gegen § 129 – Frankfurt 81" im Dienst).
39 Der G 1-Hinweis, Grundwerk, 2510, ist überholt.
40 Vgl. *Buth*, NZWehr 1981, 218; GKÖD I Yk, § 15 Rn. 1; *Scherer/Alff*, SG, § 6 Rn. 31; *Schwandt*, ZBR 1993, 169.
41 Vgl. *Cuntz*, 189, 194; *Plander*, DVBl. 1980, 585; *Rauball*, in: *v. Münch/Kunig*, GGK I, Art. 17a Rn. 7; *Schoch*, AöR 1983, 215 (sehr eingehende Betrachtung).
42 BVerfGE 28, 36 = NZWehrr 1970, 177; BVerfGE 28, 282 = NJW 1970, 1837.
43 BVerfGE 44, 197 = NJW 1977, 2205. Bestätigt durch BVerfG NZWehrr 1992, 205.
44 BVerwGE 53, 327 = NZWehrr 1978, 213.
45 BVerwGE 73, 237 = NZWehrr 1982, 25.

Diese Rspr. ist in Teilen der Lit.[46] auf **Kritik** gestoßen. Diese beklagt – zu Recht – insbes. 16
das „**verfassungsdogmatische Begründungsdefizit**"[47] des BVerfG, ohne indes das vom
BVerfG gefundene Ergebnis als solches in Frage zu stellen.

b) § 15 Abs. 3 und Art. 8, 9 Abs. 3 GG

Soweit § 15 Abs. 3 dem Soldaten untersagt, bei politischen Veranstaltungen Uniform zu 17
tragen, könnten das Grundrecht der Versammlungsfreiheit nach Art. 8 Abs. 1 GG und
das Grundrecht der Koalitionsfreiheit nach Art. 9 Abs. 3 Satz 1 GG betroffen sein.

Nach Auffassung des BVerfG[48] und ihm folgend des BVerwG[49] werden Grundrechte
durch ein Uniformverbot für Soldaten „von vornherein nicht berührt". Weder das
Recht der freien Meinungsäußerung noch die **Versammlungs-**[50] und die **Vereinigungsfreiheit** umfassten die Befugnis, diese Rechte gerade in Uniform auszuüben. Das Persönlichkeitsrecht der Soldaten aus Art. 2 Abs. 1 GG sei durch § 15 Abs. 3 lediglich in
einer „Randposition" berührt.

Auch diese Rspr. ist der **Kritik**[51] ausgesetzt. So wäre es zwar gem. Art. 17a Abs. 1 GG 18
zulässig, das Grundrecht aus Art. 8 GG durch ein Wehrgesetz zu beschränken. Es sei
jedoch zweifelhaft, ob der einfache Gesetzgeber dieses Ziel mit § 15 Abs. 3 verfolgt hat
und wenn ja, ob er nicht hierbei das Zitiergebot des Art. 19 Abs. 1 Satz 2 GG hätte
beachten müssen. Art. 9 Abs. 3 Satz 1 GG sei über die Ermächtigung aus Art. 17a GG
überhaupt nicht einschränkbar.

Für die Praxis ist diese Frage „ausgestanden". Hier gilt der Grds. „Roma (= Karlsruhe)
locutat, causa finita est".[52]

2. Zweckbestimmung

Seit den zit. Entsch. des BVerfG[53] und des BVerwG[54] wird der Zweck von **§ 15 Abs. 1** 19
und 2 darin gesehen, die **Kameradschaft** und gegenseitige Achtung als unerlässliche
Voraussetzungen für die Sicherung der **Disziplin** und **Schlagkraft** der Truppe unbedingt
zu gewährleisten. Insbes. § 15 Abs. 2 wolle jedes Verhalten ausschließen, das einen Kameraden in seiner dienstfreien Zeit in eine politische Auseinandersetzung dränge. Politischen Aktivitäten anderer Soldaten sei er auf Grund der Besonderheiten des Wohnens in einer Kaserne ausgesetzt, ohne ihnen ohne Weiteres aus dem Wege gehen zu
können. Sein Anspruch, „in Ruhe gelassen zu werden", sei besonders schützenswert.
Kurz gefasst haben die durch § 15 Abs. 1 und 2 vorgenommenen Einschränkungen von
Art. 5 Abs. 1 GG zum Ziel, „den einzelnen Soldaten vor Indoktrination zu schützen
und den ‚Betriebsfrieden' in den SK zu wahren".[55]

---

46 Vgl. *Cuntz*, 208; *Mutschler*, NZWehrr 1998, 3; *Plander*, DVBl. 1980, 581; *Schoch*, AöR 1983, 215.
47 *Schoch*, AöR 1983, 245.
48 NZWehrr 1979, 173 mit Anm. *Alff*, NZWehrr 1979, 174; BVerfGE 57, 29 = NZWehrr 1981, 186.
49 BVerwGE 76, 30 = NZWehrr 1983, 105. Vgl. jüngst VG Wiesbaden DÖD 2004, 175 (Kleiderordnung der hessischen Polizei).
50 Vgl. hierzu § 3 Abs. 1 Versammlungsgesetz. Diese Vorschrift wirft die gleichen verfassungsrechtl. Fragen wie § 15 Abs. 3 SG auf (vgl. *Dietel, Alfred*: Demonstrations- und Versammlungsfreiheit, 13. Aufl. 2004, § 3 Rn. 1, 23).
51 Vgl. *Cuntz*, 208; *Giesen*, NZWehrr 1982, 201; *Plander*, DVBl. 1981, 1052; *Spranger*, DÖD 1999, 58.
52 So auch GKÖD I Yk, § 15 SG Rn. 10; *Mutschler*, NZWehrr 1998, 5; *Rauball*, in: *v. Münch/Kunig*, GGK I, Art. 17a Rn. 11; *Scherer/Alff*, § 15 Rn. 16.
53 BVerfGE 44, 197 = NJW 1977, 2205 m.w.N.
54 BVerwGE 53, 327 = NZWehrr 1978, 213; BVerwGE 73, 237 = NZWehrr 1982, 25.
55 *Apel*, Deutsches Allg. Sonntagsblatt v. 2.6.1982. Ähnlich *Würzbach*, BT-Drs. 10/395, 15.

20 Die **formelhafte Wiederholung** dieser Merksätze[56] vermag nichts daran zu ändern, dass sie zu Zeiten entstanden, als die Realitäten andere als heute waren. Im Friedensdienstbetrieb im Inland wohnen weit mehr Soldaten als in den 70er Jahren nicht mehr in der dienstl. Unterkunft. Mit der „Schlagkraft der Truppe" ist heute nur noch wenig anzufangen. Sie ist zumindest terminologisch zu „modernisieren" und bedarf ebenso wie die „Funktionsfähigkeit der SK/der Bw" der ständigen krit. Neuinterpretation.

21 Das Uniformverbot des § 15 Abs. 3 soll die Funktionsfähigkeit der SK sichern, indem Vorsorge getroffen wird, dass außerdienstl. politische Aktivitäten von Bundeswehrsoldaten nicht der Bw zugerechnet werden können.[57]

22 § 15 Abs. 4 soll verhindern, dass Vorg. ihre dienstl. Stellung zur politischen Beeinflussung ihrer Untergebenen missbrauchen.[58]

3. Absatz 1 Satz 1
a) „Im Dienst"

23 Der „Dienst" i.S.v. Abs. 1 Satz 1 ist als **Gegensatz zur „Freizeit"** i.S.v. Abs. 2 Satz 1 zu verstehen.[59] „Dienst" meint nicht nur den **Ort**, an dem sich der Soldat aufhält, sondern auch dessen konkrete **Funktion**.[60] Die frühere Auslegung[61], die den Dienst i.S.d. Best. auf die „Verrichtung eines Soldaten innerhalb seiner Berufspflichten auf Grund militärischer Vorschrift oder militärdienstliches Grundsatzes oder Befehls" beschränkte, das Wort „Dienst" damit nur funktionell verstand, greift zu kurz. Es fehlte ihr das **zeitliche Element** des Dienstes. Dort, wo der Dienst durch Dienstpläne befohlen ist, sind Dienstbeginn und Dienstschluss eindeutig bestimmbar.[62] Dies ist insbes. bei Soldaten, die zum Wohnen in der Gemeinschaftsunterkunft verpflichtet sind, der Fall. In Stäben usw., deren Dienst sich nicht nach Dienstplänen richtet, bestimmt sich der Dienst nach Dienstanweisungen und/oder Dienstvereinbarungen mit der jew. Personalvertretungen. Zum „Dienst" der Soldaten rechnen auch die im Dienstplan vorgesehenen **Pausen**.[63]

24 Eine politische Betätigung kann gem. Abs. 1 Satz 1 verboten sein, selbst wenn sie in der Freizeit innerhalb der dienstl. Anlagen stattfindet, aber unmittelbar in den Dienst „hineinwirkt".[64]

b) „Soldat"

25 § 15 gilt nur für **aktive Soldaten**.[65] Dies folgt – unbeschadet der verfassungsrechtl. Ableitung des § 15 – bereits aus Art. 17a Abs. 1 GG. Die dort aufgeführten Grundrechte dürfen nur während der Zeit des Wehrdienstes eingeschränkt werden. **Angehörige der**

---

56 Vgl. GKÖD I Yk, § 15 Rn. 1; *Scherer/Alff*, SG, § 15 Rn. 4.
57 BVerfGE 57, 29 = NJW 1981, 2112.
58 BVerfGE 28, 36 = NZWehr 1970, 177.
59 GKÖD I Yk, § 15 Rn. 4; *Scherer/Alff*, SG, § 15 Rn. 9; *Stauf* I, § 15 SG Rn. 6.
60 So die in Fn. 6 zit. Stellungnahme des BR zum REntw. des SG.
61 Vgl. *Rittau*, SG, 129 m.w.N.
62 ZDv 10/5 Nr. 210 u. Anl. 4.
63 Im konkreten Fall kann es durchaus zu Anwendungsproblemen kommen. „Dienst" i.S.d. SVG o. i.S.d. der VO über die Vergütung für Soldaten mit besonderer Belastung v. 2.6.1989, BGBl. I S. 1075, muss nicht unbedingt deckungsgleich sein. Richtschnur auch für die Anwendung von § 15 kann Nr. 4 des Erl. über den Ausgleich bes. zeitlicher Belastungen der Soldaten BMVg – Fü S I 1 – Az 19-02-20 v. 20.10.1998 sein („Dienstzeit ist ... die Zeit, in der ein Soldat gemäß Dienstplan oder auf Grund anderer Befehle zur Dienstleistung eingeteilt ist. Dienstfreie Zeit ist die Zeit, in der ein Soldat zu keinem Dienst eingeteilt ist.").
64 BVerwGE 53, 327 = NZWehr 1978, 213 (Politische Aufkleber an Privat-Kfz).
65 *Buth*, NZWehr 1981, 224; *Jarass*, in: *Jarass/Pieroth*, GG, Art. 17a Rn. 3; *Scherer/Alff*, SG, § 15 Rn. 3.

Politische Betätigung § 15

Res und andere Personen gem. § 59 unterliegen den Best. des § 15, sobald sie Wehrdienst leisten oder an einer DVag teilnehmen (§ 81 Abs. 2 Satz 2).
Im Übrigen ist **§ 23 Abs. 2 Nr. 2** zu beachten. Verstößt die politische Betätigung eines **26** ausgeschiedenen Offz oder Uffz gegen die FdGO, ist dies ein Dienstvergehen.
Will ein aus dem Wehrdienst ausgeschiedener Soldat die **Uniform tragen**, bedarf er **27** hierfür einer Genehmigung gem. § 1 Abs. 1 der UnifV. Da eine solche Genehmigung für politische Veranstaltungen i.S.v. § 15 Abs. 3 nicht erteilt werden darf (§ 1 Abs. 2 Nr. 1 UnifV), können Angehörige der Res bei Einhaltung dieser Best. nicht gegen § 15 Abs. 3 verstoßen.

c) „zugunsten/zuungunsten"
Wie bereits die Entstehungsgeschichte[66] gezeigt hat, ist der Versuch, aus Gründen der **28** Parität eine Betätigung pro und contra einer bestimmten politischen Richtung zu untersagen, nicht ganz geglückt.
So liegt **kein Verstoß** gegen Abs. 1 Satz 1 vor, wenn sich ein Soldat zur **FdGO bekennt**. Dies schließt Äußerungen gegen verfassungsfeindliche und verfassungswidrige Parteien[67] ebenso ein wie das öff. Eintreten eines Soldaten für den Verteidigungsauftrag der Bw.[68]
Ebenfalls mit Abs. 1 Satz 1 vereinbar war der in den 80er Jahren vom BMVg verteilte **Aufkleber** mit dem Bild eines **Igels** und der Aufschrift „Bundeswehr mit Sicherheit Ja".[69] Das öff. Engagement für eine Verfassungsinstitution ist kein Eintreten zugunsten einer bestimmten politischen Richtung, sondern folgt letztlich aus der Grundpflicht des Soldaten gem. § 7.

d) „bestimmte politische Richtung"
Unter das Verbot des Abs. 1 Satz 1 fällt in erster Linie eine **parteipolitische** Betätigung **29** im Dienst.[70] „Politische Richtung" meint jedoch auch andere politische Institutionen und Kräfte, beispielsweise eine außerparlamentarische Opposition, **Bürgerinitiativen**, die „Friedensbewegung". Maßgeblich ist, ob diese Gruppen oder Organisationen stark genug sind, um als Träger einer politischen Meinung zu gelten und im politischen Meinungskampf konfrontierend zu wirken.[71] Entscheidend ist mit *Riehl*[72] „das einer bestimmten Art von politischer Aktivität innewohnende Freund-Feind-Denken".

e) „betätigen"
Unter „Politischer Betätigung" wird allg. „jede Handlungsweise verstanden, die darauf **30** abzielt, für Fragen, deren Behandlung zum Tätigkeitsbereich des Staates oder der politischen Parteien gehört, eine **bestimmte Auffassung zur Wirksamkeit zu bringen**".[73] Die-

---

66 Vgl. o. Rn. 7.
67 *Rittau*, SG, 129.
68 BVerwGE 76, 267 = NZWehrr 1985, 113; vgl. auch BVerwGE 86, 316 = NVwZ-RR 1991, 200.
69 *Graßhof*, NZWehrr 1995, 196; *Scherer/Alff*, SG, § 15 Rn. 20; *Semmler*, NZWehrr 1985, 105. A.A. *Stauf*, § 15 SG, Rn. 10, der die Bedeutung der §§ 7 u. 8 in Bezug auf die Auslegung von § 15 verkennt.
70 So bereits *Blank* (o. Fn. 8).
71 BVerfGE 44, 197 = NJW 1977, 2205 (als obiter dictum); BVerwGE 63, 30 = NZWehrr 1983, 105; *Bornemann*, RuP, 93; *Seifert*, NZWehrr 1988, 237. Krit. *Giesen*, NZWehrr 1988, 225.
72 Meinungsäußerung, 114.
73 St. Rspr. seit BVerwGE 43, 162 (164); *Bornemann*, RuP, 93; *Scherer/Alff*, SG, § 15 Rn. 7; *Seifert*, NZWehrr 1988, 237; *Stauf* I, § 15 SG Rn. 2.

se Definition folgt der des Preuß. OVG.[74] In modernerer Sprache findet sie sich in § 1 Abs. 2 des Parteiengesetzes wieder.

Ob eine Betätigung „**politisch**" ist, bestimmt sich nicht nach politikwissenschaftlichen Kriterien, sondern primär nach dem **Schutzzweck** der Norm des Abs. 1 Satz 1. Dieser besteht, wie ausgeführt, darin, politische Auseinandersetzungen im Bereich der SK einzuschränken, um die Kameradschaft und Gemeinsamkeit des Dienstes sowie die Erfüllung des Verteidigungsauftrages zu gewährleisten.[75] Daraus folgt jedenfalls, dass politische **Agitation** und **Propaganda** im Dienst nicht zulässig sind.[76] Konkretere Festlegungen scheitern an der zu Recht kritisierten „begrifflichen Unschärfe"[77] des § 15 insgesamt.

Keine politische Betätigung i.S.v. Abs. 1 Satz 1 ist die Erörterung politischer Angelegenheiten im Rahmen des staatsbürgerlichen Unterrichts i.S.v. § 33.[78]

4. Absatz 1 Satz 2

31 Abs. 1 Satz 2 belässt dem Soldaten im Rahmen von Art. 5 Abs. 1 Satz 1 GG einen „**Freiraum**".[79] Dadurch soll ein **Gedankenaustausch** unter Kameraden auch während des Dienstes[80] ermöglicht werden. Es muss sich um eine „kommunikative Interaktion"[81] handeln, einen **echten Dialog**, ein „wirkliches Gespräch".[82] Alle Teilnehmer einer solchen Diskussion müssen gleichberechtigt zu Wort kommen können. Dabei ist § 12 Satz 3 zu beachten. Ob ein Soldat anlässlich eines solchen Gesprächs fremdes oder eigenes Gedankengut wiedergibt, ist rechtl. dann irrelevant, wenn er sich fremdes Gedankengut zu eigen gemacht hat.[83]

Dieser Gedankenaustausch beschränkt sich nicht auf Soldaten gleichen Dienstgrades, sondern kann auch zwischen Vorg. und Untergebenen stattfinden.[84] Gerade dann ist von besonderer Bedeutung, dass der Vorg. den Untergebenen zu Wort kommen lässt und nicht versucht, diesen zu **indoktrinieren**. Andernfalls kann ein Verstoß gegen Abs. 4 vorliegen.

5. Absatz 2 Satz 1

a) „Innerhalb der dienstlichen Unterkünfte und Anlagen"

32 „Dienstliche Unterkunft" ist zunächst die dem Soldaten gem. § 18 Satz 1 zugewiesene **Gemeinschaftsunterkunft**. „Anlagen" sind Einrichtungen, die zu **mil. Bereichen** i.S.v. § 2 Abs. 1 UZwGBw erklärt werden können.

---

74 Urt. v. 16.12.1909, zit. bei *Rittau*, SG, 130: „Politisch ist die Betätigung dann, wenn sie darauf hinausgeht, auf Angelegenheiten des Staates einzuwirken und zu diesem behufe die Gesetzgebung und die Verwaltungsorgane in Tätigkeit zu setzen."
75 BVerfGE 44, 197 = NJW 1977, 2205, u. ihm folgend das BVerwG in st. Rspr., zuletzt BVerwGE 111, 51 = NZWehr 2000, 125.
76 *Seifert*, NZWehr 1988, 237.
77 *Stauf* I, § 15 SG Rn. 4.
78 *Riehl*, Meinungsäußerung, 116. Vgl. die Komm. zu § 33.
79 BVerwGE 73, 237 = NZWehr 1982, 25.
80 *Rittau*, SG, 130, nennt als Beispiele das Waffenreinigen, die Putz- u. Flickstunde u. die Marschrast.
81 *Seifert*, NZWehr 1988, 238.
82 GKÖD I Yk, § 15 Rn. 5.
83 GKÖD I Yk, § 15 Rn. 5; *Graßhof*, NZWehr 1995, 192 Fn. 159. A.A. wohl *Scherer/Alff*, SG, § 15 Rn. 11.
84 *Seifert*, NZWehr 1988, 238.

Dienstl. Unterkünfte und Anlagen sind darüber hinaus andere dienstl. bereit gestellte
Quartiere wie Biwaks[85], **Feldlager**, Bordunterkünfte[86], angemietete Hotels usw., unabhängig davon, ob sich diese im **In- oder Ausland** befinden.
Prüfmaßstab ist, ob der Soldat außerhalb des Dienstes durch die besonderen mil. Verhältnisse gezwungen ist, mit anderen Soldaten **zusammenzuleben**[87], in welcher Art und
Weise auch immer dies geschieht. Insbes. bei **Auslandseinsätzen** ist der Soldat regelmäßig gezwungen, seine Freizeit auf engem Raum mit anderen Soldaten z. T. in Notquartieren zu verbringen. Auch diese sind „dienstliche Unterkünfte und Anlagen" i.s.v.
Abs. 2 Satz 1.

b) „Grundregeln der Kameradschaft"

Das Gesetz nimmt mit den „Grundregeln der Kameradschaft" Bezug auf § 12 Satz 2   33
und 3. Das Grundrecht der freien Meinungsäußerung ist innerhalb der dienstl. Unterkünfte und Anlagen während der Freizeit begrenzt durch die **Würde**, die **Ehre** und
andere schützenswerte **Rechte** des Kameraden.[88] Konkret bedeutet dies, dass der Soldat der Persönlichkeit des Kameraden und dessen Anschauungen nicht die grds. Achtung versagen darf.[89] Ist das Grundrecht der freien Meinungsäußerung im Einzelfall
gegenüber der Verpflichtung zur Kameradschaft zu gewichten, ist dem **Grundrecht**
– jedenfalls im Zusammenhang mit § 15 Abs. 1 Satz 2 – der **Vorrang** einzuräumen.[90]
Andernfalls wäre die mit den Abs. 1 und 2 vorgenommene Abstufung zwischen Dienst
und Freizeit überflüssig. Sie macht nur Sinn, wenn dem Grundrecht der freien Meinungsäußerung in der Freizeit des Soldaten ein höherer Stellenwert als während des
Dienstes zukommt.

Mehr gibt der generalklauselartige Gesetzeswortlaut nicht her. Die Wehrdienstgerichte
haben es jedoch meist verstanden, fachgerechte Entscheidung zu treffen.[91]

6. Absatz 2 Satz 2

Mit Abs. 2 Satz 2 hat der Gesetzgeber die Gratwanderung zwischen Art. 5 Abs. 1 Satz 1   34
GG einerseits, den (Grund-)Rechten des Kameraden und der Funktionsfähigkeit der
SK andererseits fortgesetzt.

Die „**Gemeinsamkeit des Dienstes**" ist die wesentlich auf der **Kameradschaft** i.S.v. § 12
beruhende gemeinsame Erfüllung des Verfassungsauftrags der SK.

Die Störung der Gemeinsamkeit des Dienstes muss „**ernstlich**" sein. Insoweit sollte
kein zu strenger Maßstab angelegt werden. Eine soldatische Kameradschaft muss einiges aushalten können. Deutliche und grobe Worte sind grds. hinzunehmen, soweit nicht
Feindseligkeit und Gehässigkeit überwiegen.[92]

Die Gemeinsamkeit des Dienstes muss **nicht konkret** gestört sein. Ein Verstoß gegen
Abs. 2 Satz 2 liegt bereits dann vor, wenn das Verhalten des Soldaten abstrakt, „**typi-**

---

85 *Graßhof*, NZWehrr 1995, 193; *Scherer/Alff*, SG, § 15 Rn. 13;
86 GKÖD I Yk, § 15 Rn. 6; *Seifert*, NZWehrr 1988, 241 Fn. 35.
87 *Rittau*, SG, 130; *Stauf* I, § 15 Rn. 8.
88 Vgl. hierzu die Komm. zu § 12.
89 *Seifert*, NZWehrr 1988, 242.
90 Zutr. *Graßhof*, NZWehrr 1995, 193 u. Fn. 171 gegen *Riehl*, Meinungsäußerung, 119. Unklar
BVerfGE 44, 197 = NJW 1977, 2205. Deutlicher im obigen Sinne *Rottmann/Geiger*, BVerfGE
44, 197 (205, 207).
91 Krit. *Stauf* I, § 15 SG Rn. 8.
92 GKÖD I Yk, § 15 Rn. 7; *Graßhof*, NZWehrr 1995, 194.

scherweise"[93], geeignet ist, die Gemeinsamkeit des Dienstes und damit die Verteidigungsbereitschaft der SK ernstlich zu gefährden.[94] Die h.M. folgt damit der sicher zutr. Annahme, dass sonst ex post und unter Berücksichtigung des subjektiven Empfindens der Kameraden des Soldaten festgestellt werden müsste, ob tatsächlich eine ernstliche Störung der Gemeinsamkeit des Dienstes eingetreten war. Eine grammatikalische Auslegung der Norm würde allerdings zu einem anderen Ergebnis führen. „Gestört wird" bedeutet eine konkrete Störung. Eine bloß abstrakte Störung wäre mit den Worten „gestört werden kann" zu formulieren.

7. Absatz 2 Satz 3

35 Abs. 2 Satz 3 konkretisiert die Sätze 1 und 2 des Abs. 2. Er nennt **beispielhaft**[95], nicht enumerativ, bestimmte Verhaltensweisen, die besonders geeignet erscheinen, die Gemeinsamkeit des Dienstes ernstlich zu gefährden.

Eine **„Ansprache"** ist nicht nur das Verlesen einer vorbereiteten Rede, sondern auch ein spontaner Diskussionsbeitrag, der darauf abzielt, andere Soldaten nicht zu Wort kommen zu lassen.[96]

Das **„Verteilen von Schriften"** bezieht sich auf Material politischen Inhalts, gleichgültig wer für diesen Inhalt verantwortlich zeichnet und mit Hilfe welchen Mediums es in die dienstl. Unterkünfte und Anlagen befördert worden ist.[97] Auch die kommentarlose Weiterleitung elektronischer politischer Propaganda an Kameraden im dienstl. Bereich verstößt gegen Abs. 2 Satz 3. Unzulässig sind ferner das Anschlagen von Plakaten, das Mitführen von Plaketten und **Aufklebern** politischen Inhalts und das **Sammeln von Unterschriften**.[98]

„Politische Organisation" sind die politischen Parteien, Bürgerinitiativen und andere Vereinigungen. Der Begriff ist im Wesentlichen identisch mit der „bestimmten politischen Richtung" in Abs. 1 Satz 1. Keine politische Organisation i.S.d. Best. sind die Spitzenorganisationen der Soldaten i.S.v. § 35a i.V.m. § 94 BBG.

8. Absatz 2 Satz 4

36 Abs. 2 Satz 4 bekräftigt das in Abs. 2 Satz 1 niedergelegte Gebot, die Grundregeln der Kameradschaft zu beachten und wiederholt das Achtungsgebot des § 12 Satz 3.

Abs. 2 Satz 4 ist – als eigenständige Norm – für die Praxis damit bedeutungslos.

9. Einzelfälle von Verhaltensweisen i.S.v. § 15 Abs. 1 und 2 aus der Rechtsprechung

37 • **Aufforderung zur KDV** durch Anbringen einer Schrift am Informationsbrett der Einheit durch einen WPfl: Verstoß gegen Abs. 1[99]
• **Aufkleber** politischen Inhalts auf Privat-Kfz innerhalb einer Kaserne: Verstoß gegen Abs. 1 und 2[100]

---

93 BVerfG NZWehrr 1992, 205.
94 BVerwGE 73, 237 = NZWehrr 1982, 25; *Bornemann*, RuP, 95; GKÖD I Yk, § 15 Rn. 8; *Graßhof*, NZWehrr 1995, 194; *Scherer/Alff*, SG, § 15 Rn. 15; *Seifert*, NZWehrr 1988, 243.
95 GKÖD I Yk, § 15 Rn. 8; *Graßhof*, NZWehrr 1995, 193; *Scherer/Alff*, SG, § 15 Rn. 14; *Seifert*, NZWehrr 1988, 243.
96 *Seifert*, NZWehrr 1988, 244.
97 Vgl. zur Verteilung per Post *Scherer/Alff*, SG, § 15 Rn. 14; *Seifert*, NZWehrr 1988, 244.
98 Zu Beispielen aus der Rspr. vgl. u. Rn. 37.
99 BVerfGE 28, 282 = NJW 1970, 1837.
100 BVerwGE 53, 327 = NZWehrr 1978, 213.

Politische Betätigung § 15

- **Aufkleber "Atomkraft – nein danke"** auf Privat-Kfz innerhalb einer Kaserne: Verstoß gegen Abs. 1 und 2[101]
- **Aushang** mit Stellungnahmen eines StabsOffz zur allg. Wehrpflicht an der Tür von dessen Dienstzimmer: Verstoß gegen Abs. 1[102]
- Krit. **Leserbrief** eines Offz gegen die Ostpolitik der seinerzeitigen BReg: Kein Verstoß gegen Abs. 1 oder 2[103]
- **Posieren** eines OFw vor Hitler-Bild und **NS-Symbolen** im Kameradenkreis: Kein Verstoß gegen Abs. 2, da der Soldat nur „mitgemacht" habe[104]
- Einbringen einer **Schmähkritik** („Asylbetrüger-Gedicht") in den dienstl. Bereich und Weitergabe an Kameraden: Kein Verstoß gegen Abs. 1 (und Abs. 4), da der Soldat damit keine eigene Meinungsäußerung kundgetan habe[105]
- **Sammeln von Unterschriften** im Kreis von Kameraden gegen den Bau eines Kernkraftwerks: Verstoß gegen Abs. 2.[106]

10. Absatz 3

a) „Politische Veranstaltungen"

„Politische Veranstaltungen" sind **Versammlungen**, Kundgebungen oder Demonstrationen von politischen Parteien oder anderen Organisationen, die sich i.S.v. § 15 Abs. 1 Satz 1 politisch betätigen.[107] Rechtl. **unerheblich** ist, ob die Veranstaltung **öff.** und damit allg. zugänglich ist oder nur einem geladenen Teilnehmerkreis offen steht.[108] Die **Bezeichnung** der Veranstaltung ist ebenfalls **unwesentlich**.[109]   38

Veranstaltungen von **Vereinigungen**, die der Wahrung und Förderung der Arbeits- und Wirtschaftsbedingungen gem. **Art. 9 Abs. 3 Satz 1 GG** dienen, sind dann keine politischen Veranstaltungen, soweit und solange sie sich im Rahmen der Aufgabenstellung dieser Vereinigung halten.[110] Die Abgrenzung zwischen „politisch" und „unpolitisch" ist bei solchen Veranstaltungen nicht immer einfach.[111] Das BVerfG[112] **überfordert** den Soldaten, wenn es meint, es lasse sich im Allg. aus Gegenstand, Zielsetzung und Ablauf der Veranstaltung erkennen, ob es sich um eine Form kollektiver politischer Betätigung handele, für die das Uniformverbot gelte. Die Grenze zwischen berufspolitischen und sozialen Forderungen und der Propagierung allg., sicherheits- oder verteidigungspolitischer Zielsetzungen ist im Einzelfall schwer zu ziehen. Bei Veranstaltungen, die auf   39

---

101 BVerwGE 73, 237 = NZWehr 1982, 25. Vgl. dazu *Brozat*, NZWehrr 1980, 85; *Buth*, NZWehrr 1981, 216; *Schreiber*, NZWehrr 1982, 205; *Semmler*, NZWehrr 1985, 102 (mit Hinw. auf andere Aufkleber).
102 BVerwGE 111, 51 = NZWehrr 2000, 125.
103 BVerwGE 46, 175 = NZWehrr 1974, 107 (Fall Strachwitz).
104 BVerwG NZWehrr 2001, 168.
105 BVerwGE 113, 57 = NZWehrr 1997, 165. Die Entsch. ist im Hinblick auf die obigen Ausführungen in Nr. 7 krit. zu bewerten. Es bleibt unklar, weshalb die Weitergabe eines Schriftstücks politischen Inhalts nicht zugleich eine eigene Meinungsäußerung darstellen soll.
106 BVerfGE 44, 197 = NJW 1977, 2205 (Fall Wyhl).
107 ZDv 37/10 Anl. 2 Nr. 4.
108 ZDv 37/10 Anl. 2 Nr. 5. Ebenso *Stauf* I, § 15 SG Rn. 12. A.A. GKÖD I Yk, § 15 Rn. 9.
109 ZDv 37/10 Anl. 2 Nr. 6.
110 ZDv 37/10 Anl. 2 Nr. 7. Ebenso BVerwGE 76, 30 = NZWehrr 1983, 105; *Dietel* (Fn. 50), § 3 Rn. 13; *Scherer/Alff*, SG, § 15 Rn. 17. Unklar *Stauf* I, § 15 SG Rn. 11.
111 Krit. *Giesen*, NZWehrr 1982, 201. Die Auffassung von *Dietel* (Fn. 50), § 3 Rn. 13, die Uniformierung sei bei solchen Veranstaltungen nicht Ausdruck gemeinsamer pol. Gesinnung; sie solle lediglich besondere Aufmerksamkeit erzeugen, ist für eine praktische Handhabung u. Abgrenzung ungeeignet.
112 BVerfG NZWehrr 1979, 173; BVerfGE 57, 29 = NZWehrr 1981, 186 (Veranstaltung des DGB zum Gedenken an den Ausbruch des 2. Weltkriegs = politische Veranstaltung i.S.v. § 15 Abs. 3).

§ 15 Gemeinsame Vorschriften

Grund ihres Anlasses (z.B. eines bestimmten Gedenktages) oder ihres Programms „politisch" i.S.v. Abs. 3 sein oder werden könnten, sollten Soldaten daher im eigenen Interesse auf das **Tragen ihrer Uniform verzichten.**[113]

40 **Kirchliche Veranstaltungen** sind wie Veranstaltungen der Berufsverbände zu bewerten. Lässt sich von vornherein abschätzen, dass diese (z.b. ein Kirchentag) politischen Charakter einnehmen könnten, gilt das Uniformverbot.[114]

41 **Staatsakte**, z.B. Gedenkfeiern aus Anlass eines bestimmten historischen Ereignisses, sind keine politischen Veranstaltungen.[115]

b) Ausnahmen

42 Nach geltender Erlasslage[116] fällt die **dienstl.**, d.h. befohlene, **Teilnahme** von Soldaten an politischen Veranstaltungen im Rahmen der offiziellen Vertretung der SK bzw. des BMVg oder zur Wahrnehmung von Aufgaben der Presse- und Öffentlichkeitsarbeit der Bw nicht unter das Verbot des Abs. 3.

Mit dem insoweit eindeutigen **Wortlaut** der Best. ist diese Regelung **nicht zu vereinbaren**. Die historische Auslegung hilft nur bedingt weiter: Der VertA unterstrich in seinem zusammenfassenden Ber. zum SG[117], dass mit dem Uniformverbot nicht „politische Akte, die von Staats wegen durchgeführt werden", gemeint seien. Veranstaltungen der politischen Parteien, z.B. **Parteitage**, würden damit unter das Verbot fallen, da sie keine „Staatsakte" sind. Andererseits kann dem Gesetzgeber nicht unterstellt werden, er habe eine sichtbare Repräsentanz der SK bei bedeutsamen politischen Anlässen verhindern wollen. Dies hätte im Ergebnis zur Folge, dass sich eine Verfassungsinstitution vor der Öffentlichkeit zu verbergen hätte. Hierfür besteht dann kein Grund, wenn im Einzelfall deutlich wird, dass der uniformierte Repräsentant der SK sich inhaltlich nicht mit der jew. parteipolitischen Zielsetzung einer Veranstaltung identifiziert – eine durchaus **sensible Angelegenheit**.

Zur Klarstellung sollte der **Gesetzgeber** Abs. 3 entspr. **ergänzen**.

11. Absatz 4

43 Abs. 4 konkretisiert die allg. Verhaltenspflichten von Offz und Uffz gem. § 10 Abs. 6. Während mit § 10 Abs. 6 verhindert werden soll, dass Vorg. ihre Autorität selbst untergraben, bezweckt § 15 Abs. 4 insbes. den **Schutz des Untergebenen**.[118]

Einflussnahme ist jede Art von **Einwirkung** auf den Untergebenen, schriftl., mündlich, durch Zugänglichmachen von Büchern, Periodika, Einladung von Gastrednern usw.

Die Grenze zur unzulässigen politischen Einflussnahme wird überschritten, wenn dem Soldaten eine bestimmte politische Meinung „aufgedrängt" wird. Dies ist dann der Fall, wenn „für den durchschnittlichen Betrachter bei objektiver Würdigung erkennbar wird, dass der Soldat ... für oder gegen eine politische Meinung eingenommen werden soll".[119]

---

113 ZDv 37/10 Anl. 2 Nr. 8.
114 A.A. *Scherer/Alff*, SG, § 15 Rn. 17. „Unpolitisch" ist z.B. eine Fronleichnamsprozession (*Rittau*, SG, 133).
115 *Rittau*, SG, 133; *Scherer/Alff*, SG, § 15 Rn. 17.
116 ZDv 37/10 Anl. 2 Nr. 9-15. Zust. *Bornemann*, RuP, 97; GKÖD I Yk, § 15 Rn. 10; *Scherer/Alff*, SG, § 15 Rn. 18. A.A. *Stauf* I, § 15 SG Rn. 17.
117 BT-Drs. II/2140, 8.
118 *Graßhof*, NZWehr 1995, 194; *Riehl*, Meinungsäußerung, 120.
119 BVerwG mit Anm. *Deiseroth*, jurisPR-BVerwG 14/2005 = NZWehr 2005, 168.

Abs. 4 richtet sich an **alle Vorg.** nach der VorgV, unabhängig vom Dienstgrad[120], und nicht nur an Offz und Uffz wie § 10 Abs. 6.
Abs. 4 gilt **im Dienst** und **außer Dienst.**[121]
Gegen die Pflicht nach Abs. 4 kann der Soldat nur **„gezielt"**[122], d.h. vorsätzlich, verstoßen. Eine zufällige oder unbewusste Verletzung des Verbots der Beeinflussung ist begrifflich und logisch nicht denkbar.
Der **Versuch** einer Beeinflussung genügt.[123]
Der Hinw. eines Vorg. auf den **Verfassungsauftrag** der SK oder sein öff. Bekenntnis zur **FdGO** ist keine unzulässige Beeinflussung von Untergebenen.[124]

---

120 *Graßhof*, NZWehrr 1995, 195.
121 *Graßhof*, NZWehrr 1995, 195; GKÖD I Yk, § 15 Rn. 11; *Riehl*, Meinungsäußerung, 120; *Rittau*, SG, 133; *Scherer/Alff*, SG, § 15 Rn. 20; *Stauf* I, § 15 SG Rn. 20.
122 BVerfGE 28, 36 = NZWehrr 1970, 177; BVerwGE 46, 134 (Auswahl eines Buchpreises); BVerwGE 53, 111 = NZWehrr 1976, 98 (Truppeninformation durch Vorführung eines Videofilms); BVerwGE 86, 316 = NVwZ-RR 1991, 200 (Leitfaden des GenInsp zur Sicherheitspolitik); BVerwGE 113, 48 = NZWehrr 1997, 161 (Propagieren ausländerfeindlicher Thesen u. von NS-Ideologie); *Graßhof*, NZWehrr 1995, 195; GKÖD I Yk, § 15 Rn. 11; *Scherer/Alff*, SG, § 15 Rn. 20; *Stauf* I, § 15 SG Rn. 20.
123 *Graßhof*, NZWehrr 1995, 195; *Rittau*, SG, 133; *Scherer/Alff*, SG, § 15 Rn. 20.
124 BVerwGE 76, 267 = NZWehrr 1985, 113.

§ 16 Verhalten in anderen Staaten

Außerhalb des Geltungsbereichs des Grundgesetzes ist dem Soldaten jede Einmischung in die Angelegenheiten des Aufenthaltstaates versagt.

Literatur: *Winkler, Markus:* Disziplinarrechtliche Probleme friedenssichernder Bundeswehreinsätze, NZWehrr 1992, 153.

Übersicht

	Rn.		Rn.
A. Allgemeines	1 – 5	2. Soldat	7
1. Entstehung der Vorschrift	1	3. Einmischung	8
2. Änderungen der Vorschrift	2	4. Angelegenheiten des Aufenthaltsstaates	9
3. Bezüge zum Beamtenrecht bzw. zu sonstigen rechtl. Vorschriften; ergänzende Dienstvorschriften	3 – 5	5. Dienstl. Obliegenheiten	10
		6. Äußerungen im Inland	11
B. Erläuterungen im Einzelnen	6 – 12	7. Verfassungsrechtl. Bewertung/ Praktisches Erfordernis	12
1. Geltungsbereich des Grundgesetzes	6		

A. Allgemeines

1. Entstehung der Vorschrift

§ 15 Abs. 3 des **REntw.**[1] sah vor: 1
„Außerhalb des Geltungsbereichs dieses Gesetzes darf sich der Soldat in bezug auf den Aufenthaltsstaat nicht politisch betätigen."

---

1 BT-Drs. II/1700, 6.

§ 16 Gemeinsame Vorschriften

In der **Begr.**[2] wurde auf das künftige Bündnissystem, mit dem wohl die NATO gemeint war, hingewiesen, das es mit sich bringen werde, dass sich der Soldat gelegentlich dienstl. im Ausland aufhalte. Es entspreche den Gepflogenheiten des internationalen Verkehrs, wenn sich der Soldat im Ausland nicht in die politischen Angelegenheiten des Aufenthaltsstaates einmische. Durch die Platzierung dieses Abs. in der Gesetzesnorm, welche die **politische Betätigung** des Soldaten regeln sollte, wird die inhaltliche Dimension der Vorschrift deutlich. Interessant ist auch die Bezugnahme auf den **dienstl. Aufenthalt** des Soldaten im Ausland.

In seiner Stellungnahme zum REntw. schlug der BR vor[3], die Worte „Geltungsbereichs dieses Gesetzes" durch die Worte „Geltungsbereichs des Grundgesetzes" zu ersetzen, um die „Gleichstellung" von Berlin zu gewährleisten. Die BReg[4] schloss sich diesem Votum an. Der VertA[5] löste Abs. 3 des § 15 des REntw. aus diesem heraus und bildete einen neuen § 15a, den heutigen § 16. Er folgte damit einem Vorschlag der Abg. *Arnholz* (SPD) und *Burgemeister* (CDU/CSU).[6] In seiner Begr. verwies der VertA darauf, dass es den Soldaten damit verboten sei, „sich in **irgendeine** Angelegenheit einzumischen, die den Aufenthaltsstaat betreffe". Dementspr. wurde die Vorschrift auch textlich umformuliert.

2. Änderungen der Vorschrift

2 § 16 ist bis heute **unverändert** geblieben.

3. Bezüge zum Beamtenrecht bzw. zu sonstigen rechtl. Vorschriften; ergänzende Dienstvorschriften

3 Eine mit § 16 vergleichbare Best. kennt das übrige öff. Dienstrecht des Bundes nicht. Dies ist schon deswegen bemerkenswert, weil bereits vor 1956 beispielsweise Angehörige des **diplomatischen Dienstes** in anderen Staaten präsent waren. Für **Beamte des Auswärtigen Dienstes** bestimmt § 14 Abs. 2 des Gesetzes über den Auswärtigen Dienst vom 30.8.1990[7], dass diese im Ausland „das Ansehen und die Interessen der Bundesrepublik Deutschland nach besten Kräften zu schützen und zu fördern haben", eine weit allgemeine und mehr auf das Wohl des deutschen Staates bedachte Regelung als die in § 16 für Soldaten enthaltene.

4 Im Übrigen muss auf die **allg. beamtenrechtl. Pflichten** (§ 53, § 54 Satz 3 BBG) zurückgegriffen werden.

5 Zunächst begnügte sich das BMVg mit **Richtlinien** für das Verhalten im Ausland[8], an deren Stelle später eine **ZDv 25/1** trat. Diese wird in der Kommentarlit.[9] teils bis in die jüngste Zeit hinein zit., obwohl sie bereits 1992 ersatzlos aufgehoben wurde. In der

---

2 BT-Drs. II/1700, 23-24.
3 BT-Drs. II/1700, 39.
4 BT-Drs. II/1700, 44.
5 BT-Drs. II/2140, 8, 34.
6 Prot. der 39. Sitzung des Ausschusses für Beamtenrecht v. 6.12.1955, Prot. Nr. 39, 3.
7 BGBl. I S. 1842.
8 Zit. bei *Rittau*, SG, 136. In der Terminologie der damaligen Zeit wurde u.a. verfügt: „Deine Entsendung ins Ausland ist bevorzugte Behandlung und Übernahme großer Verpflichtung zugleich. Du mußt aber Dein Land und Deine Kameraden würdig vertreten. Alles, was Du tust, wird gewertet und auf die Gesamtheit der Streitkräfte bezogen."
9 *Bornemann*, RuP, 102; GKÖD I Yk, § 16 Rn. 1; *Stauf* I, § 16 SG Rn. 3; *Wipfelder*, Wehrrecht, 75, Fn. 31.

Folgezeit bestand, von formalen Fragen abgesehen[10], offenbar kein genereller Regelungsbedarf mehr. So sucht man im **„Handbuch für Auslandseinsätze im Frieden"**[11] vergeblich nach solchen inhaltlichen Vorgaben oder Verhaltensmustern. § 16 wird nicht einmal zit.

B. Erläuterungen im Einzelnen

1. Geltungsbereich des Grundgesetzes

Die auf Anregung des BR gewählte Formulierung knüpfte an die bis 1992 geltende 6 Fassung des Art. 23 Satz 1 GG a.F.[12] an, der im Hinblick auf die Vorläufigkeit des GG dessen Reichweite auf die seinerzeitigen Bundesländer einschl. Berlin beschränkte. In moderneren Gesetzen erfolgt eine solche Reichweitenbestimmung entweder überhaupt nicht oder es wird die Bundesrepublik Deutschland genannt.

2. Soldat

Das Verbot des § 16 richtet sich an den Soldaten in seiner **dienstl. Funktion**. Es betrifft 7 ihn nur, soweit er sich im Einsatz oder als Dienstreisender, Lehrgangsteilnehmer, Attaché usw. dienstl. in einem anderen Staat aufhält. Die von der h.M.[13] ohne Begr. vertretene Auffassung, § 16 gelte auch bei einem **privaten Auslandsaufenthalt** des Soldaten, z.B. während einer Urlaubsreise, ist abzulehnen. Die oben skizzierte Entstehungsgeschichte der Norm und ihr Wortlaut lassen einen solchen Schluss nicht zu. Es ist auch kein Grund erkennbar, weshalb Soldaten während ihres Urlaubs weitergehenderen Restriktionen als etwa Beamte unterliegen sollen. Im Übrigen wäre eine solche Ausdehnung verfassungsrechtl. (Art. 2 Abs. 1 GG) zweifelhaft. Für die Ahndung eines Fehlverhaltens des Soldaten, der sich privat außerhalb Deutschlands aufhält, ist § 17 Abs. 2 Satz 2 ausreichend.

3. Einmischung

Einmischung ist **jedes Verhalten** des Soldaten, eine Meinungsäußerung oder eine andere Handlung (Teilnahme an einer Demonstration o. dgl.), das dazu bestimmt oder geeignet ist, als Einflussnahme auf die Angelegenheiten des ausländischen Staates angesehen zu werden. Die Meinungsäußerung oder sonstige Handlung muss von einigem **Gewicht**[14] und konkret auf die inneren Angelegenheiten des fremden Staates bezogen sein. Eine Äußerung im **privaten Bereich** oder ausschließlich innerhalb der Bw genügt nicht.[15]

---

10 Vgl. beispielsweise die Richtlinien für Besuche aus dienstl. Anlass im Ausland u./o. für das Tragen der Uniform im Ausland (dienstl. u. privat) v. 3.6.2002, VMBl. S. 287.
11 Allg. Umdruck 1/100.
12 Neufassung des Art. 23 durch G v. 21.12.1992, BGBl. I S. 2086.
13 *Bornemann*, RuP, 102; GKÖD I Yk, § 16 Rn. 1; *Scherer/Alff*, SG, § 16 Rn. 2; *Stauf* I, § 16 SG Rn. 1; *Wipfelder*, Wehrrecht, Rn. 525.
14 GKÖD I Yk, § 16 Rn. 2.
15 BVerwG I WB 208/72. Im konkreten Fall hatte der Soldat, ein Lt, in einem Beschwerdeschreiben an seinen DiszVorg. u.a. behauptet, große Teile des U.S. OffzKorps hätten in Vietnam an Kriegsverbrechen teilgenommen. Der Senat bewertete dies nicht als Verstoß gegen § 16, da dieses Schreiben außerhalb der zuständigen deutschen Stellen nicht publik geworden war. Ähnlich BVerwGE 46, 175 = NZWehrr 1974, 107. Hier hatte sich ein Maj, Angehöriger von AFCENT, in einem Leserbrief in einer deutschen Zeitung krit. mit dem seinerzeitigen deutschen BK auseinandergesetzt. Da dieser Brief nicht in den Niederlanden erschienen war u. keine Einmischung in deren Angelegenheiten enthielt, erfüllte er nach Meinung des Senats „in keiner Weise" die Voraussetzungen nach § 16.

§ 16

4. Angelegenheiten des Aufenthaltsstaates

9   Angelegenheiten des Aufenthaltsstaates sind nur solche, die dem fremden **Staat** selbst und nicht einzelnen Bürgern zuzuordnen sind. In Betracht kommen in erster Linie politische, wirtschaftliche oder kulturelle Fragen.[16]

5. Dienstl. Obliegenheiten

10 Mischt sich der Soldat dienstl., auf Grund eines **Befehls**, in die Angelegenheiten eines fremden Staates ein, verstößt er grds. nicht gegen § 16.[17] Ob ein derartiger Befehl seinerseits rechtmäßig ist, hängt von der jew. Situation ab. Der Vorg. darf Befehle nur unter Beachtung der Regeln des Völkerrechts erteilen (§ 10 Abs. 4). Die **Souveränität** der Staaten verbietet die Einmischung in deren innere Angelegenheiten. Es muss daher in jedem Einzelfall genau geprüft werden, ob ein in diesem Kontext erteilter Befehl völkerrechtskonform[18] wäre, mag er auch dienstl. noch so sehr begründet sein. Rechtmäßig kann ein solcher Befehl sein, wenn er auf Grund eines völkerrechtl. Abkommens mit dem Aufenthaltsstaat eine Einmischung in dessen Angelegenheiten expressis verbis vorsieht, z.B. im Rahmen einer **peace-keeping-Operation** der VN oder einer anderen Organisation.[19]

Im **bewaffneten Konflikt** mit einem anderen Staat wird § 16 durch die Regeln des humanitären Völkerrechts überlagert. Er ist dann im Regelfall nicht anwendbar. Insbes. in einer derartigen Fallkonstellation zeigt sich, dass es sich bei § 16 um reines „Friedensrecht" handelt, da der Soldat in einem bewaffneten Konflikt die zwangsläufig Aufgabe haben wird, sich in die Angelegenheiten des gegnerischen Staates einzumischen. Es wäre widersinnig, ihm seine eigentliche Funktion durch eine innerstaatliche Verbotsnorm unmöglich zu machen.

6. Äußerungen im Inland

11 Äußert sich ein Soldat im Inland über fremde Staaten oder im Ausland über einen dritten Staat in einer Art und Weise, welche die außenpolitischen Beziehungen der Bundesrepublik zu diesem Staat beeinträchtigen würde, ist § 16 **nicht anwendbar**. Zu prüfen ist dann eine Verletzung von § 7[20], § 10 Abs. 6, § 17 Abs. 2 Satz 2. Bei Offz und Uffz d.R. kommt § 17 Abs. 3 in Frage.[21]

7. Verfassungsrechtl. Bewertung/Praktisches Erfordernis

12 Der Vergleich mit anderen Angehörigen des öff. Dienstes hat gezeigt, dass nur Soldaten bei einem dienstl. Aufenthaltsaufenthalt einer über die allg. Wohnverhaltenspflicht hinausgehenden Auflage unterliegen. Die Materialien zum SG geben hierfür zumindest aus heutiger Sicht keine nachvollziehbare Begr. her. Gemessen an den Verfassungsprinzipien der **Verhältnismäßigkeit**, der **Geeignetheit** und der **Bestimmtheit** ist die verfassungsrechtl. Basis von § 16 nicht besonders ausgeprägt.

Berücksichtigt man ferner, dass § 16 seit 1956 nur in einem einzigen vor dem BVerwG verhandelten Fall[22] herangezogen wurde, ist ein **praktisches Bedürfnis** für diese Norm **nicht erkennbar**. In den vergangenen Jahren haben jew. ca. 10.000 deutsche Soldaten im

---

16 So auch GKÖD I Yk, § 16 Rn. 3; *Scherer/Alff*, SG, § 16 Rn. 4.
17 *Bornemann*, RuP, 102; GKÖD I Yk, § 16 Rn. 4; *Scherer/Alff*, SG, § 16 Rn. 5.
18 Ist ein solcher Befehl völkerrechtswidrig, darf ihn der Soldat gem. § 11 Abs. 2 Satz 1 nicht befolgen, unbeschadet des Verbots des § 16.
19 Zu allg. *Scherer/Alff*, SG, § 16 Rn. 5.
20 *Bornemann*, RuP, 102; GKÖD I Yk, § 16 Rn. 4; *Scherer/Alff*, SG, § 16 Rn. 6.
21 *Bornemann*, RuP, 102.
22 Vgl. Fn. 15.

Ausland Dienst geleistet. § 16 war dabei ohne jede Relevanz. Dies würde, wie oben beschrieben, erst Recht in einem internationalen bewaffneten Konflikt der Fall sein. Der Gesetzgeber sollte daher § 16 bei der nächsten Novellierung des SG ersatzlos **aufheben**. Ein Fehlverhalten deutscher Soldaten im Ausland kann mit dem allg. Regelwerk der § 7, § 10 Abs. 6, § 15 und § 17 Abs. 1 bis 3 geahndet werden.[23]

§ 17 Verhalten im und außer Dienst

(1) Der Soldat hat Disziplin zu wahren und die dienstliche Stellung des Vorgesetzten in seiner Person auch außerhalb des Dienstes zu achten.

(2) [1]Sein Verhalten muss dem Ansehen der Bundeswehr sowie der Achtung und dem Vertrauen gerecht werden, die sein Dienst als Soldat erfordert. [2]Außer Dienst hat sich der Soldat außerhalb der dienstlichen Unterkünfte und Anlagen so zu verhalten, dass er das Ansehen der Bundeswehr oder die Achtung und das Vertrauen, die seine dienstliche Stellung erfordert, nicht ernsthaft beeinträchtigt.

(3) Ein Offizier oder Unteroffizier muss auch nach seinem Ausscheiden aus dem Wehrdienst der Achtung und dem Vertrauen gerecht werden, die für seine Wiederverwendung in seinem Dienstgrad erforderlich sind.

(4) [1]Der Soldat hat alles in seinen Kräften Stehende zu tun, um seine Gesundheit zu erhalten oder wiederherzustellen. [2]Er darf seine Gesundheit nicht vorsätzlich oder grob fahrlässig beeinträchtigen. [3]Der Soldat muss ärztliche Eingriffe in seine körperliche Unversehrtheit gegen seinen Willen nur dann dulden, wenn es sich um Maßnahmen handelt, die der Verhütung oder Bekämpfung übertragbarer Krankheiten oder der Feststellung seiner Dienst- oder Verwendungsfähigkeit dienen; das Grundrecht nach Artikel 2 Abs. 2 Satz 1 des Grundgesetzes wird insoweit eingeschränkt. [4]Die Vorschrift des § 26 Abs. 2 Satz 3 des Infektionsschutzgesetzes vom 20. Juli 2000 (BGBl. I S. 1045) bleibt unberührt. [5]Lehnt der Soldat eine zumutbare ärztliche Behandlung ab und wird dadurch seine Dienst- oder Erwerbsfähigkeit ungünstig beeinflusst, so kann ihm eine sonst zustehende Versorgung insoweit versagt werden. [6]Nicht zumutbar ist eine ärztliche Behandlung, die mit einer erheblichen Gefahr für Leben oder Gesundheit des Soldaten verbunden ist, eine Operation auch dann, wenn sie einen erheblichen Eingriff in die körperliche Unversehrtheit bedeutet. [7]Ärztliche Untersuchungsmaßnahmen, die einer ärztlichen Behandlung oder einer Operation im Sinne des Satzes 6 gleichkommen, dürfen nicht ohne Zustimmung des Soldaten vorgenommen werden. [8]Nicht als ärztliche Behandlung oder als Operation im Sinne des Satzes 6 und nicht als Eingriffe in die körperliche Unversehrtheit gelten einfache ärztliche Maßnahmen, wie Blutentnahmen aus dem Ohrläppchen, dem Finger oder einer Blutader oder eine röntgenologische Untersuchung.

---

23 Der Vorschlag von *Winkler*, 158, § 16 um einen Abs. 2 zu ergänzen, der den Soldaten verpflichte, bei der Wahrnehmung friedenssichernder Aufgaben keiner Streitpartei einen Vorteil vor den anderen zu gewähren, geht fehl. Der auf das jew. völkerrecht. Mandat abgestimmte Verhaltenskodex der Soldaten folgt aus den Rules of Engagement. An diese ist der deutsche Soldat über die Treuepflicht des § 7 gebunden. Flexibles Handeln ist gewährleistet. Einer gesetzl. Normierung der von *Winkler*, 155, so bezeichneten „gesteigerten Neutralitätserwartung an Friedensstreitkräfte" bedarf es nicht.

§ 17 Gemeinsame Vorschriften

§ 26 Abs. 2 Satz 1 bis 3 des Infektionsschutzgesetzes

¹Die in § 25 Abs. 1 genannten Personen können durch das Gesundheitsamt vorgeladen werden. ²Sie können durch das Gesundheitsamt verpflichtet werden, Untersuchungen und Entnahmen von Untersuchungsmaterial an sich vornehmen zu lassen, insbesondere die erforderlichen äußerlichen Untersuchungen, Röntgenuntersuchungen, Tuberkulintestungen, Blutentnahmen und Abstriche von Haut und Schleimhäuten durch die Beauftragten des Gesundheitsamtes zu dulden sowie das erforderliche Untersuchungsmaterial auf Verlangen bereitzustellen. ³Darüber hinausgehende invasive Eingriffe sowie Eingriffe, die eine Betäubung erfordern, dürfen nur mit Einwilligung des Betroffenen vorgenommen werden; § 16 Abs. 5 gilt nur entsprechend, wenn der Betroffene einwilligungsunfähig ist.

§ 16 Abs. 5 des Infektionsschutzgesetzes

¹Wenn die von Maßnahmen nach den Absätzen 1 und 2 betroffenen Personen geschäftsunfähig oder in der Geschäftsfähigkeit beschränkt sind, hat derjenige für die Erfüllung der genannten Verpflichtung zu sorgen, dem die Sorge für die Person zusteht. ²Die gleiche Verpflichtung trifft den Betreuer einer von Maßnahmen nach den Absätzen 1 und 2 betroffenen Person, soweit die Sorge für die Person des Betroffenen zu seinem Aufgabenkreis gehört.

Literatur: *Alff, Richard:* Zur Zulässigkeit des Befehls, sich einer ärztlichen Heilbehandlung zu unterziehen, NZWehrr 1980, 141; *Althaus, Uwe:* Zur Verbindlichkeit von Therapiebefehlen, NZWehrr 1996, 110; *Burmester, Wilhelm:* Drogenmissbrauch durch Soldaten, NZWehrr 1987, 151; *Dillmann, Robert:* Achtbarkeit und Vertrauenswürdigkeit als Pflicht? Ein rechtsphilosophischer Denkanstoß zu § 17 Abs. 2 SG, NZWehrr 1981, 161; *Heinen, Johannes:* Außerdienstliches Fehlverhalten von Soldaten im Ausgang und an Entlassungstagen, NZWehrr 1996, 133; *Hennings, Jürgen:* Zur Verhältnismäßigkeit eines allgemeinen Mensurverbots für Soldaten der Bundeswehr, NZWehrr 1976, 94; *Hermsdörfer, Willibald:* Untersuchung, Behandlung und Körpereingriff durch einen Arzt auf der Grundlage des Soldatengesetzes, NZWehrr 1997, 177; *v. Lepel, Oskar-Matthias:* Die disziplinare Ahndung eines Verstoßes gegen die allgemeine Wohlverhaltenspflicht, NZWehrr 1975, 245; *v. Rechenberg, Falk:* Die außerdienstliche Wohlverhaltenspflicht des Soldaten im Spiegel der Rechtsprechung des Bundesverwaltungsgerichts, 2004 (vgl. dazu die Rezension von *Summer,* ZBR 2005, 283); *Schwandt, Eberhard Ulrich:* Ahndung von Dienstvergehen im Wehrdisziplinarverfahren – Teil IV, ZBR 2002, 297; Teil V, ZBR 2002, 382; *Walz, Dieter:* Das Dienstwegprinzip, BWV 1999, 147.

Übersicht

	Rn.		Rn.
A. Allgemeines	1 – 25	bb) „Achtung und Vertrauen"	43 – 44
1. Entstehung der Vorschrift	1 – 10	cc) Einzelfälle von Verstößen gegen § 17 Abs. 2 Satz 1	
2. Änderungen der Vorschrift	11 – 18	aus der Rspr.	45
3. Bezüge zum Beamtenrecht bzw. zu sonstigen rechtl. Vorschriften	19 – 25	b) Satz 2	46 – 52
B. Erläuterungen im Einzelnen	26 – 76	aa) „Außer Dienst ... außerhalb der dienstlichen	
1. Zweck und Bedeutung der Vorschrift	26 – 27	Unterkünfte und Anlagen"	46 – 47
2. § 17 und Grundgesetz	28 – 31	bb) Ernsthafte Beeinträchtigung	48 – 51
3. Absatz 1	32 – 37	cc) Einzelfälle von Verstößen	
a) Wahrung der Disziplin	32 – 33	gegen § 17 Abs. 2 Satz 2	
b) Achtung des Vorgesetzten	34 – 37	aus der Rspr.	52
4. Absatz 2	38 – 52	5. Absatz 3	53 – 58
a) Satz 1	39 – 45	6. Absatz 4	59 – 76
aa) „Ansehen der Bundeswehr"	39 – 42	a) Satz 1 und 2	60 – 62
		b) Sätze 3 ff.	63 – 76

Verhalten im und außer Dienst **§ 17**

A. Allgemeines
1. Entstehung der Vorschrift
Der **REntw.**[1] sah als § 11 folgende Best. vor: 1

(1) Der Soldat hat Disziplin zu wahren und die dienstliche Stellung seiner Vorgesetzten in ihrer Person zu achten.

(2) Sein Verhalten muß dem Ansehen der Streitkräfte sowie der Achtung und dem Vertrauen gerecht werden, die sein Dienst als Soldat erfordert.

(3) Der Soldat hat seine Wehrtüchtigkeit zu erhalten und zu fördern.

(4) Ein Offizier oder Unteroffizier muß nach seinem Ausscheiden aus dem Wehrdienst der Achtung und dem Vertrauen gerecht werden, die für seine Wiederverwendung als Vorgesetzter erforderlich sind."

Die – recht ausführliche – Begr.[2], in der Sprache der damaligen Zeit formuliert („zucht- 2 volles Verhalten", „kameradschaftliche Achtungspflicht", „Wehrtüchtigkeit", „Ausschweifungen zu unterlassen"[3], „Unwürdigen den Dienstgrad zu nehmen"), setzte die **Unbestimmtheit** der in § 11des Entw. verwendeten Begrifflichkeiten fort. Für die Auslegung der späteren Gesetzesnorm ist die amtl. Begr. **wenig hilfreich**.

In seiner Stellungnahme forderte der **BR**[4], in Abs. 1 den 2. Halbs. zu streichen, den 3 bisherigen Abs. 2 als Satz 2 und dem Abs. 3 folgende Sätze 2 und 3 anzufügen:

„Ärztliche Eingriffe braucht der Soldat nur mit seiner Zustimmung zu dulden, wenn damit Gefahren für sein Lebens und seine Gesundheit verbunden sind. Soweit der Soldat hiernach ärztliche Eingriffe auch ohne Zustimmung zu dulden hat, wird das Grundrecht gemäß Art. 2 Abs. 2 Satz 3 GG eingeschränkt."

Zur Begr. der letztgenannten Ergänzung verwies der BR auf Art. 2 Abs. 2 Satz 1 und Art. 19 Abs. 1 GG.

In ihrer Gegenäußerung lehnte die **BReg**[5] die Änd. des Abs. 1 ab. Der Ergänzung des 4 Abs. 3 stimmte die BReg mit der Maßgabe zu, dass nur der erste Satz übernommen werden sollte. Die Zitierung des eingeschränkten Grundrechts sei entbehrlich. Die Einschränkung ergebe sich „aus der Unterwerfung unter die dem Soldatenverhältnis wesensmäßig innewohnenden Beschränkungen".

Bei der **1. Lesung** des Gesetzentw. im BT wies der Abg. *Merten* (SPD) darauf hin, dass 5 u.a. § 11 in eine Form gebracht werden müsse, „die dann nachher als Richtlinie für die Ausbildung brauchbar" sei.[6] Dieses Verlangen ist bei der weiteren Beratung des Entw. – leider – in Vergessenheit geraten.

Im **Rechtsausschuss** des BT löste § 11 eine breite und kontroverse Debatte aus.[7] Zu 6 Abs. 1 beschloss der Ausschuss schließlich mehrheitlich, es bei der ursprünglichen Fassung des REntw. zu belassen. Abs. 2 wurde ohne Änd. angenommen.[8] Auf Vorschlag des Abg. *Dr. Arndt* (SPD) beschloss der Ausschuss, Abs. 3 Satz 1 wie folgt zu fassen:

---

1 BT-Drs. II/1700, 5.
2 BT-Drs. II/1700, 22.
3 Pate stand hierbei Art. 8 Satz 1 der Berufspflichten des deutschen Soldaten v. 22.3.1922: „Der Soldat soll ein bescheidenes und rechtschaffenes Leben führen und Ausschweifungen sowie den Umgang mit schlecht beleumdeten Personen vermeiden. Er darf weder Schulden machen noch sich dem Trunke oder Spiele ergeben."
4 BT-Drs. II/1700, 38.
5 BT-Drs. II/1700, 43 f.
6 Sten. Ber. 5786 (B).
7 Vgl. Prot. Nr. 86 der 86. Sitzung v. 18.11.1955, 31 ff.
8 Prot. Nr. 86, 32.

Walz 227

„Der Soldat darf seine Wehrtüchtigkeit nicht vorsätzlich beeinträchtigen oder leichtfertig gefährden".

Abs. 3 Satz 2 (neu) wurde, ebenfalls auf Vorschlag des Abg. *Dr. Arndt*, wie folgt beschlossen:

„Eine ärztliche Behandlung, bei der mit einer Schädigung von Leben und Gesundheit des Soldaten zu rechnen ist, bedarf seiner Zustimmung, eine Operation dann, wenn sie einen erheblichen Eingriff in die körperliche Unversehrtheit bedeutet."[9]

Folgender Satz 3 wurde angefügt:

„Soweit der Soldat hiernach ärztliche Eingriffe auch ohne Zustimmung zu erdulden hat, wird das Grundrecht gemäß Art. 2 Abs. 2 Satz 3 GG eingeschränkt."[10]

Die Fortsetzung der kontroversen Aussprache zu Abs. 4 wurde in die Diskussion des § 20 (des späteren § 23) verlagert.[11]

7   Auch der **Ausschuss für Beamtenrecht** des BT befasste sich eingehend mit der Entwurfsfassung. Er beschloss, in Abs. 1 die Wörter „in ihrer Person" zu streichen und die Wörter „auch außerhalb des Dienstes hinzuzufügen". Die Abs. 3 und 4 wurden in ihrer Reihenfolge umgekehrt.[12]

8   Im VertA war § 11 des REntw. „Gegenstand längerer Erörterungen".[13] Der VertA beschloss, § 11 als § 15b (später § 17) neu zu platzieren. Inhaltlich übernahm der VertA im Wesentlichen die Vorschläge der beiden mitberatenden Ausschüsse.

9   In der **Erstfassung** von 1956 lautete § 17 demnach wie folgt:

„(1) Der Soldat hat Disziplin zu wahren und die dienstliche Stellung des Vorgesetzten in seiner Person auch außerhalb des Dienstes zu achten.

(2) Sein Verhalten muß dem Ansehen der Bundeswehr sowie der Achtung und dem Vertrauen gerecht werden, die sein Dienst als Soldat erfordert.

(3) Ein Offizier oder Unteroffizier muß auch nach seinem Ausscheiden aus dem Wehrdienst der Achtung und dem Vertrauen gerecht werden, die für eine Wiederverwendung in seinem Dienstgrad erforderlich sind.

(4) Der Soldat hat alles in seinen Kräften Stehende zu tun, um seine Gesundheit zu erhalten oder wiederherzustellen. Er darf seine Gesundheit nicht vorsätzlich oder grobfahrlässig beeinträchtigen. Der Soldat muß ärztliche Eingriffe in seine körperliche Unversehrtheit gegen seinen Willen nur dulden, wenn es sich um Maßnahmen handelt, die der Seuchenbekämpfung dienen; das Grundrecht nach Artikel 2 Abs. 2 Satz 1 des Grundgesetzes wird insoweit eingeschränkt. Lehnt der Soldat eine zumutbare ärztliche Behandlung ab und wird dadurch seine Dienst- oder Erwerbsfähigkeit ungünstig beeinflusst, so kann ihm eine sonst zustehende Versorgung insoweit versagt werden. Nicht zumutbar ist eine ärztliche Behandlung, die mit einer erheblichen Gefahr für Leben oder Gesundheit des Soldaten verbunden ist, eine Operation auch dann, wenn sie einen erheblichen Eingriff in die körperliche Unversehrtheit bedeutet."

---

9   Prot. Nr. 86, 36.
10 Vgl. Schreiben des Ausschussvorsitzenden an den Vorsitzenden des Ausschusses für Fragen der europ. Sicherheit v. 21.11.1955; Drs. 18 des Rechtsausschusses, 2. Die BReg hielt diese Ergänzung weiterhin für „unnötig", jedoch für „unschädlich" (Schreiben des Referatsleiters VIII/B/3 an den Min. v. Jan. 1956).
11 Prot. Nr. 86, 41.
12 Prot. Nr. 38 der 37. Sitzung v. 5.12.1955, 6; Ausschussdrs. 21 v. 4.1.1956, 7 f.; Ausschussdrs. 23 v. 20.1.1956, 12.
13 BT-Drs. II/2140, 8.

Verhalten im und außer Dienst § 17

Die nachfolgend referierten Änd. des § 17 waren nicht von besonders substantieller Bedeutung; geändert hat sich seit 1956 die Interpretation der in § 17 enthaltenen unbestimmten Gesetzesbegriffe.[14]   10

2. Änderungen der Vorschrift

Durch § 81 Abs. 1 des G vom **18.7.1961**[15] wurde in Abs. 4 Satz 3 das Wort „Seuchenbekämpfung" durch die Wörter „Verhütung und Bekämpfung übertragbarer Krankheiten" ersetzt. Außerdem wurde in Abs. 4 folgender Satz 5 angefügt: „Die Vorschriften des § 32 Abs. 3 Satz 4 des Bundes-Seuchengesetzes vom 18. Juli 1961 (Bundesgesetzbl. I S. 1012) bleiben unberührt."   11

Mit Art. IV Nr. 1 des G vom **21.8.1972**[16] wurde dem Abs. 2 folgender Satz 2 angefügt: 12
„Außer Dienst hat sich der Soldat außerhalb der dienstlichen Unterkünfte und Anlagen so zu verhalten, daß er das Ansehen der Bundeswehr oder die Achtung und das Vertrauen, die seine dienstliche Stellung erfordert, nicht ernsthaft beeinträchtigt".
Mit dieser Ergänzung wurden die Änd. des § 45 Abs. 1 BRRG und des § 77 Abs. 1 BBG durch das G vom 1.10.1967[17] nachvollzogen. Ziel der Neuregelung war ferner, die Anforderungen an das außerdienstl. Verhalten des Soldaten herabzusetzen.[18] Ob diese Änd. des Abs. 2 tatsächlich und rechtl. erforderlich war, ist allerdings zu bezweifeln.[19]

Durch Art. 2 des G vom **24.2.1983**[20] wurde in Abs. 4 die Verweisung auf § 32 des Bundes-Seuchengesetzes aktualisiert.   13

Durch Art. 2 Nr. 2 des G vom **24.7.1995**[21] wurde Abs. 4 Satz 3 1. Halbs. um die Wörter „oder der Feststellung seiner Dienst- oder Verwendungsfähigkeit" ergänzt. Der Gesetzgeber wollte damit eine Lücke im SG schließen und insbes. im Hinblick auf besondere Auslandsverwendungen sicherstellen, dass hierfür erforderliche Untersuchungen, z.B. im Hinblick auf die Tropentauglichkeit, auch ohne Einwilligung des Soldaten durchgeführt werden können.[22]   14

Mit Art. 1 Nr. 13 des **SGÄndG** wurde in Abs. 4 Satz 3 1. Halbs. das Wort „und" durch „oder" ersetzt.   15

Durch Art. 2 § 20 des G vom **20.7.2000**[23] wurde die Verweisung in Abs. 4 Satz 4 geändert in: „§ 26 Abs. 2 Satz 3 des Infektionsschutzgesetzes vom 20. Juli 2000 (BGBl. I S. 1045)".   16

Art. 2 Nr. 6 des **SkResNOG** schließlich fügte in Abs. 4 die Sätze 7 und 8 an. Damit sollte die bisherige analoge Anwendung des § 17 Abs. 6 und 7 WPflG auf (aktive) Soldaten gesetzl. klargestellt werden.[24]   17

---

14 *Rittau*, SG, 139, leitete aus § 17 Abs. 2 z.B. die Pflicht des Soldaten ab, „für das Ansehen und den Ruf seiner Familien- und in gewissem Grade auch seiner Hausangehörigen zu sorgen, weil sonst sein eigener Ruf leidet. Das gilt insbesondere für ein geziemendes Verhalten seiner Ehefrau und der in seinem Haushalt lebenden Kinder". Diese Auslegung des Abs. 2 würde heute vor Gericht keinen Bestand haben.
15 BGBl. I S. 1012.
16 BGBl. I S. 1481.
17 BGBl. I S. 725.
18 BT-Drs. VI/1834, 71.
19 Vgl. *v. Rechenberg*, 81 ff. m.w.N.
20 BGBl. I S. 179.
21 BGBl. I S. 962.
22 BT-Drs. 13/1209, 14.
23 BGBl. I S. 1045.
24 BT-Drs. 15/4485, 36.

§ 17 Gemeinsame Vorschriften

18 Neben sprachlichen Korrekturen sollte im Zuge einer **Rechtsbereinigung** des SG die Verweisung auf das Infektionsschutzgesetz in Abs. 4 Satz 4 in eine „gleitende Fassung" gebracht werden. Dies erspart künftigen Folgeänderungsbedarf.

3. Bezüge zum Beamtenrecht bzw. zu sonstigen rechtl. Vorschriften

19 **Abs. 1** findet im Beamtenrecht keine explizite Entsprechung. Die Pflicht des Beamten, seine Vorg. zu beraten und zu unterstützen (§ 37 Satz 1 BRRG; § 55 Satz 1 BBG), reicht nicht an die Pflichten des Soldaten nach Abs. 1 heran.

20 **Abs. 2 Satz 1** entspricht, wie sich bereits aus der Entstehungsgeschichte[25] ergibt, § 36 Satz 3 BRRG; § 54 Satz 3 BBG.[26]

21 **Abs. 3** geht über die Regelung des § 45 Abs. 1 Satz 2 BRRG; § 77 Abs. 1 Satz 2 BBG hinaus. Die hierfür seinerzeit durch den VertA abgegebene Begr.,[27] der Beamte müsse im V-Fall nicht mit einer Wiederverwendung rechnen, ist seit der Einfügung des § 133d in das BRRG nicht mehr stichhaltig. Danach kann auch ein Ruhestandsbeamter unter bestimmten Voraussetzungen „für Zwecke der Verteidigung" bis zum 65. Lebensjahr erneut in ein Beamtenverhältnis berufen werden.

22 Eine ausdrückliche Verpflichtung zur Gesunderhaltung (**Abs. 4**) obliegt dem Beamten nicht. Eine solche wird jedoch allg. aus der Hingabepflicht des Beamten (§ 36 Satz 1 BRRG; § 54 Satz 1 BBG) entnommen. Danach ist der Beamte z.B. verpflichtet, sich einer zumutbaren Heilbehandlung einschl. einer Operation zu unterziehen.[28] Eine Ermächtigung, insoweit das Grundrecht aus Art. 2 Abs. 2 Satz 1 GG einzuschränken, ist in das Beamtenrecht nicht aufgenommen worden.

23 **Weitere Best.** für ärztliche Untersuchungen von **Soldaten** enthalten bzgl. ihrer Dienstfähigkeit § 44 Abs. 4 (BS) und § 55 Abs. 2 (SaZ). Die ärztliche Untersuchung von **Dienstleistungspflichtigen** ist in §§ 71, 73, § 77 Abs. 4 Nr. 6 (Impfpflicht) und Abs. 6 Nr. 4 geregelt.

24 Ergänzende gesetzl. Vorschriften für ärztliche Untersuchungen von **WPfl** finden sich bzgl. der Musterung in § 17 Abs. 4, Abs. 6 und Abs. 7, bzgl. der Überprüfungsuntersuchung in § 20b und § 23, bzgl. der Wehrüberwachung in § 24 Abs. 6 Satz 1 Nr. 6 (Impfpflicht) und Abs. 7 Nr. 3 WPflG.

25 Für **ZDL** gelten die Vorschriften des § 27 Abs. 1 und 2 ZDG, die im Wesentlichen § 17 Abs. 1 und 2 entsprechen. § 39 Abs. 2 ZDG geht auf § 17 Abs. 4 zurück. Die diesbezügliche Grundrechtseinschränkung enthält § 80 ZDG.

B. Erläuterungen im Einzelnen

1. Zweck und Bedeutung der Vorschrift

26 § 17 normiert in **allg. Form** in seinen Abs. 2 und 3 des **Verhalten** des Soldaten bzw. ausgeschiedener Offz und Uffz im Dienst und außerhalb des Dienstes. Jeder Verstoß des Soldaten oder ehem. Soldaten gegen eine gesetzl. Pflicht, die dem § 17 vorangestellt ist oder ihm folgt, enthält zugleich einen Verstoß gegen § 17 Abs. 2 oder 3. Was kein Verstoß gegen eine dieser beiden Best. ist, kann auch sonst kein Dienstvergehen sein.[29]

---

25 BT-Drs. II/2140, 8.
26 Vgl. zur (eingeschränkten) Übernahme beamtenrechtl. Grundsätze auf die Anwendung von § 17 Abs. 2 v. *Rechenberg*, 91 ff.
27 BT-Drs. II/2140, 8.
28 *Battis*, BBG, § 54 Rn. 4.
29 GKÖD I Yk, § 17 Rn. 1.

Verhalten im und außer Dienst § 17

Die Einfügung des § 17 zwischen § 16, dem Verhalten in anderen Staaten, und § 18, der Gemeinschaftsunterkunft und -Verpflegung, ist daher **rechtssystematisch verfehlt**. Folgt man der Logik, hätte die Regelung des § 17 entweder an § 6 oder § 11 anschließen müssen.

Diese übergreifende Bedeutung des in § 17 normierten **Verhaltenskodexes** des Solda- 27 ten hat sich auch in der **Rspr.** niedergeschlagen. In der JURIS Rechtsprechungsdatenbank waren Ende 2005 insgesamt 432 gerichtl. Entsch. zu § 17 gespeichert. Davon entfielen 392 auf das BVerwG und hiervon wiederum 15 auf Abs. 1, 227 auf Abs. 2 Satz 1, 121 auf Abs. 2 Satz 2, 12 auf Abs. 3 und 14 auf Abs. 4.

2. § 17 und Grundgesetz

Abs. 1 ist mit Art. 5 Abs. 1, Art. 17a Abs. 1, Art. 19 Abs. 1 Satz 2 und Art. 103 Abs. 2 GG 28 vereinbar. Die Vorschrift verbietet nicht bestimmte Meinungen ihres Inhalts wegen. Sie konkretisiert die verfassungsmäßige Ordnung und füllt die den Grundrechten immanenten Schranken aus. Das Zitiergebot soll insoweit nicht gelten. Sie genügt auch den Anforderungen an die gesetzl. Bestimmtheit disziplinarrechtl. Tatbestände.[30]

Abs. 2 Satz 1 ist ebenfalls mit Art. 5 Abs. 1 und Art. 103 Abs. 2 GG vereinbar.[31] Die 29 u.a. durch § 17 Abs. 2 Satz 1 normierten Pflichten seien „jedem Soldaten selbstverständlich".[32] Verfassungsrechtl. Bedenken hins. der „relativen Unbestimmtheit" der Vorschrift hat das BVerwG erstmals in einer kürzlich getroffenen Entsch. anklingen lassen.[33] Zu **Abs. 2 Satz 2** liegt noch keine oberstgerichtl. getroffene Aussage zur Verfassungsmäßigkeit vor.

Die gleichen Feststellungen bzgl. der Verfassungsmäßigkeit hat das BVerwG zu **Abs. 3** 30 getroffen.[34]

Die Pflicht des Soldaten zur Gesunderhaltung (**Abs. 4 Satz 1**) schränkt das Grundrecht 31 aus Art. 2 Abs. 1 GG in zulässiger Weise ein.[35]

3. Absatz 1

a) Wahrung der Disziplin

Die Vorschrift gehört zu den Best., die „den aus dem Wesen einer Armee sich ergeben- 32 den Grundsatz der Disziplin konkretisieren".[36] Sie setzt im Übrigen den Inhalt des Begriffes „Disziplin" voraus.[37]

SK können ohne das Prinzip von Befehl und Gehorsam genauso wenig bestehen wie 33 ohne Disziplin. Diese beruht auf der **Autorität** der Vorg. einerseits und dem **Gehorsam** der Untergebenen andererseits.[38] Persönliche Sympathien oder Antipathien haben dabei keine Rolle zu spielen.[39]

---

30 BVerfGE 28, 55 = NZWehrr 1971, 61; BVerfG NZWehrr 1992, 205; BVerwGE 73, 187 = NZWehrr 1982, 68.
31 BVerfGE 28, 51 = NZWehrr 1970, 218; BVerwG NZWehrr 1993, 206; BVerwGE 103, 81 = NZWehrr 1994, 249.
32 BVerfGE 28, 51. Zu der Frage, ob diese Pflichten dem Soldaten auch „verständlich" seien, hat sich das BVerfG nicht geäußert.
33 2 WD 12.04.
34 BVerwGE 43, 9 = NZWehrr 1970, 132; BVerwG NZWehrr 1985, 205 mit Anm. *Walz*, NZWehrr 1986, 251.
35 BDHE 5, 231 = NZWehrr 1961, 85.
36 BVerfGE 28, 55 (63) = NZWehrr 1971, 61.
37 Vgl. hierzu die Komm. zu § 10 Abs. 2.
38 BVerwGE 103, 321 = NZWehrr 1997, 205.
39 BVerfGE 28, 55 (63) = NZWehrr 1971, 61 = NZWehrr 73, 187 = NZWehrr 1982, 68.

b) Achtung des Vorgesetzten

34 Als besonderen Teil/als Beispiel der Pflicht zur Wahrung der Disziplin führt Abs. 1 die dienstl. Stellung des Vorg. auch außerhalb des Dienstes an.[40]

35 Vorg. i.S.d. Best. sind **alle mil.** Vorg. nach der VorgV einschl. des Min. selbst.[41] Die dienstl. Stellung des Vorg. ist durch seinen Dienstgrad und seine Dienststellung gekennzeichnet. Der Zusatz „**in seiner Person**" ist an sich **überflüssig**, soll aber die primäre Zweckbestimmung der Vorschrift, den Schutz der persönlichen Ehre des Vorg., unterstreichen. Vorsätzliche oder leichtfertige ehrverletzende Behauptungen sind danach genauso pflichtwidrig wie strafrechtl. relevante Beleidigungen gem. §§ 185 ff. StGB.

36 Ob Offz und Uffz auch außerhalb oder neben ihrer Pflicht zur Dienstaufsicht gem. § 10 Abs. 2 aus § 17 Abs. 1 verpflichtet sind, bei Disziplinlosigkeiten **einzuschreiten**, wie dies die h.M.[42] fordert, ist zu **bezweifeln**. Eine derart gesteigerte Pflicht ist dem Wortlaut des Abs. 1 nicht zu entnehmen.

37 In der **Rspr.** sind z.B. folgende Verhaltensweisen als **Verstoß** gegen die Pflicht zur Wahrung der Disziplin bewertet worden:
- Setzt ein Soldat den BMVg in einer in ihrer Form **anmaßenden öff. Kritik** herab, verhält er sich illoyal.[43] Im Gegensatz hierzu soll kein Verstoß gegen Abs. 1 vorliegen, wenn ein Soldat in einer öff. politischen Veranstaltung den **Rücktritt des Min.** fordert.[44]
- Wirft ein Soldat seinem Vorg. grundlos und wohlüberlegt vor, dieser habe die **Grundlagen** einer sachlichen Zusammenarbeit und des persönlichen Vertrauens **zerstört**, handelt er pflichtwidrig (und muss die „angemessene Reaktion" des Vorg. hinnehmen).[45]
- Bei der Ausübung des **Petitionsrechts** darf der Soldat sein Anliegen durchaus „pointiert" vertreten; er darf jedoch seinen Vorg. dabei nicht ungeprüft oder polemisch schwerwiegendes pflichtwidriges Verhalten vorwerfen.[46] Die Grenze des rechtl. Zumutbaren wird bei Beleidigungen oder **Schmähkritik** überschritten.[47]
- Die sog. **Flucht in die Öffentlichkeit** ist dem Soldaten (wie dem Beamten) versagt.[48]

4. Absatz 2

38 Abs. 2 ist von **grundlegender Bedeutung**.[49] Die Vorschrift regelt in allg. Form das Verhalten des Soldaten im Dienst und außerhalb des Dienstes.[50] Sie findet dann Anwendung, wenn dem festgestellten Verhalten unabhängig von anderen Pflichtverstößen „die Eignung zur Ansehensminderung innewohnt".[51] Dies bedeutet an sich, dass ein Verstoß gegen eine **spezielle gesetzl. Pflicht** die Anwendung der **allg. Pflicht** aus Abs. 2 grds.

---

40 GKÖD I Yk, § 17 Rn. 4.
41 GKÖD I Yk, § 17 Rn. 4; *Scherer/Alff*, SG, § 17 Rn. 4.
42 GKÖD I Yk, § 17 Rn. 6; *Scherer/Alff*, SG, § 17 Rn. 9.
43 BVerwGE 86, 188 = DVBl. 1990, 296.
44 BVerwGE 63, 37 = NZWehr 1978, 141 mit krit. Anm. *Alff*, NZWehr 1978, 143. Ebenfalls a.A. GKÖD I Yk, § 17 Rn. 5.
45 BVerwGE 83, 312 = NZWehr 1980, 108.
46 BVerwG 2 WD 21/87.
47 BVerwGE 103, 81 = NZWehr 1994, 249.
48 BVerwGE 86, 188 = DVBl. 1990, 296. Bzgl. der Einhaltung des Dienstwegs vgl. BVerwGE 33, 105; *Walz*, BWV 1999, 147.
49 Diese wird auch nicht etwa „verkannt" (GKÖD I Yk, § 17 Rn. 7). Allein die oben Rn. 27 zit. Anzahl gerichtl. Entsch. belegt das Gegenteil.
50 GKÖD I Yk, § 17 Rn. 7; *Scherer/Alff*, SG, § 17 Rn. 11.
51 BVerwG NZWehr 1972, 152.

ausschließt, zumindest dann, wenn man Abs. 2 als **Auffangtatbestand** ansieht. Der hiergegen geäußerten Kritik[52] ist zuzugeben, dass das BVerwG in zahlreichen Entsch. Pflichtverstöße gegen die §§ 7 ff. **kumulativ** neben einem Verstoß gegen Abs. 2 angenommen hat.[53] Dies gilt insbes. für die Festsetzung des Disziplinarmaßes.[54] Die nahezu typische „**Pflichtenkonkurrenz**"[55], die das BVerwG seinen Entsch. in diesem Kontext zu Grunde legt, besteht aus § 7, § 10 Abs. 1 (§ 11, § 12, § 13, § 14, § 15) einerseits und § 17 Abs. 2 Satz 1 andererseits. Die mit der (zusätzlichen) Heranziehung des Abs. 2 verbundenen **dogmatischen Probleme** hat das BVerwG bisher offen gelassen; möglicherweise sind diese auch vor Gericht nicht thematisiert worden. Zweifelhaft erscheint schließlich der Umstand, dass das BVerwG in der überwiegenden Zahl der nachstehend zit. Entsch. einen Verstoß gegen Abs. 2 lediglich unter **Wiederholung des Gesetzestextes** angenommen hat, ohne sich im Detail mit der rechtl. erforderlich Subsumtion zu befassen.

a) Satz 1

aa) „Ansehen der Bundeswehr": Gemeint ist nicht die sog. Standesehre der Soldaten, sondern der „**gute Ruf**" der Bw[56], d.h. der SK als deren mil. OrgBereich. **39**

Der Soldat darf diesen guten Ruf nicht „beeinträchtigen". Eine **Beeinträchtigung** des Ansehens der Bw liegt nur dann vor, wenn der betr. Soldat als „Repräsentant" der Bw anzusehen ist und sein Verhalten negative Rückschlüsse auf die Ausbildung, Integrität und Dienstauffassung sowie Disziplin der Truppe zulässt.[57] Dies ist nicht der Fall, wenn das persönliche Fehlverhalten eines Soldaten nicht der Bw als Institution zugerechnet werden kann.[58] **40**

Nach der Rspr. des BVerwG[59], welcher die Lit.[60] gefolgt ist, kommt es **nicht** darauf an, ob das Ansehen der Bw **tatsächlich beeinträchtigt** worden ist. Es soll genügen, dass das pflichtwidrige Verhalten des Soldaten dazu „**geeignet**" war. Achtungs- und Vertrauenswürdigkeit eines Soldaten sollen durch sein Verhalten schon dann Schaden nehmen können, wenn dieses Zweifel an seiner Zuverlässigkeit weckt oder seine Eignung für die jew. Verwendung in Frage stellt. **41**

Der **Wortlaut** des Satzes 1 gibt weder für den auch im Zusammenhang mit Satz 1 häufig gebrauchten Zusatz der „Ernsthaftigkeit" noch für die bloße „Geeignetheit" etwas her. Die abstrakte Geeignetheit des Verhaltens eines Soldaten ohne weitere konkrete Erkenntnisse oder Folgen kann logischerweise nicht den guten Ruf der Bw schädigen, den diese in der Öffentlichkeit genießt. Es sind daher gegenüber der h.M. **erhebliche Zweifel**[61] anzumelden. **42**

---

52 GKÖD I Yk, § 17 Rn. 10; *Stauf* I, § 17 SG Rn. 5.
53 Vgl. die unter ac) zit. Entsch.; GKÖD I Yk, § 17 Rn. 10; *Scherer/Alff*, SG, § 17 Rn. 14.
54 GKÖD I Yk, § 17 Rn. 11.
55 Vgl. *Scherer/Alff*, SG, § 17 Rn. 10.
56 GKÖD I Yk, § 17 Rn. 12; *Scherer/Alff*, SG, § 17 Rn. 16.
57 BVerwGE 103, 257 = NZWehrr 1996, 34.
58 TDG Süd NZWehrr 1994, 37.
59 E 43, 149 = NZWehrr 1971, 214; BVerwGE 93, 287 = NZWehrr 1993, 169; BVerwGE 103, 257 = NZWehrr 1996, 34; BVerwGE 119, 164; BVerwG 2 WD 12.04.
60 GKÖD I Yk, § 17 Rn. 12; *Scherer/Alff*, SG, § 17 Rn. 19; *Stauf* I, § 17 SG Rn. 12.
61 *V. Rechenberg*, 115 ff., kritisiert zwar zunächst die Rspr. des BVerwG, folgt dieser aber im Ergebnis. Seine Begr., eine konkrete Ansehensschädigung lasse sich nur schwer feststellen, u. letztlich komme es auf die im Verhalten „offenbar werdende Willensrichtung" an, überzeugt nicht. Wenn der Gesetzgeber dies bezweckt hätte, wäre er gut beraten gewesen, die Vorschrift auch so zu formulieren.

43 bb) „Achtung und Vertrauen": Maßstab sind der **geordnete Ablauf des Dienstes** des Soldaten und dessen dienstl. Umfeld. Dieses schließt die dienstgradgleichen Kameraden ebenso ein wie seine Vorg. und Untergebenen. Auch insoweit soll es nicht darauf ankommen, ob eine Beeinträchtigung der Achtungs- und Vertrauenswürdigkeit tatsächlich eingetreten ist, sondern nur darauf, ob das Verhalten des Soldaten dazu geeignet war.[62]

44 Das Verhalten des Soldaten muss dem Ansehen der Bw **sowie** der Achtung und dem Vertrauen gerecht werden, die für seinen Dienst erforderlich sind. „Sowie" bedeutet, dass der Soldaten beiden Elementen seines Dienstes gleichermaßen Rechnung tragen muss.

45 cc) Einzelfälle von Verstößen gegen § 17 Abs. 2 Satz 1 aus der Rspr.
- Verstoß gegen ein dienstl. verfügtes **Alkoholverbot**; Pflichtverletzungen unter Alkoholeinfluss[63]
- **Beleidigung** eines Vorg. (zugleich Verstoß gegen § 17 Abs. 1 Satz 1)[64]
- Verstoß gegen das **Betäubungsmittelgesetz**[65]
- **Betrug** zum Nachteil des Dienstherrn[66]
- **Diebstahl** von Eigentum des Bundes[67]
- **Eigenmächtige Abwesenheit**/Fahnenflucht[68]
- Entwürdigende, **ehrverletzende Behandlung** von Untergebenen/Zivilpersonal der Bw[69]
- Verstoß gegen die **Gehorsamspflicht**[70]
- **Kameradendiebstahl**[71]
- **Missbrauch der Befehlsbefugnis**[72]

---

62 BVerwGE 103, 257 = NZWehrr 1996, 34; *Scherer/Alff*, SG, § 17 Rn. 17.
63 BVerwG ZBR 1982, 220; BVerwGE 76, 25 = NZWehrr 1983, 113; BVerwGE 83, 295 = NZWehrr 1987, 214; BVerwGE 93, 196; BVerwGE 103, 9 = NZWehrr 1994, 35; BVerwG NZWehrr 1995, 211; BVerwG ZBR 2004, 262.
64 BVerwG DokBer B 1990, 21.
65 BVerwGE 73, 81 = NZWehrr 1981, 144; BVerwGE 93, 3 = NZWehrr 1991, 118; BVerwGE 103, 148 = NZWehrr 1995, 166; BVerwGE 113, 169 = NZWehrr 1998, 169; BVerwG *Buchholz* 236.1 § 7 SG Nr. 29; BVerwG NVwZ 2000, 1186.
66 BVerwG 2 WD 79/87; BVerwGE 86, 145 = NZWehrr 1989, 203.
67 BVerwGE 83, 177 = NZWehrr 1986, 247; BVerwG DokBer B 1989, 105; BVerwGE 86, 341 = NZWehrr 1991, 79; BVerwG DokBer B 1993, 231 (Teilnahme an der Truppenverpflegung ohne Bezahlung); BVerwG NZWehrr 1995, 77 (Diebstahl zum Nachteil v. Untergebenen; BVerwG DokBer B 1995, 289; BVerwGE 103, 246 = NZWehrr 1996, 38 (Beihilfe zum Diebstahl).
68 BVerwG 2 WD 18/87; BVerwG DokBer B 1987, 53; BVerwG DokBer B 1990, 166; BVerwGE 86, 258 = NZWehrr 1991, 76; BVerwGE 86, 300; BVerwG ZBR 2000, 279; BVerwG DokBer B 2001, 173; BVerwGE 119, 164.
69 BVerwGE 73, 187 = NZWehrr 1982, 68; BVerwGE 86, 305; BVerwGE 93, 19 = NZWehrr 1991, 163; BVerwGE 93, 56; BVerwGE 93, 108 = NZWehrr 1991, 254; BVerwG DokBer B 1992, 304; BVerwGE 113, 19; BVerwGE 113, 63; BVerwGE 113, 187 = NZWehrr 1998, 209; NZWehrr 1999, 208; BVerwG NZWehrr 2001, 30; BVerwG DokBer B 2001, 162 (unzulässiges Aufnahmeritual); BVerwG DokBer B 2002, 163; BVerwG NZWehrr 2003, 122; BVerwG NZWehrr 2005, 38.
70 BVerwGE 76, 313 (gesetzwidriger Befehl); BVerwGE 85, 180; BVerwGE 86, 18 = NZWehrr 1989, 35; BVerwGE 103, 143 = NZWehrr 1995, 32; BVerwGE 120, 105 = NZWehrr 2002, 76; BVerwG NZWehrr 2004, 80 (während eines Auslandseinsatzes); BVerwG NZWehrr 2004, 169 (Ankündigung, einen Befehl nicht zu befolgen).
71 BVerwGE 53, 200; BVerwGE 83, 186 = NZWehrr 1986, 257; BVerwG 2 WD 5/88; BVerwG DokBer B 1989, 194; BVerwGE 86, 145 = NZWehrr 1989, 203; BVerwGE 86, 314 (Versuch); BVerwG DokBer B 1990, 11; BVerwG NZWehrr 2001, 217.
72 BVerwG DokBer B 1989, 93.

Verhalten im und außer Dienst   § 17

- **Körperliche Misshandlung** von Untergebenen[73]
- Ausübung einer **ungenehmigten Nebentätigkeit**[74]
- Verwendung von Symbolen der **NS-Zeit**; Sympathieäußerungen für den Nationalsozialismus[75]
- **Einsatz** von Untergebenen/Verwendung dienstl. Materials **zu privaten Zwecken**[76]
- **Reisekostenbetrug**[77]
- **Sexuelles Fehlverhalten**; sexuelle Belästigung von Untergebenen[78]
- Äußerung sog. **Schmähkritik** gegenüber Ausländern, Asylanten oder Vorgesetzten[79]
- **Umzugskostenbetrug**[80]
- **Unterschlagung** von dienstl. Geldern/Material oder von Geldern der Kameraden; Untreue[81]
- **Urkundenfälschung** (im Dienst)[82]
- Verstoß gegen die **Wahrheitspflicht**.[83]

b) Satz 2

aa) „Außer Dienst ... außerhalb der dienstlichen Unterkünfte und Anlagen": Die Bezugnahme auf den Dienst und den räumlichen dienstl. Bereich – beide Voraussetzungen müssen **kumulativ** vorliegen – bezweckt die Trennung der dienstl. von der privaten Lebensführung. **Im Zweifel** ist dem **privaten Bereich** der Vorzug zu geben.[84] Ist ein Verhalten des Soldaten beiden Bereichen zuzuordnen, findet Abs. 2 Satz 1 Anwendung.[85]   46

„**Dienst**" bedeutet wie z.B. im Zusammenhang mit § 15 Abs. 1 und Abs. 2 die Zeit, in der sich der Soldat **nicht** in seiner **Freizeit** befindet.[86]   47

bb) Ernsthafte Beeinträchtigung: Die Rspr. und die Lit. lassen **keine eindeutige Interpretation** dieser unbestimmten Rechtsbegriffe erkennen. Ein „alltägliches Fehlverhal-   48

---

73 BVerwGE 83, 200 = NZWehrr 1987, 255; BVerwGE 83, 210 = NZWehrr 1987, 27; BVerwGE 83, 384 = NZWehrr 1988, 167; BVerwGE 86, 362 = NZWehrr 1991, 163; BVerwG DokBer B 1990, 275; BVerwGE 93, 140; BVerwG DokBer B 1993, 123; BVerwGE 113, 272 = NZWehrr 199, 121.
74 BVerwG NZWehrr 1990, 37; BVerwG DokBer B 2004, 38.
75 BVerwGE 111, 45 = NZWehrr 2000, 255; BVerwGE 113, 48 = NZWehrr 1997, 161; BVerwG NZWehrr 2001, 171; BVerwG DokBer B 2002, 163; BVerwG NZWehrr 2002, 257.
76 BVerwG NZWehrr 1986, 249; BVerwG DokBer B 1990, 13; BVerwGE 86, 366; BVerwGE 86, 218 = NZWehrr 1990, 119; BVerwG DokBer B 1993, 248; BVerwG NZWehrr 1994, 78; BVerwGE 103, 226 = NZWehrr 1995, 252; BVerwGE 103, 275 = NZWehrr 1996, 33; BVerwG DokBer B 1999, 124.
77 BVerwGE 83, 26 = NZWehrr 1986, 74; BVerwG DokBer B 1989, 91; BVerwG DokBer B 1989, 237; BVerwGE 103, 12 = NZWehrr 1994, 27; BVerwGE 103, 140 = NZWehrr 1995, 78; BVerwG DokBer B 1996, 303; BVerwG DokBer B 1998, 177; BVerwG NZWehrr 2002, 215; BVerwGE 119, 1.
78 BVerwGE 53, 223; BVerwG DokBer B 1989, 119; BVerwGE 93, 143 = NZWehrr 1992, 78; BVerwG NZWehrr 1995, 79; BVerwGE 103, 192 = NZWehrr 1995, 213; BVerwGE 103, 257 = NZWehrr 1996, 72; BVerwGE 103, 321 = NZWehrr 1997, 205; BVerwGE 113, 290 = NZWehrr 1999, 166; BVerwGE 113, 296 = NZWehrr 1999, 250.
79 BVerwGE 103, 81 = NZWehrr 1994, 249; BVerwGE 113, 48 = NZWehrr 1997, 161.
80 BVerwGE 83, 339 = NZWehrr 1988, 167.
81 BVerwGE 83, 52 = NZWehrr 1986, 173; BVerwGE 93, 125 = NZWehrr 1994, 254; BVerwGE 103, 172 = NZWehrr 1995, 125; BVerwGE 103, 265 = NZWehrr 1996, 164; BVerwGE 103, 273 = NZWehrr 1996, 163; BVerwG NZWehrr 2003, 127; BVerwG DokBer B 2004, 178; BVerwG DokBer B 2004, 299.
82 BVerwGE 86, 293; BVerwG NZWehrr 1992, 121.
83 BVerwG 2 WD 29/87.
84 GKÖD I Yk, § 17 Rn. 16.
85 BVerwGE 103, 148 = NZWehrr 1995, 166; *v. Rechenberg*, 106; *Scherer/Alff*, SG, § 17 Rn. 22.
86 *V. Rechenberg*, 103.

ten" außerhalb des Dienstes soll nicht pflichtwidrig sein, sondern nur ein „ausnahmsweise schwerwiegendes".[87] Auch die Aussage, der Soldat müsse als „Repräsentant der Bw" anzusehen sein, und sein Verhalten müsse negative Rückschlüsse auf die SK zulassen[88], ist ausfüllungsbedürftig.[89] Das Gleiche gilt für die in Entsch. des 2. WDS des BVerwG häufig anzutreffende Formulierung, der Soldat habe durch sein Verhalten einen **„Charaktermangel"** offenbart, der es nicht zulasse, ihn in seiner Dienststellung/ seinem Dienstgrad zu belassen. Letzten Endes laufen diese Auslegungsversuche darauf hinaus, dass ein Verstoß gegen Abs. 2 Satz 2 grds. dann anzunehmen ist, wenn der Soldat eine außerdienstl. Straftat oder andere Pflichtverletzung von **einigem Gewicht** begangen hat.

49 Der ratio legis folgend ist ein **privates (Fehl-)Verhalten** eines Soldaten i.d.R. **nicht** der Bw als Institution **zuzurechnen**[90]; ein solches Verhalten bedeutet daher nur ganz ausnahmsweise einen Verstoß gegen Abs. 2 Satz 2. Die Rspr. sollte sich auf diese **restriktive Anwendung** der Vorschrift zurückbesinnen.

50 Die Feststellung, letztlich komme es auf die **„Umstände des Einzelfalles"** an[91], hilft in der Praxis kaum weiter.

51 Im Unterschied zu Satz 1 muss durch ein außerdienstl. Verhalten das Ansehen der Bw **oder** das Vertrauen beeinträchtigt sein.

52 cc) **Einzelfälle von Verstößen gegen § 17 Abs. 2 Satz 2 aus der Rspr.**[92]: Der wiederholt unternommene Versuch, die Rspr. der WDS des BVerwG in bestimmte **Fallkategorien** zusammenzufassen[93], muss letztlich **scheitern**, da das BVerwG selbst sich um eine solche – dogmatisch begründete – Bündelung nie bemüht hat. Ähnlich wie oben zu Satz 1 kann dem Anwender der Vorschrift möglicherweise eher ein **Stichwort** mit Quellenangaben weiterhelfen, den konkreten Einzelfall sachgerecht und juristisch zutr. zu lösen.

- Verstoß gegen das **Betäubungsmittelgesetz**[94]
- **Betrug**[95]
- **Diebstahl**[96]
- **Eigenmächtige Abwesenheit**[97]
- **Fahren ohne Fahrerlaubnis**[98]
- Uneidliche **Falschaussage**[99]

---

87 GKÖD I Yk, § 17 Rn. 19 m.w.N.
88 *Scherer/Alff*, SG, § 17 Rn. 25 m.w.N.
89 Die Kritik von *Stauf* (I § 17 SG Rn. 7) an der Rspr. als „uneinheitlich" u. „dogmatisch wenig überzeugend" geht auf diese Analyse zurück. Vgl. auch *v. Rechenberg*, 108 f.
90 Vgl. *Scherer/Alff*, SG, § 17 Rn. 25.
91 *V. Rechenberg*, 111; *Scherer/Alff*, SG, § 17 Rn. 26.
92 Der Schwerpunkt der nachfolgenden Auswertung liegt auf der jüngeren Rspr. des BVerwG.
93 Vgl. zuletzt *v. Rechenberg*, 119 ff.
94 BVerwGE 93, 3 = NZWehrr 1991, 118; BVerwGE 103, 148 = NZWehrr 1995, 166; BVerwGE 113, 102 = NZWehrr 1998, 254; BVerwGE 113, 367 = NZWehrr 2000, 162.
95 BVerwGE 86, 148; NZWehrr 1989, 45 = NZWehrr 1997, 167; BVerwG NZWehrr 2000, 253 (jew. Steuer- oder Versicherungsbetrug).
96 BVerwGE 86, 148 = NZWehrr 1989, 206 (Ladendiebstahl); BVerwG DokBer B 1993, 237; BVerwG DokBer B 1994, 273; BVerwG DokBer B 1995, 320; BVerwGE 113, 40 = NZWehrr 1997, 214 (Diebstahl zu Lasten der Ehefrau eines Kameraden); BVerwG NZWehrr 1997, 254; BVerwG NZWehrr 2001, 79 (Warenhausdiebstahl).
97 BVerwG ZBR 2000, 279 (zugleich fahrlässige außerdienstl. Trunkenheitsfahrt).
98 BVerwG Buchholz 236.1 § 17 SG Nr. 26 (im Wiederholungsfall).
99 BVerwGE 93, 171 = NZWehrr 1993, 78; BVerwG NZWehrr 2001, 124; BVerwG DokBer B 2003, 334.

Verhalten im und außer Dienst § 17

- Verstoß gegen die **Gehorsamspflicht**[100]
- **Hehlerei**[101]
- „Einbruch" in die **Ehe eines Kameraden**[102]
- Vorsätzliche **Körperverletzung**[103]
- **Misshandlung** von Untergebenen[104]
- Verbreitung von **NS**-Gedankengut[105]
- **Schuldenmachen** zu Lasten eines Untergebenen[106]
- **Sexuelles Fehlverhalten**[107]
- **Straßenverkehrsgefährdung**[108]
- außerdienstl. **Trunkenheitsfahrt**[109]
- Unerlaubtes **Entfernen vom Unfallort**[110]
- **Unterschlagung**; Untreue.[111]

5. Absatz 3

Die Vorschrift **bezweckt**, die „moralische Integrität des Reserveoffizier- und Reserve-   53
unteroffizierkorps zu gewährleisten".[112] Darüber hinaus dient sie dazu, „eine eignungs-
gerechte personelle Besetzung von Offizier- und Unteroffizierstellen auch bei Wehrübungen und im V-Fall und damit die Erfüllung des Verteidigungsauftrages zu
sichern".[113]

Ist das Verhalten des ehem. Soldaten **„unwürdig"**, gilt es gem. § 23 Abs. 2 Nr. 2, 2. Alt.   54
als **Dienstvergehen**.[114]

Adressaten der Vorschrift sind alle ehem. Offz und Uffz, die auf Grund einer Rechts-   55
vorschrift wieder verwendet, d.h. erneut zum Wehrdienst einberufen oder herangezogen werden können. Hierunter fallen, abw. vom Gesetzeswortlaut, **nicht nur** der Personenkreis des § **51**, die eigentlichen „Wiederverwender", sondern alle Offz und Uffz, die
noch der WPfl oder der Dienstleistungspflicht unterliegen.[115] Nur diese Auslegung trägt
der Intention des Gesetzgebers Rechnung.

Ebenfalls abw. vom Wortlaut der Vorschrift soll es nicht darauf ankommen, ob der   56
ehem. Soldat bereits als Offz oder Uffz aus dem Wehrdienst ausgeschieden ist. Betroffen sei auch derjenige, der **außerhalb eines Wehrdienstverhältnisses** zum Offz oder Uffz

---

100 BVerwG NZWehrr 2005, 83 (im Auslandseinsatz).
101 BVerwGE 93, 237 = NZWehrr 1992, 259; BVerwGE 113, 246 = NZWehrr 1998, 255.
102 BVerwG NZWehrr 1991, 252; BVerwGE 93, 269 = NZWehrr 1993, 72.
103 BVerwGE 103, 190 = NZWehrr 1995, 124; BVerwGE 113, 217; BVerwG DokBer B 2000, 137;
    BVerwG NZWehrr 2001, 35; BVerwG NZWehrr 2003, 170.
104 BVerwG NZWehrr 2005, 38.
105 BVerwGE 86, 321 = NZWehrr 1991, 32.
106 BVerwG DokBer B 2001, 177.
107 BVerwGE 86, 136 = NZWehrr 1989, 205 (pornographische Fotoaufnahmen); BVerwGE 93, 92
    (Exhibitionismus); BVerwGE 103, 349 = NZWehrr 1996, 255 (Missbrauch eines Kleinkindes);
    BVerwGE 113, 340 = NZWehrr 1999, 258 (pornographische Selbstaufnahmen für ein Sex-
    magazin); BVerwGE 111, 201 = NZWehrr 2001, 36; BVerwG DokBer B 2002, 108; BVerwG
    DokBer B 2003, 214 (jew. Besitz/Verbreitung kinderpornographischer Bilder/Schriften).
108 BVerwGE 93, 284.
109 BVerwG NZWehrr 1999, 213; BVerwGE 117, 117.
110 BVerwGE 93, 119 = NZWehrr 1992, 77.
111 BVerwG NZWehrr 1997, 85; BVerwG NZWehrr 1999, 38.
112 BVerwGE 103, 237 = NZWehrr 1995, 255.
113 BVerwGE NZWehrr 2003, 81.
114 Vgl. BVerwGE 86, 309 = NZWehrr 1991, 116.
115 *Scherer/Alff*, SG, § 17 Rn. 39.

ernannt worden sei.[116] Eine solche Fallkonstellation kann sich **heute nicht mehr** ergeben, da eine (endgültige)[117] Ernennung zum Offz oder Uffz ausnahmslos die vorherige Leistung eines Wehrdienstes voraussetzt. Eine „faktische" Ernennung zum Offz oder Uffz ist ebenfalls nicht denkbar.

57 Wird dem Soldaten ein pflichtwidriges Verhalten während und außerhalb des Wehrdienste vorgeworfen, ist die disziplinare Beurteilung getrennt **nach dem jew. Status** vorzunehmen.[118]

58 In der **Rspr.** sind z.b. folgende Verhaltensweisen als **Verstoß** gegen Abs. 3 bewertet worden:
- Vorsätzliche **Körperverletzung** eines Polizeibeamten während einer öff. Veranstaltung[119]
- Vorsätzliche **Körperverletzung** eines amerikanischen Generals in der Öffentlichkeit[120]
- **Missbrauch** des Grundrechts der **Kriegsdienstverweigerung**[121]
- **Diebstahl** (durch einen Stabsapotheker d.R.)[122]
- **Exhibitionismus**[123]
- **Betrug**.[124]

6. Absatz 4

59 Abs. 4 ist trotz seines Umfangs zumindest für die gerichtl. Entscheidungspraxis von **nachrangiger Bedeutung**. Dennoch wäre es rechtssystematisch besser gewesen, die Pflicht zur Gesunderhaltung in einer **eigenständigen Vorschrift** zu verankern. Die jetzige Lösung ist wenig geglückt.[125] Es ist nicht nachvollziehbar, weshalb die Pflicht zur Gesunderhaltung und damit verbundene ärztliche Eingriffe in die Regelung des allg. Verhaltens des Soldaten einbezogen worden sind.

a) Satz 1 und 2

60 In Satz 1 und 2 ist die **Pflicht zur Gesunderhaltung** als besondere Ausformung der Pflicht zum treuen Dienen nach § 7[126] geregelt. Die Pflicht des Soldaten, nach Kräften seine Gesundheit zu erhalten oder wiederherzustellen und sie weder vorsätzlich noch grob fahrlässig zu beeinträchtigen, folgt der Erkenntnis früherer deutscher Armeen, dass die Einsatzfähigkeit von SK von der durch den Gesundheitszustand beeinflussten Dienstfähigkeit jedes einzelnen Soldaten abhängt und dass massenhaft auftretende Erkrankungen, wie geschichtliche Beispiele zeigen, zur Kampfunfähigkeit ganzer Armeen[127] und zum kriegsentscheidenden Faktor werden können. Die individuelle Gesunderhaltung ist Baustein der allg. Einsatzfähigkeit der SK.

---

116 GKÖD I Yk, § 17 Rn. 23; *Scherer/Alff*, SG, § 23 Rn. 37.
117 Ob Abs. 3 auf vorläufige oder zeitweilige Offz-/Uffz-Dienstgrade anwendbar ist, ist zumindest zw., da insoweit nicht von einer möglichen „Wiederverwendung" gesprochen werden kann.
118 BVerwGE 46, 244 = NZWehrr 1975, 69.
119 BVerwGE 76, 7 = NZWehrr 1983, 143.
120 BVerwGE 83, 1 = NZWehrr 1985, 205.
121 BVerwGE 83, 358.
122 BVerwGE 86, 262 = NZWehrr 1990, 169.
123 BVerwGE 86, 288.
124 BVerwGE 86, 309 = NZWehrr 1991, 116.
125 Ebenso GKÖD I Yk, § 17 Rn. 26.
126 BT-Drs. II/1700, 22; s.a. BVerwGE 63, 278 (283); *Bornemann*, RuP, 66.
127 Während des 1. Weltkriegs war das Auftreten von Kriegsseuchen (Flecktyphus, Cholera) mit Zehntausenden von Opfern Hauptgrund für die mil. Untätigkeit Serbiens in den ersten neun Monaten des Jahres 1915.

Im Rahmen der Gesunderhaltungspflicht hat der Soldat z.B. zu unterlassen
- den Missbrauch von Alkohol und Betäubungsmitteln, der zur Sucht und damit zur vorübergehenden oder dauerhaften Dienstunfähigkeit führt,
- die Selbstverstümmelung, durch die sich der Soldat durch Verstümmelung oder auf andere Weise zum Wehrdienst untauglich macht (strafbar nach § 109 StGB, § 17 WStG).

Verstößt der Soldat gegen die ihm in Satz 1 auferlegte Rechtspflicht, ist er nach Maßgabe des Abs. 4 Satz 2 hierfür verantwortlich und begeht ein Dienstvergehen.[128] Die Grenze zur Dienstpflichtverletzung wird überschritten, wenn die gesundheitliche Schädigung des Soldaten den **Dienst nicht unwesentlich beeinträchtigt**.[129] Dies ist etwa bei einer (freiwilligen) Sterilisation nicht der Fall.[130]

Sozialadäquate Handlungsweisen oder Tätigkeiten, wie das Rauchen[131] oder die Ausübung gefahrgeneigter Sportarten, werden durch die Pflicht zur Gesunderhaltung nicht unterbunden. Nicht zu einer gesundheitlichen Schädigung führt eine Blutspende.

Eine **Organspende** durch einen Soldaten (z.B. Spende einer Niere, Knochenmarkspende) verstößt tatbestandlich gegen die Gesunderhaltungspflicht, weil der Soldat durch den ärztlichen Eingriff i.d.R. zumindest einige Tage seine dienstl. Pflichten nicht erfüllen kann und wegen des Eingriffs – abgesehen von dessen jew. gesundheitlichen Risiko an sich – ggf. sogar in seiner künftigen Verwendungsfähigkeit eingeschränkt sein könnte. Es liegt deshalb grds. ein Dienstvergehen vor. Etwas anderes ist jedoch unter dem Aspekt des rechtfertigenden Notstands[132] denkbar, wenn der Soldat ein Organ oder Organteile spendet, weil allein hierdurch das Leben eines Angehörigen oder einer anderen, ihm nahestehenden Person zu retten oder unter medizinischen Aspekten lebenswerter zu gestalten ist. In diesem Fall darf der Soldat bei Abwägung der widerstreitenden Interessen, namentlich der betroffenen Rechtsgüter und des Grades der ihnen drohenden Gefahren, die Organspende vornehmen, ohne seine dienstl. Pflichten unverhältnismäßig zu beeinträchtigen.

Liegt ein Verstoß gegen Satz 2 vor, ist für die Anwendung von **§ 7** kein Raum.[133] Hat der Soldat hingegen, z.B. durch den einmaligen Genuss von Haschisch, noch nicht gegen Satz 2 verstoßen, ist dennoch eine Pflichtverletzung gem. § 7 möglich.[134]

Satz 1 gibt dem Vorg. die Rechtsgrundlage, die Pflicht des Soldaten zur Gesunderhaltung durch **vorbeugende Einzelbefehle** näher zu konkretisieren, wobei solche auch den **außerdienstl. Bereich** erfassen können. Auf den nicht-dienstl. Bereich bezogen sind sie nur bei strikter Einhaltung des Verhältnismäßigkeitsgrds. rechtmäßig. Unverhältnismäßig ist ein Befehl, wenn durch ihn ein sozialtypisches Verhalten gänzlich verboten wird oder die drohende Gesundheitsschädigung nicht geeignet ist, den Soldaten bei der Erfüllung seiner dienstl. Aufgaben relevant zu beeinträchtigen.[135] Unter Beachtung des

---

128 Vgl. BVerwGE 53, 83.
129 GKÖD I Yk, § 17 Rn. 28; *Scherer/Alff*, SG, § 17 Rn. 46 m.w.N.
130 BVerwGE 65, 87.
131 Noch 1993 hat das BVerwG (DÖD 1993, 180 = BWV 1993, 233) entschieden, der Soldat habe auf Grund der Fürsorgepflicht des Dienstherrn nur Anspruch darauf, an seinem jew. Arbeitsplatz vor gesundheitlichen Beeinträchtigungen durch Tabakrauch geschützt zu werden. Ein Anspruch auf Erlass eines allg. Rauchverbots in der Bw stehe dem Nichtraucher nicht zu. Vgl. Erl. des BMVg „Maßnahmen zum Schutz der Nichtraucher im dienstl. Bereich", VMBl. 2000 S. 143 mit Änd. 2002 S. 356.
132 § 34 StGB.
133 *Scherer/Alff*, SG, § 17 Rn. 44.
134 BVerwGE 93, 3 = NZWehr 1991, 118; BVerwGE 103, 148 = NZWehr 1995, 166.
135 BVerwGE 53, 83.

Grds. der Verhältnismäßigkeit kann dem Soldaten deshalb z.B. das Rauchen oder das Trinken von Alkohol nicht gänzlich untersagt werden.[136]
Aus den Pflichten des Soldaten, seine Gesundheit wiederherzustellen, sind z.B. die Gebote zu folgern[137],
- eingetretene gesundheitliche Schädigungen nicht unbeachtet zu lassen (insbes. Krankheiten nicht zu verschweigen),
- den Heilungsprozess nicht zu stören,
- ärztlichen Rat einzuholen und sich nicht über zumutbare, ärztlich erteilte Behandlungsvorschriften (z.B. Anordnung der Bettruhe) hinwegzusetzen.

b) Sätze 3 ff.

63 Die von dem Soldaten im Rahmen der Pflicht zur Gesunderhaltung zu duldenden **ärztlichen Maßnahmen** lassen sich aus der Systematik der Sätze 3 bis 8 nur schwer ableiten. Es ist sinnvoll, die einzelnen Maßnahmen jew. auf Grund ihrer Tragweite für den Soldaten und für den Dienstherrn daraufhin zu untersuchen, ob sie für den Soldaten noch oder nicht mehr **zumutbar** sind und ob der Soldat sie dulden muss oder ablehnen darf.

64 Die für die Person des Soldaten am wenigsten belastende ärztliche Maßnahme ist die **Untersuchung**[138] als die Gesamtheit aller Methoden, die es dem Arzt ermöglichen, Krankheiten zu diagnostizieren und den Heilungsverlauf zu beurteilen. Ihrer kann sich der Truppenarzt insbes. bedienen, wenn nach **Satz 3 Halbs. 1** eine dienstl. Notwendigkeit zur **Feststellung der Dienst- oder Verwendungsfähigkeit** des Soldaten besteht. Die körperliche Routineuntersuchung (die Erhebung des körperlichen Status) umfasst die vier Grundelemente Betrachten mit dem bloßen Auge (Inspektion), Betasten mit bloßen Händen (Palpation), Beklopfen der Körperoberfläche (Perkussion) und Abhören mit dem Stethoskop (Auskultation). Zusätzlich zur Erhebung des körperlichen Status sind ggf. Blutuntersuchungen und Röntgenaufnahmen vorzunehmen; tatbestandlich stellen sich diese Untersuchungen als Eingriffe in die körperliche Unversehrtheit dar und haben eine stärker belastende Intensität als die Grundelemente der Untersuchung.

65 Auch die **ärztliche Behandlung**[139] (Therapie) als Gesamtheit der Maßnahmen zur Wiederherstellung der Gesundheit, zur Linderung von Beschwerden und zur Vorbeugung von Krankheiten[140] ist nicht deckungsgleich mit juristischen Begriffskategorien in Einklang zu bringen. Dies erkennt der Gesetzgeber an, der in den **Sätzen 5 und 6** auf die **Zumutbarkeit** einer ärztlichen Behandlung abstellt und in **Satz 8** bestimmte einfache ärztliche Maßnahmen (die er ohne Weiteres für hinnehmbar hält) überhaupt nicht als Behandlungen wertet. Dies verwundert nicht, denn der Therapiebegriff ist medizinisch so breit angelegt, dass er auch äußerliche (nicht invasive) Anwendungen als Behandlungen ansieht (z.B. physiotherapeutische Behandlungsverfahren, etwa Wasseranwendungen), deren Verweigerung durch den Soldaten nicht plausibel begründbar erscheint. Es kann dem Gesetzgeber nicht unterstellt werden, er habe z.B. die Durchführung ärztlich angeordneter Behandlungen in Form von Kneipp'schen Wassergüssen oder von Massagen in das Belieben des Soldaten stellen wollen. Spätestens seit der Anfügung von Satz 8 ist die auf Satz 5 gestützte Folgerung, der Soldat dürfe alle nicht auf Satz 3

---

136 GKÖD I Yk, § 17 Rn. 30; *Scherer/Alff*, SG, § 17 Rn. 49 f.
137 Vgl. *Bornemann*, RuP, 67.
138 Vgl. zum Folgenden: Der Gesundheits-Brockhaus, 5. Aufl. 1999, 1291 f. (Stichwort „Untersuchung"). S.a. *Hermsdörfer*, NZWehrr 1997, 177.
139 Diesem Begriff entspricht die „Heilbehandlung" i.S.d. § 44 Abs. 4 Satz 5, vgl. *Hermsdörfer*, NZWehrr 1997, 177 (179).
140 Vgl. Der Gesundheits-Brockhaus, 5. Aufl. 1999, 1240 (Stichwort „Therapie").

zurückführbaren ärztlichen Behandlungen ablehnen[141], zu überdenken. Maßstab kann nicht der Begriff der ärztlichen Behandlung (entspr. gilt dies für die Untersuchung) sein. Ausschlaggebend ist vielmehr, ob der mit diesen Maßnahmen verbundene ärztliche Eingriff in die körperliche Unversehrtheit von seiner Schwere und Tragweite her für den Soldaten ohne Weiteres als hinnehmbar oder ihm noch **zumutbar** angesehen werden kann. Dies lässt sich der (wenn auch nicht leicht zu ergründenden) Systematik des Abs. 4 Satz 3 bis 8 entnehmen.

Hieraus lassen sich folgende Aussagen ableiten: 66

Eine spezielle Pflicht, ärztliche **Untersuchungen** zu dulden, enthält § 44 Abs. 4 Satz 3 für BS bzw. (über § 55 Abs. 2 Satz 3) für SaZ zur **Feststellung** der **Dienstunfähigkeit** im Hinblick auf eine mögliche Beendigung des Wehrdienstverhältnisses. **Abs. 4** enthält nur mittelbar eine Aussage über Untersuchungen. **Satz 7** macht bestimmte gravierende ärztliche Untersuchungsmaßnahmen (solche, die einer ärztlichen Behandlung oder einer Operation i.S.d. Satzes 6 gleichkommen) von der **Zustimmung** des Soldaten abhängig. Hieraus kann gefolgert werden, dass unter dieser Schwelle liegende, dienstl. notwendige Untersuchungen grds. ohne Rücksicht auf den Willen des Soldaten zulässig sind.[142] Der Soldat hat sie zu dulden. Dies gilt auch für die o.g. ergänzenden Untersuchungsmaßnahmen (Blut- und Röntgenuntersuchung). Obwohl sie an sich eine körperliche Einwirkung für den Soldaten darstellen, geht der Gesetzgeber in **Satz 8** (wie entspr. in § 17 Abs. 7 WPflG) davon aus, dass derart einfache ärztliche Maßnahmen nicht als Eingriffe in die körperliche Unversehrtheit gelten. Bei der Feststellung der Dienst- oder Verwendungsfähigkeit nach **Satz 3 Halbs. 1** lässt der Gesetzgeber ohnehin Untersuchungen, auch wenn sie Eingriffe in die körperliche Unversehrtheit sind, im verhältnismäßigen Rahmen zu.

Zulässig – auch ohne Einwilligung des Soldaten – sind daher z.B. 68
- die Röntgen-Reihenuntersuchung zur **Tuberkulose-Früherkennung**[143],
- der Befehl an einen Soldaten im Dienst, bei dem Anhaltspunkte für eine **alkoholbedingte Einschränkung der Verwendungsfähigkeit** (z.B. zum Führen von Kraftfahrzeugen) erkannt werden, an einem Alkoholtest durch Blasen in ein Teströhrchen mitzuwirken[144],
- regelmäßige **zahnärztliche Vorsorgeuntersuchungen** bei Soldaten, die in Auslandseinsätzen verwendet werden können (BS und SaZ).[145]

Über regelmäßige zahnärztliche Vorsorgeuntersuchungen hinaus, deren Notwendigkeit sich auf Grund der Erfahrungen der bisherigen Auslandseinsätze als dringlich erwiesen

---

141 So BVerwGE 63, 278 Ls 2.
142 Satz 5 bezieht sich nicht auf Untersuchungen.
143 BVerwGE 83, 191 = NZWehr 1986, 209. Krit. *Stauf* I, § 17 SG Rn. 27. Vgl. Erl. des BMVg „Röntgenschirmbilduntersuchungen zur Bekämpfung von Tuberkulose und anderen Lungenkrankheiten bei Soldaten der Bundeswehr" (VMBl. 1994 S. 346). Zu dulden ist auch die Verabreichung eines Kontrastmittels zur besseren Darstellung von Hohlräumen, Gewebestrukturen u. Krankheitsprozessen bei bildgebenden Untersuchungsverfahren, zumindest dann, wenn sie wasserlöslich sind u. geschluckt werden. Etwas anderes gilt bei Soldaten, bei denen (von harmlosen Kontrastmittelreaktionen abgesehen) unerwünschte Reaktionen des Körpers zu erwarten sind (z.B. Allergiker o. Personen, die an Nierenerkrankungen leiden).
144 Zur Blutentnahme in diesem Fall s.u. Rn. 70. S.a. *Hermsdörfer*, NZWehr 1997, 177 (178 Fn. 5).
145 Es hat sich herausgestellt, dass truppenärztliche Untersuchungen unmittelbar vor Einsätzen wegen häufig zeitintensiven Behandlungsbedarfs, bedingt i.d.R. durch mangelnde Mundhygiene, nicht ausreichen, die Verwendungsfähigkeit der Soldaten rechtzeitig herzustellen. Zahnmedizinische Notfälle führen bei Einsatzkontingenten der SK außergewöhnlich häufig zu Personalausfällen. Dies begründet die Erforderlichkeit der Maßnahme, die nicht als unverhältnismäßig erscheint; ihr dienstl. Zweck ist zweifellos gegeben.

hat, sind sonstige, durch Befehl angeordnete **regelmäßige ärztliche Vorsorgeuntersuchungen** zur Feststellung des allg. Gesundheitszustands der Soldaten **kritisch** zu sehen. Zwar hätten derartige Befehle einen dienstl. Zweck. Unter dem Blickwinkel der **Verhältnismäßigkeit** wäre aber ihre **Erforderlichkeit** zu prüfen. Insbes. müsste ermittelt werden, ob und inwieweit eine solche Prophylaxe bereits durch freiwillige Vorsorgeuntersuchungen[146] erreicht werden kann und welche Verbesserungen des Gesundheitszustandes der Soldaten ggf. durch befohlene Vorsorgeuntersuchungen erzielt werden könnten. Zu berücksichtigen wäre auch der Einsatzstatus der jew. Soldaten. Bei Angehörigen von für spezielle Einsatzaufgaben vorgesehenen Truppenteilen (z.B. bei Kommandosoldaten, die mit jederzeitigen weltweiten Einsätzen rechnen müssen) wäre die Erforderlichkeit für Vorsorgeuntersuchungen wohl leichter als bei anderen Soldaten zu begründen.

69 Blutentnahmen zur Best. der **Blutgruppe** des Soldaten dienen nicht der Feststellung seiner Dienst- und Verwendungsfähigkeit, so dass **Satz 3** als Rechtfertigungsgrund nicht einschlägig ist. Die Blutgruppenermittlung ist eine medizinische Präventionsmaßnahme, die im Bedarfsfall dem Soldaten insbes. den Empfang gespendeten Bluts erleichtern soll. Diese Option ist der Erhaltung oder Wiederherstellung der eigenen Gesundheit zuzuordnen und steht in engem Zusammenhang zum Regelungszweck des Satzes 1. Spätestens durch Anfügung des **Satzes 8** hat der Gesetzgeber seine vorher bereits entspr. in § 17 Abs. 7 WPflG geäußerte Auffassung klargestellt, dass er im Zusammenhang mit dem Regelungszweck des Satzes 1 stehende Blutentnahmen nicht als Eingriffe in die körperliche Unversehrtheit sieht. Eine Blutentnahme zur Bestimmung der Blutgruppe des Soldaten ist deshalb rechtl. zulässig.

70 Hat ein DiszVorg. bei einem im Dienst befindlichen Soldaten Anhaltspunkte, dass dieser unter Alkoholeinfluss steht, kann er in gravierenden[147] Fällen (etwa wenn der Soldat als Kraftfahrer eingesetzt werden soll und den Alkoholkonsum bestreitet) über den Alkoholtest durch Blasen in ein Teströhrchen hinaus[148] eine **Blutprobe** durch einen Truppenarzt **zur Feststellung der Verwendungsfähigkeit** anordnen. Dies folgt unbeschadet des Satzes 8 bereits aus **Satz 3**. Das Ergebnis der Blutprobe darf nicht in einem Disziplinarverfahren gegen den Soldaten verwertet werden. Dies folgt aus dem Grds., dass niemand (auch nicht durch Befehl) gezwungen werden darf, sich selbst zu belasten.[149] Aus der aus Satz 3 ableitbaren strikten Zweckbindung der Blutprobe an die Feststellung der Dienst- oder Verwendungsfähigkeit folgt im Übrigen, dass Satz 3 keine Grundlage für Blutproben zum Nachweis von Dienstvergehen darstellt. Der DiszVorg. darf die Entnahme einer Blutprobe zu diesem Zweck gegen den Willen des Soldaten nicht anordnen. Blutproben im Disziplinarverfahren sind nur nach Maßgabe der StPO zulässig.[150]

71 Ärztliche Eingriffe in die **körperliche Unversehrtheit** hat der Soldat zu dulden, wenn sie der **Verhütung oder Bekämpfung übertragbarer Krankheiten** dienen, **Satz 3 Halbs. 1**. Insoweit wird das Grundrechts nach Art. 2 Abs. 2 Satz 1 GG ausdrücklich eingeschränkt. Übertragbare Krankheiten sind nach § 2 Nr. 3 des Infektionsschutzgesetzes[151]

---

146 Das Angebot zu freiwilligen zahnärztlichen Vorsorgeuntersuchungen ist offensichtlich nicht ausreichend angenommen worden.
147 Ansonsten erscheint eine solche Maßnahme als unverhältnismäßig.
148 S.o. Rn. 68.
149 Vgl. die Komm. zu § 13 Rn. 20 f.
150 Vgl. Erl. des BMVg „Entnahme von Blutproben bei Soldaten" (ZDv 14/3 B 120).
151 Zu dessen Anwendbarkeit s. BVerwGE 33, 339 (zum früher geltenden Bundesseuchengesetz); *Scherer/Alff*, SG, § 17 Rn. 52.

Verhalten im und außer Dienst § 17

durch Krankheitserreger oder deren toxische Produkte, die unmittelbar oder mittelbar auf den Menschen übertragen werden, verursachte Krankheiten. Welche dies im Einzelnen sind, kann insbes. § 6 Abs. 1 des Infektionsschutzgesetzes entnommen werden, der als meldepflichtige Krankheiten z.b. Cholera, Diphtherie, Masern, Milzbrand, Pest, Hepatitis oder Tollwut nennt. Gegen diese Krankheiten wären als prophylaktische Maßnahmen grds. **Impfungen** gegen den Willen des Soldaten zulässig. Dabei kommt dem Grds. der Verhältnismäßigkeit eine entscheidende Bedeutung zu. Die Notwendigkeit der Impfung muss sich – abgesehen von ihrer Geeignetheit – daran ausrichten, ob der Soldat wegen seiner konkreten Verwendung mit den genannten, z.T. nur noch in Staaten der dritten Welt vorkommenden Krankheiten voraussichtlich in Berührung kommen kann.[152] Daraus resultiert ggf. die Notwendigkeit eines differenziert ausgestalteten Impfprogramms (insbes. in Bezug auf WPfl, die an Auslandseinsätzen grds. nicht teilnehmen). Die Rspr. hat demgemäß z.b. die **Impflicht gegen Wundstarrkrampf**[153] als zulässig angesehen. Zustimmungsbedürftig ist nach der Rspr. des BVerwG dagegen z.b. eine **Pockenschutzimpfung.**[154] Im Einzelfall besteht allerdings zusätzlich der Vorbehalt, dass Impfungen keine unzumutbaren Nebenwirkungen mit Krankheitswert haben dürfen.

Da den Soldaten aus Satz 3 eine gegenüber anderen Staatsbürgern gesteigerte Pflicht trifft, ärztliche Eingriffe in seine körperliche Unversehrtheit zu dulden, die der Verhütung oder Bekämpfung übertragbarer Krankheiten im Sinne des Infektionsschutzgesetzes dienen, war es notwendig, in **Satz 4** klarzustellen, dass trotz dieser gesteigerten Verpflichtung bestimmte schwerwiegende, vom Bürger nicht zu duldende Maßnahmen zur Bekämpfung übertragbarer Krankheiten **nach dem Infektionsschutzgesetz** auch Soldaten nicht abverlangt werden dürfen. Der Soldat kann, insbes. wenn er krank, krankheits- oder ansteckungsverdächtig ist, durch das Gesundheitsamt verpflichtet werden, vor allem Untersuchungen und Entnahmen von Untersuchungsmaterial (z.B. Röntgenuntersuchungen, Blutentnahmen, Abstriche von Haut und Schleimhäuten) durch die Beauftragten des Gesundheitsamtes zu dulden (§ 26 Abs. 2 Satz 2 des Infektionsschutzgesetzes). Darüber hinausgehende invasive Eingriffe sowie Eingriffe, die eine Betäubung erfordern, können von dem Soldaten ohne seine Einwilligung für Zwecke des Infektionsschutzgesetzes ebenso wenig verlangt werden wie von anderen Staatsbürgern. 72

Bestimmte nach **Satz 8** genannte **einfache ärztlichen Maßnahmen**, die tatbestandlich als ärztliche Behandlung, Operation (d.h. eine ärztliche Behandlung, die mit einem Eindringen in die körperliche Substanz eines Menschen verbunden ist[155]) oder als Eingriff in die körperliche Unversehrtheit anzusehen wären, stellen nach Auffassung des Gesetzgebers **keinen** Eingriff in das **Grundrecht nach Art. 2 Abs. 2 Satz 1 GG** dar. Sie werden als für den Soldaten nicht belastend und von diesem **ohne Weiteres hinzunehmen** angesehen.[156] Da die Aufzählung nicht abschließend, sondern beispielhaft ist, können ähnliche einfache ärztliche Maßnahmen mit entspr. geringer Einwirkung auf den Soldaten ebenfalls gegen dessen Willen vorgenommen werden. Hierzu müssen z.B. die in Rn. 65 genannten physiotherapeutischen Behandlungsverfahren (etwa Wasseran- 73

---

152 Vgl. von den hierzu für den Bereich der Bw ergangenen Erl. z.B. den zur „Durchführung von Impfungen bei Soldaten der Bundeswehr (VMBl. 1978 S. 163, S. 231; 1984 S. 16).
153 BVerwGE 33, 339.
154 BVerwG I WB 108/80.
155 Vgl. GKÖD I Yk, § 17 Rn. 33.
156 Überzeugender wäre gewesen, die Maßnahmen als nach Art. 2 Abs. 2 Satz 3 GG zulässige Eingriffe in die körperliche Unversehrtheit anzusehen und dem Zitiergebot des Art. 19 Abs. 1 Satz 2 GG zu genügen.

wendungen, Massagen) gezählt werden. Verweigert der Soldat ihre Ausführung, begeht er ein Dienstvergehen.

74 Bei ärztliche Behandlungen, die sich nach Auffassung des Gesetzgebers als **Eingriffe in die körperliche Unversehrtheit** darstellen (die damit nicht der Grenze des Satzes 8 unterfallen), die dem Soldaten **gleichwohl zugemutet**[157] werden können, wird es nach **Satz 5** hingenommen, dass der Soldat sie ablehnt. Dem Soldaten sollen auch keine zumutbaren Eingriffe in seine körperliche Unversehrtheit aufgezwungen werden. Damit kommt – so das Motiv des Gesetzgebers – die Achtung vor dem Soldaten zum Ausdruck, und das Vertrauensverhältnis zwischen Arzt und Patient soll gefördert werden.[158] Allerdings kann dem Soldaten eine ihm an sich zustehende Versorgung[159] versagt werden, wenn durch die Ablehnung der zumutbaren ärztlichen Behandlung seine Dienst- oder Erwerbsfähigkeit ungünstig beeinflusst worden ist. Von der **Ermessensregelung** wird zu Ungunsten des Soldaten vor allem dann Gebrauch zu machen sein, wenn die Ablehnung unvernünftig war. Davon ist auszugehen, wenn der Soldat eine Behandlung ablehnt, die ihm nach allg. Lebenserfahrung und nach den Regeln der ärztlichen Wissenschaft Heilung oder zumindest Verringerung seiner körperlichen Schädigung verschafft und die ihm keine erheblichen Gefahren für Leib oder Leben verursacht hätte.[160]

75 Die Gefahr der Versagung von Versorgungsansprüchen tritt nicht ein, wenn der Soldat, wie **Satz 6** zeigt, **ärztliche Maßnahmen ablehnt**, die wegen ihrer Tragweite dem Soldaten **nicht zugemutet** werden können. **Unzumutbar** sind ärztliche Behandlungen, die mit erheblicher Gefahr für Leben oder Gesundheit des Soldaten verbunden sind, Operationen[161] auch dann, wenn sie einen erheblichen Eingriff in die körperliche Unversehrtheit darstellen. Wann dies der Fall ist, ist im konkreten Einzelfall zu bewerten, wobei dem Dienstherrn eine Beurteilung nur unter Abstützen auf medizinischen Sachverstand möglich sein wird. Ein nur begrenzt gerichtl. überprüfbarer Beurteilungsspielraum wird nicht anzunehmen sein.

76 **Satz 7** erstreckt diesen Maßstab der Unzumutbarkeit bestimmter ärztlicher Behandlungen auf ärztliche Untersuchungsmaßnahmen, die sich für den Soldaten als ebenso erhebliche Eingriffe in die körperliche Unversehrtheit darstellen. Auch ihre Vornahme ist von der Zustimmung des Soldaten abhängig.

§ 18 Gemeinschaftsunterkunft und Gemeinschaftsverpflegung

¹Der Soldat ist auf dienstliche Anordnung verpflichtet, in einer Gemeinschaftsunterkunft zu wohnen und an einer Gemeinschaftsverpflegung teilzunehmen. ²Die zur Durchführung erforderlichen Verwaltungsvorschriften erlässt das Bundesministerium der Verteidigung im Einvernehmen mit dem Bundesministerium des Innern.

---

157 Zur Unzumutbarkeit s.u. Rn. 75.
158 Vgl. BVerwGE 63, 278 (283 f. m.w.N.).
159 Gemeint ist nur die Versorgung wegen einer WDB, nicht die Dienstzeitversorgung, vgl. GKÖD I Yk, § 17 Rn. 36 u. *Scherer/Alff*, SG, § 17 Rn. 61.
160 Scherer/Alff, SG, § 17 Rn. 58.
161 Vgl. die Beispiele für erhebliche Eingriffe in die körperliche Unversehrtheit bei *Scherer/Alff*, SG, § 17 Rn. 59: Öffnung von Leibeshöhlen, Amputation wichtiger Gliedmaße, entstellende Operationen.

Gemeinschaftsunterkunft und Gemeinschaftsverpflegung § 18

Literatur: *Dreber, Michael:* Verpflichtungen der Soldaten, UBWV 2000, 57; *Lingens, Eric:* Die Einschränkung der Grundrechte für den Soldaten, Truppenpraxis 1979, 7; *ders.:* Probleme bei der Handhabung der Disziplinargewalt, NZWehrr 1980, 57; *ders.:* Beschwerde gegen Durchsuchung und Beschlagnahme? NZWehrr 1998, 201; *ders.:* Anm. zu BVerwG NZWehrr 2000, 209, NZWehrr 2000, 212; *ders.:* Fragen zur Durchsuchung und Beschlagnahme, BWV 2003, 124; *Mutschler, Bernd:* Die Grundrechte der „Staatsbürger in Uniform", NZWehrr 1998, 1.

Übersicht

	Rn.		Rn.
A. Allgemeines	1 – 9	**B. Erläuterungen im Einzelnen**	10 – 24
1. Entstehung der Vorschrift	1 – 2	1. § 18 und Grundgesetz	10 – 15
2. Änderungen der Vorschrift	3 – 5	2. Satz 1	16 – 22
3. Bezüge zum Beamtenrecht bzw. zu sonstigen rechtl. Vorschriften; ergänzende Dienstvorschriften und Erlasse	6 – 9	a) „Der Soldat ... ist verpflichtet"	16 – 20
		b) „auf dienstliche Anordnung"	21 – 22
		3. Satz 2	23
		4. Rechtsweg	24

A. Allgemeines

1. Entstehung der Vorschrift

Im REntw.[1] war eine dem heutigen § 18 entspr. Regelung **nicht enthalten**. Der VertA[2] hielt es nach Abstimmung mit dem Ausschuss für Beamtenrecht dennoch für erforderlich, eine solche – im Gesetz – verankerte Verpflichtung des Soldaten zum gemeinsamen Wohnen und zur Teilnahme an der Gemeinschaftsverpflegung ausdrücklich zu normieren. § 9a[3], später § 15c[4], bestimmte unter der Überschrift „Gemeinsames Wohnen": 1

„Der Soldat ist auf dienstliche Anordnung verpflichtet, in einer Gemeinschaftsunterkunft zu wohnen und an einer Gemeinschaftsverpflegung teilzunehmen. Die zur Durchführung erforderlichen Verwaltungsvorschriften erlässt der Bundesminister für Verteidigung im Einvernehmen mit dem Bundesminister der Finanzen."

Mit dieser vom BT beschlossenen Fassung lehnte sich der Gesetzgeber an den seinerzeit geltenden § 4 des Gesetzes zur vorläufigen Regelung der Rechtsverhältnisse der Polizeivollzugsbeamten des Bundes vom 6.8.1953[5] an. 2

2. Änderungen der Vorschrift

Durch § 1 Abs. 1 Nr. 4 des G vom **20.8.1960**[6] wurde in Satz 2 der BMF durch den BMI ersetzt. 3

Mit der Neubekanntmachung des SG vom **22.4.1969**[7] wurde in Satz 2 aus dem Bundesminister *für* Verteidigung der Bundesminister *der* Verteidigung. Ein Gesetzesbeschl. des BT erging hierzu nicht.[8] 4

---

1 BT-Drs. II/1700.
2 BT-Drs. II/2140, 9.
3 Fassung des Entw. des SG v. 18.2.1956.
4 BT-Drs. II/2140, 35.
5 BGBl. I S. 899.
6 BGBl. I S. 705.
7 BGBl. I S. 313, 429.
8 Ein Erl. des BMVg (VMBl. 1962 S. 2) wurde als ausreichend angesehen. Vgl. *Walz*, NZWehrr 1996, 117.

§ 18 Gemeinsame Vorschriften

5   Art. 1 Nr. 3 des **SGÄndG** stellte die Bezeichnung des BMVg und des BMI in Satz 2 auf die sächliche Form um[9]; Art. 1 Nr. 14 des SGÄndG fasste die Gesetzesüberschrift neu. Diese sollte damit „vervollständigt" und „präzisiert" werden.[10]

3. Bezüge zum Beamtenrecht bzw. zu sonstigen rechtl. Vorschriften; ergänzende Dienstvorschriften und Erlasse

6   § 133e Abs. 1 BRRG eröffnet die Möglichkeit, **Beamte „für Zwecke der Verteidigung"** zu verpflichten, „vorübergehend in Gemeinschaftsunterkunft zu wohnen und an Gemeinschaftsverpflegung teilzunehmen". Gleiches für **Beamte, die dienstl. im Ausland** verwendet werden und dabei erhöhten Gefahren ausgesetzt sind, soweit dienstl. Gründe dies erfordern (§ 133f Abs. 2 Satz 1 Nr. 1 BRRG).

7   Für **ZDL** bestimmt § 31 Satz 1 ZDG, dass diese auf dienstl. Anordnung verpflichtet sind, in einer dienstl. Unterkunft zu wohnen und an einer Gemeinschaftsverpflegung teilzunehmen.

8   **DBest.** zu § 18 sind:
- ZDv 70/1 „Die Liegenschaften der Bundeswehr" (März 1974), Anl. 1 zu Anhang Teil A, VV über die Verpflichtung zum Wohnen in Gemeinschaftsunterkunft.
- AVV zu § 18 SG über die Verpflichtung zur Teilnahme an der Gemeinschaftsverpflegung im Frieden.[11]
- ZDv 36/1 „Die Verpflegung der Bundeswehr im Frieden" (Stand 1989).

9   **Ergänzend** sind zu beachten:
- § 39 Abs. 2[12], § 69 Abs. 3 und 4 BBesG
- §§ 3 und 4 WSG
- § 25 Abs. 2 Satz 2 WDO und der Erl. des BMVg ZDv 14/3 B 132
- AVV zu § 3 WSG[13]
- ZDv 70/1, Anl. 2 zu Anhang Teil A, Best. über die Erlaubnis zum Wohnen in Gemeinschaftsunterkunft
- Erl. des BMVg „Unterkunftspauschale für freiwillige Inanspruchnahme von Gemeinschaftsunterkunft"[14]
- ZDv 10/5 „Leben in der militärischen Gemeinschaft" (Dezember 1993, Neudruck September 2005), Nr. 217 ff.

B. Erläuterungen im Einzelnen

1. § 18 und Grundgesetz

10 Von der Ermächtigung des **Art. 17a Abs. 2 GG**, für Soldaten durch Gesetz die Grundrechte der Freizügigkeit (Art. 11 GG) und der Unverletzlichkeit der Wohnung (Art. 13 GG) einzuschränken, hat der Gesetzgeber **keinen Gebrauch** gemacht.

11 Soweit der Soldat gem. § 18 Satz 1 verpflichtet ist, in einer Gemeinschaftsunterkunft zu wohnen, berührt dies seine **Grundrechte aus Art. 2 Abs. 1 und 11 Abs. 1 GG**; soweit der Soldat verpflichtet ist, an einer Gemeinschaftsverpflegung teilzunehmen, ist jedenfalls Art. 2 Abs. 1 GG betroffen.

---

9 BT-Drs. 14/4062, 18.
10 BT-Drs. 14/4062, 18.
11 VMBl. 1997 S. 39.
12 Vgl. hierzu BVerwG 2 B 30/04.
13 VMBl. 1996 S. 319.
14 VMBl. 2005 S. 61.

Die **Rspr.**[15] hat diese gesetzl. Verpflichtungen des Soldaten pauschal mit dem Verfassungsauftrag der SK gem. Art. 87a Abs. 1 GG begründet. Da die Bw nicht nach dem System einer Miliz aufgebaut sei, sondern „der gesamte Friedensbestand ständig unter Waffen steht", sei die Zusammenfassung der Soldaten in Gemeinschaftsunterkünften grds. von vornherein „vorgegeben". Die **Lit.**[16] ist dieser Auffassung gefolgt.   12

Die Begrenzung der zit. Grundrechte durch § 18 Satz 1 lässt sich indes nicht und zumindest nicht ausschließlich durch den Hinw. auf den Verteidigungsauftrag der SK erklären. Im Hinblick auf Art. 2 Abs. 1 GG bedarf es einer näherer Auseinandersetzung mit dem Schrankenvorbehalt der „verfassungsmäßigen Ordnung", im Hinblick auf Art. 11 Abs. 1 GG mit dem Gesetzesvorbehalt im Zusammenhang mit der Gefahr für den Bestand des Bundes. Eine **rechtl.** zweifelsfreie Lösung würde voraussetzen, dass der Gesetzgeber von der Ermächtigung des Art. 17a Abs. 2 GG Gebrauch machen (und dabei auch das Zitiergebot des Art. 19 Abs. 1 Satz 2 GG beachten) würde.   13

Str. ist, ob eine Gemeinschaftsunterkunft als (verfassungsrechtl. geschützte) „**Wohnung**" i.S.v. **Art. 13 Abs. 1 GG** zu verstehen ist. Die h.M.[17] verneint dies mit der Begr., insoweit stehe nur dem mil. Vorg. das Hausrecht zu.   14

Die h.M. übersieht dabei folgendes:

Der Schutzbereich von Art. 13 Abs. 1 GG wird sehr weit gefasst. Als „Wohnung" werden u.a. angesehen Gast- und Hotelzimmer, Zimmer in Studentenwohnheimen, Arbeits-, Betriebs- und Geschäftsräume, soweit sie der Öffentlichkeit nicht zugänglich sind. Ausgenommen sind etwa Räume von Häftlingen oder Besucherräume in „Untersuchungsgefängnissen".[18]

Der Soldat ist verpflichtet, in der Gemeinschaftsunterkunft zu „**wohnen**" (§ 18 Satz 1), so dass auch grammatikalisch die Nähe zur „Wohnung" i.S.v. Art. 13 Abs. 1 GG gegeben ist.[19] Der Versuch, im Rahmen von § 20 Abs. 1 Satz 1 WDO zwischen Soldaten zu differenzieren, die einerseits freiwillig, andererseits auf dienstl. Anordnung in einer Gemeinschaftsunterkunft wohnen[20], ist dogmatisch kaum nachvollziehbar und führt zu erheblichen praktischen Problemen. Diese lassen sich vermeiden, wenn Gemeinschaftsunterkünfte ausnahmslos in den Schutzbereich von Art. 13 Abs. 1 GG einbezogen werden. § 20 WDO wäre dann entspr. zu ändern.

Die Verpflichtung zur Teilnahme an der Gemeinschaftsverpflegung ist in Bezug auf Art. 4 Abs. 1 und 2 GG „verfassungskonform" so auszulegen, dass sie für die Einhaltung **religiöser Speisevorschriften** Raum lässt.[21] Die Darlegung eines Soldaten, „ethischer Vegetarier" zu sein, gebietet noch keine von der Gemeinschaftsverpflegung abw.   15

---

15 BVerwG NZWehr 1973, 68; BVerwG ZBR 1983, 167 (Gemeinschaftsunterkunft); BDHE 7, 187 (Gemeinschaftsverpflegung).
16 *Bornemann*, RuP, 70; GKÖD I Yk, § 18 Rn. 1; *Lingens*, Truppenpraxis 1979, 8; *Mutschler*, NZWehr 1998, 6; *Rittau*, SG, 143; *Scherer/Alff*, SG, § 6 Rn. 44; § 18 Rn. 3; *Wipfelder*, Wehrrecht, Rn. 537.
17 *Bachmann*, NZWehr 2001, 190; *Ipsen*, in: Bonner Komm. zum GG, Art. 17a Rn. 144; *Lingens*, Truppenpraxis 1979, 8 m.w.N.; *ders.*, NZWehr 1998, 203; *ders.*, NZWehr 2000, 213; *ders.*, BWV 2003, 124; *Scherer/Alff*, SG, § 18 Rn. 3. A.A. *Mutschler*, NZWehr 1998, 6.
18 Vgl. *Jarass*, in: Jarass/Pieroth, GG, Art. 13 Rn. 2.
19 Nach der ZDv 10/5 (Nr. 312) ist „die Stube in der Gemeinschaftsunterkunft der Wohnbereich (!) der Soldatin bzw. des Soldaten".
20 BVerwG NZWehr 2000, 209; BT-Drs. 14/4660, 26; *Bachmann*, NZWehr 2001, 190; *Dau*, WDO, § 20 Rn. 12; *Lingens*, BWV 2003, 125.
21 BVerwGE 57, 215.

Beköstigung; eine solche Behauptung ist keine Gewissensentscheidung i.S.v. Art. 4 Abs. 1 GG.[22]

2. Satz 1

16 a) **„Der Soldat ... ist verpflichtet"**

Die oben in Rn. 8 zit. VV bestimmen – unter den Prämissen der Verhältnismäßigkeit und der Gleichbehandlung[23] – den **Personenkreis**, der zum Wohnen in der Gemeinschaftsunterkunft bzw. zur Teilnahme an der Gemeinschaftsverpflegung verpflichtet ist. Dies sind[24] grds. die Soldaten, die auf Grund der WPfl Wehrdienst leisten, SaZ während der Dauer des gesetzl. GWD sowie sonstige Mannschaften, Uffz, Lt und OLt bis zum 25. Lebensjahr und Soldaten, die aus dienstl. Gründen (z.b. während eines Lehrgangs) verpflichtet werden.

17 Auf Antrag können diese Soldaten durch einen Offz mit der Disziplinarbefugnis eines BtlKdr von diesen Verpflichtungen **befreit** werden. Über solche Anträge ist ermessensfehlerfrei[25] und formgerecht zu entscheiden.

18 Die Verpflichtung zum Wohnen in der Gemeinschaftsunterkunft hat besoldungsrechtl. (§ 10, § 39 Abs. 2[26], § 69 Abs. 3 BBesG), steuerrechtl.[27] und reisekostenrechtl. Konsequenzen.[28] Die zum GWD einberufenen WPfl haben in Folge der Verpflichtung zum Wohnen in einer Gemeinschaftsunterkunft nur dann Anspruch auf **Mietbeihilfe** gem. § 7a Abs. 1 Satz 1 USG, wenn sie u.a. vor dem Diensteintritt selbst Mieter von Wohnraum waren.

19 Die Verpflichtung zum Wohnen in der Gemeinschaftsunterkunft ist ferner von rechtl. Relevanz im Zusammenhang mit der Disziplinarmaßnahme der **Ausgangsbeschränkung**. Gem. § 25 Abs. 2 Satz 2 WDO darf eine Ausgangsbeschränkung nur gegen Soldaten verhängt werden, die auf Grund dienstl. Anordnung nach § 18 verpflichtet sind, in einer Gemeinschaftsunterkunft zu wohnen. Ggf. ist vor der Verhängung dieser Disziplinarmaßnahme eine Befreiung von der Verpflichtung aufzuheben.[29] Wer, ohne hierzu verpflichtet zu sein, freiwillig in der Kaserne wohnt, kann nicht mit dieser Disziplinarmaßnahme belegt werden.[30]

20 Schließlich ist § 18 Satz 1 Rechtsgrundlage für den **Zapfenstreich** und die **Ausgangsregelung**.[31,32] Dies gilt unabhängig davon, dass die ZDv 10/5 nur einen grds. Zusammenhang zwischen der Ausgangsregelung/dem Zapfenstreich und der Verpflichtung zum Wohnen in der Gemeinschaftsunterkunft herstellt, ohne die hierzu erlassenen VV komplett widerzuspiegeln.

21 b) **„auf dienstliche Anordnung"**

Der Begriff der „dienstlichen Anordnung" ist dem **Wehrrecht fremd**. Er ist im Kontext mit § 18 Satz 1 nur entstehungsgeschichtlich und wegen der Bezüge zum Besoldungs-

---

22 OVG Schleswig NVwZ 1993, 702.
23 BVerwG NZWehr 1973, 68; GKÖD I Yk, § 18 Rn. 3.
24 Vgl. im Einzelnen *Dreber*, UBWV 2000, 57.
25 Vgl. JB 2003 des WBeauftr (BT-Drs. 15/2600, 38).
26 Vgl. hierzu BVerwG 2 B 30/04.
27 Vgl. *Dreber*, UBWV 2000, 59.
28 Bzgl. der Befreiung von der Teilnahme an der Gemeinschaftsverpflegung vgl. VV zu § 3 WSG.
29 Vgl. ZDv 14/3 B 132 Nr. 2.2.
30 ZDv 14/3 B 132 Nr. 2.2; *Dau*, WDO, § 25 Rn. 12; *Lingens*, NZWehr 1980, 58.
31 ZDv 10/5 Nr. 217 ff.
32 *Scherer/Alff*, SG, § 18 Rn. 2. Vgl. auch BVerwG ZBR 1983, 167.

recht verständlich. Soldatentypisch hätte es heißen müssen: „Soldaten kann allgemein oder im Einzelfall befohlen werden, ..." Die geltenden Best.[33] hätten vom BMVg auch als **Dauerbefehl**[34] erlassen werden können.

Ob es angesichts der ständig geringer werdenden Anzahl von generell verpflichteten und der hohen Zahl von rechtl. oder faktisch[35] befreiten Soldaten noch erforderlich und zweckmäßig ist, an „dienstlichen Anordnungen" des BMVg festzuhalten, ist eine Frage, die im Rahmen dieses Komm. nicht zu beantworten ist. Bemerkenswert ist jedenfalls, dass dienstl. Anordnungen, die ZDL verpflichten, in einer dienstl. Unterkunft zu wohnen (§ 31 Satz 1 ZDG), nicht mehr allg. verfügt worden. Bei ZDL werden, einzelfallbezogen, die **Einberufungsbescheide** mit einem diesbezüglichen **Zusatz** versehen; nur ausnahmsweise ergeht eine solche Anordnung erst im Laufe der Dienstleistung.[36] 22

3. Satz 2

Die VV gem. Satz 2 sind oben in Rn. 8 und 9 zit. 23

Der „Ermächtigung"[37] gem. Satz 2 hätte es nicht bedurft. Sie folgt bereits aus der Ressortkompetenz des BMVg gem. Art. 65 Satz 2 GG. Das mit dem BMI herzustellende Einvernehmen ergibt sich aus § 69 Abs. 4 Satz 1 BBesG. Nicht erforderlich ist dieses beim Erl. von AVV zum WSG (§ 10 WSG).

4. Rechtsweg

Der Rechtsweg zu den **Wehrdienstgerichten** ist gegeben, soweit sich der Soldat gegen eine **Anordnung** wendet, die ihn zum Wohnen in einer Gemeinschaftsunterkunft oder/und zur Teilnahme an der Gemeinschaftsverpflegung verpflichtet.[38] 24

Soweit der Soldat mit der **Art und Weise** einer Gemeinschaftsunterkunft nicht einverstanden ist, sind die **VG** zuständig, da sich Qualität und Umfang dieser Sachleistung nach § 30 bemessen.[39] Das Gleiche gilt für die **besoldungsrechtl. Folgen** des Wohnens in einer Gemeinschaftsunterkunft.[40]

Ebenfalls die **VG** sind zuständig, soweit der Soldat Rechtsverletzungen im Zusammenhang mit der **Verpflegung** geltend macht.[41]

Preiserhöhungen in einer privatrechtl. betriebenen Behördenkantine der Bw sind weder durch die TDG noch durch die VG überprüfbar.[42]

---

33 Vgl. o. Rn. 8, 9.
34 Vgl. hierzu *Schölz/Lingens*, WStG, § 2 Rn. 11.
35 Vgl. OVG Münster NZWehrr 1991, 170.
36 *Brecht*, ZDG, 149; VGH Mannheim 11 S 2580/93.
37 *Scherer/Alff*, SG, § 18 Rn. 4.
38 BVerwG ZBR 1983, 167; BVerwG NZWehrr 1993, 32.
39 BVerwG NZWehrr 1989, 199; BVerwG DokBer B 1989, 201.
40 OVG Hamburg NZWehrr 1980, 68.
41 BVerwG NZWehrr 1983, 75.
42 BVerwG NZWehrr 1999, 76.

§ 19 Gemeinsame Vorschriften

§ 19 Annahme von Belohnungen oder Geschenken[1]

¹Der Soldat darf, auch nach seinem Ausscheiden aus dem Wehrdienst, keine Belohnungen oder Geschenke in Bezug auf seine dienstliche Tätigkeit annehmen. ²Ausnahmen bedürfen der Zustimmung des Bundesministeriums der Verteidigung. ³Die Befugnis zur Zustimmung kann auf andere Stellen übertragen werden.

Literatur: *Battis, Ulrich:* Anm. zu BVerwGE 100, 172, JZ 1996, 856; *Ebenroth, Carsten Thomas/Koos, Stefan:* Anm. zu BVerwGE 100, 172, Zeitschrift für Erbrecht und Vermögensnachfolge (ZEV) 1996, 344; *Zetzsche, Holger:* Zum Anspruch des Dienstherrn auf Herausgabe von Schmiergeldern, BWV 2003, 54.

Übersicht

	Rn.		Rn.
A. Allgemeines	1 – 11	3. Satz 1	15 – 21
1. Entstehung der Vorschrift	1 – 4	a) Personenkreis	15 – 17
2. Änderungen der Vorschrift	5 – 8	b) „Belohnungen oder Geschenke"	18
3. Bezüge zum Beamtenrecht bzw. zu sonstigen rechtl. Vorschriften; ergänzende Erlasse	9 – 11	c) „in Bezug auf seine dienstliche Tätigkeit annehmen"	19 – 21
		4. Satz 2	22 – 26
		5. Satz 3	27
B. Erläuterungen im Einzelnen	12 – 32	6. Sonstiges	28 – 32
1. Zweck der Vorschrift	12	a) Herausgabepflicht	28 – 29
2. § 19 und Grundgesetz	13 – 14	b) Konkurrenzen	30 – 31

A. Allgemeines

1. Entstehung der Vorschrift

1 § 14 des REntw.[2] war – unter der Überschrift „Annahme von Belohnungen" folgendermaßen gefasst:

„Der Soldat darf, auch nach seinem Ausscheiden aus dem Wehrdienst, Belohnungen oder Geschenke in bezug auf seine Dienststellung nur mit Zustimmung des Bundesministers für Verteidigung annehmen. Die Befugnis zur Zustimmung kann auf andere Dienststellen übertragen werden."

2 In der **Begr.**[3] wurde ausgeführt, die Vorschrift „lehne" sich an § 70 BBG „an".

3 Der **BR** schlug in seiner Stellungnahme[4] vor, die Wörter „in bezug auf seine Dienststellung" durch die Wörter „in bezug auf seine dienstliche Tätigkeit" zu ersetzen.

---

1 Künftig: „Verbot der Annahme von Belohnungen oder Geschenken, Herausgabe- und Auskunftspflicht" (i.d.F. des Entw. eines Strukturreformgesetzes). Der bisherige Text des § 19 wird Abs. 1. Folgender neuer Abs. 2 wird angefügt: „Wird das in Absatz 1 Satz 1 genannte Verbot verletzt, und wird die Zustimmung zur Annahme nicht nachträglich erteilt, hat der Soldat das auf Grund des pflichtwidrigen Verhaltens Erlangte auf Verlangen dem Dienstherrn herauszugeben. Dies gilt nicht, wenn im Strafverfahren der Verfall des Erlangten angeordnet worden ist. Die Herausgabe erstreckt sich auf die gezogenen Nutzungen und auf dasjenige, was der Soldat auf Grund eines erlangten Rechts oder als Ersatz für die Veräußerung, Zerstörung, Beschädigung der erlangten Gegenstandes erwirbt. Ist die Herausgabe wegen der Beschaffenheit des Erlangten nicht möglich oder ist der Soldat aus einem anderen Grund zur Herausgabe außer Stande, ist der Wert zu ersetzen. Die Herausgabepflicht nach Satz 1 beinhaltet auch die Pflicht, dem Dienstherrn Auskunft über Art, Umfang und Verbleib des Erlangten zu geben."
2 BT-Drs. II/1700, 5.
3 BT-Drs. II/1700, 23.
4 BT-Drs. II/1700, 38.

Damit sollten eine „Klarstellung" und eine (weitere) „Angleichung an das Beamtengesetz" erfolgen. Die **BReg** stimmte diesem Vorschlag zu.[5]
Auf Antrag des Abg. *Dr. Kihn* (CDU/CSU) beschloss der **Rechtsausschuss** des BT in seiner Sitzung vom 18.11.1955[6] ebenfalls, der Anregung des BR zu folgen. Dasselbe galt für den **Ausschuss für Beamtenrecht**.[7]
Der VertA[8] platzierte § 14 des REntw. als neuen § 15d hinter den neu eingefügten § 15c „Gemeinsames Wohnen". In der Begr.[9] stellte der VertA klar, dass diese Best. § 70 BBG „entspricht", sich also nicht nur an diese Vorschrift „anlehnt".

2. Änderungen der Vorschrift

Die Angabe „Bundesminister für Verteidigung" in Satz 1 wurde – ohne formale Gesetzesänd. – mit der Neubekanntmachung des SG vom **22.4.1969**[10] durch die Angabe „Bundesminister der Verteidigung" ersetzt.

Durch Art. 12 des G vom **13.8.1997**[11] erhielt § 19 folgende Fassung:

„Der Soldat darf, auch nach seinem Ausscheiden aus dem Wehrdienst, keine Belohnungen oder Geschenke in bezug auf seine dienstliche Tätigkeit annehmen. Ausnahmen bedürfen der Zustimmung des Bundesministeriums der Verteidigung. Die Befugnis zur Zustimmung kann auf andere Dienststellen übertragen werden."

Art. 1 Nr. 7 des **SGÄndG** ersetzte das Wort „Dienststellen" in Satz 3 durch das Wort „Stellen"; Art. 1 Nr. 15 des gleichen Gesetzes ergänzte die Überschrift um die Wörter „oder Geschenken". Damit sollten eine „sprachliche Anpassung" an andere Best. des SG und eine „Vervollständigung und Präzisierung" der Überschrift erfolgen.[12]

Seit der Neubekanntmachung des SG vom **14.2.2001**[13] wird das Wort „Bezug" in Satz 1 groß geschrieben.

3. Bezüge zum Beamtenrecht bzw. zu sonstigen rechtl. Vorschriften; ergänzende Erlasse

In § 43 BRRG ist das „Verbot der Geschenkannahme" für **alle Beamten** geregelt, in § 70 BBG für die **Bundesbeamten**. § 70 BBG findet gem. § 46 DRiG auf **Richter im Bundesdienst** entspr. Anwendung.

§ 70 BBG war entstehungsgeschichtlich[14] zunächst „Vorbild"[15] für § 19. Aus heutiger Sicht ist § 19 **inhaltlich identisch** mit dem nahezu wortgleichen § 70 BBG.[16] Der Versuch, das Verbot des § 70 BBG auf die „amtsbezogene Vorteilsannahme" und das § 19 auf die „dienstliche Tätigkeit des amtslosen Soldaten" zu beziehen[17], wirkt künstlich und ist für die Praxis untauglich. Die Rspr. der Beamtendisziplinarsenate des BVerwG zu § 70 BBG ist vielmehr ohne Weiteres auf die Würdigung gleichgelagerter Dienstvergehen von Soldaten übertragbar.

---

5 BT-Drs. II/1700, 44.
6 Prot. Nr. 86, 43; vgl. auch Ausschussdrs. 18, 2.
7 Prot. der 39. Sitzung v. 6.12.1955, 2.
8 BT-Drs. II/2140, 35.
9 BT-Drs. II/2140, 9.
10 BGBl. I S. 313.
11 BGBl. I S. 2038.
12 BT-Drs. 14/4062, 18.
13 BGBl. I S. 232.
14 Vgl. o. Rn. 2-4.
15 BVerwG NZWehrr 1982, 63 (64); *Bornemann*, RuP, 58; *Stauf* I, § 19 SG Rn. 1.
16 So bereits *Rittau*, SG, 143. Jetzt auch Nr. 1.1 der AusfBest BMVg.
17 GKÖD I Yk, § 19 Rn. 1.

10 Auf Grund der Globalverweisung des § 78 Abs. 2 ZDG ist § 19 auch auf **ZDL** anwendbar.[18]

11 Zu § 19 folgende **Erl. des BMVg** ergangen:
- „Annahme von Belohnungen oder Geschenken" (Neufassung), VMBl. 2005 S. 126.
- DBest. zur AVV der BReg zur Förderung von Tätigkeiten des Bundes durch Leistungen Privater (Sponsoring, Spenden und sonstige Schenkungen)[19], VMBl. 2004 S. 26.

Das RdSchr. des BMI zum Verbot der Annahme von Belohnungen oder Geschenken vom 8.11.2004[20] ist in den Erl. des BMVg VMBl. 2005 S. 126 eingearbeitet worden.

B. Erläuterungen im Einzelnen

1. Zweck der Vorschrift

12 Ziel des § 19 ist – unabhängig von einer evtl. strafrechtl. Verfolgung des Soldaten gem. §§ 331 ff. StGB –, den Anschein vermeiden zu helfen, „als wäre der Soldat ... in seiner dienstlichen Tätigkeit durch Gefälligkeiten u.ä. beeinflußbar oder verfolge bei seiner Dienstausübung persönliche Interessen. ... **Unbestechlichkeit** und **Uneigennützigkeit** gehören zu den Grundlagen eines jeden öff.-rechtl. Dienst- oder Treueverhältnisses".[21] § 70 BBG (und entspr. § 19 SG) soll die „Integrität der öffentlichen Verwaltung" schützen und „konstitutiv für eine ausschließlich an Recht und Gesetz gebundene vollziehende Gewalt" sein. Es handele sich gar um einen „Eckpfeiler eines rechtsstaatlichen öffentlichen Dienstes".[22]

Ob eine derartige Hervorhebung des § 19 rechtspolitisch begründbar ist, kann hier dahinstehen. Sicher ist jedenfalls, dass auch bestimmte Bereiche der dienstl. Tätigkeit von Soldaten latent korruptionsgefährdet sind. Mit § 19 will der Gesetzgeber daher auch einen Beitrag zur **Korruptionsprävention** leisten.[23]

2. § 19 und Grundgesetz

13 Die Zustimmungsbedürftigkeit der Annahme von Belohnungen oder Geschenken berührt die **allg. Handlungsfreiheit** (Art. 2 Abs. 1 GG) und ggf. die **Eigentumsgarantie** und das Erbrecht (Art. 14 Abs. 1 Satz 2 GG). Sie konkretisiert zulässigerweise die diesen Grundrechten durch die verfassungsmäßige Ordnung gesetzten Schranken.[24]

14 Auf die **hergebrachten Grundsätze des Berufsbeamtentums** i S v. Art. 33 Abs. 5 GG braucht in diesem Kontext nicht zurückgegriffen zu werden[25] und zwar schon deswegen nicht, weil diese – zumindest unmittelbar – für Soldaten (und ZDL) nicht gelten.[26] Es ist unredlich und unlogisch, den Soldaten die hergebrachten Grundsätze des Berufsbeamtentums vorzuenthalten, soweit sich daraus Ansprüche des Einzelnen gegenüber dem Staat ableiten lassen, und sie andererseits diesen Grundsätzen zu unterwerfen, soweit damit Pflichten des Einzelnen begründet werden sollen.

---

18 BVerwGE 100, 172 (174); *Brecht*, ZDG, 230; GKÖD I Yk, § 19 Rn. 1.
19 VMBl. 2004 S. 24.
20 GMBl. S. 1074.
21 BVerwGE 100, 172 (175). Ebenso bereits BVerwGE 73, 194 (196) = NZWehrr 1982, 228; BVerwGE 86, 5 (8).
22 BVerwGE 106, 324 (325); BVerwG DVBl. 2000, 1130.
23 BVerwGE 115, 389 (391); *Plog/Wiedow/Lemhöfer*, BBG, § 70 Rn. 1; *Scherer/Alff*, SG, § 19 Rn. 1.
24 BVerwGE 100, 172 (175 f.) mit zust. Anm. *Ebenroth/Koos*, ZEV 1996, 344.
25 A.A. BVerwGE 100, 172 (176) mit insoweit zust. Anm. *Battis*, JZ 1996, 856; *Ebenroth/Koos*, ZEV 1996, 344.
26 St. Rspr. seit BVerfGE 3, 288 (334); BVerwGE 21, 270 (274).

3. Satz 1

a) Personenkreis

Nach dem eindeutigen Wortlaut des Satzes 1 gilt die Vorschrift für **aktive** und **ehem.** **15**
Soldaten. Das Verbot des § 19 wirkt über die Zeit der Beendigung des Dienstverhältnisses hinaus fort. Dem entspr. gilt ein Verstoß auch dann als Dienstvergehen, wenn der Soldat ausgeschieden ist (§ 23 Abs. 2 Nr. 1).[27]

Bei **ehem. Soldaten** ist besonders zu prüfen, ob eine Zuwendung noch in **Bezug** auf ihre **16**
frühere dienstl. Tätigkeit gewährt wird. Erhält ein früherer Soldat ein Geschenk im Rahmen einer neuen – privaten – Beschäftigung, ist dies belanglos.[28] In diesem Zusammenhang kann dem **zeitlichen Abstand** zwischen der Beendigung des Dienstverhältnisses und einer Anschlussbeschäftigung eine „besondere Bedeutung" zukommen.[29]

Zuständig für die Erteilung einer Zustimmung an einen ehem. Soldaten ist der **frühere nächsthöhere DiszVorg.**[30]

Nimmt ein **(künftiger) Soldat** *vor* der Begründung seines soldatischen Dienstverhält- **17**
nisses Belohnungen oder Geschenke im Hinblick auf seine spätere dienstl. Tätigkeit an, verstößt er weder gegen § 19 noch gegen die §§ 331 ff. StGB. Für eine Pflichtverletzung gem. § 19 ist die (vorherige) Begründung des Dienstverhältnisses zwingende Voraussetzung; für einen Verstoß gegen die §§ 331 ff. StGB muss eine Amtsträgereigenschaft i.S.v. § 11 Abs. 1 Nr. 2 StGB belegt sein. Diese wiederum setzt einen öff.-rechtl. Bestellungsakt voraus.[31]

b) „Belohnungen oder Geschenke"

Belohnungen und Geschenke sind alle **wirtschaftlichen Vorteile**, die dem Soldaten un- **18**
mittelbar oder mittelbar (seiner Familie) gewährt werden, auf die kein Anspruch besteht und die den Empfänger materiell oder immateriell objektiv besser stellen. Zum Wesen einer solchen Leistung gehört das **Fehlen einer gleichwertigen Gegenleistung**.[32] Eine Differenzierung zwischen den Begriffen „Belohnung" und „Geschenk" ist nicht erforderlich; im Grunde handelt es sich um ein tautologisches Begriffspaar.[33] In Frage kommen Geld, Sachwerte, letztwillige Verfügungen[34], besondere Konditionen bei Verträgen aller Art, überhöhte Zahlungen bei Nebentätigkeiten, kostenlose oder verbilligte Überlassung von Fahrzeugen oder Unterkünften, Übernahme der Kosten einer Urlaubsreise, Auszeichnungen usw.[35] Auf den Wert der Belohnung oder des Geschenks kommt es in diesem Zusammenhang nicht an; auch sog. verkehrsübliche Zuwendungen wie Werbegeschenke sind grds. zustimmungspflichtig.[36]

c) „in Bezug auf seine dienstliche Tätigkeit annehmen"

Der Zusammenhang zwischen der Belohnung/dem Geschenk und der dienstl. Tätigkeit **19**
des Soldaten ist weit auszulegen. Die dienstl. Tätigkeit reicht zunächst **weiter als** der

---

27 *Scherer/Alff*, SG, § 19 Rn. 8.
28 Vgl. *Plog/Wiedow/Lemhöfer*, BBG, § 70 Rn. 11.
29 BVerwGE 100, 172 (177) – für ZDL.
30 Abschn. C. Abs. 1 Nr. 3 des Erl. des BMVg VMBl. 2005 S. 126 (129).
31 *Tröndle/Fischer*, StGB, 50. Aufl. 2001, § 11 Rn. 20 m.w.N..
32 BVerwGE 73, 194 (196) = NZWehrr 1982, 228; BVerwG DokBer B 2002, 169; *Plog/Wiedow/Lemhöfer*, BBG, § 70 Rn. 2; *Scherer/Alff*, SG, § 19 Rn. 2.
33 Vgl. GKÖD I Yk, § 19 Rn. 2.
34 BVerwGE 100, 172 (175).
35 Vgl. Abschn. II. des RdSchr. des BMI VMBl. 2005 S. 126 (126)..
36 BDHE 5, 57; Nr. 1.2 der AusfBest BMVg; GKÖD I Yk, § 19 Rn. 2; *Rittau*, SG, 143 f.; a.A. *Scherer/Alff*, SG, § 19 Rn. 2.

Begriff der **„Diensthandlungen"** i.S.d. §§ 331, 332 StGB.[37] Es genügt ferner eine **„mitkausale Beziehung"** zwischen der dienstl. Stellung des Soldaten und dem gewährten Vorteil.[38] Nicht notwendig ist, dass sich der Geber durch eine bereits vorgenommene oder für die Zukunft erwartete Amtshandlung zu der Belohnung oder dem Geschenk hat bestimmen lassen. Ausreichend ist, dass der Geber die vom dem Soldaten innegehabte Dienststellung allg. für seine Zwecke „honorieren" will. Daher fallen **Zuwendungen untergebener Soldaten** oder anderer Mitarbeiter an ihre mil. Vorg. unter das grds. Zustimmungserfordernis.[39] Auch wenn es in der Praxis gelegentlich schwer fallen wird, die richtige Grenze zwischen dem privaten und dem dienstl. Geschenk zu ziehen, sollte insbes. bei wertvollen Geschenken die Zustimmung eingeholt werden.

20 Der Soldat muss das Geschenk oder die Belohnung **„annehmen"**. Eine „Annahme" liegt vor, wenn er den angebotenen Vorteil – zumindest konkludent – ausnutzt.[40] Erhält der Soldat ohne sein Wissen eine Zuwendung, z.b. indem ein Familienangehöriger diese entgegennimmt, ist diese dem Soldaten erst dann zuzurechnen, wenn er hiervon erfährt und dies hinnimmt.

21 Die Zuwendung kann unter dem **Vorbehalt der Genehmigung** angenommen werden. Diese ist unverzüglich nachzuholen.

4. Satz 2

22 Die Vorschrift geht von einem **Regel-Ausnahme-Verhältnis** aus: Grds. darf der Soldat keinerlei Belohnungen oder Geschenke annehmen. An die ausnahmsweise zu erteilende Zustimmung sind daher strenge Anforderungen zu stellen.[41]

23 Die Zustimmung ist **vor der Annahme** der Zuwendung schriftl. oder elektronisch einzuholen. Dies ergibt sich bereits daraus, dass der Gesetzgeber den Begriff „Zustimmung" und nicht „Genehmigung" verwendet. Eine Zustimmung ist vorher zu erklären; eine Genehmigung ist eine nachträgliche Zustimmung (§ 184 Abs. 1 BGB).

24 Die Zustimmung kann ausnahmsweise – als Genehmigung – nachgeholt werden.[42] Die Zustimmung kann mit einer **Auflage** verbunden werden.[43] Sie ist in jedem Fall **schriftl.** zu erteilen.[44]

25 An sich ist die Zustimmung für jeden **Einzelfall** gesondert zu erteilen.[45] Da dies mit einem erheblichen Verwaltungsaufwand verbunden wäre, gilt die Zustimmung in der Praxis für „geringwertige" und „übliche" Zuwendungen oder Geschenke aus dem Mitarbeiterkreis **allg.** als erteilt.[46] Man spricht dann von einer „stillschweigenden Zustimmung".

26 Die Entscheidung über eine beantragte Zustimmung ist ein **VA**.[47]

---

37 BVerwG DokBer B 2002, 169; GKÖD I Yk, § 19 Rn. 3.
38 Vgl. BDHE 7, 67.
39 BVerwGE 113, 4 (5); *Plog/Wiedow/Lemhöfer*, BBG, § 70 Rn. 4. Die Ausführungen des BMI in seinem RdSchr. v. 8.11.2004 (II. a.E.), für die Annahme von Geschenken aus dem Kreis der Beschäftigten „im üblichen Rahmen" sei keine Zustimmung (wohl auch keine stillschweigende) erforderlich, sind mit dem G nicht in Einklang zu bringen.
40 *Plog/Wiedow/Lemhöfer*, BBG, § 70 Rn. 3.
41 *Plog/Wiedow/Lemhöfer*, BBG, § 70 Rn. 6.
42 Vgl. o. Rn. 21.
43 BVerwG ZBR 2000, 273.
44 Abschn. III Nr. 1 Abs. 3 der AusfBest. des BMVg, VMBl. 2005 S. 126 (128).
45 *Plog/Wiedow/Lemhöfer*, BBG, § 70 Rn. 8.
46 Geringwertige Aufmerksamkeiten dürfen einen Handelspreis von 25,00 € nicht übersteigen. Vgl. Abschn. IV. des RdSchr. des BMI VMBl. 2005 S. 126 (127).In jedem Fall besteht eine Anzeigepflicht.
47 *Plog/Wiedow/Lemhöfer*, BBG, § 70 Rn. 9; *Rittau*, SG, 145.

Nebentätigkeit § 20

5. Satz 3
Von der Ermächtigung zur **Delegation** hat das BMVg mit den oben[48] zit. Erl. Gebrauch gemacht. 27

6. Sonstiges
a) Herausgabepflicht
Mit Urt. vom 31.1.2002[49] hat das BVerwG aus § 70 Satz 1 BBG einen Anspruch des Dienstherrn gegenüber dem Beamten auf Herausgabe von „Schmiergeldern" abgeleitet. Das Verbot der Annahme jedweder Vorteile in Bezug auf das Amt umfasse ein „**Behaltensverbot**". Der Senat setzte sich zwar mit dieser Entscheidung über sachgleiche Urt. des BGH hinweg; auch eine Begr. sucht man vergeblich. Dennoch hat das BVerwG in der Lit.[50] Zustimmung gefunden. Es ist davon auszugehen, dass die WDS des BVerwG bei Soldaten nicht anders judizieren werden. 28

In welcher Form der zuständige DiszVorg. den Soldaten zur Herausgabe des erlangten (Vermögens-)Vorteils zu veranlassen hat, ist nach der Rspr. offen. Bei **aktiven** Soldaten kommt die Erteilung eines entspr. **Befehls** in Frage, bei **ehem.** Soldaten eine **Weisung** in Form eines VA.

Für den Herausgabeanspruch gilt die **regelmäßige Verjährungsfrist**, die seit dem 1.1. 2002 drei Jahre beträgt.[51] 29

b) Konkurrenzen
Neben der Pflicht aus § 19 Satz 1 kann der Soldat gleichzeitig die Pflichten aus § 7, § 14 und § 17 Abs. 2 Satz 1 verletzt haben.[52] 30

Darüber hinaus können sich Offz und Uffz einer **Wehrstraftat** gem. § 48 Abs. 1 WStG i.V.m. §§ 331, 332 StGB und Mannschaften gem. § 48 Abs. 2 i.V.m. § 332 StGB strafbar gemacht haben. Die Zustimmung des Vorg. zur Annahme einer Zuwendung schließt grds. die Rechtswidrigkeit einer Tat nach § 332 StGB aus, nicht jedoch einer Tat nach § 331 StGB. 31

§ 20 Nebentätigkeit

(1) ¹**Der Berufssoldat und der Soldat auf Zeit bedürfen zur Übernahme jeder Nebentätigkeit, mit Ausnahme der in Absatz 6 abschließend aufgeführten, der vorherigen Genehmigung.** ²**Als Nebentätigkeit gilt nicht die Wahrnehmung öffentlicher Ehrenämter sowie einer unentgeltlichen Vormundschaft, Betreuung oder Pflegschaft eines Angehörigen; ihre Übernahme ist vor Aufnahme schriftlich anzuzeigen.**

(2) ¹**Die Genehmigung ist zu versagen, wenn zu besorgen ist, dass durch die Nebentätigkeit dienstliche Interessen beeinträchtigt werden.** ²**Ein solcher Versagungsgrund liegt insbesondere vor, wenn die Nebentätigkeit**
1. **nach Art und Umfang den Soldaten in einem Maße in Anspruch nimmt, dass die ordnungsgemäße Erfüllung seiner dienstlichen Pflichten behindert werden kann,**

---
48 Vgl. Rn. 11.
49 BVerwGE 115, 389.
50 *Scherer/Alff*, SG, § 19 Rn. 9; *Zetzsche*, BWV 2003, 54.
51 BVerwGE 115, 389 (392 f.).
52 BVerwGE 73, 194 (197) = NZWehr 1982, 228.

2. den Soldaten in einen Widerstreit mit seinen dienstlichen Pflichten bringen, dem Ansehen der Bundeswehr abträglich sein kann oder in einer Angelegenheit ausgeübt wird, in der die Dienststelle oder Einheit, der der Soldat angehört, tätig wird oder tätig werden kann,
3. die Unparteilichkeit oder Unbefangenheit des Soldaten beeinflussen kann,
4. zu einer wesentlichen Einschränkung der künftigen dienstlichen Verwendbarkeit des Soldaten führen kann.

[3]Ein solcher Versagungsgrund liegt in der Regel auch vor, wenn sich die Nebentätigkeit wegen gewerbsmäßiger Dienst- oder Arbeitsleistung oder sonst nach Art, Umfang, Dauer oder Häufigkeit als Ausübung eines Zweitberufs darstellt. [4]Die Voraussetzung des Satzes 2 Nr. 1 gilt in der Regel als erfüllt, wenn die zeitliche Beanspruchung durch eine oder mehrere Nebentätigkeiten in der Woche acht Stunden überschreitet. [5]Die Genehmigung ist auf längstens fünf Jahre zu befristen; sie kann mit Auflagen und Bedingungen versehen werden. [6]Ergibt sich eine Beeinträchtigung dienstlicher Interessen nach Erteilung der Genehmigung, so ist diese zu widerrufen.

(3) [1]Der Soldat darf Nebentätigkeiten nur außerhalb des Dienstes ausüben, es sei denn, er hat sie auf Vorschlag oder Veranlassung seines Disziplinarvorgesetzten übernommen oder der Disziplinarvorgesetzte hat ein dienstliches Interesse an der Übernahme der Nebentätigkeit anerkannt. [2]Ausnahmen dürfen nur in besonders begründeten Fällen, insbesondere im öffentlichen Interesse, zugelassen werden, wenn dienstliche Gründe nicht entgegenstehen und die versäumte Dienstzeit nachgeleistet wird.

(4) [1]Der Soldat darf bei der Ausübung von Nebentätigkeiten Einrichtungen, Personal oder Material des Dienstherrn nur bei Vorliegen eines öffentlichen oder wissenschaftlichen Interesses mit dessen Genehmigung und gegen Entrichtung eines angemessenen Entgelts in Anspruch nehmen. [2]Das Entgelt hat sich nach den dem Dienstherrn entstehenden Kosten zu richten und muss den besonderen Vorteil berücksichtigen, der dem Soldaten durch die Inanspruchnahme entsteht.

(5) [1]Anträge auf Erteilung einer Genehmigung (Absatz 1) oder auf Zulassung einer Ausnahme (Absatz 3 Satz 2) und Entscheidungen über diese Anträge sowie das Verlangen auf Übernahme einer Nebentätigkeit bedürfen der Schriftform. [2]Der Soldat hat dabei die für die Entscheidung des zuständigen Disziplinarvorgesetzten erforderlichen Nachweise, insbesondere über Art und Umfang der Nebentätigkeit sowie die Entgelte und geldwerten Vorteile hieraus, zu führen; der Soldat hat jede Änderung unverzüglich schriftlich anzuzeigen. [3]Das dienstliche Interesse (Absatz 3 Satz 1) ist aktenkundig zu machen.

(6) [1]Nicht genehmigungspflichtig ist
1. eine unentgeltliche Nebentätigkeit mit Ausnahme
    a) der Übernahme einer gewerblichen Tätigkeit, der Ausübung eines freien Berufes oder der Mitarbeit bei einer dieser Tätigkeiten,
    b) des Eintritts in ein Organ eines Unternehmens mit Ausnahme einer Genossenschaft sowie der Übernahme einer Treuhänderschaft,
2. die Verwaltung eigenen oder der Nutznießung des Soldaten unterliegenden Vermögens,
3. eine schriftstellerische, wissenschaftliche, künstlerische oder Vortragstätigkeit des Soldaten,
4. die mit Lehr- oder Forschungsaufgaben zusammenhängende selbständige Gutachtertätigkeit von Soldaten als Lehrer an öffentlichen Hochschulen und an Hochschulen der Bundeswehr sowie von Soldaten an wissenschaftlichen Instituten und Anstalten,
5. die Tätigkeit zur Wahrung von Berufsinteressen in Gewerkschaften oder Berufsverbänden oder in Selbsthilfeeinrichtungen der Soldaten.

Nebentätigkeit § 20

²Eine Tätigkeit nach Satz 1 Nr. 3 und 4 sowie eine Tätigkeit in Selbsthilfeeinrichtungen der Soldaten nach Satz 1 Nr. 5 hat der Soldat, wenn hierfür ein Entgelt oder ein geldwerter Vorteil geleistet wird, in jedem Einzelfall vor ihrer Aufnahme dem zuständigen Disziplinarvorgesetzten unter Angabe insbesondere von Art und Umfang der Nebentätigkeit sowie der voraussichtlichen Höhe der Entgelte und geldwerten Vorteile hieraus schriftlich anzuzeigen; der Soldat hat jede Änderung unverzüglich schriftlich zu melden. ³Der zuständige Disziplinarvorgesetzte kann im übrigen aus begründetem Anlass verlangen, dass der Soldat über eine von ihm ausgeübte nicht genehmigungspflichtige Nebentätigkeit, insbesondere über deren Art und Umfang, schriftlich Auskunft erteilt. ⁴Eine nicht genehmigungspflichtige Nebentätigkeit ist ganz oder teilweise zu untersagen, wenn der Soldat bei ihrer Ausübung dienstliche Pflichten verletzt.

(7) Die Vorschriften der §§ 64, 65 Abs. 4 und der §§ 67 bis 69 des Bundesbeamtengesetzes finden entsprechende Anwendung.

(8) Einem Soldaten, der nach Maßgabe des Wehrpflichtgesetzes Wehrdienst leistet, darf die Ausübung einer Nebentätigkeit nur untersagt werden, wenn sie seine Dienstfähigkeit gefährdet oder den dienstlichen Erfordernissen zuwiderläuft.

(9) Die in Absatz 6 Satz 2 geregelte Anzeigepflicht gilt entsprechend für die vor In-Kraft-Treten des Zweiten Nebentätigkeitsbegrenzungsgesetzes vom 9. September 1997 (BGBl. I S. 2294) aufgenommenen und nach diesem Zeitpunkt weiter ausgeübten Nebentätigkeiten.

§ 64 BBG

¹Der Beamte ist verpflichtet, auf Verlangen seiner obersten Dienstbehörde eine Nebentätigkeit (Nebenamt, Nebenbeschäftigung) im öffentlichen Dienst zu übernehmen und fortzuführen, sofern diese Tätigkeit seiner Vorbildung oder Berufsausbildung entspricht und ihn nicht über Gebühr in Anspruch nimmt. ²Die oberste Dienstbehörde kann die Befugnis auf nachgeordnete Behörden übertragen.

§ 65 Abs. 4 BBG

Die Genehmigung erteilt die oberste Dienstbehörde. Sie kann die Befugnis auf nachgeordnete Behörden übertragen.

§ 67 BBG

¹Der Beamte, der aus einer auf Verlangen, Vorschlag oder Veranlassung seines Dienstvorgesetzten übernommenen Tätigkeit im Vorstand, Aufsichtsrat, Verwaltungsrat oder in einem sonstigen Organ einer Gesellschaft, Genossenschaft oder eines in einer anderen Rechtsform betriebenen Unternehmens haftbar gemacht wird, hat gegen den Dienstherrn Anspruch auf Ersatz des ihm entstandenen Schadens. ²Ist der Schaden vorsätzlich oder grob fahrlässig herbeigeführt, so ist der Dienstherr nur dann ersatzpflichtig, wenn der Beamte auf Verlangen eines Vorgesetzten gehandelt hat.

§ 68 BBG

Endet das Beamtenverhältnis, so enden, wenn im Einzelfall nichts anderes bestimmt wird, auch die Nebenämter und Nebenbeschäftigungen, die dem Beamten im Zusammenhang mit seinem Hauptamt übertragen sind oder die er auf Verlangen, Vorschlag oder Veranlassung seines Dienstvorgesetzten übernommen hat.

§ 69 BBG

¹Die zur Ausführung der §§ 64 bis 68 notwendigen Vorschriften über die Nebentätigkeit der Beamten erlässt die Bundesregierung durch Rechtsverordnung. ²In ihr kann bestimmt werden,

1. welche Tätigkeiten als öffentlicher Dienst im Sinne dieser Vorschriften anzusehen sind oder ihm gleichstehen,
2. ob und inwieweit der Beamte für eine im öffentlichen Dienst ausgeübte oder auf Verlangen, Vorschlag oder Veranlassung seines Dienstvorgesetzten übernommene Nebentätigkeit eine Vergütung erhält oder eine erhaltene Vergütung abzuführen hat,
3. welche Beamtengruppen auch zu einer der in § 66 Abs. 1 Nr. 2 und 3 bezeichneten Nebentätigkeiten der Genehmigung bedürfen, soweit es nach der Natur des Dienstverhältnisses erforderlich ist,
4. unter welchen Voraussetzungen der Beamte zur Ausübung von Nebentätigkeiten Einrichtungen, Personal oder Material des Dienstherrn in Anspruch nehmen darf und in welcher Höhe hierfür ein Entgelt an den Dienstherrn zu entrichten ist. Das Entgelt kann pauschaliert in einem Vomhundertsatz des aus der Nebentätigkeit erzielten Bruttoeinkommens festgelegt werden und bei unentgeltlich ausgeübter Nebentätigkeit entfallen,
5. dass der Beamte verpflichtet werden kann, nach Ablauf eines jeden Kalenderjahres seinem Dienstvorgesetzten die ihm zugeflossenen Entgelte und geldwerten Vorteile aus Nebentätigkeiten anzugeben.

Verordnung über die Nebentätigkeit der Bundesbeamten, Berufssoldaten und Soldaten auf Zeit (Bundesnebentätigkeitsverordnung – BNV) vom 22.4.1964 (BGBl. I S. 299) Neu gefasst durch Bekanntmachung vom 12.11.1987 (BGBl. I S. 2376), zuletzt geändert durch Art. 5 des G vom 3.12.2001 (BGBl. I S. 3306)

Erster Abschnitt
Ausübung von Nebentätigkeiten

§ 1 Nebentätigkeit

(1) Nebentätigkeit eines Beamten ist die Ausübung eines Nebenamtes oder einer Nebenbeschäftigung.

(2) Nebenamt ist ein nicht zu einem Hauptamt gehörender Kreis von Aufgaben, der auf Grund eines öffentlich-rechtlichen Dienst- oder Amtsverhältnisses wahrgenommen wird.

(3) Nebenbeschäftigung ist jede sonstige, nicht zu einem Hauptamt gehörende Tätigkeit innerhalb oder außerhalb des öffentlichen Dienstes.

(4) Als Nebentätigkeit gilt nicht die Wahrnehmung öffentlicher Ehrenämter; ihre Übernahme ist vor Aufnahme schriftlich anzuzeigen. Zu den öffentlichen Ehrenämtern gehören die als solche in Rechtsvorschriften bezeichneten Tätigkeiten, im Übrigen jede behördlich bestellte oder auf Wahl beruhende unentgeltliche Mitwirkung bei der Erfüllung öffentlicher Aufgaben.

§ 2 Nebentätigkeit im öffentlichen Dienst

(1) Nebentätigkeit im öffentlichen Dienst ist jede für den Bund, ein Land oder andere Körperschaften, Anstalten oder Stiftungen des öffentlichen Rechts im Bundesgebiet (...) oder für Verbände von solchen ausgeübte Nebentätigkeit; ausgenommen ist eine Nebentätigkeit für öffentlich-rechtliche Religionsgesellschaften oder deren Verbände.

(2) Einer Nebentätigkeit im öffentlichen Dienst steht gleich eine Nebentätigkeit für
1. Vereinigungen, Einrichtungen und Unternehmen, deren Kapital (Grund- oder Stammkapital) sich unmittelbar oder mittelbar ganz oder überwiegend in öffentlicher Hand befindet oder die fortlaufend ganz oder überwiegend aus öffentlichen Mitteln unterhalten werden,
2. zwischenstaatliche oder überstaatliche Einrichtungen, an denen eine juristische Person oder ein Verband im Sinne des Absatzes 1 Halbsatz 1 durch Zahlung von Beiträgen oder Zuschüssen oder in anderer Weise beteiligt ist,
3. natürliche oder juristische Personen, die der Wahrung von Belangen einer juristischen Person oder eines Verbandes im Sinne des Absatzes 1 Halbsatz 1 dient.

Nebentätigkeit § 20

§ 3 Zulässigkeit von Nebentätigkeiten im Bundesdienst

Aufgaben, die für den Bund oder bundesunmittelbare Körperschaften, Anstalten oder Stiftungen des öffentlichen Rechts wahrgenommen werden, sind grundsätzlich in ein Hauptamt einzuordnen. Sie sollen nicht als Nebentätigkeit zugelassen werden, wenn sie mit dem Hauptamt in Zusammenhang stehen.

§ 4 Vergütung

(1) Vergütung für eine Nebentätigkeit ist jede Gegenleistung in Geld oder geldwerten Vorteilen, auch wenn kein Rechtsanspruch auf sie besteht.

(2) Als Vergütung im Sinne des Absatzes 1 gelten nicht
1. der Ersatz von Fahrkosten sowie Tagegelder bis zur Höhe des Betrages, den die Reisekostenvorschriften für Beamte in der höchsten Reisekostenstufe für den vollen Kalendertag vorsehen, oder, sofern bei Anwendung dieser Vorschriften ein Zuschuss zustehen würde, bis zur Höhe des Gesamtbetrages; entsprechendes gilt für Übernachtungsgelder,
2. der Ersatz sonstiger barer Auslagen, wenn keine Pauschalierung vorgenommen wird.

(3) Pauschalierte Aufwandsentschädigungen sind in vollem Umfang, Tage- und Übernachtungsgelder insoweit, als sie die Beträge nach Absatz 2 Nr. 1 übersteigen, als Vergütung anzusehen.

§ 5 Allgemeine Erteilung, Widerruf der Genehmigung

(1) Die zur Übernahme einer oder mehrerer Nebenbeschäftigungen gegen Vergütung erforderliche Genehmigung gilt allgemein als erteilt, wenn die Nebenbeschäftigungen insgesamt geringen Umfang haben, außerhalb der Dienstzeit ausgeübt werden und kein gesetzlicher Versagungsgrund vorliegt. Der Umfang von einer oder mehrerer Nebenbeschäftigungen ist als gering anzusehen, wenn die Vergütung hierfür insgesamt 100 Euro im Monat nicht übersteigt und die zeitliche Beanspruchung durch eine oder mehrere Nebenbeschäftigungen in der Woche ein Fünftel der regelmäßigen wöchentlichen Arbeitszeit nicht überschreitet. In diesen Fällen ist die Nebenbeschäftigung dem Dienstvorgesetzten anzuzeigen, es sei denn, dass es sich um eine einmalige, gelegentliche Nebenbeschäftigung handelt.

(2) Eine als genehmigt geltende Nebenbeschäftigung ist zu untersagen, wenn ihre Ausübung dienstliche Interessen beeinträchtigt.

(3) Wird eine Genehmigung widerrufen oder eine als genehmigt geltende Nebenbeschäftigung oder eine nicht genehmigungspflichtige Nebentätigkeit untersagt, so soll dem Beamten eine angemessene Frist zur Abwicklung der Nebentätigkeit eingeräumt werden, soweit die dienstlichen Interessen dies gestatten.

§ 6 Vergütungen für Nebentätigkeiten und Ablieferungspflicht

(1) Für eine Nebentätigkeit im Bundesdienst (§ 3) wird grundsätzlich eine Vergütung nicht gewährt. Ausnahmen können zugelassen werden für
1. Gutachtertätigkeiten und schriftstellerische Tätigkeiten,
2. Tätigkeiten, deren unentgeltliche Ausübung dem Beamten nicht zugemutet werden kann.
Wird der Beamte für die Nebentätigkeit entsprechend entlastet, darf eine Vergütung nicht gewährt werden.

(2) Werden Vergütungen nach Absatz 1 Satz 2 gewährt, so dürfen sie im Kalenderjahr insgesamt nicht übersteigen

für Beamte in den Besoldungsgruppen	Euro (Bruttobetrag)
A 1 bis A 8	3.700
A 9 bis A 12	4.300
A 13 bis A 16, B 1, C 1, C 2 bis C 3, R 1 und R 2	4.900

Eichen

§ 20 Gemeinsame Vorschriften

| B 2 bis B 5, C 4, R 3 bis R 5 | 5.500 |
| ab B 6, ab R 6 | 6.100 |

Innerhalb des Höchstbetrages ist die Vergütung nach dem Umfang und der Bedeutung der Nebentätigkeit abzustufen. Mit Ausnahme von Tage- und Übernachtungsgeldern dürfen Auslagen nicht pauschaliert werden.

(3) Erhält ein Beamter Vergütungen für eine oder mehrere Nebentätigkeiten im Bundesdienst oder für sonstige Nebentätigkeiten, die er im öffentlichen oder in dem ihm gleichstehenden Dienst oder auf Verlangen, Vorschlag oder Veranlassung seines Dienstvorgesetzten ausübt, so hat er sie insoweit an seinen Dienstherrn im Hauptamt abzuliefern, als sie für die in einem Kalenderjahr ausgeübten Tätigkeiten die in Absatz 2 Satz 1 genannten Bruttobeträge übersteigen. Vor der Ermittlung des abzuliefernden Betrages sind von den Vergütungen abzusetzen die im Zusammenhang mit der Nebentätigkeit entstandenen Aufwendungen für
1. Fahrkosten sowie Unterkunft und Verpflegung bis zur Höhe der in § 4 Abs. 2 Nr. 1 genannten Beträge,
2. die Inanspruchnahme von Einrichtungen, Personal oder Material des Dienstherrn (einschließlich Vorteilsausgleich),
3. sonstige Hilfeleistungen und selbst beschafftes Material.

Voraussetzung ist, dass der Beamte für diese Aufwendungen keinen Auslagenersatz erhalten hat.

(4) Vergütungen im Sinne des Absatzes 3 sind abzuliefern, sobald sie den Betrag übersteigen, der dem Beamten zu belassen ist.

(5) Die Verpflichtungen nach den Absätzen 3 und 4 treffen auch Ruhestandsbeamte und frühere Beamte insoweit, als die Vergütungen für vor der Beendigung des Beamtenverhältnisses ausgeübte Nebentätigkeiten gewährt sind.

§ 7 Ausnahmen von § 6

§ 6 ist mit Ausnahme des Absatzes 1 Satz 3 nicht anzuwenden auf Vergütungen für
1. Lehr-, Unterrichts-, Vortrags- oder Prüfungstätigkeiten,
2. Tätigkeiten als gerichtlicher oder staatsanwaltschaftlicher Sachverständiger,
3. Tätigkeiten auf dem Gebiet der wissenschaftlichen Forschung,
4. Gutachtertätigkeiten von Ärzten, Zahnärzten oder Tierärzten für Versicherungsträger oder für andere juristische Personen des öffentlichen Rechts sowie ärztliche, zahnärztliche oder tierärztliche Verrichtungen dieser Personen, für die nach den Gebührenordnungen Gebühren zu zahlen sind,
5. Tätigkeiten, die während eines unter Wegfall der Besoldung gewährten Urlaubs ausgeübt werden.

§ 8 Abrechnung über die Vergütung aus Nebentätigkeiten

Die Beamten haben nach Ablauf eines jeden Kalenderjahres ihrem Dienstvorgesetzten eine Abrechnung über die ihnen zugeflossenen Vergütungen im Sinne des § 6 vorzulegen, wenn die Vergütungen 500 Euro (brutto) im Kalenderjahr übersteigen. In den Fällen des § 6 Abs. 5 sind auch Ruhestandsbeamte und frühere Beamte hierzu verpflichtet.

Zweiter Abschnitt
Inanspruchnahme von Einrichtungen, Personal oder Material des Dienstherrn

§ 9 Genehmigungspflicht

(1) Der Beamte bedarf der vorherigen schriftlichen Genehmigung seiner obersten Dienstbehörde oder der von ihr beauftragten Behörde, wenn er bei der Ausübung einer Nebentätigkeit Einrichtungen, Personal oder Material seines Dienstherrn in Anspruch nehmen will.

Nebentätigkeit § 20

(2) Einrichtungen sind die sächlichen Mittel, insbesondere die Diensträume und deren Ausstattung einschließlich Apparate und Instrumente, mit Ausnahme von Bibliotheken. Material sind die verbrauchbaren Sachen und die Energie.

(3) Aus Anlass der Mitwirkung an der Nebentätigkeit darf Mehrarbeit, Bereitschaftsdienst oder Rufbereitschaft nicht angeordnet, genehmigt und vergütet werden. Vereinbarungen über eine private Mitarbeit außerhalb der Dienstzeit bleiben unberührt.

(4) Die Genehmigung darf nur erteilt werden, wenn ein öffentliches oder wissenschaftliches Interesse an der Ausübung der Nebentätigkeit besteht. Die Genehmigung ist widerruflich; sie kann befristet werden. In dem Genehmigungsbescheid ist der Umfang der zugelassenen Inanspruchnahme anzugeben. Die Genehmigung darf nur unter der Auflage erteilt werden, dass ein Entgelt für die Inanspruchnahme von Einrichtungen, Personal oder Material gezahlt wird; § 10 Abs. 1 Satz 2 bleibt unberührt.

§ 10 Grundsätze für die Bemessung des Entgelts

(1) Für die Inanspruchnahme von Einrichtungen, Personal oder Material des Dienstherrn hat der Beamte ein angemessenes Entgelt zu entrichten. Auf die Entrichtung eines Entgelts kann verzichtet werden
1. bei einer unentgeltlichen Nebentätigkeit,
2. wenn die Nebentätigkeit auf Verlangen, Vorschlag oder Veranlassung des Dienstvorgesetzten ausgeübt wird oder
3. wenn der Betrag 100 Euro im Kalenderjahr nicht übersteigt.

(2) Die Höhe des Entgelts richtet sich nach den Grundsätzen der Kostendeckung und des Vorteilsausgleichs.

(3) Nehmen mehrere Beamte Einrichtungen, Personal oder Material des Dienstherrn gemeinschaftlich in Anspruch, sind sie als Gesamtschuldner zur Entrichtung des Entgelts verpflichtet.

§ 11 Allgemeines Entgelt

(1) Das Entgelt außerhalb des in § 12 geregelten Bereichs wird pauschaliert nach einem Vomhundertsatz der für die Nebentätigkeit bezogenen (Brutto-) Vergütung bemessen. Es beträgt im Regelfall
5 v.H. für die Inanspruchnahme von Einrichtungen,
10 v.H. für die Inanspruchnahme von Personal,
5 v.H. für den Verbrauch von Material,
10 v.H. für den durch die Inanspruchnahme von Einrichtungen, Personal oder Material erwachsenen wirtschaftlichen Vorteil.

(2) Die oberste Dienstbehörde kann im Einvernehmen mit dem Bundesminister der Finanzen abweichend von Absatz 1 Gebührenordnungen und sonstige allgemeine Kostentarife, soweit sie die entstandenen Kosten abdecken und Vorteile ausgleichen, für anwendbar erklären; das gleiche gilt für die Aufsichtsbehörde der Träger der Sozialversicherung, soweit der zuständige Fachminister ihr diese Befugnis übertragen hat.

(3) Wird die Nebentätigkeit unentgeltlich ausgeübt, ohne dass auf ein Entgelt nach § 10 Abs. 1 Satz 2 Nr. 1 verzichtet wird, so bemisst sich die Höhe des Entgelts nach dem Wert der Inanspruchnahme von Personal, Einrichtungen oder Material; das Entgelt für den wirtschaftlichen Vorteil entfällt.

(4) Wird nachgewiesen, dass das nach den Vomhundertsätzen des Absatzes 1 berechnete Entgelt offensichtlich um mehr als 25 v.H. niedriger oder höher ist als es dem Wert der Inanspruchnahme entspricht, so ist es von Amts wegen oder auf Antrag des Beamten nach dem Wert
1. der anteiligen Kosten für die Beschaffung, Unterhaltung und Verwaltung der benutzten Einrichtungen,

§ 20 Gemeinsame Vorschriften

2. der anteiligen Kosten für das in Anspruch genommene Personal einschließlich der Personalnebenkosten und der Gemeinkosten,
3. der Beschaffungs- und anteiligen Verwaltungskosten für das Material,
4. des durch die Bereitstellung von Einrichtungen, Personal oder Material erwachsenen wirtschaftlichen Vorteils des Beamten (Vorteilsausgleich)

festzusetzen. Der Beamte muss den Nachweis innerhalb einer Ausschlussfrist von drei Monaten nach Festsetzung des Entgelts erbringen. Die Entscheidung trifft die oberste Dienstbehörde.

§ 12 Entgelt für ärztliche und zahnärztliche Nebentätigkeiten

(1) Das Entgelt (Kostenerstattung und Vorteilsausgleich) für ärztliche und zahnärztliche Nebentätigkeiten in Krankenhäusern und in den sanitätsdienstlichen Einrichtungen der Bundeswehr ist zu pauschalieren, soweit in den Absätzen 2 und 3 nichts anderes bestimmt oder zugelassen wird. Für ärztliche und zahnärztliche Nebentätigkeiten in anderen Tätigkeitsbereichen richtet sich die Höhe des Entgelts nach den allgemeinen Bestimmungen des § 11.

(2) Die Höhe der Kostenerstattung bemisst sich nach den vom zuständigen Fachminister zu erlassenden Bestimmungen, die den Grundsätzen der Kostendeckung entsprechen müssen; für die Träger der Sozialversicherung kann die Regelungsbefugnis der Aufsichtsbehörde übertragen werden. Soweit Ärzte oder Zahnärzte für die in Absatz 1 Satz 1 genannten Tätigkeiten bereits nach Rechtsvorschriften des Bundes eine den Grundsätzen der Kostendeckung entsprechende Kostenerstattung leisten, entfällt eine Kostenerstattung nach Satz 1.

(3) Der Vorteilsausgleich beträgt 20 vom Hundert der im Kalenderjahr aus der Nebentätigkeit erzielten Einnahmen bis 100.000 Euro, die dem Beamten nach Abzug der nach Absatz 2 zu erstattenden Kosten verbleiben, und 30 vom Hundert von dem darüber hinausgehenden Mehrbetrag. Bei einem Honorarverzicht ist ein Vorteilsausgleich nicht zu entrichten.

§ 13 Festsetzung des Entgelts

(1) Das zu zahlende Entgelt wird von der für die Genehmigung nach § 9 Abs. 1 zuständigen oder der von ihr mit seiner Berechnung beauftragten Stelle nach dem Ende der Inanspruchnahme, mindestens jedoch halbjährlich festgesetzt. Ist die Höhe des Entgelts bereits im Zeitpunkt der Genehmigung zu übersehen, so soll das Entgelt zugleich mit der Genehmigung festgesetzt werden. Das Entgelt wird einen Monat nach der Festsetzung fällig, im Falle des Satzes 2 einen Monat nach dem Ende der Inanspruchnahme, mindestens jedoch halbjährlich.

(2) Der Beamte ist verpflichtet, das Ende der Inanspruchnahme der nach § 9 Abs. 1 zuständigen Stelle unverzüglich schriftlich anzuzeigen. Er hat die für die Berechnung des Entgelts notwendigen Aufzeichnungen zu führen und mit den zur Glaubhaftmachung notwendigen Belegen unverzüglich nach Beendigung, bei fortlaufender Inanspruchnahme mindestens halbjährlich vorzulegen. Diese Unterlagen sind fünf Jahre, vom Tage der Festsetzung des Entgelts an gerechnet, aufzubewahren.

Dritter Abschnitt
Geltungsbereich, Berlinklausel, In-Kraft-Treten

§ 14 Geltung für Berufssoldaten und Soldaten auf Zeit

Diese Verordnung gilt für Berufssoldaten und Soldaten auf Zeit entsprechend.

§ 15 Berlin-Klausel

(gegenstandslos)

§ 16 (In-Kraft-Treten)

Nebentätigkeit   § 20

Literatur[1]: *Badura, Peter:* Die Anzeigepflicht für eine schriftstellerische oder wissenschaftliche Nebentätigkeit von Beamten, ZBR 2000, 109; *Baßlsperger, Maximilian:* Nebentätigkeiten von Beamten: Rechtsprobleme – Lösungsansätze, ZBR 2004, 369; *Battis, Ulrich:* Das zweite Nebentätigkeitsbegrenzungsgesetz, NVwZ 1998, 34; *ders.:* Begrenzung und Kontrolle von Nebentätigkeiten, in: Fs für Walther Fürst, 2002, 45; *Bornemann, Peter:* Soldatenrecht und Nebentätigkeit, DÖD 1985, 15; *Günther, Hellmuth:* Nebenamt, ZBR 1986, 97; *ders.:* Unterbinden von Nebenbeschäftigung bei Kollision mit dienstlichen Interessen, DÖD 1988, 78; *Korte, Matthias:* Kampfansage an Korruption, NJW 1997, 2556; *Lippert, Hans-Dieter:* Neues aus dem Nebentätigkeitsrecht im öffentlichen Dienst, PersV 2000, 402; *Mirbach, Horst:* Der Umfang der Auskunftspflicht des Beamten bei genehmigten Nebentätigkeiten, ZBR 1995, 64; *Schnellenbach, Hellmut:* Das Gesetz zur Reform des öffentlichen Dienstes (Reformgesetz), NVwZ 1997, 521; *Summer, Rudolf:* Rechtes Augenmaß – rechtes Verfassungsmaß – eine Studie zum neuen Nebentätigkeitsrecht, ZBR 1988, 1; *v. Zwehl, Herwig:* Nebentätigkeitsrecht im öffentlichen Dienst, 2. Aufl. 2001.

Übersicht

	Rn.		Rn.
A. Allgemeines	1 – 15	4. Absatz 4 Inanspruchnahme von Personal und Sachmitteln des Dienstherrn	66 – 72
1. Zweck der Vorschrift	1 – 2		
2. Entstehung der Vorschrift	3 – 4		
3. Änderungen der Vorschrift	5 – 8	5. Absatz 5 Formvorschriften und Nachweispflichten	73 – 75
4. Bezüge zum Beamtenrecht bzw. zu sonstigen rechtl. Vorschriften; ergänzende Dienstvorschriften	9 – 15	6. Absatz 6 Nicht genehmigungspflichtige Nebentätigkeiten	76 – 102
		7. Absatz 7 Entspr. Anwendung des BBG	103 – 116
B. Erläuterungen im Einzelnen	16 – 122		
1. Absatz 1 Genehmigungsbedürftige Nebentätigkeiten	16 – 33	8. Absatz 8 Nebentätigkeiten der auf Grund der Wehrpflicht Wehrdienst leistenden Soldaten	117 – 121
2. Absatz 2 Versagung der Genehmigung	34 – 59		
3. Absatz 3 Nebentätigkeit außerhalb des Dienstes	60 – 65	9. Absatz 9 Pflicht zur Anzeige bereits ausgeübter, genehmigungsfreier Nebentätigkeiten	122

A. Allgemeines

1. Zweck der Vorschrift

§ 20 reglementiert die Nebentätigkeiten der Soldaten in enger **Anlehnung** an die entspr. Vorschriften des **Beamtenrechts** (dies verdeutlicht Abs. 7). Die Vorschrift schafft einen Ausgleich zwischen dem Interesse des Dienstherrn an der Aufrechterhaltung der ständigen Einsatzbereitschaft der Truppe, die durch die jederzeitige Heranziehbarkeit[2] der Soldaten zum Dienst (§ 7) gewährleistet wird, und dem individuellen Interesse der Soldaten, außerhalb des Dienstes die eigene Arbeitskraft frei zu verwerten, wie es die Grundrechte auf freie Entfaltung der Persönlichkeit (Art. 2 Abs. 1 GG) und der Berufsfreiheit (Art. 12 Abs. 1 GG) zulassen. § 20 gestaltet exemplarisch – am Beispiel der Nebentätigkeit – die in § 6 angelegte rechtl. Stellung des Soldaten als Staatsbürger in Uniform aus, der die Beschränkung seiner staatsbürgerlichen Rechte – soweit es der mil. Dienst erfordert – durch seine gesetzl. begründeten Pflichten hinnehmen muss. Als Grds. zur Ausübung von Nebentätigkeiten hat die Rspr.[3] klargestellt, dass gegenüber dem in der Verfassung verankerten Gebot, funktionstüchtige SK zu unterhalten (Art. 87a

1

---

1 Die nachstehend genannten beamtenrechtl. Abhandlungen sind wegen ihrer Parallelität zum Soldatenrecht weitgehend verwertbar.
2 Zur soldatischen Pflicht, jederzeit Dienst zu leisten, vgl. BVerwGE 60, 118 (120) = NZWehr 1980, 234 (237).
3 Im Fall eines SanOffz durch BVerwGE 63, 99 (101) = NZWehr 1979, 230.

Abs. 1 GG), das individuelle Interesse des Soldaten an einem möglichst wirtschaftlichen Einsatz der eigenen Arbeitskraft von ungleich geringerem Gewicht ist.

2   Keinen Fall der Nebentätigkeit, sondern der **Anschluss**tätigkeit nach dem Ausscheiden aus dem Wehrdienst regelt § 20a.

2. Entstehung der Vorschrift

3   Regelungen zur Nebentätigkeit der Soldaten enthielt bereits die Erstfassung des SG. Der damalige § 20 besaß sechs (aus den Ausschussberatungen des **§ 17 des REntw.** hervorgegangene) Absätze.[4] Er entsprach weitgehend dem beamtenrechtl. Regelungen in den damaligen §§ 64 ff. BBG. Durch die in der Erstfassung des § 20 (im damaligen Abs. 4 [heute Abs. 7]) bestimmte entspr. Anwendbarkeit u.a. des § 69 BBG galt die dort erteilte Ermächtigung zum Erlass einer RVO über die Nebentätigkeit der Beamten entspr. auch für BS und SaZ.

4   Abs. 5 der Erstfassung des § 20, der wörtlich dem heutigen Abs. 8 entsprach und die Nebentätigkeit für Soldaten, die auf Grund der WPfl Wehrdienst leisten, regelte, sollte nach dem bei den Beratungen des REntw. fast einstimmig bekundeten Willen des Rechtsausschusses[5] gestrichen werden. Der federführende VertA votierte jedoch – wie der Ausschuss für Beamtenrecht[6] – für die Belassung dieser Vorschrift (allerdings in modifizierter Fassung) in § 20.[7]

3. Änderungen der Vorschrift

5   § 20 ist erstmals durch Art. 3 Abs. 1 Nr. 2 des **Nebentätigkeitsbegrenzungsgesetzes**[8] im Gleichklang mit entspr. beamtenrechtl. Gesetzesänderungen novelliert worden. Die Neuregelung legte für BS und SaZ – wie für Beamte im BRRG und im BBG – fest, dass sie zur Ausübung von Nebentätigkeiten grds. einer Genehmigung bedürfen. Ausnahmen werden abschließend gesetzl. aufgeführt. Die Grundlagen der Entscheidung über die Genehmigung der Nebentätigkeit wurden in Abs. 2 durch tatbestandliche Festlegungen konkretisiert, die Entscheidungsmöglichkeit der Vorg. wurde damit sachbezogen eingeengt.[9] Insbes. stellte der Gesetzgeber die sog. Fünftel-Regel (konkretisiert auf acht Stunden) auf.[10]

6   Eine weitere Änd. erfuhr § 20 durch eine Ergänzung in Abs. 1 Satz 2 Halbs. 1[11], wonach eine unentgeltliche Vormundschaft, Betreuung oder Pflegschaft eines Angehörigen nicht als Nebentätigkeit gilt.

7   Gemeinsam mit den entspr. beamtenrechtl. Vorschriften wurde § 20 erneut umfangreich geä. durch Art. 3 des **Zweiten Nebentätigkeitsbegrenzungsgesetzes**.[12] Dieses Ge-

---

4   Zum Folgenden BT-Drs. II/2140.
5   Vgl. die Stellungnahmen im Prot. der 87. Sitzung dieses Ausschusses, 14 - 20: Abs. 5 erscheine an dieser Stelle unsystematisch, außerdem seien die Voraussetzungen der Untersagung einer Nebentätigkeit nicht hinreichend präzise. Der Vertreter der BReg (*Dr. Barth*) hatte es hingegen als notwendig bezeichnet, den Grundgedanken, der Soldat dürfe in seiner Freizeit alles tun, was den Dienst nicht beeinträchtige, auch für GWDL ausdrücklich im SG auszusprechen (Prot. S. 18). Vgl. *Rittau*, SG, 152.
6   Vgl. Prot. der 39. Sitzung dieses Ausschusses am 6.12.1955, 7.
7   Vgl. BT-Drs. II/2140, 36.
8   G v. 21.2.1985 (BGBl. I S. 371).
9   BT-Drs. 10/2542, 2. Der dort verwendete Begriff „Genehmigungsermessen des Dienstvorgesetzten" ist irreführend, denn eher hat **kein Ermessen** bei der Erteilung o. Versagung der Genehmigung, vgl. u. die Komm. zu Abs. 2 Rn. 37.
10 Vgl. Komm. zu Abs. 2 Satz 4 (s.u. Rn. 39).
11 Durch Art. 7 § 37 Abs. 1 Nr. 1 des G v. 12.9.1990 (BGBl. I S. 2002).
12 V. 9.9.1997 (BGBl. I S. 2294 = VMBl. 1998 S. 14); vgl. BT-Drs. 13/8079.

Nebentätigkeit § 20

setz hatte eine weitere Eingrenzung von Nebentätigkeiten zur Folge. Hierzu wurden insbes. die Offenlegungspflichten zu Nebentätigkeiten erweitert (in Abs. 5 Satz 2), eine generelle Befristung von Nebentätigkeitsgenehmigungen und die Möglichkeit, diese Genehmigungen unter Auflagen und Bedingungen zu erteilen (in Abs. 2 Satz 5), eingeführt. Vor allem wurde (in Abs. 2 Satz 3) die Unzulässigkeit von Nebentätigkeiten mit dem Charakter eines Zweitberufs klargestellt.

Zwei weitere Änd. erfuhr § 20 durch Art. 2 Nr. 7 des **SkResNOG**[13]: Der bisherige Abs. 5a wurde aufgehoben, weil die in ihm enthaltene Übergangsvorschrift durch Zeitablauf gegenstandslos geworden war. Außerdem wurden in Abs. 8 die Wörter „auf Grund der Wehrpflicht" durch die Wörter „nach Maßgabe des Wehrpflichtgesetzes" ersetzt. 8

4. Bezüge zum Beamtenrecht bzw. zu sonstigen rechtl. Vorschriften; ergänzende Dienstvorschriften

Die Regelungen des Nebentätigkeitsrechts der BS und der SaZ in § 20 sind im Wesentlichen sinngleich – z.T. wörtlich – den **Vorschriften des BBG** über Nebentätigkeiten der **Bundesbeamten** nachgebildet.[14] 9

Es entsprechen dem § 20[15]
- Abs. 1 der § 65 Abs. 1 BBG
- Abs. 2 der § 65 Abs. 2 BBG
- Abs. 3 der § 65 Abs. 3 BBG
- Abs. 4 der § 65 Abs. 5 BBG
- Abs. 5 der § 65 Abs. 6 BBG
- Abs. 6 Satz 1 der § 66 Abs. 1 BBG
- Abs. 6 Satz 2 bis 4 der § 66 Abs. 2 BBG
- Abs. 7 die dort für anwendbar erklärten §§ 64, 65 Abs. 4 und §§ 67 bis 69 BBG
- Abs. 9 der § 66 Abs. 3 BBG.

Für § 20 Abs. 8 (Nebentätigkeit der Soldaten, die nach Maßgabe des WPflG Wehrdienst leisten) findet sich naturgemäß kein Pendant im BBG.

Über § 20 Abs. 7 findet die auf der Basis des § 69 BBG erlassene **Verordnung über die Nebentätigkeit der Bundesbeamten, Berufssoldaten und Soldaten auf Zeit** (Bundesnebentätigkeitsverordnung – BNV)[16] Anwendung. Sie gilt gem. § 14 BNV entspr. für BS und SaZ. 10

Dem § 20 entspr. Vorschriften, welche die Länder bei der Ausgestaltung des Nebentätigkeitsrechts in den **LBG** zu beachten haben, enthält § 42 BRRG.[17] 11

Spezielle nebentätigkeitsrechtl. Vorschriften für **Richter** im Bundesdienst[18] und im Landesdienst sind in §§ 40 bis 42 DRiG enthalten. Ansonsten gelten über § 46 DRiG für Richter im Bundesdienst vorbehaltlich besonderer Regelungen die nebentätigkeitsrechtl. Vorschriften für Bundesbeamte entspr.; über § 71 Abs. 1 DRiG gilt für Richter im Landesdienst (neben dem einschlägigen Landesrecht) § 42 BRRG entspr. Gem. § 46 DRiG i.V.m. § 69 BBG hat die BReg die **Verordnung über die Nebentätigkeit der Richter im Bundesdienst**[19, 20] erlassen. 12

---
13 Vgl. BT-Drs. 15/4485, 12, 36.
14 Daher sind gerichtl. Entsch. zur Nebentätigkeit der Beamten i.d.R. auf Soldaten übertragbar.
15 Vgl. die Gegenüberstellung bei *v. Zwehl*, 106 f.
16 Vgl. den obigen Abdruck der BNV.
17 Zu Einzelheiten s. *v. Zwehl*, 19 ff.
18 Damit auch für die Richter der Wehrdienstgerichte.
19 Ausgenommen sind hier die Richter des BVerfG.
20 V. 15.10.1965 (BGBl. I S. 1719) mit späteren Änd.; diese VO geht den Vorschriften der BNV vor.

Eichen 265

§ 20 Gemeinsame Vorschriften

13 Das BMVg hat Einzelheiten zu Nebentätigkeiten (insbes. die Genehmigungsbefugnis, das Verfahren der Genehmigung, die Inanspruchnahme von Einrichtungen, Personal oder Material des Dienstherrn) der BS und SaZ im Erl. **Nebentätigkeiten von Beamten, Arbeitnehmern, Berufssoldaten und Soldaten auf Zeit**[21] geregelt.

14 Außerdem sind für besonders relevante Nebentätigkeiten seitens des BMVg u.a.[22] folgende **Erlasse** ergangen:
- Teilnahme von Angehörigen des Geschäftsbereiches des Bundesministeriums der Verteidigung an Seminaren der Wirtschaft[23]
- Private Veröffentlichungen und Vorträge[24]
- Best. über die Krankenhausbehandlung von Zivilpersonen in Bundeswehrkrankenhäusern (BwKrhs)[25]
- Richtlinien für die Inanspruchnahme von Einrichtungen, Personal oder Material des Dienstherrn/Arbeitgebers und die Entrichtung des Entgelts durch Sanitätsoffiziere sowie beamtete und angestellte Ärzte, Zahnärzte, Tierärzte und Apotheker der Bundeswehr im Rahmen der Nebentätigkeit.[26]

15 **Für nach Maßgabe des WPflG** Wehrdienst leistende **Soldaten** gilt der Erl. **Nebentätigkeit wehrpflichtiger Soldaten, die Leistungen nach dem Unterhaltssicherungsgesetz (USG) erhalten.**[27]

B. Erläuterungen im Einzelnen

1. Absatz 1 Genehmigungsbedürftige Nebentätigkeiten

16 Nach **Satz 1** muss jede (ggf. auch eine unentgeltliche, vgl. Abs. 6 Satz 1 Nr. 1a und b) Nebentätigkeit, die ein **BS** oder **SaZ** übernehmen will, **vorher genehmigt** werden[28], es sei denn, es handelt sich um eine der in Abs. 6 abschließend aufgeführten, nicht genehmigungspflichtigen Nebentätigkeiten. Nach dem eindeutigen Wortlaut der Vorschrift darf die Nebentätigkeit erst nach Erteilung der Genehmigung aufgenommen werden, auch wenn diese problemlos zu erwarten ist. Satz 1 reglementiert die Übernahme einer Nebentätigkeit daher strenger als die entspr. Vorschrift für die Aufnahme einer Anschlusstätigkeit (Beschäftigung oder Erwerbstätigkeit) nach dem Ausscheiden aus dem Wehrdienst in § 20a Abs. 1.

17 Die Verpflichtung zur vorherigen Genehmigung einer Nebentätigkeit besteht für BS und SaZ auch dann, wenn ihre **Dienstleistungspflicht** vorübergehend oder für längere Zeit **nicht besteht**. Deshalb bedarf der **erkrankte** oder **beurlaubte**[29] Soldat der Genehmigung. Ebenso ist die Nebentätigkeit eines Soldaten vorher zu genehmigen, dem nach § 22 die **Ausübung des Dienstes verboten** oder der nach § 126 Abs. 1 WDO **vorläufig**

---

21 VMBl. 1999 S. 190, geä. durch VMBl. 2001 S. 117.
22 Sonstige einschlägige Erlasse/Dienstvorschriften werden im jew. Zusammenhang zit. Vgl. auch den Erl. „Kommunalpolitische Tätigkeit und Übernahme von öffentlichen Ehrenämtern sowie Wahrnehmung ehrenamtlicher Tätigkeiten durch Soldaten", VMBl. 2001 S. 116.
23 VMBl. 1997 S. 116, geä. durch VMBl. 1998 S. 244.
24 VMBl. 1982 S. 211.
25 BMVg – R I 2 – Az 42-40-15-01 v. 1.11.1996, geä. durch BMVg – R I 2 – Az 42-40-15-01 v. 18.12.1997.
26 BMVg – InSan II 3 – Az 42-01-01/01 v. 1.3.1996, geä. durch BMVg – InSan II 3 – Az 42-01-01/02 v. 1.12.1997.
27 VMBl. 2004 S. 27. Vgl. auch Rn. 121.
28 Zur Zuständigkeit für die Genehmigung vgl. die Komm. zu Abs. 7 (Rn. 111), zur Schriftform des notwendigen Antrags u. dessen Genehmigung bzw. Ablehnung u. Rn. 73.
29 Hierfür sprechen bereits § 28 Abs. 5 Satz 4 u. § 28a Abs. 2 Satz 3.

Nebentätigkeit § 20

des Dienstes enthoben[30] ist; ansonsten liegt ein Pflichtenverstoß vor. Dies gilt erst Recht für einen Soldaten, der sich **pflichtwidrig dem Dienst entzieht** und stattdessen einer Erwerbstätigkeit nachgeht.[31]
Satz 1 definiert die **Nebentätigkeit** nicht. In dem nach Abs. 7 entspr. anwendbaren § 64 **18**
Satz 1 BBG wird der Oberbegriff Nebentätigkeit in „**Nebenamt**" und „**Nebenbeschäftigung**" unterteilt. Zuordnung und Bedeutungsinhalt dieser Begriffe werden in der BNV, die für BS und SaZ entspr. gilt (§ 14 BNV), klargestellt.[32] Die Begriffe in § 1 Abs. 1 BNV beziehen sich zwar ausdrücklich nur auf Beamte[33] und sind nicht direkt auf BS und SaZ übertragbar, da dem Soldatenrecht der beamtenrechtl. Begriff des **Amtes**[34] fremd ist. Gleichwohl sind die Begriffe Hauptamt und Nebenamt in den §§ 1 und 3 BNV auf das Nebentätigkeitsrecht der Soldaten, wie von § 20 Abs. 7 vorgegeben, entspr. anwendbar.[35]

An die Stelle des **Hauptamtes**, unter dem i.S.d. beamtenrechtl. Nebentätigkeitsrechts das jew. bekleidete konkret-funktionelle Amt des Beamten (der diesem nach dem Organisations- und Geschäftsverteilungsplan einer Behörde speziell übertragene Aufgabenkreis = der **Dienstposten** des Beamten) zu verstehen ist[36], tritt für Soldaten die „**Hauptverwendung**".[37] Sie entspricht der Einweisung des Soldaten in einen ihm zur Ausübung übertragenen bestimmten soldatischen Aufgabenkreis[38] mit allerdings flexiblen Grenzen (vgl. Rn. 20 ff.). Dem **Nebenamt entspricht** die Einweisung des Soldaten auf Grund gesetzl. Anordnung oder auf Anordnung des Dienstherrn in einen **zusätzlichen**, nicht seiner Hauptverwendung zuzurechnenden **Aufgabenkreis** (man sollte bei Soldaten statt von Nebenamt daher von **Nebenverwendung** sprechen), den er **auf Grund seines öff.-rechtl. Dienstverhältnisses** als Soldat (die Begründung eines weiteren öff.-rechtl. Dienstverhältnisses, z.B. als Beamter oder Richter, ist für BS und SaZ i.d.R. gesetzl. ausgeschlossen, vgl. § 125 Abs. 1 Satz 2 BRRG, § 4 Abs. 1, § 21 Abs. 1 Satz 1 Nr. 3 DRiG[39]) wahrzunehmen hat.[40] Wegen des soldatischen Dienst- und Treueverhältnisses kann der Dienstherr von dem Soldaten außerhalb der Hauptverwendung die Übernahme weiterer Aufgaben als Nebenverwendung fordern. Die Nebenverwendung

---

30 Vgl. *Dau*, WDO, § 126 Rn. 8.
31 Die gegenteilige Auffassung (BVerwGE 63, 167, 172 = NZWehrr 1979, 143, 146) führt zur unverständlichen Besserstellung des pflichtwidrig dem Dienst fernbleibenden Soldaten; im Ergebnis wie hier *Scherer/Alff*, SG, § 20 Rn. 23.
32 Die BNV kann unbeschadet der Rangfolge zwischen Gesetz u. VO zur Interpretation des gesetzgeberischen Willens herangezogen werden, vgl. GKÖD I K, § 64 Rn. 1.
33 Vgl. § 1 Abs. 1 BNV: „Nebentätigkeit eines Beamten ..." (vgl. den o. vollständig abgedruckten Text).
34 Im statusrechtl. u. im funktionellen Sinne, zu Einzelheiten vgl. Komm. zu § 3 Rn. 55 f.
35 BVerwG NZWehrr 1985, 25 Ls c) = RiA 1984, 187 Ls 3. *Bornemann* DVBl. 1984, 1215, stellt in der Anm. zu BVerwGE 69, 83 = BVWV 1984, 231 klar, dass der formallogisch richtige Satz „wo kein Hauptamt, da kein Nebenamt" (für Soldaten) nicht zu einer Unanwendbarkeit nebentätigkeitsrechtl. Vorschriften zum „Nebenamt" auf den soldatischen Bereich führen kann.
36 Vgl. *v. Zwehl*, 13 m.w.N. sowie grds. *Battis*, BBG, § 6 Rn. 10.
37 Vgl. zum Begriff „Verwendung" die Komm. zu § 3 Rn. 53 ff.
38 BVerwGE 69, 83 (86 f.). Während das BVerwG von „Pflichtenkreis" spricht, ist hier von „Aufgabenkreis" o. „Tätigkeitskreis" die Rede. „Pflichtenkreis" deutet auf den Pflichtenkatalog der §§ 7 ff. hin, was nicht gemeint ist.
39 Ausnahmen sind – vgl. § 125 Abs. 2 BRRG – möglich bei einem nur nebenbei wahrzunehmenden öffentl.-rechtl. Dienstverhältnis, das die Arbeitskraft des Soldaten nur vorübergehend u. in engen Grenzen beansprucht. Der hierfür typische Fall des öff. Ehrenamtes wird unbeschadet des § 125 Abs. 2 Satz 3 BRRG in Abs. 1 Satz 2 nebentätigkeitsrechtl. speziell geregelt (zur Tätigkeit eines Soldaten als ehrenamtl. Richter bei den Wehrdienstgerichten u. als Schöffe s. Rn. 27).
40 Vgl. § 1 Abs. 2 BNV.

Eichen

§ 20   Gemeinsame Vorschriften

wird somit öff.-rechtl. begründet. Ihre Wahrnehmung bestimmt sich gegenüber dem Dienstherrn nach den soldatischen Rechten und Pflichten.

Unter einer **Nebenbeschäftigung** der BS und SaZ sind sonstige Tätigkeiten inner- oder außerhalb des öff. Dienstes zu verstehen, die der Soldat außerhalb der ihm in Haupt- oder Nebenverwendung übertragenen dienstl. Aufgaben ausübt.[41] Anders als Nebenverwendungen werden Nebenbeschäftigungen nicht innerhalb eines öff.-rechtl. Dienstverhältnisses als Soldat ausgeübt. Das der Nebenbeschäftigung zugrunde liegende Rechtsverhältnis ist ausschließlich zivilrechtl. ausgestaltet. Dies kann eine abhängige Tätigkeit sein (z.b. ein arbeits-, dienst- oder werkvertragliches Rechtsverhältnis inner- oder außerhalb des öff. Dienstes) oder eine freiberufliche Arbeit. Vorausgesetzt wird allerdings, dass die Nebenbeschäftigung im konkreten Einzelfall oder zumindest allg. Erwerbszwecken dient.[42] Sonst ließe sie sich nicht von vielen anderen außerdienstl., privaten Aktivitäten unterscheiden. Typische **Freizeitbeschäftigungen** (auch zu Gunsten Dritter und auch dann, wenn sie zeitaufwändig sind, z.b. Instandsetzung des Kraftfahrzeugs eines Freundes, nachbarschaftliche Hilfe beim Hausbau) sind keine Nebentätigkeiten (Nebenbeschäftigungen).[43]

19   Die **Abgrenzung** im Einzelfall, ob ein Soldat einer **Hauptverwendung oder Nebentätigkeit** (Nebenverwendung oder Nebenbeschäftigung) nachgeht, kann für die Praxis wichtig werden. Nach § 2 Abs. 2 Satz 1 BBesG[44] sind Vereinbarungen, die dem Soldaten eine höhere als die gesetzl. zustehende Besoldung verschaffen sollen, unzulässig. Das Verbot bezieht sich auf Tätigkeiten, die der Soldat im Rahmen seiner Hauptverwendung ausübt.[45] Für Nebentätigkeiten darf der Soldat hingegen in bestimmten Fällen (vor allem bei Nebenbeschäftigungen) eine Vergütung (jede Gegenleistung in Geld oder geldwerten Vorteilen[46]) annehmen (arg. aus § 20 Abs. 5 Satz 2 Halbs. 1 und Abs. 6 Satz 1 Nr. 1 und Satz 2 sowie § 4 Abs. 1, § 5 Abs. 1 BNV). Allerdings schließt § 6 BNV[47] für Nebentätigkeiten im Bundesdienst die Gewährung einer Vergütung grds. aus.[48]

20   Wie beim Haupt- oder Nebenamt im Beamtenbereich obliegt die Zuordnung einer soldatischen Tätigkeit zur Haupt- oder Nebenverwendung (abgesehen von gesetzl. Festlegungen) insbes. der **organisatorischen Ausgestaltung** durch den Dienstherrn.[49] Maßgeblich ist vor allem, wie der BMVg auf Grund seiner Organisationsgewalt die Verwendungsmöglichkeiten der Soldaten allg. festsetzt (er tut dies, indem er in Aufgabenkatalogen bestimmte abstrakte soldatische Aufgabenkreise festlegt, die verschiedene, der Rechtsstellung des Soldaten entspr. Tätigkeitsfelder, z.B. die Tätigkeit eines

---

41   Vgl. § 1 Abs. 3 BNV u. GKÖD I Yk, § 20 Rn. 2. Zum Begriff „öffentlicher Dienst" im Nebentätigkeitsrecht s. Rn. 105 u. § 2 BNV.
42   Vgl. *Keymer/Kolbe/Braun*, Zweiter Teil, C Rn. 7. Übt ein Soldat eine Tätigkeit aus, die allg. Erwerbszwecken dient, bleibt sie i.d.R. eine Nebenbeschäftigung, auch wenn sie im Einzelfall unentgeltlich ausgeführt wird – es sei denn, es handelt sich um eine typische Freizeitbeschäftigung (vgl. dazu die folgenden Erl.).
43   Vgl. *v. Zwehl*, S. 16 f.
44   Die Vorschrift lautet: „Zusicherungen, Vereinbarungen und Vergleiche, die dem ... Soldaten eine höhere als die ihm gesetzlich zustehende Besoldung verschaffen sollen, sind unwirksam". Vgl. § 183 Abs. 1 Satz 1 BBG.
45   Vgl. *Keymer/Kolbe/Braun*, Zweiter Teil, C Rn. 2.
46   Vgl. § 4 Abs. 1 BNV sowie u. Rn. 74.
47   Dieser wiederum aber mit gewichtigen Ausnahmen in § 7 BNV.
48   Vgl. BVerwGE 102, 29 (32) = ZBR 1997, 20 (21). § 6 Abs. 1 Satz 1 BNV verringert den Anreiz, vom Grds. des § 3 BNV abzuweichen.
49   Zum Folgenden BVerwGE 69, 83 (86); vgl. auch *Günther*, ZBR 1986, 97 (99) m.w.N.

Nebentätigkeit § 20

KpChefs einer Instandsetzungskompanie[50], im Rahmen der Organisation der SK darstellen), und welche konkreten Verwendungen in Form bestimmter Dienstposten er hieraus ableitet und einrichtet.

Anders als bei Beamten, bei denen die Ausweitung der ihrem Dienstposten zugeordneten Aufgaben vor allem durch statusrechtl. Vorgaben begrenzt[51] wird, entscheidet über die konkrete Verwendung des Soldaten der zuständige mil. Vorg. nach Maßgabe dienstl. Bedürfnisse im Wege einer **Ermessensentscheidung**.[52] Diese personelle Flexibilität ist unerlässlich für die Einsatzfähigkeit der Truppe und bedingt bei dienstl. Bedürfnis die Ausnutzung der vollen Verwendungsbreite eines Soldaten, gemessen an seiner Eignung und Befähigung. Die Grenze des Ermessens wird erst überschritten, wenn dem Soldaten eine Verwendung unter Berücksichtigung aller Umstände des Einzelfalls objektiv nicht zugemutet werden kann.[53] 21

Die Verwendungsmöglichkeit eines Soldaten wird somit grds. einerseits durch allg. Festlegungen des BMVg organisatorisch ausgestaltet.[54] Andererseits kann sie, insbes. wenn der einzelne Soldat über besondere Eigenschaften oder Fähigkeiten (z.B. eine spezielle verwendungsbezogene Ausbildung) verfügt, individuell erweitert werden. Alle im Rahmen dieser allg. formulierten Verwendungsbreite dem Soldaten abverlangten Einsätze sind **grds.** seiner **Hauptverwendung zuzurechnen**.[55] Damit ist für Soldaten der Kreis der Nebenverwendungen auf Grund eines öff.-rechtl. Dienstverhältnisses sehr eng gezogen; diese sind jedoch nicht von vornherein ausgeschlossen. Vielmehr sind Fälle denkbar, in denen einem Soldaten über die beschriebene, sehr weit gefasste Verwendungsbreite hinausgehende Leistungen abverlangt werden können.[56] 22

Im Regelfall hat der Dienstherr aus Fürsorgegründen den Tätigkeitskreis der Soldaten möglichst eindeutig abzugrenzen und im Rahmen seiner Organisationsfreiheit **ausdrücklich**[57] zu regeln, wann zusätzliche soldatische Aufgaben im Rahmen einer **Nebenverwendung** zu übernehmen sind.[58] Fehlt eine ausdrückliche Festlegung, muss durch 23

---

50 Diese Tätigkeitsfelder entsprechen dem abstrakten Amt im funktionellen Sinne im Beamtenrecht (dies ist z.B. der Aufgabenkreis eines Regierungsdirektors im BMVg). Vgl. auch *Battis*, BBG, § 6 Rn. 10.
51 Vgl. *Keymer/Kolbe/Braun*, Zweiter Teil, C Rn. 3.
52 BVerwGE 53, 23 (26); 69, 83 (86).
53 BVerwGE 53, 115 (117); 69, 83 (86).
54 Ein Anhaltspunkt für die Festlegung der Art der Verwendung eines Soldaten in einem bestimmten Aufgabenbereich (u. damit für bestimmte Dienstposten) ist die STAN, vgl. BVerwGE 69, 83 (87).
55 Das BVerwG (E 69, 83; ebenso NZWehrr 1985, 25, 27) folgert dies aus § 3 BNV, wonach für den Bund wahrgenommene Aufgaben grds. „in ein Hauptamt einzuordnen" sind u. „nicht als Nebentätigkeit zugelassen werden" sollen, „wenn sie mit dem Hauptamt im Zusammenhang stehen".
56 BVerwGE 69, 83 (87). Vgl. auch u. Rn. 103 ff.
57 Oft ist die Unterscheidung Haupt- o. Nebenverwendung unklar geregelt (so im Erl. „Teilnahme von Angehörigen des Geschäftsbereiches des Bundesministeriums der Verteidigung an Seminaren der Wirtschaft", Teil B, wo für die Teilnahme ua dienstl. Interesse der reisekostenrechtl. Begriff „Dienstgeschäft" verwendet wird, obwohl eine Tätigkeit im Hauptamt/in Hauptverwendung gemeint ist).
58 Die „Bestimmungen über die Krankenhausbehandlung von Zivilpersonen in Bundeswehrkrankenhäusern (BwKrhs)" u. „Richtlinien für die Inanspruchnahme von Einrichtungen, Personal oder Material des Dienstherrn …" (zit. in Rn. 14) bezeichnen ausdrücklich die Behandlung v. Zivilpersonen in BwKrhs als „Tätigkeiten im Nebenamt" o. als „Tätigkeiten der Nebenbeschäftigung". Dass der Begriff „Nebenamt" bei SanOffz zweifelhaft ist, zeigen die Erl. in Rn. 18. Vgl. grds. zur Problematik, dass SanOffz Zivilpersonen in BwKrhs im Rahmen einer Nebentätigkeit mit dem Recht der Eigenliquidation behandeln, das zu beamteten Ärzten ergangene, für SanOffz entspr. heranziehbare Urt. BVerwGE 59, 38 (40) u. GKÖD I K, § 65 Rn. 86 ff. Vgl. auch u. Rn. 109.

Eichen 269

Auslegung ermittelt werden, ob eine Tätigkeit der Hauptverwendung zuzurechnen ist. Dies wird der Fall sein, wenn die Tätigkeit eine organische Einheit[59] mit den bereits übertragenen Pflichten bildet. Anders ist es, wenn die dem Soldaten zusätzlich übertragenen Pflichten einen von der Hauptverwendung abgegrenzten Kreis selbständiger Aufgaben bilden, die in keinem Zusammenhang mit dem Pflichtenkreis der Hauptverwendung stehen oder aus sonstigen sachbezogenen Gründen nicht in diesen einbezogen werden können.[60] Indiz hierfür kann die organisatorische Trennung[61] der Aufgaben sein, nicht jedoch die Überlastung[62] des Soldaten, dem zusätzliche Pflichten übertragen werden. Dabei ist die Zuordnung einer Tätigkeit zur Haupt- oder zur Nebenverwendung nicht immer leicht zu ermitteln; das zeigen einschlägige Entsch. der Gerichte.[63]

24 Wann der BS oder SaZ einer **Nebenbeschäftigung** nachgeht, ist in der Praxis regelmäßig einfacher festzustellen (die Nebenbeschäftigung wird nicht innerhalb eines öff.-rechtl. Dienstverhältnisses als Soldat ausgeübt, das ihr zugrunde liegende Rechtsverhältnis ist ausschließlich zivilrechtl. ausgestaltet, vgl. o. Rn. 18), da hierzu üblicherweise außerhalb des öff. Dienstes arbeits-, dienst- oder werkvertragliche Rechtsverhältnisse (z.B. bei Wirtschaftsunternehmen) oder freiberufliche (selbständige) Beschäftigungen eingegangen werden.

25 Nach **Satz 2** gilt die Wahrnehmung **öff. Ehrenämter** sowie einer **unentgeltlichen Vormundschaft, Betreuung oder Pflegschaft eines Angehörigen** nicht als Nebentätigkeit; ihre Übernahme ist vor Aufnahme **schriftl. anzuzeigen.**

26 Zu den **öff. Ehrenämtern** gehören die als solche in Rechtsvorschriften bezeichneten Tätigkeiten, im Übrigen jede behördlich bestellte oder auf Wahl beruhende unentgeltliche Mitwirkung bei der Erfüllung öff. Aufgaben, § 1 Abs. 4 Satz 2 BNV.

Als **Rechtsvorschriften,** die eine Tätigkeit als öff. Ehrenamt bezeichnen[64] können, gelten nur **Rechtsnormen.**[65] Als solche sind Gesetze und RVO des Bundes und der Länder sowie Satzungen von juristischen Personen des öff. Rechts (wie z.B. der Gemeinden und Landkreise oder von Stiftungen) zu nennen.

Eine **behördlich bestellte** oder **auf Wahl beruhende Mitwirkung** bei der **Erfüllung öff. Aufgaben** erfasst Tätigkeiten für eine juristische Person des öff. Rechts, die in einem

---

59 BVerwGE 29, 191 (193) u. GKÖD I K, § 64 Rn. 25.
60 So BVerwGE 29, 191 (193); GKÖD I K, § 64 Rn. 17; v. Zwehl, 15 f.; vgl. auch § 3 BNV.
61 BVerwGE 40, 104 (109); auch BVerwGE 69, 83 (88) berücksichtigt diesen Umstand.
62 So für den Beamtenbereich Plog/Wiedow/Lemhöfer, BBG, Vor § 64 Rn. 8 unter Hinw. auf BVerwG ZBR 1982, 274; GKÖD I K, § 64 Rn. 20. Anders noch für Soldaten BVerwGE 69, 83 (88) unter Hinw. auf BVerwGE 40, 104 (109). Diese Auffassung überzeugte nicht, weil Soldaten aus dienstl. Gründen in die Grenzen ihrer körperlichen u. geistigen Leistungsfähigkeit Dienst leisten müssen, BVerwGE 86, 18 = NZWehr 1989, 35.
63 Vgl. das diskussionswürdige Urt. BVerwGE 69, 83 (mit Anm. Bornemann, DVBl. 1984, 1214), wonach der Einsatz eines technischen Offz (amtl. anerkannter Sachverständiger für die Kfz-Verkehr) als Prüfer v. Fahrlehreranwärtern grds. zu seiner Hauptverwendung gehört.
64 Es reicht die bloße Benennung als solches aus; mit der Prüfung, ob dieses Ehrenamt wirklich als „öffentliches Ehrenamt" ausgestaltet ist, wäre die Exekutive überfordert, vgl. Keymer/Kolbe/Braun, Dritter Teil, 2a § 1 BNV Rn. 8; a.A. Summer ZBR 1988, 5 ff.
65 Zwar werden in § 1799 Abs. 1 Satz 2 BGB (i.V.m. § 1908i Abs. 1 Satz 1, § 1915 Abs. 1 BGB) die Vormundschaft, Betreuung u. Pflegschaft (vgl. Rn. 28 ff.) als „Amt" bezeichnet u. kann man diese Tätigkeiten „Ehrenämter" nennen; sie sind jedoch – mangels Ausübung öff. Gewalt – keine „öffentlichen Ehrenämter" (vgl. GKÖD I K, § 65 Rn. 21 m.w.N.) u. deshalb in Abs. 1 Satz 2 zu Recht speziell aufgeführt.

Nebentätigkeit § 20

öff.-rechtl. Rechtsverhältnis[66] und ohne Vergütung ausgeübt werden; sie sind auch dann unentgeltlich, wenn eine Aufwandsentschädigung gezahlt[67] wird.

Beispiele für öff. Ehrenämter sind: 27
- Schöffen (§§ 31 ff. GVG)[68]
- mil. ehrenamtl. Richter bei den Wehrdienstgerichten (§ 74 WDO)[69]
- Mitglieder von kommunalen Vertretungen (Kreistagen, Stadt- und Gemeinderäten sowie deren Ausschüssen)[70]
- Beisitzer der Wahlausschüsse und Mitglieder der Wahlvorstände nach § 11 BWG
- Mitglieder und Ersatzmitglieder des Wahlvorstandes für die Wahl der mil. Gleichstellungsbeauftragten und ihrer Stellvertreterin nach § 6 Abs. 1 SGleibWV.

Eine **Vormundschaft** ist die vormundschaftsgerichtl. von Amts wegen angeordnete 28 Übernahme der Fürsorge für die Person und das Vermögen eines **Minderjährigen**. Sie kann nur ausnahmsweise abgelehnt werden und ersetzt die fehlende Fürsorge der Eltern. Sie ist im Einzelnen in §§ 1773 ff. BGB geregelt.

Auch die Übernahme einer **Betreuung** (der Fürsorge für die Person und das Vermögen 29 eines **Volljährigen**, soweit dieser wegen Krankheit oder Behinderung seine persönlichen oder vermögensrechtl. Angelegenheiten nicht selbst besorgen kann) wird durch das Vormundschaftsgericht angeordnet. Zu Einzelheiten der Betreuung vgl. §§ 1896 ff. BGB.

Eine **Pflegschaft** gilt u.a.[71] einer Person, die unter elterlicher Sorge oder unter Vor- 30 mundschaft steht. Zu ihren Gunsten wird die Wahrnehmung der Fürsorge für einzelne Angelegenheiten oder einen Kreis von Angelegenheiten angeordnet, an deren Besorgung die Eltern oder der Vormund verhindert sind (Beispiel: Zu Gunsten eines Erben übernommene Pflegschaft zur Verwaltung eines ererbten Vermögens, für das der Erblasser testamentarisch die Verwaltung durch die Eltern des Erben ausgeschlossen hat). Die Pflegschaft, deren Einzelheiten in §§ 1909 ff. BGB geregelt sind, wird durch ein Vormundschaftsgericht angeordnet.

Die Wahrnehmung einer Vormundschaft, Betreuung oder Pflegschaft gilt nicht als Ne- 31 bentätigkeit. Sie ist nur genehmigungsfrei, wenn sie einem **Angehörigen** dient und **unentgeltlich** ist. Sonst bedarf sie der Genehmigung nach § 21 (vgl. die Erl. ebd.).

---

66 Ein solches ist hier neben dem Dienstverhältnis als BS o. SaZ wegen der geringfügigen Inanspruchnahme des Soldaten ausnahmsweise zulässig, vgl. o. Rn. 18 u. Fn. 39.
67 Vgl. GKÖD I K, § 65 Rn. 20.
68 Vgl. aber § 22 Nr. 4 VwGO, wonach BS u. SaZ nicht zu ehrenamtl. Richtern in der Verwaltungsgerichtsbarkeit berufen werden können.
69 *Scherer/Alff*, SG, § 20 Rn. 3. Nach *Dau*, WDO, § 74 Rn. 1, handelt es sich um ein Nebenamt des Soldaten, zu dessen Übernahme u. Ausübung er gem. § 20 Abs. 7 i.V.m. § 64 BBG dienstrechtl. verpflichtet sei. Warum dieses Nebenamt gleichwohl keine Nebentätigkeit sein soll – so *Dau*, WDO, § 74 Rn. 1 –, ist angesichts der Verweisung auf § 64 BBG nicht verständlich. Richtig wäre der Hinw. auf § 20 Abs. 1 Satz 2.
70 Vgl. Erl. „Kommunalpolitische Tätigkeit und Übernahme von öffentlichen Ehrenämtern sowie Wahrnehmung ehrenamtlicher Tätigkeiten durch Soldaten", VMBl. 2001 S. 116. Wenn *Scherer/Alff*, SG, § 20 Rn. 3, im Zusammenhang mit Abs. 1 Satz 2 Halbs. 1 Mitglieder des BT (der Landtage) nennen, ist dies irreführend; denn „die parlamentarische Demokratie ...verlangt vom Abgeordneten mehr als nur eine ehrenamtliche Nebentätigkeit. ... Aus der Entschädigung des Inhabers eines Ehrenamtes ist die Bezahlung für die im Parlament geleistete Tätigkeit geworden. ... Der Abgeordnete ... erhält nicht mehr bloß eine echte Aufwandsentschädigung, er bezieht aus der Staatskasse ein Einkommen ..." (BVerfGE 40, 296, 313 f.).
71 Die in Ausnahmefällen mögliche Pflegschaft für ein Sammelvermögen, § 1914 BGB, kann hier nicht einschlägig sein, da sie nicht einer Person u. damit nicht einem Angehörigen gilt, vgl. Rn. 31.

Eichen

§ 20 Gemeinsame Vorschriften

Den **Begriff des Angehörigen** konkretisiert Abs. 1 Satz 2 Halbs. 1 nicht. Hierzu kann auf die Legaldefinition in § 20 Abs. 5 VwVfG zurückgegriffen werden. Angehörige sind demnach der Verlobte, der Ehegatte, Verwandte und Verschwägerte gerader Linie, Geschwister, Kinder der Geschwister, Ehegatten der Geschwister und Geschwister der Ehegatten, Geschwister der Eltern sowie Personen, die durch ein auf längere Dauer angelegtes Pflegeverhältnis mit häuslicher Gemeinschaft wie Eltern und Kind miteinander verbunden sind (Pflegeeltern und Pflegekinder). Als Angehöriger gilt auch der Lebenspartner.[72]

32   Vormundschaft, Betreuung und Pflegschaft müssen **unentgeltlich** wahrgenommen werden, Abs. 1 Satz 2 Halbs. 1 Dies ist grds. unproblematisch, da eine Vormundschaft und ihr folgend eine Betreuung und eine Pflegschaft nach bürgerlichem Recht[73] entspr. dem Prinzip eines staatsbürgerlichen Ehrenamtes ohnehin unentgeltlich ausgeführt werden. Unentgeltlichkeit wird durch den gesetzl. vorgesehenen Ersatz von **Aufwendungen**[74], der auch pauschaliert[75] gewährt werden kann, nicht ausgeschlossen. Keine Unentgeltlichkeit ist gegeben, wenn vom Vormundschaftsgericht für die Vormundschaft, Betreuung oder Pflegschaft eine **Vergütung** bewilligt wird.[76] In diesem Fall gilt § 21.

33   An wen nach Abs. 1 Satz 2 Halbs. 2 die (nach dessen Wortlaut ausdrücklich **vor** Aufnahme des Amtes abzugebende) **schriftl. Anzeige** zu richten ist, ist nicht[77] bestimmt. § 21 Satz 1 ist nicht direkt anwendbar, weil dort der Soldat ausdrücklich die **Genehmigung** „seines" DiszVorg. für die Übernahme einer Vormundschaft, Betreuung oder Pflegschaft einholen muss. Es genügt, wenn die Anzeige nach Abs. 1 Satz 2 Halbs. 2 beim (nächsten) DiszVorg. eingereicht wird. Dieser hat jedoch – dies ist sachgerecht im Hinblick auf die Genehmigungszuständigkeit nach Abs. 7 i.V.m. § 65 Abs. 4 BBG (vgl. Rn. 111) – grds. (eine Ausnahme gilt nur, wenn er selbst genehmigungsbefugt ist) die Anzeige an den DiszVorg. weiterzuleiten, der eine Nebentätigkeit des anzeigenden Soldaten zu genehmigen hätte.[78] Denn nur dieser Vorg. kann letztlich verbindlich feststellen, ob es sich tatsächlich nicht um eine genehmigungspflichtige Nebentätigkeit handelt.

2. Absatz 2 Versagung der Genehmigung

34   Gem. **Abs. 2 Satz 1** muss eine Genehmigung versagt werden, wenn die Besorgnis besteht, dass die Nebentätigkeit zu einer Beeinträchtigung dienstl. Interessen führt.[79]

---

72 Dies berücksichtigt der strafrechtl. Begriff des Angehörigen in § 11 Abs. 1 Nr. 1a StGB.
73 Gem. § 1836 Abs. 1 Satz 1 BGB, § 1908i Abs. 1 Satz 1 BGB, § 1915 Abs. 1 BGB.
74 Vgl. § 1835 BGB.
75 Vgl. § 1835a BGB.
76 Vgl. § 1836 BGB.
77 Auch nicht durch Erl., vgl. VMBl. 1999 S. 190 (s.o. Rn. 13).
78 Gem. VMBl. 1999 S. 190 Teil A Nr. 3 liegt die Genehmigungszuständigkeit bei dem DiszVorg. mit mindestens der Disziplinarbefugnis eines BtlKdr.
79 Hier wird in der Praxis grds. nur die Nebenbeschäftigung (vgl. Rn. 18 u. 24) betroffen sein, weil die Nebenverwendung gesetzl. o. durch den Dienstherrn angeordnet wird. Als Sonderfall regelt § 5 Abs. 1 BNV, dass der Übernahme einer o. mehrerer **Nebenbeschäftigungen** gegen Vergütung erforderliche **Genehmigung** allg. als **erteilt** gilt, wenn die Nebenbeschäftigungen insgesamt geringen Umfang haben, außerhalb der Dienstzeit ausgeübt werden u. kein gesetzl. Versagungsgrund vorliegt. Der Umfang einer o. mehrerer Nebenbeschäftigungen ist als gering anzusehen, wenn die Vergütung hierfür insgesamt 100 Euro im Monat nicht übersteigt u. die zeitliche Beanspruchung der Woche ein o. mehrere Nebenbeschäftigungen in der Woche ein Fünftel der regelmäßigen wöchentlichen Arbeitszeit nicht überschreitet. In diesen Fällen ist die Nebenbeschäftigung anzuzeigen, es sei denn, es handelt sich um eine einmalige, gelegentliche Nebenbeschäftigung.

Nebentätigkeit § 20

Die Besorgnis muss sich auf die Beeinträchtigung **dienstl. Interessen** beziehen. Diese 35
können nicht nur beeinträchtigt sein und zur Versagung einer Nebentätigkeitsgenehmigung führen, wenn die Unparteilichkeit oder Unbefangenheit des Soldaten bei der unmittelbaren Erledigung der ihm übertragenen konkreten dienstl. Aufgaben (insbes. der Aufgaben seines konkreten Dienstpostens) beeinflusst wird. Der Begriff des dienstl. Interesses ist vielmehr in einem weiteren Sinne zu verstehen.[80] Er umfasst alle wenigstens allg. auf die Dienstpflichten des Soldaten bezogenen Interessen des Dienstherrn. Zu diesen Pflichten gehört die aus dem öff.-rechtl. Dienst- und Treueverhältnis des Soldaten ableitbare allg. Wohlverhaltenspflicht, die von ihm verlangt, außerhalb seiner dienstl. Verwendung alles zu vermeiden, was seinem dienstl. Ansehen schadet. Bereits diese allg. Pflicht begründet einen dienstl. Bezug zur beantragten Nebentätigkeit des Soldaten. Es **reicht nicht aus**, dass **private** Interessen (z.B. der Schutz der Erwerbschancen möglicher Konkurrenten des die Nebentätigkeit beantragenden Soldaten, mit denen er in Wettbewerb tritt) oder öff. Belange, die nicht zugleich dienstl. Interessen sind (z.B. die Vermeidung einer Beeinträchtigung erheblicher Belange des Arbeitsmarktes und des Wirtschaftslebens[81]), betroffen sein können. Dienstl. Interessen sind deshalb nicht ohne Weiteres mit öff. Interessen der Allgemeinheit gleich zu setzen. In welchen Fällen dienstl. Interessen beeinträchtigt sein können, wird beispielhaft in Satz 2 beschrieben. Eine **Beeinträchtigung** dienstl. Interessen ist tatbestandlich bereits dann anzunehmen, wenn die bloße, nicht auszuschließende **Möglichkeit** dieser Beeinträchtigung bejaht werden kann; die Gefährdungslage reicht aus. Erfasst werden **alle potentiellen Gefährdungen**, auch wenn sie nicht wahrscheinlich sind. Nur völlig abwegige, wirklichkeitsfremde Konstellationen sind auszuschließen; liegen sie vor, ist ausnahmsweise bereits das Tatbestandsmerkmal „Beeinträchtigung dienstl. Interessen" zu verneinen.

Eine **Besorgnis**, dass durch die Nebentätigkeit dienstl. Interessen beeinträchtigt werden, muss dem gegenüber mehr verlangen als die bloße, nicht auszuschließende Möglichkeit einer fern liegenden Gefahr der Beeinträchtigung. Besorgnis ist gegeben, wenn „bei verständiger Würdigung der gegenwärtig erkennbaren Umstände unter Berücksichtigung der erfahrungsgemäß zu erwartenden Entwicklung eine Beeinträchtigung dienstl. Interessen wahrscheinlich ist, wenn ein vernünftiger Grund für die Annahme besteht, dass eine solche Beeinträchtigung voraussichtlich eintreten wird".[82] Die Beeinträchtigung muss nicht in hohem Maße wahrscheinlich, sie darf aber auch nicht völlig fern liegend sein.[83] Abstrakte und generelle Gesichtspunkte reichen nicht aus; **maßgeblich** sind die **konkreten Umstände des Einzelfalles**.[84] 36

Der gesetzl. Versagungsgrund der Besorgnis der Beeinträchtigung dienstl. Interessen 37
umfasst mehrere **unbestimmte Rechtsbegriffe**, bei deren Ausfüllung dem Dienstherrn kein Beurteilungsspielraum zusteht. Vielmehr sind dieses Begriffe **gerichtl. voll nach-**

---

80 Vgl. BVerwGE 60, 254 (257); 67, 287 (295 f.); *Battis*, BBG, § 65 Rn. 7; GKÖD I K, § 65 Rn. 31 ff. (33).
81 Ein solcher arbeitsmarkt- o. wirtschaftspolitischer Versagungsgrund wurde wegen verfassungsrechtl. Bedenken bei den Beratungen des Nebentätigkeitsbegrenzungsgesetzes verworfen, vgl. BT-Drs. 10/2542, 14 f.; vgl. auch *Plog/Wiedow/Lemhöfer*, BBG, § 65 Rn. 10 m.w.N.
82 BVerwG ZBR 1977, 27 (28); BVerwGE 60, 254 (256 f.); v. *Zwehl*, 43 f.; *Plog/Wiedow/Lemhöfer*, BBG, § 65 Rn. 11.
83 BVerwGE 60, 254 (257). An dieser – nicht leicht zu bestimmenden – Grenze der Wahrscheinlichkeit des Eintritts einer Beeinträchtigung entscheidet sich, ob bereits von einer Besorgnis ausgegangen werden kann.
84 Vgl. BT-Drs. 10/1319, 9; BVerwGE 60, 254 (256); GKÖD I K, § 65 Rn. 37 m.w.N.

Eichen

prüfbar[85] (**zuständig** für die Entscheidung über die Zulässigkeit einer Nebentätigkeit als **truppendienstl. Maßnahme** sind die **Wehrdienstgerichte**[86]). Ist eine Beeinträchtigung dienstl. Interessen zu besorgen, **muss** die Genehmigung nach dem eindeutigen Wortlaut der Vorschrift **versagt werden**. Ist nach den Umständen des konkreten Einzelfalles keine Beeinträchtigung zu besorgen, besteht ein Rechtsanspruch auf Erteilung der Nebentätigkeitsgenehmigung.[87] Der Dienstherr hat insoweit dann **kein Ermessen**.[88]

38 Auch bei den in **Abs. 2 Satz 2** (und Satz 3) beispielhaft, nicht abschließend („insbesondere") aufgeführten Versagungsgründen, die sich teilweise überschneiden, ist die Annahme ihrer tatbestandlichen, in unbestimmten Rechtsbegriffen formulierten Voraussetzungen durch den Dienstherrn weitestgehend einer gerichtl. Überprüfung zugänglich. Dies gilt selbst dann, wenn in die Einschätzung, ob eine Beeinträchtigung dienstl. Interessen zu besorgen ist, **künftige ungewisse Geschehensabläufe** einbezogen werden müssen (vgl. z.B. Satz 2 Nr. 4, in dem die künftige dienstl. Verwendbarkeit angesprochen wird). Aus **prognostischen** Inhalten unbestimmter Rechtsbegriffe allein kann noch nicht ohne Weiteres auf einen Beurteilungsspielraum geschlossen werden.[89] Jedenfalls wäre selbst dann, wenn man dem Dienstherrn einen gewissen Entscheidungsfreiraum zubilligte, zumindest gerichtl. überprüfbar, ob der Dienstherr (zum Zeitpunkt seiner Entscheidung) von einem zutr. Sachverhalt, aus dem er seine Besorgnis ableitet, ausgegangen ist und er die für die Entscheidung erheblichen Gesichtspunkte sachgerecht beurteilt oder aber offensichtlich falsch eingeschätzt hat.[90]

Allg. ist auch bei den Versagungsgründen nach Abs. 2 Satz 2 auf den Maßstab der Besorgnis (vgl. Rn. 36) abzustellen.

39 Nach **Satz 2 Nr. 1** liegt ein **Versagungsgrund** vor, wenn die Nebentätigkeit nach Art und Umfang den Soldaten dermaßen in Anspruch nimmt, dass die ordnungsgemäße Erfüllung seiner dienstl. Pflichten behindert werden kann. **Satz 4** nimmt dies **regelmäßig** an, wenn die zeitliche Beanspruchung durch eine oder mehrere Nebentätigkeiten in der Woche acht Stunden überschreitet (sog. **Fünftel-Regel**[91]). Auch eine Nebentätigkeit innerhalb dieses Rahmens kann nach Satz 2 Nr. 1 versagt werden, wenn sie wegen besonderen Umstände des Einzelfalles etwa auf Grund der Art ihrer Ausübung einen ordnungsgemäßen Dienst des Soldaten beeinträchtigen kann (z.B. eine achtstündige, einmal in der Woche nachts ausgeübte Nebentätigkeit, die jew. am nächsten Arbeitstag wegen Übermüdung des Soldaten dessen Leistungsfähigkeit erheblich herabsetzt). Andererseits kann in Einzelfällen abweichend von der Fünftel-Regel auf die durchschnittliche zeitliche Belastung im Monat für solche Nebentätigkeiten abgestellt werden, mit denen notwendigerweise eine vorübergehend stärkere, unregelmäßige zeitliche Inanspruchnahme verbunden ist (z.B. Prüfungen, Wochenendveranstaltungen im Rahmen von Fortbildungen).[92]

---

85 Vgl. BVerwG ZBR 1977, 27, Ls 1; BVerwGE 60, 254 (255); GKÖD I K, § 65 Rn. 28 u. Yk § 20 Rn. 4. Vgl. allg. zur Möglichkeit v. Beurteilungsspielräumen *Kopp/Ramsauer*, VwVfG, § 40 Rn. 71 ff.
86 BVerwGE 73, 87 Ls 1; *Scherer/Alff*, SG, § 59 Rn. 12; *Böttcher/Dau*, WBO, § 17 Rn. 51. Zu Ausnahmen s. Rn. 110.
87 Vgl. BT-Drs. 10/1319, 9.
88 BVerwG ZBR 1977, 27; *Plog/Wiedow/Lemhöfer*, BBG, § 65 Rn. 9.
89 Vgl. *Schenke*, VwPR, Rn. 769; *Kopp/Schenke*, VwGO, § 114 Rn. 37.
90 Vgl. BVerfGE 88, 40 (60); GKÖD I K, § 65 Rn. 28; *Kopp/Schenke*, VwGO, § 114 Rn. 37a.
91 Die Fünftel-Regel leitet ihre Bezeichnung aus der beamtenrechtl. Regelung ab, die von einer Überbeanspruchung durch Nebentätigkeiten von mehr als einem Fünftel der regelmäßigen wöchentlichen Arbeitszeit ausgeht (§ 42 Abs. 1 Satz 2 BRRG, § 65 Abs. 2 Satz 4 BBG). Mangels einer gesetzl. Dienstzeitregelung für Soldaten konkretisiert Abs. 2 Satz 4 die Fünftel-Regel auf acht Stunden.
92 Vgl. BT-Drs. 10/2542, 15.

Die Fünftel-Regel in Satz 4 gilt als **Obergrenze**, auch wenn mehrere Nebentätigkeiten ausgeübt werden. Sie **erstreckt sich** jedoch **nicht** – dies lässt zwar nicht der Wortlaut der Vorschrift, aber ihr systematischer Standort erkennen – auf **genehmigungsfreie** Nebentätigkeiten.[93] Ebenso wenig soll sie Fahrzeiten berücksichtigen.[94] Besteht die Nebentätigkeit in der Unterrichtserteilung, ist für jede Unterrichtsstunde ein zeitlich entspr. Aufwand für Vor- und Nachbereitung hinzuzurechnen.[95]

Befindet sich der Soldat im **Erholungsurlaub**, kommt – trotz der in dieser Zeit wegfallenden Dienstleistungspflicht – eine längere als achtstündige wöchentliche Nebentätigkeit nicht in Frage, weil dies dem Zweck des Urlaubs zuwider liefe.[96]   **40**

Entfällt die **dienstl. Beanspruchung** eines Soldaten durch ein **Verbot der Ausübung des Dienstes** (§ 22) oder durch eine **vorläufige Dienstenthebung** (§ 126 Abs. 1 WDO) gänzlich, so kann der Soldat eine – in jedem Fall genehmigungsbedürftige (vgl. o. Rn. 17) – Nebentätigkeit ungehindert durch Satz 2 Nr. 1 und Satz 4 ausüben. Denn wenn kein Dienst geleistet werden muss, kann er auch nicht durch eine Nebentätigkeit beeinträchtigt werden.[97]   **41**

Zur Versagung einer Nebentätigkeit während eines **Betreuungsurlaubs** (§ 28 Abs. 5 Satz 1) auf der Basis des § 20 Abs. 2 Satz 2 Nr. 1 und Satz 4 vgl. die Komm. zu § 28 Rn. 49.   **42**

Zur Versagung einer Nebentätigkeit während eines **Altersurlaubs** (Urlaub bis zum Beginn des Ruhestandes gem. § 28a Abs. 1) vgl. die Komm. zu § 28a Rn. 16 ff.

Zur Möglichkeit, während einer **Elternzeit** eine **Teilzeitbeschäftigung** als **Arbeitnehmer** aufzunehmen, vgl. § 4 EltZSoldV[98] i.V.m. Teil B Nr. 15 AusfBestEltZSoldV[99].

Zu Nebentätigkeiten während einer **Teilzeitbeschäftigung** vgl. die Komm. zu § 30a Rn. 19 ff.

Nach **Satz 2 Nr. 2** ist ein Versagungsgrund gegeben, wenn die Nebentätigkeit den Soldaten in Konflikt mit seinen dienstl. Pflichten bringen, dem Ansehen der Bw abträglich sein kann oder in einer Angelegenheit ausgeübt wird, in der die Dienststelle oder Einheit des Soldaten tätig wird oder tätig werden kann.   **43**

Einen **Konflikt mit dienstl. Pflichten** hat das BVerwG z.B. angenommen im Falle eines SanOffz (Zahnarzt), der eine Nebentätigkeit als Kassenarzt angestrebt hatte, weil hierdurch eine weitgehende rechtl. Bindung über einen anderweitigen Einsatz der Arbeitskraft einzugehen sei, die mit der jederzeit notwendigen Einsatzbereitschaft als Arzt in den SK nicht in Einklang zu bringen sei und daher eine nicht nur abstrakte Gefahr einer Pflichtenkollision bewirken könnte.[100] Vorstellbar und ausreichend wäre z.B. auch die Besorgnis, dass ein Soldat interne Kenntnisse aus seiner dienstl. Tätigkeit im Rahmen einer Nebentätigkeit zum Nachteil des Dienstherrn verwerten könnte.[101] Es reicht bereits die objektive Möglichkeit eines Konflikts mit dienstl. Pflichten aus; für diese   **44**

---

93 *Plog/Wiedow/Lemhöfer*, BBG, § 65 Rn. 15a; GKÖD I K, § 65 Rn. 45; *Summer*, ZBR 1988, 1, 6 f. Bei genehmigungsfreien Nebentätigkeiten ist das Überschreiten der Acht-Stunden Grenze nur Indiz für eine Pflichtverletzung, vgl. u. Rn. 101.
94 Vgl. VMBl. 1999 S. 190 f. (Teil B, 2.3.1 i.V.m. 2.3.2).
95 So VMBl. 1999 S. 190 f.
96 Vgl. GKÖD I Yk, § 20 Rn. 5; *v. Zwehl*, 91 f.
97 Vgl. *Plog/Wiedow/Lemhöfer*, BBG, § 65 Rn. 16; GKÖD I K, § 65 Rn. 42.
98 BGBl. 2004 I S. 2856.
99 VMBl. 2005 S. 66 (67 f.).
100 BVerwGE 63, 99 = NZWehrr 1979, 230; die Anm. zu dieser Entsch. v. *Walz*, NZWehrr 1980, 26, betr. keine nebentätigkeitsrechtl. Aspekte.
101 Vgl. die beamtenrechtl. Entsch. BVerwGE 60, 254.

§ 20 Gemeinsame Vorschriften

Annahme müssen allerdings vernünftige Anhaltspunkte bestehen. Unerheblich ist, ob der Soldat sich in einen Konflikt mit dienstl. Pflichten verstrickt fühlt oder ob er sich tatsächlich in diesem Konflikt befindet.[102]

45 Dem **Ansehen der Bw** abträglich könnten Nebentätigkeiten sein, die zwar noch legal sind, durch die aber der gute Ruf der Bw oder einzelner Truppenteile, der für die Erfüllung der Verteidigungsaufgabe unbedingt erforderlich ist[103], in Mitleidenschaft gezogen werden kann. In Frage kommen vor allem Tätigkeiten im Rotlicht- und Homosexuellenmilieu sowie in einem kriminalitätsnahen Umfeld. Hierbei wird es sich regelmäßig um Grenzfälle handeln, die angesichts sich ständig wandelnder gesellschaftlicher Anschauungen im Einzelfall eine einvernehmliche Einschätzung nur schwerlich zulassen.

46 Als ansehensschädigend sind z.b. folgende Nebentätigkeiten vorstellbar:
- Betreiben eines Bordells am Standort durch einen DiszVorg.[104]
- Betrieb einer Videothek mit vornehmlich gewaltverherrlichenden und pornographischen Filmen.[105]
- Tätigkeit eines StabsOffz als Pornomodell für ein Sexmagazin.[106]

47 In den Fällen, in denen nach Satz 2 Nr. 2 eine Nebentätigkeit einen Ansehensverlust für die Bw bewirken und deshalb versagt werden kann, statuiert § 17 Abs. 2 Satz 2 korrespondierend die Pflicht des Soldaten, auch außer Dienst jede ernsthafte Ansehensbeeinträchtigung der Bw zu unterlassen.

48 Problemlos könnte eine Nebentätigkeit versagt werden, wenn die durch sie zu erwartende Beeinträchtigung des Ansehens der Bw auf einer rechtswidrigen oder sogar strafbaren Handlungsweise beruhte.[107]

49 Die Versagung einer Nebentätigkeit, die in einer Angelegenheit ausgeübt würde, in der die **Dienststelle oder Einheit des Soldaten selbst tätig wird oder werden kann**[108], ist zwar anschaulich an beamtenrechtl. Fallgestaltungen darstellbar.[109] In den soldatischen Bereich sind derartige Konstellationen kaum übertragbar. Anders als bei zivilen Behörden, denen bestimmte, in die Öffentlichkeit gerichtete Zuständigkeiten überwiegend „auf die Stirn" geschrieben sind (z.B. eine Gemeindeverwaltung mit Bauamt und Sozialamt), gibt es derartige Zuständigkeiten bei mil. Dienststellen (z.B. bei einer Kompanie oder einem Bataillon) i.d.R. nicht. Das Bestreben des Gesetzgebers, zu verhindern, dass durch Nebentätigkeiten im Zuständigkeitsbereich der Dienststelle das Vertrauen der Öffentlichkeit in die sachgemäße Behandlung dienstl. Vorgänge im amtl. Bereich Schaden nehmen und eine Interessenkollision eintreten könnte, findet daher im mil. Bereich selten einen Ansatzpunkt. Nur in (kaum vorstellbaren[110]) Fällen, in denen eine

---

102 BVerwGE 60, 254 (259).
103 Vgl. *Dau*, WDO, § 16 Rn. 16 m.w.N.
104 Vgl. die Beispiele bei Günther, DÖD 1988, 78, 90.
105 Vgl. VG Hannover NJW 1988, 1162 (in diesem Fall durch einen Strafvollzugsbeamten).
106 Vgl. BVerwGE 86, 136 = NZWehrr 1989, 205; BVerwGE 113, 340 = NZWehrr 1999, 258.
107 Vgl. GKÖD I K, § 65 Rn. 52.
108 Der aus einer Nebentätigkeit erwachsenden Besorgnis eines Interessenkonflikts wird hier schon im Vorfeld Rechnung getragen: Bereits die (anhand der konkreten Umstände des Einzelfalls zu bewertende) Möglichkeit, dass die Dienststelle o. Einheit tätig werden **kann**, reicht aus, die Nebentätigkeit zu versagen.
109 Beispiel: Technischer Beamter, dessen in Nebentätigkeit erstellte Bauunterlagen anschließend in seiner eigenen Baubehörde überprüft werden.
110 Dies auch deshalb, weil nach Art. 87b Abs. 1 GG die unmittelbare Deckung des Sachbedarfs der SK (insbes. Maßnahmen im Rahmen der Materialbeschaffung u. der Infrastruktur) grds. den Behörden der Bundeswehrverwaltung übertragen ist.

mil. Dienststelle wie eine zivile Behörde eigene, nach außen gerichtete Zuständigkeiten besäße, wäre zu prüfen, ob die Dienststelle in einer für die Nebentätigkeit eines Soldaten relevanten Weise selbst tätig werden könnte, ob dann der Soldat (mit seiner Nebentätigkeit) in derselben „Angelegenheit" befasst wäre.[111]

Der Versagungsgrund in **Satz 2 Nr. 3** greift ein, wenn die Nebentätigkeit die **Unparteilichkeit oder Unbefangenheit** des Soldaten **beeinflussen kann**. Er drückt bereits sprachlich aus, dass hier die objektive, nicht ausschließbare Möglichkeit der Beeinflussung des Soldaten, also eine entspr. Besorgnis, ausreicht. Die Vorschrift will schon allg. die Gefahr einer Beeinträchtigung der dienstl. Interessen des Dienstherrn durch Zweifel an der Neutralität des Soldaten ausschalten.[112] Notwendig sind allerdings nachvollziehbare Anhaltspunkte für eine solche Gefährdung. Eine tatsächliche Beeinträchtigung der Unparteilichkeit oder Unbefangenheit des Soldaten ist nicht erforderlich; vermieden werden soll schon der Anschein möglicher Interessen- oder Loyalitätskonflikte.[113] 50

Gegenüber dem ersten Anwendungsfall in Satz 2 Nr. 2 (Widerstreit mit dienstl. Pflichten, vgl. o. Rn. 44) hat Satz 2 Nr. 3 keinen eigenständigen Anwendungsbereich.[114]

Der Versagungsgrund in **Satz 2 Nr. 4**, dass die Nebentätigkeit zu einer **wesentlichen Einschränkung der künftigen dienstl. Verwendbarkeit** des Soldaten **führen kann**, ist zu bejahen, wenn die Nebentätigkeit zwar nicht aktuell zu einer Beeinträchtigung dienstl. Interessen (z.B. aus den in Satz 2 Nr. 2 oder 3 genannten Gründen) führte, aber bei einem nicht unwahrscheinlichen und nicht fernliegenden[115], voraussehbaren[116] Verwendungswechsel mit der dann auszuübenden Tätigkeit kollidieren könnte. Da dies der zur Einsatzbereitschaft der SK notwendigen jederzeitigen Verwendbarkeit des Soldaten auf für ihn geeigneten Dienstposten widerspräche, muss in diesem Fall eine Nebentätigkeit zurückstehen. 51

Nach **Satz 3** liegt eine Besorgnis der Beeinträchtigung dienstl. Interessen und damit ein Versagungsgrund für eine Nebentätigkeit i.d.R. auch vor, wenn sich diese wegen gewerbsmäßiger Dienst- oder Arbeitsleistung oder sonst nach Art, Umfang, Dauer oder Häufigkeit als **Ausübung eines Zweitberufs** darstellt. Nach der amtl. Begr.[117] will die Vorschrift verhindern, dass sich der Soldat durch eine Nebentätigkeit allmählich einen Zweitberuf aufbaut, unabhängig davon, ob die in Satz 4 festgelegte zeitliche Begrenzung auf acht Stunden wöchentlich überschritten wird. Allerdings wird das gesetzgeberische Ziel, den Soldaten dazu anzuhalten, sich mit voller Kraft seinen soldatischen Pflichten zu widmen, bereits ausreichend konkret in den Versagungsgründen des Satzes 2 und durch Satz 4 umrissen. Diese Versagungsgründe werden durch Satz 3 nicht verdrängt, sondern allenfalls ergänzt.[118] 52

---

111 Vgl. für den Beamtenbereich *Plog/Wiedow/Lemhöfer*, BBG, § 65 Rn. 18, u. GKÖD I K, § 65 Rn. 47, die für einen Interessenkonflikt das „schlichte Zusammentreffen von Behördenzuständigkeit und Nebentätigkeit" (GKÖD a.a.O.) ausreichen lassen (vgl. auch *Günther*, DÖD 1988, 78, 87 f.). Diese abstrakte Ermittlung einer Interessenkollision ist – wie dargelegt – auf den soldatischen Bereich grds. nicht übertragbar. Auch *Stauf* I, § 20 SG Rn. 11, spricht sich für eine restriktive Interpretation der Vorschrift aus.
112 Vgl. BVerwGE 60, 254 (257).
113 Vgl. GKÖD I Yk, § 20 Rn. 7; BVerwGE 84, 299 (302).
114 Vgl. *Keymer/Kolbe/Braun*, Dritter Teil, 2, BBG § 65 Rn. 26 m.w.N.
115 BVerwGE 67, 287 (299).
116 *Stauf* I, § 20 SG Rn. 12.
117 BT-Drs. 13/8079, 18 (Begr. zu Art. 2 Nr. 1; sie gilt für Soldaten entspr., vgl. S. 19 a.a.O. [Begr. zu Art. 3 - § 20 SG]).
118 Vgl. GKÖD I K, § 65 Rn. 56.

Ob sich eine Nebentätigkeit als unzulässige Ausübung eines Zweitberufs darstellt, soll, wie das BMI in einem RdSchr. vom 3.9.1997[119] anmerkt, im Einzelfall meist nur im Rahmen einer Gesamtbewertung zu beurteilen sein. Auf die Wiedergabe der hierzu vom BMI genannten Kriterien[120] wird verzichtet, weil sie zu keiner befriedigenden Konkretisierung des Gesetzeswortlauts verhelfen.[121]

Nicht als Ausübung eines Zweitberufs gilt die Tätigkeit als **Nebenerwerbslandwirt** oder **Nebenerwerbswinzer**, da hierin eine gewerbsmäßige Dienst- oder Arbeitsleistung, die regelmäßig auf ständige Gewinnerzielung gerichtet ist, nicht gesehen werden kann. Nebenerwerbslandwirte oder -winzer führen i.d.R. einen ererbten Betrieb fort. Ihre Tätigkeit zielt weniger auf Gewinn als auf eine angemessene Bewirtschaftung und Pflege von Grund und Boden.[122] Dass aus Gefälligkeit übernommene Tätigkeiten, die meist nur gelegentlich und auf Grund besonderer Verbindung zum „Auftraggeber" (z.B. Verwandtschaftsverhältnis) ausgeübt werden, keine gewerbsmäßige Dienst- oder Arbeitsleistung und damit keine Nebentätigkeit darstellen, wurde bereits dargestellt.[123]

53 Vgl. zu **Satz 4** o. Rn. 39.

54 Nach **Satz 5** ist eine Nebentätigkeitsgenehmigung auf längstens **fünf Jahre** zu **befristen** und ggf. mit **Auflagen** oder **Bedingungen** zu versehen. Die Vorschrift verdeutlicht, dass Nebentätigkeiten für Soldaten angesichts der Alimentationspflicht[124] des Dienstherrn für die Soldaten und deren Familien[125] eine nur untergeordnete Rolle neben dem Hauptberuf spielen dürfen. Auch soll bei längerfristig angelegten Nebentätigkeiten der zuständige Vorg.[126] durch die Befristung gezwungen sein, die Nebentätigkeiten des Soldaten regelmäßig auf Vereinbarkeit mit den soldatenrechtl. Vorschriften zu prüfen.[127]

55 Die gesetzl. Befristung der Nebentätigkeitsgenehmigung (**Satz 5 Halbs. 1**) auf längstens fünf Jahre darf nicht überschritten werden. Sie ist für Nebentätigkeiten bedeutsam[128], die längerfristig ausgeübt werden sollen oder ihrer Natur nach nur über einen längeren Zeitraum möglich sind.

Im Einzelfall wird die Genehmigung auch auf weniger als fünf Jahre zu befristen sein, insbes. wenn

- die Nebentätigkeit für einen kürzeren Zeitraum beantragt ist oder ihrer Natur nach in einem kürzeren Zeitraum beendet werden kann oder
- absehbar ist, dass ihre Vereinbarkeit mit soldatenrechtl. Vorschriften, insbes. solchen zum Schutz konkreter dienstl. Interessen, vorzeitig zu überprüfen sein wird.[129]

---

119 Abgedruckt bei *v. Zwehl*, 259; die Ausführungen des BMI sind im Erl. „Nebentätigkeiten von Beamten, Arbeitnehmern, Berufssoldaten und Soldaten auf Zeit", VMBl. 1999 S. 190, 191 (Nr. 2.3.3) neubearbeitet.
120 Vgl. hierzu *Stauf* I, § 20 SG Rn. 13 f. u. *v. Zwehl*, 49 f.
121 Krit. zur entspr. Beamtenregelung *Plog/Wiedow/Lemhöfer*, BBG, § 65 Rn. 21b u. GKÖD I K, § 65 Rn. 54 ff.
122 Vgl. VMBl. 1999 S. 191 (Nr. 2.3.3).
123 Vgl. o. Rn. 18 a.E.
124 Das Alimentationsprinzip verpflichtet den Dienstherrn, u.a. Soldaten u. ihre Familien lebenslang angemessen zu unterhalten.
125 Obwohl verfassungsrechtl. nicht aus Art. 33 Abs. 5 GG begründbar, hat die Rspr. Gewährleistungen aus dem Alimentationsprinzip auch auf Soldaten erstreckt (vgl. BVerwGE 93, 69, 73 m.w.N.); einfachgesetzl. ergibt sich die Alimentationspflicht aus § 31.
126 Zur Zuständigkeit vgl. u. Rn. 111.
127 Vgl. BT-Drs. 13/8079, 18 f.; die beamtenrechtl. Begr. gilt entspr. für § 20 Abs. 2 Satz 5.
128 Vgl. zu den folgenden Ausführungen VMBl. 1999 S. 191 f., Nr. 2.4 ff.
129 Letzteres kann z.B. der Fall sein, wenn absehbar eine dienstl. Tätigkeit des Soldaten in Angelegenheiten vorgesehen ist, in denen er Nebentätigkeiten ausübt (dann können insbes. Versagungsgründe nach Abs. 2 Satz 2 Nr. 2 bis Nr. 4 zur Anwendung kommen), o. wenn die

Nebentätigkeit § 20

Beginn und Ende der Fünfjahresfrist sind grds. nach den allg. Regeln zu berechnen. § 31 VwVfG i.V.m. §§ 187 ff. BGB ist entspr. heranzuziehen. Folglich beginnt der Lauf der Frist[130] 56

- bei Nebentätigkeiten, die der Antragsteller zu einem im Antrag bestimmten künftigen Datum aufnehmen will, an diesem Tag,
- im Übrigen mit dem Tag, der auf die Bekanntgabe der Genehmigungserteilung folgt.

Mit Ablauf der Frist **erlischt** die Genehmigung. Der Soldat darf die Nebentätigkeit erst fortsetzen, nachdem ihm auf seinen erneuten Antrag und nach Vorlage der entspr. Nachweise eine Genehmigung erteilt ist. Auch ein rechtzeitiger und ordnungsgemäßer Antrag reicht für eine zulässige Fortsetzung der Nebentätigkeit nach Ablauf der Befristung nicht aus, solange keine neue Genehmigung erteilt ist.[131] Stehen der erneut beantragten Nebentätigkeit keine Versagungsgründe entgegen, was der zuständige Vorg. wie bei einem Erstantrag zu überprüfen hat, hat der Soldat einen Anspruch auf Genehmigung. 57

Die Genehmigung einer Nebentätigkeit kann mit **Auflagen** und **Bedingungen**[132] versehen werden (vgl. **Satz 5 Halbs. 2**). Der Genehmigung kann daher entweder eine zusätzliche, selbstständig erzwingbare Anordnung zu einem bestimmten Tun, Dulden oder Unterlassen beigefügt werden (Auflage[133]), oder es kann ihr Eintritt (aufschiebende Bedingung) oder ihr Ende (auflösende Bedingung) von einem zukünftigen ungewissen Ereignis abhängig gemacht werden.[134] So könnte z.b. eine Nebentätigkeitsgenehmigung an die auflösende Bedingung eines Dienstpostenwechsels geknüpft werden, so dass die Genehmigung mit dem späteren Wechsel auf einen anderen Dienstposten erlischt. 58

Ist im konkreten Einzelfall eine Beeinträchtigung dienstl. Interessen nicht zu besorgen, hat der Soldat auf die Erteilung einer Nebentätigkeitsgenehmigung einen Rechtsanspruch (vgl. o. Rn. 37). Einer Nebentätigkeitsgenehmigung darf eine **Auflage** oder **Bedingung** deshalb **nur zur Wahrung dienstl. Interessen** beigefügt werden, wenn andernfalls (ohne Auflage oder Bedingung) die Genehmigung versagt werden müsste.[135]

Nach **Satz 6** ist (ohne Ermessen) eine erteilte Nebentätigkeitsgenehmigung zu widerrufen, wenn sie zu einer Beeinträchtigung dienstl. Interessen führt. Es handelt sich um einen gesetzl. Widerrufsvorbehalt, welcher der Nebentätigkeitsgenehmigung nicht ausdrücklich als Nebenbestimmung beigefügt sein muss. Er bedarf keiner besonderen Erwähnung im Bescheid.[136] 59

Wie der Wortlaut der Vorschrift verdeutlicht, ist für den Widerruf – anders als nach Satz 1, der bereits die Besorgnis der Beeinträchtigung dienstl. Interessen ausreichen lässt – der tatsächliche Eintritt einer solchen Beeinträchtigung notwendig.[137] **Entschädigungspflichten** löst der Widerruf nicht aus, da der gesetzl. Widerrufsvorbehalt die Ent-

---

Nebentätigkeit ihrer Art nach häufig Veränderungen unterliegt, vgl. VMBl. 1999 S. 192, Nr. 2.4.1.
130 Vgl. GKÖD I K, § 65 Rn. 59.
131 In den Genehmigungsbescheiden ist das Fristende ausdrücklich anzugeben u. auf das Erfordernis einer frühzeitigen Antragstellung für den Fall einer gewünschten Fortsetzung der Nebentätigkeit hinzuweisen, vgl. VMBl. 1999 S. 192, Nr. 2.4.3.
132 Vgl. zu diesen Begriffen § 36 Abs. 2 Nr. 2 u. Nr. 4 VwVfG.
133 Vgl. *Kopp/Ramsauer*, VwVfG, § 36 Rn. 29 ff.
134 Vgl. *Kopp/Ramsauer*, VwVfG, § 36 Rn. 19 ff.
135 Vgl. GKÖD I K, § 65 Rn. 60 u. *Plog/Wiedow/Lemhöfer*, BBG, § 65 Rn. 21c.
136 Vgl. § 49 Abs. 2 Satz 1 Nr. 1 VwVfG u. *Kopp/Ramsauer*, VwVfG, § 36 Rn. 25. Gleichwohl schreibt der Musterbescheid einer Genehmigung der Nebentätigkeit v. Soldaten einen solchen Hinw. vor, vgl. VMBl. 2001 S. 117, Anl. 2/Bw/2207.
137 Vgl. GKÖD I K, § 65 Rn. 61.

Eichen

stehung eines Vertrauensschutztatbestandes verhindert, auch wenn der Soldat hiervon keine Kenntnis hat.[138]

Bei **Streitigkeiten** über die **Zulässigkeit des Widerrufs** einer Nebentätigkeitsgenehmigung (als actus contrarius zur Genehmigung) entscheiden ebenfalls[139] die **Wehrdienstgerichte**.

3. Absatz 3 Nebentätigkeit außerhalb des Dienstes

60 **Abs. 3 Satz 1 Halbs. 1** sieht als Regelfall vor, dass der Soldat Nebentätigkeiten (schon vom Wortlaut her jeder Art, auch nach Abs. 6 nicht genehmigungspflichtige) nur **außerhalb des Dienstes** (d.h. auch nur außerhalb dienstl. Unterkünfte und Anlagen[140]) ausüben darf.[141]

61 Ausnahmen gelten nach **Satz 1 Halbs. 2**, wenn der Soldat die Nebentätigkeit **auf Vorschlag** oder **Veranlassung** des DiszVorg. übernommen oder wenn dieser ein **dienstl. Interesse** an der Übernahme der Nebentätigkeit **anerkannt** hat.

62 Als **Veranlassung** i.S.v. **Satz 1 Halbs. 2, 1. Alt.** ist jede Äußerung des (zuständigen[142]) DiszVorg. gegenüber dem Soldaten zu verstehen, die aus Sicht eines objektiven Betrachters das Interesse des Dienstherrn an der Übernahme einer bestimmten Nebentätigkeit durch den Soldaten zum Ausdruck bringt. Gegenüber dem Begriff „Veranlassung" hat der Begriff **„Vorschlag"** keine eigenständige Bedeutung.[143] Entscheidend ist, dass der Soldat letztlich auf Grund **eigener Entscheidung** die Nebentätigkeit übernimmt.

Anders als § 65 Abs. 3 Satz 1 BBG spricht Satz 1 Halbs. 2, 1. Alt. nicht die Übernahme einer Nebentätigkeit auf Verlangen[144] an.[145] Den Fall, dass der Soldat zur Übernahme der Nebentätigkeit verpflichtet worden ist, erfasst Satz 1 Halbs. 2, 1. Alt. daher nicht. Dies ist wohl entbehrlich, weil in derartigen Fällen der Soldat meist auf Verlangen des Dienstherrn[146] i.d.R. im Rahmen einer Nebenverwendung[147] für diesen tätig und daher Abs. 7 i.V.m. § 64 Satz 1 BBG[148] einschlägig sein wird. Als Beispiel ist zu nennen, dass

---

138 Vgl. § 49 Abs. 6 Satz 1 VwVfG, der rechtsgrds. herangezogen werden kann. Für eine ausnahmsweise Entschädigung in Fällen des VwVfG analog § 49 Abs. 6 VwVfG auch bei Vorliegen eines Widerrufsvorbehalts nach § 49 Abs. 2 Satz 1 Nr. 1 VwVfG treten *Kopp/Ramsauer*, VwVfG, § 49 Rn. 82, ein.
139 S.o. Rn. 37.
140 Vgl. *Scherer/Alff*, SG, § 20 Rn. 5.
141 Vgl. z.B. den Erl. „Handel und Gewerbeausübung im Bereich der Bundeswehr", VMBl. 2000 S. 9. Insoweit ist nach Nr. 2.7 ist eine sich während des Dienstes zulässige Unterrichtung in Liegenschaften der Bw über Versicherungen (z.B. Nr. 2.5.1 o. Nr. 2.5.4 des Erlasses) durch einen Soldaten, der für eine nach dem Erl. berechtigte Versicherungsgesellschaft eine Nebentätigkeit ausübt, nicht zulässig, da sein Tätigwerden zumindest den Anschein einer Interessenkollision erweckt. Vgl. *v. Zwehl*, 55.
142 Dies ist in den Fällen des Satzes 1 Halbs. 2, also auch für die Anerkennung eines dienstl. Interesses (s. Rn. 64), sachgerecht mindestens ein Vorg., der nach § 20 Abs. 7 i.V.m. § 65 Abs. 4 BBG für die Genehmigung der Nebentätigkeit zuständig ist, vgl. u. Rn. 111.
143 Vgl. *Keymer/Kolbe/Braun*, Dritter Teil, 2, BBG § 65 Rn. 36.
144 Dieses Verlangen stellt die Verpflichtung zur Übernahme der Nebentätigkeit dar, vgl. u. Rn. 104 sowie *Plog/Wiedow/Lemhöfer*, BBG, § 64 Rn. 11.
145 Warum die zunächst mit beamtenrechtl. Regelung wortgleiche Formulierung des § 20 Abs. 3 im Gesetzgebungsverfahren verändert worden ist, ist in der amtl. Begr. nicht belegt, vgl. BT-Drs. 10/2542, 10, 15 f.
146 Es muss nicht die oberste Dienstbehörde (BMVg) das Verlangen aussprechen, weil diese Befugnis auf den zuständigen DiszVorg. delegiert ist, vgl. VMBl. 1999 S. 190 (Teil A Nr. 3).
147 Vgl. hierzu u. zur Hauptverwendung Rn. 18 ff.
148 Vgl. Rn. 103 ff.

Nebentätigkeit § 20

der Soldat Prüfungs- oder Vortragstätigkeiten, die nicht seiner Hauptverwendung zuzurechnen sind, im Interesse des Dienstherrn auf dessen Verlangen im Dienst wahrnimmt. Obwohl aus dem Wortlaut des Satzes 1 Halbs. 2, 1. Alt. nicht ohne Weiteres erkennbar, muss dem Vorschlag oder der Veranlassung des DiszVorg. ein **dienstl. Interesse** zugrunde liegen. Die bloße (u.U. sogar durch private Belange motivierte) Aufforderung allein kann keine Ausnahme rechtfertigen. Dies belegt Abs. 5 Satz 3, wonach das „dienstliche Interesse (Absatz 3 Satz 1) ... aktenkundig zu machen" ist. Evtl. Versagungsgründe nach Abs. 2 hat der DiszVorg. gegenüber dem dienstl. Interesse an der Übernahme der Nebentätigkeit gem. Satz 1 Halbs. 2, 1. Alt. abzuwägen, bevor er den Soldaten zur Übernahme der Nebentätigkeit im Dienst veranlasst. 63

Eine Nebentätigkeit im Dienst darf der Soldat überdies ausüben, wenn der (zuständige, vgl. Rn. 62, 111) DiszVorg. gem. **Satz 1 Halbs. 2, 2. Alt.** (auch hier **aktenkundig**, also kurz schriftl. begründet, Abs. 5 Satz 3) ein **dienstl. Interesse anerkennt.** Der Begriff des dienstl. Interesses ist hier – ähnlich wie bei seiner Auslegung im Zusammenhang mit der Versagung einer Nebentätigkeit wegen möglicher Beeinträchtigungen dienstl. Interessen[149] – weiter auszulegen als nur durch Bezugnahme auf die dem Soldaten übertragenen, konkreten dienstl. Aufgaben. Ein dienstl. Interesse an der Übernahme der Nebentätigkeit kann nicht nur dann gegeben sein, wenn die Tätigkeit den Aufgaben des konkreten Dienstpostens oder der dem Soldaten übertragenen Verwendung dienlich ist. Ein dienstl. Interesse kann vielmehr auch bejaht werden, wenn die Nebentätigkeit objektiv nachvollziehbar für das sonstige dienstl. Tätigwerden der Dienststelle des Soldaten förderlich sein kann. Hierbei kann es sich auch um einen immateriellen Vorteil (z.B. eine Ansehenssteigerung) handeln. 64

Die Anerkennung eines dienstl. Interesses ist eine Ermessensentscheidung. Selbst wenn an sich ein dienstl. Interesse an der Ausübung einer Nebentätigkeit während des Dienstes besteht, kann diese letztlich untersagt werden, soweit das dienstl. Interesse daran, dass der Soldat in seiner Arbeitszeit ausschließlich den ihm dienstl. aufgegebenen Pflichten nachgeht, insbes. wegen eines Versagungsgrundes nach Abs. 2, überwiegt.[150]

Ausnahmsweise darf gem. **Satz 2** in Einzelfällen eine Nebentätigkeit **während des Dienstes ohne** ein **dienstl. Interesse** wahrgenommen werden, wenn dies besonders – z.B. mit einem **öff. Interesse**[151] – begründet werden kann; allerdings dürfen dienstl. Gründe[152] nicht entgegen stehen, und die versäumte Dienstzeit muss nachgeleistet werden. 65

Die in Satz 2 genannten „besonders begründeten Fälle" und die ggf. entgegenstehenden „dienstlichen Gründe" sind **unbestimmte Rechtsbegriffe,** bei deren Ausfüllung dem Dienstherrn kein Beurteilungsspielraum zusteht. Diese Begriffe sind **gerichtl.**[153] voll **nachprüfbar.**[154] Auch wenn ihre Voraussetzungen vorliegen, steht die Erteilung einer Ausnahme im Ermessen des zuständigen Vorg. („Ausnahmen *dürfen* ... zugelassen werden").

Anträge auf Zulassung einer Ausnahme nach Satz 2 und Entscheidungen über diese Anträge bedürfen der **Schriftform,** vgl. Abs. 5 Satz 1.[155]

---

149 S.o. Rn. 35.
150 So *Keymer/Kolbe/Braun*, BBG, § 65 Rn. 37.
151 Als Beispiele hierfür nennt die amtl. Begr. eine Prüfungs- o. Gutachtertätigkeit, BT-Drs. 10/2542, 15.
152 Als solche kommen vor allem die Versagungsgründe nach Abs. 2 in Frage.
153 Durch die Wehrdienstgerichte, vgl. *Scherer/Alff*, SG, § 59 Rn. 12.
154 Vgl. GKÖD I K, § 65 Rn. 67. Allg. zu Beurteilungsspielräumen *Kopp/Ramsauer*, VwVfG, § 40 Rn. 71 ff.
155 Vgl. Rn. 73.

Eichen

§ 20 Gemeinsame Vorschriften

4. Absatz 4 Inanspruchnahme von Personal und Sachmitteln des Dienstherrn

66 **Abs. 4 Satz 1** erlaubt es Soldaten abweichend von dem Grds., dass Personal und Sachmittel des Dienstherrn nur für dienstl. Zwecke eingesetzt werden dürfen, in bestimmten Fällen, **Einrichtungen, Personal oder Material des Dienstherrn** mit dessen (vorheriger schriftl.[156]) Genehmigung (zur Zuständigkeit für die Genehmigung s.u. Rn. 111) im Rahmen von Nebentätigkeiten **in Anspruch zu nehmen**. Voraussetzung ist, dass hierfür ein öff. oder wissenschaftliches Interesse vorliegt und dass für den Gebrauch ein angemessenes Entgelt entrichtet wird.

Abs. 4 betrifft genehmigungspflichtige und (nach Abs. 6) nicht genehmigungspflichtige Nebentätigkeiten.[157] Die Vorschrift wird nach Abs. 7 i.V.m. § 69 Satz 2 Nr. 4 BBG ausgestaltet durch §§ 9 bis 13 BNV.[158]

67 § 9 Abs. 2 Satz 1 BNV konkretisiert **Einrichtungen** des Dienstherrn als die (nicht verbrauchbaren) sächlichen Mittel, insbes. die Diensträume und deren Ausstattung einschl. Apparate und Instrumente, mit Ausnahme von Bibliotheken. Die Herausnahme der Bibliotheken aus den Einrichtungen gilt auch dann, wenn ihre Nutzung nicht öff., sondern lediglich dem dienstinternen Gebrauch vorbehalten ist. Der Gesetzgeber unterstellt in diesen Fällen ein generelles wissenschaftliches Interesse.[159]

Material sind die verbrauchbaren Sachen (z.B. Arznei- und Verbandsmittel) und die Energie, § 9 Abs. 2 Satz 2 BNV.

Personal des Dienstherrn setzt der Soldat i.S.d. Abs. 4 ein, wenn er Beschäftigte während ihrer Arbeitszeit für seine Nebentätigkeit nutzt. Hat er hierfür eine Genehmigung erhalten, sind die für seine Nebentätigkeit durch die Beschäftigten erbrachten Arbeiten als dienstl. Tätigkeiten anzusehen.[160] In jedem Fall unzulässig ist es, Beschäftigten aus Anlass der Mitwirkung an einer Nebentätigkeit Mehrarbeit, Bereitschaftsdienst oder Rufbereitschaft anzuordnen, zu genehmigen oder zu vergüten.[161]

68 Ein **öff. Interesse** kann bejaht werden, wenn die Nebentätigkeit und damit die in ihrem Rahmen erfolgende Nutzung von Personal und Sachmitteln des Dienstherrn dem Wohl der Allgemeinheit und nicht nur dem individuellen Vorteil des Soldaten dient. Ein **wissenschaftliches Interesse** kann insbes. dann vorliegen, wenn die Nebentätigkeit auf die wissenschaftliche Forschung und Lehre ausgerichtet ist.[162] Geschieht Letzteres im Interesse des staatlichen Gemeinwesens, können sich öff. und wissenschaftliches Interesse überschneiden.

69 Die Genehmigung des Dienstherrn nach Satz 1 ist auch bei Vorliegen der tatbestandlichen Voraussetzungen eine **Ermessensentscheidung**.[163] Die Genehmigung kann vor allem bei Nebentätigkeiten in Form einer Nebenbeschäftigung versagt werden, wenn diese bei pflichtgemäßer Abwägung gegenüber anderen – dienstl. – Interessen nachrangig ist. **Rechtsschutz** gegen die Ablehnung einer Genehmigung als truppendienstl. Maßnahme kann vor den **Wehrdienstgerichten** gesucht werden.[164]

---

156 Vgl. § 9 Abs. 1 BNV.
157 GKÖD I K, § 65 Rn. 69.
158 Vgl. allg. zur BNV u. Rn. 116.
159 GKÖD I K, § 65 Rn. 73; *Plog/Wiedow/Lemhöfer*, BBG, § 69 Rn. 15.
160 Vgl. GKÖD I K, § 65 Rn. 75.
161 § 9 Abs. 3 Satz 1 BNV.
162 Vgl. *Keymer/Kolbe/Braun*, Dritter Teil, 2, BBG § 65 zu Abs. 5 Rn. 30 f.
163 Vgl. *Plog/Wiedow/Lemhöfer*, BBG, § 69 Rn. 18.
164 Vgl. *Böttcher/Dau*, WBO, Einf. Rn. 61. Auch wenn mit der Erteilung der Nutzungsgenehmigung die Verpflichtung zur Entgeltzahlung dem Grunde nach feststeht (vgl. *Stauf* I, § 20 SG Rn. 23), begründet dies bei Streitigkeiten über die Genehmigung nicht den Rechtsweg zu den

Nebentätigkeit § 20

Wann das nach Satz 1 zu entrichtende **Entgelt** angemessen ist, umschreibt **Satz 2** näher. Danach muss sich das Entgelt einerseits nach den dem Dienstherrn entstehenden **Kosten** richten („**Kostenerstattung**"); andererseits muss es den besonderen **Vorteil** berücksichtigen, der dem Soldaten durch die Inspruchnahme entsteht („**Vorteilsausgleich**"). Dabei ist es grds. unerheblich, welche Kosten dem Dienstherrn im Einzelnen entstanden sind und in welchem Ausmaß Personal eingesetzt worden ist. Denn bei dem abzuführenden Entgelt handelt es sich um einen pauschalen Ausgleich für die – nicht exakt messbaren – wirtschaftlichen Vorteile, die der Soldat daraus zieht, dass er eigene Aufwendungen für die notwendige Einrichtung, das notwendige Material und Personal erspart.[165] Das Nutzungsentgelt muss in einem ausgewogenen Verhältnis zu der aus der Nebentätigkeit erzielten Vergütung stehen; dies erfordert, dass dem Soldaten der eindeutig überwiegende Teil der Einnahmen aus der Nebentätigkeit verbleibt.[166] **70**

Über Abs. 7 i.V.m. § 69 Satz 2 Nr. 4 BBG gelten die in §§ 10 bis 12 BNV getroffenen Regelungen zur pauschaliert festgelegten Höhe des Entgelts auch für Soldaten.[167] Danach kann auf die Entrichtung eines Entgelts u.U. ganz verzichtet werde[168]; ansonsten bemisst sich grds. das Entgelt nach einem Prozentsatz der für die Nebentätigkeit bezogenen Bruttovergütung.[169] Diese pauschalierte Festsetzung des Entgelts ist rechtl. unbedenklich.[170] **71**

Eine **Sonderregelung** zur Pauschalierung des Entgelts (Kostenerstattung und Vorteilsausgleich) trifft § 12 BNV für **ärztliche und zahnärztliche Nebentätigkeiten** in Krankenhäusern und sanitätsdienstl. Einrichtungen der Bw; diese Ausnahme findet auf SanOffz Anwendung. Danach richtet sich die Höhe der Kostenerstattung für den Bereich der Bw nach Best. des BMVg[171], die den Grundsätzen der Kostendeckung entsprechen müssen.[172] Der Vorteilsausgleich bemisst sich nach bestimmten Prozentsätzen, bezogen auf die im Kalenderjahr aus der Nebentätigkeit erzielten Einnahmen.[173]

Soweit einem SanOffz an einem BwKrhs die Krankenhausbehandlung von Zivilpersonen „als Nebenamt"[174] (gemeint ist „als Nebenverwendung"[175]) übertragen[176] und ihm dabei das Recht zur Liquidation wahlärztlicher Leistungen abgetreten worden ist, kann von ihm neben der Kostenerstattung und dem Vorteilsausgleich zusätzlich die Entrichtung eines Betrags zur Beteiligung aller ärztlichen, nicht selbst liquidationsberechtigten Mitarbeiter, die im BwKrhs in die Behandlung von Zivilpersonen eingebunden sind, an **72**

---

allg. VG. Diese entscheiden nur, wenn die Zahlung eines Entgelts für die Nutzung v. Personal o. Sachmitteln in Streit steht, vgl. hierzu BVerwG NVwZ 1984, 590 sowie u. Rn. 110.
165 BVerwGE 109, 283 (291); 112, 170 (172) = DVBl. 2001, 737 f. Vgl. auch BT-Drs. 10/1319, 9.
166 So BVerwG ZBR 1999, 200 f. = DÖD 1999, 233 f.; vgl. *Battis*, BBG, § 65 Rn. 18; *Plog/Wiedow/ Lemhöfer*, BBG, § 69 Rn. 20; *v. Zwehl*, 57, jew. m.w.N.
167 Vgl. § 14 BNV.
168 Einzelheiten in § 10 BNV.
169 Regelmäßig 5 Prozent für die Inanspruchnahme v. Einrichtungen, 10 Prozent für die Inanspruchnahme v. Personal, 5 Prozent für den Verbrauch v. Material u. 10 Prozent für den durch diese Inanspruchnahmen erwachsenen wirtschaftlichen Vorteil; vgl. hierzu u. zu Ausnahmen § 11 BNV.
170 So für das Entgelt wegen Inanspruchnahme v. Personal BVerwG DÖD 1999, 233 Ls 1.
171 Vgl. den in Rn. 14 zit. Erl. des BMVg – InSan II 3 – Az 42-01-01/01 v. 1.3.1996, geä. durch BMVg – InSan II 3 – Az 42-01-01/02 v. 1.12.1997.
172 § 12 Abs. 2 BNV.
173 § Einzelheiten in § 12 Abs. 3 BNV.
174 So BMVg – R I 2 – Az 42-40-15-01 v. 1.11.1996, Nr. 3.
175 S.o. Rn. 18.
176 Vgl. hierzu Rn. 109.

Eichen 283

§ 20 Gemeinsame Vorschriften

seinen Honorareinnahmen verlangt werden (sog. **Pool-Abgabe**[177]). Die Erhebung dieses Betrages ist rechtmäßig.[178]

5. Absatz 5 Formvorschriften und Nachweispflichten[179]

73 Nach Abs. 5 Satz 1 müssen Anträge auf Erteilung einer Nebentätigkeitsgenehmigung nach Abs. 1 Satz 1, Anträge auf ausnahmsweise Ausübung einer Nebentätigkeit während des Dienstes nach Abs. 3 Satz 2, die Entscheidung über diese Anträge sowie das Verlangen auf Übernahme einer Nebentätigkeit (nach Abs. 7 i.V.m. § 64 BBG) **schriftl.** ergehen. Die Schriftform dient der Rechtssicherheit und -klarheit.[180]

74 **Satz 2 Halbs. 1** verpflichtet den Soldaten, bei Anträgen auf Erteilung einer Nebentätigkeitsgenehmigung die erforderlichen **Nachweise** insbes. über Art und Umfang der Nebentätigkeit, über Entgelte und geldwerte Vorteile (dieses Begriffspaar entspricht der „**Vergütung**" i.S.d. § 4 Abs. 1 BNV, erfasst also jede Gegenleistung in Geld[181] oder geldwerten Vorteilen[182], auch wenn kein Rechtsanspruch auf sie besteht) **beizubringen**. Anzugeben sind Entgelte und geldwerte Vorteile auch dann, wenn sie sich ggf. als nach § 4 Abs. 2 BNV unberücksichtigt bleibende Vergütungen darstellen, da dies von dem zuständigen Vorg. zunächst zu prüfen ist; sie sind im Übrigen auch dann anzugeben, wenn sie nicht dem Soldaten, sondern Dritten zufließen sollen.[183]

Bleiben Fragen offen, deren Klärung zur Erteilung einer beantragten Genehmigung notwendig ist, geht dies zu Lasten des antragstellenden Soldaten.[184] Nur ihm sind die Modalitäten der angestrebten Nebentätigkeit bekannt. Das BMVg hat einen umfangreichen Fragenkatalog vorgegeben, durch dessen Beantwortung dem zur Entscheidung zuständigen Vorg.[185] die notwendigen Entscheidungsgrundlagen zur Kenntnis gebracht werden sollen und der auch Stellungnahmen von weiteren Vorg. vorsieht.[186] Nach **Satz 2 Halbs. 2** muss der Soldat jede Änd. des Sachverhalts unverzüglich schriftl. anzeigen.

75 Zu **Satz 3** s.o. Rn. 63.

6. Absatz 6 Nicht genehmigungspflichtige Nebentätigkeiten

76 **Abs. 6 Satz 1** führt die Nebentätigkeiten abschließend (vgl. Abs. 1 Satz 1) auf, zu deren Übernahme der BS oder SaZ **keiner** (auch nicht nachträglichen[187]) **Genehmigung** bedarf.

77 Nach **Nr. 1** nicht genehmigungspflichtig sind **unentgeltliche** Nebentätigkeiten. **Entgeltlichkeit** liegt vor, wenn der Soldat für seine Tätigkeit eine Gegenleistung (Vergütung) in Geld oder geldwerten Vorteilen[188] erhält, auch wenn auf sie kein Rechtsanspruch

---

177 Zu Einzelheiten s. Best. über die Krankenhausbehandlung von Zivilpersonen in BwKrhs, BMVg – R I 2 – Az 42-40-15-01 v. 1.11.1996, geä. durch BMVg – R I 2 – Az 42-40-15-01 v. 18.12.1997.
178 BVerwGE 102, 29 = ZBR 1997, 20; vgl. auch GKÖD I K, § 65 Rn. 92.
179 Diese Form- u. Verfahrensregelungen sind notwendige Grundlage einer wirksamen Missbrauchsaufsicht u. effizienten Genehmigungspraxis, vgl. BT-Drs. 10/1319, 9.
180 GKÖD I K, § 65 Rn. 82.
181 Bargeld, aber auch z.B. eine Kontogutschrift.
182 Als solche kommen Sach- u. Dienstleistungen o. deren verbilligte Abgabe (z.B. kostenlose o. vergünstigte Eintrittskarten, Reisen, Unterkunftsmöglichkeiten, Einkaufsgutscheine) in Betracht, vgl. VMBl. 1999 S. 191.
183 Vgl. v. Zwehl, 61 m.w.N. Vgl. zur Entgeltlichkeit u. Rn. 77.
184 Vgl. GKÖD I K, § 65 Rn. 84 m.w.N.
185 Zur Zuständigkeitsregelung s.u. Rn. 111.
186 S. VMBl. 1999 S. 190 f. sowie Anl. 1 zu diesem Erl.
187 Diese Möglichkeit könnte der Wortlaut des Abs. 1 Satz 1 nahe legen.
188 S.o. Rn. 74.

Nebentätigkeit § 20

besteht (§ 4 Abs. 1 BNV). Fließt der Nutzen Dritten zu, ändert dies an der Entgeltlichkeit nichts (Umgehungsverbot[189]). Keine Entgeltlichkeit begründen im Rahmen beamtenrechtl. Reisekostenvorschriften gezahlte Gelder[190] sowie der Ersatz sonstiger barer Auslagen (z.b. für Porto), wenn keine Pauschalierung vorgenommen wird.[191]

Obwohl unentgeltlich, ist **ausnahmsweise** eine Nebentätigkeit genehmigungspflichtig, **Nr. 1a**, die sich als Ausübung einer **gewerblichen** Tätigkeit, eines **freien Berufes** oder als **Mitarbeit** bei einer dieser Tätigkeiten darstellt.   78

Für den Begriff der **gewerblichen Tätigkeit** i.S.d. Nebentätigkeitsrechts wird üblicherweise auf den der GewO zurückgegriffen.[192] Demnach wird jede erlaubte selbstständige Wirtschaftstätigkeit erfasst, die auf Gewinnerzielung gerichtet und auf Dauer angelegt ist[193], insbes. in Industrie, Handwerk, Handel, im Gaststättenwesen und im einfachen Dienstleistungsbereich, nicht in der sog. Urproduktion (Land- und Forstwirtschaft, Garten- und Weinbau, Tierzucht, Jagd und Fischerei[194]). Da eine auf Gewinnerzielung gerichtete Tätigkeit schlechthin kaum unentgeltlich vorstellbar ist[195], kommt dieser Fallgestaltung der Nr. 1a in der Praxis kaum Bedeutung zu[196], wohl aber der unentgeltlichen **Mitarbeit** bei der gewerblichen Tätigkeit eines Dritten (z.B. des Ehepartners).

Dies gilt entspr. für **freie Berufe**, deren eigene unentgeltliche Ausübung praktisch kaum relevant sein dürfte. Freie Berufe[197] erfassen nicht gewerbliche, durch bestimmte Merkmale (z.b. durch persönlichen Einsatz bei der Berufsausübung, den Charakter des Berufs in Ansehung der allg. rechtl. und besonderen berufsrechtl. Ausgestaltung und der Verkehrsanschauung, durch Stellung und Bedeutung des Berufs im Sozialgefüge) charakterisierte selbstständige Tätigkeiten, die vom Gesetzgeber in einzelnen Rechtsgebieten[198] als freiberuflich anerkannt werden können.[199]

Obwohl unentgeltlich, ist **ausnahmsweise** weiter eine Nebentätigkeit genehmigungspflichtig, **Nr. 1b**, die sich als **Eintritt** in ein **Organ** eines **Unternehmens** darstellt (als genehmigungsfrei **ausgenommen** ist nur der Eintritt in ein Organ einer **Genossenschaft**) oder die in der Übernehme einer **Treuhänderschaft** besteht.   79

Als Eintritt in ein **Organ eines Unternehmens** kommt die Berufung in den Vorstand, Aufsichtsrat, Verwaltungsrat oder in ein sonstiges Organ einer Gesellschaft (z.B. einer AG, GmbH) in Frage. Nicht ausreichend ist eine Tätigkeit als Gesellschafter in einer Gesellschaft, deren Vertretung und Geschäftsführung nicht durch ein hierzu eigens berufenes Organ, sondern (wie z.B. bei einer offenen Handelsgesellschaft) durch die Gesellschafter selbst wahrgenommen wird (selbstorganschaftliche Vertretung[200]); hier wird   80

---

189 *Battis*, BBG, § 65 Rn. 3 m.w.N.
190 Vgl. BVerwGE 40, 11 (13).
191 Vgl. § 4 Abs. 2 BNV u. *Wagner*, NVwZ 1989, 515 (516). Zum Ganzen auch GKÖD I Yk, § 20 Rn. 14.
192 Vgl. *Plog/Wiedow/Lemhöfer*, BBG, § 66 Rn. 10; GKÖD I K, § 66 Rn. 23.
193 Vgl. BVerwG NJW 1977, 772; demnach gelten nicht als gewerbliche Tätigkeit die Verwaltung eigenen Vermögens – diese ist ohnehin genehmigungsfrei, vgl. Rn. 82 – u. die Ausübung eines freien Berufs.
194 Vgl. § 6 Abs. 1 der GewO, GKÖD I K, § 66 Rn. 25 u. *Summer*, ZBR 1988, 1 (8).
195 Vgl. *Keymer/Kolbe/Braun*, Dritter Teil, 2, BBG § 66 Rn. 5, u. *Wagner*, NVwZ 1989, 515 (517).
196 *Battis*, BBG, § 66 Rn. 4.
197 Hierzu GKÖD I K, § 66 Rn. 27 f.
198 Vgl. z.B. § 2 BRAO (Rechtsanwalt); zum Arztberuf als freier Beruf BVerfGE 9, 338 (351) u. § 1 Abs. 2 der Bundesärzteordnung.
199 So BVerfGE 46, 224 (241 f.).
200 Vgl. BGHZ 64, 72 (75).

nicht im eigentlichen Sinn „in ein Organ eingetreten".[201] Nicht entscheidend ist, dass das Unternehmen wirtschaftliche Ziele verfolgt.[202] Gemeinnützige oder ideale Zwecke reichen aus.[203] Lediglich die Tätigkeit in einer **Genossenschaft**, bei deren Handeln nicht die Erzielung eigener Gewinne, sondern die Förderung der Mitgliederwirtschaften im Vordergrund steht[204], hat der Gesetzgeber ausdrücklich von der Genehmigungspflicht ausgenommen.

Diese Fragestellungen werden allerdings kaum praktisch relevant sein: Eine unentgeltliche Nebentätigkeit im Organ eines Unternehmens erscheint kaum vorstellbar. Unentgeltlichkeit entfällt allerdings nicht durch die Zahlung von Reisekosten.[205]

81   Eine **Treuhänderschaft** (ein rechtsgeschäftliches Treuhandverhältnis) liegt vor, wenn eine Person (Treugeber) einem Treuhänder (Treunehmer) Vermögensrechte oder eine Rechtsmacht zur Verwaltung und Ausübung im eigenen Namen als selbständiger Rechtsträger, unter Wahrung schuldrechtl. Bindungen im Innenverhältnis überträgt.[206] Eine solche Verwaltung insbes. von wirtschaftlichem Vermögen in unentgeltlicher Form ist kaum (evtl. zu Gunsten des Ehepartners, wobei dann jedoch eine Mitarbeit bei einer gewerblichen Tätigkeit – Nr. 1a – zu prüfen wäre) vorstellbar. Deshalb kommt dieser Regelung fast keine praktische Bedeutung zu.[207]

82   Nach **Nr. 2** nicht genehmigungspflichtig ist die **Verwaltung eigenen** oder **der Nutznießung** des Soldaten **unterliegenden Vermögens.**

Einerseits legt der Begriff „Verwaltung" des eigenen Vermögens nahe, dass es sich um Vermögen von einigem Umfang handeln muss. Die Betreuung eigener, im üblichen Rahmen verfügbarer Sparguthaben, Aktienpakete oder vermieteter Immobilien wird i.d.R. keine Nebentätigkeit darstellen, sondern auch aufwandmäßig den Freizeitaktivitäten[208] zuzurechnen sein. Andererseits lässt „Verwaltung" keine aktive, auf Dauer angelegte Mitarbeit in einem eigenen Unternehmen zu.[209] Hierfür wäre, sofern damit nicht ohnehin der zulässige Umfang einer Nebentätigkeit nach Abs. 2 Satz 2 Nr. 1, Satz 3 oder 4 überschritten wird, jedenfalls eine Genehmigung erforderlich.

Bei der Nutznießung unterliegendem Vermögen handelt es sich um solches, an welchem dem Soldaten ein **Nießbrauch** nach §§ 1085 ff. BGB bestellt ist.[210] Nicht gemeint ist treuhänderisch (s.o. Rn. 81) anvertrautes Vermögen, da dessen Verwaltung nach Nr. 1b genehmigungspflichtig ist.

83   Nach **Nr. 3** ist nicht genehmigungspflichtig eine **schriftstellerische, wissenschaftliche, künstlerische** oder **Vortragstätigkeit** eines Soldaten. Diese Ausnahmen tragen dem weitgehenden verfassungsrechtl. Schutz der Grundrechte der Meinungsfreiheit (Art. 5

---

201   So *Keymer/Kolbe/Braun*, Dritter Teil, 2, BBG § 66 Rn. 7; a.A. GKÖD I K, § 66 Rn. 31. Der Meinungsunterschied ist im Ergebnis kaum v. Belang: jedenfalls dürfte eine gewerbliche Tätigkeit des Soldaten vorliegen.
202   Vgl. *Wagner*, NVwZ 1989, 515 (517), u. GKÖD I K, § 66 Rn. 30, jew. m.w.N. In der Praxis wird dies jedoch der Fall sein.
203   Ausdrücklich anders § 68 Abs. 1 Nr. 4 LBG NRW.
204   Vgl. § 1 Abs. 1 des Genossenschaftsgesetzes: „Gesellschaften von nicht geschlossener Mitgliederzahl, welche die Förderung des Erwerbes oder der Wirtschaft ihrer Mitglieder mittels gemeinschaftlichen Geschäftsbetriebes bezwecken (Genossenschaften), …"
205   Vgl. BVerwGE 40, 11 (13).
206   Zu Einzelheiten vgl. *Bassenge*, in: *Palandt*, BGB, § 903 Rn. 33 ff.
207   GKÖD I K, § 66 Rn. 32; krit. auch *Summer*, ZBR 1988, 1 (9).
208   S.o. Rn. 18 a.E.
209   Vgl. *Plog/Wiedow/Lemhöfer*, BBG, § 66 Rn. 13.
210   GKÖD I K, § 66 Rn. 39.

Nebentätigkeit § 20

Abs. 1 Satz 1 Halbs. 1 GG), der Kunst- und der Wissenschaftsfreiheit (Art. 5 Abs. 3 Satz 1 GG) Rechnung, in deren Schutzbereiche die genannten Tätigkeiten regelmäßig fallen.

Vorrangig wird zu prüfen sein, ob eine solche Tätigkeit wirklich als Nebentätigkeit ausgeübt wird oder ob sie dem Soldaten vielmehr im Rahmen seiner Hauptverwendung[211], beispielsweise als Lehrverpflichtung in Form von Vorträgen zur dienstl. Fortbildung von Soldaten, zur Ausübung übertragen ist. Denkbar ist auch, dass es sich nur um eine begrenzte Freizeitaktivität handelt. 84

Als **schriftstellerische Tätigkeit** gilt die **selbstständig gestaltete, schriftl. Niederlegung** eigener Gedanken.[212] Dabei spielt es keine Rolle, ob der Inhalt wissenschaftlicher Natur (z.b. ein wissenschaftlicher Fachbeitrag) oder künstlerischen Inhalts (z.b. ein Roman) ist.[213] Entscheidend ist die unabhängige, eigenständige geistige Leistung, die in dem schriftl. verfassten Text zum Ausdruck kommt. 85

Keine schriftstellerische Tätigkeit ist deshalb z.b. die bloße Wiedergabe von Nachrichten oder die Herausgabe von Zeitschriften oder Büchern.[214]

Soweit sich der Soldat als Autor für seine schriftstellerische Tätigkeit auf den Schutz der allg. Meinungsfreiheit beruft, hat er deren Beschränkung durch „allgemeine Gesetze"[215] i.S.v. Art. 5 Abs. 2 GG zu beachten. Im Soldatenrecht in diesem Zusammenhang einschlägige allg. Gesetze sind vor allem solche Vorschriften, durch welche die Funktionsfähigkeit der SK gesichert werden soll. Der Soldat hat daher auch bei schriftstellerischer Tätigkeit z.b. die Verschwiegenheitspflicht (§ 14) und die Pflicht zu achtungs- und vertrauenswürdigem Verhalten (§ 17 Abs. 2) zu respektieren.[216] Im Einzelfall ist die Wechselwirkung zwischen diesen allg. Gesetzen und dem zu begrenzenden Grundrecht der Meinungsfreiheit zu beachten; dieses tritt als Folge einer Güterabwägung nur dann und insoweit zurück, als schutzwürdige Interessen von höherem Rang durch die Betätigung der Meinungsfreiheit verletzt würden.[217]

Eine **wissenschaftliche** Tätigkeit ist anzunehmen, wenn sie „nach Inhalt und Form als ernsthafter und planmäßiger Versuch der Ermittlung der Wahrheit anzusehen ist".[218] Sie zielt im Wege der Forschung darauf, „in methodischer, systematischer und nachprüfbarer Weise neue Erkenntnisse zu gewinnen".[219] Sie erfasst außerdem die wissenschaftliche Lehre, d.h. die „wissenschaftlich fundierte Übermittlung der durch die Forschung gewonnenen Erkenntnisse".[220] 86

Entscheidende Merkmale der wissenschaftlichen Tätigkeit sind Selbstständigkeit und Unabhängigkeit. Dies ist insbes. bei Lehrveranstaltungen im Rahmen eines Lehrauf-

---

211 Vgl. o. Rn. 18 sowie Rn. 90.
212 Vgl. *Wagner*, NVwZ 1989, 515 (517); *Plog/Wiedow/Lemhöfer*, BBG, § 66 Rn. 14.
213 *Keymer/Kolbe/Braun*, Dritter Teil, 2, BBG § 66 Rn. 11.
214 Vgl. GKÖD I K, § 66 Rn. 44.
215 Allg. Gesetze i.d.S. sind Normen, „die sich weder gegen die Meinungsfreiheit an sich noch gegen bestimmte Meinungen richten, sondern dem Schutz eines schlechthin, ohne Rücksicht auf eine bestimmte Meinung, zu schützenden Rechtsgutes dienen", vgl. BVerfGE 97, 125 (146) u. *Jarass*, in: *Jarass/Pieroth*, GG, Art. 5 Rn. 56 m.w.N.
216 Vgl. zu Einzelheiten den Erl. des BMVg „Private Veröffentlichungen und Vorträge", VMBl. 1982 S. 211.
217 BVerfGE 7, 198 (208 ff.); *Jarass*, in: *Jarass/Pieroth*, GG, Art. 5 Rn. 55 ff.; *Plog/Wiedow/Lemhöfer*, BBG, § 66 Rn. 15.
218 BVerfGE 35, 79 (113) = NJW 1973, 1176 f.
219 BVerfGE 47, 327 (367).
220 BVerfGE 35, 79 (113).

Eichen

trags an wissenschaftlichen Hochschulen regelmäßig zu bejahen.[221] Hingegen ist eine bloße Zuarbeit, z.b. als Assistent, keine wissenschaftliche Tätigkeit[222], ebenso wenig die Erteilung sonstiger Unterrichte, auch wenn sie eine Hochschulausbildung voraussetzt.[223]

87 Als Nebentätigkeit nicht genehmigungspflichtig ist außerdem eine **künstlerische** Tätigkeit, also eine Tätigkeit, die auf die Schaffung eines Kunstwerks gerichtet ist. Sie ist geprägt durch die „freie schöpferische Gestaltung, in der Eindrücke, Erfahrungen, Erlebnisse des Künstlers durch das Medium einer bestimmten Formensprache zu unmittelbarer Anschauung gebracht werden".[224] Für ein Kunstwerk spricht außerdem, wenn es bei formaler, typologischer Betrachtung die Gattungsanforderungen eines bestimmten Werktyps erfüllt (z.b. des Malens, Bildhauens, Dichtens) oder sich das Werk im Wege einer fortgesetzten Interpretation immer neuen Deutungen erschließt.[225] Es sind auch weitere Merkmale zur Definition eines Kunstbegriffs möglich; insoweit ist von einem offenen Kunstbegriff auszugehen, der nicht an hergebrachten Ausdrucksformen festzumachen ist, sondern auch ungewöhnliche und überraschende Darbietungen umfassen kann.[226]

88 Zwar schützt die Kunstfreiheit neben der künstlerischen Betätigung, dem sog. Werkbereich, zusätzlich die Darbietung und Verbreitung des Kunstwerks (sog. Wirkbereich).[227] Das BVerfG bezeichnet dies als sachnotwendig für die Begegnung mit dem Werk und als einen ebenfalls kunstspezifischen Vorgang.[228] Gleichwohl wird das bloße Verbreiten (Vermarkten) von (auch eigenen) Kunstwerken, insbes., wenn dies gewerbsmäßig geschieht, im Rahmen einer Nebentätigkeit nur mit einer Genehmigung zulässig sein.[229]

89 Auch wenn Art. 5 Abs. 3 GG keinem Gesetzesvorbehalt unterliegt[230], können Eingriffe in die Kunstfreiheit durch kollidierendes Verfassungsrecht gerechtfertigt sein.[231] Hierzu ist die mit Verfassungsrang ausgestattete Funktionsfähigkeit der Bw[232] zu zählen. Zu deren Aufrechterhaltung sind deshalb aus dem Soldatenverhältnis abzuleitende dienstrechtl. Beschränkungen einer künstlerischen Nebentätigkeit der Soldaten im Rahmen der Verhältnismäßigkeit zulässig.

90 Als genehmigungsfreie **Vortragstätigkeit** gilt nur das Darbieten einzelner Vorträge oder Vortragsreihen; der Vortrag muss nicht auf wissenschaftliche Inhalte beschränkt sein[233], wie die Differenzierung in Nr. 3 zwischen wissenschaftlicher und Vortragstätigkeit nahe legt. Nicht erfasst wird die in einen festen Unterrichtsplan eingefügte Vermittlung von Lehrstoff z.b. als Dozent an einer Volkshochschule oder als Repetitor.[234] Allerdings wird die Vortragstätigkeit eines Soldaten zur Aus- oder Weiterbildung anderer Soldaten grds. seiner Hauptverwendung zuzuordnen sein.

---

221 Vgl. *Wagner*, NVwZ 1989, 515 (518). Dort auch Einzelheiten zu der (bejahten) Frage, ob ein Lehrauftrag an einer Fachhochschule als wissenschaftliche Tätigkeit angesehen werden kann.
222 Vgl. *Battis*, BBG, § 66 Rn. 7; GKÖD I K, § 66 Rn. 56.
223 *Plog/Wiedow/Lemhöfer*, BBG, § 66 Rn. 16; *Wagner*, NVwZ 1989, 515 (518) m.w.N.
224 BVerfGE 30, 173 (189) = NJW 1971, 1645.
225 BVerfGE 67, 213 (227).
226 GKÖD I K, § 66 Rn. 72.
227 Vgl. *Jarass*, in: *Jarass/Pieroth*, GG, Art. 5 Rn. 86 m.w.N.
228 BVerfGE 30, 173, 189.
229 Beispiel: Auftreten als Musiker o. Sänger gegen Entgelt, vgl. *Battis*, BBG, § 66 Rn. 8 m.w.N.; *Rittau*, SG, 148.
230 BVerfGE 30, 173 (191 f.) lehnt die Anwendung des Art. 5 Abs. 2 GG u. des Art. 2 Abs. 1 Halbs. 2 GG ab.
231 Vgl. *Jarass*, in: *Jarass/Pieroth*, GG, Art. 5 Rn. 91 f. m.w.N.
232 So BVerfGE 28, 243 (261).
233 GKÖD I K, § 66 Rn. 73; a.A. *Battis*, BBG, § 66 Rn. 9.
234 Vgl. *Battis*, BBG, § 66 Rn. 9 m.w.N.; GKÖD I Yk, § 20 Rn. 18; *Wagner*, NVwZ 1989, 515 (518).

Nebentätigkeit § 20

Nach **Nr. 4** ist eine mit Lehr- oder Forschungsaufgaben zusammenhängende selbstständige **Gutachtertätigkeit** von Soldaten als Lehrer vor allem an öff. Hochschulen genehmigungsfrei. Die Gutachtertätigkeit muss eine eigenständige wissenschaftliche Leistung[235] darstellen[236] oder zumindest eine anspruchsvolle Umsetzung bereits vorliegender wissenschaftlicher Erkenntnisse enthalten.[237] Bloße Routinemessungen oder -erhebungen (z.b. Bluttests) werden diesem Anspruch nicht gerecht.[238]   91

Selbstständig ist die Gutachtertätigkeit nur, wenn der ihr zugrunde liegende Auftrag dem Soldaten selbst erteilt worden ist, nicht der ihn beschäftigenden Hochschule oder dem Institut, und wenn der Soldat die geforderte Tätigkeit im Wesentlichen selbst erbringt und verantwortet.[239] Außerdem darf die Tätigkeit nicht zu seinen dienstl. Aufgaben gehören, die er im Rahmen seiner Hauptverwendung zu erledigen hat. Dienstgutachten im Auftrag (auf Anordnung) des Dienstherrn werden von Nr. 4 nicht erfasst.[240]

Wirkungsstätten für mit Lehr- und Forschungsaufgaben der Soldaten zusammenhängende Gutachtertätigkeiten nach Nr. 4 können **öff. Hochschulen** i.S.d. § 1 des Hochschulrahmengesetzes (HRG) sein (insbes. Universitäten, Pädagogische Hochschulen, Fachhochschulen, sonstige Einrichtungen des Bildungswesens, die nach Landesrecht staatliche Hochschulen sind), aber auch die in § 70 HRG genannten, staatlich anerkannten Hochschulen. Erfasst sind vor allem die Universitäten der Bw, aber auch sonstige wissenschaftliche Forschungseinrichtungen der Bw, z.B. das Flugmedizinische Institut der Luftwaffe.

Die nach **Nr. 5** gewährleistete genehmigungsfreie Tätigkeit in **Gewerkschaften** und **Berufsverbänden** oder in **Selbsthilfeeinrichtungen** der Soldaten ist Ausfluss der verfassungsrechtl. statuierten Koalitionsfreiheit. Das in Art. 9 Abs. 3 Satz 1 GG garantierte Recht „zur Wahrung und Förderung der Arbeits- und Wirtschaftsbedingungen Vereinigungen zu bilden", gilt „für alle Berufe", auch für Soldaten.   92

Bedeutsamster Berufsverband der (aktiven und früheren) Soldaten ist der **DBwV**. Als Berufsverband kann, auch wenn er speziell auf die Interessenvertretung der Res bezogen ist, der **VdRBw** angesehen werden. Der VdRBw unterstützt insbes. im Rahmen der freiwilligen Reservistenarbeit nicht nur das Interesse der SK, sondern auch das Bestreben früherer Soldaten, sich sicherheitspolitisch zu schulen und sich mil., körperlich und geistig fit zu halten.   93

Wichtige Selbsthilfeeinrichtung (auch[241]) der Soldaten ist das **BwSW**, das im Rahmen der Familienfürsorge Urlaubsmöglichkeiten vermittelt.

Nr. 5 verlangt, dass die Tätigkeit des Soldaten – über die Tatsache hinaus, dass sie in einer Gewerkschaft oder in einem Berufsverband stattfindet – **zur Wahrung von Berufsinteressen** ausgeübt wird. Es reicht nicht aus, wenn sich die Tätigkeit ausschließlich auf Gewinnerzielung durch den Berufsverband richtet oder wenn sich der betroffene Soldat selbst durch Mitarbeit z.B. in der Verwaltung des Verbandes ein Zubrot verdienen   94

---

235 In diesen Fällen kann es zu unschädlichen Überschneidungen mit der wissenschaftlichen Tätigkeit nach Nr. 3 (vgl. Rn. 86) kommen.
236 *Keymer/Kolbe/Braun*, Dritter Teil, 2, BBG § 66 Rn. 14.
237 So *Plog/Wiedow/Lemhöfer*, BBG, § 66 Rn. 19.
238 *Wagner*, NVwZ 1989, 515 (518).
239 Vgl. GKÖD I K, § 66 Rn. 77 u. Yk § 20 Rn. 19; *Wagner*, NVwZ 1989, 515 (518); *Battis*, BBG, § 66 Rn. 10.
240 GKÖD I K, § 66 Rn. 78.
241 Unschädlich ist, dass die Selbsthilfeeinrichtung auch Nichtsoldaten betreut (vgl. GKÖD I K, § 66 Rn. 84).

Eichen

will.²⁴² Im Vordergrund muss stehen, dass die Tätigkeit unmittelbar der Wahrung oder Verbesserung der Arbeits- und wirtschaftlichen Interessen der als Berufsgruppe vertretenen Soldaten dient, wie dies z.b. bei einer Vorstandstätigkeit in einem Berufsverband der Fall sein wird. Tätigkeiten in der nur verwaltungsmäßigen oder technischen Abwicklung des Geschäftsverkehrs des Berufsverbandes gehören nicht dazu.²⁴³

Ebenso wenig reicht eine durch einen Soldaten für eine Selbsthilfeeinrichtung ausgeübte Tätigkeit als Kundenberater oder Vertragsvermittler („Vertrauensmann"), z.b. für Bausparverträge, Kranken- oder Altersversicherungen.²⁴⁴ Auch wenn diese Tätigkeiten letztlich den Interessen der beratenen Soldaten dienen, steht i.d.R. die Wahrung von Berufsinteressen hinter dem Provisionsinteresse des beratenen Soldaten zurück. Solche Nebentätigkeiten sind daher genehmigungspflichtig, abgesehen davon, dass sie grds. **nicht während der Dienstzeit ausgeübt** werden dürfen. Ein dienstl. Interesse der Ausübung im Dienst gem. Abs. 3 Satz 1 Halbs. 2²⁴⁵ ist nicht begründbar, ebenso wenig kann nach Abs. 3 Satz 2 ausnahmsweise ein besonders begründeter Fall²⁴⁶ (ein öff. Interesse an der Ausübung während der Dienstzeit wird sich kaum belegen lassen) bejaht werden.

95 Tätigkeiten nach Satz 1 Nr. 2 bis 5 sind genehmigungsfrei, auch wenn sie **entgeltlich** ausgeübt werden. Dies folgt sich aus Satz 1 Nr. 1, wonach unentgeltliche Nebentätigkeiten i.d.R. genehmigungsfrei sind; Nr. 2 bis 5 werden sich daher grds. auf entgeltliche Nebentätigkeiten beziehen. Gleichwohl hat der Soldat nach **Satz 2 Halbs. 1** bestimmte, abschließend aufgezählte **entgeltliche** oder **gegen geldwerte Vorteile**²⁴⁷ auszuführende genehmigungsfreie **Nebentätigkeiten**²⁴⁸ generell („in jedem Einzelfall"²⁴⁹) **vor** ihrer **Aufnahme** dem zuständigen DiszVorg.²⁵⁰ **schriftl. anzuzeigen**. Dabei sind insbes. Art und vor allem zeitlicher Umfang²⁵¹ der Nebentätigkeit sowie die voraussichtliche Höhe der Entgelte und geldwerten Vorteile anzugeben. Ein begründeter Anlass, die Höhe der Vergütung von dem Soldaten zu erfahren, ist nicht notwendig.²⁵² Das BMVg verlangt darüber hinaus mindestens die Nennung des Auftrag- bzw. Arbeitgebers.²⁵³ Bestehen im konkreten Einzelfall Bedenken, dass durch die Nebentätigkeit dienstl. Pflichten verletzt werden könnten, kann der DiszVorg. weitere Informationen von dem Soldaten verlangen. Sind konkrete Mitteilungen vor Aufnahme der Nebentätigkeit noch nicht möglich, sind zumindest ungefähre Angaben zu machen. Nach Erfüllung der Anzeigepflicht kann die Nebentätigkeit aufgenommen werden; einer schriftl. Bestätigung bedarf es dazu nicht.²⁵⁴

---

242 Vgl. GKÖD I K, § 66 Rn. 82; *Plog/Wiedow/Lemhöfer*, BBG, § 66 Rn. 23.
243 So für Beamte *Plog/Wiedow/Lemhöfer*, BBG, § 66 Rn. 23.
244 *Wagner*, NVwZ 1989, 515 (518 f. m.w.N.).
245 S.o. Rn. 61 ff.
246 S.o. Rn. 65.
247 Vgl. zur Entgeltlichkeit o. Rn. 77.
248 Es handelt sich um die nach Satz 1 Nr. 3 u. 4 sowie um die in Selbsthilfeeinrichtungen der Soldaten nach Satz 1 Nr. 5 auszuübenden Nebentätigkeiten.
249 Vgl. zur möglichen eingengenden Interpretation dieses Tatbestandsmerkmals Rn. 98.
250 Zur Zuständigkeit vgl. Rn. 111.
251 Trotz notwendiger Angaben zum zeitlichen Umfang der Nebentätigkeit ist deren Ausübung nicht unbedingt an die Fünftel-Regel (vgl. Abs. 2 Satz 4, s.o. Rn. 39) gebunden. Diese ist auf genehmigungsfreie Nebentätigkeiten nach Abs. 6 nicht ohne Weiteres anwendbar, vgl. u. Rn. 101 sowie *v. Zwehl*, 64 m.w.N.
252 BT-Drs. 13/8079, 19.
253 Zu Einzelheiten s. VMBl. 1999 S. 190, 192 (Nr. 3.1.2 u. Anl. 5 zu diesem Erl.).
254 VMBl. 1999 S. 192 (Nr. 3.1.3).

Nebentätigkeit § 20

Nach **Satz 2 Halbs. 2** hat der Soldat jede **Änd.** unverzüglich zu **melden**. Dies hat unaufgefordert und **schriftl.** zu geschehen und betrifft auch die Konkretisierung der zunächst nur ungefähren Angaben. Maßgeblich für die erzielten Einnahmen ist dabei der Zeitpunkt des Eingangs der Zahlung oder des geldwerten Vorteils.[255] 96

Nach der amtl. Begr.[256] sollen die Pflichten zur rechtzeitigen Angabe der voraussichtlichen Vergütungshöhe und zur schriftl. Meldung einer diesbezüglichen Änd. dem Vorg. die Prüfung und Entscheidung erleichtern, ob dienstl. Pflichten verletzt werden. Insbes. kann – so die amtl. Begr. – die Höhe der Vergütung ein Indiz für den Umfang der tatsächlichen Inanspruchnahme des Soldaten durch die Nebentätigkeit sein.[257] Sie kann auch für die Einschätzung bedeutsam sein, ob die Nebentätigkeit dem Ansehen der Bw schadet. Dabei trägt das Wort „voraussichtlich" der Tatsache Rechnung, dass bei einzelnen (z.b. schriftstellerischen) Nebentätigkeiten erst nach deren Aufnahme die Vergütungshöhe endgültig feststeht. 97

Die Anzeigepflicht nach Satz 2 verstößt unter Beachtung des Übermaßverbotes nicht gegen Grundrechte der anzeigepflichtigen Soldaten.[258] Allerdings wird es der Grds. der Verhältnismäßigkeit bei Nebentätigkeiten geringer Bedeutung oder bei regelmäßig wiederkehrenden gleichartigen Nebentätigkeiten[259] erfordern, eine weniger stringente Anzeigepflicht zuzulassen, als sie der Gesetzeswortlaut vorgibt.[260] In den genannten Fällen wird eine einmal jährlich zu erstattende Anzeige zur Erfüllung der Anzeigepflicht für die in diesem Zeitraum zu erwartenden Nebentätigkeiten genügen und auf eine Anzeige dann ganz verzichtet werden können, wenn die Nebentätigkeiten insgesamt geringen Umfang haben.[261] In derartigen Bagatellfällen wird das Tatbestandsmerkmal „in jedem Einzelfall" restriktiv zu interpretieren sein.[262] 98

Nach **Satz 3** kann der zuständige DiszVorg.[263] im Übrigen, d.h. über die von dem Soldaten nach Satz 2 anzuzeigenden Informationen hinaus, weitere schriftl. **Auskünfte** über von dem Soldaten ausgeübte genehmigungsfreie Nebentätigkeiten, vor allem über deren Art und Umfang, aber auch über andere Umstände (z.B. den Namen des Auftraggebers oder die Höhe der erzielten Einnahmen) **verlangen**. Das Nachfragerecht bezieht sich (über Satz 2 hinaus gehend) auf Nebentätigkeiten nach Satz 1 Nr. 1, Nr. 2 sowie auf Tätigkeiten zur Wahrung von Berufsinteressen in Gewerkschaften oder Berufsverbänden (Nr. 5). Es berechtigt auch zur Nachforderung ergänzender Auskünfte zu den in Satz 2 genannten Nebentätigkeiten. Jedenfalls bedarf es eines **begründeten Anlasses**. Dieser ist gegeben, wenn sich im Zusammenhang mit der Ausübung der Nebentätigkeit Anhaltspunkte für die Verletzung dienstl. Pflichten ergeben.[264] Rein vorsorgliche, stichprobenartige Auskunftsverlangen zu nicht genehmigungspflichtigen Nebentätigkeiten sind unzulässig.[265] 99

---

255 VMBl. 1999 S. 193 (Nr. 3.1.3, letzter Abs.).
256 BT-Drs. 13/8079, 19.
257 Krit. *Badura*, ZBR 2000, 109 (111).
258 So BayVGH IÖD 2002, 2. Eingehend zur Verfassungsmäßigkeit der Anzeigepflicht GKÖD I K, § 66 Rn. 89 ff.
259 Z.B. wiederholte Beiträge in Fachzeitschriften mit gleichartigem Zeitaufwand u. Honorar, vgl. *Plog/Wiedow/Lemhöfer*, BBG, § 66 Rn. 24a.
260 GKÖD I K, § 66 Rn. 97 spricht v. einer verfassungskonformen restriktiven Auslegung der Vorschrift.
261 So z.B. § 84 Abs. 2 Satz 2 u. 3 LBG Baden-Württemberg.
262 Vgl. *Plog/Wiedow/Lemhöfer*, BBG, § 66 Rn. 24a.
263 Zur Zuständigkeit vgl. Rn. 111.
264 Vgl. VMBl. 1999 S. 193 (Nr. 3.3).
265 *Plog/Wiedow/Lemhöfer*, BBG, § 66 Rn. 24b.

§ 20 Gemeinsame Vorschriften

100 Die nach **Satz 4** zwingend[266] vorgeschriebene **Untersagung** (zur Zuständigkeit vgl. Rn. 111) einer genehmigungsfreien Nebentätigkeit, wenn der Soldat bei ihrer Ausübung[267] **dienstl. Pflichten verletzt**, kann – anders als bei den genehmigungspflichtigen Nebentätigkeiten (vgl. Abs. 2 Satz 1) – nicht auf eine bloße Besorgnis[268], d.h. eine voraussichtliche Beeinträchtigung dienstl. Pflichten, gestützt werden. Vielmehr muss eine Verletzung dienstl. Pflichten durch die Ausübung der Nebentätigkeit eingetreten oder – bei noch nicht aufgenommener Nebentätigkeit – mit hoher Wahrscheinlichkeit zu erwarten sein[269], d.h. bei normalem Verlauf muss das Verhalten des Soldaten zu einer Verletzung von Dienstpflichten führen.[270]

101 Die bloße Verletzung der Fünftel-Regel führt nicht automatisch zu einer für Satz 4 relevanten Pflichtverletzung, da die Missachtung dieser Regel für genehmigungsfreie Nebentätigkeiten nur ein Indiz für einen Pflichtverstoß darstellt.[271] Beachtlich ist jeder durch die Ausübung der Nebentätigkeit[272] entstehende Verstoß gegen die üblichen soldatischen Pflichten, z.B. § 14 oder § 19. Zudem sind alle in Abs. 2 Satz 2 genannten Gründe als Untersagungsgründe entspr. zu berücksichtigen.

102 Der Grds. der Verhältnismäßigkeit wird es (auf der Basis des Wortlauts der Vorschrift „ist ganz oder teilweise zu untersagen") soweit möglich verlangen, dass vor einer völligen Untersagung der Nebentätigkeit geprüft wird, ob diese in Teilen ohne Verletzung von Dienstpflichten ausgeübt werden kann. In diesem Fall ist nur ein Verbot für den die Pflichtwidrigkeit verursachenden Teil auszusprechen.[273]

7. Absatz 7 Entspr. Anwendung des BBG

103 Nach **Abs. 7** wird **§ 64 BBG** im soldatischen Nebentätigkeitsrecht entspr. angewandt. Für einen SaZ oder BS besteht daher auf Verlangen seiner obersten Dienstbehörde, die ihre „Befugnis auf nachgeordnete Behörden übertragen" (§ 64 Satz 2 BBG) kann[274], die Pflicht, eine Nebentätigkeit (Nebenverwendung, Nebenbeschäftigung[275]) im öff. Dienst zu übernehmen oder fortzuführen, die seiner Vor- oder Ausbildung entspricht und ihn

---

266 Wenn GKÖD I K, § 66 Rn. 115 in diesem Zusammenhang für den wortgleichen § 66 Abs. 2 Satz 3 BBG v. einer Ermessensentscheidung (das zit. Wort „kann" kommt im Gesetzestext nicht vor) spricht, dürfte dies ein Redaktionsversehen sein.
267 Sinnvollerweise ist dieses Tatbestandsmerkmal bereits auf die Übernahme der Tätigkeit zu beziehen, vgl. GKÖD I K, § 66 Rn. 112.
268 S.o. Rn. 36.
269 Vgl. VMBl. 1999 S. 192 (Nr. 3.1.3).
270 So GKÖD I K, § 66 Rn. 109. In diesem Fall kann das Tatbestandsmerkmal „bei ihrer Ausübung" bereits auf die beabsichtigte Aufnahme einer Nebentätigkeit bezogen werden.
271 So GKÖD I K, § 66 Rn. 110; vgl. o. Rn. 39. Allerdings kann ein Überschreiten der Acht-Stunden-Grenze bei Nebentätigkeiten gleichwohl zu deren Untersagung führen, wenn – was im Einzelfall zu prüfen wäre – durch übermäßige Beanspruchung des Soldaten die Einhaltung dienstl. Pflichten beeinträchtigt wird.
272 Wahrheitswidrige Anzeigen o. Auskünfte über Art o. Umfang der Nebentätigkeit sind daher, obwohl Pflichtverstöße (§ 13), hier nicht ohne Weiteres relevant (keine durch Ausübung entstehende Pflichtverletzung), sondern nur ein Indiz für Pflichtverletzungen bei Ausübung der Nebentätigkeit, vgl. GKÖD I K, § 66 Rn. 110.
273 Unscharf *Scherer/Alff*, SG, § 20 Rn. 9, die hier v. Auflagen sprechen. Auflagen werden einem begünstigenden VA (z.B. einer Genehmigung) als Nebenbestimmung beigefügt, um rechtl. o. tatsächliche Hindernisse, die dem VA entgegenstehen, zu beseitigen. Die Nebentätigkeit nach Satz 4 ist aber (Wortlaut der Vorschrift!) nicht genehmigungspflichtig. Vorliegend handelt es sich nur um ein auf einen bestimmten Teil der Nebentätigkeit begrenztes Verbot. Der hiervon nicht erfasste Teil der Nebentätigkeit kann genehmigungsfrei ausgeübt werden.
274 Zur Zuständigkeit im soldatischen Bereich vgl. u. Rn. 111.
275 Vgl. zu diesen Begriffen o. Rn. 18.

Nebentätigkeit § 20

nicht über Gebühr beansprucht. Die schuldhafte Ablehnung dieser Pflicht stellt für den Soldaten ein Dienstvergehen (§ 23 Abs. 1) dar.

Das **Verlangen** gegenüber dem Soldaten begründet dessen **Verpflichtung**[276] zur Übernahme der Nebentätigkeit. Die Übernahme wird dem Soldaten schriftl.[277] befohlen[278]; dieser Befehl impliziert die dienstl. Notwendigkeit zur Übernahme der Nebentätigkeit. Wegen des Verlangens bedarf es keiner weiteren Genehmigung der Nebentätigkeit.[279] **104**

Die Verpflichtung entspr. § 64 Satz 1 BBG besteht nur zu einer Nebentätigkeit im **öff. Dienst**. Nach dem ebenfalls entspr. anwendbaren § 69[280] Satz 2 Nr. 1 BBG kann die BReg durch RVO bestimmen, **welche Tätigkeiten im Nebentätigkeitsrecht als öff. Dienst** anzusehen sind oder ihm gleichstehen. Deshalb definiert § 2 Abs. 1 BNV als Nebentätigkeit im öff. Dienst grds. jede **für** den Bund, ein Land oder andere Körperschaften, Anstalten oder Stiftungen des öff. Rechts im Bundesgebiet oder deren Verbände ausgeübte Nebentätigkeit. Nach § 2 Abs. 2 BNV stehen einer Nebentätigkeit im öff. Dienst gleich u. a. Tätigkeit **für** Vereinigungen, Einrichtungen oder Unternehmen, deren Kapital sich unmittelbar oder mittelbar ganz oder überwiegend in öff. Hand befindet oder die fortlaufend ganz oder überwiegend aus öff. Mitteln unterhalten werden, außerdem Tätigkeiten für zwischenstaatliche oder überstaatliche Einrichtungen[281], an denen z.B. der Bund durch Zahlung von Beiträgen oder Zuschüssen oder in anderer Weise beteiligt ist. **105**

Die mit der Forderung in § 64 Satz 1 BBG nach Tätigkeit im öff. Dienst verbundene Notwendigkeit, nach § 2 Abs. 1 BNV „für den Bund" etc. die Nebentätigkeit auszuüben, ist nicht problematisch, wenn der Soldat auf Verlangen des Dienstherrn auf Grund seiner soldatischen Pflichten für die Bw tätig wird. Da der Soldat hierbei die ihm übertragenen Aufgaben auf der Basis seines Soldatenverhältnisses und der hieraus ableitbaren Befugnisse wahrnimmt, handelt es sich, sofern die Aufgabe nicht ohnehin der Hauptverwendung zuzuordnen ist[282], um eine Nebenverwendung (§ 1 Abs. 2 BNV). Komplizierter ist die Situation, wenn dem Soldaten befohlen wird, im dienstl. Interesse eine außerhalb des Geschäftsbereichs des BMVg wahrzunehmende Aufgabe in einer zivilrechtl. Form zu übernehmen. Das Verlangen des Dienstherrn kann zwar nicht darauf gerichtet sein, dass der Soldat ein ziviles Dienst- oder Arbeitsverhältnis eingeht. Dies wäre für den Soldaten wohl unzumutbar, weil er möglichen zivilrechtl. Haftungsansprüchen aus der Verletzung vertraglicher Pflichten ausgesetzt sein könnte. Ausnahmsweise zumutbar, da der entspr. anwendbare § 67 BBG[283] dem Soldaten in einem solchen Fall einen gesetzl. Rückgriff gegen den Dienstherrn einräumt, wäre die Übernahme einer Tätigkeit im Vorstand einer Gesellschaft. Diese Tätigkeit beruhte im Innenverhältnis auf dem dienstl. Befehl zur Übernahme. Die Wahrnehmung der zu übernehmenden Aufgaben im Außenverhältnis erfolgte auf der Grundlage eines zivilrechtl. zu begründenden Vertragsverhältnisses. Diese Nebentätigkeit könnte mangels Wahr-

---

276 Vgl. entspr. GKÖD I K, § 64 Rn. 40.
277 Das Schriftformerfordernis folgt aus Abs. 5 Satz 1.
278 *Rittau*, SG, 150. Auch wenn der Soldat im Rahmen einer allgemeindienstl. Unterstellung einem Beamten der Bw untersteht, ist die Anordnung der Übernahme einer Nebenverwendung als eher personalrechtl., in ihrer Gewichtigkeit der Kommandierung vergleichbare Angelegenheit dem truppendienstl. Bereich zuzurechnen; zuständig zur Anordnung sind deshalb (mil.) vorg. Stellen.
279 Vgl. auch BVerwGE 102, 29 (30) = ZBR 1997, 20 (21).
280 Vgl. zu § 69 BBG u. Rn. 116.
281 Dabei ist z.B. an die NATO u. die WEU zu denken.
282 Vgl. § 3 Satz 1 BNV u. Rn. 108.
283 Vgl. Rn. 112.

Eichen

§ 20 Gemeinsame Vorschriften

nehmung auf Grund des öff.-rechtl. Soldatenverhältnisses (vgl. § 1 Abs. 2 BNV) nur eine Nebenbeschäftigung (§ 1 Abs. 3 BNV) sein. Diese wiederum dürfte, soll sie entspr. § 64 Satz 1 BBG dem Soldaten abverlangt werden, nur im öff. Dienst ausgeführt werden, wäre also in einer nach § 2 Abs. 2 BNV dem eigentlichen öff. Dienst vergleichbaren Einrichtung (z.b. in einer bundeseigenen Gesellschaft) zulässig. Einem Soldaten kann deshalb nicht entspr. § 64 BBG abverlangt werden, in einem bürgerlich-rechtl. Verein oder einer zivilen Firma im Rahmen einer Nebenbeschäftigung (eine Nebenverwendung käme ohnehin nicht in Frage, s.o.) eine Mitgliedschaft oder ein Arbeits- oder Dienstverhältnis im Interesse des Dienstherrn zu begründen.[284]

106 Die zu übernehmende Nebentätigkeit darf den Soldaten **bildungsmäßig nicht überfordern**. Der Soldat muss (ohne dass es auf seine persönliche Meinung ankommt, sondern unter Anlegung objektiver Maßstäbe[285]) sowohl von seinen vorbildungsmäßigen, an den laufbahnrechtl. Vorgaben für eine Einstellung als Soldat zu messenden Voraussetzungen als auch von seiner Ausbildung in seinen bisherigen Verwendungen in den SK her in der Lage sein, die Nebentätigkeit ordnungsgemäß auszuführen. Es erscheint sachgerecht, auch privat angeeignete, für die Ausübung der Nebentätigkeit förderliche Kenntnisse zu berücksichtigen, wenn ihr Erwerb in einem allg. verbindlichen Nachweis (z.B. in einem öff. oder in der Bw anerkannten Zeugnis) zertifiziert ist.

Eine gewisse **Unterforderung** hat der Soldat, soweit sie nicht unverhältnismäßig und unzumutbar ist, im Rahmen mil. Notwendigkeiten hinzunehmen.[286]

107 Die **Beanspruchung** des Soldaten **über Gebühr** ist einerseits an den Modalitäten der Nebentätigkeit (z.b. an Ort und Zeitpunkt ihrer Ausübung), andererseits an der zeitlichen Inanspruchnahme zu messen. Mangels einer gesetzl. Dienstzeitregelung für Soldaten wird i.d.r. Maßstab für die zeitliche Überanspruchung die auf § 50a BBesG beruhende wöchentliche „Rahmendienstzeit" der Soldaten (derzeit 46 Stunden) sein. In Einzelfällen muss berücksichtigt werden, dass Soldaten aus dienstl. Gründen bis an die Grenzen ihrer körperlichen und geistigen Leistungsfähigkeit Dienst leisten müssen.[287] Grds. wird dem Soldaten aus Fürsorgegründen bei anhaltender unverhältnismäßiger Belastung durch eine ihm abverlangte Nebentätigkeit eine angemessene Entlastung in der Hauptverwendung zu gewähren sein. Eine finanzielle Vergütung kann der Soldat allerdings regelmäßig nicht verlangen[288], was sich bereits aus § 6 Abs. 1 Satz 1 BNV ergibt.

---

284 Diese komplizierten Ausführungen zeigen, dass der Gesetzgeber schlecht beraten war, Teile des soldatischen Nebentätigkeitsrechts, insbes. die Übernahme von Nebentätigkeiten auf Verlangen des Dienstherrn, durch Verweisung auf beamtenrechtl. Vorschriften zu regeln. Ist § 20 für sich allein bereits sehr komplex, so gerät die Rechtsanwendung auf der Basis des sowohl von der Terminologie als auch des rechtl. Gehalts nur mit großen Vorbehalten auf mil. Fallgestaltungen anwendbaren § 64 BBG vollends für den mil. Vorg. zum Lotteriespiel. Auf Grund der zahlreichen Privatisierungen im mil. Bereich u. der vielfältigen Verknüpfungen mit Privatfirmen im Rahmen von Kooperationsmodellen schaffen z.B. die in dem auf BNV angelegten Begriffe „Nebentätigkeit im öffentlichen Dienst" u. „Nebentätigkeit auf Grund eines öffentlich-rechtlichen Dienstverhältnisses", die nicht dasselbe meinen (eine Nebentätigkeit im öff. Dienst kann auch zivilrechtl. begründet werden), weitere Probleme. Dass ein nicht mehr durchschaubares Nebentätigkeitsrecht im mil. Bereich – auch wegen der z.T. dienstl. bedingten engen Verknüpfungen zur Rüstungslobby – Missbräuchen Tür u. Tor öffnet, bedarf keiner Erklärung.
285 *Rittau*, SG, 150 f.
286 Vgl. o. Rn. 21. Zu restriktiv *Scherer/Alff*, SG, § 20 Rn. 13.
287 BVerwGE 86, 18 = NZWehrr 1989, 35. Deshalb kann *Scherer/Alff*, SG, § 20 Rn. 14, die Soldaten das Recht zugestehen, eine ihn übermäßig beanspruchende Nebentätigkeit ablehnen zu dürfen, so grds. nicht zugestimmt werden. Der Befehl zur Übernahme einer solchen Nebentätigkeit wäre zwar möglicherweise rechtswidrig, gleichwohl aber i.d.R. verbindlich.
288 Vgl. *Scherer/Alff*, SG, § 20 Rn. 14 m.w.N.

Nebentätigkeit § 20

Angesichts des nach Maßgabe des dienstl. Bedürfnisses bestehenden weiten Ermessens, **108** das der Dienstherr für die Ausweitung der einem soldatischen Dienstposten zugeordneten Aufgaben besitzt und das einem Soldaten zusätzlich befohlene Aufgaben grds. dessen Hauptverwendung zurechnet[289], wird § 64 BBG nur ausnahmsweise entspr. angewandt werden können.[290] Dies wird regelmäßig bereits § 3 BNV verhindern. Auch die Soldaten werden an den ihnen nach § 64 BBG abverlangten Nebentätigkeiten i.d.R. kaum Interesse haben, da sie hierfür nach § 6 Abs. 1 BNV grds. keine Vergütung erhalten können und wenn ja nur in begrenzten Beträgen.[291]

Abweichend von diesen Grundsätzen findet § 64 BBG im soldatischen Nebentätigkeits- **109** recht entspr. Anwendung auf **SanOffz**, denen in BwKrhs die Krankenhausbehandlung von Zivilpersonen obliegt. Diese Behandlung wird den SanOffz im Erlassweg[292] als Tätigkeit „im Nebenamt" zugewiesen.

Die Anordnung gegenüber SanOffz, Privatpatienten in BwKrhs im Rahmen einer Nebenverwendung zu behandeln, ist aus mehreren Gründen systemfremd: Einerseits ist kaum einsichtig, warum die Behandlung von Soldaten als Hauptverwendung, die von Privatpersonen als Nebenverwendung anzusehen sein soll, wo sich doch vom Zweck her die Behandlung nicht unterscheidet und die Versorgung von Patienten im BwKrhs generell zumindest im Zusammenhang zu sehen ist[293]. Andererseits wird diese Aufgabe für den Dienstherrn wahrgenommen, so dass sie grds. in die Hauptverwendung einzuordnen wäre.[294] Nebentätigkeitsrechtl. wird dieser atypische Zustand noch dadurch privilegiert, dass die in § 6 BNV grds. angeordnete Ablieferungspflicht in Bezug auf Vergütungen aus Nebentätigkeiten im Bundesdienst durch § 7 Nr. 4 BNV ausgeschlossen und zusätzlich den SanOffz das Recht zugestanden wird[295], bei wahlärztlichen Leistungen gegenüber Zivilpatienten selbst zu liquidieren.[296]

Gleichwohl hat die Rspr. diese speziellen Regelungen sowohl für beamtete leitende Krankenhausärzte[297] als auch für leitende SanOffz an BwKrhs[298] als zulässig angesehen.[299]

Für den **Rechtsschutz** in Bezug auf Nebentätigkeiten gilt Folgendes: **110**
In truppendienstl. Verfahren, in denen str. ist, ob ein Soldat gegen den Willen seiner Vorg. eine Nebentätigkeit ausüben darf oder ob der Soldat gegen seinen Willen eine Nebentätigkeit ausüben muss[300], in Streitigkeiten also, in denen die Frage der **Zulässigkeit** einer **Nebentätigkeit** zu klären ist, entscheiden grds. die **Wehrdienstgerich-**

---

289 S.o. Rn. 22 u. *Scherer/Alff*, SG, § 20 Rn. 11.
290 So auch *Scherer/Alff*, SG, § 20 Rn. 11.
291 Vgl. § 6 Abs. 2 BNV.
292 Vgl. Nr. 3 der o. in Rn. 14 zit. Best. über die Krankenhausbehandlung v. Zivilpersonen in BwKrhs.
293 Hier wäre daher § 3 Satz 2 BNV einschlägig. Vgl. *Günther*, ZBR 1986, 97, 103.
294 Vgl. § 3 Satz 1 BNV. S. auch GKÖD I K, § 65 Rn. 86.
295 Durch Nr. 15 Abs. 2 der Best. über die Krankenhausbehandlung v. Zivilpersonen in BwKrhs.
296 Wenn auch gegen Kostenerstattung u. Vorteilsausgleich nach § 20 Abs. 4 (vgl. § 12 BNV) u. gegen Zahlung einer „Pool-Abgabe", s.o. Rn. 71 f.
297 S. BVerwGE 59, 38 (40 m.w.N.): Die „Übertragung der stationären ärztlichen Behandlung von Privatpatienten als Nebentätigkeit" sei „mit dem geltenden Beamtenrecht zwar schwer, aber unter Berücksichtigung der Besonderheiten des atypischen Beamtverhältnisses leitender Krankenhausärzte gerade noch zu vereinbaren". Vgl. auch BVerfGE 52, 303 = NJW 1980, 1327; BVerwG ZBR 2001, 437 = IÖD 2001, 218.
298 Vgl. z.B. BVerwGE 102, 29 = NVwZ 1997, 582 (auch zur Erhebung einer „Pool-Abgabe", s.o. Rn. 72).
299 Vgl. GKÖD I K, § 65 Rn. 86 ff.; *Battis*, BBG, § 66 Rn. 12; *Günther*, ZBR 1986, 97 (103).
300 Vgl. *Böttcher/Dau*, WBO, Einf. Rn. 61.

Eichen 295

te.[301] Ist eine **Geldforderung** des Dienstherrn[302] gegen den Soldaten aus der Ausübung einer Nebentätigkeit in Streit, geht es dem Soldaten insbes. darum, ihre Geltendmachung zu verhindern, ist nicht das besondere mil. Über-/Unterordnungsverhältnis, sondern das allg. Dienstverhältnis des Soldaten betroffen. Vorg. werden in diesem nicht als solche, sondern als Organe des Dienstherrn tätig. Für Klagen aus diesem Bereich ist der **allg. Verwaltungsrechtsweg** gegeben.[303] In diesem Fall wäre es unzulässig, Elemente eines solchen von den VG zu entscheidenden Anspruchs (z.B. als Tatbestandsmerkmal für einen Zahlungsanspruch die Frage, ob die ausgeübte Tätigkeit eine Nebentätigkeit i.S.v. § 20 sei) als Vorfrage zu verselbständigen und zum Gegenstand eines wehrdienstgerichtl. Verfahrens zu machen. Hierfür fehlte ein Rechtsschutzbedürfnis, da das VG derartige Vorfragen (Sach- und Rechtsfragen) incidenter selbst entscheidet.[304]

111 Weitere, nach **Abs. 7** im soldatischen Nebentätigkeitsrecht entspr. anzuwendende Vorschrift ist **§ 65 Abs. 4 BBG**. Entspr. § 65 Abs. 4 Satz 1 BBG erteilt die **oberste Dienstbehörde**, d.h. das BMVg, Nebentätigkeitsgenehmigungen für Soldaten nach § 20 Abs. 1 Satz 1. Nach § 65 Abs. 4 Satz 2 BBG kann diese Befugnis „auf nachgeordnete Behörden" übertragen werden. Hiervon hat das BMVg Gebrauch gemacht und die Befugnis, Soldaten die **Ausübung** oder **Fortführung** einer Nebentätigkeit zu **genehmigen**, auf den DiszVorg. mit **mindestens** der **Disziplinarbefugnis** eines **BtlKdr** übertragen.[305] Diesem hat der nächste DiszVorg. des beantragenden Soldaten, soweit er nicht selbst genehmigungsbefugt ist, eine Stellungnahme vorzulegen.[306]

Obwohl nicht ausdrücklich geregelt, ist mit der **Genehmigungs**befugnis auch (als actus contrarius) die Befugnis des DiszVorg. mit mindestens der Disziplinarbefugnis eines BtlKdr verbunden, die Nebentätigkeitsgenehmigung nach Abs. 2 Satz 1 zu **versagen** und ggf. nach Abs. 2 Satz 6 zu **widerrufen** sowie – als mildere Mittel – nach Abs. 2 Satz 5 mit **Auflagen** oder **Bedingungen** zu versehen. Sachgerecht wird – auch nach Abs. 2 Satz 5 mit **Auflagen** oder **Bedingungen** zu versehen. Sachgerecht wird – auch nach der Vorg. sein, der sonstige Maßnahmen und Entscheidungen im Zusammenhang mit Nebentätigkeiten zu treffen hat. So kann er z.B. die Ausübung einer Nebentätigkeit veranlassen oder ein dienstl. Interesse an ihrer Übernahme anerkennen (Abs. 3 Satz 1 Halbs. 2).[307] Er erteilt die Genehmigung zur Inanspruchnahme von Personal und Sachmitteln des Dienstherrn[308] nach Abs. 4 Satz 1.[309] Ihm gegenüber sind die erforderlichen Nachweise

---

301 BVerwGE 73, 87 (88); *Böttcher/Dau*, WBO, § 17 Rn. 51.
302 Etwa wegen eines Entgelts für die Nutzung v. Personal o. Sachmitteln des Dienstherrn im Rahmen einer Nebentätigkeit nach Abs. 4 (s.o. Rn. 66 ff.), vgl. z.B. BVerwG ZBR 1999, 200 = DÖD 1999, 233.
303 BVerwG, Beschl. 1 WB 110/83; BVerwG NVwZ 1984, 590; BVerwGE 73 (87 ff.); *Scherer/Alff*, SG, § 65 Rn. 12.
304 BVerwGE 73, 87 m.w.N.; *Scherer/Alff*, SG, § 20 Rn. 15; *Stauf* I, § 20 SG Rn. 31.
305 Vgl. VMBl. 1999 S. 190, A.3 sowie § 28 Abs. 1 Satz 2 Nr. 2 WDO. Dieser Vorg. hat in bestimmten Fällen (z.B. wenn eine Genehmigung für eine Nebentätigkeit bei einem Unternehmen beantragt wird, das der Bundeswehr Leistungen erbringt oder eine solche beabsichtigt) Genehmigung unter Beifügung seiner Stellungnahme das BMVg zu beteiligen. Die Vorgaben des BMVg sind für seine Entscheidung bindend, vgl. VMBl. 1999 S. 193, B.5.
306 VMBl. 1999 S. 191, B.2.2.
307 S.o. Rn. 62, 64.
308 Zwar soll gem. VMBl. 1999 S. 194, C.1 „der nächsthöhere Disziplinarvorgesetzte" diese Genehmigung aussprechen. Der Erl. wollte in der Sache aber (sprachlich verkürzend) damit gleichwohl den DiszVorg. mit mindestens der Disziplinarbefugnis eines BtlKdr zuständig machen, denn nächsthöherer DiszVorg. als direkter truppendienstl. Vorg. des nächsten DiszVorg. (vgl. *Dau*, WDO, § 30 Rn. 1) – dieser ist regelmäßig ein KpChef o. ein Offz in entspr. Dienststellung (s. *Dau*, WDO, § 27 Rn. 7) – ist i.d.R. der BtlKdr o. ein Offz in entspr. Dienststellung. Der abw. Sprachgebrauch ist eher eine redaktionelle Ungenauigkeit.
309 Vgl. Rn. 66 ff.

Nebentätigkeit **§ 20**

nach Abs. 5 Satz 2 vorzulegen[310], ihm gegenüber besteht die Pflicht zur Anzeige genehmigungsfreier Nebentätigkeiten und zur ergänzenden Auskunftserteilung nach Abs. 6 Satz 2 und 3[311], und ihm ist es vorbehalten, nach Abs. 6 Satz 4 eine nicht genehmigungspflichtige Nebentätigkeit ganz oder teilweise zu untersagen.[312] Auch die der obersten Dienstbehörde nach Abs. 7 i.V.m. § 64 BBG mögliche Übertragung der Befugnis, von einem Soldaten die Übernahme oder Fortführung einer Nebentätigkeit im öff. Dienst verlangen zu können[313], ist auf DiszVorg. mit mindestens der Disziplinarbefugnis eines BtlKdr beschränkt.

Nach **Abs. 7** auf soldatische Nebentätigkeiten anwendbar ist außerdem **§ 67 BBG**. Nach dessen Satz 1 hat entspr. ein Soldat, der auf Verlangen[314], Vorschlag oder Veranlassung[315] seines DiszVorg. mit mindestens der Disziplinarbefugnis eines BtlKdr[316], also im dienstl. Interesse[317], eine (Neben-)Tätigkeit[318] im Vorstand, Aufsichtsrat, Verwaltungsrat oder in einem sonstigen Organ einer Gesellschaft (z.b. einer AG, GmbH[319]), Genossenschaft[320] oder eines in einer anderen Rechtsform betriebenen Unternehmens[321] übernommen hat (die Übernahme ist somit aus dem Innenverhältnis zwischen Dienstherrn und Soldaten begründet) und aus dieser Tätigkeit im Außenverhältnis haftbar gemacht wird, gegen den Dienstherrn grds. Anspruch auf Ersatz des ihm entstandenen Schadens. Dieser muss daraus resultieren, dass der Soldat wegen seiner Tätigkeit für das Unternehmen selbst nach zivilrechtl., insbes. gesellschaftsrechtl. Vorschriften wegen Schäden Ersatz leisten muss. Der Soldat muss daher selbst haftbar gemacht worden sein.[322] 112

Der Ausgleich nach § 67 BBG ist regelmäßig auf Schäden beschränkt, die durch den Soldaten im Außenverhältnis allenfalls leicht fahrlässig verursacht worden sind. Grob fahrlässig oder vorsätzlich verursachte Schäden werden grds. durch den Dienstherrn nicht erstattet. Etwas anderes gilt nach § 67 Satz 2 BBG nur, wenn der Soldat die konkrete schadensverursachende Handlung auf Verlangen (= Weisung) des Dienstherrn vorgenommen hat. 113

Der gesetzl. Rückgriffsanspruch des Soldaten gegenüber dem Dienstherrn analog § 67 BBG ist aus Gründen der **Fürsorge** geboten, weil der Soldat letztlich nicht im eigenen Interesse, sondern dienstl. motiviert in das Unternehmen eintritt. Er soll dann nicht für Schäden aufkommen müssen, die damit zusammenhängen. Da er für das Unternehmen privatrechtl. und nicht hoheitlich (nicht öff.-rechtl.) tätig wird, handelt er nicht „in Ausübung eines öff. Amtes"[323]. Eine Staatshaftung gem. Art. 34 GG i.V.m. § 839 BGB, bei welcher der Staat anstelle des Soldaten gegenüber dem geschädigten Dritten eintritt, 114

---

310 Eingereicht werden können Anträge o. Unterlagen auch (zur Weiterleitung) beim nächsten DiszVorg., der nicht die Disziplinarbefugnis eines BtlKdr besitzt (z.B. beim KpChef).
311 Vgl. Rn. 95 f., 99.
312 Vgl. Rn. 100.
313 Vgl. Rn. 103 ff.
314 Vgl. zu diesem Begriff Rn. 104.
315 Für diese Begriffe gilt das unter Rn. 62 Gesagte entspr.
316 Vgl. Rn. 111.
317 Vgl. *Battis*, BBG, § 67 Rn. 2.
318 Diese kann – vgl. § 20 Abs. 3 Satz 1 – auch während des Dienstes ausgeübt werden.
319 Vgl. auch Rn. 80.
320 Vgl. hierzu ebenfalls Rn. 80.
321 Die Formulierung verdeutlicht, dass es auf die gesellschaftsrechtl. Rechtsnatur des Unternehmens nicht ankommt, vgl. GKÖD I K, § 67 Rn. 10, ebenso wenig auf die Verfolgung eines wirtschaftlichen Zwecks.
322 Vgl. *Battis*, BBG, § 67 Rn. 3.
323 Vgl. GKÖD I K, § 67 Rn. 17; *Plog/Wiedow/Lemhöfer*, BBG, § 67 Rn. 4.

kommt somit nicht in Frage.[324] Vielmehr müsste der Soldat – wenn § 67 BBG nicht zu seinen Gunsten einträte – nach allg. bürgerlich-rechtl. Deliktsrecht (§§ 823 ff. BGB) oder den für das Unternehmen speziell geltenden (z.b. gesellschaftsrechtl.) Haftungsvorschriften[325] selbst allein für den Schaden eintreten, da ihm der Dienstherr auch nicht gem. §§ 823, 31, 89 BGB oder nach § 831 BGB zur Seite tritt.[326]

115 Nach dem gleichfalls entspr. anwendbaren **§ 68 BBG endet**, sofern im Einzelfall nichts anderes bestimmt ist, mit dem Ende des Soldatenverhältnisses auch eine **Nebentätigkeit**, die dem Soldaten im Zusammenhang mit seiner Hauptverwendung übertragen worden ist[327] oder die er auf Verlangen[328], Vorschlag oder Veranlassung[329] seines Disz-Vorg. übernommen hat. Die Nebentätigkeit endet dann kraft Gesetzes ohne weiteren Vollzugsakt. Aus welchem Grund das Soldatenverhältnis beendet ist, ist nicht entscheidend; es muss aber zum Ende kommen (z.b. durch Eintritt oder Versetzung in den Ruhestand[330] oder durch Entlassung). Daher reicht etwa eine Beurlaubung (z.b. nach § 28a) oder ein Verbot der Ausübung des Dienstes nach § 22 nicht aus.

Etwas anderes gilt, wenn z.b. auf Grund zivilgesetzl. (etwa gesellschafts- oder arbeitsrechtl.) Vorschriften die Beendigung der Mitgliedschaft in einem privatrechtl. Unternehmen speziell geregelt ist.[331] Das Ende der Nebentätigkeit richtet sich dann nach diesen Vorschriften.

116 Nach Abs. 7 ist schließlich **§ 69 BBG** entspr. anwendbar. Diese Vorschrift enthält in Satz 1 die allg. Ermächtigungsgrundlage zum Erlass der BNV[332] durch die BReg; in ihrem Satz 2 sind – Art. 80 Abs. 1 Satz 2 GG folgend – wichtige Eckpunkte der erteilten Ermächtigung – nicht abschließend – gesetzl. festgelegt.[333]

So findet sich die Best., welche Tätigkeiten nebentätigkeitsrechtl. als öff. Dienst anzusehen sind oder ihm gleichstehen (§ 69 Satz 2 Nr. 1 BBG), in § 2 BNV.[334]

Die Ausgestaltung der Annahme oder Abführung von Vergütungen für bestimmte Nebentätigkeiten (§ 69 Satz 2 Nr. 2 BBG) nehmen die §§ 4, 6 bis 8 BNV vor.[335]

Die Festlegung, unter welchen Voraussetzungen zur Ausübung von Nebentätigkeiten Personal und Sachmittel des Dienstherrn genutzt werden dürfen und welches Entgelt hierfür zu entrichten ist[336] (§ 69 Satz 2 Nr. 4 BBG), treffen die §§ 9 bis 13 BNV.[337]

---

324 Vgl. *Jarass*, in: *Jarass/Pieroth*, GG, Art. 34 Rn. 5 ff.
325 Vgl. GKÖD I K, § 67 Rn. 16.
326 Der Soldat ist im Außenverhältnis weder Vertreter noch Verrichtungsgehilfe des Dienstherrn, vgl. *Plog/Wiedow/Lemhöfer*, BBG, § 67 Rn. 4.
327 Es ist aber jew. zu prüfen, ob überhaupt eine Nebentätigkeit vorliegt: So kann z.b. schon nach Maßgabe der Dienstpostenbeschreibung die Mitgliedschaft eines Soldaten in einem Gesellschaftsorgan im Interesse des Dienstherrn zu den der Hauptverwendung zuzurechnenden Dienstpflichten gehören. Im Übrigen wird die Übertragung einer Nebentätigkeit im Zusammenhang mit der Hauptverwendung des Soldaten regelmäßig auch einen Fall der Übernahme der Nebentätigkeit auf Verlangen (= Weisung) darstellen.
328 Vgl. Rn. 104.
329 Für diese Begriffe gilt das zu Rn. 62 Gesagte entspr.
330 Dabei reicht die Versetzung in den einstweiligen Ruhestand nach § 50 aus.
331 Vgl. *Battis*, BBG, § 68 Rn. 2; GKÖD I K, § 68 Rn. 11 f. m.w.N.
332 Vgl. o. Rn. 10 u. den obigen Abdruck der BNV.
333 Vgl. zur Frage, ob die Ausgestaltung des § 69 BBG den verfassungsrechtl. Anforderungen des Art. 80 Abs. 1 Satz 2 GG genügt, BVerfGE 55, 207 = NJW 1981, 951; GKÖD I K, § 69 Rn. 3 ff. m.w.N.; *Plog/Wiedow/Lemhöfer*, BBG, § 69 Rn. 1 ff.
334 Vgl. o. Rn. 105 sowie *Plog/Wiedow/Lemhöfer*, BBG, § 69 Rn. 3.
335 Einzelheiten bei *Plog/Wiedow/Lemhöfer*, BBG, § 69 Rn. 4 ff.
336 S.o. Rn. 66 f. u. Rn. 71.
337 Hierzu *Plog/Wiedow/Lemhöfer*, BBG, § 69 Rn. 13 ff.

Nebentätigkeit § 20

Von den Ermächtigungen des § 69 Satz 2 Nr. 3 und 5 BBG (Begr. einer Genehmigungsbedürftigkeit der in § 66 Abs. 1 Nr. 2 und 3 BBG[338] [= § 20 Abs. 6 Satz 1 Nr. 2 und 3[339]] bezeichneten, grds. genehmigungsfreien Nebentätigkeiten für bestimmte Beamtengruppen; Verpflichtung des Beamten, jährlich die aus Nebentätigkeiten erhaltenen Entgelte und geldwerten Vorteile zu melden) hat die BReg bisher keinen Gebrauch gemacht.[340]

8. Absatz 8 Nebentätigkeiten der nach Maßgabe des WPflG Wehrdienst leistenden Soldaten

§ 20 Abs. 1 bis 7 gilt nur für Nebentätigkeiten der BS und SaZ. Für die **Soldaten, die nach Maßgabe des WPflG Wehrdienst leisten**, trifft **Abs. 8** eine spezielle Regelung. Diese gilt auch für **FWDL**, die nunmehr durch den geänderten Wortlaut des Abs. 8 („nach Maßgabe des Wehrpflichtgesetzes", vgl. o. Rn. 8) ausdrücklich einbezogen werden. Sie leisten ihren zusätzlichen freiwilligen Wehrdienst nicht auf Grund der Wehrpflicht, sondern freiwillig nach Maßgabe des WPflG. Sie besitzen die Rechtsstellung eines Soldaten, der auf Grund der Wehrpflicht Wehrdienst leistet (§ 4 Abs. 3 Satz 2 und 3 WPflG).   117

Die Privilegierung der von Abs. 8 erfassten Soldaten gegenüber BS und SaZ kann mit der unterschiedlichen Interessenlage erklärt werden. Während BS und SaZ ihren Beruf als Soldat frei gewählt haben, „behält der Wehrpflichtige seinen alten Beruf bei. Gelegentliche Betätigung in seinem eigentlichen Beruf muß daher möglich bleiben".[341]

Soldaten, die nach Maßgabe des WPflG Wehrdienst leisten, dürfen grds. Nebentätigkeiten[342] jeder Art außerhalb des Dienstes und außerhalb dienstl. Unterkünfte und Anlagen ohne vorherige Genehmigung nachgehen, sofern ihre Dienstfähigkeit dadurch nicht gefährdet wird und dies dienstl. Erfordernissen nicht zuwiderläuft. Ob der Gesetzgeber mit dem Begriff der Dienstfähigkeit auf die in § 8a Abs. 1 WPflG genannten Abstufungen der Wehrdienstfähigkeit (Tauglichkeit)[343] abstellen oder auch allg. jede Beeinträchtigung der Fähigkeit zur Dienstleistung (z.B. Übermüdung) erfassen wollte (der REntw. sprach in § 17 Abs. 5 noch von der Beeinträchtigung der „dienstlichen Leistungen"), kann dahinstehen, weil solche Beeinträchtigungen jedenfalls auch dienstl. Erfordernissen zuwiderlaufen. Ob im Übrigen diese iS unbestimmte Rechtsbegriffe gekleideten Voraussetzungen vorliegen, kann **wehrdienstgerichtl. im Beschwerdeverfahren in vollem Umfang nachgeprüft** werden.[344] Dem zuständigen Vorg. (dies ist hier nicht zwingend der DiszVorg. mit mindestens der Disziplinarbefugnis eines BtlKdr, da Abs. 7 i.V.m. § 65 Abs. 4 BBG[345] nicht gilt, sondern wird der nächste DiszVorg. sein, i.d.R. also der KpChef) steht hierbei **kein Beurteilungsspielraum** zu.   118

---

338 Nach *Plog/Wiedow/Lemhöfer*, BBG, § 69 Rn. 12 müssten jetzt wegen eines Redaktionsversehens des Gesetzgebers § 66 Abs. 1 Nr. 3 u. 4 BBG [= § 20 Abs. 6 Satz 1 Nr. 3 u. 4) genannt werden. Ob dies zutrifft, kann zzt. dahinstehen, da von der Ermächtigung des § 69 Satz 2 Nr. 3 bisher kein Gebrauch gemacht wird.
339 S.o. Rn. 82 ff.
340 Vgl. *Plog/Wiedow/Lemhöfer*, BBG, § 69 Rn. 12 u. 22a; GKÖD I K, § 69 Rn. 17 u. 19 f. Nach GKÖD I K, § 69 Rn. 20 hat die BReg v. der Ermächtigung des § 69 Satz 2 Nr. 5 BBG in § 8 BNV Gebrauch gemacht.
341 Vgl. BT-Drs. II/1700, 24.
342 Diese sind auf Nebenbeschäftigungen beschränkt u. auch hier von bloßen Freizeitbeschäftigungen (wie in Rn. 18 erläutert – Beispiel: Reparatur des Kfz eines Kameraden in der Kaserne am Wochenende) zu trennen.
343 Diese setzt die körperliche u. geistige Eignung für den Wehrdienst voraus, vgl. BVerwGE 31, 149 sowie *Steinlechner/Walz*, WPflG, § 8a Rn. 8; *Stauf* III, § 8a WPflG Rn. 1.
344 So auch *Stauf* I, § 20 SG Rn. 32. Zuständig für die Entsch. über die Zulässigkeit einer Nebentätigkeit als truppendienstl. Maßnahme sind die Wehrdienstgerichte, vgl. BVerwGE 73, 87 Ls 1.
345 Vgl. hierzu Rn. 111.

Eichen   299

§ 20 Gemeinsame Vorschriften

119 Da die Nebentätigkeit nicht vorher genehmigt werden muss, wird der zuständige Vorg. eine Gefährdung der Dienstfähigkeit oder eine Beeinträchtigung dienstl. Erfordernisse regelmäßig erst nachträglich feststellen, so z.b., wenn der Soldat übermüdet oder verspätet zum Dienst erscheint. Der Vorg. kann, wenn er von einer Nebentätigkeit vorher Kenntnis erhält, diese jedenfalls dann bereits im Vorfeld untersagen, wenn sie nach den konkreten Umständen des Einzelfalles voraussichtlich zu einer Beeinträchtigung dienstl. Interessen führen wird. Hier greifen dieselben Überlegungen wie im Rahmen des Abs. 2 Satz 1.[346]

120 Selbst wenn der Vorg. im Einzelfall von einer Beeinträchtigung der Fähigkeit zur Dienstleistung des Soldaten oder einer sonstigen Beeinträchtigung dienstl. Erfordernisse durch die Nebentätigkeit auszugehen hat, kann er im Wege einer **Ermessensabwägung**[347] gleichwohl von der Untersagung der Nebentätigkeit absehen, wenn dies wegen vorrangiger Interessen des Soldaten geboten ist. Zu denken ist insbes. an den Fall, dass durch die Nebentätigkeit eine ansonsten zu prüfende Entlassung des Soldaten wegen persönlicher Gründe, die eine besondere Härte bedeuten würden (§ 29 Abs. 4 Nr. 1 WPflG), vermieden werden kann.

121 WPfl Soldaten, die Leistungen nach dem USG erhalten, sind nach § 20 Abs. 1 USG verpflichtet, auch **Einkünfte aus Nebentätigkeiten** während des Wehrdienstes den Unterhaltssicherungsbehörden **anzuzeigen**. Diese Gesetzeslage ist im Erl. „Nebentätigkeit wehrpflichtiger Soldaten, die Leistungen nach dem Unterhaltssicherungsgesetz (USG) erhalten"[348], wiedergegeben, um vor allem die entspr. Belehrung der Soldaten sicherzustellen.

9. Absatz 9 Pflicht zur Anzeige bereits ausgeübter, genehmigungsfreier Nebentätigkeiten

122 Durch die Übergangsvorschrift des **Abs. 9** wird sichergestellt, dass die Pflicht zur unverzüglichen schriftl. Anzeige nach Abs. 6 Satz 2[349] auch für die vor dem In-Kraft-Treten des Zweiten Nebentätigkeitsbegrenzungsgesetzes[350] am 18.9.1997 aufgenommenen und nach diesem Zeitpunkt fortgesetzten Nebentätigkeiten gilt. Angaben, die den Zeitraum vor dem In-Kraft-Treten betreffen, sind nicht erforderlich.[351] Während der Anzeigepflicht nach Abs. 6 Satz 2 Halbs. 1 unmittelbar nach dem In-Kraft-Treten nachzukommen war, so dass dem Abs. 9 insoweit keine praktische Bedeutung mehr zukommt, ist diese Vorschrift für die Pflicht des Soldaten zur unverzüglichen Meldung jetzt noch eintretender Änd. gem. Abs. 6 Satz 2 Halbs. 2 weiterhin notwendig.

---

346 Vgl. Rn. 35 u. *Scherer/Alff*, SG, § 20 Rn. 21; a.A. *Stauf* I, § 20 SG Rn. 32, der strengere Anforderungen an eine Versagung stellen will als nach Abs. 2.
347 Hierfür spricht der Wortlaut des Abs. 8: „... **darf** die Ausübung einer Nebentätigkeit nur untersagt werden …".
348 VMBl. 2004 S. 27.
349 Vgl. Rn. 95 ff.
350 Vgl. Rn. 7.
351 Vgl. VMBl. 1999 S. 193 (Nr. 3.2).

§ 20a Tätigkeit nach dem Ausscheiden aus dem Wehrdienst

(1) Ein Berufssoldat im Ruhestand oder ein früherer Soldat mit Anspruch auf Dienstzeitversorgung, der innerhalb eines Zeitraums von fünf Jahren nach seinem Ausscheiden aus dem Wehrdienst außerhalb des öffentlichen Dienstes eine Beschäftigung oder Erwerbstätigkeit aufnimmt, die mit seiner dienstlichen Tätigkeit in den letzten fünf Jahren vor seinem Ausscheiden aus dem Wehrdienst im Zusammenhang steht und durch die dienstliche Interessen beeinträchtigt werden können, hat die Beschäftigung oder Erwerbstätigkeit dem Bundesministerium der Verteidigung anzuzeigen.

(2) Die Beschäftigung oder Erwerbstätigkeit ist zu untersagen, wenn zu besorgen ist, dass durch sie dienstliche Interessen beeinträchtigt werden.

(3) ¹Das Verbot wird durch das Bundesministerium der Verteidigung ausgesprochen; es endet spätestens mit Ablauf von fünf Jahren nach dem Ausscheiden aus dem Wehrdienst. ²Das Bundesministerium der Verteidigung kann seine Befugnisse auf andere Stellen übertragen.

Literatur[1]: *Günther, Hellmuth:* Beschränkung der Tätigkeit von Versorgungsberechtigten, DöD 1990, 129.

Übersicht

	Rn.			Rn.
A. Allgemeines	1 – 4		B. Erläuterungen im Einzelnen	5 – 28
1. Zweck der Vorschrift	1		1. Absatz 1	5 – 16
2. Entstehung der Vorschrift	2		2. Absatz 2	17 – 24
3. Änderungen der Vorschrift	3		3. Absatz 3	25 – 28
4. Bezüge zum Beamtenrecht bzw. zu sonstigen rechtl. Vorschriften; ergänzende Dienstvorschriften	4			

A. Allgemeines

1. Zweck der Vorschrift

§ 20a führt für aus dem Dienstverhältnis ausgeschiedene BS und SaZ in Teilen die Restriktionen fort, die ihnen in der aktiven Dienstzeit bei der Aufnahme von Nebentätigkeiten durch § 20 auferlegt worden sind. § 20a regelt keinen Fall der Nebentätigkeit, sondern Anschlusstätigkeiten nach Beendigung des Wehrdienstes.[2] Die Vorschrift will verhindern, dass aus dem Wehrdienstverhältnis ausgeschiedene Soldaten anschließend im Rahmen privater Beschäftigungsverhältnisse dienstl. erworbenes Wissen und dienstl. geknüpfte Kontakte verwerten und dass hierdurch in der Öffentlichkeit Zweifel an der Integrität des öff. Dienstes hervorgerufen werden. Außerdem will § 20a die Soldaten, die auf den Ruhestand zugehen, auch in den letzten Dienstjahren zu weiterer Unbefangenheit und Unparteilichkeit anhalten, ohne dass sie sich durch spätere „Karriereaussichten" in der Privatwirtschaft beeinflussen lassen.[3] Dies ist bei Soldaten besonders bedeutsam, da sie wegen der gegenüber Beamten vorgezogenen Altersgrenzen in jüngerem Alter ausscheiden und eher bereit sein werden, nach Beendigung des Wehrdienstverhältnisses eine zivile Anschlusstätigkeit aufzunehmen.[4]

1

---

1 Die nachstehend genannte Abhandlung ist auch soldatenrechtl. verwertbar.
2 Eine „Neben"tätigkeit setzte die Ausübung einer „Haupt"tätigkeit voraus. Eine Pflicht zur Dienstleistung besteht jedoch für frühere Soldaten nicht mehr.
3 *Günther,* DöD 1990, 129 (130 m.w.N.).
4 BT-Drs. 10/2542, 15.

§ 20a

§ 20a **ergänzt** bei einer Anschlusstätigkeit nach dem Ausscheiden aus dem Wehrdienst die auch für ausgeschiedene Soldaten geltende[5] Verschwiegenheitspflicht des § 14, indem er frühere Soldaten von vornherein vor der Gefahr schützen will, in diesem speziellen Fall Auskünfte über dienstl. Angelegenheiten erteilen zu wollen, auf die sie eine besondere Einflussmöglichkeit hatten.

2. Entstehung der Vorschrift

2 § 20a ist 1985 durch das Nebentätigkeitsbegrenzungsgesetz (als Art. 3 Nr. 3 des G vom **21.2.1985**[6]) in das SG eingefügt worden.

3. Änderungen der Vorschrift

3 Die Vorschrift ist durch Art. 1 Nr. 3, 7 und 16 des **SGÄndG** novelliert worden. Neben redaktionellen Änd. sind in Abs. 1 die Wörter „oder auf Berufsförderung" gestrichen worden. Frühere Soldaten sind folglich nur noch anzeigepflichtig, solange sie Anspruch auf Dienstzeitversorgung haben. Besitzen sie nur noch einen Anspruch auf Berufsförderung, unterliegen SaZ[7] nicht länger den Voraussetzungen für eine Tätigkeitsversagung nach § 20a über den Rahmen der Dienstzeitversorgung hinaus.[8] Diese Änd. bewirkt, dass SaZ längstens für die Dauer von 36 Monaten nach Ende der Dienstzeit (dies ist der längste Zeitraum, für den Übergangsgebührnisse gezahlt werden, vgl. § 11 Abs. 2 Satz 1 Nr. 4 SVG) unter den Regelungsbereich des § 20a fallen.

4. Bezüge zum Beamtenrecht bzw. zu sonstigen rechtl. Vorschriften; ergänzende Dienstvorschriften

4 Im Nebentätigkeitsbegrenzungsgesetz sind dem § 20a entspr. Vorschriften für den Bereich der **Beamten** geschaffen worden; dies sind § 69a BBG[9] und § 42a BRRG. Gem. § 46 DRiG gilt eine entspr. Regelung für **Richter**.[10]

Ausführliche Best. für Soldaten zur Aufnahme von Anschlusstätigkeiten gem. § 20a, die ausscheidenden BS und SaZ zur Information ausgehändigt werden, enthält der Erl. „Tätigkeit außerhalb des öffentlichen Dienstes nach Beendigung des Dienst- bzw. Arbeitsverhältnisses" vom 2.9.2002.[11]

B. Erläuterungen im Einzelnen

1. Absatz 1

5 Regelungsadressaten des **Abs. 1** sind BS im Ruhestand und frühere Soldaten mit einem Anspruch auf Dienstzeitversorgung. Als **BS im Ruhestand** gelten alle in den Ruhestand getretenen oder versetzten BS[12], auch solche, die in den einstweiligen Ruhestand ver-

---

5 Vgl. Komm. zu § 14 Rn. 7.
6 BGBl. I S. 371.
7 Diese werden regelmäßig betroffen sein, die Berufsförderung für BS (vgl. §§ 39, 40 SVG) ist eine Ausnahme.
8 Vgl. BT-Drs. 14/4062, 19 (zu Nr. 17 [§ 20a]).
9 Wegen der gleichlaufenden Intention des Gesetzgebers für den gesamten öff. Dienst kann die beamtenrechtl. Rspr. zu § 69a BBG grds. auf Soldaten übertragen werden.
10 *Battis*, BBG, § 69a Rn. 2. § 46 DRiG bezieht sich auf Bundesrichter, für Landesrichter vgl. *Günther*, DöD 1990, 129 (132 m.w.N.).
11 BMVg – ES – Az 17-02-36/16-02-17 (VMBl. 2002 S. 354).
12 Bei diesen wird vorausgesetzt, dass sie einen Anspruch auf Ruhegehalt besitzen, der als wirtschaftliche Grundlage für die gesamte Lebensführung dient, vgl. BT-Drs. 14/4062, 19 (zu Nr. 17 [§ 20a]).

setzt worden (§ 50) oder die z.B. auf Grund des PersAnpassG[13] vorzeitig ausgeschieden sind.[14] Nicht erfasst, weil nicht im Ruhestand, werden frühere BS, die aus dem Dienstverhältnis entlassen worden sind (vgl. insbes. § 46)[15] oder die ihre Rechtsstellung als BS verloren haben (§ 48). **Frühere Soldaten mit Anspruch auf Dienstzeitversorgung** sind frühere SaZ, denen Zahlungen nach § 3 Abs. 4 SVG zustehen, und aus den SK entlassene BS, denen ein Anspruch auf Unterhaltsbeitrag oder Übergangsgeld (§§ 36, 37 SVG) zukommt.[16]

Bemerkenswert ist somit, dass BS und SaZ, die durch Entlassung, Verlust ihrer Rechtsstellung oder durch Entfernung aus dem Dienstverhältnis auf Grund eines Urt. im gerichtl. Disziplinarverfahren[17] Ansprüche auf Dienstzeitversorgung verlieren, tatbestandlich von § 20a nicht erfasst werden. Da derartige Fälle möglicherweise bewusst herbeigeführt werden können, wäre seitens des Gesetzgebers daran zu denken, diesen Personenkreis in den Anwendungsbereich der Vorschrift einzubeziehen, damit das Verbot des § 20a nicht umgangen wird.[18]

Die genannten früheren Soldaten trifft eine **Anzeigepflicht** gegenüber dem BMVg, wenn sie innerhalb eines Zeitraums von fünf Jahren nach ihrem Ausscheiden aus dem Wehrdienst außerhalb des öff. Dienstes eine Beschäftigung oder Erwerbstätigkeit aufnehmen, die mit ihrer dienstl. Tätigkeit in den letzten fünf Jahren vor dem Ausscheiden aus dem Wehrdienst im Zusammenhang steht und durch die dienstl. Interessen beeinträchtigt werden können. Die Fünf-Jahres-Frist erfasst auch Verwendungen im integrierten und sonstigen internationalen Bereich, da der Soldat in dieser Zeit deutscher Soldat bleibt (das BMVg kann diese Verwendung jederzeit beenden) und er gerade dann persönliche Verbindungen und Wissen erlangen kann, deren Ausnutzung zu Lasten des Dienstherrn § 20a verhindern will. 6

Aufgenommen werden muss eine **Beschäftigung** oder **Erwerbstätigkeit**. Eine klare Abgrenzung beider Begriffe ist nicht notwendig, weil die Beschäftigung als Oberbegriff anzusehen ist.[19] Eine **Erwerbstätigkeit** ist jede auf Vergütung oder Gewinnerzielung in Geld oder Geldeswert[20] gerichtete Tätigkeit, ohne dass es darauf ankommt, ob sie in einem abhängigen Beschäftigungsverhältnis oder selbstständig ausgeübt wird und ob sich die Gewinnerwartung tatsächlich realisiert.[21] Tätigkeiten, die dieser Charakteristik nicht entsprechen, können gleichwohl nach Abs. 1 als **Beschäftigung** anzeigepflichtig sein, wenn sie die Arbeitskraft des früheren Soldaten nicht nur gelegentlich und nicht 7

---

13 PersAnpassG, Art. 4 des BwNeuAusrG, vgl. Anh. zu § 44.
14 Vgl. *Scherer/Alff*, SG, § 20a Rn. 1. Die Geltung des § 20a bei Versetzung in den Ruhestand auf Grund des PersStruktG-SK ausdrücklich bestätigend BVerwG ZBR 1993, 27 = IÖD 1993, 15.
15 Sie können ggf. aber als frühere Soldaten mit Anspruch auf Dienstzeitversorgung gelten.
16 Vgl. *Scherer/Alff*, SG, § 20a Rn. 1 a.E. Zwar wird auch das Ruhegehalt von der Dienstzeitversorgung der BS umfasst (§ 14 Abs. 1 SVG); aus den SK entlassene BS erhalten aber kein Ruhegehalt.
17 § 63 Abs. 1 WDO.
18 § 14 wird in diesen Fällen oft das notwendige Vertrauen der Öffentlichkeit in die Integrität des öff. Dienstes nicht ausreichend sichern können.
19 *Battis*, BBG, § 69a Rn. 3; GKÖD I K, § 69a Rn. 10; *Scherer/Alff*, SG, § 20a Rn. 4; *Günther*, DöD 1990, 129 (133 m.w.N.).
20 Grds. kann auch hier der Begriff der Unentgeltlichkeit wie im Rahmen des § 20 Abs. 6 Satz 1 Nr. 1 (vgl. die Komm. zu § 20 Rn. 77) bestimmt werden. Die Erstattung barer Aufwendungen (z.B. Fahrtkosten) u. die Zahlung von Tage- u. Übernachtungsgeldern in üblichen, angemessenen Rahmen (Maßstab könnten hierbei die Regelungen im beamtenrechtl. Reisekostenrecht sein; tägliche Sitzungsgelder von mehreren Hundert Euro wären wohl nicht mehr verhältnismäßig) änderten daher nicht die Unentgeltlichkeit einer Tätigkeit. Die Frage der Entgeltlichkeit ist hier letztlich aber ohne Bedeutung (vgl. Fn. 24).
21 Vgl. *Plog/Wiedow/Lemhöfer*, BBG, § 69a Rn. 4.

Eichen

nur als Freizeitbeschäftigung[22] in Anspruch nehmen.[23] Als Beschäftigungen werden auch **unentgeltliche Tätigkeiten** erfasst, wenn sie zumindest typischerweise als auf Erwerb gerichtet ausgeübt werden, selbst wenn der Gewinn einem Dritten zugute kommen soll (z.b. Mitarbeit im Geschäftsbetrieb der Ehefrau).[24]

Nach der Zielrichtung der Vorschrift ist nicht entscheidend, ob eine selbstständige oder abhängige Beschäftigung unmittelbar für einen oder in einem Industrie- oder Gewerbebetrieb ausgeübt wird. Es reicht eine Tätigkeit für einen oder in einem Wirtschaftsverband (Dachverband) als einer privatrechtl. (z.b. als Verein) organisierten Vereinigung von Wirtschaftstreibenden zur Wahrnehmung gemeinschaftlicher Interessen aus, vor allem, wenn es sich im Kern um einen Lobbyistenverband handelt.

Die **Art der ausgeübten Beschäftigung oder Erwerbstätigkeit** schließt eine Anzeigepflicht nur aus, wenn es sich um subalterne Tätigkeiten (z.b. der rein verwaltungsmäßigen oder technischen Abwicklung des Geschäftsverkehrs in einem Gewerbebetrieb oder Wirtschaftsverband) handelt, bei denen daher prima facie der Anschein einer Interessenkollision zu verneinen ist.

8   Die Beschäftigung oder Erwerbstätigkeit muss **innerhalb eines Zeitraums von fünf Jahren nach dem Ausscheiden aus dem Wehrdienst** aufgenommen werden. Der Gesetzgeber geht realistischerweise davon aus, dass Anschlusstätigkeiten nach Ablauf dieser Zeit nicht mehr durch dienstl. erworbenes Wissen oder im früheren Dienstverhältnis geknüpfte Kontakte begünstigt werden. Da insbes. technisches Wissen heutzutage schnell veraltet und die Kenntnis mil. Ansprechstellen stark durch den im soldatischen Bereich besonders häufigen Personalwechsel beeinflusst wird, ist die Überlegung nachvollziehbar, dass dienstl. erworbene Detailkenntnisse früherer Soldaten für private Unternehmen nur von zeitlich begrenztem Wert sind.

9   Es muss sich um eine Beschäftigung oder Erwerbstätigkeit **außerhalb des öff. Dienstes** handeln. Der Gesetzgeber unterstellt, dass eine Beeinträchtigung dienstl. Interessen durch Anschlusstätigkeiten im öff. Dienst wegen der gemeinsamen Ausrichtung auf das Gemeinwohl nicht zu besorgen sei.

Was als öff. Dienst i.S.d. § 20a anzusehen ist, regelt die Vorschrift nicht. Doch liegt nahe, dass der Gesetzgeber in § 20a an die Begriffsbestimmung des öff. Dienstes im beamtenrechtl. Nebentätigkeitsrecht, das für Soldaten in § 20 sinn- und z.T. wortgleich nachgebildet ist oder entspr. gilt (vgl. § 20 Abs. 7), anknüpfen wollte. Auch im Beamtenbereich kann aus systematischen Gründen dem einheitlich in verschiedenen Vorschriften desselben Gesetzes (§ 64 Satz 1 BBG, § 69 Satz 2 Nr. 1 BBG i.V.m. § 2 BNV, § 69a Abs. 1 BBG) verwendeten, gleich lautenden Begriff „öffentlicher Dienst" keine unterschiedliche Bedeutung beigemessen werden.[25]

Wird also zum Begriff des öff. Dienstes auf das Nebentätigkeitsrecht verwiesen[26], gilt die Definition des § 2 Abs. 1 BNV. Danach ist eine **Nebentätigkeit im öff. Dienst** vor allem eine solche für den Bund oder ein Land, und es steht nach § 2 Abs. 2 Nr. 1 BNV

---

22 Typische Freizeitbeschäftigungen, die auch nach dem Nebentätigkeitsrecht keine Nebenbeschäftigung darstellen (vgl. die Komm. zu § 20 Rn. 18 a.E.), werden von § 20a nicht erfasst; vgl. entspr. *Battis*, BBG, § 69a Rn. 3.
23 *Scherer/Alff*, SG, § 20a Rn. 4 m.w.N..
24 Vgl. *Plog/Wiedow/Lemhöfer*, BBG, § 69a Rn. 4. Die Frage, wann eine Beschäftigung noch unentgeltlich ist (sie wäre wie für die Erwerbstätigkeit zu beantworten, vgl. Fn. 20), ist hier also kaum entscheidungserheblich, weil i.d.R. auch unentgeltliche Beschäftigungen dem Regelungsbereich des Abs. 1 unterfallen.
25 Vgl. GKÖD I K, § 69a Rn. 12 m.w.N..
26 Vgl. die Komm. zu § 20 Rn. 105, 116.

Tätigkeit nach dem Ausscheiden aus dem Wehrdienst § 20a

einer Nebentätigkeit im öff. Dienst eine Nebentätigkeit für „Vereinigungen, Einrichtungen oder Unternehmen" gleich, „deren Kapital (Grund- oder Stammkapital) sich unmittelbar oder mittelbar ganz oder überwiegend in öff. Hand befindet oder die fortlaufend ganz oder überwiegend aus öff. Mitteln unterhalten werden".
Damit werden Anschlusstätigkeiten in einer bundeseigenen Gesellschaft wie der durch den BMVg als privatrechtl. organisiertes Unternehmen (als GmbH) gegründeten Gesellschaft für Entwicklung, Beschaffung und Betrieb (GEBB), die Aufgaben für den Geschäftsbereich des BMVg ausführt, nicht außerhalb des öff. Dienstes ausgeübt. Das gilt auch für Anschlusstätigkeiten in überwiegend in Bundeshand befindlichen Vereinigungen, Einrichtungen und Unternehmen, die für das BMVg tätig werden.
Hingegen sind Beschäftigungen in Unternehmen, an denen der Bund eine Minderheitsbeteiligung hält, nicht mehr dem öff. Dienst zuzurechnen. Bei solchen Anschlusstätigkeiten wäre zu prüfen, ob sie im Rahmen eines Kooperationsmodells ausgeübt werden (vgl. Rn. 22).

Die Anschlusstätigkeit muss mit der **in den letzten fünf Jahren** vor dem Ausscheiden aus dem Wehrdienst geleisteten **dienstl. Tätigkeit im Zusammenhang** stehen. 10
Diese Tätigkeit muss **nicht** die gesamten letzten fünf Jahre **lückenlos** abgedeckt haben. Es reicht aus, wenn der Soldat sie irgendwann einmal innerhalb dieses Zeitraums, ggf. nur wenige Wochen oder Monate, ausgeübt hat.
Ein **Zusammenhang** zwischen der dienstl. und der künftigen Tätigkeit ist insbes. anzunehmen[27], wenn der frühere Soldat in den letzten fünf Jahren seiner Tätigkeit mit Entscheidungen oder deren Vorbereitung befasst war, welche die wirtschaftlichen Interessen des Unternehmens[28] berührten, für das er tätig werden will. Dies ist vor allem zu bejahen, wenn sich die bisherige Tätigkeit auf die mil. Forderung an Wehrmaterial oder die Forschung, Entwicklung, Erprobung, Beschaffung oder Industrieinstandsetzung von Wehrmaterial bezog. Ein Zusammenhang liegt auch vor, wenn der frühere Soldat als Vorg. die Möglichkeit der Einflussnahme auf solche Entscheidungen hatte.

Die Rspr.[29] fordert für die Untersagung nach Abs. 2, nicht für die Anzeigepflicht nach 11
Abs. 1, die im Zweifel grds. besteht, dass zwischen der Anschlusstätigkeit und der dienstl. Tätigkeit in den letzten fünf Jahren vor dem Ausscheiden aus dem Wehrdienst ein **erkennbar erheblicher Zusammenhang** besteht. Dieser liegt vor, wenn der Soldat in Angelegenheiten, die z.B. die wirtschaftlichen Interessen des Unternehmens berührt haben, für das er tätig werden will, dienstl. enger eingebunden gewesen ist. Maßgebend ist die konkrete Möglichkeit der Einflussnahme auf Entscheidungen von nicht unerheblicher Bedeutung. Eine konkrete Möglichkeit kann auch für beaufsichtigend tätige Vorg. der eigentlichen Entscheidungsträger bestehen. Es reicht aus, wenn der Soldat „nur" mit der Vorbereitung einer Entscheidung befasst gewesen ist, sofern er auf die Entscheidung – zumindest in Einzelheiten mit nicht unerheblichem mil. oder wirtschaftlichen Gewicht[30] – Einfluss nehmen konnte. Davon ist auszugehen, wenn nicht nur eine, sondern eine Bandbreite rechtl., wirtschaftlich oder technisch möglicher oder vertretbarer (Detail-) Lösungen in Betracht kam[31], und wenn der Soldat derart in die Entschei-

---

27 Zu den folgenden Ausführungen vgl. den o. zu Rn. 4 genannten Erl. in VMBl. 2002 S. 354, A.1.
28 Hierbei sind Firmenverflechtungen (verbundene Unternehmen) zu berücksichtigen, so dass eine Anschlusstätigkeit bei einem anderen Unternehmen untersagt werden kann, das demselben Konzern angehört, vgl. BVerwGE 91, 57 (59 f.) sowie *Scherer/Alff*, SG, § 20a Rn. 5.
29 BVerwGE 84, 194; 91, 57; 102, 326.
30 Das wirtschaftliche Gewicht als maßgebliches Abwägungskriterium unterstreicht BVerwG *Buchholz* 236.1 § 20a SG Nr. 2 (Ls 2).
31 Vgl. auch BVerwGE 60, 254 (258).

Eichen

dungsfindung eingebunden gewesen ist, dass seine Bewertung als eine auf seiner allg. oder speziellen Fachkenntnis und Sachkompetenz beruhende Beratung bei der Entscheidung jedenfalls mit zu berücksichtigen gewesen ist. Dem insgesamt gegenüberzustellen sind rein mechanische Vorbereitungstätigkeiten. Diese und diejenigen Tätigkeiten, die im Hinblick auf die zu treffende Entscheidung ganz untergeordnete Bedeutung haben, sind als unerheblich zu qualifizieren.[32]

Ob von einem erkennbar erheblichen Zusammenhang auszugehen ist, ist im Rahmen des Abs. 2 notfalls durch die nach Abs. 3 zur Entscheidung zuständige Stelle (BMVg Referat ES) zu ermitteln. Zurückgegriffen wird hierzu vorzugsweise auf die Prüfung der Zuständigkeit der ehem. Dienststelle[33] des früheren Soldaten, auf Dienstpostenbeschreibungen, auf Akten einzelner Projekte oder Vorgänge in der Dienstzeit des früheren Soldaten sowie auf Stellungnahmen früherer Vorg. und Mitarbeiter.

12 Ein erheblicher Zusammenhang kann auch bestehen, wenn der frühere Soldat in den letzten fünf Jahren vor Beendigung des Dienstverhältnisses für eine Tätigkeit in einer zwischen- oder überstaatlichen Einrichtung (z.B. WEU, NATO) beurlaubt[34] war, an welcher der Bund durch Zahlung von Beiträgen oder Zuschüssen oder in anderer Weise beteiligt ist oder war, und wenn er dort mit Angelegenheiten befasst war, die z.B. die wirtschaftlichen Interessen des Unternehmens berührten, für das er tätig werden will.[35]

13 Abs. 1 setzt für die Anzeigepflicht zusätzlich voraus, dass durch die Anschlusstätigkeit **dienstl. Interessen beeinträchtigt werden können**. Als dienstl. Interessen gelten nur die Belange der SK. Andere öff. Interessen ohne dienstl. Bezug[36] reichen nicht aus.[37]

14 Die **dienstl. Interessen**, die im Rahmen einer Anschlusstätigkeit betroffen sein können, lassen sich in **zwei Schwerpunkte** unterteilen:[38]

Einerseits ist Schutzzweck des § 20a die **Funktionsfähigkeit des Dienstes** in den SK. Dabei geht es um die **Erhaltung der Unbefangenheit und Unparteilichkeit der Soldaten**, namentlich bei ihrer in den letzten Jahren vor dem Ausscheiden ausgeübten Tätigkeit, und um das **Ansehen des öff. Dienstes**, soweit es das Vertrauen in die Integrität der SK betrifft. Mit der Integrität der Dienstleistung ist sowohl die frühere Tätigkeit desjenigen angesprochen, der sich nunmehr im Ruhestand befindet, als auch diejenige der gegenwärtig aktiven Soldaten, die sich in ihrer Amtsausübung nicht durch spätere „Karriereaussichten" beeinflussen lassen sollen.

Andererseits soll – über § 14 hinaus gehend – verhindert werden, dass „**Amtswissen**" eines früheren Soldaten bei Aufnahme einer Beschäftigung oder Erwerbstätigkeit außerhalb des öff. Dienstes **missbräuchlich für private Zwecke zum Schaden des Dienstherrn genutzt** wird. Amtswissen (der Begriff ist eng auszulegen) schließt die Kenntnis dienstl. Weisungen, Zusammenhänge und sonstiger dienstl. Vorgänge, die im Allg. der

---

32 So ausdrücklich BVerwGE 84, 194 (202 f.).
33 Deren Größe sowie die Art u. Bedeutung der von ihr wahrzunehmenden Aufgaben können maßgeblich für eine Entscheidung über die Versagung einer Anschlusstätigkeit sein, vgl. BVerwG *Buchholz* 236.1 § 20a SG Nr. 2 (Ls 2).
34 War der frühere Soldat bei einer solchen Einrichtung dienstl. eingesetzt, ist diese Tätigkeit voll auf den Fünf-Jahres-Zeitraum anzurechnen. Das (deutsche) Wehrdienstverhältnis besteht auch in einer internationalen mil. Funktion fort. Vgl. o. Rn. 6.
35 Vgl. VMBl. 2002 S. 354, A.1.
36 Z.B. arbeitsmarkt- o. beschäftigungspolitische Gründe.
37 Vgl. entspr. bei der Nebentätigkeit BVerwGE 67, 287 (295) sowie *Battis*, BBG, § 69a Rn. 4.
38 Zum Folgenden vgl. BVerwGE 84, 194 (195 f. m.w.N.); 102, 326 (328 m.w.N.); *Plog/Wiedow/Lemhöfer*, BBG, § 69a Rn. 7 ff.; *Günther*, DöD 1990, 129 (134 m.w.N.); *Scherer/Alff*, SG, § 20a Rn. 6 ff.; VMBl. 2002 S. 354, A.1.

Öffentlichkeit nicht zugänglich sind, sowie kameradschaftliche und kollegiale Kontakte zu anderen Angehörigen der SK ein. Hiervon zu unterscheiden und zulässig ist hingegen die Nutzung der im Dienst erworbenen allg. und besonderen Fachkunde wie auch der Berufserfahrung in dem Fachgebiet.[39]

Vorausgesetzt wird, dass eine **Möglichkeit** zur Beeinträchtigung bestehen kann („durch die dienstliche Interessen beeinträchtigt werden können"). Es muss noch keine Besorgnis[40], dass dies geschieht (vgl. Abs. 2), eintreten, um die Anzeigepflicht auszulösen. Ähnlich wie im Fall des § 20 Abs. 2 Satz 1 bei der Untersagung einer Nebentätigkeit[41], sind bei der zunächst vorrangigen Feststellung der **Beeinträchtigung** dienstl. Interessen[42] durch eine Anschlusstätigkeit **alle potentiellen Gefährdungen** zu berücksichtigen, selbst wenn sie nicht sehr wahrscheinlich sind. Nur völlig abwegige, wirklichkeitsfremde Konstellationen sind auszuschließen. Im Zweifel ist stets anzuzeigen. 15

Wer als früherer Soldat unter den beschriebenen Voraussetzungen eine dienstl. Interessen möglicherweise beeinträchtigende Anschlusstätigkeit **aufnimmt**, hat diese **dem BMVg**[43] anzuzeigen. Dabei kann aus der Wortwahl der Vorschrift („aufnimmt", nicht: „aufnehmen will") und aus einem Vergleich zu § 20 Abs. 1 Satz 1, wo ausdrücklich eine vorherige Genehmigung verlangt wird, geschlossen werden, dass der Pflicht zur Anzeige noch mit dem Beginn[44] der Beschäftigung oder Erwerbstätigkeit nachgekommen werden kann.[45] Diese wäre bei einer Untersagung wieder zu beenden. 16

Unterlässt der frühere Soldat schuldhaft die nach Abs. 1 gebotene Anzeige, gilt dies nach § 23 Abs. 2 Nr. 1 als **Dienstvergehen.**

Da die **Form der Anzeige** gesetzl. nicht geregelt ist, könnte diese auch mündlich an das BMVg gerichtet werden. Regelmäßig wird jedoch – praktischen Bedürfnissen Rechnung tragend, weil eine ordnungsgemäße Prüfung ohne schriftl. Unterlagen (z.B. den Arbeitsvertrag) nicht möglich sein wird – die Schriftform angebracht sein.[46]

2. Absatz 2

Nach **Abs. 2** ist die nach Abs. 1 anzuzeigende Beschäftigung oder Erwerbstätigkeit (nur diese wird erfasst[47]) zu **untersagen**, wenn **zu besorgen** ist, dass durch sie dienstl. Interessen beeinträchtigt werden. 17

Diese Untersagungsmöglichkeit ist **verfassungsrechtl. unbedenklich**. Sie verstößt insbes. nicht gegen das Grundrecht auf Berufsfreiheit nach Art. 12 GG.[48] § 20a berührt nicht die Freiheit der Berufswahl (Art. 12 Abs. 1 Satz 1 GG), da in den Versagungsfällen nicht in „besondere", „eigenständige" bzw. „selbständige" Berufe[49] eingegriffen wird. Vielmehr regelt § 20a in zulässiger Weise die Berufsausübung (Art. 12 Abs. 1 Satz 18

---

39 Vgl. BVerwGE 60, 254 (259); *Scherer/Alff*, SG, § 20a Rn. 8 a.E.
40 Vgl. *Plog/Wiedow/Lemhöfer*, BBG, § 69a Rn. 11; *Battis*, BBG, § 69a Rn. 4.
41 Vgl. die Komm. zu § 20 Rn. 35.
42 Ob die Beeinträchtigung dann „zu besorgen" ist, ist in einem weiteren Prüfungsschritt zu klären (vgl. Abs. 2).
43 Die Anzeige ist nach dem Gesetzeswortlaut unmittelbar an das BMVg zu richten, vgl. auch VMBl. 2002 S. 354, A.1.(3).
44 Ohne Begr. a.A. *Scherer/Alff*, SG, § 20a Rn. 9.
45 So wird es auch in der Praxis gehandhabt, vgl. VMBl. 2002 S. 355, A.4. Abs. 2. Der Anzeigeverpflichtung ist dann jedoch unverzüglich nachzukommen.
46 Hiervon geht die Praxis aus, wie aus der Formulierung in VMBl. 2002 S. 354, A.1.(3) („nach Eingang der vollständigen Unterlagen") gefolgert werden kann.
47 BVerwGE 84, 194 (196).
48 Ausführlich hierzu BVerwGE 84, 194.
49 Vgl. zu diesen Begriffen die Nachweise zur Rspr. des BVerfG in BVerwGE 84, 194 (198).

GG). Die beschriebenen Schutzzwecke des § 20a sind hinreichende (sachgerechte und vernünftige) Gründe des Gemeinwohls, die diese zeitliche Einschränkung der Berufsausübung rechtfertigen. Der gesetzl. Eingriff ist auch zur Erreichung des verfolgten Zweckes geeignet.

19 Voraussetzung für die Untersagung einer Anschlusstätigkeit ist eine **Besorgnis**, die genannte Schädigung (Beeinträchtigung dienstl. Interessen) werde eintreten.

Wie im Nebentätigkeitsrecht[50], ist bei einer Anschlusstätigkeit für die **Besorgnis der Beeinträchtigung** dienstl. Interessen mehr zu verlangen als die bloße, nicht auszuschließende Möglichkeit einer fern liegenden Gefahr der Beeinträchtigung. Nach der Rspr. des BVerwG[51] ist eine Beeinträchtigung dienstl. Interessen i.S.d. § 20a Abs. 2 zu besorgen, wenn bei verständiger Würdigung der erkennbaren Umstände unter Berücksichtigung der erfahrungsgemäß zu erwartenden Entwicklung eine solche **Beeinträchtigung wahrscheinlich** ist, wobei dies nicht beschränkt auf abstrakte und generelle Gesichtspunkte zu beurteilen ist; vielmehr müssen die besonderen Umstände des konkreten Einzelfalls herangezogen werden.[52] Die Beeinträchtigung ist wahrscheinlich, wenn ein vernünftiger Grund für die Annahme besteht, diese Entwicklung werde eintreten. Bezogen auf die in § 20a geschützten Interessen[53] muss die Tätigkeit z.B. untersagt werden, wenn die konkrete Möglichkeit der Beeinflussung der Unparteilichkeit oder Unbefangenheit aktiver Soldaten gegeben ist, mit denen der eine Anschlusstätigkeit ausübende frühere Soldat im Interesse seines neuen Arbeitgebers in Kontakt treten müsste. Weitere Fälle aus der Rspr. sind die Beschäftigung eines früheren BS der Rüstungsabteilung des BMVg bei einer Waffenfirma oder die Tätigkeit eines früheren, mit Vorarbeiten für ein Raketensystem befasst gewesenen Hptm als Techniker in der Logistik einer Firma, die eben solche Waffen entwerfen, produzieren und der Bw verkaufen will.[54] Zu denken wäre auch an den Fall der Anschlusstätigkeit eines früheren GenInsp als des für die Gesamtplanung der SK verantwortlich gewesenen Soldaten als Berater einer Rüstungsfirma.

20 Keinesfalls wäre in diesen Beispielsfällen entscheidungserheblich, dass an der persönlichen Integrität des früheren Soldaten keine Zweifel bestehen oder die Höhe des vereinbarten Honorars für die Anschlusstätigkeit möglicherweise nicht geeignet ist, ihn in Loyalitätskonflikte zu bringen. Maßstab für die Bewertung derartiger Konstellationen ist vielmehr die **Sichtweise** eines **sachlich denkenden Bürgers**[55], wie er im konkreten Fall, anknüpfend an die äußeren Umstande, objektiv die Wahrscheinlichkeit für eine Besorgnis der Beeinträchtigung dienstl. Interessen durch die Anschlusstätigkeit des früheren Soldaten einschätzt.[56]

21 Ist bei verständiger Würdigung eine solche Gefährdung zu bejahen, **muss** die Beschäftigung oder Erwerbstätigkeit (dies belegt der Wortlaut des Abs. 2) **untersagt** werden, ohne dass es einer Abwägung mit den Interessen des früheren Soldaten bedarf.[57] Ein Ermessen besteht nicht.[58] Kann die Besorgnis der Beeinträchtigung dienstl. Interessen

---

50 Vgl. Komm. zu § 20 Rn. 36.
51 BVerwGE 91, 57 (60 f. m.w.N.).
52 Hier bezieht sich das BVerwG ausdrücklich auf die entspr. Rspr. zum Nebentätigkeitsrecht, vgl. BVerwG *Buchholz* 236.1 § 20a SG Nr. 2.
53 S.o. Rn. 1 u. 14.
54 Vgl. diese Beispiele bei *Günther*, DöD 1990, 129 (137 m.w.N.).
55 BVerwGE 91, 57 (60 f. m.w.N.).
56 BVerwGE 84, 194, 202, 204.
57 *Scherer/Alff*, SG, § 20a Rn. 18 m.w.N..
58 BVerwGE 102, 326 (330).

Tätigkeit nach dem Ausscheiden aus dem Wehrdienst § 20a

allerdings durch eine Auflage[59] ausgeräumt werden, ist statt des Verbots eine Unbedenklichkeitsbestätigung unter Auflage (z.b. mit der Maßgabe, dass der frühere Soldat sich an bestimmten Firmenaktivitäten nicht beteiligen darf) zu erteilen.[60]

Exkurs

Das BMVg hat **Tätigkeiten im Rahmen von Kooperationsmodellen mit der Wirtschaft** ausdrücklich von der Besorgnis ausgenommen[61], sie könnten dienstl. Interessen beeinträchtigen. Diese durch Interpretation von Abs. 1 und 2 gewonnene Erkenntnis bezieht sich auf von der Bw und einzelnen Unternehmen der Wirtschaft partnerschaftlich betriebene, im beiderseitigen Interesse vertraglich konkretisierte Einzelprojekte. Für sie gilt: 22

- In einer derartigen Arbeitsgemeinschaft gestalten beide Vertragsparteien die Planung, Entwicklung, Bereitstellung und den Betrieb einzelner, von der Bw benötigter Sachgüter oder Dienstleistungen (z.b. im Bereich Materialerhaltung/Instandsetzung). Die Kooperation dokumentiert grds., dass die Interessen der Bw und des Partners aus der Wirtschaft zur Erreichung des Vertragszwecks gleichgerichtet sind. Diese Einschätzung ist i.d.R. auf die Tätigkeit der Personen übertragbar, die im dienstl. Auftrag in der Arbeitsgemeinschaft auf einem Dienstposten tätig werden und nach Beendigung ihres Dienstverhältnisses dort weiter beschäftigt bleiben wollen. Allerdings muss die Wahrung dienstl. Interessen im Rahmen der jew. vereinbarten Arbeitsgemeinschaft in der Vertragsgestaltung ihren konkretisierten Ausdruck finden. Die Geltung des § 20a wird nicht bereits durch die Vereinbarung eines konkreten Kooperationsmodells außer Kraft gesetzt.
- Trägt die konkrete Vertragsgestaltung eines Kooperationsmodells – auch hins. einzelner Tätigkeiten oder Tätigkeitsfelder – den dienstl. Interessen Rechnung, hindert § 20a nicht, dass Soldaten nach Ende ihres Dienstverhältnisses weiterhin innerhalb des Kooperationsmodells tätig bleiben. An dieser Kontinuität hat auch die Bw ein Interesse.
- Frühere Soldaten, die auf einem derart identifizierten Dienstposten eingesetzt waren und nach dem Ausscheiden aus dem Dienst in demselben Bereich weiter tätig bleiben wollen, müssen dies nicht anzeigen.
- Das BMVg legt im Einzelfall fest, welche vertragliche Zusammenarbeit mit einem Unternehmen der Wirtschaft als Kooperationsmodell anzusehen ist.

Nicht gerechtfertigt sind Forderungen, BS mit der besonderen Altersgrenze der Vollendung des 41. Lebensjahres nach § 45 Abs. 2 Nr. 6 (Besatzungen strahlgetriebener Kampfflugzeuge, sog. **BO 41**) und **frühere SaZ** von der Untersagung einer Anschlusstätigkeit **auszunehmen**. Entspr., noch weiter gehende Begehren waren im BT bereits 1984 diskutiert worden, als der VertA bei der parlamentarischen Beratung zum Nebentätigkeitsbegrenzungsgesetz gefordert hatte, auf § 20a ganz zu verzichten. Damals hatte der Innenausschuss des BT betont, ein Tätigkeitsverbot im SG entspr. der für Beamte getroffenen Regelung sei notwendig. Ein Bedürfnis hierfür ergebe sich aus der Natur der Sache vor allem im Soldatenbereich.[62] Bei der Beratung der Änd. des § 20a durch das SGÄndG[63] gab es erneut Bestrebungen, die BO 41 und SaZ aus dem Anwendungsbereich des § 20a auszunehmen. Zur Begr. wurde angeführt, ausgeschiedene SaZ mit 23

---

59 Eine Best., durch die dem begünstigten Soldaten ein Tun, Dulden o. Unterlassen vorgeschrieben wird, vgl. § 36 Abs. 2 Nr. 4 VwVfG.
60 Vgl. VMBl. 2002 S. 354, A.2. Abs. 4.
61 Ebd., S. 355, C.
62 Vgl. Beschlussempfehlung u. Ber. des Innenausschusses, BT-Drs. 10/2542, 15 f.
63 S.o. Rn. 3.

Eichen 309

Anspruch auf Dienstzeitversorgung erhielten anders als BS keine lebenslange Versorgung und seien auf einen reibungslosen Übergang in das zivile Berufsleben angewiesen. Für BO 41 sei es trotz ihrer gegenüber SaZ lebenslangen Versorgung, die jedoch nicht die Vollversorgung der in höherem Lebensalter ausscheidenden BS erreiche, nach Beendigung des Wehrdienstverhältnisses notwendig, sich eine Anschlussbeschäftigung zu suchen. In beiden Fällen dürfe § 20a nicht hinderlich sein.

24 Diese Ansicht wurde 2002 im VertA zu Recht abgelehnt: Angesichts der durchaus angemessenen Versorgung der genannten Soldaten einerseits, des umfassend angelegten gesetzgeberischen Zwecks des Tätigkeitsverbots andererseits ist kein geeigneter sachlicher Grund für eine bevorzugende Ungleichbehandlung von früheren BO 41 und SaZ erkennbar. Zudem sind diese Soldaten in der Praxis (mit Ausnahme einiger seltener, dann aber berechtigter Fälle) in der unbeschränkten Berufsausübung nicht beeinträchtigt, weil sie typischerweise nicht in Bereichen eingesetzt worden sind, in denen sie erheblichen, zur Untersagung einer Anschlusstätigkeit nach § 20a führenden Einfluss auf Wirtschaftsunternehmen ausüben könnten.[64]

3. Absatz 3

25 Nach **Abs. 3 Satz 1 Halbs. 1** wird das Verbot durch das BMVg ausgesprochen. Zuständig ist das Referat ES.

26 Wie bei der Untersagung einer Anschlusstätigkeit (vgl. o. Rn. 21) hat das BMVg bei der Bestimmung der **Verbotsdauer kein Ermessen**.[65] Die Formulierung in **Abs. 3 Satz 1 Halbs. 2**, das Verbot ende „spätestens mit Ablauf von fünf Jahren[66] nach dem Ausscheiden aus dem Wehrdienst", erlaubt es nicht, in Fällen, in denen von einer geringeren Intensität der möglichen Beeinträchtigung dienstl. Interessen durch eine Anschlusstätigkeit ausgegangen werden kann, ein zeitlich verkürztes Untersagung auszusprechen.[67] Mit dieser Formulierung wird lediglich dem Umstand Rechnung getragen, dass die Voraussetzungen für die Untersagung auch nur für einen kürzeren Zeitraum gegeben sein können. Zu denken ist etwa an ausscheidende SaZ, deren Dienstzeitversorgung nach drei Jahren endet und denen danach die Anschlusstätigkeit nicht mehr verwehrt werden darf.[68] Nur in diesen Fällen ist das Verbot für diese kürzere Zeit auszusprechen.[69]

---

64 Ist allerdings ein SaZ im Einzelfall von § 20a betroffen, ist auf eine Besonderheit der soldatischen Versorgungsansprüche hinzuweisen: dass nämlich die zu unterbindende Interessenkollision zwischen bisheriger dienstl. Tätigkeit u. angestrebter Anschlusstätigkeit nach dem Ausscheiden aus dem Dienst schon für Berufsbildungsmaßnahmen in betroffenen Betrieben, in denen der Soldat später zivilberuflich tätig werden will, also bereits zwei Jahre vor dem Dienstzeitende, Wirkung zeigen kann. In derartigen Fällen muss sich die abzeichnende Konflikt durch Versagung der Freistellung v. mil. Dienst für diese Bildungsmaßnahme frühzeitig verhindert werden.
65 BVerwGE 84, 194 (205).
66 Der Gesetzgeber hat von einer Verkürzung der Anzeigepflicht der Soldaten, die mit Erreichen der allg. Altersgrenze (§ 45 Abs. 1) in den Ruhestand treten, anders als für Beamte, die erst nach Vollendung des 65. Lebensjahres ausscheiden (für sie beträgt die Anzeigepflicht drei Jahre, § 69a Abs. 1 BBG), abgesehen. Denn die allg. Altergrenze der Soldaten führt zu einem (immer noch) wesentlich früheren Ruhestand der Soldaten als der Beamten.
67 Es ist z.B. nicht möglich, einem Soldaten, der bis zum letzten Tag seiner dienstl. Tätigkeit in Bereichen eingesetzt war, in denen er erheblichen Einfluss auf Wirtschaftsunternehmen ausüben konnte, u. einem Soldaten, der zwar noch innerhalb der Fünfjahresfrist vor seinem Ausscheiden aus dem Wehrdienst, aber nicht mehr in den letzten drei Jahren vor dem Ausscheiden solche Funktionen wahrgenommen hat, eine unterschiedlich lange Verbotsdauer aufzuerlegen.
68 Vgl. die Beispiele in VMBl. 2002 S. 354, A.2. Abs. 3 sowie o. Rn. 3.
69 BVerwGE 102, 326 (330 f.).

Das BMVg hat von der ihm kraft Gesetzes (nach **Satz 2**) eingeräumten Möglichkeit, seine **Entscheidungsbefugnis** auf andere Stellen zu **übertragen**, bisher keinen Gebrauch gemacht. Das Verbot wird ausschließlich durch das BMVg ausgesprochen.[70] Dies ist im Interesse einer einheitlichen Rechtsausübung auch zweckmäßig.

27

Die Untersagungsverfügung stellt einen VA dar. Für seine Anfechtung (nach Durchführung eines Beschwerdeverfahrens, vgl. § 23 Abs. 5 WBO[71]) ist der **Rechtsweg** zu den allg. VG gegeben; eine Zuständigkeit der Wehrdienstgerichte besteht nicht.[72] Für die Bewertung, ob die tatbestandlichen Voraussetzungen der unbestimmten Rechtsbegriffe einer Besorgnis der Beeinträchtigung dienstl. Interessen durch die Anschlusstätigkeit gegeben sind, steht dem Dienstherrn kein Beurteilungsspielraum zu. Vielmehr sind die Auslegung dieser Begriffe und ihre Anwendung gerichtl. voll nachprüfbar.[73]

Übt der frühere Soldat schuldhaft entgegen dem ausgesprochenen Verbot die Anschlusstätigkeit aus, gilt dies nach § 23 Abs. 2 Nr. 1 als **Dienstvergehen**.

28

§ 21 Vormundschaft und Ehrenämter

¹**Der Soldat bedarf zur Übernahme einer in § 20 Abs. 1 Satz 2 Halbsatz 1 nicht genannten Vormundschaft, Betreuung oder Pflegschaft sowie zur Übernahme des Amtes eines Testamentsvollstreckers der Genehmigung seines Disziplinarvorgesetzten. ²Sie ist zu erteilen, wenn nicht zwingende dienstliche Gründe entgegenstehen. ³Der Soldat darf die Übernahme eines solchen Amtes ablehnen.**

Literatur: Spezielle Literatur zu dieser Vorschrift ist nicht vorhanden.

Übersicht

	Rn.		Rn.
A. Allgemeines	1–7	**B. Erläuterungen im Einzelnen**	8–15
1. Zweck der Vorschrift	1	1. Satz 1	8–13
2. Entstehung der Vorschrift	2	2. Satz 2	14
3. Änderungen der Vorschrift	3	3. Satz 3	15
4. Bezüge zum Beamtenrecht bzw. zu sonstigen rechtl. Vorschriften; ergänzende Dienstvorschriften	4–7		

A. Allgemeines

1. Zweck der Vorschrift

§ 21 trifft ergänzende Regelungen für die von § 20 Abs. 1 Satz 2 Halbs. 1 nicht erfassten Vormundschaften, Betreuungen und Pflegschaften sowie für die Übernahme einer Testamentsvollstreckung. Aus der Tatsache, dass die in § 20 Abs. 1 Satz 2 Halbs. 1 genannten Tätigkeiten ausdrücklich nicht als Nebentätigkeiten gelten, kann nicht ohne

1

---

[70] Vgl. VMBl. 2002 S. 354, A.2.(2).
[71] Vgl. hierzu *Böttcher/Dau*, WBO, § 23 Rn. 53 f.
[72] Ebd., § 23 Rn. 37 a.E. unter Hinw. auf BVerwG NZWehrr 1986, 39; *Scherer/Alff*, SG, § 20a Rn. 21.
[73] Hier gilt dasselbe wie für die gerichtl. Prüfung der Untersagung einer Nebentätigkeit, vgl. die Komm. zu § 20 Rn. 37 m.w.N.

§ 21 Gemeinsame Vorschriften

Weiteres gefolgert werden, die in § 21 aufgeführten genehmigungspflichtigen Tätigkeiten seien Nebentätigkeiten. Sie sind es vielmehr nicht.[1]

2. Entstehung der Vorschrift

2 § 21 war bereits **im REntw.** (als § 18) enthalten. Er war schon damals mit „Vormundschaft und Ehrenämter" überschrieben und damit systematisch getrennt von der Regelung der „Nebentätigkeit" in § 20 (§ 17 des REntw.).[2] Die Erstfassung des § 21 behandelte neben der „Übernahme des Amtes eines Vormundes, Gegenvormundes, Pflegers, Beistandes" auch die „Übernahme … einer ehrenamtlichen Tätigkeit im öffentlichen Dienste", die inzwischen als „Wahrnehmung öffentlicher Ehrenämter" in dem § 20 Abs. 1 Satz 2 Halbs. 1 Aufnahme gefunden hat; sie gilt dort ausdrücklich nicht als Nebentätigkeit und ist deshalb nur schriftl. anzuzeigen.[3]

3. Änderungen der Vorschrift

3 Während die **Sätze 2 und 3** des § 21 seit der Erstfassung des SG **unverändert** geblieben sind, ist **Satz 1 mehrmals geändert** worden.

- Durch Art. 3 Abs. 1 Nr. 4 des **Nebentätigkeitsbegrenzungsgesetzes**[4] wurden ehrenamtl. Tätigkeiten im öff. Dienst aus dem Regelungsbereich des § 21 entfernt und neu in den § 20 Abs. 1 Satz 2 aufgenommen.[5] Eingefügt wurde in Satz 1 die Übernahme des Amtes eines Testamentsvollstreckers.
- Durch Art. 7 § 37 Abs. 1 Nr. 2 des **Betreuungsgesetzes**[6] wurde Satz 1 zur Abgrenzung von der in den § 20 Abs. 1 Satz 2 Halbs. 1 aufgenommenen, unentgeltlichen Vormundschaft, Betreuung oder Pflegschaft eines Angehörigen, die nach dieser Vorschrift nicht als Nebentätigkeit gelten, neu gefasst.
- Durch Art. 5 § 4 des **Beistandschaftsgesetzes**[7] ist die Übernahme des Amtes eines Beistandes aus Satz 1 entfallen.

4. Bezüge zum Beamtenrecht bzw. zu sonstigen rechtl. Vorschriften; ergänzende Dienstvorschriften

4 § 66 Abs. 1 Nr. 1a BBG enthält für Bundesbeamte eine dem § 21 ähnelnde und teilweise auch wortgleiche Regelung der Genehmigungspflicht der in § 65 Abs. 1 Satz 2 Halbs. 1 BBG (= § 20 Abs. 1 Satz 2 Halbs. 1) nicht genannten Vormundschaft, Betreuung oder Pflegschaft sowie einer Testamentsvollstreckung. § 66 Abs. 1 Nr. 1a BBG erfasst – neben der Testamentsvollstreckung – als „nicht genannte" Vormundschaft, Betreuung oder Pflegschaft eine solche, die **nicht zu Gunsten eines Angehörigen** ausgeübt wird.[8] Keine Abweichung gibt es zwischen beiden beamtenrechtl. Vorschriften in der Frage der Unentgeltlichkeit, denn entgeltliche Nebentätigkeiten werden auch nach dem Wortlaut des § 66 Abs. 1 Nr. 1 BBG von vornherein nicht erfasst. Die Bezugnahme nur auf

---

1 Vgl. u. Rn. 11.
2 Zwar enthielt die Begr. zu § 18 des REntw. noch den Hinw., die Vorschrift regele „die Nebentätigkeiten, deren Wahrnehmung einem Staatsbürger auferlegt werden" könne (vgl. BT-Drs. II/1700, 24). Der Begriff „Nebentätigkeiten" ist aber bereits in der Begr. des VertA zu § 18 (BT-Drs. II/1700, 9) nicht mehr zu finden; dort ist nur noch v. der „Übernahme staatsbürgerlicher Ehrenämter" die Rede. In den Ausschussberatungen hat die Frage, ob § 21 Nebentätigkeiten regelt, keine Rolle gespielt.
3 Vgl. GKÖD I Yk, § 21 Rn. 1 sowie die Komm. zu § 20 Abs. 1 Satz 2 (Rn. 25 ff.).
4 V. 21.2.1985 (BGBl. I S. 371).
5 Vgl. BT-Drs. 10/2542, 10, 12, 16 sowie o. Rn. 2.
6 V. 12.9.1990 (BGBl. I S. 2002).
7 V. 4.12.1997 (BGBl. I S. 2846).
8 *Plog/Wiedow/Lemhöfer*, BBG, § 66 Rn. 9.

unentgeltliche Tätigkeiten unterscheidet diese Vorschrift von § 21.[9] Keine Entsprechung im Beamtenrecht findet § 21 Satz 3. Unterschiedlich gegenüber § 21 ist außerdem die systematische Einbettung der Genehmigungspflichtigkeit der genannten Tätigkeiten im BBG. Denn die „in § 65 Abs. 1 Satz 2 Halbs. 1 nicht genannte Vormundschaft, Betreuung oder Pflegschaft sowie einer Testamentsvollstreckung" werden für den Beamten in § 66 Abs. 1 Nr. 1a als Nebentätigkeit i.S.d. Beamtenrechts[10] charakterisiert, was sowohl der Wortlaut dieser Vorschrift als auch ihre Aufnahme in die nebentätigkeitsrechtl. Vorschriften des BBG zeigt. § 21 hingegen regelt keine Nebentätigkeiten.[11] Außerdem stellt § 66 Abs. 1 Nr. 1a eine „Ausnahme von der Ausnahme" von der Genehmigungspflicht dar[12], die gedanklich schwieriger nachvollziehbar ist als die Anordnung der Genehmigungspflicht in § 21.[13]

Als **Rahmenvorschrift** für die beamtenrechtl. Gesetzgebung der Länder enthält § 42 Abs. 1 Satz 3 Nr. 1a BRRG eine dem § 66 Abs. 1 Nr. 1a BBG systematisch entspr. und dem § 21 vergleichbare Regelung.[14]   **5**

Für **Richter im Bundesdienst** gilt über § 46 DRiG auch § 66 Abs. 1 Nr. 1a BBG entspr.; die Nebentätigkeitsverordnung der Richter im Bundesdienst[15] enthält insoweit keine speziellen Regelungen. Für **Richter im Landesdienst** haben gem. § 71 Abs. 1 DRiG die Länder auch die rahmenrechtl. Vorschrift des § 42 Abs. 1 BRRG umzusetzen.   **6**

§ 21 wird nicht in RVO konkretisiert. In Erl. oder Dienstvorschriften des BMVg wird die Vorschrift nur marginal näher ausgestaltet. Im Erl. **Kommunalpolitische Tätigkeit und Übernahme von öffentlichen Ehrenämtern sowie Wahrnehmung ehrenamtl. Tätigkeiten durch Soldaten**[16] wird in Nr. 4 der Wortlaut des § 21 Satz 1 wiederholt. Für die in § 21 genannten Tätigkeiten gelten nach diesem Erl. einige urlaubsrechtl. Ausführungen entspr.; die in § 21 aufgeführten Tätigkeiten werden nicht als Nebentätigkeiten bezeichnet. Dass es sich bei diesen Tätigkeiten nicht um Nebentätigkeiten handelt[17], zeigt auch der Umstand, dass § 21 im Erl. **Nebentätigkeiten von Beamten, Arbeitnehmern, Berufssoldaten und Soldaten auf Zeit**[18] nicht erwähnt wird.   **7**

B. Erläuterungen im Einzelnen
1. Satz 1

Satz 1 macht für **jeden Soldaten**, nicht nur den BS oder den SaZ, die Übernahme einer in § 20 Abs. 1 Satz 2 Halbs. 1 nicht genannten Vormundschaft, Betreuung oder Pflegschaft sowie einer Testamentsvollstreckung genehmigungspflichtig. Vgl. zu den Begriffen **Vormundschaft, Betreuung** und **Pflegschaft** die Komm. zu § 20 Rn. 28 ff.   **8**

Eine **in § 20 Abs. 1 Satz 2 Halbs. 1 nicht genannte** Vormundschaft, Betreuung oder Pflegschaft ist eine solche, die **entgeltlich** wahrgenommen wird, **und/oder** eine solche, die **nicht zu Gunsten eines Angehörigen** ausgeübt wird. Es reicht bereits eines dieser

---

9 S.u. Rn. 8. Die Auffassung in GKÖD I K, § 66 Rn. 22, dass § 21 u. § 66 Abs. 1 Nr. 1a BBG „inhaltlich identisch" die Genehmigungspflicht v. Vormundschaften, Betreuungen o. Pflegschaften regelten, trifft deshalb nur zu, wenn man das Tatbestandsmerkmal der Unentgeltlichkeit dieser Tätigkeiten ausklammert.
10 Vgl. *Plog/Wiedow/Lemhöfer*, BBG, § 66 Rn. 2.
11 S.u. Rn. 11.
12 So GKÖD I K, § 66 Rn. 22.
13 Krit. auch *Plog/Wiedow/Lemhöfer*, BBG, § 66 Rn. 9 u. 30.
14 Vgl. GKÖD I K, § 66 Rn. 117.
15 S. Komm. zu § 20 Rn. 12.
16 VMBl. 2001 S. 116.
17 Vgl. u. Rn. 11.
18 VMBl. 1999 S. 190.

Eichen

Merkmale aus. So ist z.B. eine entgeltliche Vormundschaft genehmigungspflichtig, wenn sie gegenüber einem Angehörigen übernommen wird.

9 Das Amt eines **Testamentsvollstreckers** übernimmt, wer testamentarisch durch einen Erblasser oder auf dessen Wunsch durch einen Dritten – auch durch das Nachlassgericht – dazu berufen worden ist, die Verwaltung des Nachlasses zu übernehmen (vgl. zu Einzelheiten der Testamentsvollstreckung §§ 2197 ff. BGB). Der Testamentsvollstrecker kann für die Führung seines Amtes eine angemessene Vergütung verlangen, sofern nicht der Erblasser etwas anderes bestimmt hat (§ 2221 BGB). Der Erblasser kann also sogar verbindlich festsetzen, dass der Testamentsvollstrecker überhaupt keine Vergütung erhält; diesem bleibt allerdings die Möglichkeit, die Übernahme der Testamentsvollstreckung abzulehnen (vgl. § 2202 BGB).

10 § 2202 BGB bezeichnet die Stellung des Testamentsvollstreckers zwar als ein „Amt"; es handelt sich jedoch lediglich um ein durch den Erblasser übertragenes **privates** Amt. Mangels Ausübung öff. Gewalt kann – wie im Fall der Vormundschaft, Betreuung oder Pflegschaft[19] – von einem öff. Ehrenamt nicht die Rede sein.

11 Die nach Satz 1 zu übernehmenden Tätigkeiten sind **keine Nebentätigkeiten**. Dafür spricht, dass § 21 von Beginn an (schon in der Erstfassung des SG) systematisch von der Regelung der Nebentätigkeiten in § 20 getrennt war.[20] Gestützt wird diese Argumentation durch einen Gegenschluss zum Beamtenrecht. Denn anders als das SG sieht § 66 Abs. 1 Nr. 1a BBG die Übernahme der dort genannten Vormundschaft, Betreuung, Pflegschaft und Testamentsvollstreckung systematisch (durch ihre Aufnahme in eine Aufzählung von Nebentätigkeiten) ohne Weiteres stets als Nebentätigkeiten an[21], ohne damit im Einzelfall die Prüfung zuzulassen, ob eine der genannten Tätigkeiten nicht doch außerhalb jeder Nebentätigkeit (in der Freizeit z.B. im Rahmen einer Hilfeleistung für einen Freund)[22] aufgenommen wird.[23] Im Übrigen geht auch das BMVg in seinem Erl. davon aus, dass § 21 keinen Fall der Nebentätigkeit darstellt.[24]

12 Die Übernahme der in Satz 1 genannten Tätigkeiten ist von einer **Genehmigung** abhängig. Aus diesem Begriff kann, ausgehend vom Wortlaut des § 20 Abs. 1 Satz 1, der ausdrücklich die „vorherige Genehmigung"[25] verlangt, auch angesichts der Tatsache, dass beide Formulierungen schon in der Erstfassung des SG zu finden waren, gefolgert werden, dass nach Satz 1 entspr. der zivilrechtl. Terminologie des § 184 Abs. 1 BGB (Genehmigung = nachträgliche Zustimmung) auch das **nachträgliche** Einverständnis zur Übernahme einer der in § 21 genannten Tätigkeiten ausreicht. Dies erscheint schon deshalb gerechtfertigt, weil die Genehmigung nach Satz 2 regelmäßig zu erteilen sein wird.[26]

13 Nach Satz 1 bedarf der Soldat der Genehmigung „**seines**" DiszVorg.[27] Damit ist kraft Gesetzes allein der **nächste** DiszVorg.[28] zuständig und nicht, wie für die Erteilung einer

---

19 Vgl. Komm. zu § 20 Rn. 26 Fn. 65.
20 S.o. Rn. 2.
21 Vgl. *Plog/Wiedow/Lemhöfer*, BBG, § 66 Rn. 9 sowie o. Rn. 4.
22 Vgl. Komm. zu § 20 Rn. 18 a.E.
23 Krit. *Plog/Wiedow/Lemhöfer*, BBG, § 66 Rn. 2.
24 Vgl. o. Rn. 7.
25 Vgl. die Komm. zu § 20 Rn. 16. *Stauf* I, § 20 SG Rn. 3 sieht die Formulierung „vorherige Genehmigung" im Hinblick auf § 184 Abs. 1 BGB terminologisch als verunglückt an.
26 S.u. Rn. 14.
27 Vgl. zum Begriff des (nächsten) DiszVorg. § 1 Abs. 4 i.V.m. § 27 WDO u. § 29 Abs. 1 Satz 2 WDO.
28 A.A. *Scherer/Alff*, SG, § 21 Rn. 1 (auch höhere DiszVorg. können zuständig sein). Die hier vertretene, an den engen Wortlaut angelehnte Interpretation lässt sich entspr. aus der amtl. Begr. zur Änd. des Wortlauts des § 20 Abs. 5 Satz 2 durch das Zweite Nebentätigkeitsbegrenzungsgesetz v. 9.9.1997 (BGBl. I S. 2294) herleiten. Dort (BT-Drs. 13/8079, 19) heißt es zu der in

Nebentätigkeitsgenehmigung nach § 20 Abs. 7 i.V.m. § 65 Abs. 4 BBG, der DiszVorg. mit mindestens der Disziplinarbefugnis eines BtlKdr.[29]

2. Satz 2

Nach **Satz 2** ist die Genehmigung zu erteilen, es sei denn, dem stehen **zwingende dienstl. Gründe** entgegen. Ob der Vorg. ggf. solche in einem unbestimmten Rechtsbegriff auf der Tatbestandsseite geforderten Gründe zu Recht annehmen konnte, ist gerichtl. voll überprüfbar. Einen Beurteilungsspielraum hat der Vorg. insoweit nicht.[30] Kommt es zum Streit über die Versagung der Genehmigung als einer truppendienstl. Maßnahme[31], entscheiden hierüber die Wehrdienstgerichte.[32] Der Begriff „zwingende dienstliche Gründe" ist schon auf Grund seines Wortlauts eng auszulegen.[33] Eine Versagung der Übernahme der in § 21 genannten Tätigkeiten wäre deshalb regelmäßig nur zulässig, wenn durch ihre Ausübung überragend wichtige dienstl. Obliegenheiten des Soldaten beeinträchtigt würden und dadurch die Einsatzbereitschaft der Truppe ernstlich, in einem nicht mehr vertretbaren Maße gefährdet wäre.[34]

14

3. Satz 3

Nach **Satz 3** ist der Soldat, im Gegensatz zum Beamten[35], mit Rücksicht auf seine dienstl. Beanspruchung von der allg. staatsbürgerlichen Pflicht[36] befreit, gegen seinen Willen eine in Satz 1 genannte Tätigkeit übernehmen zu müssen. Er muss diese Ablehnung nicht begründen.[37] Es wird daher dem eigenen Entschluss des Soldaten anheim gestellt, die zusätzliche Belastung auf sich zu nehmen.[38] Dies gilt uneingeschränkt, auch wenn ansonsten die Übernahme einer der in Satz 1 genannten Tätigkeiten allg. gesetzl. angeordnet ist.[39] Satz 3 gewährt somit ein besonderes gesetzl. Ablehnungsrecht.[40]

15

---

§ 20 Abs. 5 Satz 2 vorgenommenen Ersetzung der Wörter „seines Disziplinarvorgesetzten" durch die Wörter „des zuständigen Disziplinarvorgesetzten", dadurch solle klargestellt werden, dass nicht zwingend der unmittelbare DiszVorg. (damit ist sprachlich nicht ganz korrekt der nächste DiszVorg. gemeint) zur Entscheidung befugt sei.
29 Der Erl. „Nebentätigkeiten von Beamten, Arbeitnehmern, Berufssoldaten und Soldaten auf Zeit" (VMBl. 1999 S. 190, A.3) ist mangels einer Nebentätigkeit auch insoweit nicht anwendbar.
30 Vgl. allg. zum Beurteilungsspielraum *Kopp/Ramsauer*, VwVfG, § 40 Rn. 71 ff., 80 (Vorliegen zwingender dienstl. Gründe).
31 Vgl. *Böttcher/Dau*, WBO, Einf. Rn. 61.
32 S.a. *Stauf* I, § 21 SG Rn. 3.
33 So auch GKÖD I Yk, § 21 Rn. 2 (Versagung der Genehmigung muss „seltener Ausnahmefall" sein) u. *Stauf* I, § 21 SG Rn. 3.
34 Insoweit kann nichts anderes gelten als bei der Versagung v. Erholungsurlaub wegen „zwingender dienstlicher Erfordernisse" (vgl. die Komm. zu § 28 Abs. 2 Rn. 23; s.a. die Komm. zu § 28a Abs. 3 Rn. 22 u. VMBl. 2001 S. 116, 117 Nr. 3.3, wo dieser strenge Maßstab bereits – wohl zu weit gehend – dienstl. Gründen zugeordnet wird).
35 GKÖD I K, § 66 Rn. 20.
36 Die Möglichkeit zur Ablehnung der Übernahme eines solchen Amtes kommt also nur zum Tragen, wenn die Übernahme eine gesetzl. Pflicht für den Staatsbürger ist, vgl. BT-Drs. II/2140, 9. Deshalb spielt sie z.B. bei der Testamentsvollstreckung keine Rolle, da hier ohnehin die gesetzl. eingeräumte Möglichkeit zur Ablehnung besteht, vgl. § 2202 BGB u. GKÖD I Yk, § 21 Rn. 3.
37 Vgl. *Scherer/Alff*, SG, § 21 Rn. 2; *Stauf* I, § 21 SG Rn. 4.
38 So BT-Drs. II/1700, 24.
39 Vgl. z.B. § 1785 BGB, wonach jeder Deutsche grds. eine Vormundschaft, für die er v. Vormundschaftsgericht ausgewählt wird, zu übernehmen hat. S.a. *Keymer/Kolbe/Braun*, Dritter Teil, 5, SG § 21.
40 Vgl. GKÖD I Yk, § 21 Rn. 3. Die Auffassung v. *Scherer/Alff*, SG, § 21 Rn. 2, § 21 Satz 3 gelte nur für solche Ämter, die v. Stellen außerhalb der Bw an den Soldaten herangetragen würden, ansonsten gelte § 20 Abs. 7 i.V.m. § 64 BBG, ignoriert, dass diese Vorschriften im Rahmen § 21 nicht anwendbar sind, weil § 21 keine Nebentätigkeiten regelt.

Eichen

§ 22 Verbot der Ausübung des Dienstes

¹Der Bundesminister der Verteidigung oder die von ihm bestimmte Stelle kann einem Soldaten aus zwingenden dienstlichen Gründen die Ausübung des Dienstes verbieten. ²Das Verbot erlischt, sofern nicht bis zum Ablauf von drei Monaten gegen den Soldaten ein gerichtliches Disziplinarverfahren, ein Strafverfahren oder ein Entlassungsverfahren eingeleitet ist. ³Der Soldat soll vor Erlass des Verbotes gehört werden.

Literatur: *Alff, Richard:* Die Auswirkungen des Verwaltungsverfahrensgesetzes auf die Rechtsstellung des Soldaten, NZWehrr 1977, 41; *Hoyer, Christian:* Gedanken zur Beurteilung des Verhaltens wehrpflichtiger Totalverweigerer, NZWehrr 1985, 189; *Peterson, Detlef P.:* Die wehrrechtliche Stellung des Vertrauensmannes, NZWehrr 1986, 16; *ders.:* Zum Anwendungsbereich des § 22 Soldatengesetz, NZWehrr 1986, 149; *Schreiber, Jürgen:* Der Disziplinarvorgesetzte, NZWehrr 1969, 191; *Zenker, Christian:* Disziplinarmaßnahme und fristlose Entlassung gemäß § 55 Abs. 5 Soldatengesetz, NZWehrr 1980, 129.

Übersicht

	Rn.		Rn.
A. Allgemeines	1 – 12	3. Satz 1	20 – 30
1. Entstehung der Vorschrift	1 – 4	a) „Der Bundesminister der Verteidigung oder die von ihm bestimmte Stelle"	20 – 21
2. Änderungen der Vorschrift	5 – 8	b) „kann … verbieten"	22 – 25
3. Bezüge zum Beamtenrecht bzw. zu sonstigen rechtl. Vorschriften; ergänzende Dienstvorschriften und Erlasse	9 – 12	c) „einem Soldaten"	26
		d) „aus zwingenden dienstlichen Gründen"	27 – 28
B. Erläuterungen im Einzelnen	13 – 37	e) „die Ausübung des Dienstes"	29 – 30
1. Rechtspolitische Bedeutung des § 22	13 – 17	4. Satz 2	31 – 34
2. Abgrenzung des Verbots zu anderen Verfahren	18 – 19	5. Satz 3	35 – 36
		6. Rechtsschutz	37

A. Allgemeines

1. Entstehung der Vorschrift

1 § 19 des REntw.[1] war wie folgt formuliert:

„Der Bundesminister für Verteidigung oder die von ihm bestimmte Dienststelle kann einem Soldaten aus zwingenden dienstlichen Gründen die Ausübung des Dienstes verbieten. Das Verbot erlischt, sofern nicht bis zum Ablauf von drei Monaten gegen den Soldaten ein disziplinargerichtliches, ein Strafverfahren oder ein Entlassungsverfahren eingeleitet ist. Der Soldat soll vor Erlaß des Verbotes gehört werden."

2 Zur **Begr.**[2] verwies die BReg lediglich auf die „**sachliche Übereinstimmung mit § 60 des Bundesbeamtengesetzes**" (von 1953).

3 Der **Rechtsausschuss** des BT billigte diese Fassung in seiner Sitzung vom 19.11.1955[3] „ohne Einwendungen".

Diesem Votum folgte der **Ausschuss für Beamtenrecht** in seiner Sitzung vom 6.12.1955.[4]

---

1 BT-Drs. II/1700, 6.
2 BT-Drs. II/1700, 24.
3 Prot. Nr. 87, 20.
4 Prot. Nr. 39, 7. Ebenso Drs. 21 des Ausschusses für Beamtenrecht v. 4.1.1956, 16 u. Drs. 23 des Ausschusses für Beamtenrecht v. 20.1.1956, 22.

Verbot der Ausübung des Dienstes § 22

Auch der Entw. des abschließenden Ber. des **VertA** zum SG vom 16.2.1956 sah gegenüber der Regierungsvorlage keine Textänd. vor. Aus Gründen, die den veröff. Materialien nicht zu entnehmen sind[5], wurde das Manuskript danach nochmals redaktionell überarbeitet mit dem Ergebnis, dass das Wort „Dienststelle" in Satz 1 durch „Stelle" ersetzt und hinter dem Wort „disziplinargerichtliches" in Satz 2 das Wort „Verfahren" eingefügt wurden.[6]

Das **Plenum des BT** stimmte dieser Fassung des späteren § 22 in 2. und 3. Lesung am 6.3.1956 ohne Bemerkungen zu.[7]   4

2. Änderungen der Vorschrift

Mit der Neubekanntmachung des SG vom **22.4.1969**[8] wurde die Bezeichnung „Bundesminister **für** Verteidigung" in Satz 1 durch „Bundesminister **der** Verteidigung" ersetzt.[9] Ein entspr. Gesetzesbeschl. des BT lag hierzu nicht vor; Art. 65a GG gilt im Übrigen bis heute i.d.F. von 1956. Ob dieses Verfahren rechtsförmlich korrekt verlaufen ist, mag heute dahinstehen. Das SG wurde seither mehrfach novelliert, ohne dass der Gesetzgeber daran Anstoß genommen hätte.   5

Mit der Neubekanntmachung des SG vom **14.2.2001**[10] wurde, der neuen Rechtschreibung folgend, das Wort „Erlaß" in Satz 3 durch das Wort „Erlass" ersetzt.   6

Durch Art. 2 Nr. 8 des **SkResNOG** wurden – als noch ausstehende Folgeänderung zum 2. Gesetz zur Neuordnung des Wehrdisziplinarrechts vom 18.8.2001[11] – in Satz 2 die Wörter „disziplinargerichtliches Verfahren" durch die Wörter „gerichtliches Disziplinarverfahren" ersetzt.   7

Materielle Änd. sind seit der Erstfassung **nicht** erfolgt. Zwischenzeitliche Überlegungen, das Wort „Stelle" in Satz 1 wieder durch „Dienststelle" zu ersetzen oder/und die Bezeichnung des Bundesministeriums statt des Bundesministers zu verwenden, wurden nicht weiter betrieben.   8

3. Bezüge zum Beamtenrecht bzw. zu sonstigen rechtl. Vorschriften; ergänzende Dienstvorschriften und Erlasse

Im **Beamten**rahmenrecht ist auf § 41 **BRRG** zu verweisen. Die Vorschrift ist bis auf die Pflicht zur Anhörung gem. § 22 Satz 3 im Wesentlichen sachgleich mit § 22.   9

Wie sich aus der Entstehungsgeschichte[12] ergibt, ist § 22 der Best. des seit 1953 nahezu unverändert gebliebenen § 60 **BBG** nachgebildet worden. Zur Auslegung von § 22 kann daher weitgehend auf Rspr. und Lit. zu § 60 BBG zurückgegriffen werden.

Für **Richter** besteht nur nach Einleitung eines gerichtl. Verfahrens auf Feststellung   10 der Nichtigkeit der Ernennung, Zurücknahme der Ernennung, Entlassung, Versetzung, Amtsenthebung oder Versetzung in den Ruhestand wegen Dienstunfähigkeit die Möglichkeit, durch das Gericht auf Antrag die Führung der Amtsgeschäfte vorläufig untersagen zu lassen. Die verfassungsrechtl. garantierte persönliche Unabhängigkeit der Richter (Art. 97 Abs. 2 Satz 1 GG) steht einer den § 41 BRRG, § 60 BBG, § 22 SG entspr. Eingriffsmöglichkeit der Exekutive entgegen.[13]

---
5 Vgl. BT-Drs. II/2140, 9.
6 Drs. 78 des VertA v. 23.2.1956; BT-Drs. II/2140, 37.
7 Sten. Ber. 6842 D.
8 BGBl. I S. 313.
9 Vgl. hierzu allg. den Erl. des BMVg VMBl. 1962 S. 2; *Walz*, NZWehrr 1996, 117.
10 BGBl. I S. 232.
11 BGBl. I S. 2093.
12 Vgl. o. Rn. 2.
13 *Plog/Wiedow/Lemhöfer*, BBG, § 60 Rn. 16.

Walz 317

§ 22 Gemeinsame Vorschriften

11 Für **ZDL** sieht das ZDG **keine** mit § 22 vergleichbare Norm vor. Unter Berücksichtigung des Umstandes, dass § 22 für GWDL ebenso wie für SaZ und BS gilt[14], ist diese Lücke im ZDG rechtspolitisch nicht begründbar.

12 Grds. **AusfBest** zu § 22 enthält der Erl. des BMVg „Verbot der Ausübung des Dienstes" (**ZDv 14/3 B 152**). Einen Sonderfall behandelt der Erl. des BMVg „Auswirkungen einer vorläufigen Dienstenthebung und eines Verbots der Ausübung des Dienstes auf die Berufsförderung" (**ZDv 14/3 B 169**). Der gelegentlich[15] zit. Erl. des BMVg ZDv 14/5 B 191, der inhaltsgleich mit dem Erl. ZDv 14/3 B 152 war, wurde bereits 1999 aus der ZDv 14/5 herausgenommen.

B. Erläuterungen im Einzelnen

1. Rechtspolitische Bedeutung des § 22

13 Das Verbot der Ausübung des Dienstes, auch als „Zwangsbeurlaubung" oder „Amts-Suspension" bezeichnet, greift gravierend in das **Recht des Soldaten, dienstl. angemessen verwendet**[16] zu werden, ein. Der Verbotsnorm kann ein korrespondierender Rechtsanspruch des Soldaten entnommen werden, dienstgradgerecht (amtsangemessen[17]) beschäftigt zu werden. Dem Soldaten ist nicht nur ein geeigneter Aufgabenbereich zuzuweisen; es ist ihm auch die Wahrnehmung der übertragenen Aufgaben zu ermöglichen. Es liegt nicht im Belieben des Dienstherrn, einem Soldaten die Ausübung seiner dienstl. Funktionen zu untersagen.[18]

14 Das Verbot nach § 22 lässt den **soldatenrechtl. Status** als solchen **unberührt**. Der Soldat behält seine **vollen Dienstbezüge**; die Zeit des Verbots wird auf die ruhegehaltfähige Dienstzeit angerechnet.[19] Amtszulagen gem. § 42 Abs. 2 BBesG werden weiter gezahlt. **Stellenzulagen**, z.B. die Ministerialzulage, **entfallen** dagegen. Dies folgt aus § 42 Abs. 3 Satz 1 BBesG, wonach solche Zulagen nur für die Dauer der (tatsächlichen) Wahrnehmung der herausgehobenen Funktion gewährt werden.[20]

15 Die Zeit des Verbots gilt **nicht als Urlaub**.[21] Der Soldat hat sich für eine Wiederaufnahme des Dienstes bereit zu halten. So ist auch die Best.[22] zu verstehen, dass dem Soldaten erlaubt werden kann, sich an einem anderen Ort als seinem Standort aufzuhalten. Seine grds. Freizügigkeit wird durch das Verbot gem. § 22 nicht berührt.

16 Bei Soldaten, die sich in der **Berufsförderung** befinden, ist die Verbotsverfügung mit der Maßgabe auszusprechen, dass sie weiterhin an der dienstzeitbeendenden Berufsförderung teilnehmen dürfen. Ausnahmen sind möglich, wenn im gerichtl. Disziplinarverfahren mit der Entfernung aus dem Dienstverhältnis zu rechnen ist.[23]

---

14 Vgl. u. Rn. 26.
15 *Scherer/Alff*, SG, § 22 Rn. 10; *Stauf* I, § 22 SG Rn. 4.
16 *Scherer/Alff*, SG, § 22 Rn. 2.
17 Vgl. für das Beamtenrecht GKÖD I K, § 60 Rn. 5; *Plog/Wiedow/Lemhöfer*, BBG, § 60 Rn. 2 m.w.N.
18 Vgl. für das Beamtenrecht GKÖD I K, § 60 Rn. 1.
19 ZDv 14/3 B 152 Nr. 3.2.
20 H.M., vgl. GKÖD I K, § 60 Rn. 42; *Plog/Wiedow/Lemhöfer*, BBG, § 60 Rn. 10b. A.A. z.B. OVG Münster RiA 1982, 53.
21 ZDv 14/3 B 152 Nr. 4. Nach Auffassung des BVerwG (BVerwGE 103, 60 = NZWehr 1994, 114) kann das Verbot nach § 22 leicht als 'bezahlter Urlaub' o. „Mitnehmen einer letzten Vergünstigung vor dem Rausschmiß' missverstanden werden. Dies ist beim Erl. einer solchen Verfügung zu beachten. Vgl. auch *Zenker*, NZWehr 1980, 132.
22 ZDv 14/3 B 152 Nr. 4.
23 ZDv 14/3 B 169. Der Erl. lässt offen, ob diese Ausnahmeregelung nur für die vorläufige Dienstenthebung nach § 126 Abs. 1 WDO gelten soll o. auch für das Verbot nach § 22 SG.

Verbot der Ausübung des Dienstes　　　　　　　　　　　　　　　　　**§ 22**

Inhaltlich handelt es sich bei dem Verbot um eine Maßnahme der **„Gefahrenabwehr"**.[24] 17
Der zuständige Vorg. soll damit die Befugnis erhalten, objektive Störungen des Dienstbetriebes[25] zu unterbinden.

2. Abgrenzung des Verbots zu anderen Verfahren

Das Verbot nach § 22 kann grds. **vor** oder **während** eines gerichtl. **Disziplinarverfah-** 18
rens[26], eines Strafverfahrens oder eines Entlassungsverfahrens verfügt werden.

Das Verbot der Ausübung des Dienstes und die **vorläufige Dienstenthebung** gem. § 126 19
Abs. 1 Satz 1 WDO stehen selbständig **nebeneinander** und ergänzen sich.[27] Das Verbot
gem. § 22 ist eine soldatenrechtl. Maßnahme, die vorläufige Dienstenthebung eine disziplinarrechtl. Voraussetzungen und Rechtsfolgen **unterscheiden sich nicht unerheblich**:
Für das Verbot gem. § 22 ist insbes. der **Verdacht eines Dienstvergehens nicht erforderlich**; es muss **kein rechtswidriges oder/und schuldhaftes Verhalten** des Soldaten vorliegen.[28] Zuständig für Entscheidungen gem. § 22 sind die DiszVorg., für solche gem. § 126
WDO ausschließlich die Einleitungsbehörden. Mit der vorläufigen Dienstenthebung
kann eine teilweise Einbehaltung der Dienstbezüge angeordnet werden (§ 126 Abs. 2
Satz 1 WDO); während der Dauer des Verbots gem. § 22 laufen die Bezüge in voller
Höhe weiter.

Wird ein Verbot gem. § 22 wegen des Verdachts eines Dienstvergehens verfügt, ist dieses mit der Einleitung eines sachgleichen gerichtl. Disziplinarverfahrens aufzuheben,
sofern es damit nicht incidenter gegenstandslos wird. Nach der Einleitung eines solchen
Verfahrens kann wegen desselben Tatvorwurfs nur noch gem. § 126 WDO vorgegangen
werden.[29] Die Zuständigkeiten der Einleitungsbehörde haben dann Vorrang gegenüber
denen der nachgeordneten DiszVorg.

3. Satz 1

a) „Der Bundesminister der Verteidigung oder die von ihm bestimmte Stelle"

Der BMVg hat seine Zuständigkeit zulässigerweise auf bestimmte DiszVorg. **dele-** 20
giert[30], abgestuft nach der Laufbahngruppenzugehörigkeit des Soldaten. Auch in **Notfällen** muss zumindest ein DiszVorg.[31] entscheiden; andere Vorg. sind nicht handlungsbefugt. Anzumerken bleibt, dass sich der BMVg selbst, zumindest ausdrücklich, nicht
die Entscheidung in besonderen Fällen vorbehalten hat.

Für **VP** verbleibt es bei der **„normalen" Zuständigkeit** des für die jew. Laufbahngruppe 21
zuständigen DiszVorg.[32], da eine andere gesetzl. Regelung fehlt. Gem. § 12 Abs. 1 Satz 1
SBG ruht das Amt der VP, solange ihr die Ausübung des Dienstes verboten ist. Nur für
den Fall der disziplinaren Ahndung von Dienstvergehen der VP ist gem. § 14 Abs. 2

---

24 BVerwGE 63, 32 = NZWehr 1978, 144; BVerwGE 63, 250 = NZWehr 1980, 30.
25 Rspr. u. Lit. sind bzgl. der weiteren Konkretisierung sehr zurückhaltend. *Rittau*, SG, 154, nennt: Gefährdung der Disziplin, des Ansehens der Bw, der öff. Sicherheit u. Ordnung o. erhebliche Störung des Dienstes, insgesamt also unbestimmte Rechtsbegriffe, die der vollen gerichtl. Nachprüfung zugänglich sind. Diese Rechtsbegriffe finden sich bei der Definition der „zwingenden dienstlichen Gründe" (s.u. Rn. 27) wieder.
26 Vgl. ZDv 14/3 B 152 Nr. 1.3.
27 BVerwGE 63, 32 = NZWehr 1978, 144.
28 OVG Münster DÖV 1962, 112; BVerwGE 63, 32 = NZWehr 1978, 144; *Dau*, WDO, § 126 Rn. 11; GKÖD K, § 60 Rn. 10; *Plog/Wiedow/Lemhöfer*, BBG, § 60 Rn. 7; *Schreiber*, NZWehr 1969, 191.
29 *Dau*, WDO, § 126 Rn. 11. A.A. *Scherer/Alff*, SG, § 22 Rn. 5.
30 ZDv 14/3 B 152 Nr. 7.
31 ZDv 14/3 B 152 Nr. 8.
32 *Dau*, WDO, § 29 Rn. 10a. A.A. *Peterson*, NZWehr 1986, 24.

SBG ein Übergang der Zuständigkeit auf den nächsthöheren DiszVorg. vorgeschrieben, nicht auch für Maßnahmen anderer Art.

b) „kann ... verbieten"

22 Es handelt sich um eine **Ermessensentscheidung**, selbst wenn beim Vorliegen der tatbestandlichen Voraussetzungen im Regelfall für eine andere Entscheidung als das Verbot kaum ein Raum bleibt.[33] Beim Erl. des Verbots ist der Grds. der **Verhältnismäßigkeit** zu beachten. Aus diesem Grund ist auch zu prüfen, ob ein **teilweises Verbot** möglich ist.[34]

23 Das Verbot der Dienstausübung ist der **Befehl** (i.S.v. § 2 Nr. 2 WStG), sich jeder dienstl. Tätigkeit zu enthalten.[35] Verstößt der Soldat hiergegen, liegt hierin ein **Dienstvergehen** und eine **Wehrstraftat**. Ob diese Qualifizierung des Verbots notwendig war, um seine Durchsetzung zu garantieren, ist nicht sicher. Das Verbot der Dienstausübung ist gegenüber einem **Beamten** ein **VA**.[36] Es hätte bei einem Soldaten genügt, das Verbot als Weisung ohne Befehlscharakter einzustufen. Ein Befehl ist kein VA i.s.v. §§ 9, 35 VwVfG mit der für den Soldaten nachteiligen Folge, dass das **VwVfG** im Zusammenhang mit § 22 **nicht** zur Anwendung kommt.[37] Das Verbot ist dann **kein Befehl** im Rechtssinne, wenn es von einem DiszVorg. erlassen wird, der **nicht mil. Vorg.** des Soldaten i.S.d. VorgV ist.[38]

24 Das Verbot ist **schriftl.** zu verfügen; es ist zu **begründen**.[39] Die Begr. muss den Sachverhalt konkret angeben und einen klar erkenntlichen Vorwurf enthalten. Als Anhalt kann § 37 Abs. 3 Satz 2 WDO dienen.[40]

25 Die Verfügung ist dem Soldaten gegen Empfangsbekenntnis **auszuhändigen** oder **zuzustellen**.[41]

c) „einem Soldaten"

26 Auf Grund seiner systematischen Stellung im SG gilt § 22 **für alle Laufbahngruppen** gleichermaßen.[42] Auch die Entstehungsgeschichte gibt nichts anderes her. Richtig ist, dass die dortige Verweisung auf § 60 BBG an sich nur eine Bezugnahme auf längerdienende Soldaten nahe legt. Hätte der Gesetzgeber WPfl vom Anwendungsbereich des § 22 ausschließen wollen, hätte er dies jedoch, wie in § 9, durch eine entspr. Differenzierung in der Norm selbst zum Ausdruck bringen müssen. In der Praxis spielt § 22 bei **GWDL keine große Rolle**. Aus diesem Grund hat der Gesetzgeber bisher davon abgesehen, den Katalog der Tatbestände des **Nachdienens**, § 5 Abs. 3 Satz 1 WPflG um die Zeit eines Verbots der Ausübung des Dienstes zu erweitern. Bei **wehrübenden** Offz d.R.[43] und Uffz d.R. kann § 22 durchaus von Bedeutung sein, wenn eine sofortige Entscheidung geboten ist. Für diesen Personenkreis kommt ein Nachdienen ohnehin nicht in Betracht, da sie keinen GWD leisten.

---

33 *Plog/Wiedow/Lemhöfer*, BBG, § 60 Rn. 8.
34 GKÖD I K, § 60 Rn. 32; *Plog/Wiedow/Lemhöfer*, BBG; § 60 Rn. 8a. Dieser Vorgabe folgt der Erl. des BMVg ZDv 14/3 B 169.
35 ZDv 14/3 B 152 Nr. 1.1; BVerwGE 63, 32 = NZWehr 1978, 144; *Scherer/Alff*, SG, § 22 Rn. 1.
36 OVG Münster DÖV 1962, 112; *Plog/Wiedow/Lemhöfer*, BBG, § 60 Rn. 9.
37 *Alff*, NZWehr 1977, 43.
38 DiszVorg. nach Nr. 8 des Erl. ZDv 14/3 B 152 sind i.d.R. mil. Vorg. des Soldaten.
39 ZDv 14/3 B 152 Nr. 10.1.
40 TDG Süd NZWehr 1998, 212; *Stauf* I, § 22 SG Rn. 5, 6.
41 ZDv 14/3 B 152 Nr. 10.2.
42 GKÖD I Yk, § 22 Rn. 2; *Hoyer*, NZWehr 1985, 190 Fn. 11; *Scherer/Alff*, SG, § 22 Rn. 2; *Stauf* I, § 12 SBG Rn. 3. A.A. *Peterson*, NZWehr 1986, 149.
43 Vgl. BVerwG NZWehr 1999, 75.

Verbot der Ausübung des Dienstes § 22

d) „aus zwingenden dienstlichen Gründen"
Es handelt sich um einen **unbestimmten Rechtsbegriff**, der ausfüllungsbedürftig und 27
gerichtl. **voll nachprüfbar** ist.
Solche Gründe liegen insbes. dann vor, wenn eine weitere Tätigkeit des Soldaten nicht 28
verantwortet werden kann, weil sie die Disziplin, das Ansehen der Bw, die öff. Sicherheit und Ordnung gefährden oder sonst den Dienst erheblich stören würde.[44] Der Entzug des Vertrauens kann ein solcher Grund sein, wenn es sich um einen Offz handelt, der seine Dienststellung ohne das volle persönliche Vertrauen des BMVg nicht ausfüllen kann.[45]
Es müssen **schwerwiegende Nachteile** oder Gefahren zu besorgen sein.[46] Der zuständige DiszVorg. hat dabei zwischen dem Individualinteresse des Soldaten und den Belangen des Gemeinwohls **abzuwägen**. In Zeiten leerer öff. Kassen hat der Vorg. ferner zu berücksichtigen, dass der Soldat während einer Zwangsbeurlaubung seine vollen Bezüge behält. Ggf. fallen für die Dauer eines Verbots der Dienstausübung darüber hinaus zusätzliche Stellvertreterkosten an.[47] Vor einer Maßnahme nach § 22 ist daher z.B. zu prüfen, ob mit einer Ablösung von der bisherigen Funktion, einer Kommandierung oder Versetzung des Soldaten der gleiche Zweck erreicht werden kann.[48]

e) „die Ausübung des Dienstes"
Dem Soldaten wird die Ausübung des Dienstes (dem Beamten die „Führung der 29
Dienstgeschäfte") verboten. Ihm ist damit für die Dauer des Verbotes untersagt, die mit seiner dienstl. Funktion zusammenhängenden Pflichten und Rechte wahrzunehmen. Verstößt er gegen das Verbot, begeht er ein **Dienstvergehen**[49] und, sofern das Verbot Befehlscharakter hat, eine **Wehrstraftat**. Nicht zum Dienst i.S.v. § 22 Satz 1 zählen die allg. persönlichen Befugnisse und Pflichten des Soldaten.[50] So ist er weiterhin berechtigt, seinen Dienstgrad zu gebrauchen; er kann für seine Familie Beihilfeanträge stellen usw.
Mit dem Verbot der Ausübung des Dienstes können andere Maßnahmen verbunden 30
werden, z.B. das **Verbot, Uniform zu tragen**[51] oder **die Dienststelle zu betreten**.[52] Auch insoweit ist der Grds. der Verhältnismäßigkeit zu beachten.

4. Satz 2
Das Verbot kann **befristet** oder **unbefristet** verfügt werden. Es **erlischt** mit dem Ablauf 31
der gesetzten Frist, in jedem Fall nach Ablauf von drei Monaten, sofern nicht gegen den Soldaten ein gerichtl. Disziplinarverfahren, ein Strafverfahren oder ein Entlassungsverfahren eingeleitet worden ist.[53] Das Entlassungsverfahren schließt eine beabsichtigte Versetzung in den Ruhestand ein. Die Aufzählung ist **erschöpfend**.

---

44 ZDv 14/3 B 152 Nr. 1.2; BVerwGE 63, 32 = NZWehrr 1978, 144; BVerwGE 63, 250 = NZWehrr 1980, 30.
45 BVerwGE 63, 32 = NZWehrr 1978, 144 (aktiver GenLt).
46 BVerwG 2 WDB 2/03 m.w.N.
47 *Plog/Wiedow/Lemhöfer*, BBG, § 60 Rn. 7.
48 Vgl. GKÖD I K, § 60 Rn. 29.
49 BVerwGE 63, 32 = NZWehrr 1978, 144.
50 GKÖD I K, § 60 Rn. 16.
51 ZDv 14/3 B 152 Nr. 6.
52 *Dau*, WDO, § 126 Rn. 11; *Scherer/Alff*, SG, § 22 Rn. 9.
53 ZDv 14/3 B 152 Nr. 2.1, 2.2.

32 Es handelt sich um eine gesetzl. Frist; eine **Verlängerung** ist **nicht zulässig**. Auf die Gründe, weshalb ein entspr. Verfahren nicht innerhalb von drei Monaten eingeleitet worden ist, kommt es nicht an.[54]

33 Das Verbot wird **gegenstandslos**, wenn die Einleitungsbehörde den Soldaten gem. § 126 WDO vorläufig des Dienstes enthebt.[55]

34 Nach der **Beendigung** des Verbots ist der Soldat verpflichtet, sofort wieder seinen **Dienst aufzunehmen**. Einer besonderen schriftl. oder mündlichen Aufforderung an den Soldaten bedarf es hierzu nicht. In Zweifelsfällen ist ein solcher Hinw. jedoch angebracht.[56]

5. Satz 3

35 Das Gesetz fordert, dass der Soldat vor Erl. des Verbots **gehört** werden „**soll**". Dem Rechtsgedanken des § 28 Abs. 1 VwVfG folgend, hat das BMVg verfügt, dass der Soldat zu hören „ist".[57] Dies ändert nichts daran, dass bei Gefahr im Verzug oder im öff. Interesse ausnahmsweise von einer vorherigen Anhörung des Soldaten entspr. § 28 Abs. 2 Nr. 1, Abs. 3 VwVfG **abgesehen** werden darf.[58]

36 Eine weitere, zeitaufwändige und **erschöpfende Sachaufklärung** ist **nicht** geboten. Es genügt, wenn der zuständige Vorg. auf Grund der ihm vorliegenden Erkenntnisse der Überzeugung ist, dass er sofort handeln muss.[59]

6. Rechtsschutz

37 Gegen das Verbot kann sich der Soldat gem. § 1 Abs. 1 Satz 1 WBO **beschweren**. Da diese Beschwerde keine aufschiebende Wirkung hat (§ 3 Abs. 1 WBO), bedarf es, anders als im Beamtenrecht, nicht der Anordnung der sofortigen Vollziehung.

Bleiben Beschwerde und weitere Beschwerde ohne Erfolg, ist der Rechtsweg zu den **Wehrdienstgerichten** gegeben.

§ 23 Dienstvergehen

(1) **Der Soldat begeht ein Dienstvergehen, wenn er schuldhaft seine Pflichten verletzt.**

(2) **Es gilt als Dienstvergehen,**
1. **wenn ein Soldat nach seinem Ausscheiden aus dem Wehrdienst seine Pflicht zur Verschwiegenheit verletzt oder gegen das Verbot verstößt, Belohnungen oder Geschenke anzunehmen oder eine Tätigkeit nach § 20a nicht anzeigt oder entgegen einem Verbot ausübt,**
2. **wenn sich ein Offizier oder Unteroffizier nach seinem Ausscheiden aus dem Wehrdienst gegen die freiheitliche demokratische Grundordnung im Sinne des Grundgesetzes betätigt oder durch unwürdiges Verhalten nicht der Achtung und dem Ver-**

---
54 *Plog/Wiedow/Lemhöfer*, BBG, § 60 Rn. 12.
55 ZDv 14/3 B 152 Nr. 2.2.
56 *Plog/Wiedow/Lemhöfer*, BBG, § 60 Rn. 12.
57 ZDv 14/3 B 152 Nr. 9. So auch GKÖD I Yk, § 22 Rn. 5.
58 GKÖD I K, § 60 Rn. 35; *Plog/Wiedow/Lemhöfer*, BBG, § 60 Rn. 9.
59 BVerwGE 63, 250 = NZWehr 1980, 30; BVerwG NZWehr 1999, 75; *Scherer/Alff*, SG, § 22 Rn. 7.

Dienstvergehen § 23

trauen gerecht wird, die für seine Wiederverwendung als Vorgesetzter erforderlich sind,
3. wenn ein Berufssoldat nach Eintritt[1] in den Ruhestand einer erneuten Berufung in das Dienstverhältnis nicht nachkommt.

(3) Das Nähere über die Verfolgung von Dienstvergehen regelt die Wehrdisziplinarordnung.

Literatur: *Dau, Klaus:* Das Gesetz zur Neuordnung des Wehrdisziplinarrechts, NZWehrr 1972, 163; *ders.*: Die Ahndung eines Dienstvergehens im Doppelstatus von Beamter und Soldat, ZBR 2004, 190; *Lingens, Eric:* Übermäßig lange Verfahrensdauer als Milderungsgrund? NZWehrr 2005, 25; *Schwandt, Eberhard Ulrich:* Ahndung von Dienstvergehen im Wehrdisziplinarverfahren, Teil I, ZBR 1997, 301; Teil II, ZBR 1999, 77; Teil III, ZBR 2001, 269; Teil IV, ZBR 2002, 297; Teil V, ZBR 2002, 382; *Walz, Dieter:* Beamte der Bundeswehr im Auslandseinsatz – Statusrechtliche Problemstellungen, in: Fs für Dieter Fleck, 2004, 663.

Übersicht

	Rn.		Rn.
A. Allgemeines	1 – 14	d) § 23 und Art. 6 MRK	19
1. Entstehung der Vorschrift	1 – 7	3. Absatz 1	20 – 29
2. Änderungen der Vorschrift	8 – 11	a) Adressatenkreis	20 – 23
3. Bezüge zum Beamtenrecht bzw. zu sonstigen rechtl. Vorschriften; ergänzende Dienstvorschriften	12 – 14	b) Pflichtverletzung	24 – 26
		c) Rechtswidrigkeit	27 – 28
		d) Schuld	29
B. Erläuterungen im Einzelnen	15 – 39	4. Absatz 2	30 – 38
1. Zweck der Vorschrift	15	a) Allgemeines	30 – 32
2. § 23 und Grundgesetz sowie MRK	16 – 19	b) Nr. 1	33
a) § 23 und Art. 103 Abs. 3 GG	16	c) Nr. 2, 1. Alt.	34
b) § 23 und Art. 103 Abs. 2 GG	17	d) Nr. 2, 2. Alt.	35 – 37
c) § 23 und Art. 46 GG	18	e) Nr. 3	38
		5. Absatz 3	39

A. Allgemeines

1. Entstehung der Vorschrift

Unter der Überschrift „Bestrafung von Dienstvergehen" sah § 20 des **REntw.**[2] folgende Regelung vor: 1

„(1) Der Soldat begeht ein Dienstvergehen, wenn er schuldhaft seine Pflichten verletzt.

(2) Es ist ein Dienstvergehen,
1. wenn ein Soldat nach seinem Ausscheiden aus dem Wehrdienst seine Pflicht zur Verschwiegenheit verletzt oder gegen das Verbot der Annahme von Belohnungen oder Geschenken verstößt;
2. wenn ein Offizier oder Unteroffizier nach seinem Ausscheiden aus dem Wehrdienst sich gegen die freiheitliche demokratische Grundordnung im Sinne des Grundgesetzes betätigt oder in seinem Verhalten nicht den Achtung und dem Vertrauen gerecht wird, die für seine Wiederverwendung als Vorgesetzter erforderlich sind.

(3) Das Nähere über die Bestrafung von Dienstvergehen regelt ein besonderes Gesetz."

In der **Begr.**[3] zu Abs. 1 wird auf § 77 BBG verwiesen. Die vom Beamtenrecht abw. Best. des Abs. 2 wird mit der Dauer der Wehrpflicht und den soldatenrechtl. Vorschriften 2

---

1 Künftig: „Eintritt oder Versetzung" i.d.F. des Entw. des Strukturreformgesetzes.
2 BT-Drs. II/1700, 6.
3 BT-Drs. II/1700, 24.

über den Verlust des Dienstgrades und der Versorgungsansprüche (heute: § 48 Satz 1 Nr. 1, § 49 Abs. 2 und 3) erklärt.

3   Der **BR** forderte in seiner Stellungnahme[4], die Eingangsworte in Abs. 2 wie folgt zu fassen: „Es gilt als Dienstvergehen ...", da der aus dem Wehrdienst Ausgeschiedene nicht mehr Soldat sei. In ihrer Gegenäußerung[5] stimmte die **BReg** diesem Vorschlag zu.

4   § 20 des REntw. löste im **Rechtsausschuss** des BT[6] eine längere Debatte aus. Insbes. zu Abs. 2 wurden mehrere Versuche der Präzisierung der „kautschukartigen"[7] Formulierungen des REntw. unternommen. Nach einer Grundsatzdebatte über das Für und Wider der „Soldatenehre" schlug der Vors., der Abg. *Hoogen* (CDU/CSU) vor, den 2. Satzteil des Abs. 2 Nr. 2 mit den Wörtern „durch unwürdiges Verhalten" beginnen zu lassen.[8] Diese Ergänzung wurde ohne Gegenstimmen angenommen.[9]

5   Der **Ausschuss für Beamtenrecht** folgte diesem Votum.[10]

6   Der **VertA**[11] übernahm die Vorschläge des BR sowie des Rechtsausschusses und fügte – einer im Zusammenhang mit dem späteren § 51 durch den Ausschuss für Beamtenrecht[12] formulierten Ergänzung des § 20 des REntw. folgend – in Abs. 2 folgende Nr. 3 an:

„wenn ein Berufssoldat nach Eintritt in den Ruhestand einer erneuten Berufung in das Dienstverhältnis schuldhaft nicht nachkommt."

7   In der **Erstfassung** lautete § 23 demnach wie folgt:

„(1) Der Soldat begeht ein Dienstvergehen, wenn er schuldhaft seine Pflichten verletzt.

(2) Es gilt als Dienstvergehen,

1. wenn ein Soldat nach seinem Ausscheiden aus dem Wehrdienst seine Pflicht zur Verschwiegenheit verletzt oder gegen das Verbot verstößt, Belohnungen oder Geschenke anzunehmen,
2. wenn sich ein Offizier oder Unteroffizier nach seinem Ausscheiden aus dem Wehrdienst gegen die freiheitliche demokratische Grundordnung im Sinne des Grundgesetzes betätigt oder durch unwürdiges Verhalten nicht der Achtung und dem vertrauen gerecht wird, die für seine Wiederverwendung als Vorgesetzter erforderlich sind,
3. wenn ein Berufssoldat nach Eintritt in den Ruhestand einer erneuten Berufung in das Dienstverhältnis schuldhaft nicht nachkommt.

(3) Das Nähere über die Bestrafung wegen Dienstvergehen regelt ein Gesetz."

2. Änderungen der Vorschrift

8   Durch Art. IV Nr. 2 des G vom **21.8.1972**[13] wurden die Überschrift in „Dienstvergehen" geändert und in Abs. 3 die Wörter „Bestrafung wegen" durch die Wörter „Verfolgung von" ersetzt.

9   Durch Art. 3 Abs. 1 Nr. 5 des G vom **21.2.1985**[14] wurden – infolge der Einfügung des § 20a – in Abs. 2 Nr. 1 die Wörter „oder eine Tätigkeit nach § 20a nicht anzeigt oder entgegen einem Verbot ausübt" angefügt.

---

4 BT-Drs. II/1700, 39.
5 BT-Drs. II/1700, 44.
6 Prot. der 87. Sitzung v. 19.11.1955, Prot. Nr. 87, 20.
7 Abg. *Wittrock* (SPD), Prot. Nr. 87, 23.
8 Prot. Nr. 87, 26.
9 Prot. Nr. 87, 26. Vgl. auch Ausschussdrs. 18 des Ausschusses für Beamtenrecht, 4.
10 Prot. der 37. Sitzung v. 5.12.1955, Prot. Nr. 38, 7.
11 BT-Drs. II/2140, 37 f.
12 Prot. der 44. Sitzung v. 12.1.1956, Prot. Nr. 44, 3.
13 BGBl. I S. 1481.
14 BGBl. I S. 371.

Dienstvergehen § 23

In der Neubekanntmachung des SG vom **15.12.1995**[15] wurde durch ein Versehen das 10
Wort „**schuldhaft**" in Abs. 2 Nr. 3 **weggelassen**. Eine Berichtigung erfolgte in der Folgezeit nicht.[16] Als Begr. wird angeführt, das Verschuldenserfordernis fehle auch in Abs. 2 Nr. 1 und Nr. 2, ohne dass hieraus geschlossen werden dürfe, es bedürfe insoweit keines schuldhaften Verhaltens.[17] Dabei wird übersehen, dass die in Abs. 2 Nr. 3 enthaltene Pflicht, im Gegensatz zu den Pflichten gem. Abs. 2 Nr. 1 und Nr. 2, nicht im Pflichtenkatalog der §§ 7 bis 21 enthalten ist; § 23 Abs. 1 ist daher nicht auf Abs. 2 Nr. 3 übertragbar. Der Gesetzgeber sollte dieses Redaktionsversehen bei nächster Gelegenheit korrigieren.

Im Interesse der einheitliche Zitierweise wurden durch Art. 1 Nr. 5 des **SGÄndG** in 11
Abs. 3 die Wörter „ein Gesetz" durch die Wörter „die Wehrdisziplinarordnung" ersetzt.

**3. Bezüge zum Beamtenrecht bzw. zu sonstigen rechtl. Vorschriften;
ergänzende Dienstvorschriften**

Abs. 1 entspricht den für **alle Beamten** geltenden Regelungen des § 45 BRRG und des 12
für die **Bundesbeamten** einschlägigen § 77 BBG. Abs. 2 enthält besonders Best. für
ehem. Soldaten, die von den beamtenrechtl. **abweichen**:

Abs. 2 Nr. 1 entspricht materiell § 77 Abs. 2 Nr. 3 BBG, stellt aber nicht auf den Status eines Versorgungsempfängers ab.

Abs. 2 Nr. 2 entspricht in der 1. Alt. § 77 Abs. 2 Nr. 1 BBG, begrenzt den Täterkreis jedoch auf ehem. Offz und Uffz. Für die 2. Alt. fehlt es im Beamtenrecht an einer Entsprechung.

Abs. 2 Nr. 3 entspricht § 77 Abs. 2 Nr. 4 BBG[18]; dieser verweist bzgl. der Pflichtenbindung auf die §§ 39 und 45 Abs. 1 BBG, wohingegen § 23 Abs. 2 Nr. 3 keine ausdrückliche Bezugnahme auf die §§ 50 und 51 enthält.

Für **ZDL** gilt § 58 ZDG. Dieser entspricht Abs. 1. Eine dem Abs. 2 vergleichbare Best. 13
war im ZDG wegen des mit SaZ und BS nicht vergleichbaren Status des ZDL weitgehend entbehrlich. Offen geblieben ist dabei, ob ehem. ZDL disziplinar verfolgt werden können, wenn sie nach ihrem Ausscheiden aus dem Zivildienst gegen ihre (nachwirkende) Pflicht zur Verschwiegenheit (§ 28 Abs. 1 Satz 1 ZDG) verstoßen. Eine mit § 23 Abs. 2 Nr. 1 vergleichbare Vorschrift fehlt im ZDG jedenfalls.[19]

DBest. speziell zu § 23 sind nicht erlassen worden. Eine knappe Einf. findet sich in der 14
ZDv 14/3 „Wehrdisziplinarordnung und Wehrbeschwerdeordnung"[20], Teil A, Nr. 21 ff.
Ferner ist auf den Erl. des BMVg **ZDv 14/3 B 126** „Gebot der einheitlichen Ahndung mehrerer Dienstpflichtverletzungen" hinzuweisen.

B. Erläuterungen im Einzelnen

1. Zweck der Vorschrift

Die Vorschrift stellt die **Brücke** zwischen den soldatischen Pflichten, dem **materiellen** 15
Disziplinarrecht und dem Verfahrensgesetz (WDO), dem **formellen Disziplinarrecht**,

---

15 BGBl. I S. 1737.
16 GKÖD I Yk; *Scherer/Alff*, SG, jew. Gesetzestext von § 23, verwenden – vermutlich unbeabsichtigt – noch die frühere Fassung. Richtig dagegen *Stauf* I, § 23 SG.
17 Vgl. hierzu BVerwGE 73, 148 (152).
18 Hinzuweisen ist auf das Erfordernis der „schuldhaften" Handlung (vgl. o. Rn. 10).
19 Fraglich wäre auch, welche Disziplinarmaßnahmen für ehem. ZDL in Betracht kommen würden. Gerichtl. Disziplinarmaßnahmen kennt das ZDG nicht (vgl. § 59 ZDG).
20 Neudruck Jan. 2002.

dar. Ihr eigener Regelungsgehalt ist, insbes. in Abs. 1, **gering**.[21] Insoweit hätte auch die Best. des § 15 Abs. 1 Satz 1 WDO genügt.

2. § 23 und Grundgesetz sowie MRK

a) § 23 und Art. 103 Abs. 3 GG

16 Das verfassungsrechtl. **Verbot der Doppelbestrafung** (ne bis in idem) ist auf das Verhältnis von disziplinarer Verfolgung von Dienstvergehen und strafrechtl. Sanktion nicht anwendbar. Das **BVerfG**[22] hat diese alte Streitfrage mit mehreren Entsch. der 60er Jahre des letzten Jh. mit der Begr. beendet, beide Rechtsgebiete seien ihrem „**Wesen**" nach **nicht vergleichbar**. Das strafrechtl. Delikt erscheine als eine „Störung des allgemeinen Rechtsfriedens", das disziplinare Unrecht dagegen als „Nichtachtung besonderer Berufspflichten". Das Strafrecht diene der Vergeltung für begangenes Unrecht, das Disziplinarrecht der Gewährleistung von „Ordnung und Integrität innerhalb eines Berufsstandes". Die **Lit.**[23] ist überwiegend dieser Auffassung gefolgt. Der Gesetzgeber hat die durch die Rspr. erforderlich gewordenen Korrekturen im Disziplinarrecht mit den G vom **20.7.1967**[24] und vom **21.8.1972**[25] vollzogen.

b) § 23 und Art. 103 Abs. 2 GG

17 Im Unterschied zum Strafrecht kennt das Disziplinarrecht keinen abschließenden Pflichtenkatalog und keine „Strafrahmen" für bestimmte Dienstvergehen. Dennoch genügen die Tatbestände des Disziplinarrechts dem **Bestimmtheitsprinzip** des Art. 103 Abs. 2 GG.[26]

c) § 23 und Art. 46 GG

18 Unter Berücksichtigung der in Rn. 16 skizzierten Wesensunterschiede zwischen dem Straf- und dem Disziplinarrecht war es folgerichtig, dass das BVerwG[27] ein Dienstvergehen eines Soldaten oder ehem. Soldaten nicht als „mit Strafe bedrohte Handlung" i.S.v. Art. 46 Abs. 2 GG bewertet hat; ein Disziplinarverfahren ist mithin auch **kein „Strafverfahren"** i.S.v. Art. 46 Abs. 4 GG. Die **Immunität** eines Abg. steht deshalb der Durchführung eines solchen Verfahrens **nicht entgegen**.

d) § 23 und Art. 6 MRK

19 Art. 6 Abs. 1 Satz 1 MRK[28] gewährleistet allg. Verfahrensgrundsätze, u.a. eine angemessene Verfahrensdauer. Str.[29] ist, ob Art. 6 MRK auf das gerichtl. Disziplinarverfahren angewandt werden kann. I.d.R. reichen die innerstaatlichen Verfahrensregeln aus, um dem Soldaten Rechtsschutz in jeder Beziehung zu sichern. So ist bereits den Art. 2 Abs. 1 und 20 Abs. 3 GG ein Anspruch auf ein **faires gerichtl. Verfahren** zu entnehmen.[30]

---

21 Wohl aus diesem Grund findet man in den Komm. zu § 23 z.T. umfangreiche Ausführungen entweder zu Einzelvorschriften der WDO (GKÖD I Yk, § 23 Abschn. V) o. zum materiellen Disziplinarrecht (*Stauf* I, § 23 SG Rn. 16 ff.), die im Kontext zu § 23 nicht angezeigt sind.
22 BVerfGE 21, 391 (403 f.) bzgl. der gerichtl. Disziplinarmaßnahmen; BVerfGE 31, 378 bzgl. des Disziplinararrests. Vgl. auch BVerfGE 27, 180.
23 Vgl. *Dau*, WDO, § 18 Rn. 1; *Degenhart*, in: *Sachs*, GG, Art. 103 Rn. 84, jew. m.w.N.
24 BGBl. I S. 725.
25 BGBl. I S. 1481.
26 H.M.; vgl. BVerfGE 26, 186 (204); *Dau*, WDO, Vorb. zu § 15 Rn. 1 m.w.N.
27 BVerwGE 83, 1 = NZWehrr 1985, 205 mit Anm. *Walz*, NZWehrr 1986, 251. Vgl. zum Streitstand *Dau*, WDO, § 1 Rn. 42.
28 BGBl. 1952 II S. 685.
29 Vgl. BVerwG NZWehrr 2002, 211 (213); *Lingens*, NZWehrr 2005, 26 m.w.N.
30 Vgl. *Flemming*, NZWehrr 2002, 64 (72).

3. Absatz 1

a) Adressatenkreis

Täter eines Dienstvergehens ist immer der Soldat, der selbst pflichtwidrig handelt. Das Disziplinarrecht differenziert nicht zwischen **Täterschaft und Teilnahme**; die Best. der §§ 25 ff. StGB sind nicht entspr. anwendbar.[31] 20

Auch die strafrechtl. Kategorien des **Versuchs** und des **Rücktritts vom Versuch** (§§ 23 f. StGB) sind für das Disziplinarrecht ohne Bedeutung; dasselbe gilt für die **tätige Reue**.[32] Sie können allenfalls bei der Bemessung der Disziplinarmaßnahme eine Rolle spielen. 21

Von Abs. 1 erfasst werden **aktive Soldaten**, unabhängig von ihrem jew. Status. Die Vorschrift korrespondiert mit § 1 Abs. 2 Satz 1 WDO.[33] Von Abs. 2 erfasst sind **ehem. Soldaten**. 22

Ein besonderes Problem ergibt sich aus **§ 2 Abs. 3 BDG**. Danach gilt das BDG auch für solche Beamte, die Wehrdienst gem. §§ 6, 6a oder 6c WPflG oder Dienst nach dem Vierten Abschnitt des SG leisten und die während des Wehrdienstes Dienstvergehen begangen haben, das sowohl soldatenrechtl. als auch beamtenrechtl. ein Dienstvergehen darstellt. Diese mit dem BDG neu eingeführte und mit dem SkResNOG nur redaktionell geänderte Best. ist **verfassungsrechtl. zweifelhaft**, rechtspolitisch verfehlt und für die Praxis untauglich.[34] 23

Maßgeblich für eine disziplinare Verfolgung ist (ausschließlich) der Status, den der Betreffende zzt. der Tat hatte, mit den sich aus § 1 Abs. 2 Satz 2 WDO ergebenden Besonderheiten.[35] Der Status des Beamten wird während einer Wehrdienstleistung von dem des Soldaten „überlagert".

b) Pflichtverletzung

Pflichten des Soldaten, die zu einem Dienstvergehen i.S.d. Abs. 1 führen können, sind primär in den **§§ 7 bis 21** normiert.[36] In Frage kommen ferner alle anderen gesetzl. Best. inbes. des Wehrrechts[37], die dem Soldaten in seiner besonderen Funktion und Eigenschaft Aufgaben zuweisen. 24

Pflichten des Soldaten, die durch **Dienstvorschriften**, Erlasse oder Befehle begründet werden, lösen die Pflichtenbindung gem. Abs. 1 nur aus, wenn es sich dabei um eine Ausfüllung gesetzl. Pflichten handelt; eine (inhaltliche) Bezugnahme auf § 7 genügt.[38] 25

Verletzt der Soldat mehrere Dienstpflichten, sind diese als ein Dienstvergehen zu ahnden (§ 18 Abs. 2 WDO – **Grds. der Einheit des Dienstvergehens**).[39] 26

c) Rechtswidrigkeit

Kein pflichtwidriges Dienstvergehen liegt vor, wenn sich der Soldat auf einen **Rechtfertigungsgrund** berufen kann. Ein solcher **schließt** i.d.R. bereits die **Tatbestandsmäßigkeit** 27

---

31 BVerwGE 103, 246 = NZWehr 1996, 38; *Dau*, WDO, Vorb. zu § 15 Rn. 14; *Scherer/Alff*, SG, § 23 Rn. 1; *Stauf* I, § 23 SG Rn. 6; *Wipfelder*, Wehrrecht, 112.
32 BVerwG NZWehr 1990, 77; BVerwG NZWehr 2001, 33; *Dau*, WDO, Vorb. zu § 15 Rn. 13; *Scherer/Alff*, SG, § 23 Rn. 1; *Stauf* I, § 23 SG Rn. 5.
33 Einzelheiten bei *Dau*, WDO, § 1 Rn. 8 ff.
34 Vgl. *Dau*, ZBR 2004, 190; *Walz*, UBWV 2001, 441; *ders.*, in: Fs für Fleck, 681, 686.
35 Vgl. *Dau*, WDO, § 1 Rn. 45 ff.
36 BVerwGE 73, 148 (152); ZDv 14/3 Teil A Nr. 21.
37 *Dau*, WDO, Vorb. zu § 15 Rn. 2.
38 *Dau*, WDO, Vorb. zu § 15 Rn. 2; GKÖD I Yk, § 23 Rn. 4; *Scherer/Alff*, SG, § 23 Rn. 2 f.; *Wipfelder*, Wehrrecht, 111.
39 Vgl. ergänzend den Erl. des BMVg ZDv 14/3 B 126.

aus.[40] Als Rechtfertigungsgründe kommen die des Straf- und des Zivilrechts in Betracht, z.B. §§ 32, 34 StGB, §§ 228, 229 BGB.

28 Der **Irrtum** über das Vorliegen der tatsächlichen Voraussetzungen eines Rechtfertigungsgrundes ist ein den Vorsatz ausschließender **Tatbestandsirrtum**[41]; der Irrtum über die rechtl. Voraussetzungen eines Rechtfertigungsgrundes ist ein **Verbotsirrtum**[42], der die Schuld nur ausschließt, wenn er unvermeidbar war.[43]

d) Schuld

29 Der subjektive Tatbestand eines Dienstvergehens liegt vor, wenn der Soldat eine ihm obliegende Pflicht schuldhaft verletzt hat. Üblicherweise unterscheidet man zwischen **vorsätzlichem** und **fahrlässigem** Handeln. Vorsatz bedeutet Handeln mit Wissen und Wollen; fahrlässig handelt der Soldat, wenn er die im Verkehr erforderliche Sorgfalt außer Acht lässt (§ 276 Abs. 2 BGB entspr.). Die **Schuldausschließungsgründe** des allg. Strafrechts (§§ 17, 20, 33, 35 StGB) gelten analog auch im Disziplinarrecht[44]; die bes. Vorschriften der §§ 5, 6 WStG sind zu beachten.

4. Absatz 2

a) Allgemeines

30 Ein Dienstvergehen setzt begrifflich-logisch grds. voraus, dass sich der Täter zzt. der fraglichen Handlung in einem **Wehrdienstverhältnis** befand. Hiervon verfügt Abs. 2 Ausnahmen bzgl. der sog. nachwirkenden Pflichten.

31 Der nach Abs. 2 in Betracht kommende Personenkreis ist auf **ehem.**[45] **Soldaten** beschränkt. Frühere **faktische Soldaten** können – entgegen der h.M.[46] – nicht gem. Abs. 2 gemaßregelt werden.

32 **Vordienstl. Verfehlungen** sind nicht mit disziplinaren Mitteln zu ahnden.[47]

b) Nr. 1

33 Die für aktive Soldaten geltenden Best. der §§ 14, 19 und 20a gelten von Gesetzes wegen über die Beendigung des Wehrdienstverhältnisses hinaus. Inhaltlich kann auf die Komm. der genannten Vorschriften verwiesen werden.

Für die Praxis ist Nr. 1 von **geringer Bedeutung**.

c) Nr. 2, 1. Alt.

34 Aus dem Wehrdienst ausgeschiedene Offz und Uffz dürfen sich nicht aktiv gegen die FdGO[48] betätigen. Die Pflicht zum **Eintreten** für die FdGO (§ 8) **wirkt nicht** über das Dienstzeitende **fort**.[49]

---

40 *Dau*, WDO, Vorb. zu § 15 Rn. 17; GKÖD I Yk, § 23 Rn. 7; *Stauf* I, § 23 SG Rn. 8.
41 BGHSt 17, 87 (91); BVerwG NZWehrr 1981, 231.
42 *Dau*, WDO, Vorb. zu § 15 Rn. 17.
43 *Dau*, WDO, Vorb. zu § 15 Rn. 25 m.w.N.
44 Zu Einzelheiten vgl. *Dau*, WDO, Vorb. zu § 15 Rn. 20 ff.; *Scherer/Alff*, SG, § 23 Rn. 5 ff.
45 Die gesetzl. Formulierungen „Soldat" in Nr. 1 u. „Offizier oder Unteroffizier" in Nr. 2 sind unscharf. Richtigerweise müsste es heißen: „früherer/ehemaliger Soldat" bzw. „Offizier der Reserve oder Unteroffizier der Reserve".
46 Vgl. die Komm. zu § 14 Rn. 7.
47 ZDv 14/3 Teil A Nr. 22. Zum Sonderfall der Entlassung eines anderen Bewerbers wegen unwürdigen Verhaltens vor der Ernennung vgl. § 88 Satz 1.
48 Zur Auslegung dieses Begriffes vgl. die Komm. zu § 8 Rn. 20.
49 GKÖD I Yk, § 23 Rn. 10; *Scherer/Alff*, SG, § 23 Rn. 13.

Dienstvergehen § 23

d) Nr. 2, 2. Alt.
Diese Best. ist für die Praxis von **größerer Bedeutung**. Dies mag auch daran liegen, 35
dass insbes. das Begriffspaar „unwürdiges Verhalten" interpretationsoffen ist[50] und der
Zweck der Vorschrift, „die moralische Integrität des Reserveoffiziers- und Reserveunteroffizierkorps zu gewährleisten"[51] und zugleich „die Erfüllung des Verteidigungsauftrages zu sichern"[52], den jew. aktuellen tatsächlichen Verhältnissen innerhalb der SK
anzupassen ist.
- Der ehem. Soldat muss sich „unwürdig" verhalten haben. 36
Unter einem **„unwürdigen Verhalten"** versteht die Rspr. ein „Fehlverhalten von besonderer Intensität, ein Sichhinwegsetzen über die unter Soldaten und von der Gemeinschaft anerkannten Mindestanforderungen an eine auf Anstand, Sitte und Ehre
bedachte Verhaltensweise eines Reservisten mit Vorgesetztenrang".[53] Dieses Verhalten muss zu der **Pflichtverletzung nach § 17 Abs. 3** hinzutreten. Es kommt dabei
nicht so sehr auf das „objektive Gewicht" der Pflichtverletzung an als auf die „in
dem Gesamtverhalten des früheren Soldaten offenbarte Fehlhaltung".[54] Hierbei sind
die Motive des Täters und in der Tat liegende Milderungs- und Erschwerungsgründe
zu berücksichtigen.[55]
- Das Verhalten des ehem. Soldaten muss geeignet sein, seine Wiederverwendung als
Vorg. zu hindern.

„Wiederverwendung als Vorgesetzter" meint – ebenso wie in § 17 Abs. 3 – die Verwen- 37
dung **im bisherigen Dienstgrad**[56]; der ehem. Soldat muss vor seinem Ausscheiden aus
dem Wehrdienst nicht zwangsläufig als Vorg. eingesetzt gewesen sein.
Kommt der ehem. Soldat z.B. auf Grund seines **Lebensalters** gem. § 51 Abs. 1 für eine
Wiederverwendung nicht einmal theoretisch mehr in Betracht, ist die Verfolgung wegen eines Dienstvergehens gem. § 23 Abs. 2 Nr. 2 durch den Gesetzeszweck nicht mehr
gedeckt.[57]

e) Nr. 3
Der **BS im Ruhestand** kann gem. § 51 Abs. 1 und 4 unter den dortigen Voraussetzungen 38
erneut in das Dienstverhältnis eines BS berufen werden. Kommt er einer solchen Aufforderung **schuldhaft**[58] nicht nach, begeht er ein Dienstvergehen.[59] Dasselbe gilt für
einen BS im **einstweiligen Ruhestand** gem. § 50 Abs. 2 Satz 1 i.V.m. § 39 BBG[60] und für

---

50 Man kann durchaus bezweifeln, ob diese Formulierung mit dem Bestimmtheitsgrundsatz. des GG in Einklang zu bringen ist.
51 BVerwGE 73, 148 (151).
52 BVerwGE 73, 148 (150).
53 BVerwGE 43, 9 (19); BVerwG NZWehr 1983, 143 (Körperverletzung eines Polizeibeamten durch Lt d.R.); BVerwGE 83, 1 (15) = NZWehr 1985, 205 (Bespritzen eines amerikan. Offz mit Blut durch einen Lt d.R.).
54 BVerwGE 46, 244 (250) = NZWehr 1975, 69; BVerwGE 73, 148 (sexueller Missbrauch eines Kindes); BVerwG NZWehr 1983, 143; BVerwGE 86, 262 = NZWehr 1990, 169 (Einbruchdiebstahl eines Stabsapothekers d.R.); BVerwGE 86, 309 = NZWehr 1991, 116 (kein Verstoß gegen § 23 Abs. 2 Nr. 2 durch Betrug eines OTL d.R.).
55 BVerwGE 46, 244 = NZWehr 1975, 69.
56 *Scherer/Alff*, SG, § 23 Rn. 16 m.w.N. Vgl. im Übrigen die Komm. zu § 17 Abs. 3.
57 BVerwGE 73, 148 (151); BVerwGE 103, 237 = NZWehr 1995, 255; BVerwG NZWehr 2003, 81.
58 Vgl. o. Rn. 10.
59 Eine (wehr-)strafrechtl. Würdigung (§§ 15, 16 WStG) scheidet aus, da der Wiederverwender erst mit seinem Dienstantritt Soldat wird (§ 2 Abs. 1 Nr. 4). A.A. zur früheren Rechtslage *Rittau*, SG, 230.
60 Vgl. die Komm. zu § 50 Rn. 48; *Scherer/Alff*, SG, § 23 Rn. 17.

Walz

einen BS nach **Erreichen der bes. Altersgrenze** gem. § 45 Abs. 2. Dies folgt aus dem Sinn und Zweck der gesetzl. Regelung. Zur Klarstellung sollte Nr. 3 wie folgt gefasst werden: „wenn ein Berufssoldat nach Eintritt **oder Versetzung** in den Ruhestand einer erneuten Berufung in das Dienstverhältnis **schuldhaft** nicht nachkommt."

5. Absatz 3

39   Abs. 3 bedarf keiner Komm.

§ 24 Haftung

(1) ¹Verletzt ein Soldat vorsätzlich oder grob fährlässig die ihm obliegenden Pflichten, so hat er dem Dienstherrn, dessen Aufgaben er wahrgenommen hat, den daraus entstehenden Schaden zu ersetzen. ²Haben mehrere Soldaten gemeinsam den Schaden verursacht, so haften sie als Gesamtschuldner.

(2) ¹Ansprüche nach Absatz 1 verjähren in drei Jahren von dem Zeitpunkt an, in dem der Dienstherr von dem Schaden und der Person des Ersatzpflichtigen Kenntnis erlangt hat, ohne Rücksicht auf diese Kenntnis in zehn Jahren von der Begehung der Handlung an. ²Hat der Dienstherr einem Dritten Schadenersatz geleistet, so tritt an die Stelle des Zeitpunktes, in dem der Dienstherr von dem Schaden Kenntnis erlangt hat, der Zeitpunkt, in dem der Ersatzanspruch des Dritten diesem gegenüber vom Dienstherrn anerkannt oder dem Dienstherrn gegenüber rechtskräftig festgestellt wird.

(3) Leistet der Soldat dem Dienstherrn Ersatz und hat dieser einen Ersatzanspruch gegen einen Dritten, so geht der Ersatzanspruch auf den Soldaten über.

Literatur: *Dietlein, Max Josef:* Anm. zu BVerwGE 18, 283, DVBl. 1964, 923; *Lingens, Eric:* Die Haftung des Soldaten auf Schadensersatz, UBWV 1984, 56; *Menger, Christian-Friedrich/ Erichsen, Hans-Uwe:* Höchstrichterliche Rechtsprechung zum Verwaltungsrecht, VerwArch 1966, 377; *Peterson, Detlef P.:* Die wehrrechtliche Stellung des Vertrauensmannes, NZWehrr 1986, 16; *Rupp, Hans Heinrich:* Anm. zu BVerwGE 18, 283, JZ 1965, 180; *Schön, Wolfgang:* Verzugszinsen der öffentlichen Hand, NJW 1993, 961; *Steinkamm, Armin A.:* Das „januskörfige" Dienstvergehen, NZWehrr 1983, 57; *Zetzsche, Holger:* Zur Beschränkung der Schadensersatzpflicht des öffentlich Bediensteten gegenüber seinem Dienstherrn, ZBR 2004, 130.

Übersicht

	Rn.		Rn.
A. Allgemeines	1 – 12	ee) Beweislast	26 – 27
1. Entstehung der Vorschrift	1 – 5	ff) Wegfall der Bereicherung	28
2. Änderungen der Vorschrift	6 – 8	gg) Haftungsbeschränkungen	29 – 30
3. Bezüge zum Beamtenrecht bzw. zu sonstigen rechtl. Vorschriften; ergänzende Erlasse	9 – 12	b) Satz 2	31 – 33
		4. Absatz 2	34 – 36
		5. Absatz 3	37
		6. Sonstiges	38 – 43
B. Erläuterungen im Einzelnen	13 – 44	a) Geltendmachung	38 – 39
1. Zweck der Vorschrift	13 – 15	b) Beteiligung von Interessenvertretern	40
2. § 24 und Grundgesetz	16		
3. Absatz 1	17 – 33	c) Schadensfälle von Vertrauenspersonen	41
a) Satz 1	17 – 30		
aa) Personenkreis	17 – 19	d) Verhältnis Disziplinarrecht und Haftung	42 – 43
bb) Pflichtverletzung	20 – 21		
cc) Verschulden	22	e) Rechtsweg	44
dd) Ersatz des Schadens	23 – 25		

Haftung § 24

A. Allgemeines

1. Entstehung der Vorschrift

§ 21 des REntw.[1] lautete:

„(1) Verletzt ein Soldat schuldhaft seine Dienstpflichten, so hat er dem Bund den daraus entstandenen Schaden zu ersetzen. Ist der Schaden im Ausbildungsdienst oder im Einsatz entstanden, so haftet der Soldat nur insoweit, als ihm Vorsatz oder grobe Fahrlässigkeit zur Last fällt. Haben mehrere Soldaten gemeinsam den Schaden verursacht, so haften sie als Gesamtschuldner.

(2) Hat der Bund auf Grund der Vorschrift des Artikels 34 Satz 1 des Grundgesetzes Schadensersatz geleistet, so ist der Rückgriff gegen den Soldaten nur insoweit zulässig, als ihm Vorsatz oder grobe Fahrlässigkeit zur Last fällt.

(3) Für die Verjährung der Ansprüche gegen den Soldaten und den Übergang von Ersatzansprüchen auf ihn gelten die Vorschriften des § 78 Abs. 3 und 4 des Bundesbeamtengesetzes entsprechend."

In der **Begr.**[2] wird zunächst auf § 78 **BBG** verwiesen. Es folgen detaillierte Erl. zu der früheren Differenzierung in der Innenhaftung zwischen hoheitlichem und nichthoheitlichem Handeln, die inzwischen[3] überholt sind und daher hier nicht referiert zu werden brauchen.

In seiner Stellungnahme brachte der **BR**[4] eine andere Fassung des Abs. 2 ein. Der BR hielt die Frage, „ob es sich bei der Dienstpflicht des Soldaten um ein Rechtsverhältnis handelt, das durch Art. 34 Satz 1 GG noch erfaßt wird", noch nicht für abschließend geklärt.

Unter Bezugnahme auf die Rspr. zu Art. 131 WRV hielt die **BReg**[5] an ihrer Entwurfsfassung fest.

Im **Rechtsausschuss** des BT schlug der Abg. Dr. *Arndt* (SPD)[6] vor, wpfl Soldaten nur für Vorsatz und grobe Fahrlässigkeit haften zu lassen, BS hingegen für jede Form des Verschuldens. Die Vertreter der BReg nahmen erneut zu dem Einwand des BR Stellung.[7] Ein förmlicher Beschl. des Rechtsausschusses zu § 21 des REntw. ist den Prot. nicht zu entnehmen.

Der **Ausschuss für Beamtenrecht** stimmte der Regierungsvorlage ohne Änd. zu.[8] Nachdem auch der **VertA**[9] keine Änd. vorgenommen hatte, folgte das Plenum dem Votum dieser beiden Fachausschüsse.

In der Erstfassung des SG war infolgedessen § 24 mit § 21 des REntw. identisch.

2. Änderungen der Vorschrift

Durch Art. 1 Nr. 1 des G vom **28.3.1960**[10] erhielt Abs. 1 Satz 2 folgende Fassung:

„Hat er seine Dienstpflicht in Ausübung von Hoheitsbefugnissen, im Ausbildungsdienst oder im Einsatz verletzt, so hat er den Schaden nur insoweit zu ersetzen, als ihm Vorsatz oder grobe Fahrlässigkeit zur Last fällt."

---

1 BT-Drs. II/1700, 7.
2 BT-Drs. II/1700, 25 f.
3 Vgl. u. Rn. 8.
4 BT-Drs. II/1700, 39 f.
5 BT-Drs. II/1700, 44.
6 Prot. der 89. Sitzung v. 2.12.1955, 15.
7 Prot. der 89. Sitzung v. 2.12.1955, 15 f.
8 Prot. der 39. Sitzung v. 6.12.1955, 8; Ausschussdrs. 23 v. 20.1.1956, 24.
9 BT-Drs. II/2140, 38.
10 BGBl. I S. 206.

Damit wurde die seinerzeit geltende (Neu-)Regelung des § 78 Abs. 1 BBG, die einen Haftungsausschluss für leicht fahrlässige Schädigungen „in Ausübung eines ihm (dem Beamten) anvertrauten öffentlichen Amtes" vorsah, in das Soldatenrecht übernommen. Der Wortlaut des BBG wurde entspr. angepasst, da nach der damaligen Rechtauffassung Soldaten kein öff. Amt wahrnahmen.[11]

7 In § 30 des **Staatshaftungsgesetzes** vom 26.6.1981[12] war erstmals vorgesehen, den in Abs. 1 Satz 2 geregelten Haftungsunterschied zwischen hoheitlichem und nichthoheitlichem Handeln aufzuheben. Nachdem das Staatshaftungsgesetz wegen der fehlenden Gesetzgebungskompetenz des Bundes durch Urt. des BVerfG vom 19.10.1982[13] für nichtig erklärt worden war, blieb es zunächst bei der früheren Normierung.

8 Durch Art. 3 Nr. 1 des 9. G vom **11.6.1992**[14] erhielt § 24 die noch heute geltende Neufassung. Entspr. der mit dem Staatshaftungsrecht geplanten Regelung wurde die für hoheitliches und nichthoheitliches Handeln von Beamten bestehende **unterschiedliche Haftung beseitigt**. Die Inanspruchnahme von Beamten im Innenverhältnis wurde, der Kritik[15] in Lit. und Rspr. Rechnung tragend, einheitlich auf Vorsatz und grobe Fahrlässigkeit beschränkt. Mit der Neufassung des § 24 folgte der Gesetzgeber der des § 78 BBG.[16]

3. Bezüge zum Beamtenrecht bzw. zu sonstigen rechtl. Vorschriften; ergänzende Erlasse

9 Die Haftung des Soldaten entspricht der des **Bundesbeamten** gem. § 78 BBG. Dieser ist auf **Bundesrichter** entspr. anzuwenden (§ 46 DRiG). Im **Rahmenrecht** findet sich die Haftungsvorschrift in § 46 BRRG.

10 Für **ZDL** gilt § 34 ZDG.[17]

11 Ergänzend ist die besondere Haftung von **WPfl** im Rahmen der **Wehrüberwachung** bzw. von Dienstleistungspflichtigen im Rahmen der Dienstleistungsüberwachung für Schäden und Verluste an ausgehändigten Bekleidungs- und Ausrüstungsstücken gem. § 24 Abs. 6a WPflG bzw. § 77 Abs. 5 SG zu beachten.

12 **DBest**. des BMVg zu § 24 enthalten die/der
 • Best. über die Bearbeitung von Schadensfällen in der Bundeswehr (SB).[18]
 • Erläuterungen zu den SB „Abwicklung von Schadensfällen durch die Truppe".[19]
 • ZDv 14/3 B 127 „Disziplinare Würdigung bei Schadensfällen".
 • „Schadensersatzansprüche des Bundes gegen Dritte bei Dienstunfähigkeit von Soldaten und Beamten und bei Arbeitsunfähigkeit von Arbeitnehmern".[20]

---

11 BT-Drs. III/1424, 4.
12 BGBl. I S. 553.
13 BVerfGE 61, 149 = BGBl. I S. 1493.
14 BGBl. I S. 1030.
15 Vgl. GKÖD I Yk, § 24 Rn. 1.
16 BT-Drs. 12/544, 22.
17 § 34 ZDG beschränkt sich in der Praxis weitgehend auf die Schäden, die der ZDL an Bundeseigentum o. Eigentum Dritter während des Einführungsdienstes in den Schulen des Zivildienstes verursacht (vgl. *Brecht*, ZDG, 156).
18 VMBl. März 2006.
19 VMBl. 1968 S. 87, zul. geä. durch Erl. VMBl. 1982 S. 256.
20 VMBl. 1970 S. 211; 1982 S. 92.

§ 24 Haftung

B. Erläuterungen im Einzelnen

1. Zweck der Vorschrift

Verletzt ein Soldat schuldhaft eine ihm gegenüber einem Dritten bestehende Amtspflicht, hat er dem Dritten den hieraus entstandenen Schaden zu ersetzen (sog. **Außenverhältnis**). **§ 839 Abs. 1 Satz 1 BGB** als „haftungsbegründende Vorschrift"[21] zielt zwar nach seinem Wortlaut nur auf „Beamte" ab, ist verfassungskonform auch auf Soldaten (und ZDL) anzuwenden. Diese sind ebenso wie Beamte Inhaber eines „öffentlichen Amtes" i.S.d. „haftungsverlagernden Norm"[22] des **Art. 34 Satz 1 GG**.[23] 13

Im **Innenverhältnis** ist die Haftung des Soldaten auf Vorsatz und grobe Fahrlässigkeit beschränkt, sowohl was den Rückgriff des Dienstherrn gem. Art. 34 Satz 2 GG als auch die unmittelbare Haftung des Soldaten aus Dienstpflichtverletzungen gegenüber dem Bund als Dienstherrn betrifft. Für diese Fälle enthält § 24 eine abschließende Regelung.[24] 14

Haftet der Dienstherr gegenüber einem Dritten auf Grund einer spezialgesetzl. Best. (§ 2 Abs. 2 Satz 1 Pflichtversicherungsgesetz, § 7 Straßenverkehrsgesetz für Kfz-Unfälle; § 53 Luftverkehrsgesetz für Flugunfälle; §§ 77, 78 Bundesleistungsgesetz für Manöver und Übungen), kommt ein Rückgriff gegenüber dem handelnden Soldaten ebenfalls nur gem. § 24 in Betracht.

§ 24 stellt die **Haftungsgrundlage** für die **Innenhaftung** des Soldaten dar – mehr nicht.[25] 15

2. § 24 und Grundgesetz

Außer zu Art. 34 GG weist § 24 insoweit eine verfassungsrechtl. Relevanz auf, als die dienstrechtl. **Haftung** des Soldaten auf sog. Messbeträge **beschränkt** werden kann. Das BAG[26] hat die Beschränkung der Arbeitnehmerhaftung verfassungsrechtl. aus Art. 12 Abs. 1 und Art. 2 Abs. 1 GG für „geboten" erklärt. Das BVerwG[27] ist dieser Ableitung zwar nicht gefolgt; es begründet die sog. innenrechtl. Haftungsbeschränkung mit der Fürsorgepflicht des Dienstherrn. Diese wiederum lässt sich, zumindest für Beamte, auf die hergebrachten Grundsätze des Berufsbeamtentums gem. Art. 33 Abs. 5 GG stützen.[28] 16

3. Absatz 1

a) Satz 1

aa) Personenkreis: „Soldat" i.S.d. Best. sind alle Personen, die sich zur Tatzeit **in einem Wehrdienstverhältnis** befinden (§ 1 Abs. 1 Satz 1), also GWDL, FWDL, SaZ, BS, Eignungsübende, übende Res und Dienstleistungspflichtige. **Kein Soldat** im Rechtssinne ist der sog. **faktische Soldat**; er haftet nach den Best. des BGB.[29] Dies gilt auch für **ehem. Soldaten**, sofern sie nach ihrem Ausscheiden gem. § 23 Abs. 2 gegen ihre nachwirkenden Pflichten verstoßen.[30] 17

---

21 BVerfGE 61, 149 (Ls 1).
22 BVerfGE 61, 149 (Ls 1).
23 Allg. Meinung. Vgl. GKÖD I Yk, § 24 Rn. 3; *Jarass*, in: *Jarass/Pieroth*, GG, Art. 34 Rn. 6 m.w.N.
24 GKÖD I Yk, § 24 Rn. 2; *Scherer/Alff*, SG, § 24 Rn. 1.
25 *Menger/Erichsen*, VerwArch 1966, 381.
26 BAGE 78, 56 (65).
27 ZBR 2004, 352.
28 Wenn *Zetzsche* (ZBR 2004, 136) die Fürsorgepflicht des Dienstherrn gegenüber allen öff.-rechtl. Beschäftigten für verfassungsmäßig begründet hält, ist dies wegen der begrenzten Reichweite von Art. 33 Abs. 5 GG nicht ohne Weiteres nachvollziehbar.
29 GKÖD I Yk, § 24 Rn. 7; *Scherer/Alff*, SG, § 24 Rn. 2.
30 *Scherer/Alff*, SG, § 24 Rn. 2. A.A. GKÖD I Yk, § 24 Rn. 7.

18 Eine Haftung gem. § 24 setzt voraus, dass das schadensbegründende Ereignis **in die Wehrdienstzeit** fällt; „abgewickelt" werden kann es auch nach deren Beendigung, „soweit nicht das Gesetz oder die Natur der Sache entgegenstehen".[31] Stirbt der ersatzpflichtige Soldat vor dem Abschluss des Regressverfahrens, kann der Bund seine Ansprüche gegenüber den **Erben** geltend machen.[32]

19 Verursacht ein **WPfl** während der **Wehrüberwachung** oder ein **Dienstleistungspflichtiger** während der **Dienstleistungsüberwachung** vorsätzlich oder grob fahrlässig Schäden und Verluste an ausgehändigten Bekleidungs- und Ausrüstungsstücken, haftet er hierfür nicht aus § 24, sondern aus der Spezialvorschrift des § 24 Abs. 6a WPflG[33] bzw. § 77 Abs. 5 SG. Hierfür genügte beim erstgenannten Personenkreis bis zum SkResNOG **einfache Fahrlässigkeit**.

20 bb) Pflichtverletzung: „Die ihm obliegenden Pflichten" sind mit den **„Pflichten" i.S.d. § 23 Abs. 1** identisch.[34]

Dies bedeutet zusammengefasst:

Es muss sich um eine **gesetzl. begründete Pflicht** des Soldaten handeln. Solche Pflichten finden sich insbes. im SG, aber auch in anderen Gesetzen, z.B. der WDO (§§ 32 ff.). Dienstvorschriften, Erlasse oder Weisungen können nur dann eine Dienstpflicht des Soldaten konstituieren, wenn sie ihrerseits, notfalls im Auffangtatbestand des § 7[35], eine **gesetzl. Basis** haben.[36]

21 Eine (Dienst-)Pflicht ist dann verletzt, wenn der Soldat den objektiven Tatbestand einer ihm gesetzl. auferlegten Pflicht durch Handeln oder Unterlassen „verfehlt" hat.[37]

22 cc) Verschulden: Der Soldat haftet seit der Gesetzesänd. von 1992[38] für **Vorsatz** und **grobe Fahrlässigkeit**.

Bei der Auslegung dieser Schuldformen kann auf das Zivil- und Strafrecht und die Rspr. der ordentlichen Gerichte zurückgegriffen werden. Danach handelt **vorsätzlich**, wer mit Wissen und Wollen seine Dienstpflichten verletzt. Dies gilt auch dann, wenn eine Dienstpflichtverletzung billigend in Kauf genommen wird. **Fahrlässig** handelt, wer die im Verkehr erforderliche Sorgfalt außer Acht lässt (§ 276 Abs. 2 BGB). **Grob fahrlässig** handelt, wer die im Verkehr erforderliche Sorgfalt in besonders schwerem Maße verletzt, wer nicht beachtet, was im gegebenen Fall jedem einleuchten muss oder wer die einfachsten, ganz naheliegenden Überlegungen nicht anstellt.[39]

23 dd) Ersatz des Schadens: Der **Schadensbegriff** des soldatischen Dienstrechts entspricht demjenigen, der den **§§ 249 ff. BGB** zu Grunde liegt.[40] Dies bedeutet z.B.: Wiederherstellung des früheren Zustandes (§ 249 Abs. 1 BGB), alternativ Geldersatz (§ 249

---

31 BVerwGE 27, 250 (252) = NJW 1967, 2425.
32 *Plog/Wiedow/Lemhöfer*, BBG, § 78 Rn. 16b; *Scherer/Alff*, SG, § 24 Rn. 2.
33 Vgl. zu dieser Differenzierung OVG Münster RiA 1985, 144.
34 BVerwGE 39, 307 (310) = MDR 1972, 806.
35 Vgl. z.B. OVG Münster 12 A 7478/95.
36 GKÖD I Yk, § 24 Rn. 7; *Scherer/Alff*, SG, § 23 Rn. 2.
37 Vgl. GKÖD I Yk, § 24 Rn. 7.
38 Vgl. o. Rn. 8.
39 BVerwGE 19, 243; OVG Münster RiA 1985, 23; OVG Münster NZWehr 1986, 170; OVG Lüneburg NZWehr 1989, 260 (Verletzung der Sorgfaltspflicht eines Truppenarztes). Weitere Hinw. bei *Scherer/Alff*, SG, § 24 Rn. 3.
40 GKÖD I Yk, § 24 Rn. 18; *Scherer/Alff*, SG, § 24 Rn. 5 m.w.N.

Abs. 2 BGB); Ersatz des entgangenen Gewinns (§ 252 BGB); Einbeziehung des Mitverschuldens (§ 254 BGB[41]).
Danach ist i.s.d. herkömmlichen sog. **Differenzmethode** als Schaden der Unterschied zwischen der Vermögenslage des Bundes, wie sie sich infolge der schuldhaften Dienstpflichtverletzung gestaltet hat, und seiner Vermögenslage, wie sie ohne dieses Ereignis bestehen würde, anzusehen.[42]
Ergänzend ist der Schaden zu ersetzen, der dem Bund durch die vorübergehende Entziehung der Nutzungsmöglichkeit von dienstl. Gerät/der Einsatzmöglichkeit von Soldaten zu dienstl. Zwecken entsteht (sog. **normativer Schadensbegriff**).[43] Voraussetzung ist jew., dass das Gerät/der Soldat über einen längeren Zeitraum dem dienstl. Zugriff entzogen wurde und eine wirtschaftliche Nutzung des mil. Gerätes in Frage gekommen wäre.[44]

Zwischen der Dienstpflichtverletzung und dem eingetretenen Schaden muss ein **Ursachenzusammenhang** bestehen. Dieser ist dem Soldaten nur dann zuzurechnen, wenn die Dienstpflichtverletzung nach allg. Lebenserfahrung für einen objektiven Betrachter geeignet war, den Schaden herbeizuführen (sog. *Adäquanztheorie*).[45] Ganz unwahrscheinliche Kausalabläufe sollen damit aus Gründen der Billigkeit ausgeschlossen werden.

24

Str. ist, ob **Zinsaufwendungen** des Bundes für Kredite zur Deckung des Bundeshaushalts zu ersetzen sind. Das BVerwG[46] hatte dies zunächst verneint, da ein Nachweis zwischen den Aufwendungen des Bundes für Kreditzinsen und der zum Schaden führenden Dienstpflichtverletzung des Soldaten nicht habe erbracht werden können. Nach krit. Anmerkungen in der Lit.[47] hat das BVerwG in einer neueren Entsch.[48] eine Zinsforderung des Bundes (gegenüber einem Beamten) für begründet erachtet, wenn der Schädiger eine zinswirksame Verwendung des entzogenen Kapitals verhindert hatte. Eines konkreten Nachweises, dass der Pflichtverstoß ursächlich für eine bestimmte Kapitalmaßnahme (Kreditaufnahme) des Bundes war, bedarf es dann nicht.

25

ee) **Beweislast:** Grds. trägt der **Bund** die materielle Beweislast für den Kausalzusammenhang zwischen der Dienstpflichtverletzung und dem eingetretenen Schaden. Etwas **anderes** gilt, wenn der Soldat die Pflichtverletzung nicht zu vertreten hat (entspr. Anwendung von § 280 Abs. 1 Satz 2 BGB – früher § 282 Abs. 1 Satz 2 BGB)[49] oder wenn der Beweis des ersten Anscheins gegen den Soldaten spricht.[50]

26

Voraussetzung für die **Umkehr der Beweislast** gem. § 280 Abs. 1 Satz 2 BGB ist, dass die Schadensursache aus einem Gefahrenbereich hervorgegangen ist, für den der Soldat

27

---

41 Vgl. BVerwGE 27, 250 = NJW 1967, 2425; GKÖD I Yk, § 24 Rn. 20.
42 BVerwGE 69, 331 (333) = NJW 1985, 875; BVerwG ZBR 1991, 249.
43 BVerwG DokBer B 1979, 16; BVerwGE 56, 315 (319) = NJW 1979, 885; BVerwGE 69, 331 (333) = NJW 1985, 875.
44 Vgl. die vorstehenden Entsch.; *Scherer/Alff*, SG, § 24 Rn. 5 m.w.N.
45 BVerwGE 69, 331 (334) = NJW 1985, 875; BVerwGE 70, 296 (300) = NJW 1985, 2602; BVerwG ZBR 1999, 278; BVerwG *Buchholz* 236.1 § 24 SG Nr. 18; BVerwG ZBR 2004, 352; GKÖD I Yk, § 24 Rn. 18; *Scherer/Alff*, SG, § 24 Rn. 7 m.w.N. Dabei können selbst die mit der Einschaltung eines Detektivbüros verbundenen Kosten gegenüber dem Schädiger geltend gemacht werden (OVG Koblenz DÖV 2005, 670).
46 BVerwG NJW 1989, 1232.
47 Vgl. *Schön*, NJW 1993, 961.
48 BVerwGE 115, 15 = ZBR 2002, 315. Vgl. auch BVerwG ZBR 2003, 249.
49 St. Rspr. seit BVerwGE 37, 192 (199). Zuletzt BVerwG ZBR 1999, 278.
50 VGH Mannheim BWV 1980, 35 (Verkehrsunfall in Folge alkoholbedingter Fahruntüchtigkeit).

die alleinige Verantwortung trägt. Dies ist beispielsweise dann nicht der Fall, wenn der Soldat Ausrüstungsstücke verloren hat, während der fraglichen Zeit (wegen eines Lehrgangs) aber nicht die ununterbrochene Verfügungsgewalt über diese hatte.[51] Ebenso ist zu verfahren, wenn der Soldat den mit einer Kassenführung verbundenen Gefahrenbereich nicht ausschließlich beherrscht hat, d.h. dieser nicht frei von fremder Einflussnahme war.[52]

28 **ff) Wegfall der Bereicherung:** Hat der Soldat durch eine vorsätzliche oder grob fahrlässige Verletzung seiner Mitteilungs- und Prüfungspflichten eine **Überzahlung mit Dienstbezügen** verursacht, haftet er (auch) aus § 24 auf Rückzahlung. Auf den Wegfall der Bereicherung entspr. § 818 Abs. 3 BGB kann er sich nicht berufen.[53]

29 **gg) Haftungsbeschränkungen:** Verursacht der Soldat mit einem Dienst-Kfz einen **Verkehrsunfall**, ist seine Haftung wie folgt geregelt:

Ist das Fahrzeug gem. § 2 Abs. 1 Pflichtversicherungsgesetz von der Versicherungspflicht befreit und tatsächlich nicht haftpflichtversichert, haftet der Bund für den Schaden des Dritten (**Fremdschaden**). Gem. § 2 Abs. 2 Satz 4 dieses Gesetzes darf der Bund insoweit den Soldaten nur ebenso in Anspruch nehmen wie ein Haftpflichtversicherer seinen Versicherungsnehmer. Der Rückgriff ist damit i.d.R. ausgeschlossen.[54] Für den **Eigenschaden** des Bundes haftet der Soldat gem. § 24.[55]

30 Die früher geltende Haftungsbeschränkung bei sog. gefahrgeneigter Tätigkeit besteht seit 1994 nicht mehr.[56] Inzwischen wird eine allg. Haftungsbeschränkung des Soldaten gegenüber dem Bund aus der **Fürsorgepflicht des Dienstherrn** abgeleitet. Danach ist der Soldat zum Schadensersatz „nur insoweit heranzuziehen, als dies angemessen, verhältnismäßig und billig ist".[57] Insbes. bei besonders hohen Schäden kann nach pflichtgemäßem Ermessen der Geltendmachung und Durchsetzung des Schadensersatzanspruchs ganz oder teilweise **abgesehen** werden, wenn der volle Ersatz die Lebensführung des Soldaten „in unerträglicher Weise beeinträchtigen" würde.[58] Dementspr. wird auch in der Praxis verfahren.[59]

b) Satz 2

31 In Anwendung von Satz 2 wird der **Rechtsgedanke der gesamtschuldnerischen Haftung** der § 421, § 830 Abs. 1, § 840 Abs. 1 BGB auf das soldatische Dienstrecht übertragen. Gem. § 830 Abs. 1 Satz 2 BGB haften mehrere beteiligte Soldaten und zwar jeder in voller Höhe dem Bund auch dann, wenn sich nicht ermitteln lässt, welcher von ihnen den Schaden durch seine Handlung verursacht hat. Hierfür müssen folgende Voraussetzungen vorliegen:

Bei jedem beteiligten Soldaten muss ein anspruchsbegründendes Verhalten mit Ausnahme des Nachweises der Ursächlichkeit gegeben sein; einer der Beteiligten muss den

---

51 BVerwG *Buchholz* 238.4 § 24 SG Nr. 11.
52 BVerwG DVBl. 1988, 1067.
53 BVerwGE 39, 307 = MDR 1972, 806.
54 BVerwGE 70, 296 = NJW 1985, 2602. Vgl. jedoch BVerwG ZBR 2004, 130 zur Drittschadensliquidation.
55 *Scherer/Alff*, SG, § 24 Rn. 10; *Zetzsche*, ZBR 2004, 130.
56 Vgl. BAGE 78, 56; *Zetzsche*, ZBR 2004, 133 m.w.N.
57 BVerwG ZBR 2004, 352. Vgl. *Zetzsche*, ZBR 2004, 130 ff.; im Ergebnis ebenso GKÖD I Yk, § 24 Rn. 16 f.
58 BVerwG ZBR 2004, 352; *Plog/Wiedow/Lemhöfer*, BBG, § 78 Rn. 50.
59 Vgl. § 59 BHO u. die Einziehungsrichtlinien des BMVg i.d. jew. geltenden Fassung. Die Höhe der Messbeträge orientiert sich an dem Maß des Verschuldens im konkreten Fall.

Schaden verursacht haben; es ist nicht feststellbar, welcher der Beteiligten den Schaden (ganz oder teilweise) verursacht hat.[60]

Die Inanspruchnahme eines Soldaten als Gesamtschuldner muss unter Berücksichtigung seines „Schuldbeitrages" **vertretbar** erscheinen.[61] Insofern kann sich der Soldat ausnahmsweise auf das **Mitverschulden** (§ 254 BGB) eines anderen beteiligten Soldaten berufen, wenn dieses dem Bund als Mitverschulden zuzurechnen ist.[62] 32

Die **Ausgleichung** der in Anspruch genommenen Soldaten untereinander bestimmt sich nach § 426 BGB. 33

4. Absatz 2

Die **Verjährung** der Schadensersatzansprüche gem. § 24 ist, anders als nach früherem Recht, nicht mehr § 852 Abs. 1 BGB a.F. nachgebildet.[63] Die maximal 30-jährige Verjährungsfrist fand sich bis zum In-Kraft-Treten des SkResNOG nur noch in § 24 Abs. 6 Satz 5 WPflG (Fassung 2002).[64] 34

Problematisch ist gelegentlich der **Beginn der Verjährungsfrist** von drei Jahren. Maßgeblich ist gem. Abs. 2 Satz 1 der Zeitpunkt, in dem der „Dienstherr" von dem Schaden und der Person des Ersatzpflichtigen Kenntnis erlangt hat. Im Bereich der Bw ist „Dienstherr" i.S.d. Satzes 1 die „fachaufsichtsführende Dienststelle", nicht der „nächste Vorgesetzte" i.S.d. Nr. 7 Abs. 1 der SB.[65] Nur diese ist „innerbehördlich" zur Überprüfung der Rechtmäßigkeit des Handelns des Soldaten befugt bzw. berechtigt, einen Schadensersatzanspruch geltend zu machen.[66] Konkret bedeutet dies, dass es auf die **Kenntnis der WBV bzw. des BAWV**[67] ankommt. 35

„Kenntniserlangung" setzt nicht voraus, dass der Dienstherr alle Einzelheiten eines Schadens überblickt. Es genügt, dass er den Hergang der Schädigung „in seinen Grundzügen" kennt und weiß, dass der Sachverhalt „erhebliche Anhaltspunkte" für eine Ersatzpflicht des Soldaten bietet,[68] so dass eine Schadensersatzklage mit „einigermaßen sicherer Aussicht auf Erfolg" erhoben werden kann.[69]

Die Verjährung kann entspr. den Best. der §§ 203 ff. BGB **gehemmt** sein; sie wird durch einen Leistungsbescheid **unterbrochen**.[70] 36

5. Absatz 3

Abs. 3 bedarf keiner Komm.; er hat bisher in der Praxis keine Anwendungsprobleme ausgelöst. Zur Durchführung ist u.a. auf den oben[71] zit. Erl. des BMVg „Schadensersatzansprüche des Bundes gegen Dritte ..." zu verweisen. 37

---

60 BVerwG ZBR 1999, 278.
61 GKÖD I Yk, § 24 Rn. 19.
62 BVerwGE 56, 315 = NJW 1979, 885; *Scherer/Alff*, SG, § 24 Rn. 11 m.w.N.
63 Die Ausführungen von *Scherer/Alff*, SG, § 24 Rn. 12 (vgl. auch OVG Münster NZWehrr 1994, 42), entsprechen insoweit nicht mehr der heutigen Rechtslage.
64 Nunmehr gilt gem. § 24 Abs. 6a Satz 2 WPflG n.F. eine maximal zehnjährige Verjährungsfrist.
65 BVerwG DVBl. 1990, 249; ZBR 1999, 278.
66 Vgl. die Nachweise in Fn. 65.
67 Nr. 9 ff. der SB.
68 BVerwG DVBl. 1990, 249.
69 BVerwG ZBR 2004, 352.
70 BVerwGE 34, 97 (99).
71 Rn. 12.

6. Sonstiges

a) Geltendmachung

38 Der Bund kann mit seiner Schadensersatzforderung entspr. §§ 387 ff. BGB **aufrechnen**; er kann vor den VG **Leistungsklage** erheben.[72]

39 Im Regelfall wird der Bund seinen Schaden gegenüber dem Soldaten (auch dem ehem. Soldaten[73]) durch **VA** geltend machen. Während die früher h.m. die Geltendmachung eines solchen Schadens mittels des sog. Leistungsbescheides ablehnte, ist diese Verfahrensweise inzwischen weitgehend unstr.[74] Der Leistungsbescheid kann gem. § 3 Abs. 2a Verwaltungs-Vollstreckungsgesetz **vollstreckt** werden.[75]

b) Beteiligung von Interessenvertretern

40 Im Zuge der Geltendmachung eines Schadensersatzanspruchs gegen einen Soldaten findet eine **Beteiligung** von VP oder Soldatenvertretern im Personalrat **nicht** statt. Ein auf Grund von § 24 erlassener Leistungsbescheid ist eine Angelegenheit i.S.v. § 52 Abs. 1 Satz 1 SBG, die nur die Soldaten betrifft. Das BPersVG[76] ist daher nicht einschlägig. Das SBG wiederum sieht eine Beteiligung von VP in diesem Zusammenhang nicht vor.[77]

c) Schadensfälle von Vertrauenspersonen

41 Vor dem In-Kraft-Treten des SBG wurde gefordert, die Zuständigkeit für die Bearbeitung von Schäden, die ein Vertrauensmann begangen hatte, auf den nächsthöheren DiszVorg. zu übertragen.[78] Weder das SBG noch die ZDv 10/2 „Beteiligung der Soldaten durch Vertrauenspersonen" haben diesen Gedanken aufgegriffen. Es bleibt daher bei der allg. **Zuständigkeit des nächsten DiszVorg.**

d) Verhältnis Disziplinarrecht und Haftung

42 Die disziplinare Maßregelung eines Dienstvergehens und die Inanspruchnahme eines Soldaten gem. § 24 wegen des gleichen Sachverhalts sind zu **trennen**. Es handelt sich um voneinander unabhängige Verfahren. Dies folgt bereits daraus, dass für die Ahndung eines Dienstvergehens einfache Fahrlässigkeit ausreicht.[79] Ein Leistungsbescheid vermag eine disziplinare Würdigung nicht zu ersetzen.[80] Es ist daher zumindest missverständlich, wenn das BVerwG in früheren Entsch.[81] ausgeführt hat, beim Erlass eines Leistungsbescheides seien auch „Erwägungen erzieherischer Art" zulässig.

43 Die gem. § 145 Abs. 2 WDO **bindende Wirkung** von Entscheidungen der DiszVorg. und der Wehrdienstgerichte für Schadensersatzprozesse erstreckt sich auf die tatsäch-

---

72 *Scherer/Alff*, SG, § 24 Rn. 14, 16. Die frühere Möglichkeit der Inanspruchnahme mittels des Erstattungsgesetzes v. 18.4.1937 (RGBl. I S. 461) besteht seit dem 1.7.2002 nicht mehr (G v. 21.6.2002, BGBl. I S. 2138).
73 BVerwGE 27, 250 = NJW 1967, 2425; BVerwG ZBR 1999, 278.
74 Seit BVerwGE 18, 283 = NJW 1964, 2030 st. Rspr.; vgl. BVerwGE 21, 270 = NJW 1966, 364; BVerwGE 27, 245 = NJW 1967, 2423; BVerwGE 27, 250 = NJW 1967, 2425; *Plog/Wiedow/Lemhöfer*, BBG, § 78 Rn. 62 m.w.N. Krit. noch *Dietlein*, DVBl. 1964, 923; *Menger/Erichsen*, VerwArch 1966, 377 (381 ff.); *Rupp*, JZ 1965, 180.
75 Vgl. *Sadler*, Verwaltungs-Vollstreckungsgesetz/Verwaltungszustellungsgesetz, 5. Aufl. 2002, § 3 VwVG Rn. 7 ff.
76 Vgl. § 76 Abs. 2 Satz 1 Nr. 9, Satz 2 BPersVG.
77 BVerwG *Buchholz* 236.1 § 24 SG Nr. 18.
78 *Peterson*, NZWehrr 1986, 26 f.
79 ZDv 14/3 B 127.
80 *Lingens*, UBWV 1984, 59.
81 BVerwGE 27, 245 (249) = NJW 1967, 2423; BVerwGE 27, 250 (253) = NJW 1967, 2425.

lichen Feststellungen, d.h. den maßgeblichen Sachverhalt, und dessen disziplinare Würdigung.[82]

e) Rechtsweg
Für eine Anfechtungsklage gegen einen Leistungsbescheid ist der **Verwaltungsrechts-** **44**
weg gegeben. Dies schließt Verhaltensweisen eines Vorg. anlässlich der Abwicklung eines Schadensfalles ein.[83] Für Klagen des Bundes gem. Art. 34 Satz 1 GG sind die **ordentlichen Gerichte** zuständig.

§ 25 Wahlrecht; Amtsverhältnisse

(1) Stimmt ein Soldat seiner Aufstellung als Bewerber für die Wahl zum Deutschen Bundestag, zu der gesetzgebenden Körperschaft eines Landes oder zu einer kommunalen Vertretung zu, so hat er dies unverzüglich seinem nächsten Disziplinarvorgesetzten mitzuteilen.

(2) Für die Rechtsstellung der nach dem 1. Juni 1978 in die gesetzgebende Körperschaft eines Landes gewählten Berufssoldaten und Soldaten auf Zeit gelten die für in den Deutschen Bundestag gewählte Berufssoldaten und Soldaten auf Zeit maßgebenden Vorschriften in den §§ 5 bis 7, 8 Abs. 2, § 23 Abs. 5 und in § 36 Abs. 1 des Abgeordnetengesetzes entsprechend.

(3) ¹Für die Tätigkeit als Mitglied einer kommunalen Vertretung, eines nach Kommunalverfassungsrecht gebildeten Ausschusses oder vergleichbarer Einrichtungen in Gemeindebezirken ist dem Soldaten der erforderliche Urlaub unter Belassung der Geld- und Sachbezüge zu gewähren. ²Satz 1 gilt auch für die von einer kommunalen Vertretung gewählten ehrenamtlichen Mitglieder von Ausschüssen, die auf Grund eines Gesetzes gebildet worden sind. ³Urlaub nach Satz 1 oder 2 kann nur versagt werden, wenn nach Abwägung den Interessen des Dienstherrn gegenüber den Interessen der kommunalen Selbstverwaltung ausnahmsweise der Vorrang einzuräumen ist; in diesen Fällen liegt die Entscheidung beim Bundesministerium der Verteidigung.

(4) ¹Wird ein Berufssoldat zum Mitglied der Bundesregierung oder zum Parlamentarischen Staatssekretär bei einem Mitglied der Bundesregierung ernannt, gelten § 18 Abs. 1 und 2 und § 20 des Bundesministergesetzes entsprechend. ²Das gilt auch für die Ernennung zum Mitglied der Regierung eines Landes oder für den Eintritt in ein Amtsverhältnis, das dem eines Parlamentarischen Staatssekretärs im Sinne des Gesetzes über die Rechtsverhältnisse der Parlamentarischen Staatssekretäre entspricht. ³Die Sätze 1 und 2 gelten für Soldaten auf Zeit entsprechend mit der Maßgabe, dass bei Anwendung des § 18 Abs. 2 des Bundesministergesetzes an die Stelle des Eintritts in den Ruhestand die Beendigung des Dienstverhältnisses tritt.

---

82 *Dau*, WDO, § 145 Rn. 7 m.w.N.; a.A. BVerwGE 69, 334 = DVBl. 1984, 1226; *Plog/Wiedow/ Lemhöfer*, BBG, § 78 Rn. 22; *Steinkamm*, NZWehrr 1983, 57.
83 BVerwGE 63, 246 = NZWehrr 1980, 28.

§ 5 AbgG
Ruhen der Rechte und Pflichten aus einem öffentlich-rechtlichen Dienstverhältnis

(1) ¹Die Rechte und Pflichten aus dem Dienstverhältnis eines in den Bundestag gewählten Beamten mit Dienstbezügen ruhen vom Tage der Annahme der Wahl für die Dauer der Mitgliedschaft mit Ausnahme der Pflicht zur Amtsverschwiegenheit und des Verbots der Annahme von Belohnungen und Geschenken. ²Das gleiche gilt, wenn ein Mitglied des Bundestages in ein solches Dienstverhältnis berufen wird, von dem Tage an, mit dem seine Ernennung wirksam wird. ³Der Beamte hat das Recht, seine Amts- oder Dienstbezeichnung mit dem Zusatz „außer Dienst" („a.D.") zu führen. ⁴Bei unfallverletzten Beamten bleiben die Ansprüche auf das Heilverfahren und einen Unfallausgleich unberührt. ⁵Satz 1 gilt längstens bis zum Eintritt oder bis zur Versetzung in den Ruhestand.

(2) Für den in den einstweiligen Ruhestand versetzten Beamten gilt Absatz 1 längstens bis zum Eintritt oder bis zur Versetzung in den dauernden Ruhestand sinngemäß.

(3) ¹Einem in den Bundestag gewählten Beamten auf Widerruf im Vorbereitungsdienst ist auf seinen Antrag Urlaub ohne Anwärterbezüge zu gewähren. ²Wird der Beamte nach Bestehen der Laufbahnprüfung zum Beamten auf Probe ernannt, so ruhen seine Rechte und Pflichten aus diesem Dienstverhältnis nach Absatz 1 von dem Tage an, mit dem die Ernennung wirksam wird.

§ 6 AbgG
Wiederverwendung nach Beendigung des Mandats

(1) ¹Nach der Beendigung der Mitgliedschaft im Bundestag ruhen die in dem Dienstverhältnis eines Beamten begründeten Rechte und Pflichten für längstens weitere sechs Monate. ²Der Beamte ist auf seinen Antrag, der binnen drei Monaten seit der Beendigung der Mitgliedschaft zu stellen ist, spätestens drei Monate nach Antragstellung wieder in das frühere Dienstverhältnis zurückzuführen. ³Das ihm zu übertragende Amt muss derselben oder einer gleichwertigen Laufbahn angehören wie das zuletzt bekleidete Amt und mit mindestens demselben Endgrundgehalt ausgestattet sein. ⁴Vom Tage der Antragstellung an erhält er die Dienstbezüge des zuletzt bekleideten Amtes.

(2) ¹Stellt der Beamte nicht binnen drei Monaten seit der Beendigung der Mitgliedschaft im Bundestag einen Antrag nach Absatz 1, so ruhen die in dem Dienstverhältnis begründeten Rechte und Pflichten (§ 5 Abs. 1) weiter bis zum Eintritt oder bis zur Versetzung in den Ruhestand. ²Die oberste Dienstbehörde kann den Beamten jedoch, wenn er weder dem Bundestag mindestens zwei Wahlperioden angehört noch bei Beendigung der Mitgliedschaft im Bundestag das 55. Lebensjahr vollendet hat, unter Übertragung eines Amtes im Sinne des Absatzes 1 Satz 3 wieder in das frühere Dienstverhältnis zurückführen; lehnt der Beamte die Rückführung ab oder folgt er ihr nicht, so ist er entlassen. ³Satz 2 ist nicht anzuwenden, wenn der Beamte während der Dauer seiner Mitgliedschaft im Bundestag Mitglied der Bundesregierung gewesen ist.

§ 7 AbgG
Dienstzeiten im öffentlichen Dienst

(1) Das Besoldungsdienstalter eines Beamten wird unbeschadet des § 23 Abs. 5 nach Beendigung der Mitgliedschaft im Bundestag entsprechend den allgemeinen für Bundesbeamte geltenden Vorschriften hinausgeschoben.

(2) Wird der Beamte nicht nach § 6 in das frühere Dienstverhältnis zurückgeführt, so wird das Besoldungsdienstalter um die Zeit nach Beendigung der Mitgliedschaft im Bundestag bis zum Eintritt des Versorgungsfalles hinausgeschoben.

(3) ¹Die Zeit der Mitgliedschaft im Bundestag gilt unbeschadet der Regelung des § 23 Abs. 5 nicht als Dienstzeit im Sinne des Versorgungsrechts. ²Das gleiche gilt für die Zeit nach der Beendigung der Mitgliedschaft im Bundestag, wenn der Beamte nicht nach § 6 in das frühere Dienstverhältnis zurückgeführt wird.

Wahlrecht; Amtsverhältnisse § 25

(4) Nach Beendigung der Mitgliedschaft im Bundestag ist die Zeit der Mitgliedschaft auf laufbahnrechtliche Dienstzeiten, mit Ausnahme der Probezeit, anzurechnen.

(5) Nach Beendigung der Mitgliedschaft im Bundestag ist die Zeit der Mitgliedschaft auf Dienst- und Beschäftigungszeiten bei Arbeitnehmern des öffentlichen Dienstes anzurechnen; im Rahmen einer bestehenden zusätzlichen Alters- und Hinterbliebenenversorgung gilt dies nur im Hinblick auf Vorschriften, die die Anwartschaft oder den Anspruch dem Grunde nach regeln.

§ 8 AbgG
Beamte auf Zeit, Richter, Soldaten und Angestellte des öffentlichen Dienstes

(1) ...

(2) Die Rechte und Pflichten aus dem Dienstverhältnis eines Soldaten auf Zeit ruhen längstens für die Dauer der Verpflichtungszeit und eines Beamten auf Zeit längstens für die Zeit, für die er in das Beamtenverhältnis berufen worden ist.

(3) ...

§ 23 AbgG
Versorgungsabfindung

(1) bis (4) ...

(5) Anstelle der Versorgungsabfindung nach Absatz 1 wird die Zeit der Mitgliedschaft im Bundestag auf Antrag als Dienstzeit im Sinne des Besoldungs- und Versorgungsrechts der Beamten, Richter und Soldaten berücksichtigt.

§ 36 AbgG
Übergangsregelung für die Angehörigen des öffentlichen Dienstes

(1) [1]Der auf Grund des Gesetzes über die Rechtsstellung der in den ersten Deutschen Bundestag gewählten Angehörigen des öffentlichen Dienstes vom 11. Mai 1951 (BGBl. I S. 297) oder des Gesetzes über die Rechtsstellung der in den Deutschen Bundestag gewählten Angehörigen des öffentlichen Dienstes vom 4. August 1953 (BGBl. I S. 777), zuletzt geändert durch das Gesetz vom 21. August 1961 (BGBl. I S. 1557), sowie einer entsprechenden Regelung eines Landes in den Ruhestand getretene Beamte, der in den achten Bundestag gewählt worden ist oder in einen späteren Bundestag gewählt wird, gilt mit dem Tage der Annahme der Wahl, frühestens jedoch mit dem In-Kraft-Treten dieses Gesetzes, wieder als in das Beamtenverhältnis unter gleichzeitigem Ruhen der Rechte und Pflichten (§ 5 Abs. 1) berufen, sofern er die allgemeinen Voraussetzungen für die Berufung in das Beamtenverhältnis noch erfüllt. [2]Im Übrigen bleiben die bis zum In-Kraft-Treten dieses Gesetzes nach den §§ 4 und 4a letzter Satz des Gesetzes über die Rechtsstellung der in den Deutschen Bundestag gewählten Angehörigen des öffentlichen Dienstes vom 4. August 1953 begründeten Ansprüche erhalten.

(2) bis (3) ...

§ 18 BMinG

(1) [1]Wird ein Beamter oder Richter des Bundes zum Mitglied der Bundesregierung ernannt, so scheidet er mit dem Beginn des Amtsverhältnisses (§ 2 Abs. 2) aus seinem Amt als Beamter oder Richter aus. [2]Für die Dauer der Mitgliedschaft ruhen die im Dienstverhältnis begründeten Rechte und Pflichten mit Ausnahme der Pflicht zur Amtsverschwiegenheit und des Verbots der Annahme von Belohnungen oder Geschenken. [3]Bei unfallverletzten Beamten oder Richtern bleibt der Anspruch auf das Heilverfahren unberührt.

(2) Endet das Amtsverhältnis als Mitglied der Bundesregierung, so tritt der Beamte oder Richter, wenn ihm nicht innerhalb dreier Monate mit seinem Einverständnis ein anderes Amt übertragen wird, mit Ablauf dieser Frist aus dem Dienstverhältnis als Beamter oder Richter

Eichen

in den Ruhestand und erhält das Ruhegehalt, das er in seinem früheren Amt unter Hinzurechnung der Amtszeit als Mitglied der Bundesregierung erdient hätte.

(3) bis (4) ...

§ 20 BMinG

(1) Steht einem Mitglied oder einem ehemaligen Mitglied der Bundesregierung auf Grund eines früheren Dienstverhältnisses als Beamter oder Richter oder eines früheren Amtsverhältnisses als Landesminister (§ 18 Abs. 4) ein Anspruch auf Ruhegehalt oder auf eine ruhegehaltähnliche Versorgung zu, so ruht dieser Anspruch für einen Zeitraum, für den Amtsbezüge (§ 11), Übergangsgeld oder Ruhegehalt aus dem Amtsverhältnis (§§ 14, 15, 17) zu zahlen sind, bis zur Höhe des Betrages dieser Bezüge.

(2) ¹Wird ein ehemaliges Mitglied der Bundesregierung, das Übergangsgeld oder Ruhegehalt aus dem Amtsverhältnis bezieht, im öffentlichen Dienst wiederverwendet, so erhält es diese Bezüge nur insoweit, als das Einkommen aus der Verwendung hinter dem für denselben Zeitraum zustehenden Übergangsgeld oder Ruhegehalt zurückbleibt. ²Das gleiche gilt für ein Ruhegehalt oder eine ruhegehaltähnliche Versorgung auf Grund der Wiederverwendung.

(3) ¹Die Absätze 1 und 2 finden auf die Hinterbliebenen (§ 16) entsprechende Anwendung. ²§ 54 Abs. 3 und Abs. 4 Satz 2 des Beamtenversorgungsgesetzes gilt sinngemäß.

(4) Für ein ehemaliges Mitglied der Bundesregierung oder seine Hinterbliebenen gilt *§ 160b des Bundesbeamtengesetzes** einschließlich der dazu ergangenen Übergangsvorschriften sinngemäß.

(5) Für ein ehemaliges Mitglied der Bundesregierung gilt § 53a des Beamtenversorgungsgesetzes sinngemäß mit folgenden Maßgaben:

1. An die Stelle der in § 53a Abs. 1 Satz 1 des Beamtenversorgungsgesetzes genannten Rechtsvorschriften tritt § 15 Abs. 5 dieses Gesetzes.
2. Von dem Ruhegehalt nach § 15 Abs. 5 ist mindestens ein Betrag in Höhe des Ruhegehaltes, das sich ohne Anwendung des § 15 Abs. 5 ergeben würde, mindestens aber ein Betrag in Höhe von fünfzehneindrittel vom Hundert des Amtsgehaltes und des Ortszuschlages, zu belassen; § 15 Abs. 1 Satz 2 findet keine Anwendung.
3. Die Anrechnung endet mit Ablauf des Monats, in dem das fünfundsechzigste Lebensjahr vollendet wird.

* Vorschrift aufgehoben durch § 92 Abs. 1 Nr. 5 des G v. 24.8.1976 (BGBl. I S. 2485 mit Wirkung v. 1.1.1977); vgl. jetzt § 56 BeamtVG i.V.m. § 90 BeamtVG.

Literatur: *Alff, Richard:* Zur Rechtsstellung der in ein Parlament gewählten Soldaten, NZWehr 1980, 201; *Bornemann, Roland:* Soldatenpflichten und Abgeordnetenmandat, NZWehr 1985, 133; *Braun, Werner/Jantsch, Monika/Klante, Elisabeth:* Abgeordnetengesetz, Kommentar, 2002; *Demandt, Ecke:* Zur Versetzung von Soldaten, die Mitglieder eines Personalrates, Vertrauensmann oder kommunale Mandatsträger sind, NZWehr 1984, 105; *Eichen, Klaus:* Das „Gesetz zur Änderung des Soldatengesetzes und anderer Vorschriften (SGÄndG)" vom 19. Dezember 2000, NZWehr 2001, 45; *Henkel, Joachim:* Die Rechtsstellung der in den Bundestag gewählten Beamten, ZBR 1977, 113; *Schmidt-Bremme, Götz:* Der Versetzungsschutz durch das kommunalpolitische Mandat, NZWehr 1989, 68; *Sträter, Carl Ludwig:* Das Europaabgeordnetengesetz, ZBR 1979, 221; *ders.:* Zur Rechtsstellung der in ein Parlament gewählten Angehörigen des öffentlichen Dienstes – Bundesrechtliche Regelungen, RiA 1980, 81; *ders.:* Zur Rechtsstellung der in ein Parlament gewählten Soldaten und Professoren, RiA 1980, 181.

Wahlrecht; Amtsverhältnisse § 25

Übersicht

	Rn.		Rn.
A. Allgemeines	1 – 8	**B. Erläuterungen im Einzelnen**	9 – 41
1. Zweck der Vorschrift	1	1. Absatz 1	9 – 12
2. Entstehung der Vorschrift	2 – 3	2. Absatz 2	13 – 27
3. Änderungen der Vorschrift	4	3. Absatz 3	28 – 36
4. Bezüge zum Beamtenrecht bzw. zu sonstigen rechtl. Vorschriften; ergänzende Dienstvorschriften	5 – 8	4. Absatz 4	37 – 41

A. Allgemeines

1. Zweck der Vorschrift

§ 25 regelt die Rechtsstellung der in ein Parlament zu wählenden oder gewählten BS und SaZ, in Abs. 1 und 3 auch der wpfl Soldaten, soweit deren Rechte und Pflichten nicht bereits in anderen Vorschriften ausgestaltet sind. **1**

Abs. 1 begründet eine **Anzeigepflicht** aller Soldaten gegenüber dem mil. Vorgesetzten. **Abs. 2** regelt die **dienstrechtl. Stellung** der in einen **Landtag** gewählten BS und SaZ, **Abs. 3** die Gewährung von **Urlaub** für **Mitglieder kommunaler Vertretungen** und sonstiger entspr. Einrichtungen auf dieser Ebene. **Abs. 4** befasst sich mit der **Rechtsstellung** von BS und SaZ, die im Bund oder auf Länderebene ein **Ministeramt** oder das Amt eines **ParlSts** antreten.

2. Entstehung der Vorschrift

§ 22 des REntw. sah in Abs. 1 ein **aktives Wahlrecht** aller Soldaten vor, das diesen ausdrücklich in bewusster Abkehr von der Vergangenheit[1] unbeschränkt verliehen werden sollte.[2] Abs. 2 konzipierte Regelungen zum **passiven Wahlrecht**, die sich mit dem Schicksal des Dienstverhältnisses der BS und SaZ befassten, die sich auf Bundes- oder Länderebene als Wahlkandidaten aufstellen ließen. Dabei war ein Ausscheiden aus dem Wehrdienstverhältnis bereits zum Zeitpunkt der Aufstellung als Wahlbewerber vorgesehen. **2**

In der Erstfassung des SG wurde jedoch auf eine Vorschrift zum aktiven Wahlrecht der Soldaten verzichtet. Sie wurde als entbehrlich angesehen, nachdem den Soldaten in § 6 die gleichen staatsbürgerlichen Rechte wie jedem anderen Staatsbürger zugestanden worden waren.[3] In § 25 Abs. 1 wurde das **passive Wahlrecht der BS** in derselben Form geregelt wie bei den Beamten; für **SaZ** wurde in Abs. 2 eine Regelung getroffen, wie sie bei den Ang. im Dienst des Bundes vorgesehen war.[4] Die damals zulässige Weiterzahlung der Hälfte der Dienstbezüge war längstens bis zum Ablauf der Verpflichtungszeit als SaZ möglich. Ein Ausscheiden aus dem Wehrdienstverhältnis wurde, anders als im REntw. vorgesehen, erst für den Zeitpunkt der Annahme der Wahl durch den Soldaten festgelegt. **3**

3. Änderungen der Vorschrift

§ 25 wurde mehrmals so wesentlich geä., dass nur noch der heutige Abs. 1 dem Abs. 1 Satz 1 der Erstfassung in etwa gleicht: **4**

---

1 Nach § 36 WG 1921 durften Soldaten weder politisch tätig werden noch politischen Vereinen angehören. Für sie ruhte das Recht zum Wählen o. zur Teilnahme an Abstimmungen im Reich, in den Ländern u. Gemeinden.
2 Vgl. BT-Drs. II/1700, 25.
3 BT-Drs. II/2140, 9; *Rittau*, SG, 165 f.
4 S. BT-Drs. ebd.

Eichen 343

§ 25 Gemeinsame Vorschriften

- Durch Art. 1 Nr. 1 des G vom **9.7.1962**[5] wurde Abs. 1 neu gefasst. Auf die Pflicht zur Mitteilung bei einer Aufstellung für die Wahl zu einer kommunalen Vertretungskörperschaft wurde verzichtet.
- Durch Art. VI Abs. 1 Nr. 2 des G vom **18.2.1977**[6] erhielt § 25 für eine Übergangszeit eine neue Fassung. Mit ihr sollte erreicht werden, dass die damalige Rechtsstellung der in ein Landesparlament gewählten Soldaten bis zur Neuregelung der Rechtsstellung der Landtagsabg. erhalten bleiben konnte.[7] Auf eine Regelung der Rechtsverhältnisse der in den BT gewählten BS und SaZ in § 25 konnte – auch in Form einer Verweisung – verzichtet werden, weil diese Rechtsstellung im neuen AbgG für alle Angehörigen des öff. Dienstes einheitlich ausgestaltet wurde.
- Durch Art. 6 Abs. 1 Nr. 2 des G vom **30.7.1979**[8] wurde § 25 novelliert. Die damals formulierten Abs. 1 bis 3 finden sich im Wesentlichen in der aktuellen Fassung wieder. In Abs. 1 wurde die in der Erstfassung enthaltene, 1962 gestrichene Mitteilungspflicht für BS und SaZ bei einer Bewerbung zu einer kommunalen Vertretung wieder eingeführt und auf WPfl ausgedehnt. In Abs. 2 wurde die Rechtsstellung der in einen Landtag gewählten BS und SaZ geregelt. Abs. 3 regelte die dienstrechtl. Folgen der Wahl eines Soldaten in eine kommunale Vertretung.[9]
- Durch Art. 2 Nr. 2 des G vom **24.2.1983**[10] wurde Abs. 4 (Ernennung eines BS oder SaZ zum Min. oder ParlSts) angefügt; die Überschrift des § 25 wurde entspr. geä.
- Durch das **SGÄndG** wurde die Überschrift des § 25 erneut geä. Die Verweisung auf das AbgG in Abs. 2 Satz 1 wurde generalisiert, dem Abs. 3 ein Satz 3 angefügt.
- Durch Art. 2 Nr. 9 des **SkResNOG** wurde Abs. 2 Satz 2 aufgehoben und damit der bereits auf Grund des Diätenurt. des BVerfG[11] nicht mehr zulässigen Weitergewährung von Besoldungsanteilen an Soldaten, die in einen Landtag gewählt sind, auch die formalgesetzl. Grundlage entzogen.

4. Bezüge zum Beamtenrecht bzw. zu sonstigen rechtl. Vorschriften; ergänzende Dienstvorschriften

5 Eine identische Vorschrift findet sich für **Bundesbeamte** nicht. Abs. 2 korrespondiert weitgehend mit § 89a Abs. 1 BBG, Abs. 3 Satz 1 und 2 mit § 89 Abs. 3 BBG. Abs. 4 war für BS und SaZ notwendig, weil §§ 18, 20 BMinG nur die rechtl. Stellung von Beamten und Richtern regeln.

Für **Richter im Bundesdienst** gelten § 36 Abs. 2, 121 DRiG.

Für **Landesbeamte** und **Richter im Landesdienst** gelten landesrechtl. Vorschriften (vgl. z.B. § 22 bis 26 AbgG NRW; § 15 des LandesMinG NRW).

6 Wird ein Angehöriger des öff. Dienstes (auch ein BS oder SaZ) mit Dienstbezügen in das **Europ. Parlament** gewählt, gilt § 8 Abs. 3 EuAbgG insbes. i.V.m. §§ 5 bis 9 und 36 Abs. 1 und 2 AbgG sowie § 25 SG.

7 Hat ein **WPfl** seiner Aufstellung für die Wahl zum BT, zu einem Landtag oder zum Europ. Parlament zugestimmt, ist er bis zur Wahl vom Wehrdienst zurückzustellen. Hat er die Wahl angenommen, kann er für die Dauer des Mandats nur auf seinen Antrag

---
5 BGBl. I S. 447.
6 BGBl. I S. 297. Durch dieses G wurden die Rechtsverhältnisse der Mitglieder des BT, wesentlich beeinflusst durch das sog. „Diätenurteil" des BVerfG v. 5.11.1975 (BVerfGE 40, 296), vor allem im AbgG neu geregelt.
7 Vgl. BT-Drs. 7/5903, 18.
8 BGBl. I S. 1301.
9 Vgl. BT-Drs. 8/819, 11 f.
10 BGBl. I S. 179.
11 S. Fn. 6.

Wahlrecht; Amtsverhältnisse   § 25

einberufen werden (§ 12 Abs. 3 WPflG). Ein Soldat, der auf Grund der WPfl Wehrdienst leistet, ist zu entlassen, wenn er seiner Aufstellung für die Wahl zum BT, zu einem Landtag oder zum Europäischen Parlament zugestimmt hat (§ 29 Abs. 1 Satz 3 Nr. 7 WPflG).

Für **ZDL** finden sich entspr. Regelungen in § 11 Abs. 3, § 43 Abs. 1 Nr. 6 ZDG.

Das **BMVg** hat ergänzende Regelungen in folgenden Erl. getroffen: 8
- „Politische Betätigung von Soldaten, insbesondere bei Europa-, Bundestags-, Landtags- und Kommunalwahlen" vom 18.11.1980[12]
- „Kommunalpolitische Tätigkeit und Übernahme von öffentlichen Ehrenämtern sowie Wahrnehmung ehrenamtlicher Tätigkeiten durch Soldaten" vom 30.3.2001[13]

B. Erläuterungen im Einzelnen

1. Absatz 1

Die Best. legt **für jeden Soldaten**, auch einen **WPfl**, die Pflicht fest, seinem nächsten   9
DiszVorg. unverzüglich (ohne schuldhaftes Zögern) zu melden, wenn er seiner Aufstellung als Bewerber für die **Wahl zum BT**, zu einem **Landtag** oder zu einer **kommunalen Vertretung**[14] zugestimmt hat. Nicht erwähnt wird eine Bewerbung für die Wahl zum **Europ. Parlament**. Insoweit haben betroffene BS und SaZ jedoch dieselbe Meldepflicht. Dies ergibt sich aus § 8 Abs. 3 EuAbgG, der § 25 auf Angehörige des öff. Dienstes im Soldatenstatus bei Bewerbungen für die Wahl zum Europ. Parlament ausdrücklich für entspr. anwendbar erklärt. Dies gilt nicht für WPfl. Diese haben ihre Bewerbung auf Grund der entspr. Weisung in Anl. 2 zu dem unter Rn. 8 genannten Erl. des BMVg vom 18.11.1980 ihrem nächsten DiszVorg. mitzuteilen.

Voraussetzung für die Meldepflicht ist die **Zustimmung** des Soldaten zur **Aufstellung**   10
als Wahlbewerber. Wahlbewerbung ist nicht schon jede mit einer möglichen zukünftigen Wahl in Verbindung stehende Aktivität zu Gunsten einer politischen Partei oder Gruppierung.[15] Notwendig ist vielmehr ein **ernsthaftes**, dem Dienstherrn ggf. nachzuweisendes und auf Verlangen glaubhaft zu machendes[16] **Bemühen** um die eigene Wahl in eine gesetzgebende Körperschaft oder in eine kommunale Vertretung. Dieser Nachweis ist bei **Wahlkandidaten**, die sich mit ihrer schriftl. Zustimmung um einen Sitz im BT oder in einem Landtag bewerben, formal geführt, sobald sie von einer Partei oder Wählergruppe[17] dem Wahlleiter in einem Wahlvorschlag namhaft gemacht und vom Wahlausschuss zugelassen worden sind (vgl. für die Wahl zum BT §§ 19, 26 ff. BWG; für die Wahl zu einem Landtag z.B. §§ 19 ff. Landeswahlgesetz NRW).[18] Für Wahlen zu kommunalen Vertretungen gelten entspr. Best. über Wahlvorschläge und deren Zulassung (vgl. z.B. §§ 15 ff. Kommunalwahlgesetz NRW i.V.m. §§ 24 ff. Kommunalwahlordnung NRW).

---
12 VMBl. 1980 S. 533; 1988 S. 25.
13 VMBl. 2001 S. 116.
14 Erfasst werden im Wesentlichen (vgl. z.B. § 1 Abs. 1 Kommunalwahlgesetz NRW) Wahlen zu Gemeinderäten, Kreistagen, zu Bezirksvertretungen, zum Bürgermeister o. Landrat.
15 Vgl. *Trute*, in: *v. Münch/Kunig*, GGK II, Art. 48 Rn. 4; *Achterberg/Schulte*, in: *vM/K/S*, GG II, Art. 48 Rn. 1 m.w.N.
16 *Achterberg/Schulte*, ebd.
17 Parteilose Wahlbewerber benötigen für die Wahl zum BT mindestens 200 persönliche, handschriftl. Unterschriften, § 20 Abs. 3 BWG. Für die Wahl zu einem Landtag gilt dies entspr., vgl. z.B. § 19 Abs. 2 Satz 3 Landeswahlgesetz NRW (notwendig sind hier mindestens 100 Unterschriften).
18 Vgl. *Stauf* I, § 25 SG Rn. 3; *Scherer/Alff*, SG, § 25 Rn. 3.

Eichen   345

11 Es ist zu eng, den Begriff des Wahlbewerbers erst an die Zulassung eines förmlichen Wahlvorschlags durch den Wahlausschuss zu knüpfen.[19] Zwar kann ab diesem formalen Akt zweifelsfrei von der Voraussetzung des Abs. 1 ausgegangen werden. Die Zustimmung des Soldaten zur Aufstellung als Wahlbewerber wird jedoch schon im Vorfeld der Einreichung und Zulassung von Wahlvorschlägen erteilt; sie reicht, wenn sie ernst gemeint ist, nach dem Wortlaut des Abs. 1 für die Meldepflicht aus. Die Ernsthaftigkeit ist i.d.R. zu bejahen, wenn jemand auf der **Kandidatenliste** einer politischen Partei aufgeführt oder von einem **Parteitag** als Bewerber gewählt worden ist.[20] Auch sonst sollten keine zu strengen Maßstäbe angelegt werden.[21] Der Verfassungsgesetzgeber selbst verbietet in Art. 48 Abs. 2 Satz 1 GG alle Maßnahmen, welche die Bewerbung um Übernahme eines Mandats erschweren, und sichert so die Möglichkeit einer ungehinderten Wahlkandidatur. Ausreichen muss deshalb eine konkrete, objektivierbare Möglichkeit, als Kandidat benannt werden zu können.[22] Nur so entsteht ausreichender Spielraum, vergleichend zu Parteibewerbern die Ernsthaftigkeit der Wahlbewerbung **parteiloser Wahlbewerber** bewerten zu können.[23] Bei ihnen lässt die Rspr.[24] in der Öffentlichkeit erkennbare, konkrete Anstrengungen genügen, die darauf abzielen, in den BT oder einen Landtag gewählt zu werden.[25] In keinem Fall darf die Ernsthaftigkeit von den Wahlchancen der sich bewerbenden Person abhängig gemacht werden.[26] Allerdings wird die Phase der Unsicherheit über eine Wahlbewerbung im Vorfeld der Wahl bis zur Zulassung der Wahlvorschläge relativ kurz sein. Nach den Wahlgesetzen müssen Kreiswahlvorschläge (zur Wahl von Direktkandidaten; für Landeslisten liegen die Fristen etwas näher am Wahltag) schon sehr frühzeitig (nach § 19 BWG spätestens 66 Tage; nach z.B. § 19 Abs. 1 Landeswahlgesetz NRW 48 Tage vor der Wahl) eingereicht werden. Entspr. kurz darauf werden diese Wahlvorschläge zugelassen oder zurückgewiesen (vgl. § 26 BWG u. z.B. § 21 Abs. 3 Landeswahlgesetz NRW).[27]

12 Macht der Soldat **schuldhaft nicht unverzüglich Meldung**, begeht er ein **Dienstvergehen** (§ 23 Abs. 1). Dies ergibt sich aus der zwingenden Formulierung des Abs. 1. Zwar sind es in erster Linie Rechte des Soldaten, die dieser durch seine verzögerte Mitteilung an seinen nächsten DiszVorg. vereitelt, z.B. das Recht auf Wahlvorbereitungsurlaub nach § 28 Abs. 6 oder das Recht von Wahlbewerbern (auch solchen für eine kommunale Vertretung), bis zum Wahltag nicht versetzt zu werden.[28] Es handelt sich aber nicht nur um die Verletzung einer **Obliegenheit**, bei deren Nichtbeachtung dem Soldaten lediglich eigene Rechte verloren gehen. Denn der Dienstherr hat ein schützenswertes Interesse, möglichst zeitnah über Wahlbewerbungen informiert zu werden. Dieses liegt

---

19 So aber BVerwG NZWehr 1982, 154 sowie Teil C Nr. 16a des Erl. „Richtlinien zur Versetzung, zum Dienstpostenwechsel und zur Kommandierung von Soldaten", VMBl. 1988 S. 76, 77 mit Änd.
20 Vgl. *Achterberg/Schulte*, in: *vM/K/S*, GG II, Art. 48 Rn. 1 m.w.N.
21 So aber für Bewerber politischer Parteien vor der Nominierung *Trute*, in: *v. Münch/Kunig*, GGK II, Art. 48 Rn. 4.
22 Vgl. *Schulze-Fielitz*, in: *Dreier* II, Art. 48 Rn. 9; *Magiera*, in: *Sachs*, GG, Art. 48 Rn. 3, jew. m.w.N.
23 Deren grds. Anspruch auf Chancengleichheit gegenüber Parteibewerbern auch bei der Wahlvorbereitung betont BVerfGE 41, 399 (Ls 2).
24 Vgl. VG Köln DÖV 1972, 356 f.
25 Hierzu gehören bereits die Bemühungen, die z.B. nach § 20 Abs. 3 BWG für die Wahlzulassung notwendigen 200 Unterschriften von Wahlberechtigten des Wahlkreises zu erlangen.
26 *Pieroth*, in: *Jarass/Pieroth*, GG, Art. 48 Rn. 2; *Trute*, in: *v. Münch/Kunig*, GGK II, Art. 48 Rn. 4.
27 Für Kommunalwahlen gelten ähnliche Fristen, vgl. z.B. §§ 15 Abs. 1, 18 Abs. 3 Kommunalwahlgesetz NRW.
28 Vgl. den Erl. des BMVg „Richtlinien zur Versetzung, zum Dienstpostenwechsel und zur Kommandierung von Soldaten" v. 3.3.1988 (VMBl. S. 76) mit späteren Änd., Nr. 16b.

zwar nicht darin, dass, wie der Abg. *Arnholz* (SPD)[29] meinte, der Soldat bei der Aufstellung als Wahlkandidat seine parteipolitische Neutralität im Dienst preisgebe und sich festlege.[30] Es darf nicht unterstellt werden, der Soldat werde seine Pflichten aus § 15 verletzen und bedürfe deshalb besonderer Beobachtung. Entscheidend für den Dienstherrn kann sein, möglichst frühzeitig für einen bei einer erfolgreichen Wahlbewerbung ganz oder zumindest zeitweilig ausfallenden Soldaten personellen Ersatz einplanen und entspr. Personalmaßnahmen vorbereiten zu können. Deshalb kann er auf die unverzügliche Meldung einer Wahlbewerbung nicht verzichten.

2. Absatz 2

BS und SaZ, die in den BT oder in einen Landtag gewählt werden, sind Abg. wie andere Mitglieder dieser Parlamente. Ihre Rechte und Pflichten als Parlamentarier (z.B. Anspruch auf Abgeordnetenentschädigung, Versorgungsleistungen, Beihilfen in Krankheitsfällen, mit der Ausübung des Mandats zusammenhängende Pflichten [z.B. die Verschwiegenheitspflicht]) richten sich nach den für alle Parlamentsmitglieder geltenden Best. des AbgG des Bundes oder AbgG des jew. Landes. 13

Eine Besonderheit ergibt sich für Angehörige des öff. Dienstes aus der möglichen Unvereinbarkeit der Mandatsausübung mit einer Verwendung als Beamter, Richter oder Soldat. Die Unvereinbarkeit (**Inkompatibilität**) von Abgeordnetenmandat und mil. Tätigkeit ist Ausdruck des **Gewaltenteilungsprinzips** (Art. 20 Abs. 2 Satz 2 GG). Die Ermächtigung zur gesetzl. Einschränkbarkeit der Wählbarkeit von BS und SaZ insbes. zum BT oder zu einem Landtag findet sich in **Art. 137 Abs. 1 GG**. 14

Der **Bund** hat in seinem AbgG die Unvereinbarkeit einer Tätigkeit im öff. Dienst mit einem Mandat im BT in §§ 5 ff. AbgG geregelt. Nach **§ 5 Abs. 1 Satz 1 AbgG ruhen**[31] mit dem Tag der Annahme der Wahl zum BT (unter den Voraussetzungen des § 45 BWG) für die Dauer der Mitgliedschaft die **Rechte und Pflichten** aus einem öff.-rechtl. Beamtendienstverhältnis und (über § 8 Abs. 1 AbgG) auch aus einem **Wehrdienstverhältnis als BS oder SaZ**. Ausdrücklich ausgenommen sind für Soldaten nur deren Pflicht zur Verschwiegenheit (§ 14) und das Verbot, Belohnungen und Geschenke anzunehmen (§ 19). Weitere Beschränkungen (z.B. durch § 17 Abs. 3 im Hinblick auf die Wiederverwendung des Soldaten) bestehen somit nicht.[32] Auf besondere Regelungen über die rechtl. Stellung der **in den BT gewählten Soldaten** im SG konnte verzichtet werden, weil hierfür das **AbgG** gilt. 15

Die Bestimmung einer **Unvereinbarkeit eines Landtagsmandats** mit einem **öff.-rechtl. Dienstverhältnis** ist Sache des jew. **Landesgesetzgebers**. Gleichwohl hat der Bundesgesetzgeber (nur hierzu dient **Abs. 2**) die Rechtsstellung der **in einen Landtag gewählten BS und SaZ** in der Form geregelt, dass er durch eine Verweisung in Abs. 2 auf die entspr. Vorschriften des AbgG des Bundes eine **Unvereinbarkeit** der Ausübung eines Mandats **in einem Länderparlament** mit einer mil. Verwendung feststellt. Er ist hierfür zuständig, weil er sich auf die **dienstrechtl. Sicht** beschränkt, d.h. eine Regelung in Bezug auf das Wehrdienstverhältnis trifft.[33] 16

---

29 In der 46. Sitzung des Beamtenrechtsausschusses des BT am 18.1.1956.
30 Vgl. *Rittau*, SG, 167.
31 Das Wehrdienstverhältnis erlischt nicht; der Soldat bleibt im öff. Dienst.
32 Vgl. GKÖD I Yk, § 25 Rn. 5 m.w.N., wo zum Entw. des § 7 (später: § 5 Abs. 1) AbgG auf die in BT-Drs. 7/5531, 15 hingewiesene Lösung des ein Mandat ausübenden Beamten/Soldaten von der Pflicht zur Unparteilichkeit, von der politischen Treuepflicht u. der Pflicht zur Mäßigung u. Zurückhaltung bei politischer Betätigung hingewiesen wird; a.A. *Scherer/Alff*, SG, § 25 Rn. 5.
33 Vgl. BT-Drs. 8/819, 8.

Eichen

§ 25 Gemeinsame Vorschriften

Angesichts der ausnahmslosen Unvereinbarkeitsregelung des Abs. 2 für BS und SaZ haben die Landesgesetzgeber in die Inkompatibilitätsbest. ihrer AbgG keine entgegenstehenden Vorschriften aufgenommen. Ein Nebeneinander von Mandat und soldatischem Dienst ist daher – anders als bei der Amtsausübung als Beamter[34] – landesgesetzl. keinesfalls zugelassen. Wohl finden sich in einigen AbgG der Länder (z.b. in § 5 des Niedersächsischen AbgG, § 34 des AbgG Sachsen-Anhalt) zusätzliche Best. zur Unvereinbarkeit von Landtagszugehörigkeit und Verwendung als BS oder SaZ.

17 Abs. 2 verweist somit **für nach dem 1.6.1978**[35] **in einen Landtag gewählte** BS und SaZ auf entspr. anwendbare, bestimmte Vorschriften des AbgG des Bundes[36], die das Schicksal des mil. Dienstverhältnisses regeln. Diese Best. des AbgG kommen für BS und SaZ im BT und in einem Landtag deshalb einheitlich zum Zuge. Sie gestalten die Rechtslage entweder direkt (für in den BT gewählte BS und SaZ) oder über die Verweisung in Abs. 2 (für in einen Landtag gewählte BS und SaZ). Demnach gilt (über das Ruhen der Rechte und Pflichten aus dem Dienstverhältnis nach § 5 Abs. 1 Satz 1, § 8 Abs. 1 AbgG bzw. nach § 5 Abs. 1 Satz 1 AbgG i.V.m. Abs. 2 hinaus) u.a. Folgendes:

18 Wird ein Mitglied des BT oder eines Landtages zum BS oder SaZ ernannt, kommen die Rechte und Pflichten aus dem (durch die Ernennung wirksam begründeten, die Parlamentszugehörigkeit ist kein Ernennungshindernis) Wehrdienstverhältnis ebenfalls zum Ruhen (**§ 5 Abs. 1 Satz 2 AbgG**). Dieser Zustand hält nicht an, weil § 46 Abs. 2 Satz 1 Nr. 5/§ 55 Abs. 1[37] zwingend die **Entlassung** des Soldaten anordnet, wenn dieser sein **Mandat nicht** in angemessener Frist **niederlegt**.[38]

19 Nach **§ 5 Abs. 1 Satz 3 AbgG** dürfen **BS und SaZ** ihren **Dienstgrad** mit dem Zusatz „außer Dienst" („a.D.") führen. Eine Beschränkung dieses Rechts auf BS[39] wäre mit dem eindeutigen Wortlaut des § 8 Abs. 1 AbgG und des Abs. 2, die jew. für SaZ den gesamten § 5 AbgG für anwendbar erklären, nicht vereinbar. Obwohl SaZ nach der regulären Beendigung ihres Wehrdienstverhältnisses keinen Dienstgrad mit dem Zusatz „a.D." führen können, handelt es sich hier um eine gesetzl. zugelassene Ausnahme während der Mandatsausübung.[40]

20 Folge des Ruhens des Wehrdienstverhältnisses ist u.a., dass Ansprüche des Soldaten auf Geld- und Sachbezüge, z.B. auf Umzugskostenvergütung und auf unentgeltliche truppenärztliche Versorgung, nicht bestehen.[41] Entspr. **§ 5 Abs. 1 Satz 4 AbgG** bleiben dem Soldaten Ansprüche auf **Heilbehandlungen** wegen eines Dienstunfalls und Unfallentschädigungen (z.B. nach § 63 SVG) erhalten.

21 Die Rechte und Pflichten aus dem Dienstverhältnis ruhen längstens, bis der **BS** in den Ruhestand tritt oder z.b. wegen Erreichens einer besonderen Altersgrenze in den Ru-

---

34 Vgl. § 89a Abs. 2 BBG u. z.B. § 42 des AbgG Mecklenburg-Vorpommern.
35 Ob nach wie vor (entspr. gilt dies für § 89a BBG) die Nennung des Stichtags 1.7.1978 – für vor diesem Datum in einen Landtag gewählte BS u. SaZ für die Rechtslage, vgl. Art. 10 Abs. 1 des G v. 30.7.1979 (BGBl. I S. 1303) – notwendig ist, ist zw. Auf der alten Rechtslage beruhende Versorgungsansprüche sind bestandskräftig anerkannt; der zit. Stichtag dürfte deshalb gegenstandslos sein.
36 Neben der in Abs. 2 getroffenen Regelung war die Nennung des § 8 Abs. 1 AbgG („Die §§ 5 bis 7 gelten für ... Berufssoldaten und Soldaten auf Zeit entsprechend.") verzichtbar.
37 Für Beamte gilt entspr. § 28 Nr. 2 BBG.
38 Vgl. die Komm. zu § 46 Abs. 2 Satz 1 Nr. 5.
39 Dies vertreten jedoch *Scherer/Alff*, SG, § 25 Rn. 5.
40 Dies entspricht der Intention des Gesetzgebers, der durch die Dienstgradführung mit dem Zusatz „a.D." den Eindruck vermeiden wollte, der Soldat – das gilt auch für den SaZ – sei neben dem Mandat weiterhin in der Exekutive tätig (BT-Drs. 7/5903, 10).
41 *Scherer/Alff*, SG, § 25 Rn. 6.

Wahlrecht; Amtsverhältnisse § 25

hestand versetzt wird (§ 5 Abs. 1 Satz 5 AbgG).[42] Für SaZ gilt dies längstens bis zum Ablauf der festgesetzten Dienstzeit (§ 8 Abs. 2 AbgG). Trotz des Ausscheidens aus dem Wehrdienstverhältnis unterliegen Soldaten, die Parlamentarier sind, weiterhin der Pflicht zur Verschwiegenheit und dem Verbot der Annahme von Belohnungen und Geschenken (vgl. § 23 Abs. 2 Nr. 1). Eine Pflicht zur politischen Zurückhaltung der früheren Soldaten (nach § 17 Abs. 3 im Hinblick auf eine Wiederverwendung als Soldat) besteht während der Mandatsausübung nicht.[43]

Der auf Beamte im einstweiligen Ruhestand bezogene § 5 Abs. 2 AbgG ist auf in den BT (entspr. gilt dies für in einen Landtag gewählte BS) gewählte, im **einstweiligen Ruhestand** (§ 50) befindliche BS entspr. anwendbar. 22

Krit. zu sehen ist die **Verweisung in Abs. 2** (wie in § 8 Abs. 1 AbgG) **auf § 5 Abs. 3 AbgG.** Die in dieser Best. angesprochenen Beamten auf Widerruf werden von § 5 Abs. 1 Satz 1 AbgG nicht erfasst: Sie erhalten keine Dienst-, sondern Anwärterbezüge und bedurften deshalb einer eigenen Regelung. Dies trifft auf BS und SaZ (sie erhalten keine Anwärterbezüge) nicht zu, so dass für die Anwendung des § 5 Abs. 3 AbgG auf sie kein Raum ist. Hierfür sprechen weitere Gründe: Zum Einen ist es bei Soldaten – anders als bei Beamten (§ 89a Abs. 2 BBG) – nicht möglich, dass neben dem Mandat ein aktives Dienstverhältnis als Soldat bestehen bleibt.[44] Zum Anderen ist die vom Gesetzgeber in § 5 Abs. 3 AbgG unterstellte Abgrenzung der Beamten auf Widerruf im Vorbereitungsdienst, denen während der Mitgliedschaft in einem Parlament die Ablegung ihrer Laufbahnprüfung ermöglicht werden sollte, von den „anderen aktiven Beamten"[45] soldatenrechtl. nicht nachvollziehbar, weil Soldaten während ihrer Laufbahnausbildung i.d.R.[46] regulären mil. Dienst leisten. Die Verweisung sollte daher vom Gesetzgeber korrigiert werden. 23

Nach **§ 6 AbgG i.V.m. Abs. 2** werden für in einen Landtag gewählte BS und SaZ Regelungen für die **Wiederverwendung nach Beendigung des Mandats** getroffen. Die Wiederverwendung kann vom Soldaten beantragt oder von Amts wegen veranlasst werden. Entspr. § 6 Abs. 2 Satz 2 AbgG ist, wenn die oberste Dienstbehörde (BMVg) auf Grund einer Ermessensentscheidung den Soldaten in sein früheres Wehrdienstverhältnis zurückführen will, weil die Voraussetzungen nach § 6 Abs. 2 AbgG vorliegen, und der Soldat dem nicht Folge leistet, dieser kraft Gesetzes entlassen. Ein konstitutiver VA ist nicht nötig. Lediglich die Voraussetzungen und der Zeitpunkt der Beendigung des Wehrdienstverhältnisses sind deklaratorisch festzustellen und dem Soldaten mitzuteilen; die Mitteilung ist ein feststellender VA, gegen den der Soldat verwaltungsgerichtl. Rechtsschutz suchen kann.[47] 24

Ein in das Dienstverhältnis zurückgeführter Soldat ist dienstgrad- und besoldungsgerecht zur zuletzt wahrgenommenen Verwendung einzusetzen.

Nach **§ 7, § 23 Abs. 5 AbgG** werden die Auswirkungen der Zugehörigkeit zu einem Parlament auf das Besoldungsdienstalter, versorgungs- und laufbahnrechtl. Dienstzei- 25

---

42 Auf den in ein Parlament gewählten Soldaten finden also weiterhin die Vorschriften über den Eintritt (z.B. wegen Erreichens einer Altersgrenze) o. die Versetzung in den Ruhestand (z.B. wegen Dienstunfähigkeit) Anwendung.
43 Vgl. GKÖD I Yk, § 25 Rn. 5.
44 Der Gesetzgeber wollte für Beamte auf Widerruf im Vorbereitungsdienst neben dem Mandat das aktive Dienstverhältnis als Beamter bestehen lassen (BT-Drs. 7/5903, 10).
45 Vgl. ebd.
46 Etwas anderes gilt nur für studierende SanOA u. für Soldaten in einer zivilberuflichen Aus- u. Weiterbildung.
47 *Braun/Jantsch/Klante*, AbgG, § 6 Rn. 10 m.w.N.

Eichen 349

ten des Soldaten geregelt. Für Richter, BS und SaZ sollte durch die Verweisung in § 8 Abs. 1 AbgG nur auf die **für Beamte** geltenden rechtl. Vorschriften in den §§ 5 bis 7 AbgG entspr. Bezug genommen werden[48], nicht auf Regelungen für Arbeitnehmer. Deshalb ist die pauschale **Bezugnahme** in Abs. 2 auf die §§ 5 bis 7 AbgG und damit auch **auf § 7 Abs. 5 AbgG** (er betr. Arbeitnehmer des öff. Dienstes) **verfehlt** und sollte insoweit beseitigt werden.

26 Gem. **§ 7 Abs. 4, § 8 Abs. 1 AbgG** ist nach Rückführung in das Wehrdienstverhältnis die Zeit der Mitgliedschaft eines Soldaten im BT (oder – über § 7 Abs. 4 AbgG und Abs. 2 – in einem Landtag) **auf laufbahnrechtl. Dienstzeiten** nach der **SLV anzurechnen**. Die Anrechnung soll den Wegfall bestimmter zeitlicher Sperren, z.b. für Beförderungen, bewirken. Ein Anspruch auf Beförderung besteht nicht, ebenso wenig auf eine fiktive Laufbahnnachzeichnung.[49]

Auf vor einer Entlassung nach § 46 Abs. 3 von einem BS zu fordernde **Abdienzeiten** sind Zeiten einer Parlamentszugehörigkeit entspr. § 7 Abs. 4 AbgG anzurechnen. Zwar ist die nach § 46 Abs. 3 notwendige Stehzeit nicht zu den in § 27 und in der SLV veranlassten „laufbahnrechtl." Dienstzeiten zu zählen. Dieser Begriff hat in § 7 Abs. 4 AbgG keine materielle Bedeutung. Aus der Entstehung des § 7 Abs. 4 AbgG lässt sich erschließen[50], dass der Gesetzgeber mit dieser Regelung grds. eine Anrechnung von Mandatszeiten auf alle **Beschäftigungszeiten** und damit auf soldatische Dienstzeiten erreichen wollte mit Ausnahme der in § 7 AbgG ausdrücklich ausgenommenen besoldungs- und versorgungsrechtl. Zeiten und von Probezeiten.

27 Ob in Abs. 2 (dies gilt entspr. für § 89a Abs. 1 BBG) noch auf die Übergangsvorschrift des **§ 36 Abs. 1 AbgG** verwiesen werden muss, ist zw.[51]

3. Absatz 3

28 Nach Satz 1 ist Soldaten[52], die als Mitglied einer **kommunalen Vertretung**, eines **nach Kommunalverfassungsrecht gebildeten Ausschusses** oder **vergleichbarer Einrichtungen** in **Gemeindebezirken** tätig werden, (**grds.**, vgl. Satz 3) der **erforderliche Urlaub** unter Belassung der Geld- und Sachbezüge zu gewähren. Dies gilt nach **Satz 2** auch für Soldaten, die von einer kommunalen Vertretung als ehrenamtl. Mitglieder von **auf Grund eines Gesetzes gebildeten Ausschüssen** gewählt worden sind. Soldaten sind für die Mitarbeit in diesen kommunalen Gremien auf die Gewährung von Urlaub angewiesen, weil ihr Wehrdienstverhältnis durch die kommunalpolitische Tätigkeit nicht zum Ruhen kommt.[53]

29 **Kommunale Vertretungen** sind insbes. Gemeinderäte und Kreistage (sog. Kommunalparlamente[54]).

Unter „**nach Kommunalverfassungsrecht gebildeten Ausschüssen**" sind Ausschüsse von kommunalen Vertretungen zu verstehen, so z.B. die nach § 57 Abs. 2 der Gemeindeordnung NRW in jeder Gemeinde zwingend zu bildenden Ausschüsse (Hauptausschuss, Finanzausschuss, Rechnungsprüfungsausschuss). Grds. können neben Ratsmitgliedern

---

48 Ebd., § 8 Rn. 3.
49 Ebd., § 7 Rn. 10 f.
50 Vgl. BT-Drs. 7/5531, 14 u. 17.
51 Auf der alten Rechtslage beruhende Versorgungsansprüche sind bestandskräftig anerkannt; selbst § 36 Abs. 1 Satz 2 AbgG ist deshalb gegenstandslos. Nach *Braun/Jantsch/Klante*, AbgG, § 36 Rn. 1, ist die „aktuelle Bedeutung [des § 36] gering".
52 Erfasst werden auch wpfl Soldaten, vgl. BT-Drs. 8/819, 11 f.
53 Vgl. GKÖD I Yk, § 25 Rn. 7.
54 Vgl. *Weber/Banse*, I/4, § 89 BBG Rn. 3.

Wahlrecht; Amtsverhältnisse   § 25

auch sachkundige Bürger, die dem Gemeinderat nicht angehören müssen, zu Mitgliedern von Ausschüssen bestellt werden.⁵⁵
Vergleichbare Einrichtungen in Gemeindebezirken sind z.B. Bezirksvertretungen in kreisfreien Städten⁵⁶ oder Bezirksausschüsse in Gemeindebezirken der kreisangehörigen Gemeinden.⁵⁷

Bei der nach Satz 2 gleichgestellten Tätigkeit in einem **Ausschuss**, der **auf Grund eines Gesetzes gebildet** und in den der Soldat durch eine kommunale Vertretung als ehrenamtl. Mitglied gewählt werden kann, handelt es sich nicht um einen nach Kommunalverfassungsrecht (hier ist Satz 1 einschlägig), sondern auf der Basis eines **Spezialgesetzes** gebildeten Ausschuss. Zu nennen sind z.B. die Mitgliedschaft im Verwaltungsrat einer städtischen Sparkasse nach dem Sparkassengesetz eines Landes oder in Gutachterausschüssen nach § 192 des Baugesetzbuchs, deren Besetzung kraft Landesrecht i.d.R. durch kommunale Gremien entschieden wird.⁵⁸ 30

Einem Soldaten, der in einem der genannten Gremien als Mitglied tätig werden will, **ist** hierzu (soweit nicht die Ausnahme nach Satz 3 eingreift) der **notwendige bezahlte** („unter Belassung der Geld- und Sachbezüge") **Urlaub zu gewähren.** Urlaub i.S.v. Abs. 3 ist weit zu verstehen: Er erfasst **jedes** von dem zuständigen Vorg. **genehmigte Fernbleiben vom Dienst.**⁵⁹ Gewährt werden kann daher nicht nur der Urlaub im soldatenurlaubsrechtl. Sinne.⁶⁰ Erfasst wird auch die Dienstbefreiung als die Erlaubnis, dem Dienst für Stunden fernzubleiben.⁶¹ 31

Der Gesetzgeber geht grds. davon aus, dass die Wahrnehmung einer kommunalpolitischen Tätigkeit Vorrang vor der Erfüllung dienstl. Aufgaben besitzt.⁶² Spätestens seit der Anfügung des Satzes 3 gilt die Zurückstellung dienstl. Aufgaben nicht absolut. Eine Einschränkung ergibt sich bereits aus Satz 1, weil nur der **erforderliche** Urlaub gewährt werden darf. Schon anlässlich der Beratungen zu § 89 Abs. 3 BBG, der in Art. 2 Nr. 6 des G vom 30.7.1979⁶³ geä. worden ist, bestand Einvernehmen, dass die Freistellungsvorschrift nicht dazu führen solle, dass „Bundesbeamte für ihre Tätigkeit in kommunalen Vertretungen vom Dienst gänzlich freigestellt" werden. Die Tätigkeit für eine Kommunalvertretung sei ein Ehrenamt, das nicht dazu führen dürfe, „für den regulären Beruf keine Zeit mehr" bleibe. „Die Freistellung vom Dienst" dürfe „nur in dem erforderlichen Umfang erfolgen, und das Maß der Erforderlichkeit" sei „immer unter dem Gesichtspunkt der ehrenamtl. Tätigkeit zu sehen".⁶⁴ Der Soldat muss es daher hinnehmen, dass die Tätigkeit in kommunalen Gremien mit einem Opfer an Freizeit einhergeht⁶⁵, das grds. nicht durch Verlagerung dieser Tätigkeit in die mil. Arbeitszeiten zu Lasten des Dienstherrn verringert werden darf. Die Übernahme eines kommunalen

---

55 Vgl. z.B. § 58 Abs. 3 Satz 1 der Gemeindeordnung NRW; s.a. *Weber/Banse* a.a.O.
56 Vgl. z.B. § 36 f. der Gemeindeordnung NRW.
57 Vgl. z.B. § 39 der Gemeindeordnung NRW.
58 S. die Zusammenstellung von Ausschüssen, die unter Satz 2 fallen, bei *Weber/Banse*, I/4, § 89 BBG Rn. 5.
59 Dies entspricht dem beamtenrechtl. Urlaubsbegriff, vgl. *Battis*, BBG, § 73 Rn. 2.
60 Vgl. die Komm. zu § 28 Rn. 19.
61 S. Nr. 1 Abs. 2 AusfBestSUV (ZDv 14/5 F 511).
62 S. *Weber/Banse*, I/4, § 89 BBG Rn. 3a. Nach BVerwGE 83, 19 = NZWehr 1986, 73 f. wird die Ausübung eines politischen Mandats durch Soldaten als erwünscht angesehen. Vgl. schon BVerwG NZWehr 1982, 154.
63 BGBl. I S. 1301.
64 So Abg. *Berger* (CDU) in der 161. Sitzung des BT am 21.6.1979, zit. nach *Weber/Banse*, I/4, § 89 BBG Rn. 3. Die Ausführungen gelten für Soldaten entspr.
65 Vgl. *Weber/Banse*, ebd. Rn. 3a.

Eichen

Wahlamtes gibt einem Soldaten auch keinen Anspruch darauf, dass für ihn an einem Dienstort, der für die Ausübung des Mandats besonders günstig liegt, ein Dienstposten freigemacht wird.[66]

32 **Erforderlich** i.S.v. Satz 1 ist Urlaub nur insoweit[67], als eine zeitlich festgelegte Dienstleistungspflicht des Soldaten mit einer zeitlich festgelegten Ratstätigkeit, z.B. der Teilnahme an einer Sitzung, zeitlich zusammentrifft, so dass der Soldat ohne den Urlaub an der betreffenden Ratstätigkeit gehindert wäre. Soweit danach Dienst des Soldaten endgültig ausfällt, wird dies – in begrenztem Umfang – lediglich in Kauf genommen. Es ist nicht Ziel der Beurlaubungsvorschrift, bei Soldaten den Zeit- und Arbeitsaufwand für die Tätigkeit als Mitglied kommunaler Gremien ganz oder teilweise durch Verringerung der Dienstleistungspflicht auszugleichen. Die Vorschrift ist als Ausnahme vom Grds. der vollen Dienstleistungspflicht des Soldaten, dem die Alimentationspflicht des Dienstherrn als Korrelat gegenübersteht, eng auszulegen.[68] Sie lässt sich nur insofern rechtfertigen, als der Gesetzgeber davon ausgegangen ist, dass die ehrenamtl. Tätigkeit als Mitglied kommunaler Gremien zumindest in erster Linie in der Freizeit stattfindet, so dass der allenfalls erforderliche Urlaub im Rahmen der zulässigen kurzfristigen Dienstbefreiung[69] bleibt. Umstellungen des Dienstes mit dem Ziel, Beurlaubungen möglichst zu erübrigen, sind vom Dienstherrn und vom Soldaten vorrangig anzustreben.[70]

Der **unbestimmte Rechtsbegriff** des „erforderlichen" Urlaubs ist im Streitfall gerichtl. voll überprüfbar.[71] Zum **Rechtsweg** s. Rn. 36.

33 Satz 3 Halbs. 1 soll insbes. **verhindern**, dass sich ein Soldat und kommunaler Mandatsträger **auf Dauer** einem **Auslandseinsatz** mit der Begr. **entzieht**, der mil. Einsatz mache ihm die Mandatsausübung unmöglich.[72] Die BReg sah die Notwendigkeit einer gesetzl. Regelung für den nicht auszuschließenden Fall, dass bei einem Auslandseinsatz ein Soldat als nicht ersetzbarer Spezialist (z.B. ärztlicher) für die Auftragserfüllung seines Verbandes unbedingt gebraucht wird, auch wenn er kommunaler Mandatsträger ist.[73] Notfalls sollte die Einsatzbereitschaft der SK Vorrang vor der kommunalen Betätigung von Soldaten erhalten. Die entspr. im Entw. des SGÄndG vorgesehene Ergänzung des § 89 **Abs. 3 BBG** wurde im Gesetzgebungsverfahren nicht weiter verfolgt. Damit ist die einheitliche Urlaubsgewährung zur Wahrnehmung eines kommunalen Mandats im SG und im BBG aufgegeben worden.

---

66 BVerwG NZWehr 2000, 251 Ls 2 = ZBR 2000, 275.
67 Vgl. zum Folgenden die auf einen Beamten bezogene Entsch. BVerwGE 72, 289 f. = ZBR 1986, 269.
68 Deshalb ist es gerechtfertigt, für Aufgaben, die nur mittelbar Mandatsausübung sind (z.B. Vor- u. Nachbereitung von Sitzungen), i.d.R. keinen Urlaub zu gewähren (vgl. den Erl. v. 30.3.2001, VMBl. 2001 S. 116, Nr. 2.2).
69 Mit „Dienstbefreiung" bezieht sich BVerwGE 72, 289 f. auf den beamtenrechtl. Urlaubsbegriff: Urlaub ist jedes vom Dienstvorgesetzten genehmigte Fernbleiben vom Dienst = Dienstbefreiung (vgl. *Battis*, BBG, § 73 Rn. 2). Diese entspricht nicht dem soldatischen Begriff „Dienstbefreiung" (vgl. Nr. 1 Abs. 2 AusfBestSUV – ZDv 14/5 F 511), die nicht als Urlaub gilt. „Urlaub" nach Abs. 3 soll jedoch (vgl. o. Rn. 31) dem Soldaten jede Möglichkeit bieten, statt der mil. Dienstleistung sein kommunales Mandat wahrzunehmen. Dies bestätigt der zu Rn. 8 zit. Erl. v. 30.3.2001, Nr. 2.1, wonach „zur Ausübung des Mandates regelmäßig Dienstbefreiung (stundenweise Freistellung vom Dienst) ausreichen" werde.
70 Als Beispiel ist der Tausch eines Wachdienstes mit Kameraden zu nennen.
71 Vgl. GKÖD I Yk, § 25 Rn. 7.
72 Vgl. zu Einzelheiten *Eichen*, NZWehr 2001, 45 (56 ff.).
73 BT-Drs. 14/4062, 19.

Wahlrecht; Amtsverhältnisse § 25

Satz 3 ist **verfassungsrechtl.** nicht zu beanstanden. Einrichtung und Funktionsfähigkeit der Bw besitzen Verfassungsrang.[74] Es ist sachlich gerechtfertigt, im Einzelfall zwischen der verfassungsrechtl. garantierten kommunalen Selbstverwaltung[75] und der ebenfalls verfassungsrechtl. geforderten Einsatzfähigkeit der SK abzuwägen. Die Situation, in der auf einen Soldaten nicht verzichtet werden kann, weil er als dringend benötigter Spezialist in den SK nicht ersetzbar ist, wird wegen i.d.R. möglichen Personalersatzes selten auftreten. Ggf. müsste im Rahmen des Verhältnismäßigkeitsgrds. geprüft werden, ob die ständige Präsenz des Soldaten im Auslandseinsatz unbedingt nötig ist oder ob es ausreicht, dass er sich im Inland für einen kurzfristigen Einsatz abrufbar hält. Wenn Leben und Gesundheit von Soldaten gefährdet sind, weil z.b. ein ärztlicher Spezialist wegen der Ausübung seines kommunalen Mandats nicht zur sanitätsdienstl. Versorgung zur Verfügung stünde, muss der mil. Einsatz Vorrang haben.[76]

Der Befürchtung, der mil. Vorgesetzte vor Ort könne die Ausübung eines kommunalen Mandats durch einen Soldaten reglementieren, ist durch die in **Satz 3 Halbs. 2** verankerte Pflicht, **in jedem Einzelfall** vor einer Versagung die **Entscheidung des BMVg** einzuholen, Rechnung getragen worden. Ob diese Zuständigkeitsregelung praktikabel ist, erscheint zw., ist doch vor allem die u.U. kurzfristig nötige Prüfung der Erforderlichkeit einer Urlaubsgewährung i.d.R. nur vor Ort durch den nächsten DiszVorg. leistbar[77] (z.B. die konkrete Möglichkeit zum Tausch eines Wachdienstes, um an der Sitzung eines Gemeinderats teilnehmen zu können). Gleichwohl war die ausschließliche Zuständigkeit des BMVg der „Tribut" an krit. Stimmen[78] insbes. aus dem Innenausschuss des BT. 34

Dem BMVg wird für die Abwägung, ob den Interessen des Dienstherrn gegenüber den Interessen der kommunalen Selbstverwaltung der Vorrang gebührt, ein gewisser, **gerichtl. nicht voll überprüfbarer Beurteilungsspielraum** einzuräumen sein. Die Frage, ob durch das Fehlen eines mil. Spezialisten die Einsatzfähigkeit von Truppenteilen konkret gefährdet sein kann, obliegt einer fachlichen, planerisch und zukunftsorientiert ausgerichteten Einschätzung einsatzerfahrener, mil. geschulter Sachverständiger. Eine derart übertragene prognostische Risikoanalyse kann nicht in die Letztentscheidungskompetenz der Gerichte fallen.[79] 35

Zuständig für die Überprüfung der Entscheidung des BMVg sind die **WDS des BVerwG**, da es sich um eine **truppendienstl. Erstmaßnahme** des BMVg handelt (vgl. § 21 WBO). Zwar ist § 25 in § 17 Abs. 1 Satz 1 WBO von den Vorschriften ausgenommen, die Rechte enthalten, deren Verletzung vor den Wehrdienstgerichten geltend gemacht werden kann. Anders als § 25 Abs. 2 und 4 hat Abs. 3 jedoch keine statusrechtl. Auswirkungen. Er regelt ausschließlich die Gewährung von Sonderurlaub oder Dienstbefreiung, also eine Modalität der Dienstausübung. Will man zu einem vertretbaren Ergebnis gelangen, muss für die Bestimmung, ob es sich um eine truppendienstl. oder eine Verwaltungsangelegenheit handelt, auf die wahre Natur des geltend gemachten Anspruchs und auf die begehrte Rechtsfolge abgestellt werden.[80] Es sind keine Gründe erkennbar, warum bei Abs. 3 von der Praxis abgewichen werden sollte, Urlaubsentschei- 36

---
74 BVerfGE 48, 127 (160).
75 Art. 28 Abs. 2 GG.
76 S. BT-Drs. 14/4442, 30 (31).
77 Vgl. den Erl. v. 30.3.2001, VMBl. 2001 S. 116, Nr. 2.2.
78 Diesen Bedenken sollte auch die aus den parlamentarischen Beratungen hervorgegangene, redundante Formulierung der Vorschrift („Urlaub ... kann nur versagt werden, wenn ... ausnahmsweise") Rechnung tragen.
79 Vgl. auch *Kopp/Ramsauer*, VwVfG, § 40 Rn. 77 f.
80 Vgl. *Böttcher/Dau*, WBO, Einf. Rn. 57 a.E. m.w.N.

Eichen

§ 25 Gemeinsame Vorschriften

dungen einen truppendienstl. Charakter beizumessen. Vielmehr gilt der Grds., dass für die gerichtl. Überprüfung der Versagung von Urlaub bei Soldaten in den SK stets der Rechtsweg zu den Wehrdienstgerichten gegeben ist.[81] Der Gesetzgeber sollte berücksichtigen, dass Abs. 3 – als Urlaubsvorschrift – rechtssystematisch in den § 28 gehört (vgl. auch dessen Abs. 6).

4. Absatz 4

37 Die **Sätze 1 und 2**[82] regeln die Fälle, in denen ein BS zum **Mitglied der BReg** oder einer **Landesregierung** oder zum **ParlSts**[83] bei einem Mitglied der BReg oder einer Landesregierung[84] ernannt wird. Die Vorschriften sehen vor, dass die Übernahme eines Regierungsamtes oder des Amtes eines ParlSts für den BS dieselben statusrechtl. Folgen hat wie für vergleichbare Beamte und Richter des Bundes. Hierzu musste die entspr. Geltung der §§ 18 Abs. 1 und 2, 20 BMinG angeordnet werden, die sich unmittelbar nur auf Beamte und Richter beziehen.

38 Entspr. **§ 18 Abs. 1 BMinG scheidet ein BS**, der zum Mitglied der BReg oder einer Landesregierung oder zum ParlSts ernannt wird, **mit** dem **Beginn des Amtsverhältnisses** (d.h. mit Aushändigung der Ernennungsurkunde oder, falls der Eid vorher geleistet worden ist, mit der Vereidigung, § 2 Abs. 2 BMinG) **aus seiner mil. Verwendung aus**. Das Wehrdienstverhältnis erlischt nicht, der BS bleibt im öff. Dienst. Es **ruhen** jedoch für die Dauer der Mitgliedschaft die im Wehrdienstverhältnis begründeten **Rechte und Pflichten** mit Ausnahme der Pflicht zur Verschwiegenheit (§ 14) und des Verbots, Belohnungen und Geschenke anzunehmen (§ 19). Wie im Rahmen des § 5 Abs. 1 Satz 4 AbgG[85] behält der Soldat auch hier Ansprüche auf **Heilbehandlungen** wegen eines Dienstunfalls (nicht die Rede ist allerdings von einem Unfallausgleich).

Zu beachten ist, dass ein Ruhen der Rechte und Pflichten aus dem Wehrdienstverhältnis entspr. § 18 Abs. 1 BMinG nur möglich ist, wenn ein solches Ruhen nicht bereits auf Grund anderer Vorschriften eingetreten ist.[86] § 18 Abs. 1 BMinG kann deshalb entspr. nur auf Soldaten angewendet werden, die nicht bereits bei der Ernennung Abg. des BT oder eines Landtages sind. Denn deren Rechte und Pflichten ruhen bereits nach § 5 Abs. 1 Satz 1, § 8 Abs. 1 AbgG bzw. nach § 5 Abs. 1 Satz 1 AbgG i.V.m. § 25 Abs. 2 SG.

39 Endet das Amt als Mitglied der BReg, einer Landesregierung oder als ParlSts, kann dem Soldaten entweder unter den in **§ 18 Abs. 2 BMinG** beschriebenen Modalitäten eine neue dienstgradgerechte mil. Verwendung übertragen werden, oder er tritt aus dem Wehrdienstverhältnis in den Ruhestand. Dies hängt davon ab, ob sein Dienstverhältnis nicht bereits vorher in anderer Weise (z.B. wegen Erreichens der allg. Altersgrenze) beendet worden ist. Für die Berechnung des **Ruhegehalts** wird die Amtszeit als Regierungsmitglied oder als ParlSts berücksichtigt.

40 Durch die Bezugnahme auf **§ 20 BMinG** wird bestimmt, dass unter den dort genannten Voraussetzungen das Ruhegehalt oder eine ruhegehaltähnliche Versorgung ruht.[87]

---

81 Vgl. BVerwG NZWehr 1996, 211 f.; s.a. die Komm. zu § 28 Rn. 25.
82 Dem Satz 2 entspricht § 29 Abs. 4 BBG.
83 Vgl. das G über die Rechtsverhältnisse der ParlSts v. 24.7.1974 (BGBl. I S. 1538) mit späteren Änd.
84 Vgl. z.B. das Baden-Württembergische G über die Rechtsverhältnisse der politischen Staatssekretäre v. 19.7.1972 mit späteren Änd.
85 Vgl. Rn. 20.
86 Vgl. *Scherer/Alff*, SG, § 25 Rn. 19; GKÖD I K, § 6 Rn. 59 a.E.
87 Vgl. BT-Drs. 9/1897, 16 f.

Verlust des Dienstgrades § 26

Nach **Satz 3** gelten die in Satz 1 und 2 für BS getroffenen Regelungen entspr. für **SaZ**. 41
Bei der Anwendung des § 18 Abs. 2 BMinG ist zu beachten, dass das Dienstverhältnis
des SaZ zu dem in dieser Vorschrift bestimmten Zeitpunkt endet, sofern es nicht bereits
vorher durch Ablauf der festgesetzten Dienstzeit oder aus anderen Gründen beendet
worden ist.[88] Der SaZ tritt nicht in den Ruhestand.[89]

---

88 Ebd. S 17.
89 Vgl. GKÖD I Yk, § 25 Rn. 8.

§ 26 Verlust des Dienstgrades

¹**Der Soldat verliert seinen Dienstgrad nur kraft Gesetzes oder durch Richterspruch.**
²**Das Nähere über den Verlust des Dienstgrades durch Richterspruch regelt die Wehrdisziplinarordnung.**

Literatur: *Hermsdörfer, Willibald:* Die Verleihung eines höheren Dienstgrades der Reserve an in der Bundeswehr ehemals weiterverwendete Soldaten der Nationalen Volksarmee, NZWehrr 1994, 55; *ders.:* Zur Verleihung eines höheren Dienstgrades. Gesetzeslage und Gesetzgebungsbedarf, NZWehrr 1996, 143; *Leonhard, Nina:* ‚Armee der Einheit': Zur Integration von NVA-Soldaten in die Bundeswehr, in: *Gareis/Klein,* HdBMilSoWi, 70; *Lingens, Eric:* Entfernung aus dem Dienstverhältnis oder Beförderungsverbot? ZBR 2003, 89; *Raap, Christian:* Die Dienstgradführung bei Vordienstzeiten in der ehemaligen Nationalen Volksarmee, NZWehrr 1993, 165; *Schattschneider, Gudrun/Weniger, Frank:* Ist die Zusammenführung von Bundeswehr und Nationaler Volksarmee inzwischen abgeschlossen? NZWehrr 2004, 233; *Schreiber, Jürgen:* Kann der Soldat auf seinen Dienstgrad verzichten? NZWehrr 1960, 164.

Übersicht

	Rn.		Rn.
A. Allgemeines	1 – 5	1. Zweck der Vorschrift	6 – 7
1. Entstehung der Vorschrift	1 – 2	2. Satz 1	8 – 17
2. Änderungen der Vorschrift	3	a) Personenkreis/„Dienstgrad"	8 – 11
3. Bezüge zum Beamtenrecht bzw.		b) Verlust des Dienstgrades	12 – 14
zu sonstigen rechtl. Vorschriften	4 – 5	c) kraft Gesetzes	15 – 16
B. Erläuterungen im Einzelnen	6 – 18	d) durch Richterspruch	17
		3. Satz 2	18

A. Allgemeines

1. Entstehung der Vorschrift

§ 23 des **REntw.**[1] sah unter der Überschrift „Dienstgrad" eine im Wesentlichen dem 1
heutigen § 26 entspr. Regelung vor. In der **Begr.**[2] werden der Dienstgrad als **„geschützter Rechtsstand"** bezeichnet und die mit ihm verbundenen Rechte (nicht auch Pflichten!) herausgestellt.

Die Beratungen in den **Ausschüssen** des BT führten zu einer Ergänzung der Über- 2
schrift „Verlust des Dienstgrades") und zur Ersetzung der Wörter „besonderes Gesetz"

---

1 BT-Drs. II/1700, 7.
2 BT-Drs. II/1700, 25.

§ 26 Gemeinsame Vorschriften

in Satz 2 durch „Gesetz".[3] Die im Abschlussber. des **VertA** gewählte Begr.[4] wiederholt die des REntw. und ergänzt diese um den Hinw., dass eine Degradierung durch DiszVorg. ausgeschlossen sei.

2. Änderungen der Vorschrift

3 Mit Art. 1 Nr. 5 des **SGÄndG** wurden in Satz 2 die Wörter „ein Gesetz" durch die Wörter „die Wehrdisziplinarordnung" ersetzt. Damit erfolgte eine Angleichung an die an anderer Stelle des SG bereits gebräuchliche Zitierweise weiterführender Gesetze.[5]

3. Bezüge zum Beamtenrecht bzw. zu sonstigen rechtl. Vorschriften

4 Der Status des Soldaten ist – eine **Besonderheit des soldatischen Dienstrechts** – rechtl. und faktisch (an der Uniform erkennbar) durch den Dienstgrad gekennzeichnet.[6] Beamte führen eine Amtsbezeichnung (für **Bundesbeamte** vgl. § 81 Abs. 2 Satz 1 BBG). Aus dieser lassen sich bei Weitem nicht alle Rechte und Pflichten ableiten wie sie sich aus dem Dienstgrad des Soldaten ergeben. Einer mit § 26 vergleichbaren Best. bedurfte es daher nicht im Beamtenrecht.

5 Die Soldgruppen der **ZDL** (§ 35 Abs. 2 ZDG) entsprechen in ihrer rechtl. und praktischen Bedeutung ebenfalls nicht den Dienstgraden der Soldaten. Es war daher gerechtfertigt, die Nichtgewährung einer höheren Soldgruppe (§ 59 Abs. 1 Nr. 4 ZDG) bzw. die Rückstufung in eine niedrigere Soldgruppe (§ 59 Abs. 1 Nr. 5 ZDG) den DiszVorg. (§ 61 Abs. 1 ZDG) und nicht einem Gericht zu übertragen.

B. Erläuterungen im Einzelnen

1. Zweck der Vorschrift

6 Aus der Entstehungsgeschichte der Vorschrift folgt, dass § 26 den Dienstgrad des Soldaten als „geschützten Rechtsstand" sicherstellen soll.[7] Verhindert werden soll insbes. eine Degradierung durch DiszVorg.[8] Diese war zwar auch in der Wehrmacht ausgeschlossen, hat aber offensichtlich Missbräuche nicht verhindert.[9]

7 Die in der WDO detailliert geregelten Befugnisse der DiszVorg. lassen eine Degradierung durch DiszVorg. nicht zu. Eine rechtspolitische Notwendigkeit für den Fortbestand des § 26 besteht daher nicht mehr; er kann **ersatzlos wegfallen**. Rechtsstaatliche Selbstverständlichkeiten bedürfen nicht in jedem Fall einer einfachgesetzl. Norm.

2. Satz 1

a) Personenkreis/„Dienstgrad"

8 Einen Dienstgrad führen alle (aktiven) Soldaten und die Angehörigen d.R.[10] **Kein Dienstgrad** i.S.d. § 26 ist der des **Eignungsübenden** gem. § 87 Abs. 1 Satz 5.[11] Dasselbe gilt für andere **vorläufige** oder **zeitweilige Dienstgrade** und sog. **temporary ranks**, wel-

---

3 BT-Drs. II/2140, 39.
4 BT-Drs. II/2140, 10.
5 BT-Drs. 14/4062, 18.
6 GKÖD I Yk, § 26 SG Rn. 1.
7 BT-Drs. II/1700, 25. Ebenso *Rittau*, SG, 168; *Scherer/Alff*, SG, § 26 Rn. 1; *Stauf* I, § 26 SG Rn. 1.
8 BT-Drs. II/2140, 10.
9 *Rittau*, SG, 169.
10 GKÖD I Yk, § 26 Rn. 1; *Scherer/Alff*, SG, § 26 Rn. 1; *Steinlechner/Walz*, WPflG, § 30 Rn. 12.
11 ZDv 14/5 B 141 Nr. 3 Abs. 3; GKÖD I Yk, § 26 Rn. 2; *Scherer/Alff*, SG, § 26 Rn. 2; *Stauf* I, § 26 SG Rn. 1.

Verlust des Dienstgrades § 26

che deutschen Soldaten für die Dauer ihrer Verwendung z.B. im integrierten Bereich oder bei den VN verliehen werden.[12]

Der gem. § 26 geschützte Dienstgrad muss in der **Bw**, d.h. „in einem nach den Vorschriften des SG begründeten Dienstverhältnis"[13], erworben worden sein. Der in der ehem. NVA verliehene Dienstgrad darf – als Dienstgrad der Bw, nicht als solcher der ehem. NVA – mit den Zusätzen „a.D." oder „d.R." geführt werden, wenn der Betreffende Dienstzeiten als Soldat der Bw nachweisen kann (vgl. § 44 Abs. 7, § 49 Abs. 5 Satz 1; § 7 SLV).[14] Der frühere Dienstgrad der ehem. NVA ist als solcher nicht gem. § 26 geschützt.[15] Letztlich folgt diese Rechtslage aus dem Einigungsvertrag[16] (Art. 20 Abs. 1 i.V.m. Anl. I Kap. XIX Sachgebiet B Abschn. II Nr. 2 § 4); die früher maßgeblichen Best. der §§ 2 und 7 der Reservistenordnung der DDR von 1982 waren mit dem In-Kraft-Treten des Einigungsvertrages erloschen. BS der früheren **Wehrmacht** dürfen den Zusatz „a.D." verwenden[17]; auch ihr Dienstgrad ist jedoch nicht gem. § 26 geschützt. 9

Der Dienstgrad des Soldaten der Bw wird durch Gesetz oder **Anordnung des BPräs**[18] festgesetzt (§ 4 Abs. 3 Satz 1). 10

Aus dem Dienstgrad leiten sich z.B. folgende **Rechte und Pflichten** ab: 11

- Anspruch auf – dienstgradbezogene – **Geld- und Sachbezüge** sowie Versorgung gem. § 30 Abs. 1 i.V.m. dem BBesG und dem SVG
- Anspruch auf – dienstgradbezogenen – **Erholungsurlaub** gem. § 28 Abs. 4 Satz 2 i.V.m. § 1 SUV und § 5 Abs. 1 EUrlV
- Anspruch auf das **Führen der Dienstgradbezeichnung** im Dienst und außerhalb des Dienstes[19]
- **Vorgesetzteneigenschaften** gem. § 4 VorgV
- Anspruch auf **Anrede** mit dem Dienstgrad zwischen Vorg. und Untergebenen und umgekehrt[20]
- Besondere Behandlung als **Kriegsgefangene** entspr. dem jew. Dienstgrad gem. Art. 44 ff. III. GA
- Verbot, einen Kriegsgefangenen seines Dienstgrades zu „entheben", gem. Art. 87 Abs. 4 III. GA
- **Erhöhte Pflichtenbindung** gem. § 10 Abs. 1 und 6, § 17 Abs. 3, § 23 Abs. 2 Nr. 2
- Besondere Berücksichtigung des Dienstgrades bei **Wehrstraftaten** z.B. gem. §§ 29, 36 WStG.

b) Verlust des Dienstgrades

„Verlust" des Dienstgrades bedeutet, dass der Soldat den früher verliehenen Dienstgrad **nicht mehr führen** darf. Andernfalls würde sich der Soldat gem. § 132a Abs. 1 Nr. 1 StGB **strafbar** machen. 12

---

12 Vgl. die in Fn. 11 zit. Lit.
13 BVerwG DVBl. 1999, 919.
14 BVerwG DVBl. 1999, 919; OVG Magdeburg 3 L 305/03 (8 A 188/02 MD).
15 Raap, NZWehrr 1993, 166. Vgl. im Übrigen BT-Drs. 12/6566, 12/8525; *Leonhard*, 79; *Schattschneider/Weniger*, 246.
16 V. 23.9.1990, BGBl. II S. 885.
17 § 53 Abs. 5 G 131 (BGBl. I 1951 S. 307). Das Gesetz wurde mit G v. 20.9.1994 (BGBl. I S. 2442) aufgehoben. § 53 Abs. 5 wirkt jedoch nach.
18 Vgl. Anordnung des BPräs über die Dienstgradbezeichnungen u. die Uniform der Soldaten v. 14.7.1978, ZDv 14/5 B 181 u. die Komm. zu § 4 Abs. 3.
19 GKÖD I Yk, § 26 Rn. 5; *Scherer/Alff*, SG, § 26 Rn. 4.
20 ZDv 10/8 Kap. 6 „Gruß und Anrede". Vgl. hierzu *Walz*, IfdT 4/87, 41.

13 **Kein Verlust** des Dienstgrades liegt vor, wenn ein OA (z.b. Fähnrich) gem. § 55 Abs. 4 Satz 3 wegen mangelnder Eignung **in seine frühere Laufbahn** (z.B. Fw) **zurückgeführt** wird (vgl. auch § 6 Abs. 6 und 7 SLV). Durch eine solche Personalmaßnahme ändert sich zwar die Dienstgradbezeichnung; der Dienstgrad als solcher bleibt indes unberührt.[21]

14 Die **Rücknahme** einer Ernennung – und damit des Dienstgrades – mit dem Einverständnis des Soldaten ist mangels Rechtsgrundlage **nicht zulässig**.[22] Dasselbe gilt für einen (einseitigen) **Verzicht** auf den Dienstgrad.[23] Die früher für WPfl geltende gesetzl. Regelung des Verzichts auf den Dienstgrad (§ 37 WPflG a.F.) ist wegen Zeitablaufs weggefallen[24]; an dem Grds., dass ein Verzicht auf den Dienstgrad unzulässig ist, ändert dies nichts.

Ein **WPfl** verliert seinen Dienstgrad auch dann nicht, wenn er seine Beförderung durch Zwang, **arglistige Täuschung** oder Bestechung herbeigeführt hat. § 46 Abs. 2 Satz 1 Nr. 2 ist auf WPfl nicht anwendbar.[25]

c) kraft Gesetzes

15 „Gesetz" i.S.d. Best. sind nur **förmliche Rechtsnormen**, nicht allg. ungeschriebene Rechtsgrundsätze.[26]

16 Kraft Gesetzes tritt der Dienstgradverlust ein bei **BS** gem. § 49 Abs. 2 i.V.m. § 46 Abs. 1 und Abs. 2 Satz 1 Nr. 1 bis 4 sowie Nr. 7 und 8 und § 48, bei **BS im Ruhestand** oder **früheren BS** gem. § 53 Abs. 1, bei **SaZ** gem. § 56 Abs. 2 i.V.m. § 46 Abs. 1 und Abs. 2 Satz 1 Nr. 1 bis 4 sowie Nr. 7 und 8 und § 55 Abs. 5, bei **früheren SaZ** gem. § 57 Abs. 2 i.V.m. § 53 Abs. 1 und § 48 Satz 1, bei **Dienstleistungspflichtigen** gem. § 76 Abs. 1 Satz 2 und bei **WPfl** gem. § 30 Abs. 1 Satz 2, Abs. 2 und 3 WPflG.

d) durch Richterspruch

17 Durch Richterspruch – heute würde man sagen „durch Urteil eines Wehrdienstgerichtes" – tritt der Dienstgradverlust ein in Folge der **gerichtl. Disziplinarmaßnahmen** der Dienstgradherabsetzung gem. § 62 Abs. 2 Satz 1 WDO, der Entfernung aus dem Dienstverhältnis gem. § 63 Abs. 1 Satz 2 WDO, der Aberkennung des Ruhegehalts gem. § 65 Abs. 1 Satz 3 WDO sowie der Aberkennung des Dienstgrades gem. § 66 Satz 1 WDO. Maßgeblich ist jew. des **Rechtskraft des Urteils** (§ 135 Abs. 4 bis 6 WDO).

3. Satz 2

18 Satz 2 bedarf **keiner Komm**. Wird, wie oben vorgeschlagen, das Wort „Richterspruch" in Satz 1 durch „Urteil eines Wehrdienstgerichtes" ersetzt, kann Satz 2 **wegfallen**.

---

21 BVerwGE 22, 171 (172) = RiA 1966, 116.
22 *Dau*, WDO, § 62 Rn. 1 m.w.N. A.A. *Stauf* I, § 26 SG Rn. 3.
23 BVerwG NZWehrr 1990, 174; *Bornemann*, RuP, 17; *Dau*, WDO, § 62 Rn. 1; GKÖD I Yk, § 26 Rn. 9; *Scherer/Alff*, SG, § 26 Rn. 11. A.A. BDHE 5, 212 (215).
24 Art. 2 Nr. 7 des G v. 6.12.1990, BGBl. I S. 2588.
25 BVerwGE 45, 85 = *Buchholz* 238.4 § 26 SG Nr. 1.
26 BVerwGE 45, 85 (87) = *Buchholz* 238.4 § 26 SG Nr. 1.

§ 27 Laufbahnvorschriften

(1) Vorschriften über die Laufbahnen der Soldaten werden nach den Grundsätzen der Absätze 2 bis 6 durch Rechtsverordnung erlassen.

(2) Bei Berufssoldaten und Soldaten auf Zeit sind mindestens zu fordern
1. für die Laufbahnen der Unteroffiziere
   a) der erfolgreiche Besuch einer Hauptschule oder ein als gleichwertig anerkannter Bildungsstand,
   b) eine Dienstzeit von einem Jahr,
   c) die Ablegung einer Unteroffizierprüfung,
2. für die Laufbahnen der Offiziere
   a) eine zu einem Hochschulstudium berechtigende Schulbildung oder ein als gleichwertig anerkannter Bildungsstand,
   b) eine Dienstzeit von drei Jahren,
   c) die Ablegung einer Offizierprüfung,
3. für die Laufbahn der Offiziere des Sanitätsdienstes die Approbation als Arzt, Zahnarzt, Tierarzt oder Apotheker.

(3) In der Laufbahngruppe der Unteroffiziere soll für die Laufbahnen der Feldwebel der Abschluss einer Realschule oder der erfolgreiche Besuch einer Hauptschule und eine förderliche abgeschlossene Berufsausbildung oder ein als gleichwertig anerkannter Bildungsstand nachgewiesen werden.

(4) [1]Für die Beförderungen von Soldaten sind die allgemeinen Voraussetzungen und die Mindestdienstzeiten festzusetzen. [2]Dienstgrade, die bei regelmäßiger Gestaltung der Laufbahn zu durchlaufen sind, sollen nicht übersprungen werden. [3]Über Ausnahmen entscheidet der Bundespersonalausschuss.

(5) [1]Der Aufstieg aus den Laufbahnen der Unteroffiziere in die Laufbahnen der Offiziere ist auch ohne Erfüllung der Eingangsvoraussetzungen möglich. [2]Für den Aufstieg ist die Ablegung einer Offizierprüfung zu verlangen.

(6) [1]Die Rechtsverordnung trifft ferner Bestimmungen für die Fälle, in denen für eine bestimmte militärische Verwendung ein abgeschlossenes Studium an einer wissenschaftlichen Hochschule oder Fachhochschule oder eine abgeschlossene Fachschulausbildung erforderlich ist, sowie darüber, inwieweit an Stelle der allgemeinen Vorbildung eine gleichwertige technische oder sonstige Fachausbildung gefordert werden kann. [2]Sie kann für einzelne Gruppen von Offizierbewerbern bestimmen, dass der erfolgreiche Besuch einer Realschule oder ein als gleichwertig anerkannter Bildungsstand genügt und dass die Dienstzeit nach Absatz 2 Nr. 2 Buchstabe b bis auf zwei Jahre gekürzt wird.

(7) Die besonderen Vorschriften für die Unteroffizierprüfungen und die Offizierprüfungen werden nach den Grundsätzen der Absätze 2 bis 6 in einer Rechtsverordnung bestimmt.

(8) [1]Auf den Bundespersonalausschuss in der Zusammensetzung für die Angelegenheiten der Soldaten finden die Vorschriften des Abschnittes IV des Bundesbeamtengesetzes mit Ausnahme des § 98 Abs. 1 entsprechende Anwendung, § 96 Abs. 2 und 3 mit folgender Maßgabe:
[2]Ständige ordentliche Mitglieder sind der Präsident des Bundesrechnungshofes als Vorsitzender, der Leiter der Personalrechtsabteilung des Bundesministeriums des Innern und der Leiter der Personalabteilung des Bundesministeriums der Verteidigung. [3]Nichtständige ordentliche Mitglieder sind der Leiter der Personalabteilung einer anderen obersten Bundesbehörde und drei Berufssoldaten. [4]Stellvertretende Mitglieder

Eichen

§ 27 Gemeinsame Vorschriften

sind je ein Beamter des Bundesrechnungshofes und des Bundesministeriums des Innern, der Leiter der Personalabteilung einer anderen obersten Bundesbehörde, ein Beamter oder Berufssoldat des Bundesministeriums der Verteidigung und drei weitere Berufssoldaten. ⁵Der Beamte oder Berufssoldat des Bundesministeriums der Verteidigung und die übrigen Berufssoldaten werden vom Bundespräsidenten auf Vorschlag des Bundesministers der Verteidigung bestellt.

§ 95 BBG

Zur einheitlichen Durchführung der beamtenrechtlichen Vorschriften wird ein Bundespersonalausschuss errichtet, der seine Tätigkeit innerhalb der gesetzlichen Schranken unabhängig und in eigener Verantwortung ausübt.

§ 96 BBG

(1) Der Bundespersonalausschuss besteht aus acht ordentlichen und acht stellvertretenden Mitgliedern.

(2) ¹Ständige ordentliche Mitglieder sind der Präsident des Bundesrechnungshofes als Vorsitzender und der Leiter der Personalrechtsabteilung des Bundesministeriums des Innern. ²Nichtständige ordentliche Mitglieder sind die Leiter der Personalabteilungen von zwei anderen obersten Bundesbehörden und vier andere Bundesbeamte. ³Stellvertretende Mitglieder sind je ein Bundesbeamter der in Satz 1 genannten Behörden, die Leiter der Personalabteilungen von zwei weiteren obersten Bundesbehörden sowie vier weitere Bundesbeamte.

(3) Die nichtständigen ordentlichen Mitglieder sowie die stellvertretenden Mitglieder werden vom Bundespräsidenten auf Vorschlag des Bundesministers des Innern auf die Dauer von vier Jahren bestellt, davon vier ordentliche und vier stellvertretende Mitglieder auf Grund einer Benennung durch die Spitzenorganisationen der zuständigen Gewerkschaften.

§ 97 BBG

(1) ¹Die Mitglieder des Bundespersonalausschusses sind unabhängig und nur dem Gesetz unterworfen. ²Sie scheiden aus ihrem Amt als Mitglied des Bundespersonalausschusses außer durch Zeitablauf durch Ausscheiden aus dem Hauptamt oder aus der Behörde, die für ihre Mitgliedschaft maßgeblich sind, oder durch Beendigung des Beamtenverhältnisses nur unter den gleichen Voraussetzungen aus, unter denen Mitglieder einer Kammer für Disziplinarsachen wegen einer rechtskräftigen Entscheidung im Strafverfahren oder Disziplinarverfahren ihr Amt verlieren; § 60 findet keine Anwendung.

(2) Die Mitglieder des Bundespersonalausschusses dürfen wegen ihrer Tätigkeit weder dienstlich gemaßregelt noch benachteiligt werden.

§ 98 BBG

(1) ...

(2) Die Bundesregierung kann dem Bundespersonalausschuss weitere Aufgaben übertragen.

(3) Über die Durchführung der Aufgaben hat der Bundespersonalausschuss die Bundesregierung zu unterrichten.

§ 99 BBG

Der Bundespersonalausschuss gibt sich eine Geschäftsordnung.

§ 100 BBG

(1) ¹Die Sitzungen des Bundespersonalausschusses sind nicht öffentlich. ²Der Bundespersonalausschuss kann Beauftragten beteiligter Verwaltungen, Beschwerdeführern und anderen Personen die Anwesenheit bei der Verhandlung gestatten.

(2) Die Beauftragten der Verwaltungen sind auf Verlangen zu hören.

Laufbahnvorschriften **§ 27**

(3) ¹Beschlüsse werden mit Stimmenmehrheit gefasst; zur Beschlussfähigkeit ist die Anwesenheit von mindestens sechs Mitgliedern erforderlich. ²Bei Stimmengleichheit entscheidet die Stimme des Vorsitzenden.

§ 101 BBG

(1) ¹Der Vorsitzende des Bundespersonalausschusses oder sein Vertreter leitet die Verhandlungen. ²Sind beide verhindert, so tritt an ihre Stelle das dienstälteste Mitglied.

(2) Zur Vorbereitung der Verhandlungen und Durchführung der Beschlüsse bedient er sich der für den Bundespersonalausschuss im Bundesministerium des Innern einzurichtenden Geschäftsstelle.

§ 102 BBG

(1) Der Bundespersonalausschuss kann zur Durchführung seiner Aufgaben in entsprechender Anwendung der Vorschriften der Verwaltungsgerichtsordnung in der im Bundesgesetzblatt Teil III, Gliederungsnummer 340-1, veröffentlichten bereinigten Fassung, zuletzt geändert durch Artikel 1 des Gesetzes vom 20. Dezember 1982 (BGBl. I S. 1834), Beweise erheben.

(2) Alle Dienststellen haben dem Bundespersonalausschuss unentgeltlich Amtshilfe zu leisten und ihm auf Verlangen Auskünfte zu erteilen und Akten vorzulegen, soweit dies zur Durchführung seiner Aufgaben erforderlich ist.

§ 103 BBG

(1) ¹Beschlüsse des Bundespersonalausschusses sind, soweit sie allgemeine Bedeutung haben, bekannt zu machen. ²Art und Umfang regelt die Geschäftsordnung.

(2) Soweit dem Bundespersonalausschuss eine Entscheidungsbefugnis eingeräumt ist, binden seine Beschlüsse die beteiligten Verwaltungen.

§ 104 BBG

¹Die Dienstaufsicht über die Mitglieder des Bundespersonalausschusses führt im Auftrag der Bundesregierung der Bundesminister des Innern. ²Sie unterliegt den sich aus § 97 ergebenden Einschränkungen.

Literatur: *Dolpp, Thomas/Klewitz, Michael/Weniger, Frank:* Soldatenlaufbahnverordnung, Kommentar, Hrsg. *Gertz, Bernhard,* 6. Aufl. 2003; *Steinkamm, Armin Arne:* Der Bundespersonalausschuss in der Soldatenbesetzung und das Benennungsrecht der Spitzenorganisationen, NZWehrr 1987, 58.

Übersicht

	Rn.		Rn.
A. Allgemeines	1 – 7	B. Erläuterungen im Einzelnen	8 – 34
1. Zweck der Vorschrift	1	1. Absatz 1	8 – 10
2. Entstehung der Vorschrift	2	2. Absatz 2	11 – 16
3. Änderungen der Vorschrift	3	3. Absatz 3	17 – 23
4. Bezüge zum Beamtenrecht bzw.		4. Absatz 4	24 – 26
zu sonstigen rechtl. Vorschriften;		5. Absatz 5	27
ergänzende Dienstvorschriften	4 – 7	6. Absatz 6	28 – 29
		7. Absatz 7	30
		8. Absatz 8	31 – 34

Eichen

§ 27 Gemeinsame Vorschriften

A. Allgemeines
1. Zweck der Vorschrift

1 § 27 gibt den gesetzl. Rahmen zur untergesetzl. Ausgestaltung der soldatischen Laufbahnen vor. Er ermächtigt in Abs. 1 zum Erlass der SLV, legt in den Abs. 2 bis 6 besonders wesentliche laufbahnrechtl. Merkmale fest und hält in Abs. 7 die Ermächtigung für eine Prüfungsverordnung zu soldatischen Laufbahnprüfungen bereit. Abs. 8 trifft Sonderregelungen für den BPA, wenn dieser in Angelegenheiten der Soldaten (betroffen sind nur BS und SaZ) tätig wird.

2. Entstehung der Vorschrift

2 Eine dem § 27 in seiner Detaillierung entspr. Vorschrift war im REntw. nicht vorgesehen. Dieser hatte in § 57 nur eine kurze, allg. gehaltene Verordnungsermächtigung vorgeschlagen.[1] Der **BR** hatte deshalb schon im ersten Durchgang gefordert, die Ermächtigung hins. ihres Ausmaßes entspr. den Vorschriften im Beamtenrecht näher abzugrenzen.[2] In ihrer Stellungnahme zu den Vorschlägen des BR war die **BReg** zwar noch der Ansicht[3], die Ermächtigung sei ausreichend abgegrenzt, weil im mil. Bereich – anders als im Bundesbeamtenrecht – die Verhältnisse insofern einfacher lägen, „als die Laufbahn der Soldaten im Wesentlichen eine Einheitslaufbahn" darstelle. In den parlamentarischen Beratungen des SG forderte jedoch insbes. der **Ausschuss für Beamtenrecht** des BT[4] unter Hinw. auf entspr. beamtenrechtl. Vorschriften, dass sich bei der Festlegung der Laufbahnvorschriften der Soldaten auch das Parlament beteiligen müsse. Das BMVg wurde gebeten, einen neuen Entw. für eine laufbahnrechtl. Vorschrift zu erarbeiten. Der daraufhin vorgelegte § 23a[5] wurde vom Ausschuss für Beamtenrecht des BT erheblich überarbeitet und präzisiert (vor allem wurde bei Ausnahmen von den Beförderungsbest. erstmals die Beteiligung des BPA vorgesehen[6]). In dieser Fassung[7] hat die Vorschrift Eingang in das SG gefunden.

3. Änderungen der Vorschrift

3 § 27 ist mehrmals geändert worden:
- Durch Art. 1 des G vom **5.12.1958**[8] wurde in Abs. 2 Nr. 3 auf das Erfordernis eines abgeschlossenen Studiums an einer wissenschaftlichen Hochschule verzichtet. Dadurch wurde den Zahnärzten, die eine Ausbildung zum Dentisten[9] absolviert hatten, die Möglichkeit eröffnet, als SanOffz übernommen zu werden.
- Durch § 2 Abs. 2 des G vom **20.8.1960**[10] wurde – angepasst an das BBG – der damalige Abs. 7 (heute Abs. 8) neu gefasst. Damit wurde klargestellt, dass der für den

---

1 Vgl. BT-Drs. II/1700, 14.
2 Ebd., S. 41.
3 Ebd., S. 45.
4 Vgl. Prot. der 45. Sitzung dieses Ausschusses am 16.1.1956, 2.
5 Ebd., S. 7.
6 Ebd., S. 10.
7 Vgl. BT-Drs. II/2140, 39 f.
8 BGBl. I S. 898.
9 Dentist war die Bezeichnung für einen Zahnarzt ohne Hochschulausbildung. Seit den 50er Jahren des 20. Jahrhunderts gibt es diese Berufsform in Deutschland nicht mehr. Vgl. zur Eingliederung der Dentisten §§ 8 ff. des G über die Ausübung der Zahnheilkunde v. 31.3.1952 (BGBl. I S. 221) i.d.F. der Bekanntmachung v. 16.4.1987 (BGBl. I S. 1225) mit Änd. sowie zur entspr. Rechtslage bei Inkrafttreten der Erstfassung der SLV v. 21.3.1958 (BGBl. I S. 148) *Schroeder, Hans Ulrich*: Die Laufbahnen der Soldaten der Bundeswehr, 1958, 67 Rn. 2.
10 BGBl. I S. 705.

Leiter der Personalabteilung des BMVg zu benennende Stellvertreter auch BS sein könne.[11]
- Durch Art. 1 Nr. 1 des G vom **21.7.1970**[12] wurde in Abs. 2 Nr. 3 zur Anpassung an die Terminologie der Bundesärzteordnung das Wort „Bestallung" durch das Wort „Approbation" ersetzt.
- Durch Art. 1 Nr. 2 des G vom **22.5.1980**[13] wurden Abs. 2, 3 und 6 neu gefasst, insbes. um die im SG bestimmten schulischen Mindestanforderungen an für den Beamtenbereich neu formulierte Bildungsstrukturen und Abschlüsse anzupassen.[14]
- Durch Art. 2 Nr. 3 des **BwNeuAusrG** wurde Abs. 3 erneut neu gefasst. Obwohl der Wortlaut nur marginal verändert wurde, verbirgt sich hinter dieser Umformulierung die Einführung von Fachunteroffizieren und die faktische Aufteilung der Laufbahngruppe der Uffz in Fachunteroffizierlaufbahnen und Feldwebellaufbahnen.[15]
- Schließlich wurde durch Art. 2 Nr. 10 des **SkResNOG** ein neuer Abs. 7 (Verordnungsermächtigung für eine Prüfungsverordnung[16]) eingefügt.

4. Bezüge zum Beamtenrecht bzw. zu sonstigen rechtl. Vorschriften; ergänzende Dienstvorschriften

Auf die Laufbahnen der **Bundesbeamten** bezogene Vorschriften finden sich in §§ 15 ff. BBG. Auf der Grundlage des § 15 Abs. 1 Nr. 1 BBG i.V.m. §§ 15a bis 25 BBG hat die BReg die BLV vom 15.11.1978[17], neu gefasst durch Bekanntmachung vom 2.7.2002[18], mit späteren Änd., erlassen. 4

Dem BBG entspr. Regelungen für rahmenrechtl. Grundlagen des Laufbahnrechts der **Beamten in den Ländern** enthalten §§ 11 ff. BRRG. Die LBG enthalten Verordnungsermächtigungen zum Laufbahnrecht.[19] 5

Für **Richter im Bundesdienst** findet über § 46 DRiG grds. das Laufbahnrecht der Beamten entspr. Anwendung.[20] Von den im DRiG bestimmten Besonderheiten sind vor allem die Regelungen über die Befähigung zum Richteramt (§ 5 DRiG) zu nennen. **Für Richter im Landesdienst** vgl. die in § 71 DRiG angeordnete grds. Bindung der Landesgesetzgebung an die Vorschriften des Kap. I des BRRG (damit auch zu §§ 11 ff. BRRG). 6

Auf der Basis des § 27 Abs. 1 bis 6 hat die BReg[21] die **Soldatenlaufbahnverordnung** (SLV) erlassen, die neben der Ordnung der Laufbahnen der Soldaten insbes. die Einstellungs- und Beförderungsvoraussetzungen für SaZ und BS regelt. Sie wird durch zahlreiche Erl. ergänzt, insbes. durch die ZDv 20/7.[22] 7

---

11 Vgl. BT-Drs. III/1080, 5.
12 BGBl. I S. 1120.
13 BGBl. I S. 581.
14 Vgl. BT-Drs. 8/3360, 7.
15 Vgl. BT-Drs. 14/6881, 27 f.
16 Vgl. BT-Drs. 15/4485, 36.
17 BGBl. I S. 1763.
18 BGBl. I S. 2459, ber. S. 2671.
19 Vgl. die Zusammenstellung bei *Plog/Wiedow/Lemhöfer*, BBG, § 15 Rn. 18.
20 *Plog/Wiedow/Lemhöfer*, BBG, § 15 Rn. 3.
21 S. § 93 Abs. 1 Nr. 2.
22 ZDv 20/7 „Bestimmungen für die Beförderung und für die Einstellung, Übernahme und Zulassung von Soldatinnen und Soldaten".

B. Erläuterungen im Einzelnen
1. Absatz 1

8 Abs. 1 ist die gesetzl. Ermächtigung zum Erlass der SLV (s.o. Rn. 7). Die nach Art. 80 Abs. 1 Satz 2 GG geforderte Festlegung von Inhalt, Zweck und Ausmaß der erteilten Ermächtigung im Gesetz wird durch die Verweisung auf die Abs. 2 bis 6 getroffen. Eine weitere fakultative Vorgabe zur Ausgestaltung der SLV enthält § 92[23] für die Dauer des Spannungs- oder V-Falles. Nicht in Abs. 1 geregelt ist, wer die VO erlassen darf. Dies legt § 93 Abs. 1 Nr. 2 fest (zuständig ist die BReg).

9 Abs. 1 macht durch den Hinw. auf die Laufbahnen der Soldaten deutlich, dass – wie das Dienstrecht der Beamten[24] – das soldatische Dienstrecht wesentlich durch das **Laufbahnprinzip** geprägt ist. Dieses beruht letztlich auf Art. 33 Abs. 2 GG, der jedem Deutschen nach seiner Eignung, Befähigung und fachlichen Leistung (diese Kriterien werden in § 3 Abs. 1 wiederholt) gleichen Zugang zu jedem **öff. Amt** garantiert. Obwohl Soldaten kein Amt im beamtenrechtl. Sinne bekleiden[25], gilt Art. 33 Abs. 2 GG auch für sie, weil der dort verwendete Begriff des öff. Amtes weit zu verstehen ist und alle beruflichen und ehrenamtl. Funktionen öff.-rechtl. Art vor allem beim Bund umfasst[26] (damit auch den Zugang zum Soldatenberuf). Das Laufbahnprinzip gibt dem in Art. 33 Abs. 2 GG festgelegten Grds. der Bestenauslese für Soldaten insoweit Konturen, als es von den für bestimmte soldatische Verwendungsbereiche nach ihrer zivilen Vor- und Ausbildung ausgewählten jungen Bewerbern regelmäßig weitere mil. geprägte Ausbildungsmaßnahmen verlangt, die zur Erlangung der Laufbahnbefähigung in der jew. Laufbahn erfolgreich abgeschlossen werden müssen.

10 Hierzu unterscheidet das soldatische Laufbahnrecht einerseits die sich hierarchisch zueinander verhaltenden **Laufbahngruppen** der Mannschaften, der Uffz und der Offz (§ 3 Abs. 1 SLV). Andererseits sind diesen Laufbahngruppen verschiedene **Laufbahnen** zugeordnet wie folgt (§ 3 Abs. 2 bis 4 SLV):

- der Laufbahngruppe der Mannschaften die Laufbahnen des Truppendienstes, des Sanitätsdienstes und des Militärmusikdienstes,
- der Laufbahngruppe der Uffz Feldwebel- und Fachunteroffizierlaufbahnen. Fachunteroffizierlaufbahnen gibt es im Sanitätsdienst, im Militärmusikdienst, im Geoinformationsdienst der Bundeswehr und im allg. Fachdienst, Feldwebellaufbahnen in den gleichen Diensten sowie zusätzlich im Truppendienst.
- der Laufbahngruppe der Offz die Laufbahnen des Truppendienstes, des Sanitätsdienstes, des Militärmusikdienstes, des Geoinformationsdienstes der Bundeswehr und des militärfachlichen Dienstes.

Zu beachten ist, dass es zu diesen Laufbahnen jew. die entspr. Laufbahn d.R. gibt.[27]

2. Absatz 2

11 Abs. 2 legt für BS und SaZ **Mindest**voraussetzungen (diese Anforderungen können in der SLV also erhöht werden) für die Laufbahnen der Uffz, Offz und SanOffz fest. Genannt sind die **Mindestvoraussetzungen für eine Beförderung in den Eingangsdienst-**

---

23 Vgl. die Komm. ebd.; die Regelung des § 92 gehört systematisch in den § 27.
24 Der Laufbahngrundsatz ist ein hergebrachter Grds. des Berufsbeamtentums, vgl. *Jarass*, in: *Jarass/Pieroth*, GG, Art. 38 Rn. m.w.N.
25 Vgl. Komm. zu § 3 Rn. 54 ff.
26 Vgl. *Jarass*, in: *Jarass/Pieroth*, GG, Art. 33 Rn. 9 m.w.N.
27 Vgl. zur Laufbahngruppen- u. zur Laufbahnensystematik (auch der Reservelaufbahnen) die Schaubilder unter www.deutsches-wehrrecht.de. S. zu Einzelheiten des Laufbahnprinzips *Dolpp/Klewitz/Weniger*, § 3 Rn. 302 ff.

Laufbahnvorschriften § 27

grad, also den untersten Dienstgrad, der nicht mehr an Anwärter verliehen wird[28] (z.B. bei Offz des Truppendienstes der Dienstgrad Lt), nicht nur für den Zugang[29] zur Laufbahn; dieser gehören bereits die Anwärter an.[30]

Für den Zugang zu einer Laufbahn in der Laufbahngruppe der **Mannschaften** gelten die genannten Mindestvoraussetzungen nicht. Für die Laufbahnen der Mannschaften hat der Verordnungsgeber in § 8 SLV stark abgesenkte Bildungsvoraussetzungen festgelegt (verlangt wird seit 2002 nur noch die Erfüllung der Vollzeitschulpflicht, also nicht mehr der Abschluss einer Hauptschule, sondern lediglich der mindestens neunjährige Besuch der Volksschule – Grund- und Hauptschule). 12

Für die Laufbahnen in der Laufbahngruppe der Uffz verlangt **Nr. 1a bildungsmäßig** den erfolgreichen Besuch einer Hauptschule oder einen als gleichwertig anerkannten Bildungsstand.[31] Zusätzlich nötig sind nach **Nr. 1b und c** eine **Dienstzeit** von (mindestens!) einem Jahr (für die Beförderung zum Fw ist eine Dienstzeit von mindestens 36 Monaten erforderlich) und das Bestehen einer **Unteroffizierprüfung** (Fachunteroffizierprüfung oder Feldwebelprüfung) als Laufbahnprüfung.[32] Da Zweck der Laufbahnprüfung der generelle Nachweis ist, dass der Soldat die laufbahnspezifisch geforderten fachlichen Leistungen erbringen kann, ist zwingend zu folgern, dass sich in allen Bereichen der SK die Prüfungsanforderungen auf vergleichbarem Niveau befinden und einheitlichen Maßstäben genügen müssen. Nur so ist gewährleistet, dass z.B. bei einem Wechsel der TSK der Soldat weiterhin in den seiner Laufbahn zugeordneten Verwendungen eingesetzt werden kann. Dies bedingt eine Harmonisierung der Ausbildungs- und Prüfungsinhalte der Laufbahnprüfungen aller TSK und bedeutet den Verzicht auf die bisher auf die TSK bezogenen Festlegungen des Ausbildungsstoffs und der Ausbildungsgestaltung. 13

Es ist folgerichtig, dass inzwischen § 12 Abs. 2 SLV für die Fachunteroffizierprüfung und § 16 Abs. 3 SLV für die Feldwebelprüfung verbindliche Vorgaben zur inhaltlichen und formalen Ausgestaltung der Laufbahnausbildung und der abschließenden Laufbahnprüfung festlegen.[33] In der nach Abs. 7 zu erlassenden RVO wird jeder Soldat in der Laufbahnausbildung erstmals verbindlich ablesen können, welche allg. gültigen Anforderungen in der Laufbahnausbildung und -prüfung gestellt werden. Dass dies bisher nicht möglich gewesen ist, lässt sich weder mit mil. Besonderheiten noch mit für die mil. Ausbildung vorgegebenen Notwendigkeiten rechtfertigen.

Die für die Laufbahnen der Offz (mit Ausnahme der SanOffz, vgl. Nr. 3) in **Nr. 2a** als **Bildungsvoraussetzung** verlangte, zu einem Hochschulstudium berechtigende Schulbildung wird in § 23 Abs. 1 Nr. 2 SLV konkretisiert durch die Forderung nach einem Zeugnis der allg. Hochschulreife, der fachgebundenen Hochschulreife oder der Fachhoch- 14

---

28 Vgl. *Dolpp/Klewitz/Weniger*, § 3 Rn. 305.
29 Dieser setzt natürlich noch keine Dienstzeit o. die Ablegung einer Laufbahnprüfung voraus.
30 *Dolpp/Klewitz/Weniger*, § 3 Rn. 304. BVerwG RiA 1989, 179 LS 1, betont, dass ein SanOA „soldatenrechtlich bereits zur Laufbahngruppe der Offiziere des Sanitätsdienstes" gehört; seine Beförderung zum SanOffz „führt demnach nicht zu einem Laufbahnwechsel". Gemeint ist die Zugehörigkeit der SanOA zur Laufbahn der Offz des SanDienstes.
31 Vgl. § 11 Abs. 1 Nr. 2 SLV für Fachunteroffiziere, § 15 Abs. 1 Nr. 2 SLV mit höheren Bildungsvoraussetzungen für Feldwebellaufbahnen. Zum Nachweis eines als gleichwertig anerkannten Bildungsstandes s. ZDv 20/7 Anl. 9.
32 Vgl. die einschlägigen Vorschriften in § 12 Abs. 1 Satz 2 u. 3 SLV sowie § 16 Abs. 1 u. 2 Satz 1 SLV.
33 Es wird daher nicht mehr möglich sein, einerseits Uffz-Anwärtern im Wege einer vierwöchigen Ausbildung am Arbeitsplatz (AAP) die militärfachliche „Qualifikation" vermitteln zu können, die ihre Beförderung zum Uffz rechtfertigt, während andererseits Anwärter für dasselbe Ziel vielmonatige, schwierige Ausbildungsgänge zu durchlaufen haben.

Eichen

§ 27 Gemeinsame Vorschriften

schulreife; ersatzweise reicht ein als gleichwertig anerkannter Bildungsstand. Weiterhin ist grds. (vgl. aber Abs. 6 Satz 2) nach **Nr. 2b** eine **Dienstzeit** von drei Jahren notwendig.

15 Verlangt wird außerdem nach **Nr. 2c** stets die Ablegung einer **Offizierprüfung**. Kritisch zu sehen ist in diesem Zusammenhang § 25 Abs. 2 SLV, der die Beförderung zum Major von der erfolgreichen Teilnahme an einem **Stabsoffizierlehrgang** abhängig macht, ohne dass er auf eine gesetzl. Grundlage zurückgeführt werden kann. Zwar könnte der Stabsoffizierlehrgang als allg. Voraussetzung für die Beförderung von Offz nach Satz 1 angesehen werden und deshalb gesetzl. von dieser Vorschrift gedeckt sein (§ 25 SLV trägt nicht zufällig die Überschrift „Beförderung der Offiziere"). Faktisch ist für Offz der bestandene Stabsoffizierlehrgang **Zugangsvoraussetzung zum höheren Dienst** und damit eine auf einen Teil der Laufbahnen (ab einem bestimmten Dienstgrad) bezogene zusätzliche Laufbahnprüfung.[34] Dies kollidiert mit dem auch auf Soldaten anwendbaren laufbahnrechtl. Grds., dass mit dem Bestehen der Laufbahnprüfung die **Befähigung für die gesamte Laufbahn** (z.B. für die Laufbahn der Offz des Truppendienstes) erworben wird.[35] Nr. 2c spricht entspr. auch nur von der Ablegung **einer** Offz-Prüfung. Zusätzliche Laufbahnprüfungen kann nach der Wesentlichkeitstheorie[36] nur der Gesetzgeber selbst zulassen, nicht der Verordnungsgeber ohne konkrete gesetzl. Ermächtigung. Der Gesetzgeber ist daher gut beraten, bei nächster Gelegenheit für den Stabsoffizierlehrgang eine gesetzl. Grundlage zu schaffen (unbeschadet der weiteren Notwendigkeit, dass dieser Lehrgang auch in der nach Abs. 7 zu erstellenden RVO zu regeln sein wird).

16 **Nr. 3** fordert für SanOffz die **Approbation** (= staatliche Zulassung zur Berufsausübung in den genannten akademischen Heilberufen[37]) als Arzt, Zahnarzt[38], Tierarzt oder Apotheker. Dies impliziert den Besitz der für das Studium dieser Heilberufe hochschulrechtl. vorausgesetzten Schulbildung (i.d.R. das Reifezeugnis eines Gymnasiums als Hochschulzugangsberechtigung), die nach den einschlägigen Approbations- und Prüfungsordnungen bei der Meldung zur ärztlichen Prüfung nachzuweisen ist (vgl. § 30 Abs. 1 Nr. 2 SLV, § 31 Abs. 3 und 4 SLV[39]).

3. Absatz 3

17 Die Neufassung des **Abs. 3**[40] durch Art. 2 Nr. 3 des BwNeuAusrG ist der alten Fassung ähnlich. Sie gestaltet – gemeinsam mit der konstitutiven Neufassung der SLV zum 1.4.2002 – die Laufbahnausbildung in der Laufbahngruppe der Uffz grundlegend um. Um Abs. 3 verstehen zu können, ist eine nähere Betrachtung der Laufbahnausbildung in der Laufbahngruppe der Uffz notwendig.

18 **Frühere Rechtslage:**
Bis zur o.g. Neufassung der SLV gab es einen regelmäßigen zweistufigen Aufstieg vom Uffz bis zum höchsten Feldwebeldienstgrad in der Laufbahngruppe der Uffz. Dieser waren durchgehend die Laufbahnen des Truppendienstes, des SanDienstes, des Militär-

---

34 *Dolpp/Klewitz/Weniger*, § 25 Rn. 2508, sprechen nicht von ungefähr von der „besonderen Bedeutung dieses Laufbahnlehrgangs den Werdegang des Berufsoffiziers".
35 *Battis*, BBG, § 15 Rn. 7. Es gibt auch keine gesonderte Prüfung für Stabsoffiziere, bevor sie zum General befördert werden können (der Lehrgang Generalstabs-/Admiralstabsdienst ist ein Verwendungslehrgang, dessen Fehlen kein Ausschlussgrund für eine Beförderung zum General sein darf).
36 Vgl. zu dieser allg. *Jarass*, in: *Jarass/Pieroth*, GG, Art. 20 Rn. 46 m.w.N. aus der Rspr.
37 V. lateinischen approbatio = Billigung, Genehmigung.
38 Zur früheren Ausnahme für Dentisten s.o. Rn. 3.
39 Eingangsdienstgrad (vgl. o. Rn. 11) für SanOffz ist folglich der Dienstgrad Stabsarzt.
40 Vgl. o. Rn. 3.

Laufbahnvorschriften § 27

musikdienstes und des militärgeographischen Dienstes zugeordnet. Die letztgenannten drei Laufbahnen waren und sind Laufbahnen für Fachdienste.
UA (im Truppendienst) absolvierten ihre **mil.** Ausbildung (allg. Grundausbildung und Uffz-Lehrgang mil. Teil), sodann eine **militärfachliche** Uffz-Ausbildung. Diese reichte je nach Verwendung von einer Ausbildung am Arbeitsplatz („AAP" – etwa einen Monat) bis zu einem mehrmonatigen (fünf bis acht Monate dauernden) Uffz-Lehrgang (fachlicher Teil – die Ausgestaltung der Laufbahnprüfung war dem BMVg durch die SLV a.F. weitgehend überlassen[41]). Hatte ein UA die mil. und militärfachliche Uffz-Ausbildung bestanden, besaß er die Laufbahnbefähigung und konnte – i.d.R. zeitnah nach zwölf Monaten Mindestdienstzeit – zum Eingangsdienstgrad Uffz befördert werden.

In den Laufbahnen für Fachdienste (insbes. im SanDienst) bestand die militärfachliche Ausbildung in einer dem jew. Fachgebiet entspr. Spezialausbildung, die zeitlich länger dauern konnte als die militärfachliche (u.U. nur vierwöchige) Ausbildung im Truppendienst. Selbst in den Fachdiensten war nach zwölf Monaten Mindestdienstzeit eine Beförderung zum Uffz regelmäßig möglich, weil eine nur an mil. Vorgaben ausgerichtete militärfachliche Ausbildung als Bestandteil der Laufbahnprüfung genügte. Das Ausbildungsniveau der zivilen Gesellenebene konnte, musste aber nicht erreicht werden.

Für die spätere Ausbildung zum Fw war (aufbauend auf der obligatorischen Ausbildung zum Uffz) neben der militärfachlichen Feldwebelausbildung das Bestehen einer Feldwebelprüfung als Abschluss eines Feldwebellehrgangs notwendig. Diese Feldwebelprüfung war im SG nicht vorgesehen. Das SG sprach (und spricht auch heute) für die Laufbahnen der Uffz in § 27 Abs. 2 Nr. 1c nur von **einer** Uffz-Prüfung. Die Feldwebelprüfung war jedoch als Laufbahnprüfung in § 14 Abs. 1 Nr. 2 SLV a.F. vorgesehen.[42] Das Bestehen des Feldwebellehrgangs und das Erreichen einer bestimmten militärfachlichen Ausbildungshöhe („AH 6" = mil. Meisterebene) waren Nachweis der Laufbahnbefähigung und ermöglichten die Beförderung zum Fw. Dies war i.d.R. zeitnah nach der in der SLV a.F. vorgesehenen Mindestdienstzeit von vier Jahren möglich.

Neue Rechtslage ab 1.4.2002: 19
Zur Attraktivitätssteigerung wurde die Laufbahngruppe der Uffz neu geordnet. Nicht mehr jeder Uffz sollte zum allseits einsetzbaren vorg. Truppenführer („Kämpfer") ausgebildet werden. Vielmehr sollten bestimmte Soldaten in militär**fachlichen** (z.B. technischen) Verwendungen von Vorgesetztenpflichten möglichst entlastet sein. Die bisher durch die Truppe und durch Ausbildungseinrichtungen der SK vermittelten militärfachlichen Ausbildungsanteile sollten durch **zivilberufliche Aus- und Weiterbildung (ZAW)** i.d.R. bei zivilen Bildungsträgern ersetzt werden. Als Nebeneffekt wurde eine Straffung der mil. Schullandschaft erwartet. Allen UA sollte zum Anfang der Dienstzeit eine zivilberufliche Ausbildung vermittelt werden, die dem Dienstherrn nutzen und den SaZ den späteren Einstieg in das zivile Berufsleben erleichtern sollte.

Deshalb wurde die Laufbahngruppe der Uffz faktisch in zwei Untergruppen geteilt: in „Fachunteroffizierlaufbahnen" (Uffz und StUffz) in der vergleichbaren Ausbildungs-

---

41 Nach BVerwGE 63, 15 war die Ausgestaltung der Laufbahnprüfungen dem BMVg durch die SLV (a.F.) „weitgehend freigestellt". Sie hänge – so das BVerwG – in erster Linie von mil. Zweckmäßigkeitserwägungen ab, die der gerichtl. Nachprüfung entzogen seien.
42 Hiergegen hätten dieselben Zweifel vorbehalten werden können wie heute gegen den Stabsoffizierlehrgang als Voraussetzung zur Beförderung in die Dienstgradhöhe Major (s.o. Rn. 15). Das Problem hat sich durch die Aufteilung der Laufbahngruppe der Uffz entschärft, da nur noch die Uffz-Prüfung o. die Feldwebelprüfung u. damit eine Laufbahnprüfung verlangt wird.

Eichen 367

§ 27 Gemeinsame Vorschriften

höhe „Geselle" und in „Feldwebellaufbahnen" (Fw bis OStFw) in der vergleichbaren Ausbildungshöhe „Meister".[43]
Neu eingeführt wurde eine Laufbahn des allg. Fachdienstes, die Laufbahn des Truppendienstes bei den Fachunteroffizieren durchgestrichen. Die Laufbahn des militärgeographischen Dienstes wurde in Geoinformationsdienst der Bw umbenannt.

20 Schematisch stellen sich die Laufbahnen in der Laufbahngruppe der Uffz wie folgt dar:

Laufbahngruppe der Uffz	
Fachunteroffiziere (Uffz; StUffz)	**Fw**
	Truppendienst
SanDienst	SanDienst
Militärmusikdienst	Militärmusikdienst
Geoinformationsdienst der Bw	Geoinformationsdienst der Bw
allg. Fachdienst	allg. Fachdienst

Fachunteroffizierlaufbahnen für Uffz ohne Portepee gibt es somit im SanDienst, im Militärmusikdienst, im Geoinformationsdienst der Bw und im neuen allg. Fachdienst, Feldwebellaufbahnen in den gleichen Diensten sowie zusätzlich im Truppendienst.[44]

21 Während der frühere Abs. 3 im Wege einer Soll-Vorschrift für alle Laufbahnen in der Laufbahngruppe der Uffz (über die Mindestanforderungen des Abs. 2 Nr. 1a hinaus) den Abschluss einer Realschule oder den erfolgreichen Besuch einer Hauptschule und eine förderliche abgeschlossenen Berufsausbildung oder den Nachweis eines als gleichwertig anerkannten Bildungsstandes forderte, beschränkt die Neufassung des Abs. 3 dies auf die Laufbahnen der Fw. Damit sind die gesetzl. Voraussetzungen geschaffen worden, um in der SLV[45] für die Einstellung der Anwärter in den Laufbahnen der Fachunteroffiziere nur noch – wie es Abs. 2 Nr. 1a als Mindestvoraussetzung vorschreibt – den erfolgreichen Besuch einer Hauptschule genügen zu lassen. An die Stelle des im früheren Abs. 3 geforderten Berufsabschlusses treten für diese Anwärter in der Praxis eine erfolgreiche Berufseignungsfeststellung (im Rahmen des Annahmeverfahrens an den Zentren für Nachwuchsgewinnung) und die Zusage für eine zivilberufliche Aus- und Weiterbildung (ZAW). Dies trägt dem Umstand Rechnung, dass die Anzahl der Schulabgänger, die einen beruflichen Abschluss außerhalb des dualen Bildungssystems und damit keine Ausbildungsberufe nach dem Berufsbildungsgesetz oder nach der Handwerksordnung anstreben, in den letzten Jahren ständig gestiegen ist.[46]

22 Für Anwärter in den Feldwebellaufbahnen gelten die bisherigen Einstellungsvoraussetzungen. Die Soll-Vorschrift des Abs. 3 wird in § 15 Abs. 1 Nr. 2 SLV jedoch insoweit verschärft, als stets ein Hauptschulabschluss nebst einem förderlichen Berufsabschluss

---

43 Vgl. BT-Drs. 14/6881, 28. Die Laufbahnen der Fachunteroffiziere sind für Bewerber gedacht, die zwar eine fachliche Qualifikation einbringen, aber keine o. noch keine Führungsverantwortung übernehmen wollen. Sie schließen – so die amtl. Begr. zur konstitutiven Neufassung der SLV – ihre Laufbahnausbildung mit der Beförderung zum Uffz ab.
44 Die Laufbahn der Fw des Truppendienstes umfasst primär Führungs-, Ausbildungs- u. Erziehungskräfte der ersten Führungsebene. Die anderen Feldwebellaufbahnen (SanDienst, Militärmusikdienst, Geoinformationsdienst der Bw u. allg. Fachdienst) führen fachlich spezialisierte Personen mit Vorgesetztenverantwortung „auf dem Qualifikationsniveau der Meisterebene" zusammen (so die amtl. Begr. zur konstitutiven Neufassung der SLV, allg. Teil).
45 Dies ist in § 11 Abs. 1 Nr. 2 SLV umgesetzt.
46 So BT-Drs. 14/6881, 28.

Laufbahnvorschriften **§ 27**

oder ein Realschulabschluss verlangt wird. Nur ein Hauptschulabschluss oder ein als gleichwertig anerkannter Bildungsstand reicht nicht. Zu dieser Anhebung der Voraussetzungen war der Verordnungsgeber nach Abs. 2 Nr. 1 i.V.m. Abs. 3 berechtigt. Die nach Abs. 3 neben einem Hauptschulabschluss verlangte **förderliche** abgeschlossene **Berufsausbildung** ist eine solche, die eine bedarfsgerechte Einplanungsmöglichkeit in artverwandte Verwendungen in den SK erlaubt.[47]

Inzwischen ist mit einer erneuten Änd. des § 12 SLV[48] der ab dem 1.4.2002 geforderte **Nachweis der Laufbahnbefähigung** in den **Fachunteroffizierlaufbahnen** nur durch einen in der zivilberuflichen Aus- und Weiterbildung (ZAW) erworbenen zivilen Berufsabschluss auf Gesellenebene[49] wieder relativiert worden. Nach § 12 Abs. 2 SLV reicht jetzt auch wieder eine rein militärfachliche Ausbildung[50] als fachlicher Teil der Uffz-Prüfung aus. Die Änd. war spätestens dadurch notwendig geworden[51], dass die große Zahl der ansonsten erforderlichen ZAW-Maßnahmen nicht mehr finanzierbar gewesen wäre. 23

4. Absatz 4

Satz 1 schreibt vor, dass im Verordnungsweg die allg. Voraussetzungen und Mindestdienstzeiten für die **Beförderungen**[52] von Soldaten festzusetzen sind. Dem ist die BReg in § 5 SLV, in dem **allg. Grundsätze** der Beförderung geregelt werden, und in zahlreichen anderen, auf verschiedene Laufbahnen bezogenen Vorschriften der SLV (z.B. §§ 9, 10, 12, 18, 22, 24, 25, 31, 33 SLV) nachgekommen. Der **BPA** kann von diesen Vorgaben nach **Satz 3 Ausnahmen** zulassen; Satz 3 bezieht sich also nicht nur auf Satz 2.[53] 24

---

47 So *Dolpp/Klewitz/Weniger*, § 15 Rn. 1503.
48 Durch Art. 1 Nr. 3 der Verordnung zur Änderung der Soldatenlaufbahnverordnung und zur Aufhebung der Dienstgradüberleitungsverordnung v. 21.3.2005 (BGBl. I S. 867).
49 Dieser zivile Berufsabschluss kann den militärfachlichen Teil der Fachunteroffizierprüfung aber nach wie vor ersetzen. Wichtig ist die zwischen BMVg u. BMI abgestimmte Möglichkeit, dass für die in einer ZAW befindlichen Fachunteroffizieranwärter ausnahmsweise bereits nach einem Drittel der Ausbildungsmaßnahme in Form einer fachlichen Bewertung nebst Prognose durch die zivile Ausbildungsstelle eine Einschätzung abgegeben werden kann, ob der Soldat die zivile Gesellenebene erreichen wird. Fällt diese perspektivische Betrachtung positiv aus, reicht sie zur Feststellung der Laufbahnbefähigung u. zur Beförderung zum Uffz aus. Die fachliche Bewertung nebst positiver Prognose ist dann Grundlage für die fachliche Komponente der Laufbahnbefähigung. Nur die Prognose ermöglicht es, in ZAW befindliche Fachunteroffizieranwärter einigermaßen zeitgerecht zum Uffz befördern zu können. Die Prognoseentscheidung ist so ausgestaltet, dass sie einer gerichtl. Überprüfung standhält.
50 Die amtl. Begr. zur Anfügung des § 12 Abs. 2 SLV lautet: „Mit der Änderung werden die für eine Laufbahnbefähigung in den Laufbahnen der Fachunteroffiziere erforderlichen Voraussetzungen näher bestimmt. Neben der allgemeinmil. Befähigung, die durch eine allg. Grundausbildung u. einen mit einer Prüfung abschließenden Fachunteroffizierlehrgang vermittelt wird, bedarf es in den Fachunteroffizierlaufbahnen einer militärfachlichen Befähigung. Diese wird in Verwendungen, in denen eine verwertbare zivilberufliche Ausbildung auf Gesellen- o. Facharbeiterebene erforderlich ist, durch eine solche Ausbildung erworben. Es hat sich allerdings gezeigt, dass nach wie vor in bestimmten Verwendungen ein Bedarf an einer rein militärfachlichen Befähigung besteht. In solchen Verwendungen, in denen die militärfachliche Befähigung nicht durch eine verwertbare zivilberufliche Ausbildung auf Gesellen- oder Facharbeiterebene erworben werden kann, wird die militärfachliche Befähigung im Rahmen monatiger Lehrgänge vermittelt und durch das Bestehen einer Prüfung nachgewiesen."
51 Ein weiterer Grund war die Erkenntnis, dass Soldaten während der ZAW nicht für den mil. Dienst zur Verfügung stehen (ZAW wird durch zivile Bildungsträger vermittelt). ZAW verstärkt also den Personalmangel. Letztlich ist auch darauf hinzuweisen, dass die strikten laufbahnrechtl. Vorgaben teilweise schlicht missachtet worden sind.
52 Vgl. zum Begriff der Beförderung § 4 Abs. 1 Satz 1 Nr. 3 sowie die Komm. ebd.
53 Vgl. zu den zugelassenen Ausnahmen § 45 SLV.

Eichen

§ 27 Gemeinsame Vorschriften

25 Zu der in Satz 1 angeordneten Festsetzung von **Mindestdienstzeiten** ist festzuhalten, dass solche Zeiten nur dort zulässig sind, wo sie den in Art. 33 Abs. 2 GG und in § 3 Abs. 1 festgeschriebenen **Leistungsgrundsatz**[54] absichern. Beförderungen als Verleihung eines höheren Dienstgrades bedingen eine Bewerberauswahl zur Besetzung eines öff. Amtes i.S.d. Art. 33 Abs. 2 GG[55] und unterliegen den Kriterien der Eignung, Befähigung und fachlichen Leistung der zur Auswahl stehenden Soldaten. Eine von Art. 33 Abs. 2 GG erfasste Auswahlentscheidung kann grds. nur auf Erwägungen gestützt werden, welche diese Kriterien unmittelbar betreffen.[56] Reine Wartezeiten – wie das Erreichen eines Lebens- oder Dienstalters – sind keine unmittelbar leistungsbezogenen Gesichtspunkte. „Mindestdienstzeiten" i.S.v. Satz 1 sind deshalb als Kriterien für Beförderungsentscheidungen nur rechtl. begründbar, wenn sie entweder den Charakter von **Bewährungszeiten** haben oder zur Verhinderung von Sprungbeförderungen (vgl. hierzu Satz 2) dienen. Die aktuelle Rspr. des BVerwG[57] zur Unzulässigkeit der Berücksichtigung von nicht im verfassungsrechtl. Leistungsgrundsatz[58] verankerten Belangen (wie Mindestverweildauer oder Mindestdienstalter) bei einer Bewerberauswahl für eine Beförderung muss zur kritischen Überprüfung der in der SLV und in Dienstvorschriften festgesetzten, z.T. in vielen Jahren[59] bemessenen Wartezeiten führen. Dies gilt vor allem für Beförderungen von Soldaten, die auf Dienstposten eingesetzt sind, welche einer gebündelten Dienstpostenbewertung unterliegen[60] und bei denen deshalb keine Bewährungszeiten mehr gefordert werden können. Es ist unzulässig, Mindestdienstzeiten zur Schaffung eines altersgerechten Dienstgradgefüges, zur Verwirklichung eines allg. Laufbahnziels[61] oder zur Erleichterung der mil. Personalführung zu nutzen. Dies ist bei der Interpretation der gesetzl. Aufforderung in Abs. 4 Satz 1 an den Verordnungsgeber zu berücksichtigen.

26 **Satz 2 und 3**[62] entsprechen inhaltlich § 24 Satz 1 und 3 BBG. Sie haben die Aufgabe, die **Sprungbeförderung** (davon ist nicht nur eine Beförderung innerhalb eines bestehenden Wehrdienstverhältnisses, sondern auch eine Einstellung mit einem höheren als für „Seiteneinsteiger"[63] vorgesehenen Dienstgrad erfasst[64]) zu verhindern. Hierdurch soll der Leistungsgrundsatz[65] gesichert werden. Denn eine Sprungbeförderung geht regelmäßig zu Lasten der Soldaten, die sich bereits in einem höheren Dienstgrad für höherwertige Aufgaben qualifizieren. Der Verhinderung der Sprungbeförderung dient insbes. das in § 5 Abs. 4 SLV angeordnete Verbot der Beförderung vor Ablauf eines Jahres nach der

---

54 Vgl. hierzu Komm. zu § 3 Abs. 1.
55 Vgl. zum weiten Begriff des öff. Amtes i.S.d. Art. 33 Abs. 2 GG o. Rn. 9.
56 BVerwG IÖD 2005, 74 (75) = DÖD 2005, 162(163 f.).
57 Ebd., bestätigt durch BVerwG IÖD 2005, 158. Abw. Entsch. wie die des 1. WDS NZWehrr 1984, 214 – nur Ls = ZBR 1984, 193 – nur Ls dürften der Vergangenheit angehören.
58 Etwas anderes gilt nur, wenn diesen Belangen außerhalb von Art. 33 Abs. 2 GG Verfassungsrang eingeräumt ist, vgl. BVerwG IÖD 2005, 158 Ls 3.
59 Die ZDv 20/7 Nr. 128 fordert z.b. für eine Beförderung zum StFw eine Wartezeit von 16 Jahren seit Ernennung zum Fw.
60 Es erscheint zweifelhaft, ob bei einer so breit gebündelten Dienstpostenbewertung wie im Bereich der Uffz mit Portepee (die Bündelung erstreckt sich v. Fw bis zum Stabsfeldwebel) der Grds. der funktionsgerechten Besoldung (§ 18 BBesG) noch ausreichend beachtet wird.
61 In diese Richtung ging die Entsch. des 1. WDS des BVerwG (s.o. Fn. 57), wo ausgeführt wurde (zit. nach juris): „Die Festlegung eines die Lebenserfahrung würdigenden Mindestlebensalters ist angesichts der großen Zahl geeigneter HFw sachgerecht, weil nur so eine befriedigende Anzahl von ihnen rechtzeitig vor ihrem Ausscheiden aus der Bundeswehr zur Oberstabsfeldwebel befördert werden kann."
62 Abs. 4 Satz 3 bezieht sich aber auch auf Abs. 4 Satz 1, s.o. Rn. 24.
63 Gemeint sind andere Bewerber nach § 87, vgl. die Komm. ebd.
64 Vgl. § 45 Abs. 1 Nr. 4 SLV u. *Scherer/Alff*, SG, § 27 Rn. 7.
65 Vgl. o. Rn. 25.

letzten Beförderung. Damit wird vermieden, dass eine Sprungbeförderung im Ergebnis doch – im Wege kurz aufeinander folgender Beförderungen – erreicht wird. Es erscheint diskussionswürdig, ob diese Frist nicht zu kurz bemessen ist. Denn grds. sollte zwischen zwei Beförderungen eine angemessene Zeit liegen, in welcher sich der Beförderte bewähren muss.[66]

Da eine Sprungbeförderung üblicherweise in die Nähe der rechtswidrigen „Ämterpatronage" gebracht wird[67], ist darauf hinzuweisen, dass auch eine noch so große politische Nähe keinesfalls die im öff. Dienst geforderte Eignung, Befähigung und Leistung ersetzen kann.[68] Jedes Abweichen hiervon geht zu Lasten der Einsatzfähigkeit der SK, die auf die bestmögliche Auftragserfüllung vor allem in mil. Spitzenpositionen angewiesen sind. Die nach Satz 3 für den BPA möglichen Ausnahmeentscheidungen haben sich hieran zu orientieren.

5. Absatz 5

Die in **Satz 1** dem Verordnungsgeber verpflichtend (dies belegt der Wortlaut „ist ... möglich") aufgetragene Regelung, für Uffz den **Aufstieg** in die **Laufbahnen der Offz** ohne Erfüllung der Eingangsvoraussetzungen vorzusehen, beruhte auf dem Wunsch, im Einsatz bewährten Uffz auch ohne Reifezeugnis einer höheren Schule oder einen entspr. Bildungsstand[69] die Zulassung zum Offizierstand zu ermöglichen.[70] Dies ist in § 29 SLV[71] näher geregelt worden. Demnach ist für Fw[72] aller Laufbahnen bei Eignung der Aufstieg in die Laufbahn der Offz des Truppendienstes möglich. Die Begrenzung auf den Truppendienst ist, obwohl der Wortlaut in Satz 1 („Aufstieg in die Laufbahnen" der Offz) eine weiter gehende Verpflichtung des Verordnungsgebers annehmen lässt, sachgerecht. Denn die restlichen Laufbahnen der Offz (SanDienst, Militärmusikdienst, Geoinformationsdienst der Bw[73]) sind schon deshalb nicht für einen Aufstieg geeignet, weil für die Ausübung der in diesen Laufbahnen geforderten (z.B. ärztlichen) Tätigkeiten die laufbahnrechtl. vorgeschriebenen hohen Bildungs- und Ausbildungsvoraussetzungen unabdingbar sind.

27

In jedem Fall ist nach **Satz 2** vor dem Aufstieg eine Offz-Prüfung mit Erfolg abzulegen.

---

66 Hierauf verweisen für Beamte *Plog/Wiedow/Lemhöfer*, BBG, § 24 Rn. 6, unter Hinw. auf § 12 Abs. 2 Nr. 3 BRRG, wonach der Beamte nicht befördert werden darf vor Ablauf einer Frist, die **mindestens** ein Jahr seit der letzten Beförderung betragen muss. – Etwas anderes mag gelten für Soldaten, die auf Dienstposten eingesetzt sind, die einer gebündelten Dienstpostenbewertung unterliegen, weil hier Bewährungszeiten nicht begründbar sind (vgl. Rn. 25). Grds. ist aus rechtl. Sicht zu fordern, auf die im soldatischen Bereich verfügten reinen Wartezeiten ganz zu verzichten u. stattdessen eine auf zwei o. drei Jahre (entspr. etwa einem Beurteilungszeitraum) verlängerte Bewährungszeit (wo sie notwendig ist!) anzuordnen.
67 Vgl. *Battis*, BBG, § 24 Rn. 1.
68 Dies gilt nicht nur für Beamte (vgl. hierzu *Plog/Wiedow/Lemhöfer*, BBG, § 15 Rn. 3), sondern auch für Soldaten.
69 Verfügt ein Soldat über diesen Bildungsstand, kann ihm ein Aufstieg nach Abs. 5 i.V.m. § 29 SLV zulässigerweise versagt werden, vgl. *Dolpp/Klewitz/Weniger*, § 29 Rn. 2903 m.w.N. aus der Rspr.
70 Vgl. BT-Drs. II/2140, 10.
71 Die Möglichkeit der Zulassung von Uffz zur Laufbahn der Offz des militärfachlichen Dienstes beruht nicht auf Abs. 5, sondern auf Abs. 6 Satz 2 u. ist in § 40 SLV geregelt. Vgl. *Dolpp/Klewitz/Weniger*, § 40 Rn. 4004.
72 Die Beschränkung auf Uffz mit Portepee ist auch nach der faktischen Teilung der Laufbahngruppe der Uffz (vgl. Rn. 19 f.) – der Fachunteroffizier ist nicht mehr nur der noch nicht fertig ausgebildete Fw! – noch sachlich gerechtfertigt, weil der Fw nach Abs. 3 regelmäßig einen zumindest dem (ebenfalls privilegierten) Offizierbewerber nach Abs. 6 Satz 2 angeglichenen Bildungsstand (Realschule) aufweisen wird.
73 Zum militärfachlichen Dienst s. Fn. 71.

6. Absatz 6

28 Nach **Satz 1** sind in der SLV besondere Best. für Fälle zu treffen, in denen für eine bestimmte mil. Verwendung besondere Bildungsvoraussetzungen verlangt werden können. Als **Beispiele**[74] für diese Fallgestaltungen sind zu nennen:

Einstellungserfordernis eines abgeschlossenen **Studiums**
- an einer **wissenschaftlichen Hochschule:** Truppenoffiziere mit wissenschaftlicher Vorbildung nach § 28 Abs. 1 SLV (erste Staatsprüfung) oder § 28 Abs. 3 SLV (zweite Staatsprüfung); Offz des Geoinformationsdienstes der Bw mit geowissenschaftlichem Universitätsstudium nach § 38 Abs. 1 und 2 SLV.
- an einer **Fachhochschule:** Offz für technische Verwendungen im Truppendienst nach § 26 Abs. 1 SLV sowie Offz für Verwendungen im Truppendienst nach § 26 Abs. 2 SLV, die eine natur-, sozial- oder wirtschaftswissenschaftliche Vorbildung erfordern, jew. mit einem der Verwendung entspr. Studium an einer Fachhochschule; Offz des Geoinformationsdienstes der Bw mit Studium in einem geotechnischen Fachgebiet an einer Fachhochschule nach § 39 Abs. 1 SLV.

Einstellungserfordernis einer abgeschlossenen **Fachschulausbildung:** Einstellung mit dem Dienstgrad Fw im Truppendienst, im Geoinformationsdienst der Bw und im allg. Fachdienst, wer eine für die vorgesehene Verwendung verwertbare Abschlussprüfung an einer mindestens zweijährigen Fachschule bestanden hat, § 17 Abs. 2 Satz 1 Nr. 1a SLV.

Einstellungserfordernis einer an Stelle der allg. Vorbildung gleichwertigen technischen oder sonstigen **Fachausbildung:** Einstellung mit dem Dienstgrad Fw im Militärmusikdienst, wer das Grundstudium an einer Hochschule für Musik mit dem Vordiplom abgeschlossen hat, § 17 Abs. 2 Satz 1 Nr. 3 SLV.

29 Eine nach **Satz 2** in der SLV mögliche Regelung, für einzelne Gruppen von Offizierbewerbern den erfolgreichen Besuch einer Realschule oder einen als gleichwertig anerkannten Bildungsstand genügen zu lassen, findet sich in § 40 Abs. 1 und 2 SLV für die Zulassung zur Laufbahn der Offz des militärfachlichen Dienstes.[75] Darüber hinaus ermöglicht es Satz 2, in der SLV für einzelne Gruppen von Offizierbewerbern die Kürzung der (dreijährigen) Dienstzeit nach Abs. 2 Nr. 2b bis auf zwei Jahre anzuordnen.

7. Absatz 7

30 Der 2005 durch das SkResNOG eingefügte **Abs. 7**[76] ist Folge der Rspr. des BVerwG[77] zu Laufbahnprüfungen bei Beamten. Nach dieser Judikatur bedarf die Regelung der Laufbahnprüfung von Beamtenanwärtern in ihren wesentlichen Teilen der Festlegung durch Gesetz oder RVO. Im Gleichklang mit den beamtenrechtl. Vorschriften gilt dies auch für soldatische Laufbahnprüfungen – dazu zählen die Uffz- und die Offz-Prüfung.[78] Deshalb ist die bisherige Mitteilung in der SLV (§ 12 Abs. 1 Satz 3 und Abs. 2, § 16 Abs. 2 und 3, § 22 Abs. 2 Satz 3, § 24 Abs. 2), dass eine Uffz-, Fw- oder Offz-Prü-

---

74 Weitere Anwendungsfälle finden sich in der SLV.
75 Vgl. *Dolpp/Klewitz/Weniger*, § 40 Rn. 4004.
76 S.o. Rn. 3.
77 Vgl. BVerwGE 98, 324 unter Bezug auf BVerfGE 84, 34 (49): „Vorschriften, die für die Aufnahme des Berufs eine bestimmte Vor- und Ausbildung sowie den Nachweis erworbener Fähigkeiten in Form einer Prüfung verlangen, greifen in die Freiheit der Berufswahl ein und müssen ... den Anforderungen des Art. 12 Abs. 1 GG genügen ... Die Leistungsanforderungen in einer solchen Prüfung und die Maßstäbe, nach denen die erbrachten Leistungen zu bewerten sind, bedürfen einer gesetzlichen Grundlage ..."
78 Vgl. BT-Drs. 15/4485, 36 (zu Nr. 10 [§ 27]).

fung stattfindet, nicht ausreichend. Der Gesetzgeber hat nicht vorgesehen, wesentliche Fragen der genannten Prüfungen in der SLV (diese ist eine Regierungsverordnung, vgl. § 93 Abs. 1 Nr. 2) zu regeln, sondern hat sich in Abs. 7 für eine eigenständige Prüfungsordnung für die soldatischen Laufbahnen (sie ist eine RVO des BMVg, vgl. § 93 Abs. 2 Nr. 3) entschieden. Diese wird zzt. im BMVg erarbeitet. Sie sollte zu einer Vereinheitlichung der Laufbahnprüfungen in den verschiedenen TSK und zur Harmonisierung von Ausbildungsinhalten in den Laufbahnen führen und dürfte dadurch mehr Transparenz und Rechtssicherheit für UA, FA und OA bieten.

Durch ihre Bezugnahme auf die Grundsätze in den vorhergehenden Abs. 2 bis 6, welche die wesentlichen Eckpunkte der Ausgestaltung der soldatischen Laufbahnen markieren, genügt die Verordnungsermächtigung des Abs. 7 dem Bestimmtheitsgebot des Art. 80 Abs. 1 Satz 2 GG.[79]

8. Absatz 8

Abs. 8 erklärt mit Modifikationen in der Besetzung des Gremiums die beamtenrechtl. Vorschriften über den **BPA** für anwendbar. Wie im Bereich der Beamten, ist auch der BPA in der Soldatenbesetzung ein unabhängiges Gremium, das der Objektivierung der Personalführung der BS und SaZ, der **Abwehr sachfremder Einflüsse auf Personalentscheidungen** und damit der Unparteilichkeit des öff. Dienstes dienen soll.[80] Dies dokumentiert sich vor allem in der gesetzl. zugewiesenen Entscheidungsbefugnis nach Abs. 4 Satz 3, über Ausnahmen zu ansonsten unzulässigen Sprungbeförderungen zu befinden. Gerade hier agiert der BPA in der Soldatenbesetzung an der Schnittstelle von Politik und mil. Personalführung, die auch bei Beförderungen dem in Art. 33 Abs. 2 GG und § 3 Abs. 1 festgelegten Prinzip der Bestenauslese verpflichtet ist.[81] 31

Rechtl. hat der BPA in der Soldatenbesetzung die Möglichkeit, durch sein Veto **Sprungbeförderungen** zu **verhindern**. Ob die Zusammensetzung des siebenköpfigen[82] Gremiums[83], auf die der BMVg durch sein Vorschlagsrecht in Bezug auf die nichtständigen ordentlichen[84] und stellvertretenden Mitglieder aus seinem Geschäftsbereich[85] gegenüber dem BPräs Einfluss nehmen kann, hierfür eine Gewähr bietet, mag bezweifelt werden. Unter diesem Aspekt ist zu bedauern, dass das im Beamtenbereich gesetzl. verbriefte, auf ordentliche und stellvertretende Mitglieder des BPA bezogene, Benennungsrecht der zuständigen Gewerkschaften[86] (vgl. § 96 Abs. 3 BBG) in Abs. 8 keinen Niederschlag gefunden hat.[87] 32

---

79 Vgl. ebd.
80 Vgl. *Steinkamm*, NZWehr 1987, 58.
81 Vgl. für Beamte GKÖD I K, § 2 Rn. 26 sowie *Scherer/Alff*, SG, § 3 Rn. 13. Dass diese Aussage für Beförderungen in soldatischen Spitzen- u. Führungspositionen allerdings relativiert werden muss, bedarf keiner weiteren Begr. u. mag ein Grund sein, warum die Personalauswahl in diesem Bereich oftmals als nebulös u. jeder unabhängigen Kontrolle entzogen empfunden wird.
82 Die Zahl der Mitglieder weicht von der des BPA in Beamtensachen (acht Mitglieder) ab, vgl. auch *Scherer/Alff*, SG, § 27 Rn. 11; unrichtig *Dolpp/Klewitz/Weniger*, § 45 Rn. 4502.
83 Hinzu kommen sieben stellvertretende Mitglieder, vgl. Abs. 8 Satz 4.
84 Die ständigen ordentlichen Mitglieder stehen kraft G fest, weil die Mitgliedschaft im BPA Teil ihres Hauptamtes/ihrer Hauptverwendung ist.
85 Auch das ständige ordentliche Mitglied des BPA in der Soldatenbesetzung aus dem Geschäftsbereich des BMVg, der Leiter der Personalabteilung des BMVg, wird grds. als eine der Leitung des BMVg politisch nahe stehende Person anzusehen sein.
86 Unter Berücksichtigung dieser Regelung für den BPA in Soldatenbesetzung *Steinkamm*, NZWehr 1987, 58.
87 Die gerichtl. Durchsetzung dieses Rechts hatte mangels gesetzl. Grundlage für eine solche Mitwirkung keinen Erfolg, vgl. OVG NRW NZWehr 1992, 215 = RiA 1992, 312.

33 Neben der gesetzl. eingeräumten Befugnis in Abs. 4 Satz 3 hat der BPA in der Soldatenbesetzung entspr. § 98 Abs. 2 BBG in der SLV zahlreiche **weitere Aufgaben** erhalten (vgl. den langen Katalog in § 45 Abs. 1 SLV zur **Zulassung laufbahnrechtl. Ausnahmen** für BS und SaZ in Einzelfällen oder für Gruppen von Fällen jew. auf Antrag des BMVg und die in § 22 Abs. 4 Satz 2 SLV vorgesehene Zustimmung des BPA). Keine Anwendung findet für den BPA nach Abs. 8 Satz 1 die Regelung des § 98 Abs. 1 BBG. Damit entfällt für ihn insbes. die interne Beratung des BMVg durch Vorschläge zur Beseitigung von Mängeln in der Handhabung soldatenrechtl. Vorschriften[88] und zur Durchsetzung der Chancengleichheit von Frauen und Männern sowie zur besseren Vereinbarkeit von Familien und Beruf.[89] Gerade die Unterstützungsaufgabe in gleichstellungsrechtl. Fragen könnte – spätestens veranlasst durch das In-Kraft-Treten des SGleiG und der STzV – auch für den soldatischen Bereich zunehmend Bedeutung gewinnen. Zumindest die Übernahme dieser Aufgabe durch den BPA in Soldatenbesetzung sollte deshalb für die Zukunft erwogen werden.

34 Die sonstigen Vorschriften des IV. Abschnitts des BBG (§§ 95 bis 104 BBG[90]) sind aus sich heraus verständlich und bedürfen keiner Komm. Zu erwähnen ist jedoch, dass ein **Beschl. des BPA** auch in Soldatenbesetzung **keinen VA**[91] gegenüber dem betroffenen Soldaten (oder Bewerber) darstellt, auch wenn der Beschl. für den BMVg Bindungswirkung entfaltet (vgl. § 103 Abs. 2 BBG). Die Entscheidung des BPA ist als exekutives Internum ohne Außenwirkung (vgl. § 35 Satz 1 VwVfG) gegenüber dem Betroffenen zu sehen.[92] Dieser kann sich erst gegen den die begehrte Personalmaßnahme versagenden Akt der Personal bearbeitenden Stelle wehren (mittels Beschwerde oder – bei noch nicht in einem Wehrdienstverhältnis stehenden Bewerbern – mittels Widerspruchs). Kommt es zur gerichtl. Überprüfung, entscheidet das Gericht (das VG oder – bei Entscheidungen truppendienstl. Natur[93] – das Wehrdienstgericht) incidenter auch über die Rechtmäßigkeit der Mitwirkung des BPA.[94]

§ 28 Urlaub

(1) Dem Soldaten steht alljährlich ein Erholungsurlaub unter Belassung der Geld- und Sachbezüge zu.

(2) Der Urlaub darf versagt werden, soweit und solange zwingende dienstliche Erfordernisse einer Urlaubserteilung entgegenstehen.

(3) Dem Soldaten kann aus besonderen Anlässen Urlaub erteilt werden.

---

88 Vgl. § 98 Abs. 1 Nr. 2 BBG.
89 Vgl. § 98 Abs. 1 Nr. 3 BBG.
90 Vgl. *Scherer/Alff*, SG, § 27 Rn. 11 ff. u. die Komm. bei *Battis*, BBG.
91 Vgl. bei Beamten *Battis*, BBG, § 98 Rn. 4.
92 Allg. zur Mitwirkung anderer Behörden beim Erlass eines VA *Kopp/Ramsauer*, VwVfG, § 35 Rn. 77 ff.
93 Z.B. im Fall der Nichtzulassung zur Laufbahn der Offz des militärfachlichen Dienstes mangels Erfüllung der Voraussetzungen des BPA in Bezug auf das Höchstalter des § 40 Abs. 2 Nr. 1 SLV, vgl. § 45 Abs. 1 Nr. 1 SLV. Allg. zur truppendienstl. Natur von Verwendungsentscheidungen (um eine solche handelt es sich z.b. bei der Zulassung zur Laufbahn der Offz des militärfachlichen Dienstes) *Böttcher/Dau*, WBO, § 17 Rn. 49 m.w.N.
94 Vgl. *Scherer/Alff*, SG, § 27 Rn. 19; für Beamte *Battis*, BBG, § 98 Rn. 4 m.w.N.

Urlaub § 28

(4) ¹Die Erteilung und die Dauer des Urlaubs regelt eine Rechtsverordnung. ²Sie bestimmt, ob und inwieweit die Geld- und Sachbezüge während eines Urlaubs aus besonderen Anlässen zu belassen sind.

(5) ¹Einem Berufssoldaten oder Soldaten auf Zeit kann auf Antrag unter Wegfall der Geld- und Sachbezüge mit Ausnahme der unentgeltlichen truppenärztlichen Versorgung Urlaub bis zur Dauer von drei Jahren mit der Möglichkeit der Verlängerung auf längstens zwölf Jahre gewährt werden, wenn er
1. mindestens ein Kind unter 18 Jahren oder
2. einen nach ärztlichem Gutachten pflegebedürftigen sonstigen Angehörigen tatsächlich betreut oder pflegt. ²Bei einem Soldaten auf Zeit ist die Gewährung nur insoweit zulässig, als er nicht mehr verpflichtet ist, auf Grund der Wehrpflicht Grundwehrdienst zu leisten. ³Der Antrag auf Verlängerung einer Beurlaubung ist spätestens sechs Monate vor Ablauf der genehmigten Beurlaubung zu stellen. ⁴Während der Beurlaubung dürfen nur solche Nebentätigkeiten genehmigt werden, die dem Zweck der Beurlaubung nicht zuwiderlaufen. ⁵Ein bereits bewilligter Urlaub kann aus zwingenden Gründen der Verteidigung widerrufen werden.

(6) Stimmt ein Berufssoldat oder Soldat auf Zeit seiner Aufstellung als Bewerber für die Wahl zum Deutschen Bundestag oder zu der gesetzgebenden Körperschaft eines Landes zu, ist ihm auf Antrag innerhalb der letzten zwei Monate vor dem Wahltag der zur Vorbereitung seiner Wahl erforderliche Urlaub unter Wegfall der Geld- und Sachbezüge zu gewähren.

(7) ¹Soldaten haben Anspruch auf Elternzeit unter Wegfall der Geld- und Sachbezüge mit Ausnahme der unentgeltlichen truppenärztlichen Versorgung. ²Das Nähere wird durch eine Rechtsverordnung geregelt, die die Eigenart des militärischen Dienstes berücksichtigt.

Literatur: *Alff, Richard:* Zur Rechtsstellung der in ein Parlament gewählten Soldaten, NZWehr 1980, 201; *Medding, Josef:* Der Wahlvorbereitungsurlaub eines Bewerbers um einen Sitz im Deutschen Bundestag, VerwRdsch. 1990, 161; *Oberkötter, Michael:* Sonderurlaub aus Billigkeitsgründen? NZWehr 1985, 21; *Weber, Gerhard/Banse, Jürgen:* Das Urlaubsrecht des öffentlichen Dienstes, 1978 ff. (Stand: August 2005).
Frühere Komm., z.B. von *Schreiber, Jürgen/Folle, Kurt:* Das gesamte Urlaubsrecht der Soldaten der Bundeswehr, 3. Aufl. 1973, wurden nicht wieder aufgelegt. Sie sind durchweg veraltet.

Übersicht

	Rn.		Rn.
A. Allgemeines	1 – 17	B. Erläuterungen im Einzelnen	18 – 69
1. Zweck der Vorschrift	1	1. Absatz 1	18 – 22
2. Entstehung der Vorschrift	2 – 5	2. Absatz 2	23 – 25
3. Änderungen der Vorschrift	6 – 9	3. Absatz 3	26 – 29
4. Bezüge zum Beamtenrecht bzw.		4. Absatz 4	30 – 36
zu sonstigen rechtl. Vorschriften;		5. Absatz 5	37 – 53
ergänzende Dienstvorschriften	10 – 17	6. Absatz 6	54 – 63
		7. Absatz 7	64 – 69

A. Allgemeines
1. Zweck der Vorschrift

§ 28 legt den gesetzl. Rahmen der wesentlichen Urlaubsarten für BS, SaZ und Soldaten, 1
die auf Grund der WPfl Wehrdienst leisten, fest. **Abs. 1** und **Abs. 2** sprechen den **Erholungsurlaub** an. **Abs. 3** befasst sich mit Urlaub aus besonderen Anlässen (**Sonder-**

urlaub). Einzelheiten zu diesen Urlaubsarten sind nach **Abs. 4** in einer RVO zu regeln. **Abs. 5** ermöglicht zur **Betreuung** oder **Pflege** eines Kindes unter 18 Jahren oder eines pflegebedürftigen sonstigen Angehörigen die langfristige Beurlaubung eines BS oder SaZ (**Betreuungsurlaub**). Ebenfalls für BS und SaZ regelt **Abs. 6** die Gewährung von Urlaub zur Vorbereitung der Wahl in eine nationale gesetzgebende Körperschaft (**Wahlvorbereitungsurlaub**). **Abs. 7** gewährt einen Anspruch auf **Elternzeit** (früher: Erziehungsurlaub), der in einer RVO zu konkretisieren ist.

2. Entstehung der Vorschrift

2 Der Wortlaut des § 28 Abs. 1 bis 4 war im Wesentlichen bereits in der Erstfassung des SG enthalten. Die Regelung des Urlaubs der Soldaten in § 24 des REntw. **stimmte mit den Best. des Beamtenrechts überein**, wie sie in der damaligen Fassung des § 89 Abs. 1 und 2 BBG festgelegt waren.[1]

3 Anders als in § 24 Abs. 1 des REntw., in dem von Fortgewährung der „Gebührnisse" die Rede war[2], sprach die Erstfassung des § 28 Abs. 1 (angelehnt an § 30 Abs. 1 Satz 1 – im REntw. § 26 Abs. 1 Satz 1) von Fortgewährung der „Geld- und Sachbezüge". Die Änd. beruhte auf einer Maßgabe des Ausschusses für Beamtenrecht des BT.[3]

4 § 24 Abs. 3 des REntw., in dem das Wort „Sonderurlaub" verwendet worden war[4], wurde ebenfalls auf Anregung des Ausschusses für Beamtenrecht in der Erstfassung des SG zu Gunsten des heutigen Wortlauts des Abs. 3 verändert. „Sonderurlaub" wurde durch „Urlaub bei besonderen Anlässen" ersetzt, weil das BBG jenen Begriff nicht kenne.[5]

5 Dem § 24 Abs. 4 des REntw., der zunächst nur aus dem heutigen § 28 Abs. 4 Satz 1 bestand, wurde auf Verlangen des Rechtsausschusses des BT der Satz 2 angefügt. Der Ausschuss sah es für die Gewährung von Sonderurlaub nach Abs. 3 als zweckmäßig an, in der in Abs. 4 genannten RVO die Frage zu klären, „ob und inwieweit während eines Sonderurlaubs die Dienstbezüge belassen würden".[6] Der Ausschuss für Beamtenrecht des BT schloss sich diesem Votum an.[7]

Zur weiteren Entstehung der Vorschrift siehe nachstehend Nr. 3.

3. Änderungen der Vorschrift

6 In **Abs. 1** wurde durch Art. 1 Nr. 18a **SGÄndG** zur sprachlichen Anpassung an § 25 Abs. 3 Satz 1 das Wort „Fortgewährung" durch das Wort „Belassung" ersetzt.

7 **Abs. 5** wurde dem § 28 durch Art. 1 Nr. 3 des G vom **6.8.1975**[8] angefügt. Er ermöglichte es aus familienpolitischen Gründen zunächst nur Frauen[9] in der Laufbahn der Offz des SanDienstes, sich längstens sechs Jahre zur Betreuung eines Kindes unter 16 Jahren oder eines pflegebedürftigen Angehörigen beurlauben zu lassen.[10] Abs. 5 wurde durch

---

1 Vgl. BT-Drs. II/2140, 10.
2 Ebd., 40.
3 Vgl. Prot. der 41. Sitzung v. 12.12.1955, 5.
4 Vgl. BT-Drs. II/2140, 40.
5 Vgl. Prot. der 41. Sitzung v. 12.12.1955, 5.
6 Prot. der 93. Sitzung v. 12.12.1955, 3 (Abg. *Dr. Kihn*).
7 Vgl. Prot. der 41. Sitzung v. 12.12.1955, 5 u. Prot. der 42. Sitzung v. 14.12.1955, 2.
8 BGBl. I S. 2113.
9 Die verfassungsrechtl. Bedenken des BVerwG wegen Verstoßes gegen Art. 3 Abs. 2 u. Art. 6 Abs. 2 GG führten zu einer Vorlage an das BVerfG nach Art. 100 Abs. 1 Satz 1 GG (vgl. BVerwG RiA 1985, 20 = NZWehr 1984, 251). Nach Wegfall der Entscheidungserheblichkeit der Frage wurde der Vorlagebeschl. aufgehoben (BVerwGE 83, 320 = NZWehr 1988, 163). Der Gesetzgeber hat die Ungleichbehandlung mit G v. 6.12.1990 (BGBl. I S. 2588) beseitigt.
10 Vgl. BT-Drs. 7/3505, 6.

Urlaub § 28

Art. 4 Abs. 1 des G vom **12.7.1984**[11] (u.a. wurde das Alter des betreuten Kindes von 16 auf 18 Jahre heraufgesetzt) und durch Art. 4 Abs. 1 Nr. 1 des G vom **25.7.1984**[12] (die Höchstdauer der Beurlaubung wurde auf neun Jahre erhöht) geä. Durch Art. 1 Nr. 4a des G vom **6.12.1990**[13] wurde Abs. 5 neu gefasst, um den begünstigten Personenkreis auf alle BS und SaZ auszudehnen, zugleich die Höchstdauer der Beurlaubung auf zwölf Jahre angehoben. Durch Art. 5 Nr. 2 des G vom **11.6.1992**[14] wurde der Weitergewährung unentgeltlicher truppenärztlicher Versorgung während der Beurlaubung durch § 69 Abs. 2 Satz 1 BBesG[15] Rechnung getragen, indem der bis dato ausdrücklich angeordnete Wegfall der unentgeltlichen truppenärztlichen Versorgung gestrichen wurde. Dies (durch Einfügung der Worte „mit Ausnahme der unentgeltlichen truppenärztlichen Versorgung"[16]) nochmals klarzustellen war neben weiteren redaktionellen Anpassungen Grund der Neufassung des Abs. 5 Satz 1 durch Art. 1 Nr. 18b **SGÄndG**.

Abs. 6 wurde durch Art. VI Abs. 1 Nr. 3 des G vom **18.2.1977**[17] angefügt. Durch Art. 2 Nr. 11 des **SkResNOG** wurde zur redaktionellen Klarstellung das Wort „Dienstbezüge" durch „Geld- und Sachbezüge" ersetzt.   8

Abs. 7 wurde durch Art. 1 Nr. 4b des G vom **6.12.1990**[18] angefügt. Sein Satz 1 wurde durch Art. 6 Nr. 1 des G vom **6.12.1991**[19] neu gefasst. Durch Art. 1 Nr. 18 c **SGÄndG** wurde Satz 1 erneut neu gefasst, Satz 3 aufgehoben. Durch Art. 8 Nr. 1 des G vom **30.11.2000**[20] wurde in Satz 1 das Wort „Erziehungsurlaub" durch das Wort „Elternzeit" ersetzt.   9

4. Bezüge zum Beamtenrecht bzw. zu sonstigen rechtl. Vorschriften; ergänzende Dienstvorschriften

Weil die Urlaubsregelungen der Soldaten bereits in der Erstfassung des SG denen des **Beamtenrechts** entsprachen und auch später **weitgehende Übereinstimmung** angestrebt wurde, ergeben sich aktuell zahlreiche Parallelen in der gesetzl. Ausgestaltung des Urlaubs: 10

Abs. 1 entspricht § 89 Abs. 1 Satz 1 BBG[21], **Abs. 3** dem § 89 Abs. 2 Satz 1 Halbs. 1 BBG. **Abs. 4 Satz 1** entspricht § 89 Abs. 1 Satz 2 BBG, **Abs. 4 Satz 2** dem § 89 Abs. 2 Satz 1 Halbs. 2 BBG.   11

Abs. 5 Satz 1, 3 und 4 bilden § 72a Abs. 4 Satz 1 Nr. 2[22] und Satz 4 BBG sowie den § 72a Abs. 6 BBG nach.   12

Abs. 6 entspricht § 89 Abs. 2 Satz 2 BBG[23], während der in **Abs. 7** den Soldaten gewährte Anspruch auf Elternzeit dem in § 80 Nr. 2 Halbs. 1 BBG geregelten beamtenrechtl. Anspruch auf Elternzeit nachgebildet ist.   13

---

11 BGBl. I S. 875.
12 BGBl. I S. 998.
13 BGBl. I S. 2588.
14 BGBl. I S. 1030.
15 Ebenfalls durch G v. 11.6.1992, Art. 3 Nr. 1 (BGBl. I S. 1030).
16 Dies war notwendig wegen der Einfügung des § 30 Abs. 1 Satz 2 durch das SGÄndG.
17 BGBl. I S. 297.
18 BGBl. I S. 2588. Zuvor war Erziehungsurlaub in § 30 Abs. 5 geregelt.
19 BGBl. I S. 2142.
20 BGBl. I S. 1638.
21 Sowie dem § 55 BRRG; für **Richter** im Bundesdienst gelten gem. § 46 DRiG die beamtenrechtl. (u.a. Urlaubs-) Regelungen entspr., soweit nicht besonders geregelt.
22 Dem entsprechen § 44b Abs. 3 Satz 1 u. 2 BRRG sowie § 48a Abs. 1 Nr. 2 DRiG.
23 Dem entsprechen § 33 Abs. 1 BRRG u. § 36 Abs. 1 DRiG.

§ 28 Gemeinsame Vorschriften

14 Außerhalb des § 28 sind insbes. folgende Urlaubsarten für Soldaten gesetzl. geregelt:
a) Urlaub **bis zum Beginn des Ruhestandes** in § 28a (s. die Erl. ebd.);
b) Urlaub zur Ausübung eines Mandats oder einer ehrenamtl. Tätigkeit in einer **kommunalen Vertretung** in § 25 Abs. 3 (s. die Erl. ebd.);
c) Urlaub für BS und SaZ zur Vorbereitung der **Wahl zum Europ. Parlament** in § 8 Abs. 2 EuAbgG[24]. Da diese Regelung eine Parallelvorschrift zu Abs. 6 ist, gelten die Ausführungen zum Wahlvorbereitungsurlaub nach Abs. 6 auch für Wahlbewerber zum Europ. Parlament;[25]
d) Sonderurlaub im Zusammenhang mit **förmlichen Anerkennungen** in § 11 Abs. 3, § 12 Abs. 2 WDO.[26]

15 Keine Urlaubsregelungen für Soldaten, aber im Zusammenhang mit einer Wehrdienstleistung stehen z.B. folgende gesetzl. Beurlaubungsvorschriften:
a) § 7 Abs. 1 EÜG[27] (Beurlaubung eines Beamten oder Richters kraft Gesetzes für die Dauer der Eignungsübung[28]);
b) § 9 Abs. 1, 2 und 11, § 10, § 16 Abs. 4 ArbPlSchG[29] (Beurlaubung eines Beamten oder Richters für die Dauer des GWD oder einer Wehrübung oder von Personen, die zu Dienstleistungen nach dem IV. Abschnitt des SG herangezogen werden).

16 Kein Urlaub ist die Zeit, für die einem Soldaten nach § 22 die **Ausübung des Dienstes** aus zwingenden dienstl. Gründen **verboten** ist (vgl. die Komm. zu § 22). Ebenfalls keinen Urlaub, sondern ein Beschäftigungsverbot für Soldatinnen in bestimmten Zeiträumen während der Schwangerschaft und nach der Entbindung regeln **mutterschutzrechtl. Vorschriften** (§ 30 Abs. 5 i.V.m. der MuSchSoldV).

17 Ausführliche **Dienstvorschriften** des BMVg zum Urlaubsrecht der Soldaten enthält die ZDv 14/5 Teil F. Dort sind insbes. die SUV (F 501) und die AusfBestSUV (F 511) abgedruckt.

B. Erläuterungen im Einzelnen

1. Absatz 1

18 Abs. 1 gibt allen Soldaten einen gesetzl. Anspruch auf jährlichen **Erholungsurlaub** unter Belassung der Geld- und Sachbezüge.[30] „Jährlicher" Urlaub bedeutet, dass dem Soldaten grds. **im** jew. Urlaubsjahr (dieses beginnt am 1. Januar und endet mit Ablauf des 31. Dezember[31]) nicht nur **für** das Urlaubsjahr, der anteilige Erholungsurlaub zu bewilligen ist. Entspr. soll der Soldat den Erholungsurlaub möglichst im Laufe des Urlaubsjahres nehmen.[32] Urlaub, der nicht innerhalb von neun Monaten nach dem Ende des Urlaubsjahres genommen[33] worden ist, verfällt[34] stets ohne Rücksicht auf die Gründe

---

24 V. 6.4.1979 (BGBl. I S. 413); spätere Änd. des G hatten keinen Einfluss auf § 8 Abs. 2 EuAbgG.
25 Vgl. Nr. 71 Abs. 1 u. Nr. 97 Abs. 7 AusfBest SUV.
26 Vgl. die einschlägige Komm. bei *Dau*, WDO.
27 V. 20.1.1956 (BGBl. I S. 13) mit späteren Änd.
28 Vgl. *Plog/Wiedow/Lemhöfer*, BBG, § 89 Rn. 44.
29 I.d.F. der Bekanntmachung v. 14.2.2001 (BGBl. I S. 253 = VMBl. 2001 S. 94) mit späteren Änd.
30 Siehe zu Geld- und Sachbezügen § 30 Abs. 1 Satz 1.
31 Nr. 17 AusfBestSUV.
32 Nr. 23 Abs. 2 Satz 1 AusfBestSUV.
33 D.h. der Urlaub muss völlig abgewickelt, nicht nur angetreten sein, vgl. *Weber/Banse*, I/1 § 7 Rn. 3.
34 Nr. 37 Abs. 1 Satz 2 AusfBestSUV; wie für Beamte (vgl. *Plog/Wiedow/Lemhöfer*, BBG, § 89 Rn. 13, *Weber/Banse*, I/1 § 7 Rn. 5, jew. m.w.N.) kommt für Soldaten ein **Geldausgleich** nicht in Betracht.

des Nichtantritts.[35] Gegen die Rechtmäßigkeit dieser Verfallsregelung bestehen keine Bedenken.[36]
Es ist nicht möglich, Erholungsurlaub im Vorgriff auf das nächste Urlaubsjahr zu gewähren.[37]

Urlaub ist die Erlaubnis, einen vollen Tag oder mehr dem Dienst fernzubleiben und sich auch an einem anderen Ort aufzuhalten.[38] Deshalb scheidet bei Wegfall der Dienstleistungspflicht (z.b. weil der Soldat wegen Krankheit verwendungsunfähig ist[39]) die Gewährung von Urlaub aus.[40] Folgerichtig erlöschen für den Soldaten mit dem Ausscheiden aus der Bw alle Urlaubsansprüche aus dem Wehrdienstverhältnis.[41] 19

Urlaub wird vom **BMVg** oder der von ihm **bestimmten Stelle** erteilt, § 14 SUV.[42] Macht ein Soldat **ohne Erlaubnis** „Urlaub", so begeht er ein Dienstvergehen und u.U. eine Straftat (in Frage kommt eigenmächtige Abwesenheit[43]). 20

Erholungsurlaub wird nur **auf Antrag** und nur für **volle Tage** gewährt. Ein Urlaub für halbe Tage widerspräche dem Erholungszweck.[44] Deshalb soll Erholungsurlaub nur aufgeteilt werden, soweit dadurch der Urlaubszweck nicht gefährdet wird; Urlaubsteile sollen mindestens aus zehn zusammenhängenden Arbeitstagen bestehen.[45] 21

Zur Regelungssystematik der SUV in Bezug auf den Erholungsurlaub der Soldaten aller Statusgruppen sowie zu verschiedenen Formen des Erholungsurlaubs vgl. Rn. 31 ff. 22

2. Absatz 2
Abs. 2 setzt dem Anspruch auf Erholungsurlaub die für mil. Verhältnisse erforderliche Schranke. Der Anspruch kann gegenüber **zwingenden** mil. Notwendigkeiten nicht durchgesetzt werden.[46] Die **Versagung** ist einem strengen Maßstab unterworfen und schriftl. zu begründen.[47] Sie ist i.d.R. nur zulässig, wenn durch die Nichtteilnahme des 23

---

35 BVerwGE 73, 170, wonach Urlaub ausnahmsweise nicht verfallen soll, wenn ein Soldat einen ihm rechtmäßig zustehenden, zunächst rechtswidrig versagten Urlaub trotz fristgerechter Einlegung des zulässigen Rechtsbehelfs nur deshalb nicht mehr nehmen konnte, weil das Rechtsbehelfsverfahren nicht innerhalb der Ausschlussfrist abgeschlossen werden konnte, widerspricht der ansonsten wohl einhelligen Rspr. des BVerwG, vgl. *Weber/Banse*, I/1 § 7 Rn. 3, 4 m.w.N.
36 BVerwG DÖV 1982, 196 f. m.w.N.
37 Nr. 31 AusfBestSUV.
38 So die Definition in Nr. 1 AusfBestSUV. Reisebeschränkungen für Soldaten, die Geheimnisträger sind, bei Urlaubsfahrten in bestimmte Länder sind jedoch zulässig, vgl. BDH NZWehr 1963, 77; BVerwGE 46, 190; 76, 363 = NZWehr 1985, 242; BVerwG 1 WB 54/89.
39 Dem Soldaten wird bei Erkrankung im Erholungsurlaub diese Zeit nicht angerechnet, vgl. Nr. 28 Abs. 2 AusfBestSUV.
40 Vgl. GKÖD I Yk, § 28 Rn. 2.
41 Nr. 5 Abs. 1 Satz 1 AusfBestSUV.
42 Einzelheiten in Nr. 97 AusfBestSUV. Die Ablehnung eines Urlaubs (dies gilt für alle Urlaubsarten) ist schriftl. zu begründen und dem Soldaten mitzuteilen, vgl. Nr. 3 Abs. 2 AusfBestSUV.
43 § 15 Abs. 1 WStG. Ob bei nachträglicher Verrechnung mit Urlaub eigenmächtige Abwesenheit entfällt, ist str. (vgl. *Schölz/Lingens*, WStG, § 15 Rn. 19 m.w.N.); zur disziplinarrechtl. Relevanz bei Soldaten BVerwG 2 WDB 17/84 (kein Verstoß gegen Dienstleistungspflicht), anders BVerwG ZBR 2004, 146 (Ls) = NVwZ 2004, 886 (Ls); für Beamte BVerwG RiA 2001, 186 m.w.N. (nachträgliche Urlaubsbewilligung lässt Disziplinartatbestand nicht entfallen).
44 Vgl. Nr. 32 Abs. 1 u. 2 AusfBestSUV, wo von „Arbeitstagen" die Rede ist, u. *Weber/Banse*, I/1 § 5 Rn. 18. Deshalb ist die durch Nr. 4 u. 34 AusfBestSUV geregelte Berechnung des Zusatzurlaubs nach § 125 SGB IX für schwerbehinderte Soldaten (dieser Urlaub wird dem Erholungsurlaub hinzugerechnet) nach Stunden oder Stundenteilen von Tagen (statt mittels Abrundung) systemwidrig.
45 Nr. 23 Abs. 2 Satz 2 AusfBestSUV.
46 Vgl. BT-Drs. II/1700, 25 f.
47 Vgl. GKÖD I Yk, § 28 Rn. 5.

Eichen

Soldaten am Dienst die Einsatzbereitschaft der Truppe ernstlich gefährdet oder eine wichtige dienstl. Obliegenheit beeinträchtigt würde.[48] Ob derartige tatbestandliche Voraussetzungen vorliegen, unterliegt nach den allg. Grundsätzen zur Anwendung **unbestimmter Rechtsbegriffe** zwar grds. der vollen **gerichtl. Nachprüfung**. Es ist aber zu berücksichtigen, dass diese Bewertung je nach Fallgestaltung den Charakter einer Risikobewertung und Prognoseentscheidung annehmen kann, so dass ggf. ein gewisser Beurteilungsspielraum der entscheidenden Stelle anzuerkennen ist.[49]

Sprechen zwingende dienstl. Erfordernisse gegen die Gewährung von Urlaub, ist **keine zusätzliche Ermessensentscheidung** zu treffen. Die Formulierung „Urlaub *darf* versagt werden" deutet zwar auf eine Ermessensermächtigung hin. Sie ist vorliegend aber als Befugnisnorm mit strikt verpflichtendem Inhalt zu interpretieren.[50] Es wäre ohnehin nicht vorstellbar, dass bei einer Güterabwägung persönliche Interessen des Soldaten an einem Erholungsurlaub gegenüber zwingenden dienstl. Erfordernissen vorrangig sein könnten.

24 Erholungsurlaub kann ausnahmsweise **widerrufen** werden, wenn es der Dienst zwingend erfordert.[51] Für den Widerruf gelten mindestens ebenso strenge Maßstäbe wie für die Versagung. **Finanzielle Aufwendungen**, die dem Soldaten durch den Widerruf entstehen, kann er nach den Best. des Reisekostenrechts gegenüber dem Dienstherrn geltend machen.[52] Angemessene Aufwendungen für Dritte sind selbst dann zu ersetzen, wenn der Soldat zur Eingehung der Verbindlichkeit nicht gesetzl. (z.B. auf Grund einer Unterhaltspflicht) gehalten war.[53]

25 Für die **gerichtl. Überprüfung** von Urlaubsentscheidungen der Soldaten **in den SK** ist stets der **Rechtsweg** zu den **Wehrdienstgerichten** gegeben, § 82 Abs. 1, § 17 Abs. 1 WBO.[54] Dies gilt auch, wenn nur str. ist, ob Urlaub unter Belassung oder Wegfall der Geld- und Sachbezüge zu gewähren ist.[55] Die Wehrdienstgerichte sind nicht zuständig, wenn Soldaten **außerhalb der SK** (z.B. in einer Dienststelle der Bundeswehrverwaltung) **eingesetzt** und in allgemeindienstl. Hinsicht einem nichtmil. Vorg. unterstellt sind. Dann beruht die Urlaubsgewährung nicht auf einem besonderen mil. Über-/Unterordnungsverhältnis und ist keine truppendienstl. Angelegenheit. Im Streitfall ist der Rechtsweg zu den **VG** gegeben.[56]

---

48 *Scherer/Alff*, SG, § 28 Rn. 1. Wegen des Wortlauts des Abs. 2 ist die großzügige Formulierung in Nr. 3 Abs. 1 Satz 2 AusfBestSUV problematisch.
49 Allg. BVerfGE 84, 34 (49 f. m.w.N.); zum Beurteilungsspielraum vgl. *Kopp/Ramsauer*, VwVfG, § 40 Rn. 71 f. m.w.N.; zum Rechtsweg s. Rn. 25.
50 Vgl. *Stelkens/Bonk/Sachs*, VwVfG, § 40 Rn. 23; *Kopp/Ramsauer*, VwVfG, § 40 Rn. 30 m.w.N.; BVerwGE 108, 64 (70); vgl. auch GKÖD I K, § 89 Rn. 22. Generell zur gerichtl. Überprüfbarkeit v. Ermessensentscheidungen (u. von unbestimmten Rechtsbegriffen) im Rahmen der Urlaubsgewährung BVerwG NZWehrr 1978, 23 f.
51 § 1 SUV i.V.m. § 8 Abs. 1 Satz 1 EUrlV, vgl. Nr. 26 Abs. 1 Satz 1 AusfBestSUV.
52 § 1 SUV i.V.m. § 8 Abs. 1 Satz 2 EUrlV, vgl. Nr. 26 Abs. 1 Satz 2 AusfBestSUV.
53 BVerwG NZWehrr 1996, 78.
54 BVerwG NZWehrr 1996, 211 f. („die Überprüfung von Urlaubsentscheidungen [ist] stets eine in den Zuständigkeitsbereich der Wehrdienstgerichte fallende Angelegenheit"); *Böttcher/Dau*, WBO, § 17 Rn. 50; *Stauf* I, § 28 SG Rn. 5, 7, 12; a.a. GKÖD I Yk, § 28 Rn. 14, sowie für Elternzeit *Scherer/Alff*, SG, § 28 Rn. 13. u. § 28 Rn. 10.
55 Vgl. *Böttcher/Dau*, WBO, § 17 Rn. 50 m.w.N.
56 So BVerwG 2 B 14/05, 2 B 15/05; die Aussage in diesen Entsch., die Urlaubsgewährung zu bestimmten Zeiten sei truppendienstl. Natur, bezieht sich nur auf entspr. Anordnungen von Dienststellenleitern mit mil. Anordnungsbefugnis.

3. Absatz 3

Nach **Abs. 3 kann** (im Wege pflichtgemäßer Ermessensentscheidung, unter Abwägung dienstl. und persönlicher Interessen) Soldaten **Sonderurlaub** gewährt werden. Für diesen gelten – wie für den Erholungsurlaub – die Vorschriften für Bundesbeamte entspr. (vgl. Rn. 34). 26

Könnte Sonderurlaub aus (dem dienstl. Interesse vorgehenden) besonderen persönlichen Gründen gewährt werden, ist im Rahmen der Ermessensentscheidung die Überlegung einzubeziehen, ob dem Soldaten bereits mit einer **Dienstbefreiung**, d.h. mit der Erlaubnis, dem Dienst für Stunden fernzubleiben, um aus persönlichem Anlass dringende Angelegenheiten zu erledigen[57], geholfen werden kann.[58] 27

Bewilligter Sonderurlaub **kann** aus zwingenden dienstl. Gründen **widerrufen** werden.[59] Hierdurch entstehende Mehraufwendungen werden nach den Best. des Reisekosten- und Umzugskostenrechts ersetzt.[60] Sonderurlaub **ist** zu widerrufen, wenn der Urlaub zu einem anderen als dem bewilligten Zweck verwendet wird oder wenn andere von dem Soldaten zu vertretende Gründe den Widerruf erfordern[61]; ein Ersatz von Mehraufwendungen scheidet in diesen Fällen aus. 28

Für die **gerichtl. Überprüfung** von Entscheidungen mil. Vorg. zum Sonderurlaub sind ebenfalls die **Wehrdienstgerichte** zuständig, § 82 Abs. 1, § 17 Abs. 1 WBO.[62] Ob ein besonderer, Sonderurlaub rechtfertigender Anlass tatbestandlich vorliegt oder ob zwingende dienstl. Gründe den Widerruf des Sonderurlaubs zulassen, unterliegt nach den allg. Grundsätzen zur Anwendung unbestimmter Rechtsbegriffe grds. (abhängig von der jew. Fallgestaltung) der vollen gerichtl. Nachprüfung.[63] Zulässig ist – trotz Zeitablaufs – der gerichtl. Antrag eines Soldaten, ihm **nachträglich** einen – abgelehnten – **Sonderurlaub** zu gewähren, wenn er damit den Verlust des stattdessen in Anspruch genommenen Erholungsurlaubs ausgleichen kann.[64] Rechtl. Hindernisse bestünden nicht, da Urlaub tatsächlich gewährt und genommen worden ist und nur seine rechtl. Qualifizierung und die davon abhängenden Rechtsfolgen nachträglich der ausjudizierten Rechtslage angepasst werden müssten.[65] 29

4. Absatz 4

Abs. 4 ist als **Ermächtigung** für den Erlass einer **RVO** zum soldatischen Urlaubsrecht, gemessen an den Vorgaben des Art. 80 Abs. 1 Satz 2 GG, ausreichend. Zur Klärung von Inhalt, Zweck und Ausmaß der Verordnungsermächtigung sind – wie sonst bei der Auslegung einer Vorschrift – außer deren Wortlaut der Sinnzusammenhang mit anderen Normen und das gesetzgeberische Ziel zu berücksichtigen; zudem kann die Entstehungsgeschichte herangezogen werden.[66] Demnach findet Abs. 4 sowohl systematisch 30

---

57 So die Definition in Nr. 1 Abs. 2 AusfBestSUV.
58 Vgl. Nr. 80 Abs. 3 Satz 1 AusfBestSUV.
59 § 9 SUV i.V.m. § 15 Abs. 1 SUrlV sowie Nr. 88 Abs. 1 AusfBestSUV. Zwar lässt § 15 Abs. 1 SUrlV bei unbefristetem Sonderurlaub als Widerrufsgrund einfache dienstl. Gründe zu, während Nr. 88 Abs. 1 AusfBestSUV stets zwingende dienstl. Gründe voraussetzt. Diese Abweichung ist aber unschädlich, weil Sonderurlaub (wie jeder Urlaub) grds. nur befristet vorstellbar ist.
60 § 9 SUV i.V.m. § 16 Abs. 1 SUrlV u. Nr. 89 Abs. 1 AusfBestSUV.
61 § 9 SUV i.V.m. § 15 Abs. 2 SUrlV u. Nr. 88 Abs. 1 AusfBestSUV.
62 Die Erl. zu Rn. 25 gelten entspr.
63 Vgl. o. Rn. 23, GKÖD I Yk, § 28 Rn. 9 sowie BVerwGE 46, 173 f.; 63, 32 (35).
64 BVerwG NZWehr 1999, 207 f. m.w.N.
65 Vgl. entspr. BVerwG ZBR 2005, 314.
66 Vgl. BVerfGE 8, 274 Ls 4; 38, 348 (358 m.w.N.).

Eichen

§ 28 Gemeinsame Vorschriften

im Lichte der Abs. 1 bis 3 mit konkreten Vorgaben für die Bewilligung und Ausgestaltung von Erholungs- und Sonderurlaub als auch im Hinblick auf die Entstehungsgeschichte, die eine vom Gesetzgeber gewollte enge inhaltliche Parallelität zu den damals bereits bestehenden beamtenrechtl. Urlaubsvorschriften belegt, eine hinreichende Konkretisierung.

Die nach **Abs. 4 Satz 1** zu erlassende **RVO** zur Erteilung und Dauer von Erholungs- und Sonderurlaub ist die als Regierungsverordnung[67] ergangene **Verordnung über den Urlaub der Soldaten (Soldatenurlaubsverordnung – SUV)**.[68] Sie kommt dem Gebot des **Abs. 4 Satz 2**, zu bestimmen, ob und inwieweit dem Soldaten während eines Sonderurlaubs die Geld- und Sachbezüge[69] zu belassen sind, in § 9 SUV durch Bezugnahme auf die sonderurlaubsrechtl. Vorschriften für Beamten nach (vgl. Rn. 34).

31   Auch sonst löst die SUV regelungssystematisch die Ausgestaltung des Erholungs- und des Sonderurlaubs der Soldaten weitgehend durch Verweisungen, regelmäßig auf entspr. Vorschriften für Bundesbeamte.

Für **Erholungsurlaub** der **BS** und **SaZ** erklärt § 1 SUV grds. die beamtenrechtl. **Verordnung über den Erholungsurlaub der Bundesbeamten und Richter im Bundesdienst (Erholungsurlaubsverordnung – EUrlV)**[70] für entspr. anwendbar, soweit nicht in der SUV selbst etwas anderes geregelt ist (dies ist insbes. in § 6 und § 7 SUV geschehen[71]). Den Erholungsurlaub der Soldaten, die auf Grund des **WPflG** Wehrdienst leisten oder die nach dem IV. Abschnitt des SG Dienstleistungen erbringen, regelt § 5 SUV[72] durch Bezugnahme auf die Erholungsurlaubsvorschriften der BS und SaZ.

32   Nach § 1 SUV i.V.m. § 16 EUrlV werden im Ausland eingesetzte Soldaten durch das Heimaturlaubsrecht nach der **Verordnung über den Zusatz- und Heimaturlaub der in das Ausland entsandten Beamtinnen und Beamten des Auswärtigen Dienstes (Heimaturlaubsverordnung – HUrlV)**[73] erfasst. Sie können nach deren Maßgabe **Zusatzurlaub** und **Reisetage** beanspruchen.

33   Zusätzliche soldatenspezifische Formen des Erholungsurlaubs unter Belassung der Geld- und Sachbezüge enthalten § 6 und § 7 SUV mit dem **Urlaub zur Erhaltung der Einsatzfähigkeit** sowie dem **Urlaub zur Wiederherstellung der vollen Dienstfähigkeit**. Jener kann Soldaten nach einem Einsatz, durch dessen Besonderheiten sie außergewöhnlichen Belastungen ausgesetzt waren, zur Erhaltung ihrer Einsatzfähigkeit im angemessenen Umfang, im Einzelfall bis zu einer Woche[74], dieser kann einem Soldaten zur Wiederherstellung der vollen Dienstfähigkeit auf Grund truppenärztlichen Vorschlags, u.U. aber unter Anrechnung auf den Erholungsurlaub[75], gewährt werden.

34   Auch für **Sonderurlaub** gelten die Vorschriften für Bundesbeamte entsprechend, § 9 SUV, soweit die SUV nicht (wie in § 10 bis § 12 SUV) spezielle Regelungen trifft. In erster Linie findet deshalb die **Verordnung über den Sonderurlaub für Bundesbeamtinnen, Bundesbeamte, Richterinnen und Richter des Bundes (Sonderurlaubsverord-

---

67 Vgl. § 93 Abs. 1 Nr. 3.
68 I.d.F. der Bekanntmachung v. 14.5.1997 (BGBl. I S. 1134 = ZDv 14/5 F 501) mit Änd.
69 Vgl. zu Geld- u. Sachbezügen § 30 Abs. 1 Satz 1.
70 V. 17.7.2001 (BGBl. I S. 1671 = VMBl. S. 164) mit späteren Änd.
71 Vgl. Rn. 33.
72 Vgl. zur Neuregelung Art. 10 Nr. 1 SkResNOG.
73 V. 3.6.2002 (BGBl. I S. 1784 = VMBl. S. 291) mit späteren Änd.
74 Zu den nach § 6 Abs. 2 SUV durch das BMVg zu regelnden Einzelheiten s. Nr. 47-49 AusfBestSUV.
75 Nr. 50-53 AusfBestSUV.

Urlaub **§ 28**

nung – SUrlV)[76] Anwendung. Sie regelt die vielfältigen Anlässe, für die Sonderurlaub **zu gewähren ist**[77], **gewährt werden soll** oder **kann**, und bestimmt die Fortzahlung oder den Wegfall der Besoldung.

Um dem Anwender der SUV den Rückgriff auf die in Bezug genommenen Vorschriften der EUrlV und der SUrlV zu erleichtern und um deren gleichmäßige Handhabung sicherzustellen, hat das BMVg die **AusfBestSUV** (abgedruckt in der ZDv 14/5 F 511) erlassen. Einerseits wiederholen diese Best. die Vorschriften der EUrlV und der SUrlV wörtlich oder zumindest sinngleich für Soldaten. Andererseits enthalten sie als behördliche Richtlinien eine soldatenspezifische Interpretation dieser Vorschriften sowie weitere Regelungen (z.b. über die Zuständigkeiten zur Urlaubserteilung), die für den Geschäftsbereich des BMVg eine einheitliche Praxis der Urlaubsgewährung und -versagung gewährleisten sollen. 35

Als bloße **VV** können die AusfBestSUV keine weiter gehenden Ansprüche verleihen als die EUrlV, die SUrlV und die SUV, die als **Rechtsvorschriften** erlassen worden sind. An diese **Rangfolge** ist das BMVg gebunden. Eine erweiternde Auslegung und Anwendung dieser RVO in den AusfBestSUV im Ermessenswege ist rechtl. ausgeschlossen.[78] Die Vorgaben der genannten RVO sind für den soldatischen Bereich bindend und in den AusfBestSUV nachzubilden. So darf z.B. in den AusfBestSUV bei der Gewährung von Sonderurlaub an Soldaten die Belassung der Geld- und Sachbezüge nicht anders geregelt sein als die Fortzahlung der Dienstbezüge an Beamte, denen Sonderurlaub aus demselben Grund bewilligt wird.[79] 36

Aus der genannten Rangfolge ergibt sich, dass sonstiger Erholungs- oder Sonderurlaub, der weder in Gesetzen noch in der SUV noch in den von der SUV in Bezug genommenen urlaubsrechtl. RVO gewährt wird, nicht – auch nicht im Erlasswege – bewilligt werden darf. Mangels einer materiellgesetzl. Rechtsgrundlage ist deshalb die Praxis der Gewährung von **Quartalausgleichstagen**, um erhebliche „Einschränkungen in der allgemeinen Lebensführung" durch die „Anforderungen der Einsatzbereitschaft" und die „Besonderheiten des Ausbildungsauftrags"[80] zu kompensieren, **rechtswidrig** und **unzulässig**.

5. Absatz 5

Nach **Satz 1** können[81] aus familienpolitischen Gründen[82] BS und SaZ (Frauen und Männer[83]) auf Antrag ohne Geld- und Sachbezüge, aber mit unentgeltlicher truppenärztlicher Versorgung (es sei denn, der Soldat hat Anspruch auf Familienhilfe nach § 10 SGB V, § 69 Abs. 2 Satz 1 Halbs. 2 BBesG[84]) zunächst bis zur Dauer von drei Jahren beurlaubt werden, um ein Kind unter 18 Jahren oder einen pflegebedürftigen sonstigen 37

---

76 I.d.F. der Bekanntmachung v. 11.11.2004 (BGBl. I S. 2836) mit späteren Änd.
77 Auch wenn nach Abs. 3 das Erteilen von Sonderurlaub im Ermessen der zuständigen Stellen steht, ist der Verordnungsgeber (ohne Verstoß gegen den Grds. des Vorrangs des G) befugt, für bestimmte Fallgestaltungen das Ermessen zu Gunsten des Soldaten zu binden.
78 BVerwG NZWehrr 1997, 253 f.
79 Vgl. zu den einzelnen Fallgestaltungen der Gewährung/Versagung v. Urlaub neben den AusfBestSUV die Komm. der EUrlV u. der SUrlV bei *Weber/Banse*, I/1 u. I/2 (mit Übersicht über die einschlägige Rspr.).
80 So die Begr. in der ZDv 14/5 B 196 Nr. 1.
81 Zur Ermessensausübung vgl. Rn. 44.
82 Vgl. BT-Drs. 7/3505, 6.
83 Die frühere Beschränkung auf weibliche SanOffz ist 1990 aufgegeben worden, vgl. o. Rn. 7.
84 Diese Vorschrift ist für die Gewährung unentgeltlicher truppenärztlicher Versorgung lex specialis gegenüber den Vorschriften des SG, vgl. § 30 Abs. 1 Satz 1 („nach Maßgabe besonderer Gesetze") sowie BT-Drs. 14/4062, 19. Vgl. zur Belassung der unentgeltlichen truppenärztlichen Versorgung im Betreuungsurlaub ab 1992 o. Rn. 7.

§ 28 Gemeinsame Vorschriften

Angehörigen tatsächlich zu betreuen oder zu pflegen. Die früher geforderte **häusliche Gemeinschaft** des Soldaten mit dem Kind bzw. sonstigen Angehörigen ist **nicht** mehr notwendig.[85]

38 Die **Beschränkung** des Abs. 5 Satz 1 auf **BS** und **SaZ** trägt dem aus § 72a BBG ableitbaren Gedanken Rechnung, dass Betreuungsurlaub nur einem in ein öff.-rechtl. Dienstverhältnis Berufenen gewährt werden soll. Eine Ausdehnung des Anspruchs auf Soldaten, die auf Grund des WPflG Wehrdienst leisten, unterliefe § 12 Abs. 4 Satz 2 Nr. 1 WPflG und § 29 Abs. 4 Nr. 1 WPflG, die für diese Personen bei Vorliegen der übrigen gesetzl. Voraussetzungen eine Zurückstellung vom Wehrdienst oder eine Entlassung aus dem Wehrdienstverhältnis ermöglichen.[86]

39 Der in Satz 1 Nr. 1 nicht definierte Begriff „**Kind**" ist in erster Linie nach den bürgerlich-rechtl. Vorschriften über das Kindschaftsverhältnis zu bestimmen. Kinder sind demnach die nach § 1589 BGB im ersten Grad mit dem Soldaten verwandten (leiblichen) Kinder; dies gilt auch für nichteheliche Kinder. Kinder sind ebenso die durch Adoption als Kind angenommenen Minderjährigen (§§ 1741 ff. BGB).

Es ist sachgerecht, den Begriff „Kind" weiter zu fassen.[87] Es wäre kaum verständlich, dass jemand zwar für die Betreuung von Kindern nach steuerrechtl. Vorschriften finanzielle Vergünstigungen erhält, aber gehindert ist, selbst die Betreuung zu übernehmen. Geboten ist deshalb, den für die Gewährung von Kinderbetreuungskosten (§ 33c EStG) und von Kindergeld (§ 62 EStG) nach §§ 32, 63 EStG zu berücksichtigenden Personenkreis für den Begriff „Kind" in Satz 1 Nr. 1 mit heranzuziehen. Erfasst werden deshalb auch im Haushalt aufgenommene[88] Kinder des Ehegatten (Stiefkinder), Enkel und Pflegekinder. Berücksichtigt werden ferner die Kinder der mit dem Soldaten in einer eingetragenen Lebenspartnerschaft lebenden Person.

Kinder können nach Vollendung des 18. Lebensjahres nur unter den Voraussetzungen von Satz 1 Nr. 2 betreut oder gepflegt werden.

40 Der Begriff „**Angehörige**" wird in Satz 1 Nr. 2 ebenfalls nicht konkretisiert. Zu seiner Ausgestaltung kann auf die Legaldefinition in § 20 Abs. 5 VwVfG zurückgegriffen werden. Angehörige sind demnach der Verlobte, der Ehegatte, Verwandte und Verschwägerte gerader Linie, Geschwister, Kinder der Geschwister, Ehegatten der Geschwister und Geschwister der Ehegatten, Geschwister der Eltern sowie Personen, die durch ein auf längere Dauer angelegtes Pflegeverhältnis mit häuslicher Gemeinschaft wie Eltern und Kind miteinander verbunden sind (Pflegeeltern und Pflegekindern). Ergänzend ist als Angehöriger der in einer eingetragenen Lebenspartnerschaft zu dem Soldaten stehende Lebenspartner anzusehen.[89]

41 Die Beurlaubung nach Satz 1 Nr. 2 setzt voraus, dass der Angehörige nach **ärztlichem Gutachten** pflegebedürftig ist. Aus Gründen der Verfahrensvereinfachung ist ein amtsärztliches Gutachten nicht mehr erforderlich.[90] Es reicht die Bestätigung eines frei prak-

---

85 Auf diese Voraussetzung wurde in der Neufassung des Abs. 5 durch Art. 1 Nr. 4a des G v. 6.12.1990 (BGBl. I S. 2588) verzichtet.
86 Vgl. BT-Drs. 11/6906, 14.
87 Vgl. *Plog/Wiedow/Lemhöfer*, BBG, § 72a Rn. 29. Vgl. auch § 3 Abs. 2 STzV.
88 Hier ist ausnahmsweise (vgl. grds. o. Rn. 37) auf das Merkmal der häuslichen Gemeinschaft nicht zu verzichten, weil die Berechtigung zur Gleichstellung der nachfolgend genannten Kinder mit leiblichen Kindern gerade aus diesem Umstand hergeleitet wird.
89 Dies berücksichtigt den strafrechtl. Begriff des Angehörigen in § 11 Abs. 1 Nr. 1a StGB. Vgl. auch § 3 Abs. 3 STzV.
90 Hierauf ist durch Art. 4 Abs. 1 Nr. 2 des G v. 12.7.1984 (BGBl. I S. 875) verzichtet worden. Vgl. *Plog/Wiedow/Lemhöfer*, BBG, § 72a Rn. 30.

tizierenden Arztes. Ein Amtsarzt soll nur noch in Zweifelsfällen eingeschaltet werden.[91] Nicht ausreichend ist ein bloßes ärztliches **Attest**. Vielmehr muss die Bestätigung gemäß dem Charakter eines Gutachtens als schriftl. Aussage eines (hier: medizinischen) Sachverständigen zumindest die tragenden Gründe für die Pflegebedürftigkeit im konkreten Fall enthalten. Die Notwendigkeit eines Gutachtens impliziert, dass die gutachtliche Stellungnahme der die Beurlaubung bewilligenden Stelle zur Prüfung vorzulegen ist. Datenschutzgründen wird dadurch genügt, dass Einsicht in das Gutachten auf Seiten der bewilligenden Stelle nur ein Arzt nehmen darf. Missverständlich ist daher die Aussage in BT-Drs. 13/3994, 36, zur Parallelvorschrift des § 72a Abs. 4 Satz 1 BBG, wonach das „zugrundeliegende ärztliche Gutachten ... nicht angenommen werden" dürfe.

Wer **pflegebedürftig** ist, regelt Satz 1 Nr. 2 nicht. Pflegebedürftig wird zumindest sein, wer nach dem SGB XI – Soziale Pflegeversicherung[92] – Leistungen der Pflegeversicherung beanspruchen kann. Nach § 14 SGB XI sind Personen pflegebedürftig, die wegen einer körperlichen, geistigen oder seelischen Krankheit oder Behinderung für die gewöhnlichen und regelmäßig wiederkehrenden Verrichtungen im Ablauf des täglichen Lebens auf Dauer, voraussichtlich für mindestens sechs Monate, in erheblichem oder höherem Maße der Hilfe bedürfen.[93] Es erscheint angemessen, dass auch kürzere Zeiträume einer Pflegebedürftigkeit einen Betreuungsurlaub rechtfertigen. 42

Tatsächlich betreut oder gepflegt wird ein Kind unter 18 Jahren, wenn es der Soldat im Rahmen der elterlichen Sorge insbes. körperlich betreut, erzieht und beaufsichtigt[94], wobei das Wort „tatsächlich" klarstellt, dass dies ganz oder zumindest überwiegend in der Zeit geschehen muss, die der Soldat – ohne Beurlaubung – im Dienst verbringen müsste. Eine Kinderbetreuung in der Freizeit, wie sie normalerweise von einem hauptberuflich tätigen Elternteil erwartet werden kann, genügt nicht.[95] Erst recht darf die ständige Kinderbetreuung nicht im Wesentlichen Dritten (z.B. den Großeltern) überlassen werden.[96] 43

Unschädlich ist, dass neben dem Soldaten auch der andere Elternteil die Kinderbetreuung wahrnimmt. Eine Betreuung oder Pflege gerade durch den Soldaten ist also nicht zwingend geboten[97]; es reicht aus, dass der Soldat ebenfalls den größten Teil seiner Zeit einbringt.

Im Rahmen der **Ermessensausübung**, ob dem Soldaten Betreuungsurlaub gewährt werden soll, können andere Möglichkeiten zur Betreuung berücksichtigt werden. Grds. darf Betreuungsurlaub versagt werden, wenn im Einzelfall ein aus dienstl. Notwendigkeit heraus sachlich begründbarer Umstand der Gewährung entgegensteht. Er muss allerdings über eine bloße Unannehmlichkeit oder ein allg. Erschwernis hinausgehen und gewichtige Interessen des Dienstherrn betreffen. Die Formulierung des Abs. 5 Satz 1 als „Kann"-Regelung ermöglicht es, bei der Entscheidung über einen Betreuungsurlaub Gründe des mil. Bedarfs ebenso einzubeziehen wie den Gesichtspunkt einer **Nutzen-Kosten-Relation** bei den Soldaten, die während der Dienstzeit nach einem Studium 44

---

91 Vgl. BT-Drs. 10/1230, 1 f.
92 Art. 1 des G v. 26.5.1994 (BGBl. I S. 1014) mit späteren Änd.
93 Zu weiteren Einzelheiten § 14 Abs. 2 bis 4 u. § 15 SGB XI.
94 Vgl. § 1626 Abs. 1, § 1631 Abs. 1 BGB.
95 Vgl. (für einen Landesbeamten) BVerwG DVBl. 1999, 316 f.
96 Vgl. Nr. 28.3.1.1 VwV zu § 28 Abs. 3 BBesG (VMBl. 1998 S. 58, 64). Eine zeitweilige Beteiligung Dritter an der Betreuung (z.B. in einem Kindergarten) steht Betreuungsurlaub nicht entgegen, wohl aber der Besuch eines Ganztagskinderhorts, einer Ganztagsschule o. eines Internats, vgl. *Stauf* I, § 28 SG Rn. 7.
97 Vgl. für den Beamtenbereich *Plog/Wiedow/Lemhöfer*, BBG, § 72a Rn. 31.

oder einer Fachausbildung Betreuungsurlaub in Anspruch nehmen wollen.[98] Unter Hinw. auf die Nutzen-Kosten-Relation kann der Antrag eines SaZ, ihm trotz aller Voraussetzungen für die Gewährung von Elternzeit (siehe hierzu Rn. 64 ff.) Betreuungsurlaub zu bewilligen (damit vermeidet der Soldat die Verlängerung seiner Dienstzeit nach § 40 Abs. 4 Satz 1, vgl. Rn. 45), ermessensfehlerfrei abgelehnt werden, weil nur so die für die SK nutzlose Ausgabe von Ausbildungskosten verhindert werden kann.

Angesichts des Wortlauts des Abs. 5 Satz 1 als „reguläre" Ermessensvorschrift und seiner historisch-teleologischen Auslegung ist kein Raum für eine Reduzierung des pflichtgemäßen Ermessens auf **zwingende dienstl. Gründe**, die der Bewilligung eines Betreuungsurlaubs entgegenstehen könnten.[99]

Ein **Anordnungsgrund** für die Gewährung von **Betreuungsurlaub** im Wege einer **einstweiligen Anordnung** entfällt, wenn der antragstellende Soldat für den gewünschten Bewilligungszeitraum Anspruch auf **Elternzeit** nach Abs. 7 hat[100] und diese vorsorglich nehmen kann. Hier ist Rechtsschutz nur im Hauptsacheverfahren zu erreichen.

45 Geht ein SaZ nach Abs. 5 in einen Betreuungsurlaub, **verlängert** sich dadurch seine **Dienstzeit nicht**, selbst wenn seine mil. Ausbildung mit einem Studium oder einer Fachausbildung von mehr als sechs Monaten Dauer verbunden war (arg. § 40 Abs. 4 Satz 1 für den Fall der Gewährung von Elternzeit nach Abs. 7).

Die Wehrdienstzeit, während der ein **BS** Betreuungsurlaub nach Abs. 5 genommen hat, ist grds. **nicht ruhegehaltfähig**, § 20 Abs. 1 Satz 2 Nr. 2 SVG. Der Soldat kann jedoch nach Maßgabe des § 70 SVG einen Kindererziehungszuschlag zum Ruhegehalt erwerben. Die Auswirkungen eines Betreuungsurlaubs auf **Berufsförderung** und **Dienstzeitversorgung** der **SaZ** regeln §§ 13b und 13c SVG. Zur Anrechenbarkeit von Zeiten der Kinderbetreuung und der tatsächlichen Pflege von Angehörigen auf das **Besoldungsdienstalter** vgl. § 28 Abs. 2, 3 BBesG sowie die dazu ergangenen VV.[101]

46 Der Antrag auf Betreuungsurlaub nach Abs. 5 ist tunlichst schriftl. beim nächsten Disz-Vorg. zu stellen. Den Urlaub bewilligt die Entlassungsdienststelle[102] des Soldaten.[103]

47 Satz 2 versagt SaZ die Gewährung von Betreuungsurlaub insoweit, als sie noch **verpflichtet** sind, auf **Grund der Wehrpflicht Grundwehrdienst zu leisten**, d.h. innerhalb der ersten neun Monate ihrer Wehrdienstzeit (vgl. § 5 Abs. 1a Satz 1 WPflG). Damit wird verhindert, dass SaZ, deren Wehrdienstzeit noch nicht die Grundwehrdienstdauer erreicht, gegenüber GWDL bevorteilt werden. Diese haben nämlich nur die Möglichkeit, beim Eintritt einer Betreuungssituation in der Familie ihre Entlassung wegen besonderer Härte nach § 29 Abs. 4 Nr. 1 WPflG zu beantragen. Die Entlassung kommt nur in Frage, wenn die Betreuung ausschließlich durch den GWDL übernommen werden kann, also keine andere Lösung möglich ist. Die Rechtslage ist daher ungünstiger als bei SaZ (vgl. Rn. 43)[104]. Dies gilt auch deshalb, weil die Entlassung nach § 29 Abs. 4 Nr. 1 WPflG zwar den Wehrdienst vorläufig beendet, den WPfl aber nicht von der Verpflichtung befreit, den restlichen GWD abzudienen.[105] Hingegen führt der Betreuungsurlaub beim SaZ nicht zur Verlängerung der Dienstzeit (vgl. Rn. 45).

---

98 Vgl. BT-Drs. 11/6906, 14. So ausdrücklich BVerwG *Buchholz* 236.1 § 28 SG Nr. 5 = NZWehr 2005, 213.
99 Vgl. BVerwG ebd.
100 BVerwG NZWehrr 2005, 166 = ZBR 2005, 314.
101 Vgl. VMBl. 1998 S. 58, 64 f.
102 Vgl. ZDv 14/5 B 108.
103 Vgl. § 14 SUV i.V.m. Nr. 97 Abs. 3 AusfBestSUV.
104 SaZ behalten überdies die unentgeltliche truppenärztliche Versorgung im Betreuungsurlaub.
105 Vgl. *Steinlechner/Walz*, WPflG, § 29 Rn. 30.

Urlaub   § 28

Satz 3 macht die Verlängerung einer Beurlaubung von einem spätestens **sechs Monate** 48
vor Ablauf der genehmigten Beurlaubung zu stellenden Antrag abhängig. Hierbei handelt es sich **nicht** um eine **Ausschlussfrist**, nach deren Ablauf der Anspruch auf Betreuungsurlaub erlischt. Da die Frist eine vorausschauende Personalsteuerung erleichtern soll, wird der Dienstherr bei verspäteter Antragstellung bei seiner Ermessensentscheidung über die Verlängerung eines Betreuungsurlaubs personalplanerischen Interessen ermessensfehlerfrei regelmäßig vorrangiges Gewicht bemessen können.[106] Unbeschadet dessen kann der Soldat nach Ablauf eines Betreuungsurlaubs einen **neuen Antrag** stellen, wenn der **Zwölfjahreszeitraum** (Abs. 5 Satz 1) noch **nicht ausgeschöpft** ist.

Nach **Satz 4** dürfen während der Beurlaubung nur solche **Nebentätigkeiten** genehmigt 49
werden, die dem Beurlaubungszweck (Betreuung eines Kindes, Pflege eines Angehörigen) nicht zuwider laufen. Dies ist z.B. der Fall, wenn die Nebentätigkeit nur in Zeiten ausgeübt wird, in denen die Betreuung zulässigerweise durch Dritte (vgl. Rn. 43) wahrgenommen wird.

Satz 4 **ergänzt** als spezieller Grund für die Versagung von Nebentätigkeiten im Betreuungsurlaub die hier grds. ebenfalls zu beachtenden **Versagungsgründe** des § 20 Abs. 2.[107] Auch sonst findet der allg. die Nebentätigkeiten der Soldaten regelnde § 20 Anwendung (vgl. zu Einzelheiten die Erl. ebd.). Deshalb wird die Ausübung der in § 20 Abs. 6 Satz 1 aufgelisteten **genehmigungsfreien Nebentätigkeiten** während eines Betreuungsurlaubs **nicht behindert**. Zu beachten ist, dass der Soldat im Betreuungsurlaub zwar von seiner Pflicht zur Dienstleistung, nicht aber von seinen sonstigen dienstl. Pflichten entbunden ist. Deshalb bleibt es einerseits bei der Anzeige- und Auskunftspflicht betr. nicht genehmigungspflichtige Nebentätigkeiten nach § 20 Abs. 6 Satz 2 und 3 und der damit zusammenhängenden Untersagungsmöglichkeit nach § 20 Abs. 6 Satz 4. Andererseits ist es grds. möglich, eine Nebentätigkeit nach § 20 Abs. 2 aus den jew. genannten Gründen zu verbieten, unabhängig davon, ob die Nebentätigkeit zugleich dem Zweck der Beurlaubung zuwider liefe. Mangels einer Dienstleistungspflicht für den beurlaubten Soldaten kann allerdings die Versagung einer Nebentätigkeit im Betreuungsurlaub nicht auf Gründe gestützt werden, die zum Schutz der Dienstausübung vor übermäßiger Beanspruchung der Arbeitskraft die Nebentätigkeit verbieten (vgl. § 20 Abs. 2 Satz 2 Nr. 1). **Zulässig** erscheint daher eine Nebentätigkeit im Betreuungsurlaub auch dann, wenn sie die in § 20 Abs. 2 Satz 4 regelmäßig auf **acht Stunden in der Woche** begrenzte Zeitdauer **überschreitet**, sofern kein sonstiger Versagungsgrund (insbes. die Gefährdung des Zwecks des Betreuungsurlaubs) vorliegt. Die Nebentätigkeit darf jedoch umfangmäßig auch dann nicht an die bisherigen Dienstzeiten heranreichen. Maßstab kann die Dauer der nach § 4 EltZSoldV während einer Elternzeit zulässigen Teilzeitbeschäftigung von höchstens 30 Stunden in der Woche sein.

Satz 5 gibt dem Dienstherrn die Möglichkeit, einen bewilligten Betreuungsurlaub aus 50
zwingenden **Gründen der Verteidigung** zu widerrufen. Diese Formulierung ist enger als die in Abs. 2 und in § 28a Abs. 3 benutzte. Dort wird eine Urlaubsversagung bzw. ein -widerruf wegen zwingender dienstl. Erfordernisse bzw. Gründe gestattet (vgl. die Komm. ebd.). Auch wenn der Gesetzgeber in der amtl. Begr.[108] zur Einfügung des Satzes 5[109] auf diesen Unterschied nicht eingeht, ist nach dem eindeutigen Wortlaut der

---

106 Vgl. zum Beamtenbereich *Plog/Wiedow/Lemhöfer*, BBG, § 72a Rn. 53.
107 So für Beamte (§ 72a Abs. 6, § 65 Abs. 2 BBG) *Plog/Wiedow/Lemhöfer*, BBG, § 72a Rn. 54.
108 Vgl. BT-Drs. 11/6906, 14; dort heißt es zu Satz 5 (genannt wird fälschlicherweise Satz 4) nur, diese Vorschrift enthalte „eine Regelung, die einen Widerruf bereits bewilligten Urlaubes zuläßt, um jederzeit die Einsatzbereitschaft der Streitkräfte sicherzustellen".
109 Durch Art. 1 Nr. 4a des G v. 6.12.1990 (BGBl. I S. 2588).

§ 28   Gemeinsame Vorschriften

Widerruf des Betreuungsurlaubs nur wegen solcher Einsätze[110] zulässig, die den SK im Rahmen der Landes- oder Bündnisverteidigung[111] befohlen werden, nicht wegen sonstiger Einsätze oder Hilfeleistungen.[112, 113]

51 **Zwingende** Gründe der Verteidigung sind nur zu bejahen, wenn der Soldat unverzichtbar ist, d.h. wenn ohne seine Teilnahme am Dienst bei objektiver Betrachtung die Einsatzbereitschaft der Truppe so stark gefährdet ist, dass der Einsatz nicht oder zumindest mit großer Wahrscheinlichkeit nicht erfolgreich durchgeführt werden kann.[114] Ob der unbestimmte Rechtsbegriff „zwingende Gründe der Verteidigung" zu bejahen ist, ist von den Gerichten grds. in vollem Umfang nachprüfbar. Für einen Beurteilungsspielraum der über die Urlaubsgewährung entscheidenden Stelle können sich nur ausnahmsweise bei bestimmten Fallgestaltungen (insbes. bei eine Risikobewertung enthaltenden Prognoseentscheidungen) Anhaltspunkte ergeben.[115] Vgl. zum **Rechtsweg** Rn. 25.

Sind auf der Tatbestandsseite zwingende Gründe der Verteidigung zu bejahen, hat der Dienstherr für den Widerruf des Betreuungsurlaubs **kein Ermessen** mehr. Trotz der Formulierung in Abs. 5 Satz 5 („kann ... widerrufen werden") ist die Vorschrift als Befugnisnorm mit strikt verpflichtendem Inhalt zu interpretieren.[116]

52 Nicht in Abs. 5 geregelt, aber höchstrichterlich geklärt[117] ist, dass der Soldat grds. **keinen Anspruch** auf **vorzeitige Beendigung** eines antragsgemäß gewährten Betreuungsurlaubs hat, wohl aber auf eine fehlerfreie Ermessensentscheidung. Eine einseitige Erklärung des Soldaten genügt nicht, weil die Gestaltung des Dienstverhältnisses nach allg. öff.-rechtl. Grundsätzen nicht der alleinigen Disposition des Soldaten überlassen ist.[118] Der Dienstherr hat allerdings wegen seiner dem beurlaubten Soldaten gegenüber weiter bestehenden Fürsorgepflicht sorgfältig abzuwägen zwischen den personalwirtschaftlichen Möglichkeiten zur Wiederaufnahme des Dienstes und schwerwiegenden Gründen, die der Soldat vorbringt.[119] So kann z.B. eine unvorhersehbare Verschlechterung der finanziellen Situation des Soldaten eine Fortsetzung des Urlaubs ohne Geld-

---

110 Dazu gehört auch deren Vorbereitung.
111 Einsätze zur Landesverteidigung nach Art. 87a Abs. 1 GG, zur erweiterten Landesverteidigung (Bündnisverteidigung) nach Art. 87a Abs. 2 i.V.m. Art. 24 Abs. 2 GG (im Rahmen eines Systems gegenseitiger kollektiver Sicherheit wie der NATO [vgl. BVerfGE 90, 286 = NZWehr 1994, 202 ff.], im V-Fall o. Spannungsfall (Art. 80a Abs. 3 GG) gem. Art. 87a Abs. 2 i.V.m. Art. 87a Abs. 3 GG u. wohl auch im inneren Notstand gem. Art. 87a Abs. 2 i.V.m. Art. 87a Abs. 4 GG.
112 Kein Grund, den Betreuungsurlaub zu widerrufen, sind deshalb z.B. Einsätze bei Naturkatastrophen gem. Art. 87a Abs. 2 i.V.m. Art. 35 Abs. 2 u. 3 GG, humanitäre Hilfeleistungen im Ausland im Rahmen friedenssichernder Maßnahmen der VN nach Art. 87a Abs. 2 i.V.m. Art. 24 Abs. 2 GG.
113 Ungenau ist Nr. 13 AusfBestEltZSoldV (VMBl. 2005 S. 66 f.) zu § 3 Abs. 2 EltZSoldV formuliert, wonach den Widerruf einer Elternzeit rechtfertigende zwingende Gründe der Verteidigung vorliegen sollen, wenn der V-Fall o. Spannungsfall festgestellt sei o. die Sicherstellung der Einsatzbereitschaft der SK bereits im Frieden besondere Maßnahmen erfordere. Vgl. auch *Stauf* I, § 28 SG Rn. 9.
114 Vgl. GKÖD I Yk § 28 Rn. 11, wo von der „Grundvoraussetzung einer tatsächlichen Unabweisbarkeit der Notwendigkeit" die Rede ist.
115 Vgl. allg. zum Beurteilungsspielraum BVerfGE 84, 34 (49 f. m.w.N.); *Kopp/Ramsauer*, VwVfG, § 40 Rn. 71 ff.
116 Vgl. die entspr. Erl. unter Rn. 23.
117 Vgl. BVerwG NZWehr 1996, 211; *Scherer/Alff*, SG, § 28 Rn. 6.
118 Entspr. für Beamte BVerwGE 79, 336.
119 Für den Beamtenbereich ist dies gesetzl. geregelt in § 72a Abs. 4 Satz 7 BBG: „Die zuständige Dienstbehörde kann eine Rückkehr aus dem Urlaub zulassen, wenn dem Beamten eine Fortsetzung des Urlaubs nicht zugemutet werden kann und dienstliche Belange nicht entgegenstehen."

Urlaub   § 28

und Sachbezüge unzumutbar erscheinen lassen, nicht ein bloßer Sinneswandel des Soldaten.[120] Ist keine Planstelle verfügbar oder besteht kein personeller Bedarf, kann der Dienstherr den Antrag ermessensfehlerfrei ablehnen.[121]
Keinesfalls ist ein rückwirkender Widerruf einer erteilten und zeitlich bereits abgelaufenen Beurlaubung möglich.[122]

Bei **Kumulierung** von **Betreuungsurlaub, Urlaub bis zum Beginn des Ruhestandes** 53
(§ 28a Abs. 1) sowie Zeiten einer **Teilzeitbeschäftigung** nach § 30a darf gem. § 30b eine Gesamtzeit von zwölf Jahren nicht überschritten werden.

Zum **Zusammentreffen** von **Betreuungsurlaub** für ein Kind nach Abs. 5 Satz 1 Nr. 1 und **Elternzeit** vgl. Rn. 67.

6. Absatz 6

Abs. 6 konkretisiert, soweit Wahlen zum BT betroffen sind, Art. 48 Abs. 1 GG und bil- 54
det § 3 AbgG nach. Art. 48 Abs. 1 GG gibt jedem Bewerber um einen Sitz im BT einen Anspruch auf die erforderliche Urlaub zur **Wahlvorbereitung** (in den Landesverfassungen finden sich teilw. ähnliche Vorschriften[123]). § 3 AbgG ergänzt, dass zur Vorbereitung der Wahl innerhalb der letzten zwei Monate vor dem Wahltag auf Antrag Urlaub von bis zu zwei Monaten – allerdings ohne einen Anspruch auf Fortzahlung der Bezüge – zu gewähren ist.

Abs. 6 gewährt **nur BS und SaZ**[124] Wahlvorbereitungsurlaub. Ein Soldat, der auf Grund 55
der WPfl Wehrdienst leistet, ist nach § 29 Abs. 1 Satz 3 Nr. 7 WPflG zu entlassen, wenn er seiner Aufstellung für die Wahl zum BT, zu einem Landtag oder zum Europ. Parlament zugestimmt hat.[125]

Begünstigt werden nur Bewerber um ein Mandat im BT oder in einer sonstigen 56
gesetzgebenden Körperschaft eines Landes (Landtag). Abs. 6 gewährt Soldaten keinen Wahlkampfurlaub zur Vorbereitung einer Kandidatur zu kommunalen Vertretungskörperschaften (insbes. zu Kreistagen, Stadt- und Gemeinderäten).[126] Für die Urlaubsgewährung an gewählte Mitglieder kommunaler Vertretungskörperschaften gilt § 25 Abs. 3 (vgl. die Erl. ebd.).[127]

Zur Voraussetzung der **Aufstellung als Wahlbewerber** vgl. die Komm. zu § 25 Abs. 1. 57
Wahlbewerbung ist mehr als eine mit einer möglichen zukünftigen Wahl in Verbindung

---

120 Vgl. BVerwG NZWehrr 1996, 211 (212).
121 Vgl. für Beamte *Plog/Wiedow/Lemhöfer*, BBG, § 72a Rn. 40, unter Berufung auf BVerwGE 79, 336.
122 Vgl. BVerwG NZWehrr 1996, 211.
123 Vgl. *Trute*, in: *v. Münch/Kunig*, GGK II, Art. 48 Rn. 3 m.w.N.
124 Vgl. Nr. 71 Abs. 1 AusfBestSUV.
125 Vgl. *Steinlechner/Walz*, WPflG, § 29 Rn. 22; *Alff*, NZWehrr 1980, 201 (205). Ist ein WPfl noch nicht zum Wehrdienst herangezogen worden, ist er nach § 12 Abs. 3 Satz 1 WPflG ab seiner Zustimmung zur Aufstellung für die Wahl vom Wehrdienst zurückzustellen (vgl. *Steinlechner/Walz*, WPflG, § 12 Rn. 25 ff.).
126 Nach BVerwG NJW 1975, 1937 f. verlangt Art. 3 GG keine Gleichbehandlung beider Sachverhalte. Zur Vorbereitung der Wahl zu einer kommunalen Vertretungskörperschaft ist Soldaten in engen Grenzen Dienstbefreiung (s.o. Rn. 27) zu erteilen; reicht diese nicht aus, kann auf besonders begründeten Antrag ebenfalls unter engen Voraussetzungen Sonderurlaub unter Wegfall der Geld- u. Sachbezüge gewährt werden, vgl. Nr. 71 Abs. 2 AusfBestSUV sowie *Scherer/Alff*, SG, § 28 Rn. 7.
127 Vgl. Anl. 2 des Erl. „Politische Betätigung von Soldaten, insbesondere bei Europa-, Bundestags-, Landtags- und Kommunalwahlen", VMBl. 1980 S. 533 mit späteren Änd., u. Erl. „Kommunalpolitische Tätigkeit und Übernahme von öffentlichen Ehrenämtern sowie Wahrnehmung ehrenamtlicher Tätigkeiten durch Soldaten", VMBl. 2001 S. 116.

stehende Aktivität für eine politische Partei oder Gruppierung.[128] Notwendig ist ein **ernsthaftes**, dem Dienstherrn ggf. nachzuweisendes und glaubhaft zu machendes[129] **Bemühen** um die eigene Wahl. Der Nachweis ist bei **Wahlkandidaten** geführt, die sich für den BT oder einen Landtag bewerben, sobald sie dem Wahlleiter in einem Wahlvorschlag namhaft gemacht und vom Wahlausschuss zugelassen worden sind (vgl. z.B. für die Wahl zum BT § 26 BWG).[130]

58 Der Begriff des Wahlbewerbers darf nicht nur an einen förmlichen Wahlvorschlag und an die Zulassung des Wahlausschusses anknüpfen.[131] Die Ernsthaftigkeit ist i.d.R. zu bejahen, wenn jemand auf der **Kandidatenliste** einer politischen Partei aufgeführt oder von einem **Parteitag** als Bewerber gewählt worden ist.[132] Auch sonst sollten keine zu strengen Maßstäbe angelegt werden[133], weil der Verfassungsgesetzgeber selbst in Art. 48 Abs. 1 GG durch die Ausgestaltung des Wahlvorbereitungsurlaubs als verfassungsunmittelbaren Anspruch die Bedeutung unterstrichen hat, die er der Möglichkeit zur ungehinderten Wahlkandidatur beimisst. Es reicht eine konkrete objektivierbare Möglichkeit aus, als Kandidat benannt zu werden.[134] Nur so entsteht ausreichender Spielraum, vergleichend zu Parteibewerbern die Ernsthaftigkeit der Wahlbewerbung **parteiloser Wahlbewerber** bewerten zu können.[135] Bei ihnen lässt die Rspr.[136] in der Öffentlichkeit erkennbare, konkrete Anstrengungen genügen, die auf eine Wahl abzielen.[137] Der Wegfall der Bezüge während der Beurlaubung (vgl. Rn. 61) wird i.d.R. ein verlässliches Indiz für die Ernsthaftigkeit der Wahlbewerbung sein.[138]

In keinem Fall darf die Bewertung der Ernsthaftigkeit von den Wahlchancen des Bewerbers abhängen.[139] Das Problem der Ernsthaftigkeit wird sich i.d.R. aber relativieren: Auf Grund der zeitlichen Eingrenzung des Wahlvorbereitungsurlaubs auf die dem Wahltag vorangehenden zwei Monate werden insbes. bei Wahlen zum BT wegen der im BWG gesetzten Fristen (nach § 19 BWG müssen Wahlvorschläge 66 Tage vor der Wahl beim Wahlleiter vorliegen) nur Soldaten diesen Urlaub beanspruchen können, die in einem beim Wahlleiter eingereichten Wahlvorschlag als Bewerber für einen Sitz im BT aufgestellt sind.

59 Urlaub nach Abs. 6 muss „**zur Vorbereitung seiner Wahl**" erforderlich sein. Die Beurlaubung, die eine Pflicht zur Dienstleistung entfallen lässt, ist folglich **zweckgebunden**. Sie dient dem persönlichen Wahlkampf („seiner Wahl") und darf nicht für andere, z.B. Freizeitaktivitäten, missbraucht werden.[140] Es ist unzulässig, sie zu einem Erholungsur-

---

128 Vgl. *Trute*, in: *v. Münch/Kunig*, GGK II, Art. 48 Rn. 4; *Achterberg/Schulte*, in: *vM/K/S*, GG II, Art. 48 Rn. 1 m.w.N.
129 *Achterberg/Schulte*, ebd.
130 Vgl. *Stauf* I, § 25 SG Rn. 3; *Scherer/Alff*, SG, § 25 Rn. 3.
131 So BVerwG NZWehr 1982, 154 sowie Teil C Nr. 16a des Erl. „Richtlinien zur Versetzung, zum Dienstpostenwechsel und zur Kommandierung von Soldaten", VMBl. 1988 S. 76, 77 mit Änd.
132 Vgl. *Achterberg/Schulte*, in: *vM/K/S*, GG II, Art. 48 Rn. 1 m.w.N.
133 So aber für Bewerber politischer Parteien vor der Nominierung *Trute*, in: *v. Münch/Kunig*, GGK II, Art. 48 Rn. 4.
134 Vgl. *Schulze-Fielitz*, in: *Dreier* II, Art. 48 Rn. 9; *Magiera*, in: *Sachs*, GG. Art. 48 Rn. 3, jew. m.w.N.
135 Deren grds. Anspruch auf Chancengleichheit gegenüber Parteibewerbern auch bei der Wahlvorbereitung betont BVerfGE 41, 399 (Ls 2).
136 Vgl. VG Köln DÖV 1972, 356 f.
137 Hierzu gehören z.B. bereits die Bemühungen, die nach § 20 Abs. 3 BWG für die Wahlzulassung notwendigen 200 Unterschriften von Wahlberechtigten des Wahlkreises zu erlangen.
138 Vgl. *Schulze-Fielitz*, in: *Dreier II*, Art. 48 Rn. 12.
139 *Pieroth*, in: *Jarass/Pieroth*, GG, Art. 48 Rn. 2; *Trute*, in: *v. Münch/Kunig*, GGK II, Art. 48 Rn. 4.
140 *Trute*, a.a.O., Art. 48 Rn. 8. Ein solcher Missbrauch müsste zum sofortigen Widerruf der Beurlaubung führen u. wäre als Dienstvergehen disziplinar zu würdigen.

laub „vor der heißen Phase des Wahlkampfes" zu nutzen, um sich im Hinblick auf die kommende politischen Auseinandersetzung zu stärken.

Was als **erforderlicher** Urlaub anzusehen ist, legt der Gesetzgeber teilweise selbst fest: **60** Einerseits gewährt er als **Höchstdauer** zwei Monate[141]; andererseits begrenzt er das Zeitfenster für die Urlaubsnahme auf die dem Wahltag vorangehenden zwei Monate.[142] Eine **Mindestdauer** schreibt Abs. 6 nicht vor. Allg. wird zu Gunsten des Wahlbewerbers ein Wahlvorbereitungsurlaub von mindestens vier Wochen als angemessen angesehen.[143] Abzustellen ist letztlich auf das individuelle Interesse der sich bewerbenden Person. Sie kann entscheiden, ob sie z.b. auch Erholungsurlaub für Wahlkampfzwecke einsetzt oder unter dem Gesichtspunkt der Erforderlichkeit nur tageweise Wahlvorbereitungsurlaub beantragt.[144]

Wahlvorbereitungsurlaub wird nur unter **Wegfall der Geld- und Sachbezüge** gewährt. **61** Die frühere Regelung, die u.a. Bundesbeamten, BS und SaZ bezahlten Wahlvorbereitungsurlaub gewährt hatte, war auf Grund des Diätenurt. des BVerfG vom 5.11.1975[145] aufgegeben worden, um bei der Kandidatur Chancengleichheit zwischen Arbeitnehmern der Privatwirtschaft und Angehörigen des öff. Dienstes herzustellen.[146] § 3 Satz 2 AbgG sieht deshalb bei einer Wahlbewerbung generell keinen Anspruch auf Fortzahlung der Bezüge für die Dauer der Beurlaubung vor.

Die durch das SkResNOG[147] vorgenommene Ersetzung der Formulierung „unter Wegfall der Dienstbezüge" durch die sonst für den soldatischen Bereich üblichen „Geld- und Sachbezüge" stellt sicher, dass der Soldat im Wahlvorbereitungsurlaub auch auf die unentgeltliche truppenärztliche Versorgung verzichten muss. Nur so ist zu verhindern, dass Soldaten wegen ihrer auf die Besoldung anzurechnenden Sachbezüge gegenüber sonstigen Angehörigen des öff. Dienstes im Vorteil sind.

Wahlvorbereitungsurlaub wird **auf Antrag** gewährt. Der Dienstherr hat zu klären, ob **62** die Voraussetzungen für den Urlaub vorliegen.

Zuständig für die Erteilung von Wahlvorbereitungsurlaub nach Abs. 6 ist das BMVg.[148] Es hat insbes. die Ernsthaftigkeit der Bewerbung und die Erforderlichkeit[149] des Urlaubs zu prüfen. Sind diese Merkmale zu bejahen, ist der Urlaub zu bewilligen, ohne dem zwingende dienstl. Erfordernisse entgegenhalten zu können.[150] Lehnt das BMVg einen Antrag ab, kann der Soldat den **Rechtsweg**[151] beschreiten; ein eigenmächtiges Fernbleiben vom Dienst ist nicht zulässig.[152]

---

141 Dies ergibt der Wortlaut des Abs. 6, da eine Vorbereitung der Wahl nur bis zum Wahltag möglich ist, so dass die Wendung „innerhalb der letzten zwei Monate vor dem Wahltag" zugleich die Urlaubsdauer begrenzt; Zweifel beseitigt die Formulierung des § 3 Satz 1 AbgG, vgl. BT-Drs. 7/5531, 12.
142 Vgl. GKÖD I Yk, § 28 Rn. 12.
143 Vgl. *Trute*, in: *v. Münch/Kunig*, GGK II, Art. 48 Rn. 8; *Achterberg/Schulte*, in: *vM/K/S*, GG II, Art. 48 Rn. 13.
144 Vgl. *Achterberg/Schulte*, a.a.O., Art. 48 Rn. 12.
145 BVerfGE 40, 296 = NJW 1975, 2331.
146 Vgl. BT-Drs. 7/5531, 12.
147 Durch Art. 2 Nr. 11, vgl. BT-Drs. 15/4485, 13, 36.
148 Vgl. § 14 SUV i.V.m. Nr. 97 Abs. 7 AusfBestSUV.
149 Zu großzügig ist daher die Aussage zur Prüfung, ob der Urlaub „erforderlich" ist, in Anl. 2 des Erl. „Politische Betätigung von Soldaten, insbesondere bei Europa-, Bundestags-, Landtags- und Kommunalwahlen", VMBl. 1980 S. 533 mit späteren Änd.
150 § 28 Abs. 2 ist nicht anzuwenden.
151 Zuständig sind auch hier die Wehrdienstgerichte, vgl. BVerwG NZWehrr 1996, 211 f. m.w.N. sowie o. Rn. 25; nach § 21 Abs. 1 WBO ist unmittelbar die Entsch. des BVerwG (WDS) zu beantragen.
152 Vgl. *Achterberg/Schulte*, in: *vM/K/S*, GG II, Art. 48 Rn. 20 ff. m.w.N.

Eichen

§ 28 Gemeinsame Vorschriften

63 Insbes. die Erforderlichkeit des Urlaubs ist (als unbestimmter Rechtsbegriff) gerichtl. voll nachprüfbar.[153] Die materielle Beweislast für die Richtigkeit anspruchsbegründender Tatsachen liegt beim Antragsteller.[154]

7. Absatz 7

64 Satz 1 gibt Soldaten aller Statusgruppen einen Rechtsanspruch auf **Elternzeit**[155] unter Wegfall der Geld- und Sachbezüge, mit Ausnahme der unentgeltlichen truppenärztlichen Versorgung[156], und ohne Leistungen zur Unterhaltssicherung.[157] Die Vorschrift tritt für den soldatischen Bereich an die Stelle der §§ 15, 20 BErzGG, die einen Anspruch auf Elternzeit nur Arbeitnehmern und bestimmten anderen Beschäftigten, nicht Soldaten[158] verleihen.

65 Die Verordnungsermächtigung in **Satz 2** (i.V.m. Satz 1) genügt den Anforderungen des Art. 80 Abs. 1 Satz 2 GG. Zwar bestimmt die Vorschrift nicht ausdrücklich Inhalt, Zweck und Ausmaß der Ermächtigung. Die Interpretation der Norm[159] (vgl. Rn. 30) ermöglicht aber eine hinreichende Konkretisierung der gesetzgeberischen Vorgaben. Mit den Begriffen Erziehungsurlaub und später Elternzeit war dem Verordnungsgeber ein in den Grundzügen klares, nach der Entstehungsgeschichte der Vorschrift eindeutig an die zivile Rechtsetzung zum Erziehungsurlaub/zur Elternzeit angelehntes[160] Programm vorgezeichnet. Mit der Aufhebung des Abs. 5 Satz 3[161], der sich noch auf das BErzGG bezogen hatte, sollte dieses Gesetz lediglich als Rechtsgrundlage für die Gewährung von Elternzeit ausgeschlossen werden (die Rechtsgrundlage findet sich jetzt in Satz 1). Damit sollte nicht von der grds. dem zivilen Bereich entspr. inhaltlichen Ausgestaltung der Elternzeit abgewichen werden.[162]

66 Auf der Grundlage des Satzes 2 ist die **Verordnung über die Elternzeit für Soldatinnen und Soldaten (Elternzeitverordnung für Soldatinnen und Soldaten – EltZSoldV)**[163] als RVO der BReg (vgl. § 93 Abs. 1 Nr. 4) erlassen worden. Der Eigenart des mil. Dienstes trägt sie vor allem in ihrem § 3 Abs. 2 dadurch Rechnung, dass das BMVg aus zwingenden Gründen der Verteidigung die Erteilung einer beantragten Elternzeit ablehnen oder eine bereits gewährte Elternzeit widerrufen kann.[164]

Zwingende Gründe der Verteidigung (dieser Begriff wird auch in Abs. 5 Satz 5 benutzt und ist deshalb wie dort zu interpretieren) sollen nach Nr. 13 der **Ausführungsbestimmungen zur Elternzeitverordnung für Soldatinnen und Soldaten (AusfBestEltZ-**

---

153 Vgl. grds. *Böttcher/Dau*, WBO, § 17 Rn. 68.
154 Vgl. *Achterberg/Schulte*, in: *vM/K/S*, GG II, Art. 48 Rn. 25; *Böttcher/Dau*, WBO, § 18 Rn. 31.
155 Dieser Begriff ersetzte ab 2.1.2001 (vgl. Rn. 9) den des „Erziehungs*urlaubs*" aus sprachlichen Gründen wegen der Assoziation zu Urlaub, vgl. *Plog/Wiedow/Lemhöfer*, BBG, § 80 Rn. 8.
156 Deren Weitergewährung bestimmt auch § 69 Abs. 2 Satz 1 Halbs. 2 BBesG.
157 Vgl. § 14 Abs. 1 USG u. GKÖD I Yk, § 28 Rn. 11a.
158 Vgl. für Beamte § 80 Nr. 2 BBG.
159 Vgl. grds. BVerfGE 8, 274 Ls 4; 38, 348 (358 m.w.N.).
160 Mit Ausnahme der durch die Eigenart des mil. Dienstes begründbaren Sonderregelungen, vgl. Abs. 7 Satz 2.
161 Vgl. o. Rn. 9.
162 I.d.S. zu verstehen ist die nicht geglückte amtl. Begr. zur Aufhebung des Abs. 5 Satz 3 in BT-Drs. 14/4062, S. 19: „Die Regelung ist entbehrlich geworden, weil Soldaten Erziehungsurlaub nur noch nach der Erziehungsurlaubsverordnung für Soldaten erhalten."
163 Vgl. die Bekanntmachung der Neufassung v. 18.11.2004 (BGBl. I S. 2855).
164 Mit der Bewilligung von Elternzeit hat das BMVg hingegen auch andere Entlassungsdienststellen beauftragt, § 3 Abs. 1 EltZSoldV i.V.m. § 14 SUV u. Nr. 97 Abs. 3 AusfBestSUV. Will eine solche Stelle eine beantragte Elternzeit ablehnen, hat sie den Vorgang dem BMVg zur Entscheidung vorzulegen.

Urlaub   § 28

SoldV[165]) zu § 3 Abs. 2 EltZSoldV vorliegen, wenn der V-Fall oder Spannungsfall festgestellt sei oder die Sicherstellung der Einsatzbereitschaft der SK bereits im Frieden besondere Maßnahmen erfordere.[166]

Ein bereits **zur Betreuung** eines Kindes nach Abs. 5 Satz 1 Nr. 1 **beurlaubter Soldat** 67 kann nach der Geburt eines weiteren Kindes **Elternzeit** beanspruchen, wenn der **Betreuungsurlaub** vorzeitig **beendet** wird; die Entscheidung hierüber liegt im pflichtgemäßen Ermessen des Dienstherrn.[167] Dieser muss berücksichtigen, dass der Elternzeit – schon weil sie auf ein Rechtsanspruch besteht und weil sie insgesamt günstiger ausgestaltet ist als der Betreuungsurlaub (so wird z.B. die Elternzeit nicht auf die Höchstdauer des Urlaubs nach Abs. 5 Satz 1 angerechnet) – gesetzl. ein **Vorrang** vor dem allg. zur Kinderbetreuung gewährten Urlaub zukommt.[168]

Zum Zusammentreffen von Elternzeit, Betreuungsurlaub und Urlaub bis zum Beginn des Ruhestandes sowie Zeiten von Teilzeitbeschäftigung vgl. die Komm. zu **§ 30b** Rn. 4 f.

Zur Beantragung von Teilzeitbeschäftigung, wenn auch ein Anspruch auf Elternzeit besteht, vgl. die Komm. zu **§ 30a** Rn. 9.

War die mil. Ausbildung eines **SaZ** mit einem Studium oder einer Fachausbildung von 68 mehr als sechs Monaten Dauer verbunden und hat er danach Elternzeit nach Abs. 7 in Anspruch genommen, **verlängert** sich die **Zeitdauer der Berufung** des Soldaten um die Dauer der Elternzeit, § 40 Abs. 4 Satz 1 (vgl. die Erl. ebd.). Im entspr. Fall **verlängert** sich für einen **BS**, der nach § 46 Abs. 3 seine **Entlassung** verlangt, die in dieser Vorschrift vorausgesetzte **Dienstzeit** um die Dauer der Elternzeit, § 46 Abs. 4 Satz 1 (vgl. die Erl. ebd.).

Zeiten einer **Elternzeit** sind für BS nach § 20 Abs. 1 Satz 2 Nr. 2 SVG **nicht ruhegehaltfähig**. Nach § 70 SVG erhöht sich jedoch deren Ruhegehalt um einen **Kindererziehungszuschlag**.

Für **Streitigkeiten** der Soldaten über die Bewilligung von Elternzeit ist der Rechtsweg 69 zu den **Wehrdienstgerichten** gegeben.[169]

---

165 VMBl. 2005 S. 66.
166 Vgl. zur Kritik an dieser Umschreibung o. Fn. 113.
167 So für Beamte BVerwG 79, 336. Vgl. Nr. 5 AusfBestEltZSoldV.
168 BVerwG ZBR 1996, 215 f. (für die entspr. beamtenrechtl. Regelung). Zum Nachrang eines beantragten Betreuungsurlaubs bei Vorliegen der Voraussetzungen für die Gewährung einer Elternzeit vgl. Rn. 44.
169 Vgl. Fn. 54 zu Rn. 25. Dass *Scherer/Alff*, SG, § 59 Rn. 13, für Elternzeit (unter Hinw. auf BVerwGE 83, 311 = BVerwG NZWehr 1987, 252; diese Entsch. ist noch zum damals in § 30 Abs. 5 geregelten Erziehungsurlaub ergangen) die Zuständigkeit der allg. VG annehmen, ist zw., weil daran familienpolitisch gleichgerichtete (vgl. BVerwG ZBR 1996, 215 f.) Urlaubsarten (Betreuungsurlaub nach Abs. 5 Satz 1 Nr. 1, Elternzeit nach Abs. 7) unterschiedlichen Rechtswegen unterfielen. Die amtl. Begr. (BT-Drs. 11/6906, 15) stellt unter Hinw. auf § 17 Abs. 1 Satz 1 WBO fest, durch die Verschiebung der Ermächtigung zur Gewährung von Elternzeit aus dem § 30 Abs. 5 in den § 28 Abs. 7 sei bei Beschwerden gegen ablehnende Entscheidungen zur Elternzeit der Rechtsweg zu den Wehrdienstgerichten gegeben.

Eichen

§ 28a Urlaub bis zum Beginn des Ruhestandes

(1) ¹Einem Berufssoldaten kann nach einer Vollzeitbeschäftigung im öffentlichen Dienst von mindestens 20 Jahren und nach Vollendung des 50. Lebensjahres auf Antrag, der sich auf die Zeit bis zum Beginn des Ruhestandes erstrecken muss, Urlaub unter Wegfall der Geld- und Sachbezüge gewährt werden, wenn dienstliche Belange nicht entgegenstehen. ²Über den Urlaubsantrag entscheidet das Bundesministerium der Verteidigung.

(2) ¹Dem Antrag nach Absatz 1 darf nur entsprochen werden, wenn der Berufssoldat erklärt, während der Dauer des Urlaubs auf die Ausübung entgeltlicher Nebentätigkeiten zu verzichten und entgeltliche Tätigkeiten nach § 20 Abs. 6 nur in dem Umfang auszuüben, wie er sie bei Vollzeitbeschäftigung ohne Verletzung dienstlicher Pflichten ausüben könnte. ²Wird diese Verpflichtung schuldhaft verletzt, ist der Urlaub zu widerrufen. ³Trotz der Erklärung des Berufssoldaten nach Satz 1 dürfen Nebentätigkeiten genehmigt werden, soweit sie dem Zweck der Gewährung des Urlaubs nicht zuwiderlaufen. ⁴Das Bundesministerium der Verteidigung kann in besonderen Härtefällen eine Rückkehr aus dem Urlaub zulassen, wenn dem Soldaten die Fortsetzung des Urlaubs nicht zugemutet werden kann.

(3) Das Bundesministerium der Verteidigung kann den Urlaub aus zwingenden dienstlichen Gründen widerrufen.

Literatur: Spezielle Veröffentlichungen zu § 28a sind nicht vorhanden.

Übersicht

	Rn.		Rn.
A. Allgemeines	1 – 4	B. Erläuterungen im Einzelnen	5 – 23
1. Zweck und Entstehung der Vorschrift	1	1. Absatz 1	5 – 16
2. Änderungen der Vorschrift	2	2. Absatz 2	17 – 22
3. Bezüge zum Beamtenrecht bzw. zu sonstigen rechtl. Vorschriften; ergänzende Dienstvorschriften	3 – 4	3. Absatz 3	23 – 24

A. Allgemeines

1. Zweck und Entstehung der Vorschrift

1   Die Möglichkeit zum **Altersurlaub** nach § 28a ist durch Art. 4 des G vom **25.7.1984**[1] parallel zu entspr. beamten- und richterrechtl. Vorschriften eingefügt worden. Sie sollte im Hinblick auf die angespannte Arbeitsmarktlage mit einer hohen Zahl Arbeitssuchender die Voraussetzungen schaffen, zusätzliche Stellen im öff. Dienst (konkret in den SK für junge Soldaten) anbieten zu können.[2] Um dieses Ziel effizient zu erreichen, wurde die durch § 28a ab einem bestimmten Lebensalter ermöglichte Beurlaubung bis zum Beginn des Ruhestandes einerseits von einem geb. Verzicht auf die Ausübung entgeltlicher Nebentätigkeiten abhängig gemacht. Andererseits wurde sie durch den Wegfall der Geld- und Sachbezüge kostenneutral ausgestaltet. Auch wenn die Regelung von einer zunächst befristeten später in eine zeitlich unbegrenzte umgewandelt worden ist, hat sie den angestrebten Zweck (und ihre mögliche Funktion als Instrument zur Verbesserung der Altersstruktur in den SK[3]) letztlich schon deshalb nicht erreichen können, weil Altersurlaub ohne Geld- und Sachbezüge regelmäßig nur für vermögende

---

1   BGBl. I S. 998 = VMBl. S. 130.
2   Vgl. zu Einzelheiten BT-Drs. 10/930 u. BT-Drs. 10/1619.
3   Vgl. *Scherer/Alff*, SG, § 28a Rn. 1.

Urlaub bis zum Beginn des Ruhestandes   § 28a

Soldaten in Frage kommt.⁴ Die Vorschrift ist daher im Geschäftsbereich des BMVg bisher kaum zur Anwendung gekommen.

2. Änderungen der Vorschrift

§ 28a ist mehrmals geä. worden: 2
- Durch § 31 Abs. 1 Nr. 1 des G vom **6.12.1985**⁵ ist **Abs. 2 Satz 1** redaktionell an die Neuregelung des § 20 angepasst worden.
- Durch Art. 4 Abs. 1 Nr. 2 des G vom **30.6.1989**⁶ ist in **Abs. 1 Satz 1** die Geltungsdauer der Vorschriften über den Altersurlaub entspr. den Freistellungsvorschriften aus Arbeitsmarktgründen im Beamten- und Richterrecht bis zum 31.12.1993 verlängert worden; zugleich ist im damaligen **Abs. 4** (jetzt § 30b) die Höchstgrenze für Betreuungsurlaub nach § 28 Abs. 5 und für Altersurlaub nach § 28a zusammen auf zwölf Jahre erweitert worden.⁷
- Durch Art. 5 des G vom **20.12.1993**⁸ wurde in **Abs. 1 Satz 1** die Antragsfrist erneut um drei Jahre bis zum 31.12.1996 verlängert.
- Durch Art. 5 des G vom **20.5.1994**⁹ wurde **Abs. 1 Satz 1** unter Wegfall jeder zeitlichen Begrenzung der Antragfrist für arbeitsmarktbezogenen Urlaub neu gefasst. **Abs. 2 Satz 3** wurde modifiziert.
- Durch Art. 1 Nr. 3, 4 und 19 des **SGÄndG** kam es zu redaktionellen Änd. in **Abs. 1, Abs. 2 Satz 4** und **Abs. 3** sowie zu einer Streichung in **Abs. 1 Satz 1**, mit welcher der zwangsläufige Wegfall der unentgeltlichen truppenärztlichen Versorgung als Teil der Sachbezüge der Soldaten im Altersurlaub klargestellt wurde.¹⁰
- Schließlich wurde **Abs. 4** durch Art. 2 Nr. 2 des **SDGleiG** aufgehoben. Der Regelungsinhalt des bisherigen Abs. 4 ist in dem neuen § 30b aufgegangen.

3. Bezüge zum Beamtenrecht bzw. zu sonstigen rechtl. Vorschriften; ergänzende Dienstvorschriften

Eine dem § 28a entspr. Vorschrift enthält für **Bundesbeamte** § 72e BBG. Eine dieser 3 Vorschrift im Wesentlichen gleiche Best. findet sich in § 44b Abs. 1, 2 und 4 BRRG sowie in den LBG.¹¹

Urlaub aus Arbeitsmarktgründen für **Richter** im Bundesdienst regelt § 48b DRiG, für Richter im Landesdienst § 76b DRiG.

Zur Ausgestaltung des § 28a hat das BMVg die **Best. über den Urlaub bis zum Beginn** 4 **des Ruhestandes der Berufssoldatinnen und Berufssoldaten**¹² erlassen.

B. Erläuterungen im Einzelnen

1. Absatz 1

Die in **Satz 1** geregelte Möglichkeit der Urlaubsgewährung bis zum Beginn des Ruhe- 5 standes besteht nur für **BS**. Voraussetzung für ihre Beurlaubung ist eine Vollzeitbeschäftigung im öff. Dienst von mindestens 20 Jahren. Als **Beschäftigung im öff. Dienst**

---
4 Vgl. GKÖD I Yk, § 28a Rn. 4.
5 BGBl. I S. 2154.
6 BGBl. I S. 1282.
7 Vgl. BT-Drs. 11/2218, 8, 12.
8 BGBl. I S. 2136.
9 BGBl. I S. 1078.
10 Vgl. BT-Drs. 14/4062, 19 f. (zu Nr. 20 [§ 28a] unter Hinw. auf Nr. 22 Buchst. b Doppelbuchst. bb).
11 Vgl. *Plog/Wiedow/Lemhöfer*, BBG, § 72e Rn. 16 m.w.N.
12 Neufassung 2006.

Eichen 395

§ 28a Gemeinsame Vorschriften

i.S.d. Abs. 1 Satz 1 gelten der freiwillig oder auf Grund der WPfl abgeleistete Wehrdienst in den SK[13] und jede Tätigkeit als Beamter, Richter, Ang. oder Arbeiter im Dienst einer juristischen Person des öff. Rechts[14], d.h. des Bundes, der Länder, der Gemeinden und Gemeindeverbände sowie sonstiger Körperschaften, Anstalten und Stiftungen des öff. Rechts, somit bei einem öff.-rechtl. Dienstherrn.[15] Nicht im öff. Dienst i.S.d. Abs. 1 Satz 1 tätig sind Beschäftigte in Unternehmen der öff. Hand in privatrechtl. Form (z.B. einer AG oder GmbH), selbst wenn deren Kapital vollständig im Besitz der öff. Hand ist.[16] Hingegen sind[17] Zeiten einer Verwendung im Dienst einer **zwischenstaatlichen** oder **überstaatlichen Einrichtung**[18] als Soldat oder jede sonstige Tätigkeit in einem Dienst- oder Vertragsverhältnis zu einer solchen Einrichtung geeignete Vordienstzeiten i.S.d. Abs. 1 Satz 1.

6   Die Beschäftigung muss mindestens insgesamt **20 Jahre** lang als **Vollzeitbeschäftigung** ausgeübt worden sein, wobei Zeiten einer Beschäftigung im öff. Dienst durch sonstige Zeiten (z.B. durch eine Beschäftigung in der Privatwirtschaft) **unterbrochen** gewesen sein können. **Teilzeitbeschäftigungen** reichen nach dem insoweit eindeutigen Wortlaut der Vorschrift nicht aus und können auch nicht addiert werden.[19]

7   Den für die Urlaubsgewährung notwendigen **Antrag** kann nach dem ausdrücklichen Wortlaut des Satzes 1 nur ein BS stellen, der zum Zeitpunkt des beantragten Urlaubsantritts das **50. Lebensjahr** vollendet hat.[20] Ein **Unterlaufen** dieser Altersgrenze mit Hilfe sonstiger urlaubsrechtl. Vorschriften ist **nicht erlaubt**. Es wäre z.B. unzulässig, eine (selbst nur begrenzte) Zeit bis zur Vollendung des 50. Lebensjahres mit Hilfe von (vorgeschaltetem) Sonderurlaub[21] zu überbrücken.[22]

Die – im Gegensatz zu den Beamten – vorgezogene Antragsgrenze erklärt sich aus den niedrigeren Altersgrenzen der BS[23] (vgl. § 45). Entspräche die Antragsgrenze die für die Beamten festgesetzte vollendung des 55. Lebensjahres (vgl. § 72e Abs. 1 Nr. 2 BBG), bliebe z.B. Berufsunteroffizieren[24] der Altersurlaub gänzlich versagt.

8   Der Antrag auf Altersurlaub muss sich auf die Zeit **bis zum Beginn des Ruhestandes** erstrecken. In Bezug genommen wird damit für BS, für die keine besondere Altersgren-

---

13 Vgl. Nr. 2 Abs. 2a der in Rn. 4 genannten Best. Nicht entscheidend ist, ob der Soldat Geld- u. Sachbezüge nach dem BBesG o. nach dem WSG (z.B. nach § 58a i.V.m. § 1 Abs. 2 WSG) erhalten hat.
14 Vgl. BVerfGE 55, 207 (230).
15 Vgl. § 29 Abs. 1 BBesG u. Nr. 2 Abs. 2b der in Rn. 4 genannten Best. sowie *Scherer/Alff*, SG, § 28a Rn. 2. Zur Dienstherrnfähigkeit – dem Recht, Beamte zu haben – vgl. § 121 BRRG.
16 Diesen Unternehmen fehlt die Dienstherrnfähigkeit. Eine Vortätigkeit in einem solchen Unternehmen ist daher – anders als für das Nebentätigkeitsrecht, vgl. § 2 Abs. 2 Nr. 1 BNV – nicht anrechenbar.
17 In Anlehnung an § 20 Abs. 3 Satz 1 Nr. 3 SVG.
18 Beispiele: UNO, EU, WEU, NATO.
19 Dies gibt der Begriff der „Vollzeitbeschäftigung" vor. Also können z.B. 10 Jahre Teilzeitbeschäftigung eines Soldaten mit der Hälfte der regelmäßigen Arbeitszeit nicht fünf Jahren Vollzeitbeschäftigung gleichgestellt werden. Ob diese Regelung angesichts der familienpolitischen Förderung der Teilzeitbeschäftigung für Soldaten durch § 30a u. des Benachteiligungsverbots bei Teilzeitbeschäftigung nach § 15 Abs. 1 Satz 2 SGleiG noch Bestand haben kann, erscheint zweifelhaft.
20 Der Antrag kann also schon vor Vollendung des 50. Lebensjahres gestellt werden.
21 Sonderurlaub nach § 13 Abs. 1 SUrlV i.V.m. § 9 SUV u. Nr. 83 AusfBestSUV wäre deshalb unzulässig.
22 Vgl. *Weber/Banse*, I/4, § 72e BBG Rn. 4 (zu a).
23 Vgl. BT-Drs. 10/1619, 19 (zu Art. 4 [= § 28 SG]).
24 Vgl. § 45 Abs. 2 Nr. 5.

ze festgesetzt worden ist, die allg. Altergrenze.[25] Für BS, die einer nach der Vollendung des 50. Lebensjahres festgesetzten besonderen Altersgrenze unterfallen[26], ist auf den Zeitpunkt des Erreichens dieser Altersgrenze als des frühest möglichen Datums der Versetzung in den Ruhestand abzustellen. Über diesen Zeitpunkt hinaus darf Altersurlaub nicht gewährt werden, auch wenn nicht auszuschließen ist, dass gem. § 44 Abs. 2 Satz 1 davon abgesehen wird, den BS nach der Vollendung des für die besondere Altersgrenze maßgeblichen Lebensjahres in den Ruhestand zu versetzen. In diesem Fall hätte der BS seinen Dienst wieder aufzunehmen, ohne erneut Altersurlaub beantragen zu können.[27]

Mit der Gewährung von Altersurlaub ist für den BS zwangsläufig der **Wegfall der Geld- und Sachbezüge** und damit der unentgeltlichen truppenärztlichen Versorgung[28] verbunden.

9

Die Bewilligung von Altersurlaub hängt davon ab, dass **dienstl. Belange nicht entgegen stehen**.[29] Der Gesetzgeber gibt damit zu verstehen, dass er dem Interesse des Dienstherrn an der ordnungsgemäßen Auftragserfüllung durch die SK Vorrang einräumt vor dem (aus der Entstehungsgeschichte der Vorschrift und ihrem Abs. 2 herauszulesenden) allg. öff. Interesse, die Situation des Arbeitsmarktes zu verbessern.[30] Anders als in § 28 Abs. 2, der die Versagung von Erholungsurlaub nur wegen **zwingender** dienstl. Erfordernisse ermöglicht, reicht nach Abs. 1 jeder aus dienstl. Notwendigkeit heraus sachlich begründbare Umstand aus. Er muss allerdings über eine bloße Unannehmlichkeit oder ein allg. Erschwernis hinausgehen. Eine Versagung des Urlaubs kann deshalb z.B. darauf gestützt werden, dass ohne den Soldaten die Einsatzbereitschaft der SK (konkret seiner Einheit/seines Verbandes oder seiner sonstigen Dienststelle) nicht unerheblich gemindert wäre oder ein Personalengpass einträte, der nicht nur mit Schwierigkeiten geschlossen werden könnte. Der Dienstherr kann somit bei der Ausfüllung des **unbestimmten Rechtsbegriffs** der entgegenstehenden dienstl. Belange einen weiteren Maßstab anlegen als im Fall zwingender dienstl. Erfordernisse nach § 28 Abs. 2. Ein Beurteilungsspielraum ist ihm hierbei nicht zuzugestehen.[31] Deshalb kann die Bewertung von den Gerichten (zuständig sind die Wehrdienstgerichte)[32] in vollem Umfang überprüft werden.[33]

10

Liegen die gesetzl. Voraussetzungen für die Bewilligung von Altersurlaub in der Person des Antragstellers vor und stehen dienstl. Belange nicht entgegen, hat der Dienstherr gleichwohl über die Beurlaubung nach pflichtgemäßem **Ermessen** zu entscheiden. Dafür spricht der Wortlaut des § 28a Abs. 1 Satz 1 („Einem Berufssoldaten *kann* ... Urlaub ... gewährt werden ..."), der hier nicht nur i.S. einer Ermächtigung gemeint ist.[34]

11

---

25 Vgl. § 45 Abs. 1; s. auch Nr. 1 Abs. 1 Satz 2 der in Rn. 4 genannten Best.
26 Vgl. § 45 Abs. 2 Nr. 1 – 5 i.V.m. Abs. 3. Nicht betroffen von Altersurlaub sind Besatzungen strahlgetriebener Kampfflugzeuge, vgl. § 45 Abs. 2 Nr. 6.
27 Vgl. Nr. 3 Abs. 2 der in Rn. 4 genannten Best. u. *Scherer/Alff*, SG, § 28a Rn. 2.
28 Vgl. o. Rn. 2 sowie die Komm. zu § 30 Abs. 1 Satz 1 u. 2.
29 Vgl. GKÖD I Yk, § 28a Rn. 6.
30 Vgl. für den Beamtenbereich *Plog/Wiedow/Lemhöfer*, BBG, § 72e Rn. 5.
31 Gegen eine Beurteilungsermächtigung hins. entgegenstehender dienstl. Belange auch GKÖD I Yk, § 28a Rn. 8. Es fehlt insoweit insbes. an dem typischen Prognosecharakter der Entscheidung, der ausnahmsweise einen Beurteilungsspielraum rechtfertigen könnte, vgl. z.B. BVerwGE 82, 295, 299 ff.
32 Vgl. BVerwG NZWehr 1996, 211 f. („die Überprüfung von Urlaubsentscheidungen [ist] stets eine in den Zuständigkeitsbereich der Wehrdienstgerichte fallende Angelegenheit").
33 Vgl. *Böttcher/Dau*, WBO, § 17 Rn. 68.
34 A.A. (kein Ermessen, wenn die Voraussetzungen gegeben sind) GKÖD I Yk, § 28a Rn. 8. Vgl. für Beamte *Plog/Wiedow/Lemhöfer*, BBG, § 72e Rn. 11.

Hierfür spricht weiter die Entstehungsgeschichte des § 28a und seiner beamten- und richterrechtl. Vorbilder, aus der entnommen werden kann[35], dass arbeitsmarktpolitische Gründe für die Schaffung des Altersurlaubs maßgeblich waren, nicht persönliches Interesse des Antragstellers an der Beurlaubung. Obwohl § 28 Abs. 1 den Altersurlaub der BS – anders als § 72e Abs. 1 BBG[36] – nicht von einem tatbestandlich vorausgesetzten dringenden öff. Interesse auf Grund einer Notsituation auf dem Arbeitsmarkt abhängig macht, ist im Wege einer historischen Auslegung auch für die Urlaubsentscheidung nach § 28a die arbeitsmarktpolitische Zielsetzung bei einer Ermessensausübung zu berücksichtigen. Dem Interesse des Soldaten wird dadurch Rechnung getragen, dass die Beurlaubung nur auf Antrag, nicht gegen seinen Willen, möglich ist. Trotz eines Antrags und auch dann, wenn dienstl. Belange nicht entgegenstehen, kann es sachgerecht sein, weitere Ermessenserwägungen anzustellen und Urlaub zu versagen, wenn das vom Gesetzgeber vorrangig verfolgte arbeitsmarktpolitische Ziel – z.B. wegen einer Entspannung auf dem Arbeitsmarkt – in den Hintergrund tritt. Diese Entscheidung ist nicht sachfremd, sondern stellt auf den Gesetzeszweck ab. Als Ausnahmevorschrift von dem – wie für Berufsbeamte – grds. auf lebenslange Dienstleistung ausgerichteten Status der BS ist § 28a restriktiv auszulegen. Diese Ermessensentscheidung des Dienstherrn ist gerichtl. nur auf **Ermessensfehler** hin überprüfbar.[37]

12 Nach **Satz 2** ist für die Gewährung von Altersurlaub ausschließlich das BMVg zuständig. Eine Delegierung der Entscheidung auf nachgeordnete Stellen ist nicht zulässig.

13 Die **Zeit des Altersurlaubs** ist nach § 20 Abs. 1 Satz 2 Nr. 2, 1. Alt. SVG **nicht ruhegehaltfähig**. Eine ausnahmsweise Berücksichtigung dieser Zeit nach § 20 Abs. 1 Satz 2 Nr. 2, 2. Alt. SVG (auf Grund der Feststellung, der Urlaub diene öff. Belangen) scheidet aus[38], zumal damit eine kostenneutrale Ausgestaltung des Altersurlaubs vereitelt würde, der dann nicht mehr öff. Interessen entgegenkäme.

14 Während sich bei einem BS, der nach § 2 **PersStärkeG**[39] vorzeitig in den Ruhestand versetzt worden war, die **ruhegehaltfähige Dienstzeit** noch um die **fiktive Dienstzeit** gem. § 6 Abs. 2 PersStärkeG **erhöhte**, auch wenn der BS bis zur Zurruhesetzung nach § 28a beurlaubt war[40], gilt dies nicht bei einer vorzeitigen Versetzung in den Ruhestand nach § 1 **PersAnpassG**.[41] Gem. § 3 Abs. 2 Satz 4 i.V.m. Satz 1 und 2 PersAnpassG hat der Gesetzgeber in diesem Fall eine Erhöhung der ruhegehaltfähigen Dienstzeit ausdrücklich ausgeschlossen, weil die Zeit der Beurlaubung bei Verbleiben im Dienst für den BS ebenfalls nicht als ruhegehaltfähig berücksichtigt worden wäre.[42]

15 Erhält ein BS Altersurlaub gem. § 28a, wird ihm beim Eintritt in den Ruhestand nicht der einmalige Ausgleich nach § 38 Abs. 1 SVG gezahlt.[43]

16 Zum Zusammentreffen von **Altersurlaub** nach Abs. 1, **Betreuungsurlaub** nach § 28 Abs. 5 und Zeiten einer **Teilzeitbeschäftigung** nach § 30a vgl. jetzt § 30b.

---

35 Vgl. z.B. BT-Drs. 10/930, 1, 8 ff.
36 Vgl. für Beamte *Plog/Wiedow/Lemhöfer*, BBG, § 72e Rn. 4.
37 Vgl. grds. *Böttcher/Dau*, WBO, § 17 Rn. 66 ff.
38 So auch im Ergebnis für Beamte (Beurlaubung nach § 72e BBG aus arbeitsmarktbezogenen Gründen) *Plog/Wiedow/Bayer*, BeamtVG, § 6 Rn. 17b.
39 PersStärkeG v. 20.12.1991 (BGBl. I S. 2376), zuletzt geä. durch Art. 6 des SGÄndG. Versetzungen von BS in den Ruhestand nach § 2 PersStärkeG waren nur in den Jahren 1992 bis 1994 möglich.
40 Vgl. BVerwG ZBR 1999, 283; vgl. *Stauf* I, § 28a SG Rn. 5.
41 V. 20.12.2001 = Art. 4 des BwNeuAusrG; vgl. im Einzelnen zum PersAnpassG die Erl. im Anhang zu § 44.
42 Vgl. BT-Drs. 14/6881, 29 (zu § 3 Abs. 2).
43 Vgl. § 38 Abs. 3 SVG.

Urlaub bis zum Beginn des Ruhestandes § 28a

2. Absatz 2

Nach **Satz 1** darf beantragter Altersurlaub nur bewilligt werden, wenn der BS bereits im 17
Urlaubsantrag⁴⁴ erklärt, während des Altersurlaubs auf **entgeltliche** (genehmigungspflichtige) **Nebentätigkeiten** zu **verzichten** und entgeltliche (genehmigungsfreie) **Tätigkeiten** nach § 20 Abs. 6 nur **in dem Umfang** auszuüben, wie er sie **bei Vollzeitbeschäftigung** ohne Verletzung dienstl. Pflichten ausüben könnte (vgl. hierzu Rn. 19). Damit soll verhindert werden, dass der Arbeitsmarkt letztlich doch nicht entlastet wird.

Die Einschränkung von Nebentätigkeiten durch Satz 1 ist – wie die entspr. beamtenrechtl. Regelung (in § 72e Abs. 2 BBG)⁴⁵ – auch für BS **verfassungsgemäß**, da keine andere Interessenlage des Diensthernn anzunehmen ist als im zivilen Bereich.

BS dürfen im Altersurlaub **unentgeltliche** Nebentätigkeiten ausüben. Sie bleiben jedoch verpflichtet, sie ggf. vorher genehmigen zu lassen (vgl. die nach § 20 Abs. 6 Satz 1 18
Nr. 1a und b ausnahmsweise genehmigungspflichtigen unentgeltlichen Tätigkeiten)⁴⁶.
Eine Untersagung unentgeltlicher Nebentätigkeiten des beurlaubten Soldaten ist möglich (§ 20 Abs. 6 Satz 4). Die für diese Versagung notwendige Verletzung dienstl. Pflichten kann nicht auf Gründe gestützt werden, die bei einem aktiven BS nur aus einer möglichen Kollision der Nebentätigkeit mit seiner Dienstleistungspflicht (insbes. durch zeitliche Belastung und körperliche Inanspruchnahme) herzuleiten wären. Denn eine Pflicht zur Dienstleistung entfällt für beurlaubte BS. Dies ist bei der Prüfung der (ggf. notwendigen) Genehmigung oder der Untersagung einer unentgeltlichen Nebentätigkeit gegenüber einem BS im Altersurlaub zu berücksichtigen. Vorstellbar wäre es z.B., einem beurlaubten BS eine unentgeltliche (auch wenn sie im Regelfall genehmigungsfrei ist) Nebentätigkeit verbieten zu müssen, weil sie das Ansehen der Bw in der Öffentlichkeit verletzt (vgl. § 20 Abs. 6 Satz 4 i.V.m. § 20 Abs. 2 Satz 2 Nr. 2).

Ausnahmsweise sind **entgeltliche**, genehmigungsfreie Tätigkeiten nach § **20 Abs. 6** für 19
den BS im Altersurlaub (wie Abs. 2 Satz 1 ausdrücklich klarstellt) **zulässig** (wobei die Anzeige- und Auskunftspflichten gem. § 20 Abs. 6 Satz 2 und 3 zu beachten sind). Solche Tätigkeiten dürfen allerdings nur **in dem Umfang ausgeübt** werden, wie ihn ein nicht beurlaubter BS ohne Verletzung dienstl. Pflichten für eine Nebentätigkeit noch in Anspruch nehmen dürfte. Diese Einschränkung des Abs. 2 Satz 1, letzter Halbsatz bezieht sich auf § 20 Abs. 6 Satz 4. Daher sei grds. auf die dortigen Erl. verwiesen.

Wegen der für beurlaubte BS nicht bestehenden Dienstleistungspflicht kann die Prüfung, ob eine in § 20 Abs. 6 aufgeführte entgeltliche Nebentätigkeit bei einem aktiven BS dienstl. Pflichten verletzte und deshalb auch für den BS im Altersurlaub vollständig oder teilweise untersagt werden müsste, wie im Fall der Versagung unentgeltlicher Nebentätigkeiten (o. Rn. 18) nicht auf eine Kollision der Nebentätigkeit mit einer Dienstleistungspflicht (also auf eine zeitliche oder körperliche Überbelastung) abstellen. Daraus folgt, dass der **Begriff des Umfangs**, in dem die Tätigkeit ausgeübt werden darf, nicht deren zeitlichen Umfang, sondern nur die Art und Weise ihrer Ausübung erfassen kann. Deshalb bleibt folgerichtig bei einem BS im Altersurlaub die Untersagung einer genehmigungsfreien entgeltlichen Tätigkeit nach § 20 Abs. 6 wegen der durch ihre Ausübung verursachten Verletzung sonstiger (trotz Beurlaubung weiter bestehender) dienstl. Pflichten möglich.

---

44 Vgl. *Scherer/Alff*, SG, § 28a Rn. 3.
45 Vgl. BVerwG DÖD 1993, 179 f. unter Bezugnahme auf BVerwGE 82, 196 (200).
46 Es bleibt für BS im Altersurlaub bei der Pflicht zur Anzeige der in § 20 Abs. 1 Satz 2 genannten Ämter u. Tätigkeiten.

Eichen

§ 28a   Gemeinsame Vorschriften

20   Nach **Satz 2** ist ein Altersurlaub **zwingend** zu **widerrufen**, wenn der beurlaubte BS die ihm in Satz 1 auferlegten Verhaltensregeln schuldhaft verletzt. Der Soldat begeht damit ein Dienstvergehen (§ 23 Abs. 1).[47]

21   **Satz 3** lässt als Ausnahme zu Satz 1 die Ausübung solcher Nebentätigkeiten zu, die dem **Zweck** der Gewährung des Altersurlaub **nicht zuwider laufen.** Damit sollen solche Nebentätigkeiten ermöglicht werden, die nur einen geringen Umfang annehmen (zur Bestimmung eines geringen Umfangs kann auf § 5 Abs. 1 Satz 2 BNV verwiesen werden) und schon deshalb nicht als Belastung für den deutschen Arbeitsmarkt gelten können. Da nur der nationale Arbeitsmarkt geschützt werden soll, dürfen auch solche Tätigkeiten genehmigt werden, denen der beurlaubte BS **im Ausland** nachgehen will[48] (Beispiel: Tätigkeit als Immobilienmakler in Kanada; nicht zulässig wäre es, wenn der BS Geschäfte mit kanadischen Immobilien aus Deutschland heraus betreiben wollte). In jedem Fall ist eine Nebentätigkeit nach Abs. 2 Satz 3 beim BMVg zu beantragen und durch dieses zu genehmigen.[49]

22   Nach **Satz 4** kann das BMVg im Wege einer Ermessensentscheidung in besonderen Härtefällen eine (von dem BS gewünschte und beantragte) Rückkehr aus dem Altersurlaub zulassen, wenn dem BS die Fortsetzung des Urlaubs nicht zumutbar ist. Dies kann insbes. der Fall sein, wenn die wirtschaftliche Existenz des BS ernsthaft bedroht ist.[50] Ob die beiden unbestimmten Rechtsbegriffe „besonderer Härtefall" und „Unzumutbarkeit" auf Seiten des BS als erfüllt anzusehen sein werden, ist gerichtl. in vollem Umfang nachprüfbar.[51] Hingegen ist die anschließende Ermessensbetätigung (Abwägung der Belange des BS, der die Rückkehr aus dem Altersurlaub anstrebt, mit den Interessen des Dienstherrn, der i.d.R. personalwirtschaftliche Vorkehrungen für die Zeit der Abwesenheit des BS getroffen haben wird) gerichtl. nur auf **Ermessensfehler** hin zu überprüfen.[52]

3. Absatz 3

23   Das BMVg kann Altersurlaub aus **zwingenden dienstl. Gründen** widerrufen. Der Begriff „zwingende dienstliche Gründe" entspricht den „zwingenden dienstlichen Erfordernissen" in § 28 Abs. 2 und ist deshalb entspr. eng auszulegen. Insoweit kann zu den Voraussetzungen des Widerrufs von Altersurlaub auf die Komm. zu § 28 Abs. 2 zur Versagung von Erholungsurlaub verwiesen werden; auch die dortigen Ausführungen zur gerichtl. Nachprüfbarkeit der Annahme zwingender dienstl. Gründe gelten entspr.

24   Werden zwingende dienstl. Gründe für den Widerruf des Altersurlaubs bejaht, ist im Rahmen des Abs. 3 **keine** zusätzliche **Ermessensentscheidung** zu treffen. Die Formulierung „*kann* den Urlaub ... widerrufen", die ein Indiz für die Einräumung von Ermessen sein könnte, ist hier nur i.S.e. Ermächtigung mit strikt verpflichtendem Inhalt zu verstehen.[53] Es ist nicht vorstellbar, dass eine Ermessensbetätigung angesichts festgestellter zwingender dienstl. Gründe wegen arbeitsmarktpolitischer[54] Ziele zu einem Verzicht auf den Widerruf der Beurlaubung des BS führen könnte.

---

47 Vgl. GKÖD I Yk, § 28a Rn. 9.
48 Vgl. *Weber/Banse*, I/4, § 72e BBG Rn. 5.
49 Vgl. Nr. 2 Abs. 3 der in Rn. 4 genannten Best.
50 Vgl. *Scherer/Alff*, SG, § 28a Rn. 3, sowie Nr. 4 der in Rn. 4 genannten Best.
51 Vgl. grds. *Böttcher/Dau*, WBO, § 17 Rn. 68. Nicht gefolgt werden kann *Stauf* I, § 28a SG Rn. 3, der davon ausgeht, Abs. 2 Satz 4 stelle wegen der Anknüpfung an die beiden unbestimmten Rechtsbegriffe „praktisch eine Generalklausel mit entspr. geringer Kontrolldichte dar".
52 Vgl. *Böttcher/Dau*, WBO, § 17 Rn. 68.
53 Vgl. grds. *Stelkens/Bonk/Sachs*, VwVfG, § 40 Rn. 23; BVerwGE 108, 64 (70) (diese Entsch. schließt bei einer ähnlich gelagerten Fallgestaltung Ermessen aus: trotz „Kann"-Vorschrift ist ein Beamter zu entlassen, wenn das Festhalten an dem Beamtenverhältnis unzumutbar ist).
54 In der persönlichen Sphäre des Soldaten liegende Gründe scheiden aus, vgl. Rn. 11.

§ 29 Personalakten

(1) ¹Über jeden Soldaten ist eine Personalakte zu führen; sie ist vertraulich zu behandeln und vor unbefugter Einsicht zu schützen. ²Zur Personalakte gehören alle Unterlagen einschließlich der in Dateien gespeicherten, die den Soldaten betreffen, soweit sie mit seinem Dienstverhältnis in einem unmittelbaren inneren Zusammenhang stehen (Personalaktendaten). ³Nicht Bestandteil der Personalakte sind Unterlagen, die besonderen, von der Person und dem Dienstverhältnis sachlich zu trennenden Zwecken dienen, insbesondere Prüfungs-, Sicherheits- und Kindergeldakten. ⁴Personalaktendaten dürfen ohne Einwilligung des Soldaten nur für Zwecke der Personalführung und -bearbeitung verwendet werden; dies gilt auch für ihre Verarbeitung (Speicherung, Veränderung, Übermittlung, Sperrung und Löschung) und Nutzung in automatisierten Dateien.

(2) ¹Der Dienstherr darf personenbezogene Daten über Bewerber, Soldaten und frühere Soldaten nur erheben, soweit dies zur Begründung, Durchführung, Beendigung oder Abwicklung des Dienstverhältnisses oder zur Durchführung organisatorischer, personeller oder sozialer Maßnahmen, insbesondere auch zu Zwecken der Personalplanung und des Personaleinsatzes erforderlich ist oder eine Rechtsvorschrift dies erlaubt. ²Fragebogen, mit denen solche personenbezogenen Daten erhoben werden, bedürfen vom 1. Januar 1994 an der Genehmigung durch das Bundesministerium der Verteidigung.

(3) ¹Zugang zur Personalakte dürfen nur Personen haben, die für Personalangelegenheiten zuständig sind, und nur soweit dies zu Zwecken der Personalführung oder -bearbeitung erforderlich ist. ²Ohne Einwilligung des Soldaten darf die Personalakte an andere Stellen oder an Ärzte im Geschäftsbereich des Bundesministeriums der Verteidigung weitergegeben werden, soweit dies im Rahmen der Zweckbestimmung des Dienstverhältnisses erforderlich ist. ³Für Auskünfte aus der Personalakte gilt Entsprechendes. ⁴Soweit eine Auskunft ausreicht, ist von der Weitergabe der Personalakte abzusehen. ⁵Auskünfte an Stellen außerhalb des Geschäftsbereichs des Bundesministeriums der Verteidigung dürfen nur mit Einwilligung des Soldaten erteilt werden, es sei denn, dass zwingende Gründe der Verteidigung, die Abwehr einer erheblichen Beeinträchtigung des Gemeinwohls oder der Schutz berechtigter, höherrangiger Interessen Dritter dies erfordern. ⁶Inhalt und Empfänger sind dem Soldaten schriftlich mitzuteilen. ⁷Ein automatisierter Datenabruf durch andere Behörden ist unzulässig, soweit durch besondere Rechtsvorschrift nichts anderes bestimmt ist.

(4) ¹Daten über medizinische und über psychologische Untersuchungen und Tests dürfen nur im jeweiligen Dienst der Bundeswehr in Dateien verarbeitet werden, soweit sie für die Beurteilung der Dienst- und Verwendungsfähigkeit des Soldaten erforderlich sind. ²Nur die Ergebnisse solcher Untersuchungen und Tests dürfen an die für Personalangelegenheiten zuständigen Stellen der Bundeswehr weitergegeben und dort verarbeitet und genutzt werden, soweit dies für Zwecke der Personalführung und -bearbeitung erforderlich ist. ³Daten über psychologische Untersuchungen und Tests dürfen, in der Regel in Form von Stichproben, durch den psychologischen Dienst auch in automatisierten Dateien verarbeitet werden, soweit dies erforderlich ist, um die Aussagefähigkeit des psychologischen Eignungsfeststellungsverfahrens zu verbessern; zu diesem Zwecke dürfen ihm auf sein Ersuchen die erforderlichen Daten zur Verarbeitung übermittelt werden, soweit sie sich auf die Ergebnisse der Untersuchungen und Tests beziehen. ⁴§ 40 Abs. 2 des Bundesdatenschutzgesetzes gilt entsprechend. ⁵Die die Dienst- und Verwendungsfähigkeit bestimmenden ärztlichen Informationen können einer zentralen Stelle zur Erfüllung der ärztlichen Dokumentationspflicht und zum Zwecke der Beweissicherung übermittelt und dort aufbewahrt werden.

Eichen

(5) ¹Der Soldat ist zu Beschwerden, Behauptungen und Bewertungen, die für ihn ungünstig sind oder ihm nachteilig werden können, vor deren Aufnahme in die Personalakte zu hören. ²Seine Äußerung ist zur Personalakte zu nehmen. ³Die Vorgänge nach den Sätzen 1 und 2 sind mit Zustimmung des Soldaten nach spätestens drei Jahren aus der Personalakte zu entfernen, es sei denn, sie sind in eine dienstliche Beurteilung aufgenommen oder unterliegen nach anderen gesetzlichen Bestimmungen einer längeren Tilgungsfrist. ⁴Die Frist für die Entfernung wird regelmäßig durch Einleitung eines Straf- oder Disziplinarverfahrens unterbrochen.

(6) ¹Die Personalakte des Soldaten ist nach Beendigung des Wehrdienstverhältnisses aufzubewahren, soweit dies insbesondere für Erfüllung der Wehrpflicht, aus besoldungs- oder aus versorgungsrechtlichen Gründen erforderlich ist. ²Für die in Dateien gespeicherten Informationen gilt Entsprechendes. ³Die für eine Heranziehung zum Wehrdienst erforderlichen Personalunterlagen abgelehnter Bewerber sind dem zuständigen Kreiswehrersatzamt zuzuleiten; gespeicherte Daten sind zu löschen, soweit sie nicht für eine erneute Bewerbung oder für eine Heranziehung zum Wehrdienst nach dem Wehrpflichtgesetz von Bedeutung sind.

(7) ¹Der Soldat hat, auch nach seinem Ausscheiden aus dem Wehrdienstverhältnis, ein Recht auf Einsicht in seine vollständige Personalakte. ²Einem Bevollmächtigten ist Einsicht zu gewähren, soweit dienstliche Gründe nicht entgegenstehen. ³Dies gilt auch für Hinterbliebene, wenn ein berechtigtes Interesse glaubhaft gemacht wird. ⁴Für Auskünfte aus der Personalakte gelten die Sätze 2 und 3 entsprechend.

(8) ¹Der Soldat hat ein Recht auf Einsicht auch in andere Akten, die personenbezogene Daten über ihn enthalten und für sein Dienstverhältnis verarbeitet oder genutzt werden, soweit gesetzlich nichts anderes bestimmt ist; dies gilt nicht für Sicherheitsakten. ²Die Einsichtnahme ist unzulässig, wenn die Daten des Betroffenen mit Daten Dritter oder geheimhaltungsbedürftigen nicht-personenbezogenen Daten derart verbunden sind, dass ihre Trennung nicht oder nur mit unverhältnismäßig großem Aufwand möglich ist. ³In diesem Fall ist dem Soldaten Auskunft zu erteilen.

(9) Näheres bestimmt eine Rechtsverordnung über
1. die Anlage und Führung von Personalakten des Soldaten während des Wehrdienstverhältnisses und nach seinem Ausscheiden aus dem Wehrdienstverhältnis,
2. das Verfahren der Weitergabe, Aufbewahrung und Vernichtung oder den Verbleib der Personalakten einschließlich der Übermittlung und Löschung oder des Verbleibs der in automatisierten Dateien gespeicherten Informationen sowie die hieran beteiligten Stellen,
3. die Einrichtung und den Betrieb automatisierter Dateien einschließlich der Zugriffsmöglichkeiten auf die gespeicherten Informationen,
4. die Einzelheiten der Art und Weise der Einsichtgewährung und Auskunftserteilung aus der Personalakte oder einer automatisierten Datei und
5. die Befugnis von Personen im Sinne des § 203 Abs. 1 Nr. 1 und 2 des Strafgesetzbuches, die im Rahmen der unentgeltlichen truppenärztlichen Versorgung des Soldaten tätig werden, vom Dienstherrn mit der Untersuchung des Soldaten oder mit der Erstellung von Gutachten über ihn beauftragt worden sind, dem Arztgeheimnis unterliegende personenbezogene Daten zu offenbaren.

§ 40 BDSG
Verarbeitung und Nutzung personenbezogener Daten durch Forschungseinrichtungen

(2) ¹Die personenbezogenen Daten sind zu anonymisieren, sobald dies nach dem Forschungszweck möglich ist. ²Bis dahin sind die Merkmale gesondert zu speichern, mit denen

Einzelangaben über persönliche oder sachliche Verhältnisse einer bestimmten oder bestimmbaren Person zugeordnet werden können. ³Sie dürfen mit den Einzelangaben nur zusammengeführt werden, soweit der Forschungszweck dies erfordert.

§ 203 StGB
Verletzung von Privatgeheimnissen

(1) Wer unbefugt ein fremdes Geheimnis, namentlich ein zum persönlichen Lebensbereich gehörendes Geheimnis oder ein Betriebs- oder Geschäftsgeheimnis, offenbart, das ihm als
1. Arzt, Zahnarzt, Tierarzt, Apotheker oder Angehörigen eines anderen Heilberufs, der für die Berufsausübung oder die Führung der Berufsbezeichnung eine staatlich geregelte Ausbildung erfordert,
2. Berufspsychologen mit staatlich anerkannter wissenschaftlicher Abschlußprüfung,
3. bis 6. ...
anvertraut worden oder sonst bekanntgeworden ist, wird mit Freiheitsstrafe bis zu einem Jahr oder mit Geldstrafe bestraft.
(2) bis (5) ...

Verordnung über die Führung der Personalakten der Soldaten und der ehemaligen Soldaten (Personalaktenverordnung Soldaten – SPersAV) vom 31.8.1995 (BGBl. I S. 1159, VMBl S. 360)

Auf Grund des § 29 Abs. 9 und des § 72 Abs. 2 Nr. 3 des Soldatengesetzes, die durch Art. 5 Nr. 3 des Gesetzes vom 11.6.1992 (BGBl. I S. 1030) eingefügt worden sind, verordnet das Bundesministerium der Verteidigung:

§ 1

Diese Verordnung regelt gemäß § 29 Abs. 9 des Soldatengesetzes und in Anlehnung an § 90 bis § 90g des Bundesbeamtengesetzes Einzelheiten zum Personalaktenrecht der Soldaten. Sie gilt für die Personalakten der Bewerber für das Dienstverhältnis eines Berufssoldaten oder Soldaten auf Zeit, der Soldaten sowie der ehemaligen Soldaten.

§ 2

(1) Die Personalakte kann nach sachlichen Gesichtspunkten in Grundakte und Teilakten gegliedert werden. Teilakten können bei der für den betreffenden Aufgabenbereich zuständigen Dienststelle geführt werden.

(2) Nebenakten dürfen nur geführt werden, soweit dies zur rechtmäßigen Aufgabenerledigung im Rahmen der Personalführung und Personalbearbeitung der dafür zuständigen Dienststelle des Soldaten erforderlich ist. Die Nebenakten dürfen nur solche Unterlagen enthalten, die auch in der Grundakte oder in den Teilakten enthalten sind und deren Kenntnis zur rechtmäßigen Aufgabenerledigung der betreffenden Dienststelle erforderlich ist.

(3) In die Grundakte ist ein vollständiges Verzeichnis aller Teil- und Nebenakten aufzunehmen.

(4) Akten der Beschädigtenversorgung nach dem Soldatenversorgungsgesetz sind Sachakten, die nicht zu den Personalakten gehören.

§ 3

Kindergeldakten können mit Besoldungs- und Versorgungsakten verbunden geführt werden, wenn diese von der übrigen Personalakte getrennt sind und von einer von der personalbearbeitenden Stelle getrennten Organisationseinheit bearbeitet werden; § 35 des Ersten Buches Sozialgesetzbuch und die §§ 67 bis 78 des Zehnten Buches Sozialgesetzbuch bleiben unberührt.

§ 29 Gemeinsame Vorschriften

§ 4

(1) Die Gesundheitsunterlagen der Soldaten und ehemaligen Soldaten dienen der personenbezogenen Dokumentation ärztlicher Aufzeichnungen über Untersuchung, Behandlung und Begutachtung. Sie sind während des Wehrdienstverhältnisses stets als Teilakte zu führen und von der übrigen Personalakte getrennt aufzubewahren.

(2) Während des Wehrdienstverhältnisses sind die Gesundheitsunterlagen vom zuständigen Truppenarzt zu führen. Zugang darf nur das fachlich zuständige Sanitätspersonal und das diesem fachaufsichtlich vorgesetzte Sanitätspersonal im Rahmen seiner Aufgabenerfüllung haben.

(3) Über die Ergebnisse truppenärztlicher Untersuchungen zur Feststellung der Verwendungs- oder Dienstfähigkeit, einschließlich der aus diesem Anlass durchgeführten fachärztlichen Zusatzuntersuchungen, hat der die personalbearbeitende Stelle beratende Arzt in dem Maße Auskunft zu erteilen, wie es für die von dieser Stelle zu treffende Entscheidung erforderlich ist. Entsprechendes gilt für ärztliche Tauglichkeitsbeurteilungen durch das Kreiswehrersatzamt.

(4) Unterlagen über Beihilfen für Soldaten sind stets als Teilakte zu führen. Diese ist von der übrigen Personalakte getrennt aufzubewahren. Sie wird in einer von der übrigen Personalverwaltung getrennten Organisationseinheit bearbeitet. Zugang sollen nur Beschäftigte der für die Bearbeitung zuständigen Organisationseinheit haben.

§ 5

(1) Mit der Beendigung des Dienstverhältnisses sind die Personalakten den wehrüberwachenden Kreiswehrersatzämtern zuzuleiten. Besteht ein Anspruch auf Versorgungsbezüge, sind die Personalakten zunächst an das zuständige Wehrbereichsgebührnisamt abzugeben. Die Personalakten ausscheidender Generale verbleiben im Bundesministerium der Verteidigung. Teilakten können ihrer Zweckbestimmung entsprechend an anderer Stelle aufbewahrt werden. Die Personalakten unanfechtbar anerkannter Kriegsdienstverweigerer sind bei Umwandlung in ein Zivildienstverhältnis dem Bundesamt für den Zivildienst zuzusenden.

(2) Die Personalakten – Teilakten nur, soweit nicht andere Aufbewahrungsfristen gelten – sind für folgende Zeiträume aufzubewahren:
1. für Berufssoldaten nach Beendigung des Dienstverhältnisses bis zum Ende des Jahres, in dem sie das 70. Lebensjahr vollendet haben,
2. für die übrigen Angehörigen der Reserve bis zum Ende des Jahres, in dem sie das 65. Lebensjahr vollendet haben,
3. für ehemalige Soldaten, die nicht mehr wehrdienstfähig sind, vom Wehrdienst ausgeschlossen oder anderen aus diesem Grund befreit worden sind, aus anderen aus Altersgründen aus der Wehrpflicht ausscheiden oder verstorben sind, bis zum Ablauf von fünf Jahren nach Eintritt des Ereignisses.

(3) Unterlagen zu Anträgen auf Gewährung von Nebengebührnissen wie Beihilfen, Reisekosten oder Trennungsgeld sind fünf Jahre nach Ablauf des Jahres, in dem die Bearbeitung des einzelnen Vorgangs abgeschlossen ist, zu vernichten. Soweit diesen Anträgen Unterlagen beigefügt wurden, aus denen die Art einer Erkrankung ersichtlich ist, sind diese zurückzugeben, wenn sie für den Zweck, zu dem sie vorgelegt wurden, nicht mehr benötigt werden. Die Gesundheitsunterlagen sind bis zum Ablauf des 90. Lebensjahres des Soldaten aufzubewahren und danach zu vernichten. Nach Ablauf der Dienstzeit werden die Teile der Gesundheitsunterlagen, deren Inhalte die Verwendungs- oder Dienstfähigkeit oder die Tauglichkeit bestimmen, als Arztsache der übrigen Personalakte zugeführt. Sie können nach Ende der Wehrüberwachung zentral beim Institut für Wehrmedizinstatistik und Berichtswesen aufbewahrt werden.

(4) Die Besoldungs- und Versorgungsakten sind zehn Jahre nach Ablauf des Jahres aufzubewahren, in dem die letzte Zahlung geleistet worden ist; besteht die Möglichkeit eines Wiederauflebens des Anspruchs, sind die Akten 30 Jahre aufzubewahren.

Eichen

(5) Personenbezogene Daten über psychologische Untersuchungen und Tests, die zur Überprüfung der getroffenen psychologischen Eignungsfeststellungen gespeichert bzw. aufbewahrt werden, sind zu löschen oder zu vernichten, wenn ihre Kenntnis nicht mehr erforderlich ist, spätestens aber nach zehn Jahren. Ausnahmen gelten insbesondere für fliegendes Personal, Flugsicherungspersonal oder Kampftaucher; in diesen Fällen verlängert sich die Frist auf 30 Jahre. Die Frist verlängert sich weiter, wenn Grund zu der Annahme besteht, dass durch die Löschung oder Vernichtung schutzwürdige Interessen des Betroffenen beeinträchtigt werden.

(6) Nach Ablauf der Aufbewahrungsfristen sind die Personalakten dem Bundesarchiv-Militärarchiv zur Übernahme anzubieten. Personalakten, die nicht archiviert werden, sind zu vernichten, sofern nicht nach anderen Bestimmungen eine längere Aufbewahrungsfrist vorgesehen ist.

§ 6

Mitteilungen in Strafsachen, soweit sie nicht Bestandteil einer Disziplinarakte sind, sowie Auskünfte aus dem Bundeszentralregister sind mit Zustimmung des Soldaten nach drei Jahren aus der Personalakte zu entfernen und zu vernichten. Die Frist für die Entfernung wird regelmäßig durch Einleitung eines weiteren Straf- oder Disziplinarverfahrens unterbrochen. Stellt sich der erneute Vorwurf als unbegründet oder als falsch heraus, gilt die Frist als nicht unterbrochen. Die Auskunft aus dem Bundeszentralregister über ehemalige Soldaten ist zu vernichten, wenn der damit beabsichtigte Zweck erfüllt ist.

§ 7

(1) Personalaktendaten dürfen auch in automatisierten Dateien nur für Zwecke der Personalführung oder der Personalbearbeitung verarbeitet und genutzt werden. Ihre Übermittlung ist, soweit keine andere Rechtsvorschrift dies gestattet, nur nach Maßgabe des § 29 Abs. 3 und 4 des Soldatengesetzes und dieser Verordnung zulässig. Die Löschungsfristen richten sich nach § 5.

(2) Personalaktendaten im Sinne des § 4 Abs. 1 und 4 in Gesundheitsunterlagen und Beihilfeakten dürfen automatisiert nur im Rahmen ihrer Zweckbestimmung und nur von den übrigen Personaldateien technisch und organisatorisch getrennt und in dem jeweiligen Dienst verarbeitet und genutzt werden. Absatz 1 Satz 3 gilt entsprechend.

(3) Entscheidungen im Rahmen des Wehrdienstverhältnisses dürfen nicht ausschließlich auf Informationen und Erkenntnisse gestützt werden, die unmittelbar durch automatisierte Verarbeitung oder Nutzung personenbezogener Daten gewonnen werden.

(4) Bei erstmaliger Speicherung ist dem Betroffenen die Art der über ihn gespeicherten Daten mitzuteilen, bei wesentlichen Änderungen ist er in derselben Weise zu benachrichtigen. Die Verarbeitungs- und Nutzungsformen automatisierter Personalführungsverfahren sind zu dokumentieren und einschließlich des jeweiligen Verwendungszwecks sowie der regelmäßigen Empfänger und des Inhalts automatisierter Datenübermittlung allgemein bekanntzugeben.

§ 8

(1) Einsicht in die Personalakten wird grundsätzlich nur bei einer Dienststelle der Bundeswehr gewährt. Die personalaktenführende Dienststelle bestimmt diese im Einzelfall. Auszüge, Abschriften, Ablichtungen oder Ausdrucke dürfen gefertigt werden, soweit dienstliche Gründe nicht entgegenstehen. Hinderungsgrund kann insbesondere ein besonderes Vertraulichkeitsbedürfnis hinsichtlich einzelner dienstlicher Vorgänge oder darin enthaltener Daten Dritter sein. Dem Soldaten ist auf Verlangen ein Ausdruck der zu seiner Person automatisiert gespeicherten Personalaktendaten zu überlassen.

(2) Auskünfte aus den Personalakten dürfen an Dritte, soweit nicht gesonderte Rechtsvorschriften einen entsprechenden Anspruch gewähren, nur unter den Voraussetzungen des § 29 Abs. 3 des Soldatengesetzes erteilt werden. Einsichtnahme in oder Auskunft aus Ge-

§ 29 Gemeinsame Vorschriften

sundheitsunterlagen darf Bevollmächtigten nur auf Grund ausdrücklicher Vollmacht des Soldaten gewährt werden. Entsprechendes gilt für Beihilfeakten mit der Maßgabe, daß auch die Einwilligung des bei der Beihilfegewährung berücksichtigten Angehörigen erforderlich ist.

§ 9

Personenbezogene medizinische Daten, die im Rahmen der unentgeltlichen truppenärztlichen Versorgung in zivilen medizinischen Einrichtungen oder von zivilen Ärzten erhoben werden, dürfen dem Truppenarzt und der Zahlung leistenden Stelle offenbart werden, soweit dies insbesondere zur Beurteilung der Verwendungs- oder Dienstfähigkeit des Soldaten oder zur Kostenabrechnung erforderlich ist.

§ 10

Diese Verordnung tritt am Tage nach der Verkündung in Kraft.

Literatur[1]: *Battis, Ulrich:* Das Neunte Gesetz zur Änderung dienstrechtlicher Vorschriften, NVwZ 1992, 956; *Kathke, Leonhard:* Personalaktenrecht – Die Neuregelungen dargestellt am Beispiel Bayerns, 1994; *Kessler, Klaus:* Personalaktenrecht: Führung von Personalakten im öffentlichen Dienst, 1997; *Kunz, Wolfgang:* Personalaktenrecht des Bundes, ZBR 1992, 161; *Lopacki, Helmut:* Vorlage von Personalakten an Verwaltungsgerichte, DÖD 2004, 237; *ders.:* Vorlage von Personalakten an das Strafgericht im Kontext mit Straftaten im Amt, DÖD 2005, 125; *Schnupp, Günther:* Die Neuregelung des Personalaktenrechts, RiA 1993, 123; *Stauf, Wolfgang:* Das Neunte Gesetz zur Änderung dienstrechtlicher Vorschriften – Die Neuordnung des Personalaktenrechts, NZWehr 1993, 21; *Streit, Christian:* Das neue Personalaktenrecht, DÖD 1992, 269.

Übersicht

	Rn.		Rn.
A. Allgemeines	1 – 8	1. Absatz 1	9 – 27
1. Zweck der Vorschrift	1 – 2	2. Absatz 2	28 – 35
2. Entstehung und Änderungen der Vorschrift	3 – 5	3. Absatz 3	36 – 51
		4. Absatz 4	52 – 57
3. Bezüge zum Beamtenrecht bzw. zu sonstigen rechtl. Vorschriften; ergänzende Dienstvorschriften	6 – 8	5. Absatz 5	58 – 74
		6. Absatz 6	75 – 79
		7. Absatz 7	80 – 90
		8. Absatz 8	91 – 95
B. Erläuterungen im Einzelnen	9 – 97	9. Absatz 9	96 – 97

A. Allgemeines

1. Zweck der Vorschrift

1 § 29 ist der auf Soldaten[2], frühere Soldaten und Bewerber[3] bezogene Teil einer umfassenden, kongruenten, gesetzl. Regelung, mit der eine möglichst weitgehende Übereinstimmung des Personalaktenrechts der Mitarbeiter aller Dienstherren im öff. Dienst geschaffen werden sollte.[4] § 29 enthält die Tatbestände, die unter Berücksichtigung der spezifischen mil. Besonderheiten erforderlich sind, um die grds. rechtl. Gleichstellung

---

1 Die angeführte beamtenrechtl. Lit. ist weitgehend für den soldatischen Bereich nutzbar.
2 Vgl. für ungediente WPfl u. Rn. 8.
3 Bewerbungsunterlagen werden dann Teil der PA, wenn ein Soldatenverhältnis begründet worden ist. Ausdrücklich auf Bewerber bezogen ist § 29 Abs. 2.
4 BT-Drs. 12/544, 11. Deshalb kann die amtl. Begr. zu §§ 90 bis 90g BBG (BT-Drs. 12/544, 15 ff.) für die entspr. Regelungen in § 29 weitestgehend herangezogen werden; s.a. GKÖD I Yk, § 29 Rn. 1.

der Beamten und Soldaten zu gewährleisten.[5] Die Vorschrift stärkt den Persönlichkeitsschutz der Soldaten und beschränkt hierzu vor allem die Nutzung der PA allg. nur auf Zwecke der Personalführung und -bearbeitung.

§ 29 enthält Regelungen insbes.

- zur Pflicht zur Führung von PA,
- zum Begriff, Inhalt, zur Gliederung und Gestaltung der PA,
- zur Einsicht in die PA,
- zur Vorlage der PA und zur Auskunft aus derselben,
- zur Entfernung von Vorgängen aus der PA und zur Aufbewahrung von PA,
- zur Verarbeitung und Nutzung von Personalaktendaten in Dateien.[6]

2. Entstehung und Änderungen der Vorschrift

§ 29 in der Erstfassung des SG[7] enthielt unter der Überschrift „Personalakten und Beurteilungen" drei kurze Absätze, von denen die Abs. 1 und 3 dem damaligen § 90 BBG glichen. Abs. 1 sprach die Verpflichtung aus, den Soldaten über Behauptungen tatsächlicher Art, die für ihn ungünstig sind oder ihm nachteilig werden können, vor Aufnahme in die PA oder vor Verwertung in einer Beurteilung zu hören und seine Äußerung zu den PA zu nehmen. Abs. 3 gewährte dem Soldaten – auch nach dem Ausscheiden aus dem Wehrdienst – ein Recht auf Einsicht in seine vollständige PA.

Der über das Beamtenrecht hinausgehende Abs. 2 machte es „aus Gründen der militärischen Erziehung" den DiszVorg. zur Pflicht, dem Soldaten seine Beurteilung in allen Punkten zu eröffnen, die sich auf seine Laufbahn, seine Beförderung oder sein Dienstverhältnis beziehen.[8]

Diese rudimentäre Regelung des Personalaktenrechts galt bis zu dessen umfassender Neugestaltung ab dem **1.1.1993**.[9] Angelehnt an die ebenfalls umfangreiche Novellierung des BBG in dessen §§ 90 bis 90g[10], wurde in § 29 detailliert das soldatische Personalaktenrecht neu geregelt. Es wurde auf eine breite und tragfähige, Rechtssicherheit vermittelnde Grundlage gestellt, um der – durch die bisherige Zurückhaltung des Gesetzgebers bewirkten – vermehrten Anrufung der Gerichte ein Ende zu setzen.[11]

Im neugefassten § 29 finden sich Regelungen zu dienstl. **Beurteilungen** nicht mehr. Die in § 29 Abs. 1 und 2 a.F. enthaltenen Regelungen betrafen ohnehin nur Teilaspekte dieser Materie.[12] Eine grundlegende Best. zur soldatischen Beurteilung enthält nunmehr **§ 2 SLV**.

§ 29 ist zweimal geä. worden, vorwiegend aus sprachlichen Gründen durch Art. 1 Nr. 3, 7 und 20 des **SGÄndG** sowie zur Anpassung der Verweisung in Abs. 4 Satz 4 durch das G vom **18.5.2001**.[13]

---

5 BT-Drs. 12/544, 22.
6 S. ebd., S. 11.
7 § 25 REntw.
8 BT-Drs. II/2140, 10.
9 Durch G v. 11.6.1992 (BGBl. I S. 1030).
10 Die für das Personalaktenrecht der Beamten entwickelten Grundsätze gelten für § 29 entspr. u. sind bei dessen Auslegung heranzuziehen, vgl. BVerwG ZBR 2000, 129 f., *Scherer/Alff*, SG, § 29 Rn. 1.
11 BT-Drs. 12/544, 10.
12 Ebd., S. 22.
13 Art. 8c des G zur Änd. des BDSG u. anderer G v. 18.5.2001 (BGBl. I S. 904).

§ 29 Gemeinsame Vorschriften

3. Bezüge zum Beamtenrecht bzw. zu sonstigen rechtl. Vorschriften; ergänzende Dienstvorschriften

6 § 29 gibt für Soldaten – zusammengefasst in einer Vorschrift – die wesentlichen Regelungen der §§ 90 bis 90g BBG zum **Personalaktenrecht der Bundesbeamten**[14] entspr. wieder. Diese beamtenrechtl. Vorschriften betreffen insbes. folgende Regelungsmaterien[15]:

§ 90 BBG: Pflicht zur Führung einer PA; Vertraulichkeitsgrundsatz; Definition des materiellen Personalaktenbegriffs; Personal- und Sachakten; Grund-, Teil- und Nebenakten; Zugang zu PA; Erhebung personenbezogener Daten
§ 90a BBG: Beihilfeakten
§ 90b BBG: Anhörungspflicht zu Beschwerden, Behauptungen, Bewertungen vor Aufnahme in die PA
§ 90c BBG: Recht zur Einsicht in die PA
§ 90d BBG: Vorlage der PA; Auskünfte an Dritte
§ 90e BBG: Entfernung von Inhalten aus der PA
§ 90f BBG: Aufbewahrungsfristen in Bezug auf PA
§ 90g BBG: Automatisierte Verarbeitung und Nutzung von Personalaktendaten in Dateien.

7 Gem. § 46 DRiG gelten für **Richter im Bundesdienst** die §§ 90 bis 90g BBG entspr.; für **Richter im Landesdienst** ist der Landesgesetzgeber gem. § 71 Abs. 1 DRiG verpflichtet, im Landesrichtergesetz das Personalaktenrecht der Richter auf der Grundlage der §§ 56 bis 56f BRRG[16] zu regeln.

8 Ergänzend zu § 29 hat der BMVg auf Grund des § 29 Abs. 9 und des § 93 Abs. 2 Nr. 4 die **Personalaktenverordnung Soldaten (SPersAV** – oben abgedruckt) erlassen. Zusätzliche detaillierte Einzelregelungen finden sich im Erl. des BMVg „**Bestimmungen über die Führung der Personalakten der Soldaten und der Personalunterlagen mit Personalaktenqualität**" (SPersAFüBest)[17].

Für **ungediente WPfl** enthält – ergänzend[18] zu § 29 – § 25 WPflG[19] Vorschriften über das Führen der PA wpfl Soldaten und über den Umgang mit den in diesen Akten enthaltenen personenbezogenen Daten. Zur Regelung von Einzelheiten zum Personalaktenrecht der ungedienten WPfl nach § 25 WPflG ist auf der Basis der §§ 27 und 50 Abs. 1 Nr. 7 WPflG die **Personalaktenverordnung Wehrpflichtige** (WPersAV)[20] durch die BReg erlassen worden.

Für **ZDL** ist das Personalaktenrecht in § 36 ZDG geregelt, der inhaltlich weitgehend § 29 SG sowie § 25 WPflG entspricht.

---

14 Personalaktenrichtlinien für ziviles Personal im Geschäftsbereich BMVg finden sich in VMBl. 1994 S. 63 (mit Ergänzung S. 156).
15 Vgl. GKÖD I K, §§ 90 bis 90g Rn. 1.
16 Diese entsprechen den §§ 90 bis 90e u. § 90g BBG wörtlich.
17 BMVg – PSZ IV/Z – Az 16-26-01 v. 8.8.2001.
18 Vgl. BT-Drs. 12/7007, 11.
19 Die Vorschrift beruht auf dem G v. 12.7.1994 (BGBl. I S. 1497); vgl. die Komm. zu § 25 WPflG bei *Steinlechner/Walz*, WPflG.
20 VO über die Führung der Personalakten der ungedienten WPfl (WPersAV) v. 15.10.1998 (BGBl. I S. 3169 = VMBl. 1999 S. 17). Nach *Steinlechner/Walz*, WPflG, § 25 Rn. 3 (anders wohl ebd., § 27 Rn. 2), soll sich diese VO nicht nur auf ungediente WPfl beziehen, sondern auf alle WPfl. De lege ferenda bietet sich eine Zusammenfügung der SPersAV u. der WPersAV an.

B. Erläuterungen im Einzelnen

1. Absatz 1

Satz 1 Halbs. 1 verpflichtet den Dienstherrn zur Führung einer PA über jeden Soldaten. Zugleich wird zum Ausdruck gebracht, dass über jeden Soldaten nur **eine** PA zu führen ist („**Verbot der geheimen PA**"[21]). Dies schließt insbes. die Führung von Teil-[22] oder Nebenakten[23] nicht aus.[24]   9

Satz 1 Halbs. 2 fasst in der Aussage, dass die PA vertraulich zu behandeln und vor unbefugter Einsicht zu schützen ist, das **Personalaktengeheimnis** zusammen.[25] Die Vorschrift, die in § 29 Abs. 3 konkret ausgestaltet wird, ist gesetzl. Folge aus dem Art. 2 Abs. 1 i.V.m. Art. 1 Abs. 1 GG verbürgten allg. Persönlichkeitsrecht, das die aus dem Gedanken der Selbstbestimmung folgende Befugnis des Einzelnen gewährleistet, grds. selbst zu entscheiden, wann und in welchen Grenzen persönliche Lebenssachverhalte offenbart werden.[26]

Zweck der PA ist es, ein möglichst vollständiges Bild über den beruflichen Werdegang und die Persönlichkeit des Soldaten zu geben, um daraus Erkenntnisse für den sachgemäßen Personaleinsatz und eine effektive Personalplanung zu gewinnen (**Grundsatz der Vollständigkeit**).[27] Aus dieser Zielsetzung ist nicht die Befugnis abzuleiten, eine uferlose, persönliche Lebensbereiche des Soldaten nicht aussparende Sammlung schriftliche Unterlagen in Form einer PA anzulegen. Für den notwendigen und zulässigen Inhalt der PA kommt es deshalb nicht auf den sog. **formellen Personalaktenbegriff** (als der Summe der Akten, Ordner, Hefter und Blattsammlungen, die vom Dienstherrn als PA aufbewahrt und gekennzeichnet worden sind[28]) an. Ansonsten hätte es der Dienstherr in der Hand, durch Aufnahme oder Nichtaufnahme einer Unterlage möglicherweise nach Gutdünken[29] über deren Zugehörigkeit zur PA zu entscheiden.   10

Der Gesetzgeber knüpft in **Satz 2** die Zugehörigkeit eines Vorgangs zur PA an dessen **Inhalt**. Er bezeichnet als PA im materiellen Sinn (**materieller Personalaktenbegriff**) in einer Legaldefinition[30] („**Personalaktendaten**") alle Unterlagen einschl. der in Dateien gespeicherten, die den Soldaten betreffen, soweit sie mit seinem Dienstverhältnis in einem **unmittelbaren inneren Zusammenhang** stehen. Als derartige **zwingende Bestandteile der PA** (dass sie aufzunehmen sind, folgt aus dem Grds. der Vollständigkeit der PA) sieht die Rspr. – neben Personalunterlagen und dienstl. Beurteilungen – die Vorgänge und Unterlagen an, die den Inhalt des Dienstverhältnisses insgesamt oder einzelner aus ihm fließender Rechte oder Pflichten bestimmen oder verändern, und die   11

---

21 BT-Drs. 12/544, 15.
22 Hierzu Rn. 26.
23 Hierzu Rn. 27.
24 BT-Drs. 12/544, 15.
25 Ebd. Vgl. auch *Kathke*, Personalaktenrecht, 54 Rn. 145. Die Pflicht zur vertraulichen Behandlung macht PA nicht zu Verschlusssachen nach der ZDv 2/30 „Sicherheit in der Bundeswehr". Sie betont vielmehr die notwendige besondere Sorgfalt beim Umgang mit diesen sensiblen Unterlagen, vgl. Nr. 1.5 SPersAFüBest u. *Steinlechner/Walz*, WPflG, § 25 Rn. 6.
26 BVerfGE 65, 1 (41 f. m.w.N.). S.a. *Scherer/Alff*, SG, § 29 Rn. 2; GKÖD I K, §§ 90 bis 90g Rn. 14.
27 BT-Drs. 12/544, 11; BVerwGE 15, 3 (12); 19, 179 (185). Der Grds. der Vollständigkeit der PA verlangt, Vorgänge aus der PA, die vernichtet o. verloren gegangen sind, wieder zu beschaffen o. neu herzustellen (*Scherer/Alff*, SG, § 29 Rn. 3 m.w.N.).
28 BVerwGE 36, 134 (138) = ZBR 1971, 60; BVerwGE 62, 135 (137 m.w.N.) = ZBR 1981, 341.
29 Vgl. GKÖD I K, §§ 90 bis 90g Rn. 5.
30 Diese entspricht inhaltlich der st. Rspr. des BVerwG zur Beantwortung der Frage, wann ein Vorgang als notwendiger Bestandteil zur PA im materiellen Sinn gehört, vgl. BVerwGE 67, 300 (302 m.w.N.).

Eichen

Unterlagen, welche die Art und Weise erhellen, in der jew. Entscheidungen vorbereitet worden sind oder die Aufschluss über die Gesichtspunkte und Erwägungen geben, die für die einzelne, das Dienstverhältnis berührende Maßnahme oder dafür, dass sie unterblieben ist, maßgebend waren.³¹ Für den inneren Zusammenhang zwischen dem angefallenen Aktenmaterial und dem konkreten Dienstverhältnis ist der **Zweck** entscheidend, dem die Vorgänge zu dienen bestimmt sind. Nicht ausreichend ist es, wenn das konkrete Dienstverhältnis eines einzelnen Soldaten zwar berührt ist, diese Berührung gegenüber einem außerhalb dessen liegenden prägenden Zweck, zu dem die Vorgänge angelegt sind, aber zurücktritt. Dienen Vorgänge nach dem Schwergewicht ihrer Zweckbestimmung einem über die Person des einzelnen Soldaten hinausgreifenden Zweck, kann eine im Einzelfall gegebene tatsächliche Beziehung der Vorgänge zu einem Dienstverhältnis deren Zuordnung zur PA des betreffenden Soldaten rechtl. nicht tragen.³²

12 Diese komplexen Beschreibungen lassen erkennen, wie schwierig es in der Praxis und im Einzelfall sein kann, jew. zu entscheiden, ob eine den Soldaten betreffende Unterlage noch oder schon in einem ausreichenden unmittelbaren inneren Zusammenhang mit seinem Dienstverhältnis steht, um sie als zur PA zugehörig anzusehen.

Nicht hilfreich ist der Versuch, das Problem durch den Hinweis entschärfen zu wollen³³, das SG verbiete es – anders als die beamtenrechtl. Vorschriften³⁴ – nicht ausdrücklich, sonstige Vorgänge zur PA zu nehmen, denen es an einem inneren Zusammenhang mit dem Dienstverhältnis fehle; solche Vorgänge könnten Teil der PA werden, wenn sie „den Soldaten sonst wie"³⁵ angingen. Dieser Ansatz ist überholt. Die Aufnahme von Unterlagen, die eine nur mittelbare Beziehung zum Dienstverhältnis hatten oder erlangen konnten, war nach der Rspr. bis zur Novellierung des Personalaktenrechts zum 1.1.1993³⁶ als sog. **fakultativer Personalakteninhalt** zulässig. Sie wird heute beamtenrechtl. wegen der eindeutigen Gesetzeswortlauts³⁷ fast einhellig abgelehnt.³⁸ Diese inhaltliche Begrenzung der PA gilt – entgegen *Scherer/Alff* – auch für die PA der Soldaten. Der Wortlaut des § 29 Abs. 1 Satz 2 und ein systematischer Vergleich mit § 90 Abs. 1 Satz 2 BBG können ein anderes Ergebnis nicht tragen. Aus den Materialien zur Erarbeitung des § 29 Abs. 1 Satz 2 ergibt sich kein Hinw., dass bewusst für die soldatische Regelung ein anderer Personalaktenbegriff als im Beamtenrecht verwendet werden sollte. Bei der unterbliebenen Ergänzung des § 29 Abs. 1 Satz 2 um eine dem § 90 Abs. 1 Satz 2 Halbs. 2 BBG entspr. Regelung (dieser Halbs. 2 wurde erst nachträglich in den Gesetzentw. eingefügt) handelte es sich nicht um ein Redaktionsversehen. Die verkürzte Fassung wurde ausweislich der Gesetzgebungsmaterialien bewusst beibehalten und seitens des BMVg damit begründet, anders als im BBG wolle man im SG **nicht** das

---

31 BVerwGE 62, 135 (140 f.); 67, 300 (302 m.w.N.). Nach der erstgenannten Entsch. fehlt zur Vorbereitung einer dienstl. Beurteilung eingeholten Berichten u. Auskünften der unmittelbare innere Zusammenhang mit dem Dienstverhältnis.
32 BVerwGE 59, 355 (357); 67, 300 (302 f.); 93, 28 m.w.N. = NZWehrr 1991, 158. S.a. *Scherer/Alff*, SG, § 29 Rn. 3; BT-Drs. 12/544, 16.
33 So aber *Scherer/Alff*, SG, § 29 Rn. 3.
34 In § 90 Abs. 1 Satz 2 Halbs. 2 BBG u. in § 56 Abs. 1 Satz 2 Halbs. 2 BRRG heißt es: „andere Unterlagen dürfen in die PA nicht aufgenommen werden".
35 *Scherer/Alff*, SG, § 29 Rn. 3.
36 S.o. Rn. 4.
37 S. Fn. 34.
38 Vgl. *Battis*, BBG, § 90 Rn. 9 m.w.N.; *Streit*, DÖD 1992, 269 (270 Fn. 22 m.w.N.); *Kessler*, Personalaktenrecht, 9; *Kathke*, Personalaktenrecht, 30 Rn. 84 f. (dort – Fn. 150 – auch Kritik an *Plog/Wiedow/Lemhöfer*, BBG, § 90 Rn. 13 f., die nur mögliche [fakultativen] Bestandteilen von PA festhalten).

Personalakten § 29

gesamte Personalaktenrecht in Einzelheiten **gesetzl.**, sondern einiges auch **untergesetzl.** (insbes. in einer **RVO**) regeln.[39] An der an das Beamtenrecht angelehnten Definition der soldatischen PA sollte dies nichts ändern.[40]

Entschärft wird das Problem der inhaltlichen Festlegung der PA dadurch, dass der Gesetzgeber selbst in einer umfangreichen, nicht abschließenden Aufzählung Vorgänge aufgelistet hat, die in die PA aufzunehmen sind, dass in vielen Fällen die Rspr. Klarheit über die Zugehörigkeit zur PA geschaffen hat und dass in § 29 Abs. 1 Satz 3 ausdrücklich Unterlagen genannt sind, die nicht Bestandteil der PA sind. **13**

Den für soldatische Personalaktendaten notwendigen unmittelbaren inneren Zusammenhang zum Dienstverhältnis besitzen (nach den Vorgaben des **Gesetzgebers**[41]) insbes. folgende Unterlagen: **14**

- der weiterzuführende Personalbogen als formularmäßige Zusammenfassung der PA, worunter eine ständig zu aktualisierende schriftl. Übersicht aller für das Dienstverhältnis wesentlichen Daten verstanden wird,
- die Bewerbungsunterlagen des auf die Bewerbung hin in ein Soldatenverhältnis übernommenen Bewerbers[42] (insbes. Bewerbungsschreiben, Lebenslauf, Lichtbild; teilweise gehören hierzu auch die nachfolgend genannten Unterlagen),
- Personenstandsurkunden[43], Staatsangehörigkeitsnachweis,
- Nachweise über Vor-, Aus- und Fortbildung[44] einschl. Prüfungszeugnisse[45] und anderweitige Befähigungsnachweise,
- Führungszeugnisse, Auskünfte aus dem Bundeszentralregister[46],
- Gesundheitszeugnisse, ärztliche Stellungnahmen zur gesundheitlichen Eignung für einen bestimmten Dienstposten, Unterlagen über Erkrankungen, Nachweise der Schwerbehinderteneigenschaft, Bescheinigung über Tropentauglichkeit,
- der Nachweis über (früheren) Wehrdienst,
- Unterlagen über Vereidigung, Ernennungen, Beförderungen, Kommandierungen, Versetzungen[47], Dienstpostenübertragungen, Urlaub, Dienstjubiläen, Nebentätigkeiten, ehrenamtl. Tätigkeiten, Ehrungen[48], amtl. Belobigungsschreiben, förmliche Anerkennungen, ausdrückliche Hinweise auf die fristlose Entlassung nach § 55 Abs. 5 bei erneuten Dienstvergehen[49],

---

39 Dies war der Grund dafür, dass anders als im BBG das soldatische Personalaktenrecht in einer Vorschrift zusammengefasst wurde.
40 Die SPersAV enthält keine abw. Regelungen. Sie waren auch nicht beabsichtigt, wie BT-Drs. 12/ 544, 22 (zu § 29) nahe legt.
41 Vgl. die auf Beamte bezogene Zusammenstellung in BT-Drs. 12/544, 15 f.
42 Kommt es nicht zur Berufung in ein Wehrdienstverhältnis, handelt es sich bei diesen Unterlagen um eine Sachakte, die nach § 29 VwVfG der Akteneinsicht unterliegt, vgl. GKÖD I K, §§ 90 bis 90g Rn. 8, 22.
43 Hierzu zählt der Nachweis einer eingetragenen Lebenspartnerschaft nach dem Lebenspartnerschaftsgesetz, vgl. BVerwG NVwZ 2004, 626 = ZBR 2004, 216 (Ls); hierzu RdSchr. des BMI, GMBl. 2004 S. 975.
44 Unterlagen über private Fortbildungsmaßnahmen werden in die PA aufzunehmen sein, wenn der Fortbildung eine enge dienstl. Sachnähe und Nutzbarkeit beizumessen ist; dies gilt jedenfalls für dienstl. angebotene, freiwillige Weiterbildungen (z.B. Sprachkurse).
45 Zu Prüfungsakten s. Rn. 18.
46 § 6 Satz 1 SPersAV.
47 *Scherer/Alff*, SG, § 29 Rn. 3 m.w.N.
48 Nachweise über die Verleihung staatlicher Orden u. Ehrenzeichen an Soldaten sind nur zur PA zu nehmen, wenn die Auszeichnung auf **dienstl.** Leistungen beruht, vgl. *Kathke*, Personalaktenrecht, Rn. 114.
49 Nr. 2.5.1 SPersAFüBest.

Eichen 411

§ 29   Gemeinsame Vorschriften

- mit dem Dienstverhältnis zusammenhängende Beschwerden und Beschwerdebescheide[50], Behauptungen und Bewertungen, die nicht zu einem Disziplinarverfahren geführt haben, soweit sie sich als begründet oder zutr. erweisen,
- Disziplinarvorgänge nach Abschluss des Disziplinarverfahrens, Mitteilungen in Strafsachen[51] (z.b. Unterlagen über Ermittlungs- oder Strafverfahren) und über Bußgeldverfahren, soweit bei letzteren ein Bezug zur dienstl. Tätigkeit besteht,
- abschließende Entscheidungen in Rechtsstreitigkeiten aus dem Dienstverhältnis[52],
- abschließende Entscheidungen in Regress- und Schadensersatzverfahren,
- dienstl. Beurteilungen (grds. nicht Beurteilungsbeiträge oder die Beurteilung vorbereitende Stellungnahmen)[53] und Dienstzeugnisse[54],
- Besoldungsunterlagen einschl. der Unterlagen über vermögenswirksame Leistungen, Abtretungen, Pfändungen und Gehaltsvorschüsse,
- Unterlagen über Trennungsgeld, Umzugskostenvergütungen und Reisekosten,
- Unterlagen über Beihilfen[55], Unterstützungen und Zuschüsse,
- Unterlagen über die Entlassung oder die Versetzung in den Ruhestand,
- Unterlagen über die Versorgung des Soldaten[56] und seiner Hinterbliebenen,
- Eingaben und Gesuche des Soldaten in persönlichen Angelegenheiten.

15 Die Rspr. hat z.B. **private Dankesschreiben** (etwa für die schnelle Erledigung einer Eingabe), wenn sie sich auf dienstl. Vorgänge und Bereiche beziehen, grds. nicht als zur PA zu nehmende Unterlagen angesehen, auch wenn der Schwerpunkt der Zweckbestimmung in einer persönlichen Dankesäußerung an den Soldaten liegt. Solche Schreiben sind nur zur Sachakte zu nehmen.[57]

16 Als zur PA gehörend und als Personalaktendaten anzusehen sind Unterlagen auch dann, wenn sie – so ausdrücklich Satz 2 – in **Dateien** gespeichert sind. Der Begriff der Datei wird in einem datenschutzrechtl. Kontext verwendet, wie sich aus Satz 4 ergibt.

---

50 So *Scherer/Alff*, SG, § 29 Rn. 3 m.w.N.
51 Vgl. Komm. zu § 62 u. § 6 Satz 1 SPersAV.
52 Z.B. aus Konkurrentenstreitverfahren.
53 Vgl. zu Beurteilungen BT-Drs. 12/544, 16; *Kathke*, Personalaktenrecht, Rn. 103. Beurteilungsbeiträge o. vorbereitende Stellungnahmen sind – soweit nicht förmlich in die Beurteilung integriert o. mit ihr eröffnet – nicht Bestandteil der PA (BVerwGE 62, 135 = ZBR 1981, 341). Sie sind nicht zur PA zu nehmen, sondern den Verfassern zurückzugeben o. zu vernichten (vgl. BT-Drs. 12/544, 18 u. GKÖD I K, §§ 90 bis 90g Rn. 15). S. ZDv 20/6 Nr. 1303, wonach die abgeschlossenen Beurteilungen – einschl. der hierzu entstandenen schriftl. Vorgänge mit Ausnahme von Beurteilungsnotizen, Beurteilungsbeiträgen u. Entwürfen – Bestandteil der PA werden. Die von *Scherer/Alff*, SG, § 29 Rn. 3 zit. Entsch. BVerwGE 33, 183 = NZWehr 1969, 60 hätte heute im Ergebnis nur Bestand, weil es sich laut Sachverhalt bei den „vorbereitenden Beurteilungsnotizen" nicht um solche gehandelt hat, sondern um Nachfragen bei dem beurteilenden Vorg. nach Abgabe der Beurteilung. Sie wären heute gem. ZDv 20/6 Nr. 1303 zur Beurteilung entstandene sonstige schriftl. Vorgänge.
54 Vgl. Komm. zu § 32 Rn. 19.
55 § 4 Abs. 4 SPersAV.
56 Gem. § 2 Abs. 4 SPersAV sind Akten der Beschädigtenversorgung nach dem SVG Sachakten u. gehören nicht zu den PA. Anders als Versorgungsakten, die bei der Versorgung zahlenden WBV aufbewahrt werden, gehen Akten der Beschädigtenversorgung (WDB-Akten) am Ende des Wehrdienstverhältnisses zur Durchführung der weiteren Beschädigten- bzw. Hinterbliebenenversorgung in den Bereich der Versorgungsverwaltung über.
57 BVerwGE 93, 28 = NZWehr 1991, 158; Wenn die Entsch. davon spricht, ein solches Schreiben sei „nicht rechtlich zwingend" zur PA zu nehmen, so basiert diese Aussage noch auf der Auffassung eines zulässigen fakultativen Personalakteninhalts (s.o. Rn. 12). Heute ist eine Aufnahme in die PA rechtl. unzulässig. Vgl. *Kathke*, Personalaktenrecht, Rn. 113. Etwas anderes gilt für dienstl. Dank- u. Anerkennungsschreiben, die Soldaten für eine Tätigkeit in Kommissionen der BReg o. des BMVg erhalten, vgl. Nr. 2.4 SPersAFüBest.

Personalakten   § 29

Anders als das BDSG vom 20.12.1990[58], auf das im Rahmen der Neugestaltung des Personalaktenrechts ab 1.1.1993 Bezug genommen wurde, enthält § 3 Abs. 2 des im Jahre 2001 geä.[59] BDSG keine Legaldefinition der Datei mehr.[60] Hier ordnet die Übergangsvorschrift des § 46 Abs. 1 BDSG[61] die Weiterverwendung der bisherigen Begriffsbestimmung der Datei an. Damit wird sichergestellt, dass Personalaktendaten nicht deshalb aus dem Schutzbereich des § 29 herausfallen, weil sie anders als im Wege der traditionellen Aktenführung bearbeitet werden. Diese wird dann verlassen, wenn – ohne dass es eines automatisierten Verfahrens bedarf – eine organisierte oder organisierbare und deshalb leicht zugängliche und auswertbare Datensammlung[62] geschaffen wird, bei der gesuchte Informationen durch Rückgriff auf bestimmte Merkmale (Ordnungskriterien) leichter als beim manuellen Suchen gefunden werden können.

In **Satz 3** sind ausdrücklich Unterlagen benannt, die **nicht Bestandteile der PA** werden,   **17**
sondern als sog. **Sachakten** besonderen, von der Person und dem Dienstverhältnis sachlich zu trennenden Zwecken dienen, auch wenn sie die dienstl. Verhältnisse des Soldaten berühren und personenbezogene Daten enthalten können.[63] Beispielhaft genannt sind Prüfungs-, Sicherheits- und Kindergeldakten.

Als **Prüfungsakten** sind nur Unterlagen über **Laufbahnprüfungen** der Soldaten (Uffz-   **18**
und Offz-Prüfungen, vgl. § 27 Abs. 2) anzusehen. Sie werden als Sachakten in den diese Prüfung abnehmenden Dienststellen geführt. Zur PA gelangt nur eine Mitteilung über das Ergebnis der Prüfung (Urkunde, Nachweis[64]). Den Soldaten betreffende Ergebnisse von Auswahlverfahren sind keine Prüfungsakten. Sie sind zur PA zu nehmen.[65]

Als **Sicherheitsakte** i.S.v. Satz 3 gelten nicht nur die als solche bezeichneten Unterlagen,   **19**
die gem. § 18 Abs. 1 SÜG von der zuständigen Stelle (in den Dienststellen der Bw vom Sicherheitsbeauftragten[66]) als Sammlung aller die Sicherheitsüberprüfung einer Person betreffenden Informationen zusammengeführt werden[67] und die nach § 18 Abs. 3 Satz 1 SÜG ausdrücklich keine PA sind. Einbezogen sind auch Sicherheitsüberprüfungsakten, die nach § 18 Abs. 4 Satz 1 SÜG von der mitwirkenden Behörde (im Geschäftsbereich des BMVg ist dies bei Sicherheitsüberprüfungen der MAD, § 3 Abs. 2 SÜG, § 1 Abs. 3

---

58 BGBl. I S. 2954.
59 Durch Art. 1 des G v. 18.5.2001 (BGBl. I S. 904); s. die Bekanntmachung der Neufassung des BDSG v. 14.1.2003 (BGBl. I S. 66) mit späteren Änd.
60 Das Kriterium der Datei ist für die Anwendung des BDSG nur noch von Bedeutung, soweit es um nicht automatisierte Erhebung, Verarbeitung u. Nutzung personenbezogener Daten geht, vgl. BT-Drs. 14/4329, 32.
61 Die Vorschrift lautet:
    „§ 46 Weitergeltung von Begriffsbestimmungen
    (1) Wird in besonderen Rechtsvorschriften des Bundes der Begriff Datei verwendet, ist Datei
    1. eine Sammlung personenbezogener Daten, die durch automatisierte Verfahren nach bestimmten Merkmalen ausgewertet werden kann (automatisierte Datei), oder
    2. jede sonstige Sammlung personenbezogener Daten, die gleichartig aufgebaut ist und nach bestimmten Merkmalen geordnet, umgeordnet und ausgewertet werden kann (nicht automatisierte Datei).
    Nicht hierzu gehören Akten und Aktensammlungen, es sei denn, dass sie durch automatisierte Verfahren umgeordnet und ausgewertet werden können."
62 Vgl. die amtl. Begr. zu § 3 BDSG, BT-Drs. 7/1027.
63 Vgl. BT-Drs. 12/544, 11, 16. Die in Sachakten möglicherweise enthaltenen personenbezogenen Daten sind daher keine Personalaktendaten, vgl. auch Rn. 28 u. Rn. 91.
64 So GKÖD I K, §§ 90 bis 90g Rn. 31.
65 Vgl. Plog/Wiedow/Lemhöfer, BBG, § 90 Rn. 19; Battis, BBG, § 90 Rn. 11.
66 S. ZDv 2/30 Nr. 111 f., 2901.
67 Als zeitlich jüngeres G konnte das SÜG bei der Neufassung des § 29 zum 1.1.1993 nicht berücksichtigt werden.

Eichen   413

§ 29 Gemeinsame Vorschriften

Satz 1 Nr. 1a und b MADG[68]) geführt werden. Die Einbeziehung dieser Unterlagen in den Begriff der Sicherheitsakten i.S.v. Abs. 1 Satz 3 ist sachgerecht. Denn der Gesetzgeber wollte bei der Neufassung des § 29 – aufbauend auf der bisherigen Rspr. des BVerwG[69] – alle personenbezogenen Vorgänge, die im Zusammenhang mit Sicherheitsüberprüfungen anfallen, als Sachakten ausweisen. Begründbar war dies mit dem Zweck der Unterlagen, deren sicherheitserhebliche Erkenntnisse und Informationen der Sicherheit des Staates und seiner Einrichtungen dienen und die, auch wenn sie die persönlichen oder dienstl. Verhältnisse eines Soldaten berühren, nicht das Soldatenverhältnis als solches zum Gegenstand haben.[70]

20 **Kindergeldakten** sind ebenfalls Sachakten. Nach § 3 SPersAV[71] können Kindergeldakten mit Besoldungs- und Versorgungsakten verbunden geführt werden, wenn diese von der übrigen PA getrennt sind und von einer von der Personal bearbeitenden Stelle getrennten Organisationseinheit bearbeitet werden; dabei bleiben § 35 SGB I und die §§ 67 bis 78 SGB X unberührt.[72] Diese mögliche Verbindung dient der Verwaltungseffizienz.[73]

21 Sachaktenqualität misst der Gesetzgeber Unterlagen zu, die im Zusammenhang mit der Prüfung und Erteilung von **Ausnahmegenehmigungen** nach den Laufbahnvorschriften[74] bei den zuständigen Dienststellen entstehen. Zu nennen sind weiter Flugunfallakten.[75] Akten über Vorgänge der **Personalplanung** und der Stellenausschreibungen[76] sind Sachakten wie auch die Unterlagen eines **Ausleseverfahrens**. Letzteres dient in erster Linie der Entscheidung über die bestmögliche Besetzung eines Dienstpostens. Zwar können hiervon ggf. mehrere Soldaten betroffen sein, es wird jedoch dadurch aber nicht zum hauptsächlichen Zweck der Vorgänge, Aussagen gerade über einen bestimmten Soldaten zu machen und eine Entscheidung im Rahmen von gerade dessen Dienstverhältnis vorzubereiten. Solche Besetzungsvorgänge sind als auf die konkret zu besetzende Stelle bezogene Sachakten zu führen, ohne dass Auszüge zur PA aller Soldaten genommen werden, die sich um die fragliche Stelle beworben oder formlos ihr Interesse daran bekundet haben oder die von Amts wegen in Erwägung gezogen worden sind.[77] Sachakten sind weiter Unterlagen der Stellenbewertungen, der Wertungs- und Eignungslisten[78] und der Geschäftsverteilung, außerdem Prozessakten.[79]

22 Nach **Satz 4 Halbs. 1** dürfen Personalaktendaten grds. nur für Zwecke der Personalführung und Personalbearbeitung verwendet werden (**Grundsatz der Zweckbindung der Personalaktendaten**[80]). Eine Verwendung zu anderen Zwecken ist nur zulässig,

---

68 Es sei denn, der MAD führt Sicherheitsüberprüfungen bei Bewerbern u. Mitarbeitern des eigenen Dienstes allein durch, § 3 Abs. 3 Satz 1 SÜG.
69 Vgl. BVerwGE 55, 186 = NJW 1978, 1642; GKÖD I K, §§ 90 bis 90g Rn. 27 m.w.N.
70 Inzwischen stellen mehrere Landesgesetze (z.B. § 21 Abs. 6 Satz 1 des Brandenburgischen SÜG o. § 19 Abs. 5 Satz 1 des Thüringer SÜG) klar, dass Sicherheitsüberprüfungsakten keine PA sind.
71 Die Vorschrift entspricht § 90 Abs. 1 Satz 5 BBG.
72 Der Hinw. auf diese sozialgesetzl. Vorschriften dient der Klarstellung. Diese Best. regeln zum Schutz des Soldaten abschließend, unter welchen Voraussetzungen eine Offenbarung von Sozialdaten zulässig ist (vgl. die Begr. zu § 3 SPersAV).
73 Vgl. die Begr. zu § 3 SPersAV sowie *Battis*, BBG, § 90 Rn. 11.
74 Vgl. § 45 SLV.
75 *Scherer/Alff*, SG, § 29 Rn. 4 m.w.N.; GKÖD I Yk, § 29 Rn. 21.
76 Diese kommen, wenn auch anders benannt, im mil. Bereich vor, s. § 6 SGleiG („Dienstpostenbekanntgabe").
77 BVerwGE 67, 300 (303).
78 *Scherer/Alff*, SG, § 29 Rn. 4.
79 BT-Drs. 12/544, 16.
80 Vgl. *Battis*, BBG, § 90 Rn. 7.

wenn der Soldat einwilligt.[81] Unter mil. **Personalführung** sind alle Maßnahmen der Personal bearbeitenden Stellen[82] und der dazu beauftragten Vorg. zu verstehen, die einer auf Eignung, Befähigung und Leistung aufbauenden Verwendung und Förderung der Soldaten dienen[83] und im Rahmen des Bedarfs einen chancengerechten Aufstieg in den SK ermöglichen.[84] Hierbei dient die PA des Soldaten der Einbeziehung seiner Interessen und seiner angemessenen Berücksichtigung im Rahmen dieser Maßnahmen. Dem Begriff **Personalbearbeitung** kommt daneben kein eigenständiger Regelungsgehalt zu, da jede sich auf den einzelnen Soldaten beziehende Aktivität im Rahmen der Personalbearbeitung[85] auch eine Maßnahme zu seiner Personalführung ist.[86]

Als **Verwendung** i.S.v. Satz 4 ist jedes Gebrauchmachen von den Personalaktendaten erfasst. Dieses Nutzen der Daten ist umfassend angelegt und schließt nicht (so aber § 3 Abs. 5 BDSG) solche Verwendungen aus, die ein Verarbeiten personenbezogener Daten darstellen (dies zeigt Satz 4 Halbs. 2). Entscheidend für die Verwendung personenbezogener Daten ist die Nutzung der in diesen Daten liegenden **persönlichen Informationen**, mit deren Hilfe die Daten einem bestimmten Soldaten zugeordnet werden können. Bei rein **statistischen Erhebungen** auf der Grundlage von PA (z.B. Ermittlung des Durchschnittsalters von Bewerberinnen und Bewerbern für eine bestimmte Verwendung) kann nicht von der Verwendung von Personalaktendaten gesprochen werden.[87]

Nach **Satz 4 Halbs. 2** gilt die Zweckbindung der Personalaktendaten (Verwendung nur zur Personalführung und Personalbearbeitung) auch für deren Verarbeitung und Nutzung in automatisierten Dateien; dies wird in § 7 Abs. 1 Satz 1 SPersAV wiederholt. Als **automatisierte Datei** gilt eine Sammlung personenbezogener Daten, die durch automatisierte Verfahren nach bestimmten Merkmalen ausgewertet werden kann.[88] Auch wenn Satz 4 Halbs. 2 bereichsspezifisches Datenschutzrecht[89] darstellt, das in seinem Regelungsbereich dem BDSG vorgeht, greift die Vorschrift zur Begriffsbestimmung der Verarbeitung und Nutzung auf die Definitionen des § 3 Abs. 4 und 5 BDSG zurück. Demnach ist **Verarbeiten** das Speichern, Verändern, Übermitteln, Sperren und Löschen personenbezogener Daten.[90] Im Einzelnen ist[91]:

23

---

81 Ob Einwilligung hier – so *Scherer/Alff*, SG, § 29 Rn. 5 – nur die vorherige Zustimmung ist, erscheint angesichts des willkürlichen Sprachgebrauchs des SG zur Zustimmung fraglich (vgl. § 20 Abs. 1 Satz 1: „vorherige Genehmigung"). Sachgerecht ist, bei nachträglicher Zustimmung (Genehmigung) des Soldaten zur Verwendung seiner Personalaktendaten zu anderen als den in Satz 4 genannten Zwecken eine Heilung der zunächst rechtswidrigen Verwendung entspr. § 45 Abs. 1 Nr. 1 VwVfG anzunehmen.
82 Vgl. Erl. Personalbearbeitende Stellen der Soldatinnen u. Soldaten, ZDv 14/5 B 125.
83 Erfasst werden Maßnahmen der Personalauswahl, Stellenbesetzung, Personalentwicklung (Verwendungsplanung), ggf. der Personalausgliederung (z.B. Absehen von der Weiterverpflichtung eines SaZ).
84 S. ZDv 20/1 Nr. 101 f.
85 Z.B. das Verfügen einer Versetzung o. Kommandierung.
86 Personalbearbeitung kann daher – bezogen auf die Verwendung von Personalaktendaten – nicht als der eher handlungsbezogene Begriff angesehen werden. Auch die amtl. Begr. zu § 90 Abs. 1 Satz 3 BBG (BT-Drs. 12/544, 16) unterscheidet nicht zwischen den beamtenrechtl. Parallelbegriffen Personalverwaltung, -führung u. Personalwirtschaft u. nennt als von beiden Begriffen erfasste Maßnahmen insbes. die Begründung, Durchführung, Beendigung u. Abwicklung des Dienstverhältnisses sowie Personalplanung.
87 So entspr. für das Nutzen personenbezogener Daten gem. § 3 Abs. 5 BDSG *Dammann*, in: *Simitis, Spiros* (Hrsg.): Komm. zum BDSG, 5. Aufl. 2003, § 3 Rn. 195, 197.
88 So die Legaldefinition in der Übergangsvorschrift des § 46 Abs. 1 Satz 1 Nr. 1 BDSG.
89 Vgl. *Scherer/Alff*, SG, § 29 Rn. 1; *Battis*, BBG, § 90g Rn. 2.
90 § 3 Abs. 4 Satz 1 BDSG.
91 Gem. § 3 Abs. 4 Satz 2 Nr. 1 bis 5 BDSG.

- **Speichern** das Erfassen, Aufnehmen oder Aufbewahren personenbezogener Daten auf einem Datenträger zum Zwecke ihrer weiteren Verarbeitung oder Nutzung,
- **Verändern** das inhaltliche Umgestalten gespeicherter personenbezogener Daten,
- **Übermitteln** das Bekannt geben gespeicherter oder durch Datenverarbeitung gewonnener personenbezogener Daten an einen Dritten in der Weise, dass die Daten an den Dritten weitergegeben werden oder der Dritte zur Einsicht oder zum Abruf bereitgehaltene Daten einsieht oder abruft,
- **Sperren** das Kennzeichnen gespeicherter personenbezogener Daten, um ihre weitere Verarbeitung oder Nutzung einzuschränken,
- **Löschen** das Unkenntlichmachen gespeicherter personenbezogener Daten.
- **Nutzen** ist jede Verwendung personenbezogener Daten, soweit es sich nicht um Verarbeitung handelt.[92]

24 Grund der strikten Zweckbindung der automatisierten Personalaktendatenverarbeitung und -nutzung ist die spezifische Gefährdung, die – anders als bei herkömmlicher manueller Personalaktenbearbeitung – aus einer praktisch unbegrenzten Menge von Speicherungs- und Verknüpfungsmöglichkeiten resultiert. Hierdurch können Informationspotentiale erschlossen und genutzt werden, die weit über die Daten hinausgehen, mit deren Hilfe das Persönlichkeitsbild eines Soldaten in einer PA wiedergegeben werden soll. Um den Soldaten hierüber von Anfang an in Kenntnis zu setzen[93], schreibt § 7 Abs. 4 SPersAV[94] vor, dass dem Soldaten bei erstmaliger Speicherung die Art der über ihn gespeicherten Daten (durch generelle Beschreibung der jew. gespeicherten Information, z.B. Name, Personenkennziffer[95]) mitzuteilen und er bei wesentlichen Änd. in ders. Weise zu benachrichtigen ist. Die Verarbeitungs- und Nutzungsformen automatisierter Personalführungsverfahren sind (z.B. in einem Verfahrenshinweis) zu dokumentieren und einschl. des jew. Verwendungszwecks, der regelmäßigen Empfänger und des Inhalts automatisierter Datenübermittlung allg. (z.B. in einer Hausmitteilung oder durch Aushang) bekannt zu geben.[96]

Krit. sind bei der automatisierten Personalaktendatenverarbeitung – neben der Frage der Erforderlichkeit der jew. Verarbeitung oder Nutzung personenbezogener Daten – die Gefahr mangelnder Transparenz und ein möglicher Verlust des Kontextes. Dieser kann sich daraus ergeben, dass die in einer PA vorhandenen Daten durch den Zwang zur Formalisierung verkürzt und damit ihres Zusammenhangs beraubt werden. Die hierdurch eintretende Vergröberung des Datenbildes kann zu Fehlbeurteilungen und -entscheidungen führen.[97] Die automatisierte Verarbeitung von Personalaktendaten ist daher auf entscheidungsvorbereitende und unterstützende Funktionen zu beschränken. Das Ergebnis einer solchen Verarbeitung darf nicht alleinige Grundlage einer Personalentscheidung sein.[98]

Deshalb ist eine vollständige Übertragung papiermäßig geführter PA auf elektronische Speichermedien (**papierlose PA**) krit. zu sehen. Das Verfahren zur Ersetzung der körperlichen PA ist nur in den Fällen rechtl. ohne Risiken, in denen es um eine rein histori-

---

92 § 3 Abs. 5 BDSG.
93 Der Gesetzgeber will für den Soldaten die erforderliche Transparenz von Personalverwaltungssystemen u. zugleich eine Kontrollmöglichkeit schaffen, vgl. BT-Drs. 12/544, 21.
94 Die Vorschrift bildet § 90g Abs. 5 BBG nach.
95 S. Nr. 8.13.1 SPersAFüBest.
96 Nach Nr. 8.13.2 SPersAFüBest muss die Beschreibung der Verfahren so abgefasst sein, dass ein durchschnittlich verständiger Leser ohne DV-Kenntnisse die Sachzusammenhänge erkennen kann.
97 Vgl. BT-Drs. 12/544, 14; Nr. 8.6 SPersAFüBest.
98 So § 7 Abs. 3 SPersAV; entspr. § 90g Abs. 4 BBG.

sche Dokumentation der PA durch photomäßig-elektronische Übernahme von Aktenblättern (wie bei der Mikroverfilmung) geht **und** in denen sich eine automatisierte Verarbeitung von Personalaktendaten, weil keine Personalentscheidungen mehr zu treffen sind, nicht mehr auswirkt (insbes. bei früheren Soldaten). Ansonsten könnte, da auch mittels photomäßig-elektronischer Übernahme in DV-Systeme übertragene Blätter von PA mit heute verfügbarer Software weiter automatisiert verarbeitet und genutzt werden können, sich die vom Gesetzgeber erkannte Gefahr eines Missbrauchs der automatisierten Verarbeitung realisieren, dass z.B. bei förderlichen Personalentscheidungen die individuelle Würdigung der konkurrierenden Soldaten durch einen elektronischen Datenvergleich ersetzt wird.[99]

Im SG ist – anders als im BBG[100] – die Zulässigkeit von **Grundakten** und **Teilakten** sowie **Nebenakten** nicht geregelt. Vorschriften hierzu finden sich in § 2 SPersAV. **25**

Zwar darf nur **eine** PA geführt werden.[101] Gleichwohl kann sie nach sachlichen Gesichtspunkten in eine Grundakte und Teilakten **gegliedert** werden.[102] Die **Grundakte** (bei SaZ und BS als **Stammakte**, ansonsten als **Klarsichthülle** bezeichnet[103]) enthält insbes. Unterlagen über die Begründung des Dienstverhältnisses sowie den dienstl. Werdegang und den Einsatz des Soldaten.[104] In die Grundakte ist ein vollständiges Verzeichnis aller zu dieser Akte geführten Teil- und Nebenakten aufzunehmen.[105] Es sichert das Recht auf Einsicht in die vollständige PA (§ 29 Abs. 7 Satz 1). Für die Führung der Grundakte ist grds. die Personal bearbeitende Stelle verantwortlich.[106] Die Bearbeitung der Klarsichthüllen kann den Einheiten und sonstigen Dienststellen, die für diese Aufgabe ausgestattet sind und bei denen die Soldaten Dienst leisten, übertragen werden.[107]

Neben der Grundakte können aus praktischen Gründen – vor allem wegen der Zuständigkeit einer anderen Stelle oder weil sie den Soldaten begleiten – **Teilakten** angelegt werden. Deren Inhalt ist grds. nicht nochmals in der Grundakte enthalten. Sie werden bei der für den jew. Aufgabenbereich zuständigen Dienststelle geführt.[108] Dies ist regelmäßig insbes. für solche Vorgänge ratsam, die nach einer bestimmten Zeit wieder aus der PA zu entfernen und zu vernichten sind.[109] Zulässig sind z.B. Teilakten über Nebengebührnisse wie Beihilfen[110], Reisekosten und Trennungsgeld. Teilakten sind die auf die einzelnen Soldaten bezogenen Karteiblätter im Disziplinarbuch[111], die der Registrierung insbes. von Disziplinarmaßnahmen und strafgerichtl. Strafen dienen, welche ggf. **26**

---

99 Weniger krit. *Kathke*, Personalaktenrecht, 26 Rn. 75, der betont, die nötige individuelle Entscheidung könne auch auf Grund der Einsichtnahme in die elektronisch gespeicherten Unterlagen getroffen werden.
100 § 90 Abs. 2 BBG.
101 S.o. Rn. 9.
102 § 2 Abs. 1 Satz 1 SPersAV.
103 Vgl. Nr. 3.1 SPersAFüBest.
104 BT-Drs. 12/544, 16. Zu Einzelheiten der Grundakte vgl. Abschnitt 3 u. Anl. 2 SPersAFüBest.
105 § 2 Abs. 3 SPersAV.
106 Vgl. Erl. Personalbearbeitende Stellen der Soldatinnen u. Soldaten, ZDv 14/5 B 125.
107 Vgl. Nr. 2.1.3 SPersAFüBest.
108 § 2 Abs. 1 Satz 2 SPersAV.
109 BT-Drs. 12/544, 17.
110 Nach § 4 Abs. 4 SPersAV sind Unterlagen über Beihilfen stets als Teilakte zu führen, die von der übrigen PA getrennt aufzubewahren sind. Die Vorschrift bildet § 90a BBG nach; vgl. BT-Drs. 12/544, 17; GKÖD I K, § 90 bis 90g Rn. 9. Die organisatorische Trennung der Beihilfeakten von sonstigen PA soll die i.d.R. höchstpersönlichen Daten in den Beihilfeakten gegen unbefugte Kenntnisnahme absichern.
111 Vgl. § 7 WDO.

nach bestimmten Fristen getilgt werden können.[112] Bei Bedarf können als Teilakten angelegt[113] werden Unterlagen über Beurteilungen, Besoldung, Urlaub, Gesundheitszustand und Erkrankungen (Gesundheitsunterlagen[114] der Soldaten in Form der Gesundheitskarte – G-Karte) und Dienstunfälle. Teilakten sind insbes. auch die **Fliegerische Akte**, psychologische Unterlagen und Versorgungsakten.[115]

27 Nach § 2 Abs. 2 SPersAV dürfen **Nebenakten** nur geführt werden, soweit sie von einer Dienststelle zur rechtmäßigen Wahrnehmung ihrer Zuständigkeiten im Rahmen der Personalführung und Personalbearbeitung benötigt werden. Nebenakten dürfen nur Unterlagen enthalten, die auch in der Grundakte oder in den Teilakten enthalten sind und einer Dienststelle (auch bezogen auf den Akteninhalt) nur überlassen werden, wenn und soweit es für die konkrete Aufgabenerledigung erforderlich ist.[116] Verglichen mit dem Beamtenbereich[117] können Nebenakten für Soldaten unter erleichterten Bedingungen geführt werden, so z.B. dann, wenn ein Soldat zeitweilig seiner Personalakten führenden Dienststelle, in der seine Grundakte bearbeitet wird, angehört.

2. Zu Absatz 2

28 Satz 1 regelt die **Erhebung personenbezogener Daten** über Bewerber, Soldaten und frühere Soldaten, soweit dies zur Begründung, Durchführung, Beendigung oder Abwicklung des Dienstverhältnisses oder zur Durchführung organisatorischer, personeller oder sozialer Maßnahmen erforderlich ist oder soweit eine Rechtsvorschrift dies erlaubt. Satz 1 ist in diesem Bereich eine spezifische Datenschutzbest.[118], die dem § 13 BDSG insoweit vorgeht.[119] Sie trifft für den dargestellten Sachverhalt eine dem BDSG deckungsgleiche Regelung.[120] Da der Wortlaut des Satzes 1 ausdrücklich nicht nur die Erhebung von Personalaktendaten[121] i.S.v. Abs. 1 Satz 2, sondern weiter gehend von personenbezogenen Daten anspricht, erlaubt die Vorschrift auch die Erhebung personenbezogener Daten, die reine Sachaktendaten sind.[122]

29 Satz 1 ist (speziell für das soldatische Personalaktenrecht) die allg. vom BVerfG[123] für die Erhebung persönlicher Daten geforderte gesetzl. Grundlage. Satz 1 unterwirft das Recht auf informationelle Selbstbestimmung in diesem Bereich unter Beachtung des Grds. der Verhältnismäßigkeit Beschränkungen, deren Voraussetzungen und Umfang gesetzl. hinreichend klar umschrieben werden.

---

112 Zur Tilgung s. § 8 WDO u. den Erl. des BMVg „Einrichtung u. Führung des Disziplinarbuchs", ZDv 14/3 B 170. Zu tilgende Vorgänge sind aus den Personalunterlagen zu entfernen u. zu vernichten. Dies gilt auch für Disziplinarmaßnahmen u. strafgerichtl. Verurteilungen, die zur Grundakte (Stammakte) genommen worden sind.
113 So BT-Drs. 12/544, 16 f.
114 Vgl. § 4 Abs. 1 u. 2 SPersAV; zum Begriff der Gesundheitsunterlagen vgl. BVerwGE 119, 341 (345 f.) = NZWehr 2004, 163 (165).
115 Nicht aber Akten der Beschädigtenversorgung; sie sind Sachakten, § 2 Abs. 4 SPersAV, vgl. o. Fn. 56.
116 Zu Einzelheiten der Nebenakte vgl. Abschnitt 5 der SPersAFüBest.
117 Vgl. § 90 Abs. 2 Satz 3 BBG im Vergleich zu § 2 Abs. 2 SPersAV.
118 Sie ist erst in den abschließenden Ausschussberatungen (wie die beamtenrechtl. Parallelvorschriften, insbes. § 90 Abs. 4 BBG) auf Forderung des Bundesbeauftragten für den Datenschutz in den § 29 aufgenommen worden, s. BT-Drs. 12/2201, 16, 23.
119 Vgl. § 1 Abs. 3 Satz 1 BDSG.
120 *Scherer/Alff*, SG, § 29 Rn. 1.
121 Vgl. Rn. 11.
122 S.o. Rn. 17 u. *Battis*, BBG, § 90 Rn. 13 zu § 90 Abs. 4 Satz 1 BBG, der mit § 29 Abs. 2 Satz 1 wortgleich ist.
123 BVerfGE 65, 1 (44); vgl. BVerfGE 92, 191 (197).

Personalakten   § 29

Unter Rückgriff auf allg. datenschutzrechtl. Begriffsbestimmungen sind **personenbe-**   30
zogene Daten alle Einzelangaben über persönliche oder sachliche Verhältnisse einer
bestimmten oder bestimmbaren natürlichen Person (Betroffener).[124] Erfasst werden
sollen sämtliche Informationen, die über eine Bezugsperson etwas aussagen (auch Bild-
und Tonaufnahmen sowie Werturteile, da auch sie der Darstellung der persönlichen und
sachlichen Verhältnisse einer Person dienen können).[125]

Unter **Erheben** ist das Beschaffen von Daten über den Betroffenen zu sehen.[126] Notwendig ist ein aktives Streben, sich Kenntnis von den betreffenden Daten zu verschaffen oder die Verfügung über sie zu begründen.[127] Eine unverlangte Zusendung oder
Mitteilung von Daten durch Dritte reicht nicht aus.[128] Kein Erheben ist das Heraus-
suchen von Daten aus bereits vorhandenem Material.[129]

Satz 1 lässt die Erhebung personenbezogener Daten auch über **Bewerber** zu, die eine   31
Berufung in ein Wehrdienstverhältnis anstreben, möglicherweise aber nicht Soldaten
werden. Die Best. geht deshalb über den Personenkreis hinaus, der ansonsten dem Regelungsbereich der übrigen Vorschriften zum Personalaktenrecht in § 29 unterfällt.

Die Erhebung personenbezogener Daten nach Satz 1 ist **zweckgebunden** und muss **er-**   32
forderlich sein.

Als **zulässiger Zweck** kommt die Gewinnung solcher Informationen in Frage, die
- zur Begründung des Dienstverhältnisses (als BS, vgl. § 39, oder als SaZ, vgl. § 40),
- zur Durchführung des Dienstverhältnisses (z.B. mittels Kommandierung oder Versetzung),
- im Rahmen der Beendigung des Dienstverhältnisses (durch Eintritt oder Versetzung
  in den Ruhestand oder durch Entlassung) oder
- zur Abwicklung des Dienstverhältnisses (z.B. mittels Informationen zur Nachversicherung eines ausgeschiedenen SaZ)

beschafft werden. Der Zweck ist gewahrt, wenn die Daten organisatorischen[130], personellen oder sozialen Maßnahmen, insbes. zur Personalplanung[131] und zum Personaleinsatz, dienen. Diese Zweckrichtungen lassen die Datenerhebung auch in Bezug auf personenbezogene Daten zu, die in Sachakten und nicht in PA aufgenommen werden
sollen.[132]

Erforderlich ist die Erhebung personenbezogener Daten nur, wenn sie für die Errei-   33
chung des angestrebten Ziels durch kein anderes (den Betroffenen weniger belasten-
des) Mittel ersetzt werden kann. Diese Überlegung ist im Rahmen jeder **Verhältnis-**
mäßigkeitsprüfung anzustellen. Nicht zulässig ist die Datenbehebung, um einen sich
möglicherweise erst in Zukunft abzeichnenden Informationsbedarf zu decken, weil nur
konkret notwendige Daten beschafft werden dürfen.

Die Erhebung personenbezogener Daten ist, ohne dass es auf die in Satz 1 genannten   34
Zweckrichtungen ankommt, zulässig, soweit eine spezielle **Rechtsvorschrift** dies erlaubt.

---

124 Vgl. § 3 Abs. 1 BDSG.
125 Vgl. *Dammann*, in: *Simitis, Spiros* (Hrsg.): Komm. zum BDSG, 5. Aufl. 2003, § 3 Rn. 4, 7, 12.
126 § 3 Abs. 3 BDSG.
127 *Dammann* ebd. (Fn. 125), § 3 Rn. 108.
128 Ebd., Rn. 110.
129 Ebd., Rn. 108; vgl. Nr. 8.12 SPersAFüBest.
130 Als organisatorische Maßnahme kommt z.B. die Erstellung von Geschäftsverteilungsplänen in
    Frage, vgl. *Kathke*, Personalaktenrecht, 16 Rn. 44.
131 Sie erfasst den Personalumfang der SK betreffende Planungen insbes. zur Personalstruktur,
    zum zahlenmäßigen Bedarf u. zu den Haushaltsmitteln.
132 Die Erhebung ist also nicht auf Personalaktendaten begrenzt, vgl. o. Rn. 28.

Eichen   419

Fälle, in denen nicht auch ein in Satz 1 genannter Zweck zugrunde liegt, werden allerdings selten sein. So wird beispielsweise bei im Rahmen einer Sicherheitsüberprüfung (vgl. § 11 SÜG als spezielle Ermächtigungsnorm) erhobenen personenbezogenen Daten i.d.R. auch z.B. die Begründung eines Dienstverhältnisses bezweckt sein.

35   Satz 2 macht die Verwendung von **Fragebogen**[133], mit deren Hilfe personenbezogene Daten erhoben werden, von der Einwilligung (trotz des Wortlauts nicht von der Genehmigung, d.h. nachträglichen Zustimmung[134]) des BMVg abhängig. Dabei spielt es keine Rolle, ob die erhobenen Informationen in die PA oder zu einer Sachakte genommen werden.[135] Die Zustimmung durch das BMVg als oberste Dienstbehörde soll einen einheitlichen Schutz aller Betroffenen vor der Erhebung tatsächlich nicht benötigter Daten sichern, einer Gefahr, der der Gesetzgeber offensichtlich vor allem bei der Datenerhebung mittels Fragebogen als begründet ansieht.[136]

3. Absatz 3

36   Satz 1 bis 4 regelt den **Zugang zu PA** der Soldaten für Personen und Stellen im Geschäftsbereich des BMVg. Dieser Zugang kann in vielfältiger Weise verschafft werden:[137]
- Durch zeitweise **Weitergabe** und **Überlassung** der PA oder von Teilen davon,
- durch **Fotokopien** oder **Abschriften** aus den Akten,
- durch die tatsächliche Möglichkeit, selbst eine PA unmittelbar **einzusehen** oder sich bei automatisierter Speicherung vom Inhalt der Dateien durch Darstellung am Bildschirm, durch Kopien von Datenträgern, durch Ausdrucke oder mittels sonstiger Methoden in Kenntnis zu versetzen[138] sowie
- durch mündliche oder schriftl. **Auskünfte** aus den Akten.

Abs. 3 erfasst **nicht** die **Einsichtnahme des Soldaten** in die **eigene** PA oder die Einsicht durch Bevollmächtigte[139] in diese Akte. Dies wird in Abs. 7 geregelt. Ebenso wenig wird die Einsicht des Soldaten in fremde Akten behandelt, die ihn betreffende personenbezogene Daten enthalten; hierzu ist Abs. 8 die spezielle Vorschrift.

37   Auf Grund des weit gefassten Begriffsinhalts des Zugangs zur PA trifft Satz 1[140] eine umfassende Regelung. Sie konkretisiert den in Abs. 1 Satz 1 Halbs. 2 beschriebenen **Grds. der Wahrung der Vertraulichkeit der PA**[141] (als Teil des Personalaktengeheimnisses[142]) und legt den **Grds. der Zweckbindung** fest. Ergänzend regeln die Sätze 2 und 3 die Weitergabe von und Auskünfte aus PA. Satz 4 konkretisiert den Grds. der Verhältnismäßigkeit. Zwar regelt Satz 2 vom Wortlaut her speziell die Weitergabe der PA; er erfasst als Erlaubnistatbestand nach Sinn und Zweck der Vorschrift aber auch andere, o.g. Formen des Zugangs zur PA[143] als gegenüber der Überlassung der Akte weniger

---

133 Vgl. Nr. 8.12 u. Anl. 3 SPersAFüBest.
134 Die „Genehmigung" ist als vorherige Zustimmung zu interpretieren (so auch *Kathke*, Personalaktenrecht, 20 Rn. 58). Gesetzgeberisch macht es keinen Sinn, eine nachträgliche Zustimmung zuzulassen. Damit liefe man Gefahr, dass im Vertrauen auf eine Genehmigung des Fragebogens Daten eingefordert werden, deren Erhebung im Falle der Verweigerung der Genehmigung rechtswidrig wäre.
135 Dies ergibt sich daraus, dass nicht nur Personalaktendaten erhoben werden dürfen, vgl. o. Rn. 28.
136 Vgl. *Plog/Wiedow/Lemhöfer*, BBG, § 90 Rn. 27; *Kathke*, Personalaktenrecht, 20 Rn. 59.
137 S. Anl. 5 Nr.1.1 SPersAFüBest.
138 Vgl. *Kathke*, Personalaktenrecht, 55 Rn. 148.
139 Des Soldaten o. seiner Hinterbliebenen.
140 Entspr. § 90 Abs. 3 Satz 1 Halbs. 1 BBG.
141 Vgl. GKÖD I K, §§ 90 bis 90g Rn. 14.
142 S.o. Rn. 9.
143 Hierzu finden sich auch in der SPersAV keine ergänzenden Regelungen.

Personalakten   § 29

einschneidende Maßnahmen. Wenn schon die Weitergabe der Akte zulässig ist, muss dies auch z.B. für die Bereitstellung von Aktenkopien oder für Auskünfte gelten. Satz 3 erhält daher vor allem in der Zusammenschau mit Satz 4 seine Bedeutung.

Nach **Satz 1** ist der Zugang (in allen o.g. Formen) zu PA Personen vorbehalten, die für die Bearbeitung von Personalangelegenheit zuständig sind (z.B. S 1-Personal). Berechtigt sind auch deren zuständige, in einer besonderen dienstl. Verantwortung für die Bearbeitung von Personalangelegenheiten stehende Vorg. bis zum Dienststellenleiter.[144] 38

Der Zugang wird nur soweit zugelassen, wie er konkret zur Personalführung oder -bearbeitung[145] **erforderlich** ist. Dies gebietet es generell, den Kreis der mit PA befassten Personen so klein wie möglich zu halten. Die Wendung „soweit ... erforderlich" macht darüber hinaus grds. deutlich, dass derjenige, der in einer Grundakte dokumentierte allg. Personalangelegenheit bearbeitet, keinen Zugang zu getrennten Teilakten (etwa Beihilfeakten) haben darf, für deren Inhalt er nicht zuständig ist.[146] Umgekehrt sind Bearbeiter spezieller Teilakten nicht ohne weiteres zum Zugang zu anderen Teilakten oder zur Grundakte bzw. zu Nebenakten berechtigt.[147]

Satz 2[148] erlaubt ohne Einwilligung (diese ist hier als vorherige Zustimmung zu verstehen[149]) des Soldaten die **Weitergabe**[150] seiner PA an andere Stellen oder an Ärzte **im Geschäftsbereich** des **BMVg**, soweit dies für Zwecke des Dienstverhältnisses erforderlich ist. Der Datenfluss zwischen Grundakte und Nebenakten ist von dieser Weitergaberegelung nicht berührt, da es sich dabei nur um eine Informationsverteilung innerhalb derselben PA ohne Außenwirkung handelt.[151] 39

Satz 2 lässt es zu, dass PA an **vorg. Stellen** ohne Einverständnis des Soldaten weitergegeben werden dürfen, soweit sich dies im Rahmen einer auf das Wehrdienstverhältnis bezogenen Zweckbindung vollzieht. In diesem Fall ergibt sich bereits aus der Natur der Sache, dass der nach dem hierarchischen Behördenaufbau höheren, im Rahmen der Dienstaufsicht weisungsbefugten Dienststelle auf deren Verlangen PA vorzulegen sind.[152] Unbedenklich ist es nach Satz 2, anderen **nicht weisungsbefugten Stellen** im Geschäftsbereich des BMVg ohne Einwilligung des Soldaten PA zu überlassen, soweit sich dies im Rahmen der genannten Zweckbindung abspielt, es vor allem zur Vorbereitung oder Durchführung einer Personalentscheidung notwendig ist. Dies gilt insbes. für Bewerbungen, Kommandierungen, Versetzungen und Ernennungen.[153] 40

Als Dienststellen im Geschäftsbereich des BMVg können auch TDG, der BWDA[154] und Wehrdisziplinaranwaltschaften[155] im Rahmen gerichtl. Disziplinarverfahren[156] die Übersendung von PA verlangen.[157]

---

144 BVerwGE 19, 179 (185) = NJW 1965, 214 (215).
145 S. zu diesen Begriffen Rn. 22.
146 Vgl. *Plog/Wiedow/Lemhöfer*, BBG, § 90 Rn. 26.
147 Vgl. *Kessler*, Personalaktenrecht, 22 f.
148 Ihm entspricht § 90d Abs. 1 Satz 1 u. 3 BBG.
149 Vgl. *Scherer/Alff*, SG, § 29 Rn. 9.
150 Erfasst werden auch andere in Rn. 36 genannte Formen der Zugangsverschaffung, vgl. o. Rn. 37.
151 BT-Drs. 12/544, 19.
152 BT-Drs. 12/544, 19, 22. Die amtl. Begr. verweist auf § 4 Abs. 2 Nr. 1 VwVfG (es liegt keine Amtshilfe vor).
153 BT-Drs. 12/544, 19.
154 Eine spezielle Ermächtigung des BWDA, die Vorlage von PA durch den WDA zu verlangen, enthält § 81 Abs. 4 Satz 2 WDO.
155 Vgl. *Dau*, WDO, § 9 Rn. 10.
156 Deren auf das konkrete Dienstverhältnis bezogener Zweck ist nicht zw.
157 *Stauf* I, § 29 SG Rn. 9.

Eichen   421

§ 29 Gemeinsame Vorschriften

41 Satz 2 lässt die Weitergabe von PA ohne Einwilligung des Soldaten an **Ärzte im Geschäftsbereich** des **BMVg** zu. Privilegiert werden SanOffz, zivile Ärzte der Bw, Vertragsärzte sowie sonstige Ärzte, die (möglicherweise auch nur in einem Einzelfall) für den Dienstherrn gutachterlich tätig werden.[158] Reicht für die ärztliche Begutachtung von Soldaten die i.d.R. als Teilakte[159] geführte Gesundheitsakte aus, ist die Weitergabe der gesamten PA unzulässig.[160] Rechtl. zulässig ist die Übersendung von Gesundheitsunterlagen durch den Truppenarzt an ein BwKrhs, um dort einen Soldaten behandeln zu können.[161]

Nach § 9 SPersAV dürfen ohne Einwilligung des Soldaten personenbezogene medizinische Daten, die im Rahmen der unentgeltlichen truppenärztlichen Versorgung in zivilen medizinischen Einrichtungen oder von zivilen Ärzten erhoben werden, dem Truppenarzt und der Zahlung leistenden Stelle mitgeteilt werden, soweit dies insbes. zur Beurteilung der Verwendungs- oder Dienstfähigkeit des Soldaten oder zur Kostenabrechnung erforderlich ist. In diesen Fällen sind dem Arztgeheimnis unterliegende Informationen – z.B. Diagnosen – zu offenbaren.[162]

42 Die Weitergabe[163] von PA an Stellen im Geschäftsbereich des BMVg ohne Einwilligung des Soldaten kann **spezialgesetzl.** geregelt sein. So richtet sich die Zulässigkeit der Personalaktenanforderung durch den **MAD** zur Erfüllung seiner Aufgaben gem. § 1 Abs. 1 MADG nach § 10 Abs. 2 MADG i.V.m. § 18 Abs. 3 BVerfSchG.[164] Die **Gleichstellungsbeauftragte** hat gem. § 20 Abs. 1 Satz 4 SGleiG im Rahmen ihrer gesetzl. Aufgaben im Einzelfall ein Einsichtsrecht in die entscheidungsrelevanten Teile von PA mit Ausnahme der Gesundheitsunterlagen.

43 Ansonsten ist die Personalaktenweitergabe außerhalb der Zweckbestimmung des Wehrdienstverhältnisses im Geschäftsbereich des BMVg grds. nicht ohne Zustimmung des Soldaten und nur zulässig, wenn dienstl. Gründe nicht daran hindern. Bewirbt sich ein Soldat um Einstellung als Beamter oder Arbeitnehmer in die Bundeswehrverwaltung, sind seine PA nur mit seiner Einwilligung[165] auf Anforderung der Personal bearbeitenden Dienststelle der Bundeswehrverwaltung an diese zu übersenden, wenn dienstl. Gründe nicht entgegen stehen.[166]

44 Gesetzl. geregelt sind die Rechte von Vertretungen der Soldaten zum Zugang zu PA der Soldaten. Nur mit Zustimmung des Soldaten darf nach § 18 Abs. 3 Satz 3 SBG eine **VP** in PA des Soldaten Einsicht nehmen. Gleiches gilt nach § 52 Abs. 1 Satz 1 SBG für Soldatenvertreter in Personalvertretungen.

---

158 Dies kann trotz des Wortlauts („an Ärzte im Geschäftsbereich") u. der Formulierung der amtl. Begr., die von „Ärzten der Bundeswehr" spricht, die „im dienstlichen Auftrag gutachterlich tätig werden" (BT-Drs. 12/544, 22), aus Sinn u. Zweck der Vorschrift u. einem Vergleich mit der Interessenlage in § 90d Abs. 1 Satz 3 BBG, der auch sonstige Ärzte (nicht nur Amtsärzte) zulässt, hergeleitet werden. Die Ausnahme in Satz 2 zu Gunsten von Ärzten gründet sich sachlich nicht darauf, dass diese Angehörige des Geschäftsbereichs des BMVg sind, sondern auf die ärztliche Schweigepflicht, der alle Ärzte unterliegen.
159 S.o. Rn. 26.
160 Dies folgt aus dem Wortlaut „soweit ... erforderlich". Vgl. *Battis*, BBG, § 90d Rn. 4; *Plog/Wiedow/Lemhöfer*, BBG, § 90d Rn. 9.
161 *Scherer/Alff*, SG, § 29 Rn. 9.
162 So die amtl. Begr. zu § 9 SPersAV.
163 O. andere Formen des Zugangsverschaffung zur PA, vgl. o. Rn. 36 f.
164 Vgl. Nr. 5.3 SPersAFüBest; *Scherer/Alff*, SG, § 29 Rn. 9.
165 Auf diese kann nicht bereits auf Grund seiner Bewerbung geschlossen werden.
166 Vgl. Anl. 5 Nr. 5.4 SPersAFüBest.

Personalakten § 29

Eine Möglichkeit für Stellen im Geschäftsbereich BMVg, von der Personal bearbeitenden Dienststelle des Soldaten für eine Aufgabenerfüllung außerhalb der in Satz 1 und 2 genannten Zweckbindung die Übermittlung der PA im Wege der **Amtshilfe**[167] fordern zu können, ist grds. zu verneinen. Die Aktenübersendung für Zwecke außerhalb des Dienstverhältnisses verstieße i.d.R. gegen die Vertraulichkeit und Zweckbindung der PA.[168] Bei Berücksichtigung des Grds. der Verhältnismäßigkeit können nur unabweisbare allg. oder öff. Interessen in eng begrenzten Ausnahmefällen die Überlassung der PA rechtfertigen, wenn die ersuchende Stelle ihre Aufgaben anders nicht sachgerecht durchführen kann und nach einer Güterabwägung das Interesse des Soldaten zurücktreten muss.[169] 45

Nach **Satz 3**[170] gilt die Zweckbindung gem. Satz 2[171] in Bezug auf die Weitergabe der PA entspr. für **Auskünfte** aus der PA. Auskünfte dürfen daher ohne Einwilligung des Soldaten an Personen, Stellen und Ärzte **im Geschäftsbereich** des BMVg erteilt werden, die diese die Informationen zweckgebunden im Rahmen des Wehrdienstverhältnisses benötigen.[172] Wie bereits (Rn. 37) angemerkt, müssen, wenn eine Weitergabe von PA ohne Einwilligung des Soldaten zulässig ist, auch Auskünfte aus der PA nach denselben Maßgaben rechtl. möglich sein, weil aus der Rechtmäßigkeit der gravierenderen Maßnahme auf die Zulässigkeit des milderen Mittels zu schließen ist. Satz 3 verdeutlicht, dass, obwohl die Auskunft das mildere Mittel gegenüber der Aktenübersendung ist, auch bei jener auf die Zweckbindung und auf die Begrenzung des Kreises der Stellen, denen Auskünfte erteilt werden dürfen, nicht verzichtet werden darf. Diese Maßgaben für eine Auskunftserteilung gelten auch im Rahmen von Satz 4. 46

Satz 4[173] verbietet in Konkretisierung des Grds. der Verhältnismäßigkeit die Weitergabe der PA, wenn bereits eine auf sie bezogene **Auskunft ausreicht**. Gegenüber der mit der Aktenvorlage verbundenen Einsichtgewährung wird der Auskunftserteilung schon deshalb der Vorzug einzuräumen sein, weil der Auskunftsgebende die Information dosieren kann. Zumindest ist durch die ersuchte Stelle zu prüfen, ob die Weitergabe der Akte auf Teile beschränkt werden kann.[174] Erneut (vgl. Rn. 46) ist darauf hinzuweisen, dass nach Satz 3 ohne Einwilligung des Soldaten auch eine Auskunft nur im Rahmen der Zweckbestimmung des Dienstverhältnisses und nur im Geschäftsbereich des BMVg erteilt werden darf; Satz 4 wird insoweit durch Satz 3 ergänzt. 47

Satz 5 macht **Auskünfte** aus soldatischen PA (einschl. der in Dateien gespeicherten Personalaktendaten) **an Stellen außerhalb** des **Geschäftsbereichs** des BMVg grds. von der Einwilligung des Soldaten abhängig. Die Regelung bezieht sich nach ihrem Wortlaut nur auf Auskünfte, nicht auf andere Zugangsformen zur PA wie die **Weitergabe** und **Überlassung** der PA oder von Teilen davon. Da Auskünfte aus der PA gegenüber den sonstigen Zugangsformen zur Akte (auch gegenüber der Einsichtnahme) die am wenigsten einschneidende Maßnahme darstellen, ist aus Satz 5 zu schließen, dass sons- 48

---

167 Auf der Grundlage von Art. 35 Abs. 1 GG u. § 5 Abs. 1 VwVfG.
168 Vgl. *Plog/Wiedow/Lemhöfer*, BBG, § 90d Rn. 5.
169 GKÖD I K, §§ 90 bis 90g Rn. 77 m.w.N.; BT-Drs. 12/544, 20.
170 Vgl. § 90d Abs. 1 Satz 4 BBG.
171 Satz 3 bezieht sich nicht auf Satz 1, weil in der Satz 1 geregelte Zugang zur PA auch Auskünfte einschließt u. damit eine besondere Regelung zu Auskünften im Geltungsbereich des Satzes 1 entbehrlich ist.
172 Vgl. entspr. *Steinlechner/Walz*, WPflG, § 25 Rn. 21. Soweit spezielle gesetzl. Best. die Erteilung von Auskünften zu besonderen Personalaktendaten regeln, gehen sie der soldatengesetzl. Regelung vor (vgl. z.B. § 9 WDO; s.a. *Scherer/Alff*, § 29 Rn. 11).
173 Vgl. § 90d Abs. 1 Satz 5 BBG.
174 Vgl. BT-Drs. 12/544, 20.

Eichen 423

tige Zugangsmöglichkeiten zu soldatischen PA für Dritte, soweit diese nicht nach Abs. 7 Satz 2 und 3 privilegiert sind, grds. versperrt sind, auch wenn der Soldat einverstanden ist.[175] Dies folgt aus dem Charakter der PA als dienstl. (amtl.) Akte und aus der Vertraulichkeit der in ihr enthaltenen Vorgänge.

Satz 5 spricht von **Stellen** außerhalb des Geschäftsbereichs. Hiervon werden neben Behörden und Gerichten auch private Organisationen (juristische Personen des Privatrechts), vor allem Vereine, und natürliche Personen (Privatleute)[176] erfasst. Diesen muss gegenüber dem Soldaten bei Vorliegen der in Satz 5 genannten, gravierenden Gründe das gleiche Interesse an der Durchbrechung der Vertraulichkeit der Personalaktendaten zugebilligt werden wie öff. Stellen.

Ausnahmsweise gilt für **Auskünfte** aus der PA – auch aus den Gesundheitsunterlagen[177] – (nicht – wie dargelegt – für die Weitergabe und Überlassung der PA oder einzelner Personalaktenteile, die auch bei Vorliegen der nachfolgend genannten Gründe bereits nach dem Wortlaut der Vorschrift nicht zulässig sind) etwas anderes, wenn

- zwingende **Gründe** der **Verteidigung** (z.B. wichtige Geheimhaltungsinteressen der Bw),
- die Abwehr einer erheblichen **Beeinträchtigung** des **Gemeinwohls**[178] (diese liegt vor, wenn ohne Auskunft aus der PA mit an Sicherheit grenzender Wahrscheinlichkeit ein Schaden größeren Gewichts und Ausmaßes an einem Gemeinschaftsgut – in diesem Zusammenhang z.B. ein besonders wertvoller Vermögensgegenstand im öff. Eigentum [etwa verteidigungswichtige Rüstungsgüter], der Schutz der Bevölkerung vor schweren Katastrophen- oder Unglücksfällen, die Erhaltung der Volksgesundheit als Gemeinschaftswert[179], bei ernsthafter Gefährdung auch der Schutz des Lebens und der Gesundheit einer Einzelperson, da auch dies unter Beachtung der Art. 1 und 2 GG vorrangige Aufgabe der Allgemeinheit ist – einträte, der voraussichtlich durch die Auskunft verhindert werden könnte[180]) oder
- der Schutz berechtigter, **höherrangiger Interessen Dritter** (z.B. Durchsetzung eines vollstreckbaren Zahlungstitels eines Dritten gegen einen Soldaten[181]; Aufklärung der Identität eines Soldaten, gegen den eine Privatperson strafrechtl. Schritte wegen einer Straftat, deren Vorliegen glaubhaft gemacht[182] wird, einleiten will[183]; entspr. wird hins. des Auskunftsbegehrens einer Privatperson zu verfahren sein, wenn die Anschrift eines Soldaten erfragt wird, um gegen ihn einen zivilrechtl. Schadensersatzanspruch geltend zu machen, wenn ein möglicher Schaden glaubhaft gemacht wird – hier muss der Eindruck vermieden werden, Dienststellen der Bw unterstützten das Bestreben einzelner Soldaten, sich der Erfüllung ihrer Verpflichtungen zu entziehen)

dies erfordern.

---

175 BVerwGE 119, 341, 346 f. = NZWehr 2004, 163 (165), wobei das BVerwG an dieser Stelle der Entsch. den Begriff Übermittlung nicht im datenschutzrechtl. Sinne (vgl. § 3 Abs. 4 Satz 2 Nr. 3 BDSG), sondern als körperliche Übergabe der PA o. ihrer Teile versteht.
176 Zur möglichen Berechtigung von Hinterbliebenen s.u. Rn. 89. Nach der amtl. Begr. war die Regelung vor allem erforderlich, um Personalaktendaten dem VdRBw zur Erfüllung der ihm übertragenen Aufgaben übermitteln zu können (BT-Drs. 12/544, 22).
177 A.A. BVerwGE 119, 341 (Ls 2) = NZWehr 2004, 163; vgl. u. Rn. 52 f.
178 Der Begriff korrespondiert mit „schwere Nachteile für das Gemeinwohl" i.S.v. § 49 Abs. 2 Satz 1 Nr. 5 VwVfG; vgl. zum Folgenden auch *Kopp/Ramsauer*, VwVfG, § 49 Rn. 54 ff.
179 Vgl. BVerfGE 13, 97 (107).
180 *Kathke*, Personalaktenrecht, 86 Rn. 255.
181 BT-Drs. 12/544, 20. Vgl. den Erl. des BMVg „Auskünfte an Gläubiger von Beamten, Richtern, Soldaten und Arbeitnehmern im Geschäftsbereich des BMVg", VMBl. 1998 S. 219.
182 Glaubhaft gemacht ist eine Straftat, wenn die ihr zu Grunde liegenden Tatsachen u. Umstände als überwiegend wahrscheinlich erscheinen, z.B. auf Grund von Zeugenaussagen.
183 Vor allem im Wege der Privatklage gem. §§ 374 ff. StPO.

Personalakten § 29

In vielen Fällen wird Dienststellen außerhalb des Geschäftsbereichs des BMVg der **49**
Zugang zu PA ohne Zustimmung des Soldaten **spezialgesetzl.**[184] ermöglicht. So sind
gem. § 27 Abs. 7 Satz 1 SG i.V.m. § 102 Abs. 2 BBG dem BPA auf sein Verlangen PA
vorzulegen, soweit dies zur Erfüllung seiner Aufgabe erforderlich ist. Die Vorlage von
PA an **Gerichte** ist i.d.R. in den Verfahrensordnungen geregelt.[185]
Dem Verlangen eines **Untersuchungsausschusses**[186] des **BT**, dem gegenüber nach § 18
Abs. 1 des Untersuchungsausschussgesetzes[187] u.a. die BReg und die Behörden des Bundes vorbehaltlich verfassungsrechtl. Grenzen auf Ersuchen zur Vorlage sächlicher Beweismittel, insbes. der Akten, die den Untersuchungsgegenstand betreffen, verpflichtet
sind, auf Zugang zur PA eines Soldaten wird i.d.R. nur nachzukommen sein, wenn eine
der in Satz 5 genannten Ausnahmen vorliegt oder der Soldat einwilligt. Ansonsten ist
das aus dem allg. Persönlichkeitsrecht folgende Grundrecht auf informationelle Selbstbestimmung des Soldaten, selbst über die Preisgabe und Verwendung persönlicher Daten zu bestimmen[188], vorrangig. Gleiches gilt für ein entspr. Verlangen des **WBeauftr**,
wenn er nach § 3 Nr. 1 WBeauftrG in Erfüllung der ihm übertragenen Aufgaben vom
BMVg oder einer diesem unterstellten Dienststelle Auskunft oder Einsicht in eine PA
verlangt.[189] Dem § 3 Nr. 1 WBeauftrG geht Satz 5 als spezialgesetzl. Regelung vor.[190]

Wird eine Auskunft nach Satz 5 erteilt, sind dem Soldaten nach **Satz 6** jedenfalls der **50**
Inhalt und der Empfänger schriftl. mitzuteilen, um ihm notfalls eine gerichtl. Überprüfung der Rechtmäßigkeit zu ermöglichen.[191] Da der Soldat im Rahmen einer solchen
Überprüfung die Verletzung seines in Satz 5 konkretisierten Rechts auf informationelle
Selbstbestimmung geltend machte, wäre nach § 17 Abs. 1 Satz 1 oder § 21 WBO eine
Entsch. der Wehrdienstgerichte zu beantragen.

Satz 7[192] steht i.V.m. Abs. 1 Satz 4[193] und der dort (wenn auch strikt zweckgebunden) **51**
zugelassenen Verarbeitung und Nutzung von Personalaktendaten in automatisierten
Dateien. Wenn schon der (durch die PA führende Stelle vermittelte) Zugang zur PA
einschl. der in Dateien gespeicherten Personalaktendaten z.B. durch eine Auskunft an
Stellen im und außerhalb des Geschäftsbereichs des BMVg nur in Ausnahmefällen
zulässig ist[194] (vgl. Abs. 3 Satz 2 bis 5), deren Voraussetzungen durch die den Zugang
verschaffende Stelle vorher jew. sorgfältig zu prüfen sind, muss ein automatisierter
Datenabruf durch eine andere Behörde noch wesentlich schärferen Voraussetzungen
unterliegen. Automatisierter Abruf bedeutet, dass es die datenempfangende Behörde
selbst in der Hand hätte, den Übermittlungsvorgang ohne vorherige rechtl. Prüfung der
Zulässigkeit durch die PA bearbeitende Stelle selbst im Wege eines elektronischen
Datenzugriffs auszulösen.[195] Deshalb schließt der Gesetzgeber in Satz 7 eine solche

---

184 Vgl. § 8 Abs. 2 Satz 1 SPersAV.
185 So z.B. für die VG in § 99 VwGO.
186 Die Rechte eines Untersuchungsausschusses kann auch der VertA haben, vgl. Art. 45a Abs. 2 GG.
187 V. 19.6.2001 (BGBl. I S. 1142).
188 Vgl. BVerfGE 65, 1 (43).
189 Ob die Eingabe eines Soldaten an den WBeauftr in einer ihn betreffenden Personalangelegenheit zugleich die Einwilligung zur Einsicht in seine PA enthält, ist Tatfrage.
190 Dies konnte in BVerwGE 119, 341 (348) = NZWehr 2004, 163 (166) offen gelassen werden.
191 *Scherer/Alff*, SG, § 29 Rn. 13. Folglich ist die schriftl. Mitteilung nicht zu fordern, wenn der Soldat in die Auskunft eingewilligt hatte.
192 Vgl. § 90g Abs. 1 Satz 3 BBG.
193 Für den Beamtenbereich kommt dieser Zusammenhang in § 90g Abs. 1 u. 2 BBG deutlicher zum Ausdruck.
194 Vgl. z.B. o. Rn. 48.
195 Vgl. *Ehmann*, in: Simitis, Spiros (Hrsg.): Komm. zum BDSG, 5. Aufl. 2003, § 10 Rn. 15.

Eichen

„Selbstbedienung" grds. aus und lässt sie nur zu, wenn eine spezielle gesetzl. Ermächtigung sie ausdrücklich erlaubt.

4. Absatz 4

52 Auch wenn es sein Wortlaut nicht ohne Weiteres erkennen lässt, dient Abs. 4 Satz 1 bis 3 (Satz 3 ergänzt durch Satz 4) als bereichsspezifisches Datenschutzrecht speziell dem Schutz von Daten über medizinische und psychologische Untersuchungen und Tests, die **im Geschäftsbereich des BMVg automatisiert** in Dateien verarbeitet werden.

53 Satz 1 lässt die Verarbeitung der genannten Daten im jew. Dienst der Bw (d.h. im SanDienst oder im psychologischen Dienst) „in Dateien" nur zu, soweit sie für die Dienst- und Verwendungsfähigkeit des Soldaten erforderlich ist. Auch wenn nur von Dateien die Rede ist und nicht wie in Abs. 1 Satz 4 Halbs. 2 von „automatisierten Dateien", und obwohl eine Datei nach der für den Dateibegriff in § 29 maßgeblichen Übergangsvorschrift (§ 46 Abs. 1 Satz 1 Nr. 2 BDSG) auch eine nicht automatisierte Datei ist, sollte Abs. 4 Satz 1 bis 3 in Anlehnung an § 90g Abs. 3 BBG eine **automatisierte** Verarbeitung und Nutzung von Daten aus den Bereichen SanDienst und psychologischer Dienst im Rahmen von Personalführungs- und Personalbearbeitungssystemen verbieten.[196] Der Schutz der in Akten oder nicht automatisierten Dateien geführten Gesundheits- und psychologischen Unterlagen durch Verhinderung von Auskünften aus diesen Vorgängen (deren körperliche Überlassung an Stellen außerhalb des Geschäftsbereichs des BMVg auch Abs. 3 Satz 5 nicht zulässt, vgl. Rn. 48) sollte nicht geregelt werden. Für diese Unterlagen gilt bei Auskünften bereits der Grds. der Verhältnismäßigkeit (insbes. das Gebot der Erforderlichkeit von Auskünften). Sie sind durch die ärztliche Schweigepflicht geschützt und unterfallen außerdem im Rahmen herkömmlicher Personalaktenführung der strikten Zweckbindung des Abs. 1 Satz 4 Halbs. 1 und den Zugangsbeschränkungen des Abs. 3.[197] Ergänzend ordnet § 4 SPersAV eine strikte Trennung der Gesundheitsunterlagen (sie sind als Teilakte zu führen) von der übrigen PA an, begrenzt den Zugang auf SanPersonal und die Auskunftspflicht auf wesentliche und zur Entscheidungsfindung erforderliche Ergebnisse ärztlicher Untersuchungen. Der Schutz dieser Personalteilakten im Rahmen der Erteilung von Auskünften ist daher bereits effektiv gewährleistet.

Mit Satz 1 soll den spezifischen Gefährdungen der **automatisierten** Verarbeitung von Personalaktendaten[198] Rechnung getragen werden. Konsequent beschränkt Satz 1 das Verarbeiten[199] von Daten über medizinische und psychologische Untersuchungen und

---

196 So richtig Nr. 8.7 SPersAFüBest. Dies unterstreicht der Regierungsentw. der Vorschrift, der von automatisierter Verarbeitung u. Nutzung gesprochen hatte (BT-Drs. 12/2201, 16 f.). Obwohl die Vorschrift nach dem Ber. des VertA (BT-Drs. 12/2201, 23) an den Wortlaut u. Inhalt der entspr. beamtenrechtl. Best. angepasst worden ist, ist dies sprachlich in Satz 1 missglückt, weil dort die explizit auf eine automatisierte Verarbeitung (ihn betont zu § 90g Abs. 3 BBG die amtl. Begr. in BT-Drs. 12/544, 21) fehlt.
197 Diese Systematik verkennt BVerwGE 119, 341 (Ls 2) = NZWehrr 2004, 163, das § 29 Abs. 4 als lex specialis gegenüber § 29 Abs. 3 Satz 5 ansieht. Von seiner Konzeption her trifft § 29 Abs. 4 keine Regelung, die nicht im Wege eines Gegenschlusses) für eine körperliche Weitergabe von o. für Auskünfte aus soldatischen Gesundheitsunterlagen an Stellen außerhalb des Geschäftsbereichs des BMVg. Wenn das BVerwG meint, § 29 Abs. 4 lasse eine Weitergabe o. Übermittlung von Gesundheitsunterlagen an Stellen außerhalb des Geschäftsbereichs des BMVg nicht zu, verkennt es, dass eben dies nicht geregelt werden sollte. Im Übrigen zieht das Gericht einen entbehrt der Schluss aus dem Schluss des Gerichts, § 29 Abs. 4 regele für Daten über medizinische u. über psychologische Untersuchungen u. Tests die Grenzen der „befugten" Datenverwendung u. -verarbeitung, einer Grundlage.
198 Vgl. zu diesen Gefährdungen o. Rn. 24 sowie BT-Drs. 12/544, 13 ff. (amtl. Begr. in Bezug auf automatisierte Personalverwaltungssysteme).
199 Zum Begriff s.o. Rn. 23.

Tests auf technisch und organisatorisch getrennte[200], selbstständige, „abgeschottete" Systeme des ärztlichen und psychologischen Dienstes und nur auf Fälle, in denen dies zur Beurteilung der Dienst- und Verwendungsfähigkeit[201] des Soldaten notwendig ist.

Satz 2 lässt nur die Weitergabe[202] der **Ergebnisse** medizinischer und psychologischer Untersuchungen und Tests an die für soldatische Personalangelegenheiten zuständigen Stellen zu, die lediglich diese Ergebnisse in Personalführungs- und -bearbeitungssystemen verarbeiten und nutzen[203] dürfen. Verarbeiten, Nutzen und bereits die Weitergabe hängen von der Erforderlichkeit (eine vorsorgliche Weitergabe ist unzulässig) für Zwecke der Personalführung und Personalbearbeitung[204] ab (ein solcher Zweck ist bereits die Eignungsfeststellung im Rahmen eines Eignungsfeststellungsverfahrens z.B. bei einem Zentrum für Nachwuchsgewinnung oder bei der Offizierbewerberprüfzentrale[205]). Der Grds. der Verhältnismäßigkeit verlangt ärztlicherseits auch bei der Bekanntgabe von Ergebnissen der Untersuchungen und Tests eine Beschränkung auf die unumgänglich notwendigen Informationen, die ausreichen, um eine Entscheidung der Personal bearbeitenden Dienststelle zu ermöglichen.[206] 54

Satz 3 richtet sich an den psychologischen Dienst der Bw. Er darf zur Verifikation und Verbesserung seiner Eignungsfeststellungsverfahren Daten über entspr. Untersuchungen und Tests, regelmäßig (also nicht ausnahmslos, so dass im Einzelfall auch großflächigere Erhebungen[207] möglich sind) in Form von Stichproben, in automatisierten Dateien verarbeiten (**Halbs. 1**). Zu diesem Zweck dürfen nach **Halbs. 2** dem psychologischen Dienst auf dessen Ersuchen andere Stellen der Bw die notwendigen Daten zur Verarbeitung übermitteln, soweit sich diese auf die Ergebnisse der Untersuchungen und Tests beziehen. 55

Der in diesem Zusammenhang nach **Satz 4** entspr. anzuwendende § 40 Abs. 2 BDSG dient der Datenvermeidung und dem Schutz vor den Untersuchungen und Tests betroffenen Probanden vor der Preisgabe ihrer persönlichen Identität. Deren Kenntnis ist zur Verbesserung der Aussagefähigkeit der psychologischen Verfahren grds. nicht nötig. Der psychologische Dienst hat die in Satz 3 genannten personenbezogenen Daten daher nach § 40 Abs. 2 Satz 1 BDSG, sobald der Forschungszweck es zulässt, zu anonymisieren, d.h. so zu verändern, dass die Einzelangaben über persönliche oder sachliche Verhältnisse nicht mehr oder nur mit einem unverhältnismäßig großen Aufwand an Zeit, Kosten und Arbeitskraft einer bestimmten oder bestimmbaren natürlichen Person zugeordnet werden können.[208] Lässt der Forschungszweck die Anonymisierung noch nicht zu, etwa bei Langzeitstudien, die wiederholte Befragungen von Soldaten erfordern, sind die Merkmale, die den betroffenen Soldaten auffindbar machen, nach § 40 Abs. 2 Satz 2 BDSG gesondert zu speichern.[209] Diese personenbezogenen Merkmale und die davon getrennten Forschungsergebnisse dürfen nur zusammengeführt werden, soweit der Forschungszweck dies erfordert (vgl. § 40 Abs. 2 Satz 3 BDSG). 56

---

200 Dies bekräftigt § 7 Abs. 2 Satz 1 SPersAV.
201 Zu den Begriffen vgl. § 44 Rn. 26 ff. u. Rn. 36.
202 Als Anwendungsfall des Übermittelns gem. § 3 Abs. 4 Satz 2 Nr. 3a BDSG.
203 Zum Begriff „Nutzen" vgl. Rn. 23 a.E.
204 Siehe zu diesen Begriffen Rn. 22.
205 Nr. 8.7 SPersAFüBest.
206 § 4 Abs. 3 Satz 1 SPersAV.
207 So entspr. zu § 25 Abs. 4 Satz 3 WPflG *Steinlechner/Walz*, WPflG, § 25 Rn. 32.
208 So die entspr. Definition in § 3 Abs. 6 BDSG.
209 Die Verbindung kann z.B. durch eine Codierung hergestellt werden.

Eichen

§ 29 Gemeinsame Vorschriften

Ergänzend bestimmt § 5 Abs. 5 SPersAV u.a., dass personenbezogene Daten über psychologische Untersuchungen und Tests, die zur Überprüfung der getroffenen psychologischen Eignungsfeststellungen gespeichert bzw. aufbewahrt werden, zu löschen oder zu vernichten sind, wenn ihre Kenntnis nicht mehr erforderlich ist, spätestens (grds.) nach zehn Jahren.

57 Satz 5 ermöglicht es dem BMVg, die die Dienst- und Verwendungsfähigkeit der Soldaten und früheren Soldaten bestimmenden Informationen zentral aufzubewahren, um der Pflicht zur ärztlichen Dokumentation nachzukommen und – vor allem zum Schutz vor unberechtigten Forderungen wegen angeblich im Wehrdienst oder durch das Wehrdienstverhältnis entstandener gesundheitlicher Schäden – um eine ausreichende Beweissicherung zu gewährleisten. § 5 Abs. 3 Satz 4 und 5 SPersAV regelt, dass nach Ablauf der Dienstzeit die Teile der Gesundheitsunterlagen, deren Inhalte die Verwendungs- oder Dienstfähigkeit bestimmen, als Arztsache der übrigen PA zugeführt werden und nach Ende der Wehrüberwachung zentral beim Institut für Wehrmedizinalstatistik und Berichtswesen aufbewahrt werden können.

5. Absatz 5

58 Nach **Satz 1** ist der Soldat zu Beschwerden, Behauptungen und Bewertungen, die für ihn ungünstig sind oder ihm nachteilig werden können, vor deren Aufnahme in die PA[210] zu hören. Seine Äußerung ist zur PA zu nehmen (**Satz 2**).[211] Dieses Verfahren entspringt einerseits der Fürsorgepflicht des Dienstherrn. Es ist andererseits[212] Folge des Rechtsstaatsprinzips und der staatlichen Verpflichtung zur Achtung und Wahrung der Menschenwürde, die es verbietet, den Menschen zum Objekt staatlichen Handelns zu machen. Die Anhörung soll die Grundrechte des Soldaten, die durch die Maßnahme betroffen sein können, schützen. Sie dient der Aufklärung des Sachverhalts und der Erhaltung der Richtigkeit der PA.[213]

59 Eine **Beschwerde** ist eine Eingabe gegen ein bestimmtes Verhalten eines Soldaten, in der ihm gegenüber ein **persönlicher** Vorwurf erhoben wird.[214] Die Eingabe darf sich nicht nur gegen die Behandlung einer Sache und gegen die Sachentscheidung richten, sondern muss das persönliche Verhalten des Soldaten zum Gegenstand haben. Nur dann handelt es sich um **Personalaktendaten** des Soldaten und ist die Beschwerde der PA des Soldaten zuzuordnen; andernfalls verbleibt sie in der entspr. Sachakte.[215]

60 Als **Behauptungen** sind alle Feststellungen tatsächlicher Art zu verstehen, die vom Dienstherrn selbst getroffen oder von anderen Stellen (z.B. als Mitteilungen in Strafsachen) übermittelt werden.[216]

61 **Bewertungen** erfassen subjektive, nicht dem Beweis zugängliche Äußerungen, in denen ein Werturteil enthalten ist.

---

210 Es muss sich bei diesen Vorgängen um Personalaktendaten des Soldaten handeln, die mit seinem Dienstverhältnis in einem unmittelbaren inneren Zusammenhang stehen (s.o. Rn. 11); andernfalls kommt eine Aufnahme in die PA nicht in Frage. Deshalb ist im Zusammenhang mit Beurteilungsbeiträgen o. vorbereitenden Stellungnahmen für Beurteilungen eine Anhörung nach Abs. 5 Satz 1 grds. nicht vorstellbar (vgl. o. Rn. 14). Ebenso entspr. für Beamte *Battis*, BBG, § 90b Rn. 4 m.w.N.
211 Vgl. § 90b BBG.
212 Vgl. zum Folgenden *Kopp/Ramsauer*, VwVfG, § 28 Rn. 3a m.w.N.; *Battis*, BBG, § 90b Rn. 2.
213 *Scherer/Alff*, SG, § 29 Rn. 20. Zum Grds. der Personalaktenrichtlinie s. Rn. 74.
214 *Kathke*, Personalaktenrecht, 50 Rn. 138 m.w.N.
215 Vgl. zur Sachakte o. Rn. 17. S.a. *Plog/Wiedow/Lemhöfer*, BBG, § 90b Rn. 5; *Battis*, BBG, § 90b Rn. 3.
216 Vgl. *Kessler*, Personalaktenrecht, 25; *Kathke*, Personalaktenrecht, 50 Rn. 138.

Personalakten § 29

Die früher schwierige Unterscheidung[217], ob eine Äußerung sich als Behauptung auf 62
Tatsachen bezog oder nur Werturteile enthielt (mit der Folge, dass dann eine Anhörung
unterbleiben konnte), ist durch die Einbeziehung von Bewertungen in den Satz 1 gegenstandslos geworden. Nicht unter das Anhörungsrecht fallen bloße rechtl. Schlussfolgerungen aus einem bereits in der PA enthaltenen Sachverhalt.[218]

Eine Anhörung setzt voraus, dass die Beschwerden, die behaupteten Tatsachen oder die 63
Werturteile für den Soldaten **ungünstig** sind oder ihm **nachteilig** werden können. Die
Entscheidung, ob die zuständige Stelle die Voraussetzungen für diese unbestimmten
Rechtsbegriffe und damit eine Anhörung zu Recht abgelehnt hat (nur dann wird eine
Nachprüfung in Frage kommen), ist gerichtl. (zuständig sind die **Wehrdienstgerichte**,
vgl. § 17 Abs. 1 und 2 WBO i.V.m. § 82 Abs. 1[219]) voll überprüfbar.[220]

Nach dem Wortlaut des Satzes 1 ist der Soldat **vor** der Aufnahme von Vorgängen in die 64
PA zu hören. Nur ein vorhergehendes rechtl. Gehör verhindert, dass bei einem unberechtigten Vorwurf oder einer falschen Sachverhaltsdarstellung die PA unrichtig wird
oder dass, wenn der Sachverhalt zutrifft oder die Vorwürfe begründet sind, der Soldat
den Vorgang ohne seine Stellungnahme in seiner PA vorfindet. Ergeben sich bereits aus
anderen Vorschriften Anhörungspflichten wegen der beabsichtigten Aufnahme eines
Vorgangs in die PA (z.B. nach § 2 Abs. 1 SLV in Bezug auf die Eröffnung und Aufnahme
der dienstl. Beurteilung in die PA), kann auf die Abs. 5 Satz 1 vorgesehene Anhörung
verzichtet werden.[221] Eine Anhörung entfällt auch, wenn ein Vorgang zur PA genommen wird, dessen Rechtmäßigkeit auf Beschwerde oder Antrag auf gerichtl. Entsch. des
Soldaten hin bereits überprüft worden ist oder hätte überprüft werden können (Beispiel: ein in einem förmlichen Prüfungsverfahren erzieltes Prüfungsergebnis wird in die
PA aufgenommen; zu einer Überprüfung des Prüfungsergebnisses durch den die Anhörung vornehmenden Vorg. unter Berücksichtigung der Stellungnahme des betroffenen
Soldaten könnte es unter keinen Umständen kommen[222]).

Ein bestimmtes **Verfahren zur Durchführung der Anhörung** schreibt Abs. 5 Satz 1 nicht 65
vor. Der Soldat ist eindeutig darauf aufmerksam zu machen, dass er zu einem Vorgang
Stellung nehmen soll, der danach in seine PA aufgenommen werden soll. Dieser verfahrensmäßige oder zeitliche Zusammenhang[223] mit der Aufnahme der Vorgänge in die
PA muss klar erkennbar sein, damit der Soldat nicht irrtümlich davon ausgeht, es handele sich nur um eine dienstl. Stellungnahme im Rahmen einer Sachprüfung.

Der Soldat ist nicht zur Stellungnahme verpflichtet.[224] Sieht er hiervon ab, ist aus Beweisgründen ein Vermerk zur PA zu nehmen, dass er Gelegenheit hierzu hatte. Es versteht sich, dass, wenn der Soldat Stellung nimmt, er dies ausreichend schriftl. dokumentieren kann. Wenn seine Gegenäußerung nicht dazu führt, dass auf die Aufnahme des
Vorgangs in die PA verzichtet wird, sind auch umfangreichere begleitende Stellungnahmen ungekürzt zur PA zu nehmen.

Stellt sich in der Anhörung die Unrichtigkeit der Beschwerde, Behauptung oder Bewer- 66
tung heraus, ist diese nicht in die PA einzuordnen, sondern unverzüglich zu vernichten.

---

217 Vgl. z.B. BVerwGE 60, 245 (248 ff.); GKÖD I K, §§ 90 bis 90g Rn. 58 f.
218 *Plog/Wiedow/Lemhöfer*, BBG, § 90b Rn. 5.
219 Vgl. *Böttcher/Dau*, WBO, Einf. Rn. 62 u. § 17 Rn. 26.
220 So entspr. für das Beamtenrecht *Battis*, BBG, § 90b Rn. 4; GKÖD I K, §§ 90 bis 90g Rn. 59 m.w.N.
221 Vgl. Nr. 2.5 SPersAFüBest. Für Beamte ist dies in § 90b Satz 1 BBG geregelt.
222 BVerwGE 83, 323 (Ls 2) = NZWehr 1988, 33 (34).
223 Vgl. BVerwGE 38, 336 (344 f.).
224 *Scherer/Alff*, SG, § 29 Rn. 20; GKÖD I Yk, § 29 Rn. 25.

Eichen 429

Ergibt die Anhörung Zweifel an der Begründetheit oder Richtigkeit der Beschwerde, Behauptung oder Bewertung und lässt sich diese nicht nachweisen, ist ebenfalls von einer Aufnahme in die PA abzusehen.[225] Dies gebietet der Grds. der Fürsorge für den Soldaten. Aus dem Wortlaut des Abs. 5 Satz 1 lässt sich nicht ableiten, dass der Soldat im Falle der nicht aufklärbaren Richtigkeit von Behauptungen und Werturteilen stets die Aufnahme dieser (möglicherweise sogar böswillig erhobenen) unbewiesenen Vorwürfe in seine PA dulden hat. Dies wäre zwar bei striktem Festhalten am Grds. der Vollständigkeit der PA[226] konsequent, widerspräche dem hier vorrangigen schutzwürdigen Interesse des Soldaten, dem i.d.R. nicht mit der Anheftung einer Gegenäußerung an eine unbewiesene Tatsache oder Bewertung geholfen ist.[227] Auch solche in der PA verbleibenden Vorgänge können, selbst wenn der Soldat sie bestreitet, sich erfahrungsgemäß gleichwohl nachteilig und folgenschwer für den Betroffenen auswirken.[228]

67 Ist die vorgeschrieben Anhörung unterblieben, ist sie unverzüglich (ohne schuldhaftes Zögern[229]) nachzuholen.[230] Sind zwischenzeitlich Vorgänge nach Satz 1 in die PA gelangt, gibt allein die fehlende Anhörung dem Soldaten nicht in jedem Fall einen Anspruch auf Entfernung der Vorgänge. Dieser Anspruch besteht dann, wenn die nachgeholte Anhörung zu einem Ergebnis führt, das, wäre rechtl. Gehör rechtzeitig gewährt worden, die Aufnahme der Vorgänge in die PA ausgeschlossen hätte (vgl. Rn. 66). Sind Teile der zur PA genommenen Unterlagen unbegründet oder unrichtig, reicht es aus, die an sich zu entfernenden Teile durch Schwärzung unkenntlich zu machen.[231]

68 Werden auf der Basis unzutreffender oder unbewiesener Vorgänge, die ohne Anhörung in die PA des Soldaten gelangt sind, für diesen nachteilige Folgen bewirkt, insbes. Personalentscheidungen getroffen, kann dies für den Soldaten Ansprüche wegen Verletzung der nach § 31[232] ihm gegenüber bestehenden Fürsorge- und Schutzpflicht auslösen. Möglich wäre ein Amtshaftungsanspruch gem. Art. 34 Satz 1 GG, § 839 BGB.

69 Nach **Satz 3** sind auf Grund von Satz 1 und 2 zu den PA genommenen Vorgänge, soweit sie nicht bereits früher entnommen worden sind, grds. nach spätestens drei Jahren aus der PA zu entfernen[233], wenn der Soldat dem zustimmt.[234] Werden die Vorgänge entfernt, sind sie unverzüglich zu vernichten, da Personalaktendaten außerhalb der PA nicht aufbewahrt werden dürfen. Stimmt der Soldat der Entnahme nicht zu, bleiben die Vorgänge in der PA, bis der Soldat die Entfernung beantragt. Auf den Vorgängen ist zu

---

225 So die amtl. Begr. zum sachgleichen § 90b BBG (BT-Drs. 12/544, 18). Ebenso *Kessler*, Personalaktenrecht, 24; *Kathke*, Personalaktenrecht, 52 Rn. 141; a.A. GKÖD I Yk, § 29 Rn. 25; *Plog/Wiedow/Lemhöfer*, BBG, § 90b Rn. 11 unter Hinweis auf Wortlaut u. Sinnzusammenhang des § 90b BBG; wie *Kathke* a.a.O. (Fn. 257) richtig feststellt, wird damit der historische Wille des Gesetzgebers ignoriert.
226 S.o. Rn. 10.
227 Der vom BVerwG betonte Grundsatz der Personalaktenvollständigkeit wird durch die Fürsorgepflicht des Dienstherrn begrenzt, vgl. BT-Drs. 12/544, 12.
228 Vgl. GKÖD I K, §§ 90 bis 90g Rn. 66 m.w.N.
229 § 121 Abs. 1 BGB.
230 *Scherer/Alff*, SG, § 29 Rn. 20; entspr. zum Beamtenrecht *Battis*, BBG, § 90b Rn. 5.
231 Vgl. BVerwG ZBR 2000, 129 f. m.w.N.
232 Vgl. die Komm. zu § 31.
233 Die amtl. Begr. (BT-Drs. 12/544, 20) zur beamtenrechtl. Parallelvorschrift (§ 90e Abs. 1 Satz 1 Nr. 2 BBG) stützt die Entfernung auf den sich aus der Fürsorgepflicht ergebenden Resozialisierungsgedanken.
234 Die Zustimmung ist einzuholen, weil es schwerwiegende Gründe für den Soldaten geben kann, derartige Vorgänge in der PA zu belassen (BT-Drs. 12/544, 20 [zu § 90e Abs. 1 BBG]). Nach dem Wortlaut der Vorschrift muss der Soldat seine Ablehnung nicht begründen; im Ergebnis wohl ebenso („kann aus jedem Grund die Zustimmung verweigern") *Scherer/Alff*, SG, § 29 Rn. 21.

vermerken, dass sie tilgungsreif sind, der Soldat der Herausnahme und Vernichtung widersprochen hat und eine Verwertung der Unterlagen zu seinem Nachteil unzulässig ist.[235]

Ausnahmsweise verbleiben nach Satz 3 Vorgänge in der PA, wenn sie **in eine dienstl. Beurteilung aufgenommen** worden sind oder nach anderen gesetzl. Best. einer **längeren Tilgungsfrist** unterliegen. **70**

Mit der Regelung zur Nichtentfernung von Unterlagen, die in eine dienstl. Beurteilung aufgenommen worden sind, wird implizit von der längerfristigen Aufbewahrung der dienstl. Beurteilung in der PA ausgegangen.[236] Bei den genannten Unterlagen kann es sich grds. nicht um Beurteilungsbeiträge oder vorbereitende Stellungnahmen handeln, da diese nicht Bestandteil der PA werden können.[237] Erfasst werden nur Vorgänge, die als Beurteilungsbeiträge oder vorbereitende Stellungnahmen zugeleitet wurden und ausnahmsweise förmlich in die Beurteilung integriert oder mit ihr eröffnet, also Teile der PA wurden.

Eine gesetzl. Vorschrift, die längere Tilgungsfristen regelt, ist insbes. § 8 WDO. Eine spezielle, sich auf Mitteilungen in Strafsachen und auf Auskünfte aus dem Bundeszentralregister beziehende Regelung zur Entfernung aus der PA, trifft § 6 SPersAV.[238]

Nach **Satz 4**[239] **unterbricht** die Einleitung eines Straf- oder Disziplinarverfahrens i.d.R. die **Frist** nach Satz 3. Hier soll der Resozialisierungsgedanke hinter den Grds. der Vollständigkeit der PA zurücktreten.[240] **71**

Unter **Einleitung eines Strafverfahrens**[241] ist jede Maßnahme zu verstehen, die durch die Staatsanwaltschaft, ihre Hilfsbeamten oder einen Strafrichter mit dem erkennbaren Ziel ergriffen wird, gegen einen Soldaten wegen einer Straftat vorzugehen. Die Einreichung einer Anklageschrift durch die Staatsanwaltschaft bei Gericht gem. § 170 Abs. 1 StPO oder die Entsch. dieses Gerichts über die Eröffnung des Hauptverfahrens nach § 199 Abs. 1 StPO muss nicht abgewartet werden. Entscheidend ist vielmehr, dass der Dienstherr in nachvollziehbarer Form Mitteilung (insbes. im Wege des § 89) von einer Maßnahme (z.B. einem richterlichen Haftbefehl nach § 128 Abs. 2 Satz 2 StPO) erhält. Bereits ab diesem Zeitpunkt ist es gerechtfertigt, von einer Unterbrechung der Frist auszugehen. Es wäre z.B. nicht vertretbar, einen nach Abs. 5 Satz 1 in die PA aufgenommenen Vorgang aus der PA eines Soldaten, der nach Kenntnis seiner Vorg. in Untersuchungshaft sitzt, nur deshalb entfernen zu müssen, weil noch keine Mitteilung in Strafsachen nach § 89 bei der Truppe eingegangen ist.

Daher ist unter **Einleitung eines Disziplinarverfahrens** i.S.v. Satz 4 nicht nur ein gerichtl. Disziplinarverfahren und für dieses nicht erst die Zustellung der Einleitungsverfügung an den Soldaten gem. § 93 Abs. 1 WDO zu verstehen. Auch sonstige Ermittlungen eines

---

235 So Nr. 2.5 SPersAFüBest.
236 Weder § 2 Abs. 1 SLV noch die ZDv 20/6 noch die SPersAV enthalten spezielle Best. über Aufbewahrungsfristen für Beurteilungen in der PA. Es gelten daher die allg. Regelungen zur Aufbewahrung von PA (§ 29 Abs. 6 u. § 5 SPersAV). Für Beamte bestimmt § 90e Abs. 1 Satz 1 Nr. 2 Halbs. 2 BBG ausdrücklich, dass „dienstliche Beurteilungen" nicht aus der PA entfernt werden.
237 Vgl. BVerwGE 62, 135 = ZBR 1981, 341 u. o. Rn. 14. Diesen Vorgängen fehlt der unmittelbare innere Zusammenhang zum Dienstverhältnis (vgl. o. Rn. 11), so dass sie außerhalb der PA aufbewahrt werden. Vgl. auch *Battis*, BBG, § 90e Rn. 6.
238 Vgl. entspr. § 90e Abs. 2 BBG.
239 Die Vorschrift deckt z.T. den Regelungsinhalt des § 90e Abs. 1 Satz 2 BBG ab.
240 BT-Drs. 12/544, 20 (zu § 90e Abs. 1 BBG).
241 Die amtl. Begr. (BT-Drs. 12/544) gibt keine Interpretationshilfe.

§ 29 Gemeinsame Vorschriften

DiszVorg. zur Sachverhaltsaufklärung bei Verdacht eines Dienstvergehens (§ 32 WDO) oder andere in diesem Zusammenhang ergehende Maßnahmen (z.B. eine vorläufige Festnahme nach § 21 WDO) reichen aus, die Dreijahresfrist zu unterbrechen.

72 **Unterbrechung** der Frist bedeutet, dass die Dreijahresfrist in der Zeit von der Einleitung bis zum Abschluss des Verfahrens **nicht läuft**. Erweisen sich die neuen Vorwürfe als richtig und begründet, beginnt mit dem Abschluss des diesbezüglichen Verfahrens eine **neue Dreijahresfrist** zu laufen.[242] Schon aus diesem Grund ist der zeitlich möglichst weit vorgezogene Beginn der Unterbrechung der Dreijahresfrist für den Soldaten keine zusätzliche Beschwer.

Stellen sich die erneuten Vorwürfe als unbegründet oder falsch heraus, gilt die Frist als nicht unterbrochen. Dieser Grds. ist in Abs. 5 zwar nicht, anders als im BBG[243], ausdrücklich geregelt. Er gilt jedoch – dies gebietet das Rechtsstaatsprinzip – entspr. auch ohne ausdrückliche soldatengesetzl. Normierung für soldatenrechtl. Entfernungsansprüche.[244]

73 Anders als nach § 90e Abs. 1 Satz 2 BBG wird nach Satz 4 die Frist für die Entfernung nur **regelmäßig** unterbrochen. Es sind Ausnahmen möglich, in denen die Einleitung eines Straf- oder Disziplinarverfahrens nicht zur Unterbrechung der Dreijahresfrist führt. Vorstellbar ist dies z.B. dann, wenn es sich bei den neuen Vorwürfen um Bagatellfälle handelt oder wenn die Fallgestaltung des Straf- oder Disziplinarverfahrens erkennbar in keinem sachlichen Zusammenhang zu dem auf Grund einer Beschwerde, Behauptung oder Bewertung in die PA aufgenommenen Vorgang steht.

74 Im Gegensatz zum Beamtenrecht, das in § 90e Abs. 1 Satz 1 Nr. 1 BBG für Unterlagen über Beschwerden, Behauptungen und Bewertungen in der PA, die sich als unbegründet oder falsch erwiesen haben (ohne dass sie ungünstig sind oder nachteilig werden können, diesen Sonderfall regelt § 90e Abs. 1 Satz 1 Nr. 2 BBG entspr. zu § 29 Abs. 5), mit Zustimmung des Betroffenen eine unverzügliche **Entfernung und Vernichtung** vorsieht, enthält § 29 eine solche Vorschrift nicht. Auch in der SPersAV finden sich keine ergänzenden Best.

Gleichwohl kann es für das soldatische Personalaktenrecht nicht zw. sein, dass (abgesehen von den in Abs. 5 ausdrücklich geregelten Fällen) Unterlagen mit unbegründeten oder falschen Behauptungen oder Bewertungen, die für den Soldaten sogar vorteilhaft sein können[245], von Amts wegen **unverzüglich aus der PA zu entnehmen** und zu **vernichten** sind, wenn der Soldat dem zustimmt. Dies folgt aus dem **Grds. der Personalaktenrichtigkeit**, der insbes. fordert, PA stets auf aktuellem Stand zu halten, sie ständig auf Richtigkeit und Vollständigkeit zu überprüfen, erkannte Fehler unverzüglich zu beseitigen und die entspr. Unterlagen zu vernichten. Das Zustimmungserfordernis soll den Soldaten in Fällen schützen, in denen es für ihn aus schwerwiegenden Gründen ratsam erscheint, unbegründete oder falsche Vorgänge in der PA zu belassen.[246] Dies ist dann in

---

242 *Scherer/Alff*, SG, § 29 Rn. 21 a.E.; *Kathke*, Personalaktenrecht, 111 Rn. 341; vgl. zum Begriff der Unterbrechung *Kopp/Ramsauer*, VwVfG, § 53 Rn. 34. Es tritt also keine Hemmung des Fristablaufs nach § 209 BGB ein (dies ist z.B. bei § 17 Abs. 5 WDO der Fall), wonach der Zeitraum, während dessen die Verjährung gehemmt ist, in die Verjährungsfrist nicht eingerechnet wird.
243 S. § 90e Abs. 1 Satz 3 BBG.
244 Vgl. GKÖD I Yk, § 29 Rn. 9; a.A. *Stauf* I, § 29 SG Rn. 13. Die entspr. Anwendung wird bestätigt durch § 6 Satz 3 SPersAV.
245 Beispiel: Vermerk über angebliche, tatsächlich nicht vorhandene Sprachkenntnisse eines Soldaten.
246 So entspr. für das Beamtenrecht *Battis*, BBG, § 90e Rn. 5 m.w.N.

Personalakten § 29

der Akte zu vermerken. Bei Unterlagen, die nur teilweise Angaben enthalten, die zu entfernen sind, im Übrigen aber Informationen wiedergeben, die in der PA zu verbleiben haben, reicht es aus, die zu tilgenden Feststellungen zu schwärzen.[247]

6. Absatz 6

PA[248] gehören traditionell zum langfristig aufzubewahrenden Schriftgut. Dadurch kann ein hoher Personal- und Sachaufwand entstehen. Die Aufbewahrung ist entspr. dem Gebot sparsamen Umgangs mit Finanzmitteln unter wirtschaftlichen Gesichtspunkten zu sehen. Ökonomische Gründe sprechen dafür, die Aufbewahrungsfristen eindeutig zu regeln und möglichst abzukürzen. Andererseits sind Aufbewahrungsfristen unter dem Gesichtspunkt der Verjährung von Ansprüchen aus dem Dienstverhältnis zu beurteilen. Hinterbliebenen des Soldaten ist u.U. noch lange nach dessen Tod Einblick in die PA zu gewähren. Diesen Notwendigkeiten trägt Abs. 6 Rechnung. 75

Satz 1 erlaubt es dem Dienstherrn, die PA des Soldaten nach Beendigung des Wehrdienstverhältnisses aufzubewahren, wenn dies sachlich gerechtfertigt ist. Beispielhaft („insbesondere") werden hierfür die weitere Erfüllung der WPfl, besoldungs- und versorgungsrechtl. Gründe angeführt. Entfällt die Notwendigkeit der Aufbewahrung der PA ganz oder für bestimmte Teile (für Teilakten oder Nebenakten[249]), ist sie oder der entspr. Teil zu vernichten. Dies fordert der Grds. der Verhältnismäßigkeit. 76

Nach **Satz 2** ist mit den in Dateien[250] gespeicherten Informationen entspr. zu verfahren. Solche sind von der verantwortlichen Stelle zu löschen, sobald ihre Kenntnis zur Aufgabenerfüllung nicht mehr erforderlich ist.[251] 77

Satz 3 trifft spezielle Regelungen zur Behandlung der Personalunterlagen von Personen, die sich erfolglos um Einstellung als BS oder SaZ beworben haben. Werden deren Personalunterlagen noch für eine Heranziehung zum Wehrdienst auf Grund der WPfl benötigt, sind diese Unterlagen an das zuständige KWEA abzugeben. Dort werden sie in eine PA aufgenommen, die je nach den Umständen auf einer unterschiedlichen Rechtsgrundlage beruht: Entweder, wenn der abgelehnte Bewerber noch keinen Wehrdienst geleistet hat, in die nach § 25 Abs. 1 WPflG, § 2 Abs. 1 Satz 1 WPersAV über jeden (ungedienten) WPfl zu führende PA, oder, wenn der abgelehnte Bewerber bereits Soldat war, in die nach § 29 Abs. 6 Satz 1 für jeden früheren Soldaten aufzubewahrende PA.[252] Steht der abgelehnte Bewerber für einen Wehrdienst auf Grund der WPfl nicht zur Verfügung, wird mit den Bewerbungsunterlagen keine PA angelegt. Die persönlichen Unterlagen sind dem Bewerber vielmehr nach Möglichkeit zurückzugeben; geschieht dies nicht, sind sie zu den Unterlagen des Bewerbungsverfahrens zu nehmen, die insgesamt eine Sachakte bilden. Gespeicherte Personaldaten über abgelehnte Bewerber sind zu löschen, soweit sie nicht für eine erneute Berufung oder eine Heranziehung zum Wehrdienst nach dem WPflG von Bedeutung sind. 78

Konkretisiert wird Abs. 6 durch § 5 SPersAV. 79

---

247 BVerwG ZBR 2000, 129 f. m.w.N.
248 Zum Folgenden BT-Drs. 12/544, 13.
249 Vgl. o. Rn. 26 u. 27.
250 Siehe zum Dateibegriff im Rahmen des SG § 46 Abs. 1 BDSG u.o. Rn. 16.
251 Vgl. § 20 Abs. 2 Nr. 2 BDSG.
252 Abs. 6 Satz 3 regelt nicht den Fall, dass sich ein wpfl Soldat o. ein SaZ erfolglos um eine Berufung in das Dienstverhältnis eines SaZ o. BS bewirbt: Dessen Bewerbungsunterlagen werden zur Grundakte (Klarsichthülle o. Stammakte) genommen, die grds. in der personalbearbeitenden Stelle geführt wird (vgl. Nr. 2.1.3 SPersAFüBest).

Eichen

§ 29　　　　　　　　　　　　　　　　　　　　Gemeinsame Vorschriften

Er regelt insbes.
- die **Aufbewahrungsfristen** der **PA** früherer BS und der übrigen Angehörigen der Reserve, für ehem., nicht mehr wehrdienstfähige oder verstorbene Soldaten (Abs. 2),
- das Schicksal von Unterlagen zu Anträgen auf Gewährung von Nebengebührnissen wie Beihilfen, Reisekosten oder Trennungsgeld (Abs. 3 Satz 1 und 2[253]),
- den Verbleib der Gesundheitsunterlagen[254] (Abs. 3 Satz 3 bis 5),
- der Besoldungs- und Versorgungsakten (Abs. 4[255]),
- der personenbezogenen Daten über psychologische Untersuchungen und Tests, die zur Überprüfung der getroffenen psychologischen Eignungsfeststellungen gespeichert bzw. aufbewahrt werden (Abs. 5).

Gem. § 5 Abs. 6 SPersAV[256] sind nach Ablauf der Aufbewahrungsfristen die PA dem BA-MA zur Übernahme anzubieten. Übernommen werden insbes. Akten, die Personen mit besonderer Biographie (z.B. Persönlichkeiten des öff. Lebens, Spitzensportler[257]) betreffen. PA, die nicht archiviert werden, sind zu vernichten, sofern nicht nach anderen Best. eine längere Aufbewahrungsfrist vorgesehen ist.

7. Absatz 7

80　Satz 1[258] garantiert jedem in einem Wehrdienstverhältnis stehenden Soldaten und jedem früheren Soldaten ein **Recht auf Einsicht** in seine PA.

81　Einbezogen werden einerseits Soldaten, die auf Grund der WPfl Wehrdienst leisten.[259] Andererseits zeigt der Wortlaut des Satzes 1 („nach seinem **Ausscheiden** aus dem Wehrdienstverhältnis") mit seinem umfassenden Regelungsinhalt, dass bei **früheren Soldaten** die Art der Beendigung des Wehrdienstverhältnisses nicht maßgeblich ist. Erfasst werden alle Gründe für die Beendigung eines Wehrdienstverhältnisses, z.B. der Verlust der Rechtsstellung als BS oder SaZ, die Entlassung oder die Entfernung aus dem Dienstverhältnis durch Urt. in einem gerichtl. Disziplinarverfahren. Auch hiervon betroffene frühere Soldaten haben ein Recht auf Einsicht in ihre PA. Dies gilt entspr. für Soldaten in einem **faktischen Dienstverhältnis**[260], für die ein wirksames Wehrdienstverhältnis nicht begründet worden ist. Hat der Dienstherr die Dienste des faktischen Soldaten, ohne dass dieser seine Eingliederung in die SK erschlichen hat, entgegen genommen und über den Soldaten eine PA angelegt, gibt es grds. keinen sachlichen Grund, dem faktischen Soldaten die Einsicht in diese Akte zu verwehren, selbst wenn für ihn die Verschwiegenheitspflicht als nachwirkende Pflicht (§ 14 Abs. 1 Satz 1, § 23 Abs. 2 Nr. 1) wohl nicht gilt.[261] Als Korrektiv zur fehlenden Verschwiegenheitspflicht kann in diesem Fall wie bei der Einsicht in die PA durch Bevollmächtigte nach Satz 2 (vgl. u. Rn. 87) die Einsicht davon abhängig gemacht werden, dass ihr dienstl. Gründe nicht entgegen stehen.

82　Das aus dem Fürsorgegrundsatz abgeleitete Recht auf Einsicht in die PA bezieht sich auf die **vollständige** PA.[262] Es erfasst alle Personalaktendaten[263] ohne Unterschied, ob

---
253　Vgl. § 90f Abs. 2 BBG.
254　S.o. Rn. 57.
255　Vgl. § 90f Abs. 3 BBG.
256　Entspr. § 90f Abs. 4 BBG.
257　Vgl. Abschnitt 7 SPersAFüBest.
258　Vgl. entspr. § 90c Abs. 1 BBG.
259　§ 25 Abs. 6 Satz 1 WPflG gilt nur für ungediente WPfl.
260　Vgl. zum faktischen Soldaten die Komm. zu § 1 Rn. 36 ff.
261　Vgl. die Komm. zu § 14 Rn. 7.
262　BT-Drs. 12/544, 18 zu § 90c BBG. Vgl. *Scherer/Alff*, SG, § 29 Rn. 23.
263　S.o. Rn. 11.

434　　　　　　　　　　　　　　　　　　　　　　　　　　　　　　　　　　　*Eichen*

Personalakten § 29

sie in der Grundakte, in Teil- oder in Nebenakten[264] zu finden sind, einschl. der in Dateien gespeicherten. In Verfahren nach der WDO gelten für das Akteneinsichtsrecht des Soldaten, seines Verteidigers, eines Betreuers oder Pflegers spezielle Vorschriften[265], die Abs. 7 vorgehen. Auch die Fürsorgepflicht kann im Einzelfall – allerdings unter Anlegung eines strengen Maßstabes – das Einsichtsrecht des Soldaten in ihn betreffende ärztliche Gutachten beschränken, wenn die Besorgnis besteht, dass der Soldat bei Kenntnisnahme des Befundes weiteren gesundheitlichen Schaden nimmt.[266] Ggf. ist durch den zuständigen SanOffz die notwendige Vorsorge (z.b. durch vorherige Aufklärung, ärztliche Betreuung bei der Akteneinsicht) zu treffen.[267]

Dem Soldaten steht ein **uneingeschränktes Recht** auf Einsicht in seine PA zu. Ein rechtl. Interesse unterstellt der Gesetzgeber[268]. Es entfällt nicht dadurch, dass der Soldat den Inhalt seiner PA kennt oder von Vorgängen, in die er Einsicht begehrt, schon auf andere Weise Kenntnis erlangt hat.[269] Der Soldat muss daher keine Begründung liefern. Macht er, was formlos geschehen kann, einen Anspruch auf Einsicht geltend, bedarf diese deshalb keiner besonderen Genehmigung. Sie ist ohne weitere Prüfung unverzüglich zu gewähren, ohne dass die PA führende Stelle einen Abwägungsspielraum[270] (z.B. aus Sicherheitsgründen bei MAD-Angehörigen) geltend machen könnte.   83

Der Soldat unterliegt ebenso wie bei sonstigen, ihm bei seiner dienstl. Tätigkeit bekannt gewordenen Angelegenheiten auch in Bezug auf seine PA grds. der **Pflicht** zur **Verschwiegenheit**[271] (§ 14 Abs. 1 Satz 1). Er hat über die ihm durch die Einsicht in die PA bekannt gewordenen Einzelheiten zu schweigen, es sei denn, die Voraussetzungen des § 14 Abs. 2 liegen vor. Ein Soldat (z.B. im MAD oder BND), der verwendungsbedingt zu besonderer Verschwiegenheit verpflichtet ist, darf Einzelheiten seiner PA nicht weitergeben, da diese durchaus sicherheitsrelevant sein können.

Auch ein **früherer Soldat** unterliegt hins. des Inhalts seiner PA der Verschwiegenheitspflicht. Hat er die Akte erst nach Beendigung des Wehrdienstverhältnisses eingesehen, unterfällt er zwar vom Wortlaut her nicht § 14 Abs. 1 Satz 1, da er die Kenntnis nicht „bei" seiner dienstl. Tätigkeit erlangt hat; ihrem Sinn nach muss die nachwirkende Verschwiegenheitspflicht auch für diesen Fall gelten.[272]

Einsichtnahmen in PA sind nicht zu vermerken.[273] Die Häufigkeit der Einsicht[274] unterliegt nur unter dem Aspekt des Missbrauchs Grenzen.   84

Wird ein Antrag auf Einsicht in die PA abgelehnt, handelt es sich um eine beschwerdefähige truppendienstl. Maßnahme, gegen die der Soldat notfalls eine wehrdienstgerichtl. Entsch. (§§ 17, 21 WBO) beantragen kann.[275]   85

Das Verfahren der Akteneinsicht wird konkretisiert durch § 8 Abs. 1 SPersAV.[276] Danach wird Einsicht grds. nur in den Diensträumen der Personalakten führenden Dienst-   86

---

264 Vgl. *Plog/Wiedow/Lemhöfer*, BBG, § 90c Rn. 2. Siehe zu Grund-, Teil- u. Nebenakten o. Rn. 25 ff.
265 Insbes. § 3, § 90 Abs. 3 WDO; vgl. die Komm. bei *Dau*, WDO.
266 BT-Drs. 12/544, 18 zu § 90c BBG. Vgl. *Plog/Wiedow/Lemhöfer*, BBG, § 90c Rn. 3.
267 Anl. 5 Nr. 2.1 SPersAFüBest.
268 Hierzu u. zum Folgenden BT-Drs. 12/544, 18 (zu § 90c BBG).
269 Vgl. GKÖD I K, § 90 bis 90g Rn. 49.
270 Vgl. *Plog/Wiedow/Lemhöfer*, BBG, § 90c Rn. 2.
271 *Scherer/Alff*, SG, § 29 Rn. 23. Vgl. entspr. den Hinw. zu § 90c Abs. 1 BBG auf die Pflichten aus dem Dienstverhältnis in BT-Drs. 12/544, 18.
272 Vgl. *Plog/Wiedow/Lemhöfer*, BBG, § 90c Rn. 9.
273 Anl. 5 Nr. 2.1 SPersAFüBest; *Scherer/Alff*, SG, § 29 Rn. 23.
274 Nach BT-Drs. 12/544, 19 „beliebig oft" möglich.
275 Vgl. *Böttcher/Dau*, WBO, Einf. Rn. 61, § 1 Rn. 200.
276 Ergänzt durch Anl. 5 Nr. 1.2 f. SPersAFüBest.

stelle oder einer im Einzelfall durch diese festgelegten Dienststelle der Bw jew. unter Aufsicht eines Bediensteten[277] gewährt. Im Ausland kann die Einsicht in einer deutschen diplomatischen oder konsularischen Vertretung stattfinden, wenn dies dem Soldaten bei einer Dienststelle der Bw nicht zugemutet werden kann. Reisekosten, die durch diese Akteneinsicht entstehen, werden dem Soldaten ebenso wenig wie im Inland erstattet.[278]

Soweit dienstl. Gründe nicht entgegen stehen, dürfen im Einzelnen bezeichnete Auszüge, Abschriften, Ablichtungen oder Ausdrucke unter Aufsicht gefertigt werden.[279] Hinderungsgrund kann insbes. ein spezielles Vertraulichkeitsbedürfnis hins. einzelner dienstl. Vorgänge oder darin enthaltener Daten Dritter sein.[280] Die Abschrift oder Kopie der gesamten PA ist jedenfalls unzulässig.[281] Dem Soldaten ist – für ihn kostenfrei[282] – auf Verlangen ein unverschlüsselter Ausdruck der zu seiner Person automatisiert gespeicherten Personalaktendaten zu überlassen.[283] Einsicht in Gesundheitsunterlagen wird grds. nur unter Aufsicht eines der ärztlichen Schweigepflicht unterliegenden Bediensteten gewährt.[284]

Beantragt der Soldat statt einer Einsicht eine Auskunft oder eine Kopie eines bestimmten Vorgangs aus der PA, so ist dem – soweit dienstl. Gründe nicht entgegen stehen – zu entsprechen, wenn sich damit aus Sicht des Soldaten eine Einsichtnahme erübrigt.[285]

87 Das grds. unbeschränkte Recht des Soldaten auf Einsicht in seine PA findet seinen Grund in der Pflicht zur Verschwiegenheit, welcher der Soldat hierbei unterliegt.[286] Obwohl dritte Personen an diese Pflicht nicht gebunden sind und das Recht zur Einsicht in die PA grds. als höchstpersönliches Recht anzusehen ist, gestattet **Satz 2** einem **Bevollmächtigten** des Soldaten Einsicht in dessen PA. Um auszuschließen, dass der Bevollmächtigte von den erlangten Kenntnissen unsachgemäß Gebrauch macht, wird seine Einsicht davon abhängig gemacht, dass **dienstl. Gründe** nicht entgegen stehen.[287] Ob im konkreten Fall der unbestimmte Rechtsbegriff „dienstliche Gründe" (diese können z.B. in einem von der Dienststelle reklamierten Geheimhaltungsbedürfnis für die PA liegen oder mit der Person des Bevollmächtigten, etwa aus konkretem Anlass bestehenden Zweifeln an dessen Verschwiegenheit, begründet werden) zur Versagung einer Akteneinsicht zu Recht angenommen worden ist, kann durch die Wehrdienstgerichte in vollem Umfang überprüft werden.[288]

88 Der **Bevollmächtigte**[289] ist **kein Dritter**, sondern er vertritt den einsichtsberechtigten Soldaten. Häufig wird Bevollmächtigter ein **Rechtsanwalt** sein. Wird er als Verteidiger

---

277 Dies soll Manipulationen an der PA ausschließen, BT-Drs. 12/544, 19.
278 Vgl. ebd. sowie *Kathke*, Personalaktenrecht, 83 Rn. 245.
279 Ggf. kann für Ablichtungen etc. von dem Soldaten eine Kostenerstattung verlangt werden, so *Plog/Wiedow/Lemhöfer*, BBG, § 90c Rn. 18 unter Berufung auf BT-Drs. 12/544, 19. Vgl. ausdrücklich für Disziplinarverfahren § 3 Abs. 1 Satz 3 WDO.
280 S. ebd. u. § 8 Abs. 1 Satz 4 SPersAV.
281 GKÖD I K, §§ 90 bis 90g Rn. 51.
282 So entspr. dem Fall ausdrücklich BT-Drs. 12/544, 19 (entspr. zu § 90c Abs. 3 BBG).
283 § 8 Abs. 1 Satz 5 SPersAV.
284 Anl. 5 Nr. 1.2 SPersAFüBest.
285 Anl. 5 Nr. 2.1 SPersAFüBest.
286 S.o. Rn. 81.
287 Vgl. BT-Drs. 12/544, 18 (entspr. zu § 90c Abs. 2 BBG).
288 So entspr. zum Beamtenrecht *Kathke*, Personalaktenrecht, 76 Rn. 218.
289 Zum Begriff des Bevollmächtigten im Verfahren der Einsicht in PA kann auf § 14 VwVfG zurückgegriffen werden.

oder Prozessvertreter in gesetzl. speziell geregelten Verfahren tätig, ist ihm die Einsicht in PA, die für das Verfahren beigezogen worden sind, nach spezifischen gesetzl., Satz 2 verdrängenden Vorschriften der einschlägigen Verfahrensordnungen möglich (z.b. nach § 90 Abs. 3 WDO als Verteidiger im gerichtl. Disziplinarverfahren, nach § 147 StPO als Verteidiger im Strafverfahren, nach § 100 VwGO als Bevollmächtigter im verwaltungsgerichtl. Verfahren [das Akteneinsichtsrecht der Beteiligten erstreckt sich auf deren nach § 67 VwGO zu bestellende Bevollmächtigte]).

Der Bevollmächtigte muss nicht Rechtsanwalt, sondern kann ein Soldat oder jede andere natürliche Person sein, die verfahrenshandlungsfähig ist.[290] Da die Person des Bevollmächtigten genau bestimmbar sein muss, ist die Vollmacht für eine Personenmehrheit (z.b. einen Verein, eine Gewerkschaft oder einen Berufsverband) unzulässig.[291]

Auch wenn Satz 2 – anders als § 14 Abs. 1 Satz 3 VwVfG – keine Regelung über den schriftl. **Nachweis einer Bevollmächtigung** enthält, ist in Zweifelsfällen, wenn der vertretene Soldat die Vollmacht nicht bestätigt, die Vorlage einer **schriftl. Vollmacht** zu fordern. Als spezielle Vorschrift verlangt § 8 Abs. 2 Satz 2 und 3 SPersAV, dass Bevollmächtigten die Einsicht in oder die Auskunft aus Gesundheitsunterlagen nur auf Grund ausdrücklicher Vollmacht des Soldaten (d.h. einer solchen, die sich ausdrücklich auf diese Gesundheitsunterlagen bezieht) gewährt werden darf. Diese Vollmacht wird regelmäßig schriftl. zu erteilen sein. Für Beihilfeakten gilt dies mit der Maßgabe, dass zusätzlich die Einwilligung des bei der Beihilfegewährung berücksichtigten Angehörigen erforderlich ist.

Satz 3 erlaubt die Einsicht in die PA eines verstorbenen Soldaten dessen **Hinterbliebenen** (insbes. dem überlebenden Ehegatten, den Kindern oder sonstigen Personen, die nach §§ 41 ff. SVG als Hinterbliebene Ansprüche geltend machen können) und auch deren Bevollmächtigten[292], soweit dienstl. Gründe nicht entgegen stehen (dies folgt aus der Formulierung „Dies gilt auch für …") und wenn zusätzlich ein **berechtigtes Interesse** an der Einsicht glaubhaft gemacht wird. Ein berechtigtes Interesse kann z.B. darin bestehen, konkrete Schadensersatzansprüche oder sonstige Forderungen gegen den Dienstherrn des verstorbenen Soldaten prüfen zu wollen. Das Einsichtsrecht geht nur so weit, wie das berechtigte Interesse reicht. Von diesem Interesse nicht berührte Teile der PA sind daher (dies verlangt der Grds. der Verhältnismäßigkeit) nicht einsehbar.

Stehen einer Einsichtnahme in die PA durch einen Bevollmächtigten oder durch Hinterbliebene dienstl. Gründe entgegen, muss in Erwägung gezogen werden, ob und inwieweit eine **Auskunft** an diese Personen in Betracht kommt.[293] Nach **Satz 4** ist zu prüfen, ob bei Erteilung an einen Bevollmächtigten auch einer Auskunft dienstl. Gründe entgegenstehen, und ob bei einer Auskunft an Hinterbliebene zusätzlich ein berechtigtes Interesse an der Auskunft glaubhaft gemacht wird.

Bei der Gewährung der Einsicht oder Auskunft sind Bevollmächtigte und Hinterbliebene darauf hinzuweisen, dass sie von der erlangten Kenntnis nur in dem zur Einsicht oder zur Auskunft berechtigenden Umfang Gebrauch machen dürfen, und dass eine darüber hinausgehende Verwertung der gewonnenen Informationen unzulässig ist.[294]

89

90

---

290 Vgl. *Kopp/Ramsauer*, VwVfG, § 14 Rn. 11 m.w.N.
291 GKÖD I K, §§ 90 bis 90g Rn. 52; *Kathke*, Personalaktenrecht, 75 Rn. 214.
292 Vgl. Anl. 5 Nr. 2.4 SPersAFüBest.
293 So entspr. zu § 90c Abs. 2 BBG BT-Drs. 12/544, 18.
294 So entspr. BT-Drs. 12/544, 18 (zu § 90c Abs. 2 BBG).

Andere als die genannten Privatpersonen (Bevollmächtigte, Hinterbliebene) haben keinen Anspruch auf Einsicht in die PA, auch wenn der Soldat zustimmt.[295] Auskünfte über Satz 4 hinaus sind nur nach Maßgabe des Abs. 3 Satz 5 zulässig.

8. Absatz 8

91 **Satz 1** gibt dem Soldaten, soweit gesetzl. nichts anderes bestimmt ist, ein Recht auf Einsicht in andere Akten, die personenbezogene Daten über ihn enthalten und die für sein Dienstverhältnis verarbeitet oder genutzt werden. Bei diesen Akten handelt es sich nicht um PA (eine Einsicht in seine PA wäre dem Soldaten bereits nach Abs. 7 Satz 1 rechtl. möglich), und die in sie aufgenommenen Daten sind keine Personalaktendaten.[296] Es handelt sich bei diesen Akten vielmehr um Sachakten[297] und bei den in diesen enthaltenen Daten um personenbezogene Sachaktendaten.[298] Als nach Satz 1 einsehbare Sachakten kommen z.B. Prüfungsakten über Laufbahnprüfungen der Soldaten[299], Kindergeldakten[300] oder Unterlagen über Auswahlverfahren zur Besetzung eines Dienstpostens[301] in Frage. Obwohl ebenfalls in Abs. 1 Satz 3 ausdrücklich als Sachakte aufgeführt, sind **Sicherheitsakten**[302] von einer Einsichtnahme nach Satz 1 letzter Halbs. expressis verbis ausgenommen. Diese ist vielmehr spezialgesetzl. geregelt: Eine Einsicht in die Sicherheitsakte, die nach § 18 Abs. 3 Satz 2 SÜG dem Betroffenen grds. nicht zugänglich gemacht werden darf, lässt § 23 Abs. 6 SÜG nur in eng begrenzten Ausnahmefällen zu, wenn eine Auskunft zur Interessenwahrnehmung nicht ausreicht. Wird einem Soldaten die beantragte Einsicht in seine Sicherheitsakte abgelehnt, steht ihm der Rechtsweg zu den VG offen.[303]

92 Nach seinem Wortlaut („Soldaten") gestattet Satz 1 Akteneinsicht in Sachakten nur Soldaten, die **in einem Wehrdienstverhältnis** stehen. Anders als nach Abs. 7 Satz 1 sind **frühere Soldaten nicht berechtigt.**

93 Zur Frage der Häufigkeit der Einsichtsmöglichkeit in Sachakten kann (sachliche Gründe sprechen nicht dagegen) auf die entspr. Ausführungen zur Einsicht in PA verwiesen werden[304], ebenso zur Frage des Rechtsschutzes bei Verweigerung der Einsicht.[305] Auch in Sachakten wird – wie in PA – ein Bevollmächtigter des Soldaten für diesen Einsicht nehmen können, wenn – entspr. Abs. 7 Satz 2 – dienstl. Gründe nicht entgegen stehen.

94 Nach **Satz 2** ist eine Einsichtnahme in Sachakten in den Fällen unzulässig, in denen die Daten des Soldaten **mit Daten Dritter** (dies können Soldaten, aber auch zivile Bedienstete sein) oder mit geheimhaltungsbedürftigen, nicht personenbezogenen Daten derart **verbunden** sind, dass ihre Trennung nicht oder nur mit unverhältnismäßig großem Aufwand möglich ist. In diesen Fällen ist nach **Satz 3** dem Soldaten eine **Auskunft** aus der Sachakte zu erteilen.

Nicht trennen lassen sich die Daten des Soldaten von den ihm nicht zur Einsicht zu überlassenden Daten, wenn die Trennung oder Verhinderung der Kenntnisnahme mit einem unwiederbringlichen Informationsverlust verbunden wäre (z.B. bei Schwärzung

---

295 Vgl. bereits o. Rn. 48 u. entspr. BT-Drs. 12/544, 18 (zu § 90c Abs. 2 BBG).
296 Hierzu o. Rn. 11. Zur Einsicht in fremde PA s.u. Rn. 95.
297 S. Abs. 1 Satz 3 u. o. Rn. 17.
298 So entspr. *Battis*, BBG, § 90c Rn. 7 m.w.N.
299 S.o. Rn. 18.
300 S.o. Rn. 20.
301 S.o. Rn. 21.
302 S.o. Rn. 19.
303 BVerwGE 113, 116 = NZWehr 1998, 25.
304 Vgl. Rn. 84.
305 S.o. Rn. 85.

von Daten Dritter).³⁰⁶ Ansonsten signalisiert der Gesetzeswortlaut in Satz 2 mit dem Hinweis, dass nur ein **unverhältnismäßig** großer Verwaltungsaufwand für eine Trennung der Daten einen Hinderungsgrund für die Akteneinsicht darstellt, dass bei der Abwägung zwischen dem Aufwand des Dienstherrn und dem Interesse des Soldaten an der Akteneinsicht diesem ein erheblicher Stellenwert beizumessen ist.

Auf ein Recht zur Akteneinsicht nach § **29 VwVfG** kann sich der Soldat nicht berufen, wenn ihm ein Einsichtsrecht nach Abs. 7 in seine PA oder nach Abs. 8 in eine Sachakte zusteht; § 29 VwVfG wird insoweit verdrängt.³⁰⁷   95

Ein Soldat hat auf der Grundlage des Abs. 8 keinen Anspruch auf **Einsichtnahme** in **fremde Personalvorgänge**³⁰⁸ (z.B. in die Beurteilung eines anderen Soldaten). Ein solcher Anspruch kann auch nicht unter Fürsorgegesichtspunkten geltend gemacht werden. Der Grds. der vertraulichen Behandlung von Personalvorgängen muss nur dann und insoweit zurücktreten, als allein durch die Vorlage einzelner Personalunterlagen geprüft werden kann, ob eine angefochtene Entscheidung rechtsfehlerfrei ergangen ist.³⁰⁹ Dies bezieht sich jedoch auf Verwaltungsverfahren oder gerichtl. Verfahren, in denen spezialgesetzl. geregelte Akteneinsichtsrechte für den Soldaten gelten.

9. Absatz 9

Die Vorschrift enthält die gesetzl. Ermächtigung zum Erlass der SPersAV³¹⁰, die gem. § 93 Abs. 2 Nr. 4 als VO des BMVg ergangen ist. Abs. 9 entspricht in seinem Detaillierungsgrad den verfassungsrechtl. Anforderungen in Art. 80 Abs. 1 Satz 2 GG an Inhalt, Zweck und Ausmaß einer erteilten Ermächtigungsgrundlage.   96

Die in Abs. 9 angegebenen Regelungsgegenstände finden sich in der SPersAV wie folgt: Zu Nr. 1 in §§ 2 bis 4 SPersAV, zu Nr. 2 in §§ 5 und 6 SPersAV, zu Nr. 3 in § 7 SPersAV, zu Nr. 4 in § 8 SPersAV und zu Nr. 5 in § 9 SPersAV.

Hiervon ist insbes. die Regelung unter Nr. 5 zu erwähnen. Sie zielt darauf ab, durch eine ausdrückliche gesetzl. Ermächtigung zivile Angehörige von Heilberufen (insbes. Ärzte) und Berufspsychologen, die im Rahmen der unentgeltlichen truppenärztlichen Versorgung oder sonst im Auftrag des Dienstherrn gegenüber Soldaten tätig werden und dabei personenbezogene medizinische Daten erheben, davor zu schützen, sich durch die unbefugte Weitergabe dieser Daten wegen Preisgabe von Berufsgeheimnissen nach § 203 Abs. 1 Nr. 1 oder 2 StGB strafbar zu machen. Die Best. ist auf Anregung des Bundesbeauftragten für den Datenschutz in Abs. 9 als Nr. 5 eingefügt worden.³¹¹ Sie hat zur Aufnahme des § 9 SPersAV geführt, der ausdrücklich die Offenbarung der genannten medizinischen Daten an Truppenärzte oder Zahlung leistende Stellen der Bw erlaubt, soweit dies zur Beurteilung der Verwendungs- oder Dienstfähigkeit von Soldaten oder zur Kostenabrechnung erforderlich ist. Damit liegt keine unbefugte Offenbarung i.S.v. § 203 Abs. 1 StGB vor.   97

---

306 Vgl. hierzu u. zum Folgenden *Kathke*, Personalaktenrecht, 73 Rn. 207.
307 Vgl. *Scherer*/Alff, SG, § 29 Rn. 28, sowie entspr. zu § 90c BBG *Kopp/Ramsauer*, VwVfG, § 29 Rn. 7 m.w.N.; etwas anderes ist z.B. vorstellbar, wenn ein früherer Soldat, dem § 29 Abs. 8 Satz 1 keine Rechte verleiht, in eine Kindergeldakte (= Sachakte) Einsicht nehmen will, um einen Anspruch auf Nachzahlung von Kindergeld verfolgen zu können. Allerdings besteht ein Akteneinsichtsrecht von Verfahrensbeteiligten nach § 29 VwVfG nur während des laufenden Verwaltungsverfahrens (BVerwGE 367, 400).
308 Ausgenommen ist der Fall, dass im Rahmen der Personalführung u. -bearbeitung ein dienstl. Anlass für die Einsicht besteht.
309 BVerwGE 46, 235 (238).
310 O. abgedruckt.
311 Im Regierungsentw. war diese Vorschrift nicht enthalten, vgl. BT-Drs. 12/2201, 18, 23.

Eichen

§ 30 Gemeinsame Vorschriften

§ 30 Geld- und Sachbezüge, Versorgung

(1) ¹Der Soldat hat Anspruch auf Geld- und Sachbezüge, Reise- und Umzugskostenvergütung nach Maßgabe besonderer Gesetze. ²Zu den Sachbezügen gehört auch die unentgeltliche truppenärztliche Versorgung. ³Die Weiterführung der sozialen Krankenversicherung für seine Angehörigen, die Arbeitslosenversicherung und Versicherung in den gesetzlichen Rentenversicherungen werden gesetzlich geregelt.

(2) ¹Anwärter für die Laufbahn der Offiziere des Sanitätsdienstes (Sanitätsoffizier-Anwärter), die unter Wegfall der Geld- und Sachbezüge zum Studium beurlaubt sind, erhalten unentgeltliche truppenärztliche Versorgung sowie ein Ausbildungsgeld (Grundbetrag, Familienzuschlag). ²Die Höhe des Ausbildungsgeldes wird durch Rechtsverordnung unter Berücksichtigung des Studienganges und der Dienstbezüge derjenigen Dienstgrade festgesetzt, die die Sanitätsoffizier-Anwärter während ihrer Ausbildung durchlaufen. ³Die Rechtsverordnung regelt ferner das Nähere über die Gewährung des Ausbildungsgeldes sowie über die Anrechnung von Einkünften aus einer mit der Ausbildung zusammenhängenden Tätigkeit.

(3) § 73 Abs. 2, §§ 84, 86, 87, 87a und 183 Abs. 1 des Bundesbeamtengesetzes gelten entsprechend.

(4) ¹Den Soldaten kann bei Dienstjubiläen eine Jubiläumszuwendung gewährt werden. ²Das Nähere regelt eine Rechtsverordnung.

(5) ¹Soldatinnen haben Anspruch auf Mutterschutz in entsprechender Anwendung des Mutterschutzgesetzes. ²Das Nähere regelt eine Rechtsverordnung, die die Eigenart des militärischen Dienstes berücksichtigt.

§ 73 Abs. 2 BBG

Verliert der Beamte wegen unentschuldigten Fernbleibens vom Dienst nach dem Bundesbesoldungsgesetz seinen Anspruch auf Bezüge, so wird dadurch die Durchführung eines Disziplinarverfahrens nicht ausgeschlossen.

§ 84 BBG

(1) Der Beamte kann, wenn gesetzlich nichts anderes bestimmt ist, Ansprüche auf Dienstbezüge nur insoweit abtreten oder verpfänden, als sie der Pfändung unterliegen.

(2) Der Dienstherr kann ein Aufrechnungs- oder Zurückbehaltungsrecht gegenüber Ansprüchen auf Dienstbezüge nur insoweit geltend machen, als sie pfändbar sind. Diese Einschränkung gilt nicht, soweit gegen den Empfänger ein Anspruch auf Schadenersatz wegen vorsätzlicher unerlaubter Handlung besteht.

§ 86 BBG

Dienst- und Versorgungsbezüge sowie die Einreihung der Beamten in die Gruppen der Besoldungsordnungen können nur durch Gesetz geändert werden.

§ 87 BBG

(1) Werden Beamte oder Versorgungsberechtigte durch eine Änderung ihrer Bezüge oder ihrer Einreihung in die Gruppen der Besoldungsordnungen mit rückwirkenden Kraft schlechter gestellt, so sind die Unterschiedsbeträge nicht zu erstatten.

(2) Im übrigen regelt sich die Rückforderung zuviel gezahlter Dienst- oder Versorgungsbezüge nach den Vorschriften des Bürgerlichen Gesetzbuchs über die Herausgabe einer ungerechtfertigten Bereicherung. Der Kenntnis des Mangels des rechtlichen Grundes der Zahlung steht es gleich, wenn der Mangel so offensichtlich war, daß der Empfänger ihn hätte

erkennen müssen. Von der Rückforderung kann aus Billigkeitsgründen mit Zustimmung der obersten Dienstbehörde ganz oder teilweise abgesehen werden.

§ 87a BBG

Wird ein Beamter oder Versorgungsberechtigter oder einer ihrer Angehörigen körperlich verletzt oder getötet, so geht ein gesetzlicher Schadensersatzanspruch, der diesen Personen infolge der Körperverletzung oder der Tötung gegen einen Dritten zusteht, insoweit auf den Dienstherrn über, als dieser während einer auf der Körperverletzung beruhenden Aufhebung der Dienstfähigkeit oder infolge der Körperverletzung oder der Tötung zur Gewährung von Leistungen verpflichtet ist. Der Übergang des Anspruchs kann nicht zum Nachteil des Verletzten oder der Hinterbliebenen geltend gemacht werden.

§ 183 Abs. 1 BBG

Zusicherungen, Vereinbarungen und Vergleiche, die dem Beamten eine höhere als nach dem Besoldungsrecht zulässige Besoldung oder eine über dieses Gesetz hinausgehende Versorgung verschaffen sollen, sind unwirksam. Das gleiche gilt für Versicherungsverträge, die zu diesem Zweck abgeschlossen werden.

Literatur: *Hahnenfeld, Günter:* Wehrrecht und Verwaltungsgerichtsbarkeit, NZWehr 1980, 121; *Höges, Theodor:* Die zivilrechtliche Haftung des Sanitätsoffiziers bei der stationären Krankenhausbehandlung von Soldaten und zivilen Patienten, RiA 1998, 167; *v. Lepel, Oskar-Matthias:* Der Rechtsweg bei Beschwerden in Heilbehandlungsangelegenheiten, NZWehr 1980, 1.

Übersicht

	Rn.		Rn.
A. Allgemeines	1 – 7	B. Erläuterungen im Einzelnen	18 – 29
1. Zweck und Entstehung der Vorschrift	1 – 6	1. Absatz 1	18 – 23
2. Änderungen der Vorschrift	7 – 13	a) Satz 1	18
3. Bezüge zum Beamtenrecht bzw. zu sonstigen rechtl. Vorschriften; ergänzende Dienstvorschriften und Erlasse	14 – 17	b) Satz 2	19 – 22
		c) Satz 3	23
		2. Absatz 2	24 – 25
		3. Absatz 3	26
		4. Absatz 4	27 – 28
		5. Absatz 5	29

A. Allgemeines

1. Zweck und Entstehung der Vorschrift

Die Vorschrift fasst in den **Abs. 1 und 3** primär **Verweisungen** auf andere Gesetze, die Angehörigen des öff. Dienstes materielle Ansprüche zugestehen, in einer Rechtsnorm zusammen. Abs. 2 begründet einen eigenständigen materiellrechtl. **Anspruch der SanOA** auf truppenärztl. Versorgung und Ausbildungsgeld. Zugleich enthält Abs. 2 die Ermächtigung zum Erl. einer entspr. RVO. Die **Abs. 4 und 5** sind bloße **Ermächtigungsnormen** zum Erl. der dort bezeichneten RVO. **1**

§ 26 des REntw.[1] (später: § 30) sah folgende Best. vor: **2**

„(1) Die Rechte des Soldaten auf Geld- und Sachbezüge und Versorgung sowie der Einfluß des Wehrdienstes auf die Weiterführung der sozialen Krankenversicherung für seine Angehörigen und auf die Versicherung in den gesetzlichen Rentenversicherungen werden besonders geregelt.

---

1 BT-Drs. II/1700, 7.

§ 30   Gemeinsame Vorschriften

(2) Die Vorschriften der §§ 73 Abs. 2, 83 Abs. 2, 84, 86 und 87 des Bundesbeamtengesetzes gelten entsprechend."

3   Die **Begr.**[2] vermittelt keine weiteren Erkenntnisse.

4   In der **1. Lesung** des REntw. im BT am 12.10.1955 meldete der Abg. *v. Manteuffel* (FDP)[3] Zweifel gegenüber der Formulierung des Abs. 1 a.E. an, weil zunächst offen gelassen worden war, wie die Rechte des Soldaten „besonders geregelt" werden soll-ten. Er forderte für seine Fraktion eine eigene Besoldungsordnung für Soldaten und eine „bundeseigene Kriegsopferverwaltung" mit evtl. einem eigenen „Versorgungsministerium".

5   Diesen Vorstellungen kam der **VertA** insoweit nach, als er auf Vorschlag des Ausschusses für Beamtenrecht mit § 57a[4] (später: § 62[5]) eine **Übergangsbest.** bzgl. der Geld- und Sachbezüge in den Entw. aufnahm und die endgültige Regelung durch besondere Gesetze auf einen späteren Zeitpunkt verschob. Auch die Umformulierung des Abs. 2 beruhte auf einem Vorschlag des Ausschusses für Beamtenrecht.[6]

6   In der **Erstfassung** lautete § 30 damit wie folgt:

„(1) Der Soldat hat Anspruch auf Geld- und Sachbezüge, Heilfürsorge und Versorgung nach Maßgabe besonderer Gesetze. Die Weiterführung der sozialen Krankenversicherung für seine Angehörigen, die Arbeitslosenversicherung und Versicherung in den gesetzlichen Rentenversicherungen werden gesetzlich geregelt.

(2) Die Vorschriften über die Reise- und Umzugskostenvergütung der Beamten[7] sowie § 73 Abs. 2, § 83 Abs. 2, §§ 84, 86, 87 und 183 Abs. 1 des Bundesbeamtengesetzes gelten entsprechend."

2. Änderungen der Vorschrift

7   Durch Art. 1 Nr. 2 des G vom **28.3.1960**[8] wurde in Abs. 2 eine Verweisung auf § 87a BBG eingefügt.

8   Durch Art. 1 Nr. 2 des G vom **9.7.1962**[9] wurde Abs. 3 (heute: Abs. 4) angefügt.

9   Art. 1 Nr. 2 des G vom **21.7.1970**[10] fügte einen neuen Abs. 2 ein und verschob die bisherigen Abs. 2 und 3 nach Abs. 3 und 4.

10 Durch Art. 1 Nr. 4 des G vom **6.8.1975**[11] wurde Abs. 5 angefügt.

§ 98 Abs. 1 Nr. 1 und 2 des G vom **24.8.1976**[12] verlagerten den Anspruch des Soldaten auf Reise- und Umzugskostenvergütung von Abs. 3 nach Abs. 1 Satz 1.

11 § 31 Abs. 1 Nr. 2 des G vom **6.12.1985**[13] fasste Abs. 5 neu (Einfügung des seinerzeitigen Erziehungsurlaubs). Durch Art. 1 Nr. 6 des G vom **6.12.1990**[14] wurden die Best. über den Erziehungsurlaub (heute: Elternzeit) aus Abs. 5 nach § 28 verlagert.

---

2   BT-Drs. II/1700, 26.
3   Sten. Ber. 5794 f.
4   BT-Drs. II/2140, 10, 59.
5   Aufgehoben durch Art. 1 Nr. 12 des G v. 28.3.1960 (BGBl. I S. 206).
6   BT-Drs. II/2140, 10.
7   Damit galten für Soldaten zunächst das G v. 15.12.1933 (RGBl. I S. 1067) – bzgl. der Reisekostenvergütung – u. das G v. 3.5.1935 (RGBl. I S. 566) – bzgl. der Umzugskostenvergütung –. Vgl. *Rittau*, SG, 179.
8   BGBl. I S. 206.
9   BGBl. I S. 447.
10 BGBl. I S. 1120.
11 BGBl. I S. 2113.
12 BGBl. I S. 2485.
13 BGBl. I S. 2154.
14 BGBl. I S. 2588.

Geld- und Sachbezüge, Versorgung § 30

Durch das **SGÄndG** erhielt § 30 seine geltende Fassung. Der Begriff „**Heilfürsorge**" wurde durch „**unentgeltliche truppenärztliche Versorgung**" ersetzt[15]; Abs. 2 Satz 1 wurde redaktionell geändert; der Geltungsbereich von Abs. 5 wurde auf alle Soldatinnen erweitert (vorher: Frauen im San- und Militärmusikdienst). 12

Im Zuge einer **Bereinigung** des SG sollte überlegt werden, **Abs. 5 aus § 30 herauszulösen** und z.B. als § 30c neu zu platzieren. Abs. 5 kann nur schwerlich mit der Überschrift („Geld- und Sachbezüge, Versorgung") in Kongruenz gebracht werden. 13

3. Bezüge zum Beamtenrecht bzw. zu sonstigen rechtl. Vorschriften; ergänzende Dienstvorschriften und Erlasse

Eine mit Abs. 1 Satz 1 vergleichbare Pauschalverweisung auf die gesetzl. zustehenden Dienst- und Versorgungsbezüge der Beamten enthält § **50 Abs. 1 BRRG**. Für die Bundesbeamten verweisen § **83 BBG** auf das BBesG und § **85 BBG** auf das BeamtVG. Abs. 4 entspricht § **80b BBG**. Abs. 5 ist der beamtenrechtl. Regelung des § **80 BBG** nachgebildet. Die etwas merkwürdig anmutende Begrifflichkeit der „Eigenart des militärischen Dienstes" in Abs. 5 Satz 2 entspricht der „Eigenart des öffentlichen Dienstes" in § 80 BBG. 14

Auf **WPfl** sind ausschließlich die Abs. 1 und 3 anwendbar. 15

§ 35 Abs. 1 ZDG erklärt „in Fragen" der Geld- und Sachbezüge und der Reisekosten die für WPfl im untersten Mannschaftsdienstgrad geltenden Best. für entspr. anwendbar. Grundzüge des Versorgungsrechts der **ZDL** finden sich in § 47 ZDG. 16

Zu § 30 ist eine Vielzahl von **Dienstvorschriften** und **Erl.** herausgegeben worden. Beispielhaft seien hier genannt: 17
- **Zu Abs. 1**: AVV zu § 69 Abs. 2 BBesG[16], AVV zu § 6 WSG[17], Erl. des BMVg über die unentgeltliche truppenärztliche Versorgung[18], Erl. des BMVg über die Weitergewährung unentgeltlichen truppenärztliche Versorgung nach Beendigung des Wehrdienstverhältnisses[19], ZDv 60/7 Verwaltungsbest. und Gebühren für Untersuchungen im Musterungs- und Annahmeverfahren und für die unentgeltliche truppenärztliche Versorgung[20], Erl. des BMVg über die Krankenversicherung der WPfl, die GWD leisten oder an einer Wehrübung teilnehmen.[21]
- **Zu Abs. 2**: VO über das Ausbildungsgeld für SanOA (SanOAAusbgV) vom 12.9.2000.[22]
- **Zu Abs. 3**: DBest. des BMVg zu den Vorschriften über den Verlust der Bezüge ... .[23]
- **Zu Abs. 4**: VO über die Gewährung von Jubiläumszuwendungen an Soldatinnen und Soldaten (Soldatenjubiläumsverordnung – SJubV) vom 24.7.2002[24], DBest. des BMVg zur SJubV[25], Erl. des BMVg betr. die Übertragung der Befugnis zur Gewährung von Jubiläumszuwendungen an Soldaten.[26]

---

15 Für das SG sollte damit klar gestellt werden, dass die unentgeltl. truppenärztl. Versorgung Teil der Sachbezüge ist. In den auf dem SG beruhenden DBest. wird sie nur noch dann angesprochen, wenn ausnahmsweise eine abw. Regelung ergehen soll (BT-Drs. 14/4062, 20).
16 VMBl. 2001 S. 172, 2004 S. 150.
17 VMBl. 2001 S. 177.
18 VMBl. 2001 S. 178.
19 VMBl. 1982 S. 42, 1984 S. 16.
20 Oktober 1972 (Neudruck September 1997).
21 VMBl. 1969 S. 88, 1977 S. 182.
22 BGBl. I S. 1406.
23 VMBl. 1977 S. 332.
24 BGBl. I S. 2806.
25 ZDv 14/5 G 611.
26 VMBl. 1997 S. 170 = ZDv 14/5 G 603.

- **Zu Abs. 5:** VO über den Mutterschutz für Soldatinnen (Mutterschutzverordnung für Soldatinnen – MuSchSoldV) vom 18.11.2004[27], Erl. des BMVg über die Meldepflicht bei Schwangerschaft.[28]

B. Erläuterungen im Einzelnen

1. Absatz 1

a) Satz 1

18 Die gesetzl. geregelten Ansprüche des Soldaten gem. Satz 1 sind in erster Linie im BBesG, WSG, SVG, BRKG und BUKG verankert. Ergänzend treten über § 31 Satz 2 z.b. hinzu das ArbPlSchG und das USG.[29] Insgesamt handelt es sich um Rechtsmaterien, die aus der Natur der Sache heraus relativ **häufig gerichtsrelevant** sind. Die „Erfolgsquote" der Kläger liegt indes bei unter 1%.[30]

b) Satz 2

19 Die unentgeltliche truppenärztliche Versorgung, früher als „freie Heilfürsorge" bezeichnet, steht nur dem **(aktiven) Soldaten selbst** zu. Die **Familienangehörigen** des Soldaten sind i.d.R. privat zu versichern; für sie hat der Soldat einen **Beihilfeanspruch** nach Maßgabe der Beihilfevorschriften des Bundes (BhV).[31]

20 Maßgeblich für die unentgeltliche truppenärztliche Versorgung sind primär die **AVV zu § 69 Abs. 2 BBesG**. Aus Satz 2 folgt, dass die truppenärztliche Versorgung zu den Sachbezügen des Soldaten gehört. Sie wird daher grds. als Sachleistung mit eigenen Einrichtungen, eigenem Personal und eigenem Material gewährt. Eine unterschiedliche rechtl. Behandlung der Anspruchsberechtigten nach den AVV und den BeihV ist nicht statthaft.[32]

21 Die AVV haben (noch) **„quasi-normativen Charakter"**.[33] Nachdem das BVerwG[34] inzwischen die BeihV als mit dem **Gesetzesvorbehalt des GG** unvereinbar qualifiziert und den Gesetzgeber zum alsbaldigen Handeln aufgefordert hat, kann davon ausgegangen werden, dass dies nicht ohne Folgen für die AVV bleiben wird.

22 Aus der umfangreichen **Rspr.** zu Satz 2 seien folgende Entsch. genannt:
- Die unentgeltliche truppenärztliche Versorgung umfasst auch die durch einen San-Offz der Bw veranlasste Heilbehandlung eines WPfl in einem ausländischen Militärkrankenhaus.[35]
- Die Kosten einer „Dienstbrille" werden nur insoweit übernommen, als diese zum Ausgleich der Sehschwäche erforderlich ist.[36]
- Nicht erstattet werden Mittel zur Befreiung der Wohnumgebung eines allergiekranken Soldaten von Hausstaubmilden („Acarosan").[37]
- Zu erstatten sind die Kosten einer künstlichen Befruchtung einer Soldatin im Wege der homologen In-vitro-Fertilisation (IVF).[38]

---

27 BGBl. I S. 2859 (VMBl. 2005 S. 9 – Hinw.).
28 VMBl. 2001 S. 187.
29 GKÖD I Yk, § 30 Rn. 1; *Scherer/Alff*, SG, § 30 Rn. 1.
30 Vgl. bereits *Hahnenfeld*, NZWehr 1980, 121 (129).
31 VMBl. 2004 S. 65. Vgl. Nr. 1 der AVV zu § 31 SG v. 8.10.1985 (VMBl. S. 302; 1990 S. 271).
32 BVerwGE 119, 265.
33 BVerwGE 119, 265.
34 BVerwGE 121, 103.
35 VG Hannover NZWehr 1987, 39.
36 VGH München ZBR 1992, 94.
37 BVerwG *Buchholz* 236.1 § 30 SG Nr. 7.
38 BVerwGE 119, 265. Ebenso VG Sigmaringen 1 K 874/00. A.A. VG Koblenz NZWehr 1998, 127; VGH Mannheim NVwZ-RR 2002, 290.

Geld- und Sachbezüge, Versorgung § 30

- Auf Grund der noch nicht abschließend gesicherten medizinischen Erkenntnisse sind dagegen die Kosten einer intrazyto-plasmatischen Spermainjektion (ICSI) nicht zu erstatten.[39]
- Für die Dauer des GWD ist der Soldat zivilrechtl. nicht unterhaltsberechtigt. Die Ansprüche des GWDL nach § 30 Abs. 1 sowie §§ 4 und 5 WSG schließen eine gesetzl. Unterhaltspflicht der Eltern gem. § 1601 BGB aus.[40]

c) Satz 3
Die Ansprüche des Soldaten nach Satz 3 sind im Einzelnen in den SGB geregelt. 23

2. Absatz 2
SanOA werden gem. Satz 1 unter Wegfall der Geld- und Sachbezüge zum Studium 24 beurlaubt. **§ 11 Satz 1 SUV** bestimmt, welche Studiengänge von SanOA durchlaufen werden können (Medizin, Zahnmedizin, Veterinärmedizin, Pharmazie, Lebensmittelchemie). Die solchermaßen beurlaubten Soldaten erhalten gem. Satz 2[41] unentgeltliche truppenärztliche Versorgung und ein Ausbildungsgeld nach Maßgabe der **SanOA-AusbgV**. Das Ausbildungsgeld gehört nicht zu den Dienstbezügen i.S.v. § 1 Abs. 2 BBesG.[42]

Gem. § 49 Abs. 4 Satz 2 muss ein ehem. BS in der Laufbahn der Offz des SanDienstes, 25 der vor Ablauf der Mindestdienstzeit entlassen worden ist, das ihm als SanOA gewährte **Ausbildungsgeld erstatten**. Die gleiche Verpflichtung trifft den ehem. SaZ gem. § 56 Abs. 4 Satz 2. Auf die entspr. Komm. kann verwiesen werden.

3. Absatz 3
Abs. 3 erklärt die oben zit. Best. über die Dienstbezüge der Bundesbeamten für entspr. 26 anwendbar. Bzgl. deren Erl. kann auf die Komm. zum BBG verwiesen werden. Von nennenswerter Relevanz für die Praxis sind § 73 Abs. 2 BBG i.V.m. § 9 BBesG sowie § 87 Abs. 2 BBG.

4. Absatz 4
Nach Abs. 4 kann „Soldaten" bei Dienstjubiläen eine Zuwendung gewährt werden. Ge- 27 meint sind nur **SaZ und BS**.[43]

Einzelheiten ergeben sich aus der oben zit. RVO und den hierzu ergangenen DBest. 28

Während eines **Straf- oder Disziplinarverfahrens** ist die Gewährung einer Jubiläumszuwendung zurückzustellen.[44]

5. Absatz 5
Der gesetzl. garantierte Mutterschutz (für Soldatinnen) ist im Einzelnen in der oben zit. 29 RVO geregelt. Die „Eigenart des militärischen Dienstes" gem. Satz 2 hat ihren Niederschlag insbes. in den §§ 1 bis 3 MuSchSoldV gefunden. Eine Definition dieser „Eigenart" ist damit überflüssig (geworden).

---

39 BVerwG DVBl. 2001, 1214. Vgl. jedoch BGH NJW 2005, 3783.
40 BAG AP Nr. 1 zu § 29 BAT-O.
41 Die wörtliche Wiederholung dieser Best. in § 11 Satz 2 SUV ist redundant.
42 BVerwG ZBR 1992, 154.
43 *Scherer/Alff*, SG, § 30 Rn. 4.
44 Nr. 6 der DBest. Vgl. dazu VGH Mannheim 11 S 1221/88.

Walz 445

§ 30a Teilzeitbeschäftigung

(1) Einem Berufssoldaten oder Soldaten auf Zeit kann grundsätzlich erst nach vier Jahren seiner Dienstzeit auf Antrag Teilzeitbeschäftigung im Umfang von mindestens der Hälfte der Rahmendienstzeit und bis zur jeweils beantragten Dauer, längstens für zwölf Jahre bewilligt werden, soweit wichtige dienstliche Gründe nicht entgegenstehen, wenn er mindestens ein Kind unter 18 Jahren oder einen nach ärztlichem Gutachten pflegebedürftigen sonstigen Angehörigen tatsächlich betreut oder pflegt.

(2) ¹Über den Antrag entscheidet das Bundesministerium der Verteidigung oder die von ihm beauftragte Stelle. ²Die Ablehnung von Anträgen ist im Einzelnen zu begründen. ³Einem Antrag darf nur entsprochen werden, wenn der Soldat sich verpflichtet, während des Bewilligungszeitraumes Nebentätigkeiten nur in dem Umfang einzugehen, in dem nach § 20 den in Vollzeit beschäftigten Soldaten die Ausübung von Nebentätigkeiten gestattet ist. ⁴Es dürfen nur solche Nebentätigkeiten genehmigt werden, die dem Zweck der Teilzeitbewilligung nicht zuwiderlaufen. ⁵Wird die Verpflichtung nach Satz 3 schuldhaft verletzt, soll die Bewilligung widerrufen werden.

(3) ¹Die zuständige Stelle kann auch nachträglich die Dauer der Teilzeitbeschäftigung beschränken, den Umfang der zu leistenden Arbeitszeit erhöhen oder deren Bewilligung widerrufen, soweit zwingende dienstliche Gründe dies erfordern. ²Sie soll den Übergang zur Vollzeitbeschäftigung zulassen, wenn dem Soldaten die Teilzeitbeschäftigung nicht mehr zugemutet werden kann und dienstliche Belange nicht entgegenstehen.

(4) Bemessungsgrundlage für die Arbeitszeit im Sinne von § 6 Abs. 1 des Bundesbesoldungsgesetzes ist bei teilzeitbeschäftigten Soldaten die Rahmendienstzeit.

(5) Das Nähere zur Teilzeitbeschäftigung der Soldaten wird in einer Rechtsverordnung geregelt, in der auch bestimmte Verwendungen oder Truppenteile festgelegt werden können, für die Teilzeitbeschäftigung nicht in Frage kommt.

Verordnung über die Teilzeitbeschäftigung von Soldatinnen und Soldaten der Bundeswehr (Soldatinnen- und Soldatenteilzeitbeschäftigungsverordnung – STzV) vom 9. November 2005 (BGBl. I S. 3157)

Auf Grund des § 30a Abs. 5 und des § 93 Abs. 2 Nr. 5 des Soldatengesetzes in der Fassung der Bekanntmachung vom 30. Mai 2005 (BGBl. I S. 1482) verordnet das Bundesministerium der Verteidigung:

§ 1 Antragsberechtigung

(1) ¹Eine Teilzeitbeschäftigung nach § 30a des Soldatengesetzes zur Betreuung oder Pflege eines Kindes unter 18 Jahren kann von beiden in einem Wehrdienstverhältnis stehenden Eltern beantragt werden. ²Der Antrag kann sich auf eine anteilige, jeweils alleinige oder gemeinsame Teilzeitbeschäftigung beziehen.

(2) ¹Ein Antrag auf Teilzeitbeschäftigung kann grundsätzlich erst für einen Zeitraum nach Ablauf einer Dienstzeit von vier Jahren beantragt werden. ²Hiervon kann insbesondere abgewichen werden, wenn kein Ausbildungsbedarf mehr besteht. ³Die Dienstzeit im Sinne dieser Verordnung beginnt mit dem Tag der Berufung in das Wehrdienstverhältnis. ⁴Ein vor der Berufung geleisteter früherer Wehrdienst wird angerechnet.

(3) Soweit ein Anspruch auf Elternzeit nach § 28 Abs. 7 des Soldatengesetzes besteht, kann schon vor Ablauf von vier Jahren der Dienstzeit anstelle der Elternzeit eine Teilzeitbeschäftigung als Soldatin oder Soldat beantragt werden.

§ 2 Antragsverfahren

(1) ¹Die Teilzeitbeschäftigung ist grundsätzlich spätestens drei Monate vor ihrem beabsichtigten Beginn bei der oder dem nächsten Disziplinarvorgesetzten schriftlich zu beantragen. ²Dabei sind die Dauer und der Umfang der Teilzeitbeschäftigung anzugeben. ³Zusätzlich kann eine bestimmte Verteilung der Arbeitszeit während der Dauer der Teilzeitbeschäftigung gewünscht werden.

(2) ¹Anträge sind der Entlassungsdienststelle über die nächsten und die nächsthöheren Disziplinarvorgesetzten mit deren begründeter Stellungnahme, die ein Votum für oder gegen eine Teilzeitbeschäftigung der Antragstellerin oder des Antragstellers zum Ausdruck bringt, sowie im Falle eines Antrages nach § 23 Abs. 1 Satz 1 Nr. 9 des Soldatenbeteiligungsgesetzes mit der Äußerung der Vertrauensperson vorzulegen. ²Ist die personalbearbeitende Stelle nicht Entlassungsdienststelle, ist sie durch die Disziplinarvorgesetzten gesondert zu unterrichten.

(3) ¹Wer beabsichtigt, Teilzeitbeschäftigung außerhalb der Zuständigkeit der oder des nächsthöheren Disziplinarvorgesetzten wahrzunehmen, kann eine Versetzung unter dem Vorbehalt, auf dem neuen Dienstposten eine Teilzeitbeschäftigung wahrnehmen zu wollen, beantragen. ²Das Interesse der Antragstellerin oder des Antragstellers an der Teilzeitbeschäftigung ist bei der Prüfung des Versetzungsantrages angemessen zu berücksichtigen. ³Die im Falle einer Versetzung zuständigen nächsten und nächsthöheren Disziplinarvorgesetzten haben entsprechend Absatz 2 Satz 1 Stellung zu nehmen. ⁴Ist die Entlassungsdienststelle nicht die für die Versetzung zuständige Stelle, ist sie durch diese zu unterrichten.

(4) ¹Die Verlängerung einer bewilligten Teilzeitbeschäftigung ist grundsätzlich spätestens drei Monate vor Ablauf des Bewilligungszeitraumes zu beantragen. ²Die Absätze 1 und 2 gelten entsprechend.

§ 3 Antragsvoraussetzungen

(1) ¹Mit der Antragstellung ist darzulegen, dass mindestens ein Kind unter 18 Jahren oder eine pflegebedürftige sonstige Angehörige oder ein pflegebedürftiger sonstiger Angehöriger tatsächlich zu betreuen oder zu pflegen ist. ²Die Pflegebedürftigkeit einer oder eines sonstigen Angehörigen ist durch ein ärztliches Gutachten nachzuweisen.

(2) Als Kind nach Absatz 1 gilt neben einem leiblichen Kind ein Adoptivkind, ein Kind in Adoptivpflege oder Vollzeitpflege sowie ein Kind der Ehepartnerin, des Ehepartners, der Lebenspartnerin oder des Lebenspartners.

(3) Als Angehörige nach Absatz 1 gelten
1. Ehepartnerinnen und Ehepartner sowie deren Kinder,
2. Lebenspartnerinnen und Lebenspartner,
3. in gerader Linie verwandte oder verschwägerte Personen,
4. Geschwister und deren Kinder,
5. Ehepartnerinnen und Ehepartner der Geschwister und Geschwister der Ehepartnerinnen und Ehepartner,
6. Geschwister der Eltern,
7. Personen, die durch ein auf längere Dauer angelegtes Pflegeverhältnis mit häuslicher Gemeinschaft wie Eltern und Kind miteinander verbunden sind (Pflegeeltern und Pflegekinder).

§ 4 Zuständigkeit für die Entscheidung

(1) Über einen Antrag auf Bewilligung einer Teilzeitbeschäftigung entscheidet das Bundesministerium der Verteidigung für alle Soldatinnen und Soldaten, für die es als Entlassungsdienststelle zuständig ist.

(2) Im Übrigen entscheidet die Entlassungsdienststelle über einen Antrag aus dem Kreis des Personals, für das sie zuständig ist.

(3) Die Zuständigkeit nach den Absätzen 1 und 2 gilt entsprechend für die Entscheidung über

1. die Verlängerung,
2. die Änderung und
3. den Widerruf der Bewilligung sowie
4. die vorzeitige Beendigung

einer Teilzeitbeschäftigung.

§ 5 Ausgestaltung der Teilzeitbeschäftigung

(1) Die Teilzeitbeschäftigung kann auf bis zu vier Zeitabschnitte verteilt werden.

(2) Die Ausgestaltung der Teilzeitbeschäftigung kann nach flexiblen Arbeitszeitmodellen, insbesondere Blockzeitbildung, bewilligt werden, soweit wichtige dienstliche Gründe nicht entgegenstehen.

§ 6 Ausschlüsse

(1) Teilzeitbeschäftigung ist grundsätzlich nicht möglich
1. für Führungsverwendungen mit Disziplinarbefugnis,
2. bei besonderen Auslandsverwendungen einschließlich Vor- und Nachbereitungsphasen,
3. für Kompaniefeldwebel und in vergleichbarer Funktion mit Anspruch auf Stellenzulage für Kompaniefeldwebel,
4. auf Schiffen und Booten der Marine,
5. für Luftfahrzeugführerinnen und Luftfahrzeugführer sowie ständige Besatzungsangehörige in fliegenden Verbänden oder diesen gleichgestellten Einrichtungen, Einheiten und Dienststellen sowie in fliegerischen Ausbildungseinrichtungen,
6. im Kommando Spezialkräfte und im Kommando Schnelle Einsatzkräfte Sanitätsdienst,
7. bei Verwendungen, die den regelmäßigen Nachweis eines Einsatzbereitschaftsstatus oder einer Lizenz oder die Teilnahme an einem hierzu notwendigen Ausbildungsprogramm erfordern, und
8. während der Ausbildungsgänge zum Offizier, Stabsoffizier, Fachunteroffizier und Feldwebel sowie der Teilnahme an einem Studium an einer Hochschule, am Lehrgang Generalstabs-/Admiralstabsdienst, am Euro-Lehrgang an der Führungsakademie der Bundeswehr und an entsprechenden Lehrgängen an ausländischen Akademien.

(2) ¹Für die Dauer der Teilnahme an einer besonderen Auslandsverwendung einschließlich der Vor- und Nachbereitungsphase oder an anderen dienstlichen Vorhaben kann eine bewilligte Teilzeitbeschäftigung durch befristete Rückkehr zur Vollzeitbeschäftigung unterbrochen werden. ²Die nach der Unterbrechung geleistete Teilzeitbeschäftigung gilt nicht als neuer Zeitabschnitt nach § 5 Abs. 1.

§ 7 Bewilligung oder Ablehnung des Antrages

(1) ¹Die Entlassungsdienststelle kann die beantragte Teilzeitbeschäftigung oder ihre beantragte Verlängerung bewilligen, sofern ein Dienstposten, auf dem die Teilzeitbeschäftigung wahrgenommen werden kann, ausweislich der Stellungnahmen der in § 2 Abs. 2 Satz 1 genannten Disziplinarvorgesetzten benannt wird und wichtige dienstliche Gründe nicht entgegenstehen. ²Diese sind zum Beispiel anzunehmen, wenn eine Teilzeitbeschäftigung aus Gründen der Einsatzbereitschaft der Einheit oder der Dienststelle nicht in Frage kommt, insbesondere nach den Kriterien des § 6 Abs. 1 ausgeschlossen ist. ³Die zur Bewilligung einer Teilzeitbeschäftigung notwendige Erklärung der Soldatin oder des Soldaten über die Verpflichtung nach § 30a Abs. 2 Satz 3 des Soldatengesetzes ist aktenkundig zu machen.

(2) ¹Vor der Ablehnung haben die in § 2 Abs. 2 Satz 1 genannten Disziplinarvorgesetzten unter Beteiligung der Soldatin oder des Soldaten die Möglichkeit einer Teilzeitbeschäftigung auf einem anderen Dienstposten zu prüfen. ²Die oder der nächsthöhere Disziplinarvorgesetzte hat die personalbearbeitende Dienststelle zu beteiligen.

(3) ¹Die Entlassungsdienststelle teilt die Entscheidung unverzüglich der Soldatin oder dem Soldaten schriftlich über die nächste Disziplinarvorgesetzte oder den nächsten Disziplinar-

Teilzeitbeschäftigung § 30a

vorgesetzten mit. ²Ist die Entlassungsdienststelle nicht zugleich personalbearbeitende Stelle, hat sie diese zu unterrichten.

§ 8 Widerruf und Änderung der Bewilligung sowie vorzeitige Beendigung der Teilzeitbeschäftigung

(1) ¹Bei Entscheidungen nach § 4 Abs. 3 Nr. 2 bis 4 hat die Entlassungsdienststelle, die nicht zugleich personalbearbeitende Stelle ist, diese zu unterrichten. ²Vor der Entscheidung über die vorzeitige Beendigung der Teilzeitbeschäftigung haben die in § 2 Abs. 2 Satz 1 genannten Disziplinarvorgesetzten Stellung zu nehmen.

(2) ¹Die Teilzeitbeschäftigung ist zu beenden, wenn das tatsächliche Betreuungs- oder Pflegeerfordernis entfallen ist. ²Die Soldatin oder der Soldat hat der Entlassungsdienststelle über die nächste Disziplinarvorgesetzte oder den nächsten Disziplinarvorgesetzten den Wegfall des tatsächlichen Betreuungs- oder Pflegeerfordernisses unverzüglich schriftlich zu melden. ³§ 2 Abs. 2 Satz 2 gilt entsprechend. ⁴Der Zeitpunkt für eine Rückkehr zur Vollzeitbeschäftigung soll innerhalb einer angemessenen Frist nach dem Zugang der Mitteilung nach Satz 2 und nach Stellungnahme der in § 2 Abs. 2 Satz 1 genannten Disziplinarvorgesetzten festgelegt werden.

§ 9 In-Kraft-Treten

Diese Verordnung tritt am Tag nach der Verkündung in Kraft.[1]

Literatur: *Eichen, Klaus:* Das Gesetz zur Durchsetzung der Gleichstellung von Soldatinnen und Soldaten der Bundeswehr, UBwV 2005, 6; *Franke, Ingeborg:* Teilzeitbeschäftigung im Wandel, in: Fs für Walther Fürst, 2002, 101; *Kandler, Jutta:* Das neue Soldatinnen- und Soldatengleichstellungsgesetz, GiP 2005, 26.

Übersicht

	Rn.		Rn.
A. Allgemeines	1 – 5	B. Erläuterungen im Einzelnen	6 – 37
1. Zweck der Vorschrift	1 – 2	1. Absatz 1	6 – 18
2. Entstehung der Vorschrift	3	2. Absatz 2	19 – 25
3. Bezüge zum Beamtenrecht bzw. zu sonstigen rechtl. Vorschriften	4 – 5	3. Absatz 3	25 – 30
		4. Absatz 4	31 – 36
		5. Absatz 5	37

A. Allgemeines

1. Zweck der Vorschrift

§ 30a regelt erstmals die **Bewilligung von Teilzeitbeschäftigung im Soldatenstatus** für weibliche und männliche Soldaten der Bw. Während sich Soldaten bisher aus familienbedingten Gründen nur für eine vollständige Beurlaubung vom mil. Dienst (nach § 28 Abs. 5 durch Betreuungsurlaub oder nach § 28 Abs. 7 i.V.m. der EltZSoldV mittels Elternzeit[2]) entscheiden konnten, weil für eine Teilzeitbeschäftigung die erforderliche Rechtsgrundlage fehlte[3], gewährt § 30a eine teilweise Reduzierung der Arbeitszeit bis auf die Hälfte der Rahmendienstzeit. 1

§ 30a steht in engem Zusammenhang mit §§ **12 ff. SGleiG**, in denen der Gesetzgeber dem Dienstherrn aufgibt, für Arbeitszeiten und sonstige Rahmenbedingungen in den mil. Dienststellen zu sorgen, welche die Vereinbarkeit von Familie und Dienst in den 2

---

1 Die STzV ist am 19.11.2005 in Kraft getreten.
2 Nach § 4 EltZSoldV war u. ist weiterhin während der Elternzeit eine Teilzeitbeschäftigung außerhalb des Soldatenverhältnisses möglich.
3 Vgl. noch VG Sigmaringen NVwZ 2004, 634.

§ 30a Gemeinsame Vorschriften

SK verbessern.[4] Da der Gesetzgeber unter den gewandelten sicherheitspolitischen Vorgaben grds. keine Berechtigung mehr gesehen hat, für Soldaten auf die im sonstigen öff. Dienst mögliche Teilzeitbeschäftigung noch länger zu verzichten, hat er in § 30a hierfür die gesetzl. Grundlage geschaffen und auf diese in § 13 Abs. 1 SGleiG ausdrücklich Bezug genommen.

2. Entstehung der Vorschrift

3 § 30a ist gemeinsam mit § 30b durch Art. 2 Nr. 3 des **SDGleiG** in das SG eingefügt worden. Die Vorschrift ist am 1.1.2005 in Kraft getreten.

3. Bezüge zum Beamtenrecht bzw. zu sonstigen rechtl. Vorschriften

4 § 30a lehnt sich mit seinen Regelungsinhalten an die **beamtenrechtl. Vorschriften** zur familienpolitischen Teilzeitbeschäftigung in § **72a Abs. 4 Satz 1 Nr. 1 BBG** an. Im Vergleich zu dieser Vorschrift setzt er allerdings strengere Maßstäbe für eine Bewilligung von Teilzeitbeschäftigung fest. Zur Ermöglichung einer Teilzeitbeschäftigung für Beamte in den Bundesländern überträgt § 44a BRRG die Verantwortung auf die Bundesländer.

5 Zur inhaltlichen Ausgestaltung und Konkretisierung der Teilzeitbeschäftigung für Soldaten ist die (oben abgedruckte) **Soldatinnen- und Soldatenteilzeitbeschäftigungsverordnung – STzV** erlassen worden.

B. Erläuterungen im Einzelnen

1. Absatz 1

6 Abs. 1 legt fest, welchen Soldaten unter welchen Voraussetzungen eine Teilzeitbeschäftigung bewilligt werden kann. Ausdrücklich sind nur **BS und SaZ antragsberechtigt**.[5] Soldaten, die nach Maßgabe des WPflG[6] oder nach dem IV. Abschnitt des SG Wehrdienst leisten, sind ausgeschlossen.

Das **Erfordernis der Antragstellung** verhindert, dass ein Soldat gegen seinen Willen gezwungen werden kann, seine Arbeitszeit zu reduzieren, weil dies z.B. aus strukturellen Gründen (etwa wegen notwendiger Dienstpostenreduzierungen) aus Sicht des Dienstherrn angezeigt sein könnte.

7 Die grds. einzuhaltende **Vierjahresfrist** in Abs. 1 bewirkt, dass länger dienende Soldaten in der Laufbahnausbildung i.d.R. von der Antragsberechtigung nicht erfasst werden. Die frühestmögliche Beantragung von Teilzeitbeschäftigung regelmäßig erst **nach vier Jahren**[7] **Dienstzeit**[8] ist damit zu begründen, dass sich die Soldaten vorher in den weitaus meisten Fällen in Ausbildungsgängen befinden, die nur team- oder organisationsbezogen stattfinden können. Mil. Ausbildung wird vorzugsweise im Kompanie-, Zug- oder Gruppenrahmen sowie an Ausbildungseinrichtungen der SK vermittelt. Halbtags- und Individualausbildung können hierbei nicht gewährleistet werden. Auch dort, wo eine auf die einzelne Person bezogene Ausbildung stattfindet, etwa bei den UA im Rahmen

---
4 Vgl. BT-Drs. 15/3918, 27.
5 Wie beim Betreuungsurlaub ist bei der Teilzeitbeschäftigung darauf zu verweisen, dass nur in ein öff.-rechtl. Dienstverhältnis Berufene privilegiert werden sollen, vgl. Komm. zu § 28 Rn. 38.
6 Dazu gehören auch die FWDL.
7 Klarzustellen ist, dass sich ein Antrag auf Teilzeitbeschäftigung auf die Zeit nach Ablauf der ersten vier Jahre der Dienstzeit beziehen muss (so deutlich § 1 Abs. 2 Satz 1 STzV). Die Antragstellung ist bereits in den ersten vier Jahren zulässig.
8 Bei der Berechnung der Dienstzeit werden Zeiten, in denen vor der Berufung in ein Wehrdienstverhältnis bereits früher Wehrdienst (als SaZ o. nach Maßgabe des WPflG) geleistet worden ist, berücksichtigt (vgl. § 1 Abs. 2 Satz 4 STzV sowie entspr. § 40 Abs. 6).

zivilberuflicher Aus- und Weiterbildung, kann eine Ausbildung in Teilzeit nicht bereitgestellt werden.[9]

Ausnahmsweise ist für BS und SaZ die Bewilligung einer Teilzeitbeschäftigung bereits in den ersten vier Dienstjahren vorstellbar, wenn **kein Ausbildungsbedarf** mehr besteht[10], z.B. wenn ein Soldat als sog. Seiteneinsteiger die laufbahnrechtl. geforderten Voraussetzungen für die Laufbahnbefähigung (etwa nach § 17 Abs. 2 SLV für die Einstellung mit dem Dienstgrad Fw) schon mitbringt und deshalb ohne Ausbildungsbedarf während einer Teilzeitbeschäftigung einsetzbar ist. 8

Soweit in den ersten vier Dienstjahren ein **Anspruch auf Elternzeit** gem. § 28 Abs. 7 i.V.m. der EltZSoldV besteht, ist es zulässig, statt der Elternzeit bereits in der Vierjahresfrist eine Teilzeitbeschäftigung im Soldatenstatus zu beantragen.[11] Dem Antrag kann dann nicht entgegen gehalten werden, die Frist von vier Jahren sei noch nicht verstrichen. Es handelt sich dabei um eine Ausnahme vom Grds. der regelmäßig vierjährigen Mindestwartezeit, die für die zur Bewilligung von Teilzeitbeschäftigung zuständigen Dienststellen der SK verbindlich ist. Die Möglichkeit zur frühzeitigen Teilzeitbeschäftigung im Soldatenverhältnis an Stelle der Elternzeit entspringt der Interessenlage des Dienstherrn, ggf. zumindest auf einen teilzeitbeschäftigten Soldaten zurückgreifen zu können. Über diese Erleichterung hinaus besteht kein Rechtsanspruch auf Bewilligung der beantragten Teilzeitbeschäftigung. Vielmehr sind deren sonstige Voraussetzungen im Übrigen zu prüfen. 9

Antragsberechtigt sind Soldaten, die ein **minderjähriges Kind** oder einen sonstigen, **nach ärztlichem Gutachten pflegebedürftigen Angehörigen** tatsächlich **betreuen** oder **pflegen**.[12] Der Regelungsinhalt dieser Tatbestandsmerkmale entspricht wegen der insoweit wortgleichen Formulierungen aus rechtssystematischen Gründen und wegen des ebenfalls familienpolitisch geprägten Zwecks der Teilzeitbeschäftigung auch aus teleologischen Gründen den Voraussetzungen beim Antrag auf Betreuungsurlaub nach § 28 Abs. 5 Satz 1. Auf die dortige Komm. wird verwiesen.[13] 10

Der **Umfang** der Teilzeitbeschäftigung muss **mindestens die Hälfte der Rahmendienstzeit** betragen. Eine unterhälftige Teilzeitbeschäftigung ist unzulässig. Zur Frage der **stundenmäßigen Berechnung der Teilzeitbeschäftigung** vgl. die Komm. zu Abs. 4. 11

Die Möglichkeit, Teilzeitbeschäftigung **bis zur jew. beantragten Dauer** bewilligen zu können, bedeutet, dass der Dienstherr nicht einseitig über die beantragte Dauer der Teilzeitbeschäftigung (z.B. über beantragte zwei Jahre) und/oder über den beantragten Umfang der Arbeitszeit (z.B. die Hälfte der wöchentlichen Rahmendienstzeit) hinausgehen darf. Will der Dienstherr dienstl. bedingt[14] eine Teilzeitbeschäftigung nur für eine längere Zeit und/oder für einen höheren Stundenanteil bewilligen, muss er den Antrag, sofern der Antragsteller nicht einwilligt, ablehnen. Entsprechendes muss, obwohl der Wortlaut hier nicht deutlich ist („bis zur ... beantragten Dauer"), dann gelten, wenn der Dienstherr weniger zu bewilligen bereit ist als vom Antragsteller gewünscht. Auch der Wortlaut des Abs. 3 Satz 1 darf nicht zu dem Schluss verleiten, der Dienstherr dürfe 12

---

9 S. BT-Drs. 15/3918, 27.
10 Vgl. § 1 Abs. 2 Satz 2 STzV.
11 Vgl. § 1 Abs. 3 STzV. Die Möglichkeit, nach § 4 EltZSoldV während der Elternzeit eine Teilzeitbeschäftigung außerhalb des Soldatenverhältnisses auszuüben, bleibt durch § 30a unberührt.
12 Unverständlich ist, dass Vorschläge im Rahmen der Erarbeitung des § 30a, den im Auslandseinsatz verletzten Soldaten Teilzeitbeschäftigung zu ermöglichen, ohne sachlich tragfähige Begr. durch die mil. Führungsstäbe im BMVg abgelehnt worden sind, vgl. *Eichen*, UBWV 2005, 13. Diese Haltung hat sich – was zu erwarten war – inzwischen als kurzsichtig erwiesen.
13 Vgl. Komm. zu § 28 Rn. 39 ff. u. § 3 STzV.
14 Nach dem Wortlaut des Abs. 1 muss ein wichtiger dienstl. Grund entgegenstehen.

Eichen

§ 30a   Gemeinsame Vorschriften

bereits im Antragsverfahren die Dauer der beantragten Teilzeitbeschäftigung einseitig gegen den Willen des Antragstellers reduzieren. Gegenstand der Entscheidung ist für den Dienstherrn vielmehr stets der Antrag mit den vom Antragsteller konkret gewünschten Modalitäten hins. der Dauer der Teilzeitbeschäftigung und des Umfangs der Arbeitszeit. Will der Dienstherr mehr oder weniger bewilligen, ist dies nur auf Grund eines neuen entspr. Antrags möglich, andernfalls ist der Antrag abzulehnen.

13 Der Gesamtzeitraum für die Bewilligung von Teilzeitbeschäftigung ist auf **längstens zwölf Jahre** begrenzt.[15] Diese Obergrenze begründet sich aus strukturellen Bedingungen und aus dem erheblichen Anteil von Zeitdienstverhältnissen (SaZ), die im sonstigen öff. Dienst grds. nicht vorzufinden sind. Zum **Zusammentreffen** von **Teilzeitbeschäftigung** und **Beurlaubungen** vgl. die Komm. zu § 30b.

Für SaZ, deren mil. Ausbildung mit einem Studium oder einer Fachausbildung von mehr als sechs Monaten Dauer verbunden war und denen danach Teilzeit gewährt wurde, verlängert sich nach **§ 40 Abs. 4 Satz 2** die Zeitdauer ihrer Berufung um die Differenz der Teilzeitbeschäftigung zur Vollzeitbeschäftigung (**Nachdienverpflichtung**). Bei **BS**, die nach § 46 Abs. 3 Satz 1 ihre Entlassung verlangen, deren mil. Ausbildung mit einem Studium oder einer Fachausbildung verbunden war und die danach Teilzeitbeschäftigung in Anspruch genommen haben, verlängert sich die **Bleibeverpflichtung** (grds. eine Dienstzeit, die der dreifachen Dauer des Studiums oder der Fachausbildung entspricht, längstens sich daran anschließende zehn Jahre) nach **§ 46 Abs. 4 Satz 2** um die Differenz der Teilzeitbeschäftigung zur Vollzeitbeschäftigung, längstens um zehn Jahre[16] nach Abschluss des Studiums oder der Fachausbildung.

14 Die Bewilligung von Teilzeitbeschäftigung ist möglich, **soweit wichtige dienstl. Gründe** nicht entgegenstehen. Dies korrespondiert mit § 12 SGleiG, wonach die Dienststelle den Soldaten Arbeitszeiten und sonstige Rahmenbedingungen anzubieten hat, welche die Vereinbarkeit von Familie und Dienst ermöglichen, soweit wichtige dienstl. Gründe nicht entgegenstehen. Trotz der gegenüber § 72a Abs. 4 Satz 1 BBG unterschiedlichen Wortwahl („soweit" statt „wenn"[17]) ist ein substantieller Bedeutungsunterschied nicht begründbar.[18] Andererseits reicht schon vom Wortlaut her für die Versagung von Teilzeitbeschäftigung nicht jeder dienstl. Grund aus. Der dienstl. Grund muss vielmehr von einiger Bedeutung und Tragweite sein. Wichtige dienstl. Gründe sind anzunehmen, wenn eine Teilzeitbeschäftigung wegen der Einsatzbereitschaft der Einheit oder Dienststelle nicht in Frage kommt. Dabei ist insbes. auf die in § 6 Abs. 1 STzV genannten Verwendungen und Tätigkeiten oder auf die Zugehörigkeit zu bestimmten Truppenteilen (z.B. zum Kommando Spezialkräfte, wobei allerdings die notwendige Einzelfallprüfung den generellen Ausschluss von Teilzeitbeschäftigung nur für die im Kernbereich dieses Verbandes eingesetzten Soldaten[19] ergeben dürfte) hinzuweisen.[20] Eine Mehrbelastung an-

---

15 Im Beamtenbereich gilt nur für die besondere Form der familienbedingten Teilzeitbeschäftigung mit weniger als der Hälfte der regelmäßigen Arbeitszeit (§ 72a Abs. 5 BBG) die zwölfjährige Höchstdauer, vgl. *Battis*, BBG, § 72a Rn. 17, 28 u. 30.
16 Die zehn Jahre nach § 46 Abs. 3 u. 4 verstehen sich als Kalenderzeit.
17 Dieser Unterschied findet sich auch in § 72a BBG selbst, vgl. Abs. 1 dieser Vorschrift.
18 *Plog/Wiedow/Lemhöfer*, BBG, § 72a Rn. 8, kommentieren das Wort „soweit" in § 72a Abs. 1 BBG wie ein „wenn".
19 Maßstab kann hier die Gewährung der monatlichen Zulage an die Soldaten, die im Kommando Spezialkräfte für besondere Einsätze verwendet werden, sein, vgl. § 23m der Erschwerniszulagenverordnung.
20 Generell ist zum Katalog in § 6 Abs. 1 STzV anzumerken, dass durch die Aufnahme eines Truppenteils, einer Verwendung o. Tätigkeit in diese Aufzählung nicht ausgeschlossen wird, einem Antragsteller gleichwohl Teilzeitbeschäftigung zu bewilligen. Es ist in jedem Fall eine Einzelfallprüfung nötig.

derer Soldaten in der Dienststelle kann so lange nicht gegen eine beantragte Teilzeitbeschäftigung angeführt werden, wie sie sich noch in einem zumutbaren Rahmen hält (vgl. § 13 Abs. 3 SGleiG). Der Dienststelle mögliche organisatorische Maßnahmen[21] oder Umschichtungen von Aufgaben sind, selbst wenn ihre Realisierung für die Dienststellenleitung typischerweise mit Mühen und Verwaltungsaufwand verbunden ist, per se keine wichtigen Gründe, die gegen die Bewilligung von Teilzeitbeschäftigung sprechen.

Ob die tatbestandlichen Voraussetzungen für wichtige dienstl. Gründe vorliegen, unterliegt nach den allg. Grundsätzen zur Anwendung unbestimmter Rechtsbegriffe grds. der vollen **gerichtl. Nachprüfung**[22] durch die **Wehrdienstgerichte**[23]. Die über einen Antrag auf Teilzeitbeschäftigung entscheidende Stelle wird sich insbes. auf das Votum des Einheitsführers vor Ort abstützen, um bewerten zu können, wie sich die beantragte reduzierte Dienstleistung auswirken wird. Sie wird auf dessen persönlichen Eindruck unter Berücksichtigung seiner besonderen Erfahrung und genauen Kenntnis der organisatorischen und fachlichen Anforderungen und Arbeitsabläufe in seiner Dienststelle maßgeblich zurückgreifen. Je nach Fallgestaltung kann die Entscheidung den Charakter einer kaum nachvollziehbaren, höchstpersönlichen Prognose und eines Votums mit planerischem Einschlag annehmen. Daher wird ggf. ein gewisser **Beurteilungsspielraum** der entscheidenden Dienststelle anzuerkennen sein.[24]

15

Auch wenn wichtige dienstl. Gründe der Bewilligung von Teilzeitbeschäftigung nicht entgegenstehen, ist diese Entscheidung, wie es der Wortlaut („kann") des Abs. 1 verdeutlicht, immer noch im Wege einer **Ermessensentscheidung** zu treffen.[25] Welche Gründe einem Antrag auf Teilzeitbeschäftigung auch immer entgegengehalten werden können, sie sind von der entscheidenden Stelle jedenfalls an dem vor allem in § 13 Abs. 1 SGleiG zum Ausdruck kommenden Willen des Gesetzgebers zu messen, durch die neue gesetzl. Regelung zur Teilzeitbeschäftigung die Durchsetzung der Gleichstellung zu erreichen und die Vereinbarkeit von Familie und Dienst in den SK nach Möglichkeit zu verbessern.[26]

16

Nähere Erläuterungen zur Ermessensausübung sind der amtl. Begr. zu Abs. 1 nicht zu entnehmen, auch wenn deren Formulierung dies zunächst vermuten lässt. Denn der den Ausführungen zur Ermessensentscheidung folgende Passus[27] bezieht sich offensichtlich nur auf die Versagung von Teilzeitbeschäftigung aus wichtigen mil. Gründen und damit auf die Prüfung der Tatbestandsseite.

17

Soll die **Beschränkung auf wichtige dienstl. Gründe** im Tatbestand des Abs. 1, die allein eine Versagung der beantragten Teilzeitbeschäftigung ermöglichen, einen Sinn haben,

---

21 Unrealistisch ist im soldatischen Bereich – anders als in der öff. Verwaltung – die vom Gesetzgeber in diesem Zusammenhang angesprochene Option befristeter Neueinstellungen, vgl. BT-Drs. 15/3918, 21 (zu § 13 SGleiG).
22 BVerfGE 84, 34 (49 f. m.w.N.).
23 Die Zuständigkeit der Wehrdienstgerichte leitet sich aus § 82 Abs. 1 SG i.V.m. § 17 Abs. 1 WBO ab.
24 Vgl. allg. zu dieser Art von Beurteilungsspielräumen *Kopp/Ramsauer*, VwVfG, § 40 Rn. 76 f.
25 Ausdrücklich erwähnt dies die amtl. Begr. zu § 30a, vgl. BT-Drs. 15/3918, 28.
26 Vgl. die amtl. Begr. zu § 13 SGleiG, BT-Drs. 15/3918, 21. Nicht zuletzt deshalb hatte der Gesetzgeber in § 5 SDGleiG die BReg aufgefordert, im SDGleiG „verbindliche" Maßnahmen zur Verbesserung der Vereinbarkeit von Familie u. Dienst in den SK zu schaffen (BT-Drs. 15/3918, 15).
27 „Dies kann damit begründet werden, dass der militärische Dienst der Soldatinnen und Soldaten ... nicht ohne weiteres mit sonstigen entgeltlichen Tätigkeiten im öffentlichen Dienst vergleichbar ist. Im Rahmen der staatlichen Daseinsvorsorge kommt der Verfügbarkeit der Soldatinnen und Soldaten ein besonderer Stellenwert zu. Dies rechtfertigt es, **aus wichtigen militärischen Gründen** die Ermöglichung von Teilzeitbeschäftigung grundsätzlich restriktiver zu gestalten als im sonstigen öffentlichen Dienst, etwa bei Beamten." (BT-Drs. 15/3918, 28).

Eichen

dürfen sonstige dienstl. Gründe, die nicht als wichtig anzusehen sind, nicht im Wege einer Ermessensentscheidung („durch die Hintertür") doch noch zur Ablehnung eines Antrags auf Teilzeitbeschäftigung führen. Sonst wäre das Tatbestandsmerkmal der wichtigen dienstl. Gründe überflüssig. Sind diese nicht zu erkennen, kann eine Ablehnung des Antrags auf Teilzeitbeschäftigung nur noch auf sonstige sachliche Gründe gestützt werden, die eher auf die Person des Antragstellers bezogen und nicht dienstl. Natur sind. Solche Fallgestaltungen sind schwer vorstellbar. Sie könnten z.B. dann anzunehmen sein, wenn der Antragsteller sich mit der beabsichtigten Teilzeitbeschäftigung eigennützig eine Versetzung ersparen will oder wenn die Teilzeitbeschäftigung geeignet wäre, ihm sonstige Vorteile zu verschaffen.[28] Wegen dieser eher seltenen Situationen dürfte i.d.R. eine weitgehende Ermessensreduzierung[29] stattfinden. Grds. muss deshalb davon ausgegangen werden, dass die **gerichtl. Überprüfung** von Ermessensentscheidungen, die Teilzeitbeschäftigung ablehnen, obwohl keine wichtigen dienstl. Gründe entgegenstehen, in den meisten Fällen zu dem Ergebnis führt, dass nur die Bewilligung der Teilzeitbeschäftigung als ermessensfehlerfreie Entscheidung zulässig gewesen wäre.

18   Die Bewilligung oder Ablehnung einer beantragten Teilzeitbeschäftigung ist **kein VA**. Eine Ablehnung ist vielmehr eine **truppendienstl. Maßnahme**, die gem. § 82 Abs. 1 SG i.V.m. § 17 Abs. 1 WBO bzw. § 21 WBO vor den **Wehrdienstgerichten** angefochten werden kann. Vor der Ablehnung ist der Soldat **anzuhören**.[30]

2. Absatz 2

19   **Satz 1** bestimmt als zuständige Stelle für die Entscheidung über einen Antrag das BMVg; dieses kann die Entscheidung delegieren. Von dieser Möglichkeit ist in § 4 Abs. 2 STzV Gebrauch gemacht worden, indem Entscheidungszuständigkeiten in den weitaus meisten Fällen den sonstigen Entlassungsdienststellen[31] übertragen werden.

20   **Satz 2** verpflichtet entspr. dem Rechtsgedanken des § 39 Abs. 1 VwVfG die entscheidungsbefugte Stelle, bei Ablehnung eines Antrags auf Teilzeitbeschäftigung die **Gründe** im Einzelnen **mitzuteilen**. Diese Regelung findet sich auch in § 72a Abs. 4 Satz 2 BBG. Sie dient dazu, dass sich die entscheidende Stelle – angesichts des hohen Stellenwertes, den der Gesetzgeber der Teilzeitbeschäftigung als Mittel zur besseren Vereinbarkeit von Familie und soldatischem Dienst zumisst – selbst nochmals der tragenden Gründe für die Versagung bewusst wird und deren Stichhaltigkeit kritisch hinterfragt.

21   **Satz 3** macht die Bewilligung einer Teilzeitbeschäftigung zwingend von der Verpflichtung[32] des Antragstellers abhängig, im Bewilligungszeitraum **Nebentätigkeiten** nur in dem Umfang auszuüben, der einem vollzeitbeschäftigten Soldaten nach § 20 zugestanden wird. Damit ist klargestellt, dass, wie durch § 20 Abs. 2 Satz 2 Nr. 1 und Satz 4 vorgegeben[33], i.d.R. die Ausübung von Nebentätigkeiten nicht in Frage kommt, wenn die zeitliche Beanspruchung in der Woche acht Stunden überschreitet. Die Bewilligung einer Teilzeitbeschäftigung mit z.B. der Hälfte der wöchentlichen Rahmendienstzeit darf nicht zu dem Schluss verleiten, dass sich die zulässige wöchentliche Höchststundenzahl

---

28   So die entspr. für den Beamtenbereich angeführten Beispiele im GKÖD I K, § 72a Rn. 6 a.E. Ob in diesen Fällen nicht auch ein dienstl. Interesse besteht, soll hier dahinstehen.
29   Vgl. allg. hierzu *Kopp/Ramsauer*, VwVfG, § 40 Rn. 30ff.
30   Dieser aus § 28 Abs. 1 VwVfG ableitbare Grds. wird durch § 7 Abs. 2 Satz 1 STzV („unter Beteiligung ... des Soldaten") bestätigt.
31   Vgl. zu diesen ZDv 14/5 B 108.
32   Diese ist zur Beweissicherung u. wegen der gravierenden Folgen aus Satz 5 durch den Antragsteller, der auf die Konsequenzen einer Pflichtverletzung hinzuweisen ist, aktenkundig schriftl. zu erklären (vgl. § 7 Abs. 1 Satz 3 STzV).
33   Vgl. die Komm. zu § 20 Rn. 39.

Teilzeitbeschäftigung § 30a

für Nebenbeschäftigungen halbiere, also nur noch vier Stunden betrage. Die sog. **Fünftel-Regel**[34] bezieht sich in diesem Fall daher weiterhin auf die regelmäßige wöchentliche Rahmendienstzeit.

Auch wenn Satz 3 nur den **Umfang** von Nebentätigkeiten anspricht, ergibt sich aus der 22 Natur der Sache, dass alle sonstigen Restriktionen für die Ausübung von Nebentätigkeiten vollzeitbeschäftigter Soldaten nach § 20 entspr. bei der Prüfung und Bewilligung von Nebentätigkeiten teilzeitbeschäftigter Soldaten ihre Bedeutung behalten.[35] Dafür spricht die pauschale Bezugnahme in Satz 3 auf § 20. Deshalb bleibt es z.b. bei der Pflicht zur Genehmigung nach § 20 Abs. 1 Satz 1, den Untersagungsgründen für Nebentätigkeiten gem. § 20 Abs. 2 Satz 1 und 2 und den Anzeigepflichten nach § 20 Abs. 6 Satz 2.[36]

Nach **Satz 4** dürfen nur dem Zweck der Teilzeitbeschäftigung nicht zuwider laufende 23 Nebentätigkeiten genehmigt werden.[37] Diese Einschränkung entspricht der in § 28 Abs. 5 Satz 4 festgelegten. Wie neben einem Betreuungsurlaub darf deshalb neben einer Teilzeitbeschäftigung eine Nebentätigkeit vor allem dann nicht bewilligt werden, wenn diese zu Zeiten ausgeübt werden soll, in denen der Soldat, nähme er den familienpolitischen Zweck der Teilzeitbeschäftigung ernst, durch die Betreuung eines minderjährigen Kindes oder die Pflege eines Angehörigen beansprucht würde.

Satz 5 sieht bei einer schuldhaften, also vorsätzlichen oder fahrlässigen Verletzung der 24 Verpflichtung aus Satz 3 (gem. § 23 Abs. 1 ein Dienstvergehen, das disziplinar geahndet werden kann) vor, dass die zuständige Stelle (das ist dieselbe Stelle, die nach Abs. 2 Satz 1 über den Antrag entscheidet[38]) die **Bewilligung der Teilzeitbeschäftigung widerrufen**[39] **soll**. Die „**Soll-Vorschrift**" bedeutet, dass ihr i.d.R. nachgekommen werden muss[40], es sei denn, besondere Gründe, wie ein nur geringes Verschulden in Form leichter Fahrlässigkeit, rechtfertigen eine Ausnahme. In einem solchen Fall ist eine Nebentätigkeit grds. ganz zu untersagen, zumindest ist auf die künftige strikte Beachtung der Grenzen einer zulässigen Nebentätigkeit hinzuwirken. Aus rechtsstaatlichen Gründen ist der betroffene Soldat in jedem Fall vor einer ihm nachteiligen Entscheidung **anzuhören** (entspr. § 28 Abs. 1 VwVfG).

Die Widerrufsmöglichkeit in Satz 5 bezieht sich nicht nur darauf, dass eine Neben- 25 tätigkeit in einem unzulässigen Umfang eingegangen wird. Sie erstreckt sich auch auf die Ausübung von aus anderen Gründen (insbes. aus den in § 20 Abs. 2 Satz 2 genannten sonstigen Gründen) unzulässigen Nebentätigkeiten. Es können daher sowohl der Umfang als auch die Art der Ausübung der Nebentätigkeit für den Widerruf der Teilzeitbeschäftigung entscheidend sein. Insoweit ist auf die Komm. zu Rn. 21 f. zu verweisen. Erfasst werden auch Fallgestaltungen, die durch die Begrenzung der Genehmigungsfähigkeit von Nebentätigkeiten nach Satz 4 verhindert werden sollen. Übt der Soldat eine dem Zweck der Teilzeitbewilligung zuwider laufende und deshalb **nicht genehmigungsfähige Nebentätigkeit** aus, soll dies ebenso zum Widerruf der Bewilligung

---

34 Vgl. die Komm. ebd.
35 Der amtl. Begr. (BT-Drs. 15/3918, 28) kann dies nicht ohne Weiteres entnommen werden. Wenn dort davon die Rede ist, Abs. 2 regele – neben dem Ausmaß – auch die Art der zulässigen Nebentätigkeiten, kann dies nur auf Satz 4 bezogen sein.
36 Vgl. zu Einzelheiten die Komm. zu § 20.
37 S. entspr. für die familienbedingte Teilzeitbeschäftigung im Beamtenbereich § 72a Abs. 6 BBG.
38 Vgl. § 4 Abs. 3 Nr. 3 STzV.
39 Es ist nicht nur der Widerruf der Genehmigung der Nebentätigkeit gemeint! Dies zeigt der Wortlaut des Abs. 2 Satz 3 bis 5, der die Bewilligung stets auf die Teilzeitbeschäftigung bezieht. Für den dem Satz 5 singgleichen § 72a Abs. 2 Satz 4 BBG ebenso *Battis*, BBG, § 72a Rn. 23.
40 Vgl. BVerwGE 106, 339; BVerwG DokBer B 2003, 281 (285 f.) = NZWehrr 2003, 212.

Eichen

der Teilzeitbeschäftigung führen. Wer durch eine Nebentätigkeit die Intention der Teilzeitbewilligung vereitelt, kann regulären Dienst leisten.

3. Absatz 3

26 Satz 1 gibt der nach Abs. 2 Satz 1 zuständigen Stelle die Möglichkeit, eine bewilligte Teilzeitbeschäftigung „auch[41] nachträglich", d.h. nach Erlass des die Teilzeitbeschäftigung bewilligenden Bescheides, zu verkürzen, ihren zeitlichen Umfang zu erhöhen oder sie ganz zu widerrufen.[42] Vorausgesetzt werden für diese Maßnahmen allerdings **zwingende dienstl. Gründe**.[43] Die gegenüber der Versagung von Teilzeitbeschäftigung nach Abs. 1 („wichtige dienstliche Gründe") verschärften Anforderungen sind damit zu rechtfertigen, dass der Soldat, dem eine Teilzeitbeschäftigung bewilligt worden ist und der auf dieser Grundlage seine familiären Planungen eingerichtet hat, einen stärkeren Vertrauensschutz verdient als der, der eine Teilzeitbeschäftigung erst beantragt. Gegenüber bereits teilzeitbeschäftigten Soldaten ist deshalb jede nachteilige Veränderung oder der vollständige Widerruf der Teilzeitbeschäftigung besonders strengen Maßstäben unterworfen. Andererseits begründet sich das aus zwingenden dienstl. Gründen notfalls unvermeidbare Widerrufsmöglichkeit aus dem besonderen Stellenwert der Verfügbarkeit der Soldaten, der dann der Vorrang vor der Fortsetzung der Teilzeitbeschäftigung zu gewähren ist. Ein zwingender dienstl. Grund für den vollständigen Widerruf einer Teilzeitbeschäftigung kann insbes. dann bejaht werden, wenn durch die nur eingeschränkte Dienstleistung des Soldaten die Einsatzbereitschaft der Einheit oder Dienststelle ernsthaft gefährdet wird.

27 Ob der **unbestimmte Rechtsbegriff** „zwingende dienstliche Gründe" zu bejahen ist, ist **von den Gerichten** grds. in vollem Umfang **nachprüfbar**. Für einen Beurteilungsspielraum der über die Einschränkung oder den Widerruf der Teilzeitbeschäftigung entscheidenden Stelle werden sich nur ausnahmsweise bei bestimmten Fallgestaltungen Gründe finden lassen.[44] Anders als bei der Bewilligung nach Abs. 1, bei der die möglichen Auswirkungen der Teilzeitbeschäftigung in der Einheit oder Dienststelle u.U. noch nicht genau abschätzbar sind, wird bei der nachträglichen Veränderung oder beim Widerruf der Teilzeitbeschäftigung i.d.R. ein konkreter, darstellbarer Anlass Beweggrund für diesen Schritt sein.

Vgl. zum **Rechtsweg** Rn. 15 und 18.

28 Sind zwingende dienstl. Gründe zu bejahen, wird der entscheidenden Stelle für die Beschränkung, Modifizierung oder den Widerruf der Teilzeitbeschäftigung **kein Ermessen** mehr einzuräumen sein. Trotz der Formulierung des Satzes 1 („kann") ist die Vorschrift (insofern nicht anders als beim Widerruf bereits bewilligten Urlaubs nach § 28 Abs. 5 Satz 5[45]) als Befugnisnorm mit strikt verpflichtendem Inhalt zu interpretieren. Werden auf der Tatbestandsseite zwingende dienstl. Gründe festgestellt, ist nicht vorstellbar, dass angesichts solcher besonderer Umstände des Einzelfalls noch Raum für weitere Ermessenserwägungen bleibt.[46]

---

41 Das Wort „auch" an dieser Stelle im Gesetzestext ist irreführend, weil es zu dem unrichtigen Schluss verleitet, der Dienstherr könne bereits bei Antragstellung die vom Antragsteller begehrte Teilzeitbeschäftigung einseitig modifizieren. Vgl. hierzu o. Rn. 12.
42 Die Auswahl, welcher dieser Schritte erforderlich, aber auch ausreichend ist, hat sich am Grds. der Verhältnismäßigkeit (Stichwort: Auswahl des „mildesten" Mittels) zu orientieren.
43 Wobei bereits **ein** dienstl. Grund ausreicht.
44 Vgl. allg. zum Beurteilungsspielraum BVerfGE 84, 34 (49 f. m.w.N.); *Kopp/Ramsauer*, VwVfG, § 40 Rn. 71 ff.
45 Vgl. die Komm. zu § 28 Rn. 51.
46 Reduktion des Ermessensspielraums auf Null, vgl. *Kopp/Ramsauer*, VwVfG, § 40 Rn. 30.

Ist dem Soldaten (weil sich z.B. seine Vermögensverhältnisse erheblich verschlechtert 29
haben) eine **Teilzeitbeschäftigung nicht mehr zumutbar, soll** gem. **Satz 2** nach Möglichkeit, jedoch unter Berücksichtigung dienstl. Interessen, eine Rückkehr zur Vollzeitbeschäftigung zugelassen werden. Hierbei trifft den Dienstherrn eine aus seiner Fürsorgepflicht (§ 31) ableitbare Bemühensverpflichtung, wie es der Wortlaut der Vorschrift („**soll** ... zulassen"[47]) nahe legt. Voraussetzung ist ein frei besetzbarer und für die jew. Verwendung geeigneter Dienstposten. Fehlt ein solcher, stehen der Wiederaufnahme der Vollzeitbeschäftigung dienstl. Interessen entgegen. Die Rückkehr auf einen konkreten Dienstposten ist ebenso wenig garantiert wie ein Rechtsanspruch auf Schaffung eines neuen Dienstpostens. Satz 2 wird ergänzt durch § 14 Abs. 1 SGleiG, wonach teilzeitbeschäftigte Soldaten, die eine Vollzeitbeschäftigung beantragen, unter Beachtung ihrer Qualifikation bei der Rückkehr zur Vollzeitbeschäftigung vorrangig berücksichtigt werden müssen. Die Sicherstellung und Erleichterung des Wechsels zur Vollzeitbeschäftigung und des beruflichen Wiedereinstiegs wertet der Gesetzgeber als wichtige Voraussetzungen für die Akzeptanz familiengerechter Arbeitszeiten und Arbeitsbedingungen[48]; dies muss daher vor allem für die Teilzeitbeschäftigung gelten.

Entfällt das tatsächliche Betreuungs- oder Pflegeerfordernis, weil z.B. der pflegebedürftige Angehörige verstirbt, **ist** eine bewilligte Teilzeitbeschäftigung **zu beenden** (vgl. § 8 30
Abs. 2 STzV mit weiteren Einzelheiten). Hierzu ist die Bewilligung durch die zuständige Stelle förmlich zu widerrufen. Für den Zeitpunkt der Rückkehr zur Vollzeitbeschäftigung und den zu besetzenden Dienstposten gelten dieselben Maßgaben wie die zu Rn. 28 genannten.

4. Absatz 4

§ 6 Abs. 1 BBesG legt fest, dass für die **Besoldung bei Teilzeitbeschäftigung** die Dienst- 31
bezüge im gleichen Verhältnis wie die Arbeitszeit gekürzt werden. Zur Festlegung der täglichen oder wöchentlichen Arbeitszeit und darauf beruhend zur Berechnung der Dienstbezüge bei Teilzeitbeschäftigung sind zwei Angaben nötig: Eine **Berechnungsgröße** für die soldatische Vollzeitbeschäftigung, um auf deren Basis bei Teilzeitbeschäftigung die anteilige verringerten Dienstbezüge ermitteln zu können, und eine entspr. **Prozentangabe**, die den von dem Soldaten beantragten Umfang der Teilzeit- (z.B. 50 Prozent) im Verhältnis zur Vollzeitbeschäftigung (100 Prozent)[49] nennt. Diese Berechnungsgrundlagen soll **Abs. 4** mit der **Rahmendienstzeit** liefern.

Bei teilzeitbeschäftigten Beamten wird die anteilige Besoldung am Maßstab der durch 32
die gesetzl. Dienstzeitregelung festgelegten Vollzeitbeschäftigung (eine nach Stunden bemessene, einheitliche wöchentliche Arbeitszeit) berechnet. Für Soldaten gibt es **keine gesetzl. Dienstzeitregelung**, die eine vergleichbare Einheitsdienstzeit bestimmt. Deshalb greift der Gesetzgeber in Abs. 4 hilfsweise zur Ermittlung der Dienstbezüge teilzeitbeschäftigter Soldaten auf die Rahmendienstzeit zurück. Diese Methode findet sich bereits entspr. in § 50a Satz 2 BBesG, der als Bemessungsgrundlage für die Vergütung und die Freistellung vom Dienst der Soldaten mit besonderer zeitlicher Belastung auf die tägliche Rahmendienstzeit als Bestandteil einer wöchentlichen Rahmendienstzeit abstellt. Dies bedeutet keine gesetzl. Festlegung der Dienstzeit. Vielmehr wird die wöchentliche Rahmendienstzeit im „Erlass über den Ausgleich besonderer zeitlicher Be-

---

[47] Auch hier ist das Wort „soll" grds. als „muss" zu lesen, vgl. BVerwGE 106, 339; BVerwG DokBer B 2003, 281 (285 f.) = NZWehrr 2003, 212.
[48] Vgl. BT-Drs. 15/3918, 21 f.
[49] Bei Beamten werden auf der Grundlage der gesetzl. Dienstzeitregelung Stundenzahlen angegeben.

Eichen

§ 30a   Gemeinsame Vorschriften

lastungen der Soldaten" (Dienstzeitausgleichserlass)[50] zzt. auf 46 Stunden einschl. Pausen[51] festgesetzt.

33   Der Begriff „Rahmendienstzeit" für die im Dienstzeitausgleichserlass festgelegte Grenze von 46 Stunden mag für Zwecke der Gewährung von Ausgleichsmaßnahmen (Freizeit oder finanzielle Vergütungen) für mehrgeleisteten Dienst verständlich sein. Diese Grenze setzt den **äußersten Rahmen**, bis zu dem mehrgeleisteter Dienst ohne Kompensation zu erbringen ist. Zur **stundenmäßigen Festlegung** der soldatischen **Vollzeitbeschäftigung** als Basis für die Berechnung einer anteiligen Teilzeitbeschäftigung ist der Rückgriff auf die **Rahmendienstzeit** von 46 Stunden **ungeeignet**. Dies beruht darauf, dass in den wenigsten Einheiten und Dienststellen der SK eine durchschnittliche Wochenarbeitszeit von 46 Stunden erreicht wird, dass in den Einheiten und Dienststellen, abhängig vom jew. Verwendungs- oder Einsatzprofil, die durchschnittliche wöchentliche Arbeitszeit sehr unterschiedlich sein kann und dass schließlich die im Dienstzeitausgleichserlass genannten 46 Stunden **Bruttoarbeitszeiten** (eingeschlossen sind unterschiedlich lange Pausen) darstellen. Es wäre deshalb grob benachteiligend und unzulässig, für teilzeitbeschäftigte Soldaten von einer wöchentlichen Regelarbeitszeit von 46 Stunden auszugehen und z.B. die hälftige Teilzeitbeschäftigung allg. mit 23 Stunden in der Woche anzusetzen.[52]

34   Für den Soldaten muss im Einzelfall nachvollziehbar der **tatsächliche, durchschnittliche stundenmäßige Umfang seiner** Teilzeitbeschäftigung ermittelt werden. Erst das Wissen um seine tägliche Arbeitszeit gibt ihm die für die beabsichtigte familienpolitische Zielsetzung der Teilzeitbeschäftigung notwendige Plan- und Berechenbarkeit seiner dienstl. Belastung, die notwendig ist, um der Pflege und Betreuung eines Kindes oder Angehörigen angemessen nachgehen zu können. Im Grundsatz ist nicht zu bezweifeln, dass der soldatische Dienst sich an mil. Notwendigkeiten, insbes. an der Einsatzbereitschaft, zu orientieren hat und dass nicht vorhersehbare, zeitliche Mehrbelastungen hinzunehmen sind. Für den Bereich der Teilzeitbeschäftigung ist dies differenziert zu sehen. Wer an bestimmte Pflege- und Betreuungszeiten gebunden ist, kann nicht flexibel seine Arbeitszeit verlängern oder verlegen. Allenfalls für eine – im soldatischen Bereich gesetzl. nicht geregelte – voraussetzungslose Teilzeitbeschäftigung, wie sie § 72a Abs. 1 BBG vorsieht, kann eine derart weitgehende Pflicht zur Dienstleistung vertretbar sein. Für die familienpolitisch begründete Teilzeitbeschäftigung hat der Gesetzgeber hiervon – wie es § 12 SGleiG verdeutlicht – bewusst Abstriche gemacht. Sind auf einem mil. Dienstposten ständig oder häufig wechselnde Arbeitszeiten zu erwarten, muss dies bereits bei der Bearbeitung eines Antrags auf Teilzeitbeschäftigung berücksichtigt werden. Notfalls ist ein solcher Dienstposten nicht teilzeitfähig. Wird anders entschieden, fällt eine Entscheidung für eine planbare Dienstgestaltung. Dies ergibt sich aus Sinn und Zweck der familienpolitisch begründeten Teilzeitbeschäftigung.

35   Unter Auslegung des Begriffs der Rahmendienstzeit in Abs. 4 als einer je nach Einheit oder Dienststelle variablen Größe kann eine **sachgerechte Lösung** zur Ausgestaltung

---

50   BMVg – Fü S I 1 – Az 19-02-20 v. 20.10.1998 in der ab 1.2.2003 gültigen Fassung. Ob angesichts der großen dienstrechtl. u. finanziellen Bedeutung der Dienstzeitregelung deren ausnahmslose Festlegung in einem Erl. den Anforderungen des verfassungsrechtl. Gesetzesvorbehalts genügt (vgl. die einschlägigen Erwägungen in BVerwG DVBl. 2004, 1420), erscheint zw. Zumindest im Friedensdienstbetrieb (z.B. in den Ämtern der SK) haben sich die Dienstzeiten der Soldaten stark den regelmäßigen Arbeitszeiten der Beamten angenähert.
51   Die Länge der Pausen ist allerdings eine Variable.
52   Möglicherweise war dies – wenn überhaupt – die Vorstellung der Abg. des BT in den Beratungen des VertA zum SDGleiG. Das Fehlen einer gesetzl. Dienstzeitregelung der Soldaten müsste im VertA bekannt gewesen sein.

Teilzeitbeschäftigung § 30a

der Teilzeitbeschäftigung, die den Interessen des Soldaten und der Einsatzbereitschaft der Truppe Rechnung trägt und sich an der derzeitigen Praxis der Dienstzeitgestaltung in den SK orientiert, wie folgt aussehen:
- Die in die Dienstzeiten integrierten Pausen sind in den einzelnen Einheiten und Dienststellen der SK unterschiedlich lang und nicht quantifizierbar. Bei der Berechnung von Zeiten einer Teilzeitbeschäftigung sind sie auszuklammern. Es ist von Netto-Dienstzeiten auszugehen. Andernfalls wären insbes. Soldaten in hälftiger Teilzeitbeschäftigung unverhältnismäßig benachteiligt.
- Unter Berücksichtigung, dass die tatsächliche dienstl. Inanspruchnahme und damit die Dienstzeit des Soldaten von Einheit zu Einheit oder von Dienststelle zu Dienststelle variieren kann, ist, ausgehend von der konkreten Einheit oder Dienststelle, in welcher der Soldat teilzeitbeschäftigt werden will, die **wöchentliche**[53] **durchschnittliche Netto-Dienstzeit** zu ermitteln. Beträgt diese z.b. in einer Kompanie 39 Stunden, sind für die hälftige Teilzeitbeschäftigung wöchentlich 19,5 Stunden anzusetzen.[54] Kann der Soldat, bedingt durch die Betreuung eines Kindes, in der Kompanie nur 24 Stunden wöchentlich Dienst leisten, beträgt in diesem Fall die Arbeitszeit 61,538 Prozent der wöchentlichen durchschnittlichen Netto-Dienstzeit.[55]
- Leistet ein Soldat Dienst in einer gemischten Dienststelle, in der sich die Soldaten wegen der Gleichartigkeit ihrer Tätigkeit der zivilen Dienstzeitregelung angeschlossen haben (z.B. im BMVg), wird bei einer Teilzeitbeschäftigung des Soldaten auf die für Beamte geltende tatsächliche Arbeitszeit (ohne Pausen) abzustellen sein. Dies ist sinnvoll, weil ansonsten sachlich nicht zu rechtfertigende Ungleichbehandlungen einträten.

Die Ermittlung der konkreten monatlichen durchschnittlichen Netto-Dienstzeit in der Einheit oder Dienststelle fällt in die **Zuständigkeit** des zuständigen **Vorg**. 36

5. Absatz 5

Abs. 5 enthält die Ermächtigung zum Erlass einer **RVO**, in der nach Maßgabe der Abs. 1 bis 3 die Einzelheiten der Bewilligung von Teilzeitbeschäftigung festgelegt werden können.[56] In der VO, die nach § 93 Abs. 2 Nr. 5 durch das BMVg zu erlassen ist, dürfen ausdrücklich bestimmte Verwendungen oder Truppenteile festgelegt werden, in denen aus Gründen der Einsatzbereitschaft der SK eine Teilzeitbeschäftigung nicht in Frage kommt.[57] Von der Ermächtigung ist mit der (oben abgedruckten) **StZV** Gebrauch gemacht worden. 37

---

53 Wenn Netto-Dienstzeiten wöchentlich o. monatlich variieren, bietet es sich an, eine durchschnittliche Netto-Dienstzeit, bezogen auf das letzte halbe Jahr zu ermitteln.
54 Dies hat zur Folge, dass z.B. eine hälftige Teilzeitbeschäftigung für Soldaten verschiedener mil. Dienststellen, abhängig vom jew. Tätigkeits- u. Einsatzprofil, unterschiedlich lang sein könnte. Das ist sachlich gerechtfertigt, weil dies auch für die Soldaten in Vollzeitbeschäftigung entspr. gilt. Der gebührniszahlenden Dienststelle ist in diesem Fall nur der Prozentsatz der Teilzeitbeschäftigung (hier: 50 Prozent) mitzuteilen.
55 Diese Prozentzahl wäre für die gebührniszahlende Dienststelle ausreichend, um die monatlichen Bezüge zu errechnen.
56 BT-Drs. 15/3918, 28.
57 Vgl. die in § 6 Abs. 1 StZV genannten Fälle, in denen grds. (nicht ausnahmslos!) Teilzeitbeschäftigung ausgeschlossen wird.

Eichen 459

§ 30b Gemeinsame Vorschriften

§ 30b Zusammentreffen von Urlaub und Teilzeitbeschäftigung

Urlaube nach § 28 Abs. 5 und § 28a sowie Zeiten einer Teilzeitbeschäftigung nach § 30a dürfen zusammen eine Dauer von zwölf Jahren nicht überschreiten.

Literatur: Vgl. die zu § 30a angegebenen Veröffentlichungen zum SDGleiG.

Übersicht

	Rn.		Rn.
A. Allgemeines	1 – 3	3. Bezüge zum Beamtenrecht	3
1. Zweck der Vorschrift	1	B. Erläuterungen im Einzelnen	4 – 5
2. Entstehung der Vorschrift	2		

A. Allgemeines

1. Zweck der Vorschrift

1   § 30b stellt eine Kumulierungsregelung zur zeitlichen Begrenzung beim Zusammentreffen unterschiedlicher Arten der Beurlaubung und von Teilzeitbeschäftigung der Soldaten dar.

2. Entstehung der Vorschrift

2   § 30b ist im Zusammenhang mit der Einfügung des § 30a zu sehen, der erstmals eine Teilzeitbeschäftigung für Soldaten ermöglicht. Die Vorschrift ist durch Art. 2 Nr. 3 SDGleiG in das SG eingefügt worden. Sie ist am 1.1.2005 in Kraft getreten.

3. Bezüge zum Beamtenrecht

3   Eine dem § 30b vergleichbare Regelung findet sich sowohl in § 72a Abs. 4 Satz 5 BBG als auch in § 72e Abs. 3 Satz 1 BBG. Allerdings bezieht sich in diesen Vorschriften die Höchstdauer von insgesamt zwölf Jahren auf das Zusammentreffen von beamtenrechtl. Urlaub bis zum Beginn des Ruhestandes (§ 72e Abs. 1 BBG[1]), familienbedingtem Betreuungsurlaub (§ 72a Abs. 4 Satz 1 Nr. 2 BBG[2]) und **unterhälftiger** Teilzeitbeschäftigung (also einer solchen mit weniger als der Hälfte der regelmäßigen Arbeitszeit nach § 72a Abs. 5 BBG). Die in § 72a Abs. 1 BBG geregelte sog. voraussetzungslose Antragsteilzeitbeschäftigung[3] und die nach § 72a Abs. 4 Satz 1 Nr. 1 BBG mögliche familienbedingte Teilzeitbeschäftigung[4], die beide einen Dienst von mindestens der Hälfte der regelmäßigen Arbeitszeit vorsehen, sind **in ihrer Dauer** hingegen **nicht begrenzt** und können länger als zwölf Jahre andauern.[5]

B. Erläuterungen im Einzelnen

4   Die Vorschrift übernimmt den Regelungsinhalt des durch Art. 2 Nr. 2 SDGleiG aufgehobenen § 28a Abs. 4 und ergänzt ihn durch eine Einbeziehung der Teilzeitbeschäftigung. Schon nach § 28a Abs. 4 durften ein **Urlaub bis zum Beginn des Ruhestandes** nach § 28a Abs. 1 und ein **Betreuungsurlaub** nach § 28 Abs. 5 **zusammen zwölf Jahre nicht überschreiten**. In diese Regelung wird nunmehr in § 30b eine Teilzeitbeschäftigung (maßgeblich für die Anwendung ist deren bewilligte Dauer, nicht der Anteil an der Rahmendienstzeit) einbezogen, wobei es auch bei einem Zusammentreffen der ge-

---
1   Er entspricht dem Urlaub bis zum Beginn des Ruhestandes gem. § 28a.
2   Er entspricht dem Betreuungsurlaub nach § 28 Abs. 5.
3   Vgl. *Battis*, BBG, § 72a Rn. 1, 17 ff.
4   *Battis*, BBG, § 72a Rn. 1, 25 ff.
5   Vgl. *Plog/Wiedow/Lemhöfer*, BBG, § 72a Rn. 11c, 32; *Battis*, BBG, § 72a Rn. 17, 28.

Fürsorge **§ 31**

nannten Urlaubsarten mit Teilzeitbeschäftigung bei einer Höchstdauer von zwölf Jahren bleibt. Obwohl der Umfang der soldatischen Teilzeitbeschäftigung mindestens die Hälfte der Rahmendienstzeit betragen muss (vgl. § 30a Abs. 1), hat der Gesetzgeber wegen der besonderen Bedingungen im Bereich der SK anders als im Beamtenbereich[6] eine hälftige oder mehr als hälftige Teilzeitbeschäftigung nicht als Grund angesehen, diese grds. auf unbegrenzte Dauer bewilligen zu können.

Der Zeitraum von längstens zwölf Jahren erhöht sich nicht dadurch, dass die Urlaube und/oder die Teilzeitbeschäftigung nicht zusammenhängend genommen worden sind, sondern der Soldat z.b. nach dem Ende eines Urlaubs wieder Dienst geleistet und später einen anderen Urlaub oder eine Teilzeitbeschäftigung angetreten hat.

Keine Auswirkungen auf die Frist von zwölf Jahren haben hingegen von einem Soldaten 5
(u.U. für mehrere Kinder) in Anspruch genommene **Elternzeiten**. Sie unterfallen nicht der genannten Höchstgrenze.[7] Ebenfalls keine Anrechnung erfährt eine **Teilzeitbeschäftigung**, die ein Soldat nach § 4 EltZSoldV[8] während der Elternzeit mit Zustimmung des BMVg oder der von diesem beauftragten Stelle **außerhalb des Soldatenverhältnisses** in einem Umfang bis zu 30 Stunden wöchentlich ausüben darf. Dies folgt bereits aus der ausdrücklichen Bezugnahme in § 30b auf Teilzeitbeschäftigung nach § 30a.

§ 31 Fürsorge

[1]**Der Bund hat im Rahmen des Dienst- und Treueverhältnisses für das Wohl des Berufssoldaten und des Soldaten auf Zeit sowie ihrer Familien, auch für die Zeit nach Beendigung des Dienstverhältnisses, zu sorgen.** [2]**Er hat auch für das Wohl des Soldaten zu sorgen, der nach Maßgabe des Wehrpflichtgesetzes Wehrdienst leistet; die Fürsorge für die Familie des Soldaten während des Wehrdienstes und seine Eingliederung in das Berufsleben nach dem Ausscheiden aus dem Wehrdienst werden gesetzlich geregelt.**

Literatur: *Elsner, Wolfgang:* Die Rolle der Sozialarbeit in der Bundeswehr, BWV 1980, 181; *Schnellenbach, Helmut:* Die Fürsorgepflicht des Dienstherrn in der Rechtsprechung des Bundesverfassungsgerichts, VerwArch 2001, 2; *Steinkamm, Armin A.:* Die „janusköpfige" Fürsorge, NZWehr 1986, 32; *Talmon, Stefan:* Die Geltung deutscher Rechtsvorschriften bei Auslandseinsätzen der Bundeswehr mit Zustimmung des Aufenthaltsstaates, NZWehr 1997, 221.

Übersicht

	Rn.		Rn.
A. Allgemeines	1– 6	2. § 31 und § 10 Abs. 3	13 – 14
1. Entstehung der Vorschrift	1	3. Satz 1	15 – 16
2. Änderungen der Vorschrift	3	a) Adressatenkreis	15
3. Bezüge zum Beamtenrecht bzw. zu sonstigen rechtl. Vorschriften; ergänzende Erlasse	3– 6	b) Einzelfälle aus der Rechtsprechung	16
		4. Satz 2 Halbsatz 2 (SaZ, BS)	17 – 19
B. Erläuterungen im Einzelnen	7 – 25	5. Satz 2 Halbsatz 1	20 – 21
1. Zweck und Bedeutung der		6. Satz 2 Halbsatz 2 (WPfl)	22
Vorschrift	7 – 12	7. Schadensersatzanspruch wegen Verletzung der Fürsorgepflicht	23 – 25

---

6 Vgl. o. Rn. 3 u. *Battis,* BBG, § 72a Rn. 17 unter Berufung auf BT-Drs. 13/3994, 34.
7 Die Rechtslage entspricht der im Beamtenbereich, vgl. hierzu *Weber/Banse,* I/5, § 1 EltZSoldV Rn. 4.
8 Bekanntmachung der Neufassung der EltZSoldV v. 18.11.2004 (BGBl. I S. 2855).

§ 31 Gemeinsame Vorschriften

A. Allgemeines

1. Entstehung der Vorschrift

1 Der **REntw**.[1] enthielt keine dem späteren § 31 entspr. Vorschrift. Auf Vorschlag des Ausschusses für Beamtenrecht des BT[2] fügte der **VertA** des BT einen § 26a in den Entw. ein[3], der so vom Plenum des BT beschlossen wurde. Die Differenzierung zwischen BS und SaZ einerseits und WPfl andererseits begründete der VertA damit, dass § 79 BBG, dem Satz 1 nachgebildet ist, auf WPfl keine Anwendung finde.[4]

2. Änderungen der Vorschrift

2 Die Erstfassung des § 31 galt unverändert bis zum **SkResNOG**. Art. 2 Nr. 12 desselben ersetzte in Satz 2 die Wörter „auf Grund der Wehrpflicht" durch die Wörter „nach Maßgabe des Wehrpflichtgesetzes". Damit sollte klar gestellt werden, dass auch den **FWDL** die Fürsorge des Dienstherrn „zuteil wird".[5] Eine materielle Änd. der Rechtslage war damit nicht verbunden.

3. Bezüge zum Beamtenrecht bzw. zu sonstigen rechtl. Vorschriften; ergänzende Erlasse

3 **Satz 1** entspricht § 48 Satz 1 BRRG, § 79 Satz 1 BBG.[6] Die Komm. zu § 79 BBG sind infolgedessen auch für die Auslegung des § 31 einschlägig.[7] Eine mit § 48 Satz 2 BRRG, § 79 Satz 2 BBG („Er (der Dienstherr) schützt ihn bei seiner amtlichen Tätigkeit und in seiner Stellung als Beamter") vergleichbare Best. fehlt im SG. Dennoch gilt der Erl. des BMI über Rechtsschutz in Strafsachen und Ordnungswidrigkeitenverfahren entspr. auch für Soldaten.[8]

4 Eine mit **Satz 2** vergleichbare Best. kennt das Beamtenrecht nicht.

5 Auf **ZDL** findet „in Fragen der Fürsorge" Satz 2 entspr. Anwendung (vgl. § 35 Abs. 1 ZDG).[9]

6 Zu § 31[10] ist eine **Vielzahl von Erl. des BMVg** herausgegeben worden. **Beispielhaft** seien hier genannt:
- „Betreuung ehem. Angehöriger der Bundeswehr"[11]
- „Fürsorge für schwerbehinderte Menschen im Geschäftsbereich des BMVg (Fürsorgeerlass)"[12]
- „Maßnahmen zum Schutz der Nichtraucher im dienstlichen Bereich"[13]
- „Rechtsschutz in Strafsachen und Ordnungswidrigkeitenverfahren für Bundesbedienstete"[14]

---

1 BT-Drs. II/1700.
2 Prot. der 48. Sitzung v. 1.2.1956, Prot. Nr. 48, 15.
3 BT-Drs. II/2140, 41.
4 BT-Drs. II/2140, 10.
5 BT-Drs. 15/4485, 36.
6 § 79 BBG gilt gem. § 46 DRiG entspr. für Richter im Bundesdienst.
7 BVerwG *Buchholz* 238.4 § 31 SG Nr. 3.
8 Vgl. u. Rn. 6.
9 Vgl. im Einzelnen *Brecht*, 159 ff.
10 Eine Zuordnung einzelner Erl. zu § 31 ist nicht immer ohne Weiteres möglich, da eine förmliche Bezugnahme i.d.R. fehlt.
11 VMBl. 1996 S. 210.
12 VMBl. 2003 S. 66, 163.
13 VMBl. 2000 S. 143, 2002 S. 356.
14 VMBl. 2000 S. 44. Diesem Erl. des BMVg liegt ein RdSchr. des BMI v. 29.11.1999 zu Grunde.

Fürsorge § 31

- „Richtlinie zur Aufstellung eines Sozialplans für Soldaten bei Neuaufstellungen, Verlegungen, Reduzierungen oder Auflösungen von Dienststellen der Bundeswehr"[15]
- „Sozialdienst in der Bundeswehr".[16]

B. Erläuterungen im Einzelnen

1. Zweck und Bedeutung der Vorschrift

Die Pflicht zur Fürsorge des Dienstherrn für die zu ihm in einem öff.-rechtl. Dienstverhältnis stehenden Beschäftigten folgt für Beamte aus den **hergebrachten Grundsätzen des Berufsbeamtentums** i.S.v. Art. 33 Abs. 5 GG.[17] § 79 BBG verleiht diesen Grundsätzen – bezogen auf die Fürsorgepflicht – einfachgesetzl. Gestalt. 7

Für **BS** hat die höchstrichterliche Rspr. stets eine institutionelle Garantie entspr. Art. 33 Abs. 5 GG verneint.[18] Von daher war es angebracht, die Fürsorgepflicht des Dienstherrn für Soldaten in einem **Gesetz** zu verankern. 8

Satz 1 bezieht sich nur auf **BS** und **SaZ** sowie deren **Familien**. Satz 2 Halbs. 1 erfasst die **WPfl** (GWDL, FWDL, dienende Res), d.h. den Personenkreis, der Wehrdienst gem. § 4 Abs. 1 WPflG leistet. Vom Wortlaut des § 31 nicht erfasst sind die Familien der WPflG nach der Beendigung des Dienstverhältnisses sowie **Dienstleistungspflichtige** nach dem IV. Abschnitt. Der ratio legis folgend sind auch diese Personen nicht von der Fürsorge des Dienstherrn ausgenommen. **Satz 2 Halbs. 2** steht mit dem Halbs. 1 in keinem direkten bzw. ausschließlichen Zusammenhang. Er bezieht sich auf die **Familien aller Soldaten** während des Wehrdienstes und die Eingliederung aller Soldaten[19] nach der Beendigung des Wehrdienstes in das Berufsleben. 9

Aus heutiger Sicht ist es zumindest **unverständlich**, weshalb der historische Gesetzgeber meinte, formal (nicht materiellrechtl.) zwischen BS und SaZ einerseits und WPfl andererseits differenzieren zu müssen. Die Bezugnahme auf § 79 BBG hätte so formuliert werden können („entsprechende Geltung"), dass für alle Statusgruppen eine gemeinsame Best. hätte geschaffen werden können. Die Praxis und die Rspr. gehen seit langem davon aus, dass die Fürsorgepflicht des Dienstherrn für alle Statusgruppen gleichermaßen gilt.[20] Es würde den Bedürfnissen der Praxis völlig genügen, wenn § 31 folgende Fassung erhalten würde: 10

„*Der Bund hat im Rahmen des Dienst- und Treueverhältnisses für das Wohl der Soldaten und ihrer Familien zu sorgen.*"

§ 31 ist eine typische gesetzl. **Generalklausel**. Sie „durchdringt" und ergänzt die Einzelregelungen des SG.[21] Ihre Konkretisierung und ihre Grenzen erfährt sie aus den besonderen gesetzl. Best. des BBesG, des WSG, des SVG, des ArbPlSchG, des USG, des BUKG, des BRKG usw. Aus § 31 können daher **keine weiteren Ansprüche** abgeleitet werden, sofern die Rechtsstellung des Soldaten in dem jew. **Spezialgesetz** abschließend normiert ist.[22] Ist die Ausgestaltung der Fürsorgepflicht in nachrangigem Recht (**RVO**, 11

---

15 VMBl. 1994 S. 194, 1995 S. 259.
16 VMBl. 1983 S. 159.
17 Pieroth, in: *Jarass/Pieroth*, GG, Art. 33 Rn. 49. Vgl. auch *Battis*, in: *Sachs*, GG, Art. 33 Rn. 71.
18 Vgl. BVerfGE 3, 288 (334); 31, 212 (221); BVerwGE 93, 69 (73).
19 So ausdrücklich (bzgl. eines SaZ) VGH Mannheim, Justiz 1980, 35; OVG Münster NZWehrr 1990, 128 (129).
20 Vgl. *Scherer/Alff*, SG, § 31 Rn. 17; *Stauf* I, § 31 SG Rn. 13; BVerwG *Buchholz* 238.4 § 31 SG Nr. 3.
21 BVerwG NZWehrr 1971, 77.
22 BVerwG *Buchholz* 238.4 § 31 SG Nr. 1; *Buchholz* 235 § 36 BBesG Nr. 3; GKÖD I Yk, § 31 Rn. 3; *Scherer/Alff*, SG, § 31 Rn. 10; *Stauf* I, § 31 SG Rn. 2 f.

§ 31 Gemeinsame Vorschriften

AVV) erfolgt, und ist dort ein bestimmter Sachverhalt überhaupt nicht oder nicht der gesetzl. Vorgabe entspr. geregelt, folgt ein evtl. Anspruch **unmittelbar aus** § **31**.[23] In diesem Fall steht es im **Ermessen** des Dienstherrn, wie er der Fürsorgepflicht nachkommt.[24]

12 Angesichts des Umstandes, dass nahezu alle denkbaren Fallkonstellationen inzwischen durch einschlägige Best. erschöpfend und denkbar großzügig geregelt sind, ist die heutige **praktische Bedeutung** der Vorschrift **gering**.

2. § 31 und § 10 Abs. 3

13 Ein Verstoß gegen § 10 Abs. 3 wird als truppendienstl. Angelegenheit gerichtl. durch die TDG entschieden, ein Verstoß gegen § 31 als Verwaltungsangelegenheit durch die **VG**.[25]

14 **Formal** ist zwischen beiden Best. einfach zu differenzieren: Während § 10 Abs. 3 die Fürsorgepflicht der Vorg. des Soldaten betrifft, regelt § 31 diejenige des Bundes, d.h. des Dienstherrn. Die Fürsorgepflicht der Vorg. leitet sich vielfältig auch aus der des Dienstherrn ab; dieser bedient sich der Vorg. des Soldaten als **Erfüllungsgehilfen** i.S.v. § 278 Satz 1 BGB.[26] Aus diesen Gründen ist die **materiellrechtl.** Abgrenzung zwischen beiden Pflichten im Einzelfall schwierig. Der Versuch des BVerwG[27], auf den „eigenständigen truppendienstlichen Bezug" des Handelns des Vorg. abzustellen, hilft nicht immer weiter.[28] Dies gilt auch für die Feststellung, § 10 Abs. 3 sei nicht lex specialis gegenüber § 31.[29]

3. Satz 1

a) Adressatenkreis

15 Der Anwendungsbereich des Satzes 1 beschränkt sich auf BS und SaZ sowie deren Familien. Zur **„Familie"** i.d.S. sollen nicht alle Personen gehören, mit denen der Soldat durch familienrechtl. Beziehungen verbunden oder denen er unterhaltspflichtig ist. Die Alimentationspflicht des Dienstherrn soll sich auf die Familie im engeren Sinne, die sog. **Kleinfamilie**, beschränken, die nur den Soldaten selbst, seine Ehefrau und seine Kinder umfasst.[30]

Ob diese – für das BUKG[31] entschiedene – enge Auslegung des Familienbegriffes haltbar ist, kann bezweifelt werden.[32] In jedem Fall müssen heute gem. § 1 des LebenspartnerschaftsG vom 16.2.2001[33] **eingetragene Lebenspartnerschaften** gleich behandelt werden. Im Übrigen ist zu beachten, dass der Familienbegriff im jew. Spezialgesetz eines jew. andere Ausprägung erfahren haben kann. So gehören z.B. gem. § 3 Abs. 1 USG

---

23 Vgl. z.B. BVerwGE 44, 52 (57) = NZWehr 1974, 73; OVG Koblenz DVBl. 1983, 1117.
24 VGH Kassel NZWehrr 1985, 130.
25 Zur Abgrenzung im vorliegenden Kontext vgl. z.B. BVerwG DokBer B 1990, 35; DokBer B 1994, 34 (Versetzung/Beförderung eines BS).
26 BVerwGE 44, 52 (55) = NZWehrr 1974, 73; VGH Mannheim Justiz 1980, 35; *Scherer/Alff*, SG, § 31 Rn. 16.
27 BVerwGE 46, 153 = NZWehrr 1974, 31.
28 Vgl. ergänzend die Komm. zu § 10 Abs. 3.
29 Vgl. zuletzt BVerwG NZWehrr 1984, 120.
30 BVerwGE 97, 255 = NJW 1995, 1847 (danach gehört die Verlobte eines Soldaten nicht zu dessen Familie).
31 Selbst das BUKG geht inzwischen von einem anderen Familienbegriff aus. Gem. § 1 Abs. 3 BUKG setzt eine „häusliche Gemeinschaft" i.S.d. G „ein Zusammenleben in gemeinsamer Wohnung oder in enger Betreuungsgemeinschaft in demselben Haus" voraus. Dazu gehören der Ehegatte, der Lebenspartner, die Kinder, Verwandte bis zum 4. Grad, Verschwägerte bis zum 2. Grad, Pflegeeltern usw. (§ 1 Abs. 2, § 6 Abs. 3 BUKG).
32 Krit. auch *Pieroth*, in: *Jarass/Pieroth*, GG, Art. 6 Rn. 3; *Schmitt-Kammler*, in: *Sachs*, GG, Art. 6 Rn. 15 ff.
33 BGBl. I S. 266 mit späteren Änd.

Fürsorge § 31

zur Familie des WPfl die Ehefrau, der Lebenspartner, die Kinder, die Eltern, Großeltern und die Geschwister des WPfl.

b) Einzelfälle aus der Rechtsprechung
- Dem Dienstherrn obliegt gegenüber dem Soldaten keine umfassende **Belehrungs- und Aufklärungspflicht** über die ihn betreffenden rechtl. Regelungen. Er braucht auch i.d.R. nicht auf Gesetzesänd. oder rechtl. Konsequenzen eines Statuswechsels aufmerksam zu machen.[34]
- Aus § 31 lässt sich kein Anspruch des Soldaten auf **Beförderung** herleiten.[35]
- Es ist unzulässig, wenn nach Abschluss eines Schuljahres die Verwaltungspraxis für die Gewährung von Fahrtkostenerstattung im Rahmen einer **Auslandsschulbeihilfe** nachträglich verschärft wird.[36]
- Der **Beihilfeanspruch** des Soldaten für seine Familienangehörigen leitet sich aus § 31 ab. Er wird zulässigerweise begrenzt durch die Beihilfevorschriften des Bundes in der jew. geltenden Fassung. Nicht zu beanstanden ist z.B., dass die Aufwendungen zum Erwerb eines Kfz. für die gelähmte Ehefrau eines Soldaten nicht erstattet werden.[37]
- Dasselbe gilt grds. auch für die VV zu § 69 Abs. 2 BBesG. Die Erhaltung der „physischen und psychischen Integrität" des Soldaten ist ein Schutzgut von hohem Rang, dessen Wahrung auch die Fürsorgepflicht gebietet. Hieraus leitet sich z.B. ein Anspruch des Soldaten auf **unentgeltliche truppenärztl. Versorgung** in Form einer In-vitro-Fertilisation ab.[38]
- Beiträge von SanOffz zu **berufsständischen Einrichtungen** sind nicht erstattungsfähig, da die Mitgliedschaft des Soldaten nicht dienstl. veranlasst ist.[39]
- **Entlassungsverfahren** sind mit der sachlich gebotenen **Beschleunigung** durchzuführen.[40]
- Die Fürsorgepflicht gebietet nicht, dass den Offz sämtliche mit der Selbsteinkleidung verbundenen Kosten erstattet werden. So müssen die Offz z.B. die Kosten einer sog. Umpaspelierung der **Uniform** selbst tragen.[41]
- Der Dienstherr muss stets bemüht sein, den Soldaten vor **Nachteilen und Schäden zu bewahren**.[42]
- Der Soldat kann nicht beanspruchen, dass sein Dienstherr (zu seinen Gunsten) eine **Gesetzesinitiative** unternimmt.[43]
- § 31 gebietet, dass der Soldat nicht nur **vor Gesundheitsgefährdungen zu schützen** ist[44], sondern auch vor erheblichen Belästigungen. Der Soldat kann daher nicht gezwungen werden, als **Nichtraucher** eine Stube mit anderen, rauchenden Soldaten teilen zu müssen.[45] Dies folgt auch aus einer entspr. Anwendung des § 618 Abs. 1 BGB. Für welche Mittel der Dienstherr sich zum Schutz der Nichtraucher entscheidet, liegt indes in seinem pflichtgemäßen Ermessen.[46]

---

34 BVerwG NVwZ 1998, 400; OVG Münster 12 A 1085/96 m.w.N.; VG München BWV 2001, 131.
35 St. Rspr. seit BDH DÖV 1963, 922.
36 OVG Münster 1 A 2470/03.
37 BVerwG ZBR 1991, 350.
38 BVerwGE 119, 265 = ZBR 2004, 268.
39 BVerwGE 66, 330 = DVBl. 1983, 803.
40 VG Schwerin NZWehrr 2001, 173.
41 BVerwG *Buchholz* § 36 BBesG Nr. 3.
42 BVerwG DÖV 1975, 791; *Steinkamm*, NZWehrr 1986, 32 (35).
43 BVerwGE 43, 261.
44 Vgl. zur Problematik der Geltung des § 31 bei Auslandseinsätzen der SK *Talmon*, NZWehrr 1997, 221 (225).
45 VG Hannover I A 171/74.
46 BVerwG NVwZ 1993, 692.

§ 31   Gemeinsame Vorschriften

- Die Fürsorgepflicht ist verletzt, wenn die zuständige Dienststelle „**vorschnell**" ein **strafrechtl. Ermittlungsverfahren** gegen einen Soldaten veranlasst, obwohl sie bzgl. des subjektiven Tatbestandes erhebliche Zweifel hätte haben müssen.[47]
- Zwischen der Bekanntgabe einer **Versetzung** und dem Tag des Dienstantritts muss ein ausreichender Zeitraum liegen, so dass sich der Soldat entspr. einrichten kann.[48]

4. Satz 2 Halbsatz 2 (SaZ, BS)

17 Die Fürsorge des Dienstherrn für die **Familie des SaZ und des BS** während des Wehrdienstes ist „gesetzlich geregelt" z.b. im BBesG, im SVG und in Ausführung des § 31 etwa in den Beihilfevorschriften des Bundes. Auch wenn der BS keinen verfassungsrechtl. **Anspruch auf Alimentation** gem. Art. 33 Abs. 5 GG hat, ist dieser – vergleichbar mit dem des Beamten – zumindest gesetzl. garantiert. Hieran würde sich auch nichts grds. ändern, wenn für Soldaten eine **eigene Besoldungsordnung** („S") eingeführt werden würde.

18 Die **Eingliederung** des BS in das (zivile) Berufsleben nach dem Ausscheiden aus dem Wehrdienst ist nicht gesondert geregelt. Es ist vielmehr davon auszugehen, dass die **Versorgungsansprüche** („Dienstzeitversorgung") des Soldaten gem. §§ 14 ff. SVG so ausreichend bemessen sind, dass dieser nach seiner Versetzung in den Ruhestand nicht gezwungen ist, einer neuen Berufstätigkeit nachzugehen.

19 Die **(Wieder)Eingliederung des SaZ** in das (zivile) Berufsleben wird durch seine Ansprüche auf **Berufsförderung** und **Dienstzeitversorgung** gem. §§ 3 ff. SVG wesentlich unterstützt.

5. Satz 2 Halbsatz 1

20 GWDL, FWDL, dienende Res (und Dienstleistungspflichtige nach dem IV. Abschnitt) haben Ansprüche auf Wehrsold nach dem WSG, Leistungen nach dem USG und nach dem ArbPlSchG.[49] Die **Familien der GWDL** haben einen (eigenen) Anspruch auf allg. Leistungen gem. § 5 USG.

Diese Best. schließen weitergehende Ansprüche z.B. auf Beihilfen nach den Beihilfevorschriften aus.[50]

21 Aus der Rspr. sind folgende **Entsch.** erwähnenswert:
- Es ist nicht zu beanstanden, wenn der Bund (nach der seinerzeitigen Erlasslage) WPfl für die kostenlose Familienheimfahrt nur eine Fahrkarte aushändige, das sog. Benzingeld hingegen nicht erstattet.[51]
- Ein Wehrübender hat nur seine Familienheimfahrt nur Anspruch auf die kostenlose Benutzung der Bahn; die Flugkosten sind nicht erstattungsfähig.[52]

6. Satz 2 Halbsatz 2 (WPfl)

22 Die Wiedereingliederung dieses Personenkreises in das zivile Berufsleben ist primär durch den **Kündigungsschutz** nach Maßgabe des ArbPlSchG gewährleistet. Daneben kommen z.B. Leistungen der Berufsförderung gem. § 3 Abs. 3 SVG in Betracht.

---

47 VG Koblenz DÖD 1983, 231.
48 BVerwG I WB 107.76.
49 Eignungsübende haben Anspruch auf den besonderen Kündigungsschutz nach dem EÜG. Vgl. die Komm. zu § 87.
50 *Scherer/Alff*, SG, § 31 Rn. 17.
51 VGH Kassel NZWehr 1985, 130.
52 VG Potsdam NVwZ-RR 1999, 450.

7. Schadensersatzanspruch wegen Verletzung der Fürsorgepflicht
Der Anspruch des Soldaten ist zunächst auf **Erfüllung** der Pflicht zur Fürsorge gerichtet.[53]   23

Kommt eine solche Realleistung nicht in Betracht, kann bei schuldhafter Verletzung der Fürsorgepflicht ein **Antrag auf Geldersatz** unmittelbar auf § 31 oder auf Amtshaftung gem. Art. 34 Satz 1 GG gestützt werden.[54] Der entspr. **Antrag** ist eine im gerichtl. Verfahren nicht nachholbare **Klagevoraussetzung.**[55]

Beispiele aus der Rspr.:   24
- Verwahrt eine mil. Dienststelle Geld eines Soldaten nicht mit der erforderlichen Sorgfalt, haftet der Bund auf Schadensersatz.[56] Etwaiges Verschulden eines Beschäftigten hat sich der Bund entspr. § 278 BGB zurechnen zu lassen.[57]
- Der Soldat hat zwar keinen Anspruch auf Beförderung. Dennoch darf der Dienstherr sein berufliches Fortkommen nicht ohne rechtl. Grund behindern. Ein Disziplinarverfahren muss daher ohne vermeidbare Verzögerung durchgeführt werden.[58]

Im Übrigen sind für die Geltendmachung solcher Ansprüche die Best. der **§§ 249 ff.**   25
BGB entspr. anzuwenden. Dies gilt insbes. auch für ein Mitverschulden des Soldaten (§ 254 BGB).

§ 32 Dienstzeitbescheinigung und Dienstzeugnis

(1) ¹**Der Soldat erhält nach Beendigung seines Wehrdienstes eine Dienstzeitbescheinigung.** ²**Auf Antrag ist ihm bei einer Dienstzeit von mindestens vier Wochen von seinem nächsten Disziplinarvorgesetzten ein Dienstzeugnis zu erteilen, das über die Art und Dauer der wesentlichen von ihm bekleideten Dienststellungen, über seine Führung, seine Tätigkeit und seine Leistung im Dienst Auskunft gibt.** ³**Das Bundesministerium der Verteidigung kann die Zuständigkeit nach Satz 2 anders bestimmen.**

(2) Der Soldat kann eine angemessene Zeit vor dem Ende des Wehrdienstes ein vorläufiges Dienstzeugnis beantragen.

Literatur: *Braun, Stefan:* Das Arbeitszeugnis, RiA 2000, 113; *Hensing, Andreas:* Dienstzeugnisse der Bundeswehr, Personal 1988, 50; *Müssig, Peter:* Rechtsprobleme des Dienstzeugnisses, ZBR 1992, 136.

Übersicht

	Rn.		Rn.
A. Allgemeines	1 – 10	**B. Erläuterungen im Einzelnen**	11 – 24
1. Entstehung der Vorschrift	1 – 3	1. Absatz 1	11 – 21
2. Änderungen der Vorschrift	4	a) Satz 1	11
3. Bezüge zum Beamtenrecht bzw. zu sonstigen rechtl. Vorschriften; ergänzende Dienstvorschriften und Erlasse	5 – 10	b) Satz 2	12 – 20
		aa) „Auf Antrag"	12 – 13
		bb) „von seinem nächsten Disziplinarvorgesetzten"	14

---

53 BVerwG NZWehrr 1977, 190; *Scherer/Alff*, SG, § 31 Rn. 14.
54 BVerwG DÖV 1961, 870; BVerwGE 53, 12; *Scherer/Alff*, SG, § 31 Rn. 15.
55 BVerwG DVBl. 1998, 191.
56 BVerwGE 52, 247 mit Anm. *Kreutzer*, NZWehrr 1979, 172.
57 VGH Mannheim Justiz 1980, 35.
58 BVerwG NVwZ-RR 1989, 32.

§ 32 Gemeinsame Vorschriften

	Rn.		Rn.
cc) „ein Dienstzeugnis zu erteilen"	15 – 19	2. Absatz 2	22
		3. Sonstiges	23 – 24
dd) Inhalt des Dienstzeugnisses	20	a) Haftung	23
c) Satz 3	21	b) Rechtsschutz	24

A. Allgemeines

1. Entstehung der Vorschrift

1 § 27 des REntw.[1] sah für das „Dienstzeugnis" folgende Regelung vor:

„(1) Dem Soldaten ist bei einer Dienstzeit von mehr als 30 Tagen nach dem Ende des Wehrdienstes ein Dienstzeugnis über die Art und Dauer der wesentlichen von ihm bekleideten Dienststellungen zu erteilen. Das Dienstzeugnis muß auf Verlangen des Soldaten auch über seine Führung, seine Tätigkeit und seine Leistung im Dienst Auskunft geben.

(2) Der Soldat kann angemessene Zeit vor dem Ende des Wehrdienstes ein vorläufiges Dienstzeugnis beantragen."

2 Die **Begr.**[2] hob auf die „Fürsorgepflicht der Streitkräfte" ab, dem Soldaten „den Weg in das Zivilleben zu ebnen". Außerdem sei es „vielfach der Stolz des gedienten Soldaten gewesen, auf seine in Ehren abgeleistete Dienstzeit hinweisen zu können".

3 § 27 des REntw. warf in den Ausschussberatungen des BT keine großen Probleme auf. Der **Rechtsausschuss** erhob keine „Erinnerungen".[3] Der **Ausschuss für Beamtenrecht** beschloss die Einbeziehung des Anspruchs des Soldaten auf eine Dienstzeitbescheinigung in die Best. sowie die Verkürzung der Frist von 30 Tagen auf vier Wochen, letzteres unter Hinw. auf die Wehrübungsdauer von WPfl.[4] Der **VertA**[5] folgte diesem Votum. Zur Begr.[6] verwies er auf die bereits geltenden arbeitsrechtl. Regelungen.

In der Erstfassung bestimmte der spätere § 32:

„(1) Dem Soldaten ist nach Beendigung seines Wehrdienstes eine Dienstzeitbescheinigung auszustellen. Auf Antrag ist ihm bei einer Dienstzeit von mindestens 4 Wochen ein Dienstzeugnis zu erteilen, das über die Art und Dauer der wesentlichen von ihm bekleideten Dienststellungen, über seine Führung, seine Tätigkeit und seine Leistung im Dienst Auskunft gibt.

(2) Der Soldat kann eine angemessene Zeit vor dem Ende des Wehrdienstes ein vorläufiges Dienstzeugnis beantragen."

2. Änderungen der Vorschrift

4 Art. 1 Nr. 22 des **SGÄndG** fasste Abs. 1 Satz 1 sprachlich neu, änderte die Zahl „4" in Satz 2 in „vier" und nahm im selben Satz „in Angleichung an § 92 Satz 1 BBG"[7] die für die Erteilung eines Dienstzeugnisses zuständige Stelle auf. Mit dem neu eingefügten Satz 3 wurde das BMVg ermächtigt, insbes. für die im BMVg eingesetzten Soldaten eine andere Zuständigkeit als die des Min. als nächstem DiszVorg. zu bestimmen.[8]

Weiterer Änderungsbedarf ist bisher von keiner Seite reklamiert worden.

---

1 BT-Drs. II/1700, 8.
2 BT-Drs. II/1700, 26.
3 Prot. Nr. 93 der Sitzung v. 12.12.1955, 9.
4 Prot. Nr. 42 der Sitzung v. 14.12.1955, 3; Ausschussdrs. 21 v. 4.1.1956, 22; Ausschussdrs. 23 v. 20.1.1956, 30.
5 BT-Drs. II/2140, 42.
6 BT-Drs. II/2140, 11.
7 BT-Drs. 14/4062, 20.
8 BT-Drs. 14/4062, 20.

3. Bezüge zum Beamtenrecht bzw. zu sonstigen rechtl. Vorschriften; ergänzende Dienstvorschriften und Erlasse

(Historischer) Ausgangspunkt für die Pflicht zur Erteilung eines Zeugnisses ist § 630 BGB. Gem. Satz 1 dieser Best. kann der Verpflichtete bei der Beendigung eines dauernden Dienstverhältnisses ein schriftl. Zeugnis über das Dienstverhältnis und dessen Dauer fordern. Dieses Zeugnis ist auf Verlangen auf die Leistungen und die Führung im Dienst zu erstrecken (Satz 2).

Für **Arbeitnehmer** gilt § 109 GewO, für **Ang. im öff. Dienst** § 61 BAT.

Das Rahmenrecht der **Beamten** enthält keine entspr. Vorschrift. Für Bundesbeamte ist § 92 BBG einschlägig; für Landesbeamte finden sich vergleichbare Regelungen in allen LBG.[9]

Auf **Richter** im Bundesdienst wird § 92 BBG entspr. angewandt (§ 46 DRiG).

ZDL erhalten auf Antrag ein durch das BAZ auszustellendes Dienstzeugnis. Bemerkenswert ist, dass der ZDL mindestens drei Monate Dienst geleistet haben muss (§ 46 Abs. 2 ZDG).

AusfBest zu § 32 Satz 1 finden sich in dem Erl. des BMVg „Erfassung, Übermittlung und Nachweis der zur Rentenversicherung erforderlichen Daten für Soldaten im Wehrdienst nach dem Wehrpflichtgesetz und Soldaten/Soldatinnen im Wehrdienst nach dem Vierten und Fünften Abschnitt des Soldatengesetzes sowie Ausstellung und Verwendung der Wehrdienstzeitbescheinigung" vom 11.10.2005.[10]

AusfBest zum Dienstzeugnis enthält die ZDv 20/6 „Bestimmungen über die Beurteilungen der Soldaten der Bundeswehr" (Mai 1998) in Nr. 201 und 221 sowie in der Anl. 12.

B. Erläuterungen im Einzelnen

1. Absatz 1

a) Satz 1

Die **Dienstzeitbescheinigung** ist **von Amts wegen** für jeden Soldaten auszustellen, unabhängig von der Dauer des geleisteten Wehrdienstes, des Anlasses der Beendigung des Dienstverhältnisses und der Rechtsnatur desselben. Der ehem. Soldat benötigt eine solche Bescheinigung insbes. zur Vorlage bei Versicherungen und neuen Arbeitgebern. Der Anspruch des Soldaten leitet sich unmittelbar aus 1 Satz 1 ab; eines Rückgriffs auf die „Fürsorgepflicht des Staates"[11] gem. § 31 bedarf es nicht. Dieser Anspruch steht nur **dem Soldaten selbst** zu, nicht (auch) einem Familienangehörigen.[12]

b) Satz 2

aa) „Auf Antrag": Der Gesetzeswortlaut ist eindeutig: Die Erteilung eines **Dienstzeugnisses muss beantragt** werden. Abw. hiervon hat das **BMVg angeordnet**, ein Dienstzeugnis von Amts wegen zu erteilen, wenn der Soldat Wehrdienst von mindestens der Dauer des GWD geleistet hat.[13] Erklärt der Soldat, kein Dienstzeugnis zu wollen, ist

---

9 Vgl. die Übersicht bei *Plog/Wiedow/Lemhöfer*, BBG, § 92 Rn. 11.
10 VMBl. 2005 S. 134.
11 *Rittau*, SG, 181.
12 OVG Münster NZWehrr 1988, 41.
13 Dies ist zwar nicht rechtswidrig, aus Gründen der Wirtschaftlichkeit u. Sparsamkeit jedoch überprüfenswert.

diesem Begehren zu entsprechen. Ist die Dienstzeit kürzer oder handelt es sich um einen Soldaten der Besoldungsgruppe B 6 und höher, bleibt es beim Antragserfordernis.[14]

13 Der Soldat kann beantragen, dass das Zeugnis auf Art und Dauer der Dienststellungen **beschränkt** wird und Angaben über die Führung und Leistung unterbleiben.[15] Einem solchen Antrag ist analog § 92 Satz 1 BBG zu entsprechen. Ein Anspruch auf die Erteilung eines Zeugnisses mit einem bestimmten Inhalt besteht jedoch nicht.[16]

Der Antrag ist nicht form- oder fristgebunden; eine **Begr.** ist **nicht erforderlich**.[17]

Das (endgültige) Dienstzeugnis ist i.d.R. **„bei Beendigung"**[18] des Dienstverhältnisses zu erstellen und dem Soldaten gegen Empfangsbekenntnis auszuhändigen. Portokosten lassen sich damit einsparen. Hieraus folgt, dass der Soldat bereits kurze Zeit vor seinem Ausscheiden ein (endgültiges) Zeugnis beantragen kann.[19]

14 **bb) „von seinem nächsten Disziplinarvorgesetzten":** Zuständig ist der nächste DiszVorg., d.h. der unterste Vorg. mit Disziplinarbefugnis, dem der Soldat unmittelbar unterstellt ist (§ 29 Abs. 1 Satz 2 WDO). Eine Stellungnahme nächsthöherer DiszVorg. ist nicht vorgesehen.[20] Der nächste DiszVorg. behält seine Zuständigkeit auch für den Fall, dass der Soldat aus dem Wehrdienst ausgeschieden ist.[21]

Eine **Delegation** dieser Pflicht auf beurteilende Vorg., die nicht DiszVorg. sind, ist nach der durch das SGÄndG erfolgten Neuformulierung von Abs. 1 Satz 2 **nicht mehr zulässig**[22], es sei denn, das BMVg selbst verfügt gem. Satz 3 eine solche.[23]

15 **cc) „ein Dienstzeugnis zu erteilen":** Ausgehend von § 92 BBG unterscheidet die Lit.[24] zwischen dem **„einfachen"** (§ 92 Satz 1 BBG) und dem **„qualifizierten"** (§ 92 Satz 2 BBG) Dienstzeugnis. Entspr. gilt für das soldatenrechtl. Dienstzeugnis, sofern der Soldat beantragt, das Zeugnis auf Art und Dauer der Dienststellungen und die Tätigkeit zu beschränken (einfaches Zeugnis) und Aussagen über Führung und Leistung im Dienst (qualifiziertes Zeugnis) nicht aufzunehmen.

16 Das Dienstzeugnis des Soldaten ist **keine Beurteilung** i.S.v. § 2 SLV.[25] Dies folgt daraus, dass das Dienstzeugnis primär künftige Arbeitgeber informieren und damit eine Außenfunktion erfüllen soll, während die Beurteilung innerdienstl. Zwecken dient.[26]

Obwohl damit eine unmittelbare Anwendung von § 29 Abs. 5 nicht in Betracht kommt, ist der Soldat bei der Erstellung des Zeugnisses zu **beteiligen**; insbes. ist er, dem Rechtsgedanken des § 28 Abs. 1 VwVfG folgend, **anzuhören**.[27]

---

14 ZDv 20/6 Anl. 12/1.
15 *Bornemann*, RuP, 23; GKÖD I Yk, § 32 Rn. 4; *Scherer/Alff*, SG, § 32 Rn. 2.
16 Vgl. BVerwGE 12, 29 = NJW 1961, 1131.
17 *Plog/Wiedow/Lemhöfer*, BBG, § 92 Rn. 3.
18 ZDv 20/6 Anl. 12/1.
19 Vgl. *Müssig*, ZBR 1992, 137.
20 ZDv 20/6 Anl. 12/2.
21 ZDv 20/6 Anl. 12/1.
22 A.A. zur früheren Rechtslage BVerwG I WB 121/77; *Scherer/Alff*, SG, § 32 Rn. 5.
23 Nach der Rspr. des BAG ist das Dienstzeugnis im öff. Dienst vom Leiter der Dienststelle, seinem Vertreter o. einem „ranghöheren" Vorg. zu unterschreiben. Vgl. BAG Arbeit und Recht 2005, 413.
24 *Müssig*, ZBR 1992, 137; *Plog/Wiedow/Lemhöfer*, BBG, § 92 Rn. 5 ff.
25 GKÖD I Yk, § 32 Rn. 1; *Scherer/Alff*, SG, § 32 Rn. 5. Missverständlich ZDv 20/6 Überschrift zu Kap. 2 („Arten der Beurteilungen") u. Nr. 201.
26 *Plog/Wiedow/Lemhöfer*, BBG, § 92 Rn. 1.
27 ZDv 20/6 Anl. 12/2; GKÖD I Yk, § 32 Rn. 7; *Müssig*, ZBR 1992, 144.

Im Beamtenrecht ist **str.**, ob das Dienstzeugnis als **VA** anzusehen ist oder ob es mit der 17
allg. Leistungsklage angefochten werden kann.[28] Für Soldaten ist diese Frage von nachrangiger Bedeutung, da sich der Soldat gegen ein Dienstzeugnis, unabhängig von dessen Rechtsnatur, jedenfalls beschweren kann, auch wenn das Dienstverhältnis inzwischen geendet hat (§ 15 WBO).[29]

Eine Beteiligung des **Personalrates** oder der **VP** oder anderer Interessenvertretungen 18
ist bei der Erstellung von Dienstzeugnissen nicht vorgesehen.

Dem Zweck des Dienstzeugnisses folgend ist dieses in **schriftl. Form** zu erstellen.[30] Es 19
ist „festes, weißes Papier im DIN-Format A 4"[31] zu verwenden. Eine Ausfertigung ist zu den **PA** zu nehmen.[32]

dd) Inhalt des Dienstzeugnisses: Der Gesetzeswortlaut („Art und Dauer der wesentli- 20
chen von ihm bekleideten Dienststellungen, seine Führung, seine Tätigkeit und seine Leistung im Dienst") wirft keine wesentlichen Interpretationsprobleme auf. Insoweit kann auf die Ausführungen und die Beispiele in der **ZDv 20/6**[33] verwiesen werden.

Das Zeugnis muss **wahrheitsgemäße Angaben** enthalten; es soll in „fürsorglichem Wohlwollen" erstellt sein.[34]

c) Satz 3

Von der durch das SGÄndG eingefügten Möglichkeit der **Delegation** ist erstmals mit 21
Erl. des BMVg 19.12.2003[35] Gebrauch gemacht worden. Danach werden die Dienstzeugnisse für Soldaten des BMVg durch den nächsten Vorg. ab Referatsleiter an aufwärts erstellt.

2. Absatz 2

Das **vorläufige Dienstzeugnis** ist eine rechtl. Besonderheit des Soldaten- und des Zivil- 22
dienstrechts.

„Angemessen" bedeutet, dass dem Soldaten rechtzeitig vor dem Ende seines Dienstverhältnisses Gelegenheit gegeben wird, sich zu bewerben. Der Begriff „angemessen" ist **weit auszulegen**.[36]

Im Übrigen gelten dies. Best. wie für das (endgültige) Dienstzeugnis.

3. Sonstiges

a) Haftung

Hat der ehem. Soldat auf Grund eines schuldhaft falschen Dienstzeugnisses einen Ver- 23
mögensschaden erlitten, kommen **Schadensersatzansprüche** gem. Art. 34 GG i.V.m. § 839 BGB oder gem. § 31 SG in Frage.

Ist durch ein solches Zeugnis einem Dritten, z.B. dem neuen Arbeitgeber, ein Schaden entstanden, ist ebenfalls Art. 34 GG i.V.m. § 839 BGB gegeben.

---

28 Vgl. *Müssig*, ZBR 1992, 144; *Plog/Wiedow/Lemhöfer*, BBG, § 92 Rn. 1.
29 Es reicht aus, dass der Beschwerdeanlass in die Dienstzeit fällt (BVerwGE 46, 220 = NZWehr 1974, 114; *Dau*, WBO, § 15 Rn. 8). Zur Frage des Rechtsweges bzgl. des Dienstzeugnisses vgl. u. Rn. 24.
30 *Müssig*, ZBR 1992, 143.
31 ZDv 20/6 Anl. 12/2.
32 ZDv 20/6 Anl. 12/2.
33 Anl. 12/2 ff.
34 ZDv 20/6 Anl. 12/1; GKÖD I Yk, § 32 Rn. 5; *Scherer/Alff*, SG, § 32 Rn. 4.
35 BMVg – PSZ I 1 (80) – Az 16-26-05/2 (R 9/03).
36 *Stauf* I, § 32 SG Rn. 3.

Der Soldat, der das fehlerhafte Zeugnis ausgestellt hat, haftet dem Bund im Innenverhältnis gem. § 24.[37]

b) Rechtsschutz

24 Zur Durchsetzung des Rechts aus § 32 ist der Rechtsweg zu den **Wehrdienstgerichten** gegeben.[38] Der Anspruch auf ein Dienstzeugnis gehört zu den Rechten des Soldaten gem. § 17 Abs. 1 Satz 1 WBO. Die gegenteilige Auffassung[39], das Dienstzeugnis sei im Zusammenhang mit dem Ausscheiden aus dem Dienstverhältnis zu sehen und Ausfluss der Fürsorgepflicht des Dienstherrn gem. § 31, verkennt die eigenständige Regelung des § 32. Diese Best. ist nicht etwa ein Unterfall des § 31. Die VG sind daher nicht zuständig.

§ 33 Staatsbürgerlicher und völkerrechtlicher Unterricht

(1) ¹Die Soldaten erhalten staatsbürgerlichen und völkerrechtlichen Unterricht. ²Der für den Unterricht verantwortliche Vorgesetzte darf die Behandlung politischer Fragen nicht auf die Darlegung einer einseitigen Meinung beschränken. ³Das Gesamtbild des Unterrichts ist so zu gestalten, dass die Soldaten nicht zu Gunsten oder zu Ungunsten einer bestimmten politischen Richtung beeinflusst werden.

(2) Die Soldaten sind über ihre staatsbürgerlichen und völkerrechtlichen Pflichten und Rechte im Frieden und im Krieg zu unterrichten.

Literatur: *Baganz, Jens-Eugen:* Der Rechtsberater in der Bundeswehr, 1995; *Busch, Eckart:* Degen und Feder, NZWehrr 1995, 230; *Laabs, Harald:* Rechtsstellung und Pflichtenkreis der Rechtsberater der Bundeswehr bei Auslandseinsätzen und im Verteidigungsfall, NZWehrr 1995, 1, 61, 98; 1997, 133, 163; *Prüfert, Andreas:* Politische Bildung mit und für Soldaten – Ein tragfähiges Handlungskonzept für die Zukunft, in: *Hoffmann, Oskar/Prüfert, Andreas* (Hrsg.): Innere Führung 2000, 119; *Reeb, Hans-Joachim:* Militär und Recht: Zur Rechtsausbildung für Soldaten der Bundeswehr, 1989; *ders.:* Wissenschaftliche Überlegungen zu einer Rechtsausbildung in den Streitkräften, NZWehrr 1988, 24; *Reindl, Helmut:* Der Rechtsunterricht in der Bundeswehr, NZWehrr 1976, 250; *Walz, Dieter:* Das Verhältnis von Innerer Führung und Recht – eine unlösbare konzeptionelle Fragestellung? NZWehrr 1984, 133; *ders.:* Die „Implementierung" des humanitären Völkerrechts in den Streitkräften der Bundeswehr – Anmerkungen zu § 33 Soldatengesetz, Humanitäres Völkerrecht-Informationsschriften 1991, 134; *ders.:* Auslandseinsätze deutscher Streitkräfte und Art 87b Grundgesetz, NZWehrr 1997, 89; *Wipfelder, Hans-Jürgen:* Subsidiaritätsprinzip und Bundeswehr, BWV 1989, 199.

Übersicht

	Rn.		Rn.
A. Allgemeines	1 – 5	B. Erläuterungen im Einzelnen	6 – 12
1. Entstehung der Vorschrift	1 – 2	1. Rechtsnatur der Bestimmung	6
2. Änderungen der Vorschrift	3	2. Ziele des Unterrichts	7 – 8
3. Bezüge zum Beamtenrecht bzw. zu sonstigen rechtl. Vorschriften; ergänzende Dienstvorschriften	4 – 5	3. Durchführung des Unterrichts	9 – 10
		4. Verbot der Beeinflussung	11
		5. Praxis	12

---

37 GKÖD I Yk, § 32 Rn. 5; *Scherer/Alff,* SG, § 32 Rn. 4; *Stauf* I, § 32 SG Rn. 1.
38 BVerwG I WB 99/72; *Dau,* WBO, § 17 Rn. 26; *Stauf* I, § 32 SG Rn. 3 (jew. zu § 32 Abs. 2).
39 GKÖD I Yk, § 32 Rn. 7.

§ 33 Staatsbürgerlicher und völkerrechtlicher Unterricht

A. Allgemeines

1. Entstehung der Vorschrift

Der jetzige Abs. 2 des § 33 befand sich als § 28 bereits im **REntw**.[1] In der Sprache der damaligen Zeit sollte der staatsbürgerliche Unterricht der Erziehung des Soldaten zum „rechten Staatsbürger" dienen, der völkerrechtl. Unterricht zur „wirksamen Vorbeugung" gegen Rechtsverletzungen.[2] In der 1. Lesung des REntw. im BT am 12.10.1955 widmete lediglich der Abg. *Feller* (GB/BHE)[3] dieser Best. einige Ausführungen. Er verwies auf die notwendige „pädagogische Begleitung" dieses Unterrichts, damit „Kasernenhofblüten alter Art" vermieden würden, ein Hinw., der sich aus heutiger Sicht unverständlich anhört, wenn man bedenkt, mit welchem Ernst solche Ausbildungen – zumindest von den Vorgaben her – stattzufinden haben. 1

In den **Ausschussberatungen** kam § 28 des REntw. wiederholt zur Sprache: In der 93. Sitzung des Rechtsausschusses vom 12.12.1955[4] forderte der Abg. *Dr. Arndt* (SPD), der Unterricht sei „überparteilich" zu gestalten; der Lehrer müsse eine „weitergehende Freiheit" haben. Hieraus entwickelte der Ausschuss die jetzigen Sätze 1 und 2 des Abs. 1.[5] Der Ausschuss für Beamtenrecht[6] votierte gegen eine Aufnahme des Satzes 2 des Abs. 1, da dessen Inhalt bereits in den vorhergehenden Best. des SG geregelt sei. Im Gegensatz hierzu nahm der VertA die Überlegungen des Rechtsausschusses wieder auf und ergänzte diese um Satz 3 des Abs. 1.[7] Die Best. des § 28 (des REntw.) sei, so der VertA, von außerordentlicher Bedeutung, da sie wesentlich dazu beitragen solle, die Bw in die demokratische Ordnung der Bundesrepublik einzugliedern.[8] In der vom VertA formulierten Fassung des § 28 wurde dieser – als § 33 – vom BT beschlossen. 2

2. Änderungen der Vorschrift

§ 33 entspricht im Wesentlichen noch der Erstfassung. Mit Art. 1 Nr. 23 des **SGÄndG** wurde – aus sprachlichen Gründen[9] – das Wort „**Kriege**" in Abs. 2 durch das Wort „**Krieg**" ersetzt. 3

3. Bezüge zum Beamtenrecht bzw. zu sonstigen rechtl. Vorschriften; ergänzende Dienstvorschriften

Eine mit § 33 vergleichbare Best. existiert im **Beamten- oder Richterrecht** nicht. Anders im Zivildienstrecht: Gem. § 25a Abs. 1 Nr. 2 ZDG sind die **ZDL** während des Einführungsdienstes über staatsbürgerliche Fragen zu unterrichten. § 25a Abs. 3 ZDG wiederholt die Best. des § 33 Abs. 1 Satz 2 und 3 SG. Hierzu sind entspr. Richtlinien erlassen worden.[10] 4

§ 25a ZDG spiegelt die inhaltliche Nähe des Zivildienstes zum GWD wider. Andere Personengruppen, die an Stelle des Wehrdienstes einen Ersatzdienst außerhalb des Zivildienstes leisten, haben keinen Anspruch auf eine solche Unterrichtung. So ver-

---

1 BT-Drs. II/1700, 8.
2 BT-Drs. II/1700, 27.
3 Sten.Ber. 5791.
4 Prot., 9.
5 Schreiben des Vorsitzenden des Rechtsausschusses v. 13.12.1955.
6 Prot. des 9. Ausschusses Nr. 42 v. 14.12.1955.
7 BT-Drs. II/2140, 42.
8 BT-Drs. II/2140, 11.
9 BT-Drs. 14/4062, 20.
10 Vgl. *Brecht*, 139.

§ 33 Gemeinsame Vorschriften

weist § 59 Abs. 1 BGSG[11] für **Grenzschutzdienstpflichtige** nach § 42a Satz 1 WPflG auf entspr. anwendbare Regelungen *dieses* Gesetzes, nicht jedoch des SG. § 33 gilt daher für Grenzschutzdienstpflichtige nicht.

5 Ergänzend zu § 33 ist auf folgende **Dienstvorschriften** hinzuweisen:
- **ZDv 12/1** „Politische Bildung in der Bundeswehr" (Stand: April 2001). Mit dieser Vorschrift soll die Forderung des § 33, staatsbürgerlichen Unterricht durchzuführen, erfüllt werden (Nr. 106).
- **ZDv 15/1** „Humanitäres Völkerrecht in bewaffneten Konflikten – Grundsätze" (Stand: Juni 1996). Nach Nr. 806 sind die Grundsätze des humanitären Völkerrechts umfassend zu verbreiten.
- **ZDv 15/2** „Humanitäres Völkerrecht in bewaffneten Konflikten – Handbuch" (Stand: August 1992). Die Nr. 136 verpflichtet die SK unter Bezugnahme auf § 33, die GA und die ZP in ihre Ausbildungsprogramme aufzunehmen. Nach Nr. 137 sind die Vorg. sowie die Rechtsberater und Rechtslehrer verpflichtet, im völkerrechtl. Unterricht ein „Bewusstsein für Recht und Unrecht" zu vermitteln.
- **ZDv 15/3** „Humanitäres Völkerrecht in bewaffneten Konflikten – Textsammlung" (Stand: August 1991). Nach Art. 82 des dort abgedruckten Zusatzprotokolls I vom 10.6.1977[12] haben Rechtsberater die mil. Führer über die Anwendung der Abkommen zu unterweisen. Art. 83 verpflichtet die Vertragsparteien, die GA und das ZP in die mil. Ausbildungsprogramme aufzunehmen.
- Die in den 80er Jahren geplante Herausgabe einer **ZDv 14/11** „Rechtsausbildung in den Streitkräften" – als Pendant zur ZDv 12/1 – wurde bedauerlicherweise nicht weiterverfolgt, so dass ein zusammenfassendes Vorschriftenwerk für dieses Ausbildungsgebiet bis heute fehlt.

B. Erläuterungen im Einzelnen

1. Rechtsnatur der Bestimmung

6 § 33 ist im 2. Unterabschnitt des 1. Abschnitts des SG platziert, der mit „Pflichten und Rechte der Soldaten" überschrieben ist. Dementspr. wird allg.[13] aus Abs. 1 Satz 1 und Abs. 2 ein **(Rechts-)Anspruch** des Soldaten abgeleitet, staatsbürgerlichen und völkerrechtl. Unterricht zu erhalten. Dieser Anspruch soll indes für den einzelnen Soldaten **kein subjektives Recht** begründen, die Durchführung dieses Unterrichts ggf. gerichtl. zu erzwingen. Es handele sich um ein bloßes Reflexrecht.[14] Die hierzu ergangene Entsch. des BVerwG[15] kann indes nicht so verstanden werden, als hätte der Senat damit zum Ausdruck bringen wollen, die Nichtdurchführung des nach § 33 vorgeschriebenen Unterrichts stelle keine beschwerdefähige Maßnahme gem. § 17 Abs. 1 Satz 1 WBO dar. Hierfür gibt dieser Beschl. nichts her, da diese Frage nicht entscheidungserheblich war. Es wäre mit dem klaren Wortlaut von § 17 Abs. 1 Satz 1 WBO nicht in Einklang zu bringen, wollte man § 33 zu den dort aufgeführten Ausnahmetatbeständen hinzufügen, ohne den Gesetzgeber zu bemühen. Auch § 33 selbst spricht für einen **gerichtl. durchsetzbaren Rechtsanspruch** des Soldaten. Nach Abs. 1 Satz 1 „erhalten" die Soldaten Unterricht. Gem. Abs. 2 „sind" sie zu unterrichten. Verpflichtung des Vorg. und Rechts-

---

11 V. 18.8.1972, BGBl. I S. 1834. Nach Art 3 Abs. 2 des BGSNeuregelungsG v. 19.10.1994, BGBl. I S. 2978, ist u.a. § 59 BGSG nur anwendbar, wenn der BT der Anwendung zuvor durch Beschl. zugestimmt hat.
12 BGBl. 1990 II S. 1551.
13 BVerwGE 43, 162; GKÖD I Yk, § 33 Rn. 2; *Schwenck*, 46; *Wipfelder*, Wehrrecht, Rn. 519.
14 *Böttcher/Dau*, WBO, § 17 Rn. 27.
15 BVerwGE 43, 162.

anspruch des Untergebenen korrespondieren. Die bloße Meldung eines Soldaten, er habe nie oder nicht ausreichend Unterricht dieser Art erhalten, entspricht nicht den Zielsetzungen des § 33. Der Soldat hat daher ein beschwerde- und klagefähiges Recht auf Durchführung des staatsbürgerlichen und völkerrechtl. Unterrichts.[16]

Wie bedeutsam eine ordentliche Rechtsausbildung von Soldaten ist, erhellt ein Urt. des BVerwG[17], mit dem einem Soldaten entlastende Umstände attestiert wurden, da er (als in die Bw übernommener Angehöriger der früheren NVA) keine Unterweisung in „Rechtskunde" und „Innerer Führung" erhalten hatte.

2. Ziele des Unterrichts

Der staatsbürgerliche Unterricht, seit vielen Jahren als **„Politische Bildung"** bezeichnet, „soll den Soldaten die freiheitliche demokratische Grundordnung der Bundesrepublik Deutschland verdeutlichen und ihnen helfen, als Staatsbürger in Uniform den Sinn und die Notwendigkeit ihres Dienstes für Frieden, Freiheit und Recht anzuerkennen".[18] Der Soldat „muss einen geistigen Standort gewinnen und die verteidigungswürdigen Werte unserer Lebensauffassung kennen, um sie vertreten zu können".[19]   7

Zweck des **völkerrechtl. Unterrichts** ist in erster Linie, den Soldaten in die Lage zu versetzen, bei der Befehlsgebung die Regeln des Völkerrechts zu beachten (§ 10 Abs. 4) und die Strafbarkeit eines völkerrechtswidrigen Befehls zu erkennen (§ 11 Abs. 2 Satz 1).[20]   8

3. Durchführung des Unterrichts

Abs. 1 Satz 2 richtet sich an den „für den Unterricht verantwortlichen" Vorg. Wer dieser ist, hat der Gesetzgeber nicht bestimmt. Für die **Politische Bildung** schreibt die ZDv 12/1 in Nr. 408 vor, dass diese „grundsätzlich" durch den **nächsten DiszVorg.** zu leiten ist. Dies schließt nicht aus, dass anderen Soldaten die Durchführung befohlen werden kann (ZDv 12/1 Nr. 409). Der DiszVorg. hat jedoch persönlich anwesend zu sein. Bei besonderen Ereignissen kann es geboten sein, dass der **nächsthöhere DiszVorg.** die Leitung übernimmt.   9

Für den **Rechtsunterricht** fehlt es an einer diesbezüglichen zentralen Regelung. Durch Erl. und Ausbildungsweisungen der TSK ist bestimmt, dass der Rechtsunterricht durch **mil. Vorg.** oder durch **Rechtslehrer** und **Rechtsberater** durchzuführen ist.   10

An den Akademien der Bw, am Zentrum Innere Führung sowie den Schulen der SK sind zzt. 42 **Rechtsdozenten** und **Rechtslehrer** eingesetzt. Es handelt sich dabei um beamtete oder angestellte Volljuristen. Ihre **Rechtsstellung** bestimmt sich nach der Dienstanweisung für Rechtslehrer an Schulen der Bundeswehr vom 15.12.1961[21], die bis heute Gültigkeit besitzt. Rechtslehrer sind in allgemeindienstl. Hinsicht unmittelbar dem Kdr der Akademie/Schule unterstellt, fachlich dem Rechtsberater der mil. Dienststelle, die der Akademie/Schule vorgesetzt ist. Sie bilden im Wesentlichen Uffz mit Portepee und Offz im Verfassungsrecht, Wehrrecht und Völkerrecht aus.

Bei den Kommandobehörden der SK von der Division oder vergleichbar an aufwärts sind zzt. 102 **Rechtsberater** tätig. Ihr Status gleicht dem der Rechtslehrer.[22] Rechtsberater

---

16 *Walz*, Implementierung, 135.
17 BVerwGE 113, 99 = NJW 1997, 257.
18 ZDv 12/1 Vorb. 1.
19 BVerwGE 43, 162.
20 GKÖD I Yk, § 33 Rn. 2; *Scherer/Alff*, SG, § 33 Rn. 2.
21 Vgl. *Reindl*, 252.
22 Für sie gilt immer noch die Vorläufige Dienstanweisung des BMVg v. 9.11.1956.

haben neben ihren Hauptaufgaben als Nebenaufgabe zweimal jährlich im Rahmen der Offizierweiterbildung Rechtsunterricht auf der Ebene der Verbände durchzuführen.

Rechtslehrer und Rechtsberater üben ihre Tätigkeit im **zivilen Status** aus. Obwohl sie organisatorisch zu den SK gehören, erfüllen sie Aufgaben der Bundeswehrverwaltung gem. Art. 87b Abs. 1 Satz 2 GG.[23] Die Praxis des BMVg, diesen Personenkreis zu Auslandseinsätzen der SK auf Grund freiwilliger Meldung in Form von besonderen Auslandsverwendungen gem. § 6a Abs. 1 und 2 WPflG, mithin im **Soldatenstatus**, heranzuziehen, stößt auf **rechtl. Bedenken**.[24]

4. Verbot der Beeinflussung

11 Abs. 1 Satz 2 und 3 enthalten materielle Vorgaben für den Unterricht und dessen Gestaltung. Sie beschränken die **Meinungsäußerungsfreiheit** des durchführenden Vorg. nach Art. 5 Abs. 1 Satz 1 GG und gelten als allg. Gesetz i.S.v. Art. 5 Abs. 2 GG.

Als „**goldene Regel**" gilt, dass der Vorg. im Unterricht die sog. amtl. Meinung zu referieren und einen hiervon abw. persönlichen Standpunkt unter Angabe von Gründen deutlich zu machen hat.[25] Hierbei hat der Vorg. stets zu beachten, dass er seine Untergebenen nicht seinen Vorstellungen entspr. manipulieren darf (§ 15 Abs. 4, § 33 Abs. 1 Satz 3). Er hat „objektiv, tendenzlos und unter Bezeichnung des Standpunktes der Gegenmeinung zu berichten".[26] Eine „gezielt einseitige"[27] Beeinflussung hat der Vorg. in jedem Fall zu unterlassen. Ausbildungsunterlagen, die als „Hilfsmittel" bezeichnet sind, fallen nicht unter dieses Verbot.[28]

5. Praxis

12 Die Ausführung des Gesetzesbefehls ist seit Jahren der **öff. Kritik** ausgesetzt. Es wird zunehmend beklagt, dass der Rechtsunterricht und noch mehr die Politische Bildung entweder überhaupt nicht oder nicht ausreichend, von unqualifizierten Ausbildern oder methodisch-didaktisch nicht zeitgemäß durchgeführt werde. In nahezu allen JB der **WBeauftr** der jüngeren Zeit finden sich entspr. Hinw.[29] Als Ursachen werden dort u.a. genannt fehlende Zeit, unzureichende Haushaltsmittelzuweisungen für Seminare, Tagungen und dgl., mangelhafte Ausbildung der Ausbilder, lückenhafte Dienstpostenzuweisungen bzw. Nachbesetzungen freier Dienstposten.

Aus eigener Erfahrung des *Komm.* kann dieser Mängelliste die oft fehlende Fantasie der Vorg. und der Durchführenden angefügt werden. In vielen Fällen ließe sich mit Improvisation und **persönlicher Motivation** auch bei unbefriedigenden Rahmenbedingungen noch ein vernünftiges Ergebnis erzielen.

---

23 *Walz*, Auslandseinsätze, 96. Dies ist umstr. Vgl. etwa *Moritz*, NZWehrr 1976, 244; *Wipfelder*, Wehrrecht, Rn. 1407.
24 *Stauf* I, § 33 SG Rn. 7; *Walz*, Auslandseinsätze, 97-99 m.w.N.
25 *Bornemann*, RuP, 27; GKÖD I Yk, § 33 Rn. 3; *Scherer/Alff*, SG, § 33 Rn. 3. Für die Politische Bildung gilt der sog. Beutelsbacher Konsens. Vgl. hierzu ZDv 12/1 Nr. 115.
26 BVerwGE 43, 162 (Befehl des BMVg zum 17.6.1953).
27 BVerwGE 53, 111 = DÖV 1976, 286 (info german).
28 BVerwGE 86, 316 = ZBR 1991, 94 (Leitfaden für Sicherheitspolitik – Allg. Umdruck Nr. 310).
29 JB 1992, BT-Drs. 12/4600, 9 (Politische Bildung), 12 (Rechtsunterricht); JB 1993, BT-Drs. 12/6950, 12 (Politische Bildung); JB 1995, BT-Drs. 13/3900, 8 (Politische Bildung), 10 (Rechtspflege); JB 1996, BT-Drs. 13/7100, 5, 7 (Politische Bildung), 9 (Rechtsunterricht); JB 1997, BT-Drs. 13/10000, 4, 9 (Politische Bildung), 10 (Rechtsunterricht); JB 1998, BT-Drs. 14/500, 6, 10 (Politische Bildung), 10 (Rechtsunterricht); JB 1999, BT-Drs. 14/2900, 9 (Politische Bildung), 18 (fehlende Rechtskenntnisse); JB 2000, BT-Drs. 14/5400, 10 (Politische Bildung); JB 2001, BT-Drs. 14/8330, 20 (Politische Bildung); JB 2002, BT-Drs. 15/500, 23 (Politische Bildung); JB 2003, BT-Drs. 15/2600, 33; JB 2004, BT-Drs. 15/5000, 37 (Politische Bildung).

§ 34 Beschwerde

¹**Der Soldat hat das Recht, sich zu beschweren.** ²**Das Nähere regelt die Wehrbeschwerdeordnung.**

Literatur: *Böttcher, Viktor/Dau, Klaus:* Wehrbeschwerdeordnung, Komm., 4. Aufl. 1997; *Stauf, Wolfgang:* Wehrrecht II, 2002; *Tetzlaff*, SoldR, 192.
Frühere Komm., z.B. von *Schreiber/Oetting*, 4. Aufl. 1973, wurden nicht wieder aufgelegt. Sie sind durchweg veraltet.

Übersicht

	Rn.		Rn.
A. Allgemeines	1 – 5	**B. Erläuterungen im Einzelnen**	69
1. Entstehung der Vorschrift	1	1. Satz 1	6 – 8
2. Änderungen der Vorschrift	2	2. Satz 2	9
3. Bezüge zum Beamtenrecht bzw. zu sonstigen rechtl. Vorschriften; ergänzende Dienstvorschriften	3 – 5		

A. Allgemeines

1. Entstehung der Vorschrift

Der REntw.¹ sah als § 29 folgende Regelung vor: **1**
„Das Recht des Soldaten, sich zu beschweren, regelt ein besonderes Gesetz."
Bereits in der **amtl. Begr.**² zeigte sich, dass mit dieser Best. nicht sämtliche Beschwerdeanlässe erfasst werden sollten, sondern nur diejenigen, die sich aus dem „militärischen Dienstverhältnis" ergeben könnten. „Unabhängig hiervon" gewähre Art. 19 Abs. 4 GG dem Soldaten Rechtsschutz bei Verletzung seiner Rechte durch die öff. Gewalt. Zwischen dem scheinbar **allumfassenden Geltungsbereich** des § 34 und der rechtl. Realität besteht mithin möglicherweise eine Diskrepanz, auf die noch näher einzugehen sein wird.

In der Beratung des REntw. im Rechtsausschuss des BT am 12.12.1955³ bat der Abg. *Dr. Arndt* (SPD) um Auskunft, weshalb man die Beschwerdeordnung nicht gleich in das Gesetz einfüge, dann brauche man § 29 (des REntw.) nicht. Der Vertreter des BMVg, *Dr. Scherer*, erwiderte hierauf, dies sei technisch nicht möglich gewesen. § 29 stelle „nur eine Art **Merkposten** dar" für die in kurzer Zeit vorzulegende Beschwerdeordnung. In der Tat mutet es aus heutiger Sicht⁴ seltsam an, dass in einem einfachen Gesetz, dem SG, auf ein anderes noch zu erlassendes einfaches Gesetz⁵, die spätere WBO, verwiesen wird. Solche „Merkposten" findet man im SG an mehreren Stellen: § 1 Abs. 4 Satz 2, § 23 Abs. 3 verweisen auf die heutige WDO, § 30 Abs. 1 u.a. auf das SVG, § 35 auf das SBG, § 58 Abs. 1 auf das WPflG und § 90 auf das (bis heute ausstehende) OrgG. Diese für Gesetze unterhalb des GG ungewöhnliche Zitierform erklärt sich aus der Entstehungsgeschichte der Wehrgesetze und der Eile, mit der seinerzeit gehandelt werden

---
1 BT-Drs. II/1700, 8.
2 BT-Drs. II/1700, 27.
3 Prot. Nr. 93, 11.
4 Auf diese Besonderheit hatten bereits die Abg. *Dr. Kliesing* (Sten.Ber., 5784) u. *Merten* (Sten.Ber., 5785) anlässlich der 1. Lesung des SG im BT am 12.10.1955 aufmerksam gemacht.
5 Die WBO ist ein Gesetz, auch wenn die Bezeichnung „Ordnung" auf eine RVO hinzudeuten scheint. Seit den sog. Reichsjustizgesetzen des ausgehenden 19. Jh. ist es üblich, Verfahrensgesetze als „Ordnungen" zu bezeichnen.

musste. Nicht alle Wehrgesetze lagen zum gleichen Zeitpunkt den gesetzgebenden Körperschaften vor. Mit dem SG, dem „Grundgesetz des Soldaten", sollte der Bogen um das gesamte Wehrrecht geschlagen werden. Sämtliche Verweisungen dieser Art hätten ohne Substanzverlust bei einer der zahlreichen späteren Novellierungen des SG **gestrichen** werden können.

Der **Ausschuss für Beamtenrecht**[6] schlug „aus sprachlichen Gründen" vor, § 29 wie folgt zu formulieren:

„Das Beschwerderecht des Soldaten regelt ein besonderes Gesetz."

Der **VertA**[7] wiederum schuf, ebenfalls aus sprachlichen Gründen, die dann vom Plenum als § 34 beschlossene Fassung:

„Der Soldat hat das Recht, sich zu beschweren. Das Nähere regelt ein Gesetz."

Gleichzeitig fügte der VertA einen zusätzlichen § 53a[8], den späteren § 59 (und jetzigen § 82), in das Gesetz ein mit der Begr.[9], der Rechtsweg entspr. § 172 BBG müsse auch dem Soldaten erhalten bleiben. Damit war die bis heute rechtspolitisch und praktisch unbefriedigende[10] **Zweiteilung** der Soldatenbeschwerden in truppendienstl. Beschwerden und Verwaltungsbeschwerden vorgegeben.

2. Änderungen der Vorschrift

2 Inhaltlich gilt § 34 bis heute unverändert. Durch Art. 1 Nr. 24 des SGÄndG wurden in Satz 2 die Worte **„ein Gesetz"** durch die Worte **„die Wehrbeschwerdeordnung"** ersetzt. Der Gesetzgeber folgte damit, aus Gründen der Einheitlichkeit, der neuen Terminologie des SG.[11]

3. Bezüge zum Beamtenrecht bzw. zu sonstigen rechtl. Vorschriften; ergänzende Dienstvorschriften

3 Mit § 34 vergleichbar ist zunächst § **171 BBG**, allerdings nur im Ansatz. § 171 Abs. 1 Satz 2 BBG eröffnet dem **Beamten** den Beschwerdeweg bis zur obersten Dienstbehörde. Hierbei hat er den **Dienstweg** einzuhalten. Der weitere Rechtsweg – in Angelegenheiten des sog. **Betriebsverhältnisses** – zu einem unabhängigen **Gericht** ist dem Beamten verschlossen.

Der Soldat braucht bei der Einlegung einer Wehrbeschwerde keinen Dienstweg einzuhalten[12]; dies folgt bereits aus § 2 WBO. Abgesehen von der Kameradenbeschwerde[13] nach § 1 Abs. 1 Satz 1 WBO steht dem Soldaten in jedem Fall der Weg zu den Gerichten offen. Sein Rechtsschutz ist damit, gemessen an früheren militärrechtl. Regelungen[14] und allen anderen Angehörigen des öff. Dienstes, der bei Weitem **umfassendste**.[15]

Von der Beschwerde des Beamten nach § 171 BBG, die ihrem Wesen nach eine Dienstaufsichtsbeschwerde ist[16], müssen der Widerspruch/die Klage des Beamten gegen Maßnahmen im sog. **Grundverhältnis** unterschieden werden. Hierfür gelten §§ 68 ff. VwGO;

---

6 Prot., Nr. 42 v. 14.12.1955, 5; Ausschussdrs. 21 v. 4.1.1956, 23.
7 BT-Drs. II/2140, 42.
8 BT-Drs. II/2140, 57.
9 BT-Drs. II/2140, 14.
10 Vgl. *Böttcher/Dau*, WBO, Einf. Rn. 57 m.w.N.
11 BT-Drs. 14/4062, 20.
12 *Böttcher/Dau*, WBO, § 2 Rn. 11.
13 Vgl. hierzu *Böttcher/Dau*, WBO, § 17 Rn. 15.
14 *Wipfelder*, Wehrrecht, Rn. 519.
15 *Böttcher/Dau*, WBO, Einf. Rn. 36.
16 *Plog/Wiedow/Lemhöfer*, BBG, § 171 Rn. 11.

§ 126 BRRG. Der Rechtsschutz des Soldaten entspricht dieser Regelung (§ 23 WBO, § 82 SG) mit der Maßgabe, dass bei Soldaten an die Stelle des Widerspruchsverfahrens das Beschwerdeverfahren tritt (§ 23 Abs. 1 WBO).
Für **ZDL** sieht § 41 Abs. 1 ZDG vor, dass diese Anträge und Beschwerden vorbringen 4
können. Auch sie haben hierbei den **Dienstweg** einzuhalten. § 41 ZDG lehnt sich mithin stark an § 171 BBG an. Lediglich § 41 Abs. 3 ZDG (Verbot der Sammelbeschwerde) ist § 1 Abs. 4 Satz 1 WBO entnommen. Widerspruch und Klage aus dem Betriebsverhältnis sind dem ZDL verwehrt.[17] Für Widersprüche und Klagen aus dem Grundverhältnis des ZDL sind die §§ 68 ff. VwGO, 72 ff. ZDG maßgeblich.

Der Text der WBO, eine ausführliche Einf. zu dieser und mehrere ergänzende Erl. des 5
BMVg zur WBO, sind in der **ZDv 14/3** „Wehrdisziplinarordnung und Wehrbeschwerdeordnung"[18] veröff.

B. Erläuterungen im Einzelnen

1. Satz 1

§ 34 statuiert das Beschwerderecht des Soldaten. 6

Die h.M.[19] reduziert den **Geltungsbereich** des § 34 auf Beschwerden in **truppendienstl.** 7
Angelegenheiten. Zur Begr. wird – unter Bezugnahme auf einen Beschl. des BVerwG[20] – darauf verwiesen, dass die **Beschwerde in Verwaltungsangelegenheiten** nur an die Stelle des verwaltungsrechtl. Vorverfahrens getreten sei. Sie bedürfe deshalb keines besonderen, gesetzl. normierten, Rechtsschutzes wie die truppendienstl. Beschwerde.

Diese Auffassung wäre nur dann zutr., wenn sich der Regelungsgehalt der WBO auf die truppendienstl. Beschwerde beschränken würde. Dies ist, wie sich aus § 23 WBO ergibt, nicht der Fall. Der Soldat kann in Verwaltungsangelegenheiten eben nicht wie jeder andere Bürger gegen einen VA Widerspruch einlegen. Auch insoweit hat er sich des Rechtsbehelfs der Wehrbeschwerde, mit den sich aus § 23 Abs. 2 bis 6 WBO ergebenden Besonderheiten zu bedienen (§ 23 Abs. 1 WBO). Zudem verweist § 34 Satz 2 pauschal auf die WBO und nicht nur auf deren §§ 1 bis 22. Der h.M. kann daher nicht gefolgt werden. § 34 erstreckt sich auf **sämtliche Beschwerdearten** nach der WBO. **Nicht unter § 34 fallen Disziplinarbeschwerden** nach der WDO.

Von praktischer Relevanz ist diese Frage allerdings nicht. Seit dem In-Kraft-Treten der 8
WBO ist § 34 **ius nudum.**

Die Best. des § 34 wird zwar in älteren Entsch. des BVerwG[21] gelegentlich zit., stets aber im Zusammenhang mit der jew. lex specialis der WBO. So wird etwa in einem Beschl. vom 30.7.1980[22] ausgeführt, der Antrag sei zulässig, soweit der Antragsteller geltend mache, durch den Beschwerdebescheid des BMVg als solchen in seinem Beschwerderecht verletzt worden zu sein „(§ 17 Abs. 1 Satz 1 WBO i.V.m. § 34 SG)". Besonders deutlich wird die lediglich deklaratorische oder akzessorische Funktion von § 34, wenn

---

17 *Brecht*, ZDG, 183.
18 Neudruck Januar 2002.
19 *Böttcher/Dau*, WBO, Einf. Rn. 56; GKÖD I Yk, § 34 Rn. 2; *Scherer/Alff*, SG, § 34 Rn. 2; *Stauf* I, § 34 SG. Im Grunde war diese Auffassung bereits mit dem REntw. zum SG angelegt. In der Beratung des Rechtsausschusses v. 12.12.1955, Prot. Nr. 93, 11, führte der Vertreter des BMVg, *Dr. Scherer*, aus, dass die Statusfrage bleibe aus § 29 des Entw. „ausgeklammert".
20 BVerwGE 73, 209 = ZBR 183, 74.
21 BVerwGE 43, 140; BVerwG NZWehrr 1978, 28; BVerwGE 63, 278 = NZWehrr 1980, 137; BVerwGE 73, 158 = ZBR 1983, 196.
22 1 WB 115/79.

das BVerwG in einem Beschl. vom 6.2.1979[23] die Feststellung trifft, im Wehrbeschwerdeverfahren sei dem Grundrecht aus Art. 19 Abs. 4 GG mit „dem von § 17 Abs. 1 Satz 1 WBO erfassten Recht des § 34 Satz 1 SG Genüge geleistet". Einer zusätzlichen Fundierung des Wehrbeschwerderechts nach der WBO durch eine Vorschrift im SG bedarf es infolgedessen nicht.

2. Satz 2

9 Derzeit gilt die WBO i.d.F. der **Bekanntmachung vom 11.9.1972**[24], zuletzt geä. durch das SkResNOG.

---

23 BVerwGE 63, 189 = NZWehr 1979, 179.
24 BGBl. I S. 1737, ber. S. 1906.

§ 35 Beteiligungsrechte der Soldaten

Die Beteiligung der Soldaten regelt das Soldatenbeteiligungsgesetz.

Literatur: *Altvater, Lothar/Bacher, Eberhard/Hörter, Georg:* Bundespersonalvertretungsgesetz (mit Erl. des SBG), 1991; GKÖD I Yk, Komm. des § 35 SG zugl. Komm. des SBG; *Gronimus, Andreas:* Die Beteiligungsrechte der Vertrauenspersonen, 3. Aufl. 1997; *Prüfert, Andreas D.:* Mitwirkung und Mitbestimmung in der Bundeswehr sowie anderen europäischen Streitkräften, in: *Gareis/Klein,* HdBMilSoWi, 51; *Rieger, Rudolf:* Anm. zum Ersten Gesetz zur Änderung des Soldatenbeteiligungsgesetzes vom 20. Februar 1997, NZWehrr 1997, 53; *Stauf, Wolfgang:* Soldatenbeteiligungsgesetz, in: Wehrrecht I, 2002, 211; *Tetzlaff:* SoldR, 213; *Walz, Dieter:* Beteiligungsrechte der Soldaten – Gedanken zur Reform des Vertrauensmännerrechtes, PersV 1982, 89, 501; *ders.:* Beteiligungsrechte der Soldaten in der Bundeswehr in der politischen und rechtlichen Diskussion, PersV 1988, 101; *ders.:* Erweiterung der Beteiligungsrechte der Soldaten, PersV 1990, 329; *ders.:* Das Soldatenbeteiligungsgesetz – Eine Einführung, NZWehrr 1991, 1; *ders.:* Die Anhörung der Vertrauensperson vor einfachen Disziplinarmaßnahmen, NZWehrr 1991, 191; *ders.:* Rechtliche Formen der Beteiligung in den Streitkräften der Bundeswehr, in: Klein, Paul (Hrsg.): Mitbestimmung in den Streitkräften, 1991, 33; *Wolf, Rüdiger:* Soldatenbeteiligungsgesetz, 2001.

Übersicht

	Rn.		Rn.
A. Allgemeines	1 – 16	3. Bezüge zum Beamtenrecht bzw. zu sonstigen rechtl. Vorschriften; ergänzende Dienstvorschriften	11 – 16
1. Entstehung der Vorschrift	1 – 4		
2. Änderungen der Vorschrift	5 – 10		
		B. Erläuterungen im Einzelnen	17 – 19

A. Allgemeines

1. Entstehung der Vorschrift

1 § 35 hat eine recht wechselhafte Geschichte erlebt:
Mit § 30 des **REntw.**[1] sollte der **Vertrauensmann** „wieder eingeführt"[2] werden, der in der **Reichswehrzeit** bekannt war.[3] § 30 des REntw. lautete:

---

1 BT-Drs. II/1700, 8.
2 BT-Drs. II/1700, 27; BT-Drs. II/2140, 11.
3 Vgl. im Einzelnen *Walz,* PersV 1982, 89.

Beteiligungsrechte der Soldaten § 35

„(1) In jeder Einheit werden aus den Reihen der Soldaten Vertrauensmänner gewählt, die zur verantwortungsvollen Zusammenarbeit zwischen Vorgesetzten und Untergebenen beitragen sollen.

(2) Die Vertrauensmänner sind mit ihren Vorschlägen in Fragen des inneren Dienstbetriebes, der Fürsorge, der Berufsförderung und des außerdienstlichen Gemeinschaftslebens zu hören. Ihre Beteiligung bei Disziplinar- und Beschwerdeangelegenheiten wird durch besondere Gesetze geregelt.

(3) Das Wahlverfahren, die Dauer des Amtes der Vertrauensmänner und das Ende ihrer Tätigkeit regelt eine Rechtsverordnung."

Im Hinblick auf die „große Bedeutung für das gesamte Innere Gefüge der Bundeswehr" war der **VertA** der Auffassung, dass die wesentlichen Best. über den Vertrauensmann im SG selbst und nicht in einer RVO geregelt werden müssten.[4] Die von ihm erarbeitete Fassung[5] wurde vom Plenum des BT (als § 35) beschlossen. § 35 in der **Erstfassung** bestimmte:

„(1) Unteroffiziere und Mannschaften wählen in den Einheiten und in Lehrgängen von mindestens dreimonatiger Dauer aus ihren Reihen je einen Vertrauensmann und je zwei Stellvertreter. Die Offiziere wählen in einem Verband, in den Schulen, in Lehrgängen von mindestens dreimonatiger Dauer und in den Stäben der Verbände einen Vertrauensmann und zwei Stellvertreter.

(2) Der Vertrauensmann soll zur verantwortungsvollen Zusammenarbeit zwischen Vorgesetzten und Untergebenen sowie zur Erhaltung des kameradschaftlichen Vertrauens innerhalb des Bereichs, für den er gewählt ist, beitragen. Er ist mit seinen Vorschlägen in Fragen des inneren Dienstbetriebes, der Fürsorge, der Berufsförderung und des außerdienstlichen Gemeinschaftslebens zu hören. Geht der Vorschlag des Vertrauensmannes über die Zuständigkeit des Führers seiner Einheit hinaus, so hat dieser den Vorschlag seinem Vorgesetzten vorzulegen.

(3) Die Wahl ist geheim und unmittelbar. Die Wahlberechtigung, die Wählbarkeit, das Wahlverfahren, die Dauer des Amtes der Vertrauensmänner und die vorzeitige Beendigung ihrer Tätigkeit werden durch Gesetz geregelt.

(4) Soldaten in Dienststellen, die nicht Einheiten, Verbände oder Schulen sind, wählen Vertretungen nach den Vorschriften des Personalvertretungsgesetzes. Die Zahl der Vertreter muß im gleichen Verhältnis zur Zahl der Soldaten stehen wie die Zahl der Personalratsmitglieder zur Zahl der Beamten, Angestellten und Arbeiter; die Soldaten erhalten jedoch mindestens die in § 13 Abs. 3 und 5 des Personalvertretungsgesetzes bestimmte Zahl von Vertretern. In gemeinsamen Angelegenheiten treten diese Vertreter zu den Personalvertretungen hinzu; sie gelten als weitere Gruppe. In Angelegenheiten, die nur die Soldaten betreffen, haben sie die Befugnisse des Vertrauensmannes."

In Ausführung von Abs. 3 wurde am 26.7.1957[6] das **Vertrauensmänner-Wahlgesetz** (VMWG) erlassen.

An der historischen Ableitung des Vertrauensmannes ist **Kritik** geübt worden.[7] Der Vertrauensmann der Reichswehr sei kein „Kind" der Weimarer Republik gewesen, sondern sei im Kontext mit den **Soldatenräten** der ausgehenden Kaiserzeit zu sehen. Dem ist grds. zuzustimmen. Der Gesetzgeber von 1956 hat dies offenbar übersehen[8]; er hat anderseits mit der Zitierung von § 9 WG 1921 die **demokratische Legitimation** dieser Funktion zu Recht betont.

---
4 BT-Drs. II/2140, 11.
5 BT-Drs. II/2140, 43.
6 BGBl. I S. 1052.
7 *Demandt*, NZWehrr 1989, 145.
8 So auch *Stauf* I, SBG, Einl. Rn. 3.

§ 35 Gemeinsame Vorschriften

2. Änderungen der Vorschrift

5   Art. 1 Nr. 1 des G vom **1.4.1969**[9] fügte in Abs. 1 Satz 1 die Wörter „in den Hauptabschnitten (Divisionen) eines Schiffes" ein und ergänzte § 35 um folgenden Abs. 5:
„Erleidet ein Soldat anläßlich der ordnungsgemäßen Wahrnehmung von Rechten oder Erfüllung von Pflichten nach den Absätzen 1 bis 4 durch einen Unfall eine gesundheitliche Schädigung, die im Sinne der Vorschriften des Soldatenversorgungsgesetzes ein Dienstunfall oder eine Wehrdienstbeschädigung wäre, so finden diese Vorschriften entsprechende Anwendung."

6   Art. 1 Nr. 1 des G vom **25.4.1975**[10] fasste § 35 wie folgt neu:
„(1) Unteroffiziere und Mannschaften
1. in Einheiten,
2. in Hauptabschnitten (Divisionen) eines Schiffes,
3. in Stäben der Verbände,
4. in Schulen,
5. in selbständigem Vorauspersonal von Einheiten, von Stäben der Verbände und von Schulen, in selbständigen oder abgezweigten Zügen oder in selbständigen Trupps oder selbständigen Gruppen, deren Führer Disziplinargewalt haben,
6. in Lehrgängen,
7. in der Grundausbildung
wählen aus ihren Reihen je einen Vertrauensmann und je zwei Stellvertreter.
(2) Die Offiziere
1. in Stäben der Verbände,
2. in Bootsgeschwadern der Marine,
3. auf Schiffen,
4. in Schulen,
5. in Lehrgängen
wählen einen Vertrauensmann und zwei Stellvertreter. Die Offiziere in den Einheiten der Verbände wählen den Vertrauensmann und dessen Stellvertreter in dem Stab ihres Verbandes mit.

(3) In den Einheiten, Stäben der Verbände und Schulen, die Lehrgänge oder eine Grundausbildung durchführen, wählen die auszubildenden Offiziere, Unteroffiziere und Mannschaften unabhängig vom Stammpersonal aus ihren Reihen je einen Vertrauensmann und je zwei Stellvertreter.

(4) Der Vertrauensmann soll zur verantwortungsvollen Zusammenarbeit zwischen Vorgesetzten und Untergebenen sowie zur Erhaltung des kameradschaftlichen Vertrauens innerhalb des Bereichs, für den er gewählt ist, beitragen. Der Vertrauensmann hat das Recht, dem Disziplinarvorgesetzten dieses Bereichs in Fragen des inneren Dienstbetriebes, der Fürsorge, der Berufsförderung, des außerdienstlichen Gemeinschaftslebens Vorschläge zu unterbreiten. Der Disziplinarvorgesetzte hat ihn zu diesen Vorschlägen zu hören und diese mit ihm zu erörtern. Geht ein Vorschlag des Vertrauensmannes über den Bereich hinaus, für den er gewählt ist, hat der Disziplinarvorgesetzte den Vorschlag mit seiner Stellungnahme seinem nächsten Disziplinarvorgesetzten vorzulegen. Entspricht der zuständige Disziplinarvorgesetzte einem Vorschlag nicht oder nicht in vollem Umfange, teilt er dem Vertrauensmann seine Entscheidung unter Angabe der Gründe mit.

(5) Der Disziplinarvorgesetzte hat den Vertrauensmann bei der Erfüllung seiner Aufgaben zu unterstützen. Der Vertrauensmann wird über Angelegenheiten, die seine Aufgaben betreffen, rechtzeitig und umfassend unterrichtet. Ihm ist während des Dienstes Gelegenheit

---

9 BGBl. I S. 277.
10 BGBl. I S. 1005.

zu geben, Sprechstunden innerhalb dienstlicher Unterkünfte und Anlagen abzuhalten, soweit dies zur Wahrnehmung seiner Aufgaben erforderlich ist und dienstliche Gründe nicht entgegenstehen.

(6) Bataillonskommandeure und Disziplinarvorgesetzte in entsprechenden Dienststellungen führen mindestens einmal im Quartal mit den Disziplinarvorgesetzten und Vertrauensmännern ihres Bereichs eine Besprechung über Angelegenheiten von gemeinsamem Interesse aus dem Aufgabenbereich des Vertrauensmannes durch.

(7) Die Wahl ist geheim und unmittelbar. Die Wahlberechtigung, die Wählbarkeit, das Wahlverfahren, die Dauer des Amtes der Vertrauensmänner und die vorzeitige Beendigung ihrer Tätigkeit werden durch Gesetz geregelt."

Ziel der seinerzeitigen Novellierung war, „die Interessen der Soldaten ... sicherzustellen und die Rechtsstellung der Interessenvertreter der Soldaten zu stärken".[11]   7

Für die Berufsverbände der Soldaten und die politischen Parteien war die Neufassung von § 35 nicht ausreichend.[12] Nachdem die sozialliberale BReg mit der **Regierungserklärung vom 24.11.1980**[13] angekündigt hatte, „die Stellung der gewählten Vertrauensmänner in der Truppe stärken" zu wollen, erließ das BMVg zum 1.7.1982 zunächst eine **neue ZDv 10/2** „Der Vertrauensmann". Diese schöpfte das geltende Recht extensiv aus.

Bis zur **nächsten Gesetzesinitiative** vergingen einige Jahre.[14] Der neue Gedanke, sämtliche Rechtsnormen für den Vertrauensmann (später geschlechtsneutral **„Die Vertrauensperson"**) in e i n e m eigenen Gesetz **zusammenzufassen**[15] und die Wahlvorschriften in eine RVO zu verweisen, war für manche Beteiligte so revolutionär, dass es einiger Überzeugungsarbeit bedurfte, ehe er Eingang in einen Gesetzentw. finden konnte.   8

Am 5.6.1990 legte die BReg ihren Entw. eines Gesetzes über die Beteiligung der Soldaten und der ZDL (**Beteiligungsgesetz – BG –**) vor.[16] Mit Art. 3 Nr. 1a des nach längerer parlamentarischer Beratung beschlossenen G vom **16.1.1991**[17] erhielt § 35 die bis heute geltende Fassung: 9

„Die Beteiligung der Soldaten regelt das Soldatenbeteiligungsgesetz."

Das SBG, als Art. 1 des BG beschlossen[18], wurde durch das G vom **18.4.1997**[19] „umfassend neu"[20] normiert.[21] An der Verweisungsvorschrift des § 35 änderte sich dadurch nichts.   10

3. Bezüge zum Beamtenrecht bzw. zu sonstigen rechtl. Vorschriften; ergänzende Dienstvorschriften

Die institutionelle Beteiligung der Beamten, Ang. und Arbeiter[22] des Bundes ist abschließend im **BPersVG** geregelt. Dieses gilt für das Zivilpersonal der Bundeswehrverwaltung ebenso wie für das Zivilpersonal bei den SK, das sog. STAN-Personal (§ 91 Abs. 1).   11

---

11 BT-Drs. 7/1968, 1.
12 Vgl. *Walz*, PersV 1982, 89.
13 Bulletin v. 25.11.1980, 1051.
14 Vgl. im Einzelnen *Walz*, NZWehrr 1991, 1.
15 Vgl. bereits *Walz*, PersV 1982, 89.
16 BT-Drs. 11/7323.
17 BGBl. I S. 47.
18 Zum Inhalt vgl. *Walz*, NZWehrr 1991, 1.
19 BGBl. I S. 766. REntw. = BT-Drs. 13/5740.
20 BT-Drs. 13/5740, 16.
21 Vgl. *Rieger*, NZWehrr 1997, 53.
22 Gem. Art. 8 Nr. 1 des G v. 14.9.2005 (BGBl. I S. 2746) jetzt Beamte u. Arbeitnehmer.

§ 35 Gemeinsame Vorschriften

12 Das BPersVG ist auf Soldaten **nicht unmittelbar anwendbar**[23], da Soldaten nicht zu den Beschäftigten im öff. Dienst i.S.v. § 4 Abs. 1 BPersVG gehören, selbst wenn sie auf Dienstposten im Bereich der Bundeswehrverwaltung verwendet werden.[24] Damit das BPersVG auf Teile der SK und der Soldaten analog angewandt werden konnte, bedurfte es einer expliziten gesetzl. Normierung. Diese findet sich jetzt in den §§ 48 ff. SBG.

13 Die **ZDL** wählen Vertrauensmänner[25] auf der Grundlage des **ZDVG** vom 16.1.1991.[26] Auf dieses weist § 37 ZDG entspr. § 35 hin.

14 Das BGSG vom 18.8.1972[27] enthielt für die **Grenzschutzdienstpflichtigen** in den §§ 48 bis 61[28] keine besondere Interessenvertretung. Über die Vorschriften des § 71 BGSG und § 51 des seinerzeit geltenden Gesetzes über Personalvertretungen im BGS vom 16.3.1965[29] war jedoch gewährleistet, dass die Dienstpflichtigen Vertrauensmänner wählen konnten. Diese Sonderregelung für den früheren BGS findet sich für die Dienstpflichtigen heute in § 85 Abs. 3 Satz 1 BPersVG.

15 Zum SBG sind mehrere **RVO**[30] erlassen worden.

16 DBest. zum SBG enthält die **ZDv 10/2** „Beteiligung der Soldaten durch Vertrauenspersonen" (April 1997).

B. Erläuterungen im Einzelnen

17 § 35 hat jetzt nur noch **Verweisungscharakter** ohne materiellen Normgehalt.[31] Im Rahmen einer konstitutiven Neufassung des SG könnte er ohne Substanzverlust **gestrichen** werden.

18 Eine **Komm. des SBG** ist hier nicht angezeigt. Insoweit kann auf die in der Literaturübersicht zit. einschlägigen Komm. verwiesen werden.

19 An dieser Stelle genügen einige **allg. Bemerkungen**:

Das SBG i.d.F. vom 18.4.1997[32] garantiert den Soldaten Beteiligungsrechte, die den Vergleich mit den Beteiligungsrechten der anderen Angehörigen des öff. Dienstes nach dem BPersVG nicht zu scheuen brauchen.[33] Solange es gute Gründe[34] gibt, die Soldaten nicht als weitere Gruppe in das BPersVG aufzunehmen, ist das SBG **mit Art. 3 Abs. 1 GG vereinbar**.[35] Das GG verlangt nicht eine „optimale" Lösung des Ausgleichs der Interessen des Dienstherrn und der Beschäftigten. Der einfache Gesetzgeber hat insoweit eine weit reichende **Gestaltungsfreiheit**.[36] Weder das Sozialstaatsprinzip noch

---

23 Unstr.; vgl. etwa BVerwGE 88, 354 = PersV 1992, 85; GKÖD I Yk, § 35 Rn. 3.
24 BVerwGE 96, 28 = PersV 1995, 34.
25 Da nur Männer der WPfl unterliegen, leisten auch nur diese den Zivildienst. Es bedurfte daher nicht der Umbenennung der „Vertrauensmänner" in „Vertrauenspersonen".
26 Verkündet als Art. 2 BG v. 16.1.1991 (BGBl. I S. 47).
27 BGBl. I S. 1834.
28 Gem. Art. 3 Abs. 2 BGSNeuRegG v. 19.10.1994 (BGBl. I S. 2978), sind diese Best. jetzt nur noch anwendbar, wenn der BT zuvor durch Beschl. zugestimmt hat.
29 BGBl. I S. 68.
30 Vgl. die Fundstellen bei *Scherer/Alff*, SG, § 35 Rn. 1.
31 Vgl. jüngst BVerwG NZWehrr 2005, 29.
32 BGBl. I S. 766.
33 *Stauf* I § 35 SG Rn. 4; Einl. SBG Rn. 6, meint sogar, das SBG enthalte „in einigen Punkten durchaus günstigere Regelungen als das BPersVG".
34 Vgl. zu diesen *Walz*, PersV 1982, 89; PersV 1990, 329; zit. in BVerwGE 88, 354 = PersV 1992, 85.
35 BVerwGE 88, 354 = PersV 1992, 85; BVerwG PersR 2002, 205; GKÖD I Yk, § 35 Rn. 3; *Tetzlaff*, SoldR, 248.
36 BVerwGE 93, 188 = NZWehrr 1994, 244; BVerwGE 96, 28 = PersV 1995, 34.

die Grundrechte schreiben ihm vor, wie er die Beteiligung der Beschäftigten des öff. Dienstes im Einzelnen auszugestalten hat.[37] Das SBG bewegt sich im Rahmen dieser verfassungsrechtl. Parameter. Sollten eines Tages die SK nur noch aus BS und SaZ bestehen, wird jedoch erneut zu prüfen sein, ob diese als weitere Gruppe in das BPersVG aufzunehmen sind.[38]

§ 35a Beteiligung an der Gestaltung des Dienstrechts

Für die Beteiligung bei der Gestaltung des Dienstrechts der Soldaten gilt § 94 des Bundesbeamtengesetzes sinngemäß.

§ 94 BBG

Die Spitzenorganisationen der zuständigen Gewerkschaften sind bei der Vorbereitung allgemeiner Regelungen der beamtenrechtlichen Verhältnisse zu beteiligen.

Literatur: *Büchner, Lutz Michael:* Zur Erweiterung gewerkschaftlicher Beteiligungsrechte auf der Grundlage der §§ 58 BRRG, 94 BBG unter Berücksichtigung beamtenrechtlicher Besonderheiten, ZTR 1993, 142, 185; *Fürst, Walther:* Die beamtenrechtliche Beteiligungsberechtigung des § 94 BBG aus verfassungsrechtlicher Sicht, ZBR 1989, 257; *Jekewitz, Jürgen:* Die Beteiligung der gewerkschaftlichen Spitzenorganisationen des öffentlichen Dienstes in der Regelung beamtenrechtlicher Verhältnisse, Der Staat 1995, 79; *Pfohl, Gerhard:* Koalitionsfreiheit und öffentlicher Dienst, ZBR 1997, 78; *Steinkamm, Armin Arne:* Der Bundespersonalausschuß in der Soldatenbesetzung und das Benennungsrecht der Spitzenorganisationen, NZWehrr 1987, 58; *Umbach, Dieter C.:* Der beamtenrechtliche Beteiligungsanspruch und seine Entwertung durch die verwaltungsgerichtliche Rechtsprechung, ZBR 1998, 8; *Wohlgemuth, Hans H.:* § 94 BBG als koalitionsrechtliche Mindestbeteiligung, ArbuR 1988, 308.

Übersicht

	Rn.		Rn.
A. Allgemeines	1 – 11	3. „Beteiligung"	14
1. Entstehung der Vorschrift	1 – 5	4. Sinngemäße Geltung von	
2. Änderungen der Vorschrift	6	§ 94 BBG	15 – 18
3. Bezüge zum Beamtenrecht bzw. zu sonstigen rechtl. Vorschriften; ergänzende Erlasse	7 – 11	a) Ableitung aus dem Grundgesetz	15
		b) Spitzenorganisationen der zuständigen Gewerkschaften	16
B. Erläuterungen im Einzelnen	12 – 18	c) Gerichtl. Durchsetzung des Beteiligungsanspruchs	17
1. Adressatenkreis („Soldaten")	12	d) Rechtsfolgen unterlassener Beteiligung	18
2. „Dienstrecht" (der Soldaten)	13		

A. Allgemeines

1. Entstehung der Vorschrift

Eine mit § 94 BBG vergleichbare Best. enthielt das SG zunächst nicht. Trotzdem wurde insbes. der **DBwV** bereits in den 60er und 70er Jahren des letzten Jh. de facto immer intensiver in die Vorbereitung allg. Regelungen der soldatischen Verhältnisse einge- 1

---

37 BVerfGE 51, 43 = PersV 1979, 328; BVerwGE 88, 354 = PersV 1992, 85; GKÖD I Yk, § 35 Rn. 4.
38 Vgl. den Hinw. in BVerwG PersR 2002, 205.

§ 35a — Gemeinsame Vorschriften

schaltet.[1] Mit dem Entw. eines 2. G zur Änd. dienstrechtl. Vorschriften vom **24.3.1976**[2] war geplant, u.a. diese Verwaltungspraxis (in § 59a) auch formal zu verankern. Der Gesetzentw. konnte wegen des Endes der Legislaturperiode nicht abschließend beraten werden.

2 Auf stetes Drängen des DBwV wurde in der 9. WP des BT ein **erneuter Anlauf** unternommen. Aus Anlass der Beratung des Entw. eines G zur Änd. des Wehrrechts und des Zivildienstrechts vom 16.10.1981[3] brachte Bayern in der 111. Sitzung des VertA des BR am 13.11.1981[4] den Antrag ein, in einem neuen (5.) Abschnitt des SG „Beteiligung an der Gestaltung des Dienstrechts" einen § 59a zu platzieren („Für die Beteiligung bei der Gestaltung des Dienstrechtes der Soldaten gilt § 94 des Bundesbeamtengesetzes entsprechend."). Das BMVg wehrte sich zunächst vehement gegen diesen Vorschlag mit der Begr., der DBwV sei keine Spitzenorganisation, da er kein Zusammenschluss mehrerer selbständiger Organisationen sei. Außerdem bliebe im Falle seiner Anerkennung als Spitzenorganisation die Gewerkschaft ÖTV – Abteilung Soldaten – unberücksichtigt.

3 Nachdem diese Auffassung[5] von dem für das BBG zuständigen BMI nicht mitgetragen wurde, schlug das BMVg vor[6], nach § 35b folgenden **§ 35c** („Beteiligung der Berufsorganisationen") einzufügen:

„Bei der Vorbereitung von Gesetzen und Rechtsverordnungen zur allgemeinen Regelung der dienstrechtlichen Verhältnisse der Soldaten sind die Berufsorganisationen der Soldaten zu beteiligen, die die Interessen der Gesamtheit der Soldaten vertreten und denen im Rahmen dieser Interessenvertretung erhebliche Bedeutung zukommt."

Auch diese Fassung setzte sich in den parlamentarischen Beratungen nicht durch.[7]

4 Mit Art. 2 Nr. 3 des G vom **24.2.1983**[8] wurde nach § 35b ein neuer § 35c i.d.F. des Antrags von Bayern/des BR eingefügt.[9]

5 Mit Art. 3 Nr. 1 des G **vom 16.1.1991**[10] wurde § 35 c zu § **35a**. Der bisherige § 35a, der die Personalvertretung von Soldaten in sog. gemischten Dienststellen regelte, wurde aufgehoben und durch die §§ 35 ff. SBG ersetzt.

2. Änderungen der Vorschrift

6 Inhaltlich wurde § 35a seit seinem In-Kraft-Treten nicht geändert. Es wurde auch von keiner Seite Änderungsbedarf angemeldet.

3. Bezüge zum Beamtenrecht bzw. zu sonstigen rechtl. Vorschriften; ergänzende Erlasse

7 Auf Grund der Verweisung auf § 94 BBG sind die hierzu vorhandene umfangreiche Lit. und Rspr. „sinngemäß" heranzuziehen.

---

1 Vgl. *Steinkamm*, NZWehrr 1987, 60.
2 BT-Drs. 7/4922.
3 BR-Drs. 397/81; BT-Drs. 9/1897.
4 Prot. v. 16.11.1981, 7; Stellungnahme des BR zu dem Gesetzentw., BT-Drs. 9/1897, 24.
5 In ihrem Gesetzentw. v. 24.3.1976 (BT-Drs. 7/4922, 8) hatte die seinerzeitige BReg die gleiche Position vertreten wie jetzt Bayern u. der BR.
6 Kabinettvorlage v. 24.6.1982; Gegenäußerung der BReg zur Stellungnahme des BR, BT-Drs. 9/1897, 28.
7 Vgl. *Steinkamm*, NZWehrr 1987, 60.
8 BGBl. I S. 179.
9 Offenbar fiel in der Hektik nicht auf, dass in der Überschrift „an" der Gestaltung des Dienstrechts steht, im Text jedoch „bei" der Gestaltung des Dienstrechts. Inhaltlich ist dies zwar bedeutungslos, sollte aber bei nächster Gelegenheit sprachlich bereinigt werden.
10 BGBl. I S. 47 (vgl. BT-Drs. 11/7323, 14).

Beteiligung an der Gestaltung des Dienstrechts　　　　　　　　§ 35a

Gem. **§ 58 BRRG** haben die **obersten Landesbehörden** bei der Vorbereitung gesetzl. Regelungen der beamtenrechtl. Verhältnisse die Spitzenorganisationen der zuständigen Gewerkschaften und Berufsverbände zu beteiligen.	8
§ 94 BBG gilt entspr. für **Bundesrichter** (§ 46 DRiG). Die „Spitzenorganisationen der Berufsverbände der Richter" sind darüber hinaus in § 47 Satz 3 DRiG zit. Gemeint sind wohl der Deutsche Richterbund und der Bund Deutscher Verwaltungsrichter.	9
Für **ZDL** existiert eine mit § 35a vergleichbare Best. nicht.	10
Ergänzend heranzuziehen sind allg. und/oder speziell für das Ressort BMVg:	11

- **§ 70 Abs. 1 Satz 1 GO BT** (öff. Anhörung u.a. von Interessenvertretern durch einen Ausschuss des BT).
- **§ 22 Abs. 1 Satz 2 Nr. 4 GGO** (Aufnahme des Ergebnisses einer Verbandsbeteiligung in Kabinettvorlagen).
- **Vereinbarung des BMI** mit u.a. dem DBB, dem DGB und dem **DBwV** vom 17./19.5. 1993 über die Verbesserung der Beteiligung der Spitzenorganisationen der Gewerkschaften bei allg. Regelungen der beamtenrechtl. Verhältnisse.[11] Die Vereinbarung galt gem. Nr. 6 zunächst für zwei Jahre. Sie wurde ersetzt durch die
- **Vereinbarungen zwischen dem BMI** und u.a. dem **DBwV** vom 1.7.1996 über die Beteiligung der Spitzenorganisationen der Gewerkschaften bei allg. Regelungen der beamtenrechtl. Verhältnisse. Gem. § 9 dieser Vereinbarungen können diese mit einer Frist von drei Monaten, frühestens zum 31.12.1998, gekündigt werden. Eine solche Kündigung ist bisher nicht erfolgt.
- Umsetzung dieser Vereinbarung für das BMVg durch Weisung des Sts vom 5.11.1996 („uneingeschränkte Anwendung im Rahmen des Beteiligungsverfahrens nach § 35 a SG"). Diese Weisung war befristet bis zum 31.10.1997, gilt jedoch mangels entgegenstehender Erklärung weiterhin.
- AVV des BMI zur Beteiligung der Spitzenorganisationen ... vom 28.8.1996.[12]
- Erl. des BMVg vom 24.3.1971 „Zusammenarbeit der Bundeswehr mit dem Deutschen Bundeswehr-Verband und der Gewerkschaft Öffentliche Dienst, Transport und Verkehr – Abteilung Soldaten".[13]

B. Erläuterungen im Einzelnen

1. Adressatenkreis („Soldaten")

§ 35a gehört zum Zweiten Unterabschnitt des Ersten Abschnitts des SG, der gemeinsame Vorschriften für alle Statusgruppen von Soldaten enthält. Als Ausnahmen sind die gesetzl. Differenzierung zwischen BS und SaZ einerseits und WPfl andererseits in § 9 und die von der h.M. im Hinblick auf § 8 behauptete[14] zu nennen. Insbes. nachdem seinerzeit[15] der Versuch gescheitert war, die Beteiligung der Spitzenorganisationen in einem eigenen (5.) Abschnitt des SG (mit § 59a) zu regeln, ist kein Raum für eine auf BS und SaZ **beschränkte Anwendung** von § 35a. Das Argument, nur bei BS und SaZ könne mit § 94 BBG vergleichbar von gesetzgeberischen Konkretisierungen der Koalitionsfreiheit gesprochen werden, nicht hingegen bei WPfl[16], die einen	12

---

11 Abgedruckt in ZTR 1993, 329.
12 GMBl. 1996, 677.
13 VMBl. 1971 S. 454; 1975 S. 318.
14 Vgl. die Komm. zu § 8 (Rn. 12 bis 19).
15 Vgl. o. Rn. 2.
16 *Plog/Wiedow/Lemhöfer*, BBG, § 94 Rn. 17. Es handelt sich hierbei offensichtlich um eine Einzelmeinung.

Zwangsdienst leisten würden, verkennt die tatsächliche und rechtl. Situation der WPfl. Viele gesetzl. und administrativen Folgerungen insbes. der §§ 30 und 31 gelten auch oder nur für WPfl. WPfl sind ebenfalls im DBwV organisiert; der DBwV vertritt auch ihre Interessen gegenüber dem BMVg und der BReg.

2. „Dienstrecht" (der Soldaten)

13 Das „Dienstrecht der Soldaten" ist ex lege nicht definiert. Die in § 35a erfolgte Verweisung auf § 94 BBG legt nahe, auf die „allgemeinen Regelungen" (hier: der soldatenrechtl. Verhältnisse) zurückzugreifen. Hierunter sind die das Rechtsverhältnis der Soldaten gestaltenden **G, RVO, VV, allg. Richtlinien** und **allg. Erl.** zu verstehen.[17] Ob mit den AVV nur solche erfasst sind, die „bedeutsame Regelwerke" darstellen[18], ist für die Praxis belanglos. Ein Konflikt mit einer Spitzenorganisation wegen dieser Fragestellung wäre müßig.

Materiellrechtl. sind demnach beteiligungspflichtig z.B. das SG, das SBG, die WBO und die WDO, Teile des WPflG, das USG und das ArbPlSchG, die SLV und die SUV, das WSG und das SVG mit den jew. DBest. Soweit nicht das BMVg federführend ist, z.B. im Beihilferecht, im Reise- und Umzugskostenrecht, hat das zuständige Ressortmin. die Spitzenorganisationen der Soldaten zu beteiligen. Vorschriften, die der Mitbestimmung oder Mitwirkung der **Personalvertretungen** unterliegen, sind, sofern es sich um „allgemeine Regelungen ..." handelt, grds. allein nach § 94 BBG zu behandeln (§ 78 Abs. 1 Nr. 1 BPersVG). In Grenzfällen, z.B. beim Erl. von Beurteilungsbest.[19], kann es jedoch geboten sein, sowohl die Spitzenorganisationen als auch die jew. Personalvertretungen zu beteiligen. Str.[20] ist, ob auch Vorschriften über die Ausbildung, Prüfung und Fortbildung gem. § 94 BBG beteiligungspflichtig sind. Für Soldaten dürfte insoweit regelmäßig eine sinngemäße Anwendung von § 94 BBG ausscheiden, da im Bereich des Befehlsrechts eine Beteiligung einer Spitzenorganisation nur ausnahmsweise vorstellbar erscheint.

3. „Beteiligung"

14 „Beteiligung" soll mehr als bloße Anhörung, weniger als echte Mitbestimmung, sondern **angemessene Mitwirkung** bedeuten.[21] Die AVV vom 28.8.1996[22] schreibt dezidiert vor, in welcher Phase des Entscheidungsprozesses den Spitzenorganisationen Gelegenheit zur Stellungnahme zu geben und wie mit dieser zu verfahren ist. Das zuständige BMin. hat sich mit diesen Äußerungen auseinander zu setzen und sie gegen die eigenen Gesichtspunkte abzuwägen.[23] Dies hat zur Folge, dass eine fachliche Bewertung der Stellungnahmen der Spitzenorganisationen stattfinden muss. Je gründlicher und intensiver diese erfolgt, desto unwahrscheinlicher ist, dass sich die Spitzenorganisation übergangen fühlt und deswegen versucht, ihre Argumente über Angehörige des BT in das Gesetzgebungsverfahren einzubringen.

Zur Frage, ob Soldaten im Rahmen des § 35a ihre Interessen in **Uniform** oder in Zivil vertreten dürfen, wird auf die Komm. zu **§ 15 Abs. 3** verwiesen.

---

17 § 1 Abs. 1 der AVV v. 28.8.1996, GMBl. 677.
18 So *Scherer/Alff*, SG, § 35a Rn. 3; a.A. GKÖD I Yk, § 35a Rn. 3.
19 *Stauf* I, § 35a SG Rn. 2.
20 Bejahend *Wohlgemuth*, ArbuR 1988, 310; verneinend *Plog/Wiedow/Lemhöfer*, BBG, § 94 Rn. 8.
21 So GKÖD I Yk, § 35a Rn. 5; *Stauf* I, § 35a SG Rn. 1.
22 §§ 2 bis 5, GMBl. S. 677.
23 *Plog/Wiedow/Lemhöfer*, BBG, § 94 Rn. 10.

4. Sinngemäße Geltung von § 94 BBG
a) Ableitung aus dem Grundgesetz

Unstr. gilt das Grundrecht aus **Art. 9 Abs. 3 Satz 1 GG**, zur Wahrung und Förderung der 15
Arbeits- und Wirtschaftsbedingungen Vereinigungen zu bilden, die Koalitionsfreiheit,
auch für Beamte und Soldaten.[24] Str. sind das Verhältnis von Art. 9 Abs. 3 und Art. 33
Abs. 4 und 5 GG sowie die damit zusammenhängende Frage, ob sich § 94 BBG (bzw.
§ 35a) **zwingend** aus Art. 9 Abs. 3 GG ergibt oder ob der einfache Gesetzgeber insoweit
Gestaltungsfreiheit genießt. Sicher ist, dass diese gesetzl. Beteiligungsrechte nicht die
für Beamte und Soldaten fehlende Tarifautonomie und das für sie geltende Streikverbot
ersetzen können. § 94 BBG (und § 35a) haben vielmehr eine Art **Ausgleichsfunktion**.[25]
Die verfassungsrechtl. Herleitung der § 94 BBG, § 35a SG ist für den Rechtsweg[26] und
die Rechtsfolgen unterlassener Beteiligung[27] von Bedeutung.

b) Spitzenorganisationen der zuständigen Gewerkschaften

Ursprünglich ging der Gesetzgeber wohl davon aus, dass als Spitzenorganisationen der 16
zuständigen Gewerkschaften nur deren Dachverbände, d.h. der **DGB** und der **DBB**, zu
verstehen seien, nicht jedoch Fach- und ähnliche Verbände, die nur für Teile der Beamtenschaft zuständig sind.[28] Spätestens mit der Nennung des Deutschen Richterbundes
in § 47 Satz 3 DRiG und der Einfügung des § 35a in das SG wurde erkennbar, dass diese
restriktive Interpretation nicht zu halten war. Als Spitzenorganisation werden in jahrelanger Praxis inzwischen zumindest der DBB, der DGB, der Christliche Gewerkschaftsbund Deutschlands, der Deutsche Richterbund und der Bund Deutscher Verwaltungsrichter und der **DBwV** anerkannt.[29] Die Organisationsform des betr. Berufsverbandes ist
demnach rechtl. nicht (mehr) relevant.[30] Der seinerzeit[31] anlässlich der Einfügung des
§ 35c in das SG geführte Streit, ob der DBwV eine Spitzenorganisation sei, ist nur noch
von historischem Interesse.

c) Gerichtl. Durchsetzung des Beteiligungsanspruchs

Soweit nach § 94 BBG (und § 35a) eine Beteiligung von Spitzenorganisationen geboten 17
ist, besteht hierauf ein **Rechtsanspruch**. Hat die BReg die Beteiligung versäumt oder
ihr nur unzulänglich entsprochen, kann die betroffene Spitzenorganisation hiergegen
gerichtl. Rechtsschutz in Anspruch nehmen. Als Klagearten kommen die **allg. Leistungsklage** und die **Feststellungsklage** in Betracht.[32]

Bzgl. des **vorläufigen Rechtsschutzes** einer Spitzenorganisation meint die h.M.[33], ein
bereits anstehendes Gesetzesvorhaben könne nicht durch eine einstweilige Anordnung
nach der VwGO gestoppt werden, da es sich um eine verfassungsrechtl. Streitigkeit
handele. In der Praxis laufen entspr. Anträge von Spitzenorganisationen daher meist
in's Leere.

---

24 Vgl. z.B. *Jarass*, in: *Jarass/Pieroth*, GG, Art. 9 Rn. 30; *Löwer*, in: *v. Münch/Kunig*, GGK I, Art. 9 Rn. 90.
25 Vgl. zum Ganzen für das Beamtenrecht *Fürst*, ZBR 1989, 258; *Pfohl*, ZBR 1997, 79, 87; *Plog/Wiedow/Lemhöfer*, BBG, § 94 Rn. 1. Für das Soldatenrecht GKÖD I Yk, § 35a Rn. 1; *Scherer/Alff*, SG, § 6 Rn. 41, § 35a Rn. 1.
26 U. Rn. 17.
27 U. Rn. 18.
28 *Plog/Wiedow/Lemhöfer*, BBG, § 94 Rn. 6.
29 Vgl. BVerwGE 59, 48 = NJW 1980, 1763; GKÖD I Yk, § 35a Rn. 4; *Jekewitz*, Der Staat 1995, 97; *Scherer/Alff*, SG, § 35a Rn. 2; *Stauf* I, § 35a SG Rn. 2; *Steinkamm*, NZWehrr 1987, 61.
30 *Plog/Wiedow/Lemhöfer*, BBG, § 94 Rn. 7.
31 Vgl. o. Rn. 2.
32 *Plog/Wiedow/Lemhöfer*, BBG, § 94 Rn. 5, 12.
33 *Plog/Wiedow/Lemhöfer*, BBG, § 94 Rn. 12 m.w.N.; a.A. *Umbach*, ZBR 1998, 8.

d) Rechtsfolgen unterlassener Beteiligung

18 Nach h.M.[34] führt eine unterbliebene oder unzureichende Beteiligung der Spitzenorganisation(en) **nicht zur Nichtigkeit** der betreffenden Rechtsnorm. Zur Begr. wird teils auf die unscharfe Regelung der § 94 BBG, § 35a SG verwiesen, teils – im Zusammenhang mit Gesetzen – auf die Alleinentscheidungskompetenz des Gesetzgebers. Ganz konsequent ist dies – zumindest bezogen auf RVO und Erl. – nicht, wenn der hohe Stellenwert von Art. 9 Abs. 3 GG bedacht wird.[35] Letztlich bleibt der **Gesetzgeber** aufgerufen, diese Frage normativ zu lösen.

§ 36 Seelsorge

¹**Der Soldat hat einen Anspruch auf Seelsorge und ungestörte Religionsausübung.**
²**Die Teilnahme am Gottesdienst ist freiwillig.**

Literatur: *Baader, Peter:* Schutz religiöser Freiheitsrechte in den Streitkräften, Truppenpraxis/Wehrausbildung 2000, 744; *Blaschke, Peter H./Oberhem, Harald:* Bundeswehr und Kirchen, Bd. 11 der Reihe „Die Bundeswehr – Eine Gesamtdarstellung", 1985; *Böhler, Volker W.:* Der Soldat hat einen Anspruch auf Militärseelsorge, Truppenpraxis, Auftrag 233/1998, 9; *Dörfler-Dierken, Angelika:* Militär und Religion, in: *Gareis/Klein,* HdBMilSoWi, 496; *Dokumentation:* Dokumentation zur Kath. und Ev. Militärseelsorge, hrsg. vom Ev. Kirchenamt für die Bw und vom Kath. Militärbischofsamt, 7. Aufl. 2002; *Ennuschat, Jörg:* Militärseelsorge, 1996; *Grüter, Stephan:* Kirchgang für Arrestanten? NZWehrr 1962, 120; *Illguth, Johannes:* Rechtliche Aspekte der Militärseelsorge, NZWehrr 1972, 129; *Kruk, Volkmar:* Die rechtlichen Probleme der Militärseelsorge, NZWehrr 1997, 1; *Michaelis, Peter/Theis, Walter:* Seelsorgerische Begleitung bei Auslandseinsätzen deutscher Soldaten, Truppenpraxis/Wehrausbildung 1999, 505; *Scheffler, Horst:* Militärseelsorge, in: *Gareis/Klein,* HdBMilSoWi, 168; *Simon, Joachim:* Militärseelsorge im Auslandseinsatz, in: *Gareis/Klein,* HdBMilSoWi, 316; *Spranger, Tade Matthias:* Der Große Zapfenstreich – Religionsfreiheit im Wehrdienstverhältnis, RiA 1997, 173; *ders.:* Militärseelsorge für Moslems? BWV 1999, 174; *ders.:* Zeitliche und örtliche Beschränkungen der Religionsausübung im Wehrdienstverhältnis, NZWehrr 2001, 235; *Tammler, Ulrich:* Das Katholische Militärbischofsamt als selbständige Bundesoberbehörde – eine verfassungs-, völker- und organisationsrechtliche Untersuchung, NZWehrr 1988, 106; *Tetzlaff:* SoldR, 281; *Wirmer, Ernst:* Zum Begriff der Militärseelsorge, NZWehrr 1973, 144.

Übersicht

	Rn.		Rn.
A. Allgemeines	1 – 7	2. Satz 1	13 – 22
1. Entstehung der Vorschrift	1 – 3	a) Der Soldat hat einen Anspruch auf Seelsorge	13 – 16
2. Änderungen der Vorschrift	4	b) Der Soldat hat einen Anspruch auf Seelsorge	17 – 19
3. Bezüge zum Beamtenrecht bzw. zu sonstigen rechtl. Vorschriften; ergänzende Dienstvorschriften und Erlasse	5 – 7	c) Der Soldat hat einen Anspruch auf ungestörte Religionsausübung	20 – 22
B. Erläuterungen im Einzelnen	8 – 25	3. Satz 2	23 – 24
1. Rechtsgrundlagen der Milseels/ Statistische Grundlagen	8 – 12	4. Durchsetzung/Rechtsweg	25

---

34 Vgl. BVerwGE 59, 48 = NJW 1980, 1763; *Plog/Wiedow/Lemhöfer,* BBG, § 94 Rn. 12a; *Scherer/ Alff,* SG, § 35a Rn. 6.
35 So *Büchner,* ZTR 1993, 148; GKÖD I Yk, § 35a Rn. 6; *Wohlgemuth,* ArbuR 1988, 313.

Seelsorge § 36

A. Allgemeines

1. Entstehung der Vorschrift

§ 31 des REntw.[1] sah unter der Überschrift „Seelsorge" folgende Regelung vor: 1
„In den Streitkräften werden besondere Einrichtungen für eine Seelsorge geschaffen."
Aus der Begr.[2] wird deutlich, dass an eine Art **Institutsgarantie** für die (Militär-)Seelsorge gedacht war. Die Regelung im Einzelnen sollte danach besonderen Vereinbarungen mit den Religionsgemeinschaften vorbehalten bleiben.

Im **Ausschuss für Beamtenrecht** des BT wurden keine grds. Bedenken gegen § 31 erhoben. 2
Der Abg. *Kühn* (FDP) wies lediglich auf die „unglückliche Fassung" der Vorschrift hin.[3] Dem entspr. beschloss der Ausschuss, die BReg aufzufordern, den Text „redaktionell zu prüfen".[4] Das BMVg legte daraufhin folgende Neufassung vor:
„Für die evangelische und katholischen Angehörigen der Streitkräfte wird eine ständige Militärseelsorge eingerichtet."[5]

Auch diese Formulierung stieß im Ausschuss für Beamtenrecht auf keine große Zustimmung. Die Abg. *Kühn* (FDP), *Dr. Kleindinst* (CDU/CSU) und *Arnholz* (SPD) vermissten die Einbeziehung von religiösen und weltanschaulichen Minderheiten.[6] Der Abg. *Lotze* (CDU/CSU) hielt „den ganzen § 31 wegen der im Grundgesetz niedergelegten Vorschriften für überflüssig".[7] Ob insoweit eine Beschlussfassung erfolgte, lässt sich den Materialien nicht entnehmen.

Auch im **VertA** fanden die von der BReg erstellten Fassungen des § 31 keine Billigung. 3
Nach dort vorgelegten Berichten der Prälaten *Kunst* und *Böhler* verwies der VertA die Fragen der Vereinbarungen mit den beiden Kirchen auf das später zu erlassende OrgG.[8] Das SG habe lediglich die Rechte der Soldaten in Bezug auf die Seelsorge und die Religionsausübung anzusprechen.[9]

Der VertA beschloss[10] danach die später durch das Plenum verabschiedete Fassung des heutigen § 36. Dieser ist damit eine der Best. des SG, die inhaltlich wesentlich vom REntw. abweichen.

2. Änderungen der Vorschrift

§ 36 wurde bis heute **nicht geändert**. Über Änderungsvorschläge ist nichts bekannt. 4

3. Bezüge zum Beamtenrecht bzw. zu sonstigen rechtl. Vorschriften; ergänzende Dienstvorschriften und Erlasse

Die Milseels ist eine **Besonderheit des Soldatenrechts**.[11] Zwar leisten auch bei der Bundespolizei und den Länderpolizeien Seelsorger ihren Dienst; eine mit § 36 und der Organisation der Milseels vergleichbare Situation besteht jedoch nicht. 5

---

1 BT-Drs. II/1700, 8.
2 BT-Drs. II/1700, 27. So auch *Scherer* in der 93. Sitzung des Rechtsausschusses des BT v. 12.12.1955, Prot., 16.
3 Prot. der 42. Sitzung v. 14.12.1955, 6.
4 Ausschussdrs. 21 v. 4.1.1956, 24.
5 Prot. der 47. Sitzung des Ausschusses für Beamtenrecht v. 19.1.1956, 5.
6 Prot. der 47. Sitzung des Ausschusses für Beamtenrecht, 5, 6.
7 Prot. der 47. Sitzung des Ausschusses für Beamtenrecht, 6.
8 BT-Drs. II/2140, 12. Zum OrgG vgl. die Komm. zu § 90.
9 BT-Drs. II/2140, 12.
10 BT-Drs. II/2140, 43.
11 GKÖD I Yk, § 36 Rn. 1.

Walz

§ 36 Gemeinsame Vorschriften

6 Das ZDG gewährt dem **ZDL** in § 38 einen Anspruch auf ungestörte Religionsausübung, nicht jedoch wie bei Soldaten auch einen Anspruch auf Seelsorge. Der Gesetzgeber ging wohl davon aus, dass der ZDL weiterhin die Angebote seiner Heimatkirchengemeinde oder der Kirchen am Dienstort in Anspruch nehmen kann.[12]

7 Hinw. auf § 36 und/oder die Milseels im Allg. finden sich in zahlreichen **Dienstvorschriften**[13]:
- **ZDv 66/1** „Militärseelsorge", August 1956 (in unveränderter Erstfassung).
- **ZDv 66/2** „Lebenskundlicher Unterricht", November 1959 (in nahezu unveränderter Erstfassung).
- **§ 13 BwVollzO** regelt die seelsorgerische Betreuung des Soldaten während des Vollzugs von Freiheitsstrafe, Strafarrest, Jugendarrest durch Behörden der Bw (§ 1 BwVollzO).
- **ZDv 14/10** „Vollzugsvorschrift für die Bundeswehr", Januar 1980 (hier: Nr. 315 mit AusfBest zu § 13 Abs. 3 BwVollzO).
- **ZDv 14/3** „Wehrdisziplinarordnung und Wehrbeschwerdeordnung", Januar 2002, B 135 „Seelsorgerische Betreuung und Religionsausübung während der Vollstreckung von Ausgangsbeschränkung".
- **ZDv 14/5** „Soldatengesetz", August 1978, F 511 (AusfBestSUV), Nr. 74 (Urlaub bei Veranstaltungen der Milseels).
- **ZDv 40/1** VS-NfD „Aufgaben im Standortbereich", Juli 2001, Kap. 16 „Militärseelsorge".
- **ZDv 15/2** „Humanitäres Völkerrecht in bewaffneten Konflikten", August 1992, Kap. 8 „Seelsorgedienst".
- **Weisung des GenInsp** vom 10.12.2003[14] „Weisung für die Zusammenarbeit mit den Angehörigen der Militärseelsorge".

B. Erläuterungen im Einzelnen

1. Rechtsgrundlagen der Milseels[15]/Statistische Grundlagen

8 **Verfassungsrechtl. Basis** für die Milseels ist Art. 140 GG i.V.m. Art. 141 WRV.[16] Danach hat der Staat eine „Seelsorge im Heer" zuzulassen.

9 Für die **kath. Milseels** gilt im gesamten Bundesgebiet Art. 27 des Konkordats zwischen dem Deutschen Reich und dem Heiligen Stuhl (RK) vom 20.7.1933.[17]

10 Die Institution der ev. Milseels in den alten Bundesländern folgt aus dem Vertrag zwischen der Bundesrepublik Deutschland und der Ev. Kirche in Deutschland zur Regelung der ev. Militärseelsorge vom 22.2.1957.[18] In den neuen Bundesländern galt zunächst die „Rahmenvereinbarung zur Durchführung der ev. Seelsorge der Bundeswehr in den neuen Bundesländern" vom 12.6.1996.[19] Diese war bis zum 31.12.2003 befristet. An ihre

---

12 *Brecht*, ZDG, 180.
13 Die meisten Best. sind in der *Dokumentation* nachzulesen. Diese soll wohl eine zu aktualisierende Fassung der ZDv 66/1 ersetzen. Nicht alle dort abgedruckten Auszüge aus ZDv usw. entsprechen indes der geltenden Vorschriftenlage. Dies gilt z.B. für die ZDv 14/3 u. die ZDv 40/1.
14 BMVg– Fü S I 6 – Az 36-01 v. 10.12.2003.
15 Zu Einzelheiten vgl. insbes. *Blaschke/Oberhem*, passim; *Illguth*, NZWehr 1972, 134 ff.; *Kruk*, NZWehr 1997, 2 ff.
16 Str., vgl. *Jarass*, in: *Jarass/Pieroth*, GG, Art. 141 WRV Rn. 1 m.w.N.
17 RGBl. 1933 II S. 679; abgedruckt in *Dokumentation*, 10.
18 BGBl. 1957 II S. 1229; abgedruckt in *Dokumentation*, 12. Das Ratifizierungsgesetz v. 26.7.1957 (BGBl. II S. 701) ist abgedruckt in *Dokumentation*, 23.
19 Abgedruckt in *Dokumentation*, 53.

Stelle trat die Protokollnotiz zur Auslegung des MSV vom 13.6.2002.[20] Diese bedeutete faktisch die Übertragung des MSV auf das ganze Bundesgebiet.[21]

Mit dem Stand von Anfang 2003 gehörten 33, 6 % der Soldaten der Ev. Kirche und 27, 3 % der Kath. Kirche an. **11**

Der **OrgBereich** der Milseels umfasst 570 Personen. Auf der Ortsebene sind zzt. 210 Dienststellen der Milseels mit je einem Militärgeistlichen und einem Pfarrhelfer eingerichtet. Die durchschnittliche sog. **Betreuungsstärke** eines Standortpfarrers beträgt in den alten Bundesländern ca. 1000 konfessionsgebundene Soldaten, in den neuen Bundesländern ca. 500 ev. bzw. ca. 330 kath. Soldaten. **12**

2. Satz 1

a) Der Soldat hat einen Anspruch auf Seelsorge

Bei rein grammatikalischer Interpretation bedeutet die Wortverbindung „Soldat/Seelsorge", dass **nur aktive Soldaten** eine besondere (Militär-)Seelsorge reklamieren können. Bereits während der Beratungen des REntw. wurde jedoch erkennbar, dass zumindest das BMVg dies nicht so ausschließlich sehen wollte. Der Vertreter des BMVg, *Dr. Scherer*, erklärte zunächst am 12.12.1955 im Rechtsausschuss des BT[22], man wolle Geistliche haben, deren Gemeinde eine „**Personalgemeinde**" sei, bestehend aus „den Angehörigen ihres Bekenntnisses etwa in einer Division sowie deren **Familienmitgliedern**". Auf Frage des Abg. *Kühn* (FDP) definierte *Scherer* am 19.1.1956 im Ausschuss für Beamtenrecht des BT[23] den Zuständigkeitsbereich der Milseels dahingehend, dass an „eine Betreuung in einer besonderen Militärgemeinde" gedacht sei. Dieser extensiven Auslegung des § 36 Satz 1 entspricht die Vertragsrechts- und Vorschriftenlage: **13**

Gem. **Art. 27 Abs. 1 RK** wird der Deutschen Reichswehr für die zu ihr gehörenden kath. Offz, Beamten und Mannschaften sowie deren Familien eine exemte Seelsorge zugestanden. Nach **Art. 7 Abs. 1 MSV** gehören zu den personalen Seelsorgebereichen oder den Militärkirchengemeinden die BS, SaZ, WPfl während des GWD, im V-Fall auch die auf unbestimmte Zeit einberufenen Soldaten, die in der Bw tätigen Beamten und Ang., die der Truppe im V-Fall zu folgen haben sowie die Ehefrauen und Kinder dieser Personen. Die ZDv 40/1 zählt zu den Seelsorgebezirken der Militärgeistlichen die Soldaten, deren Familienangehörige und – auf deren Wunsch – „andere im Dienst der Bw stehende Personen". **14**

Das **BVerwG**[24] hatte die Milseels definiert als „ihrer Natur nach Seelsorge in der Truppe", womit das Gericht dem Wortlaut von § 36 Satz 1 noch am Nächsten kam. Nachdem *Wirmer* diese Entscheidung – ohne nähere Begr. – heftig kritisiert und Milseels als „ihrer Natur nach Seelsorge für und an Soldaten und deren Familienangehörigen sowie bestimmten weiteren Zivilisten"[25] beschrieben hatte, ist die Lit.[26] dieser extensiven Deutung weitgehend gefolgt. **15**

Grds. ist festzustellen, dass sich Milseels i.S.v. § 36 Satz 1 auf **Soldaten**, und zwar unabhängig von deren Laufbahngruppe oder Status, reduziert. Der MSV und das RK überlagern die soldatenrechtl. Norm und beziehen **weitere Personen** in den Zuständigkeitsbereich der Milseels ein. § 36 Satz 1 ist daher i.d.S. zu verstehen. **16**

---

20 Abgedruckt in *Dokumentation*, 61.
21 Vgl. JB 2003 des WBeauftr (BT-Drs. 15/2600), 42.
22 Prot. Nr. 93, 15.
23 Prot. Nr. 47, 6.
24 BVerwGE 46, 11 = NZWehrr 1973, 21. Zust. *Stauf* I, § 36 SG Rn. 1.
25 *Wirmer*, NZWehrr 1973, 145.
26 Vgl. *Bornemann*, RuP, 34; GKÖD I Yk, § 36 Rn. 3; *Scherer/Alff*, SG, § 36 Rn. 2.

Unklar und damit lösungsbedürftig sind die nach ev. und kath. (Rechts-)Verständnis verschieden differenzierten weiteren Personen und Personengruppen, die ebenfalls zu der jew. Militärkirchengemeinde gehören sollen. Diese **Ungleichbehandlung** ist nicht nachvollziehbar. RK und MSV lassen darüber hinaus formal das Personal der **Bundeswehrverwaltung** unbeachtet, soweit es nicht (als STAN-Personal) in die Truppe eingegliedert ist.[27] Auch hierüber sollte nachgedacht werden. Schließlich sind beide Vereinbarungen aus ihrer ausschließlich auf **männliche** Soldaten bezogenen Verfasstheit zu lösen.

b) Der Soldat hat einen Anspruch auf Seelsorge

17   Der Gesetzestext führt in die Irre: Das SG vermag allg. nur Ansprüche des Soldaten gegen seinen **Dienstherrn** und seine Vorg. zu begründen. Die Milseels ist Teil der **kirchlichen Arbeit der Religionsgesellschaften**; es ist nicht Aufgabe des Dienstherrn des Soldaten/der Bw, seelsorgerische Veranstaltungen durchzuführen. Dies folgt bereits aus Art. 140 GG i.V.m. Art. 141 WRV. § 36 Satz 1 begründet für den Soldaten daher nur den Anspruch gegenüber seinem Dienstherrn und seinen Vorg., die Milseels **organisatorisch** und **finanziell** zu garantieren und ihm selbst die Teilnahme an deren Veranstaltungen zu ermöglichen.[28]

18   Vor dem Hintergrund der Tatsache, dass sich der **Islam** in Deutschland inzwischen als drittgrößte Religion etabliert hat[29], stellt sich die Frage, ob für Soldaten muslimischen (und **jüdischen**) Glaubens eine Milseels einzurichten ist. § 36 Satz 1 ist für die Geltendmachung eines solchen Anspruchs nicht geeignet. Voraussetzung für eine solche Milseels wäre zunächst, dass sich die betreffenden Kirchen oder Glaubensgemeinschaften diesbezüglich artikulieren und sich an die BReg wenden mit der Bitte, ihrer organisatorischen und finanziellen Verpflichtung nachzukommen.[30] Dies ist bis heute nicht geschehen.[31]

19   Das **BVerwG** hatte sich mit diesem Problembereich bisher zweimal zu befassen:

Mit Beschl. vom 28.3.1979[32] entschied der 1. WDS, ein Soldat, der einer in der Bundesrepublik und damit in der Bw in einem zahlenmäßig geringen Umfang vertretenen Glaubensgemeinschaft angehöre, könne nicht beanspruchen, nur an einem Standort verwendet zu werden, in dem diese Glaubensgemeinschaft vorhanden sei. Eine Begr. für dieses Judiz findet sich nicht. Vor dem Hintergrund von Art. 4 Abs. 2 GG und § 36 Satz 1 ist diese Entsch. rechtl. höchst zweifelhaft.

Mit Urt. vom 10.1.1979[33] entschied der 8. Senat des BVerwG, die Verpflichtung eines WPfl islamischen Bekenntnisses, kein Schweinefleisch zu essen, begründe keinen Zurückstellungstatbestand nach § 12 Abs. 4 WPflG. Die „Bundeswehr" sei nämlich verpflichtet, einen solchen WPflG „von Verfassungs wegen und nach § 36 Satz 1 SG" vom Schweinefleischgenuss freizustellen und ihn anderweitig zu versorgen.

---

27 Die zit. Best. der ZDv 40/1 Nr. 1602 korrespondiert jedenfalls weder mit dem MSV noch dem RK.
28 BVerwG NZWehr 1977, 31 = DÖV 1977, 449; BVerwGE 63, 215 = ZBR 1981, 215; *Bornemann*, RuP, 34; GKÖD I Yk, § 36 Rn. 3; *Scherer/Alff*, SG, § 36 Rn. 1.
29 *Baader*, Truppenpraxis/Wehrausbildung 2000, 745; „Y" – Magazin der Bundeswehr –, 2004, 63.
30 So auch grds. *Hemmrich*, in: GGK III, Art. 140 Rn. 43.
31 Vgl. *Baader*, Truppenpraxis/Wehrausbildung 2000, 745; *Scherer/Alff*, SG, § 36 Rn. 3; *Spranger*, BWV 1999, 174. In den britischen SK sind 158 Militärseelsorger tätig, darunter auch ein jüdischer Rabbi u. ein Hindupriester. Die Forderung des Muslim Council nach eigenen Imanen für die SK wurde bisher abgelehnt („Berliner Zeitung" v. 6.8.2003).
32 BVerwGE 63, 215 = ZBR 1981, 215.
33 BVerwGE 57, 215 = *Buchholz* 448.0 § 12 WPflG Nr. 129.

§ 36

c) Der Soldat hat einen Anspruch auf ungestörte Religionsausübung

Insoweit wiederholt § 36 Satz 1 den Wortlaut von **Art. 4 Abs. 2 GG**, ist daher an sich überflüssig[34] und hat lediglich deklaratorischen Charakter. Der Soldat hat das Recht, sich religiös zu betätigen oder dies zu unterlassen. Vorg. dürfen weder unmittelbar noch mittelbar – durch Ansetzen eines als „lästig" empfundenen „Ersatzdienstes" – auf den Soldaten Druck ausüben, an Veranstaltungen der Milseels teilzunehmen.[35] 20

Nimmt der Soldat an religiösen Veranstaltungen (freiwillig) teil, leistet er **keinen mil. Dienst** i.S.v. § 7.[36] Ihm ist daher für den Besuch des Gottesdienstes grds. **Dienstbefreiung**[37] und für andere Veranstaltungen der Milseels **Sonderurlaub**[38] zu gewähren. **Versorgungsrechtl.** können solche Veranstaltungen jedoch durchaus dienstl. Charakter i.S.d. § 27 Abs. 2, § 81 Abs. 1 SVG haben.[39] 21

Einschränkungen des Grundrechts aus Art. 4 Abs. 2 GG, wie sie sich – teils unvermeidlich – anlässlich von Manövern, bei Auslandseinsätzen oder auf Hoher See ergeben können, sind rechtl. nicht einfach einzuordnen und begründbar. 22

Im VertA bestand anlässlich der Beratungen des SG „Übereinstimmung darüber, dass der Anspruch auf ungestörte Religionsausübung dann nicht als eingeschränkt anzusehen ist, wenn dringende dienstl. Erfordernisse in einzelnen Fällen der Möglichkeit der ungestörten Religionsausübung entgegenstehen".[40] In der **Lit.** wird die verfassungsrechtl. Zulässigkeit dieser Beschränkungen z. T. aus Art. 2 Abs. 2 Satz 2 GG begründet[41], z. T. aus Art. 2 Abs. 2 Satz 3 GG.[42]

Diese Argumentation verkennt insbes., dass Art. 17a Abs. 1 GG das Grundrecht aus Art. 4 Abs. 2 GG nicht nennt. Überzeugender[43] ist der Hinw. von *Spranger*[44], dass sowohl die Freiheit der Religionsausübung als auch die Einrichtung und Funktionsfähigkeit der SK Verfassungsrang besitzen. Es liegt also ein Fall kollidierenden Verfassungsrechts vor. Dieser ist durch Güterabwägung so zu lösen, dass zwingende dienstl. Verpflichtungen einen Soldaten zulässigerweise vorübergehend an der Ausübung seiner Religion zu hindern vermögen. Im Übrigen ist zu beachten, dass das Grundrecht aus Art. 4 Abs. 2 GG **allen** Soldaten zusteht und der einzelne Soldat nicht beanspruchen kann, seine Glaubensüberzeugung sei die allein richtige.[45]

3. Satz 2

„Gottesdienst" i.S.v. § 36 Satz 2 sind sämtliche Amtshandlungen und anderen Veranstaltungen der Milseels, nicht nur der Gottesdienst i.e.S. Nach der ZDv 40/1[46] gehören dazu 23

---

34 *Bornemann*, RuP, 33.
35 BVerwGE 73, 247 = RiA 1981, 239 (Teilnahme an einer sog. Werkwoche der kath. Milseels).
36 BVerwG NZWehr 1977, 31 = DÖV 1977, 449.
37 ZDv 40/1 Nr. 1605.
38 ZDv 14/5 F 511 Nr. 74.
39 BSGE 80, 236 = NZWehrr 1997, 216.
40 BT-Drs. II/2140, 12.
41 GKÖD I Yk, § 36 Rn. 6. Es handelt sich offensichtlich um ein Falschzitat.
42 *Bornemann*, RuP, 34; *Scherer/Alff*, SG, § 36 Rn. 5.
43 Letzte Zweifel bleiben jedoch bestehen. Eine klare u. rechtl. einwandfreie normative Regelung hätte durch Novellierung von Art. 17a Abs. 1 GG zu erfolgen.
44 NZWehrr 2001, 239.
45 BVerwG 1 WB 24/03.
46 Nr. 1602. Anders jetzt wohl die Weisung des GenInsp für die Zusammenarbeit mit den Angehörigen der Milseels v. 10.12.2003. Danach (Nr. 5) ist der lebenskundliche Unterricht „nicht Bestandteil des seelsorgerischen Dienstes, sondern Teil der Gesamterziehung der Soldatinnen und Soldaten".

- Gottesdienste
- Kirchliche Amtshandlungen
- Seelsorgerische Betreuung
- Lebenskundlicher Unterricht
- Rüstzeiten, Exerzitien und Werkwochen.

Der Soldat entscheidet in eigener Verantwortung, ob er sich hieran aktiv oder passiv oder überhaupt nicht beteiligen will.

24 Str. ist, ob der von Militärgeistlichen erteilte **lebenskundliche Unterricht** als „Gottesdienst" i.S.v. § 36 Satz 2 zu verstehen ist. Die h.M.[47] bejaht dies. Lediglich *Scherer/Alff*[48] und – als obiter dictum – das BSG[49] qualifizieren den lebenskundlichen Unterricht als „Pflichtveranstaltung".

Der h.M. ist zu folgen. Einerseits bestätigt die Vorschriftenlage (noch) die Freiwilligkeit der Teilnahme[50]; andererseits wäre jeder Zwang zur Teilnahme verfassungswidrig und würde zudem gegen § 36 Satz 2 verstoßen. Eine andere rechtl. Bewertung wäre dann anzustellen, wenn für alle Soldaten ein – religionsneutraler – Pflichtunterricht „Ethik" eingeführt werden würde. Hiergegen könnte rechtl. nichts eingewandt werden. Zulässig wäre auch, die Milseels zu beauftragen, Teile dieses Unterrichts – unter „Aufsicht" des jew. DiszVorg. – zu übernehmen.

In der ZDv 66/2[51] wird bestimmt:

„Soldaten, die nach gründlicher Überlegung am lebenskundlichen Unterricht nicht teilnehmen wollen, sind durch die Disziplinarvorgesetzten von der Teilnahme grundsätzlich zu befreien. Jedoch sollten sie, um sich ein Urteil bilden zu können, den Unterricht durch einmalige Anwesenheit kennengelernt haben."

Diese nicht ganz zweifelsfreie Passage ist mittlerweile i.S.d. Weisung des GenInsp für die Zusammenarbeit mit den Angehörigen der Militärseelsorge vom 10.12.2003 auszulegen. Dort[52] heißt es:

„Soldatinnen und Soldaten, die sich durch diesen Unterricht beeinträchtigt fühlen, werden auf Antrag von der Teilnahme befreit. Für sie ist eine angemessene Selbstbeschäftigung unter Aufsicht anzuordnen (beispielsweise die Lektüre von Schriften oder schriftl. Äußerungen dazu), jedoch kein anderer Dienst."

Jeder, auch nur psychologische, Druck, der auf einen Soldaten ausgeübt werden würde, am lebenskundlichen Unterricht in der bisherigen Form teilzunehmen, wäre mit Art. 4 Abs. 2 GG und § 36 Satz 2 nicht zu vereinbaren.[53]

4. Durchsetzung/Rechtsweg

25 Der Anspruch des Soldaten auf Seelsorge und ungestörte Religionsausübung ist formell über die **Wehrbeschwerde** durchsetzbar, soweit der Soldat ein Fehlverhalten/eine

---

47 *Bornemann*, RuP, 34; *Ennuschat*, 204; *Stauf* I, § 36 Rn. 6. Zw. die in Fn. 46 zit. Nr. 5 der Weisung des GenInsp.
48 SG, § 36 Rn. 2.
49 BSGE 80, 236 = NZWehr 1997, 216.
50 Aktuelle Überlegungen, den lebenskundlichen Unterricht als Pflichtveranstaltung in die mil. Ausbildung zu integrieren, sind noch nicht abgeschlossen.
51 Nr. 5.
52 Nr. 5. Überlegungen, Inhalt u. Ausrichtung dieses Unterrichts grds. zu ändern (vgl. JB 2003 des WBeauftr, BT-Drs. 15/2600, 43) u./o. die ZDv 66/2 neu zu fassen, sind noch nicht abgeschlossen.
53 So auch *Ennuschat*, 203. Bzgl. der aus Art. 140 GG i.V.m. Art. 137 Abs. 1 WRV abgeleiteten grds. Kritik am lebenskundlichen Unterricht vgl. *Kruk*, NZWehr 1997, 20.

Unterlassung[54] seiner Vorg. beklagt. Liegt die Beschwer im kirchlichen Bereich, ist die WBO nicht einschlägig.
Nach erfolgloser Beschwerde und weiterer Beschwerde ist gem. § 17 Abs. 1 Satz 1 WBO der Rechtsweg zu den **TDG** eröffnet.[55]

---

54 *Böhler*, Auftrag 233/1998, 14, spricht in diesem Zusammenhang von „Abnutzungserscheinungen" u. „Nachlässigkeiten" der „Truppenführer aller Ebenen".
55 BVerwGE 46, 11 = NZWehrr 1973, 21; BVerwGE 57, 215 = *Buchholz* 448.0 § 12 WPflG Nr. 129.

Zweiter Abschnitt
Rechtsstellung der Berufssoldaten und der Soldaten auf Zeit

1. Begründung des Dienstverhältnisses

§ 37 Voraussetzung der Berufung

(1) In das Dienstverhältnis eines Berufssoldaten oder eines Soldaten auf Zeit darf nur berufen werden, wer
1. Deutscher im Sinne des Artikels 116 des Grundgesetzes ist,
2. Gewähr dafür bietet, dass er jederzeit für die freiheitliche demokratische Grundordnung im Sinne des Grundgesetzes eintritt,
3. die charakterliche, geistige und körperliche Eignung besitzt, die zur Erfüllung seiner Aufgaben als Soldat erforderlich ist.

(2) Das Bundesministerium der Verteidigung kann in Einzelfällen Ausnahmen von Absatz 1 Nr. 1 zulassen, wenn dafür ein dienstliches Bedürfnis besteht.

Literatur: *Cremer, Wolfgang/Kelm, Torsten:* Mitgliedschaft in sog. „neuen Religions- und Weltanschauungsgemeinschaften" und Zugang zum öffentlichen Dienst, NJW 1997, 832; *Cuntz, Eckart:* Verfassungstreue der Soldaten, Berlin 1985; *Häde, Ulrich/Jachmann, Monika:* Mitglieder extremistischer Parteien im Staatsdienst, ZBR 1997, 8; *Henschel, Volker:* Bundeswehr und AIDS, NZWehr 1987, 194; *Kathke, Leonhard:* Verfassungstreueprüfung nach der deutschen Wiedervereinigung – dargestellt anhand einiger Beispiele, ZBR 1992, 344; *Kirchhof, Ferdinand:* Bundeswehr, in: HStR III, § 78; *Lecheler, Helmut:* Der öffentliche Dienst, in: HStR III, § 72; *Lopacki, Helmut:* Die personalaktenrechtliche Datenerhebung bei Bewerbern um ein öffentliches Amt hinsichtlich der Unterstützung des DDR-Unrechtsregimes im Kontext mit der Verfassungstreue, DÖD 2002, 1; *Makowski, Gösta Christian:* Zur Betätigung von Soldaten in Parteien mit verfassungsfeindlichen Tendenzen, NZWehr 2000, 194; *Riegel, Reinhard:* Zu Recht und Praxis der Verfassungstreue- bzw. Einstellungsüberprüfung, ZRP 1989, 321; *Schafranek, Frank:* Art. 21 Abs. 2 GG und die disziplinare Ahndung der Betätigung von Soldaten in verfassungsfeindlichen, aber nicht verbotenen politischen Parteien, NZWehr 1998, 79; *Sass, Wolfgang:* Zur Problematik der „körperlichen Eignung" nach § 37 Abs. 1 Satz 3 bei Dienstzeitverlängerungen, NZWehr 1984, 89; *Walz, Dieter:* Ausländer zu den Waffen? Rechtliche Aspekte eines neuen Themas, NZWehr 1982, 41.

Übersicht

	Rn.		Rn.
A. Allgemeines	1 – 10	2. Absatz 1 Nr. 2	19 – 31
1. Zweck der Vorschrift	1 – 3	a) Verhältnis zur politischen Treuepflicht gem. § 8	19 – 21
2. Entstehung der Vorschrift	4 – 6		
3. Änderungen	7	b) Verfassungsrechtl. Aspekte – Inhalt	22 – 26
4. Bezüge zum Beamtenrecht, ergänzende Rechtsverordnungen und Dienstvorschriften	8 – 10	c) Verfahren der Verfassungstreueprüfung	27 – 30
		d) Konsequenzen	31
B. Erläuterungen im Einzelnen	11 – 46	3. Absatz 1 Nr. 3	32 – 39
1. Absatz 1 Nr. 1	11 – 18	a) Charakterliche Eignung	32 – 35
a) Inhalt und Funktion	11 – 14	b) Geistige Eignung	36
b) Vereinbarkeit mit europ. Recht	15	c) Körperliche Eignung	37 – 39
c) Konsequenzen und Ausnahmeentscheidung (Abs. 2)	16 – 18	4. Rechtsschutz	40 – 46

§ 37 Rechtsstellung der Berufssoldaten und der Soldaten auf Zeit

A. Allgemeines
1. Zweck der Vorschrift

1 § 37 bestimmt die positiven rechtl. Grundvoraussetzungen (zu den negativen Grundvoraussetzungen vgl. § 38) für die Berufung in das Dienstverhältnis eines BS oder eines SaZ. An diese Voraussetzungen ist auch der Verordnungs- und Vorschriftengeber gebunden; er darf hiervon nicht abweichen. Dagegen ist die Aufstellung weiterer Berufungsvoraussetzungen durch RVO, Dienstvorschriften und Erlasse im Rahmen der allg. gesetzl. Best. ohne Weiteres zulässig und auch gängige Praxis.[1] Die in § 37 aufgestellten Berufungsvoraussetzungen sind daher nicht abschließend.

2 § 37 kann als **statusrechtl. Leitsatz** bezeichnet werden, der nur für die Entscheidung, ob ein Bewerber BS oder SaZ werden kann bzw. ob die Dienstzeit eines SaZ gem. § 40 Abs. 2 verlängert werden darf[2], Vorgaben enthält. Für truppendienstl. Entscheidungen, wie die Zulassung zu einer bestimmten mil. Laufbahn oder Verwendung[3], ist er dagegen nicht unmittelbar einschlägig, wird aber auch dort Bedeutung entfalten, da einzelne Laufbahnentscheidungen zum einen die Zulässigkeit statusrechtl. Maßnahmen voraussetzen oder nur im Zusammenhang mit Statusveränderungen getroffen werden können.[4] Zum anderen wird gerade die Eignungsfeststellung (Abs. 1 Nr. 3) grds. nur im Hinblick auf eine bestimmte Laufbahn erfolgen.[5] Abgrenzungsschwierigkeiten, die über die allg. Problematik der Unterscheidung zwischen truppendienstl. Maßnahmen und Statusentscheidungen hinausgehen, dürften hieraus nicht erwachsen. Folge ist, dass die Voraussetzungen des § 37 nicht nur in Verfahren vor den für Statusangelegenheiten zuständigen VG, sondern auch in Verfahren der Wehrdienstgerichte eine Rolle spielen können.[6]

3 Von seiner Normstruktur ist § 37 weder auf eine bestimmte Rechtsfolge gerichtet, noch begründet er ein subjektives Recht für den Bewerber. Auch bei Vorliegen der Voraussetzungen des § 37 steht die Berufung zum BS oder SaZ im Ermessen der zuständigen Dienststelle (vgl. §§ 3, 39, 40). Die Voraussetzungen des § 37 sind dabei – angesichts ihres zwingenden Charakters – nicht im Rahmen der Ermessensentscheidung zu berücksichtigen, sondern Bedingung dafür, dass überhaupt in eine Ermessensentscheidung über eine Bewerbung eingetreten werden kann. Wird ein Bewerber mit Hinw. auf das (angebliche) Fehlen einer der Eigenschaften des § 37 abgelehnt, kann er allerdings insoweit in seinen subjektiven Rechten verletzt sein, als hierdurch sein grds. Anspruch auf fehlerfreie Ermessensausübung über seine Bewerbung (Art. 33 Abs. 2 GG)[7] nicht erfüllt wurde.

---

1 *Scherer/Alff*, SG, § 37 Rn. 1; s. auch u. Rn. 9.
2 Auch wenn v. Wortlaut nicht ausdrücklich erwähnt, müssen die Voraussetzungen des § 37 für die Verlängerung der Dienstzeit ebenfalls vorliegen, so auch *Sass*, NZWehrr 1984, 89. Ausnahmen bestehen bei einer Dienstzeitverlängerung, wenn Dienstzeiten sukzessive festgesetzt worden sind, vgl. hierzu die Komm. zu § 40 Rn. 18 ff.
3 Vgl. § 6 Abs. 1 u. Abs. 2 SLV; zur truppendienstl. Natur des Laufbahnwechsels *Böttcher/Dau*, WBO, § 17 Rn. 49.
4 S. §§ 8, 11, 15, 23 SLV.
5 S. die laufbahnbezogenen Bildungsvoraussetzungen in § 27 Abs. 2.
6 Vgl. BVerwGE 83, 255 = NZWehrr 1987, 120; BVerwG 1 WB 50/87; BVerwG 1 WB 16/94; zu Einzelheiten betr. Rechtswegfragen s.u. B.4 (Rn. 40 ff.).
7 Zur Geltung des Art. 33 Abs. 2 GG für Soldaten: *Kunig*, in: *v. Münch/Kunig*, GGK II, Art. 33 Rn. 20; zum konkreten Inhalt des Art. 33 Abs. 2 *Lecheler*, § 72 Rn. 14 ff.

2. Entstehung der Vorschrift

§ 37 geht auf § 32 des **REntw**. zurück, der vom Wortlaut her bereits weitgehend identisch mit der jetzigen Best. war. In der amtl. Begr. wurde ausdrücklich auf die Anlehnung an den – bis heute gültigen – § 7 BBG hingewiesen, wobei der vom Beamtenrecht abw. Abs. 1 Nr. 3 „den Erfordernissen des militärischen Dienstes entspr. Nachdruck auf die charakterliche, geistige und körperliche Eignung" lege.[8]

4

Abs. 2 des REntw. (Ausnahme für Nichtdeutsche) wurde entspr. der damaligen politischen Lage ausschließlich mit bündnispolitischen Erwägungen begründet. „Im Bereich der Streitkräfte, die mit den Streitkräften Westeuropas verbündet sein werden, wird gelegentlich Veranlassung bestehen, Ausländer in die eigenen Reihen aufzunehmen."[9]

5

In den Beratungen des **VertA** gab es direkt zu § 32 des REntw. unter Hinw. auf die vergleichbare Rechtslage im Beamtenrecht keine nennenswerten Erörterungen. Dagegen spielte die Vorschrift im Zusammenhang mit der Formulierung der politischen Treuepflicht (§ 7 des REntw., heute § 8) eine gewisse Rolle. Da die politische Treuepflicht für Soldaten neben den BS und SaZ auch die auf Grund der WPfl Wehrdienst leistenden Soldaten erfasst, wurde in § 7 des REntw. im Hinblick auf die FdGO das Wort „bekennen" durch „anerkennen" in bewusster Abgrenzung zur Formulierung der beamtenrechtl. Treuepflicht in § 52 Abs. 2 BBG ersetzt. Damit sollte zum Ausdruck gebracht werden, dass von den kraft Gesetzes eingezogenen WPfl nicht in gleichem Maße ein Bekenntnis zur FDGO erwartet werden könne wie von Personen, die sich freiwillig für eine Berufstätigkeit im Staatsdienst entscheiden. Da andererseits einhellig die Auffassung vertreten wurde, dass BS und SaZ den gleichen Anforderungen unterlägen wie Beamte, wurde auf § 32 Abs. 1 Nr. 2 des REntw. hingewiesen, der dies zum Ausdruck bringe.[10]

6

3. Änderungen der Vorschrift

§ 37 ist nur zweimal redaktionell geändert worden.

7

- Durch Art. 1 Nr. 7 des G vom **6.12.1990**[11] wurde Abs. 3 ersatzlos gestrichen. Dieser bestimmte, dass für die Berufung als BS oder SaZ eine besetzbare Planstelle erforderlich sei. Diese im Grunde haushaltsrechtl. Best. war spätestens mit In-Kraft-Treten der BHO[12] zum 1.1.1970, die in ihrem § 49 Abs. 1 i.V.m. § 115 BHO eine entspr. Regelung enthält, obsolet geworden.[13]
- Durch Art. 1 Nr. 3 des **SGÄndG**[14] wurde in Abs. 2 die Formulierung „Der Bundesminister der Verteidigung" durch „Das Bundesministerium der Verteidigung" ersetzt. Damit wurde der Vorgabe entsprochen, Behördennamen zu versachlichen.[15] Weiterhin folgt hieraus, dass die Ausnahmeentscheidung nicht vom Min. persönlich getroffen werden muss und nicht Ausfluss der Befehls- und Kommandogewalt ist.

---

8 BT-Drs. II/1700, 27.
9 BT-Drs. II/1700, 28.
10 BT-Drs. II/2140, 5; vgl. auch *Cuntz*, 144 ff.
11 BGBl. I S. 2588.
12 G v. 19.8.1969, BGBl. I S. 1284 mit späteren Änd.
13 Dies wurde bereits im ursprünglichen Gesetzgebungsverfahren erkannt, vgl. BT-Drs. II/1700, S. 28; so schon *Rittau*, SG, 195.
14 S. auch BT-Drs. 14/4062, 18.
15 S. Beschl. der BReg v. 20.1.1993, GMBl. S. 46.

4. Bezüge zum Beamtenrecht, ergänzende Rechtsverordnungen und Dienstvorschriften

8   Wie bereits erwähnt, ist § 37 dem § **7 BBG** nachgebildet. Da der Bundesgesetzgeber mit § 4 BRRG eine entspr. rahmenrechtl. Best. für das Beamtenrecht erlassen hat, finden sich in allen LBG vergleichbare Regelungen. Hins. der Eignungsfeststellung und der Deutscheneigenschaft weisen die beamtenrechtl. Vorschriften allerdings auf Grund der europarechtl. und laufbahnrechtl. Vorgaben für das Beamtenrecht signifikante Unterschiede zu § 37 auf.

9   Die auf der Grundlage von § 27 erlassene SLV ergänzt die Einstellungsvoraussetzungen des § 37 in Bezug auf die einzelnen mil. Laufbahnen, insbes. hins. Bildungsvoraussetzungen, Höchst- und Mindestaltersgrenzen.

10 Durch eine Vielzahl von Dienstvorschriften und Erlassen werden darüber hinaus Zuständigkeitsregelungen, Verfahrensbest. und weitere Vorgaben für die Berufung in das Dienstverhältnis eines BS oder SaZ festgelegt. Als wichtige Best., die auch jenseits des Regelungsbereichs von § 37 Bedeutung haben, sind zu nennen:

Zuständigkeitsregelungen:
- Anordnung des BPräs über die Ernennung und Entlassung der Soldaten vom 10.7.1969, geä. durch Anordnung vom 17.3.1972 (ZDv 14/5 B 107)[16]
- Anordnung über die Ernennung und Entlassung der Soldatinnen und Soldaten (ZDv 14/5 B 108)
- Personal bearbeitende Stellen der Soldatinnen und Soldaten (ZDv 14/5 B 125)

Verfahrensbest.:
- Erl. „Berufung in das Dienstverhältnis einer Soldatin auf Zeit oder eines Soldaten auf Zeit und Festsetzung der Dienstzeit" (Berufungserlass, ZDv 14/5 B 127)
- Best. für die Beförderung und für die Einstellung, Übernahme und Zulassung von Soldatinnen und Soldaten (ZDv 20/7)
- Erl. „Bestimmungen über die Feststellung der körperlichen Eignung vor Berufung in das Dienstverhältnis eines Berufssoldaten oder eines Soldaten auf Zeit" (ZDv 14/5 B 130)
- Erl. „Eigenschaft als Deutsche oder Deutscher nach Artikel 116 des Grundgesetzes" (ZDv 14/5 B 131).
- Erl. „Einholen unbeschränkter Auskünfte aus dem Bundeszentralregister" vom 19.3.2004 (VMBl. S. 59).

Hinzu kommen speziell für das Auswahlverfahren von Bewerbern und die Eignungsfeststellung die sog. „Annahmebestimmungen" als Verfahrensanweisungen für das Personalamt der Bw und die Zentren für Nachwuchsgewinnung.

B. Erläuterungen im Einzelnen

1. Absatz 1 Nr. 1

a) Inhalt und Funktion

11 Voraussetzung für die Berufung als BS oder SaZ ist die Deutscheneigenschaft i.S.d. Art. 116 GG. Danach ist Deutscher, wer entweder die **deutsche Staatsangehörigkeit** besitzt oder als Flüchtling oder Vertriebener deutscher Volkszugehörigkeit oder als dessen Ehegatte oder Abkömmling in dem Gebiet des Deutschen Reiches nach dem Stande vom 31.12.1937 Aufnahme gefunden hat (**sog. Status-Deutsche**).

---

16 BGBl. I 1969 S. 775; 1972 S. 499.

Voraussetzung der Berufung § 37

Seine innere Rechtfertigung findet Abs. 1 Nr. 1 darin, dass nur Personen BS oder SaZ werden sollen, die eine besonders enge Verbundenheit zum deutschen Staat aufweisen. Schließlich stehen BS und SaZ in demjenigen öff.-rechtl. Dienstverhältnis, das von allen Dienstverhältnissen die umfassendste und intensivste Pflichtenbindung an den Dienstherrn aufweist. Von BS und SaZ wird bei der Erfüllung ihrer Dienstpflichten mehr Loyalität erwartet als von Soldaten, die auf Grund der WPfl Wehrdienst leisten.[17] Konsequenterweise bestimmen § 46 Abs. 1, § 55 Abs. 1, dass BS und SaZ kraft Gesetzes aus entlassen gelten, wenn sie ihre Eigenschaft als Deutsche i.S.d. Art. 116 GG verlieren. Dagegen sah § 2 WPflG a.F. die – wenn auch theoretische – Möglichkeit vor, Ausländer und Staatenlose der Wehrpflicht zu unterwerfen.[18]

Die Eigenschaft als Deutscher muss im Zeitpunkt der Berufung vorliegen. Verfügt der Bewerber neben der Deutscheneigenschaft noch über eine weitere Staatsangehörigkeit, ist dies nach allg. Ansicht kein Hindernis für eine Berufung.[19]

Die deutsche Staatsangehörigkeit ist im StAG geregelt. Der bloße Anspruch auf die deutsche Staatsangehörigkeit (z.B. gem. § 85 Ausländergesetz) reicht nicht aus, es kommt auf die formale Rechtsstellung an (d.h. die Einbürgerungsurkunde muss ausgehändigt sein, § 16 StAG). Dabei ist unerheblich, auf welcher Rechtsgrundlage die Staatsangehörigkeit erlangt wurde.[20]

Diese Anknüpfung an den formalen Status gilt auch für die Personengruppe, die unter die sog. **Optionsregelung** des § 29 StAG i.V.m. §§ 4 Abs. 3, 40b StAG fällt. Nach dieser durch das Gesetz zur Reform des Staatsangehörigkeitsrechts eingeführten Regelung erwerben im Bundesgebiet geborene Kinder von Ausländern unter bestimmten Voraussetzungen die deutsche Staatsangehörigkeit auch dann, wenn sie die ausländische Staatsangehörigkeit ihrer Eltern beibehalten. Bis zur Volljährigkeit dieser Personen wird deren doppelte Staatsangehörigkeit in Kauf genommen. Danach haben sie sich für eine Staatsangehörigkeit zu entscheiden. Geben sie keine diesbezügliche Erklärung ab oder wird bei Entscheidung für die deutsche Staatsangehörigkeit der Verlust der ausländischen Staatsangehörigkeit nicht nachgewiesen, geht die deutsche Staatsangehörigkeit mit Vollendung des 23. Lebensjahres verloren. Im Einzelnen ist die Regelung äußerst kompliziert[21] und wird bei Bewerbungen eine genaue Prüfung erfordern.

Solange die deutsche Staatsangehörigkeit vorliegt, kann der Bewerber in das Dienstverhältnis eines BS oder SaZ berufen werden. Verliert er sie anschließend, weil er sich für die ausländische Staatsangehörigkeit entscheidet bzw. keine der erforderlichen Erklärungen abgibt, ist er gem. § 46 Abs. 1, § 55 Abs. 1 kraft Gesetzes entlassen.

Es wäre jedoch zu erwägen, ob bei Bewerbern, die gem. § 4 Abs. 3, § 40b StAG noch über beide Staatsbürgerschaften verfügen, die Berufung davon abhängig zu machen ist, dass die Erklärung zu Gunsten der deutschen Staatsbürgerschaft abgegeben wird. Dies ist zwar nicht unmittelbar mit § 37 Abs. 1 Nr. 1 zu begründen, denn dessen Voraussetzung wird auch mit doppelter Staatsangehörigkeit erfüllt. Als allg. Eignungskriterium

---

17 *Scherer/Alff*, SG, § 1 Rn. 14 m.w.N.
18 Zu den dabei auftretenden rechtl. Schwierigkeiten *Walz*, NZWehrr 1982, 41. Die Vorschrift wurde durch das SkResNOG aufgehoben.
19 *Scherer/Alff*, SG, § 37 Rn. 3; GKÖD I Yk, § 37 Rn. 2; im Hinblick darauf, dass die Eigenschaft als Deutscher als besonderes loyalitätsbegründendes Merkmal gilt, ist dies nicht völlig unproblematisch, dürfte aber angesichts der zunehmenden Tendenz, doppelte Staatsbürgerschaften zu tolerieren, kaum mehr angreifbar sein.
20 So auch für das vergleichbare Beamtenrecht GKÖD I K, § 7 Rn. 5a.
21 Vgl. *Hailbronner, Kay/Renner, Günter*, Staatsangehörigkeitsrecht, 3. Aufl. 2001, § 29 Rn. 12 ff. u. passim.

muss berücksichtigt werden, dass es nicht sinnvoll wäre, einen Bewerber zu berufen, der sich die Entscheidung für die deutsche Staatsangehörigkeit und die damit verbundene Loyalitätsbekundung zum deutschen Staat bewusst vorbehält und sich jederzeit einen Entlassungsgrund gem. § 46 Abs. 1, § 55 Abs. 1 verschaffen kann.[22]

13 Nachdem durch das neue Staatsangehörigkeitsrecht fast alle Status-Deutschen zu Staatsangehörigen wurden, dürfte die Kategorie der Status-Deutschen künftig keine große Bedeutung mehr haben.[23]

14 Die Eigenschaft als Deutscher wird durch den Reisepass oder Personalausweis nachgewiesen.[24]

b) Vereinbarkeit mit europ. Recht

15 Im Gegensatz zum Beamtenrecht ist die **Unionsbürgerschaft** der EU gem. Art. 8 Abs. 2 EGV, d.h. die Staatsangehörigkeit eines EU-Mitgliedstaates, nicht geeignet, die fehlende Deutscheneigenschaft zu kompensieren. Dies ist mit europ. Recht vereinbar.

Im Beamtenrecht wurde die Unionsbürgerschaft als gleichwertige Alt. durch das G vom 24.12.1993[25] eingeführt, um die beamtenrechtl. Best. mit dem Grds. der Freizügigkeit gem. Art. 39 (früher Art. 48) EGV in Übereinstimmung zu bringen. Vom Grds. der beruflichen Freizügigkeit sind nach Art. 39 Abs. 4 EGV zwar „Tätigkeiten in der öffentlichen Verwaltung" ausgenommen. Hierunter sollen nach h.L. und Rspr. des EuGH nicht alle Verwendungen im öff. Dienst fallen, sondern nur spezifische Tätigkeiten in der öff. Verwaltung, die mit der Ausübung hoheitlicher Befugnisse und mit der Verantwortung für die Wahrung der allg. Belange des Staates betraut sind.[26]

Unbestritten ist jedoch, dass SK – auch wenn dies mit der Begrifflichkeit im deutschen öff. Recht nicht harmoniert[27] – insoweit als „öffentliche Verwaltung" zu qualifizieren sind.[28]

c) Konsequenzen und Ausnahmeentscheidung (Absatz 2)

16 Das BMVg kann im Einzelfall **Ausnahmen von dem Erfordernis der Eigenschaft als Deutscher** zulassen, wenn dafür ein dienstl. Interesse besteht. Die Regelung zeigt, dass nach dem Willen des Gesetzgebers von Ausnahmen nur sehr begrenzt Gebrauch gemacht werden soll. Hierfür sprechen die Zuständigkeit der obersten Dienstbehörde und die Tatsache, dass neben dem dienstl. Interesse ein Einzelfall gegeben sein muss. Der bloße Mangel an deutschen Bewerbern dürfte folglich kein Grund für eine Ausnahmegenehmigung sein. Die allg. Anwerbung von Ausländern für den freiwilligen Dienst in den SK scheidet aus.[29]

Die ursprünglich mit der Ausnahmegenehmigung bezweckte Möglichkeit, auf bündnispolitische Erfordernisse reagieren zu können, dürfte angesichts der inzwischen entwi-

---

22 So auch für das Beamtenrecht GKÖD I K, § 7 Rn. 6a.
23 Vgl. allg. *Jarass*, in: *Jarass/Pieroth*, GG, Art. 116 Rn. 3.
24 ZDv 14/5 B 131 Nr. 2.
25 BGBl. I. S. 2136.
26 *Oppermann, Thomas*, Europarecht, 2. Aufl. 1999, Rn. 1535.
27 *Kirchhof*, Bundeswehr, § 78 Rn. 4 ff.
28 *Randelzhofer/Forsthoff*, in: *Grabitz/Hilf*, Das Recht der Europäischen Union, 2000 ff., Art. 39 EGV Rn. 223; *Wölker*, in: *von der Groeben, Thiesing, Ehlermann*, Komm zum EU/EG-Vertrag, 5. Aufl. 1997, Art. 48 Rn. 120.
29 Überspitzt ließe sich formulieren, dass eine „deutsche Fremdenlegion" nach geltender Rechtslage ausgeschlossen ist.

ckelten rechtl. Formen multinationaler Streitkräftestrukturen[30] keine praktische Bedeutung aufweisen.

Umstr. ist die **Rechtsfolge der Ernennung eines Nichtdeutschen** ohne eine Ausnahmeentscheidung des BMVg. Nach Ansicht des BVerwG ist eine solche Ernennung nichtig, was mit Verweis auf § 11 BBG begründet wird. Das Fehlen einer entspr. Best. im SG stelle eine durch Redaktionsversehen verursachte Regelungslücke dar, die durch analoge Heranziehung von § 11 BBG geschlossen werden müsse.[31]

17

Dieses Ergebnis mag praktischen Bedürfnissen entsprechen, denn ohne Annahme der Nichtigkeit besteht keine Möglichkeit einer Korrektur der rechtswidrig vorgenommenen Ernennung. Eine Rücknahme gestützt auf § 41 Abs. 3 Satz 2, käme nur im Falle von SaZ bei Aushändigung sog. Wirkungsurkunden in Betracht. § 46 Abs. 1 und § 55 Abs. 1 greifen ausschließlich im Fall des **nach Berufung** erfolgten Verlustes der Eigenschaft als Deutscher ein.

Dennoch ist der Verweis des BVerwG auf das Beamtenrecht zur Schließung einer Regelungslücke nicht vertretbar. Das Fehlen einer ausdrücklichen Nichtigkeitsregelung ist seit den 50er Jahren bekannt. Bereits *Rittau*[32] auf den insoweit bestehenden Unterschied zum Beamtenrecht hingewiesen. Der Gesetzgeber hätte angesichts der seitdem häufig erfolgten Änd. des SG hierauf reagieren können. Zudem ist die Heranziehung des Beamtenrechts hier fragwürdig, da im BBG die Reaktionsmöglichkeiten auf fehlerhafte Ernennungen rechtstechnisch anders ausgestaltet sind als im SG. Während es im Beamtenrecht ausdrücklich normierte Nichtigkeits- und Rücknahmegründe gibt, kennt das Soldatenrecht lediglich die Entlassung. Dies spricht gegen ein redaktionelles Versehen.

Ausgangspunkt kann daher nur § 44 Abs. 1 VwVfG sein.[33] Und hierbei gilt der allg. rechtl. Grds.: **Es kommt auf den Einzelfall an!** Zweifelsohne ist die Berufung eines Nichtdeutschen in das Dienstverhältnis eines BS oder SaZ eine fehlerhafte Entscheidung, die gegen ein gesetzl. Verbot verstößt. Dabei kann und muss die Regelung der § 46 Abs. 1, § 55 Abs. 1 mit berücksichtigt werden. Wenn der nach Berufung eintretende Verlust der Deutscheneigenschaft zwingend die Entlassung kraft Gesetzes zur Folge hat, belegt dies die Absicht des Gesetzgebers, grds. eine Nichtdeutschen als BS und SaZ zuzulassen. Insoweit dürfte grds. die erste Voraussetzung des § 44 Abs. 1 VwVfG gegeben sein. Nicht in jedem Fall wird diese Fehlerhaftigkeit jedoch offensichtlich sein. Dies ist wohl nur in den (praktisch schwer vorstellbaren) Konstellationen denkbar, in denen Bewerber und zuständige Dienststelle im Bewusstsein und unter Inkaufnahme der Fehlerhaftigkeit die Begründung des Dienstverhältnisses vollziehen. Gehen beide dagegen irrig vom Vorliegen der Deutscheneigenschaft aus, fällt es schwer zu sagen, der Berufungsentscheidung „stehe die Fehlerhaftigkeit auf die Stirn geschrieben".[34] Ist

---

30 Hierzu: *Wassenberg, Philipp*, Das Eurokorps: sicherheitspolitisches Umfeld und völkerrechtliche Bedeutung eines multinationalen Großverbandes, 1999; *Kirchhof, Ferdinand*, Deutsche Verfassungsvorgaben zur Befehlsgewalt und Wehrverwaltung in multinationalen Verbänden, NZWehr 1998, 152; *Stein, Thorsten*: Rechtsformen multinationaler Verbände, NZWehr 1998, 143; *Fleck, Dieter*, Vertragsgrundlagen für multinationale Verbände, NZWehr 1998, 133; *Dau, Klaus*, Rechtliche Rahmenbedingungen einer deutsch-französischen Brigade, NZWehr 1989, 177.
31 BVerwGE 73, 216 = NZWehr 1981, 234.
32 S. 194, der hieraus eine Art schwebender Unwirksamkeit folgert, die aber mit der Formenstrenge des öff. Dienstrechtes nicht vereinbar sein dürfte.
33 So wohl auch GKÖD I Yk, § 37 Rn. 3; zur Anwendbarkeit des VwVfG im Soldatenrecht *Scherer/Alff*, SG, Vorb. Rn. 9 f.
34 So das allg. Kriterium der Offensichtlichkeit, vgl. *Kopp/Ramsauer*, VwVfG, § 44 Rn. 12.

Sohm

schon das Fehlen der Deutscheneigenschaft nicht offensichtlich, kann auch die Fehlerhaftigkeit der Berufung nicht offensichtlich sein. Eine generelle Annahme der Nichtigkeit gem. § 44 Abs. 1 VwVfG verbietet sich daher.[35]

Dagegen ist die Argumentation von *Alff*[36] und *Semmler*,[37] die eine Nichtigkeit nach § 44 Abs. 1 VwVfG grds. unter Berufung auf § 44 Abs. 4 Nr. 4 VwVfG ausschließen, nicht überzeugend. Bei der Berufung handelt es sich nicht um einen sog. mehrstufigen VA, der erst nach erforderlicher Mitwirkung einer anderen Behörde erlassen werden kann. Derartige Mitwirkungsformen i.S.v. § 44 Abs. 4 Nr. 4 VwVfG sind typischerweise Anhörung, Einvernehmen, Benehmen, Beratung und Zustimmung.[38] Dagegen stellt die Ausnahmeentscheidung einen **selbständigen VA** dar.[39]

Hinzu kommt, dass § 44 Abs. 4 Nr. 4 VwVfG schon vom Wortlaut nicht passt, wenn das BMVg – was theoretisch möglich ist – die Berufungsdienststelle ist. Dann wäre die erforderliche Ausnahmeentscheidung des BMVg nicht mehr die Mitwirkung einer anderen Behörde. Es kann nicht von der Berufungsdienststelle abhängig sein, ob § 44 Abs. 4 Nr. 4 VwVfG eingreift oder nicht.[40]

18 Ein **ausländischer Bewerber hat keinen Anspruch auf eine Ausnahmegenehmigung**. Sie darf ausschließlich im dienstl. Interesse erteilt werden. Auch wenn man sie, wie hier, von ihrer Rechtsnatur her als selbständigen VA qualifiziert, wird noch nicht einmal ein Anspruch auf fehlerfreie Ermessensausübung gegeben sein, da § 37 Abs. 2 keinerlei subjektive Rechte für ausländische Bewerber begründet.[41] Deren Verpflichtungsklage auf Erteilung einer Ausnahmegenehmigung ist nach § 42 Abs. 2 VwGO unzulässig.

2. Absatz 1 Nr. 2

a) Verhältnis zur politischen Treuepflicht gem. § 8

19 Abs. 1 Nr. 2 ergänzt die politische Treuepflicht des § 8. Der aktive Soldat ist nach § 8 verpflichtet, die FdGO anzuerkennen mit der Folge, dass er bei rechtswidrigem und schuldhaftem Verstoß ein Dienstvergehen begeht. Dagegen hat der Bewerber für ein Dienstverhältnis gem. § 37 Abs. 1 Nr. 2 die „Gewähr zu bieten, dass er jederzeit für die freiheitliche demokratische Grundordnung eintritt".

Abs. 1 Nr. 2 dient damit dem Zweck, keine Personen als BS oder SaZ zu berufen, denen nach ihrer Ernennung ein Dienstvergehen vorgeworfen werden müsste und die durch truppendienstgerichtl. Urt. oder Entlassung gem. § 55 Abs. 5 wieder aus dem Dienstverhältnis zu entfernen wären.[42]

Anders als bei der Prüfung eines Dienstvergehens, bei der eine bestimmte, i.d.R. abgeschlossene Verhaltensweise auf ihre Pflichtwidrigkeit hin zu untersuchen ist, bezieht sich die Bewertung, ob der Bewerber die Gewähr der Verfassungstreue bietet, auf sein künftiges Verhalten. Ihr kommt damit immer **Prognosecharakter** zu. Wie bei anderen Prognoseentscheidungen verfügt die zuständige Dienststelle hierbei über einen **Beurteilungsspielraum**, der gerichtl. nur eingeschränkt überprüfbar ist. Die verwaltungsgerichtl. Kontrolle ist darauf beschränkt, ob von einem unrichtigen Sachverhalt ausge-

---

35 Anders wohl GKÖD I Yk, § 37 Rn. 3.
36 NZWehrr 1981, 238.
37 NZWehrr 1982, 152.
38 *Sachs*, in: *Stelkens/Bonk/Sachs*, VwVfG, § 44 Rn. 184.
39 So für eine insoweit vergleichbare Situation im Beamtenrecht VGH Kassel DVBl. 1981, 1069; *Battis*, BBG, § 7 Rn. 7.
40 In diese Richtung wohl auch *Schlegtendal*, NZWehrr 1982, 104.
41 Anders *Rittau*, 194.
42 *Scherer/Alff*, SG, § 37 Rn. 5.

gangen wurde, ob Verfahrensfehler vorliegen, ob die anzuwendenden Begriffe und die Grenzen des Beurteilungsspielraums verkannt, allg. gültige Wertmaßstäbe nicht beachtet oder willkürliche Erwägungen angestellt wurden.[43]

Damit geben Abs. 1 Nr. 2 und § 8 trotz ihres komplementären Charakters durchaus unterschiedliche Prüfungsmaßstäbe vor. Im Zusammenhang mit der Pflicht zur Verfassungstreue können daher vergleichbare Verhaltensweisen unterschiedlich bewertet werden, je nach dem, ob die Pflicht zur Verfassungstreue eines aktiven Soldaten oder das Vorliegen der Einstellungsvoraussetzungen Entscheidungsgegenstand ist.   **20**

So ist auch zumindest dogmatisch erklärbar, dass das BVerwG z.b. die Mitgliedschaft in der Partei „Die Republikaner" ausreichen lässt, um Zweifel an der Verfassungstreue eines Soldaten und damit einen Eignungsmangel für bestimmte Verwendungen zu begründen[44], während es andererseits Soldaten, die Spitzenfunktionen in dieser Partei wahrnehmen, vom Vorwurf des Verstoßes gegen die politische Treuepflicht mit der Begründung freigesprochen hat, die Verfassungsfeindlichkeit der Partei „Die Republikaner" insgesamt stehe nicht fest. Es sei vielmehr möglich, sich auch in dieser Partei verfassungskonform zu engagieren.[45] Dem entspricht auch zumindest im Ergebnis die europ. Rechtslage, die kein Recht auf Zugang zum öff. Dienst kennt, aber durchaus strenge Kriterien für die Entfernung aus dem öff. Dienst wegen verfassungsfeindlicher Aktivitäten vorgibt[46].

Ob Verhaltensweisen, die bei aktiven Soldaten eindeutig kein Dienstvergehen begründen, im Rahmen des Abs. 1 Nr. 2 ohne weitere Erkenntnisse ausreichen, um die mangelnde Gewähr der Verfassungstreue eines Bewerbers zu belegen, erscheint im Hinblick auf den Schutzzweck der Best. (o. Rn. 19) sehr zweifelhaft.

Im Zusammenhang mit der politischen Treuepflicht gilt es einen zentralen Unterschied zwischen Soldaten- und Beamtenrecht zu beachten.   **21**

Die **politische Treuepflicht** des § 8 gilt für **alle Soldaten**, unabhängig vom Status als GWDL, FWDL, Wehr- oder Eignungsübender, SaZ oder BS. Aus diesem Grund wurde die politische Treuepflicht der Soldaten bewusst anders formuliert als die der Beamten in § 52 Abs. 2 BBG („anerkennen" statt „bekennen"). Die **Gewähr der Verfassungstreue** nach § 37 Abs. 1 Nr. 2 müssen dagegen **nur Bewerber für ein Dienstverhältnis** als BS oder SaZ bieten. Umfang und Maß der Pflichtenbindung sind gerade bei der politischen Treuepflicht davon abhängig, ob jemand freiwillig oder durch staatliche Verpflichtung in den SK dient. Da diese Differenzierung in § 8 selbst nicht zum Ausdruck gebracht wird, wird allg. auf § 37 versucht, eine inhaltliche Kongruenz der politischen Treuepflicht von BS und SaZ einerseits und Beamten andererseits zu begründen.[47] Angesichts der unterschiedlichen Zwecksetzungen der beiden Vorschriften ist diese Argumentation – so einleuchtend das Ergebnis auch sein mag – dogmatisch nicht völlig überzeugend.[48] § 37 regelt die Voraussetzungen für die Berufung in das Dienstverhältnis, nicht den Verbleib darin bzw. die nach Berufung zu erfüllenden Pflichten. Allein aus § 8 folgt, was von einem aktiven Soldaten zu erwarten ist. Gleichwohl dürfte es vertretbar

---

43 Ganz h.M. in Lit. u. Rspr., vgl. *Battis*, BBG, § 7 Rn. 14; GKÖD I Yk, § 37 Rn. 5; GKÖD I K, § 7 Rn. 13c; BVerfGE 39, 334 (353); BVerGE 61, 176 (190 f).
44 BVerwGE 111, 22 = NZWehr 2000, 82, wobei es im konkreten Fall um eine truppendienstl. Maßnahme (Versetzung) ging.
45 BVerwGE 114, 258 = NZWehrr 2002, 42.
46 So Urt. des EuGH für Menschenrechte NJW 1996, 375; hierzu *Häde/Jachmann*, ZBR 1997, 8 ff.
47 *Cuntz*, 149; ohne derartige Begr. kommt BVerwGE 83, 345 = NJW 1988, 2907 aus! Unklar auch BVerwG NJW 2005, 85 (87).
48 Vgl. auch Komm. zu § 8 Rn. 15 ff.

sein, § 8 statusgruppenspezifisch auszulegen. Hierfür kann Abs. 1 Nr. 2 als unterstützendes Argument herangezogen werden.

b) Verfassungsrechtl. Aspekte – Inhalt

22 Auch wenn die politische Treuepflicht der Soldaten – anders als die der Beamten – nicht mit den Verfassungsrang (vgl. Art. 33 Abs. 5 GG) besitzenden hergebrachten Grundsätzen des Berufsbeamtentums legitimiert werden kann[49], bestehen an der **Verfassungsmäßigkeit** von Abs. 1 Nr. 2 keine Zweifel.[50] Die Gewähr künftiger Verfassungstreue kann in jedem Fall als Eignungskriterium i.S.v. **Art. 33 Abs. 2 GG**, der auch für die SK gilt, angesehen werden.[51] Die Möglichkeit, einen Bewerber wegen mangelnder Gewähr der Verfassungstreue abzulehnen, steht mit den einschlägigen Grundrechten in Einklang.[52] Weder Art. 5 GG noch **Art. 12 GG** steht dem entgegen. Von Art. 5 Abs. 1 GG werden auch außerdienstl. politische Meinungsäußerungen von (künftigen) Soldaten geschützt. Allerdings kann Abs. 1 Nr. 2 zumindest als allg. Gesetz qualifiziert werden, das verfassungsfeindlichen Meinungsäußerungen insoweit Grenzen setzt, als diese nicht von Soldaten erfolgen dürfen.[53] Bei genauer Betrachtung dürfte Abs. 1 Nr. 2 den Schutzbereich des Art. 5 GG nicht berühren. Schließlich untersagt er niemandem, bestimmte Meinungen zu äußern. Er knüpft nur unter bestimmten Voraussetzungen an Meinungsäußerungen die Folge einer Zugangsbeschränkung zu der SK. Insoweit ist zwar in jedem Fall der Schutzbereich des Art. 12 Abs. 1 GG berührt, da von ihm auch der Beruf des Soldaten umfasst wird.[54] Nach der Stufentheorie des BVerfG stellt Abs. 1 Nr. 2 jedoch nur eine subjektive Zulassungsvoraussetzung auf, die aus Gründen des Allgemeinwohls zulässig ist.[55] Dass danach die Verfassungstreue als Berufungsvoraussetzung für BS und SaZ, auf die der Staat gerade in Krisenzeiten besonders angewiesen ist, begründet werden kann, dürfte keine Zweifel hervorrufen.

23 Der **Begriff der freiheitlichen demokratischen Grundordnung** (also das, wofür der Bewerber einzutreten hat) in Abs. 1 Nr. 2 ist identisch mit dem in § 8 sowie mit dem in den entspr. beamtenrechtl. Best. (vgl. § 7 Abs. 1 Nr. 2 BBG) gebrauchten Begriff. Auf die Komm. zu § 8 kann daher verwiesen werden.[56] Zusammengefasst ist unter FdGO eine Ordnung zu verstehen, die auf den Grundprinzipien des GG, insbes. den grundrechtl. verankerten Menschenrechten sowie den auch Verfassungsänderungen nicht zugänglichen Staatsstrukturelementen des GG (Art. 79 Abs. 3 GG) beruht. Hierzu zählen der Ausschluss jeglicher Gewalt- und Willkürherrschaft, eine rechtsstaatliche Herrschaftsordnung auf der Grundlage der Selbstbestimmung des Volkes nach dem Willen der jew. Mehrheit und auf der Basis von Freiheit und Gleichheit, das Recht der Persönlichkeit auf Leben und freie Entfaltung, die Gewaltenteilung, die Verantwortlichkeit der Regie-

---

49 H.M. BVerfGE 3, 288 (334 f.); 16, 94 (111); 31, 212 (221); BVerwGE 93, 69 (73); *Kirchhof*, § 78 Rn. 38.
50 Zu den einzelnen verfassungsrechtl. Ableitungen der politischen Treuepflicht von Soldaten *Schafranek*, NZWehr 1998, 79 ff.
51 So wurde früher auch die politische Treuepflicht der Beamten mit Art. 33 Abs. 2 GG begründet, vgl. BVerwGE 47, 330 (334).
52 Dies ist das dogmatisch entscheidende Kriterium für die Verfassungsmäßigkeit eines G; der Gesetzgeber benötigt für den Erlass eines G nicht zwingend eine materielle verfassungsrechtl. Ermächtigungsgrundlage, da Politik – auch Gesetzgebung gehört hierzu (!) – mehr ist als bloßer Verfassungsvollzug, sie darf nur die Grenzen der Verfassung nicht überschreiten!
53 Vgl. BVerfGE 39, 334 (335, 367).
54 *Jarass*, in: *Jarass/Pieroth*, GG, Art. 12 Rn. 6.
55 Ebd., Art. 12 Rn. 26, 37 m.w.N.; s.a. BVerfGE 39, 334 (370).
56 S. Komm. zu § 8 Rn. 20 f.

Voraussetzung der Berufung § 37

rung, die Gesetzmäßigkeit der Verwaltung, die Unabhängigkeit der Gerichte, das Mehrparteienprinzip und die Chancengleichheit für alle politischen Parteien einschl. des Rechts auf Opposition.[57] Was unter FdGO zu verstehen ist, unterliegt dabei **umfassender gerichtl. Kontrolle**. Der Berufungsdienststelle kommt hins. dieses Rechtsbegriffs kein Beurteilungsspielraum zu. Diesen hat sie nur bzgl. des Merkmals des „Gewährbietens".[58]

Unter **Eintreten** für die FdGO ist eine Identifikation des Bewerbers mit der freiheitlichen, demokratischen, rechts- und sozialstaatlichen Ordnung zu verstehen. Eine formal korrekte, im Übrigen uninteressierte und innerlich distanzierte Haltung zu Staat und GG reicht nicht aus. Der Bewerber hat sich eindeutig von Gruppen und Bestrebungen zu distanzieren, die den Staat und seine verfassungsmäßige Ordnung diffamieren.[59] Hier zeigt sich der Unterschied zu dem, was von einem GWDL gem. § 8 verlangt wird. Bei diesem reicht aus, dass er die ihm obliegenden dienstl. und gesetzl. Verpflichtungen erfüllt. Dass er dabei aus innerer Überzeugung handelt und dieses nach außen dokumentiert, wird von ihm nicht erwartet. Der BS und der SaZ müssen dem gegenüber ein erhöhtes Maß an „Herzblut" für den Staat Bundesrepublik Deutschland, seinen Erhalt und seine Verteidigung aufweisen. Dabei ist zu betonen, dass das zu verlangende Engagement sich immer auf Staat und Verfassung, nicht auf konkrete politische Vorstellungen oder vorherrschende Richtungen beziehen muss. Kritik an bestehenden Zuständen, Forderungen nach Veränderungen, die sich im verfassungsrechtl. Rahmen realisieren lassen, wozu auch Verfassungsänderungen gehören, die sich im GG angelegt sind, geben grds. keinen Anlass zu Zweifeln an der Verfassungstreue eines Bewerbers.[60] 24

Die **Gewähr, für die FdGO einzutreten**, bietet ein Bewerber, wenn davon auszugehen ist, dass er sich in seinem künftigen Status als BS oder SaZ entspr. den o.g. Vorgaben verhält. 25

Von vornherein verneint werden kann diese Voraussetzung nur bei Bewerbern, die aktiv die FdGO bekämpfen und dabei die Schwelle zur Strafbarkeit überschreiten. Aktivisten, die verbotene Parteien und Organisationen fortführen, wird man grds. ebenso einstufen müssen.[61]

Liegen Zweifel vor, ist eine einzelfallbezogene Beurteilung des Bewerbers durchzuführen, die zwar an gegenwärtigen oder vergangenen Verhaltensweisen anknüpft, aber in erster Linie seine zu erwartende **Persönlichkeitsentwicklung** bewertet. Hier setzt die bereits oben dargestellte **Prognoseentscheidung** an. Bleiben berechtigte Zweifel bestehen, reicht dies aus, um die Gewähr des Bewerbers zu verneinen.[62] Die Anknüpfungstatsachen müssen allerdings von einem gewissen Gewicht sein und nach allg. Verständnis die Besorgnis an der künftigen Erfüllung der politischen Treuepflicht zu begründen vermögen.

In Rspr. und Lit. – auch unter Berücksichtigung des hier weitgehend identischen Beamtenrechts – sind typischerweise auftretende Verhaltensweisen kategorisiert worden, die Ansatzpunkte für die zu treffende Prognoseentscheidung sein können und sein müssen: 26

---

57 Eine griffige, aber selten zit. Legaldefinition findet sich in § 4 Abs. 2 BVerfSchG.
58 GKÖD I K, § 7 Rn. 19.
59 *Battis*, BBG, § 7 Rn. 13; ständige Formulierung seit BVerfGE 39, 334 (348 f.).
60 *Battis*, ebd.
61 *Battis*, BBG, § 7 Rn. 16.
62 BVerwGE 111, 22 = NZWehr 2000, 82.

Sohm

- **Gegenwärtige oder frühere Mitgliedschaft in nicht verbotenen Parteien und Organisationen, die als verfassungsfeindlich eingestuft werden**
Von der Rspr. ist anerkannt, dass die Mitgliedschaft in einer nicht verbotenen Partei oder Organisation, die verfassungsfeindliche Ziele verfolgt, Zweifel begründen kann, ob ein Bewerber die Gewähr für die Verfassungstreue bietet.[63] Wenn die Mitgliedschaft in einer derartigen Organisation schon ein Dienstvergehen darstellen kann, muss es erst recht möglich sein, auf dieser Grundlage die Gewähr der Verfassungstreue in Frage zu stellen. Das Parteienprivileg des Art. 21 Abs. 3 GG steht dem nicht entgegen.
Die Mitgliedschaft ist nur ein – im Einzelfall widerlegbares – Indiz für fehlende Verfassungstreue, das nicht i.S. eines Automatismus die Gewähr der Verfassungstreue ausschließt. Dem Bewerber muss grds. die Möglichkeit eingeräumt werden, durch eine Mitgliedschaft entstandene Zweifel auszuräumen. Hierbei kommt es auch auf die Art der Partei oder Organisation an sowie auf die Stellung, die der Bewerber in ihr einnimmt. Hier werden die in den Verfassungsschutzberichten des Bundes und der Länder vorgenommenen Bewertungen eine entscheidende Rolle spielen müssen. Wird dort eine Partei über einen längeren Zeitraum hinweg als **eindeutig verfassungsfeindlich** qualifiziert, kann auch bereits die einfache Mitgliedschaft für die Ablehnung eines Bewerbers ausreichen.
Schwierigkeiten bereiten die Fälle, in denen Parteien und Organisationen lediglich sog. „**Anhaltspunkte für verfassungsfeindliche Bestrebungen**" aufweisen.[64] Letzteres reicht gem. § 3 Abs. 1 Nr. 1 BVerfSchG i.V.m. § 8 BVerfSchG aus, um eine Partei oder Organisation zu überwachen und sie im Verfassungsschutzbericht zu nennen.[65] Bei den Mitgliedern derartig eingestufter Vereinigungen hat eine genaue Bewertung im Einzelfall zu erfolgen. Tätigkeiten als Spitzenfunktionär oder Kandidaturen bei Wahlen sind anders zu beurteilen als die einfache Mitgliedschaft. Auch einem Funktionsträger muss der Einwand gestattet sein, er setze sich in der Partei für einen strikt verfassungskonformen Kurs ein. Will er damit die Zulässigkeit seiner Berufung in das Dienstverhältnis eines BS oder SaZ begründen, wird man von ihm hierfür jedoch Belege verlangen können; die betreffende Organisation darf nicht so strukturiert sein, dass seine Bemühungen von vornherein erfolglos erscheinen. Zweifel gehen hier zu seinen Lasten[66], anders als bei der Prüfung eines Dienstvergehens, wo der Grds. „in dubio pro reo" zumindest analog heranzuziehen ist.[67]
Zu weit dürfte allerdings die – im Zusammenhang mit einer truppendienstl. zu bewertenden Versetzungsentscheidung geäußerte – Auffassung des BVerwG gehen, dass es überhaupt nicht darauf ankomme, ob der Bewerber selbst aktiv gegen die FdGO vorgehe oder sich entspr. betätigt habe, sondern es vielmehr für die Annahme von Eignungszweifeln – ohne dass eine weitere Prüfung erforderlich sei – ausreiche, wenn der Soldat einer Partei angehöre, von der nicht mit Sicherheit angenommen werden könne, dass sie sich jederzeit zur FdGO bekenne, selbst wenn nicht feststehe, dass diese Partei insgesamt verfassungswidrig sei.[68] Dies mag bei der Besetzung eines sensiblen Dienstpostens so sein. Hierbei geht es auch streng juristisch betrachtet um

---

63 BVerfGE 39, 334; BVerwG NJW 1984, 813 = NZWehrr 1984, 39; BVerwGE 83, 345 = NJW 1988, 2907.
64 Dies dürfte derzeit in erster Linie für die Partei „Die Republikaner" u. die „Linkspartei" gelten.
65 BVerwGE 110, 126; OVG Münster NVwZ 1994, 588; OVG Koblenz DÖV 2000, 258; VGH Mannheim NVwZ 1994, 794; anders VG Berlin, NJW 1999, 806; zur Veröffentlichung im Verfassungsschutzbericht BVerfGE 39, 334 (360); 40 (287, 291).
66 BVerwGE 61, 176 (189).
67 S. nur BVerwG NVwZ 2001, 1410; BVerwG NZWehrr 2004, 36.
68 BVerwG NZWehrr 2000, 82.

ein allg. Eignungskriterium ohne konkrete Verbindung zu der politischen Treuepflicht, wobei dem Dienstherrn, wie bei jeder – truppendienstl. zu bewertenden – Dienstpostenbesetzung, ein weiter Entscheidungsspielraum zukommt. Bei der Verfassungstreueprüfung im Rahmen des Bewerbungsverfahrens muss dagegen eine sorgfältigere Prüfung verlangt werden, die zumindest einen gewissen Bezug zu den (künftigen) Pflichten des Bewerbers gem. § 8 aufweist.
Bereits vor der Bewerbung beendete Mitgliedschaften in entspr. Parteien oder Vereinigungen können Zweifel an der Verfassungstreue hervorrufen. Hier hängt es vom Einzelfall ab, insbes. wie lange die Mitgliedschaft gedauert hat und wie lange sie zurückliegt. Vieles wird hier davon abhängen, ob der Austritt „situationsbezogen" unmittelbar vor oder im Zusammenhang mit der Bewerbung erfolgt ist oder völlig unabhängig davon.[69] Das bewusste Verlassen einer verfassungsfeindlichen Partei, wenn es glaubhaft und nicht nur zur Tarnung erfolgt, spricht grds. dafür, dass der Bewerber seiner künftigen politischen Treuepflicht genügen wird. Auch Aktivitäten als Jugendlicher, die beendet sind, dürften nur nach Prüfung im Einzelfall Zweifel an der künftigen Verfassungstreue begründen, wobei selbstverständlich zu berücksichtigen ist, dass bei Bewerbern für den Dienst in den SK auf Grund des üblicherweise relativ jungen Eintrittsalters die Berufung auf das Kriterium der sog. **zurückliegenden (!) Jugendsünde** nur eingeschränkt möglich sein kann.
Ähnliche Grundsätze wie für Parteien und politische Organisationen können für sog. „**neue Religions- und Weltanschauungsgemeinschaften**" herangezogen werden. Hier dürften die Schwierigkeiten im Einzelfall darin liegen, zu begründen, inwieweit diese vordergründig oft „unpolitischen" Gruppierungen wirklich verfassungsfeindlich ausgerichtet sind.[70]

- **Aktivitäten für derartige Organisationen, ohne Mitglied zu sein**
  Hier werden im Ergebnis vergleichbare Grundsätze wie bei der Mitgliedschaft gelten.
- **Frühere Funktionärstätigkeiten in Organisationen der ehem. DDR**
  Anerkannt ist, dass Tätigkeiten in Organisationen der früheren DDR, wie der SED, dem MfS und anderen staatlichen, mil. wie politischen Organisationen, die Gewähr der Verfassungstreue ausschließen können.[71] Auf Grund der seit der Wiedervereinigung vergangenen Zeit dürfte dieses Kriterium bei Bewerbern für den Dienst in den SK keine praktische Bedeutung mehr haben.
- **Sonstige bekannt gewordene Verhaltensweisen**
  Hierunter können unterschiedlichste Aktivitäten fallen, wie Veröffentlichungen in verfassungsfeindlichen Zeitschriften (wobei bei Namensartikeln der Inhalt der Veröffentlichung der entscheidende Maßstab sein muss und nicht das Organ, in dem er veröff. wird), die Teilnahme an Versammlungen, Demonstrationen und Konzerten (z.B. von Skinhead-Bands) sowie bekannt gewordene Äußerungen.
- **Äußerungen bzw. sonstige Auffälligkeiten im Bewerbungsverfahren**
  In diesem Zusammenhang sind Bemerkungen des Bewerbers im Eignungsfeststellungsverfahren gegenüber Mitbewerbern, auch äußere Kennzeichen, wie bestimmte Kleidungsstücke oder Tätowierungen, zu beachten. Allerdings verdient in diesen Fällen die Bewertung, ob aus der Momentaufnahme im Einstellungsverfahren auf Zweifel an der Verfassungstreue geschlossen werden kann, besondere Sorgfalt. Liegen erkennbar scherzhafte oder provokative Verhaltensweisen vor, ist dies nicht ausrei-

---

69 Zu einer derartigen Konstellation BVerwG NZWehr 2000, 158.
70 Hierzu *Cremer/Kelm*, NJW 1997, 832.
71 *Battis*, BBG, § 7 Rn. 20.

§ 37 Rechtsstellung der Berufssoldaten und der Soldaten auf Zeit

chend. Die Ablehnung eines Bewerbers ist dann u.U. auf Grund seiner charakterlichen Nichteignung (Abs. 1 Nr. 3) geboten.

c) Verfahren der Verfassungstreueprüfung

27 Grundlage für die Entscheidung, ob einem Bewerber die Gewähr der Verfassungstreue abzusprechen ist, sind alle der Berufungsdienststelle vorliegenden Erkenntnisse bzw. alle Informationen, die sie sich zulässigerweise beschafft hat.

Das Verfahren, in dem die Verfassungstreueprüfung durchzuführen ist, orientiert sich auch in den SK an den von der BReg am 17.1.1979 in einer Neufassung veröff. Grundsätzen für die Prüfung der Verfassungstreue.[72] Diese lauten wie folgt:

„1. Bei der Entscheidung, ob bei der Verfassungsschutzbehörde angefragt wird, gilt der Grundsatz der Verhältnismäßigkeit.
1.1 Anfragen dürfen nicht routinemäßig erfolgen.
1.2 Anfragen haben zu erfolgen, wenn tatsächliche Anhaltspunkte darauf hindeuten, dass der Bewerber nicht die Voraussetzungen für die Einstellung in den öffentlichen Dienst erfüllt. (...)
1.3 Anfragen dürfen nur erfolgen, wenn eine Einstellung tatsächlich beabsichtigt und die Verfassungstreue nur noch die letzte zu prüfende Einstellungsvoraussetzung ist.
1.4 Anfragen erfolgen nicht, wenn der Bewerber das 18. Lebensjahr noch nicht vollendet hat.
2. Für die Mitteilung der Verfassungsschutzbehörde auf Grund von Anfragen der Einstellungsbehörden des Bundes ist zu beachten:
2.1 Den anfrageberechtigten Stellen dürfen nur solche gerichtsverwertbaren Tatsachen mitgeteilt werden, die Zweifel an der Verfassungstreue eines Bewerbers begründen können.
2.2 Erkenntnisse des Verfassungsschutzes, die Tätigkeiten vor der Vollendung des 18. Lebensjahres betreffen, dürfen nicht weitergegeben werden, es sei denn, sie sind Gegenstand eines anhängigen Strafverfahrens.
2.3 Erkenntnisse über abgeschlossene Tatbestände, die mehr als zwei Jahre zurückliegen, dürfen nicht weitergegeben werden, es sei denn, die Weitergabe ist im Hinblick auf das besondere Gewicht der Erkenntnisse nach dem Grundsatz der Verhältnismäßigkeit geboten.
2.4 Erkenntnisse, die unter eine gesetzlich geregelte Schweigepflicht fallen, dürfen nicht weitergegeben werden.
3. Die obersten Bundesbehörden stellen für ihren Geschäftsbereich sicher, dass die Prüfung der Relevanz der von der Verfassungsschutzbehörde evtl. mitgeteilten gerichtsverwertbaren Erkenntnisse durch eine von ihnen zu bestimmende zentrale Stelle erfolgt.
4. Die Einstellungsbehörden des Bundes sind verpflichtet, Bedenken, die gegen die Einstellung eines Bewerbers sprechen, und die dafür erheblichen Tatsachen schriftlich mitzuteilen.
5. Der Bewerber hat das Recht, sich hierzu mündlich oder schriftlich zu äußern.
6. Findet ein Anhörungsgespräch statt, ist ein Protokoll zu führen. Dem Bewerber ist auf Antrag Einsicht zu gewähren.
7. Die Mitwirkung eines Rechtsbeistandes ist auf Antrag des Bewerbers zu gestatten. Sie ist auf die Beratung des Bewerbers und auf Verfahrensfragen zu beschränken.
8. Die Entscheidungszuständigkeit in den Fällen, in denen die Eignung des Bewerbers nicht festgestellt werden kann, liegt bei der obersten Dienstbehörde. (...)
9. Ablehnende Entscheidungen dürfen nur auf gerichtsverwertbare Tatsachen gestützt werden.

---

72 Bulletin v. 19.1.1979.

10. Dem Bewerber ist die Ablehnungsbegründung unter Angabe der hierfür maßgeblichen Tatsache, jedenfalls auf seinen Antrag hin, schriftlich mitzuteilen. Der Bescheid enthält eine Rechtsmittelbelehrung.
11. Erkenntnisse, die von den Verfassungsschutzbehörden nicht an die Einstellungsbehörde weitergegeben werden dürfen (Ziff. 2.2, 2.3, 2.4), dürfen von ihr auch dann nicht verwertet werden, wenn sie ihr von anderer Seite mitgeteilt worden sind.
12. Wenn eine Einstellung trotz vorliegender Erkenntnisse des Verfassungsschutzes erfolgt ist, müssen alle aus dem Verfassungsschutzbereich vorgelegten Unterlagen aus den Personalakten entfernt werden."

Diese Grundsätze werden durch die bereits erwähnten Annahmebest. sowie einschlägige Sondererlasse des BMVg ergänzt. Eine sog. **Regelanfrage** bei den Verfassungsschutzbehörden, wie 1972 eingeführt, ist demnach nicht mehr vorgesehen.[73]

Praktisch wird so verfahren, dass die Bewerber eine Erklärung zu unterschreiben haben, in der sie sich zur FdGO i.S.d. GG bekennen und sich bereit erklären, für sie aktiv einzutreten. Weiterhin haben sie einen Fragebogen auszufüllen, in dem nach gegenwärtigen oder früheren Zugehörigkeiten zu bestimmten, als verfassungsfeindlich eingestuften Parteien oder Organisationen sowie zu Verbindungen in Länder mit besonderem Sicherheitsrisiko gefragt wird. Die Frage nach der Mitgliedschaft in Parteien und Organisationen, bei denen zumindest Anhaltspunkte für verfassungsfeindliche Tendenzen vorliegen, ist zulässig.[74]

28

Ergeben sich aus den Antworten im Fragebogen und den sonstigen Erkenntnissen der Berufungsdienststelle keine Zweifel, ist von der Gewähr der Verfassungstreue auszugehen. Informiert ein Bewerber über ehem. oder aktuelle Mitgliedschaften, sind – wenn nicht im Einzelfall bereits die Gewähr der Verfassungstreue ausgeschlossen werden kann – weitere Überprüfungen gem. den zit. Grundsätzen angebracht bis hin zu Anfragen bei Verfassungsschutz und MAD. Rechtsgrundlagen hierfür sind § 3 Abs. 1 Nr. 1 BVerfSchG, § 1 Abs. 1 Nr. 1, § 11 MADG i.V.m. § 19 Abs. 1 BVerfSchG. Da der MAD in diesen Fällen nur Zuständigkeiten für Personen besitzt, die bereits im Geschäftsbereich des BMVg tätig sind, wird er ausschließlich bei Bewerbern aus der Truppe (z.B. GWDL) befragt werden können. Für ungediente Bewerber sind das Bundesamt bzw. die Landesämter für Verfassungsschutz die zuständigen Stellen.

Sofern in Einzelfällen Anlass besteht, kann bei der Bundesbeauftragten für die Unterlagen des Staatssicherheitsdienstes der ehem. DDR gem. § 20 Abs. 1 Nr. 6d des **Stasi-Unterlagen-Gesetzes** (StUG)[75] angefragt werden, ob der Bewerber hauptamtl. oder inoffiziell für den Staatssicherheitsdienst tätig war. Diese Möglichkeit wird gem. § 20 Abs. 3 StUG Ende 2006 auslaufen.

29

Bewerber haben grds. ein **polizeiliches Führungszeugnis** (§§ 30 ff. BZRG) vorzulegen, in den meisten Fällen ist die Anforderung einer unbeschränkten **Auskunft** aus dem **Bundeszentralregister** vorgesehen (§ 41 BZRG).[76] Die in diesen Zentralregisterauszügen ggf. enthaltenen Informationen über Vorstrafen von Bewerbern können geeignet sein, Zweifel an seiner Verfassungstreue zu begründen und Anlass für weitere Untersuchungen sein.

30

---

73 Krit. hierzu *Kathke*, ZBR 1992, 344; *Lecheler*, § 72 Rn. 97 ff.
74 BVerwG ZBR 1983, 181.
75 G über die Unterlagen des Staatssicherheitsdienstes der ehem. DDR v. 20.12.1991 (BGBl. I S. 2272), zul. geä. durch Art. 1 des G v. 14.8.2003 (BGBl. I S. 1654).
76 Letzteres kann nur das BMVg als oberste Bundesbehörde; zu den Einzelheiten s. Erl. „Einholen unbeschränkter Auskünfte aus dem Bundeszentralregister" v. 19.3.2004 (VMBl. S. 59).

§ 37 Rechtsstellung der Berufssoldaten und der Soldaten auf Zeit

d) Konsequenzen

31   Ist ein Bewerber in das Dienstverhältnis eines BS oder SaZ berufen worden, obwohl die Gewähr der Verfassungstreue nicht gegeben war, berührt dies nicht die Wirksamkeit der Berufung. Auch in diesem Fall ist zu beachten, dass § 37 Abs. 1 nur die Voraussetzungen für die Berufung in das Dienstverhältnis regelt, nicht die Bedingungen für den Verbleib darin. Reaktionen können daher nur auf der Grundlage besonderer Best. über die Beendigung des Dienstverhältnisses erfolgen.[77] Hat ein Bewerber in dem o.g. Fragebogen falsche Angaben gemacht, beispielsweise die Mitgliedschaft in einer Partei verschwiegen, ist er grds. wegen **arglistiger Täuschung** gem. § 46 Abs. 1 Nr. 2, § 55 Abs. 1 zu entlassen. Ansonsten bleibt schließlich die Einleitung disziplinarrechtl. Ermittlungen wegen eines Dienstvergehens, sofern die verfassungsfeindliche Haltung des Soldaten fortdauert und damit einen Verstoß gegen die Treuepflicht gem. § 8 begründet. Auf den z.T. unterschiedlichen Maßstab bei der Prüfung eines Dienstvergehens gegenüber den Voraussetzungen bei § 37 Abs. 1 Nr. 2 wurde oben hingewiesen.[78]

3. Absatz 1 Nr. 3
a) Charakterliche Eignung

32   Die **charakterliche Eignung eines Bewerbers** ist dann gegeben, wenn auf Grund seiner Lebenshaltung im Allg. und seiner Einstellung zum Soldatenberuf im Besonderen davon auszugehen ist, dass er den Anforderungen und Pflichten, die ihm als Soldat im Umgang mit Vorg., Kameraden und Untergebenen sowie gegenüber dem Dienstherrn obliegen, gerecht zu werden vermag. Anders als die Gewähr der Verfassungstreue weist das Merkmal der charakterlichen Eignung einen inhaltlichen Bezug nicht nur zu einer spezifischen, sondern zu einer Vielzahl soldatischer Pflichten auf. Hier ist insbes. an die Pflichten gem. §§ 7 und 10 bis 15 zu denken. Die gesetzl. verankerten Pflichten müssen dabei den Maßstab für die inhaltliche Interpretation des Begriffs der charakterlichen Eignung abgeben, der sonst in der Gefahr steht, zu unbestimmt zu werden.

Auch bei der Prüfung von Abs. 1 Nr. 3 ist i.d.R. auf Grund von Verhaltensweisen in der Gegenwart oder Vergangenheit eine **Prognose** über die künftige charakterliche Eignung vorzunehmen. Der Berufungsdienststelle kommt somit ein gerichtl. nur eingeschränkt überprüfbarer **Beurteilungsspielraum** zu. Unerheblich ist, ob das Verhalten des Bewerbers außerhalb der Bw (bei ungedienten Bewerbern) oder als Soldat (z.B. als GWDL), innerhalb oder außerhalb des Dienstes erfolgt ist.[79] Dies folgt schon daraus, dass auch außerdienstl. Verhaltensweisen eine Dienstpflichtverletzung darstellen können.

33   Schwerwiegende disziplinare Verstöße sowie Straftaten von einigem Gewicht, die nicht allzu lange zurückliegen, werden regelmäßig eine charakterliche Nichteignung begründen. Dies wird bei Verurteilung zu Geldstrafe von mehr als 90 Tagessätzen oder Freiheitsstrafe von mehr als drei Monaten (vgl. § 32 Abs. 2 Nr. 5 BZRG) grds. der Fall sein. Bei Straftaten vor Eintritt in die SK spielt neben der im verhängten Strafmaß zum Ausdruck kommenden Schwere eine Rolle, ob den verletzten Rechtsgütern im Hinblick auf eine Verwendung des Bewerbers als BS oder SaZ besonderes Gewicht zukommt. Waffen- und Körperverletzungsdelikte von einigem Gewicht sind anders zu bewerten als Verkehrsstraftaten.[80] Liegt eine Straftat vor, die nicht grds. die charakterli-

---

77 *Scherer/Alff*, SG, § 37 Rn. 7.
78 Rn. 20.
79 Vgl. GKÖD I Yk, § 37 Rn. 8.
80 Zur charakterlichen Eignung als Voraussetzung für eine Laufbahnwechsel BVerwG 1 WB 61/92.

Voraussetzung der Berufung § 37

che Eignung in Frage stellt, aber erst kurze Zeit vor der Bewerbung begangen wurde, liegt es im Rahmen des Beurteilungsspielraums, den Bewerber mit dem Hinw. abzulehnen, er könne sich zu einem späteren Zeitpunkt (üblicherweise ein bis zwei Jahre) erneut bewerben. Erfolgt die Bewerbung zu dem späteren Zeitpunkt, ist zu prüfen, ob er sich in der Zwischenzeit einwandfrei verhalten hat.

Zur Feststellung der charakterlichen Eignung haben Bewerber anzugeben, ob gegen sie strafrechtl. Ermittlungsverfahren anhängig sind. Weitere Informationen kann die Berufungsdienststelle aus dem polizeilichen Führungszeugnis bzw. der unbeschränkten Auskunft aus dem Bundeszentralregister entnehmen.[81]   34

Von der Rspr. wurde bislang nicht beanstandet, die **gleichgeschlechtliche Orientierung** von Soldaten als Eignungsmangel zumindest für Vorg.- und Ausbilderverwendungen zu qualifizieren. Folge war, dass homosexuell veranlagte SaZ wegen ihrer damit eingeschränkten Verwendungsmöglichkeiten regelmäßig nicht zum BS ernannt wurden.[82] Dieser Rspr. hat die Bw mittlerweile selbst die Grundlage entzogen. Nach der aktuellen Erlasslage begründet die sexuelle Orientierung von Soldaten als solche keinen generellen Eignungsmangel mehr.[83] Möglicherweise wurde damit einer entspr. verfassungsgerichtl. Entsch. zuvor gekommen.   35

b) Geistige Eignung

Die **geistige Eignung eines Bewerbers** kann nur individualisiert bewertet werden, je nach Laufbahn oder Fachrichtung, die er einzuschlagen wünscht. Diesbezüglich legt § 27 Abs. 2 bereits formalisierte Bildungsvoraussetzungen fest. An dieser Stelle zeigt sich deutlich das Ineinandergreifen von laufbahnrechtl.-truppendienstl. Vorgaben einerseits und statusrechtl. Berufungsvoraussetzungen andererseits. Darüber hinaus ist die geistige Eignung im Rahmen einer speziellen Eignungsfeststellung zu ermitteln, bei der u.a. Kriterien wie Verhaltensstabilität, Gruppenverhalten sowie Planungs- und Organisationsfähigkeiten eine Rolle spielen. Im Einzelnen kann die Abgrenzung schwierig sein, ob eines dieser Kriterien eher die geistige oder die charakterliche Eignung beschreibt. Für spezielle Verwendungen (fliegerischer Dienst, Radarführung) werden gesonderte Anforderungsprofile festgelegt. Die Gerichte sind angesichts ihrer beschränkten Überprüfungskompetenz an derartige Festlegungen grds. gebunden, es sei denn, diese wären grob sachwidrig oder willkürlich.[84]   36

c) Körperliche Eignung

Die **körperliche Eignung eines Bewerbers** ist durch ärztliche Untersuchung festzustellen. Das Verfahren richtet sich nach den „Bestimmungen über die Feststellung der körperlichen Eignung vor Berufung in das Dienstverhältnis einer Berufssoldatin oder eines Berufssoldaten oder einer Soldatin auf Zeit oder eines Soldaten auf Zeit" (ZDv 14/5 B 130). Die Untersuchung selbst und die Festlegung ihres Ergebnisses orientieren sich an den für die Musterung geltenden Vorgaben der ZDv 46/1.
Wie bei der Feststellung der geistigen Eignung ist die Festlegung von Sonderanforderungen für bestimmte Verwendungen und Waffengattungen möglich.   37

---

81 S.o. Rn. 30.
82 Zuletzt noch BVerwG NZWehrr 1998, 164 sowie OVG Lüneburg DVBl. 1999, 933.
83 ZDv 14/3 B 173; bei bestimmten Verwendungsentscheidungen dürfte die sexuelle Orientierung allerdings auch weiterhin zulässigerweise berücksichtigt werden dürfen, z.B. bei Attaché-Verwendungen.
84 Dies könnte z.B. dann angenommen werden, wenn einzelne TSK für an sich vergleichbare Verwendungen in ihren jew. Bereichen unterschiedliche Voraussetzungen festlegen.

§ 37 Rechtsstellung der Berufssoldaten und der Soldaten auf Zeit

Die gesundheitliche Eignung muss im Zeitpunkt der Berufung vorliegen. Ungediente Bewerber, deren Eignung im Rahmen der Eignungsprüfung in einer Annahmeuntersuchung festgestellt wurde, sind daher nach Dienstantritt vor Aushändigung der Ernennungsurkunde zu befragen, ob sich ihr Gesundheitszustand geändert hat. Ggf. ist eine erneute Einstellungsuntersuchung durchzuführen.

Hat die Annahmeuntersuchung ärztliche Bedenken ergeben, kann im Einzelfall eine Berufung erfolgen, wenn die zuständige militärärztliche Stelle eine sog. „militärärztliche Ausnahme" erteilt. Die Ausnahmegenehmigung ist nach den Annahmebest. von der jew. Berufungsdienststelle zu beantragen, allerdings nur, sofern ein besonderes dienstl. Interesse an der Berufung des Bewerbers vorliegt und der Bedarf in der vorgesehenen Verwendung anderweitig nicht gedeckt werden kann.

38 Nicht gefolgt werden kann der Auffassung von *Sass*[85], dass der Begriff der körperlichen Eignung ein unbestimmter Rechtsbegriff sei, der – anders als die Prognose der Verfassungstreue – keinerlei **Beurteilungsspielraum** gewähre, sondern auf Grund seiner Faktengebundenheit der vollen Überprüfbarkeit durch die VG unterliege. Mag die Bewertung der körperlichen Eignung sich auch in erster Linie anhand medizinisch-naturwissenschaftlicher Kriterien vollziehen, hat die Entscheidung, ob einem Bewerber ein bestimmter mil. Ausbildungs- und Werdegang zugetraut und zugemutet werden kann, doch Wertungscharakter. Schließlich ist es eine Frage mil. Zweckmäßigkeitserwägungen, welches „Niveau" an körperlicher Leistungsfähigkeit von Soldaten und damit im Ergebnis von den SK insgesamt zu fordern ist.[86] Dies wird zwangsläufig auch vom Bewerberaufkommen abhängig sein. An rechtl. Grenzen dürfte dieser Spielraum erst stoßen, wenn Soldaten mit Aufgaben betraut werden, denen sie gesundheitlich in keiner Weise gewachsen sind und die dadurch[87] ihre Gefährdung oder Schädigung zur Folge haben können. Dann läge ein Verstoß gegen die Fürsorgepflicht vor.

39 Keinen rechtl. Einwänden begegnet es, einen nur mit Bedenken geeigneten Bewerber – selbst wenn die medizinischen Voraussetzungen für eine Ausnahme vorliegen – mit dem Hinw. abzulehnen, der Bedarf könne mit uneingeschränkt geeigneten Bewerbern gedeckt werden. Da die gesundheitliche Eignung eine zwingende Berufungsvoraussetzung ist, die nicht durch Ermessenserwägungen übersteuert werden kann, gilt dies selbst dann, wenn die übrigen Bewerber beim sonstigen Leistungs- und Eignungsvergleich schlechter zu bewerten sind als der nur mit gesundheitlichen Bedenken Geeignete.

4. Rechtsschutz

40 Fragen des Rechtsschutzes stellen sich, wenn ein Bewerber für das Dienstverhältnis als BS oder SaZ mit der Begr. abgelehnt wird, er erfülle nicht die Voraussetzungen des § 37.

41 Will der abgelehnte Bewerber hiergegen vorgehen, ist grds. der **Rechtsweg zu den VG** gegeben, da es sich bei der Berufung in das Dienstverhältnis eines BS oder SaZ um statusrechtl. Maßnahmen handelt, die nicht in die Zuständigkeit der Wehrdienstgerichte fallen. Gleichwohl kann im Einzelfall das Vorliegen der Voraussetzungen des § 37 als Vorfrage auch in einer truppendienstl. zu beurteilenden Entscheidung von Bedeutung sein. Dies ist z.B. bei Anträgen auf Laufbahnwechsel oder besonders Ausbildungen der Fall, wenn diese ihrerseits eine Dienstzeitverlängerung oder Übernahme zum BS vor-

---

85 NZWehrr 1984, 89.
86 BVerwG *Buchholz* 236.11 § 30 SLV Nr. 1; BVerwG *Buchholz* 236.1 § 3 SG Nr. 1; BVerwGE 73, 235.
87 Grds. gehört es zu den Pflichten von Soldaten, auch gefährliche Aufgaben zu erfüllen, die bis hin zum Einsatz des eigenen Lebens reichen; s. hierzu *Lingens*, NZWehrr 1982, 161.

Voraussetzung der Berufung § 37

aussetzen. Dann ist die truppendienstl. Maßnahme u.U. mit Hinw. auf § 37 zu verweigern. Beantragt beispielsweise ein Uffz und SaZ, der unter Verstoß gegen § 37 Abs. 1 Nr. 1 (Deutscheneigenschaft) ernannt wurde und dessen Ernennung nach den o.g. Grundsätzen[88] nicht nichtig ist, seine Übernahme in die Laufbahn der Offz des militärfachlichen Dienstes, wäre dieser Antrag abzulehnen, weil Offz des militärfachlichen Dienstes spätestens mit Abschluss ihrer Ausbildung in das Dienstverhältnis eines BS zu berufen sind (vgl. § 40 Abs. 1 SLV) und diese Möglichkeit bei dem Bewerber ausgeschlossen ist. Dennoch handelte es sich im Ergebnis um eine truppendienstl. Entscheidung. Maßgeblich für den Rechtsweg ist immer die Rechtsnatur der Entscheidung, die konkret beantragt wurde. Bei aktiven Soldaten kann dies nach allg. Grundsätzen abgegrenzt werden.

Bei **Bewerbern, die noch nicht im Status eines SaZ stehen**, werden dagegen die Eignungsmerkmale regelmäßig in Bezug auf die gewünschte Laufbahn geprüft. Hier stellt sich die Frage nach dem Rechtsweg, wenn z.B. einem Bewerber die geistige Eignung für die Laufbahn der Offz des Truppendienstes, nicht für die Laufbahn der Fw des Truppendienstes abgesprochen wurde. Seinem „statusrechtlichen" Begehren, in das Dienstverhältnis eines SaZ berufen zu werden, soll schließlich stattgegeben werden. Hier wird man grds. den Verwaltungsrechtsweg für eröffnet halten müssen. Die Zulassung eines Bewerbers, der noch nicht Soldat ist, zu einer bestimmten Laufbahn kann immer nur im Zusammenhang mit einer Statusentscheidung erfolgen, so dass hier die statusrechtl. Maßnahme im Vordergrund steht. Dem Bewerber steht daher auch insoweit, als es um die Zulassung zu der gewünschten Laufbahn geht, gegen eine ablehnende Entscheidung der Widerspruch (nicht die Beschwerde, er ist kein Soldat!) und danach die Klage vor dem VG offen.[89] 42

Hat eine direkt dem BMVg nachgeordnete Dienststelle bei einem Bewerber das Fehlen der Voraussetzungen des § 37 festgestellt (was häufig der Fall sein dürfte, da eine Vielzahl statusrechtl. Entscheidungen vom Personalamt der Bw und der Stammdienststelle der Bw getroffen werden), ist für die Beschwerdeentscheidung das **BMVg** zuständig, vgl. § 9 Abs. 2 Satz 2 WBO, der insoweit eine Ausnahmebest. zu § 73 Abs. 1 Nr. 2 VwGO darstellt. Von der Delegationsmöglichkeit des § 23 Abs. 4 WBO hat das BMVg bei Statusangelegenheiten keinen Gebrauch gemacht.[90] Bewerbern, die nicht bereits Soldat sind, steht dagegen unmittelbar der Widerspruch nach §§ 68 ff. VwGO zu. In diesen Fällen greift § 73 Abs. 1 Nr. 2 VwGO ein, so dass die Ausgangsdienststelle selbst über den Widerspruch zu befinden hat. Um hier eine einheitliche Zuständigkeit für Beschwerde- und Widerspruchsverfahren zu erreichen, wäre eine analoge Anwendung von § 9 Abs. 2 Satz 2 WBO geboten und vertretbar. 43

Bei Klagen in Statusangelegenheiten vor den VG ist ausnahmslos das **BMVg** für die Prozessvertretung zuständig.[91]

Da auch bei Vorliegen der Voraussetzungen des § 37 der Bewerber keinen Anspruch auf Berufung hat, sondern nur auf ermessensfehlerfreie Entscheidung über seine Bewerbung, wird die richtige Klageart regelmäßig die **Verpflichtungsklage in Form der sog. Bescheidungsklage** sein.[92] Stellt sich im verwaltungsgerichtl. Verfahren heraus, dass die Berufungsdienststelle eine Voraussetzung des § 37 zu Unrecht verneint hat, dürfte die Bescheidungsklage Erfolg haben. Es ist dann davon auszugehen, dass die ablehnen- 44

---

88 Vgl. o. Rn. 17.
89 Offen gelassen von BVerwGE 83, 255 = NZWehrr 1987, 120.
90 ZDv 14/3 C 202 B.a.
91 ZDv 14/3 C 203 § 3 Nr. 3.
92 *Kopp/Schenke*, VwGO, § 42 Rn. 8 f.

de Entscheidung unter dem Mangel des Ermessensnichtgebrauchs leidet. Werden nämlich die Voraussetzungen des § 37 nicht für gegeben erachtet, darf eine Ermessenserwägung über eine Bewerbung gar nicht erfolgen.

45 **Maßgeblicher Entscheidungszeitpunkt** bei einer (Bescheidungs-) Klage auf Berufung in das Dienstverhältnis eines BS oder SaZ ist aus prozessrechtl. Sicht grds. die letzte mündliche Verhandlung. Dagegen hängt es von der materiellen Rechtslage ab, in welchem Zeitpunkt die tatsächlichen und rechtl. Voraussetzungen für den vom Kläger begehrten Anspruch vorzuliegen haben.[93] Dies führt dazu, dass bei § 37 hins. der einzelnen Voraussetzungen zu differenzieren ist.

Die Deutscheneigenschaft (Abs. 1 Nr. 1) als ein gerichtl. voll überprüfbares Merkmal muss im **Zeitpunkt der letzten mündlichen Verhandlung** gegeben sein. Rechtl. oder tatsächliche Änd. in dieser Hinsicht haben – auch wenn sie erst nach der letzten behördlichen Entscheidung eingetreten sind – Auswirkungen auf die rechtl. Bewertung. Wurde ein nichtdeutscher Bewerber (zu Recht!) abgelehnt, der zwischenzeitlich die deutsche Staatsangehörigkeit erlangt hat und im Zeitpunkt der letzten mündlichen Verhandlung über sie verfügt, ist seiner Bescheidungsklage insoweit stattzugeben. Die Berufungsdienststelle könnte dem dadurch entgehen, dass sie vor dem Urt. über die Bewerbung erneut und ermessensfehlerfrei entscheidet. Dies gilt freilich auch umgekehrt. Hatte der Bewerber ursprünglich die deutsche Staatsangehörigkeit (wurde er also zu Unrecht abgelehnt!), hilft ihm dies nichts, wenn er sie im Zeitpunkt der letzten mündlichen Verhandlung nicht mehr besitzt.[94]

46 Anders ist dies bei den Voraussetzungen des Abs. 1 Nr. 2 und Nr. 3, die einen gerichtl. nur beschränkt überprüfbaren Prognosespielraum gewähren. Hier ist immer auf den **Zeitpunkt der letzten Behördenentscheidung** abzustellen, wobei das VG nur überprüfen kann, ob die zuständige Dienststelle im Zeitpunkt ihrer Entscheidung die Grenzen des Beurteilungsspielraums überschritten hat. Änd. bzgl. dieser Voraussetzungen, die zwischen der letzten behördlichen Ablehnungsentscheidung und der mündlichen Verhandlung eingetreten sind, kann der Bewerber nur im Rahmen eines neuen Bewerbungsverfahrens geltend machen.[95]

§ 38 Hindernisse der Berufung

(1) In das Dienstverhältnis eines Berufssoldaten oder eines Soldaten auf Zeit darf nicht berufen werden, wer
1. **durch ein deutsches Gericht wegen eines Verbrechens zu Freiheitsstrafe von mindestens einem Jahr oder wegen einer vorsätzlichen Tat, die nach den Vorschriften über Friedensverrat, Hochverrat, Gefährdung des demokratischen Rechtsstaates oder Landesverrat und Gefährdung der äußeren Sicherheit strafbar ist, zu Freiheitsstrafe verurteilt ist,**
2. **infolge Richterspruchs die Fähigkeit zur Bekleidung öffentlicher Ämter nicht besitzt,**

---

[93] Grundlegend *Schenke*, VwPR, Rn. 782 ff. u. Rn. 849 ff.
[94] Eine Konstellation, die angesichts des neuen Staatsangehörigkeitsrechts durchaus denkbar erscheint, vgl. o. Rn. 12.
[95] Vgl. BVerwGE 61, 176 (192); VGH Mannheim NVwZ 2001, 255; a.A. wohl *Kopp/Schenke*, VwGO, § 113 Rn. 217 ff.

3. einer Maßregel der Besserung und Sicherung nach § 64 oder § 66 des Strafgesetzbuches unterworfen ist, solange die Maßregel nicht erledigt ist.

(2) Verurteilungen durch Gerichte außerhalb des Geltungsbereichs des Grundgesetzes kommen nur in Betracht, soweit die Vollstreckung nach dem Gesetz über die innerdeutsche Rechts- und Amtshilfe in Strafsachen vom 2. Mai 1953 (BGBl. I S. 161) zulässig ist oder war.

(3) Das Bundesministerium der Verteidigung kann in Einzelfällen Ausnahmen von Absatz 1 Nr. 1 zulassen.

Literatur: Spezielle Veröffentlichungen zu § 38 sind nicht vorhanden.

Übersicht

	Rn.		Rn.
A. Allgemeines	1 – 8	B. Erläuterungen im Einzelnen	9 – 21
1. Zweck und Entstehung der Vorschrift	1 – 5	1. Absatz 1 Nr. 1	9 – 16
2. Änderungen der Vorschrift	6	2. Absatz 1 Nr. 2	17
3. Bezüge zum Beamtenrecht bzw. zu sonstigen rechtl. Bestimmungen	7 – 8	3. Absatz 1 Nr. 3	18
		4. Absatz 2	19
		5. Absatz 3	20 – 21

A. Allgemeines

1. Zweck und Entstehung der Vorschrift

§ 38 normiert eine Reihe von Gründen, die die Berufung in das Dienstverhältnis eines BS oder SaZ ausschließen. Die Best. ergänzt insoweit die Berufungsvoraussetzungen des § 37; es ließe sich im Zusammenhang mit § 38 auch von **negativen Berufungsvoraussetzungen** sprechen. Dennoch stehen die Berufungshindernisse des § 38 formal **selbständig neben** der in § 37 Abs. 1 Nr. 3 aufgeführten Berufungsvoraussetzung der charakterlichen Eignung.[1] Dies zeigt bereits ein Blick auf die unterschiedlichen Rechtsfolgen bei Missachtung der Vorschriften. Wird ein Bewerber unter Verstoß gegen § 38 zum BS oder SaZ ernannt, stellt dies gem. § 46 Abs. 2 Satz 1 Nr. 1, § 55 Abs. 1 einen zwingenden Entlassungsgrund dar, wenn das Hindernis noch fortbesteht. Eine derartige Konsequenz sieht § 37 nicht vor.

Darüber hinaus weist § 38 auch eine **andere Normstruktur** auf. Er leitet aus einer Reihe von Rechtsfolgen, die sich aus strafgerichtl. Verurteilungen ergeben, das Hindernis der Berufung i. S. e. Automatismus ab. Eine Prognoseentscheidung, wie sich der Bewerber künftig verhalten wird, ist – anders als bei § 37 – nicht mehr angebracht. Die zu erwartende Persönlichkeitsentwicklung des Bewerbers kann allenfalls im Rahmen einer Ausnahmeentscheidung nach Abs. 3 eine Rolle spielen.

Gleichwohl dürften die Hindernisse des Abs. 1 i.d.R. auch Zweifel an der charakterlichen Eignung des Bewerbers begründen, so dass die Frage nach der praktischen Relevanz der Best. durchaus berechtigt ist.[2]

Aus systematischen Gründen spricht für die **Beibehaltung des § 38** allerdings die Übereinstimmung mit dem WPflG, das in § 10 eine weitgehend identische Vorschrift hins. des Ausschlusses vom Wehrdienst enthält. Dort ist eine derartige Regelung als Handlungsanweisung für die Wehrersatzbehörden zwingend erforderlich; im SG schadet sie zumindest nicht.

---

1 A.A. GKÖD I Yk, § 38 Rn. 1, der § 38 als Konkretisierung von § 37 Abs. 1 Nr. 3 versteht.
2 GKÖD I Yk, § 38 Rn. 1.

§ 38 Rechtsstellung der Berufssoldaten und der Soldaten auf Zeit

3   Im Grunde geht § 38 auf die traditionelle Kategorie der sog. „**Wehrunwürdigkeit**" zurück, die für Reichswehr und Wehrmacht Geltung hatte. In der **Begr.** zu § 33 des **REntw.** (später § 38) wurde dementspr. von den „klassischen Gründen, die für den Wehrdienst unfähig machen" gesprochen.[3] Das **WG 1921** enthielt allerdings selbst **keine vergleichbare Best.**; vielmehr stellte die „Wehrunwürdigkeit", die im Zusammenhang mit bestimmten strafgerichtl. Verurteilungen auszusprechen war, in erster Linie eine strafrechtl. Folge dar und war dementspr. gesetzl. nur im StGB bzw. MStGB geregelt.[4]

Zur spezifisch wehrrechtl. Kategorie wurde die „Wehrunwürdigkeit" erst durch § 13 **WG 1935**, systematisch konsequent im Zusammenhang mit der Wiedereinführung der allg. WPfl, wenn auch nicht auf diese beschränkt. Obwohl der Begriff der „Wehrunwürdigkeit" während des sog. Dritten Reiches ein Einfallstor für die „Auflagung" des Wehrrechts mit nationalsozialistischen Ideologismen darstellte[5], kann § 13 WG 1935 nicht als spezifische NS-Norm qualifiziert werden. Die Vorschrift war ausreichend bestimmt und knüpfte ebenfalls an strafrechtl. klar definierte Rechtsfolgen an. Unmittelbar nationalsozialistische Inhalte, wie der Ausschluss von Juden vom Wehrdienst, wurden bezeichnenderweise nicht als Teil der Wehrunwürdigkeit verstanden, sondern gesondert geregelt.[6] Es entspricht durchaus **rechtsstaatlichen Grundsätzen**, dass niemand staatliche Funktionen und staatliche Gewalt ausüben und repräsentieren kann, der zuvor selbst erheblich gegen die staatliche Rechtsordnung verstoßen hat. Eine Anlehnung an diese Best. bei Schaffung des SG verbot sich damit nicht, wobei der z.T. überfrachtete Begriff „Wehrunwürdigkeit" sicher zu Recht aufgegeben wurde.[7]

4   Die Regelung des **Abs. 3** wurde aufgenommen, um insbes. strafgerichtl. Verurteilungen aus der Zeit des sog. Dritten Reiches (die Begr. stellte auf **Verurteilungen „vor 1945"** ab) die Wirkung als Berufungshindernis nehmen zu können, wenn diese dem heutigen Rechtsbewusstsein widersprechen. Aber auch die Persönlichkeitsentwicklung, die ein Verurteilter durchgemacht hat, sollte im Einzelfall seine Zulassung zum Wehrdienst als SaZ oder BS – trotz schwerwiegender strafrechtl. Verurteilung – ermöglichen.[8]

5   Ausführlich erörtert wurde im **VertA** die Frage, ob das Hindernis des Abs. 1 Nr. 1 sich nur auf Verurteilungen durch **„deutsche Gerichte"** beschränken sollte. Im Ergebnis setzte sich die Position durch, dass Verurteilungen im Ausland, aber auch in Deutschland, z.B. durch die alliierten Militär- und Besatzungsgerichte, keinen zwingenden Hinderungstatbestand begründen sollten. Vielmehr wurde die Möglichkeit, einen Bewerber im Einzelfall ablehnen zu können, als ausreichend erachtet.[9] So sehr dies angesichts der Tatsache, dass die Urt. von Gerichten der Alliierten nicht generell den rechtsstaatlichen Maßstäben des GG entsprachen, nachvollziehbar ist, so schwer verständlich ist, warum nicht auch **Urt. von Gerichten der ehem. DDR** für grds. unerheblich eingestuft wurden. Rechtstechnisch wäre dies möglich gewesen, indem in Abs. 1 Nr. 1 nur auf Verurteilungen durch deutsche Gerichte im Geltungsbereich des GG oder des SG abge-

---

3 BT-Drs. II/1700, 28.
4 §§ 32, 34 Nr. 2 Reichsstrafgesetzbuch v. 15.5.1871 (RGBl. S. 127) u. § 31 MStGB i.d.F. v. 16.5.1926 (RGBl I S. 275).
5 Exemplarisch bei *Heckel, Johannes*, Wehrverfassung und Wehrrecht des Großdeutschen Reiches, 1939, 113 ff.
6 § 15 WG 1935.
7 An versteckten Stellen taucht er im SG in der praktisch nicht allzu bedeutsamen Regelung des § 46 Abs. 2 Satz 1 Nr. 3 u. des § 23 Abs. 2 Nr. 2, 2. Alt. sowie in der an sich überholten Regelung des § 88 auf, die auch Zweifel hins. ihrer Bestimmtheit aufwirft; vgl. die Komm. zu § 88 Rn. 12.
8 BT-Drs. II/1700, 28.
9 BT-Drs. II/2140, 12.

stellt worden wäre.[10] Da dies nicht erfolgte, und Gerichte der DDR unstr. immer als „deutsche Gerichte" angesehen wurden, musste durch den VertA mit Abs. 2 eine Sonderregelung in den Entw. eingebracht werden, die zumindest Grenzen für die Heranziehung von Urt. der DDR-Gerichtsbarkeit aufstellte.

2. Änderungen der Vorschrift

§ 38 wurde bisher wie folgt geändert:

Die ersten Änd.[11] betrafen Anpassungen der Vorschrift an die Entwicklung des Strafrechts und die damit verbundenen **neuen strafrechtl. Begriffe**. So war bis zum In-Kraft-Treten des 1. Gesetz zur Reform des Strafrechts[12] in Abs. 1 Nr. 1 noch der Verweis auf Verurteilung zu Zuchthaus oder Gefängnis enthalten.

Die letzte Änd. des § 38 erfolgte durch Art. 1 Nr. 3 und 25 des **SGÄndG**; sie hatte ausschließlich redaktionellen Charakter.

3. Bezüge zum Beamtenrecht bzw. zu sonstigen rechtl. Bestimmungen

Eine mit § 38 vergleichbare Best. findet sich **weder im Beamten- noch im Richterrecht**. Das Beamten- und Richterrecht kennt lediglich den nachträglichen Verlust der Beamten- bzw. Richterrechte auf Grund strafgerichtl. Verurteilungen (vgl. § 24 BRRG, § 48 BBG, § 24 DRiG). Diesen Best. entspricht § 48. Allerdings ist im Beamten- und Richterrecht eine Ernennung nichtig, wenn der Ernannte im Zeitpunkt der Ernennung nicht die Fähigkeit zur Bekleidung öff. Ämter hatte (§ 11 Abs. 2 Nr. 2 BBG, § 18 Abs. 2 Nr. 3 DRiG). Im Grunde ist dies eine noch schärfere Form des Ernennungshindernisses als § 38, dessen Missachtung – wie oben bereits erwähnt – lediglich die Entlassung zur Folge hat.

Inhaltlich fast übereinstimmend mit § 38 regelt **§ 10 WPflG** den Ausschluss vom Wehrdienst. Einzige Abweichungen zu § 38 sind einerseits, dass die Mindestfreiheitsstrafe, sofern es nicht um Verbrechen geht, sechs Monate betragen muss, und andererseits, dass ausdrücklich darauf hingewiesen wird, dass der Ausschluss vom Wehrdienst nicht mehr erfolgt, wenn die Eintragung über die Verurteilung im Zentralregister getilgt ist. Letzteres hat die Konsequenz, dass die Anwendung von § 52 BZRG im Wehrpflichtrecht – anders als im SG – ausgeschlossen ist.

B. Erläuterungen im Einzelnen

1. Absatz 1 Nr. 1

a) Allgemeines

Abs. 1 Nr. 1 enthält **zwei Alt.** Ein Berufungshindernis liegt zum einen dann vor, wenn der Betroffene wegen eines Verbrechens zu Freiheitsstrafe von mindestens einem Jahr verurteilt ist (1. Alt.). Weiterhin wird ein Berufungshindernis begründet bei Verurteilung wegen vorsätzlicher Tat zu Freiheitsstrafe auf Grund bestimmter Strafnormen (2. Alt.).

Die Verurteilung muss durch ein deutsches Gericht erfolgt sein, nicht zwangsläufig im ordentlichen Strafverfahren.[13] Dies bedeutet, dass auch ein **Strafbefehl**, gegen den nicht

---

10 Vgl. eine dementspr. Formulierung in § 48 BBG.
11 Durch Art. 6 Nr. 6 a des G v. 25.6.1968 (BGBl. I S. 741), durch Art. 61 Nr. 1 des G v. 25.6.1969 (BGBl. I S. 645) u. durch Art. 154 Nr. 3 des G v. 2.3.1974 (BGBl. I S. 469).
12 V. 25.6.1969 (BGBl. I S. 645).
13 Dies lässt sich im Umkehrschluss aus der anderslautenden Formulierung in § 48 BBG u. § 84 Abs. 1 WDO ableiten, dürfte aber durchaus str. sein, vgl. BVerwGE 118, 262.

rechtzeitig Einspruch erhoben wurde (§ 410 Abs. 3 StPO), ausreicht. Allerdings kann im Rahmen des Strafbefehlsverfahrens nur unter engen Voraussetzungen überhaupt eine Freiheitsstrafe festgesetzt werden (§ 407 Abs. 2 Satz 2 StPO).

11 Unter der Verurteilung zu Freiheitsstrafe ist die **Freiheitsstrafe i.S.d. Erwachsenenstrafrechts** gem. §§ 38, 39 StGB zu verstehen. **Jugendstrafe** nach § 17 JGG ist keine Freiheitsstrafe; bei ihr steht der Erziehungscharakter im Vordergrund.[14] Ebenso wenig fällt die vollzogene Ersatzfreiheitsstrafe gem. § 43 StGB unter § 38 Abs. 1 Nr. 1.[15]

Wird die Freiheitsstrafe zur **Bewährung** ausgesetzt, ändert dies nichts an ihrer Wirkung als Berufungshindernis. Auch bei Bewährung ist der Täter zu Freiheitsstrafe verurteilt; die Aussetzung stellt nur eine Modifikation der Freiheitsstrafe hins. ihrer Vollstreckung dar.[16] Wird die Freiheitsstrafe im **Gnadenwege** erlassen, bleibt es beim Berufungshindernis[17]; es kommt dann eine Ausnahmegenehmigung nach Abs. 3 in Betracht.

12 Obwohl der Wortlaut des Abs. 1 Nr. 1 auf vollendete Taten hindeutet, ist auch die Verurteilung wegen des **Versuchs** eines Verbrechens oder eines der sonstigen aufgeführten Delikte ein Berufungshindernis, sofern das entspr. Strafmaß verhängt wurde. Dies folgt daraus, dass der Versuchstäter seinen rechtsfeindlichen Willen manifestiert hat und daher hins. seiner Berufung als SaZ oder BS nicht anders behandelt werden kann als der Täter einer vollendeten Straftat.[18]

Gleiches gilt für Verurteilungen wegen **Teilnahme** (Anstiftung und Beihilfe, §§ 26, 27 StGB), wegen der „**Verleitungstatbestände**" in 33 WStG und § 357 StGB sowie der öff. Aufforderung zu Straftaten (§ 111 StGB), sofern sie sich auf Verbrechen bzw. die genannten Straftaten beziehen und eine entspr. Strafe verhängt wurde.

13 Hinw., ob ein Berufungshindernis i.s.v. Abs. Nr. 1 vorliegt, erhält die zuständige Dienststelle durch das grds. anzufordernde polizeiliche **Führungszeugnis** bzw. die unbeschränkte Auskunft aus dem Bundeszentralregister. Ist die Verurteilung getilgt, kann sie gem. § 51 Abs. 1 BZRG grds. kein Berufungshindernis mehr darstellen, es sei denn, es liegen die besonderen Voraussetzungen des § 52 Abs. 1 Nr. 4 BZRG vor.

b) Absatz 1 Nr. 1, 1. Alt.

14 Ein **Verbrechen** ist eine rechtswidrige Tat, die im Mindestmaß mit Freiheitsstrafe von einem Jahr oder darüber bedroht ist (§ 12 Abs. 1 StGB). Folglich wird i.d.R. jede Verurteilung wegen eines Verbrechens die Voraussetzung des Abs. 1 Nr. 1, 1. Alt. (Freiheitsstrafe von mindestens einem Jahr) erfüllen. Anderes kann nur in den Fällen eintreten, in denen die besonderen gesetzl. Milderungsgründe des § 49 StGB ausnahmsweise bei einem Verbrechen eine Mindeststrafe von weniger als einem Jahr vorgeben und dementspr. eine geringere Strafe verhängt wurde. Liegen **Milderungsgründe** vor, wird dennoch im Ergebnis eine Freiheitsstrafe von mindestens einem Jahr ausgesprochen, liegt das Berufungshindernis des Abs. 1 Nr. 1 vor, denn die Milderungsgründe ändern nichts daran, dass die jew. Tat als Verbrechen zu qualifizieren ist (§ 12 Abs. 3 StGB).

15 Wird durch ein Strafurt. auf eine **Gesamtfreiheitsstrafe** (§§ 53, 54 StGB) von mindestens einem Jahr erkannt, ist die Voraussetzung des Abs. 1 Nr. 1, 1. Alt. gegeben, wenn der

---

14 Ganz h.M.; VG München NZWehr 1996, 41; GKÖD I Yk, § 38 Rn. 3; *Scherer/Alff*, SG, § 38 Rn. 5.
15 *Scherer/Alff*, SG, § 38 Rn. 4.
16 *Schönke-Schröder-Stree*, StGB, 26. Aufl. 2001, § 56 Rn. 4 ff.
17 *Scherer/Alff*, SG, § 38 Rn. 3.
18 S. zur strafrechtstheoretischen Begr. der Versuchsstrafbarkeit *Schönke-Schröder-Eser*, StGB, Vorbem. § 22 Rn. 17 ff.

Hindernisse der Berufung § 38

Täter wegen mehrerer Verbrechen verurteilt wurde.[19] Wird die Gesamtfreiheitsstrafe wegen eines Verbrechens und eines Vergehens, das nicht unter die 2. Alt. des Abs. 1 Nr. 1 fällt, verhängt, kommt es darauf an, ob die für das Verbrechen angesetzte Einzelstrafe für sich bereits mindestens ein Jahr beträgt.[20] Ergibt sich aus dem vorliegenden Urt. hierüber keine Klarheit, ist dies zu Gunsten des Bewerbers zu werten.[21]

c) Absatz 1 Nr. 1, 2. Alt.

Verurteilungen zu Freiheitsstrafe wegen besonderer Delikte begründen unabhängig 16
von der Dauer der verhängten Freiheitsstrafe ein Berufungshindernis. Dabei handelt es sich um die Straftaten im Ersten (§§ 80 ff.) und Zweiten (§§ 93 ff.) Abschnitt des Besonderen Teils des StGB. In diesen Fällen ist es **unerheblich**, ob es sich um ein **Verbrechen** oder ein **Vergehen** handelt.

2. Absatz 1 Nr. 2

Der Verlust der Fähigkeit, öff. Ämter zu bekleiden, tritt infolge **Richterspruchs** automatisch ein, wenn wegen eines Verbrechens eine Freiheitsstrafe von mindestens einem 17
Jahr verhängt wird (§ 45 Abs. 1 StGB). Insoweit hat das Berufungshindernis des Abs. 1 Nr. 1 zur Folge, dass auch ein Fall des Abs. 1 Nr. 2 vorliegt. Die Dauer der Amtsunfähigkeit beträgt fünf Jahre.

Weiterhin kann ein Strafgericht ausdrücklich die Amtsfähigkeit für die Dauer von zwei bis fünf Jahren aberkennen, wenn das Gesetz es besonders vorsieht (§ 45 Abs. 2 StGB). Zum **Eintritt** und der jew. **Berechnung** der Amtsunfähigkeit siehe § 45a StGB; die Möglichkeit einer vorzeitigen **Wiederverleihung** der Amtsfähigkeit durch das Gericht regelt § 45b StGB.

Die Fähigkeit, öff. Ämter zu bekleiden, kann darüber hinaus durch das BVerfG im Verfahren zur **Verwirkung von Grundrechten** aberkannt werden (§ 39 Abs. 2 BVerfGG).

Die fehlende Amtsfähigkeit wirkt als Berufungshindernis immer nur für die **Dauer**, für die sie ausgesprochen worden ist. Wird sie im Gnadenwege aufgehoben[22], fällt – anders als bei Abs. 1 Nr. 1 – das Berufungshindernis weg.

3. Absatz 1 Nr. 3

Die **Maßregeln der Besserung und Sicherung**, die ein Berufungshindernis begründen, 18
sind die Unterbringung in einer Entziehungsanstalt (§ 64 StGB) und die Unterbringung in der Sicherungsverwahrung (§ 66 StGB). Praktische Bedeutung hat dies nicht, da Personen, die diesen Maßregeln unterliegen, ohnehin nicht als Soldat Dienst leisten können.

4. Absatz 2

Abs. 2 bezog sich auf Urt. von Gerichten der ehem. DDR, die als deutsche Gerichte 19
anzusehen waren. Die Vorschrift ist über 15 Jahre nach dem Ende der DDR obsolet und sollte in einer der nächsten Novellierungen aufgehoben werden.

5. Absatz 3

Das BMVg kann in Einzelfällen Ausnahmen von Abs. 1 Nr. 1 zulassen. Auf Grund der 20
Entstehungsgeschichte der Best. ist davon auszugehen, dass die Möglichkeit der Aus-

---

19 Vgl. BGH NStZ 1981, 342; a.a. *Schönke-Schröder-Stree*, § 45 Rn. 3.
20 Vgl. zu § 48 Abs. 1 Nr. 1 BBG BVerwGE 84, 1 = NJW 1990, 1865.
21 BVerwGE 107, 34 = NVwZ 1998, 1305.
22 Hierzu *Schönke-Schröder-Stree*, § 45 Rn. 16.

Sohm 523

nahmeentscheidung **subjektive Rechte** des jew. Antragstellers/Bewerbers begründet. Hierfür spricht auch der Wortlaut, der in Abgrenzung zur Ausnahmeentscheidung bei § 37 Abs. 2 nicht ausschließlich ein dienstl. Interesse voraussetzt.

Dies begründet **keinen Anspruch** auf eine Ausnahmegenehmigung. In der Praxis dürfte in erster Linie ein dienstl. Interesse an einem bestimmten Bewerber Anlass für eine Ausnahmegenehmigung sein. Der Betroffene kann verlangen, dass über seinen Antrag ermessensfehlerfrei entschieden wird und hiermit ggf. auch eine verwaltungsgerichtl. Klage begründen.

Da Verurteilungen aus der NS-Zeit keine Rolle mehr spielen, wird eine Ausnahme dann in Betracht kommen, wenn der Bewerber trotz einer Vorstrafe eine **Persönlichkeitsentwicklung** durchlaufen hat, die auf eine künftig rechtstreue Gesinnung und Haltung schließen lässt. Dabei müssen die konkreten Umstände der jew. Straftat und der Verurteilung eine Rolle spielen.

21 Hins. der fehlenden Amtsfähigkeit (Abs. 1 Nr. 2) kann das BMVg dagegen keine Ausnahme erteilen. Dieses Berufungshindernis kann nur durch die Gerichte, die den Verlust der Amtsfähigkeit ausgesprochen haben, im Rahmen einer Wiederverleihung oder im Gnadenwege beseitigt werden.

§ 39 Begründung des Dienstverhältnisses eines Berufssoldaten

In das Dienstverhältnis eines Berufssoldaten können berufen werden
1. **Unteroffiziere mit der Beförderung zum Feldwebel,**
2. **Offizieranwärter nach Abschluss des für ihre Laufbahn vorgesehenen Ausbildungsganges mit der Beförderung zum Leutnant, Sanitätsoffizier-Anwärter jedoch erst mit der Beförderung zum Stabsarzt, Stabsveterinär oder Stabsapotheker sowie Militärmusikoffizier-Anwärter erst mit der Beförderung zum Hauptmann,**
3. **Offiziere auf Zeit,**
4. **Offiziere der Reserve.**

Literatur: *Dautzenberg, Volker:* Differenzierungsmöglichkeiten bei Auswahlentscheidungen, NZWehrr 1999, 221; *Gertz, Bernhard:* Gestaltung von Auswahlverfahren für Soldaten unter besonderer Berücksichtigung des Verfassungsauftrages aus Art. 87a GG, NZWehrr 1987, 203; *Heller, Robert:* Die Berücksichtigung des allgemeinen Dienst- oder Lebensalters bei der Beförderung von Beamten und Soldaten, NZWehrr 1991, 133; *Püttner, Günter:* Altersgrenzen im Beamtenrecht, DVBl. 1997, 259; *Schreiber, Jürgen:* Rechtsanspruch auf Status- oder Laufbahnwechsel?, NZWehrr 1977, 139; *Steege, Friedrich-W.:* Eignung-Befähigung-Leistung. Zur Definition und Abgrenzung der Begriffe unter spezieller Berücksichtigung der militärischen Personalführung, NZWehrr 1978, 41.

Übersicht

	Rn.		Rn.
A. Allgemeines	1 – 9	4. Ergänzende Bestimmungen in Rechtsverordnungen, Dienstvorschriften und Erlassen	7 – 9
1. Zweck der Vorschrift	1 – 2		
2. Entstehung und Änderungen der Vorschrift	3 – 6	B. Erläuterungen im Einzelnen	10 – 32
3. Bezüge zum Beamtenrecht		1. Nr. 1	10 – 16
		2. Nr. 2 bis 4	17 – 20
		3. Rechtsschutz	21 – 32

Begründung des Dienstverhältnisses eines Berufssoldaten § 39

A. Allgemeines

1. Zweck der Vorschrift

Durch § 39 werden **status- und dienstgradbezogene Voraussetzungen** festgelegt, die ein Bewerber aufweisen muss, um in das Dienstverhältnis eines BS berufen werden zu können. Die Best. verfolgt **zwei Ziele**: Einerseits sollen nur Bewerber, die **bereits Soldat** sind, die Möglichkeit haben, BS zu werden. BS wachsen in erster Linie aus dem Kreis der SaZ hervor.[1] Ausgeschlossen ist, eine mil. Laufbahn als BS zu beginnen. Andererseits wird mit dem Status des BS auch ein **bestimmter mil. Dienstgrad** verbunden. Unterhalb des Dienstgrades Fw in der Laufbahn der Uffz und unterhalb des Dienstgrades Lt in der Laufbahn der Offz soll es keine BS geben.[2] Diesem Normzweck entspricht die Best. des § 62 Abs. 1 Satz 3 WDO, die bei Berufsunteroffizieren eine Dienstgradherabsetzung aus disziplinarrechtl. Gründen ebenfalls nur bis zum Fw zulässt. Hierdurch wird verhindert, dass z.B. ein StUffz im Dienstverhältnis eines BS stehen kann.[3] 1

Wie § 37 und § 38 begründet § 39 **keinen Anspruch** auf Übernahme in das Dienstverhältnis eines BS, sondern legt nur weitere formale Mindestanforderungen fest. Die Übernahme steht **im Ermessen** der zuständigen Dienststellen. Ein Bewerber, der sämtliche Voraussetzungen erfüllt, hat lediglich einen Anspruch, dass über seine Bewerbung nach den Grundsätzen von Eignung, Leistung und Befähigung entspr. den Vorgaben von Art. 33 Abs. 2 GG, § 3 SG entschieden wird.[4] 2

2. Entstehung und Änderungen der Vorschrift

§ 39 ist von seiner Struktur her nahezu identisch mit § 34 des **REntw**.[5] Die **Begr.** und die Erörterungen im **VertA** bestätigen die o.g. Zwecksetzung der Norm.[6] Zu ausführlichen Diskussionen der Best. ist im Rahmen des Gesetzgebungsverfahrens nicht gekommen. 3

Seit In-Kraft-Treten des SG ist § 39 zwei Mal **geändert** worden. Bei beiden Änd. ging es um die Einf. besonderer Übernahmevoraussetzungen für OA in den neu geordneten Laufbahnen des SanDienstes und des Militärmusikdienstes. 4

Durch Art. 1 Nr. 3 des G vom **21.7.1970**[7] wurde in Nr. 2 die Regelung eingeführt, dass SanOA – abw. von Offz anderer Laufbahnen – erst mit der Beförderung zum Stabsarzt, Stabsveterinär oder Stabsapotheker BS werden können. Diese Änd. war erforderlich geworden, da mit diesem Gesetz die Laufbahn der Offz des SanDienstes neu geordnet wurde. Bis dahin rekrutierte sich das Sanitätsoffizierkorps ausschließlich aus bereits approbierten Ärzten und Apothekern, die ihre Ausbildung vor Einstellung in die Bw abgeschlossen hatten. Sie wurden im Dienstgrad Stabsarzt (Stabsveterinär, Stabsapotheker) eingestellt. Mit der Neuordnung wurde die Möglichkeit eröffnet, dass Bewerber bereits nach dem Abitur als SanOA eingestellt werden können und im Anschluss an eine mil. Ausbildung unter Gewährung eines Ausbildungsgeldes zum Studium beurlaubt und nach Erwerb der Approbation zum Stabsarzt ernannt werden. Die Neurege- 5

---

1 So bereits *Rittau*, SG, 198.
2 *Rittau*, ebd.; *Scherer/Alff*, SG, § 39 Rn. 1.
3 Vgl. BT-Drs. III/2213, 22; *Dau*, WDO, § 62 Rn. 4.
4 Ganz h.M. u. Rspr., BVerfGE 39, 344 (354); BVerwGE 15, 3; BVerwGE 80, 123; BVerwG ZBR 1981, 228; *Schreiber*, NZWehrr 1977, 139; *Zängl*, GKÖD I K, § 8 Rn. 19 f. m.w.N.
5 BT-Drs. II/1700, 9.
6 BT-Drs. II/1700, 28; BT-Drs. II/2140, 12.
7 BGBl. I S. 1120.

lung diente in erster Linie der Verbesserung der Nachwuchslage.[8] Da die SanOA bereits während der Phase des Studiums befördert werden und dabei i.d.r. den Dienstgrad Lt (als Anwärterdienstgrad) erreichen, soll ihre Übernahme zum BS erst im Dienstgrad Stabsarzt erfolgen können. Die Verleihung dieses Dienstgrades setzt die Approbation voraus und beendet die Ausbildung zum SanOffz (vgl. § 31 Abs. 3 und 4 SLV).

6   Durch Art. 1 Nr. 8 des G vom **6.12.1990**[9] wurde Nr. 2 um eine vergleichbare Sonderbest. für Militärmusikoffizier-Anwärter ergänzt. Deren Ausbildung endet mit der Beförderung zum Hptm, wobei dieser Dienstgrad das Kapellmeisterexamen voraussetzt (vgl. § 35 Abs. 3 und 4 SLV).

3. Bezüge zum Beamtenrecht, ergänzende Bestimmungen in Rechtsverordnungen, Dienstvorschriften und Erlassen

7   Eine § 39 unmittelbar entspr. Norm findet sich angesichts der andersgearteten Statusverhältnisse im Beamten- und Richterrecht (auf Probe, auf Lebenszeit, auf Widerruf) **weder in den Beamtengesetzen noch im DRiG**. Eingeschränkt vergleichbar mit § 39 sind von ihrer Zwecksetzung her § 6 BRRG und § 9 BBG, die ein bestimmtes Vorbereitungsstadium bzw. eine Probezeit für die Ernennung zum Beamten auf Lebenszeit voraussetzen. Dennoch wird hier ein zentraler **Strukturunterschied zwischen Soldatenrecht und Beamtenrecht** deutlich. Das Beamtenverhältnis ist grds. auf Dauer angelegt. Die lebenslängliche Anstellung stellt einen hergebrachten Grds. des Berufsbeamtentums i.S.v. Art. 33 Abs. 5 GG dar.[10] Auch die Beamtenverhältnisse auf Probe und mit Einschränkung die Beamtenverhältnisse auf Widerruf zielen darauf ab, in ein Beamtenverhältnis auf Lebenszeit überzugehen.[11] Im mil. Bereich ist dagegen der SaZ ein Regelstatus, der gleichberechtigt neben dem Status des BS steht. Nur ein Teil aller SaZ hat überhaupt die Möglichkeit BS zu werden. Dies hängt mit der spezifisch mil. Notwendigkeit eines in der Altersstruktur ausgewogenen Personalkörpers zusammen.[12] Viele Verwendungen in den SK sind schon auf Grund der mit ihnen verbundenen körperlichen Anforderungen nur bis zu einem bestimmten Grenzalter auszufüllen. Die Einsatzfähigkeit der SK wäre bei einer Überalterung des Unteroffizier- und Offizierkorps nicht mehr gewährleistet. Dies bedingt, dass ein großer Teil aller länger dienenden Soldaten nur befristet im Dienstverhältnis verbleiben kann und noch vor Erreichen der besonderen oder allg. Altersgrenze aus den SK ausscheiden muss.

8   § 39 legt nicht abschließend alle formalen Voraussetzungen für die Berufung in das Dienstverhältnis eines BS fest. **Weitere Voraussetzungen** finden sich insbes. in **folgenden Best.**:

- SLV
- Bestimmungen für die Beförderung und für die Einstellung, Übernahme und Zulassung von Soldatinnen und Soldaten[13]
- Richtlinien für die Umwandlung des Dienstverhältnisses von Offizieren des Truppendienstes im Dienstverhältnis eines Soldaten auf Zeit in das Dienstverhältnis eines Berufssoldaten[14]

---

8   Vgl. BR-Drs. 42/70, 4.
9   BGBl. I S. 2588.
10 Vgl. BVerfGE 70, 251 (267); GKÖD I K, § 2 Rn. 51.
11 *Battis*, BBG, § 5 Rn. 3.
12 So sind auf der Grundlage des aktuellen Personalstrukturmodells (PSM) 2000 von den insgesamt 36.700 Offz 25.000 BS, der Rest SaZ. In der Laufbahngruppe der Uffz ist der Anteil der BS noch wesentlich geringer; von insgesamt 100.000 Uffz sind nur 33.000 BS, alle anderen stehen im Dienstverhältnis eines SaZ.
13 ZDv 20/7.
14 Erl. des BMVg – P II 1 – Az 16-02-09/1 v. 17.2.1997.

Begründung des Dienstverhältnisses eines Berufssoldaten § 39

- Richtlinien für die Umwandlung des Dienstverhältnisses von Sanitätsoffizieren im Dienstverhältnis einer Soldatin auf Zeit oder eines Soldaten auf Zeit in das Dienstverhältnis einer Berufssoldatin oder eines Berufssoldaten[15]
- Richtlinien für die Umwandlung des Dienstverhältnisses von Feldwebeln im Dienstverhältnis einer Soldatin oder eines Soldaten auf Zeit in das Dienstverhältnis einer Berufssoldatin oder eines Berufssoldaten.[16]

Diese Regelungen werden ergänzt durch z.T. jährlich aktualisierte teilstreitkraftspezifische Vorgaben über die Ergänzungsquoten, jew. bezogen auf Geburtsjahrgänge und Ausbildungs- und Verwendungsreihen.

Zumindest **missverständlich** ist es, wenn auch in aktuellen Komm. die Best. des § 87 als **Ausnahmeregelung** gegenüber den Voraussetzungen des § 39 qualifiziert wird.[17] Auch Bewerber, die nach Ableistung einer Eignungsübung gem. § 87 Abs. 2 zum BS ernannt werden sollen, müssen den jew. „Mindestdienstgrad" ihrer Laufbahn gem. § 39 spätestens mit der Berufung erlangen. Der Rechtsstatus der Eignungsübenden als SaZ wird für die Dauer der Eignungsübung durch § 87 Abs. 1 Satz 5 fingiert, so dass jedenfalls dogmatisch nicht von einer Ausnahmebest. auszugehen ist, nach der die Eignungsübung „an Stelle der in § 39 genannten Voraussetzungen" tritt.[18]

9

B. Erläuterungen im Einzelnen

1. Nr. 1

Uffz können mit der Beförderung zum Fw BS werden. Als weitere Voraussetzung bestimmt § 21 SLV, dass die Soldatin oder der Soldat mindestens das 24. Lebensjahr vollendet hat. Gegen eine solche **Mindestaltersgrenze** ist materiellrechtl. nichts einzuwenden. Sie dient – ähnlich wie das Mindestalter von 27 Jahren für die Ernennung zum Beamten auf Lebenszeit in § 9 Abs. 1 Nr. 2 BBG – dem Zweck, dass die Rechtsstellung eines BS, die nur unter engen Voraussetzungen wieder entzogen werden kann, erst in einem Alter begründet wird, in dem sich die Berufswahl des Soldaten verfestigt hat und seine persönliche Entwicklung einen gewissen Abschluss erfahren hat, der durch die Personalführung beurteilt werden kann.[19] Zweifel könnten bestehen, ob die Festlegung des Mindestalters auf dem **Verordnungsweg** zulässig ist. Weder § 27 noch § 39 enthalten eine diesbezügliche Ermächtigungsgrundlage. Im Ergebnis dürften derartige Einwände jedoch unbegründet sein. Das Mindestalter von 24 Jahren kann als zulässiges Eignungskriterium i.S.v. Art. 33 Abs. 2 GG, § 3 SG oder als Ermessenskriterium bei der Entscheidung über eine Bewerbung angesehen werden. Es ließe sich daher problemlos in einer Dienstvorschrift oder einem Erl. generell anordnen. Dann wäre die Festlegung des Alters von 24 Jahren als vorweg genommene Ausfüllung des Eignungsbegriffs, als „generalisierte Ermessensausübung" oder sog. „antizipierte Verwaltungspraxis" zu qualifizieren, die auch bei der Festlegung von Altersgrenzen im öff. Dienst zulässig ist.[20] Es kann folglich keinen Unterschied machen, dass hier die Altersgrenze in einer ansonsten gesetzl. umfassend ermächtigten RVO festgelegt wurde.

10

Sprachlich ungenau ist dagegen die Formulierung des § 21 **SLV** insoweit, als der Soldat den Dienstgrad Fw erreicht haben muss. Dies könnte so verstanden werden, dass die Berufung in das Dienstverhältnis eines BS erst nach der Beförderung zum Fw erfolgen

11

---

15 BMVg –Fü San II 3 – Az 16-02-09 v. 28.10.2002.
16 BMVg – PSZ I 1 – Az 16-02-09/7 v. 23.7.2002.
17 GKÖD I Yk, § 39 Rn. 2; *Scherer/Alff*, SG, § 39 Rn. 4.
18 So aber *Scherer/Alff*, ebd.
19 Vgl. BVerwG *Buchholz* 237.1 Art. 42 BG BY Nr. 6.
20 BVerwG *Buchholz* 232 § 15 BBG Nr. 11.

darf. Von § 39 Nr. 1 wäre eine derartige Regelung nicht gedeckt. Die Formulierung „... mit der Beförderung zum Feldwebel ..." soll zum Ausdruck bringen, dass der geforderte Mindestdienstgrad zusammen mit der Ernennung zum BS verliehen werden kann und nicht bereits zuvor die entspr. Beförderung erfolgt sein muss.[21] Eine Bestätigung hierfür gibt § 41, wonach die Ernennungsurkunde für die Umwandlung des Dienstverhältnisses lauten kann „... unter Berufung in das Dienstverhältnis eines Berufssoldaten ..." Dies macht nur Sinn, wenn im Zusammenhang mit der Berufung auch eine Beförderung erfolgt. In der Praxis spielt dies jedoch kaum eine Rolle, da von den TSK – schon aus Gründen des Leistungs- und Eignungsvergleichs sowie der möglichst umfassenden „Potentialabschöpfung" – generell nur Soldaten, die bereits Fw sind, zur Bewerbung als BS aufgerufen werden. Gegenüber dieser Praxis bestehen **keine rechtl. Einwände.**

12 Obwohl in § 39 nicht ausdrücklich erwähnt, können auch **Reserveunteroffiziere** unter bestimmten Voraussetzungen in das Dienstverhältnis eines BS übernommen werden (§ 22 Abs. 4 SLV).

13 **Zuständig** für die Übernahme zum BS ist regelmäßig die **Stammdienststelle der Bw**[22], die ab Oktober 2005 aus den bisherigen Stammdienststellen der TSK gebildet wurde.

14 Die Übernahmeentscheidung wird i.d.R. im Rahmen jährlicher **Übernahmekonferenzen** getroffen. Unter Berücksichtigung der angemessenen Personalstruktur legen die TSK im Vorfeld fest, wie viele Fw pro Geburtsjahrgang und Ausbildungs- und Verwendungsreihe zum BS übernommen werden können. Dementspr. erfolgt die Aufforderung zur Bewerbung. Die Bewerber werden in den Konferenzen vorgestellt und auf der Grundlage ihrer bisherigen Beurteilungen sowie TSK-spezifischer Kriterien nach dem Prinzip der Bestenauslese übernommen.[23] Hierbei hat eine ganzheitliche und vergleichende Betrachtung der Bewerber hins. ihrer Eignung für den angestrebten Statuswechsel zu erfolgen. Einzelheiten sind in den einschlägigen Richtlinien festgelegt.[24]

15 Keinen rechtl. Bedenken unterliegt es, **Übernahmequoten je Geburtsjahrgang** festzulegen und die Übernahme damit vom Lebensalter eines Bewerbers abhängig zu machen. Dies gilt selbst dann, wenn damit im Ergebnis ein Vergleich der Beurteilungen schlechter bewerteter Bewerber einem besser beurteilten Konkurrenten allein auf Grund der Zugehörigkeit zu einem bestimmten Geburtsjahrgang vorgezogen wird. Hierin ist nicht ein Verstoß gegen das Leistungsprinzip (§ 3) oder gar die Anerkennung des im öff. Dienstrecht allg. als unzulässig angesehenen Ancienitätsprinzips[25] zu sehen. Vielmehr folgt dies aus den strukturellen Besonderheiten der SK. Der Verteidigungsauftrag der Bw erfordert, dass bei der Auswahl von BS auf einen durch verteidigungspolitische und mil. Zweckmäßigkeitserwägungen vorgegebenen Altersaufbau der SK Rücksicht genommen wird. Für das Personal in den SK ist das **Erfordernis einer strukturgerechten Altersschichtung** ungleich wichtiger als in allen anderen Bereichen des öff. Dienstes.[26] Die Einsatzfähigkeit der SK setzt einerseits ein Leistungs- und Fähigkeitsprofil voraus, das auch vom Lebensalter der Soldaten abhängig ist und Überalterungen verbietet. Andererseits besteht in der „Einheitslaufbahn" der BS nur sehr ein-

---

21 So auch *Scherer/Alff*, SG, § 39 Rn. 1; unklar GKÖD I Yk, § 39 Nr. 1.
22 Vgl. ZDv 14/5 B 108 Art. 4 Abs. 2 bis 4; Art. 5 Abs. 1 Nr. 4; Art. 6 Abs. 1 Nr. 4; Art. 7.
23 Zum Grds. der Bestenauslese s. *Dautzenberg*, NZWehr 1999, 221; *Scherer/Alff*, SG, § 3 Rn. 13 ff.
24 S.o. Rn. 3.
25 BVerwG DVBl. 1994, 118; OVG Saarlouis ZBR 1994, 81; VGH Kassel ZBR 1995, 109. Unbestr. ist, dass bei gleicher Eignung z.B. das Dienstalter als nicht leistungsbezogenes Hilfskriterium herangezogen werden kann. Vgl. *Gertz*, NZWehrr, 1987, 203 (205).
26 BVerwGE 33, 306; BVerwGE 43, 179; BVerwGE 86, 205.

geschränkt die Möglichkeit, für Führungsverwendungen auf Seiteneinsteiger zurückgreifen zu können. Nur durch der jew. Altersstruktur gerecht werdende Auswahlentscheidungen kann langfristig eine adäquate Dienstpostenbesetzung in der Zukunft gewährleistet werden. Es ist daher von der Rspr. anerkannt, dass es der Dispositionsbefugnis der Bw obliegt, festzulegen, wie viele BS für jeden Jahrgang übernommen werden sollen.[27]

Die Vereinbarkeit der vorstehend geschilderten Praxis mit Art. 33 Abs. 2 GG und § 3 lässt sich dogmatisch auf zwei Wegen erreichen. Einerseits kann angesichts der besonderen Anforderungen der SK der Geburtsjahrgang als Eignungskriterium qualifiziert werden. Ein umfassender Eignungsbegriff enthält nicht nur die geistigen und charakterlichen Fähigkeiten, sondern alle Eigenschaften des Individuums, die Voraussetzung dafür sind, dass der Einzelne den Anforderungen seines Dienstpostens, seiner Laufbahn und seines Status gerecht wird.[28] Ein Bewerber, der einem bereits vollständig besetzten Geburtsjahrgang angehört, ist folglich für die Übernahme zum BS nicht mehr geeignet. Allerdings sieht die sog. **Erstbewerberregelung**[29] vor, dass Antragsteller aus nicht mehr aufgerufenen Geburtsjahrgängen, die sich in den vergangenen Jahren nicht bewerben konnten, einmal die Möglichkeit haben, an einem Auswahlverfahren teilzunehmen. Andererseits ist in der Festlegung von jahrgangsabhängigen Übernahmequoten eine planerisch-organisatorische Maßnahme der Bedarfsbestimmung zu sehen.[30] Anerkannt ist, dass der Zugang zu öff. Ämtern nur im Rahmen des jew. Bedarfs rechtl. geschützt ist.[31] Die organisatorischen Maßnahmen und die Festlegung des Bedarfs ihrerseits unterliegen grds. nicht der gerichtl. Kontrolle. Sie dienen ausschließlich dienstl. Interessen und begründen keine subjektiven Rechte für potentielle Bewerber. Eine gerichtl. Überprüfung ist daher nur in extremen Ausnahmefällen bei offensichtlich rechtsmissbräuchlichen Festlegungen vorstellbar.[32]

2. Nr. 2 bis 4

Berufsoffiziere werden i.d.R. aus dem Kreis der Offz auf Zeit (**Nr. 3**) gewonnen. Ausnahmsweise dürfen OA bereits mit ihrer Beförderung zum Lt zum BS ernannt werden (**Nr. 2**). Dies wird i.d.R. nur in den Fällen erfolgen, in denen einem OA bereits bei der Einstellung gem. § 4 Abs. 4 SLV eine bindende Zusage erteilt wurde, ihn bei Erfüllen bestimmter Voraussetzungen zum BS zu übernehmen.

Der Mindestdienstgrad **Lt** für Berufsoffiziere ergibt sich daraus, dass nach § 24 Abs. 3 SLV mit der Beförderung zum Lt die Ausbildung zum Offz abgeschlossen ist. Bei SanOffz ist dies mit der Beförderung zum Stabsarzt, bei MilitärmusikOffz mit der Beförderung zum Hptm der Fall.[33]

---

27 BVerwG ZBR 1981, 228; BVerwGE 113, 76 = NZWehr 97, 160; *Gertz*, NZWehrr 1987, 203 (207); einschränkend *Heller*, NZWehrr 1991, 133, der nicht ausreichend zwischen Beamten- u. Soldatenrecht differenziert; krit. auch, ohne zu berücksichtigen, dass sich die Rspr. des BVerwG nur auf die SK bezieht, *Püttner*, DVBl. 1997, 259.
28 *Steege*, NZWehrr 1978, 41; wesentlich enger demgegenüber *Scherer/Alff*, SG, § 3 Rn. 14 ff., der als Eignungsmerkmale anscheinend nur die Kategorien des § 37 Abs. 1 Nr. 2 u. Nr. 3 SG anerkennt.
29 Nr. 2 ff. der Richtlinien des BMVg für die Umwandlung des Dienstverhältnisses von Feldwebeln im Dienstverhältnis eines SaZ in das Dienstverhältnis eines BS BMVg – PSZ I 1 – Az 16-02-09 v. 23.7.2002.
30 So ist wohl BVerwGE 113, 76 = NZWehrr 1997, 160 zu verstehen; dogmatisch unklar BVerwG ZBR 1981, 228 f.
31 Allg. Ansicht. Vgl. *Gertz*, NZWehrr 1987, 203; GKÖD I K, § 8 Rn. 17; *Lecheler*, in: HStR III, § 72 Rn. 17; BVerwGE 53, 265; BVerwG 1 WB 91/87; BVerwG 1 WB 125/89.
32 BVerwG 1 WB 125/89.
33 S.o. Rn. 5.

19 Besondere Voraussetzungen für die Übernahme zum BS gelten für MarineOffz, die auf Grund eines außerdienstl. erworbenen Fachhochschulstudiums bereits im Dienstgrad Lt z.S. oder OLt z.S. eingestellt werden. Sie müssen gem. § 27 Abs. 3 SLV mindestens ein Jahr Wehrdienst geleistet haben, bis sie zum BS übernommen werden können. Gleiches bestimmt § 32 Abs. 3 SLV für SanOffz, die ihre Approbation vor Diensteintritt erworben haben und im Dienstgrad Stabsarzt in die SK übernommen werden. Dagegen können Offz mit wissenschaftlicher Vorbildung, MilitärmusikOffz und Offz des Geoinformationsdienstes der Bw unmittelbar als Berufsoffiziere mit höherem Dienstgrad eingestellt werden (vgl. §§ 28, 37, 38 SLV). Dies stellt keine Ausnahme von dem Grds. dar, dass nur Bewerber, die sich bereits im Status eines Soldaten befinden, BS werden können; denn einer Ernennung zum BS muss in diesen Fällen zwingend eine Eignungsübung gem. § 87 vorangehen, die den Status als SaZ fingiert (vgl. § 28 Abs. 1 i.V.m. § 26 Abs. 1 Nr. 4 SLV; § 37 Abs. 1 Nr. 3 SLV und § 38 Abs. 1 Nr. 3 SLV).

20 Für die Übernahme zum Berufsoffizier ist das **Personalamt der Bw** zuständig.[34] Das Verfahren folgt im Prinzip den gleichen Grundsätzen wie bei Uffz. Die Anzahl der Offz, die in das Dienstverhältnis eines BS übernommen werden können, ist von den TSK verwendungsbezogen und nach Geburtsjahrgang entspr. dem jew. Bedarf festzulegen. Die endgültige Entscheidung erfolgt in jährlichen Konferenzen auf der Basis ganzheitlicher, vergleichender Betrachtung der zur Auswahl stehenden Offz. Maßgeblich sind die bisherigen dienstl. Beurteilungen. Einzelheiten regeln die einschlägigen Richtlinien[35].

3. Rechtsschutz

21 Die Übernahme in das Dienstverhältnis eines BS ist eine **Statusentscheidung** und keine truppendienstl. Maßnahme i.S.v. § 17 Abs. 1 WBO.[36] Fühlt sich ein Bewerber zu Unrecht abgelehnt, kann er gem. § 23 WBO Verwaltungsbeschwerde einlegen[37] und im Falle der Zurückweisung Klage beim VG erheben. Da grds. kein Anspruch auf Übernahme besteht, sondern nur auf eine fehlerfreie Ermessensentscheidung, ist die **Verpflichtungsklage** in Form der Bescheidungsklage regelmäßig die richtige Klageart.

22 Der aus dem Beamtenrecht herrührende Begriff der **Konkurrentenklage**[38] ist im Soldatenrecht eher ungebräuchlich.[39] Dies mag mit den Besonderheiten des Übernahmeverfahrens zusammenhängen, in dem nicht einzelne Stellen für BS ausgeschrieben[40] werden, sondern – wie oben dargestellt – Soldaten nach Jahrgang und Verwendung zur Bewerbung aufgerufen werden. Die Anzahl der Übernahmemöglichkeiten wird dabei im Vorfeld festgelegt. Mit der Übernahme ist nicht zwangsläufig ein Dienstpostenwechsel oder eine Versetzung verbunden. Da zudem die einzelnen Geburtsjahrgänge i.d.R.

---

34 ZDv 14/5 B 108 Art. 4 Abs. 1.
35 S.o. Rn. 8.
36 Allg. Ansicht. Vgl. *Dau*, WBO, Einf. Rn. 69; BVerwGE 43, 258; BVerwGE 53, 289 = NZWehrr 1977, 185; VG Koblenz 9 K 1229/99.KO.
37 Über die Beschwerde entscheidet – abw. von § 73 Abs. 1 Nr. 2 VwGO – gem. § 9 Abs. 1 i.V.m. § 9 Abs. 2 Satz 2 WBO das BMVg.
38 Vgl. GKÖD I K, § 8 Rn. 113 ff.; *Schöbener*, Verwaltungsgerichtlicher Rechtsschutz in beamtenrechtlichen Konkurrenzsituationen, BayVBl. 2001, 321.
39 Anders bei den von den Wehrdienstgerichten zu entscheidenden (truppendienstl.) Streitigkeiten um die Besetzung bestimmter Dienstposten. Hier werden Konkurrentenklagen nach der Rspr. zugelassen. Vgl. BVerwG NZWehrr 2001, 123; BVerwG ZBR 2001, 31.
40 Eine Ausschreibungspflicht für bestimmte Verwendungen o. Laufbahnen wie im Beamtenrecht (vgl. § 8 BBG) existiert im Soldatenrecht nicht.

über mehrere Jahre immer wieder zur Bewerbung aufgerufen werden[41], ist mit der Ernennung eines Bewerbers die Übernahme seiner Mitbewerber häufig noch nicht endgültig ausgeschlossen. Der Rechtsschutz des Einzelnen fokussiert sich daher eher auf seine Position im Auswahlverfahren als auf ein konkretes Konkurrenzverhältnis um eine bestimmte Stelle. Gleichwohl stehen die Bewerber, sofern mehr Bewerbungen vorliegen als Übernahmemöglichkeiten vorhanden sind, in einer Konkurrenzsituation nach Eignung, Leistung und Befähigung.

Bei Beschwerden und Klagen auf Übernahme zum BS werden daher regelmäßig weniger die formalen und relativ eindeutigen Voraussetzungen des § 39 in Streit stehen, sondern dem Beurteilungsspielraum bzw. dem Ermessensbereich der zuständigen Dienststellen zuzuordnenden und damit nur eingeschränkt gerichtl. überprüfbaren (§ 114 VwGO) Fragen des **Bedarfs bzw. der Übernahmequote**[42], des Leistungs- und Eignungsvergleichs[43] sowie der Zulässigkeit besonders festgelegter Anforderungskriterien u.ä.[44]   23

Schwierigkeiten bereiten im Einzelfall die Konstellationen, in denen unterlegene Bewerber ihr Rechtsmittel mit der vermeintlichen Rechtswidrigkeit von Maßnahmen begründen, die dem Auswahlverfahren vorangegangen sind, denen ein entscheidender Einfluss auf die Auswahlentscheidung zugekommen ist, wie z.B. Beurteilungen, erfolgte oder unterbliebene Versetzungen auf bestimmte Dienstposten, Verwendungswechsel o.ä. Hierzu ist festzustellen, dass eine **incidente Prüfung truppendienstl. Maßnahmen** im Rahmen von Beschwerden und Klagen auf Übernahme zum BS jedenfalls dann **ausscheidet**, wenn der Bewerber die Möglichkeit hatte, gegen diese isoliert truppendienstl. Beschwerde einzulegen.[45]   24

Die Auswahlverfahren zum BS erfolgen **jährlich**. Wird ein Bewerber abgelehnt und beschreitet er den Beschwerde- und Klageweg, ergeht eine gerichtl. Entsch. häufig erst zu einem Zeitpunkt, in dem das Bewerbungsverfahren, in dem der Kläger abgelehnt wurde, abgeschlossen ist. Möglicherweise läuft bereits das Auswahlverfahren des nächsten oder übernächsten Jahres, in dem aus Bedarfsgründen andere Übernahmequoten je Geburtsjahrgang und eine unterschiedliche Konkurrenzsituation gegeben sind.   25

Damit stellt sich bei Klagen auf Übernahme zum BS die **Problematik des maßgeblichen Entscheidungszeitpunkts**.[46] Hierbei handelt es sich nicht um eine prozessrechtl., sondern um eine materiellrechtl. Kategorie.[47] Die generelle Regel, dass es bei Verpflichtungs- und Bescheidungsklagen auf die rechtl. und tatsächlichen Umstände im Zeitpunkt der gerichtl. Entsch. ankomme, kann, da es um den Übernahmeanspruch in einem bereits abgeschlossenen Auswahlverfahren geht, nicht uneingeschränkt gelten. Die Frage, ob die Ablehnung eines Bewerbers ermessensfehlerhaft erfolgte, ist vielmehr anhand der Sach- und Rechtslage im **Zeitpunkt der Übernahmeentscheidung** bzw. der letzten behördlichen Entscheidung zu beurteilen. Dies gilt jedenfalls für den heranzuziehenden **Beurteilungsmaßstab**. Verfehlt wäre, einer Klage auf Übernahme zum BS stattzugeben, wenn die Ablehnung auf Grund der damaligen Lage zwar ermessens-   26

---

41 Dies hängt damit zusammen, dass nicht alle Übernahmemöglichkeiten eines Jahrgangs auf einmal „verbraucht" werden sollen, sondern aus Gründen der möglichst besten Ausschöpfung des Gesamtpotenzials über mehrere Jahre die Möglichkeit zur Bewerbung offengehalten wird.
42 VG Oldenburg 6 A 3006/00; VG Münster 4 K 3883/96.
43 VG Kassel 7 E 662/01; VG Stuttgart 15 K 4373/00.
44 VG München M 12 K 99.4284.
45 OVG Münster 12 A 2336/98.
46 Allg. hierzu *Schenke*, VwPR, Rn. 849 f;. *Kopp/Schenke*, VwGO, § 113 Rn. 217 ff.
47 *Kopp/Schenke*, VwGO, § 113 Rn. 227.

fehlerfrei erfolgt ist, im Zeitpunkt der gerichtl. Entsch. Bedarf und Konkurrenzsituation sich zu Gunsten des Bewerbers verändert haben. In dieser Konstellation kann der Bewerber erneut einen Antrag auf Übernahme stellen. Seine Klage gegen die frühere Ablehnungsentscheidung ist dennoch abzuweisen.

27 Anderes muss dagegen u.U. für die vom VG auszusprechende **Rechtsfolge** gelten; diese kann durchaus von der Sachlage im Zeitpunkt der gerichtl. Entsch. abhängen. Zur Veranschaulichung soll folgendes **Beispiel** dienen:

OFw X, Geburtsjahrgang 1970 und Angehöriger der Ausbildungs- und Verwendungsreihe Panzergrenadierfeldwebel, beantragt Ende 2000 die Übernahme zum BS im Auswahlverfahren des Jahres 2001. In der Auswahlkonferenz 2001 wird er auf Grund des Eignungs- und Leistungsvergleichs abgelehnt. Nach erfolgloser Beschwerde erhebt er Klage beim VG. Die mündliche Verhandlung findet im Sommer 2003 statt.

Kommt das VG zu dem Ergebnis, dass die Ablehnung ermessensfehlerhaft erfolgte (dies bestimmt sich nach der Sach- und Rechtslage im Jahre 2001), kann es der Klage auf Übernahme zum BS oder auf diesbezügliche Neubescheidung nur unter der Voraussetzung stattgeben, dass im Jahre 2003, also im Zeitpunkt der gerichtl. Entsch., überhaupt noch ein Bedarf für BS-Übernahmen von Angehörigen des Geburtsjahrganges 1970 in der Ausbildung- und Verwendungsreihe des X gegeben ist. Ist der Jahrgang 1970 auf Grund der strukturellen Vorgaben bereits geschlossen, muss die Klage in jedem Fall abgewiesen werden. Eine Anfechtung der Ernennung eines Konkurrenten (echte **Konkurrentenklage**) ist im Hinblick auf die Ämterstabilität im Soldatenrecht genau so wenig anerkannt wie im Beamtenrecht.[48] Ob die neuere Rspr. des BVerwG[49] zu einer Änd. der Verwaltungspraxis führt, ist noch nicht abzusehen.[50] Allein die Tatsache, dass der Kläger in der Vergangenheit zu Unrecht abgelehnt wurde, führt jedenfalls nicht dazu, dass seiner Klage jetzt stattzugeben wäre.[51] Der Kläger hat nur die Möglichkeit, **Fortsetzungsfeststellungsklage** zu erheben und **Schadensersatz** zu verlangen. Erforderlichenfalls kann er im Wege des **einstweiligen Rechtsschutzes** gem. § 123 VwGO beantragen, dass für ihn eine Übernahmemöglichkeit bis zum rechtskräftigen Abschluss des Hauptsacheverfahrens offen gehalten wird. Ein Anordnungsgrund wird vorliegen, wenn zu befürchten steht, dass ansonsten der Jahrgang besetzt ist, was nicht grds. der Fall sein muss.[52]

Sind dagegen noch Übernahmemöglichkeit vorhanden, kann der Klage stattgegeben werden, selbst wenn sich inzwischen die Konkurrenzsituation zum Nachteil von X verändert hätte und sein Antrag im Jahr 2003 ermessensfehlerfrei zurückgewiesen werden könnte. Dies folgt daraus, dass es für den Beurteilungsmaßstab ausschließlich auf die Sach- und Rechtslage im Jahr 2001 ankommt. Darüber hinaus gebietet der Grds. der **Folgenbeseitigungslast**, dass eine in der Vergangenheit erfolgte rechtswidrige Entscheidung korrigiert wird, wenn die zuständige Behörde über entspr. rechtl. und tatsächliche Möglichkeiten verfügt.[53]

28 Wird ein Bewerber zu Unrecht abgelehnt, und hat er keine Möglichkeit mehr, BS zu werden, kann er grds. **Schadensersatz** verlangen. Soldaten können Schadensersatz beanspruchen, wenn sie **statusrechtl. fehlerhaft behandelt** wurden. Dies gilt nicht nur bei rechtswidrig unterbliebenen Beförderungen, sondern auch bei der fehlerhaften Ablehnung der Übernahme zum BS. Dabei kommen drei Anspruchsgrundlagen in Betracht:

---

48 BVerwG 2 A 3/96.
49 BVerwGE 115, 89 = DVBl. 2002, 203.
50 Vgl. GKÖD I K, § 8 Rn. 119a.
51 GKÖD I K, § 113 Rn. 229.
52 S.o. Rn. 22.
53 *Schenke*, VwPR, Rn. 850.

Begründung des Dienstverhältnisses eines Berufssoldaten § 39

- Amtshaftung (Art. 34 GG i.V.m. § 839 BGB)
- Verletzung der Fürsorgepflicht (§ 31)
- Anspruch sui generis aus dem öff.-rechtl. Dienstverhältnis

Der **Amtshaftungsanspruch** ist gem. Art. 34 Satz 3 GG vor den ordentlichen Gerichten einzuklagen, während die Ansprüche wegen **Fürsorgepflichtverletzung** und aus dem **Dienstverhältnis** vor den VG geltend zu machen sind. Letzteres folgt zwar nicht unmittelbar aus § 40 Abs. 2 Satz 1 VwGO. Danach wäre in allen Fällen der ordentliche Rechtsweg gegeben. Wie für das Beamtenrecht (§ 40 Abs. 2 Satz 2 VwGO i.V.m. § 126 BRRG) sieht § 82 insoweit eine Sonderregelung vor, die für alle Klagen aus dem Wehrdienstverhältnis der Verwaltungsrechtsweg gegeben ist.[54] 29

Inhaltlich haben die Ansprüche weitgehend identische Voraussetzungen.[55] Es kommt auf eine schuldhafte[56] Verletzung der dem Dienstherrn gegenüber dem Soldaten obliegenden Verpflichtung zur ermessensfehlerfreien Entscheidung auf der Grundlage des Leistungsgrundsatzes und der Bestenauslese an. Der Dienstherr ist zur korrekten und richtigen Anwendung der für das Dienstverhältnis maßgeblichen Rechtsvorschriften verpflichtet. Diese Verpflichtung ist gleichermaßen eine Amtspflicht i.S.v. § 839 BGB[57] und ein Ausfluss der Fürsorgepflicht[58] bzw. Teil der quasi-vertraglichen Pflichten des Dienstherrn aus dem öff.-rechtl. Dienstverhältnis.[59] Die Pflichtverletzung muss bei dem Bewerber einen **Schaden** verursacht haben, der in der Nichtübernahme zum BS und – vermögensrechtl. – in dem damit verbundenen Verlust an Besoldungs- und Versorgungsansprüchen besteht. Selbst wenn ein Ermessensfehler der zuständigen Dienststelle vorgelegen hat, kann ein Schaden nur dann angenommen werden, wenn bei ermessensfehlerfreier Beurteilung der Bewerber mit an Sicherheit grenzender Wahrscheinlichkeit zum BS ernannt worden wäre, weil hins. seiner Person eine Ermessensreduzierung auf Null vorgelegen hat. Ansonsten fehlt es an der **haftungsausfüllenden Kausalität**.[60] Der bloße Ermessensfehler, der bei der Bescheidungsklage zur Aufhebung der Ablehnungsentscheidung und Verpflichtung zur Neubescheidung führt, kann allein noch keinen Schadensersatz begründen. 30

Anerkannt ist, dass bei allen genannten Schadensersatzansprüchen der Rechtsgedanke des **§ 839 Abs. 3 BGB** heranzuziehen ist. Danach scheidet ein Anspruch auf Schadensersatz aus, wenn der Bewerber es unterlassen hat, rechtzeitig um Primärrechtsschutz durch Beschwerde, Verpflichtungsklage und ggf. einstweiligen Rechtsschutz nachzusuchen.[61] 31

Zulässigkeitsvoraussetzung einer Leistungsklage auf Schadensersatz ist ferner, dass der Kläger vor Erhebung der Klage gegenüber seinem Dienstherrn sein Schadensersatzbegehren in einem **Antrag** konkretisiert hat. Eine ohne vorherigen Antrag erhobene Leistungsklage auf Schadensersatz ist unzulässig.[62] 32

---

54 So auch *Kopp/Schenke*, VwGO, § 40 Rn. 75 ff.
55 Zu beachten ist, dass der Amtshaftungsanspruch auf Ersatz in Geld beschränkt ist, während die anderen Anspruchsgrundlagen zumindest theoretisch auch auf Naturalrestitution gerichtet sein können, was dies auch in ihrem vorliegenden Zusammenhang keine praktische Bedeutung haben dürfte. Vgl. hierzu u. zu Unterschieden zwischen den einzelnen Anspruchsgrundlagen hins. Beweislast u. Verjährung *Schenke, Wolf-Rüdiger*, Fälle zum Beamtenrecht, 2. Aufl. 1990, 133.
56 BVerwG ZBR 1996, 310; BVerwG ZBR 2001, 34.
57 BGHZ 29, 310 (313).
58 BVerwGE 15, 3; OVG Münster ZBR 1986, 276.
59 BVerwGE 80, 123; BVerwG NJW 1992, 927; BVerwGE 107, 29.
60 Vgl. GKÖD I K, § 8 Rn. 138.
61 BVerwGE 107, 29; BVerwG DVBl. 2000, 1128.
62 BVerwG ZBR 1998, 46.

§ 40 Begründung des Dienstverhältnisses eines Soldaten auf Zeit

(1) In das Dienstverhältnis eines Soldaten auf Zeit können berufen werden
1. Bewerber für die Laufbahnen der Mannschaften und der Unteroffiziere bis zu einer Dienstzeit von 20 Jahren, jedoch nicht über das 40. Lebensjahr hinaus,
2. Bewerber für die Laufbahnen der Offiziere mindestens bis zum Abschluss des für sie vorgesehenen Ausbildungsganges oder für eine fest bestimmte Zeit von mindestens drei Jahren und höchstens bis zu einer Dienstzeit von 20 Jahren, für die Laufbahn der Offiziere des Sanitätsdienstes bis zu einer Dienstzeit von 25 Jahren.

(2) Die Zeitdauer der Berufung kann auf Grund freiwilliger Weiterverpflichtung innerhalb der Grenzen des Absatzes 1 verlängert werden.

(3) Die Zeitdauer der Berufung eines Soldaten, der Inhaber eines Eingliederungsscheins (§ 9 Abs. 1 Satz 1 Nr. 1 des Soldatenversorgungsgesetzes) ist, verlängert sich ohne die Beschränkungen des Absatzes 1 bis zur Ernennung zum Beamten, längstens jedoch um eineinhalb Jahre.

(4) ¹Die Zeitdauer der Berufung eines Soldaten, dessen militärische Ausbildung mit einem Studium oder einer Fachausbildung von mehr als sechs Monaten Dauer verbunden war und der danach Elternzeit nach § 28 Abs. 7 in Anspruch genommen hat, verlängert sich ohne die Beschränkungen des Absatzes 1 um die Dauer der Elternzeit. ²Gleiches gilt für einen Soldaten, der eine Teilzeitbeschäftigung nach § 30a in Anspruch genommen hat; die Zeitdauer der Berufung verlängert sich um die Differenz der Teilzeitbeschäftigung zur Vollzeitbeschäftigung.

(5) ¹Ist ein Soldat auf Zeit während einer besonderen Auslandsverwendung zum Zeitpunkt des Ablaufs seiner Dienstzeit wegen Verschleppung, Gefangenschaft oder aus sonstigen mit dem Dienst zusammenhängenden Gründen, die er nicht zu vertreten hat, dem Einflussbereich des Dienstherrn entzogen, verlängert sich die Zeitdauer der Berufung ohne die Beschränkungen des Absatzes 1 bis zum Ablauf des auf die Beendigung dieses Zustandes folgenden Monats. ²Dies gilt auch bei anderen Verwendungen im Ausland mit vergleichbarer Gefährdungslage.

(6) In die Dienstzeit wird der Wehrdienst eingerechnet, der in der Bundeswehr bis zur Berufung in das Dienstverhältnis eines Soldaten auf Zeit geleistet worden ist.

(7) ¹Die Dienstzeit eines Soldaten auf Zeit kann auf dessen Antrag verkürzt werden, wenn dies im dienstlichen Interesse liegt. ²Die verkürzte Dienstzeit muss die zur Durchführung der Berufsförderung notwendige Zeit der Freistellung vom militärischen Dienst umfassen. ³Dies gilt nicht, wenn und soweit der Soldat auf seinen Anspruch auf Berufsförderung während der Dienstzeit unwiderruflich verzichtet.

Literatur: *Alff, Richard:* Die Auswirkungen des Verwaltungsverfahrensgesetzes auf die Rechtsstellung des Soldaten, NZWehr 1977, 41; *Baader, Peter:* Nochmals: Das Problem der nachträglichen Dienstzeitverkürzung bei Soldaten auf Zeit, NZWehr 1985, 140; *Beyer, Jürgen:* Der Stellenvorbehalt für die Soldaten auf Zeit, ZBR 1997, 381; *Dautzenberg, Volker:* Differenzierungsmöglichkeiten bei Auswahlentscheidungen, NZWehr 1999, 221; *Engelien-Schulz, Thomas:* Zum Umfang der subjektiv-öffentlichen Rechte eines Antragstellers nach den §§ 2 bis 4 Personalstärkegesetz, NZWehr 1993, 194; *Foge, Harald:* Anm. zur Unzulässigkeit der Dienstzeitherabsetzung von Soldaten auf Zeit, NZWehr 1983, 137; *Sass, Wolfgang:* Die rechtliche Zulässigkeit langjähriger Dienstverhältnisse von Soldaten auf Zeit, NZWehr 1983, 214; *Schmidt, Marlene:* §§ 9, 10 Soldatenversorgungsgesetz – eine verfassungs- und gemeinschaftswidrige Quotenregelung, ZBR 1997, 369; *Schreiber, Jürgen:* Faktisches Wehrdienstverhältnis bei Verzögerung der Mitteilung über die Neufestsetzung der Dienstzeit, NZWehr 1963, 150.

Begründung des Dienstverhältnisses eines Soldaten auf Zeit § 40

Übersicht

	Rn.		Rn.
A. Allgemeines	1 – 4	3. Absatz 3	27 – 30
B. Erläuterungen im Einzelnen	5 – 50	4. Absatz 4	31 – 35
		5. Absatz 5	36 – 40
1. Absatz 1	5 – 22	6. Absatz 6	41 – 43
a) Grundlagen	5 – 17	7. Absatz 7	44 – 50
b) Stufenweise Dienstzeit-		a) Entstehung der Vorschrift	44 – 46
festsetzung	18 – 22	b) Einzelheiten	47 – 50
2. Absatz 2	23 – 26		

A. Allgemeines

§ 40 ergänzt die allg. Berufungsvoraussetzungen der §§ 37, 38 um spezifische Regelungen für das Dienstverhältnis eines SaZ. Anders als im Beamtenrecht, wo die befristete Berufung in das Dienstverhältnis auf Ausnahmen, z.b. die kommunalen Wahlbeamten, beschränkt ist (vgl. § 5 Abs. 4, § 176a BBG), stellt der Status des **SaZ** in den SK **die Regel** dar. Grund hierfür ist das Erfordernis eines in der Altersstruktur ausgewogen zusammengesetzten mil. Personalkörpers. Dies ist keine Besonderheit der Bw, sondern galt bereits in früheren deutschen SK. Für Uffz der Reichswehr bestimmten § 19 Abs. 1 und § 20 des WG 1921 eine grds. 12-jährige Dienstzeit. Der Soldatenberuf wurde in der Laufbahn der Uffz grds. nicht als Lebensberuf, sondern als **„Durchgangsberuf"** qualifiziert.[1] In der Begr. zu § 35 des REntw. (des späteren § 40) wurde daher die Möglichkeit einer zeitlich befristeten Berufung in das Soldatenverhältnis als selbstverständlich vorausgesetzt.[2]

Dies bedingt im Soldatenrecht einen besonderen Ausgleich zwischen den Interessen der Soldaten, die sich nur für einen bestimmten Abschnitt ihres Berufslebens dem Dienstherrn zur Verfügung stellen, und den Anforderung der SK an ihr Personal. Die ansonsten im öff. Dienst **atypische befristete Beschäftigung** muss **attraktiv** ausgestaltet sein, um ausreichend Bewerber für ein Dienstverhältnis als SaZ zu interessieren. Hieraus folgen besondere Regelungen, die den Übergang von SaZ in eine spätere zivilberufliche Tätigkeit erleichtern sollen, z.B. die Gewährung eines Hochschulstudiums an den Universitäten der Bw für Offz mit einer Verpflichtungszeit von zwölf Jahren, Ansprüche auf Berufsförderung[3] und Stellenvorbehalte im öff. Dienst.[4] Einige dieser Best. gehen auf Entwicklungen in der Reichswehr und der Wehrmacht zurück. Eine Art Berufsförderungsdienst war schon in § 23 WG 1921 vorgesehen in der Form von Fürsorgeoffizieren und des Truppenunterrichts an den Heeres- und Marinefachschulen für Verwaltung und Wirtschaft sowie für Gewerbe und Technik. Einen Vorläufer der heutigen Stellenvorbehaltsregelung enthielt § 32 des WG 1935. Dies zeigt, dass das Dienstverhältnis auf Zeit eine **Eigentümlichkeit der SK** darstellt und rechtl. wie tatsächliche Folgewirkungen aufweist, die bei der Rechtsanwendung im Einzelfall berücksichtigt werden müssen.

In seiner derzeitigen Fassung stellt § 40 eine Best. dar, die eine **Vielzahl der statusrechtl. Besonderheiten** des Dienstverhältnisses eines SaZ normiert, wie die Mindest- und Höchstdauer der Verpflichtung in den einzelnen Laufbahnen bzw. das Höchstalter

1

2

3

---

1 *Rittau, Martin,* Wehrgesetz, 1924, 67 f.; wogegen der Offizierberuf in der Reichswehr generell als Lebensberuf eingestuft wurde, da Offz gem. § 25 WG 1921 eine Verpflichtungszeit von 25 Jahren hatten. Vgl. *Rittau,* SG, 80 f.
2 BT-Drs. II/1700, 28 f.
3 § 3 Abs. 1 SVG.
4 § 10 SVG. Zur vermeintlich verfassungs- u. europarechtl. Problematik des Stellenvorbehalts vgl. *Schmidt,* ZBR 1997, 369. Hiergegen überzeugend *Beyer,* ZBR 1997, 381.

Sohm 535

§ 40 Rechtsstellung der Berufssoldaten und der Soldaten auf Zeit

(Abs. 1), die Verlängerung der Dienstzeit auf Grund freiwilliger Weiterverpflichtung (Abs. 2), die Verlängerung der Dienstzeit wegen der Übernahme in das Beamtenverhältnis (Abs. 3), die Verlängerung der Dienstzeit wegen Inanspruchnahme von Elternzeit (Abs. 4) sowie die Verlängerung der Dienstzeit wegen einsatzspezifischer Besonderheiten im Ausland (Abs. 5). In Abs. 6 wird die Berechnung der Dienstzeit geregelt und durch Abs. 7 die Möglichkeit einer Dienstzeitverkürzung unter bestimmten Voraussetzungen eröffnet.

Angesichts dieser Regelungsvielfalt wird auf Zweck und Entstehungsgeschichte – soweit für das heutige Verständnis erforderlich – bei der Komm. der einzelnen Abs. eingegangen.

4 § 40 wird durch dies. RVO, Erl. und Dienstvorschriften ergänzt, welche die allg. Berufungsvoraussetzungen des § 37 konkretisieren. Auf die im Rahmen der dortigen Komm. aufgeführten Regelungen kann verwiesen werden. In erster Linie einschlägig für die Anwendung des § 40 sind die Erl. „Berufung in das Dienstverhältnis einer Soldatin auf Zeit oder eines Soldaten auf Zeit und Festsetzung der Dienstzeit (Berufungserlass)"[5] und „Berechnung der Dienstzeit von Soldaten auf Zeit"[6] sowie die „Bestimmungen über die Einstellung von Angehörigen der Reserve und nicht wehrpflichtigen früheren Soldaten der Bundeswehr in das Dienstverhältnis eines Soldaten auf Zeit (Wiedereinstellungserlass – WEE)".[7]

B. Erläuterungen im Einzelnen

1. Absatz 1

a) Grundlagen

5 Bei der Berufungsdauer differenziert Abs. 1 zwischen den unterschiedlichen mil. Laufbahnen. Die **Höchstdauer der Berufung** als SaZ ist in allen Laufbahnen mit Ausnahme der Offz des SanDienstes der Zeitraum von **20 Jahren**. Für die Laufbahnen der Mannschaften und der Uffz ist zudem das 40. Lebensjahr als Grenze der Berufungsdauer festgelegt. Bei Bewerbern für die Laufbahnen der Offz kommt eine **Mindestdauer der Berufung** von **drei Jahren** oder bis zum Abschluss des für sie vorgesehenen Ausbildungsganges hinzu.[8] Eine Lebensaltersgrenze ist für Offz nicht festgelegt. Die maximale Berufungsdauer wurde seit dem In-Kraft-Treten des SG schrittweise erhöht. Nach der Erstfassung konnten SaZ nur bis zu einer Gesamtdienstzeit von zwölf Jahren in das Dienstverhältnis berufen werden und Uffz nicht über das 32. Lebensjahr hinaus. Durch Art. 1 Nr. 1 des G vom **6.4.1965**[9] wurde die Höchstdauer der Berufung zunächst auf 15 Jahre ausgedehnt und durch Art. 1 Nr. 4 des G vom **22.5.1980**[10] auf 20 Jahre. Seit 1996[11] besteht für SaZ aller Laufbahnen die Möglichkeit, bis zu 20 Jahren Dienst zu leisten. Diese Begrenzung wurde durch Art. 2 Nr. 13 des **SkResNOG** für Offz des SanDienstes auf 25 Jahre ausgedehnt.

6 Die Vorgaben des Abs. 1 stellen lediglich einen gesetzl. Rahmen dar. Die Bw ist nicht gehindert, für bestimmte Laufbahnen oder mil. Ausbildungsgänge **Mindestverpflichtungszeiten** festzulegen.[12]

---

5 ZDv 14/5 B 127.
6 ZDv 14/5 B 127a.
7 VMBl. 2000 S. 79.
8 Die Ausbildung endet i.d.R. mit der Beförderung zum Lt (§ 24 Abs. 3 SLV) bzw. bei SanOffz mit der Beförderung zum Stabsarzt (§ 31 Abs. 4 SLV).
9 BGBl. I S. 305.
10 BGBl. I S. 581.
11 Durch Art. 3 des G v. 15.12.1995 (BGBl. I S. 1726).
12 ZDv 14/5 B 127 Nr. 2 Abs. 4.

Begründung des Dienstverhältnisses eines Soldaten auf Zeit   § 40

Verfassungsrechtl. ist die Berufung in ein Dienstverhältnis als SaZ für eine Dauer von 7
bis zu 20 bzw. 25 Jahren **unbedenklich**, auch wenn die betroffenen Soldaten damit über
einen langen Zeitraum zur Dienstleistung verpflichtet sind und nur unter sehr engen
Voraussetzungen die SK vorzeitig verlassen können. In der Vergangenheit vertretene
Auffassungen, die unter Hinw. auf arbeitsrechtl. Best. und § 46 Abs. 3 eine Verpflichtungszeit von über sechs Jahren als mit Art. 12 GG nicht vereinbar gehalten haben[13],
konnten sich nicht durchsetzen.

Ungeachtet ihres eindeutigen Wortlauts wirft Abs. 1 z.T. **Anwendungsschwierigkeiten** 8
auf, weil er die rechtl. komplexe Struktur der Begründung des Dienstverhältnisses eines
SaZ nicht umfassend widerspiegelt.

Entscheidend für die juristische Betrachtung des Dienstverhältnisses eines SaZ ist die
strikte Unterscheidung zwischen der **Berufung in das Dienstverhältnis** einerseits und
der **Festsetzung der jew. Dienstzeit** andererseits. Beide Maßnahmen sind formal voneinander zu trennen. Bei der Berufung handelt es sich um einen **mitwirkungsbedürftigen VA in Form der Ernennung**, die nur durch Aushändigung einer Urkunde wirksam
erfolgen kann (§ 4 Abs. 1 Nr. 1, § 41 Abs. 1 Nr. 1). Die konkrete **Dienstzeit** wird dagegen nicht in der jew. Ernennungsurkunde[14], sondern durch einen **gesonderten VA**
festgesetzt.[15]

Vom Wortlaut des Abs. 1 ausgehend könnte die Auffassung vertreten werden, dass die 9
Berufung für eine **bestimmte Zeitdauer** erfolgt. Dies legt auch die Formulierung des
§ 54 Abs. 1 Satz 1 nahe, nach der das Dienstverhältnis eines SaZ mit Ablauf der Zeit
endet, „für die er in das Dienstverhältnis berufen ist".

Hiergegen spricht allerdings Abs. 2, wonach die Zeitdauer der Berufung verlängert werden kann. Nach allg. Ansicht setzt die Dienstzeitverlängerung keine neue Berufung
voraus. Die bloße **Verlängerung der Dienstzeit** stellt **keine Ernennung** dar und unterliegt nicht den formellen Anforderungen des § 41.[16] Dies wird durch die historische
Auslegung bestätigt. Nach der Begr. zu § 35 Abs. 2 des REntw., der vom Wortlaut her
mit dem heutigen § 40 Abs. 2 nahezu identisch ist, sollte die Möglichkeit geschaffen
werden, die Dienstzeit zu verlängern, ohne damit ein neues Dienstverhältnis begründen
zu müssen. Bei der Verlängerung sollte die Einheitlichkeit des ursprünglichen Dienstverhältnisses erhalten bleiben.[17] Die durch § 40 Abs. 7 eröffnete Möglichkeit, die
Dienstzeit eines SaZ zu verkürzen, legt ebenfalls den Schluss nahe, dass die Begründung des Dienstverhältnisses und die Festsetzung der Dienstzeit gesondert zu betrachten sind. Daraus lässt sich allg. folgern, dass zwischen der Berufung in das Dienstverhältnis eines SaZ und der erstmaligen Festsetzung einer Dienstzeit zu unterscheiden ist
und beide Maßnahmen durch voneinander formal unabhängige VA erfolgen dürfen,
zumal anderenfalls die Berufungsdauer in der Ernennungsurkunde erwähnt werden
müsste, was § 41 Abs. 1 Nr. 1 gerade nicht vorschreibt.[18] Auch praktische Gründe sprechen für diese Sichtweise.

---

13 Vgl. *Sass*, NZWehrr 1983, 214.
14 Vgl. die Musterurkunden in der ZDv 14/ 5 B 111, Anlage 1 u. B 112.
15 Vgl. ZDv 14/5 B 127 Anl. 6. Die erstmalige Dienstzeitfestsetzung ist gleichzeitig mit der Ernennungsurkunde auszuhändigen, vgl. § 5 Abs. 3 der DBest. zur „Anordnung des BPräs über die Ernennung und Entlassung der Soldaten" v. 9.7.1981 (VMBl. S. 214), zul. geä. am 11.12.1995 (VMBl. 1996 S. 46) = ZDv 14/5 B 111.
16 GKÖD I Yk, § 40 Rn. 6; *Scherer/Alff*, SG, § 40 Rn. 2 f.
17 BT-Drs. II/1700, 29; vgl. *Rittau*, SG, 203.
18 BVerwGE 35, 150 (153 f.); BVerwG *Buchholz* 238.4 § 31 SG Nr. 14.

§ 40   Rechtsstellung der Berufssoldaten und der Soldaten auf Zeit

10   Bei strenger juristischer Betrachtung enthält die Festsetzung der Dauer der Dienstzeit entspr. dem Musterbescheid der ZDv 14/5, Anl. 6 zu B 127, ihrerseits zwei VA: Einmal die **Festsetzung der Dienstzeit über einen bestimmten Zeitraum** gem. der Verpflichtungserklärung und andererseits die verbindliche Festlegung, mit Ablauf welchen Datums das Dienstverhältnis als SaZ endet (feststellender VA).

11   Das Dienstverhältnis eines SaZ basiert demnach auf insgesamt drei VA:
- der Ernennung/Berufung zum SaZ (§ 4 Abs. 1 Nr. 1 i.V.m. § 41 Abs. 1 Nr. 1)
- der Festsetzung der Dienstzeit in den Grenzen des § 40 Abs. 1
- der Festlegung des Datums, mit dessen Ablauf die Dienstzeit endet.

Diese klare Unterscheidung ist erforderlich, da jeder dieser VA unterschiedlichen materiellen und formellen Voraussetzungen unterliegt.

12   Die **Ernennung** ist ein antrags-, mitwirkungs- und formbedürftiger VA. Der Antrag auf Berufung ist in der Verpflichtungserklärung des Bewerbers zu sehen, für eine begrenzte Zeit Wehrdienst zu leisten.[19] Weigert sich der Betroffene, die Ernennungsurkunde entgegenzunehmen, kommt trotz eingegangener Verpflichtung ein Dienstverhältnis als SaZ nicht zustande. Wurde bei der Ernennung gegen Rechtsvorschriften verstoßen, ist eine Rücknahme nur unter den Voraussetzungen des § 41 Abs. 3 Satz 2 möglich. Im Übrigen kann das durch die Ernennung begründete Dienstverhältnis ausschließlich auf der Grundlage der Best. der §§ 54 ff. beendet werden, die insoweit als Spezialregelungen den §§ 48, 49 VwVfG vorgehen.[20] Die Ernennung ist ohne die Dienstzeitfestsetzung wirksam; der Soldat ist dann für unbestimmte Zeit in das Dienstverhältnis eines SaZ berufen. Die Dienstzeitfestsetzung muss unverzüglich nachgeholt werden.[21]

13   Bei der **Dienstzeitfestsetzung** handelt es sich um einen antragsbedürftigen VA[22], der seine Grundlage ebenfalls in der Verpflichtungserklärung findet. Ist die Verpflichtungserklärung wirksam, kann die Festsetzung der Dienstzeit auch gegen den Willen des bereits ernannten Soldaten erfolgen, was insbes. bei der stufenweisen Dienstzeitfestsetzung von Bedeutung ist. Die formellen Anforderungen an die Dienstzeitfestsetzung ergeben sich aus den einschlägigen Best. des VwVfG.

14   Bewerbern wird unter bestimmten Voraussetzungen die Möglichkeit eingeräumt, eine **widerrufliche Verpflichtungserklärung** abzugeben.[23] Erfolgt der Widerruf, wird entweder kein Dienstverhältnis als SaZ begründet oder – wenn der Widerruf nach der Ernennung erfolgt – endet die Eigenschaft als SaZ vorzeitig.

15   Rechtswidrig ist die Dienstzeitfestsetzung (nicht die Ernennung zum SaZ!), wenn die Vorgaben des Abs. 1 nicht beachtet werden oder die in der Verpflichtungserklärung angegebene Verpflichtungsdauer überschritten wird. Hieraus erhellt, dass Abs. 1 in erster Linie ein Eingriffsrecht darstellt. Grds. die **Rücknahme** einer rechtswidrigen Dienstzeitfestsetzung gem. § 48 Abs. 1 VwVfG zuzulassen[24], erscheint zu pauschal. Regelmäßig wird eine überlange Dienstzeitfestsetzung als begünstigender VA anzusehen sein. Schließlich begründet sie eine längere Dienstzeit und damit die Voraussetzung für laufende Besoldungsleis-

---

19   Vgl. § 1 Abs. 2 Satz 2. Vgl. zu der Form der Verpflichtungserklärung ZDv 14/5 B 127, Anlage 1 ff.
20   *Alff*, NZWehrr 1977, 41 (44) Zur vergleichbaren Rechtslage im Beamtenrecht *Battis*, BBG, § 6 Rn. 17 f., § 12 Rn. 2.
21   ZDv 14/5 B 128 Nr. 8; BVerwGE 35, 150 (154); *Scherer/Alff*, SG, § 40 Rn. 6.
22   A.A. wohl *Sass*, NZWehrr 1983, 214.
23   Vgl. ZDv 14/5 B 127b.
24   So GKÖD I Yk, § 40 Rn. 3.

tungen (vgl. § 48 Abs. 2 Satz 1 VwVfG).[25] Die Rücknahme ist daher nur unter den Voraussetzungen des § 48 Abs. 2 VwVfG zulässig. Dabei kommt es auf die Zustimmung des Soldaten nicht an.[26]
Eine vollständige Rücknahme der rechtswidrigen Dienstzeitfestsetzung und damit eine Rückführung der Dienstzeit auf den an sich zulässigen Zeitraum kommen nur dann in Betracht, wenn die bereits abgeleistete Dienstzeit des Soldaten diesen Zeitraum nicht überschritten hat. Ansonsten würde durch die Rücknahme unmittelbar das Dienstverhältnis rückwirkend beendet. Dies wäre unzulässig.[27] Ist dieser Zeitraum überschritten, kann die Rücknahme nur noch ex nunc bzw. auf einen in der Zukunft liegenden Zeitpunkt hin erfolgen.

Für einen **Widerruf** einer rechtmäßigen Dienstzeitfestsetzung auf der Grundlage von § 49 VwVfG besteht angesichts der Möglichkeit, die Dienstzeit nach Abs. 7 verkürzen zu können, kein Bedarf. Da Abs. 7 dem Soldaten kein subjektives Recht auf fehlerfreie Ermessensausübung bzw. einer Verkürzung der rechtmäßig festgesetzten Dienstzeit einräumt, sondern nur einen Anspruch auf willkürfreie Entscheidung in einem ordnungsgemäßen Verfahren[28], muss dies aus Gründen der systematischen Einheitlichkeit auch für einen Antrag auf Widerruf der rechtmäßigen Dienstzeitfestsetzung gelten.[29]   **16**

Die Festlegung des **Datums**, mit dem die Dienstzeit endet, kann, sofern sie infolge eines Rechenfehlers fehlerhaft war, grds. **korrigiert** werden. Ein entgegenstehender Vertrauensschutz des Soldaten dürfte i.d.R. nicht bestehen, da er an Hand der Dienstzeitfestsetzung sein Dienstzeitende selbst berechnen kann.   **17**

b) Stufenweise Dienstzeitfestsetzung

Von **großer praktischer Bedeutung** ist die stufenweise Festsetzung der Dienstzeit von SaZ. So wird für ungediente Bewerber trotz einer Verpflichtung auf mehrere Jahre regelmäßig zunächst eine Dienstzeit von sechs Monaten als Bewährungszeit festgesetzt.[30] Die Festsetzung auf die volle Verpflichtungszeit wird z.T. von der erfolgreichen Teilnahme an bestimmten Ausbildungsabschnitten abhängig gemacht.[31] Für Offizierbewerber, die ein Studium zu absolvieren haben, wird zunächst die Dienstzeit festgesetzt, die erforderlich ist, um das Vordiplom bzw. die medizinische oder pharmazeutische Vorprüfung absolvieren zu können.[32] Die Festsetzung auf die volle Verpflichtungszeit steht unter dem Vorbehalt der Bewährung oder des erfolgreichen Ausbildungs- bzw. Studienabschlusses. Werden diese Voraussetzungen nicht erfüllt, endet das Dienstverhältnis mit Ablauf der festgesetzten Zwischendienstzeit, ohne dass es einer Entlassungsverfügung bedarf. Erfolgt die Verlängerung der Dienstzeit versehentlich erst nach Ablauf der zunächst festgesetzten Dienstzeit, hat dies rückwirkenden Charakter. Das Dienstverhält-   **18**

---

25 Vgl. zur Kategorie der gleichzeitig belastenden u. begünstigenden VA *Kopp/Ramsauer*, VwVfG, § 48 Rn. 66. Der VA ist dann insgesamt als begünstigend anzusehen. Dies mag im Einzelfall anders sein, wenn es dem Soldaten darum geht, möglichst schnell die SK zu verlassen. In diesem Fall ist von einer Ermessensreduzierung der zuständigen Dienststelle auszugehen; sie hat dann die Dienstzeitfestsetzung zurückzunehmen; vgl. *Kopp/Ramsauer*, VwVfG, § 48 Rn. 112.
26 A.A. wohl *Scherer/Alff*, SG, § 40 Rn. 1.
27 So auch OVG Münster 1 A 815/89.
28 Vgl. *Engelien-Schulz*, NZWehr 1993, 194 (196).
29 Für ein subjektives Recht auf fehlerfreie Ermessensausübung bei der Entscheidung über einen Widerruf der Dienstzeitfestsetzung OVG Münster 1 A 815/89.
30 ZDv 14/5 B127 Nr. 4 Abs. 4.
31 ZDv 14/5 B 127 Nr. 2 Abs. 5.
32 Vgl. die Muster zur Verpflichtungserklärung in der ZDv 14/5 B 127, Anlage 3.

§ 40 Rechtsstellung der Berufssoldaten und der Soldaten auf Zeit

nis hat über den Zeitraum der zunächst festgesetzten Dienstzeit hinaus nicht nur faktisch, sondern auch rechtl. Bestand gehabt.[33]

19 Dieses Verfahren dient allein den **Interessen des Dienstherrn**. Es begründet kein Recht des Soldaten, nach Ablauf der Zwischendienstzeiten bzw. vor Festsetzung der Gesamtdienstzeit eigenmächtig von der eingegangenen Verpflichtung Abstand zu nehmen. Eine Verpflichtungserklärung bindet den Soldaten für die eingegangene Verpflichtungszeit, auch wenn seine Dienstzeit stufenweise festgesetzt wird.[34]

20 In der Verpflichtungserklärung wird der Bewerber über dieses Verfahren informiert und über die Voraussetzungen, unter denen seine Dienstzeit verlängert wird, unterrichtet. In diesem Hinw. ist rechtl. zugleich eine **Zusicherung** gegenüber dem Soldaten i.S.v. § 38 VwVfG zu sehen, dass er bei Erfüllen der festgelegten Voraussetzungen unabhängig von weiteren Bedingungen einen **Anspruch auf Festsetzung der Gesamtdienstzeit** hat.[35]

Dies ist dann von Bedeutung, wenn zwar die Bewährung festgestellt wird bzw. die Ausbildungsgänge erfolgreich absolviert wurden, inzwischen aufgetretene gesundheitliche Einschränkungen oder sonstige Mängel in der Person des Soldaten vorliegen, die an sich eine Dienstzeitverlängerung ausschließen würden. In diesen Fällen ist dennoch die Dienstzeitverlängerung zu verfügen; auf die neu eingetretenen Eignungsmängel kann nur durch Anwendung der einschlägigen Entlassungsvorschriften reagiert werden.[36]

Auf einen **Wegfall der Bindungswirkung** der Zusicherung gem. § 38 Abs. 3 VwVfG wird sich der Dienstherr nicht berufen können, da die Zusicherung unter dem Vorbehalt bestimmter Bedingungen erteilt wurde und damit für den Fall anderer, neu auftretender Hindernisse bewusst Gültigkeit behalten sollte.[37] Auch ein Widerruf oder eine Rücknahme der Zusicherung scheiden daher aus. Etwas anderes gilt, wenn der neu aufgetretene Eignungsmangel zusätzlich bewirkt, dass die festgelegten Bedingungen für die Dienstzeitverlängerung nicht erfüllt werden, z.B. wenn eine gesundheitliche Einschränkung zur Folge hat, dass eine bestimmte Ausbildung nicht zu Ende geführt werden kann. In diesem Fall bleibt es dabei, dass die Bedingung für die Dienstzeitverlängerung nicht erfüllt ist.[38]

21 Rechtl. ist diese Form der stufenweisen Dienstzeitfestsetzung **krit.** zu bewerten. Es stellt sich die Frage der Vereinbarkeit mit den allg. Eignungskriterien und den gesetzl. Berufungsvoraussetzungen. Zwar gelten die §§ 3, 37 und 38 vom Wortlaut her nur für die erstmalige Berufung in Form der Ernennung.[39] Es ist auch einzuräumen, dass es unter Berücksichtigung des Interesses des Soldaten problematisch wäre, nach mehreren Jahren eine weitere Dienstzeitfestsetzung unter Hinw. auf später eingetretene Eignungsmängel einseitig ablehnen zu können, während der Soldat an seine Verpflichtungserklärung gebunden bleibt. Gleichwohl ändert dies nichts daran, dass hier im Einzelfall die Dienstzeit eines nicht geeigneten Soldaten verlängert wird, ggf. um anschließend ein Entlassungsverfahren einzuleiten. Bei faktischer Betrachtung kommt die stufenweise Dienstzeitfestsetzung mit genau festgelegten Bedingungen, unter denen die Dienstzeit verlängert wird, **administrativ geschaffenen Entlassungstatbeständen** nahe. Hieraus re-

---

33 BVerwGE 35, 150; *Schreiber*, NZWehr 1963, 150.
34 BVerwG *Buchholz* 238.4 § 31 SG Nr. 14.
35 Erl. des BMVg – P II – Az 16-02-08 /8 v. 6.3.1986.
36 Zu den Einzelheiten s. ZDv 14/5 B127 Nr. 5 Abs. 5 ff. Vgl. auch VGH München NZWehr 1979, 151; VG Bremen 6 KV 734/9.
37 Vgl. *Kopp/Ramsauer*, VwVfG, § 38 Rn. 38.
38 Vgl. VG München M 12 K 98/3392.
39 S.o. Rn. 11, 13.

sultieren z.T. Schwierigkeiten beim verwaltungsgerichtl. Rechtsschutz. De lege ferenda wäre daran zu denken, die Dienstzeit von SaZ von vornherein auf die gesamte Verpflichtungszeit festzusetzen und dafür spezielle Entlassungsregelungen, wie das Nichtbestehen einer Probezeit, eines Ausbildungs- oder Studiengangs zu normieren.

Beim Rechtsschutz gegen die Ablehnung der Festsetzung weiterer Dienstzeiten ist zu beachten, dass immer **eine Verpflichtungs- und keine Anfechtungskonstellation** vorliegt. Da die Verpflichtungserklärung als Antrag auf entspr. Dienstzeitfestsetzung zu qualifizieren ist[40], stellt die Mitteilung an den SaZ, seine Dienstzeit werde nicht verlängert, die Ablehnung seines diesbezüglichen Antrages dar. Hiergegen kann mit der Beschwerde und der **Verpflichtungsklage** auf Festsetzung der nächsten oder vollen Verpflichtungszeit vorgegangen werden. Eine isolierte Anfechtung wäre unzulässig und würde der Zielsetzung des Soldaten nicht entsprechen. Einstweiliger Rechtsschutz kann in diesen Fällen über § 123 VwGO und nicht nach § 80 Abs. 5 VwGO erreicht werden. 22

2. Absatz 2

Abs. 2 regelt die Verlängerung der Dienstzeit auf Grund freiwilliger Weiterverpflichtung. **Weiterverpflichtung** bedeutet, dass der SaZ seine Bereitschaft erklärt, über die Zeit, für die er sich bereits verpflichtet hat, hinaus Dienst in den SK leisten zu wollen.[41] Rechtsgrundlage der Verlängerung der Dienstzeit ist die neue und nicht – wie bei der stufenweise festgesetzten Dienstzeit – die ursprüngliche Verpflichtungserklärung. Zu der gegen den Willen des Soldaten möglichen Verlängerung der Dienstzeit aus zwingenden Gründen der Verteidigung vgl. § 54 Abs. 3. 23

Von seinem Sinn und Zweck her behandelt Abs. 2 eine **Selbstverständlichkeit**. Wenn für Erstbewerber die Dienstzeit innerhalb der Grenzen des Abs. 1 festgesetzt werden kann, folgt daraus, dass die Dienstzeit bereits im Status von SaZ stehenden Soldaten verlängerbar sein muss. Entscheidend ist, dass die Verlängerung der Dienstzeit nicht die Begründung eines neuen Dienstverhältnisses bewirkt, sondern das ursprünglich begründete fortsetzt.[42] 24

Abs. 2 ist bis auf eine unbedeutende redaktionelle Änd.[43] seit der Erstfassung unverändert geblieben.

Auf die Verlängerung der Dienstzeit gem. Abs. 2 besteht **kein Anspruch**. Die Verlängerung erfolgt unter Berücksichtigung der allg. Ernennungs- und Verwendungsgrundsätze. Auch wenn die Verlängerung keine Ernennung darstellt, sind die §§ 3, 37 und 38 hier – anders als bei der Verlängerung auf Grund der Zusicherung in den Fällen der stufenweise festgesetzten Dienstzeit – angesichts der mit der Erstberufung identischen Interessenlage anzuwenden.[44] 25

Auch bei Vorliegen sämtlicher Voraussetzungen, insbes. charakterlicher, geistiger und körperlicher Eignung, kann der SaZ nur verlangen, dass nach pflichtgemäßem Ermessen über seinen Antrag entschieden wird. Dabei spielt der **Bedarf** eine entscheidende Rolle. Dessen Festlegung unterliegt auf der Basis ihrer Personal- und Organisationshoheit einem weitgespannten Beurteilungsspielraum der SK. Die TSK legen i.d.R. jährlich in sog. **Weisungen für die Personalsteuerung** fest, in welchen Laufbahngruppen und Verwendungsbereichen eine Verlängerung bis zu welcher maximalen Dienstzeit mög-

---

40 S.o. Rn. 13.
41 Unklar insoweit ZDv 14/5 B 127 Nr. 5 Abs. 2.
42 S.o. Rn. 9.
43 Durch Art. 1 Nr. 26 des SGÄndG.
44 Allg. Ansicht. Vgl. GKÖD I Yk, § 40 Rn. 7; *Scherer/Alff*, SG, § 40 Rn. 7; BVerwG ZBR 1981, 228; OVG Lüneburg NVwZ-RR 1999, 772; VGH München 3 ZB 00.3309 zu M 12 K 98.4961.

lich ist. Dabei spielt wie bei der Übernahme zum BS die ausgewogene Altersstruktur in den SK eine besondere Rolle.[45] Diese Vorgaben sind für die Personal führenden Stellen bei der Entscheidung über die Dienstzeitverlängerung verbindlich und können gerichtl. allenfalls auf Willkür oder Sachwidrigkeit überprüft werden.[46]

Demgegenüber spielen individuelle Interessen, wie persönliche und soziale Belange des Antragstellers, grds. keine Rolle. Die **Fürsorgepflicht** des Dienstherrn ist i.d.R. **kein Kriterium**, das bei der Entscheidung über die Verlängerung der Dienstzeit zu berücksichtigen ist, da sie sich auf das bestehende Dienstverhältnis und die ursprünglich festgesetzte Dienstzeit bezieht.[47]

26   Eine Verlängerung der Dienstzeit kommt rechtslogisch nur in Betracht, solange ein **Dienstverhältnis als Soldat besteht**. Hat dieses durch Ablauf der festgesetzten Dienstzeit bereits geendet (§ 54 Abs. 1), kann eine Verlängerung aus rechtl. Gründen nicht mehr erfolgen. Ein Antrag bzw. eine Beschwerde auf Verlängerung der Dienstzeit sind bzw. werden, weil auf ein rechtl. unmögliches Ziel gerichtet, unzulässig, in jedem Fall unbegründet. Der Soldat kann eine erneute Ernennung als Wiedereinsteller beantragen.

Endet die Dienstzeit während eines verwaltungsgerichtl. Verfahrens, in dem der Soldat auf Verlängerung klagt, tritt die Erledigung des Rechtsstreits ein; der klagende Soldat kann zur Fortsetzungsfeststellungsklage übergehen.[48]

3. Absatz 3

27   Abs. 3 ist durch Art. 2 Nr. 1 des **Eingliederungsgesetzes** für SaZ[49] im Zusammenhang mit der des **Eingliederungsscheins** in das SG aufgenommen worden. Die Best. ist im Zusammenhang mit § 125 Abs. 1 und Abs. 2 BRRG zu lesen. Administrative Einzelheiten finden sich in dem Erl. „Ernennung von Soldaten auf Zeit zu Beamten auf Widerruf im Vorbereitungsdienst".[50]

28   Während der bereits früher bestehende **Zulassungsschein** nur noch für die Einstellung als Ang. im öff. Dienst oder als Beamter **nach** einer zusätzlichen Ausbildung vorgesehen ist, soll durch den Eingliederungsschein der **unmittelbare** Übergang des SaZ in das Beamtenverhältnis ermöglicht werden. Der Inhaber eines Eingliederungsscheines erhält nach Beendigung seines mil. Dienstverhältnisses als Beamter an Stelle von Übergangsgebührnissen Ausgleichszahlungen, durch die ihm ein Einkommen in Höhe seiner letzten Besoldung gesichert wird (§ 11a SVG).[51] Sinn des Abs. 3 ist, dass der Inhaber eines Eingliederungsscheins nicht gezwungen werden soll, sich bis zu seiner Ernennung als Beamter, die häufig erst nach Ablauf der festgesetzten Dienstzeit erfolgen kann, um eine zwischenzeitliche Beschäftigung zu bemühen. Daher bleibt er bis zur Ernennung zum Beamten im Dienstverhältnis als SaZ, längstens bis zur Dauer von eineinhalb Jahren über seine festgesetzte Dienstzeit hinaus. Praktische Bedeutung hat diese Regelung insbes. für diejenigen SaZ, die nicht während ihrer Dienstzeit unter Freistellung vom mil. Dienst im Beamtenverhältnis auf Widerruf den Vorbereitungsdienst beginnen können, weil ihnen **bildungsmäßige Voraussetzungen fehlen** (z.B. die Fachhochschulreife für den gehobenen Dienst).[52]

---

45 S. Komm. zu § 39 Rn. 7 u. 15.
46 VGH München 3 ZB 00.3309 zu M 12 K 98.4961.
47 BVerwGE 15, 317; VGH München 3 ZB 00.3309 zu M 12 K 98.4961; VG Gera 1 E 326/99 GE; *Scherer/Alff*, SG, § 3 Rn. 41.
48 BVerwG *Buchholz* 238.4 § 40 SG Nr. 2; VG Greifswald 6 A 2190/98.
49 V. 25.8.1969 (BGBl. I S. 1347).
50 ZDv 14/5 B 147.
51 Vgl. BT-Drs. V/4113, 6.
52 Vgl. BT-Drs. V/4113, 8.

Begründung des Dienstverhältnisses eines Soldaten auf Zeit § 40

Voraussetzung für die Anwendung des Abs. 3 ist, dass der SaZ über einen Eingliederungsschein verfügt. Keine Verlängerung der Dienstzeit kommt für SaZ in Betracht, die sich über die Dienstzeitverlängerung erst die Voraussetzungen für die Erteilung eines Eingliederungsscheins verschaffen wollen.[53] 29

Das gem. Abs. 3 verlängerte Dienstverhältnis **endet** vor Ablauf der eineinhalb Jahre mit der Ernennung zum Beamten. Während sonst das Dienstverhältnis eines SaZ bestehen bleibt, wenn er zum Beamten auf Widerruf im Vorbereitungsdienst ernannt wird (vgl. § 125 Abs. 2 Satz 2 BRRG), gilt der Inhaber eines Eingliederungsscheins mit seiner Ernennung zum Beamten auf Widerruf entlassen, wobei die Entlassung nicht als Entlassung auf eigenen Antrag gilt (§ 125 Abs. 2 Satz 5 BRRG). Außer durch die Ernennung zum Beamten endet das gem. Abs. 3 verlängerte Dienstverhältnis vorzeitig, wenn das Erlöschen des Rechts aus dem Eingliederungsschein (§ 9 Abs. 3 Satz 2 Nr. 1 bis 3 SVG) unanfechtbar festgestellt worden ist.[54] Damit kann die missbräuchliche Inanspruchnahme der Dienstzeitverlängerung durch SaZ, die nicht Beamte werden wollen, eingeschränkt werden. 30

4. Absatz 4

Abs. 4 wurde durch Art. 1 Nr. 9 des G vom **6.12.1990**[55] in das SG eingefügt. Durch Art. 1 Nr. 26 des **SGÄndG** wurde der Verweis auf § 28 Abs. 7 aufgenommen; durch Art. 8 Nr. 2 des G vom **30.11.2000**[56] wurde der Begriff „Elternzeit" eingeführt. Durch Art. 2 Nr. 4 des **SDGleiG** wurde im Zusammenhang mit der Teilzeitbeschäftigung für Soldaten Satz 2 angefügt, wonach die Inanspruchnahme von Teilzeitbeschäftigung nach § 30a zu einer entspr. Verlängerung der Dienstzeit führt. 31

Der **Zweck** von Abs. 4 besteht darin, die in den SaZ investierte **Ausbildung** in dem gebotenen Umfang zeitlich zu **nutzen**. Es soll verhindert werden, dass die zu Ausbildungszwecken aufgewendeten Mittel ohne Nutzen für die SK und somit für die Allgemeinheit bleiben.[57] Für BS existiert eine parallele Regelung in § 46 Abs. 4. Vor dem Hintergrund dieses Normzwecks war es konsequent, mit der Einführung der Teilzeitbeschäftigung Abs. 4 zu ergänzen. Ein Soldat in Teilzeitbeschäftigung stünde bei ansonsten unveränderter Dienstzeit dem Dienstherrn nicht in demselben zeitlichen Umfang zur Verfügung, wie nach seiner Verpflichtungserklärung, die auf Vollzeitbeschäftigung abstellt, festgelegt war.[58] 32

Die Verlängerung der Dienstzeit tritt **kraft Gesetzes** unmittelbar ein, entspr. der in Anspruch genommenen Elternzeit. Auf eine Verfügung der Dienstzeitverlängerung durch VA kommt es nicht an. Gegen den Erlass eines feststellenden VA durch die zuständige Personal bearbeitende Dienststelle, mit dem die verlängerte Dienstzeit festgestellt wird, ist nichts einzuwenden. Je nachdem, ob ein derartiger VA vorliegt oder nur eine deklaratorische Information des Soldaten, ist **Rechtsschutz** durch Beschwerde und Anfechtungsklage oder durch Feststellungsklage gegeben. 33

Die Begriffe „**Fachausbildung**" und „**Studium**" sind angesichts der identischen Interessenlage so zu verstehen wie in § 46 Abs. 3 und § 56 Abs. 4.[59] Gleiches gilt für die zu diesen Vorschriften ergangenen Erl.[60] 34

---

53 VGH Mannheim 11 S 1664/84 = BWVPr 1987, 109.
54 BVerwG *Buchholz* 239.2 § 9 SVG Nr. 2.
55 BGBl. I S. 2588.
56 BGBl. I S. 1638.
57 BT-Drs. 11/6906, 15.
58 Vgl. BT-Drs. 15/3918, 28.
59 Vgl. die dortigen Komm.
60 ZDv 14/5 B 155 Nr. 4, 5. So ausdrücklich Nr. 24 der AusfBestEltZSoldV.

Sohm

Von der Verlängerung der Dienstzeit werden die Fälle erfasst, in denen der Soldat das Studium bzw. die Fachausbildung noch **nicht abgeschlossen** hatte, als er die Elternzeit in Anspruch nahm. Entscheidend ist, dass die Fachausbildung oder das Studium mindestens sechs Monate gedauert hat und in dieser Zeit Wissen oder Fähigkeiten vermittelt wurden, die sowohl für die Verwendung als Soldat als auch im zivilen Bereich nutzbar sind.[61]

Jede andere Auslegung, die für die Verlängerung der Dienstzeit den förmlichen Abschluss der Fachausbildung oder des Studiums voraussetzt, würde Missbrauchsmöglichkeiten eröffnen, indem Soldaten gezielt kurz vor Ende ihrer Fachausbildung/ihres Studiums in Elternzeit gehen könnten, ohne dass hiermit eine Dienstzeitverlängerung verbunden wäre.

Eine Fachausbildung von mehr als sechs Monaten liegt auch dann vor, wenn die Ausbildung in einzelne, sich bedingende Abschnitte aufgeteilt ist, die zwar nicht jeder für sich, wohl aber kumuliert sechs Monate erreichen. Auch hier würde jede andere Auslegung eine Umgehung des Gesetzeszwecks ermöglichen, weil durch eine sachwidrige Verkürzung einzelner Ausbildungsabschnitte die Dienstzeitverlängerung vermieden werden könnte.

35 Administrative Schwierigkeiten wirft Abs. 4 bei Soldaten auf, deren Dienstzeit **stufenweise festgesetzt** wird. Wird in diesen Fällen Elternzeit in Anspruch genommen, bevor die endgültige Dienstzeit aus der Verpflichtungserklärung festgesetzt ist, tritt zunächst die Dienstzeitverlängerung gem. Abs. 4 kraft Gesetzes ein. Es stellt sich die Frage, auf welche Art und Weise bei der endgültigen Dienstzeitfestsetzung auf der Grundlage der Verpflichtungserklärung die bereits eingetretene Verlängerung nach Abs. 4 mit berücksichtigt werden kann. Erfolgte keine Berücksichtigung, würde der Soldat seine Elternzeit nicht ausgleichen, da die Dienstzeitverlängerung nach Abs. 4 in der ohnehin vorgesehene Dienstzeit gem. der Verpflichtungserklärung fallen würde. Dies ist nur dadurch zu lösen, dass die Verlängerung der Dienstzeit gem. Abs. 4 im Ergebnis **kumulativ** zu der Dienstzeitverlängerung auf Grund der Verpflichtungserklärung **hinzugerechnet** wird. Dies kann im Rahmen der endgültigen Festsetzung der Dienstzeit durch feststellenden VA erfolgen.

Als **Übergangsregelung** ist § 95 zu beachten.[62]

5. Absatz 5

36 Die Best. wurde durch Art. 2 Nr. 3 des G vom **24.7.1995**[63] eingeführt.

37 Abs. 5 konkretisiert die **Fürsorgepflicht**[64] des Dienstherrn dadurch, dass Vorsorge für die Fälle geschaffen wird, in denen ein SaZ zum vorgesehenen Ende seiner Dienstzeit aus einsatzspezifischen Gründen nicht geordnet in das Zivilleben übertreten kann.[65] Vergleichbare Vorschriften gibt es für WPfl (§ 29b WPflG[66]), was insbes. für Res von Bedeutung ist, für BS (§ 44 Abs. 1 Satz 6) und für Dienstleistungspflichtige (§ 75 Abs. 5). Bei Anwendung der Best. wird der Entlassungszeitpunkt entspr. hinausgeschoben; das ursprüngliche Dienstverhältnis wird von Gesetzes wegen verlängert, ohne dass der Soldat zur üblichen Dienstleistung verpflichtet wäre.

---

61 ZDv 14/5 B 155 Nr. 5 Abs. 3.
62 Vgl. die dortige Komm.
63 BGBl. I S. 962.
64 So auch GKÖD I Yk, § 40 Rn. 11 f.; *Scherer/Alff*, SG, § 40 Rn. 13.
65 BT-Drs. 13/1209, 12.
66 Vgl. hierzu *Steinlechner/Walz*, WPflG, § 29b Rn. 1 ff. insbes. zu der völkerrechtl. Dimension der Begriffe „Verschleppung" u. „Gefangenschaft".

Hins. des Begriffs **besondere Auslandsverwendung** ist auf die **Legaldefinition** in § 62 Abs. 1 zu verweisen. Es handelt sich um Verwendungen, die auf Grund eines Übereinkommens, eines Vertrages oder einer Vereinbarung mit einer über- oder zwischenstaatlichen Einrichtung oder mit einem auswärtigen Staat auf Beschl. der BReg im Ausland oder außerhalb des deutschen Hoheitsgebietes auf Schiffen oder Luftfahrzeugen stattfinden. Angesichts dieser Beschränkung der besonderen Auslandsverwendung auf im Wesentlichen multilaterale Einsätze ist von entscheidender Bedeutung, dass Abs. 5 Satz 2 die Dienstzeitverlängerung auch bei anderen Verwendungen im Ausland mit vergleichbarer Gefährdungslage eintreten lässt. Damit sind mil. Operationen in nationaler Verantwortung, z.B. Kommandounternehmen zur Geiselbefreiung, erfasst. 38

Die Begriffe **Verschleppung und Gefangenschaft** sind lediglich Beispiele für Ursachen, warum ein Soldat aus mit dem Dienst zusammenhängenden Gründen dem Einflussbereich des Dienstherrn entzogen ist, so dass grds. auch andere Fallkonstellationen während eines Auslandseinsatzes eine Verlängerung der Dienstzeit begründen können.[67] 39

In einer soldatenrechtl. Best., die auf einsatzspezifische Gefahrenlagen abstellt, erscheint das eher an klassischen Haftungsregelungen orientierte Tatbestandsmerkmal, dass der Soldat seine Lage „nicht **zu vertreten** hat", als Voraussetzung für die Dienstzeitverlängerung fragwürdig und mil. Szenarien nicht gerecht werdend. Einem Soldaten im Auslandseinsatz die Dienstzeitverlängerung sowie die damit verbunden Rechte mit der Begr. abzusprechen, er habe seine Situation selbst zu vertreten, kann nur in extremen Ausnahmefällen gerechtfertigt sein. Allein schuldhaftes Handeln des Soldaten ausreichen zu lassen[68], ist dem Soldaten nicht zu vermitteln. Von ihm wird ein tapferes und bewusst risikobereites Handeln erwartet (§ 7), das Gefangenschaft oder sonstigen Freiheitsverlust in Kauf nimmt. Dies kann nicht mit rechtl. Nachteilen verbunden sein. Selbst wenn dem Soldaten ein unter mil.-operativen Kriterien als falsch zu bewertendes Vorgehen vorzuhalten ist und hierin die Ursache für seinen Freiheitsverlust liegt, kann dies grds. nicht dazu führen, ihm die Rechte aus Abs. 5 zu versagen. Das Merkmal „nicht zu vertreten hat" ist daher **restriktiv** zu interpretieren. Allenfalls bei grober Pflichtverletzung oder vorsätzlicher Missachtung einer geltenden Befehlslage kann von einem Vertretenmüssen ausgegangen werden. Alles andere würde der Zielsetzung des Abs. 5 nicht gerecht. 40

6. Absatz 6

Abs. 6 ist seit der Erstfassung **unverändert** geblieben. Der Gesetzgeber **bezweckte** mit dieser Best. in erster Linie, den i.d.R. vor der Ernennung zum SaZ auf der Grundlage der WPfl abgeleisteten GWD in die Dienstzeitberechnung einzubeziehen.[69] Die Anrechnung ist nicht auf den GWD beschränkt. Vielmehr wird **jede Art des Wehrdienstes** erfasst, die vor einer Ernennung zum SaZ geleistet wurde, z.B. eine Eignungsübung gem. § 87[70]; bei Wiedereinstellern ist der früher geleistete Dienst als SaZ anzurechnen.[71] 41

Für die **Berechnung** ist die AVV zu § 2 SVG[72] entspr. anzuwenden.[73] 42

Auf der Grundlage des Abs. 6 ist die Dienstzeit eines SaZ nicht nur im Hinblick auf das Ende der Dienstzeit zu berechnen, sondern in allen Fällen, in denen eine bestimmte 43

---

67 Vgl. *Steinlechner/Walz*, WPflG, § 29b Rn. 4.
68 GKÖD I Yk, § 40 Rn. 12.
69 BT-Drs. II/1700, 29.
70 *Rittau*, SG, 204; s.a. ZDv 14/5 B 127 Nr. 4.
71 Nr. D.14 WEE.
72 Fassung v. 10.5.1973 (VMBl. S. 206).
73 ZDv 14/5 B 127 Nr. 4 Abs. 2.

§ 40 Rechtsstellung der Berufssoldaten und der Soldaten auf Zeit

Dienstzeit eine Rolle spielt, wie bei Mindestdienstzeiten für Beförderungen oder Laufbahnwechsel.[74]

7. Absatz 7
a) Entstehung der Vorschrift

44 Die Regelung, wonach die Dienstzeit eines SaZ auf Antrag des Soldaten verkürzt werden kann, wenn dies im dienstl. Interesse liegt, wurde zunächst nicht im SG, sondern in § 4 des **PersStärkeG** vom 20.12.1991[75] verankert. Durch Art. 1 Nr. 26 des **SGÄndG** wurde § 4 des PersStärkeG als Abs. 7 in § 40 überführt. Inhaltliche Änd. waren damit nicht verbunden, so dass Rspr. und Lit. zu § 4 PersStärkeG für die Anwendung des Abs. 7 herangezogen werden können.

45 Anlass für das PersStärkeG war die Verpflichtung der Bundesrepublik Deutschland aus dem „Zwei-plus-Vier-Vertrag"[76], im Zuge der Wiedervereinigung ihre SK bis zum 31.12.1994 auf 370 000 Soldaten zu reduzieren.[77] Obwohl dies allein durch Veränderung der Einberufungsquote von GWDL zu erreichen gewesen wäre, sollten aus Gründen des Erhalts eines strukturgerechten mil. Personalkörpers sowie der Wehrgerechtigkeit auch BS und SaZ von der Reduzierung erfasst werden.[78] Hierfür wurden besondere gesetzl. Instrumentarien benötigt. Mit § 4 PersStärkeG wurde der Tatsache Rechnung getragen, dass das soldatische Dienstrecht bis zu diesem Zeitpunkt keine Möglichkeit einer Verkürzung der einmal rechtmäßig festgesetzten Dienstzeit vorsah.[79]

46 Nach der Fassung des **REntw.** des PersStärkeG[80] sollte die Verkürzung der Dienstzeit nur möglich sein, wenn die verkürzte Dienstzeit vor dem 1.1.1995 enden würde. Damit sollte erreicht werden, dass die Soldaten, die vorzeitig ausscheiden wollten und entbehrlich waren, so rechtzeitig die SK verlassen konnten, dass ihr Weggang noch Auswirkungen auf die zu erreichende Stärke zu einem Stichtag hatte. Angesichts der Orientierung des REntw. am „Zwei-plus-Vier-Vertrag" war dies eine konsequente Vorgabe. Der für das Gesetzgebungsverfahren federführende **VertA** empfahl, die Befristung zu streichen, um der BReg eine flexiblere Personalbewirtschaftung über den 31.12.1994 hinaus zu ermöglichen.[81] Damit folgte er zumindest teilweise einem entspr. Entschließungsantrag der SPD-Fraktion.[82]

§ 4 PersStärkeG trat zum 1.1.1992 mit **unbefristeter Geltung** in Kraft. Es war konsequent, die Best. im Jahre 2000, als andere befristete Regelungen des PersStärkeG ausgelaufen waren, an der systematisch richtigen Stelle in das SG einzufügen.[83]

b) Einzelheiten

47 Nach Abs. 7 kann die Dienstzeit verkürzt werden, wenn dies im dienstl. Interesse liegt. Dabei kommt der zuständigen Personal bearbeitenden Stelle ein gerichtl. nur eingeschränkt überprüfbarer **Beurteilungsspielraum** zu.[84] Dies folgt einerseits daraus, dass

---

74 BVerwGE 113, 373; s.a. ZDv 20/7 Nr. 101 f.
75 BGBl. I S. 2376.
76 Vertrag über die abschließende Regelung in bezug auf Deutschland v. 12.9.1990 (BGBl. II S. 1318).
77 Art. 3 Abs. 2 des Zwei-plus-Vier-Vertrages.
78 BT-Drs. 12/1269, 5.
79 BT-Drs. 12/1269, 8. Vgl. zur früheren Rechtslage *Foge*, NZWehrr 1983, 137; *Baader*, NZWehrr 1985, 140.
80 BT-Drs. 12/1269, 5.
81 BT-Drs. 12/1564, 8.
82 BT-Drs. 12/1581; vgl. auch BT-Drs. 12/1567 u. 12/1583.
83 Ebenso § 3 PersStärkeG, der in § 45a SG eingefügt wurde.
84 VG Koblenz NZWehrr 1997, 172.

Begründung des Dienstverhältnisses eines Soldaten auf Zeit § 40

Bewertungen über die künftige Personalentwicklung in den SK zwangsläufig Prognosecharakter aufweisen und andererseits das Merkmal des dienstl. Interesses vom Gesetzgeber gerade deshalb aufgenommen wurde, um das Ausscheiden qualifizierten Personals zu verhindern und die Einsatzbereitschaft der SK aufrechtzuerhalten.[85] Auf das Interesse des Soldaten an der Dienstzeitverkürzung kommt es folglich bei der Bestimmung des dienstl. Interesses nicht an. Dies ergibt sich auch aus der Systematik des SG, da die Möglichkeit eines vorzeitigen Ausscheidens von SaZ aus persönlichen Gründen in § 55 Abs. 3 geregelt ist und nicht in § 40.

Die Personal bearbeitenden Stellen können damit aus jedem denkbaren dienstl. Interesse eine Dienstzeitverkürzung **ablehnen**. Ein **Anspruch** des Soldaten auf Dienstzeitverkürzung i.S.e. Ermessensreduzierung auf Null ist **ausgeschlossen**, zumal rechtssystematisch in die Ermessensentscheidung erst eingetreten werden kann, nachdem das Tatbestandsmerkmal des dienstl. Interesses positiv festgestellt wurde. Bei Abs. 7 handelt es sich somit um eine „Koppelungsnorm"[86], die einen Beurteilungsspielraum auf der Tatbestandsebene und ein Ermessen auf der Rechtsfolgenseite gewährt, wobei in der Praxis der Schwerpunkt bei der Feststellung des dienstl. Interesses liegen wird. Theoretisch ist denkbar, dass ein dienstl. Interesse an der Dienstzeitverkürzung eines Soldaten vorliegt, diese im Rahmen der Ermessensausübung dennoch abgelehnt wird, z.B. weil mehr Antragsteller vorhanden sind, als entbehrt werden können. Besteht isoliert betrachtet für jeden an sich ein dienstl. Interesse an der Dienstzeitverkürzung, kann sich in dieser Fallkonstellation die Auswahl in den Ermessensbereich hineinverlagern. Die besonders herausragende Qualifikation eines Soldaten ist allerdings ein Grund, bereits ein dienstl. Interesse an der Verkürzung seiner Dienstzeit zu verneinen.[87]   48

Im Interesse des Soldaten muss bei der Verkürzung so viel Dienstzeit übrig bleiben, dass die in die aktive Zeit fallende **Berufsförderung** noch gewährt werden kann. Dem Soldaten kann eine weitere Dienstzeitverkürzung gewährt werden, wenn er insoweit auf seinen Berufsförderungsanspruch verzichtet. Auf Berufsförderungsmaßnahmen, die ohnehin erst nach der aktiven Dienstzeit gewährt werden, braucht er nicht zu verzichten.[88]   49

Verfahrensrechtl. handelt es sich bei der Verkürzung der Dienstzeit um eine **statusrechtl. Angelegenheit**. Der antragstellende Soldat hat einen Anspruch darauf, dass vor der Entscheidung durch die Personal bearbeitende Dienststelle seine **VP** gem. § 23 Abs. 1 Satz 1 Nr. 6 SBG angehört wird.[89]   50

Rechtsschutz ist mittels der Verwaltungsbeschwerde gegen den abgelehnten Antrag und anschließender Verpflichtungsklage – die Verkürzung der Dienstzeit ist ein VA[90] – vor dem VG gegeben.

Angesichts der Tatsache, dass Abs. 7 in erster Linie den Interessen des Dienstherrn zu dienen bestimmt ist, gewährt die Rspr. dem Antragsteller ausschließlich einen Anspruch darauf, dass „über seinen Antrag nach allgemeinen rechtsstaatlichen Grundsätzen in einem ordnungsgemäßen und den gesetzlichen Vorgaben ausgerichteten Verfahren ohne Willkür entschieden wird".[91]

---

85   BT-Drs. 12/1269, S. 6.
86   Vgl. *Kopp/Ramsauer*, VwVfG, § 40 Rn. 21.
87   So auch VG Koblenz NZWehrr 1997, 172 (174).
88   BT-Drs. 14/4062, 20; unklar insoweit GKÖD I Yk, § 40 Rn. 9.
89   BVerwGE 103, 65 = NZWehrr 1999, 117.
90   Vgl. BVerwG NZWehrr 1986, 130.
91   VG Koblenz NZWehrr 1997, 172 (173).

Sohm 547

§ 41 Form der Begründung und der Umwandlung

(1) ¹Die Begründung des Dienstverhältnisses und seine Umwandlung erfolgen durch Aushändigung einer Ernennungsurkunde. ²In der Urkunde müssen enthalten sein
1. bei der Begründung die Worte „unter Berufung in das Dienstverhältnis eines Berufssoldaten" oder „unter Berufung in das Dienstverhältnis eines Soldaten auf Zeit",
2. bei der Umwandlung die die Art des Dienstverhältnisses bestimmenden Worte nach Nummer 1.

³An Stelle der Worte „unter Berufung" könne die Worte „ich berufe" verwendet werden.

(2) Die Begründung und die Umwandlung werden mit dem Tag der Aushändigung der Ernennungsurkunde wirksam, wenn nicht in der Urkunde ausdrücklich ein späterer Tag bestimmt ist.

(3) ¹Wird bei der Berufung in das Dienstverhältnis eines Soldaten auf Zeit ein späterer Tag als der Tag der Aushändigung der Urkunde für das Wirksamwerden der Ernennung bestimmt, so hat der Soldat an diesem Tag seinen Dienst anzutreten. ²Die Ernennung ist vor ihrem Wirksamwerden zurückzunehmen, wenn sich herausstellt, dass die Berufung in das Dienstverhältnis eines Soldaten auf Zeit nach § 37 Abs. 1 und § 38 unzulässig ist. ³Eine Rücknahme in elektronischer Form ist ausgeschlossen.

(4) ¹Die Ernennungen mehrerer Soldaten können in einer Urkunde verfügt werden. ²An die Stelle der Aushändigung der Ernennungsurkunde tritt die Aushändigung einer Ausfertigung des Teils der Urkunde, der sich auf den Soldaten bezieht.

Literatur: Spezielle Veröffentlichungen zu § 41 sind nicht vorhanden.

Übersicht

	Rn.		Rn.
A. Allgemeines	1 – 7	B. Erläuterungen im Einzelnen	8 – 23
1. Zweck der Vorschrift	1 – 2	1. Absatz 1	8 – 14
2. Entstehung und Änderungen der Vorschrift	3 – 5	2. Absatz 2	15 – 17
		3. Absatz 3	18 – 22
3. Bezüge zum Beamtenrecht, ergänzende Bestimmungen	6 – 7	4. Absatz 4	23

A. Allgemeines

1. Zweck der Vorschrift

1 Während § 4 bestimmt, welche statusrechtl. Maßnahmen eine Ernennung voraussetzen, regelt § 41 Abs. 1 die **formalen Anforderungen an die Ernennung** in den Fällen der Begründung und der Umwandlung des Dienstverhältnisses. Da es sich bei der Ernennung um einen VA handelt, stellt Abs. 1 somit eine **Sonderregelung der Bekanntgabe** in Abweichung von der allg. Best. des § 41 VwVfG dar.¹

2 Insoweit unterscheidet sich die Begründung des Dienstverhältnisses in den SK von der rechtl. Konstruktion des Soldatenverhältnisses in der **Reichswehr**. Nach § 18 Nr. 1 WG 1921 war Voraussetzung für das Entstehen der Soldateneigenschaft, dass vom zuständigen Kdr unterschriebene und gestempelte Ausfertigung der Verpflichtungserklärung dem Bewerber ausgehändigt wurde.² Dieses Verfahren hatte zwar äußerliche

---
1 So zu § 6 BBG GKÖD I K, § 6 Rn. 8.
2 Vgl. *Rittau, Martin*, Wehrgesetz, 1924, § 18 Nr. 2.

Ähnlichkeiten mit der Aushändigung einer Ernennungsurkunde, stellte rechtl. etwas anderes dar. Das Soldatenverhältnis in der Reichswehr wurde nicht durch VA begründet, sondern beruhte auf einer Art öff.-rechtl. Vertrag zwischen Soldat und Dienstherrn (vgl. § 20 Abs. 2, § 21 WG 1921). Ähnliches galt für die sog. Militärbeamten, die zwar zu ernennen waren (§ 18 Nr. 2 WG 1921), bei denen die Entstehung des Beamtenverhältnisses jedoch nicht abhängig von der Ausstellung einer Ernennungsurkunde war.[3]

2. Entstehung und Änderungen der Vorschrift

§ 41 geht auf § 36 des **REntw**. zurück.[4] Mit der Best. sollten die förmlichen Vorschriften über die Ernennung von Soldaten so ausgestaltet werden, wie es den Grundsätzen des Beamtenrechts entspricht.[5] § 36 des REntw. war noch mit der – systematisch falschen – Überschrift „Form und Ernennung" versehen, obwohl schon damals ausschließlich die Berufung in das Dienstverhältnis eines BS oder SaZ geregelt wurde, während die formellen Voraussetzungen für die Beförderung in § 37 des Entw. enthalten waren. Die Umwandlung des Dienstverhältnisses als Sonderform der Begründung eines Dienstverhältnisses war in dem Entw. noch nicht gesondert aufgeführt. 3

Durch den **Ausschuss für Beamtenrecht** des BT, dem sich der **VertA** anschloss, wurde § 36 dem damals ebenfalls vorliegenden Entw. des BRRG angepasst[6], womit er die Fassung erhielt, in der er als § 41 in Kraft getreten ist. 4

Seither ist § 41 von einigen zu vernachlässigenden redaktionellen Änd. abgesehen lediglich zwei Mal inhaltlich ergänzt worden. Durch Art. 1 Nr. 4 des G vom **28.3.1960**[7] wurde Abs. 1 dahingehend ergänzt, dass an Stelle der Wörter „unter Berufung" die Wörter „ich berufe" verwendet werden können (Satz 3). Weiterhin wurde Abs. 4 angefügt, wonach die Ernennungen mehrerer Soldaten in einer Urkunde verfügt werden können. Abs. 3 wurde durch Art. 65 Nr. 2 des G vom **21.8.2002**[8] um die Best. ergänzt, dass die Rücknahme einer Ernennung in elektronischer Form ausgeschlossen ist (Abs. 3 Satz 3). Hierbei handelte es sich um eine logische Folgeänderung zur entspr. Änd. von § 4 durch das gleiche Gesetz, wonach auch Ernennungen in elektronischer Form ausgeschlossen sind. 5

3. Bezüge zum Beamtenrecht, ergänzende Bestimmungen

Im **Beamten- und Richterrecht** folgen die Best. über Erfordernis und Form der Ernennung einer **anderen Regelungssystematik** als im Soldatenrecht, dennoch sind sie inhaltlich weitgehend übereinstimmend. 6

Dem Abs. 1 entsprechen die § 5 Abs. 2 BRRG, § 6 Abs. 2 BBG sowie § 17 Abs. 3 und 4 DRiG, während Abs. 2 identisch ist mit § 10 Abs. 2 BBG.

Abs. 3 und Abs. 4 regeln dagegen soldatenrechtl. Besonderheiten und haben keine unmittelbaren Entsprechungen im Beamtenrecht.

Die Form, der Inhalt und die Art der Aushändigung der Ernennungsurkunden werden in einer Reihe von Erl. und DBest. näher konkretisiert, die allerdings über § 41 hinausgehend i.d.R. auch die Entlassungsurkunden erfassen, die gesetzl. nicht vorgeschrieben sind. 7

---

3 *Rittau* (Fn. 2), § 18 Nr. 4.
4 BT-Drs. II/1700, 9.
5 BT-Drs. II/1700, 29.
6 Vgl. BT-Drs. II/2140, 12.
7 BGBl. I S. 206.
8 BGBl. I S. 3322.

§ 41   Rechtsstellung der Berufssoldaten und der Soldaten auf Zeit

Die wichtigsten ergänzenden Best. sind:
- DBest. zur Anordnung des BPräs über die Ernennung und Entlassung der Soldaten vom 9.6.1981[9]
- Best. für das Verfahren bei der Ernennung von Soldaten durch Sammelurkunde[10]
- Gestaltung der Urkunden über die Ernennung und Entlassung der Soldaten[11]
- Übertragung der Befugnis zur Vollziehung der Ernennungs- und Entlassungsurkunden für Unteroffiziere und Mannschaften auf Zeit sowie für Soldaten, die auf Grund der Wehrpflicht Wehrdienst leisten[12]
- Übertragung der Befugnis zur Vollziehung der Ernennungsurkunden, der Urkunden über die Beendigung des Dienstverhältnisses und der Beförderungs- und Entlassungsverfügungen im Ministerium[13]
- Verfahren bei der Ernennung von Berufssoldaten und Soldaten auf Zeit sowie bei der Beendigung des Dienstverhältnisses von Berufssoldaten und Soldaten auf Zeit[14]
- Ergänzung der Best. über das Verfahren bei Ernennungen und bei Beendigung des Dienstverhältnisses der Soldaten.[15]

B. Erläuterungen im Einzelnen

1. Absatz 1

8   Die in **Satz 1** vorgeschriebene Aushändigung der Ernennungsurkunde ist die **willentliche Verschaffung des körperlichen Besitzes der Originalurkunde durch die zur Ernennung zuständige Dienststelle an den zu Ernennenden**.[16] Das Merkmal „willentlich" ist erforderlich, um bei abhanden gekommenen oder entwendeten Urkunden, die in den Besitz des zu Ernennenden gelangt sind, die Wirkung der Aushändigung auszuschließen.[17]

9   Solange die Urkunde noch nicht ausgehändigt wurde, entfaltet sie **keinerlei Rechtswirkung**; die mit ihr beabsichtigte Ernennung kann jederzeit zurückgestellt oder aufgegeben werden, z.B. wenn kurz vor Aushändigung Erkenntnisse auftreten, die gegen eine Berufung in das Dienstverhältnis sprechen.[18]

10   Eine **persönliche Übergabe** der Urkunde ist jedoch rechtl. **nicht erforderlich**, wenn auch am zweckmäßigsten und angesichts der symbolischen Bedeutung und der Rechtsklarheit vorzuziehen. Gleichwohl kann die Aushändigung auch durch förmliche Zustellung oder sonstige Übersendung an den Adressaten, z.B. durch Einschreibebrief, erfolgen.[19] Nach der einschlägigen Vorschrift für die Bw[20] ist neben der persönlichen Übergabe die Aushändigung ausschließlich durch PZU zulässig. Entscheidend ist, dass der zu Ernennende **persönlichen Besitz** an der Urkunde erlangt. Eine Übergabe der Urkunde an einen Bevollmächtigten ist nach ganz h.M. nicht ausreichend für den Eintritt der Statusänderung, diese erfolgt vielmehr erst dann, wenn der Bevollmächtigte die Urkunde an

---

9 VMBl. S. 214, zuletzt geä. am 11.12.1995, VMBl. 1996 S. 46 = ZDv 14/5 B 111.
10 ZDv 14/5 B 112.
11 ZDv 14/5 B 113.
12 ZDv 14/5 B 114.
13 ZDv 14/5 B 115.
14 ZDv 14/5 B 116.
15 ZDv 14/5 B 117.
16 Vgl. *Battis*, BBG, § 6 Rn. 5.
17 *Battis*, BBG, § 6 Rn. 5.
18 GKÖD I Yk, § 41 Rn. 8; *Rittau*, SG, 204; BVerwGE 55, 212.
19 *Battis*, BBG, § 6 Rn. 5; GKÖD I K, § 6 Rn. 48.
20 ZDv 14/5 B 116 Nr. 5 Abs. 2.

den eigentlichen Adressaten weitergeleitet hat.[21] Aus diesem Grund ist bei Ernennungen durch PZU die Möglichkeit der Ersatzzustellung ausgeschlossen.[22]

Die widerspruchslose Annahme der Urkunde ist zunächst ein reiner Realakt. Mit ihr dokumentiert der zu Ernennende zugleich sein Einverständnis mit der Ernennung als mitwirkungsbedürftigem VA. **11**

Das bloße Angebot, eine Ernennungsurkunde auszuhändigen, reicht nicht aus, um eine Statusänderung zu bewirken. Auch ein ggf. bestehender Anspruch auf Ernennung wird nicht bereits durch das **Angebot**, die Urkunde **auszuhändigen**, erfüllt. Weigert sich der Betroffene allerdings, die Urkunde anzunehmen, fehlt ihm für eine Klage auf Ernennung das Rechtsschutzbedürfnis.[23] **12**

Durch **Satz 2** wird der **Inhalt** der Ernennungsurkunde festgelegt. Dabei ist die Best. nicht abschließend, sondern regelt nur die soldatenrechtl. Besonderheiten bei der Begründung und Umwandlung des Dienstverhältnisses. Es liegt auf der Hand, dass eine Urkunde, die nur aus den durch Abs. 1 Satz 2 vorgeschriebenen Angaben bestünde, unvollständig wäre. **13**

Weitere erforderliche Inhalte folgen aus dem allg. **dienstrechtl. Urkundsbegriff**.[24] So muss jede Ernennungsurkunde vom zuständigen Vertreter des Dienstherrn eigenhändig unterschrieben sein (das Unterschreiben der Urkunde wird als „Vollziehen" der Urkunde bezeichnet) und die ausfertigende Dienststelle erkennen lassen. Der Adressat der Urkunde ist in ihr eindeutig zu benennen. Inhaltlich einschränkende Festlegungen darf die Urkunde angesichts der Bedingungsfeindlichkeit der Ernennung nicht enthalten. Die Musterurkunden in der ZDv 14/5 entsprechen diesen Anforderungen. Fehlt es an diesen Merkmalen bzw. an den durch Abs. 1 Satz 2 vorgegebenen Inhalten, liegt keine Urkunde vor, mit deren Aushändigung ein Dienstverhältnis begründet werden kann.[25] Auch wenn das SG im Gegensatz zum Beamtenrecht (§ 6 Abs. 2 Satz 3 BBG) eine ausdrückliche Regelung über die Rechtsfolgen fehlerhafter Urkunden nicht kennt, folgt dies aus der Formenstrenge des öff. Dienstrechts. Lediglich bei offenkundigen Schreibfehlern, die keine Auslegungszweifel entstehen lassen, kann von einer wirksamen Urkunde ausgegangen werden.[26] **14**

2. Absatz 2

Nach Abs. 2 werden Begründung und Umwandlung des Dienstverhältnisses mit dem **Tag der Aushändigung der Urkunde**, d.h. um Null Uhr dieses Tages[27], wirksam, sofern nicht in der Urkunde ein späterer Tag bestimmt ist. Der Tag der Aushändigung wird i.d.R. durch das Empfangsbekenntnis dokumentiert. **15**

Abs. 2 knüpft damit an die allg. verwaltungsrechtl. Unterscheidung zwischen **innerer und äußerer Wirksamkeit** von VA an.[28] Die äußere Wirksamkeit tritt grds. mit der Bekanntgabe des VA, bei Ernennungen somit immer mit Aushändigung der Urkunde, ein. Lediglich die innere Wirksamkeit, d.h. die mit dem VA intendierte Rechtsfolge, kann auf einen anderen Zeitpunkt festgelegt sein. Da Ernennungen nicht rückwirkend erfol- **16**

---

21 *Battis*, BBG, § 6 Rn. 5; GKÖD I Yk, § 41 Rn. 4; GKÖD I K, § 6 Rn. 45.
22 ZDv 14/5 B 116 Nr. 5 Abs. 2.
23 BVerwG ZBR 1999, 281.
24 Vgl. hierzu GKÖD I K, § 6 Rn. 40 ff.
25 *Dau*, WDO, § 1 Rn. 16; *Scherer/Alff*, SG, § 41 Rn. 4.
26 OVG Schleswig NVwZ 1995, 1139: „Berufung in ein Beamtenverhältnis" statt „Berufung in das Beamtenverhältnis" ist unschädlich; dies dürfte auf das Soldatenrecht übertragbar sein.
27 GKÖD I Yk, § 41 Rn. 7.
28 Hierzu allg. *Kopp/Ramsauer*, VwVfG, § 43 Rn. 5 f.

gen dürfen[29], kann dies nur ein Zeitpunkt sein, der nach der Aushändigung der Urkunde liegt. Dementspr. darf eine Urkunde nicht zurückdatiert werden. Ist in einer Urkunde ein Wirksamkeitsdatum festgelegt, das vor dem Tag der Aushändigung liegt, ist die Begründung oder Umwandlung des Dienstverhältnisses nicht nichtig, sondern kann mit dem Tag der tatsächlichen Aushändigung der Urkunde als wirksam angesehen werden.[30]

17 Soll die Wirksamkeit der Ernennung zu einem späteren Zeitpunkt eintreten, muss dieser Tag in der Ernennungsurkunde bestimmt sein. Eine Festlegung des Wirksamkeitstermins in einer Begleitverfügung reicht nicht aus. Enthält die Urkunde selbst kein Datum, bleibt es bei der allg. Regel, dass die Wirksamkeit mit der Aushändigung eintritt.[31]

3. Absatz 3

18 Satz 1 regelt eine Selbstverständlichkeit. Erst mit Erlangung des Status eines SaZ besteht die **Verpflichtung zum Dienstantritt**.[32] Dies gilt nicht in den Fällen, in denen bis zur Begründung des Dienstverhältnisses eines SaZ aus anderen Gründen, insbes. der WPfl, eine Verpflichtung zur Dienstleistung als Soldat besteht. Diese Verpflichtung bleibt durch die Aushändigung der Ernennungsurkunde zum SaZ bis zum Eintritt der Statusänderung unberührt.

19 Der Gesetzgeber beabsichtigte mit Satz 1 in erster Linie, den Bewerbern, die unmittelbar aus dem Zivilleben heraus SaZ werden wollen, ein gewisses Maß an **Sicherheit** zu gewähren.[33] Durch die Möglichkeit der vorzeitigen Aushändigung der Ernennungsurkunde können sie noch für eine bestimmte Zeit im Zivilleben verbleiben, haben die Gewissheit, zu dem in der Urkunde angegebenen Zeitpunkt ohne weiteren formalen Akt SaZ zu werden. In der Praxis dürfte davon allerdings nur selten Gebrauch gemacht werden. Für die Bw ist durch die Best. über die Feststellung der körperlichen Eignung vor Berufung in das Dienstverhältnis eines BS oder SaZ festgelegt worden, dass der Dienstantritt grds. vor der Aushändigung der Ernennungsurkunde zu erfolgen hat, um vor der Ernennung Zweifel an der körperlichen Eignung ausschließen zu können.[34]

20 Nach **Satz 2** kann die Ernennung vor ihrem Wirksamwerden **zurückgenommen** werden, wenn die Berufung in das Dienstverhältnis eines SaZ nach § 37 Abs. 1 und § 38 unzulässig ist. Dabei handelt es sich um eine Ausnahmeregelung. Im Gegensatz zum Beamtenrecht (vgl. § 12 BBG) kennt das Soldatenrecht grds. keine Rücknahme einer Ernennungsentscheidung. Die allg. Rücknahme- und Widerrufsgründe der §§ 48, 49 VwVfG finden im öff. Dienstrecht insoweit keine Anwendung, auch nicht vor Eintritt der inneren Wirksamkeit einer Ernennung.[35] Das Dienstverhältnis eines SaZ oder BS kann grds. nur durch die gesetzl. geregelten Beendigungsgrunde wie Entlassung, Umwandlung, Verlust der Rechtsstellung (vgl. §§ 45a, 46, 48, 54, 55) aufgelöst werden.

21 Auch auf Grund des eindeutigen Wortlauts und des inhaltlichen Zusammenhangs mit Satz 1 ist Satz 2 **eng auszulegen** und gilt **ausschließlich für Berufungsentscheidungen zum SaZ**. Für andere Ernennungen ist Satz 2 nicht anwendbar. Dies folgt rechtssyste-

---

29 In § 10 Abs. 2 Satz 2 BBG ist dies ausdrücklich bestimmt; im Soldatenrecht gilt nichts anderes.
30 *Battis*, BBG, § 10 Rn. 5.
31 *Battis*, BBG, § 10 Rn. 6.
32 *Scherer/Alff*, SG, § 41 Rn. 6.
33 Vgl. BT-Drs. II/1700, 27.
34 ZDv 14/5 B 130 Nr. 2 Abs. 2.
35 Ganz h.M. Vgl. *Battis*, BBG, § 12 Rn. 2; *Kopp/Ramsauer*, VwVfG, § 48 Rn. 14; BVerwGE 55, 212; BVerwGE 81, 284.

Form der Beförderung § 42

matisch bereits aus der Existenz von Satz 2. Dieser Sonderfall der Rücknahme einer Ernennung müsste nicht ausdrücklich im SG geregelt werden, wenn grds. die Rücknahme von Ernennungsentscheidungen möglich wäre.
Inhaltlich stellt Satz 2 darauf ab, dass eine Berufung zum SaZ **noch nicht wirksam** geworden ist und die Berufung nach den § 37 Abs. 1 und § 38 unzulässig „ist". Es kommt damit auf die Unzulässigkeit der Berufung im Zeitpunkt des vorgesehenen Eintritts der Wirksamkeit der Berufung an. Auch wenn bei der Aushändigung der Urkunde das Ernennungshindernis noch nicht gegeben war, sondern erst später eingetreten ist (z.b. Verlust der deutschen Staatsangehörigkeit, Rechtskraft einer strafgerichtl. Verurteilung), kann die Ernennung zurückgenommen werden. Hins. der Gründe des § 38 hat dies keine große praktische Bedeutung, da in diesen Fällen ansonsten die Entlassung (§ 55 Abs. 1 i.V.m. § 46 Abs. 2 Satz 1 Nr. 1) erfolgen müsste oder der Verlust der Rechtsstellung als SaZ einträte (§ 54 Abs. 2 Nr. 2 i.V.m. § 48 Nr. 1). Liegen die Voraussetzungen des Satzes 2 vor, muss die Ernennung zurückgenommen werden; ein **Ermessen besteht nicht**. Von der Rücknahme kann nur dann abgesehen werden, wenn im Fall des § 38 Abs. 1 Nr. 1 das BMVg eine Ausnahme gem. § 38 Abs. 3 zulässt. Dies folgt daraus, dass in Abs. 3 Satz 2 auf den gesamten § 38 und nicht nur auf dessen Abs. 1 verwiesen wird.[36] Die Rücknahme der Ernennung ergeht durch VA; sie ist nach **Satz 3** wie die Ernennung selbst (§ 4 Abs. 1 Satz 2) nicht in elektronischer Form zulässig. 22

4. Absatz 4

Im Gegensatz zum Beamtenrecht kommen bei den SK durchaus **Massenernennungen** vor, insbes. bei der Berufung von jungen Soldaten in das Dienstverhältnis eines SaZ. Um die zuständigen Ernennungsdienststellen von der Erstellung und Aushändigung einer Vielzahl von Einzelurkunden zu entlasten, sieht Abs. 4 die Möglichkeit vor, durch eine Urkunde die Ernennung mehrerer Soldaten zu verfügen (sog. Sammelurkunde).[37] Zu den Einzelheiten und dem Anwendungsbereich dieser Möglichkeit vgl. die Best. für das Verfahren bei der Ernennung von Soldaten durch Sammelurkunden.[38] 23
An die Stelle der Aushändigung der Ernennungsurkunde tritt in diesem Fall die Ausfertigung des Teils der Ernennungsurkunde, der sich auf den Soldaten bezieht. Ansonsten bleiben die Voraussetzungen für die Ernennung identisch, d.h. auch in diesem Fall tritt die Wirksamkeit erst mit der Entgegennahme der jew. Ausfertigung ein.

2. Beförderung

§ 42 Form der Beförderung

(1) ¹Die Beförderung eines Berufssoldaten und eines Soldaten auf Zeit wird in einer Ernennungsurkunde verfügt, in der die Bezeichnung des höheren Dienstgrades enthalten sein muss. ²Die Beförderungen mehrerer Soldaten können in einer Urkunde verfügt werden.

---

36 Um diese Rechtsfolge zu erreichen, hatte der BR im Gesetzgebungsverfahren vorgeschlagen, die ursprünglich nur auf den ersten Abs. bezogene Verweisung anders zu fassen; diesem Vorschlag wurde nachgekommen, vgl. BT-Drs. II/1700, 40, 45.
37 Vgl. BT-Drs III/1424, 4.
38 ZDv 14/5 B 112.

Sohm

§ 42 Rechtsstellung der Berufssoldaten und der Soldaten auf Zeit

(2) ¹Die Beförderung zu einem Mannschaftsdienstgrad und die Beförderung eines Offizieranwärters zu einem Unteroffizierdienstgrad werden mit der dienstlichen Bekanntgabe an den zu Ernennenden, jedoch nicht vor dem in der Ernennungsurkunde bestimmten Tag wirksam. ²Dem Soldaten ist der Tag der dienstlichen Bekanntgabe seiner Beförderung zu bescheinigen.

(3) ¹Für die Beförderung durch Aushändigung einer Urkunde gilt § 41 Abs. 2 und, wenn die Beförderung mehrerer Soldaten in einer Urkunde verfügt wird, § 41 Abs. 4 Satz 2 entsprechend. ²In Ausnahmefällen, insbesondere bei Aufenthalt des zu Befördernden außerhalb des Bundesgebietes, kann die ernennende Stelle die dienstliche Bekanntgabe der Beförderung anordnen. ³Insoweit gilt Absatz 2 entsprechend mit der Maßgabe, dass dem Soldaten die Urkunde oder die Ausfertigung alsbald auszuhändigen ist.

Literatur: Spezielle Veröffentlichungen zu § 42 sind nicht vorhanden.

Übersicht

	Rn.		Rn.
A. Allgemeines	1 – 10	B. Erläuterungen im Einzelnen	11 – 20
1. Zweck der Vorschrift	1 – 2	1. Absatz 1	11 – 13
2. Entstehung und Änderungen der Vorschrift	3 – 8	2. Absatz 2, Absatz 3 Satz 2	14 – 18
3. Bezüge zum Beamtenrecht; ergänzende Bestimmungen	9 – 10	3. Absatz 3 Satz 1	19 – 20

A. Allgemeines

1. Zweck der Vorschrift

1 § 42 legt die **formellen Anforderungen** an die Beförderung von BS und SaZ fest. Für Soldaten, die nach Maßgabe des WPflG Wehrdienst leisten oder zu den in § 60 genannten Dienstleistungen herangezogen werden, gilt § 58 Abs. 2.

Die Vorschrift **ergänzt** damit **§ 4 Abs. 1 Nr. 3**; dort ist auch der Begriff der Beförderung definiert. Materielle Maßstäbe oder Grundsätze, nach denen Beförderungen zu erfolgen haben, stellt § 42 genau so wenig auf wie § 4 Abs. 1 Nr. 3; diese finden sich in § 3, in der SLV sowie in den Best. für die Beförderung und für die Einstellung, Übernahme und Zulassung von Soldatinnen und Soldaten.[1]

2 Da es sich bei der Beförderung um eine statusrechtl. Maßnahme und somit um einen VA i.s.v. § 35 VwVfG handelt[2], stellt § 42 rechtsdogmatisch – wie § 41 – eine Sonderbest. über die Bekanntgabe, abw. von § 41 VwVfG, dar.[3]

2. Entstehung und Änderungen der Vorschrift

3 § 42 geht auf § 37 des REntw.[4] zurück. Dieser hatte folgenden Wortlaut:

„(1) Für die Beförderung eines Berufssoldaten oder eines Soldaten auf Zeit ist eine besetzbare Planstelle erforderlich.

(2) Die Beförderung eines Berufssoldaten wird mit dem Tage der Aushändigung der Ernennungsurkunde wirksam. Die Beförderung eines Soldaten auf Zeit wird mit ihrer dienstlichen Bekanntgabe wirksam; darüber ist ihm eine Urkunde auszuhändigen."

---
1 ZDv 20/7.
2 Vgl. BVerwG Buchholz, 311, § 18 WBO Nr. 2.
3 Vgl. GKÖD I K, § 6 Rn. 8.
4 BT-Drs. II /1700, 9.

Form der Beförderung **§ 42**

Während für BS die Beförderung auf die klassische Art durch Aushändigung einer Er- **4**
nennungsurkunde erfolgen sollte, war für SaZ vorgesehen, von diesem Erfordernis abzusehen und statt dessen die Wirksamkeit der Beförderung an die dienstl. Bekanntgabe zu knüpfen. Dies wurde damit begründet, dass sich in den SK vor allem in den niedrigeren Dienstgraden Beförderungen an bestimmten Tagen oder zu bestimmten Anlässen häufen würden und folglich Anlass bestehe, sie von zu viel Förmlichkeiten frei zu halten.[5]

Im Laufe des Gesetzgebungsverfahrens beschloss der **VertA** die vollständige Ableh- **5**
nung des § 37 an § 6 BBG[6] mit der Konsequenz, dass für jede Beförderung die Aushändigung der Urkunde als Wirksamkeitsvoraussetzung festgeschrieben wurde. Der Entw. wurde wie folgt geändert:
„(1) Die Beförderung eines Berufssoldaten und eines Soldaten auf Zeit erfolgt durch Aushändigung einer Ernennungsurkunde, in der die Bezeichnung des höheren Dienstgrades enthalten sein muß. (…)
(2) Für die Beförderung eines Berufssoldaten oder eines Soldaten auf Zeit ist eine besetzbare Planstelle erforderlich."[7]
In dieser Fassung ist die Best. als § 42 in Kraft getreten.

Durch Art. 1 Nr. 5 des G vom **28.3.1960**[8] erhielt § 42 im Grunde seine heutige Fassung. **6**
Wie bereits durch die BReg in der Entwurfsbegr. vorausgesehen, stellte sich das Erfordernis der Aushändigung der Ernennungsurkunde in allen Fällen der Beförderung von BS und SaZ als zu schwerfällig heraus. Die strikte Orientierung am Beamtenrecht erwies sich insoweit nicht als zwingend, da Soldaten infolge ihres besonderen Laufbahnsystems jedenfalls in niedrigeren Dienstgraden und den Anfangsjahren ihres Dienstes häufiger befördert werden als Beamte.[9]

Dem wurde dadurch Rechnung getragen, dass die Wirksamkeit der Beförderung zu **7**
Mannschaftsdienstgraden – analog zum Verfahren der Beförderung von Soldaten, die nach Maßgabe des WPflG Wehrdienst leisten oder zu den in § 60 genannten Dienstleistungen herangezogen werden (vgl. § 58 Abs. 2) – an die dienstl. Bekanntgabe geknüpft wurde (Abs. 1). In Ausnahmefällen, worunter in der Begr. ausdrücklich „Feldverhältnisse" verstanden wurden[10], sollte auch für andere Beförderungen die dienstl. Bekanntgabe angeordnet werden können (Abs. 3 Satz 2). Weiterhin wurde – wie bei der Ernennung zum BS oder SaZ in § 41 Abs. 4 – die Möglichkeit der Beförderung mehrerer Soldaten in einer Sammelurkunde eingeführt (Abs. 1 Satz 2).

Durch Art. 1 Nr. 2 des G vom **6.4.1965**[11] wurde die Möglichkeit der Beförderung durch **8**
dienstl. Bekanntgabe auf die Beförderung von OA zu einem Unteroffizierdienstgrad (Fahnenjunker, Fähnrich, Oberfähnrich) ausgeweitet.

Abgesehen von einzelnen redaktionellen Anpassungen hat § 42 seither keine Änd. mehr erfahren.

3. Bezüge zum Beamtenrecht; ergänzende Bestimmungen

§ 42 ist die soldatenrechtl. **Parallelvorschrift** zu § 5 Abs. 1 Nr. 4 BRRG, § 6 Abs. 2 Nr. 3 **9**
BBG und § 17 Abs. 1 DRiG. Im Gegensatz zum Soldatenrecht ist dort die Beförderung durch **dienstl. Bekanntgabe nicht vorgesehen.**

---

5 BT-Drs. II/1700, 30.
6 BT-Drs. II/2140, 12.
7 BT-Drs. II/2140, 46.
8 BGBl. I S. 206.
9 Vgl. BT-Drs. III/1424, 3 u. 5.
10 BT-Drs. III/1424, 5.
11 BGBl. I S. 305.

§ 42 Rechtsstellung der Berufssoldaten und der Soldaten auf Zeit

10   Hins. der administrativen Vorgaben und der Ausgestaltung der Urkunden in den SK gelten die gleichen **Erl. wie zu § 41**.[12] Weiterhin sind die Best. für die Beförderung und für die Einstellung, Übernahme von Soldatinnen und Soldaten zu beachten.[13]

B. Erläuterungen im Einzelnen

1. Absatz 1

11   Voraussetzung für die Beförderung eines BS oder SaZ ist die entspr. Verfügung in einer **Ernennungsurkunde** unabhängig davon, ob die Wirksamkeit der Beförderung durch Aushändigung der Urkunde (Abs. 3 Satz 1) oder durch dienstl. Bekanntgabe (Abs. 2, Abs. 3 Satz 2) eintritt. Allein durch eine dienstl. Bekanntgabe ohne Vorliegen einer Ernennungsurkunde kann eine Beförderung nicht wirksam erfolgen.[14] In der Urkunde muss der zu verleihende **Dienstgrad** enthalten sein, sonst liegt keine Beförderung vor.

12   In der Urkunde kann ein in der **Zukunft** liegender Tag für das Wirksamwerden der Beförderung festgelegt werden, sonst wird die Beförderung mit der **Aushändigung** der Urkunde bzw. mit der **dienstl. Bekanntgabe** wirksam. Eine rückwirkende Beförderung ist unzulässig.[15] Von der Ernennung zu unterscheiden ist die Planstelleneinweisung, die grds. mit der Beförderung zu erfolgen hat. Sie kann gem. § 115, § 49 Abs. 2 BHO bis zu drei Monate rückwirkend erfolgen.

13   Ist die Beförderung verfügt, sind die zuständigen Dienststellen und Vorg. auf Grund der Fürsorgepflicht (§ 31) verpflichtet, dafür Sorge zu tragen, dass die Aushändigung der Urkunde bzw. die dienstl. Bekanntgabe **so schnell als möglich** erfolgt.[16] Einen Anspruch auf Beförderung erwirbt der betroffene Soldat mit der Ausfertigung der Urkunde nicht. Auch in der Phase zwischen der Ausstellung der Urkunde und vor deren Aushändigung bzw. dienstl. Bekanntgabe kann und muss geprüft werden, ob die materiellen Voraussetzungen für die Beförderung noch gegeben sind.[17] Bestehen hieran Zweifel, z.B. wenn der Soldat einen Antrag auf Entlassung oder auf Anerkennung als Kriegsdienstverweigerer gestellt hat, durch Einleitung disziplinarer Ermittlungen, infolge von Erkenntnissen aus Straf- oder Disziplinarverfahren, darf die Beförderung nicht erfolgen.[18] Derartige Prüfungen spielen insbes. dann eine Rolle, wenn Beförderungen schematisch zu einem bestimmten Zeitpunkt für eine ganze Gruppe von Soldaten erfolgen, z.B. nach erfolgreichem Abschluss von vorgeschriebenen Ausbildungsgängen von OA.[19]

2. Absatz 2, Absatz 3 Satz 2

14   Die Beförderung zu einem Mannschaftsdienstgrad oder bei einem OA zu einem Unteroffizierdienstgrad erfolgt durch **dienstl. Bekanntgabe** an den betreffenden Soldaten. Unter dienstl. Bekanntgabe ist die mündliche Information des Soldaten zu verstehen. Dies kann in Form eines Tagesbefehls, einer persönlichen Unterrichtung oder auch fernmündlich geschehen.[20] Die Beförderung ist im Truppenausweis des Soldaten zu beschei-

---

12 ZDv 14/5 B 111-B 117.
13 ZDv 20/7.
14 GKÖD I Yk, § 42 Rn. 2.
15 GKÖD I Yk, § 42 Rn. 4. Ist die Urkunde zurückdatiert, wird die Beförderung erst mit ihrer Aushändigung bzw. der dienstl. Bekanntgabe wirksam.
16 Allg. Ansicht. Vgl. BGH MDR 1984, 205; GKÖD I Yk, § 42 Rn. 2; *Scherer/Alff*, SG, § 42 Rn. 4.
17 VGH Kassel DÖV 1975, 792.
18 ZDv 20/7 Nr. 131 ff.
19 Vgl. ZDv 20/7 Nr. 963.
20 GKÖD I Yk, § 42 Rn. 5.

Form der Beförderung § 42

nigen; dies gilt als Bescheinigung i.S.d. § 42 Abs. 2 Satz 2.[21] Dennoch sollen die beförderten Soldaten zusätzlich eine **Urkunde** über die dienstl. Bekanntgabe ihrer Beförderung erhalten.[22]

In Ausnahmefällen kann die zuständige ernennende Stelle[23] die dienstl. Bekanntgabe bei **anderen Beförderungen** anordnen. Nach der Erlasslage[24] ist dies jedoch – den Gesetzeswortlaut insoweit einschränkend – nur zulässig, wenn sich der zu befördernde Soldat aus dienstl. Gründen außerhalb des Gebiets der Bundesrepublik Deutschland aufhält. 15

Auch bei der dienstl. Bekanntgabe handelt es sich um eine **förmliche Ernennung**. Daraus folgt, dass die allg. Rechtsgrundsätze für Ernennungen Anwendung finden. Rechtl. problematisch ist daher die Erlassregelung[25] insoweit, als die dienstl. Bekanntgabe gegenüber einem dienstl. Vertreter erfolgen kann. Dies mag praktischen Bedürfnissen entgegenkommen, widerspricht allg. Ernennungsgrundsätzen.[26] Die dienstl. Bekanntgabe ist – wie die Aushändigung der Ernennungsurkunde – ein Realakt, bei dem aus Gründen der Rechtsklarheit eine **Vertretung ausscheidet**.[27] Der Hinw. auf § 41 Abs. 1 Satz 2 VwVfG[28] überzeugt nicht. Zum einen wäre es nicht nachvollziehbar, ausschließlich bei der ohnehin schon formell sehr gelockerten Form der dienstl. Bekanntgabe eine Vertretung zuzulassen und nicht bei der Beförderung durch Aushändigung der Urkunde; dies würde die Formenstrenge bei der Beförderung übermäßig aufweichen. Zum anderen stellt § 42 insgesamt eine Spezialregelung für die Bekanntgabe der Beförderung dar, so dass nicht in einzelnen Aspekten auf die allg. Best. des § 41 Abs. 1 Satz 2 zurückgegriffen werden kann. 16

Wird in den Fällen des Abs. 2 statt einer dienstl. Bekanntgabe eine Ernennungsurkunde ausgehändigt, ist dies unschädlich; vielmehr stellt dann die Aushändigung der Ernennungsurkunde die dienstl. Bekanntgabe dar.[29] 17

Ist eine Beförderung durch dienstl. Bekanntgabe wirksam geworden, scheidet eine **Rücknahme** aus (vgl. § 26). Auch in den Fällen, in denen die Wirksamkeit nach der Beförderungsurkunde erst zu einem späteren Zeitpunkt eintreten soll, kann die einmal erfolgte Bekanntgabe nicht rückgängig gemacht werden. Dies folgt zwar nicht aus § 26, da der Soldat den höheren Dienstgrad noch nicht wirksam verliehen bekommen hat, ergibt sich aus allg. Grundsätzen der Ernennung[30] und aus der Tatsache, dass § 42 nicht auf die Sonderregelung des § 41 Abs. 3 Satz 2 verweist. 18

3. Absatz 3 Satz 1

Abs. 3 Satz 1 bestimmt den Regelfall der Beförderung von BS und SaZ durch Aushändigung der Ernennungsurkunde. Hins. der formellen Einzelheiten verweist Abs. 3 Satz 1 auf § 41 Abs. 2 und Abs. 4 Satz 2. Für die Aushändigung der Beförderungsurkunde gelten damit die gleichen Grundsätze wie für die Aushändigung sonstiger Ernennungs- 19

---

21 ZDv 14/5 B 116 Nr. 2 Abs. 1.
22 ZDv 14/5 B 116 Nr. 2 Abs. 2 u. 3.
23 Vgl. die „Anordnung über die Ernennung und Entlassung der Soldatinnen und Soldaten" v. 6.12.2002, ZDv 14/5 B 108.
24 ZDv 14/5 B 116 Nr. 6 Abs. 1.
25 ZDv 14/5 B 116 Nr. 7.
26 Vgl. Komm. zu § 41.
27 Vgl. *Battis*, BBG, § 6 Rn. 5.
28 GKÖD I Yk, § 42 Rn. 5.
29 *Scherer/Alff*, SG, § 42 Rn. 7.
30 Vgl. *Battis*, BBG, § 6 Rn. 17.

urkunden. Insoweit kann auf die **Komm. zu** § 41 verwiesen werden. Die Sonderbest. des § 41 Abs. 3 Satz 2 greift demgegenüber bei Beförderungen nicht ein, d.h. eine ausgehändigte Beförderungsurkunde kann auch vor Eintritt ihrer inneren Wirksamkeit nicht zurückgenommen werden.

20 Die Aushändigung einer Ernennungsurkunde an einen bevollmächtigten **Vertreter** ist aus o.g. Gründen[31] rechtl. nicht unproblematisch. Da gem. § 42 Abs. 3 Satz 2 in Ausnahmefällen bei allen Beförderungen die dienstl. Bekanntgabe und damit erforderlichenfalls die fernmündliche Unterrichtung angeordnet werden kann, besteht für eine Vertretungsmöglichkeit kein ernsthaftes Bedürfnis.

3. Beendigung des Dienstverhältnisses

a) Beendigung des Dienstverhältnisses eines Berufssoldaten

§ 43 Beendigungsgründe

(1) Das Dienstverhältnis eines Berufssoldaten endet durch Eintritt oder Versetzung in den Ruhestand nach Maßgabe der Vorschriften über die rechtliche Stellung der Berufssoldaten im Ruhestand.

(2) Das Dienstverhältnis endet ferner durch
1. Umwandlung,
2. Entlassung,
3. Verlust der Rechtsstellung eines Berufssoldaten oder
4. Entfernung aus dem Dienstverhältnis durch Urteil in einem gerichtlichen Disziplinarverfahren.

Literatur: Spezielle Veröffentlichungen zu § 43 liegen nicht vor.

Übersicht

	Rn.		Rn.
A. Allgemeines	1 – 6	B. Erläuterungen im Einzelnen	7 – 11
1. Zweck und Entstehung der Vorschrift; Bezüge zum Beamtenrecht	1	1. Absatz 1	7
		2. Absatz 2 Nr. 1	8
		3. Absatz 2 Nr. 2	9
2. Änderungen der Vorschrift	2 – 6	4. Absatz 2 Nr. 3	10
		5. Absatz 2 Nr. 4	11

A. Allgemeines

1. Zweck und Entstehung der Vorschrift; Bezüge zum Beamtenrecht

1 § 43 regelt die Gründe für die Beendigung des Dienstverhältnisses eines BS. Er entspricht damit vom Regelungsgehalt her den beamtenrechtl. Best. des § 21 **BRRG** und des § 6 Abs. 3 und 4 **BBG**. An diese knüpfte die BReg ausdrücklich an, als sie in den

---

31 Vgl. o. Rn. 16.

Beendigungsgründe **§ 43**

REntw. einen § 38 aufnahm[1], auf den der heutige § 43 zurückgeht. Im Gesetzgebungsverfahren war die Vorschrift unstr.; lediglich der VertA spaltete die Entwurfsfassung, die aus einem Absatz mit vier Einzelnummern bestand, in zwei Absätze auf.[2]

2. Änderungen der Vorschrift

Seit In-Kraft-Treten des SG ist § 43 nur geringfügig und in erster Linie redaktionell geändert worden. Durch Art. 1 Nr. 10 des G vom **6.12.1990**[3] wurde in Abs. 1 Satz 1 der Passus „außer durch Tod" ersatzlos gestrichen. Eine inhaltliche Änd. war damit nicht verbunden. Es bedarf keiner ausdrücklichen Regelung, dass ein öff.-rechtl. Dienstverhältnis mit dem Tod endet.[4]   **2**

Durch Art. 1 Nr. 1 des **SGÄndG** wurde Abs. 2 neu gefasst und in Nr. 1 die Umwandlung als weiterer Grund für die Beendigung des Dienstverhältnisses eines BS aufgenommen. Hierbei handelte es sich um eine Folgeänderung zu der Einführung des § 45 a (vormals § 3 PersStärkeG).[5]   **3**

Seine bislang letzte (redaktionelle) Änd. hat § 43 durch Art. 2 Nr. 14 des **SkResNOG** erfahren. Neben dem Eintritt in den Ruhestand wird in Abs. 1 nun ausdrücklich auch die Versetzung in den Ruhestand aufgeführt. In Abs. 2 Nr. 4 wird statt wie bisher vom „disziplinargerichtlichen Verfahren" vom „gerichtlichen Disziplinarverfahren" gesprochen.   **4**

§ 43 ist eine reine **Aufzählungsnorm** ohne eigenständigen Regelungsgehalt. Die konkreten Voraussetzungen der jew. Beendigungsgründe und ihre z.T. unterschiedlichen Rechtsfolgen einschl. nachwirkender Rechte und Pflichten aus dem Dienstverhältnis ergeben sich nicht aus § 43, sondern aus den einschlägigen Sonderregelungen.   **5**

Da das SG im Gegensatz zum Beamtenrecht weder Rücknahme noch Widerruf einer Ernennung kennt (Ausnahme § 41 Abs. 3 Satz 2)[6] sind die in § 43 aufgeführten Gründe abschließend und stellen die einzigen Möglichkeiten dar, ein wirksam begründetes Dienstverhältnis eines BS zu beenden.[7]   **6**

B. Erläuterungen im Einzelnen

1. Absatz 1

Der Eintritt in den Ruhestand kraft Gesetzes (§ 44 Abs. 1) oder die Versetzung in den Ruhestand durch VA, sofern die besonderen Altersgrenzen überschritten sind (§ 44 Abs. 2), stellen die **Regelfälle** der Beendigung des Dienstverhältnisses eines BS dar. Darüber hinaus gibt es zwei weitere von Abs. 1 erfasste Formen der Versetzung in den Ruhestand: Die Versetzung in den **einstweiligen Ruhestand nach § 50** sowie die **Versetzung in den Ruhestand gem. § 1 Abs. 1 PersAnpassG**. Nach der letztgenannten Best. können in den Jahren 2002 bis 2006 bis zu 3000 BS mit ihrer Zustimmung vor Überschreiten der für sie maßgeblichen Altersgrenze in den Ruhestand versetzt werden,   **7**

---

1 BT-Drs. II /1700, 38.
2 BT-Drs. II/2140, 47.
3 BGBl. I S. 2588.
4 Vgl. BT-Drs. 11/6906, 15. Ob diese Änd. angesichts der Tatsache, dass im Beamtenrecht weiterhin der Tod als Beendigungsgrund aufgeführt wird (§ 6 Abs. 3 BBG), erforderlich war, darf bezweifelt werden.
5 BT-Drs. 14/4062, 20 f.
6 Zu den Hintergründen der gegenüber dem Beamtenrecht rechtstechnisch anderen Ausgestaltung der Beendigung des Soldatenverhältnisses vgl. die Komm. zu § 46 Rn. 2.
7 Die Nichtigkeit der Ernennung nach § 44 Abs. 1 VwVfG u. die denkbare Anfechtung der Zustimmung zur Ernennung haben rückwirkenden Charakter u. beenden damit jedenfalls rechtsdogmatisch kein wirksames Soldatenverhältnis, vgl. die Komm. zu § 4 Rn. 10.

§ 44 Rechtsstellung der Berufssoldaten und der Soldaten auf Zeit

wenn sie das 50. Lebensjahr vollendet haben und durch ihre Versetzung die Jahrgangsstrukturen i.S.d. jew. Personalstrukturmodells der Bw angepasst werden.[8] Zu den versorgungsrechtl. Konsequenzen vgl. § 3 PersAnpassG.
Die vorzeitige Versetzung in den Ruhestand dient allein den Interessen des Dienstherrn und gewährt dem BS keinen Anspruch, auch nicht auf fehlerfreie Ermessensausübung hins. seiner persönlichen Belange.[9] Der BS kann gegen die Ablehnung seiner vorzeitigen Versetzung in den Ruhestand zwar Klage vor dem VG erheben; dabei wird er lediglich mit dem Vorbringen gehört, über seinen Antrag sei nach sachlich unzulässigen, willkürlichen Gesichtspunkten entschieden worden.[10] Dies entspricht der Rechtslage bei der Verkürzung der Dienstzeit eines SaZ gem. § 40 Abs. 7. Eine Klage dürfte damit i.d.R. erfolglos sein.

2. Absatz 2 Nr. 1

8 Abs. 2 Nr. 1 verweist auf die ursprünglich durch § 3 PersStärkeG eingeführte und jetzt in § 45a geregelte Möglichkeit, das Dienstverhältnis eines BS in das eines SaZ umzuwandeln. Bei der Umwandlung handelt es sich um einen Unterfall der Berufung. Es muss daher eine Ernennung erfolgen (§ 4 Abs. 1 Nr. 2); die Formvorschriften des § 41 sind zu beachten. Materiellrechtl. Maßstab ist allein § 45 a.

3. Absatz 2 Nr. 2

9 In Abs. 2 Nr. 2 wird die Entlassung als Beendigungsgrund für das Dienstverhältnis eines BS genannt. Damit sind **alle Entlassungen** erfasst, unabhängig davon, ob es sich um Entlassungen kraft Gesetzes (§ 46 Abs. 1; § 125 Abs. 1 Satz 2 BRRG), um zwingende Entlassungen (§ 46 Abs. 2), um Entlassungen auf Antrag (§ 46 Abs. 3 und Abs. 6) oder um Entlassungen auf Grund einer Ermessensentscheidung des Dienstherrn (§ 46 Abs. 8) handelt. Hins. der jew. Entlassungsvoraussetzungen wird auf die einschlägigen Komm. verwiesen.

4. Absatz 2 Nr. 3

10 Der Verlust der Rechtsstellung eines BS tritt unter den Voraussetzungen des § 48 ein. Die Rechtsfolgen ergeben sich aus § 49.

5. Absatz 2 Nr. 4

11 Nr. 4 verweist auf die schwerwiegendste Disziplinarmaßnahme, die § 58 WDO vorsieht. Die Folgen einer disziplinargerichtl. Entfernung aus dem Dienstverhältnis sind in § 63 WDO geregelt.

§ 44 Eintritt oder Versetzung in den Ruhestand

(1) ¹**Ein Berufssoldat tritt in den Ruhestand mit Ablauf des Monats, in dem er die nach § 45 Abs. 1 festgesetzte allgemeine Altersgrenze erreicht hat.** ²**Der Eintritt in den Ruhestand kann aus dienstlichen Gründen bis zum Ablauf des 31. März oder 30. September, der dem Erreichen der allgemeinen Altersgrenze folgt, hinausgeschoben werden.** ³**Wenn dringende dienstliche Gründe im Einzelfall die Fortführung des Dienstes**

---

8 Zu den Einzelheiten des PersAnpassG s. die AusfBest des BMVg – PSZ III 1 – Az 16-37-00/4 v. 14.12.2001 sowie den Anhang zu § 44.
9 Vgl. im Einzelnen die Komm. zu § 50.
10 BVerwG ZBR 2005, 212.

erfordern, kann das Bundesministerium der Verteidigung den Eintritt in den Ruhestand hinausschieben, jedoch für nicht mehr als vier[1] Jahre. ⁴Der Eintritt in den Ruhestand kann auf Antrag des Berufssoldaten um bis zu einem Jahr hinausgeschoben werden, wenn dies im dienstlichen Interesse liegt. ⁵Der Antrag soll spätestens drei Jahre vor dem Erreichen der allgemeinen Altersgrenze gestellt werden. ⁶Ist ein Berufssoldat während einer besonderen Auslandsverwendung zum Zeitpunkt des vorgesehenen Eintritts in den Ruhestand wegen Verschleppung, Gefangenschaft oder aus sonstigen mit dem Dienst zusammenhängenden Gründen, die er nicht zu vertreten hat, dem Einflussbereich des Dienstherrn entzogen, ist der Eintritt in den Ruhestand bis zum Ablauf des auf die Beendigung dieses Zustands folgenden Monats hinauszuschieben; dies gilt auch bei anderen Verwendungen im Ausland mit vergleichbarer Gefährdungslage.

(2) ¹Ein Berufssoldat kann mit Ablauf eines Monats in den Ruhestand versetzt werden, wenn er die nach § 45 Abs. 2 festgesetzte besondere Altersgrenze überschritten hat. ²Einem Antrag des Berufssoldaten, das Dienstverhältnis bis zu einem Zeitraum von zwei Jahren nach Überschreiten der besonderen Altersgrenze fortzusetzen, ist zu entsprechen, wenn dies im dienstlichen Interesse liegt. ³Für den Antrag gilt Absatz 1 Satz 5 entsprechend. ⁴Die Zurruhesetzung erfolgt auch in diesen Fällen zu dem in Satz 1 angegebenen Zeitpunkt.

(3) ¹Ein Berufssoldat ist in den Ruhestand zu versetzen, wenn er infolge eines körperlichen Gebrechens oder wegen Schwäche seiner körperlichen oder geistigen Kräfte zur Erfüllung seiner Dienstpflichten dauernd unfähig (dienstunfähig) ist. ²Als dauernd dienstunfähig kann er auch dann angesehen werden, wenn die Wiederherstellung seiner Dienstfähigkeit innerhalb eines Jahres seit Beginn der Dienstunfähigkeit nicht zu erwarten ist.

(4) ¹Die Dienstunfähigkeit wird auf Grund des Gutachtens eines Arztes der Bundeswehr von Amts wegen oder auf Antrag festgestellt. ²Hat der Berufssoldat nicht selbst den Antrag auf Versetzung in den Ruhestand gestellt, so ist ihm unter Angabe der Gründe mitzuteilen, dass seine Versetzung in den Ruhestand beabsichtigt ist; er ist hierüber zu hören. ³Der Berufssoldat ist verpflichtet, sich von Ärzten der Bundeswehr oder von hierzu bestimmten Ärzten untersuchen und, falls sie es für notwendig erklären, beobachten zu lassen. ⁴Die über die Versetzung in den Ruhestand entscheidende Stelle kann auch andere Beweise erheben. ⁵Ob die Wiederherstellung der Dienstfähigkeit innerhalb eines Jahres nicht zu erwarten ist, soll, abgesehen von den Fällen, in denen dies offensichtlich ist, erst nach sechsmonatiger Heilbehandlung festgestellt werden.

(5) ¹Der Eintritt oder die Versetzung in den Ruhestand setzt voraus, dass der Berufssoldat
1. eine Dienstzeit von mindestens fünf Jahren abgeleistet hat oder
2. infolge einer Wehrdienstbeschädigung, die er sich ohne grobes Verschulden zugezogen hat, dienstunfähig geworden ist.

²Die Berechnung der Dienstzeit im Sinne der Nummer 1 regelt das Soldatenversorgungsgesetz.

(6) ¹Die Versetzung in den Ruhestand wird von der Stelle verfügt, die nach § 4 Abs. 2 für die Ernennung des Berufssoldaten zuständig wäre. ²Die Verfügung ist dem Berufs-

---

1 Nach Art. 4 Nr. 2 i.V.m. Art. 24 Abs. 2 Nr. 7 des G v. 29.6.1998 (BGBl. I S. 1666, 3128) i.d.F. des Art. 2 Nr. 1b des SGÄndG wird mit Wirkung ab 1.1.2007 in Abs. 1 Satz 3 das Wort „vier" durch das Wort „drei" ersetzt.

§ 44 Rechtsstellung der Berufssoldaten und der Soldaten auf Zeit

soldaten schriftlich, aber nicht in elektronischer Form zuzustellen. **³Sie kann bis zum Beginn des Ruhestandes widerrufen werden, wenn die Fortsetzung des Dienstverhältnisses unter Berücksichtigung der persönlichen, insbesondere häuslichen, beruflichen oder wirtschaftlichen Verhältnisse zumutbar ist oder wenn der Spannungs- oder Verteidigungsfall festgestellt ist.** ⁴In den Fällen des Absatzes 2 ist dem Berufssoldaten wenigstens ein Jahr vor dem Tag des Ausscheidens mitzuteilen, dass seine Versetzung in den Ruhestand beabsichtigt ist; die Entscheidung, durch die er in den Ruhestand versetzt wird, muss ihm wenigstens drei Monate vor dem Tage des Ausscheidens zugestellt werden. ⁵In den Fällen des Absatzes 3 beginnt der Ruhestand mit dem Ende der drei Monate, die auf den Monat folgen, in dem die Versetzung in den Ruhestand dem Berufssoldaten mitgeteilt worden ist.

(7) Mit dem Eintritt oder der Versetzung in den Ruhestand hat der Berufssoldat das Recht, seine Dienstgradbezeichnung mit dem Zusatz „außer Dienst (a.D.)" weiterzuführen.

Literatur: *Hermsdörfer, Willibald:* Untersuchung, Behandlung und Körpereingriff durch einen Arzt auf der Grundlage des Soldatengesetzes, NZWehr 1997, 177; *ders.:* Rechtsvoraussetzung und Rechtsfolge der Dienstunfähigkeit eines Berufssoldaten und eines Soldaten auf Zeit, NZWehr 1995, 202; *Loebel, Hans-*Christoph: Die Dienstunfähigkeit des Beamten, RiA 1999, 19.

Übersicht

	Rn.		Rn.
A. Allgemeines	1– 7	1. Absatz 1	8–18
1. Zweck der Vorschrift	1	2. Absatz 2	19–25
2. Entstehung der Vorschrift	2– 3	3. Absatz 3	26–35
3. Änderungen der Vorschrift	4	4. Absatz 4	36–44
4. Bezüge zum Beamtenrecht bzw.		5. Absatz 5	45–48
zu sonstigen rechtl. Vorschriften;		6. Absatz 6	49–55
ergänzende Dienstvorschriften	5– 7	7. Absatz 7	56–57
B. Erläuterungen im Einzelnen	8–57	**C. Anhang:**	
		Personalanpassungsgesetz § 1	58–64

A. Allgemeines

1. Zweck der Vorschrift

1 Die Vorschrift regelt in Grundzügen die Voraussetzungen und das Verfahren für den Eintritt und die Versetzung in den Ruhestand, in Ausnahmefällen für das Hinausschieben des Ruhestands. Besonders ausgestaltet sind die Feststellung der Dienstunfähigkeit und die aus diesem Grund vorzunehmende Versetzung in den Ruhestand. Schließlich wird eine Rechtsgrundlage für die Weiterführung des Dienstgrades im Ruhestand geschaffen.

2. Entstehung der Vorschrift

2 § 44 geht auf § 39 des REntw. zurück. Dieser war inhaltlich und vom Aufbau her (es fehlte lediglich der heutige Abs. 2) bereits weitgehend mit dem heutigen § 44 vergleichbar. Der wesentliche Unterschied bestand darin, dass § 39 des REntw. und § 44 in der Erstfassung von 1956 noch nicht zwischen Eintritt und Versetzung in den Ruhestand unterschieden. Bei den parlamentarischen Beratungen zu § 40 des REntw., der die Altersgrenzen regeln sollte, war erkannt worden, dass es ohne hinreichende Erfahrungen der Truppe nicht möglich war, die aus mil. Sicht angemessenen vorgezogenen Altersgrenzen festzulegen. Deshalb wurde die Altersgrenze für alle BS vorläufig auf das voll-

Eintritt oder Versetzung in den Ruhestand **§ 44**

endete 60. Lebensjahr festgesetzt.² Dem trug der Gesetzgeber in der Erstfassung des § 44 Rechnung.

Ansonsten lehnte sich § 39 des REntw. eng an die Vorschriften des BBG an. Insbes. wurde in der amtl. Begr.³ darauf hingewiesen, dass Abs. 3 „die in den §§ 42 Abs. 1 Satz 2, 43 des Bundesbeamtengesetzes niedergelegten Grundsätze für die Feststellung der Dienstunfähigkeit ohne sachliche Abweichung" zusammenfasse. Weiter wurde betont, der in Abs. 4 „verwendete Begriff der Wehrdienstbeschädigung" werde „in der dem § 106 des Bundesbeamtengesetzes entsprechenden Vorschrift eines Versorgungsgesetzes gesetzlich näher bestimmt werden". 3

3. Änderungen der Vorschrift

§ 44 ist mehrmals geä. worden: 4
- Durch Art. 1 Nr. 1 des G vom **9.6.1961**⁴ wurde § 44 neu gefasst. Insbes. wurde ein neuer Abs. 2 für die Versetzung in den Ruhestand bei Erreichen einer besonderen Altersgrenze eingefügt.
- Durch Art. 1 Nr. 1 des G vom **24.3.1969**⁵ wurde in Abs. 2 ein Verweis auf die in § 45 Abs. 2 Nr. 3 aufgenommene verwendungsbezogene, besondere Altersgrenze für Offz in Verwendungen als Strahlflugzeugführer eingefügt.
- Durch § 98 Abs. 1 Nr. 3 des G vom **24.8.1976**⁶ wurde in Abs. 5 Nr. 1 die Mindestdienstzeit, die ein BS geleistet haben muss, um in den Ruhestand gehen zu können, von zehn auf fünf Jahre reduziert.
- Durch Art. 1 Nr. 5 des G vom **22.5.1980**⁷ wurde in Abs. 2 die Verweisung auf § 45 Abs. 2 der Neufassung dieser Vorschrift angepasst.
- Durch Art. 3 Abs. 1 Nr. 1 des G vom **18.12.1989**⁸ i.V.m. Art. 5 Nr. 2 des G vom **6.12.1990**⁹ und Art. 9 Nr. 2 des G vom **21.2.1992**¹⁰ wurden mit Wirkung vom 1.1.1992 Abs. 1 und Abs. 2 um Regelungen erweitert, auf Antrag des BS den Eintritt in den Ruhestand über das Erreichen der allg. Altergrenze hinaus um bis zu einem Jahr hinausschieben zu können sowie dem BS bis zu einem Zeitraum von zwei Jahren nach Überschreiten der besonderen Altersgrenze ein Verbleiben im Dienst zu ermöglichen, wenn es jew. im dienstl. Interesse liegt.¹¹
- Durch Art. 2 Nr. 4 des G vom **24.7.1995**¹² wurde in Abs. 1 – parallel zur Regelung in diesem G über eine Dienstzeitverlängerung bei SaZ durch Einfügung eines entspr. neuen Abs. 5 in § 40¹³ – ein Hinausschieben des Eintritts in den Ruhestand für den Fall der Verschleppung, Gefangenschaft oder bei ähnlichen Ursachen ermöglicht.¹⁴
- Durch Art. 4 Nr. 1c des G vom **29.6.1998**¹⁵ wurde eine redaktionelle Ungenauigkeit in der Verweisung in Abs. 2 Satz 3 korrigiert.

---

2 Vgl. zu Einzelheiten die Komm. zu § 45 Rn. 2 bis 5.
3 BT-Drs. II/1700, 30.
4 BGBl. I S. 723.
5 BGBl. I S. 221.
6 BGBl. I S. 2485.
7 BGBl. I S. 581.
8 BGBl. I S. 2218.
9 BGBl. I S. 2588.
10 BGBl. I S. 266.
11 Vgl. BT-Drs. 11/5136, 30 f.
12 BGBl. I S. 962.
13 Vgl. die Erl. ebd., Rn. 36 ff. Eine entspr. Regelung gilt für WPfl, vgl. § 29b WPflG, u. für Dienstleistungspflichtige nach § 75 Abs. 5.
14 Vgl. BT-Drs. 13/1209, 14.
15 BGBl. I S. 1666.

Eichen 563

§ 44 Rechtsstellung der Berufssoldaten und der Soldaten auf Zeit

- Durch Art. 1 Nr. 7 und 30 des **SGÄndG** wurden Abs. 1, 2 und 6 Satz 3 neu gefasst und Abs. 4 Satz 4 sprachlich angepasst. Vor allem die Änd. in Abs. 1 und 2 dienten der Flexibilisierung der mil. Personalführung durch Einführung der Möglichkeit zum monatlichen Eintritt bzw. zur monatlichen Versetzung des BS in den Ruhestand.[16]
- Durch Art. 3 Abs. 1 Nr. 1a i.V.m. Art. 20 Abs. 2 des G vom **18.12.1989**[17], Art. 20 Abs. 2 i.d.F. des Art. 5 Nr. 2 des G vom **6.12.1990**[18] und i.d.F. des Art. 3 Nr. 1 des **SGÄndG** wurde in Abs. 1 Satz 3 die Möglichkeit des BMVg, den Eintritt des BS in den Ruhestand hinauszuschieben, von längstens fünf auf zehn Jahre reduziert.
- Durch Art. 65 Nr. 3 des G vom **21.8.2002**[19] wurde in Abs. 6 Satz 2 die Zustellung der Verfügung über die Versetzung in den Ruhestand in elektronischer Form – wie in der entspr. beamtenrechtl. Vorschrift (§ 47 Abs. 1 Satz 2 BBG) – ausgeschlossen.[20]
- Durch Art. 2 Nr. 15 des **SkResNOG** wurden die Überschrift sowie die Abs. 5 bis 7 geä., vor allem um klarzustellen, dass das Dienstverhältnis als BS außer durch Eintritt auch durch Versetzung in den Ruhestand endet.[21]
- Auf die ab 1.1.2007 geltende Ersetzung in Abs. 1 Satz 3 wurde bereits hingewiesen.[22]

4. Bezüge zum Beamtenrecht bzw. zu sonstigen rechtl. Vorschriften; ergänzende Dienstvorschriften

5 § 44 **entspricht** in weiten Teilen **beamtenrechtl. Vorschriften**[23] über den Eintritt oder die Versetzung in den Ruhestand, so im Wesentlichen[24] **Abs. 1** dem § 41 Abs. 1 und 2 BBG (§ 25 BRRG), **Abs. 3** dem § 42 Abs. 1 Satz 1 und 2 BBG (§ 26 Abs. 1 BRRG, vgl. auch § 34 Satz 1 DRiG[25]), **Abs. 4** den §§ 42 Abs. 1 Satz 3, 43, 44, 46a Abs. 1 BBG, **Abs. 5** dem § 35 Satz 2 BBG i.V.m. § 4 BeamtVG (§ 28 BRRG), **Abs. 6** dem § 47 BBG und **Abs. 7** dem § 81 Abs. 3 Satz 1 BBG.

6 Von Bedeutung für den Eintritt oder die Versetzung der BS in den Ruhestand sowie für deren Entlassung ist die auf Grund des § 4 Abs. 2[26] ergangene

- Anordnung des BPräs über die Ernennung und Entlassung der Soldaten vom 10.7.1969[27] (ZDv 14/5 B 107).

Das BMVg hat auf Grund des Art. 2 dieser Anordnung die

- DBest. zur Anordnung des BPräs über die Ernennung und Entlassung der Soldaten vom 9.6.1981[28] (ZDv 14/5 B 111)

erlassen.

---

16 Vgl. BT-Drs. 14/4062, 20 f.
17 BGBl. I S. 2218.
18 BGBl. I S. 2588.
19 BGBl. I S. 3322.
20 Vgl. BT-Drs. 14/9000, 39, 50.
21 Vgl. BT-Drs. 15/4485, 37.
22 S.o. Fn. 1.
23 Dies betonte bereits die amtl. Begr. zu § 39 des REntw., s. BT-Drs. II/1700, 30.
24 Vgl. GKÖD I Yk, § 44 Rn. 1.
25 Nach dieser Vorschrift kann ein Richter auf Lebenszeit o. auf Zeit ohne seine schriftl. Zustimmung nur auf Grund rechtskräftiger richterlicher Entsch. wegen Dienstunfähigkeit in den Ruhestand versetzt werden.
26 Vgl. die Komm. zu § 4 Abs. 2. Diese Vorschrift beruht auf Art. 60 Abs. 1 GG, wonach der BPräs Offz u. Uffz ernennt u. „entlässt". Funktionell erstreckt sich diese Kompetenz auf jede Begründung u. jede Beendigung dieser Wehrdienstverhältnisse, auch auf Ruhestandsversetzungen, vgl. *Jarass,* in: *Jarass/Pieroth,* GG, Art. 60 Rn. 2 m.w.N.
27 BGBl. I S. 775.
28 VMBl. S. 214 mit späteren Änd.

Eintritt oder Versetzung in den Ruhestand § 44

Das BMVg hat zur rechtl. Ausgestaltung des § 44 die 7
- Best. über das Verfahren bei Eintritt oder Versetzung in den Ruhestand und bei der Entlassung wegen Erreichens der Altergrenzen (ZDv 14/5 B 151) mit Wirkung ab 1.7.2003 neu in Kraft gesetzt. Für Offz, die in strahlgetriebenen Kampfflugzeugen verwendet werden (§ 45 Abs. 2 Nr. 6), gelten
- Best. über die Versetzung in den Ruhestand auf Grund der besonderen Altersgrenzen für BerufsOffz, die in strahlgetriebenen Kampfflugzeugen als Flugzeugführerin, Flugzeugführer oder WaffensystemOffz verwendet werden (ZDv 14/5 B 152).

Weiterhin sind zu beachten der Erl. des BMVg
- „Beendigung des Dienstverhältnisses eines Soldaten wegen Dienstunfähigkeit" (ZDv 14/5 B 153, sog. DU-Erlass)

sowie die
- „Richtlinien für die Personalbearbeitung von Soldaten, deren Verwendungsfähigkeit eingeschränkt ist, und für das Verfahren zur Beendigung des Dienstverhältnisses wegen Dienstunfähigkeit" (ZDv 14/5 B 153a).

Diese Richtlinien ergänzen den DU-Erlass hins. der Verfahrensabläufe zur Prüfung der Verwendung von Soldaten, die gesundheitlichen Einschränkungen unterliegen, und zur Durchführung eines Verfahrens zur Beendigung des Dienstverhältnisses von Soldaten wegen Dienstunfähigkeit.

B. Erläuterungen im Einzelnen

1. Absatz 1

Nach **Satz 1** tritt der BS – vorbehaltlich der Voraussetzungen des Abs. 5 – mit Ablauf 8
des Monats[29] in den Ruhestand, in dem er die **allg. Altersgrenze** (§ 45 Abs. 1) erreicht. Die Regelung ist vor allem für die Soldaten bedeutsam, die nur der allg. Altersgrenze unterliegen: Generale, Admirale sowie die Offz in den Laufbahnen des SanDienstes, des Militärmusikdienstes und des Geoinformationsdienstes der Bw. Unberührt bleibt die Möglichkeit, BerufsOffz vom Brigadegeneral und den entspr. Dienstgraden an aufwärts nach § 50 jederzeit in den **einstweiligen Ruhestand** zu versetzen.

Für die Berechnung des **Termins der Beendigung des Dienstverhältnisses** ist maßgeb- 9
lich, dass Satz 1 auf das **Erreichen der allg. Altersgrenze** (zzt. für BS nach § 45 Abs. 1 das **vollendete** 61. Lebensjahr [ab 1.1.2007 das 62. Lebensjahr]) abstellt.[30] Nach §§ 187 Abs. 2 Satz 2, 188 Abs. 2 Halbs. 2 BGB wird bei der Berechnung des Lebensalters der Tag der Geburt mitgerechnet. Somit wird ein Lebensjahr mit Ablauf des dem Geburtstag vorhergehenden Tages vollendet. BS, die nur der allg. Altersgrenze unterliegen oder nicht wegen Überschreitens ihrer besonderen Altersgrenze in den Ruhestand versetzt werden, treten daher bereits mit Ablauf des Monats in den Ruhestand, in den der Tag fällt, **der dem Geburtstag vorhergeht**.[31]

---

29 Der früher übliche halbjährliche Eintritt in den Ruhestand (mit Ablauf des 31.3. o. des 30.9. eines Jahres) wurde zur Flexibilisierung der mil. Personalführung durch Art. 1 Nr. 30a des SGÄndG geä.
30 Diese Regelung entspricht § 41 Abs. 1 Satz 1 BBG, wonach der Beamte mit dem Ende des Monats in den Ruhestand tritt, in dem er das 65. Lebensjahr vollendet.
31 BVerwGE 30, 167 (168 ff.); vgl. auch *Battis*, BBG, § 41 Rn. 3; GKÖD I K, § 41 Rn. 6, jew. m.w.N.

Eichen

Beispiele:[32]
(1) Ein BS, der am 15.12.1946 geboren wurde und sein 61. Lebensjahr damit am 14.12.2007 vollendet, erreicht die allg. Altersgrenze am 14.12.2007. Er tritt mit Ablauf des Dezember 2007 (mit Ablauf des 31.12.2007) in den Ruhestand.
(2) Ein BS, der am 1.12.1946 geboren wurde, vollendet das 61. Lebensjahr am 30.11.2007 und erreicht an diesem Tage die allg. Altersgrenze. Da dieser Tag noch in den November 2007 fällt, tritt er mit Ablauf des 30.11.2007 in den Ruhestand.

10 Der Eintritt des BS in den Ruhestand erfolgt **kraft Gesetzes**, ohne dass es eines besonderen VA bedarf. Die dem BS bei Eintritt in den Ruhestand auszuhändigende Urkunde über die Beendigung des Wehrdienstverhältnisses[33] wirkt nicht konstitutiv. Sie hat nur deklaratorische Bedeutung.[34]

11 Nach **Satz 2** kann der Dienstherr den Eintritt in den Ruhestand aus **dienstl. Gründen** bis zum Ablauf des 31.3. oder 30.9., der dem Erreichen der allg. Altersgrenze folgt[35], hinausschieben. BS, die hiervon betroffen sein können, sind rechtzeitig – dies ist ein Gebot der Fürsorge – unter Angabe der dienstl. Gründe für diese Absicht zu unterrichten[36] und anzuhören.[37] Ergibt die Prüfung, dass dienstl. Gründe die Fortführung des Dienstes erfordern, verfügt der Dienstherr einseitig – die Zustimmung des BS ist nicht notwendig[38] – das Hinausschieben des Eintritts in den Ruhestand. Dies geschieht durch einen **dem BS zuzustellenden VA**, der zu begründen und mit einer Rechtsbehelfsbelehrung[39] zu versehen ist. Die notfalls **gerichtl. Prüfung** obliegt den **VG**[40], die in vollem Umfang nachprüfen können, ob tatbestandlich einen Aufschub des Eintritts in den Ruhestand rechtfertigende dienstl. Gründe gegeben sind. Die bei Vorliegen dienstl. Gründe dem Dienstherrn zugestandene **Ermessensentscheidung** („kann … hinausgeschoben werden") darf gerichtl. nur auf Ermessensfehler, nicht auf die Zweckmäßigkeit der Maßnahme hin überprüft werden (vgl. § 114 VwGO).[41]

Allerdings legt die Tatsache, dass der Gesetzgeber erst kürzlich[42] statt des bisher halbjährlichen Eintritts in den Ruhestand den flexiblen monatlichen Eintritt zur Regel erhoben hat (Ausnahmen nur aus dienstl. Gründen), es zumindest nahe, dass dieses Regel-Ausnahme-Verhältnis durch die Exekutive nur selektiv verändert werden darf. Deshalb könnte der Dienstherr zwar wegen auf einzelne BS oder überschaubare Per-

---

32 Vgl. ZDv 14/5 B 151 Nr. 12.
33 Vgl. ZDv 14/5 B 111 § 1 Abs. 2 Nr. 4 sowie Anl. 1 Muster 6.
34 *Scherer/Alff*, SG, § 44 Rn. 1; GKÖD I Yk, § 44 Rn. 2. Die Rechtslage entspricht der für Beamte, vgl. *Battis*, BBG, § 41 Rn. 3.
35 Der Dienstherr darf nicht einen der beiden Termine beliebig auswählen. Entscheidend ist stets das nächstliegende Datum nach dem Erreichen der allg. Altergrenze. Wer diese im Januar erreicht, dem kann der Eintritt in den Ruhestand nach Satz 2 längstens bis zum 31.3. hinausgeschoben werden. Satz 2 soll nur (in dienstl. begründeten Fällen) den durch das SGÄndG eingeführten monatlichen Eintritt in den Ruhestand wieder so weit korrigieren können, wie dieser vor der Änd. des § 44 Abs. 1 reichte. Der Eintritt in den Ruhestand fand aber zum Ende des jew. nächstliegenden ersten o. dritten Quartals nach Erreichen der allg. Altergrenze statt. Dies sollte durch die Neuregelung für die BS nicht verschlechtert werden.
36 Die Mitteilung ist kein VA. Als lediglich vorbereitende Maßnahme ist sie nicht auf unmittelbare Rechtswirkungen nach außen gerichtet, vgl. BVerwG DVBl. 1990, 1232 f.; *Kopp/Ramsauer*, VwVfG, § 35 Rn. 50 m.w.N.
37 Vgl. zum Verfahren ZDv 14/5 B 151 Nr. 4.
38 *Scherer/Alff*, SG, § 44 Rn. 2.
39 Einzelheiten hierzu in ZDv 14/5 B 151 Nr. 13.
40 Vgl. *Böttcher/Dau*, WBO, § 23 Rn. 36.
41 Grds. *Kopp/Schenke*, VwGO, § 114 Rn. 4.
42 Im SGÄndG, s.o. Rn. 4 sowie *Eichen, Klaus*, Das „Gesetz zur Änderung des Soldatengesetzes und anderer Vorschriften (SGÄndG)" v. 19. Dezember 2000, NZWehr 2001, 45 (53).

Eintritt oder Versetzung in den Ruhestand § 44

sonengruppen bezogener dienstl. Gründe den Eintritt in den Ruhestand aufschieben. Unzulässig erschiene es hingegen, wenn dies pauschal unter dem Aspekt der Erleichterung der Personalführung (obwohl dies ein dienstl. Grund wäre) für größere Personalkörper angeordnet würde, ohne eine differenzierende Prüfung vorzunehmen. Damit würde der gesetzgeberische Wille unterlaufen.

Nach **Satz 3** kann das **BMVg**, wenn **dringende dienstl. Gründe**[43] im Einzelfall die Fortführung des Dienstes durch einen BS erfordern, dessen Eintritt in den Ruhestand hinausschieben, jedoch nicht mehr als insgesamt vier[44] Jahre. Der Aufschub soll zwei Jahre nicht überschreiten; er kann, wenn es erforderlich ist, wiederholt werden.[45] 12

Der Maßstab der **dringenden dienstl. Gründe** ist deutlich schärfer als bei den in Satz 2 geforderten dienstl. Gründen. Dies ist sachgerecht, weil der zeitliche Rahmen für die Verschiebung des Eintritts in den Ruhestand wesentlich weiter greift als die längstens fünf Monate nach Satz 2. Neben dem Wortlaut der Vorschrift, der ausdrücklich auf **Einzelfälle** abstellt, legt auch die Notwendigkeit dringender dienstl. Gründe, die als zwingende dienstl. Rücksichtnahmen zu interpretieren sind, nahe, dass es sich nur um seltene Ausnahmefälle handeln kann (hierfür spricht auch die **alleinige Entscheidungszuständigkeit des BMVg** in diesen Fällen). Es kommt nicht auf die Interessen des betroffenen BS an.[46]

Dringende dienstl. Gründe für ein Hinausschieben sind ausnahmsweise anzunehmen, wenn durch den Eintritt des BS in den Ruhestand die Erfüllung wichtiger mil. Aufgaben schwer beeinträchtigt wäre.[47] Dies könnte z.B. bei gravierenden, nicht absehbaren Personalausfällen (Beispiel: der für ein wichtiges Projekt als Nachfolger eingearbeitete Soldat verstirbt) oder bei nicht zu erwartender Verzögerung einsatzwichtiger Spezialaufträge, bei denen die Einarbeitung eines Nachfolgers nicht mehr verhältnismäßig wäre, der Fall sein. Es reicht nicht aus, wenn nur das als lästig empfundene Nachfolgeproblem aufgeschoben werden soll.[48]

Bei der Feststellung der tatbestandlichen Voraussetzungen dringender dienstl. Gründe ist dem BMVg **kein Beurteilungsspielraum** einzuräumen, so dass eine uneingeschränkte Überprüfung durch die VG stattfindet.[49] Liegen dringende dienstl. Gründe vor, ist die dem BMVg nach Satz 3 mögliche **Ermessensentscheidung** durch die VG nur auf Ermessensfehler überprüfbar (vgl. § 114 VwGO). 13

Wie die Ankündigung des möglichen Hinausschiebens des Eintritts in den Ruhestand nach Satz 2 ist auch die entspr. Ankündigung über den Aufschub nach Satz 3 **kein VA**. Erst die Mitteilung an den BS über den endgültigen Aufschub seines Eintritts in den Ruhestand ist ein **nicht zustimmungsbedürftiger VA**, der einer vorherigen Anhörung des BS (§ 28 VwVfG) und einer Begr. (§ 39 VwVfG) bedarf und der dem BS bekannt zu geben ist (§ 41 VwVfG). Gegen den VA steht dem BS der **Rechtsweg zum VG** offen. 14

Das **Wehrdienstverhältnis** darf zum Zeitpunkt der Bekanntgabe des VA an den BS **noch nicht** durch dessen Eintritt in den Ruhestand **beendet** sein.[50] Der VA, der erst im Zeitpunkt der Bekanntgabe wirksam wird (§ 43 Abs. 1 VwVfG), könnte dann keine Wirksamkeit entfalten. Die rückwirkende Begründung eines (auch erloschenen) Wehr- 15

---

43 Bei Beamten verlangt § 41 Abs. 3 BBG „dringende dienstliche Belange".
44 Ab 1.1.2007: drei Jahre.
45 Diese ermessenslenkenden Maßgaben finden sich in ZDv 14/5 B 151 Nr. 4 Abs. 2.
46 GKÖD I Yk, § 44 Rn. 4.
47 Vgl. für Beamte *Battis*, BBG, § 41 Rn. 5.
48 So die auch für BS gültige Auffassung aus dem Bereich der Beamten, GKÖD I K, § 41 Rn. 15.
49 GKÖD I Yk, § 44 Rn. 6; a.A. für den Beamtenbereich *Battis*, BBG, § 41 Rn. 5.
50 Vgl. *Scherer/Alff*, SG, § 44 Rn. 2; GKÖD I Yk, § 44 Rn. 5.

Eichen 567

dienstverhältnisses, egal ob es zu der Begründung einer Ernennung bedarf oder nicht, ist rechtl. unzulässig.[51] In dem VA eine erneute Ernennung zum BS mit Wirkung ex nunc zu sehen, verbietet sich bereits mangels Einhaltung der Formvorschriften des § 41. Es blieben dann nur die Möglichkeiten der Wiederverwendung des früheren BS nach § 51 oder seiner Heranziehung zu Dienstleistungen nach §§ 59 ff.

16 Nach **Satz 4** kann der **BS selbst beantragen**, seinen Eintritt in den Ruhestand um bis zu einem Jahr hinauszuschieben. Dies **kann** der Dienstherr bewilligen, wenn es im dienstl. Interesse liegt. Den entspr. Antrag **soll** der BS nach **Satz 5** spätestens **drei Jahre** vor dem Erreichen der allg. Altergrenze stellen. Die Soll-Vorschrift bedeutet nicht, dass der BS verpflichtet wäre, den Antrag zeitgerecht zu stellen; die verspätete Antragstellung bedeutet auch nicht den Verlust des Antragsrechts. Der BS muss indes die Nachteile hinnehmen, die sich für ihn daraus ergeben, dass er die Dreijahresfrist versäumt, so z.B. wenn bei kurzfristiger Antragstellung der Personalbedarf bereits anderweitig gedeckt worden ist.

Die Entscheidung über den Antrag ergeht mittels **VA**[52], der **vor den VG angefochten** werden kann. Ist durch den VA der Antrag positiv beschieden worden, hat der BS es sich dann anders überlegt und nimmt seinen Antrag zurück, bleibt der VA rechtmäßig und wirksam. Die Antragsrücknahme hat dann nur die Wirkung eines Antrags an den Dienstherrn, seine Entscheidung aufzuheben.[53]

17 Ob ein dienstl. Interesse, vor allem wegen eines entspr. Personalbedarfs, am Hinausschieben des Eintritts in den Ruhestand besteht und damit das Vorliegen dieses unbestimmten Rechtsbegriffs zu Recht angenommen worden ist, ist von den VG grds. in vollem Umfang überprüfbar. In engen Grenzen, vor allem in Bereichen, in denen der Dienstherr sich auf Vorgaben mit planerischem Einschlag beruft, ist allerdings ein gewisser Beurteilungsspielraum anzuerkennen.[54] Wird ein dienstl. Interesse festgestellt, bleibt dem Dienstherrn eine Ermessensentscheidung, die nur auf Ermessensfehler gerichtlich überprüfbar ist.

18 Das nach **Satz 6** vorgesehene Hinausschieben des Eintritts des BS in den Ruhestand bei **besonderer Auslandsverwendung** wegen **Verschleppung, Gefangenschaft** o.Ä. entspricht den sinngleichen Regelungen in § 40 Abs. 5 und § 75 Abs. 5. Auf die Komm. zu diesen Best. wird verwiesen.[55]

2. Absatz 2

19 Satz 1 gibt dem Dienstherrn die Möglichkeit, den BS schon vor Erreichen der allg. Altersgrenze **einseitig durch VA nach Überschreiten der** für ihn nach § 45 Abs. 2 festgesetzten **besonderen Altersgrenze** mit Ablauf eines Monats **jederzeit in den Ruhestand zu versetzen**. Weitere tatbestandliche Voraussetzungen werden nicht genannt. Beachtlich sind nur die Vorgaben des Abs. 5 und bestimmte Verfahrensvoraussetzungen nach Abs. 6 Satz 4 (vgl. die Erl. ebd.). Auf dieser Grundlage hat der Dienstherr einen Ermessensspielraum.

---

51 Vgl. die Komm. zu § 2 Rn. 10 a.E. u. Rn. 13.
52 Zu Einzelheiten s. ZDv 14/5 B 151 Nr. 4 Abs. 5.
53 Vgl. für Beamte GKÖD I K, § 41 Rn. 11.
54 Für den Beamtenbereich nehmen GKÖD I K, § 41 Rn. 11; *Plog/Wiedow/Lemhöfer*, BBG, § 41 Rn. 4c, einen Beurteilungsspielraum an. Grds. bleibt festzuhalten, dass in den für den einzelnen Angehörigen der öff. Dienstes so wichtigen Bereichen Personalplanung u. -führung eine möglichst weitgehende gerichtl. Überprüfung besonders dringlich erscheint, vor allem, wenn es im konkreten Einzelfall dem VG möglich ist, vorausgegangene organisatorische u. personelle Entscheidungen des Dienstherrn nachzuvollziehen.
55 S. Komm. zu § 40 Rn. 37 ff. u. zu § 75 Rn. 37 ff.

Ein **Rechtsanspruch** des BS, mit Überschreiten der besonderen Altersgrenze **in den Ruhestand versetzt zu werden, besteht nicht.**[56] Der Dienstherr kann deshalb, ohne dass dem das Argument des Vertrauensschutzes entgegengehalten werden kann, Versetzungen in den Ruhestand aufschieben, wenn sich dies im Rahmen des ihm zustehenden Ermessensspielraums (vgl. hierzu Rn. 20 ff.) hält. Dies wird allerdings auf **Einzelfälle** zu beschränken sein. Eine generell (z.B. für alle BerufsUffz) angeordnete Aufschiebung des Eintritts in den Ruhestand bei Erreichen der besonderen Altersgrenze durch die Exekutive (z.B. um ein Jahr) kollidierte mit der dem Gesetzgeber vorbehaltenen Regelungskompetenz in § 45 Abs. 2.

Der Dienstherr darf seine Ermessensentscheidung nicht beliebig treffen. Er hat wie bei jeder Ermessensausübung das Ermessen nur entspr. dem Zweck der Ermächtigung zu gebrauchen und die gesetzl. Grenzen des Ermessens einzuhalten (§ 40 VwVfG). Die Versetzung in den Ruhestand darf nicht willkürlich oder aus sachfremden Erwägungen verfügt, der Gleichbehandlungsgrundsatz nicht missachtet werden. Abgesehen von derartigen Ermessensfehlern sind die eigentlichen Ermessenserwägungen **durch die VG** nur eingeschränkt **überprüfbar** (vgl. § 114 VwGO). 20

Der Gesetzgeber ist beim Erlass des Gesetzes über die Altersgrenzen der BS vom 9.6.1961[57] davon ausgegangen, die Versetzung der BS in den Ruhestand mit Überschreiten der besonderen Altergrenze diene dem Erhalt der Einsatzbereitschaft der SK. Bestimmte, insbes. bis zum Dienstgrad Oberst besetzte Dienststellungen erforderten körperliche Frische und Entschlusskraft, die nur bei jüngeren BS gewährleistet seien.[58] Damit kommt die im Ermessen stehende, flexible Zurruhesetzung vorrangig dienstl. Interessen entgegen. Sie dient auch den Interessen der BS[59], die vor dienstl. Überforderung im Alter geschützt werden sollen. Stellt deshalb ein BS, vor allem weil ihm nicht wie sonst üblich (vgl. Abs. 6 Satz 4) schriftl. mitgeteilt worden ist, seine Versetzung in den Ruhestand nach Überschreiten der besonderen Altersgrenze sei beabsichtigt[60], einen entspr. Antrag, hat er einen Anspruch auf **fehlerfreie Ermessensentscheidung**. 21

Sachlich vertretbare Ermessenserwägungen sind es, BS unter Berücksichtigung der Schlagkraft der SK zum Erhalt einer altersgerechten Struktur des Offz- und Uffz-Korps in den Ruhestand zu versetzen oder dies wegen der Bedarfslage in einzelnen Verwendungen oder Truppenteilen zu veranlassen. Als Grund für Versetzungen in den Ruhestand können ggf. auch Haushaltszwänge genannt werden. Kein dienstl., weil die Einsatzbereitschaft nicht erhöhender Aspekt und damit kein sachgerechter Grund ist das den Interessen jüngerer Soldaten dienende Streben der Personalführung, hoch dotierte Dienstposten durch Zurruhesetzungen nur deshalb möglichst rasch wieder zur Nachbesetzung frei zu machen, um einen angeblichen **Beförderungsstau**[61] abzubauen. Die Schaffung höherer Versorgungslasten auf Kosten der Steuerzahler liegt weder im dienstl. noch im öff. Interesse, erst recht nicht im Interesse der BS, die vorzeitig ausscheiden sollen. 22

---

56 Nach *Scherer/Alff*, SG, § 44 Rn. 4, hat der BS grds. bis zum Erreichen der allg. Altersgrenze Dienst zu leisten.
57 BGBl. I S. 723.
58 So die amtl. Begr. zu dem genannten G, zit. in BVerwGE 23, 295 (300). Vgl. GKÖD I Yk, § 44 Rn. 8.
59 BVerwGE 23, 295 (302): Eine „starre Festlegung der besonderen Altersgrenzen" würde „auch der gebotenen Rücksicht auf die persönlichen Belange" der Soldaten nicht gerecht.
60 Vgl. zu diesem Schreiben ZDv 14/5 B 151 Nr. 7.
61 Das Wort „Stau" impliziert in unzulässiger Weise die Vorstellung, es gebe einen Rechtsanspruch auf Beförderung. Diese steht aber stets unter dem Primat der Bestenauslese. Nur der bestgeeignete u. leistungsstärkste Bewerber hat – eine Planstelle vorausgesetzt – einen Anspruch auf Beförderung, nicht schon der „grundsätzlich" geeignete Soldat.

23 Das Erfordernis des **Überschreitens** der **besonderen Altergrenze** hat zur Folge, dass der BS erst mit **Ablauf des Monats** in den Ruhestand versetzt werden kann, **in den sein Geburtstag** fällt.
Beispiele:[62]
(1) Ein BerufsUffz, der am 30.11.1960 geboren wurde, vollendet das 54. Lebensjahr am 29.11.2014; er überschreitet die besondere Altersgrenze am 30.11.2014 und kann frühestens mit Ablauf des 30.11.2014 in den Ruhestand versetzt werden.
(2) Ein BerufsUffz, der am 1.12.1960 geboren wurde, vollendet das 54. Lebensjahr am 30.11.2014; er überschreitet die besondere Altersgrenze am 1.12.2014 und kann frühestens mit Ablauf des 31.12.2014 in den Ruhestand versetzt werden.

24 Nach **Satz 2** kann der BS selbst initiativ werden. Er kann **beantragen**, das **Dienstverhältnis bis zu** einem Zeitraum von **zwei Jahren nach Überschreiten der besonderen Altergrenze**[63] **fortzusetzen**. Dabei soll nach **Satz 3**, der auf Abs. 1 Satz 5[64] verweist, dieser Antrag spätestens **drei Jahre**[65] vor dem Erreichen der besonderen Altersgrenze gestellt werden. Dem Antrag **ist** zu entsprechen, wenn dies im dienstl. Interesse liegt, vor allem wenn ein entspr. Personalbedarf besteht und sonstige dienstl. Gründe nicht entgegenstehen. Die Entscheidung über den Antrag ergeht durch **VA**, der ggf. **vor den VG anfechtbar** ist. Ob ein VG das dienstl. Interesse oder Desinteresse am Hinausschieben der Versetzung in den Ruhestand überprüfen darf, ist wie beim Hinausschieben des Eintritts in den Ruhestand nach Abs. 1 Satz 4 zu beantworten.[66]

Wird dem Antrag stattgegeben, ist dem BS die Fortsetzung des Dienstverhältnisses schriftl. zuzusichern (§ 38 VwVfG).

25 Satz 4 stellt klar, dass der BS, dessen **Dienstzeit** antragsgemäß über die besondere Altersgrenze hinaus **verlängert** worden ist, spätestens mit Ablauf des Monats[67] **in den Ruhestand zu versetzen** ist, in dem er den Endzeitpunkt der zusätzlich bewilligten Dienstzeit überschritten hat, d.h. in den der Tag der Beendigung dieses Zeitraums fällt. Die Dienstzeit endet jedoch nicht, wenn der Dienstherr zwischenzeitlich die Versetzung in den Ruhestand, gestützt auf weitere dienstl. Gründe, erneut aufschiebt. Dies kann auf Grund eines Antrags des BS **über** die in Satz 2 genannten **zwei Jahre hinaus** zulässig sein, wenn es im dienstl. Interesse liegt, denn der Dienstherr darf in diesem Fall sogar ohne Antrag das Hinausschieben anordnen. Jedoch wird dann selbst bei dienstl. Interesse – anders als nach Satz 2 – keine Verpflichtung bestehen, dem Antrag des BS zu entsprechen. Auch nach Ausschöpfen der in Satz 2 genannten zwei Jahre wird weiterhin ein Anspruch des BS auf **fehlerfreie Ermessensentscheidung** über seinen Antrag gegeben sein. Die grds. Möglichkeit der auch in seinem Interesse liegenden Verlängerung der Dienstzeit – über die gesetzl. zugestandenen zwei Jahre hinaus – muss sich für den BS (schon im Hinblick auf mögliche Konkurrenten für eine Dienstzeitverlängerung) zumindest in einem Anspruch, dass ermessensfehlerfrei entschieden wird, niederschlagen.

---

62 Vgl. ZDv 14/5 B 151 Nr. 12 Abs. 3.
63 Es muss daher nicht der volle Zeitraum abgedeckt sein; der Antrag o. die Bewilligung kann auch einen kürzeren Zeitraum erfassen.
64 Vgl. die Erl. ebd.
65 Angesichts dieser Terminierung ist es eher unverständlich, dass BS erst spätestens ein Jahr vor Beginn des Ruhestandes mitgeteilt wird, ihre Versetzung in den Ruhestand sei beabsichtigt (vgl. § 44 Abs. 6 Satz 4 Halbs. 1 u. ZDv 14/5 B 151 Nr. 7 Abs. 3).
66 Vgl. die Komm. zu Abs. 1 Satz 4 Rn. 17.
67 Vgl. *Scherer/Alff*, SG, § 44 Rn. 3 a.E.

3. Absatz 3

Abs. 3 regelt zwei Fallgestaltungen:

26

Nach **Satz 1** ist ein BS (unter den Voraussetzungen des Abs. 5) in den Ruhestand zu versetzen, wenn er

- infolge eines **körperlichen Gebrechens** oder wegen **Schwäche** seiner **körperlichen oder geistigen Kräfte**
- zur **Erfüllung seiner Dienstpflichten dauernd unfähig (dienstunfähig)** ist („**dauernde Dienstunfähigkeit**").

Nach **Satz 2** kann ein BS auch dann als dauernd dienstunfähig angesehen und in den Ruhestand versetzt werden, wenn die Wiederherstellung seiner Dienstfähigkeit **innerhalb eines Jahres** seit Beginn der Dienstunfähigkeit **nicht zu erwarten** ist („**vermutete Dienstunfähigkeit**").

„Dienstunfähigkeit" ist kein medizinischer, sondern ein **Rechtsbegriff**. Zur Feststellung der Dienstunfähigkeit ist daher nicht der ärztliche Befund, sondern die Beurteilung des Dienstherrn maßgebend. Keinen Einfluss hat, ob der BS selbst meint, seine dienstl. Pflichten erfüllen oder nicht erfüllen zu können.[68]

Die für eine Zurruhesetzung notwendige **Dienstunfähigkeit**[69] des BS wird in Satz 1 durch eine **Legaldefinition** bestimmt, die unnötigerweise in § 55 Abs. 2 Satz 1 wiederholt wird.[70] Denn die inhaltlichen Voraussetzungen der Entlassung eines SaZ wegen Dienstunfähigkeit nach § 55 Abs. 2 sind **identisch** mit den Voraussetzungen, die § 44 Abs. 3 für die Versetzung von BS in den Ruhestand aufstellt.[71]

27

Was unter „**infolge eines körperlichen Gebrechens** oder wegen **Schwäche** seiner **körperlichen oder geistigen Kräfte**" zu verstehen ist, wird in § 42 Abs. 1 Satz 1 BBG zeitgemäßer[72] mit „wegen seines körperlichen Zustandes oder aus gesundheitlichen Gründen" umrissen. Da nach allg. Ansicht der soldatenrechtl. Begriff der Dienstunfähigkeit grds. **deckungsgleich** mit dem beamtenrechtl. Begriff der Dienstunfähigkeit in § 42 Abs. 1 BBG[73], kann bei § 44 Abs. 3 auf diese beamtenrechtl. Begrifflichkeiten (sowie auf Rspr. und Lit. zum Beamtenrecht) zurückgegriffen werden. Die im BBG benutzten, sich teilweise in ihrer Bedeutung überschneidenden Kriterien wollen in bewusst weiter Interpretation alle für die Dienstunfähigkeit ursächlichen, leistungsverhindernden oder -verringernden körperlichen und geistig-seelischen Beeinträchtigungen erfassen, die über normale Beeinträchtigungen (z.B. lebensadäquate begrenzte Erkrankungen) hin-

28

---

68 So entspr. *Loebel*, RiA 1999, 19 (20).
69 Vgl. hierzu auch die Komm. zu § 55 Abs. 2; zum Verhältnis Dienst(un)fähigkeit/Wehrdienstfähigkeit insbes. in Bezug auf Dienstleistungspflichtige s. die Komm. zu § 64 Rn. 15 ff.
70 Ausgereicht hätte eine Verweisung, da der Begriff „dienstunfähig" schon aus gesetzessystematischen Gründen an verschiedenen Stellen im SG nicht unterschiedlich definiert werden kann (es sei denn, die Definition bezieht sich nur auf einen bestimmten Abschnitt usw. des Gesetzes; dies ist im SG offensichtlich nicht der Fall).
71 Die Beurteilung der Tauglichkeit nach dem WPflG richtet sich jedoch nach anderen Kriterien, vgl. BVerwG *Buchholz* 238.4 § 55 SG Nr. 7. Krit. ist deshalb BVerwG ZBR 2005, 311 = *Buchholz*, 236.110 § 29 SLV 2002 Nr. 2 zu sehen, weil in diesem Beschl. Tauglichkeitskriterien des WPflG zur Bewertung der gesundheitlichen Eignung eines SaZ herangezogen werden.
72 Die vorherige, mit § 44 Abs. 3 Satz 1 gleichlautende Formulierung wurde durch Art. 5 Nr. 1 des G v. 20.12.2001 (BGBl. I S. 3926) geä.; warum dies nicht auch im SG geschehen ist, ist nicht nachvollziehbar.
73 BVerwG *Buchholz*, 238.4 § 55 SG Nr. 7; *Scherer/Alff*, SG, § 44 Rn. 5. Allenfalls können Eigenarten des mil. Dienstes gewisse Nuancen bei der Auslegung des Begriffs zulassen, vgl. BVerwG *Buchholz*, 238.4 § 55 SG Nr. 10; so auch schon VGH Kassel NZWehr 1975, 155.

ausgehen.[74] Nicht erfasst werden sollen Sachverhalte, die nicht auf einem Nicht-Können, sondern auf einem Nicht-Wollen beruhen.[75]
Ergänzend zu diesen begrifflichen Festlegungen ist auf die in der ZDv 14/5 B 153 Nr. 1 Abs. 2 enthaltenen Definitionen[76] zu verweisen.

29 Weitere Voraussetzung für die Dienstunfähigkeit ist, dass der BS wegen der genannten Beeinträchtigung **dauernd zur Erfüllung seiner Dienstpflichten unfähig** ist.

30 Der BS ist zur Erfüllung seiner Dienstpflichten **unfähig**, wenn er den Anforderungen, die an ihn in seiner gegenwärtigen Dienststellung und in den wesentlichen Dienststellungen seines Dienstgrades gestellt werden, nicht ausreichend gerecht wird.[77] Welche körperliche Eignung und welche gesundheitlichen Voraussetzungen geistig-seelischer Art für bestimmte Verwendungen – auch im Hinblick auf Einsätze in Kriegs- und Konfliktfällen – zu verlangen sind, welche Verwendungsfähigkeit von dem BS zu fordern ist, kann der BMVg „im Rahmen des ihm insoweit zustehenden Ermessens" festlegen.[78]

31 **Dauernd** ist die Unfähigkeit zur Erfüllung der Dienstpflichten, wenn die Wiederherstellung der entspr. Fähigkeit **in absehbarer Zeit nicht zu erwarten** ist.[79] Nicht entscheidend ist, dass die Dienstunfähigkeit bis zum Ablauf der regulären Dienstzeit andauert[80], weil der BS bei Wiederherstellung seiner Dienstfähigkeit grds. erneut gem. § 51 Abs. 4 in das Dienstverhältnis berufen werden könnte. Da sich die Unfähigkeit zur Erfüllung der Dienstpflichten auf einen nicht absehbaren Zeitraum beziehen muss, darf dieser, um dauernde Dienstunfähigkeit nach Satz 1 bejahen zu können, naturgemäß nicht bestimmbar sein. Sind aus medizinischer Sicht die Besserung des Krankheitsbildes eines BS und die Wiederherstellung seiner Fähigkeit, seinen Dienstpflichten nachzukommen, wenn auch in weiter Ferne absehbar, kann eine dauernde Dienstunfähigkeit nach dem Wortlaut des Satzes 1 nicht festgestellt werden. In diesem Fall bleibt nur die Annahme einer vermuteten Dienstunfähigkeit nach Satz 2. Hiervon ausgehend ist die Einschätzung einer Dienstunfähigkeit als einer dauernden gerechtfertigt, wenn der Dienstherr im Zeitpunkt seiner letzten Entscheidung[81] nach den ihm zur Verfügung stehenden Erkenntnissen annehmen durfte, der BS sei auf Dauer dienstunfähig.[82]

32 Vermag der Dienstherr eine derart zuverlässige Prognose nicht abzugeben, kann er sich nach **Satz 2** ein für eine Ruhestandsversetzung maßgebliches Urteil über die voraussichtliche Entwicklung der Dienstfähigkeit des BS zumindest auf der Basis seiner Bewertung für das kommende Jahr bilden. Ist **innerhalb eines Jahres** seit Beginn der Dienstunfähigkeit die Wiederherstellung der Dienstfähigkeit des BS **nicht zu erwarten**[83], kann dieser (es handelt sich um eine Ermessensentscheidung[84]) als dauernd

---

74 So im Beamtenrecht *Plog/Wiedow/Lemhöfer*, BBG, § 42 Rn. 7.
75 GKÖD I K, § 42 Rn. 9. Nach ZDv 14/5 B 151 Nr. 1 Abs. 4 muss die Unfähigkeit zur Erfüllung der Dienstpflichten auf die Gesundheitsstörung zurückzuführen sein.
76 „Zu den körperlichen Gebrechen zählen die Behinderungen und Erkrankungen, die nicht nur vorübergehender Natur sind. Eine Schwäche der körperlichen oder geistigen Kräfte liegt vor, wenn die Leistungsfähigkeit nicht nur geringfügig und auf Dauer beeinträchtigt ist."
77 ZDv 14/5 B 153 Nr. 1 Abs. 3. Vergleichbar orientiert sich der beamtenrechtl. Begriff der Dienstunfähigkeit an den jew. Anforderungen des abstrakt-funktionellen Amtes u. nicht allein des zuletzt innegehabten Dienstpostens, vgl. z.B. OVG Münster ZBR 2005, 101.
78 BVerwGE 73, 235 (236). Gemeint ist eher ein Beurteilungsspielraum.
79 *Scherer/Alff*, SG, § 44 Rn. 6; *Battis*, BBG, § 42 Rn. 5; ZDv 14/5 B 153 Nr. 1 Abs. 5.
80 GKÖD I K, § 42 Rn. 14.
81 Danach eingetretene wesentliche Veränderungen sind unbeachtlich.
82 So BVerwGE 105, 267 = ZBR 1998, 176. Vgl. *Plog/Wiedow/Lemhöfer*, BBG, § 42 Rn. 6.
83 Es darf also keine nur vorübergehende Dienstunfähigkeit vorliegen.
84 So für das Beamtenrecht *Loebel*, RiA 1999, 19 (22 m.w.N.).

dienstunfähig angesehen und in den Ruhestand versetzt werden. Satz 2 normiert insoweit eine gesetzl. Vermutung[85] und dient der Beweiserleichterung.[86] Aus der Ermessensregelung in Satz 2 folgt grds., dass eine Zurruhesetzung selbst dann zulässig wäre, wenn der BS absehbar bereits nach 13 oder 14 Monaten wieder dienstfähig würde. Für die in diesem Fall notwendige Ermessensausübung legt die ZDv 14/5 B 153[87] strenge Vorgaben fest, welche die Entlassungsdienststellen binden.

Anders als bei der vermuteten Dienstunfähigkeit, bei der die Annahme einer Dienstunfähigkeit und damit die Versetzung in den Ruhestand im Ermessen des Dienstherrn steht[88], ist bei dauernder Dienstunfähigkeit nach Satz 1 diese Versetzung zwingend („ist … zu versetzen") vorgeschrieben.[89] Bedeutung hat sie für die **Anhörung der VP** vor der Zurruhesetzung. Die Anhörung soll nach § 23 Abs. 1 Satz 1 Nr. 6 SBG nur vorgesehen werden, wenn das SG bei der vorzeitigen Beendigung des Dienstverhältnisses einen Ermessensspielraum einräumt.[90] 33

Stellt der Dienstherr im Verfahren zur Beendigung des Dienstverhältnisses die Dienstunfähigkeit eines BS fest, während dieser parallel hierzu seine Zurruhesetzung nach dem PersStärkeG beantragt, darf der Dienstherr nicht aus Fürsorgegründen die für den BS finanziell günstigere Möglichkeit auswählen.[91] 34

Zur Frage, ob der **unbest. Rechtsbegriff** der Dienstunfähigkeit **gerichtl.** voll **überprüfbar** ist oder dem Dienstherrn einen **Beurteilungsspielraum** gewährt, zum Verhältnis Dienstunfähigkeit/Eigenschaft als **schwerbehinderter Mensch** und zur Belassung von dauernd dienstunfähigen BS im Dienst aus Fürsorgegründen vgl. die Komm. zu § 55 Rn. 12 bis 14. 35

4. Absatz 4

Das in Abs. 4 geregelte Verfahren zur Feststellung der Dienstunfähigkeit[92] eines BS wird nach **Satz 1** von Amts wegen (seitens des Dienstherrn, z.B. des Vorg.) oder durch einen Antrag des BS initiiert. Es führt zu einer ärztlichen Begutachtung der Verwendungsfähigkeit des BS im Hinblick auf Zweifel an dessen Dienstfähigkeit. **Verwendungsfähigkeit** ist die Fähigkeit des Soldaten, die in dem ihm zugewiesenen Aufgabenkreis oder in einem ihm zumutbar übertragbaren Tätigkeitskreis anfallenden dienstl. Pflichten ausreichend erledigen zu können, ohne hieran durch körperliche oder gesundheitliche Beeinträchtigungen gehindert zu sein. Die Verwendungsfähigkeit bezieht sich auf die körperliche und gesundheitliche, nicht auf die charakterliche und geistige Eignung des Soldaten.[93] Sie kann **zeitlich** (wie bei Schwangerschaft, vorübergehender Erkrankung) oder **aufgabenbezogen** in Form von Verwendungsausschlüssen für be- 36

---

85 *Hermsdörfer*, NZWehrr 1995, 202 (205); GKÖD I K, § 42 Rn. 17.
86 So *Battis*, BBG, § 42 Rn. 6; *Loebel*, RiA 1999, 19 (21), zu dem entspr. § 42 Abs. 1 Satz 2 BBG.
87 In Nr. 2 Abs. 2.
88 Nach Auffassung des BVerwG (*Buchholz*, 238.4 § 55 SG Nr. 10) besteht auch in diesem Fall die unwiderlegliche gesetzl. Vermutung einer dauernden Dienstunfähigkeit, das G stelle es jedoch in das Ermessen des Dienstherrn, sich auf diese Vermutung zu berufen.
89 BVerwG NZWehrr 1971, 77 f.; *Hermsdörfer*, NZWehrr 1995, 202 (205 f.).
90 *Scherer/Alff*, SG, § 44 Rn. 17; zu den Folgen einer unterlassenen Anhörung der VP vgl. VG Mainz NZWehrr 2001, 82.
91 VGH Mannheim NZWehrr 1996, 81 mit Anm. von *Busch*. Entspr. muss für das PersAnpassG gelten.
92 Steht die Dienstfähigkeit außer Frage, sondern geht es nur darum, ob der BS bestimmte Aufgaben o. Tätigkeiten noch wahrnehmen kann, darf ein Verfahren nach Abs. 4 nicht eingeleitet werden.
93 Der Verlust geistiger/intellektueller Fähigkeiten durch Erkrankungen (z.B. Verlust des Denko. Erinnerungsvermögens durch einen Schlaganfall) betrifft die gesundheitliche Eignung.

stimmte Tätigkeiten (z.b. wegen des Ausfalls körperlicher Fähigkeiten oder Funktionen wie bei Verlust eines Körperteils oder bei durch Schlaganfall bedingten lokalen Lähmungen) **begrenzt** sein. Sie kann auch dauerhaft[94] bestehen. Nur dieser Fall der dauernden Verwendungsunfähigkeit führt zur Dienstunfähigkeit.

Das ärztliche Gutachten dient der Feststellung, ob der BS unter bestimmten körperlichen und/oder geistig-seelischen Beeinträchtigungen leidet und wenn ja, wie sich diese (in welchem Umfang, in welchem Zeitraum) auf seine Fähigkeit zur Erfüllung der Dienstpflichten auswirken.[95] Das Gutachten ist wesentliche, aber nicht alleinige Grundlage für die Entlassungsdienststelle zur Feststellung oder zur Verneinung der Dienstunfähigkeit des BS.

37 Das der Entscheidung über die Dienstunfähigkeit zugrunde liegende **Gutachten** muss das eines **Arztes der Bw** sein. Die Letztverantwortung für die medizinische Diagnose liegt also bei einem dem Geschäftsbereich des BMVg angehörenden Arzt, d.h. bei einem SanOffz oder einem Arzt der Bundeswehrverwaltung, nicht bei einem zivilen Vertragsarzt[96]. Dies lässt sich aus den unterschiedlichen Formulierungen in Satz 1 und Satz 3 folgern. Die Konzentration der medizinischen Verantwortung auf Ärzte der Bw folgt der Absicht, Gefälligkeitsdiagnosen frei praktizierender Ärzte als Grundlage für eine Entscheidung über die Dienstunfähigkeit eines BS auszuschließen.

38 Wenn der BS seine Versetzung in den Ruhestand nicht selbst beantragt hat, muss ihm nach **Satz 2 Halbs. 1 unter Angabe der Gründe** schriftl.[97] **mitgeteilt** werden, dass seine Versetzung in den Ruhestand beabsichtigt ist. Ihm ist Gelegenheit zur **Stellungnahme** zu geben (**Satz 2 Halbs. 2**[98]). Ist der BS zur Wahrnehmung seiner Rechte nicht in der Lage (z.B. weil er nach einem Unfall im Koma liegt), beantragt die Entlassungsdienststelle auf Grund ihrer Fürsorgepflicht[99] beim Vormundschaftsgericht die Bestellung eines Betreuers nach § 1896 BGB. Die Mitteilung nach Satz 2 Halbs. 1 ergeht dann an diesen. Im weiteren Verfahren vertritt der Betreuer den BS. Er ist an dessen Stelle anzuhören; ihm ist auch die Entscheidung zuzustellen.[100]

39 Die **Gründe**, die nach Ansicht des Dienstherrn die Versetzung in den Ruhestand rechtfertigen, sind dem BS verständlich darzulegen. Aus Fürsorgegründen ist es angebracht, ihn darauf hinzuweisen, dass er – über die Anhörung nach Satz 2 Halbs. 2 hinaus – zu den Gründen auch später noch in angemessener Frist Stellung nehmen kann. Der BS wird in der Anhörung oft nicht in der Lage sein, kurzfristig insbes. die der Entscheidung zugrunde liegende ärztliche Begutachtung bewerten und ggf. widerlegen zu können (das ärztliche Gutachten ist dem BS anlässlich der Anhörung zu eröffnen[101]). Gleichwohl ist die Mitteilung über die beabsichtigte Versetzung des BS in den Ruhestand – als eine die endgültige Entscheidung lediglich vorbereitende Maßnahme – **kein VA**[102]. Die Ankündigung ist deshalb **nicht selbstständig anfechtbar**.

40 Nach **Satz 3** ist der BS verpflichtet, sich von Ärzten der Bw oder von hierzu bestimmten Ärzten untersuchen und, falls sie es für notwendig erklären, beobachten zu lassen. Außer Ärzten, die dem Geschäftsbereich des BMVg angehören, sind **Vertragsärzte** der Bw

---

94 Dabei ist Abs. 3 Satz 2 zu beachten.
95 *Scherer/Alff*, SG, § 44 Rn. 12.
96 Diese können aber für Untersuchungen eingesetzt werden, vgl. Satz 3. So auch GKÖD I Yk, § 44 Rn. 18.
97 ZDv 14/5 B 153a Nr. 15 Abs. 1.
98 Eine Anhörung wäre ansonsten nach § 28 VwVfG vorzunehmen.
99 Vgl. entspr. *Battis*, BBG, § 44 Rn. 4.
100 ZDv 14/5 B 153a Nr. 7 Abs. 2.
101 Ebd., Nr. 15 Abs. 2.
102 BDHE 4, 178 = NZWehrr 1959, 104; entspr. für Beamte BVerwG ZBR 1990, 353.

Eintritt oder Versetzung in den Ruhestand § 44

und sonstige, **als Gutachter bestimmte Ärzte** zugelassen. Damit soll einerseits medizinischer Sachverstand außerhalb des öff. Dienstes nutzbar gemacht werden.[103] Andererseits kann bei unzureichenden ärztlichen Kapazitäten in der Bw eine Beschleunigung des Verfahrens bewirkt werden. Hierdurch soll die Gutachteraufgabe jedoch nicht auf den zivilen behandelnden Arzt des BS verlagert werden[104], denn der Gedanke der Verhinderung von Gefälligkeitsgutachten steht im Vordergrund.

Die Verpflichtung des BS bezieht sich auf **ärztliche Untersuchungen** und ggf. **Beobachtung**. Für die Untersuchung gilt dies jedoch nur, wenn sie im Hinblick auf eine Ruhestandsversetzung angeordnet wird. Soll sie nur der Prüfung der weiteren Verwendungsfähigkeit dienen, ohne dass eine Dienstunfähigkeit im Raum steht, kann die Maßnahme nicht auf Abs. 4 gestützt werden.[105] Der Pflicht, sich untersuchen zu lassen, muss der BS bereits vor der Einleitung eines Zurruhesetzungsverfahrens nachkommen, damit die Eröffnung eines solchen Verfahrens notfalls auch unterbleiben kann.[106] 41

Untersuchungen und **Beobachtungen** nach Satz 3 sind – als grundlegende medizinische Erkenntnismittel – i.d.R. Maßnahmen, die, gemessen am Grds. der Verhältnismäßigkeit, den BS nur gering belasten und daher grds. zulässig und zu dulden sind. Allerdings dürfen nach § 17 Abs. 4 Satz 7 ärztliche Untersuchungsmaßnahmen, die einer ärztlichen Behandlung oder einer Operation i.S.d. § 17 Abs. 4 Satz 6 gleichkommen, nicht ohne Zustimmung des Soldaten vorgenommen werden. Nicht als ärztliche Behandlung oder Operation i.S.d. § 17 Abs. 4 Satz 6 und nicht als Eingriffe in die körperliche Unversehrtheit gelten jedoch einfache ärztliche Maßnahmen, wie Blutentnahmen aus dem Ohrläppchen, dem Finger oder einer Blutader oder eine röntgenologische Untersuchung. Für solche Maßnahmen ist deshalb die Zustimmung des BS nicht erforderlich; sie können ihm durch einen SanOffz befohlen werden. Im Weigerungsfall können disziplinare Maßnahmen – auch ein gerichtl. Disziplinarverfahren – angebracht sein. Allerdings ist dadurch dem Bestreben des Dienstherrn, rasch sachgerecht über die Dienstunfähigkeit des BS entscheiden zu können, nicht gedient. Es erscheint angebracht und grds. zulässig, wie im Beamtenbereich eine ohne hinreichenden Grund **verweigerte** Duldung einfacher ärztlicher **Untersuchungsmaßnahmen** zur Feststellung der Dienstfähigkeit als ein **ausreichendes Indiz für** die **Dienstunfähigkeit** des BS anzunehmen.[107] Zumindest erscheint dies vertretbar, wenn auch sonstige Beweise (z.B. Zeugenbefragungen von Kameraden und Vorg. zu bestimmten Verhaltensweisen des BS oder in den Gesundheitsakten des BS verfügbare frühere ärztliche Stellungnahmen), welche die entscheidungsbefugte Stelle nach **Satz 4** erheben kann, um zusätzlich zum ärztlichen Gutachten durch weitere Erkenntnisse eine breite Grundlage für ihre Entscheidung zu finden[108], die Erkenntnis verdichten, dass der BS dienstunfähig ist. 42

Nach **Satz 5** soll die Frage, ob die Wiederherstellung der Dienstfähigkeit innerhalb eines Jahres nicht zu erwarten ist, erst nach **sechsmonatiger Heilbehandlung**[109] beantwortet werden. Dieser Soll-Vorschrift muss i.d.R. nachgekommen werden, es sei denn, be- 43

---

103 BT-Drs. III/2391, 7.
104 Vgl. GKÖD I K, § 46a Rn. 2.
105 BVerwGE 63, 278 (282). In diesem Fall dürfte kein Verfahren nach Abs. 4 eingeleitet werden, s.o. Rn. 36; da es sich um eine Verwendungsentscheidung handelt, ist für die gerichtl. Überprüfung des Befehls, sich zur Untersuchung in ein BwKrhs zu begeben, der Rechtsweg zu den Wehrdienstgerichten gegeben.
106 BDHE 5, 235 = NZWehr 1962, 36.
107 Vgl. GKÖD I K, § 42 Rn. 24 m.w.N. aus der Rspr.; *Plog/Wiedow/Lemhöfer*, BBG, § 42 Rn. 10b a.E.
108 Vgl. *Scherer/Alff*, § 44 Rn. 13; GKÖD I Yk, § 44 Rn. 18; ZDv 14/5 B 153 Nr. 6.
109 Der Begriff „Heilbehandlung" entspricht der „ärztlichen Behandlung" i.S.d. § 17 Abs. 4 Satz 5 u. 6, vgl. *Hermsdörfer*, NZWehr 1997, 177 (179).

Eichen

sonders wichtige Gründe fordern ausnahmsweise ein Absehen von der vorgeschriebenen Heilbehandlung.[110] Allerdings sieht der Gesetzeswortlaut selbst eine Ausnahme vor: In Fällen, in denen es vor allem auf Grund wissenschaftlicher Erkenntnisse und Erfahrungen offensichtlich ist, dass eine Wiederherstellung der Dienstfähigkeit innerhalb eines Jahres nicht erwartet werden kann, kann auf die Ergebnisse der Heilbehandlung und damit auf die sechsmonatige Frist verzichtet werden.[111]

44 Das Verfahren nach Abs. 4[112] und sein Ergebnis sind **vor den VG anfechtbar**.[113]

5. Absatz 5

45 Nach **Satz 1** ist Voraussetzung für den Eintritt oder die Versetzung[114] in den Ruhestand, dass
- der BS mindestens **fünf Jahre Dienstzeit** abgeleistet hat – sog. **Wartezeit** (**Nr. 1**) oder
- wegen einer **WDB**, deren Eintritt er nicht grob fahrlässig (oder gar mit bedingtem Vorsatz[115]) verursacht haben darf, dienstunfähig geworden ist (**Nr. 2**).

Erfüllt der BS in den Fällen der Abs. 1 bis 3 weder die eine noch die andere dieser Voraussetzungen[116], muss er nach § 46 Abs. 2 Satz 1 Nr. 6 aus dem Wehrdienstverhältnis **entlassen** werden.

46 Nach **Satz 2** berechnet sich die fünfjährige Dienstzeit nach den Best. über die Dienstzeit im SVG. Nach § 15 Abs. 2 SVG werden als Dienstzeit i.S.d. § 44 Abs. 5 die Zeiten berücksichtigt, die ruhegehaltfähig sind. Diese Zeiten sind in §§ 20 ff., 64 ff. SVG festgelegt.

Nimmt ein Soldat **Teilzeitbeschäftigung** (§ 30a) in Anspruch, erhöht sich dadurch die mindestens fünfjährige Wartezeit nicht. Auch nach fünf Jahren Teilzeitbeschäftigung ist im Grds. eine Anwartschaft auf Versorgung entstanden, die unabhängig vom Umfang der Dienstleistung ist. § 64 Abs. 1 Satz 2 SVG, wonach Zeiten einer Teilzeitbeschäftigung nur zu dem Teil ruhegehaltfähig sind, der dem Verhältnis der ermäßigten zur regelmäßigen Arbeitszeit entspricht, ist nur eine Berechnungsvorschrift zum Umfang der erworbenen Anwartschaft. Dem Grunde nach ist die gesamte Zeit ruhegehaltfähig.[117]

47 Was als **WDB** anzusehen ist, richtet sich in erster Linie nach der Definition in § **81 Abs. 1 SVG**[118]. Allerdings sprach bereits die Erstfassung des SG in § 44 von WDB, als es

---

110 Vgl. z.B. BVerwGE 106, 339.
111 Vgl. auch VG Hannover NZWehr 1961, 188; BVerwG Buchholz 238.4 § 55 SG Nr. 10 – der in dieser Entsch. zit. Ls ist allerdings missverständlich („Die Heilbehandlung darf ... unterbleiben, wenn offensichtlich ist, dass eine Wiederherstellung der Dienstfähigkeit innerhalb eines Jahres nicht erwartet werden kann"), denn es geht in Satz 5 nicht um das Erfordernis o. Unterbleiben der Heilbehandlung – diese ist aus Fürsorgegründen jedenfalls durchzuführen –, sondern um die Pflicht, ob sechs Monate dieser Behandlung abgewartet werden sollen, um auf der Basis ihrer Ergebnisse eine Entscheidung zu fällen.
112 Über die Versetzung in den Ruhestand ist „zeitnah" zu entscheiden, sobald alle „Erkenntnismittel" vorliegen. Andernfalls kann ein Schadensersatzanspruch wegen Verletzung der Fürsorgepflicht entstehen. Vgl. OVG Koblenz DÖD 2005, 282.
113 BVerwGE 63, 269 = NZWehrr 1980, 230.
114 Dass die Vorschrift auch für die Versetzung in den Ruhestand gilt, ist durch das SkResNOG klargestellt worden, s.o. Rn. 4.
115 Eine durch einen Soldaten mit direktem Vorsatz („absichtlich") herbeigeführte gesundheitliche Schädigung gilt nicht als WDB, § 81 Abs. 7 SVG. Es erübrigt sich daher, auf einen unbedingten Vorsatz im Zusammenhang mit einer WDB einzugehen.
116 *Scherer/Alff*, SG, § 44 Rn. 20.
117 Vgl. für Beamte *Plog/Wiedow/Bayer*, BeamtVG, § 4 Rn. 13a.
118 Vgl. zur Feststellung einer WDB den Erl. des BMVg „Erfassung einer Wehrdienstbeschädigung (WDB) durch die Truppe und Feststellung ihrer gesundheitlichen Folgen (WDB-Erlass)" v. 22.1.1997 (VMBl. S. 32).

Eintritt oder Versetzung in den Ruhestand § 44

ein SVG noch nicht gab. Daher war in der amtl. Begr. zu § 39 des REntw.[119] die nähere Ausgestaltung des Begriffs „Wehrdienstbeschädigung" nach beamtenrechtl. Vorbild angekündigt. § 4 Abs. 1 Satz 1 Nr. 2 BeamtVG, der dem Abs. 5 Satz 1 Nr. 2 entspricht, lässt heute weit formulierend eine Dienstunfähigkeit genügen, die sich der Beamte infolge Krankheit, Verwundung oder sonstiger Beschädigung bei Ausübung oder aus Veranlassung des Dienstes zugezogen hat. Entspr. zu diesem weiten beamtenrechtl. Anwendungsbereich[120] der Dienstbeschädigung ist es in Abs. 5 Satz 1 Nr. 2 gerechtfertigt, einer Dienstunfähigkeit, die durch eine WDB i.S.d. § 81 Abs. 1 SVG verursacht worden ist, eine Dienstunfähigkeit gleichzusetzen, die durch sonstige, der WDB gleichgestellte schädigende Ereignisse hervorgerufen worden ist (vgl. z.B. § 81 Abs. 2 SVG) oder für die eine Versorgung wie für die Folgen einer WDB geleistet wird (z.b. eine gesundheitliche Schädigung bei dienstl. Verwendung im Ausland, die auf einen Unfall oder eine Erkrankung im Zusammenhang mit einer Verschleppung oder einer Gefangenschaft zurückzuführen ist, § 81d SVG). Auch eine solche Schädigung, die zur Dienstunfähigkeit geführt hat, ermöglicht, ohne dass eine Dienstzeit von mindestens fünf Jahren abgeleistet worden ist, den Eintritt oder die Versetzung des BS in den Ruhestand.

Die **Dienstunfähigkeit** ist, auch wenn möglicherweise noch andere Leiden für ihren Eintritt verantwortlich waren, **durch die WDB** dann **verursacht** worden, wenn diese der wesentliche oder zumindest ein gleichwertiger Grund gewesen ist und nicht nur eine untergeordnete Rolle gespielt hat.[121]   48

6. Absatz 6

Abs. 6 enthält Verfahrensvorschriften für **Versetzungen** von BS in den Ruhestand. Da   49
der **Eintritt** in den Ruhestand kraft Gesetzes erfolgt, sind gesetzl.[122] Verfahrensregelungen hierzu überflüssig.

Satz 1 überträgt die Zuständigkeit für die Versetzung eines BS in den Ruhestand der   50
Stelle, die nach § 4 Abs. 2 für die Ernennung des BS zuständig wäre. Vgl. hierzu die Komm. zu § 4 Rn. 21 ff.

Satz 2 schreibt den Erlass einer **schriftl.** Verfügung (eines **VA**) vor, die dem BS **zuzustel-**   51
len ist. Eine **elektronische** Form und Übermittlung der Verfügung über die Versetzung in den Ruhestand (z.B. mittels E-Mail) ist unzulässig.[123] Grund ist, dass mit der Zustellung und der Schriftform der Verfügung über die Versetzung in den Ruhestand auf die besondere Bedeutung dieses VA aufmerksam gemacht werden soll. Dieser Warnfunktion vermag nach Auffassung des Gesetzgebers die elektronische Form und Übermittlung der Verfügung nicht in gleicher Weise Rechnung zu tragen.[124]

Beschwert sich der BS gegen die Verfügung mit dem Ziel ihrer verwaltungsgerichtl. Überprüfung, kann das VG auf Antrag des BS schon vor Klageerhebung die aufschiebende Wirkung der Beschwerde anordnen (§ 23 Abs. 6 WBO).

Nach **Satz 3 kann** die Verfügung über die Versetzung in den Ruhestand bis zu dessen   52
Beginn widerrufen werden[125], wenn die Fortsetzung des Dienstverhältnisses dem BS

---
119 BT-Drs. II/1700, 30.
120 Vgl. *Plog/Wiedow/Bayer*, BeamtVG, § 4 Rn. 21b.
121 *Scherer/Alff*, SG, § 44 Rn. 21; GKÖD I Yk, § 44 Rn. 14; *Plog/Wiedow/Bayer*, BeamtVG, § 4 Rn. 21g m.w.N.
122 Vgl. allerdings die im Erlassweg ergangenen Verfahrensvorschriften in ZDv 14/5 B 151 Nr. 3.
123 Wird hiergegen verstoßen, ist die Verfügung rechtswidrig u. anfechtbar; Nichtigkeit nach § 44 VwVfG dürfte auszuschließen sein. Die Verfügung ist bis zu ihrer Aufhebung rechtswirksam.
124 Vgl. BT-Drs. 14/9000, 50 (zu Art. 63 Nr. 3) i.V.m. S. 39 (zu Art. 9 Nr. 2, 5).
125 Die Widerrufsverfügung muss spätestens am Tag vor Beginn des Ruhestandes zugestellt werden.

Eichen 577

§ 44   Rechtsstellung der Berufssoldaten und der Soldaten auf Zeit

zumutbar ist oder wenn der Spannungs- oder V-Fall festgestellt ist. Das Tatbestandsmerkmal der **Zumutbarkeit** unter Berücksichtigung „der persönlichen, insbesondere häuslichen, beruflichen oder wirtschaftlichen Verhältnisse" ist ein unbestimmter Rechtsbegriff, der gerichtl. voll nachprüfbar[126] ist. Er findet sich auch in § 51 Abs. 1; insoweit wird auf die dortige Komm. verwiesen.[127] Ergänzend ist darauf hinzuweisen, dass sich in § 67 Abs. 4 Satz 2 (unbeschadet des dort maßgeblichen Maßstabs der besonderen Härte) Beispiele finden lassen, wann möglicherweise häusliche (vgl. dort Abs. 4 Satz 2 Nr. 1), berufliche (Nr. 3) und wirtschaftliche (Nr. 2) Verhältnisse betroffen sein können.

Ist der **Spannungs- oder V-Fall** festgestellt, kommt es auf die Zumutbarkeit nicht an. Der Gesetzgeber unterstellt in diesen Fällen ein überragendes dienstl. Interesse am Verbleib des BS im Wehrdienst. Das der Exekutive eingeräumte Ermessen wird in diesem Fall auf Null reduziert sein, die Kann-Vorschrift wird grds. zur Muss-Vorschrift.

Der Widerruf einer bereits verfügten Versetzung in den Ruhestand wegen Dienstunfähigkeit bis zum Wirksamwerden der Verfügung[128] ist nur zulässig, wenn der BS zwischenzeitlich wieder dienstfähig geworden ist. Dies lässt sich im Gegenschluss aus Abs. 3 Satz 1 folgern. Auch bei erneuter Dienstfähigkeit bleibt der Widerruf eine Ermessensentscheidung.

Ist einem BS wegen Dienstunfähigkeit eine Verfügung über die Versetzung in den Ruhestand zugestellt worden, weil die Entlassungsdienststelle irrtümlich angenommen hat, er habe die nach Abs. 5 Satz 1 Nr. 1 notwendige fünfjährige Dienstzeit abgeleistet, ist diese Verfügung rechtswidrig, aber nicht nach § 44 VwVfG nichtig; sie kann bis zum Beginn des Ruhestandes zurückgenommen werden (insoweit gilt § 48 VwVfG). Mit Beginn des Ruhestandes ist eine Rücknahme nicht mehr möglich, auch wenn der BS das Fehlen dieser gesetzl. Voraussetzung kannte oder kennen musste.[129]

53   Satz 4 Halbs. 1 schreibt in den Fällen der Versetzung in den Ruhestand wegen Überschreitens der besonderen Altersgrenze vor, dem BS wenigstens **ein Jahr vor dem Tag des Ausscheidens** mitzuteilen, seine Versetzung in den Ruhestand sei beabsichtigt[130]; nach **Halbs. 2** muss ihm die Verfügung über seine Zurruhesetzung wenigstens **drei Monate** vor dem Tag des Ausscheidens zugestellt werden.

54   Die Jahresfrist nach Satz 4 Halbs. 1 und die Dreimonatsfrist nach Halbs. 2 sind (wie z.B. die in § 47 Abs. 4 vorgeschriebenen Fristen[131]) **Schutzmaßnahmen** zugunsten des BS, von denen mit seiner Zustimmung **abgewichen** werden kann. Verzichtet der BS unwiderruflich auf eine oder beide Fristen, ist es zulässig, ihn ohne sie in den Ruhestand zu versetzen.[132] Wird dem BS eine Zurruhesetzungsverfügung zugestellt, ohne sie rechtzeitig anzukündigen und/oder die Dreimonatsfrist einzuhalten, verschiebt sich nicht etwa der Zeitpunkt der Versetzung in den Ruhestand.[133] Vielmehr wird durch die Miss-

---

126   Die Exekutive hat hier keinen Beurteilungsspielraum wie auch sonst bei Begriffen wie „unzumutbar", „unzumutbare Härte" usw., vgl. *Steinlechner/Walz*, WPflG, § 12 Rn. 31; *Kopp/Ramsauer*, VwVfG, § 40 Rn. 79, 80.
127   Vgl. § 51 Rn. 27.
128   Wegen des kurzen Zeitfensters wird dieser Fall allerdings kaum praktisch werden.
129   So OVG Münster DÖV 1975, 67.
130   Die Mitteilung ist kein selbständig anfechtbarer VA, weil sie als nur vorbereitende Maßnahme nicht auf unmittelbare Rechtswirkungen nach außen gerichtet ist, vgl. bereits BDHE 4, 178 = NZWehrr 1959, 104; BVerwG DVBl. 1990, 1232 f.; *Kopp/Ramsauer*, VwVfG, § 35 Rn. 50 m.w.N.
131   Vgl. die Komm. zu § 47 Rn. 17 f.
132   ZDv 14/5 B 151 Nr. 7 Abs. 3 u. Nr. 9 Abs. 2.
133   Ebenso wenig wie im Falle des § 47 Abs. 4, vgl. die Komm. ebd.

achtung der gesetzl. Frist(en) die Verfügung **rechtswidrig**. Sie bleibt **wirksam**, solange sie nicht (insbes. auf Grund einer Beschwerde und Klage des BS vor dem VG) aufgehoben wird (§ 43 VwVfG).

Nach **Satz 5** beginnt bei einer Versetzung in den Ruhestand wegen Dienstunfähigkeit der Ruhestand mit dem Ende der drei Monate, die auf den Monat folgen, in dem die Versetzung in den Ruhestand dem BS mitgeteilt worden ist.[134] 55

Beispiel: Die Zurruhesetzungsverfügung wird dem BS am 25.2.2007 zugestellt. Der Ruhestand beginnt am 1.6.2007.

Die Dreimonatsfrist soll verhindern, dass die Versetzung in den Ruhestand unvermittelt geschieht. Sie soll es dem BS ermöglichen, sich auf das Ende des Wehrdienstverhältnisses einzustellen.[135] Da es sich hierbei um eine Schutzvorschrift zugunsten des BS handelt, kann auf seinen unwiderruflichen Antrag ein früherer Zeitpunkt für das Wirksamwerden der Zurruhesetzung bestimmt werden.[136] In **keinem Fall** ist es zulässig, die Versetzung in den Ruhestand **rückwirkend** zu verfügen, d.h. auf einen Zeitpunkt vor der Zustellung der Verfügung über die Versetzung in den Ruhestand.[137]

Unzulässig ist es, den zeitlichen Abstand zwischen der Zustellung der Verfügung über die Versetzung in den Ruhestand wegen Dienstunfähigkeit und dem Wirksamwerden der Verfügung über die Dreimonatsfrist hinaus aus Fürsorgegründen zu verlängern. Anders als § 55 Abs. 6 Satz 2 („wenigstens drei Monate ... vor dem Entlassungstag") setzt § 44 Abs. 6 Satz 5 keine Mindestfrist, sondern einen konkreten Termin fest.[138]

7. Absatz 7

In den Ruhestand eingetretene oder versetzte BS sind berechtigt, ihren letzten **Dienstgrad** mit dem **Zusatz „außer Dienst"** (a.D.) zu führen. Dies gilt auch für BS im einstweiligen Ruhestand (§ 50). Auf **BS** der ehem. **NVA**, deren Dienstverhältnis mangels Weiterverwendung in den SK der Bw auf Grund der Best. des Einigungsvertrages endete, findet Abs. 7 keine Anwendung[139], weil sie nicht als BS der Bw in den Ruhestand getreten sind oder versetzt worden sind.[140] Auch **§ 49 Abs. 5 Satz 1** ist auf diese früheren BS der NVA, für die kein Wehrdienstverhältnis in den SK der Bw begründet war, unanwendbar. Die Vorschrift ermöglicht es dem BMVg nur, solchen entlassenen BS das 56

---

134 Für Beamte beginnt – ungünstiger – der Ruhestand mit dem Ende des Monats, in dem die Versetzung in den Ruhestand dem Beamten mitgeteilt worden ist, § 47 Abs. 2 BBG. Warum diese durch Art. 2 Nr. 7 des VersorgungsreformG 1998 verschärfte Best. – vorher galt die Dreimonatsfrist – nicht entspr. auf BS erstreckt worden ist, ist nicht nachvollziehbar.
135 Ob diese Begr. in BVerwG *Buchholz* 238.4 § 55 SG Nr. 12, 16 f. angesichts der Lebensaltersfrist bei Beamten noch berechtigt ist, ist zw., zumal die SK aus Gründen der Einsatzbereitschaft bemüht sein müssten, den frei werdenden Dienstposten möglichst rasch wieder zu besetzen.
136 ZDv 14/5 B 153 Nr. 14 Abs. 2.
137 Dies ist bei Soldaten nicht anders als bei Beamten, vgl. hierzu *Battis*, BBG, § 47 Rn. 6; GKÖD I K, § 47 Rn. 6; *Plog/Wiedow/Lemhöfer*, BBG, § 47 Rn. 10 a.E.
138 A.A. *Scherer/Alff*, SG, § 44 Rn. 27 unter Berufung auf BVerwG *Buchholz* 238.4 § 55 SG Nr. 12, 16 ff. Dabei wird übersehen, dass sich diese Entsch. nur auf die Entlassung dienstunfähiger SaZ bezieht (sie ist allerdings missverständlich formuliert, vgl. S. 18). Eine Ausdehnung der Dreimonatsfrist in § 44 Abs. 6 Satz 5 verstieße gegen den eindeutigen Wortlaut dieser Best. Wie hier: *Hermsdörfer*, NZWehr 1995, 202 (206 f.).
139 Vgl. BVerwG IÖD 1999, 42 = DVBl. 1999, 919. Der diesen Soldaten zugeordnete vorläufige Dienstgrad erlosch mit der Beendigung des Dienstverhältnisses, vgl. *Thiemann, Rolf:* Die ehemaligen Soldaten der Nationalen Volksarmee und ihre Rechtsverhältnisse zum Dienstherrn Bundesrepublik Deutschland, NZWehr 1993, 147 (150).
140 Umfassend *Raap, Christian*, Die Dienstgradführung bei Vordienstzeiten in der ehemaligen Nationalen Volksarmee, NZWehr 1993, 165.

§ 44   Rechtsstellung der Berufssoldaten und der Soldaten auf Zeit

Weiterführen ihres Dienstgrades mit dem Zusatz „a.d." zu erlauben, die aus einem nach dem SG begründeten Wehrdienstverhältnis entlassen worden sind.[141]

57   Die Möglichkeit für frühere Soldaten nach § 7 SLV, neben ihren Dienstgrad mit dem Zusatz „a.D." ggf. auch einen **Dienstgrad der Reserve** („d.R.") führen zu können, bleibt unberührt.[142] Kein Dienstgradzusatz ist die Bezeichnung „i.G." (**im Generalstabsdienst**). Sie kennzeichnet eine bestimmte Verwendung, die mit dem Wehrdienstverhältnis endet, und darf deshalb danach nicht mehr geführt werden.[143]

C. Anhang

**Gesetz zur Anpassung der Personalstärke der Streitkräfte
(Personalanpassungsgesetz/PersAnpassG)
vom 20.12.2001 (BGBl. I S. 4013, 4019)**

Abschnitt 1 Dienstrecht

§ 1

(1) In den Jahren 2002 bis 2006 können bis zu 3000 Berufssoldaten mit ihrer Zustimmung vor Überschreiten der für sie maßgeblichen Altersgrenze in den Ruhestand versetzt werden, wenn
1. sie das 50. Lebensjahr vollendet haben und
2. hiermit die Jahrgangsstrukturen an die Vorgaben des jeweils gültigen Personalstrukturmodells angepasst werden.

(2) Die Versetzung in den Ruhestand hat zum Ablauf eines Monats zu erfolgen. Für die Versetzung in den Ruhestand gilt § 44 Abs. 5, 6 Satz 1 bis 3, Satz 4 zweiter Halbsatz und Abs. 7 des Soldatengesetzes entsprechend.

Abschnitt 2 Versorgung

§ 2 bis § 4

(vom Abdruck dieser versorgungsrechtl. Vorschriften wurde abgesehen)[144]

58   Das PersAnpassG[145] zielt auf den **Abbau personalstruktureller Überhänge** bei BS in definierten Jahrgängen. Es soll die für die neuen Strukturen der SK notwendigen Verwendungsflüsse gewährleisten und der Überalterung auf einsatzwichtigen Dienstposten entgegenwirken.[146]

59   Nach § 1 Abs. 1 PersAnpassG können im Zeitraum 2002 bis 2006 bis zu 3000 BS mit ihrer Zustimmung vorzeitig in den Ruhestand versetzt werden. Vorausgesetzt wird, dass diese BS die für sie maßgebliche Altersgrenze noch nicht überschritten und das 50. Lebensjahr vollendet haben; außerdem müssen die Zurruhesetzungen dazu beitragen, die

---

141 Vgl. BVerwG IÖD 1999, 42 = DVBl. 1999, 919 sowie die Komm. zu § 26 Rn. 9.
142 Dieses Recht ist nicht durch das Ausscheiden aus der Wehrpflicht, aus der Pflicht zur Wiederverwendung nach § 51 o. der Dienstleistungspflicht nach § 59 ff. zeitlich begrenzt (vgl. § 6 Satz 2 SLV in der bis 23.12.2000 geltenden Fassung, der durch Art. 4 Nr. 5 des SGÄndG nur aus redaktionellen Gründen geä. worden ist); zu eng daher *Dolpp/Klewitz/Weniger*, SLV, § 7 Rn. 704 f.
143 Ebd., Rn. 706.
144 Merkblätter zur Versorgung der nach dem PersAnpassG ausscheidenden BS enthalten die Anl. zu den AusfBest zum PersAnpassG, BMVg – PSZ III 1 – Az 16-37-00/4 v. 14.12.2001. Vgl. zu §§ 2 bis 4 PersAnpassG die Komm. bei *Stauf* I, §§ 2 bis 4 PersAnpassG, 205-209.
145 Das G wurde als Art. 4 des BwNeuAusrG erlassen.
146 So die amtl. Begr., BT-Drs. 14/6881, 20.

Eintritt oder Versetzung in den Ruhestand § 44

Jahrgangsstrukturen durch Reduzierung überbesetzter Geburtsjahrgänge an die Vorgaben des jew. gültigen Personalstrukturmodells der SK anzupassen. Zurruhesetzungen nach dem PersAnpassG sind nur im dienstl. Interesse möglich. Persönliche Interessen der BS sind nicht maßgeblich. Der BS hat keinen Rechtsanspruch auf die Versetzung in den Ruhestand.[147] Das PersAnpassG sieht kein Antrags-, sondern nur ein Zustimmungserfordernis vor. Das schließt im Einzelfall nicht aus, dass ein BS von sich aus initiativ wird und einen Antrag auf Versetzung in den Ruhestand stellt. Der BS kann dann zwar verlangen, dass über diesen Antrag ermessensfehlerfrei entschieden wird, eine verwaltungsgerichtl. Prüfung beschränkt sich aber auf die Beachtung des Gleichbehandlungssatzes.[148]

Aus **verfassungsrechtl. Sicht** ist § 1 Abs. 1, auch wenn die Vorschrift nicht grundrechtsrelevant ist, unter Berücksichtigung des Grds. der Bestimmtheit eines förmlichen Gesetzes zumindest kritisch zu sehen. Die Anwendung einer gesetzl. Vorschrift von den mil. Planungen für ein idealisierendes Personalstrukturmodell abhängig zu machen, das – wie frühere Personalstrukturmodelle zeigen – mit den realen personellen Verhältnissen in den SK nicht annähernd deckungsgleich sein und ohne Weiteres seine Gültigkeit verlieren kann, bedeutet im Ergebnis die Preisgabe der Festlegung gesetzl. Tatbestandsmerkmale durch den Gesetzgeber. Die Regelung gerät zu einer vagen Ermächtigung ohne bestimmbaren Gehalt zur Disposition der Exekutive. Dass der Haushaltsgesetzgeber hier ggf. nachträglich korrigierend eingreifen könnte, ändert an dieser grds. Einschätzung des PersAnpassG nichts.[149] 60

Nach **§ 1 Abs. 2 Satz 1 PersAnpassG** muss die Versetzung in den Ruhestand **zum Ablauf eines Monats** erfolgen. Diese Regelung entspricht der Monatsfrist in § 44 Abs. 1 Satz 1 und Abs. 2 Satz 1 und soll eine flexible Praxis der Zurruhesetzung möglich machen. 61

Nach **§ 1 Abs. 2 Satz 2 PersAnpassG** ist die Versetzung in den Ruhestand von den Voraussetzungen des § 44 Abs. 5 abhängig, d.h. von einer mindestens fünfjährigen Dienstzeit oder von einer Dienstunfähigkeit wegen einer WDB, die der BS ohne grobes Verschulden erlitten hat. Außerdem gelten die Verfahrensvorschriften des § 44 Abs. 6 Satz 1 bis 3 und Satz 4 Halbs. 2.[150] Schließlich hat der BS entspr. § 44 Abs. 7 auch hier das Recht, seinen Dienstgrad mit dem Zusatz „a.D." weiterzuführen.[151] 62

Zum Verhältnis der Zurruhesetzung nach § 50 zu der nach dem PersAnpassG vgl. die Komm. zu § 50 Rn. 34 ff. 63

Auch **rechtspolitisch** ist das PersAnpassG kritisch zu sehen. Zu bemängeln ist, dass der Gesetzgeber offensichtlich den Unterschied zwischen strukturellen und bilanzierten 64

---

147 BT-Drs. 14/6881, 20. Vgl. BVerwG DÖD 2005, 247 = DÖV 2005, 696.
148 BVerwG a.a.O. A.A. war die Vorinstanz (OVG Koblenz IÖD 2004, 64), die selbst einen auf die Beachtung des Gleichheitssatzes beschränkten Anspruch des BS auf ermessensfehlerfreie Entscheidung verneint hatte.
149 Schon bei den Beratungen im Haushaltsausschuss hätte mehr berücksichtigt werden müssen, dass das PersAnpassG (wie jede Frühpensionierung) eine erhebliche zusätzliche Belastung für den Bundeshaushalt bedeutet.
150 Auch hier kann der BS auf die Einhaltung dieser Frist schriftl. verzichten.
151 Ergänzende, Missbräuche anlässlich der Zurruhesetzung nach § 1 PersAnpassG ausschließende Verfahrensbest. (z.B. über den notwendigen Zeitraum zwischen vorzeitiger Zurruhesetzung nach dem PersAnpassG u. frühestmöglicher Zurruhesetzung nach Erreichen der für den BS maßgeblichen Altersgrenze o. über Beförderungen u. Einweisungen in höhere Besoldungsgruppen trotz bevorstehender Zurruhesetzung nach dem PersAnpassG) enthalten die Ausf.-Best zum PersAnpassG, BMVg – PSZ III 1 – Az 16-37-00/4 v. 14.12.2001.

Eichen 581

§ 45   Rechtsstellung der Berufssoldaten und der Soldaten auf Zeit

Überhängen nicht ausreichend berücksichtigt hat. Trotz struktureller Überhänge in einigen Geburtsjahrgängen bestand im Jahre 2001 insgesamt ein erheblicher Mangel an BerufsUffz und BerufsOffz. Auch bei Soldaten kann die Zugehörigkeit zu einem Geburtsjahrgang und damit das Lebensalter für die Ausübung mil. Verwendungen und die Auftragserfüllung grds. nur dort eine Rolle spielen, wo erfahrungsgemäß nur in einem begrenzten Altersband von der notwendigen physischen und psychischen Eignung für die Ausübung einer Funktion (z.b. als KpChef) ausgegangen werden kann und daher das Lebensalter ein echtes Eignungsmerkmal ist. Ansonsten ist es bedeutungslos, ob z.b. ein Soldat, der als OTL und Referent in einem Stab verwendet wird, 48 oder 53 Jahre alt ist. Der Gesetzgeber hat durch die vorgezogenen besonderen Altersgrenzen in den SK den mil. Besonderheiten der Dienstausübung und -belastung bereits genügend Rechnung getragen. Auf eine „Berufszufriedenheit jüngerer Jahrgänge"[152] auf Grund verbesserter Beförderungsaussichten kann es nicht ankommen, da – wie im sonstigen öff. Dienst – auch in den SK kein Anspruch auf Beförderung besteht. Deshalb, auch wegen der kritischen Haushaltslage des Bundes könnten Überlegungen, die Geltungsdauer des PersAnpassG über 2006 hinaus zu verlängern, bei sachlicher Betrachtung nur auf Unverständnis stoßen.

§ 45* Altersgrenzen

(1) Für die Berufssoldaten bildet das vollendete 61. Lebensjahr die allgemeine Altersgrenze.

(2) Als besondere Altersgrenzen der Berufssoldaten mit Ausnahme der Offiziere des Sanitätsdienstes, des Militärmusikdienstes und des Geoinformationsdienstes der Bundeswehr werden festgesetzt:
1. **die Vollendung des 60. Lebensjahres für Oberste,**
2. **die Vollendung des 58. Lebensjahres für Oberstleutnante,**
3. **die Vollendung des 56. Lebensjahres für Majore und Stabshauptleute,**
4. **die Vollendung des 54. Lebensjahres für Leutnante, Oberleutnante und Hauptleute,**
5. **die Vollendung des 53. Lebensjahres für Berufsunteroffiziere,**
6. **die Vollendung des 41. Lebensjahres für Offiziere, die in strahlgetriebenen Kampfflugzeugen als Flugzeugführer oder Waffensystemoffizier verwendet werden, die Vollendung des 40. Lebensjahres, soweit sie wehrfliegerverwendungsunfähig sind.**

(3) Die besonderen Altersgrenzen nach Absatz 2 gelten auch für die Berufssoldaten der Marine mit entsprechenden Dienstgraden.

* *Gemäß Art. 4 Nr. 3 i.V.m. Art. 24 Abs. 2 Nr. 7 des G vom 29.6.1998 – Versorgungsreformgesetz 1998 – (BGBl. I S. 1666, 3128) in der durch Art. 11 des G vom 20.12.2001 (BGBl. I S. 4013; 2002 I S. 1542) geänderten Fassung wird § 45 ab 1.1.2007 folgende Fassung erhalten:*

§ 45 Altersgrenzen

(1) Für die Berufssoldaten bildet das vollendete 62. Lebensjahr die allgemeine Altersgrenze.

---

152 So die Aussage in Teil A der AusfBest zum PersAnpassG, BMVg – PSZ III 1 – Az 16-37-00/4 v. 14.12.2001.

(2)** Als besondere Altersgrenzen der Berufssoldaten mit Ausnahme der Offiziere des Sanitätsdienstes, des Militärmusikdienstes und des Geoinformationsdienstes der Bundeswehr werden festgesetzt:
1. *die Vollendung des 61. Lebensjahres für Oberste,*
2. *die Vollendung des 59. Lebensjahres für Oberstleutnante,*
3. *die Vollendung des 57. Lebensjahres für Majore und Stabshauptleute,*
4. *die Vollendung des 55. Lebensjahres für Leutnante, Oberleutnante und Hauptleute,*
5. *die Vollendung des 54. Lebensjahres für Berufsunteroffiziere,*
6. *die Vollendung des 41. Lebensjahres für Offiziere, die in strahlgetriebenen Kampfflugzeugen als Flugzeugführer oder Waffensystemoffizier verwendet werden, die Vollendung des 40. Lebensjahres, soweit sie wehrfliegerverwendungsunfähig sind.*

(3) Die besonderen Altersgrenzen nach Absatz 2 gelten auch für die Berufssoldaten der Marine mit entsprechenden Dienstgraden.

** *Zu beachten ist die mit Wirkung ab 1.1.2007 als neuer § 96 (vgl. die Komm. ebd.) einzufügende Übergangsvorschrift zu § 45 Abs. 2 Nr. 1 bis 5, nach deren Maßgabe die besonderen Altersgrenzen der am 1.1.1999 vorhandenen BS gestaffelt bis zum Jahre 2015 in Kraft treten werden.*

Literatur: Spezielle Veröffentlichungen zu dieser Vorschrift sind nicht vorhanden.

Übersicht

	Rn.		Rn.
A. Allgemeines	1 – 19	**B. Erläuterungen im Einzelnen**	20 – 28
1. Zweck der Vorschrift	1	1. Absatz 1	20 – 22
2. Entstehung und Änderungen der Vorschrift	2 – 15	2. Absatz 2	23 – 27
3. Bezüge zum Beamtenrecht bzw. zu sonstigen rechtl. Vorschriften; ergänzende Dienstvorschriften	16 – 19	3. Absatz 3	28
		Anhang Allg. Altersgrenze und besondere Altersgrenzen der BS	

A. Allgemeines

1. Zweck der Vorschrift

§ 45 ergänzt § 43 Abs. 1 und § 44 Abs. 1 und 2, welche die Beendigung des Dienstverhältnisses eines BS durch Eintritt oder Versetzung in den Ruhestand vom Erreichen jew. gesetzl. festgelegter Lebensaltersgrenzen abhängig machen. Wird mit dem Erreichen der Altersgrenze auf der einen Seite die Beendigung des Dienstverhältnisses kraft Gesetzes bewirkt oder (bei Versetzung in den Ruhestand) ermöglicht, so ist auf der anderen Seite das Überschreiten der Altersgrenze eine Schwelle für den BS, ab der i.d.R. ein Anspruch auf Ruhegehalt entsteht (vgl. § 15 SVG). 1

2. Entstehung und Änderungen der Vorschrift

Die Vorschriften über die Altersgrenzen der BS waren schon im Rahmen der Erarbeitung des REntw. **kontrovers.** Im Entw.[1] eines SG – Stand 7.5.1955 – war in § 40 als Altersgrenze für die Berufsunteroffiziere die Vollendung des 55. Lebensjahres, für Berufsoffiziere meist eine niedrigere Altersgrenze vorgesehen (für Hauptleute die Vollendung des 48., für Majore des 50., für Oberstleutnante des 52., für Obersten des 54. und 2

---

1 Erarbeitet durch den Beauftragten des BK für die mit der Vermehrung der alliierten Truppen zusammenhängenden Fragen.

§ 45 Rechtsstellung der Berufssoldaten und der Soldaten auf Zeit

für Generale des 60. Lebensjahres). Im Entw. der amtl. Begr. zu diesem § 40 wurden die gegenüber Beamten erheblich früheren Altersgrenzen damit begründet, dass mit zunehmendem Alter insbes. im Militärdienst die Verwendbarkeit nachlasse. Als mil. Besonderheiten wurden die „Verwendungsmöglichkeit für jeden Dienstgrad nach dem Stellenplan" und die „militärischen Forderungen an das Lebensalter, die sich aus den Kriegserfahrungen auch fremder Staaten ergeben", genannt. So seien z.b. bei etwa 55 Prozent der Hptm-Stellen (KpChef und entspr. Verwendungen) nur Hauptleute im Alter von 30 bis 40 Jahren verwendbar, während bei 45 Prozent der Hptm-Stellen (in höheren Truppenstäben usw.) keine besonderen Anforderungen an das Lebensalter gestellt würden. Bei Majoren und Oberstleutnanten erforderten etwa 65 Prozent der Stellen (stellvertretender RgtKdr, BtlKdr usw.) ein Lebensalter zwischen 35 und 45 Jahren, während 35 Prozent mit Offz höheren Lebensalters besetzt werden könnten. Setze man z.b. die Altersgrenze für Hauptleute herauf, verlängere „sich damit das Verbleiben in der Verwendungsgruppe ohne besondere Anforderungen" (an das Lebensalter), und „die Aufnahmefähigkeit in diese Gruppe hinein" reduziere sich. Folge sei – wegen verringerter „Umsetzmöglichkeit" – ein allg. Ansteigen des Durchschnittsalters in der Gruppe mit besonderen Anforderungen an das Lebensalter.

3 Schon in der Ressortabstimmung stießen die geplanten Altersgrenzen auf Widerstand des BMI und des BMF. Der BMF[2] stellte fest: „Der Eintritt in den Ruhestand in einem Lebensalter von 48 Jahren (Hauptleute) und von 50 Jahren (Majore) wirft Probleme von erheblicher Tragweite nicht nur in finanzieller Hinsicht auf. Eine derartig frühzeitige Versetzung in den Ruhestand hat sowohl wirtschaftlich beträchtliche Nachteile für den Einzelnen als auch für die gesamte Volkswirtschaft."

4 Ausgeräumt wurde das Problem der Altersgrenzen in einer Ministerbesprechung BMVg, BMF und BMI.[3] Ergebnis war, dass – angelehnt an § 16 des Gesetzes zur vorläufigen Regelung der Rechtsverhältnisse der Polizeivollzugsbeamten des Bundes[4] – § 40 des **REntw**.[5] in der folgenden Fassung von der BReg beschlossen wurde:

„(1) Für Berufsunteroffiziere bildet das vollendete 55. Lebensjahr, für Berufsoffiziere das vollendete 60. Lebensjahr die Altersgrenze.

(2) Für einzelne Gruppen von Berufssoldaten kann durch Rechtsverordnung eine frühere oder spätere Altersgrenze festgesetzt werden.

(3) Wenn zwingende dienstliche Gründe es fordern, kann der Bundesminister für Verteidigung in Einzelfällen den Eintritt in den Ruhestand um jeweils ein Jahr, jedoch für nicht mehr als drei Jahre hinausschieben."

In der amtl. Begr.[6] wurden, ergänzend zu den bereits zum Entw. des Beauftragten des BK genannten Gründen[7], für die Altersgrenzen allg. operative Überlegungen vorgebracht, „die zu so kurzen Fristen in der Marschbereitschaft der Truppe" führten, dass „eine Auswechslung überalterter Einheitsführer und Offiziere in gleichwertigen Dienststellungen im Ernstfall nicht durchführbar" sei.

5 § 40 REntw. hatte in der parlamentarischen Beratung keinen Bestand. Im **Ausschuss für Beamtenrecht**[8] wurde[9] darauf verwiesen, eine mögliche Gefährdung der Einsatzbereit-

---
2 Mit Schreiben v. 18.5.1955 – I B/1-BA 1901-9/55, S. 2.
3 So Min. Blank im Anschreiben v. 15.6.1955 – III/4-268/55 –, mit dem er dem Kanzlamt den Entw. der Kabinettvorlage zum SG vorlegte.
4 V. 6.8.1953 (BGBl. I S. 899). Vgl. auch BT-Drs. II/2140, 12.
5 S. 10.
6 REntw. S. 30 f.
7 Vgl. o. Rn. 2.
8 Vgl. Prot. v. 12.1.1956 der 43. Sitzung dieses Ausschusses am 11.1.1956, 10 f.
9 Durch den Abg. *Dr. Kleindinst* (CDU/CSU).

schaft der SK wegen Überalterung der Soldaten sei mangels genügender Erfahrungen aktuell nicht bewertbar. Auch ein Vorschlag des BR[10], nur einen gesetzl. Rahmen für die Altersgrenzen (z.b. für Hauptleute zwischen der Vollendung des 48. und 52. Lebensjahres) vorzugeben und die konkrete Festsetzung dem Verordnungsgeber zu überlassen, fand keine Zustimmung.[11] Vielmehr beschloss der **BT**, die Altersgrenze für alle BS vorläufig auf das vollendete 60. Lebensjahr festzusetzen und eine endgültige Regelung innerhalb von fünf Jahren nach In-Kraft-Treten des SG zu treffen. Die Erstfassung der Regelung über die Altersgrenzen der BS (inzwischen in § 45) lautete:

„(1) Innerhalb von fünf Jahren nach In-Kraft-Treten dieses Gesetzes werden die Altersgrenzen für die einzelnen Gruppen der Berufssoldaten gesetzlich bestimmt. Bis dahin ist das vollendete sechzigste Lebensjahr die Altersgrenze.

(2) Wenn zwingende dienstliche Gründe es erfordern, kann der Bundesminister für Verteidigung in Einzelfällen den Eintritt in den Ruhestand um jeweils ein Jahr hinausschieben, jedoch für nicht mehr als fünf[12] Jahre."

Endgültig legte der Gesetzgeber die Altersgrenzen der BS in § 45 durch Art. 1 Nr. 2 des Gesetzes über die Altersgrenzen der BS[13] fest. Abs. 1 bestimmte als allg. Altersgrenze für BS das vollendete 60. Lebensjahr. In Abs. 2 wurden als besondere Altersgrenzen für Berufsunteroffiziere in den Dienstgraden Fw, OFw, HFw die Vollendung des 52. Lebensjahres, für Offz des Truppendienstes die Vollendung des 52. (Lt, OLt, Hptm), des 54. (Major), des 56. (OTL) bzw. des 58. (Oberst) Lebensjahres festgesetzt. 6

Begründet[14] wurde die allg. Altersgrenze damit, dass allg. mit dem Überschreiten des 60. Lebensjahres ein Leistungsabfall der körperlichen und geistigen Kräfte verbunden sei, der jeden weiteren Wehrdienst ausschließe. Die besondere Altersgrenze der Berufsunteroffiziere in den genannten Dienstgraden wurde damit gerechtfertigt, dass diese BS im Wesentlichen in Dienststellungen bei der Truppe verwendet würden, die von ihnen ein hohes Maß auch körperlicher Leistungsfähigkeit forderten. Wegen der besonderen Altersgrenzen für die genannten Offz im Truppendienst wurde ebenfalls auf Dienststellungen verwiesen, die körperliche Frische und die Kraft zu entschlossenem Handeln in einem Maße erforderten, das nur in jüngeren Lebensjahren gewährleistet sei. Ein generelles Verbleiben dieser Offz bis zur allg. Altersgrenze in Dienststellungen, die eine solche Leistungsfähigkeit nicht erforderten, komme nicht in Frage, da sonst ein Stau überalterter Offz dort eintrete, wo ein lebensjüngerer Mann erforderlich sei.

Spätere Gesetzesänderungen betrafen die Festlegung einer besonderen Altersgrenze für Offz in Verwendungen als **Strahlflugzeugführer**[15] und für Offz des **militärfachlichen Dienstes**[16]. 7

Eine grundlegende Revision erfuhren die besonderen Altersgrenzen durch Art. 9 § 1 des Haushaltsstrukturgesetzes.[17] Hierdurch wurden in Abs. 2 **alle** besonderen **Altersgrenzen** (Ausnahme: die Altersgrenze für als wehrfliegerverwendungsunfähig erkannte Offz in der Verwendung als Strahlflugzeugführer) **um ein Jahr heraufgesetzt.** Ange- 8

---

10 BR-Drs. 211/55 – Beschl. – v. 22.7.1955.
11 Vgl. BT-Drs. II/1700, 45.
12 Die Verlängerung von drei auf fünf Jahre hatte der VertA des BT initiiert, vgl. BT-Drs. II/2140, 48.
13 V. 9.6.1961 (BGBl. I S. 723 f.).
14 Zum Folgenden BT-Drs. III/2391, 4 f.
15 G v. 24.3.1969 (BGBl. I S. 221), Art. 1 Nr. 2.
16 G v. 1.4.1969 (BGBl. I S. 277), Art. 1 Nr. 2; durch dieses G wurden außerdem alle Berufsunteroffiziere der besonderen Altersgrenze unterworfen.
17 V. 18.12.1975 (BGBl. I S. 3091).

§ 45   Rechtsstellung der Berufssoldaten und der Soldaten auf Zeit

sichts der verstärkt eingetretenen Finanzdefizite der öff. Haushalte stand ausschließlich die Einsparung von Personalkosten im Vordergrund[18]; mil. Besonderheiten wurden nicht berücksichtigt.

9   1980 wurde[19] Abs. 2 Nr. 3 neu gefasst, um die **Kampfbeobachter** (= Waffensystemoffiziere, vgl. Rn. 11) in die besondere Altersgrenze für Strahlflugzeugführer einzubeziehen. Außerdem verdeutlichte die Umformulierung, dass nur Offz nach dieser Vorschrift in den Ruhestand versetzt werden können, die als Strahlflugzeugführer oder Kampfbeobachter in strahlgetriebenen Kampfflugzeugen auch tatsächlich verwendet werden.[20]

10 Durch Art. 3 Abs. 1 Nr. 2 und Art. 20 Abs. 2 des G vom 18.12.1989[21] wurde **mit Wirkung ab 1.1.2002** die allg. Altersgrenze auf das vollendete 61. Lebensjahr hochgesetzt; entspr. wurden die besonderen Altersgrenzen für die Offz des Truppendienstes gem. Abs. 2 Nr. 2 und für Offz des militärfachlichen Dienstes gem. Abs. 2 Nr. 4 jew. um ein Jahr angehoben.

11 1990 wurde[22] in Abs. 2 Nr. 3 der Begriff „Kampfbeobachter" durch **„Waffensystemoffizier"** ersetzt; außerdem wurde ein neuer Abs. 3 angefügt.

12 Eine **zeitweilige Herabsetzung** der besonderen Altersgrenzen[23] des Abs. 2 und 3 (mit Ausnahme der besonderen Altersgrenze für Strahlflugzeugführer und Waffensystemoffiziere in Abs. 2 Nr. 3) um ein Jahr bewirkte für die Jahre 1993 bis 1998 § 1 **PersStärkeG**.[24] Außerdem ermöglichte § 2 PersStärkeG in den Jahren 1992 bis 1994 bestimmten BS auf ihren Antrag ab dem 48. bzw. 50. Lebensjahr eine vorzeitige Versetzung in den Ruhestand, wenn dies im dienstl. Interesse lag.[25]

13 Im Jahr 1998 wurden[26] **mit Wirkung ab 1.1.2007**[27] erneut[28] die allg. Altersgrenze und die besonderen Altersgrenzen (ausgenommen die der als Kampfflugzeugführer und Waffensystemoffizier verwendeten Offz) jew. um ein Jahr heraufgesetzt.[29]

---

18 Vgl. BT-Drs. 7/4127, 30, 41, 43.
19 Durch Art. 1 Nr. 6 des G v. 22.5.1980 (BGBl. I S. 581).
20 Vgl. BT-Drs. 8/3360, 7 sowie u. Rn. 6.
21 BGBl. I S. 2218. Das G sollte entspr. der Reform der gesetzl. Rentenversicherung die Alterssicherungssysteme der Beamten u. Soldaten an veränderte ökonomische u. demographische Rahmenbedingungen anpassen u. auch die Altersgrenzen neu regeln (vgl. BT-Drs. 11/4125). Deren Anhebung ruhte auch im soldatischen Bereich nur auf finanziellen Erwägungen (Entlastung der öff. Versorgungshaushalte [vgl. BT-Drs. 11/5136, 31]). Das späte In-Kraft-Treten der Änd. des § 45 (ab 1.1.2002) diente nicht dem Vertrauensschutz der betroffenen Soldaten (einen solchen Schutz kann es bei besonderen Altersgrenzen nicht geben, da die Versetzung in den Ruhestand im Ermessen des Dienstherrn steht, vgl. § 44 Abs. 2 Satz 1), sondern als ausreichende Übergangszeit der strukturellen Anpassung des Personalbestandes der Berufsoffiziere.
22 Durch Art. 1 Nr. 11 des G v. 6.12.1990 (BGBl. I S. 2588).
23 Verwiesen sei hier noch auf die Möglichkeit zur vorzeitigen Versetzung in den Ruhestand auf Antrag u. unter weiteren bestimmten Voraussetzungen in den Jahren 1986 – 1991 durch § 1 PersStruktG-SK (G zur Verbesserung der Personalstruktur in der SK v. 30.7.1985 [BGBl. I S. 1621]).
24 G über die Verminderung der Personalstärke der SK v. 20.12.1991 (BGBl. I S. 2376); das G sollte es der Bundesrepublik Deutschland ermöglichen, ihrer völkerrechtl. Verpflichtung zur Verminderung des Personalbestands der SK bis 31.12.1994 auf 370000 Soldaten nachzukommen.
25 Zu Einzelheiten BT-Drs. 12/1269 v. 9.10.1991.
26 Durch Art. 4 Nr. 2 i.V.m. Art. 24 Abs. 2 Nr. 7 des G v. 29.6.1998 (BGBl. I S. 1666; vgl. BT-Drs. 13/9527).
27 Das In-Kraft-Treten erst 2007 geschieht nur im Interesse der Personalstruktur der SK (vgl. BT-Drs. 13/9527, 50).
28 Ziel war auch hier die Verringerung der Versorgungskosten (vgl. BT-Drs. 13/9527, 32).
29 Zu Ausnahmen für am 1.1.1999 vorhandene BS vgl. § 96 i.d.F. ab 1.1.2007 (s. die Komm. zu § 96).

Altersgrenzen   § 45

Im Jahr 2000 wurden³⁰ Abs. 2 und 3 redaktionell und rechtsförmlich überarbeitet. Es   14
wurde klargestellt, dass die Offz des SanDienstes, des Militärmusikdienstes und des militärgeographischen Dienstes ausschließlich der allg. Altersgrenze unterliegen. Neu aufgenommen unter die besonderen Altersgrenzen wurden die Stabshauptleute³¹, herausgenommen wurden die Offz des militärfachlichen Dienstes, die damit nicht mehr laufbahnbezogen, sondern dienstgradbezogen einer besonderen Altersgrenze unterfallen.

Mit Wirkung ab 1.3.2002 wurde³² in Abs. 2 der Begriff „militärgeographischer Dienst"   15
durch „Geoinformationsdienst der Bundeswehr" ersetzt. Diese Ersetzung war alleiniger Grund für die in Art. 11 des BwNeuAusrG enthaltene Änd. des § 45 (i.d.F. ab 1.1.2007).³³

Vgl. zu der ebenfalls im BwNeuAusrG (Art. 4) geregelten Möglichkeit, bis zum Jahr 2006 BS ab Vollendung des 50. Lebensjahres vorzeitig in den Ruhestand versetzen zu können, die Komm. zu § 1 PersAnpassG im Anh. zu § 44.

3. Bezüge zum Beamtenrecht bzw. zu sonstigen rechtlichen Vorschriften; ergänzende Dienstvorschriften

Für **Bundesbeamte** setzt § 41 Abs. 1 Satz 1 BBG das vollendete 65. Lebensjahr als Re-   16
gelaltersgrenze fest. Gem. § 41 Abs. 1 Satz 2 BBG kann gesetzl. für einzelne Gruppen von Beamten eine andere Altersgrenze bestimmt werden. Diese muss jedoch sachlich begründbar sein. Sie wird sich i.d.R., wenn besonders beschwerliche amtl. Aufgaben wahrgenommen werden müssen, in einer vorgezogenen Altersgrenze niederschlagen.³⁴

Daneben kennt das Beamtenrecht eine sog. **Voraltersgrenze** (die Vollendung des 63. Lebensjahres), ab deren Erreichen ein Beamter auf seinen Antrag hin ohne Nachweis einer Dienstunfähigkeit durch den Dienstherrn nach dessen pflichtgemäßem Ermessen in den Ruhestand versetzt werden kann (§ 42 Abs. 4 Nr. 2 BBG).³⁵

§ 25 Abs. 1 Satz 2 und 3 BRRG gibt für die **Beamten auf Lebenszeit in den Ländern** als   17
Altersgrenze rahmenrechtl. ebenfalls das vollendete 65. Lebensjahr vor, doch können auch die Länder für einzelne Beamtengruppen gesetzl. eine andere Altersgrenze bestimmen.³⁶ Eine dem § 42 Abs. 4 Nr. 2 BBG entspr. rahmenrechtl. Vorschrift enthält § 26 Abs. 3 Nr. 2 BRRG.

---

30 Durch Art. 1 Nr. 4 u. 31 SGÄndG. Die in Art. 3 Nr. 2 SGÄndG enthaltene Neufassung des § 45 diente, obwohl § 45 Abs. 2 in voller Länge als zu ändernde Vorschrift wiedergegeben wurde, ohne inhaltliche Änd. nur der Umstellung der Zeitangaben über „zwölf" von der Schreibweise in Buchst. auf die in Ziff. (vgl. BT-Drs. 14/4062, 24 – zu Art. 4). Demselben Zweck diente die Neufassung des § 45 ebenfalls im SGÄndG, Art. 1 Nr. 1; s. BT-Drs. 14/4062, 24 – zu Art. 2). Es ist **verwirrend, inhaltlich aber korrekt**, dass im SGÄndG (außer in Art. 1 Nr. 31 – bezogen auf die ab 24.12.2000 geltende Fassung, vgl. Art. 19 SGÄndG) § 45 noch zweimal (u. zwar bezogen auf zwei unterschiedliche Fassungen) geändert wird. Denn die entspr. Änd. des VersorgungsreformG bezieht sich auf § 45 i.d.F. der **1.1.2007**, die entspr. Änd. des BeamtVGÄndG auf die ab **1.1.2002** geltende Fassung. Zweifellos ist dieses Nebeneinander gesetzestechnisch missglückt u. kompliziert die Anwendung der Vorschrift erheblich.
31 Vgl. BT-Drs. 14/4062, 21.
32 Durch Art. 2 Nr. 4 i.V.m. Art. 24 Abs. 2 Nr. 2 des BwNeuAusrG.
33 Obwohl nur diese Ersetzung in Abs. 2 notwendig war, bestand das BMJ in der Ressortabstimmung des BwNeuAusrG aus Gründen der Rechtsklarheit auf vollständiger Wiedergabe des Textes.
34 Z.B. gem. § 5 BPolG, wonach für Polizeivollzugsbeamte das vollendete 60. Lebensjahr die Altersgrenze bildet; die Altersgrenze gilt für die Beamten auf Lebenszeit im Feuerwehrdienst der Bw, vgl. § 41a BBG.
35 Vgl. GKÖD I K, § 42 Rn. 29 ff.; diese vorzeitige Versetzung in den Ruhestand ist allerdings inzwischen mit einem erheblichen Versorgungsabschlag verbunden, vgl. GKÖD a.a.O. Rn. 40.
36 Vgl. zu den landesrechtl. Vorschriften *Plog/Wiedow/Lemhöfer*, BBG, § 41 Rn. 12 f.

18 Für **Richter auf Lebenszeit im Bundesdienst** legt § 48 Abs. 1 DRiG als Altersgrenze (wie bei Beamten) die Vollendung des 65. Lebensjahres fest. Anders als ein Beamter kann ein Richter im Bundesdienst mit Erreichen der Voraltersgrenze (mit Vollendung des 63. Lebensjahres) verlangen, auf seinen Antrag hin in den Ruhestand versetzt zu werden (§ 48 Abs. 3 Nr. 1 DRiG). Entspr. Rahmenvorschriften für **Richter im Landesdienst** enthält § 76 DRiG.

19 Der in der **ZDv 14/5** enthaltene Erl. **B 151** „Bestimmungen über das Verfahren bei Eintritt oder Versetzung in den Ruhestand und bei der Entlassung wegen Erreichens der Altersgrenzen" enthält in Teil A Nr. 2 sowie in Teil B Nr. 6 eine verständliche Zusammenfassung der derzeitigen und der zukünftig geltenden allg. und besonderen Altersgrenzen der BS.

B. Erläuterungen im Einzelnen

1. Absatz 1

20 Die allg. Altersgrenze nach Abs. 1 ist grds.[37] die **Höchstaltersgrenze** für alle BS. Sie gilt ausnahmslos für die BS, für die keine besondere Altersgrenze festgesetzt worden ist (dies sind alle Offz des SanDienstes, des Militärmusikdienstes und der Geoinformationsdienstes der Bw sowie alle BS in der Dienstgradgruppe der Generale[38]). Ansonsten findet sie ergänzend auf die BS Anwendung, von deren für sie festgesetzter besonderer Altersgrenze kein Gebrauch gemacht worden ist.

21 Sinn der allg. Altersgrenze nach Abs. 1 ist es – wie im Beamtenrecht[39] –, eine Altersschwelle festzusetzen, ab deren Überschreiten der Eintritt der Dienstunfähigkeit des Soldaten vermutet werden kann.[40] Sie soll einerseits dem Soldaten Klarheit geben, bis zu welchem Zeitpunkt er unter normalen Verhältnissen längstens in seinem aktiven Dienstverhältnis als BS verbleibt, andererseits dem Dienstherrn eine vorausschauende Personalplanung ermöglichen.

22 Die Festlegung einer allg. oder besonderen Altersgrenze ist dem **Gesetzgeber vorbehalten**.[41] Dies kann (auch weil die Verlängerung des Dienstverhältnisses als BS durch Anhebung der Altersgrenze erhebliche Grundrechtsrelevanz für den Soldaten besitzt – vgl. z.B. die weiter geltende Pflicht zur Duldung bestimmter ärztlicher Eingriffe während der Dauer des Wehrdienstverhältnisses [§ 17 Abs. 4 Satz 3], anhaltende Einschränkungen der Meinungsfreiheit [etwa durch § 15] oder der Freizügigkeit [wie in § 18]) der

---

37 Zu Ausnahmen s. z.B. § 44 Abs. 1 Satz 2 bis 4.
38 Die nach § 50 bestehende Möglichkeit, Generale u. Admirale jederzeit in den einstweiligen Ruhestand zu versetzen, bleibt unberührt.
39 Vgl. *Plog/Wiedow/Lemhöfer*, BBG, § 41 Rn. 1. Das Lebenszeitprinzip fordert weder von einem Beamten (vgl. BVerfGE 71, 255, 268) noch von einem BS, die übernommenen dienstl. Pflichten bis zum Tod zu versehen.
40 Von einer **unwiderleglichen** gesetzl. Vermutung der Dienstunfähigkeit kann bei BS – ebenso wenig wie bei Beamten, vgl. § 41 Abs. 2 u. 3 BBG – jedoch nicht mehr die Rede sein, vgl. z.B. die Möglichkeit der Wiederverwendung des BS (§ 51) o. § 44 Abs. 1 Satz 2 bis 4; s.a. entspr. GKÖD I K, § 41 Rn. 4 u. *Plog/Wiedow/Lemhöfer*, BBG, § 41 Rn. 1 unter Hinw. auf BVerfGE 71, 255 (268 ff.).
41 So für Beamte § 41 Abs. 1 Satz 2 BBG; die Vorschrift lässt die Bestimmung einer anderen Altersgrenze durch RVO nicht zu, vgl. GKÖD I K, § 41 Rn. 7. Da im SG ein solcher Totalvorbehalt (vgl. zur Abgrenzung, was der Gesetzgeber selbst zu regeln hat u. was er nicht gesetzl. formulieren müsste, dem Verordnungsgeber übertragen darf, BVerfGE 58, 257, 274 ff.) nicht formuliert ist, wäre auf Grund einer dem Art. 80 Abs. 1 Satz 2 GG genügenden Ermächtigung im SG eine Regelung der Altersgrenzen in einer RVO vorstellbar (s.o. Rn. 5 – Vorschlag des BR zur Formulierung des § 40 REntw.).

Altersgrenzen **§ 45**

„Wesentlichkeitstheorie" des BVerfG[42] entnommen werden, die – losgelöst vom Merkmal des Eingriffs[43], also auch unter Einschluss nur mittelbarer Wirkungen staatlichen Handels – Entscheidungen, welche für die Verwirklichung der Grundrechte wesentlich sind, dem Gesetzgeber vorbehält.

2. Absatz 2

Das Überschreiten einer der in Nr. 1 bis 6 genannten besonderen Altersgrenzen ist Voraussetzung für eine Ermessensentscheidung nach § 44 Abs. 2 (vgl. die Erl. ebd.). Erst dann kann der Dienstherr bewerten, ob aus dienstl. Gründen eine vorzeitige Versetzung des BS in den Ruhestand vertretbar ist. 23

Die in **Nr. 1 bis 5** festgelegten besonderen Altersgrenzen sind **dienstgradbezogen** und berücksichtigen somit nicht, in welchen Verwendungen der BS im Laufe seines soldatischen Werdegangs eingesetzt war. Dies mag zur Zeit der Aufstellung der Bw und Anfang der 60er Jahre, als über die endgültige Festlegung der besonderen Altersgrenzen debattiert wurde[44], angemessen gewesen sein. Damals waren unter dem Eindruck der Erfahrungen des 2. Weltkriegs exemplarisch z.B. an der Dienststellung eines BtlKdr (Dienstgrad OTL) oder eines KpChefs (Dienstgrad Hptm) die körperlichen Anstrengungen im Gefecht messbar, denen nach dem damaligen Kriegsbild i.d.R. die Mehrzahl der Soldaten in dem jew. Dienstgrad ausgesetzt sein würde. Da die Zahl der Dienstposten mit geringeren körperlichen Anforderungen, die für diese Soldaten im selben Dienstgrad, aber in höherem Lebensalter verfügbar waren, nicht ausreichte, um eine strukturschädigende Überalterung zu verhindern[45], wurden die besonderen Altersgrenzen sowohl mit der Einsatzbereitschaft der SK als auch mit der Erhaltung ausgewogener Altersstrukturen begründet, die sich gegenseitig bedingten. 24

Die weitere Entwicklung hat gezeigt, dass die Erfahrungen des 2. Weltkriegs nur noch begrenzt Maßstab für die Festlegung soldatischer Altersgrenzen sind. Zu sehr hat sich das Gesicht bewaffneter Konflikte gegenüber damals gewandelt, und zu unterschiedlich haben sich verschiedene Formen soldatischer Dienstleistungen (diese können heute auch in reiner Bürotätigkeit bestehen) im Friedensdienstbetrieb entwickelt. So ist bei späteren Anpassungen von Altersgrenzen der Aspekt der körperlichen Belastung weitgehend in den Hintergrund getreten. Waren auf der einen Seite für Anhebungen der Altersgrenzen[46] nur Kostengründe (Einsparung von Versorgungslasten) maßgeblich, so hatten auf der anderen Seite zeitweilige Absenkungen der Altersgrenzen[47] neben den Zielen der Verringerung der Anzahl der Soldaten und der Bereinigung struktureller Verwerfungen im soldatischen Personalbestand den nicht unwillkommenen Nebeneffekt der Verbesserung der Beförderungssituation.[48] Weder das eine noch das andere wird jedoch einem verantwortungsvollen Umgang mit den Altersgrenzen gerecht. Aus- 25

---

42 Vgl. BVerfGE 47, 46 (79); 49, 89 (126 f.) u. *Jarass*, in: *Jarass/Pieroth*, GG, Art. 20 Rn. 46 ff. m.w.N.
43 Vgl. zum grundrechtsrelevanten Eingriffsbegriff *Pieroth/Schlink*, GR II, § 6 Rn. 238 ff.
44 S.o. Rn. 2 u. 6.
45 S.o. Rn. 2.
46 S.o. Rn. 8, 10, 13.
47 In § 1 PersStruktG-SK (vgl. Fn. 23), in §§ 1 u. 2 PersStärkeG (s.o. Rn. 12) u. in § 1 PersAnpassG (s.o. Rn. 15).
48 Dies gilt insbes. für § 1 PersAnpassG (s.o. Rn. 15 sowie Erl. im Anh. zu § 44), mit dem bis 2006 trotz eines bilanzierten Fehlbestands an BS von bis zu 3000 BS eine vorzeitige Versetzung in den Ruhestand ermöglicht wird. Dass die in einigen Jahrgängen vorhandenen strukturellen Überhänge an Offz angesichts Hunderter fehlender jüngerer Offz die Einsatzbereitschaft der SK gleichwohl eher förderten als beeinträchtigten, kam im Gesetzgebungsverfahren nicht zur Sprache. Hier wäre Anlass gewesen, die besonderen Altersgrenzen krit. zu hinterfragen.

Eichen 589

gewogen erscheinen heute nur noch verwendungsbezogene, nicht aber undifferenzierte dienstgradbezogene Altersgrenzen. Nur jene tragen einerseits dem mit zunehmendem Lebensalter einhergehenden körperlichen Leistungsabfall, andererseits dem fiskalischen Interesse an der Verhinderung unverhältnismäßiger Versorgungslasten angemessen Rechnung. Es sollte zu denken geben, dass z.B. – wie ein Rechtsvergleich mit Österreich[49] zeigt – ein Berufsunteroffizier der Bw mit 53 Jahren seine besondere Altersgrenze erreicht, der Berufsunteroffizier im österreichischen Bundesheer dagegen frühestens mit 62 Jahren[50] in den Ruhestand treten kann. Diese Diskrepanz erscheint nicht mit dem formalen Hinw. begründbar zu sein, dass österreichische BS den Beamtenstatus besitzen.

26   Eine **verwendungsbezogene** besondere Altersgrenze legt **Nr. 6** fest. Sie orientiert sich an dem flugmedizinisch vertretbaren Grenzalter der besonderen Fliegerverwendungsfähigkeit.[51]

Waffensystemoffiziere („Kampfbeobachter") wurden 1980 in die besondere Altersgrenze für Strahlflugzeugführer einbezogen, weil seit der Festlegung dieser Altersgrenze im Jahre 1969[52] die SK ihre Kampfverbände in Luftwaffe und Marine von einsitzigen auf zweisitzige strahlgetriebene Kampfflugzeuge umgerüstet hatten und Waffensystemoffiziere nach flugmedizinischen Erkenntnissen den gleichen psychischen und physischen Belastungen wie Strahlflugzeugführer ausgesetzt sind.[53]

Da kein Soldat einen Anspruch auf eine bestimmte Verwendung hat[54], hat er auch keinen Anspruch darauf, ständig einer einmal erworbenen Befähigung entspr. verwendet zu werden. Strahlflugzeugführer oder Waffensystemoffiziere können deshalb bei dienstlicher Notwendigkeit jederzeit **in eine andere Verwendung übergeführt** werden, bei der sie dann nicht mehr der besonderen Altersgrenze der Nr. 6, sondern der besonderen Altersgrenze des jew. Dienstgrades unterliegen.[55] Aus dienstl. Gründen kann eine Rücküberführung in eine Verwendung als Strahlflugzeugführer oder Waffensystemoffizier vorgenommen werden, so dass dann wieder die besondere Altersgrenze der Vollendung des 41. Lebensjahres gilt. Es liegt auf der Hand, dass dieser Verwendungswechsel nicht missbräuchlich, d.h. nur deshalb vollzogen werden darf, um dem Offz die frühzeitige Versetzung in den Ruhestand zu ermöglichen.

27   Die in **Nr. 6, 2. Alt.** festgesetzte besondere (verwendungsbezogene) Altersgrenze im Fall der **Wehrfliegerverwendungsuntauglichkeit**, die durch das Haushaltsstrukturgesetz im Jahr 1975 eingefügt worden ist[56], erscheint sachlich wenig überzeugend. Die für die Ressortabstimmung zum Haushaltsstrukturgesetz hierzu erarbeitete Begr. hatte darauf hingewiesen, dass bei der auf flugmedizinischen Erkenntnissen beruhenden besonderen Altersgrenze für Strahlflugzeugführer eine Heraufsetzung auf das 41. Lebensjahr nur vertretbar sei, wenn über das 40. Lebensjahr hinaus Wehrfliegerverwendungsfähig-

---

49   Dessen Bundesheer ist mit der Bw sowohl von der mil. Ausbildung als auch von der Einsatzlage her (vgl. die zahlreichen Auslandseinsätze österreichischer Soldaten) durchaus vergleichbar.
50   In Österreich unterfallen BS dem Beamtenstatus u. damit nach § 13 Abs. 1 des Beamten-Dienstrechtsgesetzes 1979 (BDG 1979) der allg. Altersgrenze des 65. Lebensjahres. Die Möglichkeit, auf Antrag zu einem früheren Zeitpunkt die Versetzung in den Ruhestand zu bewirken, ist inzwischen von 61 ½ Jahren auf 62 Jahre angehoben worden.
51   Vgl. BT-Drs. V/3336, 3 sowie BT-Drs. V/3731, 1.
52   S.o. Rn. 7.
53   Vgl. BT-Drs. 8/3360, 6.
54   St. Rspr., BVerwGE 53, 321 (324) = NZWehr 1978, 26 (28); BVerwG NZWehr 1983, 190.
55   Vgl. BVerwG NZWehr 1983, 190 f.
56   S.o. Rn. 8.

keit bestehe. Da fluguntauglich gewordene Flugzeugführer in anderen als fliegerischen Funktionen nicht verwendet werden könnten, müsse es für diese Personen bei der besonderen Altersgrenze von 40 Jahren verbleiben.

Diese Begr. trägt nicht, denn Fluguntauglichkeit ist lediglich ein Ausschluss für die Verwendung als Flugzeugführer oder Waffensystemoffizier, der nicht zwangsläufig zur Dienstunfähigkeit führt. Deshalb ist ein Verwendungswechsel, auch wenn er die besondere Altersgrenze der Nr. 6 durch eine dienstgradbezogene besondere Altersgrenze ersetzt, nicht ausgeschlossen (vgl. oben Rn. 26), und zwar sowohl in einem jüngeren als auch in einem fortgeschrittenen Dienstalter. Es wäre unverhältnismäßig, die betroffenen Soldaten regelmäßig in den Ruhestand zu versetzen, insbes. dann, wenn Verwendungen offen stehen, für die fliegerischer Sachverstand vorausgesetzt wird. Unangemessen erschiene ein Verwendungswechsel nur, wenn der Soldat so kurz vor der besonderen Altersgrenze steht, dass er sich auf den Ruhestand bereits eingestellt hat. Maßstab hierfür kann die Jahresfrist des § 44 Abs. 6 Satz 4 sein. Außerhalb dieses engen zeitlichen Bezugs zur Versetzung in den Ruhestand hätte die Personal bearbeitende Stelle daher regelmäßig einen Verwendungswechsel zu prüfen. Es ist nicht begründbar[57], warum durch die Neuregelung in Nr. 6, 2. Alt. ausnahmsweise bei Wehrfliegerverwendungsunfähigkeit der bisherige Jahreszeitraum dadurch faktisch ausgeweitet worden ist, dass – anstatt weiterhin auf die (auf die Vollendung des 41. Lebensjahres angehobene) besondere Altersgrenze abzustellen – willkürlich auf einen früheren Zeitpunkt (die Vollendung des 40. Lebensjahres) zurückgegriffen wird. Vielleicht ist die mangelnde Plausibilität der Regelung und ihrer zunächst vorbereiteten Begr. auch Grund dafür gewesen, warum im Gesetzentw. der BReg[58] zu dieser Vorschrift nur noch davon die Rede war, die besonderen Erfordernisse für die Verwendung als Strahlflugzeugführer seien berücksichtigt.

3. Absatz 3

Mit der Vorschrift wird klargestellt, dass die besonderen Altersgrenzen auch für **BS der Marine** mit entspr. Dienstgraden gelten. Bis zur Anfügung dieses Absatzes im Jahr 1990[59] war dieses Ergebnis nur im Wege einer Auslegung des § 45 zu gewinnen.

28

---

57 Außer man sieht dies als ein Zugeständnis an die mil. Personalführung.
58 Vgl. BT-Drs. 7/4127, 43.
59 S.o. Rn. 11.

Anhang zu § 45
Allgemeine Altersgrenze und besondere Altersgrenzen der BS

Dienstgrad[1]	heute	ab 2007[2]	ab 2011	ab 2013	ab 2015
General[3]	61	62			
Oberst B 3	60	61			
Oberst A 16	60	61[4]			61[5]
OTL A 15	58	59			
OTL A 14	58	59[4]			59[5]
Major, Stabshauptmann	56	57[4]			57[5]
Hptm, OLt und Lt	54	55[4]	55[5]		
Berufsunteroffiziere	53	54[4]		54[5]	
in Strahlflugzeugen als Flugzeugführer oder Waffensystemoffizier verwendete Offz	41	41			

1 Gilt auch für die BS der Marine mit entspr. Dienstgraden.
2 Erhöhung der Altersgrenzen ab 1.1.2007 gem. Art. 4 des Versorgungsreformgesetzes 1998 v. 29.6.1998 (BGBl. I S. 1666).
3 Generale, die Offz des SanDienstes, des Militärmusikdienstes u. des Geoinformationsdienstes der Bw unterliegen ausschließlich der allg. Altersgrenze; diese gilt für die übrigen BS nur, soweit auf sie keine besondere Altersgrenze Anwendung findet.
4 Für am 1.1.1999 vorhandene BS (vgl. Fn. 5) greift die Erhöhung der besonderen Altersgrenzen um ein Jahr erst zu dem nebenstehenden Zeitpunkt (vgl. § 96 in der ab 1.1.2007 geltenden Fassung).
5 Nur für am 1.1.1999 vorhandene BS.

§ 45a Umwandlung

(1) [1]Beantragt ein Berufssoldat die Umwandlung seines Dienstverhältnisses in das eines Soldaten auf Zeit, kann dem Antrag bei Vorliegen eines dienstlichen Interesses stattgegeben werden. [2]Dies gilt auch, wenn die Dienstzeit abweichend von § 40 Abs. 1 bei einem Unteroffizier über dessen 40. Lebensjahr hinaus festgesetzt werden muss.

(2) Die Umwandlung ist ausgeschlossen, wenn eine Dienstzeit von 20 Jahren überschritten wird.

(3) [1]Die Dienstzeit muss die zur Durchführung der Berufsförderung notwendige Zeit der Freistellung vom militärischen Dienst umfassen. [2]Dies gilt nicht, wenn und soweit der Soldat auf seinen Anspruch auf Berufsförderung während der Dienstzeit unwiderruflich verzichtet.

(4) Bei der Umwandlung müssen die Voraussetzungen des § 46 Abs. 3 nicht vorliegen.

Literatur: *Engelien-Schulz, Thomas:* Zum Umfang der subjektiv-öffentlichen Rechte eines Antragstellers nach den §§ 2 bis 4 PersStärkeG, NZWehr 1993, 194; *Schmitz-Bremme, Götz:*

Umwandlung § 45a

Die Umwandlung als Rechtsinstitut zur Sicherung der militärischen Einsatzbereitschaft, NZWehrr 1988, 157; *Walz, Dieter:* Die Umwandlung des Dienstverhältnisses eines Berufssoldaten in das eines Soldaten auf Zeit – ein ungelöstes Problem des Soldatenlaufbahnrechts, NZWehrr 1973, 13.

Übersicht

	Rn.		Rn.
A. Allgemeines	1 – 9	**B. Erläuterungen im Einzelnen**	10 – 26
1. Zweck der Vorschrift	1 – 2	1. Absatz 1	10 – 21
2. Entstehung und Änderungen der Vorschrift	3 – 5	2. Absatz 2	22
		3. Absatz 3	23 – 25
3. Bezüge zum Beamtenrecht bzw. zu sonstigen rechtl. Vorschriften; ergänzende Dienstvorschriften	6 – 9	4. Absatz 4	26

A. Allgemeines

1. Zweck der Vorschrift

Das SG lässt in § 4 Abs. 1 Satz 1 Nr. 2[1] die **Umwandlung des Dienstverhältnisses eines** **1** **BS in das eines SaZ** („und umgekehrt") grds. bereits seit seiner Erstfassung[2] zu. Ebenso lang werden in § 41 Abs. 1 und 2[3] schon die formalen Voraussetzungen einer Umwandlung festgelegt. Hingegen hatte der Gesetzgeber zunächst nicht detailliert geregelt[4], nach welchen Maßgaben die Umwandlung eines Dienstverhältnisses möglich sein sollte.[5]

Für die Umwandlung des Dienstverhältnisses eines BS in das eines SaZ finden sich **2** nunmehr entspr. Vorgaben in § 45a. Die Vorschrift soll in weiterhin absehbaren Zeiten einer Verminderung des Personalstärke der SK vor allem dazu beitragen, strukturelle Überhänge bei den BS durch Umwandlung ihrer Dienstverhältnisse in solche von SaZ abzubauen.

2. Entstehung und Änderungen der Vorschrift

Eine dem § 45a entspr. Vorschrift enthielt bereits § 3 **PersStärkeG**[6]. Diese Regelung **3** diente dazu, es der Bundesrepublik Deutschland zu ermöglichen, den Personalbestand der SK (insbes. in Form des für das Jahresende 1994 erwarteten erheblichen Überhanges an BS) bis zum 31.12.1994 auf 370 000 Soldaten zu vermindern.[7] Zwar war man sich schon bei der Erarbeitung des PersStärkeG darüber klar, dass die Umwandlung von Dienstverhältnissen der BS in solche der SaZ voraussichtlich nur einen unerheblichen Beitrag zur Herabsetzung der Personalstärke bewirken würde. Gleichwohl glaubte man in der Reduzierungsphase auf die Umwandlung nicht verzichten zu können, weil sie die rechtl. Handhabe biete, um nicht länger ausbildungsgerecht einsetzbare BS auf deren Wunsch vorzeitig ausscheiden zu lassen.[8]

---

1 Vgl. die Erl. ebd.
2 Die Vorschrift hat ihren Wortlaut nicht geändert.
3 Vgl. hierzu die Erl. ebd.
4 Vgl. *Walz*, NZWehrr 1973, 13.
5 Vgl. BT-Drs. 12/1269, 7 (zu § 3 Abs. 1 u. 2).
6 V. 20.12.1991 (BGBl. I S. 2376).
7 Vgl. GKÖD I Yk, § 45a Rn. 1.
8 S. BT-Drs. 12/1269, 5.

Eichen 593

§ 45a Rechtsstellung der Berufssoldaten und der Soldaten auf Zeit

4 § 3 PersStärkeG wurde in redaktionell leicht veränderter Form[9] durch Art. 1 Nr. 32 des **SGÄndG** als § 45a[10] in das SG eingefügt. Zugleich wurde durch Art. 6 SGÄndG der § 3 PersStärkeG aufgehoben. Die Übernahme der zunächst im PersStärkeG (nur für eine Übergangszeit gedachten) konkret geregelten Möglichkeit zur Umwandlung von Dienstverhältnissen folgte der Erkenntnis, es sei sinnvoll, sich dieses Instruments auch auf Dauer im Interesse des Dienstherrn bedienen zu können.

5 § 45a ist bisher **nicht geändert** worden.

3. Bezüge zum Beamtenrecht bzw. zu sonstigen rechtl. Vorschriften; ergänzende Dienstvorschriften

6 Das Beamtenrecht kennt die **Umwandlung eines Beamtenverhältnisses** als die Veränderung eines Beamtenverhältnisses in ein solches anderer Art.[11] Da ein Beamtenverhältnis auf Zeit jedoch auf sachlich begründete Ausnahmen – wie die in § 176a BBG genannten leitenden Beamten sowie Hochschullehrer, Militärgeistliche oder die kommunalen Wahlbeamten nach Landesrecht[12] – beschränkt ist (im Regelfall ist das Beamtenverhältnis schon im Hinblick auf Art. 33 Abs. 5 GG auf Lebenszeit[13] angelegt[14]), wird die grds. mögliche Umwandlung eines Beamtenverhältnisses auf Lebenszeit in ein solches auf Zeit[15] selten vorkommen.

7 Grds. wäre, im Wege einer Ernennung, die Umwandlung eines **Richterverhältnisses** in ein solches anderer Art als Umwandlung in ein Richterverhältnis auf Zeit vorstellbar, vgl. §§ 8, 11 und § 17 Abs. 2 Nr. 2 DRiG. Allerdings ist bundesgesetzl.[16] die Ernennung zum Richter auf Zeit derzeit nur für Richter am BVerfG bestimmt. Handelt es sich bei dem zum Richter am BVerfG zu Ernennenden um einen Richter, gilt § 70 DRiG oder § 101 BVerfGG.

8 Hinzuweisen ist auf § **6b Abs. 3 Satz 2 bis 4 WPflG**, der eine dem § 45a ähnliche Regelung zur nachträglichen Verkürzung der Gesamtdauer der festgesetzten Wehrdienstzeit eines **FWDL** erforderlichenfalls bis auf die Dauer des GWD trifft.[17]

9 Ergänzende Vorschriften zu § 45a finden sich in § 6 Abs. 1 und § 46 SLV.[18] Durch Erl. des BMVg – PSZ I 1 – Az 16-02-02/7/10 R 2/03 vom 27.3.2003 sind u.a. AusfBest zur Umwandlung des Dienstverhältnisses eines BS in das eines SaZ auf der Basis des § 45a (nachfolgend „AusfBest § 45a" genannt) ergangen.

B. Erläuterungen im Einzelnen

1. Absatz 1

10 Satz 1 bestimmt, dass der Dienstherr dem Antrag eines BS, sein Dienstverhältnis in das eines SaZ umzuwandeln, stattgeben kann, wenn hierfür ein dienstl. Interesse vorliegt.

---

9 Vgl. GKÖD I Yk, § 45a Rn. 2.
10 In Kraft ab 24.12.2000.
11 Vgl. § 6 Abs. 1 Nr. 2 BBG, § 5 Abs. 1 Nr. 2 BRRG.
12 Vgl. §§ 95 ff. BRRG sowie die einschlägigen Vorschriften in den LBG.
13 Vgl. zum Prinzip lebenslanger Dienstleistung des Beamten als hergebrachtem Grds. des Berufsbeamtentums BVerfGE 44, 249 (265).
14 Für die Landesgesetzgebung bestätigt dies insbes. § 3 Abs. 1 Satz 2 BRRG.
15 Das frühere Verfahren (erst Entlassung aus dem Beamtenverhältnis, dann Neubegründung eines Beamtenverhältnisses auf Zeit) ist allerdings überholt, vgl. *Plog/Wiedow/Lemhöfer*, BBG, § 6 Rn. 12.
16 Vgl. § 11 DRiG.
17 § 6b Abs. 3 WPflG ist durch Art. 1 Nr. 11c) des BwNeuAusrG wesentlich geä. u. ergänzt worden, vgl. zu Einzelheiten BT-Drs. 14/6881, 22 u. *Steinlechner/Walz*, WPflG, § 6b Rn. 15 f.
18 S.u. Rn. 11 u. Rn. 20.

Umwandlung § 45a

Vorausgesetzt wird ein (schriftl. unmittelbar an die Entlassungsdienststelle zu richtender, die gewünschte Dienstzeitdauer als SaZ angebender[19]) **Antrag** des BS. Dieser hat es in der Hand, dem Dienstherrn sein Interesse an einer Umwandlung anzuzeigen.[20] Der Freiwilligkeit steht nicht entgegen, dass der Dienstherr initiativ wird und dem BS signalisiert[21], seinen Antrag auf Umwandlung des Dienstverhältnisses ggf. positiv zu bescheiden. Maßgeblich ist, dass die Zustimmung des BS nicht nur bei der Antragstellung, sondern auch noch im Zeitpunkt der Umwandlung selbst vorliegt (vgl. § 6 Abs. 1 SLV). Der BS muss deshalb noch bei der zur Umwandlung des Dienstverhältnisses notwendigen **Ernennung**[22], die formal durch Aushändigung einer Ernennungsurkunde erfolgt[23], mit der Maßnahme **einverstanden** sein. Ggf. kann der BS den Antrag daher vorher zurücknehmen.[24] Verweigert er die Annahme der Ernennungsurkunde, kommt die Umwandlung (als mitwirkungsbedürftiger VA[25]) nicht zustande.

11

Zur Möglichkeit der Umwandlung des Dienstverhältnisses bei **Offz des militärfachlichen Dienstes** vgl. Rn. 20.

Dem Antrag darf nur stattgegeben werden, wenn hierfür ein **dienstl. Interesse** besteht. Ein solches kann z.B. vorliegen[26], wenn der Dienstposten des BS wegfällt und strukturelle oder sonstige Gesichtspunkte einem Verwendungswechsel entgegen stehen, wenn die die bisherige Verwendung des BS bestimmende Qualifikation nicht mehr benötigt wird, im jew. Geburtsjahrgang ein Überhang besteht oder der BS auf einer Planstelle zbV geführt wird.

12

Das dienstl. Interesse an einer Umwandlung des Dienstverhältnisses ist für jeden Einzelfall gesondert zu prüfen.[27] Dies bedingt die Auslegung dieses **unbestimmten Rechtsbegriffs** durch die zuständige Entlassungsdienststelle. Grds. werden unbestimmte Rechtsbegriffe zwar als in rechtl. und tatsächlicher Hinsicht gerichtl. voll überprüfbar angesehen.[28] Die Annahme eines dienstl. Interesses nach Satz 1 kann fallweise jedoch auch von einer Bewertung mit stark planerischem Einschlag[29] (der Abschätzung des künftigen Personalbedarfs und der voraussichtlichen Personalentwicklung) abhängen. Deshalb ist der Entlassungsdienststelle (allerdings nur[30] in solchen Fällen) ein gewisser **Beurteilungsspielraum** zuzubilligen, der gerichtl. nur eingeschränkt auf Beurteilungsfehler[31] (insbes. auf die Zugrundelegung eines unzutr. Sachverhalts[32] oder Verstöße gegen das Willkürverbot[33]) überprüft werden kann.

13

---

19 Vgl. zu diesen Einzelheiten die AusfBest § 45a C.1. Die jew. Entlassungsdienststelle ist in der ZDv 14/5 B 108 festgelegt.
20 Aus dem Antrag kann kein Anspruch auf ermessensfehlerfreie Entscheidung über die Umwandlung abgeleitet werden, vgl. Rn. 18.
21 *Dolpp/Klewitz/Weniger*, SLV, § 6 Rn. 605.
22 § 4 Abs. 1 Nr. 2.
23 Vgl. § 41 Abs. 1 u. GKÖD I Yk, § 45a Rn. 8.
24 *Scherer/Alff*, SG, § 45a Rn. 2.
25 Vgl. *Stauf* I, § 4 SG Rn. 4.
26 Vgl. AusfBest § 45a B.1.
27 So VG Koblenz NZWehr 1997, 172 (173).
28 Vgl. *Kopp/Schenke*, VwGO, § 114 Rn. 24a m.w.N.; BVerwGE 118, 25 (27 m.w.N.).
29 Vgl. hierzu *Kopp/Ramsauer*, VwVfG, § 40 Rn. 77; *Bader*, VwGO, § 114 Rn. 37 f.
30 Der Begriff „dienstl. Interesse" bedarf zu seiner Auslegung nicht immer einer prognostischen Entscheidung, so dass ein Beurteilungsspielraum nicht ausnahmslos besteht (vgl. z.B. BVerwGE 43, 215 f.); im Ergebnis ebenso differenzierend (bei einem Antrag auf Dienstzeitverkürzung nach § 4 PersStärkeG) VG Koblenz NZWehr 1997, 172 (173).
31 Vgl. *Kopp/Ramsauer*, VwVfG, § 40 Rn. 86 ff.
32 *Bader*, VwGO, § 114 Rn. 47.
33 *Kopp/Schenke*, VwGO, § 114 Rn. 41.

Eichen

§ 45a Rechtsstellung der Berufssoldaten und der Soldaten auf Zeit

14 Nach der amtl. Begr. zu § 3 PersStärkeG[34] findet „**keine Interessenabwägung**" zwischen dienstl. Interessen und Einzelinteressen des BS statt; Einzelinteressen seien „unerheblich".[35] Damit bringt der Gesetzgeber zum Ausdruck, dass die Umwandlung von Dienstverhältnissen nach § 45a ausschließlich dem Interesse des Dienstherrn an der Verringerung der Zahl des BS, nicht persönlichen Belangen der betroffenen BS dient. Prüft man systematisch auf der Tatbestandsseite ein dienstl. Interesse an der Umwandlung eines Dienstverhältnisses, können hierbei private Interessen eines BS keine Berücksichtigung finden. Ein dienstl. Interesse kann nur in der Sphäre des Dienstherrn begründet sein. Es ist nicht danach zu bewerten, wie gewichtig dem Dienstherrn gegenüber jew. individuelle Belange des Antragstellers sind, und unabhängig von der persönlichen Situation des BS zu ermitteln. Obwohl eine Selbstverständlichkeit, hat die amtl. Begr. dies nochmals unterstrichen.[36]

15 Die amtl. Begr. zu § 3 PersStärkeG hat auch für die bei Feststellung eines dienstl. Interesses an einer Umwandlung zu treffende **Ermessensentscheidung**[37] des Dienstherrn Bedeutung. Verneint dieser ein dienstl. Interesse an der Umwandlung, können ohnehin (vgl. Rn. 14) persönliche Belange des BS diese Bewertung nicht ändern. Bejaht der Dienstherr hingegen tatbestandlich ein dienstl. Interesse an der Umwandlung, ist die Frage, ob persönliche Interessen eines Antragstellers zumindest im Rahmen der Ermessensausübung (die es dem Dienstherrn erlaubt, dem Antrag nicht in jedem Fall stattgeben zu müssen) beachtlich sind, ebenfalls mit Hilfe der amtl. Begr. zu beantworten.

16 Der BS hat trotz dienstl. Interesses an der Umwandlung seines Dienstverhältnisses hierauf keinen Rechtsanspruch. Ob er wenigstens ein **subjektiv-öff. Recht auf fehlerfreie Ermessensausübung** besitzt, mit der Folge, sich gegenüber dem Dienstherrn darauf berufen zu können, dieser habe ihm gegenüber sein Ermessen fehlerhaft ausgeübt, ist unter Beachtung der sog. Schutznormtheorie[38] zu klären. Ihr zufolge gewähren Rechtsvorschriften, die der Exekutive ein Ermessen einräumen, dem Einzelnen einen Anspruch auf ermessensfehlerfreie Entscheidung nur, wenn und soweit sie zumindest auch einem individuellen Interesse dienen sollen. Regelungen, die ausschließlich öff. Interessen zu dienen bestimmt sind, gewähren dem Einzelnen weder einen Anspruch auf ein bestimmtes Handeln noch auf eine fehlerfreie Ermessensentscheidung.[39]

17 Sinn und Zweck aller Maßnahmen nach dem PersStärkeG und damit der Umwandlung von Dienstverhältnissen nach § 3 PersStärkeG, der als § 45a in das SG übernommen worden ist, war und ist eine beschleunigte Personalreduzierung im Interesse des Dienstherrn. Die amtl. Begr. hat ausdrücklich hervorgehoben, alle Maßnahmen nach dem

---

34 Diese ist zur Auslegung des § 45a entspr. heranzuziehen.
35 BT-Drs. 12/1269, 6, 7 (zu § 2 Abs. 1 u. 2). Diese auf Zurruhesetzungen im dienstl. Interesse bezogene Begr. zu § 2 PersStärkeG gilt entspr. für Umwandlungen des Dienstverhältnisses im dienstl. Interesse nach § 3 PersStärkeG (vgl. BT-Drs. 12/1269, 7 [zu § 3 Abs. 1 u. 2 a.E.]).
36 Die Begr. macht dies deutlich: „Die personalbearbeitenden Stellen prüfen lediglich, ob den militärischen Belangen besser durch eine [Umwandlung] oder durch eine Weiterverwendung [als Berufssoldat] gedient ist. Wenn die Bundeswehr einen Antragsteller zum Beispiel aus Gründen nicht anders zu deckenden ... Bedarfs weiterhin als Berufssoldaten benötigt, kann sein Begehren keinen Erfolg haben. Damit wird verhindert, dass gerade gut ausgebildete ... befähigte Soldaten die [Umwandlung ihres Dienstverhältnisses] in Anspruch nehmen und ... die Verteidigungsfähigkeit beeinträchtigende Lücken hinterlassen." So entspr. BT-Drs. 12/1269, 7 [zur Zurruhesetzungsmöglichkeit].
37 Das Ermessen wird durch das Wort „kann" in Satz 1 impliziert, vgl. VG Koblenz NZWehrr 1997, 172 (174).
38 So OVG Koblenz IÖD 2004, 64 (65) unter Hinw. auf BVerwGE 1, 83 u. BVerfGE 27, 297.
39 So VG Freiburg DVBl. 1986, 1168 (1169) unter Bezugnahme auf BVerwGE 39, 235 (237 m.w.N.), *Kopp/Ramsauer*, VwVfG, § 40 Rn. 32.

PersStärkeG **dienten ausschließlich den Belangen der Bw** und gäben dem Soldaten keinen Rechtsanspruch auf die begehrte Maßnahme. Damit sollte gewährleistet werden, dass bei der Verfolgung des Reduzierungszieles keine personellen Lücken (auch nicht durch drohende Vakanzen auf Grund gerichtl. Verfahren) entstünden, die den Verteidigungsauftrag der Bw gefährden könnten.[40] Auf der Basis dieser stringenten Argumentation ist § 3 PersStärkeG/§ 45a so auszulegen[41], dass dem BS **kein Anspruch auf ermessensfehlerfreie Entscheidung** über seinen Antrag auf Umwandlung des Dienstverhältnisses zusteht.[42]

Einen Anspruch auf ermessensfehlerfreie Entscheidung kann der BS auch nicht daraus ableiten, dass er die Prüfung des Umwandlungsverfahrens durch seinen **Antrag** ausgelöst hat. Das Antragserfordernis dient lediglich dem Schutz des BS davor, dass die Umwandlung des Dienstverhältnisses gegen seinen Willen in Erwägung gezogen wird. Ein subjektiv-öff. Recht auf Einbeziehung seiner persönlichen Lebenssituation erhält er dadurch nicht.[43] Dem vom Gesetzgeber benutzten Begriff des „Antrags" ist die Bedeutung einer „Zustimmung" zur Umwandlung des Dienstverhältnisses beizumessen.[44]

18

Auch wenn der BS keinen Anspruch auf ermessensfehlerfreie Entscheidung über seinen Antrag hat, wäre er gegenüber einer ablehnenden Entscheidung des Dienstherrn **klagebefugt**. Eine Klagebefugnis wäre nur ausgeschlossen, wenn offensichtlich und eindeutig nach keiner Betrachtungsweise das von dem BS behauptete Recht verletzt sein könnte.[45] Hiervon kann schon deshalb nicht ausgegangen werden, weil die Auffassung, § 3 PersStärkeG/§ 45a räume keinen Anspruch auf ermessensfehlerfreie Entscheidung ein, zumindest umstr. ist.[46] Die gerichtl. Überprüfung wäre im Wesentlichen auf die ordnungsgemäße Durchführung des zu der ablehnenden Entscheidung führenden Verfahrens, insbes. auf das Willkürverbot, beschränkt.[47]

19

Um den Antragstellern hierzu die nötige Transparenz zu vermitteln, müssen ablehnende Bescheide die wesentlichen tatsächlichen und rechtl. Gründe enthalten[48]; sie werden mit einer Rechtsbehelfsbelehrung versehen und zugestellt.[49]

Nach § 46 Abs. 1 SLV kann, wenn die Voraussetzungen des § 45a für die Umwandlung des Dienstverhältnisses eines BS in das eines SaZ vorliegen, auch für einen **Offz des militärfachlichen Dienstes** die Umwandlung vorgenommen werden. § 46 Abs. 1 SLV trägt einerseits dem Umstand Rechnung, dass die Zugehörigkeit zur Laufbahn der Offz des militärfachlichen Dienstes das Dienstverhältnis eines BS fordert (§ 40 Abs. 1 SLV), dass andererseits die Umwandlung des Dienstverhältnisses keinen Einfluss auf die Laufbahnzugehörigkeit hat. Die Vorschrift lässt daher ausnahmsweise nach der Umwandlung des Dienstverhältnisses den Offz des militärfachlichen Dienstes im Dienstverhältnis eines SaZ zu.[50]

20

---

40 Vgl. BT-Drs. 12/1269, 5.
41 Die Auslegung eines Rechtssatzes ermöglicht die Feststellung, ob die Vorschrift (auch) Individualinteressen schützt, vgl. BVerwG *Buchholz* 310 § 114 VwGO Nr. 40.
42 Vgl. *Kopp/Ramsauer*, VwVfG, § 40 Rn. 33 mit Beispielen aus der Rspr. in Fn. 72; *Engelien-Schulz*, NZWehrr 1993, 194 (196); ähnlich für den in der Interessenlage vergleichbaren § 1 PersAnpassG OVG Koblenz IÖD 2004, 64; a.A. wohl *Kopp/Schenke*, VwGO, § 42 Rn. 91.
43 Vgl. GKÖD I Yk, § 45a Rn. 6; *Engelien-Schulz*, NZWehrr 1993, 194 (196 f.).
44 So entspr. zu § 1 PersStruktG-SK *Kirchhoff*, DVBl. 1986, 1169 f. (Anm. zu VG Freiburg DVBl. 1986, 1168). Vgl. § 6 Abs. 1 SLV, wo von „Zustimmung" die Rede ist.
45 Vgl. *Kopp/Schenke*, VwGO, § 42 Rn. 65 m.w.N. aus der Rspr.
46 Vgl. zum ähnlichen Fall des § 1 PersStruktG-SK *Kopp/Schenke*, VwGO, § 42 Rn. 91.
47 VG Koblenz NZWehrr 1997, 172 (173); *Stauf* I § 45a SG Rn. 5.
48 Vgl. § 39 Abs. 1 VwVfG.
49 AusfBest § 45a C.3.3.
50 Vgl. *Dolpp/Klewitz/Weniger*, SLV, § 46 Rn. 4602.

21 Nach **Satz 2** ist die Umwandlung des Dienstverhältnisses eines BS zulässig, auch wenn die Dienstzeit bei einem Uffz über dessen 40. Lebensjahr hinaus (und damit abw. von § 40 Abs. 1 Nr. 1[51]) festzusetzen wäre. Der Gesetzgeber hat (wie schon in § 3 Abs. 1 Satz 2 PersStärkeG) diese Grenze bewusst erweitert, um lebensälteren BS in der Laufbahngruppe der Uffz und damit einem größeren Personenkreis die Umwandlung zu ermöglichen.[52]

2. Absatz 2

22 Die Vorschrift erklärt die Umwandlung des Dienstverhältnisses eines BS in das eines SaZ für unzulässig, wenn die insgesamt neu festzusetzende Dienstzeit (die alle Vordienstzeiten als GWDL, FWDL, SaZ und BS berücksichtigen muss, insoweit gilt § 40 Abs. 6[53]) **20 Jahre** überschreitet. Dies korrespondiert (heute) mit der grds. Begrenzung der Dienstzeit eines SaZ auf längstens 20 Jahre, die sich in § 40 Abs. 1 wiederfindet.[54] Anders als § 3 Abs. 1 Satz 2 PersStärkeG, der bei der Umwandlung eines Dienstverhältnisses eine Dienstzeit als SaZ über die damals in § 40 Abs. 1 grds. festgesetzte Höchstdauer hinaus erlaubte (§ 3 Abs. 2 PersStärkeG legte die Grenze für eine Umwandlung auf zwanzig Jahre Dienstzeit fest; dies entsprach der zu dieser Zeit ausnahmsweise zugelassenen Dienstzeit für Offz in der Laufbahn des SanDienstes von längstens 20 Jahren), lässt Abs. 2 eine Überschreitung der in § 40 Abs. 1 (grds.) auf 20 Jahre festgesetzten zeitlichen Grenze nicht zu. Zwar konnte sich der Gesetzgeber zum Zeitpunkt der Einfügung des § 45a in das SG durch das SGÄndG[55] darauf berufen, dass für ihn trotz der zwischenzeitlichen Anhebung der Höchstdienstzeit als SaZ[56] von 15 auf 20 Jahre bei der Umwandlung eines Dienstverhältnisses keine längere Dienstzeit vorstellbar sei, weil dort die Grenze zu sehen sei, um einen hinreichenden Unterschied zum BS deutlich machen zu können.[57] Ob diese Begr. angesichts der zwischenzeitlich in § 40 Abs. 1 Nr. 2[58] durch das SkResNOG für die Laufbahn der Offz des SanDienstes längstens auf 25 Jahre angehobenen Dienstzeit noch gelten kann, erscheint zweifelhaft.

3. Absatz 3

23 Nach **Satz 1** ist die Dienstzeit so festzusetzen, dass darin der nach dem SVG zustehende **Anspruch auf Berufsförderung** erfüllt werden kann. Dies liegt im Interesse des Antragstellers, für den die die Dienstzeit als SaZ beendende Berufsförderung i.d.R. notwendig ist, um ihm einen Einstieg in das zivile Berufsleben zu ermöglichen.[59]

24 Nach **Satz 2** kann die Dienstzeit kürzer festgesetzt werden, wenn und soweit (d.h. ggf. auch teilweise) der Antragsteller **auf die Berufsförderung** während der Dienstzeit[60] unwiderruflich **verzichtet**.[61] Reicht die Dienstzeit zur Abgeltung des Anspruchs auf dienstzeitbeendende Berufsförderung nicht aus, will der Antragsteller gleichwohl auf den

---

51 Eine weitere Ausnahme findet sich in § 87 Abs. 3.
52 So BT-Drs. 12/1269, 7.
53 Vgl. die Erl. ebd. sowie *Scherer/Alff*, SG, § 45a Rn. 4.
54 Vgl. GKÖD I Yk, § 45a Rn. 7. Der Gesetzgeber hat die jetzt in § 40 Abs. 1 Nr. 2 für die Laufbahn der Offz des SanDienstes zugelassene Höchstdienstzeit von 25 Jahren in § 45a Abs. 2 nicht nachvollzogen.
55 S.o. Rn. 4.
56 Durch Art. 3 des G v. 15.12.1995 (BGBl. I S. 1726).
57 Vgl. zu dieser Argumentation in Bezug auf § 3 Abs. 2 PersStärkeG BT-Drs. 12/1269, 7.
58 S. die Komm. zu dieser Vorschrift, Rn. 5.
59 GKÖD I Yk, § 45a Rn. 7.
60 Dies bedeutet nicht, dass dieser Förderungsanspruch auf die Zeit nach dem Dienstzeitende übertragen wird.
61 BT-Drs. 12/1269, 7.

Anspruch nicht oder nicht teilweise verzichten, muss die Umwandlung des Dienstverhältnisses unterbleiben.

Unter Vorbehalt sind die Ausführungen in den AusfBest § 45a C.1.3 zu sehen. Wenn dort festgestellt wird, die Festsetzung einer Dienstzeit, die nicht zur Erfüllung des nach der Umwandlung zustehenden Anspruchs auf dienstzeitbeendende Berufsförderung ausreicht, führe entspr. § 4 Abs. 2 Satz 2 SVG zu einem Verfall des Anspruchs, kann dem nur zugestimmt werden, wenn dem Antragsteller die zu kurze Dienstzeit bekannt gewesen ist und er somit den Wegfall in Kauf genommen hat (nur dies entspricht dem Verzicht gem. § 4 Abs. 2 Satz 2 SVG). Ist ihm die nicht ausreichend lange Dienstzeit auf Grund eines Verschuldens des Dienstherrn nicht bewusst geworden, wird ihm trotz des Ablaufs der Dienstzeit der ursprünglich während dieser Zeit abzugeltende Anspruch auf Berufsförderung auch danach nicht abzusprechen sein.

Versorgungsrechtl. ist darauf hinzuweisen, dass gem. § 4 PersAnpassG bis zum 31.12. 2008 im Falle der Umwandlung eines Dienstverhältnisses und der Festsetzung der neuen Dienstzeit auf mehr als 12 Jahre eine erhöhte Übergangsbeihilfe gezahlt wird.[62]

25

4. Absatz 4

Abs. 4 stellt klar, dass für einen BS, dessen mil. Ausbildung mit einem **Studium** oder einer **Fachausbildung** verbunden war, die Umwandlung seines Dienstverhältnisses nicht deshalb ausgeschlossen ist, weil die dann festzusetzende Dienstzeit eines SaZ nicht die dreifache Dauer des Studiums oder der Fachausbildung erreicht, die § 46 Abs. 3 Satz 1 Halbs. 2 für die vorzeitige Entlassung des BS voraussetzt. Obwohl die Erstattung der Kosten des Studiums oder der Fachausbildung sowie – bei SanOffz – der gewährten Ausbildungsgeldes nicht aus § 46 Abs. 3 abzuleiten ist, sondern in 49 Abs. 4 geregelt ist, so dass hierauf auch im Rahmen einer Umwandlung des Dienstverhältnisses nicht ohne Weiteres hätte verzichtet werden müssen, sind im Falle einer Umwandlung auch diese Kosten nicht zurückzuzahlen.[63] Der Dienstherr hat zur Konkretisierung des nach Abs. 1 Satz 1 geforderten dienstl. Interesses in solchen Fällen festgelegt, dass ein dienstl. Interesse an der Umwandlung grds. nur besteht, wenn zwischen Abschluss der Ausbildung und Beendigung des Dienstverhältnisses eine Verwendungsdauer von mindestens drei Jahren liegt.[64]

26

§ 46 Entlassung

(1) ¹Ein Berufssoldat ist entlassen, wenn er die Eigenschaft als Deutscher im Sinne des Artikels 116 des Grundgesetzes verliert. ²**Das Bundesministerium der Verteidigung entscheidet darüber, ob diese Voraussetzung vorliegt, und stellt den Tag der Beendigung des Dienstverhältnisses fest.**

(2) ¹Ein Berufssoldat ist zu entlassen,
1. wenn er aus einem der in § 38 genannten Gründe nicht hätte ernannt werden dürfen und das Hindernis noch fortbesteht,
2. wenn er seine Ernennung durch Zwang, arglistige Täuschung oder Bestechung herbeigeführt hat,

---

62 Vgl. AusfBest § 45a D.1.2.
63 So ausdrücklich die amtl. Begr. in BT-Drs. 12/1269, 7.
64 Vgl. AusfBest § 45a C.3.1.

3. wenn sich herausstellt, dass er vor seiner Ernennung eine Straftat begangen hat, die ihn der Berufung in das Dienstverhältnis eines Berufssoldaten unwürdig erscheinen lässt und er deswegen zu einer Strafe verurteilt war oder wird,
4. wenn er sich weigert, den Eid abzulegen,
5. wenn er zur Zeit der Ernennung Mitglied des Bundestages oder eines Landtages war und nicht innerhalb der vom Bundesministerium der Verteidigung gesetzten angemessenen Frist sein Mandat niedergelegt,
6. wenn in den Fällen des § 44 Abs. 1 bis 3 die Voraussetzungen des § 44 Abs. 5 nicht erfüllt sind,
7. wenn er als Kriegsdienstverweigerer anerkannt ist; diese Entlassung gilt als Entlassung auf eigenen Antrag, oder
8. wenn er ohne Genehmigung des Bundesministeriums der Verteidigung seinen Wohnsitz oder dauernden Aufenthalt außerhalb des Geltungsbereichs dieses Gesetzes nimmt.

²In den Fällen der Nummer 2 kann das Bundesministerium der Verteidigung wegen besonderer Härte eine Ausnahme zulassen.

(3) ¹Der Berufssoldat kann jederzeit seine Entlassung verlangen; soweit seine militärische Ausbildung mit einem Studium oder einer Fachausbildung verbunden war, gilt dies jedoch erst nach einer sich daran anschließenden Dienstzeit, die der dreifachen Dauer des Studiums oder der Fachausbildung entspricht, längstens nach zehn Jahren. ²In einer Rechtsverordnung kann für bestimmte Verwendungen wegen der Höhe der mit dem Studium oder der Fachausbildung verbundenen Kosten oder auf Grund sonstiger studien- oder ausbildungsbedingter Besonderheiten eine längere als die dreifache Dauer bestimmt werden; die in Satz 1 genannte Höchstdauer darf nicht überschritten werden.

(4) ¹Hat der Berufssoldat Elternzeit nach § 28 Abs. 7 im Anschluss an ein Studium oder eine Fachausbildung in Anspruch genommen, verlängert sich die Dienstzeit nach Absatz 3 um diese Zeit entsprechend, soweit das Studium oder die Fachausbildung mehr als sechs Monate gedauert hat; die Höchstdauer von zehn Jahren bleibt unberührt. ²Gleiches gilt für einen Berufssoldaten, der eine Teilzeitbeschäftigung nach § 30a in Anspruch genommen hat; die Dienstzeit nach Absatz 3 verlängert sich um die Differenz der Teilzeitbeschäftigung zur Vollbeschäftigung.

(5) Der Berufsoffizier kann auch dann, wenn er weder ein Studium noch eine Fachausbildung erhalten hat, seine Entlassung erst nach Ende des sechsten Dienstjahres als Offizier verlangen.

(6) Vor Ablauf der in Absatz 3, 4 und 5 genannten Dienstzeiten ist der Berufssoldat auf seinen Antrag zu entlassen, wenn das Verbleiben im Dienst für ihn wegen persönlicher, insbesondere häuslicher, beruflicher oder wirtschaftlicher Gründe eine besondere Härte bedeuten würde.

(7) ¹Das Verlangen auf Entlassung muss dem Disziplinarvorgesetzten schriftlich, aber nicht in elektronischer Form erklärt werden. ²Die Erklärung kann, solange die Entlassungsverfügung dem Soldaten noch nicht zugegangen ist, innerhalb zweier Wochen nach Zugang bei dem Disziplinarvorgesetzten zurückgenommen werden, mit Zustimmung der für die Entlassung zuständigen Stelle auch nach Ablauf dieser Frist. ³Die Entlassung ist für den beantragten Zeitpunkt auszusprechen; sie kann jedoch so lange hinausgeschoben werden, bis der Berufssoldat seine dienstlichen Obliegenheiten ordnungsgemäß erledigt hat, längstens drei Monate.

(8) ¹Ein Leutnant kann in Ausnahmefällen bis zum Ende des dritten Dienstjahres als Offizier, spätestens vor dem Ende des zehnten Jahres der Gesamtdienstzeit in der Bun-

Entlassung **§ 46**

deswehr, wegen mangelnder Eignung als Berufsoffizier entlassen werden. ²**Die in diesen Fällen zu gewährende Dienstzeitversorgung regelt das Soldatenversorgungsgesetz.**

Literatur: *Böck, Wolfgang:* Kriegsdienstverweigerung von Sanitätern, NZWehrr 1997, 152; *Dau, Klaus:* Studium und Fachausbildung in der Bundeswehr und die Einführung von Stehzeiten, NZWehrr 1978, 51; *Foge, Harald:* Der Rechtsbegriff der „besonderen Härte" im Entlassungsverfahren nach § 46 Abs. 3 und § 55 Abs. 3 Soldatengesetz (SG) sowie nach § 29 Abs. 4 Nr. 1 Wehrpflichtgesetz (WPflG), NZWehrr 1985, 45; *Hahnenfeld, Günter:* Wehrrecht und Verwaltungsgerichtsbarkeit, NZWehrr 1980, 121; *Henschel, Volker:* Bundeswehr und Aids, NZWehrr 1987, 194; *Lingens, Eric:* Statusrecht und Disziplinarrecht, NZWehrr 1996, 233; *Peterson, Volker P.:* Die Entlassung gem. § 46 Abs. 1 SG – ein gestaltender VA mit Rückwirkung? NZWehrr 1984, 112; *Schattschneider, Gudrun/Weniger, Frank:* Ist die Zusammenführung von Bundeswehr und Nationaler Volksarmee inzwischen abgeschlossen? NZWehrr 2004, 233; *Semmler, Harro:* Kriegsdienstverweigerung und Erstattung von Ausbildungskosten, NZWehrr 1979, 221; *Walz, Dieter:* Die Soldatin und das Grundrecht auf Kriegsdienstverweigerung, NZWehrr 2002, 246; *ders.:* Die Neuregelung des Rechts auf Kriegsdienstverweigerung, NZWehrr 2003, 203.

Übersicht

	Rn.		Rn.
A. Allgemeines	1 – 15	b) Zwang	36
1. Zweck der Vorschrift	1 – 2	c) Arglistige Täuschung	37 – 46
2. Entstehung und Änderungen der Vorschrift	3 – 8	d) Bestechung	47 – 48
		e) Absatz 2 Satz 2	49 – 51
3. Bezüge zum Beamtenrecht, ergänzende Vorschriften und Bestimmungen	9 – 15	4. Absatz 2 Satz 1 Nr. 3	52 – 60
		5. Absatz 2 Satz 1 Nr. 4	61 – 64
		6. Absatz 2 Satz 1 Nr. 5	65 – 72
B. Erläuterungen im Einzelnen	16 – 140	7. Absatz 2 Satz 1 Nr. 6	73 – 77
1. Absatz 1	16 – 20	8. Absatz 2 Satz 1 Nr. 7	78 – 83
Exkurs: Entlassung kraft Gesetzes gem. § 125 Abs. 1 Satz 2 BRRG	21 – 24	9. Absatz 2 Satz 1 Nr. 8	84 – 93
		10. Absatz 3	94 – 110
		11. Absatz 4	111 – 114
2. Absatz 2 Satz 1 Nr. 1	25 – 26	12. Absatz 5	115
3. Absatz 2 Satz 1 Nr. 2 und Absatz 2 Satz 2	27 – 51	13. Absatz 6	116 – 121
		14. Absatz 7	122 – 128
a) Allgemeines	27 – 35	15. Absatz 8	129 – 140

A. Allgemeines

1. Zweck der Vorschrift

§ 46 regelt mit der Entlassung einen der Gründe für die **Beendigung des Dienstverhältnisses von BS** (zu den übrigen Beendigungsgründen s. § 43). Die Entlassungstatbestände des § 46 lassen sich **systematisch** in die Entlassung kraft Gesetzes (Abs. 1), die zwingend vorgeschriebene Entlassung durch VA (Abs. 2), die Entlassung auf Antrag (Abs. 3, 4, 5, 6 und 7) sowie die fakultative Entlassung wegen mangelnder Eignung als Berufsoffizier (Abs. 8) **unterteilen**. 1

Die **Rechtsfolgen** der Entlassung ergeben sich aus § **49**.

§ 46 stellt insbes. mit der Entlassung kraft Gesetzes (Abs. 1) und den zwingenden Entlassungsgründen (Abs. 2) Voraussetzungen für die Beendigung des Dienstverhältnisses eines BS auf, die im Ergebnis mit den einschlägigen Regelungen des **Beamtenrechts vergleichbar** sind. Gleichwohl trägt § 46 soldatenrechtl. Besonderheiten Rechnung. Die Beendigung des Dienstverhältnisses von BS ist **rechtstechnisch anders ausgestaltet** als die Beendigung des Beamtenverhältnisses. Insbes. kennt das Soldatenrecht keine aus- 2 drücklich normierten Nichtigkeits- und Rücknahmegründe für Ernennungen, um das Dienstverhältnis zu beenden. So führen die in Abs. 2 Satz 1 Nr. 1 bis Nr. 3 genannten Voraussetzungen im Beamtenrecht zur Rücknahme der Ernennung (vgl. § 12 BBG), während sie im Soldatenrecht die Entlassung zur Folge haben. Hintergrund dieser unterschiedlichen Regelungstechnik war die Absicht des Gesetzgebers, klarzustellen, dass der Betroffene – anders als bei der grds. rückwirkend erfolgenden Rücknahme der beamtenrechtl. Ernennung – bis zu seiner Entlassung Soldat bleibt und insbes. den soldatischen Pflichten unterworfen ist. Auch völkerrechtl. soll der Soldat hierdurch ein verstärktes Maß an Schutz erhalten, z.B. durch die mit der Soldateneigenschaft verbundene Stellung als Kriegsgefangener. Die Rücknahme der Ernennung ist nicht vorgesehen. Eine Regelung entspr. § 14 BBG ist daher im Soldatenrecht nicht erforderlich.[1]

Soldatenrechtsspezifisch sind auch die besonderen Einschränkungen der Entlassung auf Antrag (Abs. 3 bis 6).

2. Entstehung und Änderungen der Vorschrift

3 § 46 geht zurück auf § 41 des **REntw**.[2] Während des Gesetzgebungsverfahrens waren wegen ihrer inhaltlichen Vergleichbarkeit zum Beamtenrecht weniger die Entlassung kraft Gesetzes und die zwingenden Entlassungsgründe Gegenstand vertiefter Erörterungen, sondern die Voraussetzungen und Bedingungen der **Entlassung des BS auf eigenen Antrag**. Hier gab es gegensätzliche Positionen. So enthielt § 41 Abs. 3 des REntw. die einschränkende Vorgabe, dass ein BS auf seinen Antrag entlassen werden soll, „wenn nicht zwingende dienstliche Gründe dem widersprechen".[3] Für BS, deren mil. Ausbildung mit einem Studium oder einer Fachausbildung verbunden war, sollte eine Entlassung auf eigenen Antrag darüber hinaus nur möglich sein, wenn im Anschluss an das Studium oder die Fachausbildung eine Dienstzeit von gleicher Dauer geleistet worden wäre.

Unter Hinw. auf Art. 12 Abs. 1 GG wurde diesen Einschränkungen der Entlassung auf eigenen Antrag vom BT **zunächst nicht zugestimmt**.[4] Lediglich eine Kostenerstattungspflicht wurde akzeptiert, falls der BS auf eigenen Antrag vor Beendigung einer Dienstzeit von gleicher Dauer wie der eines Studiums oder einer Fachausbildung auf eigenen Antrag entlassen wird. Ansonsten trat die Best. als § 46 ohne jegliche Beschränkung der Entlassung auf eigenen Antrag in Kraft. Dass dies nicht praktikabel war, belegt die weitere Entwicklung. Von den 15 Änd., die § 46 seit dem In-Kraft-Treten des SG erfahren hat, betrafen allein elf die Voraussetzungen der Entlassung auf eigenen Antrag! So wurde durch Art. 1 Nr. 6 des G vom **28.3.1960**[5] Abs. 3 dahingehend neu gefasst, dass ein Berufsoffizier vor dem Ende des sechsten Dienstjahres als Offz seine Entlassung nur verlangen kann, wenn das Verbleiben im Dienst wegen persönlicher, insbes. häuslicher, beruflicher oder wirtschaftlicher Gründe eine besondere Härte darstellt. Damit wurde auf die Tatsache reagiert, dass junge Berufsoffiziere die Möglichkeit der jederzeitigen Entlassung z.T. ausgenutzt hatten, um ihre Ausbildung bei der Bw anderweitig lohnender zu verwerten. Gleichzeitig sollte die Rechtslage für junge Berufsoffiziere insoweit derjenigen von SaZ angeglichen werden, die schon damals auf eigenen Antrag vor Ablauf der festgesetzten Dienstzeit nur entlassen werden konnten, wenn eine besondere persönliche Härte gegeben war.[6]

---

1 Vgl. BT-Drs. II/1700, 31.
2 BT-Drs. II/1700, 10 f.
3 BT-Drs. II/1700, 11.
4 BT-Drs. II/2140, 49; *Rittau*, SG, 219 f.
5 BGBl. I S. 206.
6 Vgl. BT-Drs. III/1424, 5 f. Vgl. auch BVerwGE 35, 146.

Entlassung **§ 46**

Durch Art. I des G vom **10.1.1968**[7] wurden hins. der Kostenerstattungspflicht die „Abdienzeit" für Studium und Fachausbildung auf die dreifache Dauer des Studiums bzw. der Fachausbildung erhöht und gleichzeitig eine Härteklausel für einen ganzen oder teilweisen Verzicht auf die Kostenerstattung eingeführt. Durch Art. 1 Nr. 4 des G vom **21.7.1970**[8] wurde diese Erstattungspflicht auf SanOA bzgl. des gewährten Ausbildungsgeldes ausgedehnt.   4

Erst durch Art. 1 Nr. 1 des G vom **23.12.1977**[9] wurde in Abs. 3 eine **echte Stehzeitverpflichtung** für BS, deren Ausbildung mit einem Studium oder einer Fachausbildung verbunden war, eingeführt, mit der Folge, dass diese seither ihre Entlassung grds. nicht mehr vor einer sich daran anschließenden Dienstzeit, die der dreifachen Dauer von Studium bzw. Fachausbildung entspricht, verlangen konnten. Damit war eine Regelung erreicht, die bereits der erste REntw. vorsah. Die Kostenerstattungspflicht wurde dagegen abgeschafft.[10] Mit Art. 2 Nr. 4 des G vom **24.2.1983**[11] wurde eine Härteregelung eingeführt, um trotz nicht abgedienter Stehzeit eine Entlassung in Ausnahmefällen zu ermöglichen. Eine damit korrespondierende Kostenerstattungspflicht bei vorzeitiger Entlassung wurde in § 49 Abs. 4 aufgenommen.   5

Eine völlige Neufassung der Best. über die Entlassung auf eigenen Antrag erfolgte durch Art. 1 Nr. 12 des G vom **6.12.1990**[12], durch das die Abs. 3 bis 6 ihre aktuelle Gestalt, einschl. der Stehzeitverlängerung wegen Erziehungsurlaubs, erhielten. Die Möglichkeit, die Stehzeitverpflichtung in einzelnen Fällen durch RVO über die dreifache Dauer hinaus zu verlängern, wurde durch Art. 1 Nr. 33 des **SGÄndG** eingeführt.   6

Letztmals wurde § 46 durch Art. 2 Nr. 4 des **SDGleiG** geändert, womit die Stehzeitverlängerung gem. Abs. 4 auf die Fälle der Inanspruchnahme von Teilzeitbeschäftigung ausgedehnt wurde.   7

Auf andere Änd., die in erster Linie redaktionellen Charakter hatten, wird – soweit erforderlich – im Rahmen der jew. Komm. eingegangen.   8

3. Bezüge zum Beamtenrecht, ergänzende Vorschriften und Bestimmungen

Die Voraussetzungen, die § 46 für die Entlassung aufstellt, stellen i.d.R. auch im Beamten- und Richterrecht Beendigungsgründe des Dienstverhältnisses dar.   9

Vom Regelungsgegenstand her sind folgende Best. **vergleichbar**:   10
- § 46 Abs. 1 mit § 22 Abs. 1 BRRG, § 29 Abs. 1 Nr. 1 BBG, § 21 Abs. 1 Nr. 1 DRiG
- § 46 Abs. 2 Satz 1 Nr. 1 mit § 11 Abs. 2 Nr. 2 BBG, § 18 Abs. 2 Nr. 3 DRiG
- § 46 Abs. 2 Satz 1 Nr. 2 mit § 9 Abs. 1 Nr. 1 BRRG, § 12 Abs. 1 Nr. 1 BBG, § 19 Abs. 1 Nr. 3 DRiG
- § 46 Abs. 2 Satz 1 Nr. 3 mit § 9 Abs. 1 Nr. 2 BRRG, § 12 Abs. 1 Nr. 2 BBG, § 19 Abs. 1 Nr. 4 DRiG
- § 46 Abs. 2 Satz 1 Nr. 4 mit § 23 Abs. 1 Nr. 1 BRRG, § 28 Nr. 1 BBG, § 21 Abs. 2 Nr. 1 DRiG
- § 46 Abs. 2 Satz 1 Nr. 5 mit § 28 Nr. 2 BBG, § 21 Abs. 2 Nr. 2 DRiG
- § 46 Abs. 2 Satz 1 Nr. 6 mit § 35 BBG i.V.m. § 4 BeamtVG, § 21 Abs. 2 Nr. 5 DRiG

---

7 BGBl. I S. 56.
8 BGBl. I S. 1120.
9 BGBl. I S. 3114.
10 Vgl. *Dau*, NZWehrr 1978, 51 (53).
11 BGBl. I S. 179.
12 BGBl. I S. 2588.

- § 46 Abs. 2 Satz 1 Nr. 8 mit § 23 Abs. 1 Nr. 5 BRRG, § 28 Nr. 3 BBG, § 21 Abs. 2 Nr. 6 DRiG
- § 46 Abs. 3 mit § 23 Abs. 1 Nr. 3 BRRG, § 30 BBG.

Bei Zweifelsfragen kann auf Rspr. und Lit. zu den zit. Best. zurückgegriffen werden; die jew. soldatenrechtl. Besonderheiten sind jedoch zu beachten.

11 Einen weiteren nicht im SG geregelten Grund für die Entlassung eines BS kraft Gesetzes stellt **§ 125 Abs. 1 Satz 2 BRRG** für den Fall auf, dass der BS zum Beamten ernannt wird.[13]

12 Ein grundlegender materiellrechtl. **Unterschied zwischen Beamten- und Soldatenrecht** besteht darin, dass Beamte jederzeit einen unverzichtbaren **Anspruch auf Entlassung** haben, wenn sie dies beantragen. Regelungen, nach denen Beamte für eine bestimmte Zeit im Dienstverhältnis zu verbleiben haben, gibt es – anders als für Soldaten – nicht; entspr. Vereinbarungen wären unwirksam.[14]

13 Gem. § 47 Abs. 1 ist für die Verfügung der Entlassung grds. die Stelle **zuständig**, die nach § 4 Abs. 2 für die Ernennung des BS zuständig ist.

14 Im Gegensatz zur Ernennung ist für die Entlassung die Aushändigung einer **Entlassungsurkunde** nicht gesetzl. vorgeschrieben und auch nicht konstitutiv.[15]

15 Hins. der Entlassung auf eigenen Antrag ist der Erl. des BMVg „Entlassung auf eigenen Antrag von Berufssoldaten, deren militärische Ausbildung mit einem Studium oder einer Fachausbildung verbunden war"[16] zu beachten.

B. Erläuterungen im Einzelnen

1. Absatz 1

16 Nach **Satz 1** ist der Soldat kraft Gesetzes entlassen, wenn er seine Eigenschaft als Deutscher i.S.v. Art. 116 GG verliert.[17] Der Verlust der Eigenschaft als Deutscher muss zu einem Zeitpunkt eintreten, in dem sich der Soldat im Status eines BS befindet. Fehlte bereits vor der Ernennung zum BS die Eigenschaft als Deutscher, greift Satz 1 nicht ein. Es wurde dann gegen § 37 Abs. 1 Nr. 1 verstoßen mit der Folge, dass die Ernennung u.U. nichtig ist.[18] War die Ernennung eines Nichtdeutschen wirksam, gibt es keine Möglichkeit, allein aus diesem Grund eine Entlassung oder eine sonstige Beendigung des Dienstverhältnisses herbeizuführen.[19]

17 Nach dem Gesetzeswortlaut tritt die Entlassung **kraft Gesetzes** ein und muss nicht durch VA verfügt werden. Das BMVg hat gem. Satz 2 jedoch darüber zu entscheiden, ob die Voraussetzung des Verlustes der Eigenschaft als Deutscher vorliegt, und den Tag der Beendigung des Dienstverhältnisses festzustellen. Materiellrechtl. besteht eine Verpflichtung, nach dem Verlust der Deutscheneigenschaft die entspr. Entscheidung zu

---

13 S. hierzu u. Rn. 21
14 Vgl. *Battis*, BBG, § 30 Rn. 2. Lediglich unter sehr engen Voraussetzungen gibt es die Möglichkeit, Rückzahlungsvereinbarungen für bestimmte Leistungen abzuschließen bzw. gem. § 59 Abs. 5 BBesG die Gewährung von Anwärterbezügen, sofern die Anwärter ein Studium absolvieren, von Auflagen abhängig zu machen. Eine mit dem Soldatenrecht vergleichbare Erstattungspflicht für die Kosten eines Studiums sieht § 12 des Bundespolizeibeamtengesetzes vor.
15 Vgl. im Einzelnen die Komm. zu § 47.
16 ZDv 14/5 B 155.
17 Zum Begriff der Deutscheneigenschaft nach Art. 116 GG vgl. die Komm. zu § 37. Die Gründe, die zum Verlust der deutschen Staatsangehörigkeit führen, sind im StAG geregelt.
18 S. zu § 37 Rn. 17.
19 *Scherer/Alff*, SG, § 46 Rn. 3.

treffen und den Zeitpunkt der Beendigung des Dienstverhältnisses festzustellen; Ermessen oder Beurteilungsspielraum ist nicht gegeben.[20]

Nach allg. Ansicht sind andere Behörden und Gerichte an diese Entscheidung des BMVg gebunden. Bevor sie nicht ergangen ist, können sie nicht eigenständig von der Entlassung des Soldaten ausgehen und daran Rechtsfolgen knüpfen. Auch der betroffene Soldat und der Dienstherr können sich vor der Feststellung des BMVg nicht auf die Entlassung berufen.[21] **18**

Im Gegensatz zu anderen kraft Gesetzes eintretenden Beendigungen des Dienstverhältnisses (vgl. § 48 SG, § 30 WPflG) kommt dem BMVg damit ein **Feststellungsmonopol** hins. der Entlassung nach Satz 1 zu. **19**

Es erscheint daher nicht zutr., der Entscheidung des BMVg nach Satz 2 lediglich deklaratorischen Charakter zuzusprechen.[22] Vielmehr hat die Feststellung Regelungsgehalt i.S.v. § 35 VwVfG; es handelt sich bei ihr um einen **feststellenden VA**[23]. Hierfür spricht bereits, dass die Feststellung gesetzl. ausdrücklich vorgesehen ist[24]. Da der Eintritt der Entlassungswirkungen, insbes. die Feststellung des Tages der Beendigung des Dienstverhältnisses, die Entscheidung des BMVg voraussetzt, unterscheidet sich Abs. 1 von Regelungen, nach denen die normativ bestimmten Rechtsfolgen unabhängig von einer gesonderten Tatbestandsfeststellung eintreten (so z.B. bei § 48 SG, § 30 WPflG).[25] Die Feststellung des BMVg nach Satz 2 erschöpft sich nicht in der Bekanntgabe der Tatbestandswirkung eines Sachverhalts, sondern stellt das Vorliegen des Tatbestandes konstitutiv fest.

Konsequenzen hat dies für den **Rechtsschutz**. Bestreitet der Soldat den Verlust der Deutscheneigenschaft, kann er gegen die Feststellung des BMVg Beschwerde und anschließend Anfechtungsklage erheben.[26] Im umgekehrten Fall – wenn der Soldat davon ausgeht, die Eigenschaft als Deutscher verloren zu haben –, wird man ihm einen Anspruch auf die entspr. Feststellung zubilligen müssen, den er mit der Beschwerde und der Verpflichtungsklage durchsetzen kann. **20**

Exkurs: Entlassung kraft Gesetzes gem. § 125 Abs. 1 Satz 2 BRRG

Nach § 125 Abs. 1 Satz 2 BRRG ist der BS (oder SaZ) kraft Gesetzes entlassen, wenn er zum **Beamten ernannt** wird. Das Gesetz gibt damit dem später begründeten Beamtenverhältnis den Vorrang vor dem bereits bestehenden Wehrdienstverhältnis. Dem entspricht die Rechtslage im Beamtenrecht im Falle der Ernennung eines Beamten zum BS oder SaZ (§ 125 Abs. 1 Satz 1 BRRG) oder des Eintritts des Beamten in ein öff.-rechtl. Dienst- oder Amtsverhältnis zu einem anderen Dienstherrn (§ 29 Abs. 1 Nr. 2 BBG). Im Beamtenrecht ist dies angesichts des Rechts des Beamten, jederzeit aus dem Beamtenverhältnis auszuscheiden, konsequent.[27] Im Soldatenrecht, das für SaZ und BS bestimmte Mindestdienstzeiten vorsieht, vor deren Ableistung nur unter engen Voraussetzungen eine Entlassung möglich ist (§ 46 Abs. 3 bis 6, § 55 Abs. 3), stellt § 125 Abs. 1 Satz 2 BRRG zumindest eine systemfremde Regelung dar, da sie ungeachtet von noch **21**

---

20 GKÖD I Yk, § 46 Rn. 3.
21 GKÖD I Yk, § 46 Rn. 3; *Scherer/Alff*, SG, § 46 Rn. 5.
22 So aber wohl *Peterson*, NZWehrr 1984, 112; *Scherer/Alff*, SG, § 46 Rn. 4; BVerwGE 73, 216 (nur obiter dictum!). Zu Recht einschränkend GKÖD I Yk, § 46 Rn. 3.
23 So auch GKÖD I Yk, § 46 Rn. 3.
24 Vgl. BVerwGE 75, 101.
25 Vgl. BVerwGE 117, 322.
26 Vgl. zur entspr. Rechtslage im Beamtenrecht *Battis*, BBG, § 29 Rn. 6.
27 S. GKÖD I K, § 29 Rn. 15.

bestehenden Dienstverpflichtungen die Entlassung ermöglicht. Der Ausgleich besteht allein darin, dass die Entlassung nach § 125 Abs. 1 Satz 3 BRRG als Entlassung auf eigenen Antrag gilt, mit der Folge, dass ggf. Studien- und Ausbildungskosten gem. § 49 Abs. 4 Nr. 1 zurückzuerstatten sind.

22 Voraussetzung einer Entlassung kraft Gesetzes nach § 125 Abs. 1 Satz 2 BRRG ist die **wirksame Ernennung zum Beamten**, unabhängig bei welchem Dienstherrn (Bund, Land, kommunale Körperschaften u.a.). Ist die Ernennung unwirksam oder nichtig, erfolgt keine Entlassung, auch dann nicht, wenn der Soldat in Annahme einer wirksamen Ernennung über eine längere Zeit als faktischer Beamter Dienst leistet. Die im Beamtenrecht zu § 29 Abs. 1 Nr. 2 BBG vertretene Auffassung, dass ein faktisches öff.-rechtl. Dienstverhältnis für die Entlassung ausreiche[28], kann angesichts des eindeutigen Wortlauts auf § 125 Abs. 1 Satz 2 BRRG nicht übertragen werden. Wird der wirksam zum Beamten Ernannte aus dem Beamtenverhältnis entlassen oder wird die Ernennung zurückgenommen, lebt das ursprüngliche Wehrdienstverhältnis (auch bei rückwirkender Rücknahme) nicht wieder auf. § 125 Abs. 1 Satz 2 BRRG knüpft die Entlassung an die einmalige wirksame Ernennung und nicht an deren Fortbestand.[29]

23 Für die Entlassung nach § 125 Abs. 1 Satz 2 BRRG kommt es nicht darauf an, dass die zuständige Personal bearbeitende Dienststelle der Bw der Ernennung zum Beamten zugestimmt hat, da die **Zustimmung nicht Wirksamkeitsvoraussetzung** der Ernennung zum Beamten ist. Aus Gründen der interbehördlichen Rücksichtnahme sollte die Ernennung eines BS zum Beamten jedoch nur nach vorheriger Absprache mit der Bw erfolgen. Die Bw wird ihrerseits einer derartigen Ernennung grds. keine Einwände entgegensetzen, wenn der Soldat selbst zum beabsichtigten Ernennungszeitpunkt seine Entlassung verlangen könnte. Hat er dagegen noch **Stehzeitverpflichtungen**, kann der künftige Dienstherr ersucht werden, die Ernennung nicht vorzunehmen. Maßstab dafür, inwieweit dem BS der Wechsel in einen zivilen Beruf erschwert werden kann, müssen die einschlägigen Stehzeitverpflichtungen sein.[30]

24 Ausnahmen von der Entlassung ergeben sich aus § 125 Abs. 2 BRRG lediglich für SaZ sowie bei der Berufung in bestimmte Beamtenverhältnisse auf Zeit oder als Ehrenbeamter. Für weitere Einzelheiten ist der Erl. des BMVg „Ernennung von Soldaten auf Zeit zu Beamten auf Widerruf im Vorbereitungsdienst"[31] heranzuziehen.

2. Absatz 2 Satz 1 Nr. 1

25 Der Entlassungsgrund der **Nr. 1** knüpft an eine **unzulässige Ernennung** an. Wurde trotz Vorliegens einer entspr. strafgerichtl. Verurteilung (§ 38 Abs. 1 Nr. 1), der mangelnden Fähigkeit zur Bekleidung öff. Ämter (§ 38 Abs. 1 Nr. 2) oder des Vorliegens einer Maßregel der Besserung und Sicherung (§ 38 Abs. 1 Nr. 3) jemand zum BS ernannt, ist er gem. Nr. 1 **zwingend** zu entlassen. Ermessen und Beurteilungsspielraum kommen der Entlassungsdienststelle nicht zu.

26 Voraussetzung der Entlassung ist, dass das Ernennungshindernis im Entlassungszeitpunkt fortbesteht. Ist eine Verurteilung im Bundeszentralregister **getilgt**, kann sie gem. § 51 Abs. 1 BZRG grds. kein Berufungshindernis mehr darstellen mit der Folge, dass dann ein Soldat nicht mehr entlassen werden kann, es sei denn, die besonderen Voraussetzungen des § 52 Abs. 1 Nr. 4 BZRG liegen vor.

---

28 GKÖD I K, § 29 Rn. 16.
29 GKÖD I K, § 29 Rn. 16.
30 So ist im Ergebnis BGH MDR 1987, 561 zu verstehen (auf Basis der alten Rechtslage).
31 ZDv 14/5 B 147; vgl. auch die Komm. zu § 55 Rn. 8.

Entlassung § 46

Eine Entlassung scheidet ebenfalls aus, wenn das BMVg gem. § 38 Abs. 3 eine Ausnahme zulässt bzw. die Hindernisse des § 38 Abs. 1 Nr. 2 und 3 mittlerweile weggefallen sind.[32]

3. Absatz 2 Satz 1 Nr. 2 und Absatz 2 Satz 2

a) Allgemeines

Die Entlassung wegen Herbeiführung der Ernennung durch **Zwang, arglistige Täuschung oder Bestechung** bezweckt, die Entscheidungsfreiheit des Dienstherrn zu gewährleisten. 27

Voraussetzung für eine Entlassung nach Abs. 2 Satz 1 Nr. 2 ist, dass Zwang, arglistige Täuschung oder Bestechung **kausal** für die Ernennung zum BS waren. Wäre der Bewerber auch ohne entspr. Vorgehensweise zum BS ernannt worden, kann eine Entlassung nicht erfolgen.[33] Dabei kommt es bei der Kausalitätsprüfung auf die **tatsächliche Personalpraxis** im Zeitpunkt der Ernennung an und nicht darauf, wie bei richtiger Rechtsanwendung oder nach aktueller Bewertung zu verfahren gewesen wäre.[34] Hat der Bewerber z.B. über persönliche Eigenschaften arglistig getäuscht, die im Zeitpunkt seiner Bewerbung als Hinderungsgründe für eine Ernennung gewertet wurden, ist er auch dann zu entlassen, wenn die gleichen Eigenschaften zu einem späteren Zeitpunkt (dem der Entlassung), sei es aus Rechtsgründen, sei es infolge einer geänderten Personalpraxis nicht mehr einer Ernennung entgegenstehen würden. Normzweck und Wortlaut der Best. lassen keine andere Auslegung zu. Ist ein Bewerber der Ansicht, dass er wegen bestimmter Eigenschaften zu Unrecht als BS abgelehnt wird, darf er darüber nicht arglistig täuschen, sondern kann gegen die erfolgte Ablehnung den Rechtsweg beschreiten. Nicht ausgeschlossen ist, in derartigen Fällen eine besondere Härte zu bejahen und eine Ausnahme von der Entlassung zuzulassen.

Da Ernennungsentscheidungen im Ermessen der Personal bearbeitenden Dienststelle stehen und z.T. von unbestimmten Rechtsbegriffen mit Beurteilungsspielraum abhängen, kann die **Kausalitätsprüfung im Einzelfall schwierig** sein. Zu hohe Anforderungen dürfen nicht gestellt werden; i.d.R. wird die schlüssige Behauptung des Dienstherrn, dass bei ordnungsgemäßer Bewerbung eine Ernennung nicht erfolgt wäre, ausreichen.[35] 28

Die Kausalität ist ebenfalls gegeben, wenn ohne Zwang, Täuschung oder Bestechung die Ernennung zwar im Ergebnis erfolgt wäre, aber erst **zu einem späteren Zeitpunkt**, weil bei ordnungsgemäßer Bewerbung umfangreichere Prüfungen durch die Ernennungsdienststelle vorgenommen worden wären.[36] Entscheidend ist, dass die Entscheidungsfreiheit des Dienstherrn beeinträchtigt war. 29

Im Unterschied zur beamtenrechtl. Parallelbest. des § 12 Abs. 1 Nr. 1 BBG muss nach dem insoweit eindeutigen Wortlaut von Abs. 2 Satz 1 Nr. 2 die Ernennung durch unlautere Methoden von dem ernannten BS **persönlich herbeigeführt** worden sein („... wenn er seine Ernennung ... herbeigeführt hat ...").[37] Es dürfte allerdings ausreichen, wenn 30

---

32 Vgl. hierzu § 38 Rn. 20 f.
33 BVerwGE 18, 276 = NZWehrr 1965, 41.
34 BVerwGE 16, 340; 17, 1; 31, 1; VG Meiningen NJ 1996, 386; *Battis*, BBG, § 12 Rn. 4.
35 Zu weitgehend *Battis*, BBG, § 12 Rn. 5 u. 8.
36 BVerwGE 16, 342; 31, 1; BVerwG ZBR 1964, 81; BVerwG NVwZ 2000, 447; GKÖD I K, § 12 Rn. 13; a.A. VG Potsdam ZBR 2000, 282.
37 A.A. GKÖD I Yk, § 46 Rn. 8, *Scherer/Alff*, SG, § 46 Rn. 9, wenn auch differenzierend hins. Zwang u. arglistiger Täuschung; beide ohne nähere Begr. u. ohne auf den unterschiedlichen Wortlaut zu § 12 Abs. 1 Nr. 1 BBG einzugehen.

Sohm

er sich hierfür eines Dritten bedient hat.[38] Dagegen ist im Beamtenrecht die Ernennung nach § 12 Abs. 1 Nr. 1 BBG selbst dann zurückzunehmen, wenn ein Dritter die Ernennung durch Zwang, Täuschung oder Bestechung ohne Wissen oder Mitwirkung des Ernannten herbeigeführt hat („... wenn sie ... herbeigeführt wurde ...").[39] Ob diese Differenzierung bei der Schaffung des SG wirklich gewollt war, erscheint fraglich. Da sich aus den Materialien keine Erkenntnisse ergeben, ist eher von einem redaktionellen Mangel auszugehen, der angesichts des eindeutigen Wortlauts nur durch den Gesetzgeber korrigiert werden kann.

31 Nach § 47 Abs. 3 muss die Entlassung in den Fällen der Nr. 2 innerhalb einer **Frist** von sechs Monaten verfügt werden, nachdem die Stelle, der die Befugnis zur Entlassung übertragen worden ist, von dem Entlassungsgrund Kenntnis erlangt hat.

32 War der zum BS Ernannte im Zeitpunkt seiner Bewerbung Soldat (was bei Ernennungen zum BS der Regelfall ist), hat er durch die Anwendung von Zwang, arglistiger Täuschung oder Bestechung regelmäßig auch ein **Dienstvergehen** begangen. In Betracht kommen Verstöße gegen § 7, § 13 Abs. 1 und § 17 Abs. 2 Satz 1, 2. Alt.[40] Damit stellt sich die Frage nach der **Konkurrenz zwischen der Entlassung** gem. Abs. 2 Satz 1 Nr. 2 **und einem gerichtl. Disziplinarverfahren**. Eine spezielle Konkurrenzregelung wie in § 143 Abs. 1 und 2 WDO zur Entlassung nach § 55 Abs. 5 gibt es nicht. Weder das Entlassungsverfahren noch das gerichtl. Disziplinarverfahren genießt daher uneingeschränkte Priorität. Zwar handelt es sich bei der Entlassung grds. um eine zwingende Maßnahme; unterbleibt sie jedoch, besteht kein Grund, wegen des Verhaltens des Bewerbers kein gerichtl. Disziplinarverfahren einzuleiten, in dem der gesamte Maßnahmenkatalog des § 58 Abs. 1 WDO zur Anwendung kommen kann. Dies gilt auch dann, wenn die Entlassung nach Abs. 2 Satz 1 Nr. 2 aus Rechtsgründen wegen des Ablaufs der Frist nach § 47 Abs. 3 nicht mehr möglich ist.[41]

33 Die **Gegenauffassung** von *Lingens*[42], nach der die §§ 46, 47 leges speciales zur WDO darstellen und ein gerichtl. Disziplinarverfahren ausschließen, **überzeugt nicht**. Das (unrechtmäßige) Absehen von einer statusrechtl. Maßnahme begründet jedenfalls generell keinen Vertrauensschutz bei dem Soldaten, auch disziplinar nicht mehr belangt zu werden. Darüber hinaus verfolgen Statusrecht und Disziplinarrecht unterschiedliche Ziele und stehen daher nicht in einem gegenseitigen Ausschlussverhältnis.[43]

34 Zuzustimmen ist allerdings der Auffassung von *Alff*[44], dass bei einer durch das BMVg zugelassenen Ausnahme von der Entlassung auf Grund besonderer Härte nach Abs. 2 Satz 2 ein gerichtl. Disziplinarverfahren unter dem Gesichtspunkt des **widersprüchlichen Verhaltens** grds. nicht mehr in Betracht kommt; jedenfalls darf dann die Entfernung aus dem Dienstverhältnis nicht mehr ausgesprochen werden. In diesem Fall wurde eine ausdrückliche Entscheidung zu Gunsten des Soldaten getroffen, die zumindest teilweise Vertrauensschutz begründet.

35 Auch bei einem Entlassungsverfahren nach Abs. 2 Satz 1 Nr. 2 folgt aus der Fürsorgepflicht des Dienstherrn ein **Beschleunigungsgebot**. Wird hiergegen verstoßen, ist eine

---

38 Die strafrechtl. Kategorien von Täterschaft u. Teilnahme dürften entspr. heranzuziehen sein.
39 *Battis*, BBG, § 12 Rn. 5
40 BVerwG E 113, 131.
41 BVerwGE 103, 287; 113, 131 u. 376; BVerwG ZBR 1999, 255.
42 NZWehrr 1996, 233. Ebenso *Schattschneider/Weniger*, NZWehrr 2004, 240.
43 So auch BVerwGE 103, 287. Zur dogmatischen Unterscheidung zwischen einer Entlassung nach § 55 Abs. 5 u. einem Dienstvergehen vgl. bereits BVerwGE 38, 178.
44 *Scherer/Alff*, SG, § 46 Rn. 10.

Entlassung **§ 46**

"verspätete" Entlassung rechtswidrig.[45] Das Beschleunigungsgebot bezieht sich auf die Ermittlungstätigkeiten und steht selbständig neben der Entlassungsfrist nach § 47 Abs. 3; letztere beginnt erst zu laufen, wenn die Ermittlungen abgeschlossen sind.

b) Zwang

Zwang bedeutet, dass der Bewerber mittels **Gewalt**, Drohung mit Gewalt bzw. einem sonstigen empfindlichen Übel einschl. psychischer Nötigung auf einen Beschäftigten einwirkt, der mit dem Bewerbungs-/Ernennungsverfahren betraut ist. 36

Große praktische Bedeutung dürfte der Best. nicht zukommen, gerichtl. Entsch. sind jedenfalls nicht bekannt geworden.

c) Arglistige Täuschung

Arglistige Täuschung ist der in der Praxis **bedeutsamste Grund** für Entlassungen nach Abs. 2 Satz 1 Nr. 2. Geradezu eine "Konjunktur" erlebte die Best. im Zuge der Wiedervereinigung Deutschlands und der Übernahme von Soldaten der ehem. NVA, die davon abhängig gemacht wurde, dass sie in keinem Dienst-, Arbeits- oder sonstigen Verhältnis zu **Nachrichtendiensten der ehem. DDR** gestanden hatten, das über ihre allg. dienstl. Verpflichtungen hinausging. Angesichts dieser relativ strikten Übernahmepraxis[46] erfolgten in vielen Fällen Falschangaben, die regelmäßig die Entlassung zur Folge hatten.[47] Dabei kam es nach der Rspr. grds. nicht auf den Grad der Verstrickung in das rechtsstaatswidrige System der DDR-Staatssicherheit an. Die Entlassung erfolgte wegen der Täuschungshandlung und nicht unmittelbar wegen der Tätigkeit für das MfS.[48] Angesichts des Schutzzwecks der Norm ist dies eine durchaus konsequente, wenn auch mitunter zu Härten führende Rechtsauffassung. Die Umstände der Stasi-Verstrickung können ggf. bei der Anwendung von Satz 2 eine Rolle spielen. Insgesamt dürften sich diese Fallgruppen in nächster Zeit weitgehend erledigen[49]; die zu ihnen ergangene Rspr. behält jedoch weiter Bedeutung, da sie einige grundlegende Probleme des Abs. 2 Satz 1 Nr. 2 geklärt hat. 37

Arglistige Täuschung liegt vor, wenn der Bewerber durch Angaben, deren Unrichtigkeit ihm bewusst ist oder deren Unrichtigkeit er für möglich hält und in Kauf nimmt oder durch Verschweigen oder Entstellen von Tatsachen bei einem an der Ernennung beteiligten Beschäftigten der Ernennungsdienststelle einen Irrtum hervorruft, von dem er weiß oder billigend in Kauf nimmt, dass er für die Entscheidung über die Ernennung von Bedeutung ist. Auch das Ausnutzen eines bereits vorhandenen Irrtums kann eine 38

---

45 VG Schwerin NZWehrr 2001, 173; vgl. auch BVerwG ZBR 1999, 276.
46 Für die unmittelbar kraft Einigungsvertrages weiterverwendeten Soldaten der ehem. NVA galt hins. von Stasi-Verstrickungen gem. Anlage I, Kap. XIX Sachgebiet B, Abschnitt II Nr. 2 § 7 Abs. 2 Nr. 2 des Einigungsvertrages ein gesonderter Entlassungstatbestand, der auf die Unzumutbarkeit der Fortsetzung des Dienstverhältnisses abstellte. Dieses Kriterium wurde für die Übernahme auf der Grundlage des SG nicht herangezogen; so stehen die Entlassungstatbestände nach dem Einigungsvertrag u. § 46 Abs. 2 SG nebeneinander; vgl. BVerwGE 102, 178. Krit. zu der schematischen Übernahmepraxis zu Recht *Schattschneider/Weniger*, NZWehrr 2004, 239.
47 Vgl. BVerwGE 102, 178; OVG Greifwald ZBR 1999, 32; OVG Schleswig NZWehrr 1995, 259; VG Schwerin, NZWehrr 2001, 173, VG Meiningen NJ 1996, 386; *Schattschneider/Weniger*, NZWehrr 2004, 239 m.w.N.
48 Vgl. nur VG Meiningen NJ 1996, 386.
49 Neben dem allg. Zeitablauf wird Grund hierfür auch sein, dass nach dem Stasi-Unterlagen-Gesetz v. 20.11.1991 (BGBl. I S. 2272), zul. geä. durch G v. 14.8.2003 (BGBl. I S. 1654), Unterlagen ab 2006 nicht mehr verwendet werden dürfen, um die Tatsache einer früheren Tätigkeit für den Staatssicherheitsdienst einem Soldaten vorzuhalten bzw. zu seinem Nachteil zu verwenden; vgl. § 20 Abs. 3 StUG.

Sohm

arglistige Täuschung darstellen, wenn eine Aufklärungspflicht besteht. Dies wird der Fall sein, wenn der Bewerber davon ausgehen muss, dass der vorhandene Irrtum sich auf für die Ernennung erhebliche Tatsachen bezieht. **Offenbarungspflichten** eines Bewerbers können auch gegeben sein, wenn er über einen Irrtum der Ernennungsdienststelle nichts weiß. Da Bewerber für die Ernennung zum BS i.d.R. bereits Soldaten sind, unterliegen sie der Treuepflicht, die Grundlage der Offenbarungspflicht ist. Die z.T. einschränkenden Auffassungen hins. einer grds. Offenbarungspflicht im Beamtenrecht gehen davon aus, dass im Zeitpunkt des Bewerbungsverfahrens noch keine Treuepflicht besteht.[50]

Hins. der Unrichtigkeit der Angaben sowie ihrer Erheblichkeit für die Ernennung reicht **dolus eventualis** aus, um eine arglistige Täuschung annehmen zu können.[51]

39 Die **Beweislast** trifft die Behörde, wobei den Betroffenen im Hinblick auf die inneren Tatsachen eine Mitwirkungspflicht trifft, d.h. er muss erläutern, warum er die objektiv unzutr. Angaben gemacht hat. Vermag er dies nicht darzutun, kann dies zu seinem Nachteil verwendet werden und spricht für seine Arglist.[52]

40 Unzulässig ist es, wenn der Dienstherr das im Rahmen einer **Sicherheitsüberprüfung** erlangte Wissen dazu nutzt, den Soldaten nach Abs. 2 Satz 1 Nr. 2 zu entlassen. Die bei einer Sicherheitsüberprüfung gewonnenen Erkenntnisse dürfen gem. § 21 Abs. 1 SÜG nur für die mit der Sicherheitsüberprüfung verfolgten Zwecke genutzt werden, wozu Personalangelegenheiten nicht gehören.[53]

41 Eine Täuschung ist dann rechtl. unbeachtlich, wenn bzw. soweit die ihr zugrundeliegende Frage von der Ernennungsdienststelle nicht gestellt werden darf.[54] Wird eine **unzulässige Frage** unrichtig beantwortet, dürfen hieraus trotz objektiver Täuschungshandlung keine dienstrechtl. Konsequenzen gezogen werden.[55]

Die Frage nach einer früheren Mitarbeit bei der **Stasi** ist grds. zulässig.[56] Dies folgt bereits aus den entspr. Best. des Einigungsvertrages.[57] Fragen nach der Zusammenarbeit mit der Staatssicherheit, die sich auf Vorgänge beziehen, die vor Oktober 1970, also 20 Jahre vor der Wiedervereinigung, lagen, verletzen dagegen das allg. Persönlichkeitsrecht.[58] Werden solche Fragen unzutr. beantwortet, bietet dies auch im Bereich des öff. Dienstrechts keine Grundlage für eine Entlassung.[59]

42 Dagegen ist die bei Bewerbungen übliche Frage nach **laufenden Straf- oder Ermittlungsverfahren** zulässig. Eingeschränkte Offenbarungspflichten, die § 53 BZRG vorsieht, greifen nicht ein, da Ausnahmen von der Offenbarungspflicht nur für Verurteilte gelten. Solange der Ausgang eines Straf- oder Ermittlungsverfahrens nicht feststeht,

---

50 Vgl. *Wind, Ferdinand/Schimana, Rudolf/Wichmann, Manfred*: Öffentliches Dienstrecht, 4. Aufl. 1998, 129.
51 *Battis*, BBG, § 12 Rn. 9.
52 OVG Greifswald ZBR 1999, 32.
53 BVerwG 2 B 68/04.
54 In diese Richtung bereits BVerwGE 18, 276.
55 Vgl. BVerfGE 96, 171; OVG Lüneburg DVBl. 2001, 755.
56 BVerfGE 96, 171 (180).
57 BVerwGE 102, 178.
58 BVerfGE 96, 171.
59 Die Übertragung der zum Arbeitsrecht ergangenen Rspr. des BVerfG auf das öff. Dienstrecht war z.T. umstr.; bejahend OVG Greifswald ZBR 1999, 32; vgl. auch OVG Bautzen ZBR 1999, 233; ablehnend OVG Weimar ZBR 2000, 98; offen gelassen durch VG Berlin 5 A 224.03. Durch den Kammerbeschl. des BVerfG 2 BvR 331/01 dürfte jedoch klar sein, dass das BVerfG von der Übertragbarkeit seiner Rspr. auf das öff. Dienstrecht ausgeht.

Entlassung **§ 46**

muss die Entschließungsfreiheit des Dienstherrn vor dem Persönlichkeitsschutz des Bewerbers Vorrang haben.[60]
Zulässig sind Fragen hins. folgender Umstände des Bewerbers: 43
- wirtschaftliche Verhältnisse, die die Ernennung zum BS unvertretbar erscheinen lassen[61]
- Krankheiten und gesundheitliche Beschwerden; in Fällen von nicht erkennbaren Krankheiten kann eine Offenbarungspflicht bestehen[62]; auch die Frage nach einer HIV-Infektion wird zulässig sein[63]
- aktuelle oder frühere Mitgliedschaft in verbotenen oder verfassungswidrigen Parteien und Organisationen, einschl. solcher, bei denen jedenfalls Anhaltspunkte dafür vorliegen, dass sie nicht auf dem Boden der FdGO stehen. Kriterium muss sein, dass der Mitgliedschaft zu einer derartigen Organisation jedenfalls eine Aussagekraft für die Prognoseentscheidung zukommt, ob der Bewerber die Gewähr künftiger Verfassungstreue bietet (vgl. § 37 Abs. 1 Nr. 2).[64]

Unzulässig sind Fragen nach gesetzl. ausgeschlossenen Differenzierungskriterien 44 (Art. 33 Abs. 2 GG). Eine Sonderregelung enthält **§ 7 Abs. 2 SGleiG**. Danach sind Fragen nach
- Familienstand
- bestehender oder geplanter Schwangerschaft
- Sicherstellung der Betreuung von Kindern, behinderten oder pflegebedürftigen sonstigen Angehörigen neben der Berufstätigkeit

unzulässig.

Grds. keine Rechtfertigung für eine Falschangabe kann die Berufung auf den Grds. 45 sein, niemand müsse sich selbst belasten oder unzumutbare Angaben über seine Person machen. Eine Selbstbelastung kann dadurch vermieden werden, dass auf eine Bewerbung verzichtet wird.[65] Der Bewerber kann die Antwort auf eine Frage verweigern, muss dann allerdings in Kauf nehmen, nicht ernannt zu werden.[66]

Unter **strafrechtl.** Gesichtspunkten kann sich ein Bewerber, der seine Ernennung durch 46 falsche Angaben erschlichen hat, des Betruges gem. § 263 StGB (sog. Einstellungsbetrug) strafbar machen.[67]

d) Bestechung

Bestechung liegt vor, wenn der Bewerber einem für die Ernennung maßgeblichen Be- 47 schäftigten Vorteile für seine positive Einflussnahme auf das Ernennungsverfahren gewährt. Dabei soll es nicht darauf ankommen, ob der Bestechungstatbestand des § 334 StGB erfüllt ist; eine bloße Vorteilsgewährung (§ 333 StGB)[68] oder sogar ein strafloses Verhalten[69] reiche aus.

---

60 BVerwGE 59, 366; OVG Bremen 2 B 45/96.
61 BVerwGE 13, 158.
62 *Battis*, BBG, § 12 Rn. 6; GKÖD I K, § 12 Rn. 12.
63 Vgl. EuGH NJW 1994, 3005. Vgl. auch die Komm. zu § 3 Rn. 21.
64 BVerfGE 39, 334 (358); BVerwGE 18, 276; BVerwG ZBR 1983, 181.
65 BVerwG ZBR 1970, 88.
66 So wird z.B. im Beamtenrecht hins. einer Befragung nach einer HIV-Infektion argumentiert; vgl. EUGH NJW 1994, 3005.
67 Grundlegend BGHSt 45, 1.
68 *Scherer/Alff*, SG, § 46 Rn. 9.
69 GKÖD I Yk, § 46 Rn. 8.

Sohm 611

§ 46 Rechtsstellung der Berufssoldaten und der Soldaten auf Zeit

48 Angesichts der klaren strafrechtl. Definition der Bestechung und ihrer tatbestandlichen Abgrenzung zur Vorteilsgewährung ist diese Auffassung nicht unproblematisch. Gleichwohl kommt sie dem Normzweck am Nächsten. Da Ernennungsentscheidungen fast immer im Ermessen stehen, ist bei der Gewährung von Vorteilen grds. von einer pflichtwidrigen Entscheidung, d.h. einer fehlerhaften Ermessensausübung, auszugehen mit der Folge, dass Bestechung auch im strafrechtl. Sinne vorliegt (vgl. § 334 Abs. 3 Nr. 2 StGB). Auf eine rechtskräftige Verurteilung kommt es nicht an. Ein rechtskräftiger Freispruch wird dagegen eine Entlassung nach dieser Best. ausschließen.

e) Absatz 2 Satz 2

49 Die Möglichkeit einer Ausnahmeentscheidung durch das BMVg war ursprünglich in Nr. 2 geregelt. Sie wurde durch Art. 1 Nr. 33 des **SGÄndG** in den neuen Satz 2 des Abs. 2 verlagert. Damit sollte die Form der Ausnahmeregelung an die §§ 37, 38 angepasst und gleichzeitig verdeutlicht werden, dass es sich bei der Zulassung einer Ausnahme um eine Ermessensentscheidung handelt.[70] Damit dürfte die früher z.T. umstr. rechtsdogmatische Einordnung der Regelung zu Gunsten der Auffassung entschieden sein, die darin die Einräumung eines Entschließungsermessens des BMVg auf der Rechtsfolgenseite erblickte und nicht lediglich eine gesetzl. Normierung des Verhältnismäßigkeitsgrundsatzes.[71] Obwohl der Entlassungsgrund des Abs. 2 Satz 1 Nr. 2 systematisch in der Reihe der zwingenden Entlassungsgründe steht, handelt es sich bei ihm insoweit um eine Ermessensregelung, als eine besondere Härte vorliegt. Nur unter der Voraussetzung, dass eine besondere Härte vorliegt, kann in eine Ermessensentscheidung eingetreten werden. Wird von der Entlassungsstelle eine besondere Härte zu Unrecht verneint und keine Entscheidung des BMVg herbeigeführt, ist die Entlassungsentscheidung wegen Ermessensnichtgebrauchs rechtswidrig.[72]

50 Eine **besondere Härte** liegt vor, wenn die Entlassung oder die mit ihr verbundenen Auswirkungen den Soldaten auf Grund besonderer Umstände in einer Weise treffen würden, die weit über die generellen Folgen einer Entlassung hinausgehen. Dabei können folgende Gesichtspunkte eine Rolle spielen:
- Tadelfreie oder herausragende dienstl. Leistungen, welche die mangelhaft herbeigeführte Ernennung in einem Maße kompensieren, dass sich die Entlassung als grober Undank des Dienstherrn darstellen würde[73]
- lange zurückliegende Ernennung mit der Folge, dass der Soldat atypisch hohe Schwierigkeiten hätte, sich zivilberuflich zu integrieren
- mildernde Umstände, unter denen die Täuschungshandlung zustande kam
- eine Täuschung über Tatsachen, die aus aktueller Sicht nicht zwingend einer Ernennung entgegenstehen.

51 Grds. wird bei der Prüfung dieser Gesichtspunkte ein **strenger Maßstab** anzulegen sein. Von vornherein kein Aspekt kann – bei einer Täuschung über Vorstrafen oder Ermittlungsverfahren – der Gedanke der Resozialisierung sein. Es ist nicht Aufgabe der Bw, Straftäter, die durch arglistige Täuschung ihre Ernennung erreicht haben, zu Zwecken der gesellschaftlichen Integration im Dienst zu belassen.

---

70 BT-Drs. 14/4062, 21.
71 Vgl. OVG Koblenz 10 B 10755/95; OVG Bremen 2 B 45/96.
72 Vgl. BVerwGE 102, 178.
73 Vgl. BT-Drs. II/1700, 31.

Entlassung § 46

4. Absatz 2 Satz 1 Nr. 3

Dieser Entlassungstatbestand gewährleistet die Entscheidungsfreiheit des Dienstherrn und schützt das Interesse an achtungs- und vertrauenswürdigen BS.[74] 52

Die Straftat (Verbrechen oder Vergehen[75]) muss **vor der Ernennung zum BS** begangen worden sein. Auf Straftaten, die der ernannte BS begeht, kann nur mit der Einleitung eines gerichtl. Disziplinarverfahren oder der Anwendung des § 48 reagiert werden. Da BS regelmäßig aus dem Kreis der SaZ ernannt werden, ist es denkbar, dass der Täter zum Tatzeitpunkt bereits Soldat war. In diesem Fall liegt auch ein Dienstvergehen vor. Für das Verhältnis von Entlassung und Dienstvergehen gelten die zu Nr. 2 dargestellten Grundsätze entspr.[76] 53

Die **rechtskräftige Verurteilung** (auch ein Strafbefehl reicht aus, vgl. § 410 Abs. 3 StPO) als weitere Voraussetzung für eine Entlassung nach Nr. 3 kann im Gegensatz zu der Straftat auch **nach der Ernennung** erfolgen. 54

Zum Zeitpunkt der Ernennung muss die Straftat der Ernennungsdienststelle unbekannt gewesen sein. Wurde der Betroffene in **Kenntnis** einer Straftat zum BS ernannt, kann eine Entlassung nach Nr. 3 nicht erfolgen. Dies ergibt sich aus dem Wortlaut („... wenn sich herausstellt ...") und dem Zweck der Best., gilt jedoch nur, wenn alle Umstände der Tat bekannt gewesen sind, die eine Unwürdigkeit des Ernannten begründen. Werden irrtümlich mildernde Umstände angenommen, liegt keine Kenntnis vor, die eine Entlassung ausschließt.[77] 55

Die **Beweislast** für die Unkenntnis im Zeitpunkt der Ernennung trifft den Dienstherrn.

Das **Verwertungsverbot des § 51 Abs. 1 BZRG** gilt grds. auch gegenüber einer Entlassung nach Nr. 3. Nur in Ausnahmefällen kann wegen einer bereits gelöschten Tat eine Entlassung in Betracht kommen, wenn sie auch im Rahmen des Ernennungsverfahrens unter der Voraussetzung des § 52 Abs. 1 Nr. 4 BZRG hätte berücksichtigt werden dürfen.[78] Ist die Löschung im Zentralregister nach der Ernennung erfolgt, kann die Tat für eine Entlassung nach Nr. 3 verwertet werden.[79] 56

Die Straftat muss den Betroffenen als **unwürdig** erscheinen lassen. Kriterien für die Feststellung der Unwürdigkeit sind die Art der Straftat, die Person des Täters und sonstige Umstände des Einzelfalles.[80] Verurteilungen nach § 48 werden stets die Unwürdigkeit begründen.[81] Gleiches gilt für Sittlichkeits- und Eigentumsdelikte, wenn nicht be- 57

---

74 Vgl. BVerwGE 16, 340; OVG Koblenz NVwZ 1994, 595.
75 In der ursprünglichen Fassung stellte Abs. 2 Nr. 3 noch ausdrücklich auf Verbrechen u. Vergehen ab. Durch Art. 154 Nr. 4 des G v. 2.3.1974 (BGBl. I S. 469) wurde „Verbrechen oder Vergehen" durch „Straftat" ersetzt; inhaltliche Bedeutung für das SG hatte dies nicht.
76 Vgl. o. Rn. 32.
77 Vgl. im Einzelnen BVerwGE 11, 64; 16, 342; OVG Münster NZWehrr 2000, 128; *Battis*, BBG, § 12 Rn. 10.
78 OVG Koblenz NVwZ 1994, 595.
79 BVerwGE 59, 366.
80 OVG Koblenz NVwZ 1994, 595.
81 Bedeutung hat dies aber nur, wenn die Verurteilung vor der Ernennung zum BS erfolgt ist. Erfolgt sie später, greift § 48 unmittelbar ein. Wird ein SaZ i.S.v. § 48 verurteilt, verliert er ebenfalls seine Rechtsstellung (§ 54 Abs. 2 Nr. 2). Bleibt dies unerkannt u. wird er anschließend zum BS ernannt, das Erfordernis der Entlassung nach Nr. 3 stellen. Die Ernennung zum BS ist zwar rechtswidrig (mit dem Verlust der Rechtsstellung als SaZ wird gem. § 56 Abs. 2 der Dienstgrad verloren, der i.d.R. Voraussetzung für die Ernennung zum BS ist, vgl. § 39), aber nicht nichtig.

§ 46 Rechtsstellung der Berufssoldaten und der Soldaten auf Zeit

sonders leichte Fälle vorliegen[82] sowie für Betäubungsmittelstraftaten.[83] Dagegen wird bei Fahrlässigkeitsdelikten i.d.R. eine Unwürdigkeit zu verneinen sein, sofern sich in ihr nicht eine besonders rücksichtslose Gesinnung oder erhebliche Gleichgültigkeit gegenüber Sorgfaltspflichten widerspiegelt. Abstrakt kann auf eine „Quasi-Kausalitäts-Prüfung" abgestellt werden. Hätte die Ernennungsdienststelle den Bewerber in Kenntnis der Straftat zum BS ernannt, spricht dies gegen eine Unwürdigkeit, im gegenteiligen Fall kann von einer Unwürdigkeit ausgegangen werden.[84]

58 Die Unwürdigkeit muss im **Zeitpunkt der Ernennung** vorgelegen haben. Eine Nachbewährung oder sonstige nach der Ernennung eingetretene Umstände sind unbeachtlich.[85] Dagegen kann nach der begangenen Straftat, noch vor der Ernennung, durchaus eine Bewährung erfolgt sein (z.b. als SaZ), welche die Unwürdigkeit ausschließt.[86] Dies folgt aus dem Wortlaut der Nr. 3, wonach sich die Unwürdigkeit auf die Berufung in das Dienstverhältnis beziehen muss.

59 Die **Fristenregelung** des § 47 Abs. 3 gilt auch für Entlassungen nach Nr. 3.

60 Alternativ zu einer Entlassung nach Nr. 3 kann bei BS, die nach § 87 Abs. 1 eingestellt wurden, die Entlassung auf Grund eines disziplinargerichtl. Feststellungsverfahrens gem. § 88 erfolgen. Auf das Vorliegen einer Straftat und einer rechtskräftigen Verurteilung kommt es als Voraussetzung für die Unwürdigkeit insoweit nicht an.[87]

5. Absatz 2 Satz 1 Nr. 4

61 Die Leistung des Diensteides ist gem. § 9 Abs. 1 eine **soldatische Dienstpflicht**. Dementspr. kann der Eid erst nach der wirksamen Berufung in das Dienstverhältnis geleistet werden. Mit diesem Zeitpunkt entsteht die Dienstpflicht.[88]

Da die Leistung des Eides grds. weder durch Befehl durchgesetzt noch die Eidesverweigerung disziplinar geahndet werden soll[89], bestimmt das Gesetz konsequenterweise die Entlassung als Rechtsfolge der Weigerung, den Diensteid zu leisten.

62 Für BS dürfte dieser Entlassungsgrund **keine große Bedeutung** haben, da sie i.d.R. bereits nach ihrer Ernennung zum SaZ vereidigt werden und eine Wiederholung des Eides bei der Umwandlung des Dienstverhältnisses nicht vorgesehen ist.[90] Lediglich bei Eignungsübenden, die nach Ende der Übung gem. § 87 Abs. 2 zum BS ernannt werden, kann die Eidesverweigerung eine Rolle spielen.[91]

63 Aus welchen Motiven der Eid nicht geleistet wird, spielt für die Entlassung keine Rolle.[92]

64 Da die Verpflichtung zur Eidesleistung mit dem GG vereinbar ist[93], bestehen gegen den Entlassungsgrund der Nr. 3 keine verfassungsrechtl. Bedenken. Erfolgt im Einzelfall eine zulässige Einschränkung der Eidespflicht (Art. 4 Abs. 1 GG, Stichwort: Sektenprivileg), kann eine Verweigerung des Eides nicht die Entlassung begründen.

---

82 OVG Koblenz NVwZ 1994, 595; OVG Münster NZWehrr 2000, 128.
83 VGH München NVwZ-RR 1994, 222.
84 Vgl. VGH München NVwZ-RR 1994, 222.
85 BVerwG DÖD 1966, 193; OVG Münster NZWehrr 2000, 128.
86 *Battis*, BBG, § 12 Rn. 9.
87 Krit. im Hinblick auf die Bestimmtheit des Merkmals „Unwürdigkeit" in § 88 *Walz* in der Komm. zu § 88 Rn. 11.
88 Vgl. die Komm. zu § 9 Rn. 27.
89 Vgl. die Komm. zu § 9 Rn. 25.
90 ZDv 14/5 B 193 Nr. 1 Abs. 2.
91 ZDv 14/5 B 193 Nr. 3.
92 *Battis*, BBG, § 28 Rn. 4.
93 Vgl. die Komm. zu § 9 Rn. 21.

Entlassung   § 46

6. Absatz 2 Satz 1 Nr. 5

Nr. 5 ist die soldatenrechtl. **Parallelbest. zu** § **28 Nr. 2 BBG**, weist aber inhaltliche Unterschiede zum Beamtenrecht auf. So bezieht sich § 28 Nr. 2 BBG ausschließlich auf Mitglieder des BT. Dies hängt damit zusammen, dass die Frage, ob die Mitgliedschaft in einem Landtag mit der Stellung als Bundesbeamter unvereinbar ist, nicht bundesrechtl. einheitlich durch Beamtenrecht geregelt wird, sondern von den jew. Landesgesetzen abhängt.[94]   65

Für Soldaten ist nicht nur die Wahrnehmung eines **Bundestagsmandats**, sondern auch die eines **Landtagsmandats**, unabhängig von den landesrechtl. Best., ausgeschlossen (vgl. § 25 Abs. 2). In der Erstfassung sah Nr. 5 die Entlassung zusätzlich bei der Mitgliedschaft in einer kommunalen Vertretungskörperschaft vor. Dieser Zusatz wurde durch Art. I Nr. 3 des G vom **9.7.1962**[95] gestrichen. BS können heutzutage ein kommunales Mandat wahrnehmen (vgl. § 25 Abs. 3).   66

Die Entlassung bei Weigerung der Mandatsniederlegung ist Ausdruck der grds. Unvereinbarkeit von parlamentarischem Mandat und aktivem Dienst in der Exekutive.[96]   67

Der **Regelfall**, in dem dieser Inkompatibilitätsgrundsatz praktische Bedeutung entfaltet, liegt vor, wenn ein Soldat in den BT oder einen Landtag gewählt wird. Die Rechtsfolgen ergeben sich in diesem Fall aus den §§ 5 ff. AbgG sowie aus § 25 Abs. 2, wonach die Rechte und Pflichten aus dem Dienstverhältnis vom Tag der Annahme der Wahl an **ruhen** (§ 5 Abs. 1 Satz 1, § 8 AbgG), der Soldat aber einen Anspruch hat, nach Beendigung des Mandats in das frühere Dienstverhältnis zurückgeführt zu werden (§ 6 Abs. 1 AbgG).

Nr. 5 regelt die – praktisch weniger bedeutsame – gegenteilige Konstellation, dass ein Bundes- oder Landtagsabg. **zum BS ernannt** wird. Denkbar ist dies, wenn ein SaZ in ein Parlament gewählt wurde und während des Ruhens seines Dienstverhältnisses die Übernahme zum BS beantragt.   68

Die Ernennung eines Abg. zum BS ist grds. wirksam (ein gesetzl. Ernennungsverbot wie in § 4 Abs. 4 besteht nicht). Der BS ist jedoch zu entlassen, wenn er nicht in einer durch das BMVg zu bestimmenden angemessenen Frist sein Mandat niederlegt. Die Fristbestimmung muss durch das **BMVg** als oberste Dienstbehörde erfolgen; Fristsetzungen anderer Dienststellen, auch wenn sie für die Entlassung des Soldaten zuständig wären, sind nicht geeignet, die Voraussetzung für eine Entlassung zu begründen.[97] Entspr. der im Beamtenrecht überwiegend vertretenen Auffassung[98] wird man eine **Frist von einem Monat** als angemessen ansehen können. Besondere Umstände des Einzelfalles können Abweichungen zulassen.   69

Die gesetzl. Regelung gibt dem ernannten BS ein Wahlrecht, ob er sein Mandat weiterhin wahrnimmt oder Dienst als Soldat leistet. Erklärt ein Abg. im Vorfeld der Ernennung zum BS, dass er nicht bereit ist, auf sein Mandat zu verzichten, darf er nicht ernannt werden.[99]

Die gesetzl. Reaktion auf die grds. Unvereinbarkeit von BS-Status und Mandat fällt somit **unterschiedlich** aus, je nachdem, welche Rechtsstellung der Betroffene zuerst innehatte. Wird ein BS zum Abg. gewählt, führt dies lediglich zum Ruhen seines Dienst-   70

---

94 Vgl. § 89a BBG sowie *Battis*, BBG, § 89a Rn. 3.
95 BGBl. I S. 447.
96 Vgl. GKÖD I Yk, § 46 Rn. 15; für Beamte *Battis*, BBG, § 28 Rn. 5.
97 GKÖD I K, § 28 Rn. 8.
98 *Battis*, BBG, § 28 Rn. 5; GKÖD I K, § 28 Rn. 8.
99 Vgl. GKÖD I K, § 28 Rn. 8.

Sohm   615

§ 46 Rechtsstellung der Berufssoldaten und der Soldaten auf Zeit

verhältnisses. War der Betroffene zuerst Abg. und wird er aus dieser Stellung heraus zum BS ernannt, muss er sich entscheiden, welche Funktion er wahrnimmt und welche Rechtsstellung er auf Dauer aufgibt. Diese Differenzierung ist berechtigt. Zum BS soll nur derjenige ernannt werden, der als Soldat Dienst leistet. Da gem. § 5 Abs. 1 Satz 2 AbgG das Dienstverhältnis nach der Ernennung ruht, solange das Mandat nicht niedergelegt wird, ist die Entlassung die angemessene Rechtsfolge.[100] Dagegen kann von einem BS, der ein Abgeordnetenmandat wahrnehmen will, nicht erwartet werden, seine dienstrechtl. Stellung von vornherein auf Dauer aufzugeben. Dies würde eine Kandidatur für Soldaten ungerechtfertigt einschränken.[101]

71 Voraussetzung für eine Entlassung nach Nr. 5 ist, dass der BS zum **Zeitpunkt** seiner Ernennung Mitglied des BT oder eines Landtages war. Hins. des Zeitpunkts der Ernennung kommt es auf die innere Wirksamkeit der Ernennungsurkunde an (vgl. § 41 Abs. 3). Besteht zu diesem Zeitpunkt die Mitgliedschaft in einem Parlament, greift Nr. 5 ein, auch wenn zum Zeitpunkt der Aushändigung der Urkunde der Betroffene noch kein Mandat innehatte.

72 Die Mitgliedschaft im BT wird mit der **Annahme der Wahl** unter den Voraussetzungen des § 45 BWG erworben. War der BS im Zeitpunkt der Wirksamkeit seiner Ernennung zwar gewählt, hatte aber nach § 45 BWG bzw. den einschlägigen landesrechtl. Best. die Wahl noch nicht angenommen, kommt Nr. 5 nicht zum Zuge. Nimmt er erst nach der Wirksamkeit der Ernennung die Wahl an, ist § 5 Abs. 1 Satz 1 i.V.m. § 8 AbgG einschlägig.

7. Absatz 2 Satz 1 Nr. 6

73 Die Best. ergänzt § 44 Abs. 1 bis 3 und hat in erster Linie **versorgungsrechtl. Bedeutung**. Inhaltlich entspricht sie § 35 BBG i.V.m. § 4 BeamtVG.

74 BS treten mit Erreichen der allg. Altersgrenze in den Ruhestand (§ 44 Abs. 1). Mit Erreichen der besonderen Altersgrenze können sie durch VA in den Ruhestand versetzt werden (§ 44 Abs. 2). Bei Dienstunfähigkeit ist ein BS in den Ruhestand zu versetzen (§ 44 Abs. 3).

75 Gem. § 15 SVG ist Voraussetzung für die Gewährung von Ruhegehalt der Eintritt in den Ruhestand. Da ein Anspruch auf Ruhegehalt entspr. § 4 BeamtVG nur unter der Voraussetzung einer Mindestdienstzeit von fünf Jahren oder einer nicht durch grobes Verschulden im dienstl. Bereich herbeigeführten Dienstunfähigkeit entstehen soll, setzt § 44 Abs. 5 für den Eintritt und die Versetzung[102] in den Ruhestand eine Dienstzeit von fünf Jahren oder eine durch WDB ohne grobes Verschulden eingetretene Dienstunfähigkeit voraus. Liegen diese Voraussetzungen nicht vor, bestimmt Nr. 6, dass der BS an Stelle des Eintritts bzw. der Versetzung in den Ruhestand zu entlassen ist mit der Folge, dass er **keinen Anspruch auf Ruhegehalt** erwirbt.

---

100 S.a. *Braun, Werner/Jantsch, Monika/Klante, Elisabeth*, Abgeordnetengesetz, 2002, § 5 Rn. 12.
101 Dass dies zu einer Begünstigung von Angehörigen des öff. Dienstes gegenüber anderen Berufsgruppen führt, ist nicht zu verkennen. Die oft krit. Tendenz zu „Beamtenparlamenten" (vgl. hierzu BVerfGE 40, 296/321; *Hess, Adalbert*, in: *Schneider, Hans-Peter/Zeh, Wolfgang* (Hrsg.), Parlamentsrecht und Parlamentspraxis, § 24) kann jedoch nicht dadurch gezielt zurückgedrängt werden, sondern nur dadurch, dass in der freien Wirtschaft die Möglichkeit politischen Engagements gefördert wird. Der gegenläufige Ansatz, die Wählbarkeit von Angehörigen des öff. Dienstes generell zu untersagen, wäre an sich mit dem demokratischen u. rechtsstaatlichen Prinzipien durchaus vereinbar, von der grundgesetzl. Ermächtigung des Art. 137 GG jedoch nicht mehr gedeckt; vgl. *Magiera*, in: *Sachs*, GG, Art. 137 Rn. 6.
102 Dies stellt die Neufassung des § 44 Abs. 5 Satz 1 durch Art. 2 Nr. 15b des SkResNOG nunmehr klar.

Gem. § 47 Abs. 4 muss die Entlassungsverfügung dem Soldaten bei Dienstunfähigkeit **76** wenigstens **drei Monate** vor dem Entlassungstag zum Schluss eines Kalendervierteljahres unter schriftl. Angabe der Gründe zugestellt werden.

Die Entlassung nach Nr. 6 tritt jew. **an die Stelle des Entritts bzw. der Versetzung in den** **77** **Ruhestand.** Dies bedeutet, dass auch die Voraussetzungen von § 44 Abs. 1 bis 3 vorliegen müssen. So ist für eine Entlassung wegen Dienstunfähigkeit das Verfahren nach § 44 Abs. 4, bei einer Entlassung wegen Erreichens der besonderen Altersgrenze das Verfahren nach § 44 Abs. 6 einzuhalten.[103] Bei einer Entlassung wegen Erreichens der allg. Altersgrenze sind **keine Fristen** oder besonderen Verfahrensbest. einzuhalten. Der BS kann die Aufschiebung der Entlassung um bis zu einem Jahr gem. § 44 Abs. 1 Satz 1 beantragen. Bei Verschleppung, Gefangenschaft o.ä. ist die Entlassung gem. § 44 Abs. 1 Satz 6 hinauszuschieben.

8. Absatz 2 Satz 1 Nr. 7

Dieser Entlassungsgrund wurde durch Art. 2 Nr. 3 des G vom **13.6.1986**[104] eingeführt. **78** Vorher wurden anerkannte KDV entweder wegen besonderer Härte oder ohne spezielle Rechtsgrundlage entlassen.[105]

Die Regelung folgt aus der Erkenntnis, dass auch freiwillig in einem Wehrdienstver- **79** hältnis stehende **BS** vom **Schutzbereich des Grundrechts nach Art. 4 Abs. 3 GG** erfasst werden.[106] Lediglich BS und SaZ, die im SanDienst oder im Militärmusikdienst eingesetzt werden, haben nach Auffassung des BVerwG kein Rechtsschutzbedürfnis für einen KDV-Antrag, da sie keinen Kriegsdienst mit der Waffe leisten.[107] Sie können jedoch wegen besonderer Härte einen Antrag auf Entlassung stellen. Dann lebt ihr Grundrecht auf KDV wieder auf.[108]

Durch das KDVG vom 9.8.2003[109] ist im Gegensatz zur früheren Rechtslage ein **beson-** **80** **deres Anerkennungsverfahren** für im Dienst stehende Soldaten **nicht mehr vorgesehen.** Vielmehr reicht auch für diese Gruppe das grds. schriftl. Verfahren vor dem BAZ aus.[110]

Mit der bestands- oder rechtskräftigen Anerkennung **ist der BS zu entlassen.** Dies gilt **81** auch dann, wenn die Anerkennung fehlerhaft erfolgt ist, z.B. wenn entgegen der o.g. Rspr. ein SanOffz als KDV anerkannt wurde. Das Gesetz stellt lediglich auf die Anerkennung ab; der Entlassungsdienststelle kommt kein eigenes Prüfungsrecht mehr zu.[111]

Verfahrensrechtl. Einzelheiten – auch für die Phase zwischen Antrag und Entlassung – **82** regelt der Erl. des BMVg „Behandlung von Soldatinnen und Soldaten, die ihre Anerkennung als Kriegsdienstverweigerin bzw. als Kriegsdienstverweigerer beantragt haben" vom 10.10.2003.[112]

---

103 So auch GKÖD I Yk, § 46 Rn. 17.
104 BGBl. I S. 873.
105 Vgl. BT-Drs. 10/4591, 15; *Semmler*, NZWehrr 1979, 221.
106 Ganz h.M. u. Rspr. Eine dogmatische Begr. hierfür findet sich bislang lediglich bei *Walz*, NZWehrr 2002, 246 (248 f.).
107 BVerwGE 72, 241; BVerwG NVwZ-RR 1995, 209; BVerwG NVwZ-RR 1997, 364.
108 BVerwG NZWehrr 1996, 217. Zur Gesamtproblematik vgl. *Böck*, NZWehrr 1997, 152; zu Recht krit. zu der Rspr. des BVerwG *Walz*, NZWehrr 2002, 252.
109 BGBl. I S. 1593.
110 Ob diese Regelung mit der verfassungsrechtl. Vorgabe der Feststellung echter Gewissensgründe (vgl. *Kokott*, in: *Sachs*, GG, Art. 4 Rn. 89) noch vereinbar ist, darf durchaus bezweifelt werden.
111 OVG Münster 1 A 2016/88.
112 VMBl. S. 162 (mehrmals – redaktionell – geändert).

83 Durch die Festlegung, dass die Entlassung als solche auf eigenen Antrag gilt, ist § 49 Abs. 4 Nr. 1 anzuwenden, wonach der BS unter den dort aufgeführten Voraussetzungen ggf. **Studien- oder Ausbildungskosten erstatten** muss. Diese Erstattungspflicht ist mit Art. 4 Abs. 3 GG vereinbar.[113]

9. Absatz 2 Satz 1 Nr. 8

84 Die **Verlagerung des Wohnsitzes** oder des dauernden Aufenthalts außerhalb des Geltungsbereichs des SG war gem. Abs. 1 Nr. 2 in der bis zum 31.7.1989 geltenden Fassung ein Fall der Entlassung kraft Gesetzes. Durch Art. 4 Abs. 1 Nr. 3 des G vom **30.6.1989**[114] wurde mit der Verlagerung in Abs. 2 daraus – parallel zu der entspr. Änd. des § 28 BBG – ein zwingender Entlassungsgrund durch VA. Anliegen des Gesetzgebers war, die nachträgliche Genehmigung einer erfolgten Wohnsitz- oder Aufenthaltsverlagerung zu ermöglichen, während nach der früheren Rechtslage die Entlassung kraft Gesetzes eintrat.[115]

85 Der Tatbestand der Nr. 8 besteht aus zwei Alt., dem **Nehmen des Wohnsitzes** oder des **dauernden Aufenthalts** außerhalb des Geltungsbereichs des SG.

86 Unter **Wohnsitz** ist gem. § 7 Abs. 1 BGB der Ort zu verstehen, an dem sich jemand ständig niederlässt.[116] Auf den gesetzl. Wohnsitz gem. § 9 Abs. 1 BGB[117] kommt es bei Nr. 8 nicht an, sonst würde die Best. leer laufen, da der Soldat nicht in der Lage ist, seinen gesetzl. Wohnsitz eigenständig zu ändern.[118] Auch die melderechtl. Festlegung des Wohnsitzes ist nicht das entscheidende Kriterium.[119] Der Besitz mehrerer Wohnungen begründet nicht automatisch mehrere Wohnsitze. Nur wenn der Schwerpunkt der Lebensverhältnisse gleichmäßig auf verschiedene Orte verteilt ist, kann von mehreren Wohnsitzen ausgegangen werden.[120] Liegt davon einer in Deutschland, ist eine Entlassung nach Nr. 8 nicht möglich. Allerdings können trotz Anmeldung eines Hauptwohnsitzes in Deutschland bei einer Wohnsitznahme im Ausland die Voraussetzungen einer Entlassung nach Nr. 8 erfüllt sein.[121]

87 Der **dauernde Aufenthalt** ist im Gegensatz zum Wohnsitz eine rein faktische Kategorie. Auf einen rechtsgeschäftlichen Willen kommt es dabei nicht an, vielmehr muss der Aufenthalt dauerhaft erfolgen. Voraussetzung einer Entlassung nach Nr. 8 ist nicht, dass über einen längeren Zeitraum tatsächlich ein ständiger Aufenthalt im Ausland „vollzogen" worden ist, sondern das „Nehmen" des dauernden Aufenthalts außerhalb des Geltungsbereichs des SG. Damit wird ein tatsächlicher Wille des Betroffenen gefordert, dass der Aufenthalt im Ausland für unbestimmte Dauer erfolgen soll.[122] Ob sich dies realisieren lässt, ist unerheblich. Eine Rückkehr nach kurzer Dauer kann allenfalls zu Beweisschwierigkeiten hins. des tatsächlichen Willens führen, insb. die Rückkehr freiwillig und nicht zwangsweise (z.B. infolge einer Ausweisung) erfolgt. Der Entlassungsgrund liegt vor, wenn der Soldat mit der entspr. Absicht das Bundesgebiet verlässt. Angesichts dieser Voraussetzung dürfte die Abgrenzung zwischen Wohnsitznahme und

---

113 BVerwG ZBR 1996, 309.
114 BGBl. I S. 1282.
115 Vgl. BT-Drs. 11/2218, 10; GKÖD I Yk, § 46 Rn. 13.
116 Vgl. VGH München ZBR 2002, 185.
117 I.d.F. des § 68 SG a.F.
118 *Scherer/Alff*, SG, § 46 Rn. 21.
119 Vgl. BVerfG NJW 1990, 2193; BVerwGE 71, 309. Vgl. im Übrigen Erl. des BMVg „Meldepflichten der Soldaten" (VMBl. 1997 S. 42).
120 GKÖD I K, § 28 Rn. 14.
121 GKÖD I K, § 28 Rn. 14.
122 GKÖD I Yk, § 46 Rn. 21.

Entlassung § 46

ständigem Aufenthalt in der Praxis keine große Rolle spielen. Lediglich dann, wenn der Soldat keinen bestimmten Aufenthaltsort und damit keinen Wohnsitz im Ausland anstrebt, sondern sich nur allg. außerhalb Deutschlands aufhalten will, kann auf den ständigen Aufenthalt abgestellt werden.

Unter dem **Geltungsbereich des SG** ist das Staatsgebiet der Bundesrepublik Deutschland zu verstehen.[123] Dagegen könnte zwar formal eingewandt werden, dass das SG im Rahmen von Auslandseinsätzen oder der Stationierung deutscher SK im Ausland zumindest in Teilen Anwendung findet (vgl. § 16 sowie § 1a Abs. 2 WStG). Die Formulierung „Geltungsbereich des Gesetzes" bezieht sich jedoch grds. nur das deutsche Staatsgebiet. Im Ausland ist das SG jew. nur auf Grund besonderer völkerrechtl. Grundlagen anzuwenden.[124]   88

Die Voraussetzungen der Nr. 8 liegen vor, wenn der Soldat sich auf Dauer in das Ausland begibt und gleichzeitig unerlaubterweise dem Dienst fernbleibt.   89

Leistet der Soldat dagegen weiterhin **im Inland Dienst**, hat aber seine Wohnung – bei grenznaher Stationierung – im Ausland und kehrt dorthin als **Pendler** täglich zurück, soll keine Verlegung des Wohnsitzes i.S.v. Nr. 8 gegeben sein.[125] Dem ist zu widersprechen.[126] Auch bei Pendlern liegt der rechtsgeschäftliche Wohnsitz gem. § 7 BGB an der Wohnung und nicht an dem Dienstort, sofern der Soldat täglich zurückkehrt. Es besteht auch kein Bedürfnis für eine derartige Einschränkung des Tatbestandes der Nr. 8, da ein ausländischer Wohnort in Grenznähe grds. genehmigungsfähig sein dürfte.

Auch **beurlaubte** oder aus sonstigen Gründen **vom Dienst frei gestellte** Soldaten sind nach Nr. 8 zu entlassen, wenn sie ohne Genehmigung ihren Wohnsitz oder ständigen Aufenthalt in das Ausland verlagern. In derartigen Fällen ist zu prüfen, ob ein Auslandsaufenthalt, der für den Zeitraum der Beurlaubung oder Freistellung begrenzt ist, wirklich auf Dauer angelegt ist. Kriterien hierfür sind die tatsächliche Dauer, die Auflösung der inländischen Wohnung bzw. die Abmeldung u.ä.   90

Die Wohnsitznahme oder Aufenthaltsverlagerung muss ohne **Genehmigung des BMVg** erfolgt sein. Bei der Genehmigung handelt es sich um einen VA und nicht um eine truppendienstl. Maßnahme. Sie kann **zeitlich befristet** oder unter **Widerrufsvorbehalt** erteilt werden. Ist die Befristung abgelaufen, und kehrt der Soldat nicht ins Inland zurück, kann dies zu seiner Entlassung führen.[127] Auch ohne Widerrufsvorbehalt kann die Genehmigung jederzeit nach § 49 Abs. 2 Satz 1 Nr. 3 VwVfG widerrufen werden. Bei der Versetzung oder Kommandierung in das Ausland gilt die Genehmigung konkludent als erteilt; eines besonderen Bescheides bedarf es nicht.[128]   91

Beantragt ein Soldat eine Genehmigung, kann er verlangen, dass hierüber nach pflichtgemäße Ermessen **entschieden** wird.[129] Die Genehmigung ist zu **versagen**, wenn ihr dienstl. Gründe entgegenstehen. Dem BMVg kommt ein weiter Ermessensspielraum zu. Gegen die Versagung der Genehmigung kann der Soldat Beschwerde einlegen und anschließend Verpflichtungsklage vor dem VG erheben. Die Genehmigung ist **vor** der Verlagerung des Wohnsitzes einzuholen. Zwar kann sie nachträglich erteilt werden; ein Soldat, der vor der Genehmigung die Bundesrepublik Deutschland verlässt, begeht je-

---

123 *Scherer/Alff*, SG, § 46 Rn. 20.
124 *Scherer/Alff*, SG, Vorbem. Rn. 28.
125 GKÖD I Yk, § 46 Rn. 20; *Scherer/Alff*, SG, § 46 Rn. 21.
126 So auch für das Beamtenrecht GKÖD I K, § 28 Rn. 19.
127 Vgl. VGH München ZBR 2002, 185.
128 *Scherer/Alff*, SG, § 46 Rn. 20.
129 GKÖD I Yk, § 46 Rn. 195; K, § 28 Rn. 27.

doch – unabhängig davon, ob die Genehmigung nachträglich erteilt wird – grds. ein Dienstvergehen (Verstoß gegen § 7).[130]

92 Liegen die Voraussetzungen für eine Entlassung nach Nr. 8 vor, gebietet es die Fürsorgepflicht, von Amts wegen zu prüfen, ob die **Genehmigung nachträglich erteilt** werden kann.[131] Die Entlassungsdienststelle hat ggf. die Entscheidung des BMVg herbeizuführen. Dies wird insbes. bei beurlaubten oder freigestellten Soldaten eine Rolle spielen oder in den Fällen, in denen der Soldat trotz unerlaubten Auslandsaufenthalts weiterhin Dienst geleistet hat. Bei einer unerlaubten Verlagerung des Aufenthalts in das Ausland, verbunden mit unerlaubtem Fernbleiben vom Dienst, spricht die Fürsorgepflicht allerdings nicht gegen eine Entlassung.[132]

93 Die Genehmigung kann ohne Antrag des Soldaten **von Amts wegen** – u.U. gegen den Willen des Soldaten – erteilt werden. Der Soldat hätte es sonst in der Hand, durch Verlagerung seines Aufenthaltes in das Ausland seine Entlassung zu erzwingen. Ein Interesse des Dienstherrn an einer Genehmigung kann gegeben sein, wenn die Mindestdienstzeit gem. Abs. 3 noch nicht abgeleistet wurde, da eine Entlassung nach Nr. 8 nicht zur Rückforderung von Studien- und Ausbildungskosten berechtigt. In einem derartigen Fall mag es angebracht erscheinen, den Soldaten über ein gerichtl. Disziplinarverfahren aus dem Dienst zu entfernen (mit der Folge der Rückerstattungspflicht, vgl. § 49 Abs. 4 Satz 1 Nr. 4).

10. Absatz 3

94 Satz 1 Halbs. 1 gewährt dem BS einen grds. **Anspruch auf jederzeitige Entlassung**. Dies entspricht der Rechtslage im Beamtenrecht (§ 30 Abs. 1 BBG) und ist Ausfluss des Grundrechts auf Berufsfreiheit, das die Freiheit einschließt, einen bestimmten Beruf aufzugeben.

95 Gem. Satz 1 Halbs. 2 wird das Recht auf jederzeitige Entlassung **beschränkt**, soweit die mil. Ausbildung des BS mit einem Studium oder einer Fachausbildung verbunden war. Unter dieser Voraussetzung kann die Entlassung erst nach einer sich daran anschließenden Dienstzeit, die der dreifachen Studien- oder Ausbildungsdauer entspricht, spätestens jedoch nach zehn Jahren, verlangt werden. Diese sog. **Stehzeiten** wurden durch Art. 1 Nr. 1 des G vom **23.12.1977**[133] in das SG eingeführt, um gut ausgebildete BS in den SK für einen bestimmten Zeitraum halten zu können. Die bis dahin vorgesehene Möglichkeit, von vorzeitig ausscheidenden BS die Rückzahlung von Ausbildungskosten zu verlangen, hatte nicht ausgereicht, um Abwanderungstendenzen insbes. von kostenintensiv ausgebildeten Ärzten und Piloten erfolgreich entgegenzuwirken.[134]

96 **Verfassungsrechtl. Bedenken** begegnet diese Einschränkung der Entlassungsmöglichkeit **nicht**. Von entscheidender Bedeutung ist, dass es nicht um eine Art Vorteilsausgleich für die erhaltene Ausbildung oder allein um die Wahrung wirtschaftlicher Interessen der Bw geht (sonst würde in der Tat eine Rückzahlungsverpflichtung ausreichen), sondern um die **Sicherstellung der jederzeitigen Einsatzbereitschaft der SK**. Die Bw muss sich darauf verlassen können, dass BS, denen im dienstl. Interesse eine Fachausbildung oder ein Studium gewährt wurde und die nicht ohne Weiteres ersetzbar sind, die damit verbundenen Kenntnisse und Befähigungen für eine bestimmte Dauer dem Dienstherrn zur Verfügung stellen. Dies rechtfertigt eine Einschränkung der Berufs-

---

130 So auch für das Beamtenrecht GKÖD I K, § 28 Rn. 25 u. 28.
131 Vgl. VGH München ZBR 2002, 185.
132 Im Ergebnis ebenso *Scherer/Alff*, SG, § 46 Rn. 20.
133 BGBl. I S. 3114. Seine heutige Fassung erhielt Abs. 3 durch Art. 1 Nr. 3 des SGÄndG.
134 Vgl. *Dau*, NZWehrr 1977, 51.

| Entlassung | § 46 |

freiheit von BS.[135] Die dreifache Dauer ist als verhältnismäßig anzusehen.[136] Zur Abmilderung von Härtefällen ermöglicht Abs. 6 eine Ausnahmeentscheidung. Von der gem. Abs. 3 Satz 2 vorgesehenen Möglichkeit, durch RVO eine längere Dauer als die dreifache Dauer zu bestimmen, hat das BMVg bislang keinen Gebrauch gemacht.

Unter einem **Studium** ist die Ausbildung an einer Universität (einschl. Universität der Bw), Technischen Hochschule oder Fachhochschule (einschl. Fachhochschule der Bw) sowie an einer vergleichbaren ausländischen Bildungseinrichtung zu verstehen.[137]   97

Fachausbildung wird definiert als besondere, einheitliche Ausbildung außerhalb des allg. Truppendienstes mit einem bestimmten Ausbildungsziel, die in einem geregelten Ausbildungsgang durch qualifiziertes Personal vermittelt wird und die – sei es durch Prüfung oder nach einem planmäßigen Abschluss – zu einer zusätzlichen Befähigung oder Berechtigung führt.[138] Keine inhaltliche Deckungsgleichheit besteht zu dem Begriff der Fachausbildung in § 27 Abs. 6 und in § 3 SVG, da es hier nicht zwingend auf zivilberuflich nutzbare Qualifikationen oder Berechtigungen ankommt.[139]   98

Kriterien für eine Fachausbildung sind: 99
- Der formalisierte Ausbildungsgang[140]
- eine bestimmte Prüfung oder Abschlussqualifikation, die nicht jeder Soldat, der einer bestimmten TSK und Laufbahn angehört, absolvieren muss
- sie muss aus dienstl. Gründen erforderlich sein, weil sie den Soldaten befähigt, eine mil. Funktion zu übernehmen, die er sonst nicht sachgerecht erfüllen könnte.[141]

Anerkannte Fachausbildungen sind demzufolge:
- Die Ausbildung zum Gebietsarzt/Facharzt[142]
- der Ausbildungsabschnitt „Arzt im Praktikum" (AiP)[143]
- die Ausbildung in einem zivilberuflich anerkannten Beruf (z.B. Gesellen-/Meisterprüfung)[144]
- die Ausbildung, die zu einem zivil anerkannten Bildungsabschluss (z.B. Fachhochschulreife) führt[145]
- die Ausbildung zum amtl. anerkannten Sachverständigen
- die fliegerische Ausbildung.[146]

Da es auf die zivilberufliche Nutzbarkeit nicht zwingend ankommt, wird auch die Ausbildung zum **Waffensystemoffizier in Strahlflugzeugen** als Fachausbildung angesehen.[147] Dies ist ein Beispiel für z.T. schwierig zu beurteilende **Grenzfälle**. Die Ausbildung von Soldaten an dem jew. Waffensystem wird grds. nicht als Fachausbildung gewertet. Allerdings kann auch eine mil. Spezialkenntnisse vermittelnde Ausbildung Fachausbildung   100

---

135 BVerwGE 65, 203 sieht darin eine zulässige Berufsausübungsregelung.
136 BVerfGE 39, 128 (146).
137 ZDv 14/5 B 155 Nr. 4.
138 ZDv 14/5 B 155 Nr. 5.
139 BVerwGE 52, 84 (86).
140 Wobei es auf einen klassischen Lehrgang nicht ankommt; auch eine praktische Tätigkeit in einem Krankenhaus kann Teil einer Fachausbildung sein, wenn sie Ausbildungscharakter hat u. in der entspr. Ausbildungsordnung so vorgesehen ist. Vgl. BVerwGE 98, 187; OVG Hamburg ZBR 1985, 209.
141 BVerwGE 52, 85; 65, 203 (209).
142 BVerwGE 42, 233; 65, 203.
143 VGH Kassel ESVGH 53, 51.
144 BVerwGE 52, 84.
145 VGH Mannheim ZBR 1999, 280.
146 OVG Lüneburg NZWehrr 1995, 128.
147 OVG Münster 12 A 3792/96.

sein. Ob eine rein militärspezifische oder waffensystembezogene Ausbildung als Fachausbildung zu qualifizieren ist, wird immer auch von der Komplexität der Ausbildung abhängen und von der Frage, ob die mit der Ausbildung vermittelten Fähigkeiten für sich allein ausreichen, einen bestimmten Dienstposten wahrzunehmen. Ist dies nicht der Fall, dürfte es sich i.d.R. um einen Bestandteil der allg. truppendienstl. Ausbildung handeln. Dieser Gesichtspunkt kommt in der Rspr. zum Ausdruck, wenn darauf abgestellt wird, dass allein der **Zweck der jew.** Verwendung eines BS Auskunft darüber geben kann, ob es sich bei einer bestimmten Ausbildung um eine Fachausbildung oder um einen Teil der allg. mil. Ausbildung handelt.[148]

101 Grds. **keine Fachausbildungen** trotz formalisierter Ausbildung und Abschlussprüfung sind die allgemeinmil. Lehrgänge und Prüfungen, die nach der SLV zu absolvieren sind.

102 Ob die Fachausbildung dem Dienstherrn **besondere Kosten** verursacht, die über die ohnehin zu gewährende Besoldung des BS hinausgehen, ist angesichts des Zwecks der Best. **unerheblich**.[149]

103 Für das Entstehen einer **Stehzeitverpflichtung** gem. Abs. 3 kommt es nicht darauf an, in welchem Status der Soldat das Studium oder die Fachausbildung erhalten hat. Auch Ausbildungen, die als SaZ absolviert wurden, begründen bei späterer Ernennung zum BS eine Stehzeitverpflichtung.[150]

104 Soldaten werden grds. vor Beginn einer Fachausbildung über die damit verbundenen Folgen **belehrt**.[151] Unterbleibt die Belehrung, hat dies keine Auswirkungen auf die Stehzeit bzw. die Rückerstattungspflicht.[152]

105 Str. ist, ob der Soldat zu einem Studium oder einer Fachausbildung mit der Folge einer Stehzeit **verpflichtet** werden kann. Nach Auffassung des BVerwG setzt eine Fachausbildung immer die vorherige Zustimmung des Soldaten voraus.[153] Dagegen sieht *Alff* die Fachausbildung als Teil der mil. Verwendung an, welcher der Soldat nicht mit der Begr. widersprechen könne, er wolle jederzeit seine Entlassung verlangen.[154]

Grds. ist der Auffassung von *Alff* zu folgen. Dies ergibt sich bereits aus der Überlegung, dass Studium und Fachausbildung häufig vor der Ernennung zum BS stattfinden. Für den SaZ folgt hieraus grds. keine Dienstzeitverlängerung, die über die ohnehin eingegangene Verpflichtungszeit hinausgeht; er könnte somit unter Berufung auf Abs. 3 Satz 1 Halbs. 2 nicht der Ausbildung widersprechen. Die Auffassung des BVerwG würde somit darauf hinauslaufen, dass von einem SaZ grds. die Teilnahme an einem Studium oder einer Fachausbildung verlangt werden kann, dagegen nicht von einem BS. Diese Differenzierung ist **unhaltbar**. Die Verpflichtung eines Soldaten zur Teilnahme an einer Fachausbildung ist eine truppendienstl. Maßnahme[155], für deren rechtl. Bewertung das **Befehlsrecht** und nicht Abs. 3 Satz 1 Halbs. 2 einschlägig ist. So kann es durchaus Fachausbildungen geben, zu denen ein Soldat – unabhängig von der Begründung einer Stehzeit – verpflichtet werden kann.

106 Voraussetzung für das Entstehen einer Stehzeitverpflichtung ist nicht, dass das Studium oder die Fachausbildung abgeschlossen ist bzw. erforderliche Prüfungen mit Erfolg ab-

---

148 BVerwGE 69, 95.
149 BVerwGE 65, 203.
150 BVerwGE 52, 70; OVG Münster NZWehrr 1985, 164.
151 ZDv 14/5 B 156 Nr. 7.
152 BVerwGE 52, 76.
153 BVerwGE 65, 203. Ebenso GKÖD I Yk, § 46 Rn. 29.
154 *Scherer/Alff*, SG, § 46 Rn. 32.
155 Grds. werden Soldaten durch Kommandierung o. Versetzung zum Studium o. einer Ausbildung entsandt. Vgl. VGH München 3 B 93.279.

gelegt wurden. Sofern Wissen oder Fähigkeiten vermittelt wurden, die sowohl für die Verwendung als Soldat als in zivilen Bereichen nutzbar sind, sei es auch nur im Rahmen einer zusätzlichen Ausbildung oder als Grundlage für eine noch abzulegende Prüfung, reicht dies aus.[156]

Die **Stehzeit beginnt** mit dem Abschluss des Studiums oder der Fachausbildung; hierfür ist grds. auf Prüfungs- und Lehrgangszeugnisse abzustellen.[157] Mit der Dauer des Studiums oder der Fachausbildung ist die **tatsächliche Dauer** der Ausbildung gemeint; auf Regelausbildungszeiten kommt es nicht an.[158] Unterrichtsfreie Zeiträume sind grds. Teil des Studiums oder der Fachausbildung, es sei denn, die mil. Verwendung des Soldaten während der ausbildungsfreien Zeit steht in keinem Zusammenhang mit der Ausbildung oder der künftigen Verwendung, auf die sich die Ausbildung bezieht.[159] **107**

Bei **mehreren Fachausbildungen** oder dem Zusammentreffen von Studium und Fachausbildung sind die Stehzeitverpflichtungen für jeden Ausbildungsgang gesondert zu berechnen. Dies gilt auch hins. der maximalen Stehzeitverpflichtung von zehn Jahren. **108**

Wird während des Abdienens einer Stehzeitverpflichtung eine **neue Fachausbildung** begonnen, ist für die Dauer der weitere Ablauf gehemmt. Dies folgt daraus, dass nur Zeiten auf die Stehzeit anzurechnen sind, in denen der Soldat eine erworbenen Kenntnisse dem Dienstherrn uneingeschränkt zur Verfügung stellt.[160] Nach der weiteren Fachausbildung läuft die Abdienzeit für die erste Ausbildung weiter; parallel beginnt die Stehzeit für die zweite Ausbildung. Mehrere Stehzeiten können somit gleichzeitig laufen und abgedient werden.[161] Beendet ist die Stehzeitverpflichtung spätestens zehn Jahre nach Abschluss der letzten Fachausbildung. **109**

§ 94 enthält eine **Übergangsregelung**, die allerdings heute keine Bedeutung mehr haben dürfte.[162] **110**

11. Absatz 4

Die Best. wurde durch Art. 1 Nr. 12 des G vom **6.12.1990**[163] unter Verweis auf § 28 Abs. 7 eingeführt. Sie ist bislang drei mal geändert worden. Abgesehen von einer redaktionellen Anpassung wurde durch Art. 8 Nr. 3 des G vom **30.11.2000**[164] der Begriff „Elternzeit" eingeführt. Durch Art. 2 Nr. 5 des **SDGleiG** wurde Satz 2 angefügt, wonach die Inanspruchnahme von Teilzeitbeschäftigung nach § 30a zu einer entspr. Dienstzeitverlängerung führt. **111**

Der **Normzweck** von Abs. 4 ist identisch mit dem von § 40 Abs. 4. Auf die diesbezügliche Komm. kann erwiesen werden.[165] **112**

Da es bei § 46 Abs. 4 – insoweit anders als bei § 40 Abs. 4 – nicht um die Verlängerung einer für eine bestimmte Dauer festgesetzten Dienstzeit geht, sondern um den Zeitpunkt, ab dem eine Entlassung verlangt werden kann, ist für einen feststellenden VA oder einen Bescheid über die Verlängerung der Dienstzeit kein Raum. **113**

Als **Übergangsregelung** ist auf § 95 hinzuweisen.[166] **114**

---

156 ZDv 14/5 B 155 Nr. 5 Abs. 3 in z.T. wörtlicher Anlehnung an BVerwGE 52, 84; 65, 203.
157 VG Gießen NZWehr 2000, 173.
158 *Dau*, NZWehrr 1978, 52.
159 ZDv 14/ B 155 Nr. 9 unter Anlehnung an BVerwG II C 27.75.
160 BVerwG *Buchholz* 236.1 § 46 SG Nr. 17; VGH München 3 B 93.270.
161 OVG Lüneburg NZWehr 1995, 128.
162 Vgl. die Komm. zu § 94.
163 BGBl. I S. 2588.
164 BGBl. I S. 1638.
165 § 40 Rn. 31-34.
166 Vgl. die dortige Komm.

12. Absatz 5

115 Unabhängig von einem Studium oder einer Fachausbildung kann ein Berufsoffizier seine Entlassung erst nach dem Ende des sechsten Dienstjahres als Offz verlangen. Die Best. ist mit Art. 3 und Art. 12 **GG vereinbar**.[167] Die **Frist beginnt** mit der Beförderung zum ersten Offizierdienstgrad, was bei Bewerbern mit wissenschaftlicher Vorbildung auch ein höherer Dienstgrad als der des Lt sein kann (vgl. § 28 SLV). Bei der Berechnung sind die Dienstjahre zu berücksichtigen, die der Offz vor seiner Ernennung zum BS im Dienstverhältnis eines SaZ abgeleistet hat.[168]

13. Absatz 6

116 Abs. 6 regelt eine **Ausnahme von den Stehzeitverpflichtungen** der Abs. 3, 4 und 5, sofern das Verbleiben im Dienst für den Soldaten eine besondere Härte bedeutet. Die Regelung trägt dem verfassungsrechtl. Grds. der Verhältnismäßigkeit Rechnung.[169] Wenn eine besondere Härte vorliegt, hat der BS einen **Anspruch auf Entlassung**. Dagegen steht die Entlassung wegen besonderer Härte bei Soldaten, die auf Grund der WPfl Wehrdienst leisten, nach § 29 Abs. 4 Nr. 1 WPflG im Ermessen des Dienstherrn.[170] Der Begriff der besonderen Härte ist ein unbestimmter Rechtsbegriff, der umfassender gerichtl. Überprüfbarkeit unterliegt.[171]

117 Mit der Regelung hat der Gesetzgeber die **Abwägung zwischen den Interessen** der Bw an einer bestimmten Mindestdienstzeit und den persönlichen Interessen der BS vorgenommen und die Grenzen der Zumutbarkeit einer Stehzeitverpflichtung abschließend bestimmt.[172] Stellt das Verbleiben im Dienst eine besondere Härte dar, kann die Entlassung verlangt werden. Für ergänzende Abwägungsentscheidungen und Zumutbarkeitskriterien ist kein Raum. Es kommt ausschließlich auf Gründe an, die in der Person des Soldaten liegen. Die Auswirkungen einer vorzeitigen Entlassung auf den Dienstherrn spielen demgegenüber keine Rolle. Unerheblich sind somit die Qualifikation des Soldaten bzw. die Frage, ob er in einem Bereich eingesetzt ist, in dem Personalmangel oder Personalüberhang gegeben ist. Auch auf die Tatsache, dass ein Soldat kurz vor Beendigung seiner Stehzeit steht bzw. nur noch eingeschränkt verwendbar ist, kann es nicht ankommen.[173]

118 Der Begriff der besonderen Härte ist **eng auszulegen**.[174] Voraussetzung ist eine im **persönlichen Lebensbereich** liegende **schwere Belastung** des Soldaten. Dabei darf es sich nicht um Lebensumstände handeln, die der Soldat selbst verursacht oder mittelbar herbeigeführt hat. In keinem Fall ist eine besondere Härte gegeben, wenn der Wunsch zum Berufswechsel wesentlich durch materielle Überlegungen bestimmt wird.[175]

---

167 BVerwGE 35, 146.
168 *Scherer/Alff*, SG, § 46 Rn. 34.
169 *Foge*, NZWehr 1985, 45.
170 Verfassungsrechtl. Zweifel an dieser unterschiedlichen Rechtslage äußert *Foge*, NZWehr 1985, 47 f.
171 So ausdrücklich VGH München 3 B 92.2123.
172 Vgl. BVerwGE 39, 60.
173 VGH München 3 B 92.2123. Die Gegenansicht (GKÖD I Yk, § 46 Rn. 34) würde darauf hinauslaufen, bei der Anwendung von Abs. 6 die besondere Härte für den Soldaten mit der „besonderen Härte", die die Entlassung für die Bw bedeutet, im Einzelfall abzuwägen. Das entspricht nicht der Normstruktur des Abs. 6, der keine Abwägungsermächtigung enthält. Mit einer Abwägungsentscheidung wären auch erhebliche Schwierigkeiten hins. der Gleichbehandlung verbunden. So könnten bei identischer Betroffenheit je nach Interessenlage des Dienstherrn unterschiedliche Entscheidungen ergehen, obwohl die betroffenen Soldaten auf diese Interessenlage i.d.R. keinen Einfluss haben.
174 *Foge*, NZWehr 1985, 47; *Hahnenfeld*, NZWehr 1980, 125; krit. GKÖD I Yk, § 46 Rn. 35.
175 OVG Münster DÖV 1975, 68; VG Gießen NZWehr 2000, 173.

Folgende **Kriterien** sind zu beachten: 119
- Es müssen schwerwiegende Umstände in der Lebenssituation des Soldaten vorliegen, die für ihn **existenzbedrohenden Charakter** haben oder ihm Verpflichtungen auferlegen, denen er sich nicht zu entziehen vermag. Eine berufliche Umorientierung oder geänderte Einstellung zum Soldatenberuf reicht nicht aus.
- Diese Umstände müssen **nach Beginn des Dienstverhältnisses eingetreten** sein.
- Sie müssen **unerwartet**, quasi schicksalhaft, entstanden sein.
- Für den Soldaten muss im Verhältnis zu anderen Soldaten eine **Ausnahmesituation** bestehen; Belastungen, die für jeden Soldaten in einer bestimmten Situation allein infolge der Pflicht zur mil. Dienstleistung typischerweise auftreten oder auftreten können, reichen nicht aus. Familiäre Probleme, z.b. infolge von häufigen Versetzungen, stellen keine besondere Härte dar, da diese Belastung grds. jeden BS treffen kann.[176] Auch krankheitsbedingte Einschränkungen der persönlichen Laufbahnentwicklung liegen grds. nicht außerhalb jeder Wahrscheinlichkeit, so dass sie keine vorzeitige Entlassung zu rechtfertigen vermögen.[177]
- Die Entlassung muss der **einzige Weg** sein, diesen Umständen Rechnung zu tragen. Liegen schwerwiegende persönliche Belastungen vor, z.b. die plötzlich eingetretene Schwerbehinderung des Kindes eines alleinerziehenden Soldaten, ist eine besondere Härte dennoch zu verneinen, wenn den berechtigten Interessen des BS etwa durch Versetzung an einen anderen Standort entsprochen werden kann.

Anerkannt ist, dass BS im San- und Militärmusikdienst unter Berufung auf ihr **Grund-** 120
recht aus Art. 4 Abs. 3 GG ihre Entlassung wegen besonderer Härte verlangen können.[178, 179] Die besondere Härte liegt in diesen Fällen im Grunde darin, dass BS, solange sie im San- oder Militärmusikdienst Dienst leisten, keine Möglichkeit haben, einen KDV-Antrag zu stellen. Einleuchtend ist diese Rspr. nicht. Es ist **inkonsequent**, BS im San- oder Militärmusikdienst das Rechtsschutzinteresse für einen Antrag auf KDV abzusprechen und ihnen dennoch im Hinblick auf Art. 4 Abs. 3 GG die vorzeitige Entlassung wegen einer besonderen Härte zu ermöglichen.[180]

Inwieweit Abs. 6 auf Grund des **KDVG** noch große praktische Bedeutung entfalten 121
wird, bleibt abzuwarten. BS, die vorzeitig aus der Bw ausscheiden wollen, dürften nach der neuen Rechtslage voraussichtlich vermehrt den Weg über die KDV-Anerkennung und die damit verbundene Entlassung gem. Abs. 2 Nr. 7 beschreiten. Die Folgen hins. der Rückerstattungspflicht von Studien- und Ausbildungskosten sind in beiden Fällen identisch, da auch die Entlassung wegen Anerkennung als KDV als Entlassung auf eigenen Antrag gilt. Lediglich für Angehörige des San- und Militärmusikdienstes wird Abs. 6 weiterhin die entscheidende Rechtsgrundlage bleiben.

14. Absatz 7

Abs. 7 regelt in erster Linie **formale Aspekte der Entlassung** auf eigenen Antrag. Die 122
Best. entspricht weitgehend § 30 BBG.

Bei dem Entlassungsverlangen handelt es sich um eine empfangsbedürftige, bedin- 123
gungsfeindliche **Willenserklärung**, die in schriftl. Form, nicht elektronisch, abgegeben werde muss.[181]

---
176 BVerwG *Buchholz* 238.4 § 46 SG Nr. 16.
177 OVG Münster DÖV 1975, 68.
178 *Scherer/Alff*, SG, § 46 Rn. 39; vgl. o. Rn. 79.
179 Grundlegend BVerwGE 72, 241; 80, 62; *Böck*, NZWehr 1997, 152; *Walz*, NZWehr 2002, 252.
180 Vgl. *Walz*, NZWehr 2002, 252.
181 *Battis*, BBG, § 30 Rn. 3; vgl. auch GKÖD I Yk, § 46 Rn. 39.

§ 46 Rechtsstellung der Berufssoldaten und der Soldaten auf Zeit

124 Der Entlassungsantrag muss **nicht begründet** werden. Verlangt der Soldat jedoch eine vorzeitige Entlassung nach Abs. 6, muss er hierfür Gründe angeben. Kann das Vorliegen einer besonderen Härte aus der Begr. nicht abschließend beurteilt werden, ist der Soldat aufzufordern, ergänzende Angaben zu machen; eine sofortige Ablehnung des Antrages würde gegen die Fürsorgepflicht verstoßen. Die Fürsorgepflicht gebietet es ferner, den Antragsteller über die Folgen einer Entlassung zu belehren bzw. ihn zum Überdenken seines Antrags aufzufordern, wenn Anzeichen dafür vorliegen, dass dieser aus einer augenblicklichen Überreaktion heraus gestellt wurde.[182]

125 Das Entlassungsverlangen ist nicht nur Rechtmäßigkeits-, sondern **Wirksamkeitsvoraussetzung** für die Entlassung gem. Abs. 3. Eine Entlassung ohne Antrag oder nach erfolgter Anfechtung des Entlassungsverlangens ist gem. § 44 Abs. 1 VwVfG i.d.R. nichtig.[183]

126 Nach verfügter Entlassung ist eine **Anfechtung des Entlassungsverlangens** gem. §§ 119, 123 BGB möglich. Es sind die entspr. Fristen einzuhalten (§§ 121, 124 BGB).[184] Folge einer erfolgreichen Anfechtung ist, dass die Entlassung rückwirkend als unwirksam anzusehen ist (§ 142 BGB). Prozessual kann dies durch Feststellungs- oder Anfechtungsklage[185] gegen die Entlassungsverfügung geltend gemacht werden.

127 Die **Rücknahme der Entlassungserklärung** gem. Satz 2 kann so lange erfolgen, bis die Entlassungsverfügung dem Soldaten zugestellt wurde. Materielle Voraussetzungen für eine Rücknahme gibt es nicht. Eine **Rücknahme der Rücknahmeerklärung** mit der Folge, dass der ursprüngliche Entlassungsantrag wieder auflebt, ist ausgeschlossen; es kann dann jedoch ein neuer Entlassungsantrag gegeben sein.[186] Grds. ist für die Rücknahme eine **Zwei-Wochen-Frist** einzuhalten. Hiervon kann die Entlassungsdienststelle eine Ausnahme zulassen. Verweigert die Entlassungsdienststelle eine Ausnahmeentscheidung, stellt sich die Frage des **Rechtsschutzes**. Nach im Beamtenrecht vertretener Auffassung kann auf Erteilung einer Ausnahmegenehmigung eine eigenständige Verpflichtungsklage erhoben werden.[187] Es dürfte aber auch möglich sein, die Entlassungsverfügung mit der Begr. anzufechten, die zugrundeliegende Erklärung sei wirksam zurückgenommen worden; ob die Entlassungsdienststelle zur Gewährung einer Ausnahme verpflichtet gewesen ist, muss dann durch das VG incidenter geprüft werden. Die Ausnahmemöglichkeit bezieht sich auf die Zwei-Wochen-Frist und nicht auf das Erfordernis, dass die Rücknahme vor Zustellung der Entlassungsverfügung erfolgen muss.[188]

128 Nach Satz 2 Halbs. 2 kann die Entlassung so lange **hinausgeschoben** werden, bis der Soldat seine dienstl. Obliegenheiten ordnungsgemäß erledigt hat, längstens für drei Monate. Diese **Frist beginnt** mit dem beantragten Entlassungszeitpunkt und nicht bereits mit der Antragstellung.[189] Das Hinausschieben des Entlassungszeitpunktes muss von sachlichen Gründen getragen sein. Beantragt ein Soldat seine Entlassung zu einem mehrere Monate in der Zukunft liegenden Zeitpunkt, wird ein weiteres Hinausschieben der Entlassung unverhältnismäßig sein.

---

182 Vgl. BVerwGE 20, 35.
183 VGH Mannheim NVwZ 1987, 521; a.A. OVG Münster DÖD 1985, 66.
184 BVerwGE 37, 19; BVerwG ZBR 1971, 88.
185 Auch gegenüber einem nichtigen VA ist die Anfechtungsklage zulässig. Vgl. § 43 Abs. 2 Satz 2 VwGO.
186 BVerwG RiA 1985, 167.
187 *Battis*, BBG, § 30 Rn. 5.
188 *Battis*, BBG, § 30 Rn. 5.
189 A.A. *Scherer/Alff*, SG, § 46 Rn. 44; wie hier *Battis*, BBG, § 30 Rn. 6.

15. Absatz 8

Die Best. ist seit der Erstfassung von 1956 mit Ausnahme einer redaktionellen Anpassung[190] **unverändert** geblieben; infolge der häufigen Änd. des § 46 hat sich lediglich die Nummerierung des Absatzes mehrfach geändert. Zu Abs. 8 wurde die Best. durch Art. 65 Nr. 3 des G vom **21.8.2002**.[191]   **129**

Mit der Möglichkeit der Entlassung wegen Nichteignung hat der Gesetzgeber an die frühere Rechtslage angeknüpft. Nach § 26 Abs. 1 WG 1921 konnten grds. alle Offz und nach § 24 Abs. 2b WG 1935 alle freiwillig länger dienenden Soldaten wegen mangelnder Eignung entlassen werden. Abs. 8 begrenzt die Entlassungsmöglichkeit wegen mangelnder Eignung auf BS im Dienstgrad Lt. Der **REntw.** sah in § 41 Abs. 4 die Entlassung bis zum Dienstgrad OLt vor.[192] Der **VertA** begrenzte die Best. auf den Dienstgrad Lt.[193]   **130**

Die Entlassung ist nur innerhalb **bestimmter Zeitspannen** – vor dem Ende des dritten Dienstjahres als Offz (unabhängig vom Status) und vor dem Ende des zehnten Jahres der Gesamtdienstzeit in der Bw – zulässig. Da Abs. 8 ausdrücklich auf die Gesamtdienstzeit in der Bw abstellt, sind z.b. bei Wiedereinstellern Vordienstzeiten zu berücksichtigen.[194]   **131**

Grund für diese Einschränkungen war die Absicht des Gesetzgebers, den BS einen **vergleichbar** geschützten Status zu gewähren wie den **Beamten**.[195] Da Offz u.U. in einem relativ jungen Lebensalter zu BS ernannt werden, sollte jedoch gewährleistet bleiben, dass sie bei erkennbarer Nichteignung wieder entlassen werden können. Das Gesetz knüpft dabei nicht an ein bestimmtes Lebensalter an, sondern an den Dienstgrad. Es geht davon aus, dass eine Dienstgradhöhe, ab der die Entlassung ausgeschlossen ist, in einem Lebensalter erreicht wird, in dem Beamte üblicherweise den Status eines Lebenszeitbeamten erlangen.[196] Auch wenn Abs. 8 eine soldatenrechtsspezifische Regelung darstellt, ist sie von Sinn und Zweck her somit vergleichbar mit der vereinfachten Entlassung von Beamten auf Probe wegen mangelnder Bewährung (§ 31 Abs. 1 Nr. 2 BBG). Dabei darf ein struktureller Unterschied nicht übersehen werden. Der Probebeamte muss im Rahmen seiner weiteren Laufbahn noch beamter auf Lebenszeit ernannt werden; diese Ernennung unterliegt ihrerseits bestimmten rechtl. Voraussetzungen. Der i.S.d. Abs. 8 betroffene Soldat ist bereits BS und hat keine Statusänderung mehr zu erwarten; er verfügt damit über einen gefestigteren Status als der Beamte auf Probe. Dies muss bei der Anwendung von Abs. 8 berücksichtigt werden.   **132**

Voraussetzung der Entlassung nach Abs. 8 ist die mangelnde Eignung zum Berufsoffizier. Allein die Eignung für den konkret als Lt wahrgenommenen Dienstposten schließt eine Entlassung nicht aus, wenn feststeht, dass der Soldat für weitere Verwendungen eindeutig ungeeignet ist. Auf ein **Verschulden** oder eine sonstige Verantwortlichkeit des Soldaten für die Nichteignung **kommt es nicht an** (Umkehrschluss zu § 49 Abs. 4 Satz 1 Nr. 2). Die Entlassung wegen Nichteignung ist nicht zwingend mit einem negativen Werturteil über den Soldaten verbunden; die Nichteignung stellt vielmehr eine objektive Größe dar.   **133**

---

190 Durch Art. 1 Nr. 33 des SGÄndG wurde in Satz 2 des damaligen Abs. 7 der Begriff „Gesetz" durch „Soldatenversorgungsgesetz" ersetzt.
191 BGBl. I S. 3322.
192 BT-Drs. II/1700, 11.
193 BT-Drs. II/2140, 49 f.
194 A.A. *Scherer/Alff*, SG, § 46 Rn. 49.
195 BT-Drs. II/1700, 31 f.
196 BT-Drs. II/1700, 31 f.

§ 46 Rechtsstellung der Berufssoldaten und der Soldaten auf Zeit

134 Bei der Nichteignung handelt es sich um einen **unbestimmten Rechtsbegriff**, welcher der Entlassungsdienststelle einen gerichtl. nur eingeschränkt überprüfbaren Beurteilungsspielraum gewährt.[197] In erster Linie wird auf die Kategorien des § 37 Abs. 1 Nr. 3 abzustellen sein, d. h. ob der Soldat die charakterliche, geistige und körperliche Eignung besitzt, die zur Erfüllung seiner Aufgaben als Berufsoffizier erforderlich ist. Zweifel am Eintreten für die FdGO können ebenfalls eine Entlassung nach Abs. 8 rechtfertigen.[198] Im Grunde kommt es auf eine Prognoseentscheidung an, ob der Soldat in der Zukunft den Anforderungen eines Berufsoffiziers gerecht zu werden vermag.

135 **Problematisch** ist in diesem Zusammenhang die **körperliche Eignung**. Ist der BS nicht mehr dienstfähig, muss er entweder in den Ruhestand versetzt werden (§ 44 Abs. 3) oder er ist gem. § 46 Abs. 2 Satz 1 Nr. 6 zu entlassen. Die Entlassung bzw. Versetzung wegen Dienstunfähigkeit haben Vorrang vor der Entscheidung nach Abs. 8.[199] Auf der Grundlage von Abs. 8 kann eine Entlassung nur dann in Betracht kommen, wenn die körperliche oder gesundheitliche Beeinträchtigung die Schwelle zur Dienstunfähigkeit noch nicht überschritten hat, gleichwohl den Soldaten als Berufsoffizier ungeeignet erscheinen lässt. Dies birgt die Gefahr von **Wertungswidersprüchen**. So ist ein dienstunfähiger Soldat bereits nach einer Dienstzeit von fünf Jahren nicht mehr zu entlassen, sondern in den Ruhestand zu versetzen (§ 44 Abs. 3 i.V.m. Abs. 5) mit der Folge, dass ihm ein Anspruch auf Ruhegehalt zusteht. Nach Abs. 8 könnte ein Soldat bis zum Ablauf des zehnten Dienstjahres wegen einer geringeren Beeinträchtigung ohne Anspruch auf Ruhegehalt entlassen werden.[200] In diesem Zusammenhang ist zu beachten, dass im Beamtenrecht die Entlassung eines Beamten auf Probe gem. § 31 Abs. 1 Satz 1 Nr. 3 BBG die Dienstunfähigkeit voraussetzt, während die mit Abs. 8 vergleichbare Entlassung mangels Bewährung (§ 31 Abs. 1 Satz 1 Nr. 2 BBG) nicht auf körperliche und gesundheitliche Aspekte abstellt. Die Entlassung eines Berufsoffiziers wegen mangelnder körperlicher Eignung dürfte daher nur in besonderen Ausnahmesituationen in Betracht kommen.[201]

136 Ein gleichzeitig gegen den Soldaten eingeleitetes **Disziplinarverfahren** schließt eine Entlassung wegen Nichteignung nicht aus.[202] Es muss sich nicht um ein Dienstvergehen handeln, das zwingend zur Entfernung aus dem Dienstverhältnis führt.

137 Beruht die Nichteignung auf Tatsachen, die dem Dienstherrn bei Ernennung des BS **bekannt** waren, ist eine Entlassung nach Abs. 8 unzulässig.[203]

---

197 Vgl. BVerwGE 32, 237; 43, 166; 85, 180; *Scherer/Alff*, SG, § 46 Rn. 46.
198 Dieser Aspekt spielte im Beamtenrecht bei der Anwendung des § 31 Abs. 1 Nr. 2 BBG häufiger eine Rolle; vgl. *Battis*, BBG, § 31 Rn. 6 m.w.N.
199 *Scherer/Alff*, SG, § 46 Rn. 47.
200 Die Zehn-Jahres-Frist wurde v. Gesetzgeber damit begründet, dass es sich hierbei um einen Zeitraum handele, in dem Versorgungsansprüche nicht entstünden (BT-Drs. II/1700, 32). Dies entspricht nicht mehr der aktuellen Rechtslage. Ruhegehaltsansprüche entstehen nach § 15 SVG i.V.m. § 44 Abs. 5 Satz 1 Nr. 1 SG grds. bereits ab einer Dienstzeit von fünf Jahren.
201 Zwar wird im Beamtenrecht z.T. die Entlassung eines Beamten auf Probe wegen Zweifeln an der physischen Befähigung nach § 31 Abs. 1 Satz 1 Nr. 2 BBG für zulässig erachtet (vgl. *Battis*, BBG, § 31 Rn. 5); dies ist auf die Besonderheit des Beamtenverhältnisses auf Probe zurückzuführen, das nur ein Durchgangsstadium zum Beamtenverhältnis auf Lebenszeit darstellt. Auf den BS, der von Abs. 8 erfasst wird, lässt sich dies nicht ohne Weiteres übertragen. Eine restriktive Auslegung des Abs. 8 bei gesundheitlichen Eignungsmängeln vertritt auch GKÖD I Yk, § 46 Rn. 44.
202 Vgl. BVerwGE 32, 237.
203 Vgl. BVerwGE 61, 200.

Nach § 47 Abs. 4 muss die Entlassungsverfügung dem Soldaten wenigstens sechs Wochen vor dem Entlassungstag zum Schluss eines Kalendervierteljahres unter schriftl. Angabe der Gründe, aber nicht in elektronischer Form, **zugestellt** werden. 138

Wenn der Soldat seine Entlassung vorsätzlich oder grob fahrlässig herbeigeführt hat, ist er bei einer Entlassung vor Ablauf der nach Abs. 3 geltenden Fristen ggf. verpflichtet, die **Kosten** für ein Studium oder eine Fachausbildung zu **erstatten**. Dabei ist die **Übergangsregelung** des § 97 zu beachten.[204] 139

Abs. 8 Satz 2 verweist auf § 37 Abs. 1 Nr. 2 SVG. Der nach Abs. 8 entlassene Soldat erhält ein Übergangsgeld, das in der Höhe abhängig von der tatsächlichen Dauer der Wehrdienstzeit ist. 140

---

204 Vgl. die Komm. zu § 97.

§ 47 Zuständigkeit, Anhörungspflicht und Fristen bei der Entlassung

(1) Soweit gesetzlich nichts anderes bestimmt ist, wird die Entlassung von der Stelle verfügt, die nach § 4 Abs. 2 für die Ernennung des Berufssoldaten zuständig wäre.

(2) Der Berufssoldat ist vor der Entscheidung über seine Entlassung zu hören.

(3) Die Entlassung muss in den Fällen des § 46 Abs. 2 Nr. 2 und 3 innerhalb einer Frist von sechs Monaten verfügt werden, nachdem das Bundesministerium der Verteidigung oder die Stelle, der die Ausübung der Befugnis zur Entlassung übertragen worden ist, von dem Entlassungsgrund Kenntnis erhalten hat.

(4) Die Entlassungsverfügung muss dem Soldaten in den Fällen des § 46 Abs. 2 Nr. 6 bei Dienstunfähigkeit wenigstens drei Monate vor dem Entlassungstag und in den Fällen des § 46 Abs. 8 wenigstens sechs Wochen vor dem Entlassungstag zum Schluss eines Kalendervierteljahres unter schriftlicher Angabe der Gründe, aber nicht in elektronischer Form zugestellt werden.

Literatur: Spezielle Veröffentlichungen zu § 47 sind nicht vorhanden.

Übersicht

	Rn.		Rn.
A. Allgemeines	1 – 3	2. Absatz 2	7 – 10
B. Erläuterungen im Einzelnen	4 – 19	3. Absatz 3	11 – 16
1. Absatz 1	4 – 6	4. Absatz 4	17 – 19

A. Allgemeines

§ 47 legt **formelle und verfahrensrechtl. Vorgaben für die Entlassung** von BS fest. Diese sind im Wesentlichen den beamtenrechtl. Best. nachgebildet.[1] So entspricht die Zuständigkeitsregelung des Abs. 1 dem § 33 BBG, während die Fristenregelungen der Abs. 3 und 4 ihre beamtenrechtl. Parallelen in den § 13 Abs. 2 und § 31 Abs. 3 BBG finden. 1

---

1 Vgl. BT-Drs. II/1700, 32 zu § 42 des REntw.

Sohm

2 Abgesehen von einzelnen redaktionellen Anpassungen, zuletzt durch Art. 65 des G vom 21.8.2002[2], ist die Vorschrift seit dem In-Kraft-Treten des SG **unverändert** geblieben.

3 Der **Anwendungsbereich** von § 47 bezieht sich ausschließlich auf Entlassungen, die durch VA verfügt werden. Entlassungen, die kraft Gesetzes eintreten (§ 46 Abs. 1 Satz 1), werden von der Best. nicht erfasst, auch nicht hins. des VA, der die Voraussetzungen der Entlassung bzw. den Zeitpunkt der Entlassung feststellt.[3]

B. Erläuterungen im Einzelnen

1. Absatz 1

4 Die Entlassung ist von der Stelle zu verfügen, die nach § 4 Abs. 2 für die Ernennung des BS **zuständig** wäre. Dies sind entweder der BPräs, der BMVg oder die Dienststellen, denen die Befugnis zur Ernennung (und Entlassung) übertragen worden sind. Hierzu kann auf die Komm. zu § 4 Abs. 2 verwiesen werden.

5 Wird die Entlassung durch eine **unzuständige Stelle** verfügt, ist sie lediglich unter den Voraussetzungen des § 44 Abs. 1 VwVfG **nichtig**, d.h. es muss ein besonders schwerwiegender und offensichtlicher Zuständigkeitsfehler gegeben sein. Dies ist bei einer „absolut" unzuständigen Stelle, also einer Dienststelle, die grds. überhaupt nicht über Entlassungen zu entscheiden hat, anzunehmen. Bei sonstigen Zuständigkeitsfehlern wird die Entlassung regelmäßig nur **rechtswidrig** sein.[4]

6 Die Entlassung ist als **VA** zu verfügen. Die Aushändigung einer **Entlassungsurkunde** ist dagegen weder gesetzl. vorgeschrieben noch für die Entlassung konstitutiv. Nach § 1 Abs. 2 der DBest. zur Anordnung des BPräs über die Ernennung und Entlassung der Soldaten[5] erhalten BS nur in den dort aufgeführten Fällen eine Entlassungsurkunde. Wird versehentlich keine Urkunde ausgehändigt, ändert dies an der Wirksamkeit der Entlassung nichts.

2. Absatz 2

7 Die Best. ist an sich **überflüssig** und historisch nur dadurch erklärbar, dass das SG älter als das VwVfG ist. Unabhängig von Abs. 2 ist der BS vor der Entlassung – wie vor dem Erl. anderer belastender VA – in jedem Fall gem. § 28 Abs. 1 VwVfG **anzuhören**.

8 Str. ist, ob eine Anhörung vor einer **Entlassung auf eigenen Antrag** erfolgen muss.[6] Im Grunde besteht die Anhörung des BS in diesem Fall in seinem Entlassungsantrag, in dem er die Gründe für die begehrte Entlassung – sofern erforderlich – darzulegen hat. Eine erneute Anhörung vor der antragsgemäßen Verfügung der Entlassung ist entbehrlich. Dies folgt aus dem Rechtsgedanken des § 28 Abs. 2 Nr. 3 VwVfG. Anderes gilt, wenn der Antrag auf Entlassung abgelehnt werden soll. In diesem Fall folgt die Anhörungspflicht unmittelbar aus § 28 Abs. 1 VwVfG. Grds. sind die sonstigen Ausnahmen von der Anhörungspflicht gem. § 28 Abs. 2 VwVfG analog anwendbar.

9 Eine bestimmte **Form** für die Anhörung ist nicht vorgeschrieben; sie kann schriftl., mündlich oder telefonisch erfolgen.[7] Sie muss nicht notwendigerweise unmittelbar

---

2 BGBl. I S. 3322.
3 *Scherer/Alff*, SG, § 47 Rn. 2.
4 *Kopp/Ramsauer*, VwVfG, § 44 Rn. 14 ff.
5 ZDv 14/5 B 111. Vgl. zur Vollziehung u. Aushändigung der Entlassungsurkunde ergänzend die Erl. des BMVg ZDv 14/5 B 115 u. B 116.
6 So *Scherer/Alff*, SG, § 47 Rn. 2, unter Berufung auf VGH München ZBR 1983, 169; a.A. GKÖD I Yk, § 46 Rn. 2.
7 So bereits *Rittau*, SG, 222.

durch die Entlassungsdienststelle vorgenommen werden; je nach Sachlage kann die Anhörung durch den DiszVorg. ausreichen. Entscheidend ist, dass die Entlassungsdienststelle das Vorbringen des Soldaten zur Kenntnis genommen und sich bei der Entlassungsentscheidung damit auseinandergesetzt hat. Anhörung bedeutet, dass der BS die Möglichkeit haben muss, auf den Gang und das Ergebnis des Entlassungsverfahrens **Einfluss zu nehmen**. Dies setzt voraus, dass dem Soldaten die Tatsachen zur Kenntnis gebracht werden, die aus Sicht des Dienstherrn für die Entlassungsentscheidung erheblich sind. Insoweit besteht gegenüber dem BS eine **Hinweis- und Informationspflicht**. Wird gegen diese verstoßen, erfüllt die Anhörung nicht die Voraussetzungen des Abs. 2. Hat der BS gegen seine beabsichtigte Entlassung Einwände erhoben, wird i.d.r. zu verlangen sein, dass in der Entlassungsverfügung hierauf eingegangen wird.[8]

Ist die Anhörung **unterblieben** oder nicht ordnungsgemäß durchgeführt worden, ist die Entlassungsverfügung rechtswidrig. Die Anhörung kann gem. § 45 Abs. 1 Nr. 3 VwVfG nachgeholt werden und zwar nach § 45 Abs. 2 VwVfG bis zum Abschluss eines verwaltungsgerichtl. Verfahrens. Die Nachholung der Anhörung kann regelmäßig im Rahmen eines Beschwerdeverfahrens erfolgen. Wegen fehlender Anhörung dürfte daher in der Praxis kaum eine Entlassungsverfügung durch ein VG aufgehoben werden.[9] 10

3. Absatz 3

Abs. 3 entspricht der im Beamtenrecht für die Rücknahme einer Ernennung geltenden Fristbest. des § 13 Abs. 2 BBG. Die Vorschrift wurde in bewusster Anlehnung an die **beamtenrechtl. Regelung** geschaffen.[10] 11

Die Sechsmonatsfrist dient der **Rechtssicherheit**, ist aber auch Ausfluss des Gedankens der Verwirkung[11], welcher der verwaltungsrechtl. Fristbest. des § 48 Abs. 4 VwVfG zu Grunde liegt. Die Anwendung der allg. **Verwirkungsgrundsätze** ist damit nicht ausgeschlossen. So kann die Entlassung eines Soldaten vor Ablauf der Sechsmonatsfrist unzulässig sein, wenn die zuständige Dienststelle durch entspr. Verhalten den unmissverständlichen Eindruck hervorgerufen hat, auf Grund eines bestimmten Sachverhalts keine Entlassung verfügen zu wollen.[12]

Die Frist des Abs. 3 greift nur bei Entlassungen nach § 46 Abs. 2 Satz 1 Nr. 2 und Nr. 3 ein. Eine analoge Anwendung auf andere Entlassungstatbestände scheidet aus.[13] 12

Die **Sechsmonatsfrist** steht selbständig neben dem aus der Fürsorgepflicht abzuleitenden Beschleunigungsgebot bei der Ermittlung von Entlassungsvoraussetzungen.[14] Sie beginnt, sobald die Ermittlungen abgeschlossen sind und feststeht, dass die Voraussetzungen für eine Entlassung nach § 46 Abs. 2 Satz 1 Nr. 2 oder Nr. 3 gegeben sind. Im Falle einer Entlassung gem. **§ 46 Abs. 2 Satz 1 Nr. 2** kommt es darauf an, dass Tatsachen, die eine besondere Härte i.S.v. § 46 Abs. 2 Satz 2 begründen, bekannt sind oder ausgeschlossen werden können. Solange noch Ermittlungen in dieser Hinsicht angebracht sind, beginnt die Frist nicht zu laufen. Die vom BMVg zu treffende Ermessensentscheidung, ob wegen der besonderen Härte eine **Ausnahme** zuzulassen ist, ist nicht Vor- 13

---

8 Zu den konkreten Anforderungen an die Anhörung vgl. *Kopp/Ramsauer*, VwVfG, § 28 Rn. 15 ff.
9 A.A. *Scherer/Alff*, SG, § 47 Rn. 4; wohl auch GKÖD I Yk, § 47 Rn. 3.
10 BT-Drs. II/1700, 34.
11 Vgl. *Rittau*, SG, 223.
12 Vgl. *Kopp/Ramsauer*, VwVfG, § 48 Rn. 131.
13 Vgl. VGH Kassel NZWehrr 1985, 81.
14 Vgl. hierzu Komm. zu § 46 Rn. 35; VG Schwerin NZWehrr 2001, 173.

aussetzung für den Beginn des Fristlaufs, sondern muss vielmehr innerhalb der Sechsmonatsfrist getroffen werden; insoweit handelt es sich um eine Entscheidungsfrist.[15] Sofern im Falle des § 46 Abs. 2 Satz 1 Nr. 3 die zuständige Stelle von der Straftat erfährt, bevor die erforderliche rechtskräftige Verurteilung des Soldaten erfolgt ist, beginnt die Frist erst mit der Rechtskraft des Strafurteils.[16]

14 Voraussetzung für den Lauf der Frist ist, dass innerhalb der Entlassungsdienststelle ein für die Entlassung oder jedenfalls für die Willensbildung in Personalsachen zuständiger Beschäftigter von den Entlassungsvoraussetzungen **Kenntnis erlangt** hat.[17] Ob andere Beschäftigte von den Entlassungsvoraussetzungen wissen, ist unerheblich; vorwerfbare Unkenntnis des zuständigen Beschäftigten reicht nicht aus.[18] Die Kenntniserlangung durch den MAD oder den Sicherheitsbeauftragten im Rahmen einer Sicherheitsüberprüfung setzt den Lauf der Frist nicht in Gang.[19]

15 Innerhalb der Sechsmonatsfrist muss die Entlassung dem Soldaten **bekannt gegeben** worden sein. Die Bekanntgabe hat grds. in Form einer Zustellung durch Empfangsbekenntnis zu erfolgen.[20] Nicht ausreichend ist, dass der Entlassungsbescheid lediglich die Dienststelle verlassen hat.

Die konkrete Berechnung der Frist erfolgt nach den § 187 Abs. 1, § 188 Abs. 2, 1. Alt. BGB.

16 Wird die Entlassung erst **nach Ablauf** der Sechsmonatsfrist verfügt, ist sie rechtswidrig, aber nicht nichtig. Der Soldat kann Beschwerde und anschließend Anfechtungsklage erheben.

4. Absatz 4

17 Für die Entlassung wegen Dienstunfähigkeit (§ 46 Abs. 2 Satz 1 Nr. 6) oder wegen mangelnder Eignung zum Berufsoffizier (§ 46 Abs. 8) legt Abs. 4 **Fristen** fest, die zwischen der Zustellung der Entlassungsverfügung und dem festgesetzten Entlassungszeitpunkt liegen müssen. Diese Fristen haben eine vergleichbare Funktion wie Kündigungsfristen[21] und sollen den betroffenen Soldaten in die Lage versetzen, sich auf das Ausscheiden aus den SK vorzubereiten. Bei Entlassungen auf der Grundlage anderer Best. sind keine Fristen normiert. Sie können mit sofortiger Wirkung verfügt werden.

18 Wird die Zustellungsfrist **nicht eingehalten**, führt dies nicht dazu, dass sich der Entlassungszeitpunkt entspr. verschiebt; vielmehr ist die gesamte Entlassungsverfügung rechtswidrig und auf Beschwerde oder Klage aufzuheben. Dies ergibt sich aus dem unterschiedlichen Wortlaut des Abs. 4 und der vergleichbaren beamtenrechtl. Best. des § 47 Abs. 2 BBG.

19 Aus der Vorgabe, dass die Entlassungsverfügung unter schriftl. – nicht elektronischer – **Angabe der Gründe** zuzustellen ist, lässt sich nicht folgern, dass Entlassungsverfügungen in anderen Fällen als denen des § 46 Abs. 2 Satz 1 Nr. 6 und Abs. 8 keiner Begr. bedürften. Entlassungsverfügungen sind grds. im Rahmen der Vorgaben des § 39 VwVfG zu begründen.

---

15 Vgl. *Kopp/Ramsauer*, VwVfG, § 48 Rn. 138, 140.
16 *Scherer/Alff*, SG, § 47 Rn. 5.
17 BVerwGE 102, 178; BVerwG *Buchholz* 238.4 § 46 Nr. 2.
18 Vgl. BVerwGE 17, 2.
19 BVerwG 2 B 68/04; vgl. Komm. zu § 46 Rn. 40.
20 ZDv 14/5 B 116 Nr. 4 Abs. 1.
21 *Rittau*, SG, 223.

§ 48 Verlust der Rechtsstellung eines Berufssoldaten

¹Der Berufssoldat verliert seine Rechtsstellung, wenn gegen ihn durch Urteil eines deutschen Gerichts im Geltungsbereich des Grundgesetzes erkannt ist
1. auf die in § 38 bezeichneten Strafen, Maßregeln oder Nebenfolgen oder
2. auf Freiheitsstrafe von mindestens einem Jahr wegen vorsätzlich begangener Tat.

²Entsprechendes gilt, wenn der Berufssoldat auf Grund einer Entscheidung des Bundesverfassungsgerichts gemäß Artikel 18 des Grundgesetzes ein Grundrecht verwirkt hat.

Literatur: *Brauckmann, Arndt:* Anm. zu VG München, Urt. vom 12.7.1994, NZWehrr 1996, 43; *Fleig, M.:* Der Strafbefehl im Beamtenrecht und im Disziplinarrecht, ZBR 2000, 121; *Juncker, Wolfgang:* Der Verlust der Beamtenrechte, ZBR 1970, 219; *Lambrecht, Ute:* Der Verlust der Beamtenrechte als Folge einer Strafverurteilung, ZBR 2001, 194.

Übersicht

	Rn.		Rn.
A. Allgemeines	1 – 9	b) „Urteil eines deutschen Gerichts im Geltungsbereich des Grundgesetzes"	15 – 17
1. Entstehung der Vorschrift	1 – 2		
2. Änderungen der Vorschrift	3 – 5	c) Nr. 1: „auf die in § 38 bezeichneten Strafen …", Nr. 2: „auf Freiheitsstrafe von mindestens einem Jahr wegen vorsätzlich begangener Tat"	18 – 24
3. Bezüge zum Beamtenrecht bzw. zu sonstigen rechtl. Vorschriften	6 – 9		
B. Erläuterungen im Einzelnen	10 – 27		
1. Zweck der Vorschrift	10	d) „Maßregeln oder Nebenfolgen"	25
2. § 48 und Grundgesetz	11	4. Satz 2	26
3. Satz 1	12 – 25	5. Rechtsfolgen	27
a) „verliert seine Rechtsstellung, …"	12 – 14		

A. Allgemeines

1. Entstehung der Vorschrift

§ 43 des **REntw.**[1] lautete: **1**

„Ein Berufssoldat verliert seine Rechtsstellung als Berufssoldat, wenn gegen ihn durch Urteil eines deutschen Gerichts im Geltungsbereich dieses Gesetzes oder im Lande Berlin erkannt ist
1. auf die in § 33 bezeichneten Strafen, Maßregeln oder Nebenfolgen;
2. auf Gefängnis von einem Jahr oder längerer Dauer wegen vorsätzlich begangener Tat."

Der REntw. folgte damit weitgehend der seinerzeitigen Fassung des **§ 48 BBG**. Mit den genannten Verurteilungen, die im Übrigen auch eine Ernennung zum BS hindern würden (§ 33 des REntw.), werde der BS „für den Soldatendienst unwürdig" gemacht.[2]

§ 43 des REntw. war in den Ausschussberatungen weitgehend unstr. Im **Rechtsausschuss** **2** wurden keine Einwendungen erhoben.[3] Der **Ausschuss für Beamtenrecht** schlug vor, in der Überschrift statt „Verlust der Rechtsstellung eines Berufssoldaten" von „Verlust der Rechtsstellung des Berufssoldaten" zu sprechen und Satz 1 wie folgt zu beginnen: „Der Berufssoldat verliert seine Rechtsstellung, wenn …"[4] Der **VertA** ersetzte zunächst

---
1 BT-Drs. II/1700, 11.
2 BT-Drs. II/1700, 32.
3 Prot. der 93. Sitzung v. 12.12.1955, Prot. Nr. 93, 20.
4 Prot. der 43. Sitzung v. 11.1.1956, Prot. Nr. 43, 13; Ausschussdrs. 23 v. 20.1.1956, 48.

died Wörter „im Geltungsbereich dieses Gesetzes oder im Lande Berlin" durch die Wörter „im Geltungsbereich des Grundgesetzes".[5] Im Zuge einer redaktionellen Überarbeitung des Entw. des Abschlussber. des VertA zum SG trat an die Stelle der Wörter „längerer Dauer" in Nr. 2 das Wort „mehr", eine lediglich sprachlich bessere Formulierung.[6]

2. Änderungen der Vorschrift

3 Durch Art. 61 Nr. 2 des G vom **25.6.1969**[7] wurde in Nr. 2 der Begriff „Gefängnisstrafe" durch „Freiheitsstrafe" ersetzt.

4 § 98 Abs. 1 Nr. 4 des G vom **24.8.1976**[8] fügte den jetzigen Satz 2 an. In der Begr.[9] hierzu wird pauschal auf die „aus Gründen der Gleichbehandlung notwendigen Änderungen des Soldatengesetzes" verwiesen. Zumindest die zit. Ergänzung des SG steht mit dem sonstigen Inhalt des seinerzeitigen Gesetzgebungsvorhabens in keinerlei Kontext. Vermutlich wollte der Gesetzgeber eine legislative Lücke im Dienstrecht der Soldaten schließen, die bereits seit der am 1.9.1957 erfolgten Änd. des § 48 BBG[10] bestand.

5 Art. 1 Nr. 34 des **SGÄndG** schließlich ersetzte in der Überschrift das Wort „des" durch „eines". Damit sollte eine „sprachliche Angleichung"[11] der Überschrift an die der Zwischenabschnitte (vor § 43 und § 54) sowie des § 56 erfolgen. Ganz folgerichtig ist diese Änd. nicht; im Eingangssatz und in Satz 2 von § 48 wird nach wie „der" Berufssoldat angesprochen.

3. Bezüge zum Beamtenrecht bzw. zu sonstigen rechtl. Vorschriften

6 § 48 gilt für (aktive) **BS**. Gem. § 54 Abs. 2 Nr. 2 findet § 48 entspr. Anwendung auf **SaZ**. **WPfl**, und zwar aktiv Dienst leistende und Res[12], verlieren unter den materiellen Voraussetzungen von § 48 ihren Dienstgrad; sie werden von Gesetzes wegen degradiert (§ 30 Abs. 2 WPflG). **GWDL** werden unter den Voraussetzungen von § 10 WPflG „aus der Bundeswehr" ausgeschlossen (§ 30 Abs. 1 Satz 1 WPflG). GWDL können (nicht müssen) darüber hinaus gem. § 29 Abs. 4 Nr. 2 WPflG entlassen werden, wenn gegen sie auf Freiheitsstrafe oder Strafarrest von mindestens drei Monaten oder eine nicht zur Bewährung ausgesetzte Jugendstrafe erkannt ist. Für **Dienstleistungspflichtige** sind § 76 und § 75 Abs. 2 Nr. 2 einschlägig.

7 Das Dienstverhältnis eines **ZDL** endet automatisch mit Rechtskraft eines dem § 38 entspr. Urt. (§ 45 Abs. 1, § 9 Abs. 1 ZDG).

8 Ein **ehem. BS** verliert unter der Maßgabe von § 48 seinen Dienstgrad und seine Versorgungsansprüche mit Ausnahme der Beschädigtenversorgung (§ 53 Abs. 1). Gleiches gilt für **ehem.** SaZ (§ 57 Abs. 1).

9 Im Rahmenrecht der Beamten ist § **24 Abs. 1 BRRG** einschlägig. Für Bundesbeamte gilt § **48 BBG**, für Ruhestandsbeamte § **59 Abs. 1 BeamtVG** und für Richter § **24 DRiG**. Die Formulierungen der zit. Normen weichen jew. geringfügig voneinander ab; substantielle Unterschiede gelten lediglich zwischen aktiven und ehem. Soldaten bzw. Beamten insoweit als bei aktiven Staatsdienern eine Freiheitsstrafe von mindestens einem Jahr

---

5 Beratungsstand VertA v. 18.2.1956.
6 BT-Drs. II/2140, 51.
7 BGBl. I S. 645.
8 BGBl. I S. 2485.
9 BT-Drs. 7/2505, 58.
10 Durch (den mittlerweile aufgehobenen) § 139 Abs. 1 Nr. 11 BRRG.
11 BT-Drs. 14/4062, 22.
12 *Steinlechner/Walz*, WPflG, § 30 Rn. 12.

wegen einer vorsätzlich begangenen Tat vorliegen muss, bei ehem. Staatsdienern von mindestens zwei Jahren.

B. Erläuterungen im Einzelnen

1. Zweck der Vorschrift

Die in Rn. 6 bis 9 zit. Vorschriften leiten sich aus den allg. Grundpflichten der Staatsdiener ab, sich innerhalb und außerhalb des Dienstes so zu verhalten, dass sie Achtung und Vertrauen gerecht werden, die ihr Beruf/ihr Dienstverhältnis erfordert.[13] Soldaten, die sich nach dem Urt. eines deutschen Strafgerichts oder des BVerfG besonders schwerwiegender Rechtsverstöße schuldig gemacht haben, werden als schlechthin untragbar, **unwürdig** für den öff. Dienst angesehen. Es tritt für sie von Gesetzes wegen ein „Integritätsverlust"[14] ein, der zum Verlust der Rechtsstellung führt. Ein sich an das Strafverfahren bzw. das Verfahren vor dem BVerfG anschließendes Entlassungs- oder Disziplinarverfahren erübrigt sich; es wäre auch nicht zulässig.[15]

2. § 48 und Grundgesetz

In der Lit.[16] ist vereinzelt **Kritik** an der sich aus § 48 BBG ergebenden **Automatik** geübt worden. Die Vorschriften über den Verlust der Beamtenrechte seien „sterile Versteinerungen" und im Hinblick auf Art. 33 Abs. 5 GG „fragwürdig".[17]

Die verfassungsrechtl. Prüfung ist am Grds. der Verhältnismäßigkeit[18] und dem Verbot der Doppelbestrafung festzumachen. Konkrete Ansatzpunkte für eine **Verfassungswidrigkeit** des § 48 lassen sich dabei **nicht** ermitteln. Solange für Beamte, Richter und Soldaten dienst- und disziplinarrechtl. Besonderheiten rechtspolitisch nicht grds. in Frage gestellt werden, ist auch § 48 verfassungsrechtl./-politisch nicht angreifbar. Dies gilt insbes. dann, wenn der Strafrichter bei der **Strafzumessung** die dem Soldaten aus § 48 drohenden Rechtsfolgen **berücksichtigt**.[19]

3. Satz 1

a) „verliert seine Rechtsstellung, ..."

Der Verlust der Rechtsstellung tritt **von Gesetzes** wegen ein. Es bedarf dazu keines (konstitutiven) VA der jew. Personal bearbeitenden Dienststelle (§ 47 Abs. 1).[20] Ein **(deklaratorischer) VA** ist **nicht** nur nicht **erforderlich**, sondern auch unzweckmäßig[21], da er dem ehem. Soldaten eine in die Irre führende Rechtsbehelfs- und Klagemöglichkeit eröffnen würde. Im Interesse der Rechtssicherheit ist es jedoch sinnvoll, dem Soldaten eine **schriftl. Mitteilung** über den Grund und den Zeitpunkt des Endes seines Dienstverhältnisses zukommen zu lassen.[22] Dies gilt insbes. dann, wenn der Tenor des Urt. nicht zweifelsfrei ergibt, dass die Voraussetzungen von § 48 vorliegen.

---

13 GKÖD I K, § 48 Rn. 5.
14 GKÖD I Yk, § 48 Rn. 1.
15 GKÖD I K, § 48 Rn. 6 m.w.N.
16 *Juncker*, a.a.O.; *Lambrecht*, a.a.O.
17 *Juncker*, ZBR 1970, 226.
18 Vgl. in diesem Zusammenhang BVerwG 1 D 35/99; BVerwG NZWehrr 2002, 211. Zum Verlust des Anspruchs auf Dienstbezüge u. Versorgung u. Art. 14 GG vgl. BDHE 2, 192.
19 *Lambrecht*, ZBR 2001, 198.
20 *Plog/Wiedow/Lemhöfer*, BBG, § 48 Rn. 11. A.A. z.B. VGH Mannheim 11 S 2127/85.
21 A.A. GKÖD I Yk, § 48 Rn. 1; *Scherer/Alff*, SG, § 48 Rn. 1.
22 § 1 Abs. 4 der DBest. zur „Anordnung des BPräs über die Ernennung und Entlassung der Soldaten" (ZDv 14/5 B 111) schreibt eine solche Mitteilung vor. Für Bundesbeamte u. Bundesrichter findet sich eine entspr. Regelung in § 1 Abs. 3 der DBest. zur „Anordnung des BPräs über die Ernennung und Entlassung" v. 25.9.1969 (GMBl. S. 434).

13 **Kenntnis** erlangt der Dienstherr des Soldaten von einer einschlägigen gerichtl. Verurteilung gem. § 89 Abs. 1 i.V.m. § 125c BRRG.

14 Der Verlust der Rechtstellung tritt an dem Tag um **24 Uhr**[23] ein, an dem das (abschließende[24]) Urt. Rechtskraft erlangt. Dies folgt aus § 2 Abs. 2.

b) „Urteil eines deutschen Gerichts im Geltungsbereich des Grundgesetzes"

15 § 48 Satz 1 BBG nennt als Voraussetzung das Urt. eines deutschen Gerichts „im Geltungsbereich dieses Gesetzes". § 38 Abs. 1 führt ein „deutsches Gericht" an, § 38 Abs. 2 „Verurteilungen durch Gerichte außerhalb des Geltungsbereichs des Grundgesetzes". Gemeint ist immer das Gleiche:
Es muss ein **„Urteil"** i.S.v. § 260 StPO vorliegen. Ein gem. §§ 407 ff. StPO erlassener **Strafbefehl** genügt weder formal noch inhaltlich den Anforderungen i.s.v. § 48.[25] Ein Strafbefehl ist kein in einem ordentlichen Strafverfahren ergehendes Urt. Er unterscheidet sich auf Grund der Art und Weise seines Zustandekommens so grundlegend von einem Urt., dass er **nicht geeignet** ist, den Verlust der Rechtstellung eines Soldaten zu bewirken.

16 Wo die Straftat begangen wurde, ist **irrelevant**. Entscheidend ist allein, dass ein Urt. eines deutschen Gerichts vorliegt. Strafurt. **ausländischer Gerichte** führen nicht zur Anwendung von § 48 und zwar auch dann nicht, wenn es sich um Urt. eines Aufnahmestaates über einen deutschen Soldaten gem. Art. VII Abs. 2 Buchst. b) NTS handelt.[26] Eine Änd. des § 48 mit dem Ziel, Verurteilungen durch **Strafgerichte der EU-Staaten** einer Verurteilung durch deutsche Gerichte gleichzustellen, dürfte derzeit nicht durchsetzbar sein. Dazu müssten vorab die Rechtssysteme der EU-Staaten harmonisiert werden, damit eine Vergleichbarkeit gegeben wäre.

17 Mit der Formulierung „Geltungsbereich des Grundgesetzes" sollten Verurteilungen auf **besatzungsrechtl. Grundlage** oder durch **Gerichte der früheren DDR** ausgeschlossen werden.[27] Diese Textpassage ist **zeitlich überholt** und sollte bei nächster Gelegenheit gestrichen werden.

c) Nr. 1: „auf die in § 38 bezeichneten Strafen, ..."; Nr. 2: „auf Freiheitsstrafe von mindestens einem Jahr wegen vorsätzlich begangener Tat"

18 Mit der Verweisung in Nr. 1 sind gem. § 38 Abs. 1 Nr. 1 erfasst: Verurteilungen wegen eines Verbrechens zu einer **Freiheitsstrafe von mindestens einem Jahr** oder wegen einer **vorsätzlichen Tat** zu Freiheitsstrafe nach den Vorschriften der §§ 80, 80a, 81 bis 83, 84 bis 90b, 93 bis 100a StGB.

Nr. 2 erweitert den Geltungsbereich des § 48 auf **Vergehen**.

19 Die Verurteilung zu einer **Jugendstrafe** führt nicht zum Verlust der Rechtstellung eines Soldaten.[28] Maßgeblich sind nur Urt. nach dem Erwachsenenstrafrecht. Dies folgt aus § 6 JGG, wonach im Jugendgerichtsverfahren nicht auf Nebenfolgen erkannt werden darf.

---

23 *Scherer/Alff*, SG, § 48 Rn. 4.
24 A.A. VGH Mannheim 11 S 2127/85, wonach auf das Datum des ersten Strafurt. abzustellen ist.
25 H.M., vgl. BVerwG NJW 2000, 3297; BVerwGE 118, 262 = NZWehr 2004, 36; GKÖD I K, § 48 Rn. 11, 15; *Plog/Wiedow/Lemhöfer*, BBG, § 48 Rn. 3. A.A. BVerwGE 53, 236 = NZWehr 1978, 102; *Scherer/Alff*, SG, § 48 Rn. 3. Zw. *Fleig*, ZBR 2000, 122.
26 BVerwGE 115, 147.
27 GKÖD I K, § 48 Rn. 12; *Plog/Wiedow/Lemhöfer*, BBG, § 48 Rn. 3.
28 VG München NZWehr 1996, 41 mit zust. Anm. von *Brauckmann*, NZWehr 1996, 43; *Scherer/Alff*, SG, § 48 Rn. 3; *Stauf* I, § 48 SG Rn. 2. Missverständlich GKÖD I Yk, § 48 Rn. 3.

Die Rechtsfolgen des § 48 treten auch dann ein, wenn die Freiheitsstrafe nicht oder nur 20
z.T. verbüßt wird. Eine Strafaussetzung zur **Bewährung** gem. § 56 StGB steht der Anwendung von § 48 schon deswegen nicht entgegen, weil der Gesetzgeber die Verbüßung der Strafe nicht in den Text des § 48 aufgenommen hat.[29]

Die Freiheitsstrafe von mindestens einem Jahr muss nicht wegen einer einzigen Vorsatztat ausgesprochen worden sein. Es genügt eine – auch nachträgliche – **Bildung einer Gesamtstrafe** von mindestens einem Jahr wegen mehrerer Vorsatztaten. Der Gesamtstrafenbeschluss kann sich aus Geldstrafen und Freiheitsstrafen ergeben haben. Entscheidend ist das Ergebnis.[30] 21

Erfolgt eine Verurteilung wegen einer **vorsätzlichen** und einer **fahrlässigen** Straftat, ist entscheidend, welcher Vorschrift das Gericht die Strafe entnommen hat. Dies ist gem. § 52 Abs. 2 Satz 1 StGB regelmäßig die Vorsatztat. Ist die Strafe dem Fahrlässigkeitsdelikt entnommen worden, scheidet eine Anwendung von § 48 aus.[31] Fehlende oder unpräzise Angaben eines Strafurt. dürfen nicht durch die Vorg. des Soldaten oder die VG ersetzt werden.[32] In solchen Fällen bleibt lediglich die Möglichkeit einer disziplinaren Bewertung der Straftat.[33] 22

Gleiches gilt für die Verurteilung zu einer Freiheitsstrafe nach den Vorschriften über Landesverrat und Gefährdung der äußeren Sicherheit. Das Strafgericht muss den Soldaten gerade wegen dieser Tatbestände zu einer Freiheitsstrafe verurteilt haben.[34] 23

Wird ein Soldat in einem sachgleichen Strafverfahren zu einer Freiheitsstrafe von mindestens einem Jahr verurteilt, ist wegen der Rechtsfolge des § 48 Satz 1 Nr. 2 ein gegen ihn anhängiges **Disziplinarverfahren einzustellen**.[35] 24

d) „Maßregeln oder Nebenfolgen"

§ 48 verweist in Satz 1 Nr. 1 bzgl. der Maßregeln oder Nebenfolgen auf § 38. Gemeint sind damit § 38 Abs. 1 Nr. 2 (Verlust der Fähigkeit zur Bekleidung öff. Ämter) und § 38 Abs. 1 Nr. 3 (Maßregeln der Besserung und Sicherung gem. § 64 oder § 66 StGB). Insoweit kann auf die Komm. zu § 38 Bezug genommen werden. Rechtspolitisch bemerkenswert ist an dieser Stelle, dass die Unterbringung in einer Entziehungsanstalt (§ 64 StGB) und in der Sicherungsverwahrung (§ 66 StGB) zwar nach dem Soldatenrecht expressis verbis den Verlust der Rechtsstellung bewirken, nicht jedoch nach dem Beamtenrecht.[36] 25

4. Satz 2

Der Verlust der Rechtsstellung tritt auch ein, wenn der Soldat auf Grund einer Entsch. des BVerfG gem. Art. 18 GG ein **Grundrecht verwirkt** hat. 26

Das gerichtl. Verfahren in solchen Fällen ist in den §§ 36 ff. BVerfGG geregelt. Einzelheiten zur inhaltlichen Ausgestaltung einer Verwirkungsentscheidung finden sich in § 39 BVerfGG.

---

29 BVerwGE 53, 236 = NZWehrr 1978, 102; BVerwG ZBR 1980, 381; BVerwG 2 WD 47/86; GKÖD I K, § 48 Rn. 16; GKÖD I Yk, § 48 Rn. 2; *Plog/Wiedow/Lemhöfer*, BBG, § 48 Rn. 5.
30 BVerwGE 53, 236 = NZWehrr 1978, 102; BVerwG ZBR 1992, 314; *Plog/Wiedow/Lemhöfer*, BBG, § 48 Rn. 5; *Scherer/Alff*, SG, § 48 Rn. 3.
31 VGH München VGHE BY 25, 9; BVerwGE 34, 353; BVerwG DokBer B 1979, 307; BVerwGE 84, 1; GKÖD I K, § 48 Rn. 18, 20; *Plog/Wiedow/Lemhöfer*, BBG, § 48 Rn. 6; *Scherer/Alff*, SG, § 48 Rn. 3.
32 BVerwG 107, 34.
33 Vgl. BVerwG NZWehrr 2003, 259.
34 BVerwG *Buchholz* 232 § 52 BBG Nr. 7.
35 BVerwG NZWehrr 1993, 211.
36 Vgl. GKÖD I Yk, § 48 Rn. 4.

§ 49 Rechtsstellung der Berufssoldaten und der Soldaten auf Zeit

Für die **Praxis** ist § 48 Satz 2 i.V.m. Art. 18 GG bisher **bedeutungslos** gewesen. Die vier vom BVerfG entschiedenen Verwirkungsverfahren (die jew. für die staatlichen Antragsteller ohne Erfolg ausgegangen sind)[37] betrafen keine Soldaten.

5. Rechtsfolgen

27 Die Zugehörigkeit des BS zu den SK endet mit Eintritt der Rechtskraft des Urt. (§ 49 Abs. 1 Satz 1). Soweit der Soldat noch restlichen GWD zu leisten hat, bleibt er zunächst noch Soldat (§ 49 Abs. 1 Satz 2).

Der Soldat verliert seinen Dienstgrad (§ 49 Abs. 2) sowie seinen Anspruch auf Dienstbezüge und Versorgung mit Ausnahme der Beschädigtenversorgung (§ 49 Abs. 3).

Der Soldat hat unter den Voraussetzungen von § 49 Abs. 4 die Kosten seines Studiums oder seiner Fachausbildung zu erstatten.

Zur Wiederaufnahme des Verfahrens vgl. § 52 und die dortige Komm.; zur Entlassung anderer Bewerber vgl. § 88 und die dortige Komm.

Zum Gnadenrecht des BPräs hins. des Verlustes der Soldatenrechte vgl. § 5 und die dortige Komm.

---

37 *Krüger/Pagenkopf*, in: *Sachs*, GG, Art. 18 Rn. 7.

---

§ 49 Folgen der Entlassung und des Verlustes der Rechtsstellung eines Berufssoldaten

(1) ¹Die Zugehörigkeit des Berufssoldaten zur Bundeswehr endet mit der Beendigung seines Dienstverhältnisses durch Entlassung nach § 46 oder durch Verlust seines Rechtsstellung als Berufssoldat nach § 48. ²In den Fällen des § 46 Abs. 2 Nr. 1 bis 4[1] und Abs. 3 sowie des § 48 bleibt der Soldat in der Bundeswehr, soweit er auf Grund der Wehrpflicht hierzu verpflichtet ist.

(2) In den Fällen des § 46 Abs. 1 und Abs. 2 Nr. 1 bis 4[2] sowie Nr. 7 und 8 und des § 48 verliert der Soldat seinen Dienstgrad.

(3) Nach dem Verlust seiner Rechtsstellung als Berufssoldat und nach der Entlassung hat der frühere Berufssoldat keinen Anspruch auf Dienstbezüge und Versorgung mit Ausnahme der Beschädigtenversorgung, soweit gesetzlich nichts anderes bestimmt ist.

(4) ¹Ein früherer Berufssoldat, der vor Ablauf der nach § 46 Abs. 3 sich bestimmenden Mindestdienstzeit
1. auf seinen Antrag entlassen worden ist oder als auf eigenen Antrag entlassen gilt,
2. seine Entlassung nach § 46 Abs. 8 vorsätzlich oder grob fahrlässig herbeigeführt hat,
3. seine Rechtsstellung verloren hat oder
4. durch Urteil in einem gerichtlichen Disziplinarverfahren aus dem Dienstverhältnis entfernt worden ist,

muss die entstandenen Kosten des Studiums oder der Fachausbildung erstatten. ²Unter den gleichen Voraussetzungen muss ein früherer Berufssoldat in der Laufbahn der Of-

---

1 Künftig: „§ 46 Abs. 2 Satz 1 Nr. 1 bis 4" gem. Entw. des Strukturreformgesetzes.
2 Wie Fn. 1.

fiziere des Sanitätsdienstes das ihm als Sanitätsoffizier-Anwärter gewährte Ausbildungsgeld erstatten. ³Auf die Erstattung kann ganz oder teilweise verzichtet werden, wenn sie für den früheren Soldaten eine besondere Härte bedeuten würde.

(5) ¹Einem entlassenen Berufssoldaten kann das Bundesministerium der Verteidigung die Erlaubnis erteilen, seinen Dienstgrad mit dem Zusatz „außer Dienst (a.D.)" zu führen. ²Die Erlaubnis ist zurückzunehmen, wenn der frühere Berufssoldat sich ihrer als nicht würdig erweist.

Literatur: *Dau, Klaus:* Studium und Fachausbildung in der Bundeswehr und die Einführung von Stehzeiten, NZWehrr 1978, 51; *Förster, Carlo:* Rückzahlung der Ausbildungskosten eines entlassenen Berufssoldaten, NZWehrr 1996, 147; *Waas, Bernd:* Ausbildungskosten – Erstattung bei Arbeitgeberkündigung, RdA 2005, 120.

Übersicht

	Rn.		Rn.
A. Allgemeines	1 – 17	a) Abs. 4 und Art. 4 Abs. 1 GG	18
1. Entstehung der Vorschrift	1 – 5	b) Abs. 4 und Art. 12 Abs. 1 Satz 1, Art. 14 und Art. 20 Abs. 3 GG	19 – 20
2. Änderungen der Vorschrift	6 – 14		
a) Bis 1982	6 – 9		
aa) § 49	6	2. Absatz 1 Satz 1	21
bb) § 46 Abs. 4	7 – 9	3. Absatz 1 Satz 2	22 – 25
b) Ab 1983	10 – 14	4. Absatz 2	26
3. Bezüge zum Beamtenrecht bzw. zu sonstigen rechtl. Vorschriften; ergänzende Erlasse	15 – 17	5. Absatz 3	27 – 28
		6. Absatz 4	29 – 42
		a) Satz 1	29 – 36
B. Erläuterungen im Einzelnen	18 – 45	b) Satz 2	37
1. § 49 und Grundgesetz	18 – 20	c) Satz 3	38 – 42
		7. Absatz 5	43 – 45

A. Allgemeines

1. Entstehung der Vorschrift

Vorbemerkung: 1
Der heutige § 49 setzt sich aus Teilen früherer Fassungen der §§ 46 und 49 zusammen. Diese sind, soweit sie sich auf die geltende Fassung des § 49 beziehen, im Zusammenhang mit der Entstehungsgeschichte dieser Norm zu betrachten.

§ 44 des REntw.³ lautet:

„(1) Mit der Beendigung seines Dienstverhältnisses durch Entlassung nach § 41 und durch 2 Verlust seiner Rechtsstellung als Berufssoldat nach § 43 endet die Zugehörigkeit des Berufssoldaten zu den Streitkräften. Der Soldat bleibt jedoch in den Fällen des § 41 Abs. 2 Nr. 1 bis 4 und des § 43 in den Streitkräften, soweit er auf Grund der Wehrpflicht hierzu verpflichtet ist.

(2) In den Fällen des § 41 Abs. 1 und Abs. 2 Nr. 1 bis 4 und des § 43 verliert der Soldat seinen Dienstgrad.

(3) Nach dem Verlust seiner Rechtsstellung als Berufssoldat und. soweit gesetzlich nichts anderes bestimmt ist, nach der Entlassung hat der frühere Berufssoldat keinen Anspruch auf Dienstbezüge und Versorgung mit Ausnahme der Beschädigtenversorgung.

(4) Einem entlassenen Berufssoldaten kann der Bundesminister für Verteidigung die Erlaubnis erteilen, seinen Dienstgrad mit dem Zusatz „außer Dienst (a.D.)" zu führen. Die

---
3 BT-Drs. II/1700, 11.

Erlaubnis kann zurückgenommen werden, wenn der frühere Berufssoldat sich ihrer als nicht würdig erweist."

3   Die **Begr.**[4] wiederholt im Wesentlichen den zit. Gesetzestext; zu den Abs. 3 und 4 verweist sie auf entspr. Regelungen des BBG.

4   Eine Verpflichtung zum **Ersatz von Ausbildungskosten** enthielt der REntw. weder in § 44 noch in der Entlassungsvorschrift des seinerzeitigen § 41[5] (des späteren § 46).

5   Der **Rechtsausschuss** und der **Ausschuss für Beamtenrecht** änderten § 44 des REntw. nur marginal.[6]

Der **VertA** fügte in § 41 des REntw. eine **Kostenerstattungsvorschrift** ein, zunächst als neuen Abs. 4[7], dann als neuen Abs. 3a.[8] Begründet wurde diese Ergänzung damit, dass dem Staat durch die Ausbildung der Soldaten erhebliche Kosten entstünden. „Erfahrungen anderer Bundesbehörden" hätten zu der getroffenen Regelung geführt.[9]

In § 44 Abs. 1 des REntw. ersetzte der VertA, der neuen Terminologie des Gesetzes folgend, das Wort „Streitkräfte" durch „Bundeswehr"; in Abs. 4 Satz 2 wurde aus der im REntw. vorgesehenen Ermessensentscheidung eine zwingende Vorschrift.[10]

In dieser geänderten Fassung wurde § 44 (danach: § 49) durch das Plenum des BT beschlossen. § 41 Abs. 3a (danach: § 46 Abs. 4) lautete in der Erstfassung:

„Ein Berufssoldat, dessen militärische Ausbildung mit einem Studium oder einer Fachausbildung verbunden war und der auf eigenen Antrag vor Beendigung einer Dienstzeit von gleicher Dauer wie die des Studiums oder der Fachausbildung entlassen wird, muß die entstandenen Kosten des Studiums oder der Fachausbildung ersetzen."

2. Änderungen der Vorschrift

a) Bis 1982

6   **aa) § 49:** Seit der Neubekanntmachung des SG vom **22.4.1969**[11] wird in Abs. 4 a.F. – ohne förmlichen Gesetzesbeschl. – an Stelle der Bezeichnung „Bundesminister für Verteidigung" die Bezeichnung „Bundesminister der Verteidigung" verwendet.

7   **bb) § 46 Abs. 4:** Durch Art. 1 des G vom **10.1.1968**[12] erhielt Abs. 4 die folgende Fassung:

„Ein Berufssoldat, dessen militärische Ausbildung mit einem Studium oder einer Fachausbildung verbunden war und der auf eigenen Antrag vor Beendigung einer Dienstzeit von dreifacher Dauer wie die des Studiums oder der Fachausbildung entlassen wird, muß die entstandenen Kosten des Studiums oder der Fachausbildung ersetzen. Auf die Erstattung der Kosten kann ganz oder teilweise verzichtet werden, wenn sie für den Soldaten eine besondere Härte bedeuten würde."

Zur Begr. führte die BReg aus, die Fassung von 1956 habe nicht verhindern können, dass allein im Jahr 1966 14 Jet-Piloten, deren Spezialausbildung ca. 25 Mio. DM gekostet habe, zu privaten Fluggesellschaften abgewandert seien.[13] Die neu formulierte

---

4 BT-Drs. II/1700, 32 f.
5 BT-Drs. II/1700, 10 f.
6 Prot. Nr. 43 des Ausschusses für Beamtenrecht v. 11.1.1956, 13 f.; Drs. 23 des Ausschusses für Beamtenrecht v. 20.1.1956, 49.
7 Drs. 73 des VertA v. 8.2.1956; Entw. des Ausschussber. v. 18.2.1956.
8 BT-Drs. II/2140, 50.
9 BT-Drs. II/2140, 13.
10 BT-Drs. II/2140, 51.
11 BGBl. I S. 313, 429.
12 BGBl. I S. 56.
13 BT-Drs. V/1713.

Folgen der Entlassung und des Verlustes der Rechtsstellung § 49

Best. solle in erster Linie vorbeugend die **Abwanderung** solcher Kräfte **verhindern** und in zweiter Linie eine Rückforderung der Ausbildungskosten ermöglichen.[14]
Durch Art. 1 Nr. 9 G vom **21.7.1970**[15] wurden ein neuer Satz 2 „Unter den gleichen Voraussetzungen muß ein Sanitätsoffizier das ihm als Sanitätsoffizier-Anwärter gewährte Ausbildungsgeld erstatten; die Dienstzeit nach Satz 1 bemißt sich nach der Zeit, für die Ausbildungsgeld gewährt worden ist." eingefügt und in Satz 3 die Wörter „der Kosten" gestrichen.

Durch Art. 1 Nr. 1 des G vom **23.12.1977**[16] schließlich wurde Abs. 4 gestrichen. Abs. 3 wurde durch folgende Sätze ersetzt:

„Der Berufssoldat kann jederzeit seine Entlassung verlangen; soweit seine militärische Ausbildung mit einem Studium oder einer Fachausbildung verbunden war, jedoch erst nach einer sich daran anschließenden Dienstzeit, die der dreifachen Dauer des Studiums oder der Fachausbildung entspricht, längstens nach zehn Jahren. Der Berufsoffizier kann auch dann, wenn er weder ein Studium noch eine Fachausbildung erhalten hat, seine Entlassung erst nach Ende des sechsten Dienstjahres als Offizier verlangen. Vor Ablauf der in den Sätzen 1 und 2 genannten Dienstzeiten kann der Berufssoldat auf seinen Antrag nur entlassen werden, wenn das Verbleiben im Dienst für ihn wegen persönlicher, insbesondere häuslicher, beruflicher oder wirtschaftlicher Gründe eine besondere Härte bedeuten würde."

Zweck dieser Neuregelung war, die bisherige Best. auf alle BS auszudehnen und eine sog. **Abdienverpflichtung** für BS an Stelle der vorher möglichen Rückzahlung der Ausbildungskosten einzuführen. Man glaubte seinerzeit, damit die vorzeitige Entlassung dieses Personenkreises zu erschweren.[17] Die Erfahrung habe gezeigt, dass BS „ohne Rücksicht auf die Rückzahlungsverpflichtung ihre Entlassung beantragt" hätten.[18]

b) Ab 1983
Durch Art. 2 Nr. 4 des G vom **24.2.1983**[19] wurde § 46 Abs. 3 Satz 3 dahingehend geändert, dass der BS unter den dort genannten Voraussetzungen nunmehr zu entlassen *ist*.
Durch Art. 2 Nr. 5 des gleichen Gesetzes wurde in § 49 folgender Abs. 4 eingefügt:
„Ein Berufssoldat, der vor Ablauf der in § 46 Abs. 3 Satz 1 genannten Dienstzeit auf seinen Antrag entlassen wird, muß die entstandenen Kosten des Studiums oder der Fachausbildung erstatten. Unter den gleichen Voraussetzungen muß ein Berufssoldat in der Laufbahn der Offiziere des Sanitätsdienstes das ihm als Sanitätsoffizier-Anwärter gewährte Ausbildungsgeld erstatten. Auf die Erstattung kann ganz oder teilweise verzichtet werden, wenn sie für den Soldaten eine besondere Härte bedeuten würde."

Damit wurde der bis zum 31.12.1977 geltende – in § 46 Abs. 4 geregelte – **Rechtszustand wiederhergestellt**.[20] Offenbar hatte die Abdienverpflichtung allein nicht die erforderliche abschreckende Wirkung entfaltet. Lediglich der Gesetzesbegr.[21], nicht dem Normtext selbst, ist der Hinw. zu entnehmen, dass die Kosten einer bundeswehrinternen Ausbildung nur bis zur Höhe vergleichbarer Aufwendungen einer öff. Ausbildungseinrichtung geltend gemacht werden sollen.

---

14 BT-Drs. V/2214.
15 BGBl. I S. 1120.
16 BGBl. I S. 3114.
17 BT-Drs. 8/370.
18 BT-Drs. 8/370, 4.
19 BGBl. I S. 179.
20 BT-Drs. 9/1897, 17. Zur Übergangsregelung vgl. § 94; OVG Münster RiA 1997, 145.
21 BT-Drs. 9/1897, 17.

§ 49 Rechtsstellung der Berufssoldaten und der Soldaten auf Zeit

11 Durch Art. 1 Nr. 3 und 35 des **SGÄndG** wurden in der Überschrift der Norm das Wort „des" durch „eines" und in Abs. 5 Satz 1 der „Bundesminister der Verteidigung" durch „das Bundesministerium der Verteidigung" ersetzt. Abs. 3 erhielt – in Angleichung an § 49 Abs. 1 BBG – die noch geltende Fassung. Abs. 4 wurde erneut umformuliert. Die Kostenerstattungsregelung der BS wurden an die der SaZ angepasst und vereinheitlicht.[22]

12 Art. 65 Nr. 6 des G vom **21.8.2002**[23] änderte die Verweisung in Abs. 4 Satz 1 Nr. 2.

13 Durch Art. 2 Nr. 16 des **SkResNOG** erhielt Abs. 4 Satz 1 Nr. 4 – als noch offene Folgeänderung des 2. Gesetzes zur Neuordnung des Wehrdisziplinarrechts vom 16.8.2001[24] – die geltende Fassung.

14 Weiterer **redaktioneller Änderungsbedarf** besteht hins. der Verweisung auf § 46 Abs. 2 in Abs. 1 Satz 2 und in Abs. 2. Korrekterweise muss es dort jew. heißen: „§ 46 Abs. 2 Satz 1".[25]

3. Bezüge zum Beamtenrecht bzw. zu sonstigen rechtl. Vorschriften; ergänzende Erlasse

15 Abs. 2 und 3 entsprechen im Kern den §§ 34 und 49 BBG. Abs. 5 entspricht § 81 **Abs. 4 BBG**.[26]

16 Bzgl. **Abs. 4** fehlt es an einer konkreten Entsprechung im Beamtenrecht. Die zu § 59 Abs. 5 BBesG erlassenen AusfBest setzen eine besondere **vertragliche Rückzahlungsverpflichtung** voraus.[27] Dies gilt insbes. für die Rückzahlung von Haushaltsmitteln, die einem Beamten im Rahmen von **Studienbeihilfen** zugeflossen sind.[28]

17 Folgende **Erl. des BMVg** sind zu beachten:
- „Nachversicherung in der gesetzlichen Rentenversicherung für ohne Versorgung ausgeschiedene Beamte, Richter, Soldaten und sonstige Beschäftigte der Bundeswehr" (Neufassung)[29]
- **ZDv 14/5 B 155** „Entlassung auf eigenen Antrag von Berufssoldaten, deren militärische Ausbildung mit einem Studium oder einer Fachausbildung verbunden war"
- **ZDv 14/5 B 156** „Kostenerstattungspflicht entlassener Berufssoldaten und Soldaten auf Zeit, deren militärische Ausbildung mit einem Studium oder einer Fachausbildung verbunden war"
- „Erstattung der Kosten des Studiums und der Fachausbildung sowie Rückzahlung des Ausbildungsgeldes bei vorzeitiger Beendigung des Dienstverhältnisses (**Bemessungsgrundsätze**)".[30]

---

22 BT-Drs. 14/4062, 22.
23 BGBl. I S. 3322.
24 BGBl. I S. 2093.
25 Im Entw. eines Strukturreformgesetzes ist eine entspr. Änd. des § 49 vorgesehen.
26 Abs. 4 soll mit einer Neufassung des BBG wegfallen, da für diese Regelung kein praktisches Bedürfnis mehr besteht.
27 Vgl. zu Arbeitnehmern *Waas*, RdA 2005, 120.
28 Vgl. OVG Koblenz 10 A 11725/01.
29 VMBl. 1994 S. 162, 1996 S. 388.
30 BMVg – PSZ I 8– Az 16-02-11 v. 22.7.2002 (nicht veröff.).

B. Erläuterungen im Einzelnen

1. § 49 und Grundgesetz

a) Abs. 4 und Art. 4 Abs. 1 GG

Beantragt ein BS seine Entlassung mit der Begr., er fühle sich zum **Geistlichen** berufen, hindert dies seine Inanspruchnahme bzgl. der Kosten des Studiums nicht. Das Grundrecht der Religionsfreiheit muss nicht zwingend zu einer vollständigen Freistellung von finanziellen Verpflichtungen aus einer früheren Berufsausbildung führen.[31] 18

b) Abs. 4 und Art. 12 Abs. 1 Satz 1, Art. 14 und Art. 20 Abs. 3 GG

Abs. 4 ist mit **Art. 12 Abs. 1 Satz 1 GG** vereinbar. Das Grundrecht der Berufsfreiheit stellt denjenigen, der seinen Beruf wechselt, nicht von der Erfüllung derjenigen Pflichten frei, die in Folge der Beendigung seines bisherigen Berufsverhältnisses auf Grund eines verfassungsmäßigen Gesetzes entstehen und der Abwicklung des früheren Berufes dienen.[32] 19

Verschärfungen des Rückzahlungsanspruchs unterliegen auch nur bedingt dem Vertrauensschutz. Der Soldat kann sich darauf als Ausprägung von **Art. 20 Abs. 3 GG** nicht berufen, wenn sein Vertrauen auf den Fortbestand einer (für ihn günstigeren) gesetzl. Regelung eine „Rücksichtnahme durch den Gesetzgeber billigerweise nicht beanspruchen kann". Hierzu sind die Interessen der Allgemeinheit und der Betroffenen gegeneinander abzuwägen.[33] Dieses Judiz des BVerfG schließt auch einen Verstoß des Abs. 4 gegen **Art. 14 GG** und die Fürsorgepflicht des Dienstherrn aus.[34]

Soweit in der Lit.[35] **verfassungsrechtl. Bedenken** gegen Abs. 4 Satz 1 Nr. 2 bis 4 erhoben werden, kann diesen nicht gefolgt werden. Ob das Dienstverhältnis durch Antrag des Soldaten oder ohne einen solchen Antrag, jedoch durch Verschulden des Soldaten, beendet worden ist, ist rechtl. ohne Bedeutung. In jedem Fall ist die Beendigung des Dienstverhältnisses kausal dem Soldaten zuzurechnen, d.h. von ihm zu verantworten.[36] Es ist daher gerechtfertigt, auch in diesen Fällen eine Rückzahlung der Ausbildungskosten zu verfügen. 20

2. Absatz 1 Satz 1

Satz 1 ist lediglich von **deklaratorischer Bedeutung**. Eine entspr. Best. fehlt im Beamtenrecht. Die „Zugehörigkeit des Berufssoldaten zur Bundeswehr" (richtigerweise: „zu den Streitkräften") beschreibt einen faktischen Zustand ohne rechtl. Relevanz. Dienstherr des Soldaten ist die Bundesrepublik Deutschland und nicht etwa (auch) „die Bundeswehr" oder der BMVg als Inhaber der Befehls- und Kommandogewalt i.S.v. Art. 65a GG. Die insoweit ebenfalls unsauber formulierte Vorschrift des § 2 Abs. 2 hätte bzgl. der Beendigung des Wehrdienstverhältnisses eines BS genügt. 21

Satz 1 kann daher **ersatzlos wegfallen**.

3. Absatz 1 Satz 2

In den in Satz 2 aufgeführten Fällen bleibt der ehem. BS in den SK, nachdem er seinen bisherigen Status verloren hat, soweit er noch einen (Pflicht-)Wehrdienst nach dem WPflG zu leisten hat. 22

---

31 BVerwG 2 PKH 1/98.
32 BVerfGE 39, 128 (141) zu § 46 Abs. 4 Fassung 1968.
33 BVerfGE 39, 128 (146); BVerwGE 65, 203 (207 f.).
34 BVerwG *Buchholz* 238.4 § 46 SG Nr. 12.
35 GKÖD I Yk, § 49 Rn. 9 f.
36 Vgl. BT-Drs. 14/4062, 22.

§ 49 Rechtsstellung der Berufssoldaten und der Soldaten auf Zeit

Auf **Frauen** findet diese Best. **keine Anwendung**, da sie nicht der Wehrpflicht unterliegen.
Seinen restlichen Wehrdienst beginnt der ehem. BS grds. im **niedrigsten Mannschaftsdienstgrad** (vgl. Abs. 2).

23 Das Verbleiben in den SK ist dem ehem. BS schon aus Gründen der Rechtssicherheit **mitzuteilen**. Diese Mitteilung ist als **VA** zu qualifizieren. Zuständig hierfür ist das KWEA; die bisherige Personal führende Dienststelle der SK ist nachrichtlich zu beteiligen.[37] Eine ausdrückliche gesetzl. Zuweisung dieser Zuständigkeit existiert allerdings nicht. Sie ist jedoch aus Art. 87b Abs. 2 Satz 1 GG und § 14 WPflG abzuleiten.

24 In der Praxis ist Abs. 1 Satz 2 von **geringer Bedeutung**. In aller Regel – abgesehen z.b. von Eignungsübenden gem. § 87 Abs. 1 – haben Soldaten vor ihrer Berufung in das Dienstverhältnis eines BS eine Dienstzeit nachzuweisen, die länger dauert als der gesetzl. GWD (vgl. § 27 Abs. 2 Nr. 1 und 2, § 39). Im Zeitpunkt der Berufung als BS werden sie darüber hinaus meist die Regelaltersgrenze für die Heranziehung zum GWD (§ 5 Abs. 1 WPflG) überschritten haben. In diesen Fällen darf eine zwangsweise Ableistung des (restlichen) GWD nicht verlangt werden.[38] Die Verpflichtung zur Ableistung eines Restgrundwehrdienstes folgt im Übrigen für alle Statusgruppen unmittelbar aus dem WPflG; die Regelung des Abs. 1 Satz 2 ist daher **überflüssig**.

25 Der bis zur Beendigung des Dienstverhältnisses freiwillig geleistete Dienst ist gem. § 7 Abs. 1 WPflG **auf den GWD anzurechnen**, soweit er mit diesem inhaltlich vergleichbar war, also z.B. nicht bei der Freistellung eines SaZ für ein Studium.[39]

4. Absatz 2

26 In den in Abs. 2 aufgeführten Fällen **verliert** der ehem. BS von Gesetzes wegen seinen **Dienstgrad**. Sofern er noch wpfl ist, wird er mit dem niedrigsten Mannschaftsdienstgrad zu den Wehrdienstarten des § 4 Abs. 1 WPflG einberufen.[40] Im Spannungs- und im V-Fall bleibt der ehem. BS bis zum 60. Lebensjahr wpfl (§ 3 Abs. 5 WPflG).[41]

5. Absatz 3

27 Der ehem. BS **verliert** ferner seine Ansprüche auf **Besoldung** und **Versorgung** mit Ausnahme der Beschädigtenversorgung. Seit dem SGÄndG kann der Gesetzgeber sowohl für die Fälle des Verlustes der Rechtsstellung als auch der Entlassung eine andere gesetzl. Regelung treffen.[42] Dies ist durch § 46 Abs. 8 i.V.m. § 37 SVG für die Entlassung eines Lt wegen mangelnder Eignung als Berufsoffizier geschehen.

28 Der ehem. BS ist vom Bund in der gesetzl. Rentenversicherung **nachzuversichern** (§ 8 Abs. 2 Satz 1 Nr. 1 SGB VI).[43]

---

37 A.A. *Scherer/Alff*, SG, § 49 Rn. 1.
38 Soweit der ehem. BS im Spannungs- u. V-Fall unbefristeten Wehrdienst zu leisten hat (§ 4 Abs. 1 Nr. 6 WPflG), erlangt Abs. 1 Satz 2 eine größere Bedeutung.
39 BVerwG *Buchholz* 448.0 § 7 WPflG Nr. 2.
40 Vgl. BVerwGE 93, 364 = NZWehrr 1993, 211.
41 A.A. auf Grund der Rechtslage vor dem SkResNOG *Steinlechner/Walz*, WPflG, § 3 Rn. 52. Für die Heranziehung zu Dienstleistungen nach dem SG vgl. § 59 Abs. 1 Satz 1.
42 Zutr. *Stauf* I, § 49 Rn. 3. Missverständlich, da wohl auf der früheren Rechtslage beruhend: GKÖD I Yk, § 49 Rn. 4; *Scherer/Alff*, SG, § 49 Rn. 3.
43 Vgl. hierzu Erl. des BMVg VMBl. 1994 S. 162; 1996 S. 388.

Folgen der Entlassung und des Verlustes der Rechtsstellung § 49

6. Absatz 4
a) Satz 1

Folgende ehem. BS, deren Dienstverhältnis vor Ablauf der sich nach § 46 Abs. 3 bestimmenden Mindestdienstzeit geendet hat[44], unterliegen der **Erstattungspflicht**: 29
- Entlassung wegen besonderer Härte gem. § 46 Abs. 6
- Entlassung nach Anerkennung als Kriegsdienstverweigerer gem. § 46 Abs. 2 Satz 1 Nr. 7
- Entlassung wegen Ernennung zum Beamten gem. § 125 Abs. 1 Satz 3 BRRG
- Entlassung eines Lt wegen mangelnder Eignung als Berufsoffizier gem. § 46 Abs. 8 Satz 1
- Verlust der Rechtsstellung gem. § 48
- Entfernung aus dem Dienstverhältnis gem. § 63 WDO.

Zu erstatten sind die „entstandenen Kosten des Studiums oder der Fachausbildung". 30

Unter „Studium"/„Fachausbildung" sind zu verstehen[45]:
- **„Studium"** ist die Ausbildung an einer Universität, Technischen Hochschule, Fachhochschule oder einer vergleichbaren ausländischen Ausbildungseinrichtung.
- **„Fachausbildung"** ist die außerhalb des Truppendienstes oder der allg. mil. Ausbildung durchgeführte besondere Ausbildung, die zu einer zusätzlichen Befähigung oder einer Berechtigung führt, die inner- oder außerhalb der Bw anerkannt ist. „Fachausbildung" ist z.B. die Weiterbildung eines SanOffz zum Facharzt für Anästhesie[46] oder die Ausbildung zum Flugzeugführer.[47] Nicht zur Fachausbildung i.S.d. Vorschrift zählen die allg. Schulung der Soldaten der Luftwaffe in der englischen Sprache und die Auswahlschulung für die Flugzeugführerausbildung.[48]

Die zu Grunde zu legende Ausbildung **beginnt** mit dem ersten Tag des ersten Semesters 31 usw. und **endet** mit dem letzten Prüfungstag.[49] Ausbildungsfreie Zeiträume, z.B. die Semesterferien, sind grds. einzubeziehen.[50]

Wurde die Ausbildung **abgebrochen**, sind Kosten nur dann und insoweit zu erstatten, als 32 die Ausbildung Kenntnisse oder Fähigkeiten vermittelt hat, die für die weitere Verwendung inner- oder außerhalb der Bw nutzbar sein können.[51]

Zu erstatten sind alle **Kosten**, die in einem adäquaten Zusammenhang mit dem Studi- 33 um oder der Fachausbildung stehen.[52] Dies sind insbes.[53]
- die auf den ehem. BS entfallenden Personal- und Sachkosten der Ausbildungseinrichtung; diese sind nach „betriebswirtschaftlichen Gesichtspunkten"[54] zu ermitteln;
- die Kosten der besonderen Ausbildung an Einrichtungen außerhalb der Bw, soweit der Bund diese an einen externen Kostenträger abgeführt hat;

---

44 Bzgl. der BS, die vor dem Inkrafttreten des SGÄndG ein Studium o. eine Fachausbildung begonnen haben, vgl. die Übergangsvorschrift des § 97.
45 Zu Einzelheiten vgl. die Erl. des BMVg ZDv 14/5 B 155 Nr. 4, 5; PSZ I 8 v. 22.7.2002 Nr. 2.1; vgl. auch die Komm. zu § 46 Rn. 97 ff.
46 BVerwGE 42, 233. Vgl. auch BVerwG 6 B 13/83.
47 BVerwGE 52, 84.
48 BVerwGE 69, 95.
49 Erl. des BMVg – PSZ I 8 – v. 22.7.2002 Nr. 2.3.
50 BVerwG *Buchholz* 238.4 § 46 SG Nr. 11.
51 Erl. des BMVg – PSZ I 8 – v. 22.7.2002 Nr. 2.1.
52 BVerwGE 42, 233.
53 Vgl. Erl. des BMVg ZDv 14/5 B 156 Nr. 4; PSZ I 8 v. 22.7.2002 Nr. 2.4.
54 BVerwGE 52, 84.

- die während der besonderen Ausbildung entstandenen persönlichen Kosten (z.b. Reisekosten, Trennungsgeld, Umzugskosten).

34 Die Erstattungspflicht folgt unmittelbar aus dem Gesetz.[55] Geltend gemacht werden die Ansprüche des Bundes gegen den ehem. BS durch **Leistungsbescheid**.[56] Insoweit ist die hier beschriebene Rechtslage mit Leistungsbescheiden auf Grund von § 24[57] vergleichbar.

35 Bzgl. der Hauptforderung kann ein **Zinsanspruch** geltend gemacht werden.[58]

36 Die **Höhe** des Rückforderungsbetrages hängt naturgemäß sehr vom Einzelfall ab. Ein Betrag von 100 000 Euro kann durchaus erreicht oder gar überschritten werden.

b) Satz 2

37 War der ehem. BS Angehöriger der Laufbahn der Offz des SanDienstes, hat er das ihm als SanOA gewährte **Ausbildungsgeld** zu erstatten.

Zu erstatten sind

- der Grundbetrag gem. § 4 SanOAAusbgV[59],
- der Familienzuschlag gem. § 5 der gleichen VO,

jew. in Höhe der Bruttobeträge.[60]

c) Satz 3

38 Die Auslegung von Satz 3 bereitet in der Praxis größere Schwierigkeiten. Dies liegt einerseits daran, das die „**besondere Härte**" als unbestimmter Rechtsbegriff gerichtl. in vollem Umfang nachprüfbar ist[61], andererseits daran, dass die „besondere Härte" auch Tatbestandsvoraussetzung für eine vorzeitige Entlassung des BS gem. § 46 Abs. 6 ist.

39 Die **Rspr.** lässt keine klare Linie erkennen: Das OVG Münster[62] meint, der Begriff der besonderen Härte in § 49 Abs. 4 Satz 3 und der gleiche Begriff in § 46 Abs. 6 könnten keinen identischen Inhalt haben. Ansonsten würde die Erstattungsvorschrift in solchen Fällen „praktisch leer laufen". Die auf das Verbleiben im Dienst bezogenen Härtegründe, welche die vorzeitige Entlassung des BS gerechtfertigt hätten, könnten i.d.R. nicht zugleich den Wegfall der Erstattung der Ausbildungskosten bewirken. Das BVerwG[63] hielt dagegen in einem Einzelfall eine Kostenerstattung aus den gleichen Gründen, die zur vorzeitigen Entlassung des Klägers geführt hatten, nicht für zulässig.

Die Auffassung des OVG Münster überzeugt auf Grund der unterschiedlichen Regelungsinhalte der §§ 46 und 49.

40 Auf Grund der **Weisungslage**[64] werden z.B. folgende Konstellationen als besondere Härte **anerkannt**:

- Stand der ehem. BS dem Bund mit den durch die besondere Ausbildung erworbenen Kenntnissen noch für eine nennenswerte Zeit zur Verfügung (sog. effektive Stehzeit), kann auf einen Teil der Kosten verzichtet werden.

---

55 Erl. des BMVg ZDv 14/5 B 156 Nr. 8.
56 So ausdrücklich z.B. BVerwGE 52, 84; OVG Münster RiA 1997, 145. Ebenso GKÖD I Yk, § 49 Rn. 15; *Scherer/Alff*, SG, § 49 Rn. 12.
57 Vgl. o. § 24 Rn. 38 f.
58 OVG Münster RiA 1997, 145.
59 Vgl. die Komm. zu § 30 Rn. 17.
60 Erl. des BMVg – PSZ I 8 – v. 22.7.2002 Nr. 2.2.1.
61 OVG Schleswig 3 L 322/93.
62 RiA 1997, 145. Ebenso *Stauf* I, § 49 SG Rn. 6.
63 NZWehr 1977, 73. Ähnlich BVerwGE 52, 84. Ebenso *Förster*, NZWehr 1996, 150.
64 Erl. des BMVg – PSZ I 8 – v. 22.7.2002 Nr. 3.

- Wenn die Kosten einer vergleichbaren Ausbildung an einer zivilen Ausbildungseinrichtung erheblich niedriger als innerhalb der Bw gewesen wären, ist dies bei der Kostenfestsetzung zu berücksichtigen.[65]
- Wenn die Rückforderung eines größeren Betrages (in einer Summe) die wirtschaftliche Existenz des ehem. BS ernsthaft gefährden oder den ehem. BS wirtschaftlich „knebeln"[66] würde.

Dagegen liegt **keine besondere Härte** vor, wenn z.b. dem ehem. BS vor seiner Entlassung im Rahmen eines Disziplinarverfahrens gem. § 126 Abs. 2 WDO ein Teil seiner Dienstbezüge einbehalten worden war.[67]   41

Kommt ein Verzicht auf die Kostenerstattung nicht in Betracht, kann eine **Stundung** (§ 59 Abs. 1 Nr. 1 BHO) oder eine **Niederschlagung** (§ 59 Abs. 1 Nr. 2 BHO) zu prüfen sein.   42

7. Absatz 5

Die nach **Satz 1** dem BMVg übertragene (und nicht weiter delegierte) Kompetenz kommt nur in **wenigen Einzelfällen** zum Tragen. Denkbar sind die Entlassung an Stelle des Eintritts oder der Versetzung in den Ruhestand gem. § 46 Abs. 2 Satz 1 Nr. 6, die Entlassung auf eigenen Antrag gem. § 46 Abs. 3[68] oder die Entlassung wegen besonderer Härte gem. § 46 Abs. 6. Der Soldat hat dann seinen Dienstgrad nicht gem. Abs. 2 verloren. Die nach Satz 1 mögliche Erlaubnis bedeutet nur, dass § 44 Abs. 7 entspr. angewandt werden kann. Eine Dienstgradverleihung ist damit nicht verbunden.   43

Die Erlaubnis setzt einen **Antrag** des ehem. BS voraus.[69] Auf frühere BS der ehem. NVA, die in den SK der Bw nicht weiterverwendet worden sind, ist Satz 1 nicht anwendbar.[70]   44

Die gem. **Satz 2** mögliche **Rücknahme der Erlaubnis** ist auf die Fälle beschränkt, in denen der BS nicht mehr der WPfl unterliegt. Ansonsten gilt für ihn der Schutzbereich des § 26[71] mit der Maßgabe, dass ausschließlich der Zusatz „a.D." nicht mehr geführt werden darf.   45

§ 50 Versetzung in den einstweiligen Ruhestand

(1) Der Bundespräsident kann die Berufsoffiziere vom Brigadegeneral und den entsprechenden Dienstgraden an aufwärts jederzeit in den einstweiligen Ruhestand versetzen.

(2) ¹Die für den einstweiligen Ruhestand der Beamten geltenden Vorschriften der §§ 37, 39 und 40 des Bundesbeamtengesetzes finden entsprechende Anwendung. ²Der in den einstweiligen Ruhestand versetzte Berufsoffizier gilt mit Erreichen der Altersgrenze als dauernd in den Ruhestand versetzt.

---

65 BVerwGE 52, 70; 52, 84.
66 OVG Münster RiA 1976, 77.
67 BVerwG *Buchholz* 238.4 § 46 SG Nr. 10.
68 Zur vorher abgeleisteten Dauer der Dienstzeit vgl. GKÖD I Yk, § 49 Rn. 16; *Scherer/Alff*, SG, § 49 Rn. 15. I.d.R. muss die für SaZ geltende Höchstverpflichtungsdauer (zzt. 20 Jahre, für SanOffz 25 Jahre) absolviert sein.
69 *Scherer/Alff*, SG, § 49 Rn. 15.
70 BVerwG IÖD 1999, 42.
71 GKÖD I Yk, § 49 Rn. 17; *Scherer/Alff*, SG, § 49 Rn. 16.

§ 37 BBG

¹**Der einstweilige Ruhestand beginnt, wenn nicht im Einzelfalle ausdrücklich ein späterer Zeitpunkt festgesetzt wird, mit dem Zeitpunkt, in dem die Versetzung in den Ruhestand dem Beamten mitgeteilt wird, spätestens jedoch mit dem Ende der drei Monate, die auf den Monat der Mitteilung folgen.** ²**Die Verfügung kann bis zum Beginn des Ruhestandes zurückgenommen werden.**

§ 39 BBG

Der in den einstweiligen Ruhestand versetzte Beamte ist verpflichtet, einer erneuten Berufung in das Beamtenverhältnis auf Lebenszeit Folge zu leisten, wenn ihm ein Amt im Dienstbereich seines früheren Dienstherrn verliehen werden soll, das derselben oder einer mindestens gleichwertigen Laufbahn angehört wie das frühere Amt und mit mindestens demselben Endgrundgehalt (§ 26 Abs. 1 Satz 2) verbunden ist.

§ 40 BBG

Der einstweilige Ruhestand endet bei erneuter Berufung in das Beamtenverhältnis auf Lebenszeit (§ 39).

Literatur[1]: *Masing, Johannes/Wißmann, Hinnerk:* Der praktische Fall – Öffentliches Recht: Personalspitzen, JuS 1999, 1204; *Nierhaus, Michael:* Die Versetzung politischer Beamter in den einstweiligen Ruhestand – BVerwGE 52, 33, JuS 1978, 596; *Schwidden, Frank:* Aktuelle Fragen zur Sonderstellung und finanziellen Absicherung der politischen Beamten, RiA 1999, 13.

Übersicht

	Rn.		Rn.
A. Allgemeines	1 – 12	d) Begründung; Anhörung	23 – 25
1. Zweck der Vorschrift	1 – 4	e) Verfahren	26 – 28
2. Entstehung der Vorschrift	5 – 6	f) § 50 und das Grundgesetz	29 – 33
3. Änderungen der Vorschrift	7	g) Verhältnis Zurruhesetzung nach § 50/nach PersAnpassG	34 – 37
4. Bezüge zum Beamtenrecht bzw. zu sonstigen rechtl. Vorschriften	8 – 12	2. Absatz 2	38 – 50
B. Erläuterungen im Einzelnen	13 – 50	a) Beginn des einstweiligen Ruhestandes	38 – 41
1. Absatz 1	13 – 37	b) Folgen der Versetzung in den einstweiligen Ruhestand	42 – 45
a) Kompetenzen des Bundespräsidenten	13 – 17	c) Erneute Berufung	46 – 49
b) Personenkreis	18	d) Erreichen der Altersgrenze	50
c) Gründe für den einstweiligen Ruhestand	19 – 22		

A. Allgemeines

1. Zweck der Vorschrift

1 § 50 Abs. 1[2] bestimmt, dass Berufsoffiziere in Spitzenstellungen jederzeit in den einstweiligen Ruhestand versetzt werden können. Das entspricht dem gleichen Gedanken, der § 36 BBG für die sog. politischen Beamten zugrunde liegt.[3]

2 Ein **politischer Beamter** ist ein Beamter auf Lebenszeit in einem Amt, bei dessen Ausübung er in fortdauernder Übereinstimmung mit den grds. politischen Ansichten und

---

1 Die nachstehenden beamtenrechtl. Abhandlungen sind wegen ihrer Parallelität zum Soldatenrecht in Teilen verwertbar.
2 Im REntw.: § 45 Abs. 1.
3 BT-Drs. II/1700, 33.

Zielen der Regierung stehen muss (§ 31 Abs. 1 Satz 1 BRRG). Entspr. dient die in § 36 Abs. 1 BBG vorgesehene Möglichkeit, diesen Beamten jederzeit in den einstweiligen Ruhestand versetzen zu können, dem Zweck, seine Amtsführung in ständiger Kongruenz mit der Regierungspolitik zu halten. Denn es handelt sich bei einem solchen Amt um eine politische Schlüsselstellung, die das reibungslose Funktionieren des Übergangs von der politischen Spitze in die Beamtenhierarchie zu gewährleisten hat. Diesem Amt kommt eine „Transformationsfunktion" zu, welcher der Amtsinhaber jederzeit gerecht werden muss. Er bedarf deshalb des vollen Vertrauens der Regierung.[4]

Der Gesetzgeber hat diese Vorstellung in § 50 auf **Berufsoffiziere im Generalsrang** übertragen.[5] Deren „Transformationsfunktion" bezieht sich auf die Nahtstelle zwischen der politischen Führungsspitze der SK und der mil. Hierarchie.[6] Anders als im Beamtenrecht ist in § 50 der Kreis der Betroffenen nicht von der Dienststellung, sondern vom Dienstgrad aus beschrieben worden. Dies trägt der Tatsache Rechnung, dass das Gewicht und der Einfluss eines Soldaten mit dem Dienstgrad wachsen.[7]

3

Eine Versetzung in den einstweiligen Ruhestand nach § 50 ist nicht nur aus in der Person des Soldaten liegenden Gründen (Zweifel an der regierungskonformen Dienstausübung; sonstige Eignungsmängel) zulässig. Sie kann auch auf allg. personalpolitische oder strukturelle Überlegungen gestützt werden (s.u. Rn. 21).

4

2. Entstehung der Vorschrift

§ 50 war bereits in der **Erstfassung** des SG enthalten. Der **REntw**.[8] hatte vorgesehen, Berufsoffiziere erst ab dem Dienstgrad **Generalmajor** in den einstweiligen Ruhestand versetzen zu können. Nur ihnen wurden bereits das Gewicht und der Einfluss beigemessen, um ihre Versetzung in den einstweiligen Ruhestand rechtfertigen zu können. Generalmajore seien u.a. für Verwendungen als DivKdr und in leitenden Stellungen in integrierten Stäben[9], **Brigadegenerale** hingegen noch als Führer von Kampftruppen vorgesehen.[10]

5

Der **VertA** beschloss jedoch, die Möglichkeit zur Versetzung in den einstweiligen Ruhestand auf alle Angehörigen des Generalsranges auszudehnen. Dies bringe zum Ausdruck, dass der Umfang ihrer Verantwortung der des sog. politischen Beamten entspreche.[11]

6

3. Änderungen der Vorschrift

§ 50 wurde **zweimal geändert**:

7

Durch § 98 Abs. 1 Nr. 5 des G vom **24.8.1976**[12] wurde in Abs. 2 Satz 1 die Bezugnahme auf die §§ 37 bis 40 BBG wegen der Aufhebung des § 38 BBG (in Art. IV § 1 Nr. 3 des G vom **23.5.1975**[13]) durch die Verweisung auf §§ 37, 39 und 40 BBG ersetzt.

Durch Art. 1 Nr. 36 des **SGÄndG** wurden in Abs. 1 nach dem Wort „Brigadegeneral" die Wörter „und den entsprechenden Dienstgraden" eingefügt.

---

4 BVerwGE 52, 33 (34 f.).
5 BVerfG DVBl. 1994, 103.
6 Gleichwohl gilt auch für den von § 50 betroffenen Personenkreis das Verbot gem. § 15 Abs. 4, Untergebene für o. gegen eine politische Meinung zu beeinflussen.
7 BT-Drs. II/1700, 33.
8 BT-Drs. II/1700, 12.
9 BT-Drs. II/1700, 33.
10 So die BReg in der 43. Sitzung des Ausschusses für Beamtenrecht des BT am 11.1.1956.
11 BT-Drs. II/2140, 13, 51.
12 BGBl. I S. 2485.
13 BGBl. I S. 1173.

§ 50 Rechtsstellung der Berufssoldaten und der Soldaten auf Zeit

4. Bezüge zum Beamtenrecht bzw. zu sonstigen rechtl. Vorschriften

8   **Abs. 1** entspricht § 36 Abs. 1 BBG (s.o. Rn. 1 ff.). **Abs. 2 Satz 1** erklärt die §§ 37, 39 und 40 BBG für entspr. anwendbar (zu Einzelheiten s.u. Rn. 38 ff.). **Abs. 2 Satz 2** bildet § 41 Abs. 5 BBG (Umwandlung des einstweiligen in einen dauernden Ruhestand) nach.

9   Sonstige **politische Beamte**, die außer den in § 36 Abs. 1 BBG Genannten in den einstweiligen Ruhestand versetzt werden können, sind gem. § 36 Abs. 2 BBG i.V.m. § 176 Abs. 2 BBG der **Direktor beim Deutschen BT** und der **Direktor des BR**, soweit sie Beamte auf Lebenszeit sind.

10 Für **politische Beamte in den Ländern** enthalten §§ 31 und 32 BRRG rahmenrechtl. Sondervorschriften über den einstweiligen Ruhestand, die von den Ländern weitgehend in ihren LBG ausgefüllt worden sind.

11 Nicht auf politische Beamte beschränkt, sondern **bei Organisationsänderungen** auch für **weitere Beamte** möglich ist die Versetzung in den einstweiligen Ruhestand in folgenden Fällen:
- Bei Umbildung von Körperschaften (also bei Auflösung oder Umgestaltung des Dienstherrn – wichtigster Fall: kommunale Gebietsreform) nach dem im Bund und in den Ländern gleichermaßen geltenden § 130 Abs. 2 BRRG
- bei Auflösung oder Zusammenlegung von Behörden im Bund nach (dem bis zum 31.12.2010 befristeten) § 36a BBG oder in den Ländern nach Maßgabe des § 20 BRRG (entspr. Landesrecht).

12 **Richter** auf Lebenszeit oder auf Zeit können in den einstweiligen Ruhestand versetzt werden, wenn Tatsachen außerhalb der richterlichen Tätigkeit dies zwingend gebieten, um eine schwere Beeinträchtigung der Rechtspflege abzuwenden (§ 31 Nr. 2 DRiG).

B. Erläuterungen im Einzelnen

1. Absatz 1

a) Kompetenzen des Bundespräsidenten

13 Der **BPräs** ist für die Versetzung in den einstweiligen Ruhestand zuständig. Diese Maßnahme ist ein **Anwendungsfall des Art. 60 Abs. 1 GG**. Nach dieser Vorschrift ernennt und **entlässt** der BPräs u.a. die Offz und Uffz. Zwar ist die Versetzung in den einstweiligen Ruhestand nach den soldatenrechtl. Vorschriften über die Beendigung von Dienstverhältnissen der BS (§§ 43 ff.) terminologisch nicht mit einer Entlassung gleichzusetzen. Dies zeigen die unterschiedlichen Regelungen in §§ 44 und 50 einerseits, § 46 andererseits. Gleichwohl ist verfassungsrechtl. der Begriff der Entlassung in Art. 60 Abs. 1 GG zumindest so weit auszulegen, dass er Versetzungen in den einstweiligen Ruhestand erfasst.[14] Vom verfassungsrechtl. Schrifttum wird hierzu auf die Regelungen in § 36 BBG und in § 50 hingewiesen.[15]

14 Grds. steht die Kompetenz des BPräs zur Versetzung in den einstweiligen Ruhestand unter Gesetzesvorbehalt (Art. 60 Abs. 1 GG: „soweit gesetzlich nichts anderes bestimmt ist"[16]). Der Bundesgesetzgeber könnte diese Befugnis auf andere Entscheidungsträger verlagern. Andererseits hätte der BPräs gem. Art. 60 Abs. 3 GG die Kompetenz, diese Befugnis auf andere Behörden zu übertragen. Diese Delega-

---

14 Wohl unstr., vgl. *Herzog*, in: *Maunz/Dürig*, GG, Art. 60 Rn. 16; *Hemmrich*, in: *v. Münch/Kunig*, GGK II, Art. 60 Rn. 13.
15 *Fink*, in: *vM/K/S*, GG II, Art. 60 Rn. 14.
16 Zu den inhaltlichen Grenzen dieses Vorbehalts s. *Fink*, ebd., Art. 60 Rn. 22 m.w.N.

Versetzung in den einstweiligen Ruhestand § 50

tionsermächtigung in Art. 60 Abs. 3 GG dürfte gegenstandslos sein, weil der Gesetzgeber in § 50 (und in § 36 BBG) die Zuständigkeit des BPräs ausdrücklich feststellt.[17] Deshalb darf der BPräs **seine Zuständigkeit nicht** anderweitig **übertragen**.[18]

Obwohl der Wortlaut des § 50 eine alleinige Kompetenz des BPräs nahe legt, ist gem. Art. 58 Satz 1 GG zur Versetzung eines BS in den einstweiligen Ruhestand die **Gegenzeichnung** durch den BMVg, den zuständigen Ressortminister, notwendig (der selbst vorab eine Stellungnahme des BK einzuholen hat, § 19 Satz 1 GOBReg[19]). Die rechtzeitige Einbindung des BPräs in das Verfahren stellt § 19 Satz 2 GOBReg sicher. 15

Damit kommt prinzipiell zum Ausdruck, dass der BPräs keine letztverantwortliche Entscheidungsbefugnis in Personalsachen besitzt. Er hat grds. im Rahmen des § 50 die ihm (gem. § 29 Abs. 2 Satz 1 GOBReg erst nach Gegenzeichnung durch den BMVg zur Vollziehung) vorgelegte Verfügung zur Versetzung in den einstweiligen Ruhestand zu unterzeichnen.[20]

Gleichwohl steht dem BPräs (wegen seiner Bindung an Gesetz und Recht, Art. 20 Abs. 3 GG) ein **formelles und** ein **materielles Prüfungsrecht** zu. Er hat die Rechtmäßigkeit des gewählten Verfahrens und die gesetzl. Voraussetzungen zur Versetzung in den einstweiligen Ruhestand zu überprüfen[21] und wird bei Mängeln seine Unterschrift verweigern. 16

Über die Beanstandung solcher Rechtsmängel hinaus steht dem BPräs **weder** ein **Initiativ-** noch ein **Ablehnungsrecht** betr. die Versetzung von Berufsoffizieren in den einstweiligen Ruhestand zu. Hierüber entscheidet ausschließlich der zuständige Ressortminister (BMVg). Nur dieser hat sich für die Umsetzung der Regierungspolitik in seinem Geschäftsbereich gegenüber dem Parlament zu verantworten.[22] Diese Einschätzung gilt auch unter Berücksichtigung der Rspr. des BVerwG, das mehrmals[23] von einem dem BPräs durch § 50 Abs. 1 (bzw. durch § 36 Abs. 1 BBG) eingeräumten (z.T. „weiten") Ermessen[24] spricht. Das BVerwG verlangt nicht, dem BPräs müsse dieses Ermessen kraft eigenen Rechts zukommen. Damit liegt der Schluss nahe, dass das Gericht ein materiell dem BReg zustehendes Ermessen gemeint hat, das sich der BPräs als formaler Entscheidungsträger zu eigen macht und nach außen hin gegenüber dem betroffenen BS vertritt.[25] Die Aussage des BVerwG, für die Rechtmäßigkeit der Versetzungsmaßnahme komme es allein auf die Erwägungen an, die „für den Bundespräsidenten maßgeblich waren"[26], erfährt dann die begrenzte Deutung, dass der gegenzeichnende Bundesminister keine neuen oder in ihrer Gewichtung veränderten Ermessenserwägungen „am Bundespräsidenten vorbei"[27] nachschieben darf, da der BPräs sie nicht im Rahmen seiner Rechtmäßigkeitskontrolle[28] berücksichtigen konnte. Aus ihr kann nicht abgeleitet werden, der BPräs könne – über ein formelles und materielles 17

---

17 *Pernice*, in: *Dreier II*, Art. 60 Rn. 21.
18 GKÖD I Yk, § 50 Rn. 6; vgl. *Plog/Wiedow/Lemhöfer*, BBG; § 36 Rn. 23.
19 Diese Vorschrift ist auf den Personenkreis des § 50 entspr. anwendbar.
20 Unstr., vgl. *Nierhaus*, in: *Sachs*, GG, Art. 60 Rn. 7 m.w.N.
21 *Fink*, in: *vM/K/S*, GG II, Art. 60 Rn. 19 m.w.N.
22 Vgl. *Pernice*, in: *Dreier II*, Art. 60 Rn. 20; *Schlaich*, in: HStR II, § 49 Rn. 28 f.
23 BVerwGE 19, 332 (335 ff.); 23, 295 (299); 52, 33 (40); BVerwG ZBR 1992, 284.
24 Ein „sehr weites Ermessen" bestätigt auch BVerfG DVBl. 1994, 103 (104). Vgl. GKÖD I Yk, § 50 Rn. 4.
25 Vgl. *Fink*, in: *vM/K/S*, GG II, Art. 60 Rn. 18.
26 BVerwGE 52, 33 (Ls 2), 40.
27 Ebd. S. 41.
28 S.o. Rn. 16.

Eichen 651

§ 50 Rechtsstellung der Berufssoldaten und der Soldaten auf Zeit

Prüfungsrecht hinaus – aus eigenem Ermessen die Zurruhesetzung vornehmen oder ablehnen.[29]

b) Personenkreis

18 § 50 Abs. 1 erfasst **alle Generale** und (wie durch die Gesetzesänd. vom 19.12.2000 [im SGÄndG, s.o. Rn. 7] in Angleichung an § 45 Abs. 3 klarstellend[30] ergänzt worden ist) die **entspr. Dienstgrade** der **Marine** und des **Sanitätsdienstes**.

c) Gründe für den einstweiligen Ruhestand

19 Nach Abs. 1 kann der BPräs Berufsoffiziere im Generalsrang „**jederzeit**" in den einstweiligen Ruhestand versetzen. Diese Formulierung verdeutlicht, dass der BPräs unter Gegenzeichnung des BMVg im Rahmen einer pflichtgemäßen Ermessensausübung das (grds. auf Lebenszeit angelegte) Dienstverhältnis dieser BS dann vorzeitig beenden kann, wenn an ihrer nach dem Willen des Gesetzgebers in **Übereinstimmung mit der Regierungspolitik** zu haltenden Dienstausübung sachlich begründbare **Zweifel** entstehen. Dabei ist entscheidend, dass diese BS die Politik der BReg nicht nur nicht behindern dürfen. Vielmehr haben sie diese Politik aktiv zu unterstützen. Hierzu bedürfen sie des fortdauernden vollen Vertrauens der BReg in ihre Bereitschaft und Fähigkeit, dieser Erwartung zu entsprechen.[31] Eine pauschal auszusprechende Zurruhesetzung einer größeren Zahl von BS nach § 50 (z.B. anlässlich eines Regierungswechsels) wäre jedoch unzulässig. Denn die anzustellenden Ermessenserwägungen müssen der Bedeutung der jew. Stellung Rechnung tragen[32] und im Einzelfall die Nähe der wahrzunehmenden Aufgaben zur politischen Willensbildung berücksichtigen. So liegt es auf der Hand, dass z.B. an das Vertrauensverhältnis des GenInsp zur BReg (die er mil. zu beraten hat) höhere Anforderungen zu stellen sind als an das eines Brigadegenerals, bei dessen Dienstausübung weitgehend noch die Truppenführung im Vordergrund steht.

20 Als **Gründe für die Versetzung** von BS im Generalsrang **in den einstweiligen Ruhestand** reichen Bedenken des BMVg aus, dem Soldaten fehle die Fähigkeit oder Bereitschaft, den Dienst weiterhin in Übereinstimmung mit der Verteidigungspolitik der BReg auszuüben. Der **Vertrauensverlust** zwischen dem BMVg und dem Soldaten muss jedoch nicht stets auf mangelnder Übereinstimmung erklärter verteidigungspolitischer Ansichten des Betroffenen mit denen der BReg, also auf **politischen Meinungsäußerungen**, beruhen. Er kann sich auf alle Handlungen (ohne dass es dabei darauf ankommt, ob das Verhalten des Soldaten bereits die Schwelle zu einem Dienstvergehen überschreitet) oder Geschehnisse stützen, die für die **fachliche und persönliche Eignung** des Soldaten zur Umsetzung der Regierungspolitik bedeutsam sind.[33] Der BMVg muss auf die Eignung des Soldaten zur Erfüllung der „Transformationsfunktion"[34] vertrauen können. Zweifel hieran können insbes. auch aus fehlender Sachkompetenz oder aus mangelnder Flexibilität entstehen. Ausschlaggebend können sogar außerdienstl. Vorfälle oder Verhaltensweisen sein.[35]

---

29 Das BVerwG (E 52, 33) spricht selbst von „staatsrechtlichen Bedenken, wenn sich der Bundespräsident bei seiner Entscheidung maßgeblich von anderen Erwägungen leiten ließe als denjenigen, die ihm die jedenfalls allgemein zuständige oberste Dienstbehörde vorgetragen hat".
30 Vgl. BT-Drs. 14/4062, 22.
31 BVerwG ZBR 1992, 284. Erneut ist darauf hinzuweisen, dass die Forderung nach aktiver Unterstützung der Regierungspolitik für den von § 50 betroffenen Personenkreis für diesen keine Ausnahme vom Verbot gem. § 15 Abs. 4 rechtfertigt, Untergebene für o. gegen eine politische Meinung zu beeinflussen.
32 BVerwGE 23, 295 (298).
33 BVerfG DVBl. 1994, 103 (104).
34 Vgl. o. Rn. 3.
35 *Nierhaus*, JuS 1978, 596 (599).

Versetzung in den einstweiligen Ruhestand § 50

Über diese Gründe hinaus, die in der Person des betroffenen BS zu suchen sind, hat die 21
Rspr. die Versetzung in den einstweiligen Ruhestand auch zur **Anpassung der Altersstruktur der Generalität** an die modernen Verteidigungserfordernisse und damit auf Grund rein personalpolitischer oder struktureller Überlegungen zugelassen. Begründet wird dies mit dem bewussten Verzicht des Gesetzgebers auf eine (eine flexible Personalpolitik ermöglichende) besondere Altersgrenze (vgl. hierzu Komm. zu § 44 Abs. 2 und § 45 Abs. 2) für die Generalität, weil dieser Personenkreis nach § 50 jederzeit in den einstweiligen Ruhestand versetzt werden könne.[36]

Nur an den in Rn. 20 und 21 genannten Zielrichtungen hat sich die Entscheidung über 22
die Versetzung von BS in den einstweiligen Ruhestand nach § 50 zu orientieren. Ermessensfehlerhaft und **unzulässig** wäre es hingegen, diese Maßnahme unter Vorschieben politischer Gründe **auf eigenen Wunsch** eines BS hin zu verfügen, um ihm z.B. einen günstigen Wechsel in ein privates Beschäftigungsverhältnis in der Industrie zu ermöglichen.[37]

d) Begründung; Anhörung

Aus dem Tatbestandsmerkmal „**jederzeit**" leitet die h.M.[38] ab, die an den Soldaten ge- 23
richtete Verfügung über die einstweilige Zurruhesetzung bedürfe – obwohl VA – **keiner** ausdrücklichen **Begr**. Diese bei der Versetzung von politischen Beamten[39] in den einstweiligen Ruhestand gem. § 36 BBG als hergebrachter Grds. des Berufsbeamtentums bezeichnete Regel[40] hat das BVerwG[41] auch nach Schaffung des § 39 VwVfG für § 50 insoweit bestätigt, als es darum gehe, durch die einstweilige Zurruhesetzung dem Verlust des notwendigen Vertrauensverhältnisses des Soldaten zur BReg Rechnung zu tragen. In diesem Fall liege schon in der Maßnahme als solcher die Berufung auf diesen Grund. Die Rechtsschutzfunktion der Begr. werde dadurch gewahrt, dass vor Gericht die Dienstbehörde den Vertrauensverlust zu substantiieren habe. Zuvor hatte das OVG Münster[42] ergänzend argumentiert, § 50 stelle gegenüber § 39 VwVfG eine abschließende, eine Begr. bewusst nicht statuierende Sonderregelung dar.[43]

Die von der Rspr.[44] zugelassene Möglichkeit, eine einstweilige Zurruhesetzung von BS 24
auch auf den Gesichtspunkt einer dem Verteidigungsauftrag entspr. Altersstruktur zu stützen[45], macht deutlich, dass dem von der Maßnahme betroffenen Soldaten deren sachliche Gründe nicht ohne Weiteres erkennbar sein müssen.[46] Es ist deshalb von einer **grds. Pflicht zur Begr. der Zurruhesetzungsverfügung** auszugehen.[47] Der Verfügung

---

36 BVerwGE 23, 295 (299 ff.); 52, 33 (37 f.); BVerfG DVBl. 1994, 103 (104). Enger ist die Rspr. im Beamtenbereich: Hier ist ausdrücklich (BVerwGE 52, 33 – Ls 1) die Versetzung eines Beamten in den einstweiligen Ruhestand nach § 36 BBG als unzulässig angesehen worden, wenn sie nicht auf die Amtsführung im Einzelfall, sondern ausschließlich auf das Lebensalter des Beamten gestützt wird, um eine Verbesserung der Altersstruktur der Beamtenschaft zu erreichen.
37 Vgl. *Plog/Wiedow/Lemhöfer*, BBG, § 36 Rn. 17.
38 *Scherer/Alff*, SG, § 50 Rn. 3; GKÖD I Yk, § 50 Rn. 6 u. 8; BVerwG DÖV 1993, 34 m.w.N.
39 Vgl. hierzu Rn. 2.
40 BVerfGE 8, 332 (356); BVerwGE 19, 332 (336 f.).
41 BVerwG DÖV 1993, 34.
42 In der Vorinstanz, vgl. NZWehrr 1992, 123 ff.
43 Vgl. *P. Stelkens/U. Stelkens*, in: *Stelkens/Bonk/Sachs*, VwVfG, § 39 Rn. 68.
44 BVerwGE 23, 295 (299 ff.).
45 Vgl. o. Rn. 21.
46 Ein Absehen von einer Begr. kann dann auch nicht auf § 39 Abs. 2 Nr. 2 VwVfG gestützt werden.
47 So selbst für Beamte, bei denen – anders als im soldatischen Bereich – nur die nicht regierungskonforme Amtsführung die Versetzung in den einstweiligen Ruhestand rechtfertigt, *Battis*, BBG, § 36 Rn. 6 m.w.N.

Eichen

muss zumindest zu entnehmen sein, ob die wesentlichen tatsächlichen Umstände, die für die Entscheidung ausschlaggebend waren, strukturell oder persönlich bedingt waren. Es erscheint wenig fürsorglich und darüber hinaus wenig verfahrensökonomisch, dem Soldaten die Gründe erst im Rahmen eines evtl. Gerichtsverfahrens nachzuliefern. Hiergegen spricht auch, dass das BMVg ohnehin spätestens im verwaltungsgerichtl. Verfahren die Maßnahme so substantiiert zu begründen hätte, dass das Gericht sich von einer insgesamt willkürfreien Ermessensausübung überzeugen kann.[48]

25 Wegen der hier bejahten Pflicht zur Begr. der Versetzungsverfügung kann dem Automatismus der h.M.[49], die wegen der ihrer Ansicht nach fehlenden Notwendigkeit zur näheren Erläuterung der Gründe der Maßnahme auch auf eine **vorherige Anhörung** des von einer Maßnahme nach § 50 betroffenen Soldaten verzichten will, nicht gefolgt werden. Die Fürsorgepflicht des Dienstherrn[50], vor allem § 28 Abs. 1 VwVfG fordert, dem Soldaten vor der Versetzung in den einstweiligen Ruhestand grds.[51] Gelegenheit zur Äußerung zu geben.[52] Zwar schließt das OVG Münster[53] aus verschiedenen Vorschriften des SG, die vor der Beendigung eines Soldatenverhältnisses oder vor der Untersagung der Ausübung des Dienstes eine Anhörung ausdrücklich vorschreiben (§ 44 Abs. 4 Satz 2 Halbs. 2, § 47 Abs. 2, § 22 Satz 3), auf einen bewussten Verzicht des Gesetzgebers auf die Regelung einer Anhörungspflicht in § 50, so dass § 28 VwVfG nicht ergänzend anwendbar sei.[54] Der Parallelfall des § 87 Abs. 1 Satz 2 und 3, der bei einer vorzeitigen Entlassung aus einer Eignungsübung ebenfalls keine Anhörung anordnet, obwohl diese und auch eine Begr.[55] der Entlassungsverfügung als Teil eines rechtsstaatlichen Verfahrens unabdingbar erscheinen[56], spricht aber gegen die Subsidiarität des § 28 VwVfG und für die vorherige Anhörung auch im Rahmen des § 50. Unberührt bleibt ohnehin das aus der Fürsorgepflicht abzuleitende Gebot, betroffene Soldaten schon im Vorfeld frühzeitig zu Beschwerden oder sonst zu möglicherweise strittigen Tatsachenbehauptungen anzuhören, bevor daraus Folgerungen zu ihren Lasten in Erwägung gezogen werden.[57]

e) Verfahren

26 Ein **Rechtsanspruch** oder ein **Antragsrecht** des Soldaten besteht nicht. Wird gleichwohl von seiner Seite der Wunsch nach Versetzung in den einstweiligen Ruhestand an den Dienstherrn herangetragen, ist darin nur eine Anregung zu sehen, diesen Schritt zu prüfen.[58]

27 Die Versetzung in den einstweiligen Ruhestand ist, auch wenn sie vom BMVg vorgeschlagen und von ihm ggf. später dem Soldaten mitgeteilt wird, ein rechtsgestaltender (das aktive Soldatenverhältnis in ein Ruhestandssoldatenverhältnis verwandelnder) **VA des BPräs**. Dieser ist, wenn er einen VA auf dem Gebiet des Soldatenrechts erlässt, **oberste Bundesbehörde** i.S.d. § 68 Abs. 1 Satz 2 Nr. 1 VwGO. Deshalb kann gegen den

---

48 BVerwG DÖV 1993, 34; *Scherer/Alff*, SG, § 50 Rn. 3.
49 BVerwG DÖV 1993, 34.
50 Auf sie beruft sich für den Beamtenbereich *Battis*, BBG, § 36 Rn. 6 m.w.N.
51 Notwendige Ausnahmen lässt § 28 Abs. 2 u. 3 VwVfG zu.
52 So wohl auch GKÖD I Yk, § 50 Rn. 6, wonach es „fast immer angemessen sein" werde, „mit dem Betroffenen vor der Entscheidung zu sprechen".
53 NZWehrr 1992, 123.
54 Subsidiarität des VwVfG gem. § 1 Abs. 1 letzter Halbs. VwVfG.
55 GKÖD I Yk, § 60 Rn. 7.
56 Vgl. die Komm. zu § 87 Rn. 25.
57 BVerfGE 8, 332 (356); BVerwG DÖV 19, 93, 34.
58 *Scherer/Alff*, SG, § 50 Rn. 4; GKÖD I Yk, § 50 Rn. 5.

Versetzung in den einstweiligen Ruhestand **§ 50**

Bescheid **ohne Vorverfahren**[59] **verwaltungsgerichtl.**[60] **Anfechtungsklage** erhoben werden.[61] Der BPräs wird vor Gericht durch das BMVg oder die durch dieses beauftragte Stelle vertreten (§ 82 Abs. 3[62]).

Die Anfechtungsklage hat **aufschiebende Wirkung** (§ 80 Abs. 1 Satz 1 VwGO), die entfällt, wenn insbes. im öff. Interesse die sofortige Vollziehung der Zurruhesetzungsverfügung besonders angeordnet worden ist (§ 80 Abs. 2 Satz 1 Nr. 4 VwGO).

Als Streitwert im gerichtl. Verfahren über die Beendigung des Berufssoldatenverhält- 28
nisses durch Versetzung in den einstweiligen Ruhestand ist pauschalierend ein Jahresbetrag (13 Monatsbeträge) des Endgrundgehaltes des Soldaten zu berechnen.[63]

f) § 50 und Grundgesetz

§ 50 Abs. 1 ist **verfassungsgemäß**. 29

Die Vorschrift legt (fast) keine tatbestandsmäßigen Voraussetzungen für die Zurruhesetzung eines BS fest. Deshalb könnte der Eindruck entstehen, es handele sich bei der Versetzung in den einstweiligen Ruhestand um eine „tatbestandslose Rechtsfolge".[64] Gleichwohl ist der Vorwurf, hier werde durch ein unklares oder unbestimmtes Gesetz gegen den rechtsstaatlichen Grds. der Messbarkeit und Voraussehbarkeit staatlichen Handelns[65] verstoßen, nicht haltbar. Denn die Rspr. hat die Vorschrift, insbes. den Begriff „jederzeit", vor allem im Wege einer historischen und teleologischen Auslegung konturiert. Damit wird die Norm auf die Einhaltung ihrer Grenzen hin überprüfbar.

Wird nach Abs. 1 ein BS wegen einer öff. (z.B. politischen) Äußerung in den einstweili- 30
gen Ruhestand versetzt, berührt die Versetzungsverfügung den Schutzbereich des Art. 5 Abs. 1 Satz 1 Halbs. 1 GG (**Grundrecht der Meinungsfreiheit**). Sie ist aber **verfassungsrechtl. gerechtfertigt**. Denn § 50 Abs. 1 setzt als **allg. Gesetz** i.S.v. Art. 5 Abs. 2 GG[66] der Meinungsfreiheit Schranken.

Abs. 1 nennt (außer dem Dienstgrad) keine besonderen sachlichen Voraussetzungen für die einstweilige Zurruhesetzung. Diese knüpft tatbestandsmäßig insbes. nicht an Meinungsäußerungen an. Zwar können verteidigungspolitische, von der Regierungsmeinung abw. Erklärungen des Soldaten Grund für den zur Versetzung in den einstweiligen Ruhestand führenden Vertrauensverlust sein. Dieser kann aber auch auf anderen Ursachen beruhen, die für die fachliche und persönliche Eignung des Soldaten zur Umsetzung der Regierungspolitik bedeutsam sein können (etwa ein Mangel an Flexibilität). Selbst wenn im Einzelfall regierungskrit. Äußerungen zur einstweiligen Zurruhesetzung führen, zielt § 50 Abs. 1 nicht auf die Sanktionierung einer bestimmten Meinungsäußerung. Die Zurruhesetzung ist vielmehr immer dann möglich, wenn die

---

59 § 23 Abs. 5 WBO als ein i.S.d. § 68 Abs. 1 Satz 2 Nr. 1 VwGO die Nachprüfung in einem Vorverfahren vorschreibendes Gesetz (vgl. *Böttcher/Dau*, WBO, § 23 Rn. 53 f.) ist nicht anwendbar, weil keine Entscheidung des BMVg vorliegt.
60 Vgl. § 82 Abs. 1. Vgl. auch die Komm. zu § 43 Rn. 7.
61 Vgl. BVerwGE 23, 295 (297).
62 Vgl. die Komm. zu § 82 Rn. 28.
63 BVerwG DÖV 1993, 34 f.
64 *Nierhaus*, JuS 1978, 596 (598).
65 Vgl. hierzu *Schnapp*, in: *v. Münch/Kunig*, GGK II, Art. 20 Rn. 27.
66 Dies sind gesetzl. Vorschriften, die sich nicht gegen die Meinungsfreiheit als solche o. gegen bestimmte Meinungen richten, sondern dem Schutz eines schlechthin, ohne Rücksicht auf eine bestimmte Meinung, zu schützenden Rechtsguts dienen u. dabei auch die Meinungsfreiheit berühren (vgl. BVerfGE 97, 125, 146). Vgl. GKÖD I Yk, § 50 Rn. 1.

jew. politische Meinungsäußerung mit der **jew.** Regierungspolitik nicht übereinstimmt – unabhängig vom Inhalt und Wert der geäußerten Meinung im Einzelnen.[67]

31 Letztlich wäre – kumulativ zur Schranke der allg. Gesetze in Art. 5 Abs. 2 GG[68] – eine Begrenzung der Meinungsfreiheit (Art. 5 Abs. 1 Satz 1 Halbs. 1 GG) als Folge einer einstweiligen Zurruhesetzung verfassungsrechtl. auch gem. **Art. 17a Abs. 1 GG** gerechtfertigt. Diese Vorschrift lässt für mil. Angehörige der SK (Soldaten) gesetzl. Einschränkungen der Meinungsfreiheit i.S.e. einfachen Gesetzesvorbehalts zu.[69]

32 Abs. 1 verletzt nicht das **Zitiergebot** des Art. 19 Abs. 1 Satz 2 GG. Soweit sich eine beschränkende Regelung inhaltlich als allg. Gesetz i.S.v. Art. 5 Abs. 2 GG darstellt (was bei Abs. 1 der Fall ist, vgl. o. Rn. 30), bedarf es keiner Angabe des eingeschränkten Grundrechts.[70] Dies gilt auch, wenn Abs. 1 als ein die Meinungsfreiheit einschränkendes Gesetz auf Art. 17a Abs. 1 GG (vgl. o. Rn. 31) gestützt wird.[71]

33 Eine Versetzung in den einstweiligen Ruhestand wegen von der Regierungsmeinung abw. Meinungsäußerungen verletzt nicht **Art. 3 Abs. 3 GG** (Benachteiligung wegen politischer Anschauungen). Eine Abberufung aus politischen Ämtern wegen einer bestimmten politischen Einstellung findet ihre Legitimation im Demokratieprinzip.[72]

g) Verhältnis Zurruhesetzung nach § 50/nach PersAnpassG[73]

34 Die Versetzung von Berufsoffizieren im Generalsrang in den einstweiligen Ruhestand nach § 50, um strukturelle Personalüberhänge abzubauen, wird nicht durch § 1 Abs. 1 PersAnpassG gehindert. Vielmehr steht diese Vorschrift, die in den Jahren 2002 bis 2006 die Zurruhesetzung von bis zu 3000 BS mit deren Zustimmung vor Überschreiten der für sie maßgeblichen Altersgrenze zulässt, wenn sie das 50. Lebensjahr vollendet haben und wenn hiermit die Jahrgangsstrukturen an die Vorgaben des jew. gültigen Personalstrukturmodells angepasst werden, **rechtl. unabhängig** neben § 50.

35 Die Vorschriften **unterscheiden** sich im persönlichen Geltungsbereich (alle BS/BS vom Brigadegeneral und den entspr. Dienstgraden an aufwärts), in den Tatbestandsmerkmalen (Zustimmungserfordernis und Vollendung eines bestimmten Lebensalters/Erreichen des Generalsranges), in ihrer Gültigkeitsdauer (befristet bis zum Jahr 2006/ständige Regelung) und in den mittelbaren Rechtsfolgen einer Versetzung in den Ruhestand (z.b. im Hinblick auf die Versorgung). Unterschiedlich ist auch jew. die Rechtsnatur der Versetzung in den Ruhestand. Nach dem PersAnpassG kann der Dienstherr eine Versetzung in den Ruhestand nicht einseitig verbindlich vornehmen, sie ist ein mitwirkungsbedürftiger VA. Versetzungen in den Ruhestand nach § 50 erfolgen hingegen stets einseitig verbindlich, sie sind nicht mitwirkungsbedürftig.

36 Auch der **Zweck beider Vorschriften** ist grds. **unterschiedlich**. Das Ziel der Zurruhesetzung nach dem PersAnpassG hat der Gesetzgeber tatbestandlich in § 1 Abs. 1 PersAnpassG festgelegt. Danach soll das PersAnpassG dazu dienen, strukturelle Überhänge bei lebensälteren BS abzubauen. § 50 ermöglicht hingegen in erster Linie Zurruhesetzungen wegen einer Erschütterung des Vertrauens der politischen Führung zu

---

67 BVerfG DVBl. 1994, 103 f.
68 So *Jarass*, in: *Jarass/Pieroth*, GG, Art. 17a Rn. 1; ausführlich zum Verhältnis Art. 17a Abs. 1 GG/ Art. 5 Abs. 2 GG als Schranke der soldatischen Meinungsfreiheit: *Riehl*, Meinungsäußerung, 63 ff., sowie *Schmidt-De Caluwe*, NZWehrr 1992, 235.
69 Vgl. *Pieroth/Schlink*, GR II Rn. 602; *Jarass*, in: *Jarass/Pieroth*, GG, Art. 17a Rn. 2, 3, 6.
70 BVerfGE 28, 282 (289); *Jarass*, in: *Jarass/Pieroth*, GG, Art. 5 Rn. 55 m.w.N.
71 BVerfG DVBl. 1994, 104; *Jarass*, in: *Jarass/Pieroth*, GG, Art. 17a Rn. 6.
72 BVerfGE 7, 155 (171); BVerfG DVBl. 1994, 104; *Jarass*, in: *Jarass/Pieroth*, GG, Art. 3 Rn. 115.
73 Art. 4 des BwNeuAusrG; vgl. im Einzelnen zum PersAnpassG die Komm. im Anhang zu § 44.

bestimmten hochrangigen BS; daneben ist eine Versetzung in den Ruhestand zum Erreichen eines den Verteidigungserfordernissen entspr. Altersaufbaus zulässig.[74] Insoweit weisen die beiden Vorschriften hins. ihres Zwecks zwar eine Schnittmenge auf, diese ist vom Gesetzgeber aber gewollt.

Es mag auf den ersten Blick irritieren, dass ein BS, dessen Ruhegehalt mindestens aus der Besoldungsgruppe A 16 berechnet wird und der nach dem PersAnpassG in den Ruhestand versetzt wird, Abschläge bei der Versorgung hinzunehmen hat[75], ein nach § 50 in den einstweiligen Ruhestand versetzter General hingegen nicht. Dem ist entgegenzuhalten, dass niemand nach dem PersAnpassG „in den Ruhestand geschickt" werden kann, weil der Maßnahme zugestimmt werden muss. **37**

2. Absatz 2
a) Beginn des einstweiligen Ruhestandes

Nach § 50 Abs. 2 Satz 1 i.V.m. § 37 Satz 1 BBG **beginnt der einstweilige Ruhestand** grds. sofort mit dem Zeitpunkt, in dem die **Versetzung** in den Ruhestand dem Soldaten **mitgeteilt** wird. Die hierzu notwendige Verfügung ist ihm nach § 44 Abs. 6 Satz 2 schriftl. zuzustellen. Deshalb wird die Versetzung in den einstweiligen Ruhestand in Form einer Urkunde[76] des BPräs verfügt. Die Urkunde wird nach den Vorschriften des VwZG zugestellt[77], also insbes. durch Aushändigung an den Soldaten gegen Empfangsbekenntnis[78] oder durch die PZU.[79] **38**

Zur Notwendigkeit der Begr. dieser Verfügung vgl. Rn. 23 f.; die Verfügung ist gem. § 59 VwGO mit einer Rechtsbehelfsbelehrung[80] zu versehen. **39**

Im Einzelfall kann in der Verfügung ausdrücklich ein **späterer Zeitpunkt** für den Beginn des einstweiligen Ruhestandes festgesetzt werden. Dieser muss **spätestens** mit dem Ende der drei Monate beginnen, die auf den Monat der Mitteilung an den Soldaten folgen.[81] Ein auf einen noch späteren Termin festgelegter Beginn des einstweiligen Ruhestandes wäre rechtswidrig, machte den VA aber noch nicht nach § 44 Abs. 1 VwVfG **40**

---

74 Vgl. o. Rn. 21.
75 Vgl. § 3 Abs. 6 PersAnpassG.
76 Zu Einzelheiten dieser Urkunde u. ihrer Gestaltung s. die DBest. zur „Anordnung des BPräs über die Ernennung und Entlassung der Soldaten" v. 9.6.1981 (VMBl. S. 214 = ZDv 14/5 B 111). Obwohl (in § 1 Abs. 2 der Best.) ausdrücklich von einer „Urkunde" über die Beendigung des Dienstverhältnisses die Rede ist u. andere als die in den beigefügten Mustern vorgesehenen Angaben als unzulässig bezeichnet werden (§ 2 Abs. 1 der Best.), handelt es sich nicht um gesetzl. vorgeschriebene Formvorschriften (wie in § 41 Abs. 1), deren Nichtbeachtung gem. § 44 Abs. 2 Nr. 2 VwVfG zwingend zur Nichtigkeit der Verfügung führte (vgl. BayVGH IÖD 2000, 116, 117; *Sachs*, in: *Stelkens/Bonk/Sachs*, VwVfG, § 44 Rn. 128). Rechtmäßig wäre auch jede andere, den Anforderungen an einen VA genügende Fassung der Verfügung (vgl. *Plog/Wiedow/Lemhöfer*, BBG, § 47 Rn. 6).
77 Vgl. Nr. 4 des Erl. des BMVg „Erteilung von Rechtsbehelfsbelehrungen bei Verwaltungsakten im Geschäftsbereich des BMVg" (VMBl. 1998 S. 136).
78 Gem. § 5 Abs. 1 u. 3 VwZG.
79 § 3 VwZG.
80 Muster im RdSchr. des BMI v. 23.5.1997 (GMBl. S. 282, 283 [dort Muster 4]). Vgl. auch Anl. 1 des Erl. „Erteilung von Rechtsbehelfsbelehrungen bei Verwaltungsakten im Geschäftsbereich des BMVg" (VMBl. 1998 S. 136, 137).
81 Von diesem Aufschub wird kaum Gebrauch zu machen sein, wenn der BMVg Zweifel an der regierungskonformen Dienstausübung des Soldaten (s.o. Rn. 19 f.) hegt, sondern allenfalls dann, wenn die Zurruhesetzung der Anpassung der Altersstruktur der Generalität (s.o. Rn. 21) dienen soll.

Eichen

nichtig.[82] Da der fehlerhafte VA wegen der für den Soldaten ungünstigeren Rechtsfolgen[83] nach § 47 Abs. 2 Satz 1 VwVfG nicht in eine Verfügung mit einem früher beginnenden einstweiligen Ruhestand umgedeutet werden kann, kämen nur die Rücknahme des ursprünglichen VA und der Neuerlass des ungünstigeren VA in Frage.

41 Die Verfügung über die Versetzung in den einstweiligen Ruhestand kann bis zu dessen Beginn gem. Abs. 2 Satz 1 i.V.m. **§ 37 Satz 2 BBG „zurückgenommen"** werden. Daraus folgt im Gegenschluss, dass mit dem Beginn des einstweiligen Ruhestandes die Verfügung auch nicht mehr nach den allg. Regelungen der §§ 48, 49 VwVfG aufgehoben werden kann.[84] Diese Vorschriften werden durch § 37 Satz 2 BBG als speziellere Regelung verdrängt.[85] Dies gilt sowohl für die Rücknahme als auch für den Widerruf der Verfügung, denn § 37 Satz 2 BBG bezieht sich – als zeitlich vor dem VwVfG erlassene Vorschrift – auf beide Arten der Aufhebung des VA.[86] Als Abhilfe kommt nach dem Beginn des einstweiligen Ruhestandes die erneute Berufung des früheren Soldaten in ein Berufssoldatenverhältnis in Betracht (vgl. nachfolgend Rn. 46 ff.).

b) Folgen der Versetzung in den einstweiligen Ruhestand

42 Mit der Versetzung in den einstweiligen Ruhestand endet das Wehrdienstverhältnis als BS (§ 43 Abs. 1).[87]

43 In den einstweiligen Ruhestand versetzte BS dürfen ihre Dienstgradbezeichnung mit dem Zusatz „außer Dienst (a. D.)" weiterführen (§ 44 Abs. 7). Andererseits gelten insbesondere die nachwirkenden Pflichten aus §§ 14, 19 und 20a für sie fort.[88]

44 Der in den einstweiligen Ruhestand versetzte BS erhält für den Monat, in dem ihm die Versetzung in den einstweiligen Ruhestand mitgeteilt worden ist, und für die folgenden drei Monate die Bezüge weiter, die ihm am Tag vor der Versetzung zustanden (§ 4 Abs. 1 Satz 1 BBesG).

45 Auch im Hinblick auf die Versorgung bestehen für in den einstweiligen Ruhestand versetzte BS Sonderregelungen. Das Ruhegehalt beträgt für die Dauer der Zeit, welche der betroffene BS den Dienstgrad, mit dem er in den einstweiligen Ruhestand versetzt wurde, inne hatte, mindestens für die Dauer von sechs Monaten, längstens für die Dauer von drei Jahren, 71,75 Prozent[89] der ruhegehaltfähigen Dienstbezüge der Besoldungsgruppe, in der er sich zur Zeit der Versetzung in den einstweiligen Ruhestands befunden hat (§ 26 Abs. 9 SVG). Danach wird das nach den allg. Vorschriften des SVG ermittelte Ruhegehalt gewährt.

c) Erneute Berufung

46 Nach Abs. 2 Satz 1 i.V.m. **§ 39 BBG** muss ein in den einstweiligen Ruhestand versetzter BS auch gegen seinen Willen einer **erneuten Berufung in das Dienstverhältnis eines BS** Folge leisten, wenn er mit demselben Dienstgrad wie vor der Zurruhesetzung verwen-

---

82 So für den Beamtenbereich *Plog/Wiedow/Lemhöfer*, BBG, § 37 Rn. 3. Der VA wäre deshalb rechtswirksam.
83 Der Soldat wird wegen des vorgezogenen Beginns des einstweiligen Ruhestandes wirtschaftlich ungünstiger gestellt, vgl. Rn. 44 f.; vgl. allg. *Sachs*, in: *Stelkens/Bonk/Sachs*, VwVfG, § 47 Rn. 50.
84 Vgl. *Plog/Wiedow/Lemhöfer*, BBG, § 37 Rn. 4.
85 *Battis*, BBG, § 37 Rn. 3.
86 Vgl. *Plog/Wiedow/Lemhöfer*, BBG, § 47 Rn. 8.
87 Damit erlöschen übrigens auch alle Urlaubsansprüche aus dem Wehrdienstverhältnis.
88 Vgl. die Komm. zu diesen Vorschriften sowie zu § 23 Abs. 2.
89 Sonstige Übergangsvorschriften sind nicht berücksichtigt.

det[90] und mit mindestens demselben Endgrundgehalt[91] besoldet[92] wird. Zunächst hat der Dienstherr ihm eindeutig mitzuteilen, ab welchem Zeitpunkt und in welcher Verwendung die Reaktivierung vorgesehen ist, und ihn aufzufordern, sich zu diesem Zweck im Wege einer Ernennung erneut in das Dienstverhältnis eines BS berufen zu lassen.

47 Eine solche Aufforderung ist kein VA[93], weil sie nur den beabsichtigten VA der erneuten Ernennung vorbereiten soll.[94] Diese Ernennung gem. § 4 Abs. 1 Nr. 1 i.V.m. § 41 Abs. 1 Satz 1 und 2 Nr. 1 – ein mitwirkungsbedürftiger VA unter Aushändigung und Entgegennahme der Ernennungsurkunde – kann dem Soldaten im einstweiligen Ruhestand nicht aufgezwungen werden. Gleichwohl leitet sich seine gesetzl. in Abs. 2 Satz 1 i.V.m. § 39 BBG festgelegte Pflicht zur Mitwirkung an der erneuten Ernennung aus dem früheren, freiwillig eingegangenen Dienstverhältnis als BS und aus seiner Rechtsstellung als Soldat im einstweiligen Ruhestand ab.[95]

48 Kommt der Soldat im einstweiligen Ruhestand dieser Mitwirkungspflicht schuldhaft nicht nach, gilt dies gem. § 23 Abs. 2 Nr. 3 als Dienstvergehen; es führt für diese Zeit gem. § 57 SVG zum Verlust der Versorgungsbezüge.

49 Gem. Abs. 2 Satz 1 i.V.m. **§ 40 BBG** endet der einstweilige Ruhestand bei erneuter Berufung in das Dienstverhältnis eines BS.[96] Dies gilt allerdings nur, wenn die Voraussetzungen des § 39 BBG[97], der in § 40 BBG ausdrücklich in Bezug genommen wird, erfüllt sind. Stimmte der Soldat ausdrücklich zu[98], unter Verzicht auf die Vorgaben des § 39 BBG als BS reaktiviert zu werden, endete der einstweilige Ruhestand nicht, sondern stünde dann neben dem (aktiven) Dienstverhältnis als Soldat.

d) Erreichen der Altersgrenze

50 Nach Abs. 2 Satz 2 **gilt** der in den einstweiligen Ruhestand versetzte Berufsoffizier mit dem **Erreichen der Altersgrenze als dauernd in den Ruhestand versetzt**. Für Soldaten im Generalsrang bildet die Vollendung des 61. Lebensjahres[99] die allg. Altergrenze gem. § 45 Abs. 1.
Ab diesem Zeitpunkt entfällt die Pflicht, sich gem. Abs. 2 Satz 1 i.V.m. § 39 BBG reaktivieren zu lassen. Es bleibt die nach § 51 und § 59 Abs. 1 mögliche Heranziehung bis zur Vollendung des 65. Lebensjahres.

---

90 Vgl. *Scherer/Alff*, SG, § 50 Rn. 5; GKÖD I Yk, § 50 Rn. 9.
91 Stellenzulagen sind diesem nicht zuzurechnen (vgl. den in § 39 BBG genannten § 26 Abs. 1 Satz 2 BBG), wohl aber Amtszulagen als Bestandteil des Grundgehaltes (§ 42 Abs. 2 Satz 2 BBesG). Deshalb könnte der in den einstweiligen Ruhestand versetzte GenInsp (Besoldungsgruppe B 10 mit Amtszulage nach Anl. IX zum BBesG) nur in seiner bisherigen Funktion nach § 50 Abs. 2 Satz 1 i.V.m. § 39 BBG reaktiviert werden.
92 Dem Hinw. auf das (statusrechtl.) Amt des Beamten in § 39 BBG entspricht für Soldaten die Bezugnahme auf den Dienstgrad, vgl. § 16 BBesG.
93 Ebenso wenig wie die Ankündigung der Versetzung in den Ruhestand (BVerwG DVBl. 1990, 1232 f.).
94 So zum Beamtenrecht BVerwG ZBR 1985, 223 f.; vgl. BVerwGE 111, 246.
95 So entspr. für den Beamtenbereich *Plog/Wiedow/Lemhöfer*, BBG, § 39 Rn. 9 u. § 45 Rn. 9.
96 Zur Wahrung der aus dem früheren Soldatenverhältnis erreichten Ruhegehalts vgl. § 94c SVG.
97 Vgl. Rn. 46.
98 Dies dürfte kaum praktisch werden.
99 Ab 1.1.2007: die Vollendung des 62. Lebensjahres, vgl. Komm. zu § 45.

§ 51 Wiederverwendung

(1) Ein früherer Berufssoldat, der wegen Erreichens der Altersgrenze in den Ruhestand getreten ist oder versetzt worden ist, kann bis zum Ablauf des Monats, in dem er das 65. Lebensjahr vollendet, unter erneuter Berufung in das Dienstverhältnis eines Berufssoldaten zu einer Wiederverwendung von wenigstens einem Jahr und höchstens zwei Jahren herangezogen werden, wenn die Wiederverwendung unter Berücksichtigung der persönlichen, insbesondere häuslichen, beruflichen oder wirtschaftlichen Verhältnisse zumutbar ist, und seit Eintritt oder Versetzung in den Ruhestand noch keine fünf Jahre vergangen sind.

(2) In den Fällen des Absatzes 1 tritt der Berufssoldat mit Ablauf der für die Wiederverwendung festgesetzten Zeit in den Ruhestand.

(3) § 44 Abs. 1 Satz 6 gilt entsprechend.

(4) [1]Ist ein wegen Dienstunfähigkeit in den Ruhestand versetzter Berufssoldat wieder dienstfähig geworden, kann er erneut in das Dienstverhältnis eines Berufssoldaten berufen werden, wenn seit der Versetzung in den Ruhestand noch keine fünf Jahre vergangen sind und die allgemeine Altersgrenze noch nicht überschritten ist. [2]Beantragt er seine erneute Berufung in das Dienstverhältnis eines Berufssoldaten, ist diesem Antrag unter den Voraussetzungen des Satzes 1 stattzugeben, falls nicht zwingende dienstliche Gründe entgegenstehen. [3]§ 44 Abs. 4 Satz 3 und 4 gilt entsprechend.

(5) In den Fällen der Absätze 1 und 4 endet der Ruhestand mit der erneuten Berufung in das Dienstverhältnis eines Berufssoldaten.

(6) Ein Berufssoldat, dessen Rechte und Pflichten auf Grund der §§ 5, 6, 8 und 36 des Abgeordnetengesetzes oder entsprechender Rechtsvorschriften ruhen, kann auf seinen Antrag zu Dienstleistungen nach § 60 bis zu drei Monaten Dauer herangezogen werden.

§§ 5, 6, 8 Abs. 2 und 36 Abs. 1 AbgG sind nach § 25 abgedruckt.

Literatur: *Alff, Richard:* Zur Rechtsstellung der in ein Parlament gewählten Soldaten, NZWehrr 1980, 201; *Heselhaus, Sebastian/Schmidt-De Caluwe, Reimund:* Ernstfall für die Gleichberechtigung – europa- und verfassungsrechtliche Aspekte der Novellierung des Soldatenrechts, NJW 2001, 263.

Übersicht

	Rn.		Rn.
A. Allgemeines	1 – 17	a) Absatz 1 und Grundgesetz	20 – 22
1. Entstehung der Vorschrift	1 – 5	b) Adressatenkreis	23 – 26
2. Änderungen der Vorschrift	6 – 14	c) Sonstige Voraussetzungen und Bedingungen für die Wiederverwendung	27 – 32
3. Bezüge zum Beamtenrecht bzw. zu sonstigen rechtl. Vorschriften; ergänzende Dienstvorschriften	15 – 17	d) Absatz 2	33
B. Erläuterungen im Einzelnen	18 – 46	e) Absatz 3	34
1. Zweck der Vorschrift	18 – 19	3. Absatz 4	35 – 39
2. Absätze 1 bis 3	20 – 34	4. Absatz 5	40
		5. Absatz 6	41 – 46

Wiederverwendung § 51

A. Allgemeines
1. Entstehung der Vorschrift

§ 46 des REntw.[1] sah unter der Überschrift „Wiederverwendung" folgende Regelung vor: **1**

„(1) Ein Berufssoldat, der wegen Erreichens der Altersgrenze in den Ruhestand getreten ist, bleibt bis zur Vollendung des 65. Lebensjahres verpflichtet, Wehrdienst zu leisten. Er kann herangezogen werden
1. zu kurzfristigen Dienstleistungen bis zu einem Monat jährlich;
2. unter erneuter Berufung in das Dienstverhältnis eines Berufssoldaten
   a) zu einer Wiederverwendung von wenigstens einem und höchstens zwei Jahren, jedoch nur, wenn die Wiederverwendung unter Berücksichtigung der persönlichen, insbesondere häuslichen, beruflichen oder wirtschaftlichen Verhältnisse zumutbar ist, und nicht nach Ablauf von fünf Jahren seit Eintritt in den Ruhestand,
   b) im Kriege zu zeitlich unbegrenzter Wiederverwendung.

(2) In den Fällen des Absatzes 1 Nummer 2a tritt der Berufssoldat mit Ablauf der für die Wiederverwendung festgesetzten Zeit in den Ruhestand; in den Fällen des Absatzes 1 Nummer 2b kann er jederzeit in den Ruhestand versetzt werden.

(3) Ist ein wegen Dienstunfähigkeit in den Ruhestand versetzter Berufssoldat wieder dienstfähig geworden, so kann er erneut in das Dienstverhältnis eines Berufssoldaten berufen werden, jedoch nicht nach Ablauf von fünf Jahren seit der Versetzung in den Ruhestand und nach Überschreiten der Altersgrenze. Beantragt er vor diesem Zeitpunkt, ihn erneut in das Dienstverhältnis eines Berufssoldaten zu berufen, so ist diesem Antrag stattzugeben, falls nicht zwingende dienstliche Gründe entgegenstehen. § 39 Abs. 3 Satz 2 und 3 gilt entsprechend."

In der **Begr.** zu Abs. 1[2] wird darauf abgehoben, dass die ehem. BS den SK „mit ihren   **2**
Kenntnissen und Erfahrungen, vor allem im Ernstfall", zur Verfügung stehen müssten. Die „innere Berechtigung" für diese Vorschrift ergebe sich aus dem „lebenslangen Dienst- und Treueverhältnis". Die Verpflichtung zu kurzfristigen Dienstleistungen bezwecke, dass die Kenntnisse der ehem. BS auf dem neuesten Stand gehalten würden. Die unbegrenzte Verwendung im „Ernstfall" erlösche mit Ablauf des 65. Lebensjahres. Zu Abs. 3 wird auf die entspr. Regelung in § 45 BBG verwiesen.

Der **Ausschuss für Beamtenrecht** beschloss zunächst[3] marginale redaktionelle Änd. des   **3**
Abs. 3 und fügte einen neuen Abs. 4 („§ 40 des Bundesbeamtengesetzes findet entsprechende Anwendung") ein. In einer weiteren Sitzung des Ausschusses[4] wurden die Abs. 2 und 3 nochmals redaktionell geändert. Abs. 4 erhielt folgende Fassung:
„In den Fällen des Abs. 1 Nr. 2 und Abs. 3 endet der Ruhestand mit der erneuten Berufung in das Dienstverhältnis eines Berufssoldaten."

Der **VertA**[5] übernahm diese Vorschläge weitgehend und ersetzte das Wort „Kriege" in   **4**
Abs. 1 Satz 2 Nr. 2b) durch „Verteidigungsfalle". Die im Vergleich zum „normalen Reservisten" längere Heranziehungsdauer der ehem. BS begründete auch der VertA mit dem besonderen Treueverhältnis, der lebenslangen Dienstleistung und der entspr. Versorgung.[6]

---

1 BT-Drs. II/1700, 12.
2 BT-Drs. II/1700, 33.
3 Prot. der 44. Sitzung v. 12.1.1956, Prot. Nr. 44, 3.
4 Prot. der 47. Sitzung v. 19.1.1956, Prot. Nr. 47, 8. Vgl. auch Ausschussdrs. 23 v. 20.1.1956, 51.
5 BT-Drs. II/2140, 52.
6 BT-Drs. II/2140, 13.

§ 51 Rechtsstellung der Berufssoldaten und der Soldaten auf Zeit

5   In der **Erstfassung** lautete der spätere § 51 demnach wie folgt:
„(1) Ein Berufssoldat, der wegen Erreichens der Altersgrenze in den Ruhestand getreten ist, bleibt bis zur Vollendung des fünfundsechzigsten Lebensjahres verpflichtet, Wehrdienst zu leisten. Er kann herangezogen werden
1. zu kurzfristigen Dienstleistungen bis zu einem Monat jährlich;
2. unter erneuter Berufung in das Dienstverhältnis eines Berufssoldaten
   a) zu einer Wiederverwendung von wenigstens einem und höchstens zwei Jahren, jedoch nur, wenn die Wiederverwendung unter Berücksichtigung der persönlichen, insbesondere häuslichen, beruflichen oder wirtschaftlichen Verhältnisse zumutbar ist, und nicht nach Ablauf von fünf Jahren seit Eintritt in den Ruhestand,
   b) im Verteidigungsfalle zu zeitlich unbegrenzter Wiederverwendung.

(2) In den Fällen des Absatzes 1 Nr. 2 Buchstabe a tritt der Berufssoldat mit Ablauf der für die Wiederverwendung festgesetzten Zeit in den Ruhestand. In den Fällen des Absatzes 1 Nr. 2 Buchstabe b ist er mit Beendigung der Wiederverwendung in den Ruhestand zu versetzen. Die Wiederverwendung kann jederzeit beendet werden.

(3) Ist ein wegen Dienstunfähigkeit in den Ruhestand versetzter Berufssoldat wieder dienstfähig geworden, so kann er erneut in das Dienstverhältnis eines Berufssoldaten berufen werden, jedoch nicht nach Ablauf von fünf Jahren seit der Versetzung in den Ruhestand oder nach Überschreiten der Altersgrenze. Beantragt er vor diesem Zeitpunkt, ihn erneut in das Dienstverhältnis eines Berufssoldaten zu berufen, so ist diesem Antrag stattzugeben, falls nicht zwingende dienstliche Gründe entgegenstehen. § 44 Abs. 3 Satz 3 und 4 gilt entsprechend.

(4) In den Fällen des Absatzes 1 Nr. 2 und des Absatzes 3 endet der Ruhestand mit der erneuten Berufung in das Dienstverhältnis eines Berufssoldaten."

2. Änderungen der Vorschrift

6   § 51 ist – was angesichts seiner **geringen praktischen Bedeutung** erstaunlich ist – **oft geändert** worden:

7   Durch Art. 1 Nr. 4 des G vom **9.6.1961**[7] wurden in Abs. 3 Satz 3 die Wörter „§ 44 Abs. 3 Satz 3 und 4" durch die Wörter „§ 44 Abs. 4 Satz 3 und 4" ersetzt.

8   Art. 1 Nr. 3 des G vom **21.4.1965**[8] ergänzte Abs. 1 Satz 2 Nr. 1 um die Angabe „und zu Wehrübungen, die von der Bundesregierung als Bereitschaftsdienst angeordnet sind".

9   Im Zusammenhang mit der Zulassung von Frauen zur Laufbahn der Offz des San-Dienstes fügte Art. 1 Nr. 5 des G vom **6.8.1975**[9] einen neuen Abs. 5 an („Die Absätze 1 und 2 finden auf Frauen in der Laufbahn der Offiziere des Sanitätsdienstes keine Anwendung").

10 Durch Art. 1 Nr. 8 des G vom **22.5.1980**[10] wurde folgender neuer Abs. 2 eingefügt: „Ein Berufssoldat, dessen Rechte und Pflichten auf Grund der §§ 5, 6, 8 und 36 des Abgeordnetengesetzes oder entsprechender Rechtsvorschriften ruhen, kann auf seinen Antrag zu Wehrübungen bis zu drei Monaten Dauer herangezogen werden."

11 Der im Jahre 1975 eingefügte Abs. 5 (seit 1980 Abs. 6) wurde durch Art. 1 Nr. 13 des G vom **6.12.1990**[11] wieder gestrichen. Frühere verfassungsrechtl. Bedenken gegen die

---

7 BGBl. I S. 723.
8 BGBl. I S. 305.
9 BGBl. I S. 2113.
10 BGBl. I S. 581. Vgl. dazu *Alff*, NZWehrr 1980, 201.
11 BGBl. I S. 2588.

(nachwirkende) Pflicht ehem. Berufssoldatinnen zu weiteren Dienstleistungen wurden als nicht mehr begründbar angesehen.[12]

Mit Art. 2 Nr. 5 des G vom **24.7.1995**[13] wurden – vor dem Hintergrund der zunehmenden Auslandseinsätze der SK – Abs. 1 Satz 2 Nr. 1 erneut geä. („zu Übungen im Frieden bis zu einem Monat jährlich, zur Teilnahme an besonderen Auslandsverwendungen in entsprechender Anwendung des § 51a Abs. 3 Satz 3 und 4 und zu Übungen, die von der Bundesregierung als Bereitschaftsdienst angeordnet sind"), Abs. 1 Satz 3 eingefügt („Unterliegt er der Wehrpflicht (§§ 1 bis 3 des Wehrpflichtgesetzes), bleiben die dafür geltenden Bestimmungen unberührt. Nach dem Ausscheiden aus der Wehrpflicht und für nicht wehrpflichtige frühere Berufssoldaten gilt § 51a Abs. 1 Satz 2 entsprechend."), ein neuer Abs. 2a eingefügt („In den Fällen des Absatzes 1 Nr. 1 ist der Soldat mit Ablauf der für die Dienstleistung festgesetzten Zeit aus der Bundeswehr zu entlassen. Bei Entpflichtung von der Teilnahme an besonderen Auslandsverwendungen kann er entlassen werden, wenn dies im dienstlichen Interesse liegt. Ist er während einer besonderen Auslandsverwendung wegen Verschleppung, Gefangenschaft oder aus sonstigen mit dem Dienst zusammenhängenden Gründen, die er nicht zu vertreten hat, dem Einflußbereich des Dienstherrn entzogen, ist die Entlassung bis zum Ablauf des auf die Beendigung dieses Zustandes folgenden Monats hinauszuschieben; dies gilt auch bei anderen Verwendungen im Ausland mit vergleichbarer Gefährdungslage.") und Abs. 3 redaktionell ergänzt. **12**

In dem Bemühen, die Vorschrift „anwenderfreundlicher" zu gestalten und deutlicher nach der Art der Dienstleistung zu differenzieren[14], erhielt § 51 durch Art. 1 Nr. 37 des **SGÄndG** folgende Neufassung: **13**

„(1) Ein Berufssoldat, der wegen Erreichens der Altersgrenze in den Ruhestand getreten ist, bleibt bis zur Vollendung des 65. Lebensjahres verpflichtet, Wehrdienst zu leisten. Er kann nach Maßgabe der Absätze 2 und 3 herangezogen werden; unterliegt er der Wehrpflicht (§§ 1 bis 3 des Wehrpflichtgesetzes), bleiben die dafür geltenden Bestimmungen unberührt. Nach dem Ausscheiden aus der Wehrpflicht und für nicht wehrpflichtige frühere Berufssoldaten gilt § 51a Abs. 1 Satz 2 entsprechend.

(2) Eine Heranziehung ist möglich
1. zu Übungen im Frieden bis zu einem Monat jährlich,
2. zur Teilnahme an besonderen Auslandsverwendungen und
3. zu Übungen, die von der Bundesregierung als Bereitschaftsdienst angeordnet sind.

Der Soldat ist mit Ablauf der für die Dienstleistung festgesetzten Zeit aus der Bundeswehr zu entlassen. Eine besondere Auslandsverwendung im Sinn der Nummer 2 ist für jeweils höchstens sieben Monate zulässig. Soweit die Dauer drei Monate übersteigt, wirkt die für die Heranziehung zuständige Stelle auf die Zustimmung des Arbeitgebers oder der Dienstbehörde hin. Bei Entpflichtung von der Teilnahme an besonderen Auslandsverwendungen kann der Soldat entlassen werden, wenn dies im dienstlichen Interesse liegt. Ist er während einer besonderen Auslandsverwendung wegen Verschleppung, Gefangenschaft oder aus sonstigen mit dem Dienst zusammenhängenden Gründen, die er nicht zu vertreten hat, dem Einflussbereich des Dienstherrn entzogen, ist die Entlassung bis zum Ablauf des auf die Beendigung dieses Zustands folgenden Monats hinauszuschieben; dies gilt auch bei anderen Verwendungen im Ausland mit vergleichbarer Gefährdungslage.

(3) Unter erneuter Berufung in das Dienstverhältnis eines Berufssoldaten ist eine Heranziehung möglich

---
12 BT-Drs. 11/6906, 15 f.
13 BGBl. I S. 962.
14 BT-Drs. 14/4062, 22.

1. zu einer Wiederverwendung von wenigstens einem und höchstens zwei Jahren, jedoch nur, wenn die Wiederverwendung unter Berücksichtigung der persönlichen, insbesondere häuslichen, beruflichen oder wirtschaftlichen Verhältnisse zumutbar ist, und nicht nach Ablauf von fünf Jahren seit Eintritt in den Ruhestand,
2. im Verteidigungsfall zu zeitlich unbegrenzter Wiederverwendung.

In den Fällen der Nummer 1 tritt der Berufssoldat mit Ablauf der für die Wiederverwendung festgesetzten Zeit in den Ruhestand. In den Fällen der Nummer 2 ist er mit der Beendigung der Wiederverwendung in den Ruhestand zu versetzen. Die Wiederverwendung kann jederzeit beendet werden. Sie endet spätestens mit dem Ende der Verpflichtung zur Wehrdienstleistung. § 44 Abs. 1 Satz 6 gilt entsprechend.

(4) Ist ein wegen Dienstunfähigkeit in den Ruhestand versetzter Berufssoldat wieder dienstfähig geworden, so kann er erneut in das Dienstverhältnis eines Berufssoldaten berufen werden, jedoch nicht nach Ablauf von fünf Jahren seit der Versetzung in den Ruhestand oder nach Überschreiten der allgemeinen Altersgrenze. Beantragt er vor diesem Zeitpunkt, ihn erneut in das Dienstverhältnis eines Berufssoldaten zu berufen, so ist diesem Antrag stattzugeben, falls nicht zwingende dienstliche Gründe entgegenstehen. § 44 Abs. 4 Satz 3 und 4 gilt entsprechend.

(5) In den Fällen der Absätze 3 und 4 endet der Ruhestand mit der erneuten Berufung in das Dienstverhältnis eines Berufssoldaten.

(6) Ein Berufssoldat, dessen Rechte und Pflichten auf Grund der §§ 5, 6, 8 und 36 des Abgeordnetengesetzes oder entsprechender Rechtsvorschriften ruhen, kann auf seinen Antrag zu Übungen bis zu drei Monaten Dauer herangezogen werden."

Es mag dahinstehen, ob eine derart umfangreiche Einzelnorm überhaupt als „anwenderfreundlich" bezeichnet werden kann. Der Gesetzgeber – dies ist deutlich erkennbar – versuchte jedenfalls, jede vorstellbare Fallkonstellation aufzunehmen und zu kodifizieren.

14 Die mit dem **SkResNOG** bewirkte Neufassung hat den Umfang und im Wesentlichen auch den Inhalt der Vorschrift auf die Erstfassung von 1956 **reduziert**. Die Rechtsinstitute der **Wiederverwendung** und der **Dienstleistungen** sind systematisch deutlich voneinander **abgegrenzt** worden[15]; die für Dienstleistungen ehem. BS geltenden Regelungen wurden in den neu gefassten IV. Abschnitt „verschoben".[16] Dies gilt auch für den unbefristeten Wehrdienst im V-Fall. Die „Konkurrenzregelung" des § 51 Abs. 1 Satz 2 a.F. findet sich in § 80 n.F. wieder. Im Wesentlichen entspricht somit die jetzige Neufassung des § 51 den Best. des bisherigen § 51 Abs. 3 Satz 1 Nr. 1, Satz 2 und Satz 6 sowie Abs. 4, Abs. 5 und Abs. 6.

3. Bezüge zum Beamtenrecht bzw. zu sonstigen rechtl. Vorschriften; ergänzende Dienstvorschriften

15 Für die Abs. 1 bis 3 und 6 fehlen vergleichbare Regelungen im sonstigen öff. Dienstrecht.[17] Lediglich **Abs. 4 und Abs. 5** (bzgl. der Verweisung auf Abs. 4) sind vom Ansatz her den für Bundesbeamte maßgeblichen Best. der **§§ 45 und 40 BBG** nachgebildet. In der Ausformung im Detail sind die Unterschiede zwischen den genannten Vorschriften allerdings gravierend. Dies gilt auch für die rahmengesetzl. Regelungen des **§ 133d**

---

15 Der Gesetzgeber sollte bei nächster Gelegenheit § 51 Abs. 6 n.F. als neuen Abs. 6 an § 59 n.F. anfügen, damit das letzte Element der Dienstleistungen aus § 51 herausgelöst wird. Systematisch, dies zeigt die Verweisung auf § 60, gehört § 51 Abs. 6 nicht zur Wiederverwendung.
16 BT-Drs. 15/4485, 37.
17 Vgl. GKÖD I Yk, § 51 Rn. 1.

Wiederverwendung § 51

BRRG („für Zwecke der Verteidigung"), die nur nach „Maßgabe des Art. 80a GG" anwendbar sind (§ 133a Satz 1 BRRG).[18]
Die früheren **Verweisungen** auf § 51 Abs. 2 a.F. in § 1 WSG, §§ 14 und 16 ArbPlSchG, §§ 1 und 2 USG und § 15 SVG sind mit dem SkResNOG zusammenfassend auf den „Vierten Abschnitt des Soldatengesetzes" geändert worden, sodass eine Komm. an dieser Stelle nicht mehr angebracht ist.   16

Zu Abs. 4 ist der Erl. des BMVg **ZDv 14/5 B 154** „Verfahren bei der Wiederverwendung von Berufssoldaten, die wegen Dienstunfähigkeit in den Ruhestand versetzt worden sind" herausgegeben worden.   17

B. Erläuterungen im Einzelnen

1. Zweck der Vorschrift

Die ursprüngliche Zielsetzung der Best.[19] blieb – zumindest bezogen auf **Abs. 1 – weitgehend Theorie**. Im Frieden bestand und besteht kein messbarer Bedarf an ehem. BS jenseits der Altersgrenzen des § 45. Die Personallage insbes. der Berufsoffiziere war seit der Gründung der Bw durch erhebliche strukturelle Probleme gekennzeichnet, die z.T. durch die vom allg. Dienstrecht der Beamten abw. Altersgrenzen des § 45 gemildert wurden und werden. Im Regelfall wird eine Wiederverwendung daher an einer freien und besetzbaren Haushaltsstelle scheitern. Eine (freiwillige) Wiederverwendung ehem. BS, gelegentlich auch als „Reaktivierung" bezeichnet, kommt zzt. in Einzelfällen dann in Frage, wenn ehem. BS nach Eintritt oder Versetzung in den Ruhestand weiterhin Dienst als **Militärberater** in den Staaten des früheren Warschauer Paktes leisten sollen/wollen, in denen sie meist vorher als Militärattachés eingesetzt waren.   18

Auch die Anwendung des **Abs. 4** ist für die Praxis von **geringer Relevanz**. Auf Grund der engen Voraussetzungen des Satzes 1 ist eine zwangsweise Wiederverwendung nur ausnahmsweise vorstellbar.   19

2. Absätze 1 bis 3

a) Absatz 1 und Grundgesetz

Abs. 1 ist im Wesentlichen aus einer Zusammenfassung des bisherigen Abs. 1 Satz 1 und des bisherigen Abs. 3 Satz 1 Nr. 1 entstanden.   20

Abs. 1 gilt für **ehem. männliche und weibliche BS**.[20] Dies ist mit **Art. 12 Abs. 2** und **Art. 12a Abs. 4 Satz 2 GG** vereinbar.[21] Die Verpflichtung, bis zum 65. Lebensjahr weitere Dienstleistungen zu erbringen, folgt aus dem ursprünglich begründeten freiwilligen Dienstverhältnis; es handelt sich um eine Art „Nachwirkung" des früheren Status.[22]   21

Unbeschadet der für Soldaten geltenden Altersgrenzen des § 45 ist die Vollendung des 65. Lebensjahres für den öff. Dienst die Regelaltersgrenze (vgl. § 41 Abs. 1 Satz 1 BBG). Die Verpflichtung ehem. BS, ggf. bis zum 65. Lebensjahr zur Verfügung zu stehen, ver-

---

18 Die Interpretation der Begriffe „Zwecke der Verteidigung" u. „Maßgabe des Art. 80a GG" als „Spannungs- und Verteidigungsfall" (*Plog/Wiedow/Lemhöfer*, BBG, § 45 Rn. 19) stimmt zwar mit der Überschrift des 4. Abschnitts des BRRG überein, ist jedoch irreführend. Der V-Fall gem. Art. 115a GG muss nicht bedeuten, dass irgendeine Person für Zwecke der Verteidigung eingesetzt wird. Art. 80a GG umfasst nicht nur den Spannungsfall, sondern auch den Bündnisfall (Art. 80a Abs. 3 GG).
19 Vgl. o. Rn. 2 u. 4.
20 GKÖD I Yk, § 51 Rn. 1.
21 *Scherer/Alff*, SG, § 1 Rn. 17, 30; § 51 Rn. 1. Krit. *Heselhaus/Schmidt-De Caluwe*, NJW 2001, 269.
22 Vgl. BT-Drs. 11/6906, 16.

§ 51   Rechtsstellung der Berufssoldaten und der Soldaten auf Zeit

stößt daher auch nicht gegen **Art. 33 Abs. 5 GG**, unabhängig davon, dass hergebrachte Grundsätze des Berufssoldatentums nicht anerkannt sind.[23]

22   Bemerkenswert ist, dass Abs. 1 (und Abs. 4) – anders als § 133d BRRG – **keinerlei materielle Voraussetzungen** für eine Wiederverwendung/erneute Berufung in ein Lebenszeitverhältnis nennt. Dies könnte in einem Rechtsstreit vor dem BVerfG Probleme bzgl. des Bestimmtheitsgrundsatzes und des Willkürverbots des GG aufwerfen.

b) Adressatenkreis

23   Die Best. ist **anwendbar** auf BS, die wegen **Erreichens der Altersgrenze** in den Ruhestand getreten oder versetzt worden sind. Sie bezieht sich mithin nur auf die **Fälle des § 44**, unabhängig davon, ob der BS die allg. Altersgrenze (§ 45 Abs. 1) oder die besondere Altersgrenze (§ 45 Abs. 2) erreicht hatte oder von einer gesetzl. Vorruhestandsregelung Gebrauch gemacht hatte.[24]

24   **Nicht anwendbar** ist Abs. 1 auf BS im **einstweiligen Ruhestand** gem. § 50 Abs. 2 Satz 1 und BS, die gem. § 46 Abs. 2 Satz 1 Nr. 6 entlassen worden sind.[25]

25   Ehem. BS, die noch **wpfl** sind, unterliegen auch den Best. des WPflG. Die Konkurrenzregelung des § 80 bezieht sich nur auf den Personenkreis des § 59, nicht auf die Wiederverwender des § 51. Die zuständigen Dienststellen entscheiden nach ihrem **Ermessen**, ob ein wpfl ehem. BS gem. § 51 oder nach den Best. des WPflG erneut herangezogen werden soll. Bei einer angestrebten Dienstzeit von mehr als drei Monaten scheidet im Frieden eine zwangsweise Heranziehung nach dem WPflG i.d.R. aus (vgl. § 6 Abs. 1 WPflG).

26   Eine Wiederverwendung setzt voraus, dass der ehem. BS noch (oder wieder) **dienstfähig** i.S.v. § 37 Abs. 1 Nr. 3 ist; hierbei ist sein Lebensalter zu berücksichtigen.[26] Die Verwendungsgrade des § 8a Abs. 2 WPflG sind insoweit unbeachtlich.[27] Die an einen BS zu stellenden gesundheitlichen Anforderungen sind in Erl. und Dienstvorschriften (z.B. ZDv 46/1) niedergelegt. Ob diese je nach Bedarf „jederzeit" geändert werden könnten[28], ist zu bezweifeln. Die Änd. einer ZDv ist erfahrungsgemäß ein langer und mühseliger Prozess.

c) Sonstige Voraussetzungen und Bedingungen für die Wiederverwendung

27   Die „**Zumutbarkeit**" unter Berücksichtigung „der persönlichen, insbesondere häuslichen, beruflichen oder wirtschaftlichen Verhältnisse" orientiert sich am **Einzelfall**. Die zit. unbest. Rechtsbegriffe finden sich in zahlreichen wehrrechtl. Best. (z.B. § 44 Abs. 6 Satz 3 SG, § 12 Abs. 4 Satz 1 WPflG) wieder. Generelle Interpretationen sind der hierzu ergangenen Rspr. nicht zu entnehmen. Diese – zu § 12 Abs. 4 Satz 1 WPflG – ist vielmehr durch eine umfangreiche Kasuistik gekennzeichnet.[29]

28   Von der **Frist von fünf Jahren** gem. Abs. 1 a.E. kann mit Zustimmung des ehem. BS abgewichen werden.[30]

29   Für die Heranziehung ehem. BS im Rahmen der Wiederverwendung sind die Vorschriften der §§ 69 ff. **nicht anwendbar**, da die Wiederverwendung nicht (mehr) zu den

---

23   St. Rspr. seit BVerfGE 3, 288 (334).
24   *Scherer/Alff*, SG, § 51 Rn. 2.
25   GKÖD I Yk, § 51 Rn. 2; *Scherer/Alff*, SG, § 51 Rn. 2.
26   GKÖD I Yk, § 51 Rn. 3; *Scherer/Alff*, SG, § 51 Rn. 3.
27   BVerwG Buchholz 238.4 § 55 SG Nr. 7; *Steinlechner/Walz*, WPflG, § 8a Rn. 16.
28   BVerwG NZWehrr 2003, 81.
29   Vgl. *Steinlechner/Walz*, WPflG, § 12 Rn. 31 ff.
30   *Scherer/Alff*, SG, § 51 Rn. 7.

Wiederverwendung § 51

Dienstleistungen des neu gefassten IV. Abschnitts gehört, sondern ein hiervon zu trennendes Rechtsinstitut darstellt.

Die „Heranziehung" nach Abs. 1 erfolgt daher **nicht** (mehr) **mittels VA**.[31] Folge der Trennung der Wiederverwendung von den Dienstleistungen ist, dass die Wiederverwendung gem. Abs. 1 in rechtl. gleicher Weise wie die Reaktivierung gem. Abs. 4 zu erfolgen hat.[32] Zuständig für die (formlose) **Aufforderung**, sich erneut berufen zu lassen, sind nicht die Wehrersatzbehörden gem. § 69, sondern die Personal führenden Dienststellen der SK, letztlich das BMVg.   30

Das **Wehrdienstverhältnis** der Wiederverwender **beginnt** mit dem Zeitpunkt der **erneuten Ernennung** (§ 2 Abs. 1 Nr. 3) und nicht bereits mit dem Dienstantritt (§ 2 Abs. 1 Nr. 4).[33]   31

Der ehem. BS wird nach seinem Dienstantritt – durch VA – gem. Abs. 1 erneut in das Dienstverhältnis eines BS berufen. Es war daher folgerichtig, ihn in jeder Hinsicht als BS zu behandeln. Die frühere Regelung, die den Personenkreis des § 51 Abs. 2 a.F. bzgl. des Arbeitsplatzschutzes, der Unterhaltssicherung und des Wehrsoldes mit WPfl gleichstellte, wurde konsequenterweise aufgegeben.

Der ehem. BS ist **verpflichtet**, der Aufforderung, sich erneut berufen zu lassen, **Folge zu leisten**. Weigert er sich schuldhaft, gilt dies gem. § 23 Abs. 2 Nr. 3 als **Dienstvergehen**. Ein Verstoß gegen § 7 kommt genauso wenig in Betracht wie eine Wehrstraftat, da der Wiederverwender erst mit seiner Ernennung Soldat wird.[34] Lehnt er die Annahme der Ernennungsurkunde ab, ist dies ebenfalls ein Dienstvergehen gem. § 23 Abs. 2 Nr. 3. Da ein neues Dienstverhältnis eines BS in einem solchen Fall nicht begründet werden kann (§ 41 Abs. 2), ist er nach Hause in Marsch zu setzen.[35]   32

d) Absatz 2
Abs. 2 entspricht dem bisherigen Abs. 3 Satz 2.   33

Nach Ablauf der zeitlich befristeten Wiederverwendung tritt der BS **erneut in den Ruhestand**. Theoretisch kann er danach nochmals, letztlich bis zu seinem 65. Lebensjahr, herangezogen werden, sofern die Voraussetzungen des Abs. 1 vorliegen oder er der Wiederverwendung zustimmt.

e) Absatz 3
Abs. 3 entspricht inhaltlich dem bisherigen Abs. 2 Satz 6. Aus Gründen der Kürzung des Gesetzestextes erfolgt jetzt eine Verweisung auf die ohnehin bestehende Vorschrift des § 44 Abs. 1 Satz 6.[36]   34

3. Absatz 4
Abs. 4 entspricht, abgesehen von redaktionellen Änd., dem bisherigen Abs. 4. Die zu § 45 BBG ergangene Rspr. ist insoweit heranziehbar als Abs. 4 mit § 45 BBG übereinstimmt.   35

---

31 A.A. zur früheren Rechtslage GKÖD I Yk, § 51 Rn. 13.
32 Klarstellend sollte der Gesetzgeber den Begriff „Wiederverwendung" durch den Begriff „erneute Berufung" ersetzen u. die Wörter „herangezogen werden" streichen.
33 A.A. zur früheren Rechtslage *Scherer/Alff*, SG, § 51 Rn. 6.
34 Im Ergebnis ebenso *Scherer/Alff*, SG, § 51 Rn. 18.
35 Eine Entlassung erfolgt nicht, da der ehem. BS nicht (wieder) Soldat geworden ist.
36 Vgl. die dortige Komm.

36 Abs. 4 unterscheidet **zwei Fallkonstellationen**:
Die Reaktivierung des ehem. BS **von Amts wegen** und ggf. gegen seinen Willen. Diese liegt im pflichtgemäßen Ermessen der zuständigen mil. Dienststelle.[37]
Die Reaktivierung **auf Antrag** des ehem. BS. Diesem Antrag ist stattzugeben, es sei denn, zwingende dienstl. Gründe stünden entgegen.[38] Solche können sich daraus ergeben, dass die allg. Personallage oder die eingeschränkte Verwendbarkeit des ehem. BS gegen seine erneute Berufung als BS sprechen.[39] Ein Anspruch auf fehlerfreie Ermessensausübung soll insoweit nicht bestehen.[40]

37 Bzgl. der **Feststellung der Dienstfähigkeit** verweist Satz 3 auf § 44 Abs. 4 Satz 3 und 4.[41]

38 Die **Aufforderung** an den ehem. BS, sich erneut in das Dienstverhältnis eines BS berufen zu lassen, ist, wie im Zusammenhang mit Abs. 1 erläutert, **kein VA**, sondern lediglich darauf gerichtet, den beabsichtigten VA der erneuten Ernennung vorzubereiten.[42]

39 Folgt der ehem. BS der Aufforderung, sich erneut berufen zu lassen, nicht, oder weigert er sich, die Ernennungsurkunde anzunehmen, gilt dies gem. § 23 Abs. 2 Nr. 3 als **Dienstvergehen**.[43] Er ist dann nach Hause in Marsch zu setzen.

4. Absatz 5

40 Abs. 5 entspricht inhaltlich dem bisherigen Abs. 5.
Wird ein ehem. BS gem. Abs. 1 oder Abs. 4 reaktiviert, endet sein früherer Ruhestand mit der erneuten Berufung. Besoldungs- und versorgungsrechtl. bilden die jew. Teile der aktiven Dienstzeit **kein einheitliches Ganzes**.[44] Das frühere Dienstverhältnis lebt mit der erneuten Berufung nicht wieder auf; es wird vielmehr ein **neues Dienstverhältnis als BS** begründet.[45]

5. Absatz 6

41 Abs. 6 entspricht im Wesentlichen dem bisherigen Abs. 6.
Während BS, deren Rechte und Pflichten wegen ihres Amtes als Abg. ruhen, auf Antrag bisher nur zu Übungen herangezogen werden konnten, verweist Abs. 6 n.F. nunmehr auf die Dienstleistungen des § 60. In Betracht kommen **alle** dort aufgeführten **Dienstleistungsarten**, mithin auch der Wehrdienst im Spannungs- und im V-Fall, allerdings mit der Einschränkung der Befristung auf drei Monate und der Freiwilligkeit der Dienstleistung.[46]

42 Während der Dienstleistung darf dem Abg. **kein höherer Dienstgrad verliehen** werden (§ 4 Abs. 4 Satz 3).

43 Im Übrigen gelten die **Best. der §§ 61 ff**. Die früher vertretene Auffassung, der übende BS habe während der fälschlicherweise als „Wehrübung" bezeichneten Übung die

---

37 Vgl. Erl. ZDv 14/5 B 154 Nr. 2 Abs. 2. Vgl. für das Beamtenrecht *Plog/Wiedow/Lemhöfer*, BBG, § 45 Rn. 7.
38 Vgl. Erl. ZDv 14/5 B 154 Nr. 2 Abs. 1.
39 GKÖD I Yk, § 51 Rn. 10. Str. ist, ob bereits das Fehlen einer entspr. Planstelle als zwingender dienstl. Grund genügt (vgl. *Plog/Wiedow/Lemhöfer*, BBG, § 45 Rn. 14).
40 BVerwG ZBR 2001, 143. Krit. *Plog/Wiedow/Lemhöfer*, BBG, § 45 Rn. 15.
41 Vgl. die dortige Komm.
42 VGH Mannheim 11 S 2579/85; BVerwGE 111, 246 (zu § 45 Abs. 1 Satz 1 BBG).
43 Vgl. jedoch die Komm. zu § 23 Rn. 38 a.E.
44 A.A. GKÖD I Yk, § 51 Rn. 11; *Scherer/Alff*, SG, § 51 Rn. 15.
45 Ebenso für das Beamtenrecht *Plog/Wiedow/Lemhöfer*, BBG, § 45 Rn. 9.
46 Vgl. BT-Drs. 15/4485, 37.

Rechtsstellung eines WPfl[47], ist damit nicht mehr haltbar. Der übende Abg. ist **wie andere Dienstleistende**, die in § 59 aufgeführt sind, zu behandeln.

Hat der Abg. während der Dienstleistung an Sitzungen z.B. des BT teilzunehmen, ist er gem. § 9 SUV i.V.m. § 7 Satz 1 Nr. 7 SUrlV zu **beurlauben**. Die zeitweise Außervollzugsetzung des Heranziehungsbescheides kommt nicht in Betracht, da eine solche während der Dienstleistung als Soldat gesetzl. nicht vorgesehen ist.[48] 44

Die Begrenzung der Dienstleistung auf drei Monate bezieht sich auf die jew. **Einzeldienstleistung**. Auf Antrag des Abg. kann dieser während einer WP mehrfach zu jew. maximal dreimonatigen Dienstleistungen herangezogen werden. 45

Für Mandatsträger im Status eines **SaZ** enthält § 54 Abs. 4 eine entspr. Regelung. 46

§ 52 Wiederaufnahme des Verfahrens

Wird ein Urteil mit den Folgen des § 48 im Wiederaufnahmeverfahren durch ein Urteil ersetzt, das diese Folgen nicht hat, so gilt § 51 Abs. 1, 2 und 4 des Bundesbeamtengesetzes entsprechend.

§ 51 Abs. 1, 2 und 4 BBG

(1) ¹Wird eine Entscheidung, durch die der Verlust der Beamtenrechte bewirkt worden ist, im Wiederaufnahmeverfahren durch eine Entscheidung ersetzt, die diese Wirkung nicht hat, so gilt das Beamtenverhältnis als nicht unterbrochen. ²Der Beamte hat, sofern er die Altersgrenze noch nicht erreicht hat und noch dienstfähig ist, Anspruch auf Übertragung eines Amtes derselben oder einer mindestens gleichwertigen Laufbahn wie sein bisheriges Amt und mit mindestens demselben Endgrundgehalt (§ 26 Abs. 1 Satz 2); bis zur Übertragung des neuen Amtes erhält er die Dienstbezüge, die ihm aus seinem bisherigen Amt zugestanden hätten.

(2) Ist auf Grund des im Wiederaufnahmeverfahren festgestellten Sachverhaltes oder auf Grund eines rechtskräftigen Strafurteils, das nach der früheren Entscheidung ergangen ist, ein Disziplinarverfahren mit dem Ziel der Entfernung des Beamten aus dem Beamtenverhältnis eingeleitet worden, so verliert der Beamte die ihm nach Absatz 1 zustehenden Ansprüche, wenn auf Entfernung aus dem Dienst erkannt wird; bis zur rechtskräftigen Entscheidung können diese Ansprüche nicht geltend gemacht werden.

(4) Der Beamte muß sich auf die ihm nach Absatz 1 zustehenden Dienstbezüge ein anderes Arbeitseinkommen oder einen Unterhaltsbeitrag anrechnen lassen; er ist zur Auskunft hierüber verpflichtet.

Literatur: Spezialliteratur zu § 52 ist nicht vorhanden. Ergänzend ist die Komm. zu § 51 BBG heranzuziehen.

---

47 GKÖD I Yk, § 51 Rn. 12; *Scherer/Alff*, SG, § 51 Rn. 16.
48 A.A. *Alff*, NZWehr 1980, 203; GKÖD I Yk, § 51 Rn. 12; *Scherer/Alff*, SG, § 51 Rn. 16. im Übrigen wären die Wehrersatzbehörden (§ 69) auch nicht mehr befugt, den Heranziehungsbescheid nach Dienstantritt außer Vollzug zu setzen.

§ 52 Rechtsstellung der Berufssoldaten und der Soldaten auf Zeit

Übersicht

	Rn.		Rn.
A. Allgemeines	1 – 7	**B. Erläuterungen im Einzelnen**	8 – 22
1. Entstehung der Vorschrift	1 – 2	1. Zweck der Vorschrift	8 – 9
2. Änderungen der Vorschrift	3	2. § 51 Abs. 1 Satz 1 BBG	10 – 12
3. Geltungsbereich; Bezüge zum Beamtenrecht bzw. zu sonstigen rechtl. Vorschriften	4 – 7	3. § 51 Abs. 1 Satz 2 Halbsatz 1 BBG	13 – 14
		4. § 51 Abs. 1 Satz 2 Halbsatz 2 BBG	15 – 16
		5. § 51 Abs. 2 BBG	17
		6. § 51 Abs. 4 BBG	18 – 21
		7. Rechtsschutz	22

A. Allgemeines

1. Entstehung der Vorschrift

1 § 47 des REntw.[1] sah folgende Formulierung vor:

„Wird ein Urteil mit den Folgen des § 43 im Wiederaufnahmeverfahren durch ein Urteil ersetzt, das diese Folgen nicht hat, so gelten die Vorschriften des § 51 Abs. 1, 2 und 4 des Bundesbeamtengesetzes entsprechend."

Die **amtl. Begr.**[2] beschränkt sich auf die Wiedergabe des § 43 des REntw., des späteren § 48, und die Verweisung auf das BBG.

2 Im **Rechtsausschuss** des BT[3] und im **Ausschuss für Beamtenrecht**[4] wurden gegen die Fassung des REntw. **keine Einwendungen** erhoben.

Dies galt auch für den Entw. des abschließenden Ber. des VertA vom 18.2.1956. Dieser wurde, ohne nochmalige förmliche Abstimmung im VertA, anschließend **redaktionell überarbeitet**. Dabei wurden die Wörter „gelten die Vorschriften des" durch das Wort „gilt" ersetzt.[5]

Das **Plenum** des BT stimmte dieser Fassung am 6.3.1956 zu.

2. Änderungen der Vorschrift

3 § 52 gilt bis heute in der **Erstfassung**. Der entspr. heranzuziehende § 51 **BBG** wurde zum 1.1.2002 redaktionell dem neuen BDG angepasst. In Abs. 2 wurden die Wörter „aus dem Dienst" durch die Wörter „aus dem Beamtenverhältnis" ersetzt.[6]

3. Geltungsbereich; Bezüge zum Beamtenrecht bzw. zu sonstigen rechtl. Vorschriften

4 § 52 gilt unmittelbar für (aktive) **BS**. Entspr. Anwendung findet er gem. § 57 Abs. 1 auf **SaZ**, gem. § 53 Abs. 1 Satz 3 auf **ehem. BS** und i,V,m § 57 Abs. 1 auf **ehem. SaZ** sowie gem. § 59 Abs. 1 Satz 2 SVG auf Versorgungsbezüge der **Hinterbliebenen** eines Soldaten. Ebenfalls entspr. angewandt wird § 52, wenn die Entfernung eines Soldaten aus dem Dienstverhältnis oder die Aberkennung des Ruhegehalts im **Gnadenweg** (§ 19 Abs. 2 WDO) oder im disziplinargerichtl. **Wiederaufnahmeverfahren** (§ 134 Abs. 1 Satz 2 WDO) aufgehoben wird.

Wird der Verlust der Soldatenrechte im Gnadenweg in vollem Umfang beseitigt, findet § 52 keine entspr. Anwendung. § 5 Abs. 2 verweist unmittelbar auf 51 Abs. 1, 2 und 4 BBG. Im Gegensatz zu § 52 wirkt eine Entscheidung gem. § 5 Abs. 2 ex nunc; eine

---

1 BT-Drs. II/1700, 12.
2 BT-Drs. II/1700, 33.
3 93. Sitzung v. 12.12.1955, Prot. Nr. 93, 21.
4 44. Sitzung v. 12.1.1956, Prot. Nr. 44, 3; Ausschussdrs. 23 v. 20.1.1956, 53.
5 Ausschussdrs. VertA Nr. 78 v. 23.2.1956; BT-Drs. II/2140, 53.
6 Art. 3 Nr. 3 des G zur Neuordnung des Bundesdisziplinarrechts v. 9.7.2001 (BGBl. I S. 1510).

rückwirkende Wiederverleihung der Soldatenrechte gnadenhalber ist damit ausgeschlossen.[7]

Für **Bundesbeamte** gelten § 51 BBG, auf den § 52 ohnehin verweist, § 50 Abs. 2, § 59 Abs. 2 und § 61 Abs. 1 Satz 4 BeamtVG sowie § 76 Abs. 1 Satz 2 und § 81 Abs. 2 BDG. 5

Für Soldaten, die auf Grund der **WPfl** Wehrdienst leisten, gilt § 30 WPflG; für **ZDL** findet sich eine entspr. Regelung in § 45 Abs. 2 ZDG. 6

Im **Rahmenrecht der Beamten** ist § 24 Abs. 2 BRRG einschlägig. 7

B. Erläuterungen im Einzelnen

1. Zweck der Vorschrift

Ein BS verliert gem. § 48 seine Rechtsstellung, wenn er durch ein deutsches Gericht auf die in § 38 bezeichneten Strafen, Maßregeln oder Nebenfolgen oder wegen anderer vorsätzlich begangener Delikte zu einer Freiheitsstrafe von mindestens einem Jahr verurteilt worden ist. Gleiches gilt bei einer Verwirkung von Grundrechten gem. Art. 18 GG. 8

Wird in einem Wiederaufnahmeverfahren ein solches Urt. aufgehoben und der frühere Soldat entweder freigesprochen oder so verurteilt, dass er seine Rechtsstellung nicht verloren hätte, kommt eine **Wiedereinsetzung** des Soldaten in seine frühere Rechtsstellung in Betracht. Wegen der Einzelheiten verweist § 52 auf die **Regelungen des Beamtenrechts**. Diese werden hier kurz dargestellt.

Für die Praxis ist § 52 von **geringer Bedeutung**. 9

2. § 51 Abs. 1 Satz 1 BBG

Voraussetzung für die Anwendung des § 51 BBG ist, dass eine rechtskräftige strafgerichtl. **Verurteilung** des Soldaten auf dessen Antrag oder nach seinem Tod durch Antrag durch die in § 361 Abs. 2 StPO benannten antragsberechtigten Personen in einem Wiederaufnahmeverfahren gem. §§ 359 ff. StPO **aufgehoben** worden ist. Wenn das Dienstverhältnis des Soldaten vor einer solchen Entscheidung aus einem anderen Grund beendet worden ist, z.B. durch Entlassung von Amts wegen gem. § 46 Abs. 1 oder auf eigenen Antrag gem. § 46 Abs. 3, greift § 51 BBG nicht ein.[8] 10

Das Dienstverhältnis des Soldaten „gilt" mit der Wiederaufnahmeentscheidung „als nicht unterbrochen". Die Rechtsfolgen des § 51 BBG treten daher **per se** ein; eines Antrags des Soldaten und/oder eines neuen den Status wiederherstellenden VA (Ernennung) bedarf es daher nicht.[9] 11

§ 51 Abs. 1 Satz 1 BBG garantiert **keine vollständige Rehabilitierung** des Soldaten. So kann aus § 51 BBG insbes. nicht entnommen werden, dass zwischen den beiden gerichtl. Entsch. ansonsten stattgefundene Beförderungen oder andere den Status des Soldaten berührende VA als erfolgt zu fingieren seien.[10] Dies gilt selbst dann, wenn zwischen den beiden gerichtl. Entsch. Jahre gelegen haben. Da rückwirkende Beförderungen unzulässig sind, und Schadensersatzansprüche gegen die Richter des ersten Urt. praktisch ausscheiden, ist insoweit ein weitergehenderer Anspruch des Soldaten nicht realisierbar. In Frage kommt ggf. ein **Entschädigungsanspruch** gem. §§ 1, 7 des Gesetzes über 12

---

7 *Scherer/Alff*, SG, § 5 Rn. 5. Vgl. im Übrigen die Komm. zu § 5.
8 GKÖD I Yk, § 52 Rn. 2; *Plog/Wiedow/Lemhöfer*, BBG, § 51 Rn. 3.
9 *Dau*, WDO, § 20 Rn. 19; GKÖD I Yk, § 52 Rn. 2; *Plog/Wiedow/Lemhöfer*, BBG, § 51 Rn. 6.
10 *Dau*, WDO, § 134 Rn. 2; *Plog/Wiedow/Lemhöfer*, BBG, § 51 Rn. 5.

die Entschädigung für Strafverfolgungsmaßnahmen (**StrEG**) vom **8.3.1971**.[11] Hierbei sind allerdings die §§ 5 und 6 StrEG (Ausschluss der Entschädigung, Versagung der Entschädigung) zu beachten.

3. § 51 Abs. 1 Satz 2 Halbsatz 1 BBG

13 Der Soldat, der noch dienstfähig ist und der die **allg. Altersgrenze**[12], d.h. zzt. das 61. Lebensjahr (§ 45 Abs. 1), noch nicht erreicht hat, hat Anspruch auf Wiederverwendung mit dem **zuletzt erreichten Dienstgrad**. Dies kann im Ergebnis dazu führen, dass der Soldat noch Jahre nach der für seinen Dienstgrad geltenden besonderen Altersgrenze Dienst leistet.

14 Ein Anspruch auf Übertragung der letzten innegehabten **Funktion** (z.B. DivKdr) oder/ und eine Verwendung am alten Standort besteht **nicht**.[13] Der Soldat kann unter den gleichen Voraussetzungen wie vor seiner ersten gerichtl. Verurteilung versetzt und einer anderen Verwendung zugeführt werden. Der damit ggf. verbundene soziale (Ansehens-)Verlust muss von ihm hingenommen werden und ist nicht durch eine gesetzl. Ausgleichsregelung kompensiert. Trotzdem wird die zuständige Personal bearbeitende Dienststelle gut beraten sein, in solchen Fällen **besonders sensibel** vorzugehen.

4. § 51 Abs. 1 Satz 2 Halbsatz 2 BBG

15 Der Soldat erhält bis zu seiner Wiederverwendung die **Dienstbezüge nachbezahlt**, die ihm nach seinem letzten Dienstgrad zugestanden hätten. Der Begriff „Dienstbezüge" umfasst die Dienstbezüge gem. § 1 Abs. 2 BBesG und die sonstigen Bezüge gem. § 1 Abs. 3 BBesG einschl. inzwischen erfolgter Besoldungserhöhungen. Nachzuzahlen sind ferner Beihilfen für Aufwendungen, die während der Zeit des Verlusts der Rechtsstellung als Soldat für die Familienangehörigen zustanden.[14] **Nicht** nachzuzahlen sind **Stellenzulagen**, z.B. die Ministerialzulage, da diese nur für die Zeit der tatsächlichen Wahrnehmung einer herausgehobenen Funktion zustehen (§ 42 Abs. 3 Satz 1 BBesG).[15] Ein **Zinsanspruch** besteht mangels entspr. gesetzl. Regelung **nicht**. Auch insoweit könnte eine Entschädigung auf Grund des StrEG in Betracht kommen.

16 Aus der Fiktion des nicht unterbrochenen Dienstverhältnisses und der daraus abgeleiteten Nachzahlung der Dienstbezüge kann nicht gefolgert werden, dass der Soldat auch für die Zeit der Unterbrechung seines Dienstverhältnisses an die soldatischen Pflichten gebunden war. Eine solche **nachträgliche Pflichtenbindung** würde bereits aus faktischen Gründen nicht herbeizuführen sein. So ist nicht vorstellbar, wie eine über einen längeren Zeitraum nicht erbrachte Dienstleistung nachträglich zu erfüllen wäre. Eine disziplinare Maßregelung eines fingierten Pflichtenverstoßes scheidet daher aus.[16]

5. § 51 Abs. 2 BBG

17 Wird der Soldat im Wiederaufnahmeverfahren nicht freigesprochen oder wurde er nach der ersten strafgerichtl. Verurteilung **erneut verurteilt** ohne die Rechtsfolge des § 48, bleibt Raum für ein **Anschlussdisziplinarverfahren** mit dem Ziel der Entfernung aus dem Dienstverhältnis. Mit der Einleitung eines solchen Verfahrens bis zu dessen rechts-

---

11 BGBl. I S. 157.
12 GKÖD I Yk, § 52 Rn. 2; *Scherer/Alff*, SG, § 52 Rn. 2.
13 Vgl. *Plog/Wiedow/Lemhöfer*, BBG, § 51 Rn. 6.
14 GKÖD I Yk, § 52 Rn. 3; *Plog/Wiedow/Lemhöfer*, BBG, § 51 Rn. 7.
15 *Plog/Wiedow/Lemhöfer*, BBG, § 51 Rn. 7. Die Rechtslage gleicht insoweit der nach § 22. Vgl. die Komm. zu § 22 Rn. 13.
16 BVerwG DVBl. 1997, 1005; *Plog/Wiedow/Lemhöfer*, BBG, § 51 Rn. 9; *Scherer/Alff*, SG, § 52 Rn. 4. A.A. GKÖD I Yk, § 52 Rn. 5.

kräftigem Abschluss können Ansprüche aus § 51 Abs. 1 BBG nicht geltend gemacht werden; es tritt eine gesetzl. Anspruchshemmung ein. In der **Einleitungsverfügung** ist das Ziel der Entfernung aus dem Dienstverhältnis **nicht** ausdrücklich anzugeben.[17] Dieses Ziel muss sich aber aus dem sonstigen Akteninhalt zweifelsfrei ergeben. Ist dies nicht der Fall, läuft § 51 Abs. 2 BBG in's Leere.

6. § 51 Abs. 4 BBG

Abs. 4 ist nur auf **(aktive) Soldaten** anwendbar, nicht auch auf Versorgungsempfänger. Dies folgt schon daraus, dass Soldaten im Ruhestand keine „Dienstbezüge" i.S.d. Abs. 4 erhalten.[18]

Für die Anrechnung eines anderen Einkommens ist neben § 51 Abs. 4 BBG auf **§ 9a Abs. 1 Satz 1 BBesG** zurückzugreifen. Dies bedeutet, dass die Anrechnung **im Ermessen** des Dienstherrn steht.[19] Zu verrechnen sind die jew. **Bruttobeträge**.[20]

Anzurechnen ist auch ein **Unterhaltsbeitrag**. Ein solcher kann nur auf Grund von § 5 Abs. 1 **im Gnadenwege** gewährt worden sein[21], nicht gem. § 63 Abs. 2, § 65 Abs. 2 WDO. Voraussetzung für die Anwendung der genannten Regelungen der WDO ist eine disziplinargerichtl. Verurteilung. Auf eine solche nimmt § 52 nicht Bezug. Der Verlust der Rechtsstellung eines BS gem. § 48 beruht nicht einer Entsch. nach der WDO.[22]

Der Soldat ist verpflichtet, über das anrechnungsfähige Einkommen **Auskunft** zu erteilen.

7. Rechtsschutz

Entscheidungen im Rahmen von § 52 sind mit der Beschwerde und der Klage vor dem **VG** anfechtbar.

§ 53 Verurteilung nach Beendigung des Dienstverhältnisses

(1) [1]**Ein Berufssoldat im Ruhestand oder ein früherer Berufssoldat,**
1. **gegen den wegen einer Tat, die er vor der Beendigung seines Dienstverhältnisses begangen hat, eine Entscheidung ergangen ist, die nach § 48 zum Verlust seiner Rechtsstellung als Berufssoldat geführt hätte,**
oder
2. **der wegen einer nach Beendigung seines Dienstverhältnisses begangenen Tat durch ein deutsches Gericht im Geltungsbereich des Grundgesetzes**
    a) wegen einer vorsätzlichen Tat zu Freiheitsstrafe von mindestens zwei Jahren oder
    b) wegen einer vorsätzlichen Tat, die nach den Vorschriften über Friedensverrat, Hochverrat, Gefährdung des demokratischen Rechtsstaates oder Landesverrat und Gefährdung der äußeren Sicherheit strafbar ist, zur Freiheitsstrafe von mindestens sechs Monaten
verurteilt worden ist,

---

17 *Dau*, WDO, § 93 Rn. 7; *Plog/Wiedow/Lemhöfer*, BBG, § 51 Rn. 15. A.A. GKÖD I Yk, § 52 Rn. 4.
18 Zu weiteren Erwägungen vgl. *Plog/Wiedow/Lemhöfer*, BBG, § 51 Rn. 10.
19 BVerwGE 104, 230; *Plog/Wiedow/Lemhöfer*, BBG, § 51 Rn. 10.
20 BVerwGE 45, 152.
21 *Plog/Wiedow/Lemhöfer*, BBG, § 51 Rn. 11.
22 *Dau*, WDO, § 63 Rn. 9.

verliert seinen Dienstgrad und seine Ansprüche auf Versorgung mit Ausnahme der Beschädigtenversorgung. ²Entsprechendes gilt, wenn ein Berufssoldat im Ruhestand oder ein früherer Berufssoldat auf Grund einer Entscheidung des Bundesverfassungsgerichts gemäß Artikel 18 des Grundgesetzes ein Grundrecht verwirkt hat. ³§ 52 gilt entsprechend.

(2) § 30 Abs. 2 des Wehrpflichtgesetzes findet keine Anwendung.

§ 30 Abs. 2 WPflG

Ein Wehrpflichtiger verliert seinen Dienstgrad, wenn gegen ihn durch ein deutsches Gericht erkannt wird

1. auf die in § 38 Abs. 1 des Soldatengesetzes bezeichneten Strafen, Maßregeln oder Nebenfolgen oder
2. wegen vorsätzlich begangener Tat auf Freiheitsstrafe von mindestens einem Jahr.

Literatur: *Bachmann, Hans Georg:* Das Zweite Gesetz zur Neuordnung des Wehrdisziplinarrechts und zur Änderung anderer Vorschriften, NZWehrr 2001, 177; *Lingens, Eric:* Statusrecht und Disziplinarrecht, NZWehrr 1996, 233.

Übersicht

	Rn.		Rn.
A. Allgemeines	1 – 14	2. Absatz 1 Satz 1 Nr. 1	16 – 18
1. Entstehung der Vorschrift	1 – 4	3. Absatz 1 Satz 1 Nr. 2	19
2. Änderungen der Vorschrift	5 – 8	4. Absatz 1 Satz 2	20
3. Bezüge zum Beamtenrecht bzw. zu sonstigen rechtl. Vorschriften	9 – 14	5. Verlust des Dienstgrades und der Versorgungsansprüche	21 – 22
B. Erläuterungen im Einzelnen	15 – 24	6. Absatz 1 Satz 3	23
1. Zweck der Vorschrift	15	7. Absatz 2	24

A. Allgemeines

1. Entstehung der Vorschrift

1 § 48 des REntw.¹ lautete:

„(1) Ein früherer Berufssoldat,

1. gegen den wegen einer vor der Beendigung seines Dienstverhältnisses begangenen Tat eine Entscheidung ergangen ist, die nach § 43 zum Verlust seines Rechtsstellung als Berufssoldat geführt hätte, oder
2. der wegen einer nach Beendigung seines Dienstverhältnisses begangenen Tat durch ein deutsches Gericht im Geltungsbereich dieses Gesetzes oder im Lande Berlin
   a) zu Zuchthaus oder
   b) zu Gefängnis mit Verlust der bürgerlichen Ehrenrechte auf die Dauer von mindestens drei Jahren oder
   c) wegen einer hochverräterischen, staatsgefährdenden oder vorsätzlichen landesverräterischen Handlung zu Gefängnis
   verurteilt worden ist,

verliert seinen Dienstgrad und seine Ansprüche auf Versorgung mit Ausnahme der Beschädigtenversorgung.

(2) Ein früherer Berufssoldat, gegen den, abgesehen von den Fällen des Absatzes 1 Nummer 2,

---

1 BT-Drs. II/1700, 12.

Verurteilung nach Beendigung des Dienstverhältnisses	§ 53

1. auf Verlust der bürgerlichen Ehrenrechte oder
2. auf Unfähigkeit zum Bekleiden öffentlicher Ämter oder
3. wegen vorsätzlich begangener Tat auf Gefängnis von einem Jahr oder längerer Dauer erkannt wird,

verliert seinen Dienstgrad.
(3) § 47 gilt entsprechend."

In der **Begr.**[2] wird mehrfach auf den seinerzeitigen § 162 BBG, den heutigen § 59 BeamtVG, Bezug genommen. Das SG sollte insoweit, wie auch in anderen Fällen, dem Beamtenrecht nachgebildet werden. 2

In den **Ausschussberatungen** war § 48 des REntw. im Wesentlichen unbestr. Im **Rechtsausschuss** wurde die Frage aufgeworfen, welche Bedeutung Abs. 2 zukomme, der im Beamtenrecht keine Entsprechung finde. Der Vertreter des BMVg erklärte dies damit, dass der ehem. BS andernfalls befugt sei, bei einer erneuten Verwendung den früheren Dienstgrad zu führen.[3] Der **Ausschuss für Beamtenrecht**[4] schlug vor, an Stelle der Wörter „ein früherer Berufssoldat" die Wörter „ein Berufssoldat im Ruhestand oder ein früherer Berufssoldat" zu verwenden. 3

Der VertA[5] griff die Empfehlung des Ausschusses für Beamtenrecht auf, änderte Abs. 1 Nr. 1 sprachlich, ersetzte in Abs. 1 Nr. 2 die Wörter „im Geltungsbereich dieses Gesetzes oder im Lande Berlin" durch die Wörter „im Geltungsbereich des Grundgesetzes" und änderte Abs. 2 Nr. 3 sprachlich. Dieser Fassung stimmte das **Plenum** zu. In seiner Begr.[6] verwies der VertA nochmals auf die entspr. Regelung des seinerzeitigen § 162 Abs. 1 BBG und die Besonderheiten für Soldaten in § 48 (jetzt: § 53) Abs. 2. 4

2. Änderungen der Vorschrift

Art. 6 Nr. 6a des G vom **25.6.1968**[7] brachte Abs. 1 Nr. 2c a.F. in die noch heute geltende Fassung (Übernahme der neuen Straftatbestände der §§ 80 ff. StGB). 5

Art. 61 Nr. 3 des G vom **25.6.1969**[8] passte Abs. 1 Nr. 2a und 2b sowie Abs. 2 Nr. 1 und Nr. 2 a.F. an die neuen strafrechtl. Begriffe („Freiheitsstrafe" an Stelle von „Zuchthaus" und „Gefängnis"; „Verlust der Fähigkeit zur Bekleidung öffentlicher Ämter" statt „Verlust der bürgerlichen Ehrenrechte") an. 6

§ 98 Abs. 1 Nr. 6 des G vom **24.8.1976**[9] fügte den jetzigen Abs. 1 Satz 2 ein.[10] 7

Art. 4 des G vom **16.8.2001**[11] fügte den bisherigen Abs. 3 als Satz 3 an Abs. 1 an und ersetzte Abs. 2 durch die jetzt geltende Fassung. Begründet[12] wurde diese Änd. mit der **Rspr. der WDS**.[13] Diese habe § 53 Abs. 2 a.F. als **Verfahrenshindernis** für die Durchführung eines sachgleichen Disziplinarverfahrens angesehen, weil der Gesetzgeber mit die- 8

---

2 BT-Drs. II/1700, 33 f.
3 Prot. der 93. Sitzung v. 12.12.1955, Prot. Nr. 93, 22.
4 Prot. der 44. Sitzung v. 12.1.1956, Prot. Nr. 44, 3; Ausschussdrs. 23 v. 20.1.1956, 54.
5 BT-Drs. II/2140, 53 f.
6 BT-Drs. II/2140, 13.
7 BGBl. I S. 741.
8 BGBl. I S. 645.
9 BGBl. I S. 2485.
10 Zum rechtspol. Kontext vgl. die Komm. zu § 48 Rn. 4.
11 BGBl. I S. 2093.
12 BT-Drs. 14/4660, 39. Vgl. auch BT-Drs. 14/6029; Bachmann, NZWehrr 2001, 193. Vgl. im Übrigen die Komm. zu § 57.
13 BVerwGE 103, 237 = NZWehrr 1995, 255; BVerwGE 118, 262 = NZWehrr 2004, 36 (zur früheren Rechtslage).

ser Vorschrift die dienstrechtl. Folgen einer strafgerichtl. geahndeten Tat abschließend geregelt habe. Die Gesetzesänd. ermögliche eine disziplinar flexiblere Handhabung strafrechtl. Sanktionen gem. § 23 Abs. 2. Dabei werde in Kauf genommen, dass eine von § 53 Abs. 1 nicht erfasste strafgerichtl. Verurteilung mangels eines unwürdigen Verhaltens dann ohne statusrechtl. Folgen bleibe, wenn der frühere Soldat für eine Wiederverwendung insbes. aus Altersgründen nicht mehr in Betracht komme.

Richtig ist, dass gem. § 53 Abs. 2 Nr. 2 a.f. bei einer Verurteilung wegen einer Vorsatztat zu einer Freiheitsstrafe von mindestens einem Jahr, aber weniger als zwei Jahren (§ 53 Abs. 1 Satz 1 Nr. 2 a.f.), nur der Verlust des Dienstgrades, nicht jedoch zugleich des Ruhegehalts, eintrat.[14] Diese Fallkonstellation, auch wenn sie in der Praxis selten gewesen sein dürfte[15], hat der Gesetzgeber mit der Änd. von 2001 nunmehr ausgeschlossen. Zugleich unterstreicht diese Gesetzesänd. jedoch, dass es **rechtspolitisch und systematisch zweifelhaft** ist, versorgungsrechtl. Best. der Soldaten außerhalb des SVG weiterhin z.T. im SG zu platzieren.

3. Bezüge zum Beamtenrecht bzw. zu sonstigen rechtl. Vorschriften

9 § 53 gilt für **ehem. BS**; gem. § 57 Abs. 1 findet er entspr. Anwendung auf **ehem. SaZ**.

10 **WPfl** verlieren ihren Dienstgrad unter den Voraussetzungen von § 30 Abs. 2 WPflG. Da sie keine Versorgungsbezüge außer einer evtl. Beschädigtenversorgung erhalten, bedurfte es einer dem § 53 Abs. 1 entspr. Regelung für sie und **ZDL**[16] nicht.

11 Für **Ruhestandsbeamte** ist § 59 Abs. 1 BeamtVG einschlägig.

12 Lediglich deklaratorische Bedeutung hat § **56 Satz 1 SVG**. Danach verliert ein ehem. Soldat das Recht auf Berufsförderung und Dienstzeitversorgung in den Fällen der § 53 Abs. 1 und § 57 Abs. 1. Diese Rechtsfolge ergibt sich bereits aus § 53 Abs. 1 Satz 1.

13 Ein Anspruch auf **Unterhaltsleistung** bei Mithilfe zur Aufdeckung von Straftaten gem. § 110 Abs. 1 Satz 1 WDO erlischt u.a. in den Fällen, die bei einem BS im Ruhestand das Erlöschen der Versorgungsbezüge nach § 53 zur Folge hätte.

14 Zur **Auslegung** von § 53 kann ergänzend auf die z.T. text- und inhaltsgleichen Formulierungen in § 63 Abs. 1 Satz 2 und § 66 Abs. 1 Satz 1 WDO zurückgegriffen werden.

B. Erläuterungen im Einzelnen

1. Zweck der Vorschrift

15 Mit § 53 soll verhindert werden, dass der Zeitpunkt des Begehens einer Straftat oder die Beendigung des Dienstverhältnisses Einfluss auf die Führung des Dienstgrades und die versorgungsrechtl. Stellung eines ehem. BS haben könnten, sofern in gleich gelagerten Fällen aktiver Soldaten die entspr. schwerwiegenden Rechtsfolgen eintreten würden.[17]

2. Absatz 1 Satz 1 Nr. 1

16 Abs. 1 Satz 1 Nr. 1 entspricht der für aktive BS gem. § **48** geltenden Regelung. Insoweit kann auf die Komm. zu § 48 verwiesen werden.

---

14 Zur Kritik hieran vgl. *Lingens*, NZWehrr 1996, 233 (dagegen *Stauf* I, § 53 SG Rn. 3).
15 GKÖD I Yk, § 53 Rn. 9. Die zit. Gesetzesänd. wurde nach jahrelanger Diskussion eines Einzelfalles (BVerwGE 103, 237 = NZWehrr 1995, 255) verfügt. Ob sich eine solche Fallkonstellation wiederholen wird, bleibt abzuwarten.
16 Da ZDL keinen Dienstgrad o. eine Amtsbezeichnung führen, ist eine dem § 30 Abs. 2 WPflG entspr. Regelung im ZDG entbehrlich.
17 Vgl. *Rittau*, SG, 232.

Die fragliche Tat muss vor der Beendigung des Dienstverhältnisses begangen worden sein. Dies schließt die Einbeziehung von **Taten vor der Begründung des Dienstverhältnisses** als Soldat schon aus praktisch/zeitlichen Erwägungen aus.[18] 17

„**Frühere BS**" sind nur diejenigen, die nach § 46 Abs. 2 Nr. 5 und 6 sowie Abs. 3 und 7 entlassen worden sind (arg. § 49 Abs. 2).[19] 18

3. Absatz 1 Satz 1 Nr. 2

Auch insoweit kann auf die Komm. zu **§ 48** (und **§ 38**) verwiesen werden. 19

Abs. 1 Satz 1 Nr. 2a ist auch dann gegeben, wenn eine Verurteilung zu einer **Gesamtfreiheitsstrafe** von mindestens zwei Jahren auf Grund von Straftaten erfolgt ist, die der ehem. BS **teils vor, teils nach** Beendigung des Dienstverhältnisses begangen hat.[20]

4. Absatz 1 Satz 2

Abs. 1 Satz entspricht **§ 48 Satz 2**. 20

5. Verlust des Dienstgrades und der Versorgungsansprüche

Mit **Rechtskraft** der zu Grunde liegenden Entscheidung verliert der ehem. BS seinen **Dienstgrad** kraft Gesetzes. Eines entspr. **VA** bedarf es dazu **nicht**. Der ehem. BS darf seinen früheren Dienstgrad auch nicht mit dem Zusatz „außer Dienst (a.D.)" (§ 44 Abs. 7) führen. Ähnlich wie in den Fällen des § 49 Abs. 5 Satz 2 darf er sich nur noch als „**früherer** Berufssoldat" oder als „Berufssoldat **im Ruhestand**" bezeichnen.[21] 21

Der **Verlust der Versorgungsansprüche** bedeutet den Verlust des Anspruchs auf Ruhegehalt, der jährlichen Sonderzuwendung, des Ausgleichs nach § 38 SVG und der Hinterbliebenenversorgung nach §§ 45 ff. SVG. Erhalten bleibt lediglich die Beschädigtenversorgung nach §§ 80 ff. SVG. Der ehem. BS wird in der gesetzl. Rentenversicherung nachversichert. 22

6. Absatz 1 Satz 3

Der Dienstgrad und die Versorgungsbezüge leben rückwirkend wieder auf, wenn die Voraussetzungen von **§ 52** vorliegen. 23

7. Absatz 2

Unterliegt der ehem. BS noch der **Wehrpflicht**, verliert er nicht automatisch seinen Dienstgrad. Hierzu müsste ein **gerichtl. Disziplinarverfahren** mit dem Ziel der Dienstgradherabsetzung durchgeführt werden.[22] 24

---

18 A.A. GKÖD I Yk, § 53 Rn. 3; *Scherer/Alff*, SG, § 53 Rn. 2.
19 GKÖD I Yk, § 53 Rn. 4; *Scherer/Alff*, SG, § 53 Rn. 4.
20 BVerwGE 83, 379 = NZWehrr 1988, 165; *Scherer/Alff*, SG, § 53 Rn. 6.
21 BVerwGE 103, 237 = NZWehrr 1995, 255; *Dau*, WDO, § 63 Rn. 5.
22 *Scherer/Alff*, SG, § 53 Rn. 9.

b) Beendigung des Dienstverhältnisses eines Soldaten auf Zeit

§ 54 Beendigungsgründe

(1) ¹Das Dienstverhältnis eines Soldaten auf Zeit endet mit dem Ablauf der Zeit, für die er in das Dienstverhältnis berufen ist. ²Das Dienstverhältnis endet auch mit Ablauf des Monats, in dem das Erlöschen des Rechts aus dem Eingliederungsschein (§ 9 Abs. 3 Satz 2 Nr. 1 bis 3 des Soldatenversorgungsgesetzes) unanfechtbar festgestellt worden ist.

(2) Das Dienstverhältnis endet ferner durch

1. Entlassung,
2. Verlust der Rechtsstellung eines Soldaten auf Zeit entsprechend dem § 48,
3. Entfernung aus dem Dienstverhältnis eines Soldaten auf Zeit.

(3) Wenn zwingende Gründe der Verteidigung es erfordern, kann die für das Dienstverhältnis festgesetzte Zeit

1. allgemein durch Rechtsverordnung oder
2. in Einzelfällen durch das Bundesministerium der Verteidigung

um einen Zeitraum von bis zu drei Monaten verlängert werden.

(4) Ein Soldat auf Zeit, dessen Rechte und Pflichten auf Grund der §§ 5, 6, 8 und 36 des Abgeordnetengesetzes oder entsprechender Rechtsvorschriften ruhen, kann auf seinen Antrag zu Dienstleistungen nach § 60 bis zu drei Monaten Dauer herangezogen werden.

Literatur: Spezielle Veröffentlichungen zu § 54 sind nicht vorhanden.

Übersicht

	Rn.		Rn.
A. Allgemeines	1 – 3	1. Absatz 1	4 – 6
1. Zweck der Vorschrift	1	2. Absatz 2 Nr. 1	7
2. Entstehung und Änderungen der Vorschrift	2 – 3	3. Absatz 2 Nr. 2	8
		4. Absatz 2 Nr. 3	9
B. Erläuterungen im Einzelnen	4 – 11	5. Absatz 3	10
		6. Absatz 4	11

A. Allgemeines

1. Zweck der Vorschrift

1 § 54 ist in erster Linie die **Parallelbest.** für SaZ zu § 43 und zählt abschließend die Gründe auf, unter denen ein Dienstverhältnis als SaZ endet. In Unterschied zu § 43 handelt es sich bei § 54 nicht um eine bloße Aufzählungsnorm, die nur auf andere Vorschriften Bezug nimmt. Vielmehr weist § 54 einen **eigenständigen Regelungsgehalt** auf. So ist die Beendigung des Dienstverhältnisses eines SaZ wegen Zeitablaufs ausschließlich in Abs. 1 geregelt. Die Verlängerung des Dienstverhältnisses aus zwingenden Gründen der Verteidigung in Abs. 3 stellt ebenfalls eine eigenständige Rechtsgrundlage dar.

2. Entstehung und Änderungen der Vorschrift

2 § 54 geht zurück auf § 49 des **REntw.**[1], der weitgehend inhaltsgleich war und ausdrücklich an § 38 des REntw. (des späteren § 43) anknüpfte. Im parlamentarischen Verfahren

---

1 BT-Drs. II/1700, 13.

war die Best. unumstr.; der **VertA** nahm lediglich einige redaktionelle Anpassungen vor.[2]

Die seit der Erstfassung erfolgten **Änd.** weisen in erster Linie redaktionellen Charakter auf. Durch Art. 2 Nr. 2 des G vom **25.8.1969**[3] wurde Abs. 1 um Satz 2 ergänzt. Hierbei handelte es sich um eine Folgeänd. zu § 40 Abs. 3 im Zusammenhang mit der Einführung des Eingliederungsscheins. Die Zeitdauer der Berufung eines SaZ, der Inhaber eines Eingliederungsscheins ist, verlängert sich nach § 40 Abs. 3 bis zur Ernennung zum Beamten oder um eineinhalb Jahre. Für diese Verlängerung besteht kein Anlass mehr, wenn das Recht aus dem Eingliederungsschein erloschen ist. 3

Durch Art. 1 des G vom **22.5.1980**[4] wurde Abs. 4 eingefügt, wonach Abg. zu Wehrübungen (heute zu Dienstleistungen nach § 60) herangezogen werden können. Ziel war, Abg., deren Rechte und Pflichten aus dem Soldatenverhältnis ruhen, die Möglichkeit zu geben, in gleicher Weise an Übungen teilnehmen zu können wie Abg., die Angehörige d.R. sind.[5] Durch Art. 2 Nr. 19 des **SkResNOG** wurde Abs. 4 insoweit angepasst, als nun auf Dienstleistungen i.S.d. § 60 abgestellt wird.

Wie bei § 43 wurde durch Art. 1 Nr. 15 des G vom **6.12.1990**[6] der Tod als ausdrücklich geregelter Grund für die Beendigung des Dienstverhältnisses in Abs. 1 gestrichen, da dies eine Selbstverständlichkeit ist. Durch das **SkResNOG** wurde schließlich der bisherige Abs. 5, der auf Dienstleistungspflichten nicht wpfl früherer SaZ Bezug nahm, gestrichen.

B. Erläuterungen im Einzelnen

1. Absatz 1

Der **Ablauf der Dienstzeit** ist der klassische Grund für die Beendigung des Dienstverhältnisses eines SaZ. Die Formulierung in Abs. 1 „Ablauf der Zeit, für die er (…) berufen ist", ist **ungenau** und missverständlich. Entscheidend ist der Ablauf der festgesetzten Dienstzeit. Die Berufung (Ernennung i.S.v. § 4 Abs. 1 Nr. 1) erfolgt ausschließlich in das Dienstverhältnis als SaZ, ohne eine bestimmte Zeitdauer festzulegen. Letztere wird vielmehr durch gesonderten VA, der keine Berufung/Ernennung darstellt, festgelegt (Dienstzeitfestsetzung).[7] 4

Für die Berechnung der Dienstzeit ist § 40 Abs. 6 zu beachten, d.h. Vordienstzeiten, die der SaZ in einem anderen (soldatischen) Statusverhältnis geleistet hat, sind zu berücksichtigen. Für die **Berechnung im Einzelnen** ist der Erl. des BMVg „Berechnung der Dienstzeit von Soldaten auf Zeit"[8] einschlägig. In der Praxis erhält der SaZ mit der Festsetzung seiner Dienstzeit eine **Mitteilung**, mit welchem Datum die Dienstzeit endet.[9] Ist dieser Tag abgelaufen, ist die Dienstzeit kraft Gesetzes beendet, ohne dass es eines VA bedarf. Ist die Dienstzeit für einen Bewerber für die Laufbahn der Offz bis zum Abschluss des vorgesehenen Ausbildungsganges festgesetzt (§ 40 Abs. 1 Nr. 2), endet dessen Dienstzeit mit der Beförderung zum Lt oder dem endgültigen Nichtbestehen der Wiederholungsprüfung (§ 24 Abs. 3 SLV). Die Personal bearbeitenden Stellen sind verpflichtet, den SaZ auf das bevorstehende Ende der Dienstzeit **hinzu-** 5

---

2 BT-Drs. II/2140, 54.
3 BGBl. I 1347.
4 BGBl. I 581.
5 BT-Drs. 8/3360, 7.
6 BGBl. I 2588.
7 Zum Ganzen s. Komm. zu § 40 Rn. 9 f.
8 ZDv 14/5 B 127a.
9 Vgl. das Muster in ZDv 14/5 B 127 Anl. 6.

weisen.[10] Unterbleibt dies, ändert sich grds. nichts am Ablauf der Dienstzeit und dem Ende des Dienstverhältnisses. Lediglich in den Fällen, in denen eine Bewährungszeit für sechs Monate festgesetzt worden ist, soll diese Dienstzeit als verlängert angesehen werden, sofern der SaZ keine Mitteilung erhalten hat, dass die Verlängerung seiner Dienstzeit aus Gründen mangelnder Eignung, Befähigung oder Leistung abgelehnt werde.[11] Rechtsdogmatisch handelt es sich hierbei um eine interessante Konstruktion, den **fiktiven Erl.** eines VA (**Dienstzeitverlängerung**) durch Dienstvorschrift, die zumindest Zweifel an der Vereinbarkeit mit der gesetzl. Regelung aufwirft. Wird die Dienstzeitverlängerung erst nach Ablauf der Bewährungszeit bekannt gegeben, soll sie nach der Rspr. auf den Ablauf der Bewährungszeit zurückwirken mit der Folge, dass das Dienstverhältnis über den Ablauf der Bewährungszeit hinaus nicht nur faktisch, sondern auch rechtl. Bestand gehabt hat.[12]

6 Wurde die Dienstzeit eines SaZ gem. § 40 Abs. 3 infolge der Erteilung eines **Eingliederungsscheins** verlängert, endet das Dienstverhältnis entweder mit der Ernennung zum Beamten (§ 40 Abs. 3 i.V.m. § 125 Abs. 1 BRRG)[13], nach Ablauf von eineinhalb Jahren (§ 40 Abs. 3) oder wenn unanfechtbar feststeht, dass das Recht aus dem Eingliederungsschein erloschen ist. Für den letzteren Fall kommt es auf die förmliche Feststellung i.S.d. § 9 Abs. 3 Satz 2 SVG unter den dort aufgeführten Voraussetzungen an.[14] Der bloße Verzicht auf das Recht aus dem Eingliederungsschein reicht nicht aus, wird aber i.d.R. Anlass sein, die Feststellung gem. § 9 Abs. 3 Satz 2 SVG zu treffen.[15]

2. Absatz 2 Nr. 1

7 Wie § 43 Abs. 2 Nr. 2 verweist Abs. 2 Nr. 1 auf die **Entlassung** als Grund für die Beendigung des Dienstverhältnisses. Dabei werden sämtliche Entlassungsgründe, Entlassungen kraft Gesetzes (§ 55 Abs. 1 i.V.m. § 46 Abs. 1; § 125 Abs. 1 Satz 2 BRRG[16]) oder durch VA (sonstige Fälle des § 55) erfasst. Die Voraussetzungen der Entlassung und ihre Rechtsfolgen sind in den jew. Sonderbest. geregelt.

3. Absatz 2 Nr. 2

8 Abs. 2 Nr. 2 enthält eine eigenständige Regelung und nicht nur eine Verweisung, indem er die Best. über den **Verlust der Rechtsstellung** eines BS (§ 48) für SaZ anwendbar erklärt. Die Rechtsfolge des Verlustes der Rechtsstellung ist für SaZ in § 56 geregelt. Ein gerichtl. Disziplinarverfahren ist mit dem Wirksamwerden des Verlusts der Rechtsstellung einzustellen.[17]

4. Absatz 2 Nr. 3

9 Hiermit wird auf die **Entfernung des SaZ aus dem Dienst** durch ein gerichtl. Disziplinarverfahren und die Best. der WDO verwiesen.

5. Absatz 3

10 Nach Abs. 3 kann die für das Dienstverhältnis festgesetzte Zeit um einen Zeitraum von bis zu drei Monaten **verlängert** werden, wenn **zwingende Gründe der Verteidigung** dies erfordern.

---

10 ZDv 14/5 B 127 Nr. 6 Abs. 2.
11 ZDv 14/5 B 127 Nr. 5 Abs. 5 u. Abs. 8.
12 BVerwGE 35, 150.
13 Hierbei handelt es sich dann um einen Fall der Entlassung i.S.v. § 54 Abs. 2 Nr. 1.
14 BVerwG Buchholz 239.2 § 9 SVG Nr. 2.
15 *Scherer/Alff*, SG, § 54 Rn. 3.
16 S. hierzu die Komm. zu § 46 Rn. 21 ff. u. zu § 55 Rn. 8.
17 BVerwG NZWehr 1993, 211.

Die Entscheidung ergeht entweder generell (z.b. für alle SaZ nach Feststellung des Spannungs- oder V-Falles) durch RVO, für die die BReg zuständig ist (§ 93 Abs. 1 Nr. 7) oder in Einzelfällen durch Entscheidung des BMVg. Materielle Voraussetzung sind in beiden Fällen zwingende Gründe der Verteidigung. Damit wollte der Gesetzgeber zum Ausdruck bringen, dass es sich um eine **Ausnahmemaßnahme** handeln soll.[18] Vor diesem Hintergrund und auch angesichts des eindeutigen Wortlauts wird eine Verlängerung nur in Situationen in Betracht kommen, die einen unmittelbaren Bezug zum Verteidigungsauftrag der Bw aufweisen. Um andere Aufgaben der Bw (Amts- und Katastrophenhilfe, Auslandseinsätze ohne Verteidigungszweck) erfüllen zu können, ist eine Verlängerung nach Abs. 3 nicht zulässig. De lege ferenda sollte ggf. über eine Anpassung des Wortlauts an den veränderten Einsatzrahmen der Bw nachgedacht werden. Angesichts der in § 59 Abs. 2 i.V.m. § 60 verankerten Pflichten ehem. SaZ zur Dienstleistung dürfte der ohnehin eher theoretische Anwendungsbereich des Abs. 3 in seiner derzeitigen Fassung von zu vernachlässigender Bedeutung sein.

6. Absatz 4

Die Best. entspricht § 51 Abs. 6. Entspr. Rechtsvorschriften zu denen des AbgG sind § 8 Abs. 3 EuAbgG sowie § 25 Abs. 2 mit der Folge, dass die Regelung auch für Abg. des Europ. Parlaments und der gesetzgebenden Körperschaften der Länder gilt. Die Heranziehung kann nur auf **Antrag des Abg.** erfolgen. Daraus folgt, dass der Abg. die Dienstleistung **jederzeit beenden** kann, wenn sie sich mit seinen Aufgaben als Parlamentarier nicht mehr vereinbaren lässt. Es kommt auch eine kurzfristige **Freistellung oder Beurlaubung** von der Dienstleistung in Betracht, um ihm die Teilnahme an Sitzungen zu ermöglichen. Ergänzt wird die Regelung durch das Beförderungsverbot während der Dienstleistung gem. § 4 Abs. 4 Satz 3.

11

Die Vorschrift sollte bei nächster Gelegenheit in § 59 eingefügt werden.[19]

§ 55 Entlassung

(1) Für den Soldaten auf Zeit gilt § 46 Abs. 1 und Abs. 2 Nr. 1 bis 5 sowie Nr. 7 und 8 entsprechend.

(2) ¹**Ein Soldat auf Zeit ist zu entlassen, wenn er infolge eines körperlichen Gebrechens oder wegen Schwäche seiner körperlichen oder geistigen Kräfte zur Erfüllung seiner Dienstpflichten dauernd unfähig (dienstunfähig) ist.** ²**Als dauernd dienstunfähig kann er auch dann angesehen werden, wenn die Wiederherstellung seiner Dienstfähigkeit innerhalb eines Jahres seit Beginn der Dienstunfähigkeit nicht zu erwarten ist. § 44 Abs. 4 gilt entsprechend.**

(3) Ein Soldat auf Zeit ist auf seinen Antrag zu entlassen, wenn das Verbleiben im Dienst für ihn wegen persönlicher, insbesondere häuslicher, beruflicher oder wirtschaftlicher Gründe eine besondere Härte bedeuten würde.

(4) ¹**Ein Soldat auf Zeit kann in den ersten vier Jahren seiner Dienstzeit entlassen werden, wenn er die Anforderungen, die an ihn in seiner Laufbahn zu stellen sind, nicht mehr erfüllt.** ²**Ein Offizieranwärter, der sich nicht zum Offizier, ein Sanitätsoffizier-An-**

---

18 BT-Drs. II/1700, 34.
19 Vgl. die Komm. zu § 51 Fn. 15.

wärter, der sich nicht zum Sanitätsoffizier, ein Militärmusikoffizier-Anwärter, der sich nicht zum Militärmusikoffizier, ein Feldwebelanwärter, der sich nicht zum Feldwebel, ein Unteroffizieranwärter, der sich nicht zum Unteroffizier eignen wird, soll unbeschadet des Satzes 1 entlassen werden. ³Ist er zuvor in einer anderen Laufbahn verwendet worden, soll er nicht entlassen, sondern in diese zurückgeführt werden, soweit er noch einen dieser Laufbahn entsprechenden Dienstgrad führt.

(5) Ein Soldat auf Zeit kann während der ersten vier Dienstjahre fristlos entlassen werden, wenn er seine Dienstpflichten schuldhaft verletzt hat und sein Verbleiben in seinem Dienstverhältnis die militärische Ordnung oder das Ansehen der Bundeswehr ernstlich gefährden würde.

(6) ¹Für die Zuständigkeit, die Anhörungspflicht und die Fristen bei der Entlassung gilt § 47 Abs. 1 bis 3 entsprechend. ²Die Entlassungsverfügung muss dem Soldaten in den Fällen des Absatzes 2 wenigstens drei Monate und in den Fällen des Absatzes 4 wenigstens einen Monat vor dem Entlassungstag unter schriftlicher Angabe der Gründe, aber nicht in elektronischer Form zugestellt werden. ³Für Soldaten, die einen Eingliederungsschein (§ 9 Abs. 1 Satz 1 Nr. 2 des Soldatenversorgungsgesetzes) erhalten können und die Erteilung beantragt haben, beträgt die Frist in den Fällen des Absatzes 2 ein Jahr. ⁴In den Fällen des Absatzes 3 gilt § 46 Abs. 7 entsprechend.

Literatur: *Busch, Richard:* Zur Verwaltungsrechtsprechung zu § 55 Abs. 5 des Soldatengesetzes, NZWehrr 2004, 196; *Heintzen, Markus:* § 55 Abs. 5 des Soldatengesetzes und der Grundsatz der Verhältnismäßigkeit, NZWehrr 1985, 192; *Hermsdörfer, Willibald:* Rechtsvoraussetzungen und Rechtsfolge der Dienstunfähigkeit eines Berufssoldaten und eines Soldaten auf Zeit, NZWehrr 1995, 202; *Hohenstein, Ernst:* Disziplinarmaßnahme nach der Wehrdisziplinarordnung und fristlose Entlassung nach § 55 Abs. 5 Soldatengesetz wegen desselben Dienstvergehens, NZWehrr 1979, 161; *Lingens, Eric:* Statusrecht und Disziplinarrecht, NZWehrr 1996, 233, ders.: NZWehrr 1994, 116 (Urteilsanm.); *Neumann, Hartmut:* Zur Zulässigkeit einer einfachen Disziplinarmaßnahme neben der fristlosen Entlassung nach § 55 Abs. 5 SG, NZWehrr 1999, 96; *Poretschkin, Alexander:* Disziplinararrest und Entlassung nach § 55 Abs. 5 SG, NZWehrr 1996, 235; *Stauf, Wolfgang:* Fristlose Entlassung nach § 55 Abs. 5 SG und Zurückstellung nach § 12 Abs. 5 WPflG, NZWehrr 1992, 189.

Übersicht

	Rn.		Rn.
A. Allgemeines	1 – 6	5. Absatz 5	45 – 90
1. Zweck der Vorschrift	1	a) Allgemeines	45 – 48
2. Entstehung der Vorschrift	2	b) Dogmatische Einordnung –	
3. Bezüge zum Beamtenrecht,		Zweck der Bestimmung	49 – 58
ergänzende Vorschriften		c) Normstruktur	59 – 62
und Bestimmungen	3 – 6	d) Entlassung nur in den ersten	
B. Erläuterungen im Einzelnen	7 – 92	vier Dienstjahren	63 – 64
1. Absatz 1	7	e) Tatbestandsmerkmale im	
Exkurs: Entlassung kraft Gesetzes		Einzelnen	65 – 77
gem. § 125 BRRG	8	aa) Schuldhafte Dienstpflicht-	
2. Absatz 2	9 – 17	verletzung	66 – 67
3. Absatz 3	18 – 22	bb) Militärische Ordnung	
4. Absatz 4	23 – 44	und Ansehen der Bw	68 – 71
a) Allgemeines	23 – 25	cc) Ernstliche Gefährdung	
b) Satz 1	26 – 32	durch Verbleiben im Dienst	
c) Satz 2 und 3	33 – 44	– Verhältnis mäßigkeit	72 – 76
aa) Grundsätzliches	33 – 37	dd) Fallgruppen – Einzel-	
bb) Entlassung	38 – 41	beispiele	77
cc) Satz	42 – 44	f) Verhältnis zu sonstigen	
		Maßnahmen	78 – 86

aa) Andere Entlassungsgründe	78	g) Verfahrensfragen; Rechts-	
bb) Gerichtl. Disziplinar-		schutz	87 – 90
verfahren	79 – 82	6. Absatz 6	91 – 92
cc) Einfache Disziplinar-			
maßnahmen	83 – 86		

A. Allgemeines

1. Zweck der Vorschrift

§ 55 regelt die Entlassung der SaZ. Die Entlassung ist – wie bei BS – einer der Beendigungsgründe für das Dienstverhältnis; zu den übrigen Beendigungsgründen siehe § 54. Die Entlassungstatbestände in Abs. 1 und Abs. 2 sind quasi identisch mit Entlassungsgründen, die für BS gelten[1], während die Abs. 3 bis 5 Entlassungsvoraussetzungen aufstellen, die auf die Besonderheiten des Dienstverhältnisses eines SaZ bezogen sind. Verfahrensfragen regelt Abs. 6. Die Rechtsfolgen der Entlassung nach § 55 ergeben sich aus § 56. **1**

2. Entstehung der Vorschrift

§ 55 geht zurück auf § 50 des **REntw**.[2] Die Vorschrift war während des Gesetzgebungsverfahrens unumstr. und hat im Rahmen der Ausschussberatungen nur geringfügige redaktionelle Änd. erfahren. **2**
Die Grundkonzeption des § 55 ist seither unverändert geblieben; auf Änd. der Abs. wird bei der entspr. Komm. eingegangen.

3. Bezüge zum Beamtenrecht, ergänzende Vorschriften und Bestimmungen

Was die vergleichbaren beamtenrechtl. Vorschriften zu den in **Abs. 1** in Bezug genommenen Entlassungstatbeständen des § 46 Abs. 1 und 2 betrifft, kann auf die Komm. zu § 46 verwiesen werden.[3] **3**
Der Entlassung wegen Dienstunfähigkeit gem. **Abs. 2** entspricht im Beamtenrecht (sowie bei BS) die Versetzung in den Ruhestand gem. § 42 Abs. 1 BBG (bzw. § 44 Abs. 3 SG).
Beamtenrechtl. Parallelen zu **Abs. 3** gibt es nicht, da Beamte grds. nicht verpflichtet sind, für einen festgelegten Zeitraum Dienst zu leisten. Dagegen weisen die **Abs. 4 und 5**, die eine Entlassung wegen mangelnder Eignung oder wegen Dienstpflichtverletzung in den ersten vier Dienstjahren oder bei Anwärtern vorsehen, eine gewisse Vergleichbarkeit zu den Entlassungsmöglichkeiten von Beamten auf Probe gem. §§ 31, 32 BBG auf; bei Abs. 5 orientierte sich der Gesetzgeber ausdrücklich an diesen beamtenrechtl. Best.[4]
Außerhalb des SG enthält § 125 Abs. 1 Satz 2 BRRG einen weiteren Entlassungstatbestand. Danach ist ein SaZ kraft Gesetzes entlassen, wenn er zum Beamten ernannt wird. Ausnahmen hiervon regelt § 125 Abs. 2 BRRG. Hins. der administrativen Einzelheiten ist der Erl. des BMVg „Ernennung eines Soldaten auf Zeit zum Beamten auf Widerruf im Vorbereitungsdienst" zu beachten.[5] **4**

---

1 Im Falle der Dienstunfähigkeit eines BS erfolgt eine Entlassung jedoch nur in den Fällen des § 46 Abs. 2 Satz 1 Nr. 6, ansonsten wird er wegen Dienstunfähigkeit in den Ruhestand versetzt, vgl. § 44 Abs. 3 i.V.m. § 44 Abs. 5.
2 BT-Drs. II/1700, 13.
3 Dort Rn. 10.
4 BT-Drs. II/1700, 34.
5 ZDv 14/5 B 147.

5 Für die Zuständigkeit, die Anhörungspflicht und die Fristen bei der Entlassung verweist Abs. 6 auf § 47 Abs. 1 bis 3.

6 Eine **Entlassungsurkunde**, die im Gegensatz zur Ernennungsurkunde keinen konstitutiven Charakter hat[6], erhält der SaZ nur, wenn er nach einer Dienstzeit von mindestens acht Jahren wegen Ablaufs seiner Dienstzeit auf eigenen Antrag oder wegen Dienstunfähigkeit entlassen wird oder gem. § 125 BRRG als entlassen gilt oder wenn er wegen einer WDB entlassen wird.[7]

B. Erläuterungen im Einzelnen

1. Absatz 1

7 Abs. 1 ist seit der Erstfassung im Wesentlichen unverändert geblieben. Lediglich die Einführung des zwingenden Entlassungsgrundes der Anerkennung als KDV (§ 46 Abs. 2 Satz 1 Nr. 7)[8] und die Verlagerung der Entlassung wegen Wohnsitz- oder Aufenthaltsnahme im Ausland aus § 46 Abs. 1 in § 46 Abs. 2 Satz 1 Nr. 8[9] wurden in Abs. 1 nachvollzogen. Dass SaZ grds. aus den gleichen Gründen wie BS aus dem Dienstverhältnis zu entlassen sind, wurde vom Gesetzgeber damit begründet, dass insoweit trotz der Verschiedenheit der beiden Dienstverhältnisse keine Abweichung gerechtfertigt sei.[10] Hins. der Einzelheiten ist auf die Komm. zu § 46 zu verweisen.

Exkurs: Entlassung kraft Gesetzes gem. § 125 BRRG[11]**:**

8 Hins. der Entlassung von SaZ kraft Gesetzes gem. § 125 Abs. 1 Satz 2 BRRG kann auf die Komm. zu § 46 verwiesen werden.

Ausnahmen für SaZ von der Entlassung wegen der Ernennung zum Beamten stellt § 125 Abs. 2 Satz 1 BRRG auf. Wird ein SaZ zum Beamten auf Widerruf im Vorbereitungsdienst oder zum Zwecke der Ausbildung zum Polizeivollzugsbeamten oder zum Beamten des Einsatzdienstes der Berufsfeuerwehr ernannt, erfolgt keine Entlassung. Bis zum Ablauf der regulären Dienstzeit hat der Betroffene einen Doppelstatus als Soldat und Beamter inne. Vom mil. Dienst ist er freigestellt; die Tätigkeit als Beamter gilt als Ausbildung für das spätere zivile Berufsleben. Einzelheiten regelt der Erl. des BMVg „Ernennung von Soldaten auf Zeit zum Beamten auf Widerruf im Vorbereitungsdienst".[12]

Ein Bedürfnis für diese Ausnahme besteht nicht, wenn der SaZ Inhaber eines Eingliederungsscheines ist. Unter dieser Voraussetzung gilt er mit der Ernennung zum Beamten als entlassen, wobei die Entlassung nicht als Entlassung auf eigenen Antrag gilt (§ 125 Abs. 2 Satz 5, Abs. 1 Satz 3 BRRG).

2. Absatz 2

9 Ausgenommen von einer zu vernachlässigenden redaktionellen Änd. ist Abs. 2 seit der Erstfassung unverändert geblieben. Im Gegensatz zu BS werden SaZ bei Dienstunfä-

---

6 Vgl. die Komm. zu § 47 Rn. 6.
7 § 1 Abs. 2 Nr. 3, 5, 7 der DBest. zur „Anordnung des BPräs über die Ernennung und Entlassung der Soldaten" v. 9.6.1981 (ZDv 14/5 B 111).
8 Durch Art. 2 Nr. 3 des G v. 13.6.1986 (BGBl. I S. 873); die Anpassung von § 55 Abs. 1 erfolgte durch Art 2 Nr. 5 dieses G.
9 Durch Art. 4 Abs. 1 Nr. 3 des G v. 30.6.1989 (BGBl. I S. 1282); die Anpassung von § 55 Abs. 1 erfolgte durch Art. 4 Abs. 1 Nr. 5 dieses G.
10 BT-Drs. II/1700, 34.
11 Im Zuge der Reform des Beamtenrechts sollte der Gesetzgeber diese Best. in das SG übernehmen.
12 ZDv 15/5 B 147.

higkeit nicht in den Ruhestand versetzt, weil es für SaZ einen Ruhestand nicht gibt[13], sondern aus dem Dienstverhältnis entlassen. Was die inhaltlichen Voraussetzungen einer Entlassung wegen Dienstunfähigkeit betrifft, ist **Abs. 2 identisch** mit den Voraussetzungen, die **§ 44 Abs. 3** für die Versetzung von BS in den Ruhestand aufstellt. Nach allg. Ansicht ist der soldatenrechtl. Begriff der Dienstunfähigkeit **deckungsgleich** mit der Dienstunfähigkeit in **§ 42 Abs. 2 BBG** und den entspr. landesrechtl. Vorschriften.[14] Bei Abs. 2 kann daher nicht nur auf Rspr. und Lit. zu § 44 Abs. 3 SG, sondern auch zum Beamtenrecht zurückgegriffen werden. Ergänzend zu der gesetzl. Regelung sind␣u. Erl. des BMVg „Beendigung des Dienstverhältnis eines Soldaten wegen Dienstunfähigkeit"[15] und die „Richtlinien für die Personalbearbeitung von Soldaten, deren Verwendungsfähigkeit eingeschränkt ist, und für das Verfahren zur Beendigung des Dienstverhältnisses wegen Dienstunfähigkeit"[16] zu beachten. Speziell für die Entlassung von SaZ stellen die genannten Richtlinien besondere Fristen auf, die gewährleisten, dass ein SaZ nicht kurz vor dem Entstehen bestimmter versorgungsrechtl. Ansprüche aus dem Dienstverhältnis ausscheiden muss.[17]

Wie § 44 Abs. 3 enthält Abs. 2 zwei Tatbestandsalt.: Die **„dauernde Dienstunfähigkeit"** in Satz 1 und die sog. **„vermutete Dienstunfähigkeit"** in Satz 2. Im Falle der vermuteten Dienstunfähigkeit steht die Annahme einer Dienstunfähigkeit und damit die Entlassung im Ermessen der Personal bearbeitenden Dienststelle[18], während bei dauernder Dienstunfähigkeit nach Abs. 2 Satz 1 die Entlassung zwingend vorgeschrieben ist. Bedeutung hat dies z.b. für die **Anhörung der VP** vor der Entlassung. Die Anhörung soll gem. § 23 Abs. 1 Satz 1 Nr. 6 SBG nur vorgesehen werden, wenn das Gesetz bei der vorzeitigen Beendigung des Dienstverhältnisses einen Ermessensspielraum einräumt.[19] **10**

Ein Soldat ist zur **Erfüllung seiner Dienstpflichten unfähig**, wenn er den Anforderungen, die an ihn in seiner gegenwärtigen Dienststellung und in den wesentlichen Dienststellungen seines Dienstgrades gestellt werden, nicht ausreichend gerecht wird. Für OA wird auf die wesentlichen Dienststellungen des ersten Offizierdienstgrades abgestellt.[20] Dauernd ist die Dienstunfähigkeit, wenn mit der Wiederherstellung der Fähigkeit zur Erfüllung der Dienstpflichten auf absehbare Zeit nicht zu rechnen ist. Dabei kommt es nicht darauf an, dass die Dienstunfähigkeit bis zum Lebensende oder bis zum Ablauf der regulären Dienstzeit andauert[21], auch wenn bei SaZ die Möglichkeit einer erneuten Berufung in das Dienstverhältnis nach der Entlassung, wie sie bei BS gem. § 51 Abs. 4 möglich ist, nicht besteht.[22] Kann dagegen in absehbarer Zeit mit der Wiederherstellung der Fähigkeit zur Erfüllung der Dienstpflichten gerechnet werden („vorübergehende Dienstunfähigkeit"), ist gem. Abs. 2 Satz 2 eine Entlassung nur zulässig, wenn die Wiederherstellung nicht innerhalb eines Jahres zu erwarten ist. Hins. der in diesem Fall erforderlichen Ermessensentscheidung sind in Nr. 2 Abs. 2 des Erl. des BMVg „Beendi- **11**

---

13 *Rittau*, SG, 234.
14 BVerwG *Buchholz* 238.4 § 55 SG Nr. 7; *Scherer/Alff*, SG, § 44 Rn. 5.
15 ZDv 14/5 B 153.
16 ZDv 14/5 B 153a.
17 ZDv 14/5 B 153a Nr. 18 Abs. 2.
18 Nach Auffassung des BVerwG (*Buchholz* 238.4 § 55 SG Nr. 10) besteht auch in diesem Fall die unwiderlegliche gesetzl. Vermutung einer dauernden Dienstunfähigkeit, das G stelle es jedoch in das Ermessen des Dienstherrn, sich auf diese Vermutung zu berufen.
19 *Scherer/Alff*, SG, § 44 Rn. 17; VG Mainz NZWehrr 2001, 82.
20 Vgl. ZDv 14/5 B 153 Nr. 1.
21 GKÖD I K, § 42 Rn. 14.
22 Dies folgt im Umkehrschluss auch aus ZDv 14/5 B 153 Nr. 2 Abs. 2a.

gung des Dienstverhältnisses eines Soldaten wegen Dienstunfähigkeit"[23] Vorgaben festgelegt, an welche die Entlassungsdienststellen gebunden sind.

12 Aus dieser Definition folgt, dass der Begriff der Dienstunfähigkeit nicht allein an die **Person** anknüpft, sondern nur unter gleichzeitiger Heranziehung der einem Soldaten obliegenden **Dienstpflichten** bestimmt werden kann.[24] Dies hat Auswirkungen auf die **rechtsdogmatische Einordnung**. Nach der h.M. soll es sich bei der Dienstunfähigkeit um einen **unbest. Rechtsbegriff** handeln, der voller gerichtl. Überprüfbarkeit unterliegt und welcher der Entlassungsdienststelle keinerlei Beurteilungsspielraum gewährt.[25] Dies ist insoweit **nicht überzeugend**, als der Dienstherr anerkanntermaßen eine eigenständige Befugnis besitzt, die körperliche Eignung und die gesundheitlichen Voraussetzungen für eine bestimmte dienstl. Verwendung zu bestimmen. Konsequenterweise muss er in der Lage sein, generelle körperliche und gesundheitliche Anforderungen festzulegen, die von Soldaten in bestimmten Dienstgraden erfüllt werden müssen.[26] Die Gerichte haben solche Festlegungen des Dienstherrn im Rahmen der allg. Grenzen des Beurteilungsspielraums anzuerkennen. Der Dienstherr bestimmt, ab wann ein körperlicher Eignungsmangel die Dienstunfähigkeit auslöst. Bei der Entscheidung über die Dienstunfähigkeit kommt der Entlassungsdienststelle daher ein Beurteilungsspielraum zu.[27] Die Entscheidung, ob ein Soldat die vom Dienstherrn aufgestellten Anforderungen noch erfüllt, ist hingegen gerichtl. voll überprüfbar.[28]

13 Die Dienstunfähigkeit ist **unabhängig von der Eigenschaft als schwerbehinderter Mensch**. Soll ein schwerbehinderter Soldat wegen Dienstunfähigkeit entlassen werden, ist die Vertretung der schwerbehinderten Menschen anzuhören (vgl. § 95 Abs. 2 i.V.m. § 128 Abs. 3 SGB IX).[29] Einzelheiten regelt der Erl. des BMVg über die Fürsorge für schwerbehinderte Menschen im Geschäftsbereich des BMVg.[30]

14 Ist bei einem SaZ dauernde Dienstunfähigkeit gegeben, wäre es rechtswidrig, von seiner Entlassung abzusehen. Der z.T. unter Fürsorgeaspekten erörterte Gesichtspunkt eines **„Verkraftungsprozentsatzes"**, wonach die Bw dienstunfähige Soldaten in einem gewissen Umfang im Dienst belassen und in ausgewählten Funktionen einsetzen können soll, findet im Gesetz keine Grundlage. Der Fürsorgegrundsatz rechtfertigt nicht, von zwingenden gesetzl. Best. abzuweichen.[31] Der Gesetzgeber hat mit § 3 Abs. 2[32] die Grundlage dafür geschaffen, bei Soldaten, die ohne grobes Verschulden unter bestimmten Voraussetzungen eine Schädigung im Zusammenhang mit dem Dienst erlitten haben, ein geringeres Maß an körperlicher Eignung zu verlangen. De lege ferenda mag durchaus Anlass bestehen, ergänzende Regelungen einzuführen, um insbes. Soldaten, die im Rahmen eines Einsatzes zu Schaden gekommen sind, eine weitere berufliche Perspektive in der Bw zu ermöglichen. Aus der aktuellen gesetzl. Regelung, die ihrerseits unter dem Aspekt des verfassungsrechtl. Leistungs- und Eignungsgrundsatzes (Art. 33 Abs. 2 GG) nicht unproblematisch ist, lassen sich weitere Ausnahmen von der zwingenden Entlassung bei dauernder Dienstunfähigkeit nicht ableiten.

---

23 ZDv 14/5 B 153. Vgl. im Übrigen die Komm. zu § 44.
24 So auch für das Beamtenrecht GKÖD I K, § 42 Rn. 4.
25 BVerwG *Buchholz* 238.4 § 55 Nr. 7; GKÖD I Yk, § 55 Rn. 4; *Scherer/Alff*, SG, § 55 Rn. 3.
26 *Hermsdörfer*, NZWehr 1995, 202 (204 m.w.N.); vgl. auch OVG Münster ZBR 1981, 38.
27 So für das Beamtenrecht *Battis*, BBG, § 42 Rn. 4.
28 *Battis*, BBG, § 42 Rn. 4.
29 Vgl. OVG Schleswig NZWehrr 1994, 262.
30 VMBl. 2003 S. 66 (163).
31 OVG Münster ZBR 1981, 38.
32 I.d.F. v. Art. 2 Nr. 2 des BwNeuAusrG, geä. durch Art. 3 des EinsatzversorgungsG. v. 21.12.2004 (BGBl. I S. 3592)

Entlassung **§ 55**

Der **Grds. von Treu und Glauben** spielt bei der Entlassung wegen Dienstunfähigkeit keine Rolle.[33] Eine zwingende Entlassung ist auch zu verfügen, wenn die Personal bearbeitende Stelle bei der Neufestsetzung oder Verlängerung der Dienstzeit von den gesundheitlichen Einschränkungen des Soldaten Kenntnis hatte oder hätte haben können. Angesichts der Vorgaben für die Dienstzeitverlängerung von SaZ, bei denen zunächst eine Bewährungszeit festgelegt war oder deren Dienstzeit nur abschnittsweise festzusetzen ist[34], wäre jedes andere Ergebnis systemwidrig. 15

Für das Entlassungsverfahren gilt § **44 Abs. 4 entspr.** (Abs. 2 Satz 3). 16

Angesichts der Fristen für die Entlassung wegen Dienstunfähigkeit (§ 55 Abs. 6) schließt die festgestellte Dienstunfähigkeit eine schneller zu vollziehende **fristlose Entlassung** gem. § 55 Abs. 5 nicht aus.[35] 17

3. Absatz 3

Während BS grds. jederzeit ihre Entlassung aus dem Dienst verlangen können und nur durch Stehzeiten wegen einer Fachausbildung oder eines Studiums (§ 46 Abs. 3) oder als Berufsoffiziere (§ 46 Abs. 5) verpflichtet sind, für eine bestimmte Zeit Dienst zu leisten, haben SaZ nach der Konzeption des SG grds. die **eingegangene Verpflichtungszeit einzuhalten.**[36] Sie können nur in den gesetzl. geregelten Fällen vorzeitig aus dem Dienst ausscheiden. Die Entlassung wegen besonderer Härte stand dabei nach der ursprünglichen Fassung von Abs. 3 im Ermessen der Entlassungsdienststelle. Erfolgte eine Entlassung wegen besonderer Härte, traf den SaZ keine Erstattungspflicht wegen Ausbildungskosten. Durch Art. 2 Nr. 6 des G vom **24.2.1983**[37] wurde die Entlassung von SaZ parallel zu der Regelung über die Entlassung von BS gem. § 46 Abs. 6 in einen gebundenen VA umgewandelt. Im Zusammenhang damit wurde für SaZ, die wegen besonderer Härte vorzeitig entlassen werden, eine **Kostenerstattungspflicht** eingeführt, soweit ihre Ausbildung mit einer Fachausbildung oder einem Studium verbunden war (§ 56 Abs. 4 Nr. 1). Die **Übergangsregelung des** § **94** hat angesichts des Zeitablaufs jedenfalls für SaZ heute keine Bedeutung mehr.[38] 18

Inhaltlich sind die Voraussetzungen einer vorzeitigen Entlassung eines SaZ identisch mit den Voraussetzungen der Entlassung eines BS vor Ablauf seiner Stehzeiten. Hins. der Einzelheiten kann daher auf die **Komm. zu** § **46 Abs. 6** verwiesen werden.[39] 19

Beantragt ein SaZ seine vorzeitige Entlassung gem. Abs. 3, schließt dies seine fristlose Entlassung gem. Abs. 5 nicht aus.[40]

Auch bei SaZ stellt sich die Frage, ob die Entlassung gem. Abs. 3 angesichts der jetzigen Regelung des **KDV-Rechts** noch eine große Bedeutung haben wird. Für SaZ ist danach kein besonderes Anerkennungsverfahren mehr vorgesehen. Infolgedessen könnte vermehrt der Weg über die Anerkennung als KDV beschritten werden, um eine vorzeitige Entlassung gem. § 55 Abs. 1 i.V.m. § 46 Abs. 2 Satz 1 Nr. 7 zu erreichen.[41] 20

Die Entlassung nach Abs. 3 ist ein **VA**, auf den der SaZ bei Vorliegen der Voraussetzungen einen **Anspruch** hat. **Einstweiliger Rechtsschutz** – sofern eine Entlassung zwingend 21

---

33 A.A. VGH München ZBR 1980, 291.
34 S. die Komm. zu § 40 Rn. 18 ff.
35 BVerwG ZBR 1981, 323.
36 Zur verfassungsrechtl. Zulässigkeit dieser Verpflichtung vgl. die Komm. zu § 40 Rn. 7.
37 BGBl. I S. 179.
38 Vgl. die Komm. zu § 94.
39 Komm. zu § 46 Rn. 116-121.
40 OVG Münster I A 769/65.
41 Vgl. die Komm. zu § 46 Rn. 121.

§ 55 Rechtsstellung der Berufssoldaten und der Soldaten auf Zeit

zu einem bestimmten Zeitpunkt erreicht werden soll und danach sinnlos wird – ist über § 123 VwGO zu erreichen. In diesem Verfahren kann nicht die Entlassung verlangt werden. Dies würde eine unzulässige Vorwegnahme der Hauptsache darstellen. Eine ausreichende Maßnahme nach § 123 VwGO wird i.d.R. die vorläufige Befreiung vom mil. Dienst unter Wegfall der Geld- und Sachbezüge sein.[42]

22 Durch die Verweisung in Abs. 6 Satz 4 auf § 46 Abs. 7 gelten für den Entlassungsantrag eines SaZ die gleichen Formerfordernisse wie bei BS. Die z.T. anderslautende Rspr.[43] basiert auf der früheren Rechtslage.

4. Absatz 4

a) Allgemeines

23 Abs. 4 enthält **zwei Entlassungstatbestände**: Die Entlassung eines SaZ in den ersten vier Dienstjahren wegen mangelnder Eignung, unabhängig von seinem Dienstgrad (Satz 1) sowie die Entlassung von SaZ, die sich im Anwärter-Status ihrer Laufbahn befinden, auch soweit sie bereits länger als vier Jahre in den SK Dienst geleistet haben (Satz 2). Für diese Laufbahnanwärter sieht Satz 3 die Rückführung in die frühere Laufbahn an Stelle der Entlassung vor.

24 In seiner ursprünglichen Fassung bezog sich Abs. 4 ausschließlich auf die Entlassung von OA, sofern sich herausstellte, dass sie sich nicht zum Offz eignen würden. Die Regelung wurde durch Art. 1 Nr. 8 des G vom **28.3.1960**[44] um die Möglichkeit der Laufbahnrückführung ergänzt. Uffz, die zu einer Laufbahn der Offz zugelassen worden waren, sollten nicht aus den SK entlassen werden, nur weil sie die in sie gesetzten Erwartungen nicht erfüllen konnten.[45] Durch Art. 1 Nr. 5 des G vom **21.7.1970**[46] wurde die Entlassungsmöglichkeit auf SanOA und durch Art. 2 Nr. 16 des G vom **6.12.1990**[47] auf Militärmusikoffizier-Anwärter ausgedehnt.

25 Eine völlige **Neufassung** des Abs. 4 erfolgte durch Art. 1 Nr. 41 des **SGÄndG**. Hierdurch wurde die generelle Entlassungsmöglichkeit von SaZ in den ersten vier Dienstjahren wegen Nichteignung eingeführt. Damit sollten der mil. Personalführung ein Höchstmaß an Flexibilität verschafft und die Funktionsfähigkeit der SK gesteigert werden.[48] Gleichzeitig wurde die Entlassung von Laufbahnanwärtern auf Uffz ausgedehnt. Die bis dahin zwingende Rückführung in eine frühere Laufbahn wurde in eine Soll-Best. umgewandelt und unter den Vorbehalt gestellt, dass der Soldat noch einen der früheren Laufbahn entspr. Dienstgrad führt. Die letzte Änd. erfolgte durch Art. 2 Nr. 6a des **BwNeuAusrG**. Mit der Einführung der Fw-Laufbahnen waren konsequenterweise die FA in die Entlassungsbest. des Abs. 4 Satz 2 aufzunehmen.

b) Satz 1

26 Nach dieser Vorschrift kann ein SaZ unabhängig von seinem Dienstgrad in den ersten vier Jahren seiner Dienstzeit entlassen werden, wenn er die an ihn in seiner Laufbahn zu stellenden Anforderungen nicht mehr erfüllt.

27 Die **Berechnung** der vierjährigen Dienstzeit erfolgt gem. **§ 40 Abs. 6**, d.h. es kommt nicht darauf an, dass der Betroffenen vier Jahre Dienst im Status SaZ geleistet hat.

---

42 VGH Mannheim 11 S 1759/80.
43 VG München ZBR 1983, 169; VGH Kassel NZWehrr 1985, 254.
44 BGBl. I S. 206.
45 BT-Drs. III/1424, 6.
46 BGBl. I S. 1120.
47 BGBl. I S. 2588.
48 BT-Drs. 14/4062, 22 f.

Auch eine vorausgehende Dienstzeit als GWDL ist einzubeziehen, ebenso bei Wiedereinstellern der früher geleistete Wehrdienst.[49]

Durch das Merkmal des **Nichterfüllens der Anforderungen** knüpft Abs. 4 Satz 1 an die allg. Kriterien der charakterlichen, geistigen und körperlichen Eignung i.S.v. § 37 Abs. 1 Nr. 3 an.[50] Er stellt damit Voraussetzungen auf, die auf Grund ihrer Abhängigkeit von Wertungsentscheidungen nur eingeschränkter gerichtl. Kontrolle unterliegen. Es kommt dabei nicht allein auf die konkrete Verwendung des SaZ an, sondern auf die üblichen an Soldaten seiner Laufbahn zu stellenden Anforderungen. Weiterhin stellt die Vorschrift auf der Rechtsfolgenseite die Entlassung in das **Ermessen** der zuständigen Dienststelle, so dass auf zwei unterschiedlichen Ebenen Entscheidungsfreiräume des Dienstherrn gegeben sind. Wie bei derartigen **„Koppelungsnormen"** üblich, sollte dennoch klar unterschieden werden, welche Aspekte im Rahmen des Begriffs der Nichterfüllung eine Rolle spielen und welche Kriterien auf der Rechtsfolgenseite in die Ermessenserwägungen einzufließen haben.[51] Der Begriff der Nichterfüllung setzt eine bestimmte Dauer voraus. Ist erkennbar, dass ein Soldat auf absehbare Zeit wieder in der Lage sein wird, die an ihn gestellten Anforderungen zu erfüllen, liegt keine Nichterfüllung der dienstl. Anforderungen vor.[52] Als Anhaltspunkt kann auf die Einjahresfrist der vorübergehenden Dienstunfähigkeit gem. Abs. 2 abgestellt werden. Dagegen wird die besondere persönliche Situation des Soldaten in erster Linie bei der Ermessenserwägung eine Rolle zu spielen haben.

28

Nach den Gesetzesmaterialien sollen die **Entlassung nach Abs. 2 und Abs. 5 vorgehen**, wenn die Nichteignung auf den dort genannten Gründen beruht.[53]

29

Anders als bei § 46 Abs. 8 kann eine Entlassung nach Abs. 4 Satz 1 wegen körperlicher Eignungsmängel, die keine Dienstunfähigkeit begründen, in Betracht kommen.[54] Die **Folgen** einer Entlassung wegen Dienstunfähigkeit und wegen mangelnder Eignung sind bei SaZ weitgehend **identisch**. Eine Verpflichtung zur Rückzahlung von Ausbildungskosten trifft den SaZ bei Entlassung wegen Eignungsmängeln nur unter der Voraussetzung, dass er die Entlassung vorsätzlich oder grob fahrlässig herbeigeführt hat (§ 56 Abs. 4 Nr. 2). Hieraus ergibt sich, dass die Entlassung nach Abs. 4 Satz 1 nicht zwingend mit einem negativen Werturteil über den SaZ verbunden sein muss.

30

Folgt die fehlende Eignung nicht aus plötzlich auftretenden charakterlichen oder gesundheitlichen Mängeln, sondern aus **Leistungsdefiziten**, die über eine längere Zeit andauern, gebietet es die Fürsorgepflicht, dass der Soldat hierauf **hingewiesen** wird und die Möglichkeit zur Verbesserung erhält, bevor er entlassen wird. Sofern nicht Beurteilungen, Prüfungsergebnisse oder Lehrgangsbescheinigungen vorliegen, sollten die entspr. Hinw. dokumentiert werden. Die Fürsorgepflicht gebietet es jedoch nicht, die Leistungen des Soldaten durch einen anderen Vorg. beurteilen zu lassen.[55]

31

Der Übergangsbest. des § **97 Abs. 2** kommt heute angesichts des Zeitablaufs keine praktische Bedeutung mehr zu.[56]

32

---

49 S. D. 14 des Wiedereinstellungserlasses, VMBl. 2000 S. 79.
50 Vgl. hierzu die Komm. zu § 37.
51 *Kopp/Ramsauer*, VwVfG, § 40 Rn. 21.
52 Anders wohl BT-Drs. 14/4062, 23, wonach die Prognose über den weiteren Werdegang des Soldaten Teil der Ermessensentscheidung sein soll.
53 BT-Drs. 14/4062, 23.
54 Vgl. hierzu die Komm. zu § 46 Rn. 135.
55 So jedoch GKÖD I Yk, § 55 Rn. 9.
56 Vgl. die Komm. zu § 97.

c) Satz 2 und 3

33 **aa) Grundsätzliches:** Stellt sich heraus, dass ein Laufbahnanwärter für die entspr. Laufbahn ungeeignet ist, soll er entweder entlassen (Satz 2) oder – sofern er zuvor in einer anderen Laufbahn verwendet worden ist und noch einen entspr. Dienstgrad führt – in diese frühere Laufbahn zurückgeführt werden (Satz 3). Dies gilt unbeschadet des Abs. 4 Satz 1, so dass es auf die **Vierjahresfrist nicht** ankommt. Anwärter werden in die Bw eingestellt in der Erwartung, dass sie später Offz, Fw oder Uffz werden. Erweisen sie sich dazu als ungeeignet, besteht keine Veranlassung, sie weiterhin im Dienstverhältnis zu belassen.[57] Entscheidend ist, dass sich der Betroffene noch im **Anwärter-Status** befindet. Dieser bestimmt sich nach den einschlägigen Regelungen der SLV. Danach endet der Anwärter-Status

- für OA des Truppendienstes und des militärfachl. Dienstes mit der Beförderung zum Lt (§ 24 Abs. 3 Satz 1, § 41 Abs. 3 Satz 1 SLV)
- für SanOA mit der Beförderung zum Stabsarzt, Stabsapotheker oder Stabsveterinär (§ 31 Abs. 4 SLV)
- für Militärmusikoffizier-Anwärter mit der Beförderung zum Hptm (§ 35 Abs. 4 SLV)
- für FA mit der Beförderung zum Fw (§ 16 SLV)
- für UA mit der Beförderung zum Uffz (§ 12 SLV).

34 Die **Rechtsfolgen**, die Abs. 4 an die Nichteignung von Laufbahnbewerbern knüpft (Entlassung und Zurückführung), weisen jew. eine unterschiedliche Rechtsnatur auf. Bei der Entlassung handelt es sich um eine **statusrechtl. Maßnahme** in Form eines VA. Demgegenüber stellt die Zurückführung in die frühere Laufbahn eine **truppendienstl. Maßnahme** dar. Die materielle Voraussetzung für beide Maßnahmen (Nichteignung) ist nach identischen Maßstäben zu prüfen. Hins. des Satzes 2 ist daher auf die Rspr. der VG und der Wehrdienstgerichte zurückzugreifen.

35 Satz 2 und 3 gelten auch für Angehörige der **Reservelaufbahnen** (vgl. § 6 Abs. 7 SLV)[58]; grds. erfolgt in diesen Fällen eine Zurückführung in die frühere Laufbahn.

36 Ob ein Laufbahnanwärter geeignet ist oder nicht, bestimmt sich nach einem Entscheidungsprozess, der sich an den mil. Anforderungen für die jew. Laufbahn orientiert. Der zuständigen Dienststelle kommt dabei ein gerichtl. nur eingeschränkt überprüfbarer **Beurteilungsspielraum** zu. Die gerichtl. Überprüfung hat sich darauf zu beschränken, ob von einem unrichtigen Sachverhalt ausgegangen oder der jew. gesetzl. Rahmen verletzt wurde bzw. allg. gültige Wertmaßstäbe missachtet oder sachfremde Erwägungen angestellt wurden.[59] Nichteignung liegt in jedem Fall bei endgültigem Nichtbestehen der Offizierprüfung vor (§ 6 Abs. 3 Satz 2 SLV; ZDv 20/7 Nr. 609). Gleiches wird bei endgültigem Nichtbestehen der Unteroffizier- oder Feldwebelprüfung gelten (vgl. § 12 Satz 3, § 16 Abs. 2 SLV) sowie bei der nicht rechtzeitigen Erbringung generell vorgeschriebener Leistungen, z.B. des Sportabzeichens. Darüber hinaus wurde die Feststellung der Nichteignung von Laufbahnanwärtern von der Rspr. in folgenden Fällen **anerkannt**:

- Begehung von Straftaten wie Urkundenfälschung und Betrug[60]
- mangelnde gesundheitliche Eignung, auch wenn keine Dienstunfähigkeit gegeben ist[61]

---

57 BT-Drs. 14/4062, 23.
58 BVerwG *Buchholz* 236.11 § 34 SLV Nr. 1.
59 BVerwG NJW 1961, 1942; BVerwG *Buchholz* 236.1 § 55 SG Nr. 15; BVerwG ZBR 2002, 144; BVerwG ZBR 2006, 53; *Scherer/Alff*, SG, § 55 Rn. 11.
60 BVerwG DokBer B 1993, 239; BVerwG NZWehrr 1989, 203; BVerwGE 83, 200 = NZWehrr 1986, 256.
61 BVerwG *Buchholz* 236.1 § 10 SG Nr. 13.

- Überschuldung, die auf Grund der Umstände auf die Unfähigkeit zur ordnungsgemäßen Wirtschaftsführung schließen lässt und damit die Prognose rechtfertigt, dass der Soldat auch in dienstl. Belangen den Überblick verlieren wird[62]
- Unfähigkeit, ein Studium ordnungsgemäß zu absolvieren, unabhängig aus welchen Gründen[63]
- Ablehnung, Berufsoffizier zu werden, obwohl dies in der Laufbahn der Offz des militärfachlichen Dienstes vorgesehen ist[64]
- wiederholte Dienstpflichtverletzungen wegen Alkoholmissbrauchs[65]
- mehrfaches unentschuldigtes Fernbleiben vom Dienst[66]
- ernsthafte Zweifel an der Verfassungstreue.[67]

Bei fachlichen Leistungsdefiziten wird eine endgültige Nichteignung erst festzustellen sein, wenn der Soldat rechtzeitig hierauf **hingewiesen** wurde und die Gelegenheit, seine Leistungen zu steigern, nicht erfolgreich genutzt hat. Die Nichteignung muss laufbahnbezogen festgestellt werden. Die bloße Nichteignung für einen konkreten Dienstposten erfüllt nicht die Voraussetzung für Entlassung oder Rückführung.[68] 37

Die mangelnde Eignung setzt **keine schuldhafte Pflichtverletzung** voraus und ist nicht zwingend mit einem negativen Werturteil über die charakterliche Integrität des Soldaten verbunden. Dies folgt aus § 56 Abs. 4 Satz 1 Nr. 2, wonach eine Rückzahlung von Ausbildungskosten nur in den Fällen in Betracht kommt, in denen der Soldat seine Entlassung nach Abs. 4 vorsätzlich oder grob fahrlässig herbeigeführt hat.

bb) Entlassung: Steht die mangelnde Eignung des Laufbahnbewerbers fest, **soll** er entlassen werden. Ein Absehen von der Entlassung, wie bei Soll-Vorschriften i.d.R. möglich, kommt nicht in Betracht. Das „soll" in Satz 2 bezieht sich nur auf Satz 3 und die Zurückführung in die frühere Laufbahn. 38

Die Entlassung schließt nicht aus, dass wegen des gleichen Sachverhalts ein **gerichtl. Disziplinarverfahren** gegen den Soldaten eingeleitet wird.[69] Dies kann dann von Bedeutung sein, wenn der Soldat seinen bisherigen Dienstgrad nicht weiterführen soll; die Entlassung nach Abs. 4 führt nicht zum Dienstgradverlust (vgl. § 56 Abs. 2).[70] 39

Mit der Entlassung des Anwärters verbunden ist seine **Überführung** in eine **Laufbahngruppe** je nach dem erreichten Dienstgrad (§ 6 Abs. 3 Satz 1, Abs. 4 Satz 1 und Abs. 5 Satz 1 SLV). Die Zusätze zur Dienstgradbezeichnung von Anwärtern (OA, FA, UA) entfallen (§ 6 Abs. 9 SLV). Darüber hinaus werden die entlassenen Anwärter je nach Dienstgrad und Laufbahn ggf. in eine andere **Laufbahn** überführt (vgl. § 6 Abs. 6 und 7 SLV). Eine Übersicht über die Laufbahnüberführung enthält die Anl. 5 zur ZDv 20/7.[71] Die Überführung in eine andere Laufbahngruppe und in eine andere Laufbahn stellen – anders als die Zurückführung nach Satz 3 – unselbständige Begleitmaßnahmen zur Entlassung nach Satz 2 dar. Bei ihnen handelt es sich ebenfalls um truppendienstl. Maßnahmen, die zwingend vorgeschrieben sind; den Personal bearbeitenden Stellen steht kein Ermessensspielraum zu. Eine Rückstufung im Dienstgrad, die statusrechtl. Charak- 40

---

62 BVerwG NZWehrr 1986, 256.
63 OVG Münster 1 A 514/81; VG Regensburg RO 1K04.1893.
64 BVerwG NZWehrr 1981, 144.
65 BVerwG *Buchholz* 236.1 § 55 SG Nr. 15.
66 BVerwG 1 WB 183/79.
67 VG Kassel 7 E 2622/O 2.
68 BVerwG ZBR 2006, 53.
69 BVerwG NZWehrr 1975, 69.
70 *Scherer/Alff*, SG, § 55 Rn. 13.
71 Zur Unterscheidung zwischen Laufbahn u. Laufbahngruppe vgl. § 3 SLV u. Komm. zu § 27 Rn. 10.

ter hätte[72], ist damit nicht verbunden.[73] Ergänzende Best. zur Laufbahnüberführung und für das Entlassungsverfahren nach Satz 2 enthalt die ZDv 20/7 (Nr. 609, 626, 936).

41 Ungeregelt ist, wie mit einem **SanOA im Dienstgrad Lt** zu verfahren ist, der sich als ungeeignet erweist. Er kann als Anwärter gem. Satz 2 entlassen werden; eine Überführung in die Laufbahngruppe der Uffz (vgl. § 6 Abs. 3 Satz 1 SLV; ZDv 20/7 Nr. 626 i.V.m. Nr. 609 Abs. 2) scheidet aus. Auch der Dienstgradzusatz (SanOA) entfällt gem. § 6 Abs. 9 SLV erst mit der Überführung. Richtigerweise wird dieser SanOA in die Laufbahn der Offz des Truppendienstes (im Dienstgrad Lt) überführt. Eine entspr. Ergänzung der SLV erscheint sinnvoll.

42 **cc) Satz 3:** Wurde der Laufbahnanwärter zuvor in einer anderen Laufbahn verwendet, soll er bei Nichteignung nicht entlassen, sondern in seine frühere Laufbahn zurückgeführt werden. Im Gegensatz zu oben erwähnten **Überführung** ist die Zurückführung davon abhängig, dass der Anwärter sich bereits einmal in dieser Laufbahn befunden hat. Voraussetzung ist, dass er über einen Dienstgrad verfügt, den es entspr. in seiner früheren Laufbahn gibt. Bei OA ist somit eine Zurückführung so lange möglich, wie sie den Dienstgrad Oberfähnrich innehaben, da dieser auch in der Feldwebellaufbahn seine Entsprechung hat.[74] Außerdem müssen sie zuvor in dieser Laufbahn verwendet worden sein. War dies nicht der Fall, bleibt es bei der Entlassung nach Satz 2, verbunden mit einer Überführung in die entspr. Laufbahn. Bei San- und Militärmusikoffizier-Anwärtern, die in den Dienstgraden Lt und OLt noch Anwärterstatus innehaben, ist eine Zurückführung in eine Laufbahn der Uffz nicht mehr möglich; sie sind zu entlassen.

43 Wie die Entlassung hat die Zurückführung in die frühere Laufbahn **keinen disziplinaren Charakter** und kann daher parallel zu einer disziplinaren Maßnahme erfolgen.[75]

44 Ist der zur Beendigung des Anwärterstatus führende Eignungsmangel so **erheblich**, dass der Anwärter den Anforderungen seiner früheren Laufbahn nicht mehr genügt, kann er in jedem Fall in den ersten vier Jahren seiner Dienstzeit nach Satz 1 entlassen werden.[76] Eine Entlassung nach dem vierten Dienstjahr soll in seltenen Ausnahmefällen auf der Grundlage von Satz 2[77] möglich sein, da es sich bei Satz 3 lediglich um eine „Soll-Vorschrift" handele. Dies erscheint aus systematischen Gründen fraglich, da die betreffenden Soldaten, wären sie von vornherein in ihrer ursprünglichen Laufbahn verblieben, nicht mehr entlassen werden könnten. Das „soll" in Satz 3 bezieht sich allein darauf, dass die Laufbahnrückführung unter dem Vorbehalt steht, dass der Soldat noch einen der früheren Laufbahn entspr. Dienstgrad führt.[78]

5. Absatz 5

a) Allgemeines

45 Nach Abs. 5 kann ein SaZ in den ersten vier Dienstjahren fristlos entlassen werden, wenn er seine Dienstpflichten schuldhaft verletzt hat und sein Verbleiben in seinem Dienstverhältnis die mil. Ordnung oder das Ansehen der Bw ernstlich gefährden würde.

Die Best. wurde im REntw. mit dem Hinw. auf die Entlassungsmöglichkeiten von Beamten auf Probe und auf Widerruf begründet.[79] Die Beendigung des Dienstverhältnis-

---

72 Vgl. Komm. zu § 4 Rn. 32.
73 Vgl. BVerwGE 22, 171.
74 ZDv 20/7 Nr. 609.
75 BVerwG DokBer 1993, 239.
76 BT-Drs. 14/4062, 23.
77 GKÖD I Yk, § 55 Rn. 18.
78 Vgl. BT-Drs. 14/4062, 23.
79 BT-Drs. II/1700, 34 zu § 50 des Entw.

ses sollte bei SaZ in den ersten vier Jahren erleichtert und das Erfordernis eines gerichtl. Disziplinarverfahrens mit dem Ziel der Entfernung aus dem Dienstverhältnis vermieden werden. Erst bei einer längeren Dienstzeit seien die Versorgungsrechte der Soldaten höher zu gewichten, so dass dann nur noch eine disziplinargerichtl. Beendigung des Dienstverhältnisses gerechtfertigt sei. Auch in der aktuellen Lit. und Rspr. wird die **ratio legis** des Abs. 5 darin gesehen, dass die Rechtsstellung eines SaZ in den ersten vier Dienstjahren noch nicht so gefestigt sei, dass er nur im Wege eines gerichtl. Disziplinarverfahrens aus dem Dienst entfernt werden könne.[80]

Im Gesetzgebungsverfahren war die **Best. unumstr.** Seit der Erstfassung ist Abs. 5 nur durch Art. 2 Nr. 5b des **BwNeuAusrG** geändert worden. Aus Gründen der Klarstellung wurde das Adjektiv „schuldhaft" eingefügt.[81] In der Sache hat dies nichts geändert. **46**

Auch wenn das Beamtenrecht als „Vorbild" für Abs. 5 herangezogen wurde, unterscheidet sich die Best. doch strukturell von § 31 Abs. 1 Satz 1 Nr. 1 BBG. So kann ein Beamter auf Probe grds. entlassen werden, wenn er ein Dienstvergehen begangen hat, das bei einem Beamten auf Lebenszeit mindestens eine Kürzung der Dienstbezüge zur Folge hätte. Dies hängt damit zusammen, dass das Beamtendisziplinarrecht gegen Beamte auf Probe und auf Widerruf als Disziplinarmaßnahmen ausschließlich Verweis und Geldbuße zulässt (§ 5 Abs. 3 BDG). Reichen diese nicht aus, um ein Dienstvergehen zu ahnden, bleibt nur die Entlassung. Demgegenüber können gegen SaZ in den ersten vier Dienstjahren alle einfachen Disziplinarmaßnahmen verhängt sowie gerichtl. Disziplinarverfahren durchgeführt werden, wenn damit ein anderes Ziel als die Entfernung aus dem Dienst verfolgt wird.[82] Das Verhältnis zwischen der Entlassung nach Abs. 5 und dem gerichtl. Disziplinarverfahren regeln § 143 WDO und der Erl. des BMVg über die „Durchführung des § 143 der Wehrdisziplinarordnung".[83] **47**

Für Soldaten, die auf Grund der **WPfl** Wehrdienst leisten, ist § 29 Abs. 1 Satz 3 Nr. 5 WPflG einschlägig. Dieser weist zwar vergleichbare Voraussetzungen auf, ist jedoch enger auszulegen. Dies folgt aus § 56 Abs. 1 Satz 2, wonach ein gem. Abs. 5 entlassener SaZ grds. in den SK verbleibt, sofern er noch GWD zu leisten hat. Das Wehrdienstverhältnis eines GWDL ist weniger „störempfindlich" als das auf freiwilliger Verpflichtung beruhende Dienstverhältnis eines SaZ.[84] **48**

b) Dogmatische Einordnung – Zweck der Bestimmung

Str. ist die rechtsdogmatische Qualität des Abs. 5, insbes. das Verhältnis der fristlosen Entlassung zu einer Disziplinarmaßnahme. Nach der überwiegenden Meinung stehen beide Maßnahmen rechtl. nebeneinander. Die fristlose Entlassung diene allein dem Schutz der Bw vor künftigem Schaden und sei keine Disziplinarmaßnahme zur Erhaltung der beruflichen Integrität von SaZ.[85] **49**

Eine Mindermeinung[86] sieht den Unterschied zwischen Entlassung und Disziplinarmaßnahme nicht im Zweck der jew. Maßnahme, sondern in der jew. gebotenen Verfah- **50**

---

80 BVerwGE 103, 60 = NZWehr 1994, 104; GKÖD I Yk, § 55 Rn. 189; *Scherer/Alff*, SG, § 55 Rn. 17.
81 BT-Drs. 14/6881, 28.
82 Bis zur Novelle der WDO durch G v. 9.6.1961 (BGBl. I S. 689) war dies anders; disziplinargerichtl. Verfahren gegen SaZ in den ersten vier Dienstjahren waren gem. § 114 WDO a.F. ausgeschlossen; vgl. *Dau*, WDO, § 143 Rn. 1.
83 ZDv 14/3 B 165.
84 BVerwGE 42, 20 = NZWehr 1976, 32; *Stauf*, NZWehr 1992, 189.
85 BVerwGE 38, 178 = NZWehr 1972, 73; BVerwG NJW 1984, 938; BVerwGE 91, 62; BVerwGE 103, 60 = NZWehr 1994, 114; BVerwGE 103, 212 = NZWehr 1995, 121; *Neumann*, NZWehr 1999, 96; *Scherer/Alff*, SG, § 55 Rn. 18.
86 GKÖD I Yk, § 55 Rn. 20; *Heintzen*, NZWehr 1985, 192.

rensweise (VA mit Anfechtungsmöglichkeit vor dem VG oder gerichtl. Disziplinarverfahren vor dem TDG).

51 Die **praktischen Folgen** dieser zunächst eher theoretisch anmutenden Differenz sind **erheblich** und wirken sich bei verschiedenen neuralgischen Punkten des Verständnisses von Abs. 5 aus.

52 Qualifiziert man die fristlose Entlassung als **eigenständige** und vom Disziplinarrecht unabhängige **Maßnahme**, ist es konsequent, bei der Auslegung der Voraussetzungen von Abs. 5 – abgesehen vom Vorliegen eines Dienstvergehens – auf andere Kriterien und Voraussetzungen abzustellen, als sie bei der Maßnahmebemessung im Disziplinarrecht eine Rolle spielen. So ist nach der Rspr. des BVerwG nicht jeder eine Entlassung nach Abs. 5 rechtfertigende Sachverhalt gleichzeitig Anlass für eine Disziplinarmaßnahme, wie umgekehrt nicht jedes disziplinarrechtl. erhebliche Verhalten im Rahmen des Abs. 5 relevant wird.[87] Von den VG werden daher grds. Entlassungen nach Abs. 5 für rechtmäßig gehalten, die auf Dienstvergehen beruhen, die im gerichtl. Disziplinarverfahren nicht zu einer Entfernung aus dem Dienst geführt hätten.[88] Als Beispiel ist die Rspr. zu Dienstvergehen wegen Verstoßes gegen das **Betäubungsmittelgesetz** zu nennen. Während jüngere SaZ in den ersten vier Dienstjahren schon wegen relativ geringfügigen Rauschgiftkonsums fristlos entlassen werden können[89], kommt in gerichtlichen Disziplinarverfahren nur selten die Entfernung aus dem Dienstverhältnis in Betracht.[90] Dies wird auch in dem Erl. des BMVg „Mißbrauch von Betäubungsmitteln"[91] deutlich, wo für das gerichtl. Disziplinarverfahren nur in schweren Fällen von einer Dienstgradherabsetzung oder Entfernung aus dem Dienstverhältnis ausgegangen wird, für die Entlassung nach Abs. 5 dagegen keine derartige Einschränkung aufgestellt wird.[92]

53 Stellt die fristlose Entlassung dagegen lediglich die „**Ahndung eines Dienstvergehens im Verwaltungsweg**"[93] dar, liegt es nahe, sie inhaltlich an vergleichbare Voraussetzungen zu binden, wie sie im gerichtl. Disziplinarverfahren für die Entfernung aus dem Dienstverhältnis vorgesehen sind. Dies könnte dazu führen, dass eine fristlose Entlassung nur dann in Betracht kommt, wenn das zugrundeliegende Dienstvergehen in einem gerichtl. Disziplinarverfahren die Entfernung aus dem Dienstverhältnis zur Folge hätte.[94] Weiterhin spielt die dogmatischen Einordnung bei der **Verhältnismäßigkeitsprüfung im Rahmen von Abs. 5** eine Rolle. Nur wenn fristlose Entlassung und Disziplinarmaßnahme denselben Zweck verfolgen, können sie in einem **Stufenverhältnis** zueinander stehen in dem Sinne, dass die fristlose Entlassung unverhältnismäßig sein kann, wenn eine mildere gerichtl. Disziplinarmaßnahme (z.B. Dienstgradherabsetzung oder Beförderungsverbot) angemessener wäre.[95] Auch die Beantwortung der Frage, inwieweit neben der fristlosen Entlassung eine einfache Disziplinarmaßnahme zulässig ist[96], hängt von der Qualifikation des Abs. 5 ab. Stellt die fristlose Entlassung eine „dis-

---

87 BVerwGE 91, 62; BVerwGE 103, 212 = NZWehrr 1995, 121.
88 *Neumann*, NZWehrr 1999, 98.
89 BVerwGE 91, 62; BVerwG NVwZ 2000, 1186; VG München NZWehrr 2005, 84.
90 BVerwGE 113, 102 = NZWehrr 1998, 254; BVerwG *Buchholz* 236.1 § 7 SG Nr. 29.
91 ZDv 14/3 B 163.
92 Vgl. Nr. 4 des Erl.
93 So die Formulierung von *Dau*, WDO, § 143 Rn. 3 für die beamtenrechtl. Best. des § 31 Abs. 1 Nr. 1 BBG; ähnlich noch BVerwGE 17, 5, ausdrücklich korrigierend demgegenüber BVerwGE 38, 178 = NZWehrr 1972, 73.
94 In diese Richtung tendiert wohl GKÖD I Yk, § 55 Rn. 20.
95 So *Heintzen*, NZWehrr 1985, 194.
96 BVerwGE 103, 60; *Busch*, NZWehrr 2004, 196; *Hohenstein*, NZWehrr 1979, 161; *Neumann*, NZWehrr 1999, 96; *Poretschkin*, NZWehrr 1996, 235.

ziplinargleiche Maßnahme" dar, ist grds. neben ihr kein Platz für eine einfache Disziplinarmaßnahme. Ob die Vorgesetztenstellung des betroffenen Soldaten (§ 10 Abs. 1), die bei der disziplinaren Würdigung von Dienstvergehen einen Erschwernisgrund darstellt, bei der Entlassung nach Abs. 5 eine Rolle spielen kann, hängt ebenso von der Einordnung der fristlosen Entlassung ab.

Obwohl sie fast durchweg die **Eigenständigkeit der fristlosen Entlassung** unterstreicht, bietet die Rspr. hins. der aufgezeigten Konsequenzen **kein stringentes Bild**. So hat das BVerwG wiederholt darauf hingewiesen, dass bei der Auslegung des Begriffs der Ernstlichkeit der Gefährdung der Grds. der Verhältnismäßigkeit von Bedeutung und eine Entlassung nicht zulässig sei, wenn die Gefährdung durch ein einfacheres Mittel wie eine Disziplinarmaßnahme beherrscht werden könne.[97] Auch der Gesichtspunkt der besonderen Schwere der Dienstpflichtverletzung durch die Vorgesetzteneigenschaft des Soldaten wurde als Argument für das Erfordernis der fristlosen Entlassung angeführt.[98] Dies steht zumindest in einer Spannung zu der These, dass die fristlose Entlassung mit einer disziplinaren Sanktion nichts zu tun habe und es auf die Schwere des Dienstvergehens nicht ankomme. Lediglich zur Konkurrenz von fristloser Entlassung und der Verhängung von (einfachen) Disziplinarmaßnahmen hat das BVerwG bislang konsequent die Position aufrecht erhalten, dass beide Maßnahmen nebeneinander bestehende Reaktionsmöglichkeiten auf Dienstpflichtverletzungen darstellen.

54

Für die **Zweckidentität von fristloser Entlassung und disziplinarer Ahndung** sprechen mehrere Gründe: Auch das gerichtl. Disziplinarverfahren dient allein den Interessen der Bw und ist insoweit dienstbezogen.[99] Es sichert die Aufrechterhaltung eines geordneten Dienstbetriebs und trägt dazu bei, dass die Bw ihre Aufträge erfüllen kann.[100] Die Schutzzwecke der fristlosen Entlassung, Ansehen der Bw und mil. Ordnung, spielen auch bei der Verhängung von Disziplinarmaßnahmen eine entscheidende Rolle. Dies folgt insbes. aus § 16 Abs. 1 Nr. 2 WDO. Einen bloßen Sanktions- oder Sühnezweck verfolgt das Disziplinarrecht demgegenüber nicht.[101] Insoweit steht es funktional einer „verwaltungsrechtlichen" Maßnahme wie der Entlassung durchaus nahe. Wenn von der Rspr. in Wiederholung des Gesetzeswortlauts abstrakt formuliert wird, für die Entlassung nach Abs. 5 komme es nicht auf die Art und Schwere des Dienstvergehens an, sondern auf die Ernsthaftigkeit der Bedrohung der mil. Ordnung oder des Ansehens der Bw ohne die fristlose Entlassung[102], drängt sich die Frage auf, was denn die Gefährdung der mil. Ordnung oder des Ansehens der Bw verursacht, wenn nicht die Eigenart oder Schwere des Dienstvergehens und seine Auswirkungen. Das individuelle Maß der Schuld, die bisherige Führung und die Beweggründe des Soldaten für die Dienstpflichtverletzung haben zwangsläufig einen Einfluss darauf, ob durch sein Verbleiben im Dienst die mil. Ordnung oder das Ansehen der Bw beeinträchtigt wird. Hierbei handelt es sich um Kriterien, die gem. § 38 Abs. 1 WDO für die Bemessung von Disziplinarmaßnahmen zu berücksichtigen sind. Dass die fristlose Entlassung keine Pflichtenmahnung entfaltet und somit nicht mehr zur beruflichen Integrität des SaZ beiträgt, hat sie mit reinigenden Disziplinarmaßnahmen gemein.

55

Darüber hinaus spricht die **historische Interpretation** für die Nähe von fristloser Entlassung und Disziplinarrecht. Vor der Novelle der WDO durch das Gesetz vom 9.6.1961 war gem. § 114 WDO a.F. die Durchführung eines gerichtl. Disziplinarverfahrens gegen

56

---

97 BVerwGE 91, 62; BVerwG NJW 1984, 938; im Grds. auch VG München NZWehrr 2005, 86.
98 VG München NZWehrr 2005, 86; VG Stade, IÖD 2004, 233.
99 *Dau*, WDO, § 38 Rn. 13.
100 GKÖD I Yk, § 55 Rn. 20.
101 *Dau*, WDO, § 38 Rn. 13.
102 BVerwG NJW 1984, 938; BVerwGE 59, 361.

SaZ in den ersten vier Dienstjahren unzulässig. Bei Dienstvergehen, deren Schwere eine einfache Disziplinarmaßnahme als nicht ausreichend erscheinen ließ, blieb somit nur die Entlassung nach Abs. 5, der damit zwangsläufig die Funktion der gerichtl. Disziplinarmaßnahme zukam. Dass mit der Änd. der WDO gerichtl. Disziplinarmaßnahmen gegen SaZ in den ersten vier Dienstjahren ermöglicht wurden, kann nicht zu einem funktionalen Bedeutungswandel des unverändert gebliebenen Abs. 5 geführt haben.

57 Würde mit der fristlosen Entlassung dagegen eine völlig unterschiedliche Zielsetzung verbunden, stellte sich auch aus systematischen Gründen die Frage, warum diese bei länger dienenden SaZ und BS keine Rolle spielt. Dabei muss berücksichtigt werden, dass das Verbleiben im Dienstverhältnis trotz eines Dienstvergehens bei länger dienenden Soldaten, die i.d.R. über einen höheren Dienstgrad und eine verantwortungsvolle Position verfügen, sich generell negativer auf die mil. Ordnung und insbes. das Ansehen der Bw auswirken dürfte, als wenn junge und in der mil. Hierarchie noch auf niedriger Ebene angesiedelte Soldaten im Dienst verbleiben.[103]

58 **Systematisch** ergibt Abs. 5 somit nur den Sinn, zu ermöglichen, das Dienstverhältnis eines SaZ in den ersten vier Dienstjahren wegen eines Dienstvergehens unter verfahrensrechtl. und ggf. materiellrechtl. einfacheren Voraussetzungen zu beenden als bei länger dienenden Soldaten. Dies entspricht der unumstr. ratio legis.[104] Damit handelt es sich bei der fristlosen Entlassung um eine dem Disziplinarrecht verwandte **„disziplinarähnliche Maßnahme"** in Form eines VA. Dies muss bei der Anwendung des Abs. 5 berücksichtigt werden.

c) Normstruktur

59 Bei Abs. 5 handelt es sich um eine Ermächtigungsnorm, die einen Tatbestand, der **unbestimmte Rechtsbegriffe** enthält (ernstliche Gefährdung, mil. Ordnung, Ansehen der Bw), mit der Rechtsfolge einer **Ermessensentscheidung** (über die Entlassung) verbindet.

Unbestr. ist, dass Abs. 5 der Entlassungsdienststelle **keinen Beurteilungsspielraum** hins. der tatbestandsmäßigen Voraussetzungen gewährt.[105] Obwohl nicht allein auf einen in der Vergangenheit abgeschlossenen Sachverhalt abzustellen ist, sondern immer eine in die Zukunft gerichtete Bewertung vorgenommen werden muss, wie sich das Verbleiben des Soldaten im Dienst angesichts seiner Dienstpflichtverletzung auswirken würde, unterliegen die Voraussetzungen der fristlosen Entlassung der gerichtl. Überprüfbarkeit. Die VG haben im Rahmen einer **„objektiv nachträglichen Prognose"**[106] festzustellen, ob ohne die Entlassung eine ernstliche Gefährdung der mil. Ordnung oder des Ansehens der Bw gegeben wäre.

60 Liegen die tatbestandlichen Voraussetzungen des Abs. 5 vor, steht es grds. im **Ermessen** der zuständigen Dienststelle, die Entlassung zu verfügen.

61 Ein **Ermessensnichtgebrauch** mit der Folge der Rechtswidrigkeit der Entlassung ist nicht schon dann anzunehmen, wenn der Entlassungsbescheid keine ausdrücklichen Hinw. auf die für die Ermessensausübung maßgeblichen Gesichtspunkte enthält. Abs. 5 sieht – obwohl als „Kann-Vorschrift" und nicht als „Soll-Vorschrift" formuliert – eine sog. **„intendierte Entscheidung"** vor.[107] Dies bedeutet, dass bei Vorliegen der tatbe-

---

103 Widersprüchlich daher BVerwG NJW 1984, 38; insoweit zu Recht krit. *Busch*, NZWehrr 2004, 207.
104 Entspr. wird auch in BT-Drs. 14/6881, 28 argumentiert.
105 BVerwGE 17, 5; 42, 20; 59, 361.
106 BVerwGE 38, 178; BVerwG NJW 1984, 938.
107 Ausdrücklich VGH München 3 B 96.1876 unter Berufung auf BVerwGE 91, 62; OVG Münster ZBR 2005, 350.

standsmäßigen Voraussetzungen die Entlassung grds. vorgegeben ist. Sofern keine atypische Konstellation vorliegt, dürften kaum Gründe ersichtlich sein, die gegen die Entlassung eines Soldaten in den ersten vier Dienstjahren sprechen, dessen Verbleiben im Dienst die mil. Ordnung oder das Ansehen der Bw ernstlich gefährden würde. Konsequenterweise ist es ausreichend, wenn die Entlassungsdienststelle auf das Gesetz verweist und sich darauf beschränkt, festzustellen, dass besondere Umstände des Einzelfalles, die eine andere Beurteilung nahe legen würden, nicht ersichtlich sind.[108]

Eine **Ermessensüberschreitung,** die nicht mehr dem Zweck des Abs. 5 entsprechen würde, liegt z.B. vor, wenn das Dienstvergehen zum Anlass genommen würde, um den Soldaten aus fiskalischen Gründen zu entlassen (Vermeidung des Entstehens von Versorgungsleistungen).[109] Dies hindert jedoch nicht, einen SaZ kurz vor Ablauf seiner Dienstzeit aus anderen Gründen zu entlassen. Unter Berücksichtigung von Art. 3 Abs. 1 GG kann eine Entlassung ermessensfehlerhaft sein, wenn bei anderen Soldaten, die an der Dienstpflichtverletzung beteiligt waren, ohne ausreichende sachliche Gründe von der Entlassung abgesehen wird.[110] Gleiches gilt, wenn sich eine bestimmte Entlassungspraxis herausgebildet hat. Dass ein Soldat fristlos entlassen wird, ohne zuvor einen **Ausdrücklichen Hinweis** erhalten zu haben, ist dagegen kein Ermessensfehler. Schon nach der entspr. Erlasslage[111] ist der Ausdrückliche Hinweis keine Voraussetzung für eine fristlose Entlassung.[112] Wird jedoch auf bestimmte Dienstpflichtverletzungen grds. nur mit einem Ausdrücklichen Hinweis reagiert[113], kann hieraus auf eine Verwaltungspraxis geschlossen werden, die Bindungswirkung für vergleichbare Fälle erzeugt. 62

d) Entlassung nur in den ersten vier Dienstjahren

Die fristlose Entlassung ist nur in den ersten vier Dienstjahren zulässig. Für die Berechnung gelten die Grundsätze des § 40 Abs. 6. Auf die Dauer der festgesetzten Dienstzeit kommt es nicht an.[114] Entscheidend ist, dass die Entlassung in den ersten vier Dienstjahren erfolgt und **wirksam** wird. Die Wirksamkeit tritt mit der Bekanntgabe an den Betroffenen oder seinen Vertreter ein; sie erfolgt grds. gegen Empfangsbekenntnis. Die Aushändigung muss innerhalb der ersten vier Dienstjahre erfolgt sein. Mit Abs. 5 wäre es nicht vereinbar, in dem Entlassungsbescheid ein der Bekanntgabe nachfolgendes Datum festzulegen, ab dem die Entlassung wirksam sein soll.[115] 63

Rechtsbehelfe hindern die Wirksamkeit der Entlassung nicht. Die Beschwerde hat zunächst keine aufschiebende Wirkung (§ 3 Abs. 1 WBO). Erreicht der Soldat über § 80 Abs. 5 VwGO die Anordnung der aufschiebenden Wirkung bzw. tritt diese durch Erhebung der Anfechtungsklage ein, ändert dies hieran nichts. Erfolgt die Entscheidung über einen Rechtsbehelf zu einem Zeitpunkt, in dem der Soldat länger als vier Jahre im Dienst ist, ist der Entlassungsbescheid deshalb nicht rechtswidrig geworden. Dogmatisch kann dies mit der sog. eingeschränkten Wirksamkeitstheorie bzw. der Vollziehbarkeitstheorie zur aufschiebenden Wirkung erklärt werden, wonach diese lediglich Vollziehungs-, Folge- und Ausnutzungsmaßnahmen eines VA hemmt.[116] 64

---

108 Allg. *Kopp/Ramsauer*, VwVfG, § 40 Rn. 45.
109 BVerwGE 38, 178; vgl. auch VG Karlsruhe K 1634/98.
110 OVG Münster 1 A 1330/88; OVG Münster IÖD 2000, 105.
111 BMVg – PSZ I 8 – Az 16-02-11 v. 22.9.2004.
112 OVG Lüneburg NZWehrr 1983, 114.
113 So i.d.R. bei einfachen o. minderschweren Verstößen im Straßenverkehr ohne dienstl. Bezug.
114 *Dau*, WDO, § 143 Rn. 4.
115 Vgl. VGH Kassel NZWehrr 1985, 81; GKÖD I Yk, § 55 Rn. 39.
116 *Kopp/Schenke*, VwGO, § 80 Rn. 22 ff.

e) Tatbestandsmerkmale im Einzelnen

65 Nach dem Wortlaut von Abs. 5 kommt es nicht darauf an, dass die ernstliche Gefährdung der mil. Ordnung oder des Ansehens der Bw unmittelbare Folge des Dienstvergehens selbst ist. Voraussetzung für die Entlassung ist, dass die Gefährdung dann eintritt, wenn der Soldat im Dienstverhältnis verbleibt. Hieraus ist gefolgert worden, dass es nicht auf die Art und Schwere der Dienstpflichtverletzung an sich ankomme, sondern auf die drohende Gefahr für die mil. Ordnung oder das Ansehen der Bw, wenn die fristlose Entlassung unterbleibe. Richtig ist, dass Abs. 5 die fristlose Entlassung nicht lediglich wegen eines Dienstvergehens ermöglicht, sondern **zusätzliche Voraussetzungen neben der Pflichtverletzung** aufstellt. Gleichwohl werden diese i.d.R. von der Art und Schwere sowie den konkreten Umständen des Dienstvergehens abhängen. In jedem Fall muss die Gefährdung der mil. Ordnung oder des Ansehens der Bw in einem rechtl. Zusammenhang mit dem Dienstvergehen stehen. Abs. 5 stellt nicht von der Dienstpflichtverletzung losgelöst zu betrachtende Gefährdungstatbestände auf[117], sondern bestimmt, unter welchen Voraussetzungen eine Dienstpflichtverletzung zur Entlassung führen kann.[118]

66 **aa) Schuldhafte Dienstpflichtverletzung:** Voraussetzung ist, dass der Soldat ein Dienstvergehen i.S.v. § 23 Abs. 1 begangen hat. Keine Rolle spielen die Schuldform und die Schwere der Dienstpflichtverletzung.

67 Fraglich ist, ob eine Dienstpflichtverletzung, die der Soldat **vor seiner Ernennung zum SaZ** als GWDL begangen hat, Grundlage einer Entlassung nach Abs. 5 sein kann. Hiergegen sprechen der Wortlaut („Ein Soldat auf Zeit ... wenn **er** seine Dienstpflichten ... verletzt hat") und die Systematik. Ein Fehlverhalten vor der Ernennung zum SaZ kann nur unter den Voraussetzungen des § 55 Abs. 1 i.V.m. § 46 Abs. 1 Satz 1 Nr. 2 oder Nr. 3 zu einer Entlassung führen. § 55 Abs. 5 stellt hins. der Dienstpflichtverletzung auf die besondere Pflichtenbindung des SaZ ab.[119]

68 **bb) Militärische Ordnung und Ansehen der Bw:** Die amtl. Begr. zu § 55 enthält keine Anhaltspunkte zur Auslegung dieser unbest. Rechtsbegriffe.

69 Allg. wird unter **mil Ordnung** der Inbegriff der Elemente verstanden, die im Rahmen der geltenden Rechtsordnung für die Gewährleistung der Verteidigungs- und Einsatzbereitschaft der Bw erforderlich sind.[120] Die mil. Ordnung entspricht damit der **Funktionsfähigkeit der SK**. Diese schließt die personelle und die materielle Funktionsfähigkeit ein. Letztere bezieht sich auf Bewaffnung, Ausrüstung, Gerät, Material und Versorgungsgüter. Die personelle Funktionsfähigkeit hängt von der individuellen Einsatzbereitschaft des einzelnen Soldaten und einem intakten inneren Ordnungsgefüge ab.[121] Das BVerwG hat die mil. Ordnung als den betriebsbezogenen Schutz der Bw qualifiziert, um deren Aufgaben gerecht zu werden.[122]

70 Das **Ansehen der Bw** meint den guten Ruf der Bw oder einzelner Truppenteile bei außenstehenden Personen oder allg. in der Öffentlichkeit. Dabei ist hins. des Bewertungsmaßstabes darauf abzustellen, wie ein **vernünftiger Betrachter** das Verbleiben des Soldaten im Dienstverhältnis bewerten würde. Eine verzerrende oder verfälschende

---

117 BVerwGE 17, 7; 38,178.
118 *Dau*, WDO, § 143 Rn. 3.
119 BVerwGE 42, 20.
120 BVerwG NJW 1984, 938; OVG Münster NZWehrr 1989, 122; GKÖD I Yk, § 55 Rn. 24; *Scherer/Alff*, SG, § 55 Rn. 21.
121 BVerwGE 59, 361; 91, 62; *Dau*, WDO, § 16 Rn. 14.
122 BVerwG NJW 1984, 938.

Presseberichterstattung über ein Dienstvergehen ist zwar durchaus geeignet, das Ansehen der Bw zu beeinträchtigen, kann aber dem Soldaten grds. nicht zugerechnet werden und steht nicht in einem rechtl. relevanten Zusammenhang mit dem Dienstvergehen.[123] In der Rspr. wird nicht immer genau differenziert, ob im Einzelfall die mil. Ordnung oder das Ansehen der Bw betroffen ist.[124] Infolge einer Dienstpflichtverletzung können die mil. Ordnung **und** das Ansehen der Bw gleichzeitig gefährdet werden.[125] Der Schwerpunkt der Prüfung liegt ohnehin weniger bei der Frage, ob die mil. Ordnung oder das Ansehen der Bw überhaupt betroffen ist, sondern ob eine ernstliche Gefährdung vorliegt. Soweit ersichtlich, hat die Rspr. auch in den Fällen, in denen sie eine fristlose Entlassung für unzulässig erachtet hat, nicht argumentiert, die mil. Ordnung oder das Ansehen der Bw sei nicht betroffen; lediglich eine ernstliche Gefährdung wurde ausgeschlossen.[126] **71**

cc) Ernstliche Gefährdung durch Verbleiben im Dienst – Verhältnismäßigkeit: Der Begriff der Gefährdung wird im öff. Recht allg. von dem der Störung abgegrenzt. Während letztere den Eintritt eines konkreten Schadens voraussetzt, liegt eine Gefahr bereits dann vor, wenn eine Situation gegeben ist, die im Einzelfall erkennbar die **objektive Möglichkeit eines Schadens** in sich birgt.[127] Indem Abs. 5 auf eine Gefahr abstellt, setzt die Entlassung nicht voraus, dass ein Schaden für die mil. Ordnung oder das Ansehen der Bw eingetreten ist. Vielmehr reicht aus, dass mit hinreichender Wahrscheinlichkeit ein Schaden in absehbarer Zeit eintreten wird.[128] **72**

Eine **ernstliche** Gefährdung liegt vor, wenn bei einer Belassung des Soldaten im Dienst **Kernbereiche** der mil. Ordnung oder des Ansehens der Bw gefährdet würden. Es dürfen nicht nur Randbereiche betroffen sein.[129] Bei einem außerdienstl. Fehlverhalten, auch bei Straftaten ohne Bezug zur Bw, ist der Kernbereich der mil. Ordnung weniger gefährdet, während Dienstvergehen zum Nachteil des Dienstherrn oder von Kameraden bzw. mit Auswirkungen auf die Einsatzbereitschaft grds. eine ernstliche Gefährdung befürchten lassen. Bei wiederholten Dienstpflichtverletzungen ohne dienstl. Bezug (i.d.R. strafrechtl. Verstößen) ist allerdings von einer ernstlichen Gefährdung auszugehen. Im Ergebnis kommt es bei der Bestimmung der ernstlichen Gefährdung damit auf die Art und Schwere des Dienstvergehens, seine konkreten Umstände, die Person des Soldaten, seine bisherige Führung und seine Beweggründe an, d.h. auf Kriterien, die auch bei der Bemessung von Disziplinarmaßnahmen gem. § 38 Abs. 1 WDO eine entscheidende Rolle spielen. **73**

Eine ernstliche Gefährdung liegt insbes. in folgenden Fällen vor: **74**
- Bei dem Dienstvergehen handelt es sich um das typische Teilstück einer als allg. Erscheinung auftretenden **Neigung zur Disziplinlosigkeit**, so dass ohne die fristlose Entlassung ein Anlass zu ähnlichem Verhalten für andere Soldaten gegeben wäre.[130]
- Es besteht die begründete Befürchtung, der Soldat werde **weitere Dienstpflichtverletzungen** – auch minderschweren Gewichts – begehen, was inbes. der Fall ist, wenn

---
123 BVerwGE 46, 41; BVerwG NJW 1984, 938; *Dau*, WDO, § 16 Rn. 16; GKÖD I Yk, § 55 Rn. 25.
124 OVG Münster IÖD 2000, 101.
125 BVerwG NVwZ 2000, 1168.
126 Exemplarisch OVG Münster 1 A 1330/88.
127 Allg. zum polizeil. Gefahrenbegriff Schenke, *Wolf-Rüdiger*, Polizei- und Ordnungsrecht, 3. Aufl. 2004, Rn. 69 ff.
128 Vgl. BVerwGE 59, 301.
129 BVerwG NJW 1984, 938; BVerwGE 42, 20.
130 BVerwGE 17, 5; 38, 178; 59, 361; BVerwG ZBR 1981, 323.

er bereits früher disziplinarrechtl. in Erscheinung getreten ist oder einen Ausdrücklichen Hinweis erhalten hat.[131]

75 Das Merkmal der ernstlichen Gefährdung ist nach h.m. zugleich die **Ausprägung des Verhältnismäßigkeitsgrundsatzes**. Liegt eine ernstliche Gefährdung vor, sei für weitere Erwägungen zur Verhältnismäßigkeit der fristlosen Entlassung kein Raum.[132] Die (verfassungsrechtl. vorgegebenen) Elemente der Geeignetheit, Erforderlichkeit und Zumutbarkeit[133] sind dann allerdings auch im Rahmen der ernstlichen Gefährdung zu prüfen.[134]

Vor jeder Entlassung ist daher zu prüfen, ob nicht mit einer milderen Maßnahme zu reagieren ist.[135] Die Ansicht, eine derartige Prüfung sei auf die Fälle beschränkt, bei denen eine Wiederholungsgefahr nicht bestünde oder die Pflichtverletzung nicht als Neigung zu Disziplinlosigkeiten zu qualifizieren sei[136], ist dogmatisch nicht begründbar. Wenn trotz einer Disziplinarmaßnahme Wiederholungsgefahr besteht oder Anlass für andere Soldaten gegeben ist, sich ebenfalls pflichtwidrig zu verhalten, ist davon auszugehen, dass die ernstliche Gefährdung durch eine mildere Maßnahme nicht beseitigt werden kann. Dies stellt keine Ausnahme von der Verhältnismäßigkeitsprüfung dar, sondern bedeutet lediglich, dass die Entlassung in dem konkreten Fall verhältnismäßig ist.

76 Nicht erforderlich ist, dass eine Dienstpflichtverletzung von derartigem Gewicht vorliegt, dass ein SaZ oder BS, der von Abs. 5 nicht erfasst wird, mit der **Entfernung aus dem Dienstverhältnis** belegt werden könnte.[137] Insofern ist nichts gegen die Praxis einzuwenden, SaZ in den ersten vier Dienstjahren wegen Pflichtverletzungen zu entlassen, die im disziplinaren Bereich mildere Maßnahmen zur Folge haben. Hierin liegt kein Widerspruch zu der Prüfung der Verhältnismäßigkeit. Das soldatische Dienstverhältnis soll in den ersten vier Dienstjahren verfahrenstechnisch einfacher und unter geringeren materiellrechtl. Anforderungen als bei länger dienenden SaZ und BS beendet werden können. Hierauf beruht schließlich die Konzeption des Gesetzes.

77 dd) **Fallgruppen – Einzelbeispiele:** Durch die Rspr. wurden z.B. folgende Fallgruppen als ernstliche Gefährdung der mil. Ordnung oder des Ansehens der Bw **akzeptiert**:
- Konsum von **Betäubungsmitteln**[138]
- **Entwendung dienstl. Materials**, Vergreifen an Eigentum des Dienstherrn auch ohne nachweisbare strafrechtl. Relevanz[139]
- **Kameradendiebstahl**[140]
- **Entwürdigende Behandlung Untergebener**[141]
- **Verfassungsfeindliche Betätigungen**, Verwendung nationalsozialistischer Symbole und Ausdrucksformen, rassistische Äußerungen[142]

---

131 BVerwGE 59, 361; BVerwG NJW 1984, 938; VG München NZWehrr 2005, 84; *Busch*, NZWehrr 2004, 196.
132 BVerwGE 91, 62; *Scherer/Alff*, SG, § 55 Rn. 24.
133 Hierzu allg. *Jarass*, in: *Jarass/Pieroth*, GG, Art. 20 Rn. 83 ff; vgl. auch BVerwGE 103, 60.
134 So im Ergebnis auch GKÖD I Yk, § 55 Rn. 26; a.A. *Heintzen*, NZWehrr 1985, 192.
135 OVG Schleswig NZWehrr 1991, 85.
136 BVerwGE 91, 62; OVG Münster IÖD 2000, 101.
137 Missverständlich GKÖD I Yk, § 55 Rn. 20.
138 BVerwGE 91, 62; BVerwG NVwZ 2000, 1186; OVG Münster IÖD 2000, 101; OVG Münster ZBR 2005, 350; VGH München NZWehrr 2005, 260; VG München NZWehrr 2005, 84; VG Stade IÖD 2004, 233.
139 BVerwGE 38, 178; 59, 361.
140 BVerwGE 86, 314.
141 BVerwGE 103, 60 = NZWehrr 1994, 114; VG Karlsruhe 2 K 1634/98; OVG Münster, 1 B 1659/05.
142 OVG Münster 1 A 306/79; OVG Koblenz NVwZ-RR 1996, 401.

Entlassung § 55

- **Missbrauch von Bahnberechtigungsausweisen**[143]
- **Unerlaubte Abwesenheit** von einigem Gewicht.[144]

Abgelehnt wurde eine fristlose Entlassung u.a. in folgenden Fällen:
- **Außerdienstl. Straftat** (Rauschtat) ohne dienstl. Bezug[145]
- **Diebstahl** von Dosen aus einem Getränkeautomaten in der Kaserne.[146]

Allg. wird bei **außerdienstl. Straftaten** von geringerem Gewicht (Trunkenheitsfahrt, Ladendiebstahl, Körperverletzung) eine Entlassung erst bei Wiederholung in Betracht kommen.

f) Verhältnis zu sonstigen Maßnahmen

aa) Andere Entlassungsgründe: Grds. gehen **zwingende Entlassungsbest.** (§ 55 Abs. 1 i.V.m. § 46 Abs. 1, Abs. 2 Satz 1 Nr. 1 bis 5 und Nr. 7, 8; § 55 Abs. 2, Abs. 4 Satz 2) der fristlosen Entlassung vor. Da die zwingenden Entlassungsbest. häufig Fristen für die Entlassung vorsehen (§ 47, § 55 Abs. 6), kann dennoch eine fristlose Entlassung in Betracht kommen. So ist eine fristlose Entlassung möglich, wenn der Soldat im Zeitpunkt der Entlassung dienstunfähig ist und deshalb ohnehin – unter Einhaltung der Dreimonatsfrist (§ 55 Abs. 6) – entlassen werden muss.[147] Die Entlassung nach Abs. 5 geht auch der **Entlassung nach Abs. 4** vor.[148] Sind **mehrere Entlassungstatbestände** erfüllt, ist die Vorschrift anzuwenden, die der konkreten Situation am Besten gerecht wird. Ein Soldat, der die Voraussetzungen eines Entlassungstatbestandes erfüllt hat, der mit nachteiligen Konsequenzen verbunden ist (z.B. Rückzahlung von Ausbildungskosten gem. § 56 Abs. 4), sollte nicht deshalb begünstigt werden, wenn er auch ohne entspr. Konsequenzen entlassen werden könnte. Aus diesem Grund ist die Entlassung nach Abs. 5 nicht in der Sache erledigt, wenn das Dienstverhältnis während des Beschwerde- oder Klageverfahrens ohne die verfügte Entlassung durch Zeitablauf regulär beendet gewesen wäre.[149]

78

bb) Gerichtl. Disziplinarverfahren: Das Verhältnis der fristlosen Entlassung zum gerichtl. Disziplinarverfahren ist in § 143 WDO und dem Erl. des BMVg „Durchführung des § 143 WDO"[150] geregelt.

79

Aus § 143 WDO wird der **Vorrang der fristlosen Entlassung** vor dem gerichtl. Disziplinarverfahren abgeleitet. Dies ist formal richtig, wenn die materiellen Voraussetzungen des Abs. 5 vorliegen.[151] Wenn jedoch eine mildere (gerichtl.) Disziplinarmaßnahme ausreicht, hat die Entlassung zu unterbleiben. Ist die Entlassungsdienststelle nicht identisch mit der Einleitungsbehörde, hat die Entlassungsdienststelle zunächst zu prüfen, ob und wie sie zu handeln hat. Erst wenn sie von einer fristlosen Entlassung absieht, soll die Einleitungsbehörde das gerichtl. Disziplinarverfahren einleiten.[152]

80

Ist ein gerichtl. Disziplinarverfahren **lediglich eingeleitet** (§ 93 WDO), kann gleichwohl eine Entlassung nach Abs. 5 verfügt werden. Das gerichtl. Disziplinarverfahren ist dann

81

---

143 VG Münster 10 L 1439/02; VG Regensburg RN 1 S02.744.
144 VG Münster 10 K 1372/02.
145 BVerwG NJW 1984, 938.
146 OVG Münster 1 A 1330/88.
147 BVerwG ZBR 1981, 323.
148 BT-Drs. 14/4062, 23.
149 VG Karlsruhe 2 K 1634/98.
150 ZDv 14/3 B 165.
151 § 143 WDO stellt eine formale Kollisionsnorm dar. So zu Recht *Heintzen*, NZWehrr 1985, 192 (196).
152 ZDv 14/3 B 165 Nr. 2.3.

Sohm

gem. § 143 Abs. 1 WDO auszusetzen. Es kann fortgesetzt werden, wenn unanfechtbar feststeht, dass die Entlassung nicht zur Beendigung des Dienstverhältnisses führt. Dem TDG steht bei der Fortführung grds. der gesamte Maßnahmenkatalog zur Verfügung, es sei denn, die Entlassungsverfügung ist durch das VG aufgehoben worden. In diesem Fall ist eine Entfernung aus dem Dienst unzulässig (§ 143 Abs. 1 Satz 2 WDO). Wird die Entlassungsverfügung bestandskräftig, ist ein gerichtl. Disziplinarverfahren einzustellen.[153]

82 Ist das gerichtl. Disziplinarverfahren **bereits anhängig**, ist die fristlose Entlassung gem. § 143 Abs. 2 WDO ausgeschlossen. Auf den Ausgang des gerichtl. Disziplinarverfahrens kommt es nicht an. Ein Verstoß gegen § 143 Abs. 2 WDO führt nicht zur Nichtigkeit der Entlassungsverfügung. Wird trotz Anhängigkeit eines gerichtl. Disziplinarverfahrens eine fristlose Entlassung verfügt, muss der Soldat Beschwerde bzw. Anfechtungsklage erheben, will er die Bestandskraft der Entlassung verhindern.[154] Begeht der Soldat nach Anhängigkeit eines gerichtl. Disziplinarverfahrens ein weiteres Dienstvergehen, bleibt seine fristlose Entlassung aus diesem Grund möglich.

83 **cc) Einfache Disziplinarmaßnahmen:** Keine gesetzl. Regelung besteht hins. des Verhältnisses der fristlosen Entlassung zu einfachen Disziplinarmaßnahmen. Die Rechtslage ist str.[155] Dies erklärt sich aus den unterschiedlichen dogmatischen Ansätzen zum Verhältnis von fristloser Entlassung und Disziplinarrecht und daraus, dass z.T. nicht scharf zwischen materiellrechtl. Erwägungen und deren Anwendung auf konkrete verfahrenspraktische Konstellationen differenziert wird.

84 Ausgehend von der hier vertretenen Zweckidentität von fristloser Entlassung und Disziplinarrecht sind folgende **Grundsätze** maßgebend:

- Eine **einfache Disziplinarmaßnahme schließt eine fristlose Entlassung nicht aus.** Dies erklärt sich aus der unterschiedlichen Zielsetzung und den unterschiedlichen Verfahren beider Maßnahmen. Nur bei Verfahren gleicher Qualität kann die zuerst anhängige Maßnahme Vorrang haben. Bei der fristlosen Entlassung und dem gerichtl. Disziplinarverfahren liegt eine derartige Vergleichbarkeit vor, so dass § 143 WDO Vorrangverhältnisse festlegt. Zwischen einer einfachen Disziplinarmaßnahme und der fristlosen Entlassung ist diese Gleichrangigkeit nicht gegeben.
- Wurde eine fristlose **Entlassung wirksam verfügt, ist jede einfache Disziplinarmaßnahme ausgeschlossen.** Mit der fristlosen Entlassung erfolgt die schärfste Reaktion, die das Gesetz für eine Dienstpflichtverletzung vorsieht. Für weitere Maßnahmen ist bereits aus Gründen der Verhältnismäßigkeit kein Raum.[156] Sollte die Entlassung rechtskräftig aufgehoben werden, kann immer noch disziplinar reagiert werden (§ 143 Abs. 1 WDO). Die entgegenstehende Entsch. des BVerwG[157] bezieht sich auf die Behandlung des Disziplinararrestes im Beschwerdeverfahren und nicht auf die Frage der erstmaligen Verhängung. Das BVerwG scheint aber grds. der Auffassung zu sein, dass nach einer bereits verfügten Entlassung noch eine einfache Disziplinarmaßnahme verhängt werden kann.

85 So klar die hier vertretenen Grundsätze sind, so werfen sie in der Praxis doch **Probleme** auf. Meist liegt ein Dienstvergehen vor, bei dem von vornherein mit einer fristlosen

---

153 BVerwG *Buchholz* 235.0 § 104 WDO Nr. 6.
154 Vgl. BVerwG *Buchholz* 235.0 § 104 WDO Nr. 6.
155 BVerwGE 103, 60 mit Anm. *Lingens*, NZWehrr 1994, 116; TDG Nord NZWehrr 1998, 84; *Busch*, NZWehrr 2004, 196; *Hohenstein*, NZWehrr 1979, 161; *Poretschkin*, NZWehrr 1996, 235.
156 TDG Nord NZWehrr 1998, 84; *Lingens*, NZWehrr 1994, 116; *Scherer/Alff*, SG, § 55 Rn. 27; a.A. *Neumann*, NZWehrr 1999, 96; *Poretschkin*, NZWehrr 1996, 235.
157 BVerwGE 103, 60 = NZWehrr 1994, 114.

Entlassung gerechnet werden kann; häufig hat der zuständige DiszVorg. selbst die Entlassung beantragt. Bis die Entlassungsdienststelle entscheidet, vergeht i.d.R. eine gewisse Zeit. Hier stellt sich die Frage, ob der DiszVorg. in dieser Zwischenphase eine einfache Disziplinarmaßnahme verhängen darf. Die o.g. Grundsätze helfen hier nicht unmittelbar. Sie behandeln nicht das Kernproblem des **Verhältnisses von laufendem Entlassungsverfahren und paralleler disziplinarer Reaktion.**

Für die **Zulässigkeit einer einfachen Disziplinarmaßnahme** in diesem Stadium spricht, dass die Entlassung noch nicht verfügt ist und nicht feststeht, ob es zur Entlassung kommen wird. Dagegen spricht, dass grds. eine „doppelte" Ahndung eines Dienstvergehens durch fristlose Entlassung und disziplinare Reaktion jedenfalls nach der hier vertretenen Zweckidentität beider Maßnahmen ausgeschlossen ist. Dieser Grds. muss auch im Vorfeld einer Entlassung beachtet werden. Ein verfahrensrechtl. Argument kommt hinzu: Wird die fristlose Entlassung nach Verhängung einer einfachen Disziplinarmaßnahme verfügt, sieht das Gesetz im Unterschied zu § 96 Abs. 2 WDO keine Möglichkeit vor, die Disziplinarmaßnahme wieder aufzuheben. Jeder DiszVorg., der mit einem schweren Dienstvergehen konfrontiert ist, muss daher vor Verhängung einer einfachen Disziplinarmaßnahme prüfen, ob eine fristlose Entlassung angezeigt ist. Im Zweifel sollte zunächst die Entscheidung der Entlassungsdienststelle herbeigeführt werden. Im Rahmen des Arrestzustimmungsverfahrens gem. § 40 WDO haben die TDG einen Antrag zurückzuweisen, wenn Anlass für eine fristlose Entlassung besteht.[158] Erst wenn die Entlassungsdienststelle von einer fristlosen Entlassung absieht, kann wieder eine disziplinare Ahndung geprüft werden. Nur dann, wenn zunächst lediglich das Dienstvergehen feststeht, aber nicht alle Umstände bekannt sind, die eine fristlose Entlassung nahe legen, kann eine einfache Disziplinarmaßnahme verhängt werden. Beschwert sich der Soldat gegen eine solche Disziplinarmaßnahme, und ist im Zeitpunkt der Beschwerdeentscheidung die Entlassung verfügt oder steht sie kurz bevor, muss die Disziplinarmaßnahme aufgehoben werden.[159]

g) Verfahrensfragen; Rechtsschutz

Besteht bei einem SaZ nach Art, Häufigkeit und Schwere von Dienstpflichtverletzungen die Gefahr, dass bei erneutem pflichtwidrigen Verhalten eine fristlose Entlassung in Betracht kommt, kann er hierauf schriftl. hingewiesen werden (**Ausdrücklicher Hinweis**).[160] Insbes. bei erstmaligen leichteren oder außerdienstl. Pflichtverletzungen, die noch keine fristlose Entlassung rechtfertigen, besteht Anlass für einen solchen Hinweis. Obwohl der Ausdrückliche Hinweis von der Entlassungsdienststelle zu erteilen und auf die statusrechtl. Maßnahme der fristlosen Entlassung bezogen ist, soll es sich bei ihm um eine truppendienstl. (erzieherische) Maßnahme handeln, gegen die der Rechtsweg zu den Wehrdienstgerichten gegeben sei.[161]

Vor der fristlosen Entlassung ist grds. die **VP** des Soldaten gem. § 23 Abs. 1 Satz 1 Nr. 6 SBG anzuhören, sofern dieser nicht widerspricht. Unterbleibt die Anhörung oder wird

---

158 TDG Nord NZWehrr 1998, 84.
159 Im Falle der gerichtl. Beschwerdeentscheidung ließe sich u.U. eine andere Position vertreten, wenn man diese lediglich als Rechtskontrolle gegenüber der Entscheidung des DiszVorg. qualifiziert. Der maßgebliche Entscheidungszeitpunkt wäre dann die Verhängung der Disziplinarmaßnahme; zu diesem Zeitpunkt war die Verhängung rechtmäßig. Sieht man in der gerichtl. Beschwerdeentsch. dagegen die Ausübung von Disziplinarbefugnis, ist auf die Sach- u. Rechtslage im Zeitpunkt der gerichtl. Entsch. abzustellen mit der Folge, dass die Disziplinarmaßnahme aufzuheben ist.
160 Einzelheiten regelt der Erl. des BMVg – PSZ I 8 – Az 16-02-11 v. 22.9.2004. Vgl. zum Ausdrücklichen Hinweis *Walz*, NZWehrr 1974, 61.
161 BVerwGE 86, 83 = NZWehrr 1989, 107.

sie verfahrensfehlerhaft durchgeführt, ist die Entlassung rechtswidrig und muss aufgehoben werden.[162]

89 **Rechtsschutz** gegen die fristlose Entlassung ist durch Beschwerde bzw. Anfechtungsklage zu erreichen. Da die Anfechtungsklage im Gegensatz zur Beschwerde (§ 3 WBO) aufschiebende Wirkung hat, wird i.d.R. die sofortige Vollziehung gem. § 80 Abs. 2 Satz 1 Nr. 4 VwGO angeordnet. Hiergegen steht dem Soldaten wiederum das Verfahren nach § 80 Abs. 5 VwGO zur Verfügung. **Örtlich zuständig** ist gem. § 52 Nr. 4 VwGO das VG, an dem der Soldat seinen dienstl. oder in Ermangelung dessen seinen Wohnsitz hat. Dies wirft die Frage auf, ob es nach verfügter Entlassung auf den dienstl. oder den privaten Wohnsitz des Soldaten ankommt. Maßgeblich ist der **dienstl. Wohnsitz**, d.h. der Standort der Dienststelle des Soldaten. So lange die Entlassung in Streit steht, können ihre Folgen (u.a. Verlust des dienstl. Wohnsitzes) nicht vorweggenommen werden, zumal es sonst von der aufschiebenden Wirkung eines Rechtsmittels abhängen würde, welches VG örtlich zuständig wäre. Auch im Beamtenrecht wird immer auf den dienstl. Wohnsitz abgestellt.[163]

90 Tritt die aufschiebende Wirkung von Rechtsbehelfen gegen die fristlose Entlassung nicht ein, und wird die Entlassungsverfügung vom VG aufgehoben, hat der Soldat in der Zwischenzeit rechtmäßigerweise keinen Dienst geleistet. Die **entgangene Besoldung** ist ihm zu erstatten; vom Soldaten in dieser Zeit erzielte Einkünfte können jedoch gem. § 9a BBesG angerechnet werden.[164]

6. Absatz 6

91 Für die Zuständigkeit, Anhörung und Fristen bei der Entlassung gilt entspr. § 47 Abs. 1 bis 3. Auf die diesbezügliche Komm. wird verwiesen.

92 Die Entlassung wegen Dienstunfähigkeit muss dem Soldaten wenigstens drei Monate vor dem Entlassungstag zugestellt worden sein. Da es sich um eine Mindestfrist handelt, bestehen keine Bedenken, im Einzelfall eine Verlängerung vorzunehmen, wenn der Soldat noch eine Zeit im Dienst verbleiben muss, um bestimmte Versorgungsansprüche zu erwerben. Da die Frist ausschließlich im Interesse des Soldaten besteht, kann er auf ihre Einhaltung verzichten.[165] Hat der Soldat einen Eingliederungsschein beantragt, beträgt die Frist mindestens ein Jahr. Diese Regelung ist durch Art. 2 Nr. des G vom 25.8.1969[166] eingeführt worden. Durch die Verlängerung der Frist auf ein Jahr wird erreicht, dass der Soldat die notwendigen Einstellungsvoraussetzungen erbringen und unmittelbar in das Beamtenverhältnis übertreten kann.[167] Bei der Entlassung in den ersten vier Dienstjahren wegen Nichterfüllens der Anforderungen sowie der Entlassung von Anwärtern beträgt die Zustellfrist einen Monat. Bei der fristlosen Entlassung gem. Abs. 5 kann es bereits aus Gründen der Rechtslogik keine Zustellfrist geben. Liegen die Voraussetzungen für eine fristlose Entlassung vor, ist der Soldat umgehend zu entlassen. Lässt die Entlassungsdienststelle einen längeren Zeitraum ohne erkennbaren Grund verstreichen, kann dies zur Verwirkung der Entlassungsmöglichkeit führen.[168]

---

162 VG Mainz NZWehrr 2001, 82.
163 VG Darmstadt NVwZ-RR 1996, 162.
164 BVerwG DVBl. 1997, 1005.
165 VG Köln 27 K 4371/02.
166 BGBl. I S. 1347.
167 BT-Drs. V/4113, 9.
168 GKÖD I Yk, § 55 Rn. 39; *Scherer/Alff*, SG, § 55 Rn. 32.

§ 56 Folgen der Entlassung und des Verlustes der Rechtsstellung eines Soldaten auf Zeit

(1) ¹Mit der Beendigung seines Dienstverhältnisses durch Zeitablauf nach § 54 Abs. 1, durch Entlassung nach § 55 oder durch Verlust seiner Rechtsstellung als Soldat auf Zeit nach § 54 Abs. 2 Nr. 2 endet die Zugehörigkeit des Soldaten auf Zeit zur Bundeswehr. ²Der Soldat bleibt jedoch in den dem § 46 Abs. 2 Nr. 1 bis 4 und dem § 48 entsprechenden Fällen sowie in den Fällen des § 55 Abs. 4 und 5 in der Bundeswehr, soweit er auf Grund der Wehrpflicht Grundwehrdienst zu leisten hat.

(2) Mit der Entlassung entsprechend dem § 46 Abs. 1 und Abs. 2 Nr. 1 bis 4 sowie Nr. 7 und 8 und nach § 55 Abs. 5 sowie mit dem Verlust seiner Rechtsstellung als Soldat auf Zeit verliert der Soldat seinen Dienstgrad.

(3) Nach dem Verlust seiner Rechtsstellung als Soldat auf Zeit und, soweit gesetzlich nichts anderes bestimmt ist, nach der Entlassung hat der frühere Soldat auf Zeit keinen Anspruch auf Dienstbezüge und Versorgung mit Ausnahme der Beschädigtenversorgung.

(4) ¹Ein früherer Soldat auf Zeit, dessen militärische Ausbildung mit einem Studium oder einer Fachausbildung verbunden war und der
1. auf seinen Antrag entlassen worden ist oder als auf eigenen Antrag entlassen gilt,
2. seine Entlassung nach § 55 Abs. 4 vorsätzlich oder grob fahrlässig herbeigeführt hat,
3. nach § 55 Abs. 5 entlassen worden ist,
4. seine Rechtsstellung verloren hat oder
5. durch Urteil in einem gerichtlichen Disziplinarverfahren aus dem Dienstverhältnis entfernt worden ist,

muss die entstandenen Kosten des Studiums oder der Fachausbildung erstatten. ²Unter den gleichen Voraussetzungen muss ein früherer Soldat auf Zeit in der Laufbahn der Offiziere des Sanitätsdienstes das ihm als Sanitätsoffizier-Anwärter gewährte Ausbildungsgeld erstatten. ³Auf die Erstattung kann ganz oder teilweise verzichtet werden, wenn sie für den früheren Soldaten eine besondere Härte bedeuten würde.

Literatur: *Förster, Carlo:* Rückzahlung der Ausbildungskosten eines entlassenen Berufssoldaten, NZWehrr 1996, 147; *Stauf, Wolfgang:* Fristlose Entlassung nach § 55 Abs. 5 SG und Zurückstellung nach § 12 Abs. 5 WPflG, NZWehrr 1992, 189.

Übersicht

	Rn.		Rn.
A. Allgemeines	1 – 3	B. Erläuterungen im Einzelnen	4 – 24
1. Zweck der Vorschrift, Bezüge zum Beamtenrecht, ergänzende Vorschriften	1 – 2	1. Absatz 1	4 – 7
		2. Absatz 2	8
		3. Absatz 3	9 – 10
2. Entstehung und Änderungen der Vorschrift	3	4. Absatz 4	11 – 24
		a) Satz 1	11 – 20
		b) Satz 2	21
		c) Satz 3	22 – 24

A. Allgemeines

1. Zweck der Vorschrift, Bezüge zum Beamtenrecht, ergänzende Vorschriften

§ 56 regelt die **Rechtsfolgen**, die sich aus den unterschiedlichen Beendigungsgründen für das Dienstverhältnis eines SaZ (vgl. § 54 Abs. 1 und 2) ergeben. Lediglich die status-, besoldungs- und versorgungsrechtl. Konsequenzen der Entfernung aus dem Dienst- 1 verhältnis (§ 54 Abs. 2 Nr. 3) finden sich nicht in § 56, sondern sind unmittelbar in § 63 WDO geregelt. Die Verpflichtung, die Kosten einer Fachausbildung oder eines Studiums zu erstatten, findet auch für Soldaten, die aus dem Dienstverhältnis entfernt worden sind, ihre Grundlage in § 56 Abs. 4 Satz 1 Nr. 5.

2 Bei § 56 handelt es sich um die für SaZ geltende **Parallelbest. zu § 49**, der weitgehend identische Regelungen für BS trifft.[1] Im **Beamtenrecht** sind die besoldungs- und versorgungsrechtl. Folgen einer Entlassung bzw. eines Verlustes der Rechtsstellung vergleichbar geregelt (§§ 34, 49 BBG). Eine allg. gesetzl. Erstattungspflicht für Studien- und Ausbildungskosten kennt das Beamtenrecht nicht. Nur für Angehörige des Polizeivollzugsdienstes des Bundes sieht § 12 des Bundespolizeibeamtengesetzes eine vergleichbare Erstattungspflicht für Kosten eines Studiums vor. Im Übrigen gibt es im Beamtenrecht nur unter sehr engen Voraussetzungen die Möglichkeit, Rückzahlungsvereinbarungen für bestimmte Leistungen abzuschließen bzw. gem. § 59 Abs. 5 BBesG die Gewährung von Anwärterbezügen von Auflagen abhängig zu machen[2]. Unmittelbar ergänzenden Charakter zu § 56 Abs. 4 haben der Erl. des BMVg über die Kostenerstattungspflicht entlassener BS und SaZ, deren mil. Ausbildung mit einem Studium oder einer Fachausbildung verbunden war[3] sowie die Bemessungsgrundsätze zur Erstattung der Kosten des Studiums und der Fachausbildung bei vorzeitiger Beendigung des Dienstverhältnisses.

2. Entstehung und Änderungen der Vorschrift

3 Die Abs. 1 bis 3 gehen auf § 51 des **REntw.** zurück. Sie gelten bis auf wenige redaktionelle Anpassungen und eine zwischenzeitlich wieder abgeschaffte Übergangsbest. seit der Erstfassung unverändert. Die Verpflichtung, die Kosten eines Studiums oder einer Fachausbildung zu erstatten (Abs. 4), wurde erstmals durch Art. 1 Nr. 6 des G vom **21.7.1970**[4] eingeführt; sie galt zunächst nur bzgl. des Ausbildungsgeldes der SanOA. Eine generelle Erstattungspflicht für alle SaZ, deren Ausbildung mit einem Studium oder einer Fachausbildung verbunden ist, wurde durch Art. 2 Nr. 7 des G vom **24.2.1983**[5] eingeführt i.V.m. der Umgestaltung der vorzeitigen Entlassung wegen besonderer persönlicher Härte (§ 55 Abs. 3) von einer Kann-Best. zu einem verpflichtenden VA.[6] Seine aktuelle Fassung erhielt Abs. 4 durch Art. 1 Nr. 41 des **SGÄndG**, wodurch die Erstattungspflicht auf die Fälle der fristlosen Entlassung (§ 55 Abs. 5), des Verlustes der Rechtsstellung sowie der Entfernung aus dem Dienstverhältnis durch Urt. eines Disziplinargerichts ausgedehnt wurde. Vorher kam eine Erstattungspflicht von SaZ nur bei einer Entlassung auf eigenen Antrag oder bei Entlassung von Anwärtern wegen Nichteignung in Betracht. Art. 2 Nr. 20 des **SkResNOG** änderte Abs. 4 Satz 1 Nr. 5 redaktionell.

Für SaZ, die vor dem In-Kraft-Treten des SGÄndG eine Fachausbildung oder ein Studium begonnen hatten, ist gem. der **Übergangsbest.** des § 97 Abs. 1 die alte Rechtslage maßgeblich

---

1 Vgl. die dortige Komm.
2 *Battis*, BBG, § 30 Rn. 7.
3 ZDv 14/5 B 156.
4 BGBl. I S. 1120.
5 BGBl. I S. 179.
6 Vgl. hierzu die Komm. zu § 55 Rn. 18; allg. zur Rechtsentwicklung hins. von Erstattungspflichten wegen eines Studiums o. einer Fachausbildung die Komm. zu § 46 Rn. 3 ff.

Folgen der Entlassung eines Soldaten auf Zeit § 56

B. Erläuterungen im Einzelnen

1. Absatz 1

Satz 1 bringt die **Selbstverständlichkeit** zum Ausdruck, dass mit dem Ende des Dienstverhältnisses durch Zeitablauf, durch Entlassung oder durch Verlust der Rechtsstellung als SaZ die Zugehörigkeit des Soldaten zur Bw endet.[7] Die Formulierung ist **ungenau**. Bei formal richtiger Betrachtung endet das Wehrdienstverhältnis nach Maßgabe der freiwilligen Verpflichtung (vgl. § 1 Abs. 1 und 2)[8]. Die Zugehörigkeit zur Bw ist kein rechtl. definierter Status und kann in den unterschiedlichsten Formen (als Beamter, Arbeitnehmer oder freier Mitarbeiter) bestehen. Aus der **Begr.** zum REntw. ergibt sich kein Aufschluss, warum der Gesetzgeber es für notwendig erachtete, das Ende der Zugehörigkeit zur Bw – im Gegensatz zum Beamtenrecht, das eine vergleichbare Regelung nicht kennt – ausdrücklich festlegen zu müssen. Vermutlich spielte die Überzeugung eine Rolle, es sei klarzustellen, ab welchem Zeitpunkt der SaZ nicht mehr der Pflichtenbindung eines aktiven Soldaten unterliege und die mit der Zugehörigkeit zu den SK einhergehenden völkerrechtl. Konsequenzen (z.B. Kombattantenstatus; Anspruch auf Behandlung als Kriegsgefangener) erlöschen würden.[9]

4

Nach **Satz 2** soll der Soldat in bestimmten Fällen in der Bw verbleiben, soweit er auf Grund der Wpfl GWD zu leisten hat. Die Best. ist von Inhalt und Zielsetzung her einleuchtend, wirft jedoch **verfahrensrechtl. Fragen** auf. Die Verpflichtung zur Ableistung des GWD kann nicht kraft Gesetzes entstehen, sondern setzt einen Einberufungsbescheid (§§ 21, 23 WPflG) voraus. Allein durch das dem Einberufungsbescheid vorgeschaltete Verfahren kann überprüft werden, ob überhaupt eine solche Verpflichtung besteht. So können bei einem entlassenen SaZ Wehrdienstausnahmen (vgl. §§ 9 ff. WPflG) gegeben sein. Für die Einberufung sind gem. § 14 WPflG ausschließlich die Wehrersatzbehörden zuständig, während die Entlassung grds. durch mil. Dienststellen bzw. das BMVg zu verfügen ist (§ 55 Abs. 6 i.V.m. § 47).[10] Durch eine Entlassungsdienststelle kann im Zusammenhang mit einer Entlassungsverfügung gem. § 55 Abs. 5 nicht die Verpflichtung zur Ableistung des GWD begründet werden.[11] Satz 2 stellt somit keine eigenständige Rechtsgrundlage für die Anordnung der Ableistung des GWD dar, sondern nimmt in erster Linie deklaratorisch auf diese anderweitig zu begründende Verpflichtung Bezug. Anders ausgedrückt: Satz 2 begründet keine Verpflichtung zur Ableistung des GWD, sondern setzt diese voraus.

5

Verfahrensrechtl. hat dies **folgende Konsequenzen:**

6

- Ist der SaZ ursprünglich als GWDL einberufen worden und ist danach in den Status des SaZ gewechselt, lebt nach der Entlassung bzw. dem Verlust der Rechtsstellung als SaZ der Einberufungsbescheid wieder auf und stellt eine ausreichende Rechtsgrundlage für die weitere Ableistung des restlichen GWD dar. Der im Status SaZ geleistete Wehrdienst ist gem. § 7 WPflG **anzurechnen**, wenn er dem GWD inhaltlich gleichwertig war.[12] Der erlangte Dienstgrad bleibt erhalten, sofern nicht eine der Voraussetzungen des Abs. 2 vorliegt; in diesem Fall ist der restliche GWD im nied-

---

7 *Walz*, Komm zu § 49 Rn. 20, spricht bei der Parallelbest. des § 49 Abs. 1 Satz 1 daher auch von deklaratorischer Bedeutung.
8 Vgl. BT-Drs. II/1700, 32.
9 Diese Überlegungen spielten insbes. eine Rolle bei der andersartigen Ausgestaltung der Beendigungsgründe des Soldatenverhältnisses gegenüber der Beendigung des Beamtenverhältnisses, vgl. Komm. zu § 46 Rn. 2.
10 Vgl. die einschlägigen Erl. in der ZDv 14/5 B107, B 108 u. B 125.
11 Unklar *Scherer/Alff*, SG, § 56 Rn. 2.
12 Also nicht, wenn der SaZ für ein Studium freigestellt war. Vgl. BVerwG NVwZ 1982, 507.

rigsten Mannschaftsdienstgrad abzuleisten. Sind Gründe vorhanden, dass der Soldat auch als GWDL zu entlassen ist oder entlassen werden kann (§ 29 WPflG), ist diese Entlassung gesondert zu verfügen; sie kann mit der Entlassung nach § 55 Abs. 4 oder 5 in einem Bescheid verbunden werden.[13]

- Ist der Soldat unmittelbar als SaZ in die SK eingetreten und hat demzufolge nie einen Einberufungsbescheid erhalten, kann er nach der Entlassung oder dem Verlust der Rechtsstellung nur dann gem. Satz 2 in den SK verbleiben, wenn rechtzeitig ein **Einberufungsbescheid** ergeht, der verbindlich die Ableistung des GWD (unter Anrechnung des geleisteten Wehrdienstes) anordnet. Die mil. Dienststellen können beim KWEA auf ein entspr. Vorgehen hinwirken. Stellt das KWEA den entlassenen SaZ dagegen gem. § 12 Abs. 5 WPflG zurück[14], greift Satz 2 nicht ein. Der Soldat verlässt die Bw. Eine Entlassung gem. § 29 WPflG ist bei dieser Konstellation grds. entbehrlich.
- Liegt ein Einberufungsbescheid vor, bestehen keine Einwände, wenn die zuständige Dienststelle den Soldaten im Zusammenhang mit der Entlassung oder dem Verlust der Rechtsstellung auf sein Verbleiben in der Bw gem. Satz 2 **hinweist**. Da dies Folge des wirksamen Einberufungsbescheides ist, handelt es sich hierbei um einen deklaratorischen Hinw. und nicht um einen feststellenden VA.

7   Der eigenständige **Regelungsgehalt** des Satzes 2 kann somit nur darin gesehen werden, dass der Soldat in allen nicht aufgeführten Konstellationen (insbes. denen des § 46 Abs. 1 Satz 1 Nr. 5 bis 8) die SK unabhängig von einem wirksamen Einberufungsbescheid zu verlassen hat (Umkehrschluss). Angesichts einer GWD-Dauer von neun Monaten dürfte die praktische Bedeutung der Best. gering sein.

2. Absatz 2

8   In den aufgeführten Fällen verliert der ehem. SaZ seinen Dienstgrad kraft Gesetzes (vgl. § 26 Satz 1). Ist er noch wpfl, wird er mit dem niedrigsten Mannschaftsdienstgrad Angehöriger d.R.[15]

3. Absatz 3

9   Der Wortlaut des Abs. 3 unterscheidet sich von dem der Parallelbest. für BS in § 49 Abs. 3. Durch Art. 1 Nr. 36 des **SGÄndG** wurde § 49 Abs. 3 insoweit geändert, als der Gesetzgeber bei BS sowohl für Fälle des Verlustes der Rechtsstellung als auch der Entlassung eine Ausnahmeregelung von dem grds. Verlust der Besoldung und Versorgung treffen kann.[16] Begründet wurde dies mit der Angleichung der Rechtslage der BS an die der Beamten, für die § 49 BBG eine identische Regelung vorsieht.[17] § 56 Abs. 3 wurde demgegenüber nicht entspr. geändert, so dass SaZ mit dem Verlust der Rechtsstellung immer ihre Ansprüche auf Besoldung und Versorgung verlieren und lediglich in den Fällen der Entlassung eine Ausnahme möglich ist.[18]

Die für SaZ vorgesehenen Ausnahmen beziehen sich primär auf die Versorgung bei der Entlassung wegen Dienstunfähigkeit (§ 55 Abs. 2). So knüpfen die einschlägigen Best. des SVG die Versorgungsansprüche von ehem. SaZ daran an, dass das Dienstverhältnis durch Zeitablauf oder wegen **Dienstunfähigkeit, die nicht auf eigenes grobes Verschul-**

---

13   *Scherer/Alff*, SG, § 56 Rn. 2.
14   Vgl. hierzu *Stauf*, NZWehr 1992, 189.
15   Vgl. *Walz*, Komm. zu § 49 Rn. 25.
16   *Walz*, Komm. zu § 49 Rn. 26.
17   BT-Drs. 14/4062, 22.
18   Dies hat in erster Linie deklaratorische Bedeutung. Abs. 3 würde den Gesetzgeber nicht hindern, eine abw. Sonderregelung zu treffen.

den zurückzuführen ist, beendet wurde (vgl. § 5 Abs. 2, § 9 Abs. 1, § 11 Abs. 1, § 13 SVG). Unter dieser Voraussetzung bleiben die Ansprüche auf Versorgung trotz Entlassung erhalten.

Unabhängig von der Art der Beendigung des Dienstverhältnisses besteht ein Anspruch auf **Nachversicherung** in der gesetzl. Rentenversicherung.[19]

4. Absatz 4

a) Satz 1

Wie BS, die vor einem Abdienen ihrer Stehzeitverpflichtung gem. § 46 Abs. 3 die Kosten eines Studiums oder einer Fachausbildung zu erstatten haben (§ 49 Abs. 3), unterliegen SaZ unter den Voraussetzungen des Abs. 4 der Erstattungspflicht. Bei SaZ gibt es **keine Stehzeitverpflichtung** infolge bestimmter Ausbildungen; an ihre Stelle tritt die eingegangene Verpflichtungszeit, soweit eine Verpflichtungserklärung vorliegt, wobei unerheblich ist, ob diese bereits endgültig festgesetzt worden ist. Was das Vorliegen einer Fachausbildung oder eines Studiums anbelangt, ist Abs. 4 identisch mit § 46 Abs. 3[20], so dass auf die diesbezügliche Komm. verwiesen werden kann.[21] Allerdings ist der **Normzweck** der Erstattungspflicht ein anderer als der des § 46 Abs. 3. Geht es bei der Stehzeit darum, der Bw besonders ausgebildete Soldaten für einen bestimmten Zeitraum zu erhalten, hat die Erstattungspflicht für SaZ ausschließlich die Funktion eines Ausgleichs desjenigen Vorteils, den der Soldat durch die besondere Ausbildung erhalten hat.[22]

Die Erstattungspflicht entsteht in folgenden Fällen:

- Der SaZ wird auf eigenen Antrag entlassen (§ 55 Abs. 3) oder gilt als auf eigenen Antrag entlassen; letzteres ist bei der Entlassung nach Anerkennung als KDV gem. § 55 Abs. 1 i.V.m. § 46 Abs. 2 Satz 1 Nr. 7 sowie bei der Ernennung zum Beamten gem. § 125 Abs. 1 Satz 3 BRRG gegeben.
- Der SaZ hat seine Entlassung nach Abs. 55 Abs. 4 vorsätzlich oder grob fahrlässig herbeigeführt.
- Der SaZ ist gem. § 55 Abs. 5 entlassen worden.
- Der SaZ hat seine Rechtsstellung verloren.
- Der SaZ ist durch Urt. in einem gerichtl. Disziplinarverfahren aus dem Dienstverhältnis entfernt worden.

In den letzten drei Fällen ist die **Übergangsregelung** des § 97 Abs. 1 zu beachten.

Steht bestandskräftig oder rechtskräftig fest, dass das Dienstverhältnis des Soldaten aus einem der genannten Gründe geendet hat, kann er im Rechtsstreit über die Erstattungspflicht hiergegen keine Einwände mehr vorbringen.[23]

Weist der Dienstherr einem SaZ eine bestimmte Ausbildung zu, bringt er damit konkludent zum Ausdruck, dass die jew. Verpflichtungszeit des Soldaten ausreichend bemessen ist, um die Ausbildung zu rechtfertigen. Wird die Dienstzeit eines SaZ, nachdem dieser mit einer Fachausbildung oder einem Studium begonnen hat, auf Grund freiwilli-

---

19 S. hierzu den Erl. des BMVg „Nachversicherung in der gesetzlichen Rentenversicherung für ohne Versorgung ausgeschiedene Beamte, Richter und Soldaten und sonstige Beschäftigte der Bundeswehr" v. 18.8.1994 (VMBl. S. 162), geä. durch Erl. v. 23.10.1996 (VMBl. S. 388).
20 So auch ZDv 14/5 B 156 Nr. 3.
21 Komm. zu § 46 Rn. 97 ff.
22 BT-Drs. 14/4062, 21 (23); BVerwG DVBl. 1996, 1152; z.T. widersprüchlich VG Bremen 6 K 1634/02 (aber dennoch lesenswerte Entsch.).
23 Vgl. VGH Mannheim NVwZ 1987, 521.

ger Weiterverpflichtung verlängert, trifft ihn **keine Rückzahlungsverpflichtung**, wenn sein (verlängertes) Dienstverhältnis aus einem der Gründe des Abs. 4 vorzeitig endet, er aber zumindest die Dienstzeit abgeleistet hat, zu der er im Zeitpunkt der Entscheidung des Dienstherrn über die Fachausbildung oder das Studium verpflichtet gewesen ist.[24]

16 Die Erstattungspflicht eines SaZ, der als anerkannter **KDV** entlassen wurde, ist mit **Art. 4 Abs. 3 GG vereinbar**, da sie sich nicht als Sanktion gegen die Gewissensentscheidung richtet und den KDV nicht hindert, sein Anliegen zu verfolgen. Durch die mit der Erstattung verbundene wirtschaftliche Belastung wird die Möglichkeit zur Verweigerung des Kriegsdienstes nicht eingeschränkt. Vor einer existenziellen Notlage des Soldaten schützt ihn die Härteklausel des Abs. 4 Satz 3.[25]

17 Gegen die durch das SGÄndG erfolgte Ausdehnung der Erstattungspflicht auf die Fälle der fristlosen Entlassung und der Entfernung aus dem Dienstverhältnis sind **verfassungsrechtl. Einwände** unter dem aus Art. 33 Abs. 5 GG abzuleitenden Alimentationsprinzip erhoben worden.[26] Die Erstattungspflicht stelle in diesen Fällen eine zusätzliche Sanktion für pflichtwidriges Verhalten dar. Dem ist entgegenzuhalten, dass die hergebrachten Grundsätze des Berufsbeamtentums für Soldaten nicht gelten.[27] Selbst wenn man das Alimentationsprinzip für Soldaten unter einen vergleichbaren Schutz stellen würde wie bei Beamten[28], bleibt doch festzuhalten, dass es sich bei einem Studium oder einer Fachausbildung nicht um besoldungsähnliche Leistungen handelt, die vom Alimentationsprinzip erfasst sind. Diese Ausbildungen werden dem Soldaten nicht in seinem Interesse, sondern im Interesse des Dienstherrn gewährt. Daher kann ein Soldat jedenfalls theoretisch auch gegen seinen Willen zu einer Fachausbildung befohlen werden.[29] Dass Studium und Fachausbildung zur Attraktivität des Soldatenberufes beitragen, ist lediglich ein faktischer Reflex, der keine rechtl. Konsequenzen hat.[30]

18 Zu erstatten sind grds. alle Kosten, die im Zusammenhang mit dem Studium oder der Fachausbildung entstanden sind. Dies sind:

- Kosten der besonderen Ausbildung an Ausbildungseinrichtungen der Bw; dabei sind die auf den Erstattungspflichtigen entfallenden Personal- und Sachkosten der Ausbildungseinrichtung nach betriebswirtschaftlichen Grundsätzen zu ermitteln.
- Kosten der besonderen Ausbildung an Ausbildungseinrichtungen außerhalb der Bw; hierbei handelt es sich um die Beträge, die der Dienstherr in Bezug auf den Erstattungspflichtigen an den externen Ausbildungsträger entrichtet hat.
- Persönliche Kosten wie Reisekosten, Trennungsgeld und Umzugskosten.

19 Die Formulierung in dem einschlägigen Erl. des BMVg, dass die Erstattungspflicht **kraft Gesetzes** entsteht[31], ist **missverständlich**. Angesichts des Erfordernisses, den Umfang der erstattungspflichtigen Kosten genau zu berechnen und darüber zu entscheiden, ob und inwieweit von der Härtefallregelung des Abs. 4 Satz 3 Gebrauch gemacht wird, kann von einem Entstehen des Erstattungsanspruchs erst mit dem Wirksamwerden des

---

24 Anders ist dies, wenn die Weiterverpflichtung von Seiten der SK als Bedingung für die Gewährung einer Fachausbildung gestellt wurde, OVG Münster 12 A 1828/98.
25 Grundlegend BVerwG DVBl. 1996, 1152; VG Bremen Az 6 K 1634/02.
26 GKÖD I Yk, § 49 Rn. 9.
27 BVerfGE 3, 288; 16, 94; 31, 212.
28 So BVerwGE 93, 69 (73).
29 Vgl. Komm. zu § 46 Rn. 105 m.w.N.
30 Anderes gilt für Ausbildungsleistungen des Dienstherrn im Rahmen der Berufsförderung, die nicht als Studium o. Fachausbildung zu qualifizieren sind u. grds. erst a.E. der Dienstzeit gewährt werden.
31 ZDv 14/5 B 156 Nr. 8.

Erstattungsbescheides ausgegangen werden. Abs. 4 Satz 1 selbst begründet nicht den Erstattungsanspruch, sondern stellt eine **Ermächtigungsgrundlage** dar, von dem Soldaten durch VA die Kosten geltend zu machen.[32]

Der Erstattungsanspruch setzt nicht voraus, dass die Fachausbildung oder das Studium abgeschlossen wurde. Es genügt, wenn Wissen oder Fähigkeiten vermittelt wurden, die sowohl für die Verwendung als Soldat als auch in zivilen Bereichen nutzbar sind, sei es im Rahmen einer zusätzlichen Ausbildung oder als Grundlage für eine noch abzulegende Prüfung.[33] Weiterhin ist nicht erforderlich, dass der Soldat über die Erstattungspflicht vor Beginn seiner Fachausbildung belehrt wurde.[34]

b) Satz 2

SanOA erhalten während ihres Studiums an einer Universität außerhalb der Bw auf der Grundlage von § 30 Abs. 2 i.V.m. der SanOAAusbgV vom 12.9.2000[35] Ausbildungsgeld. Sie haben, wenn ihr Dienstverhältnis vorzeitig aus einem der in Abs. 4 genannten Gründen endet, dieses in Höhe der jew. Bruttobeträge zu erstatten.

c) Satz 3

Nach Satz 3 kann auf die Erstattung ganz oder teilweise verzichtet werden, wenn sie für den früheren Soldaten eine besondere Härte bedeuten würde. Aus systematischen Gründen muss der Begriff der **besonderen Härte** in Satz 3 anders ausgelegt werden als in § 55 Abs. 3 oder in § 46 Abs. 3. Da die vorzeitige Entlassung wegen besonderer Härte gem. § 55 Abs. 3 die Erstattungspflicht begründet (Abs. 4 Satz 1 Nr. 1), wäre es widersinnig, aus den gleichen Gründen, die die vorzeitige Entlassung rechtfertigen, auf die Erstattung zu verzichten. Die Erstattungspflicht würde dann in vielen Fällen leer laufen.[36]

Die **Ausbildungs- und Studienkosten** sind bei rein betriebswirtschaftlicher Berechnung z. T. **sehr hoch** (bereits in den siebziger Jahren wurden für die Ausbildung eines Jet-Piloten Ausbildungskosten von 1,6 Mio. DM veranschlagt[37]; für die Ausbildung zum Luftfahrzeugführer auf Propeller-Maschinen fielen zu Beginn der neunziger Jahre 1,5 Mio. DM an[38], für ein Studium an einer Universität der Bw können Kosten von über 100 000 € entstehen). In der Verwaltungspraxis hat sich die Härteklausel zum rechtl. Anknüpfungspunkt dafür entwickelt, die an sich zurückzufordernden Kosten auf einen für den ehem. Soldaten **angemessenen und verhältnismäßigen Betrag** zu reduzieren. Satz 3 stellt somit weniger eine Best. dar, um besonders gelagerten Einzelfällen gerecht zu werden (wie § 55 Abs. 3), sondern ist eine generelle Grundlage zur Berechnung des Erstattungsbetrages. In den **Bemessungsgrundsätzen des BMVg**[39] wird dies durch die Aufstellung von bestimmten Berechnungsmethoden, die unter dem Gesichtspunkt der besonderen Härte zu berücksichtigen sind, konkretisiert.

---

32 Praktische Auswirkungen kann dies haben, wenn der Soldat die Aufrechnung erklärt; diese macht den Erstattungsbescheid genauso wenig rechtswidrig wie die Erfüllung; bestehen hier unterschiedliche Auffassungen, kommt nur eine Feststellungsklage gem. § 43 VwGO in Betracht; vgl. *Kopp/Schenke*, VwGO, § 40 Rn. 46.
33 S. Komm. zu § 46 Rn. 106 m.w.N.
34 S. Komm. zu § 46 Rn. 104; VGH München BayVGH Entsch. 49, 105.
35 BGBl. I S. 1406.
36 OVG Münster 12 A 1828/98; RiA 1997, 145; unklar BVerwGE 52, 84.
37 Vgl. BVerwGE 52, 84.
38 VG Bremen 6 K 1634/02.
39 BMVg – PSZ I 8 – Az 16-02-11 v. 22.7.2002.

§ 57   Rechtsstellung der Berufssoldaten und der Soldaten auf Zeit

23   Als **besondere Härte** i.d.S. sind anerkannt:
- Der ehem. Soldat stand nach Abschluss seiner Fachausbildung oder seines Studiums mit den erworbenen Kenntnissen dem Dienstherrn noch für einen Zeitraum uneingeschränkt zur Verfügung (sog. **effektive Stehzeit**). Damit hat er einen Teil der Ausbildungskosten „abgedient". Der Rückforderungsbetrag ist entspr. zu reduzieren. Zur Berechnung des Reduzierungsbetrages wird die volle Dienstzeitverpflichtung des SaZ ins Verhältnis zu der tatsächlich abgedienten Dienstzeit gesetzt, wobei keine Bedenken bestehen, das erste Drittel der abgedienten Dienstzeitverpflichtung geringer zu veranschlagen als das zweite und das dritte Drittel.[40]
- Die Ausbildung, die der Soldat an einer Einrichtung der Bw erhalten hat, wäre an einer deutschen **Ausbildungseinrichtung außerhalb der Bw** erheblich günstiger gewesen. In diesem Fall kann nur der geringere Betrag verlangt werden.[41]
- Die durch die Ausbildung vermittelten **zivilberuflich verwertbaren Kenntnisse** sind so **gering**, dass eine Erstattung der vollen Kosten unangemessen wäre. Bei einem abgeschlossenen Studium an einer Universität der Bw tritt dieser Härtegrund zurück, da ein abgeschlossenes Studium immer zivilberuflich verwertbar ist.
- Durch die Rückforderung wird die **wirtschaftliche Existenz** des früheren Soldaten **gefährdet**. I.d.R. gebietet eine derartige Konstellation keinen Grund für die Annahme einer besonderen Härte, da den Interessen des Erstattungspflichtigen durch eine verzinsliche Stundung (§ 59 Abs. 1 Satz 1 Nr. 1 BHO), das Einräumen von Ratenzahlungen[42] oder durch Niederschlagung (§ 59 Abs. 1 Satz 1 Nr. 2 BHO) begegnet werden kann.

24   Keinen Einwänden unter dem Gesichtspunkt der besonderen Härte begegnet es, wenn die Hauptforderung **verzinst** wird.[43]

§ 57 Wiederaufnahme des Verfahrens, Verurteilungen nach Beendigung des Dienstverhältnisses

(1) Für die Wiederaufnahme des Verfahrens und für die Folgen von Verurteilungen nach Beendigung des Dienstverhältnisses als Soldat auf Zeit gelten die §§ 52 und 53 entsprechend.

(2) ¹Auf einen früheren Soldaten auf Zeit, der einen Mannschaftsdienstgrad führt, findet § 53 Abs. 2 keine Anwendung. ²Unterliegt er nicht der Wehrpflicht, so verliert er, abgesehen von den in § 53 Abs. 1 genannten Fällen, seinen Dienstgrad, wenn er die in § 59 Abs. 2 Satz 1 Nr. 2 bestimmte Altersgrenze nicht überschritten hat und gegen ihn auf eine der in § 48 Satz 1 bezeichneten Strafen, Maßregeln oder Nebenfolgen erkannt wird.

Literatur: Spezielle Veröffentlichungen zu § 57 sind nicht vorhanden. Ergänzend kann auf den bei § 53 zit. Beitrag von *Lingens* zurückgegriffen werden.

---

40 Einschränkend noch BVerwGE 52, 84. Zu der gestaffelten Bewertung der effektiven Stehzeit OVG Münster 12 A 1828/98.
41 BVerwG DVBl. 1996, 1152; VGH München BayVGH Entsch. 49, 105.
42 Vgl. VGH Mannheim 11 S 3031/92.
43 OVG Münster RiA 1997, 145.

§ 57 Wiederaufnahme des Verfahrens, Verurteilungen nach Beendigung

Übersicht

	Rn.		Rn.
A. Allgemeines	1 – 6	**B. Erläuterungen im Einzelnen**	7 – 12
1. Entstehung der Vorschrift	1 – 3	1. Vorbemerkung	7
2. Änderungen der Vorschrift	4 – 5	2. Absatz 1, 1. Alt.	8
3. Bezüge zum Beamtenrecht bzw. zu sonstigen rechtl. Vorschriften	6	3. Absatz 1, 2. Alt.	9
		4. Absatz 2	10 – 12

A. Allgemeines

1. Entstehung der Vorschrift

§ 52 des **REntw**.[1] sah folgende Regelung vor: **1**

„Für die Wiederaufnahme des Verfahrens und bei Verurteilungen nach Beendigung des Dienstverhältnisses eines Soldaten auf Zeit gelten die Vorschriften der §§ 47 und 48 entsprechend."

Die **Begr**.[2] erschöpft sich in einer verkürzten Wiedergabe des Normtextes. **2**

In den Ausschussberatungen war § 52 inhaltlich unstrittig; in den abschließenden Ber. des **VertA**[3] wurde die Best. sprachlich etwas umformuliert und so vom **Plenum des BT** beschlossen. **3**

2. Änderungen der Vorschrift

Durch Art. 4 Nr. 2 des G vom **16.8.2001**[4] wurde § 57 neu gefasst. Der vorherige § 57 wurde zu Abs. 1; ein neuer Abs. 2 wurde angefügt. **4**

Auf die Begr.[5] wird im Rahmen der nachfolgenden Komm. eingegangen.

Durch Art. 2 Nr. 21 des **SkResNOG** wurde in Abs. 2 die Angabe „§ 54 Abs. 5 Satz 1" durch die Angabe „§ 59 Abs. 2 Satz 1 Nr. 2" ersetzt. Grund hierfür war die Streichung des § 54 Abs. 5 a.F. **5**

3. Bezüge zum Beamtenrecht bzw. zu sonstigen rechtl. Vorschriften

Eine mit § 57 vergleichbare Best. kennt das Beamtenrecht nicht. **6**
Wegen sonstiger **Querverweisungen** vgl. die Komm. zu § 53.[6]

B. Erläuterungen im Einzelnen

1. Vorbemerkung

§ 57 ist – wie etliche andere Best. der Abschnitte II. ff. des SG – eine gesetzestechnisch **wenig geglückte** Rechtsnorm. Sie erschließt sich dem Anwender allenfalls dann, wenn dieser die darin zit. Verweisungen, die ihrerseits wieder Verweisungen enthalten, daneben legt. „Nutzerfreundlich" ist diese Art von Gesetzgebung jedenfalls nicht. **7**

2. Absatz 1, 1. Alt.

Für die **Wiederaufnahme des Verfahrens** ehem. SaZ verweist Abs. 1, 1. Alt., auf § 52, dieser wiederum auf § 48 und auf § 51 Abs. 1, 2 und 4 BBG. **8**
Insoweit kann auf die Komm. zu § 52 Bezug genommen werden.

---

1 BT-Drs. II/1700, 13.
2 BT-Drs. II/1700, 34. Ebenso BT-Drs. II/2140, 14.
3 BT-Drs. II/2140, 56.
4 BGBl. I S. 2093.
5 BT-Drs. 14/4660, 40.
6 Dorts. Rn. 9 bis 14.

3. Absatz 1, 2. Alt.

9   Gegen frühere SaZ in den Dienstgraden der **Offz** und **Uffz** kann seit der Neufassung des § 57 i.V.m. der in § 53 Abs. 2 getroffenen Neuregelung[7] unter den gleichen Voraussetzungen wie gegen ehem. BS ein **gerichtl. Disziplinarverfahren** durchgeführt werden, wenn die gerichtl. Verurteilung nicht bereits entspr. der in § 53 Abs. 1 getroffenen Regelung zum Verlust des Dienstgrades und – soweit vorhanden – der Versorgungsansprüche geführt hat.[8]

4. Absatz 2

10 Frühere SaZ im **Mannschaftsdienstgrad** können nach Beendigung ihrer Dienstzeit i.d.R. nicht mehr disziplinar verfolgt werden, da § 17 Abs. 3 (und § 23 Abs. 2 Nr. 2) auf sie nicht anwendbar ist. Für diesen Personenkreis musste daher eine andere gesetzl. Regelung geschaffen werden. Diese unterscheidet jetzt folgende **Fallkonstellationen**:

- Der frühere SaZ verliert seinen Dienstgrad und seine Versorgungsansprüche mit Ausnahme der Beschädigtenversorgung in den Fällen des § **53 Abs. 1**, unabhängig davon, welchen Dienstgrad er führt und ob er noch der Wehrpflicht unterliegt.
- Ist der frühere SaZ im Mannschaftsdienstgrad noch wpfl, kommt in anderen als in § 53 Abs. 1 aufgezählten Fällen unter den Voraussetzungen von § **30 Abs. 2 WPflG** nur ein Dienstgradverlust in Frage.
- Ist der frühere SaZ im Mannschaftsdienstgrad nicht mehr wpfl, verliert er außer in den Fällen des § 53 Abs. 1, d.h. in den Fällen des § **48 Satz 1**,[9] seinen Dienstgrad nur dann, wenn er bei Rechtskraft des Urt. die Altersgrenze des § 59 Abs. 2 Satz 1 Nr. 2 (d.h. das 45. Lebensjahr) noch nicht überschritten hat.

11 In anderen als diesen Fällen bleibt eine strafgerichtl. Verurteilung ohne dienstrechtl. Konsequenz.[10]

12 Die jew. zuständigen Dienststellen der Bw haben zunächst die **Rechtskraft** einer strafgerichtl. Verurteilung oder die Entsch. des BVerfG gem. Art. 18 GG abzuwarten und danach das Strafurt. im Detail **auszuwerten** um zu entscheiden, welche disziplinaren, status- und versorgungsrechtl. Maßnahmen zu treffen sind. Dies wird angesichts der **komplizierten Gesetzeslage** nicht immer einfach sein.

---

7 Vgl. die Komm. zu § 53 Rn. 8. Zur alten Rechtslage vgl. TDG Nord 10 VL 37/97.
8 BT-Drs. 14/4660, 40.
9 BT-Drs. 14/4660, 40.
10 *Scherer/Alff*, SG, § 57 Rn. 4.

Dritter Abschnitt
Rechtsstellung der Soldaten, die nach Maßgabe des Wehrpflichtgesetzes Wehrdienst leisten

§ 58 Regelung durch Gesetz; Form der Beförderung

(1) Die Begründung der Wehrpflicht, die Heranziehung der Wehrpflichtigen zum Wehrdienst und die Beendigung ihres Wehrdienstes regelt das Wehrpflichtgesetz.

(2) ¹Die Beförderung eines Soldaten, der nach Maßgabe des Wehrpflichtgesetzes Wehrdienst leistet, wird mit der dienstlichen Bekanntgabe an den Soldaten, jedoch nicht vor dem in der Ernennungsverfügung bestimmten Tag wirksam. ²§ 42 Abs. 2 Satz 2 gilt entsprechend. ³Die Sätze 1 und 2 gelten entsprechend für diejenigen, die zu den in § 60 genannten Dienstleistungen herangezogen werden.

Literatur: *Boehm-Tettelbach, Wolfgang*: Wehrpflichtgesetz, Komm., Stand 2005; *Steinlechner, Wolfgang/Walz, Dieter*: Wehrpflichtgesetz, Komm., 6. Aufl. 2003.

Übersicht

	Rn.			Rn.
A. Allgemeines	1 – 10	B. Erläuterungen im Einzelnen		11 – 18
1. Entstehung der Vorschrift	1 – 4	1. Absatz 1		11
2. Änderungen der Vorschrift	5 – 6	2. Absatz 2 Satz 1		12
3. Bezüge zum Beamtenrecht bzw. zu sonstigen rechtl. Vorschriften; ergänzende Dienstvorschriften und Erlasse	7 – 10	3. Absatz 2 Satz 2		13
		4. Absatz 2 Satz 3		14
		5. Beförderungsgrundsätze		15 – 18

A. Allgemeines

1. Entstehung der Vorschrift

§ 53 des **REntw**.[1] (jetzt: § 58) sah folgende Regelung vor: 1

„(1) Die Begründung der Wehrpflicht, die Heranziehung der Wehrpflichtigen zum Wehrdienst und die Beendigung ihres Wehrdienstes werden durch besonderes Gesetz geregelt.

(2) Die Beförderung eines Soldaten, der auf Grund der Wehrpflicht Wehrdienst leistet, wird mit der dienstlichen Bekanntgabe wirksam.

(3) Ein Soldat, der auf Grund der Wehrpflicht Wehrdienst leistet, verliert seinen Dienstgrad, wenn gegen ihn auf Gefängnis von einem Jahr oder längerer Dauer wegen vorsätzlich begangener Tat erkannt wird."

Die **Begr**.[2] verweist im Wesentlichen auf den Normtext.

In der **1. Lesung** im BT am 12.10.1955[3] beklagte der Abg. *Merten* (SPD), dass der 2 REntw. darunter leide, dass versucht worden sei, „vier ganz verschiedene Personengruppen" (BS, SaZ, WPfl und Zivilpersonal) in einem Gesetz zusammenzufassen. Diese Kritik war und ist weiterhin berechtigt: Der **Dritte Abschnitt** ist im SG ein **Fremdkörper**. § 58 Abs. 1 verweist auf das später verabschiedete WPflG und hätte nach dessen Verkündung gestrichen werden sollen. § 58 Abs. 2 hätte in die §§ 42 ff. eingefügt werden können.

---

1 BT-Drs. II/1700, 14.
2 BT-Drs. II/1700, 35.
3 Sten.Ber., 5785.

§ 58 Rechtsstellung der Soldaten, die nach WPflG Wehrdienst leisten

3   Die Eile, mit der seinerzeit versucht wurde, das SG zu verabschieden, wird auch an § 53 **Abs. 3** des REntw. deutlich. In der Beratung des REntw. im **Rechtsausschuss** des BT am 12.12.1955[4] schlug der Vertreter des BMVg, *Dr. Scherer*, selbst vor, auf diesen Abs. zu verzichten, weil er besser im WPflG zu platzieren sei. Der Ausschuss folgte diesem Votum; Abs. 3 wurde später als § 30 Abs. 2 in das WPflG übernommen.

4   Auch im **Ausschuss für Beamtenrecht** des BT wurde an § 53 des REntw. Kritik geübt: In der Sitzung vom 12.1.1956[5] stimmte der Ausschuss zwar der Regierungsvorlage zu, bat auf Anregung seines Vorsitzenden, des Abg. *Dr. Kleindinst* (CDU/CSU) jedoch um Prüfung einer evtl. Umstellung des Dritten Abschnitts in der Systematik des Gesamtentw.; auch erscheine der Umfang der in diesem Abschnitt enthaltenen Vorschriften zu „geringfügig". In der Tat ist es ungewöhnlich, lediglich *eine* **Norm als eigenen Abschnitt** eines Gesetzes auszuweisen.[6] In der weiteren Beratung des REntw. ist dieser Gedanke offenbar vergessen worden. Der **VertA**[7] und das **Plenum** stimmten dem REntw. mit Textänd. in den Abs. 1 und 2, bei Streichung des Abs. 3, zu. Der Vorschlag des Ausschusses für Beamtenrecht wurde aus nicht mehr feststellbaren Gründen nicht weiter verfolgt.

2. Änderungen der Vorschrift

5   Mit Art. 1 Nr. 17 des G vom **6.12.1990**[8] wurden Abs. 2 Satz 2 neu gefasst („§ 42 Abs. 2 Satz 2 gilt entsprechend") und an Abs. 2 ein neuer Satz 3 angefügt („Sätze 1 und 2 geltend entsprechend für frühere Berufssoldaten oder frühere Soldaten auf Zeit, die gem. § 51 Abs. 1 Nr. 1, § 51a oder § 54 Abs. 5 zu weiteren Dienstleistungen herangezogen werden"). Die Änd. von Abs. 2 Satz 2 war redaktioneller Natur[9]; die Erstreckung des vereinfachten Beförderungsverfahrens auf nicht wpfl frühere BS und SaZ wurde damit begründet, dass deren Dienstleistungen „nach ihrer Art und Dauer" mit den Dienstleistungen von WPfl vergleichbar seien.[10] Diese Regelung mag zwar „zweckmäßig und sinnvoll"[11] sein; sie gehört indes **nicht in den Dritten Abschnitt**, da dieser Personenkreis eben nicht auf Grund der WPfl (weiterhin) Dienst leistet.

6   Mit Art. 1 Nr. 42 des **SGÄndG** wurden in § 58 eine Überschrift („Regelung durch Gesetz; Form der Beförderung") eingefügt, in Abs. 1 die Wörter „werden durch Gesetz geregelt" durch die Wörter „regelt das Wehrpflichtgesetz" ersetzt und Abs. 2 Satz 3 neu gefasst („Die Sätze 1 und 2 gelten entsprechend für diejenigen, die zu den in § 51 Abs. 2, §§ 51a, 54 Abs. 5 oder § 58a genannten weiteren Dienstleistungen herangezogen werden oder auf Grund freiwilliger Verpflichtung nach § 4 Abs. 3 Satz 1 des Wehrpflichtgesetzes Wehrdienst leisten."). Mit der Überschrift und der Zitierung des WPflG wurde § 58 an die übrigen Best. des SG angeglichen. Die Ergänzung von Abs. 2 Satz 3 bezweckte in erster Linie die Erweiterung dieser Norm auf Soldatinnen, die gem. § 58a a.F. zu Dienstleistungen herangezogen werden konnten.[12] Spätestens hierbei hätte der Gesetzgeber entweder die **Überschrift** des Dritten Abschnitts **ändern** oder die speziel-

---

4 Prot. Nr. 93, 23.
5 Prot. Nr. 44, 5.
6 Für moderne G verlangt das Handbuch der Rechtsförmlichkeit, hrsg. v. BMJ, 2. Aufl. 1999, Rn. 414, dass eine „übergeordnete Gliederungseinheit" mehrere Einzelvorschriften unter einer Bezeichnung wie Abschnitt zusammenzufassen hat.
7 BT-Drs. II/2140, 14, 56.
8 BGBl. I S. 2588.
9 BT-Drs. 11/6906, 17.
10 BT-Drs. 11/6906, 17.
11 GKÖD I Yk, § 58 Rn. 2.
12 BT-Drs. 14/4062, 23.

Regelung durch Gesetz; Form der Beförderung **§ 58**

len Beförderungsbest. des Abs. 2 an die verschiedenen Statusgruppen anfügen müssen. Frauen dürfen auf keinen Fall zum Dienst mit der Waffe verpflichtet werden (Art. 12a Abs. 4 Satz 2 GG). Die Rechtsstellung der freiwillig Dienst leistenden Frauen kann daher nicht unter die Überschrift „Rechtsstellung der Soldaten, die auf Grund der Wehrpflicht Wehrdienst leisten", subsumiert werden.

Durch Art. 2 Nr. 22 des **SkResNOG** erhielt die Überschrift des Dritten Abschnitts die geltende Fassung. Die in Rn. 6 dargestellten Probleme wurden damit nur z.T. gelöst. Durch Art. 2 Nr. 23 des SkResNOG wurde Abs. 2 in die geltende Fassung gebracht. Die jetzige Formulierung berücksichtigt den Personenkreis der FWDL deutlicher als vorher.[13]   7

3. Bezüge zum Beamtenrecht bzw. zu sonstigen rechtl. Vorschriften; ergänzende Dienstvorschriften und Erlasse

Eine mit § 58 Abs. 2 vergleichbare Rechtsnorm kennt das **Beamtenrecht** nicht. Dies mag darin begründet sein, dass Beamte im Regelfall nicht derart „massenhaft" befördert werden wie WPfl.   8

ZDL werden nicht befördert. Einem ZDL kann gem. § 35 Abs. 2 ZDG nach bestimmten Dienstzeiten ein höherer Sold gewährt werden. Voraussetzung hierfür ist jedoch keine einer Beförderung entspr. Laufbahnmaßnahme.   9

Für die Beförderungen gem. § 58 Abs. 2 sind insbes. folgende **DBest.** zu beachten: 10
- § 1 Nr. 2 bis 6, §§ 10, 22 und 43 **SLV**. Danach finden auf diesen Personenkreis entweder die Vorschriften über SaZ oder über BS Anwendung.
- **ZDv 20/7** „Bestimmungen für die Beförderung und für die Einstellung, Übernahme und Zulassung von Soldatinnen und Soldaten" (März 2002).
- **ZDv 14/5 B 119** „Verfahren bei der Verfügung und Bekanntgabe der Beförderung von Soldaten, die nach Maßgabe des Wehrpflichtgesetzes Wehrdienst leisten, sowie derjenigen, die zu weiteren Dienstleistungen herangezogen werden, und von früheren Soldatinnen und Soldaten außerhalb des Wehrdienstes" (März 2004).

B. Erläuterungen im Einzelnen

1. Absatz 1

Abs. 1 enthält **keine materielle Regelung**.[14] Er hat lediglich – obsoleten – deklaratorischen Charakter. Im Übrigen gelten, wie sich aus § 1 Abs. 1 Satz 1 ergibt, insbes. die §§ 6 bis 36 auch für wpfl Soldaten mit der Besonderheit des § 9 Abs. 2.   11

2. Absatz 2 Satz 1

Abw. von § 42 Abs. 1 und Abs. 2 Satz 1, § 41 Abs. 2 bestimmt § 58 Abs. 2 Satz 1, dass die Beförderung eines WPfl durch **dienstl. Bekanntgabe** an den Soldaten und nicht durch Aushändigung einer Urkunde erfolgt. Voraussetzung hierfür ist eine Verfügung der zuständigen Dienststelle. Der konstitutive Akt ist die dienstl. Bekanntgabe an den Soldaten.[15]   12

---

13 Vgl. BT-Drs. 15/4485, 37.
14 Missverständlich BVerwGE 28, 193 = NZWehrr 1968, 224, wenn es dort heißt, die Rechtsstellung eines Soldaten, der auf Grund der WPfl Wehrdienst leiste, werde durch § 58 „bestimmt". Die Rechtsstellung eines WPfl wird durch das WPflG bestimmt.
15 So auch GKÖD I Yk, § 58 Rn. 2; *Scherer/Alff*, SG, § 58 Rn. 4.

§ 58 Rechtsstellung der Soldaten, die nach WPflG Wehrdienst leisten

3. Absatz 2 Satz 2

13 Die Verweisung auf § 42 Abs. 2 Satz 2 bedeutet, dass dem Soldaten die dienstl. Bekanntgabe seiner Beförderung zu **bescheinigen** ist. Die (urkundliche) Bescheinigung erfolgt durch Eintragung des neuen Dienstgrades in den **Truppenausweis** des Soldaten.[16] Zusätzlich soll bei der Beförderung zu einem Mannschaftsdienstgrad eine **Urkunde** über die dienstl. Bekanntgabe ausgehändigt werden.[17] Beide Maßnahmen haben lediglich **deklaratorischen Charakter**.[18]

4. Absatz 2 Satz 3

14 Das vereinfachte Beförderungsverfahren gilt auch für den Personenkreis des § 59. Ob es sinnvoll ist, dieses Verfahren auf **Abg.** zu übertragen, die gem. § 54 Abs. 4, § 51 Abs. 6 zu Dienstleistungen gem. § 60 herangezogen werden, darf bezweifelt werden. Abs. 2 Satz 3 sollte auf den Personenkreis des § 59 begrenzt werden.

5. Beförderungsgrundsätze

15 Eine Beförderung wird nur wirksam, wenn der Soldat damit **einverstanden** ist.[19] Dieses Einverständnis wird unterstellt. Verwahrt sich ein Soldat unverzüglich nach der Bekanntgabe seiner Beförderung hiergegen, ist die Beförderung „wirkungslos".[20]

16 Auf einen in der Bw erworbenen Dienstgrad kann **nicht verzichtet** werden.[21]

17 Eine Beförderung wird frühestens mit dem Tag der dienstl. Bekanntgabe wirksam.[22] Die **Unzulässigkeit einer rückwirkenden Beförderung** ist nicht nur „Ausdruck eines allgemeinen Rechtsgedankens"[23], sondern folgt bereits aus § 10 Abs. 2 Satz 2 BBG, der auf Soldaten analog anzuwenden ist. Mit der Neufassung des § 58 Abs. 2 Satz 1 durch das **SkResNOG** hat der Gesetzgeber auch insoweit für Rechtsklarheit gesorgt.

18 Zur (Nicht-)Beförderung von WPfl, die sich **weigern, das feierliche Gelöbnis abzulegen**, vgl. die Komm. zu § 9.[24]

---

16 ZDv 14/5 B 119 Nr. 7 Abs. 2.
17 ZDv 14/5 B 119 Nr. 7 Abs. 5.
18 So bereits *Rittau*, SG, 237.
19 BVerwG RiA 1986, 16 = NVwZ 1986, 128.
20 ZDv 14/5 B 119 Nr. 8 Abs. 2.
21 BVerwG NZWehr 1990, 174 = *Buchholz* 448.0 § 37 WPflG Nr. 1.
22 ZDv 14/5 B 119 Nr. 4 Abs. 1.
23 BVerwG *Buchholz* 448.0 § 40 WPflG Nr. 3 = ZBR 1980, 357.
24 § 9 Rn. 42.

Vierter Abschnitt
Dienstleistungspflicht

1. Umfang und Arten der Dienstleistungen

§ 59 Personenkreis

(1) ¹Ein früherer Berufssoldat, der wegen Erreichens der Altersgrenze in den Ruhestand getreten oder versetzt worden ist, kann bis zum Ablauf des Monats, in dem er das 65. Lebensjahr vollendet hat, zu den in § 60 genannten Dienstleistungen herangezogen werden. ²Zu den in § 60 Nr. 2 und 3 genannten Dienstleistungen kann er nur mit seiner freiwilligen schriftlichen Verpflichtung herangezogen werden.

(2) ¹Ein früherer Berufssoldat oder ein früherer Soldat auf Zeit, der mindestens zwei Jahre in einem Dienstverhältnis als Berufssoldat oder Soldat auf Zeit gestanden hat, kann
1. bis zum Ablauf des Monats, in dem er das 60. Lebensjahr vollendet hat,
2. außerhalb des Spannungs- und Verteidigungsfalles bis zum Ablauf des Monats, in dem er das 45. Lebensjahr vollendet hat, wenn er einen Mannschaftsdienstgrad führt, und
3. mit seiner freiwilligen schriftlichen Verpflichtung und nach Zustimmung durch das Bundesministerium der Verteidigung auch bis zum Ablauf des Monats, in dem er das 65. Lebensjahr vollendet hat,

zu den in § 60 genannten Dienstleistungen herangezogen werden. ²Absatz 1 Satz 2 gilt entsprechend.

(3) ¹Eine Person, die nicht als Berufssoldat oder als Soldat auf Zeit in einem Wehrdienstverhältnis gestanden hat, kann auf Grund freiwilliger schriftlicher Verpflichtung bis zum Ablauf des Monats, in dem sie das 65. Lebensjahr vollendet hat, zu den in § 60 genannten Dienstleistungen herangezogen werden. ²§ 9 Abs. 2 gilt entsprechend. ³Wird ihr ein höherer Dienstgrad nicht nur für die Dauer der Verwendung verliehen, kann sie auch ohne freiwillige Verpflichtung
1. bis zum Ablauf des Monats, in dem sie das 60. Lebensjahr vollendet hat, zu den in § 60 Nr. 1, 4 und 5 genannten Dienstleistungen und
2. außerhalb des Spannungs- und Verteidigungsfalles bis zum Ablauf des Monats, in dem sie das 45. Lebensjahr vollendet hat, wenn sie einen Mannschaftsdienstgrad führt, zu den in § 60 Nr. 1 und 4 genannten Dienstleistungen

herangezogen werden.

(4) ¹Vor Bestandskraft des Heranziehungsbescheides kann die gemäß Absatz 1 Satz 2, Absatz 2 oder Absatz 3 Satz 1 abgegebene freiwillige schriftliche Erklärung allgemein oder für den Einzelfall jederzeit und ohne Angabe von Gründen widerrufen werden. ²Der Widerruf ist schriftlich gegenüber der für die Heranziehung zuständigen Stelle zu erklären.

(5) ¹Nach Bestandskraft des Heranziehungsbescheides ist der Widerruf der Verpflichtungserklärung ausgeschlossen. ²Die auf Grund einer freiwilligen Verpflichtung Herangezogenen können beantragen, von der Teilnahme entpflichtet zu werden, soweit sie ihren Dienst noch nicht angetreten haben; dem Antrag ist stattzugeben, wenn die Heranziehung zur Dienstleistungen für sie wegen persönlicher, insbesondere häuslicher, wirtschaftlicher oder beruflicher Gründe eine besondere, im Bereitschafts-, Spannungs- und Verteidigungsfall eine unzumutbare Härte bedeuten würde.

§ 59 Dienstleistungspflicht

Literatur: Zu § 1 Abs. 3 a.F.: *Knoche, Sebastian:* „Zwangsweise" Diensterfüllung bei Auslandseinsätzen? NZWehrr 1996, 21; *Schwandt, Eberhard Ulrich:* Einsatz der Bundeswehr „out of area", in: Fs für Klaus Dau, 1999, 219; *Walz, Dieter:* Wehrpflicht und „Landes"verteidigung, NZWehrr 1998, 110.
Weitere Lit. bei *Boehm-Tettelbach,* WPflG, § 6a Rn. 3.
Zu § 51a a.F.: *Heselhaus, Sebastian/Schmidt-De Caluwe, Reimund:* Ernstfall für die Gleichberechtigung – europa- und verfassungsrechtliche Aspekte der Novellierung des Soldatenrechts, NJW 2001, 263.
Zu § 58a a.F.: *Eichen, Klaus:* Erosion der deutschen Wehrverfassung durch sekundäres Gemeinschaftsrecht? NZWehrr 2000, 45; *ders.:* Das „Gesetz zur Änderung des Soldatengesetzes und anderer Vorschriften (SGÄndG)" vom 19.12.2000, NZWehrr 2001, 45; *Kümmel, Gerhard:* Frauen im Militär, in: *Gareis/Klein:* HdBMilSoWi, 60; *Walz, Dieter:* Auslandseinsätze deutscher Streitkräfte und Art. 87b Grundgesetz, NZWehrr 1997, 89; *ders.:* Die verfassungsrechtlichen Grundlagen der Bundeswehrverwaltung – Abschied von der Zwei-Säulen-Theorie? in: Fs für Klaus Dau, 1999, 301; *ders.:* Die Bundeswehrverwaltung im Auslandseinsatz, in: Klein, Paul/Walz, Dieter: Die Bundeswehr an der Schwelle zum 21. Jahrhundert, 2000, 111; *ders.:* Die Soldatin und das Grundrecht auf Kriegsdienstverweigerung, NZWehrr 2002, 246; *ders.:* Beamtinnen und Beamte der Bundeswehr im Auslandseinsatz – Statusrechtliche Problemstellungen, in: Fs für Dieter Fleck, 2004, 663; *ders.:* Die Besonderheiten des gesetzlichen Status des Soldaten, in: *Gareis/Klein:* HdBMilSoWi, 440.
Zu § 59 n.F.: *Walz, Dieter:* Verfassungsrechtliche Implikationen des Streitkräftereserve-Neuordnungsgesetzes, NZWehrr 2005, 191.

Übersicht

	Rn.		Rn.
A. Allgemeines	1 – 14	2. Absatz 2	19 – 20
1. Entstehung der Vorschrift	1 – 12	3. Absatz 3	21 – 30
2. Änderungen der Vorschrift	13	4. Absatz 4 und 5	31
3. Bezüge zum Beamtenrecht	14	5. Sonstiges	32 – 33
B. Erläuterungen im Einzelnen	14 – 33	a) Finanzielle Ansprüche	32
1. Absatz 1	15 – 18	b) Übergangsregelung	33

A. Allgemeines

1. Entstehung der Vorschrift

1 Bis zum In-Kraft-Treten des SkResNOG regelte § 59 im V. Abschnitt „Rechtsweg" die „Zuständigkeiten". Mit dem SkResNOG wurde diese Vorschrift in den neu gefassten VI. Abschnitt „Rechtsschutz" verschoben und als § 82 „Zuständigkeiten" **neu platziert**.

2 Der **jetzige § 59** setzt sich wie folgt zusammen[1]:
- Abs. 1 entspricht § 51 Abs. 1 und Abs. 2 a.F.
- Abs. 2 entspricht im Wesentlichen § 51a a.F. und § 54 Abs. 5 a.F.
- Abs. 3 entspricht im Wesentlichen § 58a a.F.
- Abs. 4 und 5 entsprechen § 1 Abs. 3 Satz 3 bis 6 a.F.

Bzgl. der Entstehung des § 51 Abs. 1 und 2 a.F. kann auf die Komm. zu § 51 n.F. verwiesen werden.

Bzgl. der Entstehung von § 1 Abs. 3, § 51a und § 58a ist in Kürze Folgendes auszuführen:

---

1 Vgl. BT-Drs. 15/4485, 37 f.

a) § 1 Abs. 3 a.F.

Die hier maßgebliche Fassung des Abs. 3 geht auf Art. 2 Nr. 1 des G vom **24.7.1995**[2] zurück. Mit diesem Gesetz wurden u.a. soldatenrechtl. Vorschriften im Hinblick auf die Teilnahme von Soldaten an besonderen Auslandsverwendungen in das SG eingestellt.

Abs. 3 Satz 3 bis 6 erhielt folgende (Erst-)Fassung:
„Vor Bestandskraft des Heranziehungsbescheides kann der nicht wehrpflichtige frühere Soldat seine Erklärung zur Teilnahme an einer besonderen Auslandsverwendung allgemein oder für den Einzelfall jederzeit und ohne Angabe von Gründen widerrufen. Der Widerruf ist schriftlich gegenüber der für die Heranziehung zuständigen Stelle zu erklären. Nach Bestandskraft des Heranziehungsbescheides ist der Widerruf ausgeschlossen. Auf seinen Antrag ist der nicht wehrpflichtige frühere Soldat von der Teilnahme an besonderen Auslandsverwendungen zu entpflichten, wenn wichtige persönliche Gründe dies rechtfertigen."
Diese Fassung des Abs. 3 Satz 3 bis 6 galt bis zum In-Kraft-Treten des SkResNOG ohne Änd.

b) § 51a a.F.

Durch Art. 1 Nr. 14 des G vom **6.12.1990**[3] wurde mit § 51a[4] folgende Best. eingefügt:

„(1) Ein früherer Berufssoldat, der nicht wehrpflichtig ist und dessen Dienstverhältnis aus den in § 46 Abs. 3 genannten Gründen geendet hat, kann bis zum Ablauf des Jahres, in dem er das sechzigste Lebensjahr vollendet hat, zu weiteren Dienstleistungen herangezogen werden, wenn er mindestens zwei Jahre in einem Dienstverhältnis als Berufssoldat oder Soldat auf Zeit gestanden hat. Er ist verpflichtet, Änderungen seines ständigen Aufenthalts oder seiner Wohnung binnen einer Woche der zuständigen Stelle anzuzeigen.

(2) Dienstleistungen im Sinne des Absatzes 1 sind zeitlich befristete Übungen im Frieden, unbefristete Übungen, die als Bereitschaftsdienst von der Bundesregierung angeordnet worden sind, sowie unbefristeter Wehrdienst im Verteidigungsfall.

(3) Eine Übung im Frieden dauert höchstens einen Monat. Die Gesamtdauer der Übungen im Frieden beträgt bei Unteroffizieren höchstens fünf und bei Offizieren höchstens sechs Monate.

(4) Ein früherer nicht wehrpflichtiger Berufssoldat wird auf seinen Antrag von seinen weiteren Dienstleistungspflichten zeitlich befristet oder völlig befreit, wenn unter Berücksichtigung aller Umstände zwingende Interessen der militärischen Verteidigung nicht entgegenstehen."

Zur **Begr.**[5] führte die BReg aus, ein „gleichberechtigter und chancengleicher Dienst" von wpfl und nicht wpfl Soldaten sei nur möglich, wenn sichergestellt sei, dass auch der nicht wpfl Soldat als Res zur Verfügung stehe und für eine Verwendung im V-Fall eingeplant werden könne. Dies sei „zur Herstellung der vollen Verteidigungsfähigkeit" erforderlich. Eine Konkretisierung des betr. Personenkreises fehlt sowohl im Gesetzestext als auch in der amtl. Begr.; aus dem Kontext des Gesetzgebungsvorhabens mit der „Öffnung aller Verwendungen im Sanitäts- und Militärmusikdienst für Frauen"[6] ist zu vermuten, dass in erster Linie die **nicht wpfl Soldatinnen** als **Zielgruppe** gemeint waren.

Durch Art. 2 Nr. 5 des G vom **24.7.1995**[7] wurden die Abs. 2 und 3 um Best. zu den besonderen Auslandsverwendungen ergänzt.

---

2 BGBl. I S. 962.
3 BGBl. I S. 2588.
4 Auf die gleichzeitig erfolgte Neufassung des § 54 Abs. 5 a.F. wird nicht weiter eingegangen.
5 BT-Drs. 11/6906, 12.
6 BT-Drs. 11/6906, Deckblatt sowie S. 12.
7 Vgl. o. Fn. 2.

§ 59 Dienstleistungspflicht

7 Durch Art. 1 Nr. 38 des **SGÄndG** wurde Abs. 3 redaktionell und sprachlich an die Neufassung des § 51 angepasst.

8 Bis zum In-Kraft-Treten des SkResNOG galt demnach folgende Fassung des § 51a:

„(1) Ein früherer Berufssoldat, der nicht wehrpflichtig ist und dessen Dienstverhältnis aus den in § 46 Abs. 3 genannten Gründen geendet hat, kann bis zum Ablauf des Jahres, in dem er das 60. Lebensjahr vollendet hat, zu weiteren Dienstleistungen herangezogen werden, wenn er mindestens zwei Jahre in einem Dienstverhältnis als Berufssoldat oder Soldat auf Zeit gestanden hat. Er ist verpflichtet, Änderungen seines ständigen Aufenthalts oder seiner Wohnung binnen einer Woche der zuständigen Stelle anzuzeigen.

(2) Dienstleistungen im Sinne des Absatzes 1 sind zeitlich befristete Übungen im Frieden, unbefristete Übungen, die als Bereitschaftsdienst von der Bundesregierung angeordnet worden sind, sowie unbefristeter Wehrdienst im Verteidigungsfall. Dienstleistung im Sinne des Absatzes 1 ist auch die Teilnahme an besonderen Auslandsverwendungen.

(3) Eine Übung im Frieden dauert höchstens einen Monat. Die Gesamtdauer der Übungen im Frieden beträgt bei Unteroffizieren höchstens fünf und bei Offizieren höchstens sechs Monate. Für die Teilnahme an einer besonderen Auslandsverwendung gilt § 51 Abs. 2 Satz 3 und 4 entsprechend; sie ist auf die Gesamtdauer der Übungen nach Satz 2 anzurechnen. Für die Entlassung aus dem Wehrdienst gilt § 51 Abs. 2 Satz 2, 5 und 6 entsprechend.

(4) Ein nicht wehrpflichtiger früherer Berufssoldat wird auf Antrag von seinen weiteren Dienstleistungspflichten zeitlich befristet oder völlig befreit, wenn unter Berücksichtigung aller Umstände zwingende Interessen der militärischen Verteidigung nicht entgegenstehen."

c) § 58a a.F.

9 § 58a a.F. wurde durch Art. 1 Nr. 43 des **SGÄndG** in das SG eingefügt.

10 Zur **Begr.**[8] verwies die BReg auf die allg. Zielsetzung des G, Frauen und Männer im Hinblick auf den Dienst in den SK gleichzustellen. Zugleich wurde damit auch der Entsch. des EuGH in der Rechtssache *Tanja Kreil*[9] entsprochen. Gedacht war primär an **(ungediente) Rechtsberaterinnen, Truppenverwaltungsbeamtinnen** und **Truppenpsychologinnen**[10], möglicherweise auch an **zivile Ärztinnen**.[11] Diesem Personenkreis war es bis dato verwehrt gewesen, insbes. (freiwillig) an besonderen Auslandsverwendungen teilzunehmen, nachdem im BMVg entschieden worden war, solche grds. nur im Soldatenstatus zuzulassen.[12]

11 Bis zu seiner Aufhebung durch das SkResNOG bestimmte § 58a a.F.:

„(1) Eine Frau, die nicht als Berufssoldat oder als Soldat auf Zeit in einem Wehrdienstverhältnis gestanden hat, kann auf Grund freiwilliger Verpflichtung bis zum Ablauf des Jahres, in dem sie das 60. Lebensjahr vollendet hat, zu Dienstleistungen im Sinne des § 51a Abs. 2 herangezogen werden; § 1 Abs. 3 Satz 2 bis 6 gilt entsprechend. Sie hat dabei die Rechtsstellung eines früheren Soldaten auf Zeit, der zu Dienstleistungen nach § 54 Abs. 5 herangezogen wird; § 9 Abs. 2 gilt entsprechend. Wird der Soldatin ein Dienstgrad nur für die Dauer der Verwendung verliehen, gelten die Vorschriften über die Gesamtdauer der Übungen im Frieden nicht.

(2) Wird der Soldatin ein höherer Dienstgrad nicht nur für die Dauer der Verwendung verliehen, kann sie in entsprechender Anwendung der §§ 51a, 54 Abs. 5 zu weiteren Dienstleistungen herangezogen werden."

---

8 BT-Drs. 14/4062, 17.
9 Urt. v. 11.1.2000, C-285/98. Vgl. dazu *Eichen*, NZWehr 2000, 45.
10 BT-Drs. 14/4062, 23.
11 *Eichen*, NZWehr 2001, 53.
12 Vgl. *Walz*, in: Fs für Fleck, 663.

Bereits auf Grund ihrer zahlreichen Verweisungen und Weiterverweisungen war die Vorschrift **wenig anwenderfreundlich** gefasst; eine **grundlegende Überarbeitung** war geboten. Diese erfolgte mit dem SkResNOG. § 59 Abs. 3 ist eher geeignet, auch durch nicht ausgewiesene Kenner des soldatischen Dienstrechts verstanden zu werden. 12

2. Änderungen der Vorschrift
Mit der nächsten Novellierung des SG sollten **§ 51 Abs. 6 und § 54 Abs. 4 als § 59 Abs. 6** eingefügt werden.[13] Zur Änd. des **Abs. 5 Satz 2** vgl. unten Rn. 31. 13

3. Bezüge zum Beamtenrecht
Eine mit § 59 vergleichbare Rechtsvorschrift existiert im Beamtenrecht und im sonstigen öff. Dienstrecht nicht. 14

B. Erläuterungen im Einzelnen

1. Absatz 1
Die Verpflichtung ehem. BS, bis zum 65. Lebensjahr (nachwirkende) Dienste zu erbringen, beruht, ebenso wie die Regelung des § 51 Abs. 1, auf dem freiwillig begründeten **lebenslangen Dienst- und Treueverhältnis**.[14] Die Begrenzung auf das 65. Lebensjahr ist nicht unzumutbar, da diese Altersgrenze die im sonstigen öff. Dienst übliche ist. Die gem. Abs. 2 Satz 1 Nr. 3 erforderliche Zustimmung des BMVg ist für diesen Personenkreis nicht vorgesehen. Eine **zwangsweise Heranziehung** zu Dienstleistungen ist gem. Satz 2 nur zulässig zu befristeten Übungen (§ 61), zu unbefristeten Übungen als Bereitschaftsdienst und zum unbefristeten Wehrdienst im Spannungs- und im V-Fall. Diese Beschränkung entspricht den **Best. des WPflG** (§ 4 Abs. 1, § 6, § 6a, § 6c); sie ist mit dem Grds. der Verhältnismäßigkeit vereinbar. 15

Anwendbar ist Abs. 1 auf frühere BS (Männer und Frauen), die nicht oder nicht mehr der WPfl unterliegen. Dies folgt aus der Konkurrenzregelung des § 80 und aus § 3 Abs. 4 Satz 2 WPflG. Konkret betroffen sind damit **ehem. Berufssoldatinnen** sowie **ehem. Berufssoldaten**, die insbes. wegen ihres Lebensalters oder – theoretisch – ihres Gesundheitszustandes **nicht mehr wpfl** sind. 16

Nicht anwendbar ist Abs. 1 auf **BS im einstweiligen Ruhestand** und BS, die gem. § 46 Abs. 2 Satz 1 Nr. 6 **entlassen** worden sind. 17

Erwähnenswert ist, dass Abs. 1, ebenso wie bereits § 51 Abs. 1 Satz 1 a.F., keinerlei weitere materielle Voraussetzungen nennt, die für eine Heranziehung zu Dienstleistungen gegeben sein müssen. Aus allg. rechtsstaatlichen Erwägungen ist davon auszugehen, dass eine (zwangsweise) Heranziehung nur zulässig sein dürfte, wenn die **sicherheitspolitische Lage** und/oder der **Personalbedarf der SK** eine solche zwingend erforderlich machen sollte. 18

2. Absatz 2
Abs. 2 hat die Best. der aufgehobenen § 51a, § 54 Abs. 5 übernommen. Neu ist, dass Mannschaftsdienstgrade im Spannungs- und im V-Fall bis zum 60. Lebensjahr dienstleistungspflichtig sind (Umkehrschluss aus Abs. 2 Satz 1 Nr. 2). Dies entspricht der jetzigen Regelung des § 3 Abs. 5 WPflG. In Angleichung an § 4 Abs. 3 Satz 4 und 5 WPflG wurde die Best. des Abs. 2 Satz 1 Nr. 3 formuliert.[15] Nur für diesen Personenkreis ist für 19

---

13 Vgl. die Komm. zu § 51 Fn. 15.
14 Vgl. BT-Drs. 11/6906, 12; Komm. zu § 51 Rn. 21.
15 Vgl. BT-Drs. 15/4485, 37 f.

diejenigen früheren BS oder SaZ, die älter als 60 Jahre sind, eine Zustimmung des BMVg erforderlich. Dies kann damit begründet werden, dass diese früheren BS und SaZ, anders als frühere BS nach Abs. 1 oder Personen nach Abs. 3, auf Grund ihrer Stehzeiten und Vorverwendungen noch am ehesten mit WPfl vergleichbar sind.

20 **Anwendbar** ist Abs. 2 auf nicht wpfl ehem. BS und SaZ, die mindestens zwei Jahre in einem solchen Dienstverhältnis „gestanden" haben, und die nicht wegen Erreichens der Altersgrenze in den Ruhestand getreten oder versetzt worden sind. Konkret betroffen sind mithin insbes. **ehem. Berufssoldatinnen und Soldatinnen auf Zeit**, die gem. § 46 Abs. 3 bzw. § 55 Abs. 3 entlassen worden sind, sowie entspr. **Männer**, die wegen ihres Lebensalters oder – theoretisch – ihres Gesundheitszustandes **nicht (mehr) der WPfl unterliegen**.

3. Absatz 3

21 Abs. 3 ersetzt den aufgehobenen § 58a. Neben redaktionellen Änd. dieser Vorschrift ist auf die mit Abs. 2 verfügten **Neuerungen** (Dienstleistungen von Mannschaftsdienstgraden im Spannungs- und im V-Fall bis zum 60. Lebensjahr; freiwillige Dienstleistungen bis zum 65. Lebensjahr) hinzuweisen.[16] Eine Zustimmung des BMVg für diese Dienstleistungen zwischen dem 60. und dem 65. Lebensjahr ist, anders als in Abs. 2 Satz 1 Nr. 3, nicht erforderlich. Die Personalsteuerung erfolgt über den Bedarf der SK.

22 Abs. 3 Satz 1 und 2 ist primär auf **ungediente Frauen** anwendbar, die sich zu Dienstleistungen freiwillig verpflichten. Die Ersetzung des Wortes „Frau" (§ 58a Abs. 1 Satz 1 a.F.) durch „Person" (Abs. 3 Satz 1 n.F.) hat indes zur Folge, dass sich auch **Männer**, die nicht oder nicht mehr der WPfl unterliegen, entspr. verpflichten können, z.B. Auslandsdeutsche (§ 1 Abs. 2 WPflG), vom Wehrdienst Befreite (§ 11 WPflG), Ausländer (mit Zustimmung des BMVg) oder – theoretisch – Wehrdienstunfähige (§ 8a Abs. 2 WPflG), jew. vorausgesetzt, die SK haben an diesen Personen einen **Bedarf**.[17] Die Frage, ob wpfl Männer nach Ableistung des GWD ein **Wahlrecht** haben, ob sie z.B. zu Wehrübungen oder zu Übungen herangezogen werden wollen, ist im Hinblick auf § 80 zu **verneinen**.

23 Die Heranziehung erfolgt grds. **im untersten Mannschaftsdienstgrad** (§ 4 Abs. 2 Satz 1 SLV). Ausnahmen bestimmen sich nach § 5 Abs. 3 SLV. Bei Beamtinnen der Bw werden i.d.R. die Voraussetzungen des § 5 Abs. 3 Satz 1 Nr. 2 SLV für die Heranziehung mit einem vorläufigen höheren Dienstgrad erfüllt sein.[18]

24 Das **Wehrdienstverhältnis** dieser Personen **beginnt** wie das der ehem. BS und SaZ gem. Abs. 1 und 2 mit dem **Diensteintritt** (§ 2 Abs. 1 Nr. 2) mit der Konsequenz, dass der Personenkreis der Abs. 1 bis 3 dienst- und strafrechtl. wie WPfl behandelt werden kann, die dem Einberufungsbescheid keine Folge leisten.

Personen gem. Abs. 3 werden auch im Übrigen mit Diensteintritt **Soldat mit allen Rechten und Pflichten.** Statusrechtl. sind sie weder den BS noch den SaZ noch den GWDL zuzuordnen. Sie stehen zwischen SaZ und GWDL mit einem **Status sui generis**.

25 Gem. Abs. 3 Satz 2 haben diese Personen wie Soldaten, die nach Maßgabe des WPflG Wehrdienst leisten, ein **feierliches Gelöbnis** abzulegen. Rechtspolitisch ist diese Lösung fragwürdig; sie kann Probleme erzeugen, die bereits im Zusammenhang mit der Komm.

---

16 Vgl. BT-Drs. 15/4485, 38.
17 Für diese extensive Auslegung sprechen der Wortlaut („Person") u. die systematische Stellung der Vorschrift. Der Gesetzgeber hat an diese Weiterungen möglicherweise nicht gedacht. Die amtl. Begr. (BT-Drs. 15/4485, 38) beschränkt sich insoweit auf eine Bezugnahme auf § 58a a.F.
18 *Eichen*, NZWehrr 2001, 52.

zu § 9 angesprochen worden sind.[19] Es wäre besser gewesen, diese Personen in anderer Form **feierlich zu verpflichten**, um so die „Nähe" zu WPfl nicht weiter zu verstärken.

Ist der Person ein **höherer Dienstgrad nur für die Dauer der Verwendung** verliehen worden, erwachsen daraus für sie keine nachwirkenden Verpflichtungen i.S.d. des IV. Abschnitts. Dieser „Dienstgrad" ist im Übrigen **nicht** gem. § 26 Satz 1 **besonders geschützt**.[20] 26

Ist der Person – nach einer Wehrdienstleistung! – ein höherer Dienstgrad **endgültig verliehen** worden, kann sie auch gegen ihren Willen zu weiteren Dienstleistungen herangezogen werden (Abs. 3 Satz 3). Für die Teilnahme an einer besonderen Auslandsverwendung (§ 62) und an einer Hilfeleistung im Innern (§ 63) ist stets ihr – nochmaliges – Einverständnis erforderlich.[21] 27

Die endgültige Verleihung des höheren Dienstgrades entspricht einer Beförderung (§ 4 Abs. 1 Satz 1 Nr. 3). Für sie gelten daher gem. § 5 Abs. 3 Satz 2 SLV die **Mindestdienstzeiten** der § 10 Abs. 2 Satz 1, § 22 Abs. 2 Satz 5 und § 43 Abs. 5 Satz 2 SLV. Die Beförderung erfolgt durch **dienstl. Bekanntgabe** (§ 58 Abs. 2 Satz 3). 28

Mit § 58a Abs. 2 a.F., der durch Abs. 3 Satz 3 ersetzt worden ist, sollte ein „Verfügbarkeitstatbestand geschaffen werden, der die Einsatzbereitschaft der Streitkräfte sicherstellt."[22] Dies ist im Hinblick auf Art. 12 Abs. 2 und 12a Abs. 4 Satz 2 GG **nicht unproblematisch**.[23] Es bleibt zweifelhaft, ob die einmal erklärte freiwillige Verpflichtung, gefolgt von der dienstl. Bekanntgabe der Beförderung[24], incidenter die „nachwirkende" Verpflichtung der Person auszulösen vermag, weitere Dienstleistungen zu erbringen. In jedem Fall sind diese Personen vor der Beförderung **aktenkundig** darüber **zu belehren**, dass sie als Folge der Beförderung den Pflichten aus Abs. 3 Satz 3 unterliegen. 29

Frauen, die gem. Abs. 3 Satz 3 zu weiteren Dienstleistungen verpflichtet sind, werden wie ehem. Berufssoldatinnen und Soldatinnen auf Zeit als **„Reservistinnen"** der Bw bezeichnet. Sie sind berechtigt, gem. Art. 4 Abs. 3 Satz 1 GG ihre Anerkennung als **Kriegsdienstverweigerin** zu beantragen.[25] 30

4. Absatz 4 und 5

Mit Abs. 4 und 5 sind die bisher in § 1 Abs. 3 Satz 3 bis 6 enthaltenden Regelungen bzgl. der besonderen Auslandsverwendung in den IV. Abschnitt verlagert worden. Einbezogen wurden der Bereitschafts-, der Spannungs- und der V-Fall sowie die Hilfeleistung im Innern.[26] Inhaltlich erfolgte eine weitgehende Angleichung an die Best. der § 6a Abs. 3 und § 6c Abs. 4 WPflG. 31

Im Unterschied zu § 6a Abs. 3 Satz 4 WPflG kann der Dienstleistende gem. Abs. 5 Satz 2 nur entpflichtet werden, soweit er seinen Dienst (in der Auslandsverwendung selbst – nicht in einer vorbereitenden Übung gem. § 62 Abs. 3 Satz 1 –) noch nicht angetreten hat. Theoretisch kommt eine Entpflichtung auch dann in Betracht, wenn der Herangezogene dem Heranziehungsbescheid keine Folge geleistet hat. Er ist dann zwar de iure

---

19 § 9 Rn. 13, 38.
20 Vgl. die Komm. zu § 26 Rn. 8.
21 Vgl. *Eichen*, NZWehr 2001, 52.
22 BT-Drs. 14/4062, 24.
23 Vgl. *Walz*, NZWehr 2005, 196. *Vogelgesang*, in: GKÖD I Yk, § 1 Rn. 17, hält die nachwirkende Verpflichtung für rechtl. zulässig.
24 Ohne Übergabe einer Urkunde. Vgl. die Komm. zu § 58 Rn. 13.
25 Vgl. *Heselhaus/Schmidt-De Caluwe*, NJW 2001, 263; *Walz*, NZWehr 2002, 246.
26 Vgl. BT-Drs. 15/4485, 38.

Soldat geworden (§ 2 Abs. 1 Nr. 2), hat „den Dienst noch nicht angetreten". Um diese vom Gesetzgeber nicht beabsichtigte Beendigung der Verpflichtung auszuschließen, sollte dieser Teilsatz des Abs. 5 Satz 2 Halbs. 2 gestrichen werden.
Dem Antrag auf Entpflichtung ist gem. Abs. 5 Satz 2 Halbs. 2 im Frieden stattzugeben, wenn Gründe vorliegen, die bei einem BS oder SaZ zur Entlassung auf Antrag (§ 46 Abs. 6, § 55 Abs. 3) führen würden. Mit der jetzigen Fassung der Vorschrift ist der Gesetzgeber der entspr. Komm.[27] des § 1 Abs. 3 Satz 6 a.F. gefolgt.

5. Sonstiges

a) Finanzielle Ansprüche

32 Der in den Abs. 1 bis 3 aufgeführte Personenkreis hat Anspruch auf Arbeitsplatzschutz (§ 14 Abs. 3, § 16 Abs. 4 ArbPlSchG), Leistungen nach dem USG (§ 1 Abs. 1 Satz 2 USG) und Wehrsold (§ 1 Abs. 2 WSG) **wie ein WPfl**. Versorgungsempfängern werden die Versorgungsbezüge fortgezahlt; diese werden ggf. um Leistungen nach dem USG aufgestockt (§ 13c Abs. 3 USG).

b) Übergangsregelung

33 Gem. § 98 finden die Vorschriften des IV. Abschnitts nur auf Personen Anwendung, die nach dem In-Kraft-Treten des 14. ÄndG in das Dienstverhältnis eines Soldaten berufen worden sind.[28]

§ 60 Arten der Dienstleistungen

Dienstleistungen sind
1. **befristete Übungen (§ 61),**
2. **besondere Auslandsverwendungen (§ 62),**
3. **Hilfeleistungen im Innern (§ 63),**
4. **unbefristete Übungen, die von der Bundesregierung als Bereitschaftsdienst angeordnet worden sind, und**
5. **unbefristeter Wehrdienst im Spannungs- und Verteidigungsfall.**

Literatur: *Walz Dieter:* Verfassungsrechtliche Implikationen des Streitkräftereserve-Neuordnungsgesetzes, NZWehrr 2005, 191.

Übersicht

	Rn.		Rn.
A. Allgemeines	1–3	**B. Erläuterungen im Einzelnen**	4–13
1. Entstehung der Vorschrift	1	1. Allgemeines	4–5
2. Änderungen der Vorschrift	2	2. Nr. 1, 3 und 3	6
3. Bezüge zum Beamtenrecht	3	3. Nr. 4	7–9
		4. Nr. 5	10–12
		5. Sonstiges	13

---

27 *Scherer/Alff*, SG, § 1 Rn. 32.
28 Vgl. die Komm. zu § 98.

§ 60 Arten der Dienstleistungen

A. Allgemeines

1. Entstehung der Vorschrift

Bis zum In-Kraft-Treten des SkResNOG war § 60 mit „Einstellung von anderen Bewerbern" überschrieben. Mit dem SkResNOG wurde diese Vorschrift als **§ 87 neu platziert**. Eine mit dem jetzigen Inhalt des § 60 vergleichbare Best. war bis zum SkResNOG im SG nicht vorhanden. In **Anlehnung an § 4 Abs. 1 WPflG** wollte der Gesetzgeber den einzelnen Dienstleistungen eine zusammenfassende Übersicht voranstellen. Eine solche erleichtert den Zugang zu den Dienstleistungen und vereinfacht Querverweise in anderen gesetzl. Vorschriften.

2. Änderungen der Vorschrift

Änderungsbedarf ist zzt. noch nicht geltend gemacht worden. Bei einer künftigen Novellierung des SG (und des WPflG) wird zu prüfen sein, ob die Best. über den **Bereitschaftsdienst zu streichen** oder in einer Vorschrift analog der §§ 61 bis 63 **zusammenzufassen** und zu konkretisieren sind.[1] Außerdem sollte untersucht werden, ob **weitere Wehrdienstarten**[2] in den Katalog des § 60 (und des § 4 Abs. 1 WPflG) aufgenommen werden können. Schließlich ist der Klammerzusatz in Nr. 1 um die Angabe „Abs. 1 und 2" zu ergänzen; an Nr. 4 ist der Klammerzusatz „§ 61 Abs. 3" anzufügen.

3. Bezüge zum Beamtenrecht

Eine mit § 60 vergleichbare Best. **existiert** im Beamtenrecht und im sonstigen öff. Dienstrecht **nicht**.

B. Erläuterungen im Einzelnen

1. Allgemeines

Die Aufzählung der einzelnen Arten von Dienstleistungen in den Nrn. 1 bis 5 hat **abschließenden** Charakter. Eine Erweiterung dieses Katalogs z.B. durch Weisung des BMVg wäre unzulässig.

Die Dienstleistungen nach Nr. 1, 2, 3 und 4 sind auf den völkerrechtl. **Friedenszustand** bezogne Wehrdienstarten. Sie können – von verschiedenen Dienstleistenden – zur gleichen Zeit und an gleichen Orten im Inland (Nr. 1, 3 und 4) bzw. im Ausland (Nr. 2) stattfinden. Im **Spannungs-** und im **V-Fall** kann die BReg Dienstleistungen nach Nr. 1, 2 und 3 parallel zur Dienstleistung nach Nr. 5 zulassen bzw. anordnen, sofern dies die sicherheitspolitische Situation gebietet und eine räumliche sowie funktionsbezogene Trennung der verschiedenen Dienstleistenden garantiert ist.[3]

2. Nr. 1, 2 und 3

Erl. zu § 61 (Übungen), § 62 (besondere Auslandsverwendungen) und § 63 (Hilfeleistungen im Innern) erfolgen bei den zit. Vorschriften.

3. Nr. 4

Eine zusammenfassende **Spezialvorschrift** bzgl. der unbefristeten Übungen als Bereitschaftsdienst **fehlt** im SG ebenso wie im WPflG (vgl. lediglich § 6 Abs. 6 WPflG).

---

1 Vgl. u. Rn. 9.
2 Vgl. u. Rn. 13.
3 Anders noch bzgl. § 4 Abs. 1 WPflG *Steinlechner/Walz*, WPflG, § 4 Rn. 12.

8 Ergänzend sind zu Nr. 4 **heranzuziehen**:
- § 59 Abs. 5 Satz 2 (Entpflichtung von Herangezogenen),
- § 61 Abs. 3 Satz 2 (keine Anrechnung auf die Gesamtdauer von befristeten Übungen),
- § 67 Abs. 4 Satz 1 (Zurückstellung von Dienstleistungspflichtigen),
- § 70 Abs. 3 Satz 3 (Zustellung von Heranziehungsbescheiden),
- § 72 Abs. 1 Satz 3 (Inhalt des Heranziehungsbescheides),
- § 75 Abs. 1 Satz 2 Nr. 1 und 2, Abs. 2 Nr. 1 (Entlassung aus Dienstleistungen).

9 Der Bereitschaftsfall oder Bereitschaftsdienst findet im **GG keine ausdrückliche Ermächtigung**.[4] Es handelt sich um einen Akt der BReg, der auf der Einschätzung einer **außenpolitischen Krisenlage** beruht. Ein solcher Kabinettsbeschl. ist nach Auffassung des BVerwG gerichtl. nicht nachprüfbar.[5]

Die BReg hat von der einfachgesetzl. Ermächtigung des § 6 Abs. 6 WPflG durch Kabinettsbeschlüsse vom 20.9. und 21.9.1961 (Auslöser war die Berlinkrise des 13.8.1961) sowie vom 29.10.1962 (Auslöser war die Kubakrise) Gebrauch gemacht.[6]

Die **verfassungsrechtl. Grundlage** für solche Kabinettsbeschlüsse ist **im Dunkeln** geblieben. Auch die Notstandsverfassung von 1968 hat hieran nichts geändert.

Aus heutiger Sicht ist die lediglich einfachgesetzl. Lösung für derartige Notstandsmaßnahmen zweifelhaft. Im Übrigen bedürfen Kabinettsbeschlüsse von einer solchen Tragweite jedenfalls der **Mitwirkung der Legislative**.[7]

Fraglich ist ferner, ob die Voraussetzungen für eine Anordnung des Bereitschaftsdienstes nicht i.d.R. identisch mit den Voraussetzungen für die Feststellung des Spannungsfalles sind. Wenn dies so ist, kann auf die wehrrechtl. Sonderbest. zum Bereitschaftsdienst **verzichtet** werden.

4. Nr. 5

10 Der auch nach dem SG bisher schon mögliche unbefristete Wehrdienst im V-Fall wurde um den **Spannungsfall erweitert**.[8] Ursache hierfür waren u.a. die terroristischen Angriffe auf Einrichtungen in den USA am 11.9.2001. Überall dort, wo das SG (und das WPflG) Sonderregelungen für den V-Fall vorsahen, sind diese um den Spannungsfall ergänzt worden. Dies hat zur Folge, dass diese Vorschriften gem. **Art. 80a Abs. 1 Satz 1 GG** nur angewandt werden dürfen, wenn der BT den Eintritt des Spannungsfalles festgestellt oder er deren Anwendung besonders zugestimmt hat. Die Voraussetzungen für die Feststellung des Spannungsfalles sind im GG „wohlweislich"[9] nicht näher definiert worden. Allg. wird jedoch davon ausgegangen, dass für den Spannungsfall wie für den Bereitschaftsfall eine **außenpolitischen Konfliktlage** erforderlich ist.[10]

11 Ergänzend sind zu Nr. 5 **heranzuziehen**:
- § 44 Abs. 6 Satz 3 (Widerruf der Versetzung in den Ruhestand),
- § 59 Abs. 2 Satz 1 Nr. 2, Abs. 3 Satz 3 Nr. 2 (Heranziehung zu Dienstleistungen),
- § 59 Abs. 5 Satz 2 (Entpflichtung von Herangezogenen),
- § 67 Abs. 4 Satz 1 (Zurückstellung von Dienstleistungspflichtigen),

---

4 Vgl. zum Folgenden *Walz*, NZWehrr 2005, 191.
5 BVerwGE 15, 63 = NZWehrr 1964, 79 mit krit. Anm. von *Czermak*, DÖV 1963, 235.
6 Vgl. *Meyer*, NZWehrr 1962, 97.
7 Vgl. BVerfGE 90, 286.
8 Vgl. BT-Drs. 15/4485, 38.
9 *Lücke*, in: *Sachs*, GG, Art. 80a Rn. 2.
10 *Jarass*, in: *Jarass/Pieroth*, GG, Art. 80a Rn. 1.

- § 72 Abs. 1 Satz 3 (Inhalt des Heranziehungsbescheides),
- § 72 Abs. 3 Satz 2 Nr. 3 (Fristen bei der Heranziehung),
- § 75 Abs. 1 Satz 2 Nr. 1 bis 3, Abs. 2 Nr. 1 (Entlassung aus Dienstleistungen),
- § 77 Abs. 4 Nr. 1 und Nr. 5 (Dienstleistungsüberwachung),
- § 92 (Übergangsvorschriften für die Laufbahnen).

Der **V-Fall** kann festgestellt und verkündet werden, wenn das Bundesgebiet mit Waffengewalt angegriffen wird oder ein solcher Angriff unmittelbar droht (Art. 115a Abs. 1 Satz 1, Abs. 3 GG). Erst **danach** ist unbefristeter Wehrdienst gem. Nr. 5 zu leisten. 12

5. Sonstiges

Auch nach dem SkResNOG ist im SG – wie im WPflG – **offen** geblieben, auf **welche Wehrdienstarten** zurückgegriffen werden kann 13

- im sog. isolierten **Bündnisfall** (Art. 80a Abs. 3 Satz 1 GG), d.h., wenn die Voraussetzungen von Art. 80a Abs. 1 oder Art. 115a Abs. 1 Satz 1 GG nicht vorliegen. Die Heranziehung zu einer befristeten Übung (§ 61) dürfte bereits vom Wortsinn der „Übung" her nicht in Frage kommen. Der Gesetzgeber hat mit der durch das SkResNOG vorgenommenen Verkürzung der bisherigen Formulierung „Übungen im Frieden" auf „Übungen" nicht bezweckt, dieser Dienstleistungsart einen anderen Inhalt zuzuweisen. Eine besondere Auslandsverwendung (§ 62) ist verfassungsrechtl. kein Einsatz, wie er in einem Bündnisfall wahrscheinlich sein dürfte. Ein „Einsatz" (bewaffneter SK) liegt nur vor, wenn die SK in **bewaffnete Unternehmen** involviert sind oder dies zu erwarten ist.[11] Die bloße „**Verwendung**" von SK im Ausland auf Grund einer internationalen oder binationalen Vereinbarung ist **kein Einsatz** i.d.S.[12] Im Übrigen kann zu einer besonderen Auslandsverwendung nur derjenige herangezogen werden, der sich **freiwillig** hierzu bereit erklärt hat (§ 59 Abs. 1 Satz 2, Abs. 2 Satz 2, Abs. 3 Satz 1). Es bietet sich an, die auf den Spannungsfall bezogenen Best. um den Bündnisfall zu **ergänzen**. So lange dies nicht erfolgt ist, kommt – unter Zurückstellung verfassungsrechtl. Zweifel – nur die besondere Auslandsverwendung in Betracht.
- bei einem Einsatz der SK zur **Verteidigung gem. Art. 87a Abs. 2 GG**, sofern die Voraussetzungen von Art. 115a Abs. 1 GG nicht vorliegen. Dies kann etwa der Fall sein, wenn das Bundesgebiet selbst nicht angegriffen oder bedroht ist und statt dessen ein völkerrechtl. geschütztes Rechtsgut der Bundesrepublik außerhalb des deutschen Territoriums tangiert ist.[13] Hier gelten die obigen Ausführungen zum Bündnisfall sinngemäß.
- bei einer **Katastrophenhilfe im Ausland**, so lange keine Vereinbarung i.S.v. § 62 Abs. 1 getroffen wurde und ein Beschl. der BReg noch nicht vorliegt. Bei einer solchen „Gefahr im Verzug" kann bis zu einer gesetzl. Regelung vorübergehend eine Heranziehung zu einer befristeten Übung gem. § 61 Abs. 1 erfolgen.

---

11 § 2 Abs. 1 des Parlamentsbeteiligungsgesetzes v. 18.3.2005 (BGBl. I S. 775). Krit. hierzu *Weiß*, NZWehrr 2005, 103.
12 Vgl. § 2 Abs. 2 des Parlamentsbeteiligungsgesetzes (Fn. 11).
13 Vgl. *Dau*, NZWehrr 1998, 89.

§ 61 Übungen

(1) ¹Befristete Übungen dauern grundsätzlich höchstens drei Monate. ²Über Ausnahmen entscheidet das Bundesministerium der Verteidigung.

(2) Die Gesamtdauer der Übungen beträgt bei Mannschaften höchstens sechs, bei Unteroffizieren höchstens neun und bei Offizieren höchstens zwölf Monate.

(3) ¹Übungen, die von der Bundesregierung als Bereitschaftsdienst angeordnet werden, sind unbefristet. ²Auf die Gesamtdauer der Übungen nach Absatz 2 werden sie nicht angerechnet; das Bundesministerium der Verteidigung kann die Anrechnung anordnen.

Literatur: Spezielle Veröffentlichungen zu § 61 liegen noch nicht vor.

Übersicht

	Rn.		Rn.
A. Allgemeines	1 – 5	B. Erläuterungen im Einzelnen	6 – 27
1. Entstehung der Vorschrift	1 – 3	1. Allgemeines	6 – 17
2. Änderungen der Vorschrift	4	2. Absatz 1	18 – 20
3. Bezüge zum Beamtenrecht	5	3. Absatz 2	21 – 24
		4. Absatz 3	25 – 27

A. Allgemeines

1. Entstehung der Vorschrift

1 Bis zum In-Kraft-Treten des SkResNOG regelte § 61 a.F. die Entlassung von anderen Bewerbern. Diese Best. wurde als **§ 88 neu platziert**.

2 Mit dem jetzigen § 61 wurden Teile der § 51, § 51a, § 54 Abs. 5 und § 58a a.F. **zu einer Vorschrift zusammengefasst**. Gem. § 51 Abs. 2 Satz 1 Nr. 1 und Nr. 3 a.F. konnten BS, die wegen Erreichens der Altersgrenze in den Ruhestand getreten waren, bis zum 65. Lebensjahr zu Übungen im Frieden bis zu einem Monat jährlich bzw. zu Übungen, die von der BReg als Bereitschaftsdienst angeordnet waren, herangezogen werden. Gem. § 51a Abs. 2 Satz 1 a.F. konnten ehem. BS, die gem. § 46 Abs. 3 entlassen worden waren, bis zum 60. Lebensjahr u.a. zu zeitlich befristeten Übungen und zu unbefristeten Übungen als Bereitschaftsdienst herangezogen werden. § 51a Abs. 2 Satz 1 und 2 a.F. sowie § 54 Abs. 5 Satz 2 a.F. legten die Höchstdauer dieser Übungen fest. § 58a Abs. 1 Satz 1 und Abs. 2 a.F. erweiterte den betroffenen Personenkreis auf ungediente Frauen.

3 § 61 n.F. lehnt sich eng an § **6** Abs. 1, 2 und 6 **WPflG** n.F. an.

2. Änderungen der Vorschrift

4 **Änderungsbedarf** besteht z. Zt. **nicht**.¹

3. Bezüge zum Beamtenrecht

5 Eine mit § 61 **vergleichbare Vorschrift** existiert im Beamtenrecht und im sonstigen öff. Dienstrecht **nicht**.

---

1 Zum evtl. Änderungsbedarf der §§ 10, 16 ArbPlSchG vgl. u. Rn. 23.

B. Erläuterungen im Einzelnen

1. Allgemeines

Zur Auslegung von § 61 kann ergänzend auf die **Komm. zu § 6 WPflG** zurückgegriffen werden. Beide Best. sind seit dem SkResNOG weitgehend wort- und inhaltsgleich. Die „Übung" des SG entspricht der „Wehrübung" des WPflG. 6

§ 61 differenziert zwischen befristeten Übungen (Abs. 1) und unbefristeten Übungen (Abs. 3). 7

Beiden Übungsarten liegen die gleichen **Zielsetzungen** zu Grunde: 8

Die in § 46 Abs. 1 Satz 2 Nr. 1 des **REntw**. des SG[2] vorgesehen gewesenen „kurzfristigen Dienstleistungen bis zu einem Monat jährlich" wurden damit begründet, dass die Kenntnisse der ehem. BS „auf dem neuesten Stand gehalten" werden sollten.[3] Die seit dem ÄndG vom 24.7.1995[4] verwendete Formulierung „Übungen im Frieden bis zu einem Monat jährlich" hat an dieser Zweckbestimmung nichts geändert. Eine **Übung** i.S.v. § 61 soll den betreffenden Personenkreis bereits im Frieden für den unbefristeten Wehrdienst **im Spannungs- und im V-Fall „fit" halten**.

Die gleiche Absicht verfolgt der Gesetzgeber mit **Wehrübungen**. An diesen haben „gediente Wehrpflichtige nach dem Grundwehrdienst zur Erhaltung und Erweiterung ihres militärischen Ausbildungsstandes teilzunehmen".[5] Wehrübungen sollen die Einsatzfähigkeit der SK für den V-Fall sicherstellen. Hierfür sind insbes. gediente WPfl aus- und fortzubilden.[6] 9

Eine Übung nach dem SG lässt sich mithin nur legitimieren, wenn, auf einem i.d.R. bereits vorhandenen mil. Kenntnisstand aufbauend, weitere mil. Fähigkeiten erworben werden sollen. Dies ist z.B. bei der Urlaubsvertretung eines aktiven Soldaten durch eine übende Person oder wenn der Übende eine im Spannungs- oder im V-Fall überhaupt nicht vorgesehene Funktion ausübt, nicht der Fall. 10

Dienstrechtl. **ohne Bedeutung** ist, ob es sich um eine **Pflichtübung** oder um eine **freiwillige Übung** handelt.[7] 11

Übungen finden grds. nur **im Friedensbetrieb** der SK und **im Inland** statt. Wenn es die Lage zulässt und gebietet, sind Übungen im Inland auch zulässig, wenn sich die SK zeitgleich in einem internationalen bewaffneten Konflikt befinden. Ein Einsatz von Übenden in einem solchen Konflikt selbst wäre hingegen nicht statthaft. Hierzu sind andere Dienstleistungsarten zu verwenden. 12

Zwangsweise (und freiwillig) zu Übungen herangezogen werden können 13
- frühere BS, die sich wegen Erreichens der Altersgrenze im Ruhestand befinden, bis zum 65. Lebensjahr (§ 59 Abs. 1 Satz 1),
- frühere BS und SaZ, die entlassen worden sind, sowie Personen, die nicht BS oder SaZ waren, soweit ihnen ein höherer Dienstgrad auf Dauer verliehen worden ist, bis zum 60. Lebensjahr, Mannschaftsdienstgrade bis zum 45. Lebensjahr, soweit nicht der Spannungs- oder der V-Fall festgestellt worden ist (§ 59 Abs. 2 Satz 1 Nr. 1 und 2; § 59 Abs. 3 Satz 3 Nr. 1 und 2).

---

2 BT-Drs. II/1700, 12.
3 BT-Drs. II/1700, 33.
4 Vgl. dazu o. § 51 Rn. 12 u. Fn. 13.
5 BT-Drs. II/2303, 17; BT-Drs. 15/4485, 30.
6 *Boehm-Tettelbach*, WPflG, § 6 Rn. 1; *Steinlechner/Walz*, WPflG, § 6 Rn. 6.
7 Vgl. *Steinlechner/Walz*, WPflG, § 6 Rn. 8.

§ 61 Dienstleistungspflicht

14 **Freiwillig** können zu Übungen ferner herangezogen werden
- frühere BS und SaZ bis zum 65. Lebensjahr (§ 59 Abs. 2 Satz 1 Nr. 3),
- Personen, die nicht BS und SaZ waren, bis zum 65. Lebensjahr (§ 59 Abs. 1 Satz 1).

15 Unterliegen die oben aufgeführten Personen der **Wehrpflicht**, erfolgt „vorrangig" (§ 80) eine Heranziehung zu Wehrübungen gem. § 6 WPflG.

16 Der Übende muss **dienstfähig** sein (§ 64). Die Heranziehung erfolgt durch einen **Heranziehungsbescheid** des örtlich zuständigen KWEA (§ 69). Im Übrigen gelten die Best. der §§ 65 ff.

17 Der **Status** des Übenden ist mit dem des Wehrübenden vergleichbar.[8] Er hat Anspruch auf Arbeitsplatzschutz, Leistungen nach dem USG, Wehrsold, unentgeltliche truppenärztliche Versorgung, Unterkunft und Verpflegung **wie ein WPfl**. Versorgungsempfängern werden die Versorgungsbezüge fortgezahlt; diese werden ggf. um Leistungen nach dem USG aufgestockt (§ 13c Abs. 3 USG).

2. Absatz 1

18 Die bisherige **Befristung** von Übungen auf „bis zu einem Monat jährlich" ist, entspr. der Neuregelung des § 6 Abs. 1 Satz 1 WPflG, auf „grundsätzlich höchstens drei Monate" **erweitert** worden. Gemeint ist damit eine **einzelne Übung**, unabhängig davon, ob im laufenden Kalenderjahr bereits eine solche stattgefunden hat.[9] Die Jahresbegrenzung ist weggefallen.

19 Über **Ausnahmen** entscheidet das BMVg. Dieses hat dabei auf die „Wahrung eines einheitlichen Maßstabs" zu achten.[10] Eine **Delegierung** dieser Kompetenz auf nachgeordnete Dienststellen ist vom Gesetzgeber **nicht vorgesehen** worden. Sinnvollerweise holt das BMVg oder der übende Truppenteil vor der Erteilung der Ausnahmegenehmigung hierzu das **Einverständnis des Übenden** ein.

20 Ein Sonderfall der befristeten Übung ist die in § 62 Abs. 3 Satz 1 geregelte „**vorbereitende Übung**" für eine besondere Auslandsverwendung.[11]

3. Absatz 2

21 Mit Abs. 2 ist die Gesamtdauer der Übungen von bisher drei Monaten bei Mannschaften (§ 54 Abs. 5 Satz 2 a.F.), fünf Monaten bei Uffz und sechs Monaten bei Offz (§ 51a Abs. 3 Satz 2 a.F.) wegen der „Gleichbehandlung aller Statusgruppen"[12] auf die entspr. abgesenkten Zeitspannen des § 6 Abs. 2 WPflG n.F. **angehoben** worden.

22 Die Grenzen des § 6 Abs. 2 WPflG beziehen sich lediglich auf **Pflichtwehrübungen**. Freiwillige Wehrübungen sind darüber hinaus – statusrechtl. unbegrenzt – zulässig.[13] Diese Auffassung wird allg. der Regelung des § 4 Abs. 3 WPflG entnommen.[14] Eine entspr. Best. fehlt im IV. Abschnitt des SG. Die in Abs. 2 fixierten Zeiten markieren daher eine **Obergrenze** sowohl für Pflichtübungen als für freiwillige Übungen. Diese darf auch mit dem Einverständnis des Übenden und des BMVg nicht überschritten werden.

---

8 Im Entw. eines Strukturreformgesetz ist vorgesehen, § 20 Abs. 8 dahingehend zu ergänzen, dass ein Soldat, der eine befristete Übung gem. § 61 Abs. 1 leistet, bzgl. einer Nebentätigkeit wie ein Soldat behandelt wird, der nach Maßgabe des WPflG Wehrdienst leistet.
9 Vgl. auch BT-Drs. 15/4485, 38 (zu § 63).
10 BT-Drs. 15/4485, 38.
11 Vgl. BT-Drs. 15/4485, 38.
12 BT-Drs. 15/4485, 38.
13 Hierbei ist allerdings § 10 ArbPlSchG zu beachten. Vgl. dazu u. Rn. 23.
14 *Boehm-Tettelbach*, WPflG, § 4 Rn. 5b; *Steinlechner/Walz*, WPflG, § 6 Rn. 8; § 4 Rn. 17.

Arbeitsplatzschutz wird im Rahmen der Höchstgrenzen des Abs. 2 gewährt. § 10 ArbPlSchG findet auf Übungen keine Anwendung (§ 16 Abs. 4 Satz 2 ArbPlSchG). Die scheinbare Bevorzugung der Wehrübenden gegenüber den Übenden bzgl. der Gesamtdauer der Übungszeiten wird mit dieser Regelung z.T. wieder ausgeglichen. Dabei darf nicht verkannt werden, dass bei freiwilligen Wehrübungen der Arbeitsplatzschutz nur dann garantiert ist, wenn diese im Kalenderjahr nicht länger als sechs Wochen dauern (§ 10 ArbPlSchG). Der Gesetzgeber wird zu überlegen haben, ob diese Best. auch für **freiwillige** Übungen i.S.v. § 61 Abs. 1 und 2 zu gelten hat, damit eine **Umgehung des § 10 ArbPlSchG verhindert** wird. **23**

Abs. 2 schreibt **keine Mindestdauer** einer Übung vor. Im Wehrpflichtrecht lag diese bis zur Novelle von 1965 bei einem Tag. Seither werden selbst Wehrübungen von **einigen Stunden** Dauer als **zulässig** angesehen.[15] Gleiches gilt für Übungen. Aufwand und Nutzen müssen sich dennoch in einem vernünftigen Verhältnis bewegen. Der mit der Heranziehung zu einer Übung verbundene administrative Aufwand ist grds. von der Dauer der Übung unabhängig hoch. Ggf. sollte auf eine DVag (§ 81) ausgewichen werden. **24**

4. Absatz 3

Die Möglichkeit, ehem. BS und SaZ sowie ungediente Frauen zu Übungen als Bereitschaftsdienst heranzuziehen, bestand bereits nach dem bisherigen Recht (§ 51 Abs. 1 Satz 1 Nr. 3, § 51a Abs. 2 Satz 1, § 54 Abs. 5 Satz 1, § 58a Abs. 1 Satz 1, Abs. 2). **25**

Abs. 3 schließt insofern eine „Regelungslücke"[16], als diese Übungen nunmehr als „**unbefristet**" bezeichnet werden und eine **Anrechnung** auf die Gesamtdauer der Übungen nach Abs. 2 grds. **untersagt** wird.

Bzgl. der verfassungsrechtl. und -politischen Bewertung des Bereitschaftsdienstes/des Bereitschaftsfalles kann auf die Komm. zu § 60 verwiesen werden.[17] Das Gleiche gilt für die im SG enthaltenen ergänzenden Best. zum Bereitschaftsdienst.[18] **26**

Abs. 3 entspricht der bereits vor dem SkResNOG geltenden Regelung des § 6 Abs. 6 **WPflG**. Die grds. **Nichtanrechnung** des Bereitschaftsdienstes auf die Dauer der Pflichtwehrübungen ist damit begründet worden, dass der WPfl andernfalls nach Ablauf der Gesamtdauer der Wehrübungen einen Anspruch auf Entlassung aus dem Bereitschaftsdienst hätte. Dies sei mit Sinn und Zweck dieses Dienstes nicht vereinbar.[19] Andererseits hat das BMVg in den beiden Fällen, in denen die BReg einen Bereitschaftsdienst angeordnet hatte[20], die **Anrechnung verfügt**[21], so dass zumindest insoweit ein Ausgleich erfolgte. **27**

---

15 *Boehm-Tettelbach*, WPflG, § 6 Rn. 9.
16 BT-Drs. 15/4485, 38.
17 § 60 Rn. 9.
18 § 60 Rn. 8.
19 *Boehm-Tettelbach*, WPflG, § 6 Rn. 4.
20 Vgl. die Komm. zu § 60 Rn. 9.
21 *Steinlechner/Walz*, WPflG, § 6 Rn. 4 u. 20.

§ 62 Besondere Auslandsverwendungen

(1) Besondere Auslandsverwendungen sind Verwendungen, die auf Grund eines Übereinkommens, eines Vertrages oder einer Vereinbarung mit einer über- oder zwischenstaatlichen Einrichtung oder mit einem auswärtigen Staat auf Beschluss der Bundesregierung im Ausland oder außerhalb des deutschen Hoheitsgebietes auf Schiffen oder in Luftfahrzeugen stattfinden.

(2) ¹Eine besondere Auslandsverwendung ist grundsätzlich jeweils für höchstens sieben Monate zulässig. ²Sie wird auf die Gesamtdauer der Übungen nach § 61 Abs. 2 nicht angerechnet. ³Soweit die Dauer drei Monate übersteigt, wirkt das für die Heranziehung zuständige Kreiswehrersatzamt auf die Zustimmung des Arbeitgebers oder der Dienstbehörde hin.

(3) ¹Ist ein Soldat auf seinen Antrag von der Teilnahme an besonderen Auslandsverwendungen allgemein oder für den Einzelfall entpflichtet worden (§ 59 Abs. 5), kann er aus vorbereitenden Übungen entlassen werden, wenn dies im dienstlichen Interesse liegt. ²§ 75 Abs. 1 Satz 2 Nr. 9 bleibt unberührt.

(4) § 75 Abs. 2 Nr. 1 ist mit der Maßgabe anzuwenden, dass der Soldat zu entlassen ist.

Literatur: Vgl. die Literaturübersichten bei den §§ 7 und 9 sowie bei *Boehm-Tettelbach*, WPflG, § 6a Rn. 3.

Übersicht

	Rn.		Rn.
A. Allgemeines	1–12	B. Erläuterungen im Einzelnen	13–28
1. Entstehung der Vorschrift	1–7	1. Absatz 1	13–15
2. Änderungen der Vorschrift	8	2. Absatz 2	16–23
3. Bezüge zum Beamtenrecht bzw. zu sonstigen rechtl. Vorschriften; ergänzende Dienstvorschriften und Erlasse	9–12	3. Absatz 3	24–26
		4. Absatz 4	27–28

A. Allgemeines

1. Entstehung der Vorschrift

1 Bis zum In-Kraft-Treten des SkResNOG regelte § 62 a.F. die Mitteilungen in Strafsachen. Diese Best. wurde als **§ 89 neu platziert**.

2 Der jetzige § 62 setzt sich aus Teilen des vorherigen § 1 Abs. 3 Satz 2 (jetzt: § 62 Abs. 1; § 59 Abs. 1 Satz 2, Abs. 2 Satz 2, Abs. 3 Satz 1) und des vorherigen § 51 Abs. 2 Satz 3 und 4 (jetzt: Abs. 2) zusammen. Abs. 3 enthält eine Neuregelung; Abs. 4 entspricht dem „Regelungskern" des § 6a Abs. 5 WPflG.[1]

3 Bzgl. der Entstehung des § 51 kann auf die dortige Komm. verwiesen werden.[2] Die Entstehungsgeschichte des § 6a Abs. 5 WPflG ist für die nachstehende Komm. ohne wesentliche Bedeutung.

4 Bzgl. der **Entstehung des § 1 Abs. 3 Satz 2 a.F.** ist Folgendes anzumerken:

---

1 BT-Drs. 15/4485, 38.
2 Vgl. insbes. § 51 Rn. 12 ff.

Besondere Auslandsverwendungen § 62

Durch Art. 1 Nr. 3 des G vom 28.7.1993[3] wurde das **BBesG** um § 58a ergänzt. Gem. Abs. 2 Satz 1 dieser – bis heute insoweit unverändert gebliebenen – Best. wird ein Auslandsverwendungszuschlag „für eine besondere Verwendung gewährt, die auf Grund eines Übereinkommens, eines Vertrages oder einer Vereinbarung mit einer über- oder zwischenstaatlichen Einrichtung oder mit einem auswärtigen Staat auf Beschluss der Bundesregierung im Ausland oder außerhalb des deutschen Hoheitsgebietes auf Schiffen oder in Luftfahrzeugen stattfindet". Potentielle Empfänger dieses Zuschlags sind u.a. Soldaten, „die im Ausland im Rahmen von **humanitären und unterstützenden Maßnahmen** tätig werden" (§ 58a Abs. 1 BBesG). „Humanitäre und unterstützende Maßnahmen" sollen „in partnerschaftlicher Zusammenarbeit mit den anderen Mitgliedsstaaten der Europäischen Gemeinschaft, der VN und anderer zwischenstaatlicher Einrichtungen" durchgeführt werden.[4]

Auf die „in der Praxis bewährten" Formulierung des § 58a BBesG aufbauend wurde durch Art. 2 Nr. 1 des G vom **24.7.1995**[5] § 1 Abs. 3 neu gefasst. Abs. 3 Satz 2 erhielt folgende Fassung: 5

„Zu Verwendungen, die auf Grund eines Übereinkommens ... im Ausland oder außerhalb des deutschen Hoheitsgebietes auf Schiffen oder in Luftfahrzeugen stattfinden (besondere Auslandsverwendung), werden nicht wehrpflichtige frühere Soldaten nur herangezogen, wenn sie sich dazu schriftlich bereiterklärt haben."

In der **Begr.** des Gesetzentw. führte die BReg u.a. aus, mit der zit. Formulierung des § 58a Abs. 1 BBesG seien alle nach der Entsch. des BVerfG vom 12.7.1994[6] möglichen Verwendungen der Bw **im Rahmen von VN-Missionen** abgedeckt. Mit dem vorliegenden Entw. sollten der Bw die Heranziehung Freiwilliger erleichtert und die Einberufung von Res zu Auslandsverwendungen (§ 6a WPflG) ermöglicht werden.[7] Es bestand offenbar seinerzeit Konsens, dass die besondere Auslandsverwendung **Einsätze der SK im Bündnisfall und im V-Fall nicht abdecken** würde.[8] 6

In dieser Fassung galt § 1 Abs. 3 Satz 2 bis zum In-Kraft-Treten des SkResNOG. Mit diesem wurde u.a. § 1 Abs. 3 aufgehoben; sein Regelungsinhalt wurde in die §§ 59 und 62 verlagert. 7

2. Änderungen der Vorschrift
Änderungsbedarf besteht zzt. **nicht**. 8

3. Bezüge zum Beamtenrecht bzw. zu sonstigen rechtl. Vorschriften; ergänzende Dienstvorschriften und Erlasse

§ 58a BBesG gilt für Bundesbeamte, Richter im Bundesdienst genauso wie für Soldaten. 9

Sonderregelungen anderer Art für Beamte, die im Ausland oder außerhalb des deutschen Hoheitsgebietes auf Schiffen oder in Luftfahrzeugen verwendet werden, finden sich in **§ 133f BRRG**.

---

3 BGBl. I S. 1394.
4 BR-Drs. 221/93, 15.
5 BGBl. I S. 962.
6 BVerfGE 90, 286.
7 BT-Drs. 13/1209, 12.
8 Die SPD-Fraktion des BT äußerte lediglich verfassungsrechtl. Bedenken bzgl. der (freiwilligen) Teilnahme von GWDL an VN-Einsätzen, die nicht der Landes- o. Bündnisverteidigung dienen (BT-Drs. 13/1634, 28).

10 Zu § 58a BBesG ist die VO über die Gewährung eines Auslandsverwendungszuschlags (**Auslandsverwendungszuschlagsverordnung – AuslVZV**) i.d.F. vom 27.3.2002[9] erlassen worden.

11 VV zu besonderen Auslandsverwendungen enthält die **ZDv 20/3, Kap. 4**.

12 Zu Abs. 2 Satz 1 ist ergänzend der Erl. des BMVg vom 1.4.2005 – PSZ I 1 – „Weisung für die Einplanung von Reservisten und Reservistinnen zur Teilnahme an besonderen Auslandsverwendungen" herausgegeben worden. Danach sind zwischen einzelnen besonderen Auslandsverwendungen sog. **Karenzzeiten** einzuhalten, die grds. mindestens die gleiche Dauer wie die vorangegangene Auslandsverwendung haben.

B. Erläuterungen im Einzelnen

1. Absatz 1

13 Die zu Unrecht meist als „**Legaldefinition**" bezeichnete[10] Umschreibung der besonderen Auslandsverwendung in Abs. 1 (und § 58a Abs. 2 Satz 1 BBesG; § 6a Abs. 1 WPflG) gibt **inhaltlich nicht viel** her. Sie beschränkt sich im Wesentlichen auf die formalen Voraussetzungen. Danach muss eine irgendwie geartete völkerrechtl. Vereinbarung bi- oder multilateraler Natur vorliegen; verfassungsrechtl. genügt der Abschluss eines **Verwaltungsabkommens** i.S.v. Art. 59 Abs. 2 Satz 2 GG. Diese Vereinbarung muss dokumentiert sein; sie wird zweckmäßigerweise der nachfolgenden Kabinettvorlage beigefügt. Beide Varianten (Verwendung im Ausland bzw. außerhalb der deutschen Hoheitsgebietes auf Schiffen oder in Luftfahrzeugen[11]) müssen durch die **BReg** beschlossen werden. Erst **ab diesem Zeitpunkt** und nicht etwa rückwirkend liegen die formalen Voraussetzungen für eine besondere Auslandsverwendung vor. Davor ist bei „Gefahr im Verzug" ausnahmsweise eine Heranziehung zu einer freiwilligen befristeten Übung gem. § 61 Abs. 1 Satz 1 (bzw. zu einer freiwilligen Wehrübung gem. § 4 Abs. 3 Satz 1, § 6 Abs. 1 Satz 1 WPflG) zulässig. Nach dem maßgeblichen Kabinettsbeschl. ist der **Heranziehungsbescheid** entspr. zu **ändern**.

14 Die besondere Auslandsverwendung ist **materiellrechtl.** nur im Rahmen von humanitären und unterstützenden Maßnahmen im Ausland statthaft (§ 58a Abs. 1 BBesG). Diese Begriffe sind möglicherweise „bewusst weit gefasst".[12] Dennoch gibt es Grenzen, die sich bereits grammatikalisch aus den Wörtern „humanitär" und „unterstützend" ableiten lassen. Originäre **Kampfeinsätze** z.B. im **Bündnisfall** gem. Art. 80a Abs. 3 GG oder im **V-Fall** gem. Art. 115a Abs. 1 GG außerhalb des Bundesgebietes gehören **nicht** dazu.[13] Andernfalls hätte der Gesetzgeber die besondere Auslandsverwendung nicht an die Freiwilligkeit der Dienstleistenden und an die Zustimmung der Arbeitgeberseite (bei über dreimonatiger Dauer) gekoppelt. Ergänzend ist auf § 2 Abs. 2 Satz 3 des Parlamentsbeteiligungsgesetzes vom 18.3.2005[14] hinzuweisen. Danach sind „humanitäre Hilfsdienste und Hilfsleistungen der Streitkräfte, bei denen Waffen lediglich zum

---

9 BGBl. I S. 1243.
10 *Boehm-Tettelbach*, WPflG, § 6a Rn. 6.
11 Es muss sich hierbei nicht um deutsche Schiffe o. Luftfahrzeuge handeln.
12 *Summer*, Komm. zum BBesG, März 2004, § 58a Rn. 2.
13 Zu mil. Evakuierungsmaßnahmen vgl. *Dau*, NZWehr 1998, 89. Die Auffassung von *Scherer/Alff*, SG, § 1 Rn. 31, „jeder Bundeswehreinsatz im Rahmen von NATO-, WEU- oder VN-Militäraktionen" erfülle die Voraussetzungen von § 1 Abs. 3 Satz a.F., ist mit der ratio legis nicht zu vereinbaren. Wäre dies so, hätte es der im Jahre 1995 eingefügten Best. nicht bedurft (so zutr. GKÖD I Yk, § 1 Rn. 17 a.E.). Dasselbe gilt für die Thesen von *Summer*, a.a.O., „unterstützende Maßnahmen von Kampfeinsätzen" seien eine „besondere Verwendung".
14 BGBl. I S. 775.

Zweck der Selbstverteidigung mitgeführt werden", kein „Einsatz" i.S.d. Gesetzes. Wird der Dienstleistende während einer besonderen Auslandsverwendung unvorhergesehen in eine bewaffnete Auseinandersetzung hineingezogen (vgl. § 75 Abs. 5; § 2 Nr. 2.4 AuslVZV), ändert dies am Charakter der Auslandsverwendung nichts.[15] Ein –besoldungsrechtl. – Instrumentarium für originäre mil. Einsätze der deutschen SK außerhalb des eigenen Territoriums wäre bei Bedarf ggf. noch zu schaffen.

Auslandseinsätze[16] unter **Beteiligung der Bw** begannen bereits im März 1960 anlässlich eines Erdbebens in Agadir. Heute (2006) ist die Bw insbes. bei ISAF (Afghanistan und Usbekistan), KFOR (Kosovo), EUFOR (Bosnien und Herzegowina), EF (Horn von Afrika), OAE (Mittelmeer), UNME (Äthiopien und Eritrea) sowie UNOMIG (Georgien) mit insgesamt 7.500 Soldatinnen und Soldaten (einschl. Angehörigen d.R. und Dienstleistenden) engagiert. 15

2. Absatz 2

Zu einer besonderen Auslandsverwendung i.S.d. § 62 können die in § 59 aufgeführten Personen nur herangezogen werden, wenn sie sich dazu **freiwillig schriftl. verpflichtet** haben (§ 59 Abs. 1 Satz 2, Abs. 2 Satz 2, Abs. 3 Satz 1). **Auf Antrag heranziehbar** ist ein SaZ/BS, der Mitglied einer gesetzgebenden Körperschaft ist (§ 54 Abs. 4, § 51 Abs. 6). Erklärungen sind an das örtlich zuständige KWEA zu richten.[17] 16

Für **aktive Soldaten** ist § 62 nicht einschlägig. Ihre Pflicht, an Auslandseinsätzen auch in Form von besonderen Auslandsverwendungen, teilzunehmen, folgt aus § 7, soweit der jew. Einsatz verfassungsrechtl. legitimiert ist.[18] 17

Die Heranziehung erfolgt jew. für maximal **sieben Monate**. Eingerechnet ist die auf wenige Tage fixierte Zeit für die **Vor- und Nachbereitung**.[19] Erfordert die Auslandsverwendung eine **Ausbildung** z.B. in Lehrgangsform, erfolgt i.d.R. zunächst eine Heranziehung zu einer **befristeten Übung** (vgl. Abs. 3 Satz 1) und durch einen **zweiten** VA erst danach die Heranziehung zu der **besonderen Auslandsverwendung** selbst.[20] Dabei ist zu beachten, dass die befristete Übung auf die Gesamtdauer der Übungen anzurechnen ist, die besondere Auslandsverwendung hingegen nicht. 18

Soldatenrechtl. **beginnt** die besondere Auslandsverwendung mit dem im Heranziehungsbescheid verfügten **Diensteintritt** im Inland (§ 2 Abs. 1 Nr. 2). Sie **endet** mit **Ablauf** der festgesetzten Zeit wiederum im Inland (§ 75 Abs. 1 Satz 2 Nr. 1). 19

Das **ArbPlSchG findet Anwendung** (§ 16 Abs. 4 ArbPlSchG); die Beschränkung auf eine sechswöchige Übungsdauer gem. § 10 ArbPlSchG ist für diese Fälle ausgeschlossen (§ 16 Abs. 4 Satz 2 ArbPlSchG). Aus der Erkenntnis, dass diese Rechtslage zu einer „erheblichen Belastung des Arbeitgebers oder der Dienstbehörde" führen kann[21], ist bereits mit § 6a Abs. 2 Satz 2 WPflG verfügt worden, dass das KWEA bei einer mehr als drei Monate dauernden besonderen Auslandsverwendung auf die Zustimmung des Arbeitgebers oder der Dienstbehörde „hinzuwirken" hat. Diese Regelung ist in § 62 Abs. 2 Satz 3 übernommen worden. In der Praxis bedeutet dies, dass eine **Heranziehung** 20

---

15 Anders noch *Steinlechner/Walz*, WPflG, § 6a Rn. 5.
16 Der Begriff „Einsatz" ist in diesem Kontext mil., nicht verfassungsrechtl., zu verstehen.
17 *Steinlechner/Walz*, WPflG, § 6a Rn. 13.
18 Vgl. zum Einsatz von GWDL die Komm. zu § 7 Rn. 15 ff.
19 Diese Zeit wird z.B. für administrative Angelegenheiten, ärztliche Untersuchungen u. Impfungen, Ausstattung mit Sonderbekleidung usw. benötigt.
20 Die Grenzen zwischen der Vor- u. Nachbereitung u. einer vorbereitenden befristeten Übung sind fließend.
21 BT-Drs. 13/1209, 13.

§ 62 Dienstleistungspflicht

über drei **Monate** zu **unterbleiben** hat, sofern der Arbeitgeber oder die Dienstbehörde **nicht einverstanden** ist.[22] Umgekehrt hat die erteilte Zustimmung der Dienstbehörde z.b. zur Folge, dass diese bei einem Beamten die **Bezüge** wie bei einem Erholungsurlaub für die Dauer von maximal sieben Monaten **fortzuzahlen** hat (§ 9 Abs. 2 Satz 2, § 16 Abs. 4 Satz 1 ArbPlSchG). Eine **Erstattung** dieser Kosten aus Haushaltsmitteln des Bundes und insbes. des Einzelplans 14 (BMVg) ist **nicht vorgesehen**.

21 Ferner hat der Dienstleistende **Anspruch** auf Leistungen nach dem **USG**, dem **WSG** und der **AuslVZV**.

22 Bis zum In-Kraft-Treten des SkResNOG war die besondere Auslandsverwendung auf die Gesamtdauer der Übungen bzw. Wehrübungen **anzurechnen** (§ 51a Abs. 3 Satz 3 a.F.; § 6a Abs. 2 Satz 3 WPflG a.F.). Dies ist nun **nicht mehr der Fall** (§ 62 Abs. 2 Satz 2; § 6a Abs. 2 Satz 3 WPflG). Begründet wurde diese Änd. mit dem „notwendigen Ausbildungsbedarf des Führungs- und Funktionspersonals unter den Reservisten". Dieser sei gefährdet, wenn diejenigen Res nicht mehr in Wehrübungen fortgebildet werden könnten, die an Auslandsverwendungen teilgenommen hätten.[23] Die künftige Entwicklung wird zeigen, ob diese Neuregelung zu einer nachlassenden Motivation der Dienstleistenden oder deren Arbeitgebern/Dienstbehörden führt. In diesem Fall wird der Gesetzgeber korrigierend eingreifen müssen.

23 Der Heranzuziehende muss **dienstfähig** sein (§ 64). Die Heranziehung erfolgt durch einen **Heranziehungsbescheid** des KWEA (§ 69).

3. Absatz 3

24 Abs. 3 entspricht ansatzweise § 51 Abs. 2 Satz 5 a.F. Im Unterschied zu dieser früheren Best. und im Übrigen auch zu § 6a Abs. 4 Satz 1 WPflG erstreckt sich die mit Abs. 3 Satz 1 geschaffene „**spezielle Entlassungsmöglichkeit**" nicht auf den Auslandseinsatz selbst, sondern lediglich auf eine diesem vorausgehende „**vorbereitende befristete Übung**".[24] Damit wird klar gestellt, dass eine besondere Auslandsverwendung i.d.R. aus zwei Teilen besteht, einem Inlandsteil und einem Auslandsteil (einschl. weniger Tage der Vor- und Nachbereitung), die nicht zwangsläufig unmittelbar aneinander anschließen. Die Entlassung aus der vorbereitenden Übung bestimmt sich nach Abs. 3 Satz 1. Da eine Entpflichtung von der Teilnahme an einer besonderen Auslandsverwendung selbst nach dem Dienstantritt nicht mehr zulässig ist (§ 59 Abs. 5 Satz 2), bedurfte es hierfür einer eigenen Regelung (vgl. Abs. 4).

25 Voraussetzung für die Entlassung aus einer vorbereitenden Übung gem. Abs. 3 Satz 1 ist, dass die Entlassung im **dienstl. Interesse** liegt. Wenn es im dienstl. Interesse liegt, das zeitweilige Dienstverhältnis (im Inland) in anderer Funktion fortzuführen, wird der Soldat nicht entlassen.[25] Dies dürfte allerdings kaum praktisch vorkommen.

26 Gem. Satz 2 i.V.m. § 75 Abs. 1 Satz 2 Nr. 9 ist der herangezogene Soldat ferner zu entlassen, wenn der **Zweck der Dienstleistung entfallen** ist (z.B. wenn die Auslandsmission vorzeitig beendet wird) und eine andere Verwendung nicht erfolgen kann. Analog § 29 Abs. 7 WPflG sollten diese Feststellungen durch einen Vorg. mit der Disziplinarbefugnis eines **BtlKdr** getroffen werden.

---

22 BT-Drs. 13/1209, 13.
23 BT-Drs. 15/4485, 30.
24 BT-Drs. 15/4485, 38.
25 Vgl. *Boehm-Tettelbach*, WPflG, § 6a Rn. 13.

4. Absatz 4

Abs. 4 hat zur Folge, dass der dienstleistende Soldat auf Antrag abw. von der Ermessensvorschrift des § 75 Abs. 2 Nr. 1 **zu entlassen i s t**, wenn das Verbleiben in der Bw für ihn eine besondere, im Bereitschafts-, Spannungs- und V-Fall eine unzumutbare **Härte** bedeuten würde. Da eine besondere Auslandsverwendung, ihrem Zweck entspr., i.d.R. nicht im Bereitschafts-, Spannungs- oder V-Fall stattfinden wird, ist für die Praxis die 1. Alt. von größerer Bedeutung. 27

Der unbestimmte Gesetzesbegriff der „besonderen Härte" ist der gleiche wie z.B. in § 46 Abs. 6, § 55 Abs. 3 oder § 67 Abs. 4. Insoweit wird auf die Komm. zu §§ 46 und 55 verwiesen. 28

§ 63 Hilfeleistungen im Innern

(1) Hilfeleistungen im Innern sind Verwendungen der Streitkräfte im Rahmen der Amtshilfe oder bei einer Naturkatastrophe oder einem besonders schweren Unglücksfall nach Artikel 35 des Grundgesetzes.

(2) ¹Die Hilfeleistung im Innern ist grundsätzlich jeweils für höchstens drei Monate jährlich zulässig. ²Das Bundesministerium der Verteidigung kann mit Zustimmung der zur Dienstleistung heranzuziehenden Person und ihres Arbeitgebers oder ihrer Dienstbehörde Ausnahmen zulassen. ³Hilfeleistungen im Innern werden auf die Gesamtdauer der Übungen nach § 61 Abs. 2 nicht angerechnet.

Literatur: Spezielle Veröffentlichungen zu § 63 liegen noch nicht vor.
Zur aktuellen Interpretation von Art. 35 Abs. 2 und 3 GG können z.B. herangezogen werden: *Baldus, Manfred:* Streitkräfteeinsatz zur Gefahrenabwehr im Luftraum, NVwZ 2004, 1278; *Dreist, Peter:* Terroristenbekämpfung als Streitkräfteauftrag – zu den verfassungsrechtlichen Grenzen polizeilichen Handelns der Bundeswehr im Innern, NZWehrr 2004, 89; *Fiebig, Jan-Peter:* Der Einsatz der Bundeswehr im Innern – Verfassungsrechtliche Zulässigkeit von innerstaatlichen Verwendungen der Streitkräfte bei Großveranstaltungen und terroristischen Bedrohungen, Diss., 2004; *Gramm, Christof:* Bundeswehr als Luftpolizei – Aufgabenzuwachs ohne Verfassungsänderung? NZWehrr 2003, 89; *Linke, Tobias:* Zur Rolle des Art. 35 GG in dem Entwurf eines Gesetzes zur Neuregelung von Luftsicherheitsaufgaben, NZWehrr 2004, 115; *Lutze, Christian:* Abwehr terroristischer Angriffe als Verteidigungsaufgabe der Bundeswehr, NZWehrr 2003, 101; *Meyer, Anton:* Wirksamer Schutz des Luftverkehrs durch ein Luftsicherheitsgesetz? ZRP 2004, 203; *Pawlik, Michael:* § 14 Abs. 3 des Luftsicherheitsgesetzes – ein Tabubruch? JZ 2004, 1045; *Sattler, Henriette:* Terrorabwehr durch die Streitkräfte nicht ohne Grundgesetzänderung, NVwZ 2004, 1286; *Stober, Rolf/Eisenmenger, Sven:* Katastrophenverwaltungsrecht – Zur Renaissance eines vernachlässigten Rechtsgebietes, NVwZ 2005, 121; *Wiefelspütz, Dieter:* Sicherheit vor den Gefahren des internationalen Terrorismus durch den Einsatz der Streitkräfte? NZWehrr 2003, 45.

Übersicht

	Rn.		Rn.
A. Allgemeines	1 – 4	**B. Erläuterungen im Einzelnen**	5 – 17
1. Entstehung der Vorschrift	1	1. Absatz 1	5 – 14
2. Änderungen der Vorschrift	2	a) Allgemeines; verfassungsrechtl. Hintergrund	5 – 9
3. Bezüge zum Beamtenrecht; ergänzende Erlasse	3 – 4	b) Adressatenkreis	10 – 11
		c) Sonstiges	12 – 14
		2. Absatz 2	15 – 17

§ 63

A. Allgemeines

1. Entstehung der Vorschrift

1   Die mit dem **SkResNOG** in das SG eingeführte Vorschrift ist dem ebenfalls mit dem SkResNOG in das **WPflG** eingefügten **§ 6c nachgebildet**. Sicherheitspolitisch beruht diese Best. auf den terroristischen Angriffen auf Einrichtungen in den USA vom **11.9.2001** und den Verteidigungspolitischen Richtlinien des BMVg vom 31.5.2003. Die „Beibehaltung der Wehrpflicht in angepasster Form"[1] wird darin legitimiert mit dem „Schutz Deutschlands und seiner Bürgerinnen und Bürger einschließlich der Befähigung zur Rekonstitution" sowie der evtl. „Unterstützung bei Naturkatastrophen und Unglücksfällen". Dem sich hieraus abgeleiteten gesetzl. Regelungsbedarf im Wehrrecht wurden mit dem SkResNOG und der **neuen Wehrdienstart** (vgl. § 4 Abs. 1 Nr. 5 WPflG) der Hilfeleistung im Innern entsprochen. Für diese Form der Wehrdienstleistung im Rahmen des Art. 35 GG gab es **bisher keine eigenständige gesetzl. Regelung**.[2] Mangels einer solchen behalf man sich mit der Wehrdienstart der Wehrübungen i.S.d. WPflG bzw. der Übungen i.S.d. SG. Mit der Zweckbestimmung dieser Wehrdienstarten, der Aus- und Fortbildung für den V-Fall, war dies nicht zu vereinbaren.[3] Das SkResNOG hat diese **Lücke** im WPflG und im SG **klarstellend geschlossen**.

2. Änderungen der Vorschrift

2   Die Praxis muss erweisen, ob das SG (ebenso wie das WPflG) um weitere Wehrdienstarten, insbes. um die **Katastrophenhilfe im Ausland**, zu ergänzen ist.[4]

3. Bezüge zum Beamtenrecht; ergänzende Erlasse

3   Eine mit § 63 **vergleichbare Vorschrift** existiert im Beamtenrecht und im sonstigen öff. Dienstrecht **nicht**.

4   Zur Anwendung von Art. 35 GG sind zahlreiche **Erl. des BMVg** herausgegeben worden. Bedeutsam sind insbes. die Erl. über
- „Hilfeleistungen der Bundeswehr bei Naturkatastrophen oder besonders schweren Unglücksfällen und im Rahmen der dringenden Nothilfe" (VMBl. 1988 S. 279[5]).
- „Hilfeleistungen der Bundeswehr bei Erntearbeiten (Erntenothilfe)" (VMBl. 1988 S. 274[6]).
- „Hilfeleistungen der Bundeswehr auf sozialen und karitativen Gebieten" (VMBl. 1988 S. 275[7]).
- „Einsatz von Rettungsmitteln der Bundeswehr im Rahmen des zivilen Rettungswesens" (VMBl. 1988 S. 270[8]).

---

1   BT-Drs. 15/4485, 30.
2   BT-Drs. 15/4485, 30.
3   BT-Drs. 15/4485, 30.
4   Vgl. die Komm. zu § 60 Rn. 13.
5   Mit Änd. VMBl. 1991 S. 212, 392; 1995 S. 260; 2001 S. 124.
6   Mit Änd. VMBl. 1991 S. 392.
7   Mit Änd. VMBl. 1991 S. 188.
8   Mit Änd. VMBl. 1997 S. 35; 1999 S. 86; 2001 S. 124, 188.

B. Erläuterungen im Einzelnen
1. Absatz 1
a) Allgemeines; verfassungsrechtl. Hintergrund

Mit § 63 (und § 6c WPflG) wird **erstmals gesetzl.** eine explizite Grundlage für die Heranziehung von Angehörigen d.r. im Rahmen von Art. 35 GG geschaffen. Der aktive Personalbestand der SK kann dadurch in einer innerstaatlichen Notsituation durch Freiwillige verstärkt werden. (Einfach-)gesetzl. AusfBest zu Art. 35 GG haben bis Ende 2004 nicht bestanden. Die Exekutive im Allg. begnügte sich insoweit mit Art. 35 GG selbst und das BMVg im Besonderen mit seinen oben[9] bezeichneten Erlassen.

Eine erste **gesetzl. Konkretisierung** von Art. 35 Abs. 2 Satz 2 und Abs. 3 GG für den Bereich der SK erfolgte mit den §§ 13 und 14 **LuftSiG** vom 11.1.2005.[10] Gem. § 13 Abs. 1 LuftSiG kann ein „erheblicher Luftzwischenfall" einen „bevorstehenden" besonders schweren Unglücksfall i.S.d. GG begründen. Zur „Verhinderung des Eintritts" eines solchen Unglücksfalles dürfen die SK im Luftraum abdrängen, zur Landung zwingen, den Einsatz von Waffengewalt androhen oder Warnschüsse angeben (§ 14 Abs. 1 LuftSiG).[11] Eine über das Beispiel des erheblichen Luftzwischenfalles hinausgehende allg. Definition des „besonders schweren Unglücksfalles" enthält das LuftSiG nicht.

§ 63 (und § 6c WPflG) konkretisieren nicht Art. 35 GG als solchen, sondern den auf Grund der Verfassungsbest. (und des § 13 Abs. 1 LuftSiG) **heranziehbaren Personenkreis**; sie definieren mithin z.t. den dort gebrauchten Begriff „Streitkräfte".

Nicht in diesen Kontext gehört das **Parlamentsbeteiligungsgesetz** vom 18.3.2005.[12] Dieses behandelt zwar das Zustimmungsverfahren des BT bei „humanitären Hilfsdiensten" und „Hilfsleistungen" der SK (§ 2 Abs. 2 Satz 2 des G); das Gesetz gilt jedoch nur für den Einsatz der SK im **Ausland** (§ 1 Abs. 1 Satz 1 des G) bzw. außerhalb des Geltungsbereichs des GG (§ 1 Abs. 2 des G).

§ 63 unterscheidet zwischen **drei Verwendungsoptionen** der SK:
- Im Rahmen der **Amtshilfe**.
  „Amtshilfe" meint die gegenseitige Rechts- und Amtshilfe i.S.v. Art. 35 Abs. 1 GG. „Behörden" i.S.d. Best. sind auch die **Dienststellen der Bw** (SK und Bundeswehrverwaltung).[13]
  Amtshilfe als „ergänzende Hilfe" (§ 4 Abs. 1 VwVfG) leisten Dienststellen der Bw insbes. in Form von **logistischer** und **technischer Unterstützung**.[14] Eine Heranziehung von Dienstleistenden im Rahmen der Amtshilfe ist z.B. als (mil.) Fahrer von Fahrzeugen der SK bei Großereignissen denkbar.[15]
- Bei einer **Naturkatastrophe**.
  Art. 35 GG differenziert zwischen dem **regionalen** (Abs. 2 Satz 2) und dem **überregionalen** (Abs. 3) **Katastrophennotstand**.

---

9 Vgl. Rn. 4.
10 Art. 1 des G zur Neuregelung von Luftsicherheitsaufgaben (BGBl. I S. 78). Ein SeesicherheitsG wird zzt. vorbereitet.
11 Zur verfassungsrechtl. Problematik u. zum Streitstand in der Lit. vgl. die obige Literaturübersicht. § 14 Abs. 3 ist verfassungswidrig (BVerfG 1 BvR 357/05).
12 BGBl. I S. 775. Krit. hierzu *Weiß*, NZWehr 2005, 103.
13 Vgl. im Übrigen zum Behördenbegriff § 1 Abs. 4 VwVfG.
14 Zu den Voraussetzungen u. Grenzen vgl. allg. § 5 VwVfG.
15 Vgl. auch Erl. des BMVg VMBl. 1988 S. 279 Nr. 7.

Naturkatastrophen sind Gefahrenzustände oder Schädigungen von erheblichem Ausmaß, die durch **Naturereignisse** wie Erdbeben, Hochwasser, Eisgang, Lawinenabgänge, Unwetter, Wald- und Großbrände durch Selbstzündung oder Blitze, Dürre oder Massenerkrankungen ausgelöst werden.[16] Beispiele hierfür waren die sog. Schneekatastrophe in Norddeutschland, Waldschäden durch Wirbelstürme, Heidebrände, Hochwasser des Rheins, der Oder und der Elbe. Hierbei wurden zahlreiche Angehörige der Res eingesetzt.

- Bei einem **besonders schweren Unglücksfall**.
Unglücksfälle gehen i.d.r. auf **menschliches Einwirken** zurück.[17] Es handelt sich um Schadensereignisse von großem Ausmaß und von Bedeutung für die Öffentlichkeit, die durch Unfälle, technisches oder menschliches Versagen ausgelöst oder von Dritten absichtlich herbeigeführt werden. Hierunter fallen besonders schwere Verkehrsunfälle, schwere Flugzeug- oder Eisenbahnunglücke, Stromausfall mit Auswirkungen für lebenswichtige Einrichtungen, Großbrände durch Brandstiftung, Unfälle in Kernenergieanlagen und andere Unfälle mit Strahlenrisiko.[18] Auch ein von Terroristen vorsätzlich herbeigeführter **Flugzeugabsturz** kann ein besonders schwerer Unglücksfall sein.[19]

Vor dem Hintergrund dieser im Wesentlichen unstr. Definition war es verfassungsrechtl. unproblematisch, den „erheblichen Luftzwischenfall" gem. § 13 Abs. 1 LuftSiG unter den besonders schweren Unglücksfall des Art. 35 Abs. 2 Satz 2 oder Abs. 3 GG zu subsumieren. **Fraglich** bleibt jedoch, ob ein Einsatz der SK bereits **vorbeugend** („bevorstehender" Unglücksfall) zulässig ist. Auch hierüber wird das BVerfG zu entscheiden haben.

Str. ist ferner, welche **Kompetenzen** den SK bei einer Anwendung von Art. 35 Abs. 2 und 3 GG erwachsen[20] und welches Recht sie anzuwenden haben.[21]

b) Adressatenkreis

10   Zu einer Hilfeleistung im Innern ist nur heranziehbar, wer sich vorher hierzu **freiwillig schriftl. verpflichtet** hat (§ 59 Abs. 1 Satz 2). Unter dieser Voraussetzung kommen in Betracht
- ehem. BS im Ruhestand bis zum 65. Lebensjahr (§ 59 Abs. 1),
- entlassene ehem. BS oder SaZ nach mindestens zweijähriger Dienstzeit bis zum 60. Lebensjahr bzw. mit Zustimmung des BMVg bis zum 65. Lebensjahr (§ 59 Abs. 2),
- Personen, die nicht BS oder SaZ gewesen sind, bis zum 65. Lebensjahr (§ 59 Abs. 3 Satz 1).

11   Unterliegen diese Personen (Männer) noch der **WPfl**, gehen die Best. des WPflG vor (§ 80). Ein **„Wahlrecht"** zwischen einer Wehrdienstleistung nach dem WPflG und einer solchen nach dem SG besteht **nicht**.

c) Sonstiges

12   Der Hilfeleistende muss **dienstfähig** sein (§ 64). Die Heranziehung erfolgt durch einen **Heranziehungsbescheid** des örtlich zuständigen **KWEA** (§ 69). Dieser kann auch unmittelbar durch die **Truppe zugestellt** werden (§ 70 Abs. 3 Satz 3). Das Wehrdienst-

---

16 Erl. des BMVg VMBl. 1988 S. 279 Nr. 2.
17 *Erbguth*, in: *Sachs*, GG, Art. 35 Rn. 38.
18 Erl. des BMVg VMBl. 1988 S. 279 Nr. 3.
19 *Wiefelspütz*, NZWehr 2003, 61.
20 *Dreist*, NZWehrr 2004, 103.
21 *Erbguth*, in: *Sachs*, GG, Art. 35 Rn. 41.

verhältnis des Dienstleistenden **beginnt** mit dem in diesem Bescheid für den **Diensteintritt** festgesetzten Zeitpunkt (§ 2 Abs. 1 Nr. 2).

Der **Status** des Hilfeleistenden ist mit demjenigen, der zu einer besonderen Auslandsverwendung herangezogen wird, im Wesentlichen identisch.[22] Er hat Anspruch auf Arbeitsplatzschutz, Leistungen nach dem USG, Wehrsold, unentgeltliche truppenärztliche Versorgung, Unterkunft und Verpflegung **wie ein WPfl**. Versorgungsempfängern werden die Versorgungsbezüge fortgezahlt; diese werden ggf. um Leistungen nach dem USG aufgestockt (§ 13c Abs. 3 USG).

Administrativ ist zzt. noch nicht entschieden, ob dem Hilfeleistenden nach Abgabe seiner Verpflichtungserklärung – formlos – **mitgeteilt** wird, für welchen Truppenteil er für den Fall einer Katastrophe **eingeplant** („beordert") ist. Dies dürfte zweckmäßig sein, da die Einberufung zu einer Hilfeleistung im Innern ohne Einhaltung einer Frist erfolgen kann (§ 72 Abs. 3 Satz 2 Nr. 5).

2. Absatz 2

Satz 1 bestimmt, dass der Dienstleistende **innerhalb von zwölf Monaten**[23] grds. nur für maximal **drei Monate** herangezogen werden darf. Der ratio legis folgend ist eine kumulative Verbindung von Übungen i.S.v. § 61, einer besonderen Auslandsverwendung (§ 62) und Hilfeleistungen im Innern nur dann zulässig, wenn die Begrenzung auf drei Monate in dem Jahreszeitraum **nicht umgangen** wird. Satz 1 dient in erster Linie den Interessen des Arbeitgebers/der Dienstbehörde des Dienstleistenden.

Ausnahmen von der Drei-Monats-Begrenzung sind gem. Satz 2 nur zulässig, wenn der Dienstleistende und sein Arbeitgeber bzw. seine Dienstbehörde **zustimmen**. Ihnen muss dabei bewusst sein, dass sie in einem solchen Fall den sich aus dem ArbPlSchG ergebenden Verpflichtungen, z.B. der Fortzahlung der Bezüge bei Beamten gem. § 9 Abs. 2 ArbPlSchG, unterliegen. Die Kompetenz zur Bewilligung dieser Ausnahme ist dem BMVg zugewiesen worden und darf von diesem **nicht** an nachgeordnete Dienststellen **delegiert** werden. Gemessen an der Dauer bisheriger Katastrophen sind drei Monate ausreichend bemessen.

Hilfeleistungen im Innern werden ebenso wie eine besondere Auslandsverwendung **nicht** auf die Gesamtdauer der Übungen nach § 61 Abs. 2 **angerechnet** (Satz 3). Damit soll verhindert werden, dass die primär auf den Spannungs- und V-Fall bezogenen Pflichtübungen des § 61 Abs. 2 durch freiwillige Dienstleistungen in möglicherweise anderen Funktionen ersetzt werden können.

13

14

15

16

17

2. Dienstleistungsausnahmen

§ 64 Dienstunfähigkeit

Zu Dienstleistungen wird nicht herangezogen, wer dauerhaft nicht dienstfähig ist.

Literatur: Spezielle Veröffentlichungen zu § 64 liegen noch nicht vor. Zu §§ 8a und 9 WPflG vgl. die Literaturübersichten bei *Steinlechner/Walz*, WPflG, 177, 206.

---

22 Vgl. die Komm. zu § 62 Rn. 19, 20.
23 BT-Drs. 15/4485, 38.

§ 64 Dienstleistungspflicht

Übersicht

	Rn.		Rn.
A. Allgemeines	1 – 8	**B. Erläuterungen im Einzelnen**	9 – 21
1. Entstehung der Vorschrift	1 – 3	1. Wehrdienstfähigkeit/	
2. Änderungen der Vorschrift	4	Wehrdienstunfähigkeit	9 – 14
3. Bezüge zum Beamtenrecht bzw. zu sonstigen rechtl. Vorschriften; ergänzende Dienstvorschriften und Erlasse	5 – 8	2. Dienstfähigkeit/Dienstunfähigkeit	15 – 20
		3. Sonstiges	21

A. Allgemeines

1. Entstehung der Vorschrift

1 Die mit dem **SkResNOG** in das SG eingeführte Vorschrift **entspricht** dem seit 1990 unverändert gebliebenen § 9 **WPflG**.[1] Während § 9 WPflG die wehrdienstunfähigen WPfl von der Ableistung des Wehrdienstes nach dem WPflG befreit, bezieht sich § 64 auf die dienstunfähigen Dienstleistungspflichtigen.

2 Der in § 9 WPflG nicht enthaltene Zusatz **„dauerhaft"** wurde § 44 Abs. 3 Satz 1 und dem dort enthaltenen Begriff „dauernd" entnommen. Materielle Bedeutung hat dieser Zusatz nicht. Es handelt sich um einen lediglich **klarstellenden Zusatz**. Dienstleistungspflichtige sind gem. § 64 entweder dienstfähig oder (dauerhaft) dienstunfähig. (Dauerhaft) dienstunfähige Dienstleistungspflichtige dürfen zu keinen Dienstleistungen herangezogen werden; es liegt eine **zwingende Dienstleistungsausnahme** vor. Die „**vorübergehende Dienstunfähigkeit**" entspr. der vorübergehenden Wehrdienstunfähigkeit („T 4") des § 8a Abs. 1 WPflG führt auch bei Dienstleistungspflichtigen zu einer Zurückstellung von Amts wegen gem. § 67 Abs. 1 Nr. 1.

3 Eine mit § 64 vergleichbare gesetzl. Regelung bestand bisher nicht. Die vor dem In-Kraft-Treten des SkResNOG mit Erl. des BMVg für Dienstleistungspflichtige verfügte analoge Anwendung der für WPfl geltenden Best. hätte einer gerichtl. Überprüfung vermutlich nicht Stand gehalten.

2. Änderungen der Vorschrift

4 **Änderungsbedarf** besteht zzt. **nicht**. Inwieweit es rechtl./rechtspolitisch zulässig ist, den für aktive Soldaten entwickelten Begriff der „Dienstfähigkeit" auf nicht dienende Dienstleistungspflichtige und Teilnehmer an DVag i.S.d. § 81 zu erstrecken, ist indes fraglich. Sinnvoller erscheint, für Personen des § 59 von der **„Dienstleistungsfähigkeit"** zu sprechen. Auch hierbei zeigt sich, dass die historisch und verfassungsrechtl.[2] begründete Teilung des Dienstrechts der Soldaten in das WPflG und das SG nahezu zwangsläufig eindeutige Differenzierungen zwischen den verschiedenen Statusgruppen kaum zulässt.[3]

3. Bezüge zum Beamtenrecht bzw. zu sonstigen rechtl. Vorschriften; ergänzende Dienstvorschriften und Erlasse

5 Eine mit § 64 vergleichbare Vorschrift existiert im **Beamtenrecht nicht**.

6 Für **WPfl** gilt, wie oben erwähnt, § 9 **WPflG** (i.V.m. § 8a WPflG).

7 Für **ZDL** bestimmt § 8 **ZDG**, dass zum Zivildienst nicht herangezogen wird, wer nicht zivildienstfähig ist. Nicht Wehrdienstfähige wiederum gelten als nicht zivildienstfähig

---

1 BT-Drs. 15/4485, 38.
2 Art. 12a Abs. 1 GG einerseits u. Art. 33 Abs. 2 GG andererseits.
3 Vgl. die Komm. zu § 1 u. § 58.

(§ 7 Satz 2 ZDG). Dies erklärt sich daraus, dass für den Zivildienst ein „eigenes System der Bestimmung der Tauglichkeit" nicht vorgesehen ist.[4] Die Wehrersatzbehörden mustern auch potentielle Kriegsdienstverweigerer. Ein KDV-Antrag kann erst dann durch das BAZ beschieden werden, wenn der Musterungsbescheid (des KWEA) unanfechtbar geworden ist (§ 2 Abs. 6 Satz 2 KDVG).

Für die Anwendung von § 64 sind insbes. folgende **Erl.** des **BMVg** von Bedeutung: 8
- **ZDv 46/1** „Bestimmungen für die Durchführung der ärztlichen Untersuchung bei Musterung und Diensteintritt von Wehrpflichtigen, Annahme und Einstellung von freiwilligen Bewerbern sowie bei der Entlassung von Soldaten", Juni 1999.
- **ZDv 14/5 B 153** „Verfahren bei Beendigung des Dienstverhältnisses eines Soldaten wegen Dienstunfähigkeit" (DU-Erlass).
- **ZDv 14/5 B 153a** „Richtlinien für die Personalbearbeitung von Soldaten, deren Verwendungsfähigkeit eingeschränkt ist, und für das Verfahren zur Beendigung des Dienstverhältnisses wegen Dienstunfähigkeit".
- Staatssekretär vom 2.5.2005 – R I 3 – Az 24-01-01 „**Allgemeine Weisung** zu §§ 6 Abs. 7, 6a Abs. 6, 6c Abs. 4 WPflG".

B. Erläuterungen im Einzelnen

1. Wehrdienstfähigkeit/Wehrdienstunfähigkeit

Im Hinblick auf die amtl. Bezugnahme des § 64 auf § 9 WPflG[5] sind einige Anm. zu den einschlägigen Best. des WPflG angezeigt. 9

§ 9 WPflG, die kürzeste Vorschrift des WPflG, wurde seit 1990 nicht mehr geändert.[6] Die Formulierung „wird nicht herangezogen" macht deutlich, dass die Wehrdienstunfähigkeit eine **zwingende Wehrdienstausnahme** darstellt. **Administrative Ausnahmegenehmigungen**, die in Einzelfällen die Einberufung eines Wehrdienstunfähigen z.B. zu einer Wehrübung ermöglichten, wurden bis zum In-Kraft-Treten des SkResNOG ohne ausdrückliche gesetzl. Ermächtigung erteilt. Sie waren **rechtl. zweifelhaft**; daran änderte auch das Einverständnis des Betroffenen nichts.[7] 10

Die Vorschrift **bezweckt** primär, die WPfl vor einer Gesundheitsschädigung in Folge des Wehrdienstes zu bewahren.[8] Die Wahrscheinlichkeit, dass ein schwerer Gesundheitsschaden eintreten könnte, reicht im Allg. aus.[9] Weiterer Zweck der Vorschrift ist, den Staat vor vermeidbaren Versorgungsansprüchen zu verschonen.[10] 11

Wer als wehrdienstunfähig ausgemustert wird, bleibt weiterhin wpfl, darf aber i.d.R. zu keinem Wehrdienst i.S.v. § 4 Abs. 1 WPflG herangezogen werden.[11] 12

Als wehrpflichtrechtl. Besonderheit legt **§ 8a Abs. 2 WPflG** „**Verwendungsgrade**" fest. Ist ein WPfl „nach Maßgabe des ärztlichen Urteils" keinem Verwendungsgrad zuzuordnen – so die Logik der gesetzl. Best. –, ist er nicht wehrdienstfähig (vgl. § 8a Abs. 2 Satz 2 WPflG).[12] 13

---

4 *Brecht*, ZDG, 68.
5 BT-Drs. 15/4485, 38.
6 Vgl. *Steinlechner/Walz*, WPflG, § 9 Rn. 3.
7 *Steinlechner/Walz*, WPflG, § 9 Rn. 5.
8 *Steinlechner/Walz*, WPflG, § 9 Rn. 6.
9 BVerwGE 38, 310.
10 Vgl. *Boehm-Tettelbach*, WPflG, § 9 Rn. 1.
11 *Steinlechner/Walz*, WPflG, § 9 Rn. 10.
12 *Boehm-Tettelbach*, WPflG, § 8a Rn. 7, 17. Die Verwendungsgrade „konkretisieren" (*Steinlechner/Walz*, WPflG, § 8a Rn. 11) u. definieren letztlich die Wehrdienstfähigkeit.

14 Seit dem 2. **ZDGÄndG** vom 27.9.2004[13] waren nur noch diejenigen WPfl, die „voll verwendungsfähig" („T 1") oder „verwendungsfähig mit Einschränkung" („T 2") gemustert wurden, wehrdienstfähig i.S.v. § 8a WPflG.[14] Auf Initiative der seinerzeitigen Koalitionsparteien wurde im Zuge der Beratungen des SkResNOG[15] an § 6 WPflG ein neuer Abs. 7 angefügt, demzufolge das BMVg für WPfl, die (freiwillig)[16] zu Wehrübungen[17] herangezogen werden sollen, **Ausnahmen** von § 8a Abs. 2 Satz 1 WPflG zulassen kann. Angehörige der Res sind demnach im Rahmen von freiwilligen Dienstleistungen im Frieden nach dem WPflG heranziehbar mit den Verwendungsgraden T 1, T 2 und dem **neuen Verwendungsgrad** „verwendungsfähig als Reservist" („T 6"), der nur für diesen Personenkreis gilt. Das jahrzehntelang geltende Prinzip der für alle Wehrdienst- und Zivildienstleistenden einheitlich angewandten Verwendungsgrade[18] wurde damit aufgegeben.[19]

2. Dienstfähigkeit/Dienstunfähigkeit

15 **Wehrdienstfähigkeit** nach dem WPflG und **Dienstfähigkeit** gem. § 29 Abs. 2 WPflG und dem SG sind **unterschiedliche Begriffe** mit unterschiedlichen Inhalten. Bei der Dienstfähigkeit eines Soldaten spielen die **Verwendungsgrade** des § 8a Abs. 2 WPflG **keine Rolle** (mehr).[20]

16 In der Praxis ist diese Differenzierung **schwer zu vermitteln**. Die pauschale Feststellung des BVerwG, die Tauglichkeit nach dem WPflG und die Dienstunfähigkeit nach dem SG seien „auch unter Berücksichtigung der voneinander abweichenden Ziele und Zwecke der jeweiligen Vorschrift und des jeweiligen Gesetzes unabhängig voneinander auszulegen" und seien „nicht vergleichbar", ist selbst unter Juristen **erklärungsbedürftig**. Sie wirkt künstlich und akademisch-theoretisch. Der Vergleich der Wehrdienstfähigkeit und der Dienstfähigkeit mit der Erwerbsfähigkeit und der Arbeitsfähigkeit[21] oder der Hinw. darauf, dass der Begriff der Dienstunfähigkeit des Soldatenrechts ders. sei wie der Begriff der Dienstunfähigkeit im Beamtenrecht[22], hilft nicht viel weiter.

17 Das SG verwendet in **zahlreichen Best.** den Begriff der Dienstfähigkeit/Dienstunfähigkeit[23]; eine aussagekräftige gesetzl. Definition findet sich weder im soldatischen Dienstrecht noch im Dienstrecht der Beamten. Die **Legaldefinition der Dienstunfähigkeit** in

---

13 BGBl. I S. 2358.
14 Das BVerwG (NZWehr 2005, 126 mit Anm. *Walz*, NZWehr 2005, 129) hat u.a. diese Novellierung des WPflG als „sachgerecht" u. verfassungsgemäß bewertet.
15 Vgl. BT-Drs. 15/4872.
16 Der Wortlaut von § 6 Abs. 7 WPflG würde auch eine zwangsweise Heranziehung zu Wehrübungen zulassen. Dies entspricht aber nicht dem erklärten Willen des Gesetzgebers (vgl. BT-Drs. 15/4872).
17 Gleiches gilt für besondere Auslandsverwendungen (§ 6a Abs. 6 WPflG n.F.) u. Hilfeleistungen im Innern (§ 6c Abs. 4 WPflG n.F.).
18 BVerwG *Buchholz* 448.0 § 9 WPflG Nr. 6; *Steinlechner/Walz*, WPflG, § 8a Rn. 14.
19 Erstaunlich ist, dass der mit dem 2. ZDGÄndG abgeschaffte Verwendungsgrad „T 3" („verwendungsfähig mit Einschränkung in der Grundausbildung und für bestimmte Tätigkeiten") jahrzehntelang auch auf Angehörige der Res angewandt worden war, die i.d.R. ihre Grundausbildung längst absolviert hatten. Mit der durch das SkResNOG zugelassenen Ausnahmeregelung soll den Angehörigen der Res, die vor dem 1.10.2004 mit „T 3" beurteilt waren u. die weiterhin freiwillige Dienstleistungen erbringen wollen, entgegengekommen werden. Dies entspricht der praktischen Erfahrung. Angehörige der Res sind i.d.R. alters- u. funktionsgerecht geringeren körperlichen Belastungen ausgesetzt als GWDL u. längerdienende Soldaten.
20 BVerwG *Buchholz* 238.4 § 55 SG Nr. 7.
21 *Steinlechner/Walz*, WPflG, § 8a Rn. 16.
22 *Scherer/Alff*, SG, § 44 Rn. 5.
23 Vgl. z.B. § 3 Abs. 2, § 44 Abs. 3, § 55 Abs. 2, § 64, § 67 Abs. 1 Nr. 1, § 71, § 77 Abs. 2 Nr. 1, § 81 Abs. 2 Satz 1.

Dienstunfähigkeit § 64

§ 44 Abs. 3 und § 55 Abs. 2 ist recht **allg. gehalten**. Sie lässt lediglich den Umkehrschluss zu, dass der Soldat dienstfähig ist, wenn er nicht „infolge eines körperlichen Gebrechens oder wegen Schwäche seiner körperlichen oder geistigen Kräfte zur Erfüllung seiner Dienstpflichten dauernd unfähig" ist.[24] Ergänzend ist auf § 37 Abs. 1 Nr. 3 hinzuweisen. Danach ist derjenige dienstfähig, der „die körperliche Eignung besitzt, die zur Erfüllung seines Aufgaben als Soldat erforderlich ist". Diese Eignung wird in der Annahmeuntersuchung freiwilliger Bewerber nach den gleichen Grundsätzen festgestellt wie sie für die Musterung von WPfl gelten.[25]

Soweit es sich um **BS** oder **SaZ** handelt, lässt sich deren Dienstfähigkeit auf Grund dieser Vorgaben von der Wehrdienstfähigkeit noch relativ einfach abgrenzen. Bei diesem Personenkreis ist wie bei Beamten auf das zuletzt übertragene „**abstrakt-funktionelle Amt**" abzustellen, nicht auf den innegehabten Dienstposten.[26] **WPfl** üben **kein** „**Amt**" aus. Im Übrigen ist die Schutz- und Fürsorgepflicht des Staates gegenüber denjenigen, die einen Zwangsdienst leisten, stärker ausgeprägt als gegenüber denjenigen, die ein Dienstverhältnis freiwillig eingegangen sind. 18

Problematischer ist die **Differenzierung** zwischen der **Wehrdienstfähigkeit eines WPfl** nach dem WPflG und der **Dienstfähigkeit eines Dienstleistungspflichtigen/Teilnehmers an einer DVag** nach dem SG aus folgenden Gründen: 19

- Die „**Dienstfähigkeit**" nach dem SG bezieht sich außerhalb des IV. und des V. Abschnitts nur auf **aktive Soldaten**. Nicht dienende Angehörige der Res und andere Personen, die gem. § 59 zu Dienstleistungen oder gem. § 81 zu DVag herangezogen werden können, können logischerweise nicht auf ihre gesundheitliche Eignung für ein bereits **bestehendes** soldatisches Dienstverhältnis hin untersucht werden. Ihre körperliche und geistige Tauglichkeit ist an den Anforderungen ihrer **geplanten** Verwendung zu messen. Diesen Vorgang bezeichnet das WPflG als „Musterungsuntersuchung" (§ 17 Abs. 4 Satz 1 WPflG) bzw. als „Überprüfungsuntersuchung" (§ 20b WPflG). Als Ergebnis wird ein Tauglichkeitsgrad festgesetzt (§ 8a Abs. 1 WPflG), mit dem zugleich über die „**Wehrdienstfähigkeit**" entschieden wird. Wenn der Gesetzgeber außerhalb des IV. und des V. Abschnitts des SG diesen Begriff verwendet, meint er **nicht dienende Personen**. Die Erstreckung der „Dienstfähigkeit" auf den Personenkreis der (noch) nicht dienenden Dienstleistungspflichtigen markiert daher einen **Systembruch**. Dieser lässt sich nur damit erklären, dass der Gesetzgeber des SkResNOG die Statusbereiche des WPflG und des SG klarer als bisher voneinander abgrenzen wollte.
- Zu Dienstleistungen gem. § 60 Nr. 1, 4 und 5 können die in § 59 aufgeführten Personen auch **zwangsweise** herangezogen werden. Sie stehen daher den WPfl verhältnismäßig nahe. Die ursprünglich eingegangene freiwillige Verpflichtung[27] kann, insbes. bei ehem. BS, viele Jahre zurückliegen. Sie spielt in der Motivationslage dieser Personen keine große Rolle mehr. Es ist davon auszugehen, dass Dienstleistungspflichtige sich eher als WPfl „fühlen" werden denn als ehem. Längerdiener.

---

24 Nach dem Erl. des BMVg ZDv 14/5 B 153 Nr. 1 Abs. 1 liegt Dienstunfähigkeit vor, „wenn der Soldat infolge einer Gesundheitsstörung entweder keinen Dienst leisten kann oder in seiner Leistungsfähigkeit so beeinträchtigt ist, dass er die Anforderungen, die an ihn in seiner gegenwärtigen Dienststellung und in den wesentlichen Funktionen seines Dienstgrades gestellt werden, nicht ausreichend erfüllt".
25 ZDv 46/1 Nr. 125.
26 St. Rspr., vgl. zuletzt BVerwG NVwZ 2005, 458.
27 Eine vertiefende Betrachtung des Elements der Freiwilligkeit würde auch die Frage zu beantworten haben, ob der Einzelne auf das Grundrecht auf körperliche Unversehrtheit (Art. 2 Abs. 2 Satz 1 GG) verzichten kann bzw. in potentielle Gefahren für seine körperliche Unversehrtheit einwilligen darf. Vgl. hierzu grds. *Jarass*, in: *Jarass/Pieroth*, GG, Art. 2 Rn. 78 m.w.N.

- Wpfl Angehörige der Res und Dienstleistungspflichtige werden für die Zeit ihrer Wehrdienstleistung auf mil. Dienstposten eingesetzt, die für die zeitweilige Besetzung mit diesen Personen offen stehen, ohne dass zwischen den verschiedenen gesetzl. Heranziehungsgrundlagen unterschieden werden kann. Die von WPfl und Dienstleistungspflichtigen wahrgenommenen **Aufgaben** sind grds. **identisch**. Auch optisch, durch die Uniform, ist nicht erkennbar, ob es sich um einen Angehörigen der Res nach dem WPflG oder um einen Dienstleistungspflichtigen nach dem SG handelt.

20 An die **gesundheitlichen Anforderungen** beider Personenkreise sind daher – zumindest bis auf Weiteres – die **gleichen Maßstäbe** anzulegen. Dies bedeutet u.a., dass die gem. § 6 Abs. 7 WPflG n.F. erlassenen **Ausnahmeregelungen** zunächst analog **auch für Dienstleistungspflichtige**, die **freiwillige Dienstleistungen** erbringen, und Personen, die zu DVag gem. § 81 zugezogen werden wollen, gelten.[28] Ihre Anwendung wird zeigen, ob für den Personenkreis des § 59 oder des § 81 z.B. in der ZDv 46/1 spezielle Best. zu verfügen sind, die insbes. eine flexiblere und großzügigere Handhabung zulassen als die aus den §§ 8a und 9 WPflG abgeleiteten Vorschriften. Sollte dies nicht möglich oder nicht erforderlich sein, sind § 64 und § 81 ggf. sinngemäß entspr. § 8a WPflG zu ergänzen, damit die Kongruenz zwischen den nachwirkenden Pflichten aus dem WPflG und dem SG wieder hergestellt wird.

3. Sonstiges

21 Wer dauerhaft nicht dienstfähig ist, unterliegt **nicht der Dienstleistungsüberwachung** (§ 77 Abs. 2 Nr. 1). Während der Dienstleistungsüberwachung haben Dienstleistungspflichtige den Eintritt von Tatsachen, die ihre Dienstfähigkeit gefährdet erscheinen lassen, unverzüglich dem KWEA **mitzuteilen** (§ 77 Abs. 6 Nr. 2 bis 4). Ist der Dienstleistungspflichtige bereits Soldat, ist er zu **entlassen** (§ 75 Abs. 1 Satz 2 Nr. 4).

§ 65 Ausschluss von Dienstleistungen

Von Dienstleistungen ist derjenige ausgeschlossen, gegen den durch ein deutsches Gericht auf die in § 38 Abs. 1 bezeichneten Strafen, Maßregeln oder Nebenfolgen erkannt worden ist.

Literatur: Spezielle Veröffentlichungen zu § 65 liegen noch nicht vor.
Zu § 10 WPflG vgl. die Literaturhinweise bei *Steinlechner/Walz*, WPflG, 211.

Übersicht

	Rn.		Rn.
A. Allgemeines	1 – 4	**B. Erläuterungen im Einzelnen**	5 – 13
1. Entstehung der Vorschrift	1 – 2	1. § 65 und § 10 WPflG	5 – 8
2. Änderungen der Vorschrift	3	2. Verfahrensfragen	9 – 13
3. Bezüge zu sonstigen rechtl. Vorschriften	4		

---

28 Dabei soll nicht verschwiegen werden, dass diese Analogie rechtl. anzweifelbar ist. Die für WPfl nach dem WPflG zugelassene Ausnahmemöglichkeit erstreckt sich nur auf diesen Personenkreis. Für Dienstleistungspflichtige fehlt eine entspr. Vorschrift im SG. Diese Lücke lässt sich in der Praxis schließen, indem diejenigen Dienstleistungspflichtigen, die nach dem WPflG wehrdienstunfähig wären, dann als dienstfähig beurteilt werden, wenn sie die Voraussetzungen der für WPfl erlassenen Ausnahmeregelung erfüllen.

Ausschluss von Dienstleistungen **§ 65**

A. Allgemeines

1. Entstehung der Vorschrift

§ 65 erweitert den Kreis der **zwingenden Dienstleistungsausnahmen** um den Tatbestand der früher so bezeichneten „Wehrunwürdigkeit". Der Geltungsbereich des § 65 beschränkt sich auf die nicht dienenden Dienstleistungspflichtigen. Für dienende Dienstleistungspflichtige ist § 76 maßgeblich. 1

Die mit dem **SkResNOG** in das SG eingeführte Vorschrift **entspricht** „dem Regelungsgehalt"[1] des **10 WPflG**. Im Unterschied zu § 10 WPflG, der die Voraussetzungen für einen Ausschluss vom Wehrdienst enumerativ aufführt, beschränkt sich § 65 auf eine **bloße Bezugnahme auf § 38 Abs. 1**. 2

2. Änderungen der Vorschrift

Änderungsbedarf kann sich ggf. dann ergeben, wenn § 38 in der geltenden Fassung noch längere Zeit fortbestehen sollte. Es wäre dann zu überlegen, in § 65 auf § 38 insgesamt und nicht nur auf dessen Abs. 1 zu verweisen. Sinnvoller dürfte jedoch sein, § 38 an die jetzige Fassung des § 10 WPflG anzugleichen. Die Abs. 2 und 3 des § 38 sind mittlerweile überholt. 3

3. Bezüge zu sonstigen rechtl. Vorschriften

Für **ZDL** gilt § 9 ZDG. Dieser stimmt mit § 10 WPflG überein. 4

B. Erläuterungen im Einzelnen

1. § 65 und § 10 WPflG

Inhaltlich **unterscheiden** sich § 10 WPflG und § 38 Abs. 1, auf den § 65 verweist, nur insoweit, als § 10 Nr. 1 WPflG in der 2. Alt. auf eine Freiheitsstrafe von sechs Monaten oder mehr abstellt und im letzten Teilsatz die Tilgung im Zentralregister anspricht. Diese Zusätze fehlen in § 38 Abs. 1. Für die Praxis sind die voneinander abw. Formulierungen **weitgehend bedeutungslos**. 5

Ist ein WPfl zu einer **Freiheitsstrafe von weniger als sechs Monaten** (vgl. § 38 Abs. 2 StGB) verurteilt worden, kann eine **Zurückstellung** gem. § 12 Abs. 5, 2. Alt. WPflG in Betracht kommen.[2] Für Dienstleistungspflichtige gilt § 67 Abs. 5. 6

Ist ein WPfl zu **Jugendstrafe** oder Jugendarrest verurteilt worden, wird er gem. § 12 Abs. 1 Nr. 2 WPflG **zurückgestellt**. Die entspr. Regelung für Dienstleistungspflichtige findet sich in § 67 Abs. 1 Nr. 2. 7

Gem. § 38 Abs. 3 kann das BMVg in Einzelfällen **Ausnahmen** von Abs. 1 Nr. 1 zulassen. Die gleiche Best. war früher auch in § 10 WPflG enthalten. Sie wurde mit dem BwNeuAusrG **gestrichen**, da für sie kein praktisches Bedürfnis mehr gesehen wurde.[3] § 38 blieb von dieser Änd. verschont. Dies bedeutet **nicht**, dass nunmehr im Rahmen des § 65 unter Bezugnahme auf § 38 Abs. 3 **Ausnahmen** von § 38 Abs. 1 Nr. 1 **zugelassen** werden könnten. § 65 verweist nur auf § 38 Abs. 1 und nicht (auch) auf § 38 Abs. 3. Der „Schutz der Streitkräfte vor Dienstleistungen durch Personen, denen besonders schwere Straftaten zur Last gelegt werden"[4], wäre nicht mehr gewährleistet, wenn das BMVg 8

---

1 BT-Drs. 15/4485, 39.
2 Vgl. *Boehm-Tettelbach*, WPflG, § 10 Rn. 8.
3 BT-Drs. 14/6881, 22.
4 BT-Drs. 15/4485, 39.

– eine praktische mil. Notwendigkeit unterstellt – nach seinem Ermessen abw. Entscheidungen treffen könnte.

2. Verfahrensfragen

9   Das KWEA erfährt von der Verurteilung eines Dienstleistungspflichtigen entweder durch Einholung eines **Behördenführungszeugnisses** (§ 31 BRZG) oder durch eine **MiStra** gem. § 89 oder durch (pflichtgemäße) **Meldung** des Dienstleistungspflichtigen selbst (§ 77 Abs. 6 Nr. 2). Diese Verpflichtung ist bußgeldbewehrt (§ 86 Abs. 1 Nr. 2).

10 Der Ausschluss von Dienstleistungen ist dem Dienstleistungspflichtigen mittels **VA** mitzuteilen.[5] Dieser VA wird in der Praxis der Wehrersatzbehörden als „**Ausschlussbescheid**" bezeichnet.

11 Der Ausschluss von Dienstleistungen gem. § 65 bewirkt i.d.R. eine **dauerhafte Dienstleistungsausnahme**. Dies gilt **nicht**, wenn die Verurteilung im Bundeszentralregister gem. §§ 45 ff. BZRG **getilgt** ist (vgl. § 51 BZRG), es sei denn, ein Ausnahmefall des § 52 BZRG würde vorliegen.[6] Ob nach der Tilgung einer Verurteilung noch ein dienstl. Interesse der SK besteht, den dann meist lebensälteren früheren Dienstleistungspflichtigen wieder heranzuziehen, dürfte jedoch wenig wahrscheinlich sein. Steht die Tilgung in Kürze bevor oder liegen andere Gründe vor, die eine lediglich **befristete Dienstleistungsausnahme** begründen, kann der Dienstleistungspflichtige „für begrenzte Zeit" von der Dienstleistungsüberwachung **befreit** werden (§ 77 Abs. 3).

12 Ein bereits zugestellter **Heranziehungsbescheid** ist rechtswidrig und muss von Amts wegen **widerrufen** werden. Ist der Dienstleistungspflichtige **Soldat**, ist er gem. § 75 Abs. 1 Satz 2 Nr. 4 zu **entlassen**; er ist von weiteren Dienstleistungen gem. § 76 Abs. 1 Satz 1 ausgeschlossen. Der entspr. verurteilte Dienstleistungspflichtige unterliegt nicht mehr der Dienstleistungsüberwachung (§ 77 Abs. 2 Nr. 2).

13 Im Übrigen kann auf die **Komm. zu § 38** verwiesen werden.

§ 66 Befreiung von Dienstleistungen

Von Dienstleistungen sind befreit
1. ordinierte Geistliche evangelischen Bekenntnisses,
2. **Geistliche römisch-katholischen Bekenntnisses, die die Diakonatsweihe empfangen haben,**
3. hauptamtlich tätige Geistliche anderer Bekenntnisse, deren Amt dem eines ordinierten Geistlichen evangelischen oder eines Geistlichen römisch-katholischen Bekenntnisses, der die Diakonatsweihe empfangen hat, entspricht, und
4. schwerbehinderte Menschen.

Literatur: Spezielle Veröffentlichungen zu § 66 liegen noch nicht vor.
Zu § 11 WPflG vgl. die umfangreichen Literaturhinweise bei *Steinlechner/Walz*, WPflG, 219 f.; zum sog. Geistlichenprivileg vgl. ergänzend *Boehm-Tettelbach*, WPflG, § 11 Rn. 6g.

---

5 Vgl. für WPfl *Steinlechner/Walz*, WPflG, § 10 Rn. 22.
6 Zur Rechtslage bei WPfl vgl. *Steinlechner/Walz*, WPflG, § 10 Rn. 23.

Befreiung von Dienstleistungen § 66

Übersicht

	Rn.		Rn.
A. Allgemeines	1 – 5	B. Erläuterungen im Einzelnen	6 – 24
1. Entstehung der Vorschrift	1 – 2	1. Nr. 1 bis 3 und Grundgesetz	6
2. Änderungen der Vorschrift	3	2. Nr. 1	7
3. Bezüge zu sonstigen rechtl. Vorschriften	4 – 5	3. Nr. 2	8 – 9
		4. Nr. 3	10 – 13
		5. Nr. 4	14 – 17
		6. Verfahrensfragen	18 – 24

A. Allgemeines

1. Entstehung der Vorschrift

Die mit dem **SkResNOG** in das SG eingeführte Vorschrift **entspricht**[1] wörtlich § 11 Abs. 1 WPflG. Mit ihr werden die zwingenden Dienstleistungsausnahmen abgeschlossen. **1**

Gesetzessystematisch gehört § 66 (ebenso wie § 11 Abs. 1 WPflG) zum Bereich der **Uk-Stellung** (§ 68).[2] Da diese wiederum nicht vom Dienstleistungspflichtigen (WPfl) selbst eingeklagt werden kann, bedurfte es für den in § 66 (§ 11 Abs. 1 WPflG) aufgeführten Personenkreis einer eigenständigen gesetzl. Regelung. **2**

2. Änderungen der Vorschrift

Änderungsbedarf kann sich ggf. dann ergeben, wenn Dienstleistungspflichtige versuchen sollten, in entspr. Anwendung von **§ 11 Abs. 2 WPflG** auf Antrag befreit zu werden. Diese Best., die mit dem 2. ZDGÄndG neu gefasst und wesentlich erweitert worden ist, wurde – als systemfremd – nicht in das SG übernommen. Eine **analoge Anwendung** auf Dienstleistungspflichtige **scheidet aus**, weil § 66 als lex specialis den Vorschriften des WPflG vorgeht. Ob eine antragsabhängige Befreiung z.b. der **verheirateten** (§ 11 Abs. 2 Satz 1 Nr. 3a WPflG) Dienstleistungspflichtigen im Hinblick auf Art. 6 Abs. 1 GG[3] zugelassen werden muss, wird die weitere Entwicklung zeigen. Bis dahin kann im Einzelfall ein Widerruf der Verpflichtungserklärung (§ 59 Abs. 4 Satz 1) oder eine Entpflichtung (§ 59 Abs. 5 Satz 2) in Frage kommen.

Als weitere Ergänzung wäre zu überlegen, die Anerkennung als KDV in den Katalog der Befreiungstatbestände aufzunehmen. Bis dahin ist für nicht-dienende Dienstleistungspflichtige[4] das Verbot der Heranziehung zum Wehrdienst unmittelbar aus Art. 4 Abs. 3 Satz 1 GG zu entnehmen. **3**

3. Bezüge zu sonstigen rechtl. Vorschriften

Eine mit § 66 vergleichbare Vorschrift existiert im **Beamtenrecht nicht**. **4**

Für **ZDL** gilt **§ 10 ZDG**. Dieser stimmt mit § 11 WPflG überein. **5**

B. Erläuterungen im Einzelnen

1. Nr. 1 bis 3 und Grundgesetz

Das sog. Geistlichenprivileg **verstößt nicht gegen das GG**. Die zit. Befreiungsbest. dienen im Gegenteil der Gewährleistung der ungestörten Religionsausübung gem. Art. 4 **6**

---

1 BT-Drs. 15/4485, 39.
2 Vgl. *Boehm-Tettelbach*, WPflG, § 11 Rn. 7.
3 Vgl. BT-Drs. 15/3279, 9.
4 Für Dienstleistungspflichtige im Soldatenstatus gilt § 75 Abs. 1 Satz 2 Nr. 6.

Abs. 2 GG. Eine Verletzung des speziellen Gleichheitssatzes des Art. 3 Abs. 3 GG ist ebenfalls nicht erkennbar.[5]

2. Nr. 1

7 Ev. **„Geistlicher"** ist, wer nach der Ordnung einer der Gliedkirchen der EKD im kirchenrechtl. Sinne als Geistlicher gilt. „Ordination" meint die **ordinatio generalis**, d.h. die Berufung und Einsegnung in den Berufsstand. Da die entspr. Ausbildung mehrere Jahre dauert, ist eine Ordination i.d.R. erst mit dem **24. Lebensjahr** möglich.[6] Für den GWD ist daher die Best. des § 11 Abs. 1 Nr. 1 WPflG kaum von Bedeutung. Da Dienstleistungspflichtige meist lebensälter sind, wird § 66 Nr. 1 für sie eher zur Anwendung kommen. **Missionare** und Angehörige ev. **Orden** und Bruderschaften sind dann befreit, wenn sie ordiniert worden sind.[7] **Diakone** sind keine Geistlichen.

3. Nr. 2

8 Die Befreiungsbest. der Nr. 1 bis 3 sind insgesamt durch **Art. 6 RK**[8], der wiederum auf Canon 121 des Corpus iuris canonici beruht, ausgelöst worden.[9] Danach nimmt die kath. Kirche für sich in Anspruch, ihre Geistlichen keinen Militärdienst leisten zu lassen.

Mit dem Empfang der **Diakonatsweihe** wird man in der kath. Kirche Geistlicher. Einbezogen in die Befreiungsregelung sind auch kath. **Ordensleute**; maßgeblich ist die Ablegung der Ordensprofeß. Kath. **Pastoralassistenten** sind **nicht** von Dienstleistungen befreit.

9 Für die Praxis ist Nr. 2 von **nachrangiger Bedeutung**, da die meisten Dienstleistungspflichtigen Frauen sind, die wiederum kein geistliches Amt in der kath. Kirche ausüben dürfen.

4. Nr. 3

10 Andere Religionsgemeinschaften sind Zusammenschlüsse mehrerer Personen mit einem **Minimum an Struktur**, die auf eine **gewisse Dauer** angelegt sind.[10] Kennzeichnend ist eine gemeinsame, gedanklich formulierte **Glaubensvorstellung**.[11]

Beide Voraussetzungen treffen z.B. auf den Hinduismus, den Buddhismus, den Islam, das Judentum, aber auch auf die Zeugen Jehovas zu.

11 Der Geistliche eines anderen Bekenntnisses muss sich seiner (seelsorgerischen) Tätigkeit mit einer der ev. oder kath. Kirche vergleichbaren **Intensität** und Nachhaltigkeit widmen. Maßstab hierfür ist der **zeitliche Aufwand** für eine neben dem geistlichen Amt ausgeübte andere Erwerbstätigkeit.[12] Das „Religiöse" muss der „bestimmende Mittelpunkt" des Amtes des Geistlichen sein.[13] Auf die Prediger der **„Gemeinde Gottes"**[14]

---

5 BVerfG NVwZ 1990, 1064; *Steinlechner/Walz*, WPflG, § 11 Rn. 17 m.w.N.
6 *Boehm-Tettelbach*, WPflG, § 11 Rn. 2.
7 Vgl. *Steinlechner/Walz*, WPflG, § 11 Rn. 20.
8 Art. 6 Satz 1 RK lautet: „Kleriker und Ordensleute sind frei von der Verpflichtung zur Übernahme öffentlicher Ämter und solcher Obliegenheiten, die nach den Vorschriften des kanonischen Rechtes mit dem geistlichen Stande bzw. dem Ordensstande nicht vereinbar sind."
9 Vgl. zur Entstehungsgeschichte *Steinlechner/Walz*, WPflG, § 11 Rn. 4.
10 BVerwG NVwZ 1985, 114.
11 BVerwGE 25, 338.
12 BVerfG DÖV 1987, 393. Das BVerwG (NVwZ 1994, 174) hat eine Nebentätigkeit dann als unwesentlich eingestuft, wenn diese ein Fünftel der regelmäßigen wöchentlichen Arbeitszeit des öff. Dienstes nicht übersteigt.
13 BVerfG NVwZ 1990, 1064.
14 BVerwGE 25, 338.

oder den sog. Sonderpionierverkünder der **Zeugen Jehovas** treffen diese Voraussetzungen zu[15], nicht hingegen auf die sog. Betheldiener und Diakone dieser Glaubensgemeinschaft.[16] Diese sind nicht „hauptamtlich" i.S.d. Nr. 3 tätig.

Angehörige der **Scientology Kirche** können nicht befreit werden, da es sich um eine Weltanschauungsgemeinschaft handelt.[17] 12

Kann der Geistliche eines anderen Bekenntnisses nicht gem. Nr. 3 von Dienstleistungen befreit werden, kommt ggf. eine **Uk-Stellung** gem. § 68 Abs. 2 Satz 2 in Betracht.[18] 13

5. Nr. 4

Gem. § 2 Abs. 1 Satz 1 SGB IX sind Menschen behindert, „wenn ihre körperliche Funktion, geistige Fähigkeit oder seelische Gesundheit mit hoher Wahrscheinlichkeit länger als sechs Monate von dem für das Lebensalter typischen Zustand abweichen und daher ihre Teilhabe am Leben in der Gemeinschaft beeinträchtigt ist". Schwerbehindert sind Menschen, wenn bei ihnen ein **Grad der Behinderung von wenigstens 50** vorliegt (§ 2 Abs. 2 SGB IX). 14

„**Gleichgestellte**", d.h. Menschen mit einem Grad der Behinderung von weniger als 50, mindestens 30 (§ 2 Abs. 3 SGB IX), fallen **nicht** unter Nr. 4.[19] 15

Zum **Nachweis der Schwerbehinderung** ist eine Kopie des Ausweises, des Versorgungsbescheides oder des Bescheides einer Entschädigungsbehörde vorzulegen. Eine ärztliche Untersuchung gem. § 71 oder eine sonstige Einschaltung des ärztlichen Dienstes des KWEA– die i.d.R. die Dienstunfähigkeit gem. § 64 ergeben würde –, hat nach der Vorlage einer solchen Bescheinigung zu unterbleiben. 16

Ändert sich nach der verfügten Befreiung des Dienstleistungspflichtigen dessen Grad der Behinderung, bleibt die Befreiung hiervon unberührt.[20] 17

6. Verfahrensfragen

Die Befreiung von Dienstleistungen bedeutet die gesetzl. Freistellung von der Verpflichtung, Dienstleistungen nach dem SG zu erbringen. Eine **freiwillige Dienstleistung** ist – außer für kath. Geistliche[21] – dennoch **möglich**. 18

Die Befreiung erfolgt **von Amts wegen**, sobald das KWEA Kenntnis von dem maßgeblichen Sachverhalt hat. Ein Antrag des Dienstleistenden ist nicht erforderlich. Das KWEA erlässt einen so bezeichneten „**Befreiungsbescheid**"; es handelt sich dabei um einen deklaratorischen VA.[22] 19

Dienstleistungspflichtige, welche die Voraussetzungen für eine Befreiung gem. § 66 Nr. 1 bis 3 noch nicht erbringen, werden, sofern sie sich auf das geistliche Amt **vorbereiten**, auf Antrag **zurückgestellt** (§ 67 Abs. 2 Satz 1). 20

Leistet ein Dienstleistungspflichtiger Wehrdienst und erfüllt er während dieser Zeit die Voraussetzungen für eine Befreiung, ist er nach deren Feststellung durch das KWEA zu **entlassen** (§ 75 Abs. 1 Satz 2 Nr. 4). 21

Zeitgleich mit der Befreiung **entfällt** die **Dienstleistungsüberwachung** (§ 77 Abs. 2 Nr. 3). 22

---

15 BVerwGE 34, 291.
16 BVerfG NVwZ 1990, 1064.
17 BVerwGE 61, 152.
18 Vgl. *Boehm-Tettelbach*, WPflG, § 11 Rn. 7.
19 Vgl. *Brecht*, ZDG, 76; *Boehm-Tettelbach*, WPflG, § 11 Rn. 8g.
20 Vgl. *Steinlechner/Walz*, WPflG, § 11 Rn. 39.
21 Vgl. *Boehm-Tettelbach*, WPflG, § 11 Rn. 3.
22 Vgl. *Steinlechner/Walz*, WPflG, § 11 Rn. 14.

23 Die Befreiung vom Wehrdienst gem. § 11 Abs. 1 WPflG impliziert die Befreiung von Dienstleistungen gem. § 66 und umgekehrt.

24 Der **KDV-Antrag** eines befreiten ehem. Dienstleistungspflichtigen ist mangels eines Rechtsschutzbedürfnisses als **unzulässig** zurückzuweisen.[23]

§ 67 Zurückstellung von Dienstleistungen

(1) Von Dienstleistungen wird zurückgestellt,
1. **wer vorübergehend nicht dienstfähig ist oder**
2. **wer, abgesehen von den Fällen des § 65, Freiheitsstrafe, Strafarrest, Jugendstrafe oder Jugendarrest verbüßt, sich in Untersuchungshaft befindet oder nach § 63 des Strafgesetzbuches in einem psychiatrischen Krankenhaus untergebracht ist.**

(2) ¹Von Dienstleistungen werden Dienstleistungspflichtige, die sich auf das geistliche Amt (§ 66) vorbereiten, auf Antrag zurückgestellt. ²Hierzu sind beizubringen:
1. **der Nachweis eines ordentlichen theologischen Studiums oder einer ordentlichen theologischen Ausbildung und**
2. **eine Erklärung des zuständigen Landeskirchenamtes, der bischöflichen Behörde, des Ordensoberen oder der entsprechenden Oberbehörde einer anderen Religionsgemeinschaft, dass sich der Dienstleistungspflichtige auf das geistliche Amt vorbereitet.**

(3) ¹Hat ein Dienstleistungspflichtiger seiner Aufstellung für die Wahl zum Deutschen Bundestag, zu einem Landtag oder zum Europäischen Parlament zugestimmt, ist er bis zur Wahl zurückzustellen. ²Hat er die Wahl angenommen, kann er für die Dauer des Mandats nur auf seinen Antrag herangezogen werden.

(4) ¹Auf Antrag soll ein Dienstleistungspflichtiger von einer Dienstleistung zeitlich befristet zurückgestellt werden, wenn und solange die Heranziehung zur Dienstleistung für ihn wegen persönlicher, insbesondere häuslicher, wirtschaftlicher oder beruflicher Gründe eine besondere, im Bereitschafts-, Spannungs- und Verteidigungsfall eine unzumutbare Härte bedeuten würde. ²Eine besondere Härte liegt in der Regel vor, wenn
1. im Fall der Heranziehung des Dienstleistungspflichtigen
   a) die Versorgung seiner Familie, hilfsbedürftiger Angehöriger oder anderer hilfsbedürftiger Personen, für deren Lebensunterhalt er aus rechtlicher oder sittlicher Verpflichtung aufzukommen hat, gefährdet würde oder
   b) für Verwandte ersten Grades besondere Notstände zu erwarten sind,
2. der Dienstleistungspflichtige für die Erhaltung und Fortführung eines eigenen oder elterlichen Betriebes unentbehrlich ist oder
3. die Heranziehung des Dienstleistungspflichtigen
   a) eine zu einem schulischen Abschluss führende Ausbildung,
   b) ein Hochschul- oder Fachhochschulstudium, in dem zum vorgesehenen Diensteintrittstermin das dritte Semester bereits erreicht ist, oder einen zu einem Drittel absolvierten sonstigen Ausbildungsabschnitt oder
   c) eine bereits begonnene Berufsausbildung

unterbrechen oder die Aufnahme einer rechtsverbindlich zugesagten oder vertraglich gesicherten Berufsausbildung verhindern würde.

---

23 Zur hiervon abw. Rechtslage bei der Vorbereitung auf das geistliche Amt vgl. BVerwG *Buchholz* 448.6 § 13 KDVG Nr. 8.

(5) Von Dienstleistungen kann ein Dienstleistungspflichtiger ferner zurückgestellt werden, wenn gegen ihn ein Strafverfahren anhängig ist, in dem Freiheitsstrafe, Strafarrest, Jugendstrafe oder eine freiheitsentziehende Maßregel der Besserung und Sicherung zu erwarten ist, oder wenn seine Heranziehung die militärische Ordnung oder das Ansehen der Bundeswehr ernstlich gefährden würde.

Literatur: Spezielle Veröffentlichungen zu § 67 liegen noch nicht vor.
Zu § 12 WPflG vgl. die umfangreiche Literaturübersicht bei *Steinlechner/Walz*, WPflG, 242 f.

Übersicht

	Rn.		Rn.
A. Allgemeines	1 – 7	a) Nr. 1	12
1. Entstehung der Vorschrift	1 – 3	b) Nr. 2	13
2. Änderungen der Vorschrift	4	3. Absatz 2	14 – 18
3. Bezüge zum Beamtenrecht bzw.		4. Absatz 3	19 – 24
zu sonstigen rechtl. Vorschriften	5 – 7	a) Satz 1	19 – 22
B. Erläuterungen im Einzelnen	8 – 38	b) Satz 2	23 – 24
1. Zweck der Vorschrift;		5. Absatz 4	25 – 30
Verfahrensfragen	8 – 11	a) Härte	27 – 29
2. Absatz 1	12 – 13	b) Soll-Vorschrift	30
		6. Absatz 5	31 – 38

A. Allgemeines

1. Entstehung der Vorschrift

Die Zurückstellung von Dienstleistungspflichtigen war vor dem SkResNOG weder **1** gesetzl. noch administrativ geregelt.

Die mit dem **SkResNOG** in das SG eingeführte Vorschrift **entspricht** im Wesentlichen **2** § 12 WPflG unter Einschluss von dessen Novellierungen durch das 2. ZDGÄndG und das SkResNOG.

Soweit die Vorschriften des § 12 Abs. 1 bis 5 WPflG für Dienstleistungen keine „Bedeutung entfalten"[1], wurden sie nicht in das SG übernommen. Hinter dieser etwas missverständlichen Formulierung der amtl. Begr. zum SkResNOG verbergen sich zwei **vom Wehrpflichtrecht abweichende Entscheidungen** des Gesetzgebers des SG:
Der Einschub in § 67 Abs. 4 Satz 1 „im Bereitschafts-, Spannungs- und Verteidigungsfall eine unzumutbare Härte ..." findet sich nicht in § 12 Abs. 4 Satz 1 WPflG, sondern in § 48 Abs. 1 Nr. 1 (Bereitschaftsfall) bzw. in § 48 Abs. 2 Nr. 3 WPflG (Spannungs- und V-Fall). § 12 Abs. 6 WPflG findet im SG keine Entsprechung, da die Altersgrenzen des § 5 WPflG im SG keine Rolle spielen.

Verfahrensrechtl. ist anzumerken, dass im SG eine Vorschrift über **Frist und Form** von **3** Zurückstellungsanträgen (vgl. § 20 WPflG) **fehlt**. Eine solche ist auch entbehrlich, da Dienstleistungspflichtige weder erfasst noch im wehrpflichtrechtl. Sinne gemustert werden (vgl. § 71). Die Pflicht zur Begründung von Zurückstellungsanträgen (vgl. § 20 Satz 2 WPflG) ergibt sich aus der Natur der Sache.

2. Änderungen der Vorschrift

Änderungsbedarf besteht zzt. **nicht**. Die Praxis muss zeigen, ob eine **kürzere Fassung 4** der Norm angezeigt ist. So könnte es sich als zweckmäßig herausstellen, Abs. 4 Satz 2

---

1 BT-Drs. 15/4485, 39.

§ 67

dann zu streichen, wenn für diese Detailregelung keine Notwendigkeit mehr gesehen werden sollte.

3. Bezüge zum Beamtenrecht bzw. zu sonstigen rechtl. Vorschriften

5   Eine mit § 67 **vergleichbare Vorschrift** existiert im **Beamtenrecht nicht**.

6   Für **WPfl** gilt, wie oben erwähnt, **§ 12 WPflG**.

7   Für **ZDL** ist **§ 11 ZDG**, der wiederum § 12 WPflG nachgebildet ist, einschlägig.

B. Erläuterungen im Einzelnen

1. Zweck der Vorschrift; Verfahrensfragen

8   Die Zurückstellung gehört zu den **fakultativen Dienstleistungsausnahmen**. Aus Gründen, die in der Person des Dienstleistungspflichtigen liegen, wird seine Heranziehung grds. **befristet**[2] aufgeschoben. Die Befristung muss so bestimmt werden, dass noch eine Heranziehung möglich ist.[3] Theoretisch ist daher eine Zurückstellung bis kurz vor dem Erreichen der Lebensaltergrenzen des § 59 Abs. 1 bis 3 statthaft.

9   Eine Zurückstellung wird entweder **von Amts wegen** (Abs. 1, 3 und 5) oder **auf Antrag** (Abs. 2 und 4) verfügt. Korrespondierend hierzu sind die **Mitteilungspflichten** gem. § 77 Abs. 6 Nr. 3 bis 6 zu beachten.

10 Zurückstellungen können grds. von **jeder Art der Dienstleistung** (§ 60) verfügt werden. Bei Dienstleistungen, die eine freiwillige Meldung voraussetzen (besondere Auslandsverwendungen gem. § 62; Hilfeleistungen im Innern gem. § 63), kommt eine Zurückstellung nicht in Betracht, da sich die Freiwilligkeit und die Zurückstellung widersprechen würden.[4] In diesen Fällen ist eine **Entpflichtung** von der Dienstleistung gem. § 59 Abs. 5 Satz 2 zu prüfen. Deren Voraussetzungen entsprechen einer Zurückstellung gem. § 67 Abs. 4 Satz 1.

11 Die Zurückstellung bzw. die Ablehnung eines Zurückstellungsantrages wird mit **VA** beschieden.

2. Absatz 1

a) Nr. 1

12 „Vorübergehend" ist ein Dienstleistungspflichtiger **dienstunfähig**, wenn nach dem Ergebnis der ärztlichen Untersuchung (§ 71) eine akute Erkrankung oder eine bevorstehende Operation oder eine behebbare Unfallfolge vorliegt.[5] Ist dieser Hinderungsgrund weggefallen, ist der Dienstleistungspflichtige erneut ärztlich zu untersuchen; je nach dem Ergebnis dieser Untersuchung steht er dann für eine Heranziehung zur Verfügung.

b) Nr. 2

13 Wer „einsitzt" oder gem. § 63 StGB **untergebracht** ist, steht, zumindest vorübergehend, für eine Dienstleistung nicht zur Verfügung. Der Strafanspruch des Staates bzw. der Schutz der Allgemeinheit haben Vorrang vor einer Dienstleistungspflicht.

§ 63 StGB bestimmt:

„Hat jemand eine rechtswidrige Tat im Zustand der Schuldunfähigkeit (§ 20) oder der verminderten Schuldfähigkeit (§ 21) begangen, so ordnet das Gericht die Unterbringung in ei-

---

2   Vgl. § 6 Abs. 1 WPflV a.F. Zurückstellungen auf Dauer sind unzulässig (BVerwG NZWehrr 1960, 138).
3   Vgl. *Steinlechner/Walz*, WPflG, § 12 Rn. 6.
4   Vgl. *Steinlechner/Walz*, WPflG, § 12 Rn. 7.
5   Vgl. *Steinlechner/Walz*, WPflG, § 12 Rn. 12.

nem psychiatrischen Krankenhaus an, wenn die Gesamtwürdigung des Täters und seiner Tat ergibt, daß von ihm infolge seines Zustandes erheblich rechtswidrige Taten zu erwarten sind und er deshalb für die Allgemeinheit gefährlich ist."

3. Absatz 2

Künftige Geistliche werden auf Antrag zurückgestellt. Dies ist im Hinblick auf die Befreiungsvorschriften des § 65 Nr. 1 bis 3 schon aus praktischen Überlegungen sinnvoll. **14**

Der Dienstleistungspflichtige muss die **theologische Ausbildung aufgenommen** haben[6]; die bloße Überlegung oder Absicht, ein solches Studium zu beginnen, reicht nicht aus. **15**

Die Zurückstellung wird bis zum **Ende dieser Ausbildung** verfügt. Aus ihr wird eine Befreiung, sobald die Voraussetzungen von § 65 Nr. 1 bis 3 vorliegen. **16**

Bricht der Dienstleistungspflichtige die Ausbildung **ab**, hat er dies der Wehrersatzbehörde unverzüglich **mitzuteilen** (§ 77 Abs. 6 Nr. 5). Diese widerruft die Zurückstellung gem. § 49 Abs. 2 Satz 1 Nr. 2 VwVfG. Eine erneute Zurückstellung gem. § 67 Abs. 4 Satz 2 Nr. 3b muss gesondert beantragt werden. **17**

Dem Antrag auf Zurückstellung sind die in Satz 2 aufgeführten **Nachweise beizufügen**. Diese Vorschrift war bis zum SkResNOG in § 6 Abs. 2 WPflV a.F. enthalten; mit der Aufhebung der WPflV wurde sie in § 12 Abs. 2 WPflG eingefügt und dem entspr. als § 67 Abs. 2 Satz 2 formuliert. **18**

4. Absatz 3

a) Satz 1

Bewerber um ein **Abgeordnetenmandat** müssen bis zum Wahltag zurückgestellt werden. Sie können auf diesen Zurückstellungsgrund **nicht verzichten**.[7] **19**

Die Zurückstellung wird von dem Zeitpunkt an verfügt, in dem der Bewerber seine Zustimmung – schriftl. und unwiderruflich (vgl. z.B. § 20 Abs. 1 Satz 3 BWG) – zu dem Wahlvorschlag erklärt hat. **20**

Bewerber um ein **kommunales Mandat** fallen **nicht** unter diese Best., da kommunale Vertretungskörperschaften zur Exekutive im weiteren Sinne gehören.[8] **21**

Ist der Dienstleistungspflichtige bereits **Soldat**, und stimmt er einem Wahlvorschlag zu, ist er zu **entlassen** (§ 75 Abs. 1 Satz 2 Nr. 7).[9] **22**

b) Satz 2

Hat der Bewerber nach erfolgreicher Kandidatur die **Wahl angenommen**, darf er nur auf seinen Antrag zu einer Dienstleistung herangezogen werden.[10] Den hierfür notwendigen **Urlaub**, auch während der Parlamentsferien, erteilen die zuständigen parlamentarischen Gremien. **23**

War der Mandatsträger vor seiner Wahl **BS**, gilt § 51 Abs. 6; war er vorher **SaZ**, ist § 54 Abs. 4 einschlägig. **24**

---

6 Vgl. BVerwG NVwZ 1988, 937.
7 Vgl. *Boehm-Tettelbach*, WPflG, § 12 Rn. 12; *Steinlechner/Walz*, WPflG, § 12 Rn. 26.
8 BVerwGE 51, 49.
9 Für BS u. SaZ vgl. § 25.
10 Ob für die Zeit des Mandats eine weitere Zurückstellung auszusprechen ist (vgl. *Steinlechner/Walz*, WPflG, § 12 Rn. 27) o. ob ein gesetzl. Einberufungshindernis vorliegt (vgl. *Boehm-Tettelbach*, WPflG, § 12 Rn. 13), kann hier dahinstehen.

5. Absatz 4

25 Für die Praxis dürfte sich die Zurückstellung aus Härtegründen als **häufigster Zurückstellungsgrund** herauskristallisieren. Im Rahmen dieser Komm. genügt es zunächst, auf einige grds. **Aussagen** hinzuweisen. Wegen weiterer Einzelheiten ist zu empfehlen, die monographischen Komm. des § 12 Abs. 4 WPflG in den beiden Standardkomm. zum WPflG[11] beizuziehen. In diesen ist die kasuistische Rspr. erschöpfend ausgewertet worden.

26 Zu beachten ist, dass § 12 Abs. 4 Satz 2 Nr. 2 und Nr. 3 WPflG durch das **2. ZDGÄndG** geändert bzw. neu gefasst worden sind. Viele Streitfälle zur früheren sog. **Drittellösung** in § 12 Abs. 4 Satz 2 Nr. 3a WPflG a.F. sind mit der jetzigen Regelung („Erreichen des dritten Semesters") in pragmatischer Weise gelöst worden.

a) Härte

27 Das Gesetz geht davon aus, dass jede Dienstleistung eine **allg. Härte** mit sich bringt. Diese ist von jedem Dienstleistungspflichtigen hinzunehmen.[12]

28 Eine **besondere Härte** liegt vor, wenn die Heranziehung den Dienstleistenden besonders hart treffen würde. Dies kann nur unter Berücksichtigung der Umstände des Einzelfalles geprüft werden.[13]

29 Die **unzumutbare Härte** setzt eine Steigerung der besonderen Härte voraus[14]; sie kann nur in krassen Ausnahmefällen angenommen werden.

b) Soll-Vorschrift

30 Grds. bedeutet „soll", wie auch im sonstigen Rechtsverkehr, „muss". Der solchermaßen **eingeschränkte Ermessensspielraum** der Wehrersatzbehörden kann zur Ablehnung einer beantragten Zurückstellung trotz vorliegender besonderer Härtegründe führen, wenn z.B. eine **Verschiebung der Heranziehung** möglich ist oder der Dienstleistungspflichtige den Härtegrund **rechtsmissbräuchlich herbeigeführt** hat.[15] In diesem Zusammenhang werden die speziellen Rahmenbedingungen von Dienstleistungen sicher eine Rolle spielen. Wer sich **freiwillig** der Dienstleistungspflicht unterwirft, wird anders zu behandeln sein als derjenige, der **zwangsweise** herangezogen werden soll. Die **Dauer** der Dienstleistung ist ebenfalls ein Parameter, der diese Wehrdienstarten i.d.R. von der Ableistung des GWD unterscheiden wird. So wird bei einer befristeten Übung gem. § 61 Abs. 1 die Dauer der Dienstleistung weniger zu berücksichtigen sein als andere Gründe, die für den Dienstleistungspflichtigen eine besondere Härte bedeuten.[16]

6. Absatz 5

31 Nach dem **1. Halbs.** ist eine Zurückstellung möglich, wenn in absehbarer Zeit eine strafgerichtl. Verurteilung des Dienstleistungspflichtigen zu erwarten ist. Strafprozessual ist Voraussetzung, dass jedenfalls ein **staatsanwaltschaftliches Ermittlungsverfahren** eingeleitet worden ist[17], von dem das KWEA z.B. über eine MiStra Kenntnis erlangt hat.[18]

---

11 *Boehm-Tettelbach*, WPflG, § 12 Rn. 16 ff.; *Steinlechner/Walz*, WPflG, § 12 Rn. 31 ff.
12 Vgl. BVerwGE 41, 160.
13 Vgl. BVerwG *Buchholz* 448.0 § 12 WPflG Nr. 134.
14 Vgl. zuletzt BVerwG NVwZ-RR 1997, 423.
15 Vgl. *Steinlechner/Walz*, WPflG, § 12 Rn. 46 ff. m.w.N.
16 Vgl. *Steinlechner/Walz*, WPflG, § 12 Rn. 60 ff.
17 Vgl. *Steinlechner/Walz*, WPflG, § 12 Rn. 149.
18 Vgl. die Komm. zu § 89.

Das für die Zurückstellung zuständige KWEA holt zweckmäßigerweise eine amtl. **Auskunft der Staatsanwaltschaft** zum möglichen Ausgang des Strafverfahrens ein. Ergänzend kann das BMVg Auskunft aus dem **Zentralregister** erbitten (§ 41 Abs. 1 Nr. 2 BZRG). 32

Befindet sich der Dienstleistungspflichtige in **Untersuchungshaft**, erfolgt die Zurückstellung gem. Abs. 1 Nr. 2. 33

Erfährt das KWEA von dem anhängigen Strafverfahren nach Zustellung des Heranziehungsbescheides, ist dieser zu **widerrufen**.[19] 34

Ist der Dienstleistungspflichtige bereits **Soldat**, kommt unter den dort genannten Voraussetzungen eine **Entlassung** gem. § 75 Abs. 2 Nr. 2 in Betracht. 35

Nach dem 2. **Halbs.** ist eine Zurückstellung ferner möglich bei Gefährdung der mil. Ordnung oder des Ansehens der Bw.[20] 36

Für eine solche Entscheidung können Erkenntnisse aus Vorstrafen, Strafverfahren oder der ärztlichen Untersuchung (§ 71) oder des MAD oder der Presse herangezogen werden.[21] So wird insbes. darauf zu achten sein, dass Dienstleistungspflichtige mit **extremistischen Verhaltensweisen** (Funktionäre der Republikaner oder der NPD[22]) nicht herangezogen werden. 37

Die getroffene Entscheidung ist in einem behördeninternen **Aktenvermerk** festzuhalten. Zusätzlich sollte der Dienstleistungspflichtige mittels eines förmlichen **Zurückstellungsbescheides** informiert werden.[23] Dies ist schon auf Grund von Art. 19 Abs. 4 GG geboten. Bescheide auf Grund des 2. Halbs. sind besonders sorgfältig zu formulieren und zu begründen. 38

§ 68 Unabkömmlichstellung

(1) ¹Zum Ausgleich des personellen Kräftebedarfs für die Aufgaben der Bundeswehr und andere Aufgaben kann ein Dienstleistungspflichtiger im öffentlichen Interesse für Dienstleistungen unabkömmlich gestellt werden, wenn und solange er für die von ihm ausgeübte Tätigkeit nicht entbehrt werden kann. ²Die Bundesregierung erlässt mit Zustimmung des Bundesrates allgemeine Verwaltungsvorschriften über die Grundsätze, die dem Ausgleich des personellen Kräftebedarfs zu Grunde zu legen sind.

(2) ¹Über die Unabkömmlichstellung entscheidet die Wehrersatzbehörde auf Vorschlag der zuständigen Verwaltungsbehörde. ²Das Vorschlagsrecht steht auch den Kirchen und Religionsgemeinschaften, soweit sie Körperschaften des öffentlichen Rechts sind, für ihre Bediensteten zu. ³Die Zuständigkeit und das Verfahren regelt eine Rechtsverordnung. ⁴In der Rechtsverordnung kann die Befugnis zur Bestimmung der zuständigen Behörden auf oberste Bundesbehörden oder auf die Landesregierungen mit der Befugnis zur Weiterübertragung auf oberste Landesbehörden übertragen werden; die

---

19 Vgl. *Steinlechner/Walz*, WPflG, § 12 Rn. 151.
20 Vgl. zu diesen Begriffen die Komm. zu § 55 Abs. 5.
21 Die Vorschriften des § 17 Abs. 8 u. des § 20a WPflG sind nicht in das SG übernommen worden. Aus diesem Grund kann im vorliegenden Kontext nicht auf Resultate einer EUF zurückgegriffen werden.
22 Zur Entlassung eines GWDL, der Funktionär der NPD war, gem. § 29 Abs. 1 Nr. 6 WPflG (Fassung 2004) vgl. BVerwG NJW 2005, 85.
23 Vgl. *Steinlechner/Walz*, WPflG, § 12 Rn. 154.

nach dieser Verordnung vorschlagsberechtigte oberste Bundesbehörde oder die Landesregierung kann, soweit Landesrecht dies zulässt, das Vorschlagsrecht auch durch allgemeine Verwaltungsvorschrift regeln. ⁵Die Rechtsverordnung regelt auch, wie Meinungsverschiedenheiten zwischen der Wehrersatzbehörde und der vorschlagenden Verwaltungsbehörde unter Abwägung der verschiedenen Belange auszugleichen sind. ⁶Die Rechtsverordnung regelt ferner, für welche Fristen die Unabkömmlichstellung ausgesprochen werden kann und welche sachverständigen Stellen der öffentlichen Verwaltung und Wirtschaft zu hören sind.

(3) ¹Der Dienstherr oder Arbeitgeber des Dienstleistungspflichtigen ist verpflichtet, den Wegfall der Voraussetzungen für die Unabkömmlichstellung der zuständigen Wehrersatzbehörde anzuzeigen. ²Dienstleistungspflichtige, die in keinem Arbeits- oder Dienstverhältnis stehen, haben den Wegfall der Voraussetzungen selbst anzuzeigen.

Verordnung über die Zuständigkeit und das Verfahren bei der Unabkömmlichstellung (Unabkömmlichstellungsverordnung – UkV) vom 24.8.2005[1]

Auf Grund des § 13 Abs. 2 in Verbindung mit § 50 Abs. 1 Nr. 2 und § 50 Abs. 2 des Wehrpflichtgesetzes in der Fassung der Bekanntmachung vom 30. Mai 2005 (BGBl. I S. 1465) sowie des § 68 Abs. 2 in Verbindung mit § 93 Abs. 1 Nr. 9 und § 93 Abs. 4 des Soldatengesetzes in der Fassung der Bekanntmachung vom 30. Mai 2005 (BGBl. I S. 1482) verordnet die Bundesregierung:

§ 1 Vorschlagsrecht

(1) Die Unabkömmlichstellung von Wehrpflichtigen oder Dienstleistungspflichtigen können der zuständigen Wehrersatzbehörde vorschlagen:

1. für die im öffentlichen Dienst des Bundes oder bei einer der Aufsicht einer Bundesbehörde unterstehenden Körperschaft, Anstalt oder Stiftung des öffentlichen Rechts Beschäftigten die oberste Bundesbehörde;
2. für die im öffentlichen Dienst eines Landes, einer Gemeinde, eines Gemeindeverbandes oder bei einer anderen der Aufsicht einer Landesbehörde unterstehenden Körperschaft, Anstalt oder Stiftung des öffentlichen Rechts Beschäftigten die oberste Landesbehörde;
3. für die im Zivilschutz Beschäftigten, die Angehörigen des Technischen Hilfswerks oder einer Hilfsorganisation des Katastrophenschutzes die oberste Bundes- oder Landesbehörde;
4. für Angehörige freier Berufe mit Aufgaben von besonderer Bedeutung die oberste Bundes- oder Landesbehörde;
5. für Angehörige von Betrieben, die der Aufsicht der Bergbehörden unterstehen die oberste Landesbehörde;
6. für die in der Seefischerei Beschäftigten die oberste Landesbehörde;
7. für die Beschäftigten bei den nichtbundeseigenen Eisenbahnen, in der Hafenschifffahrt sowie bei See- oder Binnenhäfen, Flugplätzen oder den unmittelbar hierzu gehörenden Umschlagsbetrieben die oberste Landesverkehrsbehörde;
8. für die im gewerbsmäßigen Güterkraft- oder Straßenpersonenverkehr Beschäftigten die oberste Landesbehörde;
9. für die in gewerblichen Betrieben der Ernährungswirtschaft Beschäftigten die oberste Landesbehörde;
10. für diejenigen, die bei Unternehmen beschäftigt sind, die Telekommunikationsdienste für die Öffentlichkeit oder Postdienstleistungen für die Öffentlichkeit erbringen das Bundesministerium für Wirtschaft und Arbeit;

---

[1] BGBl. I S. 2538.

11. für die im überregionalen gewerblichen Güterkraftverkehr Beschäftigten, für die in der Seeschifffahrt, Binnenschifffahrt (außer Hafenschifffahrt) oder bei einem Luftfahrtunternehmen Beschäftigten, für die bei Eisenbahnen des Bundes Beschäftigten sowie für die bei der Deutsche Flugsicherung GmbH Beschäftigten das Bundesministerium für Verkehr, Bau- und Wohnungswesen;
12. in allen anderen Fällen die von der Landesregierung bestimmte Behörde.

(2) Die Landesregierungen oder die in Absatz 1 Nr. 1 bis 12 genannten Stellen können das Vorschlagsrecht auf nachgeordnete Behörden oder der Aufsicht des Landes unterstehende Stellen der öffentlichen Verwaltung übertragen.

(3) Die obersten Bundes- oder Landesbehörden können in Fällen von besonderer Bedeutung unabhängig von der Regelung nach Absatz 1 die Unabkömmlichstellung von Wehrpflichtigen oder Dienstleistungspflichtigen vorschlagen.

(4) Die örtliche Zuständigkeit der vorschlagsberechtigten Behörde richtet sich nach dem Ort, an dem der Dienstherr oder der Arbeitgeber oder die Arbeitgeberin, für den oder die unabkömmlich gestellt werden soll, seinen oder ihren Sitz hat.

(5) Die Vorschläge sind zu begründen.

§ 2 Gutachtliche Stellungnahmen

(1) Wer, ohne selbst vorschlagsberechtigt zu sein, als Dienstherr, Arbeitgeber oder Arbeitgeberin die Unabkömmlichstellung von Wehrpflichtigen oder Dienstleistungspflichtigen anstrebt, benennt diese mit Begründung der nach § 1 vorschlagsberechtigten Behörde.

(2) Die Behörde schlägt der zuständigen Wehrersatzbehörde die Unabkömmlichstellung der ihr nach Absatz 1 benannten Wehrpflichtigen oder Dienstleistungspflichtigen vor, wenn diese begründet erscheint. In den Fällen des § 1 Abs. 1 Nr. 12 holt sie gutachtliche Stellungnahmen ein, und zwar
1. von der Landwirtschaftskammer oder, soweit eine solche nicht besteht, von der Dienststelle der landwirtschaftlichen oder forstlichen Verwaltung für die in der Land- und Forstwirtschaft Beschäftigten,
2. von der Industrie- und Handelskammer oder der Handwerkskammer für die in der gewerblichen Wirtschaft Beschäftigten,
3. von sachverständigen Stellen, soweit die Behörde nicht selbst sachverständig ist, für die übrigen Beschäftigten in anderen Bereichen.

(3) In den Fällen des Absatzes 2 Satz 2 Nr. 2 ist für nachstehend aufgeführte Wehrpflichtige oder Dienstleistungspflichtige außerdem eine gutachtliche Stellungnahme einzuholen:
1. für die Beschäftigten für den Bau, die Unterhaltung oder die Instandsetzung von Anlagen und Einrichtungen
   a) der Eisenbahnen des Bundes vom Eisenbahn-Bundesamt,
   b) der nichtbundeseigenen Eisenbahnen von der für die nichtbundeseigenen Eisenbahnen zuständigen obersten Landesbehörde oder der von ihr bestimmten Behörde,
   c) der Flugsicherung vom Luftfahrt-Bundesamt,
   d) der Flugplätze von der für den Luftverkehr zuständigen obersten Landesbehörde oder der von ihr bestimmten Behörde,
   e) der Bundeswasserstraßen und bundeseigenen Häfen von den Wasser- und Schifffahrtsdirektionen, der Elbe im Bereich des Hamburger Hafens von der Wirtschaftsbehörde der Freien und Hansestadt Hamburg,
   f) der nichtbundeseigenen Wasserstraßen von den höheren Wasserbehörden der Länder,
   g) der nichtbundeseigenen Häfen von der für Häfen zuständigen obersten Landesbehörde oder der von ihr bestimmten Behörde;
2. für die Beschäftigten für den Bau, die Unterhaltung oder die Instandsetzung von Straßen von der für den Straßenbau zuständigen obersten Landesbehörde oder von der von ihr bestimmten Behörde.

(4) Die Behörde beteiligt, soweit erforderlich, die Agentur für Arbeit.

§ 3 Verfahrensgrundsätze

(1) Über die Vorschläge, Wehrpflichtige oder Dienstleistungspflichtige unabkömmlich zu stellen, entscheidet das für den Wohnsitz zuständige Kreiswehrersatzamt. Vorschläge oberster Landesbehörden sind der Wehrbereichsverwaltung, Vorschläge oberster Bundesbehörden dem Bundesamt für Wehrverwaltung zur Entscheidung vorzulegen, wenn dem Kreiswehrersatzamt die Vorschläge nicht begründet erscheinen.

(2) Vor Ablehnung einer Unabkömmlichstellung soll die vorschlagsberechtigte Behörde gehört werden.

(3) Die Entscheidung über die Unabkömmlichstellung wird ausgesetzt, wenn
1. die Verfügbarkeit für den Wehrdienst noch nicht feststeht (§ 16 Abs. 2 und § 23 des Wehrpflichtgesetzes, § 72 Abs. 1 in Verbindung mit § 71 sowie § 73 des Soldatengesetzes) oder
2. die Wehrpflichtigen oder Dienstleistungspflichtigen vom Wehrdienst oder von Dienstleistungen zurückgestellt sind (§ 12 des Wehrpflichtgesetzes sowie § 67 des Soldatengesetzes).

Die vorschlagsberechtigte Behörde ist zu unterrichten.

(4) Die Einberufung von Wehrpflichtigen oder die Heranziehung von Dienstleistungspflichtigen, deren Unabkömmlichstellung vorgeschlagen wird, ist bis zur Entscheidung über die Unabkömmlichstellung auszusetzen.

(5) Unabkömmlichstellungen können ausgesprochen werden
1. für begrenzte Zeit,
2. für unbegrenzte Zeit,
3. mit der Einschränkung, dass die Unabkömmlichstellung außer Kraft tritt, wenn die Bundesregierung den Bereitschaftsdienst angeordnet hat oder der Spannungs- oder der Verteidigungsfall festgestellt worden ist.

(6) In der Entscheidung über die Unabkömmlichstellung sind die Tätigkeit und die Dauer, für welche die Unabkömmlichstellung ausgesprochen wird, und bei nicht selbständig Tätigen der Dienstherr, der Arbeitgeber oder die Arbeitgeberin anzugeben.

(7) Die Entscheidung ist der vorschlagsberechtigten Behörde schriftlich mitzuteilen.

§ 4 Besondere Vorschriften für den Spannungs- und Verteidigungsfall

Vorschläge zur Unabkömmlichstellung für den Spannungs- und Verteidigungsfall können eingereicht werden, wenn die Bundesregierung den Bereitschaftsdienst angeordnet hat oder der Spannungs- oder der Verteidigungsfall festgestellt worden ist.

§ 5 Widerruf der Unabkömmlichstellung

(1) Die Unabkömmlichstellung ist bei Wegfall ihrer Voraussetzungen schriftlich zu widerrufen.

(2) Zuständig für den Widerruf ist für Vorschläge
1. einer obersten Bundesbehörde das Bundesamt für Wehrverwaltung,
2. einer obersten Landesbehörde die zuständige Wehrbereichsverwaltung,
3. im Übrigen das für den Wohnsitz des Wehrpflichtigen oder des oder der Dienstleistungspflichtigen zuständige Kreiswehrersatzamt.

(3) Vor dem Widerruf einer Unabkömmlichstellung soll die vorschlagsberechtigte Behörde gehört werden.

§ 6 Ausgleich von Meinungsverschiedenheiten

(1) Lehnt die Wehrersatzbehörde eine Unabkömmlichstellung ab oder widerruft sie diese nach § 5, kann die vorschlagsberechtigte Behörde innerhalb einer Woche nach Zugang der Entscheidung einen bei der Wehrersatzbehörde gebildeten Ausschuss anrufen.

(2) Der Ausschuss beim Kreiswehrersatzamt und bei der Wehrbereichsverwaltung besteht aus der Leitung der Behörde oder deren Vertretung als Vorsitzender oder Vorsitzende sowie jeweils einem oder einer von der Landesregierung und von dem Vorstand der Bundesagentur

für Arbeit zu benennenden Beisitzer oder Beisitzerin. Die Landesregierung kann das Recht zur Benennung der Beisitzer und Beisitzerinnen auf eine andere Behörde übertragen. Der Vorstand der Bundesagentur kann das Recht zur Benennung der Beisitzer und Beisitzerinnen auf die Geschäftsführungen der Regionaldirektionen übertragen. Der Ausschuss beim Bundesamt für Wehrverwaltung besteht aus der Leitung der Behörde oder deren Vertretung als Vorsitzender oder Vorsitzende sowie jeweils einem oder einer von dem Bundesministerium für Wirtschaft und Arbeit und von der obersten Bundesbehörde, die die Unabkömmlichstellung der Wehrpflichtigen oder der Dienstleistungspflichtigen vorgeschlagen hat, zu benennenden Beisitzer oder Beisitzerin.

(3) Zuständig ist der Ausschuss bei der Wehrersatzbehörde, die die Unabkömmlichstellung abgelehnt oder widerrufen hat. Befinden sich der Sitz der vorschlagsberechtigten Behörde und der Sitz des Kreiswehrersatzamtes in verschiedenen Ländern, ist diejenige Landesregierung für die Entsendung des Beisitzers oder der Beisitzerin zuständig, in deren Zuständigkeitsbereich das Kreiswehrersatzamt seinen Sitz hat.

§ 7 In-Kraft-Treten, Außerkrafttreten

Diese Verordnung tritt am Tag nach der Verkündung in Kraft. Gleichzeitig tritt die Verordnung über die Zuständigkeit und das Verfahren bei der Unabkömmlichstellung in der im Bundesgesetzblatt Teil III, Gliederungsnummer 50-1-3, veröffentlichten bereinigten Fassung[2], zuletzt geändert durch Artikel 46 des Gesetzes vom 23. Dezember 2003 (BGBl. I S. 2848), außer Kraft.

Literatur: Spezielle Veröffentlichungen zu § 68 liegen noch nicht vor.
Zu § 13 WPflG vgl. die Literaturübersichten bei *Boehm-Tettelbach*, WPflG, § 13 Rn. 1a; *Steinlechner/Walz*, WPflG, 312.

Übersicht

	Rn.		Rn.
A. Allgemeines	1 – 10	B. Erläuterungen im Einzelnen	11 – 22
1. Entstehung der Vorschrift	1 – 2	1. Absatz 1	11 – 17
2. Änderungen der Vorschrift	3 – 4	a) Zweck der Uk-Stellung;	
3. Bezüge zum Beamtenrecht bzw.		Allgemeines	11 – 15
zu sonstigen rechtl. Vorschriften;		b) Satz 2 – AVV	16 – 17
ergänzende Rechtsnormen	5 – 10	2. Absätze 2 und 3	18 – 22

A. Allgemeines

1. Entstehung der Vorschrift

§ 68 i.d.F. von 1956 enthielt bis 1996 die in § 9 Abs. 1 BGB erfolgte Regelung des gesetzl. Wohnsitzes des BS und SaZ. Die Uk-Stellung von Dienstleistungspflichtigen war vor dem SkResNOG weder gesetzl. noch administrativ geregelt.   **1**

Die mit dem **SkResNOG** in das SG eingeführte Vorschrift **entspricht** vollinhaltlich § 13 **WPflG**.[3]   **2**

2. Änderungen der Vorschrift

Bei nächster Gelegenheit sollte **Abs. 1 Satz 2** (ebenso wie § 13 Abs. 1 Satz 2 WPflG, § 16 Abs. 1 Satz 2 ZDG) **gestrichen** werden. Für den Erl. dieser AVV besteht keine Notwendigkeit mehr.[4]   **3**

---

2 V. 24.7.1962 (BGBl. I S. 524).
3 BT-Drs. 15/4485, 39.
4 Vgl. u. Rn. 17.

§ 68

4 **Abs. 2 Satz 4 ff.** sollten an das **VwVfG** angeglichen werden.[5]

3. Bezüge zum Beamtenrecht bzw. zu sonstigen rechtl. Vorschriften; ergänzende Rechtsnormen

5 Eine mit § 68 **vergleichbare Vorschrift** existiert im **Beamtenrecht nicht**.

6 Für **WPfl** gilt, wie oben erwähnt, **§ 13 WPflG**.

7 Für **ZDL** ist **§ 16 ZDG** einschlägig. Die gem. § 16 Abs. 1 Satz 2 ZDG für den Bereich des Zivildienstes zu erlassenden **AVV** sind **nicht ergangen**, die gem. § 16 Abs. 2 Satz 3 ZDG zu erlassende **RVO ebenfalls nicht**. Die allg. Auffassung, „die für den Wehrdienst erlassenen Vorschriften" seien „entsprechend" anzuwenden[6], ist abzulehnen. Dieses Vorgehen ist durch die geltenden gesetzl. VO-Ermächtigungen nicht abgedeckt. Zwar war durch Art. 2 § 3 des G über den zivilen Ersatzdienst vom **28.6.1965**[7] bestimmt worden, dass bis zum In-Kraft-Treten der Uk-VO/UkV und der AVV für den Bereich des Zivildienstes die **Uk-VO vom 24.7.1962**[8] und die **AVV vom 31.1.1964** „entsprechend anzuwenden sind". Dieses Vorgehen war bereits damals im Hinblick auf Art. 80 GG **verfassungsrechtl. zweifelhaft**. Auf die als „Übergangsvorschriften" bezeichnete zit. Best. konnte man sich nur kurze Zeit berufen. In Folge der starren Verweisung auf die Uk-VO von 1962 sind deren spätere Änd. von 1994[9], 1997[10], 1999[11], 2002[12] und 2003[13] nicht einbezogen worden. Spätestens mit der Ersetzung der Uk-VO durch deren konstitutive Neufassung von 2005 ist deren entspr. Anwendung auf ZDL nicht mehr möglich geworden. Für **ZDL** bedeutet das Fehlen von AusfBest zu § 16 ZDG, dass ihre **Uk-Stellung** – rechtl. korrekt – **nicht mehr verfügt werden** darf.

8 Zu § 13 Abs. 1 Satz 2 WPflG sind formal noch in Kraft die **AVV** über die Grundsätze, die dem Ausgleich des personellen Kräftebedarfs zugrunde zu legen sind, vom **31.1.1964**.[14]

9 Die gem. § 13 Abs. 2 Satz 3 WPflG und § 68 Abs. 2 Satz 3 SG zu erlassende RVO, die seit ihrer Neufassung von 2005 mit **„UkV"** abgekürzt wird, ist eingangs abgedruckt.

10 Die gelegentlich noch zit. **VO** zur Übertragung von Zuständigkeiten im Verfahren bei der Unabkömmlichstellung vom **2.8.1963**[15] ist durch Art. 5 der VO zur Änd. von Rechtsvorschriften zum Verkehrssicherstellungsgesetz und zum WPflG vom 1.9.1999[16] **aufgehoben** worden. Es ist jetzt Sache der einzelnen Bundesressorts und Landesregierungen, für ihre jew. Geschäftsbereiche gesonderte Delegierungen zu verfügen.[17]

---

5 Vgl. u. Rn. 20 f.
6 *Boehm*-Tettelbach, WPflG, § 13 Rn. 28; *Brecht*, ZDG, 109.
7 BGBl. I S. 531.
8 BGBl. I S. 524.
9 BGBl. I S. 2325.
10 BGBl. I S. 3108.
11 BGBl. I S. 1909.
12 BGBl. I S. 1130.
13 BGBl. I S. 2304, 2848.
14 Bundesanzeiger Nr. 25 = VMBl. S. 134.
15 BGBl. I S. 621.
16 BGBl. I S. 1909.
17 Vgl. *Steinlechner/Walz*, WPflG, Anh. 4.

B. Erläuterungen im Einzelnen

1. Absatz 1
a) Zweck der Uk-Stellung; Allgemeines

Die Uk-Stellung dient dem sog. **Kräfteausgleich** und bezweckt eine Aufteilung der Potentiale der WPfl und jetzt auch der Dienstleistungspflichtigen auf die SK und andere Bedarfsträger. Sie wird ausschließlich **im öff. Interesse** verfügt. Ihre **Bedeutung** im Zusammenhang mit der WPfl hat in den letzten Jahren **kontinuierlich abgenommen**. Zzt. sind ca. 7.500 Personen uk-gestellt; dies sind, bezogen auf die Gesamtzahl der für den Wehrdienst verfügbaren Männer und Frauen, weit weniger als 1%. Die Gründe hierfür sind vielschichtig: Die Altersgrenzen für die Heranziehung zum GWD sind mehrfach abgesenkt worden; die Geburtsjahrgänge werden nicht mehr ausgeschöpft; zunehmend wird auf Zurückstellungen ausgewichen, da diese verwaltungstechnisch „einfacher" zu entscheiden sind. 11

Eine Uk-Stellung wird aus Gründen verfügt, die nicht in der Person des WPfl/Dienstleistungspflichtigen liegen, sondern die sich aus seiner Funktion und Bedeutung für die Allgemeinheit ergeben. Bei einer **Parallelität** von Zurückstellung gem. § 67 und Uk-Stellung gem. § 68 hat das **Zurückstellungsverfahren Vorrang**.[18] Grds. kommt eine Uk-Stellung erst dann in Betracht, wenn der Dienstleistungspflichtige zu einer Dienstleistung heranziehbar ist (vgl. § 3 Abs. 3 UkV). 12

Dienstleistungen gem. § 60 Nr. 1 bis 3 sind immer zeitlich befristet. In diesen Fällen erfolgt auch grds. nur eine **zeitlich begrenzte Uk-Stellung** für die Dauer der geplanten Dienstleistung.[19] 13

Nur die in § 59 Abs. 1 bis 3 aufgeführten Personen dürfen gem. § 68 uk-gestellt werden. Eine Uk-Stellung insbes. **aktiver Soldaten verbietet sich** aus der Natur der Sache; ein aktiver Soldat darf neben der Wehrdienstleistung keine andere Tätigkeit ausüben, die eine die Uk-Stellung begründende Kollision auslösen könnte (vgl. § 20 Abs. 2). 14

Der uk-gestellte Dienstleistungspflichtige unterliegt weiterhin der **Dienstleistungsüberwachung**; er kann auf Antrag hiervon befreit werden (§ 77 Abs. 3). 15

b) Satz 2 – AVV

Von der Ermächtigung zum Erl. von **AVV** für den Personenkreis der **Dienstleistungspflichtigen** hat die BReg **keinen Gebrauch gemacht**; sie wird hiervon auch nicht Gebrauch machen. 16

Die gem. § 13 Abs. 1 Satz 2 (früher Satz 3) WPflG erlassenen **AVV vom 31.1.1964**[20] sind überholt und für die Praxis **bedeutungslos** geworden. Dies zeigt sich bereits daran, dass sie nicht einmal begrifflich („Spannungszeiten" statt „Spannungsfall") an die Notstandsverfassung von 1968 angepasst worden waren. Sie werden automatisch wegfallen, sobald die einschlägigen Ermächtigungsnormen gestrichen sind. 17

2. Absätze 2 und 3

Das Uk-Verfahren – im Einzelnen in der vorstehend abgedruckten UkV geregelt – ist ein **behördeninternes Verfahren**, an dem Arbeitgeber/Dienstherren der Dienstleistungspflichtigen nicht formal beteiligt sind; diesen steht nur das Recht zu, einen Vorschlag der zuständigen Verwaltungsbehörde anzuregen. Der Dienstleistungspflichtige selbst ist überhaupt nicht Verfahrensbeteiligter. 18

---

18 Vgl. *Steinlechner/Walz*, WPflG, § 13 Rn. 5; VG Meiningen NVwZ-RR 1994, 404.
19 Vgl. *Steinlechner/Walz*, WPflG, § 13 Rn. 9.
20 Vgl. o. Fn. 8.

19 Die in diesem Verfahren getroffenen Entscheidungen sind **nicht gerichtl. überprüfbar**; der gem. § 6 UkV einzurichtende Ausschuss zum Ausgleich von Meinungsverschiedenheiten erlässt **keinen VA**.[21] Ein Rechtsbehelf gegen die Ablehnung eines Uk-Vorschlags ist nicht statthaft.[22] Der Dienstleistungspflichtige kann sich nicht einmal dagegen wehren, uk-gestellt zu werden.[23]

20 Es mag sein, dass sich dieses Verfahren seinerzeit durch seine „unbürokratische Gestaltung"[24] ausgezeichnet hat. Spätestens mit dem In-Kraft-Treten des VwVfG hätte es, auch im Hinblick auf die **Rechtsweggarantie** des Art. 19 Abs. 4 GG, krit. hinterfragt werden müssen. Aus heutiger Sicht ist es nicht nur verfassungsrechtl. bedenklich, sondern auch zu langwierig und unwirtschaftlich.

21 Bei nächster Gelegenheit sollte der Gesetzgeber entweder die Uk-Stellung durch eine „betriebsbedingte" **Zurückstellung ersetzen** oder die Uk-Stellung als **VA mit Doppelwirkung** i.S.v. § 80a VwGO regeln mit der Möglichkeit der Anfechtung durch den WPfl/Dienstleistungspflichtigen und den Arbeitgeber/Dienstherrn.

22 Zur UkV haben die **Länder** zahlreiche **DBest.** erlassen.[25] Diese sind nunmehr an die neugefasste UkV anzupassen.

3. Heranziehungsverfahren

§ 69 Zuständigkeit

Zuständig für die Heranziehung von Dienstleistungspflichtigen zu Dienstleistungen und das damit in Zusammenhang stehende Verfahren nach diesem Abschnitt sind die Wehrersatzbehörden.

Literatur: Spezielle Veröffentlichungen zu § 69 liegen noch nicht vor. Zu § 14 WPflG vgl. die umfangreichen Literaturübersichten bei *Boehm-Tettelbach*, WPflG, § 14 Rn. 6; *Steinlechner/Walz*, WPflG, 343 f.

Übersicht

	Rn.		Rn.
A. Allgemeines	1 – 6	**B. Erläuterungen im Einzelnen**	7 – 12
1. Entstehung der Vorschrift	1 – 2	1. § 69 und Grundgesetz	7 – 9
2. Änderungen der Vorschrift	3	2. Organisation	10 – 12
3. Bezüge zum Beamtenrecht bzw. zu sonstigen rechtl. Vorschriften	4 – 6		

---

21 Vgl. zur Entstehung dieser Praxis *Boehm-Tettelbach*, WPflG, § 13 Rn. 9 Fn. 2.
22 Vgl. *Steinlechner/Walz*, WPflG, § 13 Rn. 36, 38 m.w.N.
23 Vgl. *Steinlechner/Walz*, WPflG, § 13 Rn. 39.
24 *Steinlechner/Walz*, WPflG, § 13 Rn. 4.
25 Vgl. die Übersichten bei *Boehm-Tettelbach*, WPflG, § 13 Rn. 11; *Steinlechner/Walz*, WPflG, Anhang 6.

Zuständigkeit **§ 69**

A. Allgemeines

1. Entstehung der Vorschrift

§ 69 **schließt** eine bisher im SG bestandene **Lücke**.[1] Die vorher mit Erl. des BMVg den Wehrersatzbehörden zugewiesenen Zuständigkeiten für Dienstleistungspflichtige waren schon deswegen rechtl. zweifelhaft, weil soldatenrechtl./dienstrechtl. Zuständigkeiten der Wehrersatzbehörden nicht im Wege einer Gesetzesanalogie aus dem Wehrpflichtrecht in das Soldatenrecht transferiert werden durften. 1

Die mit dem **SkResNOG** in das SG eingeführte Vorschrift lehnt sich an § **14 WPflG** an, auch wenn die amtl. Begr. hierauf nicht Bezug nimmt. 2

2. Änderungen der Vorschrift

Änderungsbedarf kann sich ggf. daraus ergeben, dass § 69 lediglich auf „diesen" Abschnitt, d.h. auf den IV. Abschnitt, verweist. Zuständigkeiten der Wehrersatzbehörden finden sich auch im VI. Abschnitt (§ 82 Abs. 3, § 83) und im VII. Abschnitt (§ 86 Abs. 3). Es wäre zu überlegen, in § 69 die Wörter „nach diesem Abschnitt" zu streichen. 3

3. Bezüge zum Beamtenrecht bzw. zu sonstigen rechtl. Vorschriften

Zuständigkeitszuweisungen im **Beamtenrecht** sind vielfach gesetzl. verankert. Eine **Sammelvorschrift** entspr. § 69 **existiert nicht**; § 3 BBG legt nur die beamtenrechtl. Hierarchien fest, ohne eine materielle Zuständigkeit zu begründen. 4

Für **WPfl** gilt, wie oben erwähnt, § 14 WPflG. 5

Für **ZDL** bestimmt § **2 Abs. 1 ZDG** die Organisation des Zivildienstes. 6

B. Erläuterungen im Einzelnen

1. § 69 und Grundgesetz

Verfassungsrechtl. Grundlage für den Aufbau und den Erhalt der Wehrersatzbehörden ist **Art. 87b Abs. 1 Satz 2, Abs. 2 Satz 1 GG**. Danach sind die Aufgaben des „Personalwesens" einschl. des Wehrersatzwesens durch (zivile) Behörden der Bundeswehrverwaltung durchzuführen. Diese besitzen im Rahmen der verfassungsrechtl. Aufgabenzuweisung ein sog. **Wahrnehmungsmonopol**. Mil. Dienststellen dürfen insoweit keine Entscheidungskompetenzen übertragen werden. Die Organisationsgewalt des BMVg ist durch Art. 87b GG begrenzt.[2] 7

Gem. **Art. 36 Abs. 2 GG** haben die Wehrgesetze die Gliederung des Bundes in Länder und ihre besonderen landsmannschaftlichen Verhältnisse zu berücksichtigen.[3] 8

Einzige gesetzl. Ausprägung dieser verfassungsrechtl. Vorgaben war bisher § 14 Abs. 1 WPflG und ist jetzt auch § 69 SG. Mit dieser Best. wird den Wehrersatzbehörden eine institutionelle Garantie verliehen, die so lange Gültigkeit hat, wie diese Behörden überhaupt benötigt werden. 9

2. Organisation

Mit § 69 ist der Kompetenzbereich der Wehrersatzbehörden um den Personenkreis der Dienstleistungspflichtigen erweitert worden. Das tradierte Verständnis vom „Wehrersatzwesen" als Sicherstellung der **personellen Ergänzung der SK mit WPfl**[4] muss 10

---

1 BT-Drs. 15/4485, 39.
2 Vgl. *Walz*, NZWehrr 2000, 189 m.w.N.
3 Vgl. *Walz*, BWV 1993, 205.
4 Vgl. *Boehm-Tettelbach*, WPflG, § 14 Rn. 7.

nunmehr um die Dienstleistungspflichtigen ergänzt werden. Für die Wehrersatzbehörden bedeutet dies eine **zusätzliche gesetzl. Legitimationsbasis**; eine „Ewigkeitsgarantie" und/oder eine gesetzl. fixierte Anzahl von Dienststellen verbergen sich dahinter indes nicht.

11   Der **dreistufige Verwaltungsaufbau** der dem BMVg nachgeordneten Wehrersatzbehörden, wie er in § 14 Abs. 1 WPflG angelegt ist, gilt nunmehr auch für die Dienstleistungspflichtigen. Diese Behörden sind u.a. zuständig für die ärztliche Untersuchung (§ 71), die Heranziehung (§§ 72, 73), die Dienstleistungsüberwachung (§ 77), die Durchführung von Verwaltungsstreitverfahren (§§ 82 ff.) und für Ordnungswidrigkeitenverfahren (§ 86 Abs. 3). Ergänzend zu den Best. des SG sind insbes. die Vorschriften des VwVfG und der VwGO einschlägig.

12   Nicht eindeutig beantworten lässt sich die Frage, ob die gem. § 14 Abs. 2 Satz 1 und 2 WPflG festgelegte **örtliche Zuständigkeit** der Mittel- und Unterbehörden (WBV, KWEA) und das Einvernehmen der beteiligten Länder bei deren Abweichung von den Ländergrenzen auch im Hinblick auf die Dienstleistungspflichtigen zu gelten haben. Die Verweisung in § 69 auf „die Wehrersatzbehörden" und damit incidenter auf § 14 WPflG spricht für eine **entspr. Anwendung** der zit. Vorschrift.

§ 70   Verfahren

(1) ¹Das Verfahren nach diesem Abschnitt ist kostenfrei. ²Notwendige Auslagen sind zu erstatten. ³Zu den notwendigen Auslagen gehören auch die Kosten für die Beschaffung von Unterlagen, deren Beibringung dem Dienstleistungspflichtigen aufgegeben wird. ⁴Einem Arbeitnehmer, der nicht unter das Arbeitsplatzschutzgesetz fällt, wird auch der durch eine angeordnete ärztliche Untersuchung oder eine angeordnete sonstige Vorstellung bei der Wehrersatzbehörde entstehende Verdienstausfall erstattet. ⁵Einem Dienstleistungspflichtigen, der nicht Arbeitnehmer ist, werden notwendige Aufwendungen, die ihm durch die Bestellung eines Vertreters entstehen, erstattet. ⁶Das Nähere über die Erstattung von notwendigen Auslagen, Verdienstausfall und Vertretungskosten regelt eine Rechtsverordnung.

(2) Anträge nach diesem Abschnitt sind schriftlich oder elektronisch zu stellen und durch die Wehrersatzbehörde schriftlich zu bescheiden.

(3) ¹Ein Bescheid, der in Ausführung dieses Abschnittes ergeht, ist zuzustellen. ²Dies gilt nicht für begünstigende Verwaltungsakte. ³Ein Heranziehungsbescheid zu Hilfeleistungen im Innern (§ 63), zu einer Übung, die von der Bundesregierung als Bereitschaftsdienst angeordnet ist (§ 61 Abs. 3) oder die als Alarmübung nicht länger als drei Tage dauert, kann auch mit gewöhnlichem Standardbrief mit dem Vermerk „Vorrangpost" oder in entsprechender Anwendung des § 5 des Verwaltungszustellungsgesetzes unmittelbar durch die Truppe zugestellt werden.

Verordnung
über die Erstattung von notwendigen Auslagen, Verdienstausfall und Vertretungskosten der Wehrpflichtigen und Dienstleistungspflichtigen im Rahmen der Wehrüberwachung und Dienstleistungsüberwachung (Wehrdienst-Erstattungsverordnung – WDErstattV) vom 9.6.2005[1]

Auf Grund des § 19 Abs. 5 Satz 6 und des § 50 Abs. 1 Nr. 4 des Wehrpflichtgesetzes in der Fassung der Bekanntmachung vom 30. Mai 2005 (BGBl. I S. 1465) sowie des § 70 Abs. 1 Satz 6 und des § 93 Abs. 1 Nr. 8 des Soldatengesetzes in der Fassung der Bekanntmachung vom 30. Mai 2005 (BGBl. I S. 1482) verordnet die Bundesregierung:

§ 1 Fahrtkosten, Wegstreckenentschädigung

(1) Wehrpflichtigen oder Dienstleistungspflichtigen werden auf Antrag die notwendigen Fahrtkosten erstattet. Notwendig sind die Fahrtkosten, die für die Benutzung regelmäßig verkehrender Beförderungsmittel der niedrigsten Beförderungsklasse zwischen der Wohnung und dem Ort, an dem die Wehrpflichtigen oder Dienstleistungspflichtigen sich einzufinden haben, tatsächlich entstehen. Reisen die Wehrpflichtigen oder Dienstleistungspflichtigen von einem anderen Ort als dem Wohnort an oder dorthin zurück, werden hierdurch entstehende Mehrkosten nur erstattet, wenn die Wehrersatzbehörde vorher zugestimmt hat. Die Kosten für die Benutzung einer höheren Beförderungsklasse werden auch dann nicht erstattet, wenn ein Zug benutzt wird, der nur eine höhere Beförderungsklasse führt.

(2) Wer ein Kraftfahrzeug benutzt, erhält die niedrigste Wegstreckenentschädigung nach dem Bundesreisekostengesetz, jedoch höchstens den Betrag, der bei Benutzung regelmäßig verkehrender Beförderungsmittel der niedrigsten Beförderungsklasse nach Absatz 1 erstattet würde. Parkgebühren werden nicht erstattet.

§ 2 Tagegeld, Übernachtungsgeld

Tage- und Übernachtungsgeld wird nach dem Bundesreisekostengesetz gewährt.

§ 3 Sonstige notwendige Auslagen

(1) Den Wehrpflichtigen oder Dienstleistungspflichtigen werden auf Antrag auch die notwendigen Transportkosten für das Übernehmen, Vorlegen oder Zurückgeben der Bekleidungs- und Ausrüstungsstücke nach dem Bundesreisekostengesetz erstattet.

(2) Zu den notwendigen Auslagen gehören auch die Kosten für die Beschaffung von Unterlagen, deren Beibringung den Wehrpflichtigen oder Dienstleistungspflichtigen aufgegeben wird.

§ 4 Verdienstausfall, Vertretungskosten

(1) Soweit Arbeitnehmerinnen oder Arbeitnehmer keinen Anspruch auf Weiterzahlung des Arbeitsentgelts nach § 14 Abs. 1 oder Abs. 3 des Arbeitsplatzschutzgesetzes haben, wird auf Antrag eine Entschädigung für den Verdienstausfall gewährt. Sie richtet sich nach dem regelmäßigen Bruttoarbeitsentgelt zuzüglich des Arbeitgeberanteils zur Sozialversicherung. Die letzte begonnene Stunde wird voll gerechnet. Die Arbeitnehmerinnen oder Arbeitnehmer haben eine Bescheinigung der Arbeitgeberin oder des Arbeitgebers beizubringen, aus der die Dauer der ausgefallenen Arbeitszeit und die Höhe des Verdienstausfalls ersichtlich sind.

(2) Wehrpflichtige, die nicht Arbeitnehmer sind, oder Dienstleistungspflichtige, die nicht Arbeitnehmerinnen oder Arbeitnehmer sind, erhalten die notwendigen Vertretungskosten nur erstattet, soweit sie nachgewiesen werden und die Vertretung die beruflichen Aufgaben der Wehrpflichtigen oder Dienstleistungspflichtigen in vollem Umfang wahrnehmen kann.

---

1 BGBl. I S. 1621.

§ 70 Dienstleistungspflicht

Erstattungsfähig ist die angemessene und in gleich oder ähnlich gelagerten Fällen übliche Vergütung.

§ 5 In-Kraft-Treten
Diese Verordnung tritt am Tag nach der Verkündung in Kraft.

Literatur: Spezielle Veröffentlichungen zu § 70 liegen noch nicht.
Zu § 19 WPflG vgl. die Literaturübersicht bei *Steinlechner/Walz*, WPflG, 398; zu § 44 WPflG vgl. die Literaturübersicht bei *Steinlechner/Walz*, WPflG, 609.

Übersicht

	Rn.		Rn.
A. Allgemeines	1 – 10	**B. Erläuterungen im Einzelnen**	11 – 24
1. Entstehung der Vorschrift	1 – 2	1. Absatz 1	11 – 15
2. Änderungen der Vorschrift	3	2. Absatz 2	16 – 19
3. Bezüge zum Beamtenrecht bzw. zu sonstigen rechtl. Vorschriften	4 – 10	3. Absatz 3	20 – 24

A. Allgemeines

1. Entstehung der Vorschrift

1 Eine mit § 70 vergleichbare Vorschrift war bis zum SkResNOG im SG nicht enthalten.

2 **Abs. 1 entspricht § 19 Abs. 5 WPflG** i.d.F. des SkResNOG; **Abs. 2 entspricht** ansatzweise **§ 20 WPflG**; **Abs. 3 entspricht** im Wesentlichen **§ 44 Abs. 1 WPflG**.[2]

2. Änderungen der Vorschrift

3 **Änderungsbedarf** besteht zzt. **nicht**. In Abs. 3 Satz 3 ist die „Alarmübung von nicht länger als drei Tagen" zu streichen, sobald diese Übungsform in den Planungen der SK nicht mehr vorkommt.

3. Bezüge zum Beamtenrecht bzw. zu sonstigen rechtl. Vorschriften

4 Eine mit § 70 vergleichbare Vorschrift existiert im **Beamtenrecht nicht**.

5 Für **WPfl** gelten, wie oben erwähnt, § 19 Abs. 5, § 20 und § 44 Abs. 1 WPflG.

6 **KDV-Antragsteller** können im Falle einer mündlichen Anhörung Auslagenersatz gem. § 6 Abs. 5 KDVG beantragen. Einzelheiten sind in der KDV-Erstattungsverordnung vom 3.11.2003[3] geregelt.

7 Für **anerkannte KDV** verweist § 18 ZDG auf die für „die Musterung bei den Wehrersatzbehörden geltenden Vorschriften". Dies ist jetzt die vorstehend abgedruckte WDErstattV.

8 Für **ZDL** sind **§ 12 Abs. 1 und § 71 ZDG** einschlägig.

9 Mit dem In-Kraft-Treten des SkResNOG wurde die **WPflV aufgehoben**. Deren §§ 10 bis 15 über die Erstattung von Auslagen und Verdienstausfall bilden nunmehr – in aktualisierter Fassung – die **WDErstattV**. Diese wiederum wird – ebenso wie die KDV-Erstattungsverordnung – gelegentlich an das **BRKG** i.d.F. des G vom 26.5.2005[4] **anzupassen** sein.

---

2 Vgl. BT-Drs. 15/4485, 39.
3 BGBl. I S. 2162.
4 BGBl. I S. 1418.

Die Diensteintrittsreise und die Heimreise nach Beendigung der Dienstleistung werden nicht nach der WDErstattV abgerechnet. Hierfür wird eine Reisekostenvergütung gem. bzw. analog § 11 Abs. 3 Satz 1 Nr. 1 und 2 BRKG gewährt. **10**

B. Erläuterungen im Einzelnen

1. Absatz 1

Satz 1 entspricht der Regelung des **§ 80 Abs. 1 Satz 3 Nr. 2 VwVfG**. Selbst bei offensichtlicher Unzulässigkeit oder Unbegründetheit von Anträgen eines Dienstleistungspflichtigen hat dieser **keine Missbrauchsgebühr** zu entrichten. **11**

Satz 2 und 3 i.V.m. § 3 WDErstattV regeln die Erstattung **notwendiger Auslagen** des Dienstleistungspflichtigen.[5] Dazu gehören insbes. die Fahrtkosten (§ 1 WDErstattV) und ein evtl. Tage- und Übernachtungsgeld (§ 2 WDErstattV). **12**

Kosten, die dem Dienstleistungspflichtigen durch die Vorlage **ärztlicher Atteste** entstehen, werden nur erstattet, wenn die Wehrersatzbehörde diese von ihm **abverlangt** hat.[6]

Gebühren eines Bevollmächtigten, insbes. eines **Rechtsanwalts**, im Antragsverfahren sind **nicht** gem. Abs. 1 **erstattungsfähig**. Insoweit ist eine Vertretung des Dienstleistungspflichtigen weder üblich noch erforderlich.[7] Der Verordnungsgeber hat daher zu Recht solche Kosten des Dienstleistungspflichtigen nicht in die gem. § 3 WDErstattV erstattungsfähigen sonstigen Auslagen des Dienstleistungspflichtigen aufgenommen. Bzgl. der Gebühren eines Bevollmächtigten im Widerspruchsverfahren kann auf die Komm. zu § 83 verwiesen werden.

Ist ein Dienstleistungspflichtiger **Arbeitnehmer**, ist der Arbeitgeber gem. § 14 Abs. 3 ArbPlSchG verpflichtet, das **Arbeitsentgelt weiterzuzahlen**. Unterliegt der Arbeitgeber nicht dem ArbPlSchG, wird dem Arbeitnehmer der **Verdienstausfall** gem. Satz 4 i.V.m. § 4 Abs. 1 WDErstattV erstattet. Dies kann bei **Grenzgängern** der Fall sein.[8] In der Praxis läuft diese Best. weitgehend in's Leere, da auch Firmen mit Sitz im benachbarten Ausland über Art. 19 Abs. 4 der Europ. Sozialcharta[9] an die Standards des deutschen ArbPlSchG gebunden sind. **13**

Freiberuflich Tätige erhalten keine Verdienstausfallentschädigung. Sie können unter den Voraussetzungen von Satz 5 i.V.m. § 4 Abs. 2 WDErstattV **Vertretungskosten** geltend machen. Nach allg. Auffassung verstößt dies weder gegen den Gleichheitsgrundsatz noch gegen das Sozialstaatsprinzip.[10] Dies wird damit begründet, dass Selbständige durch „geeignete Vorkehrungen" einen Verdienstausfall entweder vermeiden oder gering halten könnten. Die Arbeitsmarktsituation war zum Zeitpunkt der zit. gerichtl. Entsch. sicher eine andere als heute: Mit zunehmender Spezialisierung dürfte es immer schwerer fallen, für einige Stunden eine fachkundige Vertretung zu gewinnen. Es sollte angestrebt werden, auch den Verdienstausfall in Höhe der Vertretungskosten zu erstatten, wenn keine geeignete Vertretung gefunden werden konnte. **14**

Die Erstattung von Kosten eines **Widerspruchsverfahrens** bestimmt sich nach § 80 Abs. 1 Satz 1 VwVfG. Die **Zuziehung eines Bevollmächtigten** im Widerspruchsver- **15**

---

5 Die RVO ist nicht analog anwendbar auf Personen, die an einer DVag gem. § 81 teilnehmen o. für die Diensteintrittsreise bzw. Heimreise von Dienstleistungspflichtigen.
6 § 3 Abs. 2 WDErstattV. Vgl. *Steinlechner/Walz*, WPflG, § 19 Rn. 45.
7 Vgl. *Steinlechner/Walz*, WPflG, § 19 Rn. 46, § 33 Rn. 55 m.w.N.
8 Vgl. *Steinlechner/Walz*, WPflG, § 19 Rn. 46.
9 BGBl. 1964 II S. 1261.
10 BVerwGE 32, 158; BVerfGE 29, 51; *Boehm-Tettelbach*, WPflG, § 19 Rn. 46; *Brecht*, ZDG, 117; *Steinlechner/Walz*, WPflG, § 19 Rn. 48.

§ 70   Dienstleistungspflicht

fahren dürfte im vorliegenden Zusammenhang regelmäßig **nicht notwendig** i.S.v. § 80 Abs. 2 VwVfG sein.[11] Dienstleistungspflichtige sind auf Grund ihrer Lebens- und Berufserfahrung i.d.R. in der Lage, ihre Interessen selbst wahrzunehmen.

2. Absatz 2

16 Anträge von Dienstleistungspflichtigen sind schriftl. oder elektronisch zu stellen. Abw. von § 20 Satz 1 WPflG ist eine Antragstellung zur **Niederschrift** beim KWEA **nicht zulässig**. Eine Antragsfrist wie in § 20 Satz 1 WPflG ist nicht normiert.

17 Ergänzend zu Abs. 2 gelten die Vorschriften des **VwVfG**, z.B. § 23.

18 Der Antrag muss, unabhängig davon, in welcher Form er gestellt wird, vom Dienstleistungspflichtigen eigenhändig **unterschrieben** sein.[12]

19 Bescheide der Wehrersatzbehörden müssen den Vorschriften des **VwVfG**, insbes. den §§ 37, 39 und 41, entsprechen. Belastende VA sind mit einer **Rechtsbehelfsbelehrung** zu versehen (§ 59 VwGO).

3. Absatz 3

20 Abs. 3 ist dem durch das SkResNOG neu gefassten § 44 Abs. 1 WPflG nachgebildet. Ein begünstigender VA ist nicht mehr zuzustellen (Satz 2); damit sollen Zustellungskosten eingespart werden.[13]

21 „Bescheid" meint eine schriftl. Mitteilung der **Wehrersatzbehörde**[14], d.h. i.d.R. einen von ihr erlassenen **VA**. Dies ist nach dem IV. Abschnitt insbes. ein Bescheid
- im Zurückstellungsverfahren gem. § 67,
- im Uk-Verfahren gem. § 68[15],
- über die Erstattung von Auslagen usw. gem. § 70 Abs. 1,
- über die ärztliche Untersuchung gem. § 71 Satz 5,
- über die Heranziehung zu Dienstleistungen gem. §§ 72, 73.

22 Ein belastender VA diesen Inhalts ist nach den Vorschriften des **VwZG zuzustellen**. Häufigste Form ist die Zustellung durch die Behörde gegen Empfangsbekenntnis (§ 5 Abs. 1 VwZG).

23 Zugestellt wird an den **Dienstleistungspflichtigen selbst**. Hat der Dienstleistungspflichtige durch schriftl. Vollmacht einen **Vertreter** bestellt, ist (nur) an diesen zuzustellen (§ 7 Abs. 1 Satz 2 VwZG).

24 Für Zustellungen an **Soldaten** ist ergänzend der Erl. des BMVg „Zustellungen, Ladungen, Vorführungen und Zwangsvollstreckungen bzgl. Soldaten in der Bundeswehr"[16] zu beachten.

---

11 Vgl. BVerwG NVwZ-RR 2002, 446.
12 Vgl. zu Telefax *Steinlechner/Walz*, WPflG, § 20 Rn. 16.
13 BT-Drs. 15/4485, 35.
14 Bescheide mil. Dienststellen, z.B. gem. § 75 Abs. 3, gehören formal nicht in den Regelungsbereich der Abs. 2 u. 3. Sie sind jedoch analog zu behandeln.
15 Hierbei handelt es sich allerdings nicht um einen VA (vgl. Komm. zu § 68 Rn. 19).
16 VMBl. 1998 S. 246, 2003 S. 95, 2004 S. 109.

§ 71 Ärztliche Untersuchung, Anhörung

¹Ungediente Personen, die sich gemäß § 59 Abs. 3 Satz 1 freiwillig zu Dienstleistungen verpflichten wollen, sind vor der Annahme ihrer Verpflichtung hinsichtlich ihrer Dienstfähigkeit zu untersuchen. ²Ungediente Dienstleistungspflichtige, die nicht innerhalb von zwei Jahren nach dieser oder nach einer erneuten ärztlichen Untersuchung zu einer Dienstleistung herangezogen worden sind, sind vor ihrer Heranziehung zu hören und auf Antrag oder, wenn Anhaltspunkte für eine Veränderung des Gesundheitszustandes vorliegen oder dies für eine vorgesehene Verwendung im Wehrdienst erforderlich ist, erneut ärztlich zu untersuchen. ³Sie haben sich hierzu nach Aufforderung durch die Kreiswehrersatzämter vorzustellen und ärztlich untersuchen zu lassen. ⁴Auf die Untersuchung findet § 17 Abs. 4 Satz 3 und 6 bis 8 entsprechende Anwendung. ⁵Das Ergebnis der Untersuchung und die sich daraus ergebenden Rechtsfolgen sind durch einen schriftlichen Untersuchungsbescheid mitzuteilen. ⁶Das gilt auch dann, wenn eine beantragte Überprüfung der Dienstfähigkeit ohne ärztliche Untersuchung durchgeführt wird.

Literatur: Spezielle Veröffentlichungen zu § 71 liegen noch nicht vor.
Zu § 20b WPflG vgl. die Literaturübersicht bei *Steinlechner/Walz*, WPflG, 425 f.

Übersicht

	Rn.		Rn.
A. Allgemeines	1 – 8	B. Erläuterungen im Einzelnen	9 – 25
1. Entstehung der Vorschrift	1 – 2	1. Zweck der Vorschrift	9
2. Änderungen der Vorschrift	3 – 4	2. Satz 1	10 – 12
3. Bezüge zum Beamtenrecht bzw.		3. Satz 2	13 – 16
zu sonstigen rechtl. Vorschriften;		4. Satz 3	17 – 20
ergänzende Dienstvorschriften	5 – 8	5. Satz 4	21 – 22
		6. Satz 5	23
		7. Satz 6	24 – 25

A. Allgemeines

1. Entstehung der Vorschrift

§ 71 **schließt** eine vor dem SkResNOG im SG bestandene **Regelungslücke**.[1] **1**

Die Vorschrift lehnt sich eng an § **20b WPflG** in der durch das SkResNOG ergänzten **2**
Fassung an. Der Unterschied zwischen beiden Rechtsnormen ist in erster Linie in der Zielgruppe zu finden:

§ **20b WPflG** richtet sich an **ungediente WPfl**, die im Rahmen der (Erst-)Musterung gem. § 17 WPflG bereits einmal ärztlich untersucht worden waren. Deren erneute Untersuchung wird als „Überprüfungsuntersuchung" (gelegentlich fälschlicherweise als „Nachmusterung") bezeichnet.

§ **71** richtet sich an **ungediente Personen**, die sich gem. § 59 Abs. 3 Satz 1 freiwillig verpflichten wollen. Diese sind i.d.R. noch nicht gemustert oder sonst im Hinblick auf ein Wehrdienstverhältnis hin untersucht worden. Diese Untersuchung wird als „ärztliche Untersuchung" bezeichnet.

---

1 BT-Drs. 15/4485, 39.

§ 71 Dienstleistungspflicht

2. Änderungen der Vorschrift

3   **Änderungsbedarf** besteht zzt. **nicht**. Die Praxis muss erweisen, ob die ärztliche Untersuchung gem. § 71 um eine **Eignungsuntersuchung** und **Eignungsfeststellung** entspr. § 20a WPflG zu ergänzen ist.

4   Redaktionell ist in Satz 2 das Komma nach dem Wort „oder" in der 2. Alt. zu streichen.

3. Bezüge zum Beamtenrecht bzw. zu sonstigen rechtl. Vorschriften; ergänzende Dienstvorschriften

5   Eine mit § 71 vergleichbare Vorschrift existiert im **Beamtenrecht nicht**.

6   Für **WPfl** gilt, wie oben erwähnt, **§ 20b WPflG**.

7   Für **ZDL** gelten **§ 19 Abs. 4 ZDG** bzgl. der Anhörung und **§ 39 Abs. 1 Nr. 1 ZDG** bzgl. der Überprüfungsuntersuchung.

8   Für den Ablauf der ärztlichen Untersuchung gem. § 71 ist bis auf Weiteres die **ZDv 46/1**[2] einschlägig.

B. Erläuterungen im Einzelnen

1. Zweck der Vorschrift

9   Die ärztliche Untersuchung dient dem Ziel, diejenigen „auszumustern", die nicht dienstfähig sind (§ 64). Freiwillig Dienst leistende Personen sollen vor vermeidbaren gesundheitlichen Schäden bewahrt werden; Versorgungsansprüche sollen verhindert werden. Die ärztliche Untersuchung gem. § 71 verfolgt damit den gleichen Zweck wie die Musterung/Überprüfungsuntersuchung der WPfl.

2. Satz 1

10 **Adressaten** der Vorschrift sind nur die in **§ 59 Abs. 3 Satz 1** genannten Personen.[3]

11 Dienstleistungspflichtige, die als BS oder SaZ bereits in den SK **gedient** haben, unterliegen der Best. des **§ 73**. **Ungediente WPfl**, die als wehrdienstunfähig gemustert worden sind und noch keinen Wehrdienst geleistet haben, sind ebenfalls gem. Satz 1 zu untersuchen, wenn sie eine freiwillige Dienstleistung erbringen wollen. Damit wird den Wehrersatzbehörden die Möglichkeit eröffnet, einen an sich unanfechtbaren Musterungsbescheid faktisch gegenstandslos werden zu lassen.[4]

12 Ist der Dienstleistungswillige **dienstfähig**, und ist ihm das Ergebnis der Untersuchung gem. Satz 5 schriftl. **mitgeteilt** worden, ist er „verfügbar"; er wird in der Sprache des Gesetzes zum **Dienstleistungspflichtigen** (vgl. § 72 Abs. 1 Satz 1), unbeschadet der Möglichkeit des Widerrufs der Verpflichtungserklärung gem. § 59 Abs. 4.

3. Satz 2

13 Satz 2 verpflichtet die Wehrersatzbehörden, den Dienstleistungspflichtigen **anzuhören**, wenn seit seiner ärztlichen Untersuchung zwei Jahre verstrichen sind. Die Pflicht zur Anhörung folgt im Übrigen aus § 38 Abs. 1 VwVfG.

14 Eine erneute ärztliche Untersuchung findet dann statt, wenn der Dienstleistungspflichtige diese **beantragt** oder wenn das KWEA eine solche für **erforderlich** hält.

---

2 Vgl. die Komm. zu § 64 Rn. 8.
3 Vgl. die Komm. zu § 59 Rn. 22.
4 Vgl. *Steinlechner/Walz*, WPflG, § 20b Rn. 6. Einschränkend BVerwG *Buchholz* 448.0 § 20b WPflG Nr. 2.

Ärztliche Untersuchung, Anhörung § 71

Die Anhörung erfolgt i.d.R. durch Übersendung eines **Formblattes** an den Dienstleistungspflichtigen, mit dem dieser aufgefordert wird, insbes. evtl. Veränderungen seines Gesundheitszustandes mitzuteilen. **Reagiert** der Dienstleistungspflichtige hierauf innerhalb der gesetzten Frist **nicht**, ist ein danach ergangener **Heranziehungsbescheid rechtmäßig**.[5] Eine unterlassene **Anhörung** kann während eines Widerspruchsverfahrens **nachgeholt** werden.[6]   15

Beantragt der Dienstleistungspflichtige keine erneute ärztliche Untersuchung, kann das KWEA **von Amts wegen** eine solche anordnen. Der bloße Ablauf der Zwei-Jahres-Frist reicht hierfür nicht aus. Dem KWEA müssen irgendwelche **schlüssigen Hinw.** für eine Veränderung des Gesundheitszustandes vorliegen. Diese können sich ergeben aus Mitteilungen des Dienstleistungspflichtigen z.b. gem. § 77 Abs. 6 Nr. 4, aus anonymen Schreiben[7] oder aus früheren Untersuchungen im Rahmen der Wehrpflicht.   16

4. Satz 3

Die Dienstleistungspflichtigen haben sich nach Aufforderung **vorzustellen** und ärztlich **untersuchen** zu lassen.   17

Notwendig ist zunächst eine „Aufforderung" durch das KWEA. Hierbei handelt es sich um ein **bloßes Schreiben**, keine förmliche Ladung oder einen VA.[8]   18

Mit diesem Schreiben werden die Dienstleistungspflichtigen gebeten, sich zu melden. Folgen sie dieser Aufforderung nicht, sollten sie förmlich – mit Zustellung – **geladen** werden. Reagieren sie hierauf erneut nicht, ist ein **Ordnungswidrigkeitsverfahren** gem. § 86 Abs. 1 Nr. 1 einzuleiten. Darüber hinaus können sie **polizeilich vorgeführt** werden (§ 79 Abs. 1).   19

Eine Feststellung der Dienstfähigkeit **„nach Aktenlage"** analog § 17 Abs. 10 WPflG ist nur zulässig, wenn der Dienstleistungspflichtige die Überprüfungsuntersuchung beantragt hatte, und das KWEA das persönliche Erscheinen nicht für angezeigt hält (Satz 6).   20

5. Satz 4

Wegen der Art und Weise der ärztlichen Untersuchung und der von dem Dienstleistungspflichtigen zu duldenden Eingriffe in seine körperliche Unversehrtheit verweist Satz 4 auf § 17 Abs. 4 Satz 3 und Satz 6 bis 8.[9]   21

Im Übrigen gelten § 70 Abs. 1 über die Erstattung der notwendigen Auslagen, § 70 Abs. 3 über die Zustellung von Bescheiden und § 83 über das Widerspruchsverfahren.   22

6. Satz 5

§ 20b Satz 5 WPflG, dem § 71 Satz 5 entspricht, wurde mit dem **SkResNOG** in das WPflG **eingefügt**. Pate hierfür standen § 17 Abs. 5 WPflG[10] und § 5 Satz 1 WPflV a.F. Mit diesen Best. wird klargestellt, dass der Tauglichkeitsüberprüfungsbescheid/Untersuchungsbescheid die gleiche Rechtsnatur wie ein Musterungsbescheid hat. Es handelt sich um einen **selbständig anfechtbaren** VA.[11] Der **Widerspruch** gegen einen solchen Bescheid hat **keine aufschiebende Wirkung** (§ 83 Abs. 2 Satz 2); dasselbe gilt für die   23

---

5 Vgl. BVerwG *Buchholz* 448.0 § 12 WPflG Nr. 113.
6 Vgl. *Steinlechner/Walz*, WPflG, § 20b Rn. 13 m.w.N. Zur Erstattung von Anwaltskosten im Rahmen des Überprüfungsverfahrens vgl. BVerwG NVwZ-RR 2002, 446.
7 Vgl. *Steinlechner/Walz*, WPflG, § 20b Rn. 14 m.w.N.
8 Vgl. *Steinlechner/Walz*, WPflG, § 20b Rn. 18.
9 Vgl. die Komm. zu § 17.
10 BT-Drs. 15/4485, 32.
11 Vgl. *Steinlechner/Walz*, WPflG, § 20b Rn. 21.

Anfechtungsklage (§ 85 Satz 1). Über den Widerspruch **entscheidet** die **WBV** (§ 83 Abs. 2 Satz 1).

7. Satz 6

24 Die Vorschrift entspricht § 20b Satz 6 WPflG i.d.F. des **SkResNOG**. Dieser wiederum übernahm § 5 Satz 2 WPflV a.F., der § 15a Abs. 1 der früheren Musterungsverordnung ersetzt hatte.[12]

25 Trotz dieser langen Historie ist **Vorsicht** geboten: Die Feststellung der Dienstfähigkeit eines Dienstleistungspflichtigen setzt i.d.R. dessen persönliche/körperliche Untersuchung durch den Arzt des KWEA voraus, auch wenn der Dienstleistungspflichtige die Überprüfung der Dienstfähigkeit selbst beantragt hatte. Eine **Ausnahme** von diesem Grds. kann dann zulässig sein, wenn der bisher dokumentierte Gesundheitszustand **umfassend** und **aktuell** ist und der Dienstleistungspflichtige **keine neuen Erkrankungen** schlüssig vorgetragen hat.

§ 72 Heranziehung von ungedienten Dienstleistungspflichtigen

(1) ¹Ungediente Dienstleistungspflichtige (§ 59 Abs. 3 Satz 1), die nach § 71 verfügbar sind, werden durch die Kreiswehrersatzämter zu Dienstleistungen herangezogen. ²Die Art der Dienstleistung sowie Ort und Zeit des Diensteintritts werden durch Heranziehungsbescheid bekannt gegeben. ³Im Heranziehungsbescheid ist die Dauer der zu leistenden Dienstleistung anzugeben; dies gilt nicht für die Heranziehung zum Wehrdienst im Spannungs- oder Verteidigungsfall nach § 60 Nr. 5 und zu Übungen als Bereitschaftsdienst nach § 61 Abs. 3.

(2) Die Dienstleistungspflichtigen haben sich entsprechend dem Heranziehungsbescheid zu Dienstleistungen in der Bundeswehr zu stellen.

(3) ¹Der Heranziehungsbescheid soll vier Wochen vor dem Beginn der Dienstleistung zugestellt sein. ²Dienstleistungspflichtige können ohne Einhaltung einer Frist einberufen werden, wenn
1. Übungen als Bereitschaftsdienst angeordnet sind,
2. die Heranziehung zu einer nach den Umständen gebotenen Erhöhung der Einsatzbereitschaft oder zur Sicherung der Operationsfreiheit der Streitkräfte notwendig ist,
3. der Spannungs- oder Verteidigungsfall eingetreten ist,
4. das Bundesministerium der Verteidigung oder die von ihm bestimmte Stelle Übungen von kurzer Dauer als Alarmübungen angeordnet hat oder
5. Hilfeleistungen im Innern zu erbringen sind.

Literatur: Spezielle Veröffentlichungen zu § 72 liegen noch nicht vor.
Zu § 21 WPflG vgl. die Literaturübersicht bei *Steinlechner/Walz*, WPflG, 434.

---

12 Vgl. BR-Drs. 628/01, 11.

Heranziehung von ungedienten Dienstleistungspflichtigen § 72

Übersicht

	Rn.		Rn.
A. Allgemeines	1– 7	a) Satz 1	8–11
1. Entstehung der Vorschrift	1– 2	b) Satz 2	12–17
2. Änderungen der Vorschrift	3– 4	c) Satz 3	18–20
3 Bezüge zum Beamtenrecht bzw. zu sonstigen rechtl. Vorschriften	5– 7	2. Absatz 2	21–22
		3. Absatz 3	23–26
B. Erläuterungen im Einzelnen	8–27	a) Satz 1	23–25
1. Absatz 1	8–20	b) Satz 2	26
		4. Rechtsschutz	27

A. Allgemeines

1. Entstehung der Vorschrift

§ 72 bestimmt den **Inhalt** des Heranziehungsbescheides einschl. der maßgeblichen **Schutzfrist** und insoweit geltender Ausnahmen. Diese für die Heranziehung von ungedienten Dienstleistungspflichtigen maßgeblichen Vorgaben waren bisher administrativ verfügt.   **1**

Die mit dem **SkResNOG** in das **SG eingeführte** Vorschrift schließt eine „Regelungslücke"[1]; sie lehnt sich inhaltlich eng an § 21 WPflG i.d.F. des SkResNOG an.   **2**

2. Änderungen der Vorschrift

Änderungsbedarf kann sich dann ergeben, wenn das BMVg über die Streichung der in Abs. 3 Satz 2 Nr. 2 aufgeführten „Sicherung der Operationsfreiheit" oder der in Abs. 3 Satz 2 Nr. 4 genannten „Alarmübungen" entscheiden sollte.   **3**

Redaktionell ist in Abs. 3 Satz 2 das Wort „einberufen" durch „herangezogen" zu ersetzen. Damit wird der jetzt im SG verwendeten Terminologie entsprochen.   **4**

3. Bezüge zum Beamtenrecht bzw. zu sonstigen rechtl. Vorschriften

Eine mit § 72 vergleichbare Vorschrift existiert im **Beamtenrecht nicht**.   **5**

Für **WPfl** gilt, wie oben erwähnt, **§ 21 WPflG**.   **6**

Für **ZDL** enthält **§ 19 ZDG** in den Abs. 1, 5 und 6 die für die Einberufung zum Zivildienst maßgeblichen Best.   **7**

B. Erläuterungen im Einzelnen

1. Absatz 1

a) Satz 1

Wichtigste Voraussetzung für die Einberufung eines **ungedienten WPfl** ist ein **vollziehbarer Musterungsbescheid**.[2] Bei einem **ungedienten Dienstleistungspflichtigen** i.S.v. § 59 Abs. 3 Satz 1 tritt an die Stelle des Musterungsbescheides der **schriftl. Untersuchungsbescheid** gem. § 71 Satz 5. Liegt dieser vor, ist der Dienstleistungspflichtige verfügbar und kann zu Dienstleistungen herangezogen werden.   **8**

Da ein Widerspruch gegen den Untersuchungsbescheid keine aufschiebende Wirkung hat (§ 83 Abs. 2 Satz 2), ist dieser trotz eines eingelegten Widerspruchs vollziehbar. Es bedarf hierzu nicht der Anordnung der sofortigen Vollziehung gem. § 80 Abs. 2 Satz 1 Nr. 4 VwGO.   **9**

---

1 BT-Drs. 15/4485, 39.
2 BT-Drs. 15/4485, 32.

10 Bringt der Dienstleistungspflichtige nach Erlass des Untersuchungsbescheides **neue gesundheitliche Einwendungen** vor, hat das KWEA zu prüfen, ob es den Vollzug des Heranziehungsbescheides **auszusetzen** oder den Dienstleistungspflichtigen auf die **Einstellungsuntersuchung** bei der Truppe zu verweisen hat.[3]

11 Stehen dem KWEA für eine bestimmte Verwendung mehrere gleich geeignete Dienstleistungspflichtige zur Verfügung, bestimmt es im Rahmen seines **Auswahlermessens**,[4] welcher der Dienstleistungspflichtigen heranzuziehen ist. Hierbei spielen der Grds. der Verhältnismäßigkeit und der Personalbedarf der SK eine entscheidende Rolle.[5]

b) Satz 2

12 Der Heranziehungsbescheid ist wie der Einberufungsbescheid für einen WPfl ein **belastender VA**. Auch wenn damit den Wünschen eines Dienstleistungspflichtigen entsprochen wird, handelt es sich **nicht** um einen **mitwirkungsbedürftigen VA**.[6]

13 Ein **Anspruch** des Dienstleistungspflichtigen **auf Heranziehung** besteht mangels einer entspr. gesetzl. Grundlage **nicht**.[7]

14 Der VA hat eine **doppelte Wirkung**: Er hat **befehlenden** (vgl. Abs. 2) und **gestaltenden** Charakter, da er unabhängig von der Mitwirkung des Dienstleistungspflichtigen ein Wehrdienstverhältnis begründet (§ 2 Abs. 1 Nr. 2).[8]

15 Erlassende **Behörde** ist ausschließlich das örtlich zuständige **KWEA**. Dienstantrittsaufforderungen durch Dienststellen der SK sind unzulässig und nichtig. Der Heranziehungsbescheid muss **schriftl.** ergehen[9]; er muss u.a. die gesetzl. Grundlagen der Heranziehung aufführen und eine **Rechtsbehelfsbelehrung** enthalten (§ 59 VwGO).

16 **Wesentliche Bestandteile** des Heranziehungsbescheides sind gem. Satz 2 ferner die **Art der Dienstleistung** (vgl. § 60) sowie der **Gestellungsort** und die **Zeit** des Diensteintritts. Wenn das Gesetz hier von der „Zeit" und in § 2 Abs. 1 vom **„Zeitpunkt"** spricht, ist, bezogen auf den Diensteintritt, das Gleiche gemeint. Es handelt sich i.d.R. um eine im Heranziehungsbescheid genannte **Zeitspanne**, bis zu welcher der Dienstleistungspflichtige sich spätestens gemeldet haben muss.[10]

17 **Fehlt** ein solcher Bestandteil, ist der Heranziehungsbescheid nicht nichtig, sondern lediglich **anfechtbar**. Dieser Teil kann im Widerspruchsverfahren **nachgeholt** werden.

c) Satz 3

18 Mit dem SkResNOG ist § 21 Abs. 1 WPflG um einen neuen Satz 3 ergänzt worden. Die Pflicht, im Einberufungsbescheid auch die **Dauer** des zu leistenden Wehrdienstes anzugeben, war bisher in § 9 WPflV a.F. geregelt.

19 § 72 Abs. 1 Satz 3 entspricht dieser Ergänzung des § 21 WPflG.

20 Die Dauer der Dienstleistung ist anzugeben bei **befristeten Übungen, besonderen Auslandsverwendungen** und **Hilfeleistungen im Innern**. Dies ist sowohl für den Dienstleistungspflichtigen (und seine finanziellen Ansprüche z.B. nach dem USG) als auch für seinen Arbeitgeber von großer Bedeutung. Diese Dauer ist i.d.R. für alle Beteiligten

---

[3] Vgl. *Steinlechner/Walz*, WPflG, § 21 Rn. 10.
[4] Dieses Ermessen wird ausschließlich im öff. Interesse ausgeübt. St.Rspr. seit BVerwGE 45, 197. Vgl. jüngst BVerwG NZWehr 2005, 126; *Walz*, NZWehr 2004, 158; *ders.*, NZWehr 2005, 129.
[5] Vgl. *Boehm-Tettelbach*, WPflG, § 21 Rn. 5; *Steinlechner/Walz*, WPflG, § 21 Rn. 13.
[6] Vgl. *Steinlechner/Walz*, WPflG, § 21 Rn. 21.
[7] Vgl. *Steinlechner/Walz*, WPflG, § 21 Rn. 20.
[8] Vgl. *Steinlechner/Walz*, WPflG, § 21 Rn. 20 f. mit Hinw. auf Rspr. des BVerwG zu § 21 WPflG.
[9] Bei elektronisch erstellten Bescheiden ist eine Unterschrift entbehrlich. Vgl. BVerwGE 45, 189.
[10] Vgl. die Komm. zu § 2 Rn. 10.

bindend. Eine Verkürzung kommt insbes. gem. § 75 Abs. 1 Satz 2 Nr. 9 oder Abs. 2 Nr. 1 in Betracht.

2. Absatz 2

Abs. 2 begründet die gesetzl. **Verpflichtung** des Dienstleistungspflichtigen, **sich zu „stellen"**. Die Vorschrift ergänzt Abs. 1 Satz 1 und § 2 Abs. 1 Nr. 2. 21

Folgt der Dienstleistungspflichtige dieser Pflicht **nicht**, kann dieses Versäumnis ein **Dienstvergehen** (§ 23 Abs. 1) oder/und eine **Wehrstraftat** (§§ 15, 16 WStG) darstellen. 22

Die Formulierung „Dienstleistungen in der Bundeswehr", die § 21 Abs. 2 WPflG nachgebildet ist, ist so zu verstehen, dass damit Wehrdienst in den (deutschen) SK gemeint ist.

3. Absatz 3

a) Satz 1

„Beginn der Dienstleistung" meint wie in § 21 Abs. 3 Satz 1 WPflG den Diensteintrittstermin. Für die Berechnung der vierwöchigen Schutzfrist ist dieses Datum und nicht der tatsächliche Beginn der Dienstleistung maßgeblich. Die Frist beginnt mit der Zustellung des Heranziehungsbescheides an zu laufen. 23

Wird die **Frist** aus Gründen, die ausschließlich im Bereich der Exekutive zu suchen sind, **unterschritten**, ist der Heranziehungsbescheid **rechtswidrig** und im Widerspruchsverfahren aufzuheben.[11] „Wichtige Gründe" für geringe Fristunterschreitungen, deren Ursache außerhalb des Verantwortungsbereichs des KWEA liegen, z.B. Versäumnisse bei der Zustellung, ändern an der Rechtswidrigkeit des Heranziehungsbescheides nichts.[12] Das KWEA hat i.d.R. ausreichend Zeit, den Bescheid so früh abzuschicken, dass er rechtzeitig eintrifft. Die ordnungsgemäße Frist kann schon aus praktischen Gründen **nicht nachgeholt** werden. 24

Der Dienstleistungspflichtige – nur dieser – kann auf die Einhaltung der Frist **verzichten**.[13] 25

b) Satz 2

Die Schutzfrist muss **nicht eingehalten** werden bei 26
- Übungen als Bereitschaftsdienst (§ 61 Abs. 3 Satz 1),
- befristeten Übungen (§ 61 Abs. 1 und 2), die zur Erhöhung der Einsatzbereitschaft oder zur Sicherung der Operationsfreiheit der SK notwendig sind,[14]
- unbefristetem Wehrdienst im Spannungs- oder V-Fall (§ 60 Nr. 5),
- befristeten Übungen (§ 61 Abs. 1 und 2), die als Alarmübungen angeordnet sind,
- Hilfeleistungen im Innern (§ 63).

Dennoch sollte das KWEA, wann immer möglich, dem Dienstleistungspflichtigen ausreichend Zeit und Gelegenheit geben, sich auf die Heranziehung einzustellen.

4. Rechtsschutz

Der Widerspruch gegen den Heranziehungsbescheid hat keine aufschiebende Wirkung (§ 83 Abs. 2 Satz 2). Über den Widerspruch entscheidet die WBV (§ 83 Abs. 2 Satz 1). 27

---

11 Vgl. BVerwGE 42, 26; BVerwG *Buchholz* 448.11 § 19 ZDG Nr. 1.
12 A.A. BVerwGE 42, 26. Vgl. im Übrigen VG Köln 8 L 2077/05.
13 Vgl. *Brecht*, ZDG, 123.
14 Diese Wortwahl geht auf die frühere NATO-Doktrin der flexible response zurück. Es wird zu überlegen sein, diese Best. an die heutige sicherheitspolitische Lage anzupassen.

Die Anfechtungsklage gegen den Heranziehungsbescheid hat keine aufschiebende Wirkung (§ 85 Satz 1). Das VG kann auf Antrag die aufschiebende Wirkung anordnen (§ 85 Satz 2). Vor der Anordnung ist die WBV zu hören (§ 85 Satz 3).

§ 73 Heranziehung von gedienten Dienstleistungspflichtigen

[1]Dienstleistungspflichtige, die bereits in der Bundeswehr gedient haben, werden nach Feststellung ihrer Verfügbarkeit durch die Wehrersatzbehörden zu Dienstleistungen herangezogen. [2]Sie sind zu hören, wenn seit dem Ausscheiden aus dem Wehrdienst mehr als zwei Jahre verstrichen sind, und auf Antrag oder, wenn Anhaltspunkte für eine Veränderung des Gesundheitszustandes vorliegen oder dies für eine vorgesehene Verwendung im Wehrdienst erforderlich ist, erneut ärztlich zu untersuchen. [3]Auf die Untersuchung finden § 17 Abs. 4 Satz 3 und 6 bis 8 sowie § 71 Satz 5 und 6 entsprechende Anwendung. [4]Die Dienstleistungspflichtigen haben sich nach Aufforderung durch die Kreiswehrersatzämter vorzustellen und ärztlich untersuchen zu lassen. [5]Sie haben sich entsprechend dem Heranziehungsbescheid zu Dienstleistungen in der Bundeswehr zu stellen. [6]§ 72 Abs. 1 und 3 gilt entsprechend.

Literatur: Spezielle Veröffentlichungen zu § 73 liegen noch nicht vor.
Zu § 23 WPflG vgl. die Literaturübersicht bei *Steinlechner/Walz*, WPflG, 453.

Übersicht

	Rn.		Rn.
A. Allgemeines	1 – 5	**B. Erläuterungen im Einzelnen**	6 – 12
1. Entstehung der Vorschrift	1 – 2	1. Adressatenkreis	6
2. Änderungen der Vorschrift	3	2. Anwendbare Vorschriften	7 – 12
3. Bezüge zu anderen rechtl. Vorschriften	4 – 5		

A. Allgemeines

1. Entstehung der Vorschrift

1 Mit § 73 wird eine bis zum SkResNOG im SG bestandene „**Regelungslücke**" geschlossen.[1]

2 Die Vorschrift lehnt sich eng an **§ 23 WPflG** i.d.F. des SkResNOG an.[2]

2. Änderungen der Vorschrift

3 (Folge-)**Änderungsbedarf** entsteht dann, wenn die zu § 71[3] und § 72[4] formulierten Änderungsvorschläge aufgegriffen werden sollten.

3. Bezüge zu anderen rechtl. Vorschriften

4 Für **WPfl** gilt, wie oben erwähnt, **§ 23 WPflG**.

5 Für **ZDL** existiert eine entspr. Vorschrift **nicht**, da „gediente" ZDL in Friedenszeiten zu keinen weiteren Dienstleistungen einberufen werden. Über eine Ergänzung der Vor-

---

1 BT-Drs. 15/4485, 39.
2 BT-Drs. 15/4485, 39.
3 Rn. 4.
4 Rn. 3 u. 4.

schriften des § 79 ZDG für den V-Fall – und deren Erstreckung auf den Spannungsfall – müsste zeitgerecht entschieden werden.

B. Erläuterungen im Einzelnen

1. Adressatenkreis

Während die **§§ 71 und 72** auf **ungediente Personen** gem. § 59 Abs. 3 Satz 1 abzielen, erweitert **§ 73** den Geltungsbereich dieser Vorschriften auf Dienstleistungspflichtige, die in den SK **gedient** haben. Gemeint sind damit ehem. BS und SaZ gem. § 59 Abs. 1 und 2 sowie Personen i.S.v. § 59 Abs. 3 Satz 1, denen nach einer freiwilligen Dienstleistung ein höherer Dienstgrad auf Dauer verliehen worden ist (§ 59 Abs. 3 Satz 3), die zu einer Dienstleistung herangezogen werden sollen. Sie findet keine Anwendung beim Erlass eines (bedingten) Einberufungsbescheides für den Spannungs- oder den V-Fall.[5]   6

2. Anwendbare Vorschriften

Satz 1 entspricht **§ 72 Abs. 1 Satz 1**.   7
Satz 2 entspricht **§ 71 Satz 2**.   8
Satz 3 entspricht **§ 71 Satz 4**.[6]   9
Satz 4 entspricht **§ 71 Satz 3** (einschl. der Bußgeldbewehrung gem. § 86 Abs. 1 Nr. 1).   10
Satz 5 entspricht **§ 72 Abs. 2**.   11
Satz 6 verweist im Übrigen auf **§ 72 Abs. 1 und 3**.   12
Die **Komm.** der zit. Best. gilt **sinngemäß**.

4. Beendigung der Dienstleistungen und Verlust des Dienstgrades

§ 74 Beendigung der Dienstleistungen

Die Dienstleistungen enden
1. **durch Entlassung (§ 75),**
2. **durch Ablauf der für den Wehrdienst festgesetzten Zeit, wenn der Endzeitpunkt kalendermäßig bestimmt ist oder**
3. **durch Ausschluss (§ 76).**

Literatur: Spezielle Veröffentlichungen zu § 74 liegen noch nicht vor. Zu § 28 WPflG sind keine Literaturnachweise bekannt.

Übersicht

	Rn.		Rn.
A. Allgemeines	1–4	**B. Erläuterungen im Einzelnen**	5–11
1. Entstehung der Vorschrift	1	1. Nr. 1	7
2. Änderungen der Vorschrift	2	2. Nr. 2	8–10
3. Bezüge zu anderen rechtl. Vorschriften	3–4	3. Nr. 3	11

---

[5] Vgl. BVerwG *Buchholz* 448.0 § 23 WPflG Nr. 11.
[6] Der Aufbau des § 73 in Satz 3 u. 4 weicht vom Aufbau des § 71 ohne erkennbaren Grund ab.

§ 74 Dienstleistungspflicht

A. Allgemeines

1. Entstehung der Vorschrift

1 Die mit dem **SkResNOG** in das SG **eingeführte** Vorschrift ist **§ 28 WPflG** nachgebildet, auch wenn dies die amtl. Begr. nicht ausdrücklich erwähnt.[1]

2. Änderungen der Vorschrift

2 Im Zuge einer konstitutiven Neufassung des SG sollte überlegt werden, zumindest auf die **Nr. 1 und 3** dieser Best. ersatzlos zu **verzichten**. Ihr „Regelungsinhalt" erschöpft sich in einer bloßen Aufzählung der Beendigungstatbestände.[2]

3. Bezüge zu anderen rechtl. Vorschriften

3 Für **WPfl** gilt, wie oben erwähnt, **§ 28 WPflG**. § 74 Nr. 1 entspricht § 28 Nr. 1 WPflG. § 74 Nr. 2 entsprach ansatzweise § 28 Nr. 2 WPflG i.d.F. vor dem SkResNOG; nunmehr entspricht § 74 Nr. 2 der in § 29 Abs. 1 Satz 2 Nr. 1 WPflG n.F. getroffenen Regelung. § 74 Nr. 3 entspricht § 28 Nr. 4 WPflG.

4 Für **ZDL** ist **§ 42 ZDG** einschlägig. Dieser besticht durch seine Kürze („Der Zivildienst endet durch Entlassung oder Ausschluss"), ist aber genauso inhaltsleer wie § 28 Nr. 1 und 4 WPflG und § 74 Nr. 1 und 3.

B. Erläuterungen im Einzelnen

5 Die Vorschrift ist gewissermaßen **vor die Klammer** gezogen. Sie fasst in Nr. 1 und 3 die Beendigungsgründe der §§ 75 und 76 zusammen. Eine Beendigung von Dienstleistungen aus anderen als den in § 74 genannten rechtl. Gründen ist ausgeschlossen.

6 Das Wehrdienstverhältnis endet auch durch den **Tod** des Dienstleistungspflichtigen. Dies ist so selbstverständlich, dass dies nicht im Gesetz ausgesprochen werden muss. Aus diesem Grund wurden die Wörter „außer durch Tod" in den §§ 43 und 54 durch Art. 1 Nr. 10 und 15 des G vom 6.12.1990[3] gestrichen.

1. Nr. 1

7 Die Entlassung ist die Beendigung des Dienstverhältnisses durch VA. Die Einzelheiten ergeben sich aus § **75**.

2. Nr. 2

8 Aus Nr. 2 folgt, dass es einer **förmlichen Entlassung** gem. § 75 **nicht** bedarf, wenn der für die Dienstleistung festgesetzte Endzeitpunkt kalendermäßig bestimmt ist. An diesem Tag scheidet der Dienstleistungspflichtige aus der Bw aus (§ 2 Abs. 2), ohne dass dies nochmals ausdrücklich verfügt werden müsste. Gem. § 72 Abs. 1 Satz 3 ist im Heranziehungsbescheid auch die Dauer der Dienstleistung anzugeben. Daraus ergibt sich ohne Weiteres deren letzter Tag.

Werden diese Best. eingehalten, erübrigt sich eine Entlassung gem. § 75 Abs. 1 Satz 2 Nr. 1. Die Entlassungsverfügung hat in diesen Fällen lediglich deklaratorische Bedeutung.

9 Mit dem SkResNOG ist **§ 28 Nr. 2 WPflG** im Zuge der Deregulierung[4] **gestrichen** worden. Dies führt dazu, dass ein wpfl Soldat immer eine Entlassungsverfügung ausgehän-

---
1 Vgl. BT-Drs. 15/4485, 39.
2 Vgl. u. Rn. 7 u. 11.
3 BGBl. I S. 2588.
4 BT-Drs. 15/4485, 33.

digt erhält, es sei denn, der Endzeitpunkt ist kalendermäßig bestimmt (§ 29 Abs. 1 Satz 2 Nr. 1 WPflG) oder einer der anderen Ausnahmetatbestände des § 29 Abs. 1 Satz 2 WPflG läge vor.[5]

Im Interesse der Rechtsangleichung und –vereinfachung sollte sowohl für Dienstleistungspflichtige als WPfl auf eine **Entlassungsverfügung** generell **verzichtet** werden, wenn sich das Dienstzeitende eindeutig aus dem Heranziehungs-/Einberufungsbescheid ergibt. **10**

3. Nr. 3
Der Ausschluss von Dienstleistungen ist in § **76** geregelt. **11**

§ 75 Entlassung aus den Dienstleistungen

(1) [1]Der Soldat ist entlassen mit Ablauf des Monats, in dem er das für ihn nach § 59 Abs. 1, 2 oder 3 festgesetzte Höchstalter für eine Heranziehung erreicht hat. [2]Im Übrigen ist er zu entlassen, wenn

1. die für die Dienstleistung festgesetzte Zeit abgelaufen ist, es sei denn, Bereitschaftsdienst nach § 61 Abs. 3 wird angeordnet oder der Spannungs- oder Verteidigungsfall ist eingetreten,
2. die Anordnung des Bereitschaftsdienstes nach § 61 Abs. 3 aufgehoben wird, es sei denn, dass der Spannungs- oder Verteidigungsfall eingetreten ist,
3. seine Verwendung während des Spannungs- oder Verteidigungsfalles endet,
4. der Heranziehungsbescheid aufgehoben wird, eine zwingende Dienstleistungsausnahme vorliegt – in den Fällen des § 66 erst nach Befreiung durch das Kreiswehrersatzamt – oder wenn innerhalb des ersten Monats der Dienstleistung im Rahmen der Einstellungsuntersuchung festgestellt wird, dass der Soldat wegen einer bei Diensteintritt bestehenden Gesundheitsstörung dauernd oder voraussichtlich für einen Zeitraum von mehr als einem Monat, bei kürzerer Verwendung für den Zeitraum dieser Verwendung, vorübergehend dienstunfähig ist,
5. nach dem bisherigen Verhalten durch sein Verbleiben in der Bundeswehr die militärische Ordnung oder die Sicherheit der Truppe ernstlich gefährdet würde,
6. er als Kriegsdienstverweigerer anerkannt ist,
7. er seiner Aufstellung für die Wahl zum Deutschen Bundestag, zu einem Landtag oder zum Europäischen Parlament zugestimmt hat,
8. er unabkömmlich gestellt ist,
9. der mit der Dienstleistung verfolgte Zweck entfallen ist und im Fall einer befristeten Übung eine andere Verwendung im Hinblick auf die Ausbildung für die bestehende oder eine künftige Verwendung nicht erfolgen kann oder
10. er körperlich oder geistig dauernd dienstunfähig ist oder die Wiederherstellung seiner Dienstfähigkeit innerhalb der Wehrdienstzeit nicht zu erwarten ist. § 44 Abs. 4 Satz 1 und 3 gilt entsprechend.

(2) Der Soldat kann entlassen werden, wenn

1. das Verbleiben in der Bundeswehr für ihn wegen persönlicher, insbesondere häuslicher, beruflicher oder wirtschaftlicher Gründe eine besondere, im Bereitschafts-, Spannungs- und Verteidigungsfall eine unzumutbare Härte bedeuten würde und er seine Entlassung beantragt hat,

---

5 Die Wörter „Dies gilt nicht ..." in § 29 Abs. 1 Satz 2 WPflG beziehen sich auf den 1. Halbs. des Abs. 1 Satz 1.

2. gegen ihn auf Freiheitsstrafe oder Strafarrest von drei Monaten oder mehr oder auf eine nicht zur Bewährung ausgesetzte Jugendstrafe erkannt ist oder
3. die Aussetzung einer Jugendstrafe zur Bewährung widerrufen wird.

(3) Die Entlassung wird von der Stelle verfügt, die nach § 4 Abs. 2 für die Ernennung des Soldaten zuständig wäre.

(4) Ein Soldat, der sich schuldhaft von seiner Truppe oder Dienststelle fern hält, gilt mit dem Tag als entlassen, an dem er hätte entlassen werden müssen, wenn er Dienst geleistet hätte.

(5) ¹Ist ein Soldat während einer besonderen Auslandsverwendung wegen Verschleppung, Gefangenschaft oder aus sonstigen mit dem Dienst zusammenhängenden Gründen, die er nicht zu vertreten hat, dem Einflussbereich des Dienstherrn entzogen, ist die Entlassung bis zum Ablauf des auf die Beendigung dieses Zustandes folgenden Monats hinauszuschieben. ²Dies gilt auch bei anderen Verwendungen im Ausland mit vergleichbarer Gefährdungslage.

(6) Befindet sich ein Soldat, der eine Dienstleistung erbringt, im Entlassungszeitpunkt in stationärer truppenärztlicher Behandlung, endet der Wehrdienst, zu dem er herangezogen wurde, wenn
1. die stationäre truppenärztliche Behandlung beendet ist, spätestens jedoch drei Monate nach dem Entlassungszeitpunkt, oder
2. er innerhalb der drei Monate schriftlich erklärt, dass er mit der Fortsetzung des Wehrdienstverhältnisses nicht einverstanden ist, mit dem Tag der Abgabe der Erklärung.

Literatur: Spezielle Veröffentlichungen zu § 75 liegen noch nicht vor.
Zu § 29 WPflG vgl. die Literaturübersicht bei *Steinlechner/Walz*, WPflG, 509.

Übersicht

	Rn.		Rn.
A. Allgemeines	1 – 8	cc) Nr. 4	16 – 17
1. Entstehung der Vorschrift	1 – 4	dd) Nr. 5	18 – 20
2. Änderungen der Vorschrift	5	ee) Nr. 6	21
3. Bezüge zum Beamtenrecht		ff) Nr. 7	22
bzw. zu sonstigen rechtl.		gg) Nr. 8	23
Vorschriften	6 – 8	hh) Nr. 9	24
B. Erläuterungen im Einzelnen	9 – 45	ii) Nr. 10	25 – 27
1. Allgemeines	9 – 11	3. Absatz 2	28 – 34
2. Absatz 1	12 – 27	a) Nr. 1	28 – 31
a) Satz 1	12	b) Nr. 2 und Nr. 3	32 – 34
b) Satz 2	13 – 27	4. Absatz 3	35
aa) Nr. 1	13 – 14	5. Absatz 4	36
bb) Nr. 2 und Nr. 3	15	6. Absatz 5	37 – 42
		7. Absatz 6	43 – 45

A. Allgemeines

1. Entstehung der Vorschrift

1 Mangels entspr. Grundlagen im SG musste bis zum **SkResNOG** für die vorzeitige Beendigung von Dienstleistungen auf das VwVfG zurückgegriffen werden. Zuständig für die Entlassung (von dienstleistenden Soldaten) war – systemfremd – das KWEA.[1] Mit den Abs. 1 bis 3 wurden diese Mängel behoben.

---

1 Vgl. BT-Drs. 15/4485, 39.

Die **Abs. 1 bis 4** übernahmen im Wesentlichen den Aufbau und den Regelungsgehalt des § 29 WPflG i.d.F. des SkResNOG.[2]

Abs. 5 entspricht § 51 Abs. 2 Satz 6 a.F. bzw. § **29b WPflG**.

Abs. 6 lehnt sich eng an § **29a WPflG** an.

2. Änderungen der Vorschrift

§ 75 weist – ebenso wie § 29 WPflG – einen Umfang und einen **Detaillierungsgrad** auf, die kaum mehr zu überbieten sind. Der mit dem SkResNOG unternommene Versuch, § 29 WPflG praxisgerechter und nutzerfreundlicher zu formulieren[3], musste zwangsläufig scheitern. Rechtsstaatliche Erwägungen gebieten eine umfassende **Katalogisierung** der Entlassungstatbestände. Dennoch konnte auf einige traditionelle unbestimmte Rechtsbegriffe (z.B. in Abs. 1 Satz 2 Nr. 5 oder in Abs. 2 Nr. 1) nicht verzichtet werden.

3. Bezüge zum Beamtenrecht bzw. zu sonstigen rechtl. Vorschriften

Eine mit § 75 vergleichbare Vorschrift existiert im **Beamtenrecht nicht**.

Für **WPfl** gelten, wie oben erwähnt, die §§ **29, 29a** und **29b WPflG**.

Für **ZDL** sind die §§ **43** und **44 ZDG** einschlägig.

B. Erläuterungen im Einzelnen

1. Allgemeines

Die Entlassung eines Dienstleistungspflichtigen aus dem Wehrdienstverhältnis ist der **Regelfall** der Beendigung einer Dienstleistung (§ 74 Nr. 1).

Die Entlassung wird, abgesehen von den Fällen des § 74 Nr. 2, des § 75 Abs. 1 Satz 1 und Abs. 4, durch **VA** verfügt. In diesem ist der Tag der Beendigung des Dienstverhältnisses ausdrücklich zu nennen. Eine **rückwirkende** Entlassung ist **unzulässig**.[4]

Der VA ist – i.d.R. gegen Empfangsbekenntnis – **zuzustellen** (§ 70 Abs. 3).

2. Absatz 1

Abs. 1 führt die **zwingenden Entlassungsgründe** auf.

a) Satz 1

Der Dienstleistungspflichtige ist – ohne förmliche Verfügung – **kraft Gesetzes entlassen** mit dem Erreichen der für seine Heranziehung maßgeblichen **Höchstaltersgrenze**. Gem. § 59 Abs. 1 Satz 1 ist dies das 65. Lebensjahr; gem. § 59 Abs. 2 und Abs. 3 sind dies das 45. oder das 60. oder das 65. Lebensjahr.

Aus Gründen der Rechtssicherheit ist zu empfehlen, dem Dienstleistungspflichtigen eine **formlose Mitteilung** über sein Ausscheiden aus den SK zukommen zu lassen.

b) Satz 2

aa) Nr. 1: Nr. 1 ist der **Regelfall** der Entlassung bei der Beendigung einer Dienstleistung.[5] Der Entlassung bedarf es nicht, wenn der Endzeitpunkt der Dienstleistung kalendermäßig bestimmt ist (§ 74 Nr. 2).[6]

---

2 Vgl. Fn. 1.
3 Vgl. *Walz*, BWV 2005, 75.
4 Vgl. *Steinlechner/Walz*, WPflG, § 29 Rn. 4 m.w.N.
5 Vgl. *Boehm-Tettelbach*, WPflG, § 29 Rn. 4.
6 BT-Drs. 15/4485, 39.

14 Befindet sich der Dienstleistungspflichtige noch im Status eines Soldaten, und wird während dieser Zeit **Bereitschaftsdienst** gem. § 61 Abs. 3 angeordnet oder tritt der **Spannungs- oder der V-Fall** ein (vgl. § 60 Nr. 5), muss das KWEA einen **Umwandlungsbescheid** erlassen.[7]

15 **bb) Nr. 2 und Nr. 3:** Nr. 2 und 3 sind die logische Konsequenz aus Nr. 1, 2. Satzteil. Für den Fall der Nr. 2, dass der **Bereitschaftsdienst aufgehoben** wird, weil der Spannungs- oder der V-Fall eingetreten ist, ist ebenfalls ein (Rück-)**Umwandlungsbescheid** zu erlassen.

Spätestens mit Vollendung des 65. Lebensjahres tritt der Fall des Abs. 1 Satz 1 ein.

16 **cc) Nr. 4:** In Nr. 4 sind **drei** unterschiedliche **Entlassungstatbestände** „versteckt". Entgegen einer verbreiteten Ansicht muss zwischen der **Aufhebung des Heranziehungsbescheides** und einer **zwingenden Dienstleistungsausnahme** kein Junktim bestehen. Außer bei Vorliegen einer zwingenden Dienstleistungsausnahme gem. §§ 64 ff. kommt eine Aufhebung des Heranziehungsbescheides auch in Betracht durch gerichtl. oder behördliche Entscheidungen im Widerspruchs- oder Klageverfahren gem. §§ 83 ff., weil die Heranziehung aus anderen Gründen rechtsfehlerhaft war.

17 Die Entlassung als Folge der **Einstellungsuntersuchung** wird i.d.R. mit der Entlassung gem. Nr. 10 korrespondieren. Ob die Gesundheitsstörung während der Einstellungsuntersuchung oder danach festgestellt wird, ist rechtl. grds. irrelevant. Die Entlassung im Rahmen der Einstellungsuntersuchung ist deswegen gesondert geregelt worden, weil diese administrativ „einfacher" vollzogen werden kann als die Entlassung nach Nr. 10.

18 **dd) Nr. 5:** Die Vorschrift entspricht § 29 Abs. 1 Satz 3 Nr. 5 WPflG. Die zu § 29 Abs. 1 Nr. 6 WPflG (Fassung 2004) ergangene Rspr.[8] ist daher grds. auch für die Auslegung von Nr. 5 einschlägig. Soweit die Dienstleistung eines Dienstleistungspflichtigen auf freiwilliger Basis beruht, muss Nr. 5 nicht so eng ausgelegt werden wie § 29 Abs. 1 Satz 3 Nr. 5 WPflG. Die der Truppe zuzumutende **„Toleranzschwelle"** dürfte bei einem Dienstleistungspflichtigen **niedriger** anzusetzen sein als bei einem WPfl. Auf die **Strafbarkeit** eines Verhaltens **kommt** es bei beiden Personengruppen **nicht an**.

19 Zu beachten ist, dass die „militärische Ordnung" und die „Sicherheit der Truppe" als **unbestimmte Rechtsbegriffe** gerichtl. in vollem Umfang nachgeprüft werden können.[9]

20 In der Praxis wird Nr. 5 vor allem dann zur Anwendung kommen, wenn der Dienstleistungspflichtige durch sein **extremistischen Verhalten** das Klima in dem betr. Truppenteil wesentlich negativ beeinflusst.[10]

21 **ee) Nr. 6:** Wird ein Dienstleistungspflichtiger auf seinen Antrag gem. § 5 KDVG als **Kriegsdienstverweigerer** anerkannt, ist er unverzüglich zu entlassen. Die Vorschrift folgt damit den Regelungen des § 46 Abs. 2 Satz 1 Nr. 7 und des § 55 Abs. 1. Bzgl. der Behandlung von KDV-Antragstellern vor und nach ihrer Anerkennung ist der Erl. des BMVg „Behandlung von Soldatinnen und Soldaten, die ihre Anerkennung als Kriegsdienstverweigerin bzw. als Kriegsdienstverweigerer beantragt haben"[11] zu beachten.

22 **ff) Nr. 7:** Die zwingende Entlassung von **Wahlkandidaten** entspricht dem Zurückstellungsgrund des § 67 Abs. 3 Satz 1.

---

7 Vgl. *Steinlechner/Walz*, WPflG, § 29 Rn. 11.
8 Vgl. *Steinlechner/Walz*, WPflG, § 29 Rn. 19 f. m.w.N. Vgl. jüngst BVerwG NJW 2005, 85.
9 Vgl. BVerwGE 42, 20 = NZWehrr 1976, 32.
10 Vgl. *Steinlechner/Walz*, WPflG, § 29 Rn. 20.
11 VMBl. 2003 S. 162. Seither mehrfach redaktionell geä.

gg) Nr. 8: Die Regelung korrespondiert mit § 68. Sie wird in der Praxis kaum anzuwenden sein, da die Heranziehung von Dienstleistungspflichtigen, deren **Uk-Stellung** vorgeschlagen wurde, bis zur Entscheidung über die Uk-Stellung auszusetzen ist (§ 3 Abs. 4 UkV).

Ob das KWEA bei Uk-Vorschlägen für aktive Dienstleistungspflichtige vor seiner Entscheidung die **Truppe hört**[12], obliegt seinem Ermessen. Gesetzl. vorgeschrieben ist diese Anhörung nicht.

hh) Nr. 9: Nr. 9 ist Ausfluss des **Grds. der Verhältnismäßigkeit**.[13]

Im Unterschied zu der Parallelregelung des § 29 Abs. 7 WPflG ist die Entlassung nach Nr. 9 **zwingend** vorzunehmen. Die Feststellung des Wegfalls des mit der Dienstleistung verbundenen Zweckes ist nach Nr. 9 nicht an eine bestimmte Vorgesetztenebene gebunden. Dennoch sollte analog § 29 Abs. 7 WPflG hierüber mindestens ein **BtlKdr** entscheiden.

Ergänzend ist auf § 62 Abs. 3 Satz 1 hinzuweisen.

ii) Nr. 10: Nr. 10 entspricht der Best. des § 29 Abs. 2 WPflG.

Ist der dienstleistende Soldat körperlich oder geistig **dauernd dienstunfähig**, liegt gem. § 64 eine **zwingende Dienstleistungsausnahme** vor. Damit ist der Entlassungstatbestand der Nr. 4, 2. Alt. gegeben. Die Zusätze „körperlich oder geistig" haben tautologischen Charakter.

Die **vorübergehende Dienstunfähigkeit** ist bereits in Nr. 4, 3. Alt. enthalten.

Nr. 10 ist daher rechtl. **überflüssig**.

Die Entlassung wegen Dienstunfähigkeit schließt unter den Voraussetzungen des § 73 eine spätere **erneute Dienstleistung** nicht aus.[14]

Der Soldat ist befugt, seine Entlassung **anzuregen**; ein förmliches Antragsrecht entspr. § 29 Abs. 2 Satz 2 WPflG steht ihm nicht zu.

3. Absatz 2

Abs. 2 fasst die **fakultativen Entlassungsgründe** zusammen.

a) Nr. 1

Die Entlassung wegen **besonderer Härte** entspricht an sich der Zurückstellungsvorschrift des § 67 Abs. 4. Da zwischen der Zurückstellung und der Entlassung verschiedene Interessenlagen bestehen, müssen Gründe hinzutreten, die über die des § 67 Abs. 4 hinausgehen.[15]

Die Gründe für die Entlassung müssen **nach dem Diensteintritt entstanden** sein.[16]

Die Entlassung erfolgt nicht von Amts wegen, sondern nur **auf Antrag** des Dienstleistungspflichtigen.

Das KWEA muss, abw. von § 29 Abs. 4 Nr. 1 WPflG, vor der Entscheidung der Truppe nicht angehört werden.

Ergänzend ist auf § 62 Abs. 4 hinzuweisen.

---

12 Vgl. *Steinlechner/Walz*, WPflG, § 13 Rn. 30.
13 Vgl. *Steinlechner/Walz*, WPflG, § 29 Rn. 49.
14 Vgl. *Steinlechner/Walz*, WPflG, § 29 Rn. 28.
15 Vgl. *Steinlechner/Walz*, WPflG, § 29 Rn. 31 m.w.N.
16 Vgl. BVerwGE 32, 243; 37, 62.

§ 75

b) Nr. 2 und Nr. 3

32 Nr. 2 und 3 ergänzen § 67 Abs. 1 Nr. 2.

Die Vollstreckung der in Nr. 2 und 3 aufgeführten **Strafmaßnahmen** soll Vorrang vor der weiteren Ableistung einer Dienstleistung haben.

33 Es ist unerheblich, wann der Dienstleistende die Straftat begangen hat, vor oder während der Dienstleistung.[17]

34 Bei einer Bestrafung unter drei Monaten kann eine Entlassung gem. Abs. 1 Satz 2 Nr. 5 in Betracht kommen.

4. Absatz 3

35 Die **Zuständigkeit** für die Entlassung gem. § 75 liegt immer bei einer **mil. Dienststelle**. Welche dies im konkreten Fall ist, bestimmt sich nach § 4 Abs. 2 und den hierzu ergangenen DBest.[18]

Von den in § 29 Abs. 5 Satz 2 WPflG verfügten Delegationen auf die Ebene des nächsten DiszVorg. ist in § 75 Abs. 3 nicht Gebrauch gemacht worden. Dies ist auch angemessen, da die meisten Dienstleistungspflichtigen auf Grund ihres Dienstgrades ohnehin nicht der Personalführung des nächsten DiszVorg. unterstehen.

5. Absatz 4

36 Die **Entlassungsfiktion** des Abs. 4 musste in das Gesetz aufgenommen werden, weil die Entlassungsverfügung grds. nur wirksam wird, wenn sie dem Dienstleistenden zugestellt worden ist.[19]

Die Best. des Abs. 4 gilt für den Fall, dass der Dienstleistungspflichtige schuldhaft seinen Dienst überhaupt **nicht angetreten** hat wie auch für den, dass er sich **unerlaubt** von der Truppe **entfernt** hat.

Die **Nachdienregelung** des § 29 Abs. 6 Satz 2 i.V.m. § 5 Abs. 3 WPflG gilt für Dienstleistungspflichtige **nicht**.

6. Absatz 5

37 Abs. 5 entspricht § 51 Abs. 2 Satz 6 a.F. und § 29b WPflG.

Diese Best. waren mit dem G vom **24.7.1995**[20] **eingefügt** worden. Sie fußten auf den Erfahrungen der Bw aus den ersten Auslandseinsätzen.

38 Satz 1 bezieht sich auf die **besondere Auslandsverwendung** gem. § 62; Satz 2 erweitert diese als Auffangtatbestand auf **andere Verwendungen im Ausland**.[21] Dies schließt Einsätze in einem internationalen bewaffneten Konflikt ein.[22]

39 Der Soldat ist **verschleppt**, wenn er – gegen seinen Willen – in das Gebiet eines anderen Staates verbracht wird (vgl. Art. 49 IV. GA).

40 Der Soldat befindet sich in (Kriegs-)**Gefangenschaft**, wenn er in Feindeshand gefallen ist (Art. 4 A. III. GA).

---

17 Vgl. *Boehm-Tettelbach*, WPflG, § 29 Rn. 20.
18 Vgl. die Komm. zu § 4 Abs. 2.
19 Vgl. BVerwG NVwZ-RR 1991, 250.
20 BGBl. I S. 962.
21 Wird der Soldat im Inland im Zuge eines bewaffneten Konflikts verschleppt o. gefangen genommen, fehlt eine entspr. Vorschrift. Eine analoge Anwendung von Abs. 5 scheidet wegen des eindeutigen Wortlauts aus.
22 Vgl. *Steinlechner/Walz*, WPflG, § 29b Rn. 4.

Der Soldat ist aus sonstigen Gründen dem **Einflussbereich des Dienstherrn** entzogen, wenn er z.b. vermisst ist (Art. 33 ZP I) oder wenn er in die Hände von Terroristen geraten ist.²³   41

So lange diese Zustände andauern, hat der Dienstleistungspflichtige u.a. alle **Ansprüche** nach dem **ArbPlSchG**, dem **USG** und dem **WSG**.   42

7. Absatz 6

Abs. 6 übernimmt die seit 1961 geltende Best. des § 29a WPflG in das SG.   43

Mit Abs. 6 wird der **Entlassungszeitpunkt hinausgeschoben**; der Wehrdienst als solcher bleibt hiervon unberührt. Auf die **Gesamtdauer** der Übungen gem. § 61 Abs. 2 wird die Zeit der Verlängerung **nicht angerechnet**.²⁴ Das mit der Dienstleistung verbundene ursprüngliche Dienstverhältnis bleibt von der Verlängerung unberührt; dies gilt auch für die damit verbundenen finanziellen Ansprüche des Dienstleistungspflichtigen.

Eine „**truppenärztliche Behandlung**" liegt vor bei stationärer Behandlung in einer Einrichtung der Bw oder bei Einweisung in eine zivile Einrichtung durch einen Truppenarzt.   44

Die **erneute Heranziehung** eines Dienstleistungspflichtigen während der stationären Behandlung z.B. zu einer befristeten Übung oder eine **Verlängerung** der ursprünglich verfügten Heranziehung über die Grenze von drei Monaten hinaus wäre **rechtswidrig**. Dasselbe gilt für medizinisch indizierte **Kuren** o.Ä. nach einer besonderen Auslandsverwendung, sofern diese erst nach der Entlassung des Soldaten stattfinden sollen. Dies schließt unter bestimmten Voraussetzungen die **Weitergewährung der truppenärztlichen Versorgung** und den nachwirkenden Einsatz des Sozialdienstes der Bw nicht aus.²⁵   45

§ 76 Ausschluss von Dienstleistungen und Verlust des Dienstgrades

(1) ¹Ein Soldat ist von Dienstleistungen ausgeschlossen, wenn gegen ihn durch ein deutsches Gericht auf die in § 38 Abs. 1 bezeichneten Strafen, Maßregeln oder Nebenfolgen erkannt wird. ²Er verliert seinen Dienstgrad.

(2) Wird ein Urteil mit der Folge des Dienstgradverlustes nach Absatz 1 Satz 2 im Wiederaufnahmeverfahren durch ein Urteil ersetzt, das diese Folgen nicht hat, gilt der Verlust des Dienstgrades als nicht eingetreten.

Literatur: Spezielle Veröffentlichungen zu § 76 liegen noch nicht vor. Zu §§ 30 und 31 WPflG sind keine Veröffentlichungen nachgewiesen.

Übersicht

	Rn.		Rn.
A. Allgemeines	1 – 8	B. Erläuterungen im Einzelnen	9 – 15
1. Entstehung der Vorschrift	1	1. Absatz 1	9 – 14
2. Änderungen der Vorschrift	2 – 3	a) Satz 1	9 – 11
3. Bezüge zum Beamtenrecht bzw. zu sonstigen rechtl. Vorschriften	4 – 8	b) Satz 2	12 – 14
		2. Absatz 2	15

---

23 Vgl. *Steinlechner/Walz*, WPflG, § 29b Rn. 7.
24 Vgl. *Boehm-Tettelbach*, WPflG, § 29a Rn. 6.
25 Vgl. den Erl. des BMVg „Weitergewährung unentgeltlicher truppenärztlicher Versorgung nach Beendigung des Wehrdienstverhältnisses", VMBl. 1982 S. 42, 1984 S. 16.

§ 76 Dienstleistungspflicht

A. Allgemeines

1. Entstehung der Vorschrift

1 Die mit dem **SkResNOG** in das SG **eingeführte** Vorschrift ist **§ 30 Abs. 1 und § 31 Satz 1 WPflG** nachgebildet.[1]

2. Änderungen der Vorschrift

2 Im Entw. eines **Strukturreformgesetzes** ist vorgesehen, Abs. 1 um folgenden Satz 3 zu ergänzen:
„Er verliert seinen Dienstgrad auch, wenn er wegen schuldhafter Verletzung seiner Dienstpflichten gem. § 75 Abs. 1 Satz 2 Nr. 5 entlassen wird."
Damit soll § 76 an § 30 Abs. 1 Satz 2 Halbs. 2 WPflG angeglichen werden. Die zzt. noch bestehende Regelungslücke sollte alsbald geschlossen werden.

3 Abs. 1 Satz 2 sollte entspr. § 30 Abs. 2 WPflG – ggf. durch Schaffung eines neuen Abs. 2 – so ergänzt werden, dass der **Dienstgradverlust auch bei nicht dienenden Dienstleistungspflichtigen** eintritt.

3. Bezüge zum Beamtenrecht bzw. zu sonstigen rechtl. Vorschriften

4 Bzgl. der für **Beamte** geltenden Vorschriften wird auf die **Komm. zu § 48**[2] verwiesen.

5 Für **BS** gelten **§ 48 Satz 1, § 49 Abs. 2** und **§ 52**. Der Begriff „Ausschluss" wird nur im Zusammenhang mit Dienstleistungspflichtigen/WPfl verwendet.

6 Für **SaZ** sind **§ 54 Abs. 2 Nr. 2, § 56 Abs. 2** und **§ 57 Abs. 1** einschlägig.

7 Für **WPfl** gelten, wie oben erwähnt, **§ 30 Abs. 1** und **§ 31 Satz 1 WPflG**.

8 Die für **ZDL** maßgeblichen Vorschriften finden sich in **§ 45 ZDG**.

B. Erläuterungen im Einzelnen

1. Absatz 1

a) Satz 1

9 Der „Ausschluss von Dienstleistungen" des Satzes 1 entspricht dem „Ausschluss aus der Bundeswehr" des § 30 Abs. 1 Satz 1 WPflG. Ein materieller Unterschied zwischen beiden Formulierungen ist nicht erkennbar.

10 Satz 1 **erweitert** das für nicht dienende Dienstleistungspflichtige geltende **Heranziehungsverbot des § 65** auf dienende Dienstleistungspflichtige. Welche Vorschrift anzuwenden ist, bestimmt sich nach dem Eintreten der **Rechtskraft** der Verurteilung.[3] Die Rechtsfolgen sind in jedem Fall die gleichen. War das Strafurt. nach Erlass des Heranziehungsbescheides, aber vor dem Diensteintritt rechtskräftig geworden, ist der Heranziehungsbescheid zu widerrufen.

11 Bzgl. der weiteren Auslegung des Satzes 1 kann auf die **Komm. zu §§ 38 und 48** verwiesen werden.

b) Satz 2

12 Satz 2 bezieht sich auf **dienende Dienstleistungspflichtige**. Dies folgt aus dem systematischen Zusammenhang mit Satz 1 und dessen Eingangswörtern „Ein Soldat".

---

1 BT-Drs. 15/4485, 40.
2 Rn. 9.
3 Vgl. *Steinlechner/Walz*, WPflG, § 30 Rn. 5.

Unterliegt ein **nicht dienender Dienstleistungspflichtiger** nicht der WPfl und damit der Vorschrift des § 30 Abs. 2 WPflG, und handelt es sich bei ihm auch nicht um einen früheren BS oder SaZ, verliert er mangels einer diesbezüglichen Regelung im SG seinen Dienstgrad nicht (vgl. § 26 Satz 1). Begünstigt werden hierdurch insbes. Personen, denen gem. § 59 Abs. 3 Satz 3 ein höherer Dienstgrad nicht nur für die Dauer der Verwendung verliehen worden ist. Diese sind zwar unter den Voraussetzungen des § 65 von (weiteren) Dienstleistungen ausgeschlossen, dürfen aber ihren Dienstgrad weiter führen. Für die Praxis ist diese **Gesetzeslücke** zwar wenig relevant; sie sollte dennoch alsbald geschlossen werden. 13

Die zum Verlust des Dienstgrades führende Verurteilung muss während der Dauer der Dienstleistung rechtskräftig geworden sein. Auf den Zeitpunkt der Tat kommt es nicht an.[4] 14

2. Absatz 2

Einer besonderen Komm. des Abs. 2 bedarf es nicht. Insoweit kann auf § **52** verwiesen werden. 15

5. Überwachung und Durchsetzung der Dienstleistungspflicht

§ 77 Dienstleistungsüberwachung; Haftung

(1) ¹**Der Dienstleistungsüberwachung unterliegen die in § 59 Abs. 1 bis 3 genannten Personen.** ²**Die Dienstleistungsüberwachung beginnt im Anschluss an das Dienstverhältnis als Berufssoldat oder Soldat auf Zeit, im Fall des § 59 Abs. 3 Satz 1 mit der Annahme der Verpflichtung, und endet zu dem in § 59 Abs. 1 bis 3 genannten, jeweils einschlägigen Zeitpunkt.**

(2) Von der Dienstleistungsüberwachung sind diejenigen Dienstleistungspflichtigen ausgenommen, die
1. **dauerhaft nicht dienstfähig sind (§ 64),**
2. **von Dienstleistungen dauernd ausgeschlossen sind (§ 65),**
3. **von Dienstleistungen befreit sind (§ 66) oder**
4. **als Kriegsdienstverweigerer anerkannt sind.**

(3) Dienstleistungspflichtige können in besonderen Fällen für begrenzte Zeit von der Erfüllung der ihnen im Rahmen der Dienstleistungsüberwachung obliegenden Pflichten ganz oder teilweise befreit werden, wenn und solange sie für eine Heranziehung zu Dienstleistungen nicht in Betracht kommen.

(4) Während der Dienstleistungsüberwachung haben die Dienstleistungspflichtigen
1. **jede Änderung ihrer Wohnung binnen einer Woche, im Spannungs- und Verteidigungsfall binnen 48 Stunden, der zuständigen Wehrersatzbehörde zu melden,**
2. **Vorsorge zu treffen, dass Mitteilungen der Wehrersatzbehörde sie unverzüglich erreichen,**
3. **sich auf Aufforderung der zuständigen Wehrersatzbehörde persönlich zu melden,**
4. **ausgehändigte Bekleidungs- und Ausrüstungsstücke ohne Entschädigung jederzeit erreichbar sorgfältig aufzubewahren und zu pflegen, sie nicht außerhalb des Wehr-**

---
4 Vgl. *Steinlechner/Walz*, WPflG, § 30 Rn. 9.

dienstes zu verwenden, ihre missbräuchliche Benutzung durch Dritte auszuschließen, den Weisungen zur Behandlung der Gegenstände nachzukommen, sie der zuständigen Dienststelle auf Aufforderung vorzulegen oder zurückzugeben und ihr Schäden sowie Verluste unverzüglich zu melden,
5. die Dienstleistungsbescheide für den Wehrdienst im Spannungsfall und für den Wehrdienst im Verteidigungsfall sorgfältig aufzubewahren, nicht missbräuchlich zu verwenden, auf Aufforderung der zuständigen Dienststelle vorzulegen sowie der Wehrersatzbehörde einen Verlust unverzüglich zu melden,
6. sich zur Verhütung übertragbarer Krankheiten impfen zu lassen und insoweit ärztliche Eingriffe in ihre körperliche Unversehrtheit zu dulden; das Grundrecht nach Artikel 2 Abs. 2 Satz 1 des Grundgesetzes wird insoweit eingeschränkt,
7. sich auf Verlangen der zuständigen Wehrersatzbehörde im Hinblick auf eine für sie vorgesehene sicherheitsempfindliche Tätigkeit in der Bundeswehr einer erstmaligen Sicherheitsüberprüfung und weiteren Sicherheitsüberprüfungen zu unterziehen, deren Durchführung sich nach dem Sicherheitsüberprüfungsgesetz bestimmt und für die es einer Zustimmung des Dienstleistungspflichtigen nicht bedarf.

(5) ¹Die Dienstleistungspflichtigen haben für vorsätzlich oder grob fahrlässig verursachte Schäden und Verluste an ausgehändigten Bekleidungs- und Ausrüstungsstücken Geldersatz zu leisten. ²Die Schadensersatzansprüche verjähren in drei Jahren von dem Zeitpunkt an, in dem die zuständigen Behörden von dem Schaden Kenntnis erlangen, ohne Rücksicht auf diese Kenntnis in zehn Jahren von der Begehung der Handlung an.

(6) Während der Dienstleistungsüberwachung haben die Dienstleistungspflichtigen ferner der zuständigen Wehrersatzbehörde unverzüglich schriftlich, elektronisch oder mündlich zu melden:
1. die Absicht, ihrem ständigen Aufenthaltsort länger als acht Wochen fernzubleiben,
2. den Eintritt von Tatsachen, die eine Dienstleistungsausnahme nach den §§ 64 bis 66 begründen,
3. den Eintritt von Tatsachen, die eine vorübergehende Dienstunfähigkeit von voraussichtlich mindestens neun Monaten begründen,
4. Erkrankungen und Verletzungen sowie Verschlimmerungen von Erkrankungen und Verletzungen seit der Untersuchung gemäß § 71 Satz 1, der letzten Überprüfungsuntersuchung gemäß § 71 Satz 2 und § 73 Satz 2, der Prüfung der Verfügbarkeit oder der Entlassungsuntersuchung, von denen der Dienstleistungspflichtige oder sein Arzt annimmt, dass sie für die Beurteilung seiner Dienstfähigkeit von Belang sind, soweit sie hierzu von der zuständigen Wehrersatzbehörde aufgefordert werden,
5. den vorzeitigen Wegfall der Voraussetzungen für eine Zurückstellung,
6. den Abschluss und einen Wechsel ihrer beruflichen Ausbildung, einen Wechsel ihres Berufes sowie eine weitergehende berufliche Qualifikation; hierüber in ihrem Besitz befindliche Nachweise haben die Dienstleistungspflichtigen auf Aufforderung unverzüglich vorzulegen.

(7) ¹Aufgaben der Wehrersatzbehörde bei der Dienstleistungsüberwachung von Dienstleistungspflichtigen, die als Besatzungsmitglieder auf Seeschiffen auf Grund des Flaggenrechtsgesetzes fahren, können durch Rechtsverordnung der See-Berufsgenossenschaft übertragen werden. ²Kosten, die der See-Berufsgenossenschaft durch die Übertragung dieser Aufgaben entstehen, trägt der Bund. ³In der Rechtsverordnung können Art und Höhe der Kostenerstattung bestimmt werden.

Literatur: Spezielle Veröffentlichungen zu § 77 liegen noch nicht vor.
Zu § 24 WPflG vgl. die Literaturübersicht bei *Steinlechner/Walz*, WPflG, 467.

§ 77 Dienstleistungsüberwachung; Haftung

Übersicht

	Rn.		Rn.
A. Allgemeines	1 – 6	b) Nr. 2	27 – 28
1. Entstehung der Vorschrift	1 – 2	c) Nr. 3	29 – 32
2. Änderungen der Vorschrift	3	d) Nr. 4	33 – 38
3. Bezüge zum Beamtenrecht bzw.		e) Nr. 5	39 – 41
zu sonstigen rechtl. Vorschriften	4 – 6	f) Nr. 6	42 – 44
		g) Nr. 7	45 – 46
B. Erläuterungen im Einzelnen	7 – 61	6. Absatz 5	47 – 48
1. Allgemeines	7 – 12	7. Absatz 6	49 – 58
2. Absatz 1	13 – 15	a) Nr. 1	50 – 51
3. Absatz 2	16 – 20	b) Nr. 2 und Nr. 3	52 – 53
4. Absatz 3	21 – 23	c) Nr. 4	54 – 55
5. Absatz 4	24 – 45	d) Nr. 5 und Nr. 6	58 – 58
a) Nr. 1	25 – 26	8. Absatz 7	59 – 61

A. Allgemeines

1. Entstehung der Vorschrift

Vor dem In-Kraft-Treten des SkResNOG waren Dienstleistungspflichtige gem. § 51a Abs. 1 Satz 2, § 54 Abs. 5 Satz 1 und § 58a Abs. 1 Satz 2 lediglich gehalten, Änd. ihres ständigen Aufenthalts oder ihrer Wohnung binnen einer Woche „der zuständigen Stelle" anzuzeigen. Diese Best. erwiesen sich zunehmend als unzureichend. „Für verlässliche Einplanungen und Beorderungen zur Sicherung der Einsatzbereitschaft und Durchhaltefähigkeit der Streitkräfte"[1] musste eine Normierung aller Pflichten erfolgen, die sich – außerhalb eines Wehrdienstverhältnisses – aus der eigentlichen Dienstleistungspflicht ableiten lassen. Die „zuständige Stelle" war im Gesetz konkret zu bezeichnen. 1

Mit § 77 wurden Aufbau und Regelungsgehalt des § 24 WPflG und z.T. des § 48 Abs. 2 Nr. 1 WPflG i.d.F. des SkResNOG übernommen. 2

2. Änderungen der Vorschrift

Die neben den §§ 20 und 29 umfangreichste Vorschrift des SG ist – in Anlehnung an die zit. Best. des WPflG – aus dem Bemühen heraus entstanden, jede Einzelpflicht im Rahmen der Dienstleistungsüberwachung **detailgenau** und so **konkret wie möglich** zu definieren. Dies dient der Rechtssicherheit der Betroffenen und derjenigen, die in den Wehrersatzbehörden über die Einhaltung dieser Pflichten zu wachen haben. Dennoch sollte permanent der Versuch fortgesetzt werden, **obsolete** Einzelpflichten zu **streichen**. So ist z.B. Abs. 4 Nr. 2 dann überflüssig, wenn Abs. 4 Nr. 1 eingehalten wird. Abs. 6 Nr. 1 ist angesichts der gegenwärtigen sicherheitspolitischen Lage Deutschlands überholt; Abs. 6 Nr. 6 begründet einen nicht notwendigen erheblichen administrativen Aufwand, der im Zuge der Anhörung gem. § 73 Satz 2 auf das Mindestmaß reduziert werden kann. Abs. 4 und Abs. 6 sind zusammenzufassen. 3

3. Bezüge zum Beamtenrecht bzw. zu sonstigen rechtl. Vorschriften

Eine mit § 77 vergleichbare Vorschrift existiert im **Beamtenrecht nicht**. 4

Für **WPfl** gelten, wie oben erwähnt, die §§ 24 und 48 WPflG. 5

Die Zivildienstüberwachung der **ZDL** ist in § 23 Abs. 1 bis 7 ZDG geregelt. 6

---

1 BT-Drs. 15/4485, 40.

§ 77

B. Erläuterungen im Einzelnen

1. Allgemeines

7 Die Dienstleistungsüberwachung ist mit dem SkResNOG als **neue Aufgabe** zum Wehrersatzwesen hinzugetreten.

8 Ihr **primärer Zweck** besteht darin, sicherzustellen, dass die Wehrersatzbehörden jederzeit auf die Dienstleistungspflichtigen zurückgreifen können.[2] Die zahlreichen **Auskunfts- und Meldepflichten** sollen einen möglichst aktuellen Datenbestand gewährleisten, damit insbes. in Krisensituationen nur tatsächlich und rechtl. verfügbare Dienstleistungspflichtige kurzfristig herangezogen werden.

9 Der **Durchsetzung** der in § 77 normierten Pflichten dienen
- die Schadensersatzpflicht gem. Abs. 5,
- das Aufenthaltsfeststellungsverfahren gem. § 78,
- die polizeiliche Vorführung gem. § 79 Abs. 1 Satz 1,
- die Bußgeldbewehrung der in § 86 Abs. 1 aufgeführten Pflichtverstöße,
- die Möglichkeit der Verfolgung als Dienstvergehen gem. § 23 Abs. 2 Nr. 2, 2. Alt.

10 Letzten Endes muss sich das KWEA im Zweifel darauf verlassen, dass der Dienstleistungspflichtige seine nachwirkenden Pflichten kennt und diese gewissenhaft beachtet.

11 Mit der Dienstleistungsüberwachung sind **grds. keine grundrechtsrelevanten Einschränkungen** verknüpft. So ist insbes. das Grundrecht auf Freizügigkeit gem. Art. 11 Abs. 1 GG nicht berührt; die Melde- und Anzeigepflichten schränken die Freizügigkeit nicht ein.[3]

Bzgl. der Impfpflicht ist das insoweit eingeschränkte Grundrecht nach Art. 2 Abs. 2 Satz 1 GG in Abs. 4 Nr. 6 entspr. Art. 19 Abs. 1 Satz 2 GG zit.

Bzgl. der Sicherheitsüberprüfungen gem. Abs. 4 Nr. 7 ist das aus Art. 2 Abs. 1 GG abgeleitete Recht auf informationelle Selbstbestimmung verfassungskonform eingeschränkt.[4]

12 **Zuständig** für die Dienstleistungsüberwachung ist das **KWEA**, in dessen Bereich der Dienstleistungspflichtige seinen **gewöhnlichen Aufenthalt** hat (vgl. § 3 Abs. 1 Nr. 3a VwVfG).

2. Absatz 1

13 **Beginn** und **Ende** der Dienstleistungsüberwachung korrespondieren gem. Satz 2 mit dem Beginn und dem Ende der in § 59 Abs. 1 bis 3 normierten Dienstleistungspflicht.

14 Soweit der Dienstleistungspflichtige noch der **WPfl** unterliegt, ist § 24 Abs. 1 Satz 2 und 3 WPflG maßgeblich. Dies folgt aus der Konkurrenzregelung des § 80.

15 Ist der Dienstleistungspflichtige **Soldat**, **ruhen** während dieser Zeit seine Pflichten aus § 77.[5]

3. Absatz 2

16 Abs. 2 entspricht **§ 24 Abs. 3 WPflG**.

Nicht in die Dienstleistungsüberwachung einbezogen sind diejenigen Personen, die auf Dauer für eine Dienstleistung nicht (mehr) in Betracht kommen.

---

2 Vgl. *Boehm-Tettelbach*, WPflG, § 24 Rn. 1.
3 Vgl. *Steinlechner/Walz*, WPflG, § 24 Rn. 8.
4 Vgl. *Steinlechner/Walz*, WPflG, § 24 Rn. 21.
5 Vgl. *Steinlechner/Walz*, WPflG, § 24 Rn. 14.

Die **Nrn. 1 bis 3** bedürfen keiner Komm.; insoweit kann auf die §§ 64 bis 66 verwiesen werden. 17

Nr. 4 wirft die Frage auf, ob diese Best. überhaupt praktisch werden kann. Soweit ein Dienstleistungspflichtiger noch der WPfl unterliegt, geht (arg. § 80) die Wehrüberwachung mit seiner Anerkennung als KDV auf das BAZ über. Dieses übernimmt die Zivildienstüberwachung bis zur Vollendung des 32. Lebensjahres (§ 23 Abs. 1 Satz 2 ZDG). Handelt es sich bei dem als KDV anerkannten Dienstleistungspflichtigen um eine Person des § 59 Abs. 3, findet kein Übergang der Zuständigkeit auf das BAZ statt. Ihre Dienstleistungspflicht und damit auch die Dienstleistungsüberwachung enden automatisch mit der Anerkennung als KDV. Nr. 4 hat damit lediglich **deklaratorischen Charakter**. 18

Personen, die gem. § 67 **zurückgestellt** sind, sind – abgesehen von den Fällen des Abs. 3 – nicht von der Dienstleistungsüberwachung ausgenommen. 19

Die Mitteilung an den Dienstleistungspflichtigen über die Herausnahme aus der Dienstleistungsüberwachung ist ein **VA**.[6] 20

4. Absatz 3

Abs. 3 entspricht § **24 Abs. 4 WPflG**. 21

Eine Befreiung von der Dienstleistungsüberwachung kommt in Betracht
- im Zusammenhang mit einer Uk-Stellung,
- bei einer Zurückstellung von Amts wegen gem. § 67 Abs. 1 Nr. 1 und 2,
- bei einer Zurückstellung wegen eines anhängigen Strafverfahrens oder wegen der Gefährdung der mil. Ordnung oder des Ansehens der Bw gem. § 67 Abs. 5.

Voraussetzung ist in jedem Fall, dass der Dienstleistungspflichtige **nicht** für eine bestimmte Verwendung im Spannungs- oder im V-Fall eingeplant (**„beordert"**) ist.[7] 22

Die Befreiung erfolgt **von Amts wegen** oder **auf Antrag** des Dienstleistungspflichtigen. 23

5. Absatz 4

Abs. 4 entspricht im Wesentlichen § **24 Abs. 6 Satz 1 WPflG**. 24

a) Nr. 1

Nr. 1 fasst § 24 Abs. 6 Satz 1 Nr. 1 WPflG und § 48 Abs. 2 Nr. 1 WPflG zusammen. Auch wenn der 2. Halbs. des § 24 Abs. 6 Satz 1 Nr. 1 WPflG nicht in das SG übernommen wurde, ist dennoch davon auszugehen, dass es im Frieden genügt, wenn der Dienstleistungspflichtige seiner landesrechtl. **Meldepflicht nachkommt**. 25

Die Meldepflicht ist **bußgeldbewehrt** (§ 86 Abs. 1 Nr. 2). 26

b) Nr. 2

Die Vorsorge für die unverzügliche (gemeint ist die **jederzeitige**) Erreichbarkeit ist i.d.R. durch die Pflicht nach Nr. 1 abgedeckt.[8] Ob es wirklich **zumutbar** ist, dass ein Dienstleistungspflichtiger sich – gebührenpflichtig – seine Post in den Urlaub nachschicken lassen muss, um für das KWEA erreichbar zu sein[9], muss bezweifelt werden. 27

Die Pflicht ist ebenfalls **bußgeldbewehrt** (§ 86 Abs. 1 Nr. 3). 28

---

[6] Vgl. *Steinlechner/Walz*, WPflG, § 24 Rn. 15.
[7] Vgl. *Steinlechner/Walz*, WPflG, § 29 Rn. 16.
[8] Vgl. o. Rn. 3.
[9] Vgl. *Boehm-Tettelbach*, WPflG, § 24 Rn. 23.

c) Nr. 3

29 Außerhalb ärztlicher Untersuchungen wird die Aufforderung an den Dienstleistungspflichtigen, sich beim KWEA persönlich zu melden, die **Ausnahme** sein.

30 Die Vorschrift ist **bußgeldbewehrt** (§ 86 Abs. 1 Nr. 4).

31 Erscheint der Dienstleistungspflichtige unentschuldigt nicht, kann er **polizeilich vorgeführt** werden (§ 79 Abs. 1 Satz 1).

32 **Auslagen** des Dienstleistungspflichtigen sind diesem zu **erstatten** (§ 70 Abs. 1 i.V.m. der WDErstattV).

d) Nr. 4

33 Die im Zusammenhang mit der Aushändigung von dienstl. Bekleidung und Ausrüstung normierten Einzelpflichten dienen der beschleunigten Einsatzbereitschaft der Truppe und dem Schutz von Bundeseigentum.[10]

34 Eine **laufende Kontrolle** der Einhaltung z.B. der Pflegebestimmungen, des Missbrauchsverbots usw. ist **nicht durchführbar**. Insbes. seitdem Uniformteile und komplette Uniformen im Handel ohne Probleme zu kaufen sind, lässt sich auch das Verbot, dienstl. ausgehändigte Sachen außerhalb des Wehrdienstes zu verwenden, nicht mehr durchsetzen.

35 Übernahme und Aufbewahrung müssen dem Dienstleistungspflichtigen (nicht seiner Familie!) **zuzumuten** sein.[11]

36 Die **Haftung** für Schäden und Verluste bestimmt sich nach Abs. 5.

37 Die Vorschrift ist **nicht bußgeldbewehrt**.[12]

38 **Auslagen** des Dienstleistungspflichtigen (Transportkosten) werden gem. § 3 Abs. 1 WDErstattV **ersetzt**.

e) Nr. 5

39 Mit dem SkResNOG wurden die gem. § 24 Abs. 6 Satz 1 Nr. 5 WPflG a.F. aufzubewahrenden Bescheide auf den Spannungsfall und den V-Fall reduziert.[13]

Die Vorschrift sollte ursprünglich den vertraulichen Umgang mit diesen Bescheiden und den anderen früher dort aufgeführten Unterlagen gewährleisten, weil in ihnen Informationen enthalten waren, die nicht für jedermann bestimmt waren; sie dienten darüber hinaus als Fahrausweise für die Dienstantrittsreise und als Ausweispapier gegenüber der Truppe.[14]

40 Mit der jetzigen Fassung hat die wehrpflichtrechtl. Best. an **Bedeutung verloren**. Für Dienstleistungspflichtige wird Nr. 5 erst dann relevant werden, wenn die dort aufgeführten Bescheide auch tatsächlich an die entspr. eingeplanten Personen versandt werden. Dies ist nach jetziger Planung (noch) nicht vorgesehen.

41 Die Vorschrift ist **bußgeldbewehrt** (§ 86 Abs. 1 Nr. 5).

---

10 Vgl. *Steinlechner/Walz*, WPflG, § 24 Rn. 27.
11 Vgl. *Boehm-Tettelbach*, WPflG, § 24 Rn. 25a ff. m.w.N.
12 Anders noch gem. § 45 Abs. 1 Nr. 1 b WPflG Fassung 2004. Ergänzend ist das VwVG anwendbar, z.B. wenn Bekleidungs- u. Ausrüstungsstücke durch unmittelbaren Zwang weggenommen werden sollen (vgl. *Steinlechner/Walz*, WPflG, § 44 Rn. 5).
13 Vgl. BT-Drs. 15/4485, 33.
14 Vgl. BT-Drs. 10/4591, 13.

f) Nr. 6

Der **Impfzwang** von wpfl Angehörigen d.R. – **außerhalb eines Wehrdienstverhältnisses!** – wurde bei seiner Einführung im Jahre 1965 damit begründet, dass der volle Impfschutz durch „Auffrischungsimpfungen" im Hinblick auf den V-Fall sichergestellt werden müsse.[15]

Mit der Übernahme dieser Pflicht in die Dienstleistungsüberwachung ist zzt. nicht vorgesehen, hiervon in nennenswertem Umfang Gebrauch zu machen.[16] Es handelt sich lediglich um eine gesetzgeberische **Vorsorgemaßnahme**.

Die Vorschrift ist **nicht bußgeldbewehrt**.[17]

g) Nr. 7

Die Vorschrift geht auf das **SÜG** zurück. Sie bedeutet, dass der Dienstleistungspflichtige auf Verlangen des KWEA eine Sicherheitserklärung abzugeben und die im Rahmen von Sicherheitsüberprüfungen gestellten Fragen zu beantworten hat.

Die Vorschrift ist **bußgeldbewehrt** (§ 86 Abs. 1 Nr. 1).

6. Absatz 5

Die **vermögensrechtl. Haftung** der WPfl gegenüber dem Bund – außerhalb des § 24 SG – war bis zum SkResNOG in § 24 Abs. 6 Satz und 5 WPflG geregelt. Das SkResNOG hat insoweit in § 24 WPflG einen neuen Abs. 6a eingefügt. Mit diesem erfolgten eine **Haftungsbeschränkung** auf Vorsatz oder grobe Fahrlässigkeit sowie eine **Verkürzung der Verjährungsfristen**.[18] In dieser Fassung wurde § 24 Abs. 6a WPflG in das SG übernommen.

Bzgl. der Komm. zu Abs. 5 im Einzelnen kann auf die **Komm. zu § 24** verwiesen werden.

7. Absatz 6

Abs. 6 enthält – entspr. **§ 24 Abs. 7 WPflG** – weitere Einzelpflichten des Dienstleistungspflichtigen. Anlässlich einer Novellierung des WPflG und des SG sollten diese in den Katalog der vorstehend komm. Pflichten eingefügt werden; **Redundanzen** lassen sich so **vermeiden**. Dabei wird auch zu prüfen sein, ob es gerechtfertigt ist, die Pflichten gem. § 77 Abs. 6 Nr. 2, 3 und 4 mit einem Bußgeld zu bewehren (§ 86 Abs. 1 Nr. 2), während im WPflG i.d.F. des SkResNOG insoweit auf die frühere **Bußgeldbewehrung verzichtet** worden ist.

a) Nr. 1

Die Vorschrift ist **überholt** und praxisfern. Im Allg. genügt die Generalklausel des Abs. 4 Nr. 2.

Die Vorschrift ist **nicht bußgeldbewehrt**.

b) Nr. 2 und Nr. 3

Der Dienstleistungspflichtige wird i.d.R. ein **eigenes Interesse** daran haben, dem KWEA die Umstände mitzuteilen, die eine Dienstleistungsausnahme gem. §§ 64 bis 66 oder eine längere vorübergehende Dienstunfähigkeit begründen. Nr. 3 stellt auf eine vorübergehende Dienstunfähigkeit von voraussichtlich mindestens neun Monaten ab und

---

15 BT-Drs. IV/2346, 15.
16 Allenfalls käme eine Impfung vor einer besonderen Auslandsverwendung in Frage, die aber ihrerseits auf Freiwilligkeit beruht.
17 Anders noch gem. § 45 Abs. 1 Nr. 6 WPflG a.F.
18 Vgl. BT-Drs. 15/4485, 33.

unterscheidet sich damit von § 29 Abs. 7 Nr. 3 WPflG (sechs Monate). Die neun Monate erklären sich aus der Regeldauer einer Schwangerschaft.

53 Die Vorschriften sind **bußgeldbewehrt** (§ 86 Abs. 1 Nr. 2).

c) Nr. 4

54 Die Vorschrift ist **nicht unproblematisch**, da sie auf das subjektive Empfinden des Dienstleistungspflichtigen bzw. auf die Diagnose eines Arztes, der i.d.R. nicht Wehrmediziner ist, abstellt. Sie schafft einen **sehr weiten Interpretationsspielraum**.

55 Dennoch ist sie **bußgeldbewehrt** (§ 86 Abs. 1 Nr. 2).

d) Nr. 5 und Nr. 6

56 Beide Einzelpflichten sollen dem KWEA möglichst aktuelle Informationen verschaffen, damit es in der Lage ist, den Dienstleistungspflichtigen **eignungsgerecht einzuplanen** und seine Einplanung fortzuschreiben. Der hiermit verbundene erhebliche administrative Aufwand soll minimiert werden.

57 Ob diese Best. noch zeitgemäß sind, kann bezweifelt werden.[19]

58 Diese Pflichten sind nicht bußgeldbewehrt.

8. Absatz 7

59 Die Vorschrift nimmt Bezug auf das Gesetz über das Flaggenrecht der Seeschiffe und die Flaggenführung der Binnenschiffe (**Flaggenrechtsgesetz**) i.d.F. der Bekanntmachung vom 26.10.1994[20], zul. geä. durch Art. 2 des G vom 25.6.2004.[21]

60 Pate für Abs. 7 war **§ 24 Abs. 8 WPflG**. Die hiernach zu erlassende RVO datiert vom 18.4.1968.[22] Sie ist weitgehend überholt.

61 Die Vorschrift wird inzwischen nicht mehr zwingend benötigt. Im Zuge der nächsten Novellierung des WPflG und des SG wird ihre **Aufhebung** zu prüfen sein. Die RVO von 1968 wird damit gegenstandslos. Von der VO-Ermächtigung des Abs. 7 wird daher voraussichtlich kein Gebrauch gemacht werden.

§ 78 Aufenthaltsfeststellungsverfahren

(1) ¹**Kann die für die Dienstleistungsüberwachung zuständige Wehrersatzbehörde (ausschreibende Behörde) den ständigen Aufenthaltsort eines Dienstleistungspflichtigen nicht feststellen, übermittelt sie dem Bundesverwaltungsamt zum Zweck der Feststellung des Aufenthaltsortes folgende Daten zur Person des Dienstleistungspflichtigen:**
1. **Familiennamen, frühere Namen, Vornamen,**
2. **Geburtsdatum und Geburtsort,**
3. **letzte, der ausschreibenden Behörde bekannte Anschrift und**
4. **das Geschäftszeichen.**

²**Das Bundesverwaltungsamt hat diese Daten jeweils unter Angabe der ausschreibenden Behörde zu speichern.**

---

19 Vgl. o. Rn. 3.
20 BGBl. I S. 3140.
21 BGBl. I S. 1389.
22 BGBl. I S. 310.

(2) ¹Das Bundesverwaltungsamt hat diese Daten zu dem in Absatz 1 genannten Zweck in regelmäßigen Abständen in einer Datei zusammengefasst folgenden Stellen zu übermitteln:
1. den Wehrersatzbehörden,
2. dem Bundesamt für den Zivildienst,
3. dem Auswärtigen Amt, das sie zu dem in Absatz 1 genannten Zweck an die Auslandsvertretungen übermittelt,
4. den Behörden, die für die polizeiliche Kontrolle des grenzüberschreitenden Verkehrs zuständig sind.

²Diese Stellen dürfen die Daten zu dem Zweck, zu dem sie ihnen übermittelt worden sind, speichern und nutzen. ³Wird diesen Stellen der Aufenthaltsort eines Dienstleistungspflichtigen bekannt, haben sie ihn der ausschreibenden Behörde mitzuteilen, soweit keine besonderen Verwendungsregelungen entgegenstehen. ⁴Sodann löschen sie unverzüglich die ihnen vom Bundesverwaltungsamt übermittelten Daten des Betroffenen. ⁵Die ausschreibende Behörde unterrichtet das Bundesverwaltungsamt sowie die übrigen Stellen nach Satz 1 davon, dass der Aufenthaltsort festgestellt worden und eine weitere Speicherung nicht mehr erforderlich ist. ⁶Die Stellen haben die Daten des Betroffenen nach der Unterrichtung zu löschen.

(3) ¹Die ausschreibende Behörde unterrichtet das Bundesverwaltungsamt rechtzeitig, wenn für einen Betroffenen die Dienstleistungspflicht nach § 59 Abs. 1 bis 3 endet. ²Das Bundesverwaltungsamt hat die Daten des Betroffenen spätestens mit Ende der Dienstleistungspflicht zu löschen; Gleiches gilt für die übrigen Stellen nach Absatz 2 Satz 1, die durch das Bundesverwaltungsamt über das Ende der Dienstleistungspflicht unverzüglich zu unterrichten sind.

(4) Sobald das Bundesverwaltungsamt eine Datei nach Absatz 2 Satz 1 übermittelt, haben die in Absatz 2 Satz 1 Nr. 1 bis 4 genannten Stellen die ihnen zuvor übermittelte Datei zu löschen.

Literatur: Spezielle Veröffentlichungen zu § 78 liegen noch nicht vor.
Zu § 24b WPflG ist keine aktuelle Literatur nachgewiesen.

Übersicht

	Rn.		Rn.
A. Allgemeines	1 – 10	3. Bezüge zum Beamtenrecht bzw. zu sonstigen rechtl. Vorschriften	8 – 10
1. Entstehung der Vorschrift	1 – 5		
2. Änderungen der Vorschrift	6 – 7	B. Erläuterungen im Einzelnen	11 – 13

A. Allgemeines

1. Entstehung der Vorschrift

Die mit dem **SkResNOG** in das SG **eingeführte** Vorschrift lehnt sich eng an den mit dem SkResNOG neu gefassten **§ 24b WPflG** an.¹ 1

Der **REntw.** des SkResNOG hatte dieses als **nicht zustimmungsbedürftig** eingestuft. Auf Antrag des Landes Schleswig-Holstein beschloss der **BR** in seiner 806. Sitzung vom 26.11.2004², das Gesetz sei wegen der in § 24b und § 44 WPflG vorgesehenen Änd. sowie wegen der Ergänzung des SG um § 78 gem. Art. 84 Abs. 1 GG **zustimmungsbedürftig**. Diese Best. „berühren" das Verwaltungsverfahren von Landesbehörden. 2

---
1 Vgl. BT-Drs. 15/4485, 40, 46.
2 BR-Drs. 782/1/04.

3 Die BReg folgte in ihrer Gegenäußerung³ der Rechtsauffassung des BR weitgehend nicht, sagte aber zu, zu prüfen, ob § 78 gestrichen werden sollte.

4 Diese Prüfung führte letztlich zu einem **Änderungsantrag** der Fraktionen der SPD und Bündnis 90/Die Grünen, dem sich der VertA des BT in seiner Sitzung vom 16.2.2005⁴ mehrheitlich anschloss. In § 78 des Entw. wurde in Abs. 2 Satz 1 die **Nr. 1** („den Meldebehörden oder den von ihnen beauftragten Stellen") **gestrichen**, um so eine mögliche Betroffenheit von Landesbehörden zu vermeiden. Dies hinderte den BR zwar nicht, weiterhin die Zustimmungsbedürftigkeit des Gesetzes zu reklamieren; er stimmte ihm am 18.3.2005 dennoch zu.⁵

5 Unabhängig hiervon waren bereits in der Ressortbeteiligung die in § 24b Abs. 1 Satz 2 WPflG a.F. aufgeführten **Erfassungsbehörden** (der Länder) aus dem Aufenthaltsfeststellungsverfahren **herausgenommen** worden.⁶

2. Änderungen der Vorschrift

6 Die Praxis muss erweisen, ob es dieser **Norm** im SG überhaupt **bedarf**. Da Dienstleistungspflichtige – sofern sie nicht der WPfl unterliegen oder unterlagen – nicht erfasst werden, ist der Transfer ihrer Daten administrativ noch zu erproben. Dies gilt auch für ihre **Einbeziehung** in die **Wehrerfassungsverwaltungsvorschrift**.

7 **Überflüssig** ist die Nennung des **BAZ** in Abs. 2 Satz 1 Nr. 2. Dieses verfügt bzgl. der Dienstleistungspflichtigen über keinerlei Zuständigkeiten.

3. Bezüge zum Beamtenrecht bzw. zu sonstigen rechtl. Vorschriften

8 Eine mit § 78 vergleichbare Vorschrift existiert im **Beamtenrecht nicht**.

9 Für **WPfl** gilt, wie oben erwähnt, **§ 24b WPflG**.

10 Für **ZDL** verweist § 23 Abs. 8 ZDG auf § 24b WPflG.

B. Erläuterungen im Einzelnen

11 § 24b WPflG war durch G vom **12.7.1994**⁷ zusammen mit anderen datenschutzrechtl. Best. (§§ 25 bis 27) in das WPflG eingefügt worden. Das Ermittlungsverfahren von WPfl, die sich unter Verstoß gegen die Melde- und Wehrüberwachungsvorschriften an einem unbekannten Ort aufhalten, war vorher lediglich in **Erl.** des BMI und des BMVg geregelt gewesen.⁸ Diese entsprachen weder den Belangen des Datenschutzes noch dem Gesetz über die Errichtung des Bundesverwaltungsamtes vom 28.12.1959.⁹ Darüber hinaus war zu berücksichtigen, dass Aufgaben der Länder z.T. dem Bund übertragen werden sollten.

12 Mit der durch das SkResNOG erfolgten **Neufassung** wurde § 24b WPflG sprachlich und rechtsterminologisch an das inzwischen weiterentwickelte Datenschutzrecht **angepasst**.¹⁰ Die Regelungen wurden insgesamt **gestrafft**; der Datenaustausch zwischen

---
3 BT-Drs. 15/4485, 47.
4 BT-Drs. 15/4872.
5 PlProt. 809. Vgl. zur Entstehungsgeschichte *Walz*, BWV 2005, 74.
6 Begründet war dies in erster Linie damit, dass nach der alten Gesetzeslage Personen bereits vor der Vollendung des 18. Lebensjahres, d.h. vor Beginn der WPfl, in das Aufenthaltsfeststellungsverfahren einbezogen waren. Dies war verfassungsrechtl. nicht unproblematisch (vgl. *Steinlechner/Walz*, WPflG, Einl. Rn. 64 m.w.N.).
7 BGBl. I S. 1497.
8 Vgl. BT-Drs. 12/7007, 16; *Steinlechner/Walz*, WPflG, § 24b Rn. 1.
9 BGBl. I S. 829.
10 BT-Drs. 15/4485, 33.

den in Abs. 2 Satz 1 genannten Stellen wurde auf den absolut notwendigen Umfang reduziert.

Eine **Komm.** zu § 78 im Einzelnen **erübrigt sich** angesichts der für die Praxis **geringen Bedeutung** der Vorschrift. 13

§ 79 Vorführung und Zuführung

(1) ¹**Bei Dienstleistungspflichtigen, die einer angeordneten ärztlichen Untersuchung (§ 71 Satz 3 oder § 73 Satz 4) fernbleiben oder einer Aufforderung der Wehrersatzbehörde, sich persönlich zu melden (§ 77 Abs. 4 Nr. 3), unentschuldigt nicht nachkommen, kann die Vorführung angeordnet werden.** ²**Die Polizei ist um Durchführung zu ersuchen.**

(2) **Die Polizei kann ersucht werden, Dienstleistungspflichtige, die ihrer Heranziehung unentschuldigt nicht Folge leisten, dem nächsten Feldjägerdienstkommando zuzuführen.**

(3) ¹**Die Polizei ist befugt, zum Zweck der Vorführung oder Zuführung die Wohnung und andere Räume des Dienstleistungspflichtigen zu betreten und nach ihm zu suchen.** ²**Das Gleiche gilt, außer zur Nachtzeit, für andere Wohnungen und Räume, wenn sich der Dienstleistungspflichtige einem unmittelbar bevorstehenden Zugriff der Polizei durch Betreten solche Wohnungen und Räume entzieht.** ³**Das Grundrecht der Unverletzlichkeit der Wohnung (Artikel 13 des Grundgesetzes) wird nach Maßgabe dieses Absatzes eingeschränkt.**

Literatur: Spezielle Veröffentlichungen zu § 79 liegen noch nicht vor. Zu § 44 WPflG vgl. die Literaturübersicht bei *Steinlechner/Walz*, WPflG, 609. Aktuell *Göbel, Daniel H.*, Fahndungskooperation zwischen Polizei und Feldjägern, NZWehrr 2004, 18.

Übersicht

	Rn.		Rn.
A. Allgemeines	1 – 6	**B. Erläuterungen im Einzelnen**	7 – 25
1. Entstehung der Vorschrift	1 – 2	1. Zweck der Vorschrift	7
2. Änderungen der Vorschrift	3	2. § 79 und Grundgesetz	8
3. Bezüge zum Beamtenrecht bzw. zu sonstigen rechtl. Vorschriften	4 – 6	3. Absatz 1	9 – 18
		a) Satz 1	9 – 14
		b) Satz 2	15 – 18
		4. Absatz 2	19 – 21
		5. Absatz 3	22 – 25

A. Allgemeines

1. Entstehung der Vorschrift

Die mit dem **SkResNOG** in das **SG eingeführte** Vorschrift lehnt sich eng an § **44 Abs. 2 bis 4 WPflG** an.¹ Die polizeiliche Vorführung von Personen, die der **Erfassung** unentschuldigt **fernbleiben** (§ 44 Abs. 2 Satz 1 Halbs. 2 WPflG) kommt für **Dienstleistungspflichtige nicht** in Betracht, da diese – sofern sie nicht (auch) der WPfl unterliegen – nicht erfasst werden. Die Verweisung auf Art. 13 GG in § 79 Abs. 3 Satz 3 fehlt in § 44 1

---

1 BT-Drs. 15/4485, 40.

§ 79 Dienstleistungspflicht

WPflG. Die nach Maßgabe des WPflG eingeschränkten Grundrechte sind in der Sammelvorschrift des § 51 WPflG zit.

2 Vor dem In-Kraft-Treten des SkResNOG existierte eine vergleichbare Regelung im SG nicht.

2. Änderungen der Vorschrift

3 **Änderungsbedarf** ist zzt. **nicht** erkennbar. Eine Ergänzung des Abs. 3 bzgl. des Richtervorbehalts etwa analog § 758a ZPO[2] ist nicht zwingend geboten, sollte jedoch zur Klarstellung gelegentlich eingefügt werden.

3. Bezüge zum Beamtenrecht bzw. zu sonstigen rechtl. Vorschriften

4 Eine mit § 79 vergleichbare Vorschrift kennt das **Beamtenrecht nicht**.
5 Für **WPfl** gilt, wie oben erwähnt, § **44 Abs. 2 bis 4 WPflG**.
6 Für **ZDL** ist § **23a ZDG** einschlägig.

B. Erläuterungen im Einzelnen

1. Zweck der Vorschrift

7 Die Vorschrift dient der Durchsetzung des staatlichen Anspruchs auf Erfüllung der Dienstleistungspflichten, insbes. der Dienstleistung selbst.[3] Sie ist neben der Verhängung von Bußgeldern das **letzte behördliche Mittel**, den Dienstleistungspflichtigen zur Einhaltung seiner gesetzl. Pflichten zu bewegen, ehe ggf. eine strafrechtl. Verfolgung in Betracht kommt.[4]

2. § 79 und Grundgesetz

8 § 79 berührt mehrere **Grundrechte bzw. grundrechtsgleichen Rechte**, insbes. Art. 2 Abs. 2, Art. 13 Abs. 2 und Art. 104 Abs. 2. Hierauf wird in der nachfolgenden Komm. einzugehen sein.

3. Absatz 1

a) Satz 1

9 Die Vorführung ist eine **besondere Form des unmittelbaren Zwanges**, die in § 44 Abs. 2 WPflG und jetzt auch in § 79 Abs. 1 spezialgesetzl. geregelt ist.[5]

10 Noch präziser und enger als in § 44 Abs. 2 WPflG lässt § 79 Abs. 1 die Vorführung nur dann zu, wenn einer der Fälle des § 71 Satz 3, des § 73 Satz 4 oder des § 77 Abs. 4 Nr. 3 gegeben ist. Eine **analoge Anwendung** auf andere Pflichtverstöße von Dienstleistungspflichtigen ist **nicht statthaft**.[6]

11 Die vom KWEA angeordnete Vorführung ist eine **Freiheitsbeschränkung** i.S.v. Art. 104 Abs. 1 Satz 1 GG; sie ist **keine Freiheitsentziehung** i.S.v. Art. 104 Abs. 2 Satz 1 GG.[7]

---

2 Eingefügt durch G v. 17.12.1997 (BGBl. I S. 3039).
3 BT-Drs. 15/4485, 40.
4 Die §§ 15 bis 18 WStG sind auch auf Dienstleistungspflichtige anwendbar, nicht hingegen die §§ 109 u. 109a StGB, da diese ausdrücklich auf die Erfüllung der „Wehrpflicht" abzielen (vgl. *Tröndle/Fischer*, StGB, 30. Aufl. 2001, § 109 Rn. 2).
5 Vgl. zu § 44 Abs. 2 WPflG BVerwGE 82, 243 = NZWehrr 1990, 126.
6 Vgl. *Boehm-Tettelbach*, WPflG, § 44 Rn. 12.
7 BVerwGE 82, 243 = NZWehrr 1990, 126 unter Hinw. auf BGH NJW 1982, 753; *Boehm-Tettelbach*, WPflG, § 44 Rn. 14; *Steinlechner/Walz*, WPflG, § 44 Rn. 32. A.A. die bei *Steinlechner/Walz*, WPflG, a.a.O., zit. Lit.

Vorführung und Zuführung   § 79

Die Vorführung unterliegt deswegen **nicht dem Richtervorbehalt**, weil sie sich vom Zweck und der Dauer her von anderen Freiheitsbeschränkungen wesentlich unterscheidet. Sie endet mit dem Erscheinen des Dienstleistungspflichtigen im KWEA. Dennoch ist – vor dem Hintergrund der **Verhältnismäßigkeit des Mittels** – stets zu prüfen, ob die Vorführung des Dienstleistungspflichtigen geeignet und angemessen ist.[8]

Der Dienstleistungspflichtige sollte, z.b. in der Ladung zur ärztlichen Untersuchung, über die Folgen eines Fernbleibens ausreichend **belehrt** werden.[9] 12

Eine vorherige **schriftl. Androhung** der Vorführung ist **nicht erforderlich**; sie ist zulässig, jedoch, abw. von § 13 VwVG, nicht zwingend vorgeschrieben. Vollzogen wird die nach Abs. 1 Satz 1 getroffene Anordnung der Vorführung.[10] Dieser Verwaltungsvollzug ist **kein** isoliert anfechtbarer **VA**. 13

Erlässt das KWEA eine solche **Androhung** außerhalb des Ladungsschreibens o.ä., ist dies ein mit einer Rechtsbehelfsbelehrung zu versehender **VA**.[11] 14

b) Satz 2

Das Ersuchen um die Durchführung der Vorführung ist an die örtlich zuständige **Landespolizeibehörde** zu richten. Diese handelt nach **§ 6 Abs. 2 VwVG**[12] und den für sie geltenden **landespolizeirechtl. Vorschriften**, nicht nach dem UZwGBw.[13] 15

Die **Kosten** der Vorführung hat, sofern diese nach Landesrecht dem Grunde und der Höhe nach berechtigt sind, das **KWEA** zu tragen, da dieses die Vorführung durch die Polizei ausgelöst hat.[14] 16

Diese Auslagen des KWEA können, anders als dies die Lit.[15] meint, **nicht** im Wege des **Regresses** beim WPfl/Dienstleistungspflichtigen geltend gemacht werden. Für einen entspr. Leistungsbescheid **fehlt** es an einer **Grundlage** im WPflG oder/und im SG. Diese ist auch nicht im VwVfG oder im VwVG zu finden, da § 79 als lex specialis diesen allg. Best. vorgeht. Wer den Dienstleistungspflichtigen zur Kostenerstattung heranziehen will, muss eine Ergänzung des § 79 Abs. 1 initiieren. 17

Str. ist, ob die KWEA zusätzlich **andere Zwangsmittel** einsetzen dürfen, z.B. ein Zwangsgeld gem. § 11 VwVG oder unmittelbaren Zwang gem. § 12 VwVG.[16] Der Grds. der Gesetzmäßigkeit der Exekutive (Art. 20 Abs. 3 GG) lässt einen Rückgriff auf solche allg. Best. nur zu, wenn in dem Spezialgesetz eine derartige Verweisungsvorschrift enthalten ist. Dies ist weder im WPflG noch im SG der Fall. Hierfür besteht im Übrigen auch kein praktisches Bedürfnis. 18

4. Absatz 2

Die **Zuführung** durch die Polizei beschränkt sich auf die zwangsweise Durchsetzung eines Heranziehungsbescheides. 19

Der Dienstleistungspflichtige ist mit dem im Heranziehungsbescheid festgesetzten Zeitpunkt **Soldat** geworden (§ 2 Abs. 1 Nr. 2). Danach kann er durch die Feldjäger sei- 20

---

8 Vgl. *Steinlechner/Walz*, WPflG, § 44 Rn. 32.
9 Vgl. *Steinlechner/Walz*, WPflG, § 44 Rn. 35.
10 Vgl. BVerwGE 82, 243 = NZWehr 1990, 126.
11 Vgl. *Steinlechner/Walz*, WPflG, § 44 Rn. 37.
12 Vgl. *Sadler*, VwVG/VwZG, 5. Aufl. 2002, § 6 VwVG Rn. 149.
13 Vgl. *Steinlechner/Walz*, WPflG, § 44 Rn. 39.
14 Vgl. *Boehm-Tettelbach*, WPflG, § 44 Rn. 13; *Steinlechner/Walz*, WPflG, § 44 Rn. 40.
15 Vgl. Fn. 12.
16 Bejahend *Boehm-Tettelbach*, WPflG, § 44 Rn. 16 m.w.N. Verneinend *Steinlechner/Walz*, WPflG, § 44 Rn. 41.

§ 80 Dienstleistungspflicht

nem Truppenteil überstellt werden. Da nur die Polizei zum Zweck der Vorführung oder Zuführung die Befugnisse nach Abs. 3 hat, mussten deren Aufgaben im Rahmen der Amtshilfe in den Abs. 2 und 3 gesetzl. normiert werden.

21 Mit der Zuführung durch die Polizei an das nächste Feldjägerdienstkommando gilt der dienstleistungspflichtige Soldat als **in die Truppe eingegliedert**.[17]

5. Absatz 3

22 Die Polizei (nur diese!) ist unter den Voraussetzungen des Abs. 3 Satz 1 und 2 befugt, die **Wohnung** und andere Räume des Dienstleistungspflichtigen zu **betreten** und dort nach ihm zu **suchen**.

23 Das Grundrecht der Unverletzlichkeit der Wohnung gem. **Art. 13 Abs. 1 GG** wird insoweit – gem. Art. 17a Abs. 2 GG verfassungskonform – **eingeschränkt**. Dies folgt für Dienstleistungspflichtige expressis verbis aus Satz 3, für WPfl aus § 51 WPflG.

24 Der **Richtervorbehalt** des Art. 13 Abs. 2 GG wird durch die Best. des SG und des WPflG dadurch **ausgeschlossen**, dass in den Fällen des § 79 Abs. 3 bzw. des § 44 Abs. 4 WPflG stets von Gesetzes wegen „Gefahr im Verzug" i.S.v. Art. 13 Abs. 2 GG angenommen wird.

25 Abs. 3 ist mit dem **GG vereinbar**.[18] Dies schließt nicht aus, dass, sofern die Umstände des Einzelfalles dies zulassen, eine **richterliche Entscheidung** eingeholt wird. Eine solche ist **durch die Polizei**, nicht durch das KWEA, **zu beantragen**, da nur diese über die notwendigen Detailkenntnisse (Lage der Wohnung, Intensität der polizeilichen Aktion usw.) verfügt. Die richterliche Durchsuchungsanordnung kann im konkreten Fall „**auf Vorrat**", d.h. für einen längeren Zeitraum, erteilt werden.[19]

6. Verhältnis zur Wehrpflicht

§ 80 Konkurrenzregelung

Unterliegen die in § 59 genannten Personen der Wehrpflicht (§§ 1 und 3 des Wehrpflichtgesetzes), sind die dafür geltenden Bestimmungen vorrangig anzuwenden.

Literatur: Spezielle Veröffentlichungen zu § 80 liegen noch nicht vor.
Zu § 51 Abs. 1 Satz 2 a.F. sind keine Literaturnachweise bekannt.

Übersicht

	Rn.		Rn.
A. Allgemeines	1 – 7	3. Bezüge zu anderen rechtl. Vorschriften	6 – 7
1. Entstehung der Vorschrift	1 – 4		
2. Änderungen der Vorschrift	5	**B. Erläuterungen im Einzelnen**	8 – 12

---

17 Vgl. *Steinlechner/Walz*, WPflG, § 44 Rn. 45.
18 Vgl. *Steinlechner/Walz*, WPflG, § 44 Rn. 44, 47. Krit. *Boehm-Tettelbach*, WPflG, § 44 Rn. 20 ff. A.A. VG Berlin VG 23 A 45.97; VG Stade NZWehr 2004, 40. Rechtspolitisch ist zu überlegen, ob es angezeigt ist, § 79 SG (u. § 44 WPflG) an die Rspr. des BVerfG (BVerfGE 51, 97; 57, 346) anzupassen u. auch in diese Best. den Richtervorbehalt einzufügen.
19 VG Stade NZWehr 2004, 40.

Konkurrenzregelung § 80

A. Allgemeines
1. Entstehung der Vorschrift
Mit Art. 2 Nr. 5 des G vom **24.7.1995**[1] wurde in § 51 a.F. folgender Abs. 1 Satz 3 eingefügt: 1
„Unterliegt er der Wehrpflicht (§§ 1 bis 3 des Wehrpflichtgesetzes), bleiben die dafür geltenden Bestimmungen unberührt."

Die amtl. **Begr.**[2] lässt **keine Rückschlüsse** auf die mit dieser Vorschrift verknüpften 2
Motive des Gesetzgebers zu. Die Absicht der BReg, „klarzustellen", „dass für die wehrpflichtigen Soldaten im Ruhestand neben der Verpflichtung, auf Grund des Soldatengesetzes erneut Wehrdienst zu leisten, die Bestimmungen des Wehrpflichtgesetzes unberührt bleiben", folgt bereits aus dem zit. Gesetzestext.

Auf Grund des **SGÄndG** wurde aus § 51 Abs. 1 Satz 3 – ohne textliche Änd. – § 51 3
Abs. 1 Satz 2 Halbs. 2.

Mit dem **SkResNOG** wurde diese Best. als § 80 **verselbständigt** und **neu gefasst**. 4

2. Änderungen der Vorschrift
Änderungsbedarf besteht zzt. **nicht**. 5

3. Bezüge zu anderen rechtl. Vorschriften
Dienstrechtl. (Pauschal-)**Verweisungen** sind im öff. Dienstrecht **nicht ungewöhnlich**. So 6
gelten gem. § 46 DRiG die Vorschriften für Bundesbeamte für Bundesrichter entspr., soweit das DRiG nichts anderes bestimmt.

Für **ZDL** bestimmt § **78 Abs. 2 ZDG**, dass der Zivildienst bei Anwendung der Vorschriften des öff. Dienstrechts dem Wehrdienst gleich steht, soweit sich aus dem ZDG nichts anderes ergibt. 7

B. Erläuterungen im Einzelnen

Dienstleistungspflichtige i.S.d. § 59 Abs. 1 bis 3 können **auch der WPfl unterliegen**. Dies 8
gilt insbes. für **Männer**, die zumindest auch die deutsche Staatsangehörigkeit besitzen, zwischen dem vollendeten 18. und dem 60. Lebensjahr (§ 1 Abs. 1, § 3 Abs. 3 bis 5 WPflG), die wehrdienstfähig sind und für die auch keine andere Wehrdienstausnahme vorliegt. Für diesen Personenkreis bestimmt § 80 die nachrangige Geltung der Abschnitte IV und VI des SG. Die **nachrangige Geltung des SG** hat nicht etwa zur Folge, dass diese WPfl sowohl der sich aus dem WPflG als auch dem SG ergebenden Pflichten unterliegen würden.[3] Ein **doppelter** und belastender **Status** mit einer Häufung sich daraus ableitender Verpflichtungen wäre mit dem Verbot des Übermaßes und dem **Grds. der Verhältnismäßigkeit nicht vereinbar**.

„Vorrangige" Anwendung des WPflG heißt vielmehr, dass das **SG** insoweit **zurücktritt** 9
und keinerlei Bedeutung für diese WPfl hat, so lange sie dem Geltungsbereich des WPflG unterworfen sind. Die mit der Dienstleistungspflicht verbundenen Pflichten und Rechte leben wieder auf, wenn der Betreffende aus der WPfl ausgeschieden ist, z.B., wenn er das 60. Lebensjahr vollendet hat.

---
1 BGBl. I S. 962.
2 BT-Drs. 13/1209.
3 So jedoch *Scherer/Alff*, SG, § 51 Rn. 4.

§ 80 Dienstleistungspflicht

10 Ein „**Wahlrecht**" zwischen beiden Regelungskomplexen besteht **nicht**, weder für den wpfl Dienstleistungspflichtigen noch für Dienststellen der SK oder die Wehrersatzbehörden.

11 **Rechtspolitisch** lässt sich die Konkurrenzregelung des § 80 mit der verfassungsrechtl. Verankerung der WPfl **begründen**. Die **WPfl ist eine „verfassungsrechtliche Pflicht"** im „Rahmen der verfassungsrechtlichen Grundentscheidung für die militärische Verteidigung".[4] Diesen hohen Stellenwert nehmen das freiwillige Dienstverhältnis eines Soldaten und insbes. die Dienstleistungspflicht nicht ein. Im Gegenteil: Das GG untersagt ausdrücklich den zwangsweisen Waffendienst für Frauen (Art. 12a Abs. 4 Satz 2).

12 Aus dieser **verfassungsrechtl. Priorität** für die Erfüllung **der WPfl** – und nicht allein aus der Entstehungsgeschichte des SG und des WPflG – lassen sich zahlreiche **Verweisungen des SG auf das WPflG** erklären:

§ 1 Abs. 1 nennt vor dem freiwilligen Wehrdienstverhältnis dasjenige auf Grund der Wehrpflicht. Gem. § 49 Abs. 1 Satz 2 bleibt ein auf Grund des § 46 Abs. 2 Satz 1 Nr. 1 bis 4 und Abs. 3 entlassener BS als Soldat in der Bw, soweit er noch der WPfl unterliegt. Das Gleiche gilt für einen BS, der seine Rechtsstellung gem. § 48 verloren hat. Die für SaZ vergleichbare Regelung enthält § 56 Abs. 1 Satz 2. Wesentliche statusrechtl. Best. für wpfl Soldaten (Heranziehung zum Wehrdienst, Beendigung des Wehrdienstes) folgen nicht aus dem SG, sondern aus dem WPflG (§ 58 Abs. 1 SG).

---

4 So bereits BVerfGE 28, 243 (261).

Fünfter Abschnitt
Dienstliche Veranstaltungen

§ 81 Zuziehung zu dienstlichen Veranstaltungen

(1) Dienstliche Veranstaltungen sind dienstliche Vorhaben der Streitkräfte insbesondere zur militärischen Aus-, Fort- und Weiterbildung, zu denen Personen mit ihrem Einverständnis zugezogen werden können.

(2) ¹Zu dienstlichen Veranstaltungen können Personen, die dienstfähig sind und das 65. Lebensjahr noch nicht vollendet haben, durch das Bundesministerium der Verteidigung oder die von ihm bestimmte Stelle zugezogen werden. ²Während der Wehrdienstleistung stehen sie in einem Wehrdienstverhältnis.

Literatur: Spezielle Veröffentlichungen zu § 81 liegen noch nicht vor.
Zu § 4 Abs. 4 WPflG a.F. und § 1 Abs. 4 SG a.F. sind keine Literaturnachweise bekannt.

Übersicht

	Rn.		Rn.
A. Allgemeines	1 – 16	2. Absatz 1	19 – 26
1. Entstehung der Vorschrift	1 – 11	a) Definition	19 – 20
2. Änderungen der Vorschrift	12	b) Dauer	21 – 22
3. Bezüge zum Beamtenrecht bzw. zu sonstigen rechtl. Vorschriften; ergänzende Dienstvorschriften	13 – 16	c) Freiwilligkeit	23 – 26
		3. Absatz 2	27 – 43
		a) Satz 1	27 – 33
		aa) Personenkreis	27 – 31
B. Erläuterungen im Einzelnen	17 – 43	bb) Zuziehung	32 – 33
1. Bedeutung der Vorschrift	17 – 18	b) Satz 2	34 – 37
		4. Sonstige Rechtsfolgen	38 – 43

A. Allgemeines

1. Entstehung der Vorschrift

In die **Erstfassungen** des SG und des WPflG war **keine Best.** über DVag aufgenommen worden. **1**

Durch Art. 1 Nr. 3 des G zur Änd. des WPflG vom **28.11.1960**[1] wurde in § 4 WPflG folgender Abs. 4 eingefügt: **2**

„Außerhalb der Wehrübungen können Angehörige der Reserve zu dienstlichen Veranstaltungen durch den Bundesminister für Verteidigung oder die von ihm bestimmte Stelle zugezogen werden. Während der Dienstleistung sind sie Soldat. § 2 des Soldatengesetzes findet keine Anwendung."

Der REntw. dieses G[2] hatte eine derartige Ergänzung des WPflG nicht vorgesehen. **3**
Im Zuge der parlamentarischen Beratungen des Entw. fügte der VertA die zit. Best. ein mit der Begr., damit werde ein „Bedürfnis der Bundeswehr" anerkannt.[3] Wer dieses „Bedürfnis" wo und weshalb artikuliert hat, lässt sich den veröff. Materialien nicht entnehmen.

---

1 BGBl. I S. 853.
2 BT-Drs. III/1423.
3 BT-Drs. III/1893, 3, 9.

4   Art. 1 Nr. 2 des G vom **24.2.1983**[4] fügte in § 4 Abs. 4 Satz 1 WPflG hinter dem Wort „Angehörige" die Wörter „und ehemalige Angehörige" sowie nach dem Wort „Reserve" die Wörter „die wehrdienstfähig sind und das fünfundsechzigste Lebensjahr noch nicht vollendet haben" ein.

5   Auch bei dieser Gesetzesänd. fällt auf, dass der REntw.[5] eine solche Ergänzung nicht enthielt. Diese wurde vielmehr ebenfalls über den **VertA** eingebracht. Zur Begr. führte der VertA die „spezifischen Erfordernisse der Mandatsträger und Organisationsleiter im VdRBw"[6] an. Diese hätten auch als ehem. Res den „verständlichen Wunsch", den SK verbunden zu bleiben. Ferner sei es notwendig, den Personenkreis auf Wehrdienstfähige zu begrenzen, um Versorgungsansprüche zu vermeiden.[7]

6   Durch Art. 2 Nr. 2 des G vom **6.12.1990**[8] wurde § 4 Abs. 4 WPflG gestrichen. An seiner Stelle wurde folgender Abs. 4 in § 1 SG eingefügt:

„Angehörige der Reserve im Sinne des § 4 Abs. 2 Satz 2 und Satz 3 des Wehrpflichtgesetzes, ehemalige Angehörige der Reserve sowie frühere nicht wehrpflichtige Soldaten auf Zeit und Berufssoldaten, die wehrdienstfähig sind und das fünfundsechzigste Lebensjahr noch nicht vollendet haben, können mit ihrem Einverständnis zu dienstlichen Veranstaltungen durch den Bundesminister der Verteidigung oder die von ihm bestimmte Stelle zugezogen werden. Während der Dienstleistung sind sie Soldat. Absatz 2 Satz 3 gilt entsprechend."

7   Die Herauslösung der DVag aus dem WPflG und deren Einfügung in das SG wurden damit erklärt, dass das Wehrdienstverhältnis im Rahmen einer DVag nur freiwillig begründet werden könne. Die Regelung müsse zudem für die Angehörigen d.R. aller Statusgruppen und jeden Geschlechts gelten.[9]

8   Durch Art. 1 Nr. 3, 4 und 8 des **SGÄndG** wurde der „Bundesminister der Verteidigung" durch das „Bundesministerium der Verteidigung" ersetzt. Die Altersangabe „65" trat an die Stelle von „fünfundsechzig". Der zuziehbare Personenkreis wurde um Frauen aller Laufbahnen erweitert.[10] § 1 Abs. 4 erhielt damit folgende Fassung:

„Frühere Soldaten der Bundeswehr sowie Angehörige der Reserve im Sinne des § 4 Abs. 2 Satz 3 des Wehrpflichtgesetzes, die wehrdienstfähig sind und das 65. Lebensjahr noch nicht vollendet haben, können mit ihrem Einverständnis zu dienstlichen Veranstaltungen durch das Bundesministerium der Verteidigung oder die von ihm bestimmte Stelle zugezogen werden. Während der Dienstleistung sind sie Soldat. Absatz 2 Satz 3 gilt entsprechend."

9   Mit Art. 2 Nr. 1 des **BwNeuAusrG** wurde die Verweisung in Abs. 4 Satz 3 aufgehoben. Die BReg wollte damit klarstellen, dass auch Frauen nur dann zu einer DVag zugezogen werden können, wenn sie zuvor in einem Wehrdienstverhältnis gestanden hatten.[11]

10 Die geltende Fassung erhielt die jetzt als § 81 neu platzierte Vorschrift unter gleichzeitiger Herauslösung aus dem vorherigen § 1 durch das **SkResNOG**.

11 In Abs. 1 wurde erstmals eine **Legaldefinition der DVag** formuliert. Abs. 2 entspricht – unter **Erweiterung des Personenkreises** „u.a." um den des § 59 Abs. 3 Satz 1 – im Wesentlichen dem bisherigen § 1 Abs. 4.[12]

---

4 BGBl. I S. 179.
5 BT-Drs. 9/1897.
6 Es spricht einiges dafür, dass diese Gesetzesergänzung durch den VdRBw selbst initiiert worden ist.
7 BT-Drs. 9/2279, 19.
8 BGBl. I S. 2588.
9 BT-Drs. 11/6906, 14.
10 Vgl. BT-Drs. 14/4062, 18.
11 BT-Drs. 14/6881, 27.
12 Vgl. BT-Drs. 15/4485, 40.

2. Änderungen der Vorschrift

Änderungsbedarf besteht zzt. **nicht.** Sollte sich die **hohe Nachfrage nach DVag**, insbes. auch zu periodisch stattfindenden Dienstleistungen im Bereich der zivil.-mil. Zusammenarbeit im Inland, fortsetzen, wird über eine **andere zusätzliche Wehrdienstart** nachgedacht werden müssen. Hierfür könnten sich Regelungen analog § 115 BRRG; § 5 Abs. 3, § 177 BBG anbieten. Für diesen „**Ehrensoldaten**" wäre ein neuer Abschnitt in das SG einzurücken. 12

3. Bezüge zum Beamtenrecht bzw. zu sonstigen rechtl. Vorschriften; ergänzende Dienstvorschriften

Im **Beamtenrecht** existiert eine mit § 81 vergleichbare Vorschrift **nicht.** 13

Für **WPfl** ist § 81, unbeschadet der mit dem SkResNOG vollzogenen Aufhebung des § 4 Abs. 2 WPflG a.F., **unmittelbar anwendbar.** 14

Für **ZDL** sieht das ZDG **keine** solche **Regelung** vor; diese wäre auch mit dem Charakter des Pflichtdienstes nicht zu vereinbaren. 15

Zur Ausführung des § 1 Abs. 4 a.F. sind die Erl. des BMVg 16
- „Dienstliche Veranstaltungen (DVag)", **ZDv 14/5 B 132** (Stand: 1997), und
- AusfBest zum Erl. DVag, **ZDv 14/5 B 133,**
- „Dienstliche Veranstaltungen im Rahmen der Reservistenarbeit der Bundeswehr", **ZDv 20/3, Kap. 6,**

herausgegeben worden. Die beiden erstgenannten Erl. werden in Kürze aufgehoben.

B. Erläuterungen im Einzelnen

1. Bedeutung der Vorschrift

Bereits mit der Ergänzung des WPflG im Jahre 1960 hat der Gesetzgeber mit der DVag eine neue, **zusätzliche Wehrdienstart** geschaffen, die neben den Katalog der Wehrdienstarten des § 4 Abs. 1 WPflG trat. Diese Absicht ist durch die mit dem SkResNOG geschaffene Einbettung der DVag in einen **eigenen Abschnitt des SG** verstärkt worden, auch wenn dieser nur aus einem Paragraphen besteht. 17

Die DVag ist damit eine Form der Wehrdienstleistung, die **rechtl. verselbständigt** neben dem Dienstverhältnis des SaZ und BS, den Wehrdienstarten gem. § 4 Abs. 1 WPflG und den Dienstleistungsarten gem. § 60 rangiert. Dieser auch für die Praxis bedeutsame Stellenwert wird zwar nunmehr durch § 81 unterstrichen; die dortige gesetzl. Regelung erweist sich dennoch bei genauerem Hinsehen als äußerst **rudimentär.** 18

2. Absatz 1

a) Definition

Die Begriffsbestimmung der DVag im ersten Teilsatz des Abs. 1 ist dem Erl. **ZDv 14/5 B 132 entnommen.**[13] Sie wird dort ergänzt um die „Verteidigungspolitische Arbeit", die offizielle Vertretung der SK in der Öffentlichkeit und die Festigung der dienstl. Kontakte zu Soldaten der Bw, der verbündeten sowie der befreundeten SK. 19

Besonders gut gelungen war und ist der Begriff der DVag nicht. Eine „Veranstaltung" lässt vom Wortsinn her auf ein **zeitlich und räumlich umgrenztes Einzelvorhaben** schließen, eine für die Praxis ungenügende Einengung. Hinzu kommt, dass im mil. Sprachgebrauch die „**dienstliche Veranstaltung**" mehrfach belegt ist: 20

---

[13] Nr. 2.

- Auch **interne Vorhaben der SK** – ohne Beteiligung von Personen gem. § 81 – werden häufig als „dienstliche Veranstaltung" bezeichnet.
- Seit vielen Jahren ist es darüber hinaus üblich, Gemeinschaftsveranstaltungen, die auch der „Kontaktpflege zum zivilen Bereich" dienen können, als **„Dienstliche Veranstaltungen geselliger Art"** zu betiteln.[14] Für diese besteht Versorgungsschutz gem. § 81 Abs. 3 Nr. 3 SVG[15], obwohl diese Vorschrift nur von der „Teilnahme eines Soldaten an dienstlichen Veranstaltungen" spricht, ohne auf deren besonderen Charakter zu verweisen.[16] Auch in der Lit. wird nicht immer eindeutig zwischen beiden Formen dieser Veranstaltungen differenziert.[17]

b) Dauer

21 Der Begriff „Veranstaltung" und deren inhaltliche Zweckbestimmung (s.o. Rn. 19) zwingen zu einer **zeitlichen Begrenzung**. Nach der Vorschriftenlage beträgt die Dauer i.d.R. **maximal drei Tage**. Vorhaben von über fünf Tagen bedürfen der Zustimmung des BMVg.[18] Ist von vornherein eine längere Dauer absehbar, ist die Einberufung zu einer **Wehrübung** oder einer Hilfeleistung im Innern bzw. zu einer befristeten Übung angezeigt.[19]

22 Eine wiederholte oder **regelmäßige Zuziehung** zu einer DVag, die jew. dem gleichen Zweck, z.B. der Katastrophenhilfe und deren Vorbereitung dienen soll, ist mit dem Zweck einer DVag **nicht zu vereinbaren**.

c) Freiwilligkeit

23 Die Teilnahme an einer DVag setzt in jedem Fall das **Einverständnis** der betreffenden Person voraus, unbeschadet, ob sie der WPfl oder der Dienstleistungspflicht unterliegt.

24 Erscheint die Person trotz vorher erklärten Einverständnisses nicht oder verspätet oder verlässt sie die DVag vorzeitig, dürfen ihr hieraus **keine dienstl. Nachteile** entstehen.[20]

25 Mit der Teilnahme an einer DVag wird infolgedessen ein **atypisches Wehrdienstverhältnis** begründet; der Pflichtenkatalog des SG und das WStG werden faktisch teilweise außer Kraft gesetzt.

26 Auf der anderen Seite folgt aus Abs. 2 Satz 1 („können"), dass ein **Anspruch** auf Teilnahme **nicht besteht**.[21] Die zuständige mil. Dienststelle handelt bei der Auswahl der Teilnehmer nach ihrem pflichtgemäßen Ermessen.

3. Absatz 2

a) Satz 1

27 **aa) Personenkreis:** Gesetzl. Voraussetzungen sind die **Dienstfähigkeit** und das **Lebensalter** (vor Vollendung des 65. Lebensjahres).

---

14 Vgl. den Erl. des BMVg „Dienstliche Veranstaltungen geselliger Art", VMBl. 2005 S. 155.
15 Erl. VMBl. 2002 S. 123 Nr. 9.1.
16 *Stauf* III, § 81 SVG Rn. 8, geht als offenbar selbstverständlich davon aus, dass die „dienstliche Veranstaltung" i.S.d. § 81 Abs. 3 Nr. 3 SVG (nur) eine solche geselliger Art sein kann. Der Gesetzestext nimmt diese Beschränkung jedenfalls nicht vor. DVag i.S.d. § 81 Abs. 3 Nr. 3 SVG ist z.B. auch der sog. Ausgleichssport (Erl. des BMVg VMBl. 1991 S. 465 Nr. 4).
17 So nimmt *Stauf* I, § 1 SG Rn. 13, im Kontext mit § 1 Abs. 4 a.F. Bezug auf den Erl. über dienstl. Veranstaltungen geselliger Art u. meint irrtümlicherweise, dieser regele Einzelheiten zu den DVag i.S.d. § 1 Abs. 4 a.F.
18 ZDv 14/5 B 132 Nr. 5.1; B 133 Nr. 5.1.
19 Vgl. ZDv 14/5 B 133 Nr. 5.1.
20 *Scherer/Alff*, SG, § 1 Rn. 38 f. Die Best. des Erl. ZDv 14/5 B 133 Nr. 4, das vorzeitige Verlassen der DVag bedürfe der Erlaubnis, ist rechtl. fragwürdig.
21 ZDv 14/5 B 132 Nr. 3.1; *Scherer/Alff*, SG, § 1 Rn. 38.

Bzgl. der Interpretation des Begriffes **„dienstfähig"** kann auf die **Komm. zu § 64**[22] verwiesen werden.

Grundlage für die Feststellung der Dienstfähigkeit ist die **letzte**, in der Bw stattgefundene, **ärztliche Untersuchung**. Eine **aktuelle Prüfung** der Dienstfähigkeit findet nur statt, wenn die Person oder die zuziehende mil. Dienststelle **Zweifel** an der Dienstfähigkeit geltend macht.[23]

Das mit diesem Verfahren verbundene (geringe) Risiko wird angesichts des sonst zu betreibenden (hohen) administrativen, personellen und zeitlichen Aufwands in Kauf genommen.

Zugezogen werden können nach jetzigem Recht **„Personen"**. Der Teilnehmerkreis ist daher nicht mehr wie gem. § 1 Abs. 4 a.F. auf frühere Soldaten der Bw und Angehörige d.R. beschränkt. „Personen" sind Männer und Frauen, Gediente und Ungediente, Deutsche und Ausländer. „Auswüchsen" kann mit Hilfe der Ermessensregelung des Satzes 1 begegnet werden. Eine gewisse **„Affinität" zu den SK** wird aus der Natur der Sache zu fordern und i.d.R. vorauszusetzen sein. Schließlich zwingen nicht zuletzt die mit einer DVag verbundenen Kosten zu einer begrenzten Teilnahme von Interessenten; ein **dienstl. Interesse** an der Person muss belegbar sein.

Personen, die z.b. vom Wehrdienst oder von Dienstleistungen ausgeschlossen sind, wegen Gefährdung der mil. Ordnung entlassen worden sind, wegen Dienstunfähigkeit in den Ruhestand versetzt oder entlassen worden sind, wegen Verlustes ihrer Rechtsstellung aus der Bw ausgeschieden oder aus dem Dienstverhältnis entfernt worden sind, dürfen zu DVag **nicht zugezogen** werden.[24]

bb) Zuziehung: Die Zuziehung zu einer DVag erfolgt durch einen sog. **„Zuziehungsbescheid"**. Es handelt sich dabei **nicht** um einen **VA**, da er kein Wehrdienstverhältnis begründet.[25] Für diese Auffassung spricht im Übrigen, dass die §§ 83 ff. nur für VA gelten, die nach dem IV. Abschnitt ergehen. Wäre der „Zuziehungsbescheid" ein VA, hätte der Gesetzgeber die §§ 83 ff. auf den V. Abschnitt erstrecken müssen. Daran ändert die mit Erl. des BMVg[26] angeordnete Zustellung eines solchen „Bescheides" nichts. Diese ist entbehrlich; die Kosten einer Zustellung können eingespart werden. Der „Zuziehungsbescheid" ist nichts anderes als ein **formloses Einladungsschreiben**.[27]

Zuständig für den Erlass eines „Zuziehungsbescheides" ist das BMVg für Generale/ Admirale oder die von ihm bestimmte Stelle für niedrigere Dienstgrade und andere Personen.[28] Soweit eine zuzuziehende Person bisher keinen Kontakt zur Bw hatte, sollte im Zweifel mit der vorg. Dienststelle Rücksprache gehalten werden.

b) Satz 2

Das Wehrdienstverhältnis **beginnt** mit dem (tatsächlichen) **Dienstantritt** (§ 2 Abs. 1 Nr. 4). Es **endet**, da § 2 Abs. 2 nicht anwendbar ist, mit der **Beendigung der DVag** oder zu dem Zeitpunkt, zu dem die Person dieselbe (vorzeitig) verlässt.[29]

---

22 Dorts. Rn. 19.
23 ZDv 14/5 B 133 Nr. 3.2 i.d.F. des Erl. des BMVg – Fü S I 6 – v. 28.1.2005.
24 Vgl. ZDv 14/5 B 132 Nr. 3.2.
25 *Scherer/Alff*, SG, § 1 Rn. 37.
26 ZDv 14/5 B 133 Nr. 10.4.
27 Ähnlich *Boehm-Tettelbach*, WPflG, § 4 Rn. 8a.
28 Zu Einzelheiten vgl. ZDv 14/5 B 132 Nr. 10; B 133 Nr. 10.
29 ZDv 14/5 B 132 Nr. 5.2; *Scherer/Alff*, SG, § 1 Rn. 39.

35 Während der Teilnahme an der DVag ist die Person **Soldat**. Ihre truppendienstl. und disziplinare Unterstellung sind durch Erl. geregelt.[30]

36 Während der Dauer der DVag tragen die Teilnehmer **Uniform** wie andere (aktive) Soldaten. § 4a findet keine Anwendung.

37 Trägt die Person während der **Hin- und/oder Rückreise Uniform**, ist dies nur über eine Genehmigung und entspr. **Kennzeichnung** gem. § 4a Satz 1 zulässig.[31]

4. Sonstige Rechtsfolgen

38 Während der Teilnahme an der DVag besteht Anspruch auf unentgeltliche **truppenärztliche Versorgung, Gemeinschaftsverpflegung, Gemeinschaftsunterkunft** und **Bekleidung**.

39 **Kein Anspruch** besteht auf **Geldbezüge** nach dem WSG (§ 1 Abs. 6 WSG) und – mangels einer gesetzl. Grundlage – auf Leistungen nach dem **USG** und Kündigungsschutz usw. nach dem **ArbPlSchG**.

40 Die **Fahrtkosten** zwischen der Wohnung der Person und dem Ort der DVag sollen „nach Maßgabe des BRKG" erstattet werden.[32] Das BRKG sieht indes die Gewährung einer **Reisekostenvergütung** in diesen Fällen **nicht** vor. § 11 Abs. 3 BRKG ist nicht anwendbar, da es sich nicht um eine „Reise vor dem Wirksamwerden der Ernennung zum Soldaten" oder „aus Anlass des Ausscheidens aus dem Dienst wegen Ablaufs der Dienstzeit" handelt.

41 Die Zeit der DVag wird **laufbahnrechtl.** als **Dienstzeit** gewertet (§ 1 Nr. 7 SLV).

42 **Bundesbeamten** und Richtern des Bundes soll für die Teilnahme an einer DVag **Urlaub** unter Fortzahlung der Besoldung gewährt werden, soweit keine dienstl. Gründe entgegenstehen (§ 5 Satz 1 SUrlV).

43 **Versorgungsrechtl.** steht die Teilnahme an einer DVag dem **Wehrdienst** gleich (§ 81 Abs. 3 Nr. 1 SVG). Dies schließt die Hin- und Rückreise ein.[33]

---

30 ZDv 14/5 B 132 Nr. 6; B 133 Nr. 6.
31 Die Best. der ZDv 14/5 B 132 Nr. 7; B 133 Nr. 7.2 sind missverständlich, soweit daraus geschlossen werden kann, die Teilnehmer könnten die Uniform der aktiven Soldaten (ohne Kennzeichnung) auch während der Hin- u. Rückreise tragen. Dies übersieht *Boehm-Tettelbach*, WPflG, § 4 Rn. 8c.
32 ZDv 14/5 B 132 Nr. 8.2; B 133 Nr. 8.5.
33 ZDv 14/5 B 132 Nr. 8.1.

Sechster Abschnitt
Rechtsschutz

1. Rechtsweg

§ 82 Zuständigkeiten

(1) Für Klagen der Soldaten, der Soldaten im Ruhestand, der früheren Soldaten, der Dienstleistungspflichtigen gemäß § 59 Abs. 3 Satz 1 und der Hinterbliebenen aus dem Wehrdienstverhältnis ist der Verwaltungsrechtsweg gegeben, soweit nicht ein anderer Rechtsweg gesetzlich vorgeschrieben ist.

(2) Für Klagen des Bundes gilt das Gleiche.

(3) ¹Der Bund wird durch das Bundesministerium der Verteidigung vertreten. ²Dieses kann die Vertretung durch allgemeine Anordnung anderen Stellen übertragen; die Anordnung ist im Bundesgesetzblatt zu veröffentlichen.

Literatur: *Becker, Joachim:* Allgemeine soldatendienstrechtliche Probleme und Schwerpunkte im Spiegel der neueren Rechtsprechung des Bundesverwaltungsgerichts, RiA 1985, 104; *Giesen, Hermann:* Die Wehrdienstgerichtsbarkeit – der unbekannte Rechtsweg, NJW 1988, 1709; *Hahnenfeld, Günter:* Wehrrecht und Verwaltungsgerichtsbarkeit, NZWehrr 1980, 121; *v. Lepel, O.M.:* Der Rechtsweg bei Beschwerden in Heilbehandlungsangelegenheiten, NZWehrr 1980, 1; *Lingens, Eric:* Weiterhin Rechtsweg des Soldaten zu den Verwaltungsgerichten? DVBl. 1988, 426; *ders.:* Für besseren Rechtsschutz des Soldaten vor dem Truppendienstgericht, NZWehrr 1995, 207; *Maiwald, Joachim:* Schnittstellen zwischen Wehrdienstrecht, allgemeinem Verfahrensrecht und öffentlichem Dienstrecht, in: Fs für Walther Fürst, 2002, 233; *Seide, Herbert:* Zur Frage der Auslegung und Anwendung des § 17 Abs. 3 WBO im wehrdienstgerichtlichen Verfahren, NZWehrr 1988, 12.

Übersicht

	Rn.
A. Allgemeines	1 – 11
1. Entstehung der Vorschrift	1 – 3
2. Änderungen der Vorschrift	4 – 6
3. Bezüge zum Beamtenrecht bzw. zu sonstigen rechtl. Vorschriften; ergänzende Dienstvorschriften und Erlasse	7 – 11
B. Erläuterungen im Einzelnen	12 – 28
1. Verfassungsrechtl. Hintergrund	12
2. Absatz 1	13 – 26
a) „Klagen"	13
b) „Soldaten"	14 – 15
c) „soweit nicht ein anderer Rechtsweg gesetzlich vorgeschrieben ist"/Besonderheiten des Verwaltungsrechtswegs	16 – 23

	Rn.
aa) Rechtsweg zu den Wehrdienstgerichten	16 – 17
bb) Soldatenbeteiligungsgesetz	18
cc) Versorgung	19
dd) Schadensersatz	20
ee) Vollzug von Freiheitsstrafen	21
ff) Wehrpflichtrecht	22
gg) Kriegsdienstverweigerung	23
d) Abgrenzung der Rechtswege	24 – 25
e) Einzelfälle aus der Rechtsprechung	26
3. Absatz 2	27
4. Absatz 3	28

§ 82

A. Allgemeines

1. Entstehung der Vorschrift

1 Der **REntw**.[1] enthielt **keine Best.** über den Rechtsweg für Klagen von Soldaten aus ihrem Dienstverhältnis. Auch die mitberatenden Ausschüsse des BT forderten keine entspr. Ergänzung. Erst der **VertA** „legte Wert darauf, daß das im Bundesbeamtengesetz vorgesehene Verfahren auch den Soldaten erhalten bleibt".[2] Sein Textvorschlag eines § 53a wurde – als § 59 – Gesetz.

2 In der **Erstfassung** lautete § 59:
„(1) Für Klagen der Soldaten aus dem Wehrdienstverhältnis ist der Verwaltungsrechtsweg gegeben, soweit nicht ein anderer Rechtsweg gesetzlich vorgeschrieben ist.
(2) Für Klagen des Bundes gilt das gleiche.
(3) Der Bund wird durch den Bundesminister der Verteidigung vertreten. Dieser kann die Vertretung durch allgemeine Anordnung anderen Behörden übertragen; die Anordnung ist im Bundesgesetzblatt zu veröffentlichen."

3 Die **ratio legis**, so wie sie vom VertA formuliert wurde, erschließt sich nur vor dem historischen Hintergrund. Zum Zeitpunkt des In-Kraft-Tretens des SG war die VwGO[3] noch nicht erlassen; z.T. galt für das Verwaltungsverfahren Besatzungsrecht, z.T. Länderrecht.[4] Gem. **§ 40 Abs. 1 Satz 1 VwGO** ist jetzt der Verwaltungsrechtsweg in allen öff.-rechtl. Streitigkeiten nichtverfassungsrechtl. Art gegeben, soweit die Streitigkeiten nicht durch Bundesgesetz einem anderen Gericht ausdrücklich zugewiesen sind. Eine rechtspolitische oder gesetzestechnische Begr. für § 59 a.F. (jetzt: § 82) existiert daher heute nicht mehr.

2. Änderungen der Vorschrift

4 Durch Art. 1 Nr. 9 des G vom **28.3.1960**[5] erhielt Abs. 1 die folgende Fassung:
„Für Klagen der Soldaten, der Soldaten im Ruhestande, der früheren Soldaten und der Hinterbliebenen aus dem Wehrdienstverhältnis ist der Verwaltungsrechtsweg gegeben, soweit nicht ein anderer Rechtsweg gesetzlich vorgeschrieben ist."
Mit der Neufassung sollte klar gestellt werden, dass nicht nur der Soldat selbst, sondern auch der frühere Soldat, der Soldat im Ruhestand und die Hinterbliebenen von Soldaten den Verwaltungsrechtsweg zu beschreiten haben, soweit nicht ein anderer Rechtsweg gesetzl. vorgeschrieben ist.[6] Der Gesetzgeber folgte mit dieser Änd. der in § 126 Abs. 1 BRRG enthaltenen Regelung.

5 Mit Art. 1 Nr. 45 des **SGÄndG** erhielt § 59 eine eigene Überschrift („Zuständigkeiten"). In Abs. 1 wurde das Wort „Ruhestande" durch „Ruhestand" ersetzt; in Abs. 3 Satz 2 wurden das Wort „Dieser" durch „dieses" und das Wort „Behörden" durch „Stellen" ersetzt. Es handelte sich dabei um redaktionelle und sprachliche Anpassungen.[7]
Durch Art. 1 Nr. 3 desselben Gesetzes wurde aus dem „Bundesminister der Verteidigung" in Abs. 3 Satz 1 das „Bundesministerium der Verteidigung". Der Gesetzgeber

---

1 BT-Drs. II/1700.
2 BT-Drs. II/2140, 14.
3 V. 21.1.1960 (BGBl. I S. 17).
4 Vgl. hierzu im Einzelnen *Rittau*, SG, 238.
5 BGBl. I S. 206.
6 Amtl. Begr., zit. nach *Rittau*, SG, Nachtrag II, 1960, 11.
7 BT-Drs. 14/4062, 24.

griff damit einen Beschl. der BReg vom 20.1.1993[8] auf, wonach die Bezeichnung der obersten Bundesbehörden auf die sächliche Form umzustellen war.[9]
In der **Neubekanntmachung des SG vom 14.2.2001**[10] wurde, der neuen Rechtschreibung folgend, das Wort „gleiche" in Abs. 2 durch das Wort „Gleiche" ersetzt.

Durch Art. 2 Nr. 24 des **SkResNOG** wurde der mit dieser Vorschrift erfasste Personenkreis um die Dienstleistungspflichtigen gem. § 59 Abs. 3 Satz 1 erweitert. Zugleich wurde die Vorschrift als § 82 platziert.

3. Bezüge zum Beamtenrecht bzw. zu sonstigen rechtl. Vorschriften; ergänzende Dienstvorschriften und Erlasse

Beamte, Ruhestandsbeamte, frühere Beamte und Hinterbliebene von Beamten werden durch § 126 Abs. 1 BRRG auf den Verwaltungsrechtsweg verwiesen. Für das Vorverfahren gelten gem. § 126 Abs. 3 BRRG einige Besonderheiten.

Für die **Bundesbeamten** verweist § 172 BBG[11] insoweit auf die Regelungen des BRRG.

Für **WPfl** gilt gem. § 32 WPflG ebenfalls der Verwaltungsrechtsweg, soweit es sich um VA auf der Grundlage des WPflG handelt. § 33 WPflG normiert Besonderheiten für das Vorverfahren. Diese Best. gelten, soweit die Wehrersatzbehörden einen VA erlassen haben. Entscheidungen von mil. Dienststellen, etwa über eine Entlassung gem. § 29 WPflG, fallen nicht unter § 33 Abs. 1 WPflG. Sie sind, als dienstrechtl. Maßnahmen, die an sich dem SG zuzuordnen wären, gem. § 34 SG i.V.m. § 23 Abs. 1 WBO mit der Wehrbeschwerde (und anschließend der Klage vor dem VG) anfechtbar.

Für **ZDL** finden sich verfahrensrechtl. Besonderheiten in den §§ 71 ff. ZDG. Eine ausdrückliche Verweisung auf den Verwaltungsrechtsweg fehlt im ZDG; sie ist auch wegen § 40 Abs. 1 Satz 1 VwGO entbehrlich.[12]

Von der **Delegationsermächtigung** des § 82 Abs. 3 Satz 2 hat das BMVg mit der Allgemeinen Anordnung über die Übertragung von Zuständigkeiten im Widerspruchsverfahren und über die Vertretung bei Klagen aus dem Beamten- oder Wehrdienstverhältnis im Bereich des BMVg vom 9.6.1976[13], zuletzt geä. durch die Anordnung vom 14.1.2003[14], Gebrauch gemacht.

B. Erläuterungen im Einzelnen

1. Verfassungsrechtl. Hintergrund

§ 82 beruht letztlich auf der **Rechtsweggarantie** des Art. 19 Abs. 4 Satz 1 GG. Die **Einrichtung der Wehrdienstgerichte** folgt aus der in Art. 96 Abs. 4 GG für den Bund niedergelegten Ermächtigung. „Beschwerdeverfahren" i.S.v. Art. 96 Abs. 4 GG sind alle Klagen des Dienstnehmers gegen den Dienstherrn aus dem Dienstverhältnis.[15] Der einfache Gesetzgeber hat hiervon z.T. extensiv Gebrauch gemacht, z.B. durch die §§ 5 und 11 SBG.

---

8 GMBl. S. 46.
9 BT-Drs. 14/4062, 18. Vgl. zu dieser „Versächlichung" krit. *Walz*, NZWehrr 1996, 117.
10 BGBl. I S. 232.
11 § 172 BBG ist im Entw. n.F. des BBG nicht mehr enthalten. Künftig gilt § 76 BRRG n.F. unmittelbar auch für Bundesbeamte.
12 Vgl. *Brecht*, ZDG, 224.
13 BGBl. I S. 1492 = VMBl. S. 219 = ZDv 14/3 C 203.
14 BGBl. I S. 128.
15 *Meyer*, in: *v. Münch/Kunig*, GGK III, Art. 96 Rn. 12.

2. Absatz 1

a) „Klagen"

13 „Klagen" sind alle **gerichtl. Streitverfahren**, unabhängig von der jew. Instanz. Auch **internationale Gerichte** sind unter § 82 zu subsumieren, sofern Soldaten auf gesetzl. Grundlage dort um Rechtschutz nachsuchen können.

b) „Soldaten"

14 Der **persönliche Geltungsbereich** von § 82 ist nicht auf aktive Soldaten beschränkt. Entscheidend ist, dass der Klageanlass in die Wehrdienstzeit eines Soldaten fällt. § 34 steht dem, unabhängig vom Wortlaut von § 82 Abs. 1, nicht entgegen. Die besonderen Vorschriften der §§ 83 bis 85 beziehen sich lediglich auf VA, die von den Wehrersatzbehörden auf Grund des IV. Abschnitts ergehen. Das SG verwendet den Begriff „Soldat" im Übrigen nicht ausschließlich für aktive, in einem Wehrdienstverhältnis stehende Soldaten.[16]

15 Für Soldaten, die im Bereich des **BND** („Amt für Militärkunde") eingesetzt sind, gilt die Sonderregelung des § 50 Abs. 1 Nr. 4 VwGO. Danach entscheidet das BVerwG in erster und letzter Instanz „über Klagen, denen Vorgänge im Bereich des BND zugrunde liegen"[17], unabhängig davon, ob diese Klagen sonst einem VG oder einem TDG zuzuweisen wären. Voraussetzung ist jedenfalls, dass es sich um eine öff.-rechtl. Streitigkeit handelt.[18]

Der 6. Senat des BVerwG[19] begründete die Entscheidungskompetenz der Verwaltungsgerichtsbarkeit in diesen Fällen zunächst damit, dass der Präsident des BND kein mil. Vorg. sei und damit das Wehrbeschwerdeverfahren auch dann ausscheide, wenn truppendienstl. Vorgänge zu Grunde lägen. In späteren Entsch.[20] nahm der 6. Senat nur noch Bezug auf § 50 Abs. 1 Nr. 4 VwGO. Der 1. WDS des BVerwG[21] ist dieser Entscheidungspraxis gefolgt.

Kritik gegenüber dieser Judikatur ist nicht aufgekommen. Da § 50 Abs. 1 Nr. 4 VwGO nur pauschal „Vorgänge im Geschäftsbereich des BND" anspricht, könnte man durchaus die Auffassung vertreten, § 34 und § 82 Abs. 1 sowie die WBO seien dem gegenüber leges speciales mit der Folge, dass den beim BND eingesetzten Soldaten dieselben Rechtsbehelfe zuständen wie anderen Soldaten. Es ist nicht erkennbar, weshalb dies den „verfassungs- und rechtspolitischen Zielen"[22] des Gesetzes über den BND widersprechen würde. Die jetzige Verfahrensweise führt dazu, dass die beim BND eingesetzten Soldaten prozessrechtl. wie die dort tätigen Beamten behandelt werden. Das SG gibt hierfür nichts her.

c) „soweit nicht ein anderer Rechtsweg gesetzlich vorgeschrieben ist"/ Besonderheiten des Verwaltungsrechtswegs für Soldaten

Ein anderer als der Verwaltungsrechtsweg ist für Klagen aus dem Wehrdienstverhältnis in folgenden Fällen vorgeschrieben:

---

16 *Becker*, RiA 1985, 105.
17 Durch G v. 20.12.2001 (BGBl. I S. 3987) wurde das Wort „dienstrechtlich" gestrichen.
18 *v. Albedyll*, in: *Bader*, VwGO, § 50 Rn. 6. Vgl. auch BVerwG Buchholz 310 § 50 VwGO Nr. 19.
19 E 81, 258 = NVwZ 1989, 1055 (Entziehung des Sicherheitsbescheides; vgl. hierzu auch BVerwG NVwZ 1989, 1056).
20 Vgl. etwa *Buchholz* 236.1 § 29 SG Nr. 1 (Beurteilung eines im BND tätigen Soldaten); BVerwG DokBer B 1991, 102 (Umsetzung innerhalb des BND).
21 Vgl. zuletzt NZWehr 1998, 29 (Beurteilung eines im BND tätigen Soldaten).
22 BVerwG NZWehr 1998, 31.

§ 82

aa) Rechtsweg zu den Wehrdienstgerichten: Der **Hauptanwendungsfall** eines anderen Rechtswegs ist der zu den Wehrdienstgerichten (TDG, BVerwG – WDS –). Dieser ist dann gegeben, wenn der Soldat eine Verletzung seiner Rechte oder eine Verletzung von Pflichten eines Vorg. ihm gegenüber geltend macht, die in den §§ 6 bis 23, 26 bis 29 und 32 bis 36 geregelt sind. Für eine Verletzung der §§ 24, 25[23], 30, 30a und 31 bleibt es bei der Zuständigkeit der VG (§ 17 Abs. 1 Satz 1, § 21 Abs. 2, § 22 WBO). Klarstellend wird diese von § 82 Abs. 1 abw. Rechtswegzuweisung in § 17 Abs. 2 WBO ausdrücklich genannt. 16

Wegen der **Einzelheiten** der Abgrenzung zwischen dem Rechtsweg zu den VG und den Wehrdienstgerichten wird auf Rn. 24 f. verwiesen.

Ein **Sonderfall** des Rechtswegs zu den Wehrdienstgerichten sind gem. § 145 Abs. 1 WDO die Entsch. in gericht. **Disziplinarverfahren**, die richterliche Nachprüfung der Entscheidungen von DiszVorg. sowie die sonst in der WDO vorgesehenen richterlichen Entsch. Diese besondere Gerichtsbarkeit ist verfassungsrechtl. unproblematisch (Art. 96 Abs. 4 GG).[24] 17

bb) Soldatenbeteiligungsgesetz[25]**:** Das TDG entscheidet gem. § 5 Abs. 2 Satz 1 SBG über eine **Anfechtung der Wahl der VP** unter entspr. Anwendung der Verfahrensvorschriften der WBO; das Gleiche gilt gem. § 11 Abs. 2 SBG für die **Abberufung einer VP**. 18

Nach § 36 Abs. 4 Satz 1 SBG kann das BVerwG ein **Mitglied des GVPA abberufen**; das BVerwG entscheidet hierbei unter entspr. Anwendung der Vorschriften der WDO (§ 36 Abs. 4 Satz 2 SBG).

Die **verfassungsrechtl. Herleitung** dieser Zuständigkeiten der Wehrdienstgerichte aus Art. 96 Abs. 4 GG ist nicht ohne Weiteres möglich. Die zit. Best. des SBG berühren das Dienst- und damit das Beschwerderecht der Soldaten nicht unmittelbar.

cc) Versorgung: Bei Streitigkeiten in Angelegenheiten der **Dienstzeitversorgung** ist der Verwaltungsrechtsweg gegeben (§ 87 Abs. 3 Satz 1 SVG i.V.m. § 172 BBG).[26] 19

Bei Streitigkeiten in Angelegenheiten der **Beschädigtenversorgung** ist der Rechtsweg zu den Sozialgerichten gegeben (§ 88 Abs. 7 Satz 1 SVG).

dd) Schadensersatz: Für Klagen auf Schadensersatz wegen schuldhafter **Amtspflichtverletzung** steht dem Soldaten der ordentliche Rechtsweg (zu den Zivilgerichten) offen (Art. 34 Satz 3 GG). 20

ee) Vollzug von Freiheitsstrafen: Maßnahmen im Zusammenhang mit dem **Vollzug von Freiheitsstrafen, Strafarrest, Jugendarrest und Disziplinararrest** von Soldaten durch Vorg. oder Dienststellen der Bw können neben der Beschwerde gem. § 20 BwVollzO auch mit einem Antrag bei den ordentlichen Gerichten gerügt werden (§§ 23 ff. EGGVG).[27] 21

ff) Wehrpflichtrecht: Gem. § 32 WPflG gilt für Streitigkeiten bei der Ausführung dieses Gesetz der Verwaltungsrechtsweg. Diese Vorschrift unterstreicht klarstellend die 22

---

23 Abw. hiervon ist der Rechtsweg zu den Wehrdienstgerichten eröffnet, wenn der Soldat eine Verletzung seiner Rechte aus § 25 Abs. 3 Satz 3 geltend macht. Vgl. die dortige Komm.
24 GKÖD I Yk, § 59 Rn. 2 m.w.N.
25 Das im GKÖD I Yk, § 59 Rn. 3 zit. VMWG wurde bereits 1991 aufgehoben (vgl. die Komm. zu § 35).
26 Dieser Vorschrift hätte es wegen § 82 Abs. 1 nicht bedurft. Sie ist im Entw. n.F. des BBG nicht mehr enthalten.
27 Einzelheiten bei *Böttcher/Dau*, WBO, § 1 Rn. 115.

§ 82 Rechtsschutz

allg. Regelung des § 40 Abs. 1 Satz 1 VwGO. Sie bezieht sich ausschließlich auf **VA der Wehrersatzbehörden**. Die VwGO gilt hierfür, soweit sich nicht aus den §§ 33 bis 35 WPflG etwas anderes ergibt. Haben mil. Dienststellen gem. § 29 WPflG einen VA erlassen, ist der Verwaltungsrechtsweg über § 82 Abs. 1 eröffnet.[28]

23   gg) **Kriegsdienstverweigerung:** Soldaten (und Soldatinnen) können nach **Ablehnung ihres KDV-Antrags** Widerspruch einlegen (§ 9 KDVG) und nach dessen Zurückweisung Klage vor dem VG erheben (10 Abs. 1 KDVG). Mit der im Jahre 2003 erfolgten Novellierung des KDV-Rechts[29] ist u.a. das frühere In-Sich-Verfahren weggefallen. Allen Antragstellerinnen und Antragstellern stehen jetzt die gleichen Rechtsschutzmöglichkeiten offen.

d) Abgrenzung der Rechtswege

24   Die Abgrenzung insbes. der truppendienstl. Angelegenheiten, für welche die Wehrdienstgerichte zuständig sind, und der Verwaltungsangelegenheiten, für welche der Verwaltungsrechtsweg eröffnet ist, war[30] **nicht immer einfach**. Die von der Rspr.[31] entwickelte **Kurzformel**[32] oder **Faustregel**[33] lautet: Die Wehrdienstgerichte entscheiden im Wesentlichen über eine Verletzung solcher Rechte und Pflichten, die das Rechtsverhältnis Vorg. – Untergebener betreffen; die VG sind zuständig, wenn das Verhältnis Dienstherr – Soldat in Rede steht. Dabei ist auf die „wahre Natur" des geltend gemachten Anspruchs und auf die begehrte Rechtsfolge abzustellen.[34] In Zweifelsfällen ist die Entscheidungskompetenz der VG gegeben.[35] Der Wortlaut von § 82 Abs. 1 jedenfalls weist den anderen Gerichtsbarkeiten eine subsidiäre Priorität zu.

25   An der **Zweigleisigkeit des Rechtswegs**, die in Wirklichkeit eine Vielgleisigkeit ist, ist in der Vergangenheit **Kritik** geübt worden.[36] Nachdem Ansätze zu einer diesbezüglichen Novellierung der WBO[37] regelmäßig gescheitert sind und die Rspr. eine inzwischen gefestigte Kasuistik entwickelt hat, hat die Praxis gelernt, im Einzelfall vernünftige und im Regelfall verfahrensrechtl. korrekte Entscheidungen zu treffen.[38]

e) Einzelfälle aus der Rechtsprechung[39]

26   • **Anfechtung eines VA** einer mil. Dienststelle durch **ausgeschiedenen Soldaten**, unabhängig vom Streitgegenstand → VG.[40] Begr.: § 17 Abs. 1 WBO gilt nur für aktive Soldaten.
   • **Anzugordnung**; Ausstattung mit Dienstkleidung → TDG.[41] Begr.: Die Verpflichtung des Soldaten zum Tragen einer bestimmten Uniform folgt aus § 7. Rechtsverletzun-

---

28 *Steinlechner/Walz*, WPflG, § 32 Rn. 5.
29 KDVNeuRG v. 9.8.2003 (BGBl. I S. 1593).
30 Auch *Stauf* I, § 595 Rn. 3, verwendet die Vergangenheitsform.
31 Vgl. zuletzt BVerwG NZWehr 1999, 119 m.w.N.
32 *Hahnenfeld*, NZWehrr 1980, 122.
33 *Giesen*, NJW 1988, 1709.
34 BVerwG NZWehr 1999, 119.
35 *Maiwald*, in: Fs für Fürst, 238.
36 *Becker*, RiA 1985, 109; GKÖD I Yk, § 59 Rn. 10 ff.; *Lingens*, DVBl. 1988, 426; *Seide*, NZWehrr 1988, 12.
37 Vgl. *Lingens*, DVBl. 1988, 426.
38 *Maiwald*, in: Fs für Fürst, 237, 239; *Scherer/Alff*, SG, § 59 Rn. 9.
39 Vgl. auch die Übersichten bei *Böttcher/Dau*, WBO, § 17 Rn. 49 ff.; GKÖD I Yk, § 59 Rn. 13 ff.; *Scherer/Alff*, SG, § 59 Rn. 12f. Die Kürzel „TDG" u. „VG" stehen im Folgenden für die Wehrdienstgerichtsbarkeit bzw. die Verwaltungsgerichtsbarkeit, unabhängig davon, welche Instanz jew. entschieden hat.
40 BVerwG NZWehr 1989, 203 = NVwZ-RR 1989, 391; NZWehrr 1999, 119.
41 BVerwG NZWehrr 1983, 74; BVerwGE 118, 21 = NZWehrr 2003, 169.

gen aus diesem Bereich unterliegen der Rechtskontrolle durch die Wehrdienstgerichte.
- **„Ausdrücklicher Hinweis"**[42] auf fristlose Entlassung bei weiteren Dienstvergehen → TDG.[43] Begr.: Der Ausdrückliche Hinweis steht einer Erzieherischen Maßnahme[44] gleich.
- Verletzung der **ärztlichen Schweigepflicht** durch SanOffz in einem Zurruhesetzungsverfahren → VG.[45] Begr.: Der Arzt wird insoweit für den Dienstherrn tätig. Damit ist dessen Fürsorgepflicht gem. § 31 berührt.
- Einweisung in eine höherwertige Planstelle und **Beförderung** → VG.[46] Begr.: Der Anspruch auf Beförderung richtet sich gegen den Dienstherrn und ist allenfalls aus dessen Fürsorgepflicht gem. § 31 begründbar.
- Versetzung auf einen **Beförderungsdienstposten** → TDG.[47] Begr.: Die Versetzung ist eine Verwendungsentscheidung, die im Rahmen des Über-/Unterordnungsverhältnisses getroffen wird.
- Anordnung eines Vorg., auf einer Dienstreise ein bestimmtes **Beförderungsmittel** zu benutzen → TDG.[48] Begr.: Diese Anordnung ist ein mil. Befehl und nicht reisekostenrechtl. Natur.
- **Besoldung** → VG.[49] Begr.: Rechtsgrundlage für die Besoldung ist § 30 Abs. 1 Satz 1 i.V.m. dem BBesG.
- **Beurteilung** →TDG.[50] Begr.: Es handelt sich um Maßnahmen der mil. Vorg.
- Beschaffung einer **Dienstbrille** → VG.[51] Begr.: Der Anspruch leitet sich aus der freien Heilfürsorge ab; diese folgt aus § 30 Abs. 1 Satz 2.
- Gesetzl. **Dienstzeitregelung** für Soldaten → TDG.[52] Begr.: Die geltende Regelung ist durch einen Befehl des BMVg erfolgt.
- Ausstellung eines (vorläufigen) **Dienstzeugnisses** → TDG.[53] Begr.: § 32 gehört zu den Rechten des Soldaten und ist nicht etwa Ausfluss von § 31.
- Verleihung der **Einsatzmedaille** der Bw → VG.[54] Begr.: Die Aberkennung/Entziehung einer Auszeichnung ist gem. § 4 Satz 2 des Gesetzes über Titel, Orden und Ehrenzeichen vom 26.7.1957[55] durch die VG überprüfbar. Dies muss auch für den umgekehrten Fall gelten.
- **Einsichtnahme in die Sicherheitsakte** → VG.[56] Begr.: Die Sicherheitsakte ist keine Personalakte i.S.v. § 29. Dann wären die TDG zuständig. Für die Einsichtnahme in die Sicherheitsakte ist § 23 Abs. 6 SÜG einschlägig.
- **Einweisung** in eine höherwertige Planstelle → VG.[57] Begr.: Der begehrte Statusakt zielt auf höhere Geldbezüge und leitet sich damit aus § 30 Abs. 1 Satz 1 ab.

---

42 Früher ZDv 20/6 Nr. 1530; jetzt Erl. des BMVg, zit. bei der Komm. zu § 55 Abs. 5.
43 BVerwGE 86, 83 = NZWehrr 1989, 107.
44 Früher ZDv 14/3 B 160; jetzt ZDv 14/3 B 151.
45 BVerwG NZWehrr 1984, 120; v. Lepel, NZWehrr 1980, 11.
46 BVerwG DokBer B 1990, 35; DokBer B 1993, 49; DokBer B 1994, 34; BVerwG Buchholz 311 § 18 WBO Nr. 2.
47 BVerwG 1 WB 85/90.
48 BVerwGE 93, 163 = NZWehrr 1992, 70.
49 BVerwG DokBer B 1996, 135.
50 Hinw. bei Dau, WBO, § 1 Rn. 190.
51 VGH München ZBR 1992, 94.
52 BVerwGE 86, 159 = NVwZ 1990, 161.
53 BVerwG I WB 99/72.
54 BVerwGE 113, 94 = NZWehrr 1997, 205.
55 BGBl. I S. 844.
56 BVerwGE 113, 116 = NZWehrr 1998, 25.
57 BVerwG DokBer B 1996, 59; BVerwG Buchholz 236.1 § 3 SG Nr. 10; BVerwG DokBer B 1996, 263.

- Gewährung von **Erziehungsurlaub** (jetzt: Elternzeit) → VG.[58] Begr.: Seinerzeit war der Erziehungsurlaub in § 30 Abs. 5 geregelt. Nachdem die Elternzeit für Soldaten in § 28 Abs. 7 aufgenommen wurde[59], sind nunmehr die TDG zuständig.
- Erteilung einer **fliegerärztlichen Sondergenehmigung** → TDG.[60] Begr.: „Verselbständigter Teil" der Entscheidung des mil. Vorg. über den fliegerischen Einsatz eines Soldaten.
- **Freistellung vom mil. Dienst** gem. 39 SVG → VG.[61] Begr.: Rechtswegzuweisung gem. § 87 Abs. 3 SVG. Hilfsarg.: § 30 Abs. 1 Satz 1.
- **Freizeitausgleich** (auf Grund einer Dienstreise) → VG.[62] Begr.: Keine „militärspezifische" Angelegenheit, da für Beamte auch der Verwaltungsrechtsweg gegeben wäre.
- **Konkurrentenklage** → TDG.[63] Begr.: Versetzungs-/Verwendungsentscheidungen sind truppendienstl. Maßnahmen.
- Erteilung einer **Mitfluggenehmigung** in einem Luftfahrzeug der Bw → VG.[64] Begr.: Mitfluggenehmigung ist Teilelement einer Dienstreise und gehört damit zum Regelungsbereich von § 30 Abs. 1 Satz 1.
- Erteilung einer **Nebentätigkeitsgenehmigung** → TDG.[65] Begr.: Das Nebentätigkeitsrecht der Soldaten ist in § 20 geregelt.
- Versetzung eines Soldaten, der Mitglied eines **Personalrats** ist → VG.[66] Begr.: Sonderzuständigkeit der VG in Angelegenheiten des BPersVG. „Fiktive" Versetzung eines freigestellten Soldaten, der Mitglied eines Personalrats ist → TDG.[67] Begr.: Versetzungen/Verwendungen unterliegen der Nachprüfung durch die Wehrdienstgerichte.
- **Rückführung in eine andere Laufbahn** → TDG.[68] Begr.: Es handelt sich dabei um keine statusberührende, sondern um eine laufbahnbezogene Entscheidung.
- **Versetzung in den einstweiligen Ruhestand** → VG.[69] Begr.: Statusakt.
- Verpflichtung zur Abgabe einer **Schuldenerklärung** → TDG.[70] Begr.: Es handelt sich „im Wesentlichen" um eine truppendienstl. Angelegenheit, da die Abgabe einer Schuldenerklärung in Erl. des BMVg geregelt ist.
- Entziehung des **Sicherheitsbescheides** (eines BS/SaZ) → TDG.[71] Begr.: Die Überprüfung der Angehörigen der Bw auf Sicherheitsbedenken ist eine „vorbeugende Maßnahme" und als solche truppendienstl. Natur.
- Gewährung von **Sonderurlaub** (mit oder ohne Belassung der Bezüge) → TDG.[72] Begr.: Regelung des Urlaubsrechts in § 28.
- **Speicherung** personenbezogener Daten → TDG.[73] Begr.: Solche Dateien sind wie Personalakten gem. § 29 zu behandeln.

---

58 BVerwGE 1983, 311 = NZWehrr 1987, 252.
59 Durch das 14. ÄndG zum SG v. 6.12.1990, BGBl. I S. 2588.
60 BVerwG NZWehrr 2004, 259.
61 BVerwG 1 WB 2/84.
62 BVerwG 2 B 15.05.
63 BVerwGE 76, 336 = NZWehrr 1985, 203; BVerwG RiA 2004, 35.
64 BVerwGE 46, 11.
65 BVerwGE 63, 99 = NZWehrr 1979, 230 (mit Anm. *Walz*, NZWehrr 1980, 26); BVerwGE 73, 87 = DokBer B 1981, 115; BVerwG NZWehrr 1985, 25 = RiA 1984, 187.
66 BVerwG DokBer B 1988, 274.
67 BVerwG DokBer B 1997, 325.
68 OVG Koblenz NVwZ-RR 1988, 103; BVerwG DokBer B 1993, 239; *Buchholz* 236.1 § 55 SG Nr. 15.
69 BVerwGE 23, 295 = DÖV 1966, 791.
70 BVerwGE 73, 39.
71 BVerwGE 86, 166 = NZWehrr 1990, 32 (mit abl. Anm. *Alff*, NZWehrr 1990, 34).
72 BVerwGE 53, 340 = DokBer B 1978, 33; DokBer B 1992, 31; DokBer B 1993, 197.
73 BVerwGE 83, 323 = NVwZ 1988, 156; DokBer B 1990, 74.

- Gewährung einer dienstl. **Sprachausbildung** → TDG.[74] Begr.: Es handelt sich um eine Verwendungsentscheidung.
- Zulassung zum **Studium** (an einer Universität der Bw) → TDG.[75] Begr.: Es handelt sich um eine Verwendungsentscheidung.
- **Umwandlung des Dienstverhältnisses** eines SaZ in das eines BS → VG.[76] Begr.: Es handelt sich um eine Statusangelegenheit.
- **Untätigkeitsbeschwerde in Verwaltungsangelegenheiten** → VG.[77] Begr.: Hier wird die zur Entscheidung berufene Dienststelle nicht als mil. Vorg. tätig, sondern handelt für den Dienstherrn. § 34 gilt nur für truppendienstl. Beschwerden.
- **Übernahme in die Laufbahn** der Offz des Truppendienstes → TDG.[78] Begr.: Es liegt eine Verwendungsentscheidung vor; diese ist truppendienstl. Natur.
- **Verbot der Ausübung des Dienstes** gem. § 22 → TDG.[79] Begr.: Das Verbot ist ein Befehl und (für Soldaten!) kein VA.
- **Verkürzung der Dienstzeit** eines SaZ → VG.[80] Begr.: Der geltend gemachte Anspruch richtet sich gegen den Dienstherrn und betrifft das Statusverhältnis.
- Feststellung des **Verlusts der Dienstbezüge** → VG.[81] Begr.: Angelegenheit der Besoldung; fällt damit in den Bereich von § 30 Abs. 1 Satz 1.
- **Versetzung** → TDG.[82] Begr.: Wird aus der Rspr. nicht deutlich.[83] Offenbar wird auf die aus § 7 abgeleitete Pflicht des Soldaten, einer Versetzungsverfügung Folge zu leisten, abgestellt.
- **Verwendungsentscheidungen** → TDG.[84] Begr.: Werden im Rahmen des Über-/Unterordnungsverhältnisses getroffen und sind damit truppendienstl. Natur. Eine explizite gesetzl. Grundlage besteht nicht.
- Gewährung einer **Wegstreckenentschädigung** → VG.[85] Begr.: Die Wegstreckenentschädigung ist Teil der Reisekosten und damit in § 30 Abs. 1 Satz 1 begründet. Eine in diesem Zusammenhang behauptete Fürsorgepflichtverletzung bemisst sich nach § 31, nicht nach § 10 Abs. 3.
- Verpflichtung zum **Wohnen in der Gemeinschaftsunterkunft** → TDG.[86] Begr.: Die maßgeblichen Erl. sind in § 18 begründet.
- **Zustand der Gemeinschaftsunterkunft** → VG.[87] Begr.: Wird nicht die Verpflichtung zum Wohnen in einer Gemeinschaftsunterkunft als solche angegriffen, sondern deren baulicher und sonstiger Zustand, steht eine „(Sach-)Leistung des Dienstherrn nach § 30" in Rede.
- **Zurruhesetzung wegen Dienstunfähigkeit** → VG.[88] Begr.: Statusakt.
- **Vorzeitige Zurruhesetzung** (nach dem Personalstrukturgesetz) → VG.[89] Begr.: Statusakt.

---

74 BVerwG I WB 266.77.
75 BVerwG NZWehrr 1994, 201.
76 BVerwGE 43, 258; BVerwGE 53, 289; BVerwG DokBer B 1996, 75.
77 BVerwGE 73, 209 = ZBR 1983, 74.
78 BVerwGE 53, 265; BVerwG 1 WB 165.76.
79 BVerwGE 63, 32 = NZWehrr 1978, 144; BVerwGE 63, 250; BVerwG NZWehrr 1999, 75.
80 BVerwG DokBer B 1996, 33.
81 BVerwGE 43, 197.
82 BVerwGE 43, 342; BVerwGE 53, 173 (st. Rspr.).
83 Vgl. hierzu *Scherer/Alff*, SG, § 3 Rn. 62 m.w.N.
84 St. Rspr. seit BVerwGE 43, 38; BVerwG *Buchholz* 238.4 § 59 SG Nr. 1. Zuletzt BVerwG RiA 2004, 35.
85 BVerwG ZBR 1982, 95.
86 BVerwG ZBR 1983, 167; BVerwG NZWehrr 1993, 32.
87 BVerwG DokBer B 1989, 201; BVerwG NZWehrr 1989, 199.
88 BVerwG I WB 188.77.
89 BVerwG NZWehrr 1986, 130.

3. Absatz 2

27 Abs. 2 bedarf keiner Komm., da er im Grunde nur – **deklaratorisch** – das regelt, was sich im Umkehrschluss aus Abs. 1 ergibt.

4. Absatz 3

28 Auch Abs. 3 Satz 1 ist an sich **überflüssig**. Der Bund wird prozessrechtl. immer durch das jew. Ressort vertreten.

Von der **Delegationsermächtigung** des Abs. 3 Satz 2 hat das BMVg Gebrauch gemacht durch die Allgemeine Anordnung über die Übertragung von Zuständigkeiten im Widerspruchsverfahren und über die Vertretung bei Klagen aus dem Beamten- oder Wehrdienstverhältnis im Bereich des BMVg vom 9.6.1976.[90] Diese wird durch die Anordnung über die Vertretung der Bundesrepublik Deutschland in Prozessen und anderen Verfahren im Geschäftsbereich des BMVg (Vertretungsanordnung BMVg) vom 19.12.2002[91] ergänzt.

2. Rechtsbehelfe und Rechtsmittel gegen Verwaltungsakte nach dem Vierten Abschnitt

§ 83 Besondere Vorschriften für das Vorverfahren

(1) ¹Der Widerspruch gegen Verwaltungsakte, die auf Grund des Vierten Abschnitts dieses Gesetzes durch die Wehrersatzbehörden ergehen, ist binnen zwei Wochen nach Zustellung des Bescheides schriftlich oder zur Niederschrift bei der Behörde zu erheben, die den Verwaltungsakt erlassen hat. ²Die Frist wird auch durch Einlegung bei der Behörde, die den Widerspruchsbescheid zu erlassen hat, gewahrt.

(2) ¹Über den Widerspruch gegen den Heranziehungsbescheid (§ 72 Abs. 1 Satz 1 und § 73 Satz 1), den Widerspruch gegen die Aufhebung eines Heranziehungsbescheides und den Widerspruch gegen den Untersuchungsbescheid (§ 71 Satz 5 und § 73 Satz 3) entscheidet die Wehrbereichsverwaltung. ²Der Widerspruch gegen den Heranziehungsbescheid, der Widerspruch gegen die Aufhebung eines Heranziehungsbescheides und der Widerspruch gegen den Untersuchungsbescheid haben keine aufschiebende Wirkung.

Literatur: Spezielle Veröffentlichungen zu § 83 liegen noch nicht vor. Zu § 33 WPflG vgl. die Literaturübersicht bei *Steinlechner/Walz*, WPflG, 548.

Übersicht

	Rn.		Rn.
A. Allgemeines	1 – 6	2. Unterschiede zu § 33 WPflG	11 – 14
1. Entstehung der Vorschrift	1 – 2	3. Absatz 1	15 – 26
2. Änderungen der Vorschrift	3	a) Geltungsbereich	15 – 17
3. Bezüge zum Beamtenrecht bzw. zu sonstigen rechtl. Vorschriften	4 – 6	b) Allgemeine Verfahrensbestimmungen	18 – 26
B. Erläuterungen im Einzelnen	7 – 32	4. Absatz 2	27 – 32
1. Zweck der Vorschrift; Verhältnis zur VwGO	7 – 10	a) Satz 1	27 – 30
		b) Satz 2	31 – 32

---

90 Vgl. Rn. 11.
91 VMBl. 2003 S. 2.

Besondere Vorschriften für das Vorverfahren § 83

A. Allgemeines

1. Entstehung der Vorschrift

Die mit dem **SkResNOG** in das SG **eingeführte** Vorschrift entspricht dem Regelungsgehalt des **§ 33 WPflG** i.d.F. des SkResNOG, „soweit er im Rahmen des Vierten Abschnitts des Soldatengesetzes Bedeutung entfaltet".[1] 1

Mit dem **SkResNOG** wurde **§ 33 WPflG** wie folgt **geändert**: 2
- In Abs. 1 Satz 1 wurden nach dem Wort „Gesetzes" die Wörter „durch die Wehrersatzbehörden" eingefügt. Damit wurde klargestellt, dass das **Widerspruchsverfahren** nur für diejenigen **VA** gilt, die von den **Wehrersatzbehörden** erlassen werden. VA, die von mil. Dienststellen auf Grund des WPflG ergehen, sind mit der Beschwerde nach der WBO anfechtbar.
- Die Verweisung in Abs. 3 Satz 2 wurde wegen der Aufhebung des § 22 WPflG a.F. geändert.
- Abs. 6 wurde gestrichen, da sich die Pflicht zur Anfügung einer Rechtsbehelfsbelehrung bereits aus § 59 VwGO ergibt.[2]

Der erste Anstrich ist auch für das SG von Bedeutung (vgl. die Komm. zu § 82 Rn. 9 und 22).

2. Änderungen der Vorschrift

Die **Verweisungsvorschrift** des § 33 Abs. 3 Satz 2 WPflG wurde **nicht in das SG übernommen**. Dadurch kann im Kontext des § 83 nicht unmittelbar auf die Verfahrensvorschriften des § 70 zurückgegriffen werden. Insoweit ist eine **klarstellende Ergänzung** des § 83 anzustreben. 3

3. Bezüge zum Beamtenrecht bzw. zu sonstigen rechtl. Vorschriften

Besondere Vorschriften für das verwaltungsrechtl. Vorverfahren für VA aus dem **Beamtenverhältnis** finden sich in **§ 126 BRRG**[3] und **§ 172 BBG**. 4

Für **WPfl** gilt, wie oben erwähnt, **§ 33 WPflG**. 5

Für **ZDL** sind die **§§ 72 bis 74 ZDG** einschlägig.[4] 6

B. Erläuterungen im Einzelnen

1. Zweck der Vorschrift; Verhältnis zur VwGO

Die Best. des **§ 83 gehen** den allg. Regeln für das Widerspruchsverfahren gem. § 68 ff. VwGO **vor**. Diese gelten insoweit, als § 83 nichts anderes bestimmt. Abw. von § 23 Abs. 1 WBO tritt das Beschwerdeverfahren nach der WBO in den Fällen des § 83 nicht an die Stelle des Widerspruchsverfahrens. 7

Das Vorverfahren gem. § 83 ist durch **zwei Ziele** geprägt: 8
Es dient dem **Schutz des Dienstleistungspflichtigen** vor unberechtigten Eingriffen der Exekutive in Gestalt der Wehrersatzbehörden in seine Privatsphäre, und es soll **beschleunigt** abgewickelt werden.[5] Dem Beschleunigungsgrundsatz folgend ist die **Widerspruchsfrist** des § 70 Abs. 1 Satz 1 VwGO auf **zwei Wochen** verkürzt worden (§ 83 Abs. 1

---

1 BT-Drs. 15/4485, 40.
2 BT-Drs. 15/4485, 34.
3 Gem. § 126 Abs. 3 Nr. 3 BRRG haben Widerspruch u. Anfechtungsklage gegen eine Abordnung o. Versetzung keine aufschiebende Wirkung.
4 Eine vergleichbare Verfahrensbest. enthält § 27 Abs. 2 Arbeitssicherstellungsgesetz.
5 Vgl. *Steinlechner/Walz*, WPflG, § 33 Rn. 4.

§ 83

Satz 1). Die gem. § 80 Abs. 1 Satz 1 VwGO übliche **aufschiebende Wirkung** des Widerspruchs ist in den in § 83 Abs. 2 Satz 2 aufgeführten Fällen entspr. § 80 Abs. 2 Satz 1 Nr. 3 VwGO **ausgeschlossen** worden.

9 Das Vorverfahren gem. § 83 ist **zwingend** (§ 68 Abs. 1 Satz 1 VwGO) der Anfechtungsklage vorgeschaltet.

10 Unabhängig von dem förmlichen Rechtsbehelf des Widerspruchs kann der Dienstleistungspflichtige sich auch sämtlicher anderer, **formloser Rechtsbehelfe** bedienen, z.B. der Petition, der Dienstaufsichtsbeschwerde und der Gegenvorstellung.[6]

2. Unterschiede zu § 33 WPflG

11 **Abs. 1** stimmt mit § 33 Abs. 1 WPflG überein.

12 § 33 Abs. 2 WPflG wurde nicht übernommen, da Dienstleistungspflichtige nicht „gemustert" werden und infolgedessen für sie kein „Musterungsbescheid" erlassen wird.

13 In **Abs. 2** sind die **Abs. 3 und 4 des § 33 WPflG** zusammengefasst worden. Die **Verweisungsvorschrift** des § 33 Abs. 3 Satz 2 WPflG wurde, wie oben ausgeführt, **nicht** in das SG **übernommen**. Bis zu einer entspr. Ergänzung des § 83 bestehen indes keine Bedenken, die allg. Verfahrensvorschriften des § 70 im Rahmen des § 83 **analog anzuwenden**.

14 Für eine Übernahme des § 33 Abs. 5 WPflG in das SG bestand keine Veranlassung, da ein VA nach allg. Verwaltungsrecht ohnehin nur dann isoliert anfechtbar ist, wenn mit ihm eine eigenständige Beschwer begründet wird.

3. Absatz 1

a) Geltungsbereich

15 Satz 1 **begrenzt** den Geltungsbereich des § 83 in drei Richtungen: Es muss sich um einen **VA** handeln. Dieser muss auf Grund des **IV. Abschnitts** ergangen sein. Herausgeber muss eine **Behörde des Wehrersatzwesens** sein.

16 In Betracht kommen damit insbes. **folgende Bescheide**:
- Entpflichtung gem. § 59 Abs. 5 Satz 2
- Entscheidung über Dienstleistungsausnahmen gem. §§ 64 bis 68
- Untersuchungsbescheid gem. § 71 Satz 5, § 73 Satz 1
- Heranziehung zu Dienstleistungen i.S.v. § 60 gem. § 72 Abs. 1 Satz 1, § 73 Satz 1
- Kostenerstattung gem. § 70 Abs. 1
- Entscheidungen im Rahmen der Dienstleistungsüberwachung und Haftung gem. § 77.

17 Entscheidungen **mil. Dienststellen**, insbes. gem. § 75, sind mit der Beschwerde nach der **WBO** anfechtbar.

b) Allgemeine Verfahrensbestimmungen

Der Widerspruch ist schriftl. oder zur Niederschrift einzulegen.

18 **Schriftl.** bedeutet, dass der Widerspruch die **Unterschrift** des Dienstleistungspflichtigen oder seines Bevollmächtigten enthalten muss. Bei Einlegung durch **Fax** muss das Original unterzeichnet sein.[7]

19 Die gebotene Schriftform ist **(noch) nicht** durch die **elektronische** Form ersetzbar. Abw. von der Generalklausel des § 3a Abs. 2 Satz 1 VwVfG (und anders als in § 70 Abs. 2

---

[6] Vgl. *Boehm-Tettelbach*, WPflG, § 33 Rn. 2.
[7] Vgl. *Steinlechner/Walz*, WPflG, § 33 Rn. 8.

geregelt) lässt § 83 (ebenso wie § 70 Abs. 1 Satz 1 VwGO) die elektronische Form der Erhebung eines Widerspruchs erst dann zu, wenn die technischen Voraussetzungen für die qualifizierte **elektronische Signatur** gem. § 2 Nr. 3 des Signaturgesetzes vom 16.5.2001[8] und damit des § 3a Abs. 2 Satz 2 VwVfG gegeben sind.[9]

Die Einlegung des Widerspruchs zur **Niederschrift** eröffnet auch die Möglichkeit, den Widerspruch **telefonisch** (zur Niederschrift) zu erheben. Die Wehrersatzbehörde ist verpflichtet, ein solches Telefonat entgegenzunehmen und zu protokollieren.[10]   20

VA i.S.d. IV. Abschnitts sind zuzustellen (§ 70 Abs. 3 Satz 1). Die **Widerspruchsfrist** von zwei Wochen **beginnt** mit erfolgter **Zustellung** (§ 57 Abs. 1 VwGO). Spätestens nach zwei Wochen muss der Widerspruch beim KWEA oder der WBV eingegangen sein. Für die Berechnung der Frist und das **Fristende** verweist § 57 Abs. 2 VwGO auf die entspr. Vorschriften der **ZPO**.   21

Die Widerspruchsfrist kann durch die Wehrersatzbehörde **nicht verlängert** werden.[11]   22

Bei schuldloser Versäumung der Widerspruchsfrist kann unter den Voraussetzungen von § 70 Abs. 2 i.V.m. § 60 VwGO **Wiedereinsetzung in den vorigen Stand** gewährt werden.   23

Das KWEA hat zunächst eine **Abhilfeprüfung** durchzuführen (§ 72 VwGO). Hilft das KWEA nicht ab, legt es den Vorgang der WBV zur Entscheidung vor.   24

Erledigt sich der angefochtene VA inzwischen, z.B. durch vollständige Ableistung des Wehrdienstes, ist das Widerspruchsverfahren **einzustellen**.[12]   25

Im Widerspruchsbescheid ist auch über die **Kosten** zu entscheiden (§ 73 Abs. 3 Satz 3 VwGO). War der Widerspruch erfolgreich, bemisst sich die Erstattung der Kosten des Dienstleistungspflichtigen im Vorverfahren nach § 80 **VwVfG**.[13] Dabei ist davon auszugehen, dass die **Zuziehung eines Bevollmächtigten** im Widerspruchsverfahren grds. **nicht notwendig** i.S.v. § 80 Abs. 2 VwVfG ist.[14] In den meisten Fällen ist der Dienstleistungspflichtige selbst im Stande, das Widerspruchsverfahren zu betreiben. Rechtl. oder tatsächlich komplizierte Fallgestaltungen werden die Ausnahme sein.   26

4. Absatz 2
a) Satz 1

Über den Widerspruch gegen den Heranziehungsbescheid, gegen dessen Aufhebung und gegen den Untersuchungsbescheid entscheidet die **WBV**. Dies gilt auch für sämtliche anderen VA, die ein KWEA erlässt (vgl. § 73 Abs. 1 Satz 2 Nr. 1 VwGO). Die drei genannten VA werden in Satz 1 nur wegen ihrer besonderen Bedeutung für den Dienstleistungspflichtigen ausdrücklich aufgeführt.   27

Legt der Dienstleistungspflichtige den Widerspruch direkt bei der WBV ein (Abs. 1 Satz 2), muss diese ihn zunächst an das KWEA zur Abhilfeprüfung abgeben.[15]   28

---

8 BGBl. I S. 876.
9 Vgl. § 37 Abs. 4 VwVfG; *Kopp/Ramsauer*, VwVfG, § 3a Rn. 15; *Schmitz*, DÖV 2005, 885 (889).
10 Vgl. *Steinlechner/Walz*, WPflG, § 33 Rn. 9. A.A. *Funke-Kaiser*, in: *Bader*, VwGO, § 70 Rn. 39 m.w.N.
11 Vgl. *Steinlechner/Walz*, WPflG, § 33 Rn. 13.
12 Vgl. *Steinlechner/Walz*, WPflG, § 33 Rn. 27.
13 Die frühere Bezugnahme auf § 19 Abs. 5 Satz 1 WPflG a.F. (vgl. *Steinlechner/Walz*, WPflG, § 33 Rn. 54) ist überholt.
14 Vgl. *Steinlechner/Walz*, WPflG, § 33 Rn. 55 m.w.N.; zuletzt BVerwG NVwZ-RR 2002, 446.
15 Vgl. *Steinlechner/Walz*, WPflG, § 33 Rn. 33.

29 Der Widerspruchsbescheid ist zu **begründen**[16] und mit einer **Rechtsmittelbelehrung** zu versehen; er ist nach den Vorschriften des VwZG **zuzustellen** (§ 73 Abs. 3 Satz 1 und 2 VwGO). Im Widerspruchsbescheid ist eine **Kostengrundentscheidung** zu treffen (§ 73 Abs. 3 Satz 3 VwGO). Diese bildet die Grundlage für die anschließend durch isolierten VA zu treffende **Kostenfestsetzung** gem. § 80 Abs. 3 VwVfG.

30 Wird dem Widerspruch gegen einen Heranziehungsbescheid **abgeholfen** oder wird ihm **stattgegeben**, ist der inzwischen Dienst leistende Soldat gem. § 75 Abs. 1 Satz 2 Nr. 4 zu entlassen.

b) Satz 2

31 Der Widerspruch gegen den Heranziehungsbescheid, gegen dessen Aufhebung und gegen den Untersuchungsbescheid haben **keine aufschiebende Wirkung** (vgl. § 80 Abs. 2 Satz 1 Nr. 3 VwGO).

32 Auf Antrag kann das **KWEA** oder die WBV die **Vollziehung** dieser VA **aussetzen** (§ 80 Abs. 4 Satz 1 VwGO), was in der Praxis nur selten vorkommen dürfte.

Häufiger wird der Fall eintreten, dass auf Antrag des Dienstleistungspflichtigen das **VG** die **aufschiebende Wirkung** des Widerspruchs **anordnet** (§ 80 Abs. 5 Satz 1 VwGO).

§ 84 Rechtsmittel gegen Entscheidungen des Verwaltungsgerichts

¹**Die Berufung gegen ein Urteil und die Beschwerde gegen eine andere Entscheidung des Verwaltungsgerichts sind ausgeschlossen.** ²**Das gilt nicht für die Beschwerde gegen die Nichtzulassung der Revision nach § 135 in Verbindung mit § 133 der Verwaltungsgerichtsordnung und die Beschwerde gegen Beschlüsse über den Rechtsweg nach § 17a Abs. 2 und 3 des Gerichtsverfassungsgesetzes.** ³**Auf die Beschwerde gegen Beschlüsse über den Rechtsweg findet § 17a Abs. 4 Satz 4 bis 6 des Gerichtsverfassungsgesetzes entsprechende Anwendung.**

§ 135 VwGO

¹Gegen das Urteil eines Verwaltungsgerichts (§ 49 Nr. 2) steht den Beteiligten die Revision an das Bundesverwaltungsgericht zu, wenn durch Bundesgesetz die Berufung ausgeschlossen ist. ²**Die Revision kann nur eingelegt werden, wenn das Verwaltungsgericht oder auf Beschwerde gegen die Nichtzulassung das Bundesverwaltungsgericht sie zugelassen hat.** ³Für die Zulassung gelten die §§ 132 und 133 entsprechend.

§ 132 VwGO

...

(2) Die Revision ist nur zuzulassen, wenn
1. die Rechtssache grundsätzliche Bedeutung hat,
2. das Urteil von einer Entscheidung des Bundesverwaltungsgerichts, des Gemeinsamen Senats der obersten Gerichtshöfe des Bundes oder des Bundesverfassungsgerichts abweicht und auf dieser Abweichung beruht oder
3. ein Verfahrensmangel geltend gemacht wird und vorliegt, auf dem die Entscheidung beruhen kann.

(3) Das Bundesverwaltungsgericht ist an die Zulassung gebunden.

---

16 Auch begünstigende Widerspruchsbescheide sind zu begründen. Vgl. *Funke-Kaiser*, in: *Bader*, VwGO, § 73 Rn. 28.

§ 133 VwGO

(1) Die Nichtzulassung der Revision kann durch Beschwerde angefochten werden.

(2) ¹Die Beschwerde ist bei dem Gericht, gegen dessen Urteil Revision eingelegt werden soll, innerhalb eines Monats nach Zustellung des vollständigen Urteils einzulegen. ²Die Beschwerde muß das angefochtene Urteil bezeichnen.

(3) ¹Die Beschwerde ist innerhalb von zwei Monaten nach der Zustellung des vollständigen Urteils zu begründen. ²Die Begründung ist bei dem Gericht, gegen dessen Urteil Revision eingelegt werden soll, einzureichen. ³In der Begründung muß die grundsätzliche Bedeutung der Rechtssache dargelegt oder die Entscheidung, von der das Urteil abweicht, oder der Verfahrensmangel bezeichnet werden.

(4) Die Einlegung der Beschwerde hemmt die Rechtskraft des Urteils.

(5) ¹Wird der Beschwerde nicht abgeholfen, entscheidet das Bundesverwaltungsgericht durch Beschluß. ²Der Beschluß soll kurz begründet werden; von einer Begründung kann abgesehen werden, wenn sie nicht geeignet ist, zur Klärung der Voraussetzungen beizutragen, unter denen eine Revision zuzulassen ist. ³Mit der Ablehnung der Beschwerde durch das Bundesverwaltungsgericht wird das Urteil rechtskräftig.

(6) Liegen die Voraussetzungen des § 132 Abs. 2 Nr. 3 vor, kann das Bundesverwaltungsgericht in dem Beschluß das angefochtene Urteil aufheben und den Rechtsstreit zur anderweitigen Verhandlung und Entscheidung zurückverweisen.

§ 17a GVG

...

(2) ¹Ist der beschrittene Rechtsweg unzulässig, spricht das Gericht dies nach Anhörung der Parteien von Amts wegen aus und verweist den Rechtsstreit zugleich an das zuständige Gericht des zulässigen Rechtsweges. ²Sind mehrere Gerichte zuständig, wird an das vom Kläger oder Antragsteller auszuwählende Gericht verwiesen oder, wenn die Wahl unterbleibt, an das vom Gericht bestimmte. ³Der Beschluß ist für das Gericht, an das der Rechtsstreit verwiesen worden ist, hinsichtlich des Rechtsweges bindend.

(3) ¹Ist der beschrittene Rechtsweg zulässig, kann das Gericht dies vorab aussprechen. ²Es hat vorab zu entscheiden, wenn eine Partei die Zulässigkeit des Rechtsweges rügt.

(4) ⁴Den Beteiligten steht die Beschwerde gegen einen Beschluß des obersten Landesgerichts an den obersten Gerichtshof des Bundes nur zu, wenn sie in dem Beschluß zugelassen worden ist. ⁵Die Beschwerde ist zuzulassen, wenn die Rechtsfrage grundsätzliche Bedeutung hat oder wenn das Gericht von der Entscheidung eines obersten Gerichtshofes des Bundes oder des Gemeinsames Senats der obersten Gerichtshöfe des Bundes abweicht. ⁶Der oberste Gerichtshof des Bundes ist an die Zulassung der Beschwerde gebunden.

Literatur: Spezielle Veröffentlichungen zu § 84 liegen noch nicht vor. Zu § 34 WPflG vgl. die Literaturübersicht bei *Steinlechner/Walz*, WPflG, 570.

Übersicht

	Rn.		Rn.
A. Allgemeines	1 – 7	**B. Erläuterungen im Einzelnen**	8 – 21
1. Entstehung der Vorschrift	1	1. Geltungsbereich	8 – 9
2. Änderungen der Vorschrift	3	2. § 84 und Grundgesetz	10 – 11
3. Bezüge zum Beamtenrecht bzw. zu sonstigen rechtl. Vorschriften	3 – 7	3. Satz 1	12 – 14
		4. Satz 2 und 3	15 – 21
		a) Revision	15 – 20
		b) Beschwerden	21

§ 84

A. Allgemeines

1. Entstehung der Vorschrift

1   Die mit dem **SkResNOG** in das SG **eingeführte** Vorschrift entspricht vollinhaltlich § 34 WPflG.[1] Dieser wiederum gilt seit dem 4. G zur Änd. der VwGO vom **17.12.1990**[2] unverändert.

2. Änderungen der Vorschrift

2   **Änderungsbedarf** ist zzt. **nicht** erkennbar.

3. Bezüge zum Beamtenrecht bzw. zu sonstigen rechtl. Vorschriften

3   Aus § 126 Abs. 1 und § **127 BRRG**, die gem. § **172 BBG** auch für **Bundesbeamte** gelten, folgt, dass für Klage der Beamten aus ihrem Dienstverhältnis das übliche dreistufige gerichtl. Verfahren anzuwenden ist. Die Berufung ist nicht ausgeschlossen; für die Revision gelten einige geringfügige Besonderheiten.

4   Für **WPfl** gilt, wie oben erwähnt, § **34 WPflG**.

5   Für **ZDL** ist § **75 ZDG** einschlägig. Dieser ist insgesamt § 34 WPflG nachgebildet.

6   Im **KDV-Anerkennungsverfahren** sind die Berufung und die Beschwerde ebenfalls ausgeschlossen. § **10 Abs. 2 KDVG** entspricht § 34 WPflG und § 75 ZDG.

7   Für den Personenkreis des Art. 12a Abs. 1 und 2 GG ist damit eine **übereinstimmende Rechtslage** geschaffen worden.[3] Wegen der weitreichenden Vergleichbarkeit der Dienstleistungspflichtigen mit den WPfl lag es nahe, für diese auf die zit. Best. zurückzugreifen.

B. Erläuterungen im Einzelnen

1. Geltungsbereich

8   Für Klagen der **(aktiven) Soldaten** – dies schließt Wehrdienst leistende Dienstleistungspflichtige ein – und der anderen in § **82 Abs. 1** aufgeführten Personen ist wie bei Beamten der **dreistufige Gerichtsaufbau** eröffnet.

9   Die besonderen verfahrensrechtl. Vorschriften des § 84 gelten nur für Rechtsstreitigkeiten der Dienstleistungspflichtigen über **VA** der **Wehrersatzbehörden**, die auf Grund des **IV. Abschnitts** des SG ergangen sind. § 84 schließt unmittelbar an die Best. des § 83 über das verwaltungsrechtl. Vorverfahren an.

2. § 84 und Grundgesetz

10 Satz 1 schließt die Berufung und die Beschwerde gegen Entsch. der VG aus. Diese Beschränkung oder Verkürzung des Rechtswegs ist **mit dem GG vereinbar**. **Art. 19 Abs. 4 Satz 1 GG** garantiert nur den Rechtsweg als solchen; die Ausgestaltung im Einzelnen bleibt dem einfachen Gesetzgeber überlassen. Es genügt den Anforderungen des Art. 19 Abs. 4 GG, wenn der Gesetzgeber **eine einzige gerichtl. Instanz** eröffnet, gegen deren Entsch. ein Rechtsmittel nicht mehr gegeben ist. Art. 19 Abs. 4 GG gewährleistet **keinen Instanzenzug**.[4] Wenn, wie im Rahmen des § 84, zwei gerichtl. Instan-

---

1   BT-Drs. 15/4485, 41.
2   BGBl. I S. 2809.
3   Das war mit dem 4. G zur Änd. der VwGO auch beabsichtigt. Vgl. *Steinlechner/Walz*, WPflG, § 34 Rn. 2.
4   *Krüger/Sachs*, in: *Sachs*, GG, Art. 19 Rn. 120 m.w.N. auf die st. Rspr. des BVerfG in Fn. 335.

zen zugelassen worden sind, besteht erst Recht kein Zweifel an der Verfassungsmäßigkeit der gesetzl. Regelung, auch wenn von diesen beiden Instanzen nur die erste, das VG, eine Tatsachenprüfung durchzuführen hat.[5]

§ 84 steht auch mit **Art. 3 Abs. 1 GG** und dem Willkürverbot in Einklang. Die Beschränkung des Rechtswegs in den Fällen des § 83 Abs. 1 auf zwei Instanzen ist erforderlich, um eine **beschleunigte Durchführung** von Verwaltungsstreitverfahren zu ermöglichen, damit die SK und die Wehrersatzbehörden so schnell wie vertretbar **Planungssicherheit** gewinnen. Die Einbeziehung der Dienstleistungspflichtigen in die für WPfl geltenden Best. war, wie oben ausgeführt, wegen der grds. Vergleichbarkeit beider Personenkreise vertretbar.[6] Dies gilt auch im Hinblick darauf, dass dem (aktiven) Soldaten der dreistufige Gerichtsaufbau zur Verfügung steht, dem nicht dienenden WPfl und Dienstleistungspflichtigen hingegen nur zwei Instanzen.   11

3. Satz 1

Der **Ausschluss der Berufung und der Beschwerde**, ausgenommen der Nichtzulassungsbeschwerde gem. Satz 2 und der Rechtswegbeschwerde gem. Satz 3, ist **umfassend** und **abschließend**. Dies bedeutet, dass im Verfahren gem. § 84 z.B. eine **Beschwerde in Kostenangelegenheiten** einschl. der Beschwerde gegen einen Kostenfestsetzungsbescheid **nicht statthaft** ist.[7] Ebenfalls nicht zulässig ist eine Beschwerde gegen gerichtl. Entsch. im Rahmen der §§ 80 und 123 VwGO.   12

Eine **„außerordentliche" Beschwerde** ist allenfalls dann vorstellbar, wenn eine an sich unanfechtbare gerichtl. Entsch. „jeder gesetzlichen Grundlage entbehrt und inhaltlich dem Gesetz fremd ist".[8]   13

Die **Rechtsmittelbelehrung** muss der Gesetzeslage entsprechen. Wird in ihr auf eine – nicht existierende – Berufungsmöglichkeit verwiesen, setzt dies die Frist zur Einlegung der Revision nicht in Lauf.[9]   14

4. Satz 2 und 3

a) Revision

Gegen das erstinstanzliche Urt. kann Revision eingelegt werden. Diese muss entweder durch das VG oder nach erfolgreicher Nichtzulassungsbeschwerde durch das BVerwG **zugelassen** sein (§ 135 Satz 2 VwGO).   15

Für die **Zulassung** gelten die §§ 132 und 133 VwGO entspr. (§ 135 Satz 3 VwGO).   16

Die Zulassung ist geboten, wenn sie grds. Bedeutung hat (§ 132 Abs. 2 Nr. 1 VwGO), das Urt. des VG von einer höchstrichterlichen Entsch. abweicht, sog. Divergenzrüge, (§ 132 Abs. 2 Nr. 2 VwGO) oder auf einem Verfahrensmangel beruht (§ 132 Abs. 2 Nr. 3 VwGO).

Grds. Bedeutung hat eine Rechtsfrage, wenn die Klärung einer bisher höchstrichterlich ungeklärten, in ihrer Bedeutung über den Einzelfall hinausgehenden Frage des revisiblen Rechts zu erwarten ist.[10]   17

---

5 Vgl. *Steinlechner/Walz*, WPflG, § 34 Rn. 5 m.w.N.
6 Dabei soll nicht verhehlt werden, dass die rechtspolitische Nähe der Dienstleistungspflichten zur WPfl nicht ganz unproblematisch ist. Vgl. die Komm. zu § 59 Rn. 29.
7 Vgl. *Steinlechner/Walz*, WPflG, § 34 Rn. 23 m.w.N.; zuletzt OVG Magdeburg F 3 S 213/96.
8 Vgl. BVerwG *Buchholz* 310 § 152 VwGO Nr. 12.
9 Vgl. BVerwGE 71, 359.
10 *Bader*, in: *Bader*, VwGO, § 132 Rn. 9 m.w.N.

18 Eine **Divergenz** liegt vor, wenn das Urt. mit einem seine Entsch. tragenden abstrakten Rechtssatz von einem in der Rspr. eines Divergenzgerichts aufgestellten gleichen Rechtssatz abweicht.[11]

19 Ziel der **Verfahrensrüge** ist die Sicherstellung einer ordnungsgemäßen Entscheidungsfindung.[12]

20 Zu Fallbeispielen zum Wehrpflichtrecht kann auf die Kommentarlit. zu § 34 WPflG verwiesen werden.[13]

b) Beschwerden

21 § 84 lässt zwei Beschwerden gegen erstinstanzliche Entsch. zu:
- Die **Nichtzulassungsbeschwerde**. Insoweit gelten die Verfahrensbest. des § 133 Abs. 2 bis 6 VwGO.
- Die **Rechtswegbeschwerde**. Einzelheiten folgen aus § 17a Abs. 2 und 3 sowie Abs. 4 Satz 4 bis 6 GVG. In der Praxis wird eine mögliche Konkurrenz zwischen einem VG und einem TDG die Gerichte beschäftigen. Es ist nicht auszuschließen, dass ein VG gem. § 17a Abs. 2 Satz 3 GVG in einer truppendienstl. Angelegenheit zu entscheiden hat oder ein TDG in einer Verwaltungsangelegenheit. Die Grenzen zwischen beiden Rechtswegen sind, wie sich aus der Komm. zu § 82 ergibt, unscharf und fließend.

---

11 *Bader*, in: *Bader*, VwGO, § 132 Rn. 18 m.w.N.
12 *Bader*, in: *Bader*, VwGO, § 132 Rn. 26 m.w.N.
13 Vgl. *Steinlechner/Walz*, WPflG, § 34 Rn. 13 bis 15.

---

§ 85 Besondere Vorschriften für die Anfechtungsklage

[1]**Die Anfechtungsklage gegen den Untersuchungsbescheid (§ 71 Satz 5 und § 73 Satz 3), die Anfechtungsklage gegen den Heranziehungsbescheid (§ 72 Abs. 1 Satz 1 und § 73 Satz 1) und die Anfechtungsklage gegen die Aufhebung des Heranziehungsbescheides haben keine aufschiebende Wirkung.** [2]**Das Gericht kann auf Antrag die aufschiebende Wirkung anordnen.** [3]**Vor der Anordnung ist die Wehrbereichsverwaltung zu hören.**

Literatur: Spezielle Veröffentlichungen zu § 85 liegen noch nicht vor. Zu § 35 WPflG vgl. die Literaturübersicht bei *Steinlechner/Walz*, WPflG, 577.

Übersicht

	Rn.		Rn.
A. Allgemeines	1 – 4	**B. Erläuterungen im Einzelnen**	5 – 17
1. Entstehung der Vorschrift	1	1. Zweck der Vorschrift; Satz 1	5 – 6
2. Änderungen der Vorschrift	2	2. Satz 2	7 – 13
3. Bezüge zu anderen rechtl. Vorschriften	3 – 4	3. Satz 3	14 – 17

A. Allgemeines

1. Entstehung der Vorschrift

1 Die mit dem **SkResNOG** in das SG **eingeführte** Vorschrift entspricht dem Regelungsgehalt des **§ 35 WPflG**[1] i.d.F. des BwNeuAusrG.

---

1 BT-Drs. 15/4485, 41.

2. Änderungen der Vorschrift
Änderungsbedarf ist **zzt. nicht** erkennbar. 2

3. Bezüge zu anderen rechtl. Vorschriften
Für **WPfl** gilt, wie oben erwähnt, § 35 WPflG. 3
Für **ZDL** enthält § 74 Abs. 2 ZDG die dem Wehrpflichtrecht nachgebildete Regelung.[2] 4

B. Erläuterungen im Einzelnen

1. Zweck der Vorschrift; Satz 1
Der Widerspruch gegen den Heranziehungsbescheid, gegen dessen Aufhebung sowie 5
gegen den Untersuchungsbescheid haben keine aufschiebende Wirkung (§ 83 Abs. 2 Satz 2). Es ist daher nur konsequent, dass dies in den drei genannten Fällen auch für die Anfechtungsklage gilt. Der für den Regelfall mit einem Widerspruch und einer Anfechtungsklage eintretende **Suspensiveffekt** (§ 80 Abs. 1 Satz 1 VwGO) **entfällt** ausnahmsweise (vgl. § 80 Abs. 2 Satz 1 Nr. 3 VwGO). Dies lässt sich hier, wie bereits im Rahmen des § 83, mit der besonderen **Eilbedürftigkeit** des Vollzugs dieser Bescheide und der notwendigen **Planungssicherheit** der SK und der Wehrersatzbehörden begründen.

Widerspruch und Anfechtungsklage können daher i.d.R. die Heranziehung des Dienst- 6
leistungspflichtigen nicht verhindern. Dieser bleibt **verpflichtet**, seinen **Dienst anzutreten**. Im Zeitpunkt des im Heranziehungsbescheid festgesetzten Diensteintritts wird er – unbeschadet eines Widerspruchs oder einer Klage gegen den Bescheid – **Soldat** (§ 2 Abs. 1 Nr. 2).

2. Satz 2
Die Regelung des Satzes 2 stimmt mit der des § 80 Abs. 5 Satz 1 VwGO überein. Infol- 7
gedessen sind die Best. der VwGO ergänzend heranzuziehen.

Voraussetzung für einen Antrag auf Anordnung der aufschiebenden Wirkung der Kla- 8
ge ist, dass überhaupt einer der drei genannten **VA** einer Wehrersatzbehörde vorliegt. „Existenzvoraussetzung" für einen VA ist, dass dieser **ordnungsgemäß zugestellt** worden ist.[3]

Das **Widerspruchsverfahren** muss **abgeschlossen** sein; der Widerspruchsbescheid und 9
damit der Ausgangsverwaltungsakt dürfen noch **nicht bestandskräftig** geworden sein.[4]

Der Antrag ist bereits **vor Klageerhebung** zulässig (§ 80 Abs. 5 Satz 2 VwGO); diese 10
muss aber spätestens zum Zeitpunkt der gerichtl. Entsch. über den Antrag nachgeholt worden sein.[5]

Der Antrag ist **nicht** an eine bestimmte **Frist** gebunden, kann daher während des gesam- 11
ten gerichtl. Verfahrens einschl. der Revision gestellt werden.[6]

Mit der rechtkräftigen Abweisung der Klage erledigen sich unerledigte Anträge auf Anordnung der aufschiebenden Wirkung.[7]

---

2 Die Anfechtungsklage gegen eine beamtenrechtl. Abordnung o. Versetzung hat ebenfalls keine aufschiebende Wirkung (§ 126 Abs. 3 Nr. 3 BRRG). Dasselbe gilt für dienstrechtl. Maßnahmen im Rahmen des Arbeitssicherstellungsgesetzes (§ 27 Abs. 2 Arbeitssicherstellungsgesetz).
3 Vgl. BVerwG NVwZ-RR 2002, 586.
4 Vgl. *Funke-Kaiser*, in: *Bader*, VwGO, § 80 Rn. 66.
5 Vgl. *Funke-Kaiser*, in: *Bader*, VwGO, § 80 Rn. 78 m.w.N.
6 Vgl. BVerwG *Buchholz* 448.0 § 35 WPflG Nr. 16.
7 Vgl. BVerwG *Buchholz* 448.0 § 33 WPflG Nr. 10.

§ 85

12 Der Umstand, dass der Dienstleistungspflichtige den **Wehrdienst** bereits **angetreten** hat, steht einem Antrag auf Anordnung der aufschiebenden Wirkung der Klage gegen den Heranziehungsbescheid **nicht entgegen**.[8] Wird dem Antrag stattgegeben, ist der Soldat in entspr. Anwendung von § 75 Abs. 1 Satz 2 Nr. 4 zu **entlassen**.

13 Die aufschiebende Wirkung ist **anzuordnen**, wenn entweder bereits im Anordnungsverfahren festgestellt werden kann, dass der Dienstleistungspflichtige die ihm durch den Heranziehungsbescheid auferlegte Pflicht mit **überwiegender Aussicht auf Erfolg** bestreitet, oder wenn die Heranziehung den Dienstleistungspflichtigen so **hart treffen** würde, dass demgegenüber dem öff. Interesse ein geringeres Gewicht zukommt.[9] Abzuwägen sind daher die **widerstreitenden Interessen** des Klägers und des Staates. Überwiegen die des Klägers eindeutig, ist die aufschiebende Wirkung anzuordnen.[10] Ergibt die **summarische Prüfung** durch das VG, dass z.B. ernsthafte Zweifel an der Dienstfähigkeit des Klägers bestehen, hat das öff. Interesse an der Wehrdienstleistung zurückzutreten.[11]

3. Satz 3

14 Das Gericht hat vor seiner Entscheidung die **WBV** zu **hören**. An die Äußerung der WBV ist das Gericht **nicht gebunden**.

15 Das Gericht entscheidet durch **Beschl.**. In **dringenden Fällen** trifft die Entscheidung der Kammervorsitzende (§ 80 Abs. 8 VwGO). Die Vorschrift wird wegen des Kammerprinzips restriktiv ausgelegt.[12]

16 Die Entscheidung ist **unanfechtbar** (§ 84 Satz 1).

17 Jeder Verfahrensbeteiligte kann die **Änd.** oder Aufhebung der gerichtl. Entsch. wegen veränderter oder ohne Verschulden nicht geltend gemachter Umstände beantragen (§ 80 Abs. 7 Satz 2 VwGO). Anlass hierfür kann z.B. die höchstrichterliche Klärung einer strittigen Rechtsfrage sein.[13]

---

8 Vgl. BVerwG *Buchholz* 448.0 § 35 WPflG Nr. 9.
9 Vgl. BVerwG *Buchholz* 448.11 § 74 ZDG Nr. 1.
10 Vgl. BVerwG *Buchholz* 448.11 § 74 ZDG Nr. 1.
11 Vgl. *Steinlechner/Walz*, WPflG, § 35 Rn. 9 m.w.N.
12 Vgl. *Funke/Kaiser*, in: *Bader*, VwGO, § 80 Rn. 140.
13 Vgl. *Funke-Kaiser*, in: *Bader*, VwGO, § 80 Rn. 135.

Siebter Abschnitt
Bußgeldvorschriften; Übergangs- und Schlussvorschriften

§ 86 Bußgeldvorschriften

(1) Ordnungswidrig handelt, wer vorsätzlich oder fahrlässig
1. entgegen § 71 Satz 3, § 73 Satz 4 oder § 77 Abs. 4 Nr. 7 sich einer dort genannten Untersuchung oder Überprüfung nicht oder nicht rechtzeitig unterzieht,
2. entgegen § 77 Abs. 4 Nr. 1 oder Abs. 6 Nr. 2, 3 oder 4 eine Meldung nicht oder nicht rechtzeitig macht,
3. entgegen § 77 Abs. 4 Nr. 2 keine Vorsorge trifft,
4. entgegen § 77 Abs. 4 Nr. 3 sich nicht oder nicht rechtzeitig meldet oder
5. entgegen § 77 Abs. 4 Nr. 5 einen dort genannten Bescheid nicht sorgfältig oder nicht für die vorgeschriebene Dauer aufbewahrt, ihn missbräuchlich verwendet oder nicht oder nicht rechtzeitig vorlegt oder eine Meldung nicht oder nicht rechtzeitig macht.

(2) Die Ordnungswidrigkeit kann mit einer Geldbuße geahndet werden.

(3) Verwaltungsbehörde im Sinne des § 36 Abs. 1 Nr. 1 des Gesetzes über Ordnungswidrigkeiten ist das Kreiswehrersatzamt.

Literatur: Spezielle Veröffentlichungen zu § 86 liegen noch nicht vor.
Zu § 45 WPflG vgl. die Literaturübersicht bei *Steinlechner/Walz*, WPflG, 627.

Übersicht

	Rn.		Rn.
A. Allgemeines	1 – 7	**B. Erläuterungen im Einzelnen**	8 – 24
1. Entstehung der Vorschrift	1 – 2	1. Zweck der Vorschrift; Abgrenzung zu anderen Maßnahmen	8 – 11
2. Änderungen der Vorschrift	3	2. Absatz 1	12 – 15
3. Bezüge zu anderen rechtl. Vorschriften; ergänzende Erlasse	4 – 7	3. Absatz 2	16 – 17
		4. Absatz 3	18 – 24

A. Allgemeines

1. Entstehung der Vorschrift

Die mit dem **SkResNOG** in das SG **eingeführte** Vorschrift eröffnet erstmals die Möglichkeit, Pflichtverstöße der Dienstleistungspflichtigen im Rahmen der Dienstleistungsüberwachung als Ordnungswidrigkeit zu verfolgen. Die Bußgeldbewehrung bestimmter Pflichten ist erforderlich, weil sich der betroffene Personenkreis nicht in einem Wehrdienstverhältnis befindet und die in § 86 aufgeführten Pflichten daher nicht „im Wege von Befehl und Gehorsam" durchgesetzt werden können.[1]   **1**

Die Vorschrift **entspricht**, auch wenn dies der amtl. Begr. nicht zu entnehmen ist, bis auf eine geringfügige Abweichung in Abs. 1 Nr. 1, vollinhaltlich **§ 45 WPflG** i.d.F. des SkResNOG, soweit dieser auf Dienstleistungspflichtige übertragbar war.   **2**

2. Änderungen der Vorschrift

Dringender **Änderungsbedarf** ist zzt. **nicht erkennbar**. Im Zuge einer gelegentlichen Rechtsbereinigung des WPflG und des SG sollte eine Anpassung des Abs. 1 Nr. 2 an   **3**

---

1 BT-Drs. 15/4485, 41.

§ 45 Abs. 1 Nr. 3 WPflG geprüft werden. Die Meldepflichten gem. § 77 Abs. 6 Nr. 2, 3 und 4 bedürfen keiner Bußgeldbewehrung.²

3. Bezüge zu anderen rechtl. Vorschriften; ergänzende Erlasse

4 Für **WPfl** gilt, wie oben erwähnt, § **45 WPflG**.

5 Für **ZDL** ist § **57 ZDG** i.d.F. des SkResNOG einschlägig.

6 Die Durchführung des Bußgeldverfahrens in der Bw ist in den Richtlinien über die Verfolgung und Ahndung von Ordnungswidrigkeiten durch Behörden im Geschäftsbereich des BMVg (**RL OWiG-BMVg**)³ geregelt.

7 Verstöße gegen Auskunfts- und Anzeigepflichten nach dem **USG** werden gem. § 24 USG als Ordnungswidrigkeit verfolgt.

B. Erläuterungen im Einzelnen

1. Zweck der Vorschrift; Abgrenzung zu anderen Maßnahmen

8 § 86 soll helfen, sicherzustellen, dass der Dienstleistungspflichtige bestimmte ihm im Rahmen der Dienstleistungsüberwachung obliegende Pflichten befolgt.⁴

9 Die Vorschrift tritt damit ergänzend neben die Möglichkeit, Offz und Uffz nach ihrem Ausscheiden aus dem Wehrdienst wegen unwürdigen Verhaltens gem. § 23 Abs. 2 Nr. 2 **disziplinar** zu verfolgen (vgl. § 58 Abs. 2 und 3 WDO).

10 Stellt das Verhalten des Dienstleistungspflichtigen zugleich eine **Straftat** (z.B. gem. § 109a StGB) dar, wird das Strafgesetz angewandt, es sei denn, eine Strafe wird nicht verhängt (§ 21 OWiG). Das dann verbleibende sog. Verwaltungsunrecht wird als Ordnungswidrigkeit geahndet.

11 **Schadensersatz** und Bußgeld schließen sich nicht aus. Dasselbe gilt für die **polizeiliche Vorführung** sowie andere **Zwangsmittel** nach dem VwZG und ein Ordnungswidrigkeitsverfahren.⁵ Beim Bußgeldverfahren steht dessen erzieherische Funktion im Vordergrund.

2. Absatz 1

12 Die in den Nrn. 1 bis 5 enumerativ aufgeführten Nebenpflichten müssen **vorsätzlich** oder **fahrlässig** verletzt worden sein. Der Gesetzgeber hat damit von der ihm gem. § 10 OWiG eingeräumten Möglichkeit Gebrauch gemacht, ausnahmsweise auch fahrlässiges Handeln mit Geldbuße zu bedrohen.

13 Der **Versuch** kann nicht geahndet werden, da § 86 dies nicht ausdrücklich bestimmt (§ 13 Abs. 2 OWiG). Dasselbe gilt für die **Beteiligung Mehrerer** an der Ordnungswidrigkeit (§ 14 Abs. 2 OWiG).

14 Die Einzeltatbestände des § 45 WPflG a.F. waren zu Recht wegen ihres „Wustes von Zitaten" als „bürgerunfreundlich" kritisiert worden.⁶ Mit dem SkResNOG wurde § 45 **WPflG komplett überarbeitet**. Zahlreiche Pflichtverstöße wurden eliminiert; die ver-

---

2 Vgl. die Komm. zu § 77 Rn. 49.
3 BMVg – VR II 2– Az 39-50-01/90 v. 25.10.1989, zul. geä. durch Erl. BMVg – VR II 2 – Az 39-50-01/90 v. 27.2.1996. Eine Neufassung der RL wird zzt. durch das BAWV vorbereitet. Es wird daher hier derzeit davon abgesehen, z.B. Aussagen über die Mindest- u. Höchstbeträge von Geldbußen aufzunehmen. Vgl. zur bisherigen Fassung die Übersicht bei *Boehm-Tettelbach*, WPflG, § 45 Rn. 4b.
4 BT-Drs. 15/4485, 41.
5 Vgl. *Steinlechner/Walz*, WPflG, § 45 Rn. 10.
6 *Steinlechner/Walz*, WPflG, § 45 Rn. 12, 54.

bliebenen wurden konkretisiert und verständlicher gefasst.[7] § 86 entspricht diesem „Muster"; seine Anwendung dürfte damit leichter fallen als dies im Kontext mit § 45 WPflG a.F. zu beobachten war.

Die Tatbestände der Nrn. 1 bis 5 sind bei der Komm. zu §§ 71, 73 und 77 erläutert worden. Hierauf kann an dieser Stelle verwiesen werden.

3. Absatz 2

Die Geldbuße beträgt **mindestens fünf** und **höchstens eintausend Euro** (§ 17 Abs. 1 OWiG), bei fahrlässigem Handeln höchstens 500 Euro (§ 17 Abs. 2 OWiG).[8]

Hinzu kommen **Gebühren** und **Auslagen**. Die Gebühr beträgt 5 % des festgesetzten Betrags, mindestens 20 und im vorliegenden Kontext höchstens 50 Euro (§ 107 Abs. 1 Satz 3 OWiG).

4. Absatz 3

Das KWEA ist die gem. § 36 Abs. 1 Nr. 1 OWiG **sachlich zuständige** Verwaltungsbehörde.

Örtlich zuständig ist das KWEA, in dessen Zuständigkeitsbereich der betroffene Dienstleistungspflichtige seinen **Wohnsitz** hat, weil er auch i.d.r. dort die Ordnungswidrigkeit begangen haben dürfte (§ 37 Abs. 1 OWiG).

Dem Dienstleistungspflichtigen ist zunächst Gelegenheit zu geben, sich zu der Beschuldigung zu **äußern** (§ 55 Abs. 1 OWiG). Gleichzeitig kann bei geringfügigen Verfehlungen eine **Verwarnung** mit (fünf bis 35 Euro) oder ohne **Verwarnungsgeld** ausgesprochen werden (§ 56 Abs. 1 OWiG). Hiergegen kann **gerichtl. Entsch.** beantragt werden (§ 62 Abs. 1 OWiG).

Ist der Dienstleistungspflichtige mit der Verwarnung nicht einverstanden oder zahlt er das Verwarnungsgeld nicht oder hält das KWEA eine Verwarnung nicht für angemessen, kann ein **Bußgeldbescheid** ergehen. Dieser muss die in § 66 Abs. 1 und 2 OWiG aufgeführten Angaben enthalten.

Gegen den Bußgeldbescheid kann innerhalb von zwei Wochen nach Zustellung **Einspruch** beim KWEA eingelegt werden (§ 67 Abs. 1 Satz 1 OWiG). Über den Einspruch entscheidet – nach einem Zwischenverfahren gem. § 69 OWiG – das **Amtsgericht** (§ 68 OWiG).

Die **Verfolgungsverjährung** beträgt sechs Monate (§ 31 Abs. 2 Nr. 4 OWiG). Sie beginnt mit Beendigung der Handlung (§ 31 Abs. 3 Satz 1 OWiG). Anwendbar ist diese Regelung auf die Fälle des § 86 Abs. 1 Nr. 1 und 2. Bei sog. **Dauerordnungswidrigkeiten** beginnt die Verjährungsfrist mit der Beendigung des rechtswidrigen Zustands (§ 31 Abs. 3 Satz 2 OWiG). Solche Dauerordnungswidrigkeiten sind Verstöße entspr. § 86 Abs. 1 Nr. 2, 3, 4 und 5.

Die **Vollstreckung** einer rechtskräftig festgesetzten Geldbuße **verjährt** i.d.R. nach drei Jahren (§ 34 Abs. 2 Nr. 3 OWiG).

---

7 Vgl. BT-Drs. 15/4485, 35.
8 Der Bußgeldrahmen bestimmt sich im Einzelnen nach den RL OWiG-BMVg. Vgl. hierzu KG Berlin 2 Ss 61/97.

§ 87 Einstellung von anderen Bewerbern

(1) ¹Ein Bewerber, der die für einen höheren Dienstgrad erforderliche militärische Eignung durch Lebens- und Berufserfahrung außerhalb der Bundeswehr erworben hat, kann auf Grund freiwilliger Verpflichtung zu einer Eignungsübung von vier Monaten einberufen werden; er kann die Eignungsübung freiwillig fortsetzen. ²Während der Übung kann er mit dem 15. oder Letzten eines jeden Monats entlassen werden. ³Die Entlassungsverfügung ist ihm wenigstens zwei Wochen vor dem Entlassungstag bekannt zu geben. ⁴Auf seinen Antrag muss er jederzeit entlassen werden. ⁵Im Übrigen hat er für die Dauer der Eignungsübung die Rechtsstellung eines Soldaten auf Zeit mit dem Dienstgrad, für den er nach erfolgreicher Ableistung der Eignungsübung vorgesehen ist.

(2) Nach der Eignungsübung kann der Bewerber zum Berufssoldaten oder zum Soldaten auf Zeit ernannt werden.

(3) Für die Ernennung zum Soldaten auf Zeit findet die Beschränkung auf ein Lebensalter von 40 Jahren keine Anwendung.

Literatur: *Brigmann, Wolfgang:* Wehrdienst und Sozialversicherung, Soziale Sicherheit 1962, 167; *Gumbel, Karl:* Der Sozialversicherungsschutz des Soldaten, Sozialversicherung 1964, 33. Aktuelle Veröffentlichungen zu § 87 sind nicht vorhanden. Dies gilt auch für das EÜG.

Übersicht

	Rn.		Rn.
A. Allgemeines	1 – 15	a) Satz 1	17 – 22
1. Entstehung der Vorschrift	1 – 5	aa) „Lebens- und Berufs-	
2. Änderungen der Vorschrift	6 – 11	erfahrung außerhalb	
3. Bezüge zum Beamtenrecht bzw. zu sonstigen rechtl. Vorschriften; ergänzende Dienstvorschriften und Erlasse	12 – 15	der Bundeswehr" bb) „auf Grund freiwilliger Verpflichtung ... einberufen"	17 18 – 22
B. Erläuterungen im Einzelnen	16 – 30	b) Satz 5	23
1. Zweck der Vorschrift	16	c) Sätze 2 bis 4	24 – 28
2. Absatz 1	17 – 28	3. Absatz 2	29
		4. Absatz 3	30

A. Allgemeines

1. Entstehung der Vorschrift

1 § 54 des **REntw.**¹ lautete:

„(1) Ein Soldat oder ein Wehrmachtbeamter der früheren Wehrmacht kann auf Grund freiwilliger Verpflichtung zu einer Eignungsübung von vier Monaten einberufen werden. Er kann während der Übung mit dem 15. oder letzten eines jeden Monats entlassen werden. Die Entlassungsverfügung ist ihm wenigstens zwei Wochen vor dem Entlassungstag bekanntzugeben. Auf seinen Antrag muß er jederzeit entlassen werden. Im übrigen hat er die Stellung eines Soldaten auf Zeit. Neben der Einberufung bedarf es keiner Ernennung.

(2) Nach der Eignungsübung kann der Soldat oder der Wehrmachtbeamte der früheren Wehrmacht zum Berufssoldaten oder zum Soldaten auf Zeit ernannt werden.

(3) Ein Berufssoldat oder Wehrmachtbeamter der früheren Wehrmacht kann, wenn dienstliche Gründe dies fordern, innerhalb von drei Jahren nach Beginn der Aufstellung auf die Dauer von fünf Jahren auch dann zum Berufssoldaten ernannt werden, wenn er die Al-

---

1 BT-Drs. II/1700, 14.

tersgrenze (§ 40) überschritten hat oder in dieser Zeit überschreiten würde. Es muß von ihm jedoch eine mindestens dreijährige Dienstleistung erwartet werden können. Für die Anwendung des § 39 Abs. 1 tritt an die Stelle des Erreichens der Altersgrenze der Ablauf der in Satz 1 bezeichneten Dienstzeit.

(4) Für die Ernennung zum Soldaten auf Zeit finden die altersmäßigen Beschränkungen des § 35 Abs. 1 Nr. 1 keine Anwendung."

In der **Begr.**[2] des REntw. wird der Zweck dieser Regelung als „Übergangsbestimmung für den Neuaufbau der Streitkräfte" mit dem Ziel, „auf militärfachliches Können aus der Vergangenheit zurückzugreifen", umschrieben. Die Übernahme ehem. Wehrmachtsangehöriger erfordere ein „sorgfältiges Verfahren, in dem die Eignung des Bewerbers für seine Übernahme als Soldat auf Zeit oder Berufssoldat geprüft" werde. An „andere Bewerber", d.h. an Personen, die nicht in der früheren Wehrmacht gedient hatten, war zunächst nicht gedacht. 2

In seiner Stellungnahme[3] forderte der **BR** die BReg auf, § 54 Abs. 1 noch mit dem EÜG abzustimmen. Die BReg sagte zu, diesem Petitum „im Laufe des weiteren Gesetzgebungsverfahrens Rechnung" zu tragen.[4] 3

Der krit. Einwand des Abg. *Merten* (SPD) anlässlich der **1. Lesung** des SG im BT am 12.10.1955[5], die Frage der Übernahme der ehem. Wehrmachtangehörigen bedürfe „noch einer eingehenden Prüfung", fand in den **Ausschussberatungen** keine erkennbare Resonanz. Der Rechtsausschuss billigte § 54 des REntw. „ohne Bemerkungen".[6] Der Ausschuss für Beamtenrecht forderte die BReg auf, Abs. 1 um eine dem BBG entspr. Vorschrift über „andere Bewerber" zu ergänzen. Im Übrigen änderte er die Abs. 3 und 4 sprachlich/redaktionell.[7] Der VertA schloss sich den Änderungswünschen des Ausschusses für Beamtenrecht an.[8] Die wesentlichste Änd. gegenüber der Formulierung des REntw. bestand in der **Aufnahme der „anderen Bewerber"**, auch **„Seiteneinsteiger"** oder **„Außenseiter"** genannt[9], in die vom Plenum beschlossene **Erstfassung** des späteren § 60: 4

„(1) Ein Soldat oder ein Beamter der früheren Wehrmacht oder ein Bewerber, der sich die für einen höheren Dienstgrad erforderliche militärische Eignung durch Lebens- und Berufserfahrung außerhalb der früheren Wehrmacht oder der Bundeswehr erworben hat, kann auf Grund freiwilliger Verpflichtung zu einer Eignungsübung von vier Monaten einberufen werden; er kann die Eignungsübung freiwillig fortsetzen. Während der Übung kann er mit dem 15. oder Letzten eines jeden Monats entlassen werden. Die Entlassungsverfügung ist ihm wenigstens zwei Wochen vor dem Entlassungstag bekanntzugeben. Auf seinen Antrag muß er jederzeit entlassen werden. Im übrigen hat er für die Dauer der Eignungsübung die Stellung eines Soldaten auf Zeit mit dem Dienstgrad, für den er nach erfolgreicher Ableistung der Eignungsübung vorgesehen ist. 5

(2) Nach der Eignungsübung kann der Bewerber zum Berufssoldaten oder zum Soldaten auf Zeit ernannt werden."

---

2 BT-Drs. II/1700, 35.
3 BT-Drs. II/1700, 40.
4 BT-Drs. II/1700, 45.
5 Sten. Ber. 5788 (A).
6 Prot. Nr. 93 v. 12.12.1955, 27.
7 Prot. Nr. 44 v. 12.1.1956, 6; Ausschussdrs. 23 v. 20.1.1956, 63.
8 BT-Drs. II/2140, 14, 57.
9 BT-Drs. II/2140, 14; *Rittau*, SG, 245. *Rittau* (SG, 246) zit. in diesem Zusammenhang einen Beschl. des BPA v. 2.8.1956. Danach war insbes. an Angehörige des Polizeivollzugsdienstes, des Zollgrenzdienstes, des früheren Reichsarbeitsdienstes u. der ehem. Waffen-SS (!) gedacht.

(3) Ein Bewerber nach Absatz 1 kann, wenn dienstliche Gründe dies erfordern, innerhalb dreier Jahre nach Beginn der Aufstellung auf die Dauer von fünf Jahren auch dann zum Berufssoldaten ernannt werden, wenn er die Altersgrenze überschritten hat oder in dieser Zeit überschreiten würde. Es muß von ihm jedoch eine mindestens dreijährige Dienstleistung erwartet werden können. Für die Anwendung des § 44 Abs. 1 tritt an die Stelle des Erreichens der Altersgrenze der Ablauf der in Satz 1 bezeichneten Dienstzeit.

(4) Für die Ernennung zum Soldaten auf Zeit findet die Beschränkung auf ein Lebensalter von 32 Jahren keine Anwendung."

2. Änderungen der Vorschrift

6 Soweit sich § 87 auf andere Bewerber bezieht, war von Anfang an, trotz der Abschnittsüberschrift („Übergangs- und Schlußvorschriften") nicht an eine zeitliche Begrenzung dieser Vorschrift gedacht.[10] In einem gewissen Widerspruch hierzu stand die ursprünglich auf drei Jahre **begrenzte Geltungsdauer**[11] des **EÜG**.[12]

7 Durch Art. 1 Nr. 10 des G vom **28.3.1960**[13] wurde in Abs. 4 die Zahl „32" durch die Zahl „40" ersetzt.

8 Durch Art. 1 Nr. 18 des G vom **12.12.1990**[14] erhielt § 87 die jetzige Überschrift; Abs. 1 Satz 1 wurde zur geltenden Fassung umformuliert; Abs. 3 wurde gestrichen, und Abs. 4 wurde zu Abs. 3. Begründet[15] wurden diese Änd. mit dem Umstand, dass die besonderen Einstellungsmöglichkeiten für Soldaten und Beamte der früheren Wehrmacht wegen Zeitablaufs inzwischen gegenstandslos geworden seien. Unterstellt, die SK hätten noch bis 1990 einen Bedarf an ehem. Soldaten oder Beamten der früheren Wehrmacht – im Durchschnittsalter von 65 Jahren – gehabt, ist wenig verständlich, dass diese Änd. nicht bereits zu einem weit früheren Zeitpunkt vollzogen worden waren.

9 Durch Art. 1 Nr. 44 und 46 des **SGÄndG** wurde die Abschnittsbezeichnung geändert; in Abs. 1 Satz 5 wurde das Wort „Stellung" durch das Wort „Rechtsstellung" ersetzt. Die Begr.[16] hierfür, damit solle eine sprachliche Angleichung an die Gesetzesüberschrift erfolgen, ist nicht schlüssig. „Einstellung", „Stellung" und „Rechtsstellung" sind durchaus differenziert verwendbare Begrifflichkeiten.

10 Durch Art. 2 Nr. 27 des **SkResNOG** wurde der bisherige § 60 als § 87 neu platziert.

11 De lege ferenda sollte § 87 aus dem Abschnitt „Bußgeldvorschriften; Übergangs- und Schlussvorschriften" herausgelöst und wegen das Sachzusammenhangs mit dem Laufbahnrecht der Soldaten **in § 27 integriert** werden.

3. Bezüge zum Beamtenrecht bzw. zu sonstigen rechtl. Vorschriften; ergänzende Dienstvorschriften und Erlasse

12 Das **Rahmenrecht der Beamten** (§ 16 Abs. 1, § 61 Abs. 1 BRRG) kennt zwar sog. **andere Bewerber**, definiert diese aber nicht.

13 Für den **Bundesdienst** bestimmen § 7 Abs. 1 Nr. 3b und § 21 BBG, dass andere als Laufbahnbewerber in das Beamtenverhältnis berufen werden dürfen, wenn sie die er-

---

10 *Rittau*, SG, 246.
11 Diese wurde mehrfach verlängert, obwohl die praktische Bedeutung des EÜG bereits in den 60er Jahren des letzten Jh. „verhältnismäßig gering" war (*Gumbel*, Sozialversicherung 1964, 44).
12 Das EÜG gilt gem. § 11 i.d.F. des G v. 17.12.1970 (BGBl. I S. 1741) nunmehr unbegrenzt.
13 BGBl. I S. 206.
14 BGBl. I S. 2588.
15 BT-Drs. 11/6906, 17.
16 BT-Drs. 14/4062, 24.

forderliche Befähigung durch Lebens- und Berufserfahrung innerhalb oder außerhalb des öff. Dienstes erworben haben. Das weitere Verfahren und die in diesem Kontext vorgesehenen Befugnisse des BPA sind in § 38 BLV geregelt; die Anrechnung von Ausbildungszeiten anderer Bewerber auf die ruhegehaltfähige Dienstzeit findet sich in § 12 Abs. 4 BeamtVG.

Zusammenfassend lässt sich feststellen, dass andere Bewerber als Laufbahnbewerber eine bestimmte **Lebens- und Berufserfahrung** und in diesem Zusammenhang meist auch einen bestimmten **(Aus-)Bildungsstand** nachweisen müssen.[17] 14

Für den Bereich der **SK** sind zu § 87 ergänzend heranzuziehen: 15
- Das **EÜG** vom 20.1.1956[18]
- die **VO zum EÜG** vom 15.2.1956[19]
- **§ 15 SUV** und Nr. 100 der AusfBest SUV[20]
- § 4 Abs. 3, §§ 13, 17, 26 bis 28, 32, 37 bis 39 und 47 **SLV**

sowie die Erl. des BMVg
- **ZDv 14/5 B 141** „Einberufung zu Eignungsübungen".
- **ZDv 14/5 C 211** „Einstellung von Bewerberinnen und Bewerbern als Unteroffiziere, Stabsunteroffiziere oder Feldwebel".
- **ZDv 14/5 C 212** „Einstellung von Bewerberinnen und Bewerbern mit einer wissenschaftlichen oder sonstigen fachlichen Vorbildung in die Laufbahnen der Offiziere".

B. Erläuterungen im Einzelnen

1. Zweck der Vorschrift

Soldaten werden für alle Laufbahnen **i.d.R. im untersten Mannschaftsdienstgrad** eingestellt (§ 4 Abs. 2 Satz 1 SLV). Kann von diesem Grds. auf Grund einer Rechtsvorschrift abgewichen werden, hat der Bewerber seine Eignung durch eine Eignungsübung unter Beweis zu stellen (§ 13 Abs. 2, § 17 Abs. 3, § 26 Abs. 1 Nr. 4, § 27 Abs. 1 Satz 2, § 28 Abs. 1 Satz 2, § 32 Abs. 1 Nr. 3, § 37 Abs. 1 Nr. 3, § 38 Abs. 1 Nr. 3, § 39 Abs. 1 Nr. 3, § 47 SLV). In der Eignungsübung hat der Bewerber seine Eignung für den höheren Dienstgrad als den untersten Mannschaftsdienstgrad nachzuweisen.[21] 16

2. Absatz 1

a) Satz 1

aa) „**Lebens- und Berufserfahrung außerhalb der Bundeswehr**": Eine **Definition** dieser unbestimmten Rechtsbegriffe findet sich weder im Beamtenrecht noch im Soldatenrecht. Die **SLV differenziert** zwischen Bewerbern, die der Bundespolizei oder der Bereitschaftspolizei der Länder angehören (§ 4 Abs. 3 Satz 1 SLV), und Bewerbern mit einer bestimmten fachlichen, schulischen oder wissenschaftlichen Ausbildung, die für den Dienst in den SK dienlich sein kann. Für die Annahme, es käme auch eine Vorverwendung „in einem ausländischen Militärdienst"[22] in Frage, geben die zit. Best. nichts her. 17

„Außerhalb der Bundeswehr" meint auch hier „außerhalb der (deutschen) Streitkräfte".

---

17 Vgl. VGH Mannheim 4 S 1764/91; BVerwG 2 A 5/96.
18 BGBl. I S. 13, zuletzt geä. durch G v. 23.12.2003 (BGBl. I S. 2848).
19 BGBl. I S. 71, zuletzt geä. durch VO v. 10.5.1971 (BGBl. I S. 450).
20 ZDv 14/5 F 511.
21 ZDv 14/5 B 141 Nr. 3 Abs. 1.
22 GKÖD I Yk, § 60 Rn. 2.

18 bb) „auf Grund freiwilliger Verpflichtung ... einberufen": Der Einberufungsbescheid zu der Eignungsübung ist ein **antragsbedürftiger VA**.[23] Der Antrag kann bis zum Dienstantritt ohne Begr. zurückgenommen werden.

19 Die Eignungsübung **beginnt** mit dem **Dienstantritt** (§ 2 Abs. 1 Nr. 4), frühestens an dem im Einberufungsbescheid genannten Tag.[24]

20 Tritt der Bewerber den Dienst **nicht an**, wird **kein Wehrdienstverhältnis** begründet. Rechtl. Konsequenzen anderer Art, z.b. nach dem WStG, löst der unterlassene Dienstantritt nicht aus.[25] Eine Entlassung des Bewerbers kommt in solchen Fällen nicht in Betracht[26], da ein solcher Rechtsakt die vorherige Begründung eines Dienstverhältnisses voraussetzt.

21 Wird ein **Arbeitnehmer** zu einer Eignungsübung einberufen, ruht sein Arbeitsverhältnis bis zur Dauer von vier Monaten (§ 1 Abs. 1 Satz 1 EÜG). Setzt der Arbeitnehmer die Eignungsübung gem. § 87 Abs. 1 Satz 1 Halbs. 2 über die Dauer von vier Monaten fort[27], endet sein Arbeitverhältnis grds. mit Ablauf der ersten vier Monate (§ 3 Abs. 2 Satz 1 EÜG). Vor einer Verlängerung der Eignungsübung ist der Bewerber über diese Rechtsfolge aktenkundig zu belehren.[28]

22 Vergleichbare Best. für **Beamte** und **Richter** finden sich in § 7 EÜG.

b) Satz 5

23 Während der Eignungsübung hat der Bewerber die **Rechte** und **Pflichten** eines **SaZ**. Im Gegensatz zu allen anderen Soldaten legt der Bewerber weder einen Diensteid noch ein feierliches Gelöbnis ab.[29]

Für die Dauer der Eignungsübung erhält der Bewerber den **Dienstgrad**, für den er nach erfolgreichem Abschluss der Eignungsübung vorgesehen ist. Dieser Dienstgrad wird – mit der stillschweigenden oder ausdrücklichen – Zustimmung des Bewerbers vorläufig festgesetzt; er darf bei einem Scheitern der Eignungsübung nicht mehr geführt werden.[30]

c) Sätze 2 bis 4

24 Die Eignungsübung **endet** durch Entlassung von Amts wegen oder auf eigenen Antrag, durch Zeitablauf oder durch Ernennung zum SaZ oder BS.

25 Die **Entlassung von Amts wegen** kann wegen mangelnder Eignung oder schuldhafter Dienstpflichtverletzung erfolgen.[31] Dabei sind die Fristen des Satzes 2 zu beachten. Der Soldat ist gem. § 28 Abs. 1 VwVfG **anzuhören**. Die Entlassungsverfügung ist gem. § 39 VwVfG schriftl. zu **begründen** und mit einer **Rechtsbehelfsbelehrung** zu versehen.

---

23 GKÖD I Yk, § 60 Rn. 4; *Scherer/Alff*, SG, § 60 Rn. 3.
24 ZDv 14/5 B 141 Nr. 5 Abs. 1. Missverständlich *Schölz/Lingens*, WStG, § 1 Rn. 4 („Das Wehrdienstverhältnis ... beginnt mit dem in der Einberufung zur Eignungsübung angegeben Zeitpunkt.").
25 *Stauf* I, § 60 SG Rn. 3.
26 A.A. GKÖD I Yk, § 60 Rn. 4.
27 Die Eignungsübung kann auf Antrag o. mit Zustimmung des Bewerbers um mindestens einen u. höchstens vier Monate verlängert werden (ZDv 14/5 B 141 Nr. 6 Abs. 1).
28 ZDv 14/5 B 141 Nr. 4 a Abs. 3.
29 ZDv 14/5 B 193 Nr. 3 Abs. 2. Vgl. krit. hierzu die Komm. zu § 9 Rn. 33.
30 ZDv 14/5 B 141 Nr. 3 Abs. 3.
31 *Scherer/Alff*, SG, § 60 Rn. 6.

Für eine **fristlose Entlassung** gem. § 55 Abs. 5 ist neben § 87 Abs. 1 Satz 2 **kein Raum**.[32] § 87 ist gegenüber § 55 Abs. 5 lex specialis. § 55 Abs. 5 ist auch deswegen nicht anwendbar, weil sich der Eignungsübende (noch) nicht in den „ersten vier Dienstjahren" befindet.

Der **Entlassungsantrag** des Bewerbers bedarf **keiner Begr.**; ihm ist unverzüglich zu entsprechen.[33]   26

Wird der Bewerber über die Dauer von vier Monaten **im Dienst belassen**, gilt die Eignungsübung als stillschweigend verlängert; der Bewerber ist weiterhin de iure und nicht nur de facto Soldat.[34]   27

Endet die Eignungsübung wegen **Zeitablaufs** ohne eine Ernennung zum SaZ oder BS gem. Abs. 2, endet das Wehrdienstverhältnis von Gesetzes wegen entspr. § 54 Abs. 1 Satz 1. Eines förmlichen Bescheides, der lediglich deklaratorischen Charakter hätte[35], bedarf es hierzu nicht. Der Bewerber scheidet ohne einen statusbeendenden VA aus den SK aus. Wird dem Bewerber vor Ablauf der Eignungsübung mitgeteilt, dass er wegen **mangelnder Eignung** nicht übernommen werden könne[36], ist dies jedoch ein anfechtbarer **VA**.[37]   28

3. Absatz 2

Nach **erfolgreichem**[38] **Abschluss** der Eignungsübung kann der Bewerber zum **SaZ** oder **BS** ernannt werden. Aus der Formulierung „kann" wird geschlossen, dass der Bewerber keinen Rechtsanspruch auf Ernennung habe; die Entscheidung hierüber stehe vielmehr im pflichtgemäßen **Ermessen** der zuständigen Stelle.[39] Dies ist zwar grds. richtig. Eine Ablehnung der Ernennung trotz nachgewiesener Eignung ist jedoch nur in seltenen Ausnahmefällen denkbar[40], so etwa, wenn sich die Haushaltslage während der Eignungsübung so dramatisch verändert hat, dass die für eine Übernahme des Bewerbers erforderliche Planstelle nicht (mehr) zur Verfügung steht.   29

4. Absatz 3

Abs. 3 lässt eine Ausnahme von der **Altersgrenze** des § 40 Abs. 1 Nr. 1 zu.   30

---

32 A.A. GKÖD I Yk, § 60 Rn. 8.
33 ZDv 14/5 B 141 Nr. 7 Abs. 2.
34 Vgl. GKÖD I Yk, § 60 Rn. 10.
35 Vgl. *Stauf* I, § 54 SG Rn. 1.
36 Nach der ZDv 14/5 B 141 Nr. 7 Abs. 4 ist eine solche Mitteilung für den Fall vorgeschrieben, dass die Eignungsübung ohne Erfolg enden wird o. wenn der Bewerber eine Verlängerung der Eignungsübung ablehnt.
37 Vgl. VG Göttingen 3 A 3163/99; VG Köln NZWehr 1962, 91; VG Lüneburg 1 A 45/97.
38 Abs. 2 kann sich nur auf den Fall beziehen, dass ein Bewerber die Eignungsübung mit Erfolg absolviert hat (so auch *Scherer/Alff*, SG, § 60 Rn. 8). Dies ergibt sich aus der Gesetzessystematik. Konnte der Bewerber seine Eignung nicht unter Beweis stellen, ist er entweder gem. Abs. 1 Satz 2 zu entlassen o. es ist ihm mitzuteilen, dass seine Dienstzeit am Schluss der Eignungsübung endet.
39 *Scherer/Alff*, SG, § 60 Rn. 8.
40 Im Ergebnis ebenso GKÖD I Yk, § 60 Rn. 11. Auch nach der Erlasslage (ZDv 14/5 B 141 Nr. 7 Abs. 5) ist von einer Ermessensreduzierung auf Null auszugehen.

§ 88 Entlassung von anderen Bewerbern

¹Ein Bewerber nach § 87 Abs. 1, der in das Dienstverhältnis eines Berufssoldaten oder eines Soldaten auf Zeit berufen ist, kann auf Grund eines Verhaltens vor der Ernennung, das ihn der Berufung in sein Dienstverhältnis unwürdig erscheinen lässt, entlassen werden, nachdem ein Disziplinargericht den Sachverhalt festgestellt hat. ²Die Entlassung hat dieselben Folgen wie eine Entlassung nach § 46 Abs. 2 Satz 1 Nr. 3.

Literatur: *Laabs, Harald:* Voraussetzungen der „Unwürdigkeit" im Sinne des § 61 SG, NZWehr 1960, 97; *Lingens, Eric:* Statusrecht und Disziplinarrecht, NZWehr 1996, 233; *Schreiber, Jürgen:* Sprechsaal 1/1959, NZWehr 1959, 28.

Übersicht

	Rn.		Rn.
A. Allgemeines	1 – 10	2. Verhältnis zu § 46 Abs. 2 Satz 1 Nr. 2 und 3	13 – 15
1. Entstehung der Vorschrift	1 – 3	3. Satz 1	16 – 21
2. Änderungen der Vorschrift	4 – 7	a) Adressatenkreis	16
3. Bezüge zum Beamtenrecht bzw. zu sonstigen rechtl. Vorschriften; ergänzende Dienstvorschriften und Erlasse	8 – 10	b) Unwürdigkeit	17
		c) „nachdem ein Disziplinargericht den Sachverhalt festgestellt hat"	18 – 20
B. Erläuterungen im Einzelnen	11 – 26	d) „kann entlassen werden"	21
1. Zweck der Vorschrift	11 – 12	4. Satz 2	22 – 23
		5. Sonstiges	24 – 26

A. Allgemeines

1. Entstehung der Vorschrift

1 § 55 des REntw.¹ sah folgende Regelung vor:

„Ein Soldat oder Wehrmachtbeamter der früheren Wehrmacht, der in das Dienstverhältnis eines Berufssoldaten oder eines Soldaten auf Zeit berufen ist, kann auf Grund eines Verhaltens vor der Ernennung, das ihn der Berufung in sein Dienstverhältnis unwürdig erscheinen läßt, nach Feststellung des Tatbestandes durch ein Disziplinargericht entlassen werden."

2 In der **Begr.** des REntw.² wird der Charakter dieser Vorschrift als **„Übergangsbestimmung"** betont. Damit werde den Zeitverhältnissen Rechnung getragen, die es vielfach ausgeschlossen hätten, dass strafbare Handlungen strafgerichtl. abgeurteilt worden seien. Als Beispiel für ein „grob ehrenrühriges Verhalten" wird ein „unwürdiges Verhalten in der Kriegsgefangenschaft" genannt.

3 Die **krit. Anm.** des Abg. *Merten* (SPD) anlässlich der **1. Lesung** des SG am 12.12.1955³, § 55 öffne letztlich dem „Denunziantentum Tür und Tor", und es sei nicht hinzunehmen, dass für Soldaten und Beamte „ungleiches Recht geschaffen" werde, fanden bei der weiteren Beratung keinen Widerhall. Der **Rechtsausschuss**⁴ empfahl lediglich eine sprachliche Neufassung des 2. Halbs., der sich der **Ausschuss für Beamtenrecht**⁵ anschloss. Der **VertA**⁶ ergänzte den Text der Regierungsvorlage um die sog. **anderen Be-**

---

1 BT-Drs. II/1700, 14.
2 BT-Drs. II/1700, 35.
3 Sten. Ber. 5788 (A).
4 Schreiben des Vors. des Rechtsausschusses an den Vors. des VertA v. 13.12.1955, 2.
5 Prot. der 44. Sitzung v. 12.1.1956, Prot. Nr. 44, 7; Ausschussdrs. 23 v. 20.1.1956, 64.
6 BT-Drs. II/2140, 58.

werber und formulierte ihn nochmals sprachlich um. Auch der VertA bezog sich in seiner Begr.[7] auf das (ehrenrührige) Verhalten in der Kriegsgefangenschaft. Bedeutsam ist ferner sein Hinw. darauf, dass ein Disziplinargericht zwar den Sachverhalt festzustellen habe; die Entlassung selbst bleibe jedoch „Verwaltungsakt des Dienstherrn".[8]

2. Änderungen der Vorschrift

Durch Art. 1 Nr. 11 des G vom **28.3.1960**[9] wurde der jetzige Satz 2 angefügt.   **4**

Durch Art. 1 Nr. 19 des G vom **12.12.1990**[10] wurde die Überschrift in die noch geltende   **5**
Fassung gebracht. Zur Begr.[11] wurde auf den bzgl. der Soldaten und Beamten der früheren Wehrmacht inzwischen eingetretenen Zeitablauf verwiesen.

Durch das **SGÄndG** wurde in § 46 Abs. 2 ein Satz 2 angefügt. Als Folgeänd. hätte in   **6**
§ 61 a.F. Satz 2 die Verweisung auf „§ 46 Abs. 2 **Satz 1** Nr. 3" geä. werden müssen. Dieses Redaktionsversehen wurde durch Art. 2 Nr. 88 b des **SkResNOG** behoben.

Ferner wurden durch das **SkResNOG** die Verweisung in Satz 1 geä. und § 61 als § 88   **7**
neu platziert.

3. Bezüge zum Beamtenrecht bzw. zu sonstigen rechtl. Vorschriften; ergänzende Dienstvorschriften und Erlasse

§ 88 fand und findet **keine Entsprechung** im Beamten- und Richterrecht.[12] Eine Begr.   **8**
für die soldatenrechtl. Sonderregelung ist den Materialien nicht zu entnehmen. Die Vermutung, eine entspr. beamtenrechtl. Regelung sei nicht notwendig (gewesen), da der Bund und die Länder auf Grund der Nachkriegsgesetzgebung eine „eingehende Hintergrundüberprüfung ihrer Beamten" vor der Einstellung hätten durchführen können[13], ist, unabhängig von ihrer zeitlich überholten Geltung, wenig schlüssig. Die Einstellungsverfahren für Beamte und Soldaten sind zumindest heute praktisch deckungsgleich.

Das Verfahren des „Disziplinargerichts" i.S.v. § 88 Satz 1 ist in **§ 144 WDO** geregelt.   **9**

DBest. zu § 88 wurden **nicht** erlassen.   **10**

B. Erläuterungen im Einzelnen

1. Zweck der Vorschrift

§ 88 soll für BS und SaZ, die nach § 87 in ihr Dienstverhältnis berufen worden sind,   **11**
einen zusätzlichen (besonderen?) Entlassungstatbestand schaffen, der neben die allg. Entlassungsvorschriften tritt. Wie die Entstehungsgeschichte[14] zeigt, dachte der Gesetzgeber hierbei primär an **ehem. Soldaten und Beamte der früheren Wehrmacht**, deren „Ehrenhaftigkeit" in der Kürze der beim Aufbau der Bw zur Verfügung stehenden Zeit und angesichts des rechtl. Instrumentariums bis 1945 und von 1945 bis zur Gründung der Bw nicht immer ausreichend überprüft werden konnte. Die wenigen zu § 88 er-

---

7 BT-Drs. II/2140, 14.
8 BT-Drs. II/2140, 15. Diese Zweistufigkeit des Entlassungsverfahrens betont – aus damaliger Sicht – auch *Rittau*, SG, 249.
9 BGBl. I S. 206.
10 BGBl. I S. 2588.
11 BT-Drs. 11/6906, 17.
12 Vgl. *Laabs*, NZWehr 1960, 98; *Merten*, o. Fn. 3.
13 *Laabs*, NZWehr 1960, 98 unter Hinw. auf einen unveröff. Beschl. des BDH WDB 4/59.
14 Vgl. o. Rn. 1 bis 3.

gangenen gerichtl. Entsch.[15] und die Lit.[16] beziehen sich denn auch ausschließlich auf diese Situation.[17]

12 Spätestens mit der im Jahre 1990 erfolgten Änd. des § 61 a.F.[18] bestand für diese Vorschrift **keine rechtspolitische und praktische Begr.** mehr. Genauso wie „andere Bewerber" i.S.d. Beamtenrechts sind solche des Soldatenrechts nach den für alle Statusgruppen geltenden Best., insbes. den allg. Entlassungsvorschriften, zu behandeln.

Eine **ersatzlose Streichung des § 88** (und des § 144 WDO) ist auch deswegen angezeigt, weil diese Vorschriften zahlreiche schwierige Rechtsfragen aufwerfen; der unbestimmte Rechtsbegriff „unwürdig" dürfte in diesem Kontext wohl kaum den an die Bestimmtheit einer Norm zu stellenden Anforderungen gerecht werden.[19]

2. Verhältnis zu § 46 Abs. 2 Satz 1 Nr. 2 und 3

13 Von einem Teil der Lit.[20] wird die Auffassung vertreten, das Verfahren nach § 88 trete **neben** die Entlassungstatbestände des § 46 Abs. 2 Satz 1 Nr. 2 und 3; es liege im Ermessen der zuständigen Dienststellen, zu entscheiden, nach welcher Best. vorgegangen werde. Zur Begr. wird auf ein Urt. des BVerwG[21] verwiesen. Das Gericht hatte sein Votum darauf abgestellt, dass die Entlassung gem. § 61 a.F. im Gegensatz zu der gem. § 46 Abs. 2 auch bewirke, dass der Betroffene die Rechte aus dem Gesetz zu Art. 131 GG verliere. Nachdem die hierfür maßgebliche Best. des § 137 WDO a.F. mit dem 2. G zur Neuordnung des Wehrdisziplinarrechts vom 21.8.2001[22] gestrichen wurde, ist zumindest dieses Argument hinfällig geworden.

14 Die gegenteilige Auffassung[23] meint, § 88 sei **lex specialis** gegenüber § 46 Abs. 2. In den Fällen des § 87 sei neben § 88 für andere Entlassungstatbestände kein Raum.

15 Die Diskussion zeigt, dass § 88 „im Grunde weitgehend überholt ist".[24] Auch für andere Bewerber reichen die allg. Entlassungstatbestände aus. Der Umstand, dass andere Bewerber in die SK mit einem höheren Dienstgrad eingestellt werden, bedingt nicht, dass für sie ein besonderes Entlassungsverfahren Platz zu greifen hat.

3. Satz 1

a) Adressatenkreis

16 Der für eine Entlassung nach § 88 in Betracht kommende Personenkreis ist in zwei Richtungen **begrenzt**:

---

15 BDHE 4, 150; 5, 205 (Verhalten in der Kriegsgefangenschaft); BDHE 5, 209 = NZWehr 1962, 27 (Täuschung über Beförderung u. Auszeichnung); BVerwGE 43, 62 = NZWehr 1970, 145; BVerwG 46, 39 (Verhalten als KpChef in Russland); BVerwGE 53, 290 = NZWehr 1977, 215 (Bigamie); BVerwG 2 WD 11/83 (Erschießung eines deutschen Soldaten während der Internierung in Norwegen).
16 *Dau*, WDO, § 144 Rn. 2; *Laabs*, NZWehr 1960, 97 (104); *Scherer/Alff*, SG, § 61 Rn. 4; *Schreiber*, NZWehr 1959, 28.
17 Die Anregung von *Lingens* (NZWehr 1996, 235 Fn. 14), das Verfahren gem. § 61 auf ehem. Soldaten der NVA anzuwenden, die als sog. IMS Spitzeldienste geleistet hatten, ist von der Praxis nicht aufgegriffen worden. Solche Fälle wurden u. werden als Einstellungsbetrug (§ 46 Abs. 2 Satz 1 Nr. 2) abgehandelt.
18 Vgl. o. Rn. 5.
19 Vgl. allg. hierzu *Sachs*, in: *Sachs*, GG, Art. 20 Rn. 129 m.w.N. in Fn. 457.
20 *Dau*, WDO, § 144 Rn. 2; *Scherer/Alff*, SG, § 61 Rn. 2.
21 BVerwGE 53, 290 = NZWehr 1977, 215.
22 BGBl. I S. 2093.
23 GKÖD I Yk, § 61 Rn. 7.
24 GKÖD I Yk, § 61 Rn. 7.

Einerseits gilt § 88 ausschließlich für die nach § 87 eingestellten anderen Bewerber; andererseits kann er schon begrifflich-logisch lediglich auf Soldaten Anwendung finden, die in einem **aktiven Wehrdienstverhältnis** stehen.[25] Gegen Soldaten im Ruhestand, im einstweiligen Ruhestand oder Res ist ein solches Verfahren nicht statthaft. Auch bei einem aktiven Soldaten ist vor der Einleitung eines Verfahrens nach § 88 aus prozessökonomischen Gründen zu prüfen, ob dieses voraussichtlich noch vor dem Ende seiner Dienstzeit abgeschlossen werden kann.[26]

Etwas anderes gilt im **Wiederaufnahmeverfahren** gem. §§ 129 ff. WDO. Ein solches, der Feststellung der Unwürdigkeit nach § 88 dienendes, ist auch nach der Beendigung des Dienstverhältnisses zulässig.[27]

b) Unwürdigkeit

„Unwürdig" ist ein **unehrenhaftes Verhalten** vor der Ernennung, das, gemessen an den „zeitlosen Forderungen, die an den Soldaten zu stellen sind"[28], unter Berücksichtigung von dessen Dienststellung als nicht achtungswürdig zu beurteilen ist. Gemeint ist also ein schuldhaftes Verhalten, das den Soldaten in seiner Ehre, Achtung und Wertschätzung durch seine Umwelt so wesentlich herabsetzt, dass sein Verbleiben in den SK mit deren Ansehen schlechthin nicht zu vereinbaren wäre.[29]   17

Wegen weiterer Einzelheiten kann auf die Komm. zu § 46 Abs. 2 Satz 1 Nr. 3 verwiesen werden.

Insgesamt kann man sich des Eindrucks nicht erwehren, als ob hier ein unbestimmter Rechtsbegriff durch andere unbestimmte Rechtsbegriffe ersetzt werde, ohne dass weitere Klarheit zu gewinnen wäre.

c) „nachdem ein Disziplinargericht den Sachverhalt festgestellt hat"

Das Feststellungsverfahren, auf das sich § 88 Satz 1 bezieht, ist in **§ 144 WDO** geregelt. § 144 WDO „ergänzt"[30] § 88 Satz 1 nicht nur sondern, **ändert** dessen **gesetzl. Vorgabe**[31]: Gem. § 88 Satz 1 hat das Disziplinargericht den „Sachverhalt" festzustellen; § 144 Satz 2 WDO verpflichtet das richtigerweise als „Wehrdienstgericht" bezeichnete Gericht zugleich zu einer Bewertung des festgestellten Sachverhalts dahingehend, ob dieser den Soldaten als unwürdig erscheinen lässt. Dies ist zumindest gesetzestechnisch keine gute Lösung.   18

Das Urt. des Wehrdienstgerichts ist für das **VG bindend** (§ 145 Abs. 2 WDO), sofern der entlassene Soldat die Entlassungsverfügung gerichtl. anfechten sollte.[32]   19

Das Wehrdienstgericht gibt dem Feststellungsantrag statt oder weist ihn ab (§ 144 Satz 2 WDO). Eine **teilweise** Stattgabe oder Zurückweisung ist **nicht zulässig**.[33]   20

---

25 BVerwGE 46, 39; BVerwGE 53, 290 = NZWehrr 1977, 215; BVerwG 2 WD 11/83; *Dau*, WDO, § 144 Rn. 3; *Scherer/Alff*, SG, § 61 Rn. 3.
26 *Dau*, WDO, § 144 Rn. 3.
27 BVerwGE 53, 290 = NZWehrr 1977, 215.
28 BDHE 5, 205.
29 Vgl. BVerwGE 53, 290 = NZWehrr 1977, 215; GKÖD I Yk, § 61 Rn. 5; *Laabs*, NZWehrr 1960, 97; *Scherer/Alff*, SG, § 61 Rn. 4.
30 *Scherer/Alff*, SG, § 61 Rn. 1.
31 Vgl. GKÖD I Yk, § 61 Rn. 1.
32 *Dau*, WDO, § 144 Rn. 7.
33 *Dau*, WDO, § 144 Rn. 8.

§ 88 Bußgeldvorschriften; Übergangs- und Schlussvorschriften

d) „kann entlassen werden"

21 Der Gesetzeswortlaut führt in die Irre. Hat das Wehrdienstgericht rechtskräftig über einen Feststellungsantrag gem. § 144 WDO entschieden, wird die anschließende Entlassungsverfügung zu einem „reinen Formalakt".[34] Die Entlassungsdienststelle entscheidet nach ihrem Ermessen, ob sie einen Antrag gem. § 144 WDO stellen will. Hat sie diesen gestellt, und hat das Gericht antragsgemäß geurteilt, reduziert sich das **Ermessen** der Entlassungsdienststelle **auf Null**, sofern sich an den Fakten nichts geändert hat.[35] Sie **hat** den Soldaten **zu entlassen**. Würde die Entlassungsdienststelle anders verfahren, würde sie ihre Glaubwürdigkeit verlieren.

4. Satz 2

22 Bzgl. der **Rechtsfolgen** einer Entlassung gem. § 88 Satz 1 verweist Satz 2 auf § 46 Abs. 2 Satz 1 Nr. 3.

Dies bedeutet, dass der Soldat, sofern er nicht Wehrdienst nach dem WPflG zu leisten hat, aus der Bw **ausscheidet** (§ 49 Abs. 1). Er **verliert** seinen **Dienstgrad** (§ 49 Abs. 2) und seine Ansprüche auf **Dienstbezüge** und **Versorgung** mit Ausnahme der Beschädigtenversorgung (§ 49 Abs. 3).

23 Str. ist, ob die **Ausschlussfrist** des § 47 Abs. 3 für die Fälle des § 88 gilt. Die h.M.[36] **verneint** dies. Sofern dies überhaupt begründet wird, geschieht dies unter Hinw. auf die „Sonderstellung" des § 88 und den Umstand, dass nur einer Entlassung gem. § 46 Abs. 2 Satz 1 Nr. 3 „eindeutige" strafrichterliche Feststellungen zu Grunde lägen.[37] An die Stelle der Frist des § 47 Abs. 3 soll das zeitlich nicht näher bestimmte Prinzip von Treu und Glauben oder der Verwirkung treten.[38]

Dieser Auffassung kann nicht gefolgt werden. Zwar verweist § 88 Satz 2 nur wegen der Rechtsfolgen auf § 46 Abs. 2 Satz 1 Nr. 3 und nicht – auch – weitergehend ausdrücklich auf § 47 Abs. 3. Diese Best. ist jedoch **analog anzuwenden**, um einen Missbrauch zu verhindern.[39] Die Frist von sechs Monaten beginnt in den Fällen des § 88 mit der Kenntnisnahme der Entlassungsdienststelle von dem unehrenhaften Verhalten des Soldaten.

5. Sonstiges

24 Das Verfahren gem. § 88 SG, § 144 WDO kann mit einem **gerichtl. Disziplinarverfahren verbunden** werden.[40]

25 Eine **Einbehaltung der Dienstbezüge** gem. § 126 Abs. 2 WDO ist im Rahmen dieses Verfahrens nicht zulässig.[41]

26 Die Einleitung eines Verfahrens gem. § 88 SG, § 144 WDO **gegen sich selbst** ist nicht statthaft (§ 95 Abs. 3 WDO).

---

34 GKÖD I Yk, § 61 Rn. 1.
35 *Dau*, WDO, § 144 Rn. 7; GKÖD I Yk, § 61 Rn. 9; *Scherer/Alff*, SG, § 61 Rn. 5. A.A. BVerwG 2 WD 11/83; *Laabs*, NZWehrr 1960, 101.
36 *Dau*, WDO, § 144 Rn. 2; *Laabs*, NZWehrr 1960, 105; *Lingens*, NZWehrr 1996, 235 Fn. 14; *Scherer/Alff*, SG, § 61 Rn. 2. A.A. GKÖD I Yk, § 61 Rn. 8.
37 *Laabs*, NZWehrr 1960, 105.
38 BDH WDB 4/59; *Dau*, WDO, § 144 Rn. 2; *Laabs*, NZWehrr 1960, 106.
39 GKÖD I Yk, § 61 Rn. 8; *Schreiber*, NZWehrr 1959, 29.
40 BDHE 5, 209 = NZWehrr 1962, 27; BDHE 6, 139 = NZWehrr 1963, 157.
41 BVerwGE 43, 62 = NZWehrr 1970, 145.

§ 89 Mitteilungen in Strafsachen

(1) In Strafsachen gegen Soldaten gilt § 125c Abs. 1 bis 6 des Beamtenrechtsrahmengesetzes entsprechend.

(2) ¹In Strafsachen gegen Berufssoldaten im Ruhestand, frühere Berufssoldaten und frühere Soldaten auf Zeit sollen personenbezogene Daten außer in den Fällen des § 14 Abs. 1 Nr. 6 des Einführungsgesetzes zum Gerichtsverfassungsgesetz übermittelt werden, wenn deren Kenntnis für Disziplinarmaßnahmen mit anderen als versorgungsrechtlichen Folgen erforderlich ist, soweit nicht für die übermittelnde Stelle erkennbar ist, dass schutzwürdige Interessen des Betroffenen an dem Ausschluss der Übermittlung überwiegen. ²§ 14 Abs. 2 des Einführungsgesetzes zum Gerichtsverfassungsgesetz ist anzuwenden.

(3) ¹Die Mitteilungen sind zu richten
1. bei Erlass und Vollzug eines Haftbefehls oder Unterbringungsbefehls an den nächsten Disziplinarvorgesetzten oder dessen Vertreter im Amt,
2. in den übrigen Fällen zum Zwecke der Weiterleitung an die zuständige Stelle an den Befehlshaber des Wehrbereichs, in dem die mitteilungspflichtige Stelle liegt.

²Die Mitteilungen sind als „Vertrauliche Personalsache" zu kennzeichnen. ³Im Fall des Satzes 1 Nr. 2 dürfen nur die Personendaten des Beschuldigten, die für die Ermittlung der zuständigen Stelle erforderlich sind, dem Befehlshaber im Wehrbereich zugänglich gemacht werden; die übrigen Daten sind ihm zur Weiterleitung in einem verschlossenen Umschlag zu übermitteln.

§ 125c Abs. 1 bis 6 BRRG

(1) ¹Das Gericht, die Strafverfolgungs- oder die Strafvollstreckungsbehörde hat in Strafverfahren gegen Beamte zur Sicherstellung der erforderlichen dienstrechtlichen Maßnahmen im Falle der Erhebung der öffentlichen Klage
1. die Anklageschrift oder eine an ihre Stelle tretende Antragsschrift,
2. den Antrag auf Erlaß eines Strafbefehls und
3. die einen Rechtszug abschließende Entscheidung mit Begründung

zu übermitteln; ist gegen die Entscheidung ein Rechtsmittel eingelegt worden, ist die Entscheidung unter Hinweis auf das eingelegte Rechtsmittel zu übermitteln. ²Der Erlaß und der Vollzug eines Haftbefehls oder Unterbringungsbefehls sind mitzuteilen.

(2) In Verfahren wegen fahrlässig begangener Straftaten werden die in Absatz 1 Satz 1 bestimmten Übermittlungen nur vorgenommen, wenn
1. es sich um schwere Verstöße, namentlich Vergehen der Trunkenheit im Straßenverkehr oder der fahrlässigen Tötung, handelt oder
2. in sonstigen Fällen die Kenntnis der Daten auf Grund der Umstände des Einzelfalls erforderlich ist, um zu prüfen, ob dienstrechtliche Maßnahmen zu ergreifen sind.

(3) ¹Entscheidungen über Verfahrenseinstellungen, die nicht bereits nach Absatz 1 oder 2 zu übermitteln sind, sollen übermittelt werden, wenn die in Absatz 2 Nr. 2 genannten Voraussetzungen erfüllt sind. ²Dabei ist zu berücksichtigen, wie gesichert die zu übermittelnden Erkenntnisse sind.

(4) ¹Sonstige Tatsachen, die in einem Strafverfahren bekannt werden, dürfen mitgeteilt werden, wenn ihre Kenntnis auf Grund besonderer Umstände des Einzelfalls für dienstrechtliche Maßnahmen gegen einen Beamten erforderlich ist und soweit nicht für die übermittelnde Stelle erkennbar ist, daß schutzwürdige Interessen des Beamten an dem Ausschluß

der Übermittlung überwiegen; erforderlich ist die Kenntnis der Daten auch dann, wenn diese Anlaß zur Prüfung bieten, ob dienstrechtliche Maßnahmen zu ergreifen sind. ²Absatz 3 Satz 2 ist entsprechend anzuwenden.

(5) Nach den Absätzen 1 bis 4 übermittelte Daten dürfen auch für die Wahrnehmung der Aufgaben nach dem Sicherheitsüberprüfungsgesetz oder einem entsprechenden Landesgesetz verwendet werden.

(6) ¹Übermittlungen nach den Absätzen 1 bis 3 sind auch zulässig, soweit sie Daten betreffen, die dem Steuergeheimnis (§ 30 der Abgabenordnung) unterliegen. ²Übermittlungen nach Absatz 4 sind unter den Voraussetzungen des § 30 Abs. 4 Nr. 5 der Abgabenordnung zulässig.

§ 30 Abs. 4 Nr. 5 Abgabenordnung

(4) Die Offenbarung der nach Absatz 2 erlangten Kenntnisse ist zulässig, soweit

...

5. für sie ein zwingendes öffentliches Interesse besteht; ein zwingendes öffentliches Interesse ist namentlich gegeben, wenn

a) Verbrechen und vorsätzliche schwere Vergehen gegen Leib und Leben oder gegen den Staat und seine Einrichtungen verfolgt werden oder verfolgt werden sollen,

b) Wirtschaftsstraftaten verfolgt werden oder verfolgt werden sollen, die nach ihrer Begehungsweise oder wegen des Umfangs des durch sie verursachten Schadens geeignet sind, die wirtschaftliche Ordnung erheblich zu stören oder das Vertrauen der Allgemeinheit auf die Redlichkeit des geschäftlichen Verkehrs oder auf die ordnungsgemäße Arbeit der Behörden und der öffentlichen Einrichtungen erheblich zu erschüttern, oder

c) die Offenbarung erforderlich ist zur Richtigstellung in der Öffentlichkeit verbreiteter unwahrer Tatsachen, die geeignet sind, das Vertrauen in die Verwaltung erheblich zu erschüttern; die Entscheidung trifft die zuständige oberste Finanzbehörde im Einvernehmen mit dem Bundesministerium der Finanzen; vor der Richtigstellung soll der Steuerpflichtige gehört werden.

§ 14 Abs. 1 Nr. 6 EGGVG

(1) In Strafsachen ist die Übermittlung personenbezogener Daten des Beschuldigten, die den Gegenstand des Verfahrens betreffen, zulässig, wenn die Kenntnis der Daten aus der Sicht der übermittelnden Stelle erforderlich ist für

...

6. Dienstordnungsmaßnahmen mit versorgungsrechtlichen Folgen oder für den Entzug von Hinterbliebenenversorgung, falls der Betroffene aus einem öffentlich-rechtlichen Amts- oder Dienstverhältnis oder aus einem Amts- oder Dienstverhältnis mit einer Kirche oder anderen öffentlich-rechtlichen Religionsgesellschaft Versorgungsbezüge erhält oder zu beanspruchen hat,

...

§ 14 Abs. 2 EGGVG

(2) ¹In Privatklageverfahren, in Verfahren wegen fahrlässig begangener Straftaten, in sonstigen Verfahren bei Verurteilung zu einer anderen Maßnahme als Strafe oder Maßnahme im Sinne des § 11 Abs. 1 Nr. 8 des Strafgesetzbuches, oder wenn das Verfahren eingestellt worden ist, unterbleibt die Übermittlung in den Fällen des Absatzes 1 Nr. 4 bis 9, wenn nicht besondere Umstände des Einzelfalles die Übermittlung erfordern. ²Die Übermittlung ist insbesondere erforderlich, wenn die Tat bereits ihrer Art nach geeignet ist, Zweifel an der Zuverlässigkeit oder Eignung des Betroffenen für die gerade von ihm ausgeübte berufliche, gewerbliche oder ehrenamtliche Tätigkeit oder für die Wahrnehmung von Rechten aus einer ihm erteilten Berechtigung, Genehmigung oder Erlaubnis hervorzurufen. ³Die Sätze 1 und 2

gelten nicht bei Straftaten, durch die der Tod eines Menschen verursacht worden ist, und bei gefährlicher Körperverletzung. ⁴Im Falle der Einstellung des Verfahrens ist zu berücksichtigen, wie gesichert die zu übermittelnden Erkenntnisse sind.

§ 11 Abs. 1 Nr. 8 StGB

(1) Im Sinne dieses Gesetzes ist
...

8. Maßnahmen:
jede Maßregel der Besserung und Sicherung, der Verfall, die Einziehung und die Unbrauchbarmachung;
...

Literatur: *Krumsiek, Rolf:* Die unendliche Geschichte des Justizmitteilungsgesetzes, DVBl. 1993, 1229; *Schütz, Charlotte*: Das Justizmitteilungsgesetz, BWV 1997, 275; *Schnupp, Günther:* Übermittlung personenbezogener Daten durch die Justiz, PersV 1998, 110; *Wollweber, Harald:* Justitias langer Arm – Analyse und Kritik des Justizmitteilungsgesetzes, NJW 1997, 2488.

Übersicht

	Rn.		Rn.
A. Allgemeines	1 – 9	**B. Erläuterungen im Einzelnen**	10 – 15
1. Entstehung der Vorschrift	1 – 3	1. § 89 und Grundgesetz	10 – 12
2. Änderungen der Vorschrift	4 – 5	2. Zweck der Vorschrift	13
3. Bezüge zum Beamtenrecht bzw. zu sonstigen rechtl. Vorschriften; ergänzende Erlasse	6 – 9	3. Inhalt der Vorschrift	14 – 15

A. Allgemeines

1. Entstehung der Vorschrift

Im früheren § 62 war unter der Überschrift „Vorläufige Regelung der Geld- und Sachbezüge" in der Erstfassung des SG die Verweisung der Besoldung der BS und SaZ auf das BBesG normiert. **1**

Mit Nr. 12 des G vom **28.3.1960**[1] wurde § 62 a.F. **aufgehoben**. **2**

Art. 20 des **JuMiG** und G zur Änd. kostenrechtl. Vorschriften und anderer Gesetze vom 18.6.1997[2] fügte den früheren § 62 in der seither geltenden Fassung ein. Die **Begr.**[3] für diese „bereichsspezifische" Regelung für Soldaten verweist primär auf die für Beamte entwickelten Grundsätze der Datenübermittlung in Strafsachen. **3**

2. Änderungen der Vorschrift

§ 89 gilt **unverändert** i.d.F. von 1997. Änderungsbedarf wurde bisher nicht angemeldet. **4**

Durch Art. 2 Nr. 29 des **SkResNOG** wurde § 62 als § 89 neu platziert. **5**

3. Bezüge zum Beamtenrecht bzw. zu sonstigen rechtl. Vorschriften; ergänzende Erlasse

Im Rahmenrecht der **Beamten** ist § 125c BRRG, auf dessen Abs. 1 bis 6 in § 89 Abs. 1 Bezug genommen wird, einschlägig. **6**

Für **ZDL** ist § 45a ZDG maßgeblich. **7**

---

1 BGBl. I S. 206.
2 BGBl. I S. 1430.
3 BT-Drs. 13/4709, 33.

8 In Ausführung des JuMiG (vgl. § 12 Abs. 5 Satz 1 EGGVG) hat das BMJ mit Zustimmung des BR die **MiStra** vom 29.4.1998[4] erlassen. Für Soldaten sind insbes. die Nr. 19 (Strafsachen gegen Soldatinnen und Soldaten der Bw) und 20 (Strafsachen gegen Soldatinnen und Soldaten im Ruhestand, frühere Berufssoldatinnen und Berufssoldaten und frühere Soldatinnen und Soldaten auf Zeit) heranzuziehen.[5]

9 Ergänzend zu § 89 sind § 9 WDO, § 10 MADG und § 15 BDSG zu beachten.

B. Erläuterungen im Einzelnen

1. § 89 und Grundgesetz

10 Vor dem In-Kraft-Treten des JuMiG waren die Mitteilungspflichten der Dienststellen der Strafrechtspflege gegenüber anderen Behörden nur in der MiStra[6] geregelt. Es handelte sich dabei um eine vom BMJ und den Justizministern/-senatoren der Länder erlassene **VV**. Rechtsgrundlage für die MiStra sollte die Amtshilfe gem. Art. 35 Abs. 1 GG sein.[7] Für die meisten Mitteilungspflichten fehlte es an einer expliziten gesetzl. Grundlage.[8]

11 Nach dem Urt. des BVerfG zum **Volkszählungsgesetz** 1983[9] wurden mehrere Anläufe unternommen, die überkommenen MiStra verfassungsgemäß zu kodifizieren. Auszugehen war dabei vom dem (Grund-)**Recht auf informationelle Selbstbestimmung**, welches vom BVerfG aus Art. 2 Abs. 1 i.V.m. Art. 1 Abs. 1 GG abgeleitet worden war. Das Recht auf freie Entfaltung der Persönlichkeit, so das BVerfG[10], gewährleiste die Befugnis des Einzelnen, grds. selbst über die Preisgabe und Verwendung seiner persönlichen Daten zu bestimmen. Dieses Recht könne nur im überwiegenden Allgemeininteresse auf der Grundlage eines **Gesetzes**, das dem **Gebot der Normenklarheit** entspreche, und unter Beachtung des **Grds. der Verhältnismäßigkeit**, eingeschränkt werden.[11]

12 Sicher ist, dass das JuMiG, auch in Gestalt des neu eingefügten § 89, jetzt eine formal korrekte gesetzl. Basis für die Übermittlung personenbezogener Daten von Soldaten und ehem. Soldaten an die zuständigen mil. Dienststellen geschaffen hat. Ob dieses Regelwerk angesichts seiner **Kompliziertheit** und seiner ungewöhnlichen **Verweisungsvielfalt**, seiner zahlreichen unbestimmten Rechtsbegriffe und Sollvorschriften noch dem Gebot der „Normenklarheit" zu dienen in der Lage ist[12], muss bezweifelt werden. Die übermittelnden Gerichte und Behörden werden gut daran tun, die jew. maßgeblichen gesetzl. Best. zu Gunsten des Schutzes des Betroffenen eng auszulegen; die empfangenden mil. Dienststellen werden sich in Zweifelsfällen ohnehin an ihren Rechtsberater wenden.

2. Zweck der Vorschrift

13 Die Kenntnis von Strafsachen gegen Soldaten und ehem. Soldaten, insbes. die Kenntnis strafgerichtl. Verurteilungen, ist für die DiszVorg., die Personal bearbeitenden Dienststellen und die Wehrersatzbehörden im Hinblick auf die §§ 22, 48, 52, 53, 54 und 57 SG, die §§ 30 und 31 WPflG sowie § 126 WDO von essentieller Bedeutung. Zahlreiche

---

4 Bundesanzeiger Nr. 99.
5 Für ZDL gilt die Nr. 21 der MiStra.
6 Für die Straf- u. Jugendgerichtsbarkeit zuletzt i.d.F. v. 15.3.1985, Bundesanzeiger Nr. 60.
7 BT-Drs. 13/4709, 16.
8 *Krumsiek*, DVBl. 1993, 1230.
9 BVerfGE 65, 1.
10 BVerfGE 65, 1 (43).
11 BVerfGE 65, 1 (44).
12 So jedoch *Scherer/Alff*, SG, § 62 Rn. 3.

dienstrechtl. Maßnahmen können die Folge von Straftaten sein. Es wäre praxisfremd, wollte man annehmen, der Soldat selbst würde in jedem Fall seine Vorg. informieren. Der behördeninterne Informationsverkehr ist demgegenüber zuverlässiger.

3. Inhalt der Vorschrift

Abs. 1 sieht für **(aktive) Soldaten** die Übernahme der beamtenrechtl. Mitteilungspflichten vor.   14

Abs. 2 erweitert diese auf **ehem. BS und SaZ**, da eine vergleichbare beamtenrechtl. Vorschrift nicht existiert. Mit Abs. 2 soll den nachwirkenden Pflichten aus § 17 Abs. 3, § 23 Abs. 2 Nr. 2 Rechnung getragen werden.[13] Wohl aus diesem Grund ist der an sich nicht dienstgradbezogene Anwendungsbereich des Abs. 2 in Nr. 20 der MiStra auf frühere Offz und Uffz beschränkt worden.

§ 89 und die entspr. heranzuziehenden Best. des BRRG, des EGGVG sowie der AO   15
richten sich primär an die **Stellen außerhalb der Bw**, die Daten an Stellen der Bw übermitteln und an diese lediglich in zweiter Linie oder mittelbar. Für die Dienststellen der Bw ist von Bedeutung, dass eine Mitteilung in Strafsachen grds. zu den **PA** des Soldaten zu nehmen ist.[14]

§ 90 Organisationsgesetz

Die Organisation der Verteidigung, insbesondere die Spitzengliederung der Bundeswehr und die endgültige Organisation des Bundesministeriums der Verteidigung, bleiben besonderer gesetzlicher Regelung vorbehalten.

Literatur: *Böckenförde, Ernst-Wolfgang:* Die Organisationsgewalt im Bereich der Regierung, 2. Aufl. 1998; *Bundesminister der Verteidigung:* Erlass „Umgliederung des militärischen Bereichs im BMVtg" (sog. Blankeneser Erlass) vom 21.3.1970; *Dau, Klaus:* Der Generalinspekteur der Bundeswehr im Kräftedispositiv der Befehls- und Kommandogewalt (Art. 65a GG), in: Fs für Knut Ipsen, 2000, 599; *ders.:* Der Parlamentarische Staatssekretär – Stellvertreter im Oberbefehl? in: Fs für Dieter Fleck, 2004, 81; *Deiseroth, Dieter:* Komm. zu Art. 65a GG, in: *Umbach/Clemens* (Hrsg.), GG, Bd. II, 2002; *Franke, Peter:* Zur Stellvertretung des Bundesministers der Verteidigung in der Befehls- und Kommandogewalt, NZWehrr 1977, 45; *Hornung, Klaus:* Staat und Armee, 1975; *Klein, Eckart:* Ministerielle Weisungsbefugnis und Stellvertretung in der Befehls- und Kommandogewalt, JuS 1974, 362; *Kuhn, Helmut* (Hrsg.): Stellvertretung im Oberbefehl, 1966; *Lingens, Eric:* Zur Disziplinarbefugnis des Bundesministers der Verteidigung, NZWehrr 2004, 248; *Loosch, Gerhard:* Die gesetzlichen Grundlagen der Bundeswehr und ihrer Organisation, DÖV 1961, 206; *Lorse, Jürgen:* Die Befehls- und Kommandogewalt des Art. 65a GG im Lichte terroristischer Herausforderungen, DÖV 2004, 329; *de Maizière, Ulrich:* Führen – im Frieden, 1974; *ders.:* In der Pflicht, 3. Aufl. 1997; *Mann, Siegfried:* Das Bundesministerium der Verteidigung, 1971; *Stein, Horst:* Verteidigungsfunktion und Grundgesetzordnung, 1990; *ders.:* Militärgeschichtliche, verfassungsgeschichtliche und verfassungsrechtliche Aspekte der Spitzengliederung deutscher Streitkräfte, in: Fs für Klaus Dau, 1999, 229; *v. Unruh, Georg Christoph:* Befehls- und Kommandogewalt, in: Fs für Hans J. Wolff, 1973, 109; *Wagemann, Ernst/Busch, Eckart:* Staat und Armee. Bemerkungen zum

---

13 BT-Drs. 13/4709, 34.
14 Nr. 2.5.2 SPersAFüBest. Zur möglichen Entfernung einer solchen Mitteilung aus den PA vgl. § 6 SPersAV u. Nr. 2.5.3 SPersAFüBest.

gleichnamigen Buch von *Klaus Hornung*, Der Staat 2/77, 239; *Walz, Dieter:* Verfassungsrecht und Verfassungswirklichkeit der parlamentarischen Kontrolle der Streitkräfte, in: K.E. Schulz (Hrsg.), Streitkräfte im gesellschaftlichen Wandel, 1980, 143.

Übersicht

	Rn.		Rn.
A. Allgemeines	1 – 6	2. Umsetzung des Gesetzesbefehls durch Gesetz	10 – 14
1. Entstehung der Vorschrift	1 – 3	a) Erster Entw. eines OrgG	10
2. Änderungen der Vorschrift	4 – 5	b) Zweiter Entw. eines OrgG	11 – 14
3. Bezüge zum Beamtenrecht bzw. zu sonstigen rechtl. Vorschriften	6	3. Umsetzung des Gesetzesbefehls durch Erlasse	15
B. Erläuterungen im Einzelnen	7 – 17	4. Einzelfragen der Spitzengliederung	16 – 17
1. Sinn und Zweck des Gesetzesbefehls	7 – 9	a) Vorgesetzteneigenschaft des GenInsp	16
		b) Vertretung des Ministers	17

A. Allgemeines

1. Entstehung der Vorschrift

1 Die gesetzl. Fixierung der (Spitzen-)Organisation des BMVg war bereits zu Beginn der Debatte um die deutsche Wiederbewaffnung eine der wesentlichen **Streitfragen**. Sie erlebte einen politischen und rechtswissenschaftlichen Höhepunkt in den 50er und 60er Jahren des letzten Jahrhunderts. In den bisherigen **Komm. des SG** hat dies keinen Niederschlag gefunden: Im GKÖD[1] findet man vier Zeilen und die zumindest irreführende[2] Verweisung auf den Haushaltsplan; dasselbe gilt für *Scherer/Alff*.[3] *Stauf*[4] äußert lediglich die Vermutung, es sei „aus politischen Gründen" bisher kein OrgG ergangen.

Eine derart zurückhaltende Betrachtung verdient § 90 nicht.

2 § 90 vorangegangen war – wortgleich – § 7 des bis zum In-Kraft-Treten des SG geltenden **Freiwilligengesetzes** vom 23.7.1955.[5] Diese Best. war als **Kompromiss** zwischen der Forderung der Oppositionsparteien und Abg. der Regierungskoalition nach Verankerung eines Organisationsvorbehalts für den BMVg im GG[6] und der ursprünglichen Absicht der BReg entstanden, diese Frage überhaupt (noch) nicht gesetzl. zu regeln.[7] „Geistiger Vater" des § 2c (des späteren § 7) des Entw. des Freiwilligengesetzes war der Abg. *Richard Jaeger* (CSU). Dieser setzte sich zusammen mit der Opposition mit seinem Vorschlag gegen die eigene Regierung und insbes. gegen den eigenen Verteidigungsmin. durch, die einen solchen gesetzl. Vorbehalt bis zum Schluss mit allen Mitteln bekämpften. Man kann daher durchaus die parlamentarische Behandlung des Freiwilligengesetzes als Geburtsstunde einer „informellen **großen Wehrkoalition**"[8] bezeichnen.

---

1 I Yk, § 66.
2 *Hornung*, 159, merkt zu Recht an, dass die in dem G gem. § 66 zu regelnden Fragen nicht unter die bloße Haushaltsvorschrift des Art. 87a Abs. 1 Satz 2 GG subsumiert werden können.
3 SG, § 66 Rn. 1.
4 I, § 66 SG.
5 BGBl. I S. 449.
6 In der Koalitionsvereinbarung v. 26.2.1954 u. in der Regierungserklärung v. 27.6.1955 war vorgesehen, folgende „Tatbestände" verfassungsrechtl. zu regeln: Oberbefehl, landsmannschaftliche Gliederung, Wehrverwaltung. Mit Art. 65a, 36 Abs. 2 u. 87b GG sind diese Versprechen erfüllt worden. Weitere Details wollte die BReg zumindest nicht im GG kodifizieren.
7 Zu weiteren Einzelheiten vgl. *Hornung*, 152 (155).
8 *Hornung*, 157.

§ 90

Organisationsgesetz

Der Streit zwischen der BReg und dem Parlament über die gesetzl. Verankerung der Spitzengliederung des BMVg setzte sich anlässlich der **Beratungen zum SG** fort. Der REntw. zum SG[9] sah keine diesbezügliche Norm vor. Bereits in der ersten Beratung dieses Entw. im BT am 12.10.1955[10] flammte die Diskussion wieder auf. Der Abg. *Merten* (SPD) forderte dabei u.a. ein Gesetz über die Organisation der Verteidigung, die Spitzengliederung der SK und die endgültige Organisation des BMVg, „bevor der erste Soldat eingestellt wird".[11] Für die FDP drückte der Abg. *von Manteuffel* seine Hoffnung aus, die BReg werde bald den Entw. eines OrgG vorlegen.[12] Diesen Überlegungen folgend fügte der **VertA** den Text von § 7 des Freiwilligengesetzes als § 57e in den REntw. des SG ein, „um dessen Fortgeltung zu sichern".[13]   3

2. Änderungen der Vorschrift

§ 90 entspricht noch der Erstfassung. Seitdem der damalige BMVg *Franz Josef Strauß* nach der Bildung der neuen BReg im November 1957 die Auffassung vertreten hatte, es sei auch zu prüfen, „ob gegebenenfalls der Gesetzesvorbehalt des (früheren) § 66 des Soldatengesetzes aufgehoben werden sollte"[14], ist öff. nicht mehr über eine **Änd.**[15] oder **Streichung** von § 90 nachgedacht worden.   4

Durch Art. 2 Nr. 30 des **SkResNOG** wurde § 66 als § 90 **neu platziert**.   5

3. Bezüge zum Beamtenrecht bzw. zu sonstigen rechtl. Vorschriften

§ 90 weist **Bezüge zum Verfassungsrecht** (Art. 65a, 115b GG) auf. Vergleichbare gesetzl. Vorgaben für andere Ressorts und Einrichtungen des Bundes, z.B. für die Bundespolizei, bestehen nicht.   6

B. Erläuterungen im Einzelnen

1. Sinn und Zweck des Gesetzesbefehls

Mit dem nach § 90 geplanten OrgG sollte eine Art „**Äquivalent**"[16] für die Kompetenzen des BMVg als Inhaber der Befehls- und Kommandogewalt nach Art. 65a GG gefunden werden. Da die Befehls- und Kommandogewalt unstr. die mil. Organisationsgewalt einschließt, sollte – als Ausfluss der besonderen **parlamentarischen Kontrolle** des Ressorts BMVg – in Gestalt des OrgG ein Korrelat geschaffen werden.   7

Der Gesetzesvorbehalt ist allerdings so lange **rechtl. wirkungslos**, wie das nach § 90 zu erlassene OrgG nicht ergangen ist. § 90 ist seinem rechtl. Gehalt nach eine bloße „Ermahnung des Gesetzgebers an sich selbst".[17] Trotzdem wäre es falsch, von einer lex nullum zu sprechen. Dabei würde die **politische Wirkung**[18] dieser Norm, so wie sie sich auch in zahlreichen OrgErl. des BMVg niedergeschlagen hat, übersehen.   8

---

9 BT-Drs. II/1700.
10 Sten.Ber. 5780 A.
11 Sten.Ber. 5785 A. Nahezu prophetisch wies *Merten* auf die Notwendigkeit hin, dieses G an den Anfang der Entwicklung u. nicht an ihr Ende zu stellen. Andernfalls müsse man damit rechnen, dass die „Verwaltung" vollendete Tatsachen schaffe, ehe der Gesetzgeber agiert habe.
12 Sten.Ber. 5792 D.
13 BT-Drs. II/2140, 15, 61.
14 Zit. nach *Hornung*, 176. Vgl. auch *Loosch*, DÖV 1961, 207, der meint, der frühere § 66 könne durch die GG-Änd. v. 19.3.1956 u. die übrige Wehrgesetzgebung überholt sein.
15 *Hernekamp*, in: *v. Münch/Kunig*, Art. 65a Rn. 27, regt zwar eine Novellierung des früheren § 66 an, lässt aber offen, in welche Richtung diese konkret zielen sollte.
16 *Hornung*, 151.
17 *Böckenförde*, 163.
18 *Hornung*, 152.

9 Verfassungsrechtl. zweifelhaft ist, ob mit einem solchen OrgG überhaupt zulässigerweise in die grundgesetzl. verbriefte Organisationskompetenz des BMVg eingegriffen werden dürfte. Würde ein solches Gesetz als **Organisationssperre** für den BMVg wirken, wäre es wegen Verstoßes gegen das Prinzip der Gewaltenteilung verfassungswidrig.[19]

2. Umsetzung des Gesetzesbefehls durch Gesetz
a) Erster Entw. eines OrgG

10 Bereits kurze Zeit nach dem In-Kraft-Treten des SG legte die BReg einen (ersten) **Entw. eines G über die Organisation der mil. Landesverteidigung vom 26.4.1956**[20] vor. Der Entw. wurde auf Grund vielfältiger Divergenzen zwischen den beteiligten Ressorts einerseits und dem BT und seinen Ausschüssen andererseits mehrfach „nachgebessert". Die letzten Änd. datieren von Mitte März 1957. Sie wurden wegen des Endes der Legislaturperiode nicht mehr im BT beraten. Es mag sein, dass dabei auch die Einsicht eine Rolle gespielt hat, dass eine gesetzl. Detailregelung einer künftigen Fortentwicklung der Organisation des BMVg im Weg stehen könnte.[21] Eine inhaltliche Betrachtung dieses Entw. erübrigt sich hier, da er nicht wieder aufgegriffen wurde.

b) Zweiter Entw. eines OrgG

11 In der 4. WP wurde erneut versucht, der Maßgabe des § 90 Folge zu leisten: Am 13.1.1965 forderte der VertA – nach einem Entschließungsantrag der FDP-Fraktion vom 14.4.1964 – die BReg auf, bis zum 1.4.1965 den Entw. eines OrgG vorzulegen.[22] Die BReg kam dieser Aufforderung am **18.6.1965**[23] nach. Zu diesem Zeitpunkt musste allen Beteiligten klar sein, dass auch dieser Entw. wegen des bevorstehenden Endes der WP nicht mehr verabschiedet werden konnte.[24] Mit den Parlamentsferien war denn auch die parlamentarische Befassung dieses Entw. beendet.

12 Weitere Anläufe, doch noch den Gesetzesbefehl des § 90 zu erledigen, wurden mit **Referentenentwürfen vom 8.6. und 15.9.1966**[25] unternommen. Diese stießen bereits in der Ressortabstimmung auf solche Widerstände, dass sie nicht wieder aufgegriffen wurden.

13 Schließlich war es noch einmal die **FDP**, die sich in der 5. WP mit einem **Antrag vom 7.6.1968**[26] bemühte, Bewegung in diese Sache zu bringen. Ihr Gesetzentw. sah eine Zusammenfassung der mil. und der zivilen Verteidigung unter dem BK vor. Der GenInsp sollte truppendienstl. Vorg. aller Soldaten werden. Diese Ansätze waren wohl so radikal, dass der Entw. nicht parlamentarisch behandelt wurde.

14 Letztlich waren und sind es jedoch in erster Linie **Zweckmäßigkeitsüberlegungen**, eine gesetzl. Lösung der nach § 90 zu entscheidenden Fragen nicht weiter zu favorisieren. Zutr. wird auf die auch ohne ein solches Gesetz vorhandene besondere parlamentarische Kontrolle der SK verwiesen sowie auf die im GG enthaltenen Organisationsgrundsätze[27], so dass für weitergehende gesetzl. Regelungen kein zwingender materieller Be-

---

19 *Böckenförde*, 163, 317; *Hernekamp*, in: *v. Münch/Kunig*, Art. 65a Rn. 27; *Klein*, JUS 1974, 367; *Walz*, 148.
20 BT-Drs. II/2341 (sog. Cartellieri-Entw.). Zur Vorgeschichte u. parlamentarischen Behandlung dieses Entw. vgl. *Hornung*, 159-175.
21 *Hornung*, 175.
22 *Mann*, 71.
23 BT-Drs. IV/1965. Zu Einzelheiten vgl. *Hornung*, 239-253.
24 Vgl. *Hornung*, 247.
25 *Mann*, 71.
26 BT-Drs. V/2994.
27 *Mann*, 47-48. Nach *Deiseroth* (Art. 65a Rn. 59) ist ein solches G „rechtlich notwendig".

darf mehr gegeben ist. Das Argument, ein OrgG würde es dem BMVg erschweren, „schnell, elastisch und flexibel" z.B. auf Änd. der strategischen Konzepte zu reagieren[28], verkennt allerdings die Realitäten. Die Änd. eines OrgErl. erfordert ebenfalls einen beachtlich langen Zeitaufwand und steht gelegentlich der Bearbeitungsdauer eines Gesetzentw. nicht nach.

3. Umsetzung des Gesetzesbefehls durch Erlasse

Nach mehreren vergeblichen Anläufen, die Org des BMVg per Erl. umfassend zu regeln, und hierüber öff. ausgetragenen Querelen[29] bildete der neue Min. (*Helmut Schmidt*) am 16.12.1969 eine Kommission mit dem Auftrag, in Klausur mehrere OrgModelle zu erarbeiten. Die Leitung dieser Kommission hatte *Siegfried Mann*. Mitte März 1970 setzte sich eine Gruppe von Gutachtern an der FüAkBw in Hamburg-Blankenese mit den Ergebnissen der Kommissionsarbeit auseinander. Hieraus entstand der am 21.3.1970 vom Min. unterschriebene Erl. „Umgliederung des militärischen Bereichs im BMVtdg", der wegen des Ortes der Schlusszeichnung den Namen **„Blankeneser Erlass"** erhielt.[30] Nach diesem Erl. war der GenInsp höchster mil. Repräsentant der Bw, Gesamtverantwortlicher für die Bw-Planung und Vorsitzender des Militärischen Führungsrates. Gegenüber den mit truppendienstl. Befugnissen ausgestatteten Insp der TSK hatte er als „ministerielle Instanz" ein Weisungsrecht.

15

Der Blankeneser Erl. mit seinen vier Anl. galt bis zum 20.1.2005. Dem auf S. 1 des Erl. ausdrücklich aufgeführten Gesetzesvorbehalt und dem Hinw. auf die mit diesem Erl. verfügte „Teilregelung" waren keine Taten gefolgt. So lehnte die BReg beispielsweise nach wie vor einen **„Generalstab"** ab.[31]

Weisungen des BMVg aus der Zeit nach 1970 hatten an den Grundaussagen des Blankeneser Erl. zunächst nichts geändert. Sie waren als Ergänzungen[32] zu verstehen. Als beschränkte Weiterentwicklung der Erlasslage konnte eine Ministerweisung vom 26.8.2002[33] verstanden werden. Mit ihr wurde ein **„Einsatzrat"** unter dem Vorsitz des GenInsp gebildet. Gleichzeitig wurde der Befehlshaber des Einsatzführungskommandos dem GenInsp für den Einsatz unterstellt (ZDv 1/50[34] Nr. 203). An der truppendienstl. Unterstellung (ZDv 1/50 Nr. 202) unter den Insp der Streitkräftebasis änderte sich nichts. Bei Einsätzen der Bw im Frieden sollte danach die Befehls- und Kommandogewalt vom Min. „über den jeweils zuständigen Sts und den GenInsp gegenüber dem Befehlshaber des Einsatzführungskommandos ausgeübt" werden.

An die Stelle des Blankeneser Erl. traten mit Wirkung vom 21.1.2005 die inoffiziell als **„Berliner Erlass"** bezeichneten „Grundsätze für Aufgabenzuordnung, Organisation und Verfahren im Bereich der militärischen Spitzengliederung". Sie bezwecken eine „nachhaltige Stärkung" der Position des GenInsp.

---

28 *Hernekamp*, in: v. *Münch/Kunig*, GGK II, Art. 65a Rn. 27; *Mann*, 48; *Stein*, Verteidigungsfunktion, 108.
29 *Hornung*, 317-339, schildert eindrucksvoll die Bundeswehrkrise von 1966, die letztlich Anlass für den Blankeneser Erl. war.
30 Zu weiteren Einzelheiten vgl. *de Maizière*, In der Pflicht, 317; *Mann*, 74-75; *Stein*, Aspekte der Spitzengliederung, 239; Weißbuch 1970, Zur Sicherheit der Bundesrepublik Deutschland und zur Lage der Bundeswehr, Nr. 216.
31 Antw. der ParlSts'in *Schulte* v. 29.12.1999 auf die Frage des Abg. *Hohmann*, BT-Drs. 14/2553, 18. Vgl. auch den Antrag der FDP-Fraktion v. 10.3.2004, BT-Drs. 15/2662, 3.
32 Vgl. etwa die Führungsweisung v. 2.7.2003.
33 Mit ergänzenden Weisungen des Sts v. 28.9.2002 u. der Bestätigung in der Führungsweisung v. 2.7.2003.
34 „Grundbegriffe zur militärischen Organisation; Unterstellungsverhältnisse; Dienstliche Anweisungen", Mai 1996.

4. Einzelfragen der Spitzengliederung
a) Vorgesetzteneigenschaft des GenInsp

16   Dreh- und Angelpunkt aller Debatten über die Spitzengliederung des BMVg war und ist die Frage nach der Vorgesetzteneigenschaft des GenInsp. Absichten früherer Min.[35], den GenInsp als truppendienstl. Vorg. der Insp der TSK gem. § 1 VorgV zu installieren und ihm insoweit Disziplinarbefugnisse zu erteilen, wurden nicht realisiert. Der Berliner Erl. (Nr. 2.1.1) verweist den GenInsp statt dessen auf § 3 VorgV, d.h. er ist Vorg. mit besonderem Aufgabenbereich.[36]

Eine Verleihung der Vorgesetzteneigenschaft des § 1 VorgV an den GenInsp wird einhellig als rechtspolitisch zweifelhaft und überwiegend als verfassungsrechtl. unzulässig angesehen.[37] *Dau*[38] und *Stein*[39] haben demgegenüber überzeugend nachgewiesen, dass rechtl. Argumente gegen eine Delegation solcher ministerieller Befugnisse auf den GenInsp nicht vorgebracht werden können. Der Min. bliebe oberster DiszVorg. gem. § 27 Abs. 1 Satz 2 WDO; auch ein GenInsp mit Befugnissen nach § 1 VorgV würde im Auftrag des Min. handeln; Art. 65a GG und die parlamentarische Verantwortlichkeit des Min. blieben unberührt.

b) Vertretung des Ministers

17   Die Vertretung des Min. in der Befehls- und Kommandogewalt war in den 60er und 70er Jahren des letzten Jahrhunderts kontrovers diskutiert worden.[40] § 14 Abs. 1 der GeschOBReg[41] bestimmt jetzt als Vertreter eines Min. „in der Regierung" einen anderen Bundesminister. Dies ist für den BMVg seit vielen Jahren[42] „einschl. der Vertretung in der Befehls- und Kommandogewalt" der Bundesminister des Auswärtigen. Als Leiter einer obersten Bundesbehörde wird der BMVg gem. § 14 Abs. 3 GeschOBReg durch einen der Sts[43] vertreten.

Das BVerwG hat diese Regelung mit Beschl. vom 10.1.1973[44] für vereinbar mit Art. 65a GG angesehen. Der Sts handle bei der Erteilung von Befehlen als **„alter ego"** des Min.

Dennoch bleiben wesentliche Fragen, die einer weiteren Vertiefung bedürften, offen: Als Leiter einer obersten Bundesbehörde übt der BMVg keine Befehls- und Kommandogewalt nach innen aus.[45] Art. 65a GG begrenzt seine Befehlsgewalt auf die (dem

---

35   Vgl. *Dau*, 601; *Stein*, Spitzengliederung, 239.
36   Daneben ist der GenInsp innerhalb des Führungsstabes der SK Vorg. mit Befehlsbefugnis gem. § 4 Abs. 2 VorgV u. innerhalb umschlossener mil. Anlagen, z.B. des BMVg, Vorg. gem. § 4 Abs. 3 VorgV. Dies wird in der Lit. meist übersehen (vgl. jedoch *Walz*, 148). Voraussetzung hierfür ist allerdings, dass die VorgV innerhalb des Min. überhaupt gilt. Dies ist nicht eindeutig zu beantworten. In der ZDv 1/50 (Nr. 122) u. im Berliner Erl. (Nr. 2.1.1) wird der GenInsp lediglich als der „ranghöchste Soldat der Bundeswehr" bezeichnet.
37   Zum Meinungsstand s. *Dau*, 602; *Hornung*, 228; *Stein*, Verteidigungsfunktion, 107 m.w.N.
38   610-611.
39   Spitzengliederung, 246.
40   Vgl. *Deiseroth*, Art. 65a Rn. 41 ff.
41   Fassung v. 6.1.1970, GMBl. S. 14.
42   Vgl. zuletzt Kabinettsbeschl. v. 22.11.2005.
43   Dies muss einer der beamteten Sts sein. Einem ParlSts steht diese Kompetenz nicht zu (vgl. *Dau*, in: Fs für Fleck, 96.
44   BVerwGE 46, 55.
45   H.M. Vgl. *Schölz/Lingens*, WStG, § 1 Rn. 24. Unklar: *Dau*, WDO, § 27 Rn. 11; *Scherer/Alff*, SG, § 1 Rn. 51. Diese Differenzierung zwischen dem Min. u. dem nachgeordneten Bereich führt allerdings zu dem merkwürdigen Ergebnis, dass der BMVg nur gegenüber den Soldaten des nachgeordneten Bereichs als mil. Vorg. mit Befehlsbefugnis auftreten darf, gegenüber Soldaten seines Min. lediglich als Vorg. mit Weisungsbefugnis. Auch einfachgesetzl. ist die Rechtslage

BMVg nachgeordneten) SK; seine Befugnisse gegenüber dem eigenen Min. leiten sich insoweit aus Art. 65 Satz 2 GG ab. Für die Leitung des BMVg bedarf es daher keiner Übertragung von Befehlsbefugnissen auf einen Sts. Gegen eine solche nach außen spricht bereits der Kabinettsbeschl., mit dem jew. die Befugnisse nach Art. 65a GG dem Bundesmin. des Auswärtigen zugewiesen werden. Dies macht auch rechtspolitisch Sinn, denn dieser ist wie der BMVg dem Parlament gegenüber verantwortlich, was auf den Sts nicht zutrifft.[46] Andererseits ist es praxisfremd, zu erwarten, etwa eine Dienstvorschrift für das Ressort BMVg durch einen anderen Min. schlusszeichnen zu lassen.[47]

Eine **gesetzl. Regelung** der Frage der Vertretung des BMVg ist demgegenüber vorzuziehen.[48] Hierfür bietet sich das OrgG nach § 90 an.

§ 91 Personalvertretung der Beamten, Angestellten und Arbeiter

(1) Für die bei militärischen Dienststellen und Einrichtungen der Bundeswehr beschäftigten Beamten, Angestellten und Arbeiter gilt das Bundespersonalvertretungsgesetz.

(2) § 53 Abs. 2 des Soldatenbeteiligungsgesetzes gilt entsprechend.

(3) ¹§ 76 Abs. 2 Satz 1 Nr. 4 des Bundespersonalvertretungsgesetzes gilt entsprechend bei der Bestellung von Soldaten zu Vertrauens- oder Betriebsärzten. ²Hierbei ist nach § 38 Abs. 1 des Bundespersonalvertretungsgesetzes zu verfahren.

(4) § 78 Abs. 1 Nr. 2 des Bundespersonalvertretungsgesetzes findet bei der Auflösung, Einschränkung, Verlegung oder Zusammenlegung von militärischen Dienststellen und Einrichtungen oder wesentlichen Teilen von ihnen keine Anwendung, soweit militärische Gründe entgegenstehen.

§ 53 Abs. 2 SBG

(2) Das Bundesministerium der Verteidigung wird ermächtigt, durch Rechtsverordnung die den Behörden der Mittelstufe nach § 6 Abs. 2 Satz 2 des Bundespersonalvertretungsgesetzes entsprechenden militärischen Dienststellen zu bestimmen, bei denen Bezirkspersonalräte gebildet werden.

§ 6 Abs. 2 Satz 2 BPersVG

Behörden der Mittelstufe im Sinne dieses Gesetzes sind die der obersten Dienstbehörde unmittelbar nachgeordneten Behörden, denen andere Dienststellen nachgeordnet sind.

---

unscharf: Gem. § 1 Abs. 4 Satz 1 ist DiszVorg., wer Disziplinarbefugnis über Soldaten seines „Befehlsbereichs" hat. Da der Min. keine Befehlsbefugnis über Soldaten des BMVg haben soll, könnte er folglich auch nicht deren DiszVorg. sein. Dies würde nicht nur § 27 Abs. 1 Satz 2 WDO zuwiderlaufen, sondern auch für die Soldaten des BMVg einen disziplinarrechtsfreien Raum schaffen.

46 *Klein*, 365.
47 Der Versuch, den Kabinettsbeschl. über die Vertretung in der Befehls- u. Kommandogewalt auf die Befugnisse des BMVg „als Mitglied des Kollegiums Bundesregierung" (*Klein*, 367) zu begrenzen, ist bereits mit dem eindeutigen Wortlaut desselben nicht zu vereinbaren, auch wenn § 14 Abs. 1 GeschOBReg in diese Richtung deutet. Krit. auch *Franke*, NZWehrr 1977, 52, Fn. 23. Unklar *Wipfelder*, Wehrrecht, 19, der meint, der dem BMVg vertretende andere Min. sei nicht zur Vertretung in der Befehls- u. Kommandogewalt befugt, u. der dabei die maßgeblichen Kabinettsbeschl. außer Acht lässt.
48 *Walz*, 148. Ebenso *Deiseroth*, Art. 65a Rn. 43.

§ 91 Bußgeldvorschriften; Übergangs- und Schlussvorschriften

§ 38 Abs. 1 BPersVG
(1) Über die gemeinsamen Angelegenheiten der Beamten, Angestellten und Arbeiter wird vom Personalrat gemeinsam beraten und beschlossen.

§ 76 Abs. 2 Satz 1 Nr. 4 BPersVG
Der Personalrat hat, soweit eine gesetzliche oder tarifliche Regelung nicht besteht, gegebenenfalls durch Abschluß von Dienstvereinbarungen mitzubestimmen über Bestellung von Vertrauens- oder Betriebsärzten als Beamte.

§ 78 Abs. 1 Nr. 2 BPersVG
Der Personalrat wirkt mit bei Auflösung, Einschränkung, Verlegung oder Zusammenlegung von Dienststellen oder wesentlichen Teilen von ihnen.

Literatur: *Altvater, Lothar:* Beteiligungslücken im militärischen Bereich, PersR 1987, 146; *Gronimus, Andreas:* Besonderheiten des Personalvertretungsrechts in der Bundeswehr, PersV 2003, 124; *Heiland, Claus-Peter:* Probleme der Personalvertretung im militärischen Bereich der Bundeswehr, PersV 1977, 321.

Übersicht

	Rn.		Rn.
A. Allgemeines	1 – 14	1. Bedeutung von § 91	15 – 18
1. Entstehung der Vorschrift	1 – 4	2. Absatz 1	19 – 23
2. Änderungen der Vorschrift	5 – 9	a) „Militärischen Dienststellen und Einrichtungen"	19 – 21
3. Bezüge zum Beamtenrecht bzw. zu sonstigen rechtl. Vorschriften; ergänzende Dienstvorschriften und Erlasse	10 – 14	b) „Beamten, Angestellten und Arbeiter"	22 – 23
B. Erläuterungen im Einzelnen	15 – 26	3. Absatz 2	24
		4. Absatz 3	25
		5. Absatz 4	26

A. Allgemeines

1. Entstehung der Vorschrift

1 Der REntw.[1] enthielt **keine** dem heutigen § 91 entspr. Vorschrift. Allerdings sah § 56 des REntw. u.a. ein Verbot der politischen Betätigung von Arbeitnehmern in den SK vor, eine Best., die ebenso wie der noch geltende § 91 die Frage aufwarf, was sie „in diesem Gesetz zu suchen hat".[2]

2 Aus Gründen, die sich aus den zugänglichen Materialien nicht erschließen, forderte der **Ausschuss für Beamtenrecht** des BT die BReg im Zuge der Beratungen des REntw. auf, einen Vorschlag für eine Regelung der Personalvertretung der „Zivilbediensteten" der SK einzubringen. Nach kurzfristiger Abstimmung mit den anderen Ressorts schlug das BMVg vor, hierfür einen § **56a** „Personalvertretung für Zivilbedienstete" vorzusehen. Hierüber beriet der Ausschuss für Beamtenrecht in seiner Sitzung vom 19.1.1956.[3] Auf Vorschlag des Abg. *Arnholz* (SPD)[4] erhielt § 56a dabei folgende Fassung:

„Für die bei den Einheiten, Verbänden und Schulen der Streitkräfte Bediensteten, die nicht Soldaten sind, gilt das Personalvertretungsgesetz. § 73 des Personalvertretungsgesetzes findet hinsichtlich der Mitwirkung bei der Auflösung, Einschränkung, Verlegung oder Zusam-

---
1 BT-Drs. II/1700.
2 So der Abg. *von Manteuffel* (FDP) anlässlich der Beratung des SG im BT am 12.10.1955 (Sten. Ber. 5795 C).
3 Prot. Nr. 47, 2.
4 Prot. Nr. 47, 3.

menlegung von Dienststellen oder wesentlichen Teilen von ihnen keine Anwendung, soweit dies die militärischen Aufgaben der Streitkräfte erfordern."[5]
Der **VertA** folgte dem Votum des Ausschusses für Beamtenrecht.[6] § 56a wurde zu § **57i**; am Text änderte sich nichts. Die Begr. des VertA für diese neue Norm[7] gibt zur Auslegung wenig her: Das Personalvertretungsgesetz gelte auch für die „zivilen Arbeitnehmer der Bundeswehr". Jedoch dürften sich die Personalvertretungen nicht in die mil. Angelegenheiten einmischen.   3

Das **Plenum** des BT nahm die zit. Fassung des § 57i, des späteren § **70** und heutigen § 91, ohne weitere Debatte an.[8] So blieben manche Fragen offen, z.B. die Geltung von § 70 der Erstfassung für Beamte oder die Definition dessen, was „militärische Aufgaben der Bundeswehr" (!) sein sollten.   4

2. Änderungen der Vorschrift

Mit Art. 1 Nr. 3 des G vom **25.4.1975**[9] erhielt der frühere § 70 folgende Neufassung: 5
„(1) Für die bei militärischen Dienststellen und Einrichtungen der Bundeswehr beschäftigten Beamten, Angestellten und Arbeiter gilt das Bundespersonalvertretungsgesetz.
(2) § 35a Abs. 5 gilt entsprechend.
(3) § 76 Abs. 2 Nr. 4 des Bundespersonalvertretungsgesetzes gilt entsprechend bei der Bestellung von Soldaten zu Vertrauens- oder Betriebsärzten. Hierbei ist nach § 38 Abs. 1 des Bundespersonalvertretungsgesetzes zu verfahren.
(4) § 78 Abs. 1 Nr. 2 des Bundespersonalvertretungsgesetzes findet bei der Auflösung, Einschränkung, Verlegung oder Zusammenlegung von militärischen Dienststellen und Einrichtungen oder wesentlichen Teilen von ihnen keine Anwendung, soweit militärische Gründe entgegenstehen."

Die **amtl. Begr.**[10] erweckt den Eindruck, die Neufassung des seinerzeitigen § 70 entspräche dem bisherigen Recht. Dies ist nicht ganz zutr. Mit der neuen Gesetzesüberschrift und der neuen Fassung des Abs. 1 wurde klar gestellt, dass Beamte, Angestellte und Arbeiter gemeint waren; die „militärischen Aufgaben der Bundeswehr" wurden durch „militärische Gründe" ersetzt, was zumindest eine sprachliche Verbesserung darstellte. Die über den REntw. vom 8.4.1974 hinausreichenden weiteren Änd. des § 70 a.F. ergaben sich aus dem zwischenzeitlichen In-Kraft-Treten des BPersVG vom 15.3.1974.[11]

Durch Art. 3 Nr. 1 des G vom **22.1.1991**[12] wurde der frühere § 70 Abs. 2 wie folgt gefasst: 6
„§ 39 des Soldatenbeteiligungsgesetzes gilt entsprechend."
Es handelte sich dabei um eine Folgeregelung der Übernahme der §§ 35, 35a und 35b a.F. in das SBG.[13]

Mit Art. 2 Abs. 1 des G vom **20.2.1997**[14] wurde wegen der geänderten Paragraphenfolge des SBG im früheren § 70 Abs. 2 die Angabe „§ 39" durch die Angabe „§ 53 Abs. 2" ersetzt.   7

---
5 Prot. Nr. 47, 5. Vgl. auch Drs. 23 des Ausschusses für Beamtenrecht v. 20.1.1956, 66.
6 Ausschussdrs. 78 v. 23.2.1956; BT-Drs. II/2140, 62.
7 BT-Drs. II/2140, 15.
8 Sten. Ber. 6844 B.
9 BGBl. I S. 1005.
10 BT-Drs. 7/1968, 10.
11 BGBl. I S. 693.
12 BGBl. I S. 47.
13 BT-Drs. 11/7323, 25.
14 BGBl. I S. 298.

§ 91   Bußgeldvorschriften; Übergangs- und Schlussvorschriften

8   Durch Art. 2 Nr. 31 des **SkResNOG** wurde § 70 als **§ 91** neu platziert. Gleichzeitig wurde die Verweisung auf § 76 Abs. 2 Satz 1 Nr. 4 BPersVG korrigiert.

9   Forderungen der **Berufsverbände** der Soldaten, § 91 insgesamt aus dem SG herauszunehmen und im BPersVG zu platzieren, wurden bisher nicht aufgegriffen.[15]

3. Bezüge zum Beamtenrecht bzw. zu sonstigen rechtl. Vorschriften; ergänzende Dienstvorschriften und Erlasse

10   Für die Beamten und Arbeitnehmer der **Bundeswehrverwaltung** gilt das **BPersVG** mit den wenigen Besonderheiten des § 92 BPersVG. Es sind zu keiner Zeit Bedenken gegen die Anwendbarkeit des Personalvertretungsrechts auf diesen Teil des Ressorts BMVg vorgebracht worden. Die gem. Art. 87b Abs. 1 Satz 1 GG eingerichteten Dienststellen der Bundeswehrverwaltung sind unstr. solche i.S.v. § 6 Abs. 1 BPersVG.

11   Auch das zivile Personal der SK, das sog. **STAN-Personal**, hat einen Rechtsanspruch auf institutionelle Beteiligung. Diesem wird mit § 91 Abs. 1 Rechnung getragen.[16]

12   Die Beteiligung der **ZDL** richtet sich nach dem ZDVG. Dieses gilt nur für die ZDL; diese zählen nicht zum Personal der Beschäftigungsstellen.

13   Zu Abs. 2 ist die **VO über die Bildung von Bezirkspersonalräten** bei mil. Dienststellen vom 8.2.1991[17], zuletzt geä. durch VO vom 28.8.2001[18], erlassen worden.

14   Veröff. **Erl.** zu § 91 existieren **nicht**.

B. Erläuterungen im Einzelnen

1. Bedeutung von § 91

15   § 91 ist ein rechtl. **Kuriosum**: Im SG ist das Dienstrecht der **Soldaten** kodifiziert worden. Das Personalvertretungsrecht von Personen, die statusrechtl. nicht Soldaten sind, mögen diese in einem noch so engen Beziehungsgefüge zu den Soldaten stehen, hat in einem solchen Gesetzeswerk nichts zu suchen. Die Entstehungsgeschichte gibt keine Hinw. auf die Überlegungen des historischen Gesetzgebers, die für die Einfügung des späteren § 70 in das SG maßgeblich waren. Möglicherweise war man seinerzeit von einer nur kurzen Übergangszeit ausgegangen. Nach einem Erl. des BMVtg vom 18.2.1957[19] war geplant, das Zivilpersonal der SK nach dessen „Verselbständigung" im OrgG[20] eigene Personalvertretungen wählen zu lassen.[21] Der seinerzeitige § 70 wäre damit obsolet geworden. Nach dem Scheitern des G zu § 90 ist § 91 offensichtlich weitgehend in Vergessenheit geraten. Der Feststellung von *Gronimus*[22], diese Norm sei ebenso alt wie systematisch **im SG deplaziert**, stimmt der *Komm.* zu.

16   § 91 soll (zusammen mit den §§ 5 und 36 ff. SBG) nach Auffassung des BVerwG die rechtl. Basis für die Bildung von Personalvertretungen in den SK sein. Die Bw sei **keine** „**Verwaltung**" des Bundes i.S.v. § 1 Satz 1 BPersVG; es habe daher einer entspr. gesetzl.

---

15 Der betr. Personenkreis ist auf Grund von Art. 8 des G v. 14.9.2005 (BGBl. I S. 2746) jetzt in „Beamte und Arbeitnehmer" umzuformulieren.
16 Einzelheiten vgl. u. Rn. 15.
17 BGBl. I S. 424.
18 BGBl. I S. 2289.
19 VMBl. S. 99; zit. auch bei *Rittau*, SG, 268.
20 Vgl. die Komm. zu § 90 Rn. 10.
21 Erl. v. 18.2.1957 Abschn. II. Nr. 3.
22 PersV 2003, 126.

Klarstellung bedurft, da andernfalls eine **„Beteiligungslücke"** entstanden wäre.[23] Offen bleibt, wie von einer „Verdeutlichung"[24] oder „Klarstellung"[25] die Rede sein kann, wenn § 91 gleichzeitig eine „eigenständige Rechtsgrundlage"[26] bilden soll. Im Übrigen hat der einfache Gesetzgeber selbst mit § 48 Satz 2 SBG die SK weitgehend „der Verwaltung gleichgestellt".

§ 91 erklärt sich heute – inhaltlich – nur noch daraus, dass sich das Zivilpersonal der SK, das sog. STAN-Personal, in einer **verfassungsrechtl. Grauzone** bewegt. Etwa 50.000 Beamte und Arbeitnehmer leisten Dienst auf Dienstposten, die organisatorisch in den SK, in der STAN, ausgebracht sind. Die verfassungsrechtl. Problematik[27] ist an Art. 87b Abs. 1 Satz 1 GG festzumachen. Danach ist die Bundeswehrverwaltung in bundeseigener Verwaltung mit eigenem Verwaltungsunterbau zu führen. Eine derartige zivile Behördenstruktur haben die Territoriale Wehrverwaltung und der Rüstungsbereich inne, nicht jedoch Dienststellen der SK. Langfristig führt kein Weg daran vorbei, das zivile STAN-Personal funktionsbezogen entweder in die vorhandenen Dienststellen der Bundeswehrverwaltung aufzunehmen oder es – im Soldatenstatus – in die mil. Dienststellen zu integrieren. Spätestens dann wird § 91 hinfällig. 17

So lange dies nicht der Fall ist, und das BVerwG die SK weiterhin nicht als Bundesverwaltung i.S.v. § 1 Satz 1 BPersVG klassifiziert, sollte § **91** rechtssystematisch aus dem SG herausgelöst und **in das BPersVG eingefügt** werden. 18

2. Absatz 1

a) „Militärischen Dienststellen und Einrichtungen" (der Bundeswehr)

Die VG mussten sich in der Vergangenheit mehrfach[28] mit der Frage befassen, welche **Voraussetzungen** eine mil. Dienststelle erfüllen muss, um „personalratsfähig" zu sein. Danach ist eine mil. Dienststelle dann personalratsfähig, wenn sie nach Aufgabenbereich und Organisation **selbständig** ist. Dies ist der Fall, wenn ihr Leiter die Entscheidungszuständigkeit für die überwiegende Mehrzahl der gem. §§ 75 und 76 BPersVG mitbestimmungspflichtigen Angelegenheiten hat. Dabei kann im Bereich der SK an die Stelle der Entscheidungszuständigkeit die entscheidungserhebliche vorbereitende und mitwirkende Tätigkeit in personellen Angelegenheiten treten.[29] 19

Gem. § 91 Abs. 1 erstreckt sich der Geltungsbereich des BPersVG nur auf das bei mil. Dienststellen **„der Bundeswehr"** beschäftigte Zivilpersonal. Bei „militärischen" Dienststellen kann es sich im Zusammenhang mit dem SG nicht um solche außerhalb der Bw handeln. Der Zusatz „der Bundeswehr" hat daher tautologischen Charakter und ist überflüssig. 20

---

23 Vgl. z.B. BVerwG PersV 1992, 117; BVerwG NZWehrr 1994, 83; GKÖD I Yk, § 70 Rn. 1; *Gronimus*, PersV 2003, 125; *Scherer/Alff*, SG, § 70 Rn. 1. Zur Unterscheidung zwischen „echten" u. „rechtspolitischen" Beteiligungslücken vgl. *Altvater*, PersR 1987, 146.
24 GKÖD I Yk, § 70 Rn. 1.
25 *Scherer/Alff*, SG, § 70 Rn. 1.
26 BVerwG, zit. nach *Gronimus*, PersV 2003, 125.
27 Vgl. hierzu jüngst *Walz*, in: Fs für Fleck, 659.
28 BVerwG *Buchholz* 238.3 A § 6 BPersVG Nr. 1 (bejahend für Stabsstaffel, VersStaffel u. Abt. eines HFlgRgt); BVerwG *Buchholz* 238.3 A § 6 BPersVG Nr. 2 u. 3 (bejahend für Staffeln, Depots, Kp u. Werften eines LwVersRgt); BVerwG *Buchholz* 250 § 6 BPersVG Nr. 13 (zu Stab u. StabsKp eines TerrKdo); VGH Mannheim NZWehrr 1993, 215 (Stab u. StabsKp eines TerrKdo = eine Dienststelle); VGH Mannheim ZBR 1992, 286 (Stab u. StabsKp eines WBK = eine Dienststelle); BVerwG NZWehrr 1994, 83 (Maßnahmen eines KasKdt sind personalvertretungsrechtl. dem vorg. VKK zuzurechnen); OVG Münster BWV 2003, 204 (verneinend für RadarführungsKp).
29 Zuletzt BVerwG NZWehrr 1994, 83.

21 Für das **deutsche Zivilpersonal** der in der Bundesrepublik stationierten **fremden SK** gilt ein eigenes **Betriebsvertretungsrecht**, nicht das BPersVG, zumindest nicht unmittelbar und ohne Einschränkung. Die hierfür maßgeblichen völkerrechtl. Grundlagen (ZA-NTS) sind mit dem GG vereinbar.[30] Ein Rückgriff auf § 91 ist schon deswegen nicht möglich, weil die Anwendung des SG und des BPersVG auf deutsche Behörden beschränkt ist.

b) „Beamten, Angestellten und Arbeiter"

22 § 91 Abs. 1 folgt mit dieser Terminologie der von 1974 bis 2005 geltenden des § 4 Abs. 1 BPersVG. Der frühere Begriff **„Zivilbedienstete"**, wie er auch in § 70 i.d.F. von 1956 verwendet worden war, wurde damit aufgegeben. In der Umgangssprache[31], selbst im amtl. Schrifttum[32], ist er leider weiterhin anzutreffen.

23 Obwohl § 91 in das SG aufgenommen wurde, erstreckt sich die (entspr.) Anwendung des BPersVG **nicht auf Soldaten**. Das BVerwG hält in st. Rspr.[33] an dieser Position fest; die daran geübte Kritik[34] hat bisher insoweit nichts bewirkt.

§ 91 Abs. 1 und damit die Anwendung des BPersVG kommen selbst dann nicht in Betracht, wenn Soldaten auf Dienstposten der Bundeswehrverwaltung eingesetzt werden.[35]

Der 6. Senat des BVerwG bezieht sich zur Begr. stets auf den Wortlaut von § 4 BPersVG.[36] So lange dort die Soldaten nicht als weitere Gruppe von Beschäftigten des öff. Dienstes genannt seien, hätten die Sonderregelungen des SBG Gültigkeit. Gegen diese Argumentation ist rechtl. nichts einzuwenden.

3. Absatz 2

24 § 53 Abs. 2 SBG, auf den Abs. 2 verweist, ermächtigt das BMVg, durch RVO die mil. Kommandobehörden zu bestimmen, bei denen **Bezirkspersonalräte** zu bilden sind. Von dieser Ermächtigung hat das BMVg durch die oben[37] zit. RVO Gebrauch gemacht. Diese ist, zumindest in der aktuellen Fassung[38], mit dem grds. Verbot von Beteiligungslücken vereinbar.[39]

An die Stelle der allg. Zuständigkeitsregelung des § 82 Abs. 5 BPersVG tritt für den Bereich des BMVg diejenige nach **§ 92 BPersVG**.

---

30 BVerfGE 95, 39 = BGBl. I 1997 S. 154. Vgl. auch BAG AP Nr. 2 zu Art. 56 ZA-NTS; *Etzel*, RiA 2003, 271.
31 Vgl. etwa „Der Spiegel" v. 8.12.2003, 19.
32 Vgl. z.B. „Unterrichtungen des Parlaments" über die Auslandseinsätze der Bundeswehr, hrsg. v. BMVg, Spalte: „Zivilbedienstete". Es ist zumindest ein Ärgernis, wenn das BVerfG (BVerfGE 95, 39) § 70 (heute: § 91) dahin gehend zit., dass danach das BPersVG „auch für die Zivilangestellten der Bundeswehr" gelte. „Militärangestellte" gab u. gibt es nicht; Beamte u. Arbeiter sind in § 91 Abs. 1 ebenfalls aufgeführt.
33 BVerwGE 88, 354; 96, 28; 96, 35; BVerwG PersR 1999, 451; BVerwG PersR 2002, 205.
34 Vgl. *Gronimus*, PersV 2003, 125. Soldaten sind, anders als dies *Stauf* I, § 48 SBG Rn. 2, meint, noch nicht Beschäftigte i.S.v. § 4 BPersVG.
35 BVerwGE 96, 28.
36 Jetzt i.d.F. des G v. 14.9.2005 (BGBl. I S. 2746). Danach sind Beschäftigte i.S.d. G Beamte u. Arbeitnehmer.
37 Rn. 13.
38 Zur Rechtmäßigkeit der Fassung v. 22.1.1976 (BGBl. I S. 234) vgl. BVerwG *Buchholz* 238.3 A § 92 BPersVG Nr. 4. Krit. *Altvater*, PersR 1987, 146.
39 *Gronimus*, PersV 2003, 126.

4. Absatz 3

Gem. § 75 Abs. 3 Nr. 10 BPersVG hat der Personalrat mitzubestimmen über die Bestellung von Ang. zu Vertrauens- oder Betriebsärzten; das Gleiche gilt gem. § 76 Abs. 2 Satz 1 Nr. 4 BPersVG für Beamte. **25**

§ 91 Abs. 3 Satz 1 erstreckt diese Mitbestimmungstatbestände auf die Bestellung von Soldaten (**SanOffz**).

Nach Abs. 3 Satz 2 handelt es sich um eine gemeinsame Angelegenheit, über die alle Gruppen des Personalrats zu beraten und zu beschließen haben (§ 38 Abs. 1 BPersVG).

5. Absatz 4

Gem. Abs. 4 scheidet eine personalvertretungsrechtl. Beteiligung bei Organisationsmaßnahmen aus, „soweit militärische Gründe entgegenstehen". **26**

Eine **Definition** des unbestimmten Rechtsbegriffs „**militärische Gründe**" findet sich an keiner Stelle. Dies mag daran liegen, dass diese Best. seit dem In-Kraft-Treten des BPersVG im Jahre 1974 noch in keinem Fall angewandt worden ist. Organisationsbefehle sind i.d.R. nicht als Verschlusssache klassifiziert; sie wären dann ohnehin gem. § 93 BPersVG zu behandeln.

Abs. 4 ist daher **totes Recht**.[40]

---

40 *Gronimus*, PersV 2003, 126. Die Annahme von *Stauf* I, § 70 SG Rn. 3, Abs. 3 schließe die Anwendung von § 78 Abs. 1 Nr. 2 BPersVG „praktisch aus", verkennt die tatsächliche Situation.

§ 92 Übergangsvorschrift für die Laufbahnen

In der Rechtsverordnung nach § 27 Abs. 1 kann für die Dauer des Spannungs- oder Verteidigungsfalles bestimmt werden, dass für die bei Eintritt des Spannungs- oder Verteidigungsfalles vorhandenen Berufssoldaten und Soldaten auf Zeit die Dienstzeit nach § 27 Abs. 2 Nr. 1 Buchstabe b bis auf sechs Monate und die Dienstzeit nach Nr. 2 Buchstabe b bis auf ein Jahr verkürzt wird.

Literatur: Spezielle Veröffentlichungen zu § 92 (§ 71 a.F.) liegen nicht vor.

Übersicht

	Rn.			Rn.
A. Allgemeines	1 – 13	3.	Bezüge zu anderen rechtl. Vorschriften	13
1. Entstehung der Vorschrift	1 – 11			
2. Änderungen der Vorschrift	12	**B.**	**Erläuterungen im Einzelnen**	14 – 17

A. Allgemeines

1. Entstehung der Vorschrift

§ 92 ist aus dem bis zum In-Kraft-Treten des **SkResNOG** mit „Übergangsvorschriften für die Laufbahnen" betitelten § 71 hervorgegangen. **1**

Eine mit dem späteren § 71 vergleichbare Best. sah der **REntw.** des SG[1] nicht vor. **2**

---

1 BT-Drs. II/1700.

§ 92 Bußgeldvorschriften; Übergangs- und Schlussvorschriften

3   Der **VertA**[2] fügte folgenden § 57k in den Entw. ein:
„In der Rechtsverordnung nach § 23a Abs. 1 kann für die Dauer von fünf Jahren nach In-Kraft-Treten dieses Gesetzes bestimmt werden, daß die Dienstzeit nach § 23a Abs. 2 Nr. 2 Buchstabe b bis auf vierzehn Monate verkürzt wird."

4   **Begründet** wurde diese Best. mit der **„Aufbauzeit der Bundeswehr"**. Die in § 57k vorgesehene Möglichkeit ende fünf Jahre nach dem In-Kraft-Treten des SG.[3]

5   In der **Erstfassung** des SG lautete der dann so bezeichnete § 71 wie folgt:
„In der Rechtsverordnung nach § 27 Abs. 1 kann für die Dauer von fünf Jahren nach In-Kraft-Treten dieses Gesetzes bestimmt werden, daß die Dienstzeit nach § 27 Abs. 2 Nr. 2 Buchstabe b bis auf vierzehn Monate verkürzt wird."

6   § 27 Abs. 1 war seinerzeit und ist noch heute die Ermächtigungsgrundlage für die **SLV**; § 27 Abs. 2 Nr. 2b regelte und regelt die Zeit der **Ausbildung zum Offz** (vgl. heute § 24 Abs. 1 SLV).

7   Mit Art. 1 Nr. 13 des G vom **28.3.1960**[4] wurde die Geltungsdauer des § 71 von fünf auf zehn Jahre verlängert. An die Stelle einer Mindestdienstzeit von 14 Monaten trat eine solche von 18 Monaten.

8   Durch Art. I Nr. 4 des G vom **21.4.1965**[5] erhielt § 71 folgende Fassung:
„(1) In der Rechtsverordnung nach § 27 Abs. 1 kann bestimmt werden, daß die Dienstzeit nach § 27 Abs. 2 Nr. 2 Buchstabe b
1. für die Zeit bis zum 31. März 1966 bis auf achtzehn Monate,
2. für die Zeit vom 1. April 1966 bis zum 31. März 1970 bis auf zwei Jahre verkürzt wird.
(2) In der Rechtsverordnung kann für die Dauer des Verteidigungsfalles bestimmt werden, daß für die bei Eintritt des Verteidigungsfalles vorhandenen Berufssoldaten und Soldaten auf Zeit die Dienstzeit nach § 27 Abs. 2 Nr. 1 Buchstabe b bis auf sechs Monate und die Dienstzeit nach Nummer 2 Buchstabe b bis auf ein Jahr verkürzt wird."

9   Art. 1 des G vom **21.12.1970**[6] verlängerte die Geltungsdauer des Abs. 1 bis zum 31.12.1974 und setzte die Mindestdienstzeit auf 21 Monate fest.

10 Durch Art. 1 Nr. 2 des G vom **20.12.1974**[7] wurde die Geltungsdauer des Abs. 1 bis zum 31.12.1977 verlängert.
In dieser Fassung galt § 71 **bis zum In-Kraft-Treten des SkResNOG** ohne weitere materielle Änd.[8]

11 **Zusammenfassend** lässt sich feststellen, dass der Gesetzgeber von 1956 bis 1974 mit der jew. Fassung des § 71 bzw. seit 1965 des § 71 Abs. 1 flexibel auf die **aktuelle Personalbedarfslage** der SK reagiert hat. Nach dem Auslaufen der Übergangsvorschrift des § 71 Abs. 1 am 31.12.1977 scheint die Vorschrift – bis zum SkResNOG – in Vergessenheit geraten zu sein.

---

2 BT-Drs. II/2140, 62.
3 BT-Drs. II/2140, 15.
4 BGBl. I S. 206.
5 BGBl. I S. 305.
6 BGBl. I S. 1778.
7 BGBl. I S. 3649.
8 Durch Art. 1 Nr. 4 des SGÄndG wurde das Wort „einundzwanzig" in Abs. 1 durch die Zahl „21" ersetzt.

2. Änderungen der Vorschrift

Inhaltlicher **Änderungsbedarf** ist **zzt. nicht** erkennbar. Es stellt sich allerdings die Frage, ob es der Vorschrift heute überhaupt noch bedarf.[9]   12

3. Bezüge zu anderen rechtl. Vorschriften

Übergangs- und Ausnahmevorschriften, auch zum jew. Laufbahnrecht, sind im Recht des öff. Dienstes **nicht ungewöhnlich**. Laufbahnrechtl. Sonderregelungen für den Spannungs- und den V-Fall gibt es im Beamtenrecht jedoch nicht (vgl. §§ 133a ff. BRRG).   13

B. Erläuterungen im Einzelnen

Mit dem SkResNOG ist der bisherige **§ 71 Abs. 1** – endlich – „wegen Zeitablaufs"[10] **gestrichen** worden. Dies bedeutet, dass die Ausbildung zum Offz grds. mindestens drei Jahre dauert (§ 24 Abs. 1 Satz 1 SLV), und eine Beförderung zum Lt erst nach 36 Monaten zulässig ist (§ 24 Abs. 1 Satz 2 Nr. 5 SLV). **Ausnahmen** hiervon, auf der Grundlage von § 27 Abs. 4 Satz 3, Abs. 5 Satz 1, Abs. 6 Satz 2 sind nunmehr ausschließlich in der **SLV** geregelt (vgl. § 24 Abs. 1 Satz 3, § 29 Abs. 3, § 45 Abs. 1 Nr. 3 SLV).   14

§ 71 Abs. 2 (jetzt: **§ 92**) ist, entspr. der mit dem SkResNOG erfolgten **Einfügung des Spannungsfalles** in das SG, um den Spannungsfall erweitert, im Übrigen jedoch nicht geändert worden.[11]   15

Von der seit 1965 bestehenden Möglichkeit, in der SLV eine laufbahnrechtl. Sonderbest. für den V-Fall vorzusehen, wurde **zu keiner Zeit Gebrauch** gemacht. Hierfür bestand und besteht auch **kein** rechtspolitisches oder praktisches **Bedürfnis**. Es ist nicht zu erwarten, dass sich eine solche Notwendigkeit kurzfristig ergeben könnte. Die Vorschrift kann daher **ersatzlos entfallen**.   16

Eine „Übergangsvorschrift" ist § 92 in seiner jetzigen Fassung ohnehin nicht (mehr). Sollte an dieser Best. festgehalten werden müssen, sollte sie als **Satz 2 in § 27 Abs. 2** eingefügt werden.   17

---

§ 93 Zuständigkeit für den Erlass der Rechtsverordnungen

(1) Die Bundesregierung erlässt die Rechtsverordnungen über
1. die Nebentätigkeit der Soldaten nach § 20 Abs. 7,
2. die Laufbahnen der Soldaten nach § 27,
3. den Urlaub der Soldaten nach § 28 Abs. 4,
4. die Regelungen zur Elternzeit der Soldaten nach § 28 Abs. 7 Satz 2,
5. die Jubiläumszuwendungen nach § 30 Abs. 4,
6. die Regelungen zum Mutterschutz für Soldatinnen nach § 30 Abs. 5 Satz 2,
7. die Verlängerung der Dienstzeit von Soldaten auf Zeit nach § 54 Abs. 3 Nr. 1,
8. die Erstattung von Auslagen, Verdienstausfall und Vertretungskosten (§ 70 Abs. 1 Satz 6),
9. die Zuständigkeit und das Verfahren bei der Unabkömmlichstellung (§ 68 Abs. 2 Satz 3),

---

9 Vgl. u. Rn. 16.
10 BT-Drs. 15/4485, 41.
11 Vgl. BT-Drs. 15/4485, 41.

§ 93 Bußgeldvorschriften; Übergangs- und Schlussvorschriften

10. die Übertragung von Aufgaben der Wehrersatzbehörde bei der Dienstleistungsüberwachung auf die See-Berufsgenossenschaft und über die Art und Höhe der vom Bund der See-Berufsgenossenschaft zu erstattenden Kosten (§ 77 Abs. 7 Satz 1).

(2) Das Bundesministerium der Verteidigung erlässt die Rechtsverordnungen über
1. die Regelung des Vorgesetztenverhältnisses nach § 1 Abs. 3,
2. die Berechtigung zum Tragen der Uniform außerhalb eines Wehrdienstverhältnisses nach § 4a,
3. die Unteroffizierprüfungen und die Offizierprüfungen nach § 27 Abs. 7,
4. die Ausgestaltung des Personalaktenwesens nach § 29,
5. die Ausgestaltung der Teilzeitbeschäftigung nach § 30a,
6. die verwendungsbezogenen Mindestdienstzeiten nach § 46 Abs. 3.

(3) Das Bundesministerium der Verteidigung erlässt im Einvernehmen mit den Bundesministerien des Innern und der Finanzen die Rechtsverordnung über das Ausbildungsgeld nach § 30 Abs. 2.

(4) Die Rechtsverordnungen nach Absatz 1 Nr. 9 und 10 bedürfen der Zustimmung des Bundesrates.

Literatur: Spezielle Veröffentlichungen zu § 93 (§ 72 a.F.) liegen nicht vor.

Übersicht

	Rn.			Rn.
A. Allgemeines	1 – 16	f) Nr. 6		29
1. Entstehung der Vorschrift	1 – 13	g) Nr. 7		30
2. Änderungen der Vorschrift	14	h) Nr. 8		31
3. Bezüge zu anderen rechtl. Vorschriften	15 – 16	i) Nr. 9		32
		j) Nr. 10		33
B. Erläuterungen im Einzelnen	17 – 41	3. Absatz 2		34 – 39
1. Verfassungsrechtl. Hintergrund	17 – 21	a) Nr. 1		34
2. Absatz 1	22 – 33	b) Nr. 2		35
a) Nr. 1	23 – 24	c) Nr. 3		36
b) Nr. 2	25	d) Nr. 4		37
c) Nr. 3	26	e) Nr. 5		38
d) Nr. 4	27	f) Nr. 6		39
e) Nr. 5	28	4. Absatz 3		40
		5. Absatz 4		41

A. Allgemeines

1. Entstehung der Vorschrift

1 § 93 ist mit dem **SkResNOG** aus dem bisherigen § 72 hervorgegangen.

2 In der **Erstfassung** lautete § 72:

„(1) Die Bundesregierung erlässt die Rechtsverordnungen über
1. die Nebentätigkeit der Soldaten nach § 20 Abs. 4,
2. die Laufbahnen der Soldaten nach § 27,
3. den Urlaub der Soldaten nach § 28 Abs. 4,
4. die Verlängerung der Dienstzeit von Soldaten nach § 54 Abs. 3 Nr. 1.

(2) Der Bundesminister für Verteidigung erlässt die Rechtsverordnung über die Regelung des Vorgesetztenverhältnisses nach § 1 Abs. 4."

3 Durch Art. 1 Nr. 4 des G vom **9.7.1962**[1] wurde in Abs. 1 folgende Nr. angefügt:
„5. die Jubiläumszuwendung nach § 30 Abs. 3."

---
[1] BGBl. I S. 447.

Durch Art. 1 Nr. 7 des G vom **21.7.1970**[2] wurde folgender Abs. 3 angefügt: 4

„Der Bundesminister der Verteidigung erlässt im Einvernehmen mit dem Bundesminister des Innern und der Finanzen die Rechtsverordnung über das Ausbildungsgeld nach § 30 Abs. 2."

Mit Art. 1 Nr. 7 des G vom **6.8.1975**[3] wurde folgende neue Nr. 5 eingefügt: 5

„den Mutterschutz für Frauen in der Laufbahn der Offiziere des Sanitätsdienstes nach § 30 Abs. 5."

§ 31 Abs. 1 Nr. 4 des G vom **6.12.1985**[4] fügte in Nr. 5 nach dem Wort „Mutterschutz" die 6 Wörter „und den Erziehungsurlaub" ein.

Abs. 2 wurde durch Art. 2 Nr. 7 des G vom **13.6.1986**[5] wie folgt neu gefasst: 7

„Der Bundesminister der Verteidigung erlässt die Rechtsverordnungen über
1. die Regelung des Vorgesetztenverhältnisses nach § 1 Abs. 4,
2. die Berechtigung zum Tragen der Uniform außerhalb eines Wehrdienstverhältnisses nach § 4a."

Die mit Art. 1 Nr. 20 des G vom **6.12.1990**[6] erfolgte Neufassung des Abs. 1 war redaktioneller Natur. 8

Art. 5 Nr. 4 des G vom **11.6.1992**[7] fügte in Abs. 2 folgende Nr. 3 ein: 9

„die Ausgestaltung des Personalaktenwesens nach § 29."

Art. 1 Nr. 3 und 47 des **SGÄndG** änderten Abs. 1 und 3 redaktionell und fügten in 10 Abs. 2 folgende Nr. 4 ein:

„die verwendungsbezogenen Mindestdienstzeiten nach § 46 Abs. 3."

Mit Art. 2 Nr. 6 des **SDGleiG** wurde aus dieser Nr. 4 die Nr. 5. Folgende neue Nr. 4 11 wurde in Abs. 2 eingefügt:

„die Ausgestaltung der Teilzeitbeschäftigung nach § 30a."

Art. 2 Nr. 33 des **SkResNOG** schließlich fügte in Abs. 1 die neuen Nrn. 8 bis 10 an, 12 änderte Abs. 2 Nr. 1 redaktionell, fügte in Abs. 2 die jetzige neue Nr. 3 ein und nach Abs. 3 den neuen Abs. 4.

Zusammenfassend lässt sich feststellen, dass die zahlreichen Änd. des bisherigen § 72 13 ein rechtsgeschichtliches Dokument und zugleich ein Beleg für die **zunehmende Verrechtlichung** auch des soldatischen Dienstrechts sind. Sie markieren die von Jahr zu Jahr zunehmende Normendichte anschaulich. Während das SG in seiner Erstfassung noch mit fünf Verordnungsermächtigungen, von denen nur vier umgesetzt wurden, auskam, sind es heute 17, von denen immerhin 13 realisiert worden sind. Ein Weg, zumindest die Anzahl der RVO zu reduzieren, könnte sein, deren Kernpunkte in das SG selbst aufzunehmen und die verbleibenden Teile in Erlassen zu regeln.

2. Änderungen der Vorschrift

Im Zuge einer **Rechtsbereinigung** des SG sollten die Klammerzitate in Abs. 1 Nr. 8 bis 14 10, der sonstigen Terminologie der Abs. 1 bis 3 folgend, durch die Angabe „nach § ..." ersetzt werden.

---

2 BGBl. I S. 1120.
3 BGBl. I S. 2113.
4 BGBl. I S. 2154.
5 BGBl. I S. 873.
6 BGBl. I S. 2588.
7 BGBl. I S. 1030.

§ 93 Bußgeldvorschriften; Übergangs- und Schlussvorschriften

3. Bezüge zu anderen rechtl. Vorschriften

15 Sammelvorschriften, die von ihrer Anlage her mit § 93 vergleichbar sind, finden sich in zahlreichen Gesetzen.

16 Für **WPfl** ist **§ 50 WPflG** einschlägig.

B. Erläuterungen im Einzelnen

1. Verfassungsrechtl. Hintergrund

17 Gem. **Art. 80 Abs. 1 Satz 1 GG** können durch Gesetz die **BReg**, ein **Bundesminister** oder die Landesregierungen ermächtigt werden, RVO zu erlassen. Ob die BReg oder ein einzelner Min. oder mehrere Min. als „Kollektiv" ermächtigt werden, hängt von der Bedeutung des Regelungsgegenstandes ab.[8]

18 Der **Zustimmung des BR** bedürfen gem. Art. 80 Abs. 2, 3. Alt. GG RVO auf Grund von Bundesgesetzen, die der Zustimmung des BR bedürfen oder die von den Ländern im Auftrag des Bundes oder als eigene Angelegenheit ausgeführt werden (vgl. Art. 84 Abs. 1 GG).

19 Auf diesen verfassungsrechtl. Vorgaben beruhen die Kompetenzverteilungen der Abs. 1 bis 4. Für den Erlass der RVO des **Abs. 1** ist die **BReg** (Art. 62 GG) zuständig, d.h. für diese ist ein **Kabinettsbeschl.** erforderlich.[9] Die RVO des **Abs. 2** erlässt das **BMVg**[10], die RVO des **Abs. 3** das **BMVg** im Einvernehmen mit dem **BMI** und dem **BMF**. Für die RVO des **Abs. 4** ist die **Zustimmung des BR** vonnöten.

20 Vorbereitung, Ausfertigung und Verkündung einer RVO bestimmen sich im Wesentlichen nach den Best., die für die Vorbereitung und Fassung von Gesetzentw. gelten (§ 62 Abs. 2 GGO).

21 Die Aufzählung der RVO in § 93 ist für das SG **abschließend**. „Stillschweigende" oder konkludente Ermächtigungen zum Erlass von RVO sind verfassungsrechtl. nicht zulässig.[11]

2. Absatz 1

22 Abs. 1 führt die nach dem SG möglichen RVO auf, die von der BReg zu erlassen sind. Bzgl. der Nrn. 1 bis 8 bedarf es lediglich eines Kabinettsbeschl.; bzgl. der Nrn. 9 und 10 ist zusätzlich die Zustimmung des BR erforderlich (Abs. 4).

a) Nr. 1

23 Bei der RVO nach Nr. 1 handelt es sich um die VO über die Nebentätigkeit der Bundesbeamten, Berufssoldaten und Soldaten auf Zeit (Bundesnebentätigkeitsverordnung – **BNV**) i.d.F. der Bekanntmachung vom 12.11.1987[12], zul. geä. durch Art. 5 des G vom 3.12.2001.[13]

24 An sich hätte es der Nr. 1 **nicht bedurft**.[14] § 20 Abs. 7 verweist u.a. auf § 69 BBG und damit incidenter auf die dortige VO-Ermächtigung. Das SG enthält jedenfalls keine

---

8 Vgl. *Lücke*, in: *Sachs*, GG, Art. 80 Rn. 15.
9 Die Urschrift einer solchen RVO ist durch den Min. gegenzuzeichnen u. durch den BK zu unterzeichnen.
10 Dabei mag hier dahinstehen, ob das BMVg als „Bundesminister" i.S.v. Art 80 Abs. 1 Satz 1 GG zu qualifizieren ist. In jedem Fall muss der Min. die RVO unterzeichnen.
11 Vgl. *Pieroth*, in: *Jarass/Pieroth*, GG, Art. 80 Rn. 11.
12 BGBl. I S. 2377.
13 BGBl. I S. 3306.
14 *Stauf* I, § 72 SG Rn. 2.

gesonderte Ermächtigung zum Erlass einer RVO für BS und SaZ. Die BNV ist daher nicht, wie das BVerwG meint, „auf Grund der Ermächtigung der § 20 Abs. 7, § 72 Abs. 1 Nr. 1 des Soldatengesetzes"[15] erlassen worden.

Aus Gründen der Rechtsklarheit war es dennoch sinnvoll, die Zuständigkeit der BReg für die Regelung der Nebentätigkeit der BS und SaZ im SG festzulegen.

b) Nr. 2
Nr. 2 betr. die VO über die Laufbahnen der Soldatinnen und Soldaten (Soldatenlaufbahnverordnung – **SLV**) i.d.F. der Bekanntmachung vom 4.5.2005[16], zul. geä. durch Art. 78 des G vom 21.6.2005.[17]   25

c) Nr. 3
Nr. 3 betr. die VO über den Urlaub der Soldaten (Soldatenurlaubsverordnung – **SUV**) i.d.F. des Bekanntmachung vom 14.5.1997[18], zul. geä. durch Art. 10 des SkResNOG.   26

d) Nr. 4
Nr. 4 betr. die VO über die Elternzeit für Soldatinnen und Soldaten (**EltZSoldV**) i.d.F. der Bekanntmachung vom 18.11.2004.[19]   27

e) Nr. 5
Nr. 5 betr. die VO über die Gewährung von Jubiläumszuwendungen an Soldatinnen und Soldaten (Soldatenjubiläumsverordnung – **SJubV**) i.d.F. vom 24.7.2002.[20]   28

f) Nr. 6
Nr. 6 betr. die VO über den Mutterschutz für Soldatinnen (Mutterschutzverordnung für Soldatinnen –**MuSchSoldV**) i.d.F. der Bekanntmachung vom 18.11.2004.[21]   29

g) Nr. 7
Von der gesetzl. Ermächtigung zum Erlass einer RVO nach § 54 Abs. 3 Nr. 1 wurde seit 1956 **kein Gebrauch** gemacht. Die gesetzl. Ermächtigung – und damit Nr. 7 – sollte **gestrichen** werden.   30

h) Nr. 8
Nr. 8 betr. die VO über die Erstattung von notwendigen Auslagen, Verdienstausfall und Vertretungskosten der WPfl und Dienstleistungspflichtigen im Rahmen der Wehrüberwachung und Dienstleistungsüberwachung (Wehrdienst-Erstattungsverordnung – **WDErstattV**) vom 9.6.2005.[22]   31

i) Nr. 9
Nr. 9 betr. die VO über die Zuständigkeit und das Verfahren bei der Unabkömmlichstellung (Unabkömmlichstellungsverordnung – **UkV**) vom 24.8.2005.[23]   32

---

15 BVerwG ZBR 1999, 200.
16 BGBl. I S. 1244.
17 BGBl. I S. 1818.
18 BGBl. I S. 1134.
19 BGBl. I S. 2855.
20 BGBl. I S. 2806.
21 BGBl. I S. 2858.
22 BGBl. I S. 1621.
23 BGBl. I S. 2538.

j) Nr. 10

33 Nr. 10 betr. die VO über die Übertragung von Aufgaben der Wehrersatzbehörde bei der Wehrüberwachung von WPfl und der Dienstleistungsüberwachung von Dienstleistungspflichtigen auf die **See-Berufsgenossenschaft**.[24]

3. Absatz 2

a) Nr. 1

34 Nr. 1 betr. die VO über die Regelung des militärischen Vorgesetztenverhältnisses (Vorgesetztenverordnung – **VorgV**) vom 4.6.1956[25], zul. geä. durch VO vom 7.10.1981.[26]

b) Nr. 2

35 Nr. 2 betr. die VO über die Berechtigung zum Tragen der Uniform außerhalb eines Wehrdienstverhältnisses (Uniformverordnung – **UnifV**) i.d.F. vom 14.12.1999.[27]

c) Nr. 3

36 Die Ermächtigung zum Erlass einer RVO über **Unteroffizier- und Offizierprüfungen** (§ 27 Abs. 7) wurde durch Art. 2 Nr. 10 des SkResNOG in das SG eingeführt. Die RVO wird zzt. **vorbereitet**.

d) Nr. 4

37 Nr. 4 betr. die VO über die Führung der Personalakten der Soldaten und der ehemaligen Soldaten (Personalaktenverordnung Soldaten – **SPersAV**) vom 31.8.1995.[28]

e) Nr. 5

38 Nr. 5 betr. die VO über die **Teilzeitbeschäftigung** von Soldatinnen und Soldaten der Bw (Soldatinnen- und Soldatenteilzeitbeschäftigungsverordnung – **STzV**) vom 9.11.2005.[29]

f) Nr. 6

39 Die gem. § 46 Abs. 3 zulässige RVO ist bisher **nicht erlassen** worden.

4. Absatz 3

40 Abs. 3 betr. die VO über das Ausbildungsgeld für Sanitätsoffizier-Anwärter (**SanOA-AusbgV**) vom 12.9.2000.[30]

5. Absatz 4

41 Abs. 4 bedarf keiner weiteren Komm.

---

24 Zzt. ist nicht geplant, von der VO-Ermächtigung Gebrauch zu machen.
25 BGBl. I S. 459.
26 BGBl. I S. 1129.
27 BGBl. 2000 I S. 9.
28 BGBl. I S. 1159.
29 BGBl. I S. 3157.
30 BGBl. I S. 1406.

§ 94 Übergangsvorschrift aus Anlass des Änderungsgesetzes vom 24. Februar 1983 (BGBl. I S. 179)

Auf Berufssoldaten und Soldaten auf Zeit, die vor dem 2. März 1983 ein Studium oder eine Fachausbildung im Rahmen ihrer militärischen Ausbildung abgeschlossen haben, sind die bisherigen Vorschriften anzuwenden.

Literatur: Spezielle Veröffentlichungen zu § 94 (§ 73 a.F.) liegen nicht vor.

Übersicht

	Rn.		Rn.
A. Allgemeines	1 – 4	2. Änderungen der Vorschrift	4
1. Entstehung der Vorschrift	1 – 3	B. Erläuterungen im Einzelnen	5 – 6

A. Allgemeines

1. Entstehung der Vorschrift

§ 94 entspricht § 73 in der bis zum In-Kraft-Treten des **SkResNOG** maßgeblichen Fassung des SG. Inhaltlich wurde § 73 a.F. mit dem SkResNOG nicht geändert.[1] **1**

In der **Erstfassung** regelte § 73 das **In-Kraft-Treten des SG** („Dieses Gesetz tritt am 1. April 1956 in Kraft"). **2**

Mit Art. 2 Nr. 8 des G vom **24.2.1983**[2] wurde § 73 **neu belegt**.[3] Eingerückt wurde die bis heute geltende Fassung des § 73 (jetzt: § 94). **3**

2. Änderungen der Vorschrift

Die Vorschrift kann im Zuge einer Rechtsbereinigung des SG ersatzlos **entfallen**.[4] **4**

B. Erläuterungen im Einzelnen

Bei den **„bisherigen Vorschriften"**, die „im Hinblick auf den zustehenden Vertrauensschutz"[5] weiterhin gelten sollen, handelt es sich um die Entlassungstatbestände des **§ 46 Abs. 3** und des **§ 55 Abs. 3** in der jew. Fassung, wie sie bis 1983 Bestand hatte. Darüber hinaus gilt die Vorschrift des **§ 56 Abs. 4** über die Rückzahlung des Ausbildungsgeldes der SanOA i.d.F. vor 1983 weiter. Schließlich ist die Übergangsvorschrift des **Art. 3 § 1 des 12. G zur Änd. des SG** vom **23.12.1977**[6] für BS, die bis zum 31.3.1978 ein Studium oder eine Fachausbildung abgeschlossen haben, weiterhin anwendbar.[7] **5**

Im Ergebnis bedeutet § 94: **6**

- Für **BS**[8], die vor dem **2.3.1983** ein Studium oder eine Fachausbildung abgeschlossen haben:
  Vor Ablauf der Mindestdienstzeiten des § 46 Abs. 3 Satz 1 a.F. hat ein solcher BS keinen Anspruch auf Entlassung trotz Vorliegens einer besonderen Härte. Wird er dennoch – bei Ausübung des Ermessens – entlassen, muss er die Kosten des Studiums oder der Fachausbildung nicht erstatten.

---

1 Vgl. BT-Drs. 15/4485, 21.
2 BGBl. I S. 179.
3 Die BReg hielt die ursprüngliche Inkrafttretensvorschrift für „entbehrlich" (BT-Drs. 9/1897, 17).
4 Vgl. u. Rn. 6.
5 BT-Drs. 9/1897, 17.
6 BGBl. I S. 3114. Die Best. ist verfassungsgemäß (BVerwGE 65, 204).
7 Vgl. zu den Texten der zit. Vorschriften *Scherer/Alff*, SG, § 73 Rn. 1 ff.
8 Für SaZ gelten die folgenden Ausführungen entspr.

Die Mindestdienstzeit von dreifacher Dauer des Studiums oder der Fachausbildung ist für diesen Personenkreis spätestens im Jahre 1995 absolviert gewesen. Anwendungsfälle für die Zeit danach sind nicht vorstellbar.
- Für **BS**, die vor dem **31.3.1978** ein Studium oder eine Fachausbildung abgeschlossen haben:
  Ein solcher BS kann jederzeit seine Entlassung verlangen, bis zum Ende des sechsten Dienstjahres nur bei Vorliegen einer besonderen Härte, muss aber bei einer Entlassung die Kosten des Studiums oder der Fachausbildung oder das gewährte Ausbildungsgeld für SanOA erstatten.
  Der für diese Übergangsregelung in Betracht kommende Personenkreis dürfte altersbedingt und angesichts des mit einer Entlassung verbundenen Verlusts der Versorgungsbezüge (§ 49 Abs. 3) bei Null liegen. Eine Erstattung der Kosten des Studiums oder der Fachausbildung ist wegen der seit der Beendigung der Ausbildung zurückgelegten Dienstzeit heute ohnehin nicht mehr möglich.

Der im Jahre 1983 (bzw. 1978) gewährte Vertrauensschutz erfordert heute keine weitere Geltung der früheren Vorschriften mehr. Es ist vertretbar, auf diese BS nunmehr die §§ 46 und 49 in der aktuellen Fassung anzuwenden, zumal sie dadurch keine Benachteiligung gegenüber dem früheren Rechtszustand mehr erfahren können. Rechtshistorisch Interessierten steht der Zugang zum BGBl. offen.

§ 95 Übergangsvorschrift aus Anlass des Änderungsgesetzes vom 6. Dezember 1990 (BGBl. I S. 2588)

Die Vorschriften der § 40 Abs. 4, § 46 Abs. 4 finden nur auf Soldaten auf Zeit und Berufssoldaten Anwendung, die Elternzeit nach Inkrafttreten des Vierzehnten Gesetzes zur Änderung des Soldatengesetzes vom 6. Dezember 1990 (BGBl. I S. 2588) beantragt haben.

Literatur: Spezielle Veröffentlichungen zu § 95 (§ 74 a.F.) liegen nicht vor.

Übersicht

	Rn.		Rn.
A. Allgemeines	1 – 5	2. Änderungen der Vorschrift	5
1. Entstehung der Vorschrift	1 – 4	B. Erläuterungen im Einzelnen	6 – 9

A. Allgemeines

1. Entstehung der Vorschrift

1 Durch Art. 1 Nr. 21 des G vom **6.12.1990**[1] wurde folgender **§ 74** in das SG eingefügt:

„(1) Die Vorschriften der §§ 51a, 54 Abs. 5 finden nur auf Soldaten Anwendung, die nach Inkrafttreten des Vierzehnten Gesetzes zur Änderung des Soldatengesetzes vom 6. Dezember 1990 (BGBl. I S. 2588) in das Dienstverhältnis eines Soldaten berufen worden sind.

(2) Die Vorschriften der § 40 Abs. 4, § 46 Abs. 4 finden nur auf Soldaten auf Zeit und Berufssoldaten Anwendung, die Erziehungsurlaub nach Inkrafttreten des Vierzehnten Gesetzes zur Änderung des Soldatengesetzes vom 6. Dezember 1990 (BGBl. I S. 2588) beantragt haben."

---

1 BGBl. I S. 2588.

(leer) § 96

Begründet wurde diese Best. mit dem **„Vertrauensschutz"** der SaZ und BS. Abs. 2 sollte bewirken, dass Soldaten, die vor dem In-Kraft-Treten der zit. Neuregelungen Erziehungsurlaub beantragt hatten, keiner weiteren „Kompensationspflicht" unterworfen würden.² 2

Mit Art. 8 Nr. 5 des G vom **30.11.2000**³ wurde in Abs. 2 der Begriff „Erziehungsurlaub" durch „Elternzeit" ersetzt. 3

Das **SkResNOG** platzierte § 74 als **§ 95 neu** und hob den bisherigen Abs. 1 wegen des Wegfalls der § 51a und § 54 Abs. 5 a.F. auf.⁴ 4

2. Änderungen der Vorschrift

Im Zuge einer **Rechtsbereinigung** des SG sollte geprüft werden, ob dann noch ein **Bedarf** für diese Vorschrift besteht. 5

Jedenfalls sollte die **Verweisung** in der ersten Zeile **korrigiert** werden. Rechtsförmlich und sprachlich korrekt muss es heißen: „Die Vorschriften des § 40 Abs. 4 und des § 46 Abs. 4 ..."⁵.

Im Übrigen ist hinter „Abs. 4" jew. zu setzen **„Satz 1"**, da beide Vorschriften auf Grund von Art. 2 Nr. 4 und Nr. 5 des SDGleiG einen Abs. 2 erhalten haben. Die entspr. Folgeänderung in § 74 a.F. ist seinerzeit unterblieben.

B. Erläuterungen im Einzelnen

Das 14. G zur Änd. des SG ist am **13.12.1990** in Kraft getreten. 6

Hat ein SaZ oder BS **nach diesem Zeitpunkt** Elternzeit beantragt, finden auf ihn die Vorschriften des § 40 Abs. 4 Satz 1 und des § 46 Abs. 4 Satz 1 in der geltenden Fassung Anwendung, d.h. ihre **Dienstzeit verlängert sich** um die Dauer der Elternzeit. 7

Hat ein SaZ oder BS **vor dem 13.12.1990** Elternzeit (Erziehungsurlaub) beantragt – entscheidend ist nach dem eindeutigen Gesetzeswortlaut das **Datum der Antragstellung** –, gelten diese Best. für ihn nicht; ihre **Dienstzeit verlängert sich nicht**. 8

Gem. § 1 Abs. 2 Satz 2 EltZSoldV i.V.m. § 28 Abs. 5 Satz 1 Nr. 1 SG kann Elternzeit bis zur Vollendung des 18. Lebensjahres eines Kindes genommen werden. Aus diesem Grund besteht jedenfalls zzt. noch ein **Bedarf** an der Übergangsvorschrift des § 95, auch wenn dieser allenfalls in wenigen Fällen relevant sein dürfte. Spätestens im Dezember 2008 kann die Best. gestrichen werden. 9

§ 96 (leer)*

* Gemäß Artikel 4 Nr. 4 in Verbindung mit Artikel 24 Abs. 2 Nr. 7 des Gesetzes vom 29. Juni 1998 (BGBl. I S. 1666, 3128) in der durch Artikel 9 des Gesetzes vom 22. April 2005 (BGBl. I S. 1106) geänderten Fassung wird am 1.1.2007 folgender § 96 eingefügt:

---

2 BT-Drs. 11/6906, 17.
3 BGBl. I S. 1638.
4 Vgl. BT-Drs. 15/4485, 41.
5 Am Rande bemerkenswert ist, wie § 95 (§ 74 Abs. 2 a.F.) in Veröffentlichungen zit. wird. In der Textsammlung „Wehrrecht" des C.H. Beck-Verlages heißt es: „Die Vorschriften des § 40 Abs. 4 und § 46 Abs. 4 ...", bei *Scherer/Alff*, SG, § 74: „Die Vorschriften des § 40 Abs. 4, § 46 Abs. 4 ..." u. bei *Stauf* I, § 74 SG, wie v. Verf. dieser Komm. vorgeschlagen.

§ 97 Bußgeldvorschriften; Übergangs- und Schlussvorschriften

„§ 96 Übergangsvorschrift aus Anlass des Versorgungsreformgesetzes 1998
Abweichend von § 45 Abs. 2 Nr. 1 bis 5 werden für die am 1.1.1999 vorhandenen Berufssoldaten folgende besondere Altersgrenzen festgesetzt:
1. für Oberste in der Besoldungsgruppe A 16 bis zum Ablauf des 31. Dezember 2014 die Vollendung des 60. Lebensjahres,
2. für Oberstleutnante in der Besoldungsgruppe A 14 bis zum Ablauf des 31. Dezember 2014 die Vollendung des 58. Lebensjahres,
3. für Majore bis zum Ablauf des 31. Dezember 2014 die Vollendung des 56. Lebensjahres,
4. für Hauptleute, Oberleutnante und Leutnante bis zum Ablauf des 31. Dezember 2010 die Vollendung des 54. Lebensjahres,
5. für Berufsunteroffiziere bis zum Ablauf des 31. Dezember 2012 die Vollendung des 53. Lebensjahres."

1 Die (künftige) Vorschrift, bis zum **SkResNOG** als § 75 eingereiht, wurde durch Art. 4 des Versorgungsreformgesetzes 1998, das zuletzt durch das SkResNOG geändert worden ist, eingefügt.

2 Sie bezweckt aus Gründen der **Besitzstandswahrung** eine Übergangsregelung für die am 1.1.1999 vorhandenen BS. Für diese gelten zunächst die bisherigen besonderen Altersgrenzen fort. Die ab dem 1.1.2007 um ein Jahr heraufgesetzten besonderen Altersgrenzen für den Personenkreis des § 45 Abs. 2[1] sind für die in § 96 (neu) aufgeführten BS nicht maßgeblich.

Die Vorschrift ist im Hinblick auf den Vertrauensschutz **verfassungskonform**[2], auch soweit sie zwischen OTL in den Besoldungsgruppen A 14 und A 15 (in Nr. 2) differenziert.[3]

§ 97 Übergangsvorschrift aus Anlass des Änderungsgesetzes vom 19. Dezember 2000 (BGBl. I S. 1815)

(1) Auf Berufssoldaten und Soldaten auf Zeit, die vor Inkrafttreten des Gesetzes zur Änderung des Soldatengesetzes und anderer Vorschriften vom 19. Dezember 2000 (BGBl. I S. 1815) ein Studium oder eine Fachausbildung begonnen haben, sind § 49 Abs. 4 und § 56 Abs. 4 in der bisherigen Fassung anzuwenden.

(2) Auf die bei Inkrafttreten des Gesetzes zur Änderung des Soldatengesetzes und anderer Vorschriften vom 19. Dezember 2000 (BGBl. I S. 1815) vorhandenen Soldaten auf Zeit ist § 55 Abs. 4 in der bisherigen Fassung anzuwenden.

Literatur: Spezielle Veröffentlichungen zu § 97 (§ 76 a.F.) liegen nicht vor.

Übersicht

	Rn.		Rn.
A. Allgemeines	1 – 4	B. Erläuterungen im Einzelnen	5 – 10
1. Entstehung der Vorschrift	1 – 3	1. Absatz 1	6 – 7
2. Änderungen der Vorschrift	4	2. Absatz 2	8 – 10

---

1 Vgl. die amtl. Anm. zu § 45.
2 Vgl. *Scherer/Alff*, SG, § 75 Rn. 1.
3 BVerwG NZWehr 2005, 212.

Übergangsvorschrift aus Anlass des Änderungsgesetzes vom 19.12.2000 **§ 97**

A. Allgemeines

1. Entstehung der Vorschrift

Durch Art. 1 Nr. 48 des **SGÄndG** wurde ein neuer § 76 mit dem seither unverändert gebliebenen obigen Text in das SG eingefügt. 1

Begründet wurde auch diese Best. mit dem „**Vertrauensschutz**" der BS und SaZ.[1] 2

Das **SkResNOG** platzierte § 76 als § **97 neu**. 3

2. Änderungen der Vorschrift

Im Zuge einer **Rechtsbereinigung** des SG sollte geprüft werden, ob noch ein **Bedarf** für diese Vorschrift besteht. 4

B. Erläuterungen im Einzelnen

Das SGÄndG ist am **24.12.2000** in Kraft getreten. 5

1. Absatz 1

Hat ein BS oder SaZ **vor dem 24.12.2000** ein **Studium** oder eine **Fachausbildung** aufgenommen, finden auf ihn § 49 Abs. 4 bzw. § 56 Abs. 4 i.d.F. von **1983**[2] Anwendung. Dies bedeutet, dass die für BS und SaZ seinerzeit normierten **differenzierenden Regelungen** weiterhin **maßgeblich** sind und die mit dem SGÄndG in die Erstattungsbest. eingeführten zusätzlichen Fallgruppen außer Betracht bleiben.[3] 6

Ein Studium und eine Fachausbildung, die spätestens im Dezember 2000 begonnen haben, wurden i.d.R. im Laufe des Jahres 2003 abgeschlossen. Die wenigen denkbaren Ausnahmefälle werden in Kürze beendet sein. Die Vorschrift kann daher im Jahre **2006 aufgehoben** werden. 7

2. Absatz 2

Für SaZ, die am **24.12.2000** in ihr Dienstverhältnis **berufen** waren, gilt § 55 Abs. 4 i.d.F. von **1970**[4] weiter. 8

Die mit dem SGÄndG vorgenommene **Erweiterung** der Entlassung wegen Nichteignung auf alle SaZ in den ersten vier Dienstjahren und die **Einbeziehung der UA** in die gesetzl. Regelung[5] finden erst auf diejenigen Soldaten Anwendung, die nach dem 24.12.2000 in das Dienstverhältnis eines SaZ berufen worden sind. 9

Ein Soldat, der sich bereits am 24.12.2000 im Status eines SaZ befand, dürfte heute nicht mehr OA oder SanOA sein. Andernfalls hätte er längst wegen Nichteignung entlassen werden sollen. Die Vorschrift kann daher wegen **Zeitablaufs aufgehoben** werden. 10

---

1 BT-Drs. 14/4062, 24.
2 BGBl. I S. 179. Die jew. Textstellen sind auch abgedruckt bei *Scherer/Alff*, SG, § 76 Rn. 1.
3 Vgl. die Komm. zu § 49 Abs. 4 u. zu § 56 Abs. 4; BT-Drs. 14/4062, 22, 23.
4 BGBl. I S. 1120. Text auch bei *Scherer/Alff*, SG, § 76 Rn. 2.
5 Vgl. im Einzelnen BT-Drs. 14/4062, 22 f.

§ 98 Übergangsvorschrift aus Anlass des Änderungsgesetzes vom 22. April 2005 (BGBl. I S. 1106)

Die Vorschriften des Vierten Abschnittes sind nur auf Personen anzuwenden, die nach Inkrafttreten des Vierzehnten Gesetzes zur Änderung des Soldatengesetzes vom 6. Dezember 1990 (BGBl. I S. 2588) in das Dienstverhältnis eines Soldaten berufen worden sind.

Literatur: Spezielle Veröffentlichungen zu § 98 sind (noch) nicht vorhanden.

Übersicht

	Rn.		Rn.
A. Allgemeines	1 – 3	B. Erläuterungen im Einzelnen	4 – 12
1. Entstehung der Vorschrift	1 – 2	1. Wortlaut und amtl. Begründung	4 – 5
2. Änderungen der Vorschrift	3	2. Weitere Überlegungen des Gesetzgebers	6 – 12

A. Allgemeines

1. Entstehung der Vorschrift

1 Die Vorschrift wurde mit dem **SkResNOG** in das SG eingefügt.

2 **Begründet** wurde sie mit dem **Vertrauensschutz** derjenigen Soldaten, die vor dem In-Kraft-Treten „dieses Gesetzes" ein Dienstverhältnis als Soldatin oder Soldat auf freiwilliger Basis begründet hatten.[1]

2. Änderungen der Vorschrift

3 Die Praxis, ggf. die **Rspr.**, muss erweisen, ob die Vorschrift in der geltenden Fassung **Bestand** haben kann.

B. Erläuterungen im Einzelnen

1. Wortlaut und amtl. Begründung

4 Der Gesetzestext ist **eindeutig** und nur einer Auslegung zugänglich:

Die Vorschriften des IV. Abschnitts, d.h. die §§ 59 bis 80, sind auf diejenigen Personen (Männer und Frauen) anzuwenden, die nach dem In-Kraft-Treten des 14. Gesetzes zur Änd. des SG, d.h. **ab dem 13.12.1990**, in das Dienstverhältnis eines Soldaten (SaZ, BS) **berufen** worden sind.

5 Die **amtl. Begr.**[2] scheint eine solche **rückwirkende Geltung** des IV. Abschnitts **auszuschließen**. Die Formulierung „Für Dienstverhältnisse, die bereits vor Inkrafttreten dieses Gesetzes begründet worden sind, gilt die bisherige Rechtslage" zielt auf das In-Kraft-Treten des SkResNOG ab. Damit würde auch der Absicht der BReg, „mit Blick auf den notwendigen Vertrauensschutz eine Übergangsregelung" zu schaffen, Rechnung getragen. Dann allerdings hätte § 98 wie folgt formuliert werden müssen:

„Die Vorschriften des Vierten Abschnitts sind nur auf Personen anzuwenden, die nach Inkrafttreten des Gesetzes über die Neuordnung d.R. der Streitkräfte und zur Rechtsbe-

---

1 BT-Drs. 15/4485, 41.
2 BT-Drs. 15/4485, 41.

Übergangsvorschrift aus Anlass des Änderungsgesetzes vom 22.4.2005 **§ 98**

reinigung des Wehrpflichtgesetzes vom 22. April 2005 (BGBl. I S. 1106) in das Dienstverhältnis eines Soldaten berufen worden sind."
Dieser Text hätte konzeptionell den §§ 94, 95 und 97 entsprochen; er hätte mit der amtl. Begr. korrespondiert und wäre eine „echte" Übergangsregelung gewesen.
Solche Überlegungen haben hier allerdings gegenüber der klaren grammatikalischen Auslegung zurückzustehen.

2. Weitere Überlegungen des Gesetzgebers

Der Gesetzgeber hatte folgende **Problematik** zu bewältigen: 6
Mit dem **14. G zur Änd. des SG** waren u.a. **§ 51a a.F.** in das SG **eingefügt** und **§ 54 Abs. 5 a.F.** entspr. angepasst worden. Danach konnten BS und SaZ, die nicht der WPfl unterlagen, nach ihrem Ausscheiden aus dem Dienstverhältnis zu weiteren Dienstleistungen nach dem SG herangezogen werden. Diese ehem. BS und SaZ waren u.a. verpflichtet, Änd. ihres ständigen Aufenthalts oder ihrer Wohnung binnen einer Woche der zuständigen Stelle anzuzeigen (§ 51a Abs. 1 Satz 2 a.F., § 54 Abs. 5 Satz 1 a.F.). Für diesen Personenkreis wurde mit dem 14. G zur Änd. des SG zugleich in **§ 74 Abs. 1 a.F.** eine Übergangsvorschrift eingerückt, der zufolge § 51a und § 54 Abs. 5 nur auf Soldaten Anwendung finden sollten, die nach dem In-Kraft-Treten des 14. G zur Änd. des SG in das Dienstverhältnis eines Soldaten berufen worden waren.

Mit Art. 2 Nr. 18 bzw. Nr. 19 b des **SkResNOG** wurden § 51a a.F. und § 54 Abs. 5 a.F. 7
aufgehoben. Ihr Inhalt wurde in den neu gefassten IV. Abschnitt verlagert. Konsequenterweise musste auch § 74 Abs. 1 a.F. aufgehoben werden.

Ohne ein neues Handeln des Gesetzgebers hätte dies in der Folge bedeutet, dass dieje- 8
nigen nicht wpfl ehem. BS und SaZ, die in der Zeit vom In-Kraft-Treten des 14. G zur Änd. des SG am 13.12.1990 bis zum In-Kraft-Treten des SkResNOG am 30.4.2005 berufen worden waren, **keinerlei nachwirkenden Verpflichtungen** mehr unterlägen hätten, selbst denen gem. § 51a, § 54 Abs. 5 a.F. nicht.
Diese **Lücke** musste geschlossen werden.

Eine **„gespaltene" Übergangsregelung**, in der zwischen BS und SaZ vor dem 13.12.1990, 9
nach dem 13.12.1990 und nach dem 30.4.2005 differenziert worden wäre, hätte für die Praxis und die Personalplanung der SK erhebliche Schwierigkeiten bereitet. Die mit der geltenden Fassung des § 98 bewirkte Einbeziehung aller Personen, die nach dem 13.12.1990 berufen worden sind, in die Vorschriften des IV. Abschnitts ist **vertretbar**, da die meisten Dienstleistungen gem. § 60 im Frieden **freiwillig** erbracht werden und die sich aus der Dienstleistungsüberwachung ergebenden Pflichten den Einzelnen **nicht übermäßig belasten**.

Anders stellt sich die Rechtslage für **ungediente Frauen** dar: 10
Mit dem **SGÄndG** wurde nach § 58 a.F. ein IV. Abschnitt mit dem neuen **§ 58a a.F.** eingefügt. Danach konnten sich ungediente Frauen zu weiteren Dienstleistungen verpflichten. Auf sie war dann u.a. § 54 Abs. 5 a.F. entspr. anzuwenden (§ 58a Abs. 1 Satz 2 a.F.).
§ 58a a.F. wurde durch Art. 2 Nr. 24 des SkResNOG neu gefasst; er ging im Wesentlichen in § 59 Abs. 3 auf.

Auf diese Frauen ist § **98 nicht anwendbar**. Sie wurden nicht in das „Dienstverhältnis 11
eines Soldaten berufen". Ihre Verpflichtung erfolgte durch Annahme ihrer Verpflichtungserklärung. Ein **Berufungsakt** i.S.d. §§ 39, 40 war dies **nicht**.

Dies bedeutet für ungediente Frauen, die sich zwischen dem 24.12.2000 und dem 12
30.4.2005 freiwillig verpflichtet haben, dass sie – **ohne Übergangsregelung** – nunmehr

sämtlichen Vorschriften des IV. Abschnitts unterworfen sind. Dies ist rechtl. **nicht unproblematisch**.[3] Man darf gespannt sein, welche Folgerungen die Rspr. hieraus ziehen wird.

---

[3] Besonders krit. ist die Einbeziehung dieser Frauen in die bußgeldbewehrte Dienstleistungsüberwachung zu bewerten. Insoweit kann wegen Art. 103 Abs. 3 GG durchaus auch ein Verfassungsverstoß vorliegen, wenn man das Recht der Ordnungswidrigkeiten in das Verbot der Doppelbestrafung einbezieht (vgl. *Pieroth*, in: *Jarass/Pieroth*, GG, Art. 103 Rn. 59 m.w.N.

Sachregister

Zahlen in **Fettdruck** verweisen auf die Paragraphen des SG, magere Zahlen auf die Randnummern, unterstrichene Zahlen auf die Fußnoten.

Abgeordnete
- Beförderungssperre **4** 43 ff.; **58** 14
- Dienstleistungen **51** 41 ff.; **54** 11
- Dienstvergehen **23** 18
- Führen des Dienstgrades **25** 19
- Entlassung aus Dienstleistungen **75** 22
- Entlassung von BS **46** 68 ff.
- Inkompatibilität **25** 14 ff.
- Meldepflicht **25** 9 ff.
- Urlaub für kommunale Vertretung **25** 28 ff.
- Wahlkandidaten **25** 10 ff.
- Wahlrecht zu einer gesetzgebenden Körperschaft **25**
- Wahlurlaub **28** 54 ff.
- Wiederverwendung **25** 24
- Zurückstellung von Dienstleistungen **67** 19 ff.

Ablauf der Dienstzeit eines Soldaten auf Zeit **54** 4

Abolition **5** 20

Abstammung **3** 38

Ämterpatronage **3** 41; **27** 26

Ärztliche Untersuchung
- im Rahmen von Betreuungsurlaub **28** 41
- von Bewerbern für den freiwilligen Dienst **37** 37 ff.
- von Dienstleistungspflichtigen **65** 8; **71** 77 42 ff., 54 f.
- im Rahmen von DVag **81** 29
- im Rahmen der Pflicht zur Gesunderhaltung **17** 23 f., 64 f.
- im Rahmen von Teilzeitbeschäftigung **30a** 10
- im Rahmen der Versetzung in den Ruhestand **44** 26 ff., 36 ff.

Aids-Test **3** 21

Alkohol
- Befehl, keinen - zu trinken **10** 72; **17** 62
- (Nicht-)Eignungsmerkmal **55** 36
- Test **17** 68
- Verstoß gegen Alkoholverbot **7** 35; **10** 35; **12** 21; **17** 45

Altersgrenzen **45**
- allgemeine - **1** 31; **45** 20 ff.
- besondere - **1** 31; **45** 23 ff.
- dienstgradbezogene **3** 24
- und Dienstleistungen **59** 15
- und Eignungsübende **87** 30
- und einstweiliger Ruhestand **50** 50
- und Eintritt in den Ruhestand **44** 8 ff.
- und Tätigkeit gem. § 20a **20a** 23 f.
- Übersicht über die - **45** Anhang
- und Versetzung in den Ruhestand **44** 19 ff.
- und Wiederverwendung **51** 23 ff.

Amnestiegesetz **5** 10

Amt des Beamten
- im abstrakt-funktionellen Sinne **3** 56; **20** 50
- im funktionellen Sinne **3** 53, 56
- im konkret-funktionellen Sinne **3** 56; **20** 18
- im statusrechtlichen Sinne **3** 55; **4** 30

Andere Bewerber
- Arbeitsverhältnis **87** 21
- Beginn des Wehrdienstverhältnisses **2** 14
- Diensteid/feierliches Gelöbnis **9** 34; **87** 23
- Dienstgrad **26** 8; **87** 23
- Eignungsübung **39** 19; **87** 19 ff.
- Einstellung **87** 16 ff.
- Entlassung wegen mangelnder Eignung **87** 25
- Entlassung wegen eines Verhaltens vor der Ernennung **46** 60; **88**
- Ernennung **87** 29
- Status **39** 9

Anfechtungsklage **85**

Angehörige **20** 31; **28** 40; **30a** 10

Anhörung
- von Dienstleistungspflichtigen **71** 13, 15; **73** 8
- bei Aufschub des Eintritts in den Ruhestand **44** 14
- bei Entlassung von Berufssoldaten **47** 7 ff.

Sachregister

- bei Entlassung von Soldaten auf Zeit **55** 91
- vor Aufnahme von Vorgängen in die Personalakte **29** 6, 58 ff.
- bei Verbot der Ausübung des Dienstes **22** 35
- vor Versetzung in den einstweiligen Ruhestand
- der Vertrauensperson **44** 33; **55** 10, 88

Anrede **4** 36; **26** 11

Anschauungen
- politische - **3** 41
- religiöse - **3** 40

Ansehen der Bundeswehr (Begriff) **55** 70

Anzug
- Anzugarten **4** 39 f.; **4a** 11
- Pflicht zum Tragen des - **7** 35
- Rechtsweg **82** 26
- Zuständigkeit des BPräs **4** 38

Arbeitsplatzschutzgesetz **1** 32; **28** 15; **30** 18; **31** 11, 20, 22; **59** 32; **61** 23; **62** 20; **70** 13; **75** 42; **82** 39

Aufenthaltsfeststellungsverfahren **78**

Aufschiebende Wirkung
- der Anfechtungsklage **50** 27; **55** 89 f.; **85**
- der Beschwerde **44** 51; **55** 64
- des Widerspruchs **71** 23; **72** 9, 27; **83** 27 ff.

Ausbildungsgeld für SanOA **30** 24 f.; **93** 40
- Erstattung des - **46** 37; **49** 37; **56** 21; **94** 5 f.

Ausländer
- Berufung als SaZ/BS **37** 11 ff., 16 ff.
- als Dienstleistungspflichtige **59** 22
- als Teilnehmer von DVag **81** 30
- als Vorgesetzte **1** 55, 76, 78; **7** 25 ff.

Ausland
- Einsicht in PA im - **29** 86
- Heimaturlaub **28** 32
- Katastrophenhilfe im - **60** 13; **63** 2
- Schulbeihilfe **31** 16
- Verhalten im - **16**
- Verurteilungen im Ausland **38** 5; **48** 16
- Wohnsitz im - **46** 84 ff.
  siehe auch besondere Auslandsverwendung

Ausschluss von Dienstleistungen **38** 2, 8; **65**; **76**

Beendigung von Dienstleistungen **75**; **76**
Befähigung **3** 12
Befehl
- Dauerbefehl **10** 51; **18** 21

- Definition **1** 49; **10** 48 ff.; **11** 27
- dienstl. Zweck **10** 64 ff.
- Durchsetzung von - **10** 90 ff.
- und Einberufungsbescheid **2** 10
- eines faktischen Soldaten **1** 44
- und feierliches Gelöbnis **9** 39
- gefährlicher - **11** 37
- Handeln auf - **1** 68
- Präventivbefehl **10** 71; **17** 62
- Rechtmäßigkeit **10** 62 f., 78 ff.
- Rechtsschutz **10** 80 ff.; **82** 26
- und Uniformtrageerlaubnis **4a** 15

Befehlsbefugnis
- ausländischer Soldaten **1** 55; **7** 25
- des Bundesministers der Verteidigung **1** 56 ff.; **7** 26
- des Festnehmenden **1** 59 ff.
- Missbrauch der - **1** 20; **7** 35; **10** 65; **17** 45
- und Vorgesetzteneigenschaft **1** 46 ff., 50 ff., 70 ff.; **10** 56 ff.; **VorgV** 1 ff.

Beförderung *siehe auch Ernennung*
- Anspruch auf - **31** 16, 24
- Begriff **4** 17 f.
- und Begründung des Dienstverhältnisses eines BS **39** 10 ff.
- dienstliche Bekanntgabe **4** 8; **42** 4, 7 f., 11 ff.; **58** 12 ff.; **59** 28 f.
- eines faktischen Soldaten **1** 41
- Form **41, 42, 58**
- Mindestvoraussetzungen **27** 11 ff., 24 ff.
- Rechtsweg **82** 26
- Sammelurkunde **42** 7
- Verbot der - **9** 42

Beförderungssperre **4** 1, 43 ff.
Beförderungsstau **3** 71; **44** 22
Befreiung von Dienstleistungen **66**
Begnadigungsrecht des BPräs **5**
Begründung des Dienstverhältnisses
- eines Berufssoldaten *siehe Berufssoldat*
- eines Soldaten auf Zeit *siehe Soldat auf Zeit*
- Form **41**

Behandlung, ärztliche **17** 65
Behinderung **3** 44 f.
Beihilfeanspruch **22** 29; **25** 13; **30** 19; **31** 16 f., 20

Beispiels-/Vorbildfunktion des Vorg. **10** 3 f., 17 ff., 110

Belohnungen **19**
- Abg. **25** 15, 21, 38
- ausgeschiedene Soldaten **23** 33
- Begriff **19** 12

Sachregister

- Genehmigung/Zustimmung 19 22 ff.
- Herausgabepflicht 19 28 f.
- Korruptionsprävention 19 12

Bereitschaftsdienst
- Übungen als - 59 15; 60 2, 7 ff.; 61 2, 25 ff.; 72 26; 75 14 f.

Berliner Erlass 1 24; 90 15, 36; VorgV 24, 11

Berufsförderung
- und Betreuungsurlaub 28 45
- und Tätigkeit gem. § 20a 20a 3
- und Verbot der Ausübung des Dienstes 22 12, 16
- und Verkürzung der Dienstzeit 40 49
- und Umwandlung 45a 23 f.

Berufssoldat
- Beendigung des Dienstverhältnisses 43 ff.
- Beginn des Dienstverhältnisses 2 13
- Begründung des Dienstverhältnisses 39
- Entlassung 46
- Folgen der Entlassung 49
- Verlust der Rechtsstellung 48

Berufsverbände 15 40; 20 92 ff.; 29 88; 35 8 f., 16

Berufung
- Begriff 4 12
- Hindernisse der - 38
- politische Treuepflicht 37 19 ff.
- Rechtsschutz 37 40 ff.
- Regelanfrage 37 27
- Voraussetzungen 37 11 ff.

Beschwerde siehe Wehrbeschwerdeordnung

Besoldung
- Grundsatz der funktionsbezogenen - 3 159

Besondere Auslandsverwendung 62
- ärztliche Untersuchung 17 14
- Ansprüche des Dienstleistungspflichtigen 62 20 f.
- Begriff 62 13
- Verlängerung der Dienstzeit 40 38; 44 18; 75 38 ff.

Besondere Härte
- und Entlassung von Berufssoldaten 46 49 ff.
- und Entlassung von Berufssoldaten auf eigenen Antrag 46 116 ff.
- und Entlassung von Soldaten auf Zeit auf eigenen Antrag 55 18 ff.
- und Erstattung der Kosten eines Studiums/einer Fachausbildung 49 38 ff.; 56 22 ff.

- und Heranziehung zu Dienstleistungen 59 31; 62 28; 67 25 ff.; 75 28
- und KDV-Antragstellung 46 78 ff.

Besonderes Gewaltverhältnis 6 11, 9; 10 47

Bestenauslese 3 11, 70 ff.

Betäubungsmittel
- Besitz/Weitergabe als Dienstpflichtverletzung 7 35; 10 44; 12 21; 17 45, 52, 61; 55 52, 77

Beteiligungsrechte 35
- Vertrauensmann 24 41; 35 1 ff., 25
- Vertrauensperson 3 64; 24 41; 35 8

Betreuung 20 29

Betrug
- als Dienstpflichtverletzung 7 35; 12 21; 13 31; 17 45, 52, 58; 55 36

Beurteilung 3 46 ff.
- Beschwerde gegen - 3 48
- Beurteilungsbeitrag 29 14, 70; 3 50
- Beurteilungszeitraum 3 50
- Beurteilungszuständigkeit 3 49
- Förderungswürdigkeit 3 50
- frühere . 3 75
- gerichtliche Prüfung 3 50
- Richtwerte 3 50
- Unterscheidung nach Tätigkeitsbereichen/TSK 3 50
- Unzureichende Differenzierung 3 50
- Verschlechterung, geringfügige 3 50

Bewährungszeit 3 78, 80

Blankeneser Erlass 90 15

Blutgruppe 17 69

Blutprobe 17 70

Bündnisfall 51 18; 60 13; 62 6, 14

Bundesminister der Verteidigung
- Inhaber der Befehls- und Kommandogewalt 1 47, 56 ff.
- als mil. Vorg. 1 63; 10 16; 17 35
- Organisationsgewalt VorgV 5
- Vertretung 1 58; 90 17

Bundesnachrichtendienst 1 67; 29 83; 82 15, 20 f.

Bundespolizei 36 5; 87 17; 90 6

Bundespräsident
- Anordnung von Dienstgradbezeichnungen, Uniform 4 28
- Ausübung des Gnadenrechts 5
- Gegenzeichnungspflicht
  - bei Anordnung von Dienstgradbezeichnungen 4 28
  - bei Anordnung von Uniformen 4 28
  - bei Ernennungen 4 22

Sachregister

- für Dienstgradbezeichnungen 4 26
- Zuständigkeit für Ernennungen 4 20

Bußgeldvorschriften 86

De-facto-Soldat *siehe faktischer Soldat*
Deutscher 37 11 ff.; 46 16 ff.
Deutsches Volk 9 9, 32 f., 30, 76
Diebstahl
- als Dienstpflichtverletzung 7 35; 10 44; 12 21; 17 45, 52, 58; 55 77

Dienstalter 3 77 ff.
Dienstantritt 2 1, 4, 10 f., 14; 41 18; 51 31; 81 34; 87 19
Dienstantrittsanordnung 2 10; 72 15
Dienstaufsichtspflicht 1 20; 10 24 ff., 93, 35; 17 36; 29 40
Dienstbefehl
- im Zivildienstverhältnis 1 35; 11 17

Dienstbefreiung 28 27
Diensteid 9
- Eignungsübende 9 34; 87 23
- Entlassung bei Weigerung 46 61 ff.
- Funktion 9 18 ff.
- Rechtsnatur 9 25 ff.
- Verweigerung 9 29 ff.
- unter Vorbehalt 9 35
- Widerruf 9 36

Diensteintritt 2 1, 10 ff., 32; 59 24; 62 19; 63 12; 72 16, 23; 85 6

Dienstgrad
- Bedeutung 3 55; 4 30 f.
- der Eignungsübenden 26 8; 88 22
- der NVA 26 9
- und Status der Soldaten 4 30
- temporary rank 26 8
- Verlust des - 26 12 ff.; 48 8; 49 26; 53 21 f.; 56 8; 57 10; 76 12 ff.
- und Vorgesetztenverhältnis VorgV 29 ff.
- u. Vorgesetztenstellung 10 20 f.
- Zusatz „a.D." 44 56 f.

Dienstgradabzeichen 4 34
Dienstgradbezeichnungen 4 26 ff.
- Anordnung des BPräs 4 28, 31
- Anrede mit der - 4 36
- Führen der - 4 35; 26 11
- unbefugtes Führen von - 4 37; 4a 18
- weibliche Form 4 32
- Zusatz „a.D." 44 56 f.

Dienstgradgerechte Verwendung
siehe Verwendung
Dienstgradzusätze 4 33; 44 57; 55 40

Dienstleistungsausnahmen 64, 65, 66, 67, 68
Dienstleistungspflichtige
- Aufenthaltsfeststellungsverfahren 78
- Ausschluss von Di Dienstleistungen 65 76
- Befreiung von Dienstleistungen 66
- Dienstleistungsüberwachung 77
- Entlassung aus Dienstleistungen 75
- Entpflichtung von Dienstleistungen 59 31
- Heranziehung zu Dienstleistungen 69 ff.
- Personenkreis 59 15 ff.
- Übergangsregelung 98
- Unabkömmlichstellung von - 68
- Vorführung/Zuführung von - 79
- Zurückstellung von - 67

Dienstleistungsüberwachung 77
Dienstliche Veranstaltungen 81
- Dienstbeginn/-ende 2 14 f.; 81 34
- Dienstfähigkeit 64 4, 19 ff.; 81 27 ff.
- Finanzielle Ansprüche 81 38 ff.
- Freiwilligkeit 81 23 ff.
- Personenkreis 81 27 ff.
- Uniform 81 36 f.
- Zuziehung 1 38; 81 32 f.

Dienstliche Veranstaltungen geselliger Art 81 20
Dienstposten 3 56, 58, 62
Dienstpostenbündelung 3 79
Dienstpostenwechsel 3 69
Dienstreise 3 67 ff.
Dienstunfähigkeit
- Begriff 44 27 ff.; 64 9 ff.
- von Berufssoldaten 44 26 ff.
- von Dienstleistungspflichtigen 64 9 ff.; 67 12; 75 25
- Feststellung - 44 36 ff.
- Rechtsweg 82 26
- von Soldaten auf Zeit 55 9 ff.
- vorübergehende - 44 36; 55 11, 28; 64 2; 67 12; 75 25; 77 52
- und Wehrdienstunfähigkeit 64 9 ff.
- Wiederverwendung nach - 51 17

Dienstvergehen 23
- faktische Soldaten 23 31
- und GG 23 16 ff.
- nachwirkende Pflichten 14 20; 23 34 ff.; 29 81, 83; 50 43; 89 14
- Rechtswidrigkeit 23 27 f.
- Schuld 23 29

Dienstvorgesetzter 1 20, 64; 10 13; 14 18; 28 69

Sachregister

Dienstweg 7 35; **17** 34; 3
Dienstzeitberechnung 2 16; **40** 41; **54** 5
Dienstzeitbescheinigung 32 11
Dienstzeitfestsetzung **40** 13 ff., 35
Dienstzeugnis 29 14; 32 12 ff.
– vorläufiges - 32 22; **82** 26
Doppelbestrafung 23 16; 48 11

Eigenmächtige Abwesenheit
– als Dienstpflichtverletzung 7 35; 17 45, 52
– und Urlaub 28 20; 43
Eignungsübende
– Anhörung 50 25; 87 25
– Beginn 87 19
– Dienstgrad 26 8; 87 23
– Einberufungsbescheid 87 18
– Einstellung anderer Bewerber 87
– Ende 87 24
– Entlassung 88
– Ernennung 4 15; 39 19
– feierliches Gelöbnis 9 34
– Pflichtenbindung 10 23
– Urlaub von Arbeitnehmern 28 15
Ehrenamt *siehe Vormundschaft*
Ehrverletzende Behandlung
– als Dienstpflichtverletzung 7 35; **10** 44; **12** 21; **17** 35, 45
Eignung
– charakterliche - 3 24; **37** 32 ff.
– im engeren Sinne 3 14
– geistige - 3 23; **37** 36
– gesundheitliche - 3 16
– körperliche - 3 15 ff., 86 ff.; **37** 37; **44** 30; **46** 135
– im weiteren Sinne 3 11
Eignungsmangel
– Verfassungstreue als - 3 41; **37** 19 ff.
Eignungsübung *siehe andere Bewerber*
Einsatzunfall 3 90
Einstellung als Soldat
– keine - mangels Bedarfs 3 71
– kein Rechtsanspruch auf - 3 71 f.
Einstweiliger Ruhestand 50
– Anhörung 50 23 ff.
– Beginn 50 38 ff.
– Dienstgradführung 44 56
– erneute Berufung 4 9; 23 38; **50** 46 ff.
– Folgen 50 42 ff.
– Heranziehung zu Dienstleistungen 59 17
– Gründe 50 19 ff.
– und Mandat 25 22

– und Tätigkeit gem. § 20a **20a** 5
– Rechtsschutz **82** 26
– und Wiederverwendung 51 24
Eintritt in den Ruhestand **44** 8 ff.
Elektronische Form 4 5, 11; **19** 23; **29** 24; **41** 5, 22; **44** 4, 51; **46** 123, 138; **47** 19; **55** 91; **70** 16; **77** 49; **83** 19
Elternzeit 28 64 ff.
– und Dienstzeitverlängerung **40** 31 ff.; **95** 7 ff.
– Elternzeitverordnung **28** 66; **93** 27
– und Entlassung von Berufssoldaten **46** 111 ff; **95** 7 ff.
– und Nebentätigkeit 20 42
– Rechtsweg **82** 26
– und Teilzeitbeschäftigung **30a** 9
Entlassung von Berufssoldaten 46
– auf eigenen Antrag **46** 94 ff.
– wegen besonderer Härte **46** 116 ff.
– wegen Verlusts der Deutscheneigenschaft **46** 16 ff.
– wegen Eidesverweigerung **46** 61 ff.
– wegen mangelnder Eignung **46** 129 ff.
– wegen Ernennung zum Beamten **46** 21 ff.
– wegen eines Ernennungshindernisses **46** 25 f.
– wegen erschlichener Ernennung **46** 27 ff.
– wegen Mitgliedschaft in einer gesetzgebenden Körperschaft **46** 65 ff.
– Formvorschriften **46** 122 ff.
– wegen Anerkennung als Kriegsdienstverweigerer **46** 78 ff.
– Rechtsfolgen der - 49
– wegen Straftaten vor der Ernennung **46** 52 ff.
– wegen nicht erfüllter Wartezeit **46** 73 ff.
– wegen Verlagerung des Wohnsitzes **46** 84 ff.
Entlassung von Dienstleistungspflichtigen 75
Entlassung von Soldaten auf Zeit 55
– wegen besonderer Härte **55** 18 ff.
– wegen Dienstpflichtverletzung **55** 45 ff.
– wegen Dienstunfähigkeit **55** 9 ff.
– wegen mangelnder Eignung **55** 23 ff.
– wegen Ernennung zum Beamten **55** 8
– Rechtsfolgen der - 56
– Rechtsschutz **55** 87 ff.
– Rückführung in die frühere Laufbahn **55** 42 ff.

Sachregister

Entlassungsurkunde 41 7; 46 14; 47 6, 5;
 55 6
Entpflichtung von Dienstleistungen 59 31;
 60 8; 62 24; 67 10; 83 16
Ernennung 3 52; 4 3 ff.
– Begriff 4 7
– Erforderlichkeit bei Beförderung
 4 17
– Erforderlichkeit bei Berufung 4 12
– Form 41
– keine – bei Heranziehung zur Eignungs-
 übung 4 15
– Mitwirkungsbedürftigkeit 4 8 ff.
– Nichtigkeit 4 11
– Rechtsschutz vor den VG 4 19
– Übertragung von Zuständigkeiten
 4 25
– Zuständigkeit des BMVg 4 25
– Zuständigkeit des BPräs 4 20 ff., 25
– Zuständigkeit für - 4 20 ff.
– Zustimmung zur - 4 8 ff.
Ernennungsurkunde 41
– Ablehnung der Annahme der - 4 9;
 40 12; **45a** 11; **51** 32, 39
– Aushändigung der - 2 7, 13; 4 8; 37 37;
 41 8 ff.
– und Beförderung 42 11 ff.
– und Diensteid 9 28
– Inhalt der - 41 13 f.
– Wirksamkeit der - 41 15 ff.
**Erstattung der Auslagen von Dienst-
 leistungspflichtigen** 70 9, 12, 21; **71** 22;
 77 32, 38
Erstattung der Kosten
– der Fahrten von Dienstleistungspflichtigen 70 12
– der Fahrten im Rahmen von DVag
 82 40
– im Rahmen von Nebentätigkeiten
 20 70 ff.
– der polizeilichen Vorführung 79 16 ff.
– der See-Berufsgenossenschaft 77 59 ff.
– eines Studiums/einer Fachausbildung
 46 3 ff.; 49 5, 30 ff.; 55 18; 56 2; 94 6; 97
– eines Widerspruchsverfahrens 70 15;
 83 26, 29
**Erstattung von Verdienstausfall der
 Dienstleistungspflichtigen** 70 13 f.
**Erstattung von Vertretungskosten der
 Dienstleistungspflichtigen** 70 14
Erstbewerberregelung 3 28; **39** 16
Erzieherische Maßnahmen 10 97
Exhibitionismus
– als Dienstpflichtverletzung 7 35; **17** 58

Fahnenflucht
– als Dienstpflichtverletzung 7 35; **12** 5;
 17 45
Faktischer Soldat 1 23, 36 ff., 48; **14** 7;
 23 31
Feierliches Gelöbnis 9 38 ff.
– Befehl zur Ablegung 9 38
– Dienstleistungspflichtige 9 43; **59** 25
– Dienstpflicht 9 38
– Eignungsübende 9 34; **87** 23
– Verweigerung 9 40 ff.
– unter Vorbehalt 7 35
Feldjäger
– Durchsuchung durch - 10 96
– als mil. Vorg. **4a** 12; **10** 20, 96; **VorgV** 23
– Überstellung von Dienstleistungs-
 pflichtigen an die Truppe 79 20 f.
– Vorführung/Zuführung durch - 79 19 ff.
Flucht in die Öffentlichkeit 14 14, 37;
 15 195; **17** 37
Förderungswürdigkeit 3 50
Folgen der Entlassung
– eines Berufssoldaten 49
– eines Soldaten auf Zeit 56
Frauen 1 10 ff., 34 f.; **3** 18, 35; **9** 14; **49** 22;
 51 9; **58** 6; **59** 5, 10, 16, 22, 30; **61** 25; **80** 11;
 81 9, 30; **98** 10 ff.
Frauenförderung 3 37
Freie Heilfürsorge *siehe unentgeltliche
 truppenärztliche Versorgung*
**Freiheitliche demokratische Grund-
 ordnung**
– anerkennen 8 12 ff.; **37** 6, 18 ff.
– bekennen 8 7 f.
– Definition 8 20; **37** 23
– eintreten 8 22 f.; **37** 25
– Entlassung bei Verstoß gegen die -
 46 134
– und politische Betätigung 15 26,
 28, 43
– Verstoß gegen die – als Dienstpflichtverletzung 8 24; **23** 34
Fristen
– Aufbewahrung von Personalakten
 29 75 ff.
– bei der Heranziehung zu Dienstleistungen 72 23 ff.
– bei Entlassung von Berufssoldaten
 47 11 ff., 17 ff.
– Befristung einer Nebentätigkeitsgenehmigung 20 54 ff.
– im Zusammenhang mit § 20a **20a** 6
– bei der Entlassung von Soldaten auf
 Zeit 55 91 f.

Sachregister

- Tilgungsfrist für Vorgänge in Personalakten **29** 69 ff.
- bei Verbot der Ausübung des Dienstes **22** 31 f.
- bei Versetzung in den Ruhestand **44** 53 ff.
- bei Wiederverwendung **51** 28

Führungszeugnis 65 9
Fürsorgepflicht des Dienstherrn 24 16, 30; **29** 58, 82; **31** 7 ff.; **40** 37; **42** 13; **44** 39; **46** 124; **50** 25; **55** 31; **82** 26
Fürsorgepflicht des Vorgesetzten 10 38 ff.; **12** 12

Gefangenschaft siehe Verschleppung
Gegenvorstellungen
- gegen Befehle **1** 68; **11** 3, 29, 35; **13** 28
- als Rechtsbehelf **83** 10

Gehorsamspflicht
- Ankündigung der Verweigerung des - **7** 35
- gesetzl. Verpflichtung **11** 25 f.
- Inhalt **11** 26, 29
- gegenüber Weisungen von Nichtsoldaten **1** 68
- Verstoß gegen die - als Dienstpflichtverletzung **17** 45, 52

Geistliche 36 13; **49** 18; **66** 6 ff.; **67** 14 ff.
Geld- und Sachbezüge 30
- und Altersurlaub **28a**
- Anspruchsbeginn **2** 11
- und Urlaub **28**
- und Versorgung vgl. Versorgung

Geltungsbereich des GG 16 6; **38** 5; **48** 2, 15 ff.; **53** 4, 19
Geltungsbereich des SG 12 13; **38** 5; **46** 88
Gemeinschaftsunterkunft 18
- Ausgangsbeschränkung **18** 19
- Ausgangsregelung **18** 20
- und DVag **81** 38
- und GG **18** 10 ff.
- und politische Betätigung **15** 23, 32
- Rechtsweg **18** 24; **82** 26

Gemeinschaftsverpflegung 18
- und DVag **81** 38
- und GG **18** 10 ff.
- Rechtsweg **18** 24
- religiöse Speisevorschriften **18** 15

Generalinspekteur
- einstweiliger Ruhestand **50**, 19, <u>91</u>
- Vorgesetztenstellung **90** 13, 15 f., <u>36</u>;
VorgV 11, 24 f.
Geschenke siehe Belohnungen

Geschlecht 3 3, 5, 35 ff.
Gesunderhaltung, Pflicht zur - **17** 60
Glauben 3 40
Gleichgeschlechtliche Orientierung 3 25; **37** 35
Gleichstellung 3 37
Gnadenerweis
- ex nunc **5** 20, 22
- in vollem Umfang **5** 19
- rückwirkender **5** 21
- Wirksamwerden **5** 20 f.

Gnadengesuch, gerichtliche Überprüfbarkeit der Ablehnung **5** 9
Gnadenrecht, soldatengesetzliches **5**
- Begriff **5** 1, 9
- BPräs als Träger **5** 1, 7 ff.
- Einzelfallentscheidung **5** 10
- Ermessenentscheidung **5** 9
- Gegenstand **5** 17
- gerichtliche Kontrolle **5** 9
- Grenzen **5** 12
- Personenkreis, begünstigter **5** 16
- Reichweite **5** 1
- Übertragung der Ausübung **5** 18
- verfassungsrechtliche Grundlage **5** 7 ff.
- Verwirkung von Grundrechten **5** 15

Grundrechtsgeltung 6
Grußpflicht 4a 15; **11** 20

Haftung 24
- Adäquanztheorie **24** 24
- Außenhaftung **24** 13
- Beschränkungen der - **24** 29 f.
- Differenzmethode **24** 23
- faktischer Soldat **24** 17
- Innenhaftung **24** 14 f.
- Leistungsbescheid **24** 39
- normativer Schadensbegriff **24** 23
- Verjährung **24** 34 ff.
- Verschulden **24** 22
- Zinsen **24** 25

HDP-Punkte 3 76
Heimat 3 42
Heranziehung zu Dienstleistungen
- Ärztliche Untersuchung/Anhörung **71**
- von gedienten Dienstleistungspflichtigen **73**
- von ungedienten Dienstleistungspflichtigen **72**
- Verfahren **70**
- Zuständigkeit **69**

Heranziehungsbescheid 72 12 ff.; **73** 7 ff.

Sachregister

- und besondere Auslandsverwendung **62** 13, 19
- und Entpflichtung von Dienstleistungen **59** 31
- und faktisches Dienstverhältnis **1** 36
- und polizeiliche Zuführung **79** 19 f.
- Widerspruch gegen den - **83** 27 ff.
- Widerruf des - **75** 16; **76** 10

Herkunft **3** 43
Hilfeleistungen im Innern **63**
Hilfskriterium **3** 50, 75 f.
- Frauenförderung als - **3** 37

HIV-Infektion **3** 21
Höchstaltersgrenzen **3** 26 ff.
Höchstdienstzeit **40** 5; **45a** 22, 54; **49** 58; **87** 30

Impfpflicht **6** 16; **17** 23 f., 64 f. 71; **77** 11, 42 ff., 16
Innere Führung
- ZDv 10/1 **6** 10
- sui-generis-Debatte **7** 8

Jahrgangsweise Übernahme zum Berufssoldaten **3** 28; **39** 14 ff.
Jahrsgangsweise Zulassung von Bewerbern **3** 28
Jubiläumszuwendung **30** 17, 27 f.; **93** 28

Kamerad
- Begriff **12** 6; 13 ff.
- Beistandspflicht **12** 19
- Ehre des - **12** 17
- Grundregeln der Kameradschaft **15** 33 ff.
- Politische Meinungsäußerung **15** 31
- Rechte des - **12** 18
- Würde des - **12** 16

Kameradenbeschwerde **12** 8; **34** 3
Kameradenbetrug **7** 35; **10** 21
Kameradendiebstahl **10** 21; **17** 45; **55** 77
Kameradenehe **10** 21; **17** 52
Kameradschaftspflicht **12**
- und Fürsorgepflicht **10** 41
- Verstöße gegen die - **10** 21

Karenzzeiten **62** 12
Körperliche Unversehrtheit **17** 65 ff.
Kombattantenstatus **4** 39; **56** 4
Kommandierung **3** 65 ff.
Konfessionszugehörigkeit
- Frage nach der - **3** 40

Konkurrentenklage **3** 74; **39** 22, 27; **82** 26
Konkurrenzregelung **2** 14; **51** 14, 25; **59** 16, 22; **61** 15; **77** 14, 18; **80**
Kooperationsmodell **20a** 22
Kreiswehrersatzamt *siehe Wehrersatzbehörden*
Kriegsdienstverweigerung
- und Beförderung **42** 13
- und Dienstleistungspflicht **59** 30
- und Entlassung von Berufssoldaten **46** 78 ff.
- und Entlassung von Dienstleistungspflichtigen **75** 21
- Missbrauch des Grundrechts auf - **17** 58
- Rechtsweg **82** 23

Laufbahnbefähigung **3** 12; **27** 18, 23
Laufbahngruppen **27** 10 ff.
Laufbahnvorschriften **27**
Laufbahnziel **3** 77
Lebensalter **3** 26 ff., 77
Lebenskundlicher Unterricht *siehe Seelsorge*
(eingetragene) Lebenspartnerschaft **28** 39 f.; **31** 15
Leistung, fachliche **3** 13
Leistungsfähigkeit, körperliche **3** 18
Lobbyisten **20** 284; **20a** 7
L-Term-Regelung **3** 83
Luftsicherheitsgesetz **63** 6 f., 9

Meinungsfreiheit **6** 12, 17; **7** 12; **8** 10; **9** 24; **10** 101 f., 109; **11** 24; **12** 17, 20; **13** 13; **14** 8, 12, 15; **15** 13 ff., 31; **17** 28 f.; **20** 83, 85, 215; **33** 11; **37** 22; **50** 30 ff., 66
Meldepflichten **13** 26 ff.; **25** 9 ff.; **31** 17; **77** 8, 25 f.
Menschenwürde **7** 34; **8** 24; **11** 19, 22, 31, 33; **12** 16 f.; **29** 9, 58; **89** 11
Militärberater **51** 18
Militärmusikdienst
- Altersgrenze **45** 14, 20
- Eintritt in den Ruhestand **44** 8
- Fachdienst **1** 19
- KDV-Antragstellung **46** 79, 120 f.
- Laufbahnen **27** 10, 18, 20, 27 f.; **39** 4
- Zulassung von Frauen **1** 10 f.

Militärische Anlage **90** 36; **VorgV** 35 ff.
Militärische Ordnung (Begriff) **55** 69
Militärseelsorge *siehe Seelsorge*

Sachregister

Mindestdienstzeit 3 77 f.; 27 24 f.; 40 43; 46 21, 75, 93, 117; 49 28
Mitteilungen in Strafsachen 89
Mindestverpflichtungszeit 40 6
Mutterschutz 30 17, 29; 93 29

Nachversicherung 49 17, 28; 53 22; 56 10
Nachzeichnung 3 84 f.
Nationalsozialismus
– Leugnung/Verbreitung/Verwendung von Gedankengut/Symbolen des - 7 35; 8 24; 10 111; 11 24; 15 37; 17 45, 52
Nebentätigkeit 20
– und Altersurlaub 28a 17 ff.
– und Betreuungsurlaub 28 49
– Fünftel-Regel 20 5, 39, 101, 91; 30a 21
– Genehmigung 20 16 ff., 34 ff.
– Hauptverwendung 20 18 f., 22
– Inanspruchnahme von Personal u. Sachmitteln des Dienstherrn 20 66 ff.
– Kostenerstattung 20 70
– Nebenamt 20 18
– Nebenbeschäftigung 20 18
– Nebenverwendung 20 23
– öff. Ehrenämter 20 25 ff.
– Rechtsweg 20 110; 82 26
– schriftstellerische Tätigkeit 20 83 ff.
– Tätigkeit in Berufsverbänden 20 92 ff.
– und Teilzeitbeschäftigung 30a 21 ff.
– Verhältnis zu § 20a 20a 1
– Verhältnis zu § 21 21 1, 11
– Versagung der Genehmigung 20 34 ff.
– Verstöße gegen § 20 7 35; 17 45
– für WPfl 20 117 ff.
Nicht-Soldat 1 38; 2 13; 10 48; 91 15
NVA
– Entlassung 46 49
– Führen des Dienstgrades 26 9
– Kameraden 12 13
– Zusatz „a.D." zum Dienstgrad 44 56; 49 44

Operation 17 73
Ordnungswidrigkeiten
– im Befehlsrecht 11 3, 17, 36
– bei Dienstleistungspflichtigen 69 12; 71 19; 86 1 ff.; 98 3
– Rechtsschutz gegenüber - 31 3, 6
Organisationsgesetz 90
Organspende 17 61
out of area 7 15 ff.; 9 33

Parlamentsbeteiligungsgesetz 60 11 f.; 62 14; 63 8
Personalakten 29
– Aufbewahrung von - 29 75 ff.
– Aufnahme in - 29 58 ff.
– Auskünfte aus - 29 46 ff.
– automatisierte Dateien 29 23, 53
– Einsicht in - 29 25, 49, 80 ff.
– Fragebögen 29 35
– Grund-/Hauptakten 29 25
– Kindergeldakten 29 20, 91
– Klarsichthülle 29 25
– Nebenakten 29 9, 25, 27, 38, 76, 82
– papierlose - 29 24
– Personalaktendaten 29 11, 14
– Personalaktengeheimnis 29 9
– Prüfungsakten 29 18, 91
– Sachakten 29 17 ff.
– Sicherheitsakte 29 19, 91; 82 26
Personalamt der Bundeswehr 37 10, 43; 39 20
Personalanpassungsgesetz 44 58 ff.; 50 34
Personalvertretung der Beamten und Arbeitnehmer 91
Personen
– als Dienstleistungspflichtige 59 22
Pflegschaft 20 30
Pflichten des Vorgesetzten 10
Planstelle
– bei Beendigung von Betreuungsurlaub 28 53
– bei Eignungsübung 87 29
– Einweisung in eine - 4 17; 5 21; 42 12
– Rechtsweg 82 26
– bei Wiederverwendung 51 39
Politische Anschauungen 3 41
Politische Betätigung 15
– Begriff 15 29 ff.
– Dienstbegriff 15 23 f.
– dienstl. Unterkünfte u. Anlagen 15 32
– Einzelfälle aus der Rspr. 15 37
– und GG 15 13 ff.
– Grundregeln der Kameradschaft 15 33
– Politische Veranstaltungen 15 38 ff.
– Sammeln von Unterschriften 15 35
– Uniformverbot 4a 11; 15 27, 38 ff.
Politische Bildung
– Staatsbürgerlicher Unterricht 33 7, 9, 12, 25, 29
– ZDv 12/1 6 10; 8 9; 33 5
Polizei 4a 12; 6 16; 77 31; 79 15 ff.

Walz/Eichen 887

Sachregister

Privater Einsatz von Personal/Material des Dienstherrn
– als Dienstpflichtverletzung 7 35; 10 44; 11 32; 12 21; 17 45

Rasse 3 39
Rechtsmittel gegen Entscheidungen des Verwaltungsgerichts 84
– Berufung/Beschwerde 84 12 f.
– Nichtzulassungsbeschwerde 84 21
– Rechtswegbeschwerde 84 21
– Revision 84 15 ff.
Rechtsverordnungen 93
Rechtswegzuweisung 82
– Abgrenzung der Rechtswege 82 24 f.
– für Angehörige des BND 82 15
– Einzelfälle 28 25, 29; 29 63; 30a 18; 37 29; 82 26
– Rechtsweggarantie 82 12
– in truppendienstlichen Angelegenheiten 34 3; 82 16 f.
Religiöse Anschauungen 3 40
Restdienstzeit 3 29, 31, 73
Rückzahlung von Kosten eines Studiums/einer Fachausbildung *siehe Erstattung der Kosten*

Sammelurkunde 41 7, 23; 42 7
Sanitätsdienst
– Altersgrenze 45 14, 20
– Eintritt in den Ruhestand 44 8
– Entlassung wegen besonderer Härte 46 120
– Erstattung des Ausbildungsgeldes 30 25; 49 37
– Fachvorgesetzte 1 13; VorgV 19
– Höchstdauer der Berufung von SaZ 40 5
– KDV-Antragstellung 46 79, 120 f.
– Laufbahnen 27 10, 18, 20, 27; 30 12; 39 4
– Urlaub 28 7
– Zulassung von Frauen 1 10 f.
Schadensersatzanspruch des Soldaten
– bei Verletzung der Fürsorgepflicht 10 39; 29 89; 31 23 ff.; 39 28 ff.
Schadensersatzpflicht des Soldaten 24; 77 47 f.
Schwangerschaft 3 19; 13 28; 30 17; 46 44
Schwerbehinderte Menschen 31 6; 55 13; 66 14 f.
Selbstverstümmelung 17 60

See-Berufsgenossenschaft 77 59 ff.; 93 33
Seelsorge 36
– Befreiung von Geistlichen 66 7 ff.
– Gottesdienst 36 23
– Islam 36 18
– Judentum 36 18
– lebenskundlicher Unterricht 36 24
– Religionsausübung 36 20 ff.
Seiteneinsteiger 27 26; 39 15; 87 4
Sexuelle Belästigung
– als Dienstpflichtverletzung 7 35; 10 44, 111; 12 5, 21; 17 45, 52
Sicherheitsrisiko 3 25
Sicherheitsüberprüfung
– falsche Angaben als Dienstvergehen 13 31
– falsche Angaben als Entlassungsgrund 46 40
– als Bestandteil der Dienstleistungsüberwachung 77 11, 45
– als Bestandteil der Sicherheitsakte 29 19
Soldat auf Zeit
– Beendigung des Dienstverhältnisses 54
– Beginn des Dienstverhältnisses 2 14
– Begründung des Dienstverhältnisses 40
– Entlassung 55
– Folgen der Entlassung 56
Soldatenbeteiligungsgesetz *siehe Beteiligungsrechte*
Spannungsfall
– und Dienstleistungspflichtige 59 15, 19, 21; 60 5; 72 26; 75 14 f.; 77 22
– und Dienstzeitverlängerung von Soldaten auf Zeit 54 10
– und Entlassung von Berufssoldaten 49 26
– und Laufbahnrecht 27 8; 92
– und Versetzung in den Ruhestand 44 52
Spitzengliederung *siehe Organisationsgesetz*
Spitzenorganisationen der Soldaten 35a 16
Sprache 3 33
Sprungbeförderung 3 80; 27 25 f., 32
Staatsbürgerlicher Unterricht *siehe Politische Bildung*
Stammdienststelle der Bundeswehr 37 43; 39 13
STAN 3 58
Stehzeiten
– im Zusammenhang mit der Entlassung gem. § 46 46 23, 95 ff., 116 ff.

Sachregister

- im Zusammenhang mit der Erstattung von Ausbildungskosten **49** 40
- **Stichauswahlkriterium 3** 41
- **Straftaten**
- Anzeigepflicht von - **14** 21
- Ausschluss von Dienstleistungen **65**
- von Bewerbern **37** 33; **38** 12 ff.
- und Dienstvergehen **10** 13
- Entlassung von BS/SaZ **46** 52 ff., 73; **55** 36
- und Gehorsamspflicht **11** 13, 32, 36 ff.
- Mitteilungen in Strafsachen **89**
- Verleiten zu - **1** 20; **10** 44; **12** 21
- Verlust der Rechtsstellung bei - **48** 15 ff.; **53**
- **Streitkräfte**
- Begriff **2** 2 f.

Tätigkeit nach dem Ausscheiden aus dem Wehrdienst 20a
- Kooperation mit der Wirtschaft **20** 284; **20a** 22

Tätigkeits- und Verwendungsbezeichnungen 4 33

Tapferkeitspflicht
- Dienstpflicht **7** 8 ff.
- Eides-/Gelöbnisformel **9** 10, 33
- im Frieden u. Krieg **7** 14
- Inhalt **7** 33 f.
- territoriale Reichweite **7** 19 f.

Teilzeitbeschäftigung 30a; 93 38
- und Altersurlaub **30b**
- und Besoldung **30a** 31 f.
- und Betreuungsurlaub **28** 49; **30b**
- und Dienstzeitverlängerung **40** 31 f.
- und Elternzeit **30a** 9
- und Nebentätigkeit **20** 42; **30a** 21 ff.
- und Stehzeit **46** 111
- und Wartezeit **44** 46

temporary rank 4 17

Treuepflicht 1 30; **7**; **8**; **9** 33; **10** 40; **11** 28; **16** 23; **37** 19 ff.

Treu und Glauben 55 15; **88** 23

Treuhänderschaft 20 81

Truppenausweis 42 14; **58** 13

Tuberkolose-Früherkennung 17 68

Übergangsvorschriften 92, 94, 95, 96, 97, 98

Übernahmequoten 39 15, 23, 25

Übertragbare Krankheiten 17 71

Übungen
- befristete - **61** 18 ff.; **62** 24
- Dauer von - **61** 21 ff.
- Personenkreis **59** 15 ff.
- unbefristete - als Bereitschaftsdienst **60** 7 ff.; **61** 25 ff.

Umwandlung des Dienstverhältnisses 2 13; **4** 16 ff.; **39** 8, 11; **41**; **45a**; **75** 14; **82** 26

Umwandlungsbescheid für Dienstleistungspflichtige/ Wehrpflichtige 2 8; **75** 14 f.

Unabkömmlichstellung 68; **75** 23

Unabkömmlichstellungsverordnung 68 9

Unentgeltliche truppenärztliche Versorgung 30 17, 19 ff.; **61** 17; **63** 13; **81** 38

Uniform 4 38 ff.
- Anordnung des BPräs **4** 38
- Erkennbarkeit als Kombattant durch - **4** 39
- Pflicht zum Dienst in - **4** 39
- Tragen der – außerhalb des Dienstes **4** 40
- Trageverbote **4** 40

Unmittelbarer Zwang 79 9

Uniform, Tragen außerhalb eines Wehrdienstverhältnisses 4a
- Antrag **4a** 10
- dienstrechtliche Folgen der Genehmigung **4a** 15 ff.
- Genehmigungsbescheid **4a** 12
- ohne Genehmigung, strafrechtliche Folge **4a** 18
- Personenkreis **4a** 9
- Rechtsweg in Streitfällen **4a** 19
- Uniform, Begriff **4a** 14
- Uniformbestimmungen **4a** 6
- Uniformverordnung **4a** 6
- Verbot bei politischen Veranstaltungen **4a** 11
- Verbote **4a** 11
- Verordnungsermächtigung für die Uniformverordnung **4a** 20 f.
- Zuständigkeiten für Genehmigung **4a** 13

Unterschlagung
- als Dienstpflichtverletzung **7** 35; **12** 21; **13** 31; **17** 45, 52

Untreue/Veruntreuung
- als Dienstpflichtverletzung **7** 35; **13** 31; **17** 45, 52

Unzumutbare Härte
- und Heranziehung zu Dienstleistungen **59** 31; **62** 27; **67** 29; **75** 28

Sachregister

Urkundenfälschung
- als Dienstpflichtverletzung **17** 45; **55** 36

Urlaub 28
- Altersurlaub **28a**
- zur Erhaltung der Dienstfähigkeit **28** 33
- Betreuungsurlaub **28** 37 ff.
- und DVag **81** 42
- Elternzeit **28** 64 ff.
- Erholungsurlaub **28** 18 ff., 31
- Heimaturlaub **28** 32
- für kommunale Vertretung **25** 28 ff.
- Rechtsweg **82** 26
- Sonderurlaub **28** 26 ff., 34
- und Teilzeitbeschäftigung **30b**
- Wahlvorbereitungsurlaub **25** 12, **28** 1, 14, 54 f., 58, 60 ff.
- Zwangsbeurlaubung **22** 13, 15

Verfassungstreue **3** 41; **8** 14; **37** 19 ff.
Verhaltenspflicht 17
- Achtung des Vorg. **17** 34 ff.
- Achtung und Vertrauen **17** 43 ff.
- Angehörige der Res **17** 53 ff.
- Ansehen der Bw **17** 39 ff.
- Pflicht zur Gesunderhaltung **17** 59 ff.
- Verstöße gegen die - **17** 45, 52
- Wahrung der Disziplin **10** 24 ff.; **17** 32 f.

Verlust des Dienstgrades *siehe Dienstgrad*
Verlust der Rechtsstellung
siehe Berufssoldat
Verschleppung **40** 39 f.; **44** 18, 47; **46** 77; **75** 39 f.
Verschwiegenheitspflicht 14; 20 85
- für Abg. **25** 15, 21, 38
- Anzeigepflicht im Rahmen der - **14** 21
- für ausgeschiedene Soldaten **20a** 1; **23** 33
- Aussagegenehmigung **14** 17 ff.
- für faktische Soldaten **14** 7; **29** 81
- Flucht in die Öffentlichkeit **10** 37, 195; **14** 14, 37
- Herausgabpflicht von Dokumenten **14** 9 ff., 20
- Mitteilungen im dienstl. Verkehr **14** 14
- offenkundige Tatsachen **14** 15
- in Bezug auf PA **29** 83

Versetzung **3** 59 ff.
- Begriff **3** 60
- dienstliches Bedürfnis **3** 62
- Gleichstellungsbeauftragte **3** 198
- Kommunales Mandat **3** 64
- Personalratsmitglied **3** 64

- Rechtsschutz **3** 63
- rückwirkende - **3** 61
- verfassungsrechtliche Zulässigkeit **3** 59

Versorgung 30
- und Dienstgrad **26** 11
- Verlust der Ansprüche auf - **5** 17; **48** 8, 27; **49** 27; **50** 48; **53** 22; **56** 9 ff.; **82** 19

Vertrauensmann *siehe Beteiligungsrechte*
Verbot der Ausübung des Dienstes 22
- Anhörung **22** 35
- und Berufsförderung **22** 16
- und Nebentätigkeit **20** 17, 41, 115
- Rechtsweg **82** 26
- und Urlaub **22** 15; **28** 16
- und § 126 WDO **22** 19

Versetzung in den Ruhestand
- wegen Dienstunfähigkeit **44** 26 ff.
- wegen Überschreitens der besonderen Altersgrenze **44** 19 ff.

Verteidigungsfall *siehe Spannungsfall*
Verwendung **3** 53 ff.
- Begriff **3** 53 ff.
- dienstgradgerechte **3** 55; **25** 39
- kein Anspruch auf bestimmte - **3** 62

Verwirkung von Grundrechten **5** 15 ff.; **38** 17; **48** 26; **52** 8; **53** 19
Vetternwirtschaft **3** 38
Völkerrecht
- Allg. Regeln des - **11** 33
- Beachtung im Ausland **16** 10
- Kombattantenstatus **4** 39; **46** 2; **56** 4
- Regeln des - **10** 74 ff.
- völkerrechtl. Unterricht **33** 5, 8, 10
- völkerrechtl. Vereinbarung **16** 23; **62** 13
- völkerrechtswidriger Befehl **11** 38; **16** 18

Völkerrechtlicher Unterricht
siehe Völkerrecht
Vorbereitung auf das geistliche Amt
siehe Geistliche
Vorführung **6** 16; **79** 19 ff.
Vorgesetzter
- auf Grund besonderer Anordnung **VorgV** 39 ff.
- auf Grund des Dienstgrades **VorgV** 29 ff.
- auf Grund eigener Erklärung **VorgV** 45 ff.
- Befehlsbefugnis **1** 46 ff., 70 ff.
- Begriff **1** 46
- BMVg als - **1** 56 ff.; **90** 16 f.
- Fachvorgesetzter **VorgV** 17 ff.
- GenInsp als - **90** 16

Sachregister

– mit besonderem Aufgabenbereich
 VorgV 21 ff.
– Nichtsoldaten als - **1** 62 ff.
– Soldaten anderer SK als - **1** 55
– unmittelbarer - **VorgV** 2 ff.
– vorläufige Festnahme durch - **1** 59 ff.
Vorläufige Festnahme 1 59 ff.; **29** 71
Vormundschaft und Ehrenämter 20 25 ff.; **21**
Vorsorgeuntersuchung 17 68

Wachverfehlung
– als Dienstpflichtverletzung **7** 35
Waffendienst 1 29; **80** 11
Waffensystemoffizier 44 7, **45** 9, 11 ff., 26 f., **46** 100
Wahlbewerber 25 3, 10 ff., **28** 57 f., 60
Wahlrecht vgl. Abgeordnete
Wahrheitspflicht 13
– Verstöße gegen die - **13** 31; **17** 45; **20** 272
Wehrbeschwerdeordnung 34
Wehrdienstbeschädigung 3 86 ff.
Wehrdienstverhältnis
– Beendigung des - **43**, 74
– Beginn und Ende **2**
– Begründung des – **37** ff.
– Begründung durch VA **1** 26
– Dauer **2**
– bei einer DVag **81**
– Dienstvergehen außerhalb eines - **23** 30 ff.
– der Eignungsübenden **87** f.
– Geltung der Grundrechte im - **6** 11 ff.
– faktisches - **1** 37
– Inhalt **1** 29
– Klagen aus dem - **82**
– Personalakten **29**
– als Sonderrechtsverhältnis **1** 24 f.
– als Treueverhältnis **1** 30
– Tragen der Uniform außerhalb eines - **4a**
– bei Wiederverwendung **51**
Wehrdienstverrichtung 3 90
Wehrersatzbehörden 65 10; **67** 30; **68**; **69**; **70** 12, 19 ff.; **71** 13; **77** 8; **83** 2, 8, 20; **84** 9, 11 ff.
Wehrfliegerverwendungsfähigkeit 45 27

Wehrpflichtgesetz 58 11
Wehrübungen
– und DVag **82** 21
– und feierliches Gelöbnis **9** 43
– von Mandatsträgern **4** 43 ff.; **51** 10, 41 ff.
– und Übungen **59** 22; **61** 6, 9; **63** 1
(Wehr-)Unwürdigkeit 17 2, 54; **23** 35 f.; **38** 3; **46** 55 ff.; **48** 10; **65** 1; **88** 12, 17 f.
Wiederaufnahme des Verfahrens 52, 57
Wiederverwendung 23 55, Fn. 59; **51**
Wohnsitz
– Begriff **46** 86
– dienstlicher - **55** 89
– Residenzpflicht **7** 35, 109
– Verlagerung des – als Entlassungsgrund **46** 84 ff.

Zinsen
– im Rahmen des § 24 **24** 25
– im Rahmen des § 49 **49** 35
– im Rahmen des § 52 **52** 15
– im Rahmen des § 56 **56** 24
Zitiergebot des GG 6 15 ff.; **9** 66; **10** 59, 102; **14** 12; **15** 13, 18; **17** 28; **18** 13; **50** 32
Zuführung 6 16; **79** 19 ff.
Zurückhaltung bei Meinungsäußerungen 10 101 ff.; **12** 20; **25** 21, 32
Zurückstellung von Dienstleistungen 67
Zustellung
– der Ladung zur ärztlichen Untersuchung von Dienstleistungspflichtigen **71** 19
– von Bußgeldbescheiden **86** 22
– der Verfügung über die Entlassung eines Berufssoldaten **47** 15
– der Verfügung über die Entlassung eines Dienstleistungspflichtigen **75** 11
– der Ernennungsurkunde **41** 10 f.
– von Heranziehungsbescheiden an Dienstleistungspflichtige **73** 23 f.
– der Verfügung über die Versetzung in den Ruhestand **44** 51
– von Verwaltungsakten an Dienstleistungspflichtige **70** 20 ff.
Zustimmung zur Ernennung 4 8 ff.
– Anfechtung **4** 10
Zuziehung zu einer DVag **1** 26, 38; **81** 32 ff.

Walz/Eichen 891

Verwaltungszustellungsgesetz 2006:
Im neuen „Sadler" bereits kommentiert!

Verwaltungs-Vollstreckungsgesetz/ Verwaltungszustellungsgesetz

Kommentar anhand der Rechtsprechung

Von Dr. jur. Gerhard Sadler
6., neu bearbeitete Auflage 2006.
XX, 951 Seiten. Gebunden. € 65,-
ISBN 3-8114-4354-2
(C.F. Müller Kommentar)

Mit umfangreicher Mustersammlung

Die Neuauflage kommentiert bereits das neue, zum 1.2.2006 in Kraft getretene Verwaltungszustellungsgesetz, durch das die Zustellungsregelungen den neuesten rechtlichen und technischen Gegebenheiten (z.B. Elektronischer Rechtsverkehr) angepasst wurden. Außerdem wurden die Änderungen in den maßgeblichen Gesetzen (SGG, FGO, VwGO und AO), sowie die neueste Rechtsprechung und Literatur eingearbeitet.

„Die besondere Stärke des Werkes liegt wie schon in den Vorauflagen in der um größtmögliche Vollständigkeit bemühten umfassenden Dokumentation, insbesondere der Rechtsprechung, und in den zahlreichen eingestreuten Praxisbeispielen".
RA Michael App in: Zeitschrift für Zölle und Verbrauchersteuern 07/2003

Bitte bestellen Sie beim Buchhandel oder beim Verlag:
C. F. Müller, Verlagsgruppe Hüthig Jehle Rehm GmbH
Im Weiher 10, 69121 Heidelberg
Kundenbetreuung München:
Tel. 089/54852-8178, Fax -8137
E-Mail: kundenbetreuung@hjr-verlag.de

C.F. Müller
www.cfmueller-verlag.de

Beurteilungsrecht

Schnellenbach
Die dienstliche Beurteilung der Beamten und der Richter

Von Prof. Dr. Helmut Schnellenbach, Präsident des Verwaltungsgerichts Gelsenkirchen a.D.
Loseblattwerk in einem Ordner.
Ca. 1.100 Seiten. € 86,–
zzgl. Ergänzungslieferungen für mindestens ein Jahr.
ISBN 3-7685-0499-9

Durch die systematische und besonders praxisnahe Darstellung ermöglicht der *Schnellenbach* auf dem schwer überschaubaren und komplizierten Gebiet der dienstlichen Beurteilung sowohl dem Beurteilenden, als auch dem Beurteilten einen sicheren Umgang mit den Regelungen des Beurteilungsrechts.

Die Neuauflage des bewährten Standardwerkes bietet Ihnen in der praktischen Loseblattform:

- **Ständige Aktualität**: Zeitnahe Übermittlung von Gesetzesänderungen und Änderungen der Richtlinien sowie der Beurteilungspraxis
- Eine **komplette Zusammenstellung** der einschlägigen Rechtsvorschriften zur dienstlichen Beurteilung neben einer großen Auswahl an Beurteilungsrichtlinien
- Einen **systematischen Vergleich** zwischen den verschiedenen Gestaltungsformen des Beurteilungswesens
- **Gute Handhabbarkeit** durch einen klar strukturierten Aufbau

Teil A des Werkes enthält die einschlägigen Rechtsvorschriften und Richtlinien zur dienstlichen Beurteilung.

Die Teile B und C enthalten die eingehende Darstellung von Beurteilungszwecken, Beurteilungsarten und -verfahren, Beurteilungsinhalt, sowie zusätzlich eine eingehende Darstellung zum Rechtsschutz und zu den Besonderheiten bei der Beurteilung Schwerbehinderter.

Der Autor:
Prof. Dr. Helmut Schnellenbach ist seit langem als Gutachter insbesondere im öffentlichen Dienstrecht tätig und gilt als erfahrener Praktiker der Materie.

Schließlich belegen nicht allein seine zahlreichen Vorträge, sondern auch eine Vielzahl von Veröffentlichungen wie z. B. die Mitwirkung an der Zeitschrift für Beamtenrecht, die praxiserprobten Fachkenntnisse des Autors.

Pressestimme: „... eine vorzügliche Arbeits- und Bewertungshilfe ... Fazit: Der 'Schnellenbach' kann wärmstens empfohlen werden."
Prof. Dr. J. Vahle, in: Deutsche Verwaltungspraxis 12/2000

R. v. Decker, Verlagsgruppe Hüthig Jehle Rehm GmbH
Im Weiher 10, 69121 Heidelberg
Kundenbetreuung München:
Bestell-Tel. 089/54852-8178, Fax 089/54852-8137
E-Mail kundenbetreuung@hjr-verlag.de

R. v. Decker
www.rvdecker-verlag.de

Ein Muss für die Praxis

Verwaltungsgerichtsordnung

Kommentar anhand der höchstrichterlichen Rechtsprechung

Von Professor Johann Bader, Richter VGH Baden-Württemberg, Michael Funke-Kaiser, Vors. Richter am VG, Stefan Kuntze, Vors. Richter am VGH Baden-Württemberg, Jörg von Albedyll, RA und FA für Verwaltungsrecht.
3., neu bearbeitete Auflage 2005.
XXVIII, 1.668 Seiten. Gebunden. € 79,-
ISBN 3-8114-3127-7
(C.F. Müller Kommentar)

Mit den Änderungen durch

- das Kostenrechtsmodernisierungsgesetz
- das Europarechtsanpassungsgesetz-Bau
- das Zuwanderungsgesetz
- das 1. Justizmodernisierungsgesetz
- das Anhörungsrügengesetz
- das 7. SGGÄnderungsgesetz und
- das Gesetz zur Vereinfachung und Vereinheitlichung der Verfahrensvorschriften zur Wahl und Berufung ehrenamtlicher Richter vom 21.12.2004

„Fazit: Ein griffiges und für den Praktiker in Verwaltung und Verwaltungsjustiz sowie in der (Fach-)Anwaltschaft sehr nützliches Werk, dessen Anschaffung vorbehaltlos empfohlen werden kann."
Dr. Vahle in: Deutsche Verwaltungspraxis 07/2003

„Mehr Praxisnähe auf kleinem Raum ist eigentlich kaum vorstellbar."
Prof. Dr. Jan Bergmann, Richter am Verwaltungsgericht in: Verwaltungsblätter für Baden-Württemberg 08/2003

Bitte bestellen Sie beim Buchhandel oder beim Verlag:
C. F. Müller, Verlagsgruppe Hüthig Jehle Rehm GmbH
Im Weiher 10, 69121 Heidelberg
Kundenbetreuung München:
Tel. 089/54852-8178, Fax -8157
E-Mail: kundenbetreuung@hjr-verlag.de

C.F. Müller
www.cfmueller-verlag.de